རྗེ་ཀ་ཁ་ཁི་ཁ་ཡི་རྒྱ་པ་ཚེ་ཀ་ཤོ།
ཡི་ཞོ་ཀ་ཀ་པ་ཚིག།

བསྡུ་སྒྲིག་པ། དོན་རྡོར། བསྟན་འཛིན་ཆོས་གྲགས།

图书在版编目(CIP)数据

雪域历史人物简介:藏文/顿多,旦增曲扎编著.—拉萨:西藏人民出版社,2014.11(2023.8 重印)

ISBN 978-7-223-03769-3

Ⅰ.①雪… Ⅱ.①顿…②旦… Ⅲ.①藏族—历史人物—介绍—中国—藏语 Ⅳ.①K828.714

中国版本图书馆 CIP 数据核字(2013)第 047619 号

雪域历史人物简介

编　　著　顿　多　旦增曲扎
责任编辑　巴桑旺庆
封面设计　格　罗
出版发行　西藏人民出版社(拉萨市林廓北路 20 号)
印　　刷　拉萨市明鑫印刷有限公司
开　　本　787×1092　1/16
印　　张　37.5
字　　数　470 千
版　　次　2014 年 11 月第 1 版
印　　次　2023 年 8 月第 3 次印刷
印　　数　4.001-7,000
书　　号　ISBN 978-7-223-03769-3
定　　价　60.00 元

དཔེ་སྐྲུན་གསལ་བཤད།

ལོ་རྒྱུས་ནི་མིའི་རིགས་ཀྱིས་གསར་དུ་གཏོད་པ་ཡིན་ཞིང་། འགྲོ་བ་མིའི་རིགས་འཕེལ་རྒྱས་འགྲོ་བའི་ལོ་རྒྱུས་ཀྱི་བརྒྱུད་རིམ་ཧྲིལ་པོའི་ཁྲོད་གྲགས་ཅན་མི་སྣས་དམིགས་བསལ་གྱི་མཛད་རྗེས་ལྷུབས་པོ་ཆེ་འཇོག་གནང་མཛད་ཡོད་པ་ནི་རྒྱལ་ཁབ་དང་མི་རིགས་སོ་སོའི་ལོ་རྒྱུས་ཀྱི་ཡིག་ཚང་ཁག་ལས་གསལ་པོ་རྟོགས་ཐུབ་པ་ཞིག་ཡིན། རང་རེ་བོད་ལ་ཆ་མཚོན་ན་འང་བོད་ཀྱི་ལོ་རྒྱུས་འཕེལ་རྒྱས་འགྲོ་བའི་ནང་གྲགས་ཅན་མི་སྣས་གཟེངས་སུ་ཐོན་པའི་མཛད་རྗེས་འཇོག་གནང་མཛད་ཡོད་པ་བོད་ཀྱི་རྒྱལ་རབས་ལོ་རྒྱུས་དང་། ཆོས་འབྱུང་། རྣམ་ཐར། རྟོགས་བརྗོད་སོགས་ལས་གསལ་པོ་མཐོང་ཐུབ་པ་ཞིག་ཡིན་ནའང་། འོན་ཀྱང་ད་ཆ་དེ་ལྟ་བུའི་དཔེ་ཚོགས་ལ་ལྟ་ཀློག་བྱེད་པའི་དུས་ཚོད་མེད་ལ་སེམས་ནུས་ཀྱིས་ཀྱང་མི་ལྡོགས་པས། དེས་ན་རང་རིགས་ཀྱི་ཕྱི་རབས་པ་རྣམས་ཀྱིས་ལོ་རྒྱུས་ཀྱི་དཔེ་ཆ་མང་པོ་ལྟ་ཀློག་མི་དགོས་པར་རང་གི་ལོ་རྒྱུས་རགས་རིམ་ཞིག་ཤེས་རྟོགས་དང་རྒྱུས་མངའ་ཡོང་ཕྱིར་བསྡུ་སྒྲིག་བྱེད་པོ་གཉིས་ཀྱིས་ལོ་ངོ་བཅུ་གྲངས་ཙམ་ལས་ཞོར་གྱི་དུས་གསེང་ཡོད་ཚུ་སྤྱད་དེ་འབྲེལ་ཡོད་ཀྱི་དཔྱད་གཞིའི་དཔེ་དེབ་མང་པོ་ལྟ་ཀློག་དང་ཞིབ་བསྡུར་ནན་ཏན་བྱས་པ་བརྒྱུད་བོད་ཀྱི་ལོ་རྒྱུས་ཐོག་བྱུང་བའི་གྲགས་ཅན་མི་སྣ་ཁག་གཅིག་གི་མཛད་རྣམ་གཙོ་བོ་ཁག་གནད་བསྡུས་གང་ཐུབ་བྱས་པ་དེ་ཡང་། གཅིག་ནས་བོད་ཡིག་གི་ཆུ་ཚད་གང་ཙམ་ཡོད་པ་ཙམ་གྱིས་ལྟ་ཀློག་གོ་ཤེས་ཐུབ་པ་གཙོ་གནད་དུ་བཟུང་བ་དང་། གཉིས་ནས་གྲགས་ཅན་མི་སྣའི་མཛད་རྣམ་གནད་བསྡུས་ལ་བརྟེན་ནས་ལོ་རྒྱུས་ཤེས་རྟོགས་བྱས་ཚེ་ལོ་རྒྱུས་ཀྱི་དཔེ་དེབ་ལ་བརྟེན་ནས་ལོ་རྒྱུས་ཤེས་རྟོགས་བྱས་པ་ལྟར་མ་ཡིན་པར་ལྟ་བདེ་ལ་དོན་རྟོགས་སླ་བ་དང་། ལྟ་ཀློག་གི་སྤྲོ་སྣང་འཕེལ་ཐུབ་པ་བཅས་མངོར་ན་རང་རིགས་ཀྱི་ཕྱི་རབས་པ་རྣམས་ཀྱིས་རང་གི་ལོ་རྒྱུས་ལམ་ཙམ་ཞིག་རྟོགས་པ་བྱ་རྒྱུ་ནི་དཔེ་དེབ་འདི་ཉིད་བསྡུ་སྒྲིག་བྱེད་པའི་དམིགས་ཡུལ་གཙོ་བོ་ཡིན་ནོ། །

སྤྱི་ལོ་༡༩༩༢ ལོར་དཔེ་དེབ་འདི་ཉིད་དཔེ་སྐྲུན་ཐེངས་དང་པོ་བྱས་རྗེས་ཀློག་པ་པོ་མང་པོས་གདེང་འཇོག་གང་ལེགས་གནང་བ་དང་སྤྲུགས་རྩ་ཆེའི་དགོངས་འཆར་ཡང་མི་ཉུང་བ་ཞིག་གནང་བ་གཞིར་བཟུང་ད་ཐེངས་བོད་ལྗོངས་མི་དམངས་དཔེ་སྐྲུན་ཁང་གིས་དཔེ་དེབ་འདི་ཉིད་བསྐྱར་པར་འདེབས་པའི་གོ་སྐབས་བཟང་པོ་གནང་བ་དང་བསྟུན་ནས་རྒྱ་ཆེའི་ཀློག་པ་པོའི་དགོངས་འཆར་ལྟར་དཔེ་དེབ་འདི་ཉིད་ཀྱི་དེ་སྔའི་དཀར་ཆག་སྒྲིག་སྟངས་ལ་འགྱུར་བ་ཅུང་ཟད་གཏོང་རྒྱུ་སྟེ། དེ་སྔའི་དཀར་ཆག་ནང་འཀོད་ལྟར་རྒྱལ་རབས་ལོ་རྒྱུས་ཀྱི་ས་བཅད་ཆེ་བ་ཁག་ལྔ(བོད་རྒྱལ་བཙན་པོའི་སྐབས། བོད་སིལ་བུའི་སྐབས། ས་སྐྱ་པའི་སྐབས། ཕག་གྲུའི་སྐབས། དགའ་ལྡན་ཕོ་བྲང་གི་སྐབས)ལ་འགྱུར་བ་མ་བཏང་བར། ས་བཅད་སོ་སོའི་ནང་གི་མི་སྣ་སྒྲིག་སྟངས་ཐད་དེ་སྔའི་ལོ་རྒྱུས་དང་ལོ་ཚིགས་ཀྱི་སྔ་ཕྱིའི་གོ་རིམ་ལྟར་མ་ཡིན་པར་ཀ་མད་ཀྱི་གོ་རིམ་ལྟར་བསྒྲིགས་པ་ནི་ཀློག

པ་པོ་རྣམས་ཀྱིས་འཚོལ་བདེ་གཟིགས་བདེ་ཡོང་ཕྱིར་ཡིན། དེ་བཞིན་དེ་སྔའི་དཔེ་དེབ་ནང་མི་སྣ་ཁག་གཅིག་གི་མཚན་ཆ་ཚང་བ་བཀོད་མ་ཐུབ་པ་དཔེར་ན“ དཀའ་ཆེན་ཡེ་ཤེས་རྒྱལ་མཚན” ལ“ ཡེ་ཤེས་རྒྱལ་མཚན” ཞེས་དང“ ཨ་རིག་དགེ་བཤེས་བྱམས་པ་འོད་ཟེར” ལ“ བྱམས་པ་འོད་ཟེར” ཞེས་བྲིས་པ་ལྟ་བུར་མཚན་ཆ་ཚང་བ་ཁ་སྐོང་ཞུས་པ། གཞན་ཡང“ ཕ་དམ་པ་སངས་རྒྱས” དང་། “ དཀའ་ཆེན་ཡེ་ཤེས་རྒྱལ་མཚན” གྱི་མཛད་རྣམ་ཅུང་ཟད་ཁ་གསབ་ཞུས་པ་དང་། “ དེ་མོ་སྤྲུལ་སྐུ་ངག་དབང་འཇམ་དཔལ་བདེ་ལེགས་རྒྱ་མཚོ” དང“ རྗེ་རིང་པཎྜི་ཏའི” མཛད་རྣམ་གནད་བཏུས་ཁ་སྐོང་ཞུས་པ་བཅས་སོ། །

ད་ཐེངས་བོད་ལྗོངས་མི་དམངས་དཔེ་སྐྲུན་ཁང་གི་དབུ་ཁྲིད་དང་རྩོམ་སྒྲིག་པ་རྣམས་ཀྱིས་དཔེ་དེབ་འདི་ཉིད་བསྐྱར་པར་འདེབས་པའི་གོ་སྐབས་བཟང་པོ་གནང་བར་སྙིང་དབུས་ནས་ཐུགས་རྗེ་ཆེ་ཞུ་རྒྱུ་དང་འབྲེལ་རྒྱ་ཆེའི་ཀློག་པ་པོ་རྣམས་ཀྱིས་དཔེ་དེབ་འདི་ཉིད་ལ་སྔར་བཞིན་དོ་ཁུར་དང་རྩ་ཆེའི་དགོངས་འཆར་གང་མང་ལྷུག་སྤེལ་ཡོང་བའི་རེ་བ་རྩེ་གཅིག་ཏུ་ཞུ་རྒྱུ་ཡིན།

མཇུག་ཏུ་དཔེ་དེབ་བསྡུ་སྒྲིག་བྱེད་པོ་གཉིས་ཀྱི་གནས་ཚུལ་མདོར་བསྡུས་ངོ་སྤྲོད་ཞུ་རྒྱུ་དེ་ཡང་།

དོན་རྗོར་ལགས། སྤྱི་ལོ་༡༩༨༩ལོའི་སྔ་རོལ་དུ་བོད་ལྗོངས་ཞིང་འབྲོག་སློབ་ཆེའི་བོད་ཡིག་དགེ་རྒན་གནང་བ་དང་། སྤྱི་ལོ་༡༩༨༩ལོར་བོད་རང་སྐྱོང་ལྗོངས་སློབ་གསོ་ཐིང་དུ་ལས་སྒྱུར་གནང་སྟེ《 བོད་ལྗོངས་སློབ་གསོ》 བོད་ཡིག་རྩོམ་སྒྲིག་ཁང་གི་འགན་ཁུར་བ་གནང་ནས་བོད་ཡིག་དུས་དེབ་ཐོག་མར་འདོན་འགོ་བཙམས་པས་ཁོང་ནི་དུས་དེབ་འདི་ཉིད་ཀྱི་གསར་གཏོད་མཁན་ཡིན་ཞེས་བརྗོད་ཆོག ཁོང་གིས་ལོ་ངོ་ཉི་ཤུ་ཙམ་རིང་ཉིན་གཅིག་ལྟར་དུས་དེབ་འདི་ཉིད་ཀྱི་ཆེད་དུ་རང་ནུས་ཡོད་རྒྱུ་ལེགས་སྐྱེས་ཕུལ་ནས་མཐར་སྤྱི་ལོ༢༠༠༣ལོར་སྙུན་གཞིས་རྐྱེན་པས་རྒན་ཡོལ་གནང་དགོས་བྱུང་ཞིང་། མི་རིང་བར་དགོངས་པ་རྫོགས་སོ། །

བསྟན་འཛིན་ཆོས་གྲགས། སྤྱི་ལོ་༡༩༨༣ལོ་ནས་སྤྱི་ལོ་༡༩༨༧ལོའི་བར་བོད་རང་སྐྱོང་ལྗོངས་རྩོམ་རིག་སྒྱུ་རྩལ་ལྷན་ཚོགས《 སྦྲང་རྒྱན་མེ་ཏོག》 རྩོམ་སྒྲིག་ཁང་དུ་རྩོམ་སྒྲིག་པའི་ལས་འགན་འཁུར། སྤྱི་ལོ་༡༩༨༧ལོ་ནས་བཟུང་བོད་རང་སྐྱོང་ལྗོངས་སློབ་གསོ་ཐིང་དུ་ལས་སྒྱུར་བྱས་ནས《 བོད་ལྗོངས་སློབ་གསོ》 བོད་ཡིག་རྩོམ་སྒྲིག་ཁང་དུ་ལོ་ངོ་ཉི་ཤུ་རྩ་ལྔའི་རིང་རྩོམ་སྒྲིག་པའི་ལས་ཀ་གཙོ་བོ་བྱས་པ་དང་། ཞར་དུ་སློབ་ཁྲིད་ཞིབ་འཇུག་དང་ཡིག་སྒྱུར་གྱི་ལས་འགན་འཁུར་ཞིང་། སྤྱི་ལོ༢༠༡༣ལོར་གནས་ཡོལ་ཞུས་པ་བཅས་སོ། །

བསྡུ་སྒྲིག་པ་བསྟན་འཛིན་ཆོས་གྲགས་ཀྱིས།
སྤྱི་ལོ༢༠༡༣ལོའི་ཟླ་ཚེས་བཟང་པོར།

འགོ་བརྗོད།

འཛམ་གླིང་དབུ་རྩེར་གྲགས་པའི་གངས་ཅན་གྱི་ཡུལ་འཁོར་འདིར་འགྲོ་བ་མིའི་རིགས་སྐྱེ་འཕེལ་བྱུང་ནས་ལོ་ངོ་སྟོང་ཕྲག་མང་པོ་སོང་བ་སྔོན་བྱུང་རང་རེའི་ལོ་རྒྱུས་དེབ་ཐེར་དང་ཆོས་འབྱུང་ཁག གནའ་རྫས་རྟོགས་ཞིབ་བྱས་འབྲས་སོགས་ཀྱིས་མཐའ་སྡོམ་བྱས་ཤིང་། དེ་ཙམ་གྱི་དུས་ཡུན་རིང་མོའི་ནང་གངས་ཅན་པ་ཚོས་རང་གི་བློ་གྲོས་དང་ལག་གཉིས་ལ་བརྟེན་ནས་ཐུན་མོང་མ་ཡིན་པའི་བོད་མི་རིགས་ཀྱི་ལོ་རྒྱུས་གསར་དུ་བཏོད་པའི་ནང་གྲགས་ཅན་གྱི་ལོ་རྒྱུས་མི་སྣ་ཡང་ལུ་གུ་བརྒྱུད་དུ་ཐོན། ཁྱད་པར་དུ་བོད་རྒྱལ་ཐོག་མ་གཉའ་ཁྲི་བཙན་པོ་ནས་གླང་དར་མ་འུ་དུམ་བཙན་བར་མཁས་མཛངས་དཔའ་དང་ལྡན་པའི་བཙན་པོ་རིམ་བྱོན་དང་། ཞི་དྲག་ལས་ལ་ཆུབ་པའི་བློན་ཆེན་བརྒྱ་ཕྲག་དུ་མ། གཡུང་དྲུང་བོན་གྱི་བསྟན་པ་འཛིན་ཞིང་སྐྱོང་བའི་མཁས་དབང་དུ་མ། ནང་པ་སངས་རྒྱས་ཀྱི་ཐུན་མོང་དང་ཐུན་མོང་མ་ཡིན་པའི་རིག་པའི་གནས་ལ་མཆོག་ཏུ་གྱུར་པའི་མཁས་གྲུབ་ལོ་པཎ་ཇི་སྙེད་བྱོན་ཡོད་ལ། དེ་ནས་རིམ་བཞིན་བོད་སིལ་བུའི་སྐབས་དང་། ས་སྐྱ་པའི་སྐབས། ཕག་མོ་གྲུ་པའི་སྐབས། རིན་སྤུངས་པ་དང་གཙང་པ་སྡེ་སྲིད་ཀྱི་སྐབས། དགའ་ལྡན་ཕོ་བྲང་གི་སྐབས་བཅས་སུ་ཆོས་སྲིད་ལ་དབང་བསྒྱུར་བའི་བླ་དཔོན་དུ་མ། སངས་རྒྱས་ཀྱི་བསྟན་པ་རིན་པོ་ཆེ་རྒྱུན་འཛིན་གོང་དུ་སྤེལ་བའི་ས་དགེ་རྙིང་གསུམ་གྱིས་གཙོས་རིས་མེད་གྲུབ་མཐའ་རྣམས་ཀྱི་སྲོལ་གཏོད་པ་པོ་དང་རྒྱུད་པར་བཅས་པའི་སྐྱེས་བུ་དམ་པ་ནམ་མཁའི་སྐར་ཚོགས་ལྟར་བྱོན། དེ་དག་གི་ཐུགས་རྗེའི་བཀའ་དྲིན་ལས་བོད་ཀྱི་སྤྱི་ཚོགས་ཡར་ཐོན་གོང་འཕེལ་དང་། ཁྱད་པར་དུ་མདོ་རྒྱུད་བསྟན་བཅོས་ངོ་མཚར་རྙེད་དཀའ་བ་རྣམས་རང་ཅག་བོད་ཡུལ་སྐྱེ་བོའི་སྐད་དང་ཡི་གེར་ཕབ་སྟེ་དར་ཞིང་རྒྱས་པར་མཛད་པས། བོད་ཀྱི་ཐུན་མོང་མ་ཡིན་པའི་རིག་གནས་ཤིག་བྱུང་བ་དེ་འགྲོ་བ་མིའི་རིགས་ཀྱི་ཁྱད་དུ་འཕགས་པའི་རིག་གན་གན་མཛོད་ཁྲོད་ཀྱི་རྩ་ཆེའི་ནོར་བུ་ཞིག་ཡིན་པ་བོད་རིག་པར་ཞིབ་འཇུག་མཛད་པ་པོ་འཛམ་གླིང་མཁས་དབང་རྣམས་ཀྱིས་ཆ་འཛོག་ཁས་ལེན་གནང་མོད། འོན་ཀྱང་རང་ཅག་བོད་མི་མང་པོས་རང་གི་ལོ་རྒྱུས་མ་རྟོགས་པའམ་དོན་གཉེར་མ་བྱས་པའི་དབང་གིས། མིས་རང་གི་རིགས་རུས་ཚོ་འབྲང་མ་ཤེས་ན། ནགས་ནང་གི་སྤྲེའུའི་དཔེ་རུ་འགྱུར་བཞིན་ཡོད་པས། གངས་ལྗོངས་གྲགས་ཅན་པ་ཐོ་རེ་བའི་མཛད་རྣམ་གནད་བཏུས་འདི་ཉིད་སྒྲིག་རྩོམ་བྱེད་པའི་དགོས་དོན་ཡང་རྗེས་རབས་པ་རྣམས་ལ་སྔོན་བྱོན་མེས་པོའི་ཕྱག་རྗེས་ཅུང་ཟད་ངོ་སྤྲོད་ཞུས་ཏེ། བཀའ་དྲིན་རྗེས་དྲན་དང་མཛད་འཕྲིན་དྲན་ཐོས་བརྒྱུད་བློ་གསར་གཞོན་སྐྱེས་ཚོར་ཡར་ལྷོས་ལ་སྨན་པའི་ལྷག་སྐུལ། བོད་རིག་པར་ཉམས་ཞིབ་མཛད་པོ་ལས་དང་པོ་བ་རྣམས་ལ་ཞིབ་འཇུག་གི་དཔྱད་གཞིར་སྨན་ན་སྙམ་པ་བཅས་ཀྱི་ཀུན་སློང་བཟང་པོ་བཅངས་ཏེ་སྒྲིག་རྩོམ་གྱི་དོན་ལ་འཇུག་པ་ཡིན།

ཀྱ་ཏའི་སྨན་ལྗོངས་འདིའི་སྟོད་བཙུད་ཀྱི་ལོ་རྒྱུས་རིང་བས་གྲགས་ཅན་མི་སྣ་པོན་ཆེན་བྱོན་རུང་སྟར་གྱི་

ལོ་རྒྱུས་དང་། ཆོས་འབྱུང་རྣམ་ཐར་སོགས་མཛད་པ་པོ་དག་གིས་འཇིག་རྟེན་མི་ཆོས་ལ་ཐུགས་སྣང་དེ་ཙམ་མ་བཞེས་པས་སྲིད་ཕྱོགས་ཀྱི་མི་སྣ་དང་མཛད་རྣམ་ཐོ་རེ་བ་ལས་མ་འཁོད་ཅིང་དེ་དག་གི་འཁྲུངས་འདས་ལོ་ཚིགས་ཀྱང་མི་གསལ་བའམ་བཞེད་པ་མི་འདྲ་བ་མང་བ། དཔེར་ན། རྗེ་གཉའ་ཁྲི་བཙན་པོའི་འབྱུང་ཁུངས་དང་འཁྲུན་སྐབས་ཀྱི་ལོ་ཚིགས་ལ་བཞེད་པ་མི་མཐུན་པ་མང་ཙམ་མཆིས་པ་དང་། བོད་རྒྱལ་གཉིས་པ་མུ་ཁྲི་བཙན་པོ་ནས་ཉེར་བདུན་པ་ཁྲི་ཐོག་རྗེ་ཐོག་བཙན་བར་གྱི་བཙན་པོ་རྣམས་ཀྱི་འཁྲུངས་འདས་ལོ་ཚིགས་དང་མཛད་རྣམ་སྤྱིར་ན་མི་གསལ་བ། སྲོང་བཙན་སྒམ་པོ་ནས་གླང་དར་མའི་བར་གྱི་བཙན་པོ་རིམ་བྱོན་གྱི་འཁྲུངས་འདས་ལོ་ཚིགས་ལ་ཡང་བཞེད་པ་མི་མཐུན་པ་མང་བ་སོགས་ལ་བརྟེན་ང་ཚོས་སྟོད་སྨད་ཁྲིད་བྱེད་སྐབས་ལག་སོན་བྱུང་བའི་ལོ་རྒྱུས་དང་ཆོས་འབྱུང་གི་དཔེ་ཆ་ཁག་ཤས་ཚུན་དཔྱད་བསྡུར་གྱིས་ནང་དོན་ཅུང་ཟད་ཆ་ཚང་བ་དང་བཞེད་པ་གཙོ་ཆེ་བ་གཉིས་གསུམ་བརྟེན་ནས་བསྒྲིགས་པ་དང་། དམ་པ་ཆོས་ཀྱི་སློབ་དཔོན་ལ་མཚོན་ན། བསྟན་པ་སྔ་དར་ནས་ཕྱི་དར་བར་ལོ་ཙཱ་བ་ཁོན་ཡང་བརྒྱ་ཕྲག་འགའ་བྱོན་པར་གསུངས་ཤིང་། གྲུབ་མཐའ་རིས་མེད་ཀྱི་སྲོལ་གཏོད་པ་པོ་དང་དེ་རྣམས་ཀྱི་སློབ་རྒྱུད་དང་བཅས་པ་བགྲངས་ཀྱིས་མི་ལངས། དཔེར་ན། དགའ་ལྡན་ཁྲི་པ་ལ་ཆ་མཚོན་ན་རབ་བྱུང་བཅུ་དྲུག་པའི་ས་ཕག(སྤྱི་ལོ1959)ལོ་བར་བྱོན་ཁྲི་ཐོག་དགུ་བཅུ་གོ་བདུན་ཕེབས་པ་དང་། འབྲི་གུང་བ་ལ་མཚོན་ན་དུས་རབས་བཅུ་དགུ་པའི་བར་གདན་རབས་སུམ་ཅུ་ལྷག་བྱོན་པ། མདོ་སྨད་བྱ་ཁྱུང་དགོན་ལ་ཁྲིར་མཁན་རབས་བརྒྱ་དང་ཉེར་གསུམ་ཕེབས་པ། མདོ་སྨད་བཀྲ་ཤིས་འཁྱིལ་རབ་བྱུང་བཅུ་གཉིས་པའི་ས་གླང(སྤྱི་ལོ1709)ལོར་ཕྱག་བཏབ་ནས་རབ་བྱུང་བཅུ་གསུམ་པའི་ལྕགས་སྤྲེལ(སྤྱི་ལོ1800)ལོ་ཙམ་བར་མཁན་རབས་ལྔ་བཅུ་སྐོར་བྱོན་པ་བཅས་དཔེ་མཚོན་ཙམ་ལས་ས་དགེ་རྙིང་གསུམ་གྱིས་གཙོས་རིས་མེད་དགེ་འདུན་གྱི་ཆོས་སྡེ་ཆེ་ཆུང་སྟོང་ཕྲག་འགའ་ཡོད་པ་ལས་རིག་པའི་གནས་བཅུ་ལ་མཆོག་ཏུ་མངའ་བའི་སྐྱེས་ཆེན་དམ་པ་བསམ་གྱིས་མི་ཁྱབ་པ་བྱོན་ཡང་ང་ཅག་རྩོམ་སྒྲིག་པ་ལ་དཔྱད་གཞིའི་ཡིག་ཆ་ཉུང་ཤས་ལས་ལག་ཏུ་མ་ཐེབས་གཤིས་འདིར་བོད་ཀྱི་གྲགས་ཅན་མི་སྣ་བདུན་བརྒྱ་ལྷག་ཙམ་ལས་བསྡུ་སྒྲིག་མ་ཐུབ། དེ་དག་ལས་ཀྱང་འགའ་ཞིག་གི་མཛད་པ་མདོར་ཙམ་ལས་མ་རྙེད་ཅིང་། རེ་འགའི་འཁྲུངས་འདས་ཀྱི་ལོ་དུས་ཀྱང་འགོད་མ་ཐུབ་པ་སོགས་མི་འདང་བའི་ཆ་དུ་མ་མཆིས་མོད། འོན་ཀྱང་གྲུབ་མཐའི་ཕྱོགས་ལྷུང་དང་ཡུལ་ལུང་འཐེན་འཁྱེར་སོགས་ཀྱི་དྲི་ངན་རིང་དུ་དོར་ཏེ་གྲགས་ཅན་པ་དེ་རྣམས་ཀྱི་འཁྲུངས་འདས་སོགས་ཀྱི་ལོ་ཚིགས་དང་། མཛད་འཕྲིན་གནད་ཆེ་ཁག་ལག་ཡོད་དཔེ་ཆ་ཁུངས་མ་རྣམས་ཞིབ་བསྡུར་གྱིས་གཅིག་ཏུ་སྒྲུར་བའམ་རྗེ་མཐུན་ཆེ་བ་གཙོ་བཟུང་ཐོག་མ་ཡིག་ཇེ་གསལ་གཉུག་མར་ཕབ་འཇོག་ལས་སྒྲིག་པ་པོའི་འདོད་ཞེན་དང་། དཔྱད་བརྗོད། སྒྲོ་བཀུར་སོགས་སྤངས་ཤིང་། མཛད་རྣམ་གནད་ཆེ་རིགས་བཏུས་གང་ཐུབ་བཀོས་པ། འཁྲུངས་འདས་ཀྱི་ལོ་ཚིགས་མ་གསལ་བ་རྣམས་དེ་དང་དུས་མཉམ་པའི་རྗེ་དཔོན་ནམ་བླ་སློབ་ཀྱི་སྐུ་དུས་ལ་བསྟུན་ནས་བསྒྲིགས་པ། མི་སྣ་གཅིག་ལ་འཁྲུངས་འདས་ཀྱི་ལོ་ཚིགས་སམ་མཚན་དོན་མི་གཅིག་པ་འགའ་ཞིག་བྱུང་བ་ལས་བཞེད་པ་གཙོ་ཆེ་ཁག་འགོད་གང་ཐུབ་བྱས་ཡོད། འདིར་འཁོད་བོད་རྒྱལ་བཙན་པོའི་སྐབས་བྱོན་པའི་གྲགས་ཅན་ལོ་རྒྱུས་མི་སྣ་རྣམས་རྒྱལ་ཐོག་སྔ་རྗེས་ཀྱི་གོ་རིམ་གཞིར་བཟུང་བསྒྲིགས་པ། དཔེར་ན། གནམ་

གྱི་ཁྲི་བདུན་གྱི་སྐབས། བར་གྱི་ལེགས་དྲུག་སྐབས་ལྔ་བུ་དང་། འོད་སྲུང་ས་དང་ཡུམ་བརྟན་གྱི་རྒྱུད་པ་རྣམས་གདུང་རྒྱུད་ཀྱི་གོ་རིམ་གཞིར་བཟུང་བསྒྲིགས་པ། དེ་ཕྱིངས་གྲགས་ཅན་པ་ཕལ་མོ་ཆེ་འབྲུངས་ལོའི་གོ་རིམ་བཞིན་ཀྱང་བསྒྲིགས་པ་ལགས་སོ། །

རང་ཅག་སློབ་ཚོམ་བྱེད་པོའི་སྐྱེས་སྲུངས་ཀྱི་ཤེས་རབ་དམན་པ་དང་། མཐོང་རྒྱ་དང་ཐོས་རྒྱ་ཆུང་བ། སྦྱོས་སུ་འབྲེལ་ཡོད་དཔེ་ཆ་ལག་སོན་དཀའ་བ་སོགས་ལ་བརྟེན་གྲགས་ཅན་མི་སྣ་རེ་འགའི་མཛད་རྣམ་བསྡུས་དྲགས་པ་དང་། འབྲུངས་འདས་ལོ་ཚིགས་འཛོལ་བ། མཛད་རྣམ་གནད་བཏུས་བྱེད་ཕྱོགས་རྒྱས་བསྡུས་མི་འཚམ་པའམ་གཙོ་གནད་བཏུས་མ་ཐུབ་པ། ཚིག་དོན་ཆད་ལྷག་འཁྲུལ་བ་སོགས་ཀྱི་སྐྱོན་ཆ་ཡོང་ངེས་པས་གཟུར་གནས་བློ་ལྡན་རྣམས་ཀྱིས་དགོངས་འཆར་ལྷུག་ཚོམ་ཡོང་བའི་རེ་བ་རྩེ་གཅིག་ཏུ་ཞུ།

མཛད་རྣམ་བཏུས་བསྒྲིགས་ཀྱི་གཞི་བཅོལ་དཔེ་དེབ་ལ་མཚོན་ན། དེབ་ཐེར་སྔོན་པོ་དང་། དེབ་ཐེར་དམར་པོ་གསར་མ་ཉིད། དེབ་ཐེར་དཀར་པོ། ལྡེའུ་ཆོས་འབྱུང་། ཡར་ལུང་ཆོས་འབྱུང་། རྒྱལ་རབས་གསལ་བའི་མེ་ལོང་། དཔྱིད་ཀྱི་རྒྱལ་མོའི་གླུ་དབྱངས། ཆོས་འབྱུང་མཁས་པའི་དགའ་སྟོན། ས་སྐྱའི་གདུང་རབས། དགའ་ལྡན་ཆོས་འབྱུང་བཻཌཱུར་སེར་པོ། ཉིང་མ་ཆོས་འབྱུང་། བསྟན་རྩིས་ཀུན་ལས་བཏུས་པ། བསྟན་རྩིས་གསལ་བའི་ཉིན་བྱེད། བོད་རྒྱ་ཚིག་མཛོད་ཆེན་མོ། བོད་ཀྱི་ལོ་རྒྱུས་དོན་ཆེན་རེའུ་མིག འབྲི་གུང་གདན་རབས་གསེར་ཕྲེང་། གངས་ལྗོངས་མཁས་དབང་རིམ་བྱོན་གྱི་རྩོམ་ཡིག་གསེར་གྱི་སྲམ་བུ། མདོ་སྨད་ཆོས་འབྱུང་། བོད་ཀྱི་ལོ་རྒྱུས་རགས་རིམ་གཡུ་ཡི་ཕྲེང་བ། གུང་ཐང་བསྟན་པའི་སྒྲོན་མེའི་རྣམ་ཐར། བྲ་གྲུང་གདན་རབས། གངས་ལྗོངས་གསོ་རིག་བསྟན་པའི་ཉིན་བྱེད་རིམ་བྱོན་གྱི་རྣམ་ཐར་ཕྱོགས་བསྒྲིགས། གསུང་འབུམ་དཀར་ཆག དེབ་ཐེར་ཀུན་གསལ་མེ་ལོང་། གངས་ལྗོངས་སྐད་གཉིས་སྨྲ་བའི་འགྱུར་བྱང་བློ་གསལ་དགའ་སྐྱེད། བོད་ལྗོངས་ཞིབ་འཇུག་བོད་ཡིག་དུས་དེབ། བོད་ལྗོངས་ནང་བསྟན་དུས་དེབ་སོགས་སོ། །

སྨྲས་པ།

གངས་ཅན་སྐྱེ་བོའི་མཐུ་དང་བློ་གྲོས་ལས། །
འཛམ་གླིང་དབུ་རྩེའི་ལོ་རྒྱུས་གསར་དུ་འབྲུངས། །
བགྲང་བྱ་སྟོང་གི་ཤུལ་ལམ་རིང་མོ་བརྒྱུད། །
གྲགས་ཅན་སྐྱེས་མཆོག་རྒྱུ་སྐར་བཞིན་དུ་བྱོན། །
མཁས་མཛངས་དཔའ་ལྡན་ཆོས་རྒྱལ་རིམ་བྱུང་དང་། །
མདོ་སྔགས་བསྟན་པའི་མངའ་བདག་ལོ་པཎ་རྗེའི། །
མཛད་འཕྲིན་ཉིན་བྱེད་དབང་པོའི་འོད་ཟེར་འབུམ། །
ཆ་ཙམ་འཁྲོས་པས་ཕྱི་རབས་བློ་མུན་བསལ། །
མེས་པོའི་ཤུལ་བཞག་རིག་པའི་གནས་དག་ལ། །
མ་སྲུངས་མ་རྟོགས་ཁ་ཞེན་ཙམ་འཆང་བའི། །

སྐྱེ་རྒྱུ་དེ་ནི་སྔོན་བླའི་འཇའ་རིས་བཞིན། །
རྣམ་པར་བཀྲ་ཡང་དོན་གྱི་སྙིང་པོས་དབེན། །
དེས་ན་མེས་པོའི་བཀའ་དྲིན་རྗེས་དྲན་གྱིས། །
འབད་འབུངས་སྲུད་བུའི་སྣེ་མོ་མི་སྙོད་ཅིང་། །
འཇུག་ལྡོག་འཕྲུལ་བའི་བསམ་སྦྱོད་ཡོངས་སྤངས་ཏེ། །
བླང་དོར་འབྱེད་པའི་བློ་མིག་གསལ་གྱུར་ཅིག །

བསྡུ་སྒྲིག་པས།

དཀར་ཆག

དང་པོ། བོད་རྒྱལ་བཙན་པོའི་སྐབས།

གཉིས་པ། བོད་སིལ་བུའི་སྐབས།

གསུམ་པ། ས་སྐྱ་པའི་སྐབས།

བཞི་པ། ཕག་གྲུའི་སྐབས།

ལྔ་པ། དགའ་ལྡན་ཕོ་བྲང་གི་སྐབས།

དང་པོ། བོད་རྒྱལ་བཙན་པོའི་སྐབས།

ཀ་མ་ལ་ཤཱི་ལ། མཁན་པོ་བོ་དྷི་ས་ཏྭའི་སློབ་མ། དུས་རབས་བརྒྱད་པར་རྒྱ་གར་ཤར་ཕྱོགས་སུ་བྱུང་བའི་རྣལ་འབྱོར་སྤྱོད་པའི་དབུ་མ་རང་རྒྱུད་པའི་སློབ་དཔོན་ཞིག ཆོས་རྒྱལ་ཁྲི་སྲོང་ལྡེ་བཙན་གྱི་སྐུ་དུས་སུ་བོད་ལ་སྟོན་རྩེན་གཉིས་ཀྱི་རྩོད་པ་ཆེན་པོ་ཞིག་བྱུང་བས་བཙན་པོས་དེ་ཇི་ལྟར་ཐག་གཅོད་དགོས་པ་མ་མཁྱེན་པར་ཕོ་ཉ་མངགས་ཏེ་སྨྲ་ཡེ་ཤེས་དབང་པོ་བཀུག་ནས་བཀའ་གྲོས་མཛད། ཡེ་ཤེས་དབང་པོས་གསོལ་བ་ལྟར་བལ་ཡུལ་ནས་ཀ་མ་ལ་ཤཱི་ལ་གདན་དྲངས། དེ་ནས་བསམ་ཡས་བྱང་ཆུབ་གླིང་དུ་ཁྲི་བཞམས་ཏེ་བཙན་པོ་དཀྱུང་དུ་བཞུགས། ཧྭ་ཤང་གཡས་ངོས་ཀྱི་ཁྲི་ལ་བཞུགས་པའི་གཤག་འོག་ཏུ་སྟོན་མིན་གྱི་སློབ་མ་ཛ་མོ་བྱང་ཆུབ་དང་གྱུ་ཡང་དག་ལ་སོགས་པ་མང་བས་གྲལ་རིང་པོ་ཞིག་བྱུང་། ཀ་མ་ལ་ཤཱི་ལ་བཙན་པོའི་གཡོན་ངོས་ཀྱི་ཁྲི་ལ་བཞུགས་པའི་གཤམ་འོག་ཏུ་རྩེན་མིན་གྱི་སློབ་མ་སྦ་དཔལ་དབྱངས་དང་བེ་རོ་ཙ་ན་ལ་སོགས་པ་ཉུང་ཤས་ཤིག་ལས་མ་བྱུང་། བཙན་པོས་སྟོན་རྩེན་གྱི་མཁན་པོ་དང་སློབ་མ་རྣམས་ལ་མེ་ཏོག་དཀར་པོའི་ཕྲེང་བ་རེ་ཕྱག་ཏུ་ཕུལ་ནས་རང་རང་གི་ལྟ་བའི་ཁུངས་དང་རྒྱུ་མཚན་རྣམས་ཕན་ཚུན་བསྟུར་ལ་གཏན་ཚིགས་གང་བཟང་བ་དེ་ལ་གཏན་ཚིགས་ཞན་པ་དེས་ང་རྒྱལ་མ་བྱས་པར་ཆོས་ཀྱི་ལུགས་བཞིན་མེ་ཏོག་ཕྲེང་བ་ཕུལ་ཅིག་ཅེས་བཀའ་བསྩལ། དེ་སྐབས་ཧྭ་ཤང་ན་རེ་ང་གཞི་ལ་སྔ་བས་ངས་དྲིའམ་ལན་གདབ་གསུངས་པར་ཀ་མ་ལ་ཤཱི་ལས་སྔོན་ལ་ཁྱེད་ཀྱིས་ཤགས་ཐོབ་ཅིག་གསུངས། ཧྭ་ཤང་གིས། "ཐམས་ཅད་སེམས་ཀྱི་རྣམ་པར་རྟོགས་པས་བསྐྱེད་པས་ལས་དགེ་དང་མི་དགེས་མཐོ་རིས་དང་ངན་སོང་གི་འབྲས་བུ་སྤྱོད་ཞིང་འཁོར་བ་ན་འཁོར་རོ། གང་ཞིག་ཅི་ལ་ཡང་མི་སེམས་ཤིང་ཅི་ཡང་མི་བྱེད་པ་དེ་འཁོར་བ་ལས་ཡོངས་སུ་ཐར་བར་འགྱུར་རོ། ……" ཞེས་དེའི་སྒྲུབ་བྱེད་རྣམས་གསུངས་པ་ལ། ཀ་མ་ལ་ཤཱི་ལས། "དེ་ལྟར་ཅི་ཡང་མི་སེམས་ཟེར་བ་དེ་ནི་སོ་སོར་རྟོག་པའི་ཤེས་རབ་སྤངས་པ་ཡིན་ནོ། ཆོས་ཐམས་ཅད་ཀྱི་རང་བཞིན་ཆོས་དབྱིངས་རྣམ་པར་མི་རྟོག་པ་དེ་ནི་སོ་སོར་རྟོག་པའི་ཤེས་རབ་ཀྱིས་རྟོགས་དགོས་པ་ཡིན། ཡང་དག་པའི་ཡེ་ཤེས་ཀྱི་རྩ་བ་ནི་སོ་སོར་རྟོག་པའི་ཤེས་རབ་ཡིན་ན་དེ་སྤངས་པས་འཇིག་རྟེན་ལས་འདས་པའི་ཡེ་ཤེས་སམ་ཤེས་རབ་ཀྱང་སྤངས་པར་འགྱུར་ཏེ་སོ་སོར་རྟོག་པའི་ཤེས་རབ་མེད་པར་རྣལ་འབྱོར་པས་ཐབས་གང་གིས་རྣམ་པར་མི་རྟོག་པ་ལ་གནས་པར་འགྱུར།" ཞེས་སོགས་ཕན་ཚུན་རང་རང་གི་ལྟ་བ་སྒྲུབ་པར་བྱེད་པ་དང་། གཞན་ཕྱོགས་དགག་པའི་

རྩོད་གླིང་ཐེངས་མང་གནང་མཐར་སྟོན་མིན་པས་ཤགས་ལན་འཛལ་མ་ཐུབ་པས་ཕམ་པར་ཁས་བླངས་ཏེ་རྩེན་མིན་པ་ལ་མེ་ཏོག་ཕུལ། དེ་ནས་བཙན་པོས་ཕྱིན་ཆད་བོད་དུ་སྟོན་མིན་གྱི་ཆོས་ལུགས་སྤེལ་མི་ཆོག་པར་བོད་རྣམས་ལྟ་བ་ཀླུ་སྒྲུབ་ཀྱི་ལུགས་དང་། སྤྱོད་པ་ཕ་རོལ་ཏུ་ཕྱིན་པ་དྲུག་ལ་སློབ་དགོས་པ་སོགས་བཀས་བཅད་དོ། ལོ་རྒྱུས་ཡིག་ཚང་ནང་མཐར་ཀ་མ་ལ་ཤཱི་ལ་མུ་སྟེགས་ཀྱིས་གཤེད་མ་བཏང་ནས་མཚན་མོ་སྒྲ་བསྒྱུར་གྱི་ཁང་པའི་ནང་གཟིམ་མལ་དུ་མཁལ་མ་མཉེས་ནས་བཀྲོངས་ཞེས་གསལ།

དཀོན་པ་རྗེ་གུང་སྟག ཆོས་རྒྱལ་ཁྲི་སྲོང་ལྡེ་བཙན་གྱི་ནང་བློན། ཡབ་འཁོན་པར་སྐྱེས་དང་ཡུམ་བཙན་བཟའ་ལྷམ་བུ་སྒྲོན་གྱི་སྲས། འདི་ཉིད་མཐུ་སྟོབས་དང་རྫུ་འཕྲུལ་ཆེ་ལ། བློ་དང་རིག་པ་རྣོད་པ། གཟུགས་དང་ཡང་ཆོ་འཛོམས་པ། ཀུན་གྱི་ཡིད་འཕྲོག་པ་ཞིག་ཡོད་པས་འདི་འདྲ་མི་ཡི་ཡུལ་དུ་སྐྱེས་པ་དཀོན་ཟེར་ནས་མཚན་ཡང་དཀོན་པ་རྗེ་གུང་སྟག་ཅེས་གསོལ། ཁོང་གིས་དགེ་བཅུ་ཚང་བའི་བསམ་ཡས་ལ་གནས་བཅས་པས་ཆོས་རྒྱལ་ཁྲི་སྲོང་ལྡེ་བཙན་གྱི་ཐུགས་ལ་བབས་ནས་ནང་བློན་བཅོལ། སླད་བཟའ་ནི་ཚུང་མ་ཁབ་ཏུ་བཞེས་པར་སྲས་གཉིས་འཁྲུངས་པའི་ཆེ་བ་ལ་འཁོན་ཀླུའི་དབང་པོ་དང་། ཆུང་བ་ལ་འཁོན་རྡོ་རྗེ་རིན་ཆེན་ཞུ།

ཀ་བ་དཔལ་བརྩེགས། （ཀ་ཞེས་པའང་སྣང）ཆོས་རྒྱལ་ཁྲི་སྲོང་ལྡེ་བཙན་གྱི་སྐུ་དུས་སུ་བྱུང་བའི་ལོ་ཙཱ་བ་སྐ་ཅོག་ཞང་གསུམ་གྱི་ཡ་གྱལ་ཡིན་ལ། ལོ་ཙཱ་བ་རབ་དགུའི་ནང་གསེས་གཞོན་གསུམ་གྱི་ཡ་གྱལ་ཡང་ཡིན།

འདི་ཉིད་ཀྱི་འགྱུར་ལ། འཁོར་ལོ་དང་པོར་གཏོགས་པ་འདུལ་བ་ལུང་གི་སྐོར་ལས། རབ་བྱུང་གི་གཞི་སོགས་གཞི་བཅུ་བདུན་ལ་ཁྱོན་བམ་པོ་བརྒྱ་དང་དགུ་པ། དགེ་སློང་མའི་རྣམ་འབྱེད་ཤློ་ཀ་བརྒྱད་སྟོང་བཞི་བརྒྱ་དང་བམ་པོ་ཉི་ཤུ་རྩ་བརྒྱད་པ། འཁོར་ལོ་བར་པ་ལས། ཤེས་རབ་ཀྱི་ཕ་རོལ་ཏུ་ཕྱིན་པའི་བསྡུས་དོན་གྱི་ཚིགས་སུ་བཅད་པ་སྡུད་པ་བམ་པོ་ཕྱེད་དང་གཉིས་པ།

འཁོར་ལོ་ཐ་མ་དཀོན་བརྩེགས་ལས། སྒོ་མཐའ་ཡས་པ་རྣམ་པར་སྦྱོད་པའི་ལེའུ་བམ་པོ་བཞི་པ།

མདོ་མང་སྐོར་ལས། འཕགས་པ་རྣམ་པར་མི་རྟོག་པར་འཇུག་པའི་གཟུངས་ཤློ་ཀ་བརྒྱ་ཉི་ཤུ་པ། འཕགས་པ་མིའམ་ཅིའི་རྒྱལ་པོ་སྡོང་པོས་ཞུས་པ་བམ་པོ་བཅོ་ལྔ་བ་ལོ་ཙཱ་བ་དཔལ་གྱི་ལྷུན་པོ་དང་ལྷན་དུ་བསྒྱུར། འཕགས་པ་གསུམ་ལ་སྐྱབས་སུ་འགྲོ་བ་ཞེས་བྱ་བའི་མདོ་ཤློ་ཀ་སུམ་ཅུ་པ། འཕགས་པ་སངས་རྒྱས་འགྲོ་བ་ཞེས་བྱ་བའི་མདོ་བམ་པོ་གསུམ་པ་ལོ་ཙཱ་བ་དཔལ་དབྱངས་དང་ཟུང་དུ་བསྒྱུར། འདུས་པ་ཆེན་པོ་ཞེས་བྱ་བ་ཐེག་པ་ཆེན་པོའི་མདོ་ལས་དེ་བཞིན་གཤེགས་པའི་དཔལ་གྱི་དམ་ཚིག་ཅེས་བྱ་བའི་མདོ་བམ་པོ་གསུམ་དང་ལེའུ་བཞི་པ་སོགས་བསྒྱུར། སྔགས་ཕྱོགས་སྐོར། དེ་བཞིན་གཤེགས་པའི་རིགས་རྣམ་པར་སྣང་མཛད་ཆེན་པོ་མངོན་པར་བྱང་ཆུབ་པ་རྣམ་པར་སྤྲུལ་བ་བྱིན་གྱིས་བརླབས་པ་ཤིན་ཏུ་རྒྱས་པ་མདོ་སྡེའི་རྒྱལ་པོ་རིམ་པར་ཕྱེ་བ་ཉི་ཤུ་རྩ་དྲུག་པ། དེའི་རྒྱུད་ཕྱི་མ་རིམ་པར་ཕྱེ་བ་བདུན་པ་དང་བཅས

པ། ཕྱག་ན་རྡོ་རྗེ་རིག་པ་མཆོག་གི་རྒྱུད་ཆེན་པོ་ལེའུ་མེད་པ། འཕགས་པ་ཡོངས་སུ་བསྔོ་བའི་རྒྱལ་པོ་སྨོན་ལམ་ཆེན་པོ་དང་བཅས་པ་བམ་པོ་གཉིས་པ་ཡེ་ཤེས་སྙིང་པོ་དང་ཟླ་ཕུར་བསྒྱུར་ཅིང་ཞུས།

བསྟན་འགྱུར་ལས། སངས་རྒྱས་བཅོམ་ལྡན་འདས་ལ་བསྟོད་པ་བསྔགས་པར་འོས་པ་བསྔགས་པ་ལས་བསྟོད་པར་མི་ནུས་པར་བསྟོད་པ་ཞེས་བྱ་བ་སློབ་དཔོན་མ་ཏྲི་ཙེ་ཊས་མཛད་པ། དཀོན་མཆོག་གསུམ་ལ་བཀྲ་ཤིས་ཀྱི་བསྟོད་པ་མཛད་པ། བཅོམ་ལྡན་འདས་ལ་བསྟོད་པ་དཔལ་རྡོ་རྗེ་འཛིན་གྱི་དབྱངས་ཀྱི་རྒྱ་ཆེར་བཤད་པ་གཉིས་མང་དུ་ཐོས་པའི་སློབ་དཔོན་ཞི་བ་ཚོས་མཛད་པ། རྩ་བའི་རྒྱུད་ལས་རྣམ་པར་སྣང་མཛད་མངོན་པར་རྫོགས་པར་བྱང་ཆུབ་པའི་རྒྱུད་ཀྱི་བསྡུས་པའི་དོན་སློབ་དཔོན་ཤྲཱི་བུདྡྷ་གུ་ཧྱས་མཛད་པ། འདི་ལ་ཤློ་ཀ་ཉིས་སྟོང་སུམ་བརྒྱ་ཡོད། བྱ་བ་སྤྱིའི་རྒྱུད་བསམ་གཏན་ཕྱི་མ་རིམ་པར་ཕྱེ་བ་རྒྱ་ཆེར་བཤད་པ་སློབ་དཔོན་སངས་རྒྱས་གསང་བས་མཛད་པ། རྡོ་རྗེ་རྣམ་པར་འཇོམས་པ་ཞེས་བྱ་བའི་གཟུངས་ཀྱི་བཤད་པ་སློབ་དཔོན་པོ་ཏྟི་ས་ཏྭས་མཛད་པ། རྡོ་རྗེ་རྣམ་པར་འཇོམས་པའི་གཟུངས་ཞེས་བྱ་བའི་རིམ་པར་ཕྱེ་བའི་རྒྱ་ཆེར་འགྲེལ་བ་གསལ་བའི་སྒྲོན་མེ་ཞེས་བྱ་བ་སློབ་དཔོན་ཡེ་ཤེས་རྡོ་རྗེས་མཛད་པ་སོགས་ལོ་ཙྪ་བ་འདི་ཉིད་ཀྱིས་བསྒྱུར་ཞུས་གནང་བའི་བཀའ་བསྟན་ཤིན་ཏུ་མང་ངོ་།

ཁྲི་ལྡེ་སྲོང་བཙན་གྱི་ཕྱག་ཐོག་གི་བཀའ་བསྟན་ གནམ་རི་དང་སྲོང་བཙན་ཡབ་སྲས་གཉིས་ཀྱི་བློན་པོ། རྒྱལ་པོ་གནམ་རི་སྲོང་བཙན་གྱི་སྐུ་དུས་སུ་འདིས་རྩང་པོད་ཀྱི་རྗེ་བོ་མར་མུན་ཞེས་པའི་མགོ་བཅད་དེ་རྩང་པོད་ཀྱི་འབངས་མི་ཁྱིམ་དུད་ཁྲི་ཕྲག་གཉིས་ཕྱུར་རྒྱལ་བཙན་པོའི་མངའ་འབངས་སུ་ཕུལ་བ་དང་། དེ་རྗེས་བཙན་པོ་སྐུ་མཆེད་ལ་མོང་སྟོན་པོ་ནྭ་ལོག་ནས་གཡོ་རྫུས་བཤམས་པ་དེ་ཟླ་ཅེས་ལྷག་བསམ་གྱིས་མཚང་བརྗོལ་ནས་བཙན་པོ་སྐུ་མཆེད་ཀྱི་སྐུ་ལ་གནོད་པ་མ་བྱུང་། བཙན་པོས་ཀྱང་ཟླ་ཅེ་ནྭ་དཀར་བའི་བྱ་དགར་རྩང་པོད་ཀྱི་འབངས་ཁྱིམ་ཉིས་ཁྲི་བསྐྱལ།

སྲོང་བཙན་སྒམ་པོ་ཁྲི་ལ་འཁོད་རྗེས་ཁྱུང་པོ་སྤུང་སད་ཟླ་ཅེས་བློན་ཆེན་པོ་མྱང་མང་པོ་རྗེ་ཞང་སྣང་གི་དབང་ཆ་འཕྲོག་ཆེད་བཙན་པོ་དང་ཞང་སྣང་དབར་ཕྲ་མ་བཙུགས་སྐོ་མཐར་ཞང་སྣང་བསླུ་ཐབས་ཀྱིས་བཀུམ་པ་བཅས་སྐབས་ཤིག་རིང་བློན་པོའི་ཁྲིད་ན་སྤུང་སད་ཟླ་ཅེ་བཙན་པོའི་སྐུ་ལ་ཉེ་རོགས་ཤིག་བྱས་པར་གྲགས་ཤིང་། དེ་རྗེས་ཟླ་ཅེ་རྒས་ནས་ལས་གནས་མེད་པར་ངལ་གསོ་བྱས་ཆོག་པར་གནང་། སྲོང་བཙན་མཛད་འཕྲིན་དར་ལ་གྲགས་པའི་འགོ་ཚུགས་སྐབས་བློན་ཆེན་ཟླ་ར་པ་ཁྱུང་པོ་སྤུང་སད་ཟླ་ཅེས་ཕྱི་ཚུལ་དུ་དད་གུས་ཆེན་པོས་བཙན་པོ་གཙང་ཕྱོགས་སུ་གདན་ཞུ་བྱས་པ་དང་། སྐོག་ཏུ་དམག་དཔུང་སྦས་ཏེ་བཙན་པོ་བཀྲོངས་རྒྱུའི་གཡོ་སྒྱུ་བཤམས་པ་བློན་པོ་མགར་སྟོང་བཙན་ཡུལ་ཟུང་གིས་ཤེས་པས་མཐར་རང་གི་བུ་ངག་རེ་ཁྱུང་ལ་ཁ་ཆེམས་བཞག་པ་བཞིན་བུས་ཕའི་མགོ་བྲེག་ནས་བཙན་པོ་ལ་ཕུལ་ཏེ་བདག་ཅག་གི་ཁྱིམ་སྲིད་ལ་བཀའ་ཉེས་མེད་པ་ཞེས་གསོལ་བ་ལྟར་བཙན་པོས་ཀྱང་

དེ་ལྟར་བཀའ་བཞེས་གནང་བ་བཅས་སོ།

ཁྲི་སྲོ་སྲོངས་བཙན། (ཁྲི་སྲོ་དཔུང་བཙན་ཞེས་པའང་སྣང་) བོད་རྒྱལ་ཉེར་དྲུག་པ། བཙན་ལྷའི་ཡ་རྒྱལ། ཡབ་ཁྲི་བཙན་ནམ་དང་ཡུམ་སྨན་བཟའ་ཁྲི་དཀར་གྱི་སྲས། བློན་པོ་མགར་སྲ་རྡེ་མུན་དང་ཐོན་མི་སླུ་མང་དྲེད་པོས་བྱས། ཞང་ཞུང་མུ་ཏ་ལ་རྒྱལ་གྱིས་མུ་མཐུད་སྐུ་བོན་བྱས། སྨན་བཟའ་ཀླུ་སྟེང་ངམ་སྨན་གསུམ་ཀླུ་སྟེང་ཁབ་ཏུ་བཞེས།

ཁྲི་གཉན་གཟུང་བཙན། (ཁྲི་སྙ་བྱུང་བརྩན་ཞེས་པའང་སྣང་) བོད་རྒྱལ་ཉེར་དགུ་པ། ཡབ་ལྷ་ཐོ་ཐོ་རི་གཉན་བཙན་དང་ཡུམ་ནོ་ཟ་མང་དཀར་གྱི་སྲས་སུ་བོད་ཆུ་སྤྲེལ(སྤྱི་ལོ333)ལོར་འཁྲུངས་སྐད། སྲས་ཀྱིས་ནོ་ལ་ཞང་དུ་བོས་པ་ཡིས། ཞང་དུ་ནོ་ལྷ་ཏུས་ལ་དེར་མིང་ཆགས། དེ་ཡན་ལ་ཞང་པོ་ལ་ཇོ་བོ་ཞེས་འབོད་སྐད། རྒྱལ་པོ་འདིའི་བློན་པོ་དབས་སྣང་གཞེར་ལྷ་བཙན་དང་མགར་ཁྲི་འབྲིང་གིས་བྱས། ཁྱུའི་བོན་པོ་མང་སྲ་ལེགས་པས་སྐུ་བོན་བྱས། རྒྱལ་པོ་འདིའི་དུས་བོད་ཀྱི་ཞིང་ས་དང་འབྲོག་ས་འབྲེལ་མཐུད་དང་། མཚོ་དང་མཚོའུ་ཡུར་བུར་འབྲེལ་སྦྱོར་བྱས་ནས་དེའི་ཆུ་ཞིང་ཁ་ལ་འདྲེན་པའི་སྲོལ་བཙུགས། འབྲོང་བཟའ་མོ་དུར་ཡངས་གཞེར་རམ་འབྲོ་བཟའ་དུང་ཕྱུང་བཞེར་བྱ་བ་ཁབ་ཏུ་བཞེས། ཁྲི་གཉན་མཆད་པ་དོན་མཁར་མདའ་རུ་བརྩིགས། དེ་ཡང་ཐུལ་མེད་ས་ཐུང་བརྟལ་པ་འདྲ།

ཁྲི་ཐོག་རྗེ་ཐོག་བཙན། (ཁྲི་ཐོག་བརྩན་ཞེས་པའང་སྣང་) བོད་རྒྱལ་ཉེར་བདུན་པ། བཙན་ལྷའི་ཡ་རྒྱལ། ཡབ་ཁྲི་སྲོ་སྲོངས་བཙན་དང་ཡུམ་སྨན་བཟའ་ཀླུ་སྟེང་གཉིས་ཀྱི་སྲས། བློན་པོ་མགར་གཉའ་བཙན་ལྡོམ་བུ་དང་གནུབས་སྐྱེས་ཐོག་རྗེ་སོར་བཙན་གྱིས་བྱས། རྒྱལ་པོ་འདིའི་སྐུ་རིང་ལ་ལྷ་ཡི་རོལ་མོ་གླིང་བུ་ཅག་པར་བྱུང་། བོན་གྱི་བསྟན་པ་རྒྱས་པར་མཛད་ཅེས་གྲགས། ཞང་ཞུང་མུ་ཏ་ལ་རྒྱལ་གྱིས་མུ་མཐུད་གདུང་རབས་གསུམ་གྱི་སྐུ་བོན་བྱས། འདིའི་གཙུང་པོ་གུང་མཐའ་དང་། སྟབས་མཐའ། འབྲིང་སྣ། སྣ་འབྲིང་བཞི་ཐང་མཚམས་སུ་ཕབ། ཏུ་ཡོང་བཟའ་སྟོང་རྒྱལ་མོ་མཚོ་ཁབ་ཏུ་བཞེས། འདི་ཡན་གདུང་རབས་ཉི་ཤུ་རྩ་བདུན་དོ། ཆབ་སྲིད་སྲུང་དང་ལྡེའུ་བོན་གྱིས་བསྐྱངས་ཞེས་གྲགས།

ཁྲི་དར་མ་འུ་དུམ་བཙན། (རྒྱལ་པོ་གླང་དར་མ་ཡང་ཟེ) བོད་རྒྱལ་ཞེ་གཉིས་པ། རྒྱལ་པོ་འདི་ཉིད་ཡབ་ཁྲི་ལྡེ་སྲོང་བཙན་དང་ཡུམ་འབྲོ་བཟའ་ཁྲི་མོ་ལེགས་གཉིས་ཀྱི་སྲས་སུ་བོད་ཆུ་ལུག(སྤྱི་ལོ863)ལོར་འཁྲུངས་ཞེས་དང་། ཤིང་ལུག(སྤྱི་ལོ815)ལོར་འཁྲུངས་སོགས་གསུང་ཚུལ་མི་འདྲ་བ་མཆིས། རྒྱལ་པོ་ཁྲི་རལ་པ་ཅན་བཀྲོངས་རྗེས་འདི་ཉིད་རྒྱལ་སར་བཏོན། དབས་རྒྱལ་ཏོ་རེ་སྟག་སྣ་ཅན་དང་སྣ་ནམ་རྒྱལ་ཚ་ཁྲི་གསུམ་ལ་སོགས་པས་ཕྱི་ནང་གི་བློན་པོ་བྱས། བོད་ཀྱི་ཡོངས་གྲགས་ཆོས་འབྱུང་ལས་འབྱུང་བ་ལྟར་ན། རྒྱལ་པོ་འདི་ཉིད་བ་ལང་གི་ཤ་ཚུགས་འདྲ་ཞིང་། མཁྱེན་པ་ཆུང་ལ་རྒྱུད་གྱོང་བས་འབངས་རྣམས་ཀྱིས་གླང་དར་མར་བཏགས་ཞེས་དང་། ཆོས་འབྱུང་ལ་ལར་བདུད་དང་ཐེ་རང་གི་སྤྲུལ་པའམ་

ཡང་ན་སངས་རྒྱས་ཀྱི་བསྟན་པ་བསྣུབ་པའི་སྨོན་ལམ་ལོག་ལྷ་ཅན་བཏབ་ནས་བཙན་པོའི་གདུང་རྒྱུད་དུ་སྐྱེ་བ་བླངས་པ་སོགས་ཀྱི་གཏམ་རྒྱུད་ཀྱང་འདུག གང་ལྟར་དར་མ་རྒྱལ་པོའི་ཁྲི་ལ་འཁོད་རྗེས་རེ་ཞིག་རྒྱལ་སྲིད་ཚུལ་བཞིན་དུ་བསྐྱངས། ཁོང་གིས་འབྲི་ལྷ་ཁང་དང་། བཙུན་མོ་བཙན་མོ་འཕན་གྱིས་ཡར་ལུང་དཔག་བསམ་ཕྱིན་ཤིང་། ཕྱུག་པོ་ཆེའི་ལྷ་ཁང་བཞེངས། དེ་ནས་གང་མཚམས་སོང་བ་ན་རྒྱལ་པོའི་ཐུགས་ལ་གདོན་གསོལ་ཏེ་བློན་པོ་རྣམས་དང་བཅས་ཆོས་ཁྲིམས་བཤིག་པར་གྲོས། ཐོག་མར་ལྷ་སར་བཤིག་འགོ་བཙམས་ནས་མར་མེ་མཛད་ཀྱི་སྐོ་སྒྲུང་ཕྱག་རྫོར་གྱི་མགུལ་ལ་ཐག་པ་བཏགས་པས་དེ་མ་ཐག་འདོགས་མཁན་ཁྲག་སྐྱུགས་ནས་དེ་ཀར་ཤི་བས་འཇིག་མ་ནུས། ཇོ་བོ་རྣམ་གཉིས་དང་བྱམས་པ་ཆོས་འཁོར་ཆུ་ལ་བསྐྱུར་ཟེར་བ་ལ་བློན་པོ་ཆོས་ལ་དགའ་བ་འགས་བསྐྱུར་ཟེན་པ་སྐད་དུ་ཐབས་བྱས་ནས་སོ་སོའི་ཁྲི་འོག་ཏུ་སྦས། གཙང་ཁང་གི་སྒོ་བརྩིགས་ནས་བཙུན་པ་ཆང་འཐུང་བའི་རི་མོ་བྲིས་ཏེ་བཞག དེ་ནས་བསམ་ཡས་བཤིག་པར་བསློས་ནས་མཆོད་རྟེན་འོད་འབར་ཡིན་ཡང་ཟེར། ཁམས་གསུམ་དང་དབུ་རྩེའི་བར་ན་མཆོད་རྟེན་ནག་པོ་ཆུང་ངུ་ཞིག་ཡོད་ཀྱང་ཟེར་ཏེ་དེ་བཤིག་པས་ཐོག་བབས་ནས་བཤིག་མཁན་རྣམས་འཆི་བས་འཇིག་འཕྲོ་བཅད། ལྷ་ས་བསམ་ཡས་གཉིས་ཀར་དང་པོ་བཤས་ཁང་བྱས། ཕྱིས་ཕ་ཚང་དང་སྤྱང་ཚང་བཅས། གཞན་ཡང་ལྷ་ཁང་མང་དུ་བཤིག གསུང་རབ་གང་རྙེད་མེར་བསྲེགས། ཆུར་བསྐྱུར། ལ་ལ་སའི་འོག་ཏུ་སྦས། རྨ་རིན་ཆེན་མཆོག་དང་མྱང་ཏིང་འཛིན་བཟང་པོ་སོགས་སྐྱེས་བུ་དམ་པ་མང་དུ་བཀྲོངས། རབ་ཏུ་བྱུང་བ་ཕལ་ཆེར་ས་མཐར་བྲོས་ཤིང་། མ་ཐར་བ་རྣམས་ཁྱིམ་པར་ཕབ། མ་ཉན་པ་བསད། ལ་ལ་ཁྲིད་ནས་རྒྱལ་བློན་རྣམས་ཀྱི་རྟ་འབབ་འཛེག་གི་སྟེགས་བྱེད། ལ་ལར་རྔ་གཤང་བསྐུར་ཏེ་རྔོན་པ་ལ་གཏོང་སྐད། མདོར་ན་རྒྱལ་པོ་འདིའི་སྐུ་རིང་ལ་བོད་སྤྱི་མཐུན་ལས་ཀྱི་བསོད་ནམས་སོས་ཀའི་འབྲུགས་རོམ་བཞིན་དུ་བཞུ། མི་རྗེ་ལྷའི་བསོད་ནམས་མཚོ་སྐམ་པའི་གཉེར་མ་བཞིན་དུ་ཡལ། བོད་ཁམས་ཡོངས་ལ་བཅས་པའི་རྒྱལ་ཁྲིམས་ནི་ནམ་ཞོད་ཆེ་བའི་རྩིག་པ་བཞིན་དུ་ཞིག སེར་ཆགས་ཡོངས་ལ་བཅས་པའི་འདུལ་ཁྲིམས་ནི་རྒས་གུད་འཛོམས་པའི་ཤེས་པ་བཞིན་དུ་ཉམས། བཟང་བྱེད་ལེགས་པའི་ཡོན་ཏན་ཐམས་ཅད་དགོང་གའི་ཉི་མ་བཞིན་དུ་ནུབ། རྒྱལ་བློན་རྣམས་ཀྱི་ཐུགས་ལ་གདོན་གསོལ་ཏེ་མངའ་རིས་ཐྲུམ་པོ་ལ་ཕྱོགས་རིས་དུམ་བུར་ཆད་ཅེས་ལོ་རྒྱུས་ཡིག་ཚང་ནང་འཁོད་པ་ནས་སྐབས་དེའི་གནས་ཚུལ་རགས་ཙམ་མཁྱེན་ཐུབ།

གཞན་ཡང་རྒྱལ་པོ་གླང་དར་མའི་སྐོར་ལ་དམངས་ཁྲོད་དུ་སྒྲུང་གཏམ་འདི་འདྲ་ཞིག་བརྗོད་སྲོལ་ཡོད་པ་སྟེ། གླང་དར་མའི་མགོ་ལ་རྭ་ཅོ་སྦྲུད་ཙམ་ཡོད་པ་དང་། ལྗེ་ཡང་ནག་པོ་རེད་ཟེར། རྭ་ཅོ་སྦས་ཆེད་སྐྲ་རྣམས་གྱེན་དུ་འཐེན་ཏེ་རྭ་ཅོ་སྐྱེས་མཚམས་ནས་མདུད་པ་ཞིག་བཅིངས་ཏེ་སྐྲ་ཐོག་རྒྱག་གི་ཡོད། ཚུལ་དེ་མི་རྣམས་ཀྱིས་དོ་སྣང་མི་ཡོང་བའི་ཆེད་སྐབས་དེའི་བློན་རིགས་རྣམས་ལའང་སྐྲ་ཐོག་རྒྱག་པའི་

སྲོལ་བཙུགས་ཤིང་། རྗེས་སུ་བོད་ཀྱི་གཞུང་ཞབས་སྐུ་བོ་ཆོས་སྐྱ་ལྡོག་རྒྱག་པའི་སྲོལ་ཡང་དེ་དུས་བྱུང་བ་ཡིན་ཟེར། དེ་བཞིན་བོད་རིགས་ཆོས་རང་ལས་མཐོ་བའི་སར་བཅར་དུས་གུས་ཞབས་ལྷ་བུར་ལྷེ་སྣར་བ་དང་། ལག་པ་གཅིག་གིས་མགོ་སྐྲ་ཕུར་ཙམ་ཕུར་ཙམ་བྱེད་པ་དེ་ཉི་ང་བདུད་རྒྱལ་གླང་དར་ནང་བཞིན་ལྷེ་ནག་པོ་མིན་ལ། མགོ་ལ་རྭ་ཅོ་ཡང་མེད་ཟེར་བའི་བརྡ་སྟོན་ཚུལ་ཡིན་པ་དང་། རྒྱལ་པོ་གླང་དར་མས་སངས་རྒྱས་ཀྱི་བསྟན་པ་བསྣུབས་པར་བརྟེན་མང་ཚོགས་ཀྱི་ཁྲོད་དུ་ཁོ་པ་བདུད་རེད་ཅེས་པའི་ཤོད་སྲོལ་ཡང་ཡོད། གླང་དར་མས་རྒྱལ་ས་ལོ་གཅིག་གམ་ལོ་ལྔ་བཟུང་ཞེས་གསུང་ཚུལ་མི་འདྲ་བ་སྣང་། བཙུན་མོ་ཆེ་བ་སྣ་ནམ་བཟའ་དང་། ཆུང་བ་ཚེ་སྤོང་བཟའ་གཉིས་ཁབ་ཏུ་བཞེས་པར་སྲས་ཡུམ་བརྟན་དང་འོད་སྲུང་གཉིས་སྐུ་བལྟམས་ཤིང་། ཡུམ་བརྟན་དར་མའི་སྲས་ངོ་མ་ཡིན་མིན་སྐོར་ལ་བཞེད་ཚུལ་མི་འདྲ་བ་ཅི་རིགས་ཡོད། མཐར་གླང་དར་མས་སངས་རྒྱས་ཀྱི་བསྟན་པ་བསྣུབས་པ་ཡེར་པ་བྲག་ལྷར་སྒོམ་དུ་བཞུགས་པའི་ལྷ་ལུང་དཔལ་གྱི་རྡོ་རྗེས་མཐེན་ཏེ(བོད་ཆུ་ཁྱི་སྤྱི་ལོ902ཞེས་དང་ཆུ་ཕག་སྤྱི་ལོ843ཞེས་གསུང་ཚུལ་མི་འདྲ་བ་འདུག) རྒྱལ་པོ་གླང་དར་མ་ལྷ་སའི་རྡོ་རིང་གི་ཡི་གེ་ཀློག་པའི་སྐབས་དང་བསྟུན་ནས་མདའ་འཕངས་པས་སྙིང་མཚམས་སུ་ཕོག་སྟེ་མདེའུ་ལྷག་པར་ཕྱུང་། ཡང་ན་ལོ་གསུམ་གྱིས་ཐུས། ཡང་ན་ལོ་གསུམ་གྱིས་ཕྱིས་ཞེས་ཁ་ནས་ཤོར་ཏེ་ཕྱག་གཉིས་མདའ་ལ་འཇུས་ནས་གྲོངས་སོ། དེ་ལྟར་སྤུར་རྒྱལ་བཙན་པོའི་གདུང་རྒྱུད་ཀྱིས་བོད་སྤྱི་ལ་དབང་བསྒྱུར་བའི་དུས་རབས་དེ་ནས་མཇུག་འགྲིལ་ལོ། བང་སོ་འཕྲུལ་དང་རྒྱལ་ཆེན་བར་དུ་བརྩིགས་པ་འཕྱོར་ལུས་སྐད།

ཁྲི་ལྡེ་གཙུག་བརྟན། (ཁྲི་ལྡེ་གཙུག་བཙན་དང་མེས་ཨག་ཚོམ་ཡང་ཟེ) བོད་རྒྱལ་སོ་བདུན་པ། ཡབ་འདུས་སྲོང་མང་པོ་རྗེ་དང་ཡུམ་མཆིམས་བཟའ་བཙན་མོ་ཏོག་གཉིས་ཀྱི་སྲས་སུ་ལྕགས་ཕོ་འབྲུག(སྤྱི་ལོ740)ལོར་ཕོ་བྲང་ལྷུན་དཀར་དུ་འཁྲུངས་ཞེས་དང་། ཤིང་ཕོ་འབྲུག(སྤྱི་ལོ704)ལོའི་དབྱིད་དུས་སུ་ཕོ་བྲང་ཚལ་དུ་སྐུ་བལྟམས་སོགས་གསུང་ཚུལ་མི་འདྲ་བ་མཆིས། དགུང་ལོ་བདུན་ནམ་བཅུ་ལ་ཕེབས་སྐབས་ཡབ་གཤེགས་ཏེ་རྒྱལ་པོའི་ཁྲིར་འཁོད། སྲས་སྐྱེས་བཟང་སྟོང་བཙན་དང་། མཆིམས་རྒྱལ་གཟིགས་ཤུ་ཏིང་། འབྲོ་ཆུ་བཟང་འོར་མ་སོགས་ཀྱིས་བློན་པོ་བྱས། རྒྱལ་པོ་སྐུ་ན་མ་སོན་བར་མེས་མོ་ཁྲི་མ་ལོད་ཀྱིས་ཕྱི་ནང་གི་ཆབ་སྲིད་བསྐྱངས། བཙུན་མོ་འཇང་མོ་ཁྲི་བཙུན་ལ་སྲས་འཇང་ཚ་ལྷ་དབོན་བལྟམས་པར་རྒྱའི་སྲས་མོ་ཞིག་བཙུན་མོར་སློང་པས་བཙུན་མོ་བོད་དུ་མ་འབྱོར་གོང་ལྷ་སྲས་འདས་ནས་མཐར་ཡབ་དང་ལྷན་དུ་གཤོས་ཞེས་པ་དང་། ཡང་ཡབ་རང་གི་བཙུན་མོར་བླངས་སོགས་གསུང་ཚུལ་མི་འདྲ་བ་འདུག བོད་ཀྱི་ལོ་རྒྱུས་ཆོས་འབྱུང་ཕལ་མོ་ཆེའི་ནང་རྒྱལ་པོ་འདིའི་སྲས་ཁྲི་སྲོང་ལྡེ་བཙན་བཙུན་མོ་གྱིམ་ཤིང་ཀོང་ཇོར་བལྟམས་ཞེས་གསལ་ནའང་། ཏུན་ཧོང་གི་ཡིག་རྙིང་ནང་། བོད་ཆུ་རྟ(སྤྱི་ལོ742)ལོར་བཙུན་མོ་ཆུང་བ་སྣ་ནམ་བཟའ་མང་མོ་རྗེ་ལ་སྲས་ཁྲི་སྲོང་ལྡེ་བཙན་བལྟམས་ཞེས

འཁོད།

རྒྱལ་པོ་ཁྲི་ལྡེ་གཙུག་བརྟན་གྱི་སྐུ་དུས་སུ་ལྷ་ས་མཁར་བྲག་དང༌། བྲག་དམར་མགྲིན་བཟང༌། མཆིམས་ཕུ་ནམ་རལ། བྲག་དམར་ཀ་ རུ། མ་ས་གོང་གི་གནས་བཅས་ལྷ་ཁང་ལྔ་བཞེངས་པ་མ་ཟད། མདོ་སྡེ་དང་སྨན་དཔྱད་མང་པོ་བོད་དུ་བསྒྱུར། ཕོ་བྲང་འཕང་ཐང་བརྩིགས། ལི་ཡུལ་ནས་རབ་ཏུ་བྱུང་བ་དང༌། རྒྱ་ཡུལ་ནས་ཧྭ་ཤང་མང་པོ་སྤྱན་དྲངས་ཏེ་བསྟན་པ་ལ་གུས་པར་མཛད་ཀྱང་བོད་མི་རབ་ཏུ་བྱུང་བ་ནི་མ་བྱུང༌། དེ་སྐབས་བོད་རྒྱ་གཉིས་ཀྱི་ས་མཚམས་ཁྲི་ལིང་ལ་རྡོ་རིང་བཙུགས་ནས་བཀའ་ག་སྩོགས་ཀྱི་མདོ་ཡི་གེར་བཀོད་ཅིང༌། ཕན་ཚུན་ཉེ་ཆོང་བྱས། ཆོས་འབྱུང་ཁག་ནང་རྒྱལ་པོ་འདི་དགུང་ལོ་དྲུག་ཅུ་རེ་གསུམ་ལ་ཕེབས་པ་བོད་ཆུ་ཕོ་རྟ(སྤྱི་ལོ802)ལོར་ཡར་འབྲོག་སྤྲ་ཚལ་མཁར་དུ་ཆིབས་འདྲོགས་ནས་སྐུ་གཤེགས་ཞེས་གསལ་ཡང༌། ཁྲི་སྲོང་ལྡེ་བཙན་གྱི་སྐུ་དུས་སུ་བཙུགས་པའི་ལྷ་ས་པོ་ཏ་ལའི་རྡོ་རིང་ཡི་གེར། བློན་པོ་འབལ་ལྡོང་ཙབ་དང༌། ལང་མྱེས་གཟིགས་ཀྱིས་བགྱོངས་པ་གསལ་ཡོད། གཞན་ཡང་གཡུ་ཕྱིང་ནང་འདི་ཉིད་ཤིང་རྟ(སྤྱི་ལོ754)ལོར་འདས་པར་གསུངས། དེ་ཡི་བང་སོ་མུ་ར་རི་ལ་བརྩིགས། གྲལ་ནི་འཕྲུལ་གྱི་རྒྱལ་པོའི་གཡོན་ན་ཡོད། མིང་ནི་ལྷ་རི་གཙུག་ནམ་བྱ་བ་ལགས།

ཁྲི་ལྡེ་སྲོང་བཙན། (སད་ན་ལེགས་མཇིང་ཡོན་ཡང་ཞུ)བོད་རྒྱལ་བཞི་བཅུ་པ། ཡབ་ཁྲི་སྲོང་ལྡེ་བཙན་དང་ཡུམ་ཚེ་སྤོང་བཟའ་གཉིས་ཀྱི་སྲས་ཐ་ཆུང༌། རྒྱལ་པོ་འདི་ཉིད་བོད་ཤིང་འབྲུག(སྤྱི་ལོ824)ལོར་འཁྲུངས་ཞེས་གྲགས། བློན་ཆེན་པོ་བྲན་ཀ་དཔལ་ཡོན་དང་མྱང་ཏིང་ངེ་འཛིན་ལ་སོགས་པས་བཙན་པོའི་སྐུ་ཕྱྭ་སྲུང་སྐྱོང་དང་ཆབ་སྲིད་སྐྱོང་རོགས་ཞུས། རྒྱལ་པོ་འདི་ཉིད་ཀྱིས་ཡབ་མེས་ཀྱིས་བཞེངས་པའི་གཙུག་ལག་ཁང་རྣམས་ལ་མཆོད་པ་ཕུལ་བ་དང༌། ཤུལ་ན་བཞུགས་པའི་ལོ་པཎ་རྣམས་ལ་བསྙེན་བཀུར་ཚད་མེད་གནང་བ་མ་ཟད། རྒྱ་གར་ནས་སློབ་དཔོན་བི་མ་ལ་མི་ཏྲ་དང༌། ཛྙཱ་ས་ན། བལ་པོ་ཧཱུྃ་ཀ་ར་ལ་སོགས་པ་སྤྱན་དྲངས་ཏེ་སྔར་མ་བསྒྱུར་པའི་ཆོས་མང་པོ་བསྒྱུར། དེ་སྐབས་བན་དེ་དཔལ་བརྩེགས་དང༌། ཆོས་ཀྱི་སྙིང་པོ་སོགས་པས་ཕང་ཐང་ཀ་མེད་ཀྱི་གཙུག་ལག་ཁང་ན་བཞུགས་པའི་གསུང་རབ་རྣམས་ཐོ་ལོ་ག་དང༌། བམ་གྲངས། ཐེམ་བྱང་སོགས་བཀོད་པར《དཀར་ཆག་ཕང་ཐང་མ》ཞེས་བཀའ་འགྱུར་གཅིག་ཏུ་བསྡུས་པའི་ཐོག་མ་ཡིན། དེ་རྗེས་བན་དེ་དཔལ་བརྩེགས་ལ་སོགས་པས་སྟོང་ཐང་ལྡན་དཀར་ན་བཞུགས་པའི་གསུང་རབ་རྣམས་བསྒྲིགས་ནས་བཀོད་པར《དཀར་ཆག་ལྡན་དཀར་མ》དང། བསམ་ཡས་མཆིམས་ཕུར་བཞུགས་པའི་བཀའ་འགྱུར་ལ་དག་ཐེར་མཛད་ནས་བསྒྲིགས་པར《དཀར་ཆག་མཆིམས་ཕུ་མ》ཞུ་བ་བཅས་བྱུང༌། དེ་ལྟར་རྒྱ་གར་དང་བོད་ཀྱི་ལོ་ཙཱ་བ་མཁས་པ་རྣམས་ཀྱིས་བོད་སྐད་ལ་བསྒྱུར་བའི་ཐེག་པ་ཆེ་ཆུང་ལས་བྱུང་བའི་ཆོས་ཀྱི་གཞུང་ལུགས་རྣམས་ཞུད་ཅིང་གཏན་ལ་ཕབ་པ་དང༌། བཙན་པོ་ཁྲི་ལྡེ་སྲོང་བཙན་གྱིས་བཀས་བཅད་པ་དེ་ནི་བཀས་བཅད་རྣམ་པ་གསུམ་དུ་གྲགས་པའི་

གཉིས་པ་དེ་ཡིན་པར་བཞེད་མཁན་ཡང་ཡོད། སྐབས་དེར་སྒྱུར་ཡིག་གཏན་ལ་འབེབས་པའི་རྩ་དོན་ནི། དང་པོ་བྷ་ཀ་ར་ཙའི་གཞུང་ལུགས་དང་མཐུན་དགོས་པ་དང་། གཉིས་པ་ཆོས་ཀྱི་གཞུང་ལས་བཤད་པའི་རྩ་བའི་བརྗོད་དོན་དང་འགལ་མི་ཆོག་པ། གསུམ་པ་བོད་མི་ཡོངས་ཁྱབ་ཀྱིས་གོ་བདེ་བ་ཞིག་ཡོང་ཐབས་བྱ་དགོས་པ་བཅས་བཙན་པོ་སྲོང་བཙན་སྒམ་པོའི་སྐུ་དུས་ནས་བཟུང་ལོ་རྒྱུས་ཐོག་ཆོས་ཀྱི་གཞུང་ལུགས་བསྒྱུར་བའི་ཉམས་མྱོང་དང་བསླབ་བྱ་རྣམས་ཕྱོགས་བསྡོམས་གནང་སྟེ་ཡིག་སྒྱུར་གྱི་རིག་པའི་གཞུང་ལུགས་ཤིག་གསར་གཏོད་མཛད་ཡོད། དེ་བཞིན་རྒྱལ་པོ་འདིའི་སྐུ་དུས་སུ་སྐྱིད་ཤོད་དུ་སྐར་ཆུང་རྡོ་རྗེ་དབྱིངས་ཀྱི་ལྷ་ཁང་བཞེངས་པ་དང་། ལྷ་ལྡན་གཙུག་ལག་ཁང་མདུན་དངོས་ཀྱི་ཁྲིམས་རྡ་དེའང་གསར་དུ་བཞེངས། སྟོན་འབངས་ཐམས་ཅད་ལ་དམ་པའི་ཆོས་མི་ཞིག་ཅིང་དཀོན་མཆོག་གསུམ་བླ་མར་བྱ་བའི་བཀའ་ཁྲིམས་བསྒྲགས། བཀའ་གཙིགས་ཀྱི་ཡི་གེ་མང་པོ་བྲིས་ཏེ་རྒྱས་བཏབ་ནས་མཛོད་དུ་བཞག་པ་མ་ཟད། རྡོ་རིང་ལའང་བརྐོས། དེ་དུས་སྐར་ཆུང་གཙུག་ལག་ཁང་གི་རྡོ་རིང་དང་། དབུར་སྟོད་ཞྭ་ལྷ་ཁང་གི་རྡོ་རིང་སྤྱི་རྟེང་གཉིས། ཀོང་པོ་དེ་མོའི་རྡོ་བརྐོས་ཡི་གེ། ཁམས་ཀྱི་བྲུམས་མདུན་བྲག་བརྐོས་ཡི་གེ། འཕྱོང་རྒྱས་བང་སོའི་རྡོ་རིང་ཡི་གེ་སོགས་གནའ་བོའི་ལོ་རྒྱུས་རྡོ་ལ་བརྐོས་ནས་ཕྱི་རབས་པའི་མིག་རྒྱུན་དུ་བཞག་པ་ནི་བཙན་པོ་འདིའི་སྐུ་དུས་སུ་མང་ཤོས་ཡིན། མདོར་ན་རྒྱལ་པོ་འདིའི་སྐུ་དུས་སུ་རྒྱལ་ཁྲིམས་ཆོས་བཞིན་བསྐྱངས་ནས་འབངས་རྣམས་བདེ་ལ་བཀོད་པར་གྲགས། གཞན་ཡང་དེ་སྐབས་མཐའ་བཞིའི་རྒྱལ་ཁམས་ཀུན་དང་ལྷག་པར་དུ་ཐང་བོད་དབར་ཞི་འདུམ་མཛའ་མཐུན་མཛད་པ་ལྷ་ལྡན་གཙུག་ལག་ཁང་མདུན་ངོས་ཀྱི་རྡོ་རིང་ཐོག་གསལ་ཡོད། རྒྱལ་པོ་ཁྲི་ལྡེ་སྲོང་བཙན་གྱིས་བཙུན་མོ་འབྲོ་བཟའ་ཁྲི་མོ་ལེགས་དང་། མཆིམས་རྒྱལ་བཟའ་ལེགས་མོ་བཙན། ཅོག་རོ་བཟའ་བརྟན་རྒྱལ་རྣམས་ཁབ་ཏུ་བཞེས་པར་སྲས་གཙང་མ་དང་། དར་མ། རལ་པ་ཅན། ལྷ་རྗེ། ལྷུན་གྲུབ་བཅས་ལྔ་བྱུང་། རྒྱལ་པོ་འདིས་ཚབ་སྲིད་ལོ་བཅུ་དྲུག་གམ་སུམ་ཅུ་སོ་གཉིས་བསྐྱངས་ནས་མཐར་དགུང་ལོ་ལྔ་བཅུ་ང་བཞི་པ་མེ་བྱ(སྤྱི་ལོ877)ལོར་སྒྲགས་ཕུར་སྐུ་གཤེགས་པར་གྲགས། བང་སོ་འཕྲུལ་རྒྱལ་གྱི་མདུན་ན་བརྩིགས་པ་དང་། བང་སོའི་མཚན་ལ་རྒྱལ་ཆེན་འཕྲུལ་གྱི་རི་བོ་ཞེས་གྲགས། བང་སོའི་མདུན་དུ་རྡོ་རིང་བཟོ་བཀོད་ཕུལ་དུ་བྱུང་བ་ཞིག་བཞེངས་ཡོད་པ་དེའི་སྟེང་རྒྱལ་པོ་འདི་ཉིད་ཀྱི་མཛད་རྗེས་བཀོད་ཡོད།

ཁྲི་བཙན་ནམ། བོད་རྒྱལ་ཉེར་ལྔ་པ། བཙན་ལྔའི་ཡ་གྱལ། ཡབ་རྒྱལ་ཧོ་རེ་ལོང་བཙན་དང་ཡུམ་འོ་མ་ལྡེ་བཟའ་ཁྲི་བཙུན་གྱི་སྲས། སྔོན་པོ་གནུབས་གཉའ་དོར་གཙུག་སྔོན་དང་དབས་ཁྲི་ཟུང་མོང་ཕོང་གིས་བྱས། ཞང་ཞུང་མུ་ཏ་ལ་རྒྱལ་གྱིས་སྐུ་བོན་བྱས། སྨན་བཟའ་ཁྲི་དཀར་རམ་སྨན་ས་ཁྲི་དཀར་ཁབ་ཏུ་བཞེས།

ཁྲི་གཙུག་ལྡེ་བཙན། (ཁྲི་རལ་པ་ཅན་ཡང་ཞུ།) བོད་རྒྱལ་ཞེ་གཅིག་པ། ཆོས་རྒྱལ་མེས་དབོན་རྣམ་གསུམ་གྱི་ཡ་གྱལ། རྒྱལ་པོ་འདི་ཉིད་ཡབ་ཁྲི་ལྡེ་སྲོང་བཙན་དང་ཡུམ་བཙུན་མོ་ཚེ་མ་འབྲོ་བཟའ་ཁྲི་མོ་ལེགས་གཉིས་ཀྱི་སྲས་སུ་བོད་མེ་ཁྱི(སྤྱི་ལོ866)ལོར་སྐུ་འཁྲུངས་ཞེས་དང་། ཆུ་རྟ(སྤྱི་ལོ802)ལོར་སྐུ་འཁྲུངས་སོགས་གསུང་ཚུལ་མི་འདྲ་བ་མཆིས། འདི་ཉིད་དགུང་ལོ་བཅུ་གཉིས་སམ་བཅུ་གསུམ་ལོར་སྲིད་ཁྲིར་མངའ་གསོལ། བྲན་ཀ་དཔལ་ཡོན་དང་མྱང་ཏིང་ངེ་འཛིན་ལ་སོགས་པས་བློན་པོའི་གཙོ་བོ་བྱས། བཙུན་མོ་ཅོག་རོ་བཟའ་དཔལ་གྱི་ངང་ཚུལ་མ་དང་། མཆིམས་བཟའ་ལྷུང་དཀར་མ། སྣ་ནམ་བཟའ་ཨ་ཇེ་ཐོ་ལེགས། ཚེ་སྤོང་བཟའ་ལྷུན་གྱི་བུ་མོ། ལྷ་ལུང་བཟའ་མེ་ཏོག་མ་བཅས་ལྔ་ཁབ་ཏུ་བཞེས་ཀྱང་རིགས་རྒྱུད་ཀྱི་སྲས་ནི་མ་བྱུང་བར་གྲགས། རྒྱལ་པོ་འདིའི་སྐུ་དུས་སུ་བོད་རྒྱའི་དབར་དམག་འཁྲུག་ལན་འགའ་བྱུང་ཡང་མཐར་རྒྱ་བོད་གཉིས་ཀྱི་ཆོས་པ་ཆོས་དཔང་པོ་མཛད་དེ་རྒྱའི་གོང་གུ་སྐྱི་ཏུ་བྱ་བའི་ས་ཆར་བོད་རྒྱའི་ས་མཚམས་བྱས་ཏེ་དེ་ནས་བཟུང་ཕན་ཚུན་གཉིས་པོས་རང་གི་ས་མཚམས་ལས་བརྒལ་ནས་དམག་མི་དྲང་རྒྱུའི་དམ་བཅའ་བཞག་པ་དང་། དམ་བཅའི་གནའ་ཚིག་དག་རྡོ་རིང་ཐོག་བཀོད་ནས་བོད་རྒྱའི་ཕོ་བྲང་གི་མདུན་དང་ས་མཚམས་སྐྱི་ཏུ་བཅས་པར་རྡོ་རིང་རེ་བཙུགས་ཡོད་ཀྱང་ད་ལྟ་རང་རེའི་མིག་ལམ་དུ་དངོས་སུ་མཐོང་རྒྱུ་ཡོད་པ་ནི་ལྷ་ལྡན་གཙུག་ལག་ཁང་མདུན་ངོས་ཀྱི་རྡོ་རིང་གཅིག་པུ་དེ་རང་ལགས་ཤིང་། རྡོ་རིང་དེའི་སྟེང་གི་ནང་དོན་ཅུང་ཟད་ཙམ་བཀོད་ན། "བོད་ཀྱི་རྒྱལ་པོ་ཆེན་པོ་བཙན་པོ་ཁྲི་གཙུག་ལྡེ་བཙན་དང་། རྒྱའི་རྒྱལ་པོ་ཆེན་པོ་རྒྱ་ཇེ་ཁྱུན་ཁྱུའུ་ཞའོ་ཏེ་ཧོང་ཏེ་དབོན་ཞང་གཉིས་ཆབ་སྲིད་གཅིག་ཏུ་མོལ་ནས་འདུམ་འགྲིག་མཛད་དེ། བོད་རྒྱ་གཉིས་ཀས་ད་ལྟ་སོ་སོས་དབང་བའི་ཡུལ་དང་ས་མཚམས་སྲུང་ཞིང་། དེའི་ཤར་ཕྱོགས་ཐམས་ཅད་ནི་རྒྱ་ཆེན་པོའི་ས་ཆ་ཡིན་པ་དང་། ནུབ་ཕྱོགས་ཐམས་ཅད་ནི་བོད་ཆེན་པོའི་ས་ཆ་ཡིན། དེ་ལས་ཕན་ཚུན་དགྲར་མི་ལངས་པ་དང་། དམག་མི་འདྲེན་པ། ས་ཆ་མི་འཕྲོག་པར་རང་ས་རང་གནས་ཐོག་བློ་བདེ་བག་ཕེབས་ཀྱི་བདེ་བར་འཁོད་པ་བཅས་བྱེད་དགོས་ཤིང་། བོད་ནི་བོད་ཀྱི་ས་ཆ་ན་སྐྱིད་པ་དང་། རྒྱ་ནི་རྒྱའི་ཆ་ས་ན་སྐྱིད་པའི་བྱ་བ་ཆེན་པོ་གཞིར་བཟུང་ནས་མནའ་འབྲེལ་ཆིངས་ཡིག་བཞག་པ་འདི་དུས་ནམ་ཡང་མི་འགྱུར་བར་དཀོན་མཆོག་གསུམ་དང་། འཕགས་པ་རྣམས་དང་། ཉི་ཟླ་དང་གཟའ་སྐར་ཡང་དཔང་དུ་བཞག་སྟེ་མནའ་ཚིག་འདི་བཞག་པའོ། རྡོ་རིང་དེའི་ལྷོ་བྱང་གཉིས་སུ་སྐབས་དེར་མཐོང་འདུམ་ལ་གཞུག་མཁན་རྒྱ་བོད་ཀྱི་བློན་པོ་རྣམས་ཀྱི་མིང་དང་གོ་གནས་བཅས་པ་བཀོད་ཡོད།

དེ་བཞིན་རྒྱལ་པོ་འདིའི་སྐུ་དུས་སུ་ཡབ་མེས་རྣམས་ཀྱིས་བཀས་བཅད་པའི་ཁྲིམས་གཞི་བཞག་ཐོག ཁྲི་རྩེ་འབུམ་གཞེར་གྱི་ཁྲིམས་དང་། གསེར་ཐང་ཤ་བ་ཅན་གྱི་ཁྲིམས། རྒྱལ་ཁམས་དཔེ་བླངས་ཀྱི་ཁྲིམས། མདོ་ལོན་ཞུས་བཅད་ཀྱི་ཁྲིམས། དཀོན་མཆོག་གི་ཆོས་ཁྲིམས། ཇོ་མོ་མངའ་བདག་གི་ཁྲིམས་

དང་བཅས་བྱུག་ཏུ་དབྱེ་ནས་ངན་ལ་ཆད་པ་གཅོད་ཅིང་བཟང་ལ་བྱ་དགའ་བསྐྱེར། མཐོ་བ་གཞའ་ནས་གནོན་ཞིང་དམའ་བ་ཐབས་ཀྱིས་སྐྱོང་བའི་སྲོལ་བཟང་ཕྱོགས་ཀུན་ཁྱབ་སྟེ་བོད་འབངས་ཐེངས་བདེ་ཞིང་སྐྱིད་པའི་དཔལ་ལ་ལོངས་སུ་སྤྱོད་རྒྱུ་བྱུང་བ་བོད་ཀྱི་རྒྱལ་རབས་ཆོས་འབྱུང་ཁག་ནང་། "ལྷ་ཐོ་ཐོ་རི་ནས་རྒྱལ་པོ་འདིའི་བར་ལ་སྐྱིད་པའི་རྒྱལ་རབས་ཕྱེད་དང་བཅུ་གསུམ་ཞེས་མུ་ནེ་བཙན་པོ་ཡུན་ཐུང་བས་ཕྱེད་དུ་བྱས་ཤིང་། མེས་ཨག་ཚོམ་ནས་འདིའི་བར་ཤིན་ཏུ་སྐྱིད་པའི་གདུང་རབས་ལྔ་ཡིན་ཞེས་གསལ་བ་ནས་མཁྱེན་ཐུབ།

གཞན་ཡང་རྒྱལ་པོ་ཁྲི་རལ་པ་ཅན་གྱིས་བལ་པོ་དང་། ལི་ཡུལ་སོགས་ནས་བཟོ་བོ་མཁས་པ་མང་པོ་གདན་དྲངས་ཏེ་ལྷ་སའི་ནུབ་ཕྱོགས་སུ་འུ་ཤང་རྡོ་དཔེ་མེད་བཀྲ་ཤིས་དགེ་འཕེལ་གྱི་གཙུག་ལག་ཁང་ཐོག་བརྩེགས་དགུ་ཐོག་ཅན་རྟེན་དང་བརྟེན་པར་བཅས་པ་བོད་ཡུལ་ཀུན་ན་འགྲན་ཟླ་དང་བྲལ་བ་ཞིག་བཞེངས་པ་མ་ཟད། ལྷ་སའི་ཤར་དུ་དགར་རུ་དང་ཆེ་རུ། ལྷོར་དགའ་བ་དང་དགའ་བའི་འོད། ནུབ་ཏུ་བྲན་ཁང་དང་བྲན་ཁང་མཐའ་མ་ལ་སོགས་པ་བཞེངས། དེ་བཞིན་ཡབ་མེས་ཀྱི་ཐུགས་དམ་གྱི་རྟེན་ལྷ་ས་དང་བསམ་ཡས། ཁྲ་འབྲུག་བཅས་ལ་ཞིག་གསོ་དང་བཀུར་སྟི་ཚད་མེད་མཛད། རྒྱ་གར་དང་བལ་པོའི་པཎྜི་ཏ་མང་པོ་དང་། ལོ་ཙཱ་བ་སྐ་ཅོག་ཞང་གསུམ་སོགས་གདན་འཛོམས་ནས་གྲོས་བྱས་ཏེ་བཀས་བཅད་རྣམ་པ་གསུམ་མཛད། སྔར་བསྒྱུར་ཟིན་པའི་མདོ་རྒྱུད་བསྟན་བཅོས་ཀྱི་རིགས་རྣམས་སྐད་གསར་བཅད་ཀྱིས་གཏན་ལ་ཕབ། གསར་དུ་མང་པོ་བསྒྱུར། ཚད་ལྡག་སྤྱངས་བའི་ཕྱིར་དཀར་ཆག་བྲིས། བོད་སྐད་ཚིག་གིས་མི་ལྡེང་བ་རྣམས་ལ་མཧཱ་རྫོ་ཡ་པ་ཏི་ཞེས་པའི་ཚིག་མཛོད་གསར་དུ་བརྩམས། བོད་ཡུལ་དུ་བཤད་གྲྭ་དང་། སྒོམ་གྲྭ། འདུལ་གྲྭ་སོགས་བཅུ་ཕྲག་འགའ་བཙུགས། དགེ་འདུན་ལ་བླ་ནས་འཚོ་བ་འབུལ་ཞིང་དགེ་འདུན་རེ་ལ་འབངས་ཁྱིམ་བདུན་རེ་ཕུལ། ཐ་ན་བྲེ་སྲང་དང་ཞོ་ཆ་ཚུན་རྒྱ་གར་གྱི་དབུས་འགྱུར་ཚལ་དང་མཐུན་པར་བཅོས་ཞེས་གྲགས། དེ་ལྟར་རྒྱལ་པོས་ཆོས་ལ་ཐུགས་ག་ཆེ་བས་ཆོས་ལ་མི་དད་པའི་བློན་པོ་དབས་སྟག་ན་ཅན་དང་། ཅོག་རོ་ལྷ་ལོད། ལེགས་སྒྲ་བཙན་བཅས་ཀྱིས་བོད་ལྷགས་བྱ(སྤྱི་ལོ901གམ་སྤྱི་ལོ841སོགས་གསུང་ཚུལ་མི་འདྲ་བ་མཆིས) ལོར་མལ་གྲོ་ཞམ་པའི་ཕོ་བྲང་དུ་རྒྱལ་པོའི་དབུ་ལྷག་རྒྱབ་ཏུ་བསྐོར་ནས་བཀྲོངས་ཞེས་གྲགས། དོན་མཁར་མདའ་ཡི་གཡོན་ཕྱོགས་བང་སོ་བརྩིགས། མིང་དུ་ཁྲི་སྟེང་རྨང་རི་ལགས་སོ་སྐད།

ཁྲི་སྲོང་ལྡེ་བཙན། (གསང་མཚན་དུ་ཆོས་རྒྱལ་ཚངས་པ་ལྷའི་མེ་ཏོག་ཞུ) བོད་རྒྱལ་སོ་བརྒྱད་པ། བཙན་པོ་འདི་ཉིད་ཆོས་རྒྱལ་མེས་དབོན་རྣམ་གསུམ་གྱི་ཡ་གྱལ་ཡིན་ལ། མཁན་སློབ་ཆོས་གསུམ་གྱི་ཡ་གྱལ་ཡང་ཡིན། ཡབ་ཁྲི་ལྡེ་གཙུག་བརྟན་གྱི་སྲས་སུ་བོད་ལྷགས་རྟ(སྤྱི་ལོ790) ལོར་འཁྲུངས་ཞེས་དང་། བོད་ཆུ་རྟ(སྤྱི་ལོ742) ལོར་འཁྲུངས་སོགས་གསུང་ཚུལ་མི་འདྲ་བ་མང་ཙམ་མཆིས། བློན་ཆེན་པོ་སྣང་བཞེར་

ཟླ་བཙན་དང་། ཞང་མཆིམས་རྒྱལ་གཟིགས་ཤུ་ཐེང་། བློན་སྐྱེས་བཟང་རྒྱལ་གོང་། ཞང་སྟོང་ཙན། ཕྲང་རྒྱལ་སྒྲ་ལེགས་གཟིགས། དབས་བཙན་བཞེར་མདོ་ལོད། བློན་ཁྲི་སྒྲ་སྟག་ཚབ། སྟག་སྒྲ་ཀླུ་ཁོང་། མ་ཞང་གྲོམ་པ་སྐྱེས། མགོས་ཁྲི་བཟང་ཡབ་ལྷག གཉེར་སྟག་བཙན་གདོང་གཟིགས་སོགས་ཀྱིས་བཀའ་ཡི་བློན་པོ་བྱས། བཙུན་མོ་ལྷ་ཁབ་ཏུ་བཞེས་པ་ལས་མཆིམས་བཟའ་ལྷ་མོ་བཙན་དང་། མཁར་ཆེན་བཟའ་མཚོ་རྒྱལ་གཉིས་ལ་སྲས་དང་སྲུག་རིས་མེད། འབྲོ་བཟའ་ཁྲི་རྒྱལ་མོ་བཙན་གྱིས་དགེ་རྒྱས་བྱེ་མ་གླིང་བཞེངས། ཚེ་སྤོང་བཟའ་མེ་ཏོག་སྒྲོན་ལ་སྲས་གསུམ་མམ་བཞི་འཁྲུངས་ཞེས་གསུང་ཚུལ་མི་འདྲ་བ་ཡོད། འདིས་དབུ་རྩེ་ལ་དཔེ་བླངས་ནས་ཁམས་གསུམ་ཟངས་ཁང་གླིང་བཞེངས། ཕོ་ཡོང་བཟའ་རྒྱལ་མོ་བཙུན་གྱིས་བུ་ཚལ་གསེར་ཁང་གླིང་བཟོ་སྦ་བཅུ་གསུམ་གྱིས་ཁྱད་དུ་འཕགས་པ་བཞེངས་སོ།

རྒྱལ་པོ་འདིའི་སྐུ་དུས་སུ་རྒྱལ་ཐབས་ཀྱི་འཕྲིན་ལས་ཕྱོགས་བརྒྱར་བཀྱེད་ཅིང་། བོད་ཁམས་ཀྱི་སྟོབས་འབྱོར་དགེ་མཚན་དར་ལ་དྲག་པར་མཛད་པ། ཆོས་སྲིད་ལུགས་གཉིས་ཀྱི་དཔལ་ལ་མངའ་དབང་བསྒྱུར་བའི་ཕྱག་རྗེས་ཧྲབས་པོ་ཆེ་འཇོག་གནང་མཛད་ཡོད་པ་སྟེ། ཁྲི་སྲོང་ལྡེ་བཙན་དགུང་ལོ་བཅུ་གསུམ་ལ་ཐེབས་སྐབས་སྲིད་ཁྲིར་མངའ་གསོལ། དེ་སྐབས་བློན་པོ་འབལ་སྐྱེས་བཟང་ལྡོང་ཚབ་དང་། ལང་མྱེས་གཟིགས་གཉིས་ཟླ་ལོག་སྟེ་ཡབ་ཁྲི་ལྡེ་གཙུག་བརྟན་སྐོག་ཏུ་བཀྲོངས་ནས་སྲིད་འགྱུར་སློང་རྩིས་བྱས་པ་བློན་པོ་སྟག་སྒྲ་ཀླུ་ཁོང་གིས་རྟོགས་ནས་བཙན་པོའི་སྙན་དུ་བསྒྲོན་པས་ལང་འབལ་གྱིས་གཙོ་བྱས་པའི་ལག་དམར་བ་རྣམས་ཚར་བཅད། བོད་ཆུ་ཡོས(སྤྱི་ལོ763འམ823)ལོར་ཞང་རྒྱལ་གཟིགས་དང་། བློན་སྟག་སྒྲ་ཀླུ་ཁོང་། ཞང་སྟོང་ཙན་ལ་སོགས་པས་བོད་དམག་འབུམ་ཕྲག་ཙམ་ཁྲིད་དེ་ཐང་གོང་བའི་རྒྱལ་ས་ཁྲང་ཨན་ལ་ཕར་རྡོལ་བྱས་ནས་གོང་མ་ཐང་ཏའི་ཙུང་རེ་ཞིག་ཤེན་ཀྲུར་བྲོས་ཤིང་། རྒྱ་རྗེ་གྭང་ཝུ་གོང་མར་བསྐོས། བོད་དམག་གིས་ཁྲང་ཨན་ཉིན་བཅོ་ལྔ་བཟུང་མཐར་ཕྱིར་འཐེན་བྱས་པ་སོགས་བོད་རྒྱའི་ཡིག་ཚང་ཁུངས་བཙན་རྣམས་ལ་ཕན་ཚུན་མཐུན་པར་གསལ་ཡོད་པ་མ་ཟད། སྐབས་དེར་བཙན་པོས་བློན་སྟག་སྒྲ་ཀླུ་ཁོང་གི་དམག་འཐབ་བྱས་རྗེས་ལ་བསྔགས་བརྗོད་མཛད་ཕྱིར་ཞོལ་ལྷུགས་རི་ཕྱི་མའི་རྡོ་རིང་དེ་བཙུགས། དེ་ནི་རང་ཅག་བོད་ཀྱི་ས་ཁོངས་སུ་བཙུགས་པའི་རྡོ་རིང་དང་པོ་དེ་ཡིན། གཞན་ཡང་ཏུན་ཧོང་གི་གནའ་ཡིག་ནང་བཙན་པོ་འདི་ལས་ཆབ་སྲིད་མངའ་ཐང་ཆེ་བ་སྔོན་ཆད་གདུང་རབས་ཀྱི་མཛད་པ་ལ་ནི་མ་བྱུང་ངོ་ཞེས་གསལ་ཡོད་ལ། ཆོས་འབྱུང་མཁས་པའི་དགའ་སྟོན་ནང་སྐབས་དེའི་བོད་ཀྱི་བཙན་པོའི་མངའ་ཐང་ནི་ཤར་སྐར་མ་སྨིན་དྲུག་འཆར་བའི་མཐའ་གེམ་ཤིང་ཁྲི་སྒོ་ལ་ཐུག ལྷོ་མེ་བཞི་འཆར་བའི་མཐའ་ཆུ་བོ་གངྒའི་འགྲམ་དུ་རྡོ་རིང་བཙུགས་པ་ལ་ཐུག་སྟེ་འཛམ་བུའི་གླིང་སུམ་གཉིས་ལ་མངའ་མཛད་དོ་ཞེས་གསལ་བ་མ་ཟད། རྒྱ་གར་བྱང་ཕྱོགས་དང་བལ་པོ་སོགས་བོད་ཀྱི་ཆབ་འོག་ཏུ་བཙུད་པའི་སྐོར་དེབ་ཐེར་དཀར་པོར་གསལ་ཞིང་། ནུབ་ཕྱོགས་ཏ་ཟིག་དང་། བྱང་ཕྱོགས་ལི་

ཡུལ་བཅས་ལ་གདུགས་པའི་ལོ་རྒྱུས་ཀྱི་ཤོད་རྒྱུན་ཡང་མང་དུ་མཆིས། དེ་སྐབས་བོད་ཀྱི་དྲག་པོའི་སྟོབས་ཤུགས་ཕྱོགས་བཞིར་རྒྱ་བསྐྱེད་པའི་དབང་གིས་རྒྱ་དཀར་ནག་དང་། ཏ་ཟིག་ལ་སོགས་པ་མཐའ་བཞིའི་རྒྱལ་པོ་རྣམས་དྲག་པོའི་མཐུན་ཕྱོགས་བཟོས་ཏེ་བོད་ལ་ཚུར་རྒོལ་གྱི་གྲབས་གཞོམས་བྱས་སྐོར་ཡང་ལོ་རྒྱུས་ཀྱི་ཡིག་ཚང་ནང་གསལ། གཞན་ཡང་རྒྱལ་པོ་འདིའི་དུས་སུ་བློན་པོ་མགོས་ཁྲི་བཟང་ཡབ་ལྷག་གིས་བཀའ་ཁྲིམས་ཞལ་ལྕེ་གཏན་ལ་ཕབ་པ་དང་། བློན་པོ་གཉེར་སྟག་བཙན་གདོང་གཟིགས་ཀྱིས་འབངས་མི་ཁྱིམ་རེ་ལ་སྔོ་ཕྱུགས་ཁ་གྲངས་གཏན་འཁེལ་བཟོས་ཏེ་གཉེར་སྐྱོང་དང་། རྩྭ་བསྐམས་ནས་ཕྱུགས་གསོས་གསོག་འཇོག་བྱེད་དགོས་པའི་ལམ་སྲོལ་ཡང་བཙུགས།

ཆོས་ཕྱོགས་ཐད་ཐོག་མར་རྒྱལ་པོ་དང་ཆོས་ལ་དགའ་བའི་བློན་པོ་རྣམས་ཀྱིས་མཛད་དེ་ཆོས་ལ་གནག་པའི་བློན་པོ་མ་ཞང་གྲོམ་པ་སྐྱེས་དང་སྟག་ར་ཀླུ་གོང་(འདི་སྟག་སྒྲ་ཀླུ་གོང་མ་ཡིན) གཉིས་ཚར་བཅད། དེ་རྗེས་རྒྱ་གར་ནས་མཁན་ཆེན་ཞི་བ་འཚོ་དང་། སློབ་དཔོན་པདྨ་འབྱུང་གནས་བོད་དུ་གདན་དྲངས་ནས་སངས་རྒྱས་ཀྱི་བསྟན་པ་དར་སྤེལ་གནང་། བོད་ཀྱི་དགོན་པའི་དང་པོ་བསམ་ཡས་མི་འགྱུར་ལྷུན་གྱིས་གྲུབ་པའི་གཙུག་ལག་ཁང་བཞེངས། དེའི་དཔེ་གཞི་རྒྱ་གར་གྱི་ཨོ་རྒྱན་པུ་རིའི་གཙུག་ལག་ཁང་ལ་བྱས་པར་གྲགས་ཤིང་། དབུ་རྩེ་ཡང་ཐོག་རྒྱ་གར་གྱི་ལུགས་སུ་ཤིང་ལས་གྲུབ་པ། བར་ཐོག་རྒྱ་ནག་གི་ལུགས་སུ་སོ་ཕག་ལས་གྲུབ་པ། འོག་ཐོག་བོད་ཀྱི་ལུགས་སུ་རྡོ་ལས་གྲུབ་པར་གྲགས། དེ་སྐབས་བོད་མི་རབ་ཏུ་བྱུང་བའི་ཐོག་མ་སད་མི་བདུན་སོགས་བྱུང་བ་ནས་བཟུང་བོད་དུ་རབ་བྱུང་གི་སྡེ་འཕེལ་འགོ་ཚུགས་པ་ཡིན་ལ་དེ་ནས་བཟུང་བཀའ་ཤོག་ཆེན་པོ་བསྒྲལ་ཏེ་ཆོས་ཁྲིམས་བཅས། དེང་ཕན་ཆད་དཀོན་མཆོག་གསུམ་དང་དགེ་འདུན་གྱི་གསོལ་ཆས་ནི་བཙན་པོའི་བང་མཛོད་ལས་སྦྱར། ཡེ་ཤེས་དབང་པོ་དང་མཁན་ཆེན་པོ་དྷི་ས་ཏྭས་གསོལ་བ་བཞིན་ཆོས་ལ་འཇུག་པར་ཆད་ནས་སྒྲ་སྒྱུར་བཙུགས། རྒྱ་གར་གྱི་མཁས་པ་དང་སྔགས་གྲགས་ཆེ་བའི་ལོ་ཙྪ་བ་དུ་མས་ཆོས་དཔག་ཏུ་མེད་པ་བསྒྱུར། དེའང་སྐབས་ཤིག་ན་རྒྱ་ནག་གི་ཧྭ་ཤང་མ་ཧཱ་ཡ་ན་བྱ་བས་སྟོན་མིན་ཞེས་པ་ཅིག་ཅར་ཉིད་དུ་གྲུབ་པའི་ཆོས་ཀྱི་ལྟ་བ་ཞིག་གཏོང་པས་མཐར་ལྟ་བ་མ་མཐུན་པར་ལོ་རྒྱུས་ཐོག་གི་སྟོན་རྩེན་གྱི་རྩོད་པ་ཞེས་པ་དེ་བྱུང་། ཆོས་རྒྱལ་ཁྲི་སྲོང་ལྡེ་བཙན་གྱིས་སྟོན་རྩེན་གཉིས་རྩོད་དུ་བཙུག་པས་མཐར་སྟོན་མིན་པ་ཕམ། བཙན་པོས་ཕྱིན་ཆད་བོད་དུ་སྟོན་མིན་གྱི་ཆོས་ལུགས་སྤེལ་མི་ཆོག་པར་བོད་རྣམས་ལྟ་བ་ཀླུ་སྒྲུབ་ཀྱི་ལུགས་དང་། སྤྱོད་པ་ཕ་རོལ་ཏུ་ཕྱིན་པ་དྲུག་ལ་སློབ་དགོས་པ་སོགས་བཀས་བཅད། དེ་ནས་རྒྱལ་པོ་དང་། བཙུན་མོ། རྒྱལ་རིགས། རྒྱལ་ཕྲན། ཕྱི་ནང་གི་བློན་པོ་བཅས་ཚང་མས་ཡང་དག་པ་སངས་རྒྱས་ཀྱི་ཆོས་ལ་ཐེ་སྲིད་བར་བཀུར་སྟི་སྲུང་བརྩི་ཞུ་རྒྱུའི་སྨྲ་བོར་ཞིང་། གཙིགས་ཀྱི་ཡི་གེ་ཆེ་ཆུང་གཉིས་མཐིང་ཤོག་ལ་གསེར་གྱིས་འབྲུ་བཅུ་གསུམ་རེ་བྲིས་ཏེ་བཞག། དེ་དོན་བོད་འབངས་ཡོངས་ལ་དྲིལ་བསྒྲགས། གཙིགས་ཀྱི་ཡི་གེའི་དོན་མདོར

བསྐུས་པ་ཞིག་རྗེ་རིང་ལ་བཀོས་ནས་བསམ་ཡས་གཙུག་ལག་ཁང་གི་སྒོ་འགྲམ་དུ་བཙུགས་སོ།

གཞན་ཡང་དེ་སྐབས་སུ་ཆོས་རྒྱལ་ཁྲི་སྲོང་ལྡེ་བཙན་གྱི་བླ་སྨན་གཡུ་ཐོག་ཡོན་ཏན་དགོན་པོ་ཞུ་བ་བོད་གངས་ཅན་པའི་གསོ་རིག་གཞུང་ལུགས་ཀྱི་བསྟན་པའི་ཤིང་རྟ་ཆེན་པོ་འདི་བྱུང་ཞིང་། འདི་ཉིད་ཀྱིས་གསོ་བ་རིག་པའི་གཞུང་ལུགས་ཆེན་པོ《བདུད་རྩི་སྙིང་པོ་གསང་བ་མན་ངག་གི་རྒྱུད》ཅེས་བྱ་བ་བརྩམས་པ་སོགས་བོད་ཀྱི་གསོ་རིག་གོང་འཕེལ་གཏོང་ཕྱིར་གཞལ་བར་མི་ནུས་པའི་མཛད་རྗེས་རླབས་པོ་ཆེ་འཇོག་གནང་མཛད།

མདོར་ན། རྒྱལ་པོ་ཁྲི་སྲོང་ལྡེ་བཙན་གྱི་སྐུ་ཚེའི་རིང་ཕྱོགས་གཅིག་ནས་བཙན་པོའི་ཆབ་སྲིད་ཕྱོགས་བཞིར་རྒྱ་བསྐྱེད་པ་དང་། ཕྱོགས་གཞན་ཞིག་ནས་རྒྱ་གར་དང་། རྒྱ་ནག ལི་ཡུལ། ཁ་ཆེ། བལ་པོ་སོགས་ཕྱོགས་ཀུན་ནས་སངས་རྒྱས་བཀའ་གཙོ་བོར་བྱས་པའི་ཆོས་ཀྱི་གཞུང་ལུགས་དང་། དེ་མིན་གྱི་རིག་གནས་མང་པོ་ཞིག་ཡིག་རིགས་སྣ་ཚོགས་པ་ལས་བོད་རང་གི་ཡི་གེར་བསྒྱུར་བའི་མཐོ་རླབས་ཤིག་འཕྱུར་བ། དགེ་འདུན་གྱི་སྡེ་བཙུགས་ནས་འཆད་རྩོད་རྩོམ་གསུམ་གྱི་བྱ་བ་འཕེལ་རྒྱས་སུ་མཛད་པ་དེས་བོད་ཡུལ་དུ་སངས་རྒྱས་ཆོས་ལུགས་དར་སྤེལ་གནང་བ་དང་དུས་མཚུངས་བོད་མི་རིགས་ཀྱི་ཆབ་སྲིད་དང་། རིག་གནས། བསམ་བློ་སོགས་ཕྱོགས་གང་སར་འགྱུར་ལྡོག་གཏིང་ཟབ་པོ་ཞིག་འགྲོ་བའི་འགོ་ཚུགས་པ་སོགས་བོད་མི་རིགས་དར་བའི་རྩེ་མོར་སོན། མཐར་རྒྱལ་པོ་ཁྲི་སྲོང་ལྡེ་བཙན་དགུང་ལོ་ལྔ་བཅུ་ང་དྲུག་ལ་ཕེབས་པ་ཤིང་གླང(སྤྱི་ལོ845)ལོར་འདས་ཞེས་དང་། ང་ལྔར་ཕེབས་པ་མེ་གླང(སྤྱི་ལོ797)ལོར་འདས་སོགས་བཞེད་ཚུལ་མི་འདྲ་བ་མང་ཙམ་མཆིས། སྐུ་ཡི་བང་སོ་མུ་ར་རི་ལ་བརྩིགས། གྲལ་ནི་ཡབ་ཀྱི་རྒྱབ་ངོས་གཡས་ན་ཡོད། ཡབ་ཀྱི་འོད་པ་སྲུང་བ་ཡིན་ཟེར་སྐད། ནང་དུ་དཀོར་ནོར་རིན་ཆེན་སྣ་ཚོགས་བཀང་། མིང་དུ་འཕྲུལ་རི་གཙུག་སྣང་བྱ་བར་བཏགས། རྩ་བར་རྗེ་རིང་ཡི་གེ་ཅན་ཞིག་བཙུགས། འདི་ནི་བོན་བློན་རྣམས་ཀྱི་སེམས་སྲུང་ཕྱིར། རྒྱལ་པོ་བཞུགས་དུས་ཉིད་དུ་བརྩིགས་སོ་སྐད།

མཁན་པོ་བོ་དྷི་ས་ཏྭ། (མཁན་ཆེན་ཞི་བ་འཚོ་ཡང་ཞུ) མཁན་སློབ་ཆོས་གསུམ་གྱི་ཡ་གྱལ། འདི་ཉིད་ཛྷཱ་ལའི་ཡུལ་དུ་ཟ་ཧོར་རྒྱལ་པོའི་སྲས་སུ་སྐུ་འཁྲུངས། དཔལ་ན་ལེནྡྲ་སློབ་དཔོན་ཡེ་ཤེས་སྙིང་པོ་ལས་རབ་ཏུ་བྱུང་ཞིང་བསྙེན་པར་རྫོགས། ཆོས་རྒྱལ་ཁྲི་སྲོང་ལྡེ་བཙན་གྱིས་སྤྱན་གསལ་སྣང་མངགས་ཏེ་བོད་དུ་གདན་དྲངས། བཙན་པོ་དང་ཞལ་མཇལ། ཕོ་བྲང་ལྡུང་ཚུབས་སུ་ཁ་ཆེ་ཨ་ནནྟས་ལོ་ཙཱ་བགྱིས་ཏེ་དགེ་བ་བཅུ་དང་། ཁམས་བཅོ་བརྒྱད། རྟེན་འབྲེལ་བཅུ་གཉིས་ལ་སོགས་པའི་ཆོས་བཤད་དེ་ཟླ་བ་ཁ་ཤས་སོང་བ་ན། ཕོ་བྲང་འཕང་ཐང་ཆུས་འཁྱེར་བ་དང་། དམར་པོ་རི་ལ་ཐོག་བརྒྱབ། མི་ནད་དང་ཕྱུགས་ནད། ལོ་ཉེས་སོགས་བྱུང་བས་བོད་འབངས་ཐམས་ཅད་ཁ་ལོག་ནས་བཙན་པོས་ཆོས་བྱས་པས་ལན་ཟེར་བས། བཙན་པོས་མཁན་པོ་ལ་རེ་ཞིག་བལ་ཡུལ་དུ་ཕྱིར་ཕེབས་ནས་བཞུགས་ཤིག སླད་ཐབས་བགྱིས་ཏེ་ཆ་རྐྱེན་

འཛོམས་མ་ཐག་ཏུ་སྤྱན་འདྲེན་གཏོང་བར་བྱའོ་ཞེས་ཞུས། མཁན་པོས་ཀྱང་སྣང་ཕྱིན་རྒྱལ་པོའི་དགོངས་པ་འགྲུབ་ཅིང་བོད་ཁམས་སུ་སངས་རྒྱས་ཀྱི་ཆོས་བགྱིད་པར་དམ་བཅའ་མཛད་ནས་བལ་ཡུལ་དུ་བཞུད། བཙན་པོས་པོ་ཏི་ས་ཏྭ་སྣར་སྤྱན་འདྲེན་སྐབས་པོ་ཏི་ས་ཏྭས་པདྨ་འབྱུང་གནས་གདན་དྲངས་ཏེ་བོད་ཡུལ་དུ་ཕེབས་ནས་བཙན་པོ་དང་ཞལ་མཇལ། དུས་དེར་བོན་པོ་དང་བོན་བློན་རྣམས་ཁ་ལོག་ནས་ཆོས་མི་བྱེད་བོན་བྱའོ་ཟེར་བས། པོ་ཏི་ས་ཏྭའི་ཞལ་ནས་རྒྱལ་ཁམས་གཅིག་ཏུ་ཆོས་ལུགས་གཉིས་བྱུང་ན་ཤིན་ཏུ་སྡིག་ཆེ། འོ་ཅག་རྩོད་པ་བྱེད་ལ་ཕྱེད་རྒྱལ་ན་ང་འགྲོ་བོན་སྤེལ། ཆོས་རྒྱལ་ན་བོན་བསྣུབས་ལ་དམ་པའི་ལྷ་ཆོས་བྱ་གསུངས་ནས་རྩོད་པ་ལས་བོན་ཁུངས་ངན་ལ་གཏན་ཚིགས་ཆུང་། ལྷ་ཆོས་ཁུངས་བཟང་ལ་གཏན་ཚིགས་རྒྱ་ཆེ་ཞིང་གཏིང་ཟབ་པས་མ་ཐུབ་ནས་བཙན་པོས་ཕྱིན་ཆད་བོན་བགྱིད་དུ་མི་གནང་བར་ཆད། བོན་གྱི་དཔེ་ཀུན་ཆུ་ལ་བསྐྱུར། ལྷག་མ་རྣམས་ཕྱིས་མཆོད་རྟེན་ནག་པོར་མནན་ཞེས་ལོ་རྒྱུས་ཡིག་ཚང་དུ་གསལ། དེ་ནས་མཁན་པོས་བསམ་ཡས་གཙུག་ལག་ཁང་བཞེངས་པའི་ས་དཔྱད་མཛད་པ་ནི། ཤར་རི་རྒྱལ་པོ་གདན་ལ་བཞུགས་པ་འདྲ་བ། ཧས་པོ་རི་བཙུན་མོ་དར་དཀར་གྱི་གོ་ཟླ་གྱོན་པ་འདྲ། རི་ནག་ལྕགས་ཕུར་བཏབ་པ་འདྲ། མེ་ཡར་དྲེའུ་ཆུ་འཐུང་བ་འདྲ་བས་བཟང་། ས་གཞི་འདི་འཁོར་གཞོང་གུར་གུམ་གྱིས་བཀང་བ་འདྲ་བས་ཐུགས་དམ་གྱི་རྟེན་འདིར་བཞེངས་ན་བཟང་བར་ལུང་བསྟན། ཐོག་མར་ས་ཕུད་དང་རྗེ་ཕུད་ཡིན་པར་ཕུལ་ཏེ་མཆོད་རྟེན་བཞེངས་པ་དང་། ལྷ་སར་ས་ཕུད་ལ་འཕྲུལ་སྣང་གི་གཙང་ཁང་དབུས་མའི་སྒོ་སྲུང་རྒྱལ་ཆེན་བཞི་བྱས། ཤིང་གི་ཕུད་ལ་སྒོ་མོ་ཆེ་ཧ་བབས་ཀྱིས་བརྒྱན་པ་ཕུལ་ལོ། དེ་རྗེས་ལྷ་ཁང་བཞེངས་པའི་རྣམ་གྲངས་ཀྱང་ལོ་རྒྱུས་ཡིག་ཚང་ནང་། སློབ་དཔོན་པོ་ཏི་ས་ཏྭ་དང་ཆོས་རྒྱལ་ཉིད་ཀྱིས་དབུ་རྩེ་རིགས་གསུམ་རི་རབ་ཀྱི་ཚུལ་དུ་བྱས། གླིང་བཞི་གླིང་ཕྲན་བརྒྱད་དུ་བྱས་ཏེ། དེ་ལ་ཡང་ཤར་དུ་རྣམ་དག་ཁྲིམས་ཁང་གླིང་། མཁྱེན་རབ་འཇམ་དཔལ་གླིང་། ཚང་མང་ཀེ་རུ་གླིང་། ལྷོ་རུ་བདུད་འདུལ་སྔགས་པ་གླིང་། ཨཪྻ་པ་ལོའི་གླིང་། སྒྲ་བསྒྱུར་རྒྱ་གར་གླིང་། ནུབ་ཏུ་མི་གཡོ་བསམ་གཏན་གླིང་། རྗེ་སྐུ་བྱང་ཆུབ་གླིང་། དགའ་ལྡན་བྱམས་པ་གླིང་། བྱང་དུ་སྣ་ཚོགས་རིན་ཆེན་གླིང་། མ་ཆགས་པདྨ་ཅན་གྱི་གླིང་། པེ་ཧར་དཀོར་མཛོད་གླིང་། ཉི་མ་ལྷ་ཁང་། ཟླ་བ་ལྷ་ཁང་། གཞན་ཡང་ཤར་སྒོར་མཆོད་རྟེན་དཀར་པོ་སངས་རྒྱས་སྟོང་གིས་བརྒྱན་པ། ལྷོ་ནུབ་ཏུ་མཆོད་རྟེན་དམར་པོ་པདྨ་སྟོང་གིས་བརྒྱན་པ། ནུབ་བྱང་དུ་མཆོད་རྟེན་ནག་པོ་མཆོད་རྟེན་སྟོང་གིས་བརྒྱན་པ། བྱང་ཤར་དུ་མཆོད་རྟེན་སྔོན་པོ་ལྷ་ཁང་བཅུ་དྲུག་གིས་བརྒྱན་པ་བཅས་བཞེངས། ནུབ་ཕྱོགས་སུ་ཡ་མཚན་རྫུ་འཕྲུལ་སྟོན་པ་ཀླུའི་གླིང་བཞེངས། སློབ་དཔོན་པདྨའི་གཟིམ་ཁང་ཡཀྵ་ལྷག་འོག་བཞེངས། སྐར་ཀ་ཆེན་པོ་བཞི་ལ། ཕྱོགས་བཞིར་ཁྲིན་ཁ་ཆེན་པོ་བཞི། མེ་བཙའ་ཆེན་པོ་བཞི་ལ། རི་སྣ་བཞི་ལ་མཆོད་རྟེན་བཞི། ཕོ་བྲང་རིམ་དགུ་དང་། ཕོ་བྲང་སེང་ཁང་དང་། རྒྱའི་ཧྭ་ཤང་ལྷ་ཁང་དང་། ཕྱི་ལྕགས་རི་མུ་ཁྱུད་ནག་པོ་དང་། དེའི་ཕྱོགས་བཞིར་

སློ་བཞི་ལ་མགོན་ཁང་བཞི་དང་བཅས་པ་བཞེངས་ཞེས་གསལ། དེ་ནས་པོ་ཏྲི་ས་ཏྭ་མཁན་པོ་མཛད་དེ་སད་མི་བདུན་རབ་ཏུ་བྱུང་ནས་དགེ་འདུན་གྱི་སྡེ་བོད་དུ་ཐོག་མར་བཙུགས། འདུལ་བ་དང་དབུ་མ་སྤྱིལ་བ་དང་། དབུ་མ་རྒྱན་ལ་སོགས་པའི་བསྟན་བཅོས་བརྩམས། མཁན་པོ་བོད་དུ་ལོ་གཅིག་ལྷག་ཙམ་མམ་བཅུ་ལྷག་ཙམ་བཞུགས་ཞེས་གསུང་ཚུལ་མི་འདྲ་བ་མཆིས། མཐར་མཁན་ཆེན་པོ་ཏྲི་ས་ཏྭ་ཕོ་བྲང་རིམ་དགུའི་འོག་ཏུ་རྟས་སྲ་བ(རྡོག་ཐོ) བརྒྱབ་སྟེ་སྐུ་གཤེགས། དེའི་ཕུར་ཁང་ཧས་པོ་རིའི་རྒྱབ་ཏུ་བཞུགས་ནས་མཆོད་རྟེན་གཅིག་ཀྱང་བརྩིགས་སོ།

འཁོན་ཀླུའི་དབང་པོ། ཆོས་རྒྱལ་ཁྲི་སྲོང་ལྡེ་བཙན་གྱི་སྐུ་དུས་སུ་བྱུང་བའི་ལོ་ཙཱ་བ་རབ་དགུའི་ནང་གསེས་བར་པ་གསུམ་གྱི་ཡ་གྱལ། ཡབ་དཀོན་པ་རྗེ་གུང་སྐྱག་དང་ཡུམ་སླང་བཟའ་ནེ་ཆུང་མ་གཉིས་ལ་སྲས་གཉིས་བྱུང་བའི་ཆེ་བ། འདི་ཉིད་སད་མི་བདུན་གྱི་ཡ་གྱལ་ཡིན་པས་འཁོན་རིགས་ཆོས་ཀྱི་ཆེ་བའི་ཐོག་མ་ཡིན།

འཁོན་བར་སྐྱེས། དྲི་མེད་འཁོན་གྱི་གདུང་རབས་དང་པོ། དེ་ཡང་ས་སྐྱའི་གདུང་རབས་འོད་གསལ་ལྷ་ལས་མཆེད་པའི་གདུང་རབས་ལྷ་པ་གཡའ་སྤང་སྐྱེས་ཀྱིས་སྲིན་པོ་སྐྱ་རེངས་ཁྲག་མེད་བསད་ཅིང་། དེའི་ཆུང་མ་གཡའ་འབྲུམ་སི་ལི་མ་ཤིན་ཏུ་མཛེས་པས་ཁབ་ཏུ་བཞེས་པ་ལ་སྲས་གཅིག་འཁྲུངས་པ་ལྷ་དང་སྲིན་གཉིས་འཁོན་པའི་བར་དུ་བྱུང་བས་མཚན་ཡང་འཁོན་བར་སྐྱེས་གསོལ། དྲི་མེད་འཁོན་གྱི་གདུང་རྒྱུད་འདི་ནས་བྱུང་། འཁོན་བར་སྐྱེས་ཀྱིས་བཙན་བཟའ་ལྗམ་བུ་སྒྲོན་ཁབ་ཏུ་བཞེས་པར་སྲས་དཀོན་པ་རྗེ་གུང་སྐྱག་འཁྲུངས། འདི་ནི་འཁོན་གྱི་གདུང་རབས་གཉིས་པ་ཡིན། གདུང་རབས་གསུམ་པ་རྡོ་རྗེ་རིན་ཆེན། བཞི་པ་ཤེས་རབ་ཡོན་ཏན། ལྔ་པ་ཡོན་ཏན་འབྱུང་གནས། དྲུག་པ་ཚུལ་ཁྲིམས་རྒྱལ་པོ། བདུན་པ་གཙུག་ཏོར་ཤེས་རབ། བརྒྱད་པ་འཁོན་དགེ་སྐྱབས། དགུ་པ་དགེ་མཐོང་། བཅུ་པ་འཁོན་སྟོན་བལ་པོ། བཅུ་གཅིག་ཤཱཀྱ་བློ་གྲོས། བཅུ་གཉིས་པ་འཁོན་དཀོན་མཆོག་རྒྱལ་པོ་བཅས་སོ།

ག་ལེས་ཉོས། (འཛོ་རོ་ཡང་ཞུ) བོད་རྒྱལ་སྲོང་བཙན་སྒམ་པོའི་སྨན་གསོ་ཕྱིར་སྟག་གཟིག་གམ་ཁྲོམ་གྱི་ཡུལ་ནས་གདན་དྲངས་པའི་སྨན་པ་མཁས་པ་ཞིག འདི་དང་རྒྱ་ནག་གི་སྨན་པ་ཧན་ཝན་ཧད། རྒྱ་གར་གྱི་སྨན་པ་བྷ་ར་དྷ་ཛ་གསུམ་གྱིས《མི་འཇིགས་པའི་མཚོན་ཆ》བརྩམས་རྗེས་རྒྱ་དཀར་ནག་གི་སྨན་པ་གཉིས་རང་རང་གི་ཡུལ་དུ་ཕྱིན། ག་ལེས་ཉོས་བོད་རྗེའི་བླ་སྨན་དུ་བཞུགས། བསྟན་བཅོས་ཀྱང་དུ་མ་བརྩམས་པར་གྲགས། འདི་ཉིད་ལ་སྲས་གསུམ་བྱུང་བའི་ཆེ་བ་གཙང་སྟོད་དུ་བཏང་བས་བི་ཇི་སོགས་ཀྱི་རྒྱུད་པ་དར། འབྲིང་པོ་གཡོར་པོར་བཙུགས་པས་ལྷོ་རོང་གི་སྨན་པ་རྣམས་འཕེལ། ཆུང་བ་ཡབ་ཀྱི་སྐུར་བཅར་བ་སོག་པོ་སྨན་པ་ཞེས་གླེང་། ཁྱེས་འདི་ཉིད་ལ་མཚན་མཛོ་རོ་ཞེས་འབོད་ཅིང་། བོད་ཀྱི་རིགས་བཟང་བ་འགའ་སློབ་མར་འཛིན་རུང་མ་གནང་བར་རིགས་ངན་པ་རྟུག ལྡང་། སྡིགས། རྫོངས་ཞེས་པ་

བཞིར་སྨན་དཔྱད་སློབ་ཏུ་བཅུག རིགས་བཟང་ངན་དང་མཐོ་དམན་མེད་པར་འཚོས་ཤིག་བཀའ་སློས། མིང་འཚོ་བྱེད་སྨན་པར་བཏགས། བྱ་དགའ་ལ་ག་སྙོམས་ཆེན་དགུ་དང་ག་སྙོམས་ཆུང་གསུམ་སྟེ་བཅུ་གཉིས་གནང་། སྟོད་ཕྱོགས་བོད་ཀྱི་ལུགས་ཟེར་བའང་ག་ལེས་ནོས་དང་དེའི་རིགས་སྲས་རྣམས་གངས་ཅན་སྤྱོངས་ཀྱི་སྨན་དཔྱད་བསྟན་པའི་སྒྲོན་མེ་ལྟ་བུར་གྱུར་བས་དེ་ལྟར་བྱུང་བར་བཞེད་མཁན་ཡང་ཡོད།

གུ་རུ་ལེགས། （གོང་རུ་ལེགས་སམ་གོ་རུ་ལེགས་ཞེས་པའང་སྣང་）བོད་རྒྱལ་བཅུ་གསུམ་པ། ལེགས་དྲུག་གི་ཡ་གྱལ། ཡབ་ཐི་ཤོ་ལེགས་དང་ཡུམ་བཙན་མོ་གུར་སྨན་གྱི་སྲས། དབོན་གསས་གུ་རུབ་བཙན་དོ་མི་སེར་བསྐྱེན། ལྷ་བོན་ཙོ་སྐན་རིང་གིས་བྱས། མཚོ་སྨན་འཁྲོང་མ་ཁབ་ཏུ་བཞེས་པར་སྲས་འབྲོང་ཞི་ལེགས་འཁྲུངས།

གུང་སྲོང་གུང་བཙན། （གུང་རི་གུང་བཙན་ཡང་ཟེར）བོད་རྒྱལ་སོ་བཞི་པ། ཡབ་སྲོང་བཙན་སྒམ་པོ་དང་ཡུམ་མོང་བཟའ་ཁྲི་ལྕམ་གཉིས་ཀྱི་སྲས་སུ་བོད་ས་སྤྲེལ（སྤྱི་ལོ669）ལོར་འཁྲུངས་ཞེས་གྲགས། འདི་ཉིད་འཁྲུངས་ཡུལ་བྲག་ལྷ་བཀྲ་ཤིས་གཞལ་ཡས་ཁང་དུ་ཡིན། རྒྱལ་སྲས་ཟླ་བ་གསར་པ་གངས་ཅན་ཤར་རིའི་རྩེ་ནས་ལྷགས་པས་རྒྱལ་པོ་ཡབ་ཡུམ་བློན་འབངས་དང་བཅས་པ་ཐུགས་ཡིད་ཀྱི་སྤྲོ་བ་རབ་ཏུ་བརྟས་ཤིང་། བཙས་སྟོན་ཡང་རྒྱ་ཆེ་གཟབ་རྒྱས་མཛད། དགུང་ལོ་བཅུ་གསུམ་ལ་ཐེབས་སྐབས་ཡབ་ཀྱིས་རྒྱལ་སར་བསྐོས། བློན་པོ་མྱུང་མང་པོ་རྗེ་ཞང་སྣང་དང་སྟུབས་བཙན་ཧོ་རེས་བྱས། འ་ཞ་བཟའ་མང་མོ་རྗེ་ཁྲི་དཀར་ཁབ་ཏུ་བཞེས། རྒྱལ་པོ་འདིའི་དུས་སུ་རྒྱ་ནག་ནས་ཇ་དང་རོལ་མོ་བོད་དུ་དར་ཞེས་གྲགས། རང་གི་ཡུམ་དང་ལྷན་དུ་དཔལ་གྱི་ཡེར་པའི་ལྷ་ཁང་བཞེངས། རྒྱལ་སྲིད་ལོ་ལྔ་བསྐྱངས་ཏེ་དགུང་ལོ་བཅོ་བརྒྱད་ལ་ཐེབས་པ་བོད་མེ་ཁྱི（སྤྱི་ལོ686）ལོར་ཡབ་ཀྱི་སྔོན་དུ་སྐུ་གཤེགས་པར་གྲགས། གུང་སྲོང་བང་སོ་དོན་མཁར་མདའ་རུ་བརྩིགས། གྲལ་ནི་གནམ་རི་སྲོང་བཙན་གཡོན་ན་ཡོད། མིང་ནི་གུང་ཆེན་གུང་རི་ལགས་སོ་སྐད།

ཁྲིམ་ཤིང་ཀོང་ཇོ། （ཅིང་དྲིང་ཀོང་ཇོ་ཡང་ཟེར）རྒྱ་རྗེ་ཐང་གྲུང་ཙུང་གི་ནུ་བོ་ཡུང་དབང་གི་བུ་མོ། བོད་རྒྱལ་ཁྲི་ལྡེ་གཙུག་བརྟན་གྱི་བཙུན་མོ། འདི་བོད་ལྕགས་ཁྱི（སྤྱི་ལོ710）ལོར་གྲུང་ཙུང་སྐུ་དངོས་ཀྱིས་མཁར་ཆེན་པོ་ཞིང་ཕེང་ཕྱེན་གྱི་བར་དུ་སྐྱེལ་ཐུང་རྒྱ་ཆེར་མཛད་དེ། མཁར་དེའི་མིང་ཡང་བརྗེས་ཏེ་ཁྲིམ་ཤིང་ཕྱེན་ཞེས་བཏགས། ཀོང་ཇོ་འདི་བོད་དུ་ཐེབས་སྐབས་དར་དང་གོས་ཆེན་ཡུག་དུ་མ་བསྣམས་ཐེབས་པ་མ་ཟད། རྩེད་མོ་མཁན་དང་། བཟོ་བོ་སྣ་ཚོགས་པ། རོལ་མོ་དཀྲོལ་མཁན་སོགས་ཁྲིད་ཐེབས། བོད་ཀྱི་ལོ་རྒྱུས་ཆོས་འབྱུང་དང་དམངས་ཁྲོད་ཀྱི་གཏམ་རྒྱུད་ནང་། ལྷ་སྲས་ཁྲི་སྲོང་ལྡེ་བཙན་བཙུན་མོ་འདིར་བལྟམས་ཏུང་བཙུན་མོ་སྣ་ནམ་བཟས་འཕྲོག་པའི་གཏམ་རྒྱུད་ངོ་མཚར་བ་སྣང་། ཁྲིམ་ཤིང་ཀོང་ཇོ་བོད་དུ་ཐེབས་རྗེས་རྒྱ་བཟའ་ཙུན་ཤིང་ཀོང་ཇོའི་རྟེན་སྐལ་ཇོ་བོ་ཤཱཀྱ་མུ་ནེ་མང་སྲོང་སྐབས་རྒྱ་དམག་གིས

འཁྱེར་གྱི་དོགས་ནས་ར་ས་འཕྲུལ་སྣང་གི་དཀྱིལ་འཁོར་མཐིལ་ལྷོ་ངོས་ཀྱི་ལྷ་ཁང་ལྷོ་སྒོ་མེ་ལོང་ཅན་ནང་བཞུགས་སུ་གསོལ་ནས་སྒོ་བཅིགས་པ་དེ་ཕྱི་ནས་མཚོད་པའི་རྒྱུན་བཙུགས་པ་དང་། བོད་ཀྱི་ཚེ་ཞིས་གཉེན་དགེའི་སྲོལ་བཙུགས། གཞན་ཡང་ཁྲིམ་ཤིང་ཀོང་ཇོ་བོད་དུ་ཐེབས་ནས་ཐང་བོད་དབར་གྱི་ས་མཚམས་འཁྲུག་ཟིང་འཇགས་ཐབས་ཀྱི་བྱ་བར་འབད་བརྩོན་དང་ནུས་པ་ཆེན་པོ་བཏོན་པར་གྲགས། མཐར་བོད་ས་ཡོས(སྤྱི་ལོ739)ལོར་བཙུན་མོ་ཁྲིམ་ཤིང་ཀོང་ཇོ་སྐུ་གཤེགས་ཞེས་ཏུན་ཧོང་གི་ཡི་གེར་གསལ།

ཁྲི་གཙུག་བཙན་པོ། (ཏྲི་གཙུག་བཙན་པོ་ཞེས་པའང་སྣང་)བོད་རྒྱལ་བརྒྱད་པ། བར་རབ་སྟོད་ཀྱི་སྟེངས་གཉིས་ཀྱི་ཡ་གྱལ། ཡོངས་གྲགས་ཀྱི་རྒྱལ་རབས་ཆོས་འབྱུང་མང་ཆེ་བའི་ནང་འདི་ཉིད་ཡབ་སྲིབས་ཁྲི་བཙན་པོ་དང་ཡུམ་ས་བཙུན་ཀླུང་རྗེའི་སྲས་ཡིན་ཞེས་འཁོད་ཅུང་། ལོ་རྒྱུས་ཡིག་ཚང་འགར་འདི་ཉིད་ཡབ་ཁྲི་སྲེ་བཙན་པོ་དང་ཡུམ་སྨན་ཁྲི་ཕྱུག་མོ་གཉིས་ཀྱི་སྲས་དང་། གནམ་གྱི་ཁྲི་བདུན་གྱི་ཐ་མ་ཡིན་པར་གསུངས། འདི་ཉིད་ཐོག་མར་འཁྲུངས་སྐབས་མ་མས་མཚན་འདོགས་ཉེས་ཤོར་ཏེ་གྲི་གཙུམ་བཙན་པོ་ཞེས་བཏགས་པས་ནར་གསོན་སྐབས་ཕྱུགས་ལ་གདོན་འདྲེ་ཞུགས་ཤིང་ཕྱུགས་རྒྱལ་དང་ཁྱེངས་དྲེགས་གཉེན་མ་ཐུབ་པར་ཡབ་འབངས་ཕ་ཚན་དགུ་དང་། ཡུམ་འབངས་རུས་ཚན་གསུམ་ཀུན་ལ་བཙན་བཤེད་ཀྱིས་ངའི་དགྲ་ཟླར་ལངས་ཏེ་འཐབ་ཐོད་པ་སུ་ཡོད་ཅེས་བཀའ་ཐབ། ལོ་ངམ་ཏ་རྫི་བྱ་བས་འཐབ་མི་ཐོད་ཅེས་ཇི་ལྟར་གསོལ་ཡང་མ་གསན་པར་མཐར་ལོ་ངམ་ཏ་རྫིས་ཐབས་ལ་བརྟེན་ནས་བཙན་པོ་བཀྲོངས་པ་དང་། ཕྱུར་ཟངས་ཆེན་ཁ་སྦྱར་གྱི་ནང་དུ་བཙུག་སྟེ་གཙང་ཆུའི་གཞུང་ལ་བསྐྱུར་བ་ཀོང་པོར་ཐོན་ཏེ་དེར་བང་སོ་བརྩིགས་པ་དེ་བང་སོའི་ཐོག་མ་ཡིན། བོན་གྱི་ལོ་རྒྱུས་ནང་དེ་སྐབས་བཙན་པོའི་གོང་དུ་སྐུ་གཤེན་ཆེ་བའི་སྲོལ་ཆགས་པར་བརྟེན་བློན་པོ་ལི་བཙན་བཤེར་སོགས་ཀྱིས་ཡང་ཡང་གསོལ་བ་ལྟར་བཙན་པོ་འདིས་སྐུ་སྲུང་བའི་བོན་ཅམ་ལས་གཤེན་པོ་ཐམས་ཅད་མཐའ་ལ་སྤྱུགས་ནས་བོན་བསྣུབས་ཚུལ་འཁོད་ཡོད། རྒྱལ་པོ་འདིའི་སྐུ་དུས་སུ་གོ་ཁྲབ་རལ་གྲི་ཐོག་མར་དར་ཞེས་གྲགས། སྐུ་གཤེན་ཅོའུ་ཚེམས་དཀར་གྱིས་བྱས། གསས་མཁར་ས་ལེ་བྱེལ་ཚང་བཞེངས། སྦྲུ་སྲིད(གླུ་བཙན་ཞེས་པའང་སྣང་)མེར་ལྷུམ་མམ་དཔལ་བཟའ་ཁྲི་བཙུན་ཁབ་ཏུ་བཞེས་པར་སྲས་ཤ་ཁྲི་དང་། བྱ་ཁྲི། ཉ་ཁྲི། སྲིང་མོ་གཅིག་བཅས་ལྷུམ་སྲིང་བཞི་འཁྲུངས་ཞེས་དང་། སྲས་ཉ་ཁྱི་དང་ཤ་ཁྱི་གཉིས་འཁྲུངས་ཞེས་གསུང་ཚུལ་མི་འདྲ་བ་མཆིས།

མགར་ཁྲི་འབྲིང་བཙན་བྲོད། བློན་པོ་མགར་གྱི་བུ་འབྲིང་བ། མང་སྲོང་དང་འདུས་སྲོང་ཡབ་སྲས་གཉིས་ཀྱི་བློན་པོ། འདིས་མང་སྲོང་གི་སྐུ་དུས་སུ་རང་གི་གཅེན་པོ་མགར་བཙན་སྙ་ལྡོམ་བུར་གཞོགས་འདེགས་བྱས་ནས་དམག་དོན་དང་། ཆབ་སྲིད། དཔལ་འབྱོར་བཅས་ཀྱི་འགན་ཆེན་པོ་ཁུར་བ་མ་ཟད། རང་གི་གཅེན་པོ་འདས་རྗེས་བཙན་པོའི་བཀའ་བཞིན་བློན་ཆེན་གྱི་འགན་ཁུར་ནས་བཙན་པོར་ཆབ་སྲིད

བསྐྱངས་རོགས་ཞུས། འདིས་བློན་ཆེན་གྱི་འགན་བླངས་རྗེས་འ་ཞའི་ཡུལ་དུ་དམག་དྲངས་ཤིང་། རྒྱའི་དམག་དཔོན་འོ་ཞང་ཐོ(ཕང་ཞའོ་ཅེ) དང་གཡུལ་སྤྲད་དེ་ཕམ་པར་བྱས་ནས་ཤར་ཕྱོགས་སུ་རྒྱལ་ཁམས་རྒྱ་བསྐྱེད་པ་སོགས་བྱས་པར་གྲགས། ཏུན་ཧོང་ནས་ཐོན་པའི་རྒྱལ་རབས་ལོ་ཚིགས་ནང་བོད་ས་ཁྲི(སྤྱི་ལོ698) ལོར་བཙན་པོ་འདུས་སྲོང་དབྱར་དུས་བྱང་ཕྱོགས་སུ་ཕེབས་པ་དང་། དགུན་དུས་བློན་ཆེན་པོ་མགར་ཁྲི་འབྲིང་བཙན་བྲོད་ཀྱིས་མདོ་སྨད་ཙོང་ཁ་ཆེ་ཆུང་དུ་དམག་དྲངས། དགུན་ལོ་དེ་རང་ལ་བཙན་པོས་མགར་ལ་བཀྱོན་ཕབ་ཅེས་གསལ་བ་དང་། ཁྲི་འབྲིང་གནས་དབྱུང་བཏང་བའི་ཕྱི་ལོར་རང་ཤི་བརྒྱབ་ཅེས་རྒྱའི་ཡིག་ཚང་དུ་གསལ་ཞེས་འཁོད།

མགར་སྟོང་བཙན་ཡུལ་ཟུང་། བློན་པོ་མགར་བ་ཞུ་བ་དེ་ཡིན། སྲོང་བཙན་གྱི་མེད་ཐབས་མེད་པའི་བློན་པོ་བཞིའི་ཡ་གྱལ་དང་དཔོན་སྲས་མང་སྲོང་གི་བློན་པོ་ཡང་ཡིན། འབྲུངས་ཡུལ་སྟོད་ལུང་རམ་པ་བ། སྲོང་བཙན་གྱི་མཛད་འཕྲིན་དར་ལ་དྲག་པའི་འགོ་ཚུགས་སྐབས་བློན་ཆེན་ཟུར་པ་ཁྱུང་པོ་སྤུང་སད་ཟུ་ཙེས་བཙན་པོ་བཀྲོངས་རྒྱུའི་གཡོ་སྒྱུ་བཤམས་པ་མགར་གྱིས་ཤེས་ནས་ཉེན་ཁ་ལས་གཡོལ་ཐུབ་པ་བྱུང་། དེ་བཞིན་མགར་གྱིས་ཁོད་དཔོན་བྱས་ཏེ་བོད་ཀྱི་ཁོད་བཤམས། དེ་ཡང་རུ་མཚམས་འབྱེད་པ་དང་། ཡུལ་འགོད་པ། རྒོད་གཡུང་གི་སྡེ་འབྱེད་པ་སོགས་སོ། དེ་ནས་མགར་གྱིས་ཕྱི་ནང་བར་གསུམ་གྱི་བློན་པོར་གྲགས་པ་བདུན་དང་བཅས་པ་སྐྱིད་འཚོག་བྱས་ཏེ་ཚང་མས་བློ་ཐུས་འདོན་སྤྱིལ་ལེགས་པར་བྱས་མཐར་བལ་རྒྱ་གཉིས་ནས་རྗེ་བོའི་སྲས་མོ་རེ་སྲོང་བཙན་གྱི་བཙུན་མོར་བསུ་རྒྱུར་ཐམས་ཅད་བློ་མཐུན། དོན་དེ་རྒྱལ་པོའི་སྙན་དུ་གསོལ་བས་རྒྱལ་པོས་ཀྱང་ལེགས་སོ་ཞེས་བཀའ་གནང་བ་བཞིན་མགར་སྟོང་བཙན་ཡུལ་ཟུང་དང་ཐོན་མི་སམ་བྷོ་ཊ་གཉིས་ཀྱིས་ཐོག་དྲངས་པའི་བློན་འཁོར་རྟ་པ་བརྒྱ་དང་བཅས་པ་བལ་ཡུལ་དུ་ཆས་ནས་བལ་པོའི་རྒྱལ་པོ་དེ་བ་ལྷ་སྒེ་འོད་ཟེར་གོ་ཆའི་སྲས་མོ་ལྷ་གཅིག་ཁྲི་བཙུན་བོད་ཀྱི་རྒྱལ་པོའི་བཙུན་མོར་གདན་དྲངས་པ་དང་། དེ་ནས་མགར་གྱིས་གཙོས་བློན་འཁོར་རྟ་པ་བརྒྱ་རྒྱ་ནག་གི་ཡུལ་དུ་བསྐྱོད་ནས་ལྷ་གཅིག་ཀོང་ཇོ་བཙུན་མོར་སློང་བའི་སྐོར་ལ་བོད་ཀྱི་ལོ་རྒྱུས་ཆོས་འབྱུང་ནང་། རྒྱ་ནག་རྒྱལ་པོས་བུ་མོ་སྟེར་མི་འདོད་ཀྱང་མགར་གྱིས་རིག་པའི་རྩལ་དུ་མ་ལ་བརྟེན་ནས་མཐར་སྲས་མོ་བླངས་པའི་གཏམ་རྒྱུད་ངོ་མཚར་བ་ཡོད། རྒྱའི་ལོ་རྒྱུས་ཡིག་ཚང་ནང་། མགར་འདི་ཡི་གེར་སྦྱངས་ཀྱང་རང་བཞིན་གྱིས་རིག་པ་རྣོ་ཞིང་། ངང་ཚུལ་བརྟན་ལ། དམག་འཐབ་མཁས་པ། བོད་དུ་ཁོང་ལ་མཐོང་ཆེ་ཞིང་། ཁོང་ལ་བརྟེན་ནས་བོད་ཀྱི་རྒྱལ་ཁབ་སྟོབས་ཆེར་གྱུར་པ་ཡིན་ཞེས་འཁོད་ཡོད་པ་དང་། ཏུན་ཧོང་ནས་ཐོན་པའི་ལོ་རྒྱུས་ཡིག་རྙིང་ནང་། སླན་རྗེ་སྣམ་ན། ཁྲི་སྲོང་བཙན། འོག་ན་བློན་མཛངས་ན། སྟོང་བཙན་ཡུལ་ཟུང་ཞེས་འཁོད་པ་ནས་སྲོང་བཙན་གྱི་སྐུ་དུས་སུ་རྒྱལ་སྲིད་ཀྱི་བྱ་བ་ཞི་དྲག་ཀུན་ལ་བགོད་འདོམས་བྱེད་ནུས་པ་བློན་པོའི་ནང་ནས་འགྲན་ཟླ་མེད་པ་ནི་མགར་སྟོང་བཙན་ཡུལ་ཟུང་ཡིན་པ་གསལ་པོ་མཐོང་ཐུབ་ལ། ཁོང་གིས

རྒྱལ་པོར་སྲིད་སྐྱོང་རོགས་ཞུས་ནས་བོད་ཡུལ་གཅིག་གྱུར་དང་འཕེལ་རྒྱས་ཡོང་བ་ལ་མཛད་རྗེས་ཆེན་པོ་ཞག་ཡོད།

སྲོང་བཙན་འདས་རྗེས་དཔོན་སྲས་མང་སྲོང་སྐུ་ན་ཕྲ་བས་མགར་གྱིས་མུ་མཐུད་བློན་ཆེན་བྱས་ནས་ཁྲི་ལོ་བཅོ་ལྔ(བཅོ་བརྒྱད་ཞེས་པའང་སྣང)བར་ཆབ་སྲིད་བསྐྱངས་རོགས་ཞུས། སྐབས་འདི་དག་ཏུ་བློན་ཆེན་མགར་སྟོང་བཙན་གྱིས་སློ་བོ་དང་རྩང་སྐྱ་སྟེ་བལ་བོད་དབར་གྱི་རི་རོང་ཁུལ་དུ་གནས་པའི་ཡུལ་ཚན་དང་མི་སྡེ་རྣམས་ཆབ་འབངས་སུ་བཙུག་པ་དང་། ཁོང་གིས་བོད་ཀྱི་འབྲོག་ལས་ལ་ཞིབ་བཤེར་གྱིས་འབྲོག་ཁྲལ་གཏན་ལ་ཕབ། བོད་ཤིང་སྟག(སྤྱི་ལོ654འམ714)ལོར་མགར་གྱིས་མོང་པུ་རྩལ་ཟེར་བའི་ས་གནས(སྟོད་ལུང་མོང་གི་ཕུར)སུ་ཆབ་འོག་གི་འགོ་གཙོ་རྣམས་བསྐོངས་ནས་འདུན་མ་བསྡུ་བའི་སྲོལ་བཏོད། དེ་དུས་རྒྱའི་དམག་བོད་དུ་བྱུང་བ་འཛོམས་པ་དང་། མགར་གྱིས་བོད་དམག་འབུམ་ཚོ་ཁྲིད་དེ་རྒྱ་རྣམས་ཕམ་པར་བྱས། ཡུལ་འཁོར་རྣམས་བཅོམ། མཐར་བློན་པོ་མགར་རང་ཉིད་ཀྱང་དམག་ཐོག་ཏུ་འདས་ཞེས་དང་། ཡང་ཚད་པའི་ནད་ཀྱིས་གཤེགས་ཞེས་པའང་སྣང་། མེ་ཡོས(སྤྱི་ལོ667ནམ727)ལོར་བློན་ཆེན་པོ་རིས་པུར་གུམ་ཞེས་གྲགས། མགར་ལ་བུ་བཞི་སྟེ། མགར་བཙན་སྙ་ལྡོམ་བུ་དང་། མགར་ཁྲི་འབྲིང་བཙན་བྲོད། བློན་ཟི་མདོ་ཡེ། བློན་འབལ་ལོན་བཅས་སོ།

མགར་བཙན་སྙ་ལྡོམ་བུ། (མགར་གཉའ་བཙན་ལྡེམ་བུ་ཞེས་པའང་སྣང)མང་སྲོང་གི་བློན་པོ། བློན་པོ་མགར་སྟོང་བཙན་གྱི་བུ་ཆེ་བ་ཡིན་ཞིང་། ཕ་འདས་རྗེས་བཙན་པོས་འདི་བློན་ཆེན་དུ་བསྐོ་བཞག་བྱས། འདི་བློན་ཆེན་དུ་བསྐོ་བཞག་བྱས་པའི་ལོ་དེ་རང་ལ་མགར་ཁྲི་འབྲིང་བཙན་བྲོད་སོགས་གཞོན་པ་གསུམ་གྱིས་དམག་དཔོན་བྱས་ཏེ་རྒྱའི་ས་མཚམས་སུ་དམག་དྲངས་ནས་ལྷོང་རིགས་ཀྱི་ཡུལ་ཚན་བཅུ་གཉིས་ཙམ་བཅོམ་པ་དང་། དེ་རྗེས་བོད་དམག་གིས་ནུབ་ཕྱོགས་གྲུ་གུ་ཆོ་ཆེན་བཅུ་བོད་ཀྱི་ཆབ་འོག་ཏུ་བཙུག སྐར་བོད་དམག་དང་ལི་ཡུལ(ཤིན་ཅང)པ་རྣམས་མཉམ་དུ་བསྡེབས་ནས་རྒྱའི་ཡུལ་ཚན་མང་པོ་བཟུང་བ་བཅས་ལ་བརྟེན་ཐང་གོང་མས་ཀྱང་དམག་དཔོན་ཞོའི་རེན་ཀོས་དང་གོ་ཞི་ཕའན་ཟེར་བ་གཉིས་དམག་དཔུང་འབུམ་ཕྲག་གཅིག་ཙམ་ཁྲིད་ནས་བོད་དམག་ལ་འཐབ་པར་བཏང་། འོན་ཀྱང་ཕོ་ཆོས་བོད་དམག་ལས་རྒྱལ་ཁ་ལེན་མ་ཐུབ་པར་ཕམ་ཉེས་འཁེལ་ཞིང་། མཐར་བོད་ཀྱི་བློན་ཆེན་མགར་བཙན་སྙ་ལྡོམ་བུ་དང་། ཐང་གི་དམག་དཔོན་ཞོའི་རེན་ཀོས་གཉིས་ཀྱིས་འདུམ་བྱས་ཏེ་དམག་དཔོན་དེ་རྒྱ་ཡུལ་དུ་ལོག་པར་གྲགས། དེ་ནས་བློན་ཆེན་མགར་བཙན་སྙ་ལྡོམ་བུ་དང་། མགར་ཁྲི་འབྲིང་བཙན་བྲོད་གཉིས་ཀྱིས་གཉོང་ཀའི་ནེ་ཙོ་ལུང་ཟེར་བའི་ས་གནས་སུ་འདུན་ཚོགས་བསྡུས་ནས་འབྲོག་ལས་ལ་སླར་ཡང་ཞིབ་བཤེར་ཆེན་པོ་ཞིག་བྱས་པ་དང་། དེ་རྗེས་བློན་ཆེན་པོ་བཙན་སྙས་ཞིམས་ཀྱི་གུ་རན་ཟེར་བའི་ཡུལ་དུ་ཞང་ཞུང་གི་ཁོས་བགྱིས་པ་སྟེ་ཞང་ཞུང་ཡོངས་ཀྱི་ལས་ཀར་ཞིབ་བཤེར་དང་ལམ་སྲོལ་གཏན་འབེབས་བྱས། བོད་ཤིང་བྱ་

ཡོར་ཤངས་ཀྱི་སུམ་ཆུ་བོ་ཞེས་པའི་ས་ཆར་བློན་ཆེན་པོ་མགར་བཙན་སྙ་ལྡོམ་བུ་དང་། མགར་གྱི་བུ་རྒྱུད་མང་ཉེན་སྟག་ཙབ་ཟེར་བ་གཉིས་སྤུན་མཆེད་ནང་དམེ་བྱུང་ནས་བློན་བཙན་སྙ་གྲོངས་པར་གྲགས།

མགོས་ཁྲི་བཟང་ཡབ་ལྷག （འགོས་ཞེས་པའང་སྣང་）ཆོས་རྒྱལ་ཁྲི་སྲོང་ལྡེ་བཙན་གྱི་བློན་པོ། འཕྲུལ་བློན་མཛངས་མི་བདུན་གྱི་དྲུག་པ། བློན་ཆེན་མགོས་རྒན་གྱི་སྲས་ཡིན། འདི་ཉིད་ཀྱིས་བཀའ་ཁྲིམས་ཞལ་ལྕེ་སྟེ། གསོས་ཐང་སྟོང་ཐང་གི་ཞལ་ལྕེ་དང་། གཉེན་བྱེ་བྲལ་གྱི་ཞལ་ལྕེ། བསྐོན་ཐོལ་དཀར་མིའི་ཞལ་ལྕེ་སོགས་གཏན་ལ་ཕབ་པ་དང་། ཁྲིམས་གཏུག་སྐབས་གོང་འབུལ་གྱི་ཡིག་བྱང་ལ་བྱང་ཟས་དང་། སྤྱལ་མགོ སྐྱིན་ནག ཐེན་བྱང་། མཆུ་སྣང་། ཞེས་སྤྱིར་སློ་ཡུས་ཀྱི་བྱང་བུ་ལྔ་དང་། གོང་ནས་དཔྱད་མཚམས་གཏོང་བའི་ཡིག་བྱང་ལ་ཟང་ཡག་དང་། རྐེད་ཁྲ། ཁ་དམར་ཏེ་ཞལ་ལྕེའི་བྱང་བུ་གསུམ། སྤྱིར་རྒྱུག་པའི་རྒྱ་བྱང་བཅས་ཁྲོན་བྱང་བུ་ཆ་དགུར་གྲགས་པའི་དོན་ཚན་བཅོ་བརྒྱད་ཐོག་མར་གཏན་ལ་ཕབ། མི་བསད་པའི་སྟོང་ཐང་ཐད་དཀུང་བློན་ཆེན་པོ་ནི་འགྲན་གྱི་དོ་མེད་དེ་བསད་ན་སྟོང་ཐང་ཁྲི་ཆིག་སྟོང་། དཀུང་བློན་འབྲིང་པོ་དང་ནང་བློན་ཆེན་པོ་གཉིས་མཉམ་སྟེ་ཁྲི། དཀུང་བློན་ཆུང་ངུ་ནང་བློན་འབྲིང་པོ་བཀའ་ཡོ་གལ་འཆོས་པ་ཆེན་པོ་གསུམ་མཉམ་སྟེ་དགུ་སྟོང་། ནང་བློན་ཐ་ཆུང་དང་བཀའ་ཡོ་གལ་འཆོས་པ་འབྲིང་མཉམ་སྟེ་བརྒྱད་སྟོང་། བཀའ་བློན་ཆུང་ངུ་ལ་བདུན་སྟོང་ངོ་། དེ་བཞིན་དུ་འབངས་ཡང་ཐའི་བར་དུ་རིམ་པས་བཅད་དེ་ཁྲིམས་ཡིག་ཏུ་བཀོད་པས་བློན་པོ་ཕྱི་མ་རྣམས་ལ་བཀའ་དྲིན་ཤིན་ཏུ་ཆེ་བས་བོད་འཕྲུལ་མཛངས་པའི་མི་བདུན་གྱི་དྲུག་པར་འདྲེན་ནོ་ཞེས་ལོ་རྒྱུས་ཡིག་ཚང་དུ་གསལ་བ་དང་། གཡུ་ཐྲིང་ལས། བོད་དུ་མི་བསད་པ་ལ་སྟོང་ཞེས་པ་དེ་ནས་གྲགས་པར་གསུངས་ལ། སྟོང་ཞེས་པའང་གྲངས་ཀྱི་མིང་ལས་ཐོགས་པ་དང་། སྟོང་ཐང་གི་གཞི་འཛིན་ས་ཡང་གསེར་ལ་བྱེད་པར་བཞེད་དོ།

མགོས་རྒན། ཆོས་རྒྱལ་ཁྲི་སྲོང་ལྡེ་བཙན་གྱི་བློན་ཆེན་མགོས་ཞུ་བ་དེ་ཡིན། བློན་ཆེན་མགོས་ཀྱིས་ཐབས་བཏོན་ནས་ཆོས་ལ་གནག་པའི་བློན་པོ་མ་ཞང་གྲོམ་པ་སྐྱེས་ཚར་བཅད་དེ་བོད་དུ་སངས་རྒྱས་ཀྱི་བསྟན་པ་བཙུགས་ཤིང་སྤེལ་བ་ལ་མི་ཉམས་པའི་བྱས་རྗེས་འཇོག་གནང་མཛད། གཞན་ཡང་དཀུང་བློན་ཆེན་པོ་མགོས་ཀྱིས་གསོལ་བ་ལྟར། རྗེའི་གདུང་རབས་འབངས་ཀྱིས་བཅད་དང་། ཡ་རབས་རྣམས་ལ་ཕྱག་དང་ཞེ་སའི་ཚུལ། གཏམ་དང་ལོ་རྒྱུས་བཟང་པོའི་ལས་ཐབས་དང་། ཕ་མེས་དགེ་དང་ཡིག་ཚང་ལ་སོགས་པ། ཡ་རབས་བཟང་པོའི་ལུགས་ཀྱི་བསྟན་བཅོས་ལ། བོད་འབངས་ཐམས་ཅད་བཀོད་དེ་བདེ་བར་མཛད་ཅེས་བོད་ཀྱི་ལོ་རྒྱུས་ཡིག་ཚང་དུ་གསལ་ལོ།

འགོས་ལོ་ཙཱ་བ་ཆོས་འགྲུབ། བོད་རྒྱལ་ཁྲི་རལ་པ་ཅན་གྱི་སྐུ་དུས་སུ་བྱོན་པའི་བོད་རིགས་ལོ་ཙཱ་བ་ཆེན་པོ་ཞིག་ཡིན་ཞིང་། ལོ་ཙཱ་བ་འདི་ཉིད་ཀྱིས་མདོ་དཀོན་མཆོག་བརྩེགས་པ་ལས་འཕགས་པ་གོ་ཆའི་བཀོད་པ་བསྟན་པ་ཞེས་པ་དང་། ལང་ཀར་གཤེགས་པ་རིན་པོ་ཆེའི་མདོ་ལས་སངས་རྒྱས་ཐམས་ཅད་ཀྱི་གསུང་གི

སྙིང་པོ་ཞེས་པ། མཛངས་བླུན་ཞེས་བྱ་བའི་མདོ། འཕགས་པ་ལེགས་ཉེས་ཀྱི་རྒྱུ་འབྲས་བསྟན་པ་ཞེས་པའི་མདོ་སོགས་མདོ་ཁག་མང་རྒྱ་ཡིག་ནས་བོད་ཡིག་ཏུ་བསྒྱུར་ཅིང་། བོད་ཡིག་གི་མདོ་སྡེ་ཁག་མང་རྒྱ་ཡིག་ཏུ་བསྒྱུར་པ་མ་ཟད། རྒྱ་བོད་ཀྱི་ས་མཚམས་སུ་ཕེབས་ནས་ལོ་ཉི་ཤུ་ལྷག་ཙམ་རིང་ལ་དམ་ཆོས་འཆད་རྩོམ་གྱི་འཕྲིན་ལས་རྒྱ་ཆེ་སྤེལ་གནང་མཛད།

རྒྱ་བཟའ་ཀོང་ཇོ། (ལྷ་གཅིག་ཀོང་ཇོའམ་ཡུན་ཤིང་ཀོང་ཇོ་ཡང་ཞུ) སྲོང་བཙན་གྱི་མཆོག་ཏུ་གྱུར་པའི་བཙུན་མོ་གསུམ་གྱི་ཡ་གྱལ། རྒྱ་རྗེ་ཐང་ཐེ་ཙུང་གི་སྲས་མོ། བོད་ལུགས་སྦྲང(སྤྱི་ལོ641)ལོར་ཐང་ཐེ་ཙུང་གིས་ཡུན་ཤིང་ཀོང་ཇོ་བོད་ཀྱི་རྒྱལ་པོའི་བག་མར་གནང་། བོད་དུ་ཕེབས་སྐབས་ཇོ་བོ་ཤཱཀྱ་མུ་ནེ་དང་། རིན་པོ་ཆེའི་དར་གོས། གཙུག་ལག་སྤྱོར་ཐང་གི་རྩིས་དང་སྨན་དཔྱད། བཟོ་ཡི་རིག་བྱེད་སྣ་ཚོགས་བསྣམས་ཕེབས་ཤིང་། ཀོང་ཇོ་དཔོན་གཡོག་ཁམས་སུ་ཕེབས་སྐབས་བྲག་ལོགས་ལ་རྒྱས་པའི་དབྱངས་དང་བཟང་སྤྱོད་བཀོས། ཇོ་སྐུ་ཁྲུ་བརྒྱད་བཅུ་པ་བཀོས། ཤ་བ་བཟུང་ནས་ཞིང་རྨོས། ཆུ་སྐོར་བཙུགས་ཞེས་གྲགས། ལྷ་སར་ཕེབས་པའི་ཚེ་ལྷ་སའི་ཕྱོགས་ཀུན་ནས་གཟབ་མཚོར་སྤྲས་པའི་སྐྱེ་བོ་ཕོ་མོ་བརྒྱ་སྟོང་དུ་མ་དུས་གཅིག་ཏུ་ལྷགས་ཏེ་ཇོ་བོ་ཤཱཀྱ་དང་ལྷ་གཅིག་ཀོང་ཇོ་ལ་དད་གུས་ཚད་མེད་ཀྱི་སྒོ་ནས་བསུ་བ་ཞུས། ར་མོ་ཆེའི་ཐང་ལ་ཕེབས་སྐབས་ཤིང་རྟ་བྱེ་མའི་འདམ་དུ་བྱིངས་ནས་གྱད་ལྷ་དགའ་དང་ཀླུ་དགས་ཀྱང་མ་འདྲོངས་པ་ལ་ལྷ་གཅིག་ཀོང་ཇོས་ས་དཔྱད་བརྟག་ཆེད་གཙུག་ལག་སྤྱོར་ཐང་གི་རྩིས་མཛད་པས་བོད་ཀྱི་ས་དབྱིབས་སྲིན་མོ་གན་རྐྱལ་དུ་ཉལ་བའི་དབྱིབས་སུ་གཟིགས་པ་དང་། ར་མོ་ཆེ་ན་ཀླུའི་ཕོ་བྲང་མཆིས་པའི་སྙིང་དུ་ཇོ་བོ་ཤཱཀྱ་བཞུགས་ན་ནོན་པར་མཁྱེན་ནས་དེ་ཉིད་དུ་ཕྱོགས་བཞིར་ཀ་བ་བཙུགས་ནས་དར་དཀར་གྱི་ཡོལ་བས་མཐའ་བསྐོར་ཏེ་མཆོད་པའི་རོལ་མོ་དྲི་ཟའི་རྒྱུད་མངས་ལྷ་བུར་དཀྲོལ་ཞེས་གྲགས། མཐར་ལྷ་གཅིག་ཀོང་ཇོ་རྒྱལ་པོ་དང་ཞལ་མཛལ་ནས་བཙུན་མོར་མངའ་གསོལ། དེ་ནས་ཀོང་ཇོས་ར་ས་འཕྲུལ་སྣང་གི་གཙུག་ལག་ཁང་བཞེངས་པའི་སྤྱོར་ཐང་བརྩིས་པ་དང་། ཇོ་བོ་ཤཱཀྱ་མུ་ནེའི་བཞུགས་གནས་ར་མོ་ཆེའི་ལྷ་ཁང་བཞེངས། དང་ཐོག་ལྷ་ཁང་དེའི་གཙང་ཁང་ལྷོ་བར་ཇོ་བོ་ཤཱཀྱ་མུ་ནེ་ལ་སོགས་པ་བཞུགས་སུ་གསོལ། ལྷ་ཁང་གི་དབྱིབས་ཀྱང་རྒྱའི་ལུགས་ལྟར་བཞེངས་པའི་ཡང་ཐོག་ཏུ་གཡུ་རྩེའི་རྒྱ་ཕིབས་རྣམ་པར་བཀྲ་བ་རྒྱ་སྟག་གནམ་ལ་འཕྱོ་བ་ལྟ་བུ་ཞིག་བསྒྲིན་པས་མཚན་ཡང་རྒྱ་སྟག་ར་མོ་ཆེའི་ལྷ་ཁང་ཞེས་གྲགས། ལྷ་གཅིག་ཀོང་ཇོའི་མཛད་པའི་སྐོར་བོད་ཀྱི་དམངས་ཁྲོད་དུ་སྒྲུང་རྩལ་གྱི་གཏམ་རྒྱུད་ངོ་མཚར་ཆེ་བ་དུ་མ་ཡོད། ལྷ་གཅིག་བོད་དུ་ལོ་སུམ་ཅུ་ལྷག་བཞུགས་རྗེས་མཐར་བོད་ལུགས་འབྲུག(སྤྱི་ལོ680)ལོར་འཕན་ཡུལ་ཟལ་མོ་སྒང་དུ་སྐུ་གཤེགས་པར་གྲགས། ཕྱིར་ཡར་ཀླུང་འཕྱོངས་རྒྱས་སུ་སྤྱན་དྲངས་ཏེ་བང་སོ་བརྩིགས།

རྒྱལ་ཏོ་རེ་ལོང་བཙན། (རྒྱལ་ལྡེ་རེ་ལོང་བཙན་ཞེས་པའང་སྣང) བོད་རྒྱལ་ཉེར་བཞི་པ། བཙན་ལྡེའི་ཡ

ཀྱལ། ཡབ་ལྷེ་སྤྲིན་བཙན་དང་ཡུམ་ཉེ་བཙུན་མང་མ་རྗེའི་སྲས། སློབ་དཔོན་མི་འཁྲིད་པོ་ཀྱལ། གནུབས་སྣན་ད་རེ། སྟོང་དར་རྗེ་རྣམས་ཀྱིས་བྱས་སྐད། ཞང་ཞུང་ཏ་ར་ལ་ཏ་རིས་སྐྱ་བོན་བྱས། འདི་མན་ཆད་འབངས་དང་གཉེན་བསྲེས་ཞེས་གྲགས། ཐོ་མ་ལྷེ་བཟའ་ཁྲི་བཙུན་ཁབ་ཏུ་བཞེས། རྒྱལ་པོ་འདིའི་གཙུང་པོ་ལྷབ་ནག་བྱ་བ་ཐང་མཚམས་སུ་ཕབ། དེའི་རྒྱུད་ལ་ཞང་ལྷ་གཙུང་པ་ཞེས་གྲགས།

རྒྱལ་བ་མཆོག་དབྱངས། （ངན་ལམ་རྒྱལ་བ་མཆོག་དབྱངས་ཀྱང་ཟེར）ཆོས་རྒྱལ་ཁྲི་སྲོང་ལྡེ་བཙན་གྱི་སྐུ་དུས་སུ་བྱུང་བའི་སད་མི་བདུན་གྱི་ཡ་ཀྱལ། འདི་ཉིད་ཀྱི་འགྱུར། བསྟན་འགྱུར་ལས། འཕགས་པ་འཇིག་རྟེན་དབང་ཕྱུག་ཡི་གེ་དྲུག་པའི་སྒྲུབ་ཐབས་ཡིད་བཞིན་ནོར་བུ་ཞེས་བྱ་བ་སློབ་དཔོན་འཕགས་པ་ཀླུ་སྒྲུབ་ཀྱིས་མཛད་པ་ཞིག་ཡོད།

རྒྱལ་མོ་གཡུ་སྒྲ་སྙིང་པོ། རྒྱལ་པོ་མུ་ནེ་བཙན་པོ་དང་། ལོ་ཙཱ་བ་བཻ་རོ་ཙ་ན། རྒྱལ་མོ་གཡུ་སྒྲ་སྙིང་པོ་གསུམ་གྱིས་ལྷན་དཀར་ཏ་མོ་རར་བཀའ་ངེས་པའི་ལུང་དོན་མན་ངག་རྣམས་རྒྱ་སྐད་ལས་བོད་སྐད་དུ་བསྒྱུར། དེ་ནས་གཡུ་སྒྲ་སྙིང་པོ་ཚ་བའི་ཡུལ་དུ་བཞུད་ཅེས་གྲགས།

ཛར་སྣང་བཙན་མོང་། （ཁྲི་ཛོར་སྣང་བཙུན་མོང་གེ་བུ་ཞེས་པའང་སྣང）བོད་རྒྱལ་སྟག་རི་གཉན་གཟིགས་ཀྱི་བློན་པོ་དང་། འཕྲུལ་བློན་མཛངས་མི་བདུན་གྱི་གསུམ་པ་ཡིན། འདི་ཉིད་ཀྱིས་བྲེ་དང་སྲང་བཅོས་ནས་འབྲུ་མར་འཛལ་བྱེད་བཟོས་པ་དང་། ལས་རྩིབ་དང་ཚོང་བྱེད་པ་སོགས་དར་རྒྱས་བཏང་།

ཅོག་རོ་ཀླུའི་རྒྱལ་མཚན། ཆོས་རྒྱལ་ཁྲི་སྲོང་ལྡེ་བཙན་གྱི་སྐུ་དུས་སུ་བྱུང་བའི་ལོ་ཙཱ་བ་སྣ་ཅོག་ཞང་གསུམ་གྱི་ཡ་ཀྱལ་ཡིན་ལ། ལོ་ཙཱ་བ་རབ་དགུའི་ནང་གསེས་གཞོན་གསུམ་གྱི་ཡ་ཀྱལ་ཡང་ཡིན།

འདི་ཉིད་ཀྱི་འགྱུར་ལ། འཁོར་ལོ་དང་པོར་གཏོགས་པ་དགེ་སློང་པའི་ཁྲིམས་ཉིས་བརྒྱ་ལྔ་བཅུ་རྩ་གསུམ་མདོར་བསྡུས་ནས་སྟོན་པ་པའི་སོ་ཐར་གྱི་མདོ་ཤློ་ཀ་བདུན་བརྒྱ། བམ་པོ་གཉིས་པ། དེའི་དོན་རྒྱ་ཆེར་བཤད་པ་པའི་རྣམ་འགྲེལ་ཤློ་ཀ་ཉིས་ཁྲི་བཞི་སྟོང་དགུ་བརྒྱ་བམ་པོ་བརྒྱད་ཅུ་རྩ་གསུམ་པ། དགེ་སློང་མའི་ཁྲིམས་སུམ་བརྒྱ་དྲུག་ཅུ་རྩ་བཞི་བསྡུས་ནས་སྟོན་པ་མའི་སོ་ཐར་གྱི་མདོ་ཤློ་ཀ་བརྒྱད་བརྒྱ་བམ་པོ་གཉིས་པ།

བསྟན་འགྱུར་ལས། མི་འབྲུགས་པའི་སྒྲུབ་ཐབས། སྦྱིན་སྲེག་གི་ཆོ་ག་དྷི་པཾ་ཀ་ཤྲཱི་ར་ཛྙཱ་ནས་མཛད་པ། རྒྱན་དམ་པ་སྣ་ཚོགས་པ་རིམ་པར་ཕྲེང་བ་བཀོད་པ་རྒྱ་གར་གྱི་མཁན་པོ་སྨྲི་ར་མ་ཏིས་ཡོ་གའི་གཞུང་རྒྱུད་ཕྱི་ནང་ལས་ངེས་དོན་མདོར་བསྡུས་ཏེ་མཛད་པ། དབུ་མ་རྩ་བའི་ཚིག་ལེའུར་བྱས་པ་ཤེས་རབ་ཅེས་བྱ་བ་སློབ་དཔོན་བདག་ཉིད་ཆེན་པོ་འཕགས་པ་ཀླུ་སྒྲུབ་ཀྱིས་མཛད་པ། འདི་ལ་རབ་ཏུ་བྱེད་པ་ཉི་ཤུ་རྩ་བདུན། ཤློ་ཀ་བཞི་བརྒྱ་བཞི་བཅུ་རྩ་དགུ། བམ་པོ་ཕྱེད་དང་གཉིས་སུ་བྱས་སོ། དབུ་མ་རྩ་བའི་འགྲེལ་པ་བུ་དྷ་པ་ལི་ཏ་ཞེས་བྱ་བ་སློབ་དཔོན་སངས་རྒྱས་བསྐྱངས་ཀྱིས་མཛད་པ། དབུ་མ་རྩ་བའི་

འགྲེལ་པ་ཤེས་རབ་སྒྲོན་མ་སློབ་དཔོན་བཙུན་པ་ལེགས་ལྡན་འབྱེད་ཀྱིས་མཛད་པ་སོགས་དགོངས་པ་ངེས་འགྲེལ་གྱི་རྒྱ་ཆེན་འགྲེལ་བ་བམ་པོ་བཞི་བཅུ་པ་དང་། ངེས་པའི་དོན་དབུ་མ། ཤེར་ཕྱིན་མདོ་ར་བསྡུས། ཆོས་གདན་ལ་དབབ་པའི་གལ་སོགས་བཀའ་བསྟན་ཤིན་ཏུ་མང་པོ་བསྒྱུར་ཏོ།

ཉ་ཁྲི། སོག་སྐད་དུ་པོར་ཏ་ཞུ། ཡབ་ཀྱི་གུམ་བཙན་པོ་དང་ཡུམ་སླུ་སྲིང་མེར་ལྕམ་གཉིས་ལ་སྲས་གསུམ་བྱུང་བ་ལས་ཆུང་ཤོས། ཡབ་ལོ་ངམ་གྱིས་བཀྲོངས་རྗེས་འདི་ཉིད་ཀོང་ཡུལ་དུ་ཕེབས། དེ་ནས་བཙུན་མོ་གོ་མ་རལ་ཁབ་ཏུ་བཞེས་ཏེ་བུ་ཁན་ཁལ་དུ་ན་པོར་ཏན་གལ་ཏོན་ཟེར་བའི་རི་པོ། སྦྲ་ཀལ་མཚོའི་ཉེ་འགྲམ (སོག་པོ) སྦྲ་ཏའི་མི་རིགས་གནས་པའི་ཡུལ་དུ་གྱུར་ནས། དེར་གནས་པའི་མི་རྣམས་ཀྱིས་རྗེ་བོར་བཀུར་ཏེ་སོག་པོའི་རྒྱལ་རྒྱུད་ཀྱི་ཐོག་མ་འདི་ཡིན་ཞེས་པའང་སྣང་།

གཉའ་ཁྲི་བཙན་པོ། (ཁྲི་བཙན་པོ་འོད་ལྡེ་ཡང་ཞུ) བོད་རྒྱལ་ཐོག་མ། གནམ་གྱི་ཁྲི་བདུན་གྱི་ཡ་རྒྱལ། འདི་ཉིད་བོད་ཤིང་སྟག (སྤྱི་ལོའི་སྔོན་གྱི་ལོ127) ལོར་ཐྲོན་ཞེས་དང་། ཤིང་བྱི (སྤྱི་ལོའི་སྔོན་གྱི་ལོ237) ལོར་ཐྲོན་སོགས་གསུང་ཚུལ་མི་འདྲ་བ་མང་། རྒྱལ་པོ་འདིའི་འབྱུང་ཁུངས་ལ་བོད་ཀྱི་ལོ་རྒྱུས་ཡིག་ཚང་ནང་། གནམ་གྱི་ལྷ་ལས་མིའི་རྗེ་བོར་ཕེབས་ཟེར་བ་དང་། རྒྱ་གར་གྱི་ཤཱཀྱའི་རིགས་རྒྱུད་ཆེ་གེ་མོ་ཞིག་ལས་བྱུང་ཟེར་བ། བོད་ཀྱི་སྤུ་བོའི་ཡུལ་ནས་ཡར་ལུང་དུ་ཐྲོན་ཟེར་བ་སོགས་བཞེད་ཚུལ་མི་འདྲ་བ་སྣང་། གང་ལྟར་ཡུལ་གང་ཞིག་ནས་བོད་ཡུལ་བཙན་ཐང་སྒོ་བཞིར་ཕེབས་པའི་ཚེ་བོད་མི་རྣམས་ཀྱིས་མཐོང་སྟེ་མི་ལས་འདས་པའི་མཚན་མ་དང་ལྡན་པ་སྟེ། མིག་མས་འགེབས་པ། གཡུ་ཡི་སྨིན་མ་ཅན། སོ་དུང་སོ་འཕོར་མར་ཡོད་པ། སོར་མོ་ཤའི་དྲ་བས་འབྲེལ་བ་ཞིག་ཡོད་པས་ཡ་མཚན་སྐྱེས་ཏེ་བོད་ཁམས་ཀྱི་རྒྱལ་པོར་འོས་སོ་ཞེས་གཉའ་བར་བཏེགས་ནས་འོངས་བས་མཚན་ཡང་གཉའ་ཁྲི་བཙན་པོ་ཞེས་གྲགས། གཉའ་ཁྲི་བཙན་པོས་བོད་ཀྱི་རྒྱལ་པོ་མཛད་པ་ནས་བཟུང་སྤུར་རྒྱལ་བཙན་པོའི་རྒྱལ་རབས་དགུ་བརྙེས་ཤིང་། དེ་ཡན་རྒྱལ་ཕྲན་བཅུ་གཉིས་དང་སིལ་མ་བཞི་བཅུ་ལ་སོགས་པས་དབང་བསྒྱུར་པ་དང་། བོད་མི་རྣམས་བྲག་དང་ས་ཕུག་སོགས་སུ་སྡོད་སྐད། རྒྱལ་པོ་འདིས་མཁར་གྱི་དང་པོ་ཡུམ་བུ་བླ་སྒང་བརྩིགས། དེ་ནི་རྗེ་གཡམ་ཆེ་ཆུང་སྣ་ཚོགས་ཀྱིས་བརྩིགས་པའི་མཁར་ཐོག་ས་གསུམ་པ་ཞིག་ཡོད། སྲུམ་པའི་བོན་པོ་ཨ་ཡོང་རྒྱལ་བ་བཏུལ། སྟོབས་རྗེ་སྲིད་པ་ལ་སོགས་རྒྱལ་ཕྲན་འབངས་སུ་བསྡུས་ཤིང་། སྐབས་དེའི་འགོ་དཔོན་གྱི་ཁྲིད་དུ་དབུ་རྩོག་བཙན་ལ་སྐན་གྲགས་ཆེ་བ་ཞིག་བྱུང་། རྒྱལ་པོ་འདིའི་དུས་སུ་བོན་གྱི་ཤེས་པ་ཅན་བཅུ་གཉིས་ཞེས་པ་བྱུང་ཞིང་སྨན་དཔྱད་དང་རྩིས་འདེབས་སོགས་ཀྱི་རིག་གནས་དར་བ་མ་ཟད། གཏམ་རྒྱུད་དང་། སྒྲུང་རྒྱུད། ཐེབ་སྒྲོར། བཀའི་ཀུགས། ཐྲོ་གར། གླུ་གཞས། ཤོ་རྩེད། རྩེད་འཛོ་ལ་སོགས་པ་བྱུང་ཞེས་གྲགས། རྒྱལ་པོ་འདིའི་སྐུ་བོན་ནི་མཚོ་མི་སྨུ་རྒྱལ་དང་། ཙ་མི་ཕྱུག་གར་གཉིས་ཀྱིས་བྱས། གནམ་ཐུག་ཐུག་གམ་མུ་ཆོ་བཟའ་ཁབ་ཏུ་བཞེས་པར་སྲས་མུ་ཁྲི་བཙན་པོ་འཁྲུངས། སྲས་ཆེབས་ཁ

ཐུབ་ཅམ་ན་ཡབ་གནམ་དུ་གཤེགས་པས་ཕུར་དང་བང་སོ་མེད་པར་གྲགས།

གཉགས་ཛྙཱ་ན་ཀུ་མཱ་ར། ཆོས་རྒྱལ་ཁྲི་སྲོང་ལྡེ་བཙན་གྱི་སྐུ་དུས་སུ་བྱུང་བའི་ལོ་ཙཱ་བ་རབ་དགུའི་ནང་གསེས་བར་པ་གསུམ་གྱི་ཡ་གྱལ། འདི་ཉིད་ཀྱི་འགྱུར་ལ། བསྟན་འགྱུར་ལས། མཚན་ཡང་དག་པར་བརྗོད་པའི་འགྲེལ་པ་མཚན་དོན་གསལ་བར་བྱེད་པའི་སྒྲོན་མ་ཞེས་བྱ་བ་བཞུགས་སོ།

ལྐོགས་ཁྲི་བཟང་ཡང་སྟོན། (བཟང་ཡང་སྟོན་སྐོགས་ཀྱང་ཞུ) སྲོང་བཙན་གྱི་མེད་ཐབས་མེད་པའི་བློན་པོ་བཞིའི་ཡ་གྱལ་དང་འཕྲུལ་བློན་མཛངས་མི་བདུན་གྱི་ལྔ་པ། བོད་ཀྱི་ལོ་རྒྱུས་ཡིག་ཚང་ནང་། འདི་ཉིད་ཀྱིས་མཛངས་པའི་ལས་སུ་རི་ཁྲིམ་གླུངས་སུ་ཕབ། སྤོ་མཐོ་མཁར་དུ་བརྩིགས་ནས་གྲོང་ཁྱེར་བཙོས། འདི་ཡན་བོད་ཀྱི་ཁང་ཁྱིམ་རི་ལ་ཡོད། དེའི་ཕྱིར་བོད་ཀྱི་མཛངས་མི་ལྔ་པ་ཡིན། ཞེས་གསལ་བས་ཁོང་གི་བཀོད་འདོམས་འོག་ས་རྒྱ་གཤིན་པའི་གླང་ཐང་མང་པོ་གསར་སྤོལ་བྱེད་བཙུག་པ་དང་ཆབས་ཅིག་གང་དུ་ཞིང་ཐང་ཆགས་པ་དེ་གར་ཞིང་དུད་ཀྱི་སྡོད་ཁང་གསར་དུ་བརྩིགས་པས་གང་སར་དེ་ལྟ་བུའི་གྲོང་ཚོ་ཆེ་ཆུང་མང་པོ་རིམ་བཞིན་ཐོན་པ་ཡིན་ནོ།

སྟག་སྒྲ་ཀླུ་ཁོང་། ཆོས་རྒྱལ་ཁྲི་སྲོང་ལྡེ་བཙན་གྱི་བློན་པོ། འདི་ཉིད་ཀྱིས་བློན་པོ་འབལ་སྐྱེས་བཟང་ལྡོང་ཙབ་དང་ལང་མྱེས་གཟིགས་གཉིས་ཀྱིས་བཙན་པོ་ཡབ་ཁྲི་ལྡེ་གཙུག་བརྟན་སྐྲོག་ཏུ་བཀྲོངས་རྗེས་སྲིད་འགྱུར་སློང་རྩིས་བྱས་པ་རྟོགས་ནས་བཙན་པོའི་སྔན་དུ་གསོལ་བས་ལང་འབལ་སོགས་ལག་དམར་བ་རྣམས་ཚར་བཅད་དེ་བཙན་པོའི་ཆབ་སྲིད་སྲ་བརྟན་དུ་གཏོང་ཐུབ་པ་བྱུང་། དེ་ནས་སྟག་སྒྲ་ཀླུ་ཁོང་དང་ཞང་རྒྱལ་གཟིགས། ཞང་སྟོང་རྩན་ལ་སོགས་པས་རྒྱལ་པོའི་བཀའ་བཞིན་བོད་དམག་འབུམ་ཕྲག་ཙམ་ཁྲིད་དེ་རྒྱའི་རྒྱལ་ས་ཁྲང་ཨན་ལ་ཕར་རྒོལ་བྱས་ནས་བོད་དམག་གིས་ཁྲང་ཨན་ཉིན་བཅོ་ལྔ་བཟུང་བ་སོགས་ཆབ་སྲིད་དང་དམག་དོན་ཐད་བྱས་རྗེས་རླབས་པོ་ཆེ་བཞག་ཡོད། རྒྱལ་པོས་བློན་སྟག་སྒྲ་ཀླུ་ཁོང་གི་བྱས་རྗེས་ལ་བསྔགས་བརྗོད་མཛད་ཕྱིར་གཞོལ་ལྷུགས་རི་ཕྱི་མའི་རྡོ་རིང་དེ་བཙུགས་ཤིང་། དེའི་སྟེང་བློན་སྟག་སྒྲ་ཀླུ་ཁོང་གི་མཛད་རྗེས་དང་། སླད་ཀླུ་ཁོང་གི་བུ་ཚ་རྣམས་བཙན་པོ་ལ་བློ་ལོག་ན་ཆེ་ཆེ་རབས་རབས་བཙན་པོའི་ཞབས་འབྲིང་བྱེད་ཆོག་པའི་གནའ་ཡིག་རྩ་གནད་བཀོད་ཡོད། གཞན་ཡང་ལོ་རྒྱུས་ཡིག་ཚང་ནང་བློན་སྟག་ར་ཀླུ་གོང་ཞེས་པ་ཞིག་ཀྱང་འདུག་པ་དེ་ནི་ཁྲི་སྲོང་གི་བློན་པོ་ཡིན་ནུང་འདི་ཆོས་ལ་གནག་པས་མཐར་འཕེན་པོར་རྒྱལ་པོའི་སྐུ་སྙུད་དུ་བཏང་ནས་གསོན་པོར་དུར་དུ་བཙུག་པ་དེ་ཡིན་པ་ལས་སྟག་སྒྲ་ཀླུ་ཁོང་མ་ཡིན་ནོ།

སྟག་བཙན་གདོང་གཟིགས། ཆོས་རྒྱལ་ཁྲི་སྲོང་ལྡེ་བཙན་གྱི་བློན་པོ། འཕྲུལ་བློན་མཛངས་མི་བདུན་གྱི་བདུན་པ། འདེགས་འབངས་མི་ཁྲིམ་རེ་ལ་ཧ་རེ་དང་། མཛོ་རེ། བ་རེ། གླང་རེ་ལ་སོགས་པ་གཉེར་སྐྱོང་བྱེད་དགོས་པའི་གཏན་འབེབས་བཟོས་ཤིང་། དབྱར་གྱི་དུས་སུ་རྩྭ་སྔོན་པོ་བཏས་ཏེ་བསྐམས་ནས་དགུན་

དུས་ཀྱི་ཕྱུགས་གསོས་གསོག་འཇོག་བྱེད་དགོས་པའི་ལམ་སྲོལ་བཙུགས་ནས་འབྲོག་ལས་ཐོན་སྐྱེལ་གྱི་བྱ་བར་དམིགས་བསལ་གྱི་བྱས་རྗེས་བཞག་ཡོད། དེ་བཞིན་ཁོང་གིས་སྐབས་དེའི་བན་བོན་གཉིས་དབར་གྱི་གྲུབ་མཐའི་རྩོད་གླེང་ཛ་དྲག་ཆེན་པོ་དེ་དུམ་མཛད་ནས་བདེན་རྫུན་གྱི་ཕུ་ཐག་གཅོད་པར་བྱེད་པའི་བན་དེ་ཀུན་གྱི་ཁ་འཛིན་དབང་པོར་བཞག་ཅེས་ལོ་རྒྱུས་ཡིག་ཚང་དུ་གསལ།

སྟག་རི་གཉན་གཟིགས། (སྟག་བུ་སྙ་གཟིགས་ཞེས་པའང་སྣང) བོད་རྒྱལ་སོ་གཅིག་པ། ཡབ་འབྲོང་གཉན་ལྡེ་རུ་དང་ཡུམ་མཆིམས་བཟའ་ཀླུ་རྒྱལ་གྱི་སྲས། འདི་ཉིད་ཐོག་མར་བཙས་སྐབས་དམུས་ལོང་ཞིག་ཡིན་པས་མཚན་ཡང་དམུས་ལོང་དཀོན་པ་བཀྲ་ཞེས་གསོལ། ཡབ་ཀྱི་ཞལ་ཆེམས་བཞིན་འདི་ཉིད་ཀྱིས་འ་ཞའི་ཡུལ་ནས་སྨན་པ་གདན་དྲངས་ཏེ་སྤྱན་ཕྱེ་སྐབས་སྐྱིད་ཤོད་སྟག་མོ་རི་ལ་རི་དྭགས་གཉན་འདུག་པ་གཟིགས་པས་མཚན་ཡང་སྟག་རི་གཉན་གཟིགས་སུ་ཐོགས། ཁྲི་ངོར་སྣང་བཙན་མོང་། སྣ་ནམ་མང་གཉའ། སྲང་ཁྲི་ཟྲུང་ལན་པ་རྣམས་ཀྱིས་བློན་པོ་བྱས། ར་སངས་ཁྲི་ནེ་ཁོད་ཀྱིས་སྐུ་བོན་བྱས། སྟོང་བཙུན་འབྲོ་དཀར་རམ་འོལ་གོད་བཟའ་སྟོང་བཙུན་འབྲོ་ག་ཁབ་ཏུ་བཞེས། རྒྱལ་པོ་འདིས་བན་པ་རྗེ་དང་། འ་ཞ་རྗེ། དྲུང་གར་རྗེ། ཟིན་པོ་རྗེ། ཞང་ཞུང་རྗེ་རྣམས་བཏུལ་ནས་མངའ་འོག་ཏུ་འདུ་བར་བྱས། རྒྱལ་པོ་འདིའི་དུས་སུ་འཕྲུལ་བློན་མཛངས་མི་བདུན་གྱི་གསུམ་པ་ངོར་སྣང་བཙན་མོང་གིས་ཚོང་ལས་དང་འཇལ་བྱེད་བྲེ་སྲང་སོགས་གསར་དུ་བཏོད། རྒྱལ་པོ་འདི་ནི་དབུ་རྨོག་བཙན་ལ་སྙན་གྲགས་ཆེ་བ་ཞིག་བྱུང་། རྒྱལ་པོ་འདིའི་གདུང་གི་བང་སོ་དོན་མཁར་མདའ་རུ་བརྩིགས་པ་དང་། གྲལ་ནི་ཁྲི་གཟུང་བང་སོའི་གཡོན་ན་ཡོད། དེ་ཡང་ཕྱུལ་མེད་ས་ཕུང་བརྡལ་བ་འདྲ།

ཐི་ཐོ་ལེགས། བོད་རྒྱལ་བཅུ་གཉིས་པ། ལེགས་དྲུག་གི་ཡ་གྱལ། ཡབ་དེ་ཐོ་ལེགས་དང་ཡུམ་ཀླུ་སྨན་མེར་མོའི་སྲས། དབོན་གསས་འབེ་ཐོ་ཀྲམ་བསྙེན། ལྷ་བོན་བཙེ་ཕན་གྲགས་ཀྱིས་བྱས། བཙན་མོ་གུར་སྨན་ནམ་མཚན་མོ་གུང་སྨན་བྱ་བ་ཁབ་ཏུ་བཞེས་པར་སྲས་གུ་རུ་ལེགས་འཁྲུངས།

ཐོན་མི་སམ་བྷོ་ཊ། (ཐུ་ཞེས་པའང་སྣང) ཐོན་མིའམ་ཐུ་མི་ནི་རིགས་རུས་དང་སམ་བྷོ་ཊ་ནི་བོད་མཁས་པའམ་བོད་ཡང་དག་པར་བཞེད། ཆོས་རྒྱལ་སྲོང་བཙན་གྱི་མེད་ཐབས་མེད་པའི་བློན་པོ་བཞིའི་ཡ་གྱལ་དང་འཕྲུལ་བློན་མཛངས་མི་བདུན་གྱི་བཞི་པ་ཡིན། འདི་ཉིད་འཁྲུངས་ཡུལ་གང་ནས་ཡིན་པ་དང་། ཡབ་དང་ཁོང་རང་གི་མཚན་ལ་ཇི་ལྟར་ཞུ་བའི་ཐད་བོད་ཀྱི་ལོ་རྒྱུས་དེབ་ཐེར་ནང་བཞེད་པ་མི་འདྲ་བ་མཆིས་པ་སྟེ། ཁག་གཅིག་གིས་ཐོན་གྱི་ལུག་ར་ཁ(སྙེ་མོ་རྫོང་ཁོངས་སུ་ད་ལྟའང་མིང་མ་ཉམས་པར་ཡོད)ནས་ཡིན་པ་དང་། ཡབ་ཀྱི་མཚན་ལ་ཐོན་མི་ཨ་ནུ་ར་ཀ་ཏ། ཁོང་རང་གི་མཚན་ལ་སམ་བྷོ་ཊ་ཞུ་ཞེས་དང་། ཡང་འགའ་ཞིག་གིས་གཉལ་བ(ལྷོ་ཁ་ལྷུན་རྩེ་རྫོང་ཁོངས་ཡོད)སྣང་གྲགས་ཀྱི་བུ་ཨ་ནུ་སྟེ་སམ་བྷོ་ཊ་ཡིན་ཞེས་པ། འགའ་རེས་གཡོར་པོ་ཡུལ་དགུའི་ནང་ཚན་ཐུ་ཞེས་པའི་རིགས་ལས་འཁྲུངས

པས་ན་ཐུ་མི་ཞེས་འདོད་མཁན་ཡང་ཡོད།

ཐོན་མི་དགུང་ལོ་བཅོ་ལྔར(སྤྱི་ལོ633)ཕེབས་སྐབས་སྲོང་བཙན་གྱིས་ཁྱོད་རྒྱ་གར་དུ་ཡི་གེ་སློབ་ཏུ་འགྲོ་ཐུབ་བམ་མི་ཐུབ་བཀའ་འདྲི་གནང་བ་ན། ཐོན་མིས་མ་ཤི་ཕན་ཆད་ཅི་ལ་མི་ཐུབ་ཅེས་སྲོང་བཙན་གྱི་བཀའ་དང་དུ་བླངས། དེ་ནས་སྲོང་བཙན་གྱིས་ཐོན་མི་འཁོར་དང་བཅས་པ་ལ་གསེར་ཕྱེ་བྲེ་གང་དང་། རྒྱ་གར་གྱི་རྒྱལ་པོ་དཔལ་སྦྱིན་བྱེད་བློ་ན་ལྷ་ཆེན་ཞེས་པ་ལ་འཚམ་སྐྱེས་དང་བཅས་ཏེ་བཟྲངས་ཤིང་། ལམ་བར་དུ་ནེ་པ་ལའི་རྒྱལ་པོ་ལ་སྐྱེས་ཕུལ་ཏེ་ཚད་པ་ལ་ཕན་པའི་སྨན་ག་པུར་དང་། ཙུ་གང་དང་། ཙནྡན་གྱི་ཆུ་ལ་སོགས་པ་གནང་བ་བསྟེན་ཅིང་སོང་བས་ཅི་ཡང་མ་གནོད་པར་རྒྱ་གར་དུ་བདེ་བར་འབྱོར། ཐོན་མིས་རྒྱ་གར་གྱི་ཡུལ་ཁམས་ཆེ་བ་ཀུན་ཏུལ་ཞིང་མཐར་རྒྱ་གར་ལྷོ་ཕྱོགས་ཀྱི་མཁས་པ་ཆེན་པོ་བྲམ་ཟེ་ལི་བྱིན་བྱ་བར་ཕྱག་རྟེན་གསེར་ཕུལ་ཏེ་ཡིག་རིགས་སློབ་པའི་སློབ་དཔོན་དུ་བསྟེན་པ་དང་། པཎྜི་ཏ་ལྷ་རིག་ལའི་སེང་གེ་ལས་སྒྲ་པྲ་ཙེ་པ་དང་། ཀ་ལཱ་པ། ཙནྡྲ་པ་རྣམས་དང་། རྟོགས་སླ་བ་རྒྱལ་པོ་ལུགས་ཀྱི་བསྟན་བཅོས། རྟོགས་དཀའ་བ་པཎྜི་ཏ་ལུགས་ཀྱི་བསྟན་བཅོས། དམ་པའི་ཆོས་སྤྱན་རས་གཟིགས་ཀྱི་མདོ་རྒྱུད་ཉི་ཤུ་རྩ་གཅིག་དང་བཅས་པ་ལ་ལོ་བདུན་རིང་རིག་པ་རྩེ་གཅིག་ཏུ་བསྒྲིམས་ནས་བསླབས་པས་མཁས་པའི་རྩེ་མོར་སོན་པར་གྲགས།

ཐོན་མི་བོད་དུ་ཕྱིར་ལོག་གནང་སྐབས་སྒྲ་རིག་པའི་བསྟན་བཅོས་བསླབས་ཚད་ཀྱི་རྒྱ་དཔེ་དང་། འདུས་པ་རིན་པོ་ཆེའི་ཏོག མདོ་ཟ་མ་ཏོག་བཀོད་པ། སྤྱན་རས་གཟིགས་ཀྱི་མདོ་རྒྱུད་ཉི་ཤུ་རྩ་གཅིག དགེ་བ་བཅུའི་མདོ་ལ་སོགས་པའི་རྒྱ་དཔེ་རྣམས་ཀྱང་ཆབས་ཅིག་བསྣམས་ཕེབས་པ་འདི་རྣམས་ནི་བོད་རང་གི་ལོ་རྒྱ་བས་རྒྱ་གར་ནས་བཀའ་མདོ་རྒྱུད་འདྲེན་པའི་ཐོག་མ་ཡིན། རྒྱ་གར་རྒྱལ་པོས་སྲོང་བཙན་སྐྱམ་པོར་སྐྱེས་ལན་དུ། མདོ་སྡེ་དཀོན་མཆོག་སྤྲིན་དང་། དམ་པའི་ཆོས་པདྨ་དཀར་པོ། གཙུག་ཏོར་དྲི་མེད་ཀྱི་གཟུངས། ནོར་བུ་གཱི་ཏ(ཏུ)བཅས་བསྐུར་བ་བསྣམས་ནས་བོད་ལ་བདེ་བར་བྱོན། དེ་ལྟར་ཐོན་མིས་རྒྱ་གར་གྱི་སྒྲ་རིག་པ་དང་ལེགས་སྦྱར་གྱི་ཡི་གེ་འབྲི་ཀློག་ལ་མཁས་ཤིང་ནང་བྱན་ཆུད་པར་བྱས་པ་དང་། བོད་རང་གི་སྐད་ཀྱི་ཐ་སྙད་སོ་སོ་དང་གདངས་ཀྱི་ང་རོ་རྣམས་ལ་ཐུགས་ཞིབ་ལེགས་པར་གནང་མཐར་ད་ལྟ་རང་ཅག་ཆོས་བེད་སྤྱོད་བྱེད་པའི་བོད་ཡིག་འདི་གསར་གཏོད་མཛད།

དེ་ནས་སྲོང་བཙན་གྱིས་ཐོན་མི་སློབ་དཔོན་དུ་བསྟེན་ཏེ་ཡི་གེ་འབྲི་ཀློག་བསླབས་པས་ཐོན་མིར་སློབ་དཔོན་ཞེས་པའི་མཚན་ཡང་མཚམས་འདི་ནས་ཐོགས་པ་ཡིན། རྒྱལ་པོས་ཐོན་མིར་བཀུར་སྟི་དང་གཟིངས་བསྟོད་བློར་མི་ཤོང་བ་མཛད་པ་བློན་པོ་འགའ་ཞིག་གི་བློ་ལ་མ་བབས་ནས་རྒྱལ་པོས་འབངས་ལ་འདི་ལྟར་བཀུར་བ་མི་རིགས་ཞེས་པའི་སྐྱག་ལབ་བརྒྱབ་པ་ཐོན་མིས་གསན་ནས་ཉིན་ཞིག་རྒྱལ་བློན་གདན་འཛོམས་པའི་དབུས་སུ་ཐོན་མི་ཡར་བཞེངས་ནས། ང་དྲིན་ཅན་གྱི་བློན་པོ་ཐོན་མི་ངས། ལམ་བགྲོད་

པར་དཀའ་བའི་རྒྱ་གར་དུ། ལུས་ཚ་གྲང་ཆེ་ཡང་དཀའ་བ་སྤྱད། སོང་མཁས་པ་བྲམ་ཟེ་ལི་བྱིན་ལ། ཡིད་གུས་པའི་ཚུལ་གྱིས་མོས་གུས་བྱས། ནོར་རིན་ཆེན་གསེར་གྱི་ཕྱག་རྟེན་ཕུལ། དོན་རྙེད་པར་དཀའ་བའི་ཡིག་འབྲུ་བསླབས། བློ་ཐེ་ཚོམ་སེལ་བའི་མཛུབ་ཁྲིད་བྱས། ཚིག་དབྱངས་ཡིག་རྣམས་ལ་མཁས་པར་སྦྱངས། རྒྱ་ཡིག་ལྷ་བཅུ་ཐམ་པ་དེ། བོད་ཡིག་སུམ་ཅུར་གཏན་ལ་ཕབ། རང་མཁས་པའི་ངེས་ཤེས་བློ་ལ་ཤར། འཕྲུལ་ཡོན་ཏན་ཐམས་ཅད་སོང་དུ་ཆུད། དུས་ད་ལྟ་དཀའ་ལ་ཕྱི་མ་སྐྱིད། ཡུལ་མཐའ་འཁོབ་བོད་ཀྱི་རྒྱལ་ཁམས་འདིར། མི་མཁས་པ་སླེབས་པའི་སྔོན་མ་ཡིན། ང་མུན་པ་སེལ་བའི་སྒྲོན་མེ་ཡིན། རྗེ་རྒྱལ་པོ་ཉི་ཟླའི་ཚུལ་དུ་བཞུགས། གྲོགས་བློན་པོའི་ཁྲིད་ན་ང་ཙམ་མེད། བོད་ཁ་བ་ཅན་གྱི་མི་རྣམས་ལ། ང་ཐོན་མི་བཀའ་དྲིན་མི་ཆེ་འམ། ཞེས་མགུར་བླངས་པས་བློན་པོ་རྣམས་ཀྱི་འགྲན་སེམས་ཞི་ཞིང་། ཐོན་མིའི་བཀའ་དྲིན་བློན་འབངས་ཐམས་ཅད་ཀྱི་སེམས་ལ་གསུབ་ཏུ་མེད་པ་ནི་བོད་ཀྱི་ལོ་རྒྱུས་ཡིག་ཚང་ནང་། བོད་ཕྱུག་མཛངས་པ་མི་བདུན་གྱི། བཞི་པ་ཐོན་མིར་བགྲང་མོད་ཀྱང་། དེ་ཀུན་མཚུངས་པ་མ་ཡིན་ཏེ། མཁན་པོ་ལོ་ཙྪའི་ཐོག་མ་འདི་འི། བཀའ་དྲིན་བོད་ཀྱིས་ཇི་ལྟར་འཁོར། ཞེས་འཁོད་པ་ནས་གསལ་པོ་མཐོང་ཐུབ།

ཐོན་མིས་བོད་ཡིག་གསར་བཟོ་མཛད་རྗེས་སྒྲ་རིག་པ་དང་། ཡི་གེའི་རིག་པ་གཏན་ལ་འབེབས་པར་བརྗོད་པའི་བསྟན་བཅོས་ཆེན་པོ་བརྒྱད་མཛད་པར་གྲགས་ཤིང་། ད་ལྟ་བཞུགས་པ་སུམ་ཅུ་པ་དང་རྟགས་ཀྱི་འཇུག་པ་གཉིས་ལས་འཕྲོས་དྲུག་སྣང་དར་མའི་སྐབས་ནུབ་པར་གྲགས། ཐོན་མིའི་བསྒྱུར་ཆོས་ནི། སྤྱན་རས་གཟིགས་ཀྱི་མདོ་རྒྱུད་ཉི་ཤུ་རྩ་གཅིག་དང་། འདུས་པ་རིན་པོ་ཆེའི་ཏོག་གི་གཟུངས་མདོ་ཏིང་ངེ་འཛིན་རྒྱལ་པོ། མདོ་སྡེ་དཀོན་མཆོག་སྤྲིན། དམ་པ་ཏོག་དཀར་གྱི་མདོ། དགེ་བཅུའི་མདོ། ཤེར་ཕྱིན་སྟོང་ཕྲག་བརྒྱ་པ་ལ་སོགས་དམ་པའི་ཆོས་མང་དུ་ཡོད་དོ། ཐོན་མི་ཇི་ཙམ་བཞུགས་པ་མ་གསལ་ཙང་། སོང་གི་སྲས་མ་ཧྲ་ས་ཧྲ་དང་། དེའི་སྲས་ཉི་མ་གློང་གསལ་སོགས་གདུང་རབས་མང་པོ་སོང་བའི་རྗེས་དཔོན་སྲས་རྣམས་ལ་སྡེ་བ་ཡར་རྒྱབ་པ་ཞེས་བྱ་བར་གྲགས།

དར་རྒྱལ་མང་པོ་རྗེ། འཐན་ཡུལ་དར་རྒྱལ་ནས་ཡིན་པར་བཤད། འདི་ཉིད་ཆུང་དུའི་དུས་ནས་རིག་པ་རྣོ་བ་ཞིག་ཡོད་པས་བློན་པོ་མགར་ལ་རོགས་བྱས་ཏེ་བོད་ཀྱི་སོད་བཤམས་པར་གྲགས། མང་སྲོང་དུས་ས་ཞིང་ལ་ཞིབ་བཤེར་བྱས་པ་དང་། དེ་བཞིན་ར་སང་རྗེ་ཞེས་པའི་རྒྱལ་ཕྲན་ཞིག་དང་དངོས་ཐོག་བརྗེ་ཚོང་གི་འབྲེལ་བ་འཛུགས་པ་བཅས་བྱས།

དིང་ཁྲི་བཙན་པོ། (དེང་ཁྲི་བཙན་པོ་ཞེས་པའང་སྣང་) བོད་རྒྱལ་གསུམ་པ། གནམ་གྱི་ཁྲི་བདུན་གྱི་ཡ་གྱལ། ཡབ་མུ་ཁྲི་བཙན་པོ་དང་ཡུམ་ས་དིང་དིང་གཉིས་ཀྱི་སྲས། སྐུ་གཤེན་ཙོ་ཙུ་སྐྱེན་དཀར་གྱིས་བྱས། གསས་མཁར་ཁོམ་ཡོངས་རྩེ་བཞེངས། སོ་ཐམ་ཐམ་མ་ཁབ་ཏུ་བཞེས་པར་སྲས་སོ་ཁྲི་བཙན་པོ་འཁྲུངས།

དུང་གི་ཐོར་ཅོག དབུ་ལ་རས་དཀར་གྱི་ལ་ཐོད་གསོལ་བས་མཚན་དེ་ལྟར་ཐོགས། ཡབ་རྒྱ་གར་གྱི་སྨན་པ་བི་ཅི་དགའ་བྱེད་དང་ཡུམ་ཡིད་ཀྱི་རོལ་ཆ་གཉིས་ཀྱི་སྲས་སུ་སྤྱི་ལོའི་དུས་རབས་གསུམ་པ་ཙམ་ལ་སྐུ་འཁྲུངས་པར་གྲགས། ཆུང་དུའི་དུས་ནས་རང་གི་ཡབ་ལས་རིག་པ་རྩའི་མདོ། འཚོ་བ་ཟས་ཀྱི་མདོ། སྦྱོར་བ་སྨན་གྱི་མདོ། གཏར་བསྲེག་དཔྱད་ཀྱི་མདོ། རྨ་ཆས་བཟོ་ཡི་མདོ་བཅས་དང་། དེ་དག་གི་འགྲེལ་བཤད་པོག་འབུབས། ས་བཅད། ལག་ལེན་སོགས་གསན་ཏེ་མཁས་པར་གྱུར། རྒྱལ་པོ་ལྷ་ཐོ་ཐོ་རི་གཉན་བཙན་དང་ཁྲི་གཉན་གཟུང་བཙན་ཡབ་སྲས་གཉིས་ཀྱི་བླ་སྨན་པ་མཛད། འདི་ཉིད་ནི་བོད་ཡུལ་གྱི་སྨན་པ་ཀུན་གྱི་ཕྱི་མོ་ཡིན་པ་དང་། གཡུ་ཐོག་གསར་རྙིང་ཡང་གདུང་རྒྱུས་འདི་ལས་འཕྲོས་པར་གྲགས། དུང་གི་ཐོར་ཅོག་གི་སྲས་བློ་གྲོས་ཆེན་པོ། དེའི་སྲས་བློ་གྲོས་མཚུངས་མེད། དེའི་སྲས་བློ་གྲོས་རབ་གསལ། དེའི་སྲས་བློ་གྲོས་རྒྱལ་མཛོད། དེའི་སྲས་བློ་གྲོས་བཤེས་གཉེན་བཅས་བྱུང་བ་དེ་རྣམས་ཀྱིས་རིམ་བཞིན་བོད་རྒྱལ་འབྲོང་གཉན་ལྡེ་རུ་དང་། སྟག་རི་གཉན་གཟིགས། གནམ་རི་སྲོང་བཙན། སྲོང་བཙན་སྒམ་པོ་རྣམས་ཀྱི་བླ་སྨན་པ་མཛད་སྐད།

དེ་ནོ་ལེགས། (ནོ་ལེགས་བཙན་པོ་ཞེས་པའང་སྐད) བོད་རྒྱལ་བཅུ་གཅིག་པ། ལེགས་དྲུག་གི་ཡ་གྱལ། ཡབ་ཨེ་ནོ་ལེགས་དང་ཡུམ་རྨུ་ལྕམ་བྲ་མ་ནའི་སྲས། བོན་དབོན་གསས་མུན་སྤུངས་བསྟེན། ལྷ་བོན་ཅོ་སྟག་ཀླུ་གསས་ཀྱིས་བྱས། ཀླུ་སྨན་མེར་མོའམ་ཀླུ་ལྕམ་མེར་མ་ཁབ་ཏུ་བཞེས་པར་སྲས་ཐི་ནོ་ལེགས་འཁྲུངས།

གདགས་ཁྲི་བཙན་པོ། (ཁྲི་སྤྱི་བཙན་པོ་ཞེས་པའང་སྐད) བོད་རྒྱལ་དྲུག་པ། གནམ་གྱི་ཁྲི་བདུན་གྱི་ཡ་གྱལ། ཡབ་མེར་ཁྲི་བཙན་པོ་དང་ཡུམ་གདགས་ལྷ་དཀར་མོའི་སྲས། སྐུ་གཤེན་ཅོ་ན་མི་ཆེན་གྱིས་བྱས། གསས་མཁར་གཡུང་དྲུང་ལྷ་རྩེ་བཞེངས། བཙན་པོ་འདིའི་རིང་བོད་དུ་ཡི་གེ་བྱུང་བར་བཞེད་མཁན་ཡང་ཡོད། སྲིབས་ལྷ་རྟོན་མོའམ་སྨན་ཁྲི་ཕྱུག་མོ་ཁབ་ཏུ་བཞེས་པར་སྲས་སྲིབས་ཁྲི་བཙན་པོ་འཁྲུངས།

འདུས་སྲོང་མང་པོ་རྗེ། (རྒྱལ་པོ་འདིའི་མཚན་ཆ་ཚང་ལ་འདུས་སྲོང་མང་པོ་རྗེ་རླུང་ནམ་འཕྲུལ་གྱི་རྒྱལ་པོ་ཞེས་ཟེ) བོད་རྒྱལ་སོ་དྲུག་པ། ཡབ་མང་སྲོང་མང་བཙན་དང་ཡུམ་འབྲོ་བཟའ་ཁྲི་མ་ལོད་གཉིས་ཀྱི་སྲས་སུ་ཡབ་འདས་ནས་བཞག་བདུན་ནམ་ཟླ་གཅིག་སོང་བ་བོད་ཆུ་བྱི (སྤྱི་ལོ712) ལོར་སྐྲགས (སྤྲགས་ཞེས་པའང་སྐད) ཕུ་རུ་འཁྲུངས་ཞེས་པ་དང་། བོད་མེ་བྱི (སྤྱི་ལོ676) ལོར་འཁྲུངས་སོགས་གསུང་ཚུལ་མི་འདྲ་བ་འདུག མགར་བཙན་སྙ་ལྡོམ་བུ་དང་། སྟག་ར་ཁོང་ལོད། མགར་ཁྲི་འབྲིང་བཙན་བྲོད་རྣམས་ཀྱིས་བློན་པོ་བྱས། བཙུན་མོ་མཆིམས་བཟའ་བཙན་མོ་ཏོག་ཁབ་ཏུ་བཞེས་པར་སྲས་ཁྲི་ལྡེ་གཙུག་བརྟན་སྐུ་བལྟམས། རྒྱལ་པོ་འདི་སྐུ་ཆུང་དུའི་དུས་ནས་གཞན་དང་མི་འདྲ་བའི་སྙིང་སྟོབས་དང་དཔའ་ངར་ལྡན་པ་ཞིག་ཡོད་པར་གྲགས། འདི་ཉིད་དགུང་ལོ་གསུམ་ལ་ཐེབས་སྐབས་གཞི་ནས་ཡབ་གཤེགས་པའི་གསང་རྒྱ

བརྗོལ། རྒྱལ་པོ་འདིའི་སྐུ་དུས་སུ་ཐོག་མར་མགར་བཙན་གཉེན་གུང་རྟོན་བཙན་པོ་ལ་བློ་ལོག་པས་རྒྱལ་པོས་བཀའ་ཁྲིམས་ཀྱི་ཐག་གཅོད་ནན་པོ་གནང་ནས་སྲོག་ཐོག་ཏུ་བཏང་བ་དང་། དེ་རྗེས་མགར་ཁྲི་འབྲིང་བཙན་བྲོད་ལ་བཀྲོན་ཕབ་ནས་བློན་ཆེན་པོའི་གོ་གནས་ལས་གནས་དབྱུང་བཏང་བ་སོགས་མདོར་ན་དུས་དེ་ནས་བཟུང་མགར་གྱི་མི་རྒྱུད་ཀྱིས་བཙན་པོའི་སྲིད་སྐྱོང་གི་ཞབས་འདེགས་སྒྲུབ་པའི་མཇུག་འགྲིལ། རྒྱལ་པོ་འདིའི་སྐུ་དུས་སུ་ཕོ་བྲང་ལྷུན་དཀར་བརྩིགས། དེ་དུས་བོད་དུ་ཇ་དང་དཀར་ཡོལ་རྒྱ་ནག་ནས་དར་ཞིང་། སོལ་ནག་ཐང་པོ་ཆེར(སྔོ་ཁ་ཁུལ་དུ་ཡོད) དཀར་ཡོལ་དར་སྤྱོད་དང་དར་ཆེ་བྱ་བ་བོད་རང་ནས་བཟོས་པ་དང་། དར་ཆེ་ལ་རྣམ་པ་དྲུག་ཏུ་ཕྱེས་ཏེ། བཙན་པོས་བཀའ་གནང་བ་གསུམ་པོ་ལ། ཤབ་ཆེ། ལན་ཆེ། ཤང་ཆེ་ཞེས་པར་མིང་བཏགས། ཕལ་པ་གསུམ་པོ་ལ། ཐེག་ཆེ། དེས་ཆེ། རྡོ་ཆེ་ཞེས་པར་མིང་བཏགས་པའོ། བོད་དཀར་དར་ཆེའི་རིགས་འདི་རྣམས་ནི་དེ་སྔོན་རྒྱ་ནག་ནའང་མེད་པར་གྲགས། གཞན་ཡང་རྒྱལ་པོ་འདིའི་སྐུ་དུས་སུ་བོད་ལ་བློན་པོ་རྩལ་པོ་ཆེ་མི་བདུན་བྱུང་བ་སྟེ། རྡོག་རིང་ལ་ནག་པོས་སྣང་པོ་ཆེའི་ཕྲུ་གུ་པང་དུ་འདེགས་ཐུབ་པ་དང་། རྡོག་སྦྲིང་ཁམས་ཀྱིས་གཡག་གྲུས་པོ་ཆེ་ལག་པས་ཐེག་པ། གནོན་རྒྱལ་མཚན་གྱིས་མདའ་སྟེའུ་ཁ་མ་འཕངས་ཏེ་བྱ་ཁྲ་ཡི་སྐེད་པ་གཅོད་ཐུབ་པ། སྤུས་རྒོད་མདོང་ཙན་གྱིས་མིག་རྒྱང་གསུམ་གྱི་ས་ལ་མདའ་རྒྱང་གཅིག་གིས་སླེབས་ཐུབ་པ། མགོས་གཡག་ཆུང་གིས་ཤ་བའི་རྣིད་བུ་བྱེ་མས་བཀང་སྟེ་ཀླད་ལ་བསྐོར་ཐུབ་པ། ཅོག་རོ་འབྲོང་གཤོར་གྱིས་འབྲོང་ཐུར་དུ་རྒྱུག་པ་གྱེན་ལ་འཐེན་ཐུབ་པ། གནོན་ཁྲི་བདུན་གཡུ་བྱིན་གྱིས་རྟ་བཟང་པོ་གཡང་ལ་མཆོང་བ་གྱེན་དུ་འདྲེན་ནུས་པ་བཅས་སོ། དེ་སྐབས་བཙན་པོ་སྐུ་ངོ་མས་བཀོད་འདོམས་གནང་ནས་ཐོག་མར་སུང་ཀྲུའུ་དང་། ཐའི་ཀྲུའུ་སོགས་ལ་བསྡུད་མར་དམག་དྲངས་ཤིང་། དེ་རྗེས་བཙན་པོས་འཇང་ཡུལ་དུ་དམག་དྲངས་ཏེ་འཇང་པ་རྣམས་ཆམ་ལ་ཕབ་པ་དང་། དེའི་ཕྱི་ལོ་ལྕགས་འབྲུག(སྤྱི་ལོ740) ལོར་འཇང་ཡུལ་གྱི་ཉེ་འདབས(སྨྲ་ཞེས་པའི་) ཡུན་ནན་ཁུལ་དུ་དཔུང་འཇུག་གནང་ཞིང་། ལོ་དེ་རང་གི་དགུན་དུས་སུ་བཙན་པོ་འདུས་སྲོང་མང་པོ་རྗེ་འཇང་ཡུལ་དུ་སྐུ་གཤེགས་ཞེས་བོད་ཀྱི་ཆོས་འབྱུང་ཕལ་མོ་ཆེའི་ནང་གསུངས་མོད། ཏུན་ཧོང་གི་ཡིག་ཆའི་ནང་བོད་ཤིང་འབྲུག(སྤྱི་ལོ704) ལོར་སྨི་བ་ཟེར་བའི་ས་གནས་སུ་གཤེགས་ཞེས་གསལ། དེ་ལྟར་རྒྱལ་པོ་འདིས་དགུང་ལོ་ཉི་ཤུ་རྩ་བདུན་ནམ་དགུང་ལོ་ཉི་ཤུ་རྩ་དགུའི་རིང་བོད་ཀྱི་ཆབ་སྲིད་མེས་སྲོང་བཙན་གྱི་ལུགས་ལྟར་ལེགས་པར་བསྐྱངས་ཤིང་། མངའ་ཐང་ཡང་ཆེས་ཆེར་རྒྱས་པ་དཔེར་ན། བོད་ཀྱི་ལོ་རྒྱུས་ཡིག་ཚང་ནང་། དེའི་དུས་སུ་བོད་ཀྱི་རྒྱལ་པོའི་ས་མཐའ་བཞི་ནི། ཤར་ཟྲུ་ཅེའུ། སུ་ཅེའུ། འུ་ཅེའུ་དང་གསུམ་ཡིན། ལྷོ་ཕྱོགས་བྲམ་ཟེའི་ཡུལ་དུ་སླེབས། ནུབ་ཕྱོགས་འུ་ཐེན་ལ་སླེབས། བྱང་ཕྱོགས་ཧོར་ལ་སླེབས། དེ་རྣམས་བསྐོར་བ་ལ་དཔག་ཚད་མང་པོ་ཡོད། བོད་ལྷ་བུ་དཔའ་བ་དང་། བརྟུལ་ཕོད་པ། རྒྱའི་རྒྱལ་པོ་ཧན་དང་། གཡུ་ ཅེའུ་ལ་སོགས་པའི་དུས་སུའང་བྱུང་བ་

མེད་ཅེས་འཁོད་ཡོད། རྒྱལ་པོ་འདིའི་བང་སོ་སེང་གེ་བརྩེགས་མཉམ་ལྷ་རི་ཅན་བྱ་བ་ཡབ་ཀྱི་གཡོན་ན་ཡོད་དོ།

ལྡེ་རྒྱལ་པོ། བོད་རྒྱལ་ཉེར་གཉིས་པ། ལྡེ་བརྒྱད་ཀྱི་ཡ་གྱལ། ཡབ་ལྡེ་སྣོལ་པོ་དང་ཡུམ་ས་བཙུན་སྨན་རྗེའི་སྲས། ཞང་ཞུང་ད་ས་ཧ་རིས་སྐུ་བོན་བྱས། སྨན་བཙུན་ལུག་སྒོང་ངམ་སྨན་བཙུན་ལུང་གོང་ཁབ་ཏུ་བཞེས་པར་སྲས་ལྡེ་སྤྲིན་བཙན་འཁྲུངས།

ལྡེ་སྣོལ་ནམ། (གནམ་ལྡེ་རྣོལ་ནམ་ཞེས་པའང་སྣང) བོད་རྒྱལ་ཉེ་ཤུ་པ། ལྡེ་བརྒྱད་ཀྱི་ཡ་གྱལ། ཡབ་སེ་སྣོལ་པོ་ལྡེ་དང་ཡུམ་འོ་བཟའ་རི་མོ་མཚོའི་སྲས། ཞང་ཞུང་ཨ་ལ་དན་ཅེས་སྐུ་བོན་བྱས། ཁྲི་སྨན་རྗེ་མ་ཁབ་ཏུ་བཞེས་པར་སྲས་ལྡེ་སྣོལ་པོ་འཁྲུངས།

ལྡེ་སྣོལ་པོ། (བསེ་ལྡེའུ་རྣོལ་པོ་ཞེས་པའང་སྣང) བོད་རྒྱལ་ཉེར་གཅིག་པ། ལྡེ་བརྒྱད་ཀྱི་ཡ་གྱལ། ཡབ་ལྡེ་སྣོལ་ནམ་དང་ཡུམ་ཁྲི་སྨན་རྗེ་མའི་སྲས། ཞང་ཞུང་དར་མ་ཧ་རིས་སྐུ་བོན་བྱས། ས་བཙུན་སྨན་རྗེའམ་ཁྲི་སེ་བཙུན་གཉན་མོ་ཁབ་ཏུ་བཞེས་པར་སྲས་ལྡེ་རྒྱལ་པོ་འཁྲུངས།

ལྡེ་སྤྲིན་བཙན། (རྒྱལ་སྤྲིན་བཙན་ཞེས་པའང་སྣང) བོད་རྒྱལ་ཉེར་གསུམ་པ། ལྡེ་བརྒྱད་ཀྱི་ཡ་གྱལ། ཡབ་ལྡེ་རྒྱལ་པོ་དང་ཡུམ་སྨན་བཙུན་ལུག་སྒོང་གི་སྲས། ཞང་ཞུང་མུ་ལ་མ་ཧོས་སྐུ་བོན་བྱས། ཉེ་བཙུན་མང་མ་རྗེའམ་གཉན་བཙུན་མང་མོ་རྗེ་ཁབ་ཏུ་བཞེས་པར་སྲས་རྒྱལ་ཧོ་རེ་ལོང་བཙན་འཁྲུངས། ལྡེ་བརྒྱད་བང་སོ་ཆུ་བོའི་གཞུང་ལ་བཏབ། མཚོལ་ཁབ་བབ་པ་འདྲའོ་སྐད།

ལྡེ་འཕྲུལ་ནམ་གཞུང་བཙན། (འཕྲུལ་ནམ་གཞུང་བཙན་ལྡེ་ཞེས་པའང་སྣང) བོད་རྒྱལ་བཅུ་བདུན་པ། ལྡེ་བརྒྱད་ཀྱི་ཡ་གྱལ། ཡབ་ཟ་ནམ་ཟིན་ལྡེ་དང་ཡུམ་མཚོ་སྨན་ཁྲི་དཀར་གྱི་སྲས། ཞང་ཞུང་མཚོ་མི་ཀུན་སྣང་གིས་སྐུ་བོན་བྱས། སེ་གཉན་མེར་མོའམ་བསེ་གཉན་མང་མོ་ཁབ་ཏུ་བཞེས་པར་སྲས་སེ་སྣོལ་ནམ་ལྡེ་འཁྲུངས།

ཧྲམ་ཀོ་ཁ། (ལེགས་སྦྱར་གྱི་སྐད་བོད་སྐད་དུ་ཆོས་ཀྱི་མཛོད་ཅེས་གྲགས) སྲོང་བཙན་གྱི་སྐུ་དུས་སུ་བྱུང་བའི་བོད་རིགས་ཀྱི་ལོ་ཙཱ་བ་མཁས་པ་ཞིག འདི་དང་རྒྱའི་ཧྭ་ཤང་མ་ཧཱ་དེ་ཝ་གཉིས་ཀྱིས་མཉམ་དུ་རྒྱ་ནག་གི་སྨན་གཞུང《སྨན་དཔྱད་ཆེན་མོ》བསྒྱུར་པ་མ་ཟད། ཐོན་མི་སམ་བྷོ་ཊ་དང་། དེའི་མཚན་བུ་ཧྲམ་ཀོ་ཁ། ལྷ་ལུང་རྡོ་རྗེ་དཔལ་རྣམས་ཀྱིས་ཐུར་གྱི《གཉན་པོ་གསང་བ》བསྒྱུར་ཞེས་པའང་སྣང་བས། འདི་ནི་རྒྱའི་སྐད་ཙམ་མ་ཟད། ལེགས་སྦྱར་གྱི་སྐད་ཡིག་ཀྱང་མཁྱེན་མཁན་ཞིག་ཡིན་འདུག 《སོ་པ་ཊ་བཀའ་ཐང》ནང་འདི་ཉིད་ལ་པཎྜི་ཏ་ཧྲམ་ཀོ་ག་ཞེས་འབོད་དོ།

གནམ་རི་སྲོང་བཙན། (གནམ་རི་སློན་བཙན་ནམ་སློན་བཙན་རླུང་ནམ་ཞེས་པའང་སྣང) བོད་རྒྱལ་སོ་གཉིས་པ། ཡབ་སྟག་རི་གཉན་གཟིགས་དང་ཡུམ་སྟོང་བཙུན་འབྲོ་དཀར་གྱི་སྲས་སུ་བོད་ས་སྟག (སྤྱི་

ལོ558）ལོར་འཁྲུངས་སྐད། དཔལ་སྣང་བཞེར་དང་། ཚེ་སྤོང་ན་གནག་སེར། ཉང་ཅིང་གུ་རྣམས་ཀྱིས་བློན་པོ་བྱས་པ་དང་། གཙོའི་བོན་པོ་ཁྲི་ཁྱུང་གྲགས་པས་སྐུ་བོན་བྱས། ཚེ་སྤོང་བཟའ་འབྲི་མ་ཐོད་དཀར་ཁབ་ཏུ་བཞེས། གཙུང་པོ་འོལ་གོད་ཚ་སྟོན་གེར་ལེགས་བྱ་བ་ཐང་མཚམས་སུ་ཕབ། རྒྱལ་པོ་འདིའི་རིང་ལ་རྒྱ་ནག་གི་ཡུལ་ནས་རྩིས་དང་སྨན་དཔྱད་བླངས། མཐའ་ཡི་རྒྱ་དང་གྲུ་གུ་འོག་ཏུ་བཏུལ། སྐུ་མཁར་ཁྲི་བརྩེགས་འབུམ་གདུགས་བྱ་བ་བ་དམར་པོའི་འོ་མའི་འཛིམ་པས་བརྩིགས་པ་དང་། དམུས་ཏེ་ལོང་བ་ཁྲིད་དེ་བྲག་གསུམ་དེང་མའི་མཚོ་འགྲམ་ནས་རྟ་མདོ་བ་ཙང་ཤེས་རྙེད་དེ་རྒྱལ་པོའི་ཆིབས་པ་བྱས། སྦྲང་དཀའ་བོ་དང་རྨུ་དཔུང་རི་བྱ་བའི་གྲུད་གཉིས་ཀྱིས་ཞབས་ཏོག་བྱས་ཏེ་ཕུང་གཡག་ཐལ་ཀ་ནུ་རིང་བྱ་བའི་བྱང་འབྲོང་སྐྱོན་པ་བསད་ནས་ཤ་རྟ་སྣ་ལ་བཏགས་པ་ལྡུང་བ་ལ་རྩ་འགོས་པས་བྲོ་བ་ཚོར་ཏེ་ལན་རྩ་ངོ་ཤེས་ནས་རྩ་ལེན་པའི་སྲོལ་བྱུང་སྐད། གཞན་ཡང་དེ་སྐབས་རྒྱལ་པོ་སྐུ་ངོ་མས་དམག་མི་ཁྲི་ཕྲག་ཙམ་ཁྲིད་ནས་གཡུལ་བཤམས་ཏེ་མཁར་ཡུ་སྣ་ནི་གཏོར། དགུ་ཀྱི་ཟིང་པོ་རྗེ་ནི་བཅླགས། མང་པོ་རྗེ་གསུམ་པུ་ནི་དྲུ་གུའི་ཡུལ་དུ་བྲོས། ཕག་གི་ཡུང་བ་སྣ་མན་ཚད་གོང་པོ་བྲེ་སྣ་ཡན་ཚད་བཙན་པོའི་ཕྱག་ཏུ་ལོན་ཞིང་། བཙན་པོས་བཀའ་ཕབ་སྟེ་སྟར་ཡུལ་ངས་པོ་ཟེར་བ་ལ་འཕན་ཡུལ་ཞེས་མིང་བཛེས་སོ། དེ་སྐབས་མྱང་ཅེང་སྐུ་དང་། དཔལ་དབྱི་ཚབ། མཉོན་འདྲོན་པོ། ཚེས་པོང་ནག་སེང་བཅས་ཀྱིས་སྤུ་རྒྱལ་ལ་བློ་དཀར་བྱས་པས་བྲན་གཡོག་ཁྱིམ་དུད་མང་པོ་དང་། ཡུལ་ཆེན་པོ་གནང་བ་མ་ཟད། རྒྱལ་པོའི་བློན་པོར་བཙུག་པ་དང་། ཁྱུང་པོ་སྤུང་སད་ཀྱིས་རྩང་བོད་ཀྱི་རྗེ་པོ་མར་མུན་ཞེས་པའི་མགོ་བཅད་དེ་རྩང་བོད་ཀྱི་འབངས་མི་ཁྱིམ་དུད་ཁྲི་ཕྲག་གཉིས་ཕྱུར་རྒྱལ་བཙན་པོའི་མངའ་འབངས་སུ་ཕུལ་བ་དང་། སེང་གོ་མི་ཆེན་གྱིས་དྭགས་པོ་ཡོངས་རྫོགས་སླར་ཡང་བཙན་པོའི་མངའ་འབངས་སུ་བཀུག་པ་སོགས་དབུས་གཙང་ཕལ་ཆེ་བ་སྤུ་རྒྱལ་གྱི་མངའ་ཞབས་སུ་ཚུད། སྐབས་དེར་རྒྱལ་པོའི་བཞུགས་གནས་ཀྱང་ཡར་ལུང་གཙང་པོའི་བྱང་ཕྱོགས་སུ་སྤོས་ཏེ་མལ་གྲོའི་ཕོ་བྲང་བྱམས་པ་མི་འགྱུར་གླིང་བཞེངས་པར་སྣང་། མཐར་རྒྱལ་པོ་འདི་ཉིད་མོན་དུག་ཕུལ་ནས་བགྲོངས་པར་གྲགས་ཤིང་། བང་སོ་དོན་མཁར་མདར་བརྩིགས་པ་དང་། བང་སོ་གྲུ་བཞིར་བརྩིགས་པ་དེ་ནས་བྱུང་། གྲལ་ནི་ཁྲི་གཟུང་བང་སོའི་གཡས་ན་ཡོད། ཕུལ་ཆེ་དབྱིབས་ནི་གྲུ་བཞི་སོག་ག་རིས། མིང་དུ་གུང་རི་སོག་ཀར་བཏགས་སོ་སྐད།

གནུབས་སངས་རྒྱས་ཡེ་ཤེས། （སྣུབས་ཞེས་པའང་སྣང）འདི་ཉིད་ཆོས་རྒྱལ་ཁྲི་སྲོང་གི་སྐུ་དུས་སུ་བྱུང་ནས་བོད་དང་། བལ་པོ། རྒྱ་གར། བྲུ་ཤའི་མཁས་པ་མང་པོ་བསྟེན་ཅིང་། འདི་ལ་མདོ་སྒྱུ་སེམས་གསུམ་གྱི་བཀའ་ཐམས་ཅད་གཅིག་ཏུ་བབས་པ་ཡིན་པར་གྲགས། འདི་དང་སོ་ཡེ་ཤེས་དབང་ཕྱུག ཟུར་ཤཱཀྱ་འབྱུང་གནས་བཅས་ལ་སོ་ཟུར་གནུབས་གསུམ་ཞུ་ཞིང་། གསང་སྔགས་སྔ་འགྱུར་བཀའ་མའི་བརྒྱུད་པའི་ཆུ་འགོ་རྙིང་མའི་སློབ་དཔོན་ཆེན་པོ་གསུམ་ཡིན། རྒྱལ་པོ་གླང་དར་མའི་སྐབས་རྒྱལ་པོས་འདི་ཉིད

བཀུག་ནས་ངས་སངས་རྒྱས་ཀྱི་བསྟན་པ་བསྒྱུབས་ཟིན་པས་ཁྱོད་ལ་ནུས་པ་ཅི་ཡོད་བརྗོད་པར། འདིས་ཐུགས་བཟླས་པའི་ནུས་པ་ལ་བརྟེན་ནས་རྒྱལ་པོར་འཇིགས་སྐུལ་བྱས་པས་རྒྱལ་པོ་སྐྲག་སྟེ་ཁྱེད་འཁོར་བཅས་ལ་གནོད་པ་མི་བྱེད་དོ་ཞེར་ནས་བཏང་། དེ་ནས་ཁོང་གིས་ཡེར་པར་ཕྱིན་ཏེ་ལྷ་ལུང་དཔལ་རྡོར་ལ་ངས་རྒྱལ་པོ་སྡིག་ཅན་སྐྲག་པར་བྱས་ཡོད་ཀྱི་ཁྱེད་ཀྱིས་དགྲོལ་ཅིག་ཟེར་ནས་བསྐུལ་ཏེ་བཀྲོངས་ཞེས་སྐད། གནུབས་སངས་རྒྱས་ཡེ་ཤེས་ལ་སྲས་དྲུག་ཡོད་པ་ལས་བཞི་དབུ་རུའི་ཁེང་ལོག་སྐབས་བཀྲོངས་པ་དང་། གཅིག་ལྷ་ཡར། གཅིག་ཁྲིལ་མེད་དུ་ཤོར་ཞེས་ལོ་རྒྱུས་ཡིག་ཚང་དུ་གསལ།

སྤུ་དེ་གུང་རྒྱལ། （སྤྲུ་དེ་གུང་རྒྱལ་ཞེས་པའང་སྣང）བོད་རྒྱལ་དགུ་པ། བར་རམ་སྟོད་ཀྱི་སྟེངས་གཉིས་ཀྱི་ཡ་གྱུལ། འདི་སྟོད་ཀྱི་སྟེངས་གཅིག་ཡིན་པར་བཞེད་མཁན་ཡང་ཡོད། ཡབ་གྲི་གུམ་བཙན་པོ་དང་ཡུམ་གླུ་སྲིང་མེར་ལྕམ་གཉིས་ལ་སྲས་གསུམ་བལྟམས་པ་ལས་འབྲིང་པོ་བྱ་ཁྲི་ཞུ་བ་དེ་ཡིན་ཞེས་ལོ་རྒྱུས་ཆོས་འབྱུང་མང་ཆེ་བར་གསལ་ནའང་། ལོ་རྒྱུས་ཀྱི་ཡིག་རྙིང་ཁག་གཅིག་ནང་སྲས་གཉིས་བྱུང་བ་ལས་ཆུང་བ་ཤ་ཁྱིའམ་ཤ་ཁྲི་ཞུ་བ་དེ་ཡིན་ཞིང་། ཤ་ཁྱིས་དམག་སུམ་སྟོང་སུམ་བརྒྱ་ཁྲིད་དེ་སྐུའི་ཤ་ལན་ལེན་དུ་གཤེགས་ཞེས་འཁོད། ཡབ་ལོ་ངམ་གྱིས་བཀྲོངས་རྗེས་སྲས་གསུམ་ཀོང་ཡུལ་དུ་བྲོས་ཐེབས་པའམ་སྤྱུགས་ཤིང་། མཐར་ནུ་ལས་སྐྱེས་ཀྱིས་འབྲིང་པོ་བྱ་ཁྲི་སྤོ་བོའི་ཡུལ་ནས་སྤྱན་དྲངས་ཏེ་རྒྱལ་སར་བཏོན། ཡུམ་གྱིས་སྲས་ལ་འཇུས་ནས་ལྷ་ལ་དམོད་འབོར་བས་ནམ་མཁའ་ལས་ཁྱོད་ཀྱི་བུ་དེ་ཀུན་ལས་རྒྱལ་བར་འགྱུར་ཞེས་སྒྲ་བྱུང་བས་དེ་ལྟར་མཚན་དུ་ཆགས། འོན་ཀྱང་རྗེས་སུ་འབངས་ཀྱིས་སྒྲ་ཉམས་ནས་སྤུ་དེ་གུང་རྒྱལ་གྲགས། བཙན་པོ་འདིའི་སྐུ་རིང་ལ་ཞང་ཞུང་ནས་གཤེན་པོ་དུ་མ་སྤྱན་དྲངས་ཤིང་། བོན་གྱི་དཔེ་མང་དུ་བསྒྱུར་ནས་སླར་ཡང་བོན་གྱི་བསྟན་པ་རྒྱས་པར་མཛད་པ་དང་། མདོ་སྡེ་འབྱུང་བའི་ལྟས་སུ་སྒྲུང་རྣམས་དར། མངོན་པའི་སྡེ་སྣོད་འབྱུང་ལྟས་ལྡེའུ་སྤྲོད། བོན་སྒྲུང་ལྡེའུ་གསུམ་གྱི་ཚུལ་ལྷ་སའི་གདུང་རྣམས་ལ་བྲིས་ནས་ཡོད་སྐད། སྐུ་མཁར་ཕྱིང་བ་སྟག་རྩེ་བཞེངས། འོམ་ཐང་སྨན་མཚོའམ་ཐོམ་ཐང་རྨང་གཞའ་ཁབ་ཏུ་བཞེས། དེའི་དུས་སུ་འཕྲུལ་བློན་མཛངས་མི་བདུན་གྱི་དང་པོ་རུ་ལས་སྐྱེས་ཀྱིས་གསེར་དངུལ་ཟངས་ལྕགས་བཏོན་པ་དང་། རྡོན་པ་དོར་བསྡེབས་ཀྱིས་ས་ཞིང་རྨོ་བ། ཆུ་ལ་ཟམ་པ་བཙུགས་པ་སོགས་མཛད། དེ་སྐབས་ལྷོ་རྒྱུད་ཡར་གླང་ཁུལ་དུ་རྐན་མོ་བལ་མ་ཞེས་པས་ཟླ་བའི་དཀར་ཆའི་འཕེལ་གྲིབ་ལ་བརྟེན་ནས་ཟླ་ཚེས་བརྩིས་པ་ལ་རྐན་མོ་བལ་མའི་ཟླ་རྩིས་སུ་གྲགས་པའང་བྱུང་། སྟོད་ཀྱི་སྟེངས་གཉིས་ཀྱི་བང་སོ་ཛ་དང་གཡའ་ལ་བཏབ་ཅེས་འཁོད་དོ།

བན་དེ་བྲན་ཀ་དཔལ་ཡོན། （བན་དེ་ཞེས་བརྗོད་པ་ནི་རྟེན་རབ་ཏུ་བྱུང་བ་ཡིན） ཁྲི་ལྡེ་སྲོང་བཙན་དང་ཁྲི་རལ་པ་ཅན་ཡབ་སྲས་གཉིས་ཀྱི་བློན་ཆེན། བློན་པོ་འདི་ཉིད་ཀྱིས་རྒྱལ་པོ་ཡབ་སྲས་གཉིས་ལ་ཆོས་དང་མཐུན་པའི་སྲིད་སྐྱོང་རོགས་ཞུས། ཡབ་ཁྲི་ལྡེ་སྲོང་བཙན་གྱི་སྐུ་དུས་སུ་བཙན་པོས་བློན་ཆེན་པོ་བྲན་

ཀ་དཔལ་ཡོན་ལ་སོགས་པར་རྒྱ་དང་མཛལ་དུམ་བྱེད་པའི་ཆབ་སྲིད་ཀྱི་དོན་ཆེན་བཀའ་བསྒྲུབ་ལུགས་ཆབ་མདོའི་ལྡན་མ་བྲག་བརྐོས་ཀྱི་ཡི་གེར་གསལ་ཡོད་ལ། སྲས་ཁྲི་རལ་པ་ཅན་གྱི་སྐུ་དུས་སུ་རྒྱ་བོད་གཉིས་ཕན་ཚུན་དམག་མི་དྲང་རྒྱུའི་ཆིངས་ཡིག་འཇོག་སྐབས་འདི་ཉིད་བོད་ཕྱོགས་ཀྱི་བློན་པོའི་གཙོ་བོ་ཡིན་པ་ལྷ་ལྡན་གཙུག་ལག་ཁང་མདུན་གྱི་རྡོ་རིང་གི་བྱང་ངོས་སུ་སྐབས་དེར་མཛལ་དུམ་ལ་ཞུགས་མཁན་བོད་ཕྱོགས་ཀྱི་བློན་པོའི་ཁོངས་ནས་འདི་ཉིད་ཀྱི་མཚན་ཨང་དང་པོར་བཀོད་ཡོད་པ་ནས་མཐེན་ཐུབ། འོན་ཀྱང་རྗེས་སུ་ཆོས་ལ་གནག་པའི་བློན་པོ་དབས་ཧོ་རིས་ཕྲ་མ་བཙུག་སྟེ། བློན་ཆེན་པོ་བྲན་ཀ་དཔལ་ཡོན་དང་རྒྱལ་པོའི་བཙུན་མོ་དཔལ་གྱི་ངང་ཚུལ་མ་ཅིག་ཏུ་ཉལ་བཤམས་སོ་ཞེས་རྒྱལ་པོའི་སྔན་དུ་གསོལ་བས། ཁྲིམས་ལ་སྦྱོར་ཞིག་ཅེས་གསུངས་པ་ན། བཙུན་མོ་ངང་ཚུལ་མ་ཤིན་ཏུ་སྡུག་བསྔལ་ཏེ་རང་སྲོག་ལྷེབས་པ་དང་། བློན་ཆེན་པོ་བྲན་ཀ་དཔལ་ཡོན་གྱིས་ཁོ་རང་བསད་ན་རྒྱལ་པོ་བཀྲོངས་ཀྱི་དོགས་ནས་བྱང་དུ་བྲོས། མཐར་བྱང་ཐང་དུ་བཀུམ་ནས་དམར་གདུང་སྐེ་ཐང་རྒྱ་གྲོང་ན་ཡོད་ཅེས་གྲགས། གཞན་ཡང་ལོ་རྒྱུས་ཡིག་ཚང་དུ་བློན་ཆེན་པོ་བྲན་ཀ་དཔལ་ཡོན་ཉེས་མེད་དུ་བསད་རྐྱེན་མཐར་གནོད་སྦྱིན་དུ་སྐྱེས་ནས་བོད་སིལ་བུའི་སྐབས་ཁེང་ལོག་གི་ངན་སྤྲུལ་བྱེད་མཁན་ཡིན་པའི་གཏམ་རྒྱུད་ཀྱང་མི་ཉུང་བ་ཞིག་ཡོད།

བན་དེ་མྱང་ཏིང་ངེ་འཛིན། བོད་རྒྱལ་ཁྲི་སྲོང་ལྡེ་བཙན་བྱོན་པའི་དུས་ཀྱི་སྐྱེ་ཟླ་ཡིན་ཞིང་། ཕྱིས་རབ་ཏུ་བྱུང་ནས་ལོ་བདུན་ཏིང་ངེ་འཛིན་གཅིག་ལ་མཉམ་པར་བཞག མངོན་ཤེས་མངའ་བས་མྱང་བན་ཤའི་སྤྱན་ཅན་ཞེས་གྲགས། པཎ་ཆེན་བི་མ་ལ་མི་ཏྲས་སྙིང་ཐིག་གི་མན་ངག་རྫོགས་པར་གནང་། བོད་རྒྱལ་ཁྲི་ལྡེ་སྲོང་བཙན་དང་ཁྲི་རལ་པ་ཅན་གཉིས་ཀྱི་ཆོས་བློན་མཛད། དབུ་རུ་ཞྭ་ལྷ་ཁང་བཞེངས། འདི་ཉིད་ཀྱིས་བཙན་པོ་ཁྲི་ལྡེ་སྲོང་བཙན་གྱི་སྐུ་ཕྱུ་སྲུང་སྐྱོང་དང་། སྲིད་ཀྱི་ཞབས་འདེགས་ལྷག་བསམ་ཟོལ་མེད་ཀྱིས་བསྒྲུབས་སྟབས་བཙན་པོས་འདི་ཉིད་ཀྱི་བྱས་རྗེས་ལ་བསྔགས་བརྗོད་གནང་ཕྱིར་དབུ་སྟོད་ཞྭ་ལྷ་ཁང་གི་རྡོ་རིང་དེ་ཆེད་དུ་བཙུགས་ཤིང་། རྡོ་རིང་དེའི་སྟེང་བན་དེ་མྱང་ཏིང་ངེ་འཛིན་གྱི་མཛད་རྗེས་བཀོད་པ་མ་ཟད། སྣད་ཕྱིན་བཙན་པོའི་གདུང་རྒྱུད་ཀྱིས་མྱང་ཏིང་ངེ་འཛིན་གྱི་མེས་པོ་བློན་སྣང་བཟང་འདུས་ཀོང་གི་བུ་ཚའི་ནང་ནས་འཛིན་ཐང་ཆེ་བ་ཞིག་བདམས་ནས་འཁོར་དུ་འཇུག་རྒྱུ་དང་། རང་ནུས་ལ་དཔག་པའི་གོ་གནས་སྤྲད་དེ་ཁོང་ཚོའི་བྲན་ཁྱིམ་དང་། ས་ཞིང་། ཕྱུགས་ཟོག ནགས་ཚལ་ལ་སོགས་པ་ནམ་ཡང་བཙན་པོའི་ཕྱག་ཏུ་མི་བཞེས་ལ་གཞན་ལ་ཡང་མི་སྟེར་བའི་ག་ཡོགས་ཀྱི་དབུ་སྙུང་གནང་བ་འདི་ཕྱིན་ཆད་བུ་སྲས་ཕྱི་རབས་པས་ཆབ་སྲིད་མངའ་མཛད་སྐབས་དང་། ཆབ་སྲིད་ལ་དབང་བྱེད་པའི་བློན་པོ་རྣམས་ཀྱིས་མི་འཕྲི། མི་བཅོས། མི་བསྒྱུར་བ་བྱེད་དགོས་པའི་སྐོར་བྲིས་ཡོད།

བལ་བཟའ་ཁྲི་བཙུན། （ལྷ་གཅིག་ཁྲི་བཙུན་ཡང་ཞུ）སྲོང་བཙན་གྱི་མཆོག་ཏུ་གྱུར་བའི་བཙུན་མོ་གསུམ་གྱི་ཡ་གྱལ། བལ་པོའི་རྒྱལ་པོ་དེ་བ་ལྷ་སྟེ་འོད་ཟེར་གོ་ཆའི་སྲས་མོ། འདི་ཉིད་བོད་ཡུལ་དུ་ཕེབས་སྐབས

ཇོ་བོ་མི་བསྐྱོད་རྡོ་རྗེ་དང་། བྱམས་པ་ཆོས་ཀྱི་འཁོར་ལོ། ཙནྡན་གྱི་སྒྲོལ་མ་སོགས་སྐུ་གསུང་ཐུགས་ཀྱི་རྟེན་དང་། དེ་བཞིན་རིན་པོ་ཆེའི་དངོས་རྫས་དཔག་ཏུ་མེད་པ་བསྣམས་ཕེབས་པ་མ་ཟད། བྲན་མོ་འཁོར་གཡོག་བཟོ་རིགས་དང་བཅས་པའང་ལྷན་དུ་ཁྲིད་ཕེབས། བོད་དུ་ཕེབས་རྗེས་བསུ་བའི་བཀོད་པ་ཁྱད་པར་འཕགས་པ་དང་དགའ་སྟོན་གྱི་འདུ་འགོད་རྒྱ་ཆེན་པོ་དང་བཅས་རྒྱལ་པོ་དང་ཞལ་མཇལ་ཏེ་བཙུན་མོར་མངའ་གསོལ། དེ་ནས་ལྷ་གཅིག་ཁྲི་བཙུན་གྱིས་རྒྱལ་པོར་ཕོ་བྲང་བཙན་པོ་ཞིག་བཞེངས་དགོས་པར་གསོལ་བ་བཞིན་གནང་སྟེ་དམར་པོ་རིའི་ས་ཕྱོགས་སུ་ལྕགས་རིའི་ཕྲེང་བ་གསུམ་གྱིས་བསྐོར་བའི་ནང་དུ་མཁར་དགུ་བརྒྱ་དགུ་བཅུ་རྩ་དགུ། ཡང་རྩེ་མཁར་དམར་དང་བཅས་སྟོང་དུ་ཚང་བ། ཕྱོགས་བཞི་ན་འདོད་རྒྱུའི་ཡོ་བྱད་མཐའ་དག་དང་གིས་འདུ་བའི་སྒོ་བཞི་ལྟོག་བཞིས་རྣམ་པར་མཛེས་པ། ཕྱི་རོལ་དུ་རྟ་རྒྱུག་ས་ཟབ་ལ་འདོམ་དོ། ཞེང་ལ་འདོམ་བཅོ་བརྒྱད། དཀྱུས་སུ་འདོམ་སུམ་བརྒྱ་ཡོད་པ་ལ་གདུང་ལེབ་བསྒྲིགས་པའི་འོག་སོ་ཕག་བརྡིང་བ། རྟ་གཅིག་རྒྱུག་ཀྱང་དུ་མ་བརྒྱུག་པའི་སྒྲ་བྱུང་བ་སོགས་ངོ་མཚར་ཆེ་བའི་ཕོ་བྲང་ཁྲི་རྩེ་དམར་པོ་འདི་བཞིན་ལྷ་གཅིག་གིས་བོད་འབངས་རྣམས་ལ་ཟས་ཆང་ཆོམ་པར་སྦྱིན་ནས་བཞེངས། ཕོ་བྲང་ལེགས་པར་བསྒྲུབས་རྗེས་རྒྱལ་པོ་ཡབ་ཡུམ་བློན་འབངས་དང་བཅས་པས་དགའ་སྟོན་རྒྱ་ཆེར་མཛད། ཕོ་བྲང་བརྩིགས་ཚུལ་འདི་ར་སའི་གླུ་ཁང་གི་ནུབ་ལོགས་ལ་བྲིས་ནས་ཡོད་སྐད། སྐབས་དེའི་དམར་པོ་རིའི་ཕོ་བྲང་གི་དབྱིབས་བཀོད་ཞིབ་ཙམ་ཞིག་རྒྱལ་པོའི་བཀའ་འབུམ་དུ་ཡང་གསལ་ལ། སྔོན་གྱི་ཕོ་བྲང་དེའི་དཔེ་རིས་ཁུངས་དག་ཅིག་ནི་རྩེ་ཕོ་བྲང་ཤར་ཁྱམས་ཀྱི་ལྡེབས་རིས་འདི་ཡིན། གོང་ས་ལྔ་པའི་ལྷ་ལྡན་དཀར་ཆག་ཏུའང་གཙུག་ལག་ཁང་ན་དཔེ་རིས་རྙིང་པ་ཞིག་ཡོད་པར་གསུངས། བོད་ཀྱི་ལོ་རྒྱུས་ཡིག་ཚང་ནང་། ཕོ་བྲང་ཁྲི་རྩེ་དམར་པོ་འདི་དབོན་སྲས་མང་སྲོང་སྐབས་རྒྱ་དམག་བོད་དུ་ལྷགས་ནས་མེར་བསྲེགས་པ་དང་། ཁྲི་སྲོང་སྐབས་དམར་པོ་རིར་ཐོག་བརྒྱབ་པ་སོགས་གསལ་བས་དམག་འཁྲུག་དང་རང་བྱུང་ཁམས་ཀྱི་གནོད་འཚེ་ལ་སོགས་པས་ཕོ་བྲང་ཁྲི་རྩེ་དམར་པོར་གནོད་འཚེ་ཚབས་ཆེན་ཐོག་སྟེ་རྗེས་སུ་གོང་ས་ཏཱ་ལའི་བླ་མ་སྐུ་ཕྲེང་ལྔ་པའི་སྐབས་ད་ལྟའི་ཕོ་བྲང་པོ་ཏ་ལ་དེ་བསྐྱར་བསྐྲུན་གནང་སྐབས་ཆོས་རྒྱལ་སྒྲུབ་ཕུག་དང་འཕགས་པ་ལྷ་ཁང་ཙམ་ལས་བཞུགས་མེད་པར་གྲགས།

དེ་རྗེས་ལྷ་གཅིག་ཁྲི་བཙུན་གྱིས་བལ་པོའི་བཟོ་བོ་མཁས་པ་མང་པོ་བོས་ནས་ཇོ་བོ་མི་བསྐྱོད་རྡོ་རྗེ་སོགས་སྐུ་གསུང་ཐུགས་ཀྱི་རྟེན་རྣམས་བཞུགས་སུ་གསོལ་བའི་ལྷ་ཁང་བསྐྲུན་པ་དེ་ནི་ད་ལྟའི་ལྷ་ས་གཙུག་ལག་ཁང་དེ་ཡིན། དེ་ཡང་ལྷ་གཅིག་གིས་གསོལ་བ་བཞིན་གོང་རྗེས་སྲོང་བཙན་བཀྲམ་སྟེ་བརྩིས་པས། བོད་ཡུལ་གྱི་སའི་དཔྱད་ནི་སྲིན་མོ་གན་རྐྱལ་དུ་འགྱེལ་བ་ལྟ་བུའི་དབྱིབས་སུ་འདུག་པ་དང་། འོ་ཐང་གི་མཚོ་ནི་སྲིན་མོའི་སྙིང་ཁྲག་ངན་སོང་གི་སྒོ་ཡིན་པས་དེ་བསུབས་ནས་ལྷ་ཁང་བརྩིགས་དགོས་པར་བསྟན་པ་བཞིན་དང་ཐོག་མཚོ་ཆུ་རྣམས་ལྷོ་ཕྱོགས་སྐྱིད་ཆུའི་རྒྱུགས་ལམ་དུ་ཁ་གཙུ་བའི་ས་རྐ་རྡོ་རྒྱིང་གི་ལས་གྲྭ་རྒྱ

ཆེན་པོ་ཞིག་བཙུགས་ནས་མཆོ་བསུབས་པ་དང་། གཙུག་ལག་ཁང་གི་རྒྱ་ཁྱོན་ནི་སྐབས་དེའི་རྒྱ་མཚོར་བགྲོད་པའི་གྲུ་གཟིངས་འཕྲིང་པོ་ཞིག་གི་ཚད་དུ་བཟུང་ནས་རྨང་བཏིང་བར་གྲགས། དེ་ལྟར་ར་ས་གཙུག་ལག་ཁང་གྲུ་བཞི་ཧོ་འདྲ་བ་ཐོག་སོ་གཉིས་ལྡན་ཞིག་བཞེངས་པར་ཁྱོན་བསྡོམས་ལྷ་ཁང་བརྒྱད་དང་། ཤར་སྒོའི་ཟུར་ཕྱོག་ཏུ་དཔལ་ལྷ་མོའི་རྟེན་མཁར་ཞིག་འཛུགས་པར་མཛད་པ། ལྷ་ཁང་གི་ཕྱི་སྒོ་ནི་ད་ལྟ་སེང་ལྡིང་སྒོ་མོར་གྲགས་པའི་གཟིམ་སྒོ་ནང་མ་འདི་ཡིན། སྐབས་དེར་གཙུག་ལག་ཁང་དེའི་ནང་རྟེན་གཙོ་རྒྱལ་བ་མི་འཁྲུགས་པ་སྐྱབས་སྦྱིན་གྱི་ཕྱག་རྒྱ་ཅན་དང་། བཙན་པོའི་ཐུགས་དམ་གྱི་རྟེན་འཕགས་པ་བཅུ་གཅིག་ཞལ་རང་བྱུང་ལྔ་ལྡན། བལ་བཟའི་རྟེན་སྐལ་རྡོ་བོ་མི་བསྐྱོད་རྡོ་རྗེ་དང་བྱམས་པ་ཆོས་འཁོར་སོགས་བཞུགས་སུ་གསོལ། དུས་དེ་ནས་བཟུང་གཙུག་ལག་ཁང་འདི་ཉིད་བོད་དུ་སངས་རྒྱས་ཀྱི་བསྟན་པ་དར་བའི་རྟེན་གཞིར་གྱུར་ཅིང་། དེར་འཕེལ་འགྱུར་གྱི་རིམ་པ་ཡང་དུ་མ་བྱུང་ཡོད། གཙུག་ལག་ཁང་འདིའི་མཚན་ཐོགས་ཚུལ་ཐད། དང་ཐོག་འོ་ཐང་གི་མཚོ་བསུབ་པའི་སྐབས་ར་ལ་ས་བཀལ་ནས་བསྐྲུན་པས་ར་ས་གཙུག་ལག་ཁང་དང་། ལྷ་ཁང་དེའི་བཟོ་དབྱིབས་ལ་བརྟེན་པ་དང་། བོན་པོ། སྔགས་པ། བོད་འབངས་བཅས་སོ་སོར་དགའ་བས་དགའ་བཞི། བཟོ་རྩལ་རྣམས་སྒྱུ་འཕྲུལ་ལྟ་བུར་སྣང་བས་འཕྲུལ་སྣང་སྟེ། མཚན་ཆ་ཚང་ལ། ར་ས་དགའ་བཞི་འཕྲུལ་སྣང་གི་གཙུག་ལག་ཁང་ཞེས་གྲགས། དེ་རྗེས་བཙན་པོ་ཁྲི་རལ་པ་ཅན་གྱི་སྐུ་དུས་ཙམ་ནས་ར་ས་དེ་ལྷ་ས་ཞེས་པར་བསྒྱུར་བ་ཡིན་ལ། དེ་ནས་བཟུང་ལྷ་ས་གཙུག་ལག་ཁང་ཞེས་ཀུན་ཏུ་གྲགས་ཤིང་། ལྷ་ཁང་འདི་ཉིད་ལྟེ་བར་བྱས་ནས་ཆགས་པའི་གྲོང་ཁྱེར་གྱི་མིང་ལའང་ལྷ་ས་ཞེས་རིམ་བཞིན་ཐོགས་པ་ཡིན་ནོ།

མཐར་ལྷ་གཅིག་ཁྲི་བཙུན་འཕན་ཡུལ་ཟལ་མོ་སྒང་དུ་སྐུ་གཤེགས། ཕུར་ཡར་ཀླུང་འཕྱོངས་རྒྱས་སུ་སྤྱན་དྲངས་ཏེ་བང་སོ་བརྩིགས་ཞེས་གྲགས།

ཙི་ཏྲི་དགའ་བྱེད་དང་ཙི་ལྷ་དགའ་མཛེས། ཡབ་ཇ་ཆེན་པོ་དང་ཡུམ་གངས་ལྷའི་སྲས་ཙི་ཏྲི་དང་ཡུམ་ཏྲིལ་བཟའི་སྲས་མོ་ཙི་ལྷ་ཡིན་པར་གསུངས། འདི་གཉིས་ཆུང་དུས་ནས་གསོ་དཔྱད་ཀྱི་བསྟན་པ་ལ་ཞུགས། རྒྱུན་ཤེས་ཀྱི་བུ་དང་འཚོ་བྱེད་གཞོན་ནུ་ལ་གསོ་བའི་གདམས་པ་མང་དུ་ཞུས། བདུད་རྩི་སྨན་གྱི་སྒྲུབ་པ་མཛད་པས་འཆི་མེད་ཚེའི་དངོས་གྲུབ་བརྙེས། རྗེ་བཙུན་མ་སྒྲོལ་མས་བསྐུལ་བ་ལྟར་རྒྱ་གར་ནས་བོད་དུ་ཕྱིན། ལྷ་ཐོ་ཐོ་རི་གཉན་བཙན་གྱིས་ཕོ་བྲང་ཡུམ་བུ་བླ་སྒང་དུ་སྤྱན་དྲངས། རྒྱལ་པོས་བོད་ལ་གསོ་དཔྱད་དར་བའི་ཆེད་ལྷ་ལྕམ་མམ་སྲས་མོ་ཡིད་ཀྱི་རོལ་ཆ་ཙི་ཏྲི་དགའ་བྱེད་ཀྱི་ཆུང་མར་ཕུལ་བར་སྲས་སྨན་པ་དུང་གི་ཐོར་ཅོག་འཁྲུངས། སྲས་ཆེར་འཚར་བ་ན་ཡབ་ཀྱིས། 《སྨན་དཔྱད་འཚོ་བའི་མདོ》དང《འགྲེལ་བཤད་ཁོག་འབུགས》《ས་བཅད་ལག་ལེན》དང་བཅས་པ་གནང་སྟེ་ལྕམ་སྲིང་གཉིས་རྒྱ་གར་དུ་ཕྱིར་ཕྱིན་ནོ།

བི་མ་ལ་མི་ཏྲ། （འདི་ལེགས་སྦྱར་གྱི་སྐད་ཡིན་པས་བོད་སྐད་དུ་དྲི་མེད་བཤེས་གཉེན་ཞེས་འགྱུ）བོད་རྒྱལ་ཁྲི་སྲོང་ལྡེ་བཙན་གྱི་སྐུ་དུས་སུ་བོད་དུ་ཕྱིན་པའི་རྒྱ་གར་གྱི་སློབ་དཔོན་ཞིག འདི་ཉིད་རྒྱ་གར་ནུབ་ཕྱོགས་སླང་པོའི་སྒང་གི་གྲོང་ཁྱེར་ཞེས་པར་ཁྱིམ་བདག་བདེ་ཆེན་འཁོར་ལོའི་སྲས་སུ་སྐུ་བལྟམས། སློབ་དཔོན་ཤྲཱི་སིཾ་ཧ་ལ་སོགས་པ་བསྟེན་ཏེ་རིག་པའི་གནས་བཅུ་ཕྲག་ལ་མཁས་ཤིང་། རྫོགས་པ་ཆེན་པོའི་ཕྱི་ནང་གསང་བའི་སྐོར་ཐུགས་ཉམས་སུ་བསྟར་བས་མཆོག་གི་དངོས་གྲུབ་བརྙེས། འདི་ཉིད་ཀྱིས་རྒྱལ་པོ་ཁྲི་སྲོང་ལྡེ་བཙན་དང་བཻ་རོ་ཙ་ན་ཀཱ་མ་ར་གཉིས་ལ་ཕྱི་ནང་གསང་བའི་དབང་རྣམས་རྫོགས་པར་བསྐུར། རྒྱལ་པོར་གསང་མཚན་ཚངས་པ་ལྷའི་མེ་ཏོག་ཅེས་གསོལ། བོད་ཀྱི་ལོ་རྒྱུས་ཆོས་འབྱུང་ནང་། མཁན་པོ་བི་མ་ལ་མི་ཏྲ་དང་། སངས་རྒྱས་གསང་བ། ཤཱནྟི་གརྦྷ། བི་ཤུདྡྷ་སིཾ་ཧ་སོགས་པ་དང་། བོད་ཀྱི་སད་མི་བདུན་དང་། ཆོས་ཀྱི་སྣང་བ། བན་དྷེ་ནམ་མཁའ། སྒྲོ་རིན་ཆེན་སྡེ། རྣམ་པར་མི་རྟོག་པ། ཤཱཀྱ་འོད་ལ་སོགས་པས་ལོ་ཙཱ་བྱས་ཏེ་ཆོས་མང་པོ་བསྒྱུར་ཅེས་གསལ་བ་དང་། བསྟན་རྩིས་ཀུན་བཏུས་ནང་། ཁྲི་སྲོང་ལྡེ་བཙན་ནས་རལ་པ་ཅན་གྱི་བར་རྒྱ་གར་དུ་སློབ་དཔོན་བི་མ་ལ་མི་ཏྲ་ སྔ་ཕྱི་གཉིས་བྱུང་བ་ལས། སྔ་མས་སྐྱབས་འགྲོ་ཡན་ལག་དྲུག་པ་དང་། ཤེར་སྙིང་རྒྱ་ཆེར་འགྲེལ་སོགས་བརྩམས། ཕྱི་མ་ནི་འདུལ་བ་བམ་པོ་ལྔ་བཅུ་བ་མཛད་པ་པོའོ། ཞེས་དེབ་སྔོན་ལས་བཤད་ཅེས་གསལ།

ཙཻ་རོ་ཙ་ན། （འདི་ལེགས་སྦྱར་གྱི་སྐད་ཡིན་ཞིང་བོད་སྐད་དུ་རྣམ་པར་སྣང་མཛད་ཅེས་གྲགས）བོད་རྒྱལ་ཁྲི་སྲོང་ལྡེ་བཙན་གྱི་སྐུ་དུས་སུ་བྱུང་བའི་ལོ་ཙཱ་བ་རབ་དགུའི་ནང་གསེར་ཆན་གསུམ་གྱི་ཡ་གྱལ། འདི་ཉིད་ཡབ་སྤ་གོར་ཧེ་འདོད་དང་ཡུམ་སྒྲོན་བཟའ་སྐྱིད་གཉིས་ཀྱི་སྲས་སུ་བོད་མེ་ཡོས（སྤྱི་ལོ727）ལོར་གཙང་གི་སྙེ་མོ་བྱེ་དཀར་བྲ་བའི་གནས་སུ་སྐུ་བལྟམས་ཞེས《གསོ་རིག་བསྟན་པའི་ཉིན་བྱེད》ནང་གསུངས། ཆུང་དུའི་དུས་མཚན་ལ་གན་ཧག་ཐང་ཏ་ཞུ། དགུང་ལོ་བདུན་བར་དུ་དཀར་གསུམ་མངར་གསུམ་པོ་ནའི་ཟས་ཀྱིས་གསོས་པ་དང་། ཤེས་རབ་འཕེལ་ཐབས་སུ་ བློ་འཕེལ་གཟུངས་སྨན་དུ་བཅུག དེ་ནས་མཁན་པོ་ཞི་བ་འཚོ་དང་སློབ་དཔོན་པདྨའི་དྲུང་དུ་དགུང་ལོ་བཅོ་ལྔའི་བར་སྒྲ་རིག་པ་གསན་པས་མཁས་པར་གྱུར། བསམ་ཡས་སུ་མཁན་པོའི་དྲུང་དུ་བོད་ཀྱི་རབ་བྱུང་ཐོག་མར་སྒྲུབ་མཁན་སད་མི་བདུན་གྱི་ཡ་གྱལ་ཡིན། དེ་རྗེས་བཙན་པོས་བཻ་རོ་ཙ་ན་དང་རྩངས་ལེགས་གྲུབ་གཉིས་ལ་གསེར་བསྐུར་ནས་བཀའ་རྫོགས་པ་ཆེན་པོ་འཚོལ་དུ་བཏང་། རྒྱ་གར་དུ་འབྱོར་རྗེས་སློབ་དཔོན་ཤྲཱི་སིང་ཧ་ལ་གསེར་ཕུལ་ནས་བཀའ་རྫོགས་པ་ཆེན་པོའི་གདམས་ངག་ཞུས། སློབ་དཔོན་གྱིས་འདི་ཉིད་ལ་སྤ་གོར་བཻ་རོ་ཙ་ན་ཞེས་མཚན་བཏགས། རྩངས་སྟོན་ལ་ལོག་ཐེབས་པས་གཅན་འཕྲང་པས་བསད། བཻ་རོས་གཅན་འཕྲང་གི་དཔོན་ལ་ཧན་པ་གསེར་ཕྱེ་ཕྱིན་ནས་ཆོས་ཐམས་ཅད་ཀྱི་རྒྱ་དཔེ་ཏ་ལའི་ལོ་མ་ལ་བྲིས་ནས་ཁྱེར་ཏེ་ལོག་ཐེབས། འདི་ཉིད་ཀྱིས་ཆོས་འཁོར་ལོན་པའི་ཆེད་དུ་དཀའ་བ་ཚད་མེད་སྤྱད། འོན་

ཀྱང་བོད་དུ་འཁོར་རྗེས་བློན་པོ་རྣམས་རྒྱ་གར་གྱི་སྔགས་པའི་དབང་དུ་ཤོར་ནས་རྒྱལ་པོ་ལའང་ཐབས་མེད་པར་བཻ་རོ་ཙ་ན་རྒྱ་མོ་ཚ་བ་རོང་དུ་སྤྱུགས། ཆོས་རྒྱལ་ཁྲི་སྲོང་ལྡེ་བཙན་སྐུ་གཤེགས་སྐབས་བོད་དང་ཆོས་གང་གིས་འདད་གཏོང་མིན་སྐོར་ལ་རྩོད་པ་བྱུང་བས་བཻ་རོ་ཙ་ནས་གསོལ་བ་བཞིན་མུ་ནེ་བཙན་པོས་ཆོས་ཀྱིས་འདད་བགྱི་བའི་ཞལ་བཞེས། དུས་དེ་ནས་འདད་ཐམས་ཅད་ཆོས་སུ་བྱེད་པ་བྱུང་ངོ་།

འདིས་རིག་པ་དྲུག་ཅུ་པ་མདོར་བཤད་དང་། སྣང་མཐའི་མཚན་བརྗོད་སོགས་བསྒྱུར། དེ་བཞིན་ལོ་རྒྱུས་འགའ་སྨན་གཞུང་《ཻཀྵ་མུན་སེལ་སྒྲོན་མེ》དང《མིང་དོན་བརྡ་སྤྲོད་རྣམ་ལྔ》གཉིས་གསར་དུ་བརྩམས་པ་མ་ཟད། 《སྨན་དཔྱད་ཟླ་བའི་རྒྱལ་པོ》《འཇམ་དབྱངས་སྒོ་འབུམ》《དུག་བཅོས་ཤ་མོ་ལས་དཀྲུས》སོགས་སྒྱུར་བར་གསུངས།

བོན་གྱི་སྟོན་པ་ཤེས་རབ་མི་བོ་ཆེ། འདི་ཉིད་ཞང་ཞུང（སྟག་གཟིག་ཅེས་པའང་སྣང）ཡུལ་གྱི་འོལ་མོ་ལུང་རིང་དུ་ཡབ་རྒྱལ་པོ་ཐོད་དཀར་དང་ཡུམ་ཡོ་ཕྱི་རྒྱལ་བཞད་མ་གཉིས་ཀྱི་སྲས་སུ་སྐུ་འཁྲུངས། ལོ་རྒྱུས་ཡིག་ཚང་འགའ་འདི་ཉིད་སྤྱི་ལོའི་དུས་རབས་མ་ཚུགས་གོང་གི་ལོ་དྲུག་བརྒྱ་ཡས་མས་ཤིག་ལ་བྱོན་པར་གསུངས། བོན་གྱི་བསྟན་པ་ནི་བོད་ཀྱི་གདོད་མའི་ཆོས་ལུགས་ཡིན་པ་དེ་སྟོན་པ་ཤེས་རབ་མི་བོ་ཆེས་གསུངས་ཤིང་། དེ་ལ་གཡུང་དྲུང་བོན་ཞེས་གྲགས། གཡུང་དྲུང་གི་རྟགས་འདི་བོན་གྱི་བསྟན་པ་མཚོན་བྱེད་ཀྱི་བསྟན་རྟགས་ཡིན་ལ། དེ་མི་འགྱུར་རྟག་བརྟན་གྱི་མཚོན་དོན་ཡིན་པས་ནང་པ་སངས་རྒྱས་པའི་ཆོས་ལུགས་ཀྱིས་ཀྱང་བཀོལ་སྤྱོད་བྱས་ཡོད།

སྤྱིར་བོན་གྱི་བསྟན་པ་ལ་ཕྱི་ནང་གསང་གསུམ་གྱི་དབྱེ་བ་ཡོད་དེ། སྟོན་པ་ཤེས་རབ་ཀྱི་ཡར་སྟོན་དུ་བོན་སྐུའི་སྟོན་པ་ཀུན་ཏུ་བཟང་པོས་ཁྲོས་ལམ་རྫོགས་པ་ཆེན་མོའི་བསྟན་པ་སྤེལ་བ་ལ་གསང་རྒྱུད་དང་། ལོངས་སྐུའི་སྟོན་པ་གཤེན་ལྷ་འོད་དཀར་གྱིས་གསང་སྔགས་ཀྱི་བསྟན་པ་སྤེལ་བ་ལ་ནང་རྒྱུད། ཕྱིས་སུ་སྤྲུལ་སྐུའི་སྟོན་པ་ཤེས་རབ་མི་བོས་སྤེལ་བའི་མདོ་ཕྱོགས་ཀྱིས་གཙོས་པའི་བསྟན་པ་ལ་ཕྱི་རྒྱུད་ཟེར། ཕྱི་རྒྱུད་བོན་གྱི་གཞུང་ལུགས་ཚང་མ་ཐེག་པ་རིམ་པ་དགུའམ། བོན་སྒོ་བཞི། མཛོད་སོགས་སུ་འདུས་ཤིང་། ཐེག་པ་རིམ་པ་དགུ་ནི། ཕྱྭ་གཤེན། སྣང་གཤེན། འཕྲུལ་གཤེན། སྲིད་གཤེན་ཏེ་བཞི་དང་། དགེ་བསྙེན། དྲང་སྲོང་། ཨ་དཀར། ཡེ་གཤེན་ཏེ་བཞི་དང་། ཁྱད་པར་ཆེན་པོའི་ཐེག་པ་གཅིག་དང་བཅས་དགུའོ། ལྷ་བོན་སྒོ་བཞིའི་ཁོངས་སུ་མོ་དང་། ཕྱྭ། གཏོ་བཅོས། རྩིས། སྨན་དཔྱད་སོགས་ཀྱང་འདུས་ཡོད། ལོ་རྒྱུས་ཡིག་ཚང་འགར། བོད་རྒྱལ་པུ་དེ་གུང་རྒྱལ་གྱི་སྐུ་དུས་སུ་སྟོན་པ་ཤེས་རབ་མི་བོ་ཆེས་ཁམས་ཆེན་པོ་བརྒྱད་ལ་སོགས་པ་བོན་པོའི་ཆོས་ཐམས་ཅད་ཞང་ཞུང་གི་ཡུལ་ནས་བསྒྱུར་ཏེ་དར་ཞིང་རྒྱས་པར་མཛད། དེ་དུས་གཡུང་དྲུང་གི་བོན་བྱུང་ཞེས་པའང་སྣང་།

བོན་གྱི་ལོ་ཙཱ་བ་ཆེན་པོ་བཞི། བོད་རྒྱལ་གཉའ་ཁྲི་བཙན་པོའི་སྐུ་རིང་ལ། ཁྱུང་པོ་སྟག་སྒྲ་དོན་གཙུག

དང་། གཞན་ལི་ཤུ་སྟག་རིང་། རྔེ་ཤོད་ཀྲམ། གཙོ་བོན་ཁྲི་གཙུག་བཙས་བཞིས་རིན་ཆེན་གསེར་ཕྱི་ཕྱིར་ནས་སྐད་རིགས་མི་མཐུན་པའི་ཡུལ་མང་པོར་བསྒྱུར། བོན་རྣམས་ཞུས། བོན་རྣམས་རྗེ་ལ་གཟིགས་ཕུལ་བས་རྗེ་ཡང་དགྱེས། དེ་ལྟར་གཤེན་པོ་དེ་བཞི་ལ་བོན་གྱི་ལོ་ཙཱ་བ་ཆེན་པོ་བཞིར་གྲགས་སོ།

ཀློན་པོ་ཇིན་ཇིན། རྒྱལ་པོ་མང་སྲོང་མང་བཙན་གྱི་བློན་པོ། འདི་ཉིད་གཞོན་ནུའི་དུས་ནས་རྒྱའི་སློབ་གྲྭར་སྐད་ཡིག་དང་ཡོན་ཏན་སྦྱངས་སྦྱོང་བའི་མཁས་པ་ཞིག་ཡིན། བོད་ཀྱི་རྒྱལ་པོས་འདི་བ་ཐང་གོང་མའི་དྲུང་དུ་ལེགས་སྐྱེས་འབུལ་བར་མངགས། ཐང་གོང་མས་བོད་ཀྱི་བཙན་པོ་དང་བོད་ཡུལ་གྱི་གནས་ཚུལ་སྐོར་འདྲི་རྩོག་གནང་བ་བཞིན། འདི་ཉིད་ཀྱིས། ང་ཚོའི་བཙན་པོ་ནི་མཁྱེན་རྒྱ་དང་སྙིང་སྟོབས་ཆེ་ལ་ཆབ་སྲིད་ལ་ངོ་དྲམ་ཆེ་བ་ཞིག་ཡོད། བོད་ཡུལ་ནི་གནམ་གཤིས་གྲང་ངར་ཆེ་བས་གཙོ་བོ་འབྲོག་ལས་བརྟེན་ནས་འཚོ་སྡོད་བྱེད་པ་དང་། མི་རྣམས་དབྱར་དུས་སུ་བལ་གྱི་ཕྱིང་བ་དང་དགུན་ཁ་སློག་པ་གྱོན་པ་སོགས་འཚོ་བའི་ཆ་རྐྱེན་རྒྱ་ཡུལ་ལས་ཆེས་ཞན་ནའང་དབུལ་ཕྱུག་ཚང་མ་བློ་སེམས་མཐུན་ཞིང་། གཅིག་རོགས་གཅིག་གིས་བྱེད་པ་ཡིན་པས་བོད་ཀྱི་རྒྱལ་ཁམས་སྟོབས་ཤུགས་ཆེ་བའི་རྒྱུ་མཚན་དེ་ཡིན་ཞེས་ངོ་སྤྲོད་ཞུས། ཡང་གོང་མས་ཁྱེད་ཚོ་བོད་པས་གྲུ་གུ་བཙོམ་པ་མ་ཟད། ང་ཚོ་རྒྱ་ཡུལ་དུ་འང་དམག་དཔུང་བཏང་ནས་ལན་ཀྲའུ་འཕྲོག་པའི་རྒྱུ་མཚན་གང་ཡིན་ཞེས་དྲི་བ་གནང་བར། བློན་པོ་ཇིན་ཇིན་གྱིས། བདག་ནི་བཙན་པོའི་བཀའ་ལྟར་གོང་མ་ལ་སྐྱེས་འབུལ་དུ་འོང་བ་མ་གཏོགས་དེ་མིན་གྱི་ཞུ་སྒོ་གང་ཡང་མེད་ཅེས་གསོལ་བས་གོང་མ་ཡང་ཐུགས་མཉེས་པར་གྱུར་ཞེས་གྲགས།

དབས་རྒྱལ་ཧོ་རེ་སྟག་རྣ་ཅན། （སྦས་སྟག་རྣ་ཅན་ཞེས་པའང་སྣང）འདི་ཉིད་རྒྱལ་པོ་སླང་དར་མའི་བློན་པོ་གཙོ་བོ་ཡིན། རྒྱལ་པོ་ཁྲི་རལ་པ་ཅན་གྱི་སྐུ་དུས་སུ་འདི་ཉིད་ཀྱིས་བློན་ཆེན་པོ་བྲན་ཀ་དཔལ་ཡོན་དང་བཙན་པོ་ཁྲི་རལ་པ་ཅན་གྱི་བཙུན་མོ་དཔལ་གྱི་ངང་ཚུལ་མ་སྒྲིག་ཏུ་ཉལ་བཤམས་སོ་ཞེས་ཕྲ་མ་བཏུག་ནས་ཁྲིམས་ལ་སྦྱར་ཏེ་མཐར་བློན་ཆེན་པོ་བྱུང་ཐང་དུ་བཀུམས་པ་དང་། གཞི་མེད་ཀྱི་ཕྲ་མ་དེར་བཙུན་མོ་ཡིད་མུག་སྟེ་པོ་བྲང་གི་ཡང་སྟེང་ནས་མཆོངས་ཏེ་རང་སྲོག་ལྷེབས། དེ་ནས་མོ་མ་དང་ལྟ་མཁན་རྣམས་ལ་ངན་སྐུལ་བྱས་ཏེ་བཙན་པོའི་གཅེན་པོ་ལྷ་སྲས་གཙང་མ་འདིར་བཞུགས་ན་རྒྱལ་ཁྲིམས་འཇིག་པས་སྤྱུག་དགོས་ཟེར་ནས་མོན་དུ་སྤྱུགས། མཐར་དབས་ཧོ་རེ་ལ་སོགས་པས་རྒྱལ་པོ་ཁྲི་རལ་པ་ཅན་ཞལ་ལྟག་པར་གཙུས་ནས་བཀྲོངས་པ་སོགས་དེ་ནི་རྒྱལ་པོ་སླང་དར་མའི་སྐབས་སངས་རྒྱས་ཀྱི་བསྟན་པ་བསྣུབས་མཁན་གྱི་ངན་སྐུལ་མཁན་དང་གདོང་ལེན་པ་ཞིག་ཡིན་ནོ།

འབྲི་སེ་རུ་གུང་སྟོན། （འབྲི་སི་རུ་གུང་ཐུན་ཞེས་པའང་སྣང）འབྲི་གུང་བ། སྲོང་བཙན་གྱི་མེད་ཐབས་མེད་པའི་བློན་པོ་བཞིའི་ཡ་གྱལ། སྲོང་བཙན་གྱི་བཀའ་བཞིན་འདི་ཉིད་ཀྱིས་མགར་སྟོང་བཙན་ཡུལ་ཟུང་དང་མཉམ་དུ་རྒྱ་ནག་ཏུ་རྒྱ་མོ་བཟའ་ཀོང་ཇོ་སྤྱན་དྲངས་པར་བསྐྱོད་པ་དང་། འདིས་རྒྱ་ཡུལ་དུ་བློན་པོ་མགར་

ལ་ཕྲུག་དོག་བྱས་རྐྱེན་མགར་རེ་ཞིག་རྒྱ་ཡུལ་དུ་སྡོད་དགོས་བྱུང་སྐད།

འབྲོ་བཟའ་ཁྲི་རྒྱལ་མོ་བཙན། ཆོས་རྒྱལ་ཁྲི་སྲོང་ལྡེ་བཙན་གྱི་བཙུན་མོ། འདི་ཉིད་ཕྱིས་རབ་ཏུ་བྱུང་བས་མཚན་བྱང་ཆུབ་རྗེར་གསོལ། ཕྱག་རིས་སུ་དགེ་རྒྱས་བྱེ་མ་གླིང་བཞེངས། འདིས་ཁྲིམས་བུ་ཆུང་ཞེས་སྐྱེས་པ་ལ་ཕོ་ཕྱག བུད་མེད་ལ་མོ་ཕྱག་བསྟབས། ཕྱུག་པོས་བུན་གཏོང་བ། ཞིང་ལ་མོ་རྗེ་བཙུགས་པ། སྟོན་དཔྱིད་ཀྱི་བར་ཁ་མཉམ་པ་རྣམས་བྱས་སྐད།

འབྲོ་བཟའ་ཁྲི་མ་ལོད། མང་སྲོང་གི་བཙུན་མོ། འདུས་སྲོང་གི་སྐུ་ཚེའི་རིང་དང་། དཔོན་སྲས་ཁྲི་ལྡེ་གཙུག་བརྟན་སྐུ་གཞོན་ནུའི་སྐབས་བཙན་པོ་ཡབ་སྲས་ཀྱི་ཆབ་སྲིད་སྐྱོང་རོགས་གནང་བས་བོད་བཙན་པོའི་རྒྱལ་རབས་ཀྱི་བཙུན་མོའི་ནང་ནས་ཆབ་སྲིད་ཀྱི་མཁྲེན་རྒྱ་དང་། དབང་ཐང་སྟན་གྲགས་བཅས་ཆེ་ཤོས་ཤིག་བྱུང་བར་གྲགས། མང་སྲོང་གཤེགས་པའི་ལོ་དེ་རང་ལ་འདུས་སྲོང་འཁྲུངས་པས་འདུས་སྲོང་ནར་མ་སོན་བར་ཆབ་སྲིད་ཀྱི་འགན་དབང་ཡུམ་ཁྲི་མ་ལོད་ཀྱིས་བཟུང་། འདུས་སྲོང་གཤེགས་སྐབས་ཁྲི་ལྡེ་གཙུག་བརྟན་སྐུ་ན་ཕྲ་བས་ཕྱི་ནང་གི་ཆབ་སྲིད་ཐུགས་འགན་ཕྱི་བཟའ་ཁྲི་མ་ལོད་ཀྱིས་བཞེས། དུས་དེར་བློན་འབངས་ཁག་གཅིག་གིས་ངོ་ལོག་བརྒྱབ་པར་དྲག་གནོན་བྱས་པ་དང་། ཁུ་མང་པོ་རྗེ་ལྷ་བྲུང་བྱ་བ་བློན་ཆེན་པོར་བསྐོ་བཞག་གནང་། འོན་ཀྱང་ཕྱི་མོ་ཁྲི་མ་ལོད་ཀྱི་སྐྱན་དུ་ཕྲམ་བྱུང་བས་རིང་པོར་མ་ལོན་པར་གླིང་རིང་ཚལ་དུ་ཁུ་མང་པོ་རྗེ་ལྷ་བྲུང་ལ་ཁྲིམས་ཉེས་ཕབ་ནས། དེའི་ཚབ་ཏུ་དབས་ཁྲི་གཟིགས་ཞང་ཉེན་བྱ་བ་བློན་ཆེན་དུ་བསྐོས། གཞན་ཡང་སེ་རིབ་ཅེས་པའི་རྒྱལ་ཕྲན་སོགས་ནས་ངོ་ལོག་བརྒྱབ་པ་རྣམས་ཀྱང་དམག་དང་ཁྲིམས་ཀྱིས་མནན་ཅིང་། བོད་ས་བྱ་ལོར (སྤྱི་ལོ709འམ769) སེ་རིབ་ཀྱི་རྒྱལ་པོ་ཡང་གསོན་བཟུང་བྱེད་ཐུབ་པ་སོགས་བོད་བཙན་པོའི་ཆབ་སྲིད་ཇེ་བརྟན་དང་། བོད་ཡུལ་བདེ་འཇགས་སུ་གནས་རྒྱུར་མཛད་རྗེས་ཆེན་པོ་འཇོག་གནང་མཛད་ཡོད། བོད་ཆུ་བྱི (སྤྱི་ལོ712སམ772) ལོར་བཙན་མོ་འབྲོ་བཟའ་ཁྲི་མ་ལོད་སྐུ་འདས་པར་གྲགས།

འབྲོང་གཉན་ལྡེ་རུ། (འབྲོང་གཉན་ལྡེའུ་འམ་འབྲོ་གཉེན་ལྡེ་རུ་ཞེས་པའང་སྣང) བོད་རྒྱལ་སུམ་ཅུ་པ། ཡབ་ཁྲི་གཉན་གཟུང་བཙན་དང་ཡུམ་འབྲོང་བཟའ་མོ་དུར་ཡངས་གཞེར་གྱི་སྲས་སུ་བོད་ཤིང་ཏ (སྤྱི་ལོ394) ལོར་འཁྲུངས་སྐད། བློན་པོ་གཉགས་ཐང་བ་ཡར་རྗེ་དང་། གཉུབས་ཁྲི་དར་རེ་མཐོང་པོས་བྱས། ཁུའི་བོན་པོ་མང་རྗེ་ལོད་པོས་སྐུ་བོན་བྱས། རྒྱལ་པོ་འདིའི་གཙུང་པོ་རྨུ་བཙན་དང་མོན་བུ་རྒྱལ་མཚན་གཉིས་ཐང་མཚམས་སུ་ཕབ། རྒྱལ་པོ་འདིས་དྭགས་པོའི་ཡུལ་ནས་མཆིམས་བཟའ་ཀླུ་རྒྱལ་བྱ་བ་མཛེས་མ་ཞིག་ཁབ་ཏུ་བཞེས། ཕྱིས་མི་མཛེས་པར་གྱུར་ནས་རྒྱུ་དྲིས་པས་རང་གི་ཡུལ་ན་ཟས་ཤིག་ཡོད་པ་དེ་མེད་པས་ལན་ཟེར། དེ་ལེན་དུ་ཆུག་གསུངས་པས་གཡོག་མོས་སྤྲུལ་པ་མར་ལ་བཙོས་པ་བླངས་ཏེ་མཛོད་དུ་སྦས་ནས་བཙུན་མོ་ལ་དྲངས་པས་མདངས་ཤིན་ཏུ་མཛེས་པར་གྱུར་སྟབས་རྒྱལ་པོས་ཟས་དེ་ང

རང་ཡང་ཟའོ་དགོངས་ནས་ལྡེ་ཚབ་ཀྱིས་སྒོ་ཕྱི་ནས་གཟིགས་སྐབས་སྤྲུལ་རོ་མཐོང་བས་རྣམ་རྟོག་སྐྱེས་པ་ལས་སྐུ་ལ་མཛེ་ནད་ཐོག དེ་སྐབས་དྭགས་པོ་སྤྲུལ་ཟན་གྱི་ཡུལ་ཞེས་པ་དེ་ན་ཤ་ཟ་ཞིང་ཤ་ལ་སྤྲུལ་པར་གྲགས་པ་ཡིན་སྐད། རྒྱལ་པོའི་བཙུན་མོ་ལ་སྲས་དམུས་ལོང་ཞིག་བལྟམས་ཤིང་། དེ་ཚུང་ཟད་ཆེར་སོངས་པ་ན་ཡབ་ཀྱིས་ཁྱོད་འ་ཞའི་ཡུལ་ནས་སྨན་པ་བོས་ཏེ་མིག་ཕྱེ་ནས་རྒྱལ་ས་ཟུངས། གལ་ཏེ་མིག་འབྱེད་མ་ཐུབ་ན་སྲུམ་པའི་ཡུལ་དུ་བོན་པོའི་ཚང་མ་རྒྱ་མོ་རྒྱ་ལྷམ་བྱ་བ་ལ་ངའི་བུ་སྲུམ་རི་རིང་པོ་བྱ་བ་ཞིག་ཡོད་པ་དེ་བོས་ནས་ཁྱོད་རང་གཤེགས་རྗེ་ཐོབ་ལ་སོང་རྒྱལ་སར་ཆུག་ཅེས་གསུངས་ཏེ་རྒྱལ་པོ་ཡབ་ཡུམ་གཉིས་རྣོན་པོ་སྟགས་ཐང་བ་ཡར་རྗེ་དང་བཅས་པ་གདུང་རྒྱུད་ལ་སྨན་མི་ཐོག་པའི་ཆེད་དུ་ཡར་ལུང་ཞང་མདར་བང་སོ་བརྩིགས་ནས་གསོན་པོར་དུར་དུ་བཞུགས་པར་གྲགས་ཤིང་། བང་སོའི་མིང་ལའང་གསོན་མཆད་ཟླུམ་པོ་ཟེར། འཁྲོང་གཉན་ལྡེ་རུའི་སྐུ་དུས་སུ་བོད་ལ་སྦྱ་བའི་དཀར་ཡོལ་བྱུང་ཞེས་ལོ་རྒྱུས་ཡིག་ཚང་འགར་གསལ།

འབྲོང་ཞི་ལེགས། （འབྲོང་གཞིར་ལེགས་དང་འབྲོམ་ཞེར་ལེགས་ཞེས་པའང་སྣང་）བོད་རྒྱལ་བཅུ་བཞི་པ། ལེགས་དྲུག་གི་ཡ་གྱལ། ཡབ་གུ་རུ་ལེགས་དང་ཡུམ་མཚོ་སྨན་འབྲོང་མའི་སྲས། དབོན་གསས་ཕུ་ལུ་གྲུ་འཛིན་བསྟེན། ལྷ་བོན་སེག་གཤེན་བདུད་འདུལ་གྱིས་བྱས། ས་སྨན་བུ་མོའམ་གནམ་སྨན་བུ་མོ་ཁབ་ཏུ་བཞེས་པར་སྲས་ཨི་ཤོ་ལེགས་འཁྲུངས།

སྦྲ་རཏྣ། ཆོས་རྒྱལ་ཁྲི་སྲོང་ལྡེ་བཙན་གྱི་སྐུ་དུས་སུ་བྱུང་བའི་རབ་ཏུ་འབྱུང་བའི་ཐོག་མ་སད་མི་བདུན་གྱི་ཡ་གྱལ། 《གཡུ་སྦྲེང》ནང་འདིས་ཤེས་རབ་འབུམ་ཐོག་མར་བསྒྱུར་བས་ཁྲི་སྲོང་སྐབས་ཀྱི་ལོ་ཙཱ་བ་ཐོག་མ་དེ་ཡིན་པར་སྣང་ཞེས་གསལ།

སྦྲ་གསལ་སྣང་། （ཟ་ཞེས་པའང་སྣང་）སྦྲ་ཡེ་ཤེས་དབང་པོ་ཡང་ཞུ། ཆོས་རྒྱལ་ཁྲི་སྲོང་ལྡེ་བཙན་གྱི་བློན་པོ། སད་མི་བདུན་གྱི་ཡ་གྱལ། འདི་བཙན་པོས་མང་ཡུལ་གྱི་ཁ་བློན་དུ་བསྐོས་གསུངས་ནས་མང་ཡུལ་དུ་མངགས། སྐབས་དེར་མ་ཞང་གྲོམ་པ་སྐྱེས་ཀྱིས་ཆོས་བྱེད་མི་ཆོག་པའི་ཁྲིམས་བཅས་པ་དང་འགལ་ཏེ་གསལ་སྣང་རེ་ཞིག་རྒྱ་གར་དུ་གནས་མཇལ་ལ་ཕེབས་དགོས་བྱུང་། ཕྱིར་ལམ་བལ་ཡུལ་དུ་མཁན་ཆེན་བོ་དྷི་ས་ཏྭ་མཇལ་ཏེ་བལ་རྗེ་ལ་ཞུས་ནས་མང་ཡུལ་དུ་གདན་དྲངས། ལྷ་ཁང་གཉིས་ཀྱང་བཞེངས། མཁན་པོ་སྔར་བོད་དུ་འབྱོན་པར་གསོལ་བ་ཞལ་གྱིས་བཞེས་ནས་རེ་ཞིག་བལ་ཡུལ་དུ་ཕྱིར་ཕེབས་པར་གྲགས། དེ་ནས་གསལ་སྣང་བཙན་པོའི་དྲུང་དུ་ཕྱིན་ནས་བཙན་པོ་ལ་ལྷ་ཆོས་བཟང་པོ་མཛད་པར་རིགས་པ་དང་། མཁན་པོ་བོ་དྷི་ས་ཏྭའི་མཁས་ཤིང་བཙུན་པའི་ཡོན་ཏན་རྣམས་ཞུས་ཤིང་། སྐད་དགེ་བའི་བཤེས་གཉེན་དུ་འབྱོན་པར་གསོལ་བ་ལ་མཁན་པོས་ཇི་ལྟར་གསུངས་པ་ཞིབ་ཏུ་ཞུས། འོན་ཀྱང་དེ་སྐབས་མ་ཞང་གྲོམ་པ་སྐྱེས་སོགས་ཆོས་ལ་གནག་པའི་ཞང་བློན་རྣམས་དབང་ཤུགས་ཆེ་བས་རྒྱལ་པོས་རེ་ཞིག་གསལ་སྣང་ཡིབ་

ཏུ་བཙུག མ་ཞང་ཁྲོམ་པ་སྐྱེས་ཚར་བཅད་རྗེས་བཙན་པོས་གསལ་སྣང་བལ་ཡུལ་དུ་མངགས་ནས་མཁན་པོ་བོ་དྷི་ས་ཏྭ་བོད་དུ་སྤྱན་དྲངས་ཏེ་ལྷ་ཤས་ཆོས་གསུངས་པ་ན་མུ་གེ་དང་ནད་ཡམས་སོགས་བྱུང་བས་ཆོས་བྱས་པས་ལན་ཟེར་ནས་མཁན་པོ་སླར་བལ་ཡུལ་དུ་ཕྱིར་ཐེབས་དགོས་བྱུང་། དེ་ནས་བཙན་པོས་སྦ་གསལ་སྣང་རྒྱ་ཡུལ་དུ་ཕོ་ཉར་འགྲོ་དགོས་པའི་བཀའ་གནང་བ་ལྟར་རྒྱ་ཡུལ་དུ་བསྐྱོད་ནས་ཧྭ་ཤང་ལས་ཆོས་ཀྱི་སྒོམ་ལུང་ཞུས་ཏེ་བོད་དུ་ལོག་ཐེབས། གསལ་སྣང་རྒྱ་ནག་ནས་འཁོར་མ་ཐག་བཙན་པོའི་བཀའ་བཞིན་སླར་བལ་ཡུལ་དུ་བསྐྱོད་ནས་མཁན་པོ་བོ་དྷི་ས་ཏྭ་བོད་དུ་གདན་དྲངས། བོ་དྷི་ས་ཏྭའི་དྲུང་དུ་གསལ་སྣང་སོགས་བོད་མི་བདུན་རབ་ཏུ་བྱུང་བར་སད་མི་བདུན་ཞེས་གྲགས། གསལ་སྣང་རབ་ཏུ་བྱུང་རྗེས་ཆོས་ཀྱི་ཚུགས་དཔོན་བླར་བསྐོས། མཁན་པོས་གསལ་སྣང་ལ་ཡེ་ཤེས་དབང་པོ་ཞེས་མིང་བཏགས། མཁན་པོ་གཤེགས་ཁར་ཞལ་ཆེམས་སྦ་ཡེ་ཤེས་དབང་པོ་ལ་བཞག མཁན་པོ་གཤེགས་རྗེས་བཙན་པོས་ཡེ་ཤེས་དབང་པོ་ཆོས་ཀྱི་རིང་ལུགས་སུ་བསྐོས། རྒྱལ་བློན་འབངས་བཅས་ཀྱི་དགེ་བའི་བཤེས་གཉེན་སངས་རྒྱས་ཀྱི་སྐུ་ཚབ་འདྲ་བས་ཐོབ་ཐང་ཡང་བཅོམ་ལྡན་འདས་ཀྱི་རིང་ལུགས་སུ་བཀས་བསྐོས་ཏེ་བཙན་པོའི་གོང་དུ་བཀུར། དེ་ནས་ཡེ་ཤེས་དབང་པོས་འཙན་པོར་དཀོན་མཆོག་གི་མཆོད་པའི་རྐྱེན་དུ་འབངས་མི་ཁྱིམ་ཚང་ཉིས་བརྒྱ་དང་། གྲྭ་བཙུན་རེ་ལ་འབངས་མི་ཁྱིམ་དུད་གསུམ་རེ་རྩིས་གཞིར་བྱས་ནས་ཟུར་དུ་བཅད་ཐོག་དེའི་དབང་དགེ་འདུན་ལ་གནང་ནས་ལྷ་རིས་ཀྱི་འབངས་མི་སེར་ས་ཞིང་དང་བཅས་པར་གོང་ནས་དབང་ཆ་མི་གནང་བ་མཛད་ན་དུས་ནམ་དུ་ཡང་བརྟན་པོར་གནས་ཤིང་ལེགས་པར་འོང་ཞེས་གསོལ་བ་བཞིན་བསྒྲུབ། འོན་ཀྱང་བན་རྙེ་མྱང་ཏིང་ངེ་འཛིན་ལ་སོགས་པ་ཁག་གཅིག་གིས་ཡེ་ཤེས་དབང་པོའི་ཞལ་ལ་མི་ཉན་པ་མ་ཟད། ལོག་བཤད་ཀྱི་ཉེས་པ་བསགས་པས་ཡེ་ཤེས་དབང་པོ་ཐུགས་འབྱུང་སྟེ་བཙན་པོ་ལ་སྒོམ་དུ་འགྲོ་ཆོག་པར་གསོལ་ནས་ལྷོ་བྲག་མཁར་ཆུ་བཙན་གྱི་དབེན་གནས་སུ་གསང་སྔགས་ཀྱིས་བྲོས་ཏེ་ཐེབས། དེ་རྗེས་སྟོན་རྩེན་གྱི་རྩོད་པ་བྱུང་བས་བཙན་པོས་ཇི་ལྟར་ཐག་གཅོད་དགོས་མིན་མ་མཁྱེན་པར་ཕོ་ཉ་མངགས་ཏེ་ཡེ་ཤེས་དབང་པོ་བཀུག་ནས་བཀའ་གྲོས་མཛད། ཡེ་ཤེས་དབང་པོས་གསོལ་བ་ལྟར་བལ་ཡུལ་ནས་བོ་དྷི་ས་ཏྭའི་སློབ་མ་ཀ་མ་ལ་ཤི་ལ་གདན་དྲངས་ཏེ་སྟོན་རྩེན་གཉིས་རྩོད་པས་སྟོན་མིན་པ་ཕམ་ནས་སྟོན་རྩེན་གྱི་རྩོད་པ་མཇུག་འགྲིལ། མཐར་ཡེ་ཤེས་དབང་པོ་རྒྱལ་པོ་ཁྲི་སྲོང་ལྡེ་བཙན་གྱི་སྔོན་ཙམ་དུ་སྐུ་གཤེགས་པར་གསུངས།

《སྦ་བཞེད》དམ《བསམ་ཡས་ཀྱི་དཀར་ཆག་ཆེན་པོ》ཞེས་ཞུ་བ་དེ་ཡང་སྦ་གསལ་སྣང་གིས་བརྩམས་པར་གྲགས་ལ། དེ་ནི་ཆོས་རྒྱལ་ཁྲི་སྲོང་ལྡེ་བཙན་སྐུ་དུས་ཀྱི་ལོ་རྒྱུས་ཅུང་ཟད་ཞིབ་པ་ཞིག་ཡིན་ཞིང་། དེའི་ནང་དོན་གཙོ་ཆེ་བ་བསམ་ཡས་གཙུག་ལག་ཁང་བཞེངས་ནས་བོད་དུ་སངས་རྒྱས་ཀྱི་ཆོས་སྤེལ་བའི་ལོ་རྒྱུས་ཡིན།

ཛྙཱ་ར་ཧྲ་ཛ། རྒྱ་གར་གྱི་སྨན་པ་མཁས་པ་ཞིག འདིས་འཕགས་ཡུལ་གྱི་སྨན་གཞུང་ཁྱད་དུ་འཕགས་པ། 《འབུ་ཤག་མ་བུ་ཆེ་ཆུང་》དང《སྦྱོར་བ་མར་གསར》ཞེས་པ་གཉིས་བསྒྱུར་བ་མ་ཟད། འདི་དང་ག་ལེ་ནོས། ཧན་ཝན་ཧང་གསུམ་གྱིས《མི་འཇིགས་པའི་མཚོན་ཆ》ཞེས་པ་སྨན་དཔྱད་ཀྱི་གཞུང་གསར་པ་བམ་པོ་བདུན་གྱི་བདག་ཉིད་ཅན་བརྩམས་ཏེ་སྲོང་བཙན་ལ་ཕུལ་བས། སྲོང་བཙན་གྱིས། ལུགས་ཆེན་གསུམ་པོའི་ཚུལ་དག་མ་རྫོགས་ན། སྨན་པ་ཆེན་པོའི་གྲངས་སུ་མི་འགྲོ་སྟེ། བདག་དང་གཞན་ལ་ཕན་པར་མི་ནུས་པས། བར་སྣང་མཁའ་ལ་ཉི་ལྟར་མཐོས་བསྟེན་པ་བཞིན། ཛྙཱ་ར་ཧྲ་ཛ་དྲང་སྲོང་ཆེན་པོ་དང་། ག་ལེ་ནོས་ནི་རྒྱ་ཚབ་ཐུ་བོ་དང་། ཧན་ཤེན་ཧང་དེ་ས་བདག་དབང་བསྒྱུར་བ། འཕྲུལ་ཆེན་གསུམ་པོ་བདུད་རྩི་བུམ་པ་བཟུགས། ཞེས་གསུངས་པར་གྲགས། དེ་ལྟར་གསོ་དཔྱད་ཐམས་ཅད་ལུགས་སྡེ་གསུམ་དུ་བསྡུས་ནས་འཆད་པར་མཛད་པ་ལས། རྒྱ་གར་གྱི་ལུགས་ནི་ཛྙཱ་ར་ཧྲ་ཛས་དར་སྤེལ་གནང་ངོ་། དེ་ནས་རྒྱལ་པོས་བྱ་དགའ་དཔག་མེད་གནང་རྗེས་ཛྙཱ་ར་ཧྲ་ཛ་རང་ཡུལ་དུ་ཕེབས་པར་གྲགས།

མ་ཞང་གྲོམ་པ་སྐྱེས། (མ་ཞང་དྲོན་པ་སྐྱེད་དམ་ཁྲོན་པ་སྐྱེ་ཞེས་པའང་སྣང) རྒྱལ་པོ་ཁྲི་སྲོང་ལྡེ་བཙན་སྐུ་ན་ཆུང་ངུའི་དུས་ཀྱི་བློན་པོ། འདི་བོན་ལ་དགའ་བས་རྒྱལ་པོ་སྐུ་ན་མ་སོན་པའི་རིང་འདིས་སུ་ཆོས་བྱེད་པ་ཕོ་རིང་དུ་མཐར་སྐྲུག་གོ་ཞེས་ཁྲིམས་བུ་ཆུང་བཅས། བློན་ཆེན་ཆོས་ལ་དགའ་བ་མང་བལ་གཉིས་ལ་བཀྱོན་ཕབ་སྟེ་བོད་ནག་པོར་བཏང་། སྐབས་དེར་གསེར་གྱི་ལྷ་ཤཱཀྱ་མུ་ནེ་བྱེ་དོང་དུ་སྦས་པ་དང་། མཁར་བྲག་དང་མཆིན་བཟང་གི་ལྷ་ཁང་སོགས་བཤིག ལྷ་ས་གཙུག་ལག་ཁང་དུ་བཤས་ར་བྱས་པར་གྲགས། མཐར་རྒྱལ་པོ་དང་ཆོས་ལ་དགའ་བའི་བློན་པོ་རྣམས་ཀྱིས་མཛད་ནས་མ་ཞང་གྲོམ་པ་སྐྱེས་སྟོད་ལུང་དང་། སྟག་ར་ཀླུ་གོང་འཕན་པོར་རྒྱལ་པོའི་སྐུ་སྲུང་དུ་བཙུགས་ནས་གསོན་པོར་དུར་དུ་བཙུག་ཅེས་ལོ་རྒྱུས་ཡིག་ཚང་དུ་གསལ། སྐབས་དེའི་གསོན་པོར་དུར་དུ་བཙུག་ཟེར་བ་ནི་མི་གསོན་པོར་སྦས་ཏེ་བསད་པ་མ་ཡིན་པར། མི་དེ་དུར་རམ་བང་སོར་བསྡད་དེ་གསོན་པོའི་མི་དང་ཕྲད་མི་ཆོག་པ་དང་། དུར་མཆོད་བྱེད་པོ་དང་། དུར་དུ་གནས་པ་རྣམས་ལ་སྤོ་དང་གོས་སོགས་མཁོ་བའི་ཡོ་ཆས་སྐྱེལ་མི་དུར་སར་ཡོང་སྐབས་ཐག་རིང་ནས་དུང་ཞིག་གཏོང་དགོས། དེ་སྐབས་གཤིན་པོའི་མིང་བཏགས་པ་རྣམས་རང་རང་གི་ཁྱིམ་དུ་ཡིབ་ནས་སྡོད་དགོས། ཕོང་ཚེ་ཕྱིར་ལོག་རྗེས་གཤིན་པོའི་མིང་ཅན་རྣམས་ཕྱིར་ཐོན་ནས་རང་རང་ལ་ཐོབ་འོས་པའི་ཟས་གོས་ལ་ལོངས་སུ་སྤྱོད། ཕོང་ཚོའི་སྣོ་ཕྱུགས་སེམས་ཅན་ལ་ཤི་བའི་མཚན་མ་བཏབ་ཡོད་པས་གསོན་པོ་སུས་ཀྱང་བདག་ཉར་མི་བྱེད། དེས་ན་གོང་གསལ་གྱི་བློན་པོ་གཉིས་གསོན་པོར་དུར་དུ་བཙུག་ཅེས་པ་དེའང་དེ་ལྟར་ཡིན་པ་ཤེས་དགོས་པ་བཅས་སོ།

མང་སྲོང་མང་བཙན། (མང་སློན་མང་བཙན་ཞེས་པའང་སྣང) བོད་རྒྱལ་སོ་ལྔ་པ། ཡབ་གུང་སྲོང་གུང་བཙན་དང་ཡུམ་འ་ཞ་བཟའ་མང་མོ་རྗེ་ཁྲི་དཀར་གཉིས་ཀྱི་སྲས་སུ་བོད་མེ་ཁྱི(སྤྱི་ལོ686)ལོར་འཁྲུངས

ཞེས་དང་། མེ་ལུག(སྤྱི་ལོ647)ལོར་འབྲུངས་སོགས་གསུང་ཚུལ་མི་འདྲ་བ་ཡོད་ལ། འདི་ཉིད་དགུང་ལོ་བཅུ་གསུམ་ལ་ཕེབས་སྐབས་ཁྲི་ལ་འཁོད་ཅེས་པ་དང་། ཡང་དགུང་ལོ་བཞི་ལ་ཕེབས་སྐབས་ཁྲི་ལ་འཁོད་ཅེས་གསུང་ཚུལ་མི་འདྲ་བ་ཡང་མཆིས། མགར་སྟོང་བཙན་ཡུལ་ཟུང་དང་། མཆིམས་མང་ཉེར། མགར་བཙན་སྙ་ལྡོམ་བུ། མགར་ཁྲི་འབྲིང་བཙན་བྲོད་སོགས་ཀྱིས་བློན་པོ་དང་དམག་དཔོན་བྱས། བཙུན་མོ་བྲོ་བཟའ་ཁྲི་མ་ལོད་ཁབ་ཏུ་བཞེས།

རྒྱལ་པོ་འདིའི་སྐུ་དུས་སུ་གློ་བོ་དང་རྒྱང་སྒྲ་སྟེ་བལ་བོད་དབར་གྱི་རི་རོང་དུ་གནས་པའི་ཡུལ་ཚན་དང་མི་སྡེ་རྣམས་ཆབ་འབངས་སུ་བཅུག དེ་སྐབས་འབྲོག་ཁྲལ་གཏན་ལ་ཕབ་པ་དང་། ས་ཞིང་ལ་ཞིབ་བཤེར་བྱས་པ། དངོས་ཟོག་བརྗེ་ཚོང་གི་འབྲེལ་བ་འཛུགས་པ་སོགས་མཛད། དེ་བཞིན་འདུན་མ་འདུ་བ་ཞེས་བློན་ཆེན་པོས་གཙོ་སྐྱོང་བྱེད་པའི་འོག་འབྲེལ་ཡོད་ཀྱི་འགོ་གཙོ་རྣམས་འཛོམས་ཏེ་ཆབ་སྲིད་ཀྱི་དོན་ཆེན་དང་དམག་དོན་ཞིབ་བཤེར། ཞིང་འབྲོག་གི་དོར་ཀ་ཁྲལ་ཀ་བསྡུ་བ་སོགས་གལ་ཆེའི་གནད་དོན་སྐོར་གྲོས་བསྡུར་དང་གཏན་འབེབས་གནང་བའི་འདུ་ཚོགས་ཆེན་པོ་ཞིག་ལོ་ལྟར་སྐོང་འཚོག་བྱེད་པའི་སྲོལ་གཏོད། ལོ་རྒྱུས་ཡིག་ཚང་ནང་རྒྱལ་པོ་སྲོང་བཙན་སྒམ་པོ་སྐུ་གཤེགས་རྗེས་རྒྱའི་དམག་དཔུང་ཆེན་པོ་བོད་དུ་འོང་བའི་སྒྲིར་གྲགས་བྱུང་བ་དང་། དེ་ལ་བརྟེན་ནས་རྒྱ་བཟའ་ཀོང་ཇོའི་རྟེན་སྐལ་ཇོ་བོ་ཤཱཀྱ་མུ་ནེའི་སྐུ་བརྙན་དེ་སྔར་རྒྱ་ཡུལ་དུ་འཁྱེར་གྱི་དོགས་པས་ར་མོ་ཆེ་ནས་ར་ས་གཙུག་ལག་ཁང་གི་ལྷོ་སྒོ་མེ་ལོང་ཅན་དུ་གདན་དྲངས་ཤིང་། སྒོ་ལ་ཞལ་བ་བྱས་ཏེ་འཇམ་དཔྱངས་ཀྱི་སྐུ་བརྙན་བྲིས། མི་རིང་བར་རྒྱ་དམག་ཕྱིན་ཆེ་བོད་དུ་ལྷགས་ནས་ཕོ་བྲང་ཁྲི་རྩེ་དམར་པོ་མེར་བསྲེགས། ཇོ་བོ་ཤཱཀྱ་དང་པོ་མ་རྙེད་ཕྱིས་དེ་ན་བཞུགས་པ་ཤེས་ཀྱང་འཇམ་དཔྱངས་ཀྱི་སྐུ་བྲིས་པ་འཇིག་མ་ནུས། ཇོ་བོ་མི་སྐྱོད་རྡོ་རྗེ་ཁྱེར་ཏེ་ཤར་ཕྱོགས་འོ་མའི་ཐང་དུ་ཞག་བདུན་ལུས་པས་ཇོ་བོ་འོ་བརྒྱལ་ཐང་དུ་གྲགས། ཇོ་བོ་རྣམ་གཉིས་ཀྱི་བཞུགས་གནས་རྒྱལ་པོ་འདིའི་དུས་སུ་ཕན་ཚུན་བརྗེས་པར་བཤད། དེ་རྗེས་བློན་པོ་མགར་གྱིས་དམག་དཔོན་བྱས་ཏེ་བོད་དམག་འབུམ་ཆེ་ཁྲིད་ནས་རྒྱ་རྣམས་ཕམ་པར་བྱས། ཡུལ་འཁོར་རྣམས་བཅོམ། ཕྱིས་བློན་པོའང་དམག་ཐོག་ཏུ་འདས་ཞེས་པའང་སྣང་། མཐར་མང་སྲོང་དགུང་ལོ་ཉེ་ཤུ་རྩ་བདུན་ལ་ཕེབས་པ་བོད་ཆུ་བྱི(སྤྱི་ལོ712)ལོར་གཙང་གི་བར་སྣང་སྣང(ཚང་བང་སྣ་ཞེས་པའང་སྣང)དུ་སྐུ་གཤེགས་ཞེས་དང་། བོད་མེ་བྱི(སྤྱི་ལོ676)ལོར་སྐུ་གཤེགས་སོགས་གསུང་ཚུལ་མི་འདྲ་བ་མཆིས། འདི་ཉིད་གཤེགས་ནས་ལོ་གསུམ་བར་གསང་རྒྱ་བྱས་སྐད། བང་སོ་ནོར་སྣ་མང་པོས་བཀང་སྟེ་སྲོང་བཙན་གྱི་བང་སོའི་གཡོན་དུ་བརྩིགས་ཤིང་མིང་ལ་སྟོ་བཞེར་ཏྲུལ་པོ་ཞེས་གྲགས།

མི་ཉག་ཏུ་ཡོང་བཟའ། (ཏུ་ཡོང་བཟའ་རྒྱལ་མོ་བཙུན་ཡང་ཞུ)སྲོང་བཙན་གྱི་རིགས་མཐུན་བཙུན་མོ་གསུམ་གྱི་ཡ་གྱལ། མི་ཉག་རྒྱལ་པོའི་སྲས་མོ། འདི་ཉིད་ཀྱིས་བྲག་ལྷ་མགོན་པོའི་ལྷ་ཁང(ལྷགས་པོ་རིའི་

གཤམ་འོག་གི་བྲག་ལྷ་ཀླུ་སྒྲུག་གི་ལྷ་ཁང་འདི་ཡིན) བཞེངས། བོད་ཀྱི་ལོ་རྒྱུས་ཡིག་ཚང་ནང་། ཏུ་ཡོང་བཟས་བྲག་ལྷ་ཀླུ་ཕུག་གི་སྐུ་རང་བྱུང་རྣམས་གསལ་བར་བསྐོས་ཏེ་ཚ་ལ་བརྒྱད་བཅུ་སྟེའི་དུས་བྲག་ཕྱི་བྲི་རེ་ཕེད་པ་ལ་ཚ་བྲི་རེ་ཕྱིན་ནས་བྲག་ལ་སྐོར་ཁང་བཀོས་ཞེས་གསལ་བ་སྟེ་དེང་གི་དུས་སུ་ཡང་རང་ཅག་ཚང་མའི་མཐོང་ཆོས་སུ་གྱུར་པའི་བྲག་རྗེ་སྐོར་ཁང་ཅན་གྱི་བྲག་ལ་རྗེ་བོ་ཤཱཀྱའི་སྐུ་གཟུགས་འབུར་དུ་དོད་པ་གཙོ་བོར་བྱས་པའི་ལྷ་སྐུ་དང་སྲོང་བཙན་སྒམ་པོ་སོགས་ཀྱི་སྣང་བརྙན་སྣ་ཚོགས་ཡོད་པའི་བྲག་ཕུག་འདི་ཡིན། གཞན་ཡང་ཏུ་ཡོང་བཟས་མིག་མང་ཚལ་གྱི་ལྷ་ཁང་བཞེངས་ཞེས་པའང་སྣང་།

མུ་ཁྲི་བཙན་པོ། (མུག་ཁྲི་བཙན་པོ་ཞེས་པའང་སྣང) བོད་རྒྱལ་གཉིས་པ། གནམ་གྱི་ཁྲི་བདུན་གྱི་ཡ་རྒྱལ། ཡབ་གཉའ་ཁྲི་བཙན་པོ་དང་ཡུམ་ནམ་མུ་མོ་བཟའ་གཉིས་ཀྱི་སྲས། བོན་གྱི་ལོ་རྒྱུས་ལྟར་ན། བཙན་པོ་འདིས་གསས་མཁར་ཁོམ་ནེའུ་ཆུང་བཞེངས། ཞང་ཞུང་ནས་མཁས་པ་ཆེན་པོ་གཤེན་ནམ་མཁའ་སྣང་བ་མདོག་ཅན་ལ་སོགས་པ་བརྒྱ་དང་རྩ་བརྒྱད་གདན་དྲངས། བོད་དུ་བོན་གྱི་འདུ་གནས་ཆེན་པོ་བཞི་བཅུ་རྩ་ལྔ་བཙུགས། བོན་གྱི་གསུང་རབ་མདོ་འབུམ་རྒྱུད་མཛོད་སོགས་པོ་ཏི་མང་པོ་བསྒྱུར། དེ་ཡང་"དག་པ་ལྷ་ཡི་ཡི་གེ་སྟག་གཟིག་སྤུངས་ཡིག་ཏུ་བསྒྱུར། སྟག་གཟིག་གི་སྤུངས་ཡིག་ཞང་ཞུང་གི་ཡིག་རྒྱན་དུ་བསྒྱུར། ཡིག་རྒྱན་སྨར་སྲག་ཏུ་བསྒྱུར། དེ་སྨར་ཆེ་ཆུང་དུ་བསྒྱུར། སྨར་ཆེན་དཔྱ་ཆེན་ནམ་གཟབ་ཏུ་བསྒྱུར། ཡིག་སྣ་འབྲུ་མ་ལས་བརྩམས་སོ" ཞེས་དུས་དེ་སྐབས་ཉིད་དུའང་བོད་ལ་ཡི་གེ་ཡོད་པར་གསུངས། མུ་ཁྲི་ནི་བོད་དུ་གཡུང་དྲུང་གི་བོན་དར་རྒྱས་མཛད་མཁན་གཙོ་བོ་ཡིན་ཞིང་། བོན་རྣམས་ཀྱིས་ཁོང་ལ་བརྩི་བཀུར་ཆེན་པོ་བྱེད། སྐུ་གཤེན་ཙེའུ་ལན་ཚས་མཛད། ས་དེང་དེང་མའམ་སྨན་ཏིང་ཏིང་མ་ཁབ་ཏུ་བཞེས་པར་སྲས་དེང་ཁྲི་བཙན་པོ་འཁྲུངས།

མུ་ཏིག་བཙན་པོ། ཡབ་ཁྲི་སྲོང་ལྡེ་བཙན་དང་ཡུམ་ཚེ་སྤོང་བཟའ་མེ་ཏོག་སྒྲོན་ཉིས་ཀྱི་སྲས་སུ་བོད་ཆུ་ཡོས (སྤྱི་ལོ823) ལོར་འཁྲུངས་ཞེས་གྲགས། འདིས་རྒྱལ་བློན་བཀའ་གྲོས་གནང་སར་ཕྱིན་པས་བློན་པོ་ཞང་སྣ་ནམ་གྱི་བུ་དཔུ་རིང་གིས་བཀག་པར་སྲས་ཀྱིས་ཆུ་གྲི་བསྣུན་ཏེ་ཞང་གི་བུ་དཔུ་རིང་བསད། དེའི་ཉེས་པར་བློན་པོ་མགོས་ཀྱིས་ཞལ་ལྕེ་དཀའ་གསུམ་དང་སྡུག་གསུམ་བཅད་པའི་དོན་བཞིན་ལྷོ་བྲག་གམ་མོན་ལ་ལོ་དགུ་སྤྱུགས། མུ་ནེ་བཙན་པོ་སྐུ་གཤེགས་རྗེས་འདི་ཉིད་གདན་དྲངས་ཏེ་རྒྱལ་སར་བསྐོ་བར་བྱས་པ་ལས་སྣ་ནམ་པས་ཐར་གྱི་ཤ་འབོན་བཟུང་སྟེ་ལམ་བར་དུ་ཆིབས་དཀྲིག་ནས་བཀྲོངས་ཞེས་ལོ་རྒྱུས་ཡིག་ཚང་ནང་གསལ་ཉུང་། ཁྲི་ལྡེ་སྲོང་བཙན་གྱི་སྐུ་དུས་སུ་བསྒྲུབ་པའི་དབུ་རྩེད་ཞྭ་ལྷ་ཁང་གི་གསོགས་ཀྱི་རྡོ་རིང་ནང་། མུ་ཏིག་བཙན་པོ་གཅུང་ཁྲི་ལྡེ་སྲོང་བཙན་བཙན་པོའི་ཁྲི་ལ་འཁོད་རྗེས་ཀྱང་ད་དུང་བཞུགས་ཡོད་པ་གསལ་ལོ། མུ་ཏིག་བཙན་པོའི་བང་སོ་ནི་དཀའ་མདའ་ན་ཡོད། མིང་ནི་སྐྱ་རི་སྐྱ་ལྡེམས་ལགས་སོ་སྐད།

མུ་ནེ་བཙན་པོ། བོད་རྒྱལ་སོ་དགུ་པ། བཙན་པོ་འདི་ཉིད་ཡབ་ཁྲི་སྲོང་ལྡེ་བཙན་དང་ཡུམ་ཚེ་སྤོང་བཟའ་མེ་ཏོག་སྒྲོན་གཉིས་ཀྱི་སྲས་སུ་བོད་ཆུ་སྟག(སྤྱི་ལོ822)ལོར་འཁྲུངས་ཞེས་དང་། ལྕགས་ཕག(སྤྱི་ལོ831)ལོར་འཁྲུངས་སོགས་གསུང་ཚུལ་མི་འདྲ་བ་ཡོད་ལ། ཡབ་མ་གཤེགས་པའི་ཕྱི་ལོར་འདི་ཉིད་རྒྱལ་སར་བསྐོས་ཞེས་དང་། ཡབ་གཤེགས་རྗེས་རྒྱལ་སར་བསྐོས་ཞེས་གསུང་ཚུལ་མི་འདྲ་བའང་སྣང་། ཕོ་ཡོང་བཟའ་རྒྱལ་མོ་བཙུན་དང་ཏུ་ཡོང་བཟའ་མདོ་རྒྱལ་གཉིས་ཁབ་ཏུ་བཞེས་ཀྱང་རིགས་སྲས་ཀྱི་སྨུ་གུ་མ་བྱུང་། རྒྱལ་པོ་འདི་ཉིད་ཀྱིས་ཀྱང་ཡབ་མེས་ཀྱི་རྗེས་སུ་འབྲངས་ནས་བསྟན་པ་ལ་གུས་པར་མཛད་ཅིང་། བསམ་ཡས་དང་ལྷ་ས་ཁྲ་འབྲུག་བཅས་སུ་སྔེ་སྟོད་ཆེན་པོ་གསུམ་གྱི་མཆོད་པ་ཆེན་པོ་བཞི་བཙུགས། འབངས་ཀྱི་དབུལ་ཕྱུག་ལན་གསུམ་སྙོམས་ཀྱང་མི་རིང་བར་སྔར་བཞིན་གྱུར། བྱང་དུ་དཔུང་ཆེན་བཀྲམས་པ་སོགས་མཛད་པ་ཕྲུག་རེས་ཤིན་ཏུ་ཆེ། གཞན་ཡང་རྒྱལ་པོ་འདིའི་སྐུ་རིང་ལ་ཡི་གེ་མཁན་པོ་ཚེ་སྤོངས་བྱང་ཆུབ་ཅེས་བྱ་བས་རྗེ་ལ་ཡི་གེའི་སྐྱོངས་ཕུལ་བ་དེ་ལ་ཁམས་ཡིག་ཏུ་གྲགས་སོ། རྒྱལ་པོ་འདིས་རྒྱལ་སྲིད་ལོ་གཅིག་དང་ཟླ་བ་བདུན་ནམ། ལོ་བདུན་དང་ཟླ་བ་དགུའམ། ལོ་བཅུ་བདུན་བསྐྱངས་སོགས་བཞེད་ཚུལ་མི་འདྲ་བ་མང་ཙམ་མཆིས། མུ་ནེ་བཙན་པོས་ཡབ་ཁྲི་སྲོང་ལྡེ་བཙན་གྱི་བཙུན་མོ་ཚང་བ་ཕོ་ཡོང་བཟའ་ལ་བྱམས་སྐྱོང་ཆེན་པོ་གནང་བར་བརྟེན་ཡུམ་ཚེ་སྤོང་བཟའ་མེ་ཏོག་སྒྲོན་ཕྲག་དོག་ཁྲོས་ཏེ་སྲས་ལ་དུག་ཟས་དྲངས་ནས་སྐུ་གཤེགས་པར་གྲགས། འདི་ཉིད་ཀྱི་བང་སོ་སྨུ་ར་རི་ལ་བརྩིགས་སོ།

མེར་ཁྲི་བཙན་པོ། (དོག་ཁྲི་བཙན་པོའམ་དེ་ཁྲི་བཙན་པོ་ཞེས་པའང་སྣང་)བོད་རྒྱལ་ལྔ་པ། གནམ་གྱི་ཁྲི་བདུན་གྱི་ཡ་གྱལ། ཡབ་སོ་ཁྲི་བཙན་པོ་དང་ཡུམ་དོག་མེར་མེར་གཉིས་ཀྱི་སྲས། སྐུ་གཤེན་ཙེའུ་ཤང་ས་དཀར་གྱིས་བྱས། གསས་མཁར་ཐོ་བོ་ཁྱུང་ལག་བཞེངས། གདགས་ལྷ་དཀར་མོའམ་དར་བཟའ་མ་ཁབ་ཏུ་བཞེས་པར་སྲས་གདགས་ཁྲི་བཙན་པོ་འཁྲུངས།

སྨོང་བཟའ་ཁྲི་ལྕམ། (སྨོང་བཟའ་ཁྲི་བཙུན་ཡང་ཞུ)སྲོང་བཙན་གྱི་མཆོག་ཏུ་གྱུར་པའི་བཙུན་མོ་གསུམ་གྱི་ཡ་གྱལ་ཡིན་ལ་རིགས་མཐུན་གྱི་བཙུན་མོ་གསུམ་གྱི་ཡ་གྱལ་ཡང་ཡིན། བོད་ཡུལ་དབུས་ཀྱི་སའི་ཆ་སྟོད་ལུང་སྨོང(ད་ལྟའི་དུས་སུའང་ཡུལ་མིང་སོ་ན་གནས)ནས་ཞང་བློན་གྱི་སྲས་མོ་རིགས་གཟུགས་ལང་ཚོའི་དཔལ་ཡོན་སོགས་ཕྱི་དང་ནང་གི་མཛེས་ཆོས་ཡོན་ཏན་མ་ཚང་བ་མེད་པའི་སྨོང་བཟའ་ཁྲི་ལྕམ་འདི་ཉིད་བཙུན་མོ་ཀུན་གྱི་ཐོག་མ་ཉིད་དུ་ཁབ་ཏུ་བཞེས་པ་ནི་བོད་ཀྱི་ལོ་རྒྱུས་ཡིག་ཚང་ནང་། བཙུན་མོ་སྔ་མ་སྨོང་བཟའ་ཁྲི་བཙུན། དེའི་ཕྱི་མ་ཞང་ཞུང་བཟའ་ཁྲི་བཙུན། དེ་ནས་རུ་ཡོང་བཟའ་རྒྱལ་མོ་བཙུན་ཞེས་འཁོད་པ་ནས་མཐེན་ཐུབ། སྲོང་བཙན་གྱི་བཙུན་མོ་ལྔའི་སྔ་མར་གྱུར་བ་སྨོང་བཟའ་ཁྲི་ལྕམ་ལ་རྒྱལ་སྲས་གུང་སྲོང་གུང་བཙན་བྱ་བ་བཙན་པོའི་གདུང་རྒྱུད་དྲི་མས་མ་འགོས་པ་ཞིག་འཁྲུངས། སྨོང་བཟའ་ཁྲི་

ལྕམ་གྱིས་ཡུམ་སྲས་ཀྱི་རྟེན་སྐལ་དུ་བྲག་ཡེར་པའི་ལྷ་ཁང་བཞེངས། བཙུན་མོ་འདི་ཉིད་ལ་བོད་མི་རྣམས་ཀྱིས་བཙོས་མིན་གྱི་གུས་བརྩི་ཞུ་བ་མ་ཟད། རྗེ་སྲིད་བར་དྲན་གསོ་ཞུ་ཆེད་སྤྱི་དུས་ལྷ་ལྡན་གཙུག་ལག་ཁང་གི་འོག་ཕྲོད་ལྷེ་བའི་གཙང་ཁང་སྟེ་རྗེ་ཁང་གི་བར་ཁྲིམས་བྱུང་ངོས་ལན་ཀུན་གྱིས་བརྒྱུན་པའི་ཁྲི་སྟེགས་ཕྲོག་ཏུ་བཙན་པོ་ཡབ་ཡུམ་གསུམ་གྱི་སྐུ་བརྙན་དང་ལྷན་དུ་མོང་བཟའ་ཁྲི་ལྕམ་གྱིས་རྒྱལ་སྲས་གུང་སྲོང་གུང་བཙན་སྐུ་པང་དུ་བཏབ་ནས་བཞུགས་པའི་འཛིམ་སྐུའི་སྣང་བརྙན་མཚར་ཉམས་ལྡན་པ་བཞེངས་ཡོད་ལ། ཕྱིས་ཀྱི་དུས་སུའང་བྱམས་པ་མཆེད་བཞིའི་ལྷ་ཁང་གི་ཕྱི་ཁྲིམས་ཤར་ངོས་ལྡེབས་རིས་ལ་བཙན་པོ་ཡབ་ཡུམ་གསུམ་དང་ལྷན་དུ་མོང་བཟའ་ཁྲི་ལྕམ་ཡུམ་སྲས་ཀྱི་སྣང་བརྙན་བྲིས་ནས་ཡོད་དོ།

མྱང་མང་པོ་རྗེ་ཞང་སྣང་། (མྱང་ཞང་སྣང་ཞེས་པའང་སྣང་) སྲོང་བཙན་དང་གུང་སྲོང་ཡབ་སྲས་གཉིས་ཀྱི་བློན་པོ། སྲོང་བཙན་དགུང་ལོ་བཅུ་གསུམ་ལ་ཕེབས་མ་ཐག་བློན་ཆེན་པོ་མྱང་མང་པོ་རྗེ་ཞང་སྣང་གིས་གཙོ་བྱས་ཏེ་གསེར་ཁྲིར་མངའ་གསོལ། དེ་རྗེས་ཞང་སྣང་གིས་དམག་རྒྱུག་མ་དགོས་པར་སུམ་པའི་ཡུལ་ཁམས་ཡོངས་རྫོགས་ཐབས་མཁས་ཀྱི་བྱ་བ་ལ་བརྟེན་ནས། ཚོ་པའི་འགོ་གཙོ་དག་ལ་སྙན་པའི་གཏམ་དང་ཞི་བའི་གྲོས་བཏབ་སྟེ་ཡུལ་ཚན་སོ་སོའི་ཐེམ་དུད་གཅིག་ཀྱང་ཕྱིར་བྲོས་དང་ཐོར་གྱུར་མེད་པ་བོད་བཙན་པོའི་ཆབ་འབངས་ཁོངས་དངོས་སུ་བཙུག་པའི་ཕྱག་རྗེས་བཟང་པོ་བཞག་ཡོད། འོན་ཀྱང་གཡོ་དང་སྒྱུ་ལ་མཁས་པའི་བློན་པོ་ཁྱུང་པོ་སྤུང་སད་ཟུ་ཙེས་ཕྲམ་བཙུག་སྟེ་བཙན་པོའི་སྤྱན་སྔར་ཞང་སྣང་བློམ་ལོག་པ་ལ་ལོག་ཅེས་གསོལ་བ་དང་། ཞང་སྣང་གི་དྲུང་དུ་བཙན་པོས་བཀའ་བསྒྱིན་མི་གནང་བ་ལ་བཀའ་བསྒྱིན་གནང་གི་འདུག་ཅེས་བཤད་པར་ཞང་སྣང་གིས་ཡིད་ཆེས་བྱས་ཏེ་བཙན་པོའི་བཀའ་བྱུང་ནའང་ནད་ཀྱིས་མནར་ཞེས་མ་ཕྱིན་པར་བརྟེན་བཙན་པོའི་ཐུགས་ལ་ཡང་ཞང་སྣང་བློ་ལོག་ཟེར་བ་བདེན་པར་འདུག་དགོངས་ནས་མཁར་ཕྱུར་བ་མཐའ་ནས་བསྐོར། མཐར་ཞང་སྣང་རང་གི་འཁོར་གཡོག་པ་ཚབ་གྱིམ་ཕོ་ཟེར་བས་བསླུ་ཐབས་ཀྱིས་བཀུམ་ཞེས་གྲགས།

རྨ་རིན་ཆེན་མཆོག ཆོས་རྒྱལ་ཁྲི་སྲོང་ལྡེ་བཙན་གྱི་སྐུ་དུས་སུ་བྱུང་བའི་སད་མི་བདུན་གྱི་ཡ་གྱལ་ཡིན་ལ་ལོ་ཙཱ་བ་རབ་དགུའི་ནང་གསེས་བར་པ་གསུམ་གྱི་ཡ་གྱལ་ཡང་ཡིན། གླང་དར་མས་ཆོས་བསྣུབས་པའི་དུས་སུ་བཀྲོངས།

འདི་ཉིད་ཀྱི་འགྱུར་ལ། མདོ་མང་སྐོར་ལས། ཆེད་དུ་བརྗོད་པའི་ཚོམས་བམ་པོ་བཞི་དང་ཚོམས་སུམ་ཅུ་རྩ་གསུམ་པ་ལོ་ཙཱ་བ་རྨ་རིན་ཆེན་མཆོག་གིས་བསྒྱུར་ཅིང་དཔལ་བརྩེགས་ཀྱིས་ཞུས། འདི་མདོ་སྡེ་པ་རྣམས་ཀྱིས་བསྟན་བཅོས་སུ་འདོད་ཀྱང་བྱེ་སྨྲས་བཀའ་ཡིན་པར་འདོད། བསྟན་འགྱུར་ལས། ཁྱད་པར་དུ་འཕགས་པའི་བསྟོད་པ་སློབ་དཔོན་མཐོ་བཙུན་གྲུབ་རྗེས་མཛད་པ། ཞུ་ཆེན་གྱི་ལོ་ཙཱ་བ་རིན་ཆེན་མཆོག་གི་འགྱུར། སྐད་ཀྱི་ལོ་ཙཱ་བ་དཔལ་བརྩེགས་རཀྵི་ཏས་བསྒྱུར་ཅིང་ཞུས་ཏེ་གཏན་ལ་ཕབ་པ། ལྷ་

ལས་ཐུལ་དུ་བྱུང་བར་བསྟོད་པ་སློབ་དཔོན་བདེ་བྱེད་བདག་པོས་མཛད་པ། ལོ་ཙཱ་བ་རིན་ཆེན་མཆོག་གི་འགྱུར་ལ། ཞུ་ཆེན་ལོ་ཙཱ་བ་དཔལ་བརྩེགས་རཀྴི་ཏས་ཞུས་ཏེ་གཏན་ལ་ཕབ་པ། ཡོན་ཏན་མཐའ་ཡས་པར་བསྟོད་པ་སློབ་དཔོན་དཀོན་མཆོག་འབངས་ཀྱིས་མཛད་པ། ལོ་ཙཱ་བ་རིན་ཆེན་མཆོག་གི་འགྱུར་ལ། ལོ་ཙཱ་བ་དཔལ་བརྩེགས་ཀྱིས་ཞུས་ཏེ་གཏན་ལ་ཕབ་པ། ཡོན་ཏན་མཐའ་ཡས་པར་བསྟོད་པའི་འགྲེལ་པ་དང་། ཡོན་ཏན་མཐའ་ཡས་པར་བསྟོད་པའི་དོན་གྱི་ཚིག་ལེའུར་བྱས་པ་སློབ་དཔོན་ཆེན་པོ་ཕྱོགས་ཀྱི་གླང་པོས་མཛད་པ། ལོ་ཙཱ་བ་རིན་ཆེན་མཆོག་གི་འགྱུར་ལ། ལོ་ཙཱ་བ་དཔལ་བརྩེགས་རཀྴི་ཏས་ཞུས་ཏེ་གཏན་ལ་ཕབ་པ། ཆེད་དུ་རྗོད་པའི་ཚོམས་དགྲ་བཅོམ་པ་ཆོས་སྐྱོབ་ཀྱིས་བསྡུས་པ་ཤློ་ཀ་སྟོང་ལྔ་བརྒྱ་བཞི་བཅུ་བ་སོགས་མང་ངོ་།

ཞང་ཞུང་བཟའ་ལི་ཐིག་སྨན། (ཞང་ཞུང་བཟའ་ཁྲི་བཙུན་ཡང་ཞུ) སྲོང་བཙན་གྱི་རིགས་མཐུན་བཙུན་མོ་གསུམ་གྱི་ཡ་གྱལ། མོང་བཟའ་ཁྲི་བཙུན་དང་། ཞང་ཞུང་བཟའ་ཁྲི་བཙུན། མི་ཉག་རུ་ཡོང་བཟའ་བཅས་ལ་ཇོ་མོ་བོད་མོ་ཞེས་བོད་ཀྱི་ལོ་རྒྱུས་ཡིག་ཚང་ནང་དམིགས་སུ་བཀར་ནས་གསུངས་པ་ལྟར་དེ་དག་བོད་མིའི་རིགས་ཅན་དུ་གྱུར་པའི་དབང་གིས་ཡིན། འདི་ཉིད་ཞང་ཞུང་གི་རྒྱལ་པོ་ལི་མིག་སྐྱའི་སྲས་མོ་ཡིན་ཞིང་། ཕྱག་རྗེས་སུ་ཐིམ་བུ་སྒོག་གི་ལྷ་ཁང་བཞེངས་ཞེས་གྲགས། འོན་ཀྱང་ལྷ་ཁང་འདིའི་ཆགས་ཡུལ་ས་ཆ་འདི་ཡིད་ཞེས་ད་ལྟ་ངེས་བཟུང་དཀའ་བའི་གནས་སུ་གྱུར། བོན་གྱི་ལོ་རྒྱུས་འགར་དེ་ནི་གཡུང་དྲུང་བོན་གྱི་ལྷ་ཁང་ཡིན་ཞེས་འཁོད་འདུག

ཞང་ཡེ་ཤེས་སྡེ། ཆོས་རྒྱལ་ཁྲི་སྲོང་ལྡེ་བཙན་གྱི་སྐུ་དུས་སུ་བྱུང་བའི་ལོ་ཙཱ་བ་སྣ་ཚོག་ཞང་གསུམ་གྱི་ཡ་གྱལ་ཡིན་ལ། ལོ་ཙཱ་བ་རབ་དགུའི་ནང་གསེས་གཞོན་གསུམ་གྱི་ཡ་གྱལ་ཡང་ཡིན།

འདི་ཉིད་ཀྱི་འགྱུར་ལ། བཀའ་བར་པ་ཤེར་ཕྱིན་གྱི་སྐོར་ལ། ཤེས་རབ་ཀྱི་ཕ་རོལ་ཏུ་ཕྱིན་པ་སྟོང་ཕྲག་བརྒྱ་པ། ཡུམ་འབྲིང་པོ་སྟོང་ཕྲག་ཉི་ཤུ་ལྔ་པ། ཁྲི་བརྒྱད་སྟོང་པ་བམ་པོ་དྲུག་ཅུ། ཤེས་རབ་ཁྲི་བ་བམ་པོ་སུམ་ཅུ་རྩ་བཞི་པ། ཤེས་རབ་ཀྱི་ཕ་རོལ་ཏུ་ཕྱིན་པ་རབ་རྩལ་རྣམ་གནོན་གྱིས་ཞུས་པའི་མདོ། ཤེར་ཕྱིན་ལྔ་བརྒྱ་པ་དང་། ཤེས་རབ་ཀྱི་ཕ་རོལ་ཏུ་ཕྱིན་པ་སུམ་བརྒྱ་པར་གྲགས་པ་རྡོ་རྗེ་གཅོད་པ་སོགས་དང་། འཁོར་ལོ་ཐ་མར་གཏོགས་པ། མདོ་སྡེ་ཕལ་པོ་ཆེ་ལ་ཤློ་ཀ་འབུམ་དང་། ལེའུ་བརྒྱ་ཡོད་པ་ལས། སྔོན་ན་ལ་ཧྲ་བི་ཏ་ར་ལ་མེ་དགྲ་བྱུང་བའི་རྐྱེན་གྱིས་མ་ཚང་བའི་འཕྲོ་ཐེ་ཙམ་བཞུགས་པ་བསྒྱུར་པ་ལ་ཁྱོན་ལེའུ་བཅུ་བདུན་ཡོད་པ་རྣམས་ཡེ་ཤེས་སྡེ་ལ་སོགས་པས་བསྒྱུར་ཅིང་ལོ་ཆེན་བེ་རོ་ཙཱ་ནས་ཞུས་ཆེན་མཛད་པར་བཤད།

འཁོར་ལོ་ཐ་མར་གཏོགས་པ། དཀོན་བརྩེགས་ལས། སྡོམ་གསུམ་བསྟན་པའི་ལེའུ་བམ་པོ་གསུམ་པ། གསང་བ་བསམ་གྱིས་མི་ཁྱབ་པ་བསྟན་པའི་ལེའུ་བམ་པོ་བཅུ་དང་ལེའུ་ཉེར་ལྔ་པ། སྣེ་ལམ་བསྟན

པའི་ལེའུ་ཤོ་ལོ་ཀ་དགུ་བརྒྱ་དང་བམ་པོ་གསུམ་པ། འོད་དཔག་མེད་ཀྱི་ཞིང་བཀོད་པའི་ལེའུ་བམ་པོ་གསུམ་པ། དེ་བཞིན་གཤེགས་པ་མི་འཁྲུགས་པའི་བཀོད་པའི་ལེའུ་བམ་པོ་ལྔ་དང་ལེའུ་ལྔ་སོགས་དང་།

མདོ་མང་གི་སྐོར་ལ། འཕགས་པ་རྒྱ་ཆེ་རོལ་པ་བམ་པོ་བཅོ་བརྒྱད་དང་ལེའུ་ཉེར་བདུན་པ། འཕགས་པ་འཇམ་དཔལ་རྣམ་པར་རོལ་པ་བམ་པོ་གཉིས་པ། འཕགས་པ་འཇམ་དཔལ་རྣམ་པར་འཕྲུལ་པའི་ལེའུ་བམ་པོ་གཅིག་དང་ཤོ་ལོ་ཀ་གོ་བཞི་པ་སོགས་དང་།

སྔགས་ཕྱོགས་ལ། རྡོ་རྗེའི་རིགས་ཀྱི་རྒྱུད་འཕགས་པ་ཕྱག་ན་རྡོ་རྗེ་དབང་བསྐུར་བའི་རྒྱུད་འོག་མིན་དུ་གསུངས་པ་དང་། གྲོང་ཁྱེར་དཔལ་ཡོན་ཅན་དུ་གསུངས་པ་གཉིས་ལ་བམ་པོ་བཅུ་གཉིས་ཡོད་པ། ལྷ་མོ་བརྒྱད་ཀྱི་གཟུངས། དེ་བཞིན་གཤེགས་པ་བདུན་གྱི་སྔོན་གྱི་སྨོན་ལམ་གྱི་ཁྱད་པར་རྒྱས་པ་ཞེས་བྱ་བ་ཐེག་པ་ཆེན་པོའི་མདོ་ཤོ་ལོ་ཀ་བརྒྱད་བརྒྱ་པ། འཕགས་པ་བཅོམ་ལྡན་འདས་སྨན་གྱི་བླ་བེཌཱུརྱ་འོད་ཀྱི་རྒྱལ་པོའི་སྔོན་གྱི་སྨོན་ལམ་གྱི་ཁྱད་པར་རྒྱས་པ་ཞེས་བྱ་བའི་མདོ་སོགས་དང་།

བསྟན་འགྱུར་ལས། ཆོས་ཀྱི་སྐུ་ལ་གནས་པའི་ཡོན་ཏན་ཐུན་མོང་མ་ཡིན་པ་ལ་བསྟོད་པ་སློབ་དཔོན་ཐོགས་མེད་ཀྱིས་མཛད་པ། འཕགས་པ་སྒོ་དྲུག་པའི་གཟུངས་ཀྱི་རྣམ་པར་བཤད་པ་སློབ་དཔོན་དབྱིག་གཉེན་གྱིས་མཛད་པ། འཕགས་པ་སྒོ་མཐའ་ཡས་པ་སྒྲུབ་པའི་གཟུངས་རྣམ་པར་བཤད་པའི་ཚིག་ལེའུར་བྱས་པ་དང་། འཕགས་པ་སྒོ་མཐའ་ཡས་པ་སྒྲུབ་པའི་གཟུངས་ཀྱི་རྒྱ་ཆེར་འགྲེལ་བ་སློབ་དཔོན་ཡེ་ཤེས་སྙིང་པོས་མཛད་པ། འཕགས་པ་ཤེས་རབ་ཀྱི་ཕ་རོལ་ཏུ་ཕྱིན་པ་འབུམ་པ་དང་། ཉིས་ཁྲི་ལྔ་སྟོང་པ་དང་། ཁྲི་བརྒྱད་སྟོང་པའི་རྒྱ་ཆེར་བཤད་པ་བམ་པོ་ཉི་ཤུ་རྩ་བདུན་པ། ཤེས་རབ་ཀྱི་ཕ་རོལ་ཏུ་ཕྱིན་པ་རྡོ་རྗེ་གཅོད་པ་དབུ་མའི་ཚུལ་དུ་རྒྱ་ཆེར་འགྲེལ་པ་སློབ་དཔོན་ཀ་མ་ལ་ཤཱི་ལས་མཛད་པ། སྟོང་པ་ཉིད་བདུན་ཅུ་པའི་འགྲེལ་བ་སློབ་དཔོན་འཕགས་པ་ཀླུ་སྒྲུབ་ཀྱིས་མཛད་པ་སོགས་ལོ་ཙྪ་བ་འདི་ཉིད་ཀྱིས་བཀའ་བསྟན་མཐའ་ཡས་པ་བསྒྱུར་ཞུས་མཛད་ཡོད།

ཟ་ནམ་ཟིན་ལྡེ། （ཟྭ་གནམ་ཟིན་ལྡེ་ཞེས་པའང་སྣང་）བོད་རྒྱལ་བཅུ་དྲུག་པ། སའམ་ཆུ་ལ་ལྡེ་བརྒྱད་ཀྱི་ཡ་ཀྱལ། ཡབ་ཨི་ཤོ་ལེགས་དང་ཡུམ་ཀླུ་ལྕམ་རྨང་ལེགས་ཀྱི་སྲས། ཞང་ཞུང་གཡུང་དྲུང་རྒྱལ་པོས་སྐུ་བོན་བྱས། མཚོ་སྨན་ཁྲི་དཀར་ཁབ་ཏུ་བཞེས་པར་སྲས་ལྡེ་འཕྲུལ་ནམ་གཞུང་བཙན་འཁྲུངས།

འ་ཞའི་སྐད་པ། （འ་ཞ་རྗེ་ཞེས་པའང་སྣང་）རྒྱལ་ཕྲན་འ་ཞའི་ཡུལ་གྱི་སྐད་པ་མཁས་པ་ཞིག འདི་ཉིད་ཀྱིས་བོད་རྒྱལ་སྟག་རི་གཉན་གཟིགས་ཀྱི་སྨྱུན་གསེར་གྱི་ཐུར་མས་ཕྱེ་ཞེས་གྲགས།

གཡུ་ཐོག་སྙིང་མ་ཡོན་ཏན་མགོན་པོ། མེས་ཨག་ཚོམ་དང་ཁྲི་སྲོང་ལྡེ་བཙན་ཡབ་སྲས་གཉིས་ཀྱི་བླ་སྨན། འདི་ཉིད་བོད་ས་སྟེལ（སྤྱི་ལོ708）ལོར་ཡབ་བཙན་པོ་འདུས་སྲོང་མང་པོ་རྗེའི་བླ་སྨན་གཡུ་ཐོག་ཁྱུང་པོ་རྡོ་རྗེ་དང་། ཡུམ་རྒྱ་པ་ཆོས་སྒྲོན་གཉིས་ཀྱི་སྲས་སུ་སྟོད་ལུང་སྐྱིད་སྣར་སྐུ་འཁྲུངས་ཞེས་དང་། བོད་ས

ཁྲིལ(སྤྱི་ལོ768)ལོར་སྐུ་འཁྲུངས་སོགས་གསུང་ཚུལ་མི་འདྲ་བ་ཡོད། དགུང་ལོ་གསུམ་གྱི་ཐོག་རང་གི་ཡབ་ལས་ཡི་གེ་འབྲི་ཀློག་སློབ་འགོ་ཚུགས། དེ་ནས་རིམ་བཞིན་རིག་གནས་སྤྱི་དང་། ཁྱད་པར་གསོ་དཔྱད་སྨན་གྱི་རིག་པའི་གདམས་ངག་སློབ་སྦྱོང་མཛད། སྐུ་ན་ཧ་ཅང་ཕྲ་ཡང་མཁྱེན་རབ་དང་བརྩོན་འགྲུས་ཤིན་ཏུ་ཆེ་བས་རིང་པོར་མ་ཐོགས་པར་གསོ་བ་རིག་པའི་གཞུང་ལུགས་ལ་སྦྱངས་པའི་རྩལ་རྫོགས་ཏེ་མཁས་པའི་གོ་སར་ཕེབས། ཡབ་ཀྱི་བཀའ་བཞིན་གསོ་དཔྱད་ཀྱི་ལག་ལེན་དངོས་ནང་ཞུགས་ཏེ་སྐད་ཅིག་ཙམ་ཡང་མི་གཡེལ་བར་ནད་པ་མང་པོ་བསྐྱངས་པས་སྐྱེ་བོ་རྣམས་ཀྱི་དད་མོས་ཆེན་པོ་ཐོབ་ནས་སྨན་བླ་གཉིས་པ་ཡོན་ཏན་མགོན་པོ་ཞེས་ཆེད་བསྟོད་ཀྱི་མཚན་གསོལ་བར་གྲགས། དེ་སྐབས་གཡུ་ཐོག་ཆེན་པོའི་མཁྱེན་སྦྱོད་ཀྱི་མཚན་སྙན་དེ་བཙན་པོ་ཁྲི་ལྡེ་གཙུག་བརྟན་གྱི་སྙན་དུ་གསན་པས་བཙན་པོས་བློན་པོ་ཆེད་དུ་མངགས་ཏེ་གཡུ་ཐོག་ཆེན་པོ་བསམ་ཡས་སུ་གདན་དྲངས། ཐོག་མར་ཉམས་སད་པའི་ཕྱིར་རྒྱལ་པོ་ཉིད་ཀྱི་བླ་སྨན་བྲང་ཏི་རྒྱལ་གཉེར་མཁར་ཕྱུག་སོགས་སྨན་པ་མཁས་པ་རྣམས་དང་རྩོད་དུ་བཅུག་པས་ཀུན་ལས་རྣམ་པར་རྒྱལ་ཏེ་བོད་སྨན་མཁས་པ་མི་དགུའི་གཙོ་བོར་གྱུར། ཆོས་རྒྱལ་ཁྲི་སྲོང་ལྡེ་བཙན་གྱི་སྐུ་དུས་སུ་རྒྱ་དཀར་ནག་དང་། བལ་པོ། ཏ་ཟིག ཁ་ཆེ་ལ་སོགས་པ་ནས་སྨན་པ་མཁས་པ་མི་དགུ་གདན་དྲངས། རྒྱ་གར་གྱི་སྨན་པ་ཤཱནྟི་གརྦྷ་དང་། རྒྱ་ནག་གི་སྨན་པ་སྟོང་གསུམ་གང་བ་སོགས་མཐའ་བཞིའི་སྨན་པ་རྣམས་ཀྱིས་གཡུ་ཐོག་ཆེན་པོར་གསོ་རིག་གི་ལོ་རྒྱུས་དང་དར་རྒྱས་སྐོར་ལ་དྲི་བ་མང་པོ་བཏོན་པར་གནང་དུ་འཁེལ་བའི་ལན་འདེབས་གནང་མཛད་པས་གཡུ་ཐོག་པའི་མཁྱེན་ཡོན་ལ་ཀུན་ཏ་ལས་ཏེ་བོད་ན་སྐྱེ་མཆོག་དམ་པ་འདི་ལྟ་བུ་ཐོན་པ་ངོ་མཚར་ཆེ་ཞེས་ཀུན་གྱིས་ཕྱག་མཛད་ནས་རྒྱ་བོད་མཁས་པ་རྣམས་ཀྱི་གཙུག་ཏུ་བཀུར་བས་མི་ཡུལ་དུ་བྱོན་པའི་སངས་རྒྱས་སྨན་བླ་ཞེས་གྲགས། དེ་ནས་གཡུ་ཐོག་ཆེན་པོས་ངལ་བ་དུ་མ་ཁྱད་བསད་ཀྱིས་རྒྱ་གར་དུ་སྤྱ་ཕྱིར་ཐེངས་གསུམ་ཕེབས་ཏེ་ཁྱོན་ལོ་དགུ་དང་ཟླ་བ་བརྒྱད་ལྷག་ཙམ་བཞུགས་ཤིང་། དེའི་རིང་པཎ་ཆེན་ཙནྡྲ་དེ་བ་དང་། མཁས་པ་མེ་དབང་། སྨན་པ་མཁས་པ་ཛྙ་ནཤྲཱི་ལ་ཧ་སོགས་སློབ་དཔོན་བརྒྱ་དང་རྩ་གཅིག་ཙམ་བསྟེན་ནས་རྒྱུད་ཀྱི་ཁ་སྐོང་མུ་ཏིག་ཕྲེང་བ་དང་། གབ་པ་གསལ་བྱེད་ཐོ་བྱང་། མན་ངག་ཚད་པ་སྒྲོ་བཅོས་སོགས་གསོ་རིག་གིས་མཚོན་པའི་གདམས་ངག་མང་པོ་གསན་བསམ་མཛད། དེ་རྗེས་རྒྱ་ནག་རི་བོ་རྩེ་ལྔར་ཐེངས་གཅིག་ཕེབས་ཏེ་འཕགས་པ་འཇམ་དཔལ་གྱི་མདུན་ནས་སྦྱོར་བའི་ཕྲེང་བ་དང་། བྱང་ཤོག་དོན་འགྲེམས་སོགས་གདམས་ངག་དུ་མ་ཞུས་ནས་བོད་དུ་ཕེབས་རྗེས་བོད་གངས་ཅན་པ་རང་ཉིད་ཀྱི་གསོ་རིག་གིས་གཞི་བྱས། དེའི་སྟེང་རྒྱ་དཀར་ནག་གི་སློབ་དཔོན་རྣམས་ཀྱི་གདམས་ངག་དང་། ལོ་པཎ་རྣམས་ཀྱིས་བོད་དུ་སྤྱ་ཕྱིར་བསྒྱུར་ཅིང་དར་བར་མཛད་པའི་གསོ་དཔྱད་ཀྱི་གཞུང་མན་ངག་དང་བཅས་པ་རྣམས་ལ་སྒྲོ་ཀུན་ནས་དཔྱད་ཞིབ་ཀྱིས་སྙིང་པོ་ཕྱུང་ཐོག་རིགས་པའི་གཞུང་ལུགས་ཀྱི་མ་ལག་ཡོད་ལ། བོད་མི་རིགས་རང་ཉིད་ཀྱི་ཡུལ་དུས་དབང་པོའི་སྒོ

དང་ཉེ་བར་འཚམས་ཤིང་། དམིགས་བསལ་གྱི་ཁྱད་ཆོས་ལྡན་པའི་གསོ་བ་རིག་པའི་གཞུང་ལུགས་ཆེན་པོ《བདུད་རྩི་སྙིང་པོ་གསང་བ་མན་ངག་གི་རྒྱུད》（ད་ལྟའི་གསོ་རིག་རྒྱུད་བཞི་འདི་རྩང་གཞི་དེའི་ཐོག་ཁ་སྒྲིང་གནང་བ་ཡིན）ཅེས་བྱ་བ་བརྩམས་གནང་མཛད་པ་དང་། ད་དུང《ཉམས་ཡིག་མཐོང་བ་དོན་ལྡན》《གསོ་དཔྱད་ སུ་ཧྲིག་ཕྲེང་བ》ཁྱད་པར་ཟབ་པ་རྣམ་གསུམ་སོགས་རྒྱུད་ཀྱི་ཆ་ལག་དང་གསོ་དཔྱད་ཀྱི་དཔེ་མང་པོ་བརྩམས་གནང་མཛད་ནས་བོད་ཀྱི་གསོ་རིག་གོང་འཕེལ་གཏོང་བའི་བྱ་གཞག་ལ་གཞལ་བར་མི་ནུས་པའི་མཛད་རྗེས་ལྷག་པོ་ཆེ་འཇོག་གནང་མཛད་པར་བརྩོན་པོས་དྭགས་ཀོང་ཁྱུང་གསུམ་གྱི་འབངས་རིས་བྱ་དགར་བསྒྱུལ་བར་གྲགས། གཡུ་ཐོག་ཆེན་པོ་དགུང་ལོ་ལྔ་བཅུ་ང་ལྔ་ཙམ་བཞེས་པའི་སྐབས་སུ་སློབ་མ་བདེ་བ་དཔལ་སོགས་དཔོན་འཁོར་བུ་སློབ་དང་བཅས་པ་ཕྱག་ཕྱིར་ཁྲིད་དེ་ཀོང་པོ་སྨན་ལུང་བྱ་བར་ཕྱིན་ནས་དེར་སྨན་སློབ་ཀྱི་དགོན་པ་ལྷ་ན་སྡུག་ཅེས་བྱ་བ་ཕྱག་བཏབ་ཐོག་སློབ་མ་མི་གྲངས་སུམ་བརྒྱ་ལྷག་ཙམ་བསྡུ་སྒྲིང་གནང་ནས་གསོ་རིག་གི་གཞུང་ལུགས་བཤད་ཁྲིད་མཛད། སློབ་མ་སོ་སོའི་ཞིབ་ཕྲའི་སྦྱངས་འབྲས་དང་ཡོན་ཚད་ལ་གཞིགས་ཏེ་སྨན་པ་འབུམ་རམས་པ་དང་། རབ་འབྱམས་པ། དཀའ་བཅུ་པ། བསྡུས་ར་བ་བཅས་རིམ་པ་བཞིར་དབྱེ་ནས་སོ་སོར་མཚན་གནས་གནང་རྒྱུའི་གཏན་འབེབས་མཛད། སྐབས་དེར་སྨན་པ་འབུམ་རམས་པའི་མཚན་གནས་ཐོབ་མཁན་མི་གྲངས་ལྔ་བཅུ་ཙམ་དང་། སྨན་པ་རབ་འབྱམས་པའི་མཚན་གནས་ཐོབ་མཁན་མི་གྲངས་ལྔ་བཅུ་ཙམ། སྨན་པ་དཀའ་བཅུ་པའི་མཚན་གནས་ཐོབ་མཁན་མི་གྲངས་བརྒྱ་ཙམ། ད་དུང་སྨན་པ་བསྡུས་ར་བའི་མཚན་གནས་ཐོབ་མཁན་དེ་བས་མང་བ་བཅས་བྱུང་བར་གྲགས། དེ་ནས་གཡུ་ཐོག་ཆེན་པོ་དགུང་གྲངས་བརྒྱད་ཅུར་ཉེ་བར་ཕེབས་པའི་སྐབས་དཔོན་གཡོག་བུ་སློབ་དང་བཅས་པ་ཕྱག་ཕྱིར་ཁྲིད་ནས་སྤུ་ཕྱིར་ཙ་རི་དང་། མདོ་ཁམས་དར་མདོ། སྟོད་གངས་དཀར་ཏི་སེ། བལ་ཡུལ་བཅས་སུ་ཕེབས་ནས་བལ་པོའི་རྒྱལ་པོ་ཏ་ཛྙ་ཏུའི་གྲང་བ་ཐུར་འབབ་ཀྱི་ནད་བཅོས་པ་སོགས་ཉིན་མཚན་དབྱེར་མེད་དུ་གསོ་རིག་གི་བསྟན་པ་སྤྱི་དང་འགྲོ་བ་ནད་པའི་དོན་ཁོ་ནས་དུས་འདའ་བར་མཛད། གདུང་རྒྱུད་འཛིན་པའི་སྲས་འབུམ་སེང་དང་། དཔལ་འབུམ། དགའ་དགའ་གསུམ་འཁྲུངས། སློབ་མའི་ཚོགས་ཀྱིས་ཀོང་པོ་བདེ་རྒྱལ་སོགས་བོད་ཡུལ་གྱི་ས་ཆེན་པོ་འདི་གང་བར་བསྐྱུན། མཐར་དགུང་གྲངས་བརྒྱ་དང་ཉེར་ལྔའི་ཐོག་སྐུ་གཤེགས་པར་གྲགས།

ཏྲ་ལམ་སྐྱེས།（ངར་སོས་པོའམ་ཁུ་པོ་ལྷ་བུ་སྟོན་གཟུང་ཡང་ཞུ）འཕྲུལ་བློན་མཛངས་མི་བདུན་གྱི་ཐོག་མ་དང་བོད་རྒྱལ་པུ་དེ་གུང་རྒྱལ་གྱི་བློན་པོ། ཏ་ལམ་སྐྱི་སོའི་དུས་རབས་དང་པོ་ཙམ་ལ་བྱུང་བར་གསུངས། འདི་ཉིད་བོད་རྒྱལ་པུ་དེ་གུང་རྒྱལ་དང་ཡུམ་གཅིག་པ་ཡིན་ཞེས་དང་། ཏྲུས་ཚན་བཀྲགས་ཀྱི་རྒྱུད་པ་ཡིན་སོགས་གསུང་ཚུལ་མི་འདྲ་བ་སྣང་། འདི་ཉིད་ཀྱིས་ལོ་ངམ་བརྟུལ་བའི་སྐོར་ལ་ལོ་རྒྱུས་ཡིག་ཚང་ནང་།

ཏྭ་ལས་སྐྱེས་ཀྱིས་ལོ་ངམ་གྱི་ནང་མིར་ཞུགས་ཏེ་ཤཱཀྱི་དཀར་མོའི་ཕྲུ་རྩར་དུག་བྱུགས་པ་བཀོར་དུ་ཕུལ་བ་ལ་ལོ་ངམ་གྱིས་བྱིལ་བྱིལ་བྱས་པས་ལུས་ཐམས་ཅད་སྦྲངས། གཡོག་རྣམས་ཕོ་ཉ་བའི་སར་འདུས་པའི་བར་ལ་ཉང་རོ་ཤམ་པོ་མཁར་རྩེ་ནས་ཕབ། ལོ་ངམ་ཕོ་བརྒྱ་མོ་བརྒྱ་བསད་སྐད། དེ་ནས་གྲི་གུམ་གྱི་སྲས་རྣམས་རྒྱལ་སར་སྤྱན་འདྲེན་བྱས་པའི་ཚེ། ཐོག་མཐའ་གཉིས་ནི་གཤེགས་སུ་མ་བཞེད་པས་སྤོ་བོའི་ཡུལ་ནས་འབྲིང་པོ་བྱ་ཁྲི་གདན་དྲངས་ཏེ་རྒྱལ་སར་བཏོན་པར་པུ་དེ་གུང་རྒྱལ་གྲགས་ཞེས་གསལ། འདི་ཉིད་ཀྱིས་མཛངས་པའི་ལས་སུ་ཤིང་བསྲེགས་ཏེ་སོལ་བ་བཟོས་པ་དང་། དེས་རྡོ་བཞུས་ནས་གསེར་དངུལ་ཟངས་ལྕགས་བཏོན་པ། ཀོ་བ་བཞུས་ནས་སྦྱིན་བཟོས་པ། ཤིང་གི་གཞོལ་དང་གཉའ་ཤིང་བཟོས་ཏེ་རྔོན་པ་དོར་བསྟེབས་ཀྱིས་སྤང་ཐང་ལ་ས་ཞིང་རྔོས་པ། ཆུ་ཡུར་བཟོ་བ། ཆུ་ལ་ཟམ་པ་བཙུགས་པ་སོགས་མཛད།

ལོ་ངམ་ཏ་རྫི། (སྔོན་པོ་ལོ་ངམ་མམ་རྒྱལ་ཕྲན་ལོ་ངམ་ཏ་རྫི་ཞེས་པའང་སྣང་) འདི་ཉིད་ཀྱིས་གྲི་གུམ་བཙན་པོ་བཀྲོངས་པའི་སྐོར་ལ་བོད་ཀྱི་ལོ་རྒྱུས་ཡིག་ཚང་ནང་། ལོ་ངམ་གྱིས་མཁར་མྱང་རོ་ཤམ་པོར་སྡོན་ལ་བསྐྱོད་ནས་འཐབ་གྲ་བསྒྲིགས། བཙན་པོ་ཕེབས་ནས་ཕོང་གཉིས་མྱང་རོ་ཐལ་བ་ཚལ་དུ་གཡུལ་འགྱེད་པ་ན། ལོ་ངམ་གྱིས་བ་གླང་བརྒྱ་ལ་མདུང་རྩེ་རྔོན་ཉིས་བརྒྱ་ཕྲེད་ལ་བཏགས་པ་དང་། རྒྱབ་ཏུ་ཐལ་བའི་རྐྱལ་པ་བཀལ་བ་རྣམས་བཏང་བས་གླང་རྣམས་ཕན་ཚུན་འཐབ་སྟེ་ཐལ་འཚུབ་འཕྱུར་བའི་གསེང་ནས་ལོ་ངམ་གྱིས་རྒྱུགས་ཏེ་མཆན་འོག་ནས་སྟེའུ་ཕྱུངས་ཏེ་གྲི་གུམ་བཙན་པོ་བཀྲོངས་ཤིང་། རེ་ཞིག་འདི་བས་རྒྱལ་ས་བཟུང་ནས་གྲི་གུམ་གྱི་སྲས་གསུམ་ཀོང་ཡུལ་དུ་སྤྱུགས་པ་དང་། ལྷ་གཅིག་ཆུང་མར་བཟུང་། ལྷམ་སྲིང་བཞི་ཡི་ཡུམ་ལ་རྟ་རྫི་བཅོལ། མཐར་ཏྭ་ལས་སྐྱེས་ཀྱིས་འཁྲུལ་དང་ཐབས་ལ་བརྟེན་ནས་ལོ་ངམ་བརྟུལ་ཅེས་གསལ།

སང་ཤི། འདི་རྒྱལ་པོ་ཁྲི་ལྡེ་གཙུག་བརྟན་གྱི་སྐུ་དུས་སུ་རྒྱ་ནག་ནས་བོད་དུ་བཏང་བའི་ཕོ་ཉ་ཞིག་གི་བུ་ཡིན་པར་གྲགས། རྒྱལ་པོས་རྒྱ་ནག་ཏུ་ཆོས་ལེན་པར་མངགས། རྒྱལ་པོ་ཁྲི་སྲོང་ལྡེ་བཙན་གྱི་སྐུ་དུས་སུ་སང་ཤི་འཁོར་བཅས་བྱ་བ་ལེགས་པར་གྲུབ་ནས་བོད་དུ་འཁོར། ཐང་གོང་མའི་འཕྲིན་ལན་དང་སྐྱེས་བཅས་བཙན་པོའི་ཕྱག་ཏུ་ཕུལ། རྒྱལ་པོས་སང་ཤི་ལ་བློན་ཆེན་པོའི་ཐབས་དང་མིང་ཡང་བསྩལ། དེ་སྐབས་མ་ཞང་ཁྲོམ་པ་སྐྱེས་ཀྱིས་ཆོས་བྱེད་མི་ཆོག་པའི་ཁྲིམས་བཅས་ཡོད་པས་རྒྱ་ནས་དྲངས་པའི་ཆོས་དཔེ་རྣམས་རེ་ཞིག་ཐྲ་གསེབ་ཏུ་སྦས་པར་གྲགས། དེ་རྗེས་རྒྱལ་པོས་སང་ཤི་ཞང་ཞུང་དུ་དཀོར་ནོར་ལེན་དུ་བཏང་བ་ལས་གསེར་གྱི་སྐྱོགས་བདུན་དང་། གཡུ་འོད་མེ་ལྟར་འབར་བ་སོགས་ལོན་པའི་གཏམ་རྒྱུད་ཀྱང་ཡོད། དེ་ནས་སང་ཤིས་ཐྲ་ལ་སྦས་པའི་ཆོས་རྣམས་བླངས་ཏེ་དགེ་བ་བཅུའི་མདོ་དང་རྡོ་རྗེ་གཅོད་པ་སོགས་བསྒྲགས་པས་རྒྱལ་པོ་དད་པ་སྐྱེས་ནས། འདི་ལྟ་བུའི་ཆོས་བཟང་པོ་འདི་ངའི་སྐུ་རིང་ལ་རྙེད་པ་གནམ་

བྱམས་ས་བྱམས་ལྷ་ཐམས་ཅད་ལ་གཏང་རག་བཏང་ངོ་ཞེས་གསུངས། རྒྱལ་པོས་སྔར་སྦྲ་གསལ་སྣང་དང་། སང་ཤི་སོགས་རྒྱ་ཡུལ་དུ་མངགས་སྐོར་ལོ་རྒྱུས་ཡིག་ཚང་དུ་གསལ་ལོ།

སད་མི་བདུན། ཆོས་རྒྱལ་ཁྲི་སྲོང་ལྡེ་བཙན་གྱི་སྐུ་དུས་སུ་བོད་མི་རབ་ཏུ་བྱུང་བའི་ཐོག་མ་བདུན་བྱུང་བ་དེ་དག་ལ་ཟེར། ཁྲི་སྲོང་གི་ཐུགས་ལ་སངས་རྒྱས་ཀྱི་བསྟན་པ་ནི་དེ་འཛིན་དགེ་འདུན་གྱི་སྡེ་ལ་རག་ལུས་པས། སྣད་ཕྱིན་བོད་དུ་བསྟན་པ་དར་ཞིང་ཡུན་དུ་གནས་པའི་ཕྱིར་དགེ་འདུན་གྱི་སྡེ་འཛུགས་པར་བཞེད་ནས་མཁན་པོ་ལ་ཞུས་ཏེ་ལང་གྲོ་སྣང་བཞེར་དང་། གཉེར་སྟག་བཙན་གདོང་གཟིགས་སོགས་རྒྱ་གར་དུ་མངགས་ཏེ་བྲི་ག་མ་ཤི་ལའི་གཙུག་ལག་ཁང་ནས་གཞི་ཐམས་ཅད་ཡོད་པར་སྨྲ་བའི་དགེ་སློང་བཅུ་གཉིས་སྤྱན་དྲངས། བཙན་པོའི་ཞལ་ནས་ངའི་བོད་ལ་དགེ་སློང་མེད་པས་ངའི་ཞང་བློན་དག་ལ་དགེ་སློང་བ་དུབ་བམ་ཞུས་པས་སློབ་དཔོན་གྱིས་བ་དུབ་བམ་སད་ཅིག་གསུངས། ཉམས་སད་པའི་ཕྱིར་པོཎྜི་ས་དུས་མཁན་པོ་མཛད་ནས་ཐོག་མར་བོད་མི་བདུན་རབ་ཏུ་བྱུང་བ་ལ་སད་མི་བདུན་ཞེས་གྲགས། འོན་ཀྱང་ཆོས་འབྱུང་ལོ་རྒྱུས་ནང་དེ་དག་གི་མཚན་མི་མཐུན་པ་བྱུང་བ་དཔེར་ན། སྦ་རཏྣ་དང་། སྦ་གསལ་སྣང་། ངན་ལམ་རྒྱལ་བ་མཆོག་དབྱངས། ལྷ་ལུང་རབ་འབྱོར་དབྱངས། རྨ་བན་རིན་ཆེན་མཆོག ལ་གསུམ་བྱང་ཆུབ་རྒྱལ་བ། པ་གོར་བཻ་རོ་ཙ་ན་བཅས་ཡིན་ཞེས་པ་དང་། ཡང་། སྦ་གསལ་སྣང་དང་། དབས་ཁྲི་ཤེར། པ་གོར་བཻ་རོ་ཙ་ན། ངན་ལམ་རྒྱལ་བ་མཆོག་དབྱངས། འཁོན་ཀླུའི་དབང་པོ་བསྲུང་བ། རྨ་ཨཱ་ཙཪྻ་རིན་ཆེན་མཆོག གཙང་ལེགས་གྲུབ་བཅས་ཡིན་ཞེས་པ་སོགས་སོ། དེ་དུས་སད་མི་བདུན་སོགས་བོད་འབངས་སུམ་བརྒྱ་རབ་ཏུ་བྱུང་། རྒྱལ་པོས་མདོ་ཁམས་ཡན་ཆད་དུ་ཆོས་གྲྭ་ཆེན་པོ་བཅུ་གཉིས་བཙུགས། ཡེར་པ་དང་མཆིམས་ཕུར་སྒོམ་གྲྭ་བཙུགས། བསམ་ཡས་སུ་སཾ་སྐྲི་ཏའི་སློབ་སྦྱོང་གི་གྲྭ་བཙུགས་ཏེ་སྨྲ་བསྒྱུར་བ་དང་། ལོ་ཙཱ་བ་མང་པོ་ཐོན་ཏེ་ཐུགས་མཚན་ཉིད་ཀྱི་ཆོས་ཕལ་མོ་ཆེ་བོད་ཡིག་ཏུ་བསྒྱུར། དེ་ནས་བཟུང་བཀའ་ཤོག་ཆེན་པོ་བསྩལ་ཏེ་ཆོས་ཁྲིམས་བཅས། སྔོན་ཆད་ཆབ་འོག་གི་འབངས་ལ་ཕོ་མིག་མི་འདོན་པ་དང་། མོ་སྣ་མི་གཅོད་པ། མཚང་ཅན་སྲོག་མི་བཀུམ་པ་སོགས་ཆོས་ཀྱི་བཀའ་ཁྲིམས་ཆེན་པོ་བསྩལ་བ་ཀུན་ལ་གྲགས། ཆོས་ག་སྒོམས་མཛད། བཀའ་ག་སྒོམས་ཀྱི་རྡོ་རིང་བཙུགས། རབ་ཏུ་བྱུང་བའི་ཆོས་གྲྭའི་སློབ་དཔོན་དང་ཉ་མའི་སློབ་དཔོན་བསྐོས། དེང་ཕན་ཆད་དཀོན་མཆོག་གསུམ་དང་དགེ་འདུན་གྱི་གསོལ་ཚས་བཙན་པོའི་བང་མཛོད་ལས་སྦྱར་ཞིང་། དེ་རྣམས་དབུའི་མཆོད་གནས་སུ་བཀུར་རོ།

སེ་སྙོལ་ནམ་ལྡེ། （སེ་སྙོལ་གནམ་ལྡེ་ཞེས་པའང་སྣང）བོད་རྒྱལ་བཅོ་བརྒྱད་པ། ལྡེ་བརྒྱད་ཀྱི་ཡ་གྱལ། ཡབ་ལྡེ་འཕྲུལ་ནམ་གཞུང་བཙན་དང་ཡུམ་སེ་གཉན་མེར་མོའི་སྲས། ཀླུ་མོ་མེར་མོའམ་ཀླུ་ཐང་མེར་མོ་ཁབ་ཏུ་བཞེས་པར་སྲས་སེ་སྙོལ་པོ་ལྡེ་འཁྲུངས།

སེ་སྙོལ་པོ་ལྡེ། （ལྡེ་གོལ་ཞེས་པའང་སྣང）བོད་རྒྱལ་བཅུ་དགུ་པ། ལྡེ་བརྒྱད་ཀྱི་ཡ་གྱལ། ཡབ་སེ་སྙོལ་ནམ་ལྡེ་དང་ཡུམ་ཀླུ་མོ་མེར་མོའི་སྲས། ཞང་ཞུང་ཨ་སོ་གཙུག་ཕུད་ཀྱིས་སྐུ་བོན་བྱས། འོ་བཟའ་རི་མོ་མཚོའམ་འོ་ཟ་ཧེ་མོ་མཚོ་ཁབ་ཏུ་བཞེས་པར་སྲས་ལྡེ་སྙོལ་ནམ་འཁྲུངས།

སེང་གོ་མི་ཆེན། བོད་རྒྱལ་གནམ་རི་སྲོང་བཙན་གྱི་བློན་པོ། འདི་ཉིད་ཀྱིས་དམག་དཔོན་བྱས་ཏེ་དྭགས་པོ་ཇོ་ལོག་པ་སླར་ཡང་བཙན་པོའི་མངའ་འབངས་སུ་བཀུག དེའི་དུས་སུ་མི་རྣམས་ཀྱི་ཁ་ལ། སེང་གོ་མི་ཆེན་གྱིས། དྭགས་ཡུལ་བསེན་མཁར་དུ། མདུང་གཡུག་ཐེངས་གཅིག་ལ། འཕྲོག་དུད་ཐང་གང་ཐོབ་ཅེས་པའི་གཏམ་བྱུང་། སེང་གོ་མི་ཆེན་དཔའ་བའི་ཕུལ་དུ་ཕྱུར་ནས་ཉི་མ་གཅིག་ལ་དྭགས་པོ་མི་བརྒྱ་བསད་ཅེས་གྲགས། རྒྱལ་པོས་མི་ཆེན་གྱི་བྱ་དགར་གསེར་ཁྲུང་རེའུ་རྒྱལ་གྱི་མི་དང་འཕྲོག་ཕྱུགས་བཅས་གནང་།

སོ་ཁྲི་བཙན་པོ། བོད་རྒྱལ་བཞི་པ། གནམ་གྱི་ཁྲི་བདུན་གྱི་ཡ་གྱལ། ཡབ་དིང་ཁྲི་བཙན་པོ་དང་ཡུམ་སོ་ཐམ་ཐམ་གཉིས་ཀྱི་སྲས། སྐུ་གཤེན་ཙོའུ་འོད་དཀར་གྱིས་བྱས། གསས་མཁར་དགུ་ར་དགུ་འཕྱུད་བཞེངས། དོག་མེར་མེར་རམ་སེ་བཟའ་སྨན་མོ་ཁབ་ཏུ་བཞེས་པར་སྲས་མེར་ཁྲི་བཙན་པོ་འཁྲུངས།

སྲིབས་ཁྲི་བཙན་པོ། （སྲིབ་ཁྲི་བཙན་པོ་ཞེས་པའང་སྣང）བོད་རྒྱལ་བདུན་པ། གནམ་གྱི་ཁྲི་བདུན་གྱི་ཡ་གྱལ། ཡབ་གདགས་ཁྲི་བཙན་པོ་དང་ཡུམ་སྲིབས་ལྷ་སྟོན་མོའི་སྲས། ས་བཙུན་ཀླུང་ཛེའམ་ས་བཙུན་ཀླུ་ཛེ་ཁབ་ཏུ་བཞེས། སྤུ་ཁྲི་བཙན་པོ་ནས་སྲིབས་ཁྲི་བཙན་པོའི་བར་དུ་གསང་སྔགས་ཀྱི་བོན་རྣམས་དང་། ཁྱད་པར་དུ་སྤྱི་སྤུངས་ཀྱི་བོན་རྣམས་དར་ཞིང་རྒྱས་པ་བྱུང་། དེ་དུས་བླ་ན་རྒྱལ་ཆེ། གོང་ན་གཤེན་གཉན། བར་ན་ཁྲིམས་དམ། འོག་ན་འབངས་སྐྱིད་དེ་ལུགས་གཉིས་ཟུང་འབྲེལ་གྱི་འཕྲིན་ལས་དར་ཞིང་རྒྱས་སྐད། འདི་ཡན་གདུང་རབས་བདུན་རྣམས་འདྲ་སྐེ་སྲས་ཆིབས་ཁ་ཐུབ་པ་ན་ཡབ་རྨུ་ཐག་ལ་འཛུས་ནས་གནམ་དུ་གཤེགས་པས་ཕུར་དང་བང་སོ་མེད་པར་གྲགས།

སྲོང་བཙན་སྒམ་པོ། བོད་རྒྱལ་སོ་གསུམ་པ། ཆོས་རྒྱལ་མེས་དབོན་རྣམ་གསུམ་གྱི་ཡ་གྱལ། ཡབ་གནམ་རི་སྲོང་བཙན་དང་ཡུམ་ཚེ་སྤོང་བཟའ་འབྲི་མ་ཐོད་དཀར་གྱི་སྲས་སུ་བོད་མེ་གླང（སྤྱི་ལོ617）ལོར་འཁྲུངས་ཞེས་དང་། བོད་ས་གླང（སྤྱི་ལོ569འམ་སྤྱི་ལོ629གང་རུང་སྣང）ལོར་འཁྲུངས་སོགས་གསུང་ཚུལ་མི་འདྲ་བ་སྣང་། འཁྲུངས་ཡུལ་མལ་གྲོ་རྒྱ་མ་ནང་གི་ཕོ་བྲང་བྱམས་པ་མི་འགྱུར་གླིང་དུ་ཡིན། རྒྱལ་སྲས་འདི་ཉིད་སྐུ་ཆུང་ངུའི་དུས་ནས་མཁྱེན་རབ་ལྷག་པར་གསལ་ཞིང་། བློ་གྲོས་ཀྱི་གཏིང་དཔོག་པར་དཀའ་བ་དང་། དཔའ་མཛངས་བརྟུལ་ཕོད་པའི་སྙིང་སྟོབས་དང་ལྡན་པ་ཞིག་ཡོད། སྲོང་བཙན་དགུང་ལོ་བཅུ་གསུམ་ལ་ཕེབས་སྐབས་བོད་ཀྱི་རྒྱལ་པོའི་ཁྲི་ལ་མངའ་གསོལ། མྱང་མང་པོ་རྗེ་ཞང་སྣང་དང་། ཁྱུང་པོ་སྤུང་སད་ཟུ་ཙེ། དབས་དབྱི་ཚབ། མགར་སྟོང་བཙན་ཡུལ་ཟུང་། ཐོན་མི་སམ་བྷོ་ཊ།

འབྲི་སེ་ཏུ་གུང་སྟོན། སྐགས་ཁྲི་བཟང་ཡང་སྟོན་སོགས་ཕྱི་ནང་བར་གསུམ་གྱི་བཀའ་ཡི་བློན་པོ་བརྒྱ་ཕྲག་འགའ་ཡོད་པར་གསུངས། བཙུན་མོའི་དམ་པ་མོང་བཟའ་ཁྲི་ལྕམ་ཁབ་ཏུ་བཞེས་པར་རྒྱལ་སྲས་གུང་སྲོང་གུང་བཙན(གུང་རི་གུང་བཙན་ཡང་ཟེ)བལྟམས། དེ་ནས་ཞང་ཞུང་བཟའ་ལི་ཐིག་སྨན་དང་། མི་ཉག་རུ་ཡོང་བཟའ། བལ་བཟའ་ཁྲི་བཙུན། རྒྱ་བཟའ་ཀོང་ཇོ་བཅས་ཕྱ་རྗེས་སུ་ཁབ་ཏུ་བཞེས་ཀྱང་རིགས་སྲས་ཀྱི་སྨྲ་གྲུ་ལྡན་པར་མ་གྱུར།

སྲོང་བཙན་ཁྲིར་འཁོད་རྗེས་བློན་པོ་རྣམས་དང་བཀའ་གྲོས་ཀྱིས་དང་ཐོག་སྲིད་འགྱུར་གྱི་གཡོ་རྫུས་འགོད་མཁན་དང་ཡབ་གནམ་རི་སྲོང་བཙན་ལ་དུག་འབུལ་མཁན་གྱི་སྐྱེ་བོ་མི་སྲུན་སྤྱོད་པ་རྣམས་རེ་རེ་བཞིན་ཚར་བཅད་པ་དང་། ཡབ་མེས་དུས་ཀྱི་ཆབ་འབངས་ངོ་ལོག་པ་རྣམས་སླར་ཡང་བཙན་པོའི་མངའ་ཞབས་སུ་བཀུག དེ་རྗེས་བོད་ཀྱི་བྱང་ཤར་དུ་ཡོད་པའི་སུམ་པའི་རྒྱལ་ཁམས་དབང་དུ་བསྡུས་པ་དང་། བཙན་པོ་སྐུ་ངོ་མ་བྱུང་ལམ་དུ་ཕེབས་ཏེ་དམག་དཔུང་འདེགས་མ་དགོས་པ་དང་དམག་རྒྱག་མ་དགོས་པར་བྱང་ངོས་ཀྱི་རྒྱ་དང་འ་ཞས་དཔྱ་ཁྲལ་འཇལ་ཞིང་། དེ་ནས་བཟུང་འ་ཞ་ཡང་བོད་ཀྱི་ཆབ་འབངས་སུ་ཚུད། རྒྱལ་པོ་འདིའི་རིང་ལ་ཞང་ཞུང་གི་རྒྱལ་པོ་ལིག་མི་རྒྱའི་སྲིད་བཏགས་ཏེ་ཞང་ཞུང་ཐམས་ཅད་འབངས་སུ་བཀུག་པ་དང་། ཤར་ལྷོའི་ཕྱོགས་ཀྱི་འཇང་ཡུལ་ཡང་རིམ་བཞིན་ཆབ་འོག་ཏུ་བཙུད་པ་བཅས་བོད་ཁམས་ཡོངས་རྫོགས་གཅིག་གྱུར་མཛད་པས་མ་ཚད་སྐུ་ཚེའི་སྨད་དུ་བལ་ཡུལ་ཡང་དབང་དུ་འདུས་ནས་བཙན་པོའི་མངའ་ཁོངས་ཀྱི་རྒྱ་ཁྱོན་ཇེ་ཆེར་སྤེལ་བའི་མཛད་རྗེས་བསམ་བརྗོད་ལས་འདས་པ་ཞིག་འཛུག་གནང་མཛད།

སྲོང་བཙན་གྱིས་བོད་ཡུལ་གཅིག་གྱུར་དང་བདེ་བར་སྐྱོང་ཆེད་བོད་ཡུལ་གྱི་གནས་གཞི་དེ་དབུ་རུ་ཨོད་ཆེན་གྱི་སའི་ལྟེ་བ་འོ་ཐང་གི་ཚེའུའི་འགྲམ(ད་ལྟའི་ལྷ་ས་གྲོང་ཁྱེར་གྱི་ཆགས་ཡུལ་འདི་ཡིན)དུ་སྤོས་གནང་མཛད་པ་དང་། དེའི་ལྟེ་གནད་དམར་པོ་རིའི་སྟེང་དུ་ཕོ་བྲང་མཐོ་ཞིང་བཙན་པ་ཞིག་བཞེངས་ཏེ་རྒྱལ་བློན་དཔུང་དང་བཅས་པ་དེར་བཞུགས་ནས་བོད་ཡོངས་ལ་དབང་བསྒྱུར་བའི་མདུན་ས་ཆེན་པོ་འཛུགས་གནང་མཛད་པ་མ་ཟད། བོད་ཀྱི་ས་ཁུལ་རྣམས་དྲུག་པོ་གཡུལ་གྱི་སྒྲིག་གཞི་གཙོ་བོར་བྱས་པའི་དབང་འཛིན་གྱི་ས་ཁུལ་ཆེན་པོ་ལྔ་སྟེ། དབུ་རུ་དང་། གཡོ་རུ། གཡས་རུ། རུ་ལག སུམ་པའི་རུ་བཅས་ལ་དབྱེ་བ་དང་། དེ་བཞིན་ཡུལ་གྱི་དབང་རིས་རྣམ་པ་བཅོ་བརྒྱད་དང་། ཁྲོད་ཀྱི་སྟོང་སྡེ་དྲུག་ཅུ་རྩ་གཅིག་ལ་སོགས་པར་ཕྱེ་གནང་མཛད།

དེ་ནས་སྲོང་བཙན་གྱིས་ཐོན་མི་རྒྱ་གར་དུ་མངགས་ནས་ད་ལྟའི་བོད་ཡིག་འདི་གསར་དུ་གཏོད་གནང་བ་དང་། བོད་འབངས་རྣམས་སྒྲ་དང་ཡི་གེའི་རིག་པའི་གནས་ཀྱི་དགའ་ཚལ་དུ་གཞུག་པའི་སླད་དུ་སྲོང་བཙན་གྱིས་ཐོན་མི་སློབ་དཔོན་དུ་བསྟེན་ཏེ་ལྷ་སའི་སྐུ་མཁར་མ་རུར(དེང་སང་ཕ་བོང་ཁ་ཞེས

འཕོད) ལོ་གསུམ་མམ་བཞིའི་རིང་སྐུ་མཚམས་དམ་པོར་བཅད་ནས་ཡི་གེ་འབྲི་ཀློག་ལ་མཁས་པར་སྦྱངས། དེ་སྐབས་ཐོན་མི་སོགས་འཕགས་བོད་ཀྱི་ལོ་ཙཱ་བ་རྣམས་ཀྱིས་སངས་རྒྱས་ཀྱི་ཆོས་ཐོག་མར་བོད་ཡིག་ཏུ་བསྒྱུར་ཅིང་། དུས་དེ་ནས་བཟུང་བོད་དུ་སངས་རྒྱས་ཆོས་ལུགས་དངོས་སུ་དར་འགོ་ཚུགས། བཀའ་ཡི་ཁྲིམས་ཡིག་ཆེན་པོ་རྣམ་དྲུག་གཏན་ལ་ཕབ་པ་དང་། ལྷ་ཆོས་དགེ་བ་བཅུ་དང་མི་ཆོས་གཙང་མ་བཅུ་དྲུག་གི་སྲོལ་བཙུགས་ནས་རྒྱལ་སྲིད་བསྐྱངས། བློན་པོ་མགར་སྟོང་བཙན་ཡུལ་ཟུང་སོགས་བལ་ཡུལ་དང་རྒྱ་ནག་ཏུ་མངགས་ཏེ་བལ་མོ་བཟའ་ཁྲི་བཙུན་དང་རྒྱ་མོ་བཟའ་ཀོང་ཇོ་གཉིས་སྤྱ་རྗེས་སུ་ཁབ་ཏུ་བཞེས་ཏེ་ལྷ་ལྡན་གཙུག་ལག་ཁང་དང་རྒྱ་སྟག་ར་མོ་ཆེའི་ལྷ་ཁང་བཞེངས། དེ་བཞིན་བྲག་ཡེར་པའི་ལྷ་ཁང་དང་། ཡར་ཀླུང་ཁྲ་འབྲུག་བྱམས་པ་མི་འགྱུར་བའི་ལྷ་ཁང་། བྲག་ལྷ་ཀླུ་སྒྲུག་གི་ལྷ་ཁང་། དབུ་རུ་ཀ་ཚལ་གྱི་ལྷ་ཁང་། གཡས་རུ་གཙང་འགྲམ་གྱི་ལྷ་ཁང་། ཀོང་པོ་བུ་ཆུ་ལྷ་ཁང་། ལྷོ་བྲག་ཁོ་ཐིང་ལྷ་ཁང་། ཁམས་ཀློང་ཐང་སྒྲོལ་མ་ལྷ་ཁང་། མོན་སྐྱེར་ཆུ་ལྷ་ཁང་སོགས་མཐའ་འདུལ་ཡང་འདུལ་གྱི་ལྷ་ཁང་མང་པོ་བཞེངས། གཞན་ཡང་སྲོང་བཙན་གྱི་སྐུ་དུས་སུ་མི་རིགས་གཞན་གྱི་རྩོན་ཐོན་ལེགས་ཆ་སློབ་སྦྱོང་ངམ་བཅུད་ལེན་མཛད་པ་དཔེར་ན། བོད་ཀྱི་ལོ་རྒྱུས་ཡིག་ཚང་ནང་། ཤར་ཕྱོགས་རྒྱ་དང་མི་ཉག་ནས། བཟོ་དང་རྩིས་ཀྱི་དཔེ་རྣམས་བླངས། ལྷོ་ཕྱོགས་དཀར་པོ་རྒྱ་གར་ནས། དམ་པའི་ཆོས་ཀྱི་སྒྲ་རྣམས་བསྒྱུར། ནུབ་ཕྱོགས་སོག་པོ་བལ་པོ་ནས། ཟས་ནོར་ལོངས་སྤྱོད་གཏེར་ཁ་འབྱེད། བྱང་ཕྱོགས་ཧོར་དང་ཡུ་གུར་ནས། ཁྲིམས་དང་ལས་ཀྱི་དཔེ་རྣམས་ལེན། དེ་ལྟར་ཕྱོགས་བཞིར་དབང་བསྒྱུར་ནས། མཐའ་ཡི་ལོངས་སྤྱོད་དབང་དུ་སྡུད། ཅེས་འཁོད་པ་ནས་གསལ་པོ་མཐོང་ཐུབ།

མདོར་ན་རང་ཅག་བོད་མི་རིགས་ཀྱི་ལོ་རྒྱུས་ཐོག་རྒྱལ་པོ་སྲོང་བཙན་སྒམ་པོའི་དུས་རབས་འདི་ནི་སྟོབས་ཤུགས་དང་དར་རྒྱས་ཆེས་ཆེར་སོན་ཏེ་ཨེ་ཤི་ཡའི་གླིང་ཆེན་འདིར་སྙན་གྲགས་ཀྱི་བ་དན་ལྷབ་ལྷུབ་ཏུ་གཡོ་བས་མ་ཚད། སྐབས་དེའི་ལོ་རྒྱུས་ཀྱི་མཚན་སྙན་ད་ལྟའང་འཛམ་གླིང་ས་ཕྱོགས་ཀུན་ཏུ་ཁྱབ་ནས་ཡོད་དོ། མཐར་སྲོང་བཙན་སྒམ་པོ་དགུང་ལོ་གྱ་གཉིས་བཞེས་པ་བོད་ས་ཁྲི(སྤྱི་ལོ698)ལོར་སྐུ་གཤེགས་ཞེས་དང་། དགུང་ལོ་སོ་བཞི་བཞེས་པ་བོད་ལྷགས་ཁྲི(སྤྱི་ལོ650)ལོའམ་དགུང་ལོ་གྱ་གཉིས་བཞེས་པ་ལྷགས་ཁྲི(སྤྱི་ལོ710)ལོར་སྐུ་གཤེགས་སོགས་གསུང་ཚུལ་མི་འདྲ་བ་མཆིས། བློན་ཆེན་པོ་མགར་སྟོང་བཙན་ཡུལ་ཟུང་གིས་འགན་ཁུར་ཏེ་བཙན་པོའི་སྐུ་པུར་ལ་ཙནྡ་ཀྱི་ལྡེ་གུས་བྱུགས་ཤིང་། དར་ཟབ་ཀྱི་ན་བཟས་བཀླུབས་པ་སྟག་ལྤགས་ཀྱི་སྟེང་དུ་བཞག་ནས་ཤིང་རྟ་ལ་གདན་དྲངས། ཡར་ཀླུང་འཕྱོང་པོའི་ནང་དུ་བང་སོ་ལྷ་ཁང་ལྟ་ཡོད་པ་ཞིག་བཞེངས་ནས་དེའི་རེ་མིག་དབུས་མའི་ནང་བཞུགས་སུ་གསོལ། ཕྱི་ལོགས་རི་བོ་ལྟ་བུར་བྱིབས་ནས་བཙན་པོ་དབོན་སྲས་མང་སྲོང་བློན་འབངས་དང་བཅས་པས་མཆོད་པ་ཕུལ་ཏེ་ཕྱག་དང་བསྐོར་བ་བྱས་ཤིང་། ཕྱིན་ཆད་ཀྱང་ལོ་དུས་སུ་མཆོད་པ་དང་བསྐོར་བ་མཛད

པར་གྲགས།

སློབ་དཔོན་པདྨ་འབྱུང་གནས། མཁན་སློབ་ཆོས་གསུམ་གྱི་ཡ་གྱལ། སློབ་དཔོན་འདི་ཉིད་རྒྱ་གར་ཨུ་རྒྱན་ཡུལ་དུ་སྐུ་འཁྲུངས། རྒྱལ་པོ་ཨིནྡྲ་བོ་དྷིས་སྤྱན་དྲངས་ཏེ་པདྨ་འབྱུང་གནས་དང་མཚོ་སྐྱེས་རྡོ་རྗེ་ཞེས་མཚན་གསོལ། ཕྱིས་ཟ་ཧོར་གྱི་ཡུལ་དུ་ཕྱིན་ནས་སློབ་དཔོན་པྲ་བྷ་ཧསྟི་ལས་རབ་ཏུ་བྱུང་སྟེ་མཚན་ཤཱཀྱ་སེང་གེར་གྲགས། དེ་རྗེས་འཚོ་བྱེད་གཞོན་ནུ་ལས་སྨན་དང་། པཎྜི་ཏ་ཀུན་གྱི་བཤེས་གཉེན་ལས་སྒྲ། བི་ཤྭ་ཀརྨ་ལས་བཟོ། གཞན་ཡང་ཚད་མ་རིག་པ་ལ་སོགས་པ་སྦྱངས་བརྩོན་གྱིས་མཁས་པའི་ཕུལ་དུ་ཕྱིན། དེ་ནས་སློབ་དཔོན་འཇམ་དཔལ་བཤེས་གཉེན་དང་། ནཱ་གཱརྫུ་ན། ཧཱུྃ་ཀཱ་ར། ཛྙཱ་ན་སང་གྲཱ། ཤྲཱི་སིཾཧ་སོགས་ལས་འཇམ་དཔལ་ཆོས་སྐོར་དང་། རྫོགས་ཆེན་གཙོ་བོར་གྱུར་པའི་མདོ་རྒྱུད་རྒྱ་མཚོའི་གནས་ལ་གསན་བསམ་གྱི་ཕ་རོལ་དུ་ཕྱིན་པས་མཚན་ཡང་བློ་ལྡན་མཆོག་སྲེད་ཅེས་གྲགས། དེ་བཞིན་པདྨ་སམ་བྷ་དང་། པདྨ་ཐོད་ཕྲེང་། སེངྒེ་སྒྲ་སྒྲོགས་སོགས་མཛད་པ་རེ་ལ་མཚན་རེ་བྱུང་ནས་མཚན་གྱི་རྣམ་གྲངས་མང་དག་ཅིག་མཆིས། ཆོས་རྒྱལ་ཁྲི་སྲོང་ལྡེ་བཙན་གྱིས་སྤྱན་དྲངས་པ་ལྟར་བོ་དྷི་ས་ཏྭ་དང་ལྷན་དུ་མང་ཡུལ་དུ་ཕེབས། དེ་ནས་རིམ་གྱིས་ཕྱིན་པའི་ལམ་བར་དུ་བོད་ཀྱི་ལྷ་ཀླུ་གདུག་པ་ཅན་རྣམས་སློབ་དཔོན་གྱིས་རྫུ་འཕྲུལ་བསྟན་ནས་བཏུལ་ཏེ་བཀའ་བསྒོ་དམ་འདོགས་གནང་བར་གྲགས། བོད་དུ་ཕེབས་རྗེས་དཔལ་བསམ་ཡས་མི་འགྱུར་ལྷུན་གྱིས་གྲུབ་པའི་གཙུག་ལག་ཁང་བཞེངས། བོད་ཕྲུག་ཤེས་རབ་ཅན་རྣམས་ལ་ལོ་ཙཱ་བསླབས། འཕགས་ཡུལ་ནས་པཎ་ཆེན་བི་མ་མི་ཏྲ་སོགས་མཁས་གྲུབ་ཀྱི་སྐྱེས་བུ་མང་པོ་གདན་དྲངས། མདོ་སྔགས་ཀྱི་བཀའ་དང་བསྟན་བཅོས་གཙོ་ཆེ་བ་རྣམས་བོད་སྐད་དུ་བསྒྱུར། མངའ་བདག་རྒྱལ་པོ་དང་ཡེ་ཤེས་མཚོ་རྒྱལ་སོགས་ལས་ཅན་གྱི་སྐྱེས་བུ་རྣམས་ལ་བཀའ་བརྒྱད་དང་རྡོ་རྗེ་ཕུར་པ་མན་ངག་ལྟ་ཕྲེང་སོགས་གསང་སྔགས་ཀྱི་ཆོས་ཀྱིས་སྨིན་པར་མཛད། རྒྱུ་མཚན་ཉིད་ཀྱི་ཐེག་པའི་བཤད་གྲྭ་དང་། འབྲས་བུ་གསང་སྔགས་རྡོ་རྗེ་ཐེག་པའི་སྒོམ་གྲྭ་བཙུགས། གསང་སྔགས་རྙིང་མའི་ཆོས་དེ་གཙོ་བོར་སློབ་དཔོན་པདྨའི་སྐུ་དུས་ནས་བྱུང་། རབ་བྱུང་དུར་སྐྱིག་གི་སྡེ་དང་། ཇོས་དཀར་ལྕང་ལོའི་སྡེ་ཞེས་དགེ་འདུན་གྱི་སྡེ་གཉིས་དར་རྒྱས་སུ་བཏང་བ་སོགས་ཕྲག་རྗེས་འགྲན་ཟླ་དང་བྲལ་བར་མཛད། མཐར་ལྷོ་ནུབ་ཙ་ཡབ་གླིང་དུ་ཕྱིན་ནས་སྲིན་པོའི་རྒྱལ་པོ་རཀྵ་ཐོད་ཕྲེང་རྩལ་ཞེས་གྲགས། གཞན་ཡང་འདི་ཉིད་བོད་དུ་ལོ་གསུམ་ཟླ་དྲུག བཅུ་གཉིས། ཟླ་བཅོ་བརྒྱད་བཞུགས་སོགས་གསུང་ཚུལ་མི་འདྲ་བ་མཆིས། སློབ་དཔོན་པདྨས་བཀའ་ཐང་སྡེ་ལྔ་སྟེ།《རྒྱལ་པོ་བཀའ་ཐང་།》《བཙུན་མོ་བཀའ་ཐང་།》《བློན་པོ་བཀའ་ཐང་།》《ལོ་པཎ་བཀའ་ཐང་།》《ལྷ་འདྲེ་བཀའ་ཐང་།》བཅས་དང་།《བདུད་རྩི་བུམ་པ་ཆེ་ཆུང་།》《སྲུང་བ་རྡོ་རྗེ་ཁྲབ་རིང་།》སོགས་ལོ་རྒྱུས་དང་གསོ་རིག་གི་གཞུང་མང་པོ་མཛད་དོ།

ཧན་ཝན་ཧད། བོད་རྒྱལ་སྲོང་བཙན་སྒམ་པོའི་སྨན་གསོ་ཕྱིར་རྒྱ་ནག་ནས་གདན་དྲངས་པའི་སྨན་པ་མཁས

པ་ཞིག འདིས་རྒྱ་ནག་གི་གསོ་རིག་གཞུང《རྒྱ་དཔྱད་ཐོར་བུ་ཆེ་ཆུང》ཞེས་པ་བོད་ཡིག་ཏུ་བསྒྱུར་པ་མ་ཟད། འདི་ཉིད་དང་། ཧྭར་ཧྭ་ཛ། ག་ལེས་ནོར་གསུམ་བཀའ་བགྲོས་ཏེ《མི་འཇིགས་པའི་མཚོན་ཆ》ཞེས་པ་བམ་པོ་བདུན་ཡོད་པའི་གསོ་དཔྱད་ཀྱི་གཞུང་གསར་པ་ཞིག་བརྩམས་ནས་སྲོང་བཙན་ལ་ཕུལ་ཞིང་གསོ་དཔྱད་ཐམས་ཅད་ལུགས་སྡེ་གསུམ་དུ་བསྡུས་ནས་འཆད་པའི་སྲོལ་གཏོད། དེ་རྗེས་བོད་ཀྱི་རྒྱལ་པོས་བྱ་དགའ་ཕུལ་ཏེ་རང་ཡུལ་དུ་བཞུད་དོ།

ཏྭ་ཤང་མ་ཧཱ་དེ་ཝ། ཏྭ་ཤང་ནི་རྒྱའི་སྐད་དུ་དགེ་འདུན་པའམ་གྲྭ་པར་ཟེར་བ་དང་། མ་ཧཱ་དེ་ཝ་ནི་ལེགས་སྦྱར་གྱི་སྐད་ཡིན་ཞིང་བོད་སྐད་དུ་ལྷ་ཆེན་པོ་ཞེས་སུ་གྲགས། འདི་ཉིད་དུས་རབས་བདུན་པའི་ནང་རྒྱ་ནག་ནས་བོད་དུ་ཕེབས་ཏེ་ནང་པའི་ཆོས་ལུགས་ཁྱབ་སྤེལ་གནང་བ་མ་ཟད། རྒྱ་ནག་གི་གསོ་རིག་གཞུང《སྨན་དཔྱད་ཆེན་མོ》ཞེས་པའང་འདི་དང་བོད་ཀྱི་ལོ་ཙཱ་བ་ཧཱུཾ་གཱ་ཁ་རྣམ་གཉིས་ཀྱིས་བསྒྱུར་གནང་མཛད།

ཏྭ་ཤང་མ་ཧཱ་ཡ་ན། འདི་ཉིད་བོད་ལ་ཕེབས་རྗེས་རྒྱ་སྟག་ར་མོ་ཆེར་བཞུགས་སྐད། ཏྭ་ཤང་མ་ཧཱ་ཡ་ནས་ལུས་ངག་གི་ཆོས་སྤྱོད་པ་ལ་དགོས་པ་མེད། ལུས་ངག་གི་དགེ་བས་སངས་མི་རྒྱས། དྲན་པ་མེད་ཅིང་ཡིད་ལ་བྱར་མེད་པ་བསྒོམས་པས་སངས་རྒྱས་ཟེར་བའི་སྟོན་མིན་ནམ་ཅིག་ཅར་བའི་ལུགས་བོད་དུ་སྤེལ། མཐར་རྩེན་མིན་པ་དང་རྩོད་པས་ཕམ་སྟེ་བཙན་པོས་ཕྱིན་ཆད་བོད་ལ་སྟོན་མིན་གྱི་ཆོས་ལུགས་སྤེལ་མི་ཆོག་པའི་བཀའ་ཕབ་པས་ཏྭ་ཤང་མ་ཧཱ་ཡ་ནས་གཙུག་ལག་ཁང་ཞིག་བཞེངས་རྗེས་རྒྱ་ཡུལ་དུ་ཕྱིར་ལོག ལོ་རྒྱུས་ཡིག་ཚང་ནང《སྨན་དཔྱད་ཟླ་བའི་རྒྱལ་པོ》བོད་དུ་ཐོག་མར་འཕེལ་རྒྱས་གཏོང་མཁན་ཏྭ་ཤང་མ་ཧཱ་ཡན་ཡིན་པར་གསུངས།

ལྷ་ཐོ་ཐོ་རི་གཉན་བཙན། (ལྷ་ཐོ་ཐོ་རི་སྙན་ཤལ་ལམ་ལྷ་ཐོ་དོ་རི་སྙན་བཙན་ཞེས་པའང་སྣང) བོད་རྒྱལ་ཉེར་བརྒྱད་པ། བཙན་ལྷའི་ཡ་རྒྱལ། འདི་ཉིད་ཡབ་ཁྲི་ཐོག་རྗེ་ཐོག་བཙན་དང་ཡུམ་དུ་ཡོང་བཟའ་སྟོང་རྒྱལ་མོ་མཚོར་བོད་ཤིང་ཁྱི(སྤྱི་ལོ254)ལོར་འཁྲུངས་ཞེས་དང་། བོད་ཤིང་ཕོ་བྱི་བ(སྤྱི་ལོ244)ལོར་འཁྲུངས་སོགས་གསུང་ཚུལ་མི་འདྲ་བ་མང་ཙམ་མཆིས། རྒྱལ་རབས་ཆོས་འབྱུང་ཁག་ན་རྒྱལ་པོ་འདིའི་སྐུ་དུས་སུ་བོད་དུ་སངས་རྒྱས་ཆོས་ལུགས་དར་བཙུགས་པར་གསུངས། འོན་ཀྱང་དེའི་ཐད་བཞེད་ཚུལ་མི་འདྲ་བ་ཡོད་པ་སྟེ། ཁ་ཅིག་གིས་རྒྱལ་པོ་དགུང་ལོ་དྲུག་ཅུར(བརྒྱད་ཅུར་བཞེད་མཁན་ཡང་ཡོད)ཕེབས་པ་ན་ཕོ་བྲང་ཡུམ་བུ་བླ་སྒང་གི་རྩེ་ལ་བཞུགས་སྐབས་སྤང་ཀོང་ཕྱག་རྒྱ་པ་དང་། གསེར་གྱི་མཆོད་རྟེན་ཁྲུ་གང་པ་གཅིག མདོ་སྡེ་ཟ་མ་ཏོག སྙིང་པོ་ཡི་གེ་དྲུག་པ། ཙིནྟཱ་མ་ཎིའི་སྤོས་པོར། མུ་དྲའི་ཕྱག་རྒྱ་རྣམས་ནམ་མཁའ་ལས་བབས་ཏེ་གདུང་རབས་ལྔ་ནས་འདིའི་དོན་ཤེས་པ་འབྱུང་བའི་ལུང་བསྟན་གྱི་སྒྲ་ནམ་མཁའ་ལས་བསྒྲགས་པས་དོན་མ་ཤེས་ཀྱང་གཉན་པོ་གསང་བ་ཞེས་མཚན་གསོལ་ནས

རྒྱལ་པོས་ཕྱག་བསྐོར་བཀུར་སྟི་རྒྱ་ཆེ་མཛད་པས་ཚེ་གཅིག་སྐྱེ་བ་གཉིས་ལ་མངའ་བརྙེས་སྐད་ཡང་དགུང་ལོ་དྲུག་ཅུར་སྐུ་ཆེ་བསྲིངས། མི་ལོ་བརྒྱ་དང་ཉི་ཤུའི་བར་བཞུགས་ཞེས་དང་། ཡང་ཁ་ཅིག་གིས་བོན་པོ་ནམ་མཁའ་ལ་དགའ་བས་དེ་ནས་བབས་ཟེར་བ་ཡིན་ཀྱི། དོན་ལ་པཎྜི་ཏ་བློ་སེམས་ཚོ་དང་། ལོ་ཙཱ་བ་ལི་བྱི་སེས་ཆོས་དེ་རྣམས་ཁྱེར་འོངས་པ་རྒྱལ་པོས་ཡི་གེའི་ཚིག་དོན་མ་གོ་བས་ཆོས་རྣམས་བཞག་སྟེ་ལོ་པ་ཆ་ཕྱིར་ལོག་པར་བཞེད། གཉན་པོ་གསང་བ་འདི་ཉིད་ཕྱིས་བསམ་ཡས་བཞེངས་སྐབས་མཆོད་རྟེན་དཀར་པོའི་ནང་བཞུགས་སྐད། དེ་བཞིན་བོད་ལ་དམ་པའི་ཆོས་ཐོག་མར་དབུ་བརྙེས་པའི་ལོ་ཚིགས་ཀྱང་ལྷ་ཐོ་ཐོ་རི་དགུང་ལོ་དྲུག་ཅུར་ཕེབས་པ་བོད་ཆུ་ཕག(སྤྱི་ལོ303) ལོར་ཡིན་ཞེས་པ་དང་། ལྷ་ཐོ་ཐོ་རི་དགུང་ལོ་བརྒྱད་ཅུར་ཕེབས་པ་ཆུ་སྤྲེལ(སྤྱི་ལོ333) ལོར་ཡིན་སོགས་གསུང་ཚུལ་མི་འདྲ་བ་མཆིས། གཞན་ཡང་རྒྱལ་པོ་འདིའི་སྐུ་དུས་སུ་རྒྱ་གར་ནས་སྨན་པ་བི་བྱི་དང་བི་ལྷ་མ་གཉིས་བོད་དུ་ཕེབས་ནས་གསོ་རིག་སྨན་གྱི་བསྟན་པ་དར་ཞེས་གྲགས། ཁྲི་ཐོག་རྗེ་གཙུག་བློན་དང་། སྲང་ཁྲི་ཟུང་ལན་པས་རྒྱལ་པོ་འདིའི་བློན་པོ་བྱས་ཤིང་། གཙོ་ཡི་བོན་པོ་གཡང་སྐྱེས་དང་། མཆོའི་བོན་པོ་འདུལ་སྲུང་། འབྲིའི་བོན་པོ་ཤོད་དྲི་གསུམ་གྱིས་སྐུ་བོན་བྱས། རྗེ་ཟ་མང་དཀར་རམ་མཛོ་བཟའ་མང་མོ་རྗེ་ཐེ་དགོས་ཁབ་ཏུ་བཞེས། རྒྱལ་པོ་འདིའི་གདུང་ལྷ་བཟངས་བྱ་བ་ཐང་མཚམས་སུ་ཕབ། རྒྱལ་པོ་འདི་ཉིད་དགུང་ལོ་བརྒྱ་དང་ཉི་ཤུའི་བར་བཞུགས་སྐད། བཙན་ལྷའི་བང་སོ་ཕྱིང་ལུང་དར་ཐང་ངམ་འཕྱིང་ཡུལ་དུ་བཏབ། བཙན་ལྷའི་མཆད་པ་ས་ཕུང་སྲ་དྲར་ཡོད།

ལྷ་བུ་མགོ་དཀར། བོད་རྒྱལ་ཨེ་ཤོ་ལེགས་ཀྱི་བློན་པོ་དང་འཕྲུལ་བློན་མཛངས་མི་བདུན་གྱི་གཉིས་པ། རུ་ལས་སྐྱེས་ཀྱི་བུ། འདི་ཉིད་ཀྱིས་ཞིང་ལ་དོར་ཁ་དང་འབྲོག་ལ་ཐུལ་རྩེ་བ། སུ་ཆུ་ཡུར་དུ་དྲངས་པ། མདའ་ཏུ་ཆུམ་རྫོ་བ་བཅས་ཀྱི་སྲོལ་བཏོད།

ལྷ་ལུང་དཔལ་གྱི་རྡོ་རྗེ། འདི་ཉིད་རྣོན་ཀུ་མ་རའི་སློབ་མ་དཔལ་གྱི་མིང་ཅན་བརྒྱད་ཀྱི་ཡ་གྱལ་ཡིན་པར་གྲགས། ལྷ་ལུང་དཔལ་རྡོར་ཡེར་པ་བྲག་ལྷ་སྒོམ་དུ་བཞུགས་སྐབས་རྒྱལ་པོས་བསྟན་པ་བསྣུབས་པར་ཤེས་ཏེ་སོད་ཀ་དང་ཞྭ་ནང་དཀར་ཕྱི་ནག་གྱོན། གདོང་ལ་སོལ་བ་བཀུས། སུ་ཐུང་དུ་ལྷུགས་མདའ་ལྷུགས་གཞུ་བཅུག རྟ་དཀར་སོལ་བ་བྱུགས་པ་ལ་བཞོན་ནས་ཕྱིན་པས་རྒྱལ་པོ་རྡོ་རིང་གི་ཡི་གེ་ཀློག་པ་དང་སྐབས་འཁེལ། དེར་རྟ་བབས་ནས་ཕྱག་བྱེད་པ་ལྟར་བཅོས་ཏེ་ཕྱག་དང་པོ་ལ་སུ་ཐུང་གི་ནང་དུ་མཐེབ་སྐྱོང་སྦྲད། གཉིས་པ་མདའ་བཀང་། གསུམ་པ་ལ་འཕངས་པས་སྙིང་མཚམས་སུ་ཐོག་སྟེ་མདེའུ་ལྟག་པར་ཕྱུང་ཞེས་པའམ་མདེའུ་སྙིང་ཁར་ཐོག་ཅེས་པའང་སྣང་། དེ་ནས་རྟ་ལ་བཞོན་ཏེ་ང་བདུད་ཡབ་བཞེར་ནག་པོ་ཡིན། རྒྱལ་པོ་སྡིག་ཅན་གསོད་ན་དེ་ལྟར་གསོད་པ་ཡིན་ཟེར་ནས་བྲོས། ལྷ་ལུང་དཔལ་གྱི་རྡོ་རྗེ་རྟ་ལ་བཅིབས་ནས་སྐྱིད་ཆུར་རབ་བརྒལ་བས་རྟའི་ལུས་སྟེང་གི་སོལ་བ་རྣམས་དག་སྟེ་དཀར་པོར་

གྱུར། གོས་དང་ཞྭ་ཕྱི་སྒྱུར་བསློགས་པས་མི་དཀར་ཧ་དཀར་དུ་གྱུར་ནས་ཡེར་པ་བྲག་ཕུག་ཏུ་སོག འོན་ཀྱང་དེ་སྐབས་ཁོང་འཚོལ་མི་གང་སར་ཡོད་པ་མཁྱེན་ནས་མཐར་ཡེར་པར་བཞུགས་མ་ནུས་པར་མངོན་པ་ཀུན་ལས་བཏུས་པ་དང་། འདུལ་བའི་ཊཱིཀ་ལྷན། གཙྭ་ཤ་ཏཾ་གསུམ་བསྣམས་ཏེ་ཁམས་ཕྱོགས་སུ་བྲོས། འདི་ཉིད་ཀྱིས་རྒྱལ་པོ་སྡིག་ཅན་པ་སྤྲོལ་དུས་དགུང་ལོ་ང་བརྒྱད་ཙམ་དུ་ཕེབས་པ་དང་། ཁམས་སུ་བླ་ཆེན་དགོངས་པ་རབ་གསལ་བསྙེན་པར་རྫོགས་པའི་ཁ་སྐོང་གི་དགེ་སློང་བཙལ་བའི་གྲོགས་ཀྱང་མཛད་ཅིང་། དུས་ཕྱིས་གནམ་ལྡེ་འོད་སྲུངས་ལ་སྨན་བླ་བདེ་བཤེགས་བརྒྱད་ཀྱི་མདོ་ཆོག་གི་ལུང་ཕྱིན་པར་ཡང་གསུངས་པས་སྐུ་ཚེ་བརྒྱད་ཅུ་ལྷག་ངེས་ཤིག་བཞུགས་པར་སྣང་ངོ་།

ལྷ་སྲས་གཙང་མ། རྒྱལ་པོ་ཁྲི་ལྡེ་སྲོང་བཙན་གྱི་སྲས་འབྲིང་བའམ་རྒན་པ། འདི་ཉིད་ནི་བོད་ཀྱི་བཙན་པོའི་གདུང་རབས་ནང་ནས་རབ་ཏུ་བྱུང་བ་དང་པོ་ཡིན། ཆོས་འབྱུང་འགའ་ཞིག་ནང་རྒྱལ་པོ་ཁྲི་རལ་པ་ཅན་བཀྲོངས་རྗེས་ཆོས་ལ་མི་དགའ་བའི་བློན་པོ་དབས་སྟག་ན་ཅན་ལ་སོགས་པས་ངན་སྐུལ་བྱས་པ་བརྒྱུད། རྒྱལ་པོ་གླང་དར་མས་ལྷ་སྲས་གཙང་མ་མོན་དུ་སྤྱུགས། འདི་ཉིད་ལྷོ་བྲག་སོ་ཁྱིང་གི་བར་དུ་ཕྱིན། དེར་སྣ་ནམ་བཟའ་མང་པོ་རྗེས་དུག་ཕུལ་ནས་བཀྲོངས་ཞེས་པ་དང་། ཆོས་འབྱུང་ལ་ལར་ཐོག་མ་ལྷོ་བྲག་སོ་ཁྱིང་དུ་ཕྱིན། ཞིག་རལ་ཐམས་ཅད་གསོས། གཏེར་ཚན་གཅིག་སྦས། དེ་ནས་སྤ་གྲོར་ཕྱིན། སྐྱེར་ཆུའི་ལྷ་ཁང་རྙིང་པ་གསོས། གསར་པ་བརྩིགས། ཡབ་མེས་ཀྱི་བླ་དཔེ་དང་ཁྲིམས་ཀྱི་ཡིག་ཚང་སོགས་ཚན་ཆེ་བ་གཅིག་སྦས། སྟག་ཚང་དང་སེང་གེ་ཕུག་ཏུ་གཏེར་ཁ་མང་དུ་སྦས། སྤྱུལ་ཀར་བརྒྱ་རྩ་བརྒྱད་སྦས། གཏེར་ཕྲན་མང་དུ་སྦས། དེ་ནས་ལྷ་སྲས་གཙང་མ་ལ་སྤྱན་འདྲེན་མི་མེད་པས་ཐུགས་སྐྱུག་སྟེ་བསམ་ཡས་ཀེ་ཚང་གི་བླ་དཔེ་ཟབ་མོ་རྣམས་སྤྱན་དྲངས་ཏེ་སྤྱུལ་ཀའི་བྲག་ལ་སྦས། ལྷ་སྲས་ཉིད་དེར་སྐུ་གཤེགས་ཏེ་སྤུར་ཡང་བསེ་སྒྲོམ་དུ་བཅུག་ནས་བྲག་ལ་སྦས་ཞེས་གསལ་ནའང་། ལྷ་སྲས་གཙང་མ་རང་གི་དཔོན་རྒྱུད་ཀྱིས་བརྩམས་པའི་མོན་ཡུལ་གྱི་ལོ་རྒྱུས་ནང་། ལྷ་སྲས་གཙང་མ་མོན་དུ་སྤྱུགས་པའི་སྐོར་ལ་འདི་ལྟར་གསལ་བ་སྟེ། འདི་ཉིད་མོན་སྤ་གྲོ་གནམ་ཐང་སོགས་བརྒྱུད་ནས་རིམ་བཞིན་ཕེབས་པའི་མཐར་མི་ཟིན་པའི་ས་ཆར་འགྱོར། འདིར་ཨ་མི་དོན་གྲུབ་རྒྱལ་ཟེར་བའི་མི་ཞིག་གིས་བདག་པོ་བྱས་པའི་མི་ཁྱིམ་ཞིག་འདུག་པ་དེར་གནས་ཚང་བཅའ་ནས་བཞུགས། ཨ་མི་དོན་གྲུབ་རྒྱལ་གྱིས་རང་གི་བུ་མོ་བསོད་ནམས་དཔལ་སྒྲོན་ལྷ་སྲས་གཙང་མའི་བཙུན་མོར་ཕུལ་བས་སྲས་ཁྲི་མི་ལྷའི་དབང་ཕྱུག་དང་། བུ་མཛོད་ལེགས་ཅན་འཁྲུངས་ནས་དེ་གཉིས་སྐུ་ནར་སོན་སྐབས་མི་ཁྱིམ་ཡུལ་གྲོང་ཐོར་བུ་ཡོད་པ་རྣམས་ལ་དབང་བསྒྱུར་ནས་རྒྱལ་མཁར་བརྩིགས་པས་བོད་ཆོས་རྒྱལ་གྱི་གདུང་ཞེས་གྲགས་པ་ཆེར་སོང་བ་དང་། ཁྲི་མི་ལྷའི་དབང་ཕྱུག་གི་སྲས་རྒྱུད་རྣམས་ལྷའུ་ཁམ་པ་ལ་བཞུགས་པས་ཁམ་པ་རྗེ་བོ་ཟེར་བའི་མིང་དེ་ལས་གྲགས་པ་ཡིན། བུ་མཛོད་ལེགས་ཅན་གྱིས་རྒྱལ་མཁར་མི་ཟིན་པ་བཟུང་ནས་སྲས་ཁྲི་བརྟན་དཔལ་དང་།

གུང་དཀར་རྒྱལ་དང་དཔལ་སྐྱིད་དར་གཉིས་མཉམ་པོར་འཁྲུངས་པ་སོགས་མདོར་ན་ལྷ་སྲས་གཙང་མའི་གདུང་རྒྱུད་མི་རབས་ཉི་ཤུ་རྩ་གསུམ་ཙམ་གྱིས་མོན་ཁྲེལ་ཡུལ་ཚོ་སོ་སོར་དབང་བསྒྱུར་བྱས་པ་གསལ་པོར་འཁོད་འདུག

ཨི་རྣ་ལེགས། （ཐོ་ལེགས་ཞེས་པའང་སྣང）བོད་རྒྱལ་བཅོ་ལྔ་པ། ལེགས་དྲུག་གི་ཡ་གྱལ། ཡབ་འབྲོང་ཞི་ལེགས་དང་ཡུམ་ས་སྨན་བུ་མོའི་སྲས། རྒྱལ་པོ་འདིའི་དུས་བློན་པོ་རིག་པ་ཅན་གྱིས་རྒྱལ་པོ་མང་ན་འགྲན་ཟླར་གྱུར་པས་གཅིག་རྒྱལ་སར་བཞག་ནས་གཞན་ཐང་མཚམས་སུ་འབེབས་པའི་སྲོལ་གཏོད་དེ་དེའི་གཅེན་པོ་ཐང་མཚམས་སུ་ཕབ་པ་རིགས་ནི་ཡར་གར་གནང་ཞེས་བྱ་སྟེ་ཞང་ལྔ་གཅེན་པར་གྲགས། དེ་ནས་བཟུང་ཕྱིར་རྒྱལ་བཙན་པོའི་གདུང་རབས་ལ་སྲས་འགའ་བྱུང་ན་འོས་པ་ཞིག་རྒྱལ་སར་བསྐོས་ཏེ་གཞན་རྣམས་ཐང་མཚམས་སུ་ཕབ་པ་ཞེས་ཟུར་དུ་འཇོག་གོ། རྒྱལ་པོ་འདིའི་སྐུ་བོན་ཨ་ལ་དུན་ཙུག་གིས་བྱས། རྨུ་ལྕམ་རྨང་ལེགས་སམ་རྨུ་ལྕམ་སྨད་ལེགས་ཁབ་ཏུ་བཞེས་པར་སྲས་ཟ་ནམ་ཟིན་ལྡེ་འཁྲུངས། བོད་ཀྱི་ལོ་རྒྱུས་ཡིག་ཚང་ནང་ལེགས་དྲུག་གི་རིང་ལ་འཆིང་བ་རྩེ་དྲུག་སྟེ། སྟག་རྩེ། ཁྲོད་རྩེ། ཡང་རྩེ། ཁྲི་རྩེ། རྩེ་མོ་ཁྱུང་རྒྱལ། ཁྲི་བརྩིགས་འབུམ་གདུགས་བཅས་བརྩིགས་ཞེས་འཁོད། གཞན་ཡང་བོན་གྱི་ལོ་རྒྱུས་ནང་ས་ལ་ལེགས་དྲུག་གི་རིང་ལ་བོན་གྱི་གཞུང་དུ་མ་དང་རིག་པའི་གནས་ལྔ་དར་ཞིང་། རིག་པའི་གནས་ལྔ་ནི། ནད་ཀྱིས་གདུང་བ་སྨན་གྱིས་གསོ། གདོན་གྱིས་གཙེས་པ་སྔགས་ཀྱིས་བཅོམ། རྒྱས་རྒྱུད་འཆི་འཕོ་རྩིས་ཀྱིས་བཏུལ། ཕས་ཀྱིས་རྒོལ་བ་སྒྲས་ཚར་གཅོད་ཅེས་འཁོད་དོ། ལེགས་དྲུག་བང་སོ་གཡའ་སྤང་མཚམས་སུ་བཏབ། སྤང་ལ་འཛའ་ཚོན་རྒྱས་པ་འདྲའོ་སྐད།

ཨེ་རྣ་ལེགས། （ཐོ་ལེགས་བཙན་པོ་ཞེས་པའང་སྣང）བོད་རྒྱལ་བཅུ་པ། བར་རམ་ས་ལ་ལེགས་དྲུག་གི་ཡ་གྱལ། ཡབ་པུ་དེ་གུང་རྒྱལ་དང་ཡུམ་འོམ་ཐང་སྨན་མཚོའི་སྲས། འདི་ཉིད་ཀྱི་དུས་སུ་ཞིང་ལ་རྔོར་ཁ་དང་འབྲོག་ལ་ཐུལ་རྩི་བའི་སྲོལ་བྱུང་། ལྷ་བོན་ཙོ་ཉག་ཞེར་ཐོད་དཀར་དང་བློན་པོ་ལྷ་བུ་མགོ་དཀར་གྱིས་བྱས། རྨུ་ལྕམ་བྲ་མ་ནའམ་དམུ་ལྕམ་ལ་ན་ཁབ་ཏུ་བཞེས་པར་སྲས་དེ་ཐོ་ལེགས་འཁྲུངས།

བསྟན་པ་སྔ་དར་སྐབས་རྒྱ་གར་སོགས་ནས་བོད་དུ་པཎྜི་ཏ་ཉི་ཤུ་རྩ་བཞི་ཕེབས་པར་གསུངས་ཤིང་། འོན་ཀྱང་རང་ཅག་ལ་དེ་དག་མང་ཆེ་བའི་མཛད་རྣམ་མ་རག་པས། འདིར་ལོ་རྒྱུས་ཆོས་འབྱུང་ནང་འཁོད་བཞིན་ཡོད་རྣམ་པའི་མཚན་ཙམ་འབྲི་བར་བྱ་སྟེ།

ཆོས་རྒྱལ་སྲོང་བཙན་གྱི་སྐུ་དུས་སུ། རྒྱ་གར་གྱི་སློབ་དཔོན་ཀུ་ས་ར། ཁ་ཆེ་ཏ་ནུ། བྲམ་ཟེ་ཨཱ་ནནྡ། བལ་པོ་ཤཱི་ལ་མཉྫུ། ཧྭ་ཤང་མ་ཧཱ་དེ་ཝ། རྒྱལ་པོ་མེས་ཨག་ཚོམས་ཀྱི་སྐུ་དུས་སུ། སངས་རྒྱས་གསང་བ་དང་སངས་རྒྱས་ཞི་བ་གཉིས་གངས་ཏི་སེར་བྱོན། རྒྱལ་པོས་དབུས་སུ་སྤྱན་དྲངས་ཀྱང་མ་བྱོན། མདོ་སྡེ་ལྔ་བསྒྱུར་ནས་ཕྱིས་བསྟན་པ་འབྱུང་བར་བྱིན་གྱིས་བརླབས་པའི་དྲིན་ཅན་ཡིན། ཆོས་རྒྱལ་ཁྲི་

སྲོང་གི་སྐུ་དུས་སུ། མཁན་ཆེན་ཞི་བ་འཚོ། སློབ་དཔོན་པདྨ་འབྱུང་གནས། སློབ་དཔོན་ཛྙཱ་ཀིརྟི། བི་མ་ལ་མི་ཏྲ། ཞི་བ་སྙིང་པོ། ཛམ་དག་སེང་གེ། ཧཱ་ཤང་མ་ཧཱ་ཡ་ན། ཀ་མ་ལ་ཤཱི་ལ་བཅས་བྱོན། དེ་རྗེས་དུས་ཀྱི་བཤེས་གཉེན་དང་། རྒྱལ་བའི་བཤེས་གཉེན། ལྷ་དབང་བྱང་ཆུབ། ཚུལ་ཁྲིམས་དབང་པོ་བྱང་ཆུབ། སྤྲིན་པའི་ངང་ཚུལ། བྱང་ཆུབ་བཤེས་གཉེན། ཐུབ་པའི་གོ་ཆ། ཀུན་མཁྱེན་ལྷ། རིག་བྱེད་འོད་ཟེར་བཅས་བྱོན་པཎྜི་ཏ་ཉེར་བཞི་བྱོན་པ་དང་། བསྟན་པ་ཕྱི་དར་དུས་པཎྜི་ཏ་བདུན་ཅུ་དོན་གསུམ་བོད་དུ་བྱོན་ཏེ་སངས་རྒྱས་ཀྱི་བསྟན་པ་དང་། བོད་ཀྱི་རིག་གནས་འཕེལ་རྒྱས་ལ་མཛད་རྗེས་བསྒུབ་ཐབས་མེད་པ་བཞག་ཡོད།

གཉིས་པ། བོད་སིལ་བུའི་སྐབས།

ཀ་མ་བ་ཤེས་རབ་འོད། འདི་ཉིད་དགོན་པ་བའི་བུ་བཞིའི་ཡ་གྱལ་ཡིན་ཞིང་། རབ་བྱུང་དང་པོའི་མེ་བྱ (སྤྱི་ལོ1057) ལོར་ལན་པ་མདར་སྐུ་འཁྲུངས། རབ་ཏུ་བྱུང་བའི་མཚན་ལ་ཤེས་རབ་འོད་ཞུ། ཕྱིས་དགོན་པ་བ་མཇལ་དུ་ཕྱིན་པས་དགོན་པ་བས་ཆོས་དང་ཟང་ཟིང་གཉིས་ཀས་བསྐྱངས། མངོན་པར་རྟོགས་པའི་ཡོན་ཏན་ཡང་ཚད་མེད་པ་དང་ལྡན་པ་ཡིན། ཐུགས་རབ་ཀྱང་ཤིན་ཏུ་ཆེ། རྟོག་གེ་འབར་བ་ནག་ཆོས་བསྒྱུར་བ་ལས་རྣལ་འབྱོར་སྤྱོད་པ་བའི་དེ་ཁོ་ན་ཉིད་གཏན་ལ་དབབ་པའི་ལེའུ་ལ་བསྒྱུར་བཅོས་མཛད་པ་པོའི་མཁས་བཙུན་ཤེས་རབ་འོད་གསལ་གཉིས་ཀྱིས་བསྒྱུར་ཟེར་བའི་ཡ་གཅིག་ཁོང་ཡིན་པ་འདྲའོ། འདི་ཉིད་ཀྱིས་ཀམ་དགོན་པ་བཏབ། དགེ་འདུན་བདུན་བརྒྱ་ཙམ་འཚོགས། ཕྱི་རོལ་གྱི་དངོས་པོ་ངན་པ་རྣམས་བཟང་པོར་བསྒྱུར་ནུས་པའི་ཏིང་ངེ་འཛིན་བརྟན་པོ་ཡང་མངའ། མཐར་དགུང་ལོ་བདུན་ཅུ་རྩ་ལྔ་པ་རབ་བྱུང་གཉིས་པའི་ལྕགས་ཕག(སྤྱི་ལོ1131) ལོར་སྐུ་གཤེགས།

ཀརྨ་པཀྵི་ཆོས་ཀྱི་བླ་མ། ཀརྨ་སྐུ་ཕྲེང་གཉིས་པ་འདི་ཉིད་རབ་བྱུང་གསུམ་པའི་ཤིང་བྱི(སྤྱི་ལོ1204) ལོར་མདོ་ཁམས་འབྲི་ཆུའི་རྒྱུད་ཡུལ་སྟོང་བུའི་ལེའི་ཚག་ཧོ་ཞེས་བྱ་བར་ཡབ་རྒྱ་དབང་ཚུར་ཚ་དང་ཡུམ་སེང་བཟའ་མང་སྐྱིད་གཉིས་ཀྱི་སྲས་སུ་འཁྲུངས། ཐོག་མའི་མཚན་ཆོས་འཛིན་དུ་གསོལ། དགུང་ལོ་བཅུ་གཅིག་པ་ལ་བླ་མ་སྤོམ་བྲག་པ་ལས་རབ་ཏུ་བྱུང་སྟེ་མཚན་ལ་དཔལ་ཆེན་པོ་ཆོས་ཀྱི་བླ་མར་གསོལ། ཀ་ཐོག་པ་བྱམས་པ་འབུམ་གྱིས་མཁན་པོ་དང་། སྤོམ་བྲག་པས་སློབ་དཔོན། སྤྱན་སྔ་མང་ཕུ་བས་གསང་སྟོན་མཛད་དེ་བསྙེན་པར་རྫོགས། གསན་བསམ་མཐར་ཕྱིན་གནང་སྟེ་མཁས་པ་དང་གྲུབ་པའི་སྙན་གྲགས་ཐོབ། ཀརྨ་དུས་གསུམ་མཁྱེན་པའི་ཡང་སྲིད་དུ་ངོས་བཟུང་བས་བོད་ལ་སྤྲུལ་སྐུ་ངོས་འཛིན་བྱེད་སྲོལ་ཐོག་མ་དེ་ནས་འགོ་ཚུགས་པར་གྲགས། དུས་གསུམ་མཁྱེན་པའི་ཡང་སློབ་སྤོམ་བྲག་པ་བླ་མར་བསྟེན། མེ་ལུག(སྤྱི་ལོ1247) ལོ་ནས་མཚུར་ཕུར་ཕེབས་ཏེ་ལོ་དྲུག་བཞུགས། དགོན་དེ་ཉམས་པ་ཞིག་གསོ་མཛད་ཅིང་དར་རྒྱས་སུ་གྱུར། གཙང་དང་ལྷོ་ཁར་ཕེབས་ཏེ་འགྲོ་དོན་བསྐྱངས་ནས་སླར་མཚུར་ཕུར་ཕྱིན། ཤིང་སྟག(སྤྱི་ལོ1254) ལོར་སེ་ཆེན་རྒྱལ་པོས་མཐའ་འཁོབ་ཏུ་ཆོས་ཀྱི་སྒྲོན་མེ་སྤར་བ་ལ་འབྱོན་པར་ཞུ་བ་བཞིན་ཕེབས་ནས་རོང་ཡུལ་གསེར་སྟོད་དུ་རྒྱལ་པོ་ཧུ་པི་ལི་དང་མཇལ། རྒྱལ་པོ་དང་ཡོན་མཆོད་འབྲེལ་པས་རྟག་ཏུ་བཞུགས་པར་གསོལ་བ་བཏབ་ཀྱང་ཞལ་མ་བཞེས། རབ་བྱུང་བཞི་པའི་མེ་འབྲུག(སྤྱི་ལོ1256) ལོར་མོང་གོར་རྒྱལ་པོས་གདན་དྲངས་ཏེ་རྒྱལ་པོ་དང་མཇལ། རྒྱལ་པོ་ལ་

དབང་བསྐུར་བཀའ་ཆོས་སོགས་གནང་སྟེ་སངས་རྒྱས་ཆོས་ལུགས་པར་བསྒྱུར། ཧོར་མི་ཡུར་ཆེན་མོ་བཅད། ཆབ་འོག་ཐམས་ཅད་དགེ་བཅུ་ལ་སྦྱར། གུ་རུམ་དུ་རྒྱལ་པོ་ཉིད་ཀྱིས་ཕྱག་ལེན་མཛད་ནས་ལྷ་ཁང་དཔག་མེད་བཞེངས། ཧོར་གྱི་ས་ཆ་མང་པོར་ཕེབས་ནས་འགྲོ་དོན་བསྐྱངས། རྫུ་འཕྲུལ་མང་པོ་བསྟན། མོང་གོར་རྒྱལ་པོས་གུ་ཤྲིའི་གསེར་ཐམ་དང་ཞྭ་ནག་གསེར་མདོངས་ཅན་ཕུལ་བས་ཀརྨ་པཀྴི་ཞེས་གྲགས། པཀྴི་ཞེས་པ་སོགས་སྐད་དུ་སློབ་དཔོན་ཟེར། ལྕགས་སྤྲེལ(སྤྱི་ལོ1260)ལོར་མོང་གོར་རྒྱལ་པོ་འདས། གོ་པེ་ལ་གཅེན་གཅུང་ནང་མ་འཆམས་པ་དང་འབྲེལ་ཚུལ་གྱི་དབང་གིས་བཙོན་དུ་བཟུང་ཞིང་། ཤིང་བྱི(སྤྱི་ལོ1264)ལོར་གློད་དེ་དབུས་སུ་ཕེབས་པའི་ལམ་བར་མདོ་ཁམས་སུ་བསྟན་པ་ལོ་བརྒྱད་སྤེལ། དེ་ནས་མཚུར་ཕུར་ཕྱིན་ཏེ་དགོན་པ་རྒྱ་ཆེར་བསྐྱུན། གསེར་ཟངས་ཀྱི་ལྷ་ཆེན་འཛམ་གླིང་རྒྱན་ཞེས་སྟོན་པའི་སྐུ་བརྙན་ཆེན་པོས་མཚོན་རྟེན་བཞེངས་དཔག་ཏུ་མེད་པ་མཛད།

ཀརྨ་པ་འདི་རྩ་རླུང་ལ་རང་དབང་ཐོབ་པས་གྲུབ་ཐོབ་ཆེན་པོ་ཞེས་མཚན་སྙན་དང་མཛད་འཕྲིན་ཤིན་ཏུ་རྒྱས་པ་བྱུང་ཞིང་། གྲུབ་ཐོབ་ཨོ་རྒྱན་པ་དང་། ཡེ་ཤེས་དབང་ཕྱུག རིན་ཆེན་དཔལ། ཚད་མ་པ་ཊ་ཆེན། གཡག་རུ་རས་པ། རྟོགས་ལྡན་ཞྭ་སེར་བ། ཞྭ་དམར་བ། ཞྭ་ཁྲ་བ། སྟག་མགོ་བ། གཟིག་མགོ་བ། དོམ་མགོ་བ། སྤྱན་སྔ་སྟག་ཤོད་པ་ལ་སོགས་རྟོག་ལྡན་གྱི་སློབ་མ་གྲངས་ལས་འདས་པ་བྱུང་། ཀརྨ་བཀའ་བརྒྱུད་ཀྱི་གྲུབ་མཐའ་རྒྱ་ཆེར་སྤེལ། རྒྱ་ཧོར་མི་ཉག་སོགས་གང་སར་ཆོས་ཀྱི་མཛད་པ་རྒྱ་ཆེར་བསྐྱངས། མཐར་རབ་བྱུང་ལྔ་པའི་ཆུ་ལུག(སྤྱི་ལོ1283)ལོར་འདས།

ཀརྨ་པ་དུས་གསུམ་མཁྱེན་པ། (ཁམས་པ་དབུ་སེ་ཡང་ཞུ) ཀརྨ་བཀའ་བརྒྱུད་པའི་གྲུབ་མཐའི་སྲོལ་གཏོད་པ་པོ། ཀརྨ་སྐུ་ཕྲེང་དང་པོ་དུས་གསུམ་མཁྱེན་པ་རབ་བྱུང་གཉིས་པའི་ལྕགས་སྟག(སྤྱི་ལོ1110)ལོར་ཡབ་སྒོམ་པ་རྡོ་རྗེ་མགོན་དང་། ཡུམ་ལྷ་ཐོག་བཟའ་སྒང་ལྕམ་མེང་འདྲེན་གཉིས་ཀྱི་སྲས་སུ་མདོ་ཁམས་ཏྲེ་ཤོད་དུ་སྐུ་བལྟམས། མཚན་དགེ་འཕེལ་དུ་བཏགས། དགུང་ལོ་བཅུ་དྲུག་པར་རྫོག་ལོའི་སློབ་མ་ཏྲེ་བོ་མཆོག་གི་བླ་མ་དང་། ཆག་སེང་གེ་གྲགས་ལས་རབ་ཏུ་བྱུང་། མཚན་དཔལ་ཆོས་ཀྱི་གྲགས་པ་ཞེས་གསོལ། དགུང་ལོ་བཅུ་དགུའམ་ཉི་ཤུར་དབུས་སུ་ཕྱིན་ཏེ་རྒྱ་དམར་བ་དང་། ཆ་པ་ཆོས་ཀྱི་སེང་གེ། ཤ་ར་བ་སོགས་ལས་བྱམས་ཆོས་དང་དབུ་ཚད་བཀའ་གདམས་པའི་ལམ་རིམ་སོགས་མང་དུ་གསན། དགུང་ལོ་སུམ་ཅུ་པར་མལ་འདུལ་འཛིན་ལས་བསྙེན་པར་རྫོགས། དགུང་ལོ་སོ་གསུམ་པར་མཉམ་མེད་དྭགས་པོ་ལྷ་རྗེ་དང་མཇལ་ནས་སྙིང་པའི་དོན་ལ་སྒྲོ་འདོགས་ཆོད་པ་དང་། དྭགས་པོ་ལྷ་རྗེའི་ཐུགས་སྲས་གཙོ་བོའི་གྲས་སུ་གྱུར། གཞན་ཡང་བླ་མ་མང་པོ་ལས་གདམས་པ་དུ་མ་མནོས། དབེན་གནས་མང་པོར་སྒྲུབ་པ་མཛད་པས་གྲུབ་པའི་གོ་འཕང་མཐོན་པོར་གཤེགས། ཀརྨ་པ་དགུང་ལོ་སོ་བརྒྱད་ཐེབས་པ་རབ་བྱུང་གསུམ་པའི་མེ་ཡོས(སྤྱི་ལོ1147)ལོར་ཁམས་རི་བོ་ཆེར་ཀརྨ་ལྷ་སྟེང་གི་དགོན་པ་

བཏབ་པ་དེ་ནས་ཀརྨ་པ་ཞེས་མཚན་ཐོགས་ཤིང་། དེ་རྗེས་བོད་ཤིང་ཕག(སྤྱི་ལོ1155)ལོར་ལྷ་སའི་ཉེ་འདབས་སྟོད་ལུང་དུ་མཚུར་ཕུ་དགོན་པ་བཏབ་པས་ཀརྨ་པའི་གདན་ས་གོང་འོག་གཉིས་ཞེས་གྲགས། བོད་ཤིང་སྤྲེལ་ལོར་ཁམས་སུ་ཀམ་པོ་གནས་ནང་དགོན་བཏབ། མཐར་དགུང་ལོ་བརྒྱད་ཅུ་རྩ་བཞི་པ་རབ་བྱུང་གསུམ་པའི་ཆུ་གླང(སྤྱི་ལོ1193)ལོར་སྐུ་གཤེགས། འདི་ཉིད་གཤེགས་ཁར་སྤྲུལ་པའི་སྐུ་དངོས་སུ་འབྱོན་པར་དོན་གྱིས་ལུང་བསྟན་པ་ལྟར་སྐུ་ཕྲེང་གཉིས་པ་ཀརྨ་པཀྴི་ཆོས་ཀྱི་བླ་མ་བྱོན་པ་འདི་ནི་གངས་ཅན་གྱི་ལྗོངས་འདིར་སྤྲུལ་པའི་སྐུ་བྱོན་པའི་ཐོག་མ་ཡིན་ནོ།

ཀརྨ་པ་དུས་གསུམ་མཁྱེན་པའི་དངོས་སློབ། བཀའ་བབས་ཀྱི་བུ་ལྔ་སྟེ། མངོན་ཤེས་ཀྱི་བཀའ་བབས་ལྷེ་ཆུང་སངས་རྒྱས། རྫུ་འཕྲུལ་གྱི་བཀའ་བབས་འབལ་སྟག་དེ་ལ་བ། རྣམ་ཐར་གྱི་བཀའ་བབས་བྲ་བ་བཀའ་གདམས་པ། རྟོགས་པའི་བཀའ་བབས་དབྲ་ཡེ་དགེ་ཆོས་བརྩོན། འགྲོ་དོན་གྱི་བཀའ་བབས་འགྲོ་མགོན་རས་ཆེན་བཅས་དང་། རྒྱུད་འཛིན་གྱི་བུ་བཞི་སྟེ། གྱ་བ་གངས་པ། རང་བྱུང་སངས་རྒྱས། གཙང་སོ་བ་དཀོན་སེང་། འགྲོ་མགོན་རས་ཆེན། དེ་བཞིན་ཉེ་གནས་འོད་བཞི་དང་། བླ་མ་བཞི། ཐུ་བོ་བཞི། ཕྱི་བུ་བཞི། ཀློ་ལ་ཡག་པ་བྱང་ཆུབ་དངོས་གྲུབ་ལ་སོགས་པ་སློབ་མ་མང་དུ་མཆིས་སོ།

ཀུན་ལྡན་རས་པ། རིན་པོ་ཆེ་རྒྱལ་ཚའི་གཅུང་པོ། འདི་ཉིད་རབ་བྱུང་གསུམ་པའི་ས་འབྲུག(སྤྱི་ལོ1148)ལོར་སྐུ་འཁྲུངས། ཕག་མོ་གྲུ་པ་གཅེན་པོའི་རྒྱགས་སྐྱེལ་དུ་བྱོན་པས་རྗེ་བཙུན་མི་ལའི་རྣམ་ཐར་གསུང་བ་དང་ཐུག དེ་འདྲ་བ་ཞིག་ངས་ཀྱང་བྱའོ་སྙམ་ནས་ཆོས་གྲྭ་དེར་མགོ་ལྟོག་ལྟོག་ལན་གསུམ་བྱས། འགྲོ་མགོན་ཕག་མོ་གྲུ་པར་གདམས་པ་ཞུས་ཏེ་བསྒོམས་པས་རྟོགས་པ་ཁྱད་པར་ཅན་འཁྲུངས། གྲུབ་ཐོབ་ཆེན་པོར་གྱུར་ཏེ་མུ་གེ་བྱུང་བའི་ཚེ་ཁྲི་ཕུའི་མཆོད་ཁང་གི་སྒོ་ལ་ཕྱག་མཁར་གཏུག་གཏུག་མཛད་ནས་རྣལ་འབྱོར་མ་རྣམས་དེ་རིང་རྣལ་འབྱོར་པ་ལ་བསོད་སྙོམས་ཤིག་ཞུའོ་གསུངས་པས། མཆོད་ཁང་གི་སྒོ་བར་ནས་ནས་ཕྱེར་མང་དུ་བྱུང་། ཡུལ་མི་ཐམས་ཅད་ཀྱིས་བླངས་ཀྱང་ཞག་ལྔའི་བར་དུ་ནས་མ་ཟད་པའི་གྲུབ་རྟགས་ཀྱང་བསྟན་སྐད།

མཐར་དགུང་ལོ་བདུན་ཅུ་པ་རབ་བྱུང་བཞི་པའི་མེ་གླང(སྤྱི་ལོ1217)ལོར་སྐུ་གཤེགས།

ཀོ་བྲག་པ་བསོད་ནམས་རྒྱལ་མཚན། འདི་ཉིད་གདུང་རྒྱུད་སྟོང་ཡིན་ཞིང་། ཡབ་གཙོ་བོ་རྒྱལ་གཡུང་དང་ཡུམ་སྟོད་མོ་རྗེ་མ་གཉིས་ཀྱི་སྲས་སུ་རབ་བྱུང་གསུམ་པའི་ཆུ་སྟག(སྤྱི་ལོ1182)ལོར་ཡུལ་དིང་རིར་སྐུ་འཁྲུངས། ཡིས་ཀློག་རྩོལ་མེད་དུ་མཁྱེན། སེ་མིག་པ་ལ་དགེ་བསྙེན་མཛད། པཎ་ཆེན་ཤཱཀྱ་ཤྲཱི་ལ་བློ་སྦྱོང་སོགས་གསན། གྱམ་དུ་བླ་མ་རྡོ་རྗེ་དཔལ་བ་ལ་རིག་འཛིན་བཅུ། རྫོགས་ཆེན་དམར་ཁྲིད་ལ་སོགས་ཆོས་མང་དུ་གསན། རྒྱ་ཕུག་རྡོ་སྲས་ཡའང་རྫོགས་ཆེན་ལ་སོགས་པ་གསན། གྱང་རིམ་དང་གོང་མོའི་རི་ལ་མཚམས་མཛད་པས་ཕྱག་རྒྱ་ཆེན་པོའི་རྟོགས་པ་འཁྲུངས། པཎ་ཆེན་རཏྣ་རཀྵི་ཏ་ལ་བདེ་མཆོག་གི

དབང་གསན། དེ་ནས་ལ་ཕྱི་སོགས་སུ་བཞུགས། ཆོས་རྗེ་སྐྱེས་ལ་མཁན་པོ། ཕྲ་རུ་འདུལ་འཛིན་ལ་སློབ་དཔོན། སློབ་དཔོན་ལོ་ལ་གསང་སྔོན་ཞུས་ནས་དགུང་ལོ་ཉི་ཤུ་རྩ་དགུ་ལ་དགེ་སློང་ཚིག་རྫོགས་མཛད། མཚན་བསོད་ནམས་རྒྱལ་མཚན་དུ་གསོལ། དེ་ནས་ཏི་སེར་ཕྱིན་ལོ་ལྔ་བཞུགས། ཌཱ་ཀྭ་བ་དང་ཌཱ་ཀི་སྙིང་པའི་མངོན་སུམ་གྱི་ཡེ་ཤེས་བརྙེས། ཁྱད་པར་རྡོ་རྗེ་ལུས་ཀྱི་གནས་ལུགས་ཌཱ་ཀྭ་བ་བཞིན་དུ་གཟིགས། མ་ཕམ་གྱི་ཀླུས་ཆུའི་དངོས་གྲུབ་ཕུལ། ཕྱིས་མྱང་སྟོད་ཀོ་བྲག་གི་དགོན་པ་བཏབ་པས་ས་སྐམ་པོ་ལ་ཆུ་མིག་བཙོལ། ཀོ་བྲག་པ་ཞེས་གྲགས། འདི་ཉིད་ལ་སྒྲུབ་པ་པོ་དང་མཁས་པའི་མཆོག་ཐམས་ཅད་ཀྱིས་ཀྱང་ཞབས་ལ་གཏུགས། ཆོས་ལའང་མི་མཁྱེན་པ་བ་མེད། བལ་པོ་ནས་བི་བྷུ་ཏི་ཙནྡྲ་དིང་རིར་སྤྱན་དྲངས། ཁོང་ལ་ཤ་བ་རི་དབང་ཕྱུག་གིས་གནང་བའི་སྦྱོར་བ་ཡན་ལག་དྲུག་གི་གདམས་ངག་གསན། པཎྜི་ཏས་ཀྱང་ཚུར་ཆོས་ཞུས། འགྲོ་བའི་དོན་རྒྱུན་མི་ཆད་པ་དང་རྒྱ་ཆེ་བ་མཛད། སྐྱེས་བུ་ཆེན་པོ་དེ་ནི་བཀའ་བརྒྱུད་འདིའི་ཁོངས་སུ་གཏོགས་ཞེས་ཁ་མཆོན་གཅོད་པར་དཀའ་ཞེས་དེབ་སྔོན་དུ་གསུངས། མཐར་དགུང་ལོ་བརྒྱད་ཅུ་པ་རབ་བྱུང་བཞི་པའི་ལྕགས་བྱ(སྤྱི་ལོ1261)ལོར་སྐུ་གཤེགས།

བཀྲ་ཤིས་རྣམ་རྒྱལ། སྟོད་ཀྱི་མགོན་གསུམ་གྱི་ཡ་གྱལ་རིག་པ་མགོན་གྱི་རྒྱུད་པ། ལྷ་ཆེན་ཛ་གན་ལ་སྲས་གཉིས་བྱུང་བའི་ཆུང་བ། འདི་ཉིད་ཀྱིས་རང་གི་གཅེན་པོ་ལྷ་དབང་རྣམ་རྒྱལ་གྱི་སྤྱན་བཏོན་ནས་གདུང་རྒྱུད་ཀྱི་ཕྱིར་བཙུན་མོ་དང་བཅས་ལིང་སྙེད་དུ་བཞུགས་སུ་བཅུག བཀྲ་ཤིས་རྣམ་རྒྱལ་གྱིས་རྒྱལ་སྲིད་མཛད་དེ། པུ་རིག་ཡན་ཆད། གྲོ་ཤོད་མན་ཆད་མངའ་འོག་ཏུ་བསྡུས་ནས་ཧ་ཕྱུ་བསམ་གྱིས་མི་ཁྱབ་པ་བྱུང་ཞིང་། སྐུ་མཁར་སླེ་རྣམ་རྒྱལ་རྩེ་མོ་དང་། ཆུ་རྟའི་གྲོང་ཁྱེར་བཏབ། དེ་སྐབས་ཧོར་གྱི་དམག་བྱུང་བ་ལ་འཐབ་པས་ཧོར་མང་པོ་བསད། རྣམ་རྒྱལ་རྩེ་མོར་མགོན་ཁང་བཞེངས། འབྲི་གུང་ཆོས་རྗེ་ལྡན་མ་གདན་དྲངས་ནས་སྣང་སྟོན་བཀྲ་ཤིས་ཆོས་རྫོང་བཏབ་སྟེ་ཉེ་འཁོར་ཡུལ་ཁག་ནས་བཙུན་ཁྲལ་བསྐྱལ་ཏེ་དགེ་འདུན་གྱི་སྡེ་བཙུགས། དགོན་པ་མཐོང་བའི་ས་མཚམས་སུ་དར་པོ་ཆེ་བཙུགས་ཏེ་དེའི་ནང་ཁོངས་སུ་རྐུན་ཇག་ལ་སོགས་པའི་ཉེས་ཅན་པ་ཆུད་པ་ཙམ་གྱིས་ནག་ཉེས་ལས་ཐར་བའི་ཐར་པ་གླིང་དུ་མཛད། གཞན་ཡང་འབྲི་གུང་། ས་སྐྱ། དགེ་ལྡན། ལྷ་ས། བསམ་ཡས་སོགས་སུ་ཕེབས་བཞུགས་ཀྱིས་རྟེན་གསུམ་ལ་གསེར་ཆབ་སྒྲོན་འབུལ་དང་། དགེ་འདུན་གྱི་སྡེར་མང་ཇ། བླ་མར་བརྒྱ་འབུལ། བཀའ་བསྟན་འགྱུར་གྱིས་མཆོན་གསུང་རྟེན་གྱི་གླེགས་བམ་མང་པོ་དང་། མཆོད་རྟེན་རྟེན་མང་པོ་ཡང་བཞེངས་གནང་མཛད། འདི་ཉིད་ལ་སྲས་ལྷ་ཆེན་ཚེ་དབང་རྣམ་རྒྱལ་དང་། རྣམ་རྒྱལ་མགོན་པོ། འཇམ་དབྱངས་རྣམ་རྒྱལ་བཅས་གསུམ་ཡོད་དོ།

སྐྱིད་ལྡེ་ཉི་མ་མགོན། ཡབ་མངའ་བདག་དཔལ་འཁོར་བཙན་དང་ཡུམ་བཙུན་མོ་ཆེན་མ་སྣ་ནམ་བཟའ་ལེགས་བཙུན་གྱི་སྲས་སུ་སྐུ་འཁྲུངས། འདི་ཉིད་སྐུ་ནར་སོན་སྐབས་སྲིད་ཕལ་ཆེར་ཡུམ་བརྟན་རྒྱུད་ཀྱིས

ཁྱེར་བས་བཞུགས་བཟོད་མི་བདེ་བ་བྱུང་སྟེ་མངའ་རིས་སུ་ཐོན། སློབ་པོ་ཞང་པ་ཚབ་རིན་ཆེན་ལྡེ་དང་། ཅོག་རོ་ལེགས་སྒྲ་ལྷ་ལེགས་གཉིས་ཀྱིས་གཙང་གི་བྱེ་མ་གཡུང་དྲུང་བར་དུ་ཕེབས་སྐྱེལ་ཞུས། པ་ཚབ་ཀྱིས་སྤྱང་ཐུལ་གྱི་ན་བཟའ་ཞིག་དང་། ཅོག་རོས་དྲིའུ་གཅིག་ཕུལ་ནས་བྲལ་མི་ཕོད་པ་བྱས། མངའ་རིས་སུ་ཕེབས་ནས་ཐོག་མར་མཆོམ་ཕམ་གྱི་བྱང་དུ་བཞུགས། དེ་ནས་ར་ལའི་རྒྱུད་དུ་ཕེབས། ཁོང་ནི་སྦྱོང་ལམ་ལེགས་ཤིང་བློ་གྲོས་ཆེ་བས་ཁུལ་དེའི་མི་ཚོའི་བརྩི་བཀུར་ཐོབ་པ་དང་མངའ་ཐང་ཡང་གང་འཚམས་འཕེལ་རྒྱས་སོང་བས་རྟའི་ལོ་ལ་ར་ལ་ཁ་དམར་བརྩིགས་པ་དང་། དེའི་ཕྱི་ལོར་རྩེ་ཐོ་རྒྱ་རི་བརྩིགས། དེ་རྗེས་སྐྱིད་ལྡེ་ཉི་མ་མགོན་གྱིས་མངའ་རིས་སྐོར་གསུམ་གྱི་གནས་ཚུལ་ཞིབ་འཇུག་བྱེད་པར་སློབ་པོ་ཤེས་རིག་ལྡན་པ་གསུམ་སྐོར་གསུམ་ས་ཁུལ་སོ་སོར་བཏང་བས་ཁོང་ཚོ་ཕྱིར་འཁོར་ནས་པུ་རངས་དང་། གུ་གེ་མར་ཡུལ་སོ་སོའི་གནས་ཚུལ་ཞུས། ཐོག་མར་པུ་རངས་སུ་ཕེབས་ནས་ཚོང་འཁོར་གྱི་ཐབས་ཚུལ་མང་པོ་མཛད་ཐོག་ཡུལ་དེའི་མི་རྣམས་ཟས་ཀྱིས་ཚིམས་པར་གནང་བ་སོགས་སེམས་མགུ་བར་མཛད་པས་ལོ་ཆོས་སྐྱིད་ལྡེ་ཉི་མ་མགོན་ལ་དད་མོས་ཐོབ་པ་བྱུང་། དེ་ནས་རིམ་བཞིན་སྐབས་མཐུན་གྱི་ཁྲིམས་ལུགས་གསར་བཟོ་དང་འཕྲེལ་པུ་རངས་དབང་དུ་འདུས་ཤིང་། པུ་རངས་སུ་སྐུ་མཁར་ཉི་གཟུངས་བརྩིགས་ཏེ་ཆབ་སྲིད་བཟུང་། དེ་ནི་སྟོད་དུ་རྒྱལ་ཁྲིམས་ཞྭ་ཙམ་ཆགས་ཞེས་གསུངས་པ་དེ་ཡིན་པར་གྲགས། དེ་རྗེས་དམག་ཤུགས་ལ་བརྟེན་ནས་གུ་གེ་མངའ་འོག་ཏུ་བསྡུག གུ་གེ་རྒྱལ་ཕྲན་བཙུགས་ནས་རྒྱལ་ཐོག་བཅུ་དྲུག་ཙམ་བྱུང་། གུ་གེ་རྒྱལ་ཕྲན་ཞེས་པ་དེ་ནི་སྐབས་དེར་ཐོན་པའི་ས་གནས་ཀྱི་སྟོབས་ཤུགས་ཆེ་གྲས་ཤིག་ཡིན་ཞིང་། དེས་སྲིད་དབང་ནུབ་བརྒྱུད་དུ་རྒྱ་བསྐྱེད་ནས་ལ་དྭགས་རྒྱུད་ཀྱི་ས་ཁུལ་རྣམས་དབང་དུ་བསྡུས། དེ་ནས་དཔུང་སྟོབས་དང་བཅས་མར་ཡུལ་དུ་ཕེབས་ཏེ་མར་ཡུལ་དབང་དུ་བསྡུས། མར་ཡུལ་དུའང་འོས་འཚམས་ཀྱི་ཁྲིམས་བཅས་པ་སོགས་མངའ་རིས་སྐོར་གསུམ་ཁྱོན་ཡོངས་ལ་དབང་བསྒྱུར་བའི་མངའ་རིས་ཀྱི་རྒྱལ་པོ་མཛད། སྐྱིད་ལྡེ་ཉི་མ་མགོན་གྱིས་རྒྱལ་ཕྲན་ལ་དབང་བསྒྱུར་བྱེད་བདེ་ཡོང་ཁྱད་དུ་རང་ཁོངས་ས་ཆ་རྣམས་རང་གི་བུ་གསུམ་ལ་བགོས་ནས་སྐྱོང་དུ་བཅུག སློབ་པོ་ནི་མང་དཀར་དང་ཁྱུང་པོས་བྱས། བཙུན་མོ་པ་ཚབ་མ(ལ་ལར་སྟག་གཟིག་བཟའ་ཞེས་འབོད) དང་ཅོག་རོ་བཟའ་ཟངས་ཁ་མ་གཉིས་ཁབ་ཏུ་བཞེས་པར་པ་ཚབ་མར་སྲས་མ་བྱུང་། ཅོག་རོ་བཟར་སྲས་གསུམ་འཁྲུངས་ཤིང་སྐུ་ན་སོན་སྐབས་ཡབ་ཀྱིས་སྲས་ཆེ་བ་རིག་པ་མགོན་ལ་མར་ཡུལ་དང་། བར་པ་བཀྲ་ཤིས་ལྡེ་མགོན་ལ་ཞང་ཞུང་དང་ཡ་རྩེ། ཆུང་བ་ལྡེ་གཙུག་མགོན་ལ་ཟངས་དཀར་སྤོ་གསུམ་སོགས་གནང་། དེ་ནས་ཡ་རྩེ་དང་མངའ་རིས་ཀྱི་རྒྱལ་པོ་བྱུང་།

སྐྱོ་སྟོན་བྱང་ཆུབ་རིན་ཆེན། འདི་ཉིད་རབ་བྱུང་གཉིས་པའི་མེ་རྟ(སྤྱི་ལོ1126)ལོར་གྲོག་གི་མདའི་སྐྱོ་གོང་དུ་སྐུ་འཁྲུངས། དགུང་ལོ་བཅུ་གསུམ་ལ་ཕེབས་སྐབས་ཁྲིམ་བཞེར་རིན་ཆེན་སེང་གེ་དང་མཇལ།

དགུང་ལོ་ཉེར་གཅིག་ལ་ཕེབས་སྐབས་བྱ་འདུལ་ལ་རབ་ཏུ་བྱུང་ཞིང་བསྙེན་པར་རྫོགས། སྟག་ཏུམ་པ། ཨོད་འཛོ་བ། བྱ་ཡུལ་གྱི་སྟུབས་མཆོད་གནས་རྣམས་བསྟེན། དགུང་ལོ་ཞེ་དྲུག་པ་རབ་བྱུང་གསུམ་པའི་ལྕགས་ཡོས(སྤྱི་ལོ1171)ལོར་ཀམ་ཀམ་གྱི་གདན་སར་བྱོན། ཚོགས་པ་ཤས་ཆེ་བའི་སྐབས་བཙུན་པ་ལྔ་བརྒྱ་ཙམ་དུ་འཕེལ། རྒྱལ་ལྷ་ཁང་གི་གདན་ས་དང་སྦྲགས་ནས་མཛད། མཐར་དགུང་ལོ་དོན་ལྔ་པ་རབ་བྱུང་གསུམ་པའི་ལྕགས་སྤྲེལ(སྤྱི་ལོ1200)ལོར་སྐུ་གཤེགས།

སྐྱེ་སྟོན་སྨོན་ལམ་ཚུལ་ཁྲིམས། འདི་ཉིད་ནི་གདུང་རུས་སྐྱོ་ཡིན་ཞིང་། གཙང་གཡས་རུའི་བྱང་གི་རྟ་ནག་ཡང་ཡུལ་དུ་རབ་བྱུང་བཞི་པའི་ས་ཡོས(སྤྱི་ལོ1219)ལོར་སྐུ་འཁྲུངས། སྣར་ཐང་སངས་རྒྱས་སྒོམ་པ་དང་མཆིམས་ནམ་མཁའ་གྲགས་གཉིས་ལས་བཀའ་གདམས་ཀྱི་གདམས་པ་མ་ལུས་པ་གསན། རྗེ་འདི་ཉིད་ཀྱིས་ལོ་བཅུ་གཅིག་རིང་ཕྲུག་ན་རྗོ་རྗེའི་བསྙེན་པ་མཛད་པས་མཐུ་སྟོབས་ཆེ་ཞིང་གཞན་གྱི་ནད་གདོན་བསལ་བའི་རྣམ་ཐར་མང་། མེ་ཕག(སྤྱི་ལོ1287)ལོར་སྣར་ཐང་གི་གདན་ཁྲིར་ཕེབས། བླ་མ་འདི་ཕྲུག་རྗོར་དང་། སྒོམ་པ་སྤྱན་རས་གཟིགས། མཆིམས་ཆེན་མོ་འཇམ་དཔལ་དབྱངས་ཏེ་རིགས་གསུམ་མགོན་པོའི་རྣམ་འཕྲུལ་དུ་གྲགས། རྗེ་གང་གིས་ཕར་ཕྱིན་གྱི་འགྲེལ་པ་ཞིག་ཀྱང་མཛད་ཅིང་། སྣར་ཐང་གི་གཙུག་ལག་ཁང་ཆེན་མོ་དང་། ཕྱིའི་ལྕགས་རི་ཆེན་མོ་བཞེངས། འཁྲམ་ཀུ་མ་ར་མ་ཏི་དང་བཅོམ་ལྡན་རིག་རལ་སོགས་སློབ་མ་དུ་མ་བསྐྱངས། གདན་ས་ལོ་བཅུ་གཉིས་མཛད་དེ་དགུང་ལོ་བརྒྱད་ཅུ་གྱ་གཅིག་བཞེས་པ་རབ་བྱུང་ལྔ་པའི་ས་ཕག(སྤྱི་ལོ1299)ལོར་གཤེགས།

སྐྱབས་པ་འཇིག་རྟེན་མགོན་པོ་རིན་ཆེན་དཔལ། འབྲི་གུང་བཀའ་བརྒྱུད་ཀྱི་སྲོལ་གཏོད་པ་པོ། རྗེ་འདི་ཉིད་རབ་བྱུང་གཉིས་པའི་ཆུ་ཕག(སྤྱི་ལོ1143)ལོར་ཡབ་རྡོ་རྗེ་དང་། ཡུམ་བཙུན་མ་གཉིས་ཀྱི་སྲས་སུ་ཁམས་འདན་མར་སྐུ་འཁྲུངས། མཚན་བཙུན་པ་སྐྱབས་ཞེས་བཏགས། དགུང་ལོ་དྲུག་ནས་བཟུང་ཡི་གེ་འབྲི་ཀློག་མཁས་པར་མཁྱེན་པ་མ་ཟད། ཡབ་ཆོས་ཕལ་ཆེར་གསན་བསམ་གྱིས་མཁྱེན། དགུང་ལོ་ཉེར་ལྔར་ཕག་མོ་གྲུ་པ་དང་མཇལ་ནས་གདམས་པ་གསན་པས་ཆོས་ཐམས་ཅད་ཀྱི་དེ་ཁོ་ན་ཉིད་མངོན་སུམ་དུ་གཟིགས་པའི་ཡེ་ཤེས་ཆེན་པོ་འཁྲུངས། མཚན་རིན་ཆེན་དཔལ་ཞེས་བཏགས། དགུང་ལོ་སོ་ལྔ་པར་ཞང་གིས་མཁན་པོ་དང་། རྩེ་ལུང་པས་སློབ་དཔོན། སྐལ་པ་འདུལ་འཛིན་གྱིས་གསང་སྟོན་མཛད་དེ་བསྙེན་པར་རྫོགས། དགུང་ལོ་སོ་བདུན་པ་རབ་བྱུང་གསུམ་པའི་ས་ཕག(སྤྱི་ལོ1179)ལོར་འབྲི་གུང་མཐིལ་གྱི་དགོན་པ་བཏབ། ཚོགས་པ་ལྔ་ཁྲི་ལྔ་སྟོང་ལྔ་བརྒྱ་ཉེར་ལྔ་འདུས། དེ་ནས་དར་བའི་ཆོས་བརྒྱུད་ལ་འབྲི་གུང་བཀའ་བརྒྱུད་ཟེར། མཐར་དགུང་ལོ་བདུན་ཅུ་དོན་ལྔར་ཕེབས་པ་རབ་བྱུང་བཞི་པའི་མེ་གླང(སྤྱི་ལོ1217)ལོར་སྐུ་གཤེགས།

ཁོང་གི་སློབ་མ་སྤྱན་སྔ་བཞི་དང་། གཉོས་མགར་ཆོས་གསུམ། དཔལ་ཆེན་བཅུ་གཉིས་སོགས

མཐའ་ཡས་པ་བྱུང་།

ཁ་ཆེ་པཎ་ཆེན་ཤཱཀྱ་ཤྲཱི། ཇོ་འདི་ཉིད་ཡབ་ཆོང་དཔོན་ཆེན་པོ་སམ་ཛ་ཡའི་སྲས་སུ་རབ་བྱུང་གཉིས་པའི་མེ་ལུག(སྤྱི་ལོ1127)ལོར་ཀཤྨིར་འཁྲུངས། དགུང་ལོ་བཅུ་ནས་རིག་པའི་གནས་ལྔ་ལ་སྦྱངས་པ་མཐར་ཕྱིན་མཛད། དགུང་ལོ་ཉེར་གསུམ་པར་རབ་ཏུ་བྱུང་། དེ་ནས་རྒྱ་གར་ཤར་ཕྱོགས་སུ་ཕེབས་ནས་ཚད་མ་དང་གསང་སྔགས་ཀྱི་ཆོས་ལ་སློབ་གཉེར་མཛད་དེ་པཎྜི་ཏ་ཆེན་པོར་གྱུར། རྒྱ་གར་དཀྱིལ་ཁུལ་གྱི་ན་ལེནྡྲའི་མཁན་ཐོག་མཇུག་མ་གནང་རིང་ཁ་ཆེའི་དམག་གིས་དགོན་སྡེ་གཏོར་བས་བོད་ཀྱི་གྲོ་མོའི་ས་ཆ་དང་ཐག་ཉེ་བའི་བི་ཀྲ་མ་ཤཱི་ལའི་ཆོང་འདུས་སུ་བྲོས་ཕེབས། དེར་ལོ་གཅིག་ཙམ་བཞུགས་རིང་ཁྲོ་ཕུ་ལོ་ཙཱ་བ་བྱམས་པའི་དཔལ་གྱིས་རབ་བྱུང་གསུམ་པའི་ཤིང་བྱི(སྤྱི་ལོ1204)ལོར་བོད་དུ་གདན་དྲངས། དེ་སྐབས་ཁ་ཆེ་པཎ་ཆེན་དགུང་ལོ་བདུན་ཅུ་དོན་བརྒྱད་ལ་ཕེབས། བོད་དུ་ཕྱིན་པའི་ལམ་བར་དུ་ཕག་རི་སོགས་ས་གནས་ཁག་ལ་ཕེབས་སྐབས་སེར་སྐྱ་གྲངས་མེད་པ་ཁ་བའི་ནས་འདུས་ཏེ་ཞབས་ཏོག་བསྒྲུབས་པ་དང་ཆོས་ཞུས། ཁྲོ་ཕུར་ཕེབས་སྐབས་མཁས་བཙུན་སྟོང་ཕྲག་མང་པོ་འདུས། དེར་དབྱར་གནས་མཛད་པ་ལ་ཚུལ་བཞིན་ལེན་པ་བརྒྱད་བརྒྱ་ལྷག་ཙམ་བྱུང་། བརྒྱད་སྟོང་པ་དང་། སོ་སོར་ཐར་པ་དང་མདོ་སྡེའི་རྒྱན་ཡང་གསུངས། དེ་ནས་མཚུར་ཕུ་དང་ལྷ་སར་ཕྱིན། ཇོ་བོ་རྣམ་གཉིས་ལ་མཆོད་པ་རྒྱ་ཆེན་པོ་མཛད། མཚུར་ཕུར་བྱམས་པའི་སྐུ་བརྙན་ཆེན་པོ་བཞེངས། སྲིན་ཕུ་རིར་དབྱར་གནས་མཛད། མངོན་པ་ཀུན་བཏུས་ཀྱི་རྣམ་བཤད་སློབ་དཔོན་ཡེ་ཤེས་བཤེས་གཉེན་གྱིས་མཛད་པ་བསྒྱུར། སྤྱི་ཆོས་སུ་མྱ་ངན་མེད་ལུང་བསྟན་པའི་མདོ། དཔེ་བརྒྱ་པ། ལས་ཀྱི་འཁོར་ལོ་བསྟན་པ་རྣམས་གསུངས། སྲིན་ཕུ་རི་བའི་གདན་ས་བས་ཞུས་པ་བཞིན་བྱམས་ཆོས་ལྔའི་རྣམ་བཞག་དང་དབུ་མ་རིགས་ཚོགས་སོགས་གནང་། དེ་ལྟར་བོད་དུ་ལོ་བཅུ་བཞུགས་རིང་བསམ་ཡས་དང་། མཚིམས་ཕུ། ར་སྒྲེང་། སྙེ་ཐང་གཉལ། ཐང་པོ་ཆེ་སོགས་ཡུལ་ཁམས་མང་དུ་ཕེབས་ནས་བཤད་སྒྲུབ་ཀྱི་བསྟན་པ་རྒྱ་ཆེར་སྤེལ་ཞིང་། སོ་སོར་ཐར་པའི་བསླབ་པ་ལ་བཀོད་པ་གྲངས་མེད་ཀྱང་། པཎ་ཆེན་གྱི་སྤྱན་སྔར་བསྙེན་པར་རྫོགས་ནས་སྟོན་གཅིག་གི་བརྒྱུད་ལུགས་འཛིན་པར་ཁས་བླངས་པ་ནི་ཇོ་རྗེ་དཔལ་དང་བྱང་ཆུབ་དཔལ་རྣམ་གཉིས་ཡིན། བོད་དུ་བཞུགས་རིང་དང་ལྷན་སྐྱེ་བོ་རྣམས་ཀྱིས་ཕུལ་བའི་ཕྱག་རྫས་རྣམས་གནས་སོ་སོའི་དགེ་འདུན་དང་། རྟེན་བཞེངས་བྱེད་དུ་གནང་ནས་སྐྱེ་གཅིག་ཀྱང་བདག་གིར་མི་མཛད། དགུང་ལོ་བརྒྱད་ཅུ་གྱ་བརྒྱད་པ་རབ་བྱུང་བཞི་པའི་ཤིང་ཁྱི(སྤྱི་ལོ1214)ལོར་རང་ཡུལ་ཀཤྨིར་ཕྱིར་ཕེབས། ལོ་བཅུ་གཉིས་རིང་སངས་རྒྱས་ཀྱི་བསྟན་པ་དར་སྤེལ་མཛད་དེ་མཐར་དགུང་ལོ་གོ་དགུ་པ་རབ་བྱུང་བཞི་པའི་ཤིང་བྱ(སྤྱི་ལོ1225)ལོར་སྐུ་གཤེགས།

ཁྲ་སྟོན་བརྩོན་འགྲུས་གཡུང་དྲུང་། ཇོ་བོ་རྗེའི་སློབ་མ་གཙོ་བོ་ཁུ་རྔོག་འབྲོམ་གསུམ་གྱི་ཡ་གྱལ། འདི་

ཉིད་ཁུའི་རིགས་སུ་བོད་ལྷགས་ཐག(སྤྱི་ལོ1011)ལོར་སྐུ་འཁྲུངས། གྲུ་མེར་ཚུལ་ཁྲིམས་འབྱུང་གནས་ལས་རབ་ཏུ་བྱུང་། ཐོག་མར་མདོ་ཁམས་འདན་མའི་ཡུལ་དུ་བླ་མ་སེ་བཙུན་གྱི་སྐུ་མདུན་ནས་ཆོས་ཞུ་སྐབས་འགྲོམ་སྟོན་རྒྱལ་བའི་འབྱུང་གནས་དང་རྔོག་ལེགས་པའི་ཤེས་རབ་དང་མཇལ་ཏེ་ཁུ་རྔོག་འབྲོམ་གསུམ་ཞེས་པའང་དེ་དུས་གྲགས་པ་ཡིན། ཇོ་བོ་རྗེ་དབུས་སུ་ཕེབས་སྐབས་ཁུ་སྟོན་གྱིས་ཇོ་བོ་ཁོང་གི་བཞུགས་གནས་ཐང་པོ་ཆེར་གདན་དྲངས་ཏེ་ཟླ་གཅིག་ཙམ་བཞུགས། འོན་ཀྱང་དེའི་རིང་ཞབས་ཏོག་ཚུལ་བཞིན་དུ་མ་བྱུང་བས་ཇོ་བོ་དཔོན་སློབ་རྣམས་དེ་ནས་གསང་སྟབས་ཀྱིས་ཞལ་གྱིས་ཏེ་མྱང་པོའི་གྲུ་ལ་ཞུགས་ནས་གཙང་པོའི་སུམ་ཆ་ཙམ་དུ་ཕེབས་པ་ན་ཁུ་སྟོན་རྗེས་སླེབས་སུ་ཕྱིན་ཏེ་ཁོང་གི་སར་ཡང་བསྐྱར་ཕྱིར་ལོག་ཏུ་ཕྱིན་པའི་རེ་བ་ཞུས་ཀྱང་ཞལ་གྱིས་མ་བཞེས་པར་དབུ་ཞྭ་ཕྱིར་འཕངས་ནས་བྱིན་རླབས་ཀྱི་རྟེན་དུ་གནང་། ཁུ་སྟོན་ཐང་པོ་ཆེར་བཞུགས་ནས་ཕར་ཕྱིན་གྱི་བཤད་པ་མཛད། གྲྭ་པ་མང་དུ་འཕེལ། རྗེས་སུ་འདི་དང་རྔོག་ལེགས་པའི་ཤེས་རབ་གཉིས་ཀྱིས་ཇོ་བོའི་དྲུང་ནས་གསང་ཆོས་བཀའ་གདམས་གླེགས་བམ་ཞུས་པ་ལ་བཀའ་གདམས་བུ་ཆོས་སུ་གྲགས་པ་ལགས། མཐར་རབ་བྱུང་དང་པོའི་ཤིང་ཡོས(སྤྱི་ལོ1075)ལོར་སྐུ་གཤེགས།

ཁུ་ཤེར་བརྩོན། འདི་ཉིད་རབ་བྱུང་དང་པོའི་ཤིང་ཡོས(སྤྱི་ལོ1075)ལོར་སྐུ་འཁྲུངས། འབྲི་ཆེན་པོའི་སློབ་མ་ཡིན་ཞིང་། ཕར་ཕྱིན་གྱི་ཊཱི་ཀ་ཆེ་ཆུང་གསུམ་མཛད། བཤད་ཉན་གྱིས་སློབ་མ་མང་དུ་ཐོན། མཁས་པ་ཆེན་པོ་ཞང་གཡེ་པ་ཡང་ཁོང་དང་དཀར་ཆུང་བ་གཞོན་ནུ་ཚུལ་ཁྲིམས་གཉིས་ཀྱི་སློབ་མ་ཡིན། མཐར་དགུང་ལོ་དྲུག་ཅུ་རྩ་དགུ་པ་ལ་སྐུ་གཤེགས།

ཁྱུང་ཚང་བ་ཡེ་ཤེས་བླ་མ། འདི་ཉིད་རབ་བྱུང་གཉིས་པའི་ཤིང་ལུག(སྤྱི་ལོ1115)ལོར་ཡུལ་སྟོད་ལུང་དུ་སྐུ་འཁྲུངས། བྱ་འདུལ་ལ་རབ་ཏུ་བྱུང་། རྒྱ་དམར་ལ་བསྙེན་པར་རྫོགས། དར་ཡོན་ཏན་གྲགས་ལ་རིགས་ཚོགས་གསན། བཟང་པ་དབང་རྟེར་ལ་སྦྱོད་ཕྱོགས་རྣམས་ཞུས། རྒྱ་དམར་ལ་དབུ་ཚད་གསན། སེ་ལ་ཕར་ཕྱིན་དང་འཇམ་དཔལ། ཕུག་པ་ལ་ར་ལི་དང་འཕགས་སྐོར། ཇོ་བསོད་ལ་བདེ་མཆོག་དང་ཀྱཻ་ཡ། སྟོབ་ལ་ཁ་རག་སྐོར། ནད་པ་དང་རྣ་ལོ་ལ་དུས་འཁོར་དང་ནག་འཛིགས། གནམ་འཕར་བ་ལ་བཀའ་གདམས། འགོན་ཕུ་བ་ལྷམ་སྲིང་ལ་ལམ་འབྲས། སློང་ཁབ་ལ་གཟེར་ལྔ། དགེ་བཤེས་རྒྱ་ལ་རིམ་ལྔ། རྔོག་ལ་དགྱེས་རྡོར་རྣམས་གསན། དེའི་ཚེ་གདམས་ངག་མ་བྱུང་ནས་འབྲི་སྒོམ་སློང་ཁ་བའི་སར་ཕྱིན་པས་འདག་འབྱར་ཐོན་ནས་ཞག་བདུན་སོང་བ་ཞིག་དང་མཇལ། གདམས་ངག་ཞུས་པས་གཏུམ་མོ་སྐྱུ་ལུས་རྨི་ལམ་རྣམས་ཁྲིད་བྱར་བཏུབ་པ་ཞིག་བྱུང་། གཞན་རྣམས་ལུང་དུ་གསན། དེ་ནས་རས་ཆུང་པའི་སར་ཕྱིན་པས་ཞག་དགུ་བཅུ་ཐམ་པ་ལ་སྙན་བརྒྱུད་ཚང་བར་གནང་། ཚོགས་འཁོར་ཡང་དགུ་བཏང་། ད་འདིར་མ་སྡོད་པར་སོང་། ང་མ་ཤི་བའི་བར་དུ་བླ་མ་དང་གདམས་ངག་གསང་། དེ་ནས

རྒྱལ་པོ་ནས་མཛེ་བོའི་བར་སྙོད་དུ་གྱུར་ཚད་ལ་ཤོད། གདམས་པ་ཟབ་དུ་མ་བསྒྱུར་གསུང་ངོ། དེ་ནས་ལན་གྲོར་ཁྱུང་ཚང་བྲག་ལ་ལོ་བདུན་བཞུགས། གཞན་གྱིས་བསྙེན་བཀུར་བྱེད་པ་གཅིག་ཀྱང་མ་བྱུང་། ཏ་བོའི་གངས་ཡའང་བཞུགས། ཁྱུང་ཚང་དུ་ཕུག་རོན་ལ་གྲོང་འཇུག་ཀྱང་མཛད། སྣང་བ་འདི་ལ་ཐོགས་པ་མེད་གསུངས། གཞན་ཡང་ཡི་དམ་དུ་མའི་ཞལ་གཟིགས་པ་དང་། སྐུ་འཚལ་འོ་མར་འབབ་པ་དང་། ཟག་པ་རྒྱུན་ཆད་པ་དང་། ཐུགས་དམ་མཉམ་རྗེས་མེད་པ་ལ་སོགས་པའི་ཡོན་ཏན་དཔག་ཏུ་མེད་པ་མངའ། མཐར་དགུང་ལོ་དྲུག་ཅུ་ཙ་གཉིས་པ་རབ་བྱུང་གསུམ་པའི་མེ་སྤྲེལ（སྤྱི་ལོ1176）ལོར་སྣ་གོང་དུ་གཤེགས་ནས་སྤུར་སྦྱངས་པས་རིང་བསྲེལ་དཔག་ཏུ་མེད་པ་བྱོན་ནོ། འདི་ཉིད་ལ་སློབ་མ་མ་ཅིག་ཨོང་ཛོ་དང་། དགེ་སྡིངས་པ། མར་སྟོན་ཚུལ་ཁྲིམས་འབྱུང་གནས་སོགས་བྱུང་།

ཁྲི་བཀྲ་ཤིས་ལྷེ། སྨད་ཀྱི་ལྷེ་གསུམ་གྱི་ཡ་གྱལ་དཔལ་ལྷེའི་རྒྱུད་པ། འདི་ཉིད་ཡབ་ཆོས་སྐྱོང་ལྷེ་དང་ཡུམ་ཀུན་དགའ་འབུམ་གཉིས་ཀྱི་སྲས་སུ་ཏ་ལམ་རབ་བྱུང་ལྔ་པའི་ཆུ་བྱི（སྤྱི་ལོ1312）ལོར་སྐུ་འཁྲུངས། དགུང་ལོ་སོ་དགུ་པར་ཡབ་གཤེགས་རྗེས་རྒྱལ་ཐབས་ཀྱི་ཁྲི་ལ་མངའ་གསོལ། ཡབ་ཆོས་སྐྱོང་ལྷེ་སྐུ་གཤེགས་པའི་དགོངས་རྫོགས་སུ་སྟོན་མཆོག་ཤཱཀྱ་སེང་གེའི་སྐུ་བརྙན་དང་། ཡུམ་གྱི་ཆེད་དུ་སྒྲོལ་མའི་སྐུ་བརྙན་གཉིས་ཀ་མི་ཚད་ལས་ཆེས་མཐོ་ཞིང་གཡུ་སྙིང་ཁྱད་པར་ཅན་སོགས་རིན་པོ་ཆེའི་ཁྲས་མཛེས་པར་བརྒྱན་པ་བཞེངས་ཤིང་། གཞན་ཡང་རྫོང་དཀར་གྱི་ལྕགས་རི་ཕྱི་མ་དང་། ལྕགས་རི་ཆེན་པོའི་ལྕགས་སྐོར། སྟག་ཚང་དཔེའུ་ཆེན་གྱི་ལྕགས་ཁང་ལྕགས་རིའི་འོག་ས་འོག་ནས་རྒྱང་རིང་པོར་འཐོན་པའི་གསང་སྒོ་དཔེའུ། རྫོང་གི་དབུས་དང་། ཆོས་སྡེའི་ནང་དུ་ཁྲོན་ཆུ་བཟང་པོ་བཏོན་པ་དང་། རྡོ་ཀྱུང་ཆེན་པོ་སོགས་ཉེ་བར་སྤྱོད་པའི་རིགས་ཞིབ་ཚགས་དུ་མ་མཛད།

དེ་སྐབས་མངའ་ཐང་ཡང་གོང་དུ་འཕེལ་ཞིང་། ལྷག་པར་སྟོད་གངས་རི་ཏི་སེའི་ཤར་ཕྱོགས་བྲ་ལ་དང་ཉེ་བར་བྲ་ལུང་རིང་པོར་བུད་མེད་རྒན་མོ་ཞིག་གིས་ཤིང་ཐུན་ཞིག་གི་གྲ་མའི་སྡོང་པོ་འཐེན་པས་གསེར་ཐིག་ཆེན་པོ་ཞིག་རྙེད་པ་ལ་བརྟེན་ནས་གསེར་ཁ་བཟང་པོར་བརྗོལ་ཏེ་ཁྲི་དཔོན་ཕྱིར་མ་གསེར་དཔོན་དུ་བསྐོས་པས། དེས་གསེར་སིལ་མ་ག་ཏོ་ར་ཆེན་པོ་ཞིག་བྱུར་བུར་བཀང་བའི་སྟེང་དུ་གསེར་ཐིག་ཆེན་པོ་རྣ་མཆིན་ཙམ་ཞིག་བཞག་སྟེ་ཕུལ་བས་མངའ་བདག་དགྱེས་ནས་གསུང་འཕྲོས་ཀྱི་མཐར་ང་ལ་འདི་ཙམ་སྟེར་ཕོད་པ་ཁྱོད་ལ་ཅི་ཙམ་ཡོད་གསུངས་པར་ཁྲི་དཔོན་གྱིས་ཕྱག་བཙལ་ཏེ་ངེད་ལ་འདི་ལས་ལྷག་ངེས་ཤིག་ཡོད་ཅེས་ཞུས་པས་དྲང་པོར་སྨྲ་བ་མི་ཡི་དམ་པ་ཡིན་གསུངས་ནས་སྐུ་ལ་གསོལ་འཕྲོའི་བེར་ཕྲུམ་གཅིག་གིས་མཚོན་གནང་སྐྱེས་བཟང་པོ་བསྩལ། དེ་ལྟར་གསེར་གྱི་འབྱོར་པ་ཆེན་པོ་མངའ་བ་དེ་དག་དོན་དང་ལྡན་པར་བྱ་དགོས་དགོངས་ཏེ་དགེ་བའི་བཤེས་གཉེན་རྣམས་ལ་དཀོན་མཆོག་སྲིའུ་གང་དུ་བཏང་ན་ཕན་སྐྱེས་ཆེ་ཞེས་བཀའ་འདྲི་གནང་བ་བཞིན་བསྟན་བཅོས་འགྱུར་རོ་འཚལ་གསེར་གྱི་ཡང་

བཞུན་གྱི་ཁུ་བས་བཞེང་རྒྱུར་ཐུགས་ཐག་བཅད་དེ་མཁས་པའི་ཁྱུ་མཆོག་མཁན་ཆེན་བྱང་ཆུབ་རྩེ་མོ་དང་། བོ་དོང་ལོ་ཙཱ་བ་ཤེས་རབ་མེ་ལྡེ་དཔོན་སློབ་ལ་སོགས་པ་མཁས་པ་དུ་མ་ཞུས་དག་མཁན་ཆེན་པོར་གདན་དྲངས་ནས་བཞེངས་པའི་བསྟན་བཅོས་ཀྱི་གླེགས་བམ་མཐའ་དག་ལ་གསེར་ཆུས་བྲིས་པའི་གླེགས་ཤིང་དང་། སི་ཐ་ཧུའི་གླེགས་ཐག ཟབ་ཆེན་གྱི་ན་བཟའ་ཕྱི་རས་བཟང་པོ་ན་བཟའ་གསུམ་སྒྲུགས་བཅས་བསྒྲུབས་ནས་རབ་བྱུང་དྲུག་པའི་ཆུ་མོ་ཡོས(སྤྱི་ལོ1363)ལོར་རབ་གནས་ཀྱང་ལེགས་པར་གྲུབ་པར་མཛད་པ་མ་ཟད། ད་དུང་བཀའ་འགྱུར་ཡང་གསར་བཞེངས་མཛད་རྒྱུའི་དགོངས་པ་གཏད་དེ་སྐྱིད་རོང་དུ་ཤོག་བུ་གྲ་སྒྲིག་གྲུབ་པའི་མཚམས་ཏེ་རབ་བྱུང་དྲུག་པའི་ཤིང་སྦྲུལ(སྤྱི་ལོ1365)ལོར་སྐུ་གཤེགས་སོ།

འདི་ཉིད་ཀྱིས་དབང་ཀུན་དགའ་ལེགས་པའི་སྲས་མོ་བསོད་ནམས་འབུམ་ཁབ་ཏུ་བཞེས་པར་རབ་བྱུང་དྲུག་པའི་ས་སྟག(སྤྱི་ལོ1338)ལོར་སྲས་ཁྲི་སྲུན་ཚོགས་ལྡེ་འཁྲུངས།

ཁྲི་བཀྲ་ཤིས་བརྩེགས་པ། ཡབ་མངའ་བདག་དཔལ་འཁོར་བཙན་དང་ཡུམ་བཙུན་མོ་ཚུན་མ་མཆིམས་བཟའ་བཙུན་ནེ་གཉིས་ཀྱི་སྲས་སུ་སྐུ་འཁྲུངས། ཡབ་གཤེགས་རྗེས་རྒྱལ་རྒྱུད་ཀྱི་ཁྲི་ལ་མངའ་གསོལ། འདི་ཉིད་སྐུ་ནར་སོན་སྐབས་ཁོང་གི་མངའ་རིས་ཕལ་ཆེར་ཡུམ་བརྟན་གྱིས་ཕྱོགས་པས་གཙང་དུ་ཐེབས་ཏེ་ཉང་སྟོད་རྒྱལ་མཁར་རྩེ་བཟུང་། འདི་ནས་ལ་སྟོད་པ་དང་ཡར་ལུང་ཇོ་བོ་བྱུང་། བཙུན་མོ་ཅིག་རོ་བཟའ་མགོན་དཔལ་ཁབ་ཏུ་བཞེས་པར་སྲས་དཔལ་ལྡེ་དང་། འོད་ལྡེ། སྐྱིད་ལྡེ་བཅས་སྤུན་ཀྱི་ལྡེ་གསུམ་དུ་གྲགས་པ་རིམ་བཞིན་འཁྲུངས། མཐར་དགུང་ལོ་བདུན་ཅུ་སྐོར་བཞུགས་ནས་གཤེགས་པར་གྲགས།

ཁྲི་རྒྱལ་བསོད་ནམས་ལྡེ། སྤུན་གྱི་ལྡེ་གསུམ་གྱི་ཡ་གྱལ་དཔལ་ལྡེའི་རྒྱུད་པ། ཡབ་ཁྲི་སྲུན་ཚོགས་ལྡེ་དང་ཡུམ་ནམ་མཁའ་འབུམ་གྱི་སྲས་སུ་ཡབ་གཤེགས་པའི་ཕྱི་ལོ་རབ་བྱུང་དྲུག་པའི་ལྕགས་ཕག(སྤྱི་ལོ1371)ལོར་འཁྲུངས། འདི་ཉིད་ཐོག་མར་རྒྱལ་ཐབས་ཀྱི་ཁྲི་ལ་བཞུགས་པ་ན་སྔར་ཡབ་མེས་ཀྱི་སྐུ་ལ་བསྙོ་བའི་ཕས་ཀྱི་རྒོལ་བ་ལ་སྟོད་ལྷོ་བྱང་ཤེར་པ་སོགས་བཏུལ་ནས་མི་སྡེ་ཕྱི་གྱུར་སོང་བ་རྣམས་ཚུར་བསྡུས་པ་མ་ཟད། གསར་དུ་པུ་རངས་ཀྱང་མངའ་འོག་ཏུ་བསྡུས་ཤིང་། མངའ་འོག་རྣམས་བཞི་ཚོར་བཅད་པ་དང་། དབུལ་ཕོངས་རྣམས་སྡུག་བསྔལ་ལས་གྲོལ་ཕྱིར་མི་སྡེ་རྣམས་དབུལ་ཕྱུག་འབྲིང་གསུམ་གྱི་བར་དུ་སྙོམས་པར་གྲགས། དགུང་ལོ་བཅུ་དགུ་པར་གཏེར་སྟོན་རིག་འཛིན་ཆེན་པོ་རྒོད་ལྡེམ་ཅན་སྤྱན་དྲངས་ནས་མང་ཡུལ་རི་བོ་དཔལ་འབར་གྱི་དགོན་གནས་གཞིས་བཅས་ཕུལ། ཁོང་གིས་བོ་དོང་མཁན་ཆེན་ལོ་ཙཱ་བ་གྲགས་པ་རྒྱལ་མཚན་གཙུག་གི་ནོར་བུར་བཀུར་ཞིང་། རྗེ་སེང་གེ་བཟང་པོ་དང་། ལོ་ཙཱ་བ་ངག་དབང་གྲགས་པ། རེ་བདའ་བ་གཞོན་ནུ་བློ་གྲོས་རྣམས་བླ་མར་བསྟེན། དགུང་ལོ་ཉི་ཤུ་པ་ལྕགས་རྟ(སྤྱི་ལོ1390)ལོར་མཁན་ཆེན་གྲགས་པ་རྒྱལ་མཚན་གྱིས་བསྐུལ་མ་མཛད་པ་དང་བཅས་གུང་ཐང་དུ་བཤད་གྲྭ་དང་འབྲེལ་བའི་ཆོས་སྡེ་ཆེན་པོ་གྲྭ་ཚང་བཅུ་དྲུག་གི་གྲངས་དང་ལྡན་པ་ལེགས་པར་བསྐྲུན། མངའ་བདག་རང་ཉིད་

ཀྱི་བཞུགས་གནས་མཐིལ་མ་རྫོང་གེས་དབུས་ཆོས་སྡེའི་དབུ་རྩེ་འདུ་ཁང་། དགེ་འདུན་འདུས་ཚོགས་སོ་སོའི་སྤྱི་ཁང་ལ་སྒྱུར་ཞིང་། མཁན་ཆེན་གྲགས་པ་རྒྱལ་མཚན་ཆོས་དཔོན་དུ་མངའ་གསོལ། དབྱར་ཆོས་ཞག་བཞི་བཅུ། དཀྱུན་ཆོས་ཟླ་གཅིག་རྣམས་ཀྱི་གཞིས་རྐྱེན་འཛྲོག་ནག་ཚང་། ཆོས་ཞག་རྣམས་ལ་ཡང་ཚུགས་པར་གྲོལ་གསུམ་གྱི་སྟོན་མོ། ཚད་འབྲས་ཟླ་བསྐྱེད། དགེ་འདུན་ཉི་ཤུའི་སྤྱི་སྒྱུར་གྱི་བསྙེན་བཀུར་སོགས་གཟབ་རྒྱས་དང་། གྲྭ་ཚང་སོ་སོའི་མཆོད་གཞིས་ལ་ཁྲལ་ཆག་དང་བཅས་ཏེ་སྒྱུར། བཙུན་པ་རྣམས་བསླབ་ཁྲིམས་ལས་མི་འདའ་བའི་བཅའ་ཁྲིམས་དང་། ཤ་བཙོན་གསོད་ངེས་པ་ཡང་ཆོས་སྡེའི་སྒོ་ནང་ཡན་སྲོག་ཐར་བས་ཐར་པ་གླིང་དུ་གྲགས། ད་དུང་ཆོས་རྗེ་སེང་གེ་བཟང་པོའི་བཞུགས་གནས་བསམ་གཏན་གླིང་དང་། ཆོས་རྗེ་རེ་འདའ་བའི་བཞུགས་གནས་སྐྱིད་གྲོང་མེ་ཏོག་མདངས་ཅན་སོགས་བཞེངས་པའི་མཐུན་རྐྱེན་ཡང་དག་པ་མཛད་ཅིང་། ཡུམ་གཤེགས་པའི་དགོངས་རྫོགས་སུ་ཤཱཀྱ་ཏོག་གི་སྐུ་མི་ཚད་ལས་ལྷག་པ། དུས་ཀུན་སྐུ་གཟུགས་བྲིས་འབུར་དུ་མ་དང་། གསུང་རྟེན་ཆེས་མང་པོ་བཞེངས། ཀུ་གེ་ནས་མངའ་བདག་མ་ཆེན་མོ་ཆོས་སྐྱོང་རྒྱལ་མོ་ཁབ་ཏུ་བཞེས་པར་སྲས་གཉིས་འཁྲུངས་པ་བཅས་མཐར་དགུང་ལོ་སུམ་ཅུ་རྩ་བཞི་རབ་བྱུང་བདུན་པའི་ཤིང་སྤྲེལ(སྤྱི་ལོ1404)ལོར་སྐུ་གཤེགས།

འདིའི་སྲས་ནས་ཆོས་རྗེ་ཀུན་བཟང་པའི་བར་བཅས་ཁུག་པའི་དབང་དུ་བྱས་ན་མང་པོ་ཡོད་ཀྱང་རྒྱུད་པར་བྱས་ན་དཔལ་ལྡེའི་སྲས་དམར་པོ་ལྡེ་བགྲངས་ན་ཉི་ཤུ་རྩ་བཞི་དང་། དེ་མ་བགྲངས་ན་རྒྱལ་རབས་ཉི་ཤུ་རྩ་གསུམ་ཡོད་སྐོར་ལོ་རྒྱུས་ཡིག་ཚང་དུ་གསལ་ལོ།

ཁྲི་རྩུང་། ཡབ་སྨད་ཀྱི་ལྡེ་གསུམ་གྱི་ཡ་རྒྱལ་འོད་ལྡེར་སྲས་བཞི་བྱུང་བའི་ཐ་ཆུང་། འདི་ཉིད་ཀྱིས་ཡུམ་བརྟན་ཉི་འོད་དཔལ་མགོན་གྱི་རྒྱུད་པ་མགོན་ནེ་ཕྱིང་ང་རྩེ་ཁྱུང་བུར་བཞུགས་པ་ལ་རྒོད་བཙུགས་ཏེ་ཅན་དགུ་ཚུར་སྒྲོགས་ནས་ཡར་ལུང་ས་གཞིས་ཆགས་ཤིང་། འབངས་ཀྱི་ཕོ་བྲང་བརྩིགས་ནས་ཕུལ་བའི་འབངས་བརྩིགས་དང་། སྐུ་མཁར་ཕྱིང་ང་སྟག་རྩེ་བཟུང་། དེའི་རྒྱུད་པ་སྣ་མོ་བ་དང་། མཆིང་ང་བ། དོན་མཁར་བ། ཐང་འཁོར་བ། རྭ་ཤགས་པ། ཕྲན་སྣ། མོན་མཁར་བ། ཞང་མདའ་བ། སྤུན་བདུན་ཐང་པ། ཁྲ་འབྲུག ཕྱིང་པ། ཆུ་མིག་གོག་པོ། ཡར་ལུང་རྗེ་བོའི་གདུང་རབས་བཅས་སོ།

ཁྲི་ལྡེ། ཡབ་སྨད་ཀྱི་ལྡེ་གསུམ་གྱི་ཡ་རྒྱལ་འོད་ལྡེ་ལ་སྲས་བཞི་བྱུང་བའི་གཉིས་པ། འདི་ཉིད་མདོ་ཁམས་སུ་ཐེབས་ནས་མཚོ་སྔོན་གྱི་གཞི་བཟུངས་ཏེ་ཁྲི་དཔོན་མཛད། ཙོང་ཁ་ཡུལ་ཆེན་བཅོ་བརྒྱད་སོགས་མདོ་སྨད་ཕལ་ཆེར་ལ་མངའ་མཛད་པས་སྨད་དུ་རྒྱལ་ཁྲིམས་ལྷམ་ཙམ་ཆགས་ཞེས་གྲགས། སྤྱན་སྔ་དོན་ཆེན་ལ་སོགས་པའི་ཙོང་ཁའི་རྒྱལ་རྒྱུད་རྣམས་ཀྱང་དེ་ནས་བྱུང་ཞེས་གསུངས། ཁྲི་དཔོན་དེའི་རྒྱུད་པ་ཨ་མདོ་དཔའ་རི་ཕྱོགས་སུ་ཡོད་པ་ལས། འཕན་ཡུལ་རང་སྐད་མ་ཉམས་པས་ཁྲི་དཔོན་དུ་འབོད་པར་སྣང་ཞེས་ལོ་རྒྱུས་ཡིག་ཚང་དུ་གསལ།

ཁྲི་ལྡེ་མགོན་བཙན། ཡུམ་བརྟན་གྱི་རྒྱུད་པ། ཡབ་འོད་སྲུང་གི་སྲས་སུ་སྐུ་འཁྲུངས། འོད་སྲུངས་ཀྱི་སྲས་དཔལ་འཁོར་བཙན་གཤེགས་རྗེས་གཡོ་རུའི་འབངས་རྣམས་ཀྱིས་བྱས་ཏེ་སྲས་གཅིག་གསོད་ནས་སྐྱིད་དྲང་ངམ་བྱས་པས། ཡུམ་བརྟན་རྒྱུད་ཀྱིས་ཐུགས་གནག་བྱས་དོགས་ནས་དབུ་རུ་ནས་ཁྲི་ལྡེ་མགོན་བཙན་སྐྱིད་དྲངས་ཏེ་འཁོར་གྱི་རྗེའུ་རྣམས་ཀྱིས་སྟན་གཡུ་རལ་སོགས་པ་ཕྱག་ཏུ་ཕུལ། ཁོང་གིས་རྒྱལ་ཐབས་ཡ་རབས་ཀྱི་ཚུལ་དང་མཐུན་པར་བསྐྱངས་པ་བཅས་སོ།

ཁྲི་ལྡེ་ཡུམ་བརྟན། བོད་ཀྱི་ལོ་རྒྱུས་ཆོས་འབྱུང་མང་ཆེ་བའི་ནང་། གླང་དར་མ་བགྲོངས་རྗེས་གླང་དར་གྱི་བཙུན་མོ་ཆེན་མ་སྣ་ནམ་བཟའ་ཁྱིའུ་སེའུ་ཚོག་གེ་བ་ཞིག་ང་ལ་སྐྱེས་ཞེས་བློན་པོ་རྣམས་ལ་བསྟན་པས་སྐྱེས་མ་ཐག་སོ་ཡོད་པ་ཐེ་ཚོམ་གྱི་རྒྱུ་ཡིན་མོད། འོན་ཀྱང་ཡུམ་གྱི་བཀའ་བརྟན་དུ་ཆུག་ཅེས་བརྗོད་པས་མཚན་ཡང་ཡུམ་བརྟན་དུ་ཐོགས་ཞེས་གསལ་ནའང་། ཁ་ཅིག་གིས་གླང་དར་གྱི་སྲས་ཡིན་པར་བཞེད། འདི་ཉིད་ཀྱི་འཁྲུངས་ལོ་ཡང་བོད་མེ་ཡོས(སྤྱི་ལོ907)ལོ་ཡིན་ཞེས་དང་། བོད་ཆུ་ཕག(སྤྱི་ལོ843)ལོར་ཡིན་སོགས་གསུང་ཚུལ་མི་འདྲ་བ་མཆིས། ཕྱིས་བཙུན་མོ་ཆུང་མའི་སྲས་འོད་སྲུངས་དང་སྲིད་ལ་མ་འཆམ་པར་འཁྲུགས་པས་འདི་ཉིད་ཀྱིས་དབུ་རུ་བཟུང་། དེ་ནས་བོད་དུ་ཁེང་ལོག་བྱུང་། ཡུམ་བརྟན་གྱིས་བཙུན་མོ་སྦྱ་ཚབ་བཟའ་བཀྲ་ཤིས་མཚོ་ཁབ་ཏུ་བཞེས་པར་སྲས་ཁྲི་ལྡེ་མགོན་གཉེན་འཁྲུངས། མཐར་དགུང་ལོ་སོ་དྲུག་ལོར་སྐུ་གཤེགས་ཞེས་གྲགས།

ཁྲོ་ཕུ་ལོ་ཙྪ་བ་བྱམས་པའི་དཔལ། (ཚུལ་ཁྲིམས་ཤེས་རབ་ཀྱང་ཞུ) རྗེ་འདི་ཉིད་རིན་པོ་ཆེ་རྒྱལ་ཚ་དང་ཀུན་ལྡན་རས་པ་སྐུ་མཆེད་ཀྱི་དབོན་པོ་ཡིན་ཞིང་། རབ་བྱུང་གསུམ་པའི་ཆུ་སྦྲུལ(སྤྱི་ལོ1173)ལོར་ཡབ་ཇོ་འཕན་དང་། ཡུམ་བསྲེགས་མོ་གསལ་བྱེད་གཉིས་ཀྱི་སྲས་སུ་སྐུ་བལྟམས། དགུང་ལོ་དྲུག་པའི་ཐོག་ཀློག་བསླབས། དགུང་ལོ་བཅུ་པའི་ཐོག་རིན་པོ་ཆེ་རྒྱལ་ཚ་དང་ཀུན་ལྡན་རས་པ་གཉིས་ཀྱིས་མཁན་སློབ་མཛད་ནས་དགེ་ཚུལ་མཛད། མཚན་ཚུལ་ཁྲིམས་ཤེས་རབ་ཏུ་བཏགས། དགུང་ལོ་བཅུ་དྲུག་གི་བར་དུ་སློབ་དཔོན་གཙང་དཀར་བ་ལས་གསན་པ་མང་དུ་མཛད། ཆོས་འཁོར་བྱུང་བ་རྣམས་སུ་རྩོད་པས་ཀྱང་གཞན་ཕམ་པར་བྱས། དགུང་ལོ་བཅུ་དགུ་པར་ཞང་དགེ་བ་ལས་ལོ་ཙྪ་བསླབས་པས་ཕུལ་དུ་བྱུང་བར་མཁྱེན། ལོ་དེ་རང་ལ་རིན་པོ་ཆེ་རྒྱལ་ཚས་མཁན་པོ་དང་། སློབ་དཔོན་གཙང་དཀར་གྱིས་ལས་སློབ། ཀུན་ལྡན་རས་པས་གསང་སྟོན་མཛད་ནས་བསྙེན་པར་རྫོགས། དགུང་ལོ་ཉེར་བཞི་པར་བལ་ཡུལ་དུ་ཕྱིན། པཎྜི་ཏ་བུདྡྷ་ཤྲཱི་ལས་མདོ་སྔགས་ཀྱི་གདམས་པ་མང་དུ་གསན། རབ་བྱུང་གསུམ་པའི་ས་རྟ(སྤྱི་ལོ1198)ལོར་བོད་དུ་གྲུབ་ཆེན་མི་ཏྲ་ཛོ་ཀི་སྤྱན་དྲངས་ཏེ་བདེ་ཆེན་རལ་གཅིག་སྐོར་དང་། སེམས་ཉིད་ངལ་གསོའི་སྐོར། བསྙེན་པའི་གྲུ་ལ་སོགས་པ་ཐོག་མར་བསྒྱུར། དེ་ནས་པཎྜི་ཏ་བུདྡྷ་ཤྲཱི་སྤྱན་དྲངས་ཏེ་མངོན་རྟོགས་རྒྱན་གྱི་འགྲེལ་པ་ཤེས་རབ་སྒྲོན་མ་དང་། རྒྱལ་བའི་ལམ་འཇུག་དང་། ཐུགས་

ཇོ་ཆེན་པོའི་སྒྲུབ་ཐབས་བརྒྱ་རྩ་ལ་སོགས་པ་བསྒྱུར། རབ་བྱུང་གསུམ་པའི་ཤིང་བྱི(སྤྱི་ལོ1204)ལོར་བོད་དུ་ཁ་ཆེ་པཎ་ཆེན་ཤཱཀྱ་ཤྲཱི་སྤྱན་དྲངས་ཏེ་གཞི་ཐམས་ཅད་ཡོད་པར་སྨྲ་བའི་མཁན་བརྒྱུད་དྲི་མ་མེད་པ་ཁ་ཆེའི་སྡོམ་རྒྱུན་ཞེས་པ་འདི་སྤེལ་ནས་བོད་ཀྱི་འདུལ་འཛིན་མཁས་གྲུབ་མང་པོས་སྡོམ་རྒྱུན་འདི་བཞེས་པས་ངུར་སྨྲིག་རྒྱལ་མཚན་འཆང་བས་གངས་ཅན་གྱི་ས་ཆེན་པོ་ཡོངས་སུ་ཁྱབ་པར་མཛད། ཁྲོ་ཕུ་དགའ་ལྡན་གྱི་གཙུག་ལག་ཁང་ཆེན་པོ་བཏབ། དེ་རྗེས་ལོ་ཙཱ་བ་ཁམས་རི་བོ་ཆེ་སོགས་སུ་ཕེབས་ནས་ཆོས་གསུངས་པས་སློབ་མ་མང་དུ་འདུས། ཕྱར་ཀུན་ལྡན་རས་པ་ཁམས་སུ་ཕེབས་ན་གདུལ་བྱ་ཡོད་པའི་ལུང་བསྟན་པ་འདི་ལ་དགོངས་ནས། པཎ་ཆེན་ཤཱཀྱ་ཤྲཱི་དང་ལོ་ཙཱ་བ་མཆོག་ནས་འདིར་གནས་གཞི་དགོན་སྡེ་འཛུགས་དགོས་རྒྱུའི་ཞལ་བཀོད་དང་། འགོ་འདོན། བདག་སྐྱོང་། རོགས་མགོན་བཅས་གནང་བར་བརྟེན། ཐོག་མར་སྦྲ་གུར་ཕུབ་པའི་དགོན་ཕྲན་ཞིག་ནས་རིམ་གྱིས་གཙུག་ལག་ཁང་གཏན་འཛུགས་བརྩིགས་པ་ཁྲོ་ཕུའི་རུ་དགོན། ཐེག་མཆོག་དར་རྒྱས་གླིང་ཞེས་པ་ཕྱག་བཏབ། ཕྱིས་སུ་བསྡུས་མིང་ལ་ཁྲོ་རུ་དགོན་པ་ཞེས་འབོད་པ་སྟེ། ཁྲོ་ཕུའི་གདན་ས་སྟོད་སྨད་གཉིས་ཞེས་གྲགས་པ་འདི་བྱུང་། ཁྲོ་ཕུ་དགོན་པར་གསེར་ཟངས་ཀྱི་བྱམས་ཆེན་ཁྲུ་བརྒྱད་ཅུ་པ་རྟེན་དང་བརྟེན་པ་བཅས་བཞེངས། པཎ་ཆེན་ཤཱཀྱ་ཤྲཱིས་གཙོས་པའི་པཎ་ཆེན་དང་། ལོ་ཙཱ་བ་མང་པོས་རབ་ཏུ་གནས་པའི་ཆོ་ག་རྒྱས་པར་མཛད། འདི་ལ་གཙང་གི་ཁྲོ་ཕུའི་བྱམས་ཆེན་ཞེས་མཚན་སྙན་ཆེ། རྗེ་འདི་ཉིད་ལ་སྲས་སེམས་དཔའ་ཆེན་པོ་བྱུང་ཞིང་། དེའི་ཡང་སློབ་ཏུ་བུ་སྟོན་རིན་པོ་ཆེ་ཐོན་པ་བཅས་སོ། ཁྲོ་ཕུ་ལོ་ཙཱ་བ་དེས་ཁྲོ་ཕུར་གཞུང་ཆེན་མོའི་འཆད་ཉན་ཚུགས་པ། བྱམས་ཆེན་བཞེངས་པ། སློབ་མའི་ཚོགས་བསྐྱངས་ནས་ཆོས་རྒྱུན་སྤེལ་བ། དགོན་ལག་གཞན་བསྐྲུན་པ་སོགས་རླབས་ཆེན་འཕྲིན་ལས་མཐར་ཕྱིན་ནས་རབ་བྱུང་བཞི་པའི་ཤིང་བྱ(སྤྱི་ལོ1225)ལོར་སྐུ་གཤེགས། དེ་ལྟར་རིན་པོ་ཆེ་རྒྱལ་ཚ་དང་། ཀུན་ལྡན་རས་པ། ཁྲོ་ཕུ་ལོ་ཙཱ་བ་བཅས་ལས་རིམ་པར་བརྒྱུད་པ་རྣམས་ལ་ཁྲོ་ཕུ་བཀའ་བརྒྱུད་ཅེས་གྲགས།

འདི་ཉིད་ལ་སློབ་མའི་ཚོགས་ཤིན་ཏུ་མང་པོ་མཆིས་པ་ལས། གཙོ་བོར་གྲུབ་པ་བླ་ཆེན་བསོད་ནམས་དབང་ཕྱུག མཁན་ཆེན་བྱང་ཆུབ་དཔལ། སངས་རྒྱས་ཞིག་ཆེན་ཏེ་བླ་ཆེན་གསུམ། བྱམས་པ་སྒྲུབ་བརྒྱུད་བསྟན་འཛིན། ཡང་རྩེ་བ་རིན་ཆེན་སེང་གེ། རྗོ་ཚ་གྲགས་པ་དཔལ། གཉོས་ལོ་རྩེ་བ། བླ་མ་རྡོ་རྗེ་དབང་། རས་མ་སེང་རྒྱལ། རོང་པ་ཀྲ་ལོ་སོགས་སོ།

ཁྲིམ་ཞེར་རིན་ཆེན་སེང་གེ། འདི་ཉིད་རབ་བྱུང་གཉིས་པའི་ལྕགས་འབྲུག(སྤྱི་ལོ1100)ལོར་འཁྲུངས་སུ་ཕྱུགས་རྒྱུད་དུ་འཁྲུངས། ཉེན་ཕྱུགས་པ་སྐུ་བོར་བཞུགས། སྣ་ནམ་རྡོ་དཔལ་དང་། ལྷ་བཙུན་བྱང་ཆུབ་འོད་ཀྱི་སློབ་མ་དབྱིག་ཐང་སྟོན་པ། ཀམ་པ། ཤར་པ་བ། བྱ་ཡུལ་བ་རྣམས་བསྟེན། དགུང་ལོ་སོ་བརྒྱད་པ་རབ་བྱུང་གཉིས་པའི་མེ་སྦྲུལ(སྤྱི་ལོ1137)ལོར་ཁྲིམ་ཀམ་ཀམ་གྱི་གཙུག་ལག་ཁང་བཞེངས།

དེར་དགེ་འདུན་ཉིས་བརྒྱ་ཙམ་འདུས། མཐར་དགུང་ལོ་བདུན་ཅུ་རྩ་གཅིག་པ་རབ་བྱུང་གསུམ་པའི་ལྕགས་སྟག（སྤྱི་ལོ1170）ལོར་སྐུ་གཤེགས།

མཁན་ཆེན་ཀུ་རུ་བ།（འབྲི་གུང་བ་རྡོ་རྗེ་ཚུལ་ཁྲིམས་ཀུང་ཞུ）འབྲི་གུང་གདན་རབས་དང་པོ་འདི་ཉིད་སེའུ་གངས་དཀར་མོ་བྱ་བའི་ཡུལ་དུ། ཡབ་སུམ་པ་རྡོ་རྗེ་དཔལ་གྱི་སྲས་སུ་རབ་བྱུང་གསུམ་པའི་ཤིང་ཁྱི（སྤྱི་ལོ1154）ལོར་འཁྲུངས། སྐུན་འཚར་ནས་གྲོགས་མཁར་གཙང་སྟོན་ཞེས་བྱ་བ་འདུལ་འཛིན་ཞིག་ལ་རབ་ཏུ་བྱུང་། མཚན་རྡོ་རྗེ་ཚུལ་ཁྲིམས་ཞེས་གསོལ། ལོ་ཤས་མཁན་པོ་དེ་ཉིད་ཀྱི་དྲུང་དུ་བསླབ་བྱའི་ཕྱག་ལེན་ལ་བསླབས་ཤིང་བརྩོན་པའི་གྲགས་པ་ཐོབ། དེ་ནས་སྟོད་ལུང་དུ་ཕྱིན་ནས་དཔལ་ཆེན་པོ་ཐག་མ་བའི་དྲུང་དུ་བསྙེན་པར་རྫོགས། མདོ་རྒྱ་ལ་སོགས་པ་འདུལ་བའི་བསྟན་བཅོས་རྣམས་ལ་བྱང་བར་མཛད། ལུང་སྡེ་བཞིའི་ཚིག་དོན་མ་ལུས་པ་མཁས་པར་གྱུར། དབུ་སྟོད་གུ་རའི་གནས་གཞི་བཟུང་ནས་མཁན་པོའི་བྱ་བ་མཛད། ལོ་མང་དུ་ཚོགས་པ་སྐྱོང་བཞིན་བསྟན་པའི་བྱ་བ་ལྷབས་པོ་ཆེ་སྒྲུབ་པའི་ཚེ། རྗེ་འཇིག་རྟེན་གསུམ་མགོན་གྱི་མཚན་ཐོས་ནས། དགུང་ལོ་ཞེ་དྲུག་ལ་ཕེབས་པ་ས་ལུག（སྤྱི་ལོ1199）ལོར་འབྲི་གུང་དུ་ཕེབས། ཆོས་རྗེ་ཉིད་དང་འབྲལ་བ་མེད་པར་བཞུགས་ཤིང་། གདམས་པ་མ་ལུས་པ་གནང་བས་མོས་གུས་ཀྱི་རྩལ་རྫོགས་ཏེ་གྲུབ་པ་བརྙེས་ཤིང་། ལོ་མང་དུ་མཁན་པོའི་ཐུགས་ཁུར་བཞེས། མཐར་གཉིས་སུ་མེད་པའི་དོན་རྟོགས་ཤིང་ཡོན་ཏན་རིན་པོ་ཆེའི་གཏེར་མཛོད་རྫོལ་ནས་འཇིག་རྟེན་མགོན་པོས་དེ་བཞིན་གཤེགས་པ་རིན་ཆེན་འབྱུང་ལྡན་གྱི་རྣམ་འཕྲུལ་དུ་ལུང་བསྟན། དེ་ནས་དགུང་ལོ་རེ་བཞི་ལ་ཕེབས་པ་རབ་བྱུང་བཞི་པའི་མེ་གླང（སྤྱི་ལོ1217）ལོར་འཇིག་རྟེན་མགོན་པོའི་བཀའ་ལྟར་འབྲི་གུང་གདན་སར་ཕེབས་ཤིང་། ལོ་བཞིའི་རིང་ཐབ་ཆོས་ཀྱི་འཁོར་ལོས་གདུལ་བྱ་རྣམས་སྨིན་གྲོལ་གྱི་ལམ་དུ་བཀོད། དེ་ནས་བླ་མའི་བཀའ་ལྟར་གདན་ས་དཔོན་རིན་པོ་ཆེ་ལ་གཏད། རབ་བྱུང་བཞི་པའི་ལྕགས་སྦྲུལ（སྤྱི་ལོ1221）ལོར་མྱ་ངན་ལས་འདས།

མཁས་གྲུབ་ཁྱུང་པོ་རྣལ་འབྱོར། རྗེ་འདི་ཉིད་ཡབ་ཁྱུང་པོ་སྟག་སྐྱེས་དང་ཡུམ་བཀྲ་ཤིས་སྐྱིད་གཉིས་ཀྱི་སྲས་སུ་བོད་ས་སྟག（སྤྱི་ལོ978）ལོར་སྣེ་མོར་འཁྲུངས་ཞེས་དང་། ལྕགས་སྟག（སྤྱི་ལོ990）ལོར་འཁྲུངས་ཞེས་གསུང་ཚུལ་མི་འདྲ་བ་མཆིས། སྐུ་གཞོན་ནུའི་དུས་གཡུང་དྲུང་རྒྱལ་བ་ལས་བོན་བསླབས་ནས་གཞན་ལ་བཤད་པས་དཔེ་འགྲེམས་བདུན་བརྒྱ་ཙམ་བྱུང་། དེ་རྗེས་རྫོགས་ཆེན་འབྱུང་གནས་སེང་གེ་ལས་རྫོགས་པ་ཆེན་པོ་གསན། དེ་ནས་བལ་ཡུལ་དུ་ཕྱིན་ནས་སུ་མ་ཏི་ལས་ལོ་རྩ་བ་བསླབས་ཏེ་ལོ་ལྔ་བཅུ་ཙམ་གྱི་རིང་རྒྱ་བལ་བོད་གསུམ་དུ་འགྲོན་བཞུད་མཛད། རྒྱ་བལ་དུ་བླ་མ་རྡོ་རྗེ་གདན་པ་ཆེན་པོ་དང་། མི་ཏྲི་པ། སྲས་པའི་རྣལ་འབྱོར། ནཱ་རོ་ལ་སོགས་མཁས་པ་དང་གྲུབ་པ་ཐོབ་པ་བརྒྱ་དང་ལྔ་བཅུ་བསྟེན་ནས་མདོ་སྔགས་ཀྱི་གཞུང་དང་མན་ངག་མཐའ་ཡས་པ་ཐུགས་སུ་ཆུད། བོད་དུ་ཕྱིན་ཏེ་སྔར་རི་ཐང་པ

ལས་བསྙེན་པར་རྫོགས། འཕན་ཡུལ་རྫོག་པོར་འཆད་དཀར་དགོན་པ་བཏབ། རབ་བྱུང་གཉིས་པའི་ཆུ་ཕོ་སྟག་ལོར་ཡང་སྐམ་བསམ་གཏན་ཁང་ཆེན་གསར་དུ་བཞེངས་དེ། ལྕགས་སྤྲང་དམ་ཆུ་སྟག(སྤྱི་ལོ1121གམ1122)ལོར་གཡས་རུ་ཤངས་སུ་ཞོང་ཤོང་སོགས་དགོན་བརྒྱ་རྩ་བརྒྱད་བཏབ། དེ་དུས་ཞོང་ཤོང་དུ་དགེ་འདུན་ཁྲི་ཚོ་བརྒྱད་འདུས་པར་གྲགས། དེ་ནས་བཟུང་ཤངས་པ་བཀའ་བརྒྱུད་ཀྱི་སྲོལ་ཕྱེ། ཆོས་རྒྱུད་ལོ་གྲངས་བཞི་བརྒྱ་ཙམ་དར་ནས་རིམ་གྱིས་བག་ལ་ཞ་བར་གྱུར། འདི་ཉིད་དགུང་གྲངས་བརྒྱ་དང་ལྔ་བཅུ་བཞུགས་པར་གྲགས།

སློབ་མའི་གཙོ་བོ་ནི། སྨེའུ(རྨེའུ)སྟོན་པ། གཡོར་པོ་རྒྱ་མོ་ཆེ། རྟུལ(རྟུལ)སྟོན་རིན་ཆེན་དབང་། ལ་སྟོད་དཀོན་མཆོག་མཁར། རྫོག་ལྟོག་པ་རིན་ཆེན་བརྩོན་འགྲུས། ཞང་སྒོམ་ཆོས་སེང་རྣམས་སོ།

འདི་ཉིད་ཀྱི་འགྱུར་ལ། བསྟན་འགྱུར་ལས། མཆོག་གི་སྒྲོལ་མ་རལ་གཅིག་མའི་མན་ངག་གི་སྒྲུབ་ཐབས་སླན་ངག་མཁན་ཧག་པའི་རྡོ་རྗེའི་མན་ངག་ཧྲ་གུ་པཱ་ཏའི་ཁྱད་ཆོས། རྒྱ་གར་ཤར་ཕྱོགས་ཀྱི་པཎ་ཆེན་དྣ་ན་ཤྲཱི་ལ་ལས་མཉན་ཏེ། འོན་དམར་དུ་ལེགས་པར་བསྒྱུར་ཅིང་གཏན་ལ་ཕབ་པའོ།

མཁས་གྲུབ་ཤངས་སྟོན་ཚུལ་ཁྲིམས་མགོན་པོ། རྗེ་འདི་ཉིད་ཡབ་དཔོན་པོ་དཀོན་མཆོག་བཟང་དང་ཡུམ་རྫེ་དགེ་གཉིས་ཀྱི་སྲས་སུ་རབ་བྱུང་བཞི་པའི་ཤིང་རྟ(སྤྱི་ལོ1234)ལོར་སྐུ་བལྟམས། དགུང་ལོ་བརྒྱད་དགུ་ལ་ཟེབས་སྐབས་ཡི་གེ་འབྲི་ཀློག་བདེ་བླག་ཏུ་མཁྱེན། བྱིས་པའི་དུས་ནས་འཇིག་རྟེན་ལ་སྐྱོ་ཤས་ཆེ་ཞིང་རྣམ་དཀར་གྱི་ལས་ལ་སྤྲོ། དགུང་ལོ་བཅུ་གསུམ་པ་ལ་ཉེ་ཐོག་པས་མཁན་པོ། སློབ་དཔོན་ཚུ་ཤེས་གནང་ནས་དགེ་ཚུལ་མཛད། མཚན་ཚུལ་ཁྲིམས་མགོན་པོར་གསོལ། སློབ་དཔོན་དང་སློབ་དཔོན་ཤཱཀྱ་འབུམ་ལ་ཕར་ཕྱིན་དང་སྤྱོད་འཇུག་བསླབས་ནས་དགུང་ལོ་བཅོ་བརྒྱད་པ་ལ་དེ་ཉིད་ཀྱི་བཤད་གསར་མཛད། དེ་ནས་ཚད་མ་རྣམ་ངེས་ལ་སྦྱངས་བརྩོན་མཛད་པས་མཁས་པར་གྱུར་ཏེ་ཚད་མའི་སྟོན་པ་བཟང་པོར་གྲགས། གཞན་ཡང་བྱམས་ཆོས་ལྔ། ས་སྡེ། ཚད་མ་སྡེ་བདུན། དབུ་མ་རིགས་ཚོགས། བསླབ་བཏུས་རྣམས་དང་གསང་སྔགས་ཀྱང་མང་དུ་གསན། བླ་མ་ས་སྟོན་ལྷ་རིན་ལ་གསང་སྔགས་ཀྱི་རྒྱུད་སྒྲུབ་ཐབས་མང་བར་གསན། གཡའ་ལུང་དགོན་གསར་པའི་མཁན་པོ་ལ་བཀའ་གདམས། མདོ་པོར་ཀརྨ་པ་ལ་ཁོང་གི་ཟབ་ཆོས་རྣམས་གསན་ཏེ་མཁས་པའི་ཞུལ་དུ་ཕྱིན། རང་གི་ཡུལ་གཞིས་ཐམས་ཅད་བཙོངས་ནས་ཡབ་ཡུམ་གྱི་ཆེད་དུ་མཆོད་འབུལ་རྒྱ་ཆེན་མཛད། སངས་རྒྱས་སྟོན་པའི་སྐན་པ་གསན་ཙམ་གྱིས་མོས་པ་ཐོབ་སྟེ་རི་གོང་དུ་ཕྱིན་ནས་གདམས་པ་ཞུས་པས་སྟོང་ལྡན་དུ་དགོངས་ཏེ། ནེ་གུའི་སྐོར་མ་ལུས་པར་གནང་། ཉམས་མྱོང་གིས་ཀྱང་བླ་མ་དགྱེས་ཏེ་བསྟགས་པ་ཚད་མེད་མཛད། དེ་ནས་གཞུ་བྲག་དམར་བའི་བླ་མ་དཀོན་སྐྱབས་ལ་སྙིང་ཐིག་གསན་པས་ལྷ་སྣང་མཛད་པ་ཙམ་གྱིས་ཆོས་ཉིད་མངོན་སུམ་གྱི་སྣང་བ་རྒྱ་ཆེན་པོ་ཤར། ཙ་རིར་སྒྲུབ་པ་མཛད་ནས་སློབ་མ་མང་དུ་བྱུང་། དེ་ནས་འཇག་ཏུ་བཞུགས་ནས་གཞན་གྱི་

དོན་རྒྱ་ཆེན་པོ་མཛད། འཇིག་པ་རྒྱལ་མཚན་སོགས་རྗེས་ལྡན་གྱི་སློབ་མ་མང་དུ་བསྐྱངས། མཐར་དགུང་གྲངས་བདུན་ཅུ་དོན་དྲུག་ལ་ཕེབས་པ་རབ་བྱུང་ལྔ་པའི་ས་བྱ(སྤྱི་ལོ1309)ལོའི་བོད་ཟླ་ལྔ་པའི་ཚེས་བཅོ་ལྔ་ལ་ཞི་བར་གཤེགས་སོ།

འགོན་དཀོན་མཆོག་རྒྱལ་པོ། དཔལ་ལྡན་ས་སྐྱའི་ཁྲི་པ་དང་པོ་དང་ས་སྐྱ་པའི་གྲུབ་མཐའི་སྲོལ་གཏོད་པ་པོ་འཁོན་དཀོན་མཆོག་རྒྱལ་པོ་ནི་ཡབ་ཤཱཀྱ་བློ་གྲོས་ཀྱི་སྲས་སུ་རབ་བྱུང་དང་པོའི་ཤིང་ཁྱི(སྤྱི་ལོ1034)ལོར་གཡའ་ལུང་མཁར་སྟབས་སུ་སྐུ་འཁྲུངས། འཁོན་གྱི་གདུང་རྒྱུད་ནི་འོད་གསལ་ལྷ་ལས་ཆད་པ་སོགས་དེའི་གདུང་རྒྱུད་རིམ་བྱོན་ལ་འཁོན་རིགས་སུ་གྲགས། འདི་ཉིད་སྐུན་ཕྲ་དུས་ཡབ་དང་གཅེན་གཉིས་ལས་གསང་སྔགས་རྙིང་མའི་གདམས་པ་གསན། ཕྱིས་འབྲོག་མི་ལོ་ཙྪ་བ་ཤཱཀྱ་ཡེ་ཤེས་ལས་གསུང་ངག་རིན་པོ་ཆེ་ཞུས་པས་ལམ་སྐོར་ཆ་ལག་འགའ་རེ་གནང་། ཁྱད་པར་དུ་རྒྱུད་གསུམ་གྱི་བཤད་པ་རྒྱས་པར་གནང་ནས་བཤད་ཀ་འཛིན་པའི་བུ་ཆེན་ལྔའི་ནང་ནས་མཆོག་ཏུ་གྱུར། གཞན་ཡང་འགོས་ལོ་ཙྪ་བ་ལ་གསང་འདུས་སྐོར་དང་། པཎྜི་ཏ་ཤེས་རབ་གསལ་བ་ལ་ཐིག་ལེ་ལྔའི་སྐོར། རྨ་ལོ་ཙྪ་བ་ལ་བདེ་མཆོག་དང་གྲུབ་སྙིང་གི་སྐོར་རྣམས་གསན། དེ་བཞིན་མལ་ལོ་ཙྪ་བ་དང་བ་རི་ལོ་ཙྪ་བ་སོགས་ལས་སེམས་བསྐྱེད་མན་ངག་མཐའ་ཡས་པ་གསན་ཏེ་གསང་སྔགས་གསར་རྙིང་མཐའ་དག་གི་བདག་པོར་གྱུར། བྲ་བོ་ལུང་དུ་དགོན་ཆུང་ཞིག་བཏབ་ནས་ལོ་འགའ་ཤས་བཞུགས་པས་དེ་ལ་ས་སྐྱ་གོག་པོར་གྲགས། དགུང་ལོ་བཞི་བཅུ་པ་རབ་བྱུང་དང་པོའི་ཆུ་གླང(སྤྱི་ལོ1073)ལོར་དཔོན་པོ་རིའི་ས་དཀར་གྱི་ལོགས་སུ་དགོན་པ་བཏབ་པས་དེ་ནས་བཟུང་ས་སྐྱ་པ་ཞེས་གྲགས། དཔལ་ལྡན་ས་སྐྱའི་གྲུབ་མཐའ་དེ་ནས་བྱུང་ཞིང་། འདི་མན་ཆད་ནས་གདུང་རྒྱུད་རྣམས་ལ་ལྷ་རིགས་འཁོན་ས་སྐྱའི་གདུང་རྒྱུད་ཅེས་གྲགས། ས་སྐྱའི་གདན་ས་ཡུན་རིང་དུ་མཛད་དེ་འབྲོག་མི་ནས་བརྒྱུད་པའི་རྒྱུད་ཀྱི་བཤད་པ་ཤིན་ཏུ་དར་བར་མཛད་པ་སོགས་བསྟན་པའི་བྱ་བ་རྒྱ་ཆེར་མཛད་ནས་མཐར་དགུང་ལོ་དྲུག་ཅུ་རེ་དགུ་བཞེས་པ་རབ་བྱུང་གཉིས་པའི་ཆུ་རྟ(སྤྱི་ལོ1102)ལོར་སྒོ་རུམ་དུ་བདེ་བར་གཤེགས། ཞལ་ཆེམས་བཞིན་སྐུ་རིལ་པོར་བཞུགས་པའི་ཕྱི་གསེར་འབུམ་དུ་བྱས་པ་གསང་འདུས་འཇམ་རྗོར་གྱི་བརྒྱུད་རིམ་རྣམས་བང་རིམ་ལ་བཀོད་པ་ཉེ་དུས་འཁོན་སྐུ་འབུམ་དུ་གྲགས་པ་འདི་ཡིན་ནོ།

འབྲུལ་ཞིག་རིན་པོ་ཆེ། ཡབ་བདེ་གཤེགས་ཆེན་པོ་ཤེས་རབ་འོད་དང་། ཡུམ་མཁར་ཚའི་རྣལ་འབྱོར་མ་བྱང་ཆུབ་སྒྲོན་གཉིས་ཀྱི་སྲས་སུ་རབ་བྱུང་བཞི་པའི་ཆུ་ལུག(སྤྱི་ལོ1223)ལོར་སྐུ་བལྟམས། མཚན་ནམ་སེང་གེ་ཞེས་བཏགས། དགུང་ལོ་བདུན་པ་ལ་བྱ་བའི་རིམ་པའི་ཚོགས་མང་དུ་མཁྱེན། སློ་མདོར་བདེ་གཤེགས་ཆེན་པོའི་དྲུང་དུ་ཀློག་དང་ཁ་འདོན་ལ་སྦྱངས། དེ་ནས་ཡུམ་ཡར་གྱིས་སློབ་གཉེར་བྱེད་དུ་མ་སྟེར་བར་རྟ་ཕྱུགས་འཚོར་བཅུག

རྗེ་འདི་ཉིད་ཕྱིས་པའི་དུས་ནས་ཆོས་ཐམས་ཅད་རྨི་ལམ་སྒྱུ་མ་ལྟ་བུར་གོ། གང་ལ་ཡང་ཞེན་ཆགས་མེད་པས་རང་གི་ཟས་གོས་སུ་དགའ་བ་ལ་སྐྱེར་པས་འཁྲུལ་ཞིག་ཏུ་མཚན་ཐོགས། དགུང་ལོ་བཅུ་གཉིས་པ་ལ་ཡབ་ཀྱིས་ཕུར་བུའི་སྟོད་ལས་ཀྱི་དབང་བསྐུར། སློབ་པ་ལ་བཙུག་སྟེ་བསླེབ་པ་ལ་འབད་པས་རྟགས་ཁྱད་པར་ཅན་བྱུང་། དུག་ཕུར་ནག་པོའི་ལག་ལེན་སོགས་དང་ཕུར་བུའི་ལུགས་རྒྱས་པར་གསན། དགུང་ལོ་བཅོ་ལྔ་ལ་དགེ་བཤེས་ཀུན་དགའ་དང་གྲུབ་ཐོབ་སྒྲི་བདེ་བ་ལ་མངོན་རྟོགས་རྒྱན་དང་རྩ་ལུགས་སོགས་གསན། ཉི་ཤུ་རྩ་གཅིག་པ་ལ་བདེ་གཤེགས་ཆེན་པོ་ཉིད་ལ་མངའ་བའི་ཞི་བྱེད་བརྒྱུད་པ་སྔ་ཕྱི་བར་གསུམ་ཐམས་ཅད་གནང་། བསླེབ་པ་བསྐྱལ་བས་རྒྱུ་ལམ་འབྲས་བུའི་རྟགས་མ་ལུས་ཚང་། ཉི་ཤུ་རྩ་དགུ་པ་ལ་རྩེ་བ་སྣང་དུ་བཞུགས་ནས་ཐང་དབུས་པ་སོགས་བུ་སློབ་མང་དུ་བསྐྱངས། སློ་མདོ་ཐམས་ཅད་མཁྱེན་པས་གདན་ས་སྐྱོང་དགོས་པའི་ཞུ་ནན་མཛད་པས། སུམ་ཅུ་པ་ལ་རི་ཁྲོད་དུ་བཞུགས་ནས་གདན་ས་བསྐྱངས། སོ་གཉིས་པ་ལ་འབྲི་ཁུང་དུ་ཕྱིན་ནས་རྗེ་སྤྱན་སྔ་ནས་དང་ལྕ་དཀོན་མཆོག་འཕེལ་བས་རབ་ཏུ་བྱུང་། ཞེ་གཅིག་པ་ལ་སྟོད་ལུང་དང་མཁར་ཆུར་ཕྱིན་ནས་གཞན་དོན་མཛད། ཞེ་གསུམ་པ་ལ་གྲུབ་ཐོབ་མེ་ལོང་རྡོ་རྗེ་ལ་སོགས་པ་ཡང་གདམས་པས་ཚིམ་པར་མཛད། ཞེ་བཞི་པ་ལ་རང་གི་སྲས་སློབ་པ་པོ་ཕག་མོ་གྲུ་ནས་ཕོས་ཏེ་རི་ཁྲོད་དུ་གདན་སར་བསྐོས། ཞེ་དགུ་པ་ལ་སྤྱན་སྔ་འཚལ་བ་རི་ཁྲོད་དུ་བསྐོས། དགུང་ལོ་ལྔ་བཅུ་ང་གཅིག་ནས་ལོ་སུམ་ཅུ་སོ་གཅིག་གི་བར་ཟུར་སྟོད་དུ་ཐུགས་དམ་འབའ་ཞིག་མཛད། མཐར་དགུང་གྲངས་བརྒྱད་ཅུ་གྱ་གཅིག་ལ་ཕེབས་པ་རབ་བྱུང་ལྔ་པའི་ཆུ་ཡོས (སྤྱི་ལོ1303) ལོར་དགོངས་པ་ཆོས་དབྱིངས་སུ་ཐིམ།

འདི་ལ་སྲས་ལྔ་བྱུང་བ་སྟེ། ཆེ་བ་སློབ་པ་པོ་སངས་རྒྱས་རིན་ཆེན། གཉིས་པ་སྤྱན་སྔ་དཔལ་ཆེན། གསུམ་པ་དུས་གསུམ་མཁྱེན་པ། བཞི་པ་སྤྱན་སྔ་འཚལ་བར་ཤཱཀྱ་རྒྱལ་མཚན། ལྔ་པ་མཁན་ཆེན་ཚུལ་ཁྲིམས་རྒྱལ་མཚན་བཅས་སོ།

ག་ཡ་དྷ་ར། འབྲོག་མི་ཤཱཀྱ་ཡེ་ཤེས་ཀྱི་སློབ་དཔོན། འདི་ཉིད་རབ་བྱུང་དང་པོའི་ལྕགས་སྦྲུལ (སྤྱི་ལོ1041) ལོར་འབྲོག་མིས་སྤྱན་དྲངས་ནས་བོད་དུ་ལན་དང་པོ་ཕྱིན། ལྷ་རྩེའི་བྲག་དང་མྱུ་གུ་ལུང་དུ་ལོ་གསུམ་གྱི་བར་དུ་འབྲོག་མི་ལ་ཀྱེ་རྡོར་གྱི་རྒྱུད་ཀྱི་བཤད་པ་དང་། གསུང་ངག་རིན་པོ་ཆེའི་བཀའ་དྲིན་སྩལ། ལན་གཉིས་པ་འགོས་ལོས་སྤྱན་དྲངས་ཏེ་རྒྱུད་བཤད་དང་། ནལ་འབྱོར་དབང་ཕྱུག་གིས་དབང་གི་རབ་དབྱེ་ལ་འགོས་ཀྱི་སྒྱུར་མཛད་པས་གསུང་ངག་གི་ཆ་ཤས་ཅུང་ཟད་སྣང་། ལན་གསུམ་པ་ཀྱི་ཛོ་ཟླ་བའི་འོད་ཟེར་གྱིས་སྤྱན་དྲངས་པ་ཡིན།

གུང་ཐང་བླ་མ་ཞང་བརྩོན་འགྲུས་གྲགས་པ། ཚལ་པ་བཀའ་བརྒྱུད་ཀྱི་སྲོལ་གཏོད་པ་པོ། རྗེ་འདི་རབ་བྱུང་གཉིས་པའི་ཆུ་ཡོས (སྤྱི་ལོ1123) ལོར་ཡབ་སྟག་པ་རྡོ་རྗེ་སེམས་དཔའ་དང་། ཡུམ་མང་སྐྱིད

གཉིས་ཀྱི་སྲས་སུ་ཡུལ་ཚ་བ་གྲུར་འཁྲུངས་ཞེས་དང་། རབ་བྱུང་གཉིས་པའི་ལྕགས་སྟག（སྤྱི་ལོ1121）ལོར་སྐྱིད་ཤོད་དུ་འཁྲུངས་ཞེས་གསུངས་ཚུལ་མི་འདྲ་བ་མཆིས། ཆུང་དུའི་དུས་མཚན་ལ་དར་མ་གྲགས་ཞེས་གསོལ། དགུང་ལོ་བདུན་ལ་ཕེབས་སྐབས་ཡུམ་དང་གཅེན་པོས་ཀློག་ཡིག་བསླབས། དགུང་ལོ་དགུ་ནས་བཅོ་བརྒྱད་བར་སློབ་དཔོན་གཤེན་དང་རྫོག་མདོ་སྒེ་སོགས་བསྟེན་ནས་མདོ་སྔགས་ཀྱི་ཆོས་མང་དུ་གསན། དགུང་ལོ་ཉེ་ཤུ་རྩ་དྲུག་ལ་ཕེབས་སྐབས་དགེ་བའི་བཤེས་གཉེན་མཁར་སྒོ་བ་དང་། སློབ་དཔོན་གྲུབ་མཁར་བ། གསང་སྔོན་གཟུང་ལྷུང་མདོ་བ་རྣམས་ལས་བསྙེན་པར་རྫོགས་ཏེ་མཚན་བརྩོན་འགྲུས་གྲགས་པ་ཞེས་གསོལ། དེ་ནས་ལོ་གཅིག་ཅིག་པུ་དང་བསྟན་གཅིག་མཛད། ན་བཟའ་བརྗེ་བའི་དུས་མ་གཏོགས་སྐུ་རགས་ཀྱང་མ་བཀྲོལ་བར་བྱང་ཆུབ་ལྷུང་བཤགས་ལ་པོད་སྐོར་མཛད་ཅིང་བཞུགས། དེ་རྗེས་ཕག་མོ་གྲུ་པ་རྡོ་རྗེ་རྒྱལ་པོ་དང་ལྷན་དུ་དྭགས་པོ་ལྷ་རྗེ་དང་མཇལ། དེའི་དཔོན་པོ་སྒོམ་པ་ཚུལ་ཁྲིམས་སྙིང་པོ་ལས་ཆོས་མང་དུ་གསན་ཏེ་གདན་ས་མཐིལ་དུ་ཡུན་རིང་བཞུགས། རབ་བྱུང་གསུམ་པའི་ཤིང་ལུག（སྤྱི་ལོ1175）ལོར་ཚལ་གཞིས་བདག་པོ་མགར་རྒྱལ་བའི་འབྱུང་གནས་ཀྱིས་ཡོན་བདག་མཛད་དེ་ཚལ་ཡང་དགོན་བཏབ་པ་དང་། རབ་བྱུང་གསུམ་པའི་མེ་ལུག（སྤྱི་ལོ1187）ལོར་ཚལ་གུང་ཐང་གི་ལྷ་ཁང་དགོན་པ་དང་བཅས་པ་བཏབ་ནས་ལྷ་ཆེན་དཔལ་འབར་བཞེངས། དེ་ནས་བཟུང་ཚལ་པ་བཀའ་བརྒྱུད་ཟེར་བའི་སྲོལ་བྱུང་། རབ་བྱུང་གསུམ་པའི་ཆུ་སྟག（སྤྱི་ལོ1193）ལོར་སྐུ་གཤེགས།

ཁོང་གི་སློབ་མའི་གཙོ་བོ། ནམ་མཁའ་འོད་དང་། ཁ་རག་པ་འདུལ་བ་འོད། ལྷ་ཕྲུག་པ་ཉི་ཟླ་འོད། འབྲི་ར་བ་ཤཱཀྱ་འོད་སོགས་མང་དུ་བྱུང་། གསུང་རྩོམ་པོད་ལྔ་བཞུགས་སོ།

ཀྱེ་རྡོ་ཟླ་བའི་འོད་ཟེར། འདི་ཉིད་ཀྱིས་རབ་བྱུང་དང་པོའི་མེ་ཡོས（སྤྱི་ལོ1027）ལོར་བོད་དུ་དུས་འཁོར་ཐོག་མར་བསྒྱུར་བ་དེ་ནས་བཟུང་བོད་དུ་རབ་བྱུང་རྩི་བའི་འགོ་ཚུགས།

འདི་ཉིད་ཀྱི་འགྱུར་ལ། བཀའ་འགྱུར་ལས། དུས་ཀྱི་འཁོར་ལོའི་རྒྱུད་ཀྱི་སྙིང་པོ། མཁའ་འགྲོ་མ་ཐམས་ཅད་ཀྱི་ཐུགས་གཉིས་སུ་མེད་པའི་ཡེ་ཤེས་བསམ་གྱིས་མི་ཁྱབ་པ་ཕག་མོ་མངོན་པར་འབྱུང་བ་རྩ་བའི་རྒྱུད་བཅོམ་ལྡན་འདས་འཇིགས་བྱེད་ཧེ་རུ་ཀས་གསུངས་པ་ལེའུ་བཅུ་པ་དང་། དེའི་རྒྱུད་ཕྱི་མ་རྫོགས་རིམ་བསྟན་པའི་ལེའུ་གཉིས། རྡོ་རྗེ་བདུད་རྩི་ཉུང་ངུའི་རྒྱུད་ལེའུ་བཅུ་གཅིག་པ་སོགས་དང་། བསྟན་འགྱུར་ལས། དཔལ་སངས་རྒྱས་ཐོད་པའི་རྒྱུད་ཀྱི་དཀའ་འགྲེལ་ཡེ་ཤེས་ལྡན་པ་ཞེས་བྱ་བ་དངོས་གྲུབ་བརྙེས་པའི་སློབ་དཔོན་ཆེན་པོ་ས་ར་ཧའི་ཞལ་སྔ་ནས་མཛད་པ། དཔལ་སངས་རྒྱས་ཐོད་པའི་སྒྲུབ་ཐབས། དགེས་རྡོར་བདེ་མཆོག་ལ་སོགས་རྒྱུད་སྡེ་མང་པོའི་ཐུན་མོང་གི་བཤད་རྒྱུད་དཔལ་སམྦུ་ཊའི་འགྲེལ་པ་ལས་དཔལ་ཁ་སྦྱོར་ཐིག་ལེ་ཞེས་བྱ་བ་རྣལ་འབྱོར་མའི་རྒྱུད་ཀྱི་རྒྱལ་པོའི་རྒྱ་ཆེར་འགྲེལ་བ་ཡང་དག་པར་ལྡན་པའི་དྲན་པའི་སྣང་བ་ཞེས་བྱ་བ། དཔལ་དུས་ཀྱི་འཁོར་ལོའི་མན་ངག ཀྱེའི་རྡོ་རྗེ་ཕྱག་བཅུ

དྲུག་པའི་སློབ་ཐབས་སོགས་མང་ངོ་།

གྲགས་པ་འབྱམ་ལྷེ། སྟོད་ཀྱི་མགོན་གསུམ་གྱི་ཡ་རྒྱལ་རིག་པ་མགོན་གྱི་རྒྱུད་པ། ཡབ་ལྷ་ཆེན་ཁྲི་གཙུག་ལྡེར་སྲས་གཉིས་འཁྲུངས་པའི་བགྲེས་པ། འདི་ཉིད་ཀྱིས་གླེ་ལ་སོགས་པ་ལ་མངའ་མཛད་དེ་ཕྱག་རྗེས་སུ་གཙུག་ལག་ཁང་དམར་པོ་བཞེངས་ནས་དེའི་ནང་བཞུགས་སུ་གསོལ་རྒྱུའི་སྐུ་རྟེན་རྒྱལ་བ་བྱམས་པ་མགོན་པོ་དགུང་ལོ་བརྒྱད་པའི་སྐུ་ཚད་དང་། གཡས་གཡོན་གཉིས་སུ་འཇམ་དབྱངས་དང་། ཕྱག་ན་རྡོ་རྗེ་ཐོག་ཚད་རེ། གཙུག་ལག་ཁང་གི་ལོགས་བྲིས་ལ་བདེ་བར་གཤེགས་པའི་སྐུ་བརྙན་མང་པོ་བྲིས་ཡོད་པ་བཅས་གཙུག་ལག་ཁང་དེ་ཐོག་སོ་གསུམ་བརྩིགས་མཐོ་ལིང་གི་དཔེ་ཐྣ་ལྷ་བུ་དང་། གསུང་རྟེན་དུ་གཟུངས་འབུམ་ཆེན་མོ་དང་། དཀོན་བརྩེགས། ཡང་དཀར་གཤེགས་པ་ལ་སོགས་པ་བཞེངས། ཐུགས་རྟེན་དུ་དེའུ་སེར་པོ་གླེའི་ཡུལ་ལ་གནོད་པ་ཞིག་ཡོད་པ་དེ་བཏུམས་ནས་ཕྱི་མཆོད་རྟེན་གྱི་ཚུལ་ལ་ནང་ལྷ་ཁང་བརྒྱ་རྩ་བཀོད་པས་ཁྱད་པར་འཕགས་པ་བཞེངས་པ་དེའི་མཚན་ལ་ཏེའུ་བཀྲ་ཤིས་འོད་འབར་ཞེས་ཟེར། གཞན་ཡང་སྐབས་དུས་ཀྱི་ཀུན་མཁྱེན་ཙོང་ཁ་པ་ཆེན་པོ་བློ་བཟང་གྲགས་པས་སྐུ་ཉིད་ཀྱི་ཞབས་ཁྲག་ལ་འཁྲུངས་པའི་ཚེ་དཔག་མེད་མཐེབ་ཆོགས་ཙམ་ཡོད་པ་བྱ་བྲལ་གཉིས་ལ་བསྐུར་ནས་རྒྱལ་པོ་འདི་ཉིད་ལ་ཕུལ་བས་ཤིན་ཏུ་མཉེས་ནས་སངས་རྒྱས་ཀྱི་བསྟན་པ་རིན་པོ་ཆེ་ལ་དཔེས་ནས་དཔེ་ཐུབ་ཀྱི་དགོན་པ་མ་བརྩིགས་ལྷུན་གྱིས་གྲུབ་པ་དེ་ལྷབུ་བཏབ་པ་སོགས་དགེ་འདུན་གྱི་སྡེ་མང་པོ་བཙུགས་སོ།

གྲུ་མེར་ཚུལ་ཁྲིམས་འབྱུང་གནས། གླུ་མེས་ཀྱི་སློབ་མ་ཀ་བ་བཞིའི་ཡ་གྱལ། གྲུ་མེར་སོགས་བན་དེ་མི་ཕྱེད་དང་བརྒྱད་ཀྱིས་གླུ་མེས་ལ་ཞུས་ནས་བོད་མེ་སྤྲེལ(སྤྱི་ལོ957ནས1017)ལོར་སོལ་ནག་ཐང་པོ་ཆེ་བརྩིགས་ཤིང་། གླུ་མེས་སྐུ་ངོ་མ་ཡང་ཐང་པོ་ཆེ་འདིར་བཞུགས། འདི་ལས་མཆེད་པ་ལ་ཐང་སྐོར་དུ་གྲགས། ཕྱིས་གྲུ་མེར་གྱི་མཁན་བུ་ཁུ་སྟོན་བརྩོན་འགྲུས་གཡུང་དྲུང་གིས་བཟུང་།

གྲུབ་ཆེན་ཨུ་རྒྱན་པ། འབྲུག་པ་བཀའ་བརྒྱུད་ཀྱི་བླ་མ་སྟན་གྲགས་ཆེ་བ་འདི་ཉིད་ཡབ་དཔོན་རྗེ་འཕན་དང་ཡུམ་ཕྱུག་མོ་དུག་གེ་མའི་སྲས་སུ་རབ་བྱུང་བཞི་པའི་ལྕགས་སྟག(སྤྱི་ལོ1230)ལོར་སྐུ་བལྟམས། མཚན་སེང་གེ་དཔལ་དུ་གསོལ། བྱིས་པའི་དུས་ནས་ཏིང་ངེ་འཛིན་རང་འཁྲུངས། ཡབ་ཀྱི་དྲུང་དུ་གསང་སྔགས་ཀྱི་ཆོས་མང་དུ་གསན་ནས་མཁས་པར་སྦྱངས། དགུང་ནར་སོན་པའི་ཚེ་ཡབ་ཀྱིས་ཆུང་མ་ལེན་རྩིས་མཛད་ཀྱང་མ་བཞེས་པར་ཁུ་བོའི་དྲུང་དུ་ཕྱིན། མ་ཕྱུར། བདེ་དགྱེས། ཕྱག་རྡོར། ཡི་ག་ལ་སོགས་པའི་རྒྱུད་འགྲེལ་སློབ་ཐབས་ཕྱག་ལེན་དང་བཅས་པ་གསན། དགུང་ལོ་བཅུ་དྲུག་ལ་བོ་དོང་ཨེ་དགོན་པར་ཕྱིན་ནས་ཆོས་རྗེ་རིན་ཆེན་རྩེ་མོའི་དྲུང་དུ་མངོན་པ་གོང་འོག་དང་། ཚད་མ། དབུ་མ་བཅས་གསན་ཞིང་། འཆད་རྩོད་རྩོམ་གསུམ་ལ་འགྲན་ཟླ་མེད་པའི་གྲགས་པ་ཐོབ། ཆོས་རྗེ་གོད་ཚང་པ་མགོན་པོ་རྡོ་རྗེའི་དྲུང་ནས་དགེ་བསྙེན་གྱི་སྡོམ་པ་བཞེས། གོ་ལུང་པ་མདོ་སྡེ་དཔལ་ལ་འགྲེལ་ཆུང་གསན། དགུང་ལོ

ཉི་ཤུ་པ་ལ་བོ་དོང་ཆོས་རྗེ་རིན་ཆེན་རྩེ་མོས་མཁན་པོ་དང་། ཞང་བསམ་གླིང་པས་སློབ་དཔོན། སློབ་དཔོན་བསོད་ནམས་འོད་ཟེར་གྱིས་གསང་སྟོན་མཛད་ནས་རབ་བྱུང་བསྙེན་རྫོགས་ཅིག་ཅར་དུ་བསྒྲུབས། མཚན་རིན་ཆེན་དཔལ་དུ་གསོལ། དེ་ནས་ལོ་བཅུ་གཉིས་རིང་སྟན་གཅིག་པའི་བརྟུལ་བཞུགས་བཟུང་ནས་ཤ་མི་གསོལ་ཞིང་། ཆོས་རྗེ་རིན་ཆེན་རྩེ་མོ་དང་གོང་ལུང་པ་ནམ་མཁའ་རྒྱལ་མཚན་དུས་འཁོར་བ་སངས་རྒྱས་རྡོ་རྗེ་བཅས་བསྟེན་ནས་དུས་འཁོར་འགྲེལ་ལུགས་དང་། ཆག་ལུགས། རྩ་མི་ལུགས་བཅས་གསན་ནས་དུས་འཁོར་དང་སྐར་རྩིས་ལ་ཤིན་ཏུ་མཁས་པར་གྱུར། དེ་ནས་བདེ་ཆེན་སྟེངས་སུ་ཕེབས་ཏེ་ཆོས་རྗེ་རྐྱང་ཚང་པ་བླ་མར་བསྟེན་ཞིང་བཀའ་བརྒྱུད་ཀྱི་ཆོས་འཁོར་མཐའ་དག་གསན་ཏེ་ཇི་ལྟ་བ་བཞིན་དུ་ཐུགས་ལ་འཁྲུངས། དེ་ནས་ཨོ་རྒྱན་གྱི་ཡུལ་དུ་ཕེབས་སྐབས་ཐོག་མར་བྱང་མི་མེད་ཀྱི་རི་ལ་ཕྱིན་ཏེ་སྒྲུབ་པ་མཛད་པས་ཐུགས་དམ་ཤིན་ཏུ་འཕེལ་ཏེ་ཕྱིར་གྱི་ཆོས་བརྗོད་པ་ཐམས་ཅད་སོས། དེ་ནས་ཏི་སེར་ཕྱིན་ཏེ་ཐོགས་ཤིག་བཞུགས། དེ་ནས་འཛིགས་པའི་འཕྲང་མང་པོ་བརྒྱུད་ཨོ་རྒྱན་གྱི་ཡུལ་དུ་ཕེབས་ནས་ཆོས་མང་དུ་གསན། དགུང་ལོ་སོ་གཉིས་ལ་ཕེབས་པ་ལྕགས་བྱ(སྤྱི་ལོ1261)ལོར་སླར་ཡང་རྒྱ་གར་རྡོ་རྗེ་གདན་དུ་ཕྱིན་ནས་མཆོད་རྟེན་ལ་ཞིག་གསོ་གནང་། དེར་བྱང་ཆུབ་ཀྱི་ཤིང་གཟིགས་པས་ཀུན་རྫོབ་བྱང་ཆུབ་ཀྱི་ཐུགས་བཅོས་མ་མིན་པ་འཁྲུངས། སྔར་ཆོས་རྗེ་རྐྱང་ཚང་བས་ད་སྟེ་ལོ་བཅུ་གཉིས་ན་ཁྱེད་ལ་དགེ་སྦྱོར་གཤའ་མ་ཞིག་སྐྱེ་གསུངས་པ་དེ་འདི་ཡིན་དགོངས། རྣམ་པར་མི་རྟོག་པའི་ཏིང་ངེ་འཛིན་དང་བྱང་ཆུབ་ཀྱི་སེམས་གཉིས་དང་སྐད་ཅིག་ཀྱང་མི་བྲལ་བར་རྣལ་འབྱོར་པ་ཆེན་པོར་གྱུར་ཏེ། སྤྱན་གྱིས་གཟིགས་པ་དང་དབུགས་པ་རེ་ཙམ་བསྟན་པས་ནད་གདོན་མཐའ་དག་སོས་པའི་མཐུ་སྟོབས་ཆེ། མདོ་རྒྱུད་ཀྱི་ཆོས་ཐེ་སྙིད་ཐུགས་སུ་ཆུད། དགུང་ལོ་རེ་གསུམ་པ་རབ་བྱུང་ལྔ་པའི་ཆུ་འབྲུག(སྤྱི་ལོ1292)ལོར་ཏུ་ཕི་ལི་སེ་ཆེན་ཧན་གྱིས་གདན་དྲངས། རྒྱལ་པོ་དང་བློན་འབངས་བཅས་ལ་ཆོས་མང་པོ་གསུངས། མགྱོགས་པར་བོད་དུ་ཕྱིན་རྩིས་མཛད་པ་ལ་སེ་ཆེན་ཧན་གྱིས་བཞུགས་སུ་གསོལ་བའི་ཞུ་བ་ཕུལ་ཡང་མ་གསན། རྒྱ་ནོར་གྱི་འབུལ་བ་ཚད་ལས་འདས་པ་བྱུང་ཡང་སྣ་གཅིག་ཀྱང་མ་བཞེས་པར་བོད་དུ་ཕྱིར་ཕེབས།

རྗེ་འདི་ཡི་གསུང་ལས་སྐྱེས་པའི་སློབ་མ་རིན་པོ་ཆེ་མཁར་ཆུང་བ། གཙྪ་རང་བྱུང་རྡོ་རྗེ། བླ་མ་དབུ་མ་པ། མཁན་ཆེན་བསོད་ནམས་འོད་ཟེར། རྟོགས་ལྡན་ཟླ་བ་སེང་གེ། ཆོས་རྗེ་ཀུན་དགའ་དོན་གྲུབ་སོགས་མང་དུ་ཕྱིན། མཐར་དགུང་ལོ་བརྒྱད་ཅུ་ལ་ཕེབས་པ་རབ་བྱུང་ལྔ་པའི་ས་བྱ(སྤྱི་ལོ1309)ལོར་དགོངས་པ་ཆོས་དབྱིངས་སུ་གཤེགས།

གྲུ་སྟོན་བདུད་རྩི་གྲགས། (གྲུ་མོ་ཆེ་བདུད་རྩི་གྲགས་ཞེས་པའང་སྣང་) འདི་ཉིད་རབ་བྱུང་གསུམ་པའི་ཆུ་བྱ(སྤྱི་ལོ1153)ལོར་ཆུ་ སྒོ་ལུམ་དུ་སྐུ་འཁྲུངས། གདུང་རུས་གྲོ་ཡིན། རྩིས་པ་གཞོན་ནུ་སེང་གེ་ལས་བསྙེན་པར་རྫོགས། རྡོ་སྟོན་ཆེན་པོ་དང་ཞང་བཙུན་རྡོ་རྗེ་འོད་ཟེར་གཉིས་ལས་ཤར་བ་པའི་གདམས་པ་

མ་ལུས་པ་མཐོང་ཞིང་། ལུམ་པ་བའི་ཐུགས་སྲས་ཆུ་མིག་པ་ཤེས་རབ་གྲགས་པ་ལས་ཀརྨ་བའི་ལམ་གྱི་རིམ་པ་ཡང་གསན། སྣར་ཐང་གི་ལམ་རིམ་འདི་ལ་ཤར་བ་པ་དང་། ཀརྨ་བའི་གདམས་པ་གཉིས་ཀ་ཚང་ཡོད། གཞན་ཡང་བྱ་ཡུལ་པའི་སློབ་མ་མུ་སྨན་པ་ཆེན་པོ་དང་། སངས་རྒྱས་དཔོན་སྟོན་སོགས་མཁས་གྲུབ་དུ་མ་བསྟེན་ནས་གསན་པ་རྒྱ་ཆེན་པོ་མཛད། བྱང་ར་སྒྲེང་དུ་འབུལ་མོ་ཆེ་ཐེངས་གསུམ་མཛད་དེ་ར་སྒྲེང་དབུ་རྩེ་རིན་པོ་ཆེའི་སྟེང་དུ་གསེར་ཏོག་ཁམས་གསུམ་གཟིལ་གནོན་ཡང་བཞེངས། ལམ་མཆོག་གི་རྩ་བ་ཚིགས་སུ་བཅད་པ་འདི་ཡང་མཛད་དེ་ལམ་གྱི་རིམ་པའི་སྒོ་ནས་སྐལ་བ་ལྡན་པ་རྣམས་རྗེས་སུ་བཟུང་། འདི་འཕྲིན་ལས་དར་ཁྱབ་ཆེ་ཞིང་སྣར་ཐང་གི་དཔལ་མགོན་ཡང་འདིའི་སྐུ་རིང་ལ་བྱུང་། སྣར་ཐང་གི་གདན་ས་ལོ་སོ་དགུ་མཛད་དེ་དགུང་ལོ་བརྒྱད་ཅུ་བཞེས་པ་རབ་བྱུང་བཞི་པའི་ཆུ་འབྲུག(སྤྱི་ལོ1232)ལོའི་ས་ཟླའི་ཡར་ངོའི་ཚེས་དགུ་ཉིན་སྐུ་མྱ་ངན་ལས་འདས། གདུང་རྟེན་ནི་གདན་ས་གསུམ་པའི་གདུང་རྟེན་གྱི་ཤར་ན་བཞུགས་སོ།

གྲོ་ལུང་པ་བློ་གྲོས་འབྱུང་གནས། རྔོག་ལོའི་སློབ་མའི་གྲས་ལས་གསུང་རབ་ཀུན་ལ་མཁས་པར་གྲགས། གཞོན་ནུའི་དུས་རྔོ་བོ་རྗེ་དང་འབྲོམ་སྟོན་ལས་བཀའ་གདམས་ཀྱི་ཆོས་གསན། རྔོ་བོའི་གཞུང་ཆུང་རྣམས་གཙོ་བོར་གྱུར་པའི་ཆོས་ཆུང་བརྒྱ་རྩ་ལ་དོན་ལོག་འཆིང་བའི་ཊཱི་ཀ་དང་། ལམ་རིམ་དང་བསྟན་རིམ་ཤིན་ཏུ་ཆེ་བ་རེ་མཛད། བསྟན་རིམ་ཆེན་མོ་ནི་ལམ་སྒྲོན་གྱི་དགོངས་འགྲེལ་བླ་མེད་ཡིན་པས་རྗེ་ཙོང་ཁ་པའི་ལམ་རིམ་ཆེན་མོ་ཡང་ཕལ་ཆེར་འདི་དང་མཐུན་པར་མཛད། དེ་ཡང་སྐུ་ཚེའི་སྟོད་ལ་ལོངས་སྤྱོད་ཀྱིས་ཕོངས་སེ་བ་ཞིག་བྱུང་བས་སྣེའུ་ཟུར་པའི་སློབ་མ་གུང་པ་ལྷ་རྗེས་གནོད་སྦྱིན་རྨུགས་འཛིན་གྱི་མན་ངག་གནང་བས་ལོངས་སྤྱོད་ཀྱང་ཤིན་ཏུ་ཆེ། ཕྱིན་ལས་ཀྱི་གཙུག་ལག་ཁང་ཆེན་མོའང་བཏབ། བདག་ཉིད་ཆེན་པོ་འདིའི་སྐུ་ཚེའི་མཐར་གཏུགས་པ་ན། སློབ་དཔོན་ཆ་པས་འབད་པས་གསན་ནས་འགྲེལ་ཆུང་གི་ཊཱི་ཀ་ཆེ་བ་ཞིག་མཛད་དེ་དེའི་རྗེས་སུ་འབྲང་བ་དང་བཅས་པ་རྣམས་ནི་འབྲི་ཨར་གྱི་ལུགས་ལས་ཐ་དད་པ་ཡིན། གྲོ་ལུང་བ་ཆེན་པོ་ནམ་འཁྲུངས་མི་གསལ་ཞིང་དགུང་ལོ་བརྒྱད་ཅུ་པ་ལ་འདས་པར་ཡོངས་འཛིན་ཡེ་ཤེས་རྒྱལ་མཚན་གྱི་ལམ་རིམ་བླ་བརྒྱུད་དུ་གསུངས་ཞེས་བསྟན་རྩིས་ཀུན་བཏུས་ནང་གསལ།

གྲོལ་སྒོམ་ཆོས་གཡུང་། དྭགས་པོའི་སློབ་མ་གྲུབ་རྟགས་མཆོག་ཏུ་གྱུར་བ་ཡིན་ཞིང་། འདི་ཉིད་ཡབ་ལྷ་རྗེ་སྟོན་ལམ་འབར་དང་ཡུམ་རྣམ་ཤེས་སྐྱིད་གཉིས་ཀྱི་སྲས་སུ་རབ་བྱུང་གཉིས་པའི་ཆུ་ལུག(སྤྱི་ལོ1103)ལོར་ཡུལ་འོལ་ཁར་སྐུ་འཁྲུངས། དགུང་ལོ་བཅུ་ལ་ཕེབས་སྐབས་ཡབ་ཀྱིས་ཆོས་ཕྱགས་དང་སྨན་བསླབས། དགུང་ལོ་བཅོ་ལྔར་ཕེབས་སྐབས་རྗེ་མོ་ཞིག་བླངས་པ་དེ་ལོ་རང་འདས་ཏེ་སྐྱོ་བ་སྐྱེས་ནས་དགེ་བཤེས་བྲག་རྩ་བ་ལ་སྒོམ་པ་བླངས། དེ་མ་ཐག་འདུལ་གྲོར་བྱོན་ནས་ཞང་སྟོན་ཤེས་རབ་འབར་ལ་འདུལ་བ་མཁྱེན་པར་བསླབས། དེ་ནས་སྨམ་པོ་བ་ལ་དད་པ་དཔག་ཏུ་མེད་པ་སྐྱེས་ནས་སྒོང་ཐག་མཛད་དེ་གདམས་པ་

རྣམས་ཞུས། ཞག་གཅིག་གི་བར་དུ་འོད་གསལ་ཐུན་གཅིག་ལ་བཞུགས་པ་ལ་སོགས་པའི་ཐུགས་དམ་མཆོག་ཏུ་གྱུར། འཇིག་རྟེན་གྱི་མཁའ་འགྲོ་མ་དབང་དུ་འདུས། ཡོ་བྱད་རྣམས་གྲོགས་ལ་བྱིན་ནས་ལོ་རེར་རས་ཆུང་པ་ལ་སྙན་བརྒྱུད་ཞུས། སྦྲ་ཡུལ་དུ་ལོ་གཉིས་བཞུགས། དེའི་ཚེ་ཧ་མགྲིན་ཞལ་གཟིགས་ནས་ལས་ཅན་གྱི་སློབ་མ་འབྱུང་བར་ལུང་བསྟན་པ་བཞིན་འགྲོ་མགོན་ཞང་བྱོན། རྣ་ལོ་དང་དེ་བར་དོའི་གདམས་པ་ཞུས། དེའི་ཚེ་གསང་གསོ་དང་ལྷ་སྔངས་ཀྱིས་དགུག་པ་ལ་སོགས་པའི་ནུས་པ་ཆེན་པོ་བརྙེས། བ་རི་ལོ་ཙྪ་བ་ལ་སྒྲུབ་ཐབས་བརྒྱ་རྩ་ལ་སོགས་པ་གསན། མཐར་དགུང་ལོ་དགུ་བཅུ་རྩ་བདུན་པ་རབ་བྱུང་གསུམ་པའི་ས་ལུག(སྤྱི་ལོ1199)ལོར་སྐུ་གཤེགས་སོ།

སྣང་རི་ཐང་པ་རྡོ་རྗེ་སེང་གེ། པོ་ཏོ་བའི་སློབ་མ་དབུས་ཀྱི་ཀ་ཆེན་གཉིས་ཀྱི་ཡ་གྱལ། རྗེ་འདི་ཉིད་རབ་བྱུང་དང་པོའི་ཤིང་རྟ(སྤྱི་ལོ1054)ལོར་སྐུ་འཁྲུངས། མཚན་རྡོ་རྗེ་སེང་གེར་གསོལ། འདི་ཉིད་ཀྱིས་བཀའ་གདམས་བློ་སྦྱོང་གི་མན་ངག་དམིགས་པའི་ས་བཅད་བརྒྱད་དུ་མཛད་པ་ལ་བློ་སྦྱོང་ཚིགས་བརྒྱད་མར་གྲགས་པ་དེ་ཚིགས་ཆོས་སུ་མཛད། ཚོགས་པ་ཡུན་རིང་བསྐྱངས། པོ་ཏོ་བའི་མཛད་པ་བཞིན་དུ་བྱམས་ཆོས་ལ་སོགས་པའི་གཞུང་ཆེ་བ་རྣམས་ཀྱིས་སློབ་མ་སྐྱོང་། ལན་ཅིག་གི་ཚེ་ཚེ་རབས་ཐམས་ཅད་དུ་དགེ་སློང་གི་དངོས་པོ་དང་མི་འབྲལ་བའི་དམ་བཅའ་བརྟན་པོ་མཛད། རབ་བྱུང་གཉིས་པའི་ཆུ་བྱ(སྤྱི་ལོ1093)ལོར་འཕན་པོ་ལྷུན་གྲུབ་ཁུལ་དུ་སྣང་ཐང་དགོན་པ་བཏབ། རབ་བྱུང་གཉིས་པའི་ཆུ་ཡོས(སྤྱི་ལོ1123)ལོར་སྐུ་གཤེགས།

ཁོང་ལ་ཡར་ཀླུང་ལྷ་གས་ཞིང་པ་དང་། བ་ཡགས་ཀྱི་འདུལ་འཛིན། ལུང་མོ་བ་མདོ་སྡེ། ཞང་བཙུན་ཉན། འགར་ཞང་ཞུང་པ། མ་ཐང་པ། ཉེ་མལ་བ། ཤ་བོ་སྒང་པ་པདྨ་བྱང་ཆུབ་སོགས་སློབ་མ་མང་དུ་བྱུང་།

སྣང་ལུང་པ་བརྩོན་འགྲུས་གཞོན་ནུ། འདི་ཉིད་ཡབ་སྟབས་རྡོ་རྗེ་བཙན་གྲགས་དང་ཡུམ་ཧོར་གཟའ་མོ་གཉིས་ཀྱི་སྲས་སུ་རབ་བྱུང་གཉིས་པའི་ཆུ་ཡོས(སྤྱི་ལོ1123)ལོར་སྟོད་ལུང་འཚུར་གྱི་སྣང་རར་སྐུ་འཁྲུངས། བྱིས་པའི་དུས་ན་ཚེ་འདི་ལ་ཞེན་པ་ལོག་པ། ལས་འབྲས་ལ་ཡིད་ཆེས་པ། འཁོར་བ་ལས་ཡིད་འབྱུང་བ། སེམས་ཅན་ལ་སྙིང་རྗེ་ཆེན་པོ་རྣམས་རང་འཁྲུངས་སུ་བྱུང་། དགུང་ལོ་བཅོ་བརྒྱད་ལ་ཕེབས་སྐབས་བྲ་ཡུལ་བའི་སློབ་མ་ཉག་མོ་བའི་དྲུང་དུ་བྱོན་ནས་གོ་མིའི་སྡོམ་པ་བླངས་ཤིང་གུས་པོ་ཆེན་པོ་ཡང་སྐྱེས། སྤྱ་ཚབ་ལོ་ཙྪ་བའི་དྲུང་ནས་དགེ་ཚུལ་གྱི་སྡོམ་པ་བཞེས། མཚན་བརྩོན་འགྲུས་གཞོན་ནུར་བཏགས། ཉག་མོ་བའི་དྲུང་དུ་ལོ་བདུན་བཞུགས་ནས་ལམ་རིམ་ཞུས་པ་ལ། ཆོས་མ་རྫོགས་གོང་དགེ་བའི་བཤེས་གཉེན་སྐུ་གཤེགས། དགུང་ལོ་ཉི་ཤུ་རྩ་ལྔར་ཕེབས་སྐབས་བྲ་འདུལ་ཀྱིས་མཁན་པོ་དང་། ཆ་པས་སློབ་དཔོན། སྟོན་པ་ཆོས་མཆོག་གིས་གསང་སྟོ་མཛད་ནས་བསྙེན་པར་རྫོགས། ཉག་མོ་བ་དང་བྲ་

ཡུལ་བའི་སློབ་མ་དགེ་བཤེས་བགྲ་ཤེས་སྣང་པ་སོ་བརྒྱད་བསྟེན། དེ་ནས་གཙང་པ་རིན་པོ་ཆེའི་སྤྱན་སྔར་ཕྱིན་ནས་དབུ་མའི་ཐེ་ཚོམ་ཤིན་ཏུ་མང་པོ་བྱུང་བ་རྣམས་ཞུས་པས་དེ་རྣམས་ཀྱི་སྒྲོ་འདོགས་ཀྱང་བཅད། དེ་ལྟར་གཙང་པ་རིན་པོ་ཆེ་ལོ་ལྔ་བསྟེན། གཙང་པ་སྐུ་གཤེགས་རྗེས་གདན་ས་ལོ་སུམ་ཅུ་ཙ་གཉིས་མཛད་དེ་མཐར་དགུང་ལོ་བདུན་ཅུ་ཙ་གཅིག་པ་རབ་བྱུང་གསུམ་པའི་ཆུ་གླང(སྤྱི་ལོ1193)ལོར་སྐུ་གཤེགས།

གླན་ཡེ་ཤེས་ཤེས་རབ། ཀླུ་མེས་ཀྱི་སློབ་མ་ཀ་བ་བཞིའི་ཡ་གྱལ། འདི་ཉིད་བོད་ལྕགས་ཁྱི(སྤྱི་ལོ950ནས1010)ལོར་ཀླུ་མེས་ཀྱི་དྲུང་དུ་རབ་ཏུ་བྱུང་། གླན་གྱིས་རྒྱ་སར་སྣང་། གླག་མདའ། མཚལ་ཆུང་བཅས་བཟུང་བ་རྣམས་ལ་གླན་ཚོའམ་གླན་སྐོར་དུ་གྲགས།

གླིང་རས་པདྨ་རྡོ་རྗེ། འབྲུག་པ་བཀའ་བརྒྱུད་ཀྱི་སྲོལ་གཏོད་པ་པོ། རྗེ་འདི་ཉིད་རབ་བྱུང་གཉིས་པའི་ས་སྤྲེལ(སྤྱི་ལོ1128)ལོར་ཡབ་རྒྱལ་པོ་སྐྱབས་བེ་བྲ་བ་སྔགས་དང་སྨན་རྩིས་ཀྱི་ཡོན་ཏན་ལྡན་པ་དང་། ཡུམ་གཟུངས་མོ་དར་ཆུང་གཉིས་ཀྱི་སྲས་སུ་གཙང་མྱང་སྟོད་དུ་སྐུ་འཁྲུངས། མཚན་ལ་པདྨ་རྡོ་རྗེ་ཞེས་བཏགས། དགུང་ལོ་དགུ་ལ་ཀློག་བསླབས། དགུང་ལོ་བཅུ་བདུན་ལོར་སློབ་དཔོན་གླིང་རས་ལས་དགེ་བསྙེན་མཛད། དགུང་ལོ་སོ་བརྒྱད་པར་འགྲོ་མགོན་ཕག་མོ་གྲུ་པའི་སློབ་མར་གྱུར། ཕག་གྲུའི་སྐུ་མདུན་ནས་ལྷན་ཅིག་སྐྱེས་སྦྱོར་གསན་པས་ཆུ་བོ་གངྒ་ཚུན་ན་ལྟ་བ་བཟང་བར་གྲགས། དབྱར་ཟླ་གསུམ་ཕག་གྲུར་བཞུགས། བུད་མེད་སྟོན་མོ་ཞིག་གིས་མདོ་རྒྱུད་ཀྱི་ལུང་གནང་བའི་སྣང་བ་བྱུང་བ་དེ་ནས་མདོ་རྒྱུད་རང་དབང་དུ་འགྲེལ་བའི་སྤོབས་པ་ཐོབ། བཀའ་འགྱུར་ཐུགས་ལ་ཞུགས། སྤྱིར་རྒྱུད་ཀྱི་རྣམ་བཤད་དང་། སེམས་ཀྱི་རྡོ་རྗེའི་བསྟོད་པ་དང་། རྣལ་འབྱོར་འཇུག་པ་དང་། བདེ་མཆོག་གི་དཀྱིལ་འཁོར་གྱི་ཆོ་ག་ལ་སོགས་པ་བརྩམས་ཤིང་། བླ་མ་སྐྱབས་པའི་ཕྱག་བཞེས་ཀྱང་རྗེ་བཙུན་གླིང་རས་པ་ནས་བྱུང་བ་ཡིན། ཕྱིས་སྣ་ཕུ་ཆོས་ལུང་དུ་དགོན་པའི་གཞི་བཟུང་ནས་གཞན་དོན་མང་དུ་བསྐྱངས། མཐར་དགུང་ལོ་རེ་གཅིག་པ་རབ་བྱུང་གསུམ་པའི་ས་སྤྲེལ(སྤྱི་ལོ1188)ལོའི་དབྱར་ཟླ་ར་བའི་ཉེར་བརྒྱད་ལ་སྐུ་གཤེགས། ཁོང་གི་སློབ་མའི་གཙོ་བོ་གཙང་པ་རྒྱ་རས་ཡིན་ཞིང་། ཡབ་སྲས་འདི་ཉིད་ལས་བརྒྱུད་པའི་ཆོས་བརྒྱུད་ལ་འབྲུག་པ་བཀའ་བརྒྱུད་ཟེར།

གྲྭ་པ་མངོན་ཤེས་ཅན། མཚན་གཞན་ཤེས་རབ་རྒྱལ་བའམ་དབང་ཕྱུག་འབར་ཏེ། འདི་ཉིད་བོད་ཆུ་བྱི(སྤྱི་ལོ1012)ལོར་གྲྭ་ནང་ཁུལ་དུ་སྐུ་འཁྲུངས། དགུང་ལོ་ཆུང་ངུའི་དུས་ནས་བསམ་ཡས་ཀྱི་ཆོས་གྲྭར་ཕྱིན། ཀླུ་མེས་ཀྱི་མཁན་བུ་ཡམ་ཤུད་རྒྱལ་བ་འོད་ལས་རབ་ཏུ་བྱུང་། མཚན་ཤེས་རབ་རྒྱལ་བར་བཏགས། དེར་འདུལ་བ་ལོ་གཅིག་གསན། རང་གི་ཁུ་བོ་ཞང་སྟོན་ཆོས་འབར་ལས་མདོ་སྔགས་ཀྱི་ཆོས་སྐོར་དང་། གསོ་བ་རིག་པ། ཕ་དམ་པ་སངས་རྒྱས་ལས་ཞི་བྱེད་སྐོར་དགུ། ཁ་ཆེ་པཎ་ཆེན་ཟླ་བ་མགོན་པོ་ལས་སྦྱོར་དྲུག་གི་གདམས་པ་སོགས་གསན། ཡུལ་གྲྭ་ལ་འཁྲུངས་པས་གྲྭ་པ་དང་། ཆོས་མངོན་པ་ལ

མཁྱེན་རྒྱ་རྒྱས་པས་མངོན་ཤེས་ཞེས་གྲགས་པར་གྱུར། ཁྱད་པར་དུ་བསམ་ཡས་དབུ་རྩེའི་བར་ཁང་གི་ག་བ་བུམ་པ་ཅན་གྱི་འོག་ནས་གསོ་བ་རིག་པའི་དཔལ་ལྡན་རྒྱུད་བཞིའི་མ་དཔེ་ས་ཕོ་སྟག་ལོ་སྟོན་ཟླ་ར་བའི་ཚེས་བཅོ་ལྔའི་ནམ་ཕྱེད་ཙམ་ལ་གཏེར་ནས་གདན་དྲངས་ཤིང་དཔེ་ལས་བཤུས་ཏེ་ཕྱི་མོ་རང་གནས་སུ་བཞུགས། བུ་དཔེ་ལོ་གཅིག་གསང་སྔེ་ཕྱིས་སུ་ཡར་ལུང་གི་དགེ་བཤེས་ཁུ་སྟོན་དབུས་པ་དར་མ་གྲགས་ལ་གནང་། དགུང་ལོ་བདུན་ཅུ་པར་གྲ་ནང་མདར་དཔལ་གྲ་ཐང་གི་རྨང་བཏིང་། དགུང་ལོ་བདུན་ཅུ་རྩ་དགུ་པ་རབ་བྱུང་གཉིས་པའི་ལྕགས་རྟ(སྤྱི་ལོ1090)ལོར་ཞི་བར་གཤེགས་པའི་ཚེ་ཕལ་ཆེར་གྲུབ་པ་ལ། ལྷག་མ་ཅུང་ཟད་ཡོད་པ་རྣམས་དཔོན་པོ་འབྱུང་ཤེས་དང་འབྱུང་ཚུལ་གཉིས་ཀྱིས་ལོ་གསུམ་ནང་ལེགས་པར་བསྒྲུབས།

འདི་ཉིད་ཀྱིས་རྒྱུད་ཀྱི་བསྡུས་དོན་སོགས་ཕྱག་རྩོམ་གནང་ཞིང་། སློབ་མ་ཡང་གྲ་སྟོན་འདུམ་ལྷས་འབར་དང་། གདོན་ཚང་སྟོན་པ། དགེ་བཤེས་ལྷབས། ཇ་རྒྱ་བྱང་ཆུབ་སེམས་དཔའ་སོགས་བྱུང་།

དགེ་བའི་བཤེས་གཉེན་ཁམས་ལུང་པ། རྗེ་འདི་ཉིད་ཡབ་སྲས་རྣལ་འབྱོར་མགོན་པོ། ཡུམ་ཞང་ལྕམ་དཀར་ཡལ་གཉིས་ཀྱི་སྲས་སུ་རབ་བྱུང་བཞི་པའི་ཆུ་འབྲུག(སྤྱི་ལོ1232)ལོར་ཉན་གྱི་ག་ག་བ་ཞེས་བྱ་བའི་ཡུལ་དུ་སྐུ་བལྟམས། དགུང་ལོ་བཅུ་གཉིས་པ་ལ་མཁན་པོ་གཞུང་དབང་དང་སློབ་དཔོན་རག་མ་གཉིས་ལས་རབ་ཏུ་བྱུང་། དགུང་ལོ་བཅུ་དགུ་པ་ལ་མཁན་པོ་སྐྱོར་མོ་ལུང་བ་ཞིག་པོ་དང་། སློབ་དཔོན་དཔལ། གསང་སྟེ་བ་སློབ་དཔོན་དབང་ལས་བསྙེན་པར་རྫོགས་ཏེ་འདུལ་བ་གསན། དེ་ནས་སྒོམ་པ་ལ་རྩེ་གཅིག་ཏུ་ཞུགས་པས་ཉམས་རྟོགས་ཁྱད་པར་འཕྲུངས། ཆོས་ཞུ་བ་ལ་ཉིན་མཚན་སྒོ་མེད་དུ་གྲགས། དགུང་ལོ་ཉེར་ལྔ་ལ་ཕེབས་པ་མེ་འབྲུག(སྤྱི་ལོ1256)ལོར་བྱ་ཡུལ་གདན་སར་ཕེབས། ལོ་ཉི་ཤུ་རྩ་བདུན་རིང་དམ་ཆོས་ཀྱི་འཁོར་ལོ་ཆེན་པོ་བསྐོར་ནས་གདན་ས་བསྐྱངས། སེམས་ཅན་དཔག་མེད་སྨིན་གྲོལ་གྱི་ལམ་དུ་བཀོད། དགུང་གྲངས་ལྔ་བཅུ་ང་གཅིག་ལ་ཕེབས་པ་རབ་བྱུང་ལྔ་པའི་ཆུ་རྟ(སྤྱི་ལོ1282)ལོར་དགོངས་པ་མྱ་ངན་ལས་འདས།

དགེ་བཤེས་བྲག་དཀར་བ། ཏ་ལམ་སྤྱི་ལོའི་དུས་རབས་བཅུ་གཅིག་པའི་དུས་མཇུག་ཙམ་ལ་འདི་ཉིད་ཀྱིས་སྐྱིད་ཤོད་ཉང་བྲན་ཕ་བོང་ཁར་བཀྲ་ཤིས་ཆོས་གླིང་བཏབ་སྟེ་དགེ་འདུན་གྱི་སྡེ་བཙུགས། དེ་ནས་རབ་བྱུང་གཉིས་པའི་ལྕགས་ཡོས(སྤྱི་ལོ1111)ལོར་དཔེ་ཆོས་རིན་ཆེན་སྤུངས་རྩ་འགྲེལ་བརྩམས། མཐར་དགུང་ལོ་བརྒྱད་ཅུ་བཞུགས་ནས་གཤེགས་སྐད།

དགྱེར་སྒོམ་པ་ཚུལ་ཁྲིམས་སེང་གེ།(དགྱེར་སྒོམ་ཆོས་སེང་ཞེས་པའང་སྣང་) ཤུག་གསེབ་བཀའ་བརྒྱུད་ཀྱི་སྲོལ་གཏོད་པ་པོ། རྗེ་འདི་ཉིད་ཡབ་དམག་དཔོན་དཀོན་མཆོག་སྐྱབས་དང་ཡུམ་རྒྱལ་ཚ་མ་མདོ་སྡེ་རྒྱན་གཉིས་ཀྱི་སྲས་སུ་རབ་བྱུང་གཉིས་པའི་ཤིང་བྱི(སྤྱི་ལོ1144)ལོར་ཡར་ཀླུངས་ཁྲ་འབྲུག་པའི་

དཔོན་རྒྱུད་དུ་སྐུ་འཁྲུངས། མཚན་ཆོས་ཀྱི་སེང་གེར་བཏགས། དགུང་ལོ་བཅུ་གཅིག་ལ་ཕེབས་སྐབས་རབ་ཏུ་བྱུང་སྟེ་མཚན་ཚུལ་ཁྲིམས་སེང་གེར་གསོལ། ཁྲ་འབྲུག་གི་དཔོན་གཉེར་ཡང་མཛད། དགེ་བཤེས་ཧོར་ལ་གསང་འདུས་ཀྱི་དབང་ཞུས་པས་གསང་མཚན་རྡོ་རྗེ་རྒྱལ་པོ་ཞེས་གསོལ། དེར་གསང་འདུས་ཀྱི་རྩ་འགྲེལ་ལ་སོགས་པ་གསན། དགུང་ལོ་བཅུ་དགུར་ཕེབས་སྐབས་དཔལ་ཕག་མོ་གྲུ་པའི་སྐུ་མདུན་དུ་བཅར་ནས་ཆོས་གསན་པས་བླ་མ་སངས་རྒྱས་སུ་གཟིགས་ནས་བདེ་གསལ་མི་རྟོག་པའི་ཉམས་ཁྱད་པར་ཅན་རྗོད་མེད་དུ་སྐྱེས། ལམ་ཆོས་དྲུག་ལ་སོགས་པའི་གདམས་ངག་ཡམས་ཤིག་ཞུས། དེ་ནས་ཡུལ་དུ་རྒྱུགས་ལེན་དུ་ཕྱིན་པས་ཡབ་དགྲས་བཟུང་ནས་འཁྲུག་པ་བྱེད་དགོས་བྱུང་། དེའི་བར་ལ་དཔལ་ཕག་མོ་གྲུ་པ་སྐུ་གཤེགས། དེར་སྐྱོ་ཤས་དྲག་པོ་སྐྱེས་ནས་བླ་མ་བཟང་པོ་ཞིག་གི་དྲུང་དུ་འགྲོ་དགོས་སྙམ་པ་ལ། མལ་ཀ་བ་ཅན་པ་ཞེས་བྱ་བ་གྲུབ་ཐོབ་ཅིག་བཞུགས་པ་ཐོས་ནས་མཇལ་དུ་ཕྱིན། དབུ་སྐྲས་སྦྲེལ་ནས་ཟླ་བ་གཅིག་ཙམ་བཞུགས་ཏེ་དོན་རྒྱུད་ཐུགས་ཀྱི་མན་ངག་ལ་སོགས་པའི་ཆོས་མང་དུ་གསུངས། དེ་ནས་འོལ་ཁར་རྣལ་འབྱོར་ཆོས་གཡུང་དང་མཇལ། མལ་ཅན་དུ་སྐྱེ་མེད་མངོན་སུམ་དུ་རྟོགས་པ་ཞུས་པས། དེས་ཀྱང་ཨེན་མི་འོང་བ་གཅིག་ཡོད་པ་ཡིན་གསུངས་ནས་ཕྱག་རྒྱ་ཆེན་པོ་གནང་། རྗེ་བཙུན་མ་ཞལ་གཉིས་མའི་བྱིན་རླབས། ཆོས་དྲུག་ལ་སོགས་པའི་ཁྲིད་རྣམས་རྫོགས་པར་གནང་། ཆོས་བརྒྱད་ཀྱི་འཆིང་བ་ལས་གྲོལ། རྒྱལ་ཁམས་པ་བྱེད་པར་ཞུས་ནས་གནས་ངེས་མེད་རྣམས་སུ་ཕྱིན། དེ་ནས་དགུང་ལོ་སོ་བརྒྱད་པ་རབ་བྱུང་གསུམ་པའི་ལྕགས་སྟག(སྤྱི་ལོ1181)ལོར་སྟེ་ཐུར་ཤུག་གསེབ་དགོན་པ་བཏབ་པས་ཤུག་གསེབ་བཀའ་བརྒྱུད་ཅེས་པ་བྱུང་། དེར་ལོ་ཉི་ཤུ་རྩ་བཞི་བཞུགས་ནས་གཞན་དོན་རྒྱ་ཆེར་མཛད་དེ་མཐར་དགུང་ལོ་དྲུག་ཅུ་རྩ་གཅིག་པ་རབ་བྱུང་གསུམ་པའི་ཤིང་བྱི(སྤྱི་ལོ1204)ལོ་དབྱུག་གུ་ཟླ་བའི་ཚེས་བཅུ་བཞིའི་ཉི་མ་ཤར་བའི་དུས་ངོ་མཚར་བའི་ལྟས་དུ་མ་དང་བཅས་ཏེ་སྐུ་གཤེགས། ཤུག་གསེབ་དགོན་པ་དེ་རྗེས་སུ་བཙུན་མའི་དགོན་པ་སྙིང་མའི་ལུགས་སུ་གྱུར།

སློབ་མ་སྟོད་ནས་རྒྱ་དང་། དམར་མཛོད་མ་བ་དང་། འཛོད་གསུམ། སྨད་ནས་རྟོགས་ལྡན་མི་གསུམ་སོགས་དཔག་ཏུ་མེད་པ་ཡོད། དེ་ནས་རིམ་པར་བརྒྱུད་པ་དག་གིས་ཞི་བྱེད་པའི་རྗེས་སུ་འབྲངས་པས་དེབ་སྔོན་དུ་འདི་ཉིད་ཞི་བྱེད་པར་འཛོག་པ་བཅས་སོ།

དབྱེར་སྒོམ་པ་གཞོན་ནུ་གྲགས་པ། འདི་ཉིད་རབ་བྱུང་གཉིས་པའི་ལྕགས་རྟ(སྤྱི་ལོ1090)ལོར་སྐུ་འཁྲུངས། བཀའ་གདམས་གདམས་ངག་པའི་བླ་མ་སྣེའུ་ཟུར་པ་དང་བྱ་ཡུལ་བ་གཉིས་ཀྱི་སློབ་མ་ཡིན་ཞིང་། སྒོམ་པ་ལ་གཙོ་བོར་མཛད་པས་དབྱེར་སྒོམ་ཞེས་གྲགས། མཚན་གཞོན་ནུ་གྲགས་པ་ཞེས་ཞུ། འདི་ཉིད་ཀྱིས་རིན་ཆེན་སྒང་གི་གཙུག་ལག་ཁང་སྟེ་དགོན་དང་བཅས་པ་བཏབ་ཅིང་། འགྲོ་བའི་དོན་རྒྱ་ཆེན་པོ་མཛད། ཚོགས་པའང་བརྒྱད་བརྒྱ་ཙམ་འཚོགས། མཐར་དགུང་ལོ་བརྒྱད་ཅུ་རྩ་གཉིས་པ་རབ

བྱུང་གསུམ་པའི་ལྕགས་ཡོས(སྤྱི་ལོ1171)ལོར་སྐུ་གཤེགས།

མགོན་པོ་ལྷེ། སྨད་ཀྱི་ལྷེ་གསུམ་གྱི་ཡ་གྱལ་དཔལ་ལྷེའི་རྒྱུད་པ། སྐྱོབ་པ་ལྷེའི་སྲས། འདི་ཉིད་ཀྱི་ཕྱག་ལ་ཤ་མཚན་དམར་པོ་ཡོད་པས་དཔུང་དམར་ཞེས་ཀྱང་གྲགས། འདིའི་སྐུ་རིང་ལ་སྤང་ཞོད་ཆོས་གྲགས་ཀྱིས་ཡེ་ཆེའི་ཡུལ་ནས་མོན་གྱི་དམག་དྲངས་པ་དང་འཐབ་པས་མ་ཐུབ་པར་མགོན་པོ་ལྷེ་སྐྱིད་གྲོང་དུ་བྲོས་ཐེབས་པ་ས་མཚམས་ནས་ཕ་རོལ་པོས་བཟུང་སྟེ་ཁབ་ཀྱི་སྐུ་མཁར་མཐོང་སར་བཀྲོངས་ཤིང་། ཁོང་གི་དབུ་ཁྲིར་བའི་ཁྲག་ཐིགས་ཟག་པའི་ས་ལ་མཆོད་རྟེན་རེ་རེ་ཡང་བཞེངས་པར་གྲགས། ཁོང་གི་བཙུན་མོ་དངོས་ལ་སྲས་མེད་ཅིང་། ར་ལའི་བཙུན་མ་བྱང་ཆུབ་འདྲེན་ཞེས་བྱ་བ་མཁན་ཆེན་གཟུངས་ཀྱི་དཔོན་གྱི་སྲས་མོར་གྱུར་པ་ཞིག་དང་འབྲེལ་བ་ལ་མངལ་ཆགས་ནས་ཡོད་པ་ལ་ཕ་རོལ་པོ་ལ་འཇིགས་ཏེ་རང་གི་ཁུ་བོ་མཁན་ཆེན་གཟུངས་ཀྱི་སར་བྲོས་ཐེབས་ནས་བཞུགས་ཤིང་། ཡབ་གཤེགས་པའི་ལོ་དེ་རང་ལ་ཁྲིའུ་མཚན་དང་ལྡན་པ་ཞིག་བལྟམས་པར་མཚན་བཙུན་པ་ལྷེར་བཏགས་སོ། ཁྲི་བཀྲ་ཤིས་བརྩེགས་པ་དཔལ་གྱི་སྲས་གཅེན་པོ་དཔལ་ལྷེ་ནས་ཆིག་རྒྱུད་བཙུན་པ་ལྷེ་བར་གདུང་རབས་བཅུ་གཅིག་སོང་ངོ་།

འགོས་ཁུག་པ་ལྷས་བཙས། ཕྲུལ་སྣོན་མཛངས་མི་བདུན་གྱི་ཡ་གྱལ་འགོས་ཁྲི་བཟང་ཡབ་ལྷག་གི་རྒྱུད་པ། འདི་ཉིད་རྒྱ་གར་དུ་ལན་གསུམ་ཕྱིན(མར་པ་དང་ཕྱིན་དུས་མཚུངས)པཎྜི་ཏ་བདུན་ཙུ་རྡོན་གཉིས་ལ་ཆོས་ཞུས། ཁྱད་པར་དུ་ཞི་བ་བཟང་པོ་དང་སྨྲ་གཅན་འཛིན་བཟང་པོ་ལ་སོགས་པ་བསྟེན་ཅིང་། གསང་འདུས་འཕགས་སྐོར། བདེ་མཆོག་རྡོ་རྗེ་མཁའ་འགྲོ། གདན་བཞི། མ་ཧཱ་མཱ་ཡཱ་ཀྱི་རྡོ་རྗེའི་རྒྱུད་གསུམ་ལ་སོགས་དུ་མ་བསྒྱུར། བསྟན་པ་ཕྱི་དར་སྐབས་ཀྱི་ཆོས་ལོག་སུན་འབྱིན་པ་ལ་ལོ་ཆེན་རིན་བཟང་གི་རྗེས་སུ་འགོས་ཁུག་པ་ལྷས་བཙས་འདི་ཉིད་བཀའ་དྲིན་ཆེ་བ་ཡིན།

རྒྱ་འཚིང་རུ་བ། (རྒྱ་མཆིང་རུ་བ་ཞེས་པའང་སྣང)འདི་ཉིད་ཀྱིས་རབ་བྱུང་གསུམ་པའི་ཤིང་གླང(སྤྱི་ལོ1205)ལོར་སྐྱེ་ཐང་བདེ་བ་ཅན་ཏེ་ར་སྟོད་དགོན་ཕྱག་བཏབ་ཅིང་། དགོན་སྡེ་འདི་སྐབས་དེར་དབུས་གཙང་གདན་ས་ཆེན་པོ་དྲུག་གི་གྲས་ཤིག་ཡིན། ཕྱིས་བསྡུས་ཚད་ཀྱི་རྩོད་གྲྭ་ཞིག་ཏུ་གྱུར།

རྒྱ་དམར་བ་བྱང་ཆུབ་གྲགས། འདི་ཉིད་གངས་པ་ཤེའུ་བློ་གྲོས་བྱང་ཆུབ་དང་ཁྱུང་རིན་ཆེན་གྲགས་གཉིས་ཀྱི་སློབ་མ་ཡིན་ཞིང་། འཕོན་ཕུ་བའི་སྲས་ཟླ་བའི་འོད་ཟེར་ལ་ཡང་མན་ངག་མང་པོ་ཞུས། ཁོང་དང་ཨར་གཉིས་ཀྱིས་ཕྱ་པ་དཀོན་མཆོག་དཔལ་ལ་སེམས་སྦྱོང་གི་མན་ངག་དཔྱིས་ཕྱིན་པར་ཞུས། རྒྱ་དམར་བ་ནི་བཤད་པར་མ་ཟད་མན་ངག་དང་ཡང་ལྡན། ཁོང་གིས་མྱང་རོ་ལ་སོགས་པར་བཤད་པ་མཛད། ཆ་པ་ཆོས་སེང་ལ་དབུ་ཚད་དང་། སྟོད་ལུང་སེ་ཐང་དུ་གཙྭ་དུས་གསུམ་མཁྱེན་པར་བྱམས་ཆོས་དང་དབུ་ཚད་གསུངས། ཕག་གྲུ་རྡོ་རྗེ་རྒྱལ་པོ་ལ་ཡང་ཆོས་གསུངས། ཚད་མ་རྣམ་པར་ངེས་པ་དང་དབུ་མ་བདེན་གཉིས་ལ་སོགས་པའི་ཊཱི་ཀ་དང་། བསྡུས་པའང་མང་དུ་མཛད།

འདི་ཉིད་ལ་སློབ་མ་མཁས་པ་ཆེན་པོ་ཅོག་རོ་ཆོས་ཀྱི་རྒྱལ་མཚན་དང་། དཔལ་ཕག་མོ་གྲུ་པ། འབལ་ཚད་མ་བ། སྐྱིལ་མཁར་ལྷ་ཁང་བ། དུས་གསུམ་མཁྱེན་པ་སོགས་མཁས་པ་མང་དུ་བྱུང་།

རྒྱ་བརྩོན་འགྲུས་སེང་གེ ཁོང་གི་མེས་པོའི་རྒྱུད་ནི་སྲོང་བཙན་སྒམ་པོའི་སྐུ་དུས་སུ་ཇོ་བོ་སྤྱན་འདྲེན་མཁན་གྱིད་མི་ལྷ་དགའ་དང་། ཁྲི་སྲོང་སྐབས་ཀྱི་རྒྱ་སང་ཤི་དང་སྦ་གསལ་སྣང་བཅས་ཡིན་པར་གྲགས། རྒྱ་བརྩོན་འགྲུས་སེང་གེ་རྒྱ་གར་ལ་ཆོས་སློབ་པར་བཞུགས་སྐབས་ནག་ཚོ་ལོ་ཙཱ་བ་ཚུལ་ཁྲིམས་རྒྱལ་བ་རྒྱ་གར་དུ་སློབ་གཉེར་ལ་ཕེབས་པས་རྒྱ་བརྩོན་འགྲུས་སེང་གེས་མགོ་གཉེར་མཛད་དེ་ཇོ་བོ་ལ་སོགས་པའི་པཎྜི་ཏའི་ས་ནས་ཆོས་མང་དུ་གསན། ནག་ཚོ་སྔར་གུང་ཐང་དུ་ཕེབས་པ་ན་ལྷ་བཙུན་པས་ཇོ་བོ་སྤྱན་འདྲེན་པར་མངགས། རྒྱ་བརྩོན་འགྲུས་སེང་གེས་ནག་ཚོ་ཇོ་བོའི་སྤྱན་སྔར་ཁྲིད་དེ་ཇོ་བོར། བོད་ཀྱི་རྒྱལ་པོས་ཇོ་བོ་སྤྱན་འདྲེན་པ་ལ་སྐུ་ལས་ཇི་ཙམ་སྐྱོན་པ་དང་། ཇོ་བོ་བོད་དུ་ཕེབས་ཚེ་སངས་རྒྱས་ཀྱི་བསྟན་པ་ལ་ཕན་ཐོགས་ཆེན་པོ་ཡོད་ཚུལ་སོགས་ཐེངས་མང་ཞུས་པས་ཇོ་བོ་བོད་དུ་ཕེབས་རྒྱུའི་ཞལ་བཞེས། རབ་བྱུང་དང་པོའི་ས་ཡོས་སམ་ལྕགས་འབྲུག(སྤྱི་ལོ1039འམ1040)ལོར་ཇོ་བོ་གདན་དྲངས་ནས་བལ་ཡུལ་དུ་ཕེབས་སྐབས་རྒྱ་བརྩོན་འགྲུས་སེང་གེ་སྐུ་གཤེགས།

འདི་ཉིད་ཀྱི་འགྱུར་ལ། བཀའ་འགྱུར་ལས། ལག་ན་རྡོ་རྗེ་གོས་སྔོན་པོ་ཅན་གྱི་ཆོ་ག་དང་བཅས་པའི་གཟུངས། བསྟན་འགྱུར་ལས། དཔལ་འཁོར་ལོ་སྡོམ་པའི་བསྟོད་པ་དོན་ཐམས་ཅད་གྲུབ་པ་རྣམ་དག་གཙུག་གི་ནོར་བུ་ཞེས་བྱ་བ་མཆོག་གི་དངོས་གྲུབ་བརྙེས་པ་སློབ་དཔོན་དྣ་རི་ཀ་པས་མཛད་པ། གཞན་དོན་སློབ་མ་རྗེས་སུ་བཟུང་བའི་ཆོ་ག་ཛ་ཡ་སེ་ནས་མཛད་པ། དཔལ་རྡོ་རྗེ་རྣལ་འབྱོར་མའི་སྒྲུབ་ཐབས་ཞེས་བྱ་བ་ཏི་ས་ར་ཏ་པས་མཛད་པ། རིན་པོ་ཆེ་རྒྱན་གྱི་སྒྲུབ་པ། རྡོ་རྗེ་ཕག་མོའི་སྒྲུབ་པའི་ཐབས། དཔལ་རྡོ་རྗེ་རྣལ་འབྱོར་མའི་སྒྲུབ་ཐབས་ཞེས་བྱ་བ་རྣམས་རྗེ་དཱི་པཾ་ཀཱ་ར་ཤྲཱི་ཛྙཱ་ནས་མཛད་པ། ལྷ་མོ་སྒྲོལ་མ་ཉི་ཤུ་རྩ་གཅིག་ལ་བསྟོད་པ་རྣམ་དག་གཙུག་གི་ནོར་བུ་ཞེས་བྱ་བ་སོགས་མང་ངོ་།

རྒྱལ་བ་ཐོག་རྡུགས་པ་གྲགས་པ་བརྩོན་འགྲུས། རྗེ་འདི་ཉིད་ཡབ་ཕག་གྲུའི་དཔོན་སངས་རྒྱས་སྐྱབས་དང་ཡུམ་ཡེ་ཤེས་མཚོ་རྒྱལ་གཉིས་ཀྱི་སྲས་སུ་རབ་བྱུང་གསུམ་པའི་ཆུ་ཕག(སྤྱི་ལོ1203)ལོར་སྐུ་བལྟམས། དགུང་ལོ་བཅོ་ལྔ་ལ་ཕེབས་སྐབས་མཁན་པོ་སྟོན་པ་དང་། སློབ་དཔོན་ལན་པ་ལས་རབ་ཏུ་བྱུང་། མཚན་གྲགས་པ་བརྩོན་འགྲུས་སུ་གསོལ། དགུང་ལོ་བཅུ་དྲུག་ལ་དབུས་སུ་ཕེབས། དགུང་ལོ་བཅུ་དགུ་ལ་འབྲི་ཁུང་དུ་བྱོན། མཁན་པོ་སྟོན་པ་དང་ལས་སློབ་ཤར་གླིང་པ། གསང་སྟོན་ཡུང་བ་པ་རྣམས་ལས་བསྙེན་པར་རྫོགས། དེ་ནས་སྒྲུབ་པ་མཛད་པས་སྤྲུལ་བསྒྱུར་ནུས་པ་བྱུང་། དགུང་ལོ་སུམ་ཅུ་སོ་གསུམ་པ་རབ་བྱུང་བཞི་པའི་ཤིང་ལུག(སྤྱི་ལོ1235)ལོར་ཕག་གྲུའི་གདན་སར་ཕེབས་ནས་སྐུ་མཆེད་ཉེ་གནས་རྡོ་རྗེ་དཔལ་ག་བཞིའི་དཔོན་བྱེད་བཞིན་ཡོད་པ་རྗེ་འདིས་ཚུར་བཀུར་གནང་སྟེ་ཁྲི་དཔོན་གྱི་ལས

ཀ་གཞུང་། གདན་ས་ཐེལ་དུ་བྱས་པས་ཕག་གྲུ་པ་དང་། རྒྱལ་ས་སྣེ་གདོང་དུ་བྱས་པས་སྣེ་གདོང་པ་ཞེས་གྲགས། རྒྱལ་བ་ཐོག་རྟགས་པས་གདན་ས་ལོ་སུམ་ཅུ་སོ་གསུམ་བསྐྱངས། ལན་ཅིག་ཐོག་བབས་པ་སྐུ་ཆོས་ཀྱིས་བཏུམས་པས་གནོད་པ་མེད་པས་ཐོག་རྟགས་པ་ཞེས་པའི་མཚན་བྱུང་། གྲུབ་ཐོབ་སྨྱོན་ལམ་འབར་སོགས་ཐུགས་སྲས་ཤིན་ཏུ་མང་པོ་བྱུང་།

རྗེ་འདི་ཉིད་ཀྱི་སྐུ་དུས་སུ་ཕག་གྲུའི་མངའ་ཐང་འཕེལ་རྒྱས་ཅུང་ཟད་སོང་། གང་གི་ཡོན་ཏན་གྱི་སྙན་པ་ཧོར་གྱི་རྒྱལ་པོ་ཧུ་ལ་ཧུས་གསན་པས་འབུལ་བ་ཆེན་མོ་ལན་གསུམ་ཕུལ། འདིའི་ཕག་མོ་གྲུ་པར་དད་འབུལ་ཞུས་པའི་ཞིང་འབྲོག་གི་འབབ་ཡོང་ཙམ་ལས་གཞུང་འཛིན་དབང་བདག་གི་ཆོས་གཞིས་སོགས་དམིགས་བསལ་མེད་ཙུང་། རྗེ་འདིའི་ཐོག་ཕག་གྲུ་ལ་ཕུལ་བའི་ཞིང་འབྲོག་གི་ས་ཁང་མི་གསུམ་གྱི་དབང་རིས་བདག་ཐོབ་བྱེད་ཆོག་པ་བྱུང་། དགུང་ལོ་དྲུག་ཅུ་རེ་ལྔ་བཞེས་པ་རབ་བྱུང་ལྔ་པའི་མེ་ཡོས（སྤྱི་ལོ1267）ལོར་དག་པའི་ཞིང་དུ་གཤེགས།

རྒྱལ་བ་ཡང་དགོན་པ། རྗེ་འདི་ཉིད་ལ་སྟོད་སྟོའི་དགོན་པ་ལྷ་གདོང་དུ་ཡབ་ཇོ་བསམ་དང་ཡུམ་རྣལ་འབྱོར་མ་ཆོས་མཐོང་ཞེས་བྱ་བ་གཉིས་ཀྱི་སྲས་སུ་རབ་བྱུང་བཞི་པའི་ཆུ་བྱ（སྤྱི་ལོ1213）ལོར་སྐུ་བལྟམས། ཡབ་ཀྱིས་མཚན་གདུང་སོ་བ་འབར་ཞེས་གསོལ། དགུང་ལོ་ལྔ་ལ་ཐེབས་སྐབས་ཡི་གེ་འབྲི་ཀློག་ལེགས་པར་མཁྱེན། དེའི་ཚེ་སངས་རྒྱས་མི་བསྐྱོད་རྡོ་རྗེ་ཞེས་བྱ་བ་ཞིག་བྱོན་པ་ལ་ཐུགས་སྤྲོ་སྣང་ཆེན་པོས་འབྲེལ་འདྲིས་མཛད་ཐོག བླ་མ་དེ་ལས་མངའ་བདག་མྱང་གི་གཏེར་ཁའི་སྐོར་རྣམས་དང་ཞི་བྱེད་གསན། དགུང་ལོ་དྲུག་བཞེས་པའི་ཚེ་ཕུལ་དམར་བའི་ཐད་དུ་བྱོན་ནས། སྒྱུ་འཕྲུལ་གྱི་དབང་དང་རྫོགས་པ་ཆེན་པོའི་རྒྱུད་གདམས་ངག་དང་བཅས་པ་དང་། བཀའ་གདམས། ཞི་བྱེད། གཅོད་ཡུལ། ལམ་འབྲས་སྙིང་པོ་སྐོར་ཞལ་གདམས་རྒྱབ་ཆོས་དང་བཅས་པའི་ཆོས་དཔག་ཏུ་མེད་པ་གསན། དེར་ལོ་གསུམ་བཞུགས། དགུང་ལོ་དགུ་པ་ལ་ལྷ་གདོང་གི་གདན་ས་མཛད། བུ་ཆུང་གི་དུས་ནས་མངོན་པར་ཤེས་པ་མངའ། དེ་ནས་བླ་མ་ཀོ་བྲག་པ། རྒོད་ཚང་བ། ས་སྐྱ་པཎ་ཆེན། རྗེ་སྤྱན་སྔ། སངས་རྒྱས་རས་ཆེན་སོགས་ལས་ཆོས་མང་དུ་གསན། དགུང་ལོ་ཉི་ཤུ་རྩ་གཉིས་པ་ལ་མཁན་པོ་ལྷ་བཙུན་སོག་ཁ་བ། ལས་སློབ་ཀོ་བྲག་པ། གསང་སྟོན་དྲོད་ཆུང་། ལས་གྲལ་བ་བརྒྱད་ཅུའི་དྲུང་དུ་བསྙེན་པར་རྫོགས། མཚན་རྒྱལ་མཚན་དཔལ་དུ་གསོལ། ཕྱིས་ཤྲཱི་རི་གནམ་སྡིངས་ཀྱི་དགོན་པ་བཏབ། དེར་ལོ་གཅིག་བར་རྡོ་རྗེ་སྐྱིལ་དཀྲུང་དུ་བཞུགས། བུ་ལེ་ལ་སོགས་པའི་གནས་རྣམས་སུ་ཡང་ཁྲིད་སྐྱོང་ཞིང་དབེན་པ་བསྟེན། ཕྱིར་སྐུའི་སྙན་པ་ཆེ་བས་ཕྱོགས་མཐའ་དག་ནས་འདུས་པའི་སློབ་མ་ཁྲི་ཕྲག་བརྒྱལ། རི་ཆོས་སྐོར་གསུམ་དང་མ་དྲུག་ལ་སོགས་པའི་བརྩམས་ཆོས་ཀྱང་མང་དུ་མཛད། སློབ་མ་ཡང་སྤྱན་སྔ་རིན་ལྡན་དང་། ལོ་རས་ཆོས་སྐྱོང་དཔལ། དར་མ་རྒྱལ་མཚན་གཉིས། ཟུང་པ་རིན་ཅེན་དཔལ་སོགས་ཀྱིས་གཙོས་རྟོགས་པ་

དང་ལྡན་ཞིང་འཇིག་རྟེན་ལ་མ་ཆགས་པའི་སྒྲུབ་པ་པོ་མང་དུ་བྱུང་། མཐར་དགུང་ལོ་ཞེ་དྲུག་ལ་ཐེབས་པ་རབ་བྱུང་བཞི་པའི་ས་རྟ(སྤྱི་ལོ1258)ལོར་གཤེགས།

སྒྲ་ཕྱག་པ་ཤཱཀྱ་སེང་གེ། གསང་སྔགས་རྙིང་མའི་སློབ་དཔོན་ཟུར་མེས་དཔོན་རྣམ་གསུམ་གྱི་ཡ་གྱལ། འདི་ཉིད་ཡབ་ཟུར་ཆུང་པའི་སྲས་སུ་རབ་བྱུང་དང་པོའི་ཤིང་སྟག(སྤྱི་ལོ1074)ལོར་ཡབ་འདས་པའི་ལོ་དེ་རང་ལ་སྐུ་འཁྲུངས། ཡབ་ཀྱི་ཞལ་ནས་ངའི་བུ་འདི་བསྟན་པའི་གཙོ་བོ་དང་ཚུལ་མཐུན་པ་འགྲོ་བ་ལ་ཕན་ཐོགས་པ་ཞིག་འོང་བར་འདུག་པས་མིང་ཤཱཀྱ་སེང་གེར་ཐོགས་གསུངས། ཡུམ་གྱི་ཞལ་ནས་མིག་རྩ་གྲུང་རྟོར་པའི་མིག་འདྲ་བས་ཤིན་ཏུ་གྲུང་བ་ཞིག་འོང་བར་འདུག་པས་མིང་རྟོར་པོར་ཐོགས་གསུངས། དེ་ལྟར་མཚན་ལ་ཟུར་ཤཱཀྱ་སེང་གེ་དང་མདའ་ཚ་རྟོར་པོར་གྲགས། སྐུ་ན་གཞོན་པའི་དུས་སུ་ཡུམ་དང་ཞང་པོས་བསྐྱངས་ནས་མདའ་ཕུར་ལོ་བཙོ་ལྔ་བཞུགས། དེ་ནས་ཆུ་བར་དུ་ གླན་དང་སྙེད་ལུངས་སུ་ཡང་ཁྲིང་གི་སར་ཕྱིན་ནས་ལོ་གསུམ་ལ་ཆོས་གསན། དགུང་ལོ་བཅུ་དགུ་ལ་ཆེ་འདོན་མཛད་པས་སྐུ་བསོད་རྒྱས་ནས་གཞན་དུ་བཞུད་པའི་སྐབས་མ་བྱུང་། བླ་མ་མཁས་པ་དག་ཚུར་སྤྱན་དྲངས་ཤིང་སློབ་གཉེར་རྣམས་རྫོགས་པར་མཛད། དེ་ཡང་ཡབ་ཀྱི་དངོས་སློབ་ཀ་བ་བཞི་སོགས་བསྟེན་ནས་མདོ་སྒྱུ་སེམས་གསུམ་དང་རྫོགས་ཆེན་སྙིང་ལུགས་སོགས་གསན། དེ་ལྟར་མཁས་པ་མང་པོ་ལ་བསྟེན་ནས་ཐོས་བསམ་གྱིས་སྒྲོ་འདོགས་ཆོད་པར་མཛད་པ་ལགས། བྱང་ཕྱོགས་ཀྱི་རྒྱུད་འདིར་གསང་སྔགས་ཀྱི་བསྟན་པ་རྒྱས་པར་མཛད་པ་ལ་ཕྱིན་ནས་གདུལ་བྱའི་ཚོགས་བསམ་གྱིས་མི་ཁྱབ་པ་ལ་ཆོས་ཀྱི་འཁོར་ལོ་བསྐོར། སྒྲ་ཕུག་དགོན་པ་བཞེངས། སློབ་མ་དགེ་བའི་བཤེས་གཉེན་ཆེན་པོ་གྲྭ་ས་འཛིན་ཞིང་བསྟན་པ་སྐྱོང་བ་གདུགས་ཐོགས་སྟོང་ཐོན་ནས་གསང་སྔགས་ཀྱི་བསྟན་པ་དར་ཞིང་རྒྱས་པར་མཛད་དེ་ཉི་ཟླ་ལྟར་གྲགས་པ་ཡིན་ནོ། མཐར་དགུང་ལོ་དྲུག་ཅུ་རྩ་གཅིག་པ་རབ་བྱུང་གཉིས་པའི་ཤིང་སྟག(སྤྱི་ལོ1134)ལོར་སྐུ་གཤེགས། སློབ་མ་སྟོང་འདུས་པར་གྲགས་པ་ལས་ཐུགས་ཟིན་པའི་སློབ་མ་བཅུ་གཉིས་ཏེ། མེ་བཞི་དང་། ནག་བཞི། སྟོན་བཞི་བཅས་སོ།

མདའ་བདག་ཆོས་རྗེ་ཆོས་ཀྱི་བླ་མ། འདི་ཉིད་རབ་བྱུང་གསུམ་པའི་ཤིང་འབྲུག(སྤྱི་ལོ1184)ལོར་ཤབ་སྒོ་ལྔའི་སྣ་རིང་དུ་སྐུ་འཁྲུངས། དཔལ་ལྡན་གྲོ་མོ་ཆེ་ལས་བསྙེན་པར་རྫོགས། མཁན་པོ་གོང་མ་གཉིས་ནས་གདམས་ངག་ཐལ་མོ་ཆེ་གསན་ཏེ་མཁྱེན་པ་ཤིན་ཏུ་ཆེ་བས་ཞང་ཐམས་ཅད་མཁྱེན་པར་གྲགས། འདིས་མཛད་པའི་བཤེས་གཉེན་སྟོན་པའི་རྣམ་ཐར་ཡོད་ཅིང་། པོ་ཏོ་བ་དང་ཤར་བ་པའི་རྣམ་ཐར་ཡང་ཐལ་ཆེར་འདིས་མཛད་ཚོད། སྣར་ཐང་གི་གདན་ས་ལོ་བཅུ་མཛད་དེ་དགུང་ལོ་ང་བརྒྱད་བཞེས་པ་རབ་བྱུང་བཞི་པའི་ལྕགས་གླང(སྤྱི་ལོ1241)ལོའི་ས་ཟླའི་ཚེས་ཉེར་གཅིག་ཉིན་མྱ་ངན་ལས་འདས། གདུང་རྟེན་ནི་གདན་ས་བཞི་པའི་གདུང་རྟེན་བར་བཞུགས་སོ།

མངའ་བདག་རྩེ་ལྡེ། སྟོད་ཀྱི་མགོན་གསུམ་གྱི་རྒྱུད་པ། མངའ་བདག་འདི་ཉིད་བྱང་ཆུབ་འོད་ཀྱི་གཅེན་པོ་འོད་ལྡེའི་སྲས་ཡིན། འདི་ཉིད་ཀྱིས་པཎྜི་ཏ་ཞི་བ་བཟང་པོ་དང་། མཁས་པ་ཛྙཱ་ན་ཤྲཱི། འཆི་བ་མེད་པ་ར་ཏེ་ཏ། པཎྜི་ཏ་ག་ཡ་དྷ་ར། བརྩོན་མོ་ཅན། པཎྜི་ཏ་པུཎྱ་ཤྲཱི། སུཏྲ་སི་དྷི། པཎྜི་ཏ་སུ་མ་ཏི་ཀཱིརྟི། པཎྜི་ཏ་གཞོན་ནུ་བུམ་པ། གསེར་གྱི་གོ་ཆ། བལ་པོ་ཧྲ་ལཱུ་རྣམས་གདན་དྲངས་ཤིང་། རབ་བྱུང་དང་པོའི་མེ་འབྲུག(སྤྱི་ལོ1076)ལོར་དབུས་གཙང་ཁམས་གསུམ་གྱི་སྡེ་སྣོད་འཛིན་པ་ཕལ་ཆེར་མངའ་རིས་སུ་འདུས་ཏེ་ཆོས་ཀྱི་འཁོར་ལོ་བསྐོར་བའི་བསྙེན་བཀུར་དང་བདག་རྐྱེན་བླ་ན་མེད་པ་མཛད་པ་མ་ཟད། རྒྱ་གར་ནས་ཕྱིན་པའི་པཎྜི་ཏ་དེ་རྣམས་དང་། བོད་ཀྱི་ལོ་ཙཱ་བ་རྣམས་ཀྱིས་མདོ་སྔགས་ཀྱི་ཆོས་ཚུལ་མཐའ་ཡས་པ་བསྒྱུར་ཞུས་ཀྱིས་རྒྱ་ཆེར་སྤེལ་བས་བོད་ལ་སངས་རྒྱས་ཆོས་ལུགས་ཀྱི་གྲུབ་མཐའ་མི་འདྲ་བ་ཁག་མང་པོ་ཐོན་པའི་འགོ་ཚུགས། དེ་བཞིན་རྔོག་ལོ་ཙཱ་བ་བློ་ལྡན་ཤེས་རབ་རྒྱ་གར་དུ་བཏངས་པའི་བདག་རྐྱེན་མཛད་པ་སོགས་བོད་ཀྱི་རིག་གནས་ཆེས་ཆེར་སྤེལ་བའི་བྱ་བར་མངའ་བདག་འདི་ཉིད་ཀྱིས་མཛད་རྗེས་ཆེན་པོ་འཇོག་གནང་མཛད་ཡོད། རྩེ་ལྡེའི་སྲས་འབར་ལྡེ། བཀྲ་ཤིས་ལྡེ། ཨ་ལྡེ། ནཱ་ག་དེ་ཝ་རྣམས་རིམ་པར་འཁྲུངས་པའི་རྒྱུད་པ་མངའ་རིས་ཀྱི་ཕྱོགས་སུ་ཁྱེས་ནས་མངའ་རིས་ཀྱི་བཙན་པོ་ཕལ་ཆེ་བ་བྱུང་།

རྔོག་ཆོས་སྐུ་རྡོ་རྗེ། མར་པའི་སློབ་མ་ཀ་ཆེན་བཞིའི་ཡ་གྱལ་ལྔའི་ཀ་བ། འདི་ཉིད་ཡབ་རྔོག་བན་ཆེན་ཁ་པ་དང་། ཡུམ་འོད་ལྡན་མའི་སྲས་སུ་རབ་བྱུང་དང་པོའི་མེ་བྱི(སྤྱི་ལོ1036)ལོར་གཞུང་རི་བོར་སྐུ་འཁྲུངས། གཞོན་ནུའི་དུས་ཡབ་ཆོས་སོགས་ལ་ཐོས་བསམ་མཛད་པས་མཁས་པར་གྱུར། པ་བཟའ་ཆོས་འཚོ་ཁབ་ཏུ་བཞེས། དགེ་བཤེས་དགྱེར་ཆུང་པས་གསོལ་བ་བཞིན་མར་པའི་དྲུང་དུ་ཕྱིན། སྔ་རྗེས་སུ་ཕྱག་རྟེན་གཏོས་ཆེ་བ་ཕུལ་ནས་དགྱེས་རྡོར་དང་། གདན་བཞི། མ་ཧཱ་མཱ་ཡཱ་རྣམས་ཀྱི་རྒྱུད་མན་ངག་དང་གདམས་ངག་དཔག་མེད་གསན། འདི་ཉིད་གཞུང་བཤད་ཆུ་བོའི་རྒྱུན་ལྟ་བུའི་བཀའ་བབ་ཡིན། རི་བོ་ཕྱུང་ལྷིང་གི་ལྷ་ཁང་བཏབ། མཐར་དགུང་ལོ་དྲུག་ཅུ་རེ་བདུན་པ་རབ་བྱུང་གཉིས་པའི་ཆུ་རྟ(སྤྱི་ལོ1102)ལོར་སྐུ་གཤེགས། ཁོང་གི་སློབ་མ་བ་རམ་རྩ་ཅན་དང་། པ་ཞབ་ཅན། རྔོག་མདུན་པ་ཅན། སུམ་པ་ཡོད་ག་ཅན་ཏེ་ཅན་བཞི་སོགས་རིམ་པར་བྱུང་།

རྔོག་བྱང་ཆུབ་འབྱུང་གནས། སྐུ་མེས་ཀྱི་སློབ་མ་ཀ་བ་བཞིའི་ཡ་གྱལ། འདི་ཉིད་བོད་ལྕགས་ཁྱི(སྤྱི་ལོ950འམ1010)ལོར་སྐུ་མེས་ཀྱི་དྲུང་དུ་རབ་ཏུ་བྱུང་། རྔོག་གིས་བོད་ལྕགས་ཕག(སྤྱི་ལོ951གམ1011)ལོར་ཡེར་པ་བ་རེང་བཟུང་། བཟད་ཀྱི་ལྷིང་པ། ཆུ་ཤུལ་ན་པོ། སྦྲུལ་རྩེ་སྟོ་གོང་། ཡོལ་ཐང་། ལབ་སོ། གྲལ་མ་ཐང་། ཁ་རག་སོ་གཅིག གཞུ་ཀུན་དགའ་ར་བ། ཚ་མིག་སོགས་བཞེངས། སྟོ་ནུབ་ཀྱི་ལྷ་མདོ་ལ་སོགས་པའི་འབྲི་ཆོ་ཡང་རྔོག་གི་སྐོར་ལགས། དེ་རྣམས་ལ་རྔོག་སྐོར་དུ་གྲགས། ཇོ་བོ་རྗེ་མངའ་རིས་ནས་དབུས་གཙང་དུ་ཐེབས་པའི་ཕྱི་ལོ་རྔོག་གིས་བྲག་ཡེར་པར་གདན

དྭངས་ནས་བསྙེན་བཀུར་གཟབ་རྒྱས་ཐོག་ཆོས་མང་པོ་གསན། འདི་ཉིད་རྔོ་པོའི་སློབ་མ་ཡང་ཡིན།

རྔོག་བློ་ལྡན་ཤེས་རབ། རྗེ་འདི་ཉིད་རྔོག་ཆོས་སྐྱབས་ཀྱི་སྲས་སུ་རབ་བྱུང་དང་པོའི་ས་ཕག(སྤྱི་ལོ1059)ལོར་སྐུ་འཁྲུངས། རྔོག་ལེགས་པའི་ཤེས་རབ་ཀྱི་དཔོན་དང་སློབ་མ་ཡང་ཡིན། གཞོན་ནུའི་དུས་ནས་ཁུ་བོའི་དྲུང་དུ་ཕྱིན་ཞིང་། ཁུ་བོ་དང་གཟུས་ཀྱི་སློབ་མ(སྤོ) སྤོ་ཆུང་བ་ཚུལ་ཁྲིམས་ཤེས་རབ་གཉིས་ལས་རབ་ཏུ་བྱུང་། ཁོང་གཉིས་ལས་གསན་པ་མང་དུ་མཛད་པས་འདི་ཉིད་ཀྱི་ཤེས་རབ་ལ་ཁུ་བོ་མཉེས་ནས་དགུང་ལོ་བཅུ་བདུན་བཞེས་པའི་ཚེ་ཁ་ཆེར་སློབ་གཉེར་དུ་བཏང་ངས། ཁ་ཆེར་ལོ་བཅུ་བདུན་བཞུགས་ནས་ལོ་པཎ་དུ་མ་བསྟེན། མཁས་པའི་རྩེ་མོར་སོན། ཚད་མ་རྒྱན་སོགས་བསྟན་ཆོས་མང་དུ་བསྒྱུར་ཅིང་འགྱུར་རྙིང་མང་པོར་ཞུས་དག་མཛད། རྔོག་བློ་ལྡན་ཤེས་རབ་ཀྱིས་ལྷ་ས་དང་། བསམ་ཡས། གཉལ་སྨང་སོགས་སུ་གཞུང་ཆེན་པོའི་བཤད་པ་རྒྱ་ཆེར་སྤེལ་སྐབས་དགེ་འདུན་ཁྲི་སྟོང་མང་པོ་བསྡུས་པ་བཅས་མཐར་དགུང་ལོ་ལྔ་བཅུ་ང་གཅིག་པ་རབ་བྱུང་གཉིས་པའི་ས་གླང(སྤྱི་ལོ1109)ལོར་བསམ་ཡས་མ་རིའི་དྲུང་དུ་སྐུ་གཤེགས་སོ།

འདི་ཉིད་ཀྱི་འགྱུར་ལ། བཀའ་འགྱུར་ལས། འཕགས་པ་དོན་ཡོད་ཞགས་པའི་ཕ་རོལ་དུ་ཕྱིན་པ་དྲུག་ཡོངས་སུ་རྫོགས་པར་བྱེད་པའི་གཟུངས། དོན་ཡོད་ཞགས་པའི་རྟོགས་པའི་རྒྱལ་པོའི་ཆོ་ག བསྟན་འགྱུར་ལས། ཤེས་རབ་ཀྱི་ཕ་རོལ་ཏུ་ཕྱིན་པའི་བསྟོད་པ། དཔལ་མངོན་པར་རྟོགས་པ་ཞེས་བྱ་བའི་དཀའ་འགྲེལ། དཔལ་འཁོར་ལོ་སྡོམ་པའི་ཕྱི་རོལ་གྱི་མཆོད་པའི་ཆོ་ག དཔལ་འཁོར་ལོ་སྡོམ་པའི་གཏོར་མའི་ཆོ་ག དཔལ་འཁོར་ལོ་སྡོམ་པའི་ལག་མཆོད་ཀྱི་ཆོ་ག དཔལ་འཁོར་ལོ་སྡོམ་པའི་དཀྱིལ་འཁོར་གྱི་ཆོ་ག་མདོར་བསྡུས་པ་ཞེས་བྱ་བ། དེ་ཁོ་ན་ཉིད་ཀྱི་སྙིང་པོ་ཞེས་བྱ་བའི་སྒྲུབ་པའི་ཐབས། དོན་ཐམས་ཅད་གྲུབ་པ་ཞེས་བྱ་བའི་སྒྲུབ་ཐབས། ཡེ་ཤེས་འཕོ་བ་ཞེས་བྱ་བ། རྡོ་རྗེ་ཕག་མོ་དབུ་བཅད་མའི་སྒྲུབ་ཐབས་ཆུང་བ། དཔལ་རྡོ་རྗེ་རྣལ་འབྱོར་མའི་སྦྱིན་སྲེག་གི་ཆོ་ག་སོགས་མང་ངོ་།

རྔོག་ལེགས་པའི་ཤེས་རབ། བཀའ་གདམས་ཀྱི་མེས་པོ་ཇོ་འབྲོམ་ཡབ་སྲས་གསུམ་གྱི་ཡ་གྱལ་ཡིན་ལ། ཇོ་བོ་རྗེའི་སློབ་མ་སྐལ་ལྡན་གྲགས་ཅན་དབུས་ཀྱི་ཁུ་རྔོག་འབྲོམ་གསུམ་གྱི་ཡ་གྱལ་ཡང་ཡིན། ཆོས་རྒྱལ་ཁྲི་སྲོང་ལྡེ་བཙན་གྱི་བློན་པོ་རྔོག་ཆེན་པོའི་རྒྱུད་པ་ཡར་འབྲོག་དོའི་ཕྱི་རོལ་གྱི་མཚོ་ཆེན་པོའི་འགྲམ་དུ་གྲོང་ཆགས་པའི་ཐུགས་སྙིང་མ་བའི་དགེ་བཤེས་རྡོ་རྗེ་གཞོན་ནུར་སྲས་ལྔ་ཡོད་པའི་ཆེ་བར་སྐུ་འཁྲུངས། འབྲིང་ཡེ་ཤེས་ཡོན་ཏན་ལས་རབ་ཏུ་བྱུང་། སྐུ་ན་ཆུང་ངུའི་དུས་མངའ་རིས་གུ་གེ་རྒྱལ་པོས་ཁ་ཆེའི་ཡུལ་དུ་མངགས་ཏེ་ནང་པ་སངས་རྒྱས་པའི་ཆོས་ལུགས་སློབ་གཉེར་མཛད་ནས་མཁས་པར་གྱུར། ཕྱིས་སུ་ལོ་ཆེན་རིན་ཆེན་བཟང་པོར་རོགས་མཛད་དེ་བཀའ་ཆོས་བསྒྱུར། རབ་བྱུང་དང་པོའི་ཤིང་བྱ(སྤྱི་ལོ1045)ལོར་དབུས་སུ་ཕེབས་ནས་བཤད་གྲྭ་བཙུགས་ཏེ་སློབ་མ་མང་དུ་བསྐྱངས། ཇོ་བོ་རྗེ་བོད་དུ་ཕེབས་སྐབས་རྔོག

གིས་ལྷ་སར་སྤྱན་དྲངས། སྤྱན་རས་གཟིགས་ཀྱིས་མི་དཀར་པོ་ཞིག་ཏུ་སྤྲུལ་ནས་བསུ་བ་མཛད། ནག་ཚོ་དང་ལྷན་དུ་ཇོ་བོ་དང་མཇལ་ཏེ་ཇོ་བོའི་ཐུགས་སྲས་སུ་གྱུར། རྔོག་གིས་ལོ་པཎ་ལ་ཞུས་ནས་རྟོག་གེ་འབར་བ་བསྒྱུར། དེ་ནས་ཁུ་སྟོན་བརྩོན་འགྲུས་གཡུང་དྲུང་དང་ལྷན་དུ་ཇོ་བོའི་དྲུང་ནས་བཀའ་གདམས་བུ་ཆོས་ཞུས། རབ་བྱུང་དང་པོའི་ཆུ་གླང(སྤྱི་ལོ1073)ངམ་ལྕགས་ཕག(སྤྱི་ལོ1071)ལོར་གསང་ཕུ་ནེའུ་ཐོག་དགོན་པ་བཏབ། རྔོག་ལོ་ཡབ་སྲས(ལེགས་པའི་ཤེས་རབ་དང་བློ་ལྡན་ཤེས་རབ་གཉིས་ལ་ཞུ)ཀྱིས་ཚད་མ་རྣམ་ངེས་དང་བྱམས་ཆོས་གཞིར་བཞག་གིས་གསང་ཕུར་རིགས་ལམ་ནས་དྲངས་པའི་འཆད་ཉན་ཤིན་ཏུ་དར་པོ་བྱུང་། སློབ་མ་མཁས་པ་ཉིད་ཀྱི་དཔོན་རྔོག་བློ་ལྡན་ཤེས་རབ་སོགས་བྱུང་།

གཙང་རིན་པོ་ཆེ་རྡོ་རྗེ་གྲགས་པ། འབྲི་གུང་གདན་རབས་བཞི་པ་འདི་ཉིད་ཡབ་ཨ་ནེ་ཨ་གྲགས་ཀྱི་སྲས་སུ་རབ་བྱུང་བཞི་པའི་ལྕགས་རྟ(སྤྱི་ལོ1210)ལོར་སྨ་ཡུལ་ནོན་འཇམ་འོམ་བུ་ལུང་དུ་སྐུ་འཁྲུངས། དགུང་ལོ་དྲུག་ལ་ཡབ་ཡུམ་དང་བཅས་འབྲི་གུང་དུ་ཕེབས། རྗེ་སྐྱོབ་པ་རིན་པོ་ཆེ་ལས་རབ་ཏུ་བྱུང་།མཚན་རྡོ་རྗེ་གྲགས་པར་གསོལ། དགུང་ལོ་བདུན་ལ་རྗེ་སྐྱོབ་པ་གཞན་དོན་དུ་གཤེགས་པས་དཔོན་བསོད་ནམས་གྲགས་པས་བདག་རྐྱེན་མཛད་དེ་ཡི་གེ་འབྲི་ཀློག་དང་འཇིག་རྟེན་གྱི་བསྟན་བཅོས་ལ་སྦྱང་བར་མཛད། དཔོན་གྱི་དྲུང་དུ་སྙིང་པོའི་ཆོས་བུམ་པ་གང་འཛོའི་ཚུལ་དུ་གསན། དགེ་བཤེས་དུ་མ་ལས་རྒྱུད་སྡེ་དང་མདོ་རྒྱུད་མང་དུ་གསན་ཅིང་སྦྱངས་པས་མཁས་པའི་མཆོག་ཏུ་གྱུར། དགུང་ལོ་ཉེར་གཅིག་པར་ཏ་ར་ཡོན་ཏན་སྟེང་ཁ་བྱ་བར་འདག་སྦྱར་གྱིས་ལོ་བཅུ་གསུམ་བར་རིམ་གཉིས་ཟབ་མོའི་དུས་འདའ་བར་མཛད། ཡི་དམ་གྱི་ལྷ་མང་དུ་ཞལ་གཟིགས། དངོས་གྲུབ་ཀྱི་མཚན་མ་བརྙེས། དགུང་ལོ་ཞེ་དྲུག་པ་ལ་འབྲི་གུང་པའི་ཆེ་དགུ་ཐམས་ཅད་ཀྱིས་འཇིག་རྟེན་མགོན་པོའི་ཆོས་ཁྲིར་མངའ་གསོལ། གདུལ་བྱ་རྣམས་ལ་སྨིན་གྲོལ་གྱི་ཟབ་ཆོས་རྒྱ་ཆེར་བསྐོར། དགེ་འདུན་གྱི་ཚོགས་པ་ཁྲི་ཚོ་བཅོ་བརྒྱད་ཙམ་རྟག་ཏུ་འདུས། ལྷ་ཁང་ཆེན་མོ་ཀ་བ་བརྒྱ་དང་བརྒྱད་ཙུ་པ་ནང་གི་ཞལ་བ་རྣམས་གསེར་གྱི་ལྡེ་གུས་ཁྱབ་པ། གསེར་ཟངས་ལས་གྲུབ་པའི་སྐུ་གསུང་ཐུགས་རྟེན། གཙུག་ལག་ཁང་སྟེང་དུ་རྒྱ་ཕིབས་སོགས་གསར་བཞེངས་མཛད། སྐབས་དེ་ཙམ་དུ་ཧོར་གྱི་རྒྱལ་པོ་ཁས་ཏེ་ཁ་ཞེས་པ་གདུག་པ་ཅན་དམག་མི་མང་པོ་དང་བཅས་འདམ་དུ་ལྷགས་པས། རྗེ་ཉིད་འདམ་དུ་ཕེབས་ནས་བོད་ཁམས་འཇིགས་པ་ལས་ཐར་བར་མཛད། སླར་འབྲི་གུང་དུ་ཕེབས་ནས་རྒྱལ་བའི་བཀའ་དང་བསྟན་བཅོས་གངས་ལྗོངས་སུ་འགྱུར་མའི་གླེགས་བམ་བསམ་གྱིས་མི་ཁྱབ་པ་བཞེངས། དགེ་འདུན་འབུམ་ཕྲག་ལ་ཕ་ཆོས་ལྷ་ལྡན་ཆོས་དྲུག་ལ་སོགས་པ་ཟབ་པ་དང་རྒྱ་ཆེ་བའི་ཆོས་ཀྱི་འཁོར་ལོ་བསྐོར། དེ་ནས་གནས་ཆེན་དཔལ་གྱི་ཙཱ་རི་ཏྲ་ཡེ་ཤེས་ཀྱི་དཀྱིལ་འཁོར་དུ་ཕེབས། དཔའ་བོ་མཁའ་འགྲོ་ལ་ཚོགས་ཀྱི་འཁོར་ལོ་དང་། དེར་གནས་སྐྱེ་དགུ་རྣམས་ལ་ཆོས་དང་ཟང་ཟིང་གིས་ཚིམ་པར་མཛད། ཡུལ་སྨད་ལས་ཚན་བཅོ་བརྒྱད་སོགས་དང་ཇོར་འཛིན་འགྲོ་མགོན་ཕྲུག་ཆེན་བཅས་བསྐོ་བཞག

གནང་། དེ་ནས་དྭགས་པོའི་ཕྱོགས་སུ་ཕེབས་ནས་ཆོས་ཀྱི་འཁོར་ལོ་རྒྱ་ཆེན་བསྐོར། བརྒྱལ་སངས་དགོན་པ་བཏབ་ནས་དགེ་འདུན་གྱི་ཚོགས་མང་དུ་འཕེལ། དེ་སྐབས་སློམ་པ་ལ་ཁྲི་དཔོན་གྱི་ལུང་ལས་བྱུང་། བྱུར་དྭགས་ཀོང་གསུམ་ཕལ་ཆེར་ལ་དབང་བསྒྱུར། དེ་ནས་འཛམ་དང་གུ་ཤིང་བྱ་བ་དབེན་གནས་རྣམས་སུ་རིམ་གཉིས་ཟབ་མོའི་རྣལ་འབྱོར་ལ་བཞུགས་ཏེ་མཐར་དགུང་ལོ་རེ་དགུ་ལ་ཕེབས་པ་རབ་བྱུང་ལྔ་པའི་ས་སྟག(སྤྱི་ལོ1278)ལོར་སྐུའི་དཀྱིལ་འཁོར་ཆོས་དབྱིངས་སུ་བསྡུས་སོ།

བཅུ་གཉིས་པ་རིན་ཆེན་རྡོ་རྗེ། རྗེ་འདི་ཉིད་རབ་བྱུང་བཞི་པའི་ས་སྟག(སྤྱི་ལོ1218)ལོར་ཡབ་གཏེར་རྒྱབ་རིན་པོ་ཆེའི་སྲས་སུ་སྐུ་བལྟམས། སློབ་དཔོན་ནམ་འཁག་པ་ལས་རབ་ཏུ་བྱུང་། མཚན་རིན་ཆེན་རྡོ་རྗེར་གསོལ། དགུང་ལོ་ཉི་ཤུ་རྩ་གཉིས་པ་ལ་དབུས་སུ་ཕྱིན་ནས་རྗེ་སྤྱན་སྔ་པ་མཇལ། དགུང་ལོ་ཉི་ཤུ་རྩ་ལྔ་པ་ལ་མཁན་པོ་ཞང་སེ་གསེབ་བར་པ་དང་། སློབ་དཔོན་ཡར་ཁང་པ། གསང་སྔོན་སྟོད་ལུང་པ་རྣམས་ལས་བསྙེན་རྫོགས་མཛད། བཀའ་བརྒྱུད་ཀྱི་ཆོས་རྣམས་རྫོགས་པར་གསན། ལོ་བཅུ་གཉིས་རིང་ཐུས་ལ་དབུ་མི་འཇོག་པར་ཐུགས་དམ་མཛད་པས་དུ་མ་རོ་གཅིག་གི་རྟོགས་པ་འཁྲུངས། དེ་ནས་རྒྱལ་བའི་དྲུང་ཟབ་ཁྲིད་ལྷག་མ་རྣམས་གསན། དགུང་ལོ་ལྔ་བཅུ་པ་རབ་བྱུང་ལྔ་པའི་མེ་ཡོས(སྤྱི་ལོ1267)ལོར་དཔལ་ཕག་མོ་གྲུ་པའི་གདན་སར་ཕེབས། ལོ་བཅུ་བཞི་གདན་ས་བསྐྱངས། རབ་གནས་དང་རྟེན་འབྲེལ་ལ་མངའ་བརྙེས་ཤིང་། མངོན་པར་ཤེས་པ་ཐོགས་པ་མེད། གདན་སར་ཕེབས་ནས་རྒྱལ་བ་རིན་པོ་ཆེའི་ཐུགས་དགོངས་འགྲུབ་ཐབས་ཀྱི་སྒོ་མངས་འགྲན་ཟླ་དང་བྲལ་བ་བཞེངས། དེ་ནི་གདན་སའི་སྒོ་མངས་རྣམས་ཀྱི་ཐོག་མར་གྱུར། རྗེ་འདི་ལ་བུ་སློབ་མཁན་ཆེན་ཀུན་གསལ་བ་རིན་ཆེན་རྒྱལ་པོ་དང་སློབ་དཔོན་སྟོན་ནག་ལ་སོགས་པ་མང་དུ་བྱུང་། མཐར་དགུང་ལོ་དྲུག་ཅུ་རེ་གསུམ་ལ་ཕེབས་པ་རབ་བྱུང་ལྔ་པའི་ལྕགས་འབྲུག(སྤྱི་ལོ1280)ལོར་ཞི་བར་གཤེགས།

བཅོམ་ལྡན་རིགས་པའི་རལ་གྲི། རྗེ་འདི་དཔལ་སྣར་ཐང་གི་ཆོས་གྲྭ་ཆེན་པོར་བཞུགས་པའི་སྐབས་མཆིམས་ནམ་མཁའ་གྲགས་སོགས་ཀྱི་ཞབས་ལ་གཏུགས་ནས་མདོ་སྔགས་རིགས་ལམ་ཀུན་ལ་མཁས་པར་སྦྱངས་པས་སྙན་གྲགས་ཆེས་ཆེར་ཐོན་པའི་མཁས་པ་ཞིག་ཡིན། བཅོམ་ལྡན་རིགས་རལ་གྱིས་བོད་དུ་བཀའ་འགྱུར་རོ་ཅོག་གི་གྲངས་དང་། བམ་ཚད། འགྱུར་བྱང་སོགས་ངེས་ངེས་མཛད་ཅིང་། བསྟན་བཅོས་རྣམས་ཀྱང་སྔར་བས་རྒྱ་ཆེར་ལེགས་པར་བཏུས་ཏེ་སོ་སོར་ཕྱེ་ནས་ནང་གསེས་མདོ་དང་རྒྱུད་སོགས་མ་འདྲེས་གསལ་བར་འབྱེད་པའི་ཚན་ཚན་དུ་འདུ་བའི་བསྟན་པ་རྒྱས་པར་བྱ་བ། གསོ་དཔྱད་རྒྱན་གྱི་མེ་ཏོག་ཅེས་པ་སོགས་གསུང་རྩོམ་པོད་བཅུ་དྲུག་ཙམ་མཛད་པར་གྲགས། སྟག་ལོའི་དུས་འཁོར་གྱི་སྤྱི་དོན་ན། བཅོམ་ལྡན་རིགས་རལ་གྱིས་དུས་འཁོར་ལ་བརྟེན་པའི་བསྟན་རྩིས་གཙོ་བོར་མཛད་ཅེས་གསུངས། རྗེ་འདིའི་སློབ་མ་བརྩོན་པ་འཇམ་དབྱངས་པས་སྣག་ཕྱུག་གི་མཐུན་རྐྱེན་བསྒྲུབ་ཅིང་། དབུས་པ་བློ་གསལ་བ་

དང་། ལོ་ཙཱ་བ་བསོད་ནམས་འོད་ཟེར། རྒྱང་རོ་བྱང་ཆུབ་འབུམ་གསུམ་གྱིས་ཕྱག་རོགས་ཞུས་ནས་བཀའ་བསྟན་གྱི་ཕྱི་མོ་གང་ཡོད་བསྡུས་ཏེ་དཀར་ཆག་ཉི་མའི་འོད་ཟེར་ཞེས་བྱ་བ་འགོད་པར་མཛད། ཁ་བའི་ལྗོངས་འདིར་བཀའ་བསྟན་གྱི་མ་ཕྱི་ཐོག་མ་ནི་བཅོམ་ལྡན་རིགས་རལ་གྱིས་བསྡུས་པའི་སྣར་ཐང་གི་བཀའ་བསྟན་འདི་ཡིན་ཡིན་པར་གྲགས།

རབ་བྱུང་ལྔ་པ་མེ་ཡོས(སྤྱི་ལོ1267)ལོར་རྒྱལ་པོ་ཁྲུང་གིས་འཕགས་པ་རིན་པོ་ཆེ་སླར་ཡང་ཧོར་ཡུལ་དུ་འབྱོན་རྒྱུའི་གདན་ཞུ་བྱས་པས། འཕགས་པས་ལས་ཚན་བཅུ་གསུམ་གྱི་བཀོད་སྒྲིག་སོགས་མཛད་དེ་སྦྲུས་རྒྱུས་ཆེན་པོ་གནང་པ་ལ་བཅོམ་ལྡན་རིགས་པའི་རལ་གྲིས། སངས་རྒྱས་བསྟན་པ་བཀའ་ཕྱག་སྦྲིན་གྱིས་སྒྲིབ། སེམས་ཅན་བདེ་སྐྱིད་མི་དཔོན་ལག་ཏུ་ཤོར། སྙིགས་དུས་དགེ་སློང་དཔོན་པོའི་ཆ་ལུགས་འཛིན། འདི་གསུམ་མ་རྟོགས་འཕགས་པ་མིན་པར་གོ། ཞེས་ཟུར་ཟའི་ཚིག་ཕུལ་བ་ལ། དེའི་ལན་དུ་འཕགས་པ་རིན་པོ་ཆེས། བསྟན་པ་འཕེལ་འགྲིབ་ཡོང་བ་རྒྱལ་བས་གསུངས། སེམས་ཅན་བདེ་སྐྱིད་རང་རང་ལས་ལ་རག གང་ལ་གང་འདུལ་དེ་ལ་དེ་སྟོན་བྱེད། འདི་གསུམ་མ་རྟོགས་མཁས་པ་མིན་པར་གོ། ཞེས་བཀའ་ལན་བསྐྱལ་བར་གྲགས། རྗེ་འདིའི་འབྲུངས་འདས་སོགས་རྣམ་ཐར་ཞིབ་པ་མ་རྙེད།

སློབ་མའི་མཆོག དབུས་པ་བློ་གསལ་བྱང་ཆུབ་ཡེ་ཤེས་དང་། བརྩོན་པ་འཇམ་སྐྱེག་གམ་འཇམ་ཉེག་སོགས་མང་དུ་བྱོན།

ལྕེ་སྟོན་རྒྱ་ནག ལྷ་རྗེ་སྒྲོ་ཕུག་པ་ཆེན་པོའི་ཐུགས་ཀྱི་སྲས་ནག་པོ་བཞིའི་ནང་ནས་མཆོག་ཏུ་གྱུར་པ་ལྷ་རྗེ་ལྕེ་སྟོན་རྒྱ་ནག་ནི་ཡབ་རྒྱལ་གསུམ་གྱི་སྲས་སུ་རབ་བྱུང་གཉིས་པའི་ཤིང་ཁྱི(སྤྱི་ལོ1094)ལོར་སྐུ་འཁྲུངས། ཕུ་བོ་རིན་ཆེན་དང་ཉི་པོ་གཉིས་མྱང་སྟོད་དུ་མཚན་ཉིད་ཀྱི་གྲྭ་སར་སློབ་གཉེར་ལ་བཏང་བས་ལྕེ་སྟོན་རྒྱ་ནག་རྒྱུགས་སྐྱེལ་དུ་ཕེབས་ཏེ་ཞོར་ལ་ཐུན་ཞན་བྱས་ནས་གོ་བར་བྱུང་། དགུང་ལོ་ཉི་ཤུ་རྩ་གཅིག་ནས་སློབ་གཉེར་མཛད་དེ་དང་པོར་མཚན་ཉིད་གསན་པ་ལས། ཁྲུང་པོ་གྲགས་སེ་ལ་ཕ་རོལ་དུ་ཕྱིན་པ་གསན། འབབ་ཐམས་ཅད་མཁྱེན་པ་ལ་མངོན་པ་གསན། སྟག་པ་ཁ་ཆེ་ལ་དབུ་ཚད་གསན། དེ་དག་གི་སྟེང་དུ་འགར་བསོད་ཡེས་ལའང་གསན། དེ་ལྟར་མཚན་ཉིད་ལོ་དགུར་གསན་ནོ། དེ་ནས་ལྷ་རྗེ་སྒྲོ་ཕུག་པ་ཆེན་པོའི་དྲུང་དུ་སྔགས་གསན་དུ་བྱོན་ནས་ལོ་བཅུ་གཅིག་བཞུགས་པ་ལ། བསྐྱེད་རྫོགས་གསུམ་གྱི་གཞུང་གདམས་ངག་ཐམས་ཅད་གནང་ཞིང་། ཁྱད་པར་གྱི་གདམས་པ་ཟབ་མོ་དང་ཆ་ལག་གི་ཡིག་ཆུང་ཕྲ་མོ་རང་ལ་རྒྱུས་མེད་པ་ཐམས་ཅད་ཀྱང་ཚུར་ལ་སྤུན་ནས་གནང་བས་ན། ལྷ་རྗེ་ཁང་པ་ཟུར་ཚོ་གཞན་རྣམས་ལས་མན་ངག་ཟབ་ཅིང་ཆོས་ཀྱི་ཁ་ཚང་བའི་ལོ་རྒྱུས་རྒྱ་མཚན་ཡང་དེ་ཡིན་གསུངས། དེ་ལྟར་དགུང་ལོ་ཉི་ཤུ་སློབ་གཉེར་མཛད། གཞན་ཡང་མྱང་སྟོད་ཀྱི་རྒྱ་རྩང་སྐོར་པ་ལ་བདུད་རྩི་གསན། མྱང་སྨད་ཀྱི་སྒྲོ་དར་སེང་ལ་རྣམ་འཇོམས་དང་ཕུར་པ་རྩ་བ་སོར་བཞག་གི་ལུགས་གསན་པ་སོགས་གསན་པ་མང་དུ་མཛད་དེ་

 སྤྱགས་མཚན་ཉིད་རྒྱུད་སྒྲུབ་ཐབས། གཞུང་གདམས་ངག་དང་བཅས་པ་ཀུན་གྱི་བདག་པོར་གྱུར་པ་ལགས་སོ། དེ་ཡང་དགུང་ལོ་བཞི་བཅུ་ནས་ལོ་བཅུ་དྲུག་རིང་གཞན་དོན་མཛད་དེ་མཐར་དགུང་ལོ་ང་དྲུག་པོར་སྐུ་གཤེགས།

ཨ྄ེ་བཙན། སྨད་ཀྱི་ལྡེ་གསུམ་གྱི་ཡ་རྒྱལ་སྐྱིད་ལྡེའི་རྒྱུད་པ། བཙད་པོ་མཆེད་གསུམ་གྱི་ཆུང་ཤོས། བཙད་པོ་མཆེད་གསུམ་སྟེ། ཆེ་བ་ཁྲུང་བཙད། བར་པ་འབྲི་བཙད། ཆུང་བ་ལྡེ་བཙད་གསུམ་ཡིན་ཞིང་། ཁོང་གསུམ་གྱིས་སྲིད་སྐྱོང་བའི་ཡུལ་ནི་ཕུ་གནོད་སྦྱིན་གང་བ་བཟང་པོ་ནས་མདའ་བཙུག་པ་ཡུ་བ་གདོང་སྟེ་ཉང་གསེར་གཞུང་རིང་མོ་སྐུ་མཆེད་སོ་སོས་མངའ་མཛད་ཡུལ་བོད་འབྲོག་ཆ་སྙོམས་པའི་ཡུལ་སྡེ་ཆེན་པོ་གསུམ་དུ་ཕྱེ། འོན་ཀྱང་དུས་ཕྱིས་བཙད་པོ་མཆེད་གསུམ་གྱི་གདུང་རྒྱུད་ལ་དར་གུད་བྱུང་བའི་དབང་གིས་ཡུལ་སྡེ་ཆེན་པོ་གསུམ་སྟེ་ཉང་སྟོད་སྨད་བར་གསུམ་གཙུང་ལྡེ་བཙད་གཅིག་པོས་བཟུང་བ་ཡིས། སྤྱར་གཅེན་ཁྲུང་བཙད་སྐབས་ཉང་སྟོད་ཀྱི་གཞུང་སྟེ་གླུང་ཐང་ཕལ་ཆེ་བའི་ཞིང་ག་ལ་ཆུ་མེད་པ་ཐལ་འདེབས་བྱེད་དགོས་པར་ཕྱིས་ལྡེ་བཙད་ཐུགས་བློ་ཟབ་ཅིང་། འགྱུར་སྟོབས་ཆེ་བས་ས་ཁུལ་དེ་ཚོར་སྟེ་ཆོ་བཅོས་ཐབས་དགོས་པ་འདུག་གསུངས་ནས་ཉང་སྟོད་ཀྱི་བྱང་རྒྱུད་དུ་རྩ་གནམ་གྱི་རྒྱལ་ཁ་དང་། སྟོ་རྒྱུད་དུ་སྤྱང་ཡུལ་ཞིང་གི་འོད་ཁ་བྲ་བ། ཉང་སྨད་བྱང་དུ་སྤྲ་ཚབ་ཁ་མོ་ཆེ་དང་། སྟོར་ན་ཁ་ཆེན་བཅས་ཁ་ཆེན་སོ་སོས་ས་ཞིང་སོན་ཁལ་ཁྲི་ཚོ་རེའི་འདེབས་ཆུ་སོགས་ཆུའི་དགོས་མཁོ་བསྐང་ཐུབ་པར་གྲགས་ཤིང་། ཁ་མོ་ཆེ་བཞི་གསར་དུ་བསྐྲུན་པ་རྣམས་སྲ་བརྟན་མ་ཆགས་བར་ཁ་སྲུང་པ་སྡོད་པའི་ས་མཁར་བཞེངས་པ་ནི་སྟོད་དུ་རྒྱ་གྲོང་ལྡེ་མཁར་དང་། སྨད་དུ་པ་རྣམ་ལྡེ་མཁར་གཉིས་གསར་དུ་བཟོས་པ་རིམ་བཞིན་ཁུལ་དེ་ཚོར་གྲོང་ཚོ་རྒྱ་ཆེན་ཆགས་པ་ཕྱིས་ཀྱང་གནས་པ་བཅས་དང་། དེ་བཞིན་བསྟན་པ་ཕྱི་དར་སྐབས་ཀྱི་དགོན་སྡེ་ཆགས་ཐུབ་པ་ལོ་སྟོན་རྡོ་རྗེ་དབང་ཕྱུག་གིས་ཉང་སྨད་རྒྱན་གོང་གི་གཙུག་ལག་ཁང་ཕྱག་བཏབ་པ་དང་། དེའི་ཉེ་གནས་ལྡེ་བཙུན་ཤེས་རབ་འབྱུང་གནས་ཀྱིས་ཞྭ་ལུ་གསེར་ཁང་ཕྱག་བཏབ་པ་སོགས་ཀྱི་སྦྱིན་བདག་ཀྱང་ལྡེ་བཙད་ཀྱིས་མཛད་དོ།

ཨ྄ེ་བཙུན་ཤེས་རབ་འབྱུང་གནས། འདི་ཉིད་དབུས་གཙང་མི་བཅུའི་ཡ་རྒྱལ་ལོ་སྟོན་གྱི་མཁན་བུ་ཡིན་ཞིང་། འདི་ཉིད་ཀྱིས་རབ་བྱུང་དང་པོའི་ལྕགས་འབྲུག（སྤྱི་ལོ1040）ལོར་ཞྭ་ལུ་གསེར་ཁང་ཕྱག་བཏབ་རྗེས་རྒྱ་གར་རྡོ་རྗེ་གདན་ལ་ཕྱིན་ནས་རྡོ་རྗེ་གདན་པ་ཆེན་པོ་སློབ་དཔོན་ཨ་བྷ་ཡ་ཀ་ར་ལས་སྟོམ་པ་བླངས་ཆོས་མང་དུ་ཞུས། སྤྱན་རས་གཟིགས་ཁ་སར་པ་ཎི་སྤྱན་དྲངས་པས་ཆུ་བོ་གཙྭ་ལ་སྤྱན་མ་འདྲོངས། ལྡེ་བཙུན་གྱིས་སོན་པའི་མི་ཐ་མལ་བས་ཉིས་འགྱུར་གྱི་ཆེ་བ་ཞིག་ལ་སླ་ཆ་གྱ་ནོམ་པ་སྦྱིན་ནས་སྐུ་འདི་ཞྭ་ལུར་སྤྱན་དྲངས་ཏེ་ཞྭ་ལུའི་གཙུག་ལག་ཁང་གི་རྟེན་གྱི་གཙོ་བོར་བཞུགས་སུ་གསོལ། ད་ལྟ་རང་བྱོན་གྱི་སྐུ་རྒྱུབ་ན་བཞུགས། བོད་ཀྱི་ལོ་རྒྱུས་ཡིག་ཚང་ནང་། དེ་དུས་ཞྭ་ལུ་པ་ཆེ་བ་རྣམ་པ་བཞི་ཟེར་བ་ཡོད་དེ། ལས་

ཀ་བཞི་ཡིན་པས་ཆེ། ཡོན་བདག་བཙད་པོ་ཡིན་པས་ཆེ། སྡོམ་པ་རྒྱ་གར་མ་ཡིན་པས་ཆེ། རུས་པ་ལྷེ་ཡིན་པས་ཆེ་ཞེས་འཁོད་པའི་དང་པོ་ཀ་བ་བཞི་ནི། དགའ་སྟོང་དམ་པ་ཆོས་ཀྱི་ཀ་བ། ཀུ་རེ་བྲ་སྐྱུས་ཁ་ཐག་དཔུང་གི་ཀ་བ། གཡུས་སྒྱུ་མ་ནོར་གྱི་ཀ་བ། ཉེ་སེར་མཐུའི་ཀ་བ་བཅས་དང་། ཡོན་བདག་བཙད་པོ་ཡིན་པས་ཆེ་ཞེས་པ་ནི་ཞྭ་ལུ་དགོན་པ་ཕྱག་འདེབས་སྐབས་ཀྱི་སྦྱིན་བདག་ལྕེ་བཙད་ནི་བཙན་པོའི་གདུང་རྒྱུད་ཡིན་པས་ཆེ་བ། སྡོམ་པ་རྒྱ་གར་མ་ཡིན་པས་ཆེ་ཞེས་པ་ནི་ལྕེ་བཙུན་ནས་བརྒྱུད་པའི་སྡོམ་རྒྱུན་འདི་རྒྱ་གར་གྱི་ཨ་ཙར་ཡ་ནས་ཐད་ཀར་བཞེས་པས་ཆེ་བ། རུས་པ་ལྕེ་ཡིན་པས་ཆེ་ཞེས་པ་ནི་ལྕེའི་རུས་རྒྱུད་ནི་ཐོག་མར་འོད་གསལ་གྱི་ལྷ་ལས་མཆེད་པ་དང་། དེ་ནས་རིམ་བཞིན་ཆོས་རྒྱལ་སྲོང་བཙན་དང་ཁྲི་སྲོང་སྐབས་བློན་པོ་དང་སྒྲ་བསྒྱུར་གྱི་ལོ་ཙྪ་བ་ཆེན་པོ་བྱུང་བས་གདུང་རྒྱུད་ཀྱི་ཆེ་བ་བརྗོད་པའོ།

ལྕེ་བཙུན་ལ་སློབ་མ་ཀ་བཞི་གདུང་དྲུག་ཏུ་གྲགས་པ་བྱུང་སྟེ་དེ་དག་ལས་ཞྭ་ལུ་བརྒྱ་སྐོར་མཆེད་དོ།

ཆ་པ་ཆོས་ཀྱི་སེང་གེ། (ཕྱྭ་ཞེས་པའང་སྣང་) རྗེ་འདི་ཉིད་རབ་བྱུང་གཉིས་པའི་ས་གླང་(སྤྱི་ལོ1109) ལོར་སྐུ་འཁྲུངས། ཁོང་གིས་ཀྱི་ལུང་པ་གློ་གྲོས་འབྱུང་གནས་ལས་ཆོས་གསན་ནས་འགྲེལ་ཚུང་གི་ཊཱི་ཀ་ཆེ་བ་ཞིག་མཛད། རྒྱ་དམར་བ་བྱང་ཆུབ་གྲགས་ལས་དབུ་ཚད་གཉིས་གསན། སློབ་དཔོན་ཆ་པས་ནེའུ་ཐོག་གི་གདན་ས་མ་མཛད་གོང་ནས་ཆོས་གྲྭ་མང་དུ་བསྐྱངས་ཤིང་། བསྟན་བཅོས་བརྩམས་པ་ལ་ཡང་བྱམས་པའི་ཆོས་ལྔ་དང་། ཚད་མ་རྣམ་པར་ངེས་པ། དབུ་མ་བདེན་གཉིས། རྒྱན། སྣང་བ། སྤྱོད་འཇུག་ལ་སོགས་པའི་ཊཱི་ཀ་མང་པོ་མཛད། ས་སོའི་བསྡུས་པ་ཡང་མང་དུ་བརྩམས། ཚད་མའི་བསྡུས་པ་ཡིད་ཀྱི་མུན་སེལ་ཞེས་བྱ་བ་ཚིགས་སུ་བཅད་པ་རང་འགྲེལ་དང་བཅས་པ་དང་། ཡིད་ཀྱི་མུན་སེལ་རྒྱུང་པ་སྟེ་གཉིས་མཛད། བསྡུས་གྲྭའི་རིགས་ལམ་གྱི་སྲོལ་བཏོད། གསང་ནེའུ་ཐོག་གི་གདན་ས་ལོ་མང་པོའི་བར་དུ་བསྐྱངས། མཐར་རབ་བྱུང་གསུམ་པའི་ས་གླང་(སྤྱི་ལོ1169) ལོར་སྐུ་གཤེགས།

འདི་ཉིད་ལ་བུ་སློབ་ཀྱིས་བོད་ཡུལ་གང་བ་བྱུང་ཞིང་། དེ་དག་ལས། གཙང་ནག་པ་བརྩོན་འགྲུས་སེང་གེ་སོགས་སེང་ཆེན་བརྒྱད་དང་། འཁོན་རྗེ་ཕྲས་རྩེ་མོ་སོགས་རྗེ་ཕྲས་བཞི། འགར་དབང་ཕྱུག་སོགས་ཤེས་རབ་ཅན་བཞི་སོགས་བྱུང་ངོ་།

ཆོས་རྒྱལ་འཕགས་པ། འདི་ཉིད་ས་གཅིག་ཞ་མའི་མིང་པོ་ཡིན་ཞིང་། རབ་བྱུང་དང་པོའི་ས་བྱ(སྤྱི་ལོ1069) ལོར་སྐུ་འཁྲུངས། དགུང་ལོ་བདུན་བརྒྱད་ནས་ཡབ་མཆེད་ལས་ཡིག་ཀློག་དང་བེ་ཏ་ཡང་བསླབས། གཉམ་པའི་དྲུང་དུ་དགེ་བསྙེན་གྱི་སྡོམ་པ་དང་སྨོན་འཇུག་གི་སེམས་བསྐྱེད་པ་མནོས། སྤྱོད་ཕྱོགས་ཀྱི་གཞུང་ཆེ་ཕྲ་མང་པོ་གསན། དགུང་ལོ་བཅུ་བཞིར་ཕེབས་སྐབས་རོང་ཟོམ་ཆོས་བཟང་གི་དྲུང་དུ་ཕྱིན། སྒྲ་སྡོ་སོགས་མཁས་པར་བསླབས། རྣ་ལོ་ཙྪ་བས་སྐད་རིགས་མང་པོ་མཁྱེན་པས་ཁོང་ལ་ཡང་སྦྱངས་པ་མཛད། ཤབ་ཏུ་རྣའི་ཕྱག་ཕྱིར་ཕྱིན། རྣ་གཤེགས་ཁར་ཕྱག་དཔེ་ལ་སོགས་པ་ཐམས་ཅད་

གནང་ནས། ཞལ་ཆེམས་བཞག་པ་བཞིན་ཐོག་མར་བོད་ཀྱི་མཁས་པ་དགེ་བཤེས་ཞང་དང་། རྒྱང་རོང་གངས་པ་ཤའུ། མར་པ་སེང་ཐྱེ་ལ་སོགས་པ་བསྟེན་ནས་ཆོས་མང་པོ་གསན། དགུང་ལོ་ཉེར་དྲུག་ལ་ཕེབས་སྐབས་བལ་པོར་ཕྱིན་ནས་ཡེ་རང་བའི་སྤྱན་སྔར་མཻ་ཏྲི་པའི་ཆོས་རྣམས་གསན། དེ་བཞིན་ཕམ་མཐིང་བ་དང་། འབོན་སྐྱི་ཆུ། དམ་པ་སངས་རྒྱས། ར་ལོ་སོགས་ལས་གསན་པ་མང་དུ་མཛད། སླར་ཡང་བལ་པོར་ཕྱིན་ནས་རྒྱ་གར་གྱི་བླ་མ་མི་མཉམ་རྡོ་རྗེ་ལས་ཕྱ་ནག་དྲིལ་གསུམ་ནཱ་རོ་པའི་ལུགས་དང་བཅས་པའི་བདེ་མཆོག་དབང་དང་བཅས་པ་གསན། དེ་ནས་བོད་དུ་ཕེབས་ཏེ་དགུང་ལོ་སོ་གཅིག་ནས་འཕོན་ཕུ་རྫིངས་ཀྱི་བྲག་དམར་དུ་སྒྲུབ་པ་མཛད། ལོ་གཉིས་སོང་བ་དང་ལྕམ་དྲལ་གཉིས་ག་ལམ་འབྲས་གསན་དུ་བྱུང་ལ་ཕྱིན། དེ་རྗེས་རྡོ་མོ་གཉིས་ཀྱང་ཁབ་ཏུ་བཞེས། སླར་འཕོན་ཕུར་སྒྲུབ་པ་མཛད་ནས་དམ་བཅའ་རྫོགས་པར་མཛད། དགུང་ལོ་བཞི་བཅུ་རྩ་བཞིར་ཕེབས་སྐབས་འཕོན་ཕུའི་གནས་མི་འདྲ་བ་མང་པོ་དང་། ཁྲིན་སྟེ་ནམ། ཕ་དྲུག ལ་སྟོད་ལྷོ་བྱང་གི་གནས་མང་པོར་བཞུགས་ནས་གདུལ་བྱ་མང་པོ་ལ་གྲུབ་སྙིང་ལ་སོགས་པའི་ཁྲིད་བསྐྱངས་ནས་ཆོས་ཀྱི་འཁོར་ལོ་ལེགས་པར་བསྐོར། སྒྲུབ་པ་དང་བཤད་པའི་གྲྭ་གཉིས་ཀ་སྐྱོབས་ཆེ་བར་མཛད། དེའི་ཚེ་ཞ་མ་ལྕམ་སྲིང་ཞེས་ཡུལ་ཐམས་ཅད་དུ་སྙན་པས་ཁྱབ། དེ་ལྟར་རྗེ་འཕོན་ཕུ་བ་ཞེས་གྲགས་ཤིང་། མཚན་དངོས་ཆོས་ཀྱི་རྒྱལ་པོ་ཞེས་ཞུ་བ་དེས་གཞན་དོན་རྒྱ་ཆེར་མཛད་ནས་མཐར་དགུང་ལོ་བདུན་ཅུ་རྩ་དྲུག་པ་རབ་བྱུང་གཉིས་པའི་ཤིང་བྱི(སྤྱི་ལོ1144)ལོར་སྐུ་གཤེགས།

ཆོས་སྒོ་བ་རྡོ་རྗེ་ཡེ་ཤེས། འབྲི་གུང་གི་གདན་རབས་བདུན་པ་འདི་ཉིད་སྟབས་ནམ་མཁའི་སྙིང་པོ་དང་། སངས་རྒྱས་ཡེ་ཤེས་ཀྱི་རྒྱུད་ལས་རབ་བྱུང་བཞི་པའི་ཆུ་ལུག(སྤྱི་ལོ1223)ལོར་བལྟམས། གཙུང་རྡོ་རྗེ་གྲགས་པ་ལས་རབ་ཏུ་བྱུང་། དེ་ཉིད་དང་ཐོག་ཁ་བ་ལས་འབྲི་གུང་གི་ཆོས་རྣམས་གསན། མཚམས་བཅད་པ་རིན་པོ་ཆེ་དག་ཞིང་དུ་ཕེབས་ནས་བཅུ་གཉིས་རིན་པོ་ཆེ་དགུང་ལོ་ཕྲ་སྟབས། རྗེ་ཉིད་དགུང་ལོ་རེ་དྲུག་ལ་ཕེབས་པ་ས་བྱི(སྤྱི་ལོ1288)ལོར་འབྲི་གུང་གདན་སར་མངའ་གསོལ། དེ་ནས་ས་འབྲི་མཐུན་པར་རབ་བྱུང་ལྔ་པའི་ལྕགས་སྟག(སྤྱི་ལོ1290)ལོར་ས་སྐྱས་འབྲི་གུང་བཅོམ་པས་འབྲི་གུང་གླིང་ལོག་ཅེས་པ་བྱུང་། དེ་སྐབས་གླིང་རིན་པོ་ཆེ་སྐྱོབ་པས་བཞེངས་པ་བཀྲ་ཤིས་སྒོ་མང་། དཔོན་དང་སྤྱན་སྔ་གྲགས་འབྱུང་གིས་བཞེངས་པ་སྒོ་མང་དང་རྟེན་གསུམ་བསམ་གྱིས་མི་ཁྱབ་པ། གཙུང་རིན་པོ་ཆེས་བཞེངས་པའི་ལྷ་ཁང་ཆེན་མོ་སོགས་རྟེན་གྲངས་ལས་འདས་པ་མེར་བསྲེགས། དགེ་འདུན་མང་པོ་བཀྲོངས། ཆོས་སྒོ་བ་རྡོ་རྗེ་ཡེ་ཤེས་མཆོག་གིས་བཅུ་གཉིས་པ་རིན་པོ་ཆེ་སྐུ་མཆེད་དང་། འབྲི་གུང་གི་ནང་རྟེན་ཁྱད་འཕགས་ཅན་འགའ་ཞིག་དང་བཅས་ཀོང་པོའི་ཕྱོགས་སུ་ཕེབས། སྐབས་དེར་འབྲི་གུང་གི་མི་སྡེ་ཕལ་ཆེར་ཡུལ་འཁྱར། ཁང་པ་ཐམས་ཅད་ཞིག་རལ་དུ་གྱུར། ས་ཞིང་ཐམས་ཅད་འཇིག་སྐྱུར་སོང་བ་སོགས་དུས

མི་བདེ་བ་ཆེན་པོ་བྱུང་། རྗེ་ཉིད་དགུང་ལོ་དོན་གཅིག་ལ་ཕེབས་པ་རབ་བྱུང་ལྔ་པའི་ཆུ་སྦྲུལ་(སྤྱི་ལོ1293)ལོར་སྐུ་གཤེགས།

ཆོས་རྗེ་རྒོད་ཚང་པ་མགོན་པོ་རྡོ་རྗེ། རྗེ་འདི་ཉིད་ཡབ་ཆུ་ཚལ་མོན་གྲགས་དང་ཡུམ་བྲུག་མོ་དཔལ་རྒྱན་གཉིས་ཀྱི་སྲས་སུ་རབ་བྱུང་གསུམ་པའི་ས་བྱ་(སྤྱི་ལོ1189)ལོར་ལྷོ་བྲག་དུ་ལུ་ཆུང་གི་ཁྲར་སྐུ་བལྟམས། གཅེན་པོ་གཉིས་སྔ་བར་གྲོངས་པ་ལ་བརྟེན་སྲིའུ་གསོ་བའི་སློབ་དཔོན་བྲུག་སྟོན་བྱ་བ་ལ་གཏད། མཚན་མགོན་པོ་དཔལ་དུ་གསོལ། སྐུ་ཆུང་དུས་ནས་མཇལ་སྤྲོ་ལ། ཐུགས་བཟང་བ། བྲོ་པའི་བ་ཤི་མཛད་པས་བ་ཤི་དོན་གྲུབ་སེང་གེར་གྲགས། དེ་ནས་སློབ་དཔོན་ཕ་ཞུ་ལས་ལམ་རིམ། སློབ་དཔོན་སྟོད་ལས་དབུ་མ། སློབ་དཔོན་ཡུ་པི་བ་ལས་སྤྱོད་འཇུག སློབ་དཔོན་ཞང་ལས་འགྲེལ་ཆུང་བཅས་གསན་ཏེ་ཕལ་ཆེར་ཚར་རེས་མཁྱེན་པ་བྱུང་། དགུང་ལོ་བཅུ་དགུ་པ་ལ་ར་ལུང་དགོན་དུ་ཕེབས་ཏེ་ཆོས་རྗེ་རྒྱ་རས་པ་བཤེས་གཉེན་དུ་བསྟེན་ནས་རབ་ཏུ་བྱུང་། མཚན་དགོན་པོ་རྡོ་རྗེར་གསོལ། རྗེ་བླ་མ་ལས་སྐྱབས་འགྲོ་སེམས་བསྐྱེད། སེམས་བསྐྱེད་ཆེན་མོ། རྣལ་འབྱོར་བཞི། ལྷན་ཅིག་སྐྱེས་སྦྱོར། ཐབས་ལམ་གྱི་ཁྲིད། རོ་སྙོམས་ཀྱི་དམིགས་པ་མང་པོ། རབས་བདུན། ཚིག་ཆོག་སོགས་དང་། ཙ་ལུང་བཅུ་བཞི་པ་ལ་སོགས་དམ་ཚིག་གི་ཆོས་སྐོར། སྒྲུབ་ཐབས་བཅུ་གསུམ་མ་དང་ཞལ་གཉིས་མ་ལ་སོགས་པ་ཐམས་ཅད་ཀྱི་ལུང་གསན། དེ་ནས་འབྲུག་དང་། འཕྲི་གུང་། ར་སྒྲེང་བཅས་ལ་བྱོན་ནས་ཆོས་མང་དུ་འཆད་ཉན་མཛད་དེ་སླར་ཆོས་རྗེ་རྒྱ་རས་པའི་དྲུང་དུ་ཕྱིར་ཕེབས། དགུང་ལོ་ཉི་ཤུ་རྩ་གསུམ་པ་ལ་ལྷོ་བྲག་མཁར་ཆུར་བྱོན་ཏེ་ལོ་གསུམ་བཞུགས། དགུང་ལོ་ཉི་ཤུ་རྩ་ལྔ་ལ་གངས་ཏི་སེ་དང་། ཁ་ཆེའི་ཡུལ། ཛ་ལན་དྷ་ར་སོགས་པར་བྱོན་ཏེ་ལོ་བཞི་བཞུགས། དགུང་ལོ་ཉི་ཤུ་རྩ་དགུ་ལ་ཕོ་མ་ལྷ་ཁབ་ཏུ་བྱོན་ནས་སྤྱིལ་པོ་ཞིག་ཏུ་ལོ་གསུམ་དུ་བླ་མ་སྒྲུབ་པ་མཛད། དེ་ནས་དབོན་རས་ཀྱི་དྲུང་དུ་བྱོན་ནས་བསྙེན་པར་རྫོགས། དགུང་ལོ་སོ་གཉིས་པ་ལ་ཙ་རི་ལ་བྱོན་ནས་ལོ་གསུམ་བཞུགས། དགུང་ལོ་སོ་དྲུག་ལ་ཁྱུང་དཀར་དང་ཡང་དཀར་གཉིས་སུ་ལོ་གསུམ་བཞུགས་པས་ཐུགས་དམ་ཤིན་ཏུ་འཕེལ། དགུང་ལོ་སོ་བརྒྱད་ཐོག་རྒོད་ཚང་དུ་ཕེབས་ཏེ་མཚམས་ཀྱི་དམ་བཅའ་དྲག་པོ་མཛད་ནས་ལོ་བདུན་བཞུགས། སྟེང་འོག་གི་གདོན་ཐམས་ཅད་རྒོད་ཚང་དུ་འདུས་ནས་ཆོས་ཉན་པ་མཐོང་བས། སླར་གཞན་དོན་མི་མཛད་པར་སྒོམ་པའི་བློ་ཡོད་པ་དེར་ལོག དེ་ནས་རྒོད་ཚང་ནས་བྱོན་ཏེ་ལས་སྟོད་ཀྱི་རི་སུལ་རྣམས་སུ་ཕེབས་ཏེ་གསང་སྤྱོད་མཛད། སྐུ་ཚེའི་སྨད་དུ་སྟེང་གྲོ་དང་། བདེ་ཆེན་སྟེངས། སྤུད་དྲ། བྱང་གླིང་། བར་འབྲོག རྡོ་རྗེ་གླིང་སོགས་དགོན་པ་མང་པོ་ཕྱག་བཏབ། དགོན་པ་རེ་རེ་ནས་ཀྱང་དགེ་འདུན་སྒྲུབ་པ་པོ་སྟོང་ཚོ་མང་པོ་ཐོན་པ་བྱུང་། མཐར་དགུང་ལོ་བདུན་ཅུ་ལ་ཕེབས་པ་རབ་བྱུང་བཞི་པའི་ས་རྟ་(སྤྱི་ལོ1258)ལོར་དགོངས་པ་མྱ་ངན་ལས་འདས།

འདི་ཉིད་ལ་སློབ་མ་མང་དུ་བྱུང་བ་ལས་ཐུགས་ཀྱི་སྲས་ཀྱང་ཡང་དགོན་པ། གྲུབ་ཆེན་ཨུ་རྒྱན་པ།

བྱང་གླིང་པ། ཆོས་རྗེ་ནེ་རིངས་པ། ཕུ་རི་བ། མཉམ་མེད་པ་རི་སྦྲིལ་དཀར་བ། རྗེ་མ་བདུན་པ། ཞི་བྱེད་མགོན་པོ། སངས་རྒྱས་ཁྲིམ་རས། དཔལ་སྐྱེར་ཤིང་རས་པ། ཤཱཀྱ་རས་པ། འདར་རས་ལ་སོགས་མང་དུ་ཐོན་ནོ།

ཆོས་རྗེ་སྣང་པ། ཀརྨ་དུས་གསུམ་མཁྱེན་པའི་སློབ་མ་ཆོས་རྗེ་སྣང་པ་ནི་ཡབ་གསང་སྔགས་རྙིང་མ་བ་ཞིག་གི་སྲས་སུ་རབ་བྱུང་གསུམ་པའི་ཤིང་ལུག(སྤྱི་ལོ1175)ལོར་ཡུལ་གྱི་བར་སྐྱ་འཁྲུངས། རབ་ཏུ་བྱུང་བའི་མཚན་ལ་རིན་ཆེན་འོད་ཟེར་ཞུ། འབྲི་ཁུང་ཆོས་རྗེ་དང་། སྟག་ལུང་ཐང་པ། རྒོག་ཕྱོགས་པ། ལ་ཡག་པ། དྭགས་པོ་འདུལ་འཛིན། ཉེ་གནས་གསལ་བྱང་། ཁ་ཆེ་པཎ་ཆེན་ལ་སོགས་པའི་བླ་མ་མང་དུ་བསྟེན། གཙོ་བོ་མདོ་བོ་རས་ཏེ། དེ་ལས་ཕྱག་རྒྱ་ཆེན་པོའི་རྟོགས་པ་བརྙེས། རྫོ་མོ་གངས་ཀྱི་ཕ་བོང་དཀར་ལེབ་ལ་སོགས་པའི་གནས་རྣམས་སུ་སྒྲུབ་པ་མཛད། ཕྱིས་འགྲོ་དོན་རྒྱ་ཆེན་པོ་མཛད། ཕོང་གི་སྐུ་ཚེའི་མཐའ་ལ་ཧོར་དམག་བོད་དུ་ལྷགས། མཐར་དགུང་ལོ་བདུན་ཅུ་རྩ་ལྔ་པ་རབ་བྱུང་བཞི་པའི་ས་བྱ(སྤྱི་ལོ1249)ལོར་སྐུ་གཤེགས།

མཆིམས་ནམ་མཁའ་གྲགས། རྗེ་འདི་ནི་མྱང་སྟོད་སྣར་ཐང་ཆོས་སྡེའི་འདུལ་འཛིན་གྱི་རྗེ་བཙུན་ཡིན་པ་...

མཆིམས་རྡོ་རྗེ་སྤྲེལ་ཆུང་གི་རྒྱུད་དུ་རབ་བྱུང་བཞི་པའི་ལྕགས་རྟ(སྤྱི་ལོ1210)ལོར་སྐུ་འཁྲུངས། སྐུ་གཞོན་ནུ་ནས་རབ་ཏུ་བྱུང་། དཔལ་གྲོ་མོ་ཆེ་ལས་བསྙེན་པར་རྫོགས། དཔལ་ལྡན་གྲོ་དང་། ཞང་སྟོན། མཆིམས་བློ་བརྟན་མཉམ་མེད་སངས་རྒྱས་སྒོམ་པ་བ་བཞི་ལས་བཀའ་གདམས་པའི་ཆོས་སྐོར་རྣམས་ཀྱི་བཀའ་དྲིན་མནོས། དགེ་བའི་བཤེས་གཉེན་བཀྲ་ཤིས་སྒང་པ་ལ་བྱང་སེམས་ཟླ་བ་རྒྱལ་མཚན་ལས་རྒྱུད་པའི་ལྟ་བའི་མན་ངག་ལ་སོགས་པ་གསན་པས་བསྟན་པའི་བདག་པོར་གྱུར། དགུང་གྲངས་ཞེ་གཅིག་པ་ལྕགས་ཁྱི(སྤྱི་ལོ1250)ལོར་སྣར་ཐང་གི་གདན་ཁྲིར་ཕེབས། གཙུག་ལག་ལ་སྦྱངས་པའི་མཁྱེན་པའི་སྤྱན་ཡངས་ཤིང་། ཆོས་མངོན་པ་མཛོད་ཀྱི་ཊཱི་ཀཱ་ཆེན་པོ(མཆིམས་མཛོད)སོགས་རྩོམ་པ་མང་དུ་མཛད། གྲོ་མོ་ཆེས་མཛད་པའི་ལམ་རིམ་རྩ་ཚིག་ཚིགས་བཅད་མ་ལ་ལུང་རིག་བརྒྱན་པའི་འགྲེལ་པ་ཁྲིད་ཡིག་ལམ་མཆོག་རིན་པོ་ཆེ་ཞེས་བྱ་བ་ཞིག་ཀྱང་མཛད། ཚུ་མིག་ཆོས་འཁོར་གྱི་གྲལ་གཙོ་ཡང་གནང་སྟེ་འགྲོ་མགོན་ཆོས་རྒྱལ་འཕགས་པ་སོགས་གངས་ཅན་གྱི་ཆེ་ རྣམས་ཀྱིས་མཆོད་ཅིང་བཀུར། གཞན་ཡང་སྐྱིལ་ནག་གྲག་སེང་དང་། རྒྱང་རོ་པཎ་ཆེན། བཅོམ་ལྡན་རིགས་པའི་རལ་གྲི་ལ་སོགས་པའི་སློབ་མ་མཁས་པ་མང་དུ་བསྐྱངས། རྗེ་འདི་ཉིད་འཕགས་པའི་གནས་བརྟན་བཅུ་དྲུག་གི་ཡ་གྱལ་ཞིག་དང་སངས་རྒྱས་སྨན་པའི་རྒྱལ་པོའི་སྤྲུལ་པར་གྲགས་ཤིང་། བསྟན་པའི་རྩ་ལག་ཆེན་པོ་དང་མཆིམས་ཐམས་ཅད་མཁྱེན་པ་ཞེས་མཁས་པའི་གྲགས་པ་ས་སྟེང་ཁྱབ། དཔལ་སྣར་ཐང་ཆོས་སྡེ་ལོ་སོ་དྲུག་བསྐྱངས་ནས་དགུང་ལོ་བདུན་ཅུ་དྲུག་པ་རབ་བྱུང་ལྔ་པའི་ཤིང་བྱ(སྤྱི་ལོ1285)ལོའི་ས་ཟླའི་ཚེས་བཅུ་བཞི་ཉིན་སྐུ་མྱ་ངན་ལས་འདས།

ཛོ་འབེར། འདི་ཉིད་ཡབ་ཉེ་འབུམ་གྱི་སྲས་སུ་རབ་བྱུང་གསུམ་པའི་མེ་འབྲུག（སྤྱི་ལོ1196）ལོར་སྐུ་འཁྲུངས། དགུང་ལོ་བཅོ་བརྒྱད་བར་ཁུ་བོ་དང་འགྲོགས་ཤིང་གསང་བ་བླ་ན་མེད་པའི་གདམས་པ་མ་ལུས་པ་གསན། དགུང་ལོ་བཙུ་དགུ་ནས་ཉེ་ཤུའི་བར་ས་སྐྱ་པཎ་ཆེན་ལ་རྒྱུད་གསུམ་གདམས་པ་དང་བཅས་པ་དང་། བདེ་མཆོག་མལ་གྱོའི་ལུགས་གསན། ཆུ་མིག་པ་ལ་ཚད་མ་བསྡུས་པ་གསན། དགུང་ལོ་ཉེ་ཤུ་རྩ་གཉིས་པ་ལ་ཁྲོ་ཕུ་ལོ་ཙྪ་བ་ལ་གྲུབ་ཐོབ་མི་ཏྲའི་གདམས་པ་རྣམས་དང་། བལ་པོ་གྲགས་པ་འབུམ་མེ་ལ་ཕྱག་རྒྱ་ཆེན་པོའི་ཁ་འཐོར་གྱི་གདམས་པ་རྣམས་གསན་ཏེ་དགུང་ལོ་སོ་དྲུག་ལ་ཕེབས་སྐབས་ཐོས་བསམ་གྱི་སྤྲོས་པ་བཅད། གཟིགས་སྣང་རྣམས་ཕལ་ཆེར་མི་གསུངས། ལྷ་སར་ཇོ་བོ་ལ་མཆོད་པ་ཕུལ་དུས་འོད་ཀྱི་ཐིག་ལེའི་ནང་དུ་ཕྱག་རྡོར་དང་སྤྱན་རས་གཟིགས་གཟིགས། མཐར་སྙིང་མ་ཛོ་འབེར་རབ་བྱུང་བཞི་པའི་ལྕགས་ཡོས（སྤྱི་ལོ1231）ལོར་ངོ་མཚར་བའི་ལྟས་དང་བཅས་ཏེ་སྐུ་གཤེགས།

ཛོ་བོ་རྗེ་དཔལ་ལྡན་ཨ་ཏི་ཤ། （དཔལ་མར་མེ་མཛད་ཡེ་ཤེས་ཀྱང་ཟེར）རྗེ་འདི་ཉིད་ཡབ་ཟ་ཧོར་རྒྱལ་པོ་དགེ་བ་དཔལ་དང་ཡུམ་དཔལ་མོ་འོད་ཟེར་ཅན་གཉིས་ཀྱི་སྲས་སུ་བོད་ཆུ་ཏ（སྤྱི་ལོ982）ལོར་རྒྱ་གར་ཤར་ཕྱོགས་བྷཾ་ག་ལའི་ཡུལ་དུ་སྐུ་འཁྲུངས། མཚན་དཔལ་མར་མེ་མཛད་ཡེ་ཤེས་ཞེས་གསོལ། དགུང་ལོ་བཅུའི་རིང་ཕྱི་རོལ་མུ་སྟེགས་པ་དང་ནང་པའི་ཆོས་ལུགས་ཀྱི་སྒྲ་ཚད་སོགས་སློབ་གཉེར་མཛད། དགུང་ལོ་ཉེར་དགུ་པར་རྒྱ་གར་རྡོ་རྗེ་གདན་གྱི་མ་ཧཱ་བོ་དྷིའི་གཙུག་ལག་ཁང་དུ་རབ་བྱུང་མཛད་ནས་ཕྱི་ནང་ཐུན་མོང་གི་རིག་གནས་དང་ནང་པའི་མདོ་སྔགས་ཀྱི་གཞུང་ལུགས་ལ་སྦྱངས་པ་མཐར་ཕྱིན་པ་མཛད། པཎྜི་ཏ་ཆེན་པོའི་མཚན་སྙན་ཐོབ། གསེར་གླིང་པ་ལ་སོགས་པའི་བླ་མ་སུམ་ཅུ་སོ་བཞི་ཙམ་བསྟེན་ནས་རྒྱ་གར་དུ་མཁས་པ་གྲགས་ཆེ་བར་གྱུར། ལྷ་བླ་མ་ཡེ་ཤེས་འོད་དང་བྱང་ཆུབ་འོད་ཀྱིས་འབད་པ་ཆེན་པོ་གནང་བ་བརྒྱུད་རབ་བྱུང་དང་པོའི་ས་སྟག（སྤྱི་ལོ1038）ལོར་བོད་དུ་ཆིབས་ཁ་བསྒྱུར། བལ་ཡུལ་དུ་ལོ་གཅིག་བཞུགས་ནས་གཙུག་ལག་ཁང་ཞིག་བཞེངས། ལྕགས་ཕོ་འབྲུག（སྤྱི་ལོ1040）ལོར་ཞང་ཞུང་མཐོ་ལྡིང་གསེར་གྱི་ལྷ་ཁང་དུ་ཕྱག་ཕེབས། ཇོ་བོས་སྐབས་དེར་བོད་དུ་ཆོས་ལོག་བདོག་པས་དེ་དག་གི་ལུགས་སུན་འབྱིན་པ་དང་། ལྷག་པར་རྒྱལ་བའི་གསུང་རབ་མདོ་རྒྱུད་དགོངས་འགྲེལ་དང་བཅས་ཐམས་ཅད་ཧྲིལ་གྱིས་བསྒྲིལ་བ་ཉམས་སུ་ལེན་བདེ་བའི་བསྟན་བཅོས་བྱང་ཆུབ་ལམ་གྱི་སྒྲོན་མེ་མཛད། མངའ་རིས་སུ་ལོ་གསུམ་བཞུགས་ནས་རྒྱ་གར་དུ་ཕྱིར་བྱོན་དགོངས་པ་ན་འབྲུག་པས་ལམ་འགགས་ཏེ་ཕེབས་མ་ཐུབ། དེ་སྐབས་འབྲོམ་སྟོན་རྒྱལ་བའི་འབྱུང་གནས་དང་མཇལ་ཏེ་འབྲོམ་གྱིས་ཇོ་བོ་དབུས་སུ་བྱོན་པར་གསོལ་བ་ཞལ་གྱིས་བཞེས་ཏེ་བསམ་ཡས་སུ་ཕེབས། དེར་ཕྱག་དཔེ་གཟིགས་དུས་དེ་སྐབས་རྒྱ་གར་ནའང་མེད་པའི་རྒྱ་གར་གྱི་དཔེ་ཆ་མང་པོ་གཟིགས་པ་ན། སྔོན་བོད་དུ་བསྟན་པ་བྱུང་བ་དེ་འདྲ་བ་ནི་རྒྱ་གར་དུའང་བྱུང་བར་དཀའ་གསུངས། དེ་ནས་སྙེ་ཐང་དང་། ལྷ་ས། ཡེར་པ། འཕན་ཡུལ་

སོགས་སུ་འགྲོ་འདོན་མཛད་པ་ལས་སྙེ་ཐང་རང་ལ་གདན་སའི་མཐིལ་དུ་མཛད། ཆོས་ཞུ་བ་སློབ་མ་གྲངས་ཀྱིས་མི་ལངས་པ་འདུས། ལམ་སྒྲོན་གཙོ་བོར་བྱེད་པའི་གཞུང་ཉི་ཤུ་ལྷག་བརྩམས་གནང་མཛད་པ་སོགས་མདོར་ན་བཀའ་གདམས་ཀྱི་གཞུང་ལུགས་ཁྱད་པར་ཅན་དེ་ནི་ཇོ་བོ་རྗེ་དཔལ་ལྡན་ཨ་ཏི་ཤ་ནས་དབུ་བརྙེས་པ་ཡིན། དེ་བཞིན་གསོ་རིག་གི་གཞུང་ཡན་ལག་བརྒྱད་པ་བརྩམས་གནང་མཛད་པ་དང་། རྒྱལ་པོ་སྲོང་བཙན་སྒམ་པོའི་རྣམ་ཐར《བཀའ་ཆེམས་ཀ་ཁོལ་མ》ལྷ་ལྡན་གཙུག་ལག་ཁང་གི་ཀ་བ་ཤིང་ལོ་ཅན་གྱི་གསེབ་ལས་གཏེར་ནས་བཏོན་གནང་མཛད། མཐར་དགུང་ལོ་བདུན་ཅུ་རྩ་གསུམ་པ་རབ་བྱུང་དང་པོའི་ཤིང་རྟ(སྤྱི་ལོ1054)ལོའི་ཟླ་བ་བརྒྱད་པའི་ཚེས་བཅོ་བརྒྱད་ཉིན་སྙེ་ཐང་དུ་སྐུ་གཤེགས། དགེ་བཤེས་འབྲོམ་སྟོན་པས་སྙེ་ཐང་གི་ན་མ་ཆེར་སྐུ་གདུང་ཞུགས་ཀྱིས་སྦྱངས། སངས་རྒྱས་ཀྱི་བསྟན་པ་དང་རིག་གནས་སྤེལ་བ་ལ་བོད་དུ་བཀའ་དྲིན་ཆེ་བས་གངས་ཅན་པས་ཇོ་བོ་རྗེ་ཞེས་ཞེ་སར་འབོད།

སློབ་མའི་གཙོ་བོ་ནི། འབྲོམ་སྟོན་རྒྱལ་བའི་འབྱུང་གནས་དང་། རྔོག་ལེགས་པའི་ཤེས་རབ། ལྷ་བཙུན་བྱང་ཆུབ་འོད། ལོ་ཆེན་རིན་ཆེན་བཟང་པོ། འགོས་ལོ་ཙཱ་བ་ཁུག་པ། ནག་ཚོ་ཚུལ་ཁྲིམས་རྒྱལ་བ། ཕྱྭ་བྲག་པ་ཆག་ཁྲི་མཆོག་ལ་སོགས་བསྟན་པ་འཛིན་སྐྱོང་སྤེལ་ནུས་པའི་སློབ་མ་བསམ་གྱིས་མི་ཁྱབ་པ་བྱུང་།

འཇམ་དབྱངས་མགོན་པོ། རྗེ་ལོ་རས་ཀྱི་སློབ་མ་འདི་ཉིད་ཡུལ་མྱང་སྟོད་བྱེ་བྲག་ཁམ་གྲོང་དུ་ཡབ་ཁྱུང་པོ་བསོད་ནམས་དཔལ་དང་། ཡུམ་འདྲེ་མོ་ཁྱེ་འདྲེན་དཔལ་གྱི་སྲས་སུ་རབ་བྱུང་བཞི་པའི་ས་འབྲུག(སྤྱི་ལོ1208)ལོར་སྐུ་བལྟམས། མཚན་བསོད་ནམས་མགོན་པོར་བཏགས། དགུང་ལོ་བཞི་ལྔ་ནས་སྐྱེ་བ་མང་པོ་དྲན། དགུང་ལོ་དྲུག་བདུན་ནས་སློབ་དཔོན་ལྡེ་སྟོན་སངས་རྒྱས་སོགས་ཀྱིས་ཆོས་གསུངས་པ་གསན་ནས་བྱིས་པ་གཞན་ལ་འཆད་པའི་བློ་གྲོས་ལྡན། ཇོ་གཟུངས་ཀྱི་དྲུང་ནས་ཀློག་བསླབས་པས་ཟླ་གཅིག་ཙམ་ནང་ལེགས་པར་མཁྱེན། དགུང་ལོ་བཅུ་པ་ལ་རབ་ཏུ་བྱུང་ནས་མཚན་ཤེས་རབ་འབྱུང་གནས་སུ་གསོལ། དེ་ནས་འོ་ཡུག་སོགས་སུ་མཚམས་དམ་པོར་བཅད་དེ་སྒོམ་ལ་བཞུགས། རིན་པོ་ཆེ་མར་སྟོན་གྱིས་མཁན་པོ་དང་། དུང་ལུང་པས་སློབ་དཔོན། སློབ་དཔོན་གཙང་པོས་གསང་སྟོན་མཛད་དེ་བསྙེན་པར་རྫོགས། ཁྲོ་ཕུ་ལོ་ཙཱ་བ་ལས་བྱང་ཐང་དུ་སེམས་ཉིད་ངལ་གསོ་དང་རིན་ཆེན་འབྱུ་དགུ་རྣམས་ཞུས། སྟན་གཅིག་ལོ་བཅུ་བཞི་དང་། ཤ་མི་བཞེས་པར་ལོ་བཅུ་བདུན་བཞུགས། དེ་ནས་དབུ་རེ་བ་བསྟེན་ནས་ལོ་བརྒྱད་བཞུགས། འབྲུག་པའི་ཆོས་སྐོར་དབང་བཀའ་ཐམས་ཅད་གསན། ས་གདོང་གི་རྟོག་པ་ཆེན་པོ་བྱུང་བས་འདག་འབྱར་བྱས་ནས་འཇམ་དཔལ་གྱི་བསྙེན་པ་བསྐྱལ་བས་ནད་ཀྱི་རྟོག་པ་སོལ། དེ་ནས་ལྷ་རི་མོ་དང་མྱང་སྟོད་དང་ཆོས་ལུང་རྣམས་སུ་འདག་འབྱར་མཛད་དེ་ཐུགས་དམ་ལ་བཞུགས། མཁན་པོ་སྟོད་ལུངས་པ་དང་། མཁན་པོ་དུང་ལུངས་པ་དང་། སློབ་དཔོན་སྦ་བ་སྐྱབ་སྟོན། སྟོང་ནག་ཆོས་ཀྱི་སེང་།

བླམ་ལྷ་སྣང་བ་སོགས་ལས་འདུལ་བ་དང་། ཚད་མ། དུས་འཁོར་གྱི་དབང་རྒྱུད། དབུ་མ། ས་སྡེ། སྤྱོད་ཕྱོགས། གསང་འདུས་འཕགས་སྐོར། སྔའི་བསྟན་བཅོས་སྦྱོར་དྲུག་སོགས་མང་དུ་གསན་ནས་སྐུ་གསུང་ཐུགས་ཀྱི་ཡོན་ཏན་ཆེས་ཆེར་རྒྱས་པས། དོན་ཡོད་རྡོ་རྗེ་དང་། འཇམ་དབྱངས་མགོན་པོ་སོགས་ཀྱི་མཚན་བརྗོད་བྱུང་། སྟོད་སྨད་ཀྱི་མཚམས་ཀུ་རུ་ལུང་དུ་དགོན་པ་བཏབ། ཆོས་ཀྱི་འཁོར་ལོ་བསྐོར་ཏེ་གཞན་དོན་ཟད་མི་ཤེས་པ་བསྐྱངས།

རྗེ་འདིས་མཛད་པའི་བསྟན་བཅོས་ཀྱང་། སྔགས་ཀྱི་དབང་རྒྱུད་འགྲེལ་མན་ངག་གི་སྐོར་དང་། མཚན་ཉིད་ཀྱི་གཞུང་བཤད་སྤྱི་བསྡུས་མང་པོ། མི་དཔྱད་དང་རྟ་དཔྱད་སྨན་དཔྱད་ལ་སོགས་པའི་འཇིག་རྟེན་གྱི་བསྟན་བཅོས་ཀྱང་མང་པོ་ཡོད། འདས་ལོ་མ་རྙེད།

འཇམ་དབྱངས་རྣམ་རྒྱལ། སྟོད་ཀྱི་མགོན་གསུམ་གྱི་ཡ་གྱལ་རིག་པ་མགོན་གྱི་རྒྱུད་པ། ཡབ་བཀྲ་ཤིས་རྣམ་རྒྱལ་ལ་སྲས་གསུམ་བྱུང་བའི་ཆུང་བ། འདི་ཉིད་ཀྱིས་རྒྱལ་སྲིད་མཛད་པའི་དུས་ལ་དྭགས་ཐམས་ཅད་ལ་སྤེལ་ཏེ(ཁ་ཆེའི་ཆོས་ལུགས་འཛིན་མཁན་ཞིག་ཡིན་པ་འདྲ)ཞུགས་ནས་སངས་རྒྱས་ཀྱི་གསུང་རབ་ཐམས་ཅད་མེ་ལ་བསྲེགས་པ་དང་། ཆུར་བསྐྱུར་བ། གཙུག་ལག་ཁང་ཐམས་ཅད་བཤིགས་ནས་སྤེལ་ཏེ་རྣམས་རང་ཡུལ་དུ་ལོག དེ་རྗེས་ཨ་ལི་མིར་ཤེར་ཏན་གྱིས་རང་གི་སྲས་མོ་རྒྱལ་མོ་ཁ་ཏུན་ཞེས་པ་འཇམ་དབྱངས་རྣམ་རྒྱལ་གྱི་བཙུན་མོར་ཕུལ་བ་མ་ཟད། ལ་དྭགས་ཀྱི་དམག་དང་བཅས་པའང་གནང་ནས་རྒྱལ་སྲིད་ལ་དབང་བ་ཡིན། དེའི་དུས་སུ་འཇམ་དབྱངས་རྣམ་རྒྱལ་གྱི་ཐུགས་དགོངས་ལ་ངས་པུ་རིག་ཚེ་རིང་མ་ལིག་གི་དཔུང་རོགས་ལ་དམག་དཔུང་བཏང་བའི་རྐྱེན་གྱིས་བར་སྐབས་ལ་དྭགས་ཐམས་ཅད་གཞན་དབང་དུ་གྱུར། ད་ངས་སངས་རྒྱས་ཀྱི་བསྟན་པ་དར་བའི་ཐབས་ཤིག་ཅིས་ཀྱང་བྱ་དགོས་དགོངས། དེ་ཡང་སངས་རྒྱས་ཀྱི་བསྟན་པ་དར་བ་བྱ་རྒྱུ་སྐྱེ་འགྲོའི་བདེ་སྐྱིད་ལ་རག་ལུས་གཤིས། ཐོག་མར་མི་སྡེ་རྣམས་ལ་ཁྲལ་འུལ་སོགས་ཀྱི་གཙེར་བསུན་མི་འབྱུང་བ་རང་གི་བུ་བཞིན་བསྐྱང་དགོས་དགོངས་ཏེ་ཕྱོགས་ཕྱུག་ལན་གསུམ་སྐོམས་ནས་འབངས་རྣམས་བདེ་བར་བཀོད་པར་གྲགས་ཤིང་། འདི་ཉིད་ཀྱིས་པུ་རིག་ཡན་ཆད་བྲང་ཏེ་མན་ཆད་མངའ་འོག་ཏུ་བསྡུས། གཞན་ཡང་ལ་དྭགས་སུ་བྲ་ཧོག་གསེར་གསུམ་དང་། དཀར་བརྒྱུད་གསེར་ཕྲེང་སོགས་གསེར་དངུལ་ཟངས་གསུམ་ལས་བཞེངས་པ་དང་། ད་དུང་ལ་དྭགས་ཁྲུལ་སྤེལ་ཏེ་ས་མེ་ལ་བསྲེགས་པའི་སྐུ་གསུང་ཐུགས་རྟེན་གྱི་ཚབ་རྒྱ་ཆེར་བཞེངས་པའི་ཕྱག་རྗེས་འཇོག་རྒྱུའི་དགོངས་པ་གཏད་ཀྱང་སྐུ་ཚེ་ཐུང་བས་ཕྱག་ལེན་ལ་མ་འཁྱོལ་བར་ལུས།

འདི་ཉིད་ཀྱིས་བཙུན་མོ་ཚེ་རིང་རྒྱལ་མོ་ཁབ་ཏུ་བཞེས་པར་སྲས་ངག་དབང་རྣམ་རྒྱལ་དང་། བསྟན་འཛིན་རྣམ་རྒྱལ་གཉིས་འཁྲུངས་པ་དང་། དེ་རྗེས་བཙུན་མོ་རྒྱལ་ཁ་ཏུན་ཁབ་ཏུ་བཞེས་པར་སྲས་སེང་གེ་རྣམ་རྒྱལ་དང་ནོར་བུ་རྣམ་རྒྱལ་འཁྲུངས་སོ།

རྗེ་བཙུན་གྲགས་པ་རྒྱལ་མཚན། དཔལ་ལྡན་ས་སྐྱའི་ཁྲི་པ་བཞི་པ་དང་ས་སྐྱ་གོང་མ་རྣམ་ལྔའི་ཡ་གྱལ། རྗེ་འདི་ཉིད་ཡབ་ས་ཆེན་ཀུན་དགའ་སྙིང་པོ་དང་ཡུམ་ཇོ་ལྕམ་འོད་སྒྲོན་གཉིས་ཀྱི་སྲས་སུ་རབ་བྱུང་གསུམ་པའི་མེ་ཡོས(སྤྱི་ལོ1147)ལོའི་བོད་ཟླ་བཅུ་གཅིག་པའི་ཚེས་བཅོ་བརྒྱད་ཉིན་སྐུ་འཁྲུངས། དགུང་ལོ་བརྒྱད་པ་ཤིང་ཁྱི་ལོར་བྱང་སེམས་ཟླ་བ་རྒྱལ་མཚན་ལས་ཚངས་སྤྱོད་དགེ་བསྙེན་ཞུས། དེ་ནས་བཟུང་ཤ་ཆང་ཞལ་ལ་མི་རེག དགུང་ལོ་བཅུ་པ་མེ་བྱི་ལོར་སྡོམ་པ་ཉི་ཤུ་པ་དང་སྒྲུབ་ཐབས་མཚོ་སྐྱེས་གསན་ནས་བཅུ་གཅིག་པར་གསུངས་པས་ཐམས་ཅད་ངོ་མཚར་སྐྱེས་ཏེ་བློ་གྲོས་ཆེན་པོ་ཞེས་མཚན་གསོལ། དགུང་ལོ་བཅུ་གསུམ་པ་ས་ཡོས(སྤྱི་ལོ1159)ལོར་གཅེན་བསོད་ནམས་རྩེ་མོ་འཚད་ཉན་ལ་གཤེགས་པ་ནས་བཟུང་སྐུ་མ་འདས་བར་སྔགས་ཀྱི་བཤད་པ་མཛད། གསུང་ངག་ཀྱང་བླ་མའི་བཀའ་རྒྱ་ལོ་དགུར་མཛད་པ་ལས་བཅུ་གསུམ་གྱི་བར་མ་གསུངས། དབུ་རྩེ་རྙིང་མར་གྲགས་པའི་གཙུག་ལག་ཁང་དང་། འཁོན་དཀོན་མཆོག་རྒྱལ་པོའི་ནང་རྟེན་གསེར་གྱི་གདུང་ཁང་། ཀུན་དགའ་སྙིང་པོའི་ནང་རྟེན་བཀྲ་ཤིས་སྒོ་མང་། གཙུང་གི་ནང་རྟེན་གསེར་སྐུ་རྣམས་བཞེངས། ཁ་ཆེ་པཎ་ཆེན་གྱིས་ཉི་ཟླ་གཟའ་འཛིན་བྱུང་བར་ལུང་བསྟན་ཀྱང་ཉིད་ཀྱིས་རྩ་རླུང་ལ་གཞིར་བས་གཟའ་འཛིན་མ་བྱུང་བ་དང་། རྡོ་དྲིལ་ནམ་མཁར་འཛོག་ནུས་ཤིང་རང་སྒྲ་འཁྲོལ་བ། མ་མགོན་ལྕམ་དྲལ་ཐྲན་དུ་འཁོལ་ནུས་པ་སོགས་ངོ་མཚར་བའི་མཛད་པ་ཤིན་ཏུ་མང་། རྗེ་འདི་རྟེན་དགེ་བསྙེན་ཡིན་ཡང་པཎ་ཆེན་ཤཱཀྱ་ཤྲིས་ཕྱག་མཛད། དགུང་ལོ་ཉེར་དྲུག་པ་རབ་བྱུང་གསུམ་པའི་ཆུ་འབྲུག(སྤྱི་ལོ1172)ལོར་ས་སྐྱའི་ཁྲིར་ཕེབས། གདན་ས་ལོ་ཞེ་ལྔ་བསྐྱངས་ནས་དགུང་ལོ་དོན་གཅིག་པ་རབ་བྱུང་བཞི་པའི་མེ་གླང(སྤྱི་ལོ1217)ལོའི་བོད་ཟླ་གཉིས་པའི་ཚེས་བཅུ་གཉིས་ལ་སྐུ་གཤེགས།

ལེགས་པར་བཤད་པའི་བརྩམས་ཆོས་རྟགས་གཉིས་ཀྱི་ཊཱི་ཀ། གསོ་དཔྱད་རྒྱལ་པོའི་དཀོར་མཛོད་སོགས་བཀའ་འབུམ་པོད་གསུམ་བཞུགས་སོ།

རྗེ་བཙུན་མི་ལ་རས་པ། མར་པའི་སློབ་མ་ཀ་ཆེན་བཞིའི་ཡ་གྱལ་བྱང་གི་ཀ་ཆེན། རྗེ་འདི་ཉིད་རབ་བྱུང་དང་པོའི་ལྕགས་འབྲུག(སྤྱི་ལོ1040)ལོར་ཡབ་མི་ལ་ཤེས་རབ་རྒྱལ་མཚན་དང་ཡུམ་མྱང་ཚ་དཀར་རྒྱན་གཉིས་ཀྱི་སྲས་སུ་མང་ཡུལ་གུང་ཐང་གི་སྐྱ་ཇ་རྩ་རུ་སྐུ་འཁྲུངས། སྐུ་ཆུང་དུའི་སྐབས་མཚན་ལ་ཐོས་པ་དགའ་ཞེས་ཞུ། ཡོང་སྐུ་བལྟམས་ནས་ཡུན་རིང་མ་སོང་བར་ཡབ་སྐུ་གཤེགས་པས་ཨ་ཁུ་ཨ་ནེས་སྡུག་པོ་ཚད་མེད་བཏང་། དེ་རྗེས་ཡུམ་གྱི་བཀའ་བཞིན་མཐུ་བསླབས་ནས་འཁོན་གླན་པར་མི་མང་པོ་བསད། སླད་ནས་སྡིག་པ་ལ་འགྱོད་དེ་ཆོས་བྱེད་པར་ས་ཏ(སྤྱི་ལོ1078)ལོར་ལྷོ་བྲག་ཏུ་ཕེབས་ཏེ་མར་པ་ལོ་ཙཱ་བ་ཆོས་ཀྱི་བློ་གྲོས་དང་མཇལ། མར་པས་མི་ལར་འདི་ཀ་ཞིག་གསུངས་པ་ལྟར་བཀའ་ཐོག་མ་བསྒྲུབས། སྐྱེམས་ཆང་གནང་བ་གཙང་མར་བཞེས་པས་གདམས་ངག་གི་སྣོད་དུ་དགོངས་ནས་རྗེས་སུ་བཟུང་། སྡིག

སློབ་སྦྱོང་བའི་སྐད་དུ་སྒྲ་མཁར་ཟླུམ་པོ། སོག་ཀཱ། ཟླ་གམ། ཀྱུ་གསུམ་རྣམས་རྩིག་བཙུག་པ་སྐོར་ཡང་བཤིག མཐར་སྲས་མཁར་དགུ་ཐོག་ཞེས་སུ་གྲགས་པ་གྲུ་བཞི་དགུ་ཐོག་རྗེ་མོ་རིན་པོ་ཆེ་འབར་བ་ལྟ་བུ་རྩིགས་གསུངས་ནས་མདོ་ཁྲམས་དབུ་རྩེ་དང་བཅས་པ་བརྩིགས་པར་མཛད། གཞན་ཡང་དབང་གྲལ་ནས་ལན་མང་བཏོན་པ་སོགས་ཡིད་ཚད་ཆེན་པོ་བདུན་གྱིས་སྦྱིན་པ་སྦྱངས་ཏེ་བླ་མ་མར་པའི་དྲུང་དུ་ལོ་དྲུག་ཟླ་བ་བརྒྱད་ཙམ་བཞུགས་ནས་ཆོས་ཕྱིར་དཀའ་བ་ཚད་མེད་སྤྱད་མཐར་དབང་དང་གདམས་ངག་རྫོགས་པར་བཞེས། ལྷ་དང་བླ་མས་གསང་མཚན་བཞད་པའི་རྡོ་རྗེ་ཞེས་བཏགས་པར་གྲགས། བླ་མའི་སྐུ་མདུན་ནས་ཞལ་བྲལ་ཁར། བླ་མས། ཁྱོད་ལ་ཕྱིན་དང་གཞན་ལ་ཕྱིན། གལ་ཏེ་སྲང་ལ་བཅལ་ཡོད་ན། སུམ་འགྱུར་བས་ཀྱང་མི་ལྷག་རེ། ཞེས་འཁོད་པའི་ཤོག་དྲིལ་ཐམ་ག་བརྒྱབ་པ་ཞིག་གནང་སྟེ་སྡུག་ཐུག་པའི་དུས་འདི་ཕྱོས་དེ་བར་མ་ལྟ་གསུངས་ནས་བསྟན་པ་གཏད། ཆོས་ལ་ཞེས་པའི་བར་སྐྱེལ་ཐུང་མཛད་དེ་སྤྱི་བོར་ཕྱག་བཞག་ནས་སྨོན་ལམ་དང་། གནས་དང་རྒྱུད་འཛིན་ལ་སོགས་པའི་མ་འོངས་ལུང་བསྟན་དུ་མ་མཛད། དགུང་ལོ་ཞེ་ལྔ་པ་ཤིང་བྱི(སྤྱི་ལོ1084)ལོར་སྟོད་ཕྱོགས་སྐྱིད་གྲོང་དང་གཉའ་ནང་ཁུལ་དུ་ཕེབས་ཤིང་སྒྲུབ་པའི་དམ་བཅའ་མཛད་དེ་ལོ་དགུའི་རིང་ན་བཟའ་རས་རྐྱང་དང་ཟས་ཟྭ་ཚོད་ཙམ་ལ་བརྟེན་པ་སོགས་དཀའ་སྤྱད་དྲག་པོས་བསྒོམས་པས་སྐུ་ཚེ་འདི་ཉིད་ལ་མཆོག་གི་དངོས་གྲུབ་ཐོབ། དེ་ནས་ཕྱོགས་གཞན་དུ་འགྲོན་བཞུད་མཛད་དེ་སྟོད་དུ་རུང་བའི་སློབ་མ་རྣམས་ལ་གསང་སྔགས་ཀྱི་གདམས་པ་ཅི་རིགས་གནང་བ་སོགས་སྙན་པའི་གྲགས་པས་ཕྱོགས་ཀུན་ཏུ་ཁྱབ་ཅིང་། སྒྲུབ་བརྒྱུད་ཀྱི་བསྟན་པའི་སྲོལ་བཙུགས། ཉམས་མགུར་མང་དུ་བརྩམས་གཤིས་རྗེས་རབས་པས《རྗེ་བཙུན་མི་ལ་རས་པའི་རྣམ་ཐར་རྒྱས་པར་ཕྱེ་བ་མགུར་འབུམ》ཞེས་བྱ་བར་བསྒྲིགས། མཐར་ཐུགས་ཀྱི་སྲས་མཆོག་རྗེ་སྒམ་པོ་བ་ལ་བསྟན་པ་གཏད་དེ་དགུང་ལོ་གྱ་བཞི་པ་རབ་བྱུང་གཉིས་པའི་ཆུ་ཡོས(སྤྱི་ལོ1123)ལོར་སྐུ་གཤེགས།

སློབ་མའི་མཆོག་ནི་རྗེ་སྒམ་པོ་བ་དང་། རས་ཆུང་པ། དེ་བཞིན་འབྲི་སྒོམ་རས་པ། སེ་བན་རས་པ། རས་པ་ཞི་བ་འོད། ཁྱི་ར་རས་པ། ངན་རྫོང་རས་པ། བདེ་བ་སྐྱོང་། ར་རྫི་རས་པ་སྟེ་རས་པ་མཆེད་བརྒྱད། སྟོན་པ་དྲུག རས་མ་བཅུ་གཉིས། གྲུབ་ཐོབ་མ་དྲུག་སོགས་བགྲངས་ཀྱིས་མི་ལང་ངོ་།

ཉང་རལ་ཉི་མ་འོད་ཟེར། རྗེ་འདི་ཉིད་ཡབ་ཉང་སྟོན་ཆོས་ཀྱི་འཁོར་ལོ་དང་ཡུམ་པདྨ་བདེ་བ་རྒྱལ་གཉིས་ཀྱི་སྲས་སུ་རབ་བྱུང་གཉིས་པའི་ཤིང་འབྲུག(སྤྱི་ལོ1124)ལོར་ལྷོ་བྲག་གཏམ་ཤུལ་གྱི་བྱེ་བྲག་འཛེད་ས་སེར་དགོན་ཞེས་པར་སྐུ་འཁྲུངས། སྐུ་ཆུང་དུའི་དུས་རྣལ་འབྱོར་གྱི་སྤྱོད་པ་སྣ་ཚོགས་མཛད་པས་ཀུན་གྱིས་སྨྱོན་པར་འཛིན་ཞེས་གྲགས། ཡབ་ཀྱི་ས་ནས་རྟ་མགྲིན་སོགས་ཀྱི་དབང་གསན་ཏེ་འཛེད་ཕུ་གངས་རིར་བསྒྲུབས་པས་ལྷའི་ཞལ་གཟིགས་པ་དང་། གཏེར་གྱི་ཁ་བྱང་མང་པོ་གནང་བས་མགོ་མཐིང་དང་།

བསམ་ཡས། གནམ་སྐས་ཅན་གྱི་སྲིན་བྱ་བྲག དབེན་གནས་བྲག་རི་ལྷ་ཁང་སོགས་ནས་གཏེར་ཁ་མང་པོ་སྤྱན་དྲངས། སློབ་དཔོན་པདྨའི་རྣམ་ཐར་ཟངས་གླིང་མར་གྲགས་པ་ལེའུ་ཞེ་གཅིག་ཅན་ཁམས་གསུམ་ཟངས་ཁང་གླིང་དུ་གཏེར་ལ་སྦས་པ་བཏོན། འདི་ཇོ་མོ་མཁར་ཆེན་བཟའ་ཡེ་ཤེས་མཚོ་རྒྱལ་གྱིས་ཡི་གེར་བཏབ་པ་ཡིན། ཡབ་ཉང་སྟོན་ཆེན་པོ་དང་། རྒྱ་སྟོན་པ་དོན་ལྡན། ཞིག་པོ་ཉི་མ་སེང་གེ། མལ་ཀ་བ་ཅན་པ། སྟོན་པ་ཁ་ཆེ་སོགས་བླ་མ་མང་དུ་བསྟེན་ནས་ཐུགས་དང་མཚན་ཉིད་ཀྱི་གསན་པ་རྒྱ་ཆེར་མཛད། མུ་ཏིག་ཤེལ་གྱི་སྤྲ་གོང་སོགས་སུ་སྒྲུབ་པ་ལ་ནན་ཏན་མཛད་པས་གྲུབ་པའི་རྟགས་མཚན་དུ་མ་བྱུང་། ཇོ་འབུམ་མ་ཁབ་ཏུ་བཞེས་པར་སྲས་ནམ་མཁའ་འོད་ཟེར་དང་། ནམ་མཁའ་དཔལ་བ་གཉིས་འཁྲུངས། སྐུ་ཚེ་ཕྱིལ་པོར་སྒོམ་སྒྲུབ་དང་འཆད་སྤེལ་མཛད་ཅིང་། རྫུ་འཕྲུལ་མཐའ་ཡས་པ་བསྟན་པར་གྲགས་པ་སོགས་ཀྱིས་གྲུབ་མཐའ་རིས་མེད་ཀྱིས་ཚད་མར་འཛིན། རྙིང་མའི་གཏེར་སྟོན་བརྒྱ་རྩའི་ནང་ནས་རྗེ་འདི་ཉིད་ལ་གཏེར་སྟོན་གོང་མ་དང་། གུ་རུ་ཆོས་དབང་ལ་གཏེར་སྟོན་འོག་མ་ཞེས་གྲགས་སྙན་ཤིན་ཏུ་ཆེ། 《ཆོས་འབྱུང་མེ་ཏོག་སྙིང་པོ་སྦྲང་རྩིའི་བཅུད》ཅེས་པ་དེའང་འདི་ཉིད་ཀྱིས་བརྩམས་པར་གྲགས། མཐར་དགུང་གྲངས་དྲུག་ཅུ་རེ་དགུ་པ་རབ་བྱུང་གསུམ་པའི་ཆུ་བྱི(སྤྱི་ལོ1192)ལོར་ངོ་མཚར་བའི་ལྟས་མཚན་དུ་མ་དང་བཅས་སྐུའི་བཀོད་པ་བསྡུས། ཆགས་ལོ་ཙྪ་བས་གདུང་ཞུས་པས་མེ་སྤར་མ་ནུས། སྐར་ཞུགས་རང་འབར་དུ་གྱུར་ཏེ་རྟེན་རིང་བསྲེལ་ཁྱད་པར་ཅན་མང་དུ་བྱོན་ཞེས་གྲགས།

སློབ་མའི་གཙོ་བོ་ནི། སྲས་འགྲོ་མགོན་ནམ་མཁའ་དཔལ་བ་ཡིན་ཞིང་། ཁོང་ལ་སྨིན་གྲོལ་ཡོངས་རྫོགས་ཀྱི་བཀའ་བབས་གཏད་དེ་བསྟན་པའི་བདག་པོར་གྱུར། འདི་ཉིད་ཀྱིས་ལྷ་ས་སྐྱིད་ཆུའི་འགྲམ་དུ་ཇོ་བོའི་ཆུ་རགས་མཛད་པ་དང་། བལ་རིས་ཀྱི་ཐང་ག་ཐོག་ཚད་མ་བརྒྱ་དང་བརྒྱད་ཀྱང་བཞེངས། གུ་རུ་ཆོས་ཀྱི་དབང་ཕྱུག་སོགས་སློབ་མ་མང་དུ་བསྐྱངས་པ་བཅས་སོ།

ཉི་འབུམ། མཚན་ཆ་ཚང་ལ་ཞང་ཉི་མ་འབུམ་ཞུ། རྙིང་མ་ཉི་འབུམ་འདི་ཉིད་ཡབ་ཞང་བཀྲ་ཤིས་རྡོ་རྗེའི་སྲས་སུ་རབ་བྱུང་གསུམ་པའི་ས་སྟག(སྤྱི་ལོ1158)ལོར་སྐུ་འཁྲུངས། འདི་ཉིད་ཀྱིས་ཕྱིར་བླ་མ་མང་པོ་བསྟེན་ཅིང་། ཁྱད་པར་ས་སྐྱའི་རྗེ་བཙུན་གྲགས་པ་རྒྱལ་མཚན་དང་གཞུང་གི་རྫོག་རྡོ་རྗེ་སེང་གེ་སོགས་བསྟེན། ཡབ་དང་ལོ་བཅུ་གཅིག་གྲོགས་པའི་རིང་ལ་སྙིང་ཐིག་གི་གདམས་པ་ཐམས་ཅད་ཚར། ཚིག་དོན་ཆེན་མོ་ཞེས་བྱ་བའི་བསྟན་བཅོས་ཀྱང་མཛད། མཐར་དགུང་ལོ་ལྔ་བཅུ་རྩ་དྲུག་པ་རབ་བྱུང་བཞི་པའི་ཆུ་བྱ(སྤྱི་ལོ1213)ལོར་སྐུ་གཤེགས།

གཉན་ལོ་དར་མ་གྲགས། འདི་ཉིད་རྒྱ་གར་དུ་ལོ་བཅུ་གཉིས་བཞུགས། པཎྜི་ཏ་མ་ཏི་བསྟེན། པཎྜི་ཏ་པུཎྱེ་ཤྲཱི་གདན་དྲངས་ཏེ་སྤྱོད་འཇུག་འགྲེལ་ཆེན་དང་། སྒྲོལ་མ། ཆོས་སྐྱོང་ལ་སོགས་ཆོས་མང་དུ་བསྒྱུར། ཁྱད་པར་དུ་མགོན་པོ་ཞལ་བཞི་པ་སྤྱན་དྲངས། ཕྱིས་རྭ་ལོ་དང་མཐུ་འགྲན་པས་གཉི་ག་གཤེགས་སྐད།

མཉམ་མེད་དྭགས་པོ་ལྷ་རྗེ། རྗེ་བཙུན་མི་ལའི་སློབ་མའི་ནང་གི་མཆོག་ཏུ་གྱུར་པ། དྭགས་པོ་ལྷ་རྗེ་ཟླ་འོད་གཞོན་ནུ་འམ། སྒམ་པོ་བ་བློ་གྲོས་གྲགས་པ་འམ། བསོད་ནམས་རིན་ཆེན་ཞེས་མཚན་གྱི་རྣམ་གྲངས་སུ་འཛིན་པའི་སྐྱེས་མཆོག་འདི་ཉིད་རབ་བྱུང་དང་པོའི་ས་ལུག(སྤྱི་ལོ1079)ལོར་ཡབ་སྙི་བ་རྒྱལ་པོ་དང་། ཡུམ་ཤ་མོ་བཟའ་ཆེ་ལྕམ་གཉིས་ལ་སྲས་གསུམ་མངའ་བའི་འབྲིང་པོར་ཡུལ་གཉལ་སྙེར་སྐྱུ་བལྟམས། ཆུང་དུས་སྨན་བསླབས་ཏེ་སྨན་དཔྱད་ཀྱིས་ནད་པའི་འགྲོ་དོན་མཛད་པས་ལྷ་རྗེར་གྲགས། ཇོ་མོ་ཞིག་ཀྱང་བཞེས་པ་དེ་གཞོན་ནུར་འདས་པས་ཐུགས་སྐྱོ་སྟེ་དགུང་ལོ་ཉེར་དྲུག་ལ་དགེ་བའི་བཤེས་གཉེན་ཤབ་པ་གླིང་པ་ལ་ཚིག་རྫོགས་མཛད། དྭགས་པོ་སྨད་དུ་མར་ཡུལ་བློ་ལྡན་ལ་བདེ་མཆོག་དང་རིན་ཆེན་རྒྱན་དྲུག་མ་ལ་སོགས་པའི་དབང་མང་པོ་གསན། དེ་རྗེས་དབུ་རུ་བྱང་ཕྱོགས་སུ་ཕྱིན་ནས་བྱ་ཡུལ་བ་དང་། སྣུག་རུམ་པ། ལྕགས་རི་གོང་ཁ་བ་རྣམས་ལ་བཀའ་གདམས་ཀྱི་ཆོས་མང་དུ་གསན། དེ་ནས་སློབ་དཔོན་བྱང་ཆུབ་སེམས་པ་ལ་སྒོམ་པའི་མན་ངག་ཞུས་ནས་བསྒོམས་པས་ཞག་བཅུ་གསུམ་ཙམ་དུ་མི་འཆོར་བའི་ཏིང་ངེ་འཛིན་ཡང་འཁྲུངས། དགུང་ལོ་སོ་གཉིས་པ་ལྕགས་སྟག(སྤྱི་ལོ1110)ལོར་རྗེ་བཙུན་མི་ལའི་སྙན་པ་གསན་ནས་སྟོད་ཕྱོགས་སུ་ཕྱིན། གདམས་ངག་གསན་ཏེ་ཉམས་མྱོང་གི་རྩལ་ཐོན། མི་ལའི་ཞབས་དྲུང་དུ་ཟླ་བ་བཅུ་གསུམ་སོང་རྗེས་མི་ལས་ད་དབུས་པ་སྟོན་པ་རང་དབུས་སུ་བཞུད་གསུངས་ཤིང་། ཟམ་སྣ་གཅིག་གི་བར་དུ་བསྐྱལ་ནས་བསླབ་བྱ་མང་པོ་གནང་། དབུས་སུ་ཕེབས་རྗེས་ལོ་གསུམ་སྔན་དང་མ་བྲལ་བར་སྒོམ་པའི་བརྩོན་འགྲུས་བསྐྱེད་པས་གཟོད་སེམས་ཀྱི་ངོ་བོ་མཐོང་། ཆོས་ཐམས་ཅད་ཀྱི་དེ་ཁོ་ན་ཉིད་མཁྱེན། དེ་ནས་དབེན་པའི་གནས་མང་པོར་སྒྲུབ་པ་ལ་རྩེ་གཅིག་ཏུ་གཞོལ། དེ་དུས་རྗེ་བཙུན་གྱིས་ཐོན་ཁར་ལོ་བཅུ་གཉིས་སོང་བ་ན་བྲིན་གྱི་རི་ལ་ཤོག་ཅེས་གསུངས་པ་དྲན་ནས་སླར་རྗེ་བཙུན་མཇལ་བར་བསྐྱོད་པའི་ལམ་བར་དུ་རྗེ་བཙུན་སྐུ་གཤེགས་པའི་གཏམ་ཐོས་ཤིང་། ཁྱོད་ཀྱི་སླལ་བ་ཡིན་ཟེར་བའི་རྟེན་ཡང་ཕྲུག་ཏུ་སོན། དེ་རྗེས་སྒམ་པོར་ཕེབས་ཏེ་རབ་བྱུང་གཉིས་པའི་ལྕགས་གླང(སྤྱི་ལོ1121)ལོར་དྭགས་ལྷ་སྒམ་པོར་དགོན་པ་བཏབ་སྟེ་བཞུགས། བཀའ་གདམས་པའི་ལམ་རིམ་དང་། མི་ལའི་ཕྱག་རྒྱ་ཆེན་པོའི་གདམས་པ་གཅིག་ཏུ་དྲིལ་ནས་ལམ་རིམ་ཐར་རྒྱན་མཛད། དེ་ནས་བཟུང་བཀའ་ཕྱག་ཆུ་བོ་གཉིས་འདྲེས་ཞེས་གཞན་ལས་ཁྱད་པར་འཕགས་པའི་སྙན་གྲགས་ཕྱོགས་ཐམས་ཅད་དུ་ཁྱབ་ལ། དྭགས་པོ་བཀའ་བརྒྱུད་ཅེས་པའི་གྲུབ་མཐའ་ཡང་དེ་ནས་བྱུང་། མཐར་དགུང་ལོ་བདུན་ཅུ་རྩ་ལྔ་པ་རབ་བྱུང་གསུམ་པའི་ཆུ་བྱ(སྤྱི་ལོ1153)ལོར་སྐུ་གཤེགས།

དྭགས་པོ་ལྷ་རྗེའི་སློབ་མ་གཙོ་ཆེ་བ། ཤ་རོམ་འཕགས་པ། ཟིམ་ཤིང་ཡེ་ཤེས་སྙིང་པོ། གསེར་སྒོམ་ཡེ་ཤེས་སྙིང་པོ། རམ་ཉི་བ་ཆོས་ཀྱི་གཡུང་དྲུང་སྟེ་གྲུབ་པ་ཐོབ་པ་བཞི། དྭགས་པོ་སྒོམ་ཚུལ། ཕག་མོ་གྲུ་པ། འབའ་རོམ་པ། དུས་གསུམ་མཁྱེན་པ་སྐྱེ་རྒྱུད་པ་འཛིན་པ་བཞི། དྭགས་པོ་འདུལ་འཛིན། འགར་

སློམ་དཀར་པོ། ལ་ཡག་ཇོ་སྲས། སྐྱོ་བོ་ཡེ་རྗེར་ཏེ་དེ་དང་ཉེ་བ་བཞི། ཇོ་སྟོན། ལེགས་མཛེས། གསལ་བྱང་། གསལ་ཡེས་ཏེ་ཉེ་གནས་བཞི་བཅས་པར་སློམ་པོ་བའི་བུ་ཆེན་བཅུ་དྲུག་ཏུ་གྲགས་ཤིང་། གཞན་ཡང་རྟོག་ཅིག་པ་དང་ཁྱུང་ཚང་བ་ལ་སོགས་པ་སློབ་མ་མང་དུ་བྱུང་ངོ་།

སྐྱེ་མདོ་སྨྲ་བའི་སེང་གེ། (འཇིགས་མེད་རྒྱལ་ཡང་ཞུ) འདི་ཉིད་ཡབ་བཀྲ་ཤིས་གྲགས་པ་དང་ཡུམ་ཆོས་ཀྱི་དགེ་གཉིས་ལ་སྲས་གསུམ་བྱུང་བའི་ཐ་ཆུང་དུ་རབ་བྱུང་གསུམ་པའི་མེ་རྟ (སྤྱི་ལོ1186) ལོར་སྐྱུ་འཁྲུངས། དགུང་ལོ་བརྒྱད་ལ་ཕེབས་སྐབས་ཡིག་རྩིས་བསླབས་པས་མཆོན་པ་ཙམ་གྱིས་མཁྱེན། དགུང་ལོ་བཅུ་གསུམ་ལ་ཕེབས་སྐབས་ཡོན་ཏན་དང་སྐྱུ་ལུས་རྫོགས་ཏེ་གྲ་དོལ་གཞུང་གསུམ་ཚོགས་པའི་ལྟད་མོ་ལ་ཁྲིམ་ཐོག་ཆོད། བཅུ་བཞི་ལ་འདག་འབྱུར་མཛད་པའི་ངང་ནས་གཞི་ལམ་གྱི་སྟོང་ཐུན་གསུངས་པས་གྲྭ་སློམ་ཐམས་ཅད་དང་པས་མཆེ་མ་ཤོར། བཅོ་ལྔ་པ་ལ་འཚོས་ཚང་ཁྲིམ་དུ་རྣལ་འབྱོར་སེང་གེ་ལ་དབུ་མ་རིགས་ཚོགས་བསླབས་པས་རིན་པོ་ཆེའི་རྗོད་པའི་ཡ་ཐེར། བཅུ་བདུན་པ་ལ་གྲྭ་ཕྱི་ཏ་ལམ་པོའི་སློབ་དཔོན་ཞང་སྟོན་དཀོན་མཆོག་ལ་སྨྲའི་བསྟན་བཅོས་མང་དུ་བསླབས། ཉི་ཤུ་པ་ལ་ཁ་རག་ཏུ་མཁས་པ་ཇོ་པད་ཀྱི་སར་ཕྱིན་ནས་མདོ་སྒྱུ་འཕྲུལ་སེམས་ཕྱོགས་གསུམ་ལོ་གཉིས་ལ་མཁྱེན། གཙང་ཕྱོགས་རྣམས་སུ་རྗོད་པའི་གྲྭ་སྐོར་མཛད། བཟང་ཉེའུ་ཁར་ཡང་མཁས་པ་མང་པོ་ཕམ་པར་བྱས། དེ་ནས་དགེ་བཤེས་བྲ་བོ་ཆེན་པོ་གཤེགས་པའི་ཆོས་འཁོར་ལ་ཡར་སྟོན་ཧྲུལ་མོ་བྱ་བ་དགེ་བཤེས་ཤཱཀྱ་བསམ་སོགས་སུས་ཀྱང་མ་ཐུབ་པ་གཅིག་དང་རང་བཞིན་གྱིས་དབང་རྟོན་སྲིད་མི་སྲིད་ལ་རྩོད་པ་བྱས་པས་ལན་དུ་མའི་བར་དུ་ཕོང་ཕམ་པར་བྱས་པས་མཁས་པའི་གཡེར་ཐོན་ཏེ་སྨྲ་བའི་སེང་གེར་མཚན་ཐོགས། མཚན་དངོས་བརྩོན་འགྲུས་སེང་གེ་དགུང་ལོ་ཉེར་ཤུ་རྩ་གཉིས་ལ་སྐྱེ་མདོར་ཆེ་འདོན་མཛད། ཕྱག་དཔེ་ཆོས་དྲུང་དང་བཅས་པ་གཏད། སོ་གཅིག་པ་ལ་ལམ་ལྔའི་བསྒྲུངས་ལ་ཞུགས་པས་རྒྱུ་སྒྲིབ་པ་དག་པའི་རྟགས། ལམ་ལྡང་ལྔ་ཟིན་པའི་རྟགས། འབྲས་བུ་དག་སྣང་ཤར་བའི་རྟགས་བླ་མ་གོང་མ་ལ་ཇི་ལྟར་ཤར་བ་བཞིན་བྱུང་། བཞི་བཅུ་པ་ལ་སྐྱེ་མདོར་འདག་འབྱུར་མཛད་པས་འོད་དམར་པོ་བྱུ་རུ་འདྲ་བ་བྱུང་བ་དེ་རྟ་མགྲིན་དུ་གྱུར་ནས་འོད་དམར་པོས་ངམས་ཤོད་ཁེངས། རྟ་སྐད་ཐེངས་གསུམ་བསྒྲགས་པའི་དང་པོ་དབུས་གཙང་དུ་བཞིར་ཐོས། ཕྱི་མ་གཉིས་དེ་ཡང་མི་ཚད་པར་ཐོས་པས་དེ་ཐམས་ཅད་མཁྱེན་པ་ལ་སྙན་གྲགས་འོང་བའི་བརྡ་ཡིན་གསུངས། བཞི་བཅུ་རྩ་བཞི་པ་ལ་ཐམས་ཅད་མཁྱེན་པའི་ཆེ་འདོན་གྱི་ཆོས་འཁོར་བཙུགས། ཆོས་ཉན་ས་གཞི་ཁེངས་པ་ཚོགས་པ་ལ་འདིའི་གསུང་ཐམས་ཀྱང་ཐོས། ལྔ་བཅུ་རྩ་བརྒྱད་པ་ལ་འབྲི་གུང་དུ་རྗེ་སྤྱན་སྔའི་དྲུང་དུ་འབུལ་བ་སྐྱེལ་དུ་ཕྱིན་པས་སྤྱན་སྔ་ནས་བྱང་ཆུབ་ཆེན་པོར་གཟིགས། ལྔ་བཅུ་རྩ་དགུ་ལ་སྐྱུ་འདབ་ཚོགས་གསོག་མཛད། ཡེ་ཤེས་མགོན་པོ་བཞད་པའི་ཞལ་ཅན་གཟིགས། མཐར་དགུང་ལོ་དྲུག་ཅུ་རྩ་གཉིས་པ་རབ་བྱུང་བཞི་པའི་མེ་ལུག (སྤྱི་ལོ1247) ལོའི་སྨལ་པོ་ཟླ་བའི་ཚེས་བརྒྱད་ལ་རྟགས་ཁྱད་

པར་ཅན་མང་པོ་དང་བཅས་ཏེ་སྐུ་གཤེགས། སྐུ་གདུང་སྦྱངས་པས་རིང་བསྲེལ་གྱིས་གང་། ཕྱིས་ནང་རྟེན་རྡོ་རྗེ་སེམས་དཔའི་སྐུ་བཞེངས་པའི་སྐུ་ལ་སྤར་ཆུ་གསོལ་བ་ན་ཡང་ཁྲུས་ཆབ་རིང་བསྲེལ་གྱིས་ཁེངས། སྐུ་གསེར་གསོལ་བ་ན་རིང་བསྲེལ་གྱི་ཆར་ཁ་བ་བབ་པ་བཞིན་བྱུང་ངོ་། དེ་ལྟར་རིགས་གསུམ་གྱི་མགོན་པོ་ལྟ་བུའི་སྐུ་མཆེད་གསུམ་པོ་དེ་ལ་བཀའི་ཆུ་བོ་བབས་པའི་སློབ་མ་དཔག་ཏུ་མེད་ཀྱང་གདུང་གི་རྒྱུད་འཛིན་པ་གཙོ་བོ་ནི་འཁྲུལ་ཞིག་རིན་པོ་ཆེ་དང་། ཐམས་ཅད་མཁྱེན་པ་གཉིས་ཡིན།

སྐྱེ་མདོ་ཐམས་ཅད་མཁྱེན་པ། སྐྱེ་མདོ་སྨྲ་བའི་སེང་གེ་ལ་སྲས་གསུམ་བྱུང་བའི་དང་པོ་སྐྱེ་མདོ་ཐམས་ཅད་མཁྱེན་པ་ནི་རབ་བྱུང་བཞི་པའི་མེ་བྱི(སྤྱི་ལོ1216)ལོར་སྐུ་འཁྲུངས། དགུང་ལོ་བདུན་ལ་ཕེབས་སྐབས་ཀློག་བཟ་བསྟན་པ་ཙམ་གྱིས་མཁྱེན། གཉགས་སྟོན་རྒྱལ་འབྱོར་འབུམ་ལ་རིག་པ་ཀློག་ལ་སོགས་པའི་སྦྲའི་བསྟན་བཅོས་རྣམས་ཀྱང་བསླབས། ཡི་གེ་བཤར་མ་ཞག་བདུན་གྱིས་འཛམ་གླིངས་ཐུབ། ཕྱིས་ནི་རྒྱ་གར་ནག་ཨུ་རྒྱན་ལ་སོགས་པའི་ཡི་གེ་བྲིས་ལྡེར་ལ་སོགས་པའི་བཟོ་ཐམས་ཅད་མཁྱེན། དགུང་ལོ་བརྒྱད་པ་ལ་བཀའ་བརྒྱུད་ཀྱི་ལག་ལེན་གཞུང་འདྲོངས། དགུང་ལོ་བཅུ་པ་ལ་ཡབ་དང་ལྷན་ཅིག་ཏུ་ཡི་དམ་གྱི་བསྙེན་པ་བསྐྱལ་བས་ཉིན་མཚན་འདས་པ་མི་ཚོར་བའི་ཏིང་ངེ་འཛིན་འཁྲུངས། དེ་ལྟར་ཡོན་ཏན་དུ་མ་སྐྱེ་བས་ཐོབ་པ་བཞིན་དུ་གྱུར་པའི་རིགས་ལྡན་དེས་སྤྱིར་བླ་མ་བཅུ་དྲུག་ལྷག་ཙམ་བསྟེན་པ་ལས་མཐའ་ཡས་ལུང་གི་སྣང་བ་རྒྱ་ཐམས་ཅད་མཁྱེན་པ་ལས་རྙེད། རྣམ་དཔྱོད་རིགས་པའི་ཤེས་པ་ལྷག་རྟ་བ་ལས་རྙེད། ཡིད་ཆེས་དོན་གྱི་གནས་རྒྱ་གར་པ་ཎ་ཆེན་ལས་རྙེད། ཕྱི་ནང་དཀྱིལ་འཁོར་གྱི་བྱ་བ་འཛི་རི་བ་ལས་རྙེད། དཔེ་རྒྱུད་དག་པའི་ནག་ཆགས་ལྷུམ་ར་བ་ལས་རྙེད། གཞན་དོན་འཕྲིན་ལས་ཀྱི་ཚུལ་འབྲི་ཁུང་པ་ལས་རྙེད། ཟིལ་གནོན་བྱིན་རླབས་ཀྱི་དྲོད་རི་ཁྲོད་པ་ལས་རྙེད། གདམས་པ་གནད་ཀྱི་མཚང་བང་རིམ་པ་ལས་རྙེད། ལྟ་དགོངས་དོན་གྱི་ཚུལ་རིགས་བདག་ཉིད་ལས་རྙེད་ཅེས་བྱ་སྟེ། ལན་རེ་གཟིགས་པ་དང་གསན་པ་ཙམ་གྱིས་ཐུགས་སུ་ཆུད་པས་ཐམས་ཅད་མཁྱེན་པར་གྲགས། མཚན་དངོས་ལ་བསོད་ནམས་དཔལ་ཞེས་ཞུ། འདིས་གསར་རྙིང་གི་རྒྱུད་སྡེ་དང་རིག་པའི་གནས་དུ་མ་ལ་བསྟན་བཅོས་ཀྱང་མང་དུ་མཛད། ཁྱད་པར་དུ་མཁས་པ་ཏེ་བོ་མགོན་པོའི་གསུང་རྣམས་ལྷུམ་ར་བ་ལས་རྙེད་པས་ཏེ་བོའི་ལུགས་ལ་ཤིན་ཏུ་མཁས། སྒྲུབ་པས་གསང་སྔགས་ཀྱི་དངོས་གྲུབ་ཀྱང་མང་དུ་ཡོན། མཐར་དགུང་ལོ་དྲུག་ཅུ་རྩ་གཉིས་པ་རབ་བྱུང་ལྔ་པའི་མེ་གླང(སྤྱི་ལོ1277)ལོར་སྐུ་གཤེགས།

གཏུམ་སྟོན་བློ་གྲོས་གྲགས། འདི་ཉིད་རབ་བྱུང་གཉིས་པའི་མེ་ཁྱི(སྤྱི་ལོ1106)ལོར་ཤབ་སྒོ་ལྔའི་ལྟགས་མཁར་རྩེའི་དབུ་མང་དུ་སྐུ་འཁྲུངས་ཞེས་དང་། རབ་བྱུང་དང་པོའི་མེ་སྟག(སྤྱི་ལོ1086)ལོར་འཁྲུངས་ཞེས་གསུངས་ཚུལ་མི་འདྲ་བ་མཆིས། གདུང་རུས་གཏུམ་ཡིན། རྫོག་མཚོའི་མཁན་པོ་ཕྱོག་པ་ཆེན་པོའི་མཁན་བུ་རྒྱ་འདུལ་ལ་དམ་པའི་ཆོས་འདུལ་བ་ལེགས་པར་བསླབས་ཏེ་འདུལ་བའི་བཤད་པའང་མཛད།

དེ་ནས་དབུས་སུ་བྱོན་ཏེ་དགེ་བཤེས་ཤ་ར་བ་ཆེན་པོ་ལོ་བཅུའི་བར་དུ་བསྟེན་ཅིང་མཉེས་པར་མཛད་ནས་བཀའ་གདམས་པའི་ཡོན་ཏན་མ་ལུས་པ་ཐུགས་སུ་ཆུད། དགེ་བཤེས་ཤ་ར་བའི་བཀའ་བབས་ཀྱི་བུ་ཆེན་བཞིའི་ནང་ནས་རྣམ་ཐར་གྱི་བཀའ་བབས་ཆེན་པོར་གྱུར། རབ་བྱུང་གསུམ་པའི་ཆུ་བྱ(སྤྱི་ལོ1153)ལོར་དཔལ་སྣར་ཐང་གི་ཆོས་སྡེ་ཆེན་པོ་ཕྱག་བཏབ། ལོ་བཅུ་བཞིའི་རིང་ཆོས་སྡེ་འདིའི་གདན་ས་མཛད། དེ་ནས་རྗེ་སྟོན་ཤེས་རབ་གྲགས་གདན་སར་བསྐོ་བཞག་གནང་སྟེ་ལ་སྟོད་བྱང་གི་ཧ་སྡེ་ཆོས་ལུང་དུ་བྱོན་ནས་ཐུགས་དམ་མཛད། མཐར་རབ་བྱུང་གསུམ་པའི་མེ་ཁྱི(སྤྱི་ལོ1166)ལོའི་རྒྱལ་གྱི་ཟླ་བའི་ཚེས་ཉེར་གསུམ་ཉིན་མྱ་ངན་ལས་འདས། གདུང་རྟེན་བྱམས་ཁང་གི་ཤར་གྱི་གྱང་སྨུག་ནང་དུ་བཞུགས།

གཏེར་སྟོན་འོག་གྱུ་རུ་ཆོས་དབང་། ཉིང་མའི་གཏེར་སྟོན་བརྒྱ་རྩའི་ནང་ཞང་རལ་པ་ཉི་མ་འོད་ཟེར་དང་འདི་རྣམ་གཉིས་ལ་གཏེར་སྟོན་གོང་འོག་གཉིས་ཞེས་སྙན་གྲགས་ཤིན་ཏུ་ཆེ་བ་ཞིག་ཡིན། རྗེ་འདི་ཉིད་ལྷོ་བྲག་ཏུ་ཡབ་སྤང་སྟོན་གྲུབ་པའི་སྙིང་པོ་དང་། ཡུམ་དཀར་བཟའ་མགོན་སྐྱིད་གཉིས་ཀྱི་སྲས་སུ་རབ་བྱུང་བཞི་པའི་ཆུ་སྤྲེལ(སྤྱི་ལོ1212)ལོར་སྐུ་བལྟམས། མཚན་ཆོས་ཀྱི་དབང་ཕྱུག་ཏུ་གསོལ། དགུང་ལོ་བཞི་པ་ནས་ཡི་གེ་འབྲི་ཀློག་སྦྱངས་བརྩོན་གནང་། དེ་ནས་བོན་གྱི་གཞུང་ཆེན་དང་། མདོས་གཞུང་ཆེན་མོ་སོགས་ལ་ཐོས་བསམ་རྒྱ་ཆེན་མཛད། ཡབ་དང་འགྲོ་མགོན་མཚུར་སྟོན་ཡབ་སྲས་གཙོ་བོར་གྱུར་པའི་གསར་རྙིང་གི་བླ་མ་མང་པོའི་ཞབས་ལ་གཏུགས་ནས་མདོ་དང་གསང་སྔགས་གསར་རྙིང་། བཀའ་གཏེར་གྱི་སྨིན་གྲོལ་དང་བཤད་རྒྱུན། ཞི་བྱེད་གཅོད་ཡུལ་ཆོས་དྲུག་ཕྱག་རྫོགས་ལ་སོགས་པའི་གདམས་ངག་མཐའ་ཡས་པ་གསན། དགུང་ལོ་བཅུ་པ་ལ་གསར་མའི་ཕྱག་རྫོར་ལུགས་དྲུག་གསན་ཏེ་བསྒྲུབས་པས་བུམ་ཆུ་འཁོལ། བཅུ་གཅིག་པ་ལ་སྒྱུ་འཕྲུལ་གྱི་དབང་རྒྱུད་མན་ངག་ཐམས་ཅད་རྫོགས། བཅུ་གཉིས་པ་ལ་ཀ་ཀ་ཎི་གྲ་ལྷ། སྒྲུབ་ཐབས་བརྒྱ་རྩ་སོགས་མཁྱེན་པར་མཛད་ཅིང་ཡིག་བརྒྱའི་སྒྲུབ་པ་མཛད། བཅུ་གསུམ་པ་ལ་ཡང་དག་དང་མ་གཤིན་ཐུགས་རྗེ་ཆེན་པོ་ལུགས་གཉིས་དང་། རྟ་མགྲིན་ལ་སོགས་གསར་རྙིང་མང་པོ་གསན་ཞིང་བསྒྲུབས། བསྟན་པ་སྤེལ་ཞིང་གདུལ་དཀའ་འདུལ་བའི་ལུང་བསྟན་ཐོབ། དེ་ནས་ཚད་མ་དང་། མངོན་པ་ཀུན་བཏུས། སྤྱོད་འཇུག དགྱེས་རྡོར་ལ་སོགས་པའི་གཞུང་ཆེན་དང་། ཕྱག་རྫོགས་ཞི་བྱེད་ཆོས་དྲུག་ལ་སོགས་མདོ་སྔགས་ཀྱི་གཞུང་མང་དུ་གསན། དགུང་ལོ་བཅོ་བརྒྱད་པར་ས་སྐྱ་པཎ་ཆེན་ལས་སེམས་བསྐྱེད་དང་ཆོས་འབྲེལ་གསན། དེ་རྗེས་གྲ་པ་མངོན་ཤེས་ཀྱི་གཏེར་མ་ཁ་བྱང་ཞིག་ཕྱག་ཏུ་འགྱོར་བ་ལ་བརྟེན་དགུང་ལོ་ཉེར་གཉིས་པ་ཆུ་སྦྲུལ(སྤྱི་ལོ1233)ལོར་ཡག་ཉིན་གྱི་ལུང་པ་གནམ་སྐས་ཅན་ནས་ཡང་བྱང་བཞེས། གཏེར་གྱི་ལྡེ་མིག་དང་། གཏེར་བཅུད། གཏེར་བྱང་ལྷར་སྒོ་ཕྱེ་ནས་གཏེར་ཁ་ཆེན་པོ་བཅོ་བརྒྱད། ཐུགས་གཏེར་དང་བཅས་བཅུ་དགུ་བཞེས་པ་སོགས་ངོ་མཚར་བའི་མཛད་འཕྲིན་གྱི་སྐབས་པ་གང་སར་ཁྱབ་པས། བོད་ཡུལ་སྤྱིའི་བླ་ཆེན་མི་ཆེན་རིས་སུ་མ་ཆད་

པས་ཞབས་ལ་གཏུགས་ཤིང་དང་གུས་ཚད་མེད་ཞུ་བ་དང་། ཀུན་མཁྱེན་འཕགས་འོད། ཆོས་འོད། བུ་སྟོན་རིན་པོ་ཆེ་སོགས་ཀྱིས་གུ་རུ་ཆོས་དབང་གི་སྐུའི་ཡོན་ཏན་ལ་བསྔགས་བརྗོད་ཆེན་པོ་མཛད། འགྲོ་བའི་བསོད་ནམས་གསོག་པའི་ཞིང་དུ་ཚོངས་དུས་འགྱུར་མོའི་ལྷ་ཁང་དང་། བསམ་འགྲུབ་བདེ་བ་ཆེན་པོའི་ལྷ་ཁང་གཉིས་མཛད། གསུང་ལས་སྐྱེས་པའི་སློབ་མ་ཡང་གཉལ་ཉི་མ་འོད་ཟེར། སྨན་ལུང་པ་མི་བསྐྱོད་རྡོ་རྗེ། བལ་པོ་ཧྲ་རི་གཙུག་འཛིན། སྟོད་ལྷན་གྱི་བུ་གུ་སོགས་མང་དུ་བྱོན་ནས་འཕགས་བལ་དང་བོད་ཁམས་མཐའ་དབུས་ཀུན་ཏུ་ཟབ་ཆོས་རྒྱུན་མི་ཆད་དུ་སྤེལ། རབ་བྱུང་ལྔ་པའི་ཆུ་བྱ(སྤྱི་ལོ1273)ལོར་སྐུ་གཤེགས། ཉིང་རྒྱུད་དཀར་ཆག་ཏུ་ལྕགས་རྟ(སྤྱི་ལོ1270)ལོར་གཤེགས་གསུངས།

གཏེར་སྟོན་ར་མོ་ཤེལ་སྨན། རྗེ་འདི་ཉིད་རབ་བྱུང་བཞི་པའི(སྤྱི་ལོ1207－1266) ནང་གཙང་ཡར་སྟོད་ར་མོ་སྨན་ཆུ་ཁར་སྐུ་འཁྲུངས། དགུང་ལོ་ཆུང་ངུའི་དུས་ནས་རྫོགས་པ་ཆེན་པོའི་ཆོས་ལ་ཐུགས་གཞོལ་ཏེ་རིམ་བཞིན་ཐོས་བསམ་དཔྱིས་ཕྱིན་པར་མཛད། ཤེལ་བྲག་དང་། སྨན་ཆུ་འོད་གསལ་རྫོང་བྲག་རིའི་ཕུག་པ་སོགས་ནས་བླ་རྫོགས་ཐུགས་གསུམ་དང་། གསོ་བ་རིག་པ། སྐར་རྩིས་སོགས་ཀྱི་སྐོར་སྣ་ཚོགས་གཏེར་ནས་བཞེས། ཐོག་མ་ནས་སྨན་དཔྱད་ཞུག་ཞུག་མཛད་པས་འགྲོ་དོན་ཆེར་མ་བྱུང་མོད། འོན་ཀྱང་ཕྱིས་གསང་སྨན་སོགས་ཆུ་བཅོས་ཀྱི་སྐོར་དང་། འབམ་བཅོས་སྨན་དཀར་སྨན་ནག་སོགས་ལ་མན་ངག་ཁ་ཚར་དང་བཅས་མཛད་པས། ཕྱག་ལེན་མ་ཉམས་པར་གནས། དུས་དེ་ཙམ་ལ་ལོ་པཎ་མང་པོ་བྱུང་ཞིང་། བོད་ཀྱི་མཁས་བཙུན་ཡང་རྒྱ་གར་དང་ཧོར་ཡུལ་དུ་བྱོན་པ་མང་། རྗེ་ར་མོ་ཤེལ་སྨན་འདི་ཉིད་ཀྱི་འཁྲུངས་འདས་ལོ་ཚིགས་ཞིབ་ཆ་མ་གསལ་ཡང་གཏེར་སྟོན་གུ་རུ་ཆོས་དབང་གི་སྐུ་ཙམ་ལ་བྱོན་པར་བཞེད།

ཏ་སྟོན་རྡོ་བོ་ཡེ་ཤེས། ཉིང་མ་ཏ་སྟོན་རྡོ་བོ་ཡེ་ཤེས་ནི་ཡབ་རྗེ་འབུམ་གྱི་སྲས་སུ་རབ་བྱུང་གསུམ་པའི་ཆུ་ལུག(སྤྱི་ལོ1163)ལོར་སྐུ་འཁྲུངས། དགུང་ལོ་བཅུ་གཉིས་ལ་ཐེབས་སྐབས་བླ་མ་དམར་སྟོན་འཛམ་གྱི་སར་བྱོན་ཏེ་བདེ་མཆོག་དང་ཕྱག་ན་རྡོ་རྗེ་བདུད་རྩི་ཐིགས་པའི་ཆོས་སྐོར་ཞུས་ཤིང་། གཟུངས་རིང་ལ་བསྙེན་པ་ལོ་གཉིས་མཛད། བདེ་མཆོག་གི་དབང་ཡབ་དང་ལྷན་དུ་བརྒྱ་རྩ་བརྒྱད་ཞུས། ཁ་རག་སྟོན་སྙིང་གི་སར་སྒྱུ་འཕྲུལ་ལོ་གཉིས་གསན། བླ་མ་རྩགས་དང་སེ་དུར་ལུང་པ་གཉིས་ལ་རྫོགས་ཆེན་སྐོར་ལུགས་གཞུང་གདམས་ངག་དང་བཅས་པ་ཞུས། དགུང་ལོ་བཅུ་དྲུག་ལ་རྡོ་རྗེ་སེམས་དཔའ་ནམ་མཁའ་ཆེ་ལ་བཤད་པ་མཛད། དེ་རྗེས་ཡབ་ཀྱི་སློབ་མ་རྗེ་བཙུན་ཏགས་ལ་ཕྱག་རྒྱ་ཆེན་པོ་སྣང་ལུགས་གསན། བླ་མ་ཟངས་རི་རྒྱ་རས་ལ་ལོ་རོ་རས་ཆུང་པའི་ཆོས་སྐོར་རྣམས་དང་། དགྱེས་རྡོར་མེས་ལུགས། འཇམ་དཔལ་གསང་ལྡན་སོགས་མང་དུ་ཞུས། བླ་མ་ཐང་ཕྱག་དུམ་ལ་དོ་ཧ་སྐོར་གསུམ་དུ་གྲགས་པའི་ཆོས་སྐོར་མ་ལུས་པ་དང་། གཏོར་རྒྱུད་ཆེན་པོ་གསན། དགུང་ལོ་ཉེར་ལྔ་པར་བླ་མ་ཞིག་པོའི་དྲུང་དུ་བྱོན་ཏེ་ཆོས

གསན་པ་ལས། དེ་ཡང་རྒྱུད་ཀྱི་སྐོར་ལ། ཀུན་བྱེད་རྒྱལ་པོ་མ་བུ་གསུམ་བསྐོར། བཤད་རྒྱུད་མདོ་བཏུ། འཁོར་བ་རྩད་གཅོད་ཀྱི་རྒྱུད་ལ་བཤད་རྒྱུད་སྟེ་བཞི། རྩ་བ་འགྲེལ་པ་རྒྱན་ཆོས་མན་ངག་དང་བཅས་པ་གསན། གདམས་པ་སྣན་བརྒྱུད་ཀྱི་སྐོར་ལ། སྐོར་ལུགས་རིང་ལུགས་ཁམས་ལུགས་གསུམ་གྱི་གདམས་ངག་ཕྱག་བཞེས་ཁྲིད་དང་བཅས་པ་རྣམས་ལ་ནན་ཏན་ཆེར་མཛད། ཞིག་པོའི་ཞབས་ལ་གཏུགས་ཤིང་། གསུང་གི་ཆུ་རྒྱུན་དྲི་མ་མེད་པ་ལེགས་པར་འཐུངས་པས་ཐུགས་དགོངས་ཡོངས། བྱིན་རླབས་ཞུགས། རྩེ་ཡིས་སྐྱིར་བླམ་ཐམས་ཅད་ལ་ཞབས་ཏོག་མ་གྲུབ་པ་མེད། ཁྱད་པར་ཞིག་པོ་ལ་ཡུལ་གཞིས་ཐམས་ཅད་བཙོངས་ནས་སྤྱོད་ཐག་བྱས་ཏེ་ཆོས་འཁོར་ལན་བཞི་བཙུགས། གདམས་པ་གསུང་སྒྲོས་ཐམས་ཅད་ཡི་གེར་བཀོད་པས་ཕྱི་རབས་རྗེས་འཇུག་རྣམས་ལ་དྲིན་ཆེ་བ་ལགས། ཕྱིས་པོ་དོང་གི་བླ་མ་བྲག་དཀར་མོ་བ་ལ་རིན་པོ་ཆེ་གསལ་བ་སྒྲོན་མའི་རྒྱུད་དང་། འཕགས་ལམ་བཀོད་པའི་རྒྱུད་གཉིས་གསན། གདམས་ངག་ཕྲ་མོ་དག་ཀྱང་ཞུས། ཆོས་ཞུས་ཚད་ཀྱི་བླམ་བརྩིས་ན་བཅུ་དྲུག སློབ་གཉེར་ནན་ཏན་བྱས་པ་བཅུ་གསུམ། དེའི་ནང་ནས་ཀྱང་རྩ་བའི་བླམ་དྲུག དེ་ལས་ཀྱང་ཁྱད་པར་དུ་དྲིན་ཆེ་བ་གསུམ། འགྲན་ཟླ་དང་བྲལ་བ་ཞིག་པོ་རིན་པོ་ཆེའོ། འདི་ཉིད་ཀྱིས་སྐུ་ཚེའི་སྨད་དུ་གདན་སའི་བྱ་བ་དང་ཞིག་པོའི་འཕྲིན་ལས་བསྐྱུབ་ཕྱིར་རྒྱལ་ཁམས་ཀུན་ཏུ་ཕྱིན་ཞིང་འགྲོ་དོན་རྒྱ་ཆེར་མཛད། ལྷ་སའི་ཇོ་བོ་ཤཱཀྱ་རྣམ་གཉིས་ཀྱི་ཞབས་ཏོག་ཀྱང་སྔ་ཕྱི་བསྡོམས་པས་ལོ་དྲུག་མཛད། མཐར་དགུང་ལོ་དྲུག་ཅུ་རྩ་བརྒྱད་པ་རབ་བྱུང་བཞི་པའི་ལྕགས་སྟག(སྤྱི་ལོ1230)ལོའི་སྟོན་ཟླ་ར་བའི་ཚེས་བཅུ་དགུ་ལ་སྐུ་གཤེགས།

ཧ་སྟོན་རྡོ་འབུམ། འདི་ཉིད་ཡབ་ཧ་བོན་དབང་གྲགས་ཀྱི་སྲས་སུ་རབ་བྱུང་གཉིས་པའི་ཤིང་འབྲུག(སྤྱི་ལོ1124)ལོར་སྐུ་འཁྲུངས། སྐུ་ཆུང་དུས་གཟན་ཀྱི་གྲུམ་བུ་ལུང་པའི་བླ་མ་མདའ་བྱང་ཆུབ་སེམས་དཔའི་སྤྱན་སྔར་པོ་ཏོ་བའི་བཀའ་གདམས་ཀྱི་ཆོས་རྣམས་གསན། དེ་ནས་རང་ཡུལ་གྱི་འཁོར་འབངས་དང་ཡུལ་གཞིས་ཤིན་ཏུ་འཛོམས་པར་ཡོད་པ་དེ་དག་ལ་སྐྱོ་བ་སྐྱེས་ཞེན་པ་ལོག་ནས་གཡོག་བཞི་ཁྲིད་དེ་ལྷ་རྗེ་སྣན་ཉ་ཚལ་བའི་ཐུགས་སྲས་གཉོས་ཆུ་བོ་རི་པའི་སྤྱན་སྔར་ཕྱིན་ཏེ་དཔོན་གཡོག་ལྔས་སྟབས་གཅིག་ཏུ་ཆོས་སྒོར་ཞུགས་ནས་ཐུགས་སྙིང་མའི་ཆོས་མང་དུ་གསན། ཁྱད་པར་དུ་རྫོགས་ཆེན་སྐོར་ལུགས་གཞུང་གདམས་ངག་དང་བཅས་པ་ལ་ཤིན་ཏུ་མཁས་པར་གྱུར། བླ་མ་ཕག་མོ་གྲུ་པའི་སྤྱན་སྔར་ཕྱིན་ནས་ལམ་འབྲས་དང་ཕྱག་རྒྱ་ཆེན་པོའི་གདམས་པ་མ་ལུས་པ་གསན། གཞན་ཡང་དབུ་རུ་སྟོད་ཀྱི་བླ་མ་འཚར་སྟོན་ལ་ཕྱག་རྒྱ་ཆེན་པོ་སྨང་ལུགས་ཀྱི་དོ་ཏ་སྐོར་གསུམ་གསན། ཟངས་རི་འཕྲོ་རས་ལ་ལོ་རོ་རས་ཆུང་པའི་ཆོས་སྐོར་རྣམས་གསན། ནང་སྟོན་མགོན་པོ་ལ་རྣམ་འཇོམས་དང་ཕུར་པ་གསན། དམར་སྟོན་འཇམ་ལ་བདེ་མཆོག་གསན། བདེ་མཆོག་གི་དབང་བརྒྱ་རྩ་བརྒྱད་ཞུས། དེ་ལྟར་བླམ་མང་དུ་བསྟེན་ཀྱང་གཙོས་ཆུ་བོ་རི་བ་དང་། ཕག་མོ་གྲུ་པ་ལ་རྩ་བའི་བླམར་འཛིན། གསན་པ་ཐུགས་ཐག་ཆོད་པ་དང་ཆུ་བོ་རི་ལ་

བཞུགས་ཏེ་སྒྲུབ་པ་མཛད། གདུལ་བྱའི་ཚོགས་ཀྱང་མང་དུ་འདུས་ཏེ་གཞན་དོན་རྒྱ་ཆེར་བསྐྱངས། འདི་ཉིད་ལ་སྲས་ཧ་སྟོན་རྗེ་ཡེས་དང་། དབུས་པ་རྗེ་བསོད་གཉིས་ཡོད། མཐར་རྗེ་འབུམ་དགུང་ལོ་ལྔ་བཅུ་རྩ་གཅིག་པ་རབ་བྱུང་གསུམ་པའི་ཤིང་རྟ(སྤྱི་ལོ1174)ལོའི་ཆུ་འཕྲུལ་གྱི་ཚེས་བཅུ་གསུམ་ལ་འདས།

གཞན་ཡང་བོད་རང་སྐྱོང་ལྗོངས་སྤྱི་ཚོགས་ཚན་རིག་ཁང་བོད་ཡིག་དཔེ་རྙིང་དཔེ་སྐྲུན་ཁང་ནས་བསྐྲུན་པའི《མཁས་པ་ལྡེའུས་མཛད་པའི་རྒྱ་བོད་ཆོས་འབྱུང་རྒྱས་པ》ཞེས་པའི་དཔེ་དེབ་འདིའི་གླེང་གཞིའི་ནང་མཁས་པ་རྗེ་འབུམ་དང་མཁས་པ་ལྡེའུ་གཉིས་དོན་གཅིག་མཚན་གྱི་རྣམ་གྲངས་ཡིན་སྐོར་གསུངས་འདུག་པས། གལ་ཏེ་དེ་ལྟར་ཡིན་ཚེ《མཁས་པ་ལྡེའུས་མཛད་པའི་རྒྱ་བོད་ཆོས་འབྱུང》ཞེས་པའི་དཔེ་རྙིང་འདིའི་རྩ་བའི་གཞུང་རྩོམ་པ་པོའང་རྗེ་འབུམ་ཡིན་དགོས་པ་བཅས་སོ།

སྟག་ལུང་ཐང་པ་བཀྲ་ཤིས་དཔལ། སྟག་ལུང་བཀའ་བརྒྱུད་ཀྱི་སྲོལ་གཏོད་པ་པོ། རྗེ་འདི་ཉིད་རབ་བྱུང་གཉིས་པའི་ཆུ་ཁྱི(སྤྱི་ལོ1142)ལོར་ཡབ་ཀུ་ཟིའི་གདུང་རྒྱུད་ལས་བྱུང་བ་ན་བློན་འབར་པོ་དང་། ཡུམ་ཐབ་ཤི་བཟའ་དགེ་གསུམ་ཁྲོ་མོའི་སྲས་སུ་གཡང་ཤོད་ཐང་ར་སྟེང་དུ་སྐུ་འཁྲུངས། དགུང་ལོ་བཅོ་བརྒྱད་པ་ལ་མཁན་པོ་ག་སྟོན་བླ་གང་བ་ཤེས་རབ་རྡོ་རྗེ་དང་། སློབ་དཔོན་ཚར་སྟོན་སྒོམ་མང་པ་ལས་རབ་ཏུ་བྱུང་ཞིང་། མཚན་བཀྲ་ཤིས་དཔལ་ཞེས་གསོལ། དགུང་ལོ་ཉེར་བཞི་པར་ཕག་མོ་གྲུ་པའི་དྲུང་དུ་ཕྱིན་ཏེ་ཉེ་གནས་མཛད། ཕག་མོ་གྲུ་པས་ཐུགས་རྗེས་ཆེ་ཞིང་གདམས་པ་རྫོགས་པར་གནང་། ཕག་གྲུ་སྐུ་གཤེགས་རྗེས་མལ་གྲོར་ཕྱིན་ཏེ་མལ་གྲོ་མཆད་ཀ་པ་ལས་བཀའ་གདམས་གསན། ཞང་ཤ་ར་ལས་བསྙེན་པར་རྫོགས། དགུང་ལོ་སོ་དགུ་པ་ལ་དར་སྨས་རོང་གསུམ་དང་ཡོད་མདོ་བས་གདན་དྲངས་པ་ལྟར་སྟག་ལུང་དུ་ཕྱིན་ཏེ་ཕག་མོ་གྲུ་པའི་ལུང་བསྟན་ཇི་བཞིན་རབ་བྱུང་གསུམ་པའི་ལྕགས་བྱི(སྤྱི་ལོ1180)ལོར་སྟག་ལུང་དགོན་པ་ཕྱག་བཏབ། དེ་ནས་བཟུང་སྟག་ལུང་བཀའ་བརྒྱུད་ཅེས་པ་བྱུང་། རྗེ་འདི་ཉིད་ཀྱིས་འདུལ་བའི་ཕྱག་ལེན་ཞིབ་པར་མཛད་པ་དཔེར་ན། རབ་ཏུ་བྱུང་ཕྱིན་ཆད་ཁྱིམ་པའི་ཁྱིམ་དུ་མི་ཕྱིན་ལ་ཤ་ཆང་མི་གསོལ་བ་མ་ཟད། གཞན་ལ་ཡང་ཤ་ཆང་གི་མགྲོན་མི་མཛད། དགོན་པའི་གླིང་གསེབ་ཏུ་བུད་མེད་མི་གཏོང་བ་སོགས་མཛད། སྐུ་འདའ་ཁར་སྟག་ལུང་དགོན་དུ་དགེ་འདུན་སུམ་སྟོང་ལྷག་ཙམ་འདུས། མཐར་དགུང་ལོ་དྲུག་ཅུ་རེ་དགུ་པ་རབ་བྱུང་བཞི་པའི་ལྕགས་རྟ(སྤྱི་ལོ1210)ལོར་སྐུ་གཤེགས།

སྟག་ལུང་མངྒལ་གུ་རུ། འདི་ཉིད་རབ་བྱུང་བཞི་པའི་ལྕགས་ཡོས(སྤྱི་ལོ1231)ལོར་ཡབ་ཆོས་ཡགས་ཀྱི་སྲས་སུ་འཁྲུངས། དགུང་ལོ་བཅུ་དྲུག་པ་ལ་མཁན་པོ་ཐང་སྐྱ་བ་དང་། སློབ་དཔོན་མཁས་པ་གྲགས་པ་བཟང་པོ་ལས་རབ་ཏུ་བྱུང་། མཁན་སློབ་ལ་འདུལ་བ་དང་། ལམ་སྒྲོན། རྗེ་བོ་རྗེ་ནས་བརྒྱུད་པའི་ཆོས་མང་དུ་གསན། བླ་མ་མཁས་གྲུབ་ཆེན་པོ་ལ་ལམ་ལྔའི་བཤད་པ་དང་། མན་ངག་གི་གོ་རིམ་པ་མང་པོ། བཤད་བརྒྱུད། སྙན་བརྒྱུད། དབང་ཕྱིན་རླབས་ཀྱི་བཀའ་སོགས་མང་དུ་ཞུས། དགུང་ལོ་ཉི་ཤུ་རྩ་ལྔ་ལ་

དབུས་སུ་ཕྱིན། དེ་ནས་མཁན་པོ་ཐང་དཀར་བ་འོད་ཟེར་འབྱུང་གནས། སློབ་དཔོན་མཁན་དཔོན་པ་རིན་ཆེན་བཀྲ་ཤིས་སོགས་ལས་བསྙེན་པར་རྫོགས། སངས་རྒྱས་ཡར་བྱོན་གྱི་དྲུང་དུ་ན་རོའི་ཆོས་དྲུག་དང་ཕྱག་རྒྱ་ཆེན་པོ་ལ་སོགས་གདམས་པ་མང་དུ་ཞུས་ནས་ལོ་བཅུ་དྲུག་རིང་སྐུ་མཚམས་དམ་པར་མཛད་དེ་རྟག་ཏུ་བསམ་གཏན་ལ་མཉམ་པར་བཞག་པས་ཏིང་ངེ་འཛིན་བསམ་གྱིས་མི་ཁྱབ་པ་སྐྱེད་ནས་རོ་གཅིག་གི་སྒོམ་ཐུགས་ལ་འཁྲུངས། དེ་ནས་འགྲོ་མགོན་འཕགས་པ་དང་མཇལ་ནས་བྱིན་རླབས་སྐྱབ་ཐབས་དང་བཀའ་ལུང་མང་པོ་ཞུས། དགུང་ལོ་ཞེ་གསུམ་ལ་ཐེབས་པ་ཆུ་བྱ(སྤྱི་ལོ1273)ལོར་སྟག་ལུང་གི་གདན་སར་ཐེབས། སྟོང་གསུམ་ཟིལ་གནོན་གྱི་ཐུབ་པའི་སྐུ་ཆེན་པོ་བཞེངས། ཤར་སྒོའི་ནང་དུ་གྱང་རིས་དང་། ལྗིར་སྐུ་རྣམས་བཞེངས་པ་སོགས་མཛད། ལོ་ཉི་ཤུ་རྩ་ལྔའི་བར་དུ་གདན་སར་བཞུགས། མཐར་དགུང་ལོ་དྲུག་ཅུ་རེ་བདུན་བཞེས་པ་རབ་བྱུང་ལྔ་པའི་མེ་བྱ(སྤྱི་ལོ1297)ལོར་སྐུ་གཤེགས།

སྟབས་ཀ་བ་དར་མ་གྲགས། འདི་ཉིད་རབ་བྱུང་གཉིས་པའི་ཆུ་ལུག(སྤྱི་ལོ1103)ལོར་སྐུ་འཁྲུངས། ཤར་བའི་སློབ་མ་བཀའ་བབས་དྲུག་ཏུ་གྲགས་པའི་བྱང་ཆུབ་སེམས་ཀྱི་བཀའ་བབས་ཡིན། འདི་ཉིད་ཀྱིས་མལ་གྲོ་སྟབས་ཀ་དགོན་ཕྱག་བཏབ། སྟབས་ཀར་ཚོགས་པ་དྲུག་བརྒྱ་རེ་ཙམ་འདུས་ཟེར། མཐར་རབ་བྱུང་གསུམ་པའི་ཤིང་རྟ(སྤྱི་ལོ1174)ལོར་སྐུ་གཤེགས།

སྟོད་ཀྱི་མགོན་གསུམ། ཡབ་སྐྱིད་ལྡེ་ཉི་མ་མགོན་དང་ཡུམ་ཅིག་རོ་བཟར་སྲས་རིག་པ་མགོན་དང་། བཀྲ་ཤིས་ལྡེ་མགོན། ལྡེ་གཙུག་མགོན་བཅས་གསུམ་འཁྲུངས་པར་སྟོད་ཀྱི་མགོན་གསུམ་དུ་གྲགས།

ཆེ་བ་རིག་པ་མགོན་ལ་མངའ་རིས་མར་ཡུལ། འབངས་གཞུ་ནག་བཙན། ཤར་རུ་ཐོག་དང་། གསེར་ཁ་གོག་ལྡད་ཀྱི་བདེ་མཆོག་དཀར་པོ། མཚམས་ཀྱི་ར་བ་དམར་པོ། ཕྱམ་ལེ་ཡི་མིག་གི་ཕ་བོང་གཡག་ལྡིར་རྫོ་བུག་པ་ཅན་ཡན་ཆད། བྱང་གསེར་ཁ་འགོག་པོ། ནུབ་ཁ་ཆེའི་ལ་བཅས་ལ་གཏོགས་པ་རྣམས་ཡིན་ནོ། དཔལ་ལྡེ་རིག་པ་མགོན་གྱིས་མང་ཡུལ་བཟུང་ཞེས་པའང་སྣང་། འདི་ལ་སྲས་འགྲོ་མགོན་དང་། ཆོས་མགོན་གཉིས་འཁྲུངས།

བར་པ་བཀྲ་ཤིས་ལྡེ་མགོན་གྱིས་ཞང་ཞུང་དང་། ཡ་རྩེར་དབང་མཛད། བཀྲ་ཤིས་ལྡེ་མགོན་གྱིས་པུ་ཧྲེང་བཟུང་ཞེས་པའང་སྣང་། འདི་ལ་སྲས་སྲོང་ངེ་དང་འཁོར་རེ་གཉིས་འཁྲུངས་ཤིང་། སྲོང་ངེས་གུ་གེ་དང་། འཁོར་རེས་པུ་རངས་བཟུང་། སྲོང་ངེ་དང་འཁོར་རེ་གཉིས་ལྡེ་གཙུག་མགོན་གྱི་སྲས་ཡིན་པར་བཞེད་མཁན་ཡང་ཡོད།

ཆུང་བ་ལྡེ་གཙུག་མགོན་གྱིས་ཟངས་དཀར། སྤོ་གསུམ། སྤི་ཏི། སྤི་ལྕོག་དང་བཅས་པ་ལ་མངའ་མཛད། ལྡེ་གཙུག་མགོན་གྱིས་ཞང་ཞུང་བཟུང་ཞེས་པའང་སྣང་། དེང་སྐབས་མཇལ་རྒྱུ་ཡོད་པའི་གུ་གེ་རྒྱལ་ཕྲན་གྱི་གནའ་ཤུལ་དེའང་ལྡེ་གཙུག་མགོན་གྱིས་བཟུང་བའི་རྒྱལ་ཕྲན་གྱི་གནའ་ཤུལ་ཡིན་པ་དང་།

གནའ་ཤུལ་དེ་ནི་མངའ་རིས་ས་ཁུལ་རྩ་མདའ་རྫོང་ཁོངས་སུ་གནས་ཡོད་ཅིང་། རི་འདབས་ཀྱི་དེའུ་འབུར་ཆེན་པོ་ཞིག་གི་སྟེང་དུ་ཆགས་པ་དང་། དེར་མཐོ་ཚད་སྤྱི་ཁྲི་སུམ་བརྒྱ་ཙམ་དང་། ཁང་མིག་ཆེ་ཆུང་བསྡོམས་སུམ་བརྒྱ་ལྷག་ཙམ། རྫོང་སྒྲུབ་སུམ་བརྒྱ་སྐོར་ཡོད་ཁོངས་ནས་མཆོད་ཁང་དམར་པོ་དང་དཀར་པོ། དུས་འཁོར་ལྷ་ཁང་སོགས་ཅུང་ཐང་བ་ཡོད། ལྷ་ཁང་སོ་སོའི་ནང་འཛམ་སྐྱུ་ཆག་རི་འདྲ་ཡོད་པ་མ་ཟད། ལྷེབས་རིས་ངོ་མཚར་ཅན་བྲིས་པའི་ནང་གུ་གེ་རྒྱལ་བློན་ཚོའི་སྐུ་བརྙན་ཡང་ཡོད། གཞན་ཡང་ཤུལ་སྙིང་དེའི་མཐའ་འཁོར་ནས་ཁྲབ་རྔོག་དང་། ཐུབ། མདའ་མདུང་ལ་སོགས་པའི་གནའ་རྫས་སྙེད་ཀྱི་ཡོད།

སྟོད་ལུང་པ་རིན་ཆེན་སྙིང་པོ། རྗེ་འདི་ཉིད་རབ་བྱུང་དང་པོའི་ཆུ་སྤྲེལ(སྤྱི་ལོ1032)ལོར་སྐུ་འཁྲུངས། རབ་བྱུང་གཉིས་པའི་ཆུ་ལུག(སྤྱི་ལོ1103)ལོར་སྟོད་ལུང་བཙན་གྲོ་དགོན་པ་ཕྱག་བཏབ། ཚོགས་པ་སུམ་བརྒྱ་རེ་ཙམ་འཚོགས། དགུང་ལོ་གྱ་ལྔ་པ་རབ་བྱུང་གཉིས་པའི་མེ་སྤྲེལ(སྤྱི་ལོ1116)ལོར་སྐུ་འདས།

ད་ན་ཤྲཱི་ལ་དང་སརྒ་ཤྲཱི་ལ། ཁ་ཆེ་པཎ་ཆེན་ཤཱཀྱ་ཤྲཱིའི་སློབ་མ་རྣམ་གཉིས་ཏེ། ཁ་ཆེ་པཎ་ཆེན་དང་མཉམ་དུ་རབ་བྱུང་གསུམ་པའི་ཤིང་བྱི(སྤྱི་ལོ1204)ལོར་བོད་དུ་ཕྱིན། ས་པཎ་གྱིས་དེ་རྣམས་ལས་སྒྲ་ཚད་སོགས་རིག་གནས་ཆེ་བ་ལྔ་དང་། སྙན་ངག་མངོན་བརྗོད་སོགས་རིག་གནས་ཆུང་བ་ལྔ་སྟེ་རིག་གནས་བཅུ་ལ་སྦྱངས་པ་མཐར་ཕྱིན་མཛད་པས་ས་པཎ་གྱི་སློབ་དཔོན་ཆེན་པོར་གྱུར།

རྫ་སྟོན་ཤེས་རབ་གྲགས། འདི་ཉིད་རབ་བྱུང་གཉིས་པའི་མེ་མོ་ལུག(སྤྱི་ལོ1127)ལོར་ཤབ་ཀྱི་དྲང་མདའི་ཐུ་ལུང་དུ་སྐུ་འཁྲུངས། དགེ་བཤེས་གོང་མ་ཉིད་ཀྱིས་ལེགས་པར་བསྐྱངས་ནས་བཀའ་གདམས་ཀྱི་གདམས་པ་མ་ལུས་པ་ཐུགས་སུ་ཆུད། དགུང་ལོ་བཞི་བཅུའི་ཐོག་སྐར་ཐང་གི་གདན་ས་མཛད་དེ་ལྔ་བཅུ་རྩ་དགུའི་བར་ལོ་ཉི་ཤུའི་རིང་ཚོགས་དཔོན་མཛད་པས་སྐར་ཐང་བ་ཆེན་པོ་ཞེས་ཕྱོགས་ཐམས་ཅད་དུ་གྲགས་པས་ཁྱབ། ཚོགས་པའང་ཆེ་བར་བསྡུས་ཤིང་བཀའ་གདམས་ཀྱི་བསྟན་པ་ཉི་མ་ལྟར་གསལ་བར་མཛད། རབ་བྱུང་གསུམ་པའི་ཤིང་སྦྲུལ(སྤྱི་ལོ1185)ལོར་མྱ་ངན་ལས་འདས། གདུང་རྟེན་ནི་གདན་ས་དང་པོའི་གདུང་རྟེན་གྱི་ཤར་ན་བཞུགས་སོ།

ནག་ཚོ་ལོ་ཙཱ་བ་ཚུལ་ཁྲིམས་རྒྱལ་བ། (དགེ་བཤེས་གུང་ཐང་པའང་ཞུ) འདི་ཉིད་བོད་ལྕགས་ཕག(སྤྱི་ལོ1011)ལོར་མངའ་རིས་རྫོང་དགའི་ལྷ་གདོང་ཞེས་པའི་ས་ཆར་ནག་ཚོའི་གདུང་རྒྱུད་དུ་སྐུ་འཁྲུངས། རབ་ཏུ་བྱུང་བའི་མཚན་ལ་ཚུལ་ཁྲིམས་རྒྱལ་བ་དང་། འདུལ་བ་མཁས་པར་མཁྱེན་པས་འདུལ་འཛིན་པར་ཡང་གྲགས། རྒྱ་གར་དུ་སློབ་གཉེར་ལ་ཕྱིན་པ་ན་རྒྱ་བརྩོན་འགྲུས་སེང་གེས་མགོ་གཉེར་མཛད་དེ་ཇོ་བོ་ལ་སོགས་པའི་པཎྜི་ཏའི་ས་ནས་ཆོས་མང་དུ་གསན་པ་དང་། རྒྱ་བརྩོན་འགྲུས་སེང་

གེ་ལ་མཛོན་པ་གསན། སླར་བོད་དུ་ཕེབས་པ་ན་ལྷ་བླ་མ་བྱང་ཆུབ་འོད་ཀྱི་བཀའ་བཞིན་རབ་བྱུང་དང་པོའི་མེ་གླང་(སྤྱི་ལོ1037)ལོར་འདི་ཉིད་འཁོར་ལྔ་དང་བཅས་ཕྱག་རྟེན་གསེར་སྲང་སུམ་ཅུ་སོ་གཉིས་དང་། གསེར་ཡིང་པ་གཅིག་བསྐུར་བ་རྣམས་བསྣམས་ཏེ་རྒྱ་གར་དུ་ཇོ་བོ་རྗེ་གདན་འདྲེན་པར་ཕེབས། ཇོ་བོ་རྗེ་ལོ་བཅུ་དགུའི་བར་ཚུལ་བཞིན་དུ་བསྟེན་ཅིང་། མཐར་ནག་ཚོས་བི་ཀྲ་མ་ལ་ཤཱི་ལའི་གནས་བརྟན་ལ། ཇོ་བོ་རྗེ་བོད་དུ་ལོ་གསུམ་བཞུགས་ནས་རྒྱ་གར་དུ་ཕར་གདན་དྲང་རྒྱུའི་མནའ་དམ་ཕུལ་ཏེ་བོད་དུ་གདན་དྲངས། འདི་ཉིད་ཀྱིས་ཇོ་བོ་སྤྱན་དྲངས་ནས་བོད་ཁམས་ལ་བཀའ་དྲིན་ཆེ་བས་སྐབས་དེར་བོད་སྟོན་ཐམས་ཅད་ཀྱིས་འདི་ཉིད་ལ་སློབ་དཔོན་ཞེས་བརྗོད། ནག་ཚོ་སྐྱེ་ཐང་ནས་མངའ་རིས་སུ་འབྱོན་ཁར་ཇོ་བོས་བསླབ་བྱ་མང་པོ་མཛད་པ་དང་དམ་ཚིག་གསུམ་བཀོད་ཀྱི་སྐུ་ཕྱག་ཏུ་བཟུང་ནས་བྱིན་རླབས་མཛད། འདུལ་བའི་མདོ་རྩ་དང་། གསང་འདུས་རྒྱུད་དཔེ། སྤྱན་རས་གཟིགས་ཀྱི་སྒྲུབ་ཐབས་སྐོར་སོགས་སྤྲས་ཆོས་ཉི་ཤུ་གནང་། དེ་རྗེས་ཇོ་བོ་རྗེས་ལུང་བསྟན་པ་བཞིན་སྒྲུབ་པ་མཛད་པས་ཉམས་རྟོགས་ཁྱད་པར་ཅན་འཁྲུངས་པར་གྲགས། མཐར་རབ་བྱུང་དང་པོའི་ཤིང་འབྲུག(སྤྱི་ལོ1064)ལོར་སྐུ་གཤེགས།

འདི་ཉིད་ཀྱི་འགྱུར་ལ། མདོ་མང་སྐོར་ལས། མ་ག་དྷ་བཟང་མོའི་རྟོགས་བརྗོད། འཕགས་པ་སྒྲོལ་མ་ཀུ་རུ་ཀུ་ལླེའི་རྟོགས་པ་ལེའུ་ལྔ། དཔལ་ཡེ་ཤེས་རྡོ་རྗེ་ཀུན་ལས་བཏུས་པ་རབ་བྱེད་བཞི་བཅུ་རྩ་གཅིག་པ་སོགས་དང་། བསྟན་འགྱུར་ལས། བདུད་བཏུལ་བ་ལ་བསྟོད་པ། ཆོས་དབྱིངས་བསྟོད་པ། དཔེ་མེད་པར་བསྟོད་པ། འཇིག་རྟེན་ལས་འདས་པར་བསྟོད་པ། སེམས་ཀྱི་རྡོ་རྗེའི་བསྟོད་པ། དོན་དམ་པར་བསྟོད་པ། སྐུ་གསུམ་ལ་བསྟོད་པ། དགེ་བ་རྡོ་རྗེའི་དཀའ་འགྲེལ་རྣལ་འབྱོར་རིན་པོ་ཆེའི་ཕྲེང་བ་ཞེས་བྱ་བ་སོགས་མང་ངོ་།

གནམ་ལྡེ་འོད་སྲུངས། (མངའ་བདག་འོད་སྲུངས་ཀྱང་ཞུ) འདི་ཉིད་ཡབ་གླང་དར་མ་འུ་དུམ་བཙན་དང་ཡུམ་བཙུན་མོ་ཚུན་མ་ཚེ་སྤོང་བཟའ་གཉིས་ཀྱི་སྲས་སུ་བོད་ཆུ་ཕག(སྤྱི་ལོ903)ལོར་ཡུམ་བུ་བླ་སྣང་དུ་སྐུ་འཁྲུངས་ཞེས་དང་། བོད་ཆུ་ཕྱི(སྤྱི་ལོ842)ལོར་འཁྲུངས་སོགས་གསུང་ཚུལ་མི་འདྲ་བ་མང་ཙམ་མཆིས། སྐུ་ཆུང་ངུའི་དུས་ཡབ་ཀྱི་བཙུན་མོ་ཆེན་མ་སྣ་ནམ་བཟས་གསོད་དམ་འཕྲོག་པར་དོགས་ནས་མཚན་མོར་མར་མེའི་འོད་དང་མ་བྲལ་བར་བསྲུངས་པས་མཚན་དེ་ལྟར་ཆགས་སྐད། མངའ་བདག་འདི་སྐུ་ནར་མ་སོན་ཡང་རྒྱལ་སྲིད་ལ་དབང་བསྒྱུར་ཞིང་། བློན་པོ་དགུ་ཁྲི་ཐོག་སྒྲ་དང་། ཇོག་དཔལ་གསུམ་སྒྲོ་ཆེ། ཇོག་རྒྱལ་ཏོ་རེ་རྒྱལ་རྣམས་ཀྱིས་བྱས། རྒྱལ་པོ་འདིའི་སྐུ་དུས་སུ་ཡབ་ཀྱིས་བསྟན་པ་བསྣུབས་པའི་བྱ་བ་དེ་མཚམས་འཛོག་ཐུབ་པ་དང་། རྗེན་གྱི་སྤྱན་སྔར་སྐྱབས་འགྲོ་ཁས་བླངས་ནས་དཀོན་མཆོག་གསུམ་ལ་མཆོད་པ་བྱས། ཇོ་བོ་རྣམ་གཉིས་དང་། བྱམས་མགོན་རྣམས་ས་འོག་ནས་བཏོན་ཏེ་རང་རང་གི་ཁྲི་ལ

བཞུགས་སུ་གསོལ་ནས་མཆོད་པའི་རྒྱུན་བཙུགས། ལྷ་ཁང་ཞིག་པ་རྣམས་སྐྱར་གསོས། དེ་སྐབས་ཐང་དམག་གིས་བོད་ཀྱི་ཤར་ཕྱོགས་དང་བྱང་ཕྱོགས་ཀྱི་ས་ཆ་དབང་དུ་བསྡུས། དེ་ནས་འོད་སྲུངས་དང་ཡུམ་བརྟན་གཉིས་མངའ་རིས་ལ་མ་འཆམ་པར་འཁྲུག་ལོང་ཆེན་པོ་བྱུང་སྟེ་འོད་སྲུངས་ཀྱིས་གཡུ་རུ་དང་། ཡུམ་བརྟན་གྱིས་དབུ་རུ་བཟུང་། དེའི་ཕྱོགས་བོད་ཡུལ་ཐལ་ཆེར་ལ་ཁྲབ་སྟེ་ཡུལ་གྲུ་རེ་རེར་ཡང་ཆེ་སྲིད་ཆུང་སྲིད་མང་ཚན་ཞུང་ཚན་གསེར་པ་གཡུ་པ་ཤ་ཟན་རུམ་ཟན་ཞེས་སྡེ་གཉིས་སུ་ཆད་དེ་རྫོད། མཐར་འབངས་གྱེན་ལོག་བྱུང་ནས་བཙན་པོའི་བང་སོ་བྲུས་པ་སོགས་བོད་སིལ་བུར་གྱུར། ལོ་རྒྱུས་དེབ་ཐེར་མང་ཆེ་བའི་ནང་དར་མ་ཕ་སྤད་གསུམ་ལ་བསོད་ནམས་ཟད་པའི་རྒྱལ་པོ་ཞེས་གྲགས་སོ། འོད་སྲུངས་ཀྱིས་ཙོག་རོ་བཟའ་རྒྱལ་མོ་ཁབ་ཏུ་བཞེས་པར་སྲས་དཔལ་འཁོར་བཙན་སྐུ་འཁྲུངས། མཐར་འོད་སྲུངས་དགུང་ལོ་རེ་གསུམ་པ་བོད་ཤིང་གླང་(སྤྱི་ལོ905འམ965བཞེད་ཚུལ་མི་གཅིག)ལོར་སྐུ་གཤེགས་ཞེས་དང་། དགུང་ལོ་སོ་དགུ་པ་བོད་ཤིང་སྦྲུལ་(སྤྱི་ལོ945)ལོར་སྐུ་གཤེགས་སོགས་གསུང་ཚུལ་མི་འདྲ་བ་མཆིས། འོད་སྲུངས་ཀྱི་བང་སོ་ནི། འོད་སྲུངས་གྲལ་ནི་འཕྲུལ་རྒྱལ་རྒྱབ་ན་ཡོད། མིང་ནི་སྐྱིས་བུ་ལྷ་བརྟེན་བྱ་བ་ལགས། དེ་ནི་བཙན་པོའི་བང་སོ་མཐའ་མ་ཡིན་ཞིང་། དེ་ནས་བཟུང་བཙན་པོའི་བང་སོ་བརྩིགས་པའི་སྲོལ་ཡང་ནུབ་སྐད།

རྣལ་འབྱོར་ཆེན་པོ་ཨ་མེས། (འདི་ཉིད་ཀྱི་མཚན་ཆ་ཚང་ལ་ཨ་མེས་བྱང་ཆུབ་འབྱུང་གནས་སམ་བྱང་ཆུབ་རིན་ཆེན་ཞུ) བོད་ཤིང་ཡོས(སྤྱི་ལོ1015)ལོར་མདོ་སྨད་ཙོང་ཁར་སྐུ་འཁྲུངས། རྗེ་བོའི་སློབ་མ་བདེན་གཉིས་ལ་ཤིན་ཏུ་མཁས་པ་ནི་རྣལ་འབྱོར་ཆེན་པོ་ཡིན་ཞིང་། དེས་གྲོ་ལུང་པ་དང་སྤྱན་སྔ་བ་ལ་གསུངས། དགེ་བཤེས་སྟོན་པས་གདན་དྲངས་པ་ལྟར་འདི་ཉིད་བྱང་དུ་ཕེབས། རབ་བྱུང་དང་པོའི་ཤིང་སྦྲུལ(སྤྱི་ལོ1065)ལོར་བཀའ་གདམས་བསྟན་པའི་ཆུ་འགོ་ར་སྒྲེང་གི་གདན་ས་བསྐྱངས། རབ་བྱུང་དང་པོའི་ས་རྟ(སྤྱི་ལོ1078)ལོར་རྣལ་འབྱོར་པ་ཆེན་པོ་འདས་ནས་གདན་ས་འཛིན་དགོན་པ་བ་དབང་ཕྱུག་རྒྱལ་མཚན་གྱིས་བསྐྱངས།

སྣར་ཐང་པ་ཉི་མ་རྒྱལ་མཚན། མཁན་ཆེན་འདི་ཉིད་སྣར་ཐང་གི་ཕུའི་སྟེང་གཙ་ཁ་རེར་རབ་བྱུང་བཞི་པའི་ཤིང་བྱ(སྤྱི་ལོ1225)ལོར་སྐུ་འཁྲུངས། སྐུ་གཞོན་ནུ་ནས་རབ་ཏུ་བྱུང་། འབྲོམ་སྐྱ་མ་ར་ལས་གླེགས་བམ་ཆ་ལག་དང་བཅས་པ་གསན། ཁྱད་པར་མཆིམས་དང་སྐྱོ་སྟོན་པ་གཉིས་ནས་གདམས་པ་ཡོངས་སུ་རྫོགས་པའི་བཀའ་དྲིན་མནོས། ས་ཁྱི(སྤྱི་ལོ1298)ལོར་སྣར་ཐང་གདན་ཁྲིར་ཕེབས། ཚུལ་ཁྲིམས་སྡུག་བཀྲུས་བསྒྲིམས། ཆོས་ཁྲིམས་དམ་པར་མཛད། གདན་ས་ལོ་བདུན་བསྐྱངས་ནས་དགུང་ལོ་བརྒྱད་ཅུ་གྱ་གཅིག་བཞེས་པ། རབ་བྱུང་ལྔ་པའི་ཤིང་སྦྲུལ(སྤྱི་ལོ1305)ལོར་སྐུ་མྱ་ངན་ལས་འདས།

སྐྱེའུ་ཟུར་པ་ཡེ་ཤེས་འབར། འདི་ཉིད་དགོན་པ་བའི་བུ་ཆེན་ཡིན་ཞིང་། རབ་བྱུང་དང་པོའི་ཆུ་རྟ(སྤྱི་

ལོ1042）ལོར་སྐོར་ཐོད་པ་ཞེས་བྱ་བར་སྐུ་འཁྲུངས། གཞོན་ནུ་ནས་བྲག་རྒྱབ་པའི་བཙུན་པ་བྱས། མཚན་ཡེ་ཤེས་འབར་གསོལ། དེ་དུས་རང་ནས་སྐྱེ་བས་ཐོབ་པའི་ཏིང་ངེ་འཛིན་ལེགས་པར་འཁྲུངས། དགུང་ལོ་ཉི་ཤུ་རྩ་དྲུག་ལ་ཕེབས་སྐབས་རྣ་སྙིང་དུ་དགོན་པ་བ་མཇལ་དུ་ཕྱིན། དང་པོར་ཁ་འབར་མའི་གཏོར་མ་ཞིག་བསླབས་ནས་ང་ཡང་ཇོ་བོ་དང་མཇལ་བའི་དུས་སུ་དང་པོར་འདི་གནང་བ་ཡིན་གསུངས། ཇོ་བོའི་གདམས་པ་སྣ་ཚང་བར་ཐུགས་ལ་བཏགས། ལན་ཅིག་ཕྱག་སོར་གསུམ་གྱིས་མགོ་ལ་བྱིན་རླབས་མཛད་པས་དབུ་ལ་ཕྱག་སོར་གསུམ་པོ་ཐིམ་པའི་ཤུལ་སྐྱོང་ལོག་གེ་བ་ཇི་སྲིད་འཚོའི་བར་དུ་ཡོད། ཡི་དམ་དུ་རྗེ་བཙུན་མི་གཡོ་བ་གནང་ནས་དེའི་བསྙེན་པ་མང་དུ་མཛད་པས་ཞལ་ཡང་ལེགས་པར་གཟིགས། དེར་མ་ཟད་དགོན་པ་བའི་གདམས་པ་ལ་བརྟེན་ནས་དམ་ཚིག་གསུམ་གྱི་རྒྱལ་པོའི་གདམས་པ་མཛད་པས་ཀྱང་སངས་རྒྱས་དང་བྱང་ཆུབ་སེམས་དཔའ་མང་པོའི་ཞལ་གཟིགས། དགོན་པ་བ་གཤེགས་ནས་པོ་ཏོ་བ་ལ་བསྟེན། པོ་ཏོ་བ་གྲྭ་པ་མང་པོ་སྐྱོང་ཞིང་སྟག་ལུང་དུ་བཞུགས་པའི་ཚེ་དགེ་སློང་བཅུ་ལྷག་ཙམ་ལ་ཀླུའི་ནད་བྱུང་བ་ཁྱོད་ཀྱིས་གསོས་གསུངས་པ། སྣེའུ་ཟུར་པས་ལེགས་པར་བཅོས། ཕྱིས་སྣེའུ་ཟུར་དུ་དགོན་པ་མཛད་དེ་བཞུགས་པ་ན་དད་པ་ཅན་མང་དུ་ལྷགས། ཚ་རོང་གི་ཇོ་སྟན་ནག་པོ་དང་། ཀྭ་བ་དར་སེང་ལ་སོགས་པའི་འདུལ་བ་འཛིན་པ་ཆེན་པོ་མང་པོས་ཀྱང་ཞབས་ལ་གཏུགས། ཏིང་ངེ་འཛིན་ཤིན་ཏུ་བརྟན་པས་རྗེ་བཙུན་མི་ལ་དང་ཡང་མཚན་ཐོས་པའི་གྲོགས་པོ་ཡིན་ཟེར། མི་མང་པོ་ལམ་གྱི་རིམ་པས་ཁྲིད་པས་ཀྱང་བསྐུར་དུ་བཏུབ་བར་བྱུང་། ལམ་རིམ་གྱི་དབུ་ནི་འཁོར་བ་འཇུག་ལྡོག་ནས་མཛད། བསྟན་པའི་རིམ་པ་རྒྱས་པར་གསུངས་པ་ལ་སློབ་མས་ཟིན་བྲིས་བྱས་པ་ཡང་མང་དུ་ཡོད། དགེ་བའི་བཤེས་གཉེན་རིན་ཆེན་སྣང་བ་ཆེན་པོ། གཙང་སྟོན་ཟ་ཕྱི་གཉིས། གཉལ་པ་མི། བུར་པ་ཡུལ་སྨན། དཔལ་སྟོད་ཆུང་། མངའ་གསལ་ལྡན། མངའ་རིས་པ་བྱང་ཆུབ་དགེ་མཛེས། གཙང་རོང་པ་སྣུབས་སྒོམ་ལ་སོགས་པའི་ཚོགས་པ་སྟོང་ཕྲག་རེ་ཙམ་འདུས། མཐར་དགུང་ལོ་བདུན་ཅུ་རྩ་བདུན་པ་རབ་བྱུང་གཉིས་པའི་ས་ཁྱི（སྤྱི་ལོ1118）ལོར་སྐུ་གཤེགས། དགེ་བའི་བཤེས་གཉེན་ཆེན་པོ་འདི་དང་སྤྱན་སྔ་ནས་བརྒྱུད་པ་རྣམས་ལ་གདམས་ངག་པ་ཞེས་གྲགས་སོ།

པ་ཚབ་ཉི་མ་གྲགས། རབ་བྱུང་དང་པོའི་ཤིང་ལུག（སྤྱི་ལོ1055） ལོར་འཕན་ཡུལ་པ་ཚབ་སྟོད་དུ་སྐུ་འཁྲུངས། གཞོན་ནུའི་དུས་ཁ་ཆེར་ཕྱིན་ཏེ་སཛྫནའི་སྲས་གཉིས་ལ་སོགས་པའི་པཎྜི་ཏ་མང་པོ་ལ་ཆོས་ལོ་ཉི་ཤུ་རྩ་གསུམ་གསན་སྦྱོང་མཛད། བོད་དུ་ཕེབས་རྗེས་སུ་ཧྲངས་པའི་དགེ་འདུན་སྤྱིས་གཡུ་བོ་ཆེ་ཕག་སྐྱར་ཟེར་བ་ཞིག་ཕུལ་ནས་གང་བ་སྤེལ་གྱིས་མཛད་པའི་མཛོད་ཀྱི་འགྲེལ་པ་བསྒྱུར་བར་ཞུས་པ་བཞིན་བསྒྱུར། འཕན་ཡུལ་དུ་དབུ་མའི་འཆད་ཉན་ལེགས་པར་ཚུགས་ཏེ་སློབ་མ་མང་དུ་བསྐྱངས། སློབ་དཔོན་ཟླ་བས་མཛད་པའི་རྩ་འཇུག་གཞི་གསུམ། རིག་པ་དྲུག་ཅུ་པ་རྣམས་ཀྱི་འགྲེལ་པ་ལེགས་པར་བསྒྱུར།

ཕྱིས་ར་མ་ཆེར་པཎྜི་ཏ་ཀ་ན་ཀ་ཤྲཱི་དང་ལྷན་ཅིག་ཏུ་ཡུལ་དབུས་ཀྱི་དཔེ་དང་མཐུན་པར་བཅོས། སློབ་དཔོན་ཟླ་བས་མཛད་པའི་སྟོང་ཉིད་བདུན་ཅུ་པའི་འགྲེལ་ཆེན་ཕར་ཨ་ཧྭ་ཡ་དང་། སྤུར་རྒྱ་གྲགས་ཀྱིས་བསྒྱུར་བ་དེའི་ཁྲིད་ནས་བམ་པོ་གཉིས་ལྷག་ཙམ་པཎྜི་ཏ་མུ་དི་ཏ་དང་ལྷན་དུ་བསྒྱུར་བཅོས་པ་དང་། གསང་འདུས་འགྲེལ་པ་སྒྲོན་གསལ་གྱི་བསྒྱུར་བཅོས་ཀྱང་ཡང་དག་པ་མཛད། འདུས་པའི་སྐོར་མང་པོ་བསྒྱུར་བ་དང་འཆད་ཉན་ཡང་མཛད། སློབ་མ་རྣམས་ཀྱི་ནང་ནས་གཙང་པ་སར་སྦྱིས། རྨ་བྱ་བྱང་ཆུབ་ཡེ་ཤེས། དར་ཡོན་ཏན་གྲགས། ཞང་ཐང་སག་པ་ཡེ་ཤེས་འབྱུང་གནས་བཅས་ལ་སྤྱི་ཚབ་ཀྱི་བུ་བཞིར་གྲགས། དེ་བཞིན་བཙན་ཐང་པ་རྒྱལ་བ་དཔལ་ལ་སོགས་པའི་སློབ་མ་མང་པོ་བྱུང་ཞིང་དབུ་མ་ཤིན་ཏུ་དར་བར་མཛད་པ་བཅས་སོ།

ཕ་ཧྥ་བ་རིན་ཆེན་གསལ། རྗེ་འདི་ཉིད་འབྲོམ་གྱི་དངོས་སློབ་བཀའ་གདམས་སྐུ་མཆེད་གསུམ་དུ་གྲགས་པའི་ཡ་གྱལ་ཡིན། ཡབ་སྤྱིན་པོ་དང་ཡུམ་ལེ་མོ་གཉིས་ཀྱི་སྲས་སུ་འཕན་ཡུལ་སྲུས་ཀྱི་བའོ་ཐང་དུ་རབ་བྱུང་དང་པོའི་ལྕགས་ལུག（སྤྱི་ལོ1031）ལོར་སྐུ་འཁྲུངས་ཞེས་དང་། མེ་ཡོས（སྤྱི་ལོ1027）ལོར་འཁྲུངས་ཞེས་གསུང་ཚུལ་མི་འདྲ་བ་མཆིས། སྐུ་ཆུང་དུས་ནས་བྱམས་དང་སྙིང་རྗེ་ཆེ་ཞིང་ཆོས་ལ་མཆོག་ཏུ་དད་པ་ཞིག་ཡོད། སྟོན་གྱི་བག་ཆགས་ཀྱི་མཐུས་རབ་ཏུ་བྱུང་བར་འདོད་པས་ཡབ་ཡུམ་གཉིས་ཀྱིས་ཀྱང་ཐུགས་བསྐངས་ཏེ་ཡེ་པ་བ་རྗོག་བྱང་ཆུབ་འབྱུང་གནས་ཀྱིས་མཁན་པོ་དང་། སླན་ཚུལ་བྱང་སློབ་དཔོན་དུ་བསྟེན་ནས་རབ་ཏུ་བྱུང་སྟེ་མཚན་རིན་ཆེན་གསལ་ཞེས་གསོལ། དེ་ནས་བཀའ་གདམས་པའི་ཆོས་སྐྱོད་རྣམས་སྤྱངས་ཤིང་། བསླབ་ཁྲིམས་དག་རང་གི་མིག་འབྲས་བཞིན་བསྲུངས། ཁུ་སྟོན་སོགས་མཁས་པ་མང་པོ་བསྟེན་ནས་སྡེ་སྣོད་གསུམ་ལ་སྦྱངས་ཏེ་མཁས་པའི་རྩལ་ཐོན། དེ་རྗེས་འབྲོམ་སྟོན་གྱི་སྤྱན་སྔར་ཕྱིན་ནས་བསམ་སྦྱོར་གཉིས་ཀྱིས་ཚུལ་བཞིན་དུ་བསྟེན་ནས་ལོ་ངོ་བདུན་ཙམ་བཞུགས་སྐབས། བླ་མ་འདས་རྗེས་ཡུན་རིང་སྒྲུབ་པ་ཉམས་ལེན་འབའ་ཞིག་མཛད། དགུང་ལོ་ལྔ་བཅུ་རྩ་གཅིག་ནས་བཟུང་བཀའ་གདམས་གཞུང་དྲུག་གི་འཆད་ཉན་མཛད་དེ་གཞུང་པའི་སྲོལ་གཏོད། ཚོགས་པ་རྒྱུན་དུ་རྗེས་སུ་འབྲང་བ་སྟོང་ཕྲག་ལྷག་པ་རེ་འདུས། ཇོ་བོའི་ཆོས་འབའ་ཞིག་གཙོ་བོར་འཛིན། བསྟན་བཅོས་ཤིན་ཏུ་མང་བ་གསུངས་ཤིང་། བཤད་པ་མཛད་པ་ན་ཚིག་གཅིག་ཀྱང་ཕྱིར་མ་ལུས་པར་ཉམས་ལེན་ཁོ་ན་དང་སྦྱར་ནས་འཆད། སྐུ་ཚེའི་སྨད་ལ་པོ་ཏོ་དགོན་པ་ཕྱག་བཏབ་པས་དགེ་བཤེས་པོ་ཏོ་བ་ཞེས་གྲགས། བཀའ་གདམས་ཟེར་བའི་སྒྲ་བོ་ཆེ་དེ་ཡང་ཁོང་གི་རིང་ནས་གྲགས་པ་ཡིན་ཟེར། རབ་བྱུང་གཉིས་པའི་ཤིང་བྱ（སྤྱི་ལོ1105）ལོར་སྐུ་གཤེགས། སློབ་མ་དག་གིས་བླ་མ་འདི་ཉིད་ཀྱི་གསུང་སྒྲོས་བསྒྲིགས་ཏེ་འགྲེལ་པ་སྦྱར་བ་ལ་བེའུ་བུམ་སྔོན་པོ་ཞེས་ཟེར།

ཁོང་ལ་སློབ་མ་མང་དུ་ཡོད་པ་ལས། གཙང་ན་རམ་སྣང་གཉིས། གཙང་སྟོད་ན་བྱ་ཡུལ་གཉིས།

གཉལ་གྱི་སླང་གཉོས་གཉིས། ཇོ་ལ་ན་འབེ་རོག་གཉིས་ཏེ་ཆེན་པོ་བརྒྱད་དང་། སླང་ཐང་པ་དང་ཤར་པ་ལ་དབུས་ཀྱི་ཀ་ཆེན་ཟེར་ཞིང་། ཕོང་རྣམས་ནི་གཙོ་བོའི་སློབ་མ་རྣམས་སོ།

པྲ་ལ་རྣམ་གསུམ། ས་རྒྱ་པྲ་ལ་དང་། གུ་ཧ་པྲ་ལ། པྲཛྙཱ་པྲ་ལ་བཅས་གསུམ་པོ་པཎྜི་ཏ་རྣམ་པྲ་ལ་བོད་དུ་གདན་འདྲེན་སྐབས་ལྷན་དུ་ཕེབས། དེ་དག་ལས་ཞང་ཞུང་བ་རྒྱལ་བའི་ཤེས་རབ་ཀྱིས་སྡོམ་པ་བླངས། དེའི་སློབ་མ་དཔལ་འཁོར་དང་ཞང་མོ་ཆེ་བ་བྱང་ཆུབ་སེང་གེ་ལ་སོགས་པ་ནས་བརྒྱུད་དེ་མཆེད་པ་རྣམས་ལ་འདུལ་བ་སྟོད་འདུལ་དུ་གྲགས་སོ།

པཎྜི་ཏ་བཻ་རོ་ཙ་ན་རཀྵི་ཏ། འདི་ཉིད་ཡབ་རྒྱལ་པོ་སཙན་དང་ཡུམ་སྐལ་བ་བཟང་མོ་གཉིས་ཀྱི་སྲས་སུ་རྒྱ་གར་ལྷོ་ཕྱོགས་ཀོ་ས་ལའི་གྲོང་ཁྱེར་སོ་མ་པུ་རི་ར་སྐུ་འཁྲུངས། དགུང་ལོ་བཅུ་གཉིས་ལ་ཕེབས་སྐབས་ཞང་པོ་མུ་སྟེགས་པའི་པཎྜི་ཏ་ཞིག་ཡོད་པ་དེའི་ཕྱིར་འབྲངས་ཏེ་སློབ་གཉེར་མཛད། དེ་ནས་རྒྱ་གར་ནུབ་ཕྱོགས་དང་ཤར་ཕྱོགས་སོགས་ས་ཆ་མང་པོར་ཕྱིན་ཏེ་བླ་མ་མང་དུ་བསྟེན་ནས་འཇམ་དཔལ་དཔའ་བོ་གཅིག་པ་དང་། ཨ་མ་ན་སི། ཇོ་ཏ། དགྱེས་པ་རྡོ་རྗེའི་གདམས་ངག་དང་བཅུད་ལེན་གྱི་མན་ངག ཕ་རོལ་ཏུ་ཕྱིན་པ། དབུ་མ་རིགས་ཚོགས། ཕ་རྒྱུད་གསང་འདུས་ལ་སོགས་པའི་ཆོས་མང་དུ་གསན་ནས་མཁྱེན་པ་ཆེན་པོར་གྱུར་ཀྱང་གསང་ཞིང་ཁེངས་སྐྱུང་པོན་མཛད། ཡུལ་ཉི་ཤུ་རྩ་བཞི་ལས་མ་ཕྱིན་པ་དབུ་རྒྱན་ལས་མེད། དེ་ནས་བོད་དུ་ཕྱིན་ཏེ་རྒྱལ་པོའི་མཆོད་གནས་བཅོལ། དེ་ལྟར་བོད་དུ་ལན་ལྔ་ཕྱིན་ཏེ་དབུས་གཙང་གི་ས་ཆ་སྟོད་སྨད་མང་པོར་ཕེབས། འཕན་ཡུལ་གྱི་རྒྱལ་དུ་ཡུན་རིང་བཞུགས། ཇོ་ཏ་ལ་སོགས་པའི་འགྱུར་ཡང་མཛད། ཇོ་ཏ་སྐོར་གསུམ་ག་འདིའི་ཆོས་ཡིན། འདི་ཉིད་ཀྱི་སློབ་མ་སྟོད་དུ་སྤྲུལ་སྐུ་ཟླ་བ་འོད་ཟེར། གཙང་དུ་རིན་པོ་ཆེ་རྒྱལ་ཚ། དབུས་སུ་ཞང་རིན་པོ་ཆེ་སོགས་ཡོད། གྲུབ་ཐོབ་ཆེན་པོ་འདི་ཉིད་མཐར་འོན་གྱི་སྐྱང་ཁར་མྱ་ངན་ལས་འདའ་བའི་ཚུལ་བསྟན་ཏོ།

པཎྜི་ཏ་སྨྲྀ་ཏི་ཛྙཱ་ན། (བོད་སྐད་དུ་དྲན་པའི་ཡེ་ཤེས་གྲགས་པ་ཞུ) སྤྱི་ལོའི་དུས་རབས་བཅུ་པའི་ནང་བལ་པོ་ལོ་ཙཱ་བ་པདྨ་རུ་ཙེ(ཙ་རུ་ཙེ་ཞེས་པའང་སྣང) བྱ་བས་འདི་དང་པཎྜི་ཏ་ཐྲ་ལ་རིང་བ་གཉིས་རྒྱ་གར་ནས་བོད་དུ་སྤྱན་དྲངས། ལམ་བར་དུ་ལོ་ཙཱ་བ་ཕོ་ལོག་ན་ནས་འདས། པཎྜི་ཏ་གཉིས་ཀྱིས་བོད་སྐད་མ་ཤེས་པས་ཡུན་རིང་མོར་འཁྱམས་ཤིང་། སྨྲྀ་ཏིས་གཙང་ཏ་ནག་ཏུ་ཡུན་རིང་ལུག་རྫི་མཛད་པ་སོགས་འོ་བརྒྱལ་ཆེ་བ་བྱུང་། ཕྱིས་སུ་དཔྱལ་ལོ་ཙཱ་བ་བསོད་ནམས་རྒྱལ་མཚན་གྱིས་སྨན་ལུང་དུ་སྤྱན་དྲངས་ཏེ་ཆོས་ཞུས། མཐར་ཁམས་སུ་ཕྱིན་ཏེ་བཞུགས་ཤིང་བོད་སྐད་མཁས་པར་འགྱུར་ནས་རྒྱ་དཔེ་མང་པོ་ཞིག་བོད་ཡིག་ཏུ་བསྒྱུར། 《སྨྲ་སྒོ་མཚོན་ཆ》ཞེས་པ་དེའང་འདི་ཉིད་ཀྱིས་བརྩམས་པར་གྲགས་ཤིང་། དེ་ནི་སྨྲ་རིག་པའི་བསྟན་བཅོས་ཤིག་ཡིན་པ་དང་། ཕྱིས་བྱུང་གི་མཁས་པ་རྣམས་ཀྱིས་བརྩམས་པའི་སུམ་རྟགས་སོགས་སྒྲ་རིག་པའི་གཞུང་ལུགས་ཁག་ནང་འདིའི་ནང་ནས་ལུང་མང་པོ་དྲངས་ཡོད། དེ་བཞིན་བོད་ཀྱི་

ལོ་རྒྱུས་ཆོས་འབྱུང་ནང་བོད་རྒྱལ་སྲོང་བཙན་སྒམ་པོའི་སྐབས་རྒྱ་གར་གྱི་སློབ་དཔོན་ཀུ་སཱ་ར་སོགས་གདན་དྲངས་ནས་གསང་སྔགས་ཀྱི་ཆོས་མང་པོ་བསྒྱུར་བ་དང་། དེ་རྗེས་ཁྲི་སྲོང་སྐབས་སློབ་དཔོན་པདྨ་དང་པཎ་ཆེན་བི་མ་ལ་མི་ཏྲ་སོགས་ཀྱིས་གསང་སྔགས་ཀྱི་ཆོས་མང་པོ་བསྒྱུར་བ། དེ་ནས་དུས་རབས་བཅུ་པའི་དུས་མཇུག་ཏུ་པཎྜི་ཏ་སྨྲི་ཏི་ཡན་ཆོད་དུ་བསྒྱུར་བའི་གསང་སྔགས་ཀྱི་ཆོས་རྣམས་ལ་གསང་སྔགས་རྙིང་མའི་ཐ་སྙད་དུ་བྱེད་ཅེས་འཁོད།

འདི་ཉིད་ཀྱི་འགྱུར་ལ། བཀའ་འགྱུར་ལས། དཔལ་ལྡན་བཞི་བའི་རྣམ་པར་བཤད་པའི་རྒྱུད་ཀྱི་རྒྱལ་པོ་རྣལ་འབྱོར་མ་ཐམས་ཅད་གསང་བ་ཞེས་བྱ་བ་ལེའུ་བརྒྱ་ལྷག་པ། ལྷ་མོ་བཞིས་ཡོངས་སུ་ཞུས་པ་ལེའུ་བཞི། བསྟན་འགྱུར་ལས། འཕགས་པ་མཚན་ཡང་དག་པར་བརྗོད་པའི་རྒྱ་ཆེར་འགྲེལ་བ་མཚན་གསང་སྔགས་ཀྱི་དོན་དུ་རྣམ་པར་ལྟ་བ་ཞེས་བྱ་བ། འཕགས་པ་འཇམ་དཔལ་གྱི་མཚན་ཡང་དག་པར་བརྗོད་པའི་གསང་བ་དང་ལྡན་པའི་སྒྲུབ་པའི་ཐབས། འཕགས་པ་འཇམ་དཔལ་གྱི་རབ་ཏུ་གནས་པའི་ཆོ་ག འཕགས་པ་འཇམ་དཔལ་གྱི་མཚན་ཡང་དག་པར་བརྗོད་པའི་གསང་བ་ལྡན་པའི་སྒྲུབ་པའི་ཐབས་ཀྱི་འགྲེལ་པ་ཡེ་ཤེས་གསལ་བ་ཞེས་བྱ་བ། སྒྲུབ་ཐབས་གསང་བ་ལྡན་པའི་ཐིག་གི་ཆོ་ག་སོགས་མང་ངོ་།

པཎྜི་ཏ་སྨྲྀ་ཏ་ལ། ལྷ་བླ་མ་ཡེ་ཤེས་འོད་ཀྱི་བཀའ་ལྟར་ལོ་ཆེན་རིན་བཟང་གིས་དུས་རབས་བཅུ་གཅིག་པའི་དུས་འགོ་ཙམ་ལ་རྒྱ་གར་ཤར་ཕྱོགས་ཀྱི་པཎྜི་ཏ་སྨྲྀ་ཏ་པ་ལ་མངའ་རིས་སུ་གདན་དྲངས། འདུལ་བའི་བཤད་པ་དང་ལག་ལེན་རྒྱ་ཆེར་སྤེལ་ནས་སྟོད་ཁུལ་དུ་འདུལ་བ་བརྒྱུད་སྤེལ་མཛད། འདི་ཉིད་ལས་རབ་ཏུ་བྱུང་བ་མང་པོ་བསྙེན་པར་རྫོགས་ཤིང་། ཁྱད་པར་དུ་མཁན་བུ་ས་དྷུ་པཱ་ལ་དང་། གུ་ཎ་པཱ་ལ། པྲཛྙཱ་པཱ་ལ་བཅས་ལ་པཱ་ལ་རྣམ་གསུམ་དུ་གྲགས།

དཔལ་འཁོར་བཙན། ཡབ་གནམ་ལྷེ་འོད་སྲུངས་དང་ཡུམ་ཅིག་རོ་བཟའ་རྒྱལ་མོ་གཉིས་ཀྱི་སྲས་སུ་བོད་ཤིང་བྱ (སྤྱི་ལོ925) ལོར་ཡར་ལུང་འཕང་ཐང་དུ་སྐུ་འཁྲུངས་ཞེས་དང་། བོད་ཆུ་སྦྲང (སྤྱི་ལོ893མམ953བཞེད་ཚུལ་མི་གཅིག) ལོར་འཁྲུངས་སོགས་གསུངས་ཚུལ་མི་འདྲ་བ་མཆིས། འདི་ཉིད་དགུང་ལོ་བཅུ་གསུམ་ལ་ཕེབས་སྐབས་ཡབ་འོད་སྲུངས་གཤེགས་པས་གཙང་གི་གྲོམ་པ་ལྷ་རྩེར་གཤེགས་རྫོང་ཆོས་འཁོར་རྒྱ་ཆེར་བསྐོར་བ་དང་དུས་མཚུངས་རྒྱལ་རྒྱུད་ཀྱི་ཁྲི་ལ་འཁོད། བློན་པོ་འབྲོ་སྟག་སྒྲ་ལྷ་སྣང་དང་། ཅང་འ་ཕོ་གཉིས་ཀྱིས་བྱས། དགུང་ལོ་བཅུ་དྲུག་པར་ཡབ་མེས་ཀྱི་བང་སོ་ལ་ཕྱིགས་ཚགས་བྱས་ནས་ཞ་བཙུགས། དེ་ནས་སྒྲོལ་ཕུའི་སྨན་ལུང་ལ་སོགས་པའི་གཙུག་ལག་ཁང་བརྒྱད་བཞེངས། གསུང་རབ་དང་བྲིས་སྐུ་ལ་སོགས་པ་བྱས། མེས་ཀྱི་སྤྱོད་པ་ལ་དམད་ཅིང་། ཆོས་ལ་གུས་པ་ཞིག་བྱུང་། འདི་ཉིད་དགུང་ལོ་ཉེར་དྲུག་ལ་ཕེབས་སྐབས་བོད་དུ་རབ་བྱུང་སོགས་ལས་ཀྱི་ཆོ་ག་དང་། ཀློག་པ་ཐོས་བསམ་གྱི་འགོ་ཚུགས་པས་བསྟན་པ་ཕྱི་དར་དབུ་བརྙེས། སྐུ་ཚེའི་སྨད་དུ་གཙང་དུ་ཕྱིན་ཏེ་གྲོམ་པ་ལྷ་རྩེའི་

ཐྲག་ལ་ཕོ་བྲང་མཛད་ནས་བཞུགས། མཐར་དགུང་ལོ་སོ་གཅིག་པར་གྲོམ་པ་ལྷ་རྩེར་སྟག་རྩེ་སྐྱ་གས་ཀྱིས་བཀྲོངས། དེ་ཡང་། མངའ་བདག་དཔལ་འཁོར་སྟག་རྩེ་སྐྱ་གས་ཀྱིས་བཀྲོངས། རྒྱུ་མཚན་སྐྱ་གས་ཕྱིད་གཙང་དུ་བཤུགས་པར་བྱས་པ་དང་། གཙང་གི་འབྲི་ཕྱིད་མར་ཡར་ལུངས་སུ་དབབ་པར་བྱས་པས་སོ། ཞེས་མཁས་པ་ལྡེའུའི་ཆོས་འབྱུང་ནང་གསལ། དཔལ་འཁོར་བཙན་གྱིས་བཙུན་མོ་གཉིས་ཁབ་ཏུ་བཞེས་པར། ཚུན་མ་མཆིམས་བཟའ་བཙུན་ནེ་ལ་གཅེན་ཁྲི་བཀྲ་ཤིས་བརྩེགས་པ་དཔལ་དང་། ཆེན་མ་སྣ་ནམ་བཟའ་ལེགས་བཙུན་ལ་གཅུང་སྐྱིད་ལྡེ་ཉི་མ་མགོན་གཉིས་འཁྲུངས་སོ།

དཔལ་ཆེན་འོད་པོ། འདི་ཉིད་ཡབ་ས་ཆེན་ཀུན་དགའ་སྙིང་པོའི་སྲས་སུ་རབ་བྱུང་གསུམ་པའི་ལྕགས་རྟ (སྤྱི་ལོ1150) ལོར་སྐུ་འཁྲུངས། ས་སྐྱའི་ཆོས་ལུགས་ལ་མཁས་པ་མ་ཟད། ལྷག་པར་དུ་གསོ་རིག་ལ་མཁས་པས་སྐུ་ཚེ་གང་པོར་སྨན་པ་མཛད་ནས་སྐྱེ་འགྲོ་མང་པོའི་དོན་མཛད། གསོ་རིག་གི་བསྟན་བཅོས་བརྒྱད་ཆུང་ཉི་མའི་འོད་ཟེར་ཞེས་པའང་ལྷུགས་རྩོམ་གནང་བར་གྲགས། མཐར་དགུང་ལོ་ང་བཞི་པ་རབ་བྱུང་གསུམ་པའི་ཆུ་ཕག (སྤྱི་ལོ1203) ལོར་སྐུ་གཤེགས།

སྤྱན་སྔ་གྲགས་པ་འབྱུང་གནས། ཡབ་ཀླངས་ཀྱི་གདུང་རྒྱུད་ཡོན་ཆེན་རྒྱལ་བ་སྐྱབས་དང་ཡུམ་འབྲོ་ཕྱོག་བཟའ་ཁྱེ་བྱུག་སྐྱིད་གཉིས་ཀྱི་སྲས་སུ་རབ་བྱུང་གསུམ་པའི་ཤིང་ལུག (སྤྱི་ལོ1175) ལོར་སྐུ་འཁྲུངས། རྗེ་འདི་སྐུ་གཞོན་ནུའི་དུས་འབྲི་གུང་སྐྱོབ་པ་འཇིག་རྟེན་མགོན་པོའི་ཞབས་ལ་གཏུགས་ཏེ་དགུང་ལོ་བཅོ་བརྒྱད་ནས་སོ་བཞི་བར་བླ་མ་དང་འབྲལ་མེད་དུ་གཟིམ་གཡོག་ཞུས་པས་སྤྱན་སྔ་བ་ཞེས་པའི་མཚན་ཡང་དེ་ནས་ཐོགས། ཕྱིས་ཀླངས་ཀྱི་གདུང་རྒྱུད་ཀྱིས་ཐེལ་གྱི་གདན་ས་འཛིན་པ་རྣམས་དང་། འབྲི་གུང་པའི་བླ་མའི་མཚན་གནས་ལྟ་བུར་གྱུར་ནས་སྤྱན་སྔ་ཞེས་བྱ་བའི་འབོད་སྲོལ་བྱུང་། བཀའ་རྒྱུད་བསྟན་པའི་ཆུ་འགོ་དཔལ་ཕག་མོ་གྲུ་པའི་ཐེལ་གྱི་གདན་ས་ཉག་ཕྲ་བར་གྱུར་སྐབས་འབྲི་གུང་སྐྱོབ་པས་སྤྱན་སྔ་གྲགས་པ་འབྱུང་གནས་ལ་གཟེངས་བསྟོད་དང་བཅས་རབ་བྱུང་བཞི་པའི་ས་འབྲུག (སྤྱི་ལོ1208) ལོར་ཕག་མོ་གྲུ་པའི་ཐེལ་གྱི་གདན་སར་བསྐོ་བཞག་གནང་བས་འཁོར་ལོ་གསུམ་གྱི་མཛད་པས་ཡར་རྒྱས་འཕྲན་ཟླ་དང་བྲལ་བ་བྱུང་། དེ་ནས་འབྲི་གུང་དུ་དཔོན་རིན་པོ་ཆེ་ཞི་བར་གཤེགས་པའི་གདུང་འབུལ་དུ་ཕེབས་དུས་གཙུག་རིན་པོ་ཆེ་དང་། འབྲི་གུང་གླིང་པ་སོགས་ཀྱིས་ཞུ་ནན་མཛད་པ་ལྟར་འབྲི་གུང་གི་གདན་ས་ཡང་འཛིན་སྐྱོང་གཅིག་ཚོགས་གནང་། དེར་བཞུགས་པའི་ལོ་བདུན་པ་ལྕགས་བྱི (སྤྱི་ལོ1240) ལོར་ཧོར་དམག་བོད་དུ་ལྷགས་ནས་ར་སྒྲེང་དང་རྒྱལ་ལྷ་ཁང་མེར་བསྲེགས་པ་དང་སོ་སྟོན་སོགས་སྐྱ་སེར་ལྔ་བརྒྱ་བསད། དེ་སྐབས་ཧོར་དམག་འདམ་དུ་སླེབས་པའི་ཁུར་བྱུང་བས་འབྲི་ཁུང་ཐེལ་གྱི་དགེ་འདུན་རྣམས་ཀྱང་འབྲོས་པར་བརྩམས་པའི་ཚེ་མི་འཇིགས་པའི་གསུང་གིས་དབུགས་ཕྱུང་ནས་བཞུགས། དེ་ཡང་ཐོག་མར་ཧོར་གྱི་དམག་དཔོན་མི་ལི་ཐྱི་བྱུང་བ། སྐུ་མཐོང་བ་ཙམ་གྱིས་དད་པ་སྐྱེས་ནས་ཕ་དང་བུའི་འདུ་ཤེས་

བྱུང་ནས་ཕྱིས་འབུལ་བ་སྐྱེལ་བར་ཁས་བླངས་ཏེ། མི་ཕྱུགས་གང་ལ་ཡང་གནོད་པ་མེད་པར་ཕྱིར་ལོག དེ་ནས་ཞག་ཉི་ཤུ་རྩ་བརྒྱད་ན་དོར་རྟས་དམག་དཔོན་བྱས་ནས་དམག་སླེབས་བྱུང་བ་ཡང་འདི་ཉིད་ཀྱིས་ཐབས་མཁས་ལ་བརྟེན་པས་ཞི་བ་ཆེན་པོར་གྱུར་ཏེ་དམག་རྣམས་ཚོང་པ་འགྲིམ་པ་བས་ཀྱང་འཇམ་ཞིང་ཁྱུ་ཚོ་མེད་པར་ལོག དེ་ཕྱིན་ཆད་སྟབས་ཉེས་རེ་ཙམ་མ་གཏོགས་མི་བསད་པ་དང་ལྷ་ཁང་བསྲེགས་པ་སོགས་ཆེར་མ་བྱུང་། བོད་ཁམས་སྤྱི་ལ་བཀའ་དྲིན་གྱིས་ཁྱབ་པར་མཛད། དེ་བཞིན་འབྲི་ཁུང་གི་སྡེ་ཡང་ཆེར་འཕེལ་ནས་ཁྲི་ཚོ་བཅོ་བརྒྱད་དུ་གྲགས་པ་ཡང་དུས་དེར་བྱུང་། རིན་པོ་ཆེ་ལས་བསྒྲུབས་པའི་སྒོམ་མངས་གཉིས་ཀྱང་བཞེངས། རྒྱ་གར་དང་བོད་ཀྱི་ལྷ་གདོང་པ་ལ་སོགས་པའི་དམ་པ་ཐམས་ཅད་ཀྱང་ཆོས་ཀྱིས་ཚིམ་པར་མཛད། མཐར་དགུང་ལོ་ཐུ་གཅིག་པ་རབ་བྱུང་བཞི་པའི་ཤིང་ཡོས(སྤྱི་ལོ1255)ལོའི་ཧོར་ཟླ་བཅུ་གཅིག་པའི་ཚེས་བཅོ་བརྒྱད་ལ་སྐུ་གཤེགས། གདུང་བཞུ་བས་རིང་བསྲེལ་དཔག་ཏུ་མེད་པའང་བྱོན། བུ་སློབ་རྣམས་ཀྱིས་ཀྱང་དགོངས་པ་རྫོགས་པའི་ཕྱིར་སྒོམ་མངས་ཁྱད་པར་ཅན་ཞིག་ཀྱང་བཞེངས། ཕྱིན་ཆད་ཀྱང་ཤིན་ཏུ་བཀྲ་ཤིས་པར་གྱུར་ཏོ།

བུ་སློབ་ཀྱང་རྒྱལ་བ་རིན་པོ་ཆེ། གཙང་རིན་པོ་ཆེ། རྒྱལ་བ་ཡང་དགོན་པ། རྒྱལ་སྲས་ཐོག་ཁ་བ། རིན་པོ་ཆེ་གྲགས་བསོད། རིན་པོ་ཆེ་གཏེར་རྒྱབ་པ། སྤྱན་སྔ་སྒོམ་མངས་པ། སྐྱེ་མདོ་ཐམས་ཅད་མཁྱེན་པ་ལ་སོགས་པ་མང་དུ་བྱོན་ནོ།

སྤྱན་སྔ་ཚུལ་ཁྲིམས་འབར། བཀའ་གདམས་སྐུ་མཆེད་གསུམ་གྱི་ཡ་རྒྱལ། འདི་ཉིད་ཡབ་དབས་ཤཱཀྱ་རྡོ་རྗེ་དང་ཡུམ་ལི་མོ་ཡེ་ཤེས་སྒྲོན་གཉིས་ཀྱི་སྲས་སུ་རབ་བྱུང་དང་པོའི་ས་སྟག(སྤྱི་ལོ1038)ལོར་ཉན་གྱི་སྣང་ར་སྣང་དུ་སྐུ་འཁྲུངས། ཆུང་ངུ་ནས་སྟོད་ལུང་དུ་མལ་ཤེས་རབ་སེམས་དཔའ་ལ་རབ་ཏུ་བྱུང་། དད་པ་ཡང་ཆེ་བར་ཡོད་པས། མལ་ན་རེ། ཁྱོད་ཅི་ནས་ཀྱང་ཆོས་བྱེད་ན་རྭ་སྒྲེང་དུ་འབྲོམ་གྱི་སར་སོང་ཟེར་བས། དགུང་ལོ་ཉི་ཤུ་པར་རྭ་སྒྲེང་དུ་བྱོན། འབྲོམ་གྱིས་འདི་ཉིད་ལ་སྟོང་པ་ཉིད་ཁོ་ན་ལེགས་པར་བསྒོམ་གསུངས་ཤིང་། ཇོ་བོའི་ཐུགས་ཀྱི་གདམས་པ་ཡང་མང་དུ་གནང་བས་སྤྱན་སྔ་བར་མཚན་ཐོགས། རྣལ་འབྱོར་ཆེན་པོའང་བསྟེན་ནས་བདེན་གཉིས་ཀྱི་ཁྲིད་ཀྱིས་ཆོས་ཀྱི་བདག་མེད་ཕྲ་མོ་ལ་འཁྲིད་པར་མཛད་དེ། བཀའ་གདམས་པའི་ནང་གསེས་གདམས་ངག་པའི་སྲོལ་གཏོད། གསང་སྔགས་འཆིང་བ་དང་སྒོམ་སྒྲུབ་ལའང་གནད་ཆེར་མནོས། བཀའ་གདམས་པའི་བསྟན་པ་རྒྱས་པར་མཛད། འདི་ཉིད་ལོ་ཙཱ་ལ་མཁས་ཤིང་། ཤམ་ཐབས་ལ་ཀོ་བའི་ལྷན་པོ་མང་པོ་བཏབ་པས་ཀོ་ཤམ་པར་ཡང་གྲགས། མཐར་དགུང་ལོ་དྲུག་ཅུ་རྩ་དྲུག་པ་རབ་བྱུང་གཉིས་པའི་ཆུ་ལུག(སྤྱི་ལོ1103)ལོར་སྐུ་གཤེགས།

སློབ་མ་ཡང་འུ་ཡུག་པ་ཨ་མི། རྒྱ་རྩེ་སྒྲོ་བ། སྐུ་བསྲུངས་སྟོན་པ། གླུངས་ཤོད་རལ་པ། འདུལ་འཛིན་ས་ལ་གྲུར་སྟོན་པ། འཆེར་སྟོན། ཐང་འདུལ། འབྲོམ་འདུལ་བཞི། ཟར་བའི་ཕག་སྒོམ། ཆེད་

ཆེར་བ་གཡེ་སྒོམ་པ། རྟོག་པའི་རྒྱ་སྒོམ། མང་ར་སྒོམ་པ། ཟུར་པ་ཛོ་བཙུན། སྟོད་ལུང་པ་ཆེན་པོ། བྱ་ཡུལ་བ་ཆེན་པོ་སོགས་མང་ངོ་།

སྤྱན་སྔ་རིན་ཆེན་ལྡན། རྗེ་འདི་ནི་སྟོད་དིང་རིར་ཡབ་ཡུམ་བསགས་པ་ཅན་གྱི་སྲས་སུ་རབ་བྱུང་གསུམ་པའི་ཆུ་ཁྱི(སྤྱི་ལོ1202)ལོར་སྐུ་བལྟམས། དགུང་ལོ་ལྔ་དྲུག་ལ་ཕེབས་ཙམ་ནས་ཆོས་ལ་དད་ཞེན་དྲག་པོ་འཁྲུངས། ཕྱིས་ལྷ་གདོང་པ་ལོ་ལྔ་བཞེས་པ་དིང་རིར་བཞུགས་པ་དང་མཇལ། མོས་གུས་ཐུན་མོང་མིན་པ་བྱུང་། ཆོས་འབྲེལ་ཞུས་པས་བླ་མའི་རྣལ་འབྱོར་དང་། ཕྱག་རྒྱ་ཆེན་པོ་ཡི་གེ་བཞི་པ་གསན། དེ་ནས་ཕ་ཇོ་སྟོན་པ་ལ་འབྲི་ཀློག་ལ་སོགས་གསན་སྦྱོང་མཛད། ལྷ་གདོང་པ་དགུང་ལོ་བཅུ་གཅིག་ལ་ཕེབས་སྐབས་སླར་མཇལ་བས་ཕྱག་ཕྱིར་འབྲངས་ཏེ་ཞི་བར་གཤེགས་ཀྱི་བར་ལོ་སུམ་ཅུ་སོ་ལྔའི་རིང་ཞབས་དྲུང་ཞག་གཅིག་དང་མ་བྲལ་བར་སྤྱན་སྔར་བཞུགས་པས་སྤྱན་སྔ་པར་གྲགས། ཆོས་རྗེ་ལས་གསར་རྙིང་གི་དབང་གདམས་པ་ལུང་ལ་སོགས་པ་ཐམས་ཅད་གསན། ཀོ་བྲག་པའི་དྲུང་དུའང་ཆོས་མང་དུ་ཞུས། རྐོད་ཚང་པ་ལའང་འབྲུག་སྐོར་ཐམས་ཅད་གསན། ས་པཎ་ལས་ས་སྐྱ་པའི་ཆོས་སྐོར་རྣམས་ཞུས། གཞན་ཡང་བླ་མ་མང་པོའི་ཞབས་ལ་གཏུགས་ནས་ཟབ་ཆོས་དུ་མ་གསན། སྒྲུབ་པའི་རྒྱལ་མཚན་བཙུགས། གནས་ལུགས་ཀྱི་རྟོགས་པ་ཤར། ཕྱིས་དིང་རིར་བཞུགས་ནས་ཚོགས་པ་མཐའ་ཡས་པ་བསྐྱངས་པས། ཟུར་ཕུག་པ་དང་སྒྲུབ་ཐོབ་ཉི་མ་མགོན་ལ་སོགས་པའི་རྟོགས་ལྡན་གྱི་སློབ་མ་མང་དུ་བྱོན། (འདས་ལོ་མ་གསལ།)

ཕ་དམ་པ་སངས་རྒྱས། འདི་ཉིད་བོད་དུ་ལན་ལྔ་བྱོན་ཞིང་། དེ་ཡང་དང་པོ་མགྲིན་ཐང་ལས་སྒོ་ནས་ཙྪ་རིར་བྱོན། གཉིས་པ་ཁ་ཆེ་ནས་མངའ་རིས་སུ་བྱོན། གསུམ་པ་བལ་པོ་ནས་བྱོན་པ་ན་ཡར་ལུངས་ཀྱི་སྨྲང་ར་སེར་པོ་དང་མཇལ་ཏེ་དེ་དང་འགྲོགས་ནས་གཙང་དུ་སྐྱོ་བསོད་ནམས་བླ་མ་དང་། སྨྲང་ར་སེར་པོ་ལ་གཅོད་སྐོར་གནང་། བཞི་པ་ཤབ་འུག་ལྟག་སྒོ་ནས་དབུས་སུ་རྨ་སོ་ཀམ་གསུམ་སོགས་ཀྱི་དོན་མཛད། ལྔ་པ་རྒྱ་ནག་ཏུ་བྱོན་ནས་སླར་དིང་རིར་ཕེབས་པའོ། ཕ་དམ་པ་བོད་དུ་བྱོན་པའི་ཐམ་རབ་བྱུང་བཅུ་གཉིས་པའི་ཆུ་སྦྲུལ(སྤྱི་ལོ1113)ལོར་ཡིན་ཞིང་། འདི་དུས་ཕ་དམ་པའི་མཛུད་དཔྱད་དཀར་ནག་ཁྲ་གསུམ་ཁམས་ཀློང་ཐང་སྒྲོལ་མར་གཏེར་དུ་སྦས། དེ་ནས་ལ་སྟོད་དིང་རིར་ཕེབས་ཞོར་དུ་ལྷ་ས་ཉང་བྲན་ཕུར་ཕེབས་སྐབས་ལམ་བར་འོ་བརྒྱལ་དང་ཞལ་སྐྱེམས་པ་སོགས་སྐྱོ་སྡུག་སྣ་ཚོགས་འཕྲད་པས་གནས་དེར་ཙུང་ཟད་སྐྱོ་སངས་སུ་བཞུགས་པར་སློ་བུར་ཡུམ་ཐུགས་ལ་དྲན། དེ་སྐབས་བྲག་ཅིག་གི་འགྲམ་ནས་བ་དཀར་མོ་ཞིག་ཐོན་ཏེ་དམ་པ་ཉིད་ལ་ཆབ་ཞོ་ཕུལ་བ་ན་ཨ་མ་ཞེས་པའི་གསུང་འབོད་གནང་བ་དང་། བ་དེས་ཀྱང་དམ་པ་ཉིད་ཀྱི་རྗེས་སུ་འབྲངས་པ་ན། ཨ་མ་མ་ཡོང་ཨ་མ་སྡོད། ཅེས་ཕྱག་འཁར་ཕ་བོང་ཞིག་ལ་བཙུགས་པས་བ་དཀར་པོ་ཕ་བོང་ལ་ཐིམ་པའི་བྲག་གོང་ལའང་ཨ་ཡི་རང་བྱོན་འཁྲུངས་པ་ད་ལྟའང་

མཛལ་རྒྱུ་ཡོད་པས་ཕྱིས་མི་རྣམས་ཀྱིས་བྲག་ཨ་མ་ཞེས་ཐོགས་པར་གྲགས། བཛྲ་མ་གདོང་ཞེས་པའི་ཤར་གྱི་ལ་ཉག་ནས་མ་མཁའ་འགྲོ་རྣམས་ཀྱིས་བསུ་བའི་ཚུལ་དུ་ཊ་མ་རུ་སོགས་རོལ་ཆ་སྣ་ཚོགས་བཀྲོལ་བས་ལ་ཉག་དེར་ཕྱིས་ལ་མོ་བཛྲ་ཉག་ཅེས་གྲགས། དེ་ནས་ད་ལྟའི་གར་དགོན་གྱི་གདན་ས་ཆགས་ཡུལ་དེ་མེ་ཏོག་པདྨ་བཞད་པ་ལྟ་བུའི་ས་དབྱིབས་ངོ་མཚར་དུ་གཟིགས་ནས་དེའི་ལྟེ་བའི་ཟེའུ་འབྲུ་དེར་དགོན་པ་ཞིག་ཕྱག་འདེབས་དགོས་དགོངས་ཤིང་། དམ་པ་ཉིད་ཀྱིས་ཐོར་ཕྱག་འདེབས་པའི་དགོན་པ་རྣམས་ཕོ་དགོན་ཡིན་པས་ད་ཐེངས་མོ་དགོན་ཞིག་ཕྱག་འདེབས་དགོས་དགོངས་པའི་སྐབས་དེར་མ་མཁའ་འགྲོ་སྟོང་གི་བསུ་བའི་བཀོད་པ་ངོ་མཚར་བ་བྱུང་བས། གནས་དེར་བཙུན་མའི་དགོན་པ་ཞིག་ཕྱག་བཏབ་ནས་གར་དགོན་བསམ་གཏན་གླིང་ཞེས་མཚན་གསོལ། ཞི་བྱེད་ཀྱི་ཕྱག་བཞེད་གཏོང་། དེ་ཡང་ཕ་དམ་པ་ནས་བརྒྱུད་པའི་གཅོད་སྐོར་ལ་ཕོ་གཅོད་དང་མོ་གཅོད་གཉིས་ལས། དང་པོ་ནི་སླང་ར་སེར་པོ་ནས་བརྒྱུད་པ་དང་། གཉིས་པ་ནི་མ་གཅིག་ནས་བརྒྱུད་པ་ལ་ཟེར་རོ།

ཕ་ལྷ་དེ་སེ། ཡབ་སྣང་ཀྱི་ལྷ་གསུམ་གྱི་ཡ་གྱལ་འོད་ལྷ་ལ་སྲས་བཞི་བྱུང་བའི་བགྲེས་པ། འདི་དང་གཙུང་ཁྲི་ཚང་གཉིས་ཀྱིས་ཐོར་ཡུམ་བརྟན་རྒྱུད་ལ་ཤོར་བའི་ནོར་སྣ་ཁྱད་པར་ཅན་དགུ་ཞེས་པ་སྟེ། ཕས་ཐོག་པའི་གསེར་ཁྲི་ཆུ་དར་ཅན། གུད་པ་བང་སོ་ཅན། གསེར་སྐྲ་ཆུ་རིས་ཅན་གསུམ་དང་། མས་ཐོག་པའི་ཟངས་ལྟེ་བ་ཅན། དངུལ་སྐྱོགས་ཤ་བ་ཅན། མེ་ཏོར་ཏི་ལིག་ཅན་གསུམ། ཕྱུན་ཟླས་ཐོག་པའི་མཆོན་བཤན་ཐུང་སྟེ་མིག་ཅན། ཤྲིང་མོས་རྟགས་ཐོག་པའི་མཆུར་གཡུ་འཆང་བ་ཅན། ཕེར་དམར་ཀོ་ཚེ་བྱི་སྙེད་ཅན་བཅས་ཅན་དགུ་ཚུར་བླངས་ནས་ཕ་ཕ་དེ་སེར་དངུལ་གཞོང་ཐོར་ཁ་ཅན（ལ་ལས་དངུལ་སྐྱོགས་ཤ་བ་ཅན་དུ་བཞེད་）ཐོབ་སྟེ་གཙང་དུ་ཕྱིར་ཕེབས། ཕ་ཕ་དེ་སེའི་རྒྱུད་པས་སྟབས་ཡུལ་རོང་དང་། གཡག་སྡེ། ཉང་སྟོད། སྟག་ཚལ་བཅས་ཀྱི་ཡུལ་རྣམས་ལ་མངའ་མཛད་དོ།

ཕག་གྲུ་རྡོ་རྗེ་རྒྱལ་པོ། ཕག་གྲུ་བཀའ་བརྒྱུད་ཀྱི་གྲུབ་མཐའི་སྲོལ་གཏོད་པ་པོ། རྗེ་འདི་ཉིད་ཡབ་དབས་ཕ་ནཨ་དར་དང་ཡུམ་རེ་འབྱེ་བཟའ་བཙུན་ནེ་གཉིས་ཀྱི་སྲས་སུ་རབ་བྱུང་གཉིས་པའི་ལྕགས་སྟག（སྤྱི་ལོ1110）ལོར་མདོ་ཁམས་ཀྱི་སྨད་རྒྱུད་འབྲི་ལུང་སྣེ་ཤོད་ཀྱི་སྟག་ངོས་སབ་ཁང་དུ་སྐུ་བལྟམས། དགུང་ལོ་དགུ་པར་བྱ་ཁྲི་ལྷ་ཁང་དུ་མཁན་པོ་ལྷིང་དེ་ཡན་ཐུབ་བུ་ཚུལ་ཁྲིམས་དང་། སློབ་དཔོན་ལྷིང་དེ་འོད་ཟེར་རྒྱལ་མཚན་ལས་རབ་ཏུ་བྱུང་ཞིང་། མཚན་ལ་རྡོ་རྗེ་རྒྱལ་པོ་གསོལ། མདོ་ཁམས་སུ་བཞུགས་རིང་མཁས་གྲུབ་ཀྱི་བླ་མ་དུ་མའི་ཞབས་ལ་གཏུགས་ནས་མདོ་སྔགས་ཀྱི་ཆོས་མང་པོ་ལ་གསན་བསམ་ལེགས་པར་མཛད། དགུང་ལོ་བཅུ་དགུ་པ་ལ་དབུས་སུ་ཕྱིན་ནས་སྟོད་ལུང་དུ་དགེ་བཤེས་རྒྱ་དམར་བ་དང་ཆ་པ་ཆོས་ཀྱི་སེང་གེ་ལ་ཆོས་གསན། དགུང་ལོ་ཉེ་ཤུ་རྩ་ལྔ་པ་ལ་ཟུལ་ཕུར་བྱ་འདུལ་གྱིས་མཁན་པོ། རྒྱ་དམར་གྱིས་སློབ་དཔོན། ཨར་གྱིས་གསང་སྟོན་མཛད་ནས་བསྙེན་པར་རྫོགས་པ་དང་། མཁན་སློབ་ལས་འདུལ་བ།

གསང་སྔོན་ལས་ཕར་ཕྱིན། སྨྱུང་བྲན་ལས་སྤྱོད་འཇུག་སོགས་གཞན་པས་མཁས་པའི་རྩེ་མོར་སོན། དེ་རྗེས་སྒམ་པོར་ཕྱིན་ནས་མཉམ་མེད་དྭགས་པོ་ལྷ་རྗེའི་དྲུང་དུ་གདམས་ངག་གཞན་པས་ཕྱག་རྒྱ་ཆེན་པོའི་རྟོགས་པ་མཆོག་ཏུ་གྱུར། འོན་དུ་ཕེབས་ནས་མཚལ་སྒང་དུ་ལོ་ངོ་ལྔ་ཙམ་གྱི་བར་བཞུགས་རིང་སློབ་མ་འདུས་པ་རྣམས་ལ་དྭགས་པོའི་གདམས་པ་གཙོ་བོར་གྱུར་པའི་ཆོས་ཀྱི་རྣམ་གྲངས་མང་པོས་ཚིམས་པར་མཛད། དགེ་འདུན་གང་བཞུགས་པ་རྣམས་ལ་རྣམ་པ་ཀུན་ཏུ་དམ་པའི་ཆོས་འདུལ་བ་ལས་མི་འགལ་བའི་སྤྱོད་པ་འཛིན་དགོས་ཞེས་ནན་གྱིས་གསུངས་པ་དང་། གདམས་ངག་བཏབ་པ་རྣམས་ཐེབས་སླ་ཞིང་བསམ་གཏན་གྱི་སྒོ་མང་དུ་སྐྱེས་པས་ཕྱོགས་ཐམས་ཅད་དུ་བསྟན་པ་རྒྱ་ཆེར་འཕེལ། དེ་ཡང་རྗེ་སྒམ་པོ་བ་དེ་བཀའ་གདམས་དང་། རྗེ་བཙུན་མི་ལའི་ཕྱག་ཆེན་གྱི་ལུགས་གཉིས་ཀ་འཛིན་པས་བཀའ་ཕྱག་ཆུ་བོ་གཉིས་འདྲེས་སུ་གྲགས་པ་བཞིན་མཚལ་སྒང་དུ་མཛད་པའི་གར་གྱི་ཉམས་དགུ་ཡང་དེ་དང་མཐུན། དེ་ནས་དགུང་ལོ་ཞེ་དགུ་པ་རབ་བྱུང་གསུམ་པའི་ས་སྟག(སྤྱི་ལོ1158)ལོར་ཕག་གྲུའི་གདན་ས་ཐེལ་བཏབ་སྟེ་མཉམ་མེད་དྭགས་པོ་ལྷ་རྗེའི་གདམས་པ་གཙོ་བོར་གྱུར་པའི་མདོ་སྔགས་ཀྱི་འཆད་ཉན་རྒྱ་ཆེར་སྤེལ་བའི་རང་ལུགས་ཐུན་མོང་མིན་པ་དེ་ལ་ཕག་གྲུ་བཀའ་བརྒྱུད་ཅེས་བྱ་བའི་གྲུབ་མཐའི་མཚན་ཐོགས། བྱང་ཆུབ་སེམས་དཔའ་ཟླ་བ་རྒྱལ་མཚན་གྱི་གསུང་དང་མཐུན་པར་ཟླ་བ་མར་ངོར་མཚམས་ལ་བཞུགས་པ་དང་། ཟླ་བ་ཡར་ངོ་ལ་ཡང་སྔ་དྲོ་མཚམས་མཛད་པ་དང་ཕྱི་དྲོ་ཁྲིད་དང་ཚོགས་ཆོས་གསུངས། དགེ་འདུན་རྣམས་ཀྱང་ཤིན་ཏུ་དད་པས་གཟིམ་སྤྱིལ་ནས་ཆོས་ཁྲིའི་བར་གྱི་ལམ་ཐམས་ཅད་དུ་ཞྭ་གོས་དང་དར་ཁ་ལ་སོགས་པ་འདིངས། དགེ་འདུན་དེ་རྣམས་ནས་རེ་རེ་གཉིས་གཉིས་ཙམ་མ་གཏོགས་སྒོམ་བཏབ་པ་ཐམས་ཅད་ལ་མྱོང་བ་ཕུན་སུམ་ཚོགས་པ་སྐྱེས་པས་ཕྱོགས་ཐམས་ཅད་དུ་ཕག་མོ་གྲུ་པའི་ཞབས་དྲུང་དུ་སླེབས་པ་ཁོ་ནས་ཚོག་པའི་སྐད་པས་ཁྱབ། ཡོན་བདག་གི་བསྙེན་བཀུར་དང་འབུལ་བ་གང་བྱུང་དགེ་འདུན་གྱི་སྡེའི་ཐུག་ཚུལ་ཁོ་ནར་སྦྱིན་གཏོང་མཛད། གདན་ས་དེར་ས་སྟག་ནས་ལྕགས་སྟག་བར་ལོ་ངོ་བཅུ་གསུམ་བཞུགས་རིང་གྲུབ་པ་ཐོབ་པོའི་སྐྱེས་མཆོག་གི་སློབ་མ་མང་དུ་བྱུང་ཞིང་། གྲྭ་པ་བརྒྱད་བརྒྱ་ལ་གདུགས་ཐོགས་ལྔ་བརྒྱ་ཞེས་པ་ཡང་བྱུང་། ཕྱིས་ཀྱི་བཀའ་བརྒྱུད་ཆུང་བརྒྱད་དུ་གྲགས་པ་སྟེ། འབྲི་གུང་བཀའ་བརྒྱུད་དང་། སྟག་ལུང་བཀའ་བརྒྱུད། འབྲུག་པ་བཀའ་བརྒྱུད། གཡའ་བཟང་བཀའ་བརྒྱུད། ཁྲོ་ཕུ་བཀའ་བརྒྱུད། ཤུག་གསེབ་བཀའ་བརྒྱུད། ཡེལ་པ་བཀའ་བརྒྱུད། སྨར་ཚང་བཀའ་བརྒྱུད་རྣམས་ཀྱང་ཕག་གྲུ་བཀའ་བརྒྱུད་ལས་གྱེས་པའི་རབས་ཡོད་པ་བཅས་འཕྲིན་ལས་ཆེས་ཆེ་བ་བྱུང་། མཐར་དགུང་ལོ་དྲུག་ཅུ་རེ་གཅིག་པ་རབ་བྱུང་གསུམ་པའི་ལྕགས་སྟག(སྤྱི་ལོ1170)ལོར་སྐུ་གཤེགས།

ཁོང་གི་སློབ་མའི་གཙོ་བོ། མཐར་ཐུག་གི་བུ་བཞི་སྟེ། མོས་གུས་མཐར་ཐུག་སྟག་ལུང་ཐང་པ་བཀྲ་ཤིས། རྟོགས་པའི་མཐར་ཐུག་རྣ་ཕུ་བ་གླིང་རས་པདྨ་རྡོ་རྗེ། ཤེས་རབ་མཐར་ཐུག་སྤྱང་ཕུ་བ་བློ་གྲོས་སེང་

གེ། ནུས་པའི་མཐར་ཐུག་མཚན་བུ་རྒྱ་རས་རྣམས་དང་། གདམས་པའི་བུ་བཞི་སྟེ། སྐལ་ལྡན་ཡེ་ཤེས་སེང་གེ། རྟོགས་ལྡན་མི་ཉག་སྒོམ་རིངས། གྲུབ་ཐོབ་ཉག་རས་སེ་བོ། ཀུན་ལྡན་གཙང་པ་རས་ཆུང་། དེ་བཞིན་རོ་གཅིག་རྟོགས་པ་ཕྱེད་དང་བཞི། ཐུགས་ཀྱི་སྲས་བཞི། ཡི་གེ་མའི་བུ་བཞི། ཉེ་བའི་སྲས་བཞི། གཞན་ཡང་གྲུབ་པ་ཐོབ་པའི་སློབ་མ་གྲངས་ལས་འདས་པ་བྱུང་ངོ་།

ཕུ་ཆུང་བ། བཀའ་གདམས་སྐུ་མཆེད་གསུམ་གྱི་ཡ་གྱལ། ཕུ་ཆུང་བ་གཞོན་ནུ་རྒྱལ་མཚན་ནི་རབ་བྱུང་དང་པོའི་ལྕགས་ལུག(སྤྱི་ལོ1031)ལོར་འཕན་ཡུལ་དུ་སྐུ་འཁྲུངས། འབྲོམ་སྟོན་པ་རྒྱལ་བའི་འབྱུང་གནས་ཀྱི་ཐུགས་སྲས་ཡིན། འབྲོམ་གྱིས་འདི་ཉིད་ལ་འཕགས་པའི་བདེན་པ་བཞི་ལས་བརྩམས་པའི་ཆོས་མང་དུ་གསུངས། ཚོགས་པ་མ་བསྐྱངས་པར་དགོན་མཆོག་མཆོད་པའི་ལས་ལ་ཤིན་ཏུ་བརྩོན་ཞིང་། ནང་དུ་ཐུགས་དམ་ལ་གནས། ཆོས་འབྲེལ་ཞུ་བ་རྣམས་ལ་བདེན་པ་བཞི་རྒྱས་པར་གསུངས། བཀའ་གདམས་པའི་ནང་གསེས་མན་ངག་པའི་སྲོལ་ཕྱེས། བཀའ་གདམས་ཀྱི་བསྟན་པ་རྒྱས་པར་མཛད། མཐར་དགུང་ལོ་བདུན་ཅུ་ཙ་དྲུག་པ་རབ་བྱུང་གཉིས་པའི་མེ་ཁྱི(སྤྱི་ལོ1106)ལོར་སྐུ་གཤེགས། དེའི་སློབ་མ་གྲྭ་གྲགས་ལ་སོགས་པ་རྟོགས་ལྡན་འགའ་ཞིག་བྱོན།

བ་རི་རིན་ཆེན་གྲགས། (བ་རི་ལོ་ཙཱ་བ་ཡང་ཟེར)འདི་ཉིད་རབ་བྱུང་དང་པོའི་ལྕགས་འབྲུག(སྤྱི་ལོ1040)ལོར་སྟོད་མངའ་རིས(ཁམས་སུ་འཁྲུངས་ཞེས་པའང་སྣང)སུ་སྐུ་འཁྲུངས། གཙོ་བོར་དོན་ཞགས་ཀྱི་སྐོར་ལ་འཕྲིན་ལས་ཆེ་བ་ལགས། རྒྱ་གར་དུ་མུ་སྟེགས་ཀྱི་རྒྱལ་པོས་མི་བརྒྱ་ཕྲག་སྨད་དུ་གསོད་པ་གསེར་གང་ཡོད་ཀྱིས་བླུས། ས་ཆེན་ཀུན་དགའ་སྙིང་པོའི་བླ་མ་མཛད། ས་སྐྱ་གོང་མ་འཁོན་དཀོན་མཆོག་རྒྱལ་པོ་སྐུ་གཤེགས་དུས་སྲས་ས་ཆེན་ནར་མ་སོན་པས་བླ་མ་འདི་ཉིད་ཀྱིས་གདན་ས་ལོ་བཅུའི་བར་བསྐྱངས། མཐར་དགུང་ལོ་དོན་གཉིས་པ་རབ་བྱུང་གཉིས་པའི་ལྕགས་ཡོས(སྤྱི་ལོ1111)ལོར་སྐུ་གཤེགས།

འདི་ཉིད་ཀྱི་འགྱུར་ལ། བཀའ་འགྱུར་ལས། འཕགས་མ་འོད་ཟེར་ཅན་ཞེས་བྱ་བའི་གཟུངས། བྱ་རྒྱུད། དེ་བཞིན་གཤེགས་པ་ཐམས་ཅད་ཀྱི་གཙུག་ཏོར་རྣམ་པར་རྒྱལ་བ་ཞེས་བྱ་བའི་གཟུངས་རྟོག་པ་དང་བཅས་པ། འཕགས་པ་དོན་ཡོད་ཞགས་པའི་སྙིང་པོ་ཞེས་བྱ་བ་ཐེག་པ་ཆེན་པོའི་མདོ་སོགས་དང་། བསྟན་འགྱུར་ལས། དཔལ་དགྱེས་པའི་རྡོ་རྗེའི་རྒྱུད་ཀྱི་རིམ་པ་ལས་བདག་བྱིན་གྱིས་བརླབས་པ་ཀུ་རུ་ཀུ་ལླེའི་སྒྲུབ་ཐབས། རྡོ་རྗེ་གུར་ནས་གསུངས་པའི་རོ་སྲེག་གི་ཆོ་ག དཔལ་འཁོར་ལོ་སྡོམ་པའི་དཀའ་འགྲེལ་སོགས་མང་ངོ་།

བྱ་འཆད་ཁ་བ། རྗེ་འདི་ཉིད་རབ་བྱུང་གཉིས་པའི་ལྕགས་སྤྲེལ(སྤྱི་ལོ1101)ལོར་ཡུལ་ལུ་ར་རུ་སྐུ་འཁྲུངས། སྐུ་ཆུང་ངུའི་དུས་ལོ་རོ་རས་ཆུང་བའི་སློབ་མ་མཛད། རྙེ་ཐོར་བས་མཁན་པོ་དང་

དྭགས་པོ་གཙང་འདུལ་གྱིས་སློབ་དཔོན་མཛད་ནས་རབ་ཏུ་བྱུང་། མཚན་ཡེ་ཤེས་རྡོ་རྗེ་ཞེས་བཏགས། ཚ་རོང་ཇོ་སྟན་དང་དྭགས་པོ་གཙང་འདུལ་གཉིས་ལ་མཁན་སློབ་ཞུས་ནས་བསྙེན་པར་རྫོགས། དགུང་ལོ་སུམ་ཅུར་ཕེབས་སྐབས་དབུས་སུ་ཕྱིན། བླམ་ཤཱ་ར་བའི་སྐུ་མདུན་ནས་བློ་སྦྱོང་གི་ཁྲིད་ཆར་གཅིག་ལ་ལོ་བཅུ་གསུམ་བྱས་པས་ཇི་ལྟ་བ་བཞིན་དུ་ཐུགས་རྒྱུད་ལ་སྐྱེས།

བཀའ་གདམས་བློ་སྦྱོང་གི་མན་ངག་དོན་བདུན་དུ་ས་བཅད། བློ་སྦྱོང་དོན་བདུན་མར་གྲགས་པ་དེ་འགྲེལ་ཕྲ་སློམས་ཚེན་སྡེབས་སུ་ཚོགས་ཆོས་སུ་གསུངས་པས། བློ་སྦྱོང་ལ་ཚོགས་ཆོས་བྱེད་པའི་སྲོལ་དེ་དེ་ནས་བྱུང་བ་ཡིན། དེ་ནས་མལ་གྲོར་ཕྱིན་ནས་འཆད་ཁ་དགོན་བཏབ། སེ་སྤྱིལ་བུ་བ་ལ་འཆད་ཁ་གསར་མ་འདེབས་པའི་ལུང་བསྟན། དེ་རྗེས་བྱ་དུར་མོར་ཕྱིན། མཐར་ཐུག་གསུམ་གྱི་གདམས་པ་ལ་སོགས་མཛད། རང་གི་རྣམ་ཐར་རྣམས་ཚིགས་སུ་བཅད་ནས་གསུངས། མཐར་དགུང་ལོ་དོན་ལྔར་ཕེབས་པ་རབ་བྱུང་གསུམ་པའི་ཤིང་ལུག(སྤྱི་ལོ1175)ལོར་སྐུ་གཤེགས།

བྲ་ཡུལ་བ་ཆེན་པོ། རྗེ་འདི་ཉིད་ཡབ་གཡུང་དྲུང་བསྟན་འབར་དང་ཡུམ་ལྷང་བཟའ་ལྷམ་བུ་གཉིས་ཀྱི་སྲས་སུ་རབ་བྱུང་དང་པོའི་ཤིང་ཡོས(སྤྱི་ལོ1075)ལོར་སྟོད་ལུང་གི་གོལ་གོ་ལུང་དུ་སྐུ་འཁྲུངས། དགུང་ལོ་བཅུ་གཉིས་ལ་ཕེབས་སྐབས་སྤྱན་སྔའི་སློབ་མ་ཡེ་ཤེས་རྒྱལ་གྱིས་སློབ་དཔོན་དང་། རྣལ་འབྱོར་པའི་སློབ་མ་བྱང་གྲགས་བྲ་བས་མཁན་པོ་མཛད་ནས་དགེ་ཚུལ་མཛེས། མཚན་གཞོན་ནུ་འོད་དུ་བཏགས། དེ་ནས་སྟོད་ལུང་པ་རིན་ཆེན་སྙིང་པོ་དང་སྤྱན་སྔ་ཚུལ་ཁྲིམས་འབར་གྱི་ཞེ་གནས་མཛད་པ་ལ། བླ་མར་བཀུར་སྟི་ཤིན་ཏུ་ནན་ཆེར་མཛད་པས་བསྐྱེད་རྫོགས་གཉིས་ཀྱི་གདམས་ངག་ཐོབ། དྭགས་པོའི་ལྷོ་རྒྱུད་ཀྱི་བྲ་ཡུལ་དུ་དགོན་པ་བཏབ་སྟེ་སློབ་མ་མང་དུ་འདུས་ནས་བཀའ་གདམས་གདམས་ངག་པའི་ཆོས་སྲོལ། དབྲར་ཆོས་བྲ་ཡུལ་དུ་མཛད། དུས་གཞན་དུ་སྙིང་སྣང་ལ་སོགས་པར་ཡང་ཆོས་གཞི་མང་དུ་བསྐོར་ཞིང་འགྲོ་བའི་དོན་རྒྱ་ཆེར་མཛད། སྤྱན་སྔ་གཤེགས་ཁར་ཁྱོད་བསྙེན་རྫོགས་མ་བྱེད་ཅིག་གསུངས་པས་བསྙེན་རྫོགས་ཡུན་རིང་མ་གྲུབ། ཕྱིས་གསོལ་བ་བཏབ་པས་སྣམ་སྦྱར་རྒྱ་གར་མ་ཞིག་གནང་བ་རྨིས་ནས་དགེ་སློང་བྱེད་པར་གནང་བ་ཡིན་སྙམ་སྟེ་དགེ་བཤེས་རྫོག་ཆོས་དབང་གིས་མཁན་པོ་མཛད། མང་རས་སློབ་དཔོན་མཛད། རྒྱ་ཤེས་རབ་འབར་གྱིས་གསང་སྟོ་མཛད་ནས་བསྙེན་པར་རྫོགས། མཐར་དགུང་ལོ་དྲུག་ཅུ་རྩ་བཞི་པ་རབ་བྱུང་གཉིས་པའི་ས་ཕོ་རྟའི(སྤྱི་ལོ1138)སྨིན་དྲུག་ཟླ་བའི་ཚེས་བཅོ་བརྒྱད་ཉིན་སྐུ་གཤེགས།

འདི་ཉིད་ལ་སློབ་མ་ཏིང་ངེ་འཛིན་སྐྱེས་པ་ལྔ་བརྒྱ། དགེ་བཤེས་ཧྲག་རྩེ་འཆའ་བ་བརྒྱ་དང་བཅུ། དེ་དག་གི་ནང་ནས་ཕྱིའི་ཆེན་པོ་དགུ། བར་གྱི་ཆེན་པོ་བརྒྱད། ནང་ཐུགས་ཀྱི་སྲས་གསུམ་སོགས་མང་དུ་བྱུང་བ་འདི་རྣམས་ཀྱིས་ཀྱང་གནས་དགོན་སོ་སོར་བཟུང་ནས་འགྲོ་བའི་དོན་རྒྱ་ཆེར་མཛད།

བྱང་ཆུབ་དགེ་མཛེས། སྣེའུ་ཟུར་པའི་སློབ་མ་བྱང་ཆུབ་དགེ་མཛེས་ནི་རབ་བྱུང་དང་པོའི་ཤིང་བྱི(སྤྱི་ལོ1084)ལོར་མངའ་རིས་སུ་སྐུ་འཁྲུངས། གཞོན་ནུ་ལ་རབ་ཏུ་བྱུང་ཞིང་བསྙེན་པར་རྫོགས། འདུལ་བ་བསླབས། གཉགས་ལོ་ཙྪ་བས་པཎྜི་ཏ་སུ་ག་ཏ་ཤྲཱི་གདན་དྲངས་པའི་ཕྱག་ཕྱིར་ཡར་ཀླུངས་སུ་ཕྱིན། ལོ་པཎ་ལ་ཤེར་ཕྱིན་བག་ཙམ་མཉན། བཙན་ལ་བྱམས་ཆོས་ཤེས་པར་བསླབས། ཚ་རོང་བ་ལ་འདུལ་བ་བསླབས། ཕུ་ཆུང་བ། སྣང་རི་ཐང་པ། ཀ་མ་བ། ཁམ་པ་ལུང་པ་རྣམས་ལ་ཞལ་མཇལ། ཆོས་སྐྱོང་མགོན་པོ་ཞལ་གཟིགས། ངའི་སོ་སོ་ཐར་པ་ནས་རིག་འཛིན་གྱི་བར་ལ་འགལ་འཁྲུལ་ཡོད་ན་ཁྱེད་ཀྱིས་སྙིང་ཁྲག་ཕྱུང་ཞིག་བྱས་པས། མགོན་པོའི་ཞལ་ནས། དགེ་སློང་གི་དམ་བཅའ་འཛིགས་གསུངས། སྣེའུ་ཟུར་པ་ལ་ཤིན་ཏུ་དད་ནས་ལམ་རིམ་གསན། དགེ་བཤེས་སྤྲེ་པ་སྣེའུ་ཟུར་པ་ལ་རྟོགས་པ་འབུལ་དུ་ཕྱིན་པའི་ཕྱིར་གཡེར་ཕྱིན་ནས་ཁོང་གི་བླ་མཆོད་མཛད། སྣེའུ་ཟུར་པ་གཤེགས་རྗེས་བྱ་ཡུལ་བ་ལ་ཆོས་ཚན་ཞིག་ཞུས། བྱིས་ཚན་དགོན་པར་ཐུགས་དམ་མཛད། མཐར་དགུང་ལོ་བརྒྱད་ཅུ་རྩ་བཞི་པ་རབ་བྱུང་གསུམ་པའི་མེ་ཕག(སྤྱི་ལོ1167)ལོར་འཕོ་བ་མཛད་ནས་གཤེགས།

ཟང་རི་དཔལ་ལྡན་འཚོ་བྱེད། གངས་ཅན་གསོ་བ་རིག་པའི་མེས་པོ་འདི་ཉིད་རབ་བྱུང་བཞི་པའི་ནང(སྤྱི་ལོ1207－1266)ཟང་རི་འཇམ་དཔལ་བཟང་པོའི་སྲས་སུ་འཁྲུངས། དགུང་ལོ་ཆུང་ངུའི་དུས་ནས་རབ་ཏུ་བྱུང་སྟེ་གསོ་རིག་གི་བྱ་བ་མཛད་པས་དཔལ་ལྡན་འཚོ་བྱེད་དུ་གྲགས། རང་གི་གཅེན་རྒྱལ་བ་བཟང་པོ་དང་ཕག་སྟོན་ཤཱཀྱ་མགོན་པོ་ཡུན་རིང་དུ་བསྟེན་ནས་དཔལ་ལྡན་རྒྱུད་བཞིའི་འགྲེལ་པ་ཕྱག་ལེན་དང་བཅས་པའི་གཞུང་དོན་རྫོགས་པར་ཞུས་ཏེ་ཐུགས་སུ་ཆུད་པར་གསན་ཅིང་། བསྟན་བཅོས་བརྒྱད་པ་ལ་གཡུ་ཐོག་ཏིཀྐ། བྱ་མོ་ཁྲུད་པའི་འགྲེལ་པ་སོགས་ལ་བརྟེན་ནས་འཆད་ཉན་ལོ་དུ་མ་གནང་བ་མ་ཟད། སྐུ་ཚེ་ཧྲིལ་པོར་གསོ་བ་རིག་པའི་བསྟན་དོན་ཁོན་གཉེར། འགྲོ་མགོན་ཆོས་རྒྱལ་འཕགས་པའི་བླ་སྨན་པ་མཛད། གསུང་རྩོམ་ཡང་གསོ་བ་རིག་པའི་ཁོག་འབུབས་ཤེས་བྱ་རབ་གསལ། རྩ་རྒྱུད་ཀྱི་འགྲེལ་པ་ཚུལ་གསུམ་སྣང་བ། རྩ་མདོའི་འགྲེལ་པ་ཉི་མའི་འོད་ཟེར། ཆུ་མདོའི་འགྲེལ་པ་ཚིག་དོན་གསལ་བྱེད་ཡིད་བཞིན་ནོར་བུ། དྲང་སྲོང་རྟོགས་བརྗོད། མ་ལ་ཡའི་དཀའ་འགྲེལ། རྩའི་ལྷ་མོའི་སྒྲུབ་ཐབས། ཐང་ཕྲེའི་འགྲེལ་པ་སོགས་བསྟན་བཅོས་ཆེ་ཆུང་བཅོ་བརྒྱད་ཙམ་མཛད་པ་མ་ཟད། ཕྱི་རྒྱུད་སྨན་སྦྱོར་དཔེ་རིས་ཀྱང་འགོད་པར་གནང་། འདས་ལོ་མི་གསལ།

ལྷ་ཆེན་དགོངས་པ་རབ་གསལ། རྗེ་འདི་ཉིད་བོད་ཆུ་བྱི(སྤྱི་ལོ832སམ892སམ952སོགས་བཞེད་ཚུལ་མི་འདྲ་བ་མཆིས)ལོར་ཙོང་ཁ་བདེ་ཁམས་སམ་འཕན་ཡུལ་ཞོགས་པར་སྐུ་འཁྲུངས། འདི་ཉིད་སྐྱ་བོའི་སྐབས་མཚན་ཀ་ར་འཕན་དང་། བོན་བསླབས་པས་བོན་མིང་མུ་གཟུ་གསལ། རབ་ཏུ་བྱུང་སྐབས་མཁན་སློབ་ཀྱི་མཚན་ལས་དྲུས་པས་དགེ་བ་རབ་གསལ་དང་ཕྱིས་ཐུགས་རབ་ཆེ་བས་དགོངས་པ་རབ

གསལ། བསྟན་པའི་མེ་རོ་བླངས་པས་བླ་ཆེན་དུ་གྲགས་པ་བཅས་མཚན་གྱི་རྣམ་གྲངས་མང་། སྐུ་ནར་སོན་རྗེས་ཞིང་དཔོན་དབེན་སར་ཉོན་འཇམ་དཔལ་ལ་བཟླས་ལུང་ཞུས། ཁང་རིན་ཆེན་རྡོ་རྗེ་ཞེས་བྱ་བ་ལ་བྱང་ཆུབ་མཆོག་ཏུ་སེམས་སྐྱེད། སྐྱེ་རྒྱལ་བའི་གཙུག་ཏོར་ལ་དབུ་ཚད་ཀྱི་བསྟན་བཅོས་གསན།

ནམ་དཀའ་ལྡན་བྱང་ཆུབ་ལ་ཡོ་ག་གསན། དེ་རྗེས་དམར་གཡོ་གཙང་གསུམ་དང་མཇལ་ཏེ་རབ་བྱུང་བསྙེན་རྫོགས་ཚིག་རྫོགས་གནང་སྐབས་དགུང་ལོ་ཞེ་དགུ་པའམ་ཉེར་གཉིས་ལ་ཕེབས་སོགས་གསུང་ཚུལ་མང་། བུ་སྟོན་གྱི་བཞེད་པ་ལྟར་ན་ཞུགས་མོ་བྱ་ལ་བསྟན་པ་ནུབ་ནས་བདུན་ཅུ་རྩ་གསུམ་པ་ཆུ་མོ་བྱ་ལ་བླ་ཆེན་དགོངས་པ་རབ་གསལ་གྱིས་བསྙེན་རྫོགས་ཀྱི་སྡོམ་པ་བཞེས་པ་དེ་ནས་བསྟན་པ་ཕྱི་དར་འགོ་ཚུགས་པར་གསུངས། དེ་ནས་བྱང་ཕྱོགས་སུ་ཕེབས་ཏེ་ཙང་ཨིན་རྩེ་མཁར་མི་ཉག་སྨྲའི་ཡུལ་དུ་ཕྱིན་ནས་གོ་རོང་སེང་གེ་གྲགས་ལ་འདུལ་བ་གསན་པས་འདུལ་བ་ལུང་སྡེ་བཞི་བསྟན་བཅོས་དང་བཅས་པ་བླ་ཆེན་པོ་ལ་གནང་ནས། བུ་སྟོན་གྱིས་དེ་བཞིན་གཤེགས་པའི་བསྟན་པ་ཚུལ་བཞིན་དུ་གསལ་བར་གྱིས་ཤིག ཁོ་བོ་ནི་རྒས་པས་ཡུན་རིང་མི་འཚོའོ་གསུངས་སྐད། ཀྭ་འོད་མཆོག་གྲགས་པའི་ས་ནས་ཤེས་རབ་ཀྱི་ཕ་རོལ་ཏུ་ཕྱིན་པའི་འབུམ་ཏིག་ལ་སོགས་པ་དང་། བྱང་ཆུབ་སེམས་པའི་ས་ལ་སོགས་པ་མངོན་པའི་ཐེག་པ་ཆེན་པོ་ལོ་བཅུ་གཉིས་ཀྱི་བར་གསན། དེ་སྐབས་ཅིག་ཆར་འཇུག་པའི་རྣལ་འབྱོར་པ་ཞེས་བྱ་བ་དགེ་བའི་ཕྱོགས་ཅི་ཡང་མི་བྱེད་པའི་ལོག་རྟོག་ཅན་མང་བས་དེ་དག་གི་ལྟ་བ་བསུན་འབྱིན་པའི་ཆེད་ལྷ་ཁང་དང་མཆོད་རྟེན་དཔག་ཏུ་མེད་པ་བཞེངས་ཏེ་ཚོན་དང་བཟོ་ལ་སོགས་པ་ཡང་རང་གིས་མཛད་དེ་འདུས་བྱས་ཀྱི་དགེ་བའི་རྩ་བར་བརྩོན་པར་མཛད། དམ་པའི་སྤྱོད་པ་འདི་ལྟ་བུས་དད་པ་སྐྱེས་ནས་སྤྱ་གོར་ཡེ་ཤེས་གཡུང་དྲུང་ཞེས་བྱ་བ་དེ་འཁོར་མང་པོ་དང་བཅས་གདན་ཏིག་ཏུ་ཕྱིན་པ་དང་། བླ་ཆེན་པོའི་དྲུང་ནས་དམ་ཆོས་འདུལ་བ་ལས་གསུངས་པའི་བསླབ་པའི་གཞི་རྣམས་གསན་པས་རང་ཉིད་ཀྱི་སྤྱོད་ལམ་འདི་ལྟ་བུར་གནོང་ཞིང་འགྱོད་ནས་ཚུལ་བཞིན་དུ་རབ་ཏུ་བྱུང་། བླ་ཆེན་པོ་དགུང་ལོ་ང་བཞི་པའམ་ཉེར་བདུན་པར་དབུས་གཙང་མི་བཅུའི་རབ་བྱུང་བསྙེན་རྫོགས་ཀྱི་མཁན་པོ་མཛད་པ་དེ་ནས་བཟུང་དབུས་གཙང་དུ་འདུལ་བའི་བསྟན་པ་དར་བའི་རྩ་ལག་ཆེན་པོར་གྱུར། འབྲོམ་སྟོན་པས་བདུན་ཅུ་རྩ་བརྒྱད་པ་ས་པོ་སྟག་ལ་དབུས་གཙང་མི་བཅུས་བླ་ཆེན་གྱི་སྐུ་མདུན་ནས་སྡོམ་པ་བླངས་པ་དེ་ནས་བསྟན་པ་ཕྱི་དར་དབུ་བརྙེས་པར་བཞེད། མཐར་བླ་ཆེན་པོ་དགུང་ལོ་བརྒྱད་ཅུ་གྱ་བཞི་པ་ཤིང་ཕག་ལོར་སྐུ་གཤེགས།

བླ་ཆེན་པོའི་སློབ་མ་མཆོག་དྲུག་ནི། སྤྱ་གོར་ཡེ་ཤེས་གཡུང་དྲུང་དང་པར་གནས་བརྟན་གྲགས་པ་གཉིས་ལ་སྤྱ་པར་གཉིས་དང་། ཛ་བ་གྲགས་པ་དང་བཙུན་ཆེན་ཤེས་རབ་འབྱུང་གནས་གཉིས་ལ་ཛ་ཙོག་གཉིས། འལ་པ་རྡོ་རྗེ་དབང་ཕྱུག་དང་བསྙུབས་ལབ་ཤེ་དཔལ་གྱི་དབང་ཕྱུག་གཉིས་ལ་འལ་བསྙུབས་གཉིས་བཅས་དང་། དེ་བཞིན་བཞད་སྒྲགས་གཉིས། གྲོང་འཚུར་གཉིས། དབུས་གཙང་མི་བཅུ་ལ

སོགས་པ་སློབ་མ་མང་དུ་བྱུང་ངོ་།

བླ་མ་ཆེན་པོ་ཡོན་ཏན་གཟུངས། (སྙིང་མ་ཡོན་ཏན་གཟུངས་ཀྱང་ཞུ) འདི་ཉིད་རབ་བྱུང་གཉིས་པའི་མེ་རྟ(སྤྱི་ལོ1126)ལོར་སྐུ་འཁྲུངས། དགུང་ལོ་བཅུ་གཅིག་ལ་ཐེབས་སྐབས་སློབ་གཉེར་མཛད། ཁུ་བོ་རྒྱ་ནག་གི་སྐུ་མདུན་དུ་དགུང་ལོ་བཅུ་གསུམ་རིང་བཀའ་བསྐྱེད་རྫོགས་གསུམ་གྱི་རྒྱུད་ལུང་མན་ངག་དང་བཅས་པ་ཀུན་ལ་སློབ་གཉེར་རྫོགས་པར་མཛད། དགུང་ལོ་ཉེར་བཞིར་ཐེབས་སྐབས་ཁུ་བོ་སྐུ་གཤེགས་ནས་གདན་ས་མཛད། སློབ་གཉེར་གྱི་དྲས་ཐག་མ་ཆོད་པ་བག་རེ་ཡོད་པ་ཀུན་དབུས་པ་སྟོན་ཤཱཀྱ་དང་དབུས་པ་ཞིག་པོ་ལ་སོགས་པ་བུ་སློབ་རྣམས་ལ་དྲིས་ཐག་བཅད་པ་ཡིན་ནོ། མཐར་དགུང་ལོ་བདུན་ཅུ་པ་རབ་བྱུང་གསུམ་པའི་ཤིང་ཡོས(སྤྱི་ལོ1195)ལོར་སྐུ་གཤེགས།

སློབ་གྲོས་མཆོག་ལྡན། སྟོད་ཀྱི་མགོན་གསུམ་གྱི་ཡ་གྱལ་རིག་པ་མགོན་གྱི་རྒྱུད་པ། ཡབ་གྲགས་པ་འབུམ་ལྡེའི་སྲས། རྒྱལ་པོ་འདིའི་དུས་སུ་གུ་གེ་ནས་དམུ་ཁྲབ་ཟིལ་པ་མ་མོའི་མུན་སྒྲིབ། ཁྲབ་ཆུང་དཀར་ནྲ། ལྷ་ཁྲབ་དཀར་པོས་གཙོས་ཁྲབ་བཅོ་བརྒྱད། རལ་གྲི་ནམ་མཁའ་ཁྲག་ལྡག འཁྲོང་རྩེ་རིང་། སློག་དམར་མེ་གསོད་ལ་སོགས་པའི་རལ་གྲི་བཅོ་བརྒྱད། སྐེ་གྲི་བདུད་གྲི་ནག་པོ། དམ་གྲི་གཞུང་བརྒྱད་རྣམས་ཀྱིས་གཙོ་བྱས་པའི་སྐེ་གྲི་བཅོ་ལྔ། ལྷ་གཡུ་འོད་ལྡན། ལྷ་གཡུ་དཀར་པོ་གཉིས་ཀྱིས་གཙོས་པའི་གཡུ་བཅོ་ལྔ། སྨ་མ་ཐེ་ཁྲི་སྟེང་། བཀྲ་ཤིས་འོད་ལྡན་སོགས་སྨ་ཉི་ཤུ། ཆིབས་གྲོ་བོ་ལྔ་བཅུ་དང་། ངང་པ་ལྔ་བཅུ། འོལ་བ་ཉི་ཤུ། ཁྲ་བོ་སུམ་ཅུ། འབྲི་ཟལ་མོ་ཉི་ཤུ། གཡག་ཁམ་པ་ཉི་ཤུ། ལུག་ལ་སོགས་པའི་དཔྱ་ཁྲལ་མང་པོ་འབུལ་བཞེས་གནང་བ་དང་། མངའ་རིས་སྐོར་གསུམ་ཆབ་འོག་ཏུ་བསྡུས་ནས་མངའ་ཐང་དར་རྒྱས་བྱུང་བར་གྲགས།

དབུས་གཙང་གི་མི་བཅུ། སྐད་འདུལ་གྱི་བརྒྱུད་པའི་ཁུངས་ཏེ། ཀླུ་མེས་ཚུལ་ཁྲིམས་ཤེས་རབ་དང་། འབྲིང་ཡེ་ཤེས་ཡོན་ཏན། རག་ཤི་ཚུལ་ཁྲིམས་འབྱུང་གནས། བ་ཚུལ་ཁྲིམས་བློ་གྲོས། སུམ་པ་ཡེ་ཤེས་བློ་གྲོས་བཅས་དབུས་པ་མི་ལྔ་དང་། ལོ་སྟོན་རྡོ་རྗེ་དབང་ཕྱུག ཚོང་བཙུན་ཤེས་རབ་སེང་གེ། བོང་དོང་པ་ཨུ་པ་དེ་ཀར་བཅས་གཙང་པ་མི་གསུམ། མངའ་རིས་པ་འོ་བརྒྱད་སྤུན་གཉིས་བཅས་དབུས་གཙང་གི་མི་བཅུ་པོ་མདོ་སྨད་དུ་ཐེབས་ཏེ་བོད་ས་སྟག(སྤྱི་ལོ978)གམ་ཤིང་སྟག(སྤྱི་ལོ894)ལོར་བླ་ཆེན་དགོངས་པ་རབ་གསལ་ལས་བསྙེན་རྫོགས་ཞུས། འདུལ་བ་ལེགས་པར་བསླབས་ནས་སླར་དབུས་གཙང་དུ་བྱོན། དེ་ནས་རིམ་བཞིན་འདུལ་བའི་སྡོམ་རྒྱུན་སྤེལ་ཏེ་བསྟན་པའི་མེ་རོ་མདོ་ཁམས་སྨད་ནས་སླར་གསོ་མཛད་པ་དེར་སྨད་འདུལ་ཞེས་གྲགས།

དེ་ཡང་ཀླུ་མེས་ཀྱིས་བོད་ས་བྱ(སྤྱི་ལོ949འམ1009)ལོར་ལ་མོར་འགྱེལ་གྱི་ལྷ་ཁང་བཞེངས། དེའི་ཕྱི་ལོར་སྣན་ཡེ་ཤེས་འབར་དང་། རྫོག་བྱང་ཆུབ་འབྱུང་གནས་རབ་ཏུ་བྱུང་། དེ་ནས་གྲུ་མེར་ཡེ་ཤེས

འབྱུང་གནས་ལ་སོགས་པ་མི་བཅོ་བརྒྱད་རབ་ཏུ་བྱུང་། གླུ་མེས་སྐུ་མཆེད་གཉིས་ཀྱིས་མི་ཆོས་ཀྱི་ཁྲོལ་དུ་བ་ལམ་ཤ་ཚ་བཞེངས། གླུ་མེས་ཀྱིས་ཀྭ་ཆུ་བཟུང་། གྲྭ་ཕྱིའི་ཚོང་འདུས་གནས་བཞེངས། དེ་ནས་ཐང་དུ་ཕྱིན་པའི་ལམ་བར་དུ་སྐུ་གཤེགས། གླུ་མེས་དང་གྲུ་མེར་གཉིས་ཀའི་སྐུ་གདུང་མཆོད་རྟེན་འོད་འབར་ན་མ་ཉམས་པར་བཞུགས། གླུ་མེས་ལ་གྲུ་མེར་ཚུལ་ཁྲིམས་འབྱུང་གནས་དང་། ཞང་སྣ་ནམ་རྡོ་རྗེ་དབང་ཕྱུག ཛོག་བྱང་ཆུབ་འབྱུང་གནས། སྣན་ཡེ་ཤེས་ཤེས་རབ་བཅས་སློབ་བ་ཀ་བ་བཞི་སོགས་ཤིན་ཏུ་མང་པོ་བྱུང་ཞིང་། དེ་ལས་གྱེས་ཚོ་གཙོ་ཆེ་བ་ཞང་སྐོར། ཛོག་སྐོར། སྣན་སྐོར། ཐང་སྐོར་བཅས་བཞི་ཡིན།

སུམ་པ་ཡེ་ཤེས་བློ་གྲོས་ཀྱིས་གཡུ་སྒྲོ་དང་ཁང་དམར་བཞེངས། འབྲོ་ས་ཐང་དུ་དམེ་རུ་བརྩིགས་ཀྱང་དགེ་འདུན་གྱི་སྡེ་མ་འཕེལ། ཕྱིས་གླུ་སུམ་གཉིས་གཅིག་ཏུ་བསྡེབས་ནས་གདུང་མ་གཉིས་ཟེར། གླུ་སུམ་གཉིས་ཀྱི་མཁན་བུ་སྣན་ཡེ་ཤེས་བྱང་ཆུབ། འཚལ་ཆུང་གི་གཉོས་ཚུལ་ཁྲིམས་རྒྱལ་མཚན། འཕངས་དབང་ཕྱུག་རྒྱལ་མཚན། གཟི་ཧྲུང་གཉིས། གླུ་མེས་ཀྱི་གཙུང་པོ་དགེ་རྡོར། གཞོན་ནུ་གྲགས་ལ་སོགས་པ་ཆེ་བ་རྣམས་དང་ཆུང་བ་དཔག་ཏུ་མེད་པ་ཡོད་དོ།

འབྲིང་ཡེ་ཤེས་ཡོན་ཏན་གྱིས་ཁམས་གསུམ་ཟངས་ཁང་བཟུང་། ངན་ལམ་སྦྱི་མོ་བརྩིགས་པ་ལས་འབྲིང་ཚོ་སྟོད་པ་མཆེད། དེ་ནས་དཀར་ཆུ་དང་སྐེ་ཐང་བྲག་སྣ་བཟུང་། དེའི་ལམ་སྟེགས་སུ་བྲང་ར་མོ་ཆེ་བརྩིགས། དེ་ལས་འབྲིང་ཚོ་སྨད་པ་མཆེད། གླུ་གོང་ནས་འབྲིང་ཚོ་བར་པ་བྱུང་སྟེ་དེ་རྣམས་ལ་འབྲིང་ཚོ་ཟེར།

རག་ཤི་ཚུལ་ཁྲིམས་འབྱུང་གནས་ཀྱིས་ཁམས་སུ་གདུལ་བྱ་བསྐྱངས། ཕྲ་འོག་གི་ལྷ་ཁང་བརྩིགས། ཀ་ཚལ་དང་ཞྭ་བཟུང་། རག་ཤིའི་གཙུང་པོས་དགེ་རྒྱས་བཟུང་། དེའི་མཁན་བུ་མཐའ་བཞི་རྒྱལ་འཕགས་ཡིན། དེའི་མཁན་བུ་ཞང་ཤེས་རབ་འཕགས་ཀྱིས་ལན་པ་རྟ་བྲེས་བརྩིགས་ཏེ་དེ་རྣམས་ལ་རག་ཚོ་དང་རག་ཤིའི་གཙུང་ཚོ་ཟེར།

བ་ཚུལ་ཁྲིམས་བློ་གྲོས་ཀྱིས་བུ་ཚལ་གསེར་ཁང་བཟུང་། ཡུངས་འགུར་བརྩིགས། དེ་ནས་ལན་པའི་སྤྱིལ་བུ་བཟུང་། བའི་མཁན་བུ་མལ་སེམས་དཔའ་ཤེས་རབ་ཀྱིས་སྟོད་ལུང་ཆ་ཕྲོག་བརྩིགས། ཐག་མ་ལྷ་ཁང་དང་མོན་གྲ་བཟུང་། བའི་གཙུང་གེས་ཀྱི་རེའི་མདའ་གྲོང་བརྩིགས། གཞོའི་འཆད་ཁ་བཟུང་། དེ་རྣམས་ལ་བ་ཚོར་གྲགས་པ་བཅས་དབུས་པ་མི་ལྔའི་ནང་ནས་གླུ་སུམ་སྡེ་པ་གཅིག་ཏུ་བརྩིས་ཏེ་དབུས་ཀྱི་སྡེ་པ་བཞིར་གྲགས།

གཙང་པ་མི་ལྔའི་ནང་ནས་ལོ་སྟོན་རྡོ་རྗེ་དབང་ཕྱུག་ལ་མཁན་བུ་ཉི་ཤུ་རྩ་བཞི་ཞེས་གྲགས་ཀྱང་སྡེ་ཟིན་པ་ལ་རྒྱ་ཤཱཀྱ་གཞོན་ནུས་ལ་སྟོད་མར་ལ་ཐང་བརྩིགས། དེ་ལས་འབྲིང་མཚམས་ཀྱི་བུལ་ཏོག་ལྷ་ཁང་སོགས་ཀྱིས། སྐྱི་ཤེས་རབ་རྡོ་རྗེས་དོན་མོ་རི་བརྩིགས། སྟག་ལོ་གཞོན་ནུ་བརྩོན་འགྲུས་ཀྱིས་སྟག་ལོ་ལྷ

ཁང་བརྩིགས། ཨ་མེས་ཞུ་གཅིག་གིས་མས་ཕྲེང་དང་ཐུག་དམར་བཟུང་། ཡར་ཤཱཀྱ་ཡོན་ཏན་གྱིས་གཟུགས་པོ་བཟུང་། ལི་བློ་གྲོས་གཞོན་ནུས་ཪྫོ་མོ་བརྩིགས། སླག་བྱང་ཆུབ་རྒྱལ་མཚན་གྱིས་ཆུ་མིག་བརྩིགས། དེ་རྣམས་ལས་མཆེད་པ་ལ་རྒྱ་མཚོ་ནས་སླག་ཚོའི་བར་སོ་སོར་གྲགས།

ཚོང་བཙུན་ཤེས་རབ་སེང་གེས་སྔོ་གླིང་བཟུང་། དེའི་མཁན་བུ་ལས་ཁྲལ་ཚོ་དགུར་གྱེས་ཏེ་ཚོང་ཚོ་སྟོད་པ་ལ་སྐལ་སྐོར་དང་རྒྱན་སྐོར་གཉིས། བར་པ་ལ་གནས་གསར་དང་གནས་རྙིང་གཉིས་ཏེ་བཞི་བྱུང་། སྨད་པ་ལ་ཐ་ཚོ། ཉན་ཚོ་སྐོར། བྱ་ཚོས་སྐོར། སྨོན་གྲོ་སྐོར། ངོ་ཚོ་སྟེ་ཁྲལ་ཚོ་ལྔ་ཡོད།

དེ་ལྟར་དབུས་གཙང་གི་མི་བཅུ་མདོ་ཁམས་སུ་ཕེབས་ཏེ་བླ་ཆེན་ལས་སྡོམ་པ་བཞེས་ཀྱང་དབུས་ནས་སུམ་པ་དང་། གཙང་ནས་ཨུ་པ་དེ་དཀར། འོ་བརྒྱད་སྲུན་གཉིས་བཅས་བཞི་ལ་རྗེས་འཇུག་གི་རྒྱུན་མཆེད་པ་མེད་པས་དབུས་གཙང་མི་དྲུག་གམ། ཡང་ན་ཐ་རག་གཉིས་གཅིག་ཏུ་བསྡེབས་ནས་མི་ལྔར་ཡང་གྲགས་པ་ལགས་སོ།

དཔོན་སྟོན་རིན་པོ་ཆེ། (རྒྱ་མ་དཔོན་སྟོན་གཞོན་འབྱུང་ཞེས་པའང་སྣང་) འདི་ཉིད་དཀྱེར་སྒོམ་ཆེན་པོའི་གཅུང་པོའི་སྲས་སུ་རབ་བྱུང་གཉིས་པའི་ས་རྟ(སྤྱི་ལོ1138)ལོར་སྐུ་འཁྲུངས། གཙུག་ལག་ཁང་ཆེན་པོ་བཞེངས་པ་ལ་སོགས་པའི་གཞན་དོན་གྱི་བྱ་བ་རླབས་ཆེན་པོ་མང་དུ་མཛད། ནམ་ཞིག་གི་ཚེ་དགེ་འདུན་དབུ་ཆེན་ཁ་ཅིག་བསགས། འདུན་མའི་ཞལ་བགོད་མཛད་པ་ལ་དེ་རྣམས་ཀྱིས་མ་ཉན་པས་དཔོན་སྟོན་རིན་པོ་ཆེའི་གསུང་གིས། དབུ་རུ་བྱང་ཕྱོགས་བཀའ་གདམས་ཀྱི་བསྟན་པ་འདི་ངས་གཟུང་ངམ་སྙམ་པ་ཡིན་ཏེ། ང་ཁྱེད་རྣམས་ཀྱི་བློ་ལ་མི་འབབ་ན་ངའི་སྐྱ་མ་འདི་དེ་རིང་ནས་རྗེན་གྱིས་བསྟུས་པས་ཆོག་གསུངས་ནས་གཟིམས་མལ་དུ་ཐེགས། ཇ་སྲུན་གཉིས་བཞེས་པའི་མོད་ལ་འཛོ་བ་མཛད་དེ་མཐར་དགུང་ལོ་བདུན་ཅུ་རྩ་གསུམ་པ་རབ་བྱུང་བཞི་པའི་ལྕགས་རྟ(སྤྱི་ལོ1210)ལོར་སྐུ་གཤེགས། དཔོན་སྟོན་གྱིས་གདན་སར་ལོ་བཞི་བཅུ་རྩ་གཉིས་བཞུགས་སོ།

འབའ་རོམ་པ་དར་མ་དབང་ཕྱུག འབའ་རོམ་བཀའ་བརྒྱུད་ཀྱི་སྲོལ་གཏོད་པ་པོ། རྗེ་འདི་ཉིད་ཡབ་སྟོན་པ་འབྱུང་གནས་བློ་གྲོས་དང་ཡུམ་ཪྫོ་མོ་ལོ་ཆུང་མ་གཉིས་ཀྱི་སྲས་སུ་རབ་བྱུང་གཉིས་པའི་མེ་ལུག(སྤྱི་ལོ1127)ལོར་འཕན་ཡུལ་གྱི་དཀའ་བ་ཡུལ་སྣ་ཞེས་པར་སྐུ་འཁྲུངས། མཚན་འདུམ་སྐྱབས་གསོལ། དགུང་ལོ་བརྒྱད་ལ་ཕེབས་སྐབས་མཁན་པོ་ཀ་བ་དར་མ་སེང་གེ་དང་། སློབ་དཔོན་དབང་ཕྱུག་གཞོན་ནུ་གཉིས་ལ་རབ་ཏུ་བྱུང་། མཚན་དར་མ་དབང་ཕྱུག་གསོལ། དགེ་བཤེས་བྱ་ཡུལ་བ་དང་། པོ་ཏོ་བའི་བུ་ཆེན་གྲུ་འདུ་ལུང་པ་ལ་བཀའ་གདམས་ཀྱི་ཆོས་སྐོར་རྣམས་གསན། དགུང་ལོ་ཉི་ཤུ་རྩ་གཅིག་ལ་ཕེབས་སྐབས་སྒམ་པོར་ཕེབས་ཤིང་། དེ་ནས་བཟུང་རྗེ་སྒམ་པོ་བ་དང་བླ་སློབ་ཏུ་གྱུར་ཏེ་བཀའ་བརྒྱུད་ཀྱི་ཆོས་རྣམས་བུམ་པ་གང་བྱོའི་ཚུལ་དུ་གནང་། དཀའ་ཚེགས་མེད་པར་རྟོགས་པ་ཅིག་ཅར་དུ་འཁྲུངས། དགུང་

ལོ་ཉེར་བརྒྱད་ལོར་བྱུང་འབའ་རོམ་དུ་ཕེབས་ནས་ལོ་བདུན་གྱི་བར་དུ་སྒྲུབ་པ་མཛད་ཅིང་། ཕལ་ཆེར་ཏིང་ངེ་འཛིན་གྱིས་དངོས་སུ་འཚོ་བ་བྱུང་། དེ་སྐབས་བཀའ་བརྒྱུད་ཀྱི་བླ་མའི་གསོལ་འདེབས་སོགས་མགུར་ཆེན་ཉི་ཤུ་རྩ་དགུའི་སྐོར་རྣམས་གསུངས། ལ་སྟོད་བྱང་དུ་འབའ་རོམ་གྱི་དགོན་པ་ཕྱག་བཏབ། རབ་བྱུང་གསུམ་པའི་ལྕགས་སྦྲུལ(སྤྱི་ལོ1161)ལོར་ནག་ཆུའི་ས་ཆར་རི་བོ་ཆེ་བཏབ། བདེ་སྟོང་ཕྱག་རྒྱ་ཆེན་པོ་དང་གནས་ལུགས་ཕྱག་རྒྱ་ཆེན་པོ་མདོ་སྔགས་ཟུང་འབྲེལ་གྱིས་ཉམས་བཞེས་མཛད་པས་སློབ་མ་མང་དུ་འདུས་པ་དེ་ནས་འབའ་རོམ་བཀའ་བརྒྱུད་ཅེས་པའི་གྲུབ་མཐའ་དར། མཐར་དགུང་ལོ་བདུན་ཅུ་རྩ་གསུམ་པ་རབ་བྱུང་གསུམ་པའི་ས་ལུག(སྤྱི་ལོ1199)ལོའི་ཟླ་བ་གཉིས་པའི་ཚེས་གཉིས་ཀྱི་ནམ་ཕྱེད་ལ་ངོ་མཚར་བའི་ལྟས་དུ་མ་དང་བཅས་ཏེ་ཞི་བར་གཤེགས་སོ། འབའ་རོམ་གྱི་གདན་ས་དེ་ཁོང་གི་གདུང་རྒྱུད་རིམ་པས་བསྐྱངས་ཀྱང་མཐར་ནང་མ་འཆམས་པས་རིམ་གྱིས་ཉམས་པར་གྱུར།

འདི་ཉིད་ལ་བུ་སློབ་ངོ་མཚར་ཅན་མང་དུ་ཡོད་པའི་ནང་ནས།བུ་ཆེན་བཞི་ནི། རྗེ་བྲོམ་དབང་ཕྱུག་སེང་གེ། ཐག་ཀ་རྡོ་བརྩོན། བླ་མ་ཆེན་པོ་སྡོ་པ། སྟོན་པ་རིན་ཆེན་བླ་མ་བཅས་དང་། དེ་དང་ཉེ་བ་བཞི་ནི། ཐག་ཀ་ལྷ་སྟོན། སྒོམ་པ་གཞོན་ནུ་བུ་གྲགས། ཁྲི་མཉེས་ཨཱ་ཙཪྻ་དེ་ཤ། ལྷ་རྗེ་བློ་གྲོས། རྒྱུད་པ་འཛིན་པའི་སྲས་ལྷ་ནི། རས་པ་རིན་པོ་ཆེ། བླ་མ་ཉིན་དགོན་པ། བླ་མ་དཔལ་རྒྱལ། སེང་གེ་རྒྱལ་མཚན། དཔོན་པོ་ཤེས་རབ་བྱང་ཆུབ་བཅས་སོ།

འབུམ་ལྡེ་མགོན། (ཁྲི་རྒྱལ་འབུམ་ལྡེ་མགོན་ཡང་ཞུ) སྨད་ཀྱི་ལྡེ་གསུམ་གྱི་ཡ་རྒྱལ་དཔལ་ལྡེའི་རྒྱུད་པ། འདི་ཉིད་ཡབ་བཙུན་པ་ལྡེ་དང་ཡུམ་བདག་མོ་ཉི་མ་འབུམ་གཉིས་ཀྱི་སྲས་སུ་རབ་བྱུང་བཞི་པའི་ཆུ་གླང(སྤྱི་ལོ1253)ལོར་འཁྲུངས། འབུམ་ལྡེ་མགོན་དགུང་ལོ་དགུ་པར་ཕེབས་སྐབས་ཡུམ་སྲས་གཉིས་ས་སྐྱར་འགྲོ་མགོན་ཆོས་འཕགས་མཇལ་དུ་ཕེབས། དེ་སྐབས་ཁོང་ལ་ཞེ་ས་དང་གུས་བཀུར་བྱེད་མཁན་གཅིག་ཀྱང་མ་བྱུང་བ་མ་ཟད། བཞུགས་གདན་ཡང་སྒོལ་གྲུམ་ཞིག་ལས་མ་བཀྲབ་སྟབས་ཙུང་ཟད་ཐུགས་མ་རངས་བས་འགྲོ་མགོན་ཆོས་འཕགས་ལ་ཕྱག་མ་བྱས་པར་བསྟུན་གསོལ་བས་འཕགས་པའི་ཞལ་ནས་ཚོ་པོ་འདི་གླང་འདྲ་བ་ཞིག་འདུག་ཅེས་གསུངས་ནའང་འབུམ་ལྡེ་མགོན་ལ་སྐབས་སུ་བབས་པའི་དབང་བྱིན་རླབས་དང་། དངོས་པོའི་གནང་སྐྱེས་གྱ་ནོམ་པ། དེ་བཞིན་ལུགས་གཉིས་ཀྱི་བསླབ་བྱ་བདུད་རྩི་བསྩལ་བ་མ་ཟད། ཡར་འཁྱོན་ཁར་སྐུ་ཚ་གཞོན་ནུ་འདི་ལ། ལོ་གསུམ་མ་སྨིན་གྲགས་པའི་གཏམ་མི་ཐོབ་ཅེས་པ་ཡིན་པས་ཁྱོད་ཀྱི་ཡིད་ལ་ཇི་ལྟར་འདོད་པ་དེ་ལྟར་ཐོས་ཤིག་པའི་བཀའ་ཤེད་བསྐུར་དུ་བསྩལ། རྒྱབ་གཉེར་དཔོན་ཆེན་ཤཱཀྱ་བཟང་པོ་དཔུང་དང་བཅས་པ་མངགས་ནས་ཡུམ་སྲས་མངའ་རིས་གུང་ཐང་དུ་ཕེབས།

སྐབས་དེར་གུང་ཐང་སྒོ་བཞི་ཞེས་བརྗེ་དབང་ཤེད་ཤིན་ཏུ་ཆེ་བས་སྔར་མངའ་དབང་དུ་མ་བསྡུས

པ་དེ་རྣམས་ཐོག་མར་དབང་དུ་བསྡུ་བར་དགོངས་ནས་སྡེ་སྒོ་བཞིའི་མཁན་པོ་བཞི་བཀུག་ནས་ཁབ་གོང་གི་སྒོ་བཞིར་ཨན་བཅུག་སྡེ་ཁྲིམས་བསྒྲགས་ཤིང་། ཟང་ཟིང་གིས་ཀྱང་ཁོང་ཚོའི་ཡིད་མགུ་བར་བྱས་པས་ཁོ་ཚོས་ཕྱར་གྱི་ཐོ་ཅོའི་སྤྱོད་པ་སྤངས་ཤིང་། ཀུས་པ་ལྷུར་ལེན་པའི་འབངས་སུ་བྱས་པ་བཅས་དེ་ལྟར་མངའ་འོག་སྡེ་ཚན་མིང་དུ་བརྒྱ་ཚོ་ཞེས་འབོད་ཀྱང་དོན་དུ་སྟོང་ཚོར་སྒྲིལ་བ་བཅུ་གསུམ་དུ་གཏན་ལ་ཕབ། དགུང་ལོ་བཅོ་བརྒྱད་པ་རབ་བྱུང་ལྔ་པའི་ལྕགས་རྟ(སྤྱི་ལོ1270)ལོར་ཕྱིས་ཀྱི་གདུང་རབས་རྣམས་ཀྱི་འཕྲུལ་ཡུན་གྱི་དགོས་པ་དུ་མའི་ཆེད་དུ་མེ་རྗེ་ཐང་དུ་རྒྱལ་པོའི་ཁབ་བཀྲ་ཤིས་ཁྱུང་རྫོང་དཀར་པོ། བཙུན་མོའི་སྐྱས་ཁང་ལྕགས་རི་དང་བཅས་པ་ད་ལྟ་མངའ་རིས་རྫོང་དཀར་དུ་གྲགས་པ་དེ་བརྒྱ་ཚོ་བཅུ་གསུམ་བསྐུལ་ནས་བསྐྲུན་པ་དང་། ཡབ་ཡུམ་གྱི་དགེ་རྩར་དགོངས་ནས་བཀྲ་ཤིས་སྒོ་མང་གི་གཙུག་ལག་ཁང་ཀ་བ་དྲུག་ཅུའི་ཁྲོན་ཡོད་པའི་ཐུགས་ནང་གཙང་ཁང་ཀ་བ་ཉེར་བཞི་དང་། མདོ་ཁྲམས་གཙུག་ལག་ཁང་ཆེན་པོར་ཀ་བ་སུམ་ཅུ་སོ་དྲུག་ཡོད་པ་བཀོད་པས་ཁྱད་པར་འཕགས་པ་བཞེངས་ཤིང་། དེའི་ནང་དུ་འཕགས་པ་སྤྱན་རས་གཟིགས་དབང་ཕྱུག་གིས་ལུང་བསྟན་པར་གྲགས་པ་མཆོད་རྟེན་བཀྲ་ཤིས་སྒོ་མང་བལ་པོའི་བཟོ་བོ་ཨུ་པ་སིདྡྷིས་གཙོ་བྱས་པ་བརྒྱད་ཀྱིས་ས་སྐྱ་རིན་ཆེན་སྒང་གི་མཆོད་རྟེན་བཀྲ་ཤིས་སྒོ་མང་དང་ཆ་མཐུན་པར་བཞེངས་པའི་གཟུངས་གཞུག་ཏུ་འཛམ་གླིང་མཛེས་པའི་རྒྱན་དྲུག་གི་ཡ་གྱལ་སློབ་དཔོན་ཆེན་པོ་བ་སུ་བནྡྷུ་བལ་ཡུལ་དུ་ཞི་བར་གཤེགས་པའི་དབུ་ཐོད་བལ་པོའི་རྒྱལ་པོའི་མཛོད་དུ་བཞུགས་པ་མངའ་བདག་འབུམ་ལྡེ་མགོན་གྱི་ཕྱག་ཏུ་འཁྱེར་པ་རིན་པོ་ཆེའི་སྒྲོམ་བུར་བཞུགས་སུ་གསོལ་བ་ལ་སོགས་པ་བྱིན་རླབས་ཀྱི་མཚན་ཁ་འབར་བས་མཆོན་པའི་སྐུ་གསུང་ཐུགས་རྟེན་མང་པོ་བཞུགས་པ་དང་། དེ་བཞིན་གསེར་ཁྲིས་ཀྱི་ཡུམ་ཆེ་མོ་ཤེས་རབ་ཀྱི་ཕ་རོལ་དུ་ཕྱིན་པ་སྟོང་ཕྲག་བརྒྱ་པའི་གླེགས་བམ་བཅུ་དྲུག་བཅས་གཙུག་ལག་ཁང་དང་གསུང་རྟེན་འདི་རྣམས་དགུང་ལོ་ཉི་ཤུ་རྩ་ལྔ་པ་མེ་མོ་གླང་(སྤྱི་ལོ1277)ལོར་གྲུབ། དུས་ཚོད་འདིའི་ཡས་མས་སུ་ཕྱི་རབས་ཀྱི་གདུང་རྒྱུད་ལ་སྨན་པའི་སླད་དུ་རྣམ་པར་རྒྱལ་བའི་བཙན་རྫོང་བཅུ་ཕྲག་ལྷག་འདེབས་པར་གྲགས།

མངའ་བདག་འདི་ནི་གུང་ཐང་བཙན་པོའི་གདུང་རབས་གྲེས་ཚུན་ཆད་ལ་བྱུང་བའི་གུང་ཐང་བཙན་པོ་མཛད་པ་འཕྲིན་ལས་ལ་བརྟེན་ནས་ཆབ་སྲིད་དང་མངའ་ཐང་གང་ཐད་གཞན་གྱིས་འགྲན་པའི་ཟླ་དང་བྲལ་བ་ཞིག་བྱུང་བ་མ་ཟད། དུས་རྒྱུན་མཛད་པའི་ནང་ཡང་ཆེན་པོར་འོས་པའི་བྱ་བ་རྣམས་ལ་ཐུགས་སྣང་ཆེན་པོ་གནང་མཁན་ཞིག་ཡིན་པ་དཔེར་ན། འགྲོ་མགོན་ཆོས་རྒྱལ་འཕགས་པའི་སྤྱན་སྔོས་དང་བཅས་ཆེན་པོར་འོས་པའི་ལོ་ཚན་བཅུ་གསུམ་ཡང་སྤྲིག་པར་མཛད་པ་སྟེ། དམ་གཉེར་གཉིས། གསོལ་གཟིམ་གཉིས། མཇལ་ཡིག་གཉིས། སྐྱ་ཌ་གཉིས། ཐབ་འདྲེན་གཉིས། རྟ་མཛོ་གཉིས། གདུགས་འཛིན་པ་དང་བཅུ་གསུམ་མོ། ཆབ་སྲིད་འཕྲིན་ལས་ཀྱི་མཛད་པ་སྐྱོང་བའི་ཐུགས་གསེང་གང་བྱུང་ལ་ལེང་

ང་བྲག་དམར་དུ་བཞུགས་པའི་ཞང་སྒོམ་རི་པ་ཆེན་པོ་དང་། རོན་མདའ་རྫོང་སྒོ་སྣང་རི་གྲུབ་པའི་སྐྱེས་བུ་བརྩོན་འགྲུས་རྒྱལ་པོ་གཉིས་ཀྱི་ཞབས་ལ་གཏུགས་ནས་སྨིན་བྱེད་ཀྱི་དབང་དང་གྲོལ་བྱེད་ལུང་ལེགས་པར་ཐོས་ཏེ་དེ་དག་གི་དོན་ལ་རྩེ་གཅིག་མཉམ་པར་བཞག་པས་ཉམས་རྟོགས་ཀྱི་ཡོན་ཏན་ཡང་ཆེས་ཆེ་བ་དང་ལྡན་ཞེས་ཡོངས་སུ་གྲགས།

ཁོང་གིས་སེ་མ་འབུམ་སྐྱོང་རྒྱལ་མོ་ཁབ་ཏུ་བཞེས་པར་ཁྲི་རིན་ཆེན་བཟང་པོ་འཁྲུངས་ཤིང་། གཞན་ཡང་སྲས་ཁྲི་ལྡེ་འབུམ་དང་། བསམ་ལྡེ་གཉིས་ཀྱང་རིམ་པར་འཁྲུངས་སོ། མཐར་དགུང་ལོ་ཉི་ཤུ་རྩ་བརྒྱད་པ་རབ་བྱུང་ལྔ་པའི་ལྕགས་འབྲུག(སྤྱི་ལོ1280) ལོར་འབངས་མི་སྲུན་པ་ཞིག་གི་གསོལ་ངན་གྱི་སྦྱོར་བས་སྐུ་གཤེགས་སོ།

འབྲོག་མི་ཤཱཀྱ་ཡེ་ཤེས། བོད་ཆུ་སྤྲུལ(སྤྱི་ལོ993) ལོར་མང་མཁར་དུ་སྐུ་འཁྲུངས། མཁན་པོ་རྒྱ་ཤཱཀྱ་གཞོན་ནུ། སློབ་དཔོན་སེ་ཡེ་ཤེས་བརྩོན་འགྲུས། གསང་སྔོན་ཉང་རྡོ་རྗེ་སོགས་ལས་གྲམ་པ་རྒྱུད་དུ་དགེ་འདུན་གྱི་སྡེ་བཙུགས་པའི་དུས་སུ་རབ་ཏུ་བྱུང་། སྐབས་དེར་རབ་བྱུང་སུམ་བརྒྱ་ཙམ་འདུས་པའི་ནང་ནས་འདི་ཉིད་དང་། སྟག་ལོ་གཞོན་ནུ་བརྩོན་འགྲུས། ལེང་གཞོན་ནུ་གསུམ་མཁན་སློབ་རྒྱལ་པོ་དང་བཅས་པས་རྒྱ་གར་དུ་ཆོས་སློབ་ཏུ་བཏང་། འབྲོག་མི་རྒྱ་གར་དང་བལ་ཡུལ་དུ་ལོ་བཅུ་གསུམ་ཙམ་བཞུགས་ནས་མཁས་པ་སྒོ་དྲུག་དང་དཔའ་བོ་རྡོ་རྗེ་ལས་མདོ་རྒྱུད་ཀྱི་ཟབ་དོན་བཞེས། ཁྱད་པར་ཕྱིས་ག་ཡ་དྷ་ར་བོད་དུ་བྱོན་པ་ལ་གསེར་སྲང་ལྔ་བརྒྱ་ཕུལ་ཏེ་ཀྱེ་རྡོར་རྒྱུད་གསུམ། ར་ལི། ཨ་ར་ལི་བཞི་ལ་སོགས་པའི་རྒྱུད་དང་། གསུང་ངག་རིན་པོ་ཆེའི་བདུད་རྩི་བཞེས་ནས་བསྟན་པ་ལ་བཀའ་དྲིན་ཆེ། དགུང་ལོ་ང་གཉིས་པ་ཆུ་ལུག(སྤྱི་ལོ1043) ལོར་མང་མཁར་མྱུ་གུ་ལུང་བཏབ་ཅིང་། ག་ཡ་དྷ་ར་དང་མཇལ་ནས་ལོ་གསུམ་རིང་གསུང་ངག་གསན། དགུང་ལོ་དྲུག་ཅུ་རེ་གསུམ་ཡན་ནས་འཆད་ཉན་སྤེལ་བར་མཛད་པ་དང་། དེ་ནས་ཞི་བར་མ་གཤེགས་བར་སྒྲུབ་པ་གཙོ་བོར་མཛད། མཐར་རབ་བྱུང་དང་པོའི་ཤིང་སྟག(སྤྱི་ལོ1074) ལོར་སྐུ་གཤེགས། འབྲོག་མི་ཤཱཀྱ་ཡེ་ཤེས་འདི་ནི་དཔལ་ལྡན་ས་སྐྱ་པའི་གྲུབ་མཐའ་འཛིན་པའི་ཆོས་རྒྱུད་ཀྱི་ཆུ་འགོ་ཡིན་ནོ།

བསྟན་པ་སྤེལ་བའི་སློབ་མའི་གཙོ་བོ། མན་ངག་ཚར་བ་གསུམ། རྒྱུད་ཚར་བ་ལྔ། གྲུབ་པ་ཐོབ་པ་བདུན་སོགས་བྱུང་།

འདི་ཉིད་ཀྱི་འགྱུར་ལ། བཀའ་འགྱུར་ལས། བཤད་རྒྱུད་ཐུན་མོང་བ་དཔལ་ཡང་དག་པར་སྦྱོར་བའི་རྒྱུད་ཆེན་པོ་བརྟག་པ་བཅུ་པ། བརྟག་པ་རེ་རེ་ལ་རབ་བྱེད་བཞི་བཞི་ཡོད་པ། དེའི་རྒྱུད་ཕྱི་མ་དང་བཅས་པ། དཔལ་གསང་བ་རྡོ་རྗེའི་རྒྱུད་ལེའུ་བཞི་པ། དཔལ་གསང་བ་ཐམས་ཅད་གཅོད་པའི་རྒྱུད་ཀྱི་རྒྱལ་པོ། དཔལ་འཁོར་ལོ་སྡོམ་པ་གསང་བ་བསམ་གྱིས་མི་ཁྱབ་པའི་རྒྱུད་ཀྱི་རྒྱལ་པོ་སོགས་དང་། བསྟན་

འགྱུར་ལས། ཀྱི་རྡོ་རྗེའི་འགྲེལ་པ་ཀཽ་མུ་དི་ཞེས་བྱ་བའི་དཀའ་འགྲེལ། སྒྱུའི་དེ་ཁོ་ན་ཉིད་ཅེས་བྱ་བ་རྡོ་རྗེ་སྒྱུའི་འགྲེལ་པ། མངོན་པར་རྟོགས་པའི་རིམ་པ་ཞེས་བྱ་བ། ཞར་བྱུང་དབྱུ་གུ་དྲུག་ཅུ་རྩ་བཞིའི་བཤད་པ་སོགས་མང་ངོ་།

འབྲོམ་སྟོན་རྒྱལ་བའི་འབྱུང་གནས། བཀའ་གདམས་པའི་སྲོལ་གཏོད་པ་པོ། བཀའ་གདམས་ཀྱི་མེས་པོ་རྗེ་འབྲོམ་ཡབ་སྲས་གསུམ་གྱི་ཡ་གྱལ་ཡིན་ལ། ཁུ་རྔོག་འབྲོམ་གསུམ་གྱི་ཡ་གྱལ་ཡང་ཡིན། རྗེ་འདི་ཉིད་ཡབ་ཏ་གསུམ་སྐྱ་གཤེན་དང་ཡུམ་ཁུ་འོད་བཟའ་གཉིས་ཀྱི་སྲས་སུ་བོད་ཤིང་འབྲུག(སྤྱི་ལོ1004)ལོར་སྟོད་ལུང་ཕུར་སྐྱ་འཁྲུངས་ཞེས་དང་། ཤིང་སྦྲུལ(སྤྱི་ལོ1005)ལོར་འཁྲུངས་ཞེས་གསུང་ཚུལ་མི་འདྲ་བ་མཆིས། དགུང་ལོ་བཅུ་གསུམ་ཙམ་ལ་དགེ་བཤེས་གཡུང་ཆོས་མགོན་བྱ་བས་ཀློག་ཡིག་བསླབས། དགུང་ལོ་བཅུ་བདུན་ལོར་རྗེ་བོ་སེ་བཙུན་ཁམས་ནས་རྒྱ་གར་ལ་བྱོན་པ་དང་མཇལ་བས་དད་པ་སྐྱེས་ཏེ་ཐུགས་རྗེ་ཆེན་པོ་ཡི་གེ་དྲུག་པའི་གདམས་པ་ཞུས། དེ་ནས་འབྲོམ་གྱིས་རྒྱལ་གྱི་ཞང་སྣ་ནམ་རྡོ་རྗེ་དབང་ཕྱུག་ལས་དགེ་བསྙེན་གྱི་སྡོམ་པ་མནོས་ཏེ་མཚན་རྒྱལ་བའི་འབྱུང་གནས་སུ་གསོལ། དགུང་ལོ་བཅུ་དགུ་ལོར་བླ་མ་སེ་བཙུན་མཇལ་བར་མདོ་ཁམས་འདན་མའི་ཡུལ་དུ་ཆེད་པ་དང་འགྲོགས་ནས་བྱོན་ཏེ་སེ་བཙུན་དང་མཇལ་འཛོམས་བྱུང་བ་དེ་ནས་བཟུང་བསམ་སྦྱོད་གཉིས་ཀྱི་སྒོ་ནས་ཚུལ་བཞིན་དུ་བསྟེན་ཏེ་མདོ་སྔགས་ཀྱི་ཆོས་གཞུང་མཐའ་ཡས་པ་ལ་སྦྱང་བརྩོན་མཐར་ཕྱིན་པ་གནང་ཞིང་། དགེ་འདུན་ཕྱིངས་མའི་ཁྲིད་དུ་བཀྲི་གླེང་མཛད་པར་སུས་ཀྱང་ལན་འདོན་སྤོབས་པར་མ་ནུས་ནས་མཁས་པའི་ཕུལ་དུ་ཕྱིན་པར་གྲགས། དེའི་དུས་སུ་ཁུ་སྟོན་བརྩོན་འགྲུས་གཡུང་དྲུང་དང་། རྔོག་ལེགས་པའི་ཤེས་རབ་གཉིས་ཀྱང་ཆོས་གྲྭ་དེར་ཞུགས་པས་ཁུ་རྔོག་འབྲོམ་གསུམ་ཞེས་པའང་ཐོག་མ་ཁམས་སུ་གྲགས་པ་ཡིན། དེ་ནས་འབྲོམ་གྱིས་པཎྜི་ཏ་ཆེར་མ་དང་སྨྲི་ཏི་གཉིས་ཕྱོགས་དེར་བྱོན་པ་ལས་སྒྲ་རིག་པ་དང་སཾསྐྲི་ཏའི་སྐད་ཡིག་བསླབས་པས་ལེགས་པར་མཁྱེན། དེ་ལྟར་འབྲོམ་གྱིས་མདོ་ཁམས་སུ་བླ་མ་སེ་བཙུན་གྱི་སྤྱན་སྔར་ཁྲིན་ལོ་ཉི་ཤུ་བཞུགས་ཤིང་། མདོ་སྔགས་ཀྱི་ཆོས་མང་དུ་གསན་ཏེ་མཁས་པའི་ཕུལ་དུ་ཕྱིན་ནས་དགེ་བསྙེན་ཆོས་འཕེལ་དུ་གྲགས་པ་བྱུང་། རབ་བྱུང་དང་པོའི་ཆུ་རྟའམ་ཤིང་སྤྲེལ(སྤྱི་ལོ1042སམ1044)ལོར་ཇོ་བོ་རྗེ་ཨ་ཏི་ཤ་མངའ་རིས་སུ་ཕེབས་པ་གསན་ཏེ་ཁམས་ནས་ཞབས་ཐང་གིས་མངའ་རིས་སུ་ཕེབས། སྤུ་རངས་སུ་ཇོ་བོ་དང་མཇལ་ཞིང་བླ་མར་བསྟེན། དེ་ནས་འབྲོམ་གྱིས་ཇོ་བོ་དབུས་སུ་གདན་དྲངས་ཏེ་བཀའ་ཆོས་མང་དུ་གསན། ཇོ་བོ་ཡབ་སྲས་ཀྱི་གསང་ཆོས་བཀའ་གདམས་གླེགས་བམ་དུ་གྲགས་པ་དེ་ཇོ་བོ་རྗེས་ཁུ་རྔོག་འབྲོམ་གསུམ་ལ་ཡེར་པ་ལྷ་རི་སྙིང་པོའི་མགུལ་དུ་གནང་བ་ཞིག་སྟེ་ཕ་འབྲོམ་སྟོན་པས་ཞུས་པ་ལ་བཀའ་གདམས་ཕ་ཆོས་སུ་གྲགས། དེ་ལྟར་འབྲོམ་གྱིས་ཇོ་བོ་མཇལ་བ་ནས་ཞི་བར་མ་གཤེགས་བར་ཟླ་བ་གཉིས་མ་གཏོགས་སྐད་ཅིག་ཀྱང་བྲལ་མ་མྱོང་གསུངས། ཇོ་བོ་རྗེ་སྐུ་མྱ་ངན་ལས་འདས་རྗེས་ཇོ་བོའི་འདས་མཆོད་རྒྱ་ཆེར་མཛད་

ནས་སྐུ་གདུང་དངུལ་གྱི་མཆོད་རྟེན་དུ་བཞུགས་སུ་གསོལ། རབ་བྱུང་དང་པོའི་ཤིང་ལུག(སྤྱི་ལོ1055)ལོར་འབྲོམ་སྟོན་པ་དང་སྐ་བ་ཤཱཀྱ་དབང་ཕྱུག་སོགས་ཀྱིས་ཇོ་བོ་རྗེ་སྐུ་གཤེགས་ནས་ལོ་གཅིག་སོང་བའི་སྐུ་མཆོད་དུ་སྙེ་ཐང་སྒྲོལ་མ་ལྷ་ཁང་ཐོག་བརྩེགས་གཉིས་ལྡན་ཞིག་བཞེངས་ཤིང་། འོག་ཁང་གི་ལྷ་ཁང་དཀྱིལ་མའི་ནང་དུ་གཙོ་བོར་ཇོ་བོ་རྗེའི་ཐུགས་དམ་གྱི་རྟེན་རྗེ་བཙུན་སྒྲོལ་མའི་སྐུ་ལི་མ་སོགས་བཞུགས་སུ་གསོལ། དེ་ནས་འབྲོམ་གྱིས་ཇོ་བོའི་བཀའ་བཞིན་རབ་བྱུང་དང་པོའི་མེ་སྤྲེལ་ལམ་མེ་བྱ(སྤྱི་ལོ1056གམ1057)ལོར་ར་སྒྲེང་དགོན་པ་ཕྱག་བཏབ་པ་ནས་བཟུང་ཇོ་བོ་རྗེའི་བཞེད་སྲོལ་དར་སྤེལ་བྱུང་བའི་ཆོས་ལུགས་ལ་བཀའ་གདམས་པ་ཞེས་སུ་གྲགས་ཤིང་། དེ་ནི་འབྲོམ་སྟོན་རྒྱལ་བའི་འབྱུང་གནས་ཀྱིས་སྲོལ་གཏོད་པ་ལགས། ཇོ་བོའི་སློབ་མ་རྣམས་ཀྱང་འབྲོམ་གྱིས་ཆོས་དང་འཚོ་བ་གཉིས་ཀའི་སྒོ་ནས་བསྐྱངས་ཏེ་བཀའ་གདམས་པའི་བསྟན་པའི་བདག་པོར་གྱུར། འབྲོམ་ནི་དགེ་བསྙེན་ཡིན་ཡང་བསླབ་ཁྲིམས་བསྲུང་བ་ལ་དགེ་སློང་ལས་ལྷག་པར་མཛད། མཐར་འབྲོམ་སྟོན་པ་དགུང་ལོ་དྲུག་ཅུ་བཞེས་པ་རབ་བྱུང་དང་པོའི་ཆུ་ཡོས་སམ་ཤིང་འབྲུག(སྤྱི་ལོ1063མམ1064)ལོར་ར་སྒྲེང་དུ་སྐུ་གཤེགས།

སྲས་ཀྱི་ཐུ་བོ་པོ་ཏོ་བ་རིན་ཆེན་གསལ་དང་། སྤྱན་སྔ་ཚུལ་ཁྲིམས་འབར་བ། ཕུ་ཆུང་བ་གཞོན་ནུ་རྒྱལ་མཚན་གཙོ་བྱས་པའི་སློབ་མ་མཁས་གྲུབ་ཕུལ་དུ་བྱུང་བ་མང་པོ་ཡོད།

འདི་ཉིད་ཀྱི་འགྱུར་ལ། བཀའ་འགྱུར་ལས། ཚོགས་ཀྱི་བདག་པོའི་རྒྱུད་ལེའུ་བཅོ་ལྔ་པ། བསྟན་འགྱུར་ལས། དཔལ་མགོན་པོའི་གཏོར་ཆོག་དཱི་པཾ་ཀ་ར་ཛྙཱ་ཤྲཱི་ནས་མཛད་པ། འཕགས་པ་བྱམས་པའི་སྒྲུབ་ཐབས་སློབ་དཔོན་ཐོགས་མེད་ཀྱིས་མཛད་པ། རྒྱལ་པོ་ཆེན་པོ་བཞིའི་གཏོར་མ་སོགས་ཡོད།

མ་གཅིག་ཞ་མ། འདི་ཉིད་ཡབ་ཞམ་རྡོ་རྗེ་རྒྱལ་མཚན་དང་ཡུམ་རྒྱ་གར་ལྷ་མོ་གཉིས་ལ་རབ་བྱུང་དང་པོའི་ཆུ་སྟག(སྤྱི་ལོ1062)ལོར་ཡུལ་ཕ་དྲུག་ན་སྐུ་འཁྲུངས། སྐུ་ལུས་ལ་སྤྱིར་པདྨ་ཅན་གྱི་མཚན་རྣམས་དང་། ཁྱེ་བྲག་ཏུ་ལྟེ་བ་ན་པདྨ་དམར་པོ་རྩ་བ་གསུམ་པ། ནུ་མ་གཉིས་ཀྱི་བར་ན་རིན་པོ་ཆེའི་ཕྲེང་བ་གསུམ་སྐོར་དུ་ཡོད་པས་ལྟེ་བར་སླེབས་པ། ཕྲག་སོ་གཉིས་ལ་གཡུང་དྲུང་རིས་རེ། རྣ་བ་གཉིས་ཀྱི་རྒྱབ་ན་དུང་པདྨ་ལྟར་འཁྱིལ་བ་རེ། ལྟེའི་འོག་ན་རལ་གྲི་ཨུཏྤལ་ལའི་མདོག་ཅན་ཧཱུྃ་ཡིག་གིས་མཚན་པ། སྨིན་མཚམས་ན་ཉི་ཟླའི་རྒྱལ་མཚན་འཁོར་ལོ་ཏོག་དང་བཅས་པ་ཡོད་པ་ཞིག་བྱུང་། མ་གཅིག་དགུང་ལོ་བཅུ་བཞིར་ཕེབས་སྐབས་ཡུལ་དེའི་སྐྱེས་པ་ཨ་བ་ལྷ་རྒྱལ་བྱ་བ་ཞིག་ལ་ཐག་མར་བཏང་བས་ཁྱིམ་མར་བཞེས། ཁྱོ་ལ་ཁྱོད་རང་ཡང་ཆོས་ཀྱིས་ང་ཡང་ཆོས་བྱེད་གསུངས་པས་ཁྱོ་ཡིས་ཉན་དུ་མ་བཏུབ་གཤིས་སྨྱོ་རྫུ་མཛད་དེ་དེ་ནས་བྲལ། དགུང་ལོ་བཅུ་བདུན་ནས་ཉི་ཤུ་རྩ་གཉིས་ཀྱི་བར་དུ་བླ་མ་རྨའི་ཕྱག་རྒྱ་མ་མཛད། རྨས་རྒྱུད་དང་སྒྲུབ་ཐབས་མང་པོ་ཡང་ཁོང་ལ་བསླབས། བླ་མའི་ཞལ་ནས་ལོ་བཞིར་མཚམས་ཆོད་ཅིག་གསུང་བ་བཞིན་བྱས་པས་བདུད་ཀྱི་བར་ཆད་ཐམས་ཅད་ཟིལ་གྱིས་ནོན། ཁྱད་པར་དུ་རྫོང་གོང་འོག་ལ་ཟླ་བ་བཞི

བཞི་བཞུགས་པའི་ཚེ་ཉི་ཟླ་འོག་ན་ནོན་པ། ལུས་གང་འདོད་དུ་སྤྲུལ་བསྒྱུར་ཤེས་པ། སེམས་ཅན་ཐམས་ཅད་ཀྱི་སྐད་གོ་བ། རླུང་གར་འདོད་དུ་འཇོངས་པ་སྟེ། དངོས་གྲུབ་བཞི་ཐོབ། མ་གཅིག་དགུང་ལོ་ཉེར་བརྒྱད་ལ་ཕེབས་སྐབས་བླ་མ་རྨ་དགོངས་པ་རྫོགས་པས་རྨའི་ཕུར་སྦྱོང་བ་སོགས་དགོངས་པ་རྫོགས་པའི་བྱ་བ་རྒྱ་ཆེར་མཛད། དགུང་ལོ་སོ་གཅིག་ནས་ལོ་གསུམ་གྱི་རིང་བར་ཆད་དུ་གསལ་བ་བདུན་བྱུང་སྟེ་ཐབས་ཅི་བྱས་ཀྱང་མ་ཕན་པས་རྗེ་འགོན་ཕུ་བས་ཞབས་ཏོག་བྱས་ཏེ་དིང་རིར་དམ་པའི་དྲུང་དུ་ཕེབས། དམ་པའི་བཀའ་བཞིན་མཛད་པས་བར་ཆད་རྣམས་བསལ་ཏེ་སྐུ་ཁམས་ཀྱང་ཤིན་ཏུ་བཟང་བར་གྱུར་པས་དམ་པ་དེ་བཀའ་དྲིན་ཆེ་བར་དགོངས། དུས་ཕྱིས་སེ་མཁར་ཆུང་པ་དང་མཇལ་ཏེ་གདམས་པ་ཞུས་པས་དབང་ཆུང་ཞིག་མ་གཏོགས་གདམས་པ་རྫོགས་པར་གནང་། དེ་ནས་མ་གཅིག་ཉིད་གྲུབ་པ་བརྙེས་ཏེ་ཡུལ་ཉི་ཤུ་རྩ་བཞི་དང་མོན་བོད་ཀྱི་གནས་གཉན་ཟེར་བ་མང་པོར་བཞུགས་ཏེ་ཐུགས་དམ་མཛད་པ་དང་། གཞན་ལ་དག་པའི་སྣང་བ་མང་པོ་བསྟན་པ་སོགས་ཤིན་ཏུ་མང་བར་མཛད། བླ་མ་ཡང་གོང་སྨོས་པ་རྣམས་དང་། པཎྜི་ཏ་བེ་རོ་ཙ་ན། དཔལ་ཆེན་ཀློ་དང་། པུ་ཧྲངས་ལོ་ཙྪ་བ་དང་། ཡེ་རབ་བ་རྣམས་ལ་ཡང་གཏུགས། མ་གཅིག་འདི་ལ་ཕག་མོ་གྲུ་པས་ཀྱང་གཏུགས། དེ་ལྟར་འགྲོ་དོན་རྒྱ་ཆེར་མཛད་ནས་མཐར་དགུང་ལོ་བརྒྱད་ཅུ་གྱ་བརྒྱད་པ་རབ་བྱུང་གསུམ་པའི་ས་སྦྲུལ་(སྤྱི་ལོ1149)ལོར་སྐུ་འདས། ཕུར་སྦྱོང་ས་ཀྱང་གདུང་ཚུང་ཟད་ཀྱང་མ་བྱུང་། མདོར་ན་མ་གཅིག་འདི་ནི་གསང་སྔགས་ཆགས་ལམ་ལ་བརྟེན་པ་རྣམས་ཀྱི་མིག་གཅིག་ཏུ་གྱུར་པ་ཡིན་ནོ།

མ་གཅིག་ལབ་སྒྲོན། འདི་ཉིད་རབ་བྱུང་གཉིས་པའི་ཆུ་ལུག་(སྤྱི་ལོ1103)ལོར་སྐུ་འཁྲུངས། ཤིང་རྟ་ལོར་དགེ་བཤེས་ཨ་སྟོན་ལས་གསན་སྦྱོང་མཛད། དེ་རྗེས་ཕ་དམ་པ་སངས་རྒྱས་བསྟེན་ནས་ཞི་བྱེད་གཅོད་ཀྱི་གདམས་པའི་བདག་པོར་གྱུར། རབ་བྱུང་གསུམ་པའི་ཤིང་འབྲུག་(སྤྱི་ལོ1184)ལོ་གསུམ་པའི་ཚེས་བཅུར་གཡའ་རིའི་རྫོག་ལུང་དུ་གཏེར་སྦས། འདི་ཉིད་ཀྱིས་མཛད་པའི་གཅོད་གཞུང་ནི། 《གཅོད་གཞུང་བཀའ་ཚོམ་ཆེན་མོ》དང《ཡང་རྩོམ》 《ཉིང་རྩོམ》 《ལེའུ་ལག》《གནས་ཐེམ》 《ཁོང་རྒོལ》 《གསང་བ་བརྡ་ཆོས》《ལ་བཟླས་སྐོར་གསུམ》 《གཞི་ལམ་སློང་བ》 《ཁྱད་པར་གྱི་མན་ངག》དང་བཅས་བཅུ་ཡོད། མཐར་རབ་བྱུང་གསུམ་པའི་ལྕགས་བྱ་(སྤྱི་ལོ1201)ལོར་འདས།

མར་པ་དོ་བ་ཆོས་ཀྱི་དབང་ཕྱུག འདི་ཉིད་ཡ་འབྲོག་དོ་ནང་དུ་རབ་བྱུང་དང་པོའི་ཆུ་རྟ་(སྤྱི་ལོ1042)ལོར་སྐུ་འཁྲུངས།

འདི་ཉིད་ཀྱི་འགྱུར་ལ། བཀའ་འགྱུར་ལས། འཕགས་པ་མི་གཡོ་བའི་རྒྱུད་ཀྱི་རྒྱལ་པོ་འབུམ་པ་ལས་བྱུང་བ་དངོས་གྲུབ་ཐམས་ཅད་ཡོངས་སུ་འབྱུང་བའི་རྟོགས་པ་ལེའུ་བདུན། ལག་ན་རྡོ་རྗེ་གོས་སྔོན་པོ་ཅན་རྡོ་རྗེ་གདེངས་པའི་རྒྱུད་ཁམས་གསུམ་ལས་རྣམ་པར་རྒྱལ་བ་ཞེས་བྱ་བ་ལེའུ་གཅིག་པ། དཔལ་རྡོ་

ཛྷེ་འཛིགས་བྱེད་ཀྱི་དངོས་གྲུབ་ཀྱི་རྟོག་པ་ཞེས་བྱ་བ་ལེའུ་བཞི་སྟེ་རྟོག་པ་བཞི་བར་གྲགས་པ། བསྟན་འགྱུར་ལས། ཀྱེ་རྡོ་རྗེ་ཕྱག་གཉིས་པའི་སྒྲུབ་ཐབས། འཁོར་ལོ་སྡོམ་པའི་ལུས་དཀྱིལ་གྱི་མངོན་པར་རྟོགས་པ་དང་། དཔལ་འཁོར་ལོ་སྡོམ་པའི་རིམ་པ་ལྔ་བའི་འགྲེལ་པ། བཅོམ་ལྡན་འདས་དཔལ་བདེ་མཆོག་སྒྲུབ་པའི་ཐབས་རིན་ཆེན་ཡིད་བཞིན་ནོར་བུ་ཞེས་བྱ་བ། ཚོགས་ཀྱི་འཁོར་ལོའི་ཆོ་ག དཔལ་འཁོར་ལོ་སྡོམ་པའི་བསྟོད་པ་རྒྱ་ཆེན་པོ། དཀྱིལ་འཁོར་གྱི་ལྷ་ལ་བསྟོད་པ་རིན་པོ་ཆེའི་སྒྲུ་འཕྲུལ་སྤྲིན་པ་ཞེས་བྱ་བ་སོགས་མང་ངོ་།

མར་པ་ལོ་ཙྰ་བ་ཆོས་ཀྱི་བློ་གྲོས། (ལྷོ་བྲག་མར་པ་ཡང་ཞུ) བོད་ཀྱི་ལོ་རྒྱུས་ཐོག་མཚན་སྙན་ཆེ་བའི་ལོ་ཙྰ་བ་འདི་ཉིད་ཡབ་མར་པ་དབང་ཕྱུག་འོད་ཟེར་དང་ཡུམ་རྒྱལ་མོ་འོད་ཟེར་གཉིས་ཀྱི་སྲས་སུ་བོད་ཆུ་བྱི(སྤྱི་ལོ1012)ལོར་ལྷོ་བྲག་པུ་ཆུ་ཁྱེར་གྱི་གྲོ་བོ་ལུང་དུ་སྐུ་འཁྲུངས། མཚན་ཆོས་ཀྱི་བློ་གྲོས་གསོལ། སྐུ་ཆུང་ངའི་དུས་སློབ་དཔོན་གླུ་བརྒྱུད་པ་ཞིག་ལས་ཡི་གེ་འབྲི་ཀློག་གསན་སྦྱོང་མཛད། དགུང་ལོ་བཅོ་ལྔར་ཕེབས་སྐབས་འབྲོག་མི་ལོ་ཙྰ་བ་ཤཱཀྱ་ཡེ་ཤེས་ཀྱི་དྲུང་དུ་སཾསྐྲྀ་ཏའི་སྐད་དང་སྒྲ་རིག་པ་སྦྱངས། རྒྱ་གར་དུ་ལན་གསུམ་དང་བལ་ཡུལ་དུ་ལན་བཞི་ཕྱིན་ནས་ཛེ་ཏ་རི་པ་དང་། པཎྜི་ཏ་ཡེ་ཤེས་སྙིང་པོ། ཀུ་ཀུ་རི་བ། མེ་ཏྲི་བ། ཞི་བ་བཟང་པོ་ལ་སོགས་བླ་མ་བརྒྱ་རྩ་བརྒྱད་དང་། བཤད་སྲོལ་འཛིན་པ་ལྔ་བཅུ། སྣང་བ་འགྱུར་ངེས་བཅུ་གསུམ། ཁྱད་པར་འཕགས་པའི་བླ་མ་བཞི་རྣམས་བསྟེན་ནས་གསང་སྔགས་ཀྱི་ཆོས་མཐའ་ཡས་པ་གསན། གྲོང་འཇུག་གདམས་པ་དང་། བདེ་མཆོག་མཁའ་འགྲོའི་སྙན་རྒྱུད་ཀྱི་ཆོས་སྐོར་རྣམས་ཐོབ། ཀྱཻ་རྡོར་དང་། གསང་བ་འདུས་པ་ལ་སོགས་པའི་རྣལ་འབྱོར་ཕ་མའི་རྒྱུད་ཀྱི་བཤད་པ་གདམས་ངག་ལག་ལེན་བཅས་པ་ཞིབ་ཏུ་སྦྱངས། ཕྱག་རྒྱ་ཆེན་པོའི་རྟོག་པ་མཐར་ཐུག་པ་ཐུགས་ལ་འཁྲུངས། བོད་དུ་ཕྱིན་ནས་ལྷོ་བྲག་གྲོ་བོ་ལུང་དུ་བཞུགས། གསང་སྔགས་ཀྱི་ཆོས་དཔེ་བོད་སྐད་དུ་བསྒྱུར། རྒྱ་གར་དུ་ཕྱིན་ཚུལ་གྱི་ཉམས་མགུར་མང་དུ་གསུངས། བདག་མེད་མ་སོགས་བཙུན་མོ་དགུ་ཁབ་ཏུ་བཞེས་པ་དེ་དག་ནི་ཀྱཻ་རྡོར་གྱི་ལྷ་མོ་དགུ་དང་སྦྱོར་བ་ཡིན་ཞེས་གྲགས། ཐུགས་ཀྱི་སྲས་བཞི་དང་། དབུ་ཆེ་བཅུ་སོགས་སློབ་མ་མང་དུ་བསྐྱངས་པ་བཅས་དཔལ་དྭགས་པོ་བཀའ་རྒྱུད་ཀྱི་བསྟན་པའི་སྲོལ་ཕྱེ། མཐར་དགུང་ལོ་གྱ་དྲུག་པ་རབ་བྱུང་གཉིས་པའི་མེ་གླང(སྤྱི་ལོ1097)ལོར་སྐུ་གཤེགས་ཞེས་དང་། དགུང་ལོ་གྱ་བཞི་པ་རབ་བྱུང་གཉིས་པའི་ཤིང་ཕག(སྤྱི་ལོ1095)ལོར་སྐུ་གཤེགས་ཞེས་གསུང་ཚུལ་མི་འདྲ་བ་མཆིས།

སློབ་མའི་གཙོ་བོ་ནི། རྔོག་པ་གག་སྟོན་དང་། གྲེའི་མེའུ་ཚུང་། ཚ་གོང་དཔལ་ལེ། དགེ་བཤེས་ཁེ་གད་བཅས་ཐུགས་ཀྱི་སྲས་བཞི་དང་། གཞུང་གི་རྗོག་ཆོས་སྐུ་རྡོ་རྗེ་དང་། རྔོག་གྱི་ཚུར་སྟོན་དབང་ངེ། གཙང་རོང་གི་མེས་ཚོན་པོ། གུང་ཐང་གི་མི་ལ་རས་པ་བཅས་ཀ་ཆེན་བཞི་སོགས་སློབ་མ་ཤིན་ཏུ་མང་ངོ་།

འདི་ཉིད་ཀྱི་འགྱུར་ལ། བཀའ་འགྱུར་ལས། དཔལ་དེ་བཞིན་གཤེགས་པ་ཐམས་ཅད་ཀྱི་གསང་བ་རྣལ་འབྱོར་ཆེན་པོ་རྣམ་པར་རྒྱལ་བ་ཞེས་བྱ་བ་མཉམ་པ་ཉིད་གཉིས་སུ་མེད་པའི་རྒྱུད་ཀྱི་རྒྱལ་པོ་རྡོ་རྗེ་དཔལ་མཆོག་ཆེན་པོ་བརྟག་པ་དང་པོ་ལ་ལེའུ་བདུན་ཅུ་རྩ་བདུན་པ། བསྟན་འགྱུར་ལས། རྣལ་འབྱོར་པ་དང་རྣལ་འབྱོར་མ་རྣམས་ལ་ཐུན་མོང་མ་ཡིན་པའི་དོན་ལ་གདམས་པ། ཚོགས་ཀྱི་འཁོར་ལོའི་ཆོ་ག དཔལ་ཧེཿརུ་ཀ་མངོན་པར་འབྱུང་བ་རྣལ་འབྱོར་མའི་རྒྱུད་ཀྱི་རྒྱལ་པོ་ཆེན་པོའི་དཀའ་འགྲེལ་ཡི་གེ་ཉུང་ངུ་ཞེས་བྱ་བ་སོགས་མང་ངོ་།

མལ་གྱོ་བློ་གྲོས་གྲགས། (མལ་བློ་གྲོས་གྲགས་ཞེས་པའང་སྣང) ཧ་ལམ་སྤྱི་ལོའི་དུས་རབས་བཅུ་གཅིག་པའི་ནང་བྱོན། འདི་ཉིད་ཀྱིས་རྒྱ་གར་ནས་མགོན་པོའི་ཆོས་སྐོར་དུ་མ་སྤྱན་དྲངས་ཏེ་མགོན་པོའི་དངོས་སློབ་རྒྱ་གར་གྱི་སློབ་དཔོན་ཨཙྪ་ས་ལ་གསན་པ་གྲི་ཁུག་ལྕགས་པར་མ་སྦྲུལ་པ་ཉི་མ་འབར་ལ་གནང་ནས་ཕྱིས་བེར་ནག་ཅན་དུ་གྲགས། བྲམ་ཟེ་མཆོག་སྲེད་ནས་ཤྲཱ་ཀ་ར། ལོ་ཆེན་རིན་བཟང་། བྲག་སེང་པ་ཡོན་ཚུལ་ལ་གསན་པ་གྲི་གུག་གཅེར་བུ་ནི་ས་ཆེན་ཀུན་སྙིང་ལ་གནང་སྟེ་ཕྱིས་གུར་མགོན་དུ་གྲགས་སོ།

འདི་ཉིད་ཀྱི་འགྱུར་ལ། བསྟན་འགྱུར་ལས། དཔལ་འཁོར་ལོ་སྡོམ་པའི་སྒྲུབ་པའི་ཐབས་ཕྱག་རྒྱ་ཆེན་པོ། རྗེ་བཙུན་མ་འཕགས་མ་སྒྲོལ་མ་སྤྱིའི་མངོན་པར་རྟོགས་པ་ཞེས་བྱ་བ། ལྷ་མོ་སྒྲོལ་མའི་བསྟོད་པ་ཉི་ཤུ་རྩ་གཅིག་པའི་སྒྲུབ་ཐབས་ཞེས་བྱ་བ་དང་དེའི་སོ་སོའི་སྒྲུབ་ཐབས་ལས་ཚོགས་དང་བཅས་པ། གཏམ་རྒྱུད་ཀྱི་རྟོགས་པ། དཔལ་རྡོ་རྗེ་འཇིགས་བྱེད་ཀྱི་ཕྱག་མཚན་གྱི་རྣམ་པར་དག་པ་ཞེས་བྱ་བ། འཇིག་རྟེན་དབང་ཕྱུག་སེང་གེ་སྒྲ་ཞེས་བྱ་བའི་བསྟོད་པ་བཅས་སོ།

མི་ཏྲ་ཛོ་ཀི། རྒྱ་གར་གྱི་གྲུབ་ཆེན་ཞིག རྒྱ་གར་ཤར་ཕྱོགས་རཌྷའི་ཡུལ་གྱི་གྲོང་ཁྱེར་ཆེན་པོར་སྐུ་འཁྲུངས། ཏི་ལླི་པའི་དངོས་སློབ་རོལ་པའི་རྡོ་རྗེས་རྗེས་སུ་བཟུང་ནས་ཁ་སརྤ་ཎ་ལོ་བཅུ་གཉིས་བསྒོམས་པས་སྤྱན་རས་གཟིགས་འཁོར་དང་བཅས་པ་མངོན་སུམ་དུ་བྱོན་ནས་ཆོས་བསྟན་པས་གྲུབ་པ་བརྙེས་པའོ། དགུང་ལོ་ཉི་ཤུ་པ་ལ་འོད་མའི་གླིང་དུ་དེ་བ་ཌཱ་ཀིས་རྗེས་སུ་བཟུང་ནས་སྤྱན་རས་གཟིགས་དང་མཇལ། རིགས་ཀྱི་བུ་མ་འོངས་པའི་སེམས་ཅན་གྱི་དོན་དུ་རྒྱུད་སྡེ་བཞིའི་དབང་རྣམས་ཕྱོགས་གཅིག་ཏུ་བསྐུར་ཅིག་ཅེས་དང་། བ་ར་ཎ་སིའི་རྒྱལ་པོས་ཞག་བདུན་དུ་གསོལ་བ་བཏབ་པས་དཀྱིལ་འཁོར་གཅིག་ཏུ་རྒྱུད་སྡེ་ཐམས་ཅད་ཀྱི་དབང་དུས་གཅིག་ལ་བསྐུར་ཞེས་ཟེར། དེ་ལྟ་བུའི་ངོ་མཚར་དང་ལྡན་པའི་གྲུབ་ཐོབ་ཆེན་པོ་འདི་ཁྲོ་ཕུ་ལོ་ཙཱ་བ་བྱམས་པའི་དཔལ་གྱིས་བོད་དུ་གདན་དྲངས། གཙང་སྟོད་ལ་ཟླ་བ་བཅོ་བརྒྱད་བཞུགས་ཤིང་། མཁས་བཙུན་མང་པོ་ལ་ཆོས་བཀའ་མང་དུ་གསུངས། ཁྲོ་ཕུ་གཙུག་ལག་ཁང་དང་བྱམས་ཆེན་བཞེངས་པར་རབ་གནས་མཛད་ཅིང་བྱིན་གྱིས་བརླབས། མི་ཏྲ་རྒྱ་ཚར་གྲགས་པའི་དབང་ནི་གྲུབ་ཆེན་འདི་ལས་བརྒྱུད་ནས་བྱུང་བའོ།

སྨ་དྲ་བ། (སྨུ་ཏ་ཞེས་པའང་སྣང) འདི་ཉིད་ཀྱིས་རབ་བྱུང་དང་པོའི་ས་སླང (སྤྱི་ལོ1049) ལོར་བོ་དོང་ཨེའི་དགོན་པ་ཕྱག་བཏབ།

སེམས་སྟོན་ཆེན་པོ། མར་པའི་སློབ་མ་ཀ་ཆེན་བཞིའི་ཡ་གྱལ་ནུབ་ཀྱི་ཀ་ཆེན། འདི་ཉིད་ཤང་སྟོད་སྟག་ཚལ་བ་ཡིན། མཚན་ལ་བསོད་ནམས་རྒྱལ་མཚན་ཞུ། གནས་གཞི་ར་དོའི་བདག་པོ་ཡིན། ཕོང་གིས་འབུལ་བ་ལན་གསུམ་གྱིས་མར་པ་མཉེས་པར་བྱས། མ་ཧཱ་མཱ་ཡཱ་དང་གདམས་ངག་མཐའ་ཡས་པ་གནང་། སློབ་མ་ཞང་བསོད་ནམས་མཁའ་སོགས་གྲུབ་པ་ཐོབ་པ་མང་དུ་བྱོན།

དམར་གཡོ་གཙང་གསུམ། (གཙང་གཡོ་སྨར་གསུམ་ཞེས་པའང་སྣང) དམར་ཤཱཀྱ་མུ་ནེ་དང་། གཡོ་དགེ་བའི་འབྱུང་གནས། གཙང་རབ་གསལ་བཅས་གསུམ་ལ་ཞུ། དགེ་སློང་གསུམ་པོ་དཔལ་ཆུ་བོ་རི་ལ་སྒོམ་པའི་དུས་དར་མས་བསྟན་པ་བསྣུབས་པའི་ལོ་རྒྱུས་ཐོས་པས་ཕོང་གསུམ་སྤྲང་ཚས་སུ་ཞུགས་ནས་དམ་ཆོས་འདུལ་བ་འདྲེའུའི་ཁལ་གཅིག་བཀལ་ནས་རྒྱལ་ཁྲིམས་མི་གཅིག་པའི་ས་ཆར་བསྟན་པ་དར་བར་བྱ་དགོངས་ནས་ཉིན་མོ་གབ་ཅིང་མཚན་མོ་བྱོན་ཏེ་མངའ་རིས་སུ་འགྱོར། དེར་ཡང་བསྟན་པ་སྤེལ་མ་ཐུབ་པར་བྱང་ལམ་ནས་ཧོར་ཡུལ་དུ་བྲོས་ཐེབས་ཏེ་ཧོར་གྱི་དགེ་བསྙེན་ཤེས་རབ་གོ་ཆ་བྱ་བ་གཅིག་ཡོད་པ་དེ་ལ་བརྟེན་ཏེ་བཞུགས། དགེ་བསྙེན་དེར་མིང་ཤཱཀྱ་ཤེས་རབ་ཅེས་བཏགས་ནས་ཕྱག་ཕྱིར་ཁྲིད་དེ་མདོ་སྨད་ལྷོ་ངོས་བེ་རིའི་ས་ཆ་དེའུ་ཚྭ་མཚོ་བརྒྱུད་རྨ་ལུང་རྡོ་རྗེ་བྲག་དན་ཏིག་ཤེལ་གྱི་ཡང་དགོན་དུ་བྱོན། ཕྱར་གྱི་བཙུན་ཚས་ཁོ་ནར་ཞུགས་པ་ལ་ཡུལ་དེའི་མི་རྣམས་ཀྱིས་མཐོང་བས་ཨ་པ་ལ། རྒྱལ་པོ་སྡིག་ཅན་གྱི་ཁྲིམས་ཀྱིས་མ་ཐོག་པའི་བཙུན་པའང་འདི་ན་གདའ་ཟེར་བ་ཐོས་ནས་སྐྲག་སྟེ་དེའི་ནགས་ཁྲོད་དུ་བྲོས་ཐེབས་པས་འཚོ་བ་མེད་པར་བསྐུན་ཏེ་བཞུགས་པ་ལ་དགེ་བསྙེན་མ་ཞིག་གིས་འཚོ་བ་བག་རེ་བཏེགས། དེའི་དུས་སུ་ལས་དང་སྐལ་བ་ལྡན་པ་བོན་པོའི་བུ་མུ་གཟུ་གསལ་བྱ་བས་ཐོས་ཏེ་ནང་པར་བལྟར་ཕྱིན་པས་དད་པ་སྐྱེས་ཏེ་རབ་ཏུ་བྱུང་བར་ཞུས། གཙང་གིས་མཁན་པོ་དང་། གཡོས་སློབ་དཔོན་མཛད་དེ་དགེ་ཚུལ་བསྒྲུབས། མཚན་དགེ་བ་རབ་གསལ་དུ་བཏགས། དེ་ནས་བསྙེན་པར་རྫོགས་པ་ཞུས་པར། དགེ་སློང་ལྔ་མ་ཚང་ན་མི་འོང་གསུངས་ནས་གློང་ཐང་དུ་ལྷ་ལུང་དཔལ་གྱི་རྡོ་རྗེ་འདུག་པར་ཞུས་པས། ངས་རྒྱལ་པོ་བསད་པས་མི་འོང་བཙལ་གྱིས་གསུངས་ནས་རྒྱའི་དགེ་སློང་ཀ་བེད་དང་། གྱི་བན་བྱ་བ་གཉིས་བཙལ་ཏེ་བཏང་བས་གཙང་རབ་གསལ་གྱིས་མཁན་པོ་དང་། གཡོ་དགེ་འབྱུང་གིས་ལས་སློབ། དམར་ཤཱཀྱས་གསང་སྟོན། རྒྱའི་དགེ་སློང་གཉིས་ཀྱིས་ཁ་སྐོང་བྱས་ཏེ་བླ་ཆེན་བསྙེན་པར་རྫོགས། དེ་ལ་བརྟེན་ནས་དབུས་གཙང་དུ་འདུལ་བའི་བསྟན་པ་མི་ནུབ་པའི་ས་བོན་བསྐྱེད་བསྲིངས་ཐུབ་པ་ཡིན་ནོ།

རྨ་སྒོམ་ཆོས་ཀྱི་ཤེས་རབ། འདི་ཉིད་རྨ་སྟོན་ལམ་གྱི་སྲས་སུ་རབ་བྱུང་དང་པོའི་ཤིང་ལུག (སྤྱི་ལོ1055) ལོར་ཡར་སྟོད་སྐྱིར་སྣར་སྐུ་འཁྲུངས། སྐུ་གཞོན་ནུའི་དུས་རབ་ཏུ་བྱུང་སྟེ་མཚན་ཆོས་ཀྱི་ཤེས་རབ་ཏུ

བཏགས། ཡབ་ལས་པདྨ་དབང་ཆེན་གསན། དེ་ནས་སྤྱོད་ཕྱོགས་དང་དབུ་མ་དང་དོ་ཧ་སྐོར་ལུགས་དང་གྲུབ་སྙིང་རྣམས་གསན། དགུང་ལོ་བཅུ་དགུར་ཕེབས་སྐབས་དམ་པ་དང་མཇལ་ཏེ་གདམས་པ་ཞིག་གནང་འཚལ་ཞུས་པས། དོན་གྱི་ཕྱག་རྒྱ་ཆེན་པོ་བསྟན་གྱི་གསུངས་ནས་མིག་ནི་མི་འཛུམས་སེམས་ནི་འགགས་པ་དང་། རླུང་འགགས་པ་ནི་དཔལ་ལྡན་བླ་མས་རྟོགས། ཞེས་བྱ་བ་ལ་སོགས་པའི་གཞུང་ལ་བརྟེན་ནས་རྩ་བའི་ངོ་སྤྲོད་མཛད་པས་ཉམས་རྟོགས་ཁྱད་པར་ཅན་འཁྲུངས། དེ་རྗེས་བཀོད་པ་དྲུག་ཅུ་རྩ་བཞི་པའི་རྗེའུ་ཁྲིད་གནང་ནས་དམ་པའི་སར་ཟླ་བ་གསུམ་བཞུགས། དེ་ནས་ཡུལ་དུ་ཕྱིན་ཏེ་འཁོར་འདབ་དང་ནོར་རྫས་སྤངས་ཏེ་སྒྲུབ་པ་པོར་མཛད་ནས་རྨའི་ཕུག་པར་ལོ་གཅིག་བཞུགས་པ་དང་། གོང་པོ་བྲག་གསུམ་གྱི་མཚོ་རྫོང་ལ་ཕྱིན་ནས་ལོ་དགུ་བཞུགས། ད་ནི་སེམས་ཅན་གྱི་དོན་འོང་ངམ་དགོངས་ནས་དྭགས་པོ་རྫོང་ཁར་འཁོར་མང་དུ་བསྟེན། དེ་ནས་ཡར་ཀླུངས་སུ་ཕྱིན་ནས་ཀྱི་ཚང་དུ་ལོ་གསུམ་བཞུགས། བུ་སློབ་མང་དུ་འཚོགས་ཤིང་ཆོས་ཞུ་གར་ཕྱུང་དུ་བཞུགས་སོ། ཁོང་ལ་བུ་ཆེན་ལྔ་ཕྱིན་ཏེ། གང་བར་གཤེན། ཤུད་བུ་ལོ་ཙཱ་བ། བླམ་ཤེའུ། སོག་པོ་མདོ་སྡེ། ཞང་དགའ་ལྡན་པ་བཅས་སོ།

རྒ་ལོ་རྣ་བ་དགེ་བའི་བློ་གྲོས། འདི་ཉིད་རབ་བྱུང་དང་པོའི་ཤིང་སྤྲེལ（སྤྱི་ལོ1044）ལོར་སྐུ་འཁྲུངས།

འདི་ཉིད་ཀྱི་འགྱུར་ལ། མདོ་མང་སྐོར་ལས། འཕགས་པ་སྤྱན་རས་གཟིགས་ཀྱིས་ཞུས་པའི་ཆོས་བདུན་པའི་མདོ། གཟྡེའི་དུས་ཀྱི་མདོ། འཇམ་དཔལ་དཔའ་བོ་གཅིག་ཏུ་སྒྲུབ་པ་ཞེས་བྱ་བའི་རྒྱུད་ཀྱི་རྒྱལ་པོ་ལེའུ་བཞི་པ། བསྟན་འགྱུར་ལས། གཏོར་མ་ཆེན་པོའི་ལས་ཀྱི་རིམ་པའི་བགྲེལ་པ། རྗེ་བཙུན་སྒྲོལ་མའི་སྒྲུབ་ཐབས། ཚིག་ལེའུར་བྱས་པ་སུམ་བརྒྱ་བའི་རྣམ་པར་བཤད་པ་སློབ་མ་ལ་ཕན་པ་ཞེས་བྱ་བ་འདི་ལ་ཤོ་ལོ་ཀ་སྟོང་ཕྲག་ཕྱེད་དང་བཞི་ཡོད། འདུལ་བ་ལུང་ཕྲན་ཚེགས་ཀྱི་རྣམ་པར་བཤད་པ་སོགས་མང་ངོ་།

སྨད་ཀྱི་ལྡེ་གསུམ། ཡབ་ཁྲི་བཀྲ་ཤིས་བརྩེགས་པ་དང་ཡུམ་ཅོག་རོ་བཟའ་མགོན་དཔལ་ལ་སྲས་དཔལ་ལྡེ་དང་། འོད་ལྡེ། སྐྱིད་ལྡེ་བཅས་རིམ་པར་འཁྲུངས། ཆུ་ཕོ་འབྲུག་ལོར་ཡབ་མཆེད་སོ་སོར་ཕྱེས་ནས་ལྡེ་གསུམ་པོ་གྲོམ་པ་ལྷ་རྩེར་གདན་ཕབ་སྟེ་གཙང་ཕྱོགས་ལ་མངའ་མཛད་པས་སྨད་ཀྱི་ལྡེ་གསུམ་དུ་གྲགས།

དེ་ཡང་དཔལ་ལྡེའི་རྒྱུད་ཀྱིས་ཟམ་པ་གསུམ་དབང་མཛད་པ་ནི། ལྷ་རྩེའི་ནས་ཟམ་སྟོན་མོ། གླིང་བུའི་ཤ་ཟམ་དམར་པོ། མང་ཡུལ་གྱི་གསེར་ཟམ་སེར་པོའོ། དཔལ་ལྡེས་ཅོག་རོ་བཟའ་འབའ་རེ་ཁབ་ཏུ་བཞེས་པར་སྲས་གཅེན་འོད་ཟེར་ལྡེ་དང་། གཅུང་ཧྣམ་ཙགྲ་གཉིས་འཁྲུངས།

འོད་ལྡེའི་རྒྱུད་ཀྱིས་སྒོ་གསུམ་ལ་དབང་མཛད་པ་ནི། དྲིན་དང་གཉའ་ནམ་རྫས་ཀྱི་སྒོ། བྱང་མཁར་ར་ཤིང་གི་སྒོ། ཟར་སྟག་སྣ་རྫོང་གྱི་སྒོའོ། འོད་ལྡེ་ལ་སྲས་པ་ཕ་དེ་སེ་དང་། ཁྲི་ལྡེ། ཉག་ལྡེ། ཁྲི་ཆུང་རྣམས་རིམ་པར་འཁྲུངས།

སྙིད་ལྡེའི་རྒྱུད་ཀྱིས་བྱང་གི་མངོད་གསུམ་ལ་དབང་མཛད་པ་ནི། བྱང་གཡུ་མཚོ་སྔོན་མོ་ཚྭའི་མངོད། བྱང་ཁ་སྣ་བརྒྱད་ཤའི་མངོད། གུ་ལང་གོ་པོ་གསེར་གྱི་མངོད་ཅེས་གྲགས་པའོ། གཙུང་སྙིད་ལྡེ་འཇང་ཧ་ནག་ཏུ་ཕོག སྲས་དྲུག་བྱུང་བའི་ལྷ་བྱང་དུ་གཤེགས་ཏེ་འཕྲོའི་བཙད་པོ་དང་། གཡས་རུ་རུ་ལག་གི་བཙད་པོ་རྣམས་དང་། མུས་པ། འཇང་པ། ཧ་ནག་ན་ཡོད་པ་རྣམས་སོ། སྲས་གཅིག་གི་རྒྱུད་པ་བཙན་པོ་རྒྱལ་བ་འོད་ལ་ཐུག་གོ

སྒྲོས་སྟོན་ཆོས་འབར། (གཉལ་ཆོས་འབར་ཡང་ཞུ) རྗེ་འདི་ནི་རྒྱ་གར་པཎ་ཆེན་ལ་བ་པའི་སྐུ་སྐྱེར་གྲགས་ཤིང་། སྒྲོས་ཀྱི་རིགས་སུ་རབ་བྱུང་དང་པོའི་ལྕགས་སྟག (སྤྱི་ལོ1050) ལོར་སྐུ་འཁྲུངས། བཀའ་གདམས་ཀྱི་དགེ་བའི་བཤེས་གཉེན་ཆེན་པོ་པོ་ཏོ་བའི་ཞབས་ལ་གཏུགས་ཤིང་བསྙེན་པར་རྫོགས་ནས་མཚན་སྒྲོས་སྟོན་ཆོས་འབར་དུ་གསོལ། པོ་ཏོ་བའི་སྲས་ཀྱི་ཐུ་བོ་བརྒྱད་ཀྱི་ནང་ཚན་དུ་གྱུར་ཞིང་། རིག་པའི་གནས་དག་ལ་མཁས་པའི་གོ་འཕང་བརྙེས། དགུང་ལོ་རེ་གཉིས་ཕེབས་པ་རབ་བྱུང་གཉིས་པའི་ལྕགས་ཡོས(སྤྱི་ལོ1111) ལོར་གཉལ་གྲུ་སྐོར་དགོན་ཕྱག་བཏབ། མཐའ་འཁོར་ལྕགས་རིས་བསྐོར་བས་གྲུ་སྐོར་ཞེས་གྲགས། པོ་ཏོ་བའི་ཐུགས་དང་རང་གི་སྐྱིབ་སྟ་མའི་ཁ་ཊཾ་སོགས་མཁའ་འགྲོས་རྒྱ་གར་ནས་བླངས་ཏེ་བཞུགས་པའི་མཆོད་རྟེན་བཞེངས། དགུང་ལོ་རེ་གསུམ་བཞེས་པ་རབ་བྱུང་གཉིས་པའི་ཆུ་འབྲུག(སྤྱི་ལོ1112) ལོར་ཞི་བར་གཤེགས།

གཙང་པ་རྒྱ་རས་ཡེ་ཤེས་རྡོ་རྗེ། (གཙང་པ་རྒྱ་རས་རྡོ་རྗེ་གཞོན་ནུ་ཡང་ཞུ) འབྲུག་པ་བཀའ་བརྒྱུད་ཀྱི་སྲོལ་གཏོད་པ་པོ། རྗེ་འདི་ཉིད་ཡབ་རྒྱ་ཟུར་པོ་ཚབ་པེ་དང་ཡུམ་མར་བཟའ་དར་སྐྱིད་ཀྱི་སྲས་སུ་རབ་བྱུང་གསུམ་པའི་ལྕགས་སྦྲུལ(སྤྱི་ལོ1161) ལོར་གཙང་མྱང་སྟོད་ཁྲུ་ལའི་ཡུལ་དུ་སྐུ་འཁྲུངས། གདུང་རུས་རྒྱ་བྲ་བའི་རྒྱུད་ཡིན། ཆུང་དུའི་དུས་མཚན་གཡུང་དྲུང་དཔལ་ཞེས་ཞུ། ཕྱིས་བླ་མ་ཞང་ལས་རབ་ཏུ་བྱུང་སྟེ་མཚན་ཡེ་ཤེས་རྡོ་རྗེ་ཞེས་གསོལ། དགུང་ལོ་ཉེར་གཉིས་པར་གླིང་རས་པ་བསྟེན་པས་དེའི་བུ་ཆེན་དུ་གྱུར། གླིང་རས་པའི་སྐུ་མདུན་ནས་ན་རོའི་ཆོས་དྲུག་དང་། ལྷན་ཅིག་སྐྱེས་སྦྱོར་ལ་སོགས་པའི་གདམས་པ་གསན་པས་ཞག་བདུན་ནས་རས་ཐུབ་པ་བྱུང་། དགུན་འདག་སྦྲུར་མཛད་ནས་བསྒོམས་པས་ऌླུང་ཕྱི་ནང་བསྲེ་ནུས་པ་སོགས་ཏིང་ངེ་འཛིན་གསལ་སྟོང་ནམ་མཁའ་དང་མཉམ་པར་འཁྲུངས། ཙ་རིའི་གནས་སྒོ་ཕྱེ། རྗེ་བཙུན་རས་ཆུང་པས་གཏེར་དུ་སྦས་པའི་རོ་སྙོམས་སྐོར་དྲུག་བཏོན། བླ་མ་ཞང་གིས་ལུང་བསྟན་པ་ལྟར་ཀློང་རྫོལ་གྱི་དགོན་པ་བཏབ། ཡི་དམ་གྱིས་ལུང་བསྟན་པ་ལྟར་ར་ལུང་བཏབ། གླིང་རས་པས་ལུང་བསྟན་པ་ལྟར་གནམ་ཕུར་འབྲུག་དགོན་པ་ཕྱག་བཏབ་ཅིང་། དགོན་པ་འདི་རྨང་འདིང་དུས་འབྲུག་སྒྲ་དྲག་པོ་ཐེངས་འགའ་གྲགས་པས་དགོན་པའི་མིང་ཡང་འབྲུག་ཅེས་བཏགས། དེ་ལ་བརྟེན་ནས་གྲུབ་མཐའ་འདིའི་རྒྱུད་འཛིན་རྣམས་ལ་འབྲུག་པ་ཞེས་ཐོགས། གཙང་པ་རྒྱ་རས་འཚོ་བཞུགས་

སྐབས་འབྲུག་ཏུ་སློབ་མ་ཁྲི་ཆོ་ལྔ་ཙམ་འཚོགས་ཟེར། ཁོང་གི་སློབ་བརྒྱུད་བཟང་པོ་ཆེས་མང་དུ་འཕེལ་བས་མི་ཕྱེད་འབྲུག་པ། འབྲུག་ཕྱེད་སྟོད་པོ། སྟོད་ཕྱེད་གྲུབ་ཐོབ་ཅེས་གྲགས། མཐར་དགུང་ལོ་ལྔ་བཅུ་ང་གཅིག་པ་རབ་བྱུང་བཞི་པའི་ལྕགས་ལུག(སྤྱི་ལོ1211)ལོར་སྐུ་གཤེགས།

ཁོང་གི་སློབ་མའི་མཆོག་ནི་དཔོན་སྲས་དང་། ཆོས་སྲས་གཉིས་སོ།

གཙང་པ་རིན་ཆེན་ནམ་མཁའ་རྡོ་རྗེ། འདི་ཉིད་ཡབ་སྟབས་ཨ་ལ་ལ་བྱ་བའི་སྔགས་པ་ཆེན་པོ་ཞིག་དང་ཡུམ་རལ་རྒྱགས་གཟའ་ལྷམ་མི་བྱ་བ་གཉིས་ཀྱི་སྲས་སུ་རབ་བྱུང་དང་པོའི་མེ་སྦྲུལ(སྤྱི་ལོ1077)ལོར་གཙང་གི་སྟབས་ཡུལ་རོང་དུ་སྐུ་འཁྲུངས། རྫོག་ལོ་དང་། གཉན་ལོ། བ་རི་ལོ་ཙྪ། ར་ལོ། བཙན་ཁ་བོ་ཆེ་སྟེ་བླ་མ་ལྔ་ཙམ་གྱི་ཞབས་ལ་གཏུགས། བཙན་ཁ་བོ་ཆེ་ལ་མདོ་སྡེ་རྒྱན་གསན་པས་ཚར་གཅིག་ལ་མཁྱེན། དེ་ནས་ཐུགས་དགོངས་ལ་རྒྱ་གར་དུ་ཕྱིན་ནས་པཎྜི་ཏ་གཅིག་གཉིས་ལ་གཏུགས་དགོས་སྙམ་ནས་ཕྱིན་པས་དིང་རིར་དམ་པ་དང་མཇལ། དམ་པ་བཞེངས་པ་དང་སྐབས་འཁེལ་བས་ཀུན་གྱིས་མི་འདི་བསོད་ནམས་ཆེ་ཟེར། དེ་སྐབས་བལ་ཡུལ་ལ་སྨུ་གེ་ཆེ་ཟེར་བས་ཕྱིར་ལོག་ནས་སྐྱིད་ཤོད་དུ་ཕྱིན། དེ་ནས་བྱ་ཡུལ་བ་མཇལ་དུ་ཕྱིན་ནས་ཆིབས་ཅེ་ནག་བཟང་པོ་གཅིག་དང་གསེར་སྲང་གང་ཕྱག་རྟེན་དུ་ཕུལ། ཞལ་མཇལ་བ་ཙམ་གྱིས་མཆི་མ་འཁྲུག་པའི་དད་པ་སྐྱེས། ཚོགས་ཆོས་ཞིག་ཀྱང་གསན། ལོ་བ་རྣམས་ཀྱིས་སྤྱན་དྲངས་ནས་ལོའི་གདན་ས་མཛད། ཕྱིས་བྱ་ཡུལ་བས་འཕྲིན་བཏང་བར་མིས་གོ་མ་ཆོད་པས་འདའ་ཁར་མ་མཇལ་ཡང་བྱ་ཡུལ་བ་སྐུ་འདས་རྗེས་ལོ་བྱ་གཉིས་ཀའི་བདག་མཛད། མཐར་དགུང་ལོ་བརྒྱད་ཅུ་རྩ་ལྔ་པ་རབ་བྱུང་གསུམ་པའི་ལྕགས་སྦྲུལ(སྤྱི་ལོ1161)ལོར་སྐུ་འདས། སློབ་མ་ནི་གཙང་པའི་བུ་བཞི་ལ་སོགས་པ་བཅུ་བཞི་ཐོན་སྐད།

གཙང་པ་གསུམ་པ། རས་ཆུང་པའི་སློབ་མ་ཐུགས་ཀྱི་སྲས་བཅུ་གསུམ་གྱི་ཡ་གྱལ། འདི་ཉིད་ལ་སྟོད་ཙུང་པའི་སྨད་ཀྱི་སུམ་པ་ཉེའུ་མཁར་བྱ་བར་ཡབ་སུམ་པ་དབང་ཕྱུག་དང་ཡུམ་རྣ་མོ་ཁྲི་མཁར་གཉིས་ཀྱི་སྲས་ལྔའི་ཆེ་དག་ཏུ་འཁྲུངས། སྤྱང་སྟོད་སྟག་ཚལ་དུ་རྒྱ་དམར་བ་དང་རོག་མདོན་པ་གཉིས་ཀྱི་གྲྭ་སར་ཕྱིན་ནས་རབ་ཏུ་བྱུང་སྟེ་ལོ་གཅིག་བཞུགས། དེ་ནས་རྗེ་རས་ཆུང་བའི་སྙན་སྟར་ཕྱིན་པས་ཤིན་ཏུ་མོས་པར་གྱུར་ནས་ཕྱག་གཡས་པའི་སྲིན་ལག་བཅད་དེ་མར་མེ་བྱས་ནས་ཕུལ་སྐད། ཞལ་མཇལ་ཚད་ལ་མཐོང་ཕྱག་གསུམ་མཛད་པ་དང་། ཞག་རེ་ལ་ཕྱག་བརྒྱ་བརྒྱ་མཛད་པར་དམ་བཅས་ཏེ་བཞུགས། རས་ཆུང་པ་སྐུ་གཤེགས་རྗེས་གདན་ས་བཟུང་། དེའི་དུས་ན་ཆུ་བོ་གཙང་ཚུན་ལ་བཟང་བར་གྲགས། གདམས་ངག་ནི་རྒྱ་བོད་གཉིས་ཀ་ན་ཆེ། ཐུགས་རྗེས་ནི་སེམས་ཅན་ཐམས་ཅད་རྗེས་སུ་འཛིན་པ་ཞིག་བཞུགས། ཡང་སྡེ་སྣོད་འཛིན་པ་ནས་མ་དེ་བུད་མེད་དང་བྱིས་པ་ཡན་ཆད་མི་དད་པ་དང་སྐུར་བ་འདེབས་པ་ནི་གཅིག་ཀྱང་མེད། ཁོང་གི་མཛད་སྤྱོད་རྣ་རེ་མཐོང་བས་སེམས་ལ་ཕན་ཞིང་། སློབ་དཔོན་གཞན་ལ་ཆོས་དང་གདམས་ངག

ཚར་མང་པོ་ཉན་པ་བས། ནད་ཀ་འདི་ཡིན་གྱི་ཚིག་རེ་གསུངས་པས་དོན་མང་པོ་གྲོལ་ནས་འགྲོ་བ། ཐུགས་ལ་ཡོན་ཏན་རྒྱ་ཆེ་མངའ་ཡང་ཞལ་ནས་ཁེངས་སྐྱུང་འབབ་ཞིག་མཛད་པ་ཞིག་ཡོད། འདི་དང་རས་ཆུང་པ་ལ་སློབ་མ་ཐུན་མོང་བ་འགའ་རེ་ཡང་ཡོད་དོ།

བཙན་ཐུག་ལྡེ། སྟོད་ཀྱི་མགོན་གསུམ་གྱི་རྒྱུད་པ། འདི་ཉིད་རྩེ་ལྡེའི་སྲས་ཆུང་བ་ནཱ་ག་དེ་ཝའི་སྲས་ཡིན་ཞིང་། འདི་ཉིད་ཀྱིས་ཡ་རྩེའི་མངའ་བདག་མཛད་པས་དེ་ནས་བཟུང་ཡ་རྩེའི་རྒྱལ་རབས་ཞེས་པ་དེ་བྱུང་།

རྫ་མི་སངས་རྒྱས་གྲགས། མདོ་ཁམས་སྨད་མི་ཉག་གི་ཡུལ་དུ་འཁྲུངས་པས་མི་ཉག་རྫ་མི་སངས་རྒྱས་གྲགས་ཞེས་ཞུ། ཁྲིའུ་གད་པ་འཁོར་ལོ་གྲགས་དང་། སྤྱང་ཚོ་གསལ་བ་གྲགས་དང་མཉམ་དུ་པཎྜི་ཏ་ཨ་ཧྃ་ཡ་ཀ་གུཧྱ་བསྟེན་ནས་དུས་འཁོར། ཕྲེང་བ་སྐོར་གསུམ། ཐུབ་པ་དགོངས་རྒྱན། མན་ངག་སྙེ་མ་བཅས་བསྒྱུར་བ་དང་། རྒྱ་གར་རྡོ་རྗེ་གདན་དུ་སྟོན་པའི་རྒྱལ་ཚབ་ཀྱང་མཛད།

ཚ་ལ་ན་ཡེ་ཤེས་རྒྱལ་མཚན། ཡུམ་བརྟན་གྱི་རྒྱུད་པ། ཡབ་མགོན་སྐྱིད་ཀྱི་སྲས་སུ་སྐུ་འཁྲུངས། བོད་ཀྱི་ལོ་རྒྱུས་ཡིག་ཆ་མང་པོར་ཡུམ་བརྟན་རྒྱུད་ཀྱི་གདུང་རབས་རིམ་པར་ཕྱིན་པའི་ནང་ནས་བོད་དུ་སངས་རྒྱས་ཀྱི་བསྟན་པ་བསྒྱུར་དུ་དར་བ་དང་། གཙུག་ལག་ཁང་ལ་བསྐྲི་ཞུ་སོགས་མངའ་བདག་འདི་ཉིད་ཀྱིས་མཛད་རྗེས་གཟིངས་སུ་ཐོན་པ་བཞག་ཡོད་པ་མ་ཟད། ཁོང་ནི་ལེགས་སྦྱར་གྱི་སྐད་ལ་ཤིན་ཏུ་བྱང་བས་ཁ་རག་སྐྱོས་ཀྱི་ལོ་ཙཱ་བ་ཡང་ཁོང་གི་སློབ་མ་ཡིན། ཇོ་བོ་རྗེ་བོད་དུ་མ་ཕེབས་གོང་གི་ལོ་ཉི་ཤུའི་སྐབས་ཙམ་ལ་པཎྜི་ཏ་པད་མ་གསང་བ་བོད་དུ་ཕྱིན་སྐབས་ཞབས་ལུགས་གྲོལ་ཐིག་སོགས་བསྒྱུར་བའི་ལོ་ཙཱ་བ་ཡང་མཛད་ཅེས་གསལ། ཚ་ལ་ན་ཡེ་ཤེས་རྒྱལ་མཚན་གྱི་སྲས་ཁྲི་པ་ཡིན་ཞིང་། སྲས་འདི་གཉིས་ཀྱི་རིང་ལ་བསམ་ཡས་གཙུག་ལག་ཁང་གི་ཞབས་ཏོག་མཛད་པ་དང་། དེབ་ཐེར་ལ་ལར་ཁོང་ཡབ་སྲས་གཉིས་ཀྱིས་དབུས་གཙང་མི་བཅུ་མདོ་ཁམས་སུ་བཞོང་བའི་བདག་རྐྱེན་མཛད་པར་གྲགས། བསྟན་རྩིས་ཀུན་བཏུས་ནང་བཙད་པོ་ཚ་ལ་ན་ཡེ་ཤེས་རྒྱལ་མཚན་བོད་མེ་གླང་(སྤྱི་ལོ977)ལོ་སྔ་ཕྱི་འདིར་འདས་ཞེས་གསལ། བོད་ཀྱི་ལོ་རྒྱུས་ཡིག་ཆ་མང་པོའི་ནང་ཡུམ་བརྟན་གྱི་གདུང་རྒྱུད་རིམ་པར་བསྟན་པའི་ནང་ནས་བཙན་པོ་འདི་དང་ཁྲི་ལྡེ་མགོན་བཙན་གྱི་མཛད་རྗེས་འཁོད་པ་ཙམ་ལས་གཞན་རྣམས་སྔ་ཕྱིའི་གོ་རིམ་བསྟན་པ་ཙམ་ལས་མ་མཆིས་པ་དེ་ནི་གཙོ་བོ་ཡུམ་བརྟན་གྱི་གདུང་རྒྱུད་ཀྱིས་ཆོས་ཕྱོགས་སུ་མཛད་རྗེས་ཆེན་པོ་རང་འཇོག་ཐུབ་མེད་པས་ཡིན་ཞིང་། འོན་ཀྱང་སྲིད་ཕྱོགས་ཐད་ཡུམ་བརྟན་རྒྱུད་ཀྱིས་དབུས་གཙང་ཕལ་ཆེར་འཛིན་ཐུབ་པ་བྱུང་ཡོད།

མཚུར་སྟོན་དབང་གི་རྡོ་རྗེ། མར་པའི་སློབ་མ་ཀ་ཆེན་བཞིའི་ཡ་གྱལ་ཤར་གྱི་ཀ་ཆེན། འདི་ཉིད་དོལ་གྱི་མདའ་ན་མཚུར་ཞེས་བྱ་བའི་རིགས་སུ་ཕྱུགས་འཚང་གི་རྒྱུད་པ་མཐུ་ཆེ་བ་ཞིག་ཡོད་པ་དེའི་སྲས་སུ་སྐུ་འཁྲུངས། གཞོན་ནུའི་དུས་སུ་དགེ་བའི་བཤེས་གཉེན་ལྷེ་པའི་སར་སློབ་གཉེར་ལ་ཕྱིན། ཁོང་གི་ཁྱིམ་ཡོ་

བྱད་ཀྱིས་དབུལ་བས་མས་ཁྱིམ་དུ་སྡོད་དགོས་པའི་བཀའ་བཏང་བས། ཕོང་གིས། མཁས་པ་ཐམས་ཅད་དཀའ་བ་སྤྱད་ཅིང་། བརྩོན་འགྲུས་སྐྱེད་པ་ལས་འབྱུང་བ་ཡིན་པས་ཨ་མས་ངའི་ཆོས་ཀྱི་བར་ཆད་མ་བྱེད་ཅིག ང་སངས་རྒྱས་པའི་ཚེ་ཁྱེད་བརྩེ་བས་མི་དོར་བ་ཡིན་ནོ་གསུངས་ཏེ་སློབ་གཉེར་ལ་འབད་པ་ཆེན་པོ་མཛད། དུས་ཕྱིས་མར་པའི་སྐད་གྲགས་གསན་ནས་དད་པས་ཡིད་དྲངས་ཏེ་ལྷོ་བྲག་མར་པའི་སྤྱན་སྔར་ཕེབས་ནས་གསང་བ་འདུས་པའི་རྒྱུད་དང་གདམས་པ་གནང་བར་ཞུས་པས་ཆོས་ཕྲ་མོ་འདྲ་བ་གནང་སྟེ་རྫོགས་པར་གནང་བ་ཞལ་གྱིས་བཞེས་པ་ལྟར་ཕྱིས་མཚུར་སྟོན་གྱིས་དོལ་མདར་རང་གི་གནས་སུ་མར་པ་སྤྱན་འདྲེན་སྐབས་རིམ་ལྔའི་མན་ངག་དང་། རྒྱུད་རྐྱང་གི་བཤད་པ་རྫོགས་པར་གནང་ངོ་།

མཚུར་སྟོན་ལ་སློབ་མ་མང་དུ་ཡོད་པ་ལས་གཙོ་བོ་ནི་ཁམས་པ་རོ་མཉམ་རྡོ་རྗེ་དང་། མཚོན་གད་པ་ཀྣི་ཏེ། འཆེས་སྟོན་བསོད་ནམས་རྒྱལ་མཚན་གསུམ་ཡིན།

འདི་ཉིད་ཀྱི་འགྱུར་ལ། བསྟན་འགྱུར་ལས། རྡོ་རྗེ་ཕག་མོའི་སྒྲུབ་ཐབས། རྡོ་རྗེ་རྣལ་འབྱོར་མ་ལ་མཆོད་པ་མདོར་བསྡུས་པ། རྗེ་བཙུན་རྡོ་རྗེ་རྣལ་འབྱོར་མ་མཆོད་པའི་ཚིག་བཅས་སོ།

ཞང་སྣ་ནམ་རྡོ་རྗེ་དབང་ཕྱུག ཀླུ་མེས་ཀྱི་སློབ་མ་ཀ་བ་བཞིའི་ཡ་གྱལ། རྗེ་འདི་ཉིད་ཡབ་སྣ་ནམ་རྡོ་སྲས་དང་ཡུམ་ཞང་ལྕམ་སྒྲོལ་མའི་སྲས་སུ་བོད་མེ་ཕྱི(སྤྱི་ལོ976)ལོར་ཉམས་དགའ་བར་སྐུ་འཁྲུངས། དགུང་ལོ་བཅོ་བརྒྱད་ལོར་རབ་བྱུང་ལྷུམ་པོར་ཀླུ་མེས་ལས་རབ་ཏུ་བྱུང་། དེ་རྗེས་ཡབ་ཀྱི་ར་ཚག་བཙིགས། དགུང་ལོ་སོ་བདུན་ལོར་རྒྱལ་ལྷ་ཁང་(འཕན་པོར་ཡོད་)བཞེངས། དེ་ནས་རྒྱ་གར་དུ་འདུལ་བའི་བཤད་པ་འཚོལ་དུ་ཕྱིན་པས་རྡོ་རྗེ་གདན་པ་དང་མཇལ་ནས་འདུལ་བ་གསན་ཅིང་གཞན་ལ་ཡང་འདུལ་བ་གསུངས། དེ་ནས་ཞང་གིས་འབྲོམ་སྟོན་པ་ལ་དགེ་བསྙེན་གྱི་སྡོམ་པ་གནང་ནས་མཚན་རྒྱལ་བའི་འབྱུང་གནས་སུ་གསོལ། ཞང་གིས་ཇོ་བོ་རྗེ་དབུས་གཙང་དུ་གདན་འདྲེན་པར་མངའ་རིས་མང་ཡུལ་བར་དུ་ཕྱིན། ཇོ་བོ་རྗེའི་དངོས་སློབ་གྲགས་ཆེ་བའི་གྲས་སུ་གྱུར། མཐར་དགུང་ལོ་གྱ་ལྔ་པ་ལྕགས་བྱི(སྤྱི་ལོ1060)ལོར་སྐུ་གཤེགས།

ཞང་བཙུན་རྡོ་རྗེ་འོད་ཟེར། འདི་ཉིད་རབ་བྱུང་གཉིས་པའི་ཆུ་སྟག(སྤྱི་ལོ1122)ལོར་ཤབ་སྟོད་དར་ལུང་གི་ར་ཞགས་སུ་སྐུ་འཁྲུངས། གདུང་རུས་ཞང་ཡིན། དགེ་བཤེས་སྣང་རི་ཐང་པའི་སྐུའི་སྐྱེ་བར་གྲགས། གཏུམ་སྟོན་དང་རྔོ་སྟོན་ཆེན་པོ་གཉིས་ཀྱིས་ལེགས་པར་བསྐྱངས། བཀའ་གདམས་པའི་རྣམ་ཐར་དྲི་མ་མེད་པ་འཛིན་ཅིང་སྤེལ་བའི་སྐྱེས་བུ་ཆེན་པོ་ཞིག་ཡིན། ལོ་བརྒྱད་རིང་སྣར་ཐང་གི་གདན་ས་བསྐྱངས། རབ་བྱུང་གསུམ་པའི་ཤིང་སྟག(སྤྱི་ལོ1194)ལོའི་སྟོན་ཟླའི་ཚེས་བཅུ་བཞི་ཉིན་མྱ་ངན་ལས་འདས། གདུང་རྟེན་མཁན་རབས་གདུང་རྟེན་བཞུགས་ཡུལ་དགའ་ལྡན་བདེ་ཆེན་ཐར་པ་གླིང་གི་ནུབ་ནས་བརྩིས་པའི་དང་པོ་ན་བཞུགས་སོ།

ཞིག་པོ་བདུད་རྩི། གསང་སྔགས་རྙིང་མའི་བླ་མ་ཞིག་པོ་བདུད་རྩི་ནི་ཡབ་སངས་རྒྱས་དྲ་གས་ཆུང་གི་སྲས་སུ་རབ་བྱུང་གསུམ་པའི་ས་སྦྲུལ（སྤྱི་ལོ1149）ལོར་སྐུ་འཁྲུངས། དགུང་ལོ་གཉིས་ཙམ་ནས་ཡབ་གཤེགས་ཏེ་ཡུམ་གྱིས་བསྐྱངས། ཆེར་སྐྱེས་པ་དང་གོས་བཙོས་པ་ཐམས་ཅད་ལམ་ཟན་པ་སྙིང་རྗེ་བ་ཞིག་ཡོད་པ་ལ་བྱིན། ཡུམ་གྱིས་འབར་བས་ཀྱང་མ་ཕན། ཞང་པོ་དམ་པ་སེ་སྟག་པའི་སར་ལོ་གསུམ་ཙམ་སློབ་གཉེར་གནང་ནས་རྫོགས་ཆེན་རོང་ལུགས་ཀྱི་ཆོས་སྐོར་རྣམས་གསན། ཁྱད་པར་སྣང་དྲིལ་མཁས་པར་མཁྱེན་ཞིང་གབ་ཕྱུང་ཡང་ལེགས་པར་ཐོས། དགུང་ལོ་བཅུ་དྲུག་བཞེས་པའི་ཚེ་ཞང་པོ་དམ་པ་སྐུ་གཤེགས་ནས་སྐྱིལ་མཁར་ལྷ་ཁང་པ་ཡོན་ཏན་གཟུངས་ཀྱི་ཞབས་ལ་གཏུགས། དེར་ལོ་མང་བཞུགས་ནས་གསན་པ་བསྐྱེད་རྫོགས་གསུམ་ག་ལ་ཐུགས་ཐག་ཆོད་པ་མཛད། དེ་ནས་ཆོས་མགོ་ཐོན་ཏེ་གྲགས་པས་ཁྱབ་ཀྱང་དགུང་ལོ་སུམ་ཅུ་མན་ཆད་སློབ་གཉེར་མཛད་དེ་བླ་མ་ལྷ་ཁང་པའི་ཞབས་དྲུང་དུ་ལོ་བཅུ་བཞི་བཞུགས། བར་སྐབས་ཀུན་ཏུ་ཞང་པོའི་གདན་ས་སེ་སྟག་ཏུ་བཞུགས་ཏེ་སྒོམ་སྒྲུབ་དང་བཤད་པ་བཀའ་རེ་ཡང་མཛད། འུག་སྐད་དགོན་པ་དང་། གཙང་དུ་སེ་སྟག་དང་ཆོས་སྡིངས་ལ་སོགས་པ་མང་དུ་བཟུང་། དེ་ལྟ་སྐུ་བསོད་རྒྱས་ཤིང་ཐུགས་དགོངས་ནམ་མཁའ་ལྟ་བུ་ལ་ཐུགས་རྗེའི་ཉི་ཟླ་ལྟ་བུར་ཤར་ནས་སྙན་པའི་གྲགས་པས་ཕྱོགས་མཚམས་ཐམས་ཅད་དུ་ཁྱབ་ཅིང་། གདུལ་བྱའི་ཚོགས་བསམ་གྱིས་མི་ཁྱབ་པ་འདུས་ནས་བླ་མའི་ཞབས་ཏོག་དང་འགྲོ་བའི་དོན་རྒྱ་ཆེན་པོ་དཔག་ཏུ་མེད་པ་མཛད། སྐྱེས་བུ་ཆེན་པོ་འདིས་བྱང་ཕྱོགས་ཀྱི་རྒྱུད་གངས་རིའི་ཁྲོད་འདིར་ཡུལ་ཕྱོགས་ཐམས་ཅད་དུ་ཕྱིན་ནས་སྐྱེ་རྒུ་རྣམས་ཆོས་ལ་བསྒྱུར་ནས་ཐར་པའི་ལམ་ལ་བཀོད། གཞན་ཡང་བསྟན་པའི་བྱ་བ་བདེ་བར་གཤེགས་པའི་སྐུ་གསུང་ཐུགས་ཀྱི་རྟེན་བཞེངས་པ་དང་། གསོ་བ་དང་། གཞན་དག་བཞེངས་པ་ལ་ཡོ་བྱད་གཏོང་བ་སོགས་དཔག་ཏུ་མེད་པ་མཛད། རྡོ་རྗེ་གདན་ལ་མཆོད་པ་ལན་གསུམ་བསྐྱལ་བ་དང་། ལྷ་སའི་ཇོ་བོ་རྣམ་གཉིས་ཀྱི་ཞབས་ཏོག་ལན་བཞི་མཛད། ལྷ་སའི་རྗེ་རགས་ལན་བཞི་མཛད་པའི་ཕྱི་མར་སྐུ་གཤེགས། དེ་སྐབས་དགུང་ལོ་ལྔ་བཅུ་ང་གཅིག་པ་རབ་བྱུང་གསུམ་པའི་ས་ལུག（སྤྱི་ལོ1199）ལོ་ཡིན། བཙན་པོ་དང་། དཔོན་པོ། སློབ་མར་གྱུར་པ་རྣམས་ཀྱིས་སྐྱེས་བུ་ཆེན་པོ་འདིའི་གདན་སར་དགོངས་ནས་གཟིམ་ཐང་སྐུའི་གཙུག་ལག་ཁང་བཞེངས་ཤིང་། ཆོས་གསུངས་པ་དང་བཞུགས་པའི་གདན་ས་ཆེ་ཆུང་ཀུན་ཏུ་ཡང་སྐུ་གསུང་ཐུགས་ཀྱི་རྟེན་མང་དུ་བཞེངས་སོ།

ཞིག་པོ་ལ་སློབ་མ་མང་ཡང་ཐུགས་སྲས་སུ་གྱུར་པ་ནི། རྟ་སྟོན་ཇོ་ཡེས་དང་། མ་ཧཱ་ལྷུན་པོ། མཁས་པ་ཇོ་མན། དབུས་པ་ཇོ་བསོད། བཟང་སྟོན་ཧོར་གྲགས། གཉོས་སྟོན་བླ་མ་དང་དྲུག་གོ

ཞིག་པོ་རིན་ཆེན་ཤེས་རབ། རོག་ཤེས་རབ་འོད་ཀྱི་གཅུང་པོ་འདི་ཉིད་ཡབ་བཀྲ་ཤིས་གྲགས་པ་དང་ཡུམ་ཆོས་ཀྱི་དགེ་གཉིས་ཀྱི་སྲས་སུ་རབ་བྱུང་གསུམ་པའི་ལྕགས་ཡོས（སྤྱི་ལོ1171）ལོར་སྐུ་འཁྲུངས། ལོ་

གསུམ་ལོན་ཙམ་ནས་འཁོར་བའི་སྡུག་བསྔལ་དྲན། སོ་ལྔ་དྲུག་ལ་ཡུམ་གྱིས་གློག་ཡོན་གསོལ་བས་གློག་ཞིགས་པར་མཁྱེན། དགུང་ལོ་བདུན་པ་ནས་གསང་སྤྱོད་མཛད་དེ་ལྷུགས་ཟླ་བཞེས། བཅུ་དྲུག་པ་ལ་ཡབ་གཤེགས་པས་གསང་སྤྱོད་གྲོལ་ཏེ་གྲོང་ཆོག་མང་དུ་གནང་ཞིང་ཡུམ་གྱི་ཞབས་ཏོག་མཛད། བཅོ་བརྒྱད་ལོན་པའི་ཚེ་ཕུག་པ་གཅིག་ཏུ་སྒྲུབ་པ་ལ་གཅིག་པུར་བཞུགས་པ་ན། སྲིན་བུའི་སྐད་ཐོས་པས་དང་པོར་ཐུགས་མ་བདེ། ཐུགས་མ་བདེ་བའི་ངོ་བོ་བརྟགས་པས་རང་བཞིན་གྱིས་སྟོང་པའི་སེམས་ཀྱི་ངོ་བོ་མངོན་སུམ་དུ་རྟོགས། དེ་ནས་གཙེན་པོ་ལ་ཆོས་དང་གདམས་ངག་མང་དུ་ཞུས། རྒྱལ་ཁམས་མང་དུ་བསྐོར་ཏེ་བླ་མ་བཟང་དགུ་ལ་གདམས་པ་བཙལ། དགུང་ལོ་ཉི་ཤུ་རྩ་དྲུག་པ་ལ་བླ་མ་ཆེན་པོ་ཏེ་ནེ་ལ་དབང་ཁྲིད་ཞུས། བློ་སྦྱོང་གི་བསྙེན་པ་ཟས་ཁོམ་མེད་པར་ཞག་ཉེར་གསུམ་བསྒྲུབ་པས། རྟགས་དང་ཡོན་ཏན་ཐམས་ཅད་རྫོགས། དགུང་ལོ་སོ་གཅིག་པ་ལ་འབྲི་ཁུང་དུ་ཕྱིན། མཁན་པོ་དཔལ་ཆེན་གུར་བ་དང་། སློབ་དཔོན་གཙང་པ་འདུལ་འཛིན། གསང་སྟེ་པ་ལྷུགས་རི་བ་རྣམས་ལས་བསྙེན་པར་རྫོགས། མཚན་རིན་ཆེན་ཤེས་རབ་ཏུ་བཏགས། དེ་ནས་སློམ་པ་སྨན་གཅིག་པ་དང་། འཆུས་པ་བརྩོན་སེང་། འཆར་བུ་རྒྱ་རས། རི་ཁྲོད་ཕྱུག་སྟོན། གཙོད་བྲུལ་ཚོ་དྲུག་པ། རྒྱལ་བ་དཀོན་སྐྱབས། རོག་སྟོན་བཙན་པོ། ཞིག་པོ་བདུད་རྩི། ཁ་རག་སྐྱི་སྟོན་སོགས་བླ་མ་མང་པོ་བསྟེན་ནས་ས་ལུགས་དབང་རབ་ཀྱི་ཆོས་དང་། རྗེ་བཙུན་མ་བུ་ཧྲངས་ལུགས། ག་ག་ཅི། རྣམ་འཇོམས། བདུད་རྩི་ཆེན་མོ། གསང་འདུས་རྒྱུད་རྒྱུད། རྫོགས་ཆེན་སྙན་བརྒྱུད། འཕོ་བ་སྤྱི་བརྗོད། བདེ་མཆོག་བཅུ་གསུམ་མའི་དབང་སོགས་ཟབ་ཆོས་མཐའ་ཡས་པ་གསན། བླ་མ་མང་དུ་ཡོད་ཀྱང་རྩ་བའི་བླ་མ་ཏེ་ནེ་ཁོ་ན་ལ་མཛད། འབྲི་ཁུང་ནས་སླར་ཕྱིན་ཏེ་སྒྲུབ་པ་ལ་ཐུགས་གཏོལ། ཙ་རི། མཁར་ཆུ། ཤམ་བྷ། སྨུ་ཏིག ཕོ་མ། གངས་བཟང་རྣམས་སུ་སྒྲུབ་པ་རྩེ་གཅིག་ཏུ་མཛད། དགུང་ལོ་སོ་བདུན་པ་ལ་རི་ཁྲོད་དུ་ཕྱུགས་ཕབ། བཀའ་བརྒྱུད་ཀྱི་གསུང་རབ་རྣམས་གསེར་དུ་བཞེངས་པས་ཕལ་ཆེན་ཙམ་ཞིག་བྱུང་བ་བསྣམས་ནས་བཞི་བཅུ་པ་ལ་དིང་རིར་ཕྱིན། སླར་འཁོར་དུ་ཕེབས་ནས་བྱང་ཆུབ་ཆེན་པོ་ལ་སོགས་པའི་རྟེན་རྣམས་ལ་མཆོད་པ་རྒྱ་ཆེར་ཕུལ། སློབ་མ་རྣམས་ལ་ཆོས་ཀྱི་ཆར་ཕབ། ལམ་རིམ་ཚེ་ཆུང་དང་བཤད་འབུམ་ལ་སོགས་པའི་རྩོམ་པ་ཡང་མང་དུ་མཛད། མཐར་དགུང་ལོ་བདུན་ཅུ་དོན་ལྔ་ལ་ཕེབས་པ་རབ་བྱུང་བཞི་པའི་ཤིང་སྦྲུལ(སྤྱི་ལོ1245)ལོའི་དགུན་ཟླ་ར་བའི་ཚེས་ཉེར་གཉིས་ཉིན་བསྟན་ཀྱི་གནོད་པ་མེད་པ་ལྟར་སྐུ་བསྲུང་སྟེ་ཞི་བར་གཤེགས་སོ།

ཞྭ་དམར་བ་དགེ་སློང་ནམ་མཁའ་འོད། ཞྭ་དམར་ཚུལ་ཁྲིམས་དཔལ་གྱི་སྐུ་སྐྱེ་དགེ་སློང་ནམ་མཁའ་འོད་ནི་རབ་བྱུང་གཉིས་པའི་ཆུ་གླང(སྤྱི་ལོ1133)ལོར་ཡབ་དགོན་པ་དོན་གྲུབ་བླ་མ་དང་ཡུམ་ལྷ་ཡོ་ལྷམ་གཉིས་ཀྱི་སྲས་སུ་ཏུ་མཚམས་ཀྱི་སའི་ཆར་སྐུ་འཁྲུངས། དགུང་ལོ་བརྒྱད་དགུ་ལ་ཕེབས་སྐབས་ཆོས

རྗེ་དུས་གསུམ་མཁྱེན་པ་ལ་ཕུལ་ནས་ཕྱག་ཕྱིར་འབྲལ་མེད་དུ་ལོ་བརྒྱད་དགུ་ཙམ་བཞུགས། ཕྱིས་པའི་སྐྱོད་པ་མེད་པར་མོས་གུས་ཀྱིས་བླ་མ་བསྟེན་ཞིང་གདམས་པ་རྩད་བཅད་པས་རྗེ་ཤིན་ཏུ་མཉེས་པར་གྱུར། གདམས་པ་དཔག་མེད་མཛད། ཆོས་རྗེ་ཁམས་སུ་གཤེགས་རྗེས་གངས་དཀར་དང་། སེ་མོ་དོ་དང་། ཁ་རག་དང་། ཐང་ལྷ་ལ་སོགས་པའི་དབེན་པ་རྣམས་སུ་བསྒོམས། མཚམས་བར་དུ་འགྲོ་མགོན་ཞང་དང་། སྟོ་པ་དང་། སྐྱེར་སྒང་བ་དང་། གླིང་ལ་སོགས་པ་དམ་པ་མང་དུ་མཇལ་ཞིང་གདམས་པ་གསན། ཁྱད་པར་བདེ་གཤེགས་ཕྱག་ལུང་ཐང་བ་ལ་དད་པ་རབ་ཏུ་ཐོབ་ནས་ཆོས་ཞུས། གཙོ་བོར་སྒྲུབ་པ་ཁོན་མཛད། ཆོས་རྗེ་དབུས་སུ་ཕེབས་རྗེས་གདམས་པ་ལྷག་མ་དང་རྗེས་སུ་གདམས་པ་དཔག་ཏུ་མེད་པ་གནང་། དེ་ནས་ལོ་བཅུ་བདུན་དུ་མཚམས་འབའ་ཞིག་མཛད། གྲུབ་པའི་རྟགས་མཚན་ཡང་འགའ་རེ་རྙེད་པར་གྱུར། མཐར་དགུང་ལོ་དྲུག་ཅུ་རྩ་བདུན་རབ་བྱུང་གསུམ་པའི་ས་ལུག(སྤྱི་ལོ1199)ལོར་སྐུ་གཤེགས།

ཞྭ་དམར་བ་ཚུལ་ཁྲིམས་དཔལ། འདི་ཉིད་ཡབ་དགེ་བསྙེན་འབྱུང་སོང་དང་ཡུམ་སྒྲོལ་ལ་འབུམ་གཉིས་ཀྱི་སྲས་སུ་རབ་བྱུང་གཉིས་པའི་མེ་བྱི(སྤྱི་ལོ1096)ལོར་དབུ་རུ་སྟོད་དུ་སྐུ་འཁྲུངས། རྗེ་སྒམ་པོ་ཁུ་དབོན་གྱི་སྤྱན་སྔར་བྱོན། དགུང་ལོ་བཅུ་དགུར་ཕེབས་སྐབས་ཁུ་དབོན་གྱི་དྲུང་དུ་ཚིག་རྫོགས་མཛད། མཚན་ཚུལ་ཁྲིམས་དཔལ་དུ་གསོལ། བཀའ་གདམས་ཀྱི་དགེ་བའི་བཤེས་གཉེན་མང་པོ་དང་། རྗེ་རས་ཆུང་པ་སོགས་བླ་མ་མང་དུ་བསྟེན། གཙོ་བོར་རྗེ་ཁུ་དབོན་གཉིས་ལ་སངས་རྒྱས་དངོས་ཀྱི་འདུ་ཤེས་སྐྱེས་པས་རྩ་བའི་བླ་མར་བཟུང་། མཐར་དགུང་ལོ་སོ་བདུན་པ་རབ་བྱུང་གཉིས་པའི་ཆུ་བྱི(སྤྱི་ལོ1132)ལོར་སྐུ་གཤེགས།

ཟངས་དཀར་ལོ་ཙཱ་བ་འཕགས་པ་ཤེས་རབ། འདི་ཉིད་རབ་བྱུང་དང་པོའི་དཀྱིལ(སྤྱི་ལོའི་དུས་རབས་བཅུ་གཅིག་པའི་དུས་དཀྱིལ)དུ་མངའ་རིས་ཟངས་དཀར་དུ་སྐུ་འཁྲུངས། ཁ་ཆེ་དགོན་པ་བ་དང་། ཁ་ཆེ་ཛྙཱ་ན་ཤྲཱི་སོགས་བསྟེན། རྣམ་སྲས་ཀྱི་ཆོས་སྐོར་རྒྱ་གར་ནས་སྤྱན་དྲངས། ལྷ་སའི་སྤྲང་ཚང་བརྟན། ལྷ་ས་དང་བསམ་ཡས། མཐའ་འདུལ་གྱི་གཙུག་ལག་ཁང་བཅོ་ལྔ་ཙམ་ལ་ཞིག་གསོ་ཕུལ་ཕྱིན་མཛད། རབ་བྱུང་དང་པོའི་མེ་འབྲུག(སྤྱི་ལོ1076)ལོར་མངའ་བདག་རྩེ་ལྡེས་དབུས་གཙང་ཁམས་གསུམ་གྱི་སྡེ་སྣོད་འཛིན་པ་ཕལ་ཆེར་མངའ་རིས་སུ་འདུས་ཏེ་ཆོས་ཀྱི་འཁོར་ལོ་རྒྱ་ཆེར་བསྐོར་བའི་དུས་དེར་འདི་ཉིད་ཀྱིས་ཚད་མ་རྒྱན་བསྒྱུར། སྐར་ཉི་མ་དང་། སྤལ་ཏི་སེམས་དཔའ་ཆེན་པོ་སོགས་ཟངས་དཀར་གྱི་བུ་བཞི་བྱུང་། ཕྱིས་ཆུ་མིག་རིང་མོར་འདས་ཞེས་གྲགས།

འདི་ཉིད་ཀྱི་འགྱུར་ལ། བཀའ་འགྱུར་ལས། བཅོམ་ལྡན་འདས་ཕྱག་ན་རྡོ་རྗེ་གོས་སྔོན་པོ་ཅན་རྡོ་རྗེ་ས་འོག་གི་རྒྱུད་ཅེས་བྱ་བ་ལེའུ་བཅུ་གསུམ་དང་། བསྟན་འགྱུར་ལས། དཔལ་བདེ་མཆོག་གི་རྒྱ་ཆེར་བཤད་པ་ཚིག་དོན་རབ་ཏུ་གསལ་བ་ཞེས་བྱ་བ། དཔལ་འཁོར་ལོ་སྡོམ་པའི་རྒྱུད་ཀྱི་རྒྱལ་པོ་བདེ་མཆོག

བསྡུས་པ་ཞེས་བྱ་བའི་རྣམ་པར་བཤད་པ། རྩ་བའི་རྒྱུད་ཀྱི་སྙིང་པོ་བསྡུས་པ་ངེས་པར་བརྗོད་པའི་བླ་མ་རྩ་བ་རྩ་བའི་འགྲེལ་པ་སོགས་མང་ངོ་།

ཟངས་ཚ་བསོད་ནམས་རྒྱལ་མཚན། ས་པཎ་གྱི་གཅུང་པོ་ཟངས་ཚ་བསོད་རྒྱལ་ནི་རབ་བྱུང་གསུམ་པའི་ཤིང་འབྲུག(སྤྱི་ལོ1184)ལོར་སྐུ་འཁྲུངས། ས་སྐྱའི་ཆོས་ལུགས་ལ་མཁས་པར་སྦྱངས། ས་སྐྱ་དགོན་པར་ལྷ་ཁང་རི་གསར་འཛུགས་མཛད་ཅིང་། ཟེ་ཐང་སོགས་སུ་ཚོང་ར་དང་། གྲོང་སྡེ་གསར་འཛུགས་སོགས་མཛད། མཐར་དགུང་ལོ་དྲུག་པ་རབ་བྱུང་བཞི་པའི་ས་ཕག(སྤྱི་ལོ1239)ལོར་སྐུ་གཤེགས།

ཟུར་ཆུང་ཤེས་རབ་གྲགས་པ། (བདེ་གཤེགས་ཆུ་བོ་པ་ཡང་ཟེར)གསང་སྔགས་རྙིང་མའི་སློབ་དཔོན་ཟུར་མེས་དཔོན་རྣམ་གསུམ་གྱི་ཡ་གྱལ། བོད་ཤིང་སྟག(སྤྱི་ལོ1014)ལོར་སྐུ་འཁྲུངས། འདི་ཉིད་ཟུར་པོ་ཆེས་གསོས་པའི་བུ་དོད་ཡིན་ཞིང་། ཟུར་པོ་ཆེའི་སློབ་མ་རྩེ་མོ་བཞིའི་ཡ་གྱལ་ལྷ་དགོངས་ཀྱི་རྩེ་མོར་གྱུར་པ་ཡིན། བླ་མའི་བཀའ་བཞིན་མདོ་དགོངས་འདུས་གསུངས་པས་དུས་གཅིག་ལ་དཔེ་འགྲེམས་སུམ་བརྒྱ་བྱུང་། བྲག་རྒྱ་བོ་དགུ་འདུས་ཀྱི་རྩེར་སྒྲུབ་པ་མཛད་དེ་རྗོགས་ཆེན་མངོན་པར་སྤྱོབས་པ་མཐའ་ཡས་པར་གྱུར་པས་བདེ་གཤེགས་ཆུ་བོ་པར་གྲགས། སྤྱིར་བདེ་གཤེགས་འདི་ལྷ་རྗེ་འུག་པ་ལུང་པའི་དགོངས་པ་ཇི་ལྟ་བ་བཞིན་དུ་ལོངས་པ། མཁྱེན་པ་ཐམས་ཅད་བུམ་པ་གང་བྱོའི་ཚུལ་དུ་མངའ་བ། ཆོས་ཀྱི་དོན་ལ་བློ་གྲོས་ཀྱི་སྤོབས་པ་མཆོག་དང་ལྡན་པ་ལགས་སོ། མཐར་རབ་བྱུང་དང་པོའི་ཤིང་སྟག(སྤྱི་ལོ1074)ལོར་འབྲུམ་པའི་བསྟན་གྱིས་སྐུ་འདས། འདི་ཉིད་ལ་སློབ་མ་ཀ་བ་བཞི།གདུང་བརྒྱད། ཕྱམ་བཅུ་དྲུག དྲལ་མ་སུམ་ཅུ་གཉིས། སྒོམ་ཆེན་མི་གཉིས། ཡུས་པོ་ཆེ་མི་གཅིག དཀྲུས་པ་མི་གཉིས། སྟ་གུར་མི་གཉིས། གོམ་ཆོད་མི་གསུམ་ལ་སོགས་པ་མང་དུ་བྱུང་ངོ་།

ཟུར་པོ་ཆེ་ཤཱཀྱ་འབྱུང་གནས། གསང་སྔགས་རྙིང་བའི་སློབ་དཔོན་ཟུར་མེས་དཔོན་རྣམ་གསུམ་གྱི་ཡ་གྱལ། འདི་ཉིད་བོད་ཆུ་སྟག(སྤྱི་ལོ1002)ལོར་སྐུ་འཁྲུངས། ཚངས་སྟོད་ཀྱི་དགེ་བསྙེན་དུ་བཞུགས། འུག་པ་ལུང་གི་ལྷ་ཁང་བཞེངས་པས་འུག་པ་ལུང་པ་ཞེས་གྲགས། ཆོས་ལུང་གི་མྱང་ཡེ་ཤེས་འབྱུང་གནས་ལ་སོགས་པ་བླ་མ་མང་པོ་བསྟེན་ནས་སྒྱུ་འཕྲུལ་དང་། སེམས་ཕྱོགས། བདུད་རྩི། གསང་དབང་དང་ཐབས་ལམ་སོགས་ཞུས། རྩ་རྒྱུད་དང་བཤད་རྒྱུད་འགྲེལ་པ་སྒྲུབ་ཐབས་སོ་སོར་ཕྱེས་ཏེ་གསུངས། ཁོང་གིས་བསྟན་པ་ཕྱི་དར་ལ་སྔ་འགྱུར་གྱི་བསྟན་པའི་རྩ་བ་བཙུགས། སྒྲོ་ཕུག་གི་ལྷ་ཁང་བཙིགས། མཐར་དགུང་ལོ་དྲུག་ཅུ་རྩ་གཅིག་པ་རབ་བྱུང་དང་པོའི་ཆུ་སྟག(སྤྱི་ལོ1062)ལོར་སྐུ་གཤེགས། འདི་ཉིད་ལ་སློབ་མ་རྩེ་མོ་བཞི་རྩེ་སྙིག་དང་ལྔ། སྒོམ་ཆེན་བརྒྱ་རྩ་བརྒྱད་སོགས་མང་།

ཟེམ་རིན་པོ་ཆེ་གྲགས་པ་སེང་གེ། འདི་ཉིད་ཡབ་སྟ་ཡགས་རྗེ་བོ་དང་ཡུམ་ཇོ་བཙུན་མ་བཀྲ་ཤིས་སྐྱིད་གཉིས་ཀྱི་སྲས་སུ་རབ་བྱུང་གསུམ་པའི་ལྕགས་ཕག(སྤྱི་ལོ1191)ལོར་ཏམ་མདོའི་དེར་གོམ་དུ་སྐྱ

འབྲུངས། ཁྱིམ་པའི་དུས་ཉིད་ནས་རང་བཞིན་མེད་པའི་ཏིང་ངེ་འཛིན་ལ་ངང་གིས་འཇུག དགུང་ལོ་བཅུ་དྲུག་ལ་ཕེབས་སྐབས་སངས་རྒྱས་སྒོམ་པ་བ་ཚུར་ཕྱིན་པ་དང་མཇལ། རབ་ཏུ་བྱུང་བར་ཞུས་པས། ཕྲོ་སར་གྱིས་གསུངས་ནས། མཁན་པོ་རྒྱལ་འབྱོར་བྱང་སེང་ལས་རབ་ཏུ་བྱུང་། མཚན་གྲགས་པ་སེང་གེར་གསོལ། འདུལ་བ་བསླབས། དགུང་ལོ་བཅུ་དགུར་ཕེབས་སྐབས་མཁན་པོ་རྒྱལ་འབྱོར། ལས་སློབ་ཚོགས་པ་གནས་བརྟན། གསང་སྟེ་པ་ཟེམ་ཆེན་མོས་མཛད་ནས་བསྙེན་པར་རྫོགས། བྲ་ཡུལ་དུ་སངས་རྒྱས་སྒོམ་པའི་སྤྱན་སྔར་ཕྱིན་པས་ཐུགས་ཀྱིས་གཟུང་ནས་གདམས་པ་ཚང་བར་གནང་། སངས་རྒྱས་སྒོམ་པ་གཤེགས་རྗེས་གདན་ས་བ་གཞན་ཞིག་བྱུང་བའི་མཚན་ནི་མ་ཤེས། ལོ་བྲ་ཡུལ་བ་རྣམས་བརྒྱུད་རིམ་ལ་ཡང་སངས་རྒྱས་སྒོམ་པ་ནས་ཟེམ་གྱི་བར་དུ་གཞན་མི་འཇུག་པར་འདུག ཕྱིས་དཔལ་ལྷ་མོའི་བཀའ་བྱུང་ནས་ཟེམ་གྱིས་གདན་ས་མཛད། མཐར་དགུང་ལོ་དྲུག་ཅུ་རྩ་དྲུག་པ་རབ་བྱུང་བཞི་པའི་མེ་འབྲུག(སྤྱི་ལོ1256)ལོར་སྐུ་གཤེགས།

འདིའི་སློབ་མ་མང་དུ་ཕྱིན་པའི་ནང་ནས་འོད་གསལ་བ་ཆེན་པོས་ཚོགས་ཀྱི་ཐུར་འོད་གསལ་དགོན་པ་བཏབ། རི་མེར་བ་ཆེན་པོས་སྟོ་བྲག་ཤར་དུ་རི་མེར་བཏབ།

ཟྭ་ར་བ་སྐལ་ལྡན་ཡེ་ཤེས་སེང་གེ། གཡའ་བཟང་བཀའ་བརྒྱུད་ཀྱི་སྲོལ་གཏོད་པ་པོ། རྗེ་འདི་ཉིད་རབ་བྱུང་གཉིས་པའི(སྤྱི་ལོའི་དུས་རབས་བཅུ་གཉིས་པ)ནང་མོན་འགར་དུ་སྐུ་བལྟམས། སྐུ་ཆུང་ངུའི་དུས་ལུག་རྫི་བ་མཛད་དེ་བཞུགས་སྐབས་རི་ཁ་ནས་ཕག་མོ་གྲུ་པའི་དགོན་གྱི་རི་མཐོང་བ་ཙམ་གྱིས་སྒོམ་རང་བྱུང་དུ་ཤར། སྒོམ་ཆེན་གཉིས་ཀྱིས་སྒོམ་གྱི་གནས་ལུགས་གླེང་བར་དེ་སྒོམ་ཡིན་ན་ངས་ཀྱང་སྒོམ་ཤེས་པར་འདུག་སྙམ་ཞིང་། ཕག་མོ་གྲུ་པའི་དགོན་པར་ཕྱིན་ནས་འགྲོ་མགོན་དང་མཇལ་ཏེ་ངོ་སྤྲོད་ཅིག་བཏབ་པས་རྟོགས་པ་ཁྱད་པར་ཅན་འཁྲུངས། འགྲོ་མགོན་གྱིས་མཚན་སྐལ་ལྡན་ཡེ་ཤེས་སེང་གེར་བཏགས། ཕྱིས་སུ་འགྲོ་མགོན་ཕག་གྲུའི་བུ་ཆེན་བཞིའི་ཡ་གྱལ་དང་གཡའ་བཟང་ཆོས་རྗེའི་བླ་མར་གྱུར། རབ་བྱུང་གསུམ་པའི་ས་སྟག(སྤྱི་ལོ1158)ལོར་ཟྭ་ར་དགོན་པ་ཕྱག་བཏབ། གཡའ་བཟང་བཀའ་བརྒྱུད་ནི་ཟྭ་ར་བ་སྐལ་ལྡན་ཡེ་ཤེས་སེང་གེ་དང་ཁོང་གི་སློབ་མ་གཡའ་བཟང་ཆོས་རྗེ་གཉིས་ལས་བརྒྱུད་པ་ཞིག་ཡིན། མཐར་རབ་བྱུང་བཞི་པའི་མེ་ཡོས(སྤྱི་ལོ1207)ལོར་སྐུ་གཤེགས།

ལ་འབྲེའི་སྟེ་གཉིས། དབུས་གཙང་མི་བཅུའི་ཁོངས་སུ་མི་ཐེ་བ་ལ་འབྲེའི་སྟེ་གཉིས་བྱུང་ཞིང་། དེ་ཡང་ལ་ཞ་མགོ་པོ་ཆེའི་བུ་འ་ཡེ་ཤེས་གཡུང་དྲུང་གིས་ཁམས་ལ་སྡོམ་པ་ལེན་དུ་ཕེབས། ཁོང་གིས་ཁམས་སུ་བླ་ཆེན་གྱི་མཁན་བུ་ཀྲི་པོ་མཆོག་བླ་ལ་སྡོམ་པ་ཞུས་པར་ངས་ཆུ་གཏོར་བཏང་ནས་ཡོང་ཚོག་གསུངས་ཏེ་མཁན་པོ་དེ་ཁར་སྐུ་འདས། མཁན་པོའི་གསུང་དེ་ཀ་ལ་སྡོམ་པ་ཐོབ་པར་བཟུང་བས་དགེ་ཚུལ་ཆུ་གཏོར་མར་གྲགས། ལ་ཞ་དེས་སྣ་ནམ་འདྲེ་བརྟས་དང་ཅུ་ཡུག་མདའི་ར་ཤག་དང་དེའི་ལམ་སྟེགས་སྟག་གི་གནས་པོ་

ཚེ་བཟུང་། དེ་ནས་རིམ་བཞིན་བརྒྱུད་པ་རྣམས་ལ་འ་ཚོའི་སྐོར་ཟེར།

དེ་བཞིན་འབྲི་གཞོན་ཚུལ་ཁྲིམས་ཀྱང་ཁམས་སུ་ཐེབས་ཏེ་ཁྲི་ཁ་མཁར་སྣར་བླ་ཆེན་གྱི་མཁན་བུ་ཡ་ཟེ་བོན་སྟོན་ལ་སློམ་པ་ཞུས་པར་དེར་བས་གསུངས་ཏེ་དེ་གར་འདས། མཁན་བུའི་སྣང་བ་ཐོབ་པ་དེས་སློམ་པ་ཐོབ་པར་བྱས་པས་དེར་བས་ཀྱི་བསྙེན་རྫོགས་སུ་གྲགས། ཕོང་གཙང་དུ་ཕྱིར་ཐེབས་ནས་རྟ་ནག་ཕུའི་བྱ་ཚང་དང་། ཤངས་ཀྱི་བྱེ་ཕུག་བཟུང་། དེ་ནས་འཛད་ཀྱི་གནས་བརྒྱད་མཆེད་པ་དེ་རྣམས་ནི་འབྲི་ཚོ་ཡིན་ནོ།

དེ་ལྟར་དབུས་གཙང་གི་མི་དྲུག་འ་འབྲི་དང་བཅས་པ་ལས་གྲོས་པ་ནི་སྨད་འདུལ་དུ་གྲགས་པ་ཡིན་ལ། དེའི་སློམ་རྒྱུན་ནི་སྟོན་པ། ཤཱ་རིའི་བུ། དགྲ་གཅན་ཟེན། ཀླུ་སྒྲུབ། ལེགས་ལྡན་འབྱེད། དཔལ་སྦས། ཡེ་ཤེས་སྙིང་པོ། བོ་དྷི་ས་ཏྭ་རྣམས་ཡིན་ནོ།

འོད་ཟེར་ལྷེ། ཡབ་སྨད་ཀྱི་ལྷེ་གསུམ་གྱི་ཡ་རྒྱལ་དཔལ་ལྷེ་དང་། ཡུམ་ཅོག་རོ་བཟའ་འབའ་རེ་གཉིས་ལ་སྲས་གཉིས་འཁྲུངས་པའི་ཆུང་བ། དེ་སྐབས་གུང་ཐང་གི་ཡུལ་མི་རྣམས་ཀྱིས་འུ་ཅག་ཐུན་མོང་སྐྱོང་བའི་རྗེ་བོ་ཞིག་དགོས་པ་འདུག་ཅེས་བགྲོས་ནས་མེས་པོ་སྟོད་ཀྱི་ཁྲི་རྗེ་དང་། ཞང་བརྗིད་ལྡན་རིང་མོ་བྱ་བ་གཉིས་ཕྱིན་ཏེ་འོད་ཟེར་ལྷེ་མང་ཡུལ་གུང་ཐང་དུ་གདན་དྲངས། ཐང་སྟོད་ཐོ་ལེ་ཞེས་པར་གདན་ཕབ་ནས་སྐུ་མཁར་བརྩིགས་ཤིང་། སྤྱན་འདྲེན་མཁན་གཉིས་ཀྱིས་བློན་པོ་བྱས་ཏེ་ཆབ་སྲིད་བསྐྱངས་པ་དེ་ནས་གུང་ཐང་གི་རྒྱལ་རབས་བྱུང་ངོ་།

ཨུ་སོ་མི་བསྐྱོད་རྡོ་རྗེ། རབ་བྱུང་དང་པོའི་དུས་སུ(སྤྱི་ལོའི་དུས་རབས་བཅུ་གཅིག་པའི་ནང་)བྱོན། དང་པོ་རྣལ་འབྱོར་པ། ཕྱིས་རབ་ཏུ་བྱུང་ནས་མཚན་དད་པ་རྒྱལ་པོར་བཏགས། ཁ་ཆེ་པཎ་ཆེན་ཟླ་བ་མགོན་པོ་ནས་དུས་འཁོར་རྒྱུད་འགྲེལ་ཞིབ་ཏུ་གསན་ཏེ་བསྒོམས་པས་རྟོགས་པ་བརྙེས། གཞན་སྟོང་གི་ལྟ་བའི་སྲོལ་ཕྱེ། ཡིག་ཆ་འགའ་ཞིག་མཛད་པས་ལུགས་དེའི་བླ་མ་གོང་མར་བཀུར། དགུང་ལོ་བརྒྱད་ཅུ་གྱ་གཉིས་པར་འདས། དེའི་སློབ་བརྒྱུད་ཐུགས་རྗེ་བརྩོན་འགྲུས་དང་། རོལ་བུ་བས་ཇོ་ནང་དགོན་པ་བཏབ་སྟེ་གྲུབ་མཐའ་རྒྱ་ཆེར་སྤེལ། དེ་ནས་བཟུང་བརྒྱུད་འཛིན་རྣམས་ལ་ཇོ་ནང་པ་ཞེས་གྲགས།

གཡའ་བཟང་ཆོས་རྗེ་ཆོས་ཀྱི་སྨོན་ལམ། (གནུབས་འདུལ་འཛིན་པ་ཡང་ཞུ) གཡའ་བཟང་བཀའ་བརྒྱུད་ཀྱི་སྲོལ་གཏོད་པ་པོ། རྗེ་འདི་ཉིད་ཡབ་སྲུང་མོ་ལྕམ་དང་ཡུམ་ཞང་ལྕམ་འབུམ་སྐྱིད་གཉིས་ཀྱི་སྲས་སུ་རབ་བྱུང་གསུམ་པའི་ས་གླང(སྤྱི་ལོ1169)ལོར་གཙང་ཞལ་གྱི་དམར་མོར་སྐུ་བལྟམས། གདུང་རུས་གནུབས་ཡིན། སྐུ་ཆུང་ངུའི་དུས་སྔིན་མཁན་པོ་ཆོས་སྟོན་བྱ་བ་ལས་རབ་ཏུ་བྱུང་། མཚན་ཆོས་ཀྱི་སྨོན་ལམ་དུ་གསོལ། དེ་ནས་འཆང་དཀར་དུ་སློབ་དཔོན་རྣམས་ལས་འདུལ་བ་དང་བཀའ་གདམས་གསན། དགུང་ལོ་བཅོ་བརྒྱད་པར་རྒྱ་དུར་དགོན་པར་ཐེབས་ཏེ་མཁན་པོ་ཀླུབས་དཀར་དང་། སློབ་དཔོན་གོང་

གད་པ་གཉལ་དར་མ་གཟི་བརྗིད། གསང་སྔེ་བ་སློབ་དཔོན་མེ་ཆར་ལ་ཞུས་ཏེ་བསྙེན་པར་རྫོགས། ལོ་ལྔ་དྲུག་གི་བར་དུ་མཁན་པོའི་དྲུང་དུ་བཞུགས་ནས་འདུལ་བ་མཁས་པར་བསླབས་པ་དང་། འདུལ་བའི་བཤད་པ་དང་ལག་ལེན་གཙོ་བོར་མཛད་པས་གཉུབས་འདུལ་འཛིན་པར་གྲགས། དགུང་ལོ་སུམ་ཅུ་པ་ལ་འབུམ་ཞིང་དུ་འཇིག་རྟེན་སྒོམས་བཏང་གི་སྒྲུབ་པ་མཛད། དེའི་ཕྱི་ལོར་བྲ་ར་བ་སྐལ་ལྡན་ཡེ་ཤེས་སེང་གེའི་དྲུང་དུ་ཕྱིན་ནས་སློབ་མར་གྱུར། བྲ་ར་བའི་དྲུང་ནས་སྙིང་པོ་ཕྱག་རྒྱ་ཆེན་པོ། ཁྱད་པར་སྙན་བརྒྱུད་ཀྱི་ངོ་སྤྲོད་ཐབས་ལམ་ན་རོའི་ཆོས་དྲུག་ལ་སོགས་པ་གསན། དགུང་ལོ་སོ་བརྒྱད་ལ་ཕེབས་པ་རབ་བྱུང་གསུམ་པའི་མེ་སྟག(སྤྱི་ལོ1206)ལོར་ཡར་ཀླུངས་གཡའ་བཟང་དགོན་པ་ཕྱག་བཏབ་ནས་དགོན་པར་རྒྱུན་བཞུགས་མཛད། ཡོན་བདག་སོ་སོས་གདན་དྲངས་པ་ལྟར་གཉལ་སྟོད་སྨད། མཚོ་སྣ། ལྷོ་བྲག་ཡར་ཀླུངས་ཤར་ནུབ་རྣམས་སུ་ཕེབས་ནས་ཆོས་འཁོར་གྱི་གཙོ་བོར་བཞུགས་ནས་ཆོས་གསུངས་པའི་ཆོས་ཁྲི་ཡང་ལྷོ་བྲག་ཏུ་བཞི་བཅུ་ཞེ་ལྔ། གཉལ་དུ་བཞི་བཅུ་ཞེ་བདུན་བྱུང་བ་མ་ཟད། གནས་གཞན་དུ་ཡང་ཆོས་ཁྲི་ཏ་ཅང་མང་པོ་མཆིས་པ་བཅས་རྗེ་འདི་ལས་རིམ་པར་བརྒྱུད་པ་རྣམས་ལ་གཡའ་བཟང་བཀའ་བརྒྱུད་ཅེས་གྲགས། མཐར་དགུང་ལོ་རེ་ལྔ་ལ་ཕེབས་པ་རབ་བྱུང་བཞི་པའི་ཆུ་སྦྲུལ(སྤྱི་ལོ1233)ལོར་སྐུ་གཤེགས།

ཁོང་ལ་སློབ་མ་མང་དུ་བྱུང་བ་ལས་སྒོམ་བཞིར་གྲགས་པ་ནི། གཉལ་སྨད་དཔལ་རི་བ་སངས་རྒྱས་བྲ་སྒོམ། གོར་གདོང་པ་སངས་རྒྱས་ལྷ་སྒོམ། གསེར་ལྷེ་བ་སངས་རྒྱས་ལེ་སྒོམ། དགོན་གསར་པ་སངས་རྒྱས་རྒྱ་སྒོམ་བཅས་སོ།

གཡུ་ཐོག་གསར་མ་ཡོན་ཏན་མགོན་པོ། གཡུ་ཐོག་སྙིང་མ་ཡོན་ཏན་མགོན་པོ་ནས་བཅོས་པའི་གདུང་རབས་བཅུ་གསུམ་པ་ཡིན་ཞིང་། རྗེ་འདི་ཉིད་རབ་བྱུང་གཉིས་པའི་མེ་རྟ(སྤྱི་ལོ1126)ལོར་གཙང་ཉང་སྟོད་སྒོ་བཞི་རེ་ཐང་དུ་སྐུ་འཁྲུངས། དགུང་ལོ་བརྒྱད་ཀྱི་སྟེང་གསོ་རིག་ལ་ཐུགས་གཞོལ་ཏེ་གསན་བསམ་མཛད་པས་མཁས་པར་གྱུར། དགུང་ལོ་བཅུའི་ཐོག་མང་མཁར་ཚ་ལུང་བ་རོག་སྟོན་དཀོན་ཅོག་སྐྱབས་ལས་དཔལ་ལྡན་རྒྱུད་བཞི་རྫོགས་པར་ཞུས། དགུང་ལོ་བཅོ་བརྒྱད་པ་ན་རྒྱ་གར་ལ་སྔ་ཕྱིར་ཐེངས་དྲུག་ཕེབས་ཏེ་མཁའ་འགྲོའི་གཙོ་མོ་དཔལ་ལྡན་ཕྲེང་བ་དང་། དྲང་སྲོང་ཙ་ར་ཀ་སོགས་བསྟེན་ནས་གསོ་དཔྱད་ཀྱི་གཞུང་ལུགས་ཐམས་ཅད་ཐུགས་སུ་ཆུད་པར་གསན་པས་མཁས་པའི་གྲགས་པས་ཕྱོགས་ཀུན་ལ་ཁྱབ་པར་གྱུར། རྡོ་རྗེ་གདན་དུ་པཎ་ཆེན་བརྒྱ་ཕྲག་དུ་མའི་ཚོགས་དཔོན་མཛད། སླར་བོད་དུ་ཕེབས་ནས་ལུས་ཅན་དུ་མ་ན་བ་དང་འཆི་བ་ལས་སྐྱོབ་པར་མཛད་ཅིང་། ཕྱི་རབས་ཀྱི་རྗེས་འཇུག་དང་བུ་སློབ་རྣམས་ཀྱི་དོན་དུ་བརྒྱད་པ་ཆེ་ཆུང་གི་སྙིང་པོ་བསྡུས་པ་དང་། དཔའ་བོའི་སྙིང་པོ་བསྡུས་པའི་མདོ་གནས་ཀྱི་འགྲེལ་པ་མཐོང་བའི་མེ་ལོང་། རྩ་དཔྱད་རིག་པ་རང་གསལ་སྒྲོ་ཚན་ལྔ་པ། ལག་ལེན་དཔོད་ཆུང་།

མན་ངག་ཐིག་དྲིལ་སྐོར་གསུམ། རྒྱུད་ཆུང་བ། ཉམས་ཡིག་བུ་དོན་མ་རྣམས་མཛད། ཁྱད་པར་དུ་དཔལ་ལྡན་རྒྱུད་བཞི་འདི་ཉིད་གསོ་དཔྱད་ཀུན་གྱི་ཡང་རྩེར་གཟིགས་ནས་ཕྱི་རབས་ཀྱི་དོན་དུ་བཀའ་རྒྱ་བཀྲོལ་ཏེ་གངས་ཅན་གྱི་ལྗོངས་སུ་ལུས་ཅན་ཀུན་གྱི་སྤྱི་ནོར་དུ་སྤེལ་ཞིང་། སྐད་གསར་བཅད་ཀྱིས་གཏན་ལ་ཕབ་སྟེ་གསེར་མཚན་དང་། ཟུར་མཚན་གཉིས་བཏབ། གཞན་ཡང་ཡུལ་དུས་སོགས་དགོས་ཁྱད་ཀྱི་དབང་གིས་སྐབས་སུ་བབ་པའི་ཞལ་སྐོང་ཅི་རིགས་མཛད། རྒྱུད་ཀྱི་གཞུང་འགྲེལ་མན་ངག་ཁ་སྐོང་དང་བཅས་པའི་གོ་ཚོད་དུ་ཆ་ལག་བཅོ་བརྒྱད་ལེགས་པར་བསྒྲིགས་ནས་སྐལ་ལྡན་གྱི་ཐུགས་སྲས་ཡེ་ཤེས་གཟུངས་ལ་གདམས། རྗེ་འདི་ཉིད་ལ་རྒྱུད་འཛིན་གྱི་བུ་སློབ་གྲངས་ལས་འདས་པ་བྱུང་བའི་གཙོ་བོ་ནི་སུམ་སྟོན་ཡེ་ཤེས་གཟུངས་ཀྱིས་དབུ་མཛད་པའི་ལྷུང་སྨན་ལེས་སེ་དང་། འབལ་སྨན་ཉི་མ། སྟོན་པ་ཨ་ཆོས། ཤ་རམས་པ་ཉི་མ་དཔལ། གཡུ་ཐོག་བསོད་ནམས་སེང་གེ། དགེ་བཤེས་རོག་ཆུང་སོགས་མཁས་པ་མིང་དོན་མཚུངས་པ་སུམ་བརྒྱར་ཉེ་བ་བྱུང་། མཐར་དགུང་ལོ་བདུན་ཅུ་རྩ་བདུན་དུ་ཕེབས་པའི་ཚེ་ཞིང་དུ་གཤེགས།

རས་ཆུང་པ་རྡོ་རྗེ་གྲགས། རྗེ་འདི་ཉིད་བོད་རབ་བྱུང་དང་པོའི་ཤིང་བྱི(སྤྱི་ལོ1084)ལོར་ལ་སྟོད་གུང་ཐང་དུ་སྐུ་འཁྲུངས། སྐུ་ཆུང་དུས་ཀློག་ལེགས་པར་མཁྱེན། དགུང་ལོ་བཅུ་གཅིག་ལ་ཕེབས་སྐབས་རྗེ་བཙུན་མི་ལ་བསྟེན་ནས་ཆོས་ཀྱི་ཁང་ཚུགས། དགུང་ལོ་བཅོ་ལྔར་ཕེབས་སྐབས་སྐུ་ལ་མཛེ་ནད་ཐོག་པས་རྗེ་བཙུན་གྱི་དྲུང་དུ་མ་བཞུགས་པར་ཁང་སྟོང་རྣམས་སུ་ཉལ་ཞིང་བཞུགས། དེའི་ཚེ་ཨ་ཙ་ར་གསུམ་བྱུང་ནས་དེ་རྣམས་ཀྱིས་སྙིང་རྗེ་བྱས་ཏེ་རྒྱ་གར་དུ་ཁྲིད་ནས་བླ་མ་བ་ལ་ཙནྡྲ་ལ་གཏུགས། བ་ལ་ཙནྡྲས་གཏུམ་པོ་ཁྱུང་ཤམ་ཅན་གནང་ནས་བཟླས་པ་བྱས་པས། རིང་མོར་མ་ལོན་པར་མཛེ་ནད་ལྷག་མ་མེད་པར་སོས། དེ་ནས་བལ་པོར་ཕེབས་ནས་ཨ་ཏུ་ལ་ད་ཤ་ལ་སོགས་པ་ནས་བདེ་མཆོག་ལ་སོགས་པའི་རྒྱུད་འགའ་རེ་ཡང་གསན། སླར་རྗེ་བཙུན་གྱི་དྲུང་དུ་འཁོར་བ་ན། རྗེ་བཙུན་གྱིས་རས་ཆུང་པ་རྒྱ་གར་དུ་ཆོས་སྐོར་ལེན་པར་མངགས། རས་ཆུང་པས་བླ་མའི་གསུང་ལ་མཉན་ཏེ་སླར་རྒྱ་གར་དུ་ཕྱིན་ནས་ནཱ་རོ་པ་དང་མཻ་ཏྲི་གཉིས་ཀྱི་དངོས་སློབ་ཏི་ཕུ་བ་ལ་ལུས་མེད་མཁའ་འགྲོའི་ཆོས་སྐོར་ཆ་ཚང་བ་ཞུས། གཞན་ཡང་གདམས་པ་མང་དུ་བཙལ་ནས་བླ་མའི་དྲུང་དུ་ཕྱིན། ཆོས་སྐོར་དགུ་པོ་ཆ་ཚང་བ་མི་ལར་ཕུལ། མི་ལས་ངམ་ཛོང་སྟོན་པ་ལ་གནང་། ངམ་ཛོང་བས་དེ་ལ་ཡིག་སྣ་ཡང་བརྩམས་ཤིང་། དེ་ནས་མཆེད་པ་ལ་བདེ་མཆོག་སྙན་བརྒྱུད་ཟེར་ཞིང་། རས་ཆུང་པ་ཉིད་ནས་གཞན་ལ་མཆེད་པ་ལ་རས་ཆུང་སྙན་བརྒྱུད་དུ་གྲགས། དེ་ལྟར་རས་ཆུང་པས་རྗེ་བཙུན་མི་ལ་བརྟེན་ནས་རྟོགས་པ་ཁྱད་པར་ཅན་བརྙེས། དེ་ནས་རྗེ་བཙུན་ལ་ཞུས་ནས་དབུས་སུ་ཕྱིན། གཉལ་དང་ལོ་རོ་གཉིས་སུ་བཞུགས་ནས་སྒོམ་སྒྲུབ་བྱས་ཏེ་ཉམས་མགུར་མང་པོ་དང་མི་ལ་རས་པའི་རྣམ་ཐར་ཡང་གསུངས། ཞལ་སློབ་མང་དུ་བསྐྱུན། མཐར་དགུང་ལོ་བདུན་ཅུ་རྩ་བརྒྱད་པ་

རབ་བྱུང་གསུམ་པའི་ལྕགས་སྦྲུལ（སྤྱི་ལོ1161）ལོར་སྐུ་གཤེགས་སོ།

འདི་ཉིད་ལ་སློབ་མ་མང་དུ་ཡོད་པ་ལས། ཐུགས་ཀྱི་སྲས་བཅུ་གསུམ་ནི། ལོ་བྱི་མགོ་བ། གཙང་པ་སུམ་པ། བྱར་པོ་པར་ཤེར་སྣང་། ལོ་རོ་སྤྲུན་བྱི་མགོ་བ་བླ་མ་སྒོམ་ཆོས། ལོ་རོ་མི་སྣ་བ་སུམ་སྟོན་ཆོས་དར། བུར་སྒོམ་ནག་པོ། ལ་སྟོད་པ་ཟངས་རི་རས་པ། གཡེ་ཆེན་མོ་བ་འབྲི་སྒོམ་དོན་གྲུབ། གྲ་ཕྱི་བ་གཉལ་རྡོ་རྗེ་འོད། གཉལ་སྨད་པ་ཙུང་སྟོན་རྒྱན་ནེ། གཉལ་སྨད་པ་ཙུང་སྟོན་རྒྱས་པ། གཡེ་ཆུང་བ་དགེ་བཤེས་ཁྱུང་པོ་བཅས་བཅུ་གཉིས་ཀྱིས་དབང་ཡང་རྫོགས་ལ། ཡེ་ཤེས་ཀྱང་ངོས་ཟིན། ཡར་ཀླུངས་པ་ལྷ་རྗེ་ལྷ་འབར་གྱིས་ནི་དབང་རྫོགས་ཀྱང་ཡེ་ཤེས་ངོས་མ་ཟིན་ཟེར།

རིན་པོ་ཆེ་རྒྱལ་ཚ། （རྒྱལ་ཚ་རིན་ཆེན་མགོན་ཡང་ཟེར）ཁྲོ་ཕུ་བཀའ་བརྒྱུད་ཀྱི་སྲོལ་གཏོད་པ་པོ། རྗེ་འདི་ཉིད་རབ་བྱུང་གཉིས་པའི་ས་ཕྱི（སྤྱི་ལོ1118）ལོར་ཡབ་གནུབས་ཀྱི་གདུང་རྒྱུད་དང་། ཡུམ་ལྷ་གཅིག་གི་སྲས་སུ་ཤབ་སྨད་འཇལ་དུ་སྐུ་འཁྲུངས། དགུང་ལོ་ལྔ་ནས་ཡིག་རྩིས་བསླབས། སྐུ་ཆུང་ངུའི་དུས་ནས་འཇིག་རྟེན་ལ་མི་མཉེས་ཤིང་ཆོས་ལ་དགྱེས་པ་ཞིག་ཡོད། སློབ་དཔོན་གན་ཚག་པ་དང་། གནུར་ཉི་མ། རམ་སྡིང་མ་བ། དགེ་བཤེས་རྩེ་ཉན་སོགས་བླ་མ་མང་པོ་བསྟེན་ནས་ཆོས་མང་དུ་གསན། དགུང་ལོ་བཅུ་དགུ་པར་དབུས་སུ་ཕེབས་ཏེ་གཡོར་པོ་ལུགས་སྨད་དུ་པུ་ཧྲངས་ལོ་ཙྪ་བའི་དངོས་སློབ་དམར་ཆོས་ཀྱི་རྒྱལ་པོ། མེས་སྟོན་ཀུན་སྙིང་། རྫོག་མདོ་སྡེ་སོགས་བསྟེན། དགུང་ལོ་ཉི་ཤུ་རྩ་ལྔ་པར་རང་ཡུལ་དུ་ཕྱིན་ནས་ཆེ་འདོན་མཛད་ཅིང་། ཆོས་འགའ་རེ་ཡང་གསུངས། དེ་ནས་བྲག་དཀར་པོ་བ། ཞུ་དོན་མོ་རི་བ་སོགས་བླ་མ་མང་པོ་ལས་ཆོས་གསན། བླ་མ་དམར་གྱིས་ཕག་མོ་གྲུར་བཟུངས་པ་ལྟར་ཕྱིན་ནས་ཕག་མོ་གྲུ་པའི་སྐུ་མདུན་ནས་ཆོས་གདམས་ངག་མང་དུ་གསན་ཅིང་། དེར་ཕྱག་རྒྱ་ཆེན་པོའི་རྟོགས་པ་ཁྱད་པར་ཅན་འཁྲུངས། དགུང་ལོ་ལྔ་བཅུ་རྩ་བཞི་པར་དོན་མོ་རིར་ཕྱིན་ནས་མཁན་པོ་ཞང་ཞི་མཛེས་ལས་བསྙེན་པར་རྫོགས། རབ་བྱུང་གསུམ་པའི་ལྕགས་ཡོས（སྤྱི་ལོ1171）ལོར་ཁྲོ་ཕུ་དགོན་པ་བཏབ་ནས་དགེ་འདུན་ཉི་ཤུ་ཙམ་བསྡུས། དེ་ནས་བཟུང་ཁྲོ་ཕུ་བཀའ་བརྒྱུད་བྱ་བ་བྱུང་། མཐར་དགུང་ལོ་བདུན་ཅུ་རྩ་བརྒྱད་པ་རབ་བྱུང་གསུམ་པའི་ཤིང་ཡོས（སྤྱི་ལོ1195）ལོར་སྐུ་གཤེགས།

རེའུ་སྨལ། ཡ་ཅེའི་གདུང་རྒྱུད། ཡབ་ཨ་ནན་སྨལ་གྱི་སྲས། འདི་ཉིད་ཀྱིས་རྒྱ་གར་གྱི་རྒྱལ་ཁམས་མང་པོའི་བདག་བྱས་ལུགས་བོད་ཀྱི་ལོ་རྒྱུས་ཡིག་ཚང་ཕལ་མོ་ཆེའི་ནང་གསལ་བ་དེ་ནི་ཡབ་ཨ་ནན་སྨལ་གྱི་སྐུ་དུས་སོག་པོའི་ལག་ནས་ཐར་རྡོ་རྗེ་གདན་གྱི་མཆོད་རྒྱུན་དུ་གཏོགས་པའི་གྲོང་སྡེ་ཉོས་ཏེ་ཕུལ་བ་རྣམས་མུ་མཐུད་གཞན་ཤོར་མི་འབྱུང་བའི་རྗེས་གནོན་དང་། དེ་དག་དང་འབྲེལ་བའི་ཉེ་འདབས་ཀྱི་གྲོང་ཁྱེར་འགའ་ཞིག་ལ་དབང་བསྒྱུར་བྱས་པ་ཞིག་ཡིན། དེ་བཞིན་མངའ་རིས་སུ་དངུལ་དཀར་ཞེ་གཅིག་ལས་གྲུབ་པའི་སྨན་བླ་མཆེད་བརྒྱད་ཀྱི་སྣང་བརྙན་བཞེངས་པ་དང་། རབ་བྱུང་ལྔ་པའི་ལྕགས་ཁྱི（སྤྱི་ལོ1310）

ལོར་ཚལ་པ་ཁྲི་དཔོན་སྨོན་ལམ་རྡོ་རྗེར་མངགས་བཅོལ་གྱིས་མཁས་གྲུབ་གཉིས་ལྡན་གྱི་སྟོན་པ་རིན་རྗེར་དང་། མཛོད་པ་ཨ་ཇོ་ལ་སོགས་ཆེད་མངགས་དབུས་སུ་མངགས་ཏེ་སྔར་ལྷ་ས་གཙུག་ལག་ཁང་གི་རྒྱ་ཕིབས་རྫ་གཡམ་ཡིན་པ་དེ་བརྗེས་ནས་ཟངས་ཁལ་བཅོ་བརྒྱད་ལ་དོས་རེ་བྱས་པའི་ཟངས་དོས་བརྒྱ་དང་བཞི་དང་། གསེར་སྲང་ལྔ་བརྒྱ་རྣམས་ལས་གྲུབ་པའི་གསེར་ཐོག་ཕུབ་པ་དང་། བཅུ་གཅིག་ཞལ་གྱི་དབུ་ཐོག་ཏུ་གསེར་ཐོག་ཆུང་ངུ་ཞིག་ཕུབ་པ་འདི་ནི་ལྷ་ས་གཙུག་ལག་ཁང་འདིར་གསེར་ཟངས་ཀྱི་རྒྱ་ཕིབས་བསྐྲུན་པའི་ཐོག་མ་ཡིན།

རོག་སྟོན་དཀོན་ཅོག་སྐྱབས། རབ་བྱུང་གཉིས་པའི་ནང་མང་མཁར་ཚ་ལུང་དུ་གདུང་རྒྱུད་མིང་ལ་རོག་ཅེས་པའི་སྲས་སུ་སྐུ་འཁྲུངས། དགུང་ལོ་ཆུང་ངུའི་དུས་ནས་ཐུགས་བརྩོན་ཆེན་པོས་མདོ་རྒྱུད་སོགས་ཐུན་མིན་དང་ཐུན་མོང་གི་རིག་གནས་རྣམས་གསན། ཁྱད་པར་དུ་དབུས་སུ་བྱོན་ནས་གྲྭ་པ་མངོན་ཤེས་ཅན་གྱི་སློབ་མ་དགེ་བཤེས་ཁུ་སྟོན་དབུས་པ་དར་གྲགས་ཀྱི་ཞབས་ལ་གཏུགས་ཏེ་གསོ་བ་རིག་པའི་དཔལ་ལྡན་རྒྱུད་བཞི་རྫོགས་པར་ཞུས། འཕགས་ཡུལ་དུ་ཐེངས་གཅིག་ཕེབས་ནས་ཐམས་ཅད་མཁྱེན་པ་ཤཱནྟི་པ་ཕྱི་མ་ལས་གསོ་དཔྱད་ཡན་ལག་བརྒྱད་པ་གསན། གཞུང་གི་ས་བཅད་བསྡུས་དོན་རིན་པོ་ཆེའི་ དྲ་བ་ཞེས་པ་བརྩམས་པ་བཅས་རང་གི་སློབ་མའི་ཐུ་བོ་གངས་རིའི་ཁྲོད་ཀྱི་སྨན་པའི་རྒྱལ་པོ་གཉིས་པ་གཡུ་ཐོག་གསར་མ་ཡོན་ཏན་མགོན་པོ་ལ་བཀའ་བབས་སོ།

རོག་ཤེས་རབ་རྒྱ་མཚོ། (དོལ་བ་དམར་ཞུར་བ་ཡང་ཞུ) རྗེ་འདི་ཉིད་པོ་ཏོ་བའི་སློབ་མ་ཆེན་པོ་བརྒྱད་ཀྱི་ཡ་གྱལ་ཡིན། རབ་བྱུང་དང་པོའི་ས་ཕག(སྤྱི་ལོ1059)ལོར་སྔགས་པ་ཡོན་ཏན་ཤིན་ཏུ་ཆེ་བ་གཅིག་གི་སྲས་སུ་སྐུ་འཁྲུངས། རབ་ཏུ་བྱུང་ནས་རོག་མངོན་པ་བ་དང་། རྒྱ་འདུལ་འཛིན་གཉིས་ལ་མངོན་པ་དང་འདུལ་བ་གསན། པོ་ཏོ་བ་དགུང་ལོ་ཉེར་གཉིས་བར་བསྟེན། དེ་རྗེས་འགྲོ་དོན་རྒྱ་ཆེ་མཛད། ཚོགས་པ་ཡང་ཡང་གང་དུ་སྟོང་ལྷག་པ་བྱུང་ཟེར། རྗེ་འདི་ཉིད་ལ་འགྲོ་མགོན་ཕག་མོ་གྲུ་པས་ཆོས་འབྲེལ་གསན། མཐར་དགུང་ལོ་དོན་གསུམ་པ་རབ་བྱུང་གཉིས་པའི་ལྕགས་ཕག(སྤྱི་ལོ1131)ལོར་སྐུ་གཤེགས།

རོག་ཤེས་རབ་འོད། ཡབ་བཀྲ་ཤིས་གྲགས་པ་དང་ཡུམ་ཆོས་ཀྱི་དགེ་གཉིས་ཀྱི་སྲས་སུ་རབ་བྱུང་གསུམ་པའི་མེ་ཁྱི(སྤྱི་ལོ1166)ལོར་འཁྲུངས། དགུང་ལོ་ལྔ་པ་ལ་མེས་པོ་ཤེས་རབ་བླ་མས་ཡིག་རྩིས་བསླབས། དགུང་ལོ་བདུན་པ་ལ་ཕེབས་སྐབས་ཀློག་མཁས་པར་གྱུར་ནས་ཉིན་གཅིག་ལ་ཉི་ཁྲི་ཚར་གཅིག་ཐོན། དགུང་གྲངས་བཅུ་བར་དུ་ཡབ་མེས་གཉིས་ལ་གསང་སྔགས་ཀྱི་ཆོས་རྣམས་བསླབས། བཅུ་ནས་བཅུ་གསུམ་གྱི་བར་དུ་ཡབ་ཀྱིས་ཕུར་པའི་བསྙེན་པ་མཚམས་བྱས་ནས་སྒྲིལ་དུ་བཅུག་པས་གྲུབ་རྟགས་ཀྱང་མང་དུ་བྱུང་། དགུང་ལོ་བཅུ་གསུམ་ནས་བཅུ་བཞི་བར་དུ་རོག་སྟོན་བཙན་པོ་ལ་སོ་ལུགས་ཀྱི་མདོ་སྒྱུ་སེམས་གསུམ། སྒྲུབ་ཐབས་རྣམ་གསུམ། ཨ་རོ་གསང་སྐོར། བི་མ་ལ། ཞི་བྱེད་ཡས་བརྒྱུད་ཀྱི་གདམས་པ་

རྣམས་གསན་ཞིང་མཁས་པར་གྱུར། དེ་ནས་རོག་སྟོན་ཀླུ་སྦྱིན་ལ་ཀྱི་ཡའི་སྒྲུབ་ཐབས་མང་པོ་དང་། འཕགས་སྐོར་འགྱུར་གསར། བདེ་མཆོག་མར་དོ་ལུགས་རྣམས་གསན། དགུང་ལོ་བཅོ་ལྔ་པ་ལ་ལྷབ་དྲིས་མ་ཧོང་བ་ལ་མདོ་སྒྱུ་སྒྲོ་ལུགས་དང་ལུང་གི་རྒྱུད་བུ་ཆུང་དྲུག ཕྱ་འགྱུར་གྱི་རྒྱུད་ལྔ། བདུད་རྩི་ཁམས་ལུགས། རྟ་མགྲིན་ལྷ་བཞི། སྒྲོན་སྤྲུལ་ལ་སོགས་ཞུས། བཅུ་དྲུག་པ་ལ་ཚེམས་ཆག་ནས་ལྷུགས་ཀྱི་ཚེམས་ཚབ་བཙུག་པས་མཁས་པ་ལྷུགས་སོ་ཅན་དུ་གྲགས། དགུང་ལོ་བཅུ་དྲུག་ནས་ཉི་ཤུའི་བར་སློབ་དཔོན་ཡམ་ཤུད་དངོས་གྲུབ་ལས་མདོ་སྒྱུ་ཟུར་ལུགས་གསན། དེར་ཚོགས་པ་རྣམས་ཀྱིས་སུས་ཀྱང་རྩོད་པ་མ་ཐུབ་པས་ཕྱར་མཚན་རྒྱ་མོན་ཟེར་བ་ལ། ཡམ་ཤུད་ཀྱིས་ཤེས་རབ་འོད་དུ་བཏགས། བཅོ་བརྒྱད་པ་ལ་སྒྱུ་འཕྲུལ་ལམ་རིམ་གྱི་ཊཱི་ཀ་དང་གཞི་ལམ་གྱི་སྟོང་ཐུན་བརྩམས། བཅུ་དགུ་པ་ལ་རྩང་དུ་ཕྱིན་ནས་སོ་དར་སེང་དང་། ཡང་སྟོན་རྡོ་པད། རྒྱ་བསོད་ནམས་འབར། གཙང་ནག་བརྩོན་འགྲུས་སེང་གེ། གྲུབ་ཐོབ་དངོས་གྲུབ་སོགས་མཁས་གྲུབ་ཀྱི་བླ་མ་མང་པོ་ལ་མདོ་སྔགས་ཀྱི་ཟབ་ཆོས་མཐའ་ཡས་པ་གསན། དེ་ནས་དབུས་སུ་ཕྱིན་ནས་གྲྭ་ཐང་དུ་ཕེབས། ཉི་ཤུ་རྩ་གཅིག་ནས་ཉན་བཤད་ཐུན་མོང་ཐོག་བླ་མ་མང་པོ་ལ་གསན་པ་མཛད། དགུང་ལོ་ཉི་ཤུ་རྩ་ལྔ་པའི་རྒྱལ་གྱིས་ཉ་བའི་མཚན་མོ་ཐུན་བཙུད་ཀྱི་ཚུལ་དུ་ཉམས་སུ་བླངས་པའི་ཚེ་རྫོགས་པའི་ཡེ་ཤེས་ཕྱིན་ཅི་མ་ལོག་པ་ཐུགས་ལ་འཁྲུངས། འཁོར་འདས་ཀྱི་ཆོས་ཐམས་ཅད་མིང་ཙམ་དུ་གྲོལ་བར་གྱུར། དེ་ནས་སྐམ་ལུགས་ཀྱི་སྒྲུབ་པ་མཛད་པར་དགོངས་ནས་དངོས་པོ་ཐམས་ཅད་བཏང་སྟེ་གསོལ་ཞལ་ཙམ་ཡང་མ་ལུས་པར་མཛད་དེ་རྩེ་བ་སྣང་གི་དབུས་ཁང་དུ་ལོ་གསུམ་འདག་འབྱུར་དང་འཚོབ་བཙུད་ལེན། ན་བཟའ་བེམས་པོ། སྒྲུབ་ཅད་མཛད་ནས་ཉམས་སུ་བླངས་པས་ལམ་རྟགས་དང་རྗེ་རུས་ཕྲད་དེ་ཟག་པའི་རྒྱུན་ཆད། ཟླ་བ་གཅིག་གི་བར་དུ་ཉིན་མཚན་མེད་པའི་སྣང་བར་ཤར། དགུང་ལོ་བཞི་བཅུ་པ་ལ་རྒྱལ་ཚ་མདོ་དབང་གིས་སྐྱེ་མདོ་ཕུལ་བ་བཞེས་ནས། གདན་ས་སྒྲ་བའི་སེང་གེ་ལ་གཏད། རེ་བརྒྱད་པ་ལ་ཆོས་གྲྭ་ཆེན་པོ་སུམ་ཅུར་ཟླ་བ་ཕྱེད་ཀྱི་བར་དུ་ཆོས་ཀྱི་འཁོར་ལོ་ཆེན་པོ་བསྐོར། དགུང་ལོ་བདུན་ཅུ་དོན་དགུ་ལ་ཕེབས་པ་རབ་བྱུང་བཞི་པའི་ཤིང་འབྲུག(སྤྱི་ལོ1244)ལོར་དགོངས་པ་ཆོས་དབྱིངས་སུ་ཐིམ།

རོང་ལོ་ཙཱ་བ་ཆོས་བཟང་། (རོང་པའམ་རོང་ཟོམ་ཆོས་ཀྱི་བཟང་པོའང་ཞུ) རྗེ་འདི་ཉིད་ཡབ་རོང་བན་རིན་ཆེན་ཚུལ་ཁྲིམས་ཀྱི་སྲས་སུ་དུས་རབས་བཅུ་གཅིག་པའི་ནང(ཟུར་པོ་ཆེ་དང་ཏ་ལམ་དུས་མཉམ1002－1062)རུ་ལག་གཙང་སྨད་ཀྱི་སྣར་ལུངས་རོང་དུ་སྐུ་འཁྲུངས། དགུང་ལོ་བཅུ་གཅིག་ལ་ཕེབས་སྐབས་མཚན་ཉིད་གསན་པ་དང་། བཅུ་གསུམ་མན་ཆད་ལ་གསན་པ་རྫོགས་པ་དང་འདྲ་བར་མཁྱེན་པ་ཆེ་བར་གྱུར། སྐྱེས་བུ་འདི་ནི་ཤེས་རབ་ཟབ་ལ་རྒྱ་ཆེ་བ་དྲི་མ་མེད་པ་དང་ལྡན་པས་རྒྱ་གར་གྱི་ཆོས་བཟང་པོ་མདོ་རྒྱུད་དམ་བསྟན་བཅོས་སུ་གདོགས་པ་ཕྱར་མ་གཟིགས་པ་མཐའ་དག་ཚར་རེ་གཟིགས

གཟིགས་པས་མཁྱེན་ཅིང་། ཚིག་དང་དོན་མ་ལུས་པ་ཐུགས་ལ་ཟིན་ནས་ཐམས་ཅད་མི་བརྗེད་པའི་གཟུངས་ཐོབ་ཅེས་གྲགས། གཞན་ཡང་ཙ་ན་ཀ་ལ་སོགས་པའི་འཇིག་རྟེན་ལུགས་ཀྱི་བསྟན་བཅོས་དང་། ཚད་མའི་བསྟན་བཅོས། རིག་བྱེད་ཀྱི་བསྟན་བཅོས། དོན་དུ་འགྱུར་བའི་ཚིགས་བཅད་དང་སྔགས་དང་གསང་ཆེན་པོ་མཁྱེན། འདི་ཉིད་ཀྱིས་མཛད་པའི་ཆོས་ཐམས་ཅད་ལུང་དང་རིགས་པ་དང་བླ་མའི་ཉེ་བར་བསྟན་པ་དང་མི་འགལ་ཞིང་། སྒྲ་དོན་གྱི་སྐྱོན་དང་རྣམ་པར་བྲལ་བས་གཞན་མཁས་པར་གྲགས་པ་གང་གིས་ཀྱང་རྩོད་མི་ནུས་པར་གྲགས་པའོ། དེ་བཞིན་སཾ་སྐྲི་ཏའི་སྐད་ལ་སོགས་པ་རྒྱ་གར་གྱི་སྐད་ཀྱི་བྱེ་བྲག་མང་པོ་དང་། སྐད་ཀྱི་བསྟན་བཅོས་ཀྱི་དོན་ལའང་མཉེས་པར་གྲགས། དུས་དེའི་ལོ་ཙཱ་བ་ཆེན་པོ་འདི་ཉིད་ལ་གོ་རུབ་ལོ་ཙཱ་བ་དགེ་སློང་ཆོས་ཀྱི་ཤེས་རབ་དང་། མར་པ་ཆོས་ཀྱི་དབང་ཕྱུག་ལ་སོགས་པའི་བོད་ཀྱི་ལོ་ཙཱ་བ་དང་མཁས་པ་མང་པོ་བཀུར་ཅིང་གསན་པར་གྱུར་ཏེ། གསན་པ་དེ་དག་གི་སློབ་བརྒྱུད་ཐམས་ཅད་ཀྱང་ཤིན་ཏུ་དར་བར་གྱུར་ནས་བླ་དམ་པར་འཛིན་ནོ། དེ་ལྟར་ཡོན་ཏན་ཕུན་སུམ་ཚོགས་པ་དང་ལྡན་ཡང་བདག་བསྟོད་ལ་སོགས་པའི་དྲི་མ་དང་བྲལ་ཞིང་། གཞན་གྱི་ཆོས་ལུགས་དང་སྨྲེད་པ་དམན་ཡང་དོན་དུ་འགྱུར་བ་མ་གཏོགས་པ་ཕ་རོལ་ཁྲིད་དུ་གསོད་པའི་ངག་རྩུབ་ལ་སོགས་པ་ཐམས་ཅད་མི་གསུང་། རྒྱ་གར་གྱི་མཁན་པོ་མཛུ་ཤྲཱི་ཕཱཛྙ་དང་། མཛུ་ཤྲཱི་རྣྃ་ན་ལ་སོགས་པ་པཎྜི་ཏ་མང་པོ་བསྟེན་ནས་དེ་དག་གི་ལོ་ཙཱ་བ་མཛད། རྡོ་རྗེ་འཇིགས་བྱེད་དང་། གཤིན་རྗེ་དགྲ་རྒྱུད། འཇམ་དཔལ་ སྔགས་དོན། བདེ་མཆོག་ཟ་རྒྱུད་ལ་སོགས་པ་མང་དུ་བསྒྱུར། དུས་ཕྱིས་བླ་མས་གསུངས་པའི་དགོངས་པ་རྫོགས་པའི་ཕྱིར། བསླབ་པ་རིན་པོ་ཆེ་གསུམ་ལ་བརྟེན་པའི་ཆེད་དུ་མན་ངག་གསུམ་མཛད་དེ། ལྷག་པ་ཚུལ་ཁྲིམས་ཀྱི་བསླབ་པ་རྒྱུད་ལ་བསྐྱེད་པའི་ཕྱིར་དམ་ཚིག་མདོ་རྒྱས་མཛད། ལྷག་པ་ཏིང་ངེ་འཛིན་གྱི་བསླབ་པ་རྒྱུད་ལ་བསྐྱེད་པའི་ཕྱིར་འགྲེལ་པ་ཚུལ་བཞི་ཡན་ལག་བཅོ་ལྔ་པ་མཛད། མཉམ་སྦྱོར་ལའང་འགྲེལ་པ་མཛད། ལྷག་པ་ཤེས་རབ་ཀྱི་བསླབ་པ་རྒྱུད་ལ་བསྐྱེད་པའི་ཕྱིར་རྫོགས་པ་ཆེན་པོའི་ལྟ་སྒོམ་མན་ངག་མཛད། དེ་བཞིན་ངན་སོང་སྦྱོང་རྒྱུད་དང་། འཇིགས་བྱེད། སྒྲ་སྒོ་ལ་སོགས་པའི་འགྲེལ་པ་དང་བསྟན་བཅོས་མང་དུ་མཛད་པ་མ་ཟད། ཐན་འཇིག་རྟེན་པའི་འཚོ་ཆོས་ཞིང་ལས་དང་། ཕྱུགས་སྐྱོང་བ་དང་། དཀར་ཤེ་ཇི་ལྟར་སྒྲུབ་པའི་ཚུལ་གྱི་བསྟན་བཅོས་ཀྱང་མཛད་དོ།

རྭ་ཆོས་རབ། (རྭ་པ་ཆོས་རབ་ཅེས་པའང་སྣང) འདི་ཉིད་རྭ་ལོ་རྡོ་རྗེ་གྲགས་ཀྱི་དཔོན་པོ་ཡིན་ཞིང་། ཁོང་གིས་རྒྱ་གར་གྱི་པཎྜི་ཏ་ས་མནྟ་ཤྲཱི་སྤུན་དྲངས་ཏེ་དུས་འཁོར་དང་། ཕག་མོ་མངོན་འབྱུང་། མགོན་པོ་མངོན་འབྱུང་ལ་སོགས་པ་བསྒྱུར།

རྭ་ལོ་ཙཱ་བ་རྡོ་རྗེ་གྲགས་པ། རྗེ་འདི་ཉིད་ཡབ་ཐུགས་པའི་རྒྱུད་རྭ་སྟོན་དཀོན་མཆོག་རྡོ་རྗེ་དང་ཡུམ་རྡོ་རྗེ་དཔལ་འཛོམས་གཉིས་ཀྱི་སྲས་སུ་བོད་མེ་འབྲུག(སྤྱི་ལོ1016) ལོའི་ཧོར་ཟླ12ཚེས10ཉིན་ལ་སྙོད་སྙོའི་

ཆ་སྙེ་ནམ་གླང་ཡུལ（གཉའ་ནམ་ཡང་ཟེར）དུ་སྐུ་འཁྲུངས། མཚན་ལ་ངོ་མཚར་འབྱུང་གནས་སུ་བཏགས། དགུང་ལོ་དྲུག་པ་ལ་ཡབ་ཀྱིས་ཀློག་བསླབས་པས་ཚེགས་མེད་དུ་མཁྱེན། དགུང་ལོ་བརྒྱད་པ་ལ་དབུ་ཅན་དང་། དབུ་མེད། ལཉྩ། ཝརྟུ། རྒྱ་བལ་གྱི་ཡི་གེ་སོགས་བསླབས། གསེར་དངུལ་རྡོ་ལྕགས་ཀྱི་བཟོ་དང་། གོས་དར་སྣམ་རས་སོགས་འཐག་ཚེམ། ལྷ་བྲིས། འབུར་བཟོ། སྤྲ་རྩི། རྫ་རྩི་བྱ་ཐབས། ཕི་ཝང་། གླིང་བུ། སླུ། གར་སོགས་ཀྱང་མཁྱེན་པས་མཚན་ལ་ཤེས་རབ་འབྱུང་གནས་སུ་བཏགས། དགུང་ལོ་དགུ་པའི་ཚེ་ཡབ་ཀྱིས་ཡང་དག་དང་ཕུར་པའི་དབང་བསྐུར་ནས་དེའི་རྒྱུད་ལས་གཞུང་འགྲེལ་ཊཱི་ཀ་མཆན་བུ་དང་བཅས་པ་ལ་སྦྱངས། དགུང་ལོ་བཅུ་གཅིག་པར་ཡབ་ཀྱི་བཀའ་ལྟར་རྡོ་མོ་དགེ་མ་ལྕམ་ཁབ་ཏུ་བཞེས། དགུང་ལོ་བཅུ་གཉིས་ནས་བཅུ་བཞིའི་བར་དུ་ཡང་དག་ལ་བསྙེན་པ་བསྐྱལ། དེ་ནས་བལ་ཡུལ་དུ་ཕེབས་ཏེ་བླ་མ་ཧ་རོ་དང་མཇལ། དཔལ་རྡོ་རྗེ་ཕག་མོའི་དབང་བསྐུར། རྒྱུད་སྒྲུབ་ཐབས་ལས་ཚོགས་དང་བཅས་པ་རྫོགས་པར་གནང་། བལ་པོའི་པཎ་གྲུབ་གཞན་དུ་མ་ལས་ཆོས་མང་དུ་གསན། བལ་པོ་ལོ་ཙྪ་བ་དང་བོད་དུ་ཕེབས། སྟོད་དང་གཙང་རྒྱུད་ཡུལ་ལུང་དུ་མར་བྱོན་ཏེ་དཔལ་རྡོ་རྗེ་འཇིགས་བྱེད་ཀྱི་དབང་དང་གདམས་པ་གནང་། ཆོས་ཀྱི་འཁོར་ལོ་རྒྱ་ཆེར་བསྐོར།

དེ་རྗེས་རྒྱ་གར་ཡུལ་ཡངས་པ་ཅན་དུ་བྱོན། པཎྜི་ཏ་ཆེན་པོ་མཉྫུ་གླིང་པ་དང་མཇལ། དཔལ་ན་ལེནྡྲའི་གཙུག་ལག་ཁང་དུ་དགེ་ཚུལ་དང་དགེ་སློང་གི་སྡོམ་པ་བཞེས་ཏེ་མཚན་ཤྲཱི་བཛྲ་ཀི་ཏེ་དཔལ་རྡོ་རྗེ་གྲགས་པ་བྱ་བར་བཏགས། དེར་རྣ་ལོ་ཆེན་པོས་མཁན་པོའི་དྲུང་དུ་ཚད་མ་སྡེ་བདུན་དང་། བྱམས་པའི་ཆོས་ལྔ་དང་མདོ་སྡེ་དང་། མངོན་པའི་གཞུང་ལུགས་ལ་སོགས་པ་མང་དུ་གསན། སློབ་དཔོན་ཤཱནྟི་པ་ལ་འདུལ་བ་མཐའ་དག་གསན། རིག་པའི་ཁུ་བྱུག་གཉིས་ལ་དབུ་མའི་སྐོར་མང་དུ་གསན། པཎ་ཆེན་མཉྫུ་གླིང་གི་ཕྱག་ཕྱི་མཛད་ནས་བལ་ཡུལ་མཉྫུ་གླིང་དུ་ལོ་དྲུག་བཞུགས་རིང་བདེ་མཆོག་རྩ་རྒྱུད་སོགས་ཀྱི་དབང་བཀའ་དང་བཤད་བཀའ། སློབ་དཔོན་སོ་སོས་མཛད་པའི་སྒྲུབ་ཐབས་ཀྱི་རིགས་མི་འདྲ་བ་དུ་མ་དང་བཅས་པ་གསན། དེ་ནས་བོད་དུ་བྱོན་ཏེ་དབུས་གཙང་ཁམས་གསུམ་ནས་འདུས་པའི་སློབ་མའི་ཚོགས་ལ་ཆོས་ཀྱི་འཁོར་ལོ་རྒྱ་ཆེར་བསྐོར། འབྲུལ་བས་གླང་ཡུལ་བདུད་འདུལ་ལྷ་ཁང་གི་གཙུག་ལག་ཁང་བཏབ། རྟེན་བཞེངས། ལྷ་ཁང་རྙིང་གསོ་གསར་བཞེངས་དུ་མ་མཛད། དབུས་གཙང་བྱང་བརྒྱུད་ཀྱི་ཡུལ་ལུང་ཇི་སྙེད་དུ་ཞབས་ཀྱིས་བཅགས། སྐྱེ་བོ་མཐའ་ཡས་པ་རྣམ་དཀར་ལ་བཀོད་དེ་བྱང་ཆུབ་ཀྱིས་རྒྱུད་སྨིན་པར་མཛད། ཟབ་ལམ་དཔལ་རྡོ་རྗེ་འཇིགས་བྱེད་ཀྱི་དབང་དང་གདམས་པ་མཛད།

དགུང་ལོ་རེ་གཅིག་པར་རྒྱ་གར་དུ་བྱོན་ཏེ་བླ་མ་མཉྫུ་གླིང་པ་བོད་དུ་གདན་དྲངས་ནས་དབུས་གཙང་། སྟོ་བྲག གཉལ། བྱར། ལོར་གསུམ་སོགས་ཡུལ་གྲུ་ཐམས་ཅད་དུ་བྱོན། བཤད་སྒྲུབ་ཀྱི་བྱ་བ་ལ་བརྩོན་པར་བྱེད་པའི་སློབ་མ་མཐའ་ཡས་པ་རྒྱུན་མི་ཆད་པ་བྱུང་། ལོ་ཕྱེད་དང་ལྔའི་བར་དུ་མདོ་དང་།

འདུལ་བ། གསང་སྔགས་ཀྱི་ཆོས་མང་དུ་བསྒྱུར་ཅིང་དག་མ་དག་གི་ཤན་སོ་སོར་ཕྱེ། རྒྱུད་དང་སྒྲུབ་ཐབས་མང་པོ་ལ་འགྱུར་བཅོས་དང་། འགའ་ཞིག་གསར་འགྱུར་མཛད། ཁྱད་པར་དཔལ་རྡོ་རྗེ་འཇིགས་བྱེད་ཀྱི་རྒྱུད་རྟོག་པ་བདུན་པ། རྟོག་པ་བཞི་པ་སོགས་རྒྱུད་རྒྱ་གཞུང་ཐམས་ཅད་བསྒྱུར།

སྐུ་ཚེའི་སྨད་དུ་ལྷ་ལྡན་ཉིད་དུ་བཞུགས་ཏེ་འཆད་ཉན་གྱི་འཕྲིན་ལས་རྒྱུན་མི་ཆད་པར་བསྐྱངས། བུ་སློབ་འབུམ་ཕྲག་ལྷག་བྱུང་། སྙན་གྲགས་ཕྱོགས་ཐམས་ཅད་དུ་ཁྱབ། བལ་པོ་ནས་རྒྱ་ནག་བར་གྱི་བཙད་པོ་དང་། ཐླམ། དགེ་བཤེས། སྨན་པ། བཙུན་མ། རྗེ་རིགས་ལ་སོགས་པའི་མི་དྲག་ཞན་དུ་མ་སློབ་མར་གྱུར། སྐུ་ཚེ་ཧྲིལ་པོར་རྒྱ་གར་དང་བལ་ཡུལ་དུ་ལན་བཞི་ཕེབས། བོད་ཀྱི་མངའ་རིས་སྐོར་གསུམ་དང་། དབུས་གཙང་ཁམས་གསུམ། གཉལ་ལོར་བྱར་གསུམ། དྭགས་ཀོང་ཨེ་གསུམ་ལ་སོགས་པའི་ཡུལ་གྲུ་ཐམས་ཅད་དུ་ཕྱིན་ནས་མདོ་སྔགས་ཀྱི་ཆོས་རྒྱ་ཆེར་བསྐོར། མཐར་དགུང་གྲངས་བརྒྱ་དང་བཙུའམ་བརྒྱ་དང་བརྒྱད་ཅུ་བཞུགས་སོགས་གསུང་ཚུལ་མི་འདྲ་བ་མཆིས།

ལོ་ཆུང་གྲགས་འབྱོར་ཤེས་རབ། ལོ་ཆེན་རིན་ཆེན་བཟང་པོའི་སློབ་མ། ལ་ལས་ལོ་ཆེན་རིན་བཟང་སོགས་ཁྱིའུ་ཉེར་གཅིག་རྒྱ་གར་དུ་ཕེབས་པའི་གྲས་སུ་ཁོང་ཡང་ཡོད་པར་བཞེད།

འདི་ཉིད་ཀྱི་འགྱུར་ལ། བསྟན་འགྱུར་ལས། སྡོམ་པའི་རྒྱུད་ཉུང་ངུའི་མཚམས་སྦྱོར། ལམ་གྱི་རབ་ཏུ་བྱེ་བ། ཞིབ་མོ་རྣམ་པར་འཐག་པ་ཞེས་བྱ་བའི་མདོ། རྟེན་ཅིང་འབྲེལ་བར་འབྱུང་བའི་སྙིང་པོའི་ཚིག་ལེའུར་བྱས་པ། རྟེན་ཅིང་འབྲེལ་བར་འབྱུང་བའི་སྙིང་པོའི་རྣམ་པར་བཤད་པ། རྨི་ལམ་ཡིད་བཞིན་ནོར་བུའི་གཏམ། སྤྲིན་པའི་གཏམ། སྲིད་པ་ལས་འདས་པའི་གཏམ། དེ་ཁོ་ན་ཉིད་བསྡུས་པའི་དཀའ་འགྲེལ་སོགས་ཡོད་དོ།

ལོ་ཙྪ་བ་ཛ་བན་ཆོས་འབར། འདི་ཉིད་རབ་བྱུང་དང་པོའི་ཤིང་སྤྲེལ(སྤྱི་ལོ1044)ལོར་ལ་སྟོད་ལྷོར་སྐུ་འཁྲུངས། འདི་ཉིད་ཀྱིས་ལྷོ་བལ་དུ་མཁས་པ་མང་པོ་ལ་གཏུགས། འདི་རྒྱ་གར་ཕྱག་ནའི་སློབ་མ་ཡང་ཡིན། རྒྱ་གར་དུ་ཁ་ཆེ་དགོན་པ་བ་དང་། ཨ་བྷ་ཡཱ་ཀཱ་ར་གུཔྟ་ལ་སོགས་པར་གསན་པ་མང་དུ་མཛད་ཅིང་བཞུགས་པ་ན་བླ་མ་དེ་རྣམས་ཀྱིས་ཁྱོད་བོད་དུ་སོང་ལ། འཕགས་མ་སྒྲོལ་མའི་སྤྲུལ་པ་འདི་ལྟ་བུ་ཞིག་ཡོད་པ་ཕྱག་རྒྱར་བསྟེན་ནས་གསང་བ་དང་ཤེས་རབ་ཡེ་ཤེས་ཀྱི་དབང་གི་ཉམས་ལེན་གྱིས་ཤིག་གསུངས། དེ་ལྟར་བོད་དུ་ཕྱིན་ནས་མ་གཅིག་ཕྱག་རྒྱར་མཛད་པ་ཡིན་ནོ། དེ་ནས་རྨ་ལོ་ཙཱ་བས་ཁྱུང་པོའི་ཐད་དུ་རབ་ཏུ་བྱུང་། དགུང་ལོ་ཞེ་དྲུག་ལ་ཕེབས་སྐབས་འཁོན་ཕུ་བ་ཉེ་གནས་སུ་ཁྲིད་དེ་ཤབ་ཏུ་ཕྱིན་པའི་ཚེ་གཞན་གྱིས་དུག་དྲངས་ནས་གྲོངས་སོ།

འདི་ཉིད་ཀྱི་འགྱུར་ལ། བསྟན་འགྱུར་ལས། དགྱེས་པ་རྡོ་རྗེའི་སྒྲུབ་ཐབས། དཔལ་ཧེ་རུ་ཀའི་སྒྲུབ་ཐབས། དཔལ་འཁོར་ལོ་སྡོམ་པའི་མན་ངག་ཅེས་བྱ་བ། དཔལ་རྡོ་རྗེ་རྣལ་འབྱོར་མའི་སྒྲུབ་ཐབས

ཞལ་གཉིས་མ་ཆུང་བ། དབུ་བཅད་མའི་སྒྲུབ་ཐབས་ཆེ་བ་ཞེས་བྱ་བ། སྒྲོལ་མ་ལྷ་ལྔའི་སྒྲུབ་ཐབས་རིན་པོ་ཆེ་གསལ་བ་ཞེས་བྱ་བ་སོགས་མང་ངོ་།

ལོ་ཙཱ་བ་རིན་ཆེན་བཟང་པོ། བོད་ཀྱི་ལོ་རྒྱུས་ཐོག་མཚན་སྙན་ཤིན་ཏུ་ཆེ་བའི་ལོ་ཙཱ་བ་ཆེན་པོ་འདི་ཉིད་བོད་ས་ཧྲ(སྤྱི་ལོ958)ལོར་མངའ་རིས་གུ་གེའི་ཆ་ཕྱཾ་རཱ་ཏུ་སྐུ་འཁྲུངས། དགུང་ལོ་བཅུ་གསུམ་པར་མཁན་པོ་ཡེ་ཤེས་བཟང་པོ་ལས་རབ་ཏུ་བྱུང་། དགུང་ལོ་བཅུ་བདུན་ལ་ཐེབས་སྐབས་འཕགས་ཡུལ་དུ་ཕྱིན་ནས་ལོ་བཅུ་བཞུགས། ཇོ་བོ་ན་རོ་ཏ་པ་སོགས་པཎྜི་ཏ་བདུན་ཅུ་རྩ་ལྔ་བསྟེན་ནས་མདོ་དང་། སྔགས། སྒྲ་རིག་པ། ཚད་མ། གསོ་བ་རིག་པ་སོགས་མཐར་ཕྱིན་པ་སྦྱངས་ཏེ་བོད་དུ་ཕྱིན། དགུང་ལོ་ཞེ་དགུ་པར་པཎྜི་ཏ་ཟླ་འོད་བཟང་པོ་དང་། ཀྲི་ན་སེ། ཀ་མ་ལ་རཀྵི་ཏ་ལས་བསྙེན་པར་རྫོགས། མངའ་བདག་ལྷ་ལྡེ་བཙན་གྱི་བླ་མ་མཛད་པས་ལྷ་ལྡེས་པུ་ཧྲངས་གཞེར་གྱི་གནས་གཞི་ཞུལ་བར་ཁྲ་ཙའི་གཙུག་ལག་ཁང་དང་། རོང་གི་གཙུག་ལག་ཁང་སོགས་གཙུག་ལག་ཁང་དང་མཆོད་རྟེན་མང་དུ་བཞེངས། མདོ་སྔགས་སྐོར་གཞུང་གྲངས་བཅུ་བདུན་དང་། མངོན་པའི་གཞུང་སོ་གསུམ། རྒྱུད་ཀྱི་ལེ་ཚན་བརྒྱ་རྩ་བརྒྱད་སོགས་རྒྱ་གཞུང་བོད་དུ་བསྒྱུར་བ་དང་བསྒྱུར་བཅོས་མཛད་པ་ཤིན་ཏུ་མང་ཞིང་། ཁྱད་པར་དུ་གསང་སྔགས་ལ་མཆོག་ཏུ་མཁས་ཤིང་འགྲན་ཟླ་བྲལ་བས། འགོས་ལོས། བསྟན་པ་སྔ་དར་ལས་ཕྱི་དར་སྔགས་ཀྱི་བསྟན་པ་དར་ཆེ་བ་ཡང་ལོ་ཙཱ་བ་འདི་ཁོ་ནའི་བཀའ་དྲིན་ཡིན་ཞེས་བསྔགས་བརྗོད་མཛད། བོད་དུ་གསང་སྔགས་གསར་མའི་ཐ་སྙད་དེ་འང་ལོ་ཆེན་རིན་བཟང་ནས་འགོ་ཚུགས། དེ་བཞིན་གསོ་བ་རིག་པའི་སྐོར་ལ་སློབ་དཔོན་དཔའ་བོས་མཛད་པའི་ཡན་ལག་བརྒྱད་པའི་སྙིང་པོ་བསྡུས་པ་དང་། དེའི་འགྲེལ་པ་ཁ་ཆེ་པཎྜི་ཏ་ཆེན་ཟླ་བ་མངོན་དགས་མཛད་པའི་ཟླ་ཟེར་སོགས་ལེགས་པར་བསྒྱུར་ཅིང་གཏན་ལ་ཕབ་པས་བོད་དུ་དར་རྒྱས་བྱུང་བས་མ་ཚད། དཔལ་ཐག་མི་གྲུ་པའི་དུས་སུ་རྒྱ་ནག་ཏུའང་དར་ཏེ་རྒྱ་དཔར་དུ་བཀོས་ཡོད། མདོར་ན་ལོ་ཙཱ་བ་འདི་ཉིད་རིག་གནས་གང་ལ་འཆད་རྩོད་རྩོམ་བསྒྱུར་ཐོགས་པ་མེད་པར་གྱུར་ཏེ་བསྟན་པ་ཕྱི་དར་སྐབས་ཀྱི་ལོ་ཙཱ་བ་ཐམས་ཅད་ཀྱི་ཐོག་མར་གྱུར། དགུང་ལོ་གྱ་ལྔར་ཐེབས་སྐབས་ཇོ་བོ་རྗེ་མངའ་རིས་སུ་ཕྱིན་པ་དང་མཇལ་ཏེ་གདམས་ངག་གསན་ཅིང་ཇོ་བོས་སྒྲུབ་པ་ལ་བསྐུལ་བས་སྒྲུབ་ཁང་གི་སྒོ་གསུམ་རིམ་ལ་དམ་བཅའ་གསུམ་བྲིས་ཏེ་རྩེ་གཅིག་གིས་སྒོམ་མཛད་པས་གྲུབ་པ་ཐོབ་སྟེ་མཐར་དགུང་ལོ་གོ་བརྒྱད་པ་རབ་བྱུང་དང་པོའི་ཤིང་ལུག(སྤྱི་ལོ1055)ལོར་སྐུ་གཤེགས།

སློབ་མའི་གཙོ་བོ་ནི། ལོ་ཆུང་ལེགས་པའི་ཤེས་རབ་དང་། གུར་ཤིང་བརྩོན་འགྲུས་རྒྱལ་མཚན། གྲབ་པ་གཞོན་ནུ་ཤེས་རབ། ཀྱི་ནོར་ཛྙཱ་ན་བཅས་ཐུགས་ཀྱི་སྲས་བཞི་དང་། གསོ་རིག་གི་བརྒྱུད་པ་འཛིན་པའི་སློབ་མ་པུ་རངས་ཀྱི་སྨན་པ་བཞིས་གཙོས་མཁན་བུ་ཤིན་ཏུ་མང་ངོ་།

འདི་ཉིད་ཀྱི་འགྱུར་ལ། མདོ་མང་སྐོར་ལས། འཕགས་པ་མྱ་ངན་ལས་འདས་པའི་མདོ་ཆུང་བ་

ཤ་ལོ་ཀ་དྲུག་ཅུའི་ཚད་ཙམ་པ། འཕགས་པ་བདག་མེད་པ་དྲིས་པ་ཞེས་བྱ་བའི་མདོ། མདོ་སྡེ་མངོན་པར་འབྱུང་བ། སྟགས་ཕྱོགས་སྐོར་ལས། འཕགས་པ་འཇམ་དཔལ་གྱི་མཚན་ཡང་དག་པར་བརྗོད་པ། ལེའུ་བཅུ་བཞི་པ། རྩ་རྒྱུད་མངོན་བརྗོད་ལེའུ་འབུམ་ཕྲག་གསུམ་པ་ལས་བསྡུས་པའི་ལེའུ་འབུམ་པ། བཤད་པའི་རྒྱུད་ཐུན་མོང་མ་ཡིན་པ་ངེས་པར་བརྗོད་པའི་རྒྱུད་བླ་མའི་བླ་མ་ཞེས་བྱ་བའི་རྒྱུད་ཀྱི་རྒྱལ་པོ་ལེའུ་དྲུག་ཅུ་རྩ་དགུ་པ། དེ་བཞིན་གཤེགས་པ་ཐམས་ཅད་ཀྱི་སྐུ་གསུང་ཐུགས་ཀྱི་གསང་ཆེན་གསང་བ་འདུས་པ་ཞེས་བྱ་བའི་བརྟག་པའི་རྒྱལ་པོ་ལ་ལེའུ་བཅུ་བདུན་དང་། དེའི་རྒྱུད་ཕྱི་མ་ལེའུ་གཅིག་པ་སོགས་དང་། བསྟན་འགྱུར་ལས། ཁྱད་པར་དུ་འཕགས་པའི་བསྟོད་པ་རྒྱ་ཆེར་བཤད་པ། ཐམས་ཅད་མཁྱེན་པ་དབང་ཕྱུག་ཆེན་པོའི་བསྟོད་པ། ལྷ་ལས་ཕུལ་དུ་བྱུང་བར་བསྟོད་པའི་རྒྱ་ཆེར་བཤད་པ། སྐུ་གསུམ་ལ་བསྟོད་པ་ཞེས་བྱ་བའི་རྣམ་པར་འགྲེལ་བ། སངས་རྒྱས་བཅོམ་ལྡན་འདས་ལ་བསྟགས་པར་འོས་པ་བསྟགས་པ་ཞེས་བྱ་བ་ལེའུ་བཅུ་གསུམ་པ། སངས་རྒྱས་མྱ་ངན་ལས་འདས་པ་ལ་བསྟོད་པ། བཤགས་པའི་བསྟོད་པ་སོགས་ཤིན་ཏུ་མང་ངོ་།

ཞ་རས་པ་དབང་ཕྱུག་བརྩོན་འགྲུས། རྗེ་འདི་ཉིད་ཡབ་རྣལ་འབྱོར་དང་ཡུམ་མེ་གཟའ་སྐྱིད་དེ་གཉིས་ཀྱི་སྲས་སུ་རབ་བྱུང་གསུམ་པའི་མེ་ལུག(སྤྱི་ལོ1187)ལོར་སྐུ་བལྟམས། དགུང་ལོ་དྲུག་པ་ལ་ཕེབས་སྐབས་ཡི་གེ་འབྲི་ཀློག་ལེགས་པར་མཁྱེན། དགུང་ལོ་བཅུ་དྲུག་པ་ལ་ཆོས་རྗེ་གཙང་པ་དང་མཇལ་ནས་བསྙེན་བཀུར་རྒྱ་ཆེར་མཛད། དགུང་ལོ་བཅོ་བརྒྱད་པ་ལ་སྐྱེར་མོ་ལུང་དུ་མཁན་པོ་སྟོན་ཏི་ལས་རབ་ཏུ་བྱུང་། མཚན་དབང་ཕྱུག་བརྩོན་འགྲུས་སུ་གསོལ། རྗེ་གོང་མའི་སྤྱན་སྔར་བཞུགས་པ་ལ་ཡབ་ཀྱིས་ཡུལ་དུ་འབོད་ནས་བག་མ་བསུ་བར་བརྩམ་པ་ན་ཞལ་གྱིས་མ་བཞེས་པར་བླ་མའི་དྲུང་དུ་ཕྱིར་བྲོས། འབྲུག་ཏུ་བླ་མའི་ཕྱག་ཕྱིར་ཕྱིན་ཏེ་བསྙེན་པར་རྫོགས། མདོ་རྩ་བ་དང་། བརྟག་གཉིས། མ་ཧཱ་མཱ་ཡཱ་ལ་སོགས་པའི་རྒྱུད་དང་། ནཱ་རོ་ལ་སོགས་པའི་ཟབ་ཆོས། བདེ་མཆོག་ལ་སོགས་པའི་གྲུབ་གཞུང་མང་དུ་གསན། དེ་ནས་ཡབ་གཤེགས་པའི་འདས་ཆོས་རྒྱ་ཆེ་གནང་སྟེ་ཁྱིམ་ཚང་གི་ཐམས་ཅད་ཆོས་ཕྱོགས་གཏོང་བར་མཛད་དེ་བྲི་གང་གི་འཛིན་ཆགས་མ་བཟུང་བར་འབྲུག་ཏུ་ཕེབས་ནས་ཕ་ཡུལ་དུ་མི་འགྲོ་བ། རི་མི་འབབས་པ། ཙོག་པུ་རྒྱུན་དུ་མཛད་པ། ཁྱིམ་པའི་ཐེམ་སྤངས། གོས་རས་རྐྱང་བཞེས། གསུང་བཅད། གཏོར་མ་བརྒྱ་རྩ་མི་ཆག་པ་སྟེ་དམ་བཅའ་བདུན་མཛད། ཆོས་རྗེ་གཙང་པའི་ཞལ་ནས། ཁྱེད་ནས་དམ་བཅའ་འདི་རྣམས་ཡུན་རིང་སྲུང་དགོས་པ་མེད་དེ། ཐབ་པས་ཀྱང་ལོ་དྲུག་དཀའ་བ་སྤྱད་མཛད་པས། ལོ་དྲུག་རིང་སྲུང་བས་ཆོག དེ་ནས་ཅི་བདེར་མཛོད་གསུངས། ལོ་དྲུག་སོང་རྗེས་རྗེ་གཙང་པ་དང་མཉམ་དུ་དབུས་གཙང་དུ་ཕྱིན། ཆོས་ཟབ་མོ་མང་དུ་གསན། དགུང་ལོ་ཉེ་ཤུ་རྩ་ལྔ་ལ་ཕེབས་སྐབས་རྗེ་གཙང་པ་གཤེགས། དེ་ནས་ཁ་རག་གི་རྩེ་མོ་ཛེ་མོ་གྲི་སར་བཞུགས་པས་འཚོ་བ་ནི་མེད། སྟེང་དུ་གངས་རུད་ཆེན་པོ་བྱུང་ནས་

ཆུ་མེ་ཤིང་ཡང་བླང་དུ་མེད་པར་བཞུགས་པ་དང་། དེ་བཞིན་ཇོ་མོ་གངས་དང་། ས་མོ་དོ་རྣམས་སུ་དཀའ་བ་དཔག་ཏུ་མེད་པ་སྤྱད་པས་ནང་སེམས་ཀྱི་ནད་དང་ཕྱི་འབྱུང་པོའི་བར་ཆད་སོགས་ཐུགས་དམ་གྱི་གྲོགས་སུ་གྱུར་ནས་ནང་ཡེ་ཤེས་ཀྱི་སྟོབས་རྒྱས། མངོན་པར་ཤེས་པ་ཆེན་པོ་དང་ལྡན། དེ་ནས་ཆུ་མིག་དཀར་མོ་དང་། ཤིང་སྐམ་དང་། ལྷུགས་སྤྱིལ་དང་། དབུ་རི་ལ་སོགས་པའི་དགོན་པ་ཕྲན་རེ་མཛད་ནས་གཞན་དོན་བསྐྱངས། ཁྱད་པར་དབུ་རིར་ལོ་བདུན་བཞུགས་པས་ཚོགས་པའང་སྟོང་ལྷག་ཙམ་འདུས། དེ་ནས་སླང་གི་ལོ་ལ་དཀར་པོ་ཆོས་ལུང་བཏབ། ཚོགས་པ་མང་དུས་ཁྲི་ཚོ་ལྷག་འཚོགས། ཐུགས་དམ་གསེར་གྱི་པོ་ཏི་མང་དུ་བཞེངས། སྐོ་བྲག་མཁར་ཆུ་དང་སྨོན་ལུམ་ཐང་དུ་ཕྱིན་ནས་བསྟན་འགྲོའི་དོན་རྒྱ་ཆེར་སྤེལ། ཐར་པ་གླིང་གི་དགོན་པ་ཕྱག་བཏབ། དེ་ནས་སེང་གེ་རིར་ཕེབས་ནས་བདེ་མཆོག་གི་དབང་ཆེན་གནང་། ཟླ་བ་ཕྱེད་དང་གཉིས་ཀྱི་བར་དུ་ཆོས་ཀྱི་འཁོར་ལོ་རྒྱ་ཆེར་བསྐོར། སྐྱེས་བུ་དམ་པ་འདི་ཉིད་ནི་གཏོང་བ་ཕུན་སུམ་ཚོགས་པ་དང་། ཞེན་ཆགས་མེད་པ། སྒྲུབ་པའི་སྙིང་རུས་དང་ལྡན་པ། མཁས་པའི་མཁྱེན་པ་ཡངས་པ། བརྩེ་བས་གཞན་དོན་སྒྲུབ་པ་སོགས་བྱང་ཆུབ་སེམས་པའི་ཚད་སྤྱོད་དང་ལྡན་པ་ཞིག་ཡིན། མཐར་དགུང་ལོ་དྲུག་ཅུ་རེ་བཞི་ལ་ཕེབས་ལ་རབ་བྱུང་བཞི་པའི་ལྕགས་ཁྱི(སྤྱི་ལོ1250)ལོའི་བོད་ཟླ་དགུ་པའི་ཚེས་ཉེར་གཅིག་ལ་དགོངས་པ་ཆོས་དབྱིངས་སུ་གཤེགས།

ཤ་ར་བ། (ཤར་པ་བ་ཞེས་པའང་སྐད)པོ་ཏོ་བའི་སློབ་མ་དབུས་ཀྱི་ག་ཆེན་གཉིས་ཀྱི་ཡ་གྱལ། རྗེ་འདི་ཉིད་རབ་བྱུང་དང་པོའི་ལྕགས་ཁྱི(སྤྱི་ལོ1070)ལོར་བྱང་གི་རོམ་པོར་འབྲོག་པ་ཞིག་གི་ཁྱིམ་དུ་སྐུ་འཁྲུངས། སྐུ་ན་གཞོན་དུས་ཡབ་ཡུམ་གཉིས་ནས་བག་མ་བླངས་ནའང་མ་ཆགས། དགུང་ལོ་བཅུ་དགུའི་ཐོག་པོ་ཏོ་བའི་སྤྱན་སྔར་ཕྱིན་ནས་རབ་ཏུ་བྱུང་ཞིང་མཚན་ཡོན་ཏན་གྲགས་སུ་བཏགས། མདོ་རྒྱུད་ཡོངས་ལ་གསན་བསམ་མཛད། ཐུགས་རབ་ཤིན་ཏུ་ཆེ་བས་བཀའ་འགྱུར་རེ་ཙམ་ཐུགས་ལ་བཞུགས་པར་ཡང་གྲགས། པོ་ཏོ་བ་གཤེགས་རྗེས་པོ་ཏོ་བའི་སློབ་མ་ཕལ་ཆེ་བ་ཁོང་ལ་འདུས། ཕྱིས་ཚོགས་པ་སུམ་སྟོང་དྲུག་བརྒྱ་ཡོད་པར་གྲགས། བཤད་པ་ཕལ་ཆེར་གཞུང་ཆེ་བ་ཁོན་ལ་མཛད། འཕན་ཡུལ་གང་ཤར་དག་སྣང(དག་སྣང་གང་ཤར་ཞེས་པའང་སྐད)དགོན་ཕྱག་བཏབ། ཁོང་གིས་ཇོ་བོའི་བྱང་ཆུབ་ལམ་སྒྲོན་ལ་བརྟེན་ནས་སེམས་བསྐྱེད་ལུགས་གཉིས་གཅིག་པའི་གྲུབ་མཐའ་མཛད། དུས་ཕྱིས་ཐམས་ཅད་མཁྱེན་པ་བློ་བཟང་གྲགས་པའི་དཔལ་ཡང་དེ་ཁོན་བཞིན་དུ་བཞེད། ཤར་བས་འགྲོ་དོན་རྒྱ་ཆེ་མཛད་ནས་མཐར་དགུང་ལོ་དོན་ཅུ་རྩ་གཉིས་པ་རབ་བྱུང་གཉིས་པའི་ལྕགས་བྱ(སྤྱི་ལོ1141)ལོར་སྐུ་གཤེགས།

ཁོང་ལ་སློབ་མ་འཕྲིན་ལས་ཅན་མང་དུ་ཡོད་ནའང་གཙོ་བོར། བྱང་ཆུབ་སེམས་ཀྱི་བཀའ་བབས་སྟབས་ཀ་བ། རྟོགས་པའི་བཀའ་བབས་རོང་སྟོན་ཤེས་འོད། འཕྲིན་ལས་ཀྱི་བཀའ་བབས་གཏུམ་སྟོན་བློ་གྲོས་གྲགས། ལོངས་སྤྱོད་ཀྱི་བཀའ་བབས་རྣལ་འབྱོར་པ་ཤེས་རབ་རྡོ་རྗེ་སོགས་བཀའ་བབས་དྲུག་ཏུ

གྲགས་པ་བྱུང་།

ས་སྐྱ་པཎྜི་ཏ་ཀུན་དགའ་རྒྱལ་མཚན། དཔལ་ལྡན་ས་སྐྱའི་ཁྲི་པ་ལྔ་པ་དང་ས་སྐྱ་གོང་མ་རྣམ་ལྔའི་ཡ་ཀྱེལ། བདག་ཉིད་ཆེན་པོ་འདི་ཉིད་ཡབ་འཁོན་དཔལ་ཆེན་འོད་པོ་དང་ཡུམ་མ་ཅིག་གར་ཐུ་མ་ཉི་ཁྲི་ལྕམ་གཉིས་ཀྱི་སྲས་སུ་རབ་བྱུང་གསུམ་པའི་ཆུ་སྟག(སྤྱི་ལོ1182)ལོར་གཙང་དུ་སྐུ་འཁྲུངས། མཚན་དཔལ་ལྡན་དོན་གྲུབ་ཏུ་གསོལ། ཁུ་བོ་རྗེ་བཙུན་གྲགས་པ་རྒྱལ་མཚན་གྱི་དྲུང་དུ་དགེ་བསྙེན་གྱི་སྡོམ་པ་བཞེས་ཏེ་མཚན་ཀུན་དགའ་རྒྱལ་མཚན་དུ་གསོལ། ཁུ་བོའི་དྲུང་དུ་ས་སྐྱ་གོང་མའི་གསུང་བཙུད་མདོ་སྔགས་ཀྱི་ཟབ་གནད་མ་ལུས་པ་གསན། དེ་ནས་ཞུ་དོན་རྗེ་རྗེ་སྐྱབས་ལས་བྱམས་ཆོས་སོགས་ལུང་གི་སྐོར་དང་། ཆ་བྲ་བྲང་བརྩོན་དང་ཚུར་སྟོན་གཞོན་སེང་ལས་ཚད་མ། སྤྱི་བོ་ལྷས་པ་བྱང་ཆུབ་འོད་ལས་གདམས་པ་སྣ་ཚོགས་གསན་ཏེ་སྟེ་སྣོད་ཐམས་ཅད་ལ་མི་འཇིགས་པའི་སྤོབས་པ་བརྙེས་ཤིང་མཁས་པའི་སྙན་གྲགས་ས་སྟེང་དུ་ཁྱབ། འཕྲོག་བྱེད་དགའ་བོ་སོགས་རྒྱ་གར་ལྟོ་ཕྱོགས་ཀྱི་མུ་སྟེགས་ཀྱི་སྟོན་པ་དྲུག་དང་རྩོད་པས་དེ་དག་ཕམ་པར་མཛད་དེ་རལ་པའི་ཁུར་བྲེགས་ནས་རབ་ཏུ་བྱུང་། དེ་དག་གི་རལ་པ་དབུ་རྩེ་རྙིང་མ་ན་དེ་སྔ་མཐོང་རྒྱུ་ཡོད། དགུང་ལོ་ཉེར་གསུམ་པ་ཤིང་བྱི(སྤྱི་ལོ1204)ལོར་ཁ་ཆེ་པཎ་ཆེན་ཤཱཀྱ་ཤྲཱི་དང་མཇལ། པཎ་ཆེན་མཁན་སློབ་ལས་རིག་གནས་ཆེ་བ་ལྔ་དང་ཆུང་བ་ལྔ་ལ་སྦྱངས་པ་མཐར་ཕྱིན་མཛད་པས་པཎྜི་ཏའི་མཚན་སྙན་ཐོབ་ཅིང་། དེ་ནི་གངས་ལྗོངས་ཀྱི་མཁས་པའི་ཁྲོད་ནས་པཎྜི་ཏའི་མཚན་སྙན་ཐོབ་པ་དང་པོ་དེ་ཡིན། དགུང་ལོ་ཉེར་བདུན་པ་རབ་བྱུང་བཞི་པའི་ས་འབྲུག་ལོར་ཁ་ཆེ་པཎ་ཆེན་དྲུང་དུ་བསྙེན་པར་རྫོགས། དགུང་ལོ་སོ་ལྔ་པ་མེ་བྱི(སྤྱི་ལོ1216)ལོར་ས་སྐྱའི་ཁྲིར་ཕེབས། ས་སྐྱ་བཞི་ཐོག་བླ་བྲང་གསར་བཞེངས་གནང་བ་དང་། སྐུ་གསུང་ཐུགས་ཀྱི་རྟེན་ཡང་མང་པོ་བཞེངས་པར་མཛད། དགུང་ལོ་རེ་གསུམ་པ་ཤིང་འབྲུག(སྤྱི་ལོ1244)ལོར་ཧོར་གོ་དན་གྱི་གདན་ཞུ་བྱུང་བར་བོད་ཀྱི་བསྟན་འགྲོ་ཡོངས་ཀྱི་དོན་དུ་རང་ཉིད་སྐུན་སྙིན་པ་དང་། ཐན་སྐུ་སྨྲོག་ལའང་ལྟོས་པ་མེད་པའི་ཐུགས་སྐྱེད་ཆྙབས་པོ་ཆེ་བཞེས་ཏེ་ཧོར་ཡུལ་དུ་ཕྱིན། ཕེབས་ལམ་དུ་བཀའ་གདམས་དགེ་བཤེས་ནམ་མཁའ་འབུམ་ཞེས་པས་མཇལ་ཕྱག་ཞུ་དུས། ཧོར་འདི་ལ་ཁྱེད་ཀྱིས་ཕྱིན་པས་ཕན་པའི་རྒྱུ་མཚན་ཨེ་བདོག་ཅེས་ཞུས་པའི་ལན་དུ……ཧོར་འདིས་ངེད་ལ་ཅི་ནས་ཀྱང་མཆོད་གནས་ལ་སྤོག མི་འོང་ན་དམག་འོང་ཟེར་བས་དམག་བྱུང་ན་བོད་ལ་གནོད་ཀྱི་དོགས་ནས་འགྲོ་བ་དང་སེམས་ཅན་ལ་ཕན་དུ་རེ་ནས་འགྲོ་བ་མ་གཏོགས་པ་ཕན་ངེས་པའི་རྒྱུ་མཚན་མ་མཆིས། ལར་སེམས་ཅན་ལ་ཕན་ན་རང་གི་ལུས་སྲོག་གཏོང་བ་ལ་མི་ཕོད་རྒྱུ་མི་བདོག་ཙམ་ཤེས་པ་མདའ་ཞེས་གསུངས། དེ་ལྟར་ས་པཎ་གྱིས་སྐུན་ཕྲ་བའི་དཔོན་འགྲོ་མགོན་འཕགས་པ་དང་ཕྱག་ན་རྡོ་རྗེ་གཉིས་ཁྲིད་དེ་ལམ་ཐག་རིང་བའི་སྐྱ་ངལ་ཁྱད་དུ་བསད་ནས་རྟ་དྲེལ་དང་ཊ་མོང་གི་བགྲོད་པ་དལ་བུ་ལ་བརྟེན་ནས་ལེ་དབར་སྟོང་ཕྲག་དུ་མའི་ཤུལ་ལམ

རིམ་གྱིས་ཕྱིན་མཐར་དགུང་ལོ་དྲུག་ཅུ་རེ་ལྔར་སོན་པ་བོད་མེ་རྟ(སྤྱི་ལོ1246)ལོའི་ཟླ་བརྒྱད་པར་བྱང་ཕྱོགས་ལིང་ཀྲུར(ཀན་སུའུ་ལིང་ཀྲའུ)ཕེབས་ནས་མེ་ལུག(སྤྱི་ལོ1247)ལོར་གོ་དན་དང་མཇལ། ཡུ་གུར་གྱི་མཁས་པས་ལོ་ཙཱ་བྱས་ཏེ་རྒྱལ་བློན་འབངས་བཅས་ལ་སྐྱབས་འགྲོ་སོགས་ཆོས་མང་དུ་གསུངས། རྒྱལ་པོ་གོ་དན་ལ་ཤ་ཁྲའི་ནད་ཐོག་པར་རྗེ་ས་པཎ་གྱིས་སྨན་བཅོས་དང་རིམ་འགྲོ་མཛད་པས་ཕན་སྐྱེད་མངོན་གསལ་ཆེན་པོ་བྱུང་ཞིང་། དེ་ནས་བཟུང་ཆོས་རྗེར་དད་པ་ཟླ་ལྷག་ཏུ་སྐྱེས་ནས་བཀའ་ཆོས་ཀྱང་མང་དུ་ཞུས། སོག་ཡུལ་དུ་ས་སྐྱ་པའི་ཆོས་ཀྱི་སྐད་གྲགས་དང་གདུལ་བྱ་རྒྱ་ཆེར་འཕེལ་བ་མ་ཟད། ཆོས་རྗེ་སྟོན་འཁོར་རྣམས་ཧྲུན་ཤིའི་རི་བོ་རྩེ་ལྔར་ཕེབས་ནས་ཆོས་གསུངས་པ་དང་། རྒྱ་ཡུལ་དང་། ཡུ་གུར། མི་ཉག་ལ་སོགས་པའི་ཡུལ་གྲུ་དུ་མའི་དད་ལྡན་མང་པོ་ལིང་ཀྲུར་འདུས་ནས་ཆོས་ཞུ་བ་སོགས་མཛད་འཕྲིན་བཟང་པོ་རྒྱ་ཆེར་སྤེལ་གནང་མཛད། དེ་ནས་ས་པཎ་གྱིས་བོད་དབུས་གཙང་མངའ་རིས་དང་བཅས་པའི་དགེ་བའི་བཤེས་གཉེན་ཡོན་མཆོད་རྣམས་ལ་སྤྲིངས་པའི་ཡི་གེ་ཞེས་པ་འདི་བསྒྱུར་གནང་མཛད་དེ་བོད་ཁམས་བདེ་འཇགས་གནས་ཐབས་སུ་འབད་བརྩོན་ལྷོད་མེད་མཛད། སྤྲིངས་ཡིག་དེའི་ནང་། སྐབས་དེའི་ཧོར་གྱི་རྒྱལ་རྒྱུད་ཀྱི་སྟོབས་ཤུགས་ནི་འཛམ་གླིང་ན་དོ་ཟླ་བྲལ་བས་ཐུབ་ཐབས་མེད་པ་དང་། ཧོར་གྱི་འཐབ་རྩལ་ནི་བཏུད་ན་བྱམས་ལ་ཀློལ་ན་མཐར་ཕྱིན་བརླག་པ་ཞིག་ཡོད་པ། འདབ་ནོར་གང་ལེགས་ཕུལ་ནས་ངོ་བལྟས་ན་སངས་རྒྱས་ཀྱི་བསྟན་པ་དང་། ཆེ་རྒུ་སོ་སོའི་རང་རང་གི་བདག་དབང་འགན་སྲུང་ཐུབ་ཚུལ་སོགས་འཁོད་ཡོད། མཐར་དགུང་ལོ་བདུན་ཅུ་པ་རབ་བྱུང་བཞི་པའི་ལྕགས་ཕག(སྤྱི་ལོ1251)ལོར་ཧོར་ཡུལ་དུ་སྐུ་གཤེགས།

ལེགས་པར་བཤད་པའི་བརྩམས་ཆོས་ཀྱང་ཚད་མ་རིགས་གཏེར་དང་། སྡོམ་པ་གསུམ་གྱི་རབ་ཏུ་དབྱེ་བ། ས་སྐྱ་ལེགས་བཤད། ཚིག་གི་གཏེར། སྡེབ་སྦྱོར་མེ་ཏོག་ཆུན་པོ། མཁས་པ་འཇུག་པའི་སྒོ། རོལ་མོའི་བསྟན་བཅོས་སོགས་པོད་གསུམ་ཙམ་བཞུགས། འདི་ཉིད་ཀྱི་འགྱུར་ལ། བཀའ་འགྱུར་ལས། རྡོ་རྗེ་ཕུར་པ་རྩ་བའི་རྒྱུད་བིདྱོཏྟ་མ་འབུམ་སྡེའི་དུམ་བུ། དེ་བཞིན་གཤེགས་པ་ཐམས་ཅད་ཀྱི་སྐུ་གསུང་ཐུགས་གསང་བ་རྒྱན་གྱི་བཀོད་པ་ཞེས་བྱ་བའི་རྒྱུད། འཕགས་པ་གསང་བ་ནོར་བུའི་ཐིག་ལེ་ཞེས་བྱ་བའི་རྒྱུད། འཕགས་པ་རྡོ་རྗེ་ས་འོག་གི་རྒྱུད་ཀྱི་རྒྱལ་པོ་ཞེས་བྱ་བ་ལེའུ་ཉི་ཤུ་རྩ་ལྔ་པ། བསྟན་འགྱུར་ལས། མཁས་པ་ཆེན་པོ་གྲགས་པ་རྒྱལ་མཚན་ལ་བསྟོད་པ། གསང་བ་འདུས་པའི་མངོན་པར་རྟོགས་པའི་རྒྱན་གྱི་འགྲེལ་པ། ཟུང་དུ་འཇུག་པ་གསལ་བ་ཞེས་བྱ་བ་དབང་གི་བྱ་བ་ཤ་ལོ་ཀ་ཕྱེད་དང་བརྒྱད་བརྒྱ་པ། ཚོགས་ཀྱི་འཁོར་ལོའི་ཆོ་ག་སོགས་མང་དུ་སྣང་ངོ་།

ས་སྐྱ་དཔོན་ཆེན་ཤཱཀྱ་བཟང་པོ། རབ་བྱུང་བཞི་པའི་ཆུ་ཡོས(སྤྱི་ལོ1243)ལོར་ས་སྐྱ་པཎྜི་ཏ་སོག་པོ་གོ་དན་གྱིས་གདན་དྲངས་ཏེ་ཕྱིན་ཁར་ཤཱཀྱ་བཟང་པོ་དཔོན་ཆེན་དུ་བསྐོ་གཞག་མཛད། ཏུ་པེ་ལི་སེ་ཆེན་

ཏན་གྱིས་ཟམ་སླུ་གུན་མིན་དབང་ཏུའི་ཞེས་པའི་ཚོ་ལོ་དང་ཐམ་ག་ཕུལ། རབ་བྱུང་བཞི་པའི་ཆུ་ཡོས(སྤྱི་ལོ1243)ལོ་ནས་རབ་བྱུང་ལྔ་པའི་ལྕགས་རྟ(སྤྱི་ལོ1270)ལོ་བར་ལོ་ངོ་ཉི་ཤུ་རྩ་བརྒྱད་རིང་ས་སྐྱའི་དཔོན་ཆེན་མཛད། རབ་བྱུང་བཞི་པའི་ཤིང་གླང(སྤྱི་ལོ1265)ལོར་ས་སྐྱའི་ལྷ་ཁང་ཆེན་མོ་བཞེངས་པའི་དབུ་ཚུགས་ནས་མཇུག་མ་སྒྲིལ་གོང་རབ་བྱུང་ལྔ་པའི་ལྕགས་རྟ(སྤྱི་ལོ1270)ལོར་འདས། འབྲུངས་ལོ་སོགས་མཛད་རྣམ་ཞིབ་པ་མ་རྙེད།

ས་ཆེན་ཀུན་དགའ་སྙིང་པོ། དཔལ་ལྡན་ས་སྐྱའི་ཁྲི་པ་གསུམ་པ་དང་ས་སྐྱ་གོང་མ་རྣམ་ལྔའི་ཡ་གྱལ། རྗེ་འདི་ཉིད་ཡབ་འཁོན་དཀོན་མཆོག་རྒྱལ་པོ་དང་ཡུམ་མ་གཅིག་ཞང་མོ་གཉིས་ཀྱི་སྲས་སུ་རབ་བྱུང་གཉིས་པའི་ཆུ་སྤྲེལ(སྤྱི་ལོ1092)ལོར་སྐུ་འཁྲུངས། དེ་ཀུན་གྱིས་མཐོང་ན་དགའ་ཞིང་ཡིད་དུ་འོང་བ་ཞིག་ཡོད་པས་མཚན་ཀུན་དགའ་སྙིང་པོར་གསོལ། སྐུ་ན་ཆུང་དུས་ཡབ་ཀྱི་དྲུང་དུ་ཡི་གེ་འབྲི་ཀློག་དང་ཆོས་འགའ་ཞིག་གསན་སྦྱོང་གནང་། དགུང་ལོ་བཅུ་གཅིག་པར་རོང་དྲུར་སྒྲིག་ཏུ་དར་མ་སྙིང་པོ་ལ་མངོན་པ་ཚར་གཅིག་གསན་པས་མ་ལུས་པ་རྫོགས་ནས་ཀུན་གྱིས་ངོ་མཚར་བར་འཛིན། བ་རི་ལོ་ཙཱ་བའི་དངོས་སློབ་ཁྱུང་རིན་ཆེན་གྲགས་དང་མེས་ལྷང་ཚེར་ལས་དབུ་ཚད། ཁའུ་པ་དར་མ་རྒྱལ་མཚན་སྐྱ་མཆེད་ལས་གསང་འདུས་དང་། མགོན་པོ་ཞལ་གྱི་ཆོས་སྐོར། སྤྱི་ཆུ་པ་དགྲ་ལྷ་འབར་ལས་ཀྱི་རྫོར། གུང་ཐང་པ་མལ་ལོ་ལས་བདེ་མཆོག་དང་མགོན་པོའི་མན་ངག སྨྲ་ཧྲངས་ལོ་ཆུང་ལས་བདེ་མཆོག་གི་སྐོར་སོགས་གསན། དགུང་ལོ་ཉི་ཤུ་པ་རབ་བྱུང་གཉིས་པའི་ལྕགས་ཡོས(སྤྱི་ལོ1111)ལོར་ས་སྐྱའི་ཁྲིར་ཕེབས། འདི་ཉིད་ས་སྐྱའི་ཁྲི་ཆེན་དང་པོ་ཡིན། དགུང་ལོ་ཉེར་དགུ་པ་ལྕགས་བྱི(སྤྱི་ལོ1120)ལོར་གུང་ཐང་ནས་འཆམ་མགོན་ས་སྐྱར་གདན་དྲངས། དེའི་ཚེ་བླ་མ་ཞང་སྟོན་ལ་གསུང་ངག་ཟབ་མོའི་བཀའ་དྲིན་ནོད། སློབ་པའི་ལུང་གནང་། དེ་ནས་ས་ཆེན་ལ་སྤྱིར་རྒྱུད་སྡེ་བདུན་ཅུ་དོན་གཉིས་ཀྱི་མན་ངག་དང་། ཁྱད་པར་ས་སྐྱའི་ལྕགས་རི་མ་འདའ་བའི་ཟབ་ཆོས་བཞི་ལ་སོགས་པ་མདོར་ན་གསུང་ངག་ཉེ་བརྒྱུད་ཀྱི་གནད་ཟབ་མོའི་བདུད་རྩི་ངོམས་པར་གསོལ། དགུང་ལོ་ལྔ་བཅུ་པར་གཞུང་གི་གདམས་པ་ལོ་བཅོ་བརྒྱད་ཀྱི་བཀའ་རྒྱ་ཡང་ཐེམ་སྐེ་ཁམས་པ་ཨ་སེང་གིས་ཞུས་པའི་ངོར་གསུང་ངག་ཐོག་མར་བཀའ་སྩལ། གཞུང་འགྲེལ་ཨ་སེང་མར་གྲགས་པ་ཡི་གེར་བཀོད། མདོར་ན་ས་ཆེན་གྱིས་མཁས་གྲུབ་མང་པོ་བསྟེན་ནས་གསང་སྔགས་ཀྱི་ཟབ་ཆོས་མཐའ་ཡས་པ་གསན་ཏེ་ཆོས་ཐམས་ཅད་ལ་མངའ་བརྙེས་པ་དང་། མངོན་ཤེས་དང་རྫུ་འཕྲུལ་ལ་སོགས་པ་ཐོགས་པ་མེད་པར་གྲགས། ལོ་ཞེ་བརྒྱད་རིང་གདན་ས་མཛད་ནས་གདུལ་བྱ་མང་པོ་སྨིན་འགྲོལ་ལ་བཀོད། གསང་ཆེན་རྡོ་རྗེ་ཐེག་པའི་བསྟན་པའི་བདག་པོར་གྱུར། དམ་པ་འདི་ལ་སྲས་ཀུན་དགའ་འབར་དང་། བསོད་ནམས་རྩེ་མོ། གྲགས་པ་རྒྱལ་མཚན། དཔལ་ཆེན་འོད་པོ་བཅས་བཞི་བྱུང་ཞིང་། བརྩམས་ཆོས་ཀྱང་ལམ་འབྲས་བསྡུས་དོན་མ་སོགས་གསུང་རྩོམ་ཕྱོགས་

བསྒྲིགས་པོད་གཉིས་བཞུགས། མཐར་དགུང་ལོ་རེ་བདུན་པ་རབ་བྱུང་གསུམ་གསུམ་པའི་ས་སྟག(སྤྱི་ལོ1158)ལོའི་ཧོར་ཟླ་དགུ་པའི་ཚེས་བཅུ་བཞིར་སྐུ་འབུམ་རྒྱལ་གྲགས་པར་སྐུ་གཤེགས།

སློབ་མའི་གཙོ་བོ་ཟབ་དོན་ཡོངས་སུ་རྫོགས་པའི་སློབ་མ་ཕོ་མོ་བཅུ་གཅིག ཚིག་རྐང་རྣམ་པར་འགྲེལ་བའི་ཐུགས་སྲས་བདུན། ཕྱོགས་ཀྱི་མཁས་གྲུབ་ཆེན་པོ་བཞི་སོགས་བྱོན།

སངས་རྒྱས་སྒོམ་པ། འདི་ཉིད་དུས་པ་འབེའི་ནང་ཚན་ཟེ་ཚ་ཡིན་ཞིང་། ཡབ་འབེ་སྨྱོན་རས་གཟིགས་དང་ཡུམ་ཕྲེ་གཟའ་རྒྱས་ཆུང་གཉིས་ཀྱི་སྲས་སུ་རབ་བྱུང་གསུམ་པའི་ལྕགས་འབྲུག(སྤྱི་ལོ1160)ལོར་ཡུལ་གཞུང་གི་སྣེའུ་གདོང་པར་སྐུ་འཁྲུངས། བྱིས་པའི་དུས་ནས་སྐྱག་གྱུར་མང་པོ་ཤེས་པའི་གསལ་སྣང་ཡོད་པ་ཞིག་བྱུང་། དགུང་ལོ་བཅུ་བཞི་ལ་ཕེབས་སྐབས་མཁན་པོ་སྤྲུལ་ཏི་དང་། དགེ་བཤེས་འགར་གྱིས་སློབ་དཔོན་བྱས་ནས་རབ་ཏུ་བྱུང་། མཚན་རྡོ་རྗེ་གཞོན་ནུར་གསོལ། སྤྲུལ་ཏི་ལ་འདུལ་བ་ཉིས་ཁྲིད་ཚར་གཅིག་གསན། དགུང་ལོ་བཅོ་བརྒྱད་ལ་ཕེབས་སྐབས་རིན་པོ་ཆེ་སྒང་ལུང་པའི་སར་བྱོན། སྒང་ལུང་པ་ལོ་བཅུ་བཞིའི་བར་དུ་བསྟེན། གདམས་པ་རྣམས་ཚང་བར་ཐོབ། སྒང་ལུང་པ་གཤེགས་རྗེས་དད་མོ་ལྷ་ཁང་དུ་ཟླ་གསོད་ལོ་དྲུག་མཛད། དགུང་ལོ་སུམ་ཅུ་རྩ་བརྒྱད་པ་ལ་བྲང་ར་མོ་ཆེར་མཁན་པོ་སྤྲུལ་ཏི་དང་། སློབ་དཔོན་མྱང་དང་། གསང་སྟོན་དགེ་བཤེས་སྲས་ཀྱིས་མཛད་ནས་བསྙེན་པར་རྫོགས། བཞི་བཅུ་རྩ་གཅིག་པ་ལ་ཚོགས་བཤད་མཛད། ཞེ་གཉིས་པ་ལ་གདན་སར་བྱོན། སྒང་ལུང་པ་ཆུ་སྒང་ལ་གཤེགས་ནས་སངས་རྒྱས་སྒོམ་པས་ཞེ་གཉིས་པ་ལ་གདན་སར་བྱོན་པའི་བར་དེར་སེམས་ལོ་དྲུག་ཙམ་རིང་གདན་ས་བསྐྱངས་ཟེར་ཏེ། ལོ་བྱ་ཡུལ་བ་རྣམས་བླ་མ་བརྒྱུད་པ་ལ་ནི་སེ་མི་བགྲང་བར་འདུག སངས་རྒྱས་སྒོམ་པས་གདན་ས་ཡུན་རིང་བསྐྱངས་ནས་མཐར་དགུང་ལོ་བདུན་ཅུ་པ་རབ་བྱུང་བཞི་པའི་ས་གླང(སྤྱི་ལོ1229)ལོར་སྐུ་གཤེགས།

སངས་རྒྱས་སྒོམ་པ་སེང་གེ་སྐྱབས། འདི་ཉིད་རབ་བྱུང་གསུམ་པའི་ས་མོ་ཕག(སྤྱི་ལོ1179)ལོར་ལྕགས་ཀྱི་སྐྱོ་ལུང་དྲོའི་ཕུ་ཁའུ་བྱ་བར་གསང་སྔགས་རྙིང་མའི་སློབ་དཔོན་ཞིག་གི་སྲས་སུ་སྐུ་འཁྲུངས། དཔལ་ལྡན་གྲོ་མོ་ཆེ་ལས་བསྙེན་པར་རྫོགས། མཁན་པོ་གོང་མ་གཉིས་ལས་གདམས་ངག་མ་ལུས་པ་གསན། དགུང་ལོ་དྲུག་ཅུ་རེ་གསུམ་བཞེས་པ་ལྕགས་གླང་ལོར་སྟག་ཐང་གི་གདན་ས་འཛིན། བློ་སྦྱོང་ཚོགས་བཤད་པ་ཞེས་བྱ་བ་རྣད་དུ་བྱུང་བའི་ལེགས་བཤད་གཅིག་ཀྱང་རྩོམ་པར་མཛད། གདན་ས་ལོ་བཅུའི་བར་བསྐྱངས། དེ་ནས་མཚམས་ནམ་མཁའ་གྲགས་རང་ཉིད་ཀྱི་རྒྱལ་ཚབ་ཏུ་བསྐོ་བཞག་མཛད་ནས་ཀུན་སྤྱང་མཛད་དེ་ཧ་ཤེ་ལུང་ཞེས་པ་བྱང་ཆུབ་ཆེན་པོའི་དབེན་གནས་སུ་ཕེབས་སྐབས་དགེ་འདུན་པ་རྣམས་ཀྱིས་སྐྱེལ་མ་ཞུས་པས། ས་མཚམས་སུ་བླ་མ་མ་ཆེ་བསྐྱལ་ཅིག་གསུངས་པ་ལ་དེང་དུས་ཀྱང་མ་ཆེ་བསྐྱལ་ཅིག་ཏུ་གྲགས་པའི་རྡོ་ཕུང་ཞིག་ཀྱང་ཡོད། བླ་མ་འདི་ས་སྐལ་ལྡན་གྱི་འདུལ་བྱ་བགྲང་ལས་འདས་པ་ཞིག་སྨིན་གྲོལ་

གྱི་ལམ་ལ་འགོད་པར་མཛད་ནས་མཐར་དགུང་ལོ་བདུན་གཉིས་པ་རབ་བྱུང་བཞི་པའི་ལྕགས་ཁྱི(སྤྱི་ལོ1250)ལོའི་དཔྱིད་ཟླ་ཐ་ཆུང་གི་ཚེས་བཅོ་ལྔ་ནམ་ཕྱེད་ཡོལ་ལ་སྐུ་མྱ་ངན་ལས་འདས། དེ་ནས་ བླ་མའི་ཞལ་ཆེམས་ལྟར་གདུང་རྟེན་ནི་ཐུག་སྐྱིབས་མདོན་གསལ་ཆེ་བ་ཞིག་ཏུ་བྱང་ཆུབ་ཆེན་པོའི་མཆོད་རྟེན་ནང་དུ་བཞུགས་སུ་གསོལ་བའི་གནས་དེ་ལ་བྱང་ཆུབ་ཆེན་པོའི་དབེན་གནས(བྱང་ཆེན་སྨར་རི་)ཞེས་གྲགས་པ་ཡིན་ནོ། བླ་མ་འདིའི་གདུང་རྟེན་གཅིག་ནི་ཚོས་སྡེའི་གདུང་རྟེན་གྱི་གྲལ་བཞི་པ་ན་བཞུགས་སོ།

སངས་རྒྱས་བླ་མ། འདི་ཉིད་རབ་བྱུང་དང་པོར(སྤྱི་ལོའི་དུས་རབས་བཅུ་གཅིག་པ)ལ་སྟོད་མཆོ་བར་དུ་སྐུ་འཁྲུངས། རྩ་གསུམ་དྲིལ་སྒྲུབ་དང་། རྟ་མགྲིན་དྲེགས་པ་ཟིལ་གནོན་སོགས་གཏེར་ཆོས་མང་དུ་བཏོན་ཞིང་། གཏེར་སྟོན་ཐམས་ཅད་ཀྱི་ཐོག་མ་ཡིན། དགུང་གྲངས་བརྒྱད་ཅུ་ལྷག་བཞུགས་ཏེ་སྐུ་གཤེགས་སོ།

སངས་རྒྱས་ཡར་བྱོན་ཤེས་རབ་བླ་མ། སངས་རྒྱས་ཡར་བྱོན་ཡང་ཞུ། རྗེ་འདི་ནི་ཡུལ་ར་སྟེངས་ཀྱི་གདོང་སྣར་ཡབ་ཆེན་མགོན་རྒྱལ་དང་། ཡུམ་ལྷ་མོ་དཔལ་གྱི་སྲས་སུ་རབ་བྱུང་གསུམ་པའི་ཆུ་ཕག(སྤྱི་ལོ1203)ལོར་སྐུ་བལྟམས། སྐུ་གཞོན་ཁྱིས་པའི་དུས་ནས་དད་པ་དང་བརྩོན་འགྲུས་སྙིང་རྗེ་ཆེ་ལ། དགེ་སྦྱོར་ལ་ཐུགས་མཉེས་ཤིང་། གཅིག་པུར་དབེན་པར་སྦྱོད་པ་ལ་སྤྲོ་བ་ཞིག་བྱུང་། དགུང་ལོ་བཅུ་དྲུག་ལ་ཕེབས་སྐབས་མཁན་ཆེན་ག་སྟོན་བླ་མ་དང་སློབ་དོན་ལྷ་ཁང་ལྟག་པ་ལས་རབ་ཏུ་བྱུང་། མཚན་ཤེས་རབ་བླ་མར་གསོལ། འདུལ་བའི་ཕྲན་རྣམས་ཀྱང་གསན། དེ་ནས་སློབ་དཔོན་ནགས་པ་ལས་གདམས་པ་མང་དུ་གསན་ཞིང་། ས་ཕུ་དགོན་དུ་སྒྲུབ་པ་མཛད། དགུང་ལོ་བཅུ་དགུ་ལ་དབུས་སུ་བྱོན་ནས་སྟག་ལུང་ཐང་དུ་སྐུ་ཡལ་བ་དང་མཇལ་ཏེ་ཚོས་ཁྲིད་རྣམས་གསན། གཙང་པས་མཁན་པོ་དང་། ཁྱུ་སྟོན་གྱིས་སློབ་དཔོན། གསང་སྔེ་བ་སློབ་དཔོན་དོན་མོ་རི་པས་མཛད་ནས་བསྙེན་པར་རྫོགས། དེ་ནས་ལོ་བཅོ་ལྔ་བར་དུ་སྒྲུབ་པ་མཛད། དགུང་ལོ་སུམ་ཅུ་སོ་བཞི་ལ་ཕེབས་པ་རབ་བྱུང་བཞི་པའི་མེ་སྤྲེལ(སྤྱི་ལོ1236)ལོར་སྟག་ལུང་གི་གདན་སར་ཕེབས། གསེར་འབུམ་དང་། དངུལ་གྱི་གདུང་ཁང་། མཆོད་ཁང་ཆེན་མོའི་ཐིགས་ཁང་།དངུལ་སྐུ་ཆེ་ཆུང་སྣ་ཚོགས་སོགས་བཞེངས། དགོན་པར་གསུང་རབ་རྒྱུན་འདོན་དང་ལོ་རེ་བཞིན་འདོན་པའི་སྲོལ་མང་དུ་བཙུགས། དགེ་འདུན་སུམ་སྟོང་དྲུག་བརྒྱ་ལྷག་འདུས་པ་རྣམས་ཚོས་དང་ཟང་ཟིང་གིས་ཡང་དག་པར་བསྐྱངས། བསྟན་པ་རིན་པོ་ཆེ་རྣམ་པ་གསུམ་གཙོ་བོར་མཛད་ནས་དགེ་འདུན་གྱི་སྡིང་རྣམས་ཀྱང་ནག་ཁྲིམས་ལ་སོགས་ཤིན་ཏུ་དམ་པར་མཛད། དགུང་གྲངས་བདུན་ཅུ་བཞེས་པ་རབ་བྱུང་ལྔ་པའི་ཆུ་སྤྲེལ(སྤྱི་ལོ1272)ལོར་སྐུ་གཤེགས།

སུམ་སྟོན་ཡེ་ཤེས་གཟུངས། དུས་རབས་བཅུ་གཉིས་པའི་ནང་དུ་མཚམས་སྐེ་མོའི་མདར་སུམ་པའི་སྲས་སུ་སྐུ་འཁྲུངས། དགུང་ལོ་ཆུང་དུའི་དུས་ནས་ཐུན་མིན་དང་ཐུན་མོང་གི་རིག་གནས་ཀུན་ལ་དཔྱིས་ཕྱིན་པར་སྦྱངས། ཁྱད་པར་དུ་རྗེ་བཙུན་གཡུ་ཐོག་གསར་མ་ཡོན་ཏན་མགོན་པོའི་སྐུའི་དྲུང་དུ་ལོ་བཅུ་གཉིས

བར་དུ་བཅར་ནས་དཔལ་ལྡན་རྒྱུད་བཞིའི་གཞུང་དོན་དང་གདམས་པའི་ཟབ་བཅུད་བཀའ་ལུང་ཕྱུག་ལེན་ལྷག་མ་མེད་པར་ཞུས། བཀའ་རྫོམ་ཡང་གཡུ་ཐོག་པའི་རྣམ་ཐར་སྐུ་ལྔ་ལྷུན་གྲུབ་མ་དང་། གསང་བའི་རྣམ་ཐར། བཤད་རྒྱུད་ཀྱི་འགྲེལ་པ་འབུམ་ཆུང་གསལ་སྒྲོན། ཙཱང་འབམ་གསོ་ཡའི་སྨན་རྒྱུད་ཟིན་བྲིས་སོགས་བསྟན་བཅོས་སྣ་ཚོགས་མཛད། སྐུ་ཚེ་ཧྲིལ་པོའི་རིང་གཙོ་བོར་དཔལ་ལྡན་རྒྱུད་བཞི་འདི་ཉིད་ཀྱི་འཕྲིན་ལས་རྒྱ་ཆེར་སྤེལ། གཞོན་នུ་ཡེ་ཤེས་སོགས་སློབ་མ་ཤིན་ཏུ་མང་བ་བསྐྱུན།

སེ་སྤྱིལ་བུ་བ། རྗེ་འདི་ཉིད་རབ་བྱུང་གཉིས་པའི་ལྕགས་གླང（སྤྱི་ལོ1121）ལོར་གཉལ་སྟོད་དར་མ་སྒང་དུ་སྐུ་འཁྲུངས། གདུང་རུས་སེ་ཡིན་ཞིང་། མཚན་ཆོས་ཀྱི་རྒྱལ་མཚན་ཞུ། སློབ་དཔོན་འཆད་ཁ་བ་ལོ་མང་བསྟེན། སློབ་དཔོན་གྱིས་ལུང་བསྟན་པ་ལྟར་ཤིང་སྤྲེལ（སྤྱི་ལོ1164）ལོར་འཆད་ཁ་གསར་མ་བཏབ། སྤྱིལ་བུར་ཡང་དགོན་པ་མཛད། འཆད་ཁ་བ་གཤེགས་རྗེས་དགོན་པ་ཕན་ཚུན་དུ་ལོ་བཅུ་བཞི་བཞུགས། དགུང་ལོ་དྲུག་ཅུ་རྩ་དགུ་པ་རབ་བྱུང་གསུམ་པའི་ས་བྱ（སྤྱི་ལོ1189）ལོར་སྤྱིལ་བུར་ཞི་བར་གཤེགས།

ཁོང་གི་སློབ་མ་རྣལ་འབྱོར་བྱང་སེང་དང་། རྒྱ་སྒང་ས་ཐང་པ། ལྷ་དགེ་འདུན་སྒང་པ། ཉན་ལྷ་སྡིངས་པ་རྣམས་ཀྱིས་གྲོ་ས་དང་། སྤང་ས་དང་། དགེ་འདུན་སྒང་དང་། ཉན་ལྷ་སྡིངས་རྣམས་བཏབ།

སེང་གེ་རྣམ་རྒྱལ། སྟོད་ཀྱི་མགོན་གསུམ་གྱི་ཡ་གྱལ་རིག་པ་མགོན་གྱི་རྒྱུད་པ། ཡབ་འཇམ་དབྱངས་རྣམ་རྒྱལ་དང་ཡུམ་རྒྱལ་མོ་ཁ་ཏུན་གཉིས་ལ་སྲས་གཉིས་བྱུང་བའི་བགྲེས་པ་འདི་ཉིད་སྐུ་སྟོབས་ཆེ་ལ་སྒྱུ་རྩལ་གྱི་གནས་ཀུན་ལ་བྱང་ཆུབ་པ་ཞིག་བྱུང་བས་གུ་གེ་ཕྱི་འབྲོག་དང་། གུ་གེ་བཅས་ལ་སྟོ་རྗེས་སུ་དམག་དྲངས་ནས་ཧ་ནོར་ར་ལུག་ལ་སོགས་པ་མང་པོ་ལོན། ལ་དྭགས་སུ་སྟག་ཚང་རས་ཆེན་པ་གདན་དྲངས་ནས་ཡབ་ཀྱི་དགོངས་རྫོགས་ལ་གསེར་ཟངས་ཀྱི་བྱམས་པ་དགུང་ལོ་བརྒྱད་པའི་སྐུ་ཚད་ལ་སོགས་པའི་རྟེན་གསུམ་མང་པོ་གསར་བཞེངས་དང་། རྒྱུན་མཆོད་དགེ་སློང་གི་སྡེ་བཙུགས། པཎ་ཆེན་བློ་བཟང་ཆོས་ཀྱི་རྒྱལ་མཚན་གྱི་དྲུང་དུ་ཡུམ་གྱི་དགོངས་རྫོགས་ལ་གསེར་འབུམ་དང་། དངུལ་འབུམ་ཆ་ཚང་། གཞན་ཡང་རིན་པོ་ཆེའི་རིགས་བརྒྱ་རྩ། ལྷ་ས་དང་། ཁྲ་འབྲུག བསམ་ཡས་སོགས་གཙུག་ལག་ཁང་དང་། ཆོས་སྡེ་ཆེ་ཆུང་ལ་མཆོད་སྦྱིན་དང་བསྙེན་བཀུར་རྒྱ་ཆེ་བ། ཧེམ་ཨེ། ཏེ་ཡུལ། ཁ་ནག གཙང་དམར། སྒྲུ་དམར་ནང་། མེ་རུ། དར་རྩེ་སོགས་ཀྱིས་ཁུལ་དང་། ལ་དྭགས་སྟོད་གཤམ་དང་། མངའ་ཞབས་གང་ཡོད་ནས་མཆོད་གཞིས་སུ་ས་ཕྱོད་རེ་རེ་བསྐལ་པ་ནམ་གནས་བར་ཕུལ་ཞིང་། སྟག་ཚང་རས་ཆེན་ལ་རང་ཞབས་ཀྱི་ཁོངས་ནས་ས་ཕྱོད་མཆོད་གཞིས་རྒྱ་ཆེན་ཕུལ་བ་དང་། སྟག་ཚང་རས་ཆེན་གྱིས་ཧེ་མི་བྱང་ཆུབ་བསམ་གླིང་དགོན་དང་། ལྡེ་བདེ་ཐེག་མཆོག་དགོན། ཧེམ་ལེ་བདེ་ཆེན་དགོན་བཅས་དགོན་ཆེན་གསུམ་གྱིས་གཙོས་པའི་གཙུག་ལག་ཁང་མང་པོ་བཞེངས་པའི་སྦྱིན་བདག་གི་མཐིལ་ལེན་མཛད། སེང་གེ་རྣམ

རྒྱལ་གྱིས་རྣ་ཤོད་བདག་མོ་སྐལ་བཟང་སྒྲོལ་མ་ཁབ་ཏུ་བཞེས་པར་སྲས་བདེ་ལྡན་རྣམ་རྒྱལ་དང་། ཨེཏྣ་རྡོ་ཏེ། བདེ་མཆོག་རྣམ་རྒྱལ་རྣམས་རིམ་པར་འཁྲུངས་ཤིང་། སྲས་འདི་དག་ལས་བརྒྱུད་པའི་གདུང་རྒྱུད་ཀྱིས་ལ་དྭགས་ཁུལ་ལ་དབང་བསྒྱུར་གནང་བར་མངའ་ཐང་དར་གུད་ཅི་རིགས་བྱུང་ངོ་།

སོ་ཆུང་བ། འདི་ཉིད་རབ་བྱུང་དང་པོའི་ཆུ་སྟག(སྤྱི་ལོ1062)ལོར་ཡུལ་ར་མོ་བར་སྐུ་འཁྲུངས། བུ་སྤུན་གཉིས་ཡོད་པ་ལ་ཕུ་བོ་གཟུགས་ཆུང་བས་སོ་ཆུང་བ་དང་། ནུ་བོ་གཟུགས་རིང་བས་སོ་རིངས་ཟེར། དགུང་ལོ་བཅུ་ཙམ་ལ་ཕེབས་སྐབས་ཡུལ་དེར་ལོ་ཉེས་བྱུང་ནས་ཕ་མ་གཉིས་ཀྱིས་བུ་སྤུན་གཉིས་ཁྲིད་དེ་ཡར་སྟོད་སྐྱིར་སྣར་སྤྲངས་པས་རྒྱ་སྒོམ་གྱིས་བྱིས་པ་རྒན་པ་དེ་ངའི་རྗེས་ལ་ཞོག ངས་ལྟོ་དང་གོས་སྟེར་གསུངས་པས་བཞག་སྟེ་ཕ་མ་གཉིས་ཡར་ལྐྱངས་སུ་ཕྱིན། དེར་རྒྱ་སྒོམ་གྱིས་སོ་ལ་བཙུན་པ་བཅོས། མིང་ཡང་དགེ་འདུན་འབར་དུ་བཏགས། རྒྱ་སྒོམ་གྱིས་སོ་ཆུང་བ་ཁྲིད་དེ་དམ་པའི་སར་ཕྱིན། དམ་པས་སོ་ཆུང་བ་ལ་དོན་བརྒྱུད་ཀྱི་གདམས་པ་རྫོགས་པར་གནང་། དམ་པ་གར་ཐེགས་ཀྱི་ཕྱག་ཕྱི་བྲུས་པས་གྲུབ་ཐོབ་པོ་མོ་ལྔ་བཅུ་རྩ་བཞིའི་གདམས་པ་ཡང་གནང་། དེ་ལ་ཡི་གེ་བྱེད་པར་ཞུས་པས་ཀྱང་བཀས་གནང་ནས་སྣར་ཁ་རྡོ་རྗེ་གྲགས་ཀྱི་འབུམ་གྱི་ཤོག་རས་ལ་གདམས་པ་རྣམས་བྲིས། དེ་ནས་དམ་པ་གར་བཞུད་ཀྱི་ཕྱག་ཕྱི་བྲུས། ཁ་རག་མདུན་དུ་སླེབས་སྐབས་དམ་པས་ཁྱོད་རང་ཕྱིར་ལོག་གསུངས། སོ་ཆུང་བ་ཕྱིར་ལོག་ནས་ལྷ་སར་རིག་པའི་ཚད་ལྡ་བའི་ཕྱིར་དྲིལ་གདང་ལ་དམིགས་པ་གཏད་པས་དྲིལ་གདང་རང་ཁྲོལ་བ་ཡང་བྱུང་། སོ་ཆུང་བས་ནད་པ་ལ་འདྲེ་གང་གནོད་པ་དང་ནད་ཅི་ཡིན་པ་ཐམས་ཅད་གསལ་ལེ་མཐྱེན་པ་བྱུང་ནས་འདྲེ་འདུལ་མང་དུ་བྱས། ཡོན་ཡང་ཆེ་བར་བླངས། དེ་ནས་སོ་ཆུང་བས་དམ་པ་དིང་རི་ན་བཞུགས་པ་ཐོས་ཏེ་ནད་པ་གསོས་པའི་ཡོན་གྱི་གསེར་སྲང་གསུམ་དང་རྟ་པོ་བཟང་བ་ཞིག་ཁྱེར་ནས་དིང་རིར་ཕྱིན། དམ་པས་མཐའ་སེལ་ལྔ་བཅུ་རྩ་གཅིག་གི་གདམས་པ་གནང་། དེ་ནས་ཡང་ཕྱིར་དབུས་སུ་ཕྱིན་ནོ། མཐར་སོ་ཆུང་བ་དགུང་ལོ་དྲུག་ཅུ་རྩ་བདུན་པ་རབ་བྱུང་གཉིས་པའི་ས་སྤྲེལ(སྤྱི་ལོ1128)ལོར་སྐུ་གཤེགས།

སྒྲུབ་དཔོན་བསོད་ནམས་རྩེ་མོ། ས་སྐྱ་གོང་མ་རྣམ་ལྔའི་ཡ་གྲལ། རྗེ་འདི་ཉིད་ཡབ་ས་ཆེན་ཀུན་དགའ་སྙིང་པོ་དང་ཡུམ་མ་གཅིག་འོད་སྒྲོན་གཉིས་ཀྱི་སྲས་སུ་རབ་བྱུང་གཉིས་པའི་ཆུ་ཁྱི(སྤྱི་ལོ1142)ལོར་སྐུ་འཁྲུངས། ཡབ་ལས་རྡོ་རྗེ་ཐེག་པའི་རྒྱུད་འགྲེལ་གྱི་དབང་དང་། གདམས་ངག ཁྲིད་ལུང་། ཕྱག་བཞེས་སོགས་གསན་སྦྱོང་གིས་ཐུགས་སུ་ཆུད་པ་མཛད། དགུང་ལོ་བཅུ་བདུན་ལ་དབུས་སུ་ཕེབས་ནས་གསང་ཕུ་ནེའུ་ཐོག་ཏུ་ཆ་པ་ཆོས་ཀྱི་སེང་གེའི་དྲུང་དུ་ལོ་ཕྱིར་ལོ་བཅུ་གཅིག་ཙམ་བཞུགས་ནས་དབུ་མར་གསན་སྦྱོང་གིས་མཁས་པ་ཆེན་པོར་གྱུར། ཡབ་ཀྱི་རྗེས་སུ་གདན་ས་བཟུང་ནས་ལམ་འབྲས་ཀྱི་གདམས་པ་སྤེལ། བརྟག་གཉིས་ཀྱི་རྣམ་བཤད་ཉི་མའི་འོད་ཟེར་སོགས་བསྟན་བཅོས་ཀྱང་དུ་མ་བརྩམས་པར་

མཛད། དུས་ཞལ་ཆེ་བ་དབེན་པའི་གནས་སུ་གཞོལ་བར་མཛད་ནས་མཐར་དགུང་ལོ་བཞི་བཅུ་ཞེ་གཅིག་པ་རབ་བྱུང་གསུམ་པའི་ཆུ་སྟག(སྤྱི་ལོ1182)ལོར་སྐུ་གཤེགས།

བསམ་གླིང་བ། འདི་ཉིད་ཡབ་ཕྱུག་པ་མགོན་དང་ཡུམ་དར་མ་ལྕམ་གཉིས་ཀྱི་སྲས་སུ་རབ་བྱུང་གསུམ་པའི་ས་བྱ(སྤྱི་ལོ1189)ལོར་དིང་རིར་སྐུ་འཁྲུངས། དགུང་ལོ་ཉེར་གཅིག་ལ་ཐེབས་སྐབས་དཔྱལ་ཆོས་བཟང་དང་གཙང་པ་སར་སྤོས་གཉིས་ཀྱིས་མཁན་སློབ་མཛད་དེ་རབ་ཏུ་བྱུང་། བླ་མ་མང་དུ་བསྟེན་ནས་ཐོས་པ་རྒྱ་ཆེན་པོ་མཛད། དཔྱལ་གྱི་ཟུར་ཆོས་པའང་ལོ་མང་དུ་བཟུས། མྱང་སྟོད་ཀྱི་སེང་ཕྲེང་དགོན་པ་ན་དྭགས་པོ་བཀའ་བརྒྱུད་པའི་སྒོམ་ཆེན་ཞིག་ཡོད་པ་དེ་ལ་ལྷ་ལྡན་ལ་སོགས་ཞུས་པས་ཕྱག་རྒྱ་ཆེན་པོའི་རྟོགས་པ་བརྙེས། གངས་པ་རིན་ཆེན་འོད་ཟེར་གྱི་ཞབས་ལ་གཏུགས་ནས་ཆོས་མང་དུ་གསན། སྐུ་ཚེའི་སྨད་དུ་མྱང་སྨད་བསམ་གླིང་དགོན་བཏབ། རྟོགས་པ་མཐོ་ཞིང་འགྲོ་དོན་རྒྱ་ཆེ། མཐར་དགུང་ལོ་དོན་གཉིས་པ་རབ་བྱུང་བཞི་པའི་ལྕགས་སྤྲེལ(སྤྱི་ལོ1260)ལོར་སྐུ་གཤེགས།

ལྷ་འགྲོ་བའི་མགོན་པོ། འདི་ཉིད་ཡབ་ཛོ་འབག་དང་ཡུམ་ལྷ་འབྲི་སྒང་པའི་ལྕམ་མོ་ལྷ་གཅིག་འཛམ་གླིང་གཉིས་ཀྱི་སྲས་སུ་རབ་བྱུང་གསུམ་པའི་མེ་རྟ(སྤྱི་ལོ1186)ལོར་སྐུ་འཁྲུངས། དགུང་ལོ་དྲུག་ལ་ཐེབས་སྐབས་དཀོར་འདུལ་བ་འཛིན་པ་ཆེན་པོ་ལ་བསྙེན་གནས་ཀྱི་སྡོམ་པ་མནོས། དགུང་ལོ་བཅུ་དྲུག་ལ་ཐེབས་སྐབས་འཆད་ཁར་ཁུ་བོའི་དྲུང་དུ་ཕྱིན་ནས་དགེ་བསྙེན་གྱི་སྡོམ་པ་མནོས། དེའི་མོད་ལ་སྐྱུར་མོ་ལུང་དུ་སྤྲུལ་ཏིལ་མཁན་པོ་དང་། གྲོ་ས་པའི་དགེ་བཤེས་གནས་བརྟན་ལ་སློབ་དཔོན་ཞུས་ཏེ་རབ་ཏུ་བྱུང་ནས་མཚན་བྱང་ཆུབ་འོད་དུ་གསོལ། ཕྱིས་པོ་ཏོར་དགེ་བཤེས་གནས་བརྟན་ལ་མཁན་པོ་དང་། སུ་ཀུ་དོ་ནས་དགེ་བཤེས་རྒྱལ་ཚ་གདན་དྲངས་ནས་ལས་ཀྱི་སློབ་དཔོན། ཛོ་བཙུན་པས་གསང་སྟོན་མཛད་དེ་བསྙེན་པར་རྫོགས། ཁུ་བོ་ལས་ཆོས་མང་དུ་གསན། ཁུ་བོ་གཤེགས་རྗེས་གདན་ས་མཛད། པོ་ཏོ་གནས་བརྟན་དང་བཀའ་གདམས་གཞུང་པའི་བཤེས་གཉེན་རྣམས་ཀྱིས་མཛད་དེ་པོ་ཏོ་སྡེ་མ་ལག་དང་བཅས་པ་ཕུལ། ཀོང་པོ་ནས་རྟ་བར། སུ་རྒྱ། བྱང་ལུང་གསུམ་གྱིས་ཐོག་དྲངས་པའི་སྡེ་པ་སུམ་བརྒྱ་ཙམ་གྱི་གཙུག་ལག་ཁང་གི་ལྡེ་མིག་གཏད་ནས་ཕུལ། དྭགས་པོ་ནས་བླ་མདའ་དང་། ཀན་མོ་ན་ཤོད་ཀྱིས་ཐོག་དྲངས་པའི་སྡེ་པ་མི་སྡེ་དང་བཅས་པ་ཕུལ། མཉལ་ནས་ཟངས་པོ་ཆེ་བ་ཆེན་པོས་སྤྱན་དྲངས་ཏེ་སྐུ་འབུམ་ཆེན་མོའི་རབ་གནས་མཛད། ཟངས་པོ་ཆེ་སྡེ་མ་ལག་དང་བཅས་པ་ཕུལ། རོང་རྩེ་དཀར་དུ་གདུང་ཁང་ཆེན་མོའི་རབ་གནས་ལ་སྤྱན་དྲངས་ནས་སྡེ་མ་ལག་དང་བཅས་པ་ཕུལ། དུས་ཕྱིས་ཀྱང་ཟངས་པོ་ཆེ་དང་བྲ་གོར་ན་སྤྱིལ་བུ་བའི་ཆོས་བརྒྱུད་འཛིན་པ་མང་དུ་བྱུང་། དེ་ལྟར་མཁས་བཙུན་མི་ཆེན་མང་པོའི་དོན་མཛད་ནས་མཐར་དགུང་ལོ་དོན་བཞི་པ་རབ་བྱུང་བཞི་པའི་ས་ལུག(སྤྱི་ལོ1259)ལོར་སྐུ་གཤེགས། གདུང་བཞུ་བས་ལྷ་སྐུ་ལ་སོགས་པའི་རྟེན་མང་དུ་བྱོན་པ་ལས། སྤྱིལ་བུའི་ནང་རྟེན་གསེར་སྐུའི་ནང་དུ་སྤྱན་བཞུགས།

ཐུགས་འཚང་ཁ་བས་གདན་དྲངས་ནས་ཙོ་སྣའི་གདུང་ཁང་ན་བཞུགས། ལྷགས་སྤྲུ་གུ་དོར་གདན་དྲངས་ནས་བྱང་ཆུབ་ཆེན་པོའི་ནང་ན་བཞུགས། དུང་གཡས་འཁྱིལ་བའི་ཕྱོན་པ་ལ། གཅིག་ཏུག་པའི་གསེར་སྐུར་བཞུགས། གཅིག་སྤྱངས་པའི་རྟེན་སྐལ་ལ་གདུང་ཁང་དུ་བཞུགས་ནས་ད་སྣན་ཡོད། གཅིག་སྤྱིལ་བུའི་རྟེན་ལྷང་སྟོན་པ་ལ་བཞག་གོ།

ལྷ་ཆེན་དངོས་གྲུབ། སྟོད་ཀྱི་མགོན་གསུམ་གྱི་ཡ་གྱལ་རིག་པ་མགོན་གྱི་རྒྱུད་པ། ཡབ་ལྷ་ཆེན་ཛོ་དཔལ་གྱི་སྲས། རྒྱལ་པོ་འདིའི་དུས་སུ་རབ་ཏུ་བྱུང་བ་དབུས་གཙང་དུ་འཆད་ཉན་ལ་འགྲོ་བའི་སྲོལ་བཙུགས་ནས་ཡབ་མེས་ཀྱི་གཙུག་ལག་ཁང་རྣམས་ལ་ཞིག་གསོ་མཛད་པ་དང་། ཁྱད་པར་དུ་ཆོས་རྗེ་འབྲི་གུང་པ་འཇིག་རྟེན་མགོན་པོ་མཇལ་བར་ཕེབས་ནས་གསེར་དངུལ་ལ་སོགས་པ་རིན་པོ་ཆེ་བརྒྱ་འབུལ་ཞུས་པ། གཞན་ཡང་བཀའ་འགྱུར་ཚར་གཉིས་དང་། གསང་སྔགས་ཀྱི་དཀྱིལ་འཁོར་ཡང་མང་པོ་བཞེངས་སོ།

ལྷ་ཆེན་ཆེ་དབང་རྣམ་རྒྱལ། སྟོད་ཀྱི་མགོན་གསུམ་གྱི་ཡ་གྱལ་རིག་པ་མགོན་གྱི་རྒྱུད་པ། ཡབ་བཀྲ་ཤིས་རྣམ་རྒྱལ་ལ་སྲས་གསུམ་བྱུང་བའི་བགྲེས་པ། འདི་ཉིད་རྒྱལ་སྲིད་ལ་དབང་བསྐུར་རྗེས་སྐུ་ན་གཞོན་དུས་དམག་མཛད་པས་བྱང་ངམ་རིང་། སྨྲོ་བོ་དང་། པུ་རངས། གུ་གེ་ལ་སོགས་པ་མངའ་འོག་ཏུ་བསྡུས། སྟོ་ཕྱོགས་འཛུམ་ལང་དང་། ཞུང་ཏི། ནུབ་ཤིང་དཀར་དང་། ཁབ་གར་ཚུན་ཆོད་མངའ་འོག་ཏུ་བསྡུས་ཤིང་། ས་ཁུལ་དེ་ཚོའི་སྟེང་གི་བདག་པོ་རྣམས་མི་གཏེར་ཉར་བ་དང་། བཀའ་གསུང་ཅི་སྒྲུབ་ཞུ་རྒྱུའི་ཡིག་དན་བྲིས། མཁར་རྣམས་ལ་སྐྱ་ཚབ་བཞག་ནས་མར་ཡུལ་ཐམས་ཅད་དར་ཞིང་རྒྱས་པར་མཛད། གུ་གེ་ནས་ཁྲལ་དང་དཔྱར་ལོ་ལྟར་གསེར་ཞོ་སུམ་བརྒྱ། དངུལ། ལུག་ཆེར་མོ་བརྒྱ། ཚིབས་པ་གཅིག ཏུ་རྩིག་ནས་གསེར་ཞོ་ཉིས་བརྒྱ་དྲུག་ཅུ། ལུག་ཆེར་མོ་བརྒྱ། ཚིབས་པ་གཅིག བཙོད་རྒྱལ་པ་བཅུ། མཁར་ཨོ་སྡོང་དང་། ཞིང་དར་ཆེན་དར་ཆུང་རྣམས་དང་། གཞན་ཡང་ཁྲལ་དང་དཔྱའ་ལ་སོགས་པ་ཕྱོགས་ཕྱོགས་ནས་འབུལ་མཁན་མང་པོ་བྱུང་ཡོད། ཁོང་གིས་ད་དུང་གཙུག་ལག་ཁང་རྒྱ་ཆེན་པོ་བཞེངས་པ་སོགས་མེས་རལ་པ་ཅན་ལྷ་བུའི་ཕྱག་རྗེས་ཤིག་འཇོག་པར་དགོངས་པའི་མུར་སྐུ་གཤེགས་ཤིང་། དེ་རྗེས་རྒྱལ་ཕྲན་ལྷ་བུའི་མངའ་རིས་རྣམས་ཀྱང་ཕྱོགས་ཕྱོགས་སུ་གྱེས་སོ།

ལྷ་ཆེན་ཨུཏྤལ། སྟོད་ཀྱི་མགོན་གསུམ་གྱི་ཡ་གྱལ་རིག་པ་མགོན་གྱི་རྒྱུད་པ། ཡབ་བླ་ཆེན་རྒྱལ་པོའི་སྲས། རྒྱལ་པོ་འདིས་ལ་དྭགས་སྟོད་གཤམ་གཉིས་ཀྱི་དམག་དྲངས་ནས་ཞུང་ཏི་ལ་བརྒྱབ་པས་ཞུང་ཏི་རྒྱལ་པོ་ཕམ་ནས་གངས་ཏེ་སེ་ནམ་བཞུ་དང་། མཆོ་མ་ཕམ་ནམ་སྐམ་བར་ཏེ་ཇི་སྲིད་བར་རྒྱལ་པོར་མཇལ་དང་ལྷགས་ལ་སོགས་པའི་ཁྲལ་དང་དཔྱའ་འབུལ་བའི་མནའ་གན་བཞག་པ་ལག་བསྟར་རྒྱུན་འཁྱོངས་བྱས་པ་དང་། ད་དུང་སྨྲོ་བོ། པུ་རངས་མན་ཆོད། སྟོ་ཕྱོགས་བྲེ་སྲང་གི་ཡུལ་ཆུ་ལ་མེ་འབར་ཚུན་ཆོད། ནུབ་ཕྱོགས་ར་ཤན་འགྲེང་ཤིང་། སྟག་ཁ་ཙུར་ཆད། བྱང་ཕྱོགས་ཀ་བྲུས་ཕན་ཆོད་མངའ་འོག་ཏུ་བསྡུས་ཏེ་ལོ

ལྷར་དཔྱའ་ཁྲལ་འབུལ་བ་དང་། རྒྱལ་པོའི་ཞལ་མཇལ་ཞུ་བར་ཡོང་རྒྱུའི་ཆོད་ཁ་བྱས་པ་སོགས་རྒྱལ་པོ་འདིའི་དུས་སུ་མངའ་ཐང་རྒྱས་ལ་དཔུང་སྟོབས་བཙན་པ་བྱུང་ངོ་།

ལྷ་ཆོས་ལྡེ། (འདོལ་ལེ་ཡང་ཞུ) སྨད་ཀྱི་ལྡེ་གསུམ་གྱི་ཡ་རྒྱལ་དཔལ་ལྡེའི་རྒྱུད་པ། ཡབ་བཙན་ལྡེར་སྲས་གསུམ་བྱུང་བའི་བགྲེས་པ། འདིའི་སྐུ་རིང་ལ་མངའ་ཐང་སྟོར་དང་མི་འདྲ་བའི་ཡར་རྒྱས་སོང་ཞིང་། གཞོངས་དབུས་ནུབ་རི་སྟེང་པོ་ཆེ་དར་ཡོལ་བྲིས་པ་ལྷ་བུར་ས་བྲང་ཕྱི་ང་ཁབ་གོང་དུ་གྲགས་པ་སྐུ་མཁར་ལྷུགས་རི་འོབ་དང་བཅས་པ་བྱས། དེ་སྐབས་རྗེ་བཙུན་མི་ལ་རས་པ་ཡང་གྲུབ་པ་བརྙེས་ཏེ་ཟ་འོག་ཕུག་ཏུ་ཕེབས་པ་དང་དུས་མཚུངས་པས་ཕལ་ཆེར་སྤྱི་ལོའི་དུས་རབས་བཅུ་གཅིག་པའི་མཇུག་ཙམ་ལ་ཡིན་པར་སྣང་།

ལྷ་རྗེ་ཟླ་བའི་འོད་ཟེར། འདི་ཉིད་འཁོན་ཕུ་བའི་སྲས་སུ་རབ་བྱུང་གཉིས་པའི་ཆུ་ཡོས(སྤྱི་ལོ1123) ལོར་སྐུ་འཁྲུངས། དགུང་ལོ་གཉིས་ལ་ཕེབས་སྐབས་ཡུམ་གཤེགས་ནས་ལྷ་རྗེ་མས་ལོ་བཅུའི་བར་དུ་གསོས། བཅུ་དྲུག་ལ་ཕེབས་སྐབས་འུ་ཡུག་གི་ཞང་རྒྱ་མ་བ། གངས་པ་ཤེའུ། རོང་ཟོམ་ཆོས་ཀྱི་བཟང་པོ་ལ་སོགས་པ་ཡབ་ཀྱི་བཞིན་དུ་གསན་པ་རྒྱ་ཆེར་མཛད། ཕྱིས་ཡབ་དང་ཨ་ནེ་གཉིས་ལ་དབང་གདམས་པ་མ་ལུས་པར་ཞུས། གཞན་བལ་པོར་ཡང་ཛ་ཡ་སེ་ན་ལ་སོགས་པའི་བླ་མ་མང་དུ་བསྟེན། ཡབ་ཀྱི་ལུགས་བཞིན་དུ་གདམས་ངག་དབང་བསྐུར་སྔོ་སྟོང་གི་བཤད་པ་གསུམ་གྱིས་ཡུལ་དང་ཡུལ་རྣམས་སུ་གདུལ་བྱ་མཐའ་ཡས་པ་བསྐྱངས། མཁས་པའི་སྨན་པས་སྟོད་ལུང་རྒྱ་དམར་བ་ལ་སོགས་པས་ཀྱང་ཞབས་ལ་གཏུགས། ཟང་ཟང་གི་ལོངས་ལ་མངའ་བརྙེས་པས་ཡབ་དང་ཨ་ནེའི་དགོངས་པ་རྫོགས་ཐབས་སྐྱེ་བོ་མང་པོར་སྨིན་གཏོང་དང་། དངུལ་གྱི་གདུང་ཁང་ཆེན་པོ་གཉིས་བཞེངས། བལ་ཡུལ་དུ་ཕྱིར་ནས་ཁང་གསར་བ་ཛ་ཡ་སེ་ན་ལ་རབ་གནས་ཞུས། སོང་གིས་དབང་བཞི་རྫོགས་དང་བཅས་པའི་རབ་གནས་མཛད། སླར་བོད་དུ་འཁོར་རྣམས་ཀྱིས་བསུ་བ་རྒྱ་ཆེ་མཛད་དེ་སྤྱན་དྲངས། བལ་ཡུལ་དུ་འཕགས་པ་ཤིང་ཀུན་གྱི་གདུགས་ལན་མང་དུ་བཀལ། དེ་ན་གནས་པའི་རྣལ་འབྱོར་མ་དང་གྲུབ་པའི་རྣལ་འབྱོར་པ་མང་པོ་བསྟུས་ནས་ཚོགས་ཀྱི་མཆོད་པ་ཡང་མང་དུ་མཛད་པ་སོགས་བསྟན་པའི་བྱ་བ་རྒྱ་ཆེར་སྤེལ་ནས་མཐར་དགུང་ལོ་དྲུག་ཅུ་པ་རབ་བྱུང་གསུམ་པའི་ཆུ་སྟག(སྤྱི་ལོ1182) ལོར་སྐུ་གཤེགས།

ལྷ་བྲག་ཁ་བ་བློ་གྲོས་ཡེ་ཤེས། འདི་ཉིད་ཇོ་བོ་ཤཱཀྱ་བཀྲ་ཤིས་དང་སྐྱོ་མོ་དར་རྒྱན་གྱི་སྲས་སུ་རབ་བྱུང་གསུམ་པའི་ལྕགས་ཁྱི(སྤྱི་ལོ1190) ལོར་ཁྱི་ཚང་དུ་སྐུ་འཁྲུངས། ལྷ་འགྲོ་བའི་མགོན་པོའི་ཞབས་ལ་གཏུགས། སྲས་པ་སྟོན་གཞོན་གྱི་ཡོན་ཏན་བུམ་པ་གང་བྱོའི་ཚུལ་དུ་མཁྱེན། དགུང་ལོ་ཉི་ཤུ་རྩ་བདུན་གདན་ས་མཛད། འགྲོ་བའི་དོན་རྒྱ་ཆེན་པོ་བྱུང་། དགུང་ལོ་སུམ་ཅུ་རྩ་བདུན་གྱི་བར་དུ་བཞུགས།

ལྷ་བླ་མ་བྱང་ཆུབ་འོད། སྟོད་ཀྱི་མགོན་གསུམ་གྱི་རྒྱུད་པ། ཧ་ལམ་སྤྱི་ལོའི་དུས་རབས་བཅུ་གཅིག་པའི་

ནང་འབྱུངས། འདི་ཉིད་ཀྱི་ཡབ་འཁོར་རེའི་སྲས་ལྷ་ལྡེ(འདི་ཉིད་ཀྱི་ཡབ་སྲོང་ངེ་ཡིན་ཞེས་པའང་སྣང་)ཡིན་ཞིང་། རབ་ཏུ་བྱུང་ནས་མཚན་བྱང་ཆུབ་འོད་ཅེས་གསོལ། བྱང་ཆུབ་འོད་ཀྱིས་ཁུ་བོ་ལྷ་བླ་མ་ཡེ་ཤེས་འོད་བཙོན་ནས་འདོན་ཕྱིར་དབུས་གཙང་གི་རབ་ཏུ་བྱུང་བ་རྣམས་ལ་གཉམ་ཐབ་ཀྱི་ཁྲལ་དང་། བོད་ཁམས་གླིང་དགུའི་འབངས་ལ་གསེར་གྱི་ཁྲལ་མོ་ཆེ་ཐེངས་གསུམ་བསྡུས། ཕྱག་རྫས་ཡོད་རྒུ་གསེར་དུ་བསྒྱུར་ནས་ཁུ་བོ་བླུ་བར་གར་ལོག་ཏུ་ཕེབས་རུང་། ཁུ་བོས་ཁོང་ཉིད་བཙོན་ནས་འདོན་མ་དགོས་པར་གསེར་དེ་རྣམས་ཁྱེར་ཏེ་རྒྱ་གར་ནས་ཇོ་བོ་རྗེ་གདན་འདྲེན་ཞུས་ཏེ་སངས་རྒྱས་ཀྱི་བསྟན་པ་དར་འཕེལ་གཏོང་དགོས་པའི་བཀའ་གནང་བ་བཞིན་བྱང་ཆུབ་འོད་ཀྱིས་ནག་ཚོ་ལོ་ཙཱ་བ་ཚུལ་ཁྲིམས་རྒྱལ་བ་སོགས་ཇོ་བོ་རྗེ་གདན་འདྲེན་པར་མངགས། ཇོ་བོ་རྗེ་བོད་དུ་ཕེབས་སྐབས་ལྷ་བླ་མ་བྱང་ཆུབ་འོད་ཀྱིས་ཧ་དཀར་མི་དཀར་སུམ་བརྒྱ་ཐམ་པས་གདུགས་དང་རྒྱལ་མཚན་བ་དན་ལ་སོགས་པའི་མཆོད་རྫས་ཐོགས་ཏེ་ཕེབས་བསུར་བཅར། དེ་བཞིན་གླུ་གར་དང་བཀྲ་ཤིས་པའི་ཤིས་པ་བརྗོད་པ་སོགས་གཟབ་ཅིང་རྒྱས་པའི་བསུ་བ་ཞུས། དེའི་སྐབས་སྔར་མེད་པའི་རག་དུང་གསར་དུ་བཟོས་ཏེ་ཇོ་བོ་སྤྱན་འདྲེན་པའི་ཕྱིར་འབུད་པ་དེ་ནས་བོད་དུ་དུང་ཆེན་འབུད་སྲོལ་དར་ལ་དུང་ཆེན་དེ་ལ་ལོ་པཎ་སྤྱན་འདྲེན་པའི་དུང་ཆེན་ཞེས་གྲགས། དེ་སྐབས་ལྷ་བླ་མ་བྱང་ཆུབ་འོད་ཀྱིས་ཇོ་བོ་རྗེར་ཞུ་རྟེན་དུ་གསེར་མང་པོ་ཕུལ་ནས་ཐོག་མར་གནད་དོན་གསུམ་བཀའ་འདྲི་ཞུས་པ་སྟེ། སངས་རྒྱས་ཀྱི་བསྟན་པ་ལ་རིམ་གྱིས་འཇུག་པ་ལགས་སམ་ཅིག་ཅར་དུ་འཇུག་པ་ལགས། ཕྱི་ནང་གི་ཁྱད་པར་གང་ལགས། དགེ་སློང་གིས་རྗེ་རྡོ་རྗེ་ཕྱག་གི་དངོས་དབང་གོང་མ་རྣམ་གཉིས་བླང་དུ་རུང་མི་རུང་ཞེས་ཞུས་པའི་ལན་དུ། ཇོ་བོས། རིམ་གྱིས་ཡིན་གསུངས་ནས་ལམ་སྒྲོན་མཛད། སྐྱབས་འགྲོ་དང་ལྟ་བ་བཀའ་བཏགས་ཀྱི་ཕྱག་རྒྱ་བཞི་ཡོད་མེད་ཡིན། གསང་བ་ཤེས་རབ་ཡེ་ཤེས་ནི་ཚངས་པར་སྤྱོད་པས་བླང་བར་མི་བྱ་ཞེས་གསུངས་སོ། ལྷ་བླ་མ་བྱང་ཆུབ་འོད་འདིའི་སྐུ་རིང་ལ་ལོ་ཆེན་རིན་ཆེན་བཟང་པོས་དམ་པའི་ཆོས་མང་པོ་བསྒྱུར་བ་དང་། འདི་ཉིད་ཀྱི་སྐུ་ཆེའི་སྐད་ལ་པུ་རངས་པ་ཞང་ཆུང་བཙུན་གསལ་ཤེས་རབ་ལ་བཀའ་བསྐོས་ནས་ཡུལ་དབུས་ཀྱི་པཎྜི་ཏ་གྷ་བཛྲ་པོ་ཧྲི་དང་། ལོ་ཙཱ་བ་གྱི་ཇོ་ཟླ་བའི་འོད་ཟེར་གྱིས་དུས་འཁོར་དང་། མ་རྒྱུད་འགའ་ཞིག་ཀྱང་བསྒྱུར་ཡོད་དོ།

ལྷ་བླ་མ་ཡེ་ཤེས་འོད། འདི་ཉིད་ཀྱི་ཡབ་སྐོད་ཀྱི་མགོན་གསུམ་གྱི་ཡ་རྒྱལ་བཀྲ་ཤིས་ལྡེ་མགོན་དང་ལྡེ་གཙུག་མགོན་གང་ཡིན་བཞེད་པ་མི་མཐུན་པ་ཡོད་ལ། ཡབ་ལ་སྲས་འཁོར་རེ་དང་སྲོང་ངེ་གཉིས་བྱུང་བ་ལས་ལ་ལས་འདི་ཉིད་འཁོར་རེ་ཡིན་ཞེས་དང་། ལ་ལས་སྲོང་ངེ་ཡིན་ཞེས་གསུང་ཚུལ་མི་འདྲ་བ་ཡང་མཆིས། རྗེ་འདི་ཉིད་བོད་ཤིང་སྐྱང(སྤྱི་ལོ965)ལོར་སྐུ་འཁྲུངས་ཤིང་། སྐུ་ཆེའི་སྟོད་ལ་ཁབ་བཞེས་ཏེ་སྲས་ནཱ་ག་རཱ་ཛ་དང་། དེ་ཝ་རཱ་ཛ་གཉིས་འཁྲུངས། ཕྱིས་ཡབ་མེས་ཀྱི་ཡིག་ཚང་གཟིགས་པས་ཐུགས་སྐྱོ་ནས

རབ་ཏུ་བྱུང་བས་མཚན་ལྷ་བླ་མ་ཡེ་ཤེས་འོད་ཅེས་གསོལ། ཡེ་ཤེས་འོད་ཀྱིས་མེ་སྤྲེལ(སྤྱི་ལོ996)ལོར་མངའ་རིས་མཐོ་ལྡིང་གསེར་གྱི་ལྷ་ཁང་བཞེངས། དེ་རྗེས་རིན་ཆེན་བཟང་པོ་ལ་སོགས་པའི་ཁྱེའུ་བློ་རྣོ་བ་ཉི་ཤུ་རྩ་གཅིག་རྒྱ་གར(ཁ་ཆེའི་ཡུལ་ཞེས་པའང་སྣང)དུ་གསེར་མང་པོ་བསྐུར་ཏེ་ཆོས་སློབ་ཏུ་བཏང་བའི་ནང་ནས་བཅུ་དགུ་རྒྱ་གར་དུ་ཚད་པས་གྲོངས། ལོ་ཆེན་རིན་ཆེན་བཟང་པོ་དང་ལོ་ཆུང་ལེགས་པའི་ཤེས་རབ་གཉིས་ཀྱིས་མདོ་སྔགས་ཀྱི་ཆོས་མང་པོ་བསླབས་ཏེ་བོད་དུ་ཕེབས་ནས་མདོ་སྔགས་ཀྱི་ཆོས་མང་པོ་བསྒྱུར་ཅིང་ཞུས་ནས་གཏན་ལ་ཕབ། གཞན་ཡང་ལྷ་བླ་མ་ཡེ་ཤེས་འོད་ཀྱིས་རྒྱ་གར་ནས་དྷརྨ་པཱ་ལ་ལ་སོགས་པའི་པཎྜི་ཏ་སྤྱན་དྲངས་ཏེ་སྟོད་འདུལ་གྱི་སྲོལ་གཏོད་པས་བསྟན་པའི་མེ་རོ་དེ་སྨད་ནས་གསོས་ཏེ་སྟོད་དུ་འབར་ཞེས་པ་དེ་བྱུང་བར་གྲགས། བར་སྐབས་བསྟན་པ་ཡུན་རིང་ཙམ་ཉམས་པའི་རྐྱེན་གྱིས་ལྷ་སྤྱོད་རྣམ་དག་འཛིན་པ་ཉུང་ཞིང་། ཆོས་ལོག་སྤྱོད་པ་མང་པོ་བྱུང་གཤིས་ལྷ་བླ་མ་ཡེ་ཤེས་འོད་ཀྱིས་རྒྱ་བརྩོན་འགྲུས་སེང་གེར་གསེར་མང་པོ་བསྐུར་ཏེ་རྒྱ་གར་དུ་ཇོ་བོ་རྗེ་སྤྱན་འདྲེན་པར་མངགས་ཀྱང་རེ་ཞིག་སྤྱན་མ་འདྲོངས། དེ་སྐབས་གར་ལོག་དང་། གུ་གེ་གཉིས་མ་མཐུན་པར་གཡུལ་འགྱེད་བྱེད་དགོས་བྱུང་སྐབས་ལྷ་བླ་མ་ཡེ་ཤེས་འོད་སྐུ་ངོ་མས་དམག་སྣེ་ཁྲིད་དེ་གར་ལོག་དང་འཐབ་པས་ཕམ་སྟེ་བཙོན་དུ་ཚུད། གར་ལོག་རྒྱལ་པོས་ལྷ་བླ་མ་ཡེ་ཤེས་འོད་ལ་དཀོན་མཆོག་གསུམ་ལ་སྐྱབས་སུ་འཛིན་པ་བཏང་སྟེ་ཁ་ཆེའི་ཆོས་ལུགས་ལ་དད་པ་བྱེད་པའམ་ཡང་ན་གསེར་ཁོང་གི་སྐུ་ལུས་ཀྱི་ལྗིད་དང་མཉམ་པ་ཞིག་བྱུང་ན་བཙོན་ནས་གཏོང་ཟེར་ཡང་ཁོང་གིས་ཞལ་བཞེས་མ་གནང་བས་བཙོན་དུ་ཡུན་རིང་ཙམ་ལུས། ཚུལ་འདི་ཁོང་གི་དཔོན་པོ་རྣམས་ཀྱིས་མཁྱེན་ཏེ་མངའ་རིས་ཁུལ་ནས་གསེར་མང་པོ་བསྒྲུབས་ཏེ་དཔོན་པོ་བྱང་ཆུབ་འོད་གར་ལོག་ཏུ་ཕེབས་ནས་ལྷ་བླ་མ་ཡེ་ཤེས་འོད་ལ་གསེར་ཕྲན་བུ་མ་གཏོགས་བསྒྲུབས་ཟིན་ཚུལ་ཞུས་ཀྱང་ལྷ་བླ་མའི་ཞལ་ནས། ང་རྒས་ནས་སུ་ལ་ཡང་ཕན་མི་ཐོགས་པས་གསེར་གང་ཡོད་པ་དེ་རྣམས་བསྐུར་ཏེ་རྒྱ་གར་ནས་ཇོ་བོ་རྗེ་སོགས་པཎྜི་ཏ་དང་མཁས་པ་མང་པོ་བོད་དུ་གདན་དྲོངས། མཐོ་ལྡིང་དུ་མཆོད་པ་ཆེན་པོ་ཚུགས། ལྷ་ས་དང་བསམ་ཡས་སོགས་ལ་ཞིག་གསོ་བཅས་མཛད་དགོས་པའི་ཞལ་ཆེམས་དཔོན་པོ་བྱང་ཆུབ་འོད་ལ་གསུངས་ནས་དགུང་ལོ་བདུན་ཅུ་ཡས་མས་ཙམ་ལ་གར་ལོག་གི་བཙོན་ཁང་དུ་སྐུ་གཤེགས་སོ།

ལྷ་བློ་གྲོས་འོད། རྗེ་འདི་ཉིད་ཡབ་མངའ་བདག་གྲགས་པ་རིན་ཆེན་དང་ཡུམ་ལྷ་གཅིག་རྗོ་ཛེའི་སྲས་སུ་རབ་བྱུང་བཞི་པའི་ཤིང་བྱ(སྤྱི་ལོ1225)ལོར་འཁྲུངས། དགུང་ལོ་གཞོན་ནུའི་དུས་ལོ་ཙཱ་བ་གྲགས་པ་རྒྱལ་མཚན་དང་། སློབ་དཔོན་ཀུན་དགའ་སོགས་པ་ལ་དབང་གདམས་ངག་མང་དུ་གསན། དེ་ནས་ཐུར་ཁང་བ་ལ་དགེ་བསྙེན་གྱི་སྡོམ་པ་མནོས། མཁན་པོ་ལྷག་ཉ་བ་དང་སྦས་པ་སྟོན་གཞོན་གཉིས་ཀྱིས་མཁན་སློབ་མཛད་ནས་རབ་ཏུ་བྱུང་། དགུང་ལོ་ཉི་ཤུ་པ་ལ་མཁན་སློབ་དེ་གཉིས་ལས་བསྙེན་པར་རྫོགས།

ཟུར་ཁང་བ་ལ་གཞུང་གདམས་ངག་མ་ལུས་པར་གསན། ཕྱི་ཐག་ཏུ་བློ་སྦྱོང་དོན་བདུན་མ་སོགས་གྲགས་པ་དང་མ་གྲགས་པའི་སྐན་བརྒྱུད་དང་། ཁ་ཆེ་པཎ་ཆེན་ནས་བརྒྱུད་པའི་གདམས་པ་ཟབ་མོ་རྣམས་གསན། སྨས་པ་སྟོན་གཞོན་ལ་ཤེར་ཕྱིན་གྱི་སྐོར་དང་། མཁན་པོ་གཞོན་ཚུལ་ལ་འདུལ་བའི་སྐོར་གསན། དགུང་ལོ་ཉེ་ཤུ་རྩ་བདུན་ལ་ཕེབས་པ་ལྕགས་ཕག(སྤྱི་ལོ1251) ལོར་སྤྱིལ་བུའི་གདན་སར་ཕེབས། ཟུར་ཁང་པས་དུང་རིན་པོ་ཆེ་དང་། འཕེལ་གདུང་དང་། ཤྭ་རིའི་བུའི་ལྷུང་བཟེད་དང་། ན་རོའི་རུས་རྒྱན་དང་། ཇོ་བོ་རྗེའི་ཕྱག་དྲིལ་དང་། ཕྱག་རྡོར་དང་། པོ་ཏ་ལ་སོགས་གཙུག་ལག་ཁང་རྣམས་ཀྱི་ལྡེ་མིག་གནང་། སྤྱིར་གདན་ས་ལོ་བཞི་བཅུའི་བར་དུ་བསྐྱངས། དགུང་ལོ་དྲུག་ཅུ་རེ་དྲུག་ལ་ཕེབས་པ་རབ་བྱུང་ལྔ་པའི་ལྕགས་སྟག(སྤྱི་ལོ1290) ལོར་སྐུ་གཤེགས།

ལྷ་རིན་ཆེན་མཚོ། སྨད་ཀྱི་ལྡེ་གསུམ་གྱི་ཡ་རྒྱལ་དཔལ་ལྡེའི་རྒྱུད་པ། འདི་ནི་སྐྱབ་པ་ལྡེ་ལ་སྲས་གཅིག་དང་སྲས་མོ་གསུམ་བྱུང་བའི་ཆུང་ཤོས་ཡིན། རང་གི་གཅེན་མགོན་པོ་ལྡེ་ཡེ་ཚོའི་དམག་གིས་བཀྲོངས་རྗེས་རྒྱལ་སྲིད་ཀྱི་བྱ་བ་ནི་ནེ་ནེ་ཆུང་ཤོས་བཙུན་མར་བཞུགས་པ་ལྷ་རིན་ཆེན་མཚོ་ཡིས་མཛད། ཁོང་ནི་དགྲ་གཉེན་ལ་ངར་ཐོན་ཞིང་བློ་གྲོས་ཡང་ཆེ་བརྟས་པ་ཞིག་ཡོད། ཁོང་གིས་རང་གི་གཅེན་མོ་ས་པཎ་གྱི་གཙུང་ཟངས་ཚ་བསོད་ནམས་རྒྱལ་མཚན་གྱི་བཙུན་མོའི་གྲས་སུ་ཡོད་པས་ས་སྐྱར་ཕྱག་རྟེན་བཏང་ཞིང་འཕྲིན་ལས་བཅོལ་ནས་དམག་ཁྲིར་ཆེན་པོས་ཡེ་ཚོའི་ཕྱོགས་ལ་དགྲ་ཤ་བླན་ཕྱིར་མི་མང་དུ་བསད། འདིའི་སྡིག་སྦྱོང་ལ་ཁབ་གོང་གི་ལྷ་ཁང་དམར་པོ་དང་། འོར་གནས་གསར་གྱི་ལྷ་ཁང་དང་། དེ་དག་ཏུ་ཀ་ཅི་ཆེན་པོ་རེ་རེ། གཞན་ཡང་མཆོད་རྟེན་ཕྲ་མོ་མང་དུ་བརྩིགས། ཆོས་མཁར་དུ་རྒྱུད་བརྟག་གཉིས་དང་། འོམ་ཐུག་ཏུ་རྒྱུད་གསང་སྙིང་གི་བཤད་གྲྭ་བཙུགས། སློས་གཞིས་གདུང་ཐུག་ཏུ་མཛོད་དེ་དེར་མདོ་མང་ཀློགས་བམ་བཞི་བཅུ་བཞེངས་ཤིང་གསུང་སྒྲོག་ན་མར་བཙུགས་པ་དང་། ཚེ་སྨད་ཐུགས་དམ་ལ་རྩེ་གཅིག་ཏུ་གཞོལ་བ་སོགས་བུད་མེད་གཅིག་ལ་ཡ་རབས་ཀྱི་དཔེར་འོས་པ་བྱུང་།

གསུམ་པ། ས་སྐྱ་པའི་སྐབས།

ཀརྨ་རང་བྱུང་རྡོ་རྗེ། ཀརྨ་སྐུ་ཕྲེང་གསུམ་པ་འདི་ནི་གཙང་སྟོད་སྐྱིད་གྲོང་འཕགས་པ་ཤ་ཧེའི་ལྷ་ཁང་གི་སྟོ་ཕྱོགས་གངས་ཞུར་མོའི་རྩ་ཕུ་རླུང་ཤོད་ཅེས་པར་ཡབ་གསང་སྔགས་རྙིང་པའི་སྔགས་འཆང་ཆོས་དཔལ་དང་། ཡུམ་ཇོ་མོ་གཡང་འདྲེན་གཉིས་ཀྱི་སྲས་སུ་རབ་བྱུང་ལྔ་པའི་ཤིང་སྤྲེལ(སྤྱི་ལོ1284)ལོར་འཁྲུངས། དགུང་ལོ་ལྔ་ལ་གྲུབ་ཆེན་ཨོ་རྒྱན་པ་རིན་ཆེན་དཔལ་གྱི་དྲུང་དུ་དགེ་བསྙེན་གྱི་སྡོམ་པ་བཞེས་ཏེ་མཚན་རང་བྱུང་རྡོ་རྗེར་གསོལ། དགུང་ལོ་བདུན་པར་ཁྲོ་ཕུ་ཤེས་རབ་ཀྱིས་མཁན་པོ་མཛད་དེ་དགེ་ཚུལ་བསྒྲུབས། དགུང་ལོ་བཅོ་བརྒྱད་པར་མཁན་པོ་གཞོན་ནུ་བྱང་ཆུབ་དང་། ལས་ཀྱི་སློབ་དཔོན་དགེ་འདུན་རིན་ཆེན་གཉིས་ཀྱི་དྲུང་དུ་བསྙེན་པར་རྫོགས། འདུལ་བ་ཡོངས་རྫོགས་གསན། དེ་ནས་སློབ་དཔོན་ཤེས་རབ་དཔལ་དང་། རྒྱ་སྒོམ་ཡེ་ཤེས། སྙེ་མདོ་ཀུན་དགའ་དོན་གྲུབ་སོགས་ལས་བཀའ་བསྟན་འགྱུར་རོ་འཚལ་མ་ལུས་པ་གསན་ཏེ་ཀརྨའི་གདན་སར་ཕྱིན། ཁམས་དང་དབུས་ཕྱོགས་སུ་གཙུག་ལག་ཁང་དུ་མ་གསར་བཞེངས་དང་ཉམས་གསོ། ཟམ་པ་གསར་བཞེངས་སོགས་ཀྱི་འགྲོ་དོན་མཛད། རབ་བྱུང་དྲུག་པའི་ལྕགས་ལུག(སྤྱི་ལོ1331)ལོར་གོང་མས་གདན་དྲངས་པ་ལྟར་པེ་ཅིན་ལ་ཕེབས་ཏེ་རྒྱལ་པོ་དང་བཙུན་མོ་སློན་པོ་སོགས་ལ་དུས་འཁོར་གྱི་དབང་ཆེན་བསྐུར། དེ་ནས་ཡུ་གུར་དང་ཧོར་ཡུལ་ཕྱོགས་སུ་བསྟན་པའི་བྱ་བ་ཆེན་པོ་མཛད་བཞིན་ཆུ་བྱ(སྤྱི་ལོ1333)ལོར་རྒྱལ་པོ་ཐོ་གན་ཐེ་མུར་ཁྲིང་རྒྱལ་ཁྲིར་འཁོད་པའི་ཤིས་བརྗོད་མཛད། ཤིང་ཁྱི(སྤྱི་ལོ1334)ལོར་བོད་དུ་ཕེབས་ཁར་གོང་མས་ཆོས་ཀུན་དེ་ཉིད་གཟིགས་པའི་ཀརྨ་པ་ཞེས་པའི་མཚན་བསྟོད་དང་། གུ་ཤྲིའི་ཐམ་ག གསེར་བཅས་ཕུལ། ལོ་དེར་བོད་ལ་ཕེབས་ནས་བསམ་ཡས་གཙུག་ལག་ཁང་དུ་བཞུགས། བཀའ་བསྟན་བོད་དུ་འགྱུར་རོ་ཅོག་གསར་དུ་བཞེངས། རྩིས་གཞུང་ཀུན་བཏུས་དང་། གསུང་ཆོས་སྟོན་པའི་སྐྱེས་རབས། ཆོས་དབྱིངས་བསྟོད་པའི་རྣམ་བཤད། ཟབ་མོ་ནང་དོན་གྱི་རྩ་འགྲེལ་སོགས་མདོ་སྔགས་ཀྱི་བསྟན་བཅོས་པོད་གསུམ་ལྷག་བཀའ་རྩོམ་མཛད། ཚེ་ཆུ་གཏེར་ལས་བཞེས་ཏེ་མེ་བྱི(སྤྱི་ལོ1336)ལོར་ཐོ་བྲང་དུ་ཕེབས་ནས་རྒྱལ་པོར་གནང་བས་ཧོར་རྒྱལ་པོར་སྐུ་ཚེ་རིང་ཤོས་བྱུང་། འབྲི་ཐག་ཚལ་པ་སོགས་ལ་ཡང་བཀའ་དྲིན་ཆེ།

ཆོས་རྗེ་འདིར་སློབ་མ་ཞྭ་དམར་གྲགས་པ་སེང་གེ་དང་། མཁས་གྲུབ་གཡུང་སྟོན་པ། ཧ་སྣ་གོ་ཤྲི་ཀུན་རྒྱལ། ཚལ་པ་སི་ཏུ། གཡག་སྡེ་པཎ་ཆེན། ཀུན་མཁྱེན་དོལ་པོ་བ་སོགས་མཁས་གྲུབ་མང་པོ་བྱུང་། རབ་བྱུང་དྲུག་པའི་ས་ཡོས(སྤྱི་ལོ1339)ལོར་རྫུ་འཕྲུལ་དང་གྲུབ་རྟགས་བསམ་གྱིས་མི་ཁྱབ་པ་སྟོན་

བཞིན་རྒྱ་ནག་ཏུ་སྐུ་གཤེགས།

ཀུན་མཁྱེན་ཇོ་ནང་པ་ཤེས་རབ་རྒྱལ་མཚན། (ཀུན་མཁྱེན་དོལ་པོ་བ་ཡང་ཟེར) འདི་ཉིད་རབ་བྱུང་ལྔ་པའི་ཆུ་འབྲུག(སྤྱི་ལོ1292) ལོར་མངའ་རིས་དོལ་པོའི་བན་ཚང་ཞེས་པའི་ཡུལ་དུ་སྐུ་འཁྲུངས། དགུང་ལོ་བཅུ་གསུམ་པ་ལ་སྐྱེ་སྟོངས་སུ་མཁན་པོ་ཚུལ་ཁྲིམས་སྙིང་པོ་ལས་རབ་ཏུ་བྱུང་། སྐུ་གཞོན་ནུ་ལ་སྐྱེ་སྟོན་འཇམ་དབྱངས་པ་ཁྱུ་དབོན་གྱི་ཞབས་ལ་གཏུགས་ནས་དཀའ་ཆེན་བཞི་ལ་སོགས་པའི་ སྡེ་སྣོད་དང་། རྡོ་རྗེ་ཕྲེང་བའི་དབང་ལ་སོགས་སྔགས་ཀྱི་སེམས་པ་དུ་མ་མཛད། ཁྱད་པར་ཁྱུ་དབོན་གཉིས་ལ་ནཱ་ལུགས་ཀྱི་དུས་ཀྱི་འཁོར་ལོའི་བཤད་པ་ལེགས་པར་གསན། དགུང་ལོ་བཅོ་བརྒྱད་པ་ལ་སྐྱེ་སྟོན་གྲགས་བློ་ལས་ཚད་བསྡུས་སྦྱངས། དེ་ནས་སྐྱེ་སྟོན་པ་ས་སྐྱར་ཕེབས་ཏེ་སླར་དཔལ་ལྡན་ས་སྐྱར་སྐྱེ་སྟོན་ཤཱཀ་འབུམ་དང་སྐྱེ་སྟོན་གྲགས་པ་རྒྱལ་མཚན་ཁྱུ་དབོན་གཉིས་ཀྱི་དྲུང་དུ་མདོ་ཕྱོགས་ལ་སྦྱངས། ས་སྐྱར་དཀའ་བཞིའི་བཤད་པ་མཛད་པ་སོགས་ཐོག་མར་ས་སྐྱའི་ཆོས་བརྒྱུད་པ་ཡིན། ཉེར་གསུམ་པ་ལ་དཀའ་བཞིའི་སྟེང་དུ་སྦྱོད་འཇུག་བསྣན་ཏེ་པོ་ཏི་ལྔ་ལ་གྲྭ་སྐོར་མཛད། དེ་ནས་དབུས་གཙང་གི་གྲྭ་ས་རྣམས་ལ་ཕྱིན་ནས་གྲྭ་སྐོར་མཛད་པས་སྟོན་པ་ཡང་བཟང་བར་གྲགས། དགུང་ལོ་ཉེར་ལྔ་པ་ལ་ཆོས་ལུང་མཁན་པོ་བསོད་ནམས་གྲགས་པ་ལས་བསྙེན་པར་རྫོགས། བླ་མ་མང་པོ་ལ་གསན་པ་རྒྱ་ཆེ་བར་མཛད། དགུང་ལོ་སོ་གཅིག་པར་ཇོ་ནང་དུ་ཕེབས་ནས་མཁས་བཙུན་ཡོན་ཏན་རྒྱ་མཚོ་བ་ལ་རྒྱུད་འགྲེལ་མན་ངག་དང་བཅས་པ་གསན། དགུང་ལོ་སུམ་ཅུ་སོ་ལྔ་ལ་ཕེབས་པ་མེ་སྟག(སྤྱི་ལོ1326) ལོར་ཇོ་ནང་གདན་ས་བཟུང་ནས་བཤད་སྒྲུབ་ཀྱི་བསྟན་པ་བསྐྱངས། སྐུ་འབུམ་མཐོང་གྲོལ་ཆེན་མོ་བཞེངས། རབ་བྱུང་དྲུག་པའི་ཤིང་ཁྱི (སྤྱི་ལོ1334) ལོར་ཐུགས་སྲས་ས་བཟང་མ་ཏི་པཎ་ཆེན་དང་། ལོ་ཙཱ་བ་བློ་གྲོས་དཔལ་གཉིས་ལ་དུས་འཁོར་གྱི་བོད་འགྱུར་ལ་ཞུ་དག་མཛད་དུ་བཅུག འགྱུར་དེ་ལ་གཞི་མཛད་ནས་ཀུན་མཁྱེན་ཆེན་པོས་རྒྱུད་འགྲེལ་ཆེན་མོའི་བསྡུས་དོན་དང་མཆན་བུ་ཡང་མཛད། གཞན་ཡང་དབང་སྒྲུབ་དང་རྗེས་ལ་སོགས་པའི་བསྟན་བཅོས་ཕྲ་མོ་མང་དུ་བརྩམས། དེ་བཞིན་ཇོ་ནང་པའི་ལུགས་ཀྱི་གཞུང་ངེས་དོན་རྒྱ་མཚོ་བསྡུས་དོན་ས་བཅད་དང་བཅས་པ། རྒྱུད་བླ་མ་དང་མངོན་པར་རྟོགས་པའི་རྒྱན་གྱི་ཊཱིཀྐཱ། བསྟན་པའི་སྤྱི་འགྲེལ། བཀའ་བསྡུ་བཞི་བ། དབང་བསྐུར་ཆོ་ག་དང་སྒྲུབ་ཐབས། རྗེས་གཞུང་སོགས་མང་དུ་ཕྱག་རྩོམ་མཛད། ལོ་བཅུ་གསུམ་དུ་ཇོ་ནང་གི་སེང་གེའི་ཁྲི་ལ་འཁོད་དེ་ཆོས་གསུངས་ནས་སྤྱིར་བཤད་སྒྲུབ་ཀྱི་བསྟན་པ་དང་། ཁྱད་པར་ཇོ་ནང་པའི་གྲུབ་མཐའ་རྒྱ་ཆེར་སྤེལ། གཞན་སྟོང་པ་ཞེས་ཕྱོགས་ཀུན་ཏུ་སྙན་པའི་བ་དན་གཡོས། ཕྱིར་གཞན་སྟོང་པའི་ལུགས་ཐོག་མར་ཀརྨ་རང་བྱུང་རྡོ་རྗེས་བཟུང་བར་སེམས། ཇོ་ནང་དུ་ནི་ཀུན་མཁྱེན་ཆེན་པོ་མན་ཆད་གཞན་སྟོང་པར་སོང་བ་ཡིན་ནོ། དགུང་ལོ་རེ་གསུམ་པ་ཤིང་རྟ (སྤྱི་ལོ1354) ལོར་ཕྱོགས་རྒྱལ་བ་གདན་སར་བསྐོས།

རྗེ་འདི་ལ་སློབ་མ་ཀུན་སྤངས་ཆོས་གྲགས་དཔལ་བཟང་པོ་དང་། ཕྱོགས་ལས་རྣམ་རྒྱལ། ཉ་དབོན་ཀུན་དགའ་དཔལ་སོགས་ཀྱིས་གཙོས་མཁས་གྲུབ་ཀྱི་སློབ་མ་མང་དུ་བྱུང་སྟེ་དབུས་གཙང་ཀུན་ལ་ཁྱབ། དགུང་ལོ་བདུན་ཅུ་ལ་ཕེབས་པ་རབ་བྱུང་དྲུག་པའི་ལྕགས་གླང(སྤྱི་ལོ1361)ལོར་དགོངས་པ་ཆོས་དབྱིངས་སུ་ཐིམ།

མཁན་ཆེན་བློ་བཟང་གྲགས་པ། རྗེ་འདི་ཉིད་མྱང་སྟོད་སྟོན་འགྲོའི་ཁྱུར་མཚམས་ཀྱི་རིགས་སུ་རབ་བྱུང་ལྔ་པའི་ས་ཕག(སྤྱི་ལོ1299)ལོར་སྐུ་བལྟམས། མཁན་ཆེན་འདུལ་འཛིན་པ་དང་། མཁན་ཆེན་གྲགས་པ་ཤེས་རབ། རྒྱང་རོ་བྱང་འབུམ་ལ་སོགས་པའི་ཡོངས་འཛིན་དུ་མ་བཞེས་ནས་གཞུང་གདམས་ངག་རྣམས་དཔྱིས་ཕྱིན་པར་ཐུགས་སུ་ཆུད། རབ་བྱུང་དྲུག་པའི་མེ་གླང(སྤྱི་ལོ1337)ལོ་ནས་ལོ་སུམ་ཅུ་སོ་དགུ་སྣར་ཐང་གདན་ས་བསྐྱངས་ཏེ་འཆད་རྩོད་རྩོམ་གསུམ་གྱི་སྒོ་ནས་བསྟན་པའི་བྱ་བ་རྒྱ་ཆེར་སྤེལ་བར་མཛད། མདོ་སྨད་དུ་རྗེ་ཙོང་ཁ་པ་ཆེན་པོ་སྐུ་བལྟམས་པར་ལུང་བསྟན་ཅིང་། ཆོས་རྗེ་དོན་གྲུབ་རིན་ཆེན་ལ་ཁྱོད་མདོ་སྨད་དུ་སོང་ལ། བྱ་ཁྱུང་ཤ་སྦྲང་དགོན་ཐོབ། ལྷག་ཏུ་ཁྱིའུ་ངོ་མཚར་ཅན་ཞིག་བྱུང་བས་དེ་ཉིད་མིག་འབྲས་ལྟར་གཅེས་པར་སྐྱོངས། ངའི་མིང་ཁྱིའུ་དེ་ལ་ཐོགས་ཤིག་ཅེས་བཀའ་བསྩལ། སྣར་ཐང་ཆོས་སྡེར་ཤ་ཁྲིམས་དང་ཕམ་པ་མ་བསྟེན་པ་ལ་སོགས་པའི་ཁྲིམས་དམ་པར་མཛད། འདུལ་བྱ་མཐའ་ཡས་སྨིན་གྲོལ་གྱི་ལམ་ལ་བཀོད་དེ་དགུང་གྲངས་བདུན་ཅུ་དོན་བདུན་བཞེས་པ། རབ་བྱུང་དྲུག་པའི་ཤིང་ཡོས(སྤྱི་ལོ1375)ལོར་སྐུ་མྱ་ངན་ལས་འདས།

མཁས་བཙུན་གཞོན་ནུ་གྲུབ། སངས་རྒྱས་སྟོན་པའི་སློབ་མ་འདི་ཉིད་གཙང་མྱང་སྨད་ཡུལ་དུ་ཡབ་རྒྱལ་པོ་ཆེ་འཕེལ་དང་། ཡུམ་ཁྲི་འདྲེན་དཔལ་ཞེས་བྱ་བ་གཉིས་ཀྱི་སྲས་སུ་འཁྲུངས། དགུང་ལོ་བཅུ་པ་ལ་སྣར་ཐང་གི་མཁན་ཆེན་ནམ་མཁའ་གྲགས་ཀྱི་དྲུང་དུ་རབ་ཏུ་བྱུང་། ཚུ་མིག་པ་ལ་སོགས་པའི་དྲུང་དུ་སྡེ་སྣོད་ལ་མཁས་པར་སྦྱངས། དགུང་ལོ་ཉི་ཤུ་པ་ལ་མཁན་ཆེན་འདི་ཉིད་ལ་བསྙེན་པར་རྫོགས། དགུང་ལོ་ཉི་ཤུ་རྩ་གཉིས་པ་ལ་ས་སྐྱར་ཕྱིན་ནས་བླ་མ་འཕགས་པའི་སྤྱན་སྔར་རྒྱུད་ཀྱི་བཤད་པ་མང་པོ་གསན། གདན་སའི་དགེ་བཤེས་ཆེན་པོ་གཞན་རྣམས་ལའང་རྒྱུད་སྡེ་མང་པོ་གསན་ཞིང་མཁས་པར་གྱུར་ཏེ་སློབ་མ་སྐྱོང་བཞིན་བཞུགས་པའི་ཚེ་ས་སྐྱ་པའི་ནང་འཁྲུག་ལངས་པས་ཐུགས་སྐྱོ་སྟེ། བླ་མ་བརྒྱད་ཅུ་གྱ་གསུམ་བསྟེན་ཏེ་གདམས་ངག་ཟབ་དགུ་ལ་ཉམས་ཁྲིད་དུ་བསྐྱངས། ཁྱད་པར་དུ་སངས་རྒྱས་སྟོན་པའི་མཚན་གསན་ཙམ་གྱིས་དད་པ་དྲག་པོ་འཁྲུངས་ཏེ་སྤྱན་སྔར་ཕྱིན་ནས་ཤངས་པ་བཀའ་བརྒྱུད་ཀྱི་གདམས་ངག་མ་ལུས་པ་དང་གཞན་ཡང་ཟབ་ཆོས་མང་དུ་གསན། ཉམས་སུ་མྱོང་བ་ལ་ཡང་བླ་མ་ཤིན་ཏུ་དགྱེས། ཚེ་འདི་ལ་ཞེན་པ་ལོག་པའི་སྐྱོ་ཤས་དྲག་པོ་འཁྲུངས་ཤིང་། བླ་མའི་བཀའ་དགོངས་བཞིན་དབུས་གཙང་གི་ས་ཆ་མང་པོར་ལུས་སྲོག་བློས་བཏང་བའི་གཅོད་མཛད་ནས་ལྷ་འདྲེ་མང་པོའི་དོན་མཛད། ཕྱིས་མྱང་སྨད་དུ་བསམ་

ཞིངས་བཏབ་ནས་ལམ་འབྲས། ཕྱག་ཆེན། ནི་གུ་རྣམས་ལ་ཆོས་ཀྱི་གཙོ་བོ་མཛད་དེ་གདུལ་བྱ་མང་པོ་ལ་ཁྲིད་བསྐྱངས། སྙན་གྲགས་ཆེས་ཆེར་ཁྱབ་ཅིང་འཁོར་ཡང་མང་དུ་འདུས། སྤྱིན་བདག་གི་གཙོ་བོ་ཞ་ལུ་སྐུ་ཞང་པས་གནང་། མཐར་གཤེགས་འདས་ཀྱི་བཀོད་པ་ལེགས་པར་མཛད་ནས་རབ་བྱུང་ལྔ་པའི་ས་ལུག (སྤྱི་ལོ1319) ལོར་དགོངས་པ་ཆོས་དབྱིངས་སུ་ཐིམ།

གྲུབ་ཆེན་མེ་ལོང་རྡོ་རྗེ། སྙིང་མའི་གྲུབ་ཐོབ་འདི་ཉིད་རབ་བྱུང་བཞི་པའི་ཆུ་ཡོས (སྤྱི་ལོ1243) ལོར་ཡབ་སྒྲགས་ཕུར་རྣལ་འབྱོར་པ་བསམ་ཡས་དང་ཡུམ་འབར་མ་གཉིས་ཀྱི་སྲས་སུ་འཁྲུངས། དགུང་ལོ་དགུ་པར་མཁན་པོ་སེ་ལུང་པ་དང་། གྲུབ་ཐོབ་ཟ་ལུང་པ་ལས་རབ་ཏུ་བྱུང་། དེ་དུས་གཤིན་པོའི་དགེ་རྒན་ཡུམ་རྒྱས་འབྲིང་བསྡུས་གསུམ་ཁོན་སྒྲོགས་ཤིང་། དགུང་ལོ་བཅུ་དྲུག་ལ་ཕེབས་སྐབས་བརྒྱད་སྟོང་བརྒྱ་རྩ་བརྒྱད་མཛད་པས་གནས་ལུགས་ཀྱི་དོན་རྟོགས། མངོན་ཤེས་ཕྲ་མོའང་ཤར། དེ་ནས་ཕྱོགས་ངེས་མེད་འགྲིམས་ཏེ་མཚུར་ཕུའི་དོ་བོ་རས་པ་སོགས་བླ་མ་མང་དུ་བསྟེན། ནས་བྲེ་གང་གིས་ཟླ་བ་གཅིག་དང་ཞག་ཉི་ཤུའི་འཚོ་བ་མཛད་པ་སོགས་དཀའ་ཐུབ་ལ་ཤིན་ཏུ་བཟོད་པ་ཞིག་ཡིན། དགུང་ལོ་བཅོ་བརྒྱད་པ་ལ་སེང་གེ་རྒྱབ་པ་སངས་རྒྱས་དབོན་པོ་ལས་མན་ངག་སྙིང་ཏིག་ཐོབ། སྒོམ་པར་རྩེ་གཅིག་ཏུ་གཞོལ་བས་རྡོ་རྗེ་སེམས་པའི་ཞལ་མངོན་པར་གཟིགས། དགུང་ལོ་ཉི་ཤུ་རྩ་གསུམ་པར་སངས་རྒྱས་རས་པ་ལས་རྡོ་རྗེ་ཕག་མོ་ལ་སོགས་པའི་གཏེར་ཆོས་དུ་མ་གསན་ནས་སྒྲུབ་པ་མཛད་པས་ཡི་དམ་སངས་རྒྱས་མང་པོའི་ཞལ་མཇལ་བ་དང་། ཕྱག་མཛུབ་ཀྱིས་བྲག་ལ་ཕྱག་བྲིས་གནང་བ་སོ་སྐྱེའི་ཆུ་འབུར་མིག་གིས་དངོས་སུ་མཇལ་རྒྱུ་ཡོད་པ་སོགས་སྒྲུབ་རྟགས་མང་དུ་ཐོན། སྤྱིར་བླ་མ་མང་པོའི་ཞབས་ལ་གཏུགས་ཤིང་། ཁྱད་པར་དུ་སྒྲུབ་ཐོབ་ཟ་ལུང་པ། མཚུར་ཕུའི་དོ་བོ་རས་པ། འཁྲུལ་ཞིག་སེང་གེ་རྒྱབ་པ་སོགས་ལས་ཟབ་ཆོས་མང་དུ་གསན་ནས་སྙིང་པོའི་དོན་རྟོགས། མཁན་པ་ལྡོངས་དང་། མཁན་པ་གླིང་། སེང་གེ་རྫོང་། ཀུན་བཟང་གླིང་། མཁར་ཆུ་རྣམས་སུ་སྒྲུབ་པའི་རྒྱལ་མཚན་བཙུགས་ཤིང་འགྲོ་དོན་མཛད། དགུང་ལོ་དྲུག་ཅུ་རེ་གཅིག་ཏུ་ཕེབས་པ་རབ་བྱུང་ལྔ་པའི་ཆུ་ཡོས (སྤྱི་ལོ1303) ལོར་དུར་ཁྲོད་ལ་བར་དུ་སྐུ་གཤེགས་པའི་ཚེ་འོད་ཆེན་པོ་སྒྲ་དང་བཅས་པ་ཀུན་གྱིས་མཐོང་། པུར་གྱི་རྣམ་པ་སྦྱོང་དུས་ནམ་མཁའི་ལམ་ནས་པུར་ཁང་འོད་ལྔའི་སྣམ་བུ་རྒྱང་པ་ལྷ་བུ་སོགས་ངོ་མཚར་བའི་ལྟས་དཔག་ཏུ་མེད་པ་བྱུང་།

འགྲོ་མགོན་ཕྱག་ན་རྡོ་རྗེ། འགྲོ་མགོན་འཕགས་པའི་སྐུའི་གཅུང་པོ་འདི་ཉིད་རབ་བྱུང་བཞི་པའི་ས་ཕག (སྤྱི་ལོ1239) ལོར་ཡབ་ཟངས་ཚ་བསོད་ནམས་རྒྱལ་མཚན་དང་། ཡུམ་མ་གཅིག་ཀུན་དགའ་སྐྱིད་གཉིས་ཀྱི་སྲས་སུ་གཡས་རུ་མདོག་གི་གད་ལོར་སྐུ་འཁྲུངས། དགུང་ལོ་དྲུག་པ་ལ་ཆོས་རྗེ་ས་པཎ་གྱི་ཕྱག་ཕྱིར་ཧོར་ཡུལ་དུ་ཕེབས། སྐུ་གཞོན་ནུ་ནས་ཆོས་རྗེ་ཁུ་དབོན་ལས་དབང་དང་གདམས་ངག་མང་དུ་གསན་ནས་ཐོས་པས་རྒྱུད་ཕྱུག་པར་མཛད། ཧོར་རྒྱལ་པོ་སེ་ཆེན་གྱིས་ས་ལེན་དབང་གི་ལུང་དང་།

གསེར་ཐམ། སྲས་མོ་མེ་ཁ་བདུན(མམ་ཧྣ་ལྷུན་བཟང་)བྱ་བ་དེའི་བཙུན་མོར་གནང་། བྱང་ངོས་སུ་ལོ་བཅོ་བརྒྱད་ཙམ་བཞུགས། དགུང་ལོ་ཉེར་ལྔ་བ་ཆུ་ཕག(སྤྱི་ལོ1263)ལོར་གདན་ས་ཆེན་པོ་ས་སྐྱར་ཆོས་འཁོར་ལ་ཕེབས། དེ་ནས་ལོ་བཞི་ཙམ་གྱི་བར་དུ་གྲུབ་པའི་སྤྱོད་པས་འགྲོ་བ་སྨིན་གྲོལ་གྱི་དོན་མང་དུ་མཛད། དགུང་ལོ་ཉེར་དགུ་པ་ལ་ཕེབས་པ་རབ་བྱུང་ལྔ་པའི་མེ་ཡོས(སྤྱི་ལོ1267)ལོར་སྒོ་རུམ་དཔེ་ཁང་དུ་སྐུ་གཤེགས།

རྒྱལ་སྲས་ཐོགས་མེད་བཟང་པོ་དཔལ། རྗེ་འདི་ཉིད་རབ་བྱུང་ལྔ་པའི་ཤིང་ལུག(སྤྱི་ལོ1295)ལོར་སྔོ་ཕུལ་ཆུང་དུ་སྐུ་བལྟམས། དགུང་ལོ་བཅུ་བཞི་ལ་ཕེབས་སྐབས་བསམ་གླིང་པ་དཔལ་འབར་དང་། རིན་ཆེན་དཔལ་བཟང་གི་དྲུང་དུ་རབ་ཏུ་བྱུང་། མཚན་བཟང་པོ་དཔལ་ཞེས་གསོལ། དགུང་ལོ་བཅོ་ལྔ་པ་ལ་ཐོ་དོང་ཨེར་སློབ་དཔོན་ཀུན་དགའ་རྒྱལ་མཚན་པའི་དྲུང་དུ་མངོན་པ་སོགས་གསན་སྦྱོང་མཛད། འཇམ་དབྱངས་ཉི་མ་རྒྱལ་མཚན་པས་མངོན་པ་ལས་དྲི་བ་གནང་བར་ལན་ཐོགས་མེད་དུ་བཏབ་པས། ཐོགས་མེད་བཟང་པོ་དཔལ་ཞེས་སྙན་པར་གྲགས། དེ་ནས་དཔང་ལོ་དང་བུ་དོན་ཆོས་རྗེ་བླ་མ་སོགས་པའི་མཁས་གྲུབ་དམ་པ་བསྟེན་ནས་དགུང་གྲངས་བཅུ་དགུ་པ་ལ་བཤད་པའི་དགའ་སྟོན་སྤེལ། དགུང་ལོ་ཉེར་གཅིག་པ་ནས་འཆད་པོའི་རིང་ལུགས་བསྐྱངས། དགུང་ལོ་ཉེར་དགུ་པ་ལ་བྱང་སེམས་རིན་མགོན་དང་། ནམ་མཁའ་སངས་རྒྱས་སོགས་ལས་བསྙེན་པར་རྫོགས། དགུང་ལོ་སོ་གཉིས་པ་ནས་ཞེ་གཅིག་གི་བར་དུ་བླ་བྲང་ཧ་རའི་གདན་ས་མཛད། དེ་ནས་ཨེའི་ཆོས་ཀྱི་ཁྲིར་གསོལ་བ་བཏབ་ཀྱང་མ་གནང་བར། དཔང་ལོ་ཆེན་པོ་སྤྱན་དྲངས་ཏེ་ཨེའི་ཆོས་ཀྱི་ཁྲིར་མངའ་གསོལ། བཤད་སྒྲུབ་ཀྱི་བསྟན་པ་ཆེས་ལྷག་པར་བསྐྱབས་ཏེ་རེ་བདུན་ལོར་དགུས་སུ་ཕྱིན།

སློབ་མའི་མཆོག་ནི། བུ་དོན་ཆོས་རྗེ་བླ་མ་ལོ་ཆེན་བྱང་རྩེ་སོགས་མཐའ་ཡས་པ་བྱུང་ཞིང་། གཙོ་བོའི་རྒྱུད་འཛིན་ནི་དཔལ་ལྡན་སེང་གེ་སོགས་ཡིན། དགུང་གྲངས་དོན་ལྔ་ལ་ཕེབས་པ་རབ་བྱུང་དྲུག་པའི་ས་བྱ(སྤྱི་ལོ1369)ལོར་ཞི་བར་གཤེགས།

རྫ་ནང་ཀུན་སྤངས་ཐུགས་རྗེ་བརྩོན་འགྲུས། ཡུ་མོ་མི་སྐྱོད་རྡོ་རྗེའི་སློབ་བརྒྱུད་འདི་ཉིད་རབ་བྱུང་བཞི་པའི་ཆུ་ཡོས(སྤྱི་ལོ1243)ལོར་ལ་སྟོད་བྱང་གི་ངབ་ཕྲུར་ཕུང་གང་དུ་སྐུ་འཁྲུངས། བར་པ་འཇམ་དབྱངས་བཞི་ཐོག་པ་རིན་ཆེན་རྒྱལ་མཚན་ལ་ལམ་འབྲས་གསན། གཞོན་ནུའི་དུས་སུ་སྡེ་སྣོད་མང་པོ་ལ་མཁས་པར་སྦྱངས། རྒྱང་འདུར་གྱི་ཆོས་གྲྭར་དགེ་འདུན་མང་དུ་བསྐྱངས། རྩོད་པ་ཡང་ཤིན་ཏུ་བཟང་། ཀུན་མཁྱེན་ཆོས་སྐུ་འོད་ཟེར་བ་ལས་དུས་འཁོར་གྱི་བཤད་པ་རྫོགས་པར་གསན། རྒྱང་འདུར་དུ་འཆད་ཉན་ཡང་མཛད། མན་ངག་ཞུས་ནས་སྒོམ་པའི་ཚེ་ཏིང་ངེ་འཛིན་མང་པོའི་སྒོ་ཕྱེ། སྐབས་ཤིག་སྙུན་ཆེ་བཞེས་པས་འཆད་ཉན་གྱི་སྤྲོས་པ་དོར་ཏེ་སྒོམ་པ་ལ་གཞོལ་བས་ཀུན་སྤངས་པར་གྲགས། བོད་ན་སྦྱོར་

དྲུག་མི་འདྲ་བ་ཡོད་དོ་ཅོག་ལ་གསན་པ་མཛད། བྱང་གི་རི་རྒྱུད་རྣམས་སུ་སྒོམ་སྒྲུབ་ལ་གཞོལ་བའི་ཚེ་ཐུགས་དམ་གྱི་སྟོབས་ཀྱིས་མི་མ་ཡིན་པ་མང་པོ་དབང་དུ་འདུས། གཙང་གི་ལྷ་རྩེ་རྫོང་ཁོངས་རྫོ་ནང་དུ་དགོན་པ་ཕྱག་བཏབ། བཤད་པ་དང་གདམས་པ་གཉིས་ཀའི་སློབ་མ་མང་དུ་བསྐྱངས། དེ་དག་གི་ནང་ནས་བྱང་སེམས་རྒྱལ་བ་ཡེ་ཤེས། ལ་སྟོད་པ་དབང་རྒྱལ། མུན་མེ་བྲག་ཁ་བ། སྲོན་པ་ཀུན་རྒྱལ་རྣམས་ལ་ཀུན་སྤྱངས་བའི་བུ་བཞིར་གྲགས། མཐར་རབ་བྱུང་ལྔ་པའི་ཆུ་སྟག(སྤྱི་ལོ1313)ལོར་དགོངས་པ་གཞན་དོན་དུ་གཤེགས།

རྗེ་མོ་སྨན་མོ། རྗེ་འདི་ཉིད་ཨེ་ཡུལ་རིག་པའི་འབྱུང་གནས་ཀྱི་གུ་རུའི་སྒྲུབ་ཕུག་ཟར་མོ་ལུང་དང་ཉེ་བར་ཡབ་དྭགས་བརྒྱུད་སྔགས་པ་རྡོ་རྗེ་རྒྱལ་པོ་དང་ཡུམ་པདྨ་དཔལ་འཛོམས་ཀྱི་རིགས་སུ་རབ་བྱུང་བཞི་པའི་ས་སྤྲེལ(སྤྱི་ལོ1248)ལོར་འཁྲུངས། སྐུ་ནུབ་ལ་ཡག་ཡང་གྲོང་དུ་ཕེབས། གུ་རུ་ཆོས་དབང་དང་མཇལ་བ་ཙམ་གྱིས་ལྷན་སྐྱེས་ཡེ་ཤེས་རྩོལ་མེད་དུ་འཁྲུངས། སྐབས་ཤིག་འབྲུག་པའི་བླ་མ་གླིང་རྗེ་རས་པ་མཇལ་བ་ན་ཤེས་རབ་ཀྱི་རྩ་ཁ་ཕྱེ་བའི་བརྡ་ཐབས་སུ་བརྟེན་ནས་གླིང་ལ་རྟོགས་པ་ཐོད་བརྒལ་འཁྲུངས་ཏེ་ཆུ་བོ་གཏྣའི་ཚུན་ལ་རྟོགས་པ་མཐོ་བར་གྲགས་པ་དེ་བྱུང་། སྦས་ཚུལ་གྱིས་འགྲོ་དོན་ལྷུན་གྱིས་གྲུབ་ནས་མཐར་དགུང་གྲངས་སོ་དྲུག་ཏུ་ཕེབས་པ་རབ་བྱུང་ལྔ་པའི་ཆུ་ལུག(སྤྱི་ལོ1283)ལོའི་སྟོན་ཟླ་ར་བའི་ཚེས་བཅུའི་ཉིན་ཡུལ་གྲོགས་ལྷ་རིའི་རྩེ་མོར་ཕེབས། དཔོན་གསུམ་གྱིས་ཚོགས་ཀྱི་མཆོད་པ་ཞིག་མཛད་དེ་གསུམ་ཀས་ལུས་མ་སྤངས་པར་འདབ་ཆགས་རྒྱལ་པོ་མཁའ་ལ་འཕུར་བ་ལྟར་ནམ་མཁའི་དབྱིངས་སུ་རྗེ་མཐོ་རྗེ་མཐོར་ཨོ་རྒྱན་མཁའ་འགྲོའི་ཚོགས་གྲལ་དུ་ཐོགས་མེད་དུ་གཤེགས།

འཇམ་དབྱངས་བསམ་འགྲུབ་རྡོ་རྗེ། གསང་སྔགས་རྙིང་མའི་བླ་མ་ཆེན་པོ་འཇམ་དབྱངས་བསམ་འགྲུབ་རྡོ་རྗེ་ཞུ་བ་འདི་ནི་རབ་བྱུང་ལྔ་པའི་ཤིང་ལུག(སྤྱི་ལོ1295)ལོར་གཙང་རྟ་ནག་གནས་གསར་ཡུལ་དུ་སྐུ་འཁྲུངས། སྐུ་གཞོན་དུས་ཟུར་བྱམས་པ་སེང་གེའི་དྲུང་དུ་ཆོས་རྒྱ་ཆེན་གསན། ལྷག་ཏུ་སྒྱུ་འཕྲུལ་སྐོར་ལ་མཁས་པར་གྱུར། དེ་ནས་སླན་ཀ་ཚལ་བ་བསོད་ནམས་མགོན་པོ་ལས་སྒྱུ་འཕྲུལ་དབང་ཡང་དག་པར་ཞུས། བྱེ་མ་སེང་གེར་རྫོགས་པ་ཆེན་པོ་སྙིང་ཐིག་ལ་ཐུགས་དམ་རྩེ་གཅིག་ཏུ་མཛད་པས། ཐིག་ལེ་ཆེན་པོའི་སྐུར་གྱུར་ནས་ཐུགས་དམ་ཤིན་ཏུ་མཐོ་བར་མངའ། དབེན་པའི་ཟུར་ཤཱཀྱ་འབྱུང་གནས་དང་། ཞུག་པ་ལུང་པའི་བླ་མ་སེང་གེ་བ། ཤངས་པ་ཀུན་མཁྱེན་པ་བཅས་མཁས་གྲུབ་ཆེན་པོ་འདི་གསུམ་པོ་ཡང་རྗེ་འཇམ་དབྱངས་བསམ་འགྲུབ་རྡོ་རྗེས་ཆུང་ངུ་ནས་ཞབས་དྲུང་དུ་བཞག་ནས་ལེགས་པར་བསྐྱངས་པས། ཕྱིས་ཟུར་པའི་རྒྱུད་ལ་ཤིན་ཏུ་ཕྱག་རྗེས་དང་བཀའ་དྲིན་ཆེ་བར་གྱུར། འཇམ་དབྱངས་འདི་ཉིད་དགུང་ལོ་གྱ་གཉིས་ལ་ཕེབས་པ་རབ་བྱུང་དྲུག་པའི་མེ་འབྲུག(སྤྱི་ལོ1376)ལོར་འདས།

གཉག་ཕུ་པ་བསོད་ནམས་དབང་ཕྱུག རྗེ་འདི་ཉིད་རབ་བྱུང་ལྔ་པའི་ལྕགས་ཡོས(སྤྱི་ལོ1291)ལོར་

མུས་སྲིད་སྐྱར་དུ་སྐུ་བལྟམས། དགུང་གྲངས་བཅུ་གཅིག་ལ་ཕེབས་སྐབས་མཁན་པོ་ཤཱཀྱ་མགོན་དང་སློབ་དཔོན་འོད་ཟེར་རྩེ་མོ་ལས་རབ་ཏུ་བྱུང་། མདོ་སྟོད་དུ་མཁན་ཆེན་གུན་རྒྱལ་ལས་འདུལ་བ། མུས་ཆེན་རྒྱལ་མཚན་དཔལ་དང་། སློབ་དཔོན་ཤེས་རབ་རལ་གྲི་སོགས་ལས་མདོ་ཕྱོགས་གསན། དགུང་ལོ་བཅུ་དགུ་པ་ལ་མཁན་ཆེན་ཆུ་བཟང་བ་དང་སློབ་དཔོན་འོད་ཟེར་རྩེ་མོ་ལས་བསྙེན་པར་རྫོགས། དེ་ནས་ཉན་ཆེན་པ་ལས་ལམ་འབྲས་སོགས་གསན། གཡའ་གདུང་རིངས་སུ་བསམ་གཏན་ལ་བཞུགས། སྒྲིབ་བདག་དང་གཞི་བདག་མཆེད་གསུམ་དང་བཅས་པས་གཞག་ཕྱུ་དགོན་བཏབ་སྟེ་རྗེ་འདི་ལ་ཕུལ། བཤད་སྒྲུབ་ཀྱི་འཕྲིན་ལས་མཆོག་ཏུ་རྒྱས། སྐུ་ཚེ་སྨད་ཀྱི་མཛད་རྣམ་དང་འདས་ལོ་སོགས་མ་གསལ།

ཀློ་མདོ་ཀུན་དགའ་བཟང་པོ། རྗེ་འདི་ཉིད་ཡབ་བསོད་ནམས་དཔལ(མཚན་གཞན་ཀློ་མདོ་ཐམས་ཅད་མཁྱེན་པར་གྲགས)བའི་སྲས་སུ་རབ་བྱུང་བཞི་པའི་ས་རྟ(སྤྱི་ལོ1258)ལོར་ཀློ་མདོར་སྐུ་བལྟམས། དགུང་ལོ་གསུམ་གྱི་བར་ངག་མ་ཐེ་བ་ལྟར་མཛད། དགུང་ལོ་བཞི་པ་ནས་ཀློག་ཡིག་ཕུལ་དུ་ཕྱིན། དགུང་ལོ་བཅུ་གཅིག་པའི་བར་དུ་ཡབ་ལས་སྙིང་མའི་རྒྱུད་སྒྲུབ་ཐབས་མང་དུ་གསན་ཞིང་། མཁྱེན་པས་གཞན་ལ་གསུངས་ཤིང་ཕྱག་ལེན་སློབ་པའི་སློབ་དཔོན་མཛད། བཅུ་གཉིས་པ་ལ་ཕྱོགས་རིས་ཀྱི་བུ་སློབ་བསྡུས་ཤིང་། ཆོས་ཀྱི་ཁྲི་བརྩེགས། ཡབ་ཀྱིས་ཕྱག་དཔེ་ཐམས་ཅད་གཏད། མདོ་སྔགས་ལུང་རིགས་མང་དུ་གསུངས། བཅུ་གསུམ་པ་ལ་དཔལ་གསང་བ་འདུས་པའི་རྒྱུད་གསུངས། བཅུ་བཞི་པ་དང་བཅོ་ལྔ་པ་ལ་སྐུ་མཚམས་བསྙམས་ནས་སྒྲུབ་པ་མཛད། ཤངས་པ་ཚུལ་ཤེ་དང་ལྷན་དུ་གསང་སྙིང་གི་ཆོས་བཀའ་ཤིན་ཏུ་མང་བ་དང་ཞི་བྱེད་ཟབ་ཕྱི་བར་གསུམ་གསན། དགུང་ལོ་བཅུ་དྲུག་པ་ལ་བ་རི་བའི་སྐུ་སྐྱེ་ཡིན་པར་ངེས་བརྟེད། སྤྲུལ་དཀར་བ་དང་ཆོས་མང་པོ་ཕན་ཚུན་གསན་བཞེས་མཛད། བཅུ་བདུན་པ་ལ་འབྲི་ཁུང་དུ་ཕྱིན་པའི་ལམ་དུ་འཚལ་ལ་གསེར་ཁང་པ་དང་མཇལ་ཞིང་ཆོས་མང་དུ་ཞུས། འབྲི་ཁུང་དུ་རབ་བྱུང་མཛད། སེ་སྤང(སྤྱི་ལོ1277)ལོར་ཆོས་རྗེ་བ་རི་བས་གདན་དྲངས་ནས་ལ་སྟོད་དུ་ཕེབས། ལོ་དེར་ཡབ་མཁར་ཆུར་གཤེགས། ལྕགས་སྦྲུལ(སྤྱི་ལོ1281)ལོར་ཀློ་མདོར་གྲུབ་ཐོབ་སེང་གེ་གྲགས་དང་མཇལ། གདམས་པ་ཡང་གནང་། ཆུ་ལུག(སྤྱི་ལོ1283)ལོར་གཡམ་བཟང་དད་འདོད་མཁར་དུ་གྲུབ་ཆེན་པ་ལ་དུས་འཁོར་རྒྱུད་འགྲེལ་ཚར་རེ་གསན། དགུང་ལོ་སོ་དྲུག་པ་ཆུ་སྦྲུལ(སྤྱི་ལོ1293)ལོར་བཅོམ་ལྡན་རིག་རལ་ལ་ཤབ་རའི་གཞུང་སོགས་ཞུས། ས་ཁྱི(སྤྱི་ལོ1298)ལོར་ལོ་ཙྪ་བ་གྲགས་པ་རྒྱལ་མཚན་ལས་དགྱེས་རྡོར། ནཱ་རོ་འགྲེལ་ཆེན། དབང་མདོར་བསྟན་གྱི་འགྲེལ་པ། མན་ངག་སྙེ་མ། ཀཱ་ལཱ་པ་སོགས་འཕགས་བོད་ཀྱི་སྒྲ་རིག་མང་དུ་གསན། མཁས་པའི་སྒོ་འཕང་བརྙེས། ཕྱིས་མི་གཡོ་བའི་རྒྱུད་དང་བྱ་བ་བཏུས་པ་གསན། དེ་ལྟར་གཞུང་ཟབ་མོ་ལ་གསན་བསམ་རྒྱ་ཆེ་ཞིང་མཁྱེན་པའི་གློང་རྡོལ། སྐུ་ཚེ་གང་པོར་རྣམ་དཀར་གྱི་བྱ་བ་འབའ་ཞིག་ལ་འབད་མཐར་དགུང་གྲངས་ང་དགུ་ལ་ཕེབས་པ་རབ་བྱུང་

ལོ་པའི་མེ་འབྲུག(སྤྱི་ལོ1316)ལོར་ཆོས་སྐུ་ཞི་བ་ཆེན་པོའི་དབྱིངས་སུ་གཤེགས་སོ།

རྟོགས་ལྡན་གྲགས་པ་སེང་གེ། ཞྭ་དམར་སྐུ་ཕྲེང་དྲུག་པ་འདི་ཉིད་ཡབ་སྟག་ཆུང་དང་། ཡུམ་ཨ་རྒོད་གཟའི་སྲས་སུ་རབ་བྱུང་ལྔ་པའི་ཆུ་ལུག(སྤྱི་ལོ1283)ལོར་སྐུ་བལྟམས། དགུང་ལོ་ལྔ་ནས་སློབ་མའི་ཞལ་གཟིགས་པ་དང་། བྱིས་པའི་དུས་ནས་མངོན་པར་ཤེས་པ་ཐོགས་མེད་དུ་བྱུང་། དགུང་ལོ་བཅུ་གསུམ་ལ་རྗེ་ཁོལ་བའི་སློབ་མ་བློ་གྲོས་གྲགས་པའི་དྲུང་དུ་དགེ་བསྙེན་གྱི་སྡོམ་པ་མནོས། དེར་ལོ་གཉིས་བཞུགས་རྗེས་བསྙེན་པ་ལ་བརྩོན་པ་མཛད། དགུང་ལོ་བཅུ་བདུན་པ་ལ་བླ་མ་ཡེ་ཤེས་སེང་གེའི་དྲུང་དུ་དགོན་པ་སྤྲུམ་ན་རབ་ཏུ་བྱུང་། དེ་ལ་ལྷན་སྐྱེས། རྡོ་མོ་ཧཱུཿབསྐྱེད་དང་བ་བསྐྱེད་གསན། ཁྱད་པར་ཐབས་ལམ་གྱི་ཁྲིད་ཞུས་པས་རྟོད་ཁྱད་པར་ཅན་སྐྱེས། ན་བཟའ་རས་རྐྱང་རེས་ཆོག་པས་དབྲང་གུ་རས་པར་གྲགས། དེ་ནས་དབུས་སུ་ཕྱིན་ནས་ས་སྤྲེལ(སྤྱི་ལོ1308)ལོར་མཚུར་ཕུར་ཕེབས། དེར་སློབ་དཔོན་ཚུལ་རིན་དང་སློབ་དཔོན་བསོད་ནམས་སེང་གེ། གནམ་བར་གྱི་སློབ་དཔོན་དབུ་མ་བ་བཅས་ལས་གསང་འདུས་ཀྱི་དབང་དང་། ལྷ་ཚན་ལྔའི་དབང་། བདེ་དགྱེས་ཀྱི་དབང་སོགས་མང་དུ་གསན། དེ་ནས་གསང་ཕུར་ཕྱིན་ནས་བླ་ཆོས་པ་འཇམ་དབྱངས་ཤཱཀྱ་གཞོན་དང་། ཟུར་ཆོས་པ་སློབ་དཔོན་བློ་གྲོས་མཚུངས་མེད་ལ་གཏུགས་ནས་མཚན་ཉིད་ཀྱི་སྡེ་སྣོད་ས་སྡེ་ལྔ་དང་། བྱམས་ཆོས་ལྔ་དང་། ཚད་མ་རྣམ་ངེས་དང་། སྤྱོད་པ་དང་སྤྱོད་འཇུག་ལ་སོགས་པ་མང་དུ་ཞུས། ཁྱད་པར་ཡར་ཕྱིན་གྱི་ཊཱི་ཀ་ཞིག་བརྩམས། ཡར་ཕྱིན་ལ་མཆོག་ཏུ་མཁས་པས་གཙང་ཕྱོགས་ལ་གྲྭ་སྐོར་དུ་ཕྱིན་ཏེ་ཡར་ཕྱིན་གྱི་ཆོས་སྐད་བྱུང་བའི་སྙན་པ་ཐོབ། གསང་ཕུར་བཞུགས་དུས་རྒྱ་བྲག་ཆོས་རྗེ་ལ་ཞི་བྱེད་མཐའ་བྲལ་གསུམ་གྱི་གདམས་པ་ངོ་སྤྲོད་དང་། དབུ་མ་ལུགས་ཀྱི་སེམས་བསྐྱེད་ཞུས། དེར་ལོ་བདུན་བཞུགས། དེ་ནས་སྒོམ་པ་ལ་ཞུགས་པས་ཉམས་བཟང་པོ་ཐོན་ཅིང་། སྐུ་ལུས་དང་རྨི་ལམ་ལ་རྟགས་ཐོན་པ་བྱུང་། ས་སྐྱར་ཕེབས་སྐབས་ལོ་ཙཱ་བ་བློ་གྲོས་བརྟན་པ་དང་མཇལ་ནས་དོན་དམ་བསྙེན་པ་དང་སྒྲུབ་ཐབས་རྒྱ་མཚོའི་ལུང་ཞུས། དེ་ནས་རྫོང་དྲུག་ལ་ཕྱིན་ཏེ་བྲག་དཀར་དང་ཁྲ་བྱུག་དབེན་པ་རྫོང་དང་བྲག་དམར་གསུམ་དུ་ཤས་ཆེར་བཞུགས་ཤིང་ཐུགས་དམ་ཡང་ཤིན་ཏུ་འཕེལ། དེའི་ཕྱོགས་སུ་ལོ་གསུམ་བཞུགས། ལོ་རིལ་པོ་ལྔའི་བར་དུ་བདེ་ཆེན་དུ་ཐུགས་དམ་ལ་བཞུགས་ཤིང་ཆོས་མང་དུ་གསན། མཁན་ཆེན་གཞོན་ནུ་བྱང་ཆུབ་དང་སློབ་དཔོན་བཀྲ་ཤིས་རིན་ཆེན་ལ་སོགས་པ་ལས་བསྙེན་པར་རྫོགས། བདེ་ཆེན་གྱི་གདན་སར་བསྐོས་ཀྱང་ཞལ་མ་བཞེས། དེ་ནས་གསང་ཕུར་བླ་མ་སྟོན་དར་ལ་ནཱ་རོ་མཁའ་སྤྱོད་སྐོར་ཞུས། དེ་ལ་ཐུགས་དམ་གྱི་མཐིལ་མཛད། བྱ་ལོ་ནས་གནས་ནང་བཏབ། དགེ་འདུན་ཡང་བརྒྱ་ལྷག་ཙམ་ཚོགས། དེར་འགྲོ་དོན་ཡུན་རིང་དུ་མཛད། རྗེ་འདི་ཉིད་ཀྱིས་ཞིང་ཁམས་མང་དུ་གཟིགས་པ་དང་། བར་དོ་མངོན་སུམ་དུ་གཟིགས་པས་དེ་དག་གི་དོན་རྒྱ་ཆེན་མཛད་པ་དང་། སྒོམ་ཆེན་པའི་གེགས་མང་དུ་བསལ་བ་ལ་སོགས་པ་རྣམས་ནི་བགྲང་གིས་མི་ལངས།

མཐར་དགུང་ལོ་དྲུག་ཅུ་རེ་བདུན་བཞེས་པ་རབ་བྱུང་དྲུག་པའི་ས་གླང（སྤྱི་ལོ1349）ལོར་དགོངས་པ་ཞི་དབྱིངས་སུ་གཤེགས། རྗེ་འདི་ལ་སློབ་མ་ཤིན་ཏུ་མང་པོ་བྱུང་ཡང་བུ་ཆེན་བཞིར་གྲགས་པ་ནི། ཇོ་གས་ལྡན་མགོན་རྒྱལ་བ། འཇམ་དབྱངས་ཆོས་རྗེ་རེ་བ། གཡག་སྡེ་པཎ་ཆེན། མཁས་གྲུབ་དར་མ་རྒྱལ་མཚན་བཅས་སོ།

སྟག་ལུང་ཆོས་རྗེ་རཏྣ་ཀ་ར། རྗེ་འདི་ཉིད་ཡབ་ཐུགས་རྗེ་སྐྱབས་དང་ཡུམ་གཟུངས་ལྡམ་གཉིས་ཀྱི་སྲས་སུ་རབ་བྱུང་ལྔ་པའི་ལྕགས་བྱི（སྤྱི་ལོ1300）ལོར་སྐུ་འཁྲུངས། མཁན་ཆེན་བསོད་ནམས་ཡེ་ཤེས་དང་སློབ་དཔོན་སངས་རྒྱས་བཟང་པོ་ལས་རབ་ཏུ་བྱུང་། མཚན་རིན་ཆེན་འབྱུང་གནས་སུ་གསོལ། མཁན་ཆེན་ཤེར་མགོན་པ་དང་སློབ་དཔོན་བསོད་ནམས་དབང་ཕྱུག་པ་སོགས་ལས་བསྙེན་པར་རྫོགས། ས་སྐྱར་བྱོན་ནས་བླ་མ་བདག་ཉིད་ཆེན་པོ་དང་བླ་ཆེན་ཀུན་བློ་ལ་སོགས་དང་། དཔང་ལོ་ཙཱ་བ། འཇམ་དབྱངས་དོན་ཡོད་པ། ཆོས་རྗེ་བསོད་ནམས་རྒྱལ་མཚན་རྣམས་ཀྱི་དྲུང་ནས་ཟབ་ཆོས་མང་དུ་གསན། དེ་ནས་ཛོ་མོ་ནང་དུ་ཕེབས་ནས་བྱང་སེམས་རྒྱལ་ཡེ་ལས་སྦྱོར་དྲུག་གི་ཁྲིད་དང་། སེམས་འགྲེལ་སྐོར་རྣམས་ཡོངས་སུ་རྫོགས་པར་གསན་པས་ཏིང་ངེ་འཛིན་གྱི་སྒོ་ཕྱེ། དེ་ནས་སྟག་ལུང་དུ་བྱོན་ཏེ་རཏྣ་གུ་རུའི་དྲུང་དུ་བཀའ་བརྒྱུད་ཀྱི་ཆོས་མ་ལུས་པ་གསན། དགུང་གྲངས་བཞི་བཅུ་ལ་ཕེབས་པ་རབ་བྱུང་དྲུག་པའི་ས་ཡོས（སྤྱི་ལོ1339）ལོར་སྟག་ལུང་གི་གདན་སར་ཕེབས། ལྷ་ཆེན་རྒྱབ་མཐོ་ཉི་ཤུ་ཙ་གཅིག་པ་དང་། གསེར་འབུམ་མཐོ་ཉི་ཤུ་ཡོད་པ་དང་བསྟན་འགྱུར་སོགས་བཞེངས། རྒྱུད་སྡེ་དང་སྡེ་སྣོད་ཀྱི་བཤད་པ་བཙུགས། ཆོས་དྲུག ལམ་འབྲས། སྦྱོར་དྲུག་ལ་སོགས་པའི་ཁྲིད་རྣམས་བཏབ། བླ་མ་གོང་མ་རྣམས་ཀྱི་བཅའ་ཁྲིམས་བཞིན་གདན་ས་བསྐྱངས། དགུང་ལོ་དྲུག་ཅུ་རེ་གཉིས་ལ་ཕེབས་པ་རབ་བྱུང་དྲུག་པའི་ལྕགས་གླང（སྤྱི་ལོ1361）ལོར་དགོངས་པ་ཆོས་དབྱིངས་སུ་ཐིམ།

སྟག་ལུང་ཆོས་རྗེ་རཏྣ་གུ་རུ། རྗེ་འདི་ཉིད་ཡབ་ཐུགས་རྗེ་སྐྱབས་དང་ཡུམ་གཟུངས་ལྡམ་གྱི་སྲས་སུ་རབ་བྱུང་ལྔ་པའི་ས་བྱི（སྤྱི་ལོ1288）ལོར་གཡང་ཤོད་པོང་ར་སྟེངས་ལ་སྐུ་འཁྲུངས། མཁན་ཆེན་བསོད་ནམས་ཡེ་ཤེས་པ་དང་སློབ་དཔོན་སེང་བཟང་པ་ལས་རབ་ཏུ་བྱུང་། དགུང་ལོ་བཅུ་དྲུག་པ་ལ་འཇམ་དབྱངས་རིན་ཆེན་རྒྱལ་མཚན་ལས་ཆོས་མང་དུ་གསན། དགུང་ལོ་བཅུ་དགུ་པ་ལ་དབུས་སུ་བྱོན། རིན་པོ་ཆེ་སངས་རྒྱས་དཔལ་བཟང་པོའི་དྲུང་དུ་ཀྱེ་རྡོར་དང་། བདེ་མཆོག་གཤིན་རྗེ་དགྲ་ནག་གདོང་དྲུག་ལ་སོགས་པའི་བཀའ་ལུང་མང་པོ་དང་། ན་རོ་ཆོས་དྲུག་ལ་སོགས་པའི་ཆོས་བཞུགས་པ་ཐམས་ཅད་གསན། དགུང་ལོ་ཉི་ཤུ་རྩ་གཉིས་ལ་ཕེབས་པ་རབ་བྱུང་ལྔ་པའི་ས་བྲ（སྤྱི་ལོ1309）ལོར་རིན་པོ་ཆེ་ཆོས་རྗེ་དཔལ་བཟང་པོས་རྗེ་རཏྣ་གུ་རུ་སྟག་ལུང་གདན་སར་བཞུགས་སུ་གསོལ། ལོ་དེར་ས་སྐྱར་བྱོན་ནས་འཇམ་དབྱངས་རིན་ཆེན་རྒྱལ་མཚན་དང་། གྲགས་པ་རྒྱལ་མཚན། ཀུན་དགའ་སེང་གེ་རྣམས་བསྟེན་ནས་ཆོས

མང་དུ་གསན། དེ་ནས་རྗེ་ཀུན་སྤངས་པས་མཁན་པོ་དང་། བསྟན་པའི་རྒྱལ་མཚན་གྱིས་སློབ་དཔོན། ཀུན་མཁྱེན་ཡོན་ཏན་རྒྱ་མཚོས་གསང་སྟེ་མཛད་ནས་བསྙེན་པར་རྫོགས། ཀུན་སྤངས་པའི་དྲུང་དུ་དུས་འཁོར་གྱི་དབང་ཆེན་མོ། སྦྱོར་དྲུག་ལ་སོགས་པ་གདམས་པ་དཔག་ཏུ་མེད་པ་གསན། ཡོན་ཏན་ཁྱད་པར་ཅན་འཁྲུངས། དེ་ནས་ལྕགས་ཁྱི(སྤྱི་ལོ1310)ལོར་ཁྲིར་ཕེབས། གསེར་བུམ་བཞེངས་པ་ལ་སོགས་པའི་བྱ་བ་རྒྱ་ཆེན་མཛད། དགུང་ལོ་ལྔ་བཅུ་ང་གཉིས་ལ་ཕེབས་པ་རབ་བྱུང་དྲུག་པའི་ས་ཡོས(སྤྱི་ལོ1339)ལོར་ཞི་བར་གཤེགས།

སྟག་ལུང་སངས་རྒྱས་དཔོན་གྲགས་པ་དཔལ། རྗེ་འདི་ནི་རབ་བྱུང་བཞི་པའི་ལྕགས་ཕག(སྤྱི་ལོ1251)ལོར་མདོ་ཁམས་སུ་སྐུ་འཁྲུངས། རྗེ་སྣམ་པོ་བའི་སྐུ་སྐྱེ་ཡིན་པར་གྲགས་ཤིང་། སྐུ་ཆུང་དུས་ནས་ཆོ་འཕྲུལ་མང་པོ་བསྟན། དགུང་ལོ་བཅུ་གསུམ་ལ་སངས་རྒྱས་ཡར་བྱོན་གྱི་སར་རབ་ཏུ་བྱུང་། རྗེ་དེ་ལས་བཀའ་བརྒྱུད་པའི་ཆོས་མ་ལུས་པ་དང་། ཕག་མོ་གྲུ་པ་ནས་བརྒྱུད་པའི་སྟག་ལུང་པ་ལ་སྙན་བརྒྱུད་འབའ་ཞིག་ཏུ་བཞུགས་པ་རྣམས་ཀྱང་ལེགས་པར་གསན། སྡེ་སྣོད་དང་རྒྱུད་སྡེ་ལ་བྱང་ཆུབ་པར་གྱུར། མཁན་པོ་ཐང་སག་པ་ལ་སོགས་པར་དབུ་མའི་འགྲེལ་ཆེན་དང་གསང་འདུས་འགྲེལ་པ་སྒྲོན་མ་གསལ་བ་སོགས་མང་དུ་གསུངས། མཚན་ཡང་གྲགས་པ་དཔལ་ཞེས་ཐོགས། སངས་རྒྱས་ཡར་བྱོན་གཤེགས་ཁར་སྟག་ལུང་གི་གདན་ས་གཏད། སངས་རྒྱས་དཔོན་གྱིས་གདན་ས་ལོ་གཅིག་མཛད་ནས་ཁམས་སུ་བཞུད། དགུང་ལོ་ཉེར་དྲུག་ལ་ཕེབས་པ་རབ་བྱུང་ལྔ་པའི་མེ་བྱི(སྤྱི་ལོ1276)ལོར་རི་བོ་ཆེ་དགོན་པ་བཏབ། དེ་ནས་བཟུང་སྟག་ལུང་ཡ་ཐང་མ་ཐང་གཉིས་སུ་གྱེས། དགོན་པ་འདི་གཉིས་སོ་སོར་དགེ་འདུན་གསུམ་སྟོང་བརྒྱད་བརྒྱ་ཙམ་རེའི་འདུ་ཚོགས་བྱུང་། དགུང་ལོ་བཞི་བཅུ་ཞེ་དྲུག་ལ་ཕེབས་པ་རབ་བྱུང་ལྔ་པའི་མེ་སྤྲེལ(སྤྱི་ལོ1296)ལོར་འདས།

བདག་ཆེན་ཀུན་དགའ་བློ་གྲོས། རབ་བྱུང་ལྔ་པའི་ས་ཕག(སྤྱི་ལོ1299)ལོར་ས་སྐྱའི་བདག་ཉིད་ཆེན་པོ་བཟང་པོ་དཔལ་བའི་སྲས་སུ་འཁྲུངས། ཧོར་གྱི་རྒྱལ་སར་བྱོན་ནས་བུ་ཡན་རྒྱལ་པོ་དང་། གེ་གན་རྒྱལ་པོ། ཡེ་སུན་ཐེ་མུར་བཅས་གསུམ་གྱི་དབུ་བླ་མཛད། དེ་ཡན་ཆད་ཀྱིས་ས་སྐྱའི་གདན་ས་ཐུན་མོང་དུ་དབང་བསྒྱུར། རབ་བྱུང་ལྔ་པའི་ཤིང་བྱི(སྤྱི་ལོ1324)ལོར་རྗེ་འདིས་གདན་ས་སྐུ་མཆེད་སོ་སོར་བགོས་ཏེ་མཁས་བཙུན་པར་ཤེལ་ཐམ་དང་། བཞི་ཐོག་ཏི་ཤྲཱི་ལེགས་འབྱུང་རྒྱལ་ལ་གསེར་ཐམ། ལྷ་ཁང་བླ་བྲང་འཇམ་དབྱངས་དོན་རྒྱལ་རྒྱན་ལ་ཤེལ་ཐམ། རིན་སྒང་དབང་ཀུན་ལེགས་མིང་སྲིད་ལ་གསེར་ཐམ་བཅས་སོ་སོར་གནང་བ་ནས་བཟུང་བཞི་ཐོག་བླ་བྲང་དང་། ལྷ་ཁང་བླ་བྲང་། རིན་ཆེན་སྒང་བླ་བྲང་། དུས་མཆོད་བླ་བྲང་བཅས་བཞིར་གྱེས། རབ་བྱུང་ལྔ་པའི་ཤིང་གླང(སྤྱི་ལོ1325)ལོར་འདས།

དྷརྨ་པཱ་ལ། ས་སྐྱའི་ཁྲི་ཐོག་བརྒྱད་པ་འདི་ཉིད་རབ་བྱུང་ལྔ་པ་ས་འབྲུག(སྤྱི་ལོ1268)ལོར་ཡབ་འགྲོ་

མགོན་ཕྱག་ན་རྡོ་རྗེ་གཤེགས་ནས་ཟླ་བ་དྲུག་སོང་མཚམས་ཡུམ་མཁའ་འགྲོ་འབུམ་ལ་སྲས་དྷརྨ་པཱ་ལ་འཁྲུངས། དགུང་ལོ་དགུ་པ་ཙམ་ནས་འཕགས་པ་རིན་པོ་ཆེས་དབང་ལུང་མན་ངག་སོགས་རིམ་བཞིན་གནང་ནས་གསོ་སྐྱོང་མཛད། དགུང་ལོ་བཅུ་གསུམ་དུ་ཕེབས་པ་ལྕགས་འབྲུག(སྤྱི་ལོ1280)ལོར་བླ་མ་འཕགས་པ་རིན་པོ་ཆེ་གཤེགས་པས་ས་སྐྱའི་ཁྲིར་ཕེབས། དགུང་ལོ་བཅུ་བཞི་པ་ལ་སོག་ཡུལ་དུ་བྱོན་ནས་སེ་ཆེན་རྒྱལ་པོ་དང་མཇལ། ཆོས་རྒྱལ་འཕགས་པའི་གདུང་རིང་བསྲེལ་བཞུགས་པའི་ཤེལ་གྱི་མཆོད་རྟེན་ཆེན་མོ་བཞུགས་ཡུལ་དང་བཅས་པ་གསར་བཞེངས་མཛད། སེ་ཆེན་རྒྱལ་པོས་ཏི་ཤྲཱིར་གྱི་མཚན་ཕུལ། ཞང་བཙུན་དང་ཕྱག་པོ་བན་དཀར་བ་གཉིས་ཀྱིས་ཁྲིམས་བསྒྱུར། དྷརྨ་པཱ་ལ་ཧོར་ཡུལ་དུ་ཕེབས་ནས་རབ་བྱུང་ལྔ་པའི་མེ་ཕག(སྤྱི་ལོ1287)ལོར་བོད་དུ་ཕྱིར་ལོག་ཕེབས་སྐབས་ཁམས་ཁྲི་མཐྲུལ་ཟེར་བའི་ས་གནས་སུ་སྐུ་གཤེགས། ཁོང་ལ་བུ་རྒྱུད་མེད་པས་ས་སྐྱ་པའི་གདུང་རྒྱུད་ཆད་པ་ལྟ་བུར་གྱུར།

དཔང་ལོ་ཙཱ་བ་བློ་གྲོས་བརྟན་པ། ལོ་ཙཱ་བ་འདི་ཉིད་རབ་བྱུང་ལྔ་པའི་མེ་བྱི(སྤྱི་ལོ1276)ལོར་ལ་སྟོད་སྟེ་སྤྱང་ལུང་གི་འོ་འབུ་གྲམ་དུ་སྐུ་བལྟམས། ཡུམ་སྤུ་མོར་གཤེགས་ནས་ལུག་གི་འོ་མས་གསོས་པས་ལུ་གུ་ཞེས་པའི་མཚན་ཐོགས། དགུང་ལོ་ལྔ་པ་ལ་ཆོས་རྗེ་སྤྱང་གླིང་པ་ལས་དགེ་བསྙེན་ནོད། མཚན་བློ་གྲོས་བརྟན་པར་གསོལ། དགུང་ལོ་བདུན་པ་ལ་མཁན་ཆེན་གསེར་ཁང་པ་དང་མི་སྟོན་འདུལ་འཛིན་པ་ལ་རབ་ཏུ་བྱུང་། དགུང་ལོ་བཅུ་གཅིག་པ་ལ་དགེ་བའི་བཤེས་གཉེན་འདི་གཉིས་ལས་མདོ་རྩ་རྫོགས་པར་བསླབས། བཅུ་གསུམ་པ་ནས་བཅུ་དགུ་བར་རྟག་བདེ་སེང་རྒྱལ་གྱི་ཞབས་ལ་གཏུགས་ཏེ་ཕར་ཚད་མངོན་གསུམ་དང་། དབུ་མ། ཁྱད་པར་དུ་དུས་འཁོར་ལ་སྦྱངས་པས་མཁས་པར་མཁྱེན། དགུང་ལོ་བཅུ་དགུ་པ་ལ་རྟག་བདེ་པ་གཤེགས་ནས་མང་མཁར་ཁྲ་ཚང་དུ་ལོ་ཙཱ་བ་ལོ་མཆོག་ལ་དུས་འཁོར་ཤོང་ལུགས། ཀ་ལཱ་པ་དང་ཙནྡྲ་པ་སྙན་ངག་མེ་ལོང་སོགས་གསན། རྟག་བདེ་ཏི་ཕུག་གི་མཁན་པོ་ཤེས་རབ་དཔལ་དང་། ས་སྐྱའི་འཇམ་དབྱངས་བཞི་ཐོག་པ། འཇམ་སྐྱབ། རིང་པ་ཤེས་རབ་སེང་གེ་སོགས་ཀྱི་ཞབས་པད་བརྟེན། དུས་འཁོར་ལུགས་བརྟག་གཉིས། རྣམ་འགྲེལ། རིག་གཏེར་སོགས་གསན། དགུང་ལོ་ཉི་ཤུ་པ་ལ་མཁན་ཆེན་གསེར་ཁང་པ་དང་མི་སྟོན་འདུལ་འཛིན་པ་ལས་བསྙེན་པར་རྫོགས། ཨ་ཙ་ར་བྱུང་ཚད་ལ་སྦྲེལ་སྐད་བསླབས། འཇམ་དབྱངས་བཞི་ཐོག་པ་དང་པཎྜི་ཏའི་དབར་གྱི་ལོ་ཙཱ་མཛད་པས་ལོ་ཙཱ་བར་གྲགས། ཉེར་གཅིག་པ་ལ་བལ་ཡུལ་དུ་བྱོན་ནས་སྒྲ་སྙན་ངག་ལ་མཁས་པར་སྦྱངས། བལ་ཡུལ་ལ་བྱོན་ལན་བདུན་ཕེབས། བལ་པོ་པཎྜི་ཏ་ཐལ་ཆེ་བས་མན་སྔ་དང་དགོངས་རྒྱན་སོགས་ཞུས། དགུང་ལོ་སོ་གཉིས་པ་ལ་གུང་ཐང་གནས་པོ་ཆེར་ཆོས་གཞི་བཙུགས་ཏེ་གུང་ཐང་པ་བདེ་བློ་སོགས་སློབ་མའི་ཚོགས་མང་དུ་འདུས་པ་ལ་དབྱར་དུས་འཁོར། དགུན་ཕར་ཚད་མངོན་གསུམ་གྱི་དུས་ཆོས་གསུངས། སྙན་པའི་གྲགས་པ་རྒྱ་གར་དང་ཧོར་ཡུལ་ཚུན་ཁྱབ། ཡ་ཚེ་དང་ཧོར་རྒྱལ་པོས་གདན་འདྲེན་བྱུང་བ་ལ་བར་ཆད་དུ་གཟིགས་ནས། ཕྱིངས་ཡིག་གོང་

འོག་ཅན་གྱིས་ཡ་ཆེ་བཟློག ཅད་པུ་དགོན་གསར་ལ་སེང་གེ་གླིང་དུ་བཏགས་ཏེ་དེར་བཞུགས་པས་རྟོར་བཟློག ཐེག་པའི་གྲོགས་པོའི་གཡོ་བ་རིང་དུ་སྤངས། སྐབས་དེར་ས་སྐྱར་ཕྱིན་ནས་ལོ་མཆོག་པ་ལ་མངའ་བའི་བཀའ་ལུང་མཐའ་དག་ཐུམ་པ་གང་ཕྱིའི་ཚུལ་དུ་གསན་བཞེས་མཛད།

དགུང་ལོ་དྲུག་ཅུ་རེ་གཉིས་པ་ལ་རྒྱལ་སྲས་རིན་པོ་ཆེའི་ཞུ་འབུལ་བཞིན་པོ་དོང་ཨེའི་གདན་ཁྲིར་ཕེབས། གུང་ཐང་བདེ་བློ་སོགས་སློབ་བུ་མང་དུ་ཕྱིན། རྒྱུད་འཛིན་གྱི་སྲས་དཔོན་པོ་ལོ་ཙྪ་བ་བྱང་ཆུབ་རྩེ་མོ་ཡིན། དབུས་སུ་ཕེབས་ནས་ལྷ་ས། བསམ་ཡས། གུང་ཐང་། སྟག་ལུང་། ར་སྒྲེང་། གསང་ཞེའུ་ཐོག་རྣམས་སུ་དུས་འཁོར། དགོངས་རྒྱན། ཕར་ཚད་མདོན་གསུམ། དབུ་མ་རྒྱན། སྒྲ་སྙན་ངག ཟབ་མོའི་མདོ་ལྷ་སོགས་ཆོས་མང་དུ་གསུངས་པས་དབུས་ཀྱི་དགེ་བའི་བཤེས་གཉེན་ཕལ་མོ་ཆེས་གསན། སྟར་ཐང་དུ་མཆིམས་བློ་བཟང་པ་སོགས་ལ་དགོངས་རྒྱན་སྙན་ངག་གནང་། མཁས་པའི་བདག་ཉིད་བུ་དོན། རྒྱལ་སྲས་པ། ལོ་ཆེན་བྱང་ཆུབ་རྩེ་མོ། གུང་ཐང་བདེ་བློ། མ་ཏི་པཎ་ཆེན། ཀུན་སྤངས་ཆོས་གྲགས་དཔལ། འཇམ་དབྱངས་དོན་ཡོད་རྒྱལ་མཚན། ཉེ་རིང་ལ་འཇམ་དབྱངས་མཚན་ཅན་སོགས་ཀྱིས་དཔང་ལོ་ཆེན་པོའི་ཞབས་ལ་བཏུད། མཁས་པའི་གྲགས་པ་ཤིན་ཏུ་ཆེ། ཉིན་མཚན་ཀུན་ཏུ་ཐུགས་དམ་ལས་མི་གཡེལ།

རྗེ་འདི་ཉིད་ཀྱི་འགྱུར་ལ་མཚོན་ན། དཔལ་རྡོ་རྗེ་སྙིང་པོ་རྒྱན་ཞེས་བྱ་བའི་རྒྱུད་ཀྱི་རྒྱལ་པོ་ས་སྐྱ་པཎྜི་ཏས་མ་འདྲིས་པའི་ཆོས་བཅོ་བརྒྱད་ཀྱི་སྐབས་ཐུགས་ཀྱི་འཕྲིན་ལས་ཐམས་ཅད་ཡེ་ཤེས་སྟོན་དུ་འགྲོ་སྟེ་ཡེ་ཤེས་ཀྱི་རྗེས་སུ་འབྲང་ངོ་། །ཞེས་པའི་བར་བསྒྱུར་བའི་འཕྲོ་རྣམས་རྫོགས་པར་བསྒྱུར། བསྟན་འགྱུར་ལས། དཔལ་ལྡན་དྲི་མ་དང་བྲལ་བའི་འོད་ཀྱི་རྒྱུད་ལ་འཇུག་པའི་བཤད་སྦྱར་མི་གཡོ་བའི་སྙིང་པོ་སྣང་བ་ཞེས་བྱ་བ། རྣལ་འབྱོར་ཡན་ལག་དྲུག་གི་བརྗེད་བྱང་ཡོན་ཏན་གྱིས་འགེངས་པ་ཞེས་བྱ་བ་མཁས་པ་ཆེན་པོ་གནས་བརྟན་ཉི་མ་དཔལ་ཡེ་ཤེས་ཀྱིས་མཛད་པ། དབང་མདོར་བསྟན་གྱི་འགྲེལ་བ་དཔལ་དུས་ཀྱི་འཁོར་ལོ་པཎྜི་ཏ་རྣམ་པར་རྒྱལ་བ་དབང་པོས་མཛད་པ་སོགས་དང་། ཚད་མ་ཀུན་ལས་བཏུས་པའི་འགྲེལ་པ་རྒྱལ་དབང་བློས་མཛད་པ་དང་། སི་སོགས་ཀྱི་མཐའ་དཔྱོད་འཇམ་དཔལ་གྲགས་པས་མཛད་པ་ཙནྡྲ་པའི་ཡི་གེའི་མདོ། ཧིང་མཐའི་བྱ་བ། སློབ་དཔོན་གཙང་ཁ་ཤས་མཛད་པའི་འགྲེལ་པ་མདོར་བསྟན་སོགས་གཞི་འགྱུར་དང་ཞུ་ཆེན་མང་དུ་མཛད་ཅིང་། དུས་འཁོར་འགྲེལ་ཆེན་གྱི་བསྡོད་འགྲེལ་ཀ་ལཱ་པ་སྙན་ངག་མེ་ལོང་གི་འགྲེལ་པ། ཚོགས་གསུམ་གསལ་བ་སོགས་བསྟན་བཅོས་མང་དུ་བཀའ་རྩོམ་མཛད་ཅིང་། གཞན་དོན་གྱི་བྱ་བ་རྫོགས་ནས་དགུང་ལོ་དྲུག་ཅུ་རེ་བདུན་ལ་ཕེབས་པ་རབ་བྱུང་དྲུག་པའི་ཆུ་རྟ(སྤྱི་ལོ1342)ལོར་པོ་དོང་ཨེར་དག་པའི་ཞིང་དུ་གཤེགས།

དཔོན་ཆེན་ཀུན་དགའ་བཟང་པོ། འདི་ཉིད་ས་སྐྱའི་དཔོན་ཆེན་མི་ཐོག་གཉིས་པ་ཡིན། ཐོག་མར་ནང་

གཉེར་མཛད། དཔོན་ཆེན་ཤཱཀྱ་བཟང་པོ་འདས་པའི་ལོ་སྟེ་རབ་བྱུང་ལྔ་པའི་ལྕགས་རྟ(སྤྱི་ལོ1270)ལོར་ས་སྐྱའི་དཔོན་ཆེན་དུ་བསྐོས། དཔོན་ཆེན་ཤཱཀྱ་བཟང་པོས་སྐྱབ་མ་ཚར་བའི་ལྷ་ཁང་ཆེན་མོའི་འོག་ཐོག་དང་། ཐིག་ཁང་། ལྕགས་རི། རྒྱ་ཕིབས་སོགས་དང་། རིན་ཆེན་སྒང་བླ་བྲང་། ལྷ་ཁང་བླ་བྲང་བཅས་བསྒྲུབས།

འཕགས་པ་རིན་པོ་ཆེའི་ཞེ་གནས་ཆེན་པོ་དང་དཔོན་ཆེན་ཀུན་དགའ་བཟང་པོ་གཉིས་མ་འཆམས་པས་ཞེ་གནས་ཀྱིས་བླ་མ་ལ་ཞུ་ཡིག་ཕུལ་བས་བླ་མས་དཔོན་ཆེན་ལ་མ་མཉེས། དེ་ནས་ཞེ་གནས་ཀྱིས་བླ་མས་གནང་བ་ལྟར་སྟན་ཕྲ་རྫུན་མ་ཞིག་གོང་མ་སེ་ཆེན་ཧན་ལ་ཕུལ། དེ་མ་ཐག་གོང་མས་མི་ཆེན་སང་ཕྭ་བ་སོགས་རྟོར་དམག་ཁྲི་ཕྲག་མང་པོ་བཏང་བས་ཞེ་གནས་དེས་རང་གི་རྫུན་རྐུབ་བརྗོལ་བར་སྐྲག་ནས་བླ་མར་དུག་ཕུལ་ཏེ་བཀྲོངས། ཕོ་རང་ཡང་དུག་འགམས་ཏེ་ལྟེབས། ལྕགས་སྦྲུལ(སྤྱི་ལོ1281)ལོར་རྟོར་དམག་གིས་ཐོག་མར་ཡང་འགྲོ་ཁང་དམར་གྱི་ས་མཁར་ཕབ། དེ་ནས་པ་རྣམ་བྱ་རོག་རྫོང་གི་མཁར་སྒྲུགས་བསྐོར་གྱིས་གཏོར། ཀུན་དགའ་བཟང་པོ་བཟུང་སྟེ་བཀྲོངས་ཁར་ཁོང་གིས་གོས་དཀར་པོ་དང་ཞྭ་ནག་པོ་ཞིག་གྱོན་པ་གཏམ་ཕྱིས་སེ་ཆེན་ཧན་གྱིས་ཐོས་ནས་ཉེས་པ་མེད་པའི་བདར་དགོངས་ཏེ་དམག་དཔོན་རྣམས་ལ་བཀའ་བཀྱོན་ཕེབས། མི་དཀར་ལ་ཞྭ་ནག་ཅེས་པའི་གཏམ་དཔེ་ཡང་དེ་ནས་བྱུང་བར་གྲགས(འཕགས་པ་རིན་པོ་ཆེ་གཤེགས་ཚུལ་དང་། ཞེ་གནས་དང་དཔོན་ཆེན་ཀུན་དགའ་བཟང་པོའི་དབར་གྱི་འགལ་བའི་ཐད་དེ་མིན་གྱི་ཤོད་ཚུལ་འགའ་ཡང་མཆིས)

སྤྱན་སྔ་གྲགས་པ་རིན་ཆེན། རྗེ་འདི་ལ་ཕག་གྲུ་གཙུང་རྒྱ་བོའམ་གཉིས་མཚོད་པ་གྲགས་པ་རིན་ཆེན་ཡང་ཞུ། རབ་བྱུང་བཞི་པའི་ལྕགས་ཁྱི(སྤྱི་ལོ1250)ལོར་འཁྲུངས། དགུང་ལོ་བཞི་བཅུ་པ་རབ་བྱུང་ལྔ་པའི་ས་གླང(སྤྱི་ལོ1289)ལོར་ཐེལ་གྱི་གདན་སར་ཕེབས་ཏེ་ཁྲི་དཔོན་ཟུར་དུ་མ་བསྐོས་པར་བླ་དཔོན་ སྒྲགས་མ་མཛད། ངོ་སྟོན། རྒྱལ་ཐང་། སྨོན་མཁར། མོན་ཁ་སོགས་ཕག་གྲུའི་འཛིན་དབང་ས་སྟེ་སྟོན་ཤོར་མང་པོ་ཕྱུག་རྫས་ཀྱིས་བླུ་བར་མཛད་པས། ཕག་གྲུའི་ཁྲི་བསྐོར་ལ་བཀའ་དྲིན་ཤིན་ཏུ་ཆེ་བ་བྱུང་། དམ་པ་འདི་ཉིད་ཀྱིས་ཐེལ་དུ་ཆོས་སྲིད་ཀྱི་མཛད་པ་ལོ་ཉེར་གཉིས་བསྐྱངས་མཐར། དགུང་གྲངས་དྲུག་ཅུ་རེ་གཅིག་པ་རབ་བྱུང་ལྔ་པའི་ལྕགས་ཁྱི(སྤྱི་ལོ1310)ལོའི་བོད་ཟླ་གཉིས་པའི་ཚེས་ཉེར་གཉིས་ཉིན་སྐུ་གཤེགས།

སྤྱན་སྔ་ཉེར་བརྒྱད་པ་རྡོ་རྗེ་རྒྱལ་པོ། འབྲི་གུང་གདན་རབས་དགུ་པ་འདི་ཉིད་རིན་པོ་ཆེ་རྡོ་རྗེ་རིན་ཆེན་གྱི་གཅུང་པོར་རབ་བྱུང་ལྔ་པའི་ཤིང་སྤྲེལ(སྤྱི་ལོ1284)ལོར་སྐུ་འཁྲུངས། དེ་ནས་རིམ་གྱིས་བསྐྱེད་བསྲིངས་ཏེ་གཅེན་རིན་པོ་ཆེ་རྡོ་རྗེ་རིན་ཆེན་གྱི་དྲུང་དུ་རབ་ཏུ་བྱུང་། མཚན་རྡོ་རྗེ་རྒྱལ་པོ་ཞེས་གནང་། དགུང་ལོ་བདུན་པ་ལ་གླིང་ལོག་བྱུང་སྟེ་གོང་པོར་གྲུབ་ཐོབ་ཨར་རྗེ་ལ་སོགས་པ་རྣམས་ཀྱིས་སྤྱན་དྲངས།

སློབ་དཔོན་པདྨ་ལ་སོགས་བླ་མ་རྣམས་དང་། ཞི་ཁྲོ་རབ་འབྱམས་ཀྱི་དཀྱིལ་འཁོར་དུ་མ་ཞལ་གཟིགས་པ་སྐྱེ་དགུ་ཀུན་གྱིས་ཐོས། གྲུབ་ཐོབ་ཨར་རྩེ་ལས་འཇིག་རྟེན་གསུམ་གྱི་མགོན་པོའི་ཆོས་མཛོད་ཀུན་གསན་ཅིང་། ཉམས་ལེན་ལ་བརྩོན་པ་མཐར་ཕྱིན་མཛད། དེ་ནས་འབྲི་གུང་དུ་ཕེབས། དགུང་ལོ་བཅུ་གསུམ་པར་གཅེན་རིན་པོ་ཆེ་དང་མཁས་གྲུབ་དགེ་བཤེས་དུ་མ་ལས་མདོ་སྔགས་རྒྱུད་སྡེའི་ཆོས་མ་ལུས་པ་གསན་ཅིང་། དོན་རྣམས་ལ་བྱུང་ཞིང་ཚུད་པར་མཛད། དེ་ནས་གནས་ཆེན་གཏེར་སྒྲོམ་གྱི་དབེན་གནས་རྣམས་སུ་བཞུགས་ཤིང་། གནས་གསར་མ་ལ་སོགས་པ་གནས་སྒོ་མང་དུ་ཕྱེ། གཟིགས་སྣང་རྣམས་གཏན་ལ་ཕབ། རྡོ་རྗེ་འཇིགས་བྱེད་ཀྱི་སྐུ་དང་། ཚོགས་ཟངས་སྦྲང་ལུང་མ་སོགས་ནོར་གཏེར་ཁ་ཤས་བཞེས། དེ་ནས་སྤེང་རྒྱལ་གྱི་དབེན་གནས་སུ་སྒྲུབ་སྡེ་འདེབས་པ་མཛད། དགུང་ལོ་སོ་གཅིག་པ་ཤིང་སྟག(སྤྱི་ལོ1314)ལོར་གཅེན་རིན་པོ་ཆེ་དག་ཞིང་དུ་གཤེགས་པས་རྗེ་ཉིད་སེང་ཁྲིར་མངའ་གསོལ། པཎ་ཆེན་ཤཱཀྱ་ཤྲཱིའི་རིང་ལུགས་འཛིན་པ་ཆོས་ལུགས་ཚོགས་པའི་མཁན་ཆེན་ལས་བསྙེན་པ་ལ་ཡོངས་སུ་རྫོགས་ཤིང་། འདུལ་བའི་གནས་ལ་བྱང་བར་མཛད། མཁན་ཆེན་དང་དགེ་འདུན་རྣམས་ལ་ཟབ་ཆོས་ཀྱི་བཞེད་པ་བསྐྱངས། སྤར་གྱི་ལྷ་ཁང་ཆེན་མོའི་ཤུལ་དུ་ཀ་བ་བརྒྱ་དང་བརྒྱད་ཅུའི་གཙུག་ལག་ཁང་གྲུབ་སྟེ་རྟེན་གསུམ་བསམ་གྱིས་མི་ཁྱབ་པ་བཞེངས། མཐིང་ཤོག་ལ་གསེར་བྲིས་མའི་མདོ་སྡེ་སོགས་བདེ་བར་གཤེགས་པའི་གསུང་རབ་མང་དུ་བཞེངས། དགུང་ལོ་ལྔ་བཅུ་པར་བཀྲ་ཤིས་ལྡིངས་ཀྱི་གཙུག་ལག་ཁང་རྟེན་གསུམ་དང་བཅས་པ་བཞེངས་ཤིང་། གླིང་གི་མགོན་ཁང་ཨ་ཕྱི་ཁང་དུ་གྲགས་པ་འདི་ཡང་གྲུབ་པ་དང་། ཡེ་ཤེས་ཀྱི་མགོན་པོ་ཕྱག་བཞི་པ་བྱ་སེང་བེང་ཡུལ་བཅས་བཞེངས། གཞུ་སྣང་གཡའ་མ་རིར་མགོན་ཁང་དང་སྒྲུབ་སྡེ་ཡང་བཏབ། གནས་གསུམ་གྱི་རི་པ་ཡང་སྟོང་ཕྲག་ཙམ་བཙུགས། རི་ཁྲོད་ཕལ་ཆེར་རིམ་གཉིས་ལ་བརྩོན་པའི་སྒོམ་ཆེན་གྱིས་ཁྱབ་པར་མཛད། དུས་ཀུན་ཏུ་ཆོས་གལ་ཆེ་བ་རྣམས་ཐུག་སྒོ་ནས་གསུང་བ་མ་གཏོགས་སྨྲ་བཅད་འདག་སྦྱར་ལ་བཞུགས་ཤིང་། ཟབ་མོའི་རྣལ་འབྱོར་ལས་སྐད་ཅིག་ཀྱང་མི་གཡོ། དབུས་གཙང་གི་ཆེ་དགུ་ཞལ་མཇལ་ལ་ཡོང་བ་རྣམས་ཀྱང་ཡོལ་བ་ཕྱི་ནང་གི་མཇལ་ལུགས་ཙམ་ལས་དངོས་སུ་ཞལ་མཇལ་དང་འཇིག་རྟེན་གྱི་གསུང་གླེང་མི་མཛད་པ་སོགས་འཕགས་ཆེན་དམ་པའི་མཛད་པ་ཁོ་ནར་དུས་འདའ། དེ་ལྟར་ལོ་མང་གདན་ས་བསྐྱངས་ཤིང་། དགུང་ལོ་དྲུག་ཅུ་རེ་བདུན་ལ་ཕེབས་པ་རབ་བྱུང་དྲུག་པའི་ལྕགས་སྟག(སྤྱི་ལོ1350)ལོར་ཚོ་འཕྲུལ་དུ་མ་དང་བཅས་མྱ་ངན་ལས་འདས།

འཕགས་པ་བློ་གྲོས་རྒྱལ་མཚན། ས་སྐྱ་གོང་མ་རྣམ་ལྔའི་ཡ་གྱལ། ས་སྐྱའི་ཁྲི་རབས་དྲུག་པ་འདི་ཉིད་རབ་བྱུང་བཞི་པའི་ཤིང་ལུག(སྤྱི་ལོ1235)ལོའི་བོད་ཟླ་གསུམ་པའི་ཚེས་དྲུག་ཉིན་ཡབ་ཟངས་ཚ་བསོད་ནམས་རྒྱལ་མཚན་དང་། ཡུམ་མ་གཅིག་ཀུན་དགའ་སྐྱིད་ཀྱི་སྲས་སུ་མངའ་རིས་གླུ་ཁང་དུ་བལྟམས།

མཚན་དུ་འཕགས་པ་ལུག་སྐྱེས་ཞེས་གསོལ། དགུང་ལོ་ཆུང་དུས་ནས་ཡི་གེ་འབྲི་ཀློག་སོགས་ཚེགས་མེད་དུ་མཁྱེན། དགུང་ལོ་བརྒྱད་ལ་ཕེབས་དུས་ཆོས་བཤད་མཛད་ཐུབ་པ་བྱུང་། དགུང་ལོ་བཅུ་པ་ཤིང་འབྲུག་(སྤྱི་ལོ1244)ལོར་ཁུ་བོ་ས་པཎ་གྱི་ཕྱག་ཕྱིར་སོག་ཡུལ་ལ་བྱོན་པའི་ལམ་དུ་ལྷ་ལྡན་ཇོ་བོའི་སྤྱན་སྔར་ཆོས་རྗེས་མཁན་པོ་དང་། ཟུལ་ཕུ་བས་སློབ་དཔོན་མཛད་དེ་རབ་ཏུ་བྱུང་། དགུང་ལོ་བཅུ་བདུན་ལ་ཕེབས་པ་ལྕགས་ཕག(སྤྱི་ལོ1251)ལོར་ས་པཎ་སྐུ་གཤེགས་ཁར་རང་ཉིད་ཀྱི་ཆོས་བརྒྱུད་འཛིན་པའི་བདག་པོར་བཀོད། དེ་ནས་རིང་པོར་མ་ཐོགས་པར་གོ་དན་ཁྲང་གཤེགས་པས་འཕགས་པ་རིན་པོ་ཆེས་ཆོས་རྗེ་དང་ཁྲང་གི་དགོངས་རྫོགས་ཡང་དག་པར་བསྒྲུབས། དགུང་ལོ་བཅུ་དགུ་པ་ཆུ་གླང་(སྤྱི་ལོ1253)ལོར་ཁམས་སྡེ་དགེའི་ཤར་ཕྱོགས་སླུན་ཤོད་ཅེས་པའི་ས་ཆར་རྫོང་གསར་དགོན་པ་ཕྱག་བཏབ། ལོ་དེར་ཆོས་རྒྱལ་འཕགས་པ་དང་སེ་ཆེན་ཧུ་པི་ལི་མཇལ་འཛོམས་བྱུང་སྟེ་ཧོར་གྱི་བླ་མཆོད་མཛད། རྒྱལ་པོ་ཧུ་པི་ལི་དང་བཙུན་མོ་བློན་ཆེན་དང་བཅས་པས་གསང་སྔགས་རྡོ་རྗེ་ཐེག་པའི་དབང་བསྐུར་ཐུགས་རྗེས་འཛིན་པ་ཞུས་པ་ལ་འཕགས་པ་རིན་པོ་ཆེས་དཔལ་ལྡན་ས་སྐྱའི་ཁྱད་ཆོས་དགྱེས་པ་རྡོ་རྗེའི་གསང་སྔགས་ཀྱི་དབང་དང་པོ་དེ་གནང་། དབང་ཡོན་དུ་བོད་ཁྲི་སྐོར་བཅུ་གསུམ་ཕུལ་ཐོག ཏི་ཤྲི་ཞེས་རྒྱལ་པོའི་དབུ་བླའི་མཚན་གསོལ་བ་དང་གཡང་ཏིའི་ཐམ་ག་ཕུལ། དེའི་ཕྱི་ལོར་བརྙེ་ཤེད་ཀྱི་འཇའ་ས་བོད་ཡིག་མ་དང་། དངུལ་བྲེ་ཆེན་ང་བྲུག་སོགས་ཕུལ། དབང་ཐེངས་གཉིས་པའི་དབང་ཡོན་དུ་བོད་ཆོལ་ཁ་གསུམ་ཡོངས་རྫོགས་ཕུལ། (ཆོལ་ཁ་གསུམ་ནི། དབུས་གཙང་ཆོས་ཀྱི་ཆོལ་ཁ། མདོ་སྟོད་མིའི་ཆོལ་ཁ། མདོ་སྨད་རྟའི་ཆོལ་ཁ་བཅས)འཕགས་ལ་རིན་པོ་ཆེས་ཉེ་གནས་ཤཱཀྱ་བཟང་པོ་ལ་དཔོན་ཆེན་དང་། ཀུན་དགའ་བཟང་པོ་ནང་ཆེན་དུ་བསྐོས་ནས་བོད་ཁམས་ལ་ས་སྐྱས་དབང་དང་ལུང་བསྒྱུར། དབང་ཐེངས་གསུམ་པ་ཞུས་པའི་དབང་ཡོན་དུ་རྒྱའི་མི་ཡུར་ཆེན་མོ་དང་། ཆོས་དུང་དཀར་པོ་རྒྱང་གྲགས་ཕུལ། ཧོར་གྱི་ཡུལ་དུ་གསང་སྔགས་རྡོ་རྗེ་ཐེག་པའི་བསྟན་པ་དབུ་བཙུགས།

དགུང་ལོ་ཉེར་གཅིག་པ་ལ་སྐྱེ་ཐང་མཁན་ཆེན་གྲགས་པ་སེང་གེས་མཁན་པོ་དང་། ཇོ་གདན་པ་བསོད་ནམས་རྒྱལ་མཚན་གྱིས་སློབ་དཔོན། ཡར་ལུང་པ་བྱང་ཆུབ་རྒྱལ་མཚན་གྱིས་གསང་སྟོན་གནང་སྟེ་དད་འདུས་ཀྱི་དགེ་འདུན་ཉི་ཤུའི་དབུས་སུ་དགེ་སློང་གི་སྡོམ་པ་བཞེས། དགུང་ལོ་ཉེར་གསུམ་པ་ལ་རི་བོ་རྩེ་ལྔར་བྱོན་ནས་གསན་བསམ་རྒྱ་ཆེར་གནང་། ས་རྟ(སྤྱི་ལོ1258)ལོར་རྒྱལ་པོའི་ཕོ་བྲང་དུ་སེ་ཆེན་གྱི་བཀའ་བཞིན་ཏའོ་ཙེའོ་ཆོས་ལུགས་ཀྱི་སྟོན་པ་ཏྲཱ་ཤང་ལ་གྱིན་བྱ་བ་འཁོར་བཅས་དང་རྩོད་པ་འགྲན་པར་མཛད་ནས། ཏའོ་ཙེའོ་ཡི་རང་ལུགས་ལ་སྨྲ་བ་མཐར་སོན་པ་བཅུ་བདུན་རིགས་པས་ཕམ་པར་ཕྱུར་ཏེ་རབ་བྱུང་ལ་བཙུད་པས་སེ་ཆེན་ཧན་དགྱེས་ནས་བརྩི་མཐོང་ཇེ་ཆེར་ཞུ་བ་བྱུང་། ཤིང་བྱི(སྤྱི་ལོ1264)ལོར་འཇའ་ས་མུ་ཏིག་མ་ཕུལ། ཤིང་གླང་(སྤྱི་ལོ1265)ལོར་བོད་ཡུལ་ས་སྐྱའི་གདན་སར་ཞབས་སོར་

འཁོད། སྐུ་གསུང་ཐུགས་རྟེན་གྲངས་ལས་འདས་པ་བཞེངས། ལྷ་ཁང་ལ་གསེར་ཏོག་ཕུབ། འཕགས་པ་རིན་པོ་ཆེས་ཁ་ཆེ་པཎྜི་ཏ་ཤྲཱི་ཏ་ཐཱ་ག་ད་བྷ་དྲ་དང་། སྣར་ཐང་མཁན་ཆེན་མཆིམས་ནམ་མཁའ་གྲགས། སྒྲོ་ལོ་ཙཱ་བ་ཤེས་རབ་རིན་ཆེན་སོགས་མཁན་ཆེན་ཉི་ཤུ་ལྷག་ཙམ་བསྟེན་ནས་མདོ་སྔགས་ཀྱི་ཟབ་ཆོས་མང་པོ་གསན། དབུས་གཙང་ཁམས་གསུམ་གྱི་སྐྱེ་འགྲོ་ཀུན་ཆོས་དང་ཟང་ཟིང་གིས་ཚིམ་པར་མཛད། དེ་ནས་སླར་ཡང་སེ་ཆེན་རྒྱལ་པོའི་གདན་ཞུས་ལྟར་ས་འབྲུག(སྤྱི་ལོ1268)ལོར་རྒྱ་ནག་ཏུ་ཕེབས། ས་སྦྲུལ(སྤྱི་ལོ1269)ལོར་འཕགས་པ་རིན་པོ་ཆེས་སེ་ཆེན་ཧན་གྱིས་གསོལ་བ་བཏབ་པ་བཞིན་ཧོར་ཡིག་གྲུ་བཞི་བརྩིགས་མ་དེ་བརྩམས། དགུང་ལོ་སོ་དྲུག་ལ་ཕེབས་པ་ལྕགས་རྟ(སྤྱི་ལོ1270)ལོར་རྒྱལ་པོ་བཙུན་མོ་བཅས་ཀྱིས་དབང་བཞི་པ་ཞུས། འཕགས་པ་ལ་ཞལ་དམ་གླིང་དྲུག་མ་དང་། གནམ་གྱི་འོག ས་ཡི་སྟེང་ན། རྒྱ་གར་ལྷའི་སྲས་པོ། སྤྲུལ་པའི་སངས་རྒྱས། ཡི་གེ་རྩོམ་མི། རྒྱལ་ཁམས་འཇགས་སུ་འཇུག་པ་པོ། གནས་ལྔ་རིག་པའི་པཎྜི་ཏ་འཕགས་པ་ཏི་ཤྲཱི་ཞེས་པའི་མཚན་གསོལ། དངོས་པོ་ཕོན་ཆེན་ཕུལ། དེ་ནས་བོད་དུ་ཕེབས་ཁར་གོང་མ་སེ་ཆེན་ཧན་གྱིས་དངོས་འབུལ་རྒྱ་ཆེན་པོ་དང་ཞལ་གྱིས་མི་ཐོད་པའི་ཐུགས་བརྩེ་བ་ཆེན་པོ་བཅངས་ནས། རྒྱལ་པོས་དཔོན་དམག་མང་པོའི་དཔུང་དང་བཅས་ཏེ་ཟླ་བ་མང་པོའི་ལམ་བར་དུ་སྐྱུང་སྐྱེལ་ཞུས། རབ་བྱུང་ལྔ་པའི་མེ་བྱི(སྤྱི་ལོ1276)ལོར་འཕགས་པ་འཁོར་བཅས་ས་སྐྱར་ཞབས་སོར་འཁོད་ནས་ས་སྐྱའི་ཆོས་འཁོར་མཛད། གཙང་ཆུ་མིག་རིང་མོར་དགེ་འདུན་ཁྲི་ཕྲག་བདུན་དང་། ཆོས་སྨྲ་བའི་བཤེས་གཉེན་སྟོང་ཕྲག་དྲུ་མ། འགྲོ་བ་ཕལ་པ་བཅས་འབུམ་དུ་ལོངས་པ་ལ་ཆོས་དང་། ཟང་ཟིང་གི་བསྙེན་བཀུར་གཟབ་རྒྱས་བློ་ཡུལ་དུ་འདས་པ་ཞིག་གནང་བ་དེ་ལ་ཆུ་མིག་ཆོས་འཁོར་ཞེས་ལོ་རྒྱུས་ཐོག་སྐད་གྲགས་བྱེད། འཕགས་པ་རིན་པོ་ཆེ་ཡོན་ཏན་དུ་མ་དང་ལྡན་པས་རྩོམ་པ་ལ་ཡང་ཐོགས་པ་མེད་ཅིང་། ཚིག་བརྗོད་བདེ་ལ་རྟོགས་པར་སླ་བའི་བསྟན་བཅོས་སྤྲིངས་ཡིག་གདམས་པའི་སྐོར་སོགས་ལེགས་བཤད་གསར་རྩོམ་པོད་གསུམ་བཀའ་འབུམ་གྱི་ཁྲོད་ན་བཞུགས།

སློབ་མའི་མཆོག་ཞང་དཀོན་མཆོག་དཔལ་དང་། དགེ་སློང་ཀུན་བློ་གཉིས། བླ་ཆེན་སངས་རྒྱས་སྲས། རིང་ཕུག་པ་དར་མ་རྒྱལ་མཚན། སྲོ་ལུང་པ་ཀུན་སྨོན། ཕྱག་ན་རྡོ་རྗེ། རྒྱལ་བུ་ཇིན་གིམ། ཤར་པ་དུས་འཁོར་པ་ཡེ་ཤེས་རིན་ཆེན། ཁང་གསར་ཏི་ཤྲཱི་སངས་རྒྱས་དཔལ། གཉན་ཚུལ་ཁྲིམས་རྒྱལ་མཚན་ལ་སོགས་པ་གདམས་ངག་དང་། རྒྱུད་དང་མགོན་པོའི་བཀའ་བབས་ལ་སོགས་པ་བསྟན་འཛིན་གྱི་སྐྱེས་བུ་གྲངས་མེད་པ་བསྐྲུན་ཏེ་བསྟན་པ་རྒྱས་པར་མཛད་ནས་དགུང་ལོ་ཞེ་དྲུག་ལ་ཕེབས་པ་རབ་བྱུང་ལྔ་པའི་ལྕགས་འབྲུག(སྤྱི་ལོ1280)ལོར་དཔལ་ས་སྐྱ་དགོན་གྱི་ལྷ་ཁང་བླ་བྲང་དུ་མྱ་ངན་ལས་འདས།

བུ་སྟོན་རིན་ཆེན་གྲུབ། ལོ་ཙཱ་བ་ཆེན་པོ་འདི་ཉིད་གཙང་སྟོད་ཁྲི་ཕུའི་ཕྱོགས་ཀྱི་ཤབ་སྨད་སྒོམ་གནས་ཞེས་བྱ་བའི་ཡུལ་དུ་ཡབ་སྙིང་མའི་བླ་ཆེན་བྲག་སྟོན་རྒྱལ་མཚན་དཔལ་བཟང་དང་། ཡུམ་བསོད་ནམས་

འབུམ་གཉིས་ཀྱི་ཐྲས་སུ་རབ་བྱུང་ལྔ་པའི་ལྕགས་སྟག(སྤྱི་ལོ1290)ལོའི་བོད་ཟླ་གསུམ་པའི་ཚེས་ཉེར་བཞི་ཉིན་ངོ་མཚར་གྱི་ལྟས་བཟང་པོ་དུ་མ་དང་བཅས་སྐུ་བལྟམས། དགུང་ལོ་ལྔ་ནས་མ་ཡུམ་ལས་ཡི་གེའི་སྦྱོར་ཀློག་དང་། དཔོན་རྒྱམ་སེང་ལས་རྩིས་དང་ཡི་གེའི་རིག་པ་ལ་སྦྱངས། དགུང་ལོ་བདུན་པར་ཁྲི་ཕུ་བསོད་ནམས་སེང་གེའི་དྲུང་དུ་ཐེག་ཆེན་སེམས་བསྐྱེད་གསན། དགུང་ལོ་བརྒྱད་ལ་སྙིང་མའི་བླ་མ་ཚུལ་ཁྲིམས་དཔལ་བཟང་གི་སྤྱན་སྔར་གསང་སྔགས་སྙིང་མའི་ཆོས་སྐོར་ཡོངས་རྫོགས་གསན། གཞན་ཡང་གསོ་བ་རིག་པའི་སྐོར་གྱི་སྨན་དཔྱད་དང་བཟོ་རིག་སྐོར་གྱི་ཐིག་ཚད་ཀྱང་སྦྱང་བརྩོན་གནང་། དགུང་ལོ་བཅོ་བརྒྱད་ལ་ཕེབས་པ་མེ་ལུག(སྤྱི་ལོ1307)ལོར་ཁྲི་ཕུར་མཁན་ཆེན་སེང་གེ་དཔལ་དང་སློབ་དཔོན་ཚད་མའི་སྐྱེས་བུ་ལས་རབ་བྱུང་དགེ་ཚུལ་གྱི་སྡོམ་པ་བཞེས། སློབ་དཔོན་བསོད་ནམས་མགོན་ལས་ཕར་ཕྱིན་དང་འདུལ་བ་ཚད་མའི་གཞུང་སོགས་མ་ལུས་པ་གསན་ཏེ་ལོ་གཉིས་ཙམ་གྱི་རིང་ཉིན་མོ་གསོལ་བ་དལ་ལྷོད་ཀྱིས་བཞེས་ཡོང་དང་། ན་བཟའ་རལ་པའང་འཚེམ་ཡོང་མེད་ལ། མཚན་མོ་དཀར་མེའི་འོད་ལ་དཔེ་གཟིགས་མཛད་པ་སོགས་དཀའ་སྤྱད་བརྩོན་པ་ཆེན་པོ་མ་བཏང་བས་གཞུང་ལུགས་རྒྱ་མཚོའི་ཕ་རོལ་དུ་སོན། དགུང་ལོ་ཉེར་གཅིག་བཞེས་པ་ན་དབུས་གཙང་གི་ཆོས་སྡེ་ཆེན་པོ་རྣམས་སུ་གྲྭ་སྐོར་མཛད། དབུས་ནས་མཁས་པ་ཤཱཀྱ་གཞོན་ནུ་དང་ཁ་རག་བྱང་གཞོན། གཙང་ནས་མཁས་པ་དཔལ་ལྡན་སེང་གེ་དང་། འཇམ་སྐྱ་སོགས་ལུང་རིགས་ཀྱིས་བཏུལ་བས་སྙན་གྲགས་དབུས་གཙང་ཀུན་ཏུ་ཁྱབ། མཁས་པའི་ཁྲོད་དུ་ཕ་སྟོན་པ་ལ་བུའང་སྟོན་པ་བྱུང་འདུག་ཅེས་བུ་སྟོན་ཞེས་པའི་མཚན་ཡང་དེ་ནས་ཐོགས། དགུང་ལོ་ཉེར་གསུམ་པ་ཆུ་བྱི(སྤྱི་ལོ1312)ལོར་མཁན་ཆེན་བཀའ་བཞི་པ་གྲགས་པ་གཞོན་ནུ་དང་། སློབ་དཔོན་བསོད་ནམས་གྲགས་པ་ལས་བསྙེན་རྫོགས་ཀྱི་སྡོམ་པ་མནོས། ཁྲི་ཕུར་ཕར་ཕྱིན་དང་། འདུལ་བ། མངོན་པ་བཅས་ཀྱི་འཆད་ཉན་ལེགས་པར་མཛད། དེ་ནས་ཐར་པ་གླིང་དུ་ཕེབས་ནས་ལོ་ཙཱ་བ་ཆེན་པོ་ཐར་ལོ་ཉི་མ་རྒྱལ་མཚན་སློབ་དཔོན་དུ་བསྟེན། ལོ་བཞི་ཙམ་འབད་པ་ལྷོད་མེད་མཛད་པས་སྒྲ་ཙནྡྲ་པ་དང་ཀ་ལཱ་པའི་མདོ་འགྲེལ་དང་བཅས་སྒྲ་རིག་པའི་སྐོར་ལེགས་པར་གསན་པ་དང་ཆབས་ཅིག་སྙན་ངག་སྡེབ་སྦྱོར། ཟློས་གར་སོགས་ལ་མཁས་པ་མ་ཟད། རྒྱ་གར་ཤར་ནུབ་དང་། ཁ་ཆེ། སིང་ག་ལ། སིན་དྷུ་སོགས་ཀྱི་སྐད་རིགས་མཁྱེན་ཏེ་འགྲན་ཟླ་དང་བྲལ་བའི་ལོ་ཙཱ་བ་ཞིག་ཏུ་གྱུར། བཀའ་དང་བསྟན་བཅོས་མང་དག་ཅིག་བོད་བསྒྱུར་མཛད། དེ་ནས་གསུང་ངག་རིན་པོ་ཆེ་ལས་དུས་འཁོར་གྱི་དབང་གོང་མ་ཞུས་ཏེ། འདག་སྦྱར་གྱིས་སྐུ་མཚམས་ལ་རྩེ་གཅིག་ཏུ་བསྒོམས་པས་བདེ་སྟོང་དབྱེར་མེད་ཀྱི་ཉམས་རྟོགས་ཁྱད་པར་ཅན་འཁྲུངས། གཞན་ཡང་སྦྱོར་བ་དྲུག་དང་རྒྱུད་ཕྱི་མ་སོགས་དུས་འཁོར། རྡོ་རྗེ་སྙིང་འགྲེལ་ལ་སོགས་པ་ཐུན་མོང་དང་ཐུན་མོང་མིན་པའི་ཆོས་དུ་མ་གསན། དེ་རྗེས་དཔལ་དུས་ཀྱི་འཁོར་ལོ་ལ་ཐུགས་སྦྱོང་དཔྱིས་ཕྱིན་མཛད་ཕྱིར་དཔོན་པོ་རྡོ་རྗེ་རྒྱལ་མཚན་གྱི་དྲུང་ནས་དུས་འཁོར་ཆ་ལག་མ་ཚང་བ་མེད་པ་

གསན་པས་དུས་འཁོར་ལ་ཤིན་ཏུ་མཁས་པར་གྱུར་ཏེ་གངས་ཅན་གྱི་ལྗོངས་འདི་ན་ཕྱིས་བྱོན་གྱི་མཁས་པ་རྣམས་ཀྱི་ནང་ནས་དུས་འཁོར་ལ་མཁས་པ་བུ་དོལ་གཉིས་ཞེས་སྙན་གྲགས་ཀྱིས་ཁྱབ། དགུང་ལོ་སོ་གཅིག་པ་ལྕགས་སྤྲེལ(སྤྱི་ལོ1320)ལོར་ཞྭ་ལུ་ཆོས་སྡེ་ཆེན་པོའི་གདན་ས་བཟུང་། སྔགས་དང་མཚན་ཉིད་ཀྱི་བཤད་གྲྭ་བཙུགས་ནས་དམ་ཆོས་འཆད་སྤེལ་ལོ་ངོ་སུམ་ཅུ་སོ་དྲུག་མཛད། དེ་རྗེས་ཇོ་བོ་རྗེ་ཨ་ཏི་ཤ་ཡིས་བྱིན་གྱིས་བརླབས་པའི་གནས་ཞྭ་ལུ་རི་ཕུག་ཏུ་བདེ་ཆེན་ཕོ་བྲང་ཞེས་པའི་གཙུག་ལག་ཁང་དགེ་འདུན་གྱི་སྡེ་གསར་དུ་བཞེངས། མདོ་སྔགས་ཀྱི་བཤད་གྲྭ་ཆེན་པོ་བཙུགས། རི་ཕུག་ཏུ་ཚོགས་པ་དྲུག་དང་། ཞྭ་ལུར་སུམ་སྟོང་བརྒྱད་བརྒྱ་རེ་འདུས། སྣར་ཐང་གི་བསྟན་འགྱུར་ལ་ཞུ་དག་གནང་ཞིང་། དཀར་ཆག་ཡིད་བཞིན་ནོར་བུ་དབང་གི་རྒྱལ་པོའི་ཕྲེང་བ་ཞེས་པ་བསྒྲིགས། རྒྱ་གར་ནས་བོད་དུ་འགྱུར་བའི་གླེགས་བམ་ཕལ་ཆེ་བར་ཞིབ་མོར་དཔྱད་དེ་བསྒྲིགས་རིམ་སྔ་ཕྱི་གཏན་འབེབས་མཛད་ནས་བསྟན་འགྱུར་དེ་རྣམས་གཅིག་ཏུ་བསྟན་པའི་རྩ་ལག་ཏུ་གྱུར། གྲུབ་མཐའ་རིས་མེད་ཀྱི་མཁས་པ་སྤྱིས་ཆོས་རྗེ་བུ་སྟོན་ནི་ཚད་མའི་སྐྱེས་བུར་འཛིན། རྗེ་འདི་ཉིད་ཀྱིས་བུ་ལུགས་གྲུབ་མཐའི་སྲོལ་བཏོད་པས་དེའི་རྒྱུད་འཛིན་རིམ་བྱོན་རྣམས་ལ་ཞྭ་ལུ་པའི་གྲུབ་མཐའམ་བུ་ལུགས་ཞེས་གྲགས། ཆོས་གསུངས་པའི་གནས་ཞྭ་ལུ་དང་། རི་ཕུག ཁྲི་ཕུ་གཙོ་བོར་མཛད། མདོ་སྔགས་རིག་གནས་ཀྱི་བཤད་པ་མཛད་སྐབས་ལྟགས་སྒྱུར་བ། ཚིག་གསལ་བ། དོན་ཟབ་པ། མཁས་པ་སྔ་མས་གསུངས་པའི་རྗེས་ཟློས་མ་ཡིན་པ། སྔ་ཕྱིའི་ཟློས་སྐྱོན་དང་། འགལ་བའི་སྐྱོན་དང་བྲལ་བ། དཀའ་གནད་ཟབ་པ། གཞུང་ཆེན་པོ་ཕན་ཚུན་བསྡུར་ནས་དཀའ་གནད་དོགས་དཔྱོད་ཞུས་དག་མཛད་དེ་དཔྱད་གཞི་མ་དགོས་པར་ཐུགས་ནས་གསུངས་པར་སྐྱེ་བོ་ཀུན་ཧ་ལས་པར་གྱུར། སློབ་མའི་རིགས་སུ་རྒྱ་གར་དང་། བལ་པོ། རྒྱ་ནག ཡུ་གུར། སོག་པོ། བོད་དབུས་གཙང་མངའ་རིས་མདོ་སྟོད་སྨད་གང་ལས་འདུས། སྔ་ཕྱིར་དཔལ་ལྡན་ས་སྐྱ་དང་། བོ་དོང་། སྟོ་ཁ་བྲ་འབྲུག ཚལ་ཁ། དྭགས་ལྷ་སྒམ་པོ། གདན་ས་ཐང་གྲུ། བསམ་ཡས། ཡེར་པ། ལྷ་ས། མཚུར་ཕུ་སོགས་གང་སར་འཆད་ཉན་ཡོད་པ་རྣམས་དར་རྒྱས་སུ་མཛད་ཅིང་། མེད་པ་རྣམས་གསར་དུ་བཙུགས་ཏེ་བསྟན་འགྲོའི་དོན་བསམ་གྱིས་མི་ཁྱབ་པ་མཛད། དུས་འཁོར་དང་བོད་ཀྱི་སྐར་རྩིས་ལ་ཡང་ཐུག་རྗེས་ཤིན་ཏུ་ཆེ། བདག་ཉིད་ཆེན་པོ་འདིའི་རླབས་ཆེན་གྱི་མཛད་འཕྲིན་ཕྱོགས་བཅུར་ཁྱབ་པས་རྒྱ་གར་གྱི་རྒྱལ་པོ་པུ་ཎྜ་མ་ལ་སོགས་ཀྱིས་དད་གུས་བླ་མེད་ཞུས། དགུང་ལོ་ང་ལྔ་ལ་ཕེབས་པ་རབ་བྱུང་དྲུག་པའི་ཤིང་སྤྲེལ(སྤྱི་ལོ1344)ལོར་གོང་མའི་གདན་ཞུའི་གསེར་ཡིག་པ་འབྱོར་ཡང་དགོས་པ་ཆེན་པོ་མེད་པར་དགོངས་ཏེ་མ་ཕེབས་པར་དབེན་པར་སྒྲ་དང་གསང་སྔགས་ཀྱི་གཞུང་མང་པོ་འགྲོ་བསྒྱུར་དང་གཞི་བསྒྱུར་མཛད། ཧོར་གྱི་མི་དཔོན་བརྒྱ་ཕྲག་དམག་འབུམ་ཚོ་གསུམ་དང་ཁྲི་ཕྲག་གཉིས་ཀྱི་འཁོར་དང་བཅས་དྲུང་དུ་ལྷགས་ནས་དཔལ་དུས་ཀྱི་འཁོར་ལོའི་དབང་སོགས་གསང་སྔགས་ཀྱི་ཆོས་འཁོར་ཞུས། རེ་

གཉིས་པ་ལྕགས་ཡོས(སྤྱི་ལོ1351)ལོར་གཡའ་ཕག་གཉིས་ཟིང་འཁྲུག་པ་བསྡུམས་ཆེད་དབུས་ཕྱོགས་སུ་ཆིབས་ཁ་བསྒྱུར། ཕེབས་ལམ་ཀུན་ཏུ་དམ་པའི་ཆོས་ཀྱི་བདུད་རྩི་བསྟལ། སྐལ་ལྡན་གྱི་སྐྱེ་བོ་མང་པོ་སྨིན་གྲོལ་གྱི་ལམ་ལ་བཀོད། ཕྱི་ལོར་བྱང་ཆུབ་མཆོད་རྟེན་ཆེན་མོ་བཞེངས་ཤིང་རབ་གནས་མཛད། ཆུ་སྦྲུལ(སྤྱི་ལོ1353)ལོར་ས་སྐྱར་ཕྱིན། ས་སྐྱའི་ལྷ་ཁང་ཆེན་མོར་དཔལ་རྡོ་རྗེ་དབྱིངས་ཀྱི་དཀྱིལ་འཁོར་ཁྲི་བརྩུ་གཅིག་ཅན་རིང་ཐང་ཞལ་དུ་མེད་པའི་རིན་པོ་ཆེ་སྣ་ཚོགས་ལས་གྲུབ་པ་བཀོད་པ་ཕུལ་དུ་བྱུང་བ་བཞེངས། གཞལ་ཡས་ཁང་གི་རྣམ་གཞག་དེ་ཉིད་གསལ་བ། ཞེས་པ་ལྡེབས་རྗེས་མཛད། ཤེར་ཕྱིན་གྱི་མདོ་སྡེ་རིན་པོ་ཆེ་རྒྱས་འབྲིང་བསྡུས་གསུམ་དང་། རིན་ཆེན་གསེར་ལས་བཞེངས་པའི་བཀའ་འགྱུར་དང་བསྟན་འགྱུར་ཆ་ཚང་། བོད་ཀྱི་ལོ་པཎ་རྣམས་ཀྱིས་མཛད་པའི་བསྟན་བཅོས་སོགས་གསུང་རྟེན་དུ་མ་བཞེངས་པར་མཛད། དགུང་ལོ་རེ་བདུན་པ་ལ་སྨྲ་ཚད་པ་རིན་ཆེན་རྣམ་རྒྱལ་ལ་ཞྭ་ལུའི་གདན་ས་གཏད་ནས་རི་ཕུག་ཏུ་གཏན་བཞུགས་མཛད་ཅིང་། དགུང་གྲངས་དོན་བཞི་པའི་མཇུག་ནས་སྐུ་མཚམས་བཅད་དེ་ཉིན་མཚན་འཁོར་མོ་ཡུག་ཏུ་ཐོག་ཕུར་བཞུགས་པ་ལས་དབུ་སྟེས་ལ་མི་རེག་པར་ཉམས་བཞེས་ལ་གཅིག་ཏུ་གཞོལ་མུར་དགུང་གྲངས་དོན་ལྔ་ལ་ཕེབས་པ་རབ་བྱུང་དྲུག་པའི་ཤིང་འབྲུག(སྤྱི་ལོ1364)ལོའི་བོད་ཟླ་དྲུག་པའི་ཚེས་ཉེར་གཅིག་ལ་ཞྭ་ལུ་རི་ཕུག་ཏུ་ཞི་བར་གཤེགས།

རྗེ་འདི་ཉིད་ཀྱི་གསུང་རྩོམ་ལ་མཚོན་ན། ཐེག་པ་ཆེན་པོ་གསང་སྔགས་ཀྱི་བྱ་སྤྱོད་རྣལ་འབྱོར་བླ་མེད་ཀྱི་ཕ་རྒྱུད་མ་རྒྱུད་སོ་སོའི་རྒྱུད་འགྲེལ་སྒྲུབ་ཐབས་དང་། ཕར་ཕྱིན་འགྲེལ་ཆུང་། མཐོང་ལམ་སྟོང་མཐུན། ལྷ་བ་དག་སེལ། བསྟན་པ་སྤྱིའི་ཆོས་འབྱུང་། ཁྱད་པར་དཔལ་དུས་ཀྱི་འཁོར་ལོའི་སྐོར་ཤིན་ཏུ་མང་། ད་ལྟ་འཛིན་བྱེད་ཀྱི་ཡུལ་དུ་སྣང་བའི་བཀའ་རྩོམ་རགས་རྩིས་ལྟར་ན་གསང་སྔགས་ཀྱི་སྐོར་ལེའུ་ཚན་ཉིས་བརྒྱ་ལྷག་དང་། མཚན་ཉིད་ཐེག་པའི་སྐོར། ཕར་ཕྱིན་གྱི་བསྟན་བཅོས། འདུལ་བའི་བསྟན་བཅོས། ཚད་མའི་བསྟན་བཅོས། མངོན་པའི་བསྟན་བཅོས། དེ་བཞིན་རྩིས་དང་། སྒྲ། གསོ་བ་རིག་པའི་བསྟན་བཅོས། ཆོས་འབྱུང་། དཀར་ཆག་བཅས་ལ་ལེའུ་ཚན་བརྒྱད་ཅུ། ཁྱོན་བོད་ཆེན་ཉི་ཤུ་རྩ་དྲུག་ཡོད་ཅིང་། ད་དུང་སྔ་རྩོམ་གྱི་རིགས་འགའ་ཞིག་གློགས་བམ་དུ་བསྒྲུམ་ཐུབ་པའི་གཞུང་ཡང་མང་དུ་ཡོད་པར་གྲགས། དམ་པ་འདི་ཉིད་ཀྱི་འགྱུར་ལ་མཚོན་ན། དབང་མདོར་བསྟན་གྱི་བཀའ་འགྲེལ་སུམ་བརྒྱ་དྲུག་ཅུ་པ། རྡོ་རྗེ་བདུད་རྩིའི་བཀའ་འགྲེལ་དྲི་མེད་སྙིང་པོས་མཛད་པ། རྡོ་རྗེ་སྙིང་པོ་རྒྱན་གྱི་བཀའ་འགྲེལ་རབ་ཞི་བཤེས་གཉེན་གྱིས་མཛད་པ། རྡོ་རྗེ་སེམས་དཔའི་སྒྲུབ་ཐབས་ཀྱི་འགྲེལ་བ་བློ་ལ་བཟོས་མཛད་པ། སྒྲོན་གསལ་གྱི་དཀའ་འགྲེལ་ཐུགས་རྗེ་ཞབས་ཀྱིས་མཛད་པ། གསང་འདུས་གཉིས་མེད་རྣམ་རྒྱལ་གྱི་རྒྱུད་ཁྱུངས་མ་སོགས་གཞི་འགྱུར་དང་། སྒྲ་ཀཱ་ལ་པའི་འགྲེལ་པ་དུརྒ་སིཾཧའི་མཛད་པ་འཕྲོ་བསྒྱུར། དོན་ཞགས་ཆོ་ག་ཞིབ་མོའི་རྟོར་གོང་བསབས་པ་ཕྱར་མ་འགྱུར་བའི་འཕྲོ་བསྒྱུར་སོགས་སྟོན་

མ་འགྱུར་བའི་བཀའ་བསྟན་ལག་གཅིག་གཞི་འགྱུར་དང་། ལག་གཅིག་ཞུས་ཆེན། ལག་གཅིག་ཧོར་གོང་བསབས་པ། རྒྱུད་རྫུན་བ་རྣམས་སུན་ཕྱུང་བ་བཅས་རྗེ་འདིས་ཞུས་དག་མཛད་སྒྲོང་བའི་བཀའ་བསྟན་དང་བརྩམས་པའི་བསྟན་བཅོས་རྣམས་ལ་རྒྱལ་བ་ཙོང་ཁ་པ་ཆེན་པོས་ཀྱང་ཚད་མར་འཛིན་པར་མཛད་དོ།

གསུང་ལས་འཁྲུངས་པའི་སློབ་མར་མཆོན་ན། གཙོ་བོ་སྒྲ་ཚད་པ་རིན་ཆེན་རྣམ་རྒྱལ། བྱང་པ་དཀོན་མཆོག་གྲགས། གོང་གསུམ་བདེ་ཆེན་པ་ཆོས་ཀྱི་མགོན་པོ། ཡོ་ག་བ་རིན་བཟང་། ཡོ་ག་བ་ཚེ་དབང་། ཁྲུང་པོ་ལྷས་པ་སོགས་ཤིན་ཏུ་མང་པོ་བྱུང་ངོ་།

བྱང་སེམས་རྒྱལ་བ་ཡེ་ཤེས། ཀུན་སྤངས་ཐུགས་རྗེ་བརྩོན་འགྲུས་ཀྱི་དངོས་སློབ་འདི་ཉིད་རབ་བྱུང་བཞི་པའི་མེ་སྦྲུལ(སྤྱི་ལོ1257)ལོར་སྐུ་བལྟམས། ཆུང་ངུའི་དུས་ཀར་མ་པའི་ཆོས་དང་ཟུང་ཟིང་གིས་བསྐྱངས། ཕྱིས་ཇོ་མོ་ནང་དུ་ཕྱིན་ནས་ཀུན་སྤངས་པའི་གཞུང་གདམས་ངག་ཐམས་ཅད་གསན་ཞིང་ཉམས་སུ་རྫོགས་པར་བཞེས། དགུང་ལོ་ལྔ་བཅུ་ང་བདུན་ལ་ཐེབས་པ་རབ་བྱུང་ལྔ་པའི་ཆུ་གླང(སྤྱི་ལོ1313)ལོར་རྗེ་ཀུན་སྤངས་ཐུགས་རྗེ་བརྩོན་འགྲུས་ཀྱིས་ཇོ་ནང་གི་གདན་ས་རྗེ་འདི་ལ་གཏད། བླ་མ་ཀུན་བསོད་པ་ལ་སོགས་པའི་དགེ་བའི་བཤེས་གཉེན་མང་པོ་དང་། དཔོན་ཆེན་བྱང་རྗེར་དང་དཔོན་ཆེན་ཡོན་བརྩོན་ལ་སོགས་པའི་ཆེན་པོ་རྣམས་ཀྱིས་ཀྱང་ཞབས་ལ་གཏུགས། ཁྲིད་བཏབ་པའི་སློབ་མ་ཐལ་མོ་ཆེ་ལ་སྙོང་བ་ཁྱད་པར་ཅན་སྐྱེས། ཐ་མ་ཡང་རྟགས་མ་རྫོགས་པ་མེད་ཅེས་གསུངས། མཁས་བཙུན་ཡོན་ཏན་རྒྱ་མཚོ་སོགས་སློབ་མ་མང་དུ་ཕྱིན། གདན་ས་ལོ་བརྒྱད་བསྐྱངས་ཏེ། དགུང་ལོ་དྲུག་ཅུ་རེ་བཞི་ལ་ཐེབས་པ་རབ་བྱུང་ལྔ་པའི་ལྕགས་སྤྲེལ(སྤྱི་ལོ1320)ལོར་གཤེགས།

ཟག་ཁ་བ་གྲགས་པ་སེང་གེ། རྗེ་འདི་ཉིད་རབ་བྱུང་བཞི་པའི་ཤིང་ཡོས(སྤྱི་ལོ1255)ལོར་ལས་སྟོད་བྱང་གི་རྒྱལ་སྡེ་ཐང་དཀར་དུ་འཁྲུངས། གདུང་རུས་སྣུབ་ཡིན། གཞོན་ནུ་ལ་ཁྲི་ཕུ་རིན་པོ་ཆེ་བསོད་ནམས་སེང་གེ་ལས་རབ་ཏུ་བྱུང་། མཚན་གྲགས་པ་སེང་གེར་གསོལ། ཕྱིས་མཁན་པོ་ཁྲི་ཕུ་རིན་པོ་ཆེ་བསོད་ནམས་སེང་གེ་དང་དབུ་མ་པ་ཤེར་འབུམ་གྱིས་སློབ་དཔོན། བུ་སྟོན་སེང་གེ་འོད་ཀྱིས་གསང་སྟོན་མཛད་དེ་བསྙེན་པར་རྫོགས། ས་སྐྱར་ཕྱ་རུ་བ་སེང་གེ་དཔལ་ལས་རྣམ་འགྲེལ་གསན། བྱམས་ཆོས། རིགས་ཚོགས། རྒྱུད་སྡེ་སོགས་ལ་མཁྱེན་པ་ཤིན་ཏུ་ཆེ་ཡང་བསྟན་པའི་སྙིང་པོ་སྒྲུབ་པ་ལ་དགོངས་ནས། ཇོ་མོ་ནང་དུ་ཀུན་སྤངས་པ་དང་བྱང་སེམས་རྒྱལ་བ་ཡེ་ཤེས་ལ་སྦྱོར་བ་ཡན་ལག་དྲུག་གི་ཁྲིད་ཞུས། ཏ་ལོའི་སྲས་ཆུང་བ་ཤཱཀ་ར་སིཾ་ཧ་ལ་རྒྱུད་འགྲེལ་ཆ་ལག་དང་བཅས་པ་གསན་ནས་གཡའ་ལུང་གི་རི་ཁྲོད་དུ་སྒྲུབ་པ་གཙོ་བོར་མཛད། ཞར་ལ་རྒྱུད་འགྲེལ་གྱི་བཤད་པ་དང་ཁྲིད་ཀྱིས་སློབ་མ་ཡང་རྗེས་སུ་བཟུང་། ཕྱིས་ལོ་བེ་བ་ཀུན་བཟང་གིས་སྦྱིན་བདག་བྱས་ནས་བྲག་ཁར་ཕུག་བཏབ། དེར་མཚམས་བཅད་དེ་དུས

འཁོར་གྱི་བསྙེན་པ་བྱེ་བ་དང་། སྦྱིན་སྲེག་འབུམ་ཕྲག་བཅུ་མཛད་པས་མེ་ལྕེ་རྣམས་རིན་པོ་ཆེའི་རྣམ་པར་བྱུང་བ་ལ་སོགས་པའི་མཚན་མ་ཁྱད་པར་ཅན་བྱུང་། སྐྱེད་རྫོགས་ཀྱི་ཐུགས་དམ་གཙོ་བོར་མཛད། སྦྱོར་དྲུག་ དམར་ཁྲིད། གཅོད། གཟེར་ལྔ་རྣམས་ལ་ཁྲིད་ཆེན་བཞིར་མིང་བཏགས་ནས་གཙོ་བོར་སྐྱོང་པ་གནང་། དབྱར་དུས་ཐལ་ཆེར་རྒྱུན་གཅོད་ལ་བཞུགས། དངོས་པོ་བྱུང་ཚད་དགེ་སྦྱོར་ལ་གཏོང་བར་མཛད། མངོན་པར་ཤེས་པ་མངའ་བས་ས་སྐྱ་པའི་བདེ་དོན་ལ་སོགས་པ་ལུང་བསྟན་ཐམས་ཅད་མངོན་སུམ་དུ་བྱུང་། སློབ་མ་ཆོས་རྗེ་བླ་མ་དམ་པ་དང་། དཀའ་བཅུ་པ་གཞོན་ནུ་སེང་གེ་བློ་གྲོས། བང་མོ་ཞུ་བ་གཞོན་ནུ་དཔལ་སོགས་མང་དུ་བྱུང་། དགུང་ལོ་གྱ་དགུ་བཞེས་པ་རབ་བྱུང་དྲུག་པའི་ཆུ་ལུག（སྤྱི་ལོ1343）ལོར་ངོ་མཚར་གྱི་ལྟས་དང་བཅས་དགོངས་པ་ཆོས་དབྱིངས་སུ་ཐིམ།

བླ་མ་རྡོ་རྗེ་རྒྱལ་མཚན། རྗེ་འདི་ཉིད་རབ་བྱུང་ལྔ་པའི་ཆུ་ལུག（སྤྱི་ལོ1283）ལོར་སྐུ་བལྟམས། སྐུ་གཞོན་ནུའི་དུས་སུ་འབྲི་ཀློག་ལ་སྦྱངས་པས་ཐོགས་མེད་དུ་མཁྱེན། འཛམ་དབྱངས་རིན་རྒྱལ་དང་། སློབ་དཔོན་ཤེས་རྒྱལ་ལས་མཁན་སློབ་ཞུས་ནས་རབ་ཏུ་བྱུང་། དགུང་ལོ་བཅུ་དྲུག་པ་ལ་དབེན་དམར་གྱི་གདན་ས་བཟུང་། དུས་འཁོར་གྱི་བཤད་གྲྭ་བསྐྱངས། མཁན་པོ་དཀའ་བཞི་པ་དང་། མཁན་པོ་ཞལ་སྔ་བ་ལས་བསྙེན་པར་རྫོགས། ཐར་པ་ལོ་ཙཱ་བ་ལ་སྒྲ་ཙནྡྲ་པ་དང་ཡི་གེའི་རིགས་ཐམས་ཅད་བསླབས། མངོན་པ་དང་མན་ངག་སྦྱོར་ཐབས་མང་པོ་གསན། བླ་མ་ཤེས་རབ་སེང་གེ་བ་ལས་དུས་འཁོར་གྱིས་གཙོ་བྱས་པའི་དབང་བཀའ་ཐམས་ཅད་གསན། དེ་བཞིན་མཁན་པོ་ཞལ་སྔ་བ་ལ་འདུལ་མཛོད། ཇོ་བོ་ལྷས་པ་སངས་རྒྱས་སྒོམ་པ་ལ་སྣར་ལོ་ཙྪ་ནས་བརྒྱུད་པའི་རྡོ་རྗེ་ཕྲེང་བ། གསང་འདུས། ཇོ་བོ་ལུགས་ཀྱི་བདེ་མཆོག ལམ་འབྲས་ལ་སོགས་པའི་མན་ངག་དང་གཞན་རྒྱུད་མང་དག་ཞུས། དེ་ནས་སྤྱིའུ་ཚུང་བ་བློ་ལྡན་སེང་གེ་ལས་གསང་འདུས། ཡོ་ག གསང་ལྷན། གདན་བཞི་ལ་སོགས་པའི་རྒྱུད་མང་པོ་གསན། བླ་མ་ཤེས་རབ་སེང་གེ་གཤེགས་ནས་ཤ་སྦྱར་དང་གཉིས་ཀ་བཟུང་ནས་དུས་འཁོར་གྱི་བཤད་ཉན་ཡུན་རིང་མཛད། སྙན་པའི་གྲགས་པ་ཕྱོགས་ཀུན་ཏུ་ཁྱབ། རྒྱལ་བློན་རྣམས་ཀྱིས་རྗེ་ཉིད་ཀྱི་སྐུ་ཡོན་ལ་ཞིང་ཏུ་དད་ཅིང་སྤྱི་བོར་བཀུར། སློབ་མ་བུ་རིན་པོ་ཆེ་སོགས་མང་དུ་ཐོན། དགུང་གྲངས་བཞི་བཅུ་ཞེ་གསུམ་ལ་ཕེབས་པ་རབ་བྱུང་ལྔ་པའི་ཤིང་གླང（སྤྱི་ལོ1325）ལོར་དགོངས་པ་ཆོས་དབྱིངས་སུ་ཐིམ།

ཆོས་བཞི་སྙིང་མ་གྲགས་པ་རྒྱལ་མཚན། རྗེ་འདི་ཉིད་རབ་བྱུང་ལྔ་པའི་ཆུ་སྦྲུལ（སྤྱི་ལོ1293）ལོར་ཡབ་དཔོན་རིན་ཆེན་སྐྱབས་དང་། ཡུམ་ཞང་ལྕམ་མའི་སྲས་སུ་སྐུ་བལྟམས། སྐུ་གཞོན་ནུའི་དུས་སུ་མཁན་པོ་ཚུལ་དར་དང་། སློབ་དཔོན་ཞང་བརྩོན་བུ་རྟངས་པ་ལས་རབ་ཏུ་བྱུང་བའི་མཚན་གྲགས་པ་རྒྱལ་མཚན་དུ་གསོལ། གཉིས་མཆོད་པ་ལས་ཆོས་ཁྲིད་རྣམས་ཞུས། བླ་མ་ལྷ་ཁང་བས་ཆོས་སྒོ་ཕྱེས། བླ་མ་བྲག་རིན་ཆེན་ལས་ཆོས་སྐོར་རྣམས་གསན། བླ་མ་ཏི་ས་བ་དར་མ་རྒྱལ་པོ་སོགས་ལས་བཀའ་བརྒྱུད་ཀྱི་

གདམས་པའི་ཞིབ་ཆ་རྣམས་གསན། ལྕགས་ཁྱི(སྤྱི་ལོ1310)ལོར་ཕག་གྲུའི་གདན་སར་ཕེབས་ནས་ལོ་ལྔ་བཅུ་ང་གཅིག་བར་ཚོགས་པ་བསྐྱངས། ཕྲ་ཧི་བ་དང་ཧི་སེ་བའི་རི་བ་རྣམས་ལ་མདོན་མཁྱེན་གསུངས། ཁྱད་པ་ཅན་གྱི་སློབ་མ་བཅུ་གཉིས་རིན་པོ་ཆེ་དང་། བླ་མ་མཁར་ཐོག་པ། བླ་མ་སྟེའུ་བ། རྡོར་འཛིན་སངས་རྒྱས་རྒྱལ་མཚན་ཞེས་པ་སོགས་མང་དུ་བྱུང་། དགུང་ལོ་དྲུག་ཅུ་རེ་བརྒྱད་ལ་ཕེབས་པ་རབ་བྱུང་དྲུག་པའི་ལྕགས་བྱི(སྤྱི་ལོ1360)ལོའི་ཁོད་ཟླ་བཅུ་པའི་ཚེས་གསུམ་ལ་སྐུ་གཤེགས།

མཚམས་བཅད་པ་གྲགས་པ་བསོད་ནམས། འབྲི་གུང་གདན་རབས་དྲུག་པ་འདི་ཉིད་རབ་བྱུང་བཞི་པའི་ལྕགས་བྱི(སྤྱི་ལོ1240)ལོར་ཡབ་རྡོ་རྗེ་སེང་གེའི་སྲས་སུ་ཡུལ་འདན་སྟོད་ཀྱི་གྲོང་ཁྱེར་ཚོང་དུ་ན་སྐུ་བལྟམས། སྐུ་སྐྱིད་བསྲིངས་པ་ན་ཡི་གེ་སློབ་པའི་གྲྭར་བཞུགས། རིང་པོར་མ་ཐོགས་པར་ཡིག་རིགས་མི་གཅིག་པ་ཇི་སྙེད་ལ་འབྲི་ཀློག་མཁས་པར་གྱུར། དགུང་ལོ་བཅུ་གསུམ་པ་ལ་གཙེན་ཆོས་རྗེ་ཐོག་ཁ་བ་རིན་པོ་ཆེའི་སྤྱན་སྔར་རབ་ཏུ་བྱུང་། མཚན་གྲགས་པ་བསོད་ནམས་ཞེས་གསོལ། དེ་ནས་རིམ་གྱིས་གཙེན་ཐོག་ཁ་བའི་དྲུང་ལས་ཆོས་མཛོད་མ་ལུས་པ་གསན་ཅིང་བྱང་ཆུབ་པར་གྱུར། དགུང་ལོ་བཅུ་བདུན་བཞེས་ཚེ་བསམ་གཏན་གྱི་ཁང་བུར་ལོ་གསུམ་བར་སྒྲུབ་པ་ལ་རྩེ་གཅིག་ཏུ་བཞུགས། དེ་ནས་གཙེན་ཐོག་ཁ་བ་ལས་བསྙེན་པར་རྫོགས་ཤིང་གདན་གཅིག་དང་རྡོར་དཀར་གྱིས་དུས་འདའ་བར་མཛད། སྐར་ལོ་བཅུ་གསུམ་བར་ཟབ་མོའི་རྣལ་འབྱོར་ལས་མི་གཡོ་བར་བཞུགས། ཡོན་ཏན་གྱི་རྣམ་པ་དཔག་མེད་ཤར་ཏེ་འཕགས་པ་འཇིག་རྟེན་དབང་ཕྱུག་འོད་འཕྲོ་བ་དུས་རྟག་པར་གཟིགས་ཤིང་། ཐིག་ལེ་འོད་ལྔའི་ནང་བཀའ་བརྒྱུད་ཀྱི་བླ་མ་རྣམས་དང་རྒྱལ་བའི་ཞིང་ཁམས་ཀུན་དུ་མ་གཟིགས། གནས་ལུགས་ཀྱི་རྟོགས་པ་མངོན་དུ་གྱུར་ཏེ་མཆོག་གི་དངོས་གྲུབ་བརྙེས། རབ་བྱུང་ལྔ་པའི་ཤིང་བྱ(སྤྱི་ལོ1285)ལོར་འབྲི་གུང་གི་གདན་ཁྲིར་ཕེབས། ལོ་དེ་ཉིད་ལ་རིན་པོ་ཆེ་སྣ་བདུན་ལས་བཀྲ་ཤིས་སྒོ་མང་བཞེངས་ནས་རབ་གནས་མཛད། གླིང་འདིར་དགེ་འདུན་གྱི་ཚོགས་བསམ་གྱིས་མི་ཁྱབ་པ་གཏམས་ཏེ་ཕལ་ཆེར་སྒྲ་བཅད་འདག་སྦྱར་གྱི་བརྟུལ་ཞུགས་ལ་གནས་པ་འབའ་ཞིག་དང་། རྗེ་ཉིད་ཀྱང་དུས་རྟག་ཏུ་སྒྲུབ་པ་ལ་རྩེ་གཅིག་ཏུ་བཞུགས་ཤིང་། ཟབ་ཆོས་གསུང་དགོས་རྣམས་ཕྱག་སྐོར་ཞལ་ཡོལ་བཤམས་ཏེ་མཛད་པར་བརྟེན་མཚན་ཡང་མཚམས་བཅད་པ་རིན་པོ་ཞེས་གྲགས། དེ་ལྟར་ལོ་གསུམ་གྱི་བར་དུ་ཚོགས་པ་བསྐྱངས་ཏེ། དགུང་ལོ་ཞེ་དགུ་ལ་ཕེབས་པ་རབ་བྱུང་ལྔ་པའི་ས་བྱི(སྤྱི་ལོ1288)ལོར་མྱ་ངན་ལས་འདས་སོ།

གཡག་སྡེ་པཎ་ཆེན། རྗེ་འདི་ཉིད་ཡབ་ཨ་མི་དཀོན་མཆོག་དཔལ་དང་ཡུམ་སྐྱ་རྒྱལ་ཆོས་སྐྱིད་གཉིས་ཀྱི་སྲས་སུ་རབ་བྱུང་ལྔ་པའི་ས་ཕག(སྤྱི་ལོ1299)ལོར་གཡག་སྡེ་ཁྱེ་མ་བྱ་བའི་ཡུལ་དུ་སྐུ་འཁྲུངས། དགུང་ལོ་ལྔ་ལ་འབན་པོ་ཆོས་དབང་ལས་ངན་སོང་སྦྱོང་རྒྱུད་མཐུན་གཅིག་གསན། རྟོགས་ལྡན་རིན་སྟོན་དང་། རྡོ་སྟན་དར་བརྩོན་ལས་ཀློག་ཡིག་བསླབས། མཁན་ཆེན་ཆོས་དཔལ་བ་ལས་དགེ་བསྙེན་དང་བར་མ་རབ

བྱུང་མཛད། རས་སྟོན་བསོད་རིན་ལས་དགེ་ཚུལ་གྱི་སྡོམ་པ་མནོས། མཁན་ཆེན་འོད་འབྱུང་དང་། ཞྭ་ཆེན་རིན་འབྱུང་ལས་བསྙེན་པར་རྫོགས། གསང་ཕུ་བ་བློ་གྲོས་མཚུངས་མེད་ལས་རྣམ་ངེས་དང་། བྱམས་ཆོས་ལྔ། སྤྱོད་འཇུག ཚད་མ་བསྡུས་པ། སྣན་ངག་དཔག་བསམ་འཁྲི་ཤིང་རྣམས་ཞུས། དེ་བཞིན་ཆོས་རྗེ་རང་བྱུང་རྡོ་རྗེ་དང་། འཕགས་པོ་བཙུན་ཤཱཀ རིག་འཛིན་ཀུ་མཱ་ར་ཛ། དཔང་ལོ་ཙྪ་བ་བློ་གྲོས་བརྟན་པ། བུ་སྟོན་པ། མཆིམས་བློ་བཟང་གྲགས་པ་སོགས་མཁས་གྲུབ་ཀྱི་སློབ་དཔོན་བརྒྱ་རྩ་བརྒྱད་ཙམ་བསྟེན་ནས་མདོ་སྔགས་ཀྱི་གཞུང་མང་པོ་གསན་ཞིང་། ཟབ་ཆོས་དུ་མའི་དབང་ལུང་ཡང་དག་པ་ཞུས། སྙན་དངགས་སོགས་རིག་པའི་གནས་སྤྱི་ལ་དོན་གཉེར་ཆེན་པོ་མཛད་པས་མཁས་པར་གྱུར། ཨེ་ཝཾ་གི་དགོན་པ་ཕྱག་བཏབ་པ་སོགས་གཞན་དོན་རྒྱ་ཆེར་མཛད། སློབ་མ་ཡང་མཁས་ཤིང་ཟབ་མོའི་ཐུགས་དམ་ལ་མངའ་བརྙེས་པ་རི་ཁྲོད་པ་མགོན་པོ་ཡེ་ཤེས་དང་། གདན་ས་པ་འཇམ་པའི་དབྱངས་ཆོས་མགོན་པ། མཁས་གྲུབ་བྱང་ཆུབ་རྒྱལ་མཚན། མཁན་ཆེན་སངས་རྒྱས་བློ་གྲོས་པ་ལ་སོགས་མང་དུ་ཐོན། མཐར་དགུང་ལོ་བརྒྱད་ཅུ་བཞེས་པ་རབ་བྱུང་དྲུག་པའི་ས་རྟ(སྤྱི་ལོ1378)ལོར་ཞི་བར་གཤེགས།

གཡུང་སྟོན་རྡོ་རྗེ་དཔལ། གསང་སྔགས་རྙིང་མའི་བླ་ཆེན་འདི་ཉིད་གདུང་རུས་སྣུབ། རབ་བྱུང་ལྔ་པའི་ཤིང་སྤྲེལ(སྤྱི་ལོ1284)ལོར་སྐུ་འཁྲུངས། སྔོན་སྦྱངས་ཀྱི་ཤེས་རབ་ཆེ་བས་སྐུ་ཆུང་དུས་ནས་མཁྱེན་པ་ཕུན་སུམ་ཚོགས། ཕྱིར་མཚན་ཉིད་ཐམས་ཅད་མཁྱེན་ཅིང་ཁྱད་པར་མངོན་པ་ཀུན་བཏུས་ལ་མཁས། གསང་སྔགས་གསར་རྙིང་དང་ལྷག་པར་དུ་རྙིང་མ་ལ་ཤིན་ཏུ་མཁས་པར་གྱུར། ཀརྨ་རང་བྱུང་རྡོ་རྗེའི་ཞབས་ལ་གཏུགས་ཤིང་། ཟུར་བྱམས་པ་སེང་གེ་ལས་མདོ་སྒྱུ་སེམས་གསུམ་གྱི་མན་ངག་རྫོགས་པས་ཕྱོགས་འདི་ལའང་སྒྲུབ་འདི་དབང་ཕྱུག་ཆེན་པོར་གྱུར། གསང་བའི་སྙིང་པོ་ལ་ཊཱི་ཀཱ་གསལ་བྱེད་མེ་ལོང་མཛད་དེ་བཤར་ཀླུབས་གཞན་ལས་ལྷག འཕྲུལ་འཁོར་ལས་སྦྱོར་སོགས་ལ་ཤིན་ཏུ་མཁས་ཤིང་མཐུ་སྟོབས་ཆེ། དགུང་ལོ་བཅོ་ལྔ་པ་ལ་གོང་མ་ཡོན་ཁྲིང་ཙྪུའུ་ཐུག་ཐེ་མུར་གྱིས་གདན་དྲངས། ཡུལ་གྲུ་འགའ་ཞིག་ལ་ཐན་པ་ཆེན་པོ་བྱུང་བར་རྗེ་འདིས་ཆར་འབེབས་མཛད་པས་ནུས་པ་མངོན་སུམ་དུ་ཐོན། གོང་མ་གྲོངས་པ་དང་བོད་དུ་ཕྱིར་ཐེབས། དེ་ནས་བུ་སྟོན་རིན་པོ་ཆེའི་སློབ་མར་གྱུར་ནས་དུས་ཀྱི་འཁོར་ལོ་ལ་ཤིན་ཏུ་མཁས། མན་ངག་སྙི་དང་ཁྱད་པར་རྫོགས་པ་ཆེན་པོ་ལ་ཉམས་བཞེས་མཛད། རྒྱ་ཆེར་རོལ་པ་ལས་བཤད་པའི་གཏེར་ཆེན་བརྒྱད་ཐོབ་པས། མདོ་སྔགས་ཀྱི་སངས་རྒྱས་ལ་ཁྱད་པར་ཕྱེ་བའི་བསྟན་བཅོས་མཛད་པ་གཡག་སྡེ་པཎ་ཆེན་གྱིས་གཟིགས་ཏེ་ཤིན་ཏུ་དད། སྐུ་ཚེའི་སྨད་ལ་ཚོགས་པ་ཆོས་ལུང་བ་ལས་བསྙེན་པར་རྫོགས། མཚན་རྡོ་རྗེ་འབུམ་ཞེས་པ་རྡོ་རྗེ་དཔལ་དུ་བསྒྱུར། མོན་པ་གྲོང་དང་། ཕུང་པོ་རི་བོ་ཆེ། ར་དུམ་བྲག་སོགས་ལ་བཞུགས་ཤིང་གཞན་ཕན་རྒྱ་ཆེར་མཛད། མཐར་དགུང་ལོ་གྱ་གཉིས་ལ་ཐེབས་པ་རབ་བྱུང་དྲུག་པའི་ཤིང་སྦྲུལ(སྤྱི་ལོ1365)ལོར་དགོངས་པ་ཆོས་དབྱིངས་སུ་ཐིམ།

རིག་འཛིན་ཀུ་མཱ་རཱ་ཛ། གྲུབ་ཆེན་མེ་ལོང་རྡོ་རྗེའི་སློབ་མ་འདི་ཉིད་ཡབ་བསོད་ནམས་དཔལ་དང་། ཡུམ་བྲོ་བཟའ་འབུམ་མེ་གཉིས་ཀྱི་སྲས་སུ་རབ་བྱུང་བཞི་པའི་མེ་སྟག(སྤྱི་ལོ1266)ལོར་གཡོ་རུ་ཚོན་པར་གསར་རྫིང་ཁ་ཞེས་བྱ་བའི་གྲོང་དུ་འཁྲུངས། མཚན་ཐར་པ་རྒྱན་དུ་བཏགས། དགུང་ལོ་བདུན་པ་ལ་བླ་མ་དགྱེས་རྡོར་བ་ལས་ཀྱི་རྡོ་རྗེ་དང་བདེ་མཆོག་གི་དབང་ཞུས། དགུང་ལོ་དགུ་པར་མཁན་པོ་གཙང་པ་ལས་དགེ་བསྙེན་བསྒྲུབས། སྤྱན་རས་གཟིགས་འཁོར་བ་དོང་སྤྲུགས་ཀྱི་ཆོས་སྐོར་རྣམས་ཞུས། དགུང་ལོ་བཅུ་གཉིས་པ་ལ་ཕག་མོ་གྲུའི་མཁན་པོ་ཡེར་པ་བ་དང་སློབ་དཔོན་མངའ་རིས་པ་ལས་རབ་ཏུ་བྱུང་། མཚན་གཞོན་ནུ་རྒྱལ་པོར་གསོལ། ཆོས་འདུལ་བ་ལ་བསླབས། རིན་པོ་ཆེ་གྲགས་ཡེར་བ་ལས་ལོ་ལྔའི་བར་དུ་ན་རོ་ཆོས་དྲུག་ལ་སོགས་པ་དང་། འཚར་སྟེངས་པ་ལས་ཏགས་གཉིས་གསན། དཔོན་སངས་ཤེ་ལས་བཟོ་རིག་པ་སྦྱངས་བརྙེན་མཛད། ཁྲུང་ནག་ཤཱཀ་དར་ལས་རྙིང་མའི་རྒྱུད་ལུང་མན་ངག་མང་དུ་ཞུས། དེ་ནས་མེ་ལོང་རྡོ་རྗེ་དང་མཇལ། ཕྱག་རྒྱ་ཆེན་པོ་དང་རྡོ་རྗེ་ཕག་མོའི་ཆོས་སྐོར་སོགས་གསན་ནས་བསྙེན་པ་མཛད། ཤཱཀ་དར་ལས་རྙིང་མའི་རྒྱུད་ལུང་མན་ངག་མང་དུ་ཞུས། མཚུར་ཕུར་ཕྱིན་ནས་བླ་མ་གཉན་རས་དང་དར་མ་མགོན་པོ་ལས་ཀརྨ་པའི་ཆོས་སྐོར་རྣམས་གསན། དེ་ནས་རྒྱ་སྨན་པ་ནམ་མཁའ་རྡོ་རྗེ་ལས་གསང་སྔགས་གནད་ཀྱི་ངོ་སྤྲོད་དང་། སྐལ་ལྡན་པ་ཆོས་ཀྱི་སེང་གེ་ལས་གསང་བ་གནད་ཀྱི་མེ་ལོང་སོགས་རྫོགས་ཆེན་གསང་བའི་སྐོར་ཞུས། སྐར་མཁར་ཆུར་གྲུབ་ཆེན་མེ་ལོང་རྡོ་རྗེར་གསང་བ་སྙིང་ཏིག་དབང་ཁྲིད་གདམས་པ་དང་བཅས་པ་ལེགས་པར་ཐོབ། རྗེ་འདི་བླ་མར་བསྟེན་ནས་ལོ་བརྒྱད་བཞུགས། དེ་ནས་ཡར་ཀླུངས་མཚར་སྟེངས་ཀྱི་རི་ཁྲོད་བཏབ་ནས་སྒྲུབ་པ་མཛད། མཚུར་ཕུར་ཆོས་རྗེ་རང་བྱུང་རྡོ་རྗེས་གདན་དྲངས་ཏེ་སྙིང་ཏིག་གི་གདམས་པ་རྣམས་ཕུལ། ཕྱི་རྗེས་སུ་སློབ་དཔོན་སྒོམ་པ། དཔོན་པོ་བྱང་ཆུབ་སྒྲུབ། ཨོ་རྒྱན་པ་རིན་ཆེན་དཔལ། བླ་མ་བཀྲ་ལུང་པ། སློབ་དཔོན་ཡེ་ཤེས་མགོན་ལ་སོགས་པ་བཤེས་གཉེན་མང་དག་ལས་གསང་སྔགས་དང་། ཀོད་ཚང་པའི་ཁྲིད་ཀྱི་སྐོར། ཨ་རོའི་ཁྲིད་མོ་ཆེ་དོན་སྐོར་ལ་སོགས་པ་བོད་ན་གྲགས་པ་ཆེ་བའི་རྫོགས་རིམ་ཕལ་མོ་ཆེ་ཁོང་དུ་ཆུད། ཆོས་ཕྱིར་དཀའ་སྤྱད་བཟོད་པས་ཙཱ་རི་གསར་མ་བཀོད་ནས་རྙིང་མའི་གཡུ་མཚོའི་འགྲམ་དུ་གཅིག་པུར་ཟླ་བ་བརྒྱད་བཞུགས། ཐུགས་ངེས་འབྱུང་དང་སྐྱོ་ཤས་ཀྱིས་རྒྱུད་བརླན་པས་རྟག་ཏུ་ཤམ་པ་ལ་སོགས་གངས་ཁྲོད་དང་ལུང་སྟོང་འབའ་ཞིག་ཏུ་ལྷག་སྐྱིབ་ཙམ་ལ་བརྟེན་ནས་བཞུགས། དུས་རྟག་ཏུ་རི་ཁྲོད་དང་གངས་ཁྲོད་འབའ་ཞིག་ལ་བཞུགས་ཏེ་སྒྲུབ་པ་སྙིང་པོར་མཛད། ཀརྨ་པ་རང་བྱུང་རྡོ་རྗེ་ལ་སོགས་པའི་དམ་པ་མང་པོར་གསང་བ་བླ་ན་མེད་པའི་ཟབ་ཆོས་མང་དུ་གནང་། ཡམ་རྒྱུ་དང་ཞ་རྒྱ་དང་རི་རྒྱ་ལ་སོགས་ཀོང་པོ་ནས་གཡའ་ལ་ཐུག་གི་བར་དུ་བསྐྱམས། སྙིང་ཐིག་གི་གདམས་པ་རྫོགས་རིམ་གཞན་དང་མ་འདྲེས་པར་ཆོས་ཀྱི་རང་སྐད་གྲུབ་མཐའ་རྩལ་དུ་བཏོན་ནས་གསུངས། བྱང་ཆུབ་སེམས་པའི་སྤྱོད་པ་ལ་ཤིན་ཏུ་གོམས་པས་སྙིང་རྗེ་

ཆེན་པོའི་གཞན་དབང་གིས་གྲོང་དང་ཡུལ་འཁོར་མང་པོ་དག་ལ་ཕར་པའི་ས་བོན་འདེབས་པ་ཁོན་ལྷུར་ལེན་མཛད་པ་སོགས་འགྲོ་དོན་བསམ་གྱིས་མི་ཁྱབ་པའི་ངང་དགུང་ལོ་དོན་བརྒྱད་ལ་ཕེབས་པ་རབ་བྱུང་དྲུག་པའི་ཆུ་ལུག(སྤྱི་ལོ1343)ལོར་ངོ་མཚར་གྱི་ལྟས་དུ་མ་དང་བཅས་དབྱིངས་སྤྲོད་ཅིག་པུའི་འདུག་སྟངས་དང་། ཆོས་སྐུའི་གཟིགས་སྟངས་ཀྱི་ངང་ལས་ཞལ་འཛུམ་པར་གཤེགས་སོ། །

རིན་པོ་ཆེ་གྲགས་པ་ཡེ་ཤེས། རབ་བྱུང་བཞི་པའི་ལྕགས་བྱི(སྤྱི་ལོ1240)ལོར་ཡབ་དཔོན་མགོན་པོ་རྒྱལ་གྱི་སྲས་སུ་འཁྲུངས། གཞོན་ནུ་ལ་རྗེ་སྤྱན་སྔ་དང་མཇལ། ཞྭ་དགོན་དུ་ཡི་གེ་འབྲི་ཀློག་བསླབས། དེ་རྗེས་རྒྱལ་བའི་བཀས་ཕག་མོ་གྲུར་ཕྱིན་ནས་རབ་ཏུ་བྱུང་། ཆོས་ཁྲིད་རྣམས་རྫོགས་པར་གསན། དེ་ནས་སྐྱུར་འགྲོ་མགོན་འཕགས་པའི་དྲུང་དུ་ཕེབས། ཞོགས་པ་རེ་ལ་མདོ་སྡུད་པ་ཚར་རེ་ཙམ་མཁྱེན་པ་བྱུང་ནས་ཤེས་རབ་ཆེ་བར་གྲགས། སྣར་བཅུ་གཉིས་པ་ལ་ཟབ་ཆོས་གསན་ནས་སྒྲུབ་པ་མཛད། ཞེ་གཉིས་པ་ལྕགས་སྦྲུལ(སྤྱི་ལོ1281)ལོར་དཔལ་ཕག་མོ་གྲུ་པའི་གདན་སར་ཕེབས་ནས་ལོ་བརྒྱད་བཞུགས། དགུང་ལོ་ཞེ་དགུ་པ་རབ་བྱུང་ལྔ་པའི་ས་བྱི(སྤྱི་ལོ1288)ལོར་སྐུ་གཤེགས།

རིན་པོ་ཆེ་རྡོ་རྗེ་རིན་ཆེན། འབྲི་གུང་གདན་རབས་བརྒྱད་པ་འདི་ཉིད་འབྲི་གུང་གཞུ་སྨད་ཀྱི་སའི་ཆ་ལས་འཛོན་མ་ཞེས་པའི་ཡུལ་དུ་ཡབ་རྡོ་རྗེ་རྒྱལ་མཚན་གྱི་སྲས་སུ་རབ་བྱུང་ལྔ་པའི་ས་སྟག(སྤྱི་ལོ1278)ལོར་སྐུ་བལྟམས། དགུང་ལོ་དྲུག་པ་ལ་རྗེ་མཚམས་བཅད་པ་ལས་རབ་ཏུ་བྱུང་། མཚན་རྡོ་རྗེ་རིན་ཆེན་ཞེས་གནང་། ལོ་གཉིས་ཀྱི་བར་ཟབ་ཆོས་མང་དུ་གསན། དགུང་ལོ་བཅུ་གསུམ་ལ་ཕེབས་པ་ལྕགས་སྟག(སྤྱི་ལོ1290)ལོར་འབྲི་གུང་གླིང་ལོག་བྱུང་སྟེ་རྗེ་ཉིད་སྐུ་མཆེད་དང་བཅས་པ་ཆོས་སྒོ་བ་རྡོ་རྗེ་ཡེ་ཤེས་ཀྱིས་ཀོང་པོར་གདན་དྲངས། ལོ་གསུམ་བར་བཞུགས། དགུང་ལོ་བཅུ་དྲུག་པ་ལ་ཀོང་པོ་ནས་སྤྱན་དྲངས། མཆེའུ་ཁ་ཐང་དུ་བདེ་ལྡན་ཞེས་པའི་ཕོ་བྲང་ཆེན་པོར་བཞུགས་ཤིང་རེ་ཞིག་བར་སློབ་གཉེར་གྱིས་ཐོས་བསམ་གྱི་སྒྲོ་འདོགས་ཐམས་ཅད་བཅད་ཅིང་། རྒྱལ་བའི་གསུང་རབ་ཀྱི་དགོངས་དོན་ལ་བློ་གྲོས་ཀྱི་སྣང་བ་ཐོགས་མེད་དུ་རྒྱས་པར་གྱུར། དགུང་ལོ་བཅུ་དགུ་པ་མེ་སྤྲེལ(སྤྱི་ལོ1296)ལོར་གདན་སར་མངའ་གསོལ་ནས་ལོ་དེར་བྱང་ཆུབ་ཀྱི་གླིང་རིན་པོ་ཆེ་གསོ་བར་མཛད། དེ་ནས་གླིང་ལོག་སྐབས་ཉམས་ཆག་གཏོར་བརླག་ཏུ་སོང་བའི་སྐུ་གསུང་ཐུགས་རྟེན་རྣམས་ཉམས་གསོ་དང་གསར་བཞེངས་ཀྱིས་ལྷ་དང་མཆོད་རྟེན་རྣམས་ལ་གསེར་གྱི་ལྗི་གྲུས་བྱུགས། རྗེ་འཇིག་རྟེན་གསུམ་གྱི་མགོན་པོའི་སྐུ་བརྙན་གསེར་ཁང་ཆོས་རྗེར་གྲགས་པ་དེ་སྔོན་བྱེ་གཤོངས་སུ་སྦས་པ་ཡང་སྤྱན་དྲངས། དགུང་ལོ་ཉེ་ཤུ་པར་ཚོགས་པ་བསྐྱངས། དགེ་འདུན་གྱི་ཚོགས་ཁྲི་ཕྲག་བཅུ་གསུམ་ཙམ་འདུས། ཟབ་རྒྱས་ཆོས་ཀྱི་འཁོར་ལོ་དུས་རྣམ་པ་ཀུན་ཏུ་བསྐོར་བར་མཛད་པ་དབུར་ཆོས་དགུན་ཆོས་སུ་གྲགས། དབྱར་ཆོས་ནི་མདུན་ཐང་སོགས་ཐང་ཡངས་སར་སྣར་བཏབ་སྟེ་ཕྱག་རྒྱ་ཆེན་པོ་ལྷ་ལྔན་གྱི་ཁྲིད་གསུངས་ནས། དགེ་འདུན་རྣམས་ལྟོག་པུའི་

བརྟུལ་ཞུགས་ལ་གནས་ཏེ་ཕྱག་རྒྱ་ཆེན་པོ་བསྒོམས་ནས་རྟོགས་དོན་མངོན་དུ་གྱུར་བ་མཛད་པ་དང་། དགུན་ཆོས་ལ་བླ་གཡེལ་དུ་ན་རོའི་ཆོས་དྲུག་གི་ཁྲིད་ཀྱིས་སྨིན་པར་མཛད་དེ། དགེ་འདུན་རྣམས་རས་རྐྱང་གི་བརྟུལ་ཞུགས་ཀྱིས་གཏུམ་མོའི་བདེ་དྲོད་ཀྱི་ལང་ཚོ་རྫོགས་པར་མཛད། དེ་དག་གི་ཆོས་སྤྱི་ཕྱིར་རྒྱབ་ཆོས་སུ་གོང་མ་རྣམས་ཀྱི་བཀའ་འབུམ། བཅོམ་ལྡན་འདས་འཁོར་ལོ་སྡོམ་པ། རྗེ་བཙུན་རྡོ་རྗེ་རྣལ་འབྱོར་མའི་དབང་སོགས་སྨིན་གྲོལ་ཆོས་ཀྱི་བདུད་རྩིས་ཚིམ་པར་མཛད། དགུང་ལོ་ཉེར་གཅིག་པ་ལ་ཐོག་ཁ་གསེར་ཁང་དུ་ལོ་བདུན་གྱི་བར་འདག་སྦྱར་མཛད་ཅིང་ཟབ་མོའི་རྣལ་འབྱོར་ལྷུར་ལེན་པར་མཛད། དགུང་ལོ་ཉེར་བརྒྱད་པ་ལ་སྟོན་གྱི་དུས་ལྟར། གངས་ཏི་སེ། ལ་ཕྱི། ཙ་རི་ཏྲ་སོགས་ལ་སྒོམ་ཆེན་སྟོང་ལས་མི་ཉུང་བ་བཙངས་ཤིང་། དགེ་འདུན་རྣམས་ཀྱང་ཐོས་བསམ་སྒོམ་གསུམ་གྱི་བྱ་བ་ལ་བརྩོན་པ་ཤ་སྟག་གིས་ཁྱབ་པར་མཛད་པ་སོགས་བཀའ་བརྒྱུད་སྤྱི་ཡི་བྲག་ལ་བཀའ་དྲིན་བསམ་བརྗོད་ལས་འདས། དེ་ལྟར་ལོ་བཅོ་བརྒྱད་བར་ཚོགས་པ་བསྐྱངས་ནས་དགུང་ལོ་སོ་བདུན་ལ་ཕེབས་པ་རབ་བྱུང་ལྔ་པའི་ཤིང་སྟག(སྤྱི་ལོ1314)ལོར་སྐུའི་དཀྱིལ་འཁོར་དག་པའི་དབྱིངས་སུ་ཐིམ།

རོང་པོ་ཤེས་རབ་སེང་གེ། རྗེ་འདི་ཉིད་ཡབ་རོང་པོ་ཀ་ལོ་བའི་སྲས་སུ་རབ་བྱུང་བཞི་པའི་ལྕགས་ཕག(སྤྱི་ལོ1251)ལོར་སྐུ་བལྟམས། སྐུ་ན་ཕྲ་མོ་ནས་འབྲི་ཀློག་ལ་འབྱོངས་ཤིང་དུས་འཁོར་སློབ་གཉེར་མཛད། དགུང་ལོ་བཅུ་དྲུག་པ་ལ་དུས་འཁོར་གསུངས་ཐུབ། དགུང་གྲངས་ཉི་ཤུ་ལ་ཕེབས་སྐབས་ཐར་པར་ཕེབས་ནས་དཔྱལ་པའི་ཆོས་རྣམས་ཞུས། དགུང་ལོ་ཉི་ཤུ་ཙ་གཉིས་ལ་སྟག་སྡེ་སངས་རྒྱས་ཀྱི་དྲུང་དུ་བྱོན་ཏེ་ལོ་ལྔའི་རིང་ཕར་ཚད་ལ་སྦྱངས། ལྷག་པར་དུ་ཚད་མ་ལ་མཁས་པར་གྱུར་ནས་དབུས་གཙང་དུ་གྲྭ་སྐོར་མཛད། དགུང་གྲངས་སུམ་ཅུ་པ་ལ་བླ་མ་ཆོས་རྒྱལ་འཕགས་པ་དང་མཁན་པོ་མཆིམས་ཀྱི་དྲུང་དུ་རབ་ཏུ་བྱུང་སྟེ་བསྙེན་པར་རྫོགས་ནས་ཆོས་མང་དུ་གསན། དེ་ནས་ལོ་ཙྪ་བ་གྲགས་པ་རྒྱལ་མཚན་གྱི་ཞབས་ལ་གཏུགས་ནས་རྡོ་རྗེ་ཕྲེང་བའི་དབང་། འཇམ་དཔལ་རྩ་རྒྱུད་སོགས་རྒྱུད་དང་སྨན་དཔྱད་ཡན་ལག་བརྒྱད་པ་སོགས་པ་གསན་སྦྱོང་དཔྱིས་ཕྱིན་མཛད། དབེན་དམར་གྱི་གདན་ས་མཛད་དེ་བཤད་པ་ཡུན་རིང་གནང་། གཞན་ཡང་ཐར་པ། ཁྲོ་ཕུ། བསམ་ཡས། སྟག་ལུང་། གཞུ་ཀུན་དགའ་ར་བ། ཤངས་རྩེ་གདོང་། ཚ་མིག སྟོན་མོ་ལུང་། གཡུས་དགའ་ལྡན་ལ་སོགས་པར་ཆོས་ཀྱི་འཁོར་ལོ་རྒྱ་ཆེར་བསྐོར། དགུང་ལོ་ཞེ་གཅིག་པར་དབེན་དམར་གྱི་གདན་ས་བླ་རྡོ་རྗེ་རྒྱལ་མཚན་ལ་གཏད་ནས་དམུ་རུ་ལ་ཕེབས། ཤཀྱར་བཏབ་ནས་གཙུག་ལག་ཁང་བཞེངས། རྒྱུད་འབུམ་དང་འདུལ་བ་ལུང་བཞེངས་ཏེ་སེམས་ཅན་མང་པོའི་དོན་མཛད།

སློབ་མ་ཡང་ཏི་ཤྲཱི་ཀུན་བློ་ལ་སོགས་ས་སྐྱ་པའི་གདུང་བརྒྱུད་མང་པོ་དང་། གཞན་ཡང་ལོ་ཙྪ་བ་ཡར་ཐར་དཔང་གསུམ་གྱིས་དབུས་མཁས་བཟང་བཙུན་པའི་སློབ་མ། ཁྱད་པར་དུ་དུས་འཁོར་ལ་མཁས་

པའི་སློབ་མ་སོགས་མང་དུ་བྱུང་བ་མ་ཟད། མི་ཆེན་མང་པོས་ཀྱང་དམ་པ་འདིའི་ཞབས་ལ་གཏུགས་ནས་སློབ་མར་གྱུར། མཐར་དགུང་གྲངས་རེ་ལྔ་ལ་ཕེབས་པ་རབ་བྱུང་ལྔ་པའི་ཤིང་ཡོས(སྤྱི་ལོ1315)ལོར་ཞི་བར་གཤེགས་སོ།

ལམ་འབྲས་པ་ཡེ་ཤེས་དཔལ། རྗེ་འདི་ནི་རབ་བྱུང་ལྔ་པའི་ལྕགས་སྤྲུལ(སྤྱི་ལོ1281)ལོར་མདོ་ཁམས་སུ་སྐུ་འཁྲུངས། དགུང་ལོ་བཅུ་བཞི་པ་ལ་ཉན་ཆེན་པོའི་བུ་ཆེན་བློ་གྲོས་དཀར་པོ་ལ་འཁྲིད་དང་གདམས་པ་མང་དུ་གསན། དེ་ནས་ཞ་ལུ་བུ་སྟོན་ལ་ཐེག་ཆེན་སེམས་བསྐྱེད་གསན། ས་སྐྱར་གཞུང་རྒྱས་པ་མཁན་ཆེན་དབང་ཕྱུག་དཔལ་ལ་རྣམ་རིག་གསན། ཀུན་སྤངས་ཆོས་གྲགས་དཔལ་ལ་སྦྱོར་དྲུག་གསན། ན་བཟའ་བ་ལོ་བཅུ་གཉིས་བསྟེན་ཏེ་གསུང་ངག་སོགས་གསན། བླ་མ་གུ་རུ་དབང་ཕྱུག་བརྩོན་འགྲུས་ལ་ནི་གུ་སོགས་གསན། འཁོན་བླ་ཆེན་ཀུན་དགའ་རྒྱལ་མཚན་པའི་སྲས་གྱུང་པ་བཀྲ་ཤིས་དཔལ་བཟང་པོ་ལ་དམར་པོ་སྐོར་གསུམ་སོགས་གསན། དགུང་ལོ་ལྔ་བཅུ་པ་ནས་སྐུ་ཚེའི་མཐའ་བར་བཞེན་དོན་ཁོ་ནར་གཞོལ། སློབ་མའི་མཆོག་བློ་བཟང་དཀར་མོ། མཁན་ཆེན་གཡག་མོ་སོགས་མང་དུ་ཐོན། དགུང་གྲངས་གྱ་ལྔ་པ་རབ་བྱུང་དྲུག་པའི་ཤིང་སྤྲུལ(སྤྱི་ལོ1365)ལོར་འཛམ་ས་ལྷ་སྡིངས་སུ་ཞི་བར་གཤེགས།

ལོ་མཆོག ལོ་ཙཱ་བ་འདི་ཉིད་མང་མཁར་ཁྲ་ཚང་དུ་སྐུ་འཁྲུངས། འཕགས་པ་རིན་པོ་ཆེ་ལས་རབ་ཏུ་བྱུང་། མཚན་མཆོག་ལྡན་ལེགས་པའི་བློ་གྲོས་དཔྱང་རྒྱན་མཛེས་པའི་ཏོག་ཅེས་རང་ཉིད་ཀྱིས་འདོགས་པར་ཞུས་པ་བཞིན་བཏགས་ལ། ཕྱིས་ལོ་མཆོག་པ་ཞེས་གྲགས། ཤོང་ལོ་སྐུ་མཆེད་ལས་དབང་རྒྱུད་མན་ངག་གསན། ཀ་ཅན་ལ་སོགས་པའི་རིག་གནས་མཐའ་དག་ལ་སྦྱངས་པ་མཐར་ཕྱིན་མཛད། བོད་ན་འགྱུར་རོ་འཚལ་གྱི་དབང་གདམས་ངག་བཀའ་བསྟན་བཅོས་ཕལ་མོ་ཆེའི་ལུང་མངའ་བས་བོད་ཀྱི་དགེ་བའི་བཤེས་གཉེན་མང་པོའི་བླ་མར་གྱུར། (འཁྲུངས་འདས་ལོ་ཚིགས་དང་མཛད་རྣམ་ཞིབ་པ་མ་རྙེད།)

ཟངས་པ་གསེར་གླིང་པ་བཀྲ་ཤིས་དཔལ། ཡབ་རྗེ་བརྩོན་མཚན་ཅན་དང་ཡུམ་དཀོན་མཆོག་རྒྱན་གཉིས་ཀྱི་སྲས་སུ་རབ་བྱུང་ལྔ་པའི་ཆུ་འབྲུག(སྤྱི་ལོ1292)ལོར་ཡོལ་པོ་གསེར་གླིང་གི་ཡུལ་དུ་སྐུ་བལྟམས། དགུང་ལོ་བདུན་ལ་ཕེབས་སྐབས་ཀློག་ལེགས་པར་མཁྱེན། ཞལ་པ་པཎ་ཆེན་ལས་བསྙེན་པར་རྫོགས། ཞལ་པ་ཁུ་དཔོན་ལས་འདུལ་མཛོད་དང་། གསང་ཕུར་ཕར་ཚད་ལ་སོགས་པའི་སྡེ་སྣོད་མང་པོར་སློབ་གཉེར་མཛད། ཆོས་རྗེ་རང་བྱུང་རྡོ་རྗེ་དང་། རྒྱ་བྲག་ཆོས་རྗེ། སྐྱེས་མཆོག་བསམ་གཏན་དཔལ་ལ་སོགས་པའི་དམ་པ་མང་པོ་བསྟེན། ཁྱད་པར་དུ་རང་ཡུལ་དང་ཉེ་བའི་མཁས་གྲུབ་དུ་མ་ལས་ཐུགས་ཆོས་ཤིན་ཏུ་མང་བ་གསན། རྣོག་ཅོག་པ་རིན་ཆེན་བློ་གྲོས་སོགས་ལས་ཤངས་པའི་གདམས་ངག་མང་དུ་ཐོབ། ཡི་དམ་མང་པོའི་ཞལ་གཟིགས། ཤངས་པའི་ཆོས་ཀྱི་བདག་པོ་མཁས་བཙུན་གཞོན་ནུ་གྲུབ་ལས་གདམས་ངག་རྣམས་ལེགས་པར་ཞུས། སངས་རྒྱས་སྟོན་པ་ལས་བྱུང་བའི་གཅོད་ཀྱི་སྐོར་རྣམས་ཀྱང་ཐུགས་སུ་ཆུད་

པས་ཕྱིས་གདུལ་བྱ་རྣམས་ཀྱང་དེ་གཉིས་ཀྱིས་གཙོ་བོར་བསྐྱངས། དགེ་བའི་བཤེས་གཉེན་སྡེའི་བདག་པོ་དང་མི་དཔོན་ཆེན་པོ་རྣམས་ཀྱིས་ཀྱང་ཞབས་ལ་བཏུད་དེ་འགྲོ་བའི་དོན་མཐའ་ཡས་པ་མཛད། ཐུག་པོ་ཆེ་བ་རྡོ་རྗེ་དཔལ་ལ་སོགས་པ་གསུང་གི་སློབ་མ་དུ་མ་བསྐྱངས་ནས་དགུང་ལོ་བདུན་ཅུ་དོན་བཞི་ལ་ཕེབས་པ་རབ་བྱུང་དྲུག་པའི་ཤིང་སྦྲུལ(སྤྱི་ལོ1365)ལོའི་ཟླ་བ་དང་པོའི་ཚེས་བཅུ་དགུ་ཉིན་ཞི་བར་གཤེགས།

ཤར་པ་རིན་ཆེན་རྒྱལ་མཚན། ས་སྐྱའི་ཁྲི་ཐོག་དགུ་པ་ཤར་པ་རིན་ཆེན་རྒྱལ་མཚན་ནི་རབ་བྱུང་བཞི་པའི་ས་རྟ(སྤྱི་ལོ1258)ལོར་སྐུ་འཁྲུངས། རྗེ་འདི་ནི་འགྲོ་མགོན་འཕགས་པའི་དངོས་སློབ་ཤར་པ་ཤེས་རབ་འབྱུང་གནས་རབ་བྱུང་མ་མཛད་གོང་གི་སྲས་གསུམ་པ་ཡིན། ས་སྐྱའི་གདུང་རྒྱུད་དངོས་མིན་ཀྱང་གདན་ས་སྐྱོང་བའི་མཛད་རྗེས་ཆེ། ཁྲི་ཐོག་བརྒྱད་པ་དྷརྨ་པཱ་ལ་མེ་ཕག(སྤྱི་ལོ1287)ལོར་སྐུ་གཤེགས་རྗེས་ས་སྐྱའི་གདུང་རྒྱུད་ཆད་ལ་ཉེ་བའི་སྐབས་ཤར་པ་རིན་ཆེན་རྒྱལ་མཚན་དགུང་ལོ་སུམ་ཅུ་སོ་གཉིས་བཞེས་པ་རབ་བྱུང་ལྔ་པའི་ས་གླང(སྤྱི་ལོ1289)ལོར་ས་སྐྱའི་གདན་ཁྲིར་ཕེབས་ནས་ཆོས་འཆད་ཉན་དང་། ལྷ་ཁང་སྙིང་པ་ཁག་ཉམས་གསོ། ཤིང་སྦྲུལ(སྤྱི་ལོ1305)ལོར་ལྷ་ཁང་ཆེན་མོའི་ཡང་ཐོག་ཐིག་ཁང་གི་ཕོར་ཡུག་ཏུ་རྣལ་འབྱོར་རྒྱུད་མན་ཆད་ཀྱི་དཀྱིལ་འཁོར་ཆེན་པོ་བརྒྱ་དང་བཞི་བཅུ་ཞེ་བརྒྱད། རིག་བསྡུས་ཀྱི་དཀྱིལ་འཁོར་དྲུག་བརྒྱ་སུམ་ཅུ་སོ་དགུ་བཅས་ཕྱིན་དཀྱིལ་འཁོར་བདུན་བརྒྱ་བརྒྱད་ཅུ་གྱ་བདུན་སོ་སོའི་བརྒྱུད་རིས་དང་བཅས་པ་འབྲི་བར་མཛད། རྗེ་འདི་ཉིད་ཀྱིས་དྷརྨ་པཱ་ལ་སྐུ་གཤེགས་ནས་ལོ་གཉིས་སོང་རྗེས་ས་སྐྱའི་གདན་ས་མཛད་པ་ནས་བདག་ཆེན་བཟང་པོ་དཔལ་བ་བོད་དུ་ཕེབས་ཏེ་གདན་ས་མ་གནང་བའི་བར་ལོ་བཅོ་བརྒྱད་རིང་ས་སྐྱའི་གདན་ས་བསྐྱངས་ཏེ་ས་སྐྱ་པའི་ཆོས་སྲིད་ལས་ལྷག་པ་འཕེལ་རྒྱས་སོང་བའི་མཛད་རྗེས་ཆེ། རབ་བྱུང་ལྔ་པའི་མེ་རྟ(སྤྱི་ལོ1306)ལོར་བདག་ཆེན་བཟང་པོ་དཔལ་བ་ལ་གདན་ས་ཕུལ་རྗེས། ལོ་དེའི་ལོ་མཇུག་དགུང་ལོ་བཞི་བཅུ་ཞེ་དགུ་པར་སྐུ་གཤེགས།

ཞེའི་རྒྱལ་སྲས་ལེགས་ལྡན། སྙིང་མའི་གཏེར་སྟོན་འདི་ཉིད་ཡབ་འཚོ་བྱེད་དབང་ཕྱུག་རྒྱལ་པོ་དང་། ཡུམ་རྡོ་རྗེ་དགོས་གཉིས་ཀྱི་སྲས་སུ་རབ་བྱུང་ལྔ་པའི་ལྕགས་སྟག(སྤྱི་ལོ1290)ལོར་གཉལ་གྱི་སེ་བ་ལུང་གི་མདར་སྐུ་འཁྲུངས། སྐུ་གཞོན་ནུའི་དུས་ནས་བློ་ཤིན་ཏུ་རྣོད་ཅིང་ཤེས་རབ་དང་བློ་རྩལ་གཉིས་ཀ་ཆེ། སྐབས་ཤིག་མཁའ་འགྲོའི་ལུང་བསྟན་ལྟར་གྲོལ་བའི་མཆོད་རྟེན་ཆེན་མོའི་ནང་ནས། ཧོར་དམག་གི་འཇིགས་པ་བྱུང་བའི་དུས་སླེགས་བམ་མང་པོ་མཆོད་རྟེན་དུ་སྦས་པ་རྣམས་བཞེས། དེ་ལས་ཨོག་རལ་ལོ་ཙཱ་ཆེན་པོས་བོད་ལན་གསུམ་བསྐོར་བའི་ཆོས། པཎ་གྲུབ་ཕྱོགས་བཞིའི་གདམས་པ་རྣམས་རྙེད། དེ་ནས་རང་གི་ཕ་ཇོའི་དྲུང་དུ་སྒྲ་དང་དག་ཡིག སྐྱེ་བོ་གསོ་ཐིག་སོགས་ལུགས་ཀྱི་བསྟན་བཅོས་མང་པོ་དང་། རྣམ་འཇོམས་དང་འཇམ་དཔལ་མཚན་བརྗོད་སོགས་གསན། ཁུ་བོ་ཤེ་ཐམས་ཅད་མཁྱེན་པ་དང་རྒྱལ་སྲས་བརྩོན་འགྲུས་གཉིས་ལས་ཞི་བྱེད་སྐོར་དང་གསར་སྙིང་གི་ཆོས་མང་པོ་གསན། གཞན་ཡང་བླ་མ་ཆོས

རྒྱལ་བ་དང་། བླ་མ་བཤེན་ཆེན། བོན་སྒོམ་སྣང་བ་རྒྱ་ཡན་སོགས་བླ་མ་མང་པོ་བསྟེན་ནས་གསན་བསམ་རྒྱ་ཆེར་མཛད་པས་སྐུ་གཞོན་ནུ་ནས་མཁྱེན་རྟོགས་ཕུན་སུམ་ཚོགས་ཤིང་ཡོན་ཏན་དཔག་ཏུ་མེད་པ་མངའ། དགུང་ལོ་ཉི་ཤུ་རྩ་བརྒྱད་པ་ལ་གཏེར་སྟོན་པདྨ་ལས་འབྲེལ་རྩལ་གྱི་ཞབས་ལ་གཏུགས་ནས། རྫོགས་ཆེན་མཁའ་འགྲོ་སྙིང་ཐིག་གི་ཆོས་སྐོར་ཐམས་ཅད་གསན་པས། གཏེར་སྟོན་གྱིས་རང་གི་ཆོས་བདག་ཏུ་ལུང་བསྟན། མེ་སྤྲེལ(སྤྱི་ལོ1317)ལོར་བྱར་སྐྲག་ཆུང་རྡོ་རྗེ་བྲག་ནས་གཏེར་གྱི་ཁ་བྱང་རྙེད། ཆུ་ཁྱི(སྤྱི་ལོ1322)ལོར་གཏེར་སྒོ་ཕྱེས་ནས། རྫོགས་ཆེན་འཁོར་བ་ཆེག་ཆོད་དང་། ཕྱག་ཆེན་སངས་རྒྱས་གསལ་འདེབས། འཁོར་བ་བདེ་ཆེན་ལམ་བྱེད། སྙིང་ཐིག་འདས་རྗེས་རྣམ་གསུམ་སོགས་གཏེར་ནས་དྲངས། གཞན་ཡང་ཙཱ་རི་ཟིལ་ཆེན་ཕུག་ནས་ཀྱང་ཡང་གཏེར་ཚུལ་གྱི་ཞིང་སྐྱོང་གི་སྐོར་ཡང་སྤྱན་དྲངས། དགུང་ལོ་ཞེ་གསུམ་པ་ལ་ཀརྨ་རང་བྱུང་རྡོ་རྗེས་ཀོང་པོར་གདན་དྲངས་ནས་མཁའ་འགྲོ་སྙིང་ཐིག་གི་ཆོས་སྐོར་ཐམས་ཅད་དབང་ཁྲིད་ལུང་གསུམ་ཚང་བར་ཕུལ། ཚུར་ཡང་ཆོས་རྗེའི་དྲུང་ནས་ཐུབ་པའི་སྐྱེས་རབས་ཟབ་མོའི་ནང་དོན། རྒྱལ་བ་རྒྱ་མཚོ་སོགས་ཆོས་མང་དུ་གསན་ཅིང་། ཆོས་བདག་པོ་ལ་འཕྲོད་པ་ཡིན་ཅེས་སྙིང་ཐིག་བདག་པོར་མངའ་གསོལ་བའི་ལུང་བསྟན་པར་མཛད། དེ་ནས་འགྲོ་དོན་རྒྱ་ཆེར་སྤེལ་ནས་དགུང་ལོ་བདུན་ཅུ་དོན་བདུན་ལ་ཕེབས་པ་རབ་བྱུང་དྲུག་པའི་མེ་རྟ(སྤྱི་ལོ1366)ལོར་ཆོས་ཀྱི་དབྱིངས་སུ་གཤེགས་སོ།

ཨོང་སྟོན་ལོ་ཙཱ་བ་རྡོ་རྗེ་རྒྱལ་མཚན། ལ་སྟོད་ལྷོའི་དཔྱད་ལུང་ཤར་ཟེར་བའི་ཡུལ་ཚོའི་བོང་ར་ཞེས་པར་སྐུ་བལྟམས། འཁྲུངས་འདས་ཀྱི་ལོ་ཚིགས་ཞིབ་ཆ་མ་རྙེད་མོད། འགྲོ་མགོན་ཆོས་རྒྱལ་འཕགས་པ་རིན་པོ་ཆེ་དང་དུས་མཉམ་པས་དུས་རབས་བཅུ་གསུམ་པའི་ལོ་རབས་བཞི་བཅུ་པའི(སྤྱི་ལོ1240)ཡས་མས་སུ་འཁྲུངས་པར་སྣང་། སྐུ་གཞོན་ནུའི་དུས་ནས་རབ་ཏུ་བྱུང་ཞིང་། ཁོ་ལུང་བ་མདོ་སྡེ་རྒྱལ་མཚན་གྱི་དྲུང་དུ་དུས་འཁོར་ཆགས་ལུགས་དང་། བདེ་ཀྱི་ཕྲེང་བའི་སྐོར་གསུམ་སོགས་རྒྱུད་སྡེའི་ཆོས་མང་དུ་གསན། གར་ཐེག་དང་རྩིས་ལ་སོགས་པ་མཁས་པར་སྦྱངས་བརྩོན་མཛད། གཟའ་གསལ་བར་བྱེད་པའི་སྒྲོན་མེ་སོགས་རྩིས་ཀྱི་བསྟན་བཅོས་ཀྱང་མང་དུ་ཕྱག་རྩོམ་གནང་། ཚ་ནར་བླ་མ་སྲུག་བདེ་བའི་དྲུང་ནས་ཕར་ཕྱིན་དང་། ཚད་མ། མངོན་པ། འབྲི་ལུགས་ཀྱི་དབང་རྒྱུད་བཤད་པ་མན་ངག་དང་བཅས་པ་ལེགས་པར་གསན། འགྲོ་མགོན་འཕགས་པ་རིན་པོ་ཆེས་ཤོང་ལོའི་ཐུགས་འདུན་བཞིན་བདག་ཆེན་གནང་ནས་རབ་བྱུང་བཞི་པའི་ཤིང་གླང(སྤྱི་ལོ1265)ལོར་བལ་ཡུལ་དུ་ལོ་ཙཱ་སློབ་ཏུ་བཅུག་ཏེ་པཎྜི་ཏ་ས་དབང་བཟང་པོའི་དྲུང་ནས་སྒྲ་དང་། སྙན་ངག་སྡེབ་སྦྱོར། ཚིག་གཏེར། མངོན་བརྗོད་སོགས་རིག་གནས་ཆུང་བ་ལྔ་གཙོ་བོར་བྱང་ཆུབ་པ་གསན་སྦྱོང་མཛད། ཁྱད་པར་དུ་སྒྲ་རིག་པ་ལ་ཕུལ་དུ་ཕྱིན། ས་སྐྱར་ཕྱིར་ཕེབས་ཏེ་ཐོག་མར་དུས་འཁོར་རྒྱུད་འགྲེལ་ཤོང་འགྱུར་ཞེས་ཡོངས་སུ་གྲགས་པ་མཁས་པ་ཐམས་

ཅན་གྱིས་འགྱུར་ལེགས་པ་རང་དུ་བཅོས་པ་འདི་མཛད། དེ་རྗེས་སུ་འཕགས་ཡུལ་རྡོ་རྗེ་གདན་དུ་ཕྱིན་ནས་མཧཱ་བོ་དྷི་ལ་མཆོད་པ་དང་སྨོན་ལམ་མཛད་ཅིང་། རྒྱ་གར་གྱི་པཎྜི་ཏ་ལཀྵྨཱི་ཀ་ར་བོད་དུ་གདན་དྲངས་ནས་བློ་གྲོས་དམ་པ་ཆོས་ཀྱི་རྒྱལ་པོ་ལ་བསྟོད་པ། འཇིག་རྟེན་དབང་ཕྱུག་གི་བསྟོད་པ་བརྒྱ་པ། རིག་པ་འཛིན་པ་ སྦྱིན་གྱི་བཞོན་པའི་སྐྱེས་རབས་ཀླུ་ཀུན་ཏུ་དགའ་བའི་ཟློས་གར། བྱང་ཆུབ་སེམས་པའི་རྟོགས་པ་བརྗོད་པ་དཔག་བསམ་འཁྲི་ཤིང་། ཀ་ལཱ་པའི་ཏཱི་ཀ་སོགས་པའི་མཐའི་བྱ་བ་རྣམ་པར་དཔྱད་པ། ལུང་སྟོན་པ་ཙནྡྲ་པའི་མདོ། སྙན་ངག་གི་གཞུང་ཆེན་མེ་ལོང་མ། སྡེབ་སྦྱོར་གྱི་དཔེར་བརྗོད་སྟོན་པ། སྡེབ་སྦྱོར་གྱི་ཕྲེང་བའི་བསྟོད་པ། འཕགས་པ་འཇམ་དཔལ་གྱི་བསྟོད་པ་བྲི་ཏ་མ། བཟློག་པ་བསྡུས་པ་རྩ་འགྲེལ་སོགས་རིག་གནས་ཀྱི་གཞུང་ལུགས་དང་། བསྟན་བཅོས་མང་དུ་བསྒྱུར་གནང་བ་མ་ཟད། མངོན་བརྗོད་ཀྱི་བསྟན་བཅོས་ཆེན་པོ་འཆི་མེད་མཛོད་ལ་འགྱུར་མཆན་ཡང་བཀོད། དེ་ནས་སྒྲ་དང་། སྙན་ངག་གི་བཤད་རྒྱུན་ཐར་བས་དར་སྤེལ་མཛད་ཐོག་སློབ་མ་མཁས་པ་དུ་མ་གསོ་སྐྱོང་གི་དབུ་ཚུགས། བདག་ཉིད་ཆེན་པོ་འདི་ཉིད་ཀྱི་སློབ་མ་གཙོ་བོ་ནི་གང་གི་དཔོན་པོ་ཤང་ལོ་ཙཱ་བ་བློ་གྲོས་བརྟན་པ་ཡིན་ཅིང་། དེ་ལ་སློབ་མ་གཙོ་བོ་ལོ་ཙཱ་བ་མཆོག་ལྡན་ལེགས་པའི་བློ་གྲོས་བྱུང་། ཕོང་གི་སློབ་མ་གཙོ་བོ་ནི་དཔང་ལོ་ཙཱ་བ་བློ་གྲོས་བརྟན་པ་སྟེ་བོད་ཀྱི་རྩོམ་རིག་ལོ་རྒྱུས་ཐོག་ཤང་དཔང་རྣམ་གཉིས་ཞེས་ཉི་ཟླ་ལྟ་བུར་མཚན་སྙན་ཡོངས་སུ་གྲགས་པར་གྱུར་པས་མཛད་རྗེས་ལྷག་པར་དུ་ཆེ།

ཤང་ལོའི་སྐུ་ཡོན་ལ་འགྲོ་མགོན་འཕགས་པས་བསྟགས་པ་རྒྱ་ཆེར་མཛད་པ་སྟེ། དཔལ་དུས་ཀྱི་འཁོར་ལོའི་རྒྱུད་འགྲེལ་པ་དང་བཅས་པ་རྒྱ་ཆེ་ལ་ཟབ་ཅིང་གཏིང་དཔག་དཀའ་བ། ཚིག་བརླིང་ཞིང་སྡེབས་སྦྱོར་ཕྱིངས་ཆེ་བས་ཆེན་པོ་རྣམས་ཀྱིས་ཀྱང་ཉམས་སུ་ལེན་དཀའ་བས། སྔོན་བྱུང་གི་ལོ་ཙཱ་བ་དག་གིས་ཀྱང་མ་འགྱུར་བ་དང་ལོག་པར་བསྒྱུར་བ་དང་། རྣམ་གྲངས་གཞན་དང་ཕྱོགས་རེ་བ་དང་། ཐལ་བར་བསྒྱུར་པ་ལ་སོགས་པ་དེ་དག་ཁྱེད་ཀྱིས་ལེགས་པར་ཕོང་དུ་ཆུད་ཅིང་ངེས་ཏེ་ཞུ་ཆེན་མཛད་པའི་གླེགས་བམ་དང་། ཀླུ་རྣམས་ཀུན་ཏུ་དགའ་བའི་ཟློས་གར་མཐོང་བས་དགེ་བ་དང་རྗེས་སུ་ཡི་རང་བ་ཁྱད་པར་ཅན་སྐྱེས་ཞེས་རབ་ཏུ་བསྟགས། སྒྲ་སྒྱུར་རྣམས་ཀྱི་གཙུག་གི་ནོར་བུར་གྱུར། འབྲུངས་འདས་སོགས་ཞིབ་རྣམ་མ་རྙེད།

ས་སྐྱ་བདག་ཆེན་བཟང་པོ་དཔལ། ས་སྐྱའི་ཁྲི་ཐོག་བཅུ་པ་འདི་ཉིད་རབ་བྱུང་བཞི་པའི་ཆུ་ཁྱི(སྤྱི་ལོ1262)ལོར་ཡབ་འགྲོ་མགོན་ཆོས་རྒྱལ་འཕགས་པའི་གཅུང་པོ་ཡེ་ཤེས་འབྱུང་གནས་དང་ཡུམ་ཇོ་མོ་འབུམ་མེ་གཉིས་ཀྱི་སྲས་སུ་བོ་དོང་ཨེར་གྲགས་པའི་ཡུལ་དུ་སྐུ་བལྟམས། (སྟག་ཚང་གདུང་རབས་དང་། ཉི་སྟེའི་གདུང་རབས། གཙང་བྱམས་པའི་གདུང་རབས་རྣམས་སུ་ཤབ་ཀྱི་ཁབ་སྨད་དུ་འཁྲུངས་པར་གསུངས།) དགུང་ལོ་བཅུ་དྲུག་ཏུ་ཕེབས་སྐབས་འཕགས་པ་རིན་པོ་ཆེའི་དྲུང་ནས་དབང་ལུང་མན་ངག

སོགས་མང་དུ་གསན། དགུང་ལོ་ཉེར་གཅིག་ཏུ་ཕེབས་སྐབས་རྒྱ་ནག་ཏུ་ཕྱིན། རྒྱ་ཡུལ་དུ་ལོ་བཅོ་ལྔ་ཙམ་བཞུགས་པར་གྲགས། དགུང་ལོ་སོ་བདུན་པ་རབ་བྱུང་ལྔ་པའི་ས་ཁྱི(སྤྱི་ལོ1298)ལོར་ས་སྐྱར་ཕེབས། དེ་དུས་ཤར་པ་འཇམ་དབྱངས་ཆེན་པོ་བཞི་ཐོག་ན་བཞུགས་པས་བདག་ཉིད་ཆེན་པོ་ལ་གདན་ས་གཏད་ཀྱང་རེ་ཞིག་ལྷ་ཁང་བླ་བྲང་དུ་བཞུགས་ནས་གསན་བསམ་མཛད། རབ་བྱུང་ལྔ་པ་མེ་རྟ(སྤྱི་ལོ1306)ལོར་ས་སྐྱའི་གདན་ཁྲིར་ཕེབས། དགུང་ལོ་ང་གཉིས་ལ་བསྙེན་རྫོགས་བཞེས། མཚན་ཨ་མོ་གྷ་ཤྲཱི་ཛྙཱ་ན་ཤྲི་བྷ་ལ་ཞེས་གསོལ། འདི་ཡན་ལ་རྒྱ་མོ་ལྔ་རྙིང་གན། དབུས་གཙང་གཞན་ནས་བཙུན་མོ་བདུན་བཅས་ཁབ་ཏུ་བཞེས་པས་གདུང་རྒྱུད་འཛིན་པའི་སྲས་ནི་ཡབ་དགུང་གྲངས་སོ་བརྒྱད་ལ་ཕེབས་པ་རབ་བྱུང་ལྔ་པ་ས་ཕག(སྤྱི་ལོ1299)ལོར་ཀུན་དགའ་བློ་གྲོས་འཁྲུངས། གཞན་སྲས་དང་སྲས་མོ་བཅུ་ཕྲག་ལྷག་ཡོད་ཀྱང་སྐུ་ན་ཕྲ་མོར་གཤེགས་པ་དང་། འགའ་ཞིག་ཧོར་ཡུལ་དུ་ཕྱིན་ནས་གདུང་རྒྱུད་སྤེལ་བར་གྲགས། ཆུ་བྱི(སྤྱི་ལོ1312)ལོ་ལ་གུ་ཤྲིའི་འཇའ་ས་བཟུང་། གདན་ས་ལོ་བཅུ་དགུ་བསྐྱངས་ནས་དགུང་ལོ་རེ་གསུམ་བཞེས་པ་རབ་བྱུང་ལྔ་པའི་ཤིང་བྱི(སྤྱི་ལོ1324)ལོར་བཞི་ཐོག་བླ་བྲང་དུ་སྐུ་གཤེགས།

སློབ་དཔོན་རིན་ཆེན་རྒྱལ་མཚན། ས་སྐྱའི་ཁྲི་པ་བདུན་པ་སློབ་དཔོན་རིན་ཆེན་རྒྱལ་མཚན་མཆོག་ནི། རབ་བྱུང་བཞི་པའི་ས་ཁྱི(སྤྱི་ལོ1238)ལོར་དཔལ་ལྡན་ས་སྐྱའི་གདན་ས་ཆེར་ཡབ་ཟངས་ཚ་བསོད་ནམས་རྒྱལ་མཚན་དང་ཡུམ་མ་གཅིག་ཇོ་འགྲོ་གཉིས་ཀྱི་སྲས་སུ་སྐུ་བལྟམས། སྐུ་གཞོན་ནུའི་དུས་ནས་ཆོས་རྗེ་ཁུ་དབོན་དང་བླ་མ་འུ་ཡུག་པའི་དྲུང་དུ་སློབ་གཉེར་མཛད། རྗེ་འདི་ཉིད་ཀྱིས་གསང་སྔགས་ཀྱི་དཀྱིལ་ཆོག་དང་རྫོམ་པ་ཅི་རིགས་མཛད་དེ་འཆད་ཉན་ལ་སོགས་པས་བསྟན་པའི་བྱ་བ་དཔག་མེད་གནང་། འཕགས་པ་རིན་པོ་ཆེ་ཧོར་ཡུལ་དུ་བཞུགས་རིང་ཁྲི་ཚབ་ལོ་འགའ་མཛད། རྗེས་སོར་ཧོར་ཡུལ་དུ་ཕེབས་ནས་སེ་ཆེན་རྒྱལ་པོའི་ཏི་ཤྲི་ལོ་བརྒྱད་ཙམ་གནང་། རྒྱལ་པོའི་ཕོ་བྲང་དང་ཉེ་བར་རབ་བྱུང་གི་སྡེ་བཙུགས་པ་སོགས་བསྟན་པའི་བྱ་བ་རྒྱ་ཆེར་མཛད། དགུང་ལོ་ཞེ་གཉིས་པ་རབ་བྱུང་ལྔ་པའི་ས་ཡོས(སྤྱི་ལོ1279)ལོའི་ཟླ་གསུམ་པའི་ཚེས་གསུམ་ལ་མེ་ཏོག་ར་བར་སྐུའི་བཀོད་པ་བསྡུས། རྗེ་འདིའི་ལོ་རྒྱུས་ལ་གསུང་ཚུལ་མི་འདྲ་བ་འགའ་མཆིས།

བཞི་པ། ཕག་གྲུའི་སྐབས།

ཀརྨ་དེ་བཞིན་གཤེགས་པ། ཀརྨ་བཀའ་བརྒྱུད་ཞྭ་ནག་པའི་སྐུ་ཕྲེང་ལྔ་པ་འདི་རབ་བྱུང་དྲུག་པའི་ཤིང་བྱི(སྤྱི་ལོ1384)ལོར་འཁྲུངས། མཚན་དངོས་ཆོས་དཔལ་བཟང་པོ་ཞུ། མཚུར་ཕུའི་གདན་ས་བསྐྱངས། རབ་བྱུང་བདུན་པའི་མེ་ཁྱི(སྤྱི་ལོ1406)ལོར་ཏཱ་མིང་རྒྱལ་པོས་གདན་དྲངས། ནན་ཅིན་གྲོང་ཁྱེར་གྱི་ལྟགས་རི་ཕྱི་མའི་ནང་དུ་གོང་མ་རང་ཉིད་ཕེབས་བསུར་བཅར་ཏེ་མཇལ་དར་དང་། གསེར་གྱི་འཁོར་ལོ་རྩིབས་སྟོང་ལྡན་པ་ཞིག་ཕུལ། ཀརྨ་པས་ཀྱང་མཇལ་དར་ཐོག་དུང་དཀར་གཡས་འཁྱིལ་ཞིག་འབུལ་གནང་མཛད། ཞི་དྲག་གི་དཔོན་རིགས་སྟོང་ཕྲག་བཀྲལ་བ་དང་། སྣམ་སྦྱར་བཞེས་པའི་རྒྱའི་དགེ་སློང་ཁྲི་ཕྲག་མང་པོས་སྤྱིས་དང་མེ་ཏོག་གི་ཚུན་པོ་ཐོགས་ཤིང་ཕེབས་བསུ་ཞུས། ཆེ་བསྟོད་ཀྱི་མཛད་སྒོ་རྒྱ་ཆེན་པོ་ཞིག་ཕུལ་བའི་ཐོག་ཆོས་འབྲེལ་མང་པོ་ཞུས། དེ་ནས་ཀརྨ་དེ་བཞིན་གཤེགས་པས་རྒྱལ་པོའི་ཡབ་ཡུམ་གྱི་འདས་མཆོད་ལ་རིས་མེད་ཀུན་གྲོལ་གྱི་རིམ་འགྲོ་རྒྱ་ཆེར་བསྒྲུབས་པས་ཏཱ་མིང་རྒྱལ་པོས་གསེར་གྱི་བྱང་ཤིང་ལ་རྒྱ་ཡིག་དང་བོད་ཡིག་ཐོག དེ་བཞིན་གཤེགས་པ་རིན་པོ་ཆེ། ཆོས་ཀྱི་རྒྱལ་པོ། ནུབ་ཕྱོགས་བྱམས་པ་ཆེན་པོ། ཞི་བ་དབང་ཕྱུག་གི་སངས་རྒྱས། ཞེས་པའི་མཚན་རྒྱན་དང་། ཤེལ་དམ། འབུལ་བ་བསམ་གྱིས་མི་ཁྱབ་པ་བཅས་ཕུལ། དེ་དུས་དེ་བཞིན་གཤེགས་པ་དང་ཏཱ་མིང་གཡུང་ལོ་རྒྱལ་པོ་གཉིས་མེ་ཕག(སྤྱི་ལོ1407)ལོའི་རྒྱ་ཟླ་གཉིས་པའི་ཚེས་ལྔ་ནས་བཅོ་བརྒྱད་བར་དང་། ཟླ་བ་གསུམ་པའི་ཚེས་གསུམ་ནས་བཅོ་བརྒྱད་བར་ཉིན་རེའི་མཛད་སྒོ་ཇི་གནང་སྐབས་དེ་རང་ལ་རྒྱ་དང་བོད་ཀྱི་རི་མོ་མཁས་པ་དག་གིས་བྲིས་ཏེ་ཡིན་ཐང་ལ་རྒྱ་ཧོར་བོད་ཡུ་གུར་ཧུར་ཀྲི་བཅས་ཡིག་སྣ་ལྔ་དང་ལྡན་པའི་བྲིས་ཐང་རིང་ཚད་སྐྱམ་ཁྲུ་ཉིས་བརྒྱ་ལྔ་ཙམ་སྙེར་ཡོད་པ་ཞིག་ཕུལ་བ་མཚུར་ཕུ་བླ་བྲང་གི་རྟེན་གྲས་སུ་མཇལ་རྒྱུ་ཡོད་པར་གྲགས། མཐར་དགུང་ལོ་སོ་གཉིས་པ་རབ་བྱུང་བདུན་པའི་ཤིང་ལུག(སྤྱི་ལོ1415)ལོར་འདས།

ཀརྨ་པ་མཐོང་བ་དོན་ལྡན། ཀརྨ་པ་སྐུ་ཕྲེང་དྲུག་པ་འདི་ཉིད་ཡུལ་ཀར་མ་དང་ཉེ་བའི་སའི་ཆར་ཡབ་ཧྲུགས་རྒྱུད་ཀྱི་སྲས་སུ་རབ་བྱུང་བདུན་པའི་མེ་སྦྲུལ(སྤྱི་ལོ1416)ལོའི་བོད་ཟླ་གཉིས་པའི་ཚེས་བརྒྱད་ལ་སྐུ་བལྟམས། སྐུ་ཆུང་ངུ་ནས་གཞན་དང་མི་འདྲ་བའི་མཚན་རྟགས་སྣ་ཚོགས་མངོན་གསལ་དུ་ཐོན། དགུང་ལོ་གསུམ་ཙམ་ནས་གཞན་ལ་ཚོ་འདྲི་བའི་བཤད་གད་དང་ཆོས་ཀྱང་ཐོགས་མེད་དུ་གསུང་བར་མཛད། ཐན་པ་བྱུང་བའི་ཚེ་ཆར་འབེབས་ཀྱང་གནང་ཐུབ་པ་བྱུང་། སྤྲུལ་སྐུ་ཆོས་དཔལ་ཡེ་ཤེས་པ་དང་། ཆོས་རྗེ་རོང་པོ་ལ་སོགས་པ་མང་དུ་བསྟེན་ནས་གསན་བསམ་རྒྱ་ཆེར་མཛད། ཁམས་དང་། ཀོང་

པོ། དྭགས་པོ་སོགས་བོད་ཀྱི་ས་ཆ་ཅི་རིགས་པ་རྣམས་སུ་ཞབས་ཀྱིས་བཅགས་ནས་འགྲོ་རྣམས་སྨིན་གྲོལ་གྱི་ལམ་དུ་འགོད་པའི་མཛད་འཕྲིན་བསམ་གྱིས་མི་ཁྱབ། དབེན་གནས་གསང་ཕུར་ཐེབས་ནས་སྐུ་མཚམས་ལ་བཞུགས་ཏེ་ཆོས་སྐྱོང་རྣམས་ལ་མཆོད་གཏོར་གཟབ་རྒྱས་མཛད། དགུང་ལོ་སུམ་ཅུ་སོ་བརྒྱད་བཞེས་པའི་ཚེ་སྐུ་འཁོར་རྣམས་ལ་ཨོཾ་ཧྲཱ་ལ་ལ་གཤེགས་རྒྱུའི་གསུང་མང་པོ་མཛད་དེ་རབ་བྱུང་བརྒྱད་པའི་ཆུ་བྱ(སྤྱི་ལོ1453)ལོར་ཞི་བར་གཤེགས། རྗེ་ཉིད་ཀྱི་སློབ་མ་བན་ཀར་བ་འཇམ་དཔལ་བཟང་པོ་དང་། ཀུ་ཤྲཱི་དཔལ་འབྱོར་དོན་གྲུབ་རྣམ་གཉིས་ཀྱིས་གཙོས་བསམ་གྱིས་མི་ཁྱབ་པ་བྱུང་།

ཀརྨ་མི་བསྐྱོད་རྡོ་རྗེ། ཀརྨ་ཞྭ་ནག་པ་སྐུ་ཕྲེང་བརྒྱད་པ་འདི་ཉིད་རབ་བྱུང་དགུ་པའི་མེ་ཡོས(སྤྱི་ལོ1507)ལོར་འཁྲུངས། སྐུ་ཆུང་དུའི་དུས་ནས་སྐྱེས་སྦྱངས་ཀྱི་ཤེས་རབ་ཆེ་ཞིང་། མཁས་གྲུབ་དམ་པ་མང་པོའི་ཞབས་ལ་གཏུགས་ནས་ཐུན་མོང་དང་ཐུན་མོང་མ་ཡིན་པའི་ཤེས་བྱ་ཀུན་ལ་སྦྱངས་པ་རྗེས་སོན། དཔའ་བོ་གཙུག་ལག་ཕྲེང་བའི་སློབ་དཔོན་མཛད། རིག་པའི་གནས་མཐའ་དག་ལ་ཤིན་ཏུ་མཁས་པས་ལེགས་བཤད་གསུང་རྩོམ་ཧ་ཅང་མང་པོ་ལྷུགས་རྩོམ་གནང་། འཆད་རྩོད་རྩོམ་གསུམ་ལ་མཆོག་ཏུ་གྱུར། ལྕགས་ཕག(སྤྱི་ལོ1551)ལོར་འབྲི་གུང་གདན་རབས་བཅུ་བདུན་པ་རིན་ཆེན་རྣམ་རྒྱལ་ཆོས་ཀྱི་གྲགས་པས་རྗེ་ཉིད་གོང་པོ་ནས་གདན་དྲངས་ཏེ་ཟབ་རྒྱས་ཆོས་ཀྱི་ཆར་པ་རྒྱ་ཆེར་ཕབ། དགུང་གྲངས་ཞེ་བརྒྱད་ལ་ཐེབས་པ་རབ་བྱུང་དགུ་པའི་ཤིང་སྟག(སྤྱི་ལོ1554)ལོར་ཞི་བར་གཤེགས། མཛད་རྣམ་ཞིབ་པ་མ་རྙེད།

ཀརྨ་རོལ་པའི་རྡོ་རྗེ། ཀརྨ་སྐུ་ཕྲེང་བཞི་པ་འདི་ཉིད་ཡབ་བསོད་ནམས་དོན་གྲུབ་དང་ཡུམ་བསྟན་འགྲུས་རྒྱན་གཉིས་ཀྱི་སྲས་སུ་རབ་བྱུང་དྲུག་པའི་ལྕགས་འབྲུག(སྤྱི་ལོ1340)ལོར་ཀོང་ཡུལ་དུ་སྐུ་འཁྲུངས། དགུང་ལོ་བདུན་པ་ལ་ཚོགས་དགེ་འདུན་སྒང་པའི་མཁན་ཆེན་དོན་གྲུབ་དཔལ་བ་དང་། སློབ་དཔོན་བསོད་ནམས་འབུམ་གཉིས་ཀྱི་དྲུང་ནས་རབ་བྱུང་གི་སྡོམ་པ་བཞེས། མཚན་ཆོས་ཀྱི་གྲགས་པར་གསོལ། རྟོགས་ལྡན་མགོན་རྒྱལ་བ་སོགས་མཁས་པ་མང་པོ་བསྟེན་ནས་ཚད་མ་རིག་པ་དང་། མདོ་སྔགས་ཀྱི་ཆོས་ལ་སྦྱངས་པ་མཛད། དགུང་ལོ་བཅོ་བརྒྱད་པ་ལ་ཐར་གྱི་མཁན་སློབ་ལ་བརྟེན་ནས་བསྙེན་རྫོགས་ཀྱི་སྡོམ་པ་བཞེས། དེ་ནས་གོང་མ་ཐོ་གོན་ཐེའི་མུར་གྱིས་གདན་དྲངས་པ་ལྟར། རབ་བྱུང་དྲུག་པའི་ས་ཁྱི(སྤྱི་ལོ1358)ལོར་བྱང་ལམ་བརྒྱུད་དེ་ཐེབས་པའི་ལམ་བར་དུ་དཔོན་རིགས་ནང་འཐབ་ཀྱི་དམག་འཁྲུག་འདུམ་འགྲིག་གནང་བ་སོགས་ཡུན་རིང་འགོར་ཏེ། ལྕགས་བྱི(སྤྱི་ལོ1360)ལོར་གཞི་ནས་ཐོང་མའི་པོ་ཕྲང་དུ་ཐེབས་འབྱོར་བྱུང་། དེ་ནས་ལོ་གཅིག་རིང་རྒྱལ་བློན་ནམས་ལ་རྣལ་འབྱོར་མའི་དབང་སོགས་ཟབ་ཆོས་རྒྱ་ཆེན་པོ་གནང་། བར་ལམ་རྒྱ་སོག་ཡུལ་གྲུར་ལོ་ཉེས་ཕྱུགས་ཉེས་རྒྱུན་རིང་བྱུང་བ་རྣམས་གསོས་ཤིང་། ནད་ཡམས་ཞི་བ་སོགས་བཀྲ་ཤིས་དགེ་མཚན་བཟང་པོ་བྱུང་བས་རྒྱལ་བློན་ཚང་མས་རེ་

ཞིག་རྒྱ་ཡུལ་དུ་བཞུགས་པར་གསོལ་ཡང་ཞལ་བཞེས་མ་གནང་བར་ཆུ་སྟག（སྤྱི་ལོ1362）ལོར་བྱང་ལམ་བརྒྱུད་ནས་བོད་དུ་ཕྱིར་ཕེབས། མཐར་དགུང་གྲངས་བཞི་བཅུ་ཞེ་བཞི་བཞེས་པ་རབ་བྱུང་དྲུག་པའི་ཆུ་ཕག（སྤྱི་ལོ1383）ལོར་སྐུ་གཤེགས།

ཀམ་ཀམ་དོན་གྲུབ་དཔལ་བ། རྗེ་འདི་ཉིད་རབ་བྱུང་དྲུག་པའི་ཤིང་སྦྲུལ（སྤྱི་ལོ1365）ལོར་འཕན་ཡུལ་གླང་དུ་སྐུ་འཁྲུངས། དགུང་ལོ་དགུ་ལ་ཕེབས་སྐབས་ཀློག་ཡིག་བསླབས་པ་ཚེགས་མེད་དུ་མཁྱེན་པས་བྱིས་པ་ཤེས་རབ་ཆེ་བར་གྲགས། དགུང་ལོ་བཅུ་གསུམ་པ་ལ་མཁན་ཆེན་བློ་བཟང་པ་དང་སློབ་དཔོན་གུ་ཏུ་བ་གཉིས་ལས་རབ་ཏུ་བྱུང་། དགུང་ལོ་བཅུ་བཞི་པ་ལ་མཁན་ཆེན་བློ་བཟང་པའི་དྲུང་དུ་ཕྱིན་ནས་ལོ་བརྒྱད་རིང་ཐབ་ཆོས་ལ་སྦྱང་པ་མཐར་ཕྱིན་མཛད། དགུང་གྲངས་ཉེར་གཉིས་པ་ལ་མཁན་ཆེན་ཤཱཀྱ་མི་ཏྲ་ལ་སོགས་ལས་བསྙེན་པར་རྫོགས། དེ་ནས་གསང་ཕུ་བ་བློ་གྲོས་བརྟན་པ། མཁས་གྲུབ་རྡོ་རྗེ་རྒྱལ་མཚན། རྡོ་རྗེ་འཛིན་པ་གཞོན་ནུ་རྒྱལ་མཚན། རྣལ་འབྱོར་དབང་ཕྱུག་གཞོན་ནུ་འཕེལ། མཁན་ཆེན་སེང་རྒྱལ་བ། མཁས་བཙུན་གཞོན་ནུ་འོད་སོགས་མཁས་གྲུབ་མང་པོའི་ཞབས་ལ་གཏུགས་ནས་ཐབ་ཆོས་དུ་མ་གསན་སྦྱོང་མཛད། དགུང་ལོ་ཉེར་གསུམ་པ་རབ་བྱུང་བདུན་པའི་མེ་ཡོས（སྤྱི་ལོ1387）ལོར་ཀམ་ཀམ་གཙུག་ལག་ཁང་གི་གདན་སར་ཕེབས། དགུང་ལོ་ལྔ་བཅུ་ང་གསུམ་ལ་ཕེབས་པ་མེ་བྱ（སྤྱི་ལོ1417）ལོར་ཆོས་འབྱུང་བསྟན་པ་རིན་པོ་ཆེའི་གསལ་བྱེད་བརྩམས། རྗེ་འདི་ཉིད་ཀྱི་འདས་ལོ་མ་རྙེད།

ཀུན་མཁྱེན་ཀློང་ཆེན་རབ་འབྱམས་པ། རྫོགས་ཆེན་པའི་སྲོལ་གཏོད་པ་པོ་རྙིང་མའི་སློབ་དཔོན་ཀློང་ཆེན་པ་དྲི་མེད་འོད་ཟེར་རམ་ཚུལ་ཁྲིམས་བློ་གྲོས་ཀྱང་ཞུ་བ་འདི་ཉིད་དབུས་གཙང་རུ་བཞིར་གྲགས་པའི་ནང་ཚན་གཡོ་རུ་གྲྭའི་ཆ་སྟོད་གྲོང་དུ་ཡབ་སློབ་དཔོན་བསྟན་པ་སྲུང་དང་། ཡུམ་འབྲོམ་བཟའ་མ་བསོད་ནམས་རྒྱན་གཉིས་ཀྱི་རིགས་ཀྱི་སྲུ་གུར་རབ་བྱུང་ལྔ་པའི་ས་སྤྲེལ（སྤྱི་ལོ1308）ལོར་འཁྲུངས། སྐུའི་ཏུས་ནི་རོག་ཡིན། དགུང་ལོ་ལྔ་ནས་ཡི་གེ་འབྲི་ཀློག་ཚེགས་མེད་དུ་མཁྱེན། དགུང་ལོ་དགུ་པའི་སྟེང་ཉི་ཁྲི་དང་བརྒྱད་སྟོང་པ་བཏོན་པས་ལྷག་མེད་དུ་ཐུགས་ལ་མངའ། དགུང་ལོ་བཅུ་གཉིས་ལ་རབ་ཏུ་བྱུང་ནས་མཚན་ཚུལ་ཁྲིམས་བློ་གྲོས་སུ་གསོལ། དམ་ཆོས་འདུལ་བ་ལ་ལེགས་པར་སྦྱངས་པས་དགུང་ལོ་བཅུ་བཞི་ལ་བཤད་པའི་བ་དན་བཙུགས་ཆོག་པ་བྱུང་། དགུང་ལོ་བཅུ་དྲུག་ལ་སློབ་དཔོན་བཀྲ་ཤིས་རིན་ཆེན་ལས་ལམ་འབྲས་དང་། ཆོས་དྲུག་གཉིས། ཕག་མོའི་ཆོས་དྲུག བདེ་མཆོག་དྲིལ་བུ་བ། ཕྱག་རྡོར་འཁོར་ཆེན་ལ་སོགས་པའི་དབང་ཁྲིད་གདམས་པ་མང་དུ་གསན། སློབ་དཔོན་དབང་ཡེ་དང་། སྟོན་ཚུལ་ཁྲི་ཕུ་བ་སོགས་ལས་རྡོ་རྗེ་ཕྲེང་བ་དང་། དུས་ཀྱི་འཁོར་ལོ་ལ་སོགས་པའི་སྔགས་རྒྱུད་མང་པོ་དང་། རིན་པོ་ཆེ་ཟ་ལུང་པ་སོགས་ལས་ཞང་ཚལ་པའི་གདམས་ངག་སྐོར། རྐྱང་ཚང་པའི་ལམ་ཁྲིད། ཞི་བྱེད་ཕ་ཕྱི་བར་གསུམ་ལ་སོགས་པ་གསན། དགུང་ལོ་བཅུ་དགུ་པར་གསང་ཕུ་ནེའུ་ཐོག་གི་ཆོས་གྲྭར་ཞུགས། ཕ་གཞུག

ཏུ་ཀཱརྨ་རང་བྱུང་རྡོ་རྗེ། ས་སྐྱ་བདག་ཆེན། སྙིང་མ་རིག་འཛིན། གཡག་སྡེ་པཎ་ཆེན་སོགས་བསྟེན་ནས་ཚད་མ་སྡེ་བདུན་དང་། ཕར་ཕྱིན། དབུ་མ་སོགས་མཚན་ཉིད་ཐེག་པའི་ལུང་རིག ཟབ་ཆོས་མདོ་ལྡེ། ཤེས་རབ་སྙིང་པོའི་རྒྱ་ཆེར་འགྲེལ་བས་མཚོན་ནང་པའི་གཞུང་དང་། སྒྲ། སྙན་ངག སྡེབ་སྦྱོར། ཟློས་གར་ལ་སོགས་རིག་པའི་གནས་ཐམས་ཅད་ལ་ཐོས་བསམ་མཐར་ཕྱིན་པ་མཛད་དེ་ལུང་དང་རིགས་པའི་གནས་རྒྱ་ཆེན་པོ་ལ་མི་འཇིགས་པའི་སྤོབས་པ་བརྙེས། གངས་རིའི་ཁྲོད་ན་གྲགས་པའི་གྲུབ་མཐའ་ཕལ་མོ་ཆེ་ཐུགས་སུ་ཆུད་ཅིང་། འཆད་རྩོད་རྩོམ་གསུམ་ལ་ཐོགས་པ་མེད་པའི་ཐུགས་རབ་སྐྱེས། དབུས་གཙང་གི་དགོན་གནས་ཕལ་མོ་ཆེ་དང་། ཁྱད་པར་དུ་རྒྱ་གར་འཕགས་པའི་ཡུལ་གྱི་དཔལ་ཆུ་བོ་རི་དང་ཨོ་རྒྱན་ཡུལ་སོགས་སུ་ཞབས་ཀྱིས་བཅགས། དགུང་ལོ་ཉེར་དགུ་པར་བླ་མ་རིག་འཛིན་ཀུ་མཱ་རཱ་ཛའི་དྲུང་ནས་རྫོགས་པ་ཆེན་པོ་གསང་བ་སྙིང་ཐིག་གི་དབང་ཁྲིད་གདམས་ངག་དང་། རྫོགས་ཆེན་སྡེ་གསུམ་གྱི་རྒྱུད་ལུང་མན་ངག་དང་བཅས་གནང་ནས་བསྟན་པའི་རྒྱལ་ཚབ་ཏུ་དབུགས་འབྱིན་མཛད། དགུང་ལོ་སོ་གཅིག་པར་སྣེ་ཕུའི་ཤུག་གསེབ་ཏུ་ཕེབས་ཏེ་སྙིང་ཐིག་གི་སྒོ་ནས་ཆོས་ཀྱི་འཁོར་ལོ་རྒྱ་ཆེན་བསྐོར། དགུང་ལོ་སོ་གཉིས་པར་གངས་རི་ཐོད་དཀར་ཨོ་རྒྱན་རྫོང་འོད་ཟེར་སྤྲིན་གྱི་སྐྱིད་མོས་ཚལ་དུ་ཕེབས་ཏེ་དགོན་གནས་བཏབ། དེ་ནས་མོན་བུམ་ཐང་དུ་དགེ་འདུན་གྱི་སྡེ་བཙུགས་ཏེ་ཐར་པ་གླིང་དུ་བཏགས། བླ་ཆེན་མི་ཆེན་དུ་མས་སྤྱི་བོར་བཀུར་ཏེ་སྲི་ཞུ་ཕུ་དུད་ཀྱིས་མཆོད་པར་ཞུས་ཀྱང་། མཐོན་པོའི་བླ་མཆོད་མཛད་པར་མི་དགྱེས་ཤིང་། རྟག་ཏུ་དབེན་པ་འབབ་ཞིག་ཏུ་བཞུགས་ཏེ་སྒྲུབ་པའི་རྒྱལ་མཚན་བཙུགས། གསུང་རབ་དང་བསྟན་བཅོས་མང་དུ་བརྩམས་པ་སོགས་ཀུན་མཁྱེན་ཆེན་པོའི་མཁས་པའི་བྱ་བ་རྣམ་གསུམ་གྱི་ངོ་མཚར་བའི་མཛད་པ་མཐའ་ཡས་པས་བསིལ་ལྗོངས་ཡོངས་ལ་ཁྱབ། རབ་བྱུང་དྲུག་པའི་ཆུ་སྟག(སྤྱི་ལོ1362) ལོར་ཆོས་འབྱུང་རིན་ཆེན་གཏེར་མཛོད་བཀའ་རྩོམ་མཛད། ཁམས་པ་ཆོས་གྲགས་བཟང་པོས་མཛད་པའི་ཀུན་མཁྱེན་དྲི་མེད་འོད་ཟེར་གྱི་རྣམ་ཐར་མཐོང་བ་དོན་ལྡན་ནང་གསལ་བ་ལྟར་ན། ཕྱིའི་གནས་ཐུན་མོང་གི་སྐོར་བསྟན་བཅོས་དགུ་བཅུ་གོ་ལྔ། ནང་གི་གནས་རྒྱ་ཆེར་བཤད་པའི་བསྟན་བཅོས་ཚིག་བརྒྱ་ཉེར་བརྒྱད། གསང་བའི་གནས་དེ་ཁོ་ན་ཉིད་སྟོན་པའི་བསྟན་བཅོས་སུམ་ཅུ་སྡེ་གསུང་ཆོས་ཉིས་བརྒྱ་ལྔ་བཅུ་རྩ་གསུམ་བཞུགས་པར་གྲགས། དགུང་ལོ་ང་དྲུག་པ་རབ་བྱུང་དྲུག་པའི་ཆུ་ཡོས(སྤྱི་ལོ1363) ལོར་དཔལ་བསམ་ཡས་མཆིམས་ཕུའི་ནགས་ཁྲོད་དུ་ཞི་བར་གཤེགས། ཐུགས་སྲས་ལ་མཚོན་ན། མཁས་གྲུབ་ཁྱབ་བརྡལ་ལྷུན་གྲུབ་གུ་རུ་འོད་གསལ་རང་གྲོལ། མཁས་གྲུབ་བདེ་ལེགས་རྒྱ་མཚོ། བྱ་བྲལ་བཀྲ་ཤིས་འབྱུང་གནས། གྲོག་ཨོ་རྒྱན་ཆོས་རྗེ། རྒྱལ་སྲས་བཟོད་པ་གྲགས། ལྡན་སྒོམ་ཆོས་གྲགས་བཟང་པོ། འབྲུལ་ཞིག་སངས་རྒྱས་དཔོན་པོ། ཤུག་གསེབ་པ་ཡེ་ཤེས་རབ་འབྱམས་སོགས་མཁས་གྲུབ་ཀྱི་བུ་སློབ་ཤིན་ཏུ་མང་པོ་བྱུང་ངོ་།

ཀུན་མཁྱེན་བློ་གྲོས་རིན་ཆེན་སེང་གེ། སེ་ར་ཐེག་ཆེན་གླིང་གི་ཁྲི་ཐོག་ལྔ་པ་འདི་ཉིད་ལ་སྟོད་མྱུས་སྲད་དུ་སྟག་ཧྲིང་མའི་གྲུབ་ཐོབ་ཀྱི་རྒྱུད་པར་སྐུ་བལྟམས། དབུས་སུ་ཕེབས་ནས་རྗེ་རིན་པོ་ཆེའི་ཞབས་ལ་ཐུག སྔ་ཕྱིར་མདོ་སྔགས་ཀྱི་ཆོས་མང་དུ་གསན། རྩ་བའི་ཡོངས་འཛིན་རྗེ་དགེ་འདུན་གྲུབ་དང་འཇམ་དབྱངས་ཆོས་རྗེ་བསྟེན་ནས་གཞུང་ལུགས་རིག་གནས་ཐམས་ཅད་དང་ཁྱད་པར་དབུ་ཚད་ལ་མཁས་པར་གྱུར། ཐོག་མར་འབྲས་སྤུངས་ཟུར་ཁང་དུ་བཞུགས་ནས་འཆད་ཉན་འཕེལ་སྐབས་སུ་འཁྲུན་ཟླར་འདུག་པ་འགའ་ཞིག་གིས་ཐུགས་བསུན་ནས་སེ་རར་ཕེབས། དགེ་འདུན་བརྒྱ་ལྷག་ཙམ་རྗེ་ཉིད་ཀྱི་རྗེས་སུ་འབྲངས། སེ་རའི་མཁན་སློབ་ཀུན་གྱིས་གུས་འདུད་མཛད། དེ་ནས་ཀུན་མཁྱེན་པ་ཉིད་ཀྱི་རྗེས་འབྲངས་པ་རྣམས་དང་། སེ་ར་ནས་རྒྱུ་དང་འབྲོམ་སྟེང་། སྟོད་པ་ཁ་རྗེར། ཕྱོགས་ནས་ཆོས་ཉན་པ་མང་དུ་འདུས་པ་ལ་དབུ་ཕར་ཚད་མ་སོགས་གསུངས་པས་བྱེས་མཁས་མང་གྲྭ་ཚང་དུ་གྲགས། གྲྭ་ཁང་དེའི་སྒྲུབ་ཏུ་ཡབ་མེས་ཀྱིས་བསྟེན་པའི་ལྷ་རྟ་མགྲིན་ཡང་གསང་ཡབ་ཡུམ་གྱི་སྐུ་འདི་བཞེངས། ངག་རྒྱུན་ལ་རྟ་མགྲིན་ཁང་གི་ས་འདི་དུར་ཁྲོད་དུ་གྲགས། དེར་སེབ་ཕུང་པོ་གཅིག་ལ་བྱ་རོག་དམར་པོ་ཞིག་བབ་པ་དེར་ཐིམ་པ་གཟིགས་པས། དེ་རྟ་མགྲིན་གྱི་སྤྲུལ་པར་ངེས་ཏེ་སེ་ཤིང་གི་ཕུང་པོ་དེ་ལ་སྨན་འདམ་གསོགས་ནས་བཞེངས་པ་ཡིན་ལ། ཡེ་ཤེས་པ་དངོས་དང་ཁྱད་པར་མེད་ཅིང་འཕྲིན་ལས་མྱུར་བ་ཡིན། དེ་ནས་ཞ་ལུ་བ་བཀྲ་ཤིས་རྒྱ་མཚོའི་རྗེས་སུ་སེ་རའི་མཁན་ཁྲིར་ཕེབས། དབུ་ཚད་ཀྱི་བཤད་རྒྱུན་དང་བསྟན་བཅོས་བརྩམས། སློབ་མར་རྗེ་དཔོན་བློ་བཟང་ཉི་མ། གཙང་པ་ཀུན་རྒྱལ། ལྷུན་མ་ངག་དབང་པ། མངའ་རིས་པ་རྣོ་ན། སློབ་དཔོན་དཔལ་བློ། སྟོ་པ་འཇམ་གྲགས་པ་སོགས་བྱོན། (འབྱུངས་འདས་དང་མཛད་རྣམ་ཞིབ་པ་མ་རྙེད)

ཀུན་དགའ་རིན་ཆེན། ས་སྐྱའི་ཁྲི་པ་བཅོ་ལྔ་པ་འདི་ཉིད་རབ་བྱུང་དྲུག་པའི་ས་ཡོས(སྤྱི་ལོ1339) ལོར་ཡབ་མཁན་བཙུན་ནམ་མཁའ་ལེགས་པ་དང་། ཡུམ་དགེ་འདུན་འབུམ་གཉིས་ཀྱི་སྲས་སུ་འཁྲུངས། གཅེན་པོ་བླ་མ་དམ་པ་དང་བླ་མ་མཉམ་མེད་པ་ཆེན་པོ་གཉིས་ལས་རབ་ཏུ་བྱུང་། ལུག་ལོ་ཞིག་ལ་ཏཱའི་སི་ཏུ་བྱང་ཆུབ་རྒྱལ་མཚན་གྱི་ཕྱག་ཕྱི་མཛད་ནས་ཆུ་མིག་ཏུ་ཕེབས། དེ་ནས་བཟུང་བཞི་ཐོག་པའི་གདུང་རྒྱུད་རྣམས་ཀྱིས་ཆུ་མིག་ཏུ་ཆོས་འཁོར་མང་དུ་བསྐོར། འགའ་ཞིག་གནས་དེར་གདན་ཆགས་པས་ཕྱིས་སུ་བཞི་ཐོག་པ་རྣམས་ལ་ཆུ་མིག་བླ་བྲང་པ་ཞེས་གྲགས། གོང་མ་ཡོན་མཆོད་ཀྱིས་ཀུན་ཏིང་གུ་ཤྲཱིའི་མཚན་དང་ཤེལ་དམ་ཆེ་བ། དངུལ་དམ་ཆེ་བ་སོགས་གནང་། དགུང་ལོ་སོ་དྲུག་བཞེས་པ་རབ་བྱུང་དྲུག་པའི་ཤིང་སྟག(སྤྱི་ལོ1374) ལོར་བཞི་ཐོག་གི་ཁྲིར་ཕེབས། གོང་ཐེ་ལིང་ཀྲུ་རྗོ་སི་ཏྲ་དབེན་གུ་ཤྲཱིའི་མཚན་གསོལ། ཐམ་ག་ཆེན་མོ་ཐོ་ཤུ་དང་བཅས་པ་ཕུལ། དགུང་ལོ་རེ་གཅིག་པ་རབ་བྱུང་བདུན་པའི་ས་ཡོས(སྤྱི་ལོ1399) ལོར་སྐུ་གཤེགས།

ཀོའུ་བ་ཆོས་ཀྱི་རྒྱ་མཚོ། རྗེ་འདི་ནི་ཁྲི་ཀའི་སྐར་མ་ཐང་དུ་རབ་བྱུང་བཅུ་པའི་ལྕགས་ལུག（སྤྱི་ལོ1571）ལོ་ལ་ཡབ་བསོད་ནམས་རིན་ཆེན་དང་ཡུམ་པདྨ་མཚོའི་སྲས་སུ་འཁྲུངས། དགུང་ལོ་བདུན་ནས་དགོན་གསར་དུ་བླ་མ་གོང་མ་ལས་ཡི་གེ་འབྲི་ཀློག་སློབ་པ་དང་སྔགས་ཆོས་མང་དུ་གསན། དགུང་ལོ་བཅུ་བཞི་ལ༧རྒྱལ་བ་བསོད་ནམས་རྒྱ་མཚོའི་དྲུང་ནས་རབ་ཏུ་བྱུང་། བཅུ་བདུན་པར་དབུས་སུ་ཕེབས་ཏེ་རི་བོ་དགའ་ལྡན་དགོན་དུ་ཁྲི་མདོན་དགའ་བྱམས་པ་རྒྱ་མཚོ་ལས་དགེ་ཚུལ་བསྒྱུར་ནས་བསྒྲུབས། སྒོམ་བདེ་ནམ་མཁའ་རྒྱལ་མཚན་དང་། ཆུ་བཟང་བྱམས་པ་ལྷུན་གྲུབ་སོགས་དགེ་བའི་བཤེས་གཉེན་རིམ་པར་བསྟེན་ནས་བསྡུས་གྲྭ་དང་། དབུ་ཕར། འདུལ་མཛོད་རྣམས་གསན། ཉེར་དྲུག་པ་ལ་གླིང་བསྲེའི་དམ་བཅའ་བཞག ཉེར་བདུན་ལ་གཙང་དུ་ཕེབས་ཏེ་དཀྱིལ་ཁང་བ་སངས་རྒྱས་རྒྱ་མཚོ་བསྟེན་ནས་རྣམ་འགྲེལ་གསན་སྦྱོང་དང་། ངམ་རིང་དུ་གྲྭ་སྐོར་མཛད། ཉེར་བརྒྱད་པ་ལ་པཎ་ཆེན་བློ་བཟང་ཆོས་རྒྱན་ལ་བསྙེན་རྫོགས་ཞུས། ཆོས་བཀའ་རྒྱ་ཆེར་གསན་ཏེ་རྟོགས་པ་ཁྱད་པར་ཅན་ཐུགས་ལ་འཁྲུངས།

དགུང་ལོ་སོ་བཞི་པ་ལ་རང་ཡུལ་དུ་ཕྱིར་ཕེབས། ཞི་བདུན་པ་མེ་སྦྲུལ（སྤྱི་ལོ1617）ལོ་ལ་སྐུ་འབུམ་ཁྲིར་གཞུགས། ཁྲི་ལོ་བདུན་བསྐྱངས་ཏེ་ཆུ་ཕག་ལོར་དགོངས་ཞུ་མཛད། སྐར་མ་ཐང་དུ་ལྷ་ཁང་བཞེངས། དགོན་གསར་ཉམས་གསོས། རི་ཁྲོད་ལྷུན་གྲུབ་ཆོས་རྫོང་གི་གཞི་བཏིང་། མེ་སྟག་བར་དེར་བཞུགས། ས་འབྲུག་ལོར་རེབ་གོང་དུ་ཕྱོན། གྲུབ་ཆེན་ཆོས་པ་ཡབ་སྲས་ལ་ཆོས་བཀའ་མང་པོ་བསྩལ། སྐལ་ལྡན་གྱི་འདུལ་བྱ་དུ་མ་ཆོས་ཀྱིས་ཚིམ་པར་མཛད་པ་སོགས་སྐུ་ཚེ་རིལ་པོར་རྣམ་དཀར་ལས་ཁོ་ནར་གཞོལ། བསྟན་པའི་གདུང་འཚོ་བ་ཟླ་མེད་ཅིག་ཏུ་གྱུར། དགུང་ལོ་དྲུག་ཅུ་རེ་ལྔར་ཕེབས་པ་རབ་བྱུང་བཅུ་གཅིག་པ་ཤིང་ཕག（སྤྱི་ལོ1635）ལོའི་བོད་ཟླ་གསུམ་པར་སྐུ་མྱ་ངན་ལས་འདས།

ཀོའུ་བ་གཞོན་ནུ་བྱང་ཆུབ་འོད་ཟེར། རྗེ་འདི་ཉིད་རབ་བྱུང་ལྔ་པའི་སྨད་ཙམ（སྤྱི་ལོའི་དུས་རབས་བཅུ་བཞི་པའི་ནང）དུ་ཁྲི་ཀའི་ཡར་རྫོང་ཀོའུ་བ་ཚང་དུ་སྐུ་བལྟམས། སྐུ་ཆུང་དུས་ནས་ཡི་གེ་འབྲི་ཀློག་ཐོགས་མེད་དུ་མཁྱེན། རབ་ཏུ་བྱུང་བ་ནས་བཟུང་ཚུལ་ཁྲིམས་མིག་འབྲས་ལྟར་བཙེ་སྲུང་མཛད། ཧྭ་དབེན་གྱི་གཞོན་ནུ་སེང་གེ་བླ་མ་སོགས་བལ་བོད་ཀྱི་མཁས་གྲུབ་ཆེན་པོ་དུ་མའི་ཞབས་ལ་གཏུགས་ནས་མདོ་སྔགས་རིག་པའི་ཤེས་བྱ་ཟབ་ཅིང་རྒྱ་ཆེ་བ་གསན་སྦྱོང་མཛད་དེ་མཁས་པའི་སྙན་པ་ཐོབ། འགག་ཟའི་ཡུལ་དུ་ཆུ་མེད་པས། རྗེ་འདིས་རྫུ་འཕྲུལ་གྱི་སྟོབས་ཀྱིས་གདལ་སྐྱེ་གྲམ་པའི་ཆུ་ཀླུང་རི་ཐང་མང་པོའི་འོག་ནས་འགག་ཡུལ་དུ་དྲངས་པས་དེ་ནས་བཟུང་ཀོའུ་བ་རི་འཕུག་པར་གྲགས། མཚན་སྙན་གྲགས་ཆེ་བས་ཧོར་མོག་ཁག་གིས་བླ་དཔོན་གཉིས་ཀ་མཛད་རྒྱུའི་རེ་བ་ཞུས་པ་ཞལ་གྱིས་བཞེས། ཀོའུ་བ་དགོན་པ་ཕྱག་བཏབ། དེ་ནས་རྗེ་ཙོང་ཁ་པ་ཆེན་པོ་དགུང་ལོ་བདུན་ལ་ཕེབས་སྐབས་ཆོས་རྗེ་དོན་གྲུབ་རིན་ཆེན་གྱིས་མཁན་པོ་དང་། ཀོའུ་བ་གཞོན་ནུ་བྱང་ཆུབ་འོད་ཟེར་གྱིས་སློབ་དཔོན་མཛད་དེ་རབ་ཏུ་བྱུང་།

ཆོས་རྗེ་དོན་གྲུབ་རིན་ཆེན་གྱིས་བྱ་ཁྱུང་མཁན་རབས་དང་པོ་མཛད་དེ་སྐུ་འདས་རྗེས་ཀུན་ཏུ་བ་གཞོན་ནུ་བྱང་ཆུབ་འོད་ཟེར་གྱིས་གདན་ས་བསྐྱངས་པས་བྱ་ཁྱུང་མཁན་རབས་གཉིས་པ་ཡིན། མཐར་ལོ་བའི་བྲག་དཀར་ན་སྐུ་འཇའ་ལུས་ལ་གྲུབ་པར་གྲགས་སོ།

ཤཱ་བ་ཤྭ་ཏྲ་དབང་ཕྱུག མཚན་གཞན་མཚོ་སྣ་མཁན་ཆེན་ཞུ་བ་མཆོག་ནི་རབ་བྱུང་བརྒྱད་པའི་ནང་སྟོད་ལུང་སྣང་གྲོང་དུ་འཁྲུངས། དགུང་ལོ་ཆུང་ངུའི་དུས་ནས་ཟུར་མཁར་མཉམ་ཉིད་རྡོ་རྗེའི་སློབ་མ་ཕྲག་དཔོན་བསོད་ནམས་བཀྲ་ཤིས་སོགས་དམ་པ་དུ་མའི་ཞབས་ལ་གཏུགས་ནས་རིག་གནས་སྤྱི་དང་ཁྱད་པར་གསོ་རིག་ལ་ཤིན་ཏུ་མཁས་པར་གྱུར། མཚོ་སྣ་ལྷ་ཁང་གི་མཁན་པོ་མཛད་པས་མཚོ་སྣ་མཁན་ཆེན་ཞེས་གྲགས། གསོ་བ་རིག་པའི་བསྟན་པ་སྤྱི་དང་ཟུར་མཁར་བའི་བསྟན་པ་སྤེལ། གསུང་རྩོམ་ཡང་གསོ་རིག་ཕོག་འབུབས་ལེགས་བཤད་དངུལ་དཀར་མེ་ལོང་དང་། ཕྱི་མ་རྒྱུད་ཀྱི་དཀའ་གནད་གསལ་སྒྲོན། དཔག་བསམ་ལྗོན་ཤིང་། རིགས་ལྡའི་གསལ་བྱེད་མེ་ཏོག་ཕྲེང་བ། ལག་ལེན་དམར་ཁྲིད་དུ་སྟེབས་པ་སྙིང་པོ་བསྡུས་པ་སོགས་མཛད། སློབ་མའི་གཙོ་བོ་སྣང་བུ་ཆོས་རྗེ་དང་གསང་ཕུ་དཔལ་རི་བ་བློ་གྲོས་རྒྱལ་པོ་སོགས་མང་པོ་བྱུང་། འདས་ལོ་དང་མཛད་རྣམ་ཞིབ་པ་མ་རྙེད།

སྐྱིད་ཤོད་སྡེ་པ་བསྟན་འཛིན་བློ་བཟང་རྒྱ་མཚོ། ལྷ་ལྡན་སྐྱིད་ཤོད་དུ་མི་དབང་སྡེ་པ་གཡུལ་རྒྱལ་ནོར་བུའི་སྲས་སུ་རབ་བྱུང་བཅུ་པའི་ཆུ་སྦྲུལ(སྤྱི་ལོ1593)ལོར་འཁྲུངས། སྔགས་སྡེ་ནམ་མཁའ་རྒྱལ་མཚན་གྱི་སྤྲུལ་པར་ངོས་འཛིན། ཁྲི་ཆེན་དགེ་འདུན་རྒྱལ་མཚན་དྲུང་ནས་རབ་ཏུ་བྱུང་། པཎ་ཆེན་བློ་བཟང་ཆོས་ཀྱི་རྒྱལ་མཚན་དང་༧རྒྱལ་བ་ཡོན་ཏན་རྒྱ་མཚོའི་ཞབས་ལ་གཏུགས། རྩེད་ཐང་དུ་དཔལ་འབྱོར་བསོད་ནམས་ལྷུན་གྲུབ་ལས་རིག་གནས་དང་བཀའ་པོད་ལ་སྦྱངས། དགུང་ལོ་ཉེར་གསུམ་པར་པཎ་ཆེན་རིན་པོ་ཆེ་ལས་བསྙེན་རྫོགས་བཞེས། བྱ་རྒོད་གཞོང་དུ་དབུ་ཚད་གཙོར་བྱས་པའི་དམ་བཅའ་བཞག ངམ་རིང་ངུ་ས་དགེའི་གྲྭ་ཚང་ཉེར་ལྔའི་དབུས་དཀའ་ཆེན་རྣམ་བཞིས་མཚོན་པའི་པོ་ཏི་བཅོ་བརྒྱད་ལ་གྲྭ་སྐོར་མཛད། བཀྲ་ཤིས་ལྷུན་པོར་པཎ་ཆེན་མདུན་མི་ཏྲ་རྗེར་ཕྲེང་། འགྲེལ་པ་བཞི་སྦྲགས་སོགས་ཆོས་རྒྱུན་དུ་མ་གསན། དགུང་ལོ་ཉེར་དྲུག་སྟེང་གཙང་དམག་གིས་སེར་འབྲས་བཅོམ་པ་དང་། སྐྱིད་ཤོད་པའི་རྫོང་གཞིས་བླངས་པ་སོགས་ལ་བརྟེན་མདོ་སྨད་དུ་ཕེབས་དགོས་བྱུང་སྟེ་བྱ་ཁྱུང་དང་། གསེར་ཁང་། ཙ་སྔར། ཤིང་ལེ་ཁ། གཉའ་གོང་། དན་ཏིག སྐུ་འབུམ། ཟི་ན། དཔའ་རི། དགོན་ལུང་། གྲོ་ཚ། གནམ་རྫོང་། འགག་ཚ། མཛོ་མོ་མཁར། འབུམ་གླིང་སོགས་སུ་ཞབས་ཀྱིས་བཅགས། ཀུན་ཏུ་བ་ཆོས་ཀྱི་རྒྱ་མཚོ་དང་། འདན་མ་ཚུལ་ཁྲིམས་རྒྱ་མཚོ། གྲུབ་ཆེན་ཆོས་པ་ཡབ་སྲས། གོ་ཤྲཱི་བསྟན་འཛིན་ཆོས་རྒྱལ། ཧོང་ཐེ་ཅི་སོགས་ལ་དབང་རྗེར་ཕྲེང་སོགས་ཀྱིས་མཚོན་པའི་ཆོས་བཀའ་རྒྱ་ཆེར་བསྩལ། བྱ་ཁྱུང་དུ་དུས་འཁོར་དབང་དང་། རོང་པོའི་འཇམ་དབྱངས་ཀུན་གཟིགས་ལ་རབ་གནས་མཛད་པ་སོགས་ཕྱག་རྗེས་ཆེ།

དགུང་ལོ་ཞེ་བདུན་ལ་ཕེབས་པ་རབ་བྱུང་བཅུ་གཅིག་པའི་ས་ཡོས(སྤྱི་ལོ1639)ལོར་དགོན་ལུང་དུ་སྐུ་ངན་ལས་འདས།

སྐྱེས་མཆོག་དོན་གྲུབ་རིན་ཆེན། མདོ་སྨད་བསྟན་པའི་མེས་པོ་འདི་ཉིད་རབ་བྱུང་ལྔ་པའི་ས་བྱ(སྤྱི་ལོ1309)ལོར་སྐུ་འཁྲུངས། སྐུ་འཁྲུངས་པའི་ཡུལ་ལ་རྨ་ཆུའི་ལྗོ་ངོས་རེབ་གོང་དང་སྔང་ར་སོགས་ངོས་འཛིན་ཚུལ་སྣ་ཚོགས་པ་ཡོད། སྐུ་ཆུང་དུས་ནས་རབ་ཏུ་བྱུང་སྟེ་དབུས་གཙང་དུ་ཕྱིན། སྣེ་ཐང་པ་བཀྲ་ཤིས་སེང་གེ་དང་སྟོང་སྟོན་རིག་པའི་སེང་གེ བླ་མ་ཡེ་ཤེས་དཔལ། མཆིམས་བློ་བཟང་གྲགས་པ་སོགས་མཁས་གྲུབ་མང་པོ་བསྟེན་ནས་མདོ་སྔགས་ཀྱི་གཞུང་མང་དུ་གསན། ཕར་ཕྱིན་དང་བྱམས་ཆོས་ཐམས་ཅད་མཁས་པར་གྱུར། དེ་ནས་གཙང་གི་སྣར་ཐང་ཆོས་གྲྭར་ཕྱིན་ཏེ་བཅོམ་ལྡན་རིགས་རལ་གྱི་བུ་ཆེན། བཅོམ་ལྡན་པ་རང་གི་གདན་ས་བ་ལྷོང་སྟོན་རིགས་པའི་སེང་གེ་ལས་ཚད་མ་རྣམ་ངེས་གསན། རིག་པའི་གནས་ལ་ཐོགས་པ་མེད་པར་གྱུར་ནས་རྩོད་པ་བཟང་པོའི་མཆོག་ཏུ་གྲགས་པ་བྱུང་། ཞྭ་ལུར་གྲྭ་སྐོར་ལ་ཕྱིན་པ་ན་བུ་སྟོན་རིན་པོ་ཆེ་དང་ཚོགས་སུ་བགྲོ་གླེང་མཛད་པས་ལེགས་པར་ཟིན་ཏེ་ཤར་ཕྱོགས་པ་རིག་པའི་དཔའ་བོ་ཞེས་སྙན་པའི་གྲགས་པ་ཆེས་ཆེར་རྒྱས། དེ་ནས་རོང་དུ་ཕྱིན་ཏེ་རོང་གི་བླ་མ་ཡེ་ཤེས་དཔལ་པའི་དྲུང་ནས་གཤེད་སྐོར་སྤྱི་དང་། ཁྱད་པར་འཇིགས་བྱེད་ཀྱི་དབང་དང་། རྒྱུད་འགྲེལ་གྱི་བཤད་པ། མན་ངག་ཐམས་ཅད་ལེགས་པར་གསན་ནས་ཐུགས་སུ་ཆུད། དེ་ནས་ཨ་མདོར་ཕེབས་ནས་ཤིང་ཀུན་སྡེ་གསར་གྱི་མཁན་པོ་མཛད་དེ་མདོ་སྔགས་ཀྱི་ཆོས་མང་དུ་གསུངས། འཆད་ཉན་གྱི་བསྟན་པ་སྤེལ། དེ་རྗེས་གདན་དྲངས་པ་ལྟར་དབུས་སུ་ཕེབས། ཆོས་རྗེ་བསམ་གཏན་དཔལ་གྱི་དྲུང་དུ་ཕྱིན་ཏེ་སྒྲུབ་པ་ལ་རྩེ་གཅིག་ཏུ་གཞོལ་བས་ཞི་གནས་ཀྱི་སྒོམ་པ་ཁྱད་པར་ཅན་འཁྲུངས། མཁས་གྲུབ་ཆེན་པོ་མཆིམས་བློ་བཟང་གྲགས་པའི་དྲུང་དུ་ཆོས་གསན་པའི་སྐབས་ཤིག་བླ་མས་ཁྱོད་ཀྱི་གནས་དང་གདུལ་བྱ་མདོ་སྨད་དུ་ཡོད། བྲག་བྱ་ཁྱུང་དུ་འབོད་པར་སྒྲུབ་པ་ཉམས་བཞེས་ལ་འབད་པ་གྱིས། དེ་དུས་ཁྱོད་ལ་སློབ་མ་མང་དུ་འདུག་ཀྱང་འཁྲུན་ཟླ་དང་བྲལ་བ་གཅིག་བྱུང་བས་དེ་རབ་ཏུ་བྱུང་དུས་ངའི་མིང་འདི་ཐོགས་ཞེས་ལུང་བསྟན་བྱུང་བས། བླ་མའི་བཀའ་བཞིན་དུ་ཨ་མདོ་ལ་ཕྱིན། ཐོག་མར་ཤ་སྦྲང་དགོན་ཕྱག་བཏབ། སེ་ཀུ་བྱ་ཁྱུང་དུ་རི་ཁྲོད་བཟུང་། སྔང་རའི་གསེར་ཁང་བཞེངས། རབ་བྱུང་དྲུག་པའི་ས་སྦྲུལ(སྤྱི་ལོ1349)ལོར་བྱ་ཁྱུང་དགོན་པ་ཕྱག་བཏབ། གྲྭ་ཚོགས་བརྒྱ་ཕྲག་བརྒལ་བ་འདུས། དེ་རྣམས་ལ་ཕར་ཚད་ཀྱིས་ཐོག་དྲངས་བྱམས་ཆོས་རྣམས་དང་། བརྟག་གཉིས་སྒྲོད་འཇུག་རྣམས་ཀྱི་བཤད་གྲྭ་རྒྱ་ཆེན་མཛད། རྗེ་ཙོང་ཁ་པ་ཆེན་པོ་སྐུ་བལྟམས་པའི་ཚེ་ཉེ་གནས་ཚུལ་ཁྲིམས་དང་ལྡན་པ་ཞིག་མངགས་ནས་བྱིན་རླབས་ཀྱི་རྫས་མ་ཡལ་བའི་རྟེན་གསུམ་གྱི་ཆུན་པོ་དང་། བུ་ཆུང་དོ་དམ་བྱེད་ལུགས་ཀྱི་ཕྱག་བྲིས་བཅས་ཡབ་ཡུམ་ལ་བསྐུར་གནང་མཛད། ཆུ་སྟག(སྤྱི་ལོ1362)ལོར་རྗེ་ཙོང་ཁ་པ་ལ་བདེ་མཆོག་དང་། ཀྱེ་རྡོར། འཁོར་

ཆེན། རྗེ་མོ་སོགས་རྒྱུད་སྡེ་གོང་འོག་ཏུ་མའི་དབང་བསྐུར་ཏེ་གསང་མཚན་དོན་ཡོད་རྡོ་རྗེར་གསོལ། ཆུ་ཡོས(སྤྱི་ལོ1363)ལོར་རྗེ་ཙོང་ཁ་པ་ལ་དགེ་ཚུལ་བསྒྲུབས་ཏེ་བློ་བཟང་གྲགས་པར་མཚན་གསོལ། ཆུ་གླང(སྤྱི་ལོ1373)ལོར་རྗེ་ཙོང་ཁ་པ་དབུས་སུ་ཕེབས་པའི་རྫོང་བཏང་གནང་། དགུང་ལོ་དོན་བདུན་ལ་ཕེབས་པ་རབ་བྱུང་དྲུག་པའི་ཤིང་གླང(སྤྱི་ལོ1385)ལོར་སྐུ་མྱ་ངན་ལས་འདས།

ཁྲི་ཆེན་དགེ་ལེགས་དཔལ་བཟང་། མཚན་གཞན་ཁྲི་ཆེན་བདེ་བ་ཅན་པ་ཡང་ཞུ། དགའ་ལྡན་ཁྲི་རབས་ཉེར་གཅིག་པ་འདི་ཉིད་རབ་བྱུང་བརྒྱད་པའི་ཤིང་གླང(སྤྱི་ལོ1505)ལོར་ཡུལ་འོལ་དགའ་གྲོང་གསར་དུ་སྐུ་འཁྲུངས། ཐམས་ཅད་མཁྱེན་པ་༧རྒྱལ་དབང་དགེ་འདུན་རྒྱ་མཚོ་དཔལ་བཟང་པོ་ལས་རབ་ཏུ་བྱུང་ཞིང་བསྙེན་པར་རྫོགས། དགུང་ལོ་ལྔ་བཅུ་ང་བཞི་ལ་ཕེབས་པ་རབ་བྱུང་དགུ་པའི་ས་རྟ(སྤྱི་ལོ1558)ལོར་དགའ་ལྡན་ཁྲི་རབས་ཉེར་གཅིག་པའི་གསེར་ཁྲིར་ཕེབས། མདོ་སྔགས་ཀྱི་ཆོས་འཁོར་རྒྱ་ཆེར་བསྐོར། ཐམས་ཅད་མཁྱེན་པ་༧རྒྱལ་དབང་བསོད་ནམས་རྒྱ་མཚོའི་བསྙེན་རྫོགས་བཞེས་པའི་མཁན་པོ་མཛད། དགུང་ལོ་དྲུག་ཅུ་རེ་གཅིག་ལ་ཕེབས་པ་རབ་བྱུང་དགུ་པའི་ཤིང་གླང(སྤྱི་ལོ1565)ལོར་བདེ་བ་ཅན་དུ་ཟུར་བཞུགས་མཛད། དགུང་ལོ་རེ་གསུམ་ལ་ཕེབས་པ་རབ་བྱུང་བཅུ་པའི་མེ་ཡོས(སྤྱི་ལོ1567)ལོར་དགོངས་པ་ཞི་དབྱིངས་སུ་གཤེགས།

ཁྲིམས་ཁང་ལོ་ཆེན་བསོད་ནམས་རྒྱ་མཚོ། ལོ་ཆེན་འདི་ཉིད་ཡར་ཀླུངས་བཙན་ཐང་གི་ཁྲིམས་ཁང་གསར་ཞེས་བྱ་བར་ཡབ་བསོད་ནམས་འོད་ཟེར་དང་ཡུམ་དཔལ་ལྡན་འཛོམས་པ་གཉིས་ཀྱི་སྲས་སུ་རབ་བྱུང་བདུན་པའི་ཤིང་འབྲུག(སྤྱི་ལོ1424)ལོར་འཁྲུངས། ཐོག་མའི་མཚན་ལ་དཔལ་འབྱོར་རྒྱ་མཚོ་ཞེས་གསོལ། དེ་རྗེས་གསང་ཕུ་བྲག་ནག་གི་རིན་པོ་ཆེ་པ་མགོན་རྒྱལ་བས་བསོད་ནམས་རྒྱ་མཚོ་ཞེས་པའི་མཚན་གསོལ། དགུང་ལོ་བཞི་ལྔ་བཞེས་པའི་ཚེ་བསམ་ཡས་སུ་ཕེབས་ནས་རྟེན་རྣམས་སྤྱན་ལམ་གཟིགས་མ་ཐག་ཕྱག་མཆོད་ཀྱི་ཁྱད་པར་མང་པོ་དང་། ངེས་འབྱུང་དང་དད་པ་དཔག་མེད་འཁྲུངས་ཤིང་སྤྱན་ཆབ་བསིལ། དེ་ནས་ཀློག་ཡིག་ལ་སྦྱངས་པས་ཐོགས་མེད་པར་ཐུགས་སུ་ཆུད། དགུང་ལོ་བདུན་པ་ལ་རོང་སྟོན་པ་སྨྲ་བའི་སེང་གེ་མཆོག་གིས་མཁན་པོ་དང་། དྭགས་པོ་བཀྲ་ཤིས་རྣམ་པར་རྒྱལ་བས་སློབ་དཔོན། དཀའ་བཞི་པ་ཤེས་རབ་དཔལ་ལྡན་གྱིས་དུས་བསྒྲོ་བ་མཛད་དེ་རབ་ཏུ་བྱུང་། མཚན་ཤཱཀྱ་རིན་ཆེན་དུ་གསོལ། ཉིད་ཀྱི་སྐུ་ཞང་སློབ་དཔོན་ངག་དབང་ལས་རྣམ་འགྲེལ་དང་ཕར་ཕྱིན་སློབ་གཉེར་མཛད། དགུང་ལོ་བཅུ་གསུམ་པ་ལ་རྩེད་ཐང་ཆོས་གྲྭར་ཕར་ཚད་ཀྱི་བཤད་པ་གསར་པའི་དཀའ་སྟོན་སྤེལ་བས། འདུས་པ་ཐམས་ཅད་ངོ་མཚར་གྱི་གནས་ལ་བཀོད། ཆོས་ཀྱི་རྒྱལ་པོ་གྲགས་པ་འབྱུང་གནས་ཐུགས་འཛོམ་སྐྱེ་སློབ་གཉེར་གྱི་བདག་རྐྱེན་མཛད། དེ་ནས་དཀའ་བཅུའི་གཞུང་ཆེན་པོ་རྣམས་ལ་ཉིན་མཚན་སྦྲེལ་ཏེ་བརྩོན་པ་མཛད། དགུང་ལོ་ཉེར་གཅིག་པ་ལ་རྩེད་ཐང་གི་ཚོགས་སུ་བྱམས་ཆོས་ལྔ། དབུ་མ་རིགས་

ཚོགས། རིན་ཆེན་ཕྲེང་བ། བཤེས་སྤྲིངས། སྤྱོད་འཇུག དབུ་མ་རྩ་འཇུག བཞི་བརྒྱ་པ། མངོན་པ་གོང་འོག ཕུང་པོ་ལྔ་པའི་རབ་བྱེད། མདོ་རྩ། མེ་ཏོག་ཕྲེང་རྒྱུད། སུམ་བརྒྱ་པ། སོ་ཐར་གྱི་མདོ། ཚད་མ་སྡེ་བདུན་མདོ་དང་བཅས་པ། རིགས་གཏེར་རྣམས་ཀྱི་གཞུང་བཞེས་ཏེ་བཤད་པ་ཟླ་བ་མང་པོ་མཛད་པས། མཁས་པ་རྣམས་མགུ་བ་བསྐྱེད། དེ་ནས་རོང་སྟོན་སྨྲ་བའི་སེང་གེ་དང་། རྗེ་བཀྲ་ཤིས་རྣམ་རྒྱལ། དམར་སྟོན་རྒྱལ་མཚན་འོད་ཟེར། སྣར་ཐང་མཁན་ཆེན་བསོད་ནམས་མཆོག་གྲུབ། ལོ་ཙྪ་བ་གཞོན་ནུ་དཔལ་སོགས་མཁས་གྲུབ་ཀྱི་སློབ་དཔོན་མང་པོའི་ཞབས་ལ་གཏུགས་ནས་བྱམས་ཆོས་ལྔ། དབུ་མ་རྩ་འཇུག ཕར་ཚད། དཔལ་དུས་ཀྱི་འཁོར་ལོ་ལ་སོགས་མདོ་སྔགས་ཀྱི་གཞུང་ཆེན་རྣམས་ལེགས་པར་གསན། ལོ་ཙྪའི་སྐད་དོད་དང་སྐྲའི་ས་རིས་སོགས་ལ་ཡང་སྦྱང་པ་གནང་། དུས་རྟག་ཏུ་བཤད་པ་མཛད་པ་ཐམས་ཅད་ཀྱི་དགོངས་དོན་དྲིལ་ཏེ་བསྒྱུར་ཅག་གནང་བས། མདོ་སྔགས་རབ་འབྱམས་ལ་དོན་དང་མཐུན་པའི་མཁས་པ་ཆེན་པོར་གྱུར། སྙན་ངག་དང་། གསོ་རིག བཟོ་རིག་པ་སོགས་པ་ལ་ཆེས་བྱང་བར་མཛད། གསང་སྔགས་ཀྱི་ཕྱག་ལེན་གར་དབྱངས་བྲི་ཐིག་ལ་སོགས་པའང་མཁས་པའི་ཕུལ་དུ་གྱུར། རྒྱ་གར་ཤར་ཕྱོགས་སཏྭ་ག་རའི་པཎྜི་ཏ་ཆེན་པོ་ནགས་ཀྱི་རིན་ཆེན་བོད་དུ་ཕེབས་པའི་དྲུང་དུ་རྣལ་འབྱོར་ཡན་ལག་དྲུག་པ་སོགས་ཀྱི་ཁྲིད་དང་། ལྷག་པའི་ལྷ་དཔལ་སྡོམ་པ་བཅུ་གསུམ་མ་དྲིལ་བུ་ལུགས་དང་། དུས་ཀྱི་འཁོར་ལོ་ལ་སོགས་པའི་དབང་རྗེས་གནང་རྒྱ་ཆེར་གསན། སྤྱིར་རྗེ་འདི་ཉིད་ཀྱིས་མཁས་ཤིང་གྲུབ་པ་བརྙེས་པ་སུམ་ཅུ་ལྷག་བསྟེན་པ་ལས་མང་ཐོས་རྒྱ་མཚོའི་ཕ་རོལ་དུ་སོན་ཏེ་མཁས་པའི་གྲགས་པ་ས་སྟེང་དུ་ཁྱབ། དགུང་ལོ་ཉེར་གཉིས་པ་ལ་མཁན་ཆེན་དོན་གྲུབ་དཔལ་བས་མཁན་པོ། ལས་ཀྱི་སློབ་དཔོན་འགོས་ལོ་གཞོན་ནུ་དཔལ། གསང་སྟོན་ཆེན་པོ་དཔལ་འབྱོར། དགེ་འདུན་གྲངས་ཚང་གི་དབུས་སུ་དགེ་སློང་གི་དངོས་པོ་བརྙེས།

གཞན་ཡང་རྩེད་ཐང་དང་། བསམ་གཏན་གླིང་། ཕོ་བྲང་ཡུམ་བུ་བླ་མཁར། རྒྱལ་བཟངས། བསམ་ཡས་མཆིམས་ཕུ། ཁྲིམས་ཁང་གླིང་། བྲག་ལྷ་ཀླུ་སྒྲུབ་སོགས་པར་སྐུ་མཚམས་ཀྱི་ངེས་པ་ལ་བཞུགས། ཕྱག་རྒྱ་ཆེན་པོའི་རྟོགས་པ་ཕྱིན་ཅི་མ་ལོག་པ་འཁྲུངས། སྣོད་བཅུད་ཐམས་ཅད་དཔལ་རྩེ་དབྱིངས་གསུམ་གྱི་དཀྱིལ་འཁོར་ཆེན་པོར་དག་པའི་སྣང་བ་ཤར། ཙ་རི་ཏྲའི་གནས་ཆེན་པོར་གཤེགས་པ་ན་ཞིང་སྐྱོང་གི་སྐུ་དངོས་སུ་བསྟན་ཏེ་ཕྲིན་ལས་གྲུབ། ལྷོ་བྲག གྲོ་བོ་ལུང་། ཤམ་བུ། ཚུ་བར། འཚལ་མིན། བསམ་གཏན་གླིང་ལ་སོགས་པའི་གནས་རྣམས་སུ་ཐུགས་དམ་བརྙེས་པའི་གསུང་མགུར་ཡང་རྗེ་སྙིང་མཛད། གྲུབ་པའི་མཚན་མ་རྒྱ་ཆེན་པོ་མངོན་དུ་གྱུར། མངོན་པར་མཁྱེན་པ་དང་གང་ཟག་སོ་སོའི་སྐྱེ་ཚུལ་དང་དབང་པོའི་ཁྱད་པར་དང་མཐུན་པར་དགེ་བར་མཛད་པ་ལ་སོགས་པའི་ཡེ་ཤེས་ཀྱི་གཟིགས་པ་མངའ། མཆོག་གི་དངོས་གྲུབ་བརྙེས། རྗེ་ཉིད་ས་ཕྱོགས་གང་དང་གང་དུ་ཕེབས་ཀྱང་མཆོད་རྟེན།

གཙུག་ལག་ཁང་གསུང་རབ་སོགས་ཞིག་གསོ་དང་། མཆོད་པ་འབུལ་བ། སྐུ་གསུང་ཐུགས་ཀྱི་རྟེན་བཞེངས་པ། དགེ་འདུན་གྱི་སྡེ་ལ་བསྙེན་བཀུར་མཛད་པའི་ཚུལ་ནི་མཐའ་ཡས་སོ།

འགྱུར་མཛད་པ་ལ། པཎ་ཆེན་བོད་དུ་ཕེབས་པའི་ཚེ་གསུང་ཆོས་གནང་བ་མང་པོའི་ལོ་ཙཱ་བ་མཛད་ལ། སྙིང་པོ་བརྒྱ་པ་རྩ་འགྲེལ་དང་། རྡོ་རྗེ་ཕག་མོའི་གཞུང་རྡོ་རྗེ་རྣམ་པར་སྙིག་མ་སོགས་གཞུང་ཚང་མང་པོ་གསར་འགྱུར་དང་། ཀྱཻ་རྡོར། གུར། སྡོམ་འབྱུང་། སྡོམ་པའི་འགྲེལ་པ་དེ་ཁོ་ན་ཉིད་མཁས་པ་བརྟག་པའི་རྡོ་རྗེས་མཛད་པ། བཅུ་གསུམ་མའི་དཀྱིལ་མཆོག་སོགས་ལ་འགྱུར་བཅོས་གནང་། བསྟན་བཅོས་རྩོམ་པ་ལ་མཚོན་ན། དཔལ་དུས་ཀྱི་འཁོར་ལོའི་ལེའུ་དང་གཉིས་ཀྱི་འགྲེལ་བཤད། རྡོ་རྗེ་སྙིང་འགྲེལ་དང་། ཕྱག་རྡོར་བསྟོད་འགྲེལ་གཉིས་ཀྱི་དཀའ་འགྲེལ། མདོ་སྡེ་ཏིང་འཛིན་གྱི་རྒྱལ་པོ། དཀོན་བརྩེགས། ཕལ་ཆེན་སོགས་ཀྱི་ཟིན་བྲིས། མཁའ་འགྲོ་རྒྱ་མཚོ། མངོན་བརྗོད། རྡོ་རྗེ་མཁའ་འགྲོ་སོགས་རྒྱུད་སྡེ་མང་པོའི་ཟིན་བྲིས། རྡོ་རྗེ་འཇིགས་བྱེད། འཇམ་དཔལ་སྒྱུ་དྲ། ཕྱག་རྡོར་དབང་བསྐུར། ཞི་ཁྲོ་ཕུར་བུ་སོགས་པོ་ཏི་བཅུ་གཉིས་མཛད། སྐུ་ཚེ་གང་པོར་གདུལ་བྱ་རྣམས་ཀྱི་བསམ་པ་དང་སྦྱར་ཏེ་གང་ཟག་རེ་རེའི་ཉམས་ལེན་ཆོས་ཐུན་རེའི་ཁོངས་སུ་ཡང་མདོ་རྒྱུད་མཐའ་དག་གི་དགོངས་དོན་སྙིང་པོར་དྲིལ་བའི་ཆོས་ཀྱི་བདུད་རྩིས་ཚིམ་པར་མཛད། དམན་པ་དང་མ་རུང་པར་ལྷག་པར་ཐུགས་བརྩེ་ཆེ་ཞིང་། རྒྱུ་མེད་ཉམས་ཐག་རྣམས་གཉེན་གཤིན་ལྷ་བུར་བསྐྱངས་པ་སོགས་ཐེག་པ་མཆོག་གི་ཐུགས་བསྐྱེད་པས་ལེགས་པར་ཟིན། མཐར་དགུང་ལོ་ང་དགུ་བཞེས་པ་རབ་བྱུང་བརྒྱད་པའི་ཆུ་སྟག(སྤྱི་ལོ1482)ལོའི་ཟླ་དགུ་པར་དགོངས་པ་ཆོས་དབྱིངས་སུ་ཐིམ།

མཁན་ཆེན་ཟླ་གྲགས་ཕྱོགས་ལས་རྣམ་རྒྱལ། འདི་ཉིད་རབ་བྱུང་བརྒྱད་པའི་ཤིང་གླང(སྤྱི་ལོ1505)ལོར་འདར་སྐྱིད་གཤོངས་སུ་སྐུ་བལྟམས། དགུང་ལོ་བཅོ་བརྒྱད་པ་ལ་མཉན་ཡོད་དུ་ལྷགས་ཐང་ཆོས་རྗེའི་དྲུང་དུ་མདོ་ཕྱོགས་ལ་སྦྱངས་པ་མཛད། དེ་ནས་རྗེ་བློ་གསལ་རྒྱ་མཚོ་དང་རྗེ་ཀུན་དགའ་གྲོལ་མཆོག་དྲུང་དུ་གསུང་ངག་སོགས་སྔགས་ཀྱི་ཟབ་དོན་མང་དུ་གསན། དགུང་གྲངས་ཉི་ཤུ་རྩ་ལྔ་པ་ལ་དཔལ་འཁོར་བདེ་ཆེན་དང་ཉེར་དྲུག་པ་ལ་བྱང་ངམ་རིངས་སུ་ཆོས་སྐོར་མཛད་པས་སྙན་གྲགས་ཆེས་ཆེར་ཁྱབ། དགུང་གྲངས་ཉེར་བདུན་པ་ལ་དཔལ་ཆོས་འཁོར་གླིང་གི་བཤད་གྲྭ་ལོ་བཅུ་བསྐྱངས་ཏེ་མདོ་སྔགས་ཀྱི་བསྟན་པ་སྤེལ། དགུང་གྲངས་སོ་བརྒྱད་པ་ལ་གཉན་ཡོད་གདན་སའི་སེང་ཁྲིར་ཕེབས་ནས་ལོ་བརྒྱད་རིང་ལུང་རིགས་ཀྱི་བསྟན་པ་བསྐྱངས། དགུང་ལོ་ཞེ་བརྒྱད་པ་ལ་ངམ་རིངས་ཆོས་སྡེའི་དབུ་མཛད། དེ་ནས་ཆོས་ཀྱི་རྒྱལ་པོ་ཚེ་དབང་རྡོ་རྗེ་ཡབ་སྲས་ཀྱི་བཀས་སྐུལ་བ་བཞིན་ཡ་ག་ཆོས་སྡིངས་ཀྱི་བཤད་གྲྭ་ལོ་བདུན་བསྐྱངས། དགུང་ལོ་ལྔ་བཅུ་ང་ལྔ་པ་ལ་གནས་བཟང་གཉག་ཕུར་གདན་ས་ཕབ་སྟེ་ཟབ་དོན་ཉམས་སུ་བཞེས། དགུང་ལོ་དྲུག་ཅུ་རེ་གཅིག་པ་ཤིང་གླང(སྤྱི་ལོ1565)ལོར་ཆོས་ཀྱི་རྒྱལ་པོ་ཀུན་དགའ་རིན་ཆེན་སྐུ་མཆེད་ཀྱིས

དཔལ་ངམ་རིངས་ཀྱི་མཁན་པོར་མངའ་གསོལ་ཏེ་ཆོས་ཀྱི་འཁོར་ལོ་སྐོར་བར་མཛད། མཐར་དགུང་གྲངས་གྱ་གཅིག་ལ་ཕེབས་པ་རབ་བྱུང་བཅུ་པའི་ཤིང་བྱ(སྤྱི་ལོ1585)ལོའི་བོད་ཟླ་གསུམ་པའི་ཚེས་ཉི་ཤུ་དགུ་ཉིན་ངོ་མཚར་གྱི་ལྟས་དུ་མ་དང་བཅས་དག་ཞིང་དུ་གཤེགས།

མཁས་གྲུབ་དགེ་འདུན་བསྟན་པ་དར་རྒྱས། དགའ་ལྡན་ཁྲི་ཐོག་ཉི་ཤུ་རྩ་གཉིས་པ་འདི་ཉིད་དབུས་སྟོད་གླུང་ཤོད་དབུ་སྣར་རབ་བྱུང་བརྒྱད་པའི་ཆུ་གླང(སྤྱི་ལོ1493)ལོར་སྐུ་འཁྲུངས། སྐུ་གཞོན་ནུའི་དུས་ནས་རྒྱལ་བའི་གསུང་རབ་ལ་སྦྱངས་པས་དགེ་བའི་བཤེས་གཉེན་ཆེན་པོར་གྱུར། མལ་གྲོ་ཆ་དཀར་གྱི་བླ་མ་མཛད་སྐབས་འབྲི་གུང་པའི་དམག་ཐོག་པས་བྲག་དབར་དུ་སྐྱོས་ཤིང་། མཁར་སྐྱུ་དགོན་གྱི་ཞལ་བདག་མཛད། དེ་ནས་དགའ་ལྡན་རྒྱལ་རྩེང་ཁམས་སུ་སྒྲིག་ཞུགས་གནང་། དགུང་ལོ་ཉེར་ལྔ་པར་བྱང་རྩེར་ཕེབས། དགུང་ལོ་དོན་གསུམ་ལ་ཕེབས་པ་ཤིང་གླང(སྤྱི་ལོ1565)ལོར་དགའ་ལྡན་ཁྲི་ཐོག་ཉི་ཤུ་རྩ་གཉིས་པ་མཛད།

མཁས་གྲུབ་འདི་ཉིད་ཀྱིས་མཛད་པའི་ཕར་ཕྱིན་དང་དབུ་མའི་གཞུང་རྣམས་སྟར་ཕན་སེར་སྨད་ཐོས་བསམ་ནོར་བུའི་གླིང་གི་མཚན་ཉིད་ཡིག་ཆར་བཞུགས། གཙང་ཤེལ་དཀར་ཆོས་སྡེ་དང་། གཙང་གངས་ཅན་དགོན་པ། གཙང་རིན་སྤུངས་བྱམས་ཆེན་དགོན་པ་བཅས་ལ་རྗེ་འདི་ཉིད་ཀྱི་བཤད་སྒྲུབ་ཀྱི་འཆད་ཉན་དར། མདོ་སྨད་ཙོ་ནེ་དགོན་ཆེན་དུ་ཡང་རྗེ་བཙུན་བསྟན་དར་པའི་ཡིག་ཆ་སློབ་གཉེར་གནང་། གསུང་རྩོམ་བསྟན་བཅོས་ཆེན་པོ་དབུ་མ་འཇུག་པའི་སྤྱི་དོན་རྣམ་བཤད་དགོངས་པ་རབ་གསལ་གྱི་དགོངས་པ་གསལ་བར་བྱེད་པའི་བློ་གསལ་སྒྲོན་མེ། བསྟན་བཅོས་འདུལ་བ་མདོ་རྩ་བའི་སྤྱི་དོན་ཊཱི་ཀཱ་ཆེན་རིན་ཆེན་ཕྲེང་བའི་དགོངས་རྒྱན། ཀུན་གཞིའི་དཀའ་གནད་བློ་གསལ་མགུལ་རྒྱན་སོགས་པོད་ལྔ་མཛད། དགུང་ལོ་དོན་བདུན་ལ་ཕེབས་པ་རབ་བྱུང་བཅུ་པའི་ས་སྦྲུལ(སྤྱི་ལོ1569)ལོར་སྐུ་གཤེགས།

མཁས་གྲུབ་དགེ་ལེགས་དཔལ་བཟང་། དགའ་ལྡན་ཁྲི་ཐོག་གསུམ་པ་མཁས་གྲུབ་དགེ་ལེགས་དཔལ་བཟང་པོ་ནི་ཡབ་ཀུན་དགའ་བཀྲ་ཤིས་དཔལ་བཟང་དང་། ཡུམ་བུ་འདྲེན་རྒྱལ་མོ་གཉིས་ཀྱི་སྲས་སུ་གཙང་ལ་སྟོད་ཆུ་འོག་ཏུ་རབ་བྱུང་དྲུག་པའི་ཤིང་གླང(སྤྱི་ལོ1385)ལོར་སྐུ་འཁྲུངས། མཁས་གྲུབ་ལྷ་དབང་བློའི་ཡང་སྲིད་དུ་གྲགས་པས་མཁས་གྲུབ་ཆོས་རྗེ་ཡང་ཞུ། སྐུ་ན་ཆུང་དུའི་དུས་ནས་རིག་པའི་གནས་ཀྱི་གཞུང་གང་དང་ཅི་ལ་གསན་བསམ་མཛད་རྒྱུའི་དད་བརྩོན་ཤུགས་ཆེན་པོས་དྲངས་ཏེ་ངམ་རིང་དང་ས་སྐྱ་ཕྱོགས་སུ་ཕེབས་ནས་མཁས་ཆེན་མང་པོའི་ཞབས་ལ་གཏུགས་ཏེ་མཁྱེན་རབ་ཀྱི་རྩལ་དང་ལྡན་པར་གྱུར་པས་ཀུན་གྱི་ཡིད་འཕྲོག དེ་ནས་མཁས་གྲུབ་སེང་གེ་རྒྱལ་མཚན་དཔལ་བཟང་པོའི་དྲུང་དུ་དགེ་ཚུལ་གྱི་སྡོམ་པ་བཞེས། མཚན་མཁས་གྲུབ་དགེ་ལེགས་དཔལ་བཟང་དུ་གསོལ། ལམ་འབྲས་ཡེ་ཤེས་དཔལ་དང་། ཀུན་དགའ་རྒྱལ་མཚན། རྗེ་རེད་མདའ་བ་སོགས་བསྟེན་ནས་མདོ་རྒྱུད་ལ་སྦྱངས། དགུང་ལོ་བཅུ་དྲུག

སྐབས་ངམ་རིང་དུ་བོ་དོང་ཕྱོགས་ལས་རྣམ་རྒྱལ་ལུང་རིགས་ཀྱིས་བཏུལ་བས་མཁས་མཆོག་བོ་དོང་པཎ་ཆེན་ཐུགས་འཕྲོག་སྟེ་ཕྱིས་ཁོང་གིས་བྱུང་བ་རྣམ་པར་རྩེན་པའི་བསྟོད་པ་ཚན་དོན་ལྡན་སུམ་ཚོགས་པ་ཞིག་ཀྱང་མཛད། དགུང་ལོ་བཅོ་བརྒྱད་པར་འཇམ་དབྱངས་སྨྲ་སེང་གི་བསྟོད་པ་མཚན་དཔེས་རབ་རྒྱན་མ་བཀའ་རྩོམ་གནང་། དགུང་ལོ་ཉེར་གཅིག་པ་རབ་བྱུང་བདུན་པའི་ཤིང་བྱ(སྤྱི་ལོ1405)ལོར་རྗེ་བཙུན་རེད་མདའ་བ་གཞོན་ནུ་བློ་གྲོས་ཀྱིས་མཁན་པོ་དང་། རྗེ་དཔལ་འབྱོར་ཤེས་རབ་ཀྱིས་ལས་སློབ། མཉམ་མེད་བློ་གྲོས་མཚུངས་མེད་ཀྱིས་གསང་སྟོན་མཛད་ནས་དགེ་སློང་གི་སྡོམ་པ་བཞེས། དགུང་ལོ་ཉེར་གསུམ་པ་མེ་ཕག(སྤྱི་ལོ1407)ལོར་དབུས་སུ་ཕེབས་ནས་མཉམ་མེད་ཙོང་ཁ་པ་ཆེན་པོ་སེ་ར་ཆོས་སྡིངས་སུ་བཞུགས་སྐབས་དང་མཇལ་ཏེ་གཞུང་གི་དཀའ་གནད་ལ་དོགས་དྲི་ཞུས་པས་རྗེ་ཉིད་ཐུགས་ཤིན་ཏུ་དགྱེས་པའི་གསུང་ཡང་ཕྱིན་ཏེ་རྡོ་རྗེ་འཇིགས་བྱེད་ལྷ་བཅུ་གསུམ་པའི་དབང་དང་། རྒྱུད་རྟོགས་བདུན། རྟོགས་གསུམ་རྒྱ་འགྲེལ། བོད་འགྲེལ། བསྐྱེད་རྫོགས་ཀྱི་ཟབ་ཁྲིད། ལམ་རིམ། དབུ་མ། མངོན་པ། ཚད་མ་སོགས་བདོ་སྔགས་ཀྱི་དབང་ལུང་ཡོངས་སུ་རྫོགས་པ་བུམ་པ་གང་བྱོའི་ཚུལ་དུ་མནོས་པས། མཁས་བཙུན་བཟང་གྲུབ་དང་། འཆད་རྩོད་རྩོམ་པའི་ཡོན་ཏན་གྱི་གཏེར་དུ་གྱུར་ཏེ། མཁས་གྲུབ་རྣམས་ཀྱི་ཁྲིད་དུ་གོང་ན་འཕགས། རྗེ་ཙོང་ཁ་པ་ཆེན་པོས་ཀྱང་འཕྲིན་ཡིག་ཚིགས་བཅད་མའི་མཇུག་ཏུ། བསྟན་པའི་རྩ་ལག་དམ་པ་སྡོམ་བརྩོན་ཆེན་པོ་དཀའ་བཅུ་པ་དགེ་ལེགས་དཔལ་བ་ཞེས་ཆེད་བསྔགས་པ་མཛད་ཅིང་ནང་ཐུགས་ཀྱི་སྲས་སུ་གྱུར། གཞན་རེད་མདའ་བ་གཞོན་ནུ་བློ་གྲོས་དང་། མཉམ་མེད་ནམ་མཁའི་དཔལ་འབྱོར་པ། ལམ་འབྲས་ཡེ་ཤེས་དཔལ་བ། བྱང་སེམས་ཀུན་དགའ་རྒྱལ་མཚན་བུདྡྷ་ཤྲཱི། རྒྱལ་ཚབ་དར་མ་རིན་ཆེན། འདུལ་འཛིན་འཇམ་དཀར་བ་སོགས་ལས་ཟབ་ཆོས་མང་དུ་གསན། དེ་རྗེས་གཙང་ཕྱོགས་སུ་ཕེབས་ནས་མྱང་སྟོད་ལྷུང་རའི་གདན་ས་མཛད། ཕྱིན་ལས་ཤིན་ཏུ་ཆེ་བས་མཁས་གྲུབ་ལྷུང་ར་བར་གྲགས། བདག་པོ་རབ་བརྟན་དང་མཆོད་ཡོན་དུ་འབྲེལ་ནས་རི་བོ་མདངས་ཆེན་དགོན་དང་། ས་ཁྱི(སྤྱི་ལོ1418)ལོར་རྒྱལ་རྩེ་དཔལ་འཁོར་བདེ་ཆེན་ཆོས་སྡེ་གསར་དུ་བཏབ་ཅིང་། དགེ་ལུགས་ཀྱི་གྲྭ་ཚང་མང་དུ་བཙུགས་ཏེ་འཇམ་མགོན་བསྟན་པའི་སྣང་བྱེད་དམ་པར་བཞེངས། དེ་ནས་དབེན་གནས་རི་བོ་མདངས་ཅན་དུ་ཕྱིན་ཏེ་ཐུགས་དམ་མཉམ་བཞེས་ལ་བརྩོན་པ་དང་། སྐལ་ལྡན་གྱི་བུ་སློབ་མང་པོར་ཆོས་ཀྱི་བགོ་བཤའ་འབྱེད་པ་དང་། མདོ་སྔགས་ཀྱི་བསྟན་བཅོས་མང་དུ་རྩོམ་པ་གསུམ་སྤྲེལ་དུ་མཛད། དགུང་ལོ་ཞེ་ལྔར་རྒྱལ་ཚབ་དར་མ་རིན་ཆེན་དང་མཇལ་ཏེ་ལྷན་དུ་དབུས་སུ་ཕེབས། དགུང་ལོ་ཞེ་བདུན་པ་ལྕགས་ཕག(སྤྱི་ལོ1431)ལོར་དགའ་ལྡན་གསེར་ཁྲིར་ཕེབས། ལོ་བརྒྱད་རིང་འཆད་རྩོད་རྩོམ་གསུམ་གྱིས་དུས་འདའ་བར་མཛད། དགུང་ལོ་ལྔ་བཅུ་ལ་དུས་འཁོར་འགྲེལ་ཆེན་དྲི་མེད་འོད་བརྩམས། དགའ་ལྡན་དུ་མཚན་ཉིད་ཀྱི་བཤད་གྲྭ་བཙུགས། ལྷ་མཆོད་ཀྱི་སྲོལ་བཏོད། རྗེའི་དངུལ་སྟོང་རིན་པོ་ཆེའི་དབུ་

ཐོག་ཏུ་གསེར་གྱི་རྒྱ་ཕིབས་གསར་དུ་བསྐྲུན། རི་བོ་དགའ་ལྡན་དུ་གསེར་ཏོག་ཅེད་པན་འཆང་བའི་མཁས་གྲུབ་རྒྱ་མཚོའི་དབུས་སུ་དཔལ་མཉམ་མེད་རི་བོ་དགེ་ལྡན་པའི་བཤད་པའི་ཤིང་རྟའི་སྲོལ་ཆེན་པོ་ལེགས་པར་ཕྱེས་ནས། རྗེ་ཐམས་ཅད་མཁྱེན་པའི་དབུ་ སྟེགས་ཟུང་འབྲེལ་གྱི་བསྟན་པ་རིན་པོ་ཆེ་ཆ་ཐམས་ཅད་ནས་གངས་ཅན་བོད་ནས་ཤར་རྒྱ་མཚོ་ལ་ཐུག་གི་བར་དུ་ཁྱབ་གདལ་དུ་སྤེལ་བའི་ཕྲག་རྗེས་ཁྱད་པར་ཅན་བསྐྲུན། དགུང་ལོ་ང་བཞི་པ་རབ་བྱུང་བདུན་པའི་ས་རྟ (སྤྱི་ལོ1438) ལོར་གཟུགས་སྐུའི་བཀོད་པ་བསྡུས་སོ།

བསྟན་བཅོས་ཀྱང་འགྲེལ་བ་དོན་གསལ་རྣམ་བཤད་རྟོགས་དཀའི་སྣང་བ། དབུ་མའི་རྣམ་བཤད་སྟོང་ཐུན་སྐལ་བཟང་མིག་འབྱེད། ཚད་མ་སྡེ་བདུན་གྱི་རྒྱན་ཡིད་ཀྱི་མུན་སེལ། རྗེ་ཙོང་ཁ་པའི་རྣམ་ཐར་དད་པའི་འཇུག་ངོགས། གསང་རྣམ་རིན་པོ་ཆེའི་སྙེ་མ། རྣམ་འགྲེལ་གྱི་ཊཱི་ཀ་ཆེན་རིགས་པའི་རྒྱ་མཚོ། ཕར་ཕྱིན་གྱི་ཊཱིཀྐ་སོགས་པོད་བཅུ་གཉིས་ལྷག་བཞུགས། ཆོས་ཀྱི་བདུད་རྩིས་བསྐྱངས་པའི་བུ་སློབ་ནི། ཆོས་རྗེ་བློ་གྲོས་ཆོས་སྐྱོང་དང་། ཞྭ་ལུ་ལེགས་པ་རྒྱལ་མཚན། རྗེ་ཤེས་རབ་སེང་གེ། མཁས་ཆེན་བསོད་ནམས་མཆོག་གྲུབ། ཀུན་མཁྱེན་འཕགས་པ་འོད། སྤྱན་སྔ་བ་བློ་གྲོས་རྒྱལ་མཚན། ཞང་ཞུང་བ་ཆོས་དབང་གྲགས་པ། ཆོས་རྗེ་དོན་གྲུབ་དཔལ་སོགས་མཁས་གྲུབ་དམ་པ་མང་དུ་བྱུང་། རྗེ་འདི་ཉིད་ནི་པཎ་ཆེན་སྐུ་ཕྲེང་བརྒྱུད་རིམ་དུ་འདྲེན་པ་དང་པོ་དང་། རྗེ་ཡབ་སྲས་གསུམ་གྱི་ཡ་གྱལ་དུ་གྲགས།

མཁས་གྲུབ་དར་རྒྱལ་བ། རྗེ་འདི་ནི་བྱང་ཐང་ལྷའི་ཉེ་ལོགས་སུ་ཡབ་བསོད་ནམས་མགོན་དང་ཡུམ་བཀྲ་ཤིས་གཉིས་ཀྱི་སྲས་སུ་འཁྲུངས། སྐུ་ཆུང་ངུ་ནས་དད་པ་དང་སྙིང་རྗེ་ཆེ་བ། སྐུ་གསུང་ཐུགས་ཀྱི་རྟེན་ལ་དགའ་བ། དགེ་འདུན་ལ་གུས་པ་ཆེ་བ་ཞིག་ཡོད། དགུང་ལོ་དྲུག་བདུན་ལ་ཡིག་ཀློག་ལ་མཁས་པར་གྱུར། དེ་ནས་ཀརྨ་རང་བྱུང་རྡོ་རྗེ་དང་མཇལ་བས་དད་པ་དྲག་པོ་སྐྱེས་ཏེ་ཕྱག་ཕྱིར་བདེ་ཆེན་སྡིང་དུ་ཕྱིན། ཀརྨ་རང་བྱུང་རྡོ་རྗེས་མཁན་པོ་དང་མཁན་ཆེན་གཞོན་ནུ་བྱང་ཆུབ་པས་སློབ་དཔོན་མཛད་དེ་དགུང་ལོ་བཅུ་དགུ་པ་ལ་རབ་ཏུ་བྱུང་ཞིང་བསྙེན་པར་རྫོགས། སྡེ་མདོ་བ་ཀུན་དགའ་དོན་གྲུབ་དང་། བླ་མ་ཚུལ་རིན། ཆོས་རྗེ་གྲགས་པ་སེང་གེ། བསོད་ནམས་སེང་གེ་ལ་སོགས་མཁས་གྲུབ་ཀྱི་བླ་མ་མང་དུ་བསྟེན་ནས་མདོ་རྒྱུད་བསྟན་བཅོས་དུ་མའི་གསན་པ་རྒྱ་ཆེར་མཛད། ཁྱད་པར་མན་ངག་ལ་གཙོ་བོར་གནང་སྟེ་སྒྲུབ་པ་ལ་ཐུགས་གཞོལ་བར་མཛད་ནས་རི་ཁྲོད་དབེན་པ་རྣམས་སུ་སྒོམ་སྒྲུབ་རྩེ་གཅིག་ཏུ་མཛད་པས་ཐམས་ཅད་གུས་པར་གྱུར། རྗེ་ཉིད་ཀྱིས་དབུ་ སྡེས་ལ་མི་འཛོག་ཅིང་། རྒྱབ་རྟེན་ལ་མི་བརྟེན་པ། ཆུ་དང་རྡོའི་དཀའ་ཐུབ། རླུང་སྒྲོར་ཟབ་མོས་དུས་འདའ་བ་རྣམས་ཀྱིས་བསྒྲུབས་པས་ཉམས་མྱོང་མང་དུ་སྐྱེས། དེ་ནས་ཐང་ལྷའི་རི་ཁྲོད་སོགས་སུའང་ཡུན་རིང་བཞུགས། ཕུག་མོའི་རི་ཁྲོད་དུ་ཆོས་རྗེ་གྲགས་པ་སེང་གེའི་ཞབས་ལ་གཏུགས་ནས་ཕྱག་ཕྱིར་འབྲངས། དེ་ནས་གྲུབ་ཐོབ་ཆུ་སྒོམ་གྱི་ཕྱག་ཕྱིར་འབྲངས་ཏེ་བསྙེན་སྒྲུབ་དང་།

སྙིང་ཐིག མཁའ་སྤྱོད་བསྙེན་སྒྲུབ་ལ་སོགས་པའི་གདམས་པ་བསམ་གྱིས་མི་ཁྱབ་པ་གསན། གཉན་ཁྲིད་ཀྱང་མང་དུ་འགྲིམས་ནས་ཚེ་འཕྲུལ་དུ་མ་སྣང་བ་རྣམས་ཀྱང་རྫོགས་པས་ཟིལ་གྱིས་མནན། ཆོས་རྗེ་གྲགས་སེང་བ་ལ་སློབ་མ་མང་ཡང་རི་ཁྲོད་པ་འདི་ཉིད་རྒྱུད་ཀྱི་སྲས་དམ་པར་གཟིགས་ནས་མན་ངག་ཐམས་ཅད་རྫོགས་པར་གནང་། གནས་ནང་གི་གདན་སར་བསྐོས། ནཱ་རོའི་ཆོས་དྲུག་དང་སྦྱོར་དྲུག་ལ་སོགས་པས་གདུལ་བྱ་ཡང་དག་པར་བསྐྱངས་ཏེ་སྨིན་གྲོལ་ལ་བཀོད། བྱམས་དང་སྙིང་རྗེ་སྟོབས་རྒྱས་པས་སྡུག་ཕོངས་དང་། ནད་པ། སྐྱེ་བོ་ལོག་པར་སྤྱོད་པ་རྣམས་ལ་ལྷག་པར་ཕན་འདོགས་པར་མཛད། རྗེ་ཉིད་ཀྱིས་སྐུ་ན་གཞོན་དུས་ནས་བརྩོན་འགྲུས་དྲག་པོས་ལུས་སྲོག་ཆོས་སུ་བཏང་བས་ཚེ་སྟོད་ལ་དཀའ་ཐུབ་དང་སྒྲུབ་པ་དང་དུ་བཞེས། ཉམས་རྟོགས་ཡོན་ཏན་གྱི་ཆ་ཡང་ཅི་རིགས་སྐྱེས། སེམས་ཅན་ལ་ཕན་པ་རྒྱ་ཆེར་མཛད། མཐར་སྣང་ལོ་ཟླ་གསུམ་པར་སྐུ་གཤེགས། རྗེ་འདི་ཉིད་ཀྱི་འཁྲུངས་འདས་ལོ་ཚིགས་གསལ་པོ་མེད་མོད། རྟོགས་ལྡན་གྲགས་པ་སེང་གེའི་སློབ་མར་གྱུར་པས་སྤྱི་ལོའི་དུས་རབས་བཅུ་བཞི་པའི་ནང་བྱུང་བ་འདྲ།

མཁས་གྲུབ་ནོར་བཟང་རྒྱ་མཚོ། རྗེ་འདི་ནི་གཙང་རྟ་ནག་ཏུ་ཡབ་ནམ་མཁའ་དཔལ་བཟང་དང་། ཡུམ་ཆོས་སྐྱབས་འབུམ་གཉིས་ཀྱི་སྲས་སུ་རབ་བྱུང་བདུན་པ་ཆུ་ཡོས(སྤྱི་ལོ1423)ལོར་འཁྲུངས། དགུང་ལོ་བཅུ་གསུམ་ཐོག་བྲག་དམར་ཆོས་སྡིངས་སུ་ཆོས་རྗེ་བློ་གྲོས་མགོན་པོའི་དྲུང་དུ་དགེ་ཚུལ་བསྒྲུབས། རི་ཁྲོད་ཆོས་སྡེར་མཁྱེན་རབ་དབང་ཕྱུག་གྲགས་པ་བཟང་པོའི་ཞབས་ལ་གཏུགས་ནས་མདོ་སྔགས་ཀྱི་ཆོས་མང་དུ་གསན། ཡོན་བདག་དཀར་པོ་དགེ་སྦྱོང་གིས་གདན་དྲངས་པ་ལྟར་རྗེ་ཤེས་རབ་སེང་གེ་དང་། རྗེ་དགེ་འདུན་གྲུབ་པ། འདུལ་འཛིན་བློ་གྲོས་སྲས་པ་སོགས་རི་ཁྲོད་ཆོས་སྡེར་ཕེབས་སྐབས་རྗེ་འདིས་བླ་མ་རྣམས་དང་མཇལ་ནས་ཆོས་ཀྱང་ཞུས། དེ་ནས་འཇམས་བདེ་ཆེན་དང་། ཆོས་འཁོར་སྒང་སོགས་སུ་ཕྱིན་ནས་ཀུན་མཁྱེན་ཤེས་རབ་རིན་ཆེན་སོགས་བསྟེན་ནས་གཞུང་ལུགས་ལ་ཐོས་བསམ་རྒྱ་ཆེ་གནང་། དེ་རྗེས་བཀྲ་ཤིས་ལྷུན་པོར་ཕེབས་ཏེ་རྒྱལ་དབང་དགེ་འདུན་གྲུབ་པའི་ཞབས་ལ་གཏུགས་ནས་ལམ་རིམ་དང་། ཕར་ཕྱིན། དབུ་མ། འདུལ་བ། མངོན་པ་སོགས་ཞིབ་ཏུ་སྦྱངས། ལྷག་པར་ཚད་མ་རྣམ་འགྲེལ་སྦྱངས་པ་མཐར་ཕྱིན་མཛད་པས་གྲུབ་མཐའ་རྒྱ་མཚོའི་ཕ་རོལ་དུ་སོན། དབུས་སུ་ཕྱིན་ནས་དགའ་ལྡན་དུ་ཆོས་རྗེ་བློ་གྲོས་ཆོས་སྐྱོང་དང་། འབྲས་སྤུངས་སུ་རོང་སྟོན་བློ་བཟང་གྲགས་པ་ལའང་དུས་འཁོར་སོགས་གསན། དགུང་ལོ་སོ་བདུན་ལ་འོལ་ཁ་རིན་ཆེན་སྒང་དུ་ཕེབས་ནས་ཆོས་རྗེ་གྲགས་པ་ལས་ཆོས་མང་དུ་གསན། གྲུབ་པའི་རྒྱལ་མཚན་ཚུགས་པའི་བདེ་སྟོང་གི་ཏིང་འཛིན་ཟབ་མོ་ཐུགས་ལ་འཁྲུངས་ཤིང་གསུང་རབ་ཐམས་ཅད་གདམས་པར་ཤར་བ་སོགས་སྟོན་གནས་རྗེས་དྲན་གྱི་རྣམ་པས་དུས་ཀྱི་འཁོར་ལོའི་སྤྱི་དོན་དྲི་མེད་འོད་རྒྱན་དང་པད་དཀར་ཞལ་ལུང་མ་བུ་འདུས་པའི་རིམ་གཉིས་ཀྱི་བཤད་པ་དབུ་མ་ལ་གྲུབ་མཐའི་སྲོལ་བཏོད། དཔལ་གསང་བ་འདུས་པའི་བསྐྱེད་རིམ་གྱི་དོན་གསལ་བར་བྱེད་པའི་སྒྲོན་མེ། རིམ་པ་ལྔའི་

དོན་ཡང་གསལ་སྒྲོན་མེ་སོགས་པོད་འབྲིང་གསུམ་ལྷག་བཀའ་རྩོམ་མཛད། འོལ་ཁ་ཆོས་ལུང་། རྒྱ་སོག་ཕུ་དང་། ལྷ་སྡིངས་སོགས་རྗེ་ཙོང་ཁ་པའི་སྒྲུབ་གནས་རྣམས་སུ་ལོ་བཞི་བཅུའི་རིང་སྒྲུབ་པ་རྩེ་གཅིག་ཏུ་མཛད་ནས་རིམ་ལྔ་དང་། སྦྱོར་དྲུག་སོགས་བླ་མེད་ཀྱི་ལམ་རིམ་ལ་སྦྱོང་བ་ཕུལ་ཕྱིན་དུ་གྱུར། འཇམ་མགོན་བླ་མའི་མན་ངག་ལ་བརྟེན་ནས་ཟུང་འཇུག་སྒྲུབ། འཇམ་དཔལ་དབྱངས་ཞལ་གཟིགས་པ་དང་ལྷ་སར་དཀྲོལ་བའི་རོལ་མོ་གསན་པ། མཉྫལ་རང་བྱོན་སོགས་ངོ་མཚར་དུ་མ་བྱུང་ཞིང་གྲྭ་རིགས་མང་དུ་འདུས་པ་ལས་རིན་ཆེན་སྒང་ཆགས། འོལ་དགའ་དཔོན་སློབ་ཀྱི་བླ་མར་གྱུར། པཎ་ཆེན་དགེ་འདུན་རྒྱ་མཚོ་སོགས་སློབ་མ་མང་དུ་བྱུང་། དགུང་ལོ་གོ་གཅིག་ལ་ཕེབས་པ་རབ་བྱུང་དགུ་པའི་ཆུ་བྱ（སྤྱི་ལོ1513）ལོའི་བོད་ཟླ་དྲུག་པའི་ཚེས་ཉེར་ལྔ་ལ་དགོངས་པ་ཆོས་དབྱིངས་སུ་ཐིམ།

མཁས་གྲུབ་སངས་རྒྱས་ཡེ་ཤེས། རྗེ་འདི་ནི་གཙང་གཡག་སྡེའི་ཕྱོགས་སུ་ཡབ་བླ་མ་རིན་ཆེན་དང་ཡུམ་ཆོས་བསྟན་གཉིས་ཀྱི་སྲས་སུ་རབ་བྱུང་དགུ་པའི་ཤིང་བྱ（སྤྱི་ལོ1525）ལོར་འཁྲུངས། དགུང་ལོ་བཅུ་པར་རྗེ་ཡོན་ཏན་བཟང་པོའི་མདུན་དུ་དགེ་བསྙེན་བསྒྲུབས། མཚན་ཆོས་སྐྱབས་རྡོ་རྗེར་གསོལ། དེ་ནས་བཟུང་ཆོས་སྤྱོད་སོགས་ཀློག་འཛིན་མཛད། བ་སོ་ལྷུན་གྲུབ་བདེ་ཆེན་དྲུང་དུ་དགེ་ཚུལ་གྱི་སྡོམ་པ་བཞེས། མཚན་སངས་རྒྱས་ཡེ་ཤེས་སུ་གསོལ། དགུང་ལོ་བཅོ་ལྔ་པར་བཀྲ་ཤིས་ལྷུན་པོར་ཆོས་ཞུགས་མཛད། རྗེ་བཙོན་འགྲུས་རྒྱལ་མཚན་དྲུང་ནས་རྩིས་དང་ཧ་ནག་པ་དགེ་འདུན་བློ་བཟང་དྲུང་དུ་ཚད་མ་སོགས་གསན། དགུང་ལོ་བཅོ་བརྒྱད་པ་ནས་དབུ་ཚད། འདུལ་བ། མཛོད་སོགས་གཞུང་ཆེན་ལ་གསན་བསམ་མཛད། དགུང་ལོ་ཉེར་དྲུག་པར་བཀྲ་ཤིས་ལྷུན་པོའི་ཆོས་ཁྲིམས་པ་མཛད་ནས་དགོན་པའི་འདུལ་ཁྲིམས་ལེགས་པར་བསྐྱངས། དབེན་ས་པ་བློ་བཟང་དོན་གྲུབ་བསྟེན་ནས་མདོ་སྔགས་ཀྱི་ཆོས་མང་དུ་གསན། བཀའ་རྩོམ་ཐེག་ཆེན་ཐུན་མོང་བའི་བླ་མ་ལྔའི་རྣལ་འབྱོར་གྱི་སྒོ་ནས་སྐྱེས་བུ་གསུམ་གྱི་ལམ་རིམ་ཁྲིད་དངོས་གྲུབ་ཀུན་འབྱུང་ཞེས་བྱ་བ་དང་། བྱང་ཆུབ་སེམས་དཔའི་ལྟུང་བ་བཤགས་པའི་ཊཱི་ཀཱ་མཐོང་བ་དོན་ལྡན། བླ་མ་ཡི་དམ་དཔལ་མགོན་སྲུང་ཚོགས་ལ་མཆོད་གཏོར་འབུལ་བའི་ཚུལ། གསུང་མགུར་ཚབ་ཤོག་དྲིས་ལན་སོགས་ཕྱོགས་གཅིག་ཏུ་བསྡེབས་པ། ལམ་རིམ་ལ་བརྟེན་པའི་བླ་མའི་རྣལ་འབྱོར་སོགས་མང་དུ་མཛད། དགུང་ལོ་རེ་དྲུག་ལ་ཕེབས་པ་རབ་བྱུང་བཅུ་པའི་ལྕགས་སྟག（སྤྱི་ལོ1590）ལོར་སྐུ་གཤེགས།

འཁོན་སྟོན་དཔལ་འབྱོར་ལྷུན་གྲུབ། རྗེ་འདི་ཉིད་ཡབ་འཁོན་རིགས་སློབ་དཔོན་ཚེ་དབང་ནོར་རྒྱས་དང་ཡུམ་རྒྱལ་མོ་འཛོམ་གཉིས་ཀྱི་སྲས་སུ་རབ་བྱུང་དགུ་པའི་ལྕགས་བྱ（སྤྱི་ལོ1561）ལོར་སྐུ་བལྟམས། ཆུང་ངུ་ནས་དམ་པའི་བག་ཆགས་སད་ཅིང་ངེས་འབྱུང་གི་ཐུགས་ཡང་དག་པ་འཁྲུངས། དགུང་ལོ་བཅུ་པ་རབ་བྱུང་བཅུ་པའི་ལྕགས་རྟ（སྤྱི་ལོ1570）ལོར་༧རྒྱལ་བ་བསོད་ནམས་རྒྱ་མཚོ་དང་མཇལ། མེ་གླང（སྤྱི་ལོ1577）ལོར་༧རྒྱལ་དབང་རིན་པོ་ཆེའི་དྲུང་དུ་རབ་ཏུ་བྱུང་། ༧རྒྱལ་དབང་མཆོག་ལས་སྐྱབས

འགྲོ་དང་། སེམས་བསྐྱེད། ཐུགས་རྗེ་ཆེན་པོའི་སྒོམ་ལུང་སོགས་གསན། དེ་སོགས་གསར་རྙིང་གི་བླ་མ་འགའ་ལས་ཅི་རིགས་པའི་ཆོས་ཚུལ་ཐམས་ཅད་གསན། སྐྲའི་རི་མོ་དང་སྙན་ངག་སུམ་རྟགས། གསོ་རིག་སོགས་ལའང་བསླབས་སྦྱངས་དཔྱིས་ཕྱིན་པར་མཛད། ཁྱད་པར་ཡབ་རྗེ་རྗེ་འཛིན་པ་ལས་སྒྱུ་འཕྲུལ་གསང་བ་སྙིང་པོ་དང་། དེའི་འགྲེལ་པ་གཡུང་སྟོན་གྱིས་མཛད་པ་དང་། ཀུན་མཁྱེན་ཀློང་ཆེན་པའི་ཕྱོགས་བཅུ་མུན་སེལ་སོགས་སྒྱུ་འཕྲུལ་སྐོར་གྱི་འགྲེལ་ཊཱི་ཀ་རྣམས་ལ་སྦྱངས་པར་མཛད་པ་ན་སྒྲོ་ཕུག་པ་ཆེན་པོའི་བག་ཆགས་སད་པས་ལམ་འདི་ཉིད་ལ་བསྙེན་པའི་མཁས་གྲུབ་འགྲན་ཟླ་མེད་པར་གྱུར། དགུང་ལོ་བཅོ་བརྒྱད་པར་རིག་འཛིན་ཆེན་པོ་སངས་རྒྱས་ཀྱི་དྲུང་དུ་རྫོགས་ཆེན་སྙིང་ཐིག་གི་དབང་ཁྲིད་མན་ངག་བཅས་གསན་པས་ཆོས་ཐམས་ཅད་ཀྱི་གནས་ལུགས་རྫོགས་པ་ཆེན་པོ་རང་རིག་ཆོས་ཀྱི་སྐུར་ངོ་འཕྲོད་ཅིང་གཏིང་སླེབས། གཞན་ཡང་བཀའ་གཏེར་གྱི་ཆོས་ཤིན་ཏུ་མང་བ་གསན། མདོ་ཕྱོགས་ཀྱི་གཞུང་ལུགས་ཆེན་པོ་ཀུན་ལའང་གསན་བསམ་མཐར་ཕྱིན་པ་མཛད་ཅིང་། ཆོས་གྲྭ་ཆེན་པོ་རྩེད་ཐང་དུ་གཞུང་ལུགས་རབ་འབྱམས་སྨྲ་བའི་གྲྭ་བསྐོར་མཛད། ལྕགས་འབྲུག(སྤྱི་ལོ1580)ལོར་དྭགས་པོ་གྲྭ་ཚང་དུ་ཕྱིན། དགུང་ལོ་སོ་བཞི་པ་ཤིང་རྟ(སྤྱི་ལོ1594)ལོར་ཆོས་རྗེ་རིན་པོ་ཆེ་དཔལ་འབྱོར་རྒྱ་མཚོ་ལས་བསྙེན་པར་རྫོགས། མཚན་དཔལ་འབྱོར་ལྷུན་གྲུབ་ཏུ་གསོལ། ལྕགས་གླང(སྤྱི་ལོ1601)ལོར་ཉི་མ་ཐང་གི་འཆད་ཉན་ལ་ཕེབས། དགེ་ལུགས་ཕྱོགས་ཀྱི་སྔགས་སྐོར་རྣམས་ཀྱང་གསན། དེ་ནས་སྔ་རྟེང་དུ་གསང་ཕུ་དང་སེར་བྱེས་ཀྱི་འཆད་ཉན་སློབ་དཔོན་མཛད། རྒྱུད་གསང་བ་སྙིང་པོ་ཕྱིས་ཉག་ཕྲ་བར་གྱུར་པས་རྗེ་འདི་ཉིད་མཁྱེན་པ་ཆེ་བའི་གྲགས་པས། བྲག་སྣ་ཆོས་རྗེ་ཨུ་རྒྱན་བསྟན་འཛིན་ཆེད་གཉེར་གྱིས་བྱོན་ཏེ་གཡུང་འགྲེལ་གྱི་སྟེང་ནས་ཞིབ་པར་གསན་ཅིང་ལེའུ་ལྔ་པ་ཡན་གྱི་ཟིན་བྲིས་ཀྱང་མཛད། ཁྱད་པར་ཟུར་འཁོར་ལོའི་མགོན་པོ་ཆོས་དབྱིངས་རང་གྲོལ་རྗེས་སུ་བཟུང་ཞིང་གསང་བ་སྙིང་པོ་གཡུང་འགྲེལ་ལས་སྙིང་ཐིག་གི་སྐོར་སོགས་མཐའ་ཡས་པ་གསན། ས་ལུག(སྤྱི་ལོ1619)ལོར་ཕ་བོང་ཁར་འདུ་འཛིའི་གཡེང་བ་སྤངས་ནས་དབེན་པ་ཁོ་ན་བརྟེན་ཅིང་བཞུགས། རབ་བྱུང་བཅུ་གཅིག་པའི་ཆུ་བྱ(སྤྱི་ལོ1633)ལོར༧རྒྱལ་དབང་ལྔ་པ་ཆེན་པོ་ལ་གསང་སྔགས་གསར་རྙིང་གི་ཆོས་མང་དུ་འབུལ་བཞེས་མཛད། རྗེ་འདི་ཉིད་ཀྱིས་མཛད་པའི་བསྟན་བཅོས་ཀྱང་ཕྱག་རྫོགས་དབུ་གསུམ་གྱི་ལྟ་བ་སྤྱི་ཁྱབ་ཏུ་ངོ་སྤྲོད་པའི་ཁྲིད་ཡིག་དང་། དབུ་མའི་ལྟ་ཁྲིད། ཐ་སྙད་རིག་པའི་སྐོར་སོགས་མང་དུ་མཆིས། མཐར་དགུང་ལོ་བདུན་ཅུ་དོན་བདུན་ལ་ཕེབས་པ་རབ་བྱུང་བཅུ་གཅིག་པའི་མེ་གླང(སྤྱི་ལོ1637)ལོར་དགོངས་པ་ཆོས་དབྱིངས་སུ་ཐིམ།

ཀུ་སྒྲེ་བསྟན་འཛིན་ཆོས་རྒྱལ། ཡབ་སོག་པོ་ཨོ་རོད་ཚོ་པ་བཞིར་གྲགས་པའི་ནང་ཚན་ཧོ་ཤོད་ཀྱི་རྗེ་པོ་ཧ་ནལ་དང་ཡུམ་ཛོ་མོ་ཨ་ཧའི་ཧ་ཐུན་གཉིས་ཀྱི་སྲས་སུ་རབ་བྱུང་བཅུ་པའི་ཆུ་རྟ(སྤྱི་ལོ1582)ལོར་འཁྲུངས། བཟང་པོའི་བག་ཆགས་སད་པས་ཆུང་ངུའི་དུས་ནས་དབུས་གཙང་ཕྱོགས་སུ་གུས་ཕྱག་དབུ

དཔྲལ་རྗོལ་རྗོལ་བར་འཚོལ་གནང་སོགས་སངས་རྒྱས་ཀྱི་བསྟན་པར་དད་འདུན་ལྷག་པར་ཆེ་བར་གྲགས།

སྐབས་དེར་བོད་དབུས་གཙང་ཁུལ་སྤྱིར་གཙང་པ་སྡེ་སྲིད་ཀརྨ་བསྟན་སྐྱོང་དབང་པོས་དབང་ཁྱུང་བསྒྱུར་བའི་དུས་ཡིན་ཅིང་། གཙང་པ་རྒྱལ་པོས་རབ་བྱུང་བཅུ་གཅིག་པ་ཤིང་ཁྱི（སྤྱི་ལོ1634）ལོར་སོག་པོ་ཧལ་ཧ་ཆོག་ཐུ་དཔོན་སྡེ་དང་། མདོ་སྨད་བེ་རི་ཆོས་འཁོར་གྱི་དཔོན་དོན་ཡོད་དང་འབྲེལ་བ་བཙུགས་པས་གཙང་པར་རྒྱབ་སྐྱོར་གྱི་དཔུང་དམག་བོད་དུ་འཁྱེར་རྒྱུའི་སྒྲིར་གྲགས་བྱུང་བ་དང་། དེ་རྣམས་ཀྱིས་དགེ་ལུགས་པའི་བསྟན་པར་སྣང་ཟྲུག་ཆེན་པོ་བྱས་པར་བརྟེན། ཕྱག་མཛོད་བསོད་ནམས་ཆོས་འཕེལ་ལམ་བསོད་ནམས་རབ་བརྟན་དང་སྐྱིད་ཤོད་བྲེ་རི་སྟག་རྩེ་པའི་སྡེ་པ་མཚོ་སྐྱེས་རྡོ་རྗེ་སོགས་ཀྱིས་ལ་མོ་ཚང་པར་ཁྱུང་ཞུ་ཕེབས་དོན་ཧོར་ཧུན་གར་ཡུལ་དུ་བསྐྱོད་ནས་སོག་པོའི་རྒྱལ་བློན་ཚོར་དཔུང་རོགས་ཞུས་པར་གུ་ཤྲཱི་ཧན་གྱིས་བོད་དུ་རྒྱབ་སྐྱོར་ལ་ཕེབས་རྒྱུའི་དམ་བཅའ་མཛད། མེ་གླང（སྤྱི་ལོ1637）ལོར་གུ་ཤྲཱི་ཧན་གྱིས་མཚོ་སྔོན་དུ་ཆོག་ཐུའི་སྟེང་གཡུལ་བཤམས་ཏེ་བཅོམ། ལོ་དེའི་སྟོན་ཀར་གུ་ཤྲཱི་ཧན་དཔོན་འཁོར་ཧག་བསྡུས་ཤིག་གནས་སྐོར་གྱི་ཐོལ་ལ་བརྟེན་ནས་ལྷ་སར་ཕེབས་ཏེ༧རྒྱལ་དབང་རིན་པོ་ཆེ་དང་མཇལ་ནས་དབང་དང་རྗེས་གནང་སོགས་ཞུས། གཙུག་ལག་ཁང་གི་ཇོ་བོའི་པང་གཅལ་སྟེང་སྟན་མཐོན་པོ་བཤམས་པར་གུ་ཤྲཱི་ཧན་བཞུགས་སུ་གསོལ་ནས་བསྟན་འཛིན་ཆོས་ཀྱི་རྒྱལ་པོའི་ཆོ་ལོ་དང་། ཐམ་ཀ་བསྒྲལ་བ་སོགས་མཆོད་ཡོན་དང་དམ་ཐུབ་ཡོང་མ་ཡིན་པའི་འབྲེལ་བ་དེ་ནས་དབུ་ཚུགས།

ས་ཡོས（སྤྱི་ལོ1639）ལོར་གུ་ཤྲཱི་ཧན་གྱིས་སོག་དམག་དང་། ཨ་མདོ་དཔའ་རིས་ཀྱི་དམག་དང་བཅས་པར་ཁམས་སུ་ཡོད་པའི་གཙང་པ་སྡེ་པའི་མཐུན་ཕྱོགས་བེ་རི་ཚོ་པའི་སྡེ་ཕྱོགས་སུ་བཤམས་ཏེ་ལོ་གཅིག་ཙམ་གཡུལ་འགྱེད་དེ་མདོ་ཁམས་ཀྱི་ཡུལ་ཕྱོགས་ཀུན་བླངས་ནས་བེ་རི་འགོ་དཔོན་དོན་ཡོད་རྡོ་རྗེ་རྗེས་འབྲང་དང་བཅས་པ་ཚར་བཅད།

༧རྒྱལ་བའི་དགོངས་པར་བེ་རིའི་དམག་དོན་རྩ་བ་ཆོད་ན་གོ་ཤྲཱི་ཧན་མཚོ་སྔོན་དུ་ལོག་ན་ལེགས་པའི་འཆར་འདོན་གནང་ཡང་། ཞལ་ངོ་བསོད་ནམས་ཆོས་འཕེལ་གྱིས༧རྒྱལ་བའི་ཕྱག་ཏུ་གུ་ཤྲཱི་ཧན་ལ་སོག་དམག་གཙང་དུ་དྲངས་ནས་གཙང་པ་སྡེ་སྲིད་ཚར་གཅོད་དགོས་པ་ནན་ཞུས་ལྟར་སོག་དམག་བྱང་ལམ་ནས་གློ་བུར་བོད་དུ་ཁ་བསྒྱུར་ཏེ་གཙང་པར་དཔུང་འཇུག་བྱས། ཆུ་རྟ（སྤྱི་ལོ1642）ལོར་བསམ་གྲུབ་རྩེ་སོགས་དབུས་གཙང་མཐའ་དག་མངའ་འོག་ཏུ་བཅུག ལོ་དེའི་བོད་ཟླ་བཞི་པར་གུ་ཤྲཱི་ཧན་གྱིས༧རྒྱལ་དབང་ལྔ་པ་ཆེན་པོ་གཞིས་ཀ་བསམ་གྲུབ་རྩེའི་ཕོ་བྲང་དུ་གདན་དྲངས་ཏེ་བོད་ཆོལ་ཁ་གསུམ་གྱི་ཆོས་སྲིད་དབང་ཆ་ཚང་མ་དང་། གུ་ཤྲཱི་ཧན་རང་ཉིད་རིགས་རྒྱུད་དང་བཅས་པ་ལྔ་པ་ཆེན་པོའི་ཆོས་འབངས་སུ་འབུལ་སྐྱོར་མཛད། དེ་འབྲེལ་དགའ་ལྡན་ཕོ་བྲང་གི་སྲིད་དབང་དངོས་སུ་དབུ་བརྙེས། དེ་

ནས་གོང་ས་ལྔ་པ་ཆེན་པོ་དང་ཀུ་ཤྲཱི་ཧན་སྟོན་འཁོར་ཕྱིར་ཐེབས་ནས་རིང་པོར་མ་སོན་པར་ཀརྨ་པ་ཞྭ་དམར་ནག་གིས་གཙོ་བོ་བྱས་པའི་གཙང་པ་སྡེ་པའི་ཕྱོགས་གཏོགས་ཀྱིས་ཕྱོགས་ཀུན་ནས་ངོ་ལོག་པའི་བདེ་གཟར་བསླངས་སྐབས་ཀུ་ཤྲཱིས་བཀའ་ཐབ་སྡེ་གཙང་པ་ཀརྨ་བསྟན་སྐྱོང་དབང་པོ་ཡང་སྣེའུ་རྫོང་དུ་ཚར་བཅད། དགུང་གྲངས་དོན་གསུམ་ལ་ཐེབས་པ་རབ་བྱུང་བཅུ་གཅིག་པའི་ཤིང་རྟ(སྤྱི་ལོ1654)ལོའི་བོད་ཟླ་བཅུ་གཉིས་པའི་ཆོས་བདུན་ལ་ལྷ་ས་དགའ་ལྡན་ཁང་གསར་དུ་སྐུ་གཤེགས།

གུ་ཤྲཱི་བློ་གྲོས་རྒྱལ་མཚན། དཔལ་ས་སྐྱ་དགོན་གྱི་ཁྲི་པ་བཅུ་དྲུག་པ་སློབ་དཔོན་ཆེན་པོ་འདི་ནི་ཡབ་ཏཱ་དབེན་ཀུན་དགའ་རིན་ཆེན་དང་། ཡུམ་མ་གཅིག་ནམ་པ་གཉིས་ཀྱི་སྲས་སུ་རབ་བྱུང་དྲུག་པའི་མེ་རྟ(སྤྱི་ལོ1366)ལོར་བཞི་ཐོག་ཏུ་སྐུ་བལྟམས། ཆོས་རྗེ་བླ་མ་དམ་པའི་དྲུང་དུ་རབ་ཏུ་བྱུང་། དགུང་ལོ་སོ་བཞི་པ་རབ་བྱུང་བདུན་པའི་ས་ཡོས(སྤྱི་ལོ1399)ལོར་བཞི་ཐོག་གི་ཁྲིར་ཐེབས། གདན་སའི་བཀའ་གྲོས་པའི་གཙོ་བོ་བདག་པོ་བཞི་ཐོག་པར་མཚན་གསོལ། དགུང་གྲངས་ང་ལྔ་པ་རབ་བྱུང་བདུན་པའི་ལྕགས་བྱི(སྤྱི་ལོ1420)ལོར་སྐུ་མྱ་ངན་ལས་འདས།

གུང་རུ་རྒྱལ་མཚན་བཟང་པོ། སེ་ར་ཐེག་ཆེན་གླིང་གི་ཁྲི་ཐོག་གསུམ་པ་མཚུངས་མེད་ཆོས་རྗེ་རྒྱལ་མཚན་བཟང་པོ་ནི་ཡུལ་གུང་རུ་སྟོད་དུ་རབ་བྱུང་དྲུག་པའི་ཆུ་ཕག(སྤྱི་ལོ1383)ལོར་བལྟམས། སྐུ་ཆུང་དུས་ནས་གསང་ཕུ་སྤྲེ་སེར་ལ་ཆོས་ཞུགས་མཛད། དེ་ནས་འཇམ་མགོན་ཆོས་ཀྱི་རྒྱལ་པོ་ཙོང་ཁ་པ་དང་། བྱང་སེམས་ར་སྒྲེང་པ་སོགས་ཀྱི་ཞབས་ལ་གཏུགས་ནས་མདོ་སྔགས་ཀྱི་གཞུང་ལུགས་ལ་སྦྱངས་པས་མཁས་པར་གྱུར། རྗེ་ཡབ་སྲས་ཀྱི་དྲུང་དུ་བསྙེན་པར་རྫོགས། དེ་ནས་གསང་ཕུར་སྤྲེ་སེར་གྱི་འཆད་ཉན་མཛད། ལུང་དང་རིགས་པ་སྨྲ་བ་ལ་མཚུངས་ཟླ་བྲལ་བས་མཚུངས་མེད་ཆོས་རྗེར་གྲགས། སེ་རའི་ཁྲི་ཐོག་གསུམ་པར་ཐེབས་པ་དང་སྨྲགས་བཙུན་མོས་ཚལ་དགོན་དང་གདན་ས་ཉིས་འཛིན་གྱི་སྒོ་ནས་ཆོས་གསུངས། སློབ་མ་ཡང་མཁས་གྲུབ་དཔལ་ལྡན་སེང་གེ་དང་། ཆོས་རྗེ་རིན་ཆེན་བྱང་ཆུབ། ཀུན་ལེགས་པ། ཕུ་ཧོ་བླ་མ་གཞོན་ནུ་དཀོན་ཅོག འབྲོང་སྟེང་བླ་མ་སངས་རྒྱས་ཚུལ་ཁྲིམས། རི་ཁ་བླ་མ་གྲགས་འོང་བ་སོགས་མང་དུ་བྱོན། བཀའ་རྩོམ། བྱམས་པའི་དགོངས་རྒྱན། ཐེག་པ་ཆེན་པོ་རྒྱུད་བླ་མའི་འགྲེལ་པ། དབུ་མ་རྩ་བ་ཤེས་རབ་ཀྱི་དོན་བསྡུ་སོགས་མང་དུ་མཛད། འདུལ་འཛིན་གྲགས་པ་རྒྱལ་མཚན་གཤེགས་རྗེས་གུང་རུ་རྒྱལ་མཚན་བཟང་པོས་བཙུན་མོས་ཚལ་གྱི་གདན་ས་བསྐྱངས། དགུང་ལོ་རེ་བརྒྱད་ལ་ཐེབས་པ་རབ་བྱུང་བརྒྱད་པའི་ལྕགས་རྟ(སྤྱི་ལོ1450)ལོར་སྐུ་གཤེགས།

གོ་བོ་རབ་འབྱམས་པ་བསོད་ནམས་སེང་གེ། གོ་རམས་པ་བསོད་ནམས་སེང་གེ་མཆོག་ནི་རབ་བྱུང་བདུན་པའི་ས་བྱ(སྤྱི་ལོ1429)ལོར་བོད་ཤར་ཕྱོགས་མདོ་ཁམས་འབོམ་གོ་བོ་སྟེང་ཞེས་པའི་ཡུལ་དུ་སྐུ་འཁྲུངས། དགུང་ལོ་བདུན་པར་བླ་མ་ཀུན་དགའ་འབུམ་གྱི་དྲུང་དུ་དགེ་བསྙེན་གྱི་སྡོམ་པ་བཞེས། ཡི་གེ

སྒྱུར་ཀློག་སྦྱོང་བ་དང་རིམ་གྱིས་བྱམས་ཆོས་སྡེ་ལྔ་སོགས་ཐུགས་འཛིན་མཛད། དགུང་ལོ་བཅུ་པ་ལ་བྱང་ཆུབ་སེམས་དཔའ་ཀུན་དགའ་འབུམ་ལས་རབ་ཏུ་བྱུང་། དགུང་ལོ་བཅུ་གསུམ་པར་ཀྱི་རྡོར་རྗེ་སོགས་གསང་སྔགས་ཀྱི་དབང་ལུང་མང་པོ་ཞུས། དགུང་ལོ་བཅུ་དགུ་པ་རབ་བྱུང་བརྒྱད་པའི་མེ་ཡོས (སྤྱི་ལོ1447) ལོར་གཙང་དུ་གྲྭ་སྐོར་ལ་ཕེབས། རོང་སྟོན་ཆོས་རྗེ་ཉི་མ་དང་གོ་བོ་རབ་འབྱམས་པ་ཤེས་རབ་དཔལ་སོགས་ལ་དབང་ལུང་མང་པོ་ཞུས། ཨེ་ཝཾ་དགོན་དུ་འཛམ་དབྱངས་ཀུན་དགའ་བཟང་པོའི་མདུན་ལོ་གསུམ་རིང་རྒྱུད་སྡེ་བཞི་སོགས་གསང་སྔགས་སྐོར་གྱི་ཆོས་མང་པོ་གསན། དགུང་ལོ་ཉེར་བདུན་པ་ཤིང་ཕག (སྤྱི་ལོ1455) ལོར་མཁན་པོ་མུས་ཆེན་དྲུང་ནས་བསྙེན་རྫོགས་ཀྱི་སྡོམ་པ་བཞེས། དཀོན་མཆོག་རྒྱལ་མཚན་པའི་དྲུང་དུ་ལམ་འབྲས་གཞུང་བཤད་གསན། མཁས་ཤིང་གྲུབ་པའི་སྐྱེས་ཆེན་བཅུ་ཕྲག་ལྷག་བསྟེན་ནས་མདོ་སྔགས་རིག་གནས་རྒྱ་མཚོའི་ཕ་རོལ་དུ་སོན། ལྷག་པར་རྗེ་བཙུན་ས་སྐྱ་པ་ཆེན་པོ་གོང་མ་ལྔའི་གསུང་ཚོགས་མཐའ་དག སློབ་དཔོན་ཀླུ་སྒྲུབ། ཕྱོགས་གླང་། དབྱིག་གཉེན་སོགས་འཕགས་པོད་མཁས་གྲུབ་དུ་མའི་གསུང་ཚད་ལ་ཐོས་བསམ་སྒོམ་གསུམ་མཛད། གངས་ཅན་མཁས་པའི་གོ་འཕང་བརྙེས། རབ་བྱུང་བརྒྱད་པ་ཆུ་ལུག (སྤྱི་ལོ1463) ལོར་འབྲས་ཡུལ་སྐྱེད་ཚལ་གྱི་རྒྱལ་ཚབ་ལ་དབང་བསྐུར། དགུང་གྲངས་སོ་བརྒྱད་པར་རྟ་ནག་གསེར་གླིང་དགོན་པར་ཕྱིན་ནས་སྡེ་སྣོད་གཙོ་བོར་གྱུར་པའི་འཆད་ཉན་ལ་གཞོལ་བར་མཛད། ཤེར་ཕྱིན་ལ་སོགས་པའི་སྡེ་སྣོད་ཀྱི་དཀའ་གནད་དང་ཟབ་དོན་བཀྲལ་བའི་ལྟགས་རྩོམ་ཇི་སྙེད་ཅིག་གནང་། དེར་ལོ་དྲུག་བཞུགས་རིང་སློབ་གྲྭའི་ཚོགས་ཀྱང་ཤིན་ཏུ་རྒྱས། ས་སྐྱ་ཁྲི་རབས་དྲུག་པ་བླ་མ་དམ་པ་བསོད་ནམས་རྒྱལ་མཚན་གྱིས་བཞེངས་པའི་ལྷ་ཁང་རྒྱ་བསྐྱེད་དང་ནང་རྟེན་ལེགས་པར་བཞེངས། དེར་བཤད་སྒྲུབ་ཀྱི་སྡེ་ཆེན་པོ་ཚུགས་ཏེ་མཛད་འཕྲིན་རབ་ཏུ་བརྟས། དགུང་ལོ་ཞེ་ལྔ་པ་ཆུ་སྦྲུལ (སྤྱི་ལོ1473) ལོར་རྟ་ནག་ཐུབ་བསྟན་རྣམ་རྒྱལ་ཕྱག་བཏབ། འདུས་པའི་ཚོགས་ཆེན་པོ་ལ་མདོ་སྔགས་ཀྱི་འཆད་ཉན་གྱི་འཕྲིན་ལས་སྤེལ། དགུང་ལོ་ང་གསུམ་པ་ལྕགས་གླང་ (སྤྱི་ལོ1481) ལོར་ཨེ་ཝཾ་ཆོས་ལྡན་དུ་ཕེབས་ནས་གདན་ས་ལོ་ལྔ་བཟུང་། དེར་ཟབ་གསང་རྡོ་རྗེ་ཐེག་པའི་སྐལ་ལྡན་གྱི་སྐྱེས་བུ་མཐའ་ཡས་པ་སྨིན་གྲོལ་གྱི་ལམ་ལ་བཀོད། དགུང་གྲངས་དྲུག་ཅུ་པར་ས་སྐྱར་ཕྱིན། རྟེན་བཞུགས་རྣམས་ལ་མཆོད་སྤྲིན་རྒྱ་མཚོ་ལྟར་ཕུལ། དགུང་ལོ་རེ་གཅིག་ལ་ཕེབས་པ་རབ་བྱུང་བརྒྱད་པའི་ས་བྱ (སྤྱི་ལོ1489) ལོར་ས་སྐྱ་དགོན་དུ་དགོངས་པ་ཞི་དབྱིངས་སུ་གཤེགས།

རྗེ་འདི་ཉིད་ཀྱིས་པཎྜི་ཏ་ཆེན་པོ་དབང་ཕྱུག་གྲུབ་པ་དང་། སོག་པོ་དཀའ་བཅུ་པ། བྱམས་པ་ཐུགས་རྗེ་དཔལ་བཟང་། དགེ་བཤེས་སངས་རྒྱས་ཡེ་ཤེས་སོགས་མཁས་ཤིང་གྲུབ་པའི་སྐྱེ་ཆེན་རྣམས་ཀྱིས་གཙོས་པའི་སློབ་མའི་ཚོགས་ཇི་སྙེད་བསྐྱངས། གདན་ས་མང་པོའི་ཁྲི་པ་མཛད་ཅིང་། ཆོས་ཀྱི་འཁོར་ལོ་བསྐོར་བའི་རིང་དང་བར་སྐབས་རྣམས་སུ་མདོ་བརྒྱུད་གཙོ་བོར་གྱུར་པའི་ཚད་མའི་སྐོར་དང་།

བསྟོད་ཚོགས། ཞལ་གདམས། རྣམ་ཐར་གསུང་ཐོར་བུ། གསང་སྔགས་ཀྱི་སྐོར་སོགས་བསྡུན་བཅོས་པུ་ཏི་བཅུ་གསུམ་བཞུགས།

གོང་སྨན་དཀོན་ཅོག་བདེ་ལེགས། རབ་བྱུང་བརྒྱད་པའི་ནང་གཙང་ས་སྐྱར་སྐུ་འཁྲུངས། བྲང་ཏི་ཆོས་རྒྱལ་བཀྲ་ཤིས་སོགས་སློབ་དཔོན་མང་པོ་བསྟེན་པ་དང་། གངས་རིའི་ལྗོངས་ན་གྲགས་པའི་གསོ་བ་རིག་པའི་ཡིག་ཆ་ཕལ་མོ་ཆེ་ལ་ཞིབ་ཏུ་གཟིགས་ཏེ་མཁས་པ་དུ་མའི་སྐད་བརྒྱུད་གབ་པ་རྣམས་ཁོལ་དུ་བཏོན་ནས་ཁྲིགས་སུ་བསྡེབས་པའི་མན་ངག་པོ་ཏི་དམར་པོ་དང་། པོད་ནག པོད་ཁྲ། ཕྱི་མ་རྒྱུད་ཀྱི་དཀའ་འགྲེལ་གནས་ཐམས་ཅད་གསལ་བའི་སྒྲོན་མེ། བརྒྱུད་པའི་རྣམ་ཐར། སྨན་མིང་བརྗ་སྤྲོད། རྒྱུད་ཀྱི་དཀའ་འཕྲང་འགྲོལ་བའི་ཤོག་སེར་བཅས་པོད་བདུན། ཙ་ཚུའི་གནད་འགྲོལ་ཞལ་གྱི་གདམས་པ་དམར་འཁྲིད། སྟོའི་འཁྲུངས་དཔེ་དོན་བསྡུས། ཁྱད་པར་དུ་དཔལ་ལྡན་རྒྱུད་བཞི་ལ་མཆན་འགྲེལ་ཤིན་ཏུ་བརྒྱད་པར་འདེབས་པའི་རྒྱུད་ཆེན། ཕྲ་མོ་བེ་བུམ་སེང་ལྡིང་མར་གྲགས་པ་སློབ་དཔོན་བསྟེན་མི་དགོས་པར་བལྟས་པ་ཙམ་གྱི་གྲོལ་བར་བཞེད་པ་རྣམས་མཛད་དེ་གསོ་བ་རིག་པའི་བསྟན་པ་དཀྱུང་དུ་བཏེགས། གོང་སྨན་དཀོན་ཅོག་ཕན་དར་སོགས་སློབ་མ་མང་དུ་བསྐྱངས། འཁྲུངས་འདས་དང་མཛད་རྣམ་ཞིབ་པ་མ་རྙེད།

གོང་སྨན་དཀོན་ཅོག་ཕན་དར། རབ་བྱུང་དགུ་པའི་ལྕགས་ལུག(སྤྱི་ལོ1511)ལོར་གཙང་ས་སྐྱར་ཡབ་ཆོས་ཀྱི་རྒྱལ་མཚན་དང་ཡུམ་རྗེ་བཙུན་ཆོས་སྐྱོང་བཟང་མོ་གཉིས་ཀྱི་སྲས་སུ་སྐུ་འཁྲུངས། དགུང་ལོ་དགུའི་ཐོག་སྐུ་ཞང་དཀོན་ཅོག་བདེ་ལེགས་བསྟེན་ནས་ཡི་གེ་འབྲི་ཀློག་ལ་སློབ་གཉེར་མཛད། ཡབ་སྐུ་གཤེགས་རྗེས་ཡུམ་གྱིས་གོང་སྨན་དཀོན་ཅོག་བདེ་ལེགས་ལ་གསོལ་བ་བཏབ་སྟེ་གསོ་བ་རིག་པ་ལ་སྦྱངས་པ་གནང་དུ་བཅུག་པས། དེ་ནས་བཟུང་སྒོ་གསུམ་སྐྱོ་ངལ་མེད་པར་རྩོལ་བ་ཆེན་པོས་གསོ་བ་རིག་པའི་གཞུང་ལུགས་སྤྱི་དང་ཁྱད་པར་དུ་དཔལ་ལྡན་བྱང་པའི་བཞེད་པ་གཙོ་བོར་བསྟེན་ནས་འགྲོ་དོན་བསྐྱངས། དགུང་ལོ་ཉེར་ལྔ་ལ་ཡུམ་སྐུ་གཤེགས་རྗེས་ལྷ་སྨན་རྒྱལ་མཚན་གྱི་གདན་སར་བཞུགས། ས་སྐྱ་སྨན་གྲོང་དུ་བྲང་ཏི་ཆོས་རྒྱལ་བཀྲ་ཤིས་ཀྱི་དྲུང་ནས་བརྒྱུད་པ་དང་། མན་ངག་གསེར་བྲེ། དངུལ་བྲེ། བདུད་རྩི་བུམ་ཆེན་སོགས་ལུང་དང་མན་ངག་དུ་མ་གསན། གོང་སྨན་དཀོན་ཅོག་བདེ་ལེགས་གཤེགས་རྗེས་སྡེ་སྲིད་སེང་གེ་རྩེའི་བླ་སྨན་ཕྱག་ཕྱིར་ལོ་ཤས་བཞུགས། དེ་རྗེས་ལ་སྡོད་ལ་ཕྱིར་ལོག་ཕེབས་ཏེ་རེ་ཞིག་འགྲོ་དོན་འཆད་ཉན་སོགས་གོང་འཕེལ་གྱིས་སློབ་མ་མང་དག་ཅིག་ཐོན། ཕྱི་རྒྱུད་ཀྱི་ལག་ལེན་བཅོ་བརྒྱད་པོ་འདི་དག་གོ་བ་བློ་ཡུལ་དུ་མ་ལུས་པར་ལག་ལེན་སྟེང་དུ་སྦྱུད་པའི་འབྲས་བུ་གདེང་ཐོབ་མིག་ཡུལ་དུ་གསལ་བར་མཛད་དེ་དཔུས་གཙང་ན་འགྲན་ཟླ་དང་བྲལ་བའི་སྨན་པ་ཀུན་གྱི་གཙུག་རྒྱན་དུ་གྱུར་ནས་སྙན་གྲགས་གང་སར་ཁྱབ།

གསུང་རྩོམ་ཡང་རྩ་རྒྱུད་ཀྱི་འགྲེལ་པ་མེ་ལོང་མཐོང་གསལ་དང་། མན་ངག་གི་སྐོར་ལ་གསོ་རིག་དགོས་འདོད་འབྱུང་བ་ནོར་བུའི་ཕྲེང་བ། ཉམས་ཡིག་བརྒྱ་རྩ། གསོ་རིག་དགོས་པ་དོན་བསྡུས། མེ་ལོང་མཐོང་གསལ་སོགས་བརྩམས། རྒྱུད་འཛིན་གྱི་སློབ་མ་མངའ་རིས་པ་བདེ་ཆེན་དང་། མང་མཁར་བདེ་གླིང་པ། ཉི་མ་གྲགས་སོགས་ཀྱིས་གཙོས་བུ་སློབ་བཞི་བརྒྱ་ལྷག་ཙམ་བྱུང་།

སྐུ་ཚེ་ཧྲིལ་པོར་བུ་སློབ་དང་ནད་པའི་དོན་དུ་ཉིན་མཚན་སྐྱོ་ངལ་མེད་པར་རྒྱལ་ཁམས་ཞབས་ཀྱིས་བཅགས། གསོ་རིག་གི་གཞུང་འཆད་པ་དང་། རྩོམ་པ། ཉམས་སུ་ལེན་པ་བཅས་ལ་གཞོལ། དགུང་ལོ་རེ་དྲུག་ལ་ཕེབས་པ་རབ་བྱུང་བཅུ་པའི་མེ་བྱི(སྤྱི་ལོ1576)ལོར་གཤེགས།

གྲུབ་ཆེན་ཐང་སྟོང་རྒྱལ་པོ། རྗེ་འདི་ཉིད་གཙང་ལ་སྟོད་གཡས་རུ་བྱང་མའི་ཆབ་འོག་འོལ་བ་ལྷ་རྩེ་རིན་ཆེན་སྡིངས་སྒང་དུ་ཞིང་པའི་ཁྱིམ་ཚང་ཞིག་ཏུ་ཡབ་རྡོ་རྗེ་རྒྱལ་མཚན་དང་། ཡུམ་རྒྱ་གར་ལྷ་མོ་གཉིས་ཀྱི་སྲས་སུ་རབ་བྱུང་དྲུག་པའི་ལྕགས་གླང(སྤྱི་ལོ1361)ལོར་སྐུ་འཁྲུངས། (སུམ་པ་མཁན་པོས་ཤིང་གླང་སྤྱི་ལོ1385ལོར་འཁྲུངས་པར་བཞེད)ཐོག་མའི་མཚན་ལ་གྲོ་བོ་དཔལ་ལྡན་ཞེས་གསོལ། དགུང་ལོ་ལྔ་ལ་ར་ལུག་འཚོ་བར་ཕེབས། ཕྱིས་པའི་དུས་ནས་སྒྱུང་གྲུང་འཛོམས་ལ་རིག་པ་རྣོ་བས་ཡབ་ཡུམ་གཉིས་ཀྱིས་དགོན་པ་བྱང་སྡིངས་སུ་ཆོས་སྐྱོང་དཔལ་བའི་དྲུང་དུ་ཀློག་ཡིག་སློབ་པར་བསྐྱལ། བོད་ཡིག་དང་། ལཉྫ་ཝརྟུ་སོགས་བརྡ་སྤྲོད་རིག་པའི་གནས་ལའང་མཁས་པར་གྱུར། སློབ་དཔོན་ཉི་མ་སེང་གེའི་དྲུང་དུ་རབ་ཏུ་བྱུང་ཞིང་། མཚན་བརྩོན་འགྲུས་བཟང་པོར་གསོལ། མཁན་ཆེན་དེའི་དྲུང་ནས་དོན་ཡོད་ཞགས་པའི་སྒྲུབ་ཐབས་དང་། རྒྱུད་ཀྱི་ལུང་སོགས་དང་། ངམ་རིང་ཆོས་སྡེའི་མཁས་པ་བློ་གྲོས་རྡོ་རྗེ་དང་། དཀོན་མཆོག་དར་ལས་རྣམ་འགྲེལ་དང་མངོན་རྟོགས་རྒྱན་སོགས་གསན་ཏེ་དཔལ་ལྡན་ས་སྐྱར་དཀའ་བཞིའི་གྲྭ་སྐོར་ལ་ཕྱིན། སྙན་གྲགས་དོན་གཉེར་མ་མཛད་པར་ངལ་བ་འཁྱེར་དུ་བཞེས་ནས་སྦྱོང་བརྩོན་གནང་བས་བརྩོན་འགྲུས་སྨིན་པ་ཟེར་བའི་མཚན་དེ་དུས་བཏགས་པར་གྲགས། དེ་རྗེས་མདོ་སྟོད་སྐྱ་རའི་དགོན་པ་ན་བཞུགས་པ་བཀའ་ལྡུ་པ་དཔལ་འབྱོར་ཤེས་རབ་ཀྱིས་མཁན་པོ་མཛད་དེ་ལས་སློབ་དད་པའི་དགེ་འདུན་གྲངས་ཚང་གི་དབུས་སུ་བསྙེན་རྫོགས་བཞེས་པའི་མཚན་བརྩོན་འགྲུས་བཟང་པོར་གསོལ། མཁས་དབང་དར་མ་དཔལ་བ་དང་ལྷ་གདོང་པ་བསོད་ནམས་མཆོག ཀུན་སྤངས་རིན་ཆེན་རྒྱལ་མཚན། རེད་མདའ་བ་གཞོན་ནུ་བློ་གྲོས་སོགས་ལས་གསང་སྔགས་གསར་རྙིང་དང་། ཆུའི་དཀའ་ཐུབ་ཀྱི་གདམས་པ་དང་། མེ་དང་རླུང་གི་སྒོམ་ཐབས་སོགས་མན་ངག་དུ་མ་གསན་ནས་ལོ་མང་རིང་གཅིག་ཏུ་མ་ངེས་པའི་དབེན་གནས་སུ་སྒོམ་སྒྲུབ་ལ་གཞོལ། དེ་ནས་བལ་ཡུལ་དུ་ཕེབས་ནས་ཛྷ་རོ་མ་ཏུ་ཛྷ་རས་གསེར་དངུལ་སོགས་ཆ་རྐྱེན་དུ་མཛད་ནས་འཕགས་པ་ཤིང་ཀུན་ལ་སྐུ་དཀར་གསོལ་ཞིང་། བྱ་རུང་ཁ་ཤོར་ལ་ཉམས་གསོ་ལེགས་པོ་མཛད། ལོ་བཅོ་བརྒྱད་ཙམ་རིང་བལ་ཡུལ་དང་རྒྱ་གར་ཕྱོགས་འགྲོན་བཞུད་ཀྱིས་རྡོ་རྗེ་

གདན་དང་། ཟངས་གླིང་སོགས་ལ་ཕེབས། གྲུབ་ཐོབ་མང་པོ་ལ་ཆོས་གསན། རྡོ་རྗེ་གདན་དང་ཉེ་བའི་གསང་བ་རྡོ་རྗེ་ཕུག་ཏུ་སྔགས་རྙིང་མའི་གྲུབ་ཐོབ་སྐལ་ལྡན་རྡོ་རྗེ་གྲགས་པ་ཞེས་པ་ལས་རྙིང་མའི་ཆོས་སྐོར་མ་ལུས་པ་གསན། ཉམས་རྟོགས་ཁྱད་པར་ཅན་རྒྱུད་ལ་འཁྲུངས། སླར་བོད་ལ་ཕེབས་ནས་ཟབ་ཆོས་དེ་དག་གཏེར་དུ་སྦས། དེ་ནས་ཡུམ་རྒྱ་གར་ལྷ་མོ་འདས་པའི་གདུང་རུས་ལ་སངས་རྒྱས་བྱང་སེམས་མང་པོའི་ས་པར་བཏབ་ནས་མཆོད་རྟེན་བརྩིགས་པ་དང་། གསུང་རྟེན་གསེར་བྲིས་ཀྱི་མདོ་སྡུད་པ། སྐུ་རྟེན་ལ་བྲིས་ཐང་བཞེངས་པ་བཅས་ནི་རྟེན་བཞེངས་ཀྱི་ཐོག་མ་ཡིན་གསུངས། རྗེ་འདི་ཉིད་ཀྱིས་རྗེ་བཙུན་རེ་མདའ་བ་དང་། སློ་ཁབ་ཤེས་རབ་བཟང་པོའི་དྲུང་ནས་གཤིན་རྗེ་གཤེད་དམར་ནག་འཇིགས་གསུམ་གྱི་དབང་དང་དུས་འཁོར་གྱི་དབང་སོགས་དང་། གཞན་ཡང་སྐྱེས་བུ་དམ་པ་མང་པོའི་དྲུང་ནས་ཟབ་ཆོས་མཐའ་ཡས་པ་གསན་ཅིང་། དབེན་གནས་རྣམས་སུ་དཀའ་ཐུབ། དུར་ཁྲོད་ལ་སོགས་པའི་གཉན་པའི་རི་ཁྲོད་དུ་མར་གསང་བའི་སྤྱོད་པས་འགྲོ་དོན་མཐའ་ཡས་པ་མཛད། ཐང་སྟོང་རྒྱལ་པོ་ཞེས་མཚན་ཐོགས་ཚུལ་ནི། ཁྱབ་གདལ་ཆེན་པོའི་ཐང་ཆེན་ན། སྟོང་ཉིད་རྟོགས་པའི་དལ་འབྱོར་བ། འཇིག་རྟེན་རྒྱལ་པོ་ལྟ་བུར་བཞུགས། དེ་ཕྱིར་ཐང་སྟོང་རྒྱལ་པོ་ཐོབ། ཅེས་གཙང་རྒྱལ་སྟེའི་ཐང་ཁར་བཞུགས་པའི་དུས་དེ་ནས་ཡོངས་གྲགས་སུ་གྱུར།

རྗེས་སུ་ཐང་སྟོང་རྒྱལ་པོ་མཆོག་གནས་ཡུལ་ངེས་མེད་དུ་རྒྱུ་བའི་རྣལ་འབྱོར་པ་ཞིག་ཏུ་གྱུར། དབུས་སུ་ཇོ་བོ་རིན་པོ་ཆེ་མཇལ་བར་ཕྱིན་དུས་ལྷ་སའི་སྐྱིད་ཆུའི་གྲུ་ལ་ཞུགས་སྐབས་གཉན་པ་གཞན་ལ་ཚིག་པ་ཟོས་ཏེ་ཁྱོད་ང་ལ་མ་དྲིས་པར་གྲུ་ལ་བཞུགས་པ་མི་འོས་ཞེས་གྲུ་དཔོན་གྱིས་ཚིག་རྩུབ་སྨྲས་ཤིང་། དབུ་ལ་ཤན་སྐྱ་གཞུས་པ་དང་ཆུ་ལ་བསྐྱུར་བས་ཐུགས་ཤིན་ཏུ་ཕམ་པ་ཞིག་བྱུང་། དེས་སྐུལ་རྐྱེན་གྱིས་ཉམ་ཐག་གི་སྐྱེ་བོ་ཇི་སྙེད་ཀྱང་དཀའ་སྡུག་དེ་འདྲ་མྱོང་དགོས་འདུག་དགོངས་ཤིང་ཨུ་རྒྱན་གྱི་སློབ་དཔོན་ཆེན་པོ་སོགས་བླ་མ་ཡི་དམ་མཁའ་འགྲོ་མང་པོས་ཡང་ཡང་བསྐུལ་བ་ལྟར་ཆུ་བོ་རྣམས་ལ་ལྕགས་ཟམ་འཛུགས་རྒྱུའི་དམ་བཅས། ཐོག་མར་རྣལ་འབྱོར་པ་སྤྱ་རིས་པ་སོགས་དང་འདུས་ཀྱི་སློབ་མ་ལྔ་བཅུ་ཙམ་ཁྲིད་དེ་སྤྱ་རྗེས་སུ་ཀོང་ཡུལ་སྟེང་རྩ་དང་། རྣ་ཁ། སྨན་མོ་སྒང་སོགས་སུ་ཕེབས་ནས་ལྕགས་ཀྱི་སློང་མོ་མཛད་པ་དང་དུས་མཚུངས་རང་ཉིད་འཁོར་བཅས་ཀྱང་ལྕགས་ཁ་སྤོག་འདོན་གྱི་ལས་ཀར་ཞུགས་ནས་ལྕགས་གཏེར་འབོར་ཆེན་བཏོན། གྲུབ་ཐོབ་རང་ཉིད་ཀྱང་ལྕགས་བཟོའི་ལག་གཡོག་མཛད། དབུས་གཙང་ཁམས་གསུམ་དང་མོན་ཡུལ་ལྷོ་འབྲུག་སོགས་ལ་ཕེབས་ནས་ལྕགས་མང་པོ་བསྡུབས། དཀྱུང་གྲངས་བདུན་ཅུ་པ་རབ་བྱུང་བདུན་པའི་ལྕགས་ཁྱི(སྤྱི་ལོ1430)ལོར་ལྷ་སའི་གཙང་པོར་ལྕགས་ཟམ་ཐོག་མ་དེ་བརྩིགས། དུས་དེ་ནས་བཟུང་གྲུབ་ཐོབ་ལྕགས་ཟམ་པ་ཞེས་གྲགས། ཐང་སྟོང་རྒྱལ་པོ་མཆོག་གིས་བག་གྲོང་འབྲི་ཆུ་དང་། རྨ་ཆུ། ཉག་ཆུ། ལྷོ་འབྲུག གངས་ལ་གླིང་ཁ། དཔལ་ཆུ་བོ་རི། བཞང་བཀྲ་ཤིས་

རྗེ། གཙང་སྟོད་ཡོངས་ཏུ། སྟོད་ལུང་། ཉ་འགོ་གྲུ་ཁ། འབྲི་གུང་ཆོས་འཁོར་སྒང་། གཞུ་སྣ། མོན་ཡུལ་འཇོམས་སོགས་ཆུ་ཀློང་ཆེན་པོ་རྣམས་ལ་ལྕགས་ཟམ་ལྔ་བཅུ་ང་བརྒྱད་བསྐྲུན། ཤན་ཆེན་དང་གྲུ་འདྲེས་པ་བརྒྱ་དང་བཅོ་བརྒྱད། ཤིང་ཟམ་དྲུག་ཅུ་ཐམ་པ་བཅས་བཙུགས། གསེར་གྱི་སློང་མོ་མཛད་དེ་ལྷ་ལྡན་ཇོ་བོ་རིན་པོ་ཆེར་གསེར་གྱི་ལྷུང་བཟེད་འབྲུ་སྣས་བཀང་བ་ཕུལ། ལྷ་ལྡན་གྱི་ལྕགས་པོ་རིར་ལྷ་ཁང་བཞེངས་ཤིང་སྨན་རྒྱལ་རི་ཞེས་མཚན་གསོལ། དེར་གཡུའི་སངས་རྒྱས་སྨན་བླ། དོན་ཡོད་གྲུབ་པ། རྗེ་བཙུན་སྒྲོལ་མ། དུང་ལས་གྲུབ་པའི་སྤྱན་རས་གཟིགས་ཀྱི་སྐུ་ཆེ་ཆུང་བདུན། བྱུ་རུ་ལས་གྲུབ་པའི་འོད་དཔག་མེད་དང་། ཚེ་དཔག་མེད་ཀྱི་སྐུ་སོགས་བཞེངས། གྲུབ་ཆེན་འདི་ཉིད་ཀྱི་སྐུ་ཚེའི་རིང་སྐུ་རྟེན་རྒྱབ་མཐོ་སུམ་ཅུ་སོ་བདུན་ཆེ་ཚད་དང་། ཆུང་ཚད་མཐེད་གང་ལས་བྱས་པའི་རིན་པོ་ཆེ་གསེར་དངུལ་གཡུ་བྱུར་མུ་མེན་སྤོས་ཤེལ་དུང་སོགས་ལས་གྲུབ་པ་བརྒྱ་ཕྲག་དུ་མ། འཇིམ་པ་ལས་གྲུབ་པ་རྒྱབ་མཐོ་ལྔ་བཅུ་ཙ་ལྔ་ནས་མཐོ་གསུམ་གྱི་བར་སྟོང་ཕྲག་ལྔ། གྲང་རིས་རས་བྲིས་བསམ་གྱིས་མི་ཁྱབ་པ། འདུ་ཁང་དང་གཙུག་ལག་ཁང་བརྒྱ་དང་ཉི་ཤུ། གསུང་གི་རྟེན་གསེར་ལས་གྲུབ་པའི་བཀའ་འགྱུར་ཞིག་གིས་མགོ་བྱས་བཀའ་འགྱུར་བཅོ་བརྒྱད། བསྟན་འགྱུར་བཅོ་ལྔ། ཐུགས་ཀྱི་རྟེན་དཔལ་རི་བོ་ཆེའི་མཆོད་རྟེན་ཆེན་པོའི་ཕྱོགས་རེ་ལ་ཟོ་འཛོམ་བཞི་བཅུ་ཡོད་པ་ཆེ་ཚད། ཕྱོགས་རེ་འཛོམ་བརྒྱད་ཡོད་པ་ཆུང་ཚད་བྱས་པའི་མཆོད་རྟེན་བརྒྱ་དང་བཅུ་གཅིག དབེན་གནས་ཐར་པ་གླིང་ལ་སོགས་པ་སྒྲུབ་སྡེ་མང་པོ་དང་། སེམས་ཅན་གྱི་སྲོག་སྐྱབ་པ། སྦས་ཡུལ་དང་མཐའ་འཁོབ་རྣམས་སུ་གནས་སྒོ་འབྱེད་པ། བོད་ཀྱི་ཆོས་རྒྱལ་སོགས་ཀྱི་རྣམ་ཐར་ཟློས་གར་གྱི་ལམ་ནས་སྟོན་པ་དེང་སང་ཨ་ཅེ་ལྷ་མོ་ཞེས་གྲགས་པའི་གཞུང་བཙམས་ཏེ་ལྷ་མོའི་སྲོལ་བཏོད། གསོ་བ་རིག་པའི་སྐོར་ལ་ཁོང་ནད་ཀུན་འཇོམས་རིལ་བུ་དཀར་པོ་དང་། གཉན་རིམ་འཇོམས་བྱེད་རིལ་བུ་དམར་པོ་སོགས་མན་ངག་མང་པོ་མཛད། གོང་མ་གྲགས་པ་རྒྱལ་མཚན་གྱིས་གྲུབ་ཐོབ་འདི་ཉིད་ལ་རྒྱལ་ཁྲིམས་ཆོས་བཞིན་དྲང་པོར་བསྲུང་རྒྱུའི་དམ་བཅའ་ཕུལ་བར་གྲགས། སྐུ་ཚེ་ཕྱིལ་པོར་བྱ་བྲལ་རྣལ་འབྱོར་པའི་སྤྱོད་པ་བསྐྱངས་ཤིང་གནས་ངེས་མེད་ལྷ་ཕུར་གང་སར་ཕེབས་ཏེ་རྣམ་དཀར་གྱི་མཛད་པ་བཟང་པོ་ཁོ་ནར་གཞོལ་བས། བོད་འབངས་སྐྱེ་འགྲོ་ཀུན་ལ་བཀའ་དྲིན་ཤིན་ཏུ་ཆེ། ཐུགས་སྲས་ཤེས་རབ་དཔལ་ལྡན། ཆོས་རྗེ་མང་ཡུལ་བ་འཕགས་པ་བློ་གྲོས་སོགས་སློབ་མ་ཡང་སྐུ་ཚེ་ལ་དབང་འབྱོར་བ་མང་དུ་བྱོན། མཐར་གྲུབ་ཆེན་དགུང་གྲངས་བརྒྱ་དང་ཉེར་ལྔ་ལ་ཕེབས་པ་རབ་བྱུང་བརྒྱད་པའི་ཤིང་སྦྲུལ་(སྤྱི་ལོ1485)ལོར་གཙང་སྟོད་གཙུང་རི་བོ་ཆེར་དགོངས་པ་གཞན་དོན་དུ་གཤེགས།

འགོས་ལོ་ཙཱ་བ་གཞོན་ནུ་དཔལ། རབ་བྱུང་བདུན་པའི་ཆུ་སྤྲེལ་(སྤྱི་ལོ1392)ལོར་ལྷོ་ཁ་འཕྱོངས་རྒྱས་ཁུལ་རྒྱས་སྨན་ལྷ་ཁང་གི་འདབ་འཁམ་པ་རའི་གྲོང་ནག་མེ་དགུ་ཟེར་བའི་སའི་ཆར་ཡབ་འགོས་སྟོན་འབྱུང་

གནས་རྫོ་རྗེ་དང་། ཡུམ་སྲི་ཐར་སྐྱིད་གཉིས་ཀྱི་སྲས་སུ་འཁྲུངས། དགུང་ལོ་དགུ་ལ་ཕེབས་སྐབས་སྤྱན་གཡས་མཁན་པོ་སངས་རྒྱས་དཔལ་བའི་དྲུང་དུ་རབ་ཏུ་བྱུང་། སློབ་དཔོན་ཤེས་རབ་དར་རྒྱས་ཀྱི་དྲུང་ནས་སྤྱོད་འཇུག་སོགས་གསན། དགུང་ལོ་བཅུ་གཉིས་ནས་ཉི་ཤུ་རྩ་གསུམ་གྱི་བར་དུ་རྩེད་ཐང་གི་མཁན་པོ་བསམ་བཟང་། སྟོན་པ་ཤཱཀྱ་པ། འཕན་པོ་ཐང་སག་གི་མཁས་པ་ཡེ་ཤེས་རྒྱལ་མཚན་སོགས་ལས་ཚད་མ་རྣམ་འགྲེལ་དང་། ཕར་ཕྱིན། བྱམས་ཆོས་སྡེ་ལྔ། དབུ་མ་རིགས་ཚོགས་དྲུག འདུལ་བ། མངོན་པ་གོང་འོག སེམས་བསྐྱེད། བདེ་མཆོག་བཅས་གསན། དགུང་ལོ་ཉེར་བཞི་པ་ལ་འོན་བཀྲ་ཤིས་རྫོ་ཁར་རྗེ་ཙོང་ཁ་པ་མཇལ་བར་ཕྱིན་ཏེ་བཀའ་གདམས་ལམ་རིམ་དང་། དབུ་མ། ན་རོ་ཆོས་དྲུག་བཅས་གསན། གཞན་ཡང་སྐྱིད་ཆེན་པ་ཤཱཀྱ་ཤྲཱི་དང་། སྤྱན་སྔ་རིན་ཆེན་འཕེལ། ཤངས་པ་ཀུན་མཁྱེན། གྲུབ་ཆེན་བསོད་ནམས་བློ་གྲོས་སོགས་སྐབས་དེར་བོད་དུ་ཡོངས་སུ་གྲགས་པའི་མཁས་པ་མང་པོ་བསྟེན་ནས་མདོ་སྔགས་ཀྱི་ཆོས་མཐའ་ཡས་པ་གསན། དེ་བཞིན་ཆོས་ལུགས་གྲུབ་མཐའ་རིས་མེད་ཀྱི་བླ་མ་མང་པོ་བསྟེན་པར་མཛད་དེ་ས་རྙིང་བཀའ་གསུམ་གྱི་ཆོས་སྐོར་མང་པོ་གསན་སྦྱོང་མཛད། རིག་གནས་ཀྱི་སྐོར་ལ་དུས་འཁོར་རྒྱུད་འགྲེལ་སྐར་རྩིས་དང་སྒྲ་རིག་སོགས་ལ་སྦྱངས་པ་རྩེར་སོན། མདོར་ན་བླ་མ་དྲུག་ཅུ་ལྷག་ཙམ་བསྟེན་ནས་མདོ་སྔགས་རིག་གནས་དང་བཅས་པ་ལ་མཁས་པར་གྱུར། སྐུ་གཞོན་ནུའི་དུས་ནས་སྐུ་ན་མཐོན་པོར་མ་ཕེབས་བར་ཉིན་ལྟར་ཤོག་བུ་མདའ་ཚད་མ་བཅོ་ལྔ་རེ་ཆག་མེད་བློ་འཛིན་གནང་ཐུབ་པ་དང་། ཆོས་གང་གསན་པ་དང་གཟིགས་པ་རྣམས་ཐེངས་རེ་རེ་ལ་ཁོང་དུ་ཆུད་ཐུབ་པའི་མཁྱེན་རབ་ཀྱི་རྩལ་ཆེན་པོ་ཡོད་པས། དགུང་ལོ་ཞེ་གཉིས་པར་རྒྱ་གར་གྱི་པཎྜི་ཏ་ཆེན་པོ་ནགས་ཀྱི་རིན་ཆེན་བོད་དུ་ཕེབས་པ་དང་མཇལ་ཏེ་ལོ་ལྔ་ཙམ་རིང་མདོ་སྔགས་ཀྱི་ཆོས་མང་དུ་གསན་ཅིང་། པཎྜི་ཏས་ཆོས་ནམ་གསུངས་ན་ཡང་དེའི་སྐད་སྒྱུར་ཐོག་མེད་དུ་མཛད་པས་པཎྜི་ཏས། དེང་སང་འཛམ་གླིང་ན་ཀུ་མ་ར་ཤྲཱི (གཞོན་ནུ་དཔལ) ལས་མཁས་པ་ངས་མ་མཐོང་ཞེས་བསྔགས་བརྗོད་མཛད། འགོས་ལོ་ཆེན་པོ་དགུང་ལོ་གྱ་ལྔ་ལ་ཕེབས་པ་རབ་བྱུང་བརྒྱད་པའི་མེ་སྤྲེལ (སྤྱི་ལོ1476) ལོར་བོད་ཀྱི་ལོ་རྒྱུས་དེབ་ཐེར་སྔོན་པོ་ཞེས་བྱ་བ་བརྩམས་དབུ་ཚུགས་ནས་ས་ཕག (སྤྱི་ལོ1479) ལོར་ལེགས་པར་གྲུབ། དེ་བཞིན་བསྟན་འགྱུར་ལས་བསྟན་པའི་གཏད་རབས་མགོ་མཇུག་མ་ཚང་བ་འདི་ཉིད་དང་། དཔལ་ཀྱི་རྡོ་རྗེའི་སྒྲུབ་ཐབས་རབ་ཏུ་གསལ་བ་ཞེས་བྱ་བ་བསྒྱུར། དུས་འཁོར་རྒྱུད་འགྲེལ་ཆེན་མོ་དང་། རྩིས་ཀྱི་བསྟན་བཅོས་འཁྲུལ་སེལ། དུས་འཁོར་དཀའ་འགྲེལ། འཕྲུལ་འཁོར་བཅུ་གཅིག་གི་ནང་དོན་རྣམ་པར་བཤད་པ། རྒྱུད་བླ་མའི་འགྲེལ་བཤད་ཆེན་མོ་སོགས་གསུང་རྩོམ་དང་འགྱུར་པོད་ཆེན་བཅུ་ཕྲག་ལྷག་བཞུགས། དགུང་ལོ་དགུ་བཅུ་ལ་ཕེབས་པ་རབ་བྱུང་བརྒྱད་པའི་ལྕགས་གླང (སྤྱི་ལོ1481) ལོར་སྐུ་གཤེགས།

རྒྱ་དཀར་བློ་གྲོས་རྒྱལ་མཚན། དཔལ་ས་སྐྱ་དགོན་གྱི་ཁྲི་པ་ཉི་ཤུ་པ་འདི་ཉིད་རྒྱ་དཀར་ཤེས་རབ་རྒྱལ་

མཚན་གྱི་གཙུང་པོ་ཡིན་ཞིང་། རབ་བྱུང་བདུན་པའི་ཤིང་བྱི（སྤྱི་ལོ1444）ལོར་ཡབ་འཇམ་དབྱངས་ནམ་མཁའ་རྒྱལ་མཚན་དང་ཡུམ་ཁྲི་མདའ་བའི་སྲས་མོ་མ་གཅིག་དཔལ་འབྱུང་རྒྱལ་མོ་གཉིས་ཀྱི་སྲས་སུ་ཤབ་དགེ་ལྡིང་གི་སའི་ཆ་ལྷུམ་མོ་གཡང་གྲོང་དུ་སྐུ་བལྟམས། དགུང་ལོ་བདུན་པ་ལྕགས་རྟ（སྤྱི་ལོ1450）ལོར་འཇམ་དབྱངས་ཀུན་མཆོག་བཟང་པོའི་དྲུང་ནས་རབ་ཏུ་བྱུང་། མཚན་བློ་གྲོས་རྒྱལ་མཚན་དཔལ་བཟང་པོ་ཞེས་གསོལ། དགུང་ལོ་བརྒྱད་པར་གཅེན་པོ་དང་ལྷན་དུ་ས་སྐྱར་ཁྲི་འདོན་མཛད། དགུང་ལོ་བཅུ་བཞི་པ་མེ་གླང（སྤྱི་ལོ1457）ལོར་མུས་ཆེན་སེམས་དཔའ་ཆེན་པོ་དཀོན་མཆོག་རྒྱལ་མཚན་ལས་དགེ་ཚུལ་གྱི་སྡོམ་པ་བཞེས། དགུང་ལོ་བཅུ་དགུ་པ་ཆུ་རྟ（སྤྱི་ལོ1462）ལོར་གདན་ས་ཆེན་པོ་རྗེས་བཞེས་མཛད། དགུང་ལོ་ཉེར་གཅིག་བཞེས་པ་རབ་བྱུང་བརྒྱད་པའི་ཤིང་སྤྲེལ（སྤྱི་ལོ1464）ལོར་སེམས་དཔའ་ཆེན་པོ་ནས་བསྙེན་རྫོགས་བཞེས། ལོ་དེར་ཁམས་ཕྱོགས་སུ་ཕེབས་ནས་ཁུལ་དེར་ལོ་ལྔ་ཙམ་བཞུགས་ཏེ་སླར་ས་སྐྱ་དགོན་དུ་ཕྱིར་ཕེབས། དགུང་ལོ་ཉེར་དགུ་བཞེས་པ་རབ་བྱུང་བརྒྱད་པའི་ཆུ་འབྲུག（སྤྱི་ལོ1472）ལོར་བཞི་ཐོག་བླ་བྲང་ཆོས་གཞིས་དང་བཅས་པ་གཅེན་པོ་ལ་ཕུལ་ཏེ་བྱ་བྲལ་ཁོ་ནར་ཐུགས་གཏད། ནོར་བུ་ཁྱུང་རྩེ་དང་འཕན་པོ་ན་ལེནྡྲར་ཕེབས་ཏེ་སླར་ས་སྐྱར་ཆིབས་བསྒྱུར། དགུང་ལོ་ང་གཉིས་པ་རབ་བྱུང་བརྒྱད་པའི་ཤིང་ཡོས（སྤྱི་ལོ1495）ལོར་ཞི་བར་གཤེགས།

རྒྱ་དཀར་ཤེས་རབ་རྒྱལ་མཚན། དཔལ་ས་སྐྱ་དགོན་གྱི་ཁྲི་པ་བཅུ་དགུ་པ་འདི་ཉིད་ཡབ་འཇམ་དབྱངས་ནམ་མཁའ་རྒྱལ་མཚན་དང་། ཡུམ་ཁྲི་མདའ་བའི་སྲས་མོ་མ་ཅིག་དཔལ་འབྱུང་རྒྱལ་མོ་གཉིས་ཀྱི་སྲས་སུ་རབ་བྱུང་བདུན་པའི་མེ་འབྲུག（སྤྱི་ལོ1436）ལོར་སྐུ་བལྟམས། དགུང་ལོ་ཉེར་བདུན་བཞེས་པ་རབ་བྱུང་བརྒྱད་པའི་ཆུ་རྟ（སྤྱི་ལོ1462）ལོར་མདོ་སྨད་དུ་ཕེབས་སྐབས་ལམ་འཛོལ་ནས་ཧོར་གྱི་ཡུལ་ཞིག་ཏུ་འགྱོར། ཐོག་མར་སྐད་བརྡ་མི་འཕྲོད་ཀྱང་ས་སྐྱའི་སྐྱེས་ཆེན་དམ་པ་ཡིན་པར་རྟོགས་ནས་འགྲོ་དོན་རྒྱ་ཆེར་འཕེལ། དེ་ནས་གྲུབ་རྫ་ཞེས་པའི་ཡུལ་ཤིན་ཏུ་མཐོ་ཞིང་ཆུ་མེད་ས་ཞིག་ཏུ་ཕེབས་པས་རྗེ་འདིས་ཐག་ལ་ཕུར་པ་བཙུགས་ནས་ཆུ་བཏོན་པ་དང་། ཁ་བ་ཆེན་པོ་བབས་ནས་འགྲོ་ལམ་མི་རྙེད་པའི་ཚེ་འབྲོང་རྐྱང་ཤ་བ་སོགས་ཀྱིས་ལམ་སྣ་ཁྲིད་པ་སོགས་གྲུབ་པའི་རྟགས་མཚན་དུ་མ་བསྟན་པ་སོགས་རྣམ་ཐར་ངོ་མཚར་ཤིན་ཏུ་ཆེ། མཐར་དགུང་ལོ་ང་དགུ་བཞེས་པ་རབ་བྱུང་བརྒྱད་པའི་ཤིང་སྟག（སྤྱི་ལོ1494）ལོར་ཤབ་དགེ་སྡིངས་སུ་སྐུ་གཤེགས།

རྒྱལ་བ་དགེ་འདུན་གྲུབ་པ། རྗེ་ཙོང་ཁ་པ་ཆེན་པོའི་དངོས་སློབ༸རྒྱལ་དབང་སྐུ་ཕྲེང་དང་པོ་ཐམས་ཅད་མཁྱེན་པ་དགེ་འདུན་གྲུབ་པ་མཆོག་ནི། གཙང་རུ་ལག་གི་སའི་ཆ་དཔལ་ལྡན་ས་སྐྱའི་ཉེ་འདབས་སྲད་ཀྱི་ལུང་ལག་གུར་མོ་རུ་བ་ཞེས་པའི་འབྲོག་སྡེ་ཞིག་ཏུ་ངར་ཚོའི་རིགས་ཡབ་མགོན་པོ་རྡོ་རྗེ་དང་། ཡུམ་ཇོ་མོ་ནམ་མཁའ་སྐྱིད་གཉིས་ཀྱི་སྲས་སུ་རབ་བྱུང་བདུན་པའི་ལྕགས་ལུག（སྤྱི་ལོ1391）ལོར་སྐུ་བལྟམས།

མཚན་པདྨོ་རྡོ་རྗེར་གསོལ། དགུང་ལོ་ལྔ་བཞེས་སྐབས་གྲོང་པ་གཞན་གྱི་ར་རྫི་མཛད་སྐབས་རྡོ་ལ་མ་ཎི་མང་པོ་འབྲི་གནང་བ་མཐོང་ལ་རྒྱུ་ཡོད་པར་གྲགས། དགུང་ལོ་བདུན་ལ་ཕེབས་པའི་ཚེ་ཡབ་འདས། ལོ་དེར་སྣར་ཐང་དུ་ཕེབས། ཟས་གོས་ཤིན་ཏུ་བཀྲེན་ན་ཡང་སྐུ་ཡོན་སྦྱོང་བ་ལ་ལྷག་པར་སྤྲོ། དེ་ནས་དཔལ་སྣར་ཐང་གི་མཁན་རབས་བཅུ་བཞི་པའི་སྤྲུལ་སྐུ་རྗེ་གྲུབ་པ་ཤེས་རབ་ལས་དགེ་བསྙེན་གྱི་སྡོམ་པ་བཞེས། མཚན་པདྨ་རྡོ་རྗེ་རང་སོར་བཞག བརྒྱ་སྟོན་ཙནྡྲ་དང་ཤཱཀྱ་དཔལ་ལས་བོད་ཡིག་དང་། ལ་ཉ་ཕར་ཧོར་ཡིག་སོགས་གསན་སྦྱོང་མཛད་པས་ཚེགས་ཆུང་ངུས་མཁས་པར་མཁྱེན། དགུང་ལོ་བཅོ་ལྔ་པ་ཤིང་བྱ(སྤྱི་ལོ1405)ལོར་དཔལ་སྣར་ཐང་གི་མཁན་ཆེན་གྲུབ་པ་ཤེས་རབ་དང་ཆེན་པོ་བློ་ལྡན་གཉིས་ཀྱི་དྲུང་ལས་རབ་ཏུ་བྱུང་ཞིང་དགེ་ཚུལ་གྱི་སྡོམ་པ་མནོས་ཏེ་མཚན་དགེ་འདུན་གྲུབ་པ་དཔལ་ཞེས་གསོལ། དེ་རྗེས་སྣར་ཐང་གི་པཎྜི་ཏ་ཆེན་པོ་སངྒྷ་ཤྲཱི་ལ་སློན་ངག་མེ་ལོང་དང་། མངོན་བརྗོད་འཆི་མེད་མཛོད། སྒྲ་མཚམས་སྦྱོར་ལྔ་པ་སོགས་དང་། གཏུམ་པོ་དཀར་པོའི་རྗེས་གནང་སོགས་ཆོས་བཀའ་དུ་མ་གསན། དགུང་ལོ་ཉི་ཤུ་པ་ལྕགས་སྟག(སྤྱི་ལོ1410)ལོར་གྲུབ་པ་ཤེས་རབ་ཀྱིས་མཁན་པོ་དང་། སློབ་དཔོན་ཆེན་པོ་བློ་ལྡན་པས་ལས་ཚོག་པ་དང་། ཆེན་པོ་གྲགས་པ་ཤེས་རབ་པས་གསང་སྟེ་སྟོན་པ་མཛད་དེ་བསྙེན་པར་རྫོགས་པའི་དགེ་སློང་གི་དངོས་པོ་བརྙེས། མཁན་རིན་པོ་ཆེ་ལས་ཀྱི་རྗེར་དང་། དོན་ཞགས་སོགས་མང་དུ་ཞུས། རྣམ་འགྲེལ་དང་ཏྲིཀྐ་ཕྱུགས་འཛིན་མཛད། དགུང་ལོ་ཉེར་ལྔ་པ་ཤིང་ལུག(སྤྱི་ལོ1415)ལོར་དབུས་སུ་ཕེབས་ཏེ་ཁྲ་འབྲུག་ཏུ་སེམས་པ་ཆེན་པོ་ཀུན་བཟང་དང་། ཐང་སོ་ཆེར་རོང་སྟོན་ཤཱཀྱ་རྒྱལ་མཚན་གྱི་ཞབས་ལ་གཏུགས་ནས་དབུ་མ་དང་ཕར་ཕྱིན་གསན། འོན་བཀྲ་ཤིས་རྡོ་ཁར་རྗེ་ཙོང་ཁ་པ་དང་མཇལ་ཏེ་ཚད་མ་རྣམ་ངེས། དྲང་ངེས་རྣམ་འབྱེད། རྩ་ཤེ། བློ་མ་ལྔ་བཅུ་པ། རྩ་ལྟུང་རྣམ་བཤད་སོགས་མང་དུ་ཞུས། ཐང་པོ་ཆེར་ཉི་མ་རྒྱལ་མཚན་ལས་གསང་འདུས་མི་བསྐྱོད་པ། འཇིགས་བྱེད་བཅུ་གསུམ་མ། གཤེད་དམར་བཅུ་གསུམ་མ། ལྷ་ལྔ་སོགས་གསན། གསང་ཕུ་ནེའུ་ཐོག་དང་རི་བོ་དགའ་ལྡན་དུ་ཕར་ཕྱིན་ཚུར་ཕྱིན་མཛད་ནས་ལོ་གསུམ་ཙམ་བཞུགས། དགུང་ལོ་ཉེར་བདུན་བཞེས་པ་ནས་འབྲས་སྤུངས་དགོན་དང་སེ་ར་ཆོས་སྡིངས། འཕན་ཡུལ་གྲོ་པ་སོགས་སུ་ཕྱིན། དམར་སྟོན་དཔལ་ལྡན་རིན་ཆེན་དང་། རྒྱ་མཚོ་རིན་ཆེན་གཉིས་ལས་ལོ་གཉིས་རིང་མདོ་རྩ་བ་དང་མངོན་པ་ལེགས་པར་གསན། དགུང་ལོ་སོ་ལྔ་པ་ཤིང་སྦྲུལ(སྤྱི་ལོ1425)ལོར་གསང་ཕུའི་འཆད་ཉན་མཛད། དེ་ལྟར་དབུས་ལ་ལོ་བཅུ་གཉིས་བཞུགས། སོ་དྲུག་པ་མེ་རྟ(སྤྱི་ལོ1426)ལོར་རྗེ་ཤེས་རབ་སེང་གེ་དང་ལྷན་དུ་གཙང་ལ་ཕེབས། བྱང་ཆེན། རི་ཁུད། བྲག་དམར་སོགས་སུ་བཞུགས། འཆད་ཉན་སྨར་ཞིང་གྲྭ་ཚོགས་འཕེལ་བར་མཛད། དགུང་ལོ་བཞི་བཅུར་འཇུག་ཏྲིཀྐ་བརྩམས། ལ་སྟོད་ལྷོ་བྱང་རྣམས་སུ་བྱ་བྲལ་འཆད་ཉན་མཛད། དགུང་ལོ་ཞེ་གཉིས་པར་བོ་དོང་ཕྱོགས་ལས་རྣམ་རྒྱལ་དང་མཇལ་ཏེ་སློལ་མ་ཉེར་གཅིག་པ་དང་།

བཅུ་བདུན་མ། དཀར་སྟོ་སོགས་ཆོས་དཔག་མེད་གསན། ཏྲི་བ་དུ་མ་མཛད་པར་ལན་བདེ་བླག་ཏུ་ཕུལ་བས་ཐུགས་ཤིན་ཏུ་མཉེས་ཏེ་ཐམས་ཅད་མཁྱེན་པ་ཞེས་པའི་མཚན་གསོལ། དེ་ནས་ས་སྐྱ། རྒྱང་འབུམ་ཆེར་ཕེབས་སྐབས་རྟེན་འབྱུང་མཐའ་བྲལ་གྱི་དོན་ལ་ངེས་པ་རྙེད་ཅིང་དེ་ཚུན་ཆད་སྙིང་རྗེ་གསུམ་གྱིས་དུས་འདའ་བར་བྱུང་། ལོ་དེ་ཙམ་ལ་ཚད་མ་རྣམ་འགྲེལ་གྱི་ཊཱི་ཀ་བརྩམས། དགུང་ལོ་ཞེ་གསུམ་ན་དབུ་མ་རྩ་ཤེའི་རྣམ་བཤད་རིན་པོ་ཆེ་ཕྲེང་བ་བརྩམས། དགུང་ལོ་ཞེ་དྲུག་ལ་བྱང་ཆེན་དུ་ཐེག་ཆེན་ཕོ་བྲང་ཆེན་མོ་བཏབ། དགུང་ལོ་ཞེ་བདུན་ནས་དོན་ཅུ་དོན་དགུ་བར་ཚད་མ་རིགས་རྒྱན་དང་། འདུལ་བའི་སྙིང་འབུམ། ས་ཐར་གྱི་ཊཱི་ཀ། འདུལ་བའི་བསླབ་ཁྲིམས་ཆེན་མོ་སོགས་དཔེ་ཆ་མང་པོ་ལྷུག་རྩོམ་གནང་། དགུང་ལོ་ཞེ་བརྒྱད་པ་ས་རྟ(སྤྱི་ལོ1438)ལོར་དབུས་སུ་ཕེབས། བྱང་རྗེ་ཆོས་རྗེ་ནམ་མཁའ་དཔལ་བ་དང་། ཟུར་ཁང་བསོད་ནམས་ལྷུན་གྲུབ། སྤྱན་སྔ་རིན་ཆེན་འཕེལ་སོགས་ལས་ཆོས་མང་དུ་ཞུས། དགུང་ལོ་ལྔ་བཅུ་པ་ལྕགས་སྤྲེལ(སྤྱི་ལོ1440)ལོར་ཤེས་རབ་སེང་གེ་དང་ལྷན་དུ་སྣར་གཙང་ལ་ཕེབས་ཏེ་སྣར་ཐང་དང་། བྱང་ཆེན་སོགས་སུ་འདུལ་བའི་འཆད་ཉན་གཙོ་བོར་མཛད། དེ་ནས་རྗེ་ཤེས་རབ་སེང་གེའི་དགོངས་རྫོགས་སུ་ནང་རྟེན་ཐུབ་ཆེན་བཞེངས། དགུང་ལོ་ང་བདུན་པ་རབ་བྱུང་བརྒྱད་པའི་མེ་ཡོས(སྤྱི་ལོ1447)ལོར་བཀྲ་ཤིས་ལྷུན་པོ་དཔལ་གྱི་ཆོས་སྡེ་ཆེན་པོ་ཕྱོགས་ཐམས་ཅད་ལས་རྣམ་པར་རྒྱལ་བའི་གླིང་ཕྱག་བཏབ་ནས་བྱམས་ཆེན་སྐུ་གསུང་ཐུགས་རྟེན་བསམ་གྱིས་མི་ཁྱབ་པ་བཞེངས། དགོན་པའི་སྦྱིན་བདག་དར་རྒྱས་པ་དང་བསོད་ནམས་དཔལ་བཟང་གིས་མཛད། དགེ་འདུན་སུམ་སྟོང་ལྷག་འདུས། དཔལ་གསང་འདུས་ཀྱི་སྒོ་ནས་རབ་གནས་མཛད། དགོན་པའི་གཞི་རྟེན་དུ་དར་རྒྱས་དཔོན་གྱིས་གཞིས་མཁར་གྱི་ཡོང་སྒོ་ཕུལ། ཤིང་རྟ་ལོར་ཚོ་འཕྲུལ་སྨོན་ལམ་ཆེན་མོ་གསར་འཛུགས་གནང་། དགོན་པ་བཏབ་ནས་ལོ་ཉི་ཤུ་རྩ་བརྒྱད་ཀྱི་བར་བསྟན་པའི་བདག་པོ་མཛད་དེ་འཆད་ཉན་ནམ་ཡང་ཆག་པ་མེད་པར་གནང་། པཎ་ཆེན་དགེ་འདུན་གྲུབ་པ་ཞེས་མཚན་སྙན་གྱིས་ཡོངས་སུ་ཁྱབ་ཅིང་། དེ་ནས་བཟུང་བཀྲས་ལྷུན་གྱི་གདན་ས་པ་སུས་མཛད་ལ་པཎ་ཆེན་ཞེས་པའི་མཚན་སྙན་གྲགས་ཁྱབ། དགུང་ལོ་གྱ་བཞི་པ་རབ་བྱུང་བརྒྱད་པའི་ཤིང་རྟ(སྤྱི་ལོ1474)ལོའི་བོད་ཟླ་བཅུ་གཉིས་པའི་ཚེས་བདུན་ཉིན་སྔས་ཀྱི་ཐུ་བོ་འདུལ་འཛིན་དཔལ་ལྡན་བཟང་པོ་སོགས་སྐུ་དྲུང་དུ་འབོད་ནས་ཞལ་བཀོད་རིམ་པར་མཛད། མཚན་མོའི་རིང་ཐུགས་དམ་ལ་རྩེ་གཅིག་ཏུ་མཉམ་པར་བཞག ཚེས་བརྒྱད་ཀྱི་ཐོ་རངས་ཞབས་རྡོ་རྗེ་དཀྱིལ་ཀྲུང་། ཕྱག་གཉིས་མཉམ་བཞག་མཛད་དེ་གཞིའི་འཆི་རིམ་ལམ་གྱི་འོད་གསལ་དང་བསྲེས་ནས་ཐམས་ཅད་སྟོང་པ་འོད་གསལ་ལ་ཟླ་བ་དེའི་ཉེར་གཉིས་བར་བཞུགས། སྐུ་གདུང་བཀྲས་ལྷུན་གྱི་དདུལ་སྡོང་མཐོང་བ་དོན་ལྡན་ནང་བཞུགས།

ཐམས་ཅད་མཁྱེན་པ་དགེ་འདུན་གྲུབ་པ་དཔལ་བཟང་པོ་མཆོག་གིས་སྟ་ཕྱིར་ཡོངས་འཛིན་ལྔ་བཅུ

སྐོར་གྱི་ཞབས་ལ་གཏུགས་པ་རྣམས་ཀྱི་ནང་ནས་ཁྱད་པར་བཀའ་དྲིན་མཚུངས་མེད་མཁན་ཆེན་གྲུབ་པ་ཤེས་རབ་དང་། རྗེ་ཤེས་རབ་སེང་གེ་གཉིས། སྐྱེ་བ་ཐམས་ཅད་དུ་བཀའ་དྲིན་ཆེ་བ་རྗེ་བཙུན་ཙོང་ཁ་པ་ཆེན་པོ་བློ་བཟང་གྲགས་པའི་དཔལ་ཞེས་གསུངས། སྤྱིར་དགུང་ལོ་སོ་ལྔ་ནས་གྱ་བཞིའི་བར་དམ་པའི་ཆོས་ཀྱི་འཆད་ཉན་མཛད་པས་སྐལ་བ་དང་ལྡན་པའི་གདུལ་བྱ་མཁས་པ་དང་། བཙུན་པ་དང་། བཟང་པོ་དང་། རྣལ་འབྱོར་ལ་བརྟེན་པའི་སློབ་མས་གངས་རིའི་ཁྲོད་མ་ཁྱབ་པ་མི་སྣང་ལ་གཙོ་བོ་ནི་འདུལ་འཛིན་དཔལ་ལྡན་བཟང་པོ་དང་། རྡོ་རྗེ་སློབ་དཔོན་བཟང་པོ་བཀྲ་ཤིས། འཇམ་པའི་དབྱངས་ཀུན་དགའ་བདེ་ལེགས་རིན་ཆེན་རྒྱལ་མཚན་དཔལ་བཟང་པོ། རབ་འབྱམས་པ་བསྟན་པའི་ཉི་མ། སྨོན་ལམ་དཔལ་ལེགས་པའི་བློ་གྲོས། མཁན་ཆེན་བཟོད་པ་དཔལ་གྲུབ། མཁན་ཆེན་ཤེས་རབ་རྒྱལ་མཚན་སོགས་མང་།

བཀའ་རྩོམ་ལ། ཤར་གངས་རི་མ་སོགས་ཉམས་མགུར་སྒྲུབ་ཐབས་བསྟོད་ཚོགས་དང་། དབུ་མའི་ལྟ་ཁྲིད། ཚབ་ཤོག སྨོན་ལམ་སོགས་གསུང་ཐོར་བུ་བ་སྣ་ཚོགས་ཀྱི་སྐོར། ཐེག་པ་ཆེན་པོའི་བློ་སྦྱོང་དོན་བདུན་མའི་འགྲེལ་ཡིག དཔལ་གསང་བ་འདུས་པའི་སྒོ་ནས་རབ་གནས་བྱེད་པའི་ཆོ་ག་མདོར་བསྡུས་པ། དབུ་མ་རྩ་བ་ཤེས་རབ་ཀྱི་ངག་དོན་བཤད་པ་རིན་པོ་ཆེའི་འཕྲེང་བ། དབུ་མ་ལ་འཇུག་པའི་རྣམ་བཤད་དགོངས་པ་རབ་ཏུ་གསལ་བའི་མེ་ལོང་། འདུལ་བའི་སྙིང་འབུམ་ཆེན་མོ། མདོ་ཊཱི་ཀཱ་སོགས་པུ་ཏི་བདུན་ཙམ་བཞུགས།

རྒྱལ་བ་དགེ་འདུན་རྒྱ་མཚོ། རྒྱལ་དབང་སྐུ་ཕྲེང་གཉིས་པ་དགེ་འདུན་རྒྱ་མཚོ་གཚོག་ནི་གཙང་རྟ་ནག་བསྲེགས་ཧེ་བཞད་མཐོང་སྨོན་རྫོང་ཡོངས་སུ་གསང་སྔགས་གསར་སྙིང་གི་བསྟན་པའི་བདག་པོ་རྡོ་རྗེ་འཆང་ཀུན་དགའ་རྒྱལ་མཚན་དང་། མ་གཅིག་ཀུན་དགའ་དཔལ་མོའི་སྲས་སུ་རབ་བྱུང་བརྒྱད་པའི་མེ་སྤྲེལ(སྤྱི་ལོ1476)ལོར་སྐུ་འཁྲུངས། མཚན་སངས་རྒྱས་འཕེལ་ཞེས་གསོལ། དགུང་ལོ་གསུམ་དང་བཞིའི་རིང་ཨོ་མ་ལུང་རི་ཁྲོད་དུ་ཡབ་ཀྱིས་སྐུ་ཡོན་སྦྱོང་། དགུང་ལོ་བདུན་ལ་ཐོས་བསམ་གླིང་གི་ཀུན་མཁྱེན་ཆོས་འཁོར་དཔལ་བཟང་གིས༧རྒྱལ་བ་དགེ་འདུན་གྲུབ་པའི་སྤྲུལ་སྐུར་ངོས་འཛིན་མཛད། དགུང་ལོ་བརྒྱད་ལ་བཀྲ་ཤིས་ལྷུན་པོར་ཐེབས་ནས་པཎ་ཆེན་ལུང་རིག་རྒྱ་མཚོ་དང་མཇལ། དགུང་ལོ་བཅུ་པ་ལ་པཎ་ཆེན་ལུང་རིག་རྒྱ་མཚོ་ལས་རབ་ཏུ་བྱུང་། མཚན་དགེ་འདུན་རྒྱ་མཚོའི་དཔལ་ཞེས་གསོལ། པཎ་ཆེན་རིན་པོ་ཆེའི་དྲུང་དུ་ཚད་མ་རྣམ་འགྲེལ་གྱི་གཞུང་ཡང་རྒྱུགས་འབུལ་མཛད་ནས་གཞུང་ཆེན་པོ་ལ་སློབ་གཉེར་གནང་། ལོ་དེར་གནས་སྙིང་ཆོས་རྗེ་ཀུན་དགའ་བདེ་ལེགས་པར་དགེ་ཚུལ་བསྒྲུབས། དགུང་ལོ་བཅུ་བདུན་ལ་དབུ་ཕར་གྱི་གཞུང་ལ་ཐུགས་གཉེར་མཛད། དགུང་ལོ་བཅོ་བརྒྱད་པར་དབུ་མའི་འཛིན་གྲྭར་ཐེབས། དགུང་ལོ་བཅུ་དགུ་ལ་འཇམ་དབྱངས་ལེགས་པ་ཆོས་འབྱོར་གྱི་གདན་ཞུས་ལྟར་

འབྲས་སྤུངས་སུ་ཕེབས། དགུང་ལོ་ཉེར་གཅིག་ལ་གནས་སྙིང་ཆོས་རྗེའི་དྲུང་དུ་བསྙེན་རྫོགས་ཀྱི་སྡོམ་པ་བཞེས། དགུང་ལོ་ཉེར་གསུམ་ལ་པཎ་ཆེན་མཆོག་ལྷ་འོད་ཟེར་གྱིས་འཕྱོངས་རྒྱས་རི་བོ་བདེ་ཆེན་དུ་གདན་དྲངས་ནས་ཆོས་ཀྱི་འཁོར་ལོ་རྒྱ་ཆེར་བསྐོར། དེར་གནས་པའི་མཁས་པ་རྣམས་ཀྱིས་སྐུ་ན་ཕྲ་མོ་འདི་ལྟ་བུ་ལ་བློ་གྲོས་ཕུལ་དུ་བྱུང་བ་དེ་འདྲ་བ་ནི༧རྒྱལ་དབང་ཉིད་ཀྱི་འཕྲིན་ལས་གཟུགས་སུ་གྲུབ་པ་ཡོང་མ་ཆག་ཅེས་དང་གུས་ཕུལ་དུ་བྱུང་བ་མཛད། སྣེ་གདོང་གོང་མ་ངག་དབང་བཀྲ་ཤིས་གྲགས་པ་རྒྱལ་མཚན་ཆེན་པོས་ཀྱང་གཟིགས་སྐྱོང་ཆེན་པོ་གནང་། རྗེ་མཆོག་གིས་རྩེད་ཐང་ཁྲུམས་རྭ་ཆེན་མོའི་གྲུང་ཞབས་སུ་རྒྱལ་བ་ཙོང་ཁ་པའི་འདྲ་སྐུ་བཞེངས། དགའ་ལྡན་ལྔ་མཆོད་ཀྱི་མཆོད་པ་བཟང་པོ་གསར་དུ་བཙུགས། དགུང་ལོ་ཉེར་ལྔ་ལ་ལྷ་སར་ཕེབས། འཇམ་དབྱངས་དགའ་བའི་བཤེས་གཉེན་དང་མཁས་གྲུབ་ནོར་བཟང་རྒྱ་མཚོ་སོགས་བླ་མར་བསྟེན་ནས་མདོ་སྔགས་ཀྱི་གདམས་པ་ཡོངས་སུ་རྫོགས་པ་གསན། འཆད་རྩོད་རྩོམ་གསུམ་གྱིས་བསྟན་པའི་རྒྱལ་མཚན་བླ་ཏུ་བསྒྲེངས། དགུང་ལོ་སོ་བཞི་པ་རབ་བྱུང་དགུ་པའི་ས་སྦྲུལ(སྤྱི་ལོ1509)ལོར་དྭགས་སྟོད་རྒྱལ་དུ་དཔལ་ལྡན་དམག་ཟོར་མའི་བླ་མཚོ་མཇལ་བར་ཕེབས་ཏེ་ལྷ་མོའི་བླ་མཚོའི་ཉེ་འགྲམ་དུ་ཆོས་རྒྱལ་ཨ་མོ་གྷས་སྦྱིན་བདག་མཛད་ནས་ཆོས་འཁོར་རྒྱལ་གཙུག་ལག་ཁང་ཀ་ཆེན་བདུན་ཅུ་དང་། གཙང་ཁང་ཀ་ཆེན་བརྒྱད། དགོན་ཁང་ཀ་བཞི་བཅས་ཁྱོན་གྱི་བརྒྱད་ཀྱི་ཆོས་འཁོར་རྒྱལ་མེ་ཏོག་ཐང་གི་དགོན་པ་ཕྱག་བཏབ། རྟེན་གཙོར་བཟོ་བོ་བལ་པོ་ཉི་མ་དཔལ་གྱིས་བཞེངས་པའི་གསེར་ཟངས་ཀྱི་བྱམས་ཆེན་བཞུགས། དགུང་ལོ་སོ་བདུན་ལ་རྒྱལ་ལྷ་ཐོག་ཏུ་ལྷ་མོའི་བླ་མཚོའི་གནས་སྒོ་ཕྱེ་བར་མཛད། དེ་ནས་པཎ་ཆེན་ཡེ་ཤེས་རྩེ་མོའི་གདན་ཞུས་ལྟར་བཀྲ་ཤིས་ལྷུན་པོར་ཕེབས་ཏེ་ཁྲི་ཐོག་ལྔ་པ་མཛད། དགུང་ལོ་སོ་བརྒྱད་ལ་འོལ་དགའ་དང་ཆོས་འཁོར་རྒྱལ་ཁུལ་དུ་གོང་དམག་དང་འབྲི་གུང་པའི་དམག་ལྷགས། དགུང་ལོ་ཞེ་གཉིས་ལ་ཐོས་བསམ་གླིང་གི་བློ་བཟང་བཤེས་གཉེན་དང་། ཤར་རྩེ་བློ་གྲོས་རྒྱ་མཚོ་གཉིས་ཁྲི་ཚབ་ཏུ་བསྐོ་གཞག་གནང་ནས་གདན་ཞུས་ལྟར་འབྲས་སྤུངས་སུ་ཕེབས། དགུང་ལོ་ཞེ་གསུམ་ལ་འབྲས་སྤུངས་ཀྱི་ཁྲི་པ་དགུ་པ་མཛད། རྗེ་ཙོང་ཁ་པ་མཆོག་གིས་ལྷ་ལྡན་སྨོན་ལམ་ཆེན་མོ་གསར་འཛུགས་གནང་ནས་ལོ་དགུ་བཅུ་གོ་གཅིག་རིང་སྐར་ཆགས་སུ་ཚུགས་ཀྱང་སྐྱིད་ཤོད་ཀྱི་ཁ་བདག་རིན་སྤུངས་པས་མཛད་ནས་ལོ་ཉི་ཤུའི་རིང་གསང་ཕུ་བ་དང་། ཀརྨ་པ་སོགས་ཁེར་རྐྱང་གིས་སྨོན་ལམ་ཚུགས་པ་དེ་སྐོར་རྗེ་ཉིད་ཀྱིས་ཕག་གྲུ་གོང་མར་སེ་འབྲས་གཉིས་སྨོན་ལམ་ལ་ཞུགས་ཚོག་པའི་སྙན་སེང་བཀའ་འཕྲོལ་བྱུང་དོན་ས་སྟག(སྤྱི་ལོ1518)ལོར་སྨོན་ལམ་གྱི་ཚོགས་དབུ་མཛད། འདི་ལོ་ནས་སེ་འབྲས་དགེ་གསུམ་སླར་ཡང་སྔར་རྒྱུན་ལྟར་སྨོན་ལམ་ཆེན་མོ་ཚུགས་པར་ཕེབས། སྣེ་གདོང་གི་མི་དབང་གོང་མ་ཆེན་པོ་བཀྲ་ཤིས་གྲགས་པས་འབྲས་སྤུངས་ཀྱི་མཆེར་ཤག་རྫོ་ཁང་སྟོན་མོ་རྗེ་འདི་ལ་ཕུལ་རྗེས་མིང་དགའ་ལྡན་ཕོ་བྲང་དུ་བསྒྱུར། དགུང་ལོ་ཞེ་དགུ་ལ་ཆོས་འཁོར་རྒྱལ་དུ་གསེར་

ཟངས་ཀྱི་རྗེ་བཙུན་མི་ཕམ་མགོན་པོའི་སྐུ་མདོ་བཅུའི་ཚད་དང་ལྡན་པ་ཞིག་གསར་བཞེངས་མཛད། དགུང་ལོ་ང་གཉིས་ལ་སྡེ་སྲིད་ངག་དབང་བཀྲ་ཤིས་གྲགས་པ་སོགས་ཀྱིས་གསོལ་བ་བཏབ་པ་བཞིན་སེ་ར་ཐེག་ཆེན་གླིང་གི་གདན་ས་ཡང་མཛད། དགུང་ལོ་རེ་དྲུག་ལ་འོན་མངའ་རིས་གྲྭ་ཚང་དུ་ཆོས་གྲྭ་བཙུགས། སྤྱི་ཁྱེར་བཀྲས་ལྷུན་དང་། འབྲས་སྤུངས། སེ་ར་སོ་སོའི་མཁན་པོ་མཛད། བཀའ་རྩོམ་མཚན་བརྗོད་དྲང་ངེས་རྣམ་དབྱེ། དབུ་མའི་ལྷ་ཁྲིད། བསྟོད་ཚོགས། སྟོང་ཉིད་བདུན་ཅུ་པ། སྨོན་ལམ་བདུན་ཅུ། སྒྲོལ་མ་ཉེར་གཅིག་གི་རྣམ་བཤད། གྲུབ་མཐའ་རྒྱ་མཚོར་འཇུག་པའི་གྲུ་གཟིངས་སོགས་པོ་ཏི་ལྔ་ཙམ་བཞུགས་ཤིང་། རྒྱ་གར་གྱི་ཚུ་བོ་གནྡའི་ཚུན་ཆད་སྐད་ངག་ལ་མཁས་པར་གྲགས། གསུང་ལས་སྐྱེས་པའི་སློབ་མ་ཁྲི་རིན་པོ་ཆེ་བདེ་བ་ཅན་པ་ཆོས་རྗེ་དགེ་ལེགས་དཔལ་བཟང་སོགས་མང་དུ་ཕྱིན། དགུང་ལོ་རེ་བདུན་ལ་ཕེབས་པ་རབ་བྱུང་དགུ་པའི་ཆུ་སྟག(སྤྱི་ལོ1542)ལོའི་བོད་ཟླ་གསུམ་པའི་ཚེས་བརྒྱད་ཉིན་འབྲས་སྤུངས་དགའ་ལྡན་ཕོ་བྲང་དུ་ཞི་བར་གཤེགས། སྐུ་གདུང་དངུལ་སྡོང་ཞིག་འབྲས་སྤུངས་ཚོགས་ཆེན་དུ་བཞུགས།

རྒྱལ་བ་འབུམ་ཕྲག་གསུམ་པ། རྗེ་འདི་ཉིད་འཇམ་གསར་ལྷ་སྡིངས་ཞེས་གྲགས་པའི་འདབས་ཁང་དམར་ཐག་ཁང་དུ་རབ་བྱུང་བདུན་པའི་ཆུ་གླང(སྤྱི་ལོ1433)ལོར་སྐུ་བལྟམས། དགུང་ལོ་བདུན་པ་ལ་སེམས་པ་ཆེན་པོ་གཞོན་ནུ་རྒྱལ་མཆོག་ལས་རབ་ཏུ་བྱུང་། དེ་ནས་པཎ་ཆེན་སངས་རྒྱས་སེང་གེ། བྱང་སེམས་བློ་གྲོས་རིན་ཆེན། དོལ་ཕྲུག་ཆོས་བཟང་བཅས་ལས་གཞུང་ཆེན་པོ་ལ་གསན་པ་བཙལ། དཔལ་ལྡན་ས་སྐྱ་དགོན་དུ་བཀའ་བཅུའི་བཤད་པ་མཛད། འབྲས་ཡུལ་སྐྱེད་ཚལ་དུ་ཀུན་མཁྱེན་བྱམས་ཆེན་རབ་འབྱམས་པའི་ཞབས་པད་བསྟེན། རྗེ་འདི་དང་། རྩེད་ཐང་སངས་ལྷུན། ཞ་ལུ་དཀའ་བཅུ་པ་གསུམ་ལ་གསུམ་འཛིན་པའི་བཀའ་གནང་ཕེབས། རྗེ་འདིས་ཟླ་བ་གཅིག་ལ་ཐུགས་སུ་སྩིན། ཚིག་དོན་གྱི་བཤད་པས་ཀུན་མཁྱེན་ཆོས་རྗེ་འདུས་ཚོགས་དང་བཅས་པ་ལེགས་བཤད་བདུད་རྩིའི་མཆོད་པས་མཉེས་ཏེ། འབུམ་ཕྲག་པ་ཞེས་པའི་མཚན་སྙན་ཐོབ། དེ་ནས་སྒྲ་པ་ཤེས་རིན་དང་། ཤངས་པ་ཀུན་དགའ་དཔལ་ལྡན་ལ་སྒྲ་ཀ་བཙན་སོགས་རིག་གནས་ཆེ་ཆུང་ལ་སྦྱངས་པ་དཔྱིས་ཕྱིན་པས་པཎྜི་ཏ་ཞེས་པའི་མཚན་ཐོབ། དགུང་ལོ་སུམ་ཅུ་པ་ལ་བྱམས་ཆེན་ཆོས་རྗེས་མཁན་པོ། གོ་རམས་ཆེན་པོས་ལས་སློབ། ཞ་ལུ་བ་དཀའ་བཅུ་པས་དུས་གོ་བ་མཛད་དེ་བསྙེན་པར་རྫོགས། དགུང་ལོ་སོ་གཅིག་པ་ཆུ་ལུག(སྤྱི་ལོ1463)ལོར་ངམ་རིངས་སུ་ཤེར་ཕྱིན་སྟོང་ཕྲག་བརྒྱ་པ་ལ་བཤད་པའི་སྲོལ་ཆེན་མོ་བཏོད། དགུང་ལོ་སོ་གཉིས་པ་ལ་གློ་བོ་སྨོན་ཐང་གི་ཆོས་སྡེར་འབུམ་གྱིས་གསོས་པའི་གཞུང་ལུགས་བརྒྱ་ལ་མཁས་པའི་དཀའ་སྟོན་བསྒྲུབས། རྒྱལ་བློན་འབངས་བཅས་པ་ངོ་མཚར་གྱི་དཔལ་ལ་བཀོད་པས་འདོད་རྒྱུའི་མཆོད་པ་རྒྱ་ཆེར་ཕུལ། དགུང་ལོ་སོ་བཞི་པ་ནས་ལོ་བཅུ་གསུམ་རིང་བློ་གསལ་དོན་གཉེར་ཉིས་བརྒྱ་སྐོར་ལ་ལེགས་བཤད་ཀྱི་བདུད་རྩི་ཅི་

དགར་བརྩལ། དགུང་ལོ་ཞེ་བདུན་པ་ནས་ལོ་བཅུའི་རིང་གནས་ངེས་མེད་དུ་འཆད་པའི་རྩོལ་བ་ལ་ཞུགས། དགུང་ལོ་ལྔ་བཅུ་ང་བདུན་པ་ས་བྱ(སྤྱི་ལོ1489)ལོར་གཙང་སྟོད་བསོད་རྒྱལ་གྱིས་མཐུན་པའི་རྐྱེན་སྦྱར་ཏེ་དཔལ་མཉན་ཡོད་བྱ་རྒོད་གཤོངས་ཀྱི་ཆོས་གྲྭ་ཆེན་པོ་བཏབ། དེའི་ཕྱི་ལོ་འཕགས་མཆོག་ཀླུ་སྒྲུབ་རྒྱལ་ཚབ་ཏུ་དབང་བསྐུར། རྗེ་ཉིད་ལོ་བཅུ་གསུམ་རིང་གནས་ངེས་མེད་དུ་ཟབ་སྔགས་ཀྱི་ཆོས་ཀྱི་འཁོར་ལོ་བསྐོར། དགུང་ལོ་བདུན་ཅུ་པ་ལ་འཕགས་མཆོག་དག་པའི་དབྱིངས་སུ་གཤེགས་པས། རྗེ་ཉིད་ཀྱིས་སྣར་མཉན་ཡོད་དུ་སྔགས་ཀྱི་ཆོས་འཁོར་བསྐོར། སྟོན་པ་འཁོར་གནས་བརྟན་གྱིས་བསྐོར་བ་དྲིའི་གཙུག་ལག་ཁང་དང་བཅས་པ་བཞེངས།

རྗེ་འདི་ཉིད་ཀྱིས་མདོ་སྔགས་ཀྱི་ཟབ་ཆོས་གསན་ཚུལ་ཡང་། རྗེ་ངོར་ཆེན་ཡབ་སྲས་ལ་ས་སྐྱ་ངོར་ལུགས་ བདག་ཆེན་རྒྱ་གར་བ་དང་རྣལ་འབྱོར་པ་བསྟན་འཛིན་དཔལ་སོགས་ལ་ས་སྐྱ་རྫོང་ལུགས། བཤེས་གཉེན་བློ་གྲོས་རྒྱལ་མཚན་ལ་རྗེ་བཙུན་པོ་དོང་པའི་དེ་ཉིད་འདུས་པ། སྟག་ལུང་ངག་དབང་གྲགས་པ་ལ་དྭགས་པོ་བཀའ་བརྒྱུད་དང་རས་ཆུང་སྙན་བརྒྱུད་སོགས། མཁྱེན་རབ་ཡོན་ཏན་དཔལ་འབྱུང་ལ་ཤངས་པ་བཀའ་བརྒྱུད་དང་རི་ཆོས་སོགས་མང་དུ་གསན་ནས་ལེགས་པར་དགོངས་པས་དུས་འདའ་ཞིང་། བཤད་སྒྲུབ་ཀྱི་བསྟན་པ་ཆེས་ཆེར་གསལ་བར་མཛད། ཁྱད་པར་རིགས་པའི་གནད་ཟབ་མོས་བློ་གསལ་ལ་ངེས་པ་བདེ་བླག་ཏུ་སྐྱེ་བ་ལ་རྗེ་འདི་ཉིད་བཀའ་དྲིན་བླ་ན་མེད་དུ་ཆེ། ཐུགས་ལས་སྐྱེས་པའི་སློབ་མ་ཡང་། ཐུགས་སྲས་འཕགས་མཆོག་ཀླུ་སྒྲུབ། ཨར་སྟོན། བློ་གྲོས་རྒྱ་མཚོ། ཀུན་མཁྱེན་ལྷུགས་ཐང་ཆོས་རྗེ། རྒྱལ་བ་དཀོན་མཆོག་དཔལ་བ། ཕྱོ་བྱང་གི་ལྷ་དབང་རྣམ་གཉིས། འཇམ་མགོན་བློ་གྲོས་བཀྲ་ཤིས་སོགས་བསམ་གྱིས་མི་ཁྱབ་པ་བྱོན། མཐར་དགུང་གྲངས་དོན་གཉིས་ལ་ཐེབས་པ་རབ་བྱུང་བརྒྱད་པའི་ཤིང་བྱི(སྤྱི་ལོ1504)ལོར་དགོངས་པ་གཞན་དོན་དུ་གཤེགས།

རྒྱལ་བ་ཡོན་ཏན་རྒྱ་མཚོ། ༧རྒྱལ་དབང་སྐུ་ཕྲེང་བཞི་པ་འདི་ཉིད་རབ་བྱུང་བཅུ་པའི་ས་གླང(སྤྱི་ལོ1589)ལོའི་བོད་ཟླ་དང་པོའི་ཚེས་གཅིག་ཉིན་ཡབ་སོག་པོ་ཧོང་གོར་གྱི་རྒྱལ་རྒྱུད་ཐུ་མེད་ཐའི་ཇི་དང་ཡུམ་བྷ་ཁེན་ཕྱུར་གཉིས་ཀྱི་སྲས་སུ་སོག་ཡུལ་མཁར་སྟོན་པོའི་ས་ཆེན་ཆོས་འཁོར་དུ་སྐུ་བལྟམས། འབྲུངས་ལྟས་བཟང་པོ་དུ་མ་བྱུང་བ་ཕྱི་རྒྱུར་སྐད་གྲགས་ཆོད་ཀྱང་ཡབ་ཚང་གིས་གསང་རྒྱ་ཆེན་པོ་མཛད། སྐབས་དེར་བོད་ཕྱོགས་ནས་༧རྒྱལ་དབང་བསོད་ནམས་རྒྱ་མཚོའི་ཡང་སྲིད་རྩད་གཅོད་སྐོར་ལྷ་ལྡན་ལུང་བསྟན་ཇི་མཐུན་བྱུང་བས། སྐུ་གོང་མའི་གསོལ་དཔོན་བསོད་ནམས་རྒྱ་མཚོ་སོགས་སོག་ཡུལ་དུ་ཆེད་བརྫོང་གིས་ཆུང་སྲིད་འདི་ཉིད་དགུང་ལོ་གསུམ་པའི་ཐོག་བསོད་ནམས་རྒྱ་མཚོའི་ཡང་སྲིད་དུ་ངོས་འཛིན་ཞུས། རབ་བྱུང་བཅུ་པའི་ཆུ་འབྲུག(སྤྱི་ལོ1592)ལོར་བོད་ནས་ཕྱག་མཛོད་ཆེན་མོ་དཔལ་ལྡན་རྒྱ་མཚོ་དང་སྣེ་གདོང་གོང་མ། གོང་དཀར་ཞབས་དྲུང་སོགས་དབུས་གཙང་གི་སྡེ་དཔོན་མི་དྲག་ཁག་དང་།

གདན་ས་གསུམ་གྱི་འབྲས་མི་བཅས་ནས་མཆོག་སྤྲུལ་རིན་པོ་ཆེ་གདན་འདྲེན་ཕྱིར་སོག་ཡུལ་དུ་ཐོན་སྐབས་དགའ་ལྡན་ཁྲི་ཟུར་རྒྱལ་ཐང་རྗེ་པ་དཔལ་འབྱོར་རྒྱ་མཚོས་ཐམས་ཅད་མཁྱེན་པ་ཡོན་ཏན་རྒྱ་མཚོ་དཔལ་བཟང་པོ་ཞེས་པའི་མཚན་འབུལ་ཤོག་ལྷེ་དང་སྨྲགས་བོད་དུ་འཕྲལ་མར་གདན་ཞུ་ཐུབ་ཐབས་བྱས་ཀྱང་ཡབ་ཡུམ་གཉིས་སྲས་ལ་ཐུགས་བརྩེ་ཆེ་བས་རིམ་འགྱངས་པོ་ནས་བཀོལ་ཏེ་དགུང་ལོ་བཅུ་བཞི་བར་སོག་ཡུལ་རང་དུ་བཞུགས་དགོས་བྱུང་མཐར་ཆུ་ཡོས(སྤྱི་ལོ1603)ལོར་བོད་དུ་གདན་དྲངས་ཏེ་འབྲས་སྤུངས་དགའ་ལྡན་ཕོ་བྲང་གི་བཞུགས་ཁྲིར་ཞབས་སོར་འཁོད། དེ་རྗེས་ལྷ་ལྡན་གཙུག་ལག་ཁང་དུ་ཇོ་བོ་ཤཱཀྱ་མུ་ནེའི་སྤྱན་སྔར་དགའ་ལྡན་ཁྲི་ཟུར་སངས་རྒྱས་རིན་ཆེན་གྱིས་མཁན་པོ་མཛད་དེ་རབ་ཏུ་བྱུང་ནས་དགེ་ཚུལ་གྱི་དངོས་པོ་བཞེས། པཎ་ཆེན་བློ་བཟང་ཆོས་ཀྱི་རྒྱལ་མཚན་མཆོག་ནས་མདོ་སྔགས་ཀྱི་ཆོས་བཀའ་མང་པོ་འབུལ་བཞེས་མཛད། པཎ་ཆེན་རིན་པོ་ཆེ་རྗེ་འདིའི་དབུ་བླར་བཞེས། དེ་ནས༧རྒྱལ་དབང་མཆོག་མལ་གྲོ་བ་དང་ཛིང་ཕྱི་སོགས་ལ་གནས་གཟིགས་གནང་ཞིང་། རྒྱལ་མེ་ཏོག་ཐང་གི་གདན་སར་ཕེབས་ཏེ་གནས་གཟིགས་དང་ཆོས་འཁོར་རྒྱ་ཆེར་བསྐོར། ༧རྒྱལ་བའི་བཀའ་བཞིན་འོན་རྒྱལ་སྲས་དོན་ཡོད་ཆོས་ཀྱི་རྒྱ་མཚོས་མདོ་སྔགས་ཨ་མདོའི་ཡུལ་དུ་དགོན་ལུང་ཕྱག་བཏབ། མེ་རྟ(སྤྱི་ལོ1606)ལོར་ཡར་ཀླུང་ཕྱོགས་ཀྱི་གནས་རྟེན་རྣམས་མཇལ་བར་ཕེབས། མེ་ལུག(སྤྱི་ལོ1607)ལོར་གཙང་ཕྱོགས་སུ་གནས་གཟིགས་སུ་ཕྱིན། ལྕགས་ཕག(སྤྱི་ལོ1611)ལོར་འབྲས་སྤུངས་སུ་བཞུགས་ཏེ་པཎ་ཆེན་རིན་པོ་ཆེ་གདན་ཞུས་ཀྱིས་རྡོ་རྗེ་ཕྲེང་བ་སོགས་ཆོས་འབྲེལ་རྒྱ་ཆེར་གསན། ལོ་དེར་གཙང་པ་དཔོན་ཞང་ཐུགས་འདོད་མ་མཉམ་པར་བརྟེན་གཙང་དཔུང་གཏོད་ཆེ་བ་ཡར་རྒྱབ་ཏུ་འབྱོར། ཡར་རྒྱབ་ཞབས་དྲུང་ངག་དབང་བདུད་འདུལ་གྲགས་པ་དཔོན་སློབ་གསོལ་སྐལ་གྱི་སྟེང་དུ་བཞུགས་དགོས་པའི་ནང་ཞིག་ཏགས་ཐོན་བྱུང་རྗེས༧རྒྱལ་བ་རིན་པོ་ཆེའི་མཚན་ལ་མཐུ་སྟོབས་རྒྱ་མཚོ་ཞེས་བསྒྱུར། ཆུ་བྱི(སྤྱི་ལོ1612)ལོར་སྟོ་འབྲུག་ཕྱོགས་སུ་ཆིབས་བསྐྱོད་ཀྱིས་སྤུ་གྲོམ། ཐེབ་ཕྲུ། དར་དཀར་སོགས་སུ་རིམ་ཕེབས་མཛད་དེ་ཆོས་འབྲེལ་རྒྱ་ཆེར་གནང་། ཕྱག་དང་མ་ཎི་གྲངས་གསོག་དང་། སྲོག་གཅོད་སྤོང་བ་སོགས་ཀྱི་དམ་བཅའ་ཞུ་མི་མང་དུ་བྱུང་།

དགུང་ལོ་ཉེར་དྲུག་པར་པཎ་ཆེན་བློ་བཟང་ཆོས་རྒྱན་གྱིས་མཁན་པོ་དང་། སྤྲུལ་སྐུ་བསོད་ནམས་དགེ་ལེགས་དཔལ་བཟང་གིས་ལས་སློབ་གནང་སྟེ་བསྙེན་རྫོགས་ཀྱི་སྡོམ་པ་བཞེས། དེ་རྗེས་འབྲས་སྤུངས་དགོན་གྱི་ཁྲི་ཐོག་བཅུ་གསུམ་པ་དང་། སེ་ར་དགོན་གྱི་ཁྲི་ཐོག་བཅོ་ལྔ་པའི་ཐུགས་འགན་གཅིག་ཟློགས་སུ་བཞེས། དགེ་འདུན་རྒྱལ་མཚན་དང་། པཎ་ཆེན་བློ་བཟང་ཆོས་རྒྱན། གཟིམ་ཁང་གོང་སྤྲུལ་སྐུ། རྗེ་ནོར་བུ་བ་སོགས་ལ་མདོ་སྔགས་ཀྱི་ཆོས་ཚུལ་རགས་རིམ་གསན་བཞེས་མཛད། མེ་འབྲུག(སྤྱི་ལོ1616)ལོར་རྒྱ་ནག་ཏཱ་མིང་རྒྱལ་པོས་བླ་མ་བསོད་ནམས་བློ་གྲོས་ཅན་གདོང་ཁྲབ་བདག་རྡོ་རྗེ་འཆང་ཞེས་པའི་

མཚན་དང་། ཐམ་ག འབུལ་བ་བཅས་ཕུལ་ཏེ་རྒྱ་ཡུལ་དུ་ལྷ་ཁང་གསར་བཞེངས་ལ་རབ་གནས་སུ་གདན་དྲངས་ཀྱང་འབྲས་སྤུངས་དགའ་ལྡན་ཕོ་བྲང་ནས་རབ་གནས་གནང་། རྒྱ་ཡུལ་དུ་བཞེངས་པའི་མཆོད་ཁང་ནང་ཕྱག་ནས་འཕྱག་རྒྱུ་ཡོད་པ་དང་། རྟེན་འགའ་ཞིག་གི་ཐུགས་ཀར་མེ་ཏོག་དངོས་སུ་བཟུང་བ། གཡང་ཡིབ་ཆུ་ཚན་ཁར་རྗེ་ལ་ཞབས་རྗེས་གསལ་བར་བྱུང་བ་སོགས་རྫུ་འཕྲུལ་བསྟན་པར་མཛད། ལོ་དེའི་བོད་ཟླ་བཅུ་གཉིས་པའི་ཚེས་བཅུ་བཞི་ཉིན་དགོངས་པ་གཞན་དོན་དུ་གཤེགས། སྐབས་དེར་དགུང་ལོ་ཉེར་བདུན་ལ་ཕེབས།

༧རྒྱལ་བ་ཡོན་ཏན་རྒྱ་མཚོ་སྐུ་གཤེགས་པའི་གདུང་ཞུགས་སུ་ཕུལ་བར་ཐུགས་ལྷགས་སྦྱིན་གསུམ་དང་། དབུ་ཐོད་སོགས་ནས་རིང་བསྲེལ་མང་པོ་ཕེབས་པས་ཁལ་ཁ་ཚེ་ཁྱུར་གྱིས་དད་རྟེན་དུ་དབུ་ཐོད་དང་། ཐུ་མེད་ཐའི་ཇེས་ཐུགས་སོགས་རང་རང་གི་ཡུལ་དུ་སྤྱན་དྲངས། ཁལ་ཁ་ཚེ་ཁྱུར་གྱིས་སྦྱིན་བདག་དང་། ཕྱག་མཛོད་བསོད་ནམས་རབ་བརྟན་གྱིས་ཐུགས་ཁུར་བཞེས་ཏེ་རིང་བསྲེལ་སོགས་གཟུངས་སུ་ཕུལ་བའི་དངུལ་གྱི་གདུང་རྟེན་བཞེངས་པ་འབྲས་སྤུངས་ཚོགས་ཆེན་ལ་བཞུགས་སུ་གསོལ།

རྒྱལ་བ་བསོད་ནམས་རྒྱ་མཚོ། ༧རྒྱལ་དབང་སྐུ་ཕྲེང་གསུམ་པ་བསོད་ནམས་རྒྱ་མཚོ་མཆོག་ནི་ལྷ་ས་སྐྱིད་ཤོད་སྨད་སྟོད་ལུང་མདའ་སྐྱུར་པོ་རྩེ་ཁང་གསར་གོང་དུ་ཡབ་སྡེ་པ་རྣམ་རྒྱལ་གྲགས་པ་དང་། ཡུམ་དཔལ་འཛོམས་བུ་ཁྲིད་གཉིས་ཀྱི་སྲས་སུ་རབ་བྱུང་དགུ་པའི་ཆུ་ཡོས(སྤྱི་ལོ1543)ལོའི་བོད་ཟླ་དང་པོའི་ཚེས་བཅོ་ལྔ་ཉིན་སྐུ་བལྟམས། འཁྲུངས་མ་ཐག་ར་མ་དཀར་མོའི་འོ་མ་ཞལ་ལ་གསོལ་བ་དང་མཚན་ཡང་ར་ནུ་སྲི་ཆོད་དཔལ་བཟང་ཞེས་གསོལ། དགུང་ལོ་གསུམ་ནས༧རྒྱལ་བ་དགེ་འདུན་རྒྱ་མཚོའི་དུས་ཀྱི་མཛད་པ་རྣམ་ཐར་རྗེས་སུ་དྲན་ཏེ་དེ་དང་དེའི་ངང་ཚུལ་ཁོ་ན་མཛད་ཅིང་། ཞལ་ནས་ཀྱང་དེ་བཞིན་དུ་གསུང་བ་ཞིག་བྱུང་བས༧རྒྱལ་བ་དགེ་འདུན་རྒྱ་མཚོར་སྐན་གྲགས་ཁྱབ་པ་བཞིན་ཞབས་དྲུང་གདུང་རྒྱུད་རིན་པོ་ཆེ་མི་དབང་བསོད་ནམས་གྲགས་པ་རྒྱལ་མཚན་སོགས་ནས༧རྒྱལ་བ་དགེ་འདུན་རྒྱ་མཚོའི་སྤྲུལ་སྐུར་ངོས་འཛིན་ཞུས། དགུང་ལོ་བཞི་ལ་ཕེབས་སྐབས་ཕྱག་ཕྲིས་འབྲི་ཀློག་སོགས་ལ་བརྩོན་པར་མཛད། དེའི་ལོར་འབྲས་སྤུངས་དགའ་ལྡན་ཕོ་བྲང་གི་གསེར་ཁྲིར་ཕེབས། པཎ་ཆེན་བསོད་ནམས་གྲགས་པའི་དྲུང་ནས་དགེ་བསྙེན་གྱི་སྡོམ་པ་བཞེས། མཚན་བསོད་ནམས་རྒྱ་མཚོ་དཔལ་བཟང་པོ་བསྟན་པའི་ཉི་མ་ཕྱོགས་ལས་རྣམ་རྒྱལ་དུ་གསོལ། དགུང་ལོ་ལྔ་ལ་ཆོས་འཁོར་རྒྱལ་དུ་ཕེབས། དགུང་ལོ་བདུན་ཐོག་པཎ་ཆེན་བསོད་ནམས་གྲགས་པ་མཆོག་གི་སྐུ་དྲུང་ནས་དགེ་ཚུལ་གྱི་སྡོམ་པ་བཞེས། དེ་ནས་པཎ་ཆེན་མཆོག་ལས་ཚེ་དབང་གྲུབ་རྒྱལ་མ་དང་། རྣམ་སྲས་སེར་ཆེན། འདོད་ཁམས་དབང་མོ་སོགས་ཀྱི་རྗེས་གནང་དང་དབང་། ཆོས་རྗེ་ལེགས་པའི་དོན་གྲུབ་ཀྱི་དྲུང་ནས་འཇིགས་བྱེད་ཀྱི་ཐུགས་བཀྲ། ཤར་རྩེ་ལེགས་པ་དོན་གྲུབ་ནས་འཇམ་དཀར་སོགས་མདོ་དང་སྔགས་ཀྱི་ཟབ་ཆོས་མང་པོ་གསན་པ་དང་། ཆོས་སྡེ་རྣམས་སུ

གསུང་ཆོས་ཀྱང་བསྩལ། དགུང་ལོ་བདུན་ཡན་ལ་ཆེ་དཔག་མེད་ཀྱི་སྔགས་འབུམ་ཕྲག་བཅུ་གསུམ། དབྱངས་ཅན་མའི་བསྙེན་པ་ས་ཡ་ལྔ། སྐྱབས་འགྲོ་འབུམ་ཕྲག་བཞི། དགུང་ལོ་བཅུ་པ་ཆུ་བྱི（སྤྱི་ལོ1552）ལོར་འབྲས་སྤུངས་ཀྱི་ཁྲིར་ཕེབས། དེའི་ཕྱི་ལོར་ལྷ་ལྡན་སྨོན་ལམ་ཆེན་མོའི་ཚོགས་དབུར་ཕེབས། དགུང་ལོ་བཅུ་གཅིག་ཡན་ལ་གུར་གྲགས་ཀྱི་སྔགས་འབུམ་ཕྲག་ཉིས་བརྒྱ། དགུང་ལོ་བཅུ་གསུམ་ལ་ཆོས་འཁོར་རྒྱལ་དུ་ཕེབས། ཡི་གེས་ཁྱུང་ནག་གི་སྔགས་འབུམ་གཅིག དེ་ལོ་ཡང་འབྲས་སྤུངས་སུ་དམིགས་བརྩེ་མ་འབུམ་ཕྲག་བཞི་བཅས་མཛད། མེ་འབྲུག（སྤྱི་ལོ1556）ལོར་ཡར་གླང་སྣེ་གདོང་པ་དང་། འཕྱོངས་རྒྱས་ནང་སོ་མ་མཐུན་པར་སྡེ་གཟར་ཆེ་བ་ལངས་པས་བར་འདུམ་དུ་ཕེབས་ཏེ་ཞི་འཇགས་བྱུང་བ་སོགས་ཀུན་གྱིས་སྤྱི་མོས་ཆེ། ས་ལུག（སྤྱི་ལོ1559）ལོར་སྣེ་གདོང་གོང་མ་ཆེན་མོ་ངག་གི་དབང་ཕྱུག་བཀྲ་ཤིས་གྲགས་པ་རྒྱལ་མཚན་ནས་ཀྭན་དེང་ཏའི་གུ་ཤྲཱི་ཧོང་ཏང་གི་མཚན་གནས་དང་། ཕྱག་དམ་དམར་པོ་གནང་ཚིག་པའི་བཀའ་ཤོག་ཕུལ། ཆུ་ཁྱི（སྤྱི་ལོ1562）ལོར་ཆར་ཤུགས་རྒྱས་ཆེར་ལྷ་སར་ཆུ་ཉེན་ཆེན་པོ་བྱུང་རྐྱེན་དེའི་ཕྱི་ལོར་ལྷ་ལྡན་སྨོན་ལམ་ཆེན་མོའི་རྗེས་འབྲེལ་དགེ་འདུན་རྣམས་ནས་རྫ་བོའི་རགས་རྫོ་སྐྱོལ་བའི་སྲོལ་བཟང་འཛུགས་པར་མཛད། དགུང་ལོ་ཉི་ཤུ་རྩ་གཅིག་ལ་མཁས་གྲུབ་དགེ་ལེགས་དཔལ་བཟང་པོས་མཁན་པོ་དང་། བསྟན་པ་དར་རྒྱས་ཀྱིས་ལས་སློབ། དགེ་འཕེལ་ཆོས་རྗེ་ཕྱོགས་ལས་རྣམ་རྒྱལ་བས་གསང་སྟོན། ལྷ་བཙུན་བསོད་ནམས་དཔལ་བཟང་གིས་དུས་བསྒོ་བ་མཛད་དེ་དགེ་སློང་གི་སྡོམ་པ་བཞེས། དེ་ནས་དགེ་བའི་བཤེས་གཉེན་ཀུན་བཟང་རྩེ་པ་དང་། དཔལ་ལྡན་ས་སྐྱ་པའི་བསྟན་འཛིན་ཆེན་པོ་ཚར་ཆེན་བློ་གསལ་རྒྱ་མཚོ། རྗེ་བདེ་བ་ཅན་པ་སོགས་མཁས་གྲུབ་དུ་མ་ལས་ཆོས་བཀའ་མང་པོ་དང་གཞུང་ཆེན་ལ་གསན་བསམ་མཛད། དགུང་ལོ་ཉེར་ལྔ་ལོར་གཙང་དུ་ཕེབས་ནས་སེར་སྐྱ་རྣམས་ལ་ཆོས་འཁོར་རྒྱ་ཆེར་བསྐོར། དགུང་ལོ་ཉེར་དྲུག་ཐོག་འབྲས་སྤུངས་སུ་ཕེབ་བདེ་ལེགས་བཤད་སྒྲིང་གསར་འཛུགས་གནང་། དགུང་ལོ་ཉེར་བརྒྱད་ཐོག་ཆོས་འཁོར་རྒྱལ་གྱི་གདན་སའི་ཆོས་སྡིང་ཕྱི་ནང་གསང་གསུམ་གྱི་རྟེན་རྣམས་གསར་དུ་བཞེངས། དགུང་ལོ་སོ་གསུམ་ལ་ཡར་ལུང་དུ་དུས་ཟིང་སྐབས་རྗེ་ཉིད་ཀྱིས་ཆིངས་མཛད་དེ་ཞི་བར་གྱུར། དགུང་ལོ་སོ་གཅིག་ལ་རྣམ་རྒྱལ་གྲྭ་ཚང་ཕྱག་བཏབ། དགུང་ལོ་སོ་ལྔ་ལ་ཕེབས་པ་རབ་བྱུང་བཅུ་པའི་མེ་གླང（སྤྱི་ལོ1577）ལོར་སོག་པོ་ཨལ་ཐན་ཆོས་ཀྱི་རྒྱལ་པོའི་སྤྱན་འདྲེན་ཕྱ་ཕྱིར་ཞུས་པ་བཞིན་བྱང་ཕྱོགས་སོག་ཡུལ་དུ་རིས་མེད་རྒྱལ་བསྟན་སྤྱི་དང་། ཁྱེ་བྲག་ཞྭ་སེར་ཅོད་པན་འཆང་བའི་རིང་ལུགས་སྤེལ་བར་ཆིབས་ཁ་བསྒྱུར། རྭ་སྒྲེང་ནས་ཆིབས་ཐོག་ཏུ་འབྱོལ་ཁར། ས་སྐྱོང་བཀྲ་ཤིས་རབ་བརྟན་པས་ཆིབས་ཡོབ་ལ་འཇུས་ནས་བསྟན་པའི་དཔལ་གྱུར་བླ་མའི་ཞབས་པད་བརྟན། བསྟན་འཛིན་སྐྱེས་བུ་ས་སྟེང་ཡོངས་ལ་ཁྱབ། ཅེས་ཚིག་རྐང་གཉིས་འཕྲུལ་རྩོམ་མཛད་ཐོག་མཆིམས་བརྣངས་ཏེ་གསུང་རྒྱ་མ་བྱུང་བས། བསྟན་པའི་སྦྱིན་བདག་མངའ་ཐང་འབྱོར་པ་རྒྱས། བསྟན་

པ་ཡུན་རིང་གནས་པའི་བཀྲ་ཤིས་ཤོག ཅེས་ཚིགས་ཐོག་ནས་གནང་བས་ཚིག་དོན་ཟབ་ཅིང་བྱིན་རླབས་ཆེ་བར་གྲགས། ཨལ་ཐན་དང་མཇལ་ནས་དབུ་ལྷར་ཕྱུར་ཏེ་རྗེ་མཆོག་ལ་མི་རིགས་མི་གཅིག་པ་དྲུ་མའི་དབུས་སུ་གསེར་ལས་གྲུབ་པའི་དབུ་རྒྱན། བུམ་པ། རིགས་ལྔའི་ཕྱག་མཚན། གསེར་སྲང་བརྒྱ་ལས་གྲུབ་པའི་ཐམ་ཀ་ཁ་རིས་ལ། རྡོ་རྗེ་འཆང་ཏཱ་ལའི་བླ་མའི་ཐམ་ཀ་རྒྱལ། ཞེས་པ་ཞིག་དང་། ཏཱ་ལའི་བླ་མ་བཛྲ་རྡྷ་ར། ཞེས་ཁྱབ་བདག་རྡོ་རྗེ་འཆང་གི་མཚན་བསྟོད་ཕུལ། དེ་ནས་བཟུང་༸རྒྱལ་དབང་སྐུ་ཕྲེང་རིམ་བྱོན་ལ་ཏཱ་ལའི་བླ་མ་སྟེ་རྒྱ་མཚོའི་བླ་མ་ཞེས་པའི་མཚན་སྙན་གྲགས། ༸རྒྱལ་དབང་མཆོག་ནས་ཨལ་ཐན་ལ། ཆོས་ཀྱི་རྒྱལ་པོ་ལྷའི་ཚངས་པ་ཞེས་པའི་མཚན་གནང་། སོག་ཡུལ་ལ་དམ་པའི་ཆོས་རྒྱ་ཆེར་བསྐོར། སོག་པོ་བརྒྱ་ཕྲག་མང་པོ་རབ་ཏུ་བྱུང་། ཕྱུགས་ཟོག་བསད་ནས་མཆོད་པའི་ལམ་སྲོལ་བཅོས་པར་མཛད། ཨལ་ཐན་དམ་ཆོས་ལ་མོས་ནས་བྱང་ཆེན་ཆོས་འཁོར་གླིང་བཏབ། རབ་བྱུང་བཅུ་པའི་ལྕགས་འབྲུག(སྤྱི་ལོ1580)ལོར་ལི་ཐང་དུ་དགའ་ལྡན་ཐུབ་བསྟན་ཆོས་འཁོར་གླིང་ཕྱག་བཏབ་སྟེ་ཐུབ་ཆེན་འཕྲན་ཟླ་དང་བྲལ་བ་སོགས་རྟེན་དང་བརྟེན་པར་བཅས་པ་བཞེངས། ལྕགས་སྦྲུལ(སྤྱི་ལོ1581)ལོར་རྒྱལ་དབང་ཆབ་མདོ་བྱམས་པ་གླིང་དགོན་གྱི་བྱང་སེམས་ཆོས་རྗེའི་ཁྲིར་ཐེབས་ཏེ་སེར་སྐྱ་ཡོངས་ལ་ཆོས་ཀྱི་འཁོར་ལོ་རྒྱ་ཆེན་བསྐོར་བར་མཛད། སྐུ་འབུམ་བྱམས་པ་གླིང་རྒྱས་འདེབས་ཕྱོགས་སུ་ཐེབས་ནས་བཀའ་ཆོས་དུ་མ་གནང་། ཆུ་ལུག(སྤྱི་ལོ1583)ལོར་རྒྱལ་བ་ཙོང་ཁ་པ་སྐུ་བལྟམས་པའི་གནས་ཆེན་སྐུ་འབུམ་དུ་ཐེབས། དེར་བཤད་སྒྲ་འཛུགས་པའི་ཞལ་བཀོད་མཛད། ཤིང་སྤྲེལ(སྤྱི་ལོ1584)ལོར་སོག་ཡུལ་དུ་བསྐྱར་ཐེབས་གནང་སྟེ་སོག་པོ་ནང་འཁྲུག་པ་འདུམ་འགྲིག་མཛད་པས་ཀུན་བདེ་ལ་འཁོད། ཤིང་བྱ(སྤྱི་ལོ1585)ལོར་སེ་ཆེན་ཏའི་ཆིང་གི་སྣེ་ཐོག་ཏུ་ཐེབས་ཏེ་ཕུན་ཚོགས་དར་རྒྱས་གླིང་གི་དགོན་པ་ཕྱག་བཏབ། གསུང་རྩོམ་ལ། དཔལ་རྡོ་རྗེ་འཇིགས་བྱེད་ཀྱི་དྲག་པོའི་སྦྱིན་སྲེག་གི་ལས་མཐའ་སྲིད་གསུམ་ཟ་བའི་སྲེག་ཁང་འབར་བ་ཞེས་བྱ་བ་དང་། བྱང་ཆུབ་ལམ་གྱི་རིམ་པའི་འཁྲིད་གསེར་གྱི་ཡང་ཞུན། དཔལ་མགོན་ཞལ་བཞི་པ་གཏོར་བསྔོན་འཁོར་དང་བཅས་པའི་གྲུབ་མཐའ་རྒྱས་པ་དགྲ་བགེགས་ཀྱི་སྙེ་འཇོམས་པའི་གནམ་ལྕགས་ཀྱི་སྤུ་གྲི་མེ་ལྕེའི་ཕྲེང་བ་སོགས་པོད་འབྲིང་གཅིག་ལྷག་མཛད། མཐར་དགུང་ལོ་ཞེ་དྲུག་ལ་ཐེབས་པ་རབ་བྱུང་བཅུ་པའི་ས་བྱི(སྤྱི་ལོ1588)ལོའི་བོད་ཟླ་གསུམ་པའི་ཚེས་ཉེར་བདུན་ཉིན་སོག་ཡུལ་ཁ་ར་ཆེན་དུ་སྐུ་མྱ་ངན་ལས་འདའ་བའི་ཚུལ་བསྟན། སྐུའི་གདུང་ཐལ་དཔལ་ལྡན་འབྲས་སྤུངས་སུ་གདན་དྲངས་ཏེ་དངུལ་སྡོང་རིན་པོ་ཆེར་བཞུགས།

རྒྱལ་རྩེ་ཆོས་རྒྱལ་རབ་བརྟན་པ། རབ་བྱུང་བདུན་པའི་ས་སྦྲུལ(སྤྱི་ལོ1389)ལོར་ས་སྐྱ་དཔོན་ཆེན་ཀུན་དགའ་དཔལ་གྱི་ཁྱིམ་དུ་འཁྲུངས། ན་ཚོད་དར་ལ་བབ་པའི་ཚེ་སྔ་གདོང་གོང་མའི་གཟིམ་དཔོན་བྱས་ཏེ་ཡུན་རིང་མ་སོང་བར་རྒྱལ་རྩེ་རྫོང་གི་དཔོན་དུ་བསྐོས། དགུང་ལོ་ཉི་ཤུ་རྩ་ལྔ་པ་ཆུ་སྦྲུལ(སྤྱི་

ལོ1413）ལོར་ལྷུང་ར་ཚོས་སྡེ་བཏབ། དགུང་ལོ་ཉེ་ཤུ་རྩ་དྲུག་ལ་ཕེབས་པ་ཤིང་རྟ（སྤྱི་ལོ1414）ལོར་མྱང་ཆུའི་ཐོག་ལྷུང་ལོ་ཟམ་ཆེན་བརྩིགས། དགུང་ལོ་སུམ་ཅུ་པ་ས་ཁྱི（སྤྱི་ལོ1418）ལོར་ཏའི་སི་ཏུའི་འཇའ་ས་ཐོབ། ལོ་དེར་མཁས་གྲུབ་རྗེ་རྒྱལ་རྩེར་གདན་དྲངས་ཏེ་དཔལ་འཁོར་ཚོས་སྡེ་དགོན་བཏབ། སྐུ་ཚེ་སྨད་ཀྱི་མཛད་པ་མ་རྙེད།

རྒྱལ་ཚབ་དར་མ་རིན་ཆེན། དགའ་ལྡན་ཁྲི་ཐོག་གཉིས་པ་ཐམས་ཅད་མཁྱེན་པ་དར་མ་རིན་ཆེན་མཆོག་ནི་རབ་བྱུང་དྲུག་པའི་ཤིང་འབྲུག（སྤྱི་ལོ1364）ལོར་ཡབ་སློན་པོ་རྟའི་རིགས་རྒྱུད་རྟ་དཔོན་པ་དང་། ཡུམ་ཛོ་མོ་ཤེས་རབ་མ་གཉིས་ཀྱི་སྲས་སུ་གཙང་ཞང་སྟོད་ཀྱི་ཡུལ་དུ་འཁྲུངས། དགུང་ལོ་བཅུ་པར་གནས་སྙིང་དུ་མཁན་ཆེན་རིན་ཆེན་རྒྱལ་མཚན་གྱི་དྲུང་དུ་རབ་ཏུ་བྱུང་། མཚན་དར་མ་རིན་ཆེན་དུ་གསོལ། དེ་ནས་སློབ་དཔོན་དཔལ་མགོན་པའི་དྲུང་དུ་ཡི་གེ་འབྲི་ཀློག་ཕུལ་དུ་ཕྱིན་པར་བསླབས། བཀའ་བཞི་བ་རིན་ཆེན་རྡོ་རྗེ་དང་། རྗེ་བཙུན་རེད་མདའ་བ་གཞོན་ནུ་བློ་གྲོས་སོགས་མཁས་ཆེན་དུ་མ་སྤྱི་བོར་བསྟེན་ནས་མདོ་སྔགས་ཀྱི་ཚོས་མང་དུ་གསན། ལྷག་པར་དུ་རྗེ་བཙུན་རེད་མདའ་བ་ལས་ཕར་ཕྱིན་དང་། ཚད་མ། འདུལ་བ། མཛོད་པ། དབུ་མ་སོགས་མདོ་ཕྱོགས་ཀྱི་གཞུང་རྣམས་དང་། གསང་འདུས་སོགས་གསང་སྔགས་ཀྱི་གཞུང་ཕལ་ཆེ་བ་གསན་སྦྱོང་གནང་སྟེ་རེད་མདའ་བའི་ཐུགས་སྲས་རབ་འབྱམས་པ་བདུན་གྱི་ནང་ཚན་རྩོལ་བཟང་མཆོག་གྱུར་གྱི་མཚན་ཡང་ཐོགས། དེ་ནས་ས་སྐྱ་དང་། གསང་ཕུ། རྩེད་ཐང་བཅས་སུ་པུ་ཏི་དཀའ་བ་བཅུའི་གྲྭ་སྐོར་གནང་། རོང་སྟོན་ཤཱཀྱ་རྒྱལ་མཚན་དང་མཁན་ཆེན་གཡག་པ་སོགས་ས་སྐྱའི་མཁན་ཆེན་རྣམས་དང་རྩོད་གླེང་ལེགས་པར་མཛད་དེ་མཁས་པའི་གྲགས་པ་ཐོབ་ནས་དཀའ་བཅུ་པའི་མཚན་རྟགས་བཞེས། བོད་ལ་དཀའ་བཅུ་པ་ཞེས་པའི་མཚན་ཡང་ཐོག་མར་འདི་ནས་བྱུང་བར་གྲགས། དགུང་ལོ་ཉེར་ལྔ་པ་ལ་བསྙེན་པར་རྫོགས། དེ་ནས་དབུས་ཕྱོགས་ཀྱི་གྲྭ་ས་རྣམས་སུ་གྲྭ་སྐོར་མཛད། འཇམ་མགོན་བླ་མའི་གྲགས་པ་གསན་པས་རྩོད་པ་མཛད་པར་གཉལ་གྱི་ར་སྒྲེང་དུ་ཕྱིན་པས་རྗེ་བདག་ཉིད་ཆེན་པོའི་སྐུ་གསུང་ཐུགས་ཀྱི་ཡོན་ཏན་ལ་ཤིན་ཏུ་དད་དེ་སློབ་མའི་གཙོ་བོར་གྱུར། ལོ་བཅུ་གཉིས་ཀྱི་བར་དུ་རྗེ་རིན་པོ་ཆེའི་ཞབས་ཕྱིར་རྒྱུན་མཐུད་ནས་དགའ་ལྡན་གསར་བཞེངས་ཀྱི་མཁར་ལས་ཀྱང་བསྒྲུབས། རྗེའི་ཚོས་གསུངས་ཚད་གསན། གསན་ཚད་བཟུང་། བཟུང་ཚད་བརྗེད་དུ་མ་བཅུག་པར་མདོ་སྔགས་མཐའ་དག་ལ་ཐོགས་པ་མེད་པར་མཁྱེན་པས་མཁས་པ་རྣམས་ལེགས་བཤད་ཀྱིས་ཡིད་འཕྲོག་པར་མཛད་ཅིང་། རྗེ་ཙོང་ཁ་པ་ཞིང་གཞན་དུ་གཤེགས་ཁར་རྗེ་འདི་ལ་དབུ་པཎ་དང་སྐུ་བེར་གནང་སྟེ་གདན་སར་བཞུགས་པར་ངོན་གྱིས་གོ་བར་མཛད་པ་བཞིན་འདུལ་བ་འཛིན་པ་དང་གནས་བརྟན་རིན་ཆེན་རྒྱལ་མཚན་སོགས་དབུ་སློབ་ཐམས་ཅད་ཀྱིས་མགྲིན་གཅིག་ཏུ་གསོལ་བ་བཏབ་པས། དགུང་ལོང་དྲུག་པ་རབ་བྱུང་བདུན་པའི་ས་ཕག（སྤྱི་ལོ1419）ལོར་རྗེ་ཐམས་ཅད་མཁྱེན་པ་ཞིང་གཞན་

དུ་གཤེགས་པ་དང་རྗེ་འདི་དགའ་ལྡན་གསེར་ཁྲིར་ཐེབས་ཏེ་ཁྲི་པའི་གདན་རབས་གཉིས་པར་གྱུར་ཅིང་། རྒྱལ་ཚབ་ཅེས་པའི་མཚན་ཐོབ། ཁྲི་ཐོག་ཏུ་ལོ་ངོ་བཅུ་གསུམ་བཞུགས་རིང་འཆད་རྩོད་རྩོམ་གསུམ་གྱི་བྱ་བ་རྒྱ་ཆེར་སྤེལ། རྗེ་བདག་ཉིད་ཆེན་པོའི་རྣམ་ཐར་བཞིན་དུ་འདུལ་བའི་འཆད་ཉན་དང་། གཞི་གསུམ་གྱི་ཕྱག་ལེན་སོགས་རྣམ་པར་དག་པ་དང་། གསང་སྔགས་སྤྱི་དང་ཁྱད་པར་དུ་གསང་བདེ་དུས་འཁོར་གྱི་ཇོར་འཇིགས་བྱེད་རྣམས་ཀྱི་རྒྱུད་ཀྱི་བཤད་པ་རིམ་གཉིས་ཀྱི་ཁྲིད་སོགས་མདོར་ན་བོད་སྔ་མ་རྣམས་ཀྱི་བློའི་སྤྱོད་ཡུལ་དུ་མ་གྱུར་པའི་རྗེ་བླ་མའི་ལེགས་པར་བཤད་པ་མཐའ་དག་རང་གི་ཉམས་མྱོང་དང་ལུང་རིག་དྲི་མ་མེད་པས་འཆད་པར་མཛད་པས་རྗེའི་དངོས་སློབ་ཐལ་ཆེ་བ་དང་སྐལ་ལྡན་རྣམ་དཔྱོད་ཅན་མཐའ་དག་རང་དབང་མེད་པར་ཡིད་འཕྲོག་སྟེ་རྗེ་རིན་པོ་ཆེ་དང་ཁྱད་པར་མེད་པའི་གུས་འདུད་མཛད་པར་བརྟེན་པ་རྗེས་བུས་ཟིན་པ་རྗེའི་བཤད་སྒྲུབ་ཀྱི་བསྟན་པ་རྐང་ཚུགས་པར་གྱུར། དེ་ནས་དགུང་ལོ་རེ་བརྒྱད་ལ་ཐེབས་པ་ལྕགས་ཕག(སྤྱི་ལོ1431)ལོར་མཁས་གྲུབ་དགེ་ལེགས་དཔལ་བཟང་དགའ་ལྡན་ཁྲི་ཐོག་གསུམ་པར་རང་གི་རྒྱལ་ཚབ་ཏུ་དབང་བསྐུར། དགུང་ལོ་རེ་དགུ་ལ་ཐེབས་པ་རབ་བྱུང་བདུན་པའི་ཆུ་བྱི(སྤྱི་ལོ1432)ལོའི་བོད་ཟླ་ལྔ་པར་རྩེ་པོ་ཏ་ལར་ཆོས་དབྱིངས་སུ་གཤེགས།

གསུང་ལས་སྐྱེས་པའི་སློབ་མ་མཁས་པ་རཏྣ་བཀྲ་ཤིས་དང་། བྱམས་པ་གླིང་པ། རིན་ཆེན་དཔལ། འདུལ་དཀར་བ་གྲགས་པ་དཔལ་ལྡན། བློ་གྲོས་མགོན་པོ། གླིང་སྨད་ཡོན་རྒྱམ་པ་ཆེན་པོ་རིན་བྱང་བ། འདུལ་འཛིན་བསམ་འཕེལ་བ། སངས་རྒྱས་བཟང་པོ། བློ་བརྟན་པ། དཔལ་ལྡན་བཟང་པོ་སོགས་བསྟན་འཛིན་གྱི་སྐྱེས་བུ་དམ་པ་ཤིན་ཏུ་མང་པོ་བྱུང་། བསྟན་བཅོས་ཀྱང་རྣམ་འགྲེལ་གྱི་རྣམ་བཤད་ཐར་ལམ་གསལ་བྱེད། རྣམ་ངེས་དགོངས་པ་རབ་གསལ། རིགས་ཐིགས་ཀྱི་ཊཱིཀྐ་རིན་པོ་ཆེའི་གཏེར་མཛོད། ཚད་མདོའི་མཐར་འཛིན་གདུང་སེལ། ཤེས་རབ་ཀྱི་ཕ་རོལ་ཏུ་ཕྱིན་པའི་མན་ངག་གི་བསྟན་བཅོས་མངོན་པར་རྟོགས་པའི་རྒྱན་གྱི་འགྲེལ་པ་དོན་གསལ་བའི་རྣམ་བཤད་སྙིང་པོ། དབུ་མ་རིན་ཆེན་ཕྲེང་བའི་རྣམ་བཤད་སྙིང་པོའི་དོན་གསལ་བ་ལ་སོགས་པའི་གཞུང་ཆེན་མང་པོའི་འགྲེལ་པ་དང་། གསང་འདུས་དང་། དུས་འཁོར་སོགས་ཀྱི་བཀའ་རྩོམ་གཅིག་ཏུ་བསྒྲིལ་བ་པོད་ཆེན་བརྒྱད་བཞུགས་སོ།

རྒྱུད་ཆེན་ཀུན་དགའ་དོན་གྲུབ། རྒྱུད་ཆེན་ཀུན་དགའ་དོན་གྲུབ་ནི་གཙང་གནས་སྙིང་དུ་རབ་བྱུང་བདུན་པའི་ས་ཕག(སྤྱི་ལོ1419)ལོར་སྐུ་འཁྲུངས། གཞོན་ནུའི་དུས་སྔར་ཐང་དུ་རབ་ཏུ་བྱུང་ནས་སློབ་གཉེར་མཛད། རྗེ་དགེ་འདུན་གྲུབ་པ་ལས་ཚད་མ་རྣམ་འགྲེལ་གསན། རྗེ་ཤེས་རབ་སེང་གེའི་དྲུང་དུ་གསང་འདུས་རྩ་རྒྱུད་ལེའུ་བདུན་པ་ཡན་གྱི་བཤད་ལུང་དང་། རིམ་ལྔའི་དམར་ཁྲིད་གསན། འབྲས་སྤུངས་སུ་མཁན་ཆེན་དཔལ་ལྡན་བློའི་ཞབས་ལ་གཏུགས་ནས་དབུ་ཕར། འདུལ་མངོན་སོགས་གསན། རྒྱུད་ཆེན་སྦྱིན་པ་དཔལ་བ་ལས་འདུས་པའི་རྒྱུད་འགྲེལ་མན་ངག་དང་བཅས་པ་ཡོངས་སུ་ཚང་བར་ཞུས།

གཞན་ཡང་རྗེ་ཤེས་རབ་སེང་གེས་གཙོ་བོར་གྱུར་པའི་མཁས་གྲུབ་གཉིས་ལྡན་གྱི་བླ་མ་མང་པོ་བསྟེན་ནས་མཁས་པ་ཆེན་པོར་གྱུར་ཏེ་རྒྱུད་སྨད་གྲྭ་ཚང་དུ་ཞུགས། དེ་ནས་རྒྱུད་ཆེན་སྦྱིན་པ་དཔལ་བ་དང་གྲགས་པ་བཟང་པོ་ནས་གཉིས་ལོ་སྔ་ཕྱིར་སྐུ་གཤེགས་རྗེས་དེའི་སྐུ་ཚབ་ཏུ་གྲྭ་དམངས་ནས་རྗེ་ཀུན་དགའ་དོན་གྲུབ་ལ་མོས་ཀྱང་དབུ་མཛད་སོགས་ཀྱིས་མ་མོས་སྐབས་རྗེ་ཉིད་རྒྱུན་ངན་ལམ་དུ་སྐྱོངས་པར་གཟིགས་ནས་རྒྱུད་པའི་ནང་རྟེན་མགོན་པོ་ཕྱག་དྲུག་པའི་ཞལ་ཐང་དང་། ནང་མཆོད་ཀ་པཱ་ལ་བསྣམས་ནས་རབ་བྱུང་བརྒྱད་པའི་ཤིང་སྤྲེལ(སྤྱི་ལོ1464)ལོར་དབུས་སྟོད་ཕྱོགས་སུ་ཐེབས། དེ་ནས་དབུས་སྟོད་བྱམས་གླིང་དུ་གདན་ས་མཛད་དེ་ལོ་བཅུ་ཙམ་བཞུགས། རབ་བྱུང་བརྒྱད་པའི་ཤིང་རྟ(སྤྱི་ལོ1474)ལོར་རྗེ་ཉིད་དགུང་ལོ་ང་དྲུག་ཐོག་དབུས་སྟོད་ལོ་ཁུལ་དུ་རྒྱུད་ཀྱི་བཤད་གྲྭ་བཙུགས་ནས་རིམ་གྱིས་འཕེལ་རྒྱས་བྱུང་སྟེ་དགུང་ལོ་རེ་བརྒྱད་པར་ལོ་བཅུ་གསུམ་རིང་རྒྱུད་ཀྱི་འཆད་ཉན་མཛད་ནས་རྒྱུད་སྟོད་གྲྭ་ཚང་ཞེས་པ་དེ་བྱུང་། གསུང་རྩོམ་རྒྱུད་ཀྱི་རྒྱལ་པོ་དཔལ་བ་འདུས་པའི་ལེའུ་དང་པོའི་རྩ་འགྲེལ་གྱི་ཚིག་དོན་གསལ་བར་འཆད་པའི་མན་ངག་རིམ་གཉིས་གཏེར་མཛོད་དང་། རྒྱུད་ཀྱི་རྒྱལ་པོ་དཔལ་གསང་བ་འདུས་པའི་ལེའུ་དང་པོའི་རྩ་འགྲེལ་གྱི་ས་བཅད་སོགས་པོད་འབྲིང་གཅིག་བཞུགས། དངོས་སློབ་ཀྱང་སློབ་དཔོན་ལྷ་རིན་པ། ཡེ་ཤེས་རྩེ་པ། བླམ་ཕྱག་དྲུག་པ་སོགས་མཁས་དབང་འགའ་བྱོན། དེ་ལྟར་བསྟན་པའི་བྱ་བ་ཆེན་པོ་མཛད་ནས་དགུང་ལོ་རེ་བརྒྱད་ལ་ཐེབས་པ་རབ་བྱུང་བརྒྱད་པའི་མེ་རྟ(སྤྱི་ལོ1486)ལོར་བྱམས་པ་གླིང་དུ་སྐུ་གཤེགས། སྐུ་གདུང་ཞུགས་ལ་ཕུལ་བས་ཐུགས་ལྷགས་དབུ་ཐོད་རིང་བསྲེལ་གྱིས་བརྒྱན་པ་བྱོན་པའི་ཐུགས་ལྷགས་གཉིས་དཔལ་གསང་བ་འདུས་པའི་གསེར་སྐུ་ཁྲུ་གང་པ་གཅིག་བཞེངས་པའི་ནང་དུ་བཞུགས། དབུ་ཐོད་ནི་ལྷ་རྩེ་དགོན་གསར་ན་བཞུགས་སོ།

ངག་དབང་བཀྲ་ཤིས་གྲགས་པ་རྒྱལ་མཚན། ཕག་གྲུ་སྡེ་སྲིད་ཁྲི་རབས་དགུ་པ་འདི་ཉིད་རབ་བྱུང་བརྒྱད་པའི་ས་སྤྲེལ(སྤྱི་ལོ1488)ལོར་ཡབ་སྤྱན་སྔ་ངག་གི་དབང་པོ་དང་ཡུམ་རྫོང་ཁ་མའི་སྲས་སུ་འཁྲུངས། དགུང་ལོ་བཅུ་གཉིས་པ་རབ་བྱུང་བརྒྱད་པའི་ས་ལུག(སྤྱི་ལོ1499)ལོར་ཕག་གྲུ་སྡེ་སྲིད་ཀྱི་ཁྲི་ལ་ཐེབས། ཤིང་བྱི(སྤྱི་ལོ1504)ལོར་རིན་སྤུངས་ནས་སྲིད་མོ་ཞིག་བདག་མོར་ཕུལ་བ་དེ་ལ་སྲས་འགྲོ་བའི་མགོན་པོ་འཁྲུངས། དགུང་ལོ་ཉེར་གཉིས་པར་སྡེ་སྲིད་དང་རིན་སྤུངས་པ་དཔོན་བློན་དབར་གྱི་འཁོན་གཞིའི་འགོ་ཚུགས། དགུང་ལོ་ཉེར་ལྔ་པར་ཏྭ་མིང་གོང་མས་དབང་གི་མཚན་ཕུལ། རབ་བྱུང་དགུ་པའི་ཆུ་རྟ(སྤྱི་ལོ1522)ལོར་རིན་སྤུངས་པས་སྔར་ཡང་སྡེ་གཟར་ཚན་ཆེ་བར་བསྔངས་ཀྱང་སྡེ་སྲིད་ཀྱི་མཚན་རྟུས་ལ་སྐྱོན་མ་བྱུང་། རིན་སྤུངས་པ་མཚོ་སྐྱེས་རྡོ་རྗེས་དཔོན་ཚབ་ཐེལ་གཏོང་སྐབས་རབ་བྱུང་བརྒྱད་པའི་ས་རྟ(སྤྱི་ལོ1498)ལོ་ནས་ལྷ་ས་སྨོན་ལམ་ཆེ་མོར་སེ་འབྲས་དགེ་གསུམ་གྱི་དགེ་འདུན་ཐེབས་མི་ཆོག་པ་བཟོས་ཏེ་དེའི་ཚབ་ཏུ་ཉེ་འདབས་ཀྱི་བཀའ་བརྒྱུད་པ་དང་། ས་སྐྱ་པའི་དགོན་ཁག་ནས

དགེ་འདུན་པ་ཕེབས་རྒྱུའི་ལམ་བཟོས་པ་དེ་སྟེ་སྲིད་ངག་དབང་བཀྲ་ཤིས་གྲགས་པས་རབ་བྱུང་དགུ་པའི་ས་སྟག(སྤྱི་ལོ1518)ལོར་སེ་འབྲས་དགེ་གསུམ་གྱི་དགེ་འདུན་པ་སྨོན་ལམ་ལ་ཕེབས་སྲོལ་སྔར་རྒྱུན་བསྐྱར་གསོ་གནང་བ་དང་། ༧རྒྱལ་བ་དགེ་འདུན་རྒྱ་མཚོ་ལོ་ལྟར་སྨོན་ལམ་གྱི་ཚོགས་དབུར་གདན་དྲངས། འབྲས་སྤུངས་རྗེ་ཁང་སྔོན་མོ་༧རྒྱལ་བ་དགེ་འདུན་རྒྱ་མཚོར་ཕུལ། མིང་དགའ་ལྡན་ཕོ་བྲང་དུ་བསྒྱུར།

སྟེ་སྲིད་འདི་ཉིད་ཀྱི་སྐུ་རིང་རིན་སྤུངས་པ་སོགས་ཀྱིས་ཕག་གྲུའི་སྲིད་དབང་ལ་བསྙོ་བའི་སྟེ་གཟར་མང་ཙམ་བྱུང་ཡོད་རུང་། སྟེ་སྲིད་མཆོག་ལུགས་བཟུང་སྐྱོང་སྟངས་མཁས་ཤིང་ཕན་ཚུན་མཐུན་ཐབས་གཙོ་བཟུང་མཛད་པས་སྟེ་སྲིད་ཀྱི་མཚན་ཧྲུས་ཉམས་པ་ཆེར་མ་བྱུང་། རྗེ་འདིས་གསེར་ཆོས་ཀྱི་བཀའ་བསྟན་འགྱུར་ཇི་སྙེད་དང་ཁོས་ཐང་མང་པོ་གསར་བཞེངས་ཀྱིས་རྣམ་དཀར་དགེ་བའི་མཛད་པ་རྒྱ་ཆེར་སྤེལ། ཆོས་ལུགས་གྲུབ་མཐའི་ཞེན་མེད་པར་ཀུན་ལ་བསྙེན་བཀུར་ཞབས་ཏོག་མཛད། སྲིད་ལོ་དྲུག་ཅུ་ལྷག་བསྐྱངས་ཤིང་། དགུང་ལོ་བརྒྱད་ཅུ་ཡས་མས་བཞུགས།

ངག་དབང་བསོད་ནམས་གྲགས་པ་རྒྱལ་མཚན། དཔལ་ལྡན་ས་སྐྱ་དགོན་གྱི་ཁྲི་པ་ཉེར་གསུམ་པ་འདི་ཉིད་རབ་བྱུང་བརྒྱད་པའི་ས་ལུག(སྤྱི་ལོ1499)ལོར་ཡབ་ཀུན་དགའ་རིན་ཆེན་དང་ཡུམ་གདོང་དགའ་མ་བསོད་ནམས་ལེགས་འཛོམས་དཀར་མོ་གཉིས་ཀྱི་སྲས་སུ་སྐུ་འཁྲུངས། དགུང་ལོ་བཅུ་གཅིག་པ་ས་སྦྲུལ(སྤྱི་ལོ1509)ལོར་སྤྱན་སྔ་ངག་དབང་ཆོས་གྲགས་ཀྱི་དྲུང་དུ་རབ་ཏུ་བྱུང་། དགུང་ལོ་བཅུ་གཉིས་བཞེས་པ་ལྕགས་རྟ(སྤྱི་ལོ1510)ལོར་དཔལ་ས་སྐྱ་དགོན་གྱི་གདན་ཁྲིར་ཕེབས། དགུང་ན་ཆུང་ངུ་དེ་ཙམ་ནས་དགེ་འདུན་འདུས་པ་རྒྱ་མཚོར་ཐུབ་པ་དགོངས་གསལ་ཆེན་མོ་ཉིན་གསུམ་གྱི་བར་དུ་བརྩལ་བས་ཐམས་ཅད་ཡིད་དབང་འཕྲོག་པར་གྱུར། དགུང་ལོ་བཅུ་དགུ་པ་རབ་བྱུང་དགུ་པའི་མེ་གླང(སྤྱི་ལོ1517)ལོར་ཆོས་རྗེ་ནམ་མཁའ་དབང་ཕྱུག་གིས་མཁན་པོ་མཛད་དེ་པཎ་ཆེན་ལུགས་ཀྱི་བསྙེན་རྫོགས་བཞེས། རབ་བྱུང་དགུ་པའི་ལྕགས་སྤྲེལ(སྤྱི་ལོ1560)ལོར་རྗེ་གདོང་གི་གདན་སར་སྤྱན་དྲངས། ཡི་དམ་ལྷ་ཚོགས་ཀྱི་ཞལ་གཟིགས། དེ་ནས་རྗེ་ཉིད་དགུང་གྲངས་དྲུག་ཅུ་རེ་གསུམ་བཞེས་པ་རབ་བྱུང་དགུ་པའི་ལྕགས་བྱ(སྤྱི་ལོ1561)ལོར་དགེ་སྡིང་ཆོས་ཀྱི་ཕོ་བྲང་དུ་ཕྱག་ཕེབས། ལོ་དེའི་བོད་ཟླ་དང་པོའི་ཚེས་བཅུའི་སྔ་དྲོར་གཟུགས་སྐུའི་བཀོད་པ་བསྡུ་བར་མཛད།

རོང་ཆེན་ཀུན་དགའ་བཟང་པོ། ས་སྐྱའི་བླ་མ་ཀུན་དགའ་བཟང་པོ་མཆོག་ནི། རབ་བྱུང་དྲུག་པའི་ཆུ་ཁྱི(སྤྱི་ལོ1382)ལོར་ཡབ་དཔོན་ཚང་གྲུབ་པ་ཡོན་ཏན་དང་། ཡུམ་བསོད་ནམས་དཔལ་ལྡན་ཞེས་པ་གཉིས་ཀྱི་སྲས་སུ་དཔལ་ས་སྐྱར་སྐུ་འཁྲུངས། དགུང་ལོ་དྲུག་པར་ཆོས་རྗེ་ཡེ་ཤེས་རྒྱལ་མཚན་སློབ་དཔོན་དུ་བསྟེན་ནས་ཡི་གེ་འབྲི་ཀློག་སྦྱོང་བར་མཛད། དགུང་ལོ་དགུ་པར་ཡེ་ཤེས་རྒྱལ་མཚན་གྱི་དྲུང་ནས་དགེ

བསྙེན་དང་དགེ་ཚུལ་གྱི་སྡོམ་པ་བཞེས། དེ་ནས་རིམ་བཞིན་ཆོས་རྗེ་ཡེ་ཤེས་རྒྱལ་མཚན་ནས་དགེ་སློང་དང་། བྱང་སེམས། གསང་བ་སྔགས་ཀྱི་སྡོམ་པ་ཡང་དག་པར་བཞེས། མདོ་སྔགས་ཀྱི་ཆོས་མ་ལུས་པ་ཐུགས་ལ་བཏགས། ཁྱད་པར་དཔལ་ལྡན་ས་སྐྱའི་ལུགས་ཀྱི་དཀྱིལ་ཆོག་དང་། སྒྲུབ་ཐབས་རྣམས་ལེགས་པར་གསན་ཏེ་མཁས་པའི་སྙན་གྲགས་ཐོབ་ཅིང་ཆོས་རྗེ་ཡེ་ཤེས་རྒྱལ་མཚན་གྱི་སྲས་ཀྱི་ཐུ་བོར་གྱུར། དགུང་ལོ་ཉེར་ལྔ་པར་རྗེ་ཡེ་ཤེས་རྒྱལ་མཚན་སྐུ་གཤེགས་པས་ཤངས་ཆོས་འཁོར་སྒང་དང་ཞི་དགོན་དུ་ཕེབས་ནས་ལོ་ཙྪ་བ་སྐྱབས་མཆོག་དང་གྲུབ་ཆེན་བུདྡྷ་ཤྲཱིའི་དྲུང་དུ་གསུང་ངག་གི་བདུད་རྩི་སོགས་སྙིང་བཅུད་ཆིམ་པར་རོལ། དེ་ནས་ས་སྐྱ་དགོན་པར་ཕྱིན་ཏེ་བླ་མ་གཞོན་ནུ་བློ་གྲོས་བསྙེན་ནས་དམ་ཆོས་ཡུན་རིང་གསན། གྲུབ་ཆེན་བུདྡྷ་ལ་གསུང་ངག་གི་བདུད་རྩི་སོགས་ཆིམ་པར་རོལ། དགུང་ལོ་ཉེར་དགུ་པ་རབ་བྱུང་བདུན་པའི་ལྕགས་སྟག(སྤྱི་ལོ1410)ལོར་ས་བཟང་དགོན་པའི་བདག་པོ་མཛད་དེ་དགུང་ལོ་ཞེ་དགུ་བར་གདན་སར་བཞུགས། བཤད་ཁྲིད་དང་། དབང་ལུང་། སྡོམ་པ་འབོགས་པ་སོགས་ཆོས་སྦྱིན་རྒྱ་ཆེར་མཛད། དགུང་ལོ་ཞེ་བརྒྱད་པ་ས་བྱ(སྤྱི་ལོ1429)ལོར་ངོར་ཆོས་སྡེ་བཏབ། དགུང་ལོ་ཞེ་དགུ་པ་ལྕགས་ཁྱི(སྤྱི་ལོ1430)ལོར་ན་བཟའ་ཕྱུག་གི་རི་ཁྲོད་དང་། བསམ་གླིང་རི་ཁྲོད། ཨེ་ཝཾ་བཅས་ལ་ཕེབས་ནས་འཆད་ཉན་མཛད། དཔལ་ལྡན་ས་སྐྱ་བའི་རྒྱུད་མན་ངག་དང་། རྒྱུད་སྡེ་བཞིའི་བསྟན་པ་སྤྱི་ཁྱབ། ཁྱད་པར་བྱ་སྤྱོད་ཀྱི་བསྟན་པ་ལེགས་པར་དར་སྤེལ་མཛད། སྐུ་གསུང་ཐུགས་ཀྱི་རྟེན་མང་དུ་བཞེངས། བཤད་སྒྲ་བཙུགས་པ་སོགས་མཛད་པས། ཨེ་ཝཾ་ཆོས་ལྡན་གྱི་གདན་ས་ཆེན་པོ་ཆགས།

སྐལ་ལྡན་གྱི་སློབ་མ་ལ་མཆོན་ན་ས་སྐྱའི་གདུང་རྒྱུད་གཞི་ཐོགས་པ་ཀུན་དགའ་དབང་ཕྱུག བདག་ཆེན་ཆུ་མིག་པ་བློ་གྲོས་དབང་ཕྱུག ངོར་མཁན་པོ་དཀོན་མཆོག་རྒྱལ་མཚན། ཀུན་མཁྱེན་གོ་རབ་འབྱམས་པ་བསོད་ནམས་སེང་གེ། པཎ་ཆེན་འབུམ་ཕྲག་གསུམ་པ། ཀུན་མཁྱེན་དགའ་སྡོང་པ། སྨར་ཁམས་པ་གྲགས་པ་བཟང་པོ་སོགས་ཀྱིས་གཙོ་བོ་གྱུར་པའི་བསྟན་འཛིན་གྱི་སྐྱེས་བུ་བསམ་གྱིས་མི་ཁྱབ་པ་བྱོན། རྩོམ་པ་ལ། གསུང་ཆོས་སྒྲུབ་ཐབས་ཀྱི་སྐོར་དང་། ཐོབ་ཡིག ཚོ་ག རྣམ་ཐར། སྤྲིངས་ཡིག སོགས་ཨེ་ཝཾ་བཀའ་འབུམ་དུ་གྲགས་པ་པོད་བཞིར་བསྡུས། མཐར་དགུང་ལོ་བདུན་ཅུ་དོན་ལྔ་ལ་ཕེབས་པ་རབ་བྱུང་བརྒྱད་པའི་མེ་བྱི(སྤྱི་ལོ1456)ལོར་ཨེ་ཝཾ་དགོན་དུ་དགོངས་པ་ཆོས་དབྱིངས་སུ་ཐིམ།

ཐུགས་འཆང་གྲགས་པ་བློ་གྲོས་རྒྱལ་མཚན། དཔལ་ས་སྐྱ་དགོན་གྱི་ཁྲི་པ་ཉེར་བཞི་པ་འདི་ཉིད་ཀྱི་མཚན་གཞན་འཇམ་དབྱངས་བསོད་ནམས་རྒྱལ་མཚན་ཞུ་ཞིང་། རབ་བྱུང་བརྒྱད་པའི་ཆུ་ཕག(སྤྱི་ལོ1503)ལོར་ཡབ་ངག་དབང་ཀུན་དགའ་རིན་ཆེན་བཀྲ་ཤིས་གྲགས་པ་རྒྱལ་མཚན་དང་། ཡུམ་གདོང་དགའ་མ་ལྷ་ཅིག་དཀར་མོ་གཡང་འཛོམས་གཉིས་ཀྱི་སྲས་སུ་གདོང་དགའ་རྫོང་གི་ཡང་རྩེར་སྐུ་འཁྲུངས། དགུང་ལོ་བརྒྱད་པ་ལ་ཕེབས་པ་རབ་བྱུང་དགུ་པའི་ལྕགས་རྟ(སྤྱི་ལོ1510)ལོར་ཡབ་རྗེ་ཆོས་ཀྱི་རྒྱལ་པོའི་

རྒྱལ་ཚབ་ཏུ་མངའ་གསོལ། གཞོན་ནུ་ནས་བཟོ་གནས་ལའང་ཤིན་ཏུ་མཁས་པས་ཕྱག་བྲིས་མཛད་པའི་ཞལ་ཐང་རྣམས་གཞན་ལས་ངོ་མཚར་བ་སྣང་། དགུང་ལོ་ཉེར་བདུན་པ་ནས་ང་ལྔའི་བར་ལ་གདན་སའི་ཁྲུར་མཐའ་དག་བཞེངས་ནས་རྫོང་ཆུང་བླ་བྲང་། སྒྲོལ་མ་ལྷ་ཁང་། མགོན་ཁང་ནུབ། རྗེ་བཙུན་གྱི་སྐུ་འདྲ་མཛེ་ཐོད་མ་ཞུགས་པའི་ཟུར་ཁང་གཙུག་ལག་ཁང་། ཐུ་མའི་ལྷ་ཁང་། གཞི་ཐོག་བླ་བྲང་གི་རིག་འཛིན་ལྷ་ཁང་། དབུ་རྩེ་འཇམ་དབྱངས་གཟི་འོད་འབར་བའི་དབུ་ཐོག་གི་གསེར་ཐོག་ཆེན་མོ་སོགས་གསར་བཞེངས་མཛད། དགུང་ལོ་ང་ལྔ་པ་རབ་བྱུང་དགུ་པའི་མེ་སྦྲུལ(སྤྱི་ལོ1557)ལོར་དགོངས་པ་ཆོས་དབྱིངས་སུ་གཤེགས།

ཐུགས་འཆང་དག་དབང་ཀུན་དགའ་རིན་ཆེན། དཔལ་ས་སྐྱ་དགོན་གྱི་ཁྲི་པ་ཉེར་གཉིས་པ་འདི་ཉིད་རབ་བྱུང་བརྒྱད་པའི་མེ་གླང(སྤྱི་ལོ1457)ལོར་ཡབ་འཇམ་དབྱངས་ནམ་མཁའ་དོན་གྲུབ་ཚེ་བརྟན་བཀྲ་ཤིས་རྒྱལ་མཚན་དང་། ཡུམ་འབུ་འདྲེན་སྐྱིད་གཉིས་ཀྱི་སྲས་སུ་སྐུ་འཁྲུངས། དགུང་ལོ་དགུ་པ་ལ་འཇམ་དབྱངས་ཀུན་དགའ་བསོད་ནམས་གྲགས་པ་རྒྱལ་མཚན་གྱི་དྲུང་ལས་དགེ་བསྙེན་དང་དགེ་ཚུལ་གྱི་སྡོམ་པ་བཞེས། མཚན་འཇམ་དབྱངས་ངག་གི་དབང་པོ་ཀུན་དགའ་རིན་ཆེན་བཀྲ་ཤིས་གྲགས་པ་རྒྱལ་མཚན་དཔལ་བཟང་པོ་ཞེས་གསོལ། དགུང་ལོ་བཅུ་དྲུག་པ་རབ་བྱུང་བརྒྱད་པའི་ཆུ་འབྲུག(སྤྱི་ལོ1472)ལོར་ས་སྐྱའི་གདན་ཁྲིར་ཕེབས། དགུང་ལོ་ཉི་ཤུའི་བར་ས་ལོ་ཆེན་པོ་བྲལ་མེད་དུ་བསྟེན་ནས་གང་གི་གདམས་པ་མཐའ་དག་བུམ་པ་གང་བྱོའི་ཚུལ་དུ་གསན། ས་ལོ་ཆེན་པོ་སྐུ་གཤེགས་ཁའི་བཀའ་སློབ་ཐུགས་དབུས་སུ་བཅངས་ཏེ་དཔལ་ལྡན་ས་སྐྱའི་བསྟན་པ་རྒྱས་པ་ལ་བརྩོན་པ་ཆེན་པོ་མཛད། ཆུ་མིག་རྫིང་ཁར་བདེ་མཆོག་ཕོ་བྲང་གསར་བཞེངས་དང་། དུས་མཆོད་བླ་བྲང་གི་གསེར་ཁང་དུ་གྲགས་པ་རྟེན་དང་བརྟེན་པར་བཅས་པ། ནང་སོ་པུ་ཏྲ་ཁང་དང་ཕོ་བྲང་བཅས་གསར་བཞེངས་ཐོག ས་ཆེན་ཕུག་སོགས་ལ་ཉམས་གསོ་རྒྱ་ཆེར་གནང་ཞིང་། ཆོས་གྲྭ་ཆེན་པོ་ཐུབ་བསྟན་ལྷ་ཆེན་དང་གསང་སྔགས་བདེ་ཆེན་གླིང་ཕྱག་བཏབ། ཁའུ་སྐྱེ་ལྷས་ཀྱི་སྒྲུབ་གནས་དང་། ཆོས་རྫོང་ཁམས་གསུམ་ཟིལ་གནོན། བསམ་ཡས་གཙུག་ལག་ཁང་སོགས་ཉམས་གསོ་མཛད། དེ་དག་ཏུ་བཞུགས་པའི་དགེ་འདུན་འདུས་པ་རྒྱ་མཚོར་བསྙེན་བཀུར་རྒྱ་ཆེར་བསྒྲུབ་པའི་རྒྱུན་བཙུགས། དེ་ནས་བླ་མ་དགེ་བཤེས་དང་ས་སྐྱོང་སྦྱིན་བདག་བཅས་ནས་གདུང་རྒྱུད་སྤེལ་རྒྱུའི་གསོལ་བ་བཏབ་པ་བཞིན་བཙུན་མོ་གསུམ་ཁབ་ཏུ་བཞེས་ནས་སྲས་འཇམ་དབྱངས་དབང་པོ་གྲགས་པ་རྒྱལ་མཚན་དང་གྲགས་པ་བློ་གྲོས་རྒྱལ་མཚན་གཉིས་འཁྲུངས། མཐར་དགུང་ལོ་རེ་བརྒྱད་པ་རབ་བྱུང་དགུ་པའི་ཤིང་སྤྲེལ(སྤྱི་ལོ1524)ལོར་ལྷུན་གྲུབ་ཕོ་བྲང་དུ་ཞི་བར་གཤེགས།

ལྷུགས་ཐང་རབ་འབྱམས་པ་བྱམས་པ་བསོད་ནམས། རྗེ་འདི་ཉིད་རབ་བྱུང་བརྒྱད་པའི་ཤིང་རྟ(སྤྱི་ལོ1474)ལོར་གཙང་ལྷུགས་ཐང་དུ་སྐུ་འཁྲུངས། དགུང་ལོ་བཅུ་གཅིག་པར་སངས་རྒྱས་གླིང་དུ་བསོད

ནམས་ལེགས་པ་དང་འཆད་དཀའ་བཅུ་པས་མཁན་སློབ་མཛད་དེ་རབ་ཏུ་བྱུང་། དེ་ནས་ལོ་བརྒྱད་རིང་མདོག་ཆོས་འཁོར་སྒང་དུ་བཤེས་གཉེན་ཤཱཀྱ་རྒྱལ་མཚན་དང་བློ་གྲོས་རྒྱལ་མཚན་གཉིས་ལ་རིགས་པའི་ཤེས་བྱ་ལེགས་པར་སྦྱངས། དགུང་ལོ་བཅུ་དགུ་པར་མཉན་ཡོད་བྱ་རྒོད་གཤོངས་ཆོས་གྲྭར་འཇམ་དབྱངས་འཕགས་མཆོག་ཀླུ་སྒྲུབ་ལ་གྲངས་ཆེན་བཅོ་བརྒྱད་ཀྱི་ལེགས་བཤད་དང་། གསུང་ངག་སོགས་སྔགས་ཀྱི་ཟབ་གནད་ལོ་བརྒྱད་རིང་གསན་སྦྱོང་དང་། པཎ་ཆེན་འབུམ་ཕྲག་གསུམ་པ་ལ་གསུང་ངག་ཞངས་པ་བཀའ་བརྒྱུད། རས་ཆུང་སྙན་བརྒྱུད་སོགས་ཀྱི་ཟབ་ཁྲིད་གསན། དགུང་ལོ་ཉེར་ལྔ་དང་ཉེར་དྲུག་པ་ལ་དཔལ་འཁོར་བདེ་ཆེན་དང་རྩེད་ཐང་དུ་གཞུང་ལུགས་བཅུ་དྲུག་ལ་ལེགས་བཤད་ཀྱི་སྐྱེས་ཐུལ། དགུང་ལོ་ཉེར་དགུ་པ་མདོག་ཡ་ག་ཆོས་སྡིངས་སུ་བྱམས་པ་དགོན་མཆོག་དཔལ་སོགས་ལས་བསྙེན་པར་རྫོགས། དགུང་ལོ་སོ་དྲུག་ནས་ལོ་གསུམ་རིང་གསང་ཕུ་བ་ཆོས་གྲགས་ཀྱིས་མཁན་པོ། རྗེ་འདིས་སློབ་དཔོན་མཛད། དགུང་ལོ་སོ་དགུ་པ་ཆུ་སྤྲེལ(སྤྱི་ལོ1512) ལོར་དཔལ་འབུམ་ཕྲག་གསུམ་པའི་རྒྱལ་ཚབ་ཏུ་མངའ་གསོལ། དགུང་ལོ་རེ་བཞི་བར་གདན་ས་བསྐྱངས། དེ་བར་མདོ་ཕྱོགས་ཀྱི་འཆད་ཉན་ཁོ་ནས་བསྟན་པ་རིན་པོ་ཆེ་གསལ་བར་མཛད། དགུང་ལོ་རེ་བཞི་པ་མེ་བྱ(སྤྱི་ལོ1537) ལོར་པཎ་ཆེན་བཟང་པོ་བཀྲ་ཤིས་ལ་གདན་ས་གཏད་དེ་བཟའ་བྲག་ཕུག་ཏུ་བཞུགས། རེ་ལྔ་པ་ས་ཁྱི(སྤྱི་ལོ1538) ལོར་ཆོས་རྒྱལ་ཚེ་དབང་རྡོ་རྗེས་དཔལ་ངམ་རིངས་ཀྱི་མཁན་པོར་མངའ་གསོལ། མདོར་ན་འཆད་པ་ཁོ་ནས་བསྟན་པ་སྤྱེལ་བ་ལ་རང་སྟོན་གྱི་རྗེས་སུ་ཀུན་མཁྱེན་འདི་ཉིད་བཀའ་དྲིན་ཆེ་བར་གྲགས།

གསུང་ལས་སྐྱེས་པའི་སློབ་མ་ཡང་། པཎ་ཆེན་བཟང་པོ་བཀྲ་ཤིས། འཇམ་དབྱངས་ཕྱོགས་ལས་རྣམ་རྒྱལ། སྐྱིད་གཤོངས་པ་ཆེན་པོ་བློ་གྲོས་རྣམ་རྒྱལ། འཇམ་དབྱངས་སངས་རྒྱས་རྒྱལ་མཚན། འཛམ་གླིང་རབ་འབྱམས་པ་སངས་རྒྱས་ལྷུན་གྲུབ། ལྷ་རིག་བཀྲ་ཤིས་ཆོས་འཕེལ། གདན་གཅིག་པ་ཤཱཀྱ་མཆོག མཁས་མཆོག་གྲགས་པ་བཟང་པོ། འཇམ་མགོན་དཔལ་ལྡན་བཀྲ་ཤིས་ཀྱིས་གཙོས་ཤིན་ཏུ་མང་པོ་བྱུང་ངོ་། མཐར་དགུང་གྲངས་རེ་བདུན་ལ་ཕེབས་པ་རབ་བྱུང་དགུ་པའི་ལྕགས་བྱི(སྤྱི་ལོ1540) ལོར་དགོངས་པ་ཆོས་དབྱིངས་སུ་ཐིམ།

ཚ་བཟང་རྣམ་རྒྱལ་དཔལ་འབྱོར། ཚ་བཟང་སྐུ་ཕྲེང་དང་པོ་འདི་ནི་སྟོད་ལུང་དཀར་ལེབ་ཁང་གསར་དུ་ཡབ་བསོད་ནམས་མགོན་པོ་དང་། ཡུམ་མ་མེ་བྲི་སང་ཞུ་བ་གཉིས་ཀྱི་རིགས་སྲས་སུ་རབ་བྱུང་དགུ་པའི་ས་སྟག(སྤྱི་ལོ1518) ལོར་སྐུ་འཁྲུངས། ཐོག་མར་ར་སྟོད་དང་དེ་ནས་འབྲས་སྤུངས་སྒོ་མང་དུ་ཞུགས་ཏེ་ཡི་གེ་འབྲི་ཀློག་དང་ཆོས་བཀའ་སློབ་གཉེར་མཛད། སྐུ་ཡོན་བཞེས་པ་ལ་མྱུར་བས་མི་རིང་བར་གླིང་བསྲེའི་མཚན་རྟགས་ཐླངས། ཕྱིས་སུ༧རྒྱལ་དབང་ཡོན་ཏན་རྒྱ་མཚོའི་བཀའ་དགོངས་བཞིན་མདོ་སྨད་དུ་ཕེབས་ནས་མཚོ་སྔོན་ཏུ་ལོ་གཅིག་དང་། ཐ་ཁིར་ལོ་ཤས་བཞུགས། སྐུ་འབུམ་དང་དགོན་ལུང་གི་ཁྲི་སོ་

སོར་ཡང་ཕེབས། ས་སླང（སྤྱི་ལོ1589）ལོར་ཆུ་བཟང་དགའ་ལྡན་མི་འགྱུར་གླིང་ཕྱག་བཏབ། དེ་ནས་བཟུང་ཆུ་བཟང་སྐུ་ཕྲེང་རིམ་བྱོན་ལ་ཆུ་བཟང་པ་ཞེས་པའི་མཚན་ཐོགས། འདས་ལོ་དང་མཛད་རྣམ་ཞིབ་པ་མ་རྙེད།

ཆོས་རྗེ་ཀུན་དགའ་རྒྱལ་མཚན། རྗེ་འདི་ཉིད་སོན་མཐའ་ཡུལ་སྟོན་ཆར་ཞེས་པར་མ་སངས་ཨར་པ་སྤུན་བརྒྱད་ཀྱི་རིགས་སུ་རབ་བྱུང་བརྒྱད་པའི་མེ་སྦྲུལ（སྤྱི་ལོ1497）ལོར་འཁྲུངས། ཆུང་དུའི་དུས་སྐྱེ་བ་སྔོན་མའི་བག་ཆགས་གསལ་བར་གསུངས། དགུང་ལོ་བཅུ་བཞི་པ་ལ་དབུས་སུ་བྱོན་ནས་སྤྱན་སྔ་ཆོས་གྲགས་པའི་དྲུང་དུ་རབ་ཏུ་བྱུང་། ཀུན་དགའ་རྒྱལ་མཚན་ཞེས་པའི་མཚན་གསོལ། སྔ་རྗེས་སུ་ཆགས་ལོ་རིན་ཆེན་ཆོས་རྒྱལ། འབུམ་རལ་པ་རིན་ཆེན་ཆོས་དབང་། ལོ་ཆེན་ཆོས་སྐྱོང་བཟང་པོ། སྤྲུལ་སྐུ་རྡོ་རྗེ་སེང་གེ། གཡུལ་རྒྱལ་བ་ཆོས་ཀྱི་ཤེས་རབ། ཀུན་བཟང་གླིང་པ་ཆོས་ཀྱི་དཔལ་བ་སོགས་བཤེས་གཉེན་དུ་མ་ལས་མདོ་སྔགས་ཐ་སྙད་དང་བཅས་པའི་ཟབ་ཆོས་གསན་སྦྱོང་གིས་ཆུབ་པར་གྱུར། གཡུལ་རྒྱལ་ཆོས་རྗེས་བཀྲ་ཤིས་དགེ་འཕེལ་དང་། ཉི་ལྡེའི་གདན་སར་མངའ་གསོལ། ཕྱིས་ལྷུན་གྲུབ་ཆོས་སྡེ་ཡང་བསྐྱངས། དེ་ནས་གྲུབ་ཆེན་ཀུན་བཟང་རྡོ་རྗེ་ལས་གསང་བ་བླ་ན་མེད་པའི་དབང་ཁྲིད་མན་ངག་དང་བཅས་གསན་ཏེ་ཉམས་ལེན་ནན་ཏན་མཛད་པས་ཉམས་རྟོགས་ཕུན་སུམ་ཚོགས་པ་འཁྲུངས། གདུལ་བྱ་རྣམས་ལ་སོ་སོའི་མོས་བློ་དང་འཚམས་པར་རྒྱལ་བའི་བཀའ་འགྱུར་རོ་ཅོག་གིས་མཚོན་དམ་པའི་ཆོས་ཀྱི་སྒོ་ཐམས་ཅད་བསྟན་པས་བུ་སློབ་ཀྱང་འབྲི་གུང་པ་རིན་ཆེན་ཕུན་ཚོགས་ཡབ་སྲས། ཆོས་ལུང་མཁན་པོ་ཀུན་བློ། སྐྱིད་ཚལ་བ་ཤེས་རབ་རྒྱལ་མཚན་སོགས་ཆེ་བཙུན་མཁས་པའི་བཤེས་གཉེན་མཐའ་ཡས་པ་དང་། སྤྲུལ་སྐུ་སྣ་ཚོགས་རང་འགྲོལ་དང་རྫོགས་ཆེན་པ་བསོད་ནམས་རིན་ཆེན་སོགས་སྙིང་པོའི་བསྟན་འཛིན་དུ་མ་བྱུང་། སྐུ་ཚེའི་སྨད་ལ་གནས་ནང་དང་ཡངས་པ་ཅན་གྱི་གདན་ས་མཛད་པས་མཆོད་གཞན་ཕན་འགྲོ་དོན་རྒྱ་ཆེར་བསྐྱངས་ནས་དགུང་ལོ་བདུན་ཅུ་དོན་གཉིས་ལ་ཕེབས་པ་རབ་བྱུང་བཅུ་པའི་ས་འབྲུག（སྤྱི་ལོ1568）ལོར་འདས།

ཆོས་རྗེ་བཀྲ་ཤིས་དཔལ་བརྩེགས། ཆོས་རྗེ་འདི་ཉིད་ཡབ་ཀུན་དགའ་བཤེས་གཉེན་དང་ཡུམ་འཛམ་དཔལ་སྐྱིད་གཉིས་ཀྱི་སྲས་སུ་རབ་བྱུང་དྲུག་པའི་ས་ཕག（སྤྱི་ལོ1359）ལོར་སྐུ་བལྟམས། དགུང་ལོ་དྲུག་པ་ལ་སློབ་དཔོན་སྒོམ་པ་རིན་གཞོན་གྱི་དྲུང་དུ་ཡི་གེ་འབྲི་ཀློག་ལ་སྦྱང་བརྩོན་མཛད། དགུང་ལོ་བཅུ་གཅིག་བཞེས་པའི་ཚེ་བཀའ་བརྒྱུད་ཀྱི་ཆོས་སྐོར་ཐམས་ཅད་ཀྱི་བདག་པོ་སློབ་དཔོན་རིན་ཆེན་དཔལ་བ་ལས་རྒྱུད་གསུམ་མན་ངག་དང་། སྤྱོད་འཇུག་དང་ཤེས་རབ་བརྒྱ་པ། ཁྱད་པར་དུ་བརྟག་གཉིས་སོགས་གསན་སྦྱོང་མཛད། དགུང་ལོ་བཅུ་བདུན་ལ་ཕེབས་སྐབས་རིན་པོ་ཆེ་ནམ་མཁའ་དཔལ་བཟང་པོས་མཁན་པོ་དང་། སློབ་དཔོན་གནས་བརྟན་རིན་ཆེན་འོད་ཀྱིས་མཛད་དེ་རབ་ཏུ་བྱུང་། མཚན་བཀྲ་ཤིས་

དཔལ་བརྟེགས་ཉི་མའི་དབང་པོ་བསྒྲུང་བའི་གོ་ཆ་ཞེས་གསོལ། དེ་ནས་ཆོས་དབང་གཉིས་པ་སོགས་མཁས་དབང་མང་པོའི་ཞབས་ལ་གཏུགས་ནས་དཔལ་དུས་ཀྱི་འཁོར་ལོའི་དབང་ཡོངས་སུ་རྫོགས་པ་དང་། ནཱ་རོའི་ཆོས་དྲུག ཕྱག་རྒྱ་ཆེན་པོ། བཀའ་བརྒྱུད་ཀྱི་ཆོས་རིན་པོ་ཆེ་མ་ལུས་པའི་དབང་ཁྲིད་ལུང་གསུམ་ཞུས་པས་ལམ་གྱི་དྲོད་རྟགས་བསམ་གྱིས་མི་ཁྱབ་པ་འཁྲུངས་ཤིང་། ཏིང་ངེ་འཛིན་གྱི་སྒོ་དུ་མ་ཕྱེས། གཞན་ཡང་ཤ་བ་རིའི་སྐོར་དྲུག ཆོས་རྗེ་བསོད་ནམས་རྒྱལ་མཚན་པའི་སྐོར་དྲུག གསང་འདུས་རིམ་ལྔའི་ཁྲིད་དང་ནག་ཁྲིད་སྐོར་དམར་ཁྲིད། དབུ་སེམས་ཀྱི་སེམས་བསྐྱེད། བློ་སྦྱོང་དོན་བདུན་མ། ལམ་འབྲས་སོགས་ཇི་སྙེད་གསན། དགུང་ལོ་བཅོ་བརྒྱད་ལ་ཕེབས་པ་མེ་འབྲུག(སྤྱི་ལོ1376)ལོར་སྟག་ལུང་གི་གདན་སར་ཕེབས་ནས་ཆོས་ཀྱི་འཁོར་ལོ་རྒྱ་ཆེན་པོར་བསྐོར། དགུང་ལོ་ཉི་ཤུ་པར་ལྷ་སར་ཕེབས། ལོ་ཆེན་བྱང་རྩེ་དང་མཇལ། དེ་ནས་ལོ་ཆེན་གྱིས་མཁན་པོ་དང་། ལོ་ཙཱ་བ་གྲགས་པ་རྒྱལ་མཚན་གྱིས་སློབ་དཔོན། ལོ་ཙཱ་བ་ནམ་མཁའ་བཟང་པོས་གསང་སྟོན་མཛད་ནས་བསྙེན་པར་རྫོགས། ལོ་ཆེན་ལས་ཆོས་དཔག་ཏུ་མེད་པ་གསན། དེ་ནས་སྟག་ལུང་དུ་ཕེབས་ནས་ཁྲིད་ཁ་གྲངས་མེད་པ་བཏབ། གླིང་གསེབ་ཏུ་ཤ་མི་འགྲིམ་པའི་ཁྲིམས་མཛད། དབུས་གཙང་གི་སྡེ་དགོན་ཐམས་ཅད་དུ་མང་སྐོལ་གྱི་ཇམ་གཞག་རྒྱ་ཆེན་པོ་མཛད། སྟག་ལུང་ཐང་པའི་སྐུ་འདྲ་བཞེངས། སྤྱ་ཕྱིར་བྱང་རིས་དང་ཁམས་སྟོད་དུ་ཕྱིན་ནས་ཆོས་ཀྱི་འཁོར་ལོ་རྒྱ་ཆེར་བསྐོར། གོང་ནས་རྒྱལ་པོ་ཡེ་དབང་གིས་གུ་ཤྲཱིའི་ལས་ཀ། དངུལ་གྱི་ཐམ་ཀ་ཀའོ་མིང་དང་བཅས་ཕུལ། མཐར་དགུང་ལོ་དྲུག་ཅུ་རེ་དྲུག་པ་རབ་བྱུང་བདུན་པའི་ཤིང་འབྲུག(སྤྱི་ལོ1424)ལོར་ངོ་མཚར་གྱི་ལྟས་བཟང་པོ་དུ་མ་དང་བཅས་ཏེ་དགོངས་པ་ཆོས་ཀྱི་དབྱིངས་སུ་གཤེགས།

ཆོས་རྗེ་དགེ་འདུན་རྒྱལ་མཚན། དགའ་ལྡན་ཁྲི་ཐོག་ཉེར་བརྒྱད་པ་དགེ་འདུན་རྒྱལ་མཚན་མཆོག་ནི་རབ་བྱུང་དགུ་པའི་ཆུ་འབྲུག(སྤྱི་ལོ1532)ལོར་ལྷ་ས་ལུམ་པ་ཤག་ཏུ་སྐུ་འཁྲུངས། སྐུ་ཆུང་དུས་སེ་ར་བྱེས་སུ་ཆོས་ཞུགས་མཛད་ཅིང་། སེ་ར་རྗེ་བཙུན་ཆོས་ཀྱི་རྒྱལ་མཚན་དང་། བྱེས་པ་སློབ་དཔོན་ཤེས་རབ་སེང་གེ་ལས་རབ་ཏུ་བྱུང་། བྱེས་གྲྭ་ཚང་དུ་ཟབ་རྒྱས་ཆོས་ཀྱི་སློབ་གཉེར་མཛད་པས་མཁས་པ་ཆེན་པོར་གྱུར། དགུང་ལོ་བཅུ་དགུ་པ་ལ་ཐམས་ཅད་མཁྱེན་པ་བསོད་ནམས་རྒྱ་མཚོ་དང་། མངའ་རིས་ལྷ་བཙུན་པ་བསོད་ནམས་དཔལ་བཟང་པོ་སོགས་ལ་བསྙེན་པར་རྫོགས་ནས་སྨད་རྒྱུད་གྲྭ་ཚང་དུ་ཡོངས་འཛིན་བཀྲ་ཤིས་བཟང་པོ་བསྟེན་ནས་སྔགས་ཕྱོགས་ལ་སྦྱངས་པ་མཛད་དེ་མཁས་པའི་གྲགས་པ་ཐོབ། དགུང་ལོ་ཞེ་བཞི་པ་རབ་བྱུང་བཅུ་པའི་ཤིང་ཕག(སྤྱི་ལོ1575)ལོར་རྒྱུད་ཀྱི་བླ་མ་མཛད། ང་བརྒྱད་པ་ས་གླང་(སྤྱི་ལོ1589)ལོར་དགའ་ལྡན་བྱང་རྩེར་ཕེབས། དགུང་གྲངས་དོན་གཉིས་ལ་ཕེབས་པ་ཆུ་ཡོས(སྤྱི་ལོ1603)ལོར་དགའ་ལྡན་གྱི་ཁྲི་མཐོན་པོར་ཕེབས། སྨོན་ལམ་གྱི་གྲལ་དབུ་མཛད། ཐམས་ཅད་མཁྱེན་པ་བདེ་ཆེན་ཆོས་ཀྱི་རྒྱལ་པོ་རབ་ཏུ་བྱུང་བའི་སློབ་དཔོན་གནང་། ལ་མོའི་ས་ཕོག་ནས་དགའ་ལྡན་དུ་

དབྱར་གནས་ཞལ་བཞེས་པ་རྣམས་ལ་ཉིན་རེ་བཞིན་གྱི་མང་ཇ་ཆག་མེད་དུ་ཚུགས་པའི་ཐེབས་སུ་ས་རིགས་སྦྱར། དགའ་ལྡན་ཁྲི་ལོ་ལྔ་བསྐྱངས་ཏེ་དགུང་ལོ་དོན་དྲུག་ལ་ཕེབས་པ་མེ་ལུག(སྤྱི་ལོ1607)ལོར་ཟུར་བཞུགས་མཛད་ཅིང་། ལོ་དེར་དགོངས་པ་ཆོས་དབྱིངས་སུ་ཐིམ།

ཆོས་རྗེ་གྲགས་པ་བྱང་ཆུབ། མཚན་གཞན་ཆོས་བཞི་གསར་མ་ཞུ་བ་འདི་ཉིད་ཡབ་དྲུང་རིན་རྡོར་བ་དང་། ཡུམ་ཟིན་ཟ་བཀྲ་ཤིས་སྐྱིད་གཉིས་ཀྱི་སྲས་སུ་རབ་བྱུང་དྲུག་པའི་མེ་སྤྲེལ(སྤྱི་ལོ1356)ལོར་དཔལ་ཁྲ་འབྲུག་གཙུག་ལག་ཁང་གི་འདབས་སུ་ཆགས་པ་དགོན་གསར་དུ་སྐུ་འཁྲུངས། མཚན་བྱང་ཆུབ་རྡོ་རྗེ་ཞེས་གསོལ། དགུང་ལོ་བཞི་པ་ནས་ཡི་གེ་སྦྱོར་ཀློག་སྦྱངས། རྒྱལ་སྲས་གྲགས་རིན་པ་ལ་བརྟག་གཉིས་ཀྱི་ལུང་མནོས་ནས་གསན་སྦྱོང་མཛད། དགུང་ལོ་བཅུ་གཉིས་ལ་སྤྱན་སྔ་རིན་པོ་ཆེ་གྲགས་པ་ཤེས་རབ་ལས་དགེ་བསྙེན་གྱི་སྡོམ་པ་བཞེས། མཚན་གྲགས་པ་བྱང་ཆུབ་ཏུ་གསོལ། ཆོས་དྲུག་གི་ཁྲིད་ཀྱང་གསན། སློབ་དཔོན་ཚུལ་རྒྱལ་བས་བརྡ་བཞིའི་སྒོ་ནས་སློབ་པར་མཛད། དེ་རྗེས་རྩེད་ཐང་དུ་བརྟག་གཉིས་གསན། དགུང་ལོ་བཅོ་ལྔ་པར་རྗེ་བསོད་ནམས་རྒྱལ་མཚན་དཔལ་བཟང་པོས་མཁན་པོ་དང་། མཁན་ཆེན་གཞོན་དབང་པས་སློབ་དཔོན། ཆོས་སྒོ་བ་བརྩོན་འགྲུས་བཟང་པོས་དུས་སྒོ་བ་གནང་སྟེ་དགེ་ཚུལ་གྱི་བརྟུལ་ཞུགས་ཡང་དག་པར་བླངས་ཏེ་རབ་ཏུ་བྱུང་། དམ་པ་འདི་ཉིད་སྲིད་འཁོར་ལ་སྙིང་པོ་མེད་པར་གཟིགས་ནས་ཕག་གྲུའི་སྡེ་སྲིད་དུ་ཕེབས་དགོས་ཞུ་ནན་ཆེ་ཡང་སྤྱན་སྔ་བསོད་ནམས་གྲགས་པ་སྐུ་ན་མ་སོན་བར་ལོ་བརྒྱད་རིང་སྲིད་ཁྲིར་བཞུགས་རྗེས་ཐེལ་གྱི་ཚོགས་པ་མུ་མཐུད་བསྐྱངས། གང་གིས་ཕག་གྲུའི་སྡེ་སྲིད་གནང་རིང་རྫོང་གོང་འོག་ཐམས་ཅད་ལ་ཚེ་འཕྲུལ་གྱི་ཟླ་བར་སྲོག་གཅོད་སྤོང་འཛུག་སོགས་ཆོས་ལྡན་རྒྱལ་པོའི་མཛད་པ་ལྟར་བཞེས་དང་བཤད་པ་དང་སྒྲུབ་པས་བསྟན་པའི་དོན་ཆེ་བའི་མཛད་པ་ཕོན་ནར་གནོལ།

དེ་ནས་དགེ་སྡོང་གི་དངོས་པོ་ཐོབ། སྤྱན་སྔ་རིན་པོ་ཆེ་གྲགས་པ་ཤེས་རབ་དང་། ལོ་ཆེན་བྱང་ཆུབ་རྩེ་མོ། རྒྱལ་སྲས་ཐོགས་མེད་བཟང་པོ། མཁན་ཆེན་རྣམ་ཤྲཱི་ཛྙཱ་ན། འཛམ་དབྱངས་ཤཱཀྱ་རྒྱལ་མཚན། མཁན་ཆེན་གཞོན་ནུ་དབང་ཕྱུག དཔོན་ཆེན་པོ་ཚུལ་ཁྲིམས་རྒྱལ་མཚན། བླ་མ་འབྲི་ཁུང་པ་རིན་ཆེན་འབུམ་པ་སོགས་མཁས་གྲུབ་དམ་པ་མང་པོ་སྤྱི་བོར་བསྟེན་ནས་རྒྱ་གར་ནས་བོད་དུ་བསྒྱུར་པའི་སྔགས་དང་མཚན་ཉིད་ཀྱི་དབང་བཤད་ལུང་མན་ངག་མཐའ་དག་དང་། བོད་ཀྱི་རྗེ་ས་སྐྱ་པ་ཡབ་སྲས་ཐམས་ཅད་ཀྱི་བཀའ་འབུམ། དཔལ་ཕག་མོ་གྲུབ་པ་དང་། ཆོས་རྗེ་འབྲི་ཁུང་པ། སྤྱན་སྔ་རིན་པོ་ཆེ་ཡབ་སྲས་ཀྱི་བཀའ་འབུམ་སོགས་གྲགས་ཆེ་བ་ཕལ་མོ་ཆེ་གསན་པར་མཛད་དེ་མཁས་པའི་གྲགས་པ་ས་སྟེང་ཁྱབ། ཉམས་དང་རྟོགས་པའི་ཡོན་ཏན་ཁྱད་པར་ཅན་འཁྲུངས། རྗེ་ཙོང་ཁ་པ་ཆེན་པོས་ཀྱང་སྤྱན་སྔ་གྲགས་པ་བྱང་ཆུབ་ལ་མི་འཕྲོག་པའི་དད་པ་ཚད་མེད་འཁྲུངས་ཏེ། སྤྱན་སྔ་གྲགས་པ་བྱང་ཆུབ་དཔལ་བཟང་པོའི་རྟོགས་བརྗོད་སྙན་ངག་དྭངས་བྱེད་ཟླ་བས་ཀྱི་ལྷུན་པོ་ཞེས་བྱ་བ་ཡང་བཀའ་རྩོམ་གནང་། སྤྱན་

སྔ་རིན་པོ་ཆེས་ཀྱང་རྗེ་ཙོང་ཁ་པ་ཆེན་པོའི་རྨད་དུ་བྱུང་བའི་མཁྱེན་རབ་ཀྱི་གསུང་རབ་མཐའ་ཡས་པ་གཟིགས་ནས་སྔགས་པ་རྒྱ་ཆེར་མཛད། དེ་ལྟར་བསྟན་པ་དང་འགྲོ་བའི་དོན་འབའ་ཞིག་ལ་སྨན་པའི་ལུང་དང་རྟོགས་པའི་ཆོས་ཀྱི་འཁོར་ལོ་རྒྱ་ཆེར་བསྐོར་ནས་དགུང་ལོ་སོ་གཅིག་ལ་ཕེབས་པ་རབ་བྱུང་དྲུག་པའི་མེ་སྟག(སྤྱི་ལོ1386)ལོའི་བོད་ཟླ་གཉིས་པའི་ཚེས་ལྔ་ཉིན་སྐུ་གཤེགས།

ཆོས་རྗེ་ཆོས་ཀྱི་བཤེས་གཉེན། དགའ་ལྡན་ཁྲི་ཐོག་བཅུ་གསུམ་པ་ཆོས་ཀྱི་བཤེས་གཉེན་མཆོག་ནི་རབ་བྱུང་བརྒྱད་པའི་ཆུ་བྱ(སྤྱི་ལོ1453)ལོར་སྟོད་ལུང་མདར་སྐུ་བལྟམས། དགའ་ལྡན་སློབ་དཔོན་ཆོས་གྲགས་པ་ལ་རབ་ཏུ་བྱུང་། ཆོས་དང་ཡི་གེ་ལ་སློབ་གཉེར་མཛད། དེ་ནས་གཙང་དུ་ཕྱིན་ཏེ་པཎ་ཆེན་དགེ་འདུན་གྲུབ་པ་ལ་མདོ་སྔགས་ཀྱི་ཟབ་ཆོས་མང་དུ་གསན། བསྟན་པའི་རྒྱལ་མཚན་འཛིན་པ་ཞེས་མཚན་གྱི་མཇུག་ཏུ་བཏགས། སླར་དབུས་སུ་ཕྱིན་ནས་འབྲས་སྤུངས་སུ་སློབ་དཔོན་ཡེ་ཤེས་བཟང་པོ། འཇམ་དབྱངས་ལེགས་ཆོས་པ། དྲུང་དཔལ་ལྡན་རྒྱལ་མཚན་རྣམས་ལས་ཆོས་གསན། རྩེད་ཐང་དུ་པོ་ཏི་ཉི་ཤུ་རྩ་གྲངས་ཀྱི་གྲྭ་སྐོར་མཛད། རབ་འབྱམས་སྨོན་ལམ་དཔལ་སོགས་ལ་ཆོས་མང་དུ་གསན། རྒྱུད་གྲར་སློབ་གཉེར་དང་། སྟག་ལུང་ཆོས་རྗེ་ངག་དབང་གྲགས་པ་ལ་སྒྲ་དང་སྙན་ངག་གསན། ཆོས་རྗེ་གནས་བརྟན་པ་སོགས་ལ་བསྙེན་པར་རྫོགས། ཤག་སྐོར་གྲྭ་ཚང་དུ་འཆད་ཉན་པ་མཛད། དགུང་ལོ་ལྔ་བཅུ་ལ་ཕེབས་བ་རབ་བྱུང་བརྒྱད་པའི་ཆུ་ཁྱི(སྤྱི་ལོ1502)ལོར་ཤར་རྩེ་གྲྭ་ཚང་དུ་ཕེབས། དགུང་ལོ་རེ་བཞི་ལ་ཕེབས་པ་མེ་བྱི(སྤྱི་ལོ1516)ལོར་དགའ་ལྡན་ཁྲི་ཐོག་ཏུ་མངའ་གསོལ། མདོ་སྔགས་ཟབ་ཆོས་རྒྱ་མཚོ་ལྟ་བུའི་ཆོས་འཁོར་བླ་མེད་བསྐོར་བར་མཛད་དེ་ཕན་བདེའི་རྩ་ལག་དམ་པར་གྱུར། ལྷ་དབང་དཔལ་འབྱོར་སོགས་བུ་སློབ་སྨྲ་བའི་ཁྱུ་མཆོག་མང་དུ་བྱུང་། གདན་ས་ལོ་དྲུག་བསྐྱངས་ཏེ་དགུང་ལོ་བདུན་ཅུ་ལ་ཕེབས་ལ་ཆུ་རྟ(སྤྱི་ལོ1522)ལོར་ཟུར་བཞུགས་མཛད། བསྟན་འགྲོ་ལ་སྨན་པའི་ཆོས་འཁོར་རྒྱ་ཆེར་སྐོར་བའི་མུར་དགུང་གྲངས་གྱ་བརྒྱད་བཞེས་པ་རབ་བྱུང་དགུ་པའི་ལྕགས་བྱི(སྤྱི་ལོ1540)ལོར་ཞི་བར་གཤེགས།

ཆོས་རྗེ་འཇམ་དབྱངས་དཀོན་མཆོག་ཆོས་འཕེལ། དགའ་ལྡན་ཁྲི་ཐོག་སོ་ལྔ་པ་དཀོན་མཆོག་ཆོས་འཕེལ་མཆོག་ནི་རབ་བྱུང་བཅུ་པའི་ཆུ་བྱ(སྤྱི་ལོ1573)ལོར་སྟོ་ཁ་གྲྭ་ནང་དགོན་ཞོལ་དུ་སྐུ་འཁྲུངས། དགུང་ལོ་ཏ་ཙང་ཕྲ་བའི་དུས་ནས་གསང་ཕུ་དབུར་ཆོས་ལ་འགྲོ་ཞེས་སྟོན་གནས་རྗེས་དྲན་གྱི་གསུང་གླེང་མང་དུ་མཛད། བཀྲ་ཤིས་ཆོས་གླིང་དུ་བསོད་ནམས་རྒྱལ་མཆོག་ལ་དགེ་བསྙེན་གྱི་སྡོམ་པ་བཞེས། ཐམས་ཅད་མཁྱེན་པ་དགེ་འདུན་རྒྱ་མཚོའི་དཔལ་གྱི་ཞལ་སློབ་དྲུང་ནས་དཀོན་ཅིག་པས་བདག་རྐྱེན་ཡང་དག་པ་མཛད་དེ་དགུང་ལོ་བཅུ་གཉིས་པ་ལ་དྭགས་པོ་གྲྭ་ཚང་དུ་ཕྱིན། སློབ་དཔོན་བློ་བཟང་ཆོས་འཕེལ་ལ་དགེ་ཚུལ་བསྒྲུབས། མཚན་དཀོན་མཆོག་ཆོས་འཕེལ་དུ་གསོལ། སློབ་གཉེར་ལ་ཐུགས་བརྩོན་ཤིན་ཏུ

ཚེ་བས་མདོ་སྔགས་ལ་མཁས་པར་གྱུར། དགུང་ལོ་ཉི་ཤུ་རྩ་གཉིས་པ་ལ་རྩེད་ཐང་དུ་རབ་འབྱམས་གྲྭ་སྐོར་མཛད། དེ་ནས་སྐྱིད་ཤོད་དུ་ཕྱིན་ནས་མདོ་སྔགས་རིག་པ་ལ་སྦྱངས་པ་མཐར་ཕྱིན་མཛད་དེ་དགེ་བཤེས་ཆེན་པོར་གྱུར། དགའ་ལྡན་ཚོགས་ཆེན་དུ་གྲལ་ལངས་ཀྱི་བགྲོ་གླེང་གནང་བས་མཁས་པའི་མཚན་སྙན་གྱིས་ཁྱབ། དགུང་ལོ་ཉི་ཤུ་རྩ་བཞི་པར་ཆོས་རྗེ་རྒྱལ་ཁང་རྩེ་པ་སོགས་ལ་བསྙེན་པར་རྫོགས། ལྕགས་བྱི(སྤྱི་ལོ1600)ལོར་ཁམས་ཕྱོགས་སུ་འབུལ་སྐྱོད་ལ་ཕྱིན། ཕྱིར་འཁོར་ནས་གསང་ཕུ་ར་བ་སྟོད་དང་རྒྱུད་སྟོད་པའི་འཆད་ཉན་ལེགས་པར་མཛད་པས་གཞུང་ལུགས་རབ་འབྱམས་སྨྲ་བའི་དབང་ཕྱུག་ཏུ་གྱུར། ༧རྒྱལ་བ་ཡོན་ཏན་རྒྱ་མཚོས་སྤྱན་རས་གཟིགས་དང་མི་གཡོ་བའི་རྗེས་གནང་སོགས་དམ་པའི་ཆོས་མང་དུ་གསན། གཙང་སོག་གི་བར་མཛད་པས་སེ་འབྲས་ལ་ཕན་ཐོགས་ཤིང་གཙང་པ་ཡང་དགྱེས་པར་གྱུར། དགུང་ལོ་སོ་དགུ་པར་རྒྱུད་སྟོད་ཀྱི་ཁྲིར་ཕེབས། དགུང་ལོ་ཞེ་གསུམ་པར་རིན་ཆེན་སྒང་གི་ཁྲིར་ཕེབས། དགུང་ལོ་ཞེ་བདུན་པར་གསང་ཕུའི་ཁྲིར་ཕེབས་ཏེ་ཆོས་ཕྱོགས་ཀྱི་མཛད་འཕྲིན་རྒྱས་ནས་གླིང་སྨད་ཆོས་རྗེ་ཞེས་གྲགས་པ་ཆེ། དེ་བཞིན་སྐྱོར་མོ་ལུང་དང་། གསང་སྔགས་མཁར། འོལ་ཁ་རྗེ་དྲིང་ཕྱི་བཅས་ཀྱི་བླ་སྤྱིའམ་མཁན་པོ་མཛད། དགའ་ལྡན་ཤར་རྩེ་དང་བློ་གསལ་གླིང་གཅིག་ཕྱོགས་ཀྱི་བླ་མ་མཛད་དེ་འཆད་ཉན་སྨར་པོ་བྱུང་། དགུང་ལོ་ང་བཞི་ལ་ཕེབས་པ་རབ་བྱུང་བཅུ་པའི་མེ་སྟག(སྤྱི་ལོ1626) ལོར་དགའ་ལྡན་དགོན་ཁྲི་ཐོག་ཏུ་ཕེབས་ནས་ལོ་བཅུ་གཉིས་བསྐྱངས། རབ་བྱུང་བཅུ་གཅིག་པའི་མེ་ཡོས(སྤྱི་ལོ1627)ལོར་༧རྒྱལ་བ་སྐུ་ཕྲེང་ལྔ་པ་ཆེན་པོའི་ཡོངས་འཛིན་དང་སློབ་ལམ་ཆེན་མོའི་ཚོགས་དབུ་མཛད།

ཆོས་རྗེ་འདིའི་སྐུ་དུས་སུ་གསང་སྔགས་མཁར་དང་དབུ་རུ་སྟོད་སྨད་ཀྱི་ཆོས་སྡེ་རྣམས་ལོན་པས་རི་བོ་དགེ་ལུགས་པའི་བསྟན་པ་ལ་འཇིགས་རྐྱེན་ནས་ཀྱང་ཕན་པ་རྒྱ་ཆེ། དེ་ནས་བྲུར་ཁང་ཤར་པས་སྟོ་ཁར་གདན་དྲངས། དེ་དུས་སོས་ཐན་ལྷག་པར་འཕེལ་བར་རྗེ་གང་གིས་ཆར་འབེབས་མཛད་པས། ཆར་ཆེན་པོ་བབས་པ་ལ་ཐམས་ཅད་ངོ་མཚར་བར་གྱུར། སེ་འབྲས་རྒྱལ་གསང་སོགས་དབུས་ཁུལ་གྱི་བླ་མ་ཕལ་ཆེར་བུ་སློབ་ཏུ་གྱུར། སྐུ་ཚེ་རིལ་པོར་ལུགས་གཉིས་ཀྱི་མཛད་འཕྲིན་བསམ་བརྗོད་ལས་འདས་པ་དང་། འཆད་རྩོད་རྩོམ་གསུམ་གྱིས་དུས་འདའ་ཞིང་། བསྟན་པ་དང་འགྲོ་བའི་དོན་དུ་ཕྱག་རྗེས་མི་ནུབ་པ་འཛུགས་གནང་མཛད། དགུང་ལོ་དོན་བཞི་ལ་ཕེབས་པ་རབ་བྱུང་བཅུ་གཅིག་པའི་མེ་ཁྱི(སྤྱི་ལོ1646) ལོར་དགོངས་པ་ཆོས་དབྱིངས་སུ་ཐིམ།

ཆོས་རྗེ་ནམ་མཁའ་དཔལ་བཟང་པོ། སྟག་ལུང་ཆོས་རྗེ་ནམ་མཁའ་དཔལ་བཟང་པོ་མཆོག་ནི་ཡབ་ཡོན་བདག་ཡེ་ཤེས་རིན་ཆེན་དང་། ཡུམ་ཕྱུག་མོ་དཔལ་ལེའི་སྲས་སུ་རབ་བྱུང་དྲུག་པ་ཆུ་བྱ(སྤྱི་ལོ1333) ལོར་འཕན་པོ་དར་ཡུལ་དུ་སྐུ་འཁྲུངས། དགུང་ལོ་ལྔ་ཙམ་ལ་ཕེབས་སྐབས་གཞན་སྡུག་བསྔལ་བ་གཟིགས་ཚེ་སྙིང་རྗེ་ཆེན་པོ་འཁྲུངས་ནས་སྤྱན་ཆབ་ཕྱུང་བའི་བག་ཆགས་བཟང་པོ་རང་བཞིན་དུ་གསལ། དགུང་

ལོ་བདུན་ལ་ཕེབས་སྐབས་མཁན་པོ་བླ་མ་ནམ་ལེགས་པ་དང་། སློབ་དཔོན་དོན་ཡོད་པ་ལས་རབ་ཏུ་བྱུང་། མཚན་ནམ་མཁའ་རྒྱལ་མཚན་དཔལ་བཟང་པོ་ཞེས་གསོལ། དགུང་ལོ་བརྒྱད་པ་ལ་མངོན་ཤེས་འཁྲུངས། དགུང་ལོ་བཅུ་པ་ལ་རྟགས་ཀྱི་ཊཱི་ཀ་མཚན་ལ་སོགས་གཞན་པས་སྦྱོར་དྲུག་ལས་བྱུང་བའི་རྟགས་རྣམས་མ་བསྒོམས་པ་མངོན་དུ་གྱུར། དགུང་ལོ་བཅུ་གཅིག་པ་ལ་སྐུ་སྐྱེ་སྔ་མ་གང་དུ་འཁྲུངས་པ་ལྷང་ལྷང་དྲན་སྣང་བསྐྱེད། དུས་ཕྱིས་ཏིང་ངེ་འཛིན་ལ་བཞུགས་པ་ན་འདས་མ་འོངས་རྣམས་ཀྱང་མཁྱེན། དགུང་ལོ་བཅོ་བརྒྱད་ལ་ཆོས་རྗེ་བླ་མ་དང་། ལོ་ཆེན་བྱང་རྩེ་ལས་དུས་འཁོར། སྦྱོར་འཇུག་ཐུབ་པའི་དགོངས་རྒྱན་སོགས་གཞན་པས་ཚར་རེ་ལ་ཐུགས་སུ་ཆུད། དགུང་ལོ་ཉི་ཤུ་བདུན་ལ་ལྷ་སར་ཕེབས་ནས་ཏོ་སྟན་མཁན་ཆེན་བཀྲས་ཚུལ་བ། ལས་སློབ་ཚུལ་བླ་མ། སློབ་དཔོན་སྟོན་རྒྱལ་རྣམས་ལས་བསྙེན་པར་རྫོགས། དགུང་ལོ་ཉི་ཤུ་དགུའི་བར་དུ་དབྱར་ཆོས་དགུན་ཆོས་མ་ཆག་པར་དུས་འཁོར། བརྟག་གཉིས་སྦྱོར་འཇུག ཐུབ་པའི་དགོངས་རྒྱན། སྐྱེས་རབས་ལམ་འབྲས་གསུངས། དགུང་ལོ་ཉི་ཤུ་དགུ་པ་ལྕགས་གླང(སྤྱི་ལོ1361)ལོར་སྟག་ལུང་གི་གདན་སར་ཕེབས་ནས་ལོ་བཅོ་ལྔ་རིང་ཚོགས་པ་བསྐྱངས། སྦྱོར་དྲུག་གི་ཁྲིད་ཡིག་ངོ་སྤྲོད། རྩིས་ཡིག་ལ་སོགས་པའི་བསྟན་བཅོས་མང་པོ་མཛད། ཟབ་མོའི་གདམས་པས་ཀྱང་གདུལ་བྱ་རྣམས་ལེགས་པར་བསྐྱངས། གཙོ་བོར་སྐུ་མཚམས་ཁོ་ན་ལ་བཞུགས། དགུང་ལོ་བཞི་བཅུ་ཞེ་གསུམ་བར་གདན་སར་བཞུགས་རིང་དགེ་འདུན་གྱི་སྡེ་འཕེལ་ཞིང་དར་རྒྱས་ཆེན་པོ་བྱུང་། དེ་ནས་རིན་པོ་ཆེ་བཀྲ་ཤིས་དཔལ་བརྩེགས་པ་གདན་སར་བཞུགས་སུ་གསོལ་ནས་སེ་གླིར་ལོ་བཞི་བཞུགས། བསྐྱེད་པའི་རིམ་པ་བདེ་མཆོག་དང་གཤེད་དམར་ལ་མཛད། རྫོགས་རིམ་སྦྱོར་བ་ཡན་ལག་དྲུག་པ་ལ་མཛད།

རྗེ་འདི་ཉིད་སྒྲ་ཚད་དུས་འཁོར་རྣམས་ལ་མཁས་ཤིང་། དུས་འཁོར། ཀ་ཙན། སྙན་ངག སྡེབ་སྦྱོར་སོགས་ལ་བཤད་པ་མང་དུ་མཛད། དེའི་བཤད་རྒྱུན་དབུས་སུ་ཆེས་ཆེར་དར། ལོ་ཆེན་བྱང་ཆུབ་རྩེ་མོའི་ཕྱག་ཕྱི་མཛད་ནས་ཀ་ལཱ་པའི་འགྲེལ་པ་སློབ་ཕན་ཡོངས་སུ་རྫོགས་པར་འགྱུར་བ་ལ་སོགས་པའི་ཕྱག་རྗེས་ཀྱང་ཤིན་ཏུ་ཆེ། རྗེ་ཉིད་དགུང་ལོ་སོ་དགུ་བཞེས་སྐབས་གསུངས་པ་ཇི་བཞིན་དགུང་ལོ་ཞེ་བདུན་བཞེས་པ་རབ་བྱུང་དྲུག་པ་ས་ལུག(སྤྱི་ལོ1379)ལོར་དགོངས་པ་ཆོས་དབྱིངས་སུ་ཐིམ།

ཆོས་རྗེ་དཔལ་འབྱོར་རྒྱ་མཚོ། དགའ་ལྡན་ཁྲི་རབས་ཉེར་ལྔ་པ་འདི་ཉིད་རབ་བྱུང་དགུ་པའི་མེ་ཕྱི(སྤྱི་ལོ1526)ལོར་ཡུལ་སྟོད་ལུང་རན་པ་སྤ་ར་བར་སྐུ་བལྟམས། ཁུ་སྟོན་རིན་པོ་ཆེའི་སྐུའི་ཡང་སྲིད་དུ་གྲགས། ཁྲི་ཆེན་བདེ་བ་ཅན་པ་ལས་རབ་ཏུ་བྱུང་ཞིང་བསྙེན་པར་རྫོགས། དགུང་ལོ་ང་བདུན་ལ་ཕེབས་པ་རབ་བྱུང་བཅུ་པའི་ཆུ་རྟ(སྤྱི་ལོ1582)ལོར་དགའ་ལྡན་གྱི་སེང་ཁྲིར་ཕེབས། དགུང་ལོ་རེ་བཞི་ལ་ཕེབས་པ་ས་གླང(སྤྱི་ལོ1589)ལོར་རྒྱལ་ཁང་རྩེར་ཟུར་བཞུགས་མཛད། འཕྲིན་ལས་རྣམ་པར་དཀར་

བའི་ངང་དགུང་ལོ་དོན་བཞི་ལ་ཕེབས་པ་རབ་བྱུང་བཅུ་པའི་ས་ཕག(སྤྱི་ལོ1599)ལོར་དགོངས་པ་ཆོས་དབྱིངས་སུ་ཐིམ།

ཆོས་རྗེ་བློ་གྲོས་རྒྱ་མཚོ། དགའ་ལྡན་ཁྲི་ཐོག་སུམ་ཅུ་པ་འདི་ཉིད་རབ་བྱུང་དགུ་པའི་མེ་རྟ(སྤྱི་ལོ1546)ལོར་སྟོད་ལུང་མདའི་སྟག་ལུང་བྲག་ཏུ་སྐུ་འཁྲུངས། སྐྱོར་མོ་ལུང་དུ་རབ་ཏུ་བྱུང་ནས་ཡི་གེ་འབྲི་ཀློག་དང་ཆོས་སློབ་ལ་གཞོལ་བར་མཛད། དེ་ནས་མདོ་རྒྱུད་ལ་སྦྱངས་པ་དཔྱིས་ཕྱིན་མཛད་དེ་མཁས་པ་གྱུར། སྒྲ་བརྗོད་ཤིན་ཏུ་གཙང་ཞིང་གསང་ཕུར་བ་སྟོད་དང་། རྒྱུད་སྨད་པའི་འཆད་ཉན་པ་མཛད། གཞན་ཡང་སྐྱོར་མོ་ལུང་དང་། གསང་སྔགས་མཁར། བྱང་རྩེ་སོགས་ཀྱི་བླ་མར་ཕེབས་ནས་འཆད་ཉན་ལེགས་པར་སྤེལ། བྱང་རྩེ་གྲྭ་ཚང་གསར་དུ་བཙུགས་ཏེ་ཐོས་བསམ་གླིང་དུ་བཏགས། སྐྱོར་མོ་ལུང་གི་བཤད་གྲྭ་རེ་ཞིག་རྒྱུན་ཆད་པ་ཡང་རྗེ་འདི་ཉིད་ཀྱིས་ཕྱར་རྒྱུན་སོར་ཆུད་པར་མཛད། དགུང་ལོ་བདུན་ཅུ་པ་རབ་བྱུང་བཅུ་པའི་ཤིང་ཡོས(སྤྱི་ལོ1615)ལོར་དགའ་ལྡན་གྱི་ཁྲིར་ཕེབས། ཆོས་ཀྱི་འཁོར་ལོ་བསྐོར་ཞིང་རྗེ་བླ་མའི་བྱང་ཆུབ་ལམ་རིམ་ཆེ་ཆུང་སོགས་ཀྱི་བཀྲུད་པར་ཞུགས། དགུང་གྲངས་དོན་གསུམ་ལ་ཕེབས་པ་རབ་བྱུང་བཅུ་པའི་ས་རྟ(སྤྱི་ལོ1618)ལོར་སྐུ་ཞི་བར་གཤེགས།

ཆོས་རྗེ་བློ་བཟང་དོན་ཡོད། དགའ་ལྡན་ཁྲི་ཐོག་ཞེ་གཉིས་པ་ཁྲི་རྣམ་དག་རྡོ་རྗེ་ཡང་ཞུ་བ་འདི་ཉིད་རབ་བྱུང་བཅུ་པའི་ཆུ་སྟག(སྤྱི་ལོ1602)ལོར་འཕན་ཡུལ་ཞོགས་གྲམ་ཕུར་སྐུ་བལྟམས། སྐུ་གཞོན་ནུར་སེར་བྱེས་གྲྭ་ཚང་དུ་ཆོས་ཞུགས་ཀྱིས་སློབ་གཉེར་མཛད། དེ་ནས་རྒྱུད་སྨད་དུ་ཕེབས་ནས་གསང་བ་སྔགས་ཀྱི་གཞུང་ལུགས་ལ་ཐོས་བསམ་གནང་། མཁྱེན་པ་རྒྱས་ཤིང་བརྩོན་པ་ཆེ་བས་རྒྱུད་དང་བྱང་རྩེར་ཕེབས་ནས་རིམ་བཞིན་ཁྲི་ཐོག་ཏུ་ཕེབས། ལོ་བདུན་རིང་མདོ་སྔགས་གཞུང་ཆེན་པོའི་ཟབ་རྒྱས་ཆོས་ཀྱི་འཁོར་ལོ་རྒྱ་ཆེར་བསྐོར་བར་མཛད། དེ་རྗེས་ཁྲི་ཟུར་དུ་བཞུགས་ནས་ར་སྒྲེང་དགོན་དང་རིན་ཆེན་གླིང་སོགས་ཀྱི་གདན་ས་བ་གནང་། བསྟན་པ་དང་འགྲོ་བའི་དོན་བསམ་བརྗོད་ལས་འདས་པ་སྤེལ། དགུང་གྲངས་དོན་བདུན་ལ་ཕེབས་པ་རབ་བྱུང་བཅུ་གཉིས་པའི་ས་རྟ(སྤྱི་ལོ1678)ལོར་དག་པའི་ཞིང་རབ་འབྱམས་སུ་གཤེགས།

ཆོས་རྗེ་འབའ་ར་བ། ཟུར་ཕུག་པའི་སློབ་མ་སྐན་གྲགས་ཆེ་བ་འདི་ཉིད་གཙང་ཤངས་ཀྱི་ཆབ་ལུང་པར་ཡབ་དཔོན་འབུམ་གྱི་སྲས་སུ་རབ་བྱུང་ལྔ་པའི་ལྕགས་ཁྱི(སྤྱི་ལོ1310)ལོར་སྐུ་བལྟམས། གཞོན་དུས་སུ་ཆོས་རྗེ་བསོད་ནམས་རྒྱལ་མཚན་པའི་གསོལ་ཇ་བ་མཛད། དེའི་མོད་ལ་བྱང་ཆུབ་ཀྱི་སེམས་དྲག་པོ་འཁྲུངས་ཏེ་སློ་མོན་ཅན་པ་ལ་སོགས་པའི་བླ་མ་རྣམས་ལ་ཁྲིད་ཞུས་པས་ཇི་ལྟ་བ་བཞིན་དུ་འཁྲུངས། ཕྱིས་ཟུར་ཕུག་པ་དང་ཤུག་གསེབ་རི་པ་ལ་སོགས་པ་ལ་གདམས་པ་ཟབ་དགུ་གསན། བརྩོན་འགྲུས་དྲག་པོས་བསྒོམས་པས་རྟོགས་པ་མཆོག་ཏུ་གྱུར། འབའ་རའི་དགོན་པ་ཕྱག་བཏབ། དེ་ནས་སྤྱ་གྲོར་བྱོན་ནས་འཕྲིན་ལས་

མང་དུ་བསྒྱུར། སླར་ཡང་ཤངས་སུ་ཕེབས་ནས་འགྲོ་དོན་ཡུན་རིང་པོ་མཛད། གཙང་པ་བློ་གྲོས་བཟང་པོ་སོགས་སློབ་མ་མང་དུ་བྱོན། ཕྱིས་སུ་སྤུ་གྲོར་བྱོན་ཏེ་དགུང་ལོ་བརྒྱད་ཅུ་རྩ་གཉིས་ལ་ཕེབས་པ་རབ་བྱུང་བདུན་པའི་ལྕགས་ལུག(སྤྱི་ལོ1391)ལོར་སྐུ་གཤེགས།

ཆོས་རྗེ་རིན་ཆེན་འོད་ཟེར། དགའ་ལྡན་ཁྲི་ཐོག་བཅུ་བཞི་པ་རིན་ཆེན་འོད་ཟེར་མཆོག་ནི་རབ་བྱུང་བརྒྱད་པའི་ཆུ་བྱ(སྤྱི་ལོ1453)ལོར་སྟོད་ལུང་མདའ་ཞིང་བཟང་དུ་སྐུ་འཁྲུངས། འབྲས་སྤུངས་དགོན་དུ་ཆོས་གྲྭར་ཞུགས་ནས་ཆོས་རྗེ་རིན་ཆེན་བྱང་ཆུབ་ལས་རབ་ཏུ་བྱུང་། ཡི་གེ་འབྲི་ཀློག་དང་ཆོས་ཕྱོགས་སློབ་གཉེར་གྱི་དབུ་ཚུགས། དེ་ནས་སློབ་དཔོན་ཡེ་ཤེས་བཟང་སོགས་ཀྱི་ཞབས་ལ་གཏུགས་ནས་མདོ་ཕྱོགས་ལ་མཁས་པར་སྦྱངས། རྒྱུད་པ་ཚུལ་ཁྲིམས་བཟང་པོ་ལས་སྔགས་ཕྱོགས་གསན། ཉེ་སྔིངས་སུ་དྲུང་གཟིམས་ཆེན་པ་ལས་བསྙེན་པར་རྫོགས། དགུང་ལོ་ཞེ་དྲུག་ལ་ཕེབས་པ་ས་རྟ(སྤྱི་ལོ1498)ལོར་རྒྱུད་ཀྱི་འཆད་ཉན་མཛད་ཅིང་དར་རྒྱས་སུ་སྤེལ། དགུང་ལོ་ང་དྲུག་ལ་ཕེབས་པ་ས་འབྲུག(སྤྱི་ལོ1508)ལོར་དགའ་ལྡན་བྱང་རྩེར་བྱོན། བསྟན་རྩིས་གསལ་བའི་སྒྲོན་མེ་ལྟ་བུ་རྩོམ་མཛད། དགུང་ལོ་བདུན་ཅུ་བཞེས་པ་རབ་བྱུང་དགུ་པའི་ཆུ་རྟ(སྤྱི་ལོ1522)ལོར་དགའ་ལྡན་ཁྲི་ལ་ཕེབས། ཟབ་ཅིང་རྒྱ་ཆེ་བའི་མདོ་སྔགས་ཆོས་ཀྱི་འཁོར་ལོ་དཔག་ཏུ་མེད་པ་བསྐོར། གསེར་ཟངས་ཀྱི་མགོན་པོ་འོད་དཔག་མེད་པའི་སྐུ་བརྙན་བཞེངས། དགུང་ལོ་དོན་བདུན་ལ་ཕེབས་པ་ས་གླང(སྤྱི་ལོ1529)ལོར་ཟུར་དུ་བཞུགས། རྗེ་པ་ཆོས་རྗེ་ཆོས་སྐྱོང་རྒྱ་མཚོ་སོགས་བུ་སློབ་མང་དུ་བྱོན། མཐར་དགུང་ལོ་གྱ་བརྒྱད་ལ་ཕེབས་པ་རབ་བྱུང་དགུ་པའི་ལྕགས་བྱི(སྤྱི་ལོ1540)ལོར་དགོངས་པ་ཆོས་དབྱིངས་སུ་གཤེགས།

རྗེ་ནང་ཕྱོགས་ལས་རྣམ་རྒྱལ། ངོལ་པོ་བ་ཤེས་རབ་རྒྱལ་མཚན་གྱི་སློབ་མ་འདི་ཉིད་རབ་བྱུང་ལྔ་པའི་མེ་རྟ(སྤྱི་ལོ1306)ལོར་མངའ་རིས་ངོལ་པོའི་སའི་ཆར་འཁྲུངས། སྐུ་གཞོན་ནུ་ནས་དབུས་སུ་བྱོན་ཏེ་ཆོས་འཁོར་གླིང་དུ་ཕར་ཚད་ལ་སོགས་པའི་མཚན་ཉིད་ཀྱི་སྡེ་སྣོད་ལ་སྦྱངས་པས་མཁས་པ་ཆེན་པོར་གྱུར། དབུས་གཙང་གཉིས་ཀར་གྲྭ་སྐོར་མཛད། དེ་ནས་ཀུན་མཁྱེན་ཤེས་རབ་རྒྱལ་མཚན་དང་མཇལ་བས་ཤིན་ཏུ་དད་དེ་ཇོ་ནང་དུ་ཕེབས། ཀུན་མཁྱེན་ཆེན་པོའི་དྲུང་དུ་དུས་ཀྱི་འཁོར་ལོའི་དབང་བརྒྱུད་བཤད་པ་མན་ངག་དང་བཅས་པ་དང་ཟབ་ཆོས་གཞན་མང་དུ་གསན། མན་ངག་ཉམས་སུ་བཞེས་པས་ཏིང་ངེ་འཛིན་བཟང་པོ་འཁྲུངས། བྱང་བདག་ཆེན་ད་དབེན་ནམ་མཁའ་བརྟན་པས། ཀུན་མཁྱེན་དཔོན་སློབ་གཉིས་མངའ་རིས་སུ་སྤྱན་དྲངས། ཕྱོགས་ལས་རྣམ་རྒྱལ་བས་ངམ་རིང་ཆོས་སྡེའི་བླ་བྲང་། འདུ་ཁང་རྙིང་པ། ཤར་ནུབ་ཀྱི་གྲྭ་ཤག་ལ་སོགས་པ་བཏབ། ཀུན་མཁྱེན་ཆེན་པོའི་བཀའ་བཞིན་ཕར་ཚད་གཙོ་བོར་གྱུར་པའི་སྡེ་སྣོད་ཀྱི་བཤད་པ་ཡུན་རིང་དུ་མཛད། དེ་ནས་གདན་ས་མཁན་ཆེན་བསྟན་རྒྱལ་བ་ལ་གཏད་དེ། དགུང་ལོ་ཞེ་དགུ་ལ་ཕེབས་པ་རབ་བྱུང་དྲུག་པའི་ཤིང་རྟ(སྤྱི་ལོ1354)ལོར་ཇོ་ནང་གི་

གདན་སར་ཕེབས། ལོ་ལྔ་ནས་དེ་ཡང་གཏད་ནས་དབུས་སུ་ཕེབས། འཚལ་དབུས་གླིང་དུ་དུས་ཀྱི་འཁོར་ལོའི་དབང་རྒྱུད་བཤད་མན་ངག་གི་ཁྲིད་རྣམས་སློབ་མའི་སྡེ་ཆེན་པོར་གསུངས། དེ་ནས་ཡར་ཀླུངས་ཕྱོགས་ལ་ཕེབས། ལོ་ཙྪ་བ་བྱང་ཆུབ་རྩེ་མོས་དུས་ཀྱི་འཁོར་ལོའི་མཆོག་དབང་གསན། ཁྲ་འབྲུག་ལ་སོགས་པར་བཞུགས་ཏེ་གདུལ་བྱ་དཔག་མེད་ལེགས་པའི་ལམ་དུ་བཀོད། དེ་ནས་གཙང་དུ་ཕེབས་ཏེ་སེ་མཁར་ཆུང་དུ་བཞུགས། དུས་འཁོར་སོགས་ཀྱི་འཆད་ཉན་གནང་ནས། ས་ག་ལི་འཁྲིམ་པ་སུམ་བརྒྱ་ཙམ་གྱི་ནང་ནས་གསོལ་ཇ་རྒྱུག་པའི་ཆོས་དཔོན་བརྒྱད་ཅུ་ཙམ་བྱུང་། དགུང་ལོ་བརྒྱད་ཅུ་གྱ་གཅིག་ལ་ཕེབས་པ་རབ་བྱུང་དྲུག་པའི་མེ་སྟག(སྤྱི་ལོ1386)ལོར་ཞི་བར་གཤེགས།

འཇམ་དབྱངས་ཀུན་དགའ་ཆོས་བཟང་། རྗེ་འདི་ཉིད་རབ་བྱུང་བདུན་པའི་ཆུ་གླང(སྤྱི་ལོ1433)ལོར་གློ་བོ་འབྲོག་གསེབ་ཏུ་སྐུ་བལྟམས། དགུང་ལོ་བཅུ་པ་ལ་བྲག་དཀར་གྲགས་རྒྱལ་བ་ལ་དགེ་བསྙེན་གྱི་སྡོམ་པ་བཞེས། དགུང་ལོ་བཅོ་བརྒྱད་པ་ལ་གློ་བོ་བདག་པོས་ས་སྐྱར་གྲྭ་བསྐོར་དང་དབུས་གཙང་དུ་སློབ་གཉེར་བ་བརྒྱ་ཕྲག་གསུམ་ཙམ་རྫོང་བཟ་གནང་བའི་སྐབས་སུ་རྗེ་འདི་ཉིད་ས་སྐྱར་ཕྱིན་པས་གློ་གྲོས་གཞོན་ནུའི་བཤད་གསར་དང་། ངོར་དུ་རྗེ་བཙུན་རྡོ་རྗེ་འཆང་དང་མཇལ། ཆོས་མང་དུ་གསན། དགུང་ལོ་བཅུ་དགུ་པ་ལ་ཨེ་ཝཾ་ཆོས་ལྡན་དུ་རྡོ་རྗེ་འཆང་གིས་མཁན་པོ། བྲག་དཀར་སེམས་དཔའ་ཆེན་པོ་ཁ་ཆར་བས་སློབ་དཔོན། གཙུང་གཞོན་ནུ་སེང་གེས་དུས་གོ་བ་མཛད་དེ་རབ་ཏུ་བྱུང་། དགུང་ལོ་ཉི་ཤུ་པ་ལ་བྱམས་ཆེན་རབ་འབྱམས་པ་བསྙེན་ནས་མདོ་སྔགས་ཀྱི་ཟབ་བཅུད་ཆེམ་པར་རོལ། དགུང་ལོ་སུམ་ཅུ་པ་ལ་བྱམས་ཆེན་རབ་འབྱམས་ཆོས་རྗེ་དང་། གོ་རམས་ཆོས་རྗེ་མཁན་སློབ་ལས་བསྙེན་པར་རྫོགས། དགུང་གྲངས་སོ་བཞི་པ་ནས་པཎ་ཆེན་འབུམ་པ་གཉིས་ཀྱི་ཟུར་འཆད་གནང་། རྒྱལ་བའི་བསྟན་པ་རིན་པོ་ཆེ་རྒྱས་པར་མཛད། དགུང་གྲངས་ང་བཞི་པ་ནས་སྐྱིད་མོས་ཚལ་གྱི་གདན་སེང་གེའི་ཁྲི་ལ་ཞབས་སོར་བཀོད་ནས་ཞི་བར་མ་གཤེགས་བར་དུ་མདོ་སྔགས་ཀྱི་བསྟན་པ་བསྐྱངས།

ཐུགས་སྲས་མང་དུ་བྱོན་ཞིང་། སློབ་མ་པཎ་ཆེན་དངོས་གྲུབ་དཔལ་འབར་གྱིས་ཆོས་འཁོར་ལྷུན་པོ་བཏབ། ལྷ་དབང་བློ་གྲོས་ཀྱིས་གཞའ་རི་དགོན་གསར་བཏབ། མཐར་དགུང་གྲངས་དོན་གཅིག་ལ་ཕེབས་པ་རབ་བྱུང་བརྒྱད་པའི་ཆུ་ཕག(སྤྱི་ལོ1503)ལོར་ཞི་བར་གཤེགས།

འཇམ་དབྱངས་ཀུན་དགའ་བསོད་ནམས་གྲགས་པ་རྒྱལ་མཚན། དཔལ་ལྡན་ས་སྐྱ་དགོན་པའི་ཁྲི་པ་ཉེར་གཅིག་པ་ས་ལོ་ཙྪ་བ་ཆེན་པོ་ཡང་ཞུ་བ་འདི་ཉིད་རབ་བྱུང་བདུན་པའི་ཤིང་སྦྲུལ(སྤྱི་ལོ1425)ལོར་ཡབ་ནམ་མཁའ་བཀྲ་ཤིས་རྒྱལ་མཚན་དང་། ཡུམ་རྟོར་མོ་དམའ་ཟེ་བཟའ་མ་ཅིག་ཚེ་བརྟན་གཉིས་ཀྱི་སྲས་སུ་རྩེ་གདོང་དུ་སྐུ་འཁྲུངས། དགུང་ལོ་བཅུ་གཅིག་པ་ཤིང་ཡོས(སྤྱི་ལོ1435)ལོར་མཁན་ཆེན་བསོད་ནམས་ལྷུན་གྲུབ་ལེགས་པའི་འབྱུང་གནས་རྒྱལ་མཚན་དཔལ་བཟང་པོའི་དྲུང་ནས་དགེ་བསྙེན་གྱི་

སྡོམ་པ་བཞེས་ནས་རབ་ཏུ་བྱུང་བའི་བརྟུལ་ཞུགས་ལ་གནས་པར་མཛད། ལོ་དེར་ཨེ་ཝཾ་ཆོས་སྡེར་རྡོ་རྗེ་འཆང་དཀོན་མཆོག་འཕེལ་བས་མཁན་པོ་དང་། ཆོས་རྗེ་སློ་བོ་མཁན་ཆེན་པས་སློབ་དཔོན་མཛད་དེ་དགེ་ཚུལ་གྱི་སྡོམ་པ་བཞེས། མཚན་འཇམ་དབྱངས་ཀུན་དགའ་བསོད་ནམས་གྲགས་པ་རྒྱལ་མཚན་དཔལ་བཟང་པོར་གསོལ། དགུང་གྲངས་བཅུ་གཉིས་པ་རབ་བྱུང་བདུན་པའི་མེ་འབྲུག(སྤྱི་ལོ1436)ལོར་ས་སྐྱའི་གདན་ཁྲིར་ཕེབས། དགུང་ལོ་བཅུ་བཞི་པ་ས་རྟ(སྤྱི་ལོ1438)ལོར་བཞི་ཐོག་གི་གདན་ས་མཛད་དེ་བསྟན་པའི་བདག་པོར་མངའ་གསོལ། དགུང་གྲངས་ཉེ་ཤུ་ཤིང་བྱི(སྤྱི་ལོ1444)ལོར་རྡོ་རྗེ་འཆང་དཀོན་མཆོག་འཕེལ་བས་མཁན་པོ་དང་། འཇམ་དབྱངས་སངས་རྒྱས་རིན་ཆེན་དཔལ་བཟང་པོས་ལས་སློབ། ར་སྟོན་ཡོན་ཏན་འབྱུང་གནས་ཀྱིས་གསང་སྟོན་པ་མཛད་དེ་དད་པའི་དགེ་འདུན་གྲངས་ཚང་བའི་དབུས་སུ་བསྙེན་པར་རྫོགས། མཁན་ཆེན་དཀོན་མཆོག་འཕེལ་བ་དང་མུས་པ་སངས་རྒྱས་རིན་ཆེན། ཞ་ལུ་ལོ་ཙྪ་བ་རིན་ཆེན་ཆོས་སྐྱོང་བཟང་པོ་སོགས་ལས་བདེ་ཀྱི་དུས་འཁོར་རྒྱུད་སྡེ་ཆེན་པོ་རྣམས་ཀྱི་དབང་བཀའ་མན་ངག་སོགས་མདོ་སྔགས་རིག་གནས་དང་བཅས་པ་ལ་གསན་བསམ་མཐར་ཕྱིན་པ་མཛད། མཁས་ཤིང་གྲུབ་པ་རྙེད་པའི་སློབ་མ་ཧ་ཅང་མང་པོ་ཐྲོན། དགུང་ལོ་ཞེ་དགུ་པ་རབ་བྱུང་བརྒྱད་པའི་ཆུ་སྦྲུལ(སྤྱི་ལོ1473)ལོར་སྐུ་གཤེགས།

འཇམ་དབྱངས་ཆོས་རྗེ་བཀྲ་ཤིས་དཔལ་ལྡན། རྗེ་ཙོང་ཁ་པ་ཆེན་པོའི་དངོས་སློབ་འཇམ་དབྱངས་ཆོས་རྗེ་བཀྲ་ཤིས་དཔལ་ལྡན་མཆོག་རབ་བྱུང་དྲུག་པའི་ས་ལུག(སྤྱི་ལོ1379)ལོར་བསམ་ཡས་སུ་ཡབ་དགེ་བསྙེན་པ་ཞུ་བ་ཞིག་གི་སྲས་སུ་སྐུ་འཁྲུངས། རྩེད་ཐང་དུ་རབ་ཏུ་བྱུང་སྟེ་གྲྭ་འཛིན་མཛད། དེར་ལེགས་བཤད་གསེར་ཕྲེང་ཐུགས་འཛིན་གནང་། གསང་ཕུར་གཉལ་རྫོང་རིན་ཆེན་བསམ་གྲུབ་དང་ལྡན་མ་དཀོན་མཆོག་སེང་གེ་ལ་ཕར་ཚད་དང་། སྐྱོར་མོ་ལུང་དུ་མཁན་ཆེན་དགའ་བཞི་པ་ལ་འདུལ་མདོན། དགའ་ལྡན་དུ་འཇམ་མགོན་ཆོས་ཀྱི་རྒྱལ་པོ་ཙོང་ཁ་པ་ལ་གྲངས་ངེས་རྣམ་འགྲེལ་དང་། རྩ་འཇུག་གི་རྣམ་བཤད། ལམ་རིམ་ཆེ་ཆུང་། སྔགས་རིམ་ཆེན་མོ་སོགས་མདོ་སྔགས་ཀྱི་གཞུང་ལུགས་རྒྱ་ཆེར་གསན་ནས་མཁྱེན་རབ་ཟླ་དང་བྲལ་བར་གྱུར། དེ་ནས་རྗེ་ཙོང་ཁ་པ་ཆེན་པོས་མཁན་པོ་དང་། འདུལ་བ་འཛིན་པ་གྲགས་པ་རྒྱལ་མཚན་གྱིས་ལས་སློབ། རྒྱལ་ཚབ་དར་མ་རིན་ཆེན་གྱིས་གསང་སྟོན་མཛད་ནས་བསྙེན་པར་རྫོགས། རྗེ་ཙོང་ཁ་པ་ཆེན་པོས་འགོག་པ་རི་ནས་གཏེར་བཞེས་པའི་ཆོས་དུང་གནང་སྟེ་དགོན་པ་ཞིག་འདེབས་དགོས་པའི་བཀའ་བཞིན་དགུང་གྲངས་སོ་བརྒྱད་ལ་ཕེབས་པ་མེ་སྤྲེལ(སྤྱི་ལོ1416)ལོར་སྣེའུ་པ་ནམ་མཁའ་བཟང་པོས་སྦྱིན་བདག་མཛད་དེ་ཆོས་སྡེ་ཆེན་པོ་དཔལ་ལྡན་འབྲས་སྤུངས་དགོན་ལེགས་པར་བཏབ། དེ་ཡང་གནས་དེར་ཕེབས་ནས་ཐོག་མར་དགོན་པའི་ཤར་ཕྱོགས་ཀྱི་གཟིམ་སྤྱིལ་དེང་སང་བྲག་ཐོག་ཁང་ཟེར་བ་དེར་བཞུགས་ཏེ་མདོ་སྔགས་ཀྱི་ཆོས་མང་དུ་གསུངས། དགོན་གནས་ལེགས་པར་ཐེབས་

ནས་ཆོས་རྗེ་ཉིད་ཀྱིས་གྲྭ་ཚང་སོ་སོར་སློབ་དཔོན་བསྐོ་གཞག་མཛད་ཅིང་། རྗེ་རིན་པོ་ཆེའི་བཤད་སྒྲུབ་ཀྱི་སྲོལ་གོང་དུ་འཕེལ་བར་མཛད། ཆོས་རྗེ་རང་ཉིད་ཀྱིས་ཆོས་ཐོག་ནམ་ཚུགས་སུ་མདོ་ཕྱོགས་ཀྱི་པུ་ཏི་བརྒྱད་བརྒྱད་རང་རང་གི་བོད་འགྲེལ་རེ་དང་སྦྲུར་ནས་གསུངས་ཤིང་། སྔྲེར་ན་གཞུང་ལུགས་ཀྱི་པུ་ཏི་ཆེན་མོ་བརྒྱ་དང་སུམ་ཅུ་ལ་བཤད་པ་མཛད། གཞན་ཡང་གསང་འདུས་འཕགས་ལུགས་དང་། བདེ་མཆོག་ལཱུ་ནག་དྲིལ་གསུམ་ལ་སོགས་པ་ཡི་དམ་གྱི་ལྷ་མང་པོའི་བསྙེན་པ་རྒྱུན་དུ་མཛད། ཞག་རེ་ལ་ཨ་ར་པ་ཙ་ན་སྟོང་ཕྲག་གཉིས་རེ་དང་། མཚན་བརྗོད་ཚར་གསུམ་རེ། ཡིག་དྲུག་ཁྲི་ཚོ་རེ་ཆག་མེད་བཟླ་བར་མཛད་པས་ཕྱིས་མ་ཊ་དུང་ཕྲུར་གཉིས་ལྷག་པར་ཡོངས། རྗེ་ཉིད་འཆད་ཉན་སྒྲུབ་སུམ་ཚོགས་པ་བྱུང་བ་དང་བདེ་སྟོང་དབྱེར་མེད་ཀྱི་རྫོགས་རིམ་མངའ་བས་ཧླུང་འོད་ཟེར་ལྟ་པ་གཟིགས། ཕྲག་རྫས་རྣམས་ཆོས་ཕྱོགས་དང་སློབ་མ་སྐྱོང་བ། སྦྱིན་པར་གཏོང་བ་ལས་ཆགས་ཞེན་ཡེ་ནས་མི་གནང་།

མཁས་གྲུབ་ཀྱི་སློབ་མ་མུས་སྲད་པ་བློ་གྲོས་རིན་ཆེན་སེང་གེ་དང་། ཉན་པོ་ཤཱཀྱ་རྒྱལ་མཚན། མཁན་ཆེན་དཔལ་བློ་བ། སློབ་དཔོན་སྨྲ་ལེབ། སྟར་ཐང་པ་རབ་མཆོག ཉག་རེ་རྡོ་རྗེ་རྒྱལ་མཚན་སོགས་དུ་མ་འདུས། དགུང་ལོ་སོ་བརྒྱད་ནས་དགུང་ལོ་བདུན་ཅུ་བར་ལོ་སོ་གཉིས་རིང་གདན་ས་ཆེན་པོ་འདིར་མདོ་སྔགས་ཀྱི་ཆོས་འཁོར་རྒྱ་ཆེ་བསྐོར། ས་འབྲུག(སྤྱི་ལོ1448)ལོར་བསླབ་བཏུས་ཀྱི་བརྗོད་འགྲུས་ལེའུའི་མཇུག་ཆོས་ཐུན་གཉིས་ཀྱིས་རྫོགས་པར་མཛད། དེ་བཞིན་རྗེ་ཙོང་ཁ་པ་ཆེན་པོའི་གསང་བའི་རྣམ་ཐར་གསོལ་འདེབས་དང་ཤེར་ཕྱིན་གྱི་དོན་ལས་དང་པོ་བས་ཉམས་སུ་ལེན་བདེ་བ་སོགས་བསྟན་བཅོས་མང་པོ་ལྷུགས་རྩོམ་གནང་། དགུང་ལོ་དོན་གཅིག་ལ་ཕེབས་པ་ན་མྱ་ངན་ལས་འདའ་བའི་ལྟས་བྱུང་བའི་ཚེ་གཟིམ་ཚང་དུ་ཕེབས། ཞབས་གཉིས་སྐྱིལ་ཀྲུང་དང་ཕྱག་གཉིས་མཉམ་བཞག་མཛད་དེ་ཐུགས་དམ་ལ་ཐུགས་གཏད་པས། སྐུ་སྨད་ནས་རྟོད་ཡར་ལ་རིམ་གྱིས་བསྡུས་པའི་ཚེ་རྗེ་བཙུན་འཇམ་དབྱངས་ཀྱི་ཞལ་གཟིགས་ཤིས་སྐུ་དེ་སྤྱན་དྲངས་པས་དེ་ལ་སྤྱན་གདངས་ཏེ་ཨོལ་སྐོ་སྐུ་དཔུང་གཡོན་པའི་སྟེང་དུ་བཞག་ནས་ཞག་འགའ་བཞུགས་པས་ཐལ་ཆེར་གྱིས་སྐུའི་གཟི་མདངས་ལ་དཔགས་ནས་འཁྲུལ་པ་ཡང་སྐྱེས། དེ་ལྟར་རབ་བྱུང་བརྒྱད་པའི་ས་སྦྲུལ(སྤྱི་ལོ1449)ལོའི་ས་ག་ཟླ་བའི་ཚེས་བཅོ་བརྒྱད་ཉིན་ཞི་བར་གཤེགས་སོ།

འཇམ་དབྱངས་དོན་ཡོད་རྒྱལ་མཚན། ས་སྐྱའི་ཁྲི་པ་བཅུ་གཉིས་པ་རིན་ཆེན་སྒང་པ་འཇམ་དབྱངས་དོན་ཡོད་རྒྱལ་མཚན་ནི་རབ་བྱུང་ལྔ་པའི་ལྕགས་ཁྱི(སྤྱི་ལོ1310)ལོར་ཡབ་བདག་ཆེན་བཟང་པོ་དཔལ་དང་། ཡུམ་མ་གཅིག་གཞོན་ནུ་འབུམ་གཉིས་ཀྱི་སྲས་སུ་འཁྲུངས། སྐུ་ཆུང་ངུ་ནས་ཡི་གེ་འབྲི་ཀློག་སྦྱངས་པས་ཆེགས་མེད་དུ་མཁྱེན། དེ་ནས་དཔང་ལོ་བློ་གྲོས་བརྟན་པ་དང་། ཆོས་རྗེ་ན་བཟའ་བ་བསོད་ནམས་དཔལ། རྒྱལ་སྲས་ཐོགས་མེད་སོགས་དགེ་བའི་བཤེས་གཉེན་དུ་མའི་ཞབས་ལ་གཏུགས་ནས་མདོ་སྔགས་ལ་མཁས་པར་སྦྱངས། བཞི་ཐོག་མཁས་བཙུན་ཆེན་པོས་སྐྱིལ་མ་གནང་བ་བཞིན་ཚོགས་ཆེན་མོར་རྣམ་

འཁྲིལ་དང་རིག་གཏེར་སོགས་ཉིན་རེར་ཆོས་ཐུན་བདུན་རེ་ཆག་མེད་དང་། བློ་གསལ་དོན་གཉེར་ཅན་རྣམས་ལ་འདོད་ཆོས་རྒྱ་ཆེར་བསྩལ་བས་འཇམ་དཔལ་དབྱངས་ཞེས་པའི་མཚན་སྙན་བྱུང་། རིགས་སྲས་ཀྱང་འགལ་ཞིག་བསྐྱུན། དགུང་ལོ་ཉེར་གཉིས་པ་ལ་མཁན་ཆེན་བསོད་ནམས་གྲགས་པའི་དྲུང་དུ་གཙུང་བླམ་དམ་པ་བསོད་ནམས་རྒྱལ་མཚན་དང་ལྷན་དུ་པོ་ཏོང་བྱ་རྒོད་གཤོང་སྡིང་པའི་གཙུག་ལག་ཁང་དུ་བསྙེན་པར་རྫོགས། དཱ་དབེན་ཀུ་ཤྲཱིའི་མཚན་གསོལ། ཤེལ་གྱི་ཐམ་ག་ཡང་བསྩལ། དགུང་གྲངས་བཅུ་བཞི་ལ་ཕེབས་པ་རབ་བྱུང་ལྔ་པའི་ཆུ་ཕག（སྤྱི་ལོ1323）ལོར་དཔལ་ལྡན་ས་སྐྱ་དགོན་གྱི་གདན་ཁྲིར་ཕེབས། དགུང་གྲངས་སོ་ལྔ་ལ་ཕེབས་པ་རབ་བྱུང་དྲུག་པའི་ཤིང་སྤྲེལ（སྤྱི་ལོ1344）ལོའི་བོད་ཟླ་ལྔ་པའི་ཚེས་བཅུ་གཅིག་ཉིན་རིན་ཆེན་སྒང་བླ་བྲང་གི་གཟིམ་ཁང་གོང་མར་སྐུ་གཤེགས།

འཇམ་དབྱངས་དོན་ཡོད་དཔལ་ལྡན། སེ་ར་ཐེག་ཆེན་གླིང་གི་ཁྲི་ཐོག་བཅུ་པ་འཇམ་དབྱངས་དོན་ཡོད་དཔལ་ལྡན་མཆོག་ནི་ཉང་སྟོད་དུ་རབ་བྱུང་བདུན་པའི་ཤིང་གླང（སྤྱི་ལོ1445）ལོར་སྐུ་བལྟམས། དཔལ་འཁོར་བདེ་ཆེན་དུ་རབ་ཏུ་བྱུང་ནས་དམ་པའི་ཆོས་ལ་དོན་གཉེར་མཛད་པའི་དབུ་ཚུགས། སློབ་དཔོན་བཟོད་དཔལ་བའི་ཞབས་ལ་གཏུགས་ནས་མདོ་སྔགས་རིག་པའི་གནས་ཟབ་མོར་སྦྱངས་པ་དཔྱིས་ཕྱིན་མཛད་པས་མཁས་པ་ཆེན་པོར་གྱུར། མཁས་གྲུབ་བྱང་སེམས་འདུལ་དཀར་བ་སོགས་ལ་བསྙེན་པར་རྫོགས། དེ་ནས་དབུས་སུ་ཕེབས་ཏེ་རིན་ཆེན་བྲག་དགོན་དུ་ཞན་ཤཱཀ་པ་དང་། སེ་ར་ཐེག་ཆེན་གླིང་དུ་ཆོས་མང་དུ་གསན། དགུང་ལོ་ཞེ་གཅིག་ལ་ཕེབས་པ་རབ་བྱུང་བརྒྱད་པའི་ཤིང་སྦྲུལ（སྤྱི་ལོ1485）ལོར་སེ་ར་བྱེས་པ་གྲྭ་ཚང་གི་འཆད་ཉན་པ་མཛད། དེ་ནས་དགུང་གྲངས་དོན་གཉིས་ལ་ཕེབས་པ་རབ་བྱུང་དགུ་པའི་མེ་བྱི（སྤྱི་ལོ1516）ལོར་སེ་ར་དགོན་གྱི་ཁྲི་མཐོན་པོར་ཕེབས། ཟབ་རྒྱས་ཆོས་ཀྱི་འཁོར་ལོ་རྒྱ་ཆེར་བསྐོར། དགུང་ལོ་བརྒྱད་ཅུ་ལ་ཕེབས་པ་རབ་བྱུང་དགུ་པའི་ཤིང་སྤྲེལ（སྤྱི་ལོ1524）ལོར་དགོངས་པ་གཞན་དོན་དུ་གཤེགས།

འཇམ་དབྱངས་ནམ་མཁའ་རྒྱལ་མཚན། དཔལ་ས་སྐྱ་དགོན་གྱི་ཁྲི་པ་བཅུ་བདུན་པ་རིན་ཆེན་སྒང་བླ་བྲང་འཇམ་དབྱངས་ནམ་མཁའ་རྒྱལ་མཚན་མཆོག་ནི་རབ་བྱུང་བདུན་པའི་ས་སྟག（སྤྱི་ལོ1398）ལོར་ཡབ་ཟླ་བ་རྒྱལ་མཚན་ནམ་མཚན་གཞན་བླ་ཆེན་ཀུན་དགའ་རྒྱལ་མཚན་དང་། ཡུམ་མ་ཅིག་ཞལ་ལུ་མ་ནམ་མཁའ་རྒྱལ་མོ་གཉིས་ཀྱི་སྲས་སུ་སྐུ་བལྟམས། སྐུ་ཆུང་དུས་ནས་ཐུགས་རིག་ཤིན་ཏུ་སྐྱེན་ཞིང་བློ་གྲོས་ཡངས་པས། སློབ་གཉེར་མཛད་སྐབས་ཉིན་གཉིས་ལ་རྟགས་གཉིས་ཐུགས་སུ་ཚུད་པ་དང་། ཉིན་གཅིག་ལ་བདེ་མཆོག་སྒྲུབ་དཀྱིལ་ཐུགས་སུ་ཚུད་པས་ཀུན་གྱིས་འཇམ་དབྱངས་ཆེན་པོར་མཚན་གསོལ། སློབ་དཔོན་པད་མའི་རྣམ་སྤྲུལ་དུ་གྲགས་ཤིང་། བསྟན་སྲུང་བྲན་དུ་འཁོལ་བ་སོགས་མཐུ་སྟོབས་ཀྱི་མངའ་བདག་ཏུ་བཞུགས། དགུང་ལོ་ཉེར་གསུམ་པ་ལྕགས་བྱི（སྤྱི་ལོ1420）ལོར་ས་སྐྱའི་གདན་ཁྲིར་ཕེབས།

དགུང་གྲངས་དྲུག་ཅུ་ཡས་མས་བར་གདན་ས་མཛད། རབ་བྱུང་བརྒྱད་པའི་ཆུ་འབྲུག（སྤྱི་ལོ1472）ལོར་སྐུ་གཤེགས།

འཇམ་དབྱངས་ཤཱཀྱ་རྒྱལ་མཚན། ཕག་གྲུ་སྡེ་སྲིད་ཁྲི་རབས་གཉིས་པ་འདི་ཉིད་རབ་བྱུང་དྲུག་པའི་ལྕགས་འབྲུག（སྤྱི་ལོ1340）ལོར་ཡབ་ཕག་གྲུ་དཔོན་བསོད་ནམས་བཟང་པོ་དང་ཡུམ་མང་ཉ་མ་གཉིས་ཀྱི་སྲས་སུ་འཁྲུངས། ཆུང་དུས་བླ་མ་གླུ་ལུང་གྲགས་པ་ལས་ཡི་གེ་འབྲི་ཀློག་བསླབས། ཆོས་བཞི་གྲགས་པ་རྒྱལ་མཚན་གྱི་དྲུང་དུ་དགེ་བསྙེན་གྱི་སྡོམ་པ་མནོས་པའི་མཚན་གྲགས་པ་བཟང་པོ་དང་། དགུང་ལོ་དགུ་ལ་མཁན་ཆེན་གཞོན་དབང་དང་སློབ་དཔོན་གཞོན་བརྩོན་ལས་རབ་ཏུ་བྱུང་བའི་མཚན་ཤཱཀྱ་རྒྱལ་མཚན་དུ་གསོལ།

དགུང་ལོ་བཅུ་གསུམ་པར་རྩེད་ཐང་གི་གདན་ས་མཛད། ཐེལ་གྱི་གདན་སར་རྟགས་གཉིས་ཀྱི་བཤད་པ་དང་། བཀའ་པོད་བཞི་སོགས་ལ་བཤད་པ་མཛད་པས་མཁས་པའི་གྲགས་པ་ཐོབ། རྩེད་ཐང་གི་ཚོགས་པ་ལོ་བཅུ་གསུམ་བར་དུ་བསྐྱངས། བུ་སྟོན་རིན་པོ་ཆེ་སོགས་ལས་མདོ་སྔགས་ཀྱི་གདམས་པ་དུ་མ་མནོས། སྣ་གདོང་ཆོས་འཁོར་ཆེན་མོ་མཛད། དགུང་ལོ་བཅུ་དགུ་པར་ཆོས་རྗེ་བླ་མ་དམ་པ་བསོད་ནམས་རྒྱལ་མཚན་གྱི་དྲུང་དུ་བསྙེན་པར་རྫོགས།

དགུང་ལོ་ཉེར་དྲུག་པ་རབ་བྱུང་དྲུག་པའི་ཤིང་སྦྲུལ（སྤྱི་ལོ1365）ལོར་ཕོ་བྲང་སྣེའུ་གདོང་རྩེའི་ཁྲི་ཐོག་ཏུ་ཕེབས་ནས་ཏའི་སི་ཏུས་ཕག་གྲུའི་བླ་དཔོན་དུ་དབང་བསྒྱུར། ཆོས་སྲིད་ཟུང་དུ་འབྲེལ་བའི་ཁྲིམས་ལུགས་སྟར་བཞིན་བསྐྱངས། ཧོར་ཐོ་གན་ཐེ་མུར་རྒྱལ་པོས་ཏའི་སི་ཏུ་ཆང་གུའི་གུང་ཀྲ་དེན་གུ་ཤྲིའི་མཚན་ཐུལ། རབ་བྱུང་དྲུག་པའི་ཆུ་བྱི（སྤྱི་ལོ1372）ལོར་གོང་མ་ཐའི་ཙུའུ་ཀྲུའུ་ཡོན་ཀྲང་གིས་ཏའི་སི་ཏུ་དང་། ཀྭ་དེན་གུ་ཤྲིའི་མཚན་དང་དམ་ཁ་ཐུལ།

ཤཱཀྱ་རྒྱལ་མཚན་མཆོག་གིས་ཕག་གྲུ་སྡེ་སྲིད་ཀྱི་སྲིད་འཛིན་བཞེས་རིང་སྲིད་དབང་སྐྱོང་ཐབས་ནི་བྱང་ཆུབ་རྒྱལ་མཚན་གྱིས་གཏན་ལ་ཕབ་ཅིང་ཇི་ལྟར་གདམས་པ་རྒྱུན་འཛིན་གནང་བ་ཙམ་ལས་འགྱུར་བཅོས་སོགས་གང་ཡང་མ་གནང་བར་སྲིད་ལོ་དགུ་བསྐྱངས་མཐར་རབ་བྱུང་དྲུག་པའི་ཆུ་གླང（སྤྱི་ལོ1373）ལོར་སྐུ་གཤེགས།

རྗེ་ཆོས་ཀྱི་གྲགས་པ། འབྲི་གུང་གདན་རབས་ཉེར་གསུམ་པ་འདི་ཉིད་ཡབ་སྤུན་ཚོགས་དང་། ཡུམ་གཡང་ཁྱུག་མ་གཉིས་ཀྱི་སྲས་སུ་རབ་བྱུང་བཅུ་པའི་ཤིང་ལུག（སྤྱི་ལོ1595）ལོར་སྐུ་བལྟམས། སྐུ་ན་འཚར་ནས་ཐོག་མར་ཡབ་རྗེའི་དྲུང་དུ་གཙུག་ཕུད་ཕུལ་ཏེ་མཚན་དཀོན་མཆོག་ཕུན་ཚོགས་ཞེས་གསོལ། ཆུང་དུ་ནས་མཁས་གྲུབ་སངས་རྒྱས་རིན་ཆེན་ལས་བཀའ་བརྒྱུད་གོང་མའི་བཀའ་འབུམ་སོགས་མང་དུ་གསན། ཡིག་བདུན་མ་དང་། བསྟོད་པ་ཁྲག་རྒྱལ་མ་རྒྱུན་ཆགས་སུ་མཛད། མཁས་གྲུབ་མང་པོའི་ཞབས་ལ་

གཏུགས་ནས་གཉེན་རྗེ་ཡང་བཟློག་གི་ཕྱག་ལེན་རྣམས་ལ་ཐུགས་འདྲིས་དང་། གསར་རྙིང་དཀྱིལ་འཁོར་མཐའ་དག་གི་བྲིས་ཐིག་རྟལ་ཚོན་བྲི་བ་སོགས་ལ་ཉིན་ཏུ་བྱང་བ་མཛད། དགུང་ལོ་བཅུ་གཅིག་པར། རྗེ་ན་རོ་པ་ལས་དྲང་སྲོང་ལོག་ཏྲི་སྐོར་རིགས་གཏད་དང་བཅས་པ་གསན་ནས་དེ་ཉིད་ཀྱི་བསྙེན་སྒྲུབ་ཡུན་རིང་མཛད་པས་གཟིགས་སྣང་མང་དུ་བྱུང་། ཞྭ་དམར་ཆོས་ཀྱི་དབང་ཕྱུག་གིས་མཁན་པོ་དང་། ལས་སློབ་སོགས་ཁ་བསྐང་གྲངས་ཚང་གི་དབུས་སུ་དགེ་ཚུལ་གྱི་སྡོམ་པ་བཞེས། དེ་ནས་རྗེ་དྲུང་ལས་སྤྱི་དོན་ལེགས་བཤད་རྒྱ་མཚོ། ཕྱག་མཛོད་སྡེ་པ་དཀོན་མཆོག་ལས་སྙན་ངག་དཔྱིའི་ཚིག་རྒྱན། སྡེ་པ་ལུམ་པ་བ་ལས་ཡིག་རིགས་སོགས་གསན་སྦྱོང་དང་། རྗེ་དྲུང་ལས་རྡོ་རྗེ་ཕྲེང་བའི་རྩ་དཀྱིལ་ཉེར་བརྒྱད་པའི་དབང་དང་རྒྱུད་སྡེའི་ཕྱག་ལེན། རྒྱལ་བའི་བཀའ་འགྱུར་རོ་འཚལ་གྱི་ལུང་གསན། བན་གྲོང་ཤོད་པའི་སྔོ་སྔོ་རྣམ་ཐར་དང་། ལས་ཏུ་མཁན་ཆེན་པའི་དཔོན་པོ་ལས་དཀར་ནག་རྩིས་ཀྱི་གཞུང་ལུགས་ཆེན་པོ་རྣམས་ལ་སྦྱང་བར་མཛད། རྗེ་ན་རོ་པ་ལས་ཁམས་གསུམ་འཁྲུག་བྱེད་ལས་ཀྱི་རླུང་དམར་སྐོར་གསན། དེ་ནས་ཡངས་རི་སྒར་གྱི་གདན་ས་མཛད། འཕན་ཡུལ་དུ་ཕེབས་སྐབས་ཁ་རགས་ཀྱི་གནས་གཟིགས་དང་། ཚེ་ཆུ་ཕུག་གི་གནས་སྒོ་གསར་དུ་ཕྱེ། གཟིགས་སྣང་རྣམས་གཏན་ལ་ཕབ། ཕྱག་ཞབས་ཀྱི་རྗེས་བསྟུལ། དགུང་ལོ་བཅོ་བརྒྱད་པ་ལ་ཆོས་ལུང་མཁན་པོ་བྱམས་པ་ཆོས་ཀྱི་རྒྱ་མཚོ་ལས་བསྙེན་པར་རྫོགས། དེ་གསར་མའི་ཆོས་དུ་མ་གསན། དེ་ནས་ཨ་ཁྱུང་བླ་མ་སོགས་བོན་པོ་མཁས་པ་འགའ་ཞིག་ལ་གཏད་ཁྲམ་སེར་འབེབས་སོགས་རིག་སྔགས་ཟབ་མོ་ཁ་ཤས་གསན། དེ་ནས་གདན་ཞུས་ལྟར་དར་རྩེ་མདོ་དང་ལི་ཐང་དུ་ཕེབས་ནས་ཆོས་ཀྱི་འཁོར་ལོ་རྒྱ་ཆེར་བསྐོར། ཕྱིར་འབྲི་གུང་དུ་ཕེབས་ནས་འཕགས་ཡུལ་གྱི་པཎྜི་ཏ་ཀྲྀཥྞ་ཧི་ཞེས་པ་བོད་དུ་བྱོན་པ་དེ་ལས་སྒྲ་རིག་སོགས་རིག་གནས་མཐའ་དག་ལ་གསན་བསམ་དོགས་གཅོད་མཐའ་ཆོད་པ་མཛད། དེ་ནས་ཡངས་རི་སྒར་གྱི་གདན་སའི་ཁྲུར་བླ་མ་ཕྱུངས་མདའ་བ་བཀྲ་ཤིས་དར་རྒྱས་ལ་གནང་། རྗེ་ཉིད་སྒྲུབ་དྲངས་པ་བཞིན་སྤྱི་རྗེས་སུ་བསམ་ཡས་དང་། སྒྲོ་ལུང་། རྫོད། ཉང་པོ་བྲག་དཀར་ལྷ་ཚུ། སྤོ་བོ། མ་བསྐྱུངས་ལུང་། ཙཱ་རི་ཏྲ། པུ་རི་རྒྱབ་བསྐོར། སྣམ་པོ། ཨེ་སོགས་ཡུལ་ལུང་དང་གནས་མཆོག་ཁྱད་པར་ཅན་དུ་མར་ཕེབས་ཏེ་སྣོད་ལྡན་རྣམས་ལ་ཟབ་ཆོས་དང་གནས་སྐོར་མཛད། དགུང་ལོ་སོ་གཉིས་ལ་ཕེབས་པ་མེ་སྟག(སྤྱི་ལོ1626)ལོར་འབྲི་གདན་སེང་ཁྲིར་ཞབས་སོར་བཀོད། ཆོས་སྲིད་ཀྱི་མཛད་འཕྲིན་རྒྱས། བྱ་ཁྱུང་པ་པདྨ་རྡོ་རྗེ་འབྲི་རྫོང་དུ་གདན་ཞུས་ཀྱིས་བླ་མ་དགོངས་པ་འདུས་པའི་དབང་ཆེ་ཆུང་ཚང་མ། རྫོགས་ཆེན་གསེར་ཞུན་མ། ལམ་འབྲས་ཉམས་ཁྲིད་ཆོས་སྐོར་ཡོངས་རྫོགས་ཀྱི་ལུང་བཅས་དང་། སངས་རྒྱས་གླིང་པའི་གཏེར་ཆོས་ཕལ་ཆེར་གསན། རབ་བྱུང་བཅུ་གཅིག་པའི་མེ་ཡོས(སྤྱི་ལོ1627)ལོར་གཙང་ནས་སྡེ་སྲིད་ཀྱི་སྲས་མོ་ལྷུམ་དྲུང་ཁབ་ཏུ་བཞེས། རྗེ་ན་རོ་པའི་གདུང་རྟེན་རྣམ་རྒྱལ་མཆོད་རྟེན་བཞེངས་པ་གནང་། མཐིང་ཤོག་གི་ངོས་ལ་གསེར་དངུལ་

སྤྲེལ་མས་རྒྱལ་བའི་བཀའ་འགྱུར་ར་རྙིང་མ་རྒྱུད་འབུམ་དང་བཅས་པ་པོ་ཏི་བརྒྱ་དང་ཉི་ཤུ་བཞེངས། དེ་ནས་གདུང་རྒྱུད་མི་འབྱུང་བ་མཁྱེན་ནས་ཤིང་བྱ（སྤྱི་ལོ1645）ལོར་སྐུ་ཐུགས་ཆས་དོར་ནས་བསྙེན་པར་རྫོགས། ༧རྒྱལ་དབང་ཐམས་ཅད་མཁྱེན་གཟིགས་ལྔ་པ་ཆེན་པོས་རྗེ་ཉིད་ལ་དབུགས་དབྱུང་བའི་བཀའ་ཐམ་དང་། མཆོད་ཡོན་དུ་བཀའ་མཆིད་གསུང་ནན་བཅས་སྐུའི་ཉེས་དམིགས་ལས་གྲོལ་ཞིང་། སྙན་གྲགས་ཆེར་རྒྱས་པར་གྱུར། ཆུ་འབྲུག（སྤྱི་ལོ1652）ལོར༧རྒྱལ་དབང་ལྔ་པ་རྒྱ་ནག་ཏུ་ཆིབས་ཁ་སྒྱུར་སྐབས་འདམ་ཐང་འབྲོག་ཏུ་ཕེབས་སྐྱེལ་དུ་ཕྱིན། ཤིང་རྟ（སྤྱི་ལོ1654）ལོར་བལ་བོད་ཀྱི་བཟོ་བོ་ཉི་ཤུ་སྐོར་གྱི་ལས་གྲྭ་ཚུགས་ཏེ་ཐུགས་དམ་རྟེན་ཆེ་འཕྲུལ་ཆེན་པོའི་མཆོད་རྟེན་གསེར་དངུལ་ལས་གྲུབ་པ་ཞིག་བཞེངས། ༧རྒྱལ་དབང་མཆོག་གི་བཀས་བསྐུལ་བའི་གཤིན་རྗེ་ལྕགས་སྡིག་གི་མཆོད་རྟེན་བཅས་ཆོག་རྡོ་རྗེ་འབར་བའི་མཚོན་རྣོན་ལྕགས་སྒྲིག་མཛད་ནས་འབུལ་གནང་བར་མཆོག་དགྱེས་ནས་བཀའི་ཤློགས་བུ་རྟེན་བཟང་པོ་དང་བསྔགས་བརྗོད་རྒྱ་ཆེ་བ་གནང་། གཞན་བཀའ་བརྒྱུད་ཀྱི་ཁྲོ་རོལ་རྣམ་ལྕགས་ཐེག་ཆེན་སོགས་དང་། ཡང་ཟབ་ཀྱི་ཁ་སྐོང་ཁ་ཤས། འདུལ་བའི་མདོ་རྩར་མཆན་འགྲེལ། ཟབ་ལམ་ཆོས་དྲུག་གི་ཁྲིད་ནཱ་རོའི་ཞབས་ཀྱི་ཞལ་ལུང་། བདེ་མཆོག་སྣ་ལོའི་ལྷ་ལྔ། དྲིལ་བུའི་ལྷ་ལྔ། དྲུག་ཅུ་པ། ཀྱཻ་རྡོ་རྗེ་ས་ལུགས། སྤྱན་རས་གཟིགས་ཐེང་བ་སྐོར་གསུམ་སྐོར། ལྷན་སྐྱེས་རྣམ་བཞི། བླ་མེད་རྡོ་རྗེ་ཐེག་པའི་དཀྱིལ་འཁོར་བདུན། ངན་སོང་ཡོངས་སུ་སྦྱོང་བ་གཙུག་ཏོར་དགུ། ཀུན་རིགས། བཀའ་བརྒྱད། གཤིན་རྗེ་ཡང་བཟློག་མེའི་སྤུ་གྲི། ལྕགས་སྡིག ཁྲོ་ཆུ་ལོག་ཏི་སོགས་གསར་རྙིང་གི་དཀྱིལ་ཆོག་སྒྲུབ་ཐབས་དང་། རིག་གནས་སོགས་གྲངས་ངེས་ཀྱི་བསྟན་བཅོས་གྲངས་ཀྱིས་མི་ལངས་བ་མཛད། ཞལ་སློབ་ལ་མཚོན་ན་དཀོན་མཆོག་འཕྲིན་ལས་བཟང་པོ། ལྷོ་འཕྲིན་ལས་རྣམ་རྒྱལ། མངའ་བདག་རྒྱལ་སྲས་བཀྲ་ཤིས་ཕུན་ཚོགས་སོགས་མང་དུ་བྱུང་། མཐར་དགུང་ལོ་རེ་ལྔ་ལ་ཕེབས་པ་རབ་བྱུང་བཅུ་གཅིག་པའི་ས་ཕག（སྤྱི་ལོ1659）ལོར་དགོངས་པ་ཆོས་དབྱིངས་སུ་ཐིམ།

རྗེ་དྭགས་པོ་བློ་གྲོས་བརྟན་པ། དགའ་ལྡན་ཁྲི་ཐོག་བདུན་པ་འདི་ཉིད་གཙང་གི་ཤངས་མགྲོན་ཁང་དུ་རབ་བྱུང་བདུན་པའི་ཆུ་རྟ（སྤྱི་ལོ1402）ལོར་སྐུ་བལྟམས། གནས་སྙིང་དུ་རབ་ཏུ་བྱུང་། དེ་ནས་འཇམ་མགོན་བླ་མ་ཙོང་ཁ་པ་ཆེན་པོ་དང་རྒྱལ་ཚབ་དར་མ་རིན་ཆེན་གྱི་ཞབས་ལ་གཏུགས་ནས་མདོ་སྔགས་གསུང་རབ་ཀུན་དང་ཁྱད་པར་བྱམས་ཆོས་སུ་སྦྱངས་པས་མཁས་པ་ཆེན་པོར་གྱུར། གསང་ཕུ་ཁེ་སྡེ་གྲྭ་ཚང་གི་འཆད་ཉན་ལོ་ཤས་གནང་། དེ་ནས་ཨེ་དྭགས་སུ་ཕྱིན་ཏེ་ཤར་ཕྱོགས་བསྟན་པའི་སྒྲོན་མེ་དྭགས་པོ་གྲྭ་ཚང་བཙུགས། ཨེ་དྭགས་ལྷོ་དང་ཡར་སྟོད་སོགས་སུ་ཕྱིན། སྤྱན་སྔ་རྡོ་རྗེ་རྒྱལ་མཚན་གྱིས་ཆོས་ཞུས། རྣམ་དཀར་གྱི་འཕྲིན་ལས་ཆེ། བསྟན་བཅོས་ཀྱང་བྱམས་ཆོས་ཕྱི་མ་བཞིའི་ཊཱི་ཀཱ་དང་རྣམ་འགྲེལ་ལམ་བསྒྲིགས་སོགས་ཁ་ཤས་མཛད། བུ་སློབ་གཡའ་བཟང་སྤྱན་སྔ་རྡོ་རྗེ་རིན་ཆེན། དྭགས་པོ་བློ

གྲོས་མཐའ་ཡས། གྲགས་པ་མཐའ་ཡས། ངག་དབང་གྲགས་པ་སོགས་བྱུང་། དེ་ནས་དྭགས་པོ་གྲྭ་ཚང་གི་འཆད་ཉན་དུ་མཁན་ཆེན་ངག་དབང་གྲགས་པ་བསྐོས་ནས་དགའ་ལྡན་བྱང་རྩེར་ཕེབས། དགུང་ལོ་དོན་གཉིས་ལ་ཕེབས་པ་རབ་བྱུང་བརྒྱད་པའི་ཆུ་སྦྲུལ(སྤྱི་ལོ1473)ལོར་དགའ་ལྡན་ཁྲིར་ཕེབས། མདོ་སྔགས་ཀྱི་ཆོས་ཀྱི་འཁོར་ལོ་རྒྱ་ཆེན་བསྐོར། དགུང་གྲངས་དོན་བདུན་ལ་ཕེབས་པ་རབ་བྱུང་བརྒྱད་པའི་ས་ཁྱི(སྤྱི་ལོ1478)ལོར་དགོངས་པ་ཆོས་དབྱིངས་སུ་ཐིམ།

རྗེ་བློ་གྲོས་ཆོས་སྐྱོང་། དགའ་ལྡན་ཁྲི་ཐོག་ལྔ་པ་འདི་ཉིད་རབ་བྱུང་བདུན་པའི་ས་སྦྲུལ(སྤྱི་ལོ1389)ལོར་གཙང་གཡག་སྡེའི་ཡུལ་དུ་སྐུ་འཁྲུངས། ཆོས་ལུང་ཚོགས་པ་ལ་རབ་ཏུ་བྱུང་། དེ་ནས་འཇམ་མགོན་ཆོས་ཀྱི་རྒྱལ་པོ་ཙོང་ཁ་པ་ཆེན་པོ་དང་། རྒྱལ་ཚབ་དར་མ་རིན་པོ་ཆེ། མཁས་གྲུབ་དགེ་ལེགས་དཔལ་བཟང་སོགས་ཀྱི་ཞབས་ལ་གཏུགས་ནས་མདོ་སྔགས་གཞུང་ལུགས་རྒྱ་མཚོར་སྦྱངས་པ་མཐར་ཕྱིན་མཛད། ཁྱད་པར་དུ་དུས་འཁོར་ལ་མཁས་པར་གྱུར་ནས་དུས་འཁོར་ཊཱི་ཀ་ཆེན་བརྩམས། དགུང་ལོ་རེ་གཉིས་ལ་ཕེབས་པ་རབ་བྱུང་བརྒྱད་པའི་ལྕགས་རྟ(སྤྱི་ལོ1450)ལོར་དགའ་ལྡན་གྱི་ཁྲིར་ཕེབས། བྱང་ཆུབ་སེམས་དཔའི་སྤྱོད་པ་རྣམ་པར་དག་པ་ལ་ཞུགས་ཏེ་མདོ་སྔགས་ཀྱི་ཆོས་འཁོར་ལེགས་པར་བསྐོར། མཆོད་ཁང་གསར་མ་བཞེངས། བུ་སློབ་གཙང་ཆུང་ཆོས་གྲགས། འཕགས་པ་ལྷ། ནོར་བཟང་གསུམ་སོགས་མཁས་གྲུབ་མང་དུ་བྱུང་། དགུང་ལོ་དོན་ལྔ་ལ་ཕེབས་པ་རབ་བྱུང་བརྒྱད་པའི་ཆུ་ལུག(སྤྱི་ལོ1463)ལོར་ཟུར་བཞུགས་མཛད། ལོ་དེ་གའི་བོད་ཟླ་དགུ་པའི་ཚེས་བཅུ་ལ་དགོངས་པ་ཆོས་དབྱིངས་སུ་ཐིམ། ཡང་ཁག་གཅིག་གིས་དགུང་ལོ་གྱ་བཞིར་ཕེབས་པ་རབ་བྱུང་བརྒྱད་པའི་ཆུ་འབྲུག(སྤྱི་ལོ1472)ལོར་འདས་པར་བཞེད།

རྗེ་དཔོན་བློ་བཟང་ཉི་མ། དགའ་ལྡན་ཁྲི་ཐོག་དགུ་པ་འདི་ཉིད་རབ་བྱུང་བདུན་པའི་ས་ལུག(སྤྱི་ལོ1439)ལོར་མདོ་སྨད་ཙོང་ཁའི་ཡུལ་དུ་སྐུ་བལྟམས། སྐུ་གཞོན་ནུ་ནས་དབུས་སུ་ཕྱིན་ཏེ་མཁས་མཆོག་མུས་སྲད་པ་དང་། བླ་མ་ལྷག་ལེབ་བྱང་རྒྱལ། སློབ་དཔོན་གྲགས་འོད་པ་སོགས་བསྟེན་ནས་བཀའ་བསྟན་གསུང་རབ་ལ་མཁས་པར་སྦྱངས་པས་ལུང་རིགས་སྨྲ་བའི་ཁྱུ་མཆོག་ཏུ་གྱུར། གསང་ཕུར་བུ་ཧི་ཤི་ཤྲུ་ཙ་གཉིས་ཀྱི་གྲྭ་སྐོར་མཛད་ཅིང་། སློབ་དཔོན་རྩེ་ཞག་པ་རིགས་པས་ཐམ་པར་མཛད། དེ་ནས་ར་བ་སྟོད་པའི་འཆད་ཉན་པ་མཛད། བཀྲ་ཤིས་ལྷུན་པོར་པཎ་ཆེན་དགེ་འདུན་གྲུབ་ལ་ཆོས་གསན་ཅིང་མི་ཕྱེད་པའི་དད་པ་འཁྲུངས། སླར་དབུས་སུ་ཕྱིན། དེ་ནས་དཔལ་ལྡན་འབྲས་དཀར་སྤུངས་པའི་ཁྲི་ཐོག་བཞི་པར་ཕེབས། དགུང་ལོ་ཞེ་གསུམ་ལ་ཕེབས་པ་རབ་བྱུང་བརྒྱད་པའི་ལྕགས་གླང(སྤྱི་ལོ1481)ལོར་གསང་ཕུ་གླིང་སྨད་ཀྱི་ཆོས་རྗེའི་གོ་སར་ཕེབས། དྲང་ངེས་རྣམ་འབྱེད་སོགས་ཆོས་ཀྱི་བདུད་རྩི་འཛད་མེད་ཕབ། དགུང་ལོ་ང་གཉིས་ལ་ཕེབས་པ་ལྕགས་ཁྱི(སྤྱི་ལོ1490)ལོར་དགའ་ལྡན་ཁྲི་ཐོག་ཏུ

ཕེབས་ནས་དམ་ཆོས་ཀྱི་འཁོར་ལོ་མཐའ་ཡས་པ་བསྐོར། ང་བཞི་པ་ཆུ་བྱི（སྤྱི་ལོ1492）ལོར་དག་ཞིང་དུ་གཤེགས།

རྗེ་སྨོན་ལམ་དཔལ་བ། རྗེ་འདི་ནི་གཡས་རུ་བྱང་དུ་རབ་བྱུང་བདུན་པའི་ཤིང་རྟ（སྤྱི་ལོ1414）ལོར་སྐུ་འཁྲུངས། བཀྲ་ཤིས་ལྷུན་པོར་རྗེ་དགེ་འདུན་གྲུབ་པའི་ཞབས་ལ་གཏུགས་ནས་སློབ་གཉེར་མཛད་ཅིང་། རྗེ་ཤེས་རབ་སེང་གེ་ལ་རྒྱུད་འགྲེལ་གསན། མདོ་སྔགས་གཉིས་ལ་མཁས་ཤིང་རྩེད་ཐང་དུ་པུ་ཏི་སུམ་ཅུ་རྩ་དྲུག་གི་གྲྭ་སྐོར་མཛད། རབ་འབྱམས་པའི་མཚན་ཐོབ། གསང་ཕུར་ཆོས་རྗེ་ཡོན་ཏན་རྒྱ་མཚོ་དང་འབྲས་སྤུངས་སུ་འཇམ་དབྱངས་ཆོས་རྗེ་ལས་ཆོས་གསན་ཏེ་གཙང་ལ་བྱོན། བཀྲ་ཤིས་ལྷུན་པོ་དང་གསེར་ཁང་གོང་དུ་བཀའ་དང་བསྟན་བཅོས་མང་པོ་ལ་བཤད་པ་མཛད། སྔར་དབུས་སུ་ཕེབས། སེ་རའི་རྒྱུ་གྲྭ་ཚང་། ཤར་གྱི་མཚན་ཉིད་གྲྭ་ཚང་དང་། ཐང་སྐྱ་རྣམས་སུ་འཆད་ཉན་གནང་། དགུང་ལོ་རེ་བདུན་ལ་ཕེབས་པ་རབ་བྱུང་བརྒྱད་པའི་ལྕགས་བྱི（སྤྱི་ལོ1480）ལོར་དགའ་ལྡན་ཁྲི་ཐོག་བརྒྱད་པར་ཕེབས། དེའི་ཕྱི་ལོར་འབྲས་སྤུངས་ཀྱི་ཁྲི་ཡང་ཕེབས་པས་གདན་ས་གཉིས་ཀར་ཆོས་འཁོར་བསྐོར། རིན་སྤུངས་པ་དོན་ཡོད་རྡོ་རྗེ་ལྷ་གྲུབ་ཀྱི་ཀུན་སློང་དྲག་པོས་སྐྱིད་གཤོད་ཕྱོགས་སུ་དཔུང་གི་སྒྲུར་བས་གཞིས་ཀ་སྣེའུ་པར་གྲོལ་བར་རྩོམ་པའི་ཚེ་རྗེ་འདི་ཉིད་ཀྱིས་མགོན་པོ་ཕྱག་དྲུག་པའི་གཏོར་ཆེན་ལ་བརྟེན་པའི་ལས་སྦྱོར་མཛད་པས་དམག་ལན་གཉིས་ཀྱི་བར་ནད་ཡམས་ཤི་ཆད་ཀྱིས་རྐྱེན་པས་ཕྱིར་འཐེན་དགོས་པ་སོགས་ཕྱིས་སྨྱུ་ངན་ལས་མ་འདས་བར་རིན་སྤུངས་པ་ལུང་རྒྱུག་མི་ཐུབ་པའི་རྟགས་མཚན་བསྟན། ཕྱག་རྗེས་སུ་རྒྱལ་བ་བྱམས་པའི་ཕོ་བྲང་བཞེངས། བསྟན་བཅོས་རྣམ་འགྲེལ་གྱི་ཊཱི་ཀ་མཛད། ཞལ་སློབ་ཆོས་རྗེ་བློ་བཟང་པ་དང་། ནེ་ཙོ་བ། བློ་གྲོས་འཇམ་དཔལ། ལས་ཅན་བསོད་དཔལ་བ་སོགས་བྱུང་། དགུང་ལོ་དོན་བདུན་པ་ལྕགས་ཁྱི（སྤྱི་ལོ1490）ལོར་ཟུར་བཞུགས་མཛད། རྗེ་འདི་ཡན་ཁྲི་ཐོག་བདུན་པོ་རྣམས་ལ་འཇམ་དབྱངས་གཙང་པ་བདུན་བརྒྱུད་ཅེས་གྲགས། དགུང་ལོ་དོན་བརྒྱད་ལ་ཕེབས་པ་རབ་བྱུང་བརྒྱད་པའི་ལྕགས་ཕག（སྤྱི་ལོ1491）ལོར་སྐུ་གཤེགས།

རྗེ་ཙོང་ཁ་པ་བློ་བཟང་གྲགས་པ། དགེ་ལུགས་པའི་གྲུབ་མཐའི་སྲོལ་གཏོད་པ་པོ་རྗེ་ཙོང་ཁ་པ་ཆེན་པོ་མཆོག་ནི་མདོ་སྨད་ཙོང་ཁའི་ཡུལ་གྱི་གདུང་རུས་མལ་གྱི་རྒྱུད་ཡབ་དར་ཁ་ཆེ་ཀླུ་འབུམ་དགེ་དང་ཡུམ་ཤིང་མོ་བཟའ་ཨ་ཅོག་གཉིས་ཀྱི་སྲས་སུ་རབ་བྱུང་དྲུག་པའི་མེ་བྱ（སྤྱི་ལོ1357）ལོའི་བོད་ཟླ་བཅུ་པའི་ཚེས་བཅུའི་སྤྱ་དྲོའི་ཆ་ལ་ངོ་མཚར་གྱི་ལྟས་དང་བཅས་སྐུ་བལྟམས། དགུང་ལོ་གསུམ་བཞེས་པའི་ཚེ་ཤ་བ་རི་རྫོང་དུ་ཀརྨ་རོལ་པའི་རྡོ་རྗེ་ལས་དགེ་བསྙེན་གྱི་སྡོམ་པ་བཞེས་ཏེ་མཚན་ཀུན་དགའ་སྙིང་པོར་གསོལ། དགེ་རྒན་ཡོན་ཏན་རྒྱ་མཚོ་ནས་ཀློག་བསླབས། རབ་ཏུ་མ་བྱུང་གོང་དཔལ་རྡོ་རྗེ་འཇིགས་བྱེད་དང་། འཁོར་ལོ་བདེ་མཆོག་དྲིལ་བུ་ལུགས་དང་། ཀྱེ་རྡོ་རྗེ་དང་། ཕྱག་ན་རྡོ་རྗེ་ལ་སོགས་པའི་དཀྱིལ་འཁོར་དུ

བཅུག་ཅིང་དབང་བསྒྱུར། གསང་མཚན་དུ་དོན་ཡོད་རྡོ་རྗེ་ཞེས་གསོལ། དགུང་ལོ་བདུན་པ་ཆུ་ཡོས(སྤྱི་ལོ1363)ལོར་བྲག་ཁྱུང་དུ་ཆོས་རྗེ་དོན་གྲུབ་རིན་ཆེན་པས་མཁན་པོ་དང་། གཞོན་ནུ་བྱང་ཆུབ་འོད་ཟེར་གྱིས་སློབ་དཔོན་མཛད་དེ་རབ་ཏུ་བྱུང་བའི་མཚན་ལ་བློ་བཟང་གྲགས་པ་ཞེས་གསོལ། དགུང་ལོ་བཅོ་ལྔ་པར་མདོ་སྡེ་རྒྱན་སོགས་ཐུགས་ལ་ཆུད། དགུང་ལོ་བཅུ་བདུན་པ་རབ་བྱུང་དྲུག་པ་ཆུ་གླང(སྤྱི་ལོ1373)ལོར་དབུས་སུ་ཕྱིན། འབྲི་གུང་མཐིལ་དུ་ཆོས་ཀྱི་རྒྱལ་པོའི་སྤྱན་སྔར་ཐེག་ཆེན་སེམས་བསྐྱེད་སོགས་གསན། དེ་ནས་ཚལ་གུང་ཐང་དུ་ཕེབས་རྗེས་དཀོན་མཆོག་སྐྱབས་ཀྱི་དྲུང་ནས་སྨན་དཔྱད་ཡན་ལག་བརྒྱད་པའི་གཞུང་ལ་སྦྱངས་པ་མཛད། ཤིང་སྟག(སྤྱི་ལོ1374)ལོར་ས་སྐྱར་བླ་མ་དམ་པ་བསོད་ནམས་རྒྱལ་མཚན་ལ་གསང་སྔགས་ཀྱི་ཆོས་གསན། དགུང་ལོ་བཅུ་དགུའི་སྐབས་གསང་ཕུའི་གླིང་སྟོད་ཆོས་གྲྭར་ཞུགས་ནས་ཕར་ཕྱིན་གྱི་གྲྭ་སྐོར་མཛད། བདེ་བ་ཅན་གྱི་བླ་མ་འཇམ་རིན་པར་བྱམས་ཆོས་རྣམས་གསན། རྩེ་ཐང་དུ་པོ་ཏོང་ཕྱོགས་ལས་རྣམ་རྒྱལ་ལ་སྦྱོར་བ་དང་ཡན་ལག་དྲུག་པ། སྣར་ཐང་ལོ་ཙཱ་བ་དོན་བཟང་ལ་མཛོད་དང་ཚད་མའི་ཊཱི་ཀཱ་སོགས་གསན། གཉགས་དབོན་ཀུན་དགའ་དཔལ་བ་ལ་ཕར་ཕྱིན། རེད་མདའ་བ་གཞོན་ནུ་བློ་གྲོས་ལས་མཛོད་རང་འགྲེལ། དབུ་ཚད། ཕྱགས་སོགས་ཧེ་སྐེད་གསན། ཨེ་ས་སྐྱ་རྩེས་དང་ལ་སྟེང་སྣར་ཐང་སོགས་ལ་གྲྭ་སྐོར་མཛད་ཅིང་རྒྱུའི་ཐེག་པ་མཐའ་དག་ལ་མཁས་པར་གྱུར། དགུང་ལོ་ཉེར་ལྔ་ལ་ཕེབས་པ་ལྕགས་བྱ(སྤྱི་ལོ1381)ལོར་ཡར་ཀླུང་ཚོགས་ཆེན་མཁན་པོ་ཚུལ་ཁྲིམས་རིན་ཆེན་གྱིས་མཁན་པོ་དང་། ཤེས་རབ་མགོན་པོས་ལས་ཀྱི་སློབ་དཔོན། བྱེ་ཟིང་པས་དབུ་མཛད། བསོད་ནམས་རྡོ་རྗེས་གསང་སྟེ་སྟོན་པ་མཛད་དེ་དགེ་འདུན་གྲངས་དང་ལྡན་པའི་དབུས་སུ་དགེ་སློང་གི་སྡོམ་པ་བཞེས། སྟ་ཕྱིར་ཆོས་རྗེ་དོན་རིན་པ་དང་། ལས་ཀྱི་རྡོ་རྗེ། གྲུབ་ཆེན་དཔའ་བོ་རྡོ་རྗེ་གསུམ་གྱིས་གཙོ་བོར་གྱུར་པའི་ལོ་ཙཱ་བ་མཁན་ཆེན་རིན་ཆེན་རྣམ་རྒྱལ། ས་བཟང་པཎ་ཆེན་མ་ཏི་བ། དབུ་མ་བ་བརྩོན་འགྲུས་སེང་གེ། ལྷོ་བྲག་གྲུབ་ཆེན་ནམ་མཁའ་རྒྱལ་མཚན། བུ་སྟོན་ཐུགས་སྲས་ཆོས་ཀྱི་དཔལ། བྲ་གོར་མཁན་ཆེན་ཆོས་སྐྱོང་བཟང་པོ་སོགས་སྐྱེས་ཆེན་དམ་པ་མང་པོ་སྤྱི་བོར་བསྟེན་མཛད་ནས་ཐུན་མོང་གི་རིག་གནས་སྤྱི་དང་། སྒོས་སུ་ཟབ་མོ་མདོ་སྔགས་ཀྱི་ཆོས་མཐའ་ཡས་པ་གསན། ཐོས་བསམ་སྒོམ་པའི་རིམ་པ་བརྒྱུད་དེ་འཆད་རྩོད་རྩོམ་གསུམ་གྱིས་མདོ་སྔགས་ཀྱི་གསུང་རབ་ཐམས་ཅད་ཀྱི་དོན་སངས་རྒྱས་ཀྱི་དགོངས་པ་ལྟར་གསུངས་ཤིང་། ཁྱད་པར་དབུ་མ་ཐལ་འགྱུར་བའི་བསྟན་པ་ཆེར་སྤེལ་བས་གངས་ཅན་མཁས་གྲུབ་ཀུན་གྱིས་གཙུག་ཏུ་བཀུར། མཐའ་དབུས་སྐྱེ་འགྲོ་ཐམས་ཅད་ཀྱིས་གུས་ཤིང་བཏུད། ༸རྒྱལ་དབང་ལྔ་པ་ཆེན་པོས་ཀྱང་། རྣམ་འདྲེན་ཀུན་གྱི་མཁྱེན་པའི་ཕུང་པོ་གང་། གཅིག་སྒྱུར་འཇམ་མགོན་མི་ཡི་སྲིད་པའི་གར། བསམ་བཞིན་རྣམ་པར་རོལ་བའི་མཛད་པ་ལ། བསྐལ་བཟང་རྒྱལ་བ་ཀུན་གྱིས་བསྔུན་དུ་མེད། ཅེས་བསྟོད་པ་རྒྱ་ཆེར་འབུལ་མཛད། སྐུ་ཚེའི་སྟོད་ལ་

ཐོས་བསམ་གྱིས་རྒྱུད་སྦྱངས། བར་སྐབས་སུ་བྱ་བྲལ་ཕོ་ཉ་མཛད། ཟབ་དོན་ལ་དཔྱད་སྒོམ་གྱིས་དོན་ཉམས་སུ་བཞེས། འཕྲུལ་གྱི་ཀུན་སྤྱོད་འདུལ་བའི་ལག་ལེན་གསོས་བཏབ།

རབ་བྱུང་བདུན་པའི་ཆུ་བྱ(སྤྱི་ལོ1393)ལོར་འོལ་ཁ་རྫིང་ཕྱིའི་བྱམས་པ་ཞིག་གསོ་མཛད། མེ་བྱི(སྤྱི་ལོ1396)ལོར་གཉལ་གྱི་ལྷུང་ར་ཆེན་མོ་ཚུགས། དགུང་ལོ་ཞེ་དྲུག་པ་ཆུ་རྟ(སྤྱི་ལོ1402)ལོར་རྗེ་ཙོང་ཁ་ཆེན་པོ་དང་རྗེ་བཙུན་རེད་མདའ་བ། ལོ་ཙཱ་བ་སྐྱབས་མཆོག་དཔལ་རྣམས་རྩེ་ལྷེང་དུ་ཨར་ཆེན་པོ་བྱང་ཆུབ་ཡེ་ཤེས་ཀྱི་གཙུག་ལག་ཁང་དུ་ཞལ་མངོན་པར་འཛོམས་ཤིང་། དབྱར་གནས་པ་ཞལ་གྱིས་བཞེས་པ་དེའི་ཚེ་རྒྱལ་བའི་བསྟན་པ་རིན་པོ་ཆེ་འདི་ཉིད་ལ་མ་རྟོགས་པ་དང་ལོག་པར་རྟོག་པ་དང་། ཐེ་ཚོམ་དང་། གྱ་ཚོམ་གྱི་བསམ་པས་འཇུག་པ་སོགས་དྲི་ངན་མཐའ་དག་དྭངས་ནས་འཕྲིན་པའི་དག་ཐེར་རྣམ་དག་ཅིག་མཛད་དེ་འདུལ་བའི་བསྟན་པ་མི་ཉམས་བ་ཉི་མོ་ལྟར་གསལ་བར་དགོངས་ནས། འདུལ་བའི་མདོ་རྩའི་བཤད་པ་ཤིན་ཏུ་རྒྱས་པ་གསུངས་པ་དང་ཆབས་ཅིག་འདུལ་བའི་ཕྱག་ལེན་རྣམ་པར་དག་པའི་སྲོལ་ལེགས་པར་བཙུགས། རྗེ་བཙུན་རེད་མདའ་བ་ཆེན་པོས་བདག་ཉིད་ཆེན་པོར། དམིགས་མེད་བརྩེ་བའི་གཏེར་ཆེན་སྤྱན་རས་གཟིགས། དྲི་མེད་མཁྱེན་པའི་དབང་པོ་འཇམ་དཔལ་དབྱངས། བདུད་དཔུང་མ་ལུས་འཇོམས་མཛད་གསང་བའི་བདག གངས་ཅན་མཁས་པའི་གཙུག་རྒྱན་ཙོང་ཁ་པ། བློ་བཟང་གྲགས་པའི་ཞབས་ལ་གསོལ་བ་འདེབས། ཞེས་བསྟོད་པ་ཕུལ། ས་བྱི(སྤྱི་ལོ1408)ལོར་ཏཱ་མིང་ཡུང་ལོ་རྒྱལ་པོས་རྗེ་རིན་པོ་ཆེ་ལ་མི་ཕྱེད་པའི་དད་པ་བརྟན་པོ་བཟློག་ཏུ་མེད་པ་སྐྱེས་ནས་ནན་གྱིས་གདན་ཞུ་ཐེངས་གསུམ་ཞུས་ཀྱང་མ་ཕེབས་པར་མཐར་དངོས་སློབ་ཤཱཀྱ་ཡེ་ཤེས་སྐུ་ཚབ་ཏུ་མངགས། དགུང་ལོ་ང་གཅིག་ལ་ལྷ་སར་ཕེབས། སེ་ར་ཆོས་སྡིངས་སུ་མཁས་གྲུབ་དགེ་ལེགས་དཔལ་བཟང་དང་མཇལ། དེ་ནས་ལྷ་ལྡན་ཇོ་བོ་ཤཱཀྱ་མུ་ནེ་མ་འོངས་སྐུ་ཡུལ་དུ་གཤེགས་པ་ལས་བསྒྲིངས་ཏེ་ངེས་པ་ལྷ་ལྡན་གྱི་སྐུར་བཞུགས་པའི་ཕྱིར་གསེར་འབའ་ཞིག་ལས་གྲུབ་པའི་དབུ་རྒྱན་ལ་དེ་བཞིན་གཤེགས་པའི་རིགས་ལྔའི་སྣང་བརྙན་རིན་པོ་ཆེ་དུ་མའི་ཕྲ་བཏབ་པའི་ལོངས་སྤྱོད་རྫོགས་པའི་དབུ་རྒྱན་བསྒྲོན་ཏེ་ཇོ་བོ་རིན་པོ་ཆེ་སྤྲུལ་སྐུའི་ཆ་བྱད་ནས་ལོངས་སྐུའི་ཆ་བྱད་ཉིད་དུ་བསྒྱུར། གཙུག་ལག་ཁང་གི་བྲིས་སྐུ་དང་སྐུ་འབུར་མ་སོགས་རྙེན་དང་བརྙེན་པ་བཅས་ཉམས་གསོ་དང་། ཇོ་བོའི་སྤྱན་སྔར་དངུལ་གྱི་ལྷུང་བཟེད་ཆེ་ཚད་དུ་ལོངས་པ་དེའི་ཁ་ལ་འཚམས་པའི་མཎྜལ་ཕུལ། རྒྱ་སྟག་ར་མོ་ཆེའི་ཇོ་བོ་མི་བསྐྱོད་རྡོ་རྗེ་དང་། ཐུགས་རྗེ་ཆེན་པོ་རང་བྱུང་ལྔ་ལྡན་གཉིས་ལ་དངུལ་དཀར་ལས་གྲུབ་པའི་དབུ་རྒྱན་སོགས་ཕུལ། ས་གླང(སྤྱི་ལོ1409)ལོར་ཆོ་འཕྲུལ་ཟླ་བར་དགེ་འདུན་ཁྲི་ཕྲག་འདུ་བའི་སྨོན་ལམ་ཆེན་མོའི་མཆོད་ཚོགས་ཀྱི་དུས་སྟོན་ཁྱད་པར་ཅན་སྲོལ་གཏོད་ལེགས་པར་མཛད། ལོ་དེར་འབྲོག་དགའ་ལྡན་རྣམ་པར་རྒྱལ་བའི་གླིང་དང་བདེ་ཆེན་གསང་སྔགས་མཁར་ཕྱག་བཏབ། སེ་འབྲས་དང་རྒྱུད་གྲྭ་སྟོད་སྨད་འཛུགས་པའི་ཞལ་

བཀོད་གནང་། དགུང་ལོ་ང་བརྒྱད་སྐབས་འོན་བཀྲ་ཤིས་གདོང་ཁར་གདན་འདྲེན་ལྟར་ཕེབས། སྔ་སྟོང་འཛིན་པ་མང་པོར་ལམ་རིམ་དང་དབུ་ཚད་སོགས་ཟབ་རྒྱས་ཀྱི་ཆོས་འཁོར་རྒྱ་ཆེར་བསྐོར། རྗེ་ཉིད་ཀྱི་དབུ་སྐྲ་ཉིན་གཅིག་ལ་ལན་བདུན་བསིལ་བའི་སྐུ་བརྙན་བྱིན་ཅན་དེ་དུས་བྱུང་བ་ཡིན། དགུང་ལོ་རེ་གཅིག་པ་མེ་བྱ(སྤྱི་ལོ1417)ལོར་དགའ་ལྡན་དུ་དཀྱིལ་འཁོར་སྒྲུབ་མཆོད་མཛད། ཡངས་ཅན་གཙུག་ལག་ཁང་རྟེན་དང་བརྟེན་པ་བཅས་གསར་དུ་བཞེངས། ཚེ་འཕྲུལ་སྨོན་ལམ་དང་། དགའ་ལྡན་སྒྲུབ་མཆོད་ཆེན་མོ། གཉལ་གྱི་ལུང་ར་ཆེན་མོ། རྫོང་ཕྱིའི་ཞིག་གསོས་ཆེན་མོ་སྟེ་མཛད་ཆེན་བཞིར་གྲགས། དགུང་ལོ་རེ་གསུམ་ལ་ཕེབས་པ་རབ་བྱུང་བདུན་པའི་ས་ཕག(སྤྱི་ལོ1419)ལོའི་སྟོན་དུས་སྟོད་ལུང་དང་། འབྲས་སྤུངས། ལྷ་ས། སེ་ར། གསང་ཕུགས་མཁར། གྲུ་བཞི་རྣམས་སུ་ཕེབས་ནས་སྐྱེ་བོ་མཆོག་དམན་མཐའ་དག་ལ་གང་འདུ་བའི་ཆོས་མང་དུ་གསུངས། སླར་དགའ་ལྡན་དུ་ཕེབས་ནས་ཐུབ་དབང་ཚུལ་ཁྲིམས་མའི་མདུན་དུ་མཆོད་འབུལ་དང་སྨོན་ལམ་རྒྱས་པར་མཛད་རྗེས་ཁྲི་ཐོག་ཁང(གཟིམས་ཤག)དུ་ཕེབས་ཏེ་ སྲས་ཀྱི་ཐུ་བོ་དར་མ་རིན་ཆེན་ལ་སྐུ་བེར་དང་དབུ་པཎ་གནང་སྟེ་རང་ཉིད་ཀྱི་རྒྱལ་ཚབ་ཏུ་བོ་བར་མཛད། ཐ་གོང་ནས་ཐམས་ཅད་མཁྱེན་པ་དགེ་འདུན་གྲུབ་པ་དང་བཀྲ་ཤིས་རྗེ་ཁར་བར་ན་བཟའ་མཐང་གོས་བཞེས་འཁྲུར་གནང་སྟེ་དོན་གྱི་བསྟན་པ་ཡོངས་སུ་གཏད། དེ་ལྟར་ལོ་དེའི་བོད་ཟླ་བཅུ་པའི་ཆོས་ཉེར་ལྔ་ཉིན་ཐ་དྲོའི་ཉི་རིས་ཙམ་ལ་ཞི་བར་གཤེགས། རྡོ་རྗེ་སློབ་དཔོན་བརྒྱ་ཕྲག་དུ་མས་གསང་བདེ་འཇིགས་གསུམ་དང་། ལྷུ་ནག་དྲིལ་གསུམ། ཀྱཻ་རྡོར། དུས་འཁོར། འཁོར་ཆེན། ཚེ་དཔག་མེད། ཀུན་རིག་སོགས་དཀྱིལ་འཁོར་མང་པོ་བསྒྲུབས་ཤིང་། ངོ་མཚར་གྱི་ལྟས་མང་དུ་བྱུང་། དེ་དང་དུས་མཚུངས་སྔེའུ་དཔོན་ནམ་མཁའ་བཟང་པོ་དཔོན་གྱིས་ར་ཁ་བྲག་ཏུ་དགེ་འདུན་མང་པོ་བྲངས་ཏེ་དུས་མཆོད་རྒྱ་ཆེར་མཛད་པ་དེ་ནས་བཟུང་དགའ་ལྡན་ལྔ་མཆོད་ཆེན་མོ་ཞེས་བོད་ཟླ་བཅུ་པའི་ཆོས་ཉེར་ལྔ་ལ་བོད་འབངས་སེར་སྐྱ་རྣམས་ཀྱིས་སྒྲོན་མེའི་མཆོད་སྤྲིན་འབུལ་སྲོལ་རྒྱུན་འཁྱམས་སུ་གྱུར།

རྗེ་བདག་ཉིད་ཆེན་པོའི་གསུང་རྩོམ་བྱང་ཆུབ་ལམ་གྱི་རིམ་པའི་བསྟན་བཅོས་ཆེ་ཆུང་དག་བསྟན་བཅོས་མངོན་པར་རྟོགས་པའི་རྒྱན་འགྲེལ་པ་དང་བཅས་པའི་རྣམ་བཤད་ཆེན་མོ་ལེགས་བཤད་གསེར་གྱི་ཕྲེང་བ། དྲང་ངེས་ལེགས་བཤད་སྙིང་པོ། སྔགས་རིམ་ཆེན་མོ། རིམ་ལྔ་གསལ་སྒྲོན་སོགས་དང་། སྔན་ངག་གྲགས་ཆེན་རྟེན་འབྲེལ་བསྟོད་པ་དང་། བསྟོད་སྤྲིན་རྒྱ་མཚོ། འཆི་མེད་གྲུབ་པ། ཚངས་པའི་ཅོད་པན་སོགས་བསྟོད་ཆེན་བཞི་བཅས་མདོ་སྔགས་ཀྱི་བཀའ་ཆོས་པོད་ཆེན་བཅུ་དགུ་སྐྲག་བཞུགས།

ཐུགས་སྲས་ཀྱི་ཐུ་བོར་གྱུར་པ་རྒྱལ་ཚབ་དར་མ་རིན་ཆེན་དང་། མཁས་གྲུབ་དགེ་ལེགས་དཔལ་བཟང་། ཐམས་ཅད་མཁྱེན་པ་དགེ་འདུན་གྲུབ་པ། འཇམ་དབྱངས་ཆོས་རྗེ། བྱམས་ཆེན་ཆོས་རྗེ། རྗེ་བཙུན་ཤེས་རབ་སེང་གེ། དེ་བཞིན་བསྟན་པའི་སྒྲོན་མེ་ལྔ་བུ་བཅུ་དང་། བྱང་སེམས་གཞན་དོན་ནུས་པ་

དྲུག ས་སྐྱོང་དེ་ཕྲིར་བཀུར་བ་གཉིས། མང་ཐོས་དཔོན་སློབ་གཉིས། སྦྱངས་པའི་ཡོན་ཏན་འཛིན་པ་གཉིས། རྣམ་དཔྱོད་ཡུལ་དུ་བྱུང་བ་གཉིས། བསྟན་པ་ཕྱོགས་མཐར་སྐྱོང་བ་དྲུག སྐད་གཉིས་སྨྲ་བའི་ལོ་ཙྰ་བ་དྲུག གསུང་རབ་མང་དུ་ཕྱིན་པ་ཆོས་རྗེ་བརྒྱད། མདོ་རིང་གི་མཁས་པ་བཞི། སྐྱེས་བུ་ཡ་མཚན་ཅན་གཉིས། སྤྲུན་སྟ་བརྒྱད། ཁྲི་ལ་འཛོགས་པའི་བླ་མེད་བཞི། མཁན་ཆེན་བཞི། ཆེན་པོ་ལྔ། ཆོས་སྒོ་བ་གཉིས། དཀའ་བཅུ་བ་བཞི། དཀའ་བཞི་བ་བཅུ། ཇོ་སྟོན་པ་བཞི། གནས་བརྟན་པ་དྲུག རྟོགས་ལྡན་པ་ལྔ་སོགས་ཀྱིས་གཙོས་སློབ་མའི་ཚོགས་བརྗོད་ཀྱིས་མི་ལངས་པ་བྱུང་། དེ་ལྟར་རྗེ་ཙོང་ཁ་ཆེན་པོས་ཞྭ་སེར་གྱི་བསྟན་པ་འཛིན་སྐྱོང་ལེགས་པར་མཛད་དེ་སྐྱན་པའི་གྲགས་པ་ས་སྟེང་དུ་མི་ཤོང་བ་པར་ཁྱབ།

རྗེ་བཙུན་ཀུན་དགའ་སྙིང་པོ། མཚན་གཞན་ཇོ་ནང་ཏཱ་ར་ནཱ་ཐ་མཆོག་ནི་ཡུལ་དབུས་གཙང་གཉིས་ཀྱི་མཚམས་ཇོ་མོ་ཁ་རག་དང་ཉེ་བར་འབྲང་ཞེས་པའི་གནས་སུ་ཡབ་ར་ལོའི་གདུང་རྒྱུད་རྣམ་རྒྱལ་ཕུན་ཚོགས་དང་ཡུམ་རྗོ་རྗེ་བུ་དགའ་གཉིས་ཀྱི་སྲས་སུ་རབ་བྱུང་བཅུ་པའི་ཤིང་ཕག(སྤྱི་ལོ1575) ལོར་ཆོས་འཁོར་སྡིངས་སུ་སྐུ་བལྟམས། མེས་པོས་པད་མ་སྲི་གཅོད་རྡོ་རྗེ་ཞེས་མཚན་གསོལ། དགུང་ལོ་བཞི་པར་ཇོ་ནང་མཁན་པོ་ལུང་རིགས་རྒྱ་མཚོས་ཇོ་ནང་བླ་མ་ཀུན་དགའ་གྲོལ་མཆོག་གི་སྤྲུལ་སྐུར་ངོས་འཛིན་མཛད་དེ་ཇོ་ནང་དགོན་དུ་ཕྱིན། དགུང་ལོ་དྲུག་པ་ནས་ཀློག་སློབ་པའི་དབུ་ཚུགས། དགུང་ལོ་བརྒྱད་པར་ཇོ་དགོན་ཆོས་ལུང་དུ་ཕེབས་ནས་མཁས་དབང་བྱམས་པ་ལྷུན་གྲུབ་སློབ་དཔོན་དུ་བསྟེན། སྟག་ལུང་བ་ཀུན་དགའ་བཀྲ་ཤིས་རྒྱལ་མཚན་ལས་རབ་བྱུང་དགེ་ཚུལ་གྱི་སྡོམ་པ་ཡང་དག་པར་མནོས། མཚན་ཀུན་དགའ་སྙིང་པོ་ཞེས་གསོལ། རྒྱ་གར་གྱི་བཤེས་གཉེན་བ་ཛ་ལ་ནཱ་ཐ་མཆོག་གིས་ཏཱ་ར་ནཱ་ཐ་ཞེས་བྱ་བའི་མཚན་གསོལ་བའི་གཟིགས་སྣང་བྱུང་བ་ནས་བཟུང་སྟེ་ཏཱ་ར་ནཱ་ཐ་ཞེས་པའི་མཚན་ཡོངས་སུ་གྲགས། དེ་ནས་ལོ་ངོ་བདུན་ལྷག་གི་རིང་ལ་མཁན་པོ་ལུང་རིག་རྒྱ་མཚོ་དང་། སློབ་དཔོན་བྱམས་པ་ལྷུན་གྲུབ། ཇོ་ནང་རྗེ་དྲུང་རྗེ་བཙུན་སྲས་པའི་སངས་རྒྱས། བཛྲ་གུ་རྦ་ནཱ་ཐ་སོགས་མཁས་གྲུབ་མང་པོ་ལས་མདོ་སྔགས་ཀྱི་གཞུང་ལུགས་མང་དུ་གསན། དགུང་ལོ་བཅུ་བདུན་པ་ལྕགས་ཡོས(སྤྱི་ལོ1591) ལོར་འཇམ་དབྱངས་ཀུན་དགའ་རྒྱལ་མཚན་གྱིས་མཁན་པོ་དང་། སློབ་དཔོན་བྱམས་པ་ལྷུན་གྲུབ་ཀྱིས་ལས་སློབ་མཛད་དེ་དགེ་འདུན་གྲངས་ཚད་དབུས་སུ་བསྙེན་རྫོགས་ཀྱི་སྡོམ་པ་ཡང་དག་པར་བཞེས། རྒྱ་གར་གྲུབ་ཆེན་སངས་རྒྱས་སྲས་པའི་མགོན་པོ་ལས་རྒྱུད་སྡེའི་དབང་དང་བསྐྱེད་རྫོགས་མཐའ་ཡས་གསན་ཏེ་སྔགས་བླ་མེད་ཀྱི་གཞུང་ལ་བོད་འདིར་སྟོན་མེད་ཀྱི་བློ་སྐྱེད་ལྔ་བརྒྱ་ཙམ་བྱུང་བར་རྗེ་རང་ཉིད་ནས་གསུངས། རྒྱ་གར་གྱི་སློབ་དཔོན་ས་ནི་ཐ་ཊ་ཤྲཱི་དང་། པུཎྜ་བཛྲ་སོགས་ལས་ཟབ་ཆོས་མང་པོ་དང་། སྒྲ་སོགས་ཕྱི་ནང་གི་རིག་གནས་མཐའ་ཡས་པ་གསན་བསམ་མཛད་དེ་མཁས་པའི་རྩེར་སོན་ཅིང་། མདོ་སྔགས་ཟུང་གི་ཉམས་ལེན་གནད་དུ་སྦྱངས་པས་ས་ལམ་གྱི་ཡོན་ཏན་ལ་མངའ་བརྙེས་ཏེ་གྲུབ་པའི་དབང་ཕྱུག་ཏུ་གྱུར།

དགུང་ལོ་ཞེར་གཅིག་སྐབས་ཇོ་ནང་དུས་ཁྲིད་ཆེན་མོ་བཙུགས་ཏེ་ཆོས་ཁྲིད་རྒྱས་པར་གནང་ནས་རིས་མེད་ཀྱི་བུ་སློབ་མང་པོ་ལ་མདོ་སྔགས་ཀྱི་འཆད་ཉན་རྒྱ་ཆེར་སྤེལ། དགུང་ལོ་ཞེ་གཅིག་པ་ཤིང་ཡོས(སྤྱི་ལོ1615)ལོར་གཙང་པ་སྡེ་སྲིད་ཀྱིས་སྦྱིན་བདག་མཛད་ཅིང་ཇོ་ནང་དགོན་པའི་ཉེ་འདབས་སུ་རྟག་བརྟན་དམ་ཆོས་གླིང་ཕྱག་བཏབ་ནས་གདན་ས་མཛད་དེ་མདོ་སྔགས་བཤད་སྒྲུབ་ཀྱི་འཁོར་ལོ་རྒྱ་ཆེར་བསྐོར། ༧རྒྱལ་དབང་བཞི་པ་ཆེན་པོས་མེ་ཏྲི་བྱ་བའི་མཚན་གསོལ། དེ་རྗེས་སོག་པོ་ཁལ་ཁའི་ཡུལ་དུ་གདན་དྲངས་ཏེ་བསྟན་པ་སྤེལ་ཅིང་དགོན་པ་དུ་མ་བཏབ། སོག་ཡུལ་དུ་རྗེ་བཙུན་དམ་པ་ཞེས་སྙན་གྲགས་ཆེ།

རྗེ་འདི་ཉིད་ཀྱི་འཁྲིད་ལས་སྐྱོང་བའི་སློབ་མའི་ཚོགས་གཙོ་བོ་སྤྲུལ་སྐུ་སངས་རྒྱས་རྒྱ་མཚོ་དང་། མཁས་དབང་ཡེ་ཤེས་རྒྱ་མཚོ། མཁས་ཆེན་རིན་ཆེན་རྒྱ་མཚོ། མཁས་གྲུབ་བློ་གྲོས་རྣམ་རྒྱལ་སོགས་ཇོ་ནང་པའི་བསྟན་འཛིན་གྱི་སྐྱེས་བུ་དུ་མ་དང་། གཙང་པ་སྡེ་སྲིད་ཕུན་ཚོགས་རྣམ་རྒྱལ་ཡབ་སྲས་དང་། བྱང་བདག་བཀྲ་ཤིས་སྟོབས་རྒྱལ་སོགས་ས་སྐྱོང་སྦྱིན་བདག་མང་དུ་བྱུང་།

རྗེ་བཙུན་མཆོག་གིས་ལྷུགས་རྩོམ་གནང་བའི་སྐོར་ལ། སྟོན་པའི་མཛད་བརྒྱ་དང་། རྒྱ་གར་ཆོས་འབྱུང་སོགས་པན་སྒྲུབ་མང་པོའི་རྣམ་ཐར་སྐོར་དང་། ཤེར་སྙིང་། བཟང་སྤྱོད་དུས་འཁོར་བདེ་མཆོག གསང་འདུས་བསྐྱེད་རྫོགས་ཀྱི་རྣམ་བཤད་སོགས་མདོ་སྔགས་ཀྱི་གཞུང་འགྲེལ་སྐོར་དང་། ཐེག་མཆོག་རྒྱས་པའི་དབུ་མ་སོགས་གཞན་སྟོང་གི་ལྟ་གྲུབ་སྐོར་དང་། རྒྱུད་སྡེའི་ཆོ་ག་དུ་མ། བསྟོད་ཚོགས་དང་སྨོན་ལམ་སོགས་ཇོ་ནང་པའི་ལུགས་ཀྱི་བསྟན་བཅོས་པོ་ཏི་བཞི་བཅས་ཁྱོན་གླེགས་བམ་བཞི་བཅུ་ལྷག་མཛད་དེ་ཇོ་ནང་པའི་རིང་ལུགས་ཚང་ལ་མ་ནོར་བར་བསྟན། སྦྱོར་དྲུག་ཉམས་ལེན་གྱི་རྒྱུན་སྤེལ་ཏེ་སྒྲུབ་བརྒྱུད་བསྟན་པའི་རྒྱལ་མཚན་བསྒྲེངས་པར་མཛད། དགུང་ལོ་དྲུག་ཅུ་པ་རབ་བྱུང་བཅུ་གཅིག་པའི་ཤིང་ཁྱི(སྤྱི་ལོ1634)ལོར་རྟག་བརྟན་དམ་ཆོས་གླིང་དུ་སྐུ་གཤེགས།

རྗེ་བཙུན་བློ་བཟང་བསྟན་པའི་རྒྱལ་མཚན། ཆོས་པ་རིན་པོ་ཆེ་བློ་བཟང་བསྟན་པའི་རྒྱལ་མཚན་ཡང་ཞུ་བ་འདི་ཉིད་རྗེ་སྐལ་ལྡན་རྒྱ་མཚོའི་ཡུམ་མི་གཅིག་པའི་གཅེན་པོ་ཡིན། རབ་བྱུང་བཅུ་པའི་ལྕགས་སྦྲུལ(སྤྱི་ལོ1581)ལོར་འཁྲུངས། དགུང་ལོ་བཅུ་བཞི་པ་ཤིང་རྟ(སྤྱི་ལོ1594)ལོར་ཆོས་རྗེ་རིན་པོ་ཆེ་བསམ་འགྲུབ་ལས་རབ་ཏུ་བྱུང་། ཉི་ཤུ་པ་ལྕགས་བྱི(སྤྱི་ལོ1600)ལོར་ཙོ་ནེ་ཆོས་རྗེ་སངས་རྒྱས་རྒྱལ་མཚན་ལས་བསྙེན་པར་རྫོགས། ཉེར་གསུམ་པ་ཆུ་ཡོས(སྤྱི་ལོ1603)ལོར་༧རྒྱལ་བ་ཡོན་ཏན་རྒྱ་མཚོའི་ཞབས་ཞུ་མཛད་ནས་དབུས་སུ་ཕེབས། ཉེར་བཞི་པ་ཤིང་འབྲུག(སྤྱི་ལོ1604)ལོར་རྭ་སྟོད་ཆོས་གྲྭ་འགྲིམས། འཇམ་དབྱངས་བླ་མ་དཀོན་མཆོག་ཆོས་འཕེལ་ལས་ཆོས་མང་པོ་ཞུས། ལོ་དེའི་དབྱར་དུས་རྒྱུད་གྲྭར་ཞུགས། སྟག་ལུང་བྲག་པ་བློ་གྲོས་རྒྱ་མཚོ་ལས་རིམ་ལྔའི་དམར་ཁྲིད་སོགས་ཐུ་ཕྱིར་ཆོས་མང་དུ་

གསན། གཞན་ཡང་པཎ་ཆེན་ཐམས་ཅད་མཁྱེན་པ། སྐྱིད་ཤོད་ཆོས་རྗེ་ངག་དབང་ཆོས་གྲགས། ཁྲི་དགེ་འདུན་རྒྱལ་མཚན། གྲུབ་ཆེན་བརྩོན་འགྲུས་སྙིང་པོ། ལམ་པ་རབ་འབྱམས་པ་བསོད་ནམས་གྲགས་པ་སོགས་ཀྱི་ཞབས་པད་བསྟེན་ཏེ་དབང་ལུང་མན་ངག་བཅས་འདོད་རྒྱུར་གསན། ཉེར་བརྒྱད་པ་ས་སྤྲེལ(སྤྱི་ལོ1608)ལོར་རང་ཡུལ་མདོ་སྨད་དུ་ཕེབས་ཏེ་རོང་པོ་དགོན་པ་ལུགས་གཉིས་ཀྱིས་བསྐྱངས། སོ་ལྔ་པ་ཞིང་ཡོས་ནས་སྐྱབས་པ་རྗེ་གཅིག་ཏུ་གཞོལ། སོ་བདུན་པ་མེ་སྦྲུལ(སྤྱི་ལོ1617)ལོར་སླར་དབུས་སུ་ཕེབས། བླ་མ་ སྔ་མ་རྣམས་དང་འཕོང་སྟོན་དཔལ་འབྱོར་ལྷུན་གྲུབ། དེ་མོ་ལྷ་དབང་ཆོས་ཀྱི་རྒྱལ་མཚན། ཧ་ཚག་ངག་དབང་ཆོས་ཀྱི་དབང་ཕྱུག་སོགས་ལས་ཆོས་བཀའ་རྒྱ་ཆེར་གསན། ས་ཧ་ལོར་རང་ཡུལ་དུ་ཕེབས། ཞིང་སྤྲེལ་ནས་རོང་པོ་དགོན་དུ་འདུ་ཁང་གསེར་ཕིབས་མཛད། གདུལ་བྱ་རྣམས་ཆོས་དང་ཟང་ཟིང་གིས་བསྐྱངས། དགུང་ལོ་དོན་དགུ་པ་རབ་བྱུང་བཅུ་གཅིག་པའི་ས་ཕག(སྤྱི་ལོ1659)ལོར་སྐུ་གཤེགས།

རྗེ་བཙུན་རེད་མདའ་བ་གཞོན་ནུ་བློ་གྲོས། ས་སྐྱའི་བླ་མ་འདི་ཉིད་སྤྱོང་བཙན་གྱི་བློན་ཆེན་མགར་སྟོང་བཙན་གྱི་རྒྱུད་དུ་གྲགས་ཤིང་། དཔལ་ལྡན་ས་སྐྱ་དང་ཁད་ཉེ་བའི་རེད་མདའ་ཁབ་སོར་རབ་བྱུང་དྲུག་པའི་ས་གླང(སྤྱི་ལོ1349)ལོར་སྐུ་བལྟམས། དགུང་ལོ་བཅོ་བརྒྱད་པ་ལ་ས་བཟང་མ་ཏིའི་དྲུང་དུ་ཚོགས་ཕྱམ་གཉིས་ནོད་དེ་མཚན་གཞོན་ནུ་བློ་གྲོས་ཞེས་གསོལ། སྐུ་གཞོན་ནུའི་དུས་དཔལ་ས་སྐྱར་མཁས་པ་ཉ་དབོན། མཁན་ཆེན་སངས་རྒྱས་འཕེལ། དཔལ་ལྡན་བླ་མ་དམ་པ། ལོ་ཆེན་བྱང་རྩེ། རྒྱལ་སྲས་པ་སོགས་ལས་ཚད་མ། ཕར་ཕྱིན། མངོན་པ་གོང་འོག་བློ་སྦྱོང་སོགས་རྒྱལ་བའི་བསྟན་པ་ལུང་གི་ཆོས་མཐའ་དག་ལེགས་པར་གསན་སྦྱོང་མཛད། མཁན་ཆེན་ཀུན་དགའ་དཔལ་ལས་བསླབ་པར་རྫོགས་ཤིང་། འདུལ་བ་དང་ལམ་འབྲས་གསན། དེ་ནས་ལོ་ཙཱ་བ་ནམ་བཟང་། ལོ་ཙཱ་བ་གྲགས་རྒྱལ། ལོ་ཙཱ་བ་སྐྱབས་མཆོག་དཔལ་སོགས་ལས་གསང་འདུས་ཀྱིས་མཚོན་པའི་རྒྱུད་མན་ངག་དང་། མཁན་ཆེན་བྱང་སེང་ལས་དབུ་མ་གསན་ནས་རྣམ་དཔྱོད་ཀྱིས་དཔྱད་པས་དབུ་མ་ཐལ་འགྱུར་བའི་གནས་ལ་ངེས་པ་རྙེད། རྒྱུད་གསང་བ་འདུས་པ་དང་། དབུ་མ་ཐལ་འགྱུར་བའི་བསྟན་པ་ལ་བཀའ་དྲིན་ཤིན་ཏུ་ཆེ།

རྗེ་འདི་ནི་རྣམ་དཔྱོད་ཀྱི་རྩལ་ཡངས་ཤིང་མཁྱེན་སྟོབས་ཆེ་བས་མདོ་རྒྱུད་དགོངས་འགྲེལ་དང་བཅས་པ་གང་ལ་ཡང་ལན་གཅིག་གམ་གཉིས་ཞིབ་ཏུ་གཟིགས་པ་ཙམ་གྱིས་བསྟན་བཅོས་དེའི་རྩ་འགྲེལ་ལེགས་པར་སྦྱར་བའི་དོན་གྱི་ལུས་ཡོངས་སུ་རྫོགས་པ་ཕོག་པ་བསྒྲིགས་ཏེ་རང་རང་གི་ལུགས་མ་འདྲེས་པར་ཐུགས་སུ་ཆུད་ཅིང་རིགས་པའི་ལམ་ནས་མཐའ་དག་པར་དྲངས་ཏེ་གཞན་ལ་འདོམས་པར་ཐོགས་པ་མི་མངའ་ཞིང་། བུལ་རོང་གི་དབེན་གནས་སུ་ལོ་བཅུ་གཉིས་བཞུགས་པའི་ལོ་ལྔ་རྫོང་སྒོམ་གཙོ་བོར་སྐྱོང་བའི་ཐུགས་དམ་ཉམས་བཞེས་ཁོ་ན་མཛད། ལོ་བདུན་སྐལ་ལྡན་གྱི་གདུལ་བྱ་རྣམས་ལ་ཉམས་ཁྲིད་ལེགས་

བཤད་ཀྱི་དཀའ་སྟོན་སྤེལ། ཁྱད་པར་དབུ་ཚད་ཀྱི་རིགས་ལམ་ཐམས་ཅད་དུས་ཕྱིས་ནུབ་ནས་མིང་ཙམ་དུ་གྱུར་པ་ན། རང་སྟོབས་ཀྱིས་དབུ་ཚད་ཀྱི་རིག་པའི་ལམ་སྲོལ་ཕྱེ་ནས་བྱུང་ཕྱོགས་ཀྱི་མཁས་པ་ཀུན་གྱི་མགོ་བོ་ལ་བཀའི་ཕྲེང་བ་ངལ་གསོ་བགྱིས་པའི་ཤིང་རྟ་ཆེན་པོར་གྱུར།

རྩོམ་པ་མཛད་པ་ལ། འཛམ་གླིང་མཛེས་པའི་རྒྱན་མཆོག་དཀའ་ཆེན་བཞི། རྩ་འཇུག་གཞི་གསུམ་ཐེག་ཆེན་རྒྱུད་བླ་མ། ཆོས་མངོན་མཛོད་དང་དཔལ་ལྡན་འདུས་པ་སྟེ། རྣམ་བཤད་མཛད་པའི་གཞུང་ལུགས་བཅུ་ཕྲག་གཅིག ཅེས་པ་ལྟར་ཟབ་ཆོས་མང་དུ་ལྷུགས་རྩོམ་གནང་ཞིང་། གསུང་ལས་སྐྱེས་པའི་སློབ་མ་ཡང་། སྦྱངས་པའི་མཆོག་གྱུར་ཀུན་མཁྱེན་ཤེར་འོད་དང་། སྨྲས་ཀྱི་མཆོག་གྱུར་བློ་བཟང་གྲགས་པ་དང་། ལྟ་བའི་མཆོག་གྱུར་གོན་གྱོ་ཉི་པོ་གྲགས། ཉམས་ལེན་མཆོག་གྱུར་ཀུན་དགའ་དཔལ་བཟང་པོ། རྩོམ་ལྡན་མཆོག་གྱུར་དཔལ་འབྱོར་ཤེས་རབ་དང་། འཆད་མཁས་མཆོག་གྱུར་བསོད་ནམས་ཤེས་རབ་དང་། རྩོད་བཟང་མཆོག་གྱུར་དར་མ་རིན་ཆེན་ནོ། དེ་བཞིན་བྱང་པ་བཀའ་བཅུ་པ་དགེ་ལེགས་དཔལ་སོགས་དང་། ཕར་ཚད་ཤེས་པའི་སློབ་བ་བརྒྱ་ཕྲག་བརྒྱལ་བ་བྱུང་ངོ་། དེ་ལྟ་བུའི་སྐྱེས་བུ་འདི་ནི། དགུང་ལོ་དྲུག་ཅུ་རེ་བཞི་ལ་ཐེབས་པ་རབ་བྱུང་བདུན་པའི་ཆུ་འབྲུག(སྤྱི་ལོ1412) ལོར་དགོངས་པ་གཞན་དོན་དུ་གཤེགས་སོ།

རྗེ་ལེགས་པ་ཆོས་འབྱོར། མཚན་གཞན་འཇམ་དབྱངས་དཀའ་བའི་བློ་གྲོས་ཞུ་བ་མཆོག་ནི་འབྲས་སྤུངས་དགོན་གྱི་གདན་རབས་བརྒྱད་པ་ཡིན། རབ་བྱུང་བདུན་པའི་ས་བྱ(སྤྱི་ལོ1429) ལོར་ལྷ་ས་ཚལ་གུང་ཐང་དུ་འཁྲུངས། སྐུ་གཞོན་དུས་གསང་ཕུར་ཆོས་ཞུགས་ཀྱིས་གུང་རུ་ཆོས་བློ་དང་། སློབ་དཔོན་དཔལ་བློ་ལས་ཕར་ཚད་གསན། སློབ་དཔོན་གནས་བརྟན་ལས་འདུལ་བ་དང་། མངོན་པ་གསན། བསོ་ཆོས་རྗེའི་ས་ནས་གསང་སྔགས་སྙིང་གསན་ཏེ་མཁས་པ་ཆེན་པོར་གྱུར། དགུང་ལོ་ཉེར་ལྔའི་ལོར་གསང་ཕུ་ར་བ་སྨད་པའི་འཆད་ཉན་མཛད། དེ་ནས་མདོ་ཁམས་སུ་ཐེབས། ཕྱིར་ཐེབས་རྗེས་འབྲས་སྤུངས་བློ་གསལ་གླིང་དུ་འཆད་ཉན་ལོ་ཉི་ཤུ་ལྷག་ཙམ་མཛད་དེ། དགུང་ལོ་རེ་ལྔ་ཆུ་གླང(སྤྱི་ལོ1493) ལོར་འབྲས་སྤུངས་ཀྱི་ཁྲིར་ཐེབས། གཞུང་ཆེན་མོའི་བཤད་པ་གཙོ་བོ་མཛད། སྡེའུ་པས་སྦྱིན་བདག་མཛད་ནས་འབྲས་སྤུངས་ཀྱི་བྱམས་ཆེན་གྱི་སྐུ་བཞེངས། བཀའ་རྩོམ་ལ་མཚོན་ན། རྟེན་འབྲེལ་གྱི་རྣམ་བཤད་ཐར་པའི་ཐེམ་སྐས། ཐེག་པ་ཆེན་པོ་མདོ་སྡེ་རྒྱན་གྱི་གཞུང་འགྲེལ་ཀུན་བཟང་མཆོད་སྦྱིན། ཤེས་རབ་ཀྱི་ཕ་རོལ་དུ་ཕྱིན་པའི་མན་ངག་གི་བསྟན་བཅོས་མངོན་པར་རྟོགས་པའི་རྒྱན་གྱི་གཞུང་འགྲེལ། དབུ་མ་འཇུག་པའི་གཞུང་འགྲེལ་དགོངས་པ་རབ་གསལ་སོགས་མང་དུ་མཛད། ཞལ་སློབ་པ་ཡང་ཐམས་ཅད་མཁྱེན་པ་དགེ་འདུན་རྒྱ་མཚོ། དཀའ་ལྡན་ཆོས་རྗེ་ཆོས་ཀྱི་བཤེས་གཉེན། རྗེ་ཤར་གྱི་ཆོས་རྗེ་པཎྜི་ཏ་བཟང་པོ་དང་། ཆོས་སྐྱོང་རྒྱ་མཚོ། ཉི་ཕྱིང་བླ་མ་དཔལ་ལྡན་འོད་ཟེར། གོ་མལ་རབ་འབྱམས་སྐུ་མཆེད། སེམས

དཔའ་ཆེན་པོའི་སྐུ་སྐྱེ་སྨོན་ལམ་བློ་གྲོས། བྱེ་རྫིང་མཁན་པོ་རབ་འབྱོར་སེང་གེ། གོ་རམས་པ་བཀྲ་ཤིས་སེང་གེ། ཀོང་སྟོན་དཀོན་ཅོག་འབྱུང་གནས། འོལ་དགའ་དཀའ་བཅུ་བ་བློ་གྲོས་གྲགས་སོགས་ཤིན་ཏུ་མང་། མཐར་དགུང་གྲངས་དོན་ལྔ་ལ་ཕེབས་པ་རབ་བྱུང་བརྒྱད་པའི་ཆུ་ཕག(སྤྱི་ལོ1503)ལོར་སྐུ་གཤེགས།

རྗེ་ཤེས་རབ་སེང་གེ། རྗེ་འདི་ཉིད་གཙང་སྟོད་ཀྱི་སའི་ཆར་སྤྲད་ཀྱི་གུར་མེ་ཞེས་པར་ཡབ་དམ་པ་དམར་པོ་དང་། ཡུམ་ཆོས་སྐྱ་བཀྲ་ཤིས་རྣམ་གཉིས་ཀྱི་སྲས་སུ་རབ་བྱུང་དྲུག་པ་ཆུ་ཕག(སྤྱི་ལོ1383)ལོར་སྐུ་འཁྲུངས། དགུང་ལོ་ཆུང་ངུ་ནས་སྔོན་གྱི་བག་ཆགས་སད་པས་ཁྱིམ་གྱི་འདུ་འཛི་ལ་མི་དགྱེས་པར་ཆོས་འཚོལ་བ་ལ་སྤྲོ་བ་བརྟས་པ་ཞིག་བྱུང་། དགུང་ལོ་བཅུ་པ་ལ་སྣར་ཐང་དུ་ཆོས་ཞུགས་མཛད། མཁན་ཆེན་གྲུབ་པ་ཤེས་རབ་ཀྱི་དྲུང་དུ་དགེ་ཚུལ་གྱི་སྡོམ་པ་བཞེས། མཚན་ཤེས་རབ་སེང་གེར་གསོལ། ས་སྐྱའི་མཁས་པ་ཆེན་པོ་གཡག་ཕྲུག་སངས་རྒྱས་དཔལ་དང་། ཤངས་པ་ཀུན་མཁྱེན་ཤེས་རབ་དཔལ་བཟང་། རོང་སྟོན་ཆོས་རྗེ་སོགས་བསྟེན་ནས་གཞུང་ལུགས་སྦྱངས་པ་མཛད། དགུང་ལོ་ཉི་ཤུ་པ་ལ་མཁན་ཆེན་གྲུབ་པ་ཤེས་རབ་མདུན་དགེ་སློང་གི་སྡོམ་པ་བཞེས། སྣར་ཐང་དུ་བཞུགས་རིང་མཁན་སློབ་རྣམས་ལས་དབང་དང་རྗེས་གནང་གསན་ཞིང་གཙོ་བོ་མཚན་ཉིད་ལ་སྦྱང་པ་མཛད། རབ་བྱུང་བདུན་པའི་ལྕགས་སྟག(སྤྱི་ལོ1410)ལོར་དབུས་སུ་ཕེབས་ཏེ་རྗེ་ཙོང་ཁ་པ་ཆེན་པོ་མཇལ། འདུལ་བ་དང་མངོན་པ་གཉིས་གསན་བསམ་མཛད། རྗེ་རིན་པོ་ཆེ་དང་ལྷན་དུ་འོན་བཀྲ་ཤིས་དོ་ཁར་ལ་ཕེབས། དེར་ཚད་མ། དབུ་མ་ཙ་ཤེའི་རྣམ་བཤད། དྲང་ངེས་རྣམ་འབྱེད། ཙ་ལྷུང་རྣམ་གཞག་སོགས་གསན་ནས་གྲུབ་མཐའ་སྤྲ་མ་དོར་ཞིང་ཕྱིམ་བཟུང་། གསང་ཕུར་རྗེ་དགེ་འདུན་གྲུབ་པ་སོགས་དང་མཇལ་ནས་དཔལ་འཁོར་ལོ་སྡོམ་པ་འདུས་དཀྱིལ་གྱི་ཚིག་དང་། བདག་འཇུག་གི་ཚིག་སོགས་ལེགས་བཤད་ཀྱི་དགའ་སྟོན་ཐོག་མར་བསྩལ། དེ་ནས་དགའ་ལྡན་རྣམ་པར་རྒྱལ་བའི་གླིང་དུ་ཕེབས་ནས་རྒྱལ་བ་ཙོང་ཁ་པ་ལས་དཔལ་གསང་བ་འདུས་པའི་ཙ་རྒྱུད་དང་འགྲེལ་བ་སྒྲོན་གསལ་ཆ་ལག་དང་བཅས་པ་དང་། བཤད་རྒྱུད་ལྷ་སྒྲུབ་ཐབས་མདོར་བྱས་མདོ་བསྲེ་གཉིས་རྣམ་གཞག་རིམ་པ་དང་རིམ་ལྔ་སོགས་འཕགས་ལུགས་ཀྱི་འདུས་པའི་གདམས་པ་རྣམས་དང་། རྗེ་མར་པ་དང་འགོས་ལོ་ལ་སོགས་པ་བོད་ཀྱི་བླ་མ་རྣམས་ཀྱིས་མཛད་པའི་མན་ངག་དང་གཞུང་བཤད། འདུས་པ་ཡེ་ཤེས་ཞབས་ལུགས་དང་། གཤིན་རྗེ་གཤེད་སྐོར་དང་། འཁོར་ལོ་སྡོམ་པ་དང་། ཀྱཻ་རྡོ་རྗེ། དུས་ཀྱི་འཁོར་ལོ་རྣམས་ཀྱི་འགྲེལ་བཤད་དང་བཅས་པ་དང་། དེ་དག་གི་མན་ངག་རྣམས་གསན་ནས་བརྩོན་པ་ཆེན་པོས་སྦྱངས་པས་སྤྱིར་རྒྱུད་སྡེ་བཞི་ག་དང་། ཁྱད་པར་བླ་མེད་ཀྱི་རྒྱུད་སྡེའི་དོན་ལ་མཁས་པའི་ཕུལ་དུ་ཕྱིན། རབ་བྱུང་བདུན་པའི་ས་ཕག(སྤྱི་ལོ1419)ལོར་སེ་ར་ཆོས་སྡིངས་སུ་རྒྱལ་བ་ཙོང་ཁ་པ་ཆེན་པོས་ཆོས་འཁོར་བསྐོར་གནང་སྐབས་སུ། བྱམས་ཆེན་ཆོས་རྗེས་རྒྱུད་ཀྱི་

བཤད་གྲྭ་འཛུགས་པའི་གཞི་རྟེན་ཕུལ་བ་ན། ཆོས་གྲྭའི་མཁས་མང་གི་དབུས་སུ་རྗེ་རིན་པོ་ཆེས་འདུས་པའི་རྒྱུད་སོགས་ངེད་རང་གི་བཤད་སྲོལ་འདི་འཛིན་ཞིང་དར་རྒྱས་བྱེད་ནུས་པ་སུ་ཡོད་ཅེས་བཀའ་ལན་གཅིག་གཉིས་ཕེབས་པ་ལ་མཁས་པ་སུས་ཀྱང་གསུང་ལན་འབུལ་མ་སྤོབས་པའི་ཚེ། རྗེ་ཤེས་རབ་སེང་གེས་ཚོགས་དབུས་ནས་བཞེངས་ཏེ་སྐུ་ཕྱག་དང་བཅས་རྗེ་ཉིད་ཀྱི་དགོངས་པ་དང་མཐུན་པ་བདག་གིས་བགྱིའོ་ཞེས་ཞུས་པས། རྗེ་བདག་ཉིད་ཆེན་པོ་ཤིན་ཏུ་དགྱེས་ཤིང་བྱིན་རླབས་མཛད། ནང་མཆོད་ཀ་པཱ་ལ་གང་བ་དང་། གསང་བ་འདུས་པའི་གསེར་སྐུ་བྱིན་རླབས་ཅན། འགྲེལ་བ་བཞི་སྤྲུགས། རྒྱུད་ཀྱི་རྣམ་བཤད་གཉིས། བསྐྱེད་རྫོགས་ཀྱི་ཡིག་ཆ་རྣམས་དང་། ཆོས་རྒྱལ་གྱི་ཞལ་འབག་གཏེར་མ། འཚམ་གོས། དབྱུག་ཏོ་ཞགས་པ་བཅས་གནང་ནས་གསང་སྔགས་བླ་ན་མེད་པའི་སྟོན་པར་མངའ་གསོལ། དེ་ནས་སྣེ་གདོང་མི་དབང་གྲགས་པ་རྒྱལ་མཚན་སར་རྗེའི་བཀའ་འབུམ་བཞེངས་པའི་ཕྱག་ལས་མཛད། དེ་ནས་གསང་ཕུ་གླིང་སྟོད་མཐོང་སྨོན་གྲྭ་ཚང་གི་སློབ་དཔོན་གནང་སྟེ་མདོ་ཕྱོགས་ཀྱི་འཆད་ཉན་སྤེལ། དེ་རྗེས་རྗེ་དགེ་འདུན་གྲུབ་པ་དང་ལྷན་དུ་གཙང་ལ་ཕེབས། བྱང་ཆེན་སྣར་ཐང་རྟ་ནག་སོགས་སུ་མདོ་ཕྱོགས་ཀྱི་འཆད་ཉན་མཛད་པས་སློབ་མ་མང་དུ་འདུས། དེ་ནས་རྗེ་རིན་པོ་ཆེའི་བཀའ་ལུང་ལྟར་ལྷུན་པོ་རྩེར་ཕེབས། སེ་ཏུ་བསོད་ནམས་དཔལ་དང་། བདག་མོ་ཤཱཀྱ་དཔལ་གཉིས་ཀྱིས་སྦྱིན་བདག་བགྱིས་ནས་སྲིད་རྒྱུད་གྲྭ་ཚང་བཙུགས། རྗེ་རིན་པོ་ཆེའི་ཕྱག་ལེན་ལྟར་སྒྲུབ་དཀྱིལ་དང་རྒྱུད་ཀྱི་ཆོས་ཉན་ཚུགས། དེ་སྐབས་སྒྲོན་གསལ་རྣམ་ངེས་མཛད་ནས་པར་ཡང་བསྒྲུབས། དེ་ནས་སེང་གེ་རྩེར་སྟོད་རྒྱུད་པར་གྲགས་པའམ་སྲིད་རྒྱུད་པར་གྲགས་པའི་སྔགས་གྲྭ་ཕུན་གསུམ་ཚོགས་པ་ཕྱག་བཏབ། རབ་བྱུང་བདུན་པའི་ཆུ་གླང་(སྤྱི་ལོ1433)ལོར་དབུས་ཀྱི་རྒྱུད་སྨད་པ་དང་། དེ་རྗེས་བཞད་སྟེང་ཁ་དགོན་སོགས་ཕྱག་བཏབ། ལྕགས་སྤྲེལ(སྤྱི་ལོ1440)ལོར་རྗེ་དགེ་འདུན་གྲུབ་པ་དཔལ་བཟང་པོ་དང་ལྷན་དུ་སླར་ཡང་གཙང་དུ་ཕྱིན་ནས་སྣར་ཐང་དང་། བྱང་ཆེན། ལྷུན་པོ་རྩེ་སོགས་སུ་སྔགས་ཀྱི་ཆོས་འཁོར་རྒྱ་ཆེར་བསྐོར། ཤིང་བྱི(སྤྱི་ལོ1444)ལོར་རྗེ་ཤེས་རབ་སེང་གེ་དབུས་སུ་ཕེབས་ནས་རྒྱུད་འགྲེལ་བཤད་དང་། བྱང་ཆུབ་ལམ་རིམ། འདུས་པ་བདེ་མཆོག་སོགས་ཀྱི་ཁྲིད་དང་བཤད་པ་རིམ་པར་གནང་། རྒྱུད་སྨད་གྲྭ་ཚང་ལོ་བཅུ་གསུམ་བསྐྱངས་ཏེ་དབྱར་སོས་འདུས་པའི་རྒྱུད་འགྲེལ། སྟོན་དུས་རིམ་ལྔ་གདན་རྫོགས། སྦྱོར་དྲུག ནཱ་རོ་ཆོས་དྲུག ལྷུ་དྲིལ། རྫོགས་རིམ། འཇིགས་བྱེད་ཀྱི་རྫོགས་རིམ། ལམ་རིམ་ཁྲིད་དང་ལྷ་ཁྲིད་སོགས་ཀྱི་འཆད་ཉན་མཛད། འདུལ་ཁྲིམས་གཅེས་སུ་འཛིན་པའི་དགེ་འདུན་གྱི་བཅའ་ཁྲིམས་ཀྱང་གནང་། གྲྭ་ཚང་གི་ནང་རྟེན་དུ་རྗེ་རིན་པོ་ཆེས་གནང་བའི་གསང་བ་འདུས་པའི་གསེར་སྐུ་དང་། ནང་ཆོས་ཀ་པཱ་ལ། མགོན་ཆོས་ཀྱི་ཞལ་ཐང་བཞུལ། དེ་ལྟར་རྗེ་རིན་པོ་ཆེའི་དྲུང་དུ་དམ་བཅས་པ་མཐར་ཕྱིན་པར་མཛད་དེ། རྒྱུད་ཀྱི་འཆད་ཉན་སྦྱིན་པ་དཔལ་བ་ལ་གཏད་དེ་དགུང་ལོ་རེ་གསུམ་ཤིང་གླང་(སྤྱི་ལོ1445)ལོའི་བོད་

བླ་ལྷ་པའི་ཆོས་ཉེར་ལྔ་ལ་དགའ་ལྡན་རྒྱུད་ཁང་དུ་བདེ་བར་གཤེགས། རྗེས་འཇུག་རྣམས་ཀྱིས་སྐུ་གདུང་རིན་པོ་ཆེ་ཞུགས་སུ་ཕུལ་བས་དབུ་ཐོད་མ་ཉམས་པ་དང་། རིང་བསྲེལ་དོ་མཚར་བ་རང་བྱོན་དུ་ཕེབས་པ་རྗེ་དགེ་འདུན་གྲུབ་པས་བཞེས་ཏེ་ད་ལྟའི་ཐུབ་དབང་བདུད་འདུལ་མའི་ཐུགས་སུ་བཞུགས།

གསུང་རྩོམ་རྒྱུད་ཐམས་ཅད་ཀྱི་རྒྱལ་པོ་དཔལ་གསང་བ་འདུས་པའི་རྩ་བའི་རྒྱུད་ཀྱི་སྒྲོན་མེ་རབ་ཏུ་གསལ་བར་བྱེད་པའི་རྒྱ་ཆེར་འཆད་པ་ཞེས་བྱ་བ་ལེའུ་བཅུ་བདུན་དང་ལྡན་པ་ཞིག་མཛད། རྗེ་འདི་ཉིད་ཀྱི་བཤད་སྲོལ་འཛིན་པའི་སློབ་མ་འདུལ་ནག་པ་དཔལ་ལྡན་བཟང་པོ་དང་། པཎ་ཆེན་བཟང་པོ་བཀྲ་ཤིས། རྒྱུད་ཆེན་སྦྱིན་པ་དཔལ་བ་སོགས་མཐའ་ཡས་པ་བྱུང་བའི་ཁྲིད་ན་རྒྱལ་མཚན་གྱི་ཏོག་ལྟར་མངོན་པར་མཐོ་བ་འགྲན་ཟླ་དང་བྲལ་བ་ནི་ཐམས་ཅད་མཁྱེན་པ་རྗེ་དགེ་འདུན་གྲུབ་པ་ཡིན།

རྗེ་ཤེས་རབ་སེང་གེས་དབུས་ཀྱི་རྒྱུད་པ་གྲྭ་ཚང་སྨད་བཏབ་རྗེས་རིམ་བཞིན་དབུས་གཙང་མདོ་ཁམས་སོགས་མཐའ་དབུས་ཀྱི་ཡུལ་གྲུ་རྣམས་སུ་རྒྱུད་གྲྭ་སྟོད་སྨད་ཀྱི་རྗེས་སུ་འབྲང་བའི་དགོན་སྡེ་མང་དུ་འཕེལ། རྒྱལ་བ་ཙོང་ཁ་པ་ཆེན་པོའི་བཞེས་སྲོལ་དཔལ་གསང་འདུས་སོགས་གསང་སྔགས་རྒྱུད་ཀྱི་བསྟན་པ་ཕྱོགས་ཐམས་ཅད་དུ་དར་རོ།

གཉག་ཕུ་པ་བསོད་ནམས་བཟང་པོ། རྗེ་འདི་ཉིད་རབ་བྱུང་དྲུག་པའི་ལྕགས་སྦྲུལ（སྤྱི་ལོ1341）ལོར་གཙང་གསུམ་མདོར་སྐུ་འཁྲུངས། དགུང་ལོ་ལྔ་པ་ལ་གཉག་ཆེན་བསོད་ནམས་དབང་ཕྱུག་ལ་དགེ་བསྙེན་ཞུས། དགུང་ལོ་བཅུ་གཅིག་པ་ལ་མཁན་པོ་དོན་གྲུབ་དཔལ་ལྡན་ལས་དགེ་ཚུལ་གྱི་སྡོམ་པ་མནོས། དེ་ནས་མཁན་པོ་ཡོན་ཏན་རྒྱ་མཚོ་དང་། ལས་སློབ་དཔལ་ལྡན་བརྩོན་འགྲུས་ལས་བསྙེན་པར་རྫོགས། ས་སྐྱར་ཉ་དབོན་ཀུན་དགའ་དཔལ་ལས་ཚད་མ་གསན། དེ་ཉིད་ཀྱི་སློབ་མ་བཞི་བརྒྱའི་ནང་ནས་མཆོག་ཏུ་གྱུར་ཅིང་། མཁན་ཆེན་བརྩོན་འགྲུས་དཔལ་ཡང་རིག་པས་བཙོམ་པས་སྟོན་པ་བཟང་བའི་གྲགས་པ་ཐོབ། རྗེ་འདི་ཉིད་གཡག་ཕྲུག་སངས་རྒྱས་དཔལ་དང་། ཀརྨ་དཀོན་མཆོག་གཞོན་ནུ། མཁས་པ་སངས་རྒྱས་འཕེལ། གཞན་གཉིས་དང་བཅས་དཔལ་ལྡན་ས་སྐྱའི་མཁས་པ་དྲུག་གིས་དབུས་གཙང་གི་གྲྭ་སྐོར་ལ་ཕེབས་སྐབས་ཉ་བརྩོན་གྱིས་གཉག་དབོན་བསླབ་པ་ཆེ་བར་འདུས་པས་གྲལ་གྱི་དབུས་སུ་ཞོག་ཅེས་བསྔགས་པ་མཛད། དེ་ནས་གསང་ཕུ་དང་། རྩེད་ཐང་སོགས་སུ་བཀའ་ཆེན་བཞི་མདོ་རྒྱན་མཛོད་དྲུག་ལ་བཤད་པའི་སྒྲ་སྙན་ལྷག་པར་གྲགས།

རྗེ་འདི་ཉིད་ཀྱིས་ཀུན་མཁྱེན་གདངས་པ། དཔལ་ལྡན་བླ་མ་དམ་པ། མཁས་ཆེན་བྱང་སེང་། མ་ཏི་པཎ་ཆེན། རྒྱལ་སྲས་པ། ཐེག་ཆེན་ཆོས་རྗེ། ཇོ་ནང་ཕྱོགས་ལས་པ་སོགས་བླ་མ་ཡོངས་འཛིན་མང་པོ་བསྟེན་ནས་བདེ་མཆོག དུས་འཁོར། སྦྱོར་དྲུག སེམས་བསྐྱེད། ལམ་འབྲས་སོགས་ཟབ་ཆོས་དུ་མ་གསན་ཏེ་མཁས་པར་གྱུར། དགུང་ལོ་བཅོ་བརྒྱད་པར་ཇོ་གདན་མཁན་པོར་མངའ་གསོལ། ཞི་གཅིག

པར་སྣེ་གདོང་གྲགས་པ་རྒྱལ་མཚན་པས་སྤྱན་དྲངས་ཏེ། ཇོ་གདན་དགེ་འདུན་སྒང་པའི་མཁན་པོ། ཁ་ཆེ་པཎ་ཆེན་གྱི་གདན་སེང་གེའི་ཁྲི་ལ་དགུང་གྲངས་ང་དྲུག་བར་ཞབས་བརྟན་འཁོད། རྩོམ་པ་ཕལ་ཆེར་སྐུ་ཤིན་ཏུ་བགྲེས་པ་ནས་མཛད་དེ། དགུང་ལོ་དོན་གསུམ་པ་ལ་འདུལ་བའི་བཀའ་འགྲེལ་བདུད་རྩི་ཉིང་ཁུ། དོན་བརྒྱད་པ་ལ་ཆོས་དབྱིངས་བསྟོད་པའི་རྣམ་བཤད་སྙིང་པོ་དོན་གསལ། བརྒྱད་ཅུ་པ་ལ་རྣམ་འགྲེལ་གྱི་ཊཱིཀཱ། གྱ་གཅིག་པ་ལ་ལོ་ཙཱ་བ་སྐྱབས་མཆོག་གིས་གཞན་སྟོང་དགག་པའི་ལན་ལུང་རིགས་གཏེར་མཛོད། གྱ་གསུམ་པ་ལ་ལུང་སྡེ་བཞི་སོ་ཐར་གྱི་མདོ་དང་བཅས་པ་མཆན་བུ་བཏབ། གྱ་ལྔ་པ་ལ་རྒྱུད་བླའི་ཊཱིཀ་མཛད། སྟོད་པ་ཡང་སངས་པ་དང་བདེ་གཤེགས་སྙིང་པོ་སྐོར་ལ་སྟོད་པ་སོགས་འཆད་རྩོད་རྩོམ་གསུམ་གྱི་མཛད་པ་རླབས་ཆེན་བསྐྱངས། གསུང་ལས་སྐྱེས་པའི་སློབ་མ་ལ་མཆོན་ན། ཆོས་བཟང་ཉི་མ། དཀའ་བཅུ་པདྨ་བཟང་པོ། ཀརྨ་དེ་བཞིན་གཤེགས་པ། ཀརྨ་མཐོང་བ་དོན་ལྡན། སྨྲ་བའི་སེང་གེ་རོང་སྟོན་ཆེན་པོ་སོགས་མང་དུ་བྱོན། དགུང་གྲངས་དགུ་བཅུ་གོ་གསུམ་ལ་ཕེབས་པ་རབ་བྱུང་བདུན་པའི་ཆུ་གླང་(སྤྱི་ལོ1433)ལོར་དགོངས་པ་ཆོས་དབྱིངས་སུ་ཐིམ།

གཉལ་སྟོན་དཔལ་འབྱོར་ལྷུན་གྲུབ། སེར་དགོན་གྱི་ཁྲི་ཐོག་བརྒྱད་པ་འདི་ཉིད་རབ་བྱུང་བདུན་པའི་མེ་ལུག(སྤྱི་ལོ1427)ལོར་གཉལ་ཁུལ་དུ་སྐུ་བལྟམས། སྐུ་གཞོན་དུས་གསང་ཕུར་ཆོས་ཞུགས་མཛད་དེ་ཆོས་རྗེ་རིན་ཆེན་བྱང་ཆུབ་ཀྱི་ཞབས་ལ་གཏུགས་ནས་ཆོས་སློབ་མཛད། དེ་ནས་འབྲས་སྤུངས་ཟུར་ཁང་དུ་མཁས་པ་སུམ་སྦྲེལ་པ་དང་། དགའ་ལྡན་དུ་པ་སོ་ཆོས་རྗེ་སོགས་བསྟེན་ནས་མདོ་སྔགས་གཞུང་ལུགས་ལ་སྦྱོང་བརྩོན་མཛད་པས་མཁས་པར་གྱུར། རྗེ་གྱི་རེ་བཀའ་བཞི་བ་སོགས་ལས་བསྙེན་རྫོགས་བསྒྲུབས། བྱང་རྩེ་གྲྭ་ཚང་དང་གསང་ཕུ་སྨད་སེར་གྲྭ་ཚང་གཉིས་ལ་མཚན་ཉིད་ཀྱི་འཆད་ཉན་མཛད། དེ་ནས་གསང་ཕུར་སྨད་སེར་གྱི་འཆད་ཉན་མཛད་པ་ན། པཎ་ཆེན་ཤཱཀྱ་མཆོག་ལྡན་དང་། རྗེ་ཉག་པ་ཐལ་འགྱུར་གྱིས་བཙོམ་པས་མཚན་སྙན་གྲགས། གཞིས་ཀ་རྩེའུ་པའི་དཔོན་དཔལ་འབྱོར་རྒྱལ་པོ་དང་། དཔོན་ས་བུ་ཁྲིད་དཔལ་འཛོམས་གཉིས་ཀྱིས་སེར་བྱེས་གྲྭ་ཚང་བཙུགས་པའི་བྱེས་ཀྱི་སློབ་དཔོན་དང་པོ་དེ་རྗེ་འདིས་མཛད། ལོ་བཅོ་ལྔའི་རིང་གྲྭ་ཚང་དེའི་མཚན་ཉིད་ཀྱི་འཆད་ཉན་སྤེལ། དགུང་ལོ་ང་ལྔ་པ་ལ་སེར་ཐེག་ཆེན་གླིང་གི་ཁྲིར་ཕེབས་ནས་ཆོས་ཀྱི་འཁོར་ལོ་རྒྱ་ཆེར་བསྐོར། བཀའ་རྩོམ་རྒྱལ་བའི་གསུང་རབ་ཀྱི་དྲང་ངེས་འབྱེད་པའི་རྣམ་བཤད་ལེགས་བཤད་སྙིང་པོའི་དོན་གསལ་བར་བྱེད་པའི་བསྟན་པའི་སྒྲོན་མེ་སོགས་ཕྱག་རྩོམ་མཛད། དགུང་ལོ་གྱ་བརྒྱད་ལ་ཕེབས་པ་རབ་བྱུང་དགུ་པའི་ཤིང་ཁྱི(སྤྱི་ལོ1514)ལོར་དགོངས་པ་ཆོས་དབྱིངས་སུ་གཤེགས།

གཏེར་ཆེན་ཀུན་སྐྱོང་གླིང་པ། རྗེ་འདི་ཉིད་རབ་བྱུང་བདུན་པའི་མེ་བྱི(སྤྱི་ལོ1396)ལོར་ཤངས་ལྷ་ཕུ་བི་རྫིང་ཞེས་པའི་ཡུལ་དུ་ཡབ་དཔའ་བོ་རྒྱལ་མཚན་མགོན་དང་། ཡུམ་བདེ་མཆོག་དཔལ་མོའི་སྲས་སུ་

འབྱུངས། སྐུ་གཞོན་ནུའི་དུས་ནས་སྐྱེ་བ་མང་པོ་ཐུགས་དྲན་གསོས་ཤིང་། སྐྱེས་སྟོབས་ཀྱི་ཤེས་རབ་ཆེ་བ་ཞིག་བྱུང་། དགུང་ལོ་བཅུ་བཞི་ཙམ་ནས་གཏེར་གྱི་ཁ་བྱང་ཕྱག་ཏུ་སོན་པས། དེ་ནས་རིམ་པར་ཟབ་གཏེར་སྣ་ཚོགས་པ་བཞེས་ཤིང་། དགུང་ལོ་ཉེར་གཅིག་པ་ལ་རྗེ་རྗེ་ལེགས་པས་བསྐུལ་ཏེ་བསམ་ཡས་མཆོད་རྟེན་དཀར་པོའི་གཏེར་ཁ་བཞེས་པས། དེ་ནས་ཆོས་གཏེར་དཔག་མེད་དང་། གཏེར་གྱི་ཁ་བྱང་། ཐམ་ཟེའི་སྐུ་ཤ། དེ་བཞིན་གཤེགས་པའི་རིང་བསྲེལ་ལ་སོགས་པའི་བྱིན་རླབས་རྟེན་མང་པོ་དང་། བོད་ཕྱུང་འཚོངས་ནུས་པའི་དྲག་སྔགས་མང་པོ་ཡང་ཐོན། ཕྱོགས་མཐའ་ཀུན་ཏུ་དཔའ་བོ་གཏེར་སྟོན་ཞེས་གྲགས་ཤིང་། འགྲོ་དོན་དང་འཕྲིན་ལས་རྒྱ་ཆེར་བྱུང་། སློབ་མ་ཡང་སྐུ་སྲུས་ལྔ་དང་། རྒྱལ་ཚབ་དམ་པ་གཉིས་སོགས་མཁས་པ་འགའ་བྱོན། ཀུན་མཁྱེན་བ་ལུ་མི་ཧོག་པ་དང་ཞ་ལུ་མཁྱེན་རབ་ཆོས་རྗེ་སོགས་ཕྱོགས་མཐའི་གང་ཟག་ཁྱད་པར་ཅན་མང་པོ་དང་། དབུས་གཙང་དྭགས་ཀོང་ཁམས་སོགས་ནས་དང་འདུས་སྣ་ཚོགས་དང་། ཁྱད་པར་དུ་ཁྲུས་གད་ལོ་ཙྪ་བ་བསོད་ནམས་རྒྱ་མཚོའི་སྡེ་དང་། མདོ་སྔགས་རིག་གནས་ཀུན་ལ་མཁས་པ་འགོས་ལོ་གཞོན་ནུ་དཔལ། ཛ་ཡིག་པ་ཀུན་མཁྱེན་ཚུལ་ཁྲིམས་རྒྱལ་མཚན་སོགས་སྐྱེས་ཆེན་རྣམས་ཀྱིས་ཞབས་ལ་གཏུགས་ཤིང་བསྙེན་བཀུར་ཕུལ། སྐྱེས་ཆེན་དེ་དག་ལ་སོགས་པའི་སྐལ་བ་དང་ལྡན་པའི་གང་ཟག་རྣམས་ལ་གཏེར་ཆོས་ཀྱི་གདམས་པ་རྒྱ་ཆེར་སྤེལ་བར་མཛད། རིན་སྤུངས་པ་དང་སྣེ་གདོང་གོང་མ་ཆེན་པོ་སོགས་དང་ཡོན་མཆོད་འབྲེལ། ཡར་རྒྱབ་དཔོན་པོ་ཐག་ཆོད་སྐོར་མོས་གྲྭ་བྱམས་པ་གླིང་དུ་མཆོད་རྟེན་བཞེངས་པའི་དུས་སུ་ཡང་གདན་དྲངས། སྐུ་ཚེ་རིལ་པོར་འགྲོ་དོན་གྱི་འཕྲིན་ལས་རྒྱ་ཆེར་མཛད་ནས། དགུང་ལོ་བརྒྱད་ཅུ་གྱ་གཉིས་བཞེས་པ་རབ་བྱུང་བརྒྱད་པའི་མེ་བྱ(སྤྱི་ལོ1477)ལོར་དགོངས་པ་ཆོས་དབྱིངས་སུ་གཤེགས།

གཏེར་ཆེན་རིག་འཛིན་རྒོད་ལྡེམ། བྱང་མའི་གཏེར་ཆེན་འདི་ཉིད་ཡབ་སློབ་དཔོན་སྲིད་འདུལ་དཔལ་དང་། ཡུམ་ཇོ་ལྕམ་བསོད་ནམས་ཁྲི་འདྲེན་གཉིས་ཀྱི་སྲས་སུ་རབ་བྱུང་ལྔ་པའི་ཤིང་གླང(སྤྱི་ལོ1325)ལོའི་བོད་ཟླ་དང་པོའི་ཚེས་བཅུ་ཉིན་འཁྲུངས། མཚན་དངོས་གྲུབ་རྒྱལ་མཚན་ཞེས་གསོལ། སྐུ་གཞོན་ནུ་ལ་ཡབ་གཤེགས་པས་ཡུམ་གྱིས་ཡི་གེ་འབྲི་ཀློག་སོགས་བསླབས། དགུང་ལོ་བརྒྱད་པ་ལ་ཕ་ཆོས་སྐུ་འཕྲུལ་དང་མ་མོ་སོགས་མཁས་པར་མཁྱེན། དེ་ནས་མཁས་པ་སྣང་ལྡན་རྒྱལ་པོ་ལས་གུ་རུ་ཆོས་དབང་གི་ཆོས་བཀའ་རྣམས་གསན། སྨྱང་མ་ལ་སྨྱང་རལ་གྱི་གཏེར་ཆོས་རྣམས་གསན། སྒྲུབ་པ་སྒྲུབ་རྟགས་རྣམས་ཚད་དུ་སོང་། དགུང་ལོ་ཉེར་བཞི་པ་ལ་རྒོད་ཀྱི་ལྡེམ་འཕྲུ་ལྔ་འཁྲུངས། ཐག་ལུང་པ་མཁས་བཙུན་རིན་ཆེན་དཔལ་བ་ལས་རྫོགས་པ་ཆེན་པོའི་ཆོས་རྣམས་གསན། མཉམ་བཞག་པོ་ནར་ཐུགས་རྩེ་གཅིག་ཏུ་བཞུགས། དེ་ནས་གྲོམ་པ་རྒྱང་གི་ལྷ་ཁང་དང་རྒྱང་གི་འུམ་བུ་ལུང་གཉིས་ནས་ཏ་མགྲིན་དབང་ཕྱུག་གི་སྒྲུབ་ཐབས་དང་། མགོན་པོ་བྱམས་པའི་སྒྲུབ་ཐབས། འཕགས་པ་སྤྱན་རས་གཟིགས་ཀྱི་སྒྲུབ་ཐབས། ཕྱག་ན་རྡོ་རྗེའི་

སྒྲུབ་ཐབས་སོགས་ཐོག་དྲིལ་ལྔ་བཅུ་རྩ་ལྔ་གཏེར་ནས་བཞེས་ཤིང་། གཞན་ཡང་ཟང་ཟིང་ལྷ་བྲག་ནས་བླ་མ་ཡི་དམ་ཊཱཀྐིའི་སྒྲུབ་ཐབས་དང་། ཀུན་ཏུ་བཟང་པོ་དགོངས་པ་ཟང་ཐལ་གྱི་ཐོག་དྲངས་པའི་གང་ཟག་གཅིག་ལ་དགོས་པའི་ཆོས་ཚན་ཚང་མ་དང་། ཕུར་བ། ཐོག་དྲིལ། དབུ་སྐྲ་སོགས་བྱིན་ཅན་གྱི་རྫས་ཁྱད་པར་ཅན་མང་པོ་གཏེར་ནས་བཞེས།

དེ་ནས་རི་བོ་བཀྲ་བཟང་དུ་ཕེབས་ནས་རབ་བྱུང་གི་ཆ་བྱད་མཛད་དེ་གནས་ཆེན་དེར་དགོན་པ་བཏབ། ཨོ་རྒྱན་གུ་རུ་ཆེན་པོ་པདྨ་འབྱུང་གནས་ཀྱི་སྐུ་བརྙན་ཆེན་པོ་ཞིག་བཞེངས། གང་ཉིད་རྡོ་རྗེ་ཕུར་བའི་སྒྲུབ་པར་ཐུགས་རྩེ་གཅིག་ཏུ་གཞོལ། གཏེར་ཆེན་གྱི་སྙན་གྲགས་དབུས་གཙང་མདོ་ཁམས་དང་བཅས་པའི་ཡུལ་གྲུ་ཀུན་ལ་ཁྱབ་པས་ཆོས་དབང་ཞུ་བར་ཡོང་བའི་གདུལ་བྱ་བགྲང་གིས་མི་ལངས་པར་འགྲོ་དོན་རྒྱ་ཆེན་མཛད། དེ་ནས་འབྲས་མོ་གཤོངས་སུ་ཕྱིན་ནས་ལོ་བཅུ་གཉིས་རིང་བསྡད་པ་དང་འགྲོ་བའི་དོན་ཆེན་བསམ་གྱིས་མི་ཁྱབ་པ་མཛད། སྐུ་ཚེའི་སྨད་དུ་གསང་སྔགས་བླ་མེད་ཀྱི་ཁྲིད་དབང་ཁོ་ན་གཙོ་བོར་མཛད། ལོ་རེར་རྫོགས་ཆེན་གྱི་ཁྲིད་རེ་མ་ཆགས་པར་མཛད་ནས་གང་ཟག་མང་པོ་སྨིན་གྲོལ་གྱི་ལམ་དུ་བཀོད། གང་ཉིད་ནི་རིག་འཛིན་བཞི་སློབ་ལམ་ནས་མི་སློབ་པའི་བར་གྱི་སའི་རིག་འཛིན་གྱི་དབང་བརྙེས་པ་ཞིག་ཡིན་པས། རིག་འཛིན་རྒོད་ཀྱི་ལྡེམ་འཕྲུ་ཅན་ཞེས་ཡོངས་སུ་གྲགས། མཐར་རབ་བྱུང་བདུན་པའི་ཆུ་རྟ（སྤྱི་ལོ1402）ལོར་སྐུ་ལུས་མ་བོར་བར་པདྨ་འོད་ཀྱི་ཞལ་ཡས་སུ་གཤེགས་ནས་གུ་རུའི་ཐུགས་ཀར་ཐིམ་པར་གྲགས་སོ། བོད་རྒྱ་ཚིག་མཛོད་ཆེན་མོའི་ནང་རྗེ་འདི་ཉིད་རབ་བྱུང་དྲུག་པའི་མེ་གླང（སྤྱི་ལོ1337）ལོར་གཙང་ངམ་རིང་དུ་སྐུ་འཁྲུངས་ཤིང་། རབ་བྱུང་བདུན་པའི་ས་བྱི（སྤྱི་ལོ1408）ལོར་གཤེགས་པར་གསུངས་པས་དཔྱད་པར་འཚལ།

གཏེར་ཆེན་སངས་རྒྱས་གླིང་པ། སྔོན་མའི་གཏེར་ཆེན་འདི་ནི་ཡབ་རྣལ་འབྱོར་པ་སྟག་ལུང་སྒྲོན་པ་ཞེས་པ་དང་། ཡུམ་ཨ་ཧཱུྃ་རྒྱན་ཞེས་པའི་སྲས་སུ་རབ་བྱུང་དྲུག་པའི་ལྕགས་འབྲུག（སྤྱི་ལོ1340）ལོར་བྲག་གསུམ་རྡོ་རྗེ་བྲག་ཏུ་སྐུ་འཁྲུངས། ཡབ་ཀྱིས་མཚན་རིག་འཛིན་དུ་གསོལ། དགུང་ལོ་ལྔ་པ་ལ་མཁན་པོ་གཞོན་ནུ་དཔལ་ལ་དགེ་བསྙེན་གྱི་སྡོམ་པ་ཞུས། མཚན་དཀོན་མཆོག་རིན་ཆེན་དུ་གསོལ། སློབ་དཔོན་རིན་ཆེན་བྱ་བ་ལས་འབྲི་ཀློག་བསླབས་པས་ཆོགས་མེད་དུ་མཁྱེན། ཡབ་འདས་རྗེས་ཙ་རིར་ཕྱིན་ནས་དགོན་པ་ལྷུན་གྲུབ་སྟེང་དུ་མཁན་པོ་བྱང་ཆུབ་རྡོ་རྗེ་དང་། སློབ་དཔོན་ཤཱཀྱ་ཡེ་ཤེས་ལས་རབ་ཏུ་བྱུང་། མཚན་སངས་རྒྱས་བཟང་པོར་གསོལ། མཁན་སློབ་དེ་གཉིས་ལས་ཆོས་མང་དུ་ཞུས། དེ་ནས་ཉང་པོར་ཕྱིན་ཏེ་འབྲི་གུང་སྤྱན་སྔ་སོགས་བླ་མ་མང་པོ་དང་མཇལ་ཞིང་ཆོས་བཀའ་རྒྱ་ཆེར་གསན། ལྷ་རིས་ཀུང་ཤིན་ཏུ་མཁས་པར་མཁྱེན། རྫོང་དཀར་དུ་ལོ་གསུམ་སྒྲུབ་པའི་དམ་བཅའ་མཛད། དགུང་ལོ་ཉེར་ལྔ་ལ་ཕེབས་པ་ཤིང་འབྲུག（སྤྱི་ལོ1364）ལོར་སྤུ་རི་ཕུག་མོ་ཆེ་ནས་བླ་མ་དགོངས་པ་འདུས་པ་དང་ཐུགས་རྗེ

ཆེན་པོའི་སྐོར་རྣམས་གདན་དྲངས། བླ་མ་ཆོས་ཀྱི་བློ་གྲོས་ལ་གཏེར་རྫས་རྣམས་གཟིགས་སུ་ཕུལ་བས་ཤིན་ཏུ་དགྱེས་ནས་གཏེར་སྟོན་རིན་པོ་ཆེ་ཞེས་མཚན་གསོལ་ཞིང་གཏེར་ཆོས་རྣམས་གསན་ཏེ་ཐུགས་ཉམས་སུ་བཞེས། ལོ་དེ་ནས་བཟུང་དཀར་ཟླུག་འཕྲང་དང་། དགྱེ་བོ་རོང་། ཡང་པོ་ཀ་མདའ་འཕྲང་། ཀོང་པོ་མཆིམས་ཡུལ། ཕྱུ་རི་རིན་ཆེན་འབར་བ། ཙ་རི། རྒྱ་ལ་གཤིན་རྗེའི་ཐ་དོང་། བསམ་ཡས་མཆིམས་ཕུ་སོགས་ནས་གཏེར་ཁ་ཆེན་པོ་བཅོ་བརྒྱད་བཞེས་ཤིང་། གཞན་ཕྲན་ཚེགས་ཀྱི་གཏེར་ནི་གྲངས་ཀྱིས་མི་ཚོད་པ་བཞེས། ཆོས་བདག་སློབ་བུའི་གྲངས་ཀྱང་དགོངས་འདུས་ཁོ་ན་ཡའང་གཙོ་བོར་བཀའ་བབས་བརྒྱད་པའི་ཆུ་བོ་ཆེན་པོ་ཉི་ཤུ་ཡོད་པར་གྲགས་ཤིང་། གཏེར་ཆོས་གཞན་དང་གཞན་གྱི་ཆོས་བདག་སོགས་རྗེས་ལས་འདས་པར་བཞུགས། ཀུན་གྱི་གཙོ་བོ་ནི་རྒྱལ་བའི་དབང་པོ་ཞྭ་ནག་ཅོད་པཎ་འཛིན་པ་ཀརྨ་རོལ་པའི་རྡོ་རྗེ་དང་། དེ་བཞིན་དུ་ཞྭ་དམར་བ་མཁའ་བསྐྱོད་དབང་པོ། སྣེ་གདོང་གོང་མ་ཆེན་པོ། ས་སྐྱ་བླ་མ་དམ་པ་བསོད་ནམས་རྒྱལ་མཚན། གཡག་སྡེ་པཎ་ཆེན། རྗོ་སྟོན་མཁན་ཆེན་བསོད་ནམས་བཟང་པོ། འབྲི་གུང་ཆོས་ཀྱི་རྒྱལ་པོ་སོགས་བླ་ཆེན་མི་ཆེན་བགྲངས་ལས་འདས། གཞན་ཡང་བྱ་ཁྱུང་པ་དཔལ་ལྡན་སེང་གེ་སོགས་ཆོས་བརྒྱུད་འཛིན་པའི་སློབ་ཚོགས་ཀྱང་མང་དུ་བྱོན་ཞིང་བསྟན་པ་བོད་ཁམས་ཡོངས་ལ་ཁྱབ་པར་གྱུར། སྒྲོལ་ཕུ་བདེ་ཆེན་བསམ་གྲུབ་དགོན་བཏབ་ནས་གདན་སའི་མཐིལ་མཛད། སྐབས་ཤིག་བདུད་རྩི་སྨན་གྱི་སྒྲུབ་པ་མཛད་པ་དེ་ལ་སངས་རྒྱས་གླིང་པའི་སྨན་ནག་ཏུ་གྲགས། བསྟན་པ་དང་སེམས་ཅན་གྱི་དོན་དཔག་ཏུ་མེད་པར་མཛད་ནས་སྐུ་དངོས་ཀྱིས་གདུལ་བར་འོས་པ་རྣམས་ལེགས་པར་བཏུལ་ཏེ། མཐར་དགུང་ལོ་ལྔ་བཅུ་ང་བདུན་པ་རབ་བྱུང་བདུན་པའི་མེ་བྱི(སྤྱི་ལོ1396)ལོར་དགོན་པ་ལྷུན་གྲུབ་སྟེང་དུ་དགོངས་པ་ཆོས་དབྱིངས་སུ་ཐིམ།

གཏེར་སྟོན་རྡོ་རྗེ་གླིང་པ། རྙིང་མའི་གཏེར་སྟོན་འདི་ཉིད་ཡབ་བསོད་ནམས་རྒྱལ་མཚན་དང་། ཡུམ་དཀར་མོ་རྒྱན་གཉིས་ཀྱི་སྲས་སུ་རབ་བྱུང་དྲུག་པའི་མེ་ཁྱི(སྤྱི་ལོ1346)ལོར་སྐུ་འཁྲུངས། དགུང་ལོ་བཅུ་གསུམ་པ་ལ་ཁྲ་འབྲུག་རྗེ་མོའི་སྐུ་རྒྱབ་ནས་ཁ་བྱང་ཕྱག་ཏུ་བྱུང་། དེ་ནས་གྲྭ་ཕྱིའི་བྲག་པོ་ཆེའི་གནམ་ལྕགས་འབར་བའི་བྲག་ཅེས་པ་ནས་ཤོག་དྲིལ་ཆེ་ཆུང་བརྒྱ། བླ་དཔེ་པུ་སྟི་བཞི། ཚེ་ཆུ་བུམ་པ་བཞི། རྫོགས་ཆེན་ལྟ་བ་ཀློང་ཡངས་སོགས་ཆོས་ཚན་བསམ་གྱིས་མི་ཁྱབ་པ་གདན་དྲངས་ཏེ། ཁྲིམ་གཏེར་མཛད་པས་ཀུན་ཡིད་ཆེས་ཤིང་དད་པའི་ས་ལ་བཀོད། སྤྱི་རྗེས་སུ་གཏེར་ཁ་ཆེན་པོ་བཞི་བཅུ་ལྔག་བཞེས་ཤིང་ཁྲིམ་གཏེར་མང་པོ་མཛད། གཏེར་ཆོས་ཀྱི་རྣམ་གྲངས་ཀྱང་བླ་མ་བདེ་གཤེགས་འདུས་སོགས་འདུས་པ་སྐོར་བཞི། སྙིང་ཏིག་བཅུ་གསུམ། སྐུ་རྟེན་དུའང་ལི་དཀར་ལས་གྲུབ་པའི་རྡོ་རྗེ་སེམས་དཔའི་སྐུ་དང་། ཧ་ཡག་གི་སྐུ་ཚེ་བུམ་སོགས་དང་། དམ་རྫས་སྐུ་བདུན་གྱི་རིགས་སོགས་དཔག་ཏུ་མེད་པ་སྤྱན་དྲངས། གདན་སའི་མཐིལ་གླིང་མོ་ཁར་མཛད། གཞན་ཡང་། ཐོ་བྲག མོན་བུ་ཐང་། བཟང་ཀྱི་ཝུག་སྐད་དགོན་པ་སོགས

བཟུང་ནས་འགྲོ་དོན་རྒྱ་ཆེར་མཛད། དེ་ནས་ཀོང་པོར་ཕེབས་ཏེ་ཤེས་རབ་མེ་འབར་དང་མཇལ། དེས་ཐོག་སེར་སྨྱུན་ སྣར་ཕྱུལ་བའི་དོན་རྣམས་བཀྲོལ་བས་ངོ་མཚར་བསམ་གྱིས་མི་ཁྱབ་པའི་གནས་ལ་བཀོད། གཏེར་སྟོན་འདིའི་སའི་གཏེར་རྒྱུད་དུའང་རྡོ་རྗེ་གླིང་པ་ངེས་པར་གདན་འདྲེན་པར་སྣང་། སྲས་དང་སློབ་རྒྱུད་ཕལ་ཆེར་ལྷོ་བྲག་དང་། མོན་གྱི་ཕྱོགས་ན་བཞུགས། མཐར་དགུང་ལོ་དྲུག་ཅུ་ལ་ཕེབས་པ་རབ་བྱུང་བདུན་པའི་ཤིང་བྱ(སྤྱི་ལོ1405)ལོར་ལྷོ་བྲག་ཆུས་ཕྱིར་རྫཙྪ་ལྷ་ཁང་དུ་དགོངས་པ་ཆོས་དབྱིངས་སུ་ཐིམ།

གཏེར་སྟོན་ཞིག་པོ་གླིང་པ། གཏེར་སྟོན་འདི་ཉིད་དབུ་རུ་རྡོ་ཤཱཀ་རྣམ་གཉིས་བཞུགས་པའི་ཡུལ་དང་ཉེ་བ་སྟོད་ལུང་སྣང་རྩེ་ཞེས་པར། ཡབ་ནམ་མཁའ་དབང་ཆེན་ཕུན་ཚོགས་དང་ཡུམ་ཚེ་དབང་བསྟན་མའི་སྲས་སུ་རབ་བྱུང་དགུ་པའི་ཤིང་སྤྲེལ(སྤྱི་ལོ1524)ལོར་སྐུ་བལྟམས། དགུང་ལོ་ལྔ་པ་ལ་རྗེ་སྨན་ཆུ་བ་ནམ་མཁའ་རིན་ཆེན་པའི་དྲུང་དུ་དབུ་སྐྲ་གཙོད་པ་དང་ལུས་སྒྱུར་ཞུས་པས། ཐུགས་སྨོམ་བྱིན་ནས་མཚན་ནམ་མཁའ་ཚེ་དབང་རྒྱལ་པོར་གསོལ། དགུང་ལོ་ཉེར་གཅིག་གི་དུས་གཏེར་སྒྲུབ་མཛད་པས་མནལ་ལམ་དུ་བྱུང་བ་ཟིན་བྲིས་བཏབ་ནས། ལོ་དེར་གསང་ཕུག་ནས་ཚེ་སྒྲུབ་རྒྱལ་བ་འདུས་པའི་སྐོར་དང་། དམ་རྫས་སྐྱེ་བདུན། ཚེ་ཆུ་སོགས་མང་དུ་བཞེས། དེ་ནས་ཟངས་ཡག་བྲག ཟུར་མཁར་རྡོ་རྗེའི་མཆོད་རྟེན། དབུ་རུ་ཞྭའི་ལྷ་ཁང་། གཞུ་སྟོང་གཏེར་སྒྲོམ་ལྷ་ས་དང་། བསམ་ཡས་ཀྱི་གཙུག་ལག་ཁང་སོགས་ནས ཐུགས་དམ་ཟབ་པ་སྐོར་བདུན་ཐུགས་རྗེ་ཆེན་པོ་འཁོར་བ་ལས་སྒྲོལ། རྟ་མགྲིན་ནཱ་ག་ཀླུ་འདུལ། དྲག་པོ་གནམ་ལྕགས་མེའི་འཁོར་ལོ་སོགས་གཏེར་ཆོས་མང་པོ་དང་། སྐུ་ཚབ་རྟེན་གསུམ་དམ་རྫས་ལ་སོགས་པ་མང་དུ་གདན་དྲངས། བཀའ་གཏེར་གོང་མ་རྣམས་ལ་ཐུགས་ག་ཡོགས་ཆེར་མཛད་པས། གསང་ཆེན་རྙིང་མ་ལ་བཀའ་གཏེར་ཐམས་ཅད་ཀྱི་བསྟན་པའི་བདག་པོར་གྱུར་ཏེ་འཆད་ཉན་གྱི་ཕྲིན་ལས་རྒྱ་ཆེར་བསྐྱངས་པས་བསྟན་པའི་རྩ་ལག་ཏུ་གྱུར་པའི་ཞལ་སློབ་ཀྱི་གཙོ་བོ་ནི། ཐམས་ཅད་མཁྱེན་པ་དཀོན་མཆོག་ཡན་ལག ས་སྐྱ་བདག་ཆེན་ངག་གི་དབང་པོ། རྩེ་གདོང་བདག་ཆེན་ཀུན་དགའ་བསམ་གྲུབ། འབྲུག་པ་ཞབས་དྲུང་མི་ཕམ་ཆོས་རྒྱལ་སོགས་དང་ཆོས་བརྒྱུད་འཛིན་པའི་སློབ་མའི་ཚོགས། ཁམས་གོང་། བྱར་དྭགས། ཨེ་གཞལ། ལྷོ་མོན། དབུས་གཙང་ཐམས་ཅད་ནས་བསམ་གྱིས་མི་ཁྱབ་པར་བྱོན་པས། གསང་ཆེན་རྙིང་མའི་སྨྲོག་མཐུད་ལྟར་བྱུང་ཞིང་། གཏེར་ཆེན་འདི་ཉིད་དང་། སོག་བཟློག་པ་བློ་གྲོས་རྒྱལ་མཚན། གོང་ར་ལོ་ཆེན་བཅས་ལ་སྣང་སོག་གོང་གསུམ་དུ་གྲགས། འདི་རྣམས་ཀྱི་སྐུ་རིང་ལ་བཀའ་གཏེར་ཐམས་ཅད་རྒྱ་ཆེར་འཕེལ། གཏེར་ཆེན་འདི་ཉིད་ཀྱི་འདས་ལོ་མ་གསལ།

གཏེར་སྟོན་རཏྣ་གླིང་པ། གཏེར་སྟོན་འདི་ཉིད་ལྷོ་བྲག་གྲུ་ཤུལ་དུ་ཡབ་ཕྱུག་པོ་མདོ་སྡེ་དར་དང་ཡུམ་སྲི་ཐར་སྨན་གཉིས་ཀྱི་སྲས་སུ་རབ་བྱུང་བདུན་པའི་ཆུ་ལུག(སྤྱི་ལོ1403)ལོར་འཁྲུངས། མཚན་རིན་ཆེན་དར་ཞེས་གསོལ། དགུང་ལོ་དྲུག་པ་ལ་ཡབ་ཀྱིས་ཡི་གེ་འབྲི་ཀློག་བསླབས་པས་ཚེགས་མེད་དུ་མཁྱེན།

ཆོས་ཀྱི་གསན་པ་འང་རྒྱ་ཆེར་མཛད། སྐུ་གཞོན་ནུའི་དུས་ཐུགས་རྒོད་ཅིང་ལུས་རྩལ་སོགས་ལ་གཞན་གྱིས་འགྲན་དུ་མེད་པར་གྲགས་ཤིང་། བཟོ། གསོ་བ། སྒྲ། སྙན་ངག་སོགས་དང་། སླུ་བྲོ་རྩེད་ལ་ཤིན་ཏུ་མཁས། དགུང་ལོ་ཉེར་གཉིས་ནས་སྲིད་ཀྱི་བྱ་བ་མཛད། དགུང་ལོ་ཉེར་བདུན་ལ་ཐེབས་སྐབས་གུ་རུ་རིན་པོ་ཆེས་གཏེར་གྱི་ཁ་བྱང་དངོས་སུ་གནང་། དགུང་ལོ་སུམ་ཅུ་པར་ཕྱུང་ཆེན་བྲག་ནས་དབུ་བཙུགས་ཏེ། འབྲི་ཐང་ཀོ་རོ་བྲག་དང་། ཟླ་བྲག་གནམ་སྐས། མཁར་ཆུ་དཔལ་གྱི་ཕུག་རིང་སོགས་ནས་ཟླུ་རྗེས་སུ་གཏེར་ཁ་ཉི་ཤུ་རྩ་ལྔ་བཞེས། ཤིང་ཡོས(སྤྱི་ལོ1435)ལོར་གཙང་པ་མཐོང་བ་དོན་ལྡན་མཇལ་བར་ཐེབས་ནས་བཀའ་ཆོས་མང་དུ་གསན། དགུང་ལོ་སོ་དྲུག་པར་ཆོས་རྗེ་ཟླ་བ་གྲགས་པ་དང་མཇལ་ནས་རྫོགས་པ་ཆེན་པོའི་ཆོས་བཀའ་ཇི་སྙེད་གསན། མངོན་ཤེས་དང་རྫུ་འཕྲུལ་གྱི་བཀོད་པ་མང་པོ་བསྟན། ཐུགས་སྒྲུབ། སྨན་སྒྲུབ། སྐྱེ་བདུན་རིལ་སྒྲུབ་མཛད་སྐབས་དང་། དབང་ཁྲིད་གདམས་ངག་བསྒྱུལ་བ་སོགས་ཀྱི་དུས་སུ་འཇའ་འོད་མེ་ཏོག་དང་། སྨན་ཡོས་ཀྱི་དྲི་བཟང་ཁྱབ་པའི་ངོ་མཚར་བརྗོད་ལས་འདས། སྐུ་ཐོག་གསུམ་གྱི་གཏེར་སྐལ་སྐུ་ཐོག་འདི་རང་དུ་བཞེས་པས་ཞིག་པོ་གླིང་པ། འགྲོ་འདུལ་གླིང་པ། རཏྣ་གླིང་པ་ཞེས་མཚན་གསུམ་དུ་གྲགས། སྟོད་གངས་རི་ཏི་སེ་ནས་སྨད་མདོ་ཁམས་རྒྱལ་མོ་རོང་ཡན་ཆད་འགྲོ་བ་དཔག་མེད་ལ་དམ་པའི་ཆོས་ཀྱི་སྐལ་བ་བསྐྱལ།

གསུང་མགུར་དང་། རྟོད་ཀློག ཆོས་འབྱུང་། དབང་ཁྲིད། ཞལ་གདམས་སོགས་བསྟན་བཅོས་ཀྱང་མང་དུ་མཛད། བརྒྱུད་འཛིན་སློབ་མའི་ཚོགས་ཀྱང་གཙང་པ་མཐོང་བ་དོན་ལྡན། སྣེ་གདོང་གོང་མ་ཆེན་པོ། ཀུན་དགའ་ལེགས་པའི་འབྱུང་གནས། འབྲུག་པ་རྒྱལ་དབང་ཆོས་རྗེ་སྨྱོས་མཐིང་མ་བ། ཡར་ཀླུང་སྤྲུལ་སྐུའི་རྒྱུད་པ་སྨན་རྩེ་པ་བསམ་གྲུབ་རྒྱལ་པོ། རྟག་མགོས་ཆོས་རྗེ། ཟ་ར་བ། བྲག་སྣ་ཆོས་རྗེ་སོགས་མང་དུ་བྱུང་། དེ་ལྟར་གདུལ་བྱ་དང་ཕྲིན་ལས་མཐར་ཕྱིན་ནས་དགུང་ལོ་དོན་དྲུག་ལ་ཐེབས་པ་རབ་བྱུང་བརྒྱད་པའི་ས་ཁྱི(སྤྱི་ལོ1478)ལོར་གཟུགས་སྐུའི་བཀོད་པ་བསྡུས་སོ།

གཏེར་སྟོན་ལས་འཕྲོ་གླིང་པ། གཏེར་སྟོན་ཆེན་པོ་འདི་ཉིད་སྐུ་གཅིག་ལ་མཚན་གསུམ་ཡོད་པ་སྟེ།

གཏེར་སྟོན་ལས་འཕྲོ་གླིང་པ། རིགས་འཛིན་འཇའ་ཚོན་སྙིང་པོ། ཐུགས་འཆང་ཧཱུྃ་ནག་མེ་འབར་བཅས་སོ། རྗེ་འདི་ཉིད་ཀོང་ཡུལ་ཕ་དྲུ་གནམ་ཚལ་དུ་ཡབ་ཆོས་སྐྱོང་མགོན་པོ་དང་། ཡུམ་མ་སངས་བུ་ཁྲིད་གཉིས་ཀྱི་སྲས་སུ་རབ་བྱུང་བཅུ་པའི་ཤིང་བྱ(སྤྱི་ལོ1585)ལོར་སྐུ་འཁྲུངས། སྐུ་ཆུང་ངུའི་དུས་ནས་ཆོས་ཀྱི་བག་ཆགས་ལྡན་ཞིང་། དགུང་ལོ་གསུམ་པ་ལ་ཐེབས་སྐབས་ཡི་གེ་འབྲི་ཀློག་ལ་སྦྱངས་པས་ཆོགས་མེད་དུ་མཁྱེན། རྡོ་ལ་ཕྱག་ཞབས་ཀྱི་རྗེས་ཀྱང་མང་དུ་བྱུང་། དགུང་ལོ་བཅུ་གཉིས་ནས་ཉི་ཤུར་མ་ཐེབས་བར་སློབ་གཉེར་དང་། ལྷག་པར་གསོ་རིག་ལ་སྦྱངས་པ་མཛད་པས་མཁས་པར་གྱུར། སྐུ་གཞོན་ནུ་ནས་ཆོས་ཁོན་ལ་རྩེ་གཅིག་ཏུ་ཐུགས་འདུན་གཏད་ཅིང་། འཁོར་བ་ལ་སྐྱོ་བཤད་དྲག་པོ་འཁྲུངས་ཏེ་ཆོས་རྗེ་མི་ཕམ

བཀྲ་ཤིས་བློ་གྲོས་ཀྱི་དྲུང་དུ་རབ་ཏུ་བྱུང་། མཚན་ངག་དབང་ཆོས་རྒྱལ་དབང་པོར་གསོལ། གསང་སྔགས་ཀྱི་དབང་ཁྲིད་ལུང་སོགས་གདམས་པ་མཐའ་ཡས་པ་གསན་ཅིང་རྩེ་གཅིག་ཏུ་སྒྲུབ་པ་ཕོ་ནས་དུས་འདའ་བར་མཛད། ཞབས་དྲུང་ནོར་བུ་རྒྱན་པ། འབྲུག་པ་ཐམས་ཅད་མཁྱེན་པ། མཉམ་མེད་ལྷ་རྩེ་བ་སོགས་ལས་མདོ་སྔགས་བཀའ་གཏེར་གསར་རྙིང་མཐའ་ཡས་པ་གསན། ཁྱད་པར་ལྷ་རྩེ་བ་ལས་བསྙེན་རྫོགས་ཞུས། ལོ་ངོ་བཅུ་བདུན་དུ་འདག་སྦྱར་གྱིས་སྒྲུབ་པ་མཛད་པའི་དུས་སུ་གཏེར་གྱི་ལུང་བསྟན་མང་དུ་བྱུང་རུང་ཇི་མི་སྙམ་པར་བཞག་ཀྱང་ཆོས་རྗེ་རིན་ཆེན་མི་ཕམ་བཀྲ་ཤིས་བློ་གྲོས་ཀྱིས་ཐུགས་སྐུལ་མཛད་འོག་ལྟགས་སྤྲེལ(སྤྱི་ལོ1620)ལོར་གཏེར་གྱི་ཐོག་མར་མཚོ་རྒྱལ་གྱི་ཕྱག་བྲིས་མ་དང་གཏེར་གྱི་ཁ་བྱང་བཞེས། དེ་ནས་བྲག་ལུང་རྔམ་འཕྲང་ལྟགས་ཀྱི་སྒོ་མོ་ནས་ཡང་ཟབ་དཀོན་མཆོག་སྤྱི་འདུས་སོགས་གསང་གཏེར་དུ་བཞེས་ནས་གཏེར་སྒྲུབ་དང་གསང་རྒྱ་མཐར་ཕྱིན་པ་མཛད། གཞན་ཡང་གོང་པོ་བུ་ཆུ་དང་། བྱང་འཕྲེང་མཛེས་ཞེས་སྔོན་པ་ལུང་གི་གནས་སྒོ་དང་། སྐྱིལ་མོ་ལྷ་རི། གོང་འཕྲང་དགེ་འདུན་གནས་དབུ་རུ་ཞྭའི་ལྷ་ཁང་སོགས་ནས་ཟབ་གཏེར་མང་པོ་སྤྱན་དྲངས་ཐོག དཀོན་མཆོག་སྤྱི་འདུས་སོགས་འགའ་ཞིག་གསང་གཏེར་ལས་ཕལ་ཆེར་ཁྲོམ་གཏེར་མཛད།

སྐལ་ལྡན་མང་པོ་རྗེས་སུ་བཟུང་ནས་བཀའ་གཏེར་གསར་རྙིང་གི་ཆོས་ཚུལ་མང་པོའི་སྨིན་གྲོལ་གྱི་བདུད་རྩི་བཅལ། རྗེ་ཉིད་སྐུ་བཙུན་ཞིང་དགེ་སློང་གི་དངོས་པོ་ལས་མི་འདའ་བར་ཀུན་སྤྱོད་གི་མཛད་པ་སྤྱོད་བཞིན་དུ་གདུལ་བྱ་རྣམས་ཀྱང་ཚུལ་དེར་བཀྲ་ཤིས་ཏེ་ཡང་དག་པའི་ལམ་ལ་གཞོལ་ཞིང་བབ་པར་མཛད། བང་རི་འཇོག་པོ་ཞེས་ཉིད་ཀྱིས་གནས་སྒོ་ཕྱེས་པའི་གནས་ཁྱད་འཕགས་དེར་སྒྲུབ་སྡེ་བཏབ། དངོས་བརྒྱུད་རྣམས་ཀྱིས་ལེགས་པར་བསྐྱངས། ཆོས་བདག་གི་གཙོ་བོ་སྣམ་པོ་ཞབས་དྲུང་ནོར་བུ་རྒྱན་པ་དང་། དེ་བཞིན་གཏེར་ཆོས་དབྱིངས་རྡོ་རྗེ། ཞྭ་དམར་བ་ཆོས་ཀྱི་དབང་ཕྱུག ཐམས་ཅད་མཁྱེན་པ་དཔག་བསམ་དབང་པོ། འབྲི་གུང་རིག་འཛིན་ཆོས་ཀྱི་གྲགས་པ་སོགས་ཆོས་བདག་ཆེས་མང་ཞིང་ཆོས་བརྒྱུད་ཀྱང་ཕྱོགས་ཐམས་ཅད་དུ་དར་རྒྱས་ཆེ། ཟབ་ཆོས་འདི་ཉིད་ཉམས་སུ་བླངས་པས་འོད་ལུས་གྲུབ་པའི་ལོ་རྒྱུས་མི་དབང་བསོད་ནམས་སྟོབས་རྒྱལ་གྱིས་དྭགས་པོའི་ཕྱོགས་སུ་སྔ་ཕྱི་གཉིས་བྱུང་བ་གསུངས། དེ་ལྟར་བསྟན་འགྲོའི་དོན་རྒྱ་ཆེར་མཛད་ཅིང་། སྐལ་ལྡན་གྱི་གདུལ་བྱ་དུ་མ་སྨིན་གྲོལ་གྱི་ལམ་དུ་བཀྲི་བཞིན་པར་དགུང་གྲངས་དོན་གཉིས་ལ་ཕེབས་པ་རབ་བྱུང་བཅུ་གཅིག་པའི་མེ་སྤྲེལ(སྤྱི་ལོ1656)ལོར་བང་རིའི་འཇོག་པོར་འདས།

ཏ་ཕྱག་པ་བློ་བཟང་དམ་ཆོས་རྒྱལ་མཚན། རྗེ་འདི་ནི་སྟོད་མངའ་རིས་ཟངས་དཀར་དུ་ཡབ་ཆོས་རྒྱལ་ཀྱི་གདུང་རྒྱུད་དཔལ་ལྡན་དང་། ཡུམ་སྐྱིད་འཛོམས་ཀྱི་སྲས་སུ་རབ་བྱུང་བཅུ་པ་མེ་ལུག(སྤྱི་ལོ1607)ལོར་འཁྲུངས། དགུང་ལོ་བཅུ་གཅིག་ལ་ཡི་གེ་འབྲི་ཀློག་བསླབས། དྲུང་པ་བློ་བཟང་རྣམ་རྒྱལ་དང་རང་

གི་ཡབ་གཉིས་སྐྱོང་ཀུ་གེར་པཎ་ཆེན་བློ་བཟང་ཆོས་རྒྱན་མཇལ་བར་ཕེབས། དགུང་ལོ་བཅུ་གསུམ་ལ་དྲུང་པའི་སྐུ་མདུན་དུ་དབུ་སྐྲ་གཙུག་ཕུད་ཕུལ། མཚན་བློ་བཟང་རྒྱལ་མཚན་ཞེས་བསྟུལ། དུས་ཕྱིས་བཀྲ་ཤིས་ལྷུན་པོར་ཕེབས་ནས་པཎ་ཆེན་རིན་པོ་ཆེ་དང་མཇལ་ཏེ་བློ་བཟང་དམ་ཆོས་རྒྱལ་མཚན་ཞེས་པའི་མཚན་གནང་། དེ་རྗེས་བལ་ཡུལ་དུ་ཕེབས་ནས་དྲུང་པ་དང་སློབ་དཔོན་དཀོན་ཅོག་དཔལ་སོགས་ཀྱི་དྲུང་དུ་དབང་དང་རྗེས་གནང་སོགས་གསན་སྦྱོང་མཛད། དགུང་ལོ་ཉེར་ལྔ་ལ་དབུས་སུ་ཕེབས་ནས་ཧྣགས་ཁུལ་བརྒྱུད་གངས་དཀར་ཏི་སེ་སོགས་ལ་གནས་མཇལ་དུ་ཕེབས། ངམ་རིང་བརྒྱུད་བསམ་གྲུབ་དགའ་ལྡན་དགོན་དུ་ཐོན་ཏེ་སློབ་གཉེར་གྱི་འགོ་དེ་ནས་བཙམས། དེ་རྗེས་བཀྲ་ཤིས་ལྷུན་པོར་སྒྲིག་ལ་ཞུགས། དཀྱིལ་ཁང་སློབ་དཔོན་སྨན་བླའི་དྲུང་དུ་དགེ་ཚུལ་བསྒྲུབས། དགའ་བཅུ་རྒྱལ་ཚབ་པ་དགེ་རྒན་དུ་བསྟེན་ནས་གཞུང་ཆེན་ལ་གསན་བསམ་གྱི་དབུ་ཚུགས། དེའི་ལོ་སྨད་དུ་པཎ་ཆེན་རིན་པོ་ཆེའི་བཀའ་ལྟར་བཀྲས་ལྷུན་རང་དུ་བཞུགས་ནས་གཞུང་ཆེན་ལ་གསན་བསམ་མཛད། དགུང་ལོ་ཉེར་བདུན་པ་ལ་དབུས་སུ་གནས་མཇལ་དུ་ཕེབས་སྐབས་ལྷ་ས་སྨོན་ལམ་ཆེན་མོ་ཚུགས་པ་དང་སྟབས་འཁེལ་གྱིས་ཚོགས་གྲལ་དུ་ཕེབས། དེ་སྐབས༧རྒྱལ་དབང་ལྔ་པ་དང་སྤྲུལ་སྐུ་གྲགས་པ་རྒྱལ་མཚན་གཉིས་མཇལ། དེ་ནས་ར་སྒྲེང་དང་དགའ་ལྡན་སོགས་མཇལ་ནས་གཙང་དུ་ཕེབས། དགུང་ལོ་སོ་གསུམ་སྐབས་པཎ་ཆེན་བློ་བཟང་ཆོས་རྒྱན་དྲུང་དུ་བསྙེན་རྫོགས་ཀྱི་སྡོམ་པ་བཞེས། ལོ་མང་རིང་མདོ་སྔགས་ཀྱི་ཆོས་མཐའ་ཡས་པ་གསན། དེ་རྗེས་བླ་བྲང་གསར་བཞེངས་ཀྱི་ལས་གྲྭར་ངོ་ཕེབས་ཀྱིས་ཕྱི་རྒྱ་མ་གྲུབ་བར་ཨར་ལས་ལ་ཞུགས། དེ་ནས་བླ་མའི་བཀའ་བཞིན་ཧ་ནག་ཁུལ་རི་ཁྲོད་དུ་བྱ་བྲལ་གྱི་སྤྱོད་པ་ལ་གཤེགས། དགུང་ལོ་སོ་དྲུག་ལ་ཧ་ནག་ཁུལ་དུ་སོག་པོའི་དམག་འཁྲུགས། དེའི་ལོར་སྡེ་སྲིད་གཙང་པ་གཏོར་ཕམ་བཏང་། དེའི་རྐྱེན་གྱིས་གཙང་ཁུལ་སྐྱ་སེར་ལ་མུ་གེ་ཆེ་བ་བྱུང་། དགུང་ལོ་རེ་གཉིས་ལ་བཀྲ་ཤིས་ལྷུན་པོར་ལམ་རིམ་སོགས་ཀྱི་བཀའ་ཆོས་མཛད། དགུང་ལོ་རེ་དགུ་ལ་ཁྲོ་ཕུའི་སྨོན་ལམ་ལ་ཕེབས། དེའི་ལོར་ལྷོ་བྲག་ཟབ་ཕུ་ལུང་དུ་ཕེབས། ཨོ་རྒྱན་རིན་པོ་ཆེའི་སྐུ་བརྙན་སོགས་ཟབ་ཕུའི་རྟེན་གསུམ་རྣམས་དང་གཏེར་སྟོན་ལས་བརྒྱུད་པའི་ནང་རྟེན་དང་། རྗེ་ཀ་རྡ་ར་པ་ལས་གྲུབ་པའི་སློབ་དཔོན་རིན་པོ་ཆེའི་སྐུ་བརྙན་མཇལ། ཟངས་མདོག་དཔལ་རི་ལ་གནས་བསྐོར་བཙམས། དགུང་ལོ་རེ་དགུ་ལ་བཀྲ་ཤིས་ལྷུན་པོར་ཕེབས་ནས་པཎ་ཆེན་རྒྱལ་བ་བསམ་གྲུབ་ཀྱི་ཐུགས་དམ་རྟེན་རྗེ་ཙོང་ཁ་པ་ཆེན་པོའི་སྐུ་བརྙན་གསེར་སྐུ་རྒྱབ་ཡོལ་དང་དེ་མིན་ལི་སྐུ་སོགས་འབུལ་གནང་མཛད། ཧ་ཕུག་རི་ཁྲོད་དུ་སྤྱི་ཕྱིར་ལོ་སུམ་ཅུ་ཙམ་བཞུགས། བྱང་ཆུབ་ལམ་གྱི་རིམ་པའི་སྟོན་འགྲོའི་ཆོས་གསལ་བར་བྱེད་པ་ལས་ལས་དང་པོའི་སྐོར། བློ་བཟང་དམ་ཆོས་རྒྱལ་མཚན་གྱིས་སློ་གསུམ་ལེགས་པར་སྦྱོང་པའི་ཕྱོགས་རྣམ་པར་ཐར་པ་དད་པའི་ལྡོན་ཤིང་ཞེས་བྱ་བ་སོགས་གསུང་རྩོམ་པོད་གཅིག་ཙམ་མཛད། དགུང་ལོ་བརྒྱད་ཅུ་ལྷག་ཕེབས་པ་རབ་བྱུང་བཅུ་གཅིག་པའི་སྨད་ཙམ་དུ་

སྐུ་གཤེགས།

སྟག་ལུ་ཀུ་ཤྲཱི་དཔལ་ལྡན་དོན་གྲུབ། འཇམ་མགོན་བླ་མ་ཙོང་ཁ་པ་ཆེན་པོའི་ཞལ་སློབ་འདི་ཉིད་རབ་བྱུང་དྲུག་པའི་ཆུ་ཁྱི(སྤྱི་ལོ1382)ལོར་གཡའི་གོང་པོར་སྐྱེ་རིགས་སུ་བལྟམས། སྟག་ལུ་དཔལ་ལྡན་རིན་ཆེན་པའི་དྲུང་དུ་རབ་བྱུང་བསྒྲུབས། ཆོས་སློབ་ཀྱི་དབུ་ཚུགས། དེ་ནས་གཞལ་ཀྲོད་རིམ་བསམ། བྱང་སེམས་ནཱ་སྐྱིད་པ། འཇམ་དཀར་བ། རྒྱལ་ཚབ་དར་མ་རིན་ཆེན་སོགས་མཁས་གྲུབ་ཀྱི་ཡོངས་འཛིན་དུ་མ་བསྟེན་ནས་མདོ་སྔགས་རིག་གནས་ལ་མཁས་པར་གྱུར། རྒྱལ་དབང་ཙོང་ཁ་པའི་དྲུང་དུ་བསྙེན་པར་རྫོགས། བྱང་ཆུབ་ལམ་གྱི་རིམ་པ་ལ་སོགས་པ་དམ་པའི་ཆོས་ཀྱི་བདུད་རྩི་དཔག་མེད་ཐོབ། དགུང་ལོ་ཉེར་གསུམ་ལ་ཕེབས་པ་རབ་བྱུང་བདུན་པའི་ཤིང་སྤྲེལ(སྤྱི་ལོ1404)ལོར་སྟག་ལུའི་གདན་སར་ཕེབས། གུ་རུ་ཆེན་པོ་ཞེས་སྙན་པའི་གྲགས་པ་རྒྱས། ཉང་པོ། བླ་རུ་ལ་སོགས་པ་བསྐྱངས་ཏེ་ལུགས་བཟང་གི་མཛད་པ་གོང་དུ་འཕེལ། བྱང་ལྷ་རི་འགོ་བདེ་ཆེན་གླིང་བཏབ། རྒྱལ་དབང་ཙོང་ཁ་པའི་ཞལ་སློབ་ཀྱི་ནང་ནས་ཁྲི་སྟེང་མཛེས་པའི་བླ་ཆེན་བཞིའི་ཡ་གྱལ་དུ་གྲགས། དགུང་ལོ་གྱ་ལྔ་ལ་ཕེབས་པ་རབ་བྱུང་བརྒྱད་པའི་མེ་ཁྱི(སྤྱི་ལོ1466)ལོར་གཟུགས་སྐུའི་བཀོད་པ་ཆོས་དབྱིངས་སུ་ཐིམ།

སྟག་ལུ་ཆོས་གྲགས་བཟང་པོ། དགའ་ལྡན་ཁྲི་ཐོག་ཉི་ཤུ་པ་ཆོས་གྲགས་བཟང་པོ་མཆོག་ནི་རབ་བྱུང་བརྒྱད་པའི་ཆུ་གླང(སྤྱི་ལོ1493)ལོར་སྟག་ལུར་སྐུ་བལྟམས། སྐུ་ཆུང་དུས་སྟག་ལུ་ཆོས་སྡེར་ཕེབས་ནས་རབ་ཏུ་བྱུང་། ཐོག་མར་ཡི་གེ་འབྲི་ཀློག་ལ་སྦྱངས་པས་ཚེགས་མེད་དུ་མཁྱེན་ཅིང་། དེ་ནས་མདོ་སྔགས་ཀྱི་གཞུང་ཟབ་མོ་ལ་ཐོས་བསམ་རྩེ་གཅིག་ཏུ་གནང་ནས་མཁས་པར་གྱུར་ཏེ་རྒྱུད་སྨད་དུ་འཆད་ཉན་མཛད། དེ་ནས་དགའ་ལྡན་བྱང་རྩེར་ཕེབས། དགུང་གྲངས་དྲུག་ཅུ་བཞེས་པ་རབ་བྱུང་དགུ་པའི་ཆུ་བྱི(སྤྱི་ལོ1552)ལོར་དགའ་ལྡན་གསེར་ཁྲི་ཆེན་པོར་འཁོད། གནས་བརྟན་བཅུ་དྲུག་གི་གོས་སྐུ་གསར་བཞེངས་མཛད། དགུང་ལོ་རེ་གཉིས་པ་ཤིང་སྟག(སྤྱི་ལོ1554)ལོར་སེ་ར་ཐེག་ཆེན་གླིང་གི་ཁྲི་ཐོག་བཅུ་བཞི་པའི་ཁྲིར་ཕེབས། ས་རྟ(སྤྱི་ལོ1558)ལོར་བདེ་བ་ཅན་དུ་དགའ་ལྡན་ཁྲི་ཟུར་ལ་བཞུགས། དགུང་ལོ་རེ་བདུན་ལ་ཕེབས་པ་རབ་བྱུང་དགུ་པའི་ས་ལུག(སྤྱི་ལོ1559)ལོའི་བོད་ཟླ་དགུ་པའི་ཚེས་བཅུར་དག་ཞིང་དུ་གཤེགས།

སྟག་ཚང་ལོ་ཙཱ་བ་ཤེས་རབ་རིན་ཆེན། སྣར་ཐང་ལོ་ཙཱ་བ་སངྒ་ཤྲཱིའི་དངོས་སློབ་འདི་ཉིད་ཡབ་དོན་གྲུབ་རྒྱལ་པོ་དང་། ཡུམ་ལྷ་མོ་སྐྱབས་བཟང་གི་སྲས་སུ་རབ་བྱུང་བདུན་པའི་ཤིང་བྱ(སྤྱི་ལོ1405)ལོར་སྐུ་བལྟམས། མཚན་དཀོན་མཆོག་སྐྱབས་སུ་གསོལ། དགུང་ལོ་བདུན་པ་ལ་ཡི་གེ་འབྲི་ཀློག་མཁས་པར་མཁྱེན། སློབ་དཔོན་གཞན་དུ་ཕྱིན་སྐབས་ཡིག་ཕྲུག་ཀུན་གསོན་བཅོ་ལྔ་སྐོར་གྱི་སློབ་དཔོན་མཛད་ཐུབ། དགུང་གྲངས་ཉི་ཤུ་བར་ཡབ་ཡུམ་གྱི་དགོངས་པ་བསྐང་ཕྱིར་ཕྱལ་ཕྱལ་རབ་ཏུ་མ་བྱུང་ན་ཡང་། དེའི་ལོ་

མཧྲུག་སེང་གེ་རྒྱལ་མཚན་དཔལ་བཟང་པོའི་དྲུང་དུ་རབ་ཏུ་བྱུང་། ཀ་རི་ཀ་ལྔ་བཅུ་པ་སོགས་མདོ་ཕྱོགས་ལ་སྦྱང་པ་མཛད་དེ་བཤད་པ་ཡང་བརྩམས། དེ་ནས་ཆོས་འཁོར་བ་ཡབ་སྲས་ཀྱི་དྲུང་དུ་མདོ་ཕྱོགས་ཀྱི་ཆོས་ཐམས་ཅད་ལེགས་པར་གསན་ཞིང་། སྔགས་ཀྱི་དཀྱིལ་ཆོག་དུ་མ་དང་། ཐིག་རྩ་ལ་སྦྱངས་པ་མཛད་པས་མཁས་པ་ཆེན་པོ་རྣམས་ལ་ཡང་དཀའ་གནད་སློབ་དུ་མ་མཆིན་པ་བྱུང་།

དེ་ནས་འབྲས་སྤུངས་དགོན་དུ་འཇམ་དབྱངས་བཀྲ་ཤིས་དཔལ་ལྡན་ལ་མདོ་ཕྱོགས་མང་དུ་གསན་ཅིང་གཞུ་སྐོར་གཞུང་ཤིན་ཏུ་མང་བ་མཛད། གཞུ་སྐོར་གྱི་ཚེ་ཡང་ཆོས་འབྲེལ་ཞུ་མཁན་མང་དུ་བྱུང་། ཡར་རིས་རྗེ་བྱང་སེམས་པའི་དྲུང་དུ་ལམ་འབྲས་དུས་འཁོར་སོགས་གསང་སྔགས་ཀྱི་ཆོས་ཚུལ་མང་དུ་གསན། སེམས་དཔའ་ཆེན་པོ་སྐད་གཉིས་སྨྲ་བ་ཐུགས་རྗེ་དཔལ་བཟང་པོའི་དྲུང་དུ་ཕེབས་ནས་སཱུ་ཏྲ་ཀ་ལཱ་པ་དང་ཕྲི་ཏྲ་ཙནྡྲ་པའི་བསྟན་བཅོས་ཚུགས། རིག་གནས་འདི་ལ་སྔ་མའི་བག་ཆགས་མ་གཏོགས་སྐུ་ཚེ་འདིར་ཐུགས་རྩོགས་མ་ཆུག་ཅིང་། ཡིག་ཆ་དཀོན་པ་དང་། རྣམ་རྒྱལ་འཛོམས། དུས་འཁོར་སོགས་སྔགས་དུ་མའི་སྐད་དོད་སྦྱོར་བ་དང་། ཡིག་རིགས་དུ་མ་མཆིན་ཡང་གར་ཡང་མ་ཕྱིན་པ་ལྷ་བུར་སོང་། ཡིག་ཆ་ཐམས་ཅད་ཐུན་བར་ལ་བྲིས། ཤོག་ལས་མཚན་མོ་མཛད། ཚ་དྲོའི་བར་ལ་གཞུང་བཟུང་། སྤྱོད་ཕྱོ་རངས་སྐྱོང་རན་མཛད་པས་ཤིན་ཏུ་བསྐྱེལ་བ་བྱུང་ཡང་རགས་རིམ་ཐུགས་སུ་ཆུད། སྣར་ལོ་ཆེན་ཆོས་འཁོར་དུ་སྤྱན་དྲངས། ཐ་སྙད་རིག་གནས་ལྔ་ཆར་ཡོངས་སུ་རྫོགས་པར་གསན་ཅིང་མཁྱེན། པོ་དོང་པཎ་ཆེན་དང་མཇལ་ནས་གསུང་ཆོས་མང་དུ་གསན། དེ་ནས་ཆོས་འཁོར་གྱི་གདན་སར་ཕེབས། འཁོར་ལོ་གསུམ་གྱི་མཛད་པས་ཡུན་རིང་དུ་བསྟན་པ་བསྐྱངས། ནང་དུ་ཏིང་ངེ་འཛིན་ཟབ་མོ་ལ་བརྩོན་པར་མཛད། དགུང་གྲངས་ང་གཅིག་པ་ཤིང་ཕག(སྤྱི་ལོ1455)ལོར་དུས་འཁོར་སྤྱི་དོན་བརྩམས། མདོ་སྔགས་ཀྱི་བསྟན་བཅོས་མང་དུ་མཛད་ཅིང་། རིག་གནས་ཀུན་ཤེས་ཀྱི་རྩ་འགྲེལ་སོགས་དུ་མ་ལྷུགས་སྩོམ་དང་། སྤེལ་སྦྱོར་རིན་ཆེན་འབྱུང་གནས་སོགས་འགྱུར་ཡང་མང་པོ་མཛད།

ཐུགས་སྲས་ལ་ཡང་། ཞུག་ཚང་རིན་པོ་ཆེ་དང་། སློབ་དཔོན་འདུལ་འཛིན་སྟོན་མོ། ཏ་ནག་རབ་འབྱམས་པ་ཤེས་རབ་ཆོས་འཕྲོར། སློབ་དཔོན་དཀའ་བཅུ་པ་སྐྱེས་མཆོག ཀུན་དགའ་རྒྱལ་མཚན། བྱམས་ཆེན་པ་སངས་རྒྱས་འཕེལ། སེ་ར་བ་བློ་གྲོས་སེང་གེ། ཞ་ལུ་བ་བློ་གྲོས་སེང་གེ། དྲགས་པོ་བློ་གྲོས་མཐའ་ཡས། སྒྲ་དུས་ལ་སྦྱངས་པ་ཀུན་དགའ་འོད་ཟེར་སོགས་ཤིན་ཏུ་མང་ཞིང་། ཁྱད་པར་སློབ་མའི་མཆོག་ནི་ཞ་ལུ་ལོ་ཆེན་ཡིན་ནོ། (འདས་ལོ་མ་རྙེད)

ལྷག་ཁྱུང་ཆོས་རྗེ་ངག་དབང་གྲགས་པ། རྗེ་འདི་ཉིད་རབ་བྱུང་བདུན་པའི་ས་ཁྱི(སྤྱི་ལོ1418)ལོར་སྐུ་བལྟམས། རྗེ་གང་གིས་སྐུ་ཆུང་དུས་ནས་སྐྱེས་བུ་དམ་པ་མང་པོའི་ཞབས་ལ་གཏུགས་ནས་ཕ་རོལ་དུ་ཕྱིན་པ་དང་། རྒྱུད་སྡེ། སྒྲ། སྒྲུབ་བརྒྱུད་ཀྱི་གདམས་པ་མང་དུ་གསན། ཁྱད་པར་གཙང་ཕྱོགས་ལ་ཕྱོན་

ནས་ཐམས་ཅད་མཁྱེན་པ་ཆོས་ཀྱི་རྒྱལ་པོ་ལ་སོགས་པའི་སྐྱེ་ཆེན་དམ་པ་མང་དུ་བསྟེན་ནས་ཟབ་ཆོས་དུ་མ་གསན། དཔལ་མོ་ཆོས་སྡིངས་དང་ལ་ཕྱི་ལ་སོགས་པའི་གནས་མང་པོར་བཞུགས། སྙན་པའི་གྲགས་པ་ཕྱོགས་ཐམས་ཅད་དུ་ཁྱབ། དགུང་ལོ་བཞི་བཅུ་ཞེ་བཞི་བཞེས་པ་ལྕགས་སྦྲུལ(སྤྱི་ལོ1461)ལོར་སྟག་ལུང་གི་གདན་སར་ཕེབས། ནང་གི་མཁྱེན་པ་དང་ཐུགས་དམ་ཐམས་ཅད་འགྲན་ཟླ་བྲལ་ཞིང་། གཙུག་ལག་ཁང་ཆེན་པོའི་ཞབས་ཏོག་འཛིན་ཚུགས་ཐམས་ཅད་ཁྱད་པར་དུ་འཕགས་པར་མཛད། དགེ་འདུན་གྱི་སྡེ་ཆེན་པོ་དར་རྒྱས་སུ་གྱུར། དཔལ་སྟག་ལུང་ཐང་པའི་འཇིག་རྟེན་ཕྱོགས་ཀྱང་ཆོས་རྗེ་རིན་པོ་ཆེ་འདིའི་སྐུ་རིང་ལ་ནར་དར་རྒྱས་ཆེ། སྡེ་སྣོད་འཛིན་པ་ཇི་སྙེད་ཞབས་དྲུང་དུ་ལྷགས་པ་ན་མཁྱེན་པའི་གཏིང་མི་དཔོགས་པར་ཞུམ། འཕྲུལ་གྱི་མཛད་སྤྱོད་རྣམ་ཐར་ཡང་ཤིན་ཏུ་བཟང་། ལྷ་ཆེན་བཞེངས་པ་དང་སྦྱིན་གཏོང་རྒྱ་ཆེན་མཛད་པ་སོགས་འཕྲིན་ལས་བསམ་གྱིས་མི་ཁྱབ་པ་བྱུང་ནས་ཆུ་སྦྲུལ(སྤྱི་ལོ1473)ལོར་ཆོས་རྗེ་བཀྲ་ཤིས་དཔལ་བ་གདན་སར་བཀོད་ནས་ཀུན་སྤྱང་མཛད་དེ་ཞབས་བརྟན་པར་བཞུགས། དགུང་ལོ་བདུན་ཅུ་དོན་དགུ་ལ་ཕེབས་པ་རབ་བྱུང་བརྒྱད་པའི་མེ་འབྲུག(སྤྱི་ལོ1496)ལོར་དགོངས་པ་ཆོས་དབྱིངས་སུ་ཐིམ།

བསྟན་འཛིན་དྭ་ཡན་ཁྲང་། རབ་བྱུང་བཅུ་པ་མེ་སྤྲེལ(སྤྱི་ལོ1596)ལོར་གུ་ཤྲཱི་བསྟན་འཛིན་ཆོས་རྒྱལ་གྱི་སྲས་སུ་འཁྲུངས། རབ་བྱུང་བཅུ་གཅིག་པ་ས་ཁྱི(སྤྱི་ལོ1658)ལོར་རྒྱལ་པོའི་ཤུལ་འཛིན་དུ་བསྐོ་གཞག་གནང་ཞིང་། ཡབ་དུས་ལྟར་སོག་དམག་གི་འགོ་འཛིན་མཛད། དེ་ནས་བཟུང་གུ་ཤྲཱིའི་སྲས་རྒྱུད་རྣམས་དགའ་ལྡན་ཕོ་བྲང་པའི་རྒྱབ་རྟེན་གྱི་ཚུལ་དུ་བཞུགས་པར་གཞུང་སོག་རྒྱལ་པོ་ཡབ་སྲས་ཞེས་གསོལ། སྐལ་ཕྱག་འབབ་དང་བཅས་བརྩི་བཀུར་ཞུ་ཡུལ་དུ་བྱས་ནས་དམག་དོན་དྲག་ལས་གལ་ཆེའི་རིགས་ལ་བཀའ་གྲོས་རྒྱབ་རོགས་གནང་བ་ཙམ་ལས་རྒྱུན་གཏན་བོད་ཀྱི་སྲིད་གཞུང་ལས་ཀར་འགན་དབང་གནང་ལམ་བྱུང་མེད་པར་གྲགས། འདས་ལོ་དང་མཛད་རྣམ་ཞིབ་པ་མ་རྙེད།

ཐོན་པ་མཁས་བཙུན་ཡོན་ཏན་རྒྱ་མཚོ། འབྲས་སྤུངས་དགོན་གྱི་ཁྲི་ཐོག་དགུ་པ་འདི་ཉིད་རབ་བྱུང་བདུན་པའི་ཆུ་ཕག(སྤྱི་ལོ1443)ལོར་གཙང་སྨད་དུ་ཐོན་པའི་ཞལ་ངོར་འཁྲུངས། དབུས་སུ་ཕེབས་ཏེ་འབྲས་སྤུངས་དགོན་དུ་སློབ་དཔོན་དཔལ་ལྡན་བློ་དང་ཡེ་ཤེས་བཟང་པོའི་ཞབས་ལ་གཏུགས་ནས་དབུ་མ་དང་། ཕར་ཕྱིན། འདུལ་བ། མངོན་པ། ཚད་མ་སོགས་རིག་པའི་གཞུང་ཆེན་ལ་མཁས་པར་སྦྱངས། པུ་ཏི་བཅུ་ལྷག་གི་གྲྭ་སྐོར་མཛད། བ་སོ་ཆོས་རྗེ་ལ་ཟབ་ཆོས་མང་དུ་གསན། མདོ་ཕྱོགས་ལ་ཆུབ་པར་གྱུར། རྒྱུད་བ་སྦྱིན་བ་དཔལ་དང་། མཁས་གྲུབ་གྲགས་བཟང་པ་ལ་བསྙེན་པར་རྫོགས། དགའ་ལྡན་ཤར་རྩེ་ཤེར་འབྱུང་བློ་གྲོས་ལ་ཟབ་ཆོས་གསན་ཏེ་ལྷ་རིར་སྒྲུབ་པ་མཛད་དེ་ནས་དཔལ་ལྡན་འབྲས་དཀར་སྤུངས་པའི་ཆོས་ཁྲི་མཐོན་པོར་ཕེབས་ཏེ་དམ་ཆོས་ཀྱི་འཁོར་ལོ་རྒྱུན་མི་ཆད་དུ་བསྐོར། སླར་ལྷ་རིར་ཕྱིན་

ཏེ་སྒྲུབ་པར་རྩེ་གཅིག་ཏུ་གཞོལ། དེ་རྗེས་ཐན་སླེའི་ཆོས་སྡེ་རྒྱལ་བྱེད་ཚལ་བཏབ་སྟེ་རྗེའི་ལུགས་བཟང་དར་བར་མཛད། དགུང་ལོ་དོན་དགུ་ལ་ཕེབས་པ་རབ་བྱུང་དགུ་པའི་ལྕགས་སྦྲུལ(སྤྱི་ལོ1521)ལོར་དགོངས་པ་ཆོས་དབྱིངས་སུ་ཐིམ།

དྭགས་པོ་མཁན་ཆེན་ངག་དབང་གྲགས་པ། རྗེ་འདི་ནི་དྭགས་པོ་མདའ་རུ་སྤྱི་ལོའི་དུས་རབས་བཅོ་ལྔ་པའི་ནང་སྐུ་འཁྲུངས། སྐུ་གཞོན་དུས་ནས་རབ་ཏུ་བྱུང་སྟེ་ཡི་གེ་འབྲི་ཀློག་ལ་ཐུགས་བརྩོན་མཛད། དེ་ནས་རྗེ་བློ་གྲོས་འཕེལ་བའི་ཞབས་ལ་གཏུགས་ཏེ་ཕར་ཚད་གསན། སེ་ར་བྱེས་གྲྭ་ཚང་དུ་ཕེབས་ནས་གཞུང་ཆེན་པོ་ཏེ་རྣམས་ལ་སྦྱངས་པ་དཔྱིས་ཕྱིན་གནང་བས་མཁས་པའི་གྲགས་པ་ཐོབ། རྒྱུད་སྨད་དུ་རྒྱུད་ཆེན་རྒྱལ་མཚན་བཟང་པོ་ལས་གསང་འདུས་འགྲེལ་པའི་བཞི་སྦྲགས་གསན། དགའ་ལྡན་དུ་རྗེ་ཆོས་སྐྱོང་རྒྱ་མཚོའི་དྲུང་དུ་འཇིགས་བྱེད་དུས་འཁོར་སོགས་གསན། རྒྱུད་སྨད་ཀྱི་ཁྲིར་ཕེབས། དེ་ནས་དྭགས་པོ་གྲྭ་ཚང་གི་ཁྲི་ཐོག་གཉིས་པ་མཛད། གསུང་རྩོམ་རྟེན་འབྲེལ་བསྟོད་པའི་ཊཱི་ཀ་དང་། འདུལ་བ་རྒྱ་མཚོའི་རྣམ་བཤད་གཞན་ཕན། རྗེ་བཙུན་འཕགས་པ་ལྷའི་གསུང་ལན་དུ་བསྒྲིངས་པ་ལམ་བཟང་སྙིང་པོ་གསལ་བའི་མེ་ལོང་། དུས་འཁོར་བསྐྱེད་རིམ། གསང་བ་འདུས་པའི་རིམ་པ་དང་པོའི་རྣམ་བཤད་སོགས་པོད་འབྲིང་གསུམ་ཙམ་མཛད། འདས་ལོ་དང་མཛད་རྣམ་ཞིབ་པ་མ་རྙེད།

བདུད་འདུལ་རྡོ་རྗེ། རབ་བྱུང་བཅུ་པའི་ཤིང་ཡོས(སྤྱི་ལོ1615)ལོར་མདོ་ཁམས་སྡེ་དགེ་སྲིབ་ཏུ་ཡབ་གླིང་གི་རིགས་ཀླུ་སྒྲུབ་དང་ཡུམ་པོ་ལུམ་གཉིས་ཀྱི་སྲས་སུ་འཁྲུངས། སྡེ་དགེའི་གྲུབ་ཐོབ་ཀུན་དགའ་རྒྱ་མཚོ་ལ་གཙུག་ཕུད་ཕུལ། འདྲེན་པ་དཀོན་མཆོག་རྒྱལ་ལས་རྫོགས་ཆེན་སོགས་ཟབ་ཆོས་མང་དུ་གསན་ཅིང་ཐུགས་ཉམས་བཞེས་པས་རྟོགས་པའི་ཀློང་རྡོལ། ཀོང་པོ་བོན་རི་རིག་འཛིན་འཇའ་ཚོན་སྙིང་པོ་དང་མཇལ། ཟབ་གཏེར་གཙོ་བོར་གྱུར་པའི་དབང་ཁྲིད་མན་ངག་མང་པོ་རྫོགས་པར་གསན། དགུང་ལོ་ང་བརྒྱད་ལ་ཕེབས་པ་རབ་བྱུང་བཅུ་གཅིག་པའི་ཆུ་བྱི(སྤྱི་ལོ1672)ལོར་པདྨ་འོད་ཀྱི་ཕོ་བྲང་ཆེན་པོར་གཤེགས་སྐབས་ངོ་མཚར་བའི་ཆོ་འཕྲུལ་མཐའ་ཡས་ཤར། ཁྱད་པར་དུ་སྐུ་གདུང་ཐལ་ཆེར་འོད་དུ་ཡལ་བའི་ལྷག་མ་ཁྲུ་གང་ཙམ་ལུས་པ་ཞུགས་སུ་ཕུལ་བས་གདུང་ཆེན་ལྔ་དང་རིང་བསྲེལ་དུ་མའི་ཕུང་པོར་གྱུར།

འདར་སྟོན་བློ་བཟང་གྲགས་པ། དགའ་ལྡན་ཁྲི་ཐོག་བཅུ་གཅིག་པ་འདར་སྟོན་བློ་བཟང་གྲགས་པ་ནི་རབ་བྱུང་བདུན་པའི་ས་བྱ(སྤྱི་ལོ1429)ལོར་གཙང་སྟོད་འདར་སྐུ་འཁྲུངས། འདར་ཆོས་སྡེར་རབ་ཏུ་བྱུང་ནས་གཞུང་འཛིན་སྐྱོར་སྦྱོང་སོགས་མཛད། དེ་ནས་དབུས་སུ་ཕྱིན་ཏེ་མཁན་ཆེན་དཔལ་བློ་བ། རབ་འབྱམས་སྨོན་ལམ་དཔལ། མཁས་པ་ཀུན་ལེགས་པ། ཆོས་རྗེ་བ་སོ་བ། ཆོས་རྗེ་ཤེར་འབྱུང་སོགས་བསྟེན་ནས་མདོ་སྔགས་ཀྱི་ཆོས་མང་དུ་གསན་ཏེ་མཁས་པའི་སྙན་གྲགས་ཐོབ། ཐང་སྐྱ་དང་གསང་ཕུགས་མཁར་དུ་རྣམ་འགྲེལ་སོགས་ཀྱི་འཆད་ཉན་པ་མཛད་ཅིང་། དགུང་གྲངས་དོན་གཉིས་ལ་ཕེབས་པ་རབ་བྱུང་

བརྒྱད་པའི་ལྕགས་སྤྲེལ(སྤྱི་ལོ1500)ལོར་དགའ་ལྡན་གསེར་ཁྲིར་ཕེབས་ཏེ་མདོ་སྔགས་ཆོས་ཀྱི་འཁོར་ལོ་ཆེན་པོ་བསྐོར། རྒྱལ་བ་འོད་དཔག་མེད་ཀྱི་སྐུ་ཆེན་པོ་དང་། གསང་སྔགས་མཁར་དུ་གཉིས་མེད་དུས་ཀྱི་འཁོར་ལོའི་སྐུ་བཅས་གསེར་ཟངས་ལས་བསྒྲུབ། མཐར་དཀྱུང་ལོ་གྱ་གསུམ་ལ་ཕེབས་པ་རབ་བྱུང་དགུ་པའི་ལྕགས་ལུག(སྤྱི་ལོ1511)ལོའི་བོད་ཟླ་གཉིས་པའི་ཚེས་ཉི་ཤུ་གཉིས་ལ་ཞི་བར་གཤེགས།

འདུལ་འཛིན་གྲགས་པ་རྒྱལ་མཚན། འདུལ་འཛིན་གྲགས་པ་རྒྱལ་མཚན་མཆོག་ནི་དབུ་སྟོང་སྒྲམ་དུ་རབ་བྱུང་དྲུག་པའི་ཤིང་སྟག(སྤྱི་ལོ1374)ལོར་སྐུ་འཁྲུངས། ཆུང་ངུ་ནས་གདན་ས་མཐིལ་དུ་སྤྱན་སྔ་ཆོས་ཀྱི་རྒྱལ་པོའི་གཟིམ་དཔོན་མཛད། དེ་ནས་རྗེ་ཙོང་ཁ་པ་ཆེན་པོ་ལ་མི་ཕྱེད་པའི་དད་པ་བརྙེས་ཏེ་མདོ་སྔགས་ཀྱི་ཆོས་རྒྱ་ཆེན་གསན་སྦྱོང་གནང་ནས་རྗེ་བདག་ཉིད་ཆེན་པོའི་ཐུགས་ཀྱི་སྲས་སུ་གྱུར། མདོ་སྔགས་སྤྱི་དང་ཁྱད་པར་འདུལ་བ་ལ་མཁས་པས་འདུལ་ཊཱི་ཀཱ། གླེང་འབུམ། བསླབ་བྱ། གཞི་གསུམ་ཆོ་ག་སོགས་ཚིག་བསྡིགས་མང་པོ་བརྩམས་ཏེ་འདུལ་འཛིན་ཞེས་པ་མཚན་དོན་དང་མཐུན་པར་གྲགས། སྔར་རྒྱལ་པོ་སྲོང་བཙན་ཡབ་ཡུམ་གྱི་སྐྱིད་མོས་ཚལ་ཏེ་བཙུན་མོ་རྣམས་རྒྱུན་དུ་བཞུགས་པས་བཙུན་མོ་ཚལ་ཞེས་གྲགས་པའི་སར་ཆོས་སྡེ་བཏབ། འདུལ་འཛིན་པས་འཛམ་དབྱངས་ཆོས་རྗེ་བཀྲ་ཤིས་དཔལ་ལྡན་གྱི་བསྙེན་རྫོགས་ལས་སློབ་ཀྱང་མཛད།

བཀའ་རྩོམ་འདུལ་བའི་བསླབ་བྱ་ཆེན་མོ་དང་། རྩ་ལྟུང་བཅུ་བཞིའི་འགྲེལ་བ་གསལ་བྱེད་འཁྲུལ་སྤོང་། བཅོམ་ལྡན་འདས་ཐམས་ཅད་རིག་པའི་དཀྱིལ་འཁོར་ཆོ་གའི་རྣམ་བཤད་ལེགས་བཤད་སྙིང་པོ་སོགས་པོད་འབྲིང་གཉིས་ཙམ་བཞུགས། དགུང་ལོ་རེ་གཅིག་ལ་ཕེབས་པ་རབ་བྱུང་བདུན་པའི་ཤིང་སྟག(སྤྱི་ལོ1434)ལོར་སྐུ་གཤེགས།

འདུལ་འཛིན་དཔལ་ལྡན་བཟང་པོ། རྗེ་འདི་ནི་གཙང་རྟ་ནག་མདར་རབ་བྱུང་བདུན་པའི་ཆུ་རྟ(སྤྱི་ལོ1402)ལོར་འཁྲུངས། སྐུ་གཞོན་དུས་སྣར་ཐང་གྲུབ་པ་ཤེས་རབ་ལས་རབ་ཏུ་བྱུང་། དེ་ལས་བཀའ་གདམས་ཀྱི་ཆོས་མང་དུ་གསན། ལོ་ཙཱ་བ་སམ་གྷ་ཤྲཱི་ལས་སྒྲ་དང་། སྙན་ངག མངོན་བརྗོད། རྩིས་སོགས་ཐ་སྙད་ཀྱི་གཙུག་ལག་ལ་སྦྱང་པ་མཛད། རྗེ་དགེ་འདུན་གྲུབ་པ་ལས་ སྡེ་སྣོད་ཀྱི་ཆོས་དང་། རྗེ་ཤེས་རབ་སེང་གེ་ལས་དཔལ་གསང་བ་འདུས་པའི་རྒྱུད་འགྲེལ་སོགས་གསང་སྔགས་ཀྱི་ཆོས་མང་དུ་གསན། དེ་བཞིན་མཁས་གྲུབ་ཆོས་རྗེ་ལ་སོགས་པའི་བླ་མ་མང་དུ་བསྟེན་ནས་ལུང་དང་མངོན་པར་རྟོགས་པའི་ཡོན་ཏན་ལ་མངའ་བརྙེས། རྗེ་ཉིད་ཀྱིས་སྣར་ཐང་ལ་བརྟན་ཅིང་གདན་ས་གོང་འོག་གཉིས་སུ་ཡང་ཆོས་གཞིས་མཛད་དེ་དཔལ་གསང་འདུས་རྒྱུད་འགྲེལ་གྱི་འཆད་ཉན་བཙུགས། རྗེས་སུ་དགའ་ལྡན་ལ་ཕེབས་ཏེ་རྗེའི་དྲུང་ནས་དུས་འཁོར་འགྲེལ་ཆེན་གྱི་བཤད་པ་སོགས་གསན། དཔལ་གསང་བ་འདུས་པའི་རྩ་རྒྱུད་ལེའུ་བཅུ་བདུན་པ་སོ་སོའི་རྗེ་རྗེའི་ཚིག་ཁང་ཟབ་མོའི་ལམ་འབྲུགས་པ་རྣམས་སྒྲུབ་པ་པོའི་ཉམས་ལེན་གྱི་རིམ

པར་བསྒྲིགས་པ་ལེའུ་སོ་སོའི་དཀའ་གནད་མཐའ་གཅོད་པའི་ཁུངས་དང་བཅས་རིན་པོ་ཆེའི་གཏེར་མཛོད་ཅེས་པའི་ཊཱི་ཀཱ་ཆེན་མཛད། གཙང་དུ་སྲིད་རྒྱུད་པའི་བླ་རབས་གཉིས་པ་གནང་། མཁན་ཆེན་བཟོད་པ་དཔལ་གྲུབ་གཤེགས་ནས་རྗེ་འདི་ཉིད་དགུང་ལོ་རེ་དགུ་བཞེས་པ། ལྕགས་སྟག(སྤྱི་ལོ1470)ལོར་སྣར་ཐང་ཆོས་སྡེའི་ཁྲིར་ཕེབས་ནས་གདན་ས་ལོ་གསུམ་བསྐྱངས་ཏེ། དགུང་ལོ་བདུན་ཅུ་དོན་གཉིས་བཞེས་པ་རབ་བྱུང་བརྒྱད་པའི་ཆུ་སྦྲུལ(སྤྱི་ལོ1473)ལོར་སྐུ་གཤེགས།

ཛོ་རྗེ་སེང་གེ། རྗེ་འདི་ཉིད་རབ་བྱུང་བརྒྱད་པའི་ཆུ་རྟ(སྤྱི་ལོ1462)ལོར་མི་ཉག་མགར་དང་ཉེ་བའི་སར་སྐུ་འཁྲུངས། དགུང་ལོ་བཅོ་བརྒྱད་པ་ལ་ས་གཡོས་ཀྱི་འཛིགས་པས་ཕ་མ་དང་སྤུན་ཉེ་ཀུན་གྲོངས་པས་ཐུགས་སྐྱོ་སྟེ་དབུས་གཙང་དུ་ཆོས་ལ་ཕྱིན། ཡར་ཀླུང་དུ་དམར་སྟོན་རྒྱལ་མཚན་འོད་ཟེར་ལས་སྔགས་གསར་མའི་དབང་བཀའ་དང་རྒྱུད་འབུམ་གྱི་ལུང་གསན། རྗེ་འགོས་ལོ་ཙྪ་བ་ལས་སྦྱོར་དྲུག་གི་ཁྲིད་ཞུས། དེ་ནས་དབུ་རུ་ནུབ་ཚོགས་ཐར་པ་གླིང་བྱ་བར་ཕྱིན་ཏེ་སངས་རྒྱས་དཔོན་པོ་ལས་རྫོགས་པ་ཆེན་པོ་བཀའ་གཏེར་ཕལ་ཆེར་གསན། ཆོས་རྗེ་ཀུན་དགའ་རིན་ཆེན་ལས་འབྲི་གུང་པའི་ཆོས་སྐོར་དང་། བན་སྣར་བ་འཇམ་དཔལ་བཟང་པོ་ལས་པཎ་ཆེན་ནགས་རིན་གྱི་ཆོས་སྐོར། སྟག་ལུང་ངག་དབང་གྲགས་པ་ལས་བོ་དོང་པའི་ཆོས་སྐོར་སོགས་ཞུས། ཡར་ཀླུངས་སུ་འོན་མཐིང་མ་བ་སྔགས་འཆང་གཡུ་འབྲུག་རྡོ་རྗེ་ལས་མདོ་དབང་དང་སེམས་ཕྱོགས་གསན། དེ་བཞིན་ཀཿཐོག་པ་ཡེ་ཤེས་འབུམ། རཏྣ་གླིང་པ། སེ་སྟོན་རྒྱ་མཁར་བ་སོགས་མཁས་པ་དུ་མའི་ཞབས་ལ་གཏུགས་ནས་མདོ་དབང་དང་། རྒྱུད་འབུམ། གཏེར་ཆོས་མ་མོའི་རྒྱུད་ལུང་། ཚེ་བདག་སད་ལུགས་སོགས་མང་དུ་གསན། དེ་ནས་བལ་ཡུལ་དང་། གར་ཞ་མཁའ་འགྲོ་གླིང་། ན་ག་ར་ཀོ་ཊ་ལ་སོགས་པར་གནས་གཟིགས་སུ་ཕེབས། ལ་སྟོད་ལྷོར་སྔགས་འཆང་ནམ་བཀྲས་བ་ལ་བཀའ་བརྒྱད་བཀའ་གཏེར་མི་གཅིག་པ་བདུན་དང་། རྫོགས་ཆེན་ཨ་རོའི་སྐོར། དོ་ཧ་མཛོད་ལ་སོགས་པ་གསན། ཁྲུས་ཁ་ལོ་ཙྪ་བ་དང་། ཆག་ལོ་རིན་ཆེན་ཆོས་རྒྱལ། ཞྭ་དམར་བཞི་པ། གཙང་སྨྱོན། དོ་ལ་པ་སྐྱབས་ཆེན་མ། ཤངས་འབའ་ར་བ་ནམ་མཁའ་རྒྱལ་མཚན་ལ་སོགས་མཁས་དབང་མང་པོ་བསྟེན་ནས་བོད་དུ་དར་བའི་ཆོས་ལམ་གསན་པ་མེད་པར་སྣང་། གྲ་ཐང་དུ་ཞ་ལུ་ལོ་ཙྪ་བའི་དྲུང་དུ་ཕྱིན་ནས་རིམ་ལྔ་ཞུས་པས་ཀློང་ལྔའི་ཁ་དོག་སོ་སོར་གཟིགས། མནལ་ལམ་བཟུང་ནས་ཞིང་ཁམས་མང་པོར་བསྐྱོད། བར་སྲིད་ཐོགས་མེད་དུ་གཟིགས། མངོན་པར་ཤེས་པ་ཕྱོགས་མེད་དུ་ཤར། དེར་ཀུན་དད་པས་འདུ་ལོང་གིས་ཐུགས་བསུན་ནས་མོན་ཡུལ་དུ་ཕེབས། འཚོ་བ་ངན་ངོན་ལ་བརྟེན་ཏེ་ཚེ་དང་སྒྲུབ་པ་མཉམ་པར་མཛད། སྟོད་ལྷན་གྱི་སློབ་མ་རྣམས་ལ་ཆོས་ཀྱི་སྦྱིན་པ་ལྷུག་པར་བཙལ། མཁར་ཆུར་ལོ་བདུན་སྒྲུབ་པ་ལ་ཞུགས། བླ་མ་འདིའི་མཁས་བཙུན་བཟང་གསུམ་དང་། སྒྲུབ་པ་ཐོབ་ལུགས་སོགས་ཡོན་ཏན་བསམ་གྱིས་མི་ཁྱབ། (སྐུ་འདས་པའི་ལོ་ཚིགས་མི་གསལ)

སྡེ་སྲིད་ཀུན་དགའ་ལེགས་པ། ཕག་གྲུ་སྡེ་སྲིད་ཁྲི་རབས་བདུན་པ་འདི་ཉིད་རབ་བྱུང་བདུན་པའི་ཆུ་གླང（སྤྱི་ལོ1433）ལོར་ཡབ་ཆེ་ས་སངས་རྒྱས་རྒྱལ་མཚན་གྱི་སྲས་སུ་དགོན་གསར་དུ་འཁྲུངས། དགུང་ལོ་བཅུ་བཞི་པར་རྩེད་ཐང་གི་གདན་སར་ཕེབས། དགུང་ལོ་བཅུ་དྲུག་པ་རབ་བྱུང་བརྒྱད་པའི་ས་འབྲུག（སྤྱི་ལོ1448）ལོར་ཕག་གྲུ་སྡེ་སྲིད་ཀྱི་ཁྲི་ལ་ཕེབས། རིན་སྤུངས་ནས་བདག་མོ་ཞིག་བཞེས་ཏེ་སྲས་རིན་ཆེན་རྡོ་རྗེ་དབང་གི་རྒྱལ་པོ་འཁྲུངས། སྡེ་སྲིད་འདིས་སྲིད་དབང་སྐྱོང་སྟངས་འཐུས་ཤོར་སོང་བའི་དབང་གིས་ཞལ་ངོ་མི་མཐུན་པ་དང་། དུས་མི་བདེ་བ་མང་དུ་བྱུང་བའི་གོ་སྐབས་དང་བསྟུན་ཏེ་ཕག་གྲུའི་ས་ནས་རིན་སྤུངས་རྫོང་དཔོན་ནོར་བུ་བཟང་པོས་གཙང་ཁུལ་གྱི་དབང་ཆ་ཕལ་ཆེ་བ་བླངས། ཀུན་དགའ་ལེགས་པ་དགུང་ལོ་སུམ་ཅུ་སོ་ལྔ་པར་སྲས་རིན་ཆེན་རྡོ་རྗེ་རྩེད་ཐང་གི་གདན་སར་བསྐོས། དེ་ནས་ཡུམ་སྲས་ཕྱོགས་གཅིག་ལ་བརྟེན་ནས་རྩེད་ཐང་གི་སྡེ་གཟར་ལངས། ཡུམ་གཤེགས་རྗེས་རིན་སྤུངས་མཚོ་སྐྱེས་རྡོ་རྗེས་མཁར་ཐོག་བཟུང་། གོང་མ་ཀུན་དགའ་ལེགས་པ་མེ་གླང（སྤྱི་ལོ1457）ལོར་ཟུར་བཞུགས་གནང་། རབ་བྱུང་བརྒྱད་པའི་ས་གླང（སྤྱི་ལོ1469）ལོར་ཏཱ་མིང་གོང་མས་གསེར་ཡིག་པ་མངགས་ཏེ་དབང་གི་མཚན་ཐེལ། རབ་བྱུང་བརྒྱད་པའི་ལྕགས་གླང（སྤྱི་ལོ1481）ལོར་རིན་སྤུངས་པ་ཁུ་དབོན་གྱིས་མཆོད་དབུས་གཙང་གི་དཔོན་གནས་ཆེ་ཁག་རྣམས་འཚོགས་ཏེ་ཁུ་དབོན་གཉིས་དབར་ལེགས་མོལ་ཞུས་ནས་གོང་མ་ཀུན་དགའ་ལེགས་པ་སླར་ཡང་སྡེ་སྲིད་ཀྱི་ཁྲི་ཐོག་ཏུ་ཕེབས། ནང་སོ་མཚོ་སྐྱེས་རྡོ་རྗེས་བློན་ཆེན་དང་། ཐོན་པ་རིན་པོ་ཆེ་དར་རྒྱས་ཀྱིས་ཀ་བཞི་བཟུང་། སྐབས་དེའི་ཚེ་དབུས་གཙང་མངའ་རིས་བཅས་པར་སྡེ་དཔོན་རྣམས་ནས་རང་རང་གི་མངའ་འོག་ཏུ་དཔུང་དམག་གོ་ཐག་མ་ཉུང་ཙམ་རེ་སྒྲིར་ཉར་ཐོག རང་རང་གི་མཆོད་ཡུལ་བླ་མ་དང་། དགོན་པ་ཁག་གི་ས་སྡེ་དང་། དགོར་ཟ་དགེ་ཁོངས། ཆོས་ལུགས་སྣེར་ལང་མཐོང་བཙན། གཅིག་རྒྱབ་གཅིག་ལངས་བྱེད་རེས་ཀྱིས་ནང་འཁྲུག་ཡང་ནས་ཡང་དུ་བྱུང་ཡང་གོང་མ་ཉིད་སྤྱི་དཔོན་ལྟ་བུར་བཞུགས་ནས་ཕན་ཚུན་འདུམ་པའི་སློབ་སྟོན་ཁོ་ན་གནང་། ཀུན་མཁྱེན་ཡེ་བཟང་རྩེ་པ（འགོས་ལོ་ཙཱ་བ་ལ་ཞུ）དང་། དཔལ་ཆོས་ཀྱི་གྲགས་པ་སོགས་ཡོངས་འཛིན་དུ་བསྟེན་ནས་ཐེག་པ་ཆེན་པོའི་ཆོས་མང་དུ་གསན། རྩེད་ཐང་གི་མཚན་ཉིད་པ་དང་། སྒྲུབ་མཆོད་པ་རྣམས་ལ་བདག་རྐྱེན་བཟང་པོ་མཛད། གྲུབ་ཆེན་ཐང་སྟོང་རྒྱལ་པོས་ཉང་པོ་གྲུ་ཁར་ལྕགས་ཀྱི་ཟམ་ཆེན་འཛུགས་པ་མཛད་རྒྱུའི་མཐུན་རྐྱེན་ཡང་དག་པ་གནང་བཞིན་པར་རབ་བྱུང་བརྒྱད་པའི་ཆུ་ཡོས（སྤྱི་ལོ1483）ལོར་དགུང་ལོ་ང་གཅིག་པར་སྐུ་གཤེགས།

སྡེ་སྲིད་གྲགས་པ་འབྱུང་གནས། ཕག་གྲུ་སྡེ་སྲིད་ཁྲི་རབས་དྲུག་པ་འདི་ཉིད་རབ་བྱུང་བདུན་པའི་ཤིང་རྟ（སྤྱི་ལོ1414）ལོར་ཡབ་སངས་རྒྱས་རྒྱལ་མཚན་དང་། ཡུམ་ཀུན་དགའ་དཔལ་འཛོམས་གཉིས་ཀྱི་སྲས་སུ་འཁྲུངས། དགུང་ལོ་བཅོ་ལྔ་པར་རྩེད་ཐང་གདན་སར་བཞུགས། དགུང་ལོ་བཅུ་དགུ་པ་རབ་བྱུང་

བདུན་པའི་ཆུ་བྱི(སྤྱི་ལོ1432)ལོར་ཕག་གྲུ་སྡེ་སྲིད་ཀྱི་ཁྲིར་ཕེབས། ལུགས་བཟུང་གི་མཛད་པ་རྣམས་གོང་མ་ན་རིམ་གྱི་སྲོལ་རྒྱུན་མ་ཉམས་པར་ཕྱག་བཞེས་གནང་། དེའི་དུས་ཡར་གླུང་ཐེལ་དུ་དུས་གཟིར་ཡངས་ཏེ་དུས་མི་བདེ་བ་ཇེ་ཆེ་བྱུང་། འདི་ལ་སྟག་ལོའི(སྤྱི་ལོ1434)སྡེ་གཟར་ཆེན་མོའམ་ཕག་གྲུ་ནང་ཞིག་གི་ལོ་ཡང་ཟེར། ཤིང་ཡོས(སྤྱི་ལོ1435)ལོ་ནས་རིན་སྤུངས་པའི་ཤུགས་ཇེ་རྒྱས་དང་། ཕག་གྲུའི་མངའ་ཐང་ཙུང་ཟད་ཉམས་གུད་དུ་སོང་ཞེས་གླེང་། མེ་སྦྲུལ(སྤྱི་ལོ1437)ལོར་གོང་མ་གྲགས་པ་འབྱུང་གནས་སྐྱིད་ཤོད་དུ་ཕེབས་པ་ནང་བསོ་ཏུ་དབེན་ཤ་ཆེན་པོས་གུས་མཆོད་ལེགས་པར་མཛད། དུས་མི་བདེ་བའི་དབང་གིས་གཙང་ཕྱོགས་སུ་ཕེབས་མི་ཐུབ།

གོང་མ་འདིའི་སྐབས་རྩེད་ཐང་དང་། རྩེའི་གཙུག་ལག་ཁང་། ལྷ་ཁང་ཆེན་མོ། གསེར་གྱི་བཀའ་འགྱུར་སོགས་གསར་བཞེངས་དང་། ནག་ཚང་གི་ཁྲིམས་བསྒྲམས། སྒྲུབ་མཆོད་མང་པོ་བཙུགས། པཎ་ཆེན་ནགས་ཀྱི་རིན་ཆེན་དང་། རྒྱ་མ་སྦྱིན་སྤྱོ་བ་གཞོན་འོད། གོད་ཕྲུག་རས་པ་སོགས་དང་། ལྷག་པར་དུ་མཁས་གྲུབ་དགེ་ལེགས་དཔལ་བཟང་དང་། གསང་སྔགས་ཀྱི་ཆོས་རྗེ་རྣམ་གཉིས། བྱང་ཆེན་དཔོན་སློབ་སོགས་ལ་གུས་འདུད་དང་བདག་རྐྱེན་ཆེ་བ་མཛད། རྗེ་འདི་ཉིད་ཀྱང་ཐུགས་རབ་ཆེ་ཞིང་གསང་སྔགས་ཀྱི་མཁྱེན་པ་ཤིན་ཏུ་རྒྱས། བྱང་ཕྱོགས་ཀྱི་བསོ་ཁ་སྦུང་བའི་ཕྱིར་འོད་ཡུག་གླིང་དཀར་གྱི་རྫོང་བརྩིགས། འགོས་ལོ་ཙྪ་བ་གཞོན་ནུ་དཔལ་ཞེས་རྩོད་མེད་ཀྱི་མཁས་པ་ཆེན་པོ་དེ་ཡང་གོང་མ་འདིའི་ཞབས་འབྲིང་དུ་རྒྱུན་རིང་བཞུགས། སྲིད་ཀྱི་ཞབས་ཞུར་རིན་སྤུངས་པ་ནོར་བུ་བཟང་པོ་དང་། འཕྱོངས་རྒྱས་པ་ཧོར་དཀོན་མཆོག་རིན་ཆེན་གཉིས་ནས་བྱས། རབ་བྱུང་བདུན་པ་ལྕགས་སྤྲེལ(སྤྱི་ལོ1440)ལོར་དྷཱ་མིང་ཀྲེན་ཐའི་ཀྲེང་ཐུང་རྒྱལ་པོས་དབང་གི་འཛའ་ས་ཕུལ། དགུང་ལོ་སོ་གཉིས་ལ་ཕེབས་པ་རབ་བྱུང་བདུན་པའི་ཤིང་གླང(སྤྱི1445)ལོར་སྐུ་གཤེགས། ཆོས་ལྡེ་ལ་གཤེགས་པས་སྤྱན་སྔ་ཆོས་ལྡེ་པ་ཡང་ཞུ། ཁྲིན་སྲིད་ལོ་བཅུ་གཉིས་བསྐྱངས།

སྡེ་སྲིད་ངག་གི་དབང་པོ། ཕག་གྲུ་སྡེ་སྲིད་ཁྲི་རབས་བརྒྱད་པ་འདི་ཉིད་རབ་བྱུང་བདུན་པའི་ས་ལུག(སྤྱི་ལོ1439)ལོར་གྲགས་པ་འབྱུང་ནས་ཀྱི་སྲས་སུ་སྐུ་བལྟམས། དགུང་ལོ་བཅུ་དྲུག་པར་ཐེལ་གྱི་སྤྱན་སྔར་ཕེབས། དགུང་ལོ་ཞེ་གསུམ་པ་རབ་བྱུང་བརྒྱད་པའི་ལྕགས་གླང(སྤྱི་ལོ1481)ལོར་ཕག་གྲུའི་སྡེ་སྲིད་ཀྱི་ཁྲིར་ཕེབས། ནང་སོ་མཚོ་སྐྱེས་པས་བློན་ཆེན་དང་། ཐོན་པ་རིན་ཆེན་དར་རྒྱས་ཀྱིས་ཀ་བཞི་བཟུང་། སྡེ་སྲིད་ངག་གི་དབང་པོ་དགུང་ལོ་ཞེ་བདུན་དུ་ཕེབས་པ་རབ་བྱུང་བརྒྱད་པའི་ཤིང་སྦྲུལ(སྤྱི་ལོ1485)ལོར་རྒྱལ་རྩེ་དང་དབུས་སུ་སྡེ་གཟར་བྱུང་རུང་ངག་གི་དབང་པོ་ཉིད་གང་ལའང་མ་ཕྱོགས་པར་སྤྱི་དཔོན་དུ་བཞུགས་ཏེ་བར་འདུམ་ཁ་ན་མཛད་པས་སྡེ་གཟར་གྱི་ཡོ་ཁྱོམ་ཆེ་བ་མ་བྱུང་། དེ་དུས་རིན་སྤུངས་པ་ཤུགས་རྒྱས་པའི་སྐབས་ལ་བརྟེན་ཆོས་ལུགས་ཀྱི་ཀུན་སློང་འཐེན་འཁྱེར་བྱས་ཏེ་སྣེའུ་པའི་ལག་ནས་རྫོང་

གཞིས་འགའ་ཤས་འཕྲོག སྐབས་དེར་ལྷ་རིགས་རླངས་ཀྱི་གདུང་འཛིན་པ་སྤྱན་སྔ་ཉིད་མ་གཏོགས་མེད་པས། བློན་པོ་འགའ་ཤས་ཀྱིས་ཏེ་རྫོང་ཁ་བའི་སྲས་མོ་ཞིག་གོང་མ་ངག་གི་དབང་པོའི་བདག་མོར་ཕུལ་བ་དེ་ལ་སྲས་ངག་དབང་བཀྲ་ཤིས་གྲགས་པ་འཁྲུངས།

སེ་སྲིད་འདི་ཉིད་ཀྱིས་འགོས་ལོ་གཞོན་ནུ་དཔལ་གྱི་ཞབས་ལ་གཏུགས་པ་དང་། དཔལ་ཆོས་ཀྱི་གྲགས་པ་ཡོངས་འཛིན་དུ་བསྟེན་ནས་ཟབ་ཆོས་མང་པོ་གསན་བསམ་མཛད། རྩེད་ཐང་གི་མཚན་ཉིད་པ་རྣམས་དང་། སྒྲུབ་མཆོད་ཆེ་མོ་བཅས་ལ་བདག་རྐྱེན་བཟང་པོ་མཛད། ཐང་སྟོང་རྒྱལ་པོ་ཉང་པོ་གྲུ་ལ་ལྕགས་ཟམ་འཛུགས་པར་མཐུན་རྐྱེན་གང་ལེགས་སྦྱར་བ་སོགས་རྣམ་དཀར་མཛད་པ་རྒྱ་ཆེ་བ་ཡབ་ལས་ལྷག་པ་བསྐྱངས་ཏེ། མཐར་དགུང་ལོ་ང་གཉིས་ལ་ཕེབས་པ་རབ་བྱུང་བརྒྱད་པའི་ལྕགས་ཁྱི（སྤྱི་ལོ1490）ལོར་སྐུ་གཤེགས། ཆུ་གླང（སྤྱི་ལོ1493）ལོར་མིང་གོང་མས་སྨོས་ནས་སྡེ་སྲིད་ངག་གི་དབང་པོར་ཕང་ཞེས་པ་རྒྱལ་པོའི་ཚོ་ལོ་དང་གནང་སྦྱིན་གནང་། སྤྱན་སྔ་རིན་པོ་ཆེ་དགོངས་པ་རྫོགས་ཟིན་སྐབས་གནང་སྦྱིན་རྣམས་ཕྱག་མཛོད་ལ་བཅོལ་ནས་གོང་མའི་ཕོ་ཉ་ཕྱིར་ལོག

སེ་སྲིད་བསོད་ནམས་གྲགས་པ། ཕག་གྲུ་སྡེ་སྲིད་ཁྲི་རབས་བཞི་པ་འདི་རབ་བྱུང་དྲུག་པའི་ས་ཕག（སྤྱི་ལོ1359）ལོར་ཡབ་དཔོན་རིན་རྡོར་བ་དང་། ཡུམ་དཔོན་མོ་རིན་མཚོའི་སྲས་སུ་འཁྲུངས། དགུང་ལོ་དགུ་པར་སྤྱན་སྔ་བཅུ་གཉིས་པའི་དྲུང་དུ་དགེ་བསྙེན་གྱི་སྡོམ་པ་བཞེས། མཚན་བསོད་ནམས་གྲགས་པར་གསོལ། དེ་རྗེས་སྡེ་གདོང་དུ་ཆོས་རྗེ་བླ་མ་དམ་པས་མཁན་པོ་དང་། མཁན་ཆེན་གཞོན་ནུ་དབང་པོས་སློབ་དཔོན་མཛད་དེ་རབ་ཏུ་བྱུང་། དགུང་ལོ་བཅུ་པར་རྩེད་ཐང་གི་གདན་སར་ཕེབས་ནས་འཆད་ཉན་རྒྱ་ཆེར་སྤེལ་ཏེ་ཚོགས་པ་ལོ་བཅུ་གསུམ་བསྐྱངས། ལྷ་སར་དགེ་བཤེས་མང་དུ་འཚོགས་པའི་སར་ཆོས་འཁོར་མཛད། ལོ་ཚ་བ་བྱང་ཆུབ་རྩེ་མོ་དང་། མཁན་ཆེན་གཞོན་དབང་པ་སོགས་ནས་བསྙེན་རྫོགས་བཞེས། དགུང་ལོ་ཉེར་གསུམ་པ་རབ་བྱུང་དྲུག་པའི་ལྕགས་བྱ（སྤྱི་ལོ1381）ལོར་ཕག་གྲུ་སྡེ་སྲིད་ཀྱི་ཁྲིར་ཕེབས་ནས་ལོ་བཞི་སྲིད་བསྐྱངས་ཏེ་ཤིང་གླང（སྤྱི་ལོ1385）ལོར་སྡེ་སྲིད་ཀྱི་ཁྲི་ལས་བཞོལ་ཏེ་གདན་ས་ཐེལ་གྱི་སྤྱན་སྔ་ལོ་བཅུ་དགུ་མཛད། རབ་བྱུང་བདུན་པའི་ས་བྱི（སྤྱི་ལོ1408）ལོར་སྐུ་གཤེགས།

ནམ་མཁའ་ལེགས་པའི་རྒྱལ་མཚན། མཚན་གཞན་མཁས་བཙུན་ཆེན་པོ་ཞུ་བ་འདི་ཉིད་ཡབ་བདག་ཆེན་བཟང་པོ་དཔལ་དང་། ཡུམ་ནམ་མཁའ་རྒྱལ་མོ་གཉིས་ཀྱི་སྲས་སུ་རབ་བྱུང་ལྔ་པའི་ཤིང་སྤྲུལ（སྤྱི་ལོ1305）ལོར་ལྷ་རྩེར་སྐུ་འཁྲུངས། རྗེ་འདིས་བཞི་ཐོག་བླ་བྲང་གི་གདན་རབས་དང་པོ་མཛད་ཅིང་། དགུང་ལོ་ཉི་ཤུ་རྩ་གཅིག་ལ་ཕེབས་པ་རབ་བྱུང་ལྔ་པའི་ཤིང་གླང（སྤྱི་ལོ1325）ལོར་དཔལ་ས་སྐྱ་དགོན་གྱི་གདན་ཁྲིར་ཕེབས་ནས་བཟུང་གདན་ས་ལོ་བཅུ་དགུ་བསྐྱངས། དགུང་ལོ་སོ་དགུ་ལ་ཕེབས་པ་རབ་

བྱུང་དྲུག་པའི་ཆུ་ལུག(སྤྱི་ལོ1343)ལོར་འདས།

སྣར་ཐང་པ་ཀུན་དགའ་རྒྱལ་མཚན། རྗེ་འདི་ཉིད་རབ་བྱུང་དྲུག་པའི་ས་སྟག(སྤྱི་ལོ1338)ལོར་ཆུ་སྒོའི་ཁྲོད་བྲ་བར་གྲོའི་རིགས་སུ་སྐུ་བལྟམས། མཆིམས་བློ་བཟང་གྲགས་པ་ལས་བཀའ་གདམས་ཀྱི་གདམས་པ་རྣམས་རྫོགས་པར་གསན། དཀའ་བཅུ་པ་གཞོན་ནུ་སེང་གེ་ལས་ཀྱང་གདམས་པ་གཞན་མང་དུ་གསན། རབ་བྱུང་དྲུག་པའི་ཤིང་ཡོས(སྤྱི་ལོ1375)ལོར་སྣར་ཐང་གི་གདན་སར་ཕེབས། བསླབ་བཏུས་ཀྱི་ཊཱི་ཀཱ་སོགས་རྩོམ་པ་མང་དུ་མཛད། ཚོང་ཁ་པ་ཆེན་པོས་ཀྱང་རྗེ་འདིའི་ཞབས་ལ་གཏུགས། གདན་ས་ལོ་ཉི་ཤུ་རྩ་བདུན་བསྐྱངས་ཏེ། དགུང་ལོ་དྲུག་ཅུ་རེ་བཞི་བཞེས་པ་རབ་བྱུང་བདུན་པའི་ལྕགས་སྦྲུལ(སྤྱི་ལོ1401)ལོར་སྐུ་མྱ་ངན་ལས་འདས།

སྣར་ཐང་པ་གྲགས་པ་དོན་གྲུབ། རྗེ་འདི་ཉིད་རབ་བྱུང་དྲུག་པའི་ས་རྟ(སྤྱི་ལོ1378)ལོར་གན་ཙར་འཁྲུངས། སྐུ་ན་ཆུང་ངུ་ནས་རབ་ཏུ་བྱུང་སྟེ་ཐུགས་བརྩོན་ཤིན་ཏུ་ཆེ་བར་གྱུར། མཁན་ཆེན་གྲུབ་པ་ཤེས་རབ་ལ་བཀའ་གདམས་ཀྱི་ཆོས་རྫོགས་པར་གསན་ཏེ་མཁས་པའི་མངའ་རྙེད། གདན་ས་གོང་མ་ཁྲི་གཞོལ་མཛད་ཀྱང་རྗེ་ཉིད་ཁྲི་ལ་མ་ཕེབས་པས་གདན་ཁྲི་ལོ་བཞི་རིང་སྐྱོང་པར་ལུས། རབ་བྱུང་བདུན་པའི་ས་རྟ(སྤྱི་ལོ1438)ལོར་སྣར་ཐང་གདན་སའི་ཁྲིར་ཕེབས་ནས་ལོ་སུམ་ཅུའི་རིང་གདན་ས་བསྐྱངས་མཐར་དགུང་ལོ་དགུ་བཅུ་བཞེས་པ། རབ་བྱུང་བརྒྱད་པའི་མེ་ཕག(སྤྱི་ལོ1467)ལོར་སྐུ་གཤེགས།

སྣར་ཐང་པ་གྲགས་པ་ཤེས་རབ། (ཕྱི་མ) རྗེ་འདི་ཉིད་རབ་བྱུང་བདུན་པའི་ཤིང་འབྲུག(སྤྱི་ལོ1424)ལོར་སྣར་ཐང་དུ་སྐུ་འཁྲུངས། མཁན་ཆེན་གྲགས་པ་དོན་གྲུབ་ལས་རབ་ཏུ་བྱུང་། ཐམས་ཅད་མཁྱེན་པ་རྗེ་དགེ་འདུན་གྲུབ་དང་། རབ་འབྱམས་སྨོན་ལམ་དཔལ་བ། མཁས་པ་དཔལ་ལྡན་ཆོས་སྐྱོང་སོགས་སྤྱི་བོར་བསྟེན་ནས་སྡེ་སྣོད་ཀྱི་ཡོན་ཏན་མཐའ་ཡས་པ་གསན། སྣར་ཐང་ཁྲིད་སྨུག་གྱུ་ཚང་གི་འཆད་ཉན་ཡང་ཐོགས་ཤིག་མཛད། དགུང་ལོ་དྲུག་ཅུ་རེ་གསུམ་བཞེས་པ། རབ་བྱུང་བརྒྱད་པའི་མེ་རྟ(སྤྱི་ལོ1486)ལོར་སྣར་ཐང་ཆོས་སྡེའི་ཁྲིར་ཕེབས་ཏེ་འཆད་ཉན་འགྲོ་དོན་རྒྱ་ཆེར་སྤེལ། སྐུ་ཚེ་སྨད་ཀྱི་མཛད་པ་མི་གསལ།

སྣར་ཐང་པ་གྲུབ་པ་ཤེས་རབ། རྗེ་འདི་སྣར་ཐང་གི་ཉེ་འཁོར་རོང་གུ་ཞེས་བྱ་བར་དབང་གི་རིགས་སུ་རབ་བྱུང་དྲུག་པའི་མེ་བྱ(སྤྱི་ལོ1357)ལོར་སྐུ་འཁྲུངས། དགུང་ལོ་བདུན་པར་ཀློག་ཡིག་མཁས་པར་མཁྱེན། དགུང་ལོ་བཅུ་པར་མཁན་ཆེན་ཀུན་དགའ་རྒྱལ་མཚན་ནས་རབ་ཏུ་བྱུང་། མཚན་གྲུབ་པ་ཤེས་རབ་ཏུ་གསོལ། དགུང་ལོ་ཉི་ཤུ་པར་བསྙེན་པར་རྫོགས་པར་མཛད། མཁན་པོ་ཀུན་དགའ་རྒྱལ་མཚན་དང་། སློབ་དཔོན་གྲགས་པ་རྒྱ་མཚོ། ཆོས་རྗེ་ཡོན་ཏན་འོད་སོགས་ཡོངས་འཛིན་དུ་བསྟེན་ནས་མདོ་རྒྱུད་མན་ངག་གི་སྐོར་སོགས་ལེགས་པར་གསན། ཁྱད་པར་མཁན་ཆེན་ཀུན་དགའ་རྒྱལ་མཚན་ལས

བཀའ་གདམས་ཀྱི་སྐོར་རྣམས་རྫོགས་པར་མཛོད། དགུང་ལོ་སུམ་ཅུ་སོ་གཉིས་བཞེས་པ། ས་འབྲུག(སྤྱི་ལོ1388)ལོར་སྣར་ཐང་གི་གདན་ཁྲིར་ཕེབས། གཞུང་དང་གདམས་ངག་གི་སྒོ་ནས་མཁས་པ་རྣམས་ཀྱི་ཐུགས་ཡིད་ཆོམ་པར་མཛད་ཅིང་། སྐྱེ་བོ་རྣམས་ལ་ཕན་པའི་ས་བོན་ལེགས་པར་བཏབ། དཔལ་ཡིད་བཟང་རྩེ་བ་དང་རྗེ་ཤེས་རབ་སེང་གེས་ཀྱང་ཞབས་ལ་གཏུགས། ཐམས་ཅད་མཁྱེན་པ་དགེ་འདུན་གྲུབ་པས་རྗེ་འདི་ལས་དགེ་བསྙེན་དང་། དགེ་ཚུལ། དགེ་སློང་། གསང་སྔགས་ཀྱི་སྡོམ་པ་བཅས་མནོས་ཤིང་། ཟབ་ཆོས་ཀྱང་མང་དུ་གསན། མིང་རྒྱལ་རབས་གོང་མས་མཁན་ཆེན་ལ་སྤུ་མ་དམར་པོའི་ཀ་འཕན་དང་སྒོ་འཕན་ཞིག་ཀྱང་ཕུལ།

སྤྱོད་འཇུག་གི་ཊཱི་ཀཱ་སོགས་ལྷུག་པར་རྩོམ་མཛད། གདན་ས་ལོ་བཅུ་བསྐྱངས་ཏེ་མཁན་ཟུར་དུ་ཕེབས། དགུང་ལོ་དྲུག་ཅུ་རེ་བདུན་བཞེས་པ། རབ་བྱུང་བདུན་པའི་ཆུ་ཡོས(སྤྱི་ལོ1423)ལོར་ཇོ་མཚར་གྱི་ལྟས་དུ་མ་དང་བཅས་དགོངས་པ་ཆོས་དབྱིངས་སུ་གཤེགས།

སྣར་ཐང་པ་བཟོད་པ་དཔལ་གྲུབ། རྗེ་འདི་ཉིད་རབ་བྱུང་བདུན་པའི་ལྕགས་སྦྲུལ(སྤྱི་ལོ1401)ལོར་ཚ་སྒོ་གཞུང་དུ་སྐུ་འཁྲུངས། མཁན་ཆེན་གྲུབ་པ་ཤེས་རབ་ལས་རབ་ཏུ་བྱུང་། མཚན་བཟོད་པ་དཔལ་གྲུབ་ཅེས་གསོལ། སྤ་རྗེས་སུ་མཁས་གྲུབ་དགེ་ལེགས་དཔལ་བཟང་དང་། རྗེ་ཤེས་རབ་སེང་གེ། ཐམས་ཅད་མཁྱེན་པ་དགེ་འདུན་གྲུབ་པ་སོགས་མཁས་གྲུབ་མང་པོའི་ཞབས་ལ་གཏུགས་ནས་སྡེ་སྣོད་ལ་ཤིན་ཏུ་མཁས་པར་གྱུར། སྣར་ཐང་དུ་མཚན་ཉིད་ཀྱི་འཆད་ཉན་ཡང་མཛད། དགུང་ལོ་དྲུག་ཅུ་རེ་བརྒྱད་བཞེས་པ་རབ་བྱུང་བརྒྱད་པའི་ས་བྱི(སྤྱི་ལོ1468)ལོར་སྣར་ཐང་ཆོས་སྡེའི་གདན་ཁྲིར་ཕེབས་ནས་གདན་ས་ལོ་གསུམ་བསྐྱངས་མཐར་དགུང་ལོ་བདུན་ཅུ་ཐམ་པ། རབ་བྱུང་བརྒྱད་པའི་ལྕགས་སྟག(སྤྱི་ལོ1470)ལོར་སྐུ་གཤེགས།

སྣར་ཐང་པ་ཤེས་རབ་རྒྱལ་མཚན། རྗེ་འདི་ཉིད་ཤབ་སྟག་ལ་དང་ཉེ་བའི་གྲོང་སྒོ་ཁར་ཞེས་པར་རབ་བྱུང་བདུན་པའི་ལྕགས་གླང(སྤྱི་ལོ1421)ལོར་འཁྲུངས། སྐུ་ཆུང་ངུ་ནས་རབ་ཏུ་བྱུང་ཞིང་ཐུགས་རབ་ཆེ་ལ་སྒོ་གསུམ་བག་དང་ལྡན་པ་ཞིག་ཡོད། དེ་ནས་ཐམས་ཅད་མཁྱེན་པ་དགེ་འདུན་གྲུབ་ཀྱི་ཞབས་ལ་གཏུགས་ཏེ་མདོ་སྔགས་ཀྱི་གཞུང་ཇི་སྙེད་གསན་པས་སྡེ་སྣོད་འཛིན་པ་ཆེན་པོར་གྱུར་ཏེ་རྩེད་ཐང་དུ་པོ་ཏི་བཅོ་བརྒྱད་ཀྱི་གྲྭ་སྐོར་མཛད། མཐིལ་དུ་ཕྱིན་ཏེ་ཆོས་རྗེ་བསོད་ནམས་མཆོག་གྲུབ་པ་དང་མཇལ། ཆོས་རྗེ་བྱམས་པ་གླིང་པ་ལས་སྨྲ་བསླབས། ལོ་དེར་དགའ་ལྡན་དུ་ཕྱིན་ཏེ་རྒྱུད་ཆེན་སྦྱིན་པ་དཔལ་ལས་གསང་འདུས་ཀྱི་རྒྱུད་འགྲེལ་རྫོགས་པར་གསན། སླར་ཡང་གཙང་དུ་ཕེབས་ནས་སྣར་ཐང་དུ་མཚན་ཉིད་ཀྱི་འཆད་ཉན་ཐོགས་ཤིག་གནང་། དེ་ནས་རྗེ་འདི་ཉིད་ཀྱིས་ཚེ་འདི་ལ་མཐོང་ལམ་ཐོབ་པ་ཞིག་བྱེད་གསུངས་ཏེ་བྱང་ཆུབ་ཆེན་པོའི་དབེན་གནས་དང་། ཝང་བཞི་ཕུའི་དབེན་གནས་སོགས་སུ་ཐུགས་དམ

གཙོ་བོར་མཛད། སྐབས་དེ་ཤེས་སུ་ཉེ་གནས་ཆེན་པོས་སྟར་ཐང་གི་མཁན་པོར་གདན་དྲངས་ཀྱང་ཕེབས་དཀའ་བར་བྱུང་བ་ལ། ཐམས་ཅད་མཁྱེན་པ་རྗེ་དགེ་འདུན་གྲུབ་ཀྱི་བཀའ་ལུང་ཕེབས་པ་ཟློག་མི་ནུས་པར་དགུང་ལོ་ལྔ་བཅུ་ང་གསུམ་བཞེས་པ། ཆུ་སྦྲུལ(སྤྱི་ལོ1473)ལོར་སྟར་ཐང་ཆོས་སྡེའི་ཁྲི་ལ་ཕེབས། ལོ་བཅུ་བཞིའི་རིང་གདན་ས་བསྐྱངས་ཏེ་ཁྲི་ཟུར་དུ་ཕེབས་ནས་དབེན་གནས་པོ་ནར་ཕུགས་དམ་དུ་བཞུགས། འདས་ལོ་མི་གསལ།

པཎ་ཆེན་བློ་བཟང་ཆོས་ཀྱི་རྒྱལ་མཚན། ཀུན་གཟིགས་པཎ་ཆེན་རིན་པོ་ཆེ་སྐུ་ཕྲེང་བཞི་པ་འདི་ཉིད་གཙང་སྟོད་ལྷན་དྲུག་བརྒྱ་བའི་སྦྱིའུ་ཞེས་པའི་ཡུལ་དུ་ཡབ་དྲུང་འཚོ་བ་ཀུན་དགའ་འོད་ཟེར་རམ་ཚེ་རིང་དཔལ་འབྱོར་དང་ཡུམ་མཚོ་རྒྱལ་གཉིས་ཀྱི་སྲས་སུ་རབ་བྱུང་བཅུ་པའི་ལྕགས་རྟ(སྤྱི་ལོ1570)ལོའི་བོད་ཟླ་བཞི་པའི་ཚེས་བཅོ་ལྔ་ཉིན་སྐུ་བལྟམས། མཚན་ཆོས་རྒྱལ་དཔལ་ལྡན་བཟང་པོ་ཞེས་གསོལ། སྐུ་ཆུང་དུས་མཁས་གྲུབ་སངས་རྒྱས་ཡེ་ཤེས་ཀྱིས་དབེན་ས་བློ་བཟང་དོན་གྲུབ་ཀྱི་སྤྲུལ་སྐུར་ངོས་འཛིན་གནང་། དགུང་ལོ་བཅུ་གསུམ་པ་ཆུ་རྟ(སྤྱི་ལོ1582)ལོར་དབེན་དགོན་དུ་མཁས་གྲུབ་སངས་རྒྱས་ཡེ་ཤེས་དང་ཁྲི་པ་དམ་ཆོས་ཡར་འཕེལ་གྱི་དྲུང་དུ་རབ་ཏུ་བྱུང་ནས་མཚན་བློ་བཟང་ཆོས་ཀྱི་རྒྱལ་མཚན་དུ་གསོལ། མཁས་གྲུབ་སངས་རྒྱས་ཡེ་ཤེས་ཀྱི་དྲུང་ནས་དགེ་ཚུལ་གྱི་སྡོམ་པ་བཞེས། དགུང་ལོ་བཅུ་བདུན་ལ་ཕེབས་པ་མེ་ཁྱི(སྤྱི་ལོ1586)ལོར་བཀྲ་ཤིས་ལྷུན་པོར་ཕེབས་ཏེ་གཞུང་ཆེན་བཀའ་པོད་ལྔའི་མཚན་ཉིད་ཀྱི་སློབ་གཉེར་དབུ་ཚུགས། དགུང་ལོ་ཉེར་གཉིས་པ་ལྕགས་ཡོས(སྤྱི་ལོ1591)ལོར་བཀྲས་དགོན་ཁྲི་ཐོག་བཅུ་བཞི་པ་དམ་ཆོས་ཡར་འཕེལ་ལས་བསྙེན་པར་རྫོགས། དེ་ཁའི་སྔོན་མཐུག་ཏུ་དབུས་སུ་བྱོན་ནས་རྗེ་ཞལ་རྣམ་གཉིས་མཇལ་ཞིང་མཆོད་སྤྲིན་རྒྱ་ཆེར་ཕུལ། དགུང་ལོ་ཉེར་དགུ་པ་ས་ཁྱི(སྤྱི་ལོ1598)ལོར་གངས་ཅན་ཆོས་འཕེལ་གྱི་ཁྲིར་ཕེབས། སོ་གཉིས་པ་ལྕགས་གླང(སྤྱི་ལོ1601)ལོར་བཀྲས་ལྷུན་དགོན་པའི་ཁྲི་ཐོག་བཅུ་དྲུག་གི་ཐུགས་འགན་བཞེས་ནས་དགོན་སྡེར་ལོ་ལྟར་ཚེ་འཕྲུལ་སྨོན་ལམ་ཆེན་མོ་ཚུགས་སྲོལ་བཏོད། ས་བྱ(སྤྱི་ལོ1609)ལོར་བཀྲས་ལྷུན་རྒྱུད་པ་གྲྭ་ཚང་བཙུགས། ཆུ་གླང(སྤྱི་ལོ1613)ལོ་ནས་བཟུང་ལྷ་ས་སྨོན་ལམ་ཆེན་མོའི་ཚོགས་དབུ་ལོ་དྲུག་མཛད། ཤིང་སྟག(སྤྱི་ལོ1614)ལོར་འབྲས་སྤུངས་སུ་ཕེབས་ནས༧རྒྱལ་དབང་ཡོན་ཏན་རྒྱ་མཚོར་བསྙེན་རྫོགས་ཀྱི་སྡོམ་པ་ཕུལ། དགུང་ལོ་ཞེ་དྲུག་པ་ཤིང་ཡོས(སྤྱི་ལོ1615)ལོར་ཟབ་ལམ་རིམ་གཉིས་ཀྱི་འཆད་ཉན་དར་འཕེལ་ཆེད་ཐུགས་པ་གྲྭ་ཚང་གསར་འཛུགས་དང་། ལི་མ་ལྷ་ཁང་སོགས་ལྷ་ཁང་ཁག་བཅོ་ལྔའི་ནང་བཞུགས་རྟེན་དང་བརྟེན་པར་བཅས་པ་གསར་དུ་བཞེངས། མེ་སྦྲུལ(སྤྱི་ལོ1617)ལོར་སེ་འབྲས་གཉིས་ཀྱི་ཁྲིར་ཕེབས་ནས་མཁན་པོ་ལོ་བཅོ་ལྔ་རེ་མཛད། ལྕགས་སྤྲེལ(སྤྱི་ལོ1620)ལོར་ལྷ་ལྡན་ལྕགས་པོ་རིའི་མཚམས་སུ་བོད་སོག་དམག་འཁྲུག་གི་སྐབས་ལ་ཆེངས་ཞུ་ནན་ཆེན་མཛད་པས་དམག་འཁྲུག་བཅད་དེ་སྐྱེ་བོ་འབུམ་ཕྲག་གི་སྲོག་སྐྱབ་

མཛད། ཆུ་ཁྱི(སྤྱི་ལོ1622)ལོར་འཕྲོངས་རྒྱས་འཕྲིང་བ་སྟག་རྩེར་འཁྲུངས་པའི་ཆུང་སྲིད་དེ་བཞིན་རྒྱལ་མཆོག་བཞི་པའི་སྤྲུལ་སྐུར་ངོས་འཛིན་མཛད་དེ་འབྲས་སྤུངས་དགའ་ལྡན་ཕོ་བྲང་དུ་གདན་དྲངས། རབ་བྱུང་དགེ་ཚུལ་སྡོང་གི་བསླབ་སྡོམ་སོགས་སྔ་རྗེས་འབུལ་བཞེས་དང་འབྲེལ་མདོ་སྔགས་ཀྱི་ཟབ་ཆོས་དུ་མ་འབུལ་གནང་མཛད། རབ་བྱུང་བཅུ་གཅིག་པའི་ས་སྦྲུལ(སྤྱི་ལོ1629)ལོར་དགའ་ལྡན་གསེར་ཁྲིག་བཞེངས། ཤིང་ཁྱི(སྤྱི་ལོ1634)ལོར༧རྒྱལ་དབང་སྐུ་ཕྲེང་ལྔ་པ་ཆེན་པོ་དང་ལྷན་དུ་ཕོ་ཉ་མངགས་ཏེ་གུ་ཤྲཱི་བསྟན་འཛིན་ཆོས་རྒྱལ་དང་འབྲེལ་བ་ཚུགས། ཤིང་ཕག(སྤྱི་ལོ1635)ལོར་གསེར་སྦྱངས་འབབ་ཞིག་ལས་གྲུབ་པའི་རྒྱལ་བའི་བཀའ་འགྱུར་རིན་པོ་ཆེ་བཞེངས་འགོ་བཙམས་ཏེ་ལེགས་པར་གྲུབ། ས་སྟག(སྤྱི་ལོ1638)ལོར༧རྒྱལ་མཆོག་ལྔ་པ་ཆེན་པོར་བསྙེན་རྫོགས་ཀྱི་སྡོམ་པ་འབོགས་པར་མཛད། ཆུ་རྟ(སྤྱི་ལོ1642)ལོ་ནས་བཟུང་ཞ་ལུ་དགོན་གྱི་མཁན་པོ་ལོ་ཉི་ཤུ་མཛད། རབ་བྱུང་བཅུ་གཅིག་པའི་ཤིང་བྱ(སྤྱི་ལོ1645)ལོར་གུ་ཤྲཱི་བསྟན་འཛིན་ཆོས་རྒྱལ་གྱིས་པཎྜི་ཏ་ཆེན་པོ་དང་འཕོ་ག་ཧོ་སྟེ་བློ་གྲོས་སྟོབས་ལྡན་ཞེས་པའི་མཚན་གསོལ། ས་ཁྱི(སྤྱི་ལོ1658)ལོར་སོག་པོའི་དཔོན་པོ་ཁོན་དུ་ལི་དང་རྒྱ་ནག་གི་མི་སྣ་ཤེས་རབ་བླམ་དཔོན་སློབ་རྣམས་ལས་སོག་པོའི་རྒྱལ་པོ་སོགས་འགའ་ཞིག་ལ་ཆེ་དབང་དང་རྒྱ་ནག་གི་རྒྱལ་པོའི་འཚམས་འདྲི་སྐྱེས་བཟང་པོ་དང་བཅས་བྱུང་བའི་ལན་འདེབས་དང་གསེར་ཡིག་པ་རྣམས་ལའང་ཟང་ཟིང་གི་དངོས་པོས་ཚིམ་པར་བྱས་ཏེ་བཏང་། དགུང་ལོ་དོན་ལྔ་ལོར་དབེན་གནས་གཙུག་ལག་ཁང་ཀ་ཆེན་ཉེ་ཤུ་རྩ་ལྔའི་རྒྱ་ཕིབ་གསར་དུ་བཞེངས། བཀྲས་ལྷུན་དགེ་འདུན་རེར་ལོ་རེ་ནས་འབྲུ་ཁལ་བརྒྱད་རེའི་ཕོགས་ཐོབ་བསྐུལ། དགུང་ལོ་སོ་གཅིག་པ་ནས་གོ་གསུམ་བར་བཀྲས་ལྷུན་གདན་ས་བསྐྱངས།

རྗེ་འདིས་ལོ་ངོ་དྲུག་ཅུ་ལྷག་ཙམ་གྱི་རིང་དབུས་གཙང་། མངའ་རིས། མདོ་སྟོད་སྨད། ལྷོ་མོན། ཁལ་ཁ། ཨོ་རོད་ཀྱི་བླ་དཔོན་ཆེ་དགུ་མཐའ་དག་ལ་ཆོས་ཀྱི་འཁོར་ལོ་རྒྱ་ཆེར་བསྐོར། འཁོར་གསུམ་གྱི་མཛད་བཟང་མཐའ་ཡས། འཆད་རྩོད་རྩོམ་གསུམ་གྱིས་རྒྱལ་བསྟན་ཉི་མོ་ལྟར་དར་རྒྱས་མཛད་ཅིང་། ཆོས་ལུགས་གྲུབ་མཐའ་རིས་མེད་ཀྱིས་གཙུག་ཏུ་བཀུར། གསུང་རྩོམ་གསང་འདུས་རིམ་ལྔའི་ཊཱིཀྐ་དང་། བླ་མཆོད་ཕྱག་ལེན་རྩ་འགྲེལ། བྱང་ཆུབ་ལམ་གྱི་རིམ་པའི་དམར་ཁྲིད་ཐམས་ཅད་མཁྱེན་པར་བགྲོད་པའི་བདེ་ལམ། གཞི་ལམ་འབྲས་གསུམ་གྱི་ཕྱག་རྒྱ་ཆེན་པོའི་ངོ་བོ་ངོས་འཛིན་ལས་བརྩམས་པའི་ཤེས་རབ་བདག་འཛིན་གཉིས་ཀྱི་གཤགས་འདེབས་སོགས་པོད་ལྔ་བཞུགས། དུས་གསུམ་སངས་རྒྱས་ཀྱི་གོས་སྐུ་སྲིད་ན་འགྲན་མེད་ཅིག་བཞེངས། དགུང་ལོ་གོ་གསུམ་ལ་ཐེབས་པ་རབ་བྱུང་བཅུ་གཅིག་པའི་ཆུ་སྟག(སྤྱི་ལོ1662)ལོར་གཟིམས་ཆུང་བཀའ་གདམས་ཕོ་བྲང་དུ་བདེ་བར་གཤེགས། སྐུ་གདུང་རྫིལ་པོ་བཞུགས་པའི་དངུལ་སྡོང་ཆེན་མོ་བཀྲ་ཤིས་ལྷུན་དགོན་པར་བཞུགས།

པཎ་ཆེན་བཟང་པོ་བཀྲ་ཤིས། ལ་སྟོད་བྱང་དུ་རབ་བྱུང་བདུན་པ་ལྕགས་སྟག(སྤྱི་ལོ1410)ལོར་སྐུ་བལྟམས། སྐུ་གཞོན་དུས་རྗེ་ཤེས་རབ་སེང་གེ་དང་། ༧རྒྱལ་དབང་དགེ་འདུན་གྲུབ་པ། རྗེ་བློ་གྲོས་ཆོས་སྐྱོང་སོགས་བསྟེན་ནས་མདོ་རྒྱུད་རིག་གནས་ཟབ་མོ་ལ་མཁས་པར་སྦྱངས། དགུང་ལོ་ཞེ་གསུམ་པ་ལ་གཞན་ཡོད་བྱར་ནོངས་དགོན་གྱི་ཁྲིར་ཕེབས། ལོ་བདུན་རིང་འཆད་ཉན་མཛད། དགུང་ལོ་ཞེ་དགུ་པ་ལ་ངམ་རིང་དགོན་གྱི་དབུ་མཛད་དང་། དཔལ་ཡ་ག་ཆོས་སྡིངས་ཀྱི་བཤད་གྲྭ་མཛད། དགུང་ལོ་རེ་ལྔ་ལ་ཕེབས་པ་རབ་བྱུང་བརྒྱད་པའི་ཤིང་ལུག(སྤྱི་ལོ1474)ལོར་ཆོས་སྡེ་ཆེན་པོ་བཀྲ་ཤིས་ལྷུན་པོའི་ཁྲི་ཐོག་གཉིས་པར་ཕེབས་ནས་བསྟན་པའི་མཛད་འཕྲིན་སྤེལ། དེའི་སྐབས་གངས་ཅན་ཆོས་འཕེལ་དགོན་ཕྱག་བཏབ།

སྤྱིར་ན་རྗེ་འདི་ཉིད་ཀྱིས་རྗེ་ཤེས་རབ་སེང་གེ་དང་། ཐམས་ཅད་མཁྱེན་པ་དགེ་འདུན་གྲུབ། འདུལ་འཛིན་བློ་གྲོས་སྦས་པ། ཆོས་རྗེ་བློ་གྲོས་ཆོས་སྐྱོང་། དྭགས་པོ་ཀུན་བཀྲས་པ། བླ་མ་ཙནྡན་པ། ཆོས་རྗེ་ཚུལ་རྒྱལ་བ། འཕགས་པ་འོད་པ་ལ་སོགས་མཁས་གྲུབ་ཀྱི་བླ་མ་མང་དུ་བསྟེན་ནས་མདོ་སྔགས་ཀྱི་དམ་ཆོས་མང་དུ་གསན། ས་དགེ་ཉེང་གསུམ་གྱི་གསང་སྔགས་ལ་མཁྱེན་པ་ཆེ། གསུང་རྩོམ་ཡང་ཐོམ་པ་ཉི་ཤུ་པའི་ཊཱི་ཀཱ། གྲུབ་མཐའི་རྣམ་གཞག ཟབ་ལམ་ན་རོ་ཆོས་དྲུག་གི་སྒོ་ནས་ཁྲིད་པའི་རིམ་པ་ཡིད་ཆེས་གསུམ་ལྡན། གུར་མགོན་འཁོར་བཅས་ཀྱི་མངོན་རྟོགས་སོགས། སྒྲུབ་ཐབས་དང་། གདམས་པའི་སྐོར་ལ་རབ་ཏུ་བྱེད་པ་བརྒྱ་ལྷག་ཙམ་གྱི་བསྟན་བཅོས་ཀྱང་མཛད། ཐམས་ཅད་མཁྱེན་པ་དགེ་འདུན་གྲུབ་ཀྱི་སྐུ་གདུང་ལ་དངུལ་གྱི་གདུང་རིན་པོ་ཆེའི་རྒྱན་སྤྲས་པ་ཞིག་བཞེངས། མཐར་དགུང་ལོ་རེ་དགུ་ལ་ཕེབས་པ་རབ་བྱུང་བརྒྱད་པའི་ས་ཁྱི(སྤྱི་ལོ1478)ལོར་དགོངས་པ་ཆོས་དབྱིངས་སུ་ཐིམ།

པཎ་ཆེན་ཡེ་ཤེས་རྩེ་མོ། ཆོས་སྡེ་ཆེན་པོ་བཀྲ་ཤིས་ལྷུན་པོའི་ཁྲི་ཐོག་བཞི་པ་འདི་ཉིད་རབ་བྱུང་བདུན་པའི་ཆུ་གླང(སྤྱི་ལོ1433)ལོར་སྟོད་ཀྱི་སའི་ཆར་སྐུ་འཁྲུངས། མཁར་ཆེན་བྲག་ན་རབ་ཏུ་བྱུང་། སྐུ་གཞོན་ནུའི་དུས་ནས་སྔགས་ཀྱི་ཕྱག་ལེན་ལ་མཁས། དེ་ནས་བཀྲ་ཤིས་ལྷུན་པོར་ཕེབས་ཏེ་རྗེ་དགེ་འདུན་གྲུབ་དང་། དྲི་མེད་བཤེས་གཉེན་གྱི་ཞབས་ལ་གཏུགས་ནས་ཟབ་ཆོས་མང་དུ་གསན། ས་སྐྱ་དང་སྣར་ཐང་སོགས་སུ་པོ་ཏི་མང་པོ་གྲྭ་སྐོར་མཛད། པཎ་ཆེན་བཟང་པོ་བཀྲ་ཤིས་ལས་གསང་སྔགས་ཀྱི་དབང་ལུང་སོགས་རྒྱ་ཆེར་གསན། དབུས་སུ་ཕེབས་ཏེ་རྒྱུད་སྡེ་འཛིན་པ་སྤྱིན་པ་དཔའ་བ་དང་ཆོས་རྗེ་བ་སོ་བའི་དྲུང་གསང་སྔགས་ཀྱི་གདམས་པ་མང་པོ་ཞུས། སྣར་གཙང་དུ་ཕེབས་ནས་རྗེ་དགེ་འདུན་གྲུབ་ལས་སྒྲ་དང་སྙན་ངག་སོགས་གསན། རབ་བྱུང་བརྒྱད་པའི་མེ་ལུག(སྤྱི་ལོ1487)ལོར་བཀྲས་དགོན་གྱི་གདན་ཁྲིར་ཕེབས། ཆོས་ཀྱི་འཁོར་ལོ་རྒྱ་ཆེར་བསྐོར། དགོན་པའི་ཤར་ངོས་ཀྱི་སྐྱིད་ནའི་ས་ཆ་རྣམས་སུ་མཚོའུ་དང་། ལྕང་ར་གསར་བསྐྲུན་གནང་། གཙུག་ལག་ཁང་མདུན་གྱི་ཆབ་སྒྲོན་ཁང་པ་དང་བཅས་པ་གསར་རྒྱག

མཛད། གདན་ས་ལོ་ཉི་ཤུ་རྩ་བཞི་བསྐྱངས་ཏེ་རབ་བྱུང་དགུ་པའི་ལྕགས་རྟ(སྤྱི་ལོ1510)ལོར་ཁྲི་ཐུར་དུ་ཕེབས། རྗེ་དགེ་འདུན་གྲུབ་ཀྱི་རྣམ་ཐར་ནོར་བུའི་ཕྲེང་བ་དང་། བཀའ་གདམས་ཆོས་འབྱུང་སོགས་བརྩམས་པར་མཛད།(འདས་ལོ་མ་གསལ)

པཎ་ཆེན་ལུང་རིག་རྒྱ་མཚོ། ཆོས་རྗེ་ཆེན་པོ་བཀྲ་ཤིས་ལྷུན་པོའི་ཁྲི་ཐོག་གསུམ་པ་འདི་ཉིད་རབ་བྱུང་བདུན་པའི་ས་ཁྱི(སྤྱི་ལོ1418)ལོར་ལ་སྟོད་བྱང་དུ་སྐུ་འཁྲུངས། རྗེ་དགེ་འདུན་གྲུབ་པ་དང་། འདུས་འཛིན་པ། རྗེ་བཙུན་བཟང་པོ་བཀྲ་ཤིས་ལ་སོགས་པའི་མཁས་གྲུབ་མང་པོའི་དྲུང་ལས་མདོ་སྔགས་ཀྱི་ཟབ་ཆོས་མང་དུ་གསན། རབ་བྱུང་བརྒྱད་པའི་ས་ཁྱི(སྤྱི་ལོ1478)ལོར་བཀྲ་ལྷུན་དགོན་གྱི་ཁྲིར་ཕེབས་ནས་ལོ་བཅུའི་རིང་བསྐྱངས། ན྄བྲང་སྟེང་དུ་དགའ་ལྡན་ལྷ་ཁང་དང་དེའི་ཀ་སྨུག་རྩེ་གསོལ་ཐབ། དེའི་ཉེ་འགྲམ་གྱི་ནང་ཚུང་གཉིས་བཅས་ཁང་མིག་བརྒྱད་དང་། ལྕགས་བྱི(སྤྱི་ལོ1480)ལོར་འདུ་ཁང་སྟེང་དུ་གཉེར་གཏད་གནས་བཅུ་ལྷ་ཁང་གསར་བཞེངས་མཛད། དེ་ནས་གདན་ས་པཎ་ཆེན་ཡེ་ཤེས་རྩེ་མོ་ལ་གཏད་དེ་དབེན་པར་ཐུགས་དམ་ལ་བཞུགས། (འདས་ལོ་མ་གསལ)

པཎ་ཆེན་ཤཱཀྱ་མཆོག་ལྡན། ས་སྐྱའི་བླ་མ་འདི་ཉིད་རབ་བྱུང་བདུན་པའི་ས་སྤྲེལ(སྤྱི་ལོ1428)ལོར་གསང་ཕུའི་བར་ཚོགས་ཞེས་པར་སྐུ་འཁྲུངས། དགུང་ལོ་བརྒྱད་པ་ལ་སྐྱོར་མོ་ལུང་དུ་རོང་སྟོན་ཆེན་པོ་ལས་རབ་ཏུ་བྱུང་། མཚན་ཤཱཀྱ་མཆོག་ལྡན་དྲི་མེད་ལེགས་པའི་བློ་ཞེས་གསོལ། དགུང་ལོ་བཅུ་པ་ལ་ན་ལེནྡྲར་དགེ་ཚུལ་བསྒྲུབས། དགུང་ལོ་ཉེར་གཅིག་གི་བར་རོང་སྟོན་ཆེན་པོའི་ཞབས་ལ་གཏུགས་ནས་རྒྱུད་བྲུག་མཆོག་གི་གཞུང་སོགས་ཟབ་ཆོས་མང་དུ་གསན། དགུང་ལོ་ཉེར་ལྔ་པ་ལ་ངོར་དགོན་དུ་ངོར་ཆེན། ཐུག་དཀར་སེམས་དཔའ་ཆེན་པོ། མུས་ཆེན་གསུམ་གྱིས་མཁན་པོ་དང་ལས་གསང་མཛད་དེ་བསྙེན་པར་རྫོགས། མཁན་སློབ་དེ་གསུམ་དང་། ལྷུང་ལུང་པ་གཞོན་ནུ་བློ་གྲོས། པཎ་ཆེན་ནགས་རིན་སོགས་ལས་གསུང་ངག་སྐྱོར་དྲུག་གི་གཙོས་ཟབ་རྒྱས་ཀྱི་ཆོས་མང་དུ་ཞུ་ནོད། དགུང་ལོ་བཅོ་ལྔ་པ་ལ་གསང་ཕུའི་གནས་སྒོ་གྲྭ་ཚང་གི་འཛིན་བདག་མཛད། དེ་ནས་དཔལ་ལྡན་ས་སྐྱར་གཞུང་ལུགས་བརྒྱ་ལ་བཤད་པའི་དགའ་སྟོན་དང་། ཡོ་སྐྲ་ལས་དྲངས་པའི་གནས་བསྟོད་དང་ང་བརྒྱད་མ་སོགས་མཛད། དགུང་ལོ་ཞེ་གཉིས་པ་ས་གླང(སྤྱི་ལོ 1469)ལོར་གསེར་མདོག་ཅན་དུ་འདུས་ཚོགས་བརྒྱ་ཕྲག་བདུན་ལ་འཆད་རྩོད་རྩོམ་གསུམ་གྱིས་བསྟན་པ་སྤེལ་ཏེ། དཀྱུས་ཆོས་ལ་མངོན་པ་གོང་འོག དཔྱིད་ཆོས་ལ་དབུ་མ། དབྱར་ཆོས་ལ་འདུལ་བ་གཙོ་བོར་འདོམས་པར་མཛད། དེ་ནས་ཆོས་རྒྱལ་རྣམ་རྒྱལ་གྲགས་པ་ལ་དུས་འཁོར་གྱི་དབང་སོགས་གསན། གསེར་མདོག་ཅན་དུ་དྲི་ལན་གསེར་གྱི་ཐུར་མ་མཛད།

མདོར་ན་མཁས་གྲུབ་འདི་ཉིད་ཀྱིས་ཡོངས་འཛིན་བཅུ་ཕྲག་བཞི་ལྷག་ལ་གསན་པ་རྒྱ་ཆེར་མཛད། བློ་བརྟན་བཞི་པ་དང་དེའི་ཉེ་གནས་བློ་ལྡན་པའི་དྲུང་དུ་ཀ་ཅན་སྐད་ངག་སོགས་སྦྱངས་ཤིང་། རིག་

གནས་ལྔ་ལ་སྣང་བའི་གྲགས་པས་ཁྱབ། ཡོངས་རྫོགས་པཎྜི་ཏ་ཆེན་པོར་གྱུར། སྤྱིར་རིག་གནས་ལྔ་དང་། ཁྱད་པར་སྒྲ་རིག་དང་། ནང་རིག་གི་སྙིང་པོ། བཀའ་བར་མཐའ་དང་། ལུགས་གཉིས་ཀྱི་སྲོལ་ལས་བྱུང་བའི་རང་སྟོང་གཞན་སྟོང་གི་ལྟ་བའི་གནད་ཟབ་མོ་ལ་འདི་ཁོ་ན་བཀའ་དྲིན་ཆེ། དེ་བཞིན་མངའ་རིས་འཁོར་འཕྲུལ་འདུ་ཁང་སྙིང་པ་དང་། ཕྱིས་གསར་པ། མགོན་ཁང་། གོས་སྐུ་སོགས་བཞེངས།

ཕྱག་རྩོམ་ལ་ཡང་། ཚད་མའི་དཀའ་འགྲེལ་སྤྱི་དོན་ཆེ་ཆུང་གཉིས། རྣམ་རིག་ཊཱི་ཀ་ཆེན་གཉིས། ཕར་ཕྱིན་ཊཱི་ཀ་ལུང་སྙིང་སྤྱི་དོན་གསུམ། རྩ་འཇུག་ཊཱི་ཀ་སྟོང་ཐུན་ཆེན་མོ་གསུམ། འདུལ་བའི་བཀའ་འགྲེལ་ལས་བརྒྱ་ཊཱི་ཀ་དང་། བདེ་གསང་རྣམ་བཤད་གསེར་ཐུར་ཆོས་ཚན་སོགས་རྩོམ་པའི་རྣམ་གྲངས་ཤིན་ཏུ་མང་བར་མཛད། གསུང་ལས་སྐྱེས་པའི་སློབ་མ་ཤངས་ཆེན་པ་དང་། ལྷུང་ར་བ། རྫོར་རྒྱལ་བ། བློ་བཟང་སོགས་མང་དུ་ཐོན། དེ་ལྟར་མཛད་པ་མཐར་ཕྱིན་ཏེ་དགུང་ལོ་བརྒྱད་ཅུ་ལ་ཕེབས་པ་རབ་བྱུང་དགུ་པའི་མེ་ཡོས(སྤྱི་ལོ1507)ལོར་དགོངས་པ་གཞན་དོན་དུ་གཤེགས།

པཎ་ཆེན་བསོད་ནམས་གྲགས་པ། དགའ་ལྡན་ཁྲི་ཐོག་བཅོ་ལྔ་པ་འདི་ཉིད་སྔོ་ཁ་རྩེད་ཐང་དགོན་པའི་ཉེ་འདབས་ཀྱི་གྲོང་ཚོ་ནང་པ་ར་ལམ་པ་བྲ་བའི་ཁྱིམ་ཚང་ཞིག་གི་སྲས་སུ་རབ་བྱུང་བརྒྱད་པའི་ས་ཁྱི(སྤྱི་ལོ1478)ལོར་སྐུ་བལྟམས། སྐུ་གཞོན་ནུའི་དུས་ལས་ཆེན་བསོད་ནམས་བཀྲ་ཤིས་ལས་རབ་ཏུ་བྱུང་སྟེ་མཚན་བསོད་ནམས་གྲགས་པའི་དཔལ་ཞེས་གསོལ། ཆུང་དུའི་དུས་རྩེད་ཐང་དགོན་པར་ཆོས་ཞུགས་ཀྱིས་ཡི་གེ་འབྲི་ཀློག་སོགས་ལ་སྦྱངས་པ་མཛད། ཚད་མའི་རིགས་གཅོད་ཞུ་བ་དང་སྤྲུགས་གཡའ་བཟང་དུ་ཕེབས་ཏེ་ཆོས་རྗེ་དྭགས་པོ་རབ་འབྱམས་པ་སོགས་བསྟེན་ནས་ལོ་ཤས་རིང་གཞུང་དང་། རིག་གནས་སོགས་ལ་གསན་སྦྱོང་གནང་། དགུང་ལོ་བཅུ་དྲུག་གི་སྐབས་སུ་ལྷ་སར་ཕེབས་ཏེ་སེ་ར་ཐེག་ཆེན་གླིང་དུ་ཆོས་ཞུགས་མཛད། ཀུན་མཁྱེན་དོན་ཡོད་དཔལ་ལྡན་དང་། གཉལ་སྟོན་དཔལ་འབྱོར་ལྷུན་གྲུབ། ཐོན་པ་མཁས་བཙུན་ཡོན་ཏན་རྒྱ་མཚོ་བཅས་བླ་མར་བསྟེན་ནས་ཕར་ཕྱིན་དང་། ཚད་མ། དབུ་མ། འདུལ་བ། མཛོད་བཅས་གཞུང་ཆེན་པོ་ལྔ་སློབ་གཉེར་མཐར་ཕྱིན་གནང་ཞིང་། ཞ་ཞོར་གསང་སྔགས་ཀྱི་ཆོས་ཀྱང་མང་དུ་གསན། དགུང་ལོ་ཉི་ཤུ་ལ་འོད་སྣའི་བླ་མ་སངས་རྒྱས་བཟང་པོ་དང་རིན་ཆེན་ཆོས་བཟང་གཉིས་ཀྱི་དྲུང་ནས་བསྙེན་རྫོགས་ཀྱི་སྡོམ་པ་བཞེས། མདོ་སྔགས་ཀྱི་མཚན་ཉིད་རིག་པའི་སློབ་གཉེར་ཐོན་ནས་དགེ་བཤེས་མཁས་པའི་ཡང་རྩེར་སོན། དགུང་ལོ་ཉེར་བདུན་ནས་ལོ་གསུམ་རིང་རྒྱུད་སྟོད་གྲྭ་ཚང་དུ་ཞུགས་ཏེ་རྒྱུད་པའི་སློབ་དཔོན་ཆོས་ལྡན་བློ་གྲོས་བླ་མར་བརྟེན་ནས་གསང་སྔགས་ཀྱི་དབང་ལུང་ཁྲིད་གསུམ་སོགས་ཇི་སྙེད་གསན་ཏེ་གསང་བ་སྔགས་ཀྱི་གཞུང་ལ་སྦྱངས་པ་མཐར་ཕྱིན་མཛད། དགུང་ལོ་སུམ་ཅུ་ཐམ་པར་རྩེད་ཐང་ཆོས་གྲྭར་རབ་འབྱམས་པའི་གྲྭ་སྐོར་གནང་། རྗེ་ཡབ་སྲས་ཀྱི་གསུང་དང་གཞུང་ཆེན་རྣམས་ཐུགས་རྒྱུད་ལ་བྱུང་བའི་ཉམས་ཐོན། དགུང་ལོ་སོ་གཅིག་ལ་རྒྱུད་སྟོད་ལ་ཆོས་ཞུགས་མཛད

ནས་རྗེ་ཆོས་ལྡན་བློ་གྲོས་ཀྱི་དྲུང་དུ་གསང་སྔགས་ཀྱི་དབང་ལུང་ཁྲིད་སོགས་ཏ་ཙང་མང་པོ་གསན་པས་གསང་སྔགས་ཀྱི་གཞུང་ལ་སྦྱངས་པ་ཕུལ་དུ་ཕྱིན། རྒྱུད་སྡེ་སྤྱིའི་རྣམ་བཤད་བརྩམས། དགུང་ལོ་སོ་བཞི་པར་རྒྱུད་སྟོད་གྲྭ་ཚང་གི་སློབ་དཔོན་གྱི་ཁྲིར་ཕེབས་ནས་ལོ་བཅུ་བཞིའི་རིང་རྒྱུད་ཀྱི་འཆད་ཉན་གནང་། དགུང་ལོ་སོ་དྲུག་ནས་དབུ་བཙུགས་ཏེ་གསང་འདུས་བསྐྱེད་རྫོགས་དང་། ཕར་ཕྱིན། དབུ་མའི་སྤྱི་དོན། འདུལ་བའི་རྣམ་བཤད། མཛོད་ཊཱི་ཀཱ་ཆོས་འབྱུང་སོགས་སྤྱ་རྟེང་གིས་ལྷུགས་རྩོམ་གནང་། དགུང་ལོ་ཞེ་བདུན་པར་རྒྱུད་ཀྱི་ཁྲི་ལས་བཤོལ། དགུང་ལོ་ཞེ་བརྒྱད་པར༧རྒྱལ་དབང་དགེ་འདུན་རྒྱ་མཚོའི་བཀའ་ལྟར་འབྲས་སྤུངས་བློ་གསལ་གླིང་གྲྭ་ཚང་གི་མཁན་པོ་ལོ་ལྔ་མཛད། དགུང་ལོ་ང་གཉིས་པ་ས་གླང(སྤྱི་ལོ1529)ལོར་དགའ་ལྡན་གྱི་ཁྲི་ཐོག་བཅོ་ལྔ་པར་ཕེབས་ཏེ་ལོ་བདུན་གྱི་རིང་ལ་མདོ་སྔགས་ཀྱི་འཆད་ཉན་རྒྱུན་མི་ཆད་པར་མཛད། དགུང་ལོ་ང་བརྒྱད་པར་དགའ་ལྡན་ཁྲི་པའི་ལོ་དུས་གཙང་སྟེ་ལོ་བརྒྱད་རིང་དགའ་ལྡན་དགོན་དུ་བཟུར་བཞུགས་ཐོག སྐྱོར་མོ་ལུང་དང་། ཕག་མོ་ཆོས་སྡེ། ཉེ་ཐིངས། འོད་སྣ། ཆོས་སྡེ་རིན་ཆེན་གླིང་སོགས་ཞལ་འཛིན་མཛད་པས་རྣམ་དཀར་གྱི་འཕྲིན་ལས་ཆེ། དགུང་ལོ་རེ་དྲུག་པར་རེ་ཞུས་བཞིན་ལོ་ངོ་བཞིའི་རིང་འབྲས་སྤུངས་སྤྱི་མཁན་གནང་། དེ་ནས༧རྒྱལ་དབང་སྐུ་ཕྲེང་གསུམ་པ་སྟོད་ལུང་ནས་ངོས་འཛིན་ཞུས་ཏེ་དགེ་བསྙེན་གྱི་སློབ་དཔོན་མཛད། དགུང་ལོ་རེ་དགུ་པ་ནས་དགུང་ལོ་དོན་བདུན་བར་སེ་རའི་མཁན་པོ་གནང་།

རྗེ་འདི་ཉིད་ཀྱིས་རྒྱུད་སྡེ་སྤྱིའི་རྣམ་བཤད་དང་། གསང་བ་འདུས་པའི་བསྐྱེད་རྫོགས་ཀྱི་ཁྲིད་ཡིག ཕར་ཕྱིན་གྱི་སྤྱི་དོན་ཡུམ་དོན་གསལ་བའི་སྒྲོན་མེ། ཕར་ཕྱིན་གྱི་མཐའ་དཔྱོད་ཡུམ་དོན་ཡང་གསལ་སྒྲོན་མེ། དབུ་མའི་སྤྱི་དོན་ཟབ་དོན་གསལ་བའི་སྒྲོན་མེ། བཀའ་གདམས་གསར་རྙིང་གི་ཆོས་འབྱུང་ཡིད་ཀྱི་མཛེས་རྒྱན། འདུལ་བའི་སྤྱི་དོན་ལུང་རིགས་ཉི་མ། མཛོད་ཀྱི་སྤྱི་དོན་ཤེས་བྱ་རབ་གསལ། ཚད་མ་རྣམ་འགྲེལ་གྱི་སྤྱི་དོན་དགོངས་པ་རབ་གསལ། འདུལ་བའི་ཆོས་འབྱུང་། བསྟན་རྩིས་རིན་ཆེན་ཕྲེང་བ། དེབ་ཐེར་དམར་པོ་གསར་མ། དགེ་ལྡན་ལེགས་བཤད་པདྨ་དཀར་པོའི་ཆུན་པོ་སོགས་ལོ་རྒྱུས་དང་། བསྟན་རྩིས། གཞུང་ཆེན་པོའི་འགྲེལ་བཤད་དོགས་གཅོད་སོགས་པོད་དྲུག་ཙམ་མཛད། དགུང་གྲངས་དོན་བདུན་ལ་ཕེབས་པ་རབ་བྱུང་དགུ་པའི་ཤིང་སྟག(སྤྱི་ལོ1554)ལོར་དགོངས་པ་ཆོས་དབྱིངས་སུ་གཤེགས།

དཔའ་བོ་གཙུག་ལག་ཕྲེང་བ། རབ་བྱུང་བརྒྱད་པའི་ཤིང་བྱི(སྤྱི་ལོ1504)ལོར་གཉགས་ཀྱི་རིགས་ལས་བྱུང་བ་ཡབ་བླམ་དར་དང་། ཡུམ་ལམ་རྙེད་སྒྲོལ་མ་གཉིས་ཀྱི་སྲས་སུ་མཉེས་ཐང་དུ་སྐུ་འཁྲུངས། དགུང་ལོ་ལྔ་པར་དགེ་བསྙེན་ཆ་ལུང་པས་དཔའ་བོ་སྐུ་ཕྲེང་དང་པོ་ཆོས་དབང་ལྷུན་གྲུབ་ཀྱི་སྐུ་སྐྱེར་ངོས་འཛིན་ཞུས་ཏེ་ལྷོ་བྲག་གྲོ་བོ་དགོན་པའི་གདན་སར་སྤྱན་དྲངས། བླམ་རྟོགས་ལྡན་དགེ་འདུན་རྒྱ་མཚོ་དགེ་རྒན

དུ་བསྙེན་ནས་བོད་ཡིག་འབྲི་ཀློག་སོགས་ལ་སྦྱང་བརྩོན་མཛད། དགུང་ལོ་དགུ་པ་ལ་ཀཱ་ཞྭ་དམར་སྐུ་ཕྲེང་བཞི་པ་ཆོས་ཀྱི་གྲགས་པའི་དྲུང་ནས་དགེ་བསྙེན་དང་དགེ་ཚུལ་གྱི་སྡོམ་པ་བཞེས་པའི་མཚན་ལ་མི་ཕམ་ཆོས་ཀྱི་རྒྱ་མཚོ་ཞེས་གསོལ། དགུང་ལོ་བཅུ་གཉིས་པར་ཤར་དྭགས་པོ་པཎྜི་ཏ་ཆོས་རྒྱལ་བསྟན་པའི་རྒྱལ་མཚན་གྱི་དྲུང་ནས་གསང་སྔགས་གསར་རྙིང་གི་ཆོས་མང་པོ་དང་། དཔུས་སྒྲོན་ཏེཿཪུ་ཀ་ཀུན་དགའ་བཟང་པོའི་དྲུང་ནས་ཕྱག་ཆེན་གྱི་ཁྲིད་གསན། དེ་རྗེས་ཞྭ་ལུ་ལོ་ཆེན་ཆོས་སྐྱོང་བཟང་པོའི་དྲུང་ནས་དགེ་སློང་གི་སྡོམ་པ་བཞེས། དགུང་ལོ་ཉི་ཤུ་རྩ་དགུ་ལ་ཀོང་པོར་ཕེབས་སྐབས་ཟིང་པོ་འབུམ་པ་སྔར་དུ་ཀརྨ་པ་མི་བསྐྱོད་རྡོ་རྗེ་དང་མཇལ་ཏེ་ཆོས་འབྲེལ་ཞུས་ཤིང་། མཚན་ལ་དཔའ་བོ་གཙུག་ལག་ཕྲེང་བ་ཞེས་གསོལ། དེ་ནས་བཟུང་མདོ་སྔགས་རིག་གནས་དང་བཅས་པའི་གསན་སྦྱོང་མང་ཆེ་བ་བླ་མ་འདིའི་དྲུང་དུ་མཛད་པ་དང་འབྲེལ་མཁས་པའི་དབང་པོ་དུ་མའི་ཞབས་ལ་གཏུགས་ནས་མདོ་སྔགས་དང་རིག་གནས་སྤྱི་ལ་གསན་སྦྱོང་དཔྱིས་ཕྱིན་པ་གནང་བས་མཁས་པའི་ཕུལ་དུ་ཕྱིན་ཏེ་དཔའ་བོ་གཙུག་ལག་ཕྲེང་བ་ཞེས་སྙན་པའི་གྲགས་པ་རབ་ཏུ་འབར།

གསུང་རྩོམ་ལ་སྤྱོད་འཇུག་འགྲེལ་ཆེན་དང་། རྩིས་ཀྱི་བསྟན་བཅོས། ཕག་མོའི་རྣམ་བཤད་ཆེན་མོ། གསོ་བ་རིག་པའི་རྒྱུད་བཞིའི་རྣམ་བཤད། སྨན་དཔྱད་ཟིན་བྲིས་སྙིང་པོ་བསྡུས་པ། རྡོ་ཞུན་གསལ་སྒྲོན། རྩིས་གཞུང་རིན་ཆེན་གཏེར་མཛོད། ཆོས་འབྱུང་མཁས་པའི་དགའ་སྟོན་སོགས་མང་དུ་མཆིས། ཆོས་འབྱུང་མཁས་པའི་དགའ་སྟོན་ནི་རབ་བྱུང་དགུ་པའི་ཤིང་སྦྲུལ(སྤྱི་ལོ1545)ལོར་བརྩམ་འགོ་བཙུགས་ཏེ་ལོ་རྡོ་ཉི་ཤུ་རྩ་གཅིག་རིང་ཡོངས་སུ་ཆ་ཚང་བར་མཛད། ལོ་རྒྱུས་ཀྱི་དེབ་ཐེར་འདི་ཤེས་བྱའི་གནས་ཀུན་ལྷུ་བའི་མེ་ལོང་དང་མཚུངས་ཤིང་། ལོ་རྒྱུས་ཀྱི་དཔྱད་ཡིག་ཁུངས་བཙན་ཞིག་ཏུ་སྣང་བ་བཅས་དམ་པ་འདི་ཉིད་ཀྱིས་མདོ་སྔགས་རིག་གནས་ཀྱི་མཛད་པ་རྒྱ་ཆེར་སྤེལ་མཐར་དགུང་ལོ་དྲུག་ཅུ་རེ་གསུམ་པ་རབ་བྱུང་དགུ་པའི་མེ་སྟག(སྤྱི་ལོ1566)ལོར་སྐུ་གཤེགས།

དཔལ་ཁང་ཆོས་མཛད། དཔལ་ཁང་ཆོས་མཛད་ཞུ་བ་འདི་ནི་གཙང་གི་བཞད་ཤར་ཕྱོགས་དཔལ་ཁང་ཞེས་པའི་ཁྱིམ་དུ་འཁྲུངས། ཀརྨ་པ་མི་བསྐྱོད་རྡོ་རྗེ་དང་དུས་མཉམ་དུ་བྱུང་། མཚན་དངོས་ངག་དབང་ཆོས་ཀྱི་རྒྱ་མཚོ་དབྱངས་ཅན་སླེམས་པའི་སྡེར་འབོད། དག་ཡིག་ངག་སྒྲོན་གྱི་རྩོམ་པ་པོ་ཡིན། འཁྲུངས་འདས་དང་མཛད་རྣམ་ཞིབ་པ་མ་རྙེད།

སྤྱན་སྔ་དཔལ་ལྡན་བཟང་པོ། རྗེ་འདི་ཉིད་ཡབ་བདག་པོ་ཤཱཀྱ་རིན་པ་དང་། ཡུམ་ཟི་ན་རིན་འཛོམ་པ་གཉིས་ཀྱི་སྲས་སུ་རབ་བྱུང་དྲུག་པའི་ཆུ་ཕག(སྤྱི་ལོ1383)ལོར་སྐུ་འཁྲུངས། དགུང་ལོ་གསུམ་པ་ལ་སྤྱན་སྔ་གྲགས་པ་བྱང་པ་ལས་དགེ་བསྙེན་གྱི་སྡོམ་པ་ཞུས། མཚན་དཔལ་ལྡན་བཟང་པོར་གསོལ། དགུང་ལོ་དགུ་པ་ལ་བརྟག་གཉིས་ཀྱི་སློབ་གཉེར་མཛད། དགུང་ལོ་བཅུ་པ་ལ་སྤྱན་སྔ་ཀུན་སྤངས་པ་ལས

ཆོས་ཁྲིད་རྣམས་གསན། མཁན་ཆེན་གྲགས་རྡོར་བ་དང་སློབ་དཔོན་ཞི་བ་དཔལ་གཉིས་ལས་རབ་ཏུ་བྱུང་། མཚན་གྲགས་པ་བློ་གྲོས་ཞེས་གསོལ། བླ་མ་ཆོས་དཔལ་ཤེས་རབ་ཀྱིས་ཆོས་སྒོ་ཕྱེས། དགུང་ལོ་བཅུ་བཞི་པ་ལ་རྩོད་ཐང་དུ་བརྟག་གཉིས་གསུངས། དགུང་ལོ་ཉེར་གཅིག་པ་ལ་མཚམས་བཅད་དཔོན་པོ་མཛད། དགུང་ལོ་ཉེར་གཉིས་པ་ལ་མཁན་ཆེན་སང་བློ་བ་དང་། མཁན་ཆེན་རྒྱལ་བཟང་པས་ལས་སློབ། གསང་སྟོན་མཁན་ཆེན་དཀའ་བཅུ་པས་མཛད་དེ་བསྙེན་པར་རྫོགས། དགུང་གྲངས་ཉེར་གསུམ་པ་རབ་བྱུང་བདུན་པའི་ཤིང་བྱ(སྤྱི་ལོ1405)ལོར་ཕག་གྲུའི་གདན་སར་ཕེབས། བླ་མ་རིན་གཞོན་པ་ལས་བཀའ་བརྒྱུད་ཀྱི་གདམས་པ་རྣམས་རྫོགས་པར་གསན། ཕག་གྲུའི་གདན་ས་ལོ་གཉིས་བསྐྱངས་ནས་དགུང་ལོ་ཉེར་ལྔ་ལ་ཕེབས་པ་རབ་བྱུང་བདུན་པའི་མེ་ཕག(སྤྱི་ལོ1407)ལོའི་བོད་ཟླ་བཅུ་པའི་ཚེས་ཉེར་དགུ་ཉིན་གཤེགས།

སྤྱན་སྔ་བློ་གྲོས་རྒྱལ་མཚན། སྤྱན་སྔ་པ་བློ་གྲོས་རྒྱལ་མཚན་མཆོག་ནི། ཡུལ་དབུས་སྟོད་ལྷས་ལུང་བ་ཆོས་གྲྭ་གྲྭ་དགོན་གྱི་ཞོལ་གྲྭ་རྣམ་ཁང་ཞེས་བྱ་བར་ཡབ་དཔྱིར་དཔོན་ཆོས་སྐྱབས་དང་། ཡུམ་རྗེ་མོ་བླམ་འབུམ་ཞེས་པ་གཉིས་ཀྱི་སྲས་སུ་རབ་བྱུང་བདུན་པའི་ཆུ་རྟ(སྤྱི་ལོ1402)ལོར་སྐུ་འཁྲུངས། དགུང་ལོ་གསུམ་བཞི་ནས་ཡི་གེ་སྦྱོར་ཀློག་སྦྱངས། དགུང་ལོ་བདུན་པ་ས་བྱི(སྤྱི་ལོ1408)ལོར་ཁུ་བོ་ཀུན་དགའ་བློ་གྲོས་ཀྱི་དྲུང་དུ་རབ་ཏུ་བྱུང་། མཚན་བློ་གྲོས་རྒྱལ་མཚན་དཔལ་བཟང་པོར་གསོལ། དེ་ནས་གྲྭ་དགོན་དུ་མཁན་ཆེན་བསོད་ནམས་ཤེས་རབ་པའི་དྲུང་དུ་ཕར་ཚད་མཐར་ཕྱིན་པར་མཛད། སྐྱོར་མོ་ལུང་དུ་མཁན་ཆེན་ཆོས་རྒྱལ་དཔལ་བཟང་པོ་དང་། སློབ་དཔོན་ཤེས་རབ་བཟང་པོ་གཉིས་ཀྱི་དྲུང་དུ་མདོ་རྩ་གསན་སྦྱོང་གནང་། དགུང་ལོ་བཅུ་བདུན་པ་ས་ཁྱི(སྤྱི་ལོ1418)ལོར་གཙང་ཕྱོགས་སུ་ཕྱིན། རི་བོ་མདངས་ཅན་དུ་མཁས་གྲུབ་ཐམས་ཅད་མཁྱེན་པ་དང་། ཆོས་རྗེ་བློ་གྲོས་པ་རྣམ་གཉིས་ཀྱི་དྲུང་དུ་རྩ་འཇུག་གཉིས་དང་མདོ་སྔགས་ཀྱི་ཆོས་གསན་སྦྱོང་རྒྱ་ཆེར་མཛད། དགུང་ལོ་བཅོ་བརྒྱད་པར་ཞྭ་ལུ་གནས་སྙིང་དུ་ཕར་ཚད་དང་། མདོ་རྩ། རྩ་འཇུག་སོགས་ཀྱི་གྲྭ་སྐོར་མཛད། དགུང་ལོ་བཅུ་དགུ་པ་ལྕགས་བྱི(སྤྱི་ལོ1420)ལོར་མཁན་པོ་ཡོན་ཏན་རིན་ཆེན་དང་། ལས་སློབ་སློབ་དཔོན་ནོར་བཟང་། གསང་སྟོན་རྣམ་པར་དག་པ་རྣམས་ཀྱི་དབུས་སུ་བསྙེན་པར་རྫོགས། དེ་ནས་སྔ་གཞུག་ཏུ་རྗེ་ཙོང་ཁ་པ་ཆེན་པོ་དང་། རྒྱལ་ཚབ་རྗེ། མཁས་གྲུབ་རྗེ། ཆོས་རྗེ་བློ་གྲོས་པ་བཅས་དགའ་ལྡན་གྱི་ཁྲི་ཐོག་ཕེབས་པ་བཞི་དང་། གཞན་རྗེ་བཙུན་འཇམ་དཔལ་རྒྱ་མཚོ། རྗེ་བཙུན་བཟང་སྐྱོང་བ། གནས་བརྟན་ཆེན་པོ་ཆོས་སྐྱོང་བ། དཔྱིར་ཀུན་དགའ་བློ་གྲོས། རིན་པོ་ཆེ་གཞོན་ནུ་འོད་སོགས་བཅུ་ཕྲག་གཉིས་ལ་ཉེ་བའི་མཁས་གྲུབ་དམ་པ་རྣམས་ལེགས་པར་བསྟེན་ནས་མདོ་སྔགས་ཀྱི་གཞུང་ཀུན་ལ་མཁས་ཤིང་བསྟན་པ་རིན་པོ་ཆེའི་གཙུག་རྒྱན་དུ་གྱུར། དེ་ནས་ཡུན་རིང་པོར་འགྲོ་བའི་དོན་མཛད་ནས་མལ་གྲོ་རིན་ཆེན་སྒང་དང་སྐམ་དགོན་དུ

བཞུགས་ཏེ་སྒྲུབ་པ་རྩེ་གཅིག་ཏུ་མཛད། རབ་བྱུང་བརྒྱད་པའི་ཤིང་ཕག(སྤྱི་ལོ1455)ལོར་རིན་ཆེན་སྒང་གི་གདན་སར་ཕེབས་ཏེ་ཁྲི་ཐོག་བཞུགས། རྗེ་འདིའི་ཞལ་སློབ་ཏུ་གྱུར་པ་བསྟན་པའི་བདག་པོ་མང་དུ་བྱོན། གཙོ་བོར་རབ་འབྱམས་པ་སྨོན་ལམ་དཔལ། ཆོས་རྗེ་ཀུན་ལེགས་པ། ཆོས་རྗེ་རབ་འབྱམས་བློ་བཟང་སོགས་ནི་ཁྱད་དུ་འཕགས་པ་ཡིན། གསུང་རྩོམ་ཡང་། ཐེག་པ་ཆེན་པོའི་བཟོད་པའི་བློ་སྦྱོང་ཕན་བདེའི་ཆར་འབེབས། བྱང་ཆུབ་ལམ་གྱི་རིམ་པའི་ཁྲིད་ཡིག་གཞན་ཕན་སྙིང་པོའི་ཟུང་འཇུག་རིན་པོ་ཆེ། དབུ་མའི་ལྟ་ཁྲིད་ཆེན་མོ། སྤྱོད་འཇུག་གི་བསྡུས་དོན་མཁས་པའི་མགུལ་རྒྱན། བཤེས་སྤྲིང་གི་བསྡུས་དོན་དགོངས་པ་རབ་གསལ་སོགས་པོད་འབྲིང་གསུམ་ཙམ་མཛད། དགུང་གྲངས་དོན་གཅིག་ལ་ཕེབས་པ་རབ་བྱུང་བརྒྱད་པའི་ཆུ་འབྲུག(སྤྱི་ལོ1472)ལོར་དགོངས་པ་ཆོས་དབྱིངས་སུ་ཐིམ།

སྤྲུལ་སྐུ་བསོད་ནམས་ཡེ་ཤེས་དབང་པོ། པཎ་ཆེན་བསོད་ནམས་གྲགས་པའི་སྤྲུལ་སྐུ་འདི་ཉིད་རབ་བྱུང་དགུ་པའི་མེ་འབྲུག(སྤྱི་ལོ1556)ལོར་ལ་སྟོད་ལུང་ན་སྐུ་འཁྲུངས། རབ་བྱུང་བཅུ་པའི་མེ་གླང(སྤྱི་ལོ1577)ལོར༧རྒྱལ་བ་བསོད་ནམས་རྒྱ་མཚོ་སོག་ཡུལ་དུ་ཕེབས་དུས་མཉམ་དུ་བྱོན། ལི་ཐང་དགོན་པའི་ཐུབ་ཆེན་སོགས་ཀྱི་རྟེན་བཞེངས་ལྷག་བཀོད་འདི་བས་མཛད། འབར་ཁམས་སུ་བཞུགས་རིང་མི་བསྲུན་མང་པོས་རྗེ་འདི་ལ་བསམ་ངན་ཚིག་རྩུབ་སྣ་ཚོགས་བྱས་པར། རྗེ་ཉིད་ཀྱིས་ཆོས་སྐྱོང་བསྐུལ་ནས་གཏོར་མ་རྗེས་པས། ཟླ་གསུམ་ལས་མ་འགྱངས་པར་རྟགས་ཐོན་པ་སོགས་གྲུབ་པའི་གོ་འཕང་ལ་གནས་པ་ཞིག་ཡིན། སྐུ་འབུམ་ཕྱོགས་སུ་ཕེབས་སྐབས་ལོ་རྗེ་རྗེ་བྲག་མཇལ་བར་བྱོན། ཚེ་སྟོན་མ་ཞིག་ལ་ཡང་གནས་འདིར་ཕེབས་པའི་གསུང་མང་བརྩལ། ཆུ་ལུག(སྤྱི་ལོ1583)ལོར༧རྒྱལ་བ་བསོད་ནམས་རྒྱ་མཚོ་དང་མཉམ་དུ་དན་ཏིག་ཏུ་ཕེབས། དེར་བསྙེན་སྒྲུབ་ཀྱང་ཡུན་རིང་མཛད། རབ་བྱུང་བཅུ་པའི་ཆུ་འབྲུག(སྤྱི་ལོ1592)ལོར་དགོངས་པ་གཞན་དོན་དུ་གཤེགས།

ཕག་གྲུ་བྱང་ཆུབ་རྒྱལ་མཚན། ཕག་གྲུ་སྡེ་སྲིད་ཀྱི་ཁྲི་ཐོག་དང་པོ་འདི་ཉིད་རབ་བྱུང་ལྔ་པའི་ཆུ་སྟག(སྤྱི་ལོ1302)ལོར་ཕག་གྲུ་རླངས་ཀྱི་གདུང་རྒྱུད་ཡབ་རིན་ཆེན་སྐྱབས་དང་ཡུམ་འབུམ་སྐྱིད་གཉིས་ཀྱི་སྲས་སུ་སྐུ་བལྟམས། སྐུ་ཆུང་ངུ་ནས་ཡི་གེ་འབྲི་ཀློག་གི་ཤེས་ཡོན་ལ་སྦྱངས་བརྩོན་ཆེ། དགུང་ལོ་བདུན་པར་སྤྱན་སྔ་ཆོས་བཞི་པའི་དྲུང་དུ་དགེ་བསྙེན་གྱི་སྡོམ་པ་མནོས། མཚན་བྱང་ཆུབ་རྒྱལ་མཚན་ཞེས་གསོལ། དགུང་ལོ་དགུ་པ་ལ་མཁན་ཆེན་ཚུལ་དར་བ་དང་། སློབ་དཔོན་པུ་རངས་པ་ལས་རབ་ཏུ་བྱུང་། དགུང་ལོ་བཅུ་གཉིས་ཐོག་ས་སྐྱར་དྲུང་འཁོར་ཞུ་བ་དང་སློབ་གཉེར་གཅིག་ཕྱོགས་ལ་བྱོན། ས་སྐྱའི་བླ་མ་བདག་ཉིད་ཆེན་པོ་བཟང་པོ་དཔལ་བ་དང་། ལྷག་པར་བླ་མ་མཉམ་མེད་པའི་དྲུང་དུ་བརྟག་གཉིས་བཤད་པ་དང་། མཚན་ཉིད་ཀྱི་གཞུང་མང་པོ། སྔགས་ལ་སོགས་པ་སློབ་སྦྱོང་གནང་ནས་མཁས་པར་གྱུར་ཏེ་ས་སྐྱའི་དགེ་བཤེས་ཀྱི་མཚན་ཐོབ། དགུང་ལོ་ཉེར་གཅིག་ལ་ཕེབས་པ་ཆུ་ཁྱི(སྤྱི་ལོ1322)ལོར་ས་སྐྱས

ཡོང་ལ་ཕག་གྲུ་ཁྲི་དཔོན་གྱི་ལས་ཀ་གནང་བས་སྣེ་གདོང་དུ་ཕག་གྲུའི་ཁྲི་དཔོན་གྱི་གོ་སར་ཕེབས། དེ་དུས་ཁྲི་དཔོན་གྱི་མིང་མ་སྨོང་ཙམ་ལས་ཉམས་རྒུད་མཐར་ལྷུང་དུ་གྱུར་སྐབས་བྱང་ཆུབ་རྒྱལ་མཚན་གྱིས་ཐོག་མར་ནང་ཁུལ་གྱི་སྒྲིག་གཞི་དང་བྱེད་སྒོ་རྣམས་ཞིབ་ཚགས་ཀྱིས་བཅོས་སྒྲིག་དང་དག་བཅོས་གནང་། སྣེ་གདོང་རྫོང་ཁང་གི་མཁར་ལས་དང་། ཤམ་ཆུ་ལ་ཟམ་པ་བཙུགས། རང་ཉིད་ཆང་དང་ཕྱི་དྲོའི་ཁ་ཟས་སྤྱོང་བ་སོགས་རབ་བྱུང་གི་སྡོམ་པ་བསྲུངས། དེ་རྗེས་གཡའ་བཟང་པ། ཚལ་པ། འབྲི་གུང་པ་སོགས་ཁྲི་དཔོན་གཞན་གྱི་བཀྲས་བཅོས་ལ་ཁྲིམས་གཏུགས་ཀྱི་ཡ་ལན་བཅར་ཞིང་། སྐབས་དེའི་ས་སྐྱའི་དཔོན་ཆེན་ཆོས་ཀུང་ཁྲི་དཔོན་གཞན་ཚོའི་རྒྱབ་ལངས་ཀྱིས་བྱང་ཆུབ་རྒྱལ་མཚན་ལ་སྡང་ཟུག་བཙོན་བཙུག་དང་། སྐྱེ་སྒོ་ལག་ཤིང་གཡོགས་ཏེ་མནར་གཅོད་བཏང་རུང་མཐར་ཡར་ལངས་ཐུབ་སྟེ། རབ་བྱུང་དྲུག་པའི་ཤིང་རྟ(སྤྱི་ལོ1354)ལོར་ས་སྐྱར་དམག་དྲངས་ཏེ་ས་སྐྱའི་དབང་སྒྱུར་མཇུག་སྒྲིལ་བ་བཟློས་ནས་ཕག་པོ་གྲུ་པས་བོད་ཁམས་ལ་དབང་བསྒྱུར། དེ་ནི་ཕག་གྲུས་བོད་སྤྱི་ལ་དབང་སྒྱུར་བའི་ཐོག་མའི་ལོ་ཚིགས་སུ་བཞེད་པ་མང་། ས་ཁྱི(སྤྱི་ལོ1358)ལོར་ས་སྐྱའི་དཔོན་ཆེན་དབང་བརྩོན་རྗེས་འབྲང་དང་བཅས་པ་ཚར་བཅད་ནས་ས་སྐྱའི་སྲིད་དབང་ལྷག་ལུས་མེད་པ་བཟློས། སྐབས་དེར་མི་སེར་ལ་གཟིར་བུན་བསྟུད་མར་བྱུང་བའི་དབང་གིས་བརྟབ་གསིག་ལྷིད་ཆེ་ཐོག་པར་བརྟེན་རྒྱ་ཁྱབ་འབབས་མིར་ཁྲལ་ཆག་དང་། རྐང་འགྲོའི་ཁྲལ་རིགས་ནས་ཀྱང་ཡང་བཟློས་གང་ཆེ་ཡོང་ཐབས་ཀྱིས་མི་སེར་གྱི་ཐོན་སྐྱེད་གོང་འཕེལ་དང་འཚོ་འཕྱིད་ལ་ཕན་པའི་ཐབས་ཤེས་མང་པོ་ཕྱག་བཞེས་གནང་བ་དང་། དབུས་གཙང་ལྟེ་བའི་ས་མདུད་རྣམས་སུ་རྫོང་ཆེན་བཅུ་གསུམ་བཙིགས་ཏེ་སྔར་གྱི་གཞིས་ཀ་རྫོང་དུ་བསྒྱུར་ནས་རྫོང་དཔོན་གཏོང་སྲོལ་གསར་དུ་བཙུགས། རྒྱ་ཁྱབ་ས་ཆ་དབང་རིས་ཐམས་ཅད་དུ་ལོ་ལྟར་སྐྱེ་ཤིང་ལྷུང་མ་སྐྱེ་ངེས་འབུམ་ཕྲག་འདེབས་འཛུགས་དགོས་པའི་བཀའ་བཅད་མཛད། རི་རྒྱ་ལྕུང་རྒྱ། ཆུ་ཆེན་ཁག་ལ་ཟམ་པ་དང་ཀོ་གྲུ་གསར་འཛུགས། ལ་འཕྲང་དབེན་ས་ཇི་ཡོད་ལ་འཛིགས་སྐྱོབས། ཙ་རི་ཏྲ་དང་། གངས་ཏི་སེ་སོགས་གནས་ཆེན་ཡོད་ཚད་ལ་ཇ་ཚུལ་དང་། ཆང་ཚུལ་སོགས་བཙུགས། དྭགས་པོ་བཀའ་བརྒྱུད་པར་མདོ་སྔགས་བཤད་གྲྭའི་སྲོལ་མེད་པར་བཤད་གྲྭ་གསར་དུ་བཏོད་དེ་རབ་བྱུང་དྲུག་པའི་ལྕགས་ཡོས(སྤྱི་ལོ1351)ལོར་ཆོས་གྲྭ་ཆེན་པོ་རྩེད་ཐང་ཕྱག་འདབ། དེ་ནས་ཐེལ་གྱི་སྒོམ་གྲྭར་ཕུན་སུམ་ཚོགས་པའི་མཐུན་རྐྱེན་སྦྱར་ཞིང་། བདེ་བར་གཤེགས་པའི་སྐུ་བརྙན་དུ་མ་དང་གསེར་བྲིས་ཀྱི་བཀའ་བསྟན་འགྱུར་བཞེངས། ཁྲིམས་ཡིག་སྒྲིག་བཅོས་མཛད་དེ་ས་སྐྱ་པས་དབང་སྒྱུར་སྐབས་ཧོར་ཁྲིམས་ལ་མི་བསད་ན་སྟོང་ཚབ་ཏུ་སྟོག་གཏོང་བས་མཚོན་པའི་ཁྲིམས་རྣམས་སྡིག་པའི་ལས་ཤས་ཆེ་བར་བརྟེན་སྔར་བོད་ཆོས་རྒྱལ་གོང་མའི་སྲོལ་བཟང་མི་ཉམས་པ་དང་བཅས་བསད་པ་སྟོང་གི་ཞལ་ལྕེའི་སྲོལ་རྒྱུན་ལ་སོགས་ཆོས་རྒྱལ་གོང་མའི་ཁྲིམས་ལུགས་རྣམས་བླང་དོར་ཐང་མར་བརྟལ་ནས་ཕྱག་ལེན་བསྟར་ཕྱིར་ཁྲིམས་གསར་ཞལ་ལྕེ

བཅོ་ལྔར་གདན་ལ་ཕབ་ཐོག་ཁྲིམས་དང་སྲིད་འཛིན་གྱི་སྒྲིག་སྲོལ་ལ་གཏོགས་པ་མང་པོ་ཡང་གཏན་འབེབས་མཛད། རབ་བྱུང་དྲུག་པའི་ཤིང་འབྲུག(སྤྱི་ལོ1364)ལོར་འདས།

འཕགས་པ་སངས་རྒྱས། རྗེ་འདི་གོང་པོ་ཆོས་ཁང་རྩ་བར་རྣལ་འབྱོར་སངས་རྒྱས་བཀྲ་ཤིས་ཀྱི་སྲས་སུ་རབ་བྱུང་དགུ་པའི་མེ་ཡོས(སྤྱི་ལོ1507)ལོར་སྐུ་འཁྲུངས། འཕགས་པ་ལྷའི་སྐུ་སྐྱེར་ངོས་བཟུང་། དགའ་ལྡན་དུ་སློབ་དཔོན་ནམ་མཁའ་དཔལ་བར་བསྙེན་པར་རྫོགས་པའི་མཚན་འཕགས་པ་སངས་རྒྱས་སུ་གསོལ། སློབ་དཔོན་བསོད་ནམས་རྒྱལ་མཚན། བྱང་སེམས་བློ་གྲོས་འོད་ཟེར་སོགས་ལས་ཆོས་མང་དུ་གསན། འཇང་ས་དམ་རྒྱལ་པོ་འཇམ་དབྱངས་གྲགས་པས་ཕོ་བྲང་སྦྲ་ཤེལ་དུ་གདན་དྲངས། ལུགས་གཉིས་ཀའི་འཕྲིན་ལས་ཀྱི་སྒོ་ཕྱེ། ཐམས་ཅད་མཁྱེན་པ་དགེ་འདུན་རྒྱ་མཚོ་དང་། པཎ་ཆེན་བསོད་ནམས་གྲགས་པ། ཁྲི་རིན་པོ་ཆེ་ཆོས་སྐྱོང་རྒྱ་མཚོ་རྣམས་དངོས་སུ་མ་མཇལ་ཡང་། འབུལ་ནོར་ཞུ་ཡིག་སོགས་ཕུད་ལྷག་པར་ཆེ་བར་མཛད། དགུང་ལོ་དྲུག་ཅུ་བཞེས་པ་རབ་བྱུང་དགུ་པའི་མེ་སྟག(སྤྱི་ལོ1566)ལོར་མྱ་ངན་ལས་འདས།

འཕགས་པ་ལྷ། རྗེ་འདི་ནི་ཡབ་ཀུ་ཅོར་རྟོགས་ལྡན་སངས་རྒྱས་དཔལ་བཟང་ཞེས་ཟབ་མོ་རྡོ་རྗེ་ཐེག་པ་ལ་རྣལ་འབྱོར་དུ་མཛད་པ་དེའི་སྲས་སུ་ཉང་པོར་འཁྲུངས། (འཁྲུངས་ལོ་མ་གསལ་རུང་རྗེ་འདི་དགུང་ལོ་ཞེ་དགུ་བཞུགས་ཤིང་། ཡང་སྲིད་འཕགས་པ་སངས་རྒྱས་སྤྱི་ལོ1507ལོར་འཁྲུངས་པས་འཕགས་པ་ལྷ་སྤྱི་ལོ1450ལས་མས་སུ་འཁྲུངས་པར་སྣང་) སེམས་དཔའ་ཆེན་པོ་བློ་གྲོས་རྒྱལ་མཚན་ལས་རབ་ཏུ་བྱུང་། མཚན་འཕགས་པ་ལྷར་གསོལ། གཙོ་བོར་སེམས་པ་ཆེན་པོ་དང་། རྟོགས་ལྡན་སངས་རྒྱས་འབུམ་པ། སངས་རྒྱས་དཔལ། རིང་སྟོན་པ། བློ་ལམ་དཔལ་ལྡན་པ། ཁྲུས་ཁང་ལོ་ཙཱ་བ་སོགས་ཡོངས་འཛིན་དམ་པ་བཞི་བཅུ་ལྷག་བསྟེན་ནས་ཟབ་རྒྱས་ཀྱི་ཆོས་བཀའ་དཔག་ཏུ་མེད་པ་གསན་ཅིང་། བསམ་སྒོམ་ཚུལ་བཞིན་དུ་མཛད་པས་མཁས་པར་གྱུར། དགུང་ལོ་བཞི་བཅུ་པར་དགའ་ལྡན་རྣམ་པར་རྒྱལ་བའི་གླིང་ཆེན་པོར་ཁྲི་རིན་པོ་ཆེ་བ་སོ་ཆོས་ཀྱི་རྒྱལ་མཚན་གྱིས་མཁན་པོ་མཛད་དེ་བསྙེན་པར་རྫོགས། ཡེར་པ་ལྷ་རི་སྙིང་པོ་དང་། སོང་པོ་རི་བོ་ཆོས་འཕེལ། བཀྲ་ཤིས་ཐག་པ། མཁའ་སྤྱོད་རི་ཁྲོད། སྨན་སྡེང་རི་ཁྲོད། ལན་རི་ཁྲོད། ཤག་ཏི་ཕུག་རོང་ཁ། ཏང་རི། བྱེ་སྡོངས་ཤིང་མཚོ་གངས་ར། གུང་རུ་ཅན་དན་རི་ཁྲོད་སོགས་སྒྲུབ་སྡེ་དང་། བཀྲ་ཤིས་ཆོས་ལུང་ཉི་ཟླ་ཐང་། ཉི་མ་གླིང་། ཕྱག་དམའ་བསམ་གྲུབ་གླིང་། ཀྲང་གནས་སྒོ། འཕྲང་ཁ་གདོང་། ཐང་གྲུ་བྱང་ཆུབ་གླིང་། དགའ་ལྡན་ཟླ་བ་ཐང་། དེ་མོ་ལ་ཁ་བློ་གསལ་གླིང་། དགུ་བཀྲ་ཤིས་སྒང་། ཡེ་གོང་བྱམས་པ་གླིང་། སྦོ་སྟོད་སྒང་ནག་དགོན། སྦོ་བོ་ཆུ་མདོ། ཀ་གནམ་དགོན་ཉིང་། སྟོ་ཆོས་ཁྲི་ཐང་། ལྷུངས་གྲུ་ཁ་དགོན། བདེ་སྐྱིད་ཉི་མ་གླིང་སོགས་རིག་གྲོལ་གྱི་སྡེ་མང་དུ་བཙུགས། གཙུག་ལག་ཁང་རྟེན་དང་བརྟེན་པར་བཅས་པ་བཞེངས། རྗེ་འདི་ལ་སློབ་མ་སྟོད་ཀྱི་དགོན་

ཚོག་འབྱུང་གནས་ལས་དེ་སོ་བ། སངས་རྒྱས་དཔལ་འབྱོར་ནས་ཆོས་རྗེ་ངག་དབང་། ཞི་བ་ལྷ་ཆེ་བ་ནས་དཔོན་བྲུང་སོགས་རིམ་པར་མཆེད་ཅིང་ཅོང་ཁ་པ་ཆེན་པོའི་བསྟན་པ་སྤེལ་བར་མཛད་ནས་དགུང་ལོ་ཞེ་དགུ(སྤྱི་ལོ1500ཡས་མས)པར་ཐུག་གསུམ་མཆོ་ཆུའི་ཕུ་སྣམ་ནང་ལུང་པར་གཤེགས།

འཕགས་པ་ལྷ་ཆོས་ཀྱི་རྒྱལ་པོ། རྗེ་འདི་ནི་རབ་བྱུང་བཅུ་པའི་ཤིང་སྦྲུལ(སྤྱི་ལོ1605)ལོར་ལོང་པོ་སྟོད་དུ་སྐུ་འཁྲུངས། འཕགས་པ་ལྷ་མཐོང་བ་དོན་ལྡན་གྱི་ཡང་སྲིད་དུ་ངོས་བཟུང་། ༧རྒྱལ་དབང་གངས་རིའི་མགོན་པོ་བདེ་ཆེན་ཆོས་ཀྱི་༧རྒྱལ་པོ་དཔལ་བཟང་པོ་ལ་གཙུག་ཕུད་ཕུལ། འཕགས་པ་ལྷ་རྣམ་པར་རྒྱལ་བ་རྒྱ་མཚོའི་སྡེ་ཞེས་མཚན་གསོལ། སྐྱབས་མགོན་རྒྱལ་བའི་དབང་པོ་པད་དཀར་འཆང་བ་བློ་བཟང་རྒྱ་མཚོ་དང་མཇལ་ཞིང་གསུང་གི་བདུད་རྩི་ངོམ་མེད་མྱངས། དེ་ནས་པཎ་ཆེན་བློ་བཟང་ཆོས་རྒྱན་ལས་བསྙེན་པར་རྫོགས་ཤིང་དམ་པའི་ཆོས་ཀྱི་ཟབ་ཆོས་ཧ་སྙིང་གསན། དགུང་ལོ་བཅུ་དྲུག་ལ་ཕེབས་པ་ལྕགས་སྤྲེལ(སྤྱི་ལོ1620)ལོར་ཆབ་མདོའི་གདན་ཁྲིར་ཕེབས། བསྟན་འཛིན་ཆོས་ཀྱི་རྒྱལ་པོས་ཀྱང་གོང་དུ་བཀུར་ཞིང་འཕྲིན་ལས་ཆེ་བའི་མུས་དགུང་གྲངས་སུམ་ཅུ་སོ་དགུ་ལ་ཕེབས་པ་རབ་བྱུང་བཅུ་གཅིག་པ་ཆུ་ལུག(སྤྱི་ལོ1643)ལོར་སྐུ་གཤེགས།

འཕགས་པ་ལྷ་མཐོང་བ་དོན་ལྡན། རྗེ་འདི་ནི་འཕགས་པ་སངས་རྒྱས་ཀྱི་སྐུ་སྐྱེར་གྲགས་ཤིང་། རབ་བྱུང་བཅུ་པའི་མེ་ཡོས(སྤྱི་ལོ1567)ལོར་ལོང་པོ་སྟོད་དུ་སྐུ་བལྟམས། ངག་དབང་ཤཱཀྱ་རྒྱལ་མཚན་པ་ལས་རབ་ཏུ་བྱུང་། མཚན་འཕགས་པ་བསོད་ནམས་རྣམ་པར་རྒྱལ་བ་དབང་པོའི་སྡེར་གསོལ། མེ་གླང(སྤྱི་ལོ1577)ལོར་ཆབ་མདོར་ཕེབས། མེ་ཁྱི(སྤྱི་ལོ1586)ལོར་འཛང་ས་དམ་གྱི་ཡུལ་དུ་ཕེབས། རྗེ་དྲུང་ལྷ་དབང་ཆོས་ཀྱི་རྒྱལ་མཚན་ལས་བསྙེན་པར་རྫོགས། ཤིང་རྟ(སྤྱི་ལོ1594)ལོར་ཆབ་མདོ་བྱམས་པ་གླིང་གི་མཁན་པོ་མཛད། དཔོན་མགོན་པོ་བསོད་ནམས་ཀྱིས་སྦྱིན་བདག་བྱས་ཏེ་འཕགས་པ་ལྷས་སྒྲོམ་མདའ་གསང་སྔགས་བདེ་ཕྱུག་བཏབ། ཚ་བ་གངས་དཀར་བདེ་ཆེན་དགོན་ཞེས་འདོགས་པར་མཛད། དགུང་ལོ་སོ་བརྒྱད་ལ་ཕེབས་པ་རབ་བྱུང་བཅུ་པའི་ཤིང་འབྲུག(སྤྱི་ལོ1604)ལོར་ཞི་བར་གཤེགས།

བ་སོ་ངག་དབང་ཆོས་ཀྱི་དབང་ཕྱུག རྗེ་འདི་ནི་དབུས་སྟོད་སྤུན་དྲུག་རྫོང་དུ་ཡབ་སྡེ་པ་སྣམ་བུ་དང་། ཡུམ་བསོད་ནམས་བུ་ཁྲིད་གཉིས་ཀྱི་སྲས་སུ་རབ་བྱུང་བཅུ་པ་མེ་རྟ(སྤྱི་ལོ1606)ལོར་འཁྲུངས། སྐུ་གཞོན་དུས་པཎ་ཆེན་བློ་བཟང་ཆོས་རྒྱན་གྱི་དྲུང་དུ་རབ་བྱུང་བསྒྲུབས། དེ་ནས་སེར་བྱེས་གྲྭ་ཚང་དུ་ཆོས་ཞུགས་མཛད་ནས་གཞུང་ཆེན་བཀའ་པོད་ལྔར་གསན་བཞེས་མཛད། དགུང་ལོ་ཉི་ཤུ་རྩ་བཞི་ལ༧རྒྱལ་བ་ལྔ་པ་བློ་བཟང་རྒྱ་མཚོའི་དྲུང་དུ་བསྙེན་རྫོགས་བསྒྲུབས། དགུང་ལོ་ཉི་ཤུ་རྩ་དྲུག་ལ་ལྷ་ས་སྨོན་ལམ་ཆེན་མོར་གྲྭ་སྐོར་དམ་བཅའ་མཛད་པས་མཁས་པའི་གྲགས་པ་ཐོབ། དེ་ནས་གཞིས་དགོན་དུ་ཕྱིར་ཕེབས་ནས་བྲག་ཕུག་མདོ་སྔགས་དར་རྒྱས་གླིང་དང་རྟ་ཚག་དགོན་པ་སོགས་དགོན་ཁག་སུམ་ཅུ་ཙམ་དང་།

དགེ་འདུན་སྟོང་ཕྲག་གཉིས་ཙམ། མི་སེར་དུད་ཁག་སྟོང་ཕྲག་བདུན་ལ་ཉེ་བའི་བླ་མ་དང་དཔོན་པོ་གཉིས་ཀ་མཉམ་དུ་མཛད། དགུང་ལོ་ཞེ་བཞི་ལ༧རྒྱལ་བ་ལྔ་པ་ཆེན་པོར་རང་རྣམ་ལྷུགས་རྫོམ་ཡོང་བའི་ཞབས་སྐྱུལ་ཞུས། མཁས་པའི་བྱ་བ་རྣམ་གསུམ་གྱི་སྒོ་ནས་ལྟ་སྒོམ་སྤྱོད་གསུམ་ཉམས་སུ་ལེན་པའི་རིམ་པ། གཅོད་ཀྱི་གདམས་པའི་སྐོར་གྱི་དབུ་ཕྱོགས། གཞི་ལམ་འབྲས་གསུམ་གྱི་སྒོ་ནས་ལུས་སེམས་ཀྱི་རྡོ་རྗེ་སྦྲས་པའི་དོན་རྒྱུད་ཀྱི་དགོངས་པ་ལྟར་བྲིས་པ། གསང་བ་བསྡུས་པའི་ཐུགས་ཀྱི་ལྷ་སྐུའི་རྣལ་འབྱོར་བསྐྱེད་རིམ་དངོས་གྲུབ་རྒྱ་མཚོ། རྣལ་འབྱོར་བླ་མེད་རྒྱུད་ཀྱི་རྡོ་རྗེ་གསུམ་འདུས་པའི་དཀྱིལ་འཁོར་སྒྲུབ་མཆོད། ཕྱག་རྒྱ་ཆེན་པོའི་ཁྲིད་ཀྱི་རྣམ་བཤད། པཎ་ཆེན་བློ་བཟང་ཆོས་རྒྱན་གྱི་གསང་བའི་རྣམ་ཐར་སོགས་མདོ་སྔགས་ཀྱི་བཀའ་རྩོམ་པོད་གཉིས་ཙམ་བཞུགས། དགུང་ལོ་ཞེ་བདུན་ལ་ཕེབས་པ་རབ་བྱུང་བཅུ་གཅིག་པའི་ཆུ་འབྲུག(སྤྱི་ལོ1652)ལོར་སྐུ་གཤེགས།

བ་སོ་ཆོས་ཀྱི་རྒྱལ་མཚན། དགའ་ལྡན་ཁྲི་ཐོག་དྲུག་པ་ཆོས་ཀྱི་རྒྱལ་མཚན་མཆོག་ནི་མཁས་གྲུབ་རྗེའི་སྐུའི་གཅུང་པོ་ཡིན་ཞིང་། ཡབ་ཀུན་དགའ་བཀྲ་ཤིས་དཔལ་བཟང་དང་། ཡུམ་བུ་འདྲེན་རྒྱལ་མོ་གཉིས་ཀྱི་སྲས་སུ་གཙང་ལ་སྟོད་ཆུ་འོག་ཏུ་རབ་བྱུང་བདུན་པའི་ཆུ་རྟ(སྤྱི་ལོ1402)ལོར་འཁྲུངས། རྒྱལ་བ་ཙོང་ཁ་པ་ཆེན་པོའི་ཞབས་ལ་གཏུགས་ནས་གསུང་རབ་ལ་སྦྱངས་པ་མཛད་པས་མཁས་པར་གྱུར། གསང་ཕུ་ར་བ་སྨད་པའི་འཆད་ཉན་པ་མཛད། དེ་ནས་གཙང་རོང་ལྷན་པ་སོར་སྒྲུབ་པ་མཛད་པས་བདེ་སྟོང་གི་ཏིང་ངེ་འཛིན་ཟབ་མོ་འཁྲུངས་ཤིང་བ་སོ་ཆོས་རྗེར་གྲགས། དགུང་ལོ་རེ་གཉིས་པ་རབ་བྱུང་བརྒྱད་པའི་ཆུ་ལུག(སྤྱི་ལོ1463)ལོར་དགའ་ལྡན་གྱི་ཁྲི་མཐོན་པོར་ཕེབས། ཁྲི་རྒྱབ་ཀྱི་དྲི་གཙང་ཁང་དུ་རྒྱལ་བ་སེང་གེའི་ང་རོའི་སྐུའི་སྣང་བརྙན་ཆེན་པོ་ཞིག་བཞེངས། བསྟན་བཅོས་ཀྱང་དུས་འཁོར་གྱི་བསྐྱེད་རྫོགས། དབུ་མའི་ལྟ་ཁྲིད། སྙིང་པོ་དོན་གསུམ་སོགས་ཁ་ཤས་མཛད། ཞལ་སློབ་གནས་སྙིང་ཀུན་དགའ་བདེ་ལེགས་དང་། ཁྱུང་པོ་དགེ་འདུན་བཟང་པོ། དགེ་ལེགས་བཤེས་གཉེན། ཡོག་ཆོས་པ་རྣམས་བྱུང་། འཆད་རྩོད་རྩོམ་གསུམ་གྱི་སྒོ་ནས་རྒྱལ་བསྟན་གསལ་བར་མཛད་ཅིང་འགྲོ་རྣམས་སྨིན་གྲོལ་ལ་འགོད་པར་གནང་། དགུང་གྲངས་དོན་གཉིས་ལ་ཕེབས་པ་རབ་བྱུང་བརྒྱད་པའི་ཆུ་སྦྲུལ(སྤྱི་ལོ1473)ལོར་གཟུགས་སྐུའི་བཀོད་པ་ཆོས་དབྱིངས་སུ་ཐིམ།

བ་སོ་ལྷ་དབང་ཆོས་ཀྱི་རྒྱལ་མཚན། མདོ་སྨད་ཁུལ་དུ་རབ་བྱུང་དགུ་པའི་མེ་བྱ(སྤྱི་ལོ1537)ལོར་འཁྲུངས། ཚང་དྲའི་དུས་མཚན་ཆོས་སྐྱོང་མགོན་པོ་དང་དཔའ་བོ་རྡོ་རྗེ་ཡང་ཞུ། དགུང་ལོ་བདུན་ལ་ཕེབས་སྐབས་ཡབ་ཡུམ་ལ་རབ་ཏུ་བྱུང་དགོས་པའི་ཞུ་བ་གསོལ། བླ་མ་ཀུན་དགའ་བཟང་པོ་དགེ་རྒན་དུ་བསྟེན་ནས་ཆོས་སྤྱོད་སོགས་འཛིན་སྐྱོར་མཛད། དགུང་ལོ་བཅུ་གཉིས་ཐོག་རྒྱལ་བ་དམ་པ་འཕགས་པ་སངས་རྒྱས་ཀྱི་དྲུང་དུ་རབ་བྱུང་གི་སྡོམ་པ་བཞེས། མཚན་ལྷ་དབང་ཆོས་ཀྱི་རྒྱལ་མཚན་དུ་གསོལ་ནས

སྨར་ཐོག་དགོན་གྱི་ཆོས་གྲྭར་བཞུགས། སྐྱིད་འཛུག་དང་། བློ་སྦྱོང་སོགས་གསན་བསམ་མཛད། དགུང་ལོ་ཉེར་གཅིག་ཐོག་དབུས་སུ་ཕེབས་ཏེ་གསང་ཕུ་སོགས་ལ་ལོ་བཅུ་གཅིག་རིང་བཞུགས་ནས་གཞུང་ཆེན་བཀའ་པོད་ལྔར་ཐུགས་གཉེར་མཛད། གངས་ཅན་མགོན་པོ༧རྒྱལ་བ་བསོད་ནམས་རྒྱ་མཚོ་མཇལ་བར་འབྲས་སྤུངས་སུ་ཕེབས་ཏེ་དམ་པའི་ཆོས་ཀྱི་བདུད་རྩི་ཐོབ། དགུང་ལོ་སོ་བཞིའི་ཐོག་རང་ཡུལ་དུ་ཕྱིར་ཕེབས། དགུང་ལོ་ཞེ་གཅིག་ཆུ་འབྲུག་ལོར་ཆབ་མདོ་བྱམས་པ་གླིང་དགོན་གྱི་ཁྲིར་བཞུགས། ཕྱོགས་དེའི་འདུལ་བྱ་རྣམས་སྨིན་གྲོལ་གྱི་ལམ་བཟང་དུ་བཀོད། གསུང་རྩོམ་ཧ་མཆོག་རྒྱལ་པོའི་སྒྲུབ་ཐབས་མདོར་བསྡུས། དཔལ་གསང་བ་འདུས་པའི་སྨིན་ལམ་གྱི་ཚིག་དོན་ཅུང་ཟད་མཚན་གྱི་སྒོ་ནས་གསལ་བར་བྱེད་པ། རང་གཞན་དོན་གཉིས་སྒྲུབ་ཚུལ་མདོར་བསྡུས། རྗེ་བཙུན་བློ་བཟང་གྲགས་པའི་རྣམ་ཐར་མདོར་བསྡུས་སོགས་མང་དུ་མཛད། དགུང་ལོ་རེ་དགུ་ལ་ཕེབས་པ་རབ་བྱུང་བཅུ་པའི་ཤིང་སྦྲུལ(སྤྱི་ལོ1605)ལོར་སྐུ་གཤེགས།

བོ་དོང་པཎ་ཆེན་ཕྱོགས་ལས་རྣམ་རྒྱལ། བདག་ཉིད་ཆེན་པོ་འདི་ལ་བོ་དོང་པཎ་ཆེན་དང་། འཇིགས་མེད་གྲགས་པ། ཆོས་ཀྱི་རྒྱལ་མཚན་སོགས་མཚན་གྱི་རྣམ་གྲངས་འགའ་ཞིག་མཆིས། རབ་བྱུང་དྲུག་པའི་ཤིང་ཡོས(སྤྱི་ལོ1375)ལོར་ཡབ་ཞ་མའི་རིགས་ལས་བྱུང་བ་སྟོན་པ་ཆོས་དབྱིངས་རྒྱལ་མཚན་དང་། ཡུམ་བྱང་ཆུབ་སྒྲོན་གཉིས་ཀྱི་སྲས་སུ་གཙང་ལ་སྟོད་ལྷོ་ཕྱོགས་དབྱིག་གུ་ཞེས་བྱ་བའི་འབྲོག་གནས་སུ་སྐུ་བལྟམས། མཚན་ལ་གཡུང་དྲུང་སངས་རྒྱས་སྐྱིད་ཅེས་གསོལ། དགུང་ལོ་ལྔ་པར་ཡི་གེ་འབྲི་ཀློག་གསན་སྦྱོང་མཛད་པས་ཐོགས་མེད་དུ་མཁྱེན། དགུང་ལོ་བདུན་པར་གྲུམ་བསམ་གཏན་གླིང་དུ་གང་གི་སྐུ་ཞང་པཎ་ཆེན་གྲགས་པ་རྒྱལ་མཚན་གྱི་དྲུང་ནས་རབ་ཏུ་བྱུང་བའི་མཚན་ལ་སངས་རྒྱས་རྒྱལ་མཚན་ཞེས་གསོལ། དེ་ནས་མཁན་ཆེན་གྲགས་པ་རྒྱལ་མཚན་དང་ལྷན་དུ་བོ་དོང་ཨེའི་ཆོས་སྡེ་ཆེན་པོར་ཕེབས་ནས་མཁན་པོ་ཉིད་ནས་ཚོགས་སྲུ་མ་དགེ་ཚུལ་གྱི་སྡོམ་པ་ཡང་དག་པར་བཞེས་པའི་མཚན་ལ་ཆོས་ཀྱི་རྒྱལ་མཚན་ཞེས་གསོལ།

དེ་ནས་ཨེ་ཆོས་སྡེའི་མཁས་པའི་དབང་པོ་ཆོས་ཀྱི་རྡོ་རྗེའི་ཞབས་ལ་གཏུགས་ནས་ཐོག་མར་ཚད་མ་རིག་པ་ལ་བློ་སྦྱངས་ཏེ་ཚད་མ་རྣམ་འགྲེལ་ལ་གཟིགས་ནས་དཔང་ལོ་དང་། ལོ་ཆེན་གྲགས་པའི་ཊཱི་ཀ་ཆེན་ཡོངས་རྫོགས་ཐུགས་སུ་ཆུད། དགུང་ལོ་བཅུ་དྲུག་པར་ས་སྐྱར་རྣམ་འགྲེལ་གྱི་གྲྭ་སྐོར་ལ་ཕེབས་དུས་སྙན་དངགས་ལ་ཆེད་དུ་སྦྱངས་པ་མ་གནང་ཡང་ཤིན་ཏུ་མཁས་པར་གྱུར་ནས་ཐུབ་པའི་དབང་པོར་མཛད་པ་བཅུ་གཉིས་ཀྱི་སྒོ་ནས་བསྟོད་པ་དང་། འཇམ་དབྱངས་ཀྱི་བསྟོད་པ་བརྒྱ་པ། གཞོན་ནུ་ནོར་བཟང་གི་རྟོགས་བརྗོད་ལ་སོགས་བཀའ་རྩོམ་དུ་མ་མཛད། དེའི་དུས་ཕྱག་དཔེ་ཐུགས་འཛིན་ལའང་ཐོགས་པ་མེད་པ་བྱུང་ནས་མངོན་པ་ཀུན་བཏུས་ཀྱི་གཞུང་ཡོངས་སུ་རྫོགས་པ་ལན་གསུམ་གྱི་བར་དུ་བཟླགས་པས་ཐུགས་

ལ་ཟིན་ཐུབ་པ་ལྷ་བུ་དང་། དགུང་ལོ་ཉེར་གཅིག་པར་ཨེ་ཆོས་སྡེའི་ལྷུགས་རིའི་བྱང་ཤར་ཕྱོག་ཁང་ཞིག་ཏུ་སྐུ་མཚམས་བཅད་དེ་དབྱངས་ཅན་མ་སྒྲུབ་པས་ཞལ་བསྟན་པ་དང་ཆོས་ཀྱི་རྣམ་གྲངས་དུ་མའི་ལུང་བརྙལ་བར་གྲགས། དེ་སྐབས་དབྱངས་ཅན་ལྷ་མོའི་བསྟོད་པ་བྱུང་བའི་སྒྲ་དབྱངས་ལ་སོགས་པ་མང་དུ་མཛད། དེ་ནས་ཨེ་ཆོས་སྡེར་སྐུ་མཚམས་དམ་པར་བཅད་དེ་དབུ་མ་རྩ་བ་ཤེས་རབ་དང་། དཔལ་ལྡན་ཟླ་བ་རྗེས་འབྲངས་དང་བཅས་པའི་འགྲེལ་བར་མཛད་པ་དབུ་མ་ཐལ་འགྱུར། སློབ་དཔོན་ལེགས་ལྡན་འབྱེད་རྗེས་འབྲངས་དང་བཅས་པའི་དབུ་མ་རང་རྒྱུད་ཀྱི་འགྲེལ་པ་མཐའ་དག་ལ་དཔྱད་པ་ཞིབ་ཏུ་མཛད་པས་ཤིང་རྟ་ཆེན་པོ་རྣམས་ཀྱི་བཞེད་པ་ཇི་ལྟ་བ་བཞིན་ཐུགས་སུ་ཆུད་ཁར། ཚད་མའི་བསྟན་བཅོས་མཐའ་དག་ལ་ཡང་འདྲིས་ཤིང་བྱང་ཆུབ་པར་གྱུར། མཁན་ཆེན་དཔལ་ལྡན་གྲགས་པས་རྒྱ་གར་གྱི་པཎྜི་ཏ་དབྱིག་གཉེན་དང་། ཙནྡྲ་གོ་མི་ལྟར་ཐུབ་པའི་གསུང་རབ་མཐའ་དག་འདྲིས་ནི་སློབ་དཔོན་གྱི་ཁ་ལས་མ་ཐོབ་བར་རང་ཉིད་ཀྱིས་ཟབ་རྒྱས་ཀྱི་བཤད་པ་ལྷུར་ལེན་བྱེད་པ་འདི་འདྲ་བ་དག་ནི་ཐོན་ཚད་པོད་འདིར་མ་བྱུང་ངོ་ཞེས་བསྔགས་པ་རྒྱ་ཆེར་མཛད། དགུང་ལོ་ཉེར་གསུམ་པར་དབུས་ཕྱོགས་སུ་གྲྭ་སྐོར་ལ་ཕེབས་པའི་ལམ་བར་སྙན་ངག་གི་བསྟན་བཅོས་ཡིད་ཀྱི་ཤིང་རྟ་བཀའ་རྩོམ་གནང་། དེ་ནས་དཔལ་རྩེད་ཐང་གི་ཆོས་སྡེ་ཆེན་པོ་དང་། གསང་ཕུ་ནེའུ་ཐོག་ཏུ་ཕེབས་ནས་གཞུང་ཆེན་པོ་རྣམས་ཀྱི་གྲྭ་སྐོར་མཛད་པས་མཁས་པའི་སྙན་གྲགས་ས་སྟེང་དུ་ཁྱབ། དེ་རྗེས་སྟག་ལུང་དུ་བྱོན་ཏེ་ཆོས་རྗེ་བཀྲ་ཤིས་དཔལ་བརྩེགས་དང་མཇལ་ནས་དོ་ཧ་སྐོར་གསུམ་གདམས་པ་དང་། སྟག་ལུང་ལོ་ཙཱ་བ་ཤཱཀྱ་བཟང་པོ་ལས་རྣམ་སྲས་ཀྱི་རྗེས་གནང་ལ་སོགས་ཆོས་སྐོར་མང་དུ་གསན། པད་དཀར་ཆུན་པོ་དང་པའི་བུ་མོ་ཡིད་ལ་དགའ་བ་འཕེལ་བ་ཞེས་བྱ་བའི་ལེའུ་དང་པོ་སྟག་མོ་ལུས་སྦྱིན་གྱི་སྐྱེས་རབས་དང་། རྟག་ངུའི་རྟོགས་བརྗོད་དོན་རྒྱན་གསལ་བའི་མེ་ལོང་ཞེས་བྱ་བ་གཉིས་བརྩམས། དེ་ནས་གཙང་དུ་ཕེབས་ཏེ་བདག་ཉིད་ཆེན་པོ་གྲགས་པ་རྒྱལ་མཚན་གྱིས་མཁན་པོ་མཛད་དེ་ལས་སློབ་གྲངས་ཚང་གི་དབུས་སུ་བསྙེན་པར་རྫོགས་པའི་སྡོམ་པ་ཡང་དག་པར་བཞེས། དེ་ནས་ཨེ་ཆོས་སྡེའི་གདན་ས་མཛད་ནས་མངོན་པ་ལ་སོགས་པའི་གསུང་རབ་མཐའ་དག་འཆད་ཉན་གྱིས་གཏན་ལ་ཕབ་པ་དང་། ཆོས་མངོན་པ་ཀུན་བཏུས་དང་། ཕར་ཕྱིན། རྣམ་འགྲེལ་ལ་སོགས་པའི་གཞུང་ཆེན་གྱི་འགྲེལ་པ་དང་། ཨེའི་གནས་བསྟོད། རྒྱལ་བ་ཤཱཀྱའི་དབང་པོ་ལ་ཁྱད་པར་འཕགས་བསྟོད་ལ་སོགས་པ་བཀའ་རྩོམ་མཛད། དེ་བཞིན་རྗེ་གྲགས་པ་རྒྱལ་མཚན་སོགས་མཁས་གྲུབ་དུ་མ་ལས་རྒྱུད་ཀྱི་སྨིན་བྱེད་དབང་གི་རིམ་པ་མཐའ་དག་དང་། ས་ཕུར་གྱི་དབང་གི་སྐོར་མན་ངག་ལུགས། ཌོཾ་བྷི་ལུགས། དོན་ཞགས། མཁའ་འགྲོ་རྒྱ་མཚོ། འོད་ཟེར་ཅན། གཟུངས་ཆེན་ལྔ། གསང་ཆེན་ཟླ་ན་མེད་པའི་མན་ངག་གི་རིམ་པ། གསང་འདུས་རིམ་ལྔ་སོགས་རྒྱུད་སྡེ་རིན་པོ་ཆེ་འབུམས་ཀླས་པ་གསན་སྦྱོང་དཔྱིས་ཕྱིན་པ་མཛད།

དམ་པ་འདི་ཉིད་ལུས་ཀྱི་རྩལ་དང་། ཡིག་རིགས་སྣ་ཚོགས་འབྲི་བ་ལ་མཁས་པས་གཞོན་ནུའི་དུས་ནས་བོད་ཀྱི་སྐེབ་སྦྱོར་བསྟན་བཅོས་དང་། ལུགས་ཀྱི་བསྟན་བཅོས་ཀྱང་མཛད་ཅིང་། སྒྲའི་གཞུང་ལུགས་ཀུན་ལ་ནང་བྱན་ཆུབ་པ་མཁས་པའི་རྩེ་མོར་སོན་ནས་མདོ་རྒྱུད་བསྟན་བཅོས་མང་པོའི་འགྱུར་ལེགས་པར་འཆོས་ཤིང་། དཀའ་བའི་གནད་གཞི་འགྱུར་ཡང་མང་པོ་མཛད། གཞན་ཡང་ཕྱི་རོལ་པའི་རིག་པའི་གཞུང་རྣམས་ཀྱང་མཁས་པར་མཁྱེན་ལ། བཟོ་རིག་པའང་བྱང་ཆུབ་པ་སོགས་རིག་པའི་གནས་ལྔ་ལ་མཁས་པའི་ཡང་རྩེར་སོན།

དགུང་ལོ་སུམ་ཅུ་ཙམ་ནས་རྒྱུད་སྡེ་རྒྱ་མཚོ་བཤད་པ་དང་སྒྲུབ་པ་ལ་ཡང་དག་པའི་ངེས་པ་གཟིགས་ནས། མཁས་མཆོག་རྣམས་ཀྱིས་རྒྱུད་རྣམས་བསྒྱུར་བའི་དགོས་པ་བསྒྲུབ་ཕྱིར་རྡོ་རྗེ་ཐེག་པ་ལ་སོགས་པའི་གསུང་རབ་ཀུན་གྱི་སྙིང་པོའི་འགྲེལ་པ་དཔལ་དེ་ཁོ་ན་ཉིད་འདུས་པ་ལེགས་པར་བརྩམ་འགོ་ཚུགས། དེ་བཞིན་དཔལ་གྱི་རྡོ་རྗེ་ནས་གཞི་བདག་སྲུང་མའི་བར་སྐུ་རྣམས་དང་། དཔལ་དེ་ཉིད་འདུས་པར་གསུངས་པའི་དཀྱིལ་འཁོར་ཐམས་ཅད་རི་མོར་བྲིས་པ་ཐང་སྐུ་ལྔ་བརྒྱ་ཙམ་དང་། རྒྱུད་སོ་སོའི་དཀྱིལ་འཁོར་གྱི་བློས་བསླང་བ་དུ་མ་དང་། དེ་དག་གི་ནང་དུ་ཇི་ལྟར་འདོད་པའི་སྒྲུབ་མཆོད་བྱེད་དུས་སྤྱན་དྲངས་ཚོག་པའི་དེ་ཉིད་འདུས་པའི་དཀྱིལ་འཁོར་གྱི་ལྷ་ཐམས་ཅད་སྐུ་པར་དུ་བཏབ་ནས། དེ་བཞིན་གཤེགས་པའི་སྐུ་འབུར་དུ་དོད་པ་ཤིན་ཏུ་མང་བ་བཞེངས་པ་སོགས་བོ་དོང་ཨེའི་བཤད་གྲྭ་ལས་བྱོན་པའི་མཁས་གྲུབ་འདི་ཉིད་མདོ་སྔགས་རིག་གནས་ཐམས་ཅད་ཐུགས་སུ་ཆུད་པའི་གྲགས་ཆེ་ཞིང་། དེ་ཉིད་འདུས་པ་སོགས་པོད་བརྒྱ་དང་བཞི་བཅུ་ལྷག་གི་བཀའ་རྩོམ་བཞུགས་ལ། གཡག་སྡེ་པཎ་ཆེན་དང་རོང་ཊཱི་ཀ་པ་གཉིས་ཀ་རྩོད་པས་ཕམ་པ། ངམ་རིང་རིག་གཏེར་བཀག་པ། མཁས་གྲུབ་ཇེས་སྐྱན་ཕྲ་དུས་རྩོད་པས་བཅོམ་པར་མཛད་པ། སྐབས་ཤིག་རང་རྐང་གི་གྲུབ་མཐའ་བཙུགས་པར་བཞེད་དེ་དཔལ་མོ་ཆོས་སྡིངས་སོགས་དགོན་པ་ཁ་ཤས་བཏབ་ནས་དེར་འཆད་ཉན་མཛད་པས་བོ་དོང་པའི་གྲུབ་མཐའ་བྱུང་བ་སོགས་བསྟན་འགྲོའི་དོན་ཁོ་ན་མཛད་མཐར། དགུང་ལོ་བདུན་ཅུ་དོན་བདུན་པ་རབ་བྱུང་བརྒྱད་པའི་ལྕགས་ལུག(སྤྱི་ལོ1451)ལོའི་བོད་ཟླ་གསུམ་པའི་གནམ་གང་ཉིན་ཞི་བར་གཤེགས།

གང་གི་གསུང་ལས་སྐྱེས་པའི་སློབ་མ། བཀའ་བབས་ཉི་ཤུ་རྩ་གསུམ་དང་། འཁོར་གྱི་གདུང་རྒྱུད་གསུམ། རིག་སྔགས་འཆང་བ་གཅིག ཉི་ཟླ་ལྟར་གྲགས་པའི་མཁས་པ་གཉིས། འཇིག་རྟེན་མིག་གསུམ། ཕྱོགས་ལས་རྣམ་པར་རྒྱལ་བའི་མཁས་པ་དྲུག མདོ་སྔགས་ཡོངས་སུ་རྫོགས་པ་བཅུ་གསུམ། ཤཱཀྱ་ཤྲཱིའི་གདན་པ་གཉིས། གཙུག་རྒྱན་བཅུ་དྲུག མཚན་ཉིད་རབ་འབྱམས་སྨྲ་བ་བཞི། སྔགས་རབ་འབྱམས་པ་གཉིས། སྒྲུབ་པའི་རྒྱལ་མཚན་འཛིན་པ་བཞི། སྔགས་འཆང་དྲག་པོ་གཉིས། གྲུབ་ཆེན་ལྔ་བཅུ་སོགས་ཤིན་ཏུ་མང་བར་གསུངས།

རྩོམ་པ་ལ་ཡང་། དེ་ཉིད་བསྡུས་པའི་རྒྱ་མཚོ་དང་། འཇུག་པའི་སྒོ་བཞི། ལེའུ་ཉི་ཁྲི་ཆིག་སྟོང་། མན་ངག་བདུན་ཁྲི་ཉིས་སྟོང་། ཆོས་ཀྱི་ཚོགས་བརྒྱད་ཁྲི་བཞི་སྟོང་ཡོད་པས་རྒྱས་པ་ལ་གླེགས་བམ་བརྒྱ་དང་བཅུ། འབྲིང་པོ་ལ་ཉི་ཤུ། བསྡུས་པ་ལ་གླེགས་བམ་གཉིས། ཤིན་ཏུ་བསྡུས་པའི་སྙིང་པོ་ལ་གླེགས་བམ་གཅིག་ཡོད་པའི་རྩོམ་པ་ཆེན་པོ་མཛད་དེ། རྒྱལ་བའི་བསྟན་པ་གསལ་བར་མཛད་དོ།

བྱང་བདག་བཀྲ་ཤིས་སྟོབས་རྒྱལ། རབ་བྱུང་དགུ་པའི་ལྕགས་བྱི（སྤྱི་ལོ1540）ལོར་སྐུ་བལྟམས། རྗེ་འདི་ཉིད་རྙིང་མའི་བླ་མ་ཞིག་ཡིན། རབ་བྱུང་དགུ་པའི་དུས་མཇུག་ཙམ་ལ་གསང་སྔགས་ཐེག་མཆོག་གླིང་གྲྭ་ཚང་གསར་དུ་བཏབ། རིག་འཛིན་ལེགས་ལྡན་རྗེ་དང་། དཀྱིལ་ཁང་པ། དཔལ་སྡིངས་རབ་འབྱམས་པ། བྱ་གཞོངས་པ་གཞུང་བརྒྱ་སྨྲ་བ་སོགས་མཁས་པ་མང་པོ་འདུས། སྒྱུ་འཕྲུལ་གསང་བ་སྙིང་པོའི་རྒྱུད་བཤད་གཙོ་བོར་གྱུར་པའི་མདོ་སྔགས་རིག་གནས་དང་བཅས་པའི་བཤད་སྒྲུབ་ཀྱི་བསྟན་པ་གོང་དུ་འཕེལ་བའི་སྐབས་སུ་པ་ཞིང་ཤག་ཚེ་བརྟན་དོ་རྗེས་བྱང་བདག་བཀྲ་ཤིས་སྟོབས་རྒྱལ་མཆོག་ལ་འཚེ་སྣང་བྱས་ཏེ་མཐར་ཕུད་པས་དབུས་སུ་ཕྱིན་དགོས་བྱུང་སྟེ་ཆོས་སུ་ཡང་འཛེག མཐར་དགུང་ལོ་སོ་དགུ་བཞེས་པ་རབ་བྱུང་བཅུ་པའི་ས་སྟག（སྤྱི་ལོ1578）ལོར་སྐུ་གཤེགས།

བྱང་བདག་རྣམ་རྒྱལ་གྲགས་བཟང་། རྗེ་འདི་ཉིད་གཙང་ངམ་རིང་གི་རྒྱལ་སྲིད་ཆེན་པོར་ཡབ་ཆོས་གྲགས་དཔལ་བཟང་དང་ཡུམ་འབུམ་སྐྱོང་རྒྱལ་མོ་གཉིས་ཀྱི་སྲས་སུ་རབ་བྱུང་བདུན་པའི་ཤིང་ཕག（སྤྱི་ལོ1395）ལོར་སྐུ་འཁྲུངས། དགུང་ལོ་བཞི་ལོ་ནས་ཡི་གེ་འབྲི་ཀློག་སྦྱངས་པས་ཚེགས་མེད་དུ་མཁྱེན། དགུང་ལོ་བཅུའི་ཐོག་པ་ཆ་ཆེན་ནགས་ཀྱི་རིན་ཆེན་དང་། པོ་དོང་ཕྱོགས་ལས་རྣམ་རྒྱལ། ལོ་པ་དཔལ་འབྱོར་ཤེས་རབ། སེང་གེ་རྒྱལ་མཚན། རིན་ཆེན་དཔལ་བཟང་། རྒྱ་གར་ངོ་རྗེ་གདན་གྱི་མཁན་ཆེན་ཤཱ་རི་པུ་ཏྲ་སོགས་མཁས་དབང་དུ་མའི་ཞབས་ལ་གཏུགས་ནས་མདོ་སྔགས་དང་ཁྱད་པར་འཆི་མེད་འཁྲུལ་འཁོར་དང་གཙུ་གདམས་པའི་རླུང་སྦྱོར་སོགས་གསོ་བ་རིག་པ་དང་དཔལ་དུས་ཀྱི་འཁོར་ལོའི་སྐོར་སོགས་ལ་སྦྱང་བརྩོན་དཔྱིས་ཕྱིན་པར་མཛད། མཁས་པའི་དབུས་ན་སྨན་རྩིས་ལ་ཆུབ་པའི་སྙན་གྲགས་ཕྱོགས་བཞིར་ཁྱབ། རྟོར་བཀའ་བཞི་པ་སེང་གེ་རྒྱལ་མཚན་ལས་དགེ་བསྙེན་གྱི་སྡོམ་པ་ཞུས་པས་མཚན་ཆོས་རྒྱལ་རྣམ་རྒྱལ་གྲགས་བཟང་དུ་གསོལ།

མཁས་དབང་འདི་ཉིད་ཀྱིས་སྨན་གྱི་གཞུང་ལུགས་དང་ཉམས་ལེན་ཟུང་དུ་སྦྲེལ་རྒྱུར་ཐུགས་བརྩོན་ཆེན་པོ་མཛད། སྨན་གྱི་དྲི་རོ་ནུས་པའི་སྐོར་ལ་ཕྱག་ལེན་དངོས་ཀྱི་ནང་བརྟག་ཞིབ་གནང་སྟེ་དཔལ་ལྡན་རྒྱུད་བཞིའི་གཞུང་ལུགས་ཀྱི་ཐོག བོད་བྱང་ཕྱོགས་ཀྱི་ས་བབས་དང་། གནམ་གཤིས། མི་རྣམས་ཀྱི་འཚོ་བའི་གོམས་གཤིས་སོགས་ལ་ཉམས་ལེན་མཛད་དེ་སྨན་བཅོས་གནང་བའི་སྦྱོང་བ་ཕྱོགས་བསྡོམས་དང་འབྲེལ་སྦྱར་བས་ཞིབ་ཆ་ཆེ་བའི་རྒྱུད་བཞིའི་འགྲེལ་པ་གསར་རྩོམ་དང་། སྨན་སྦྱོར་གསར་བཟོ། སྨན་

རྫས་ཀྱི་ངོས་འཛིན་སོགས་ཐུན་མོང་མ་ཡིན་པའི་ཁྱད་ཆོས་ལ་བརྟེན་ནས་བྱང་ལུགས་ཀྱི་སྲོལ་ཕྱེས།

རྗེ་འདི་ཉིད་ཀྱིས་པོ་ཏོང་ཕྱོགས་ལས་རྣམ་རྒྱལ་རང་གི་རྩ་བའི་བླ་མར་བསྟེན་ནས་མདོ་སྔགས་ཀྱི་ཆོས་ཚུལ་མཐའ་ཡས་པ་གསན། ཕྱིས་པོ་ཏོང་ཆེན་པོའི་གསུང་འབུམ་པོད་བརྒྱ་ཕྲག་ལྷག་དངོས་སུ་བཞུགས་པ་ནི་བྱང་བདག་ཆེན་པོ་འདི་ཉིད་ཀྱི་མཛད་རྗེས་དང་བྲལ་ཐབས་མེད། རབ་བྱུང་བདུན་པའི་ཤིང་སྟག(སྤྱི་ལོ1434)ལོར་ངམ་རིང་དུ་གསེར་ཟངས་ཀྱི་བྱམས་ཆེན་སྐུ་ཚད་ཤིན་ཏུ་ཆེ་བ་ཞིག་བཞེངས་པ་དང་། གཙུག་ལག་ཁང་གི་རྨང་བཏིང་། དཀྱུང་གྲངས་བཞི་བཅུ་ཐམ་པར་དཔལ་ལས་གྲུབ་པའི་དཔལ་དུས་ཀྱི་འཁོར་ལོའི་བློས་བླངས་དཀྱིལ་འཁོར་རང་ལུགས་ཇི་ལྟ་བ་བཞིན་དུ་ཐུགས་གསུང་སྐུའི་དཀྱིལ་འཁོར་དག་ཀྱང་རྒྱ་ཆེར་རོལ་པའི་མདོའི་ནང་གསལ་བའི་བཅོམ་ལྡན་ཡུམ་གྱི་ལྷུམས་སུ་བཞུགས་པ་དང་རྗེས་སུ་མཐུན་པའི་བཀོད་པས་ཁྱད་པར་འཕགས་པ་གསར་དུ་བཞེངས་ཏེ་ངམ་རིང་གི་ཕོ་བྲང་ལ་བཞུགས་སུ་གསོལ། གསུང་རྩོམ་ཡང་ནང་རིག་པའི་སྐོར་བསྟོད་ཚོགས་དང་། སྒྲུབ་དཀྱིལ། རྟོགས་བརྗོད་གཞུང་འགྲེལ་སོགས་ཁྱོན་བསྡོམས་ལེ་ཚན་བརྒྱ་དང་གསུམ་བཞུགས་པ་དང་། དེ་བཞིན་སྒྲ་རིག་པ། བཟོ་རིག་པ། སྐར་རྩིས་སོགས་དང་། ཁྱད་པར་དུ་གསོ་བ་རིག་པའི་སྐོར་ལ་ཡན་ལག་བརྒྱད་པ་ཐམས་ཅད་ཀྱི་སྙིང་པོ་བསྡུས་པ་ཡིད་བཞིན་ནོར་བུ་རིན་པོ་ཆེ་བྲ་བའི་བསྟན་བཅོས་ལེའུ་བརྒྱ་དང་ཉི་ཤུ་ཡོད་པ་ཞིག་དང་། རྩ་བའི་རྒྱུད་ཀྱི་བཤད་པ་རྒྱུད་དོན་གསལ་བྱེད་སྒྲོན་མེ། བཤད་རྒྱུད་ཀྱི་རྒྱ་ཆེར་འགྲེལ་པ་བདུད་རྩི་ཆུ་རྒྱུན། ཉི་ཟླ་ཚང་དོན་གསལ། ཕྱི་རྒྱུད་ཀྱི་དཀའ་འགྲེལ་དགོས་འདོད་འབྱུང་བ། སྨན་གཞུང་རིན་ཆེན་སྦྲན་བུ། རྒྱུད་བཞིའི་དཀའ་འཕྲང་མུན་སེལ། གསོ་ཐབས་སུམ་བརྒྱ་དྲུག་ཅུའི་ངོས་འཛིན། རྩ་བཤད་གསལ་བའི་སྒྲོན་མེ། རྩིས་ཀྱི་བསྟན་བཅོས་བྱིས་པ་བདེ་འཇུག གྲུབ་རྩིས་ཆེན་མོ། གསལ་བྱེད་ཡིད་བཞིན་ནོར་བུའི་ཕྲེང་བ། གཟའ་འཛིན་བརྟག་པ་དཀའ་བའི་གནས་ཤིན་ཏུ་བརྒྱུད་པར་བཤད་པ་ལ་སོགས་བསྟན་བཅོས་མང་པོ་གསར་རྩོམ་གནང་། ཐུགས་སྲས་མི་ཡི་ཉི་མ་མཐོང་བ་དོན་ལྡན་སོགས་སློབ་རྒྱུད་མང་དུ་བསྐྱངས། ཐུན་མོང་མ་ཡིན་པའི་བྱང་ལུགས་ཀྱི་ཁྱད་ཆོས་རྣམས་རིམ་བཞིན་བོད་ཁམས་ཡོངས་ལ་དར་འཕེལ་བྱུང་བ་སོགས་ཕྱག་རྗེས་རླབས་ཆེན་འཇོག་གནང་མཛད་མཐར་དགུང་ལོ་བརྒྱད་ཅུ་གྱ་གཅིག་པ་རབ་བྱུང་བརྒྱད་པའི་ཤིང་ལུག(སྤྱི་ལོ1475)ལོར་སྐུ་གཤེགས།

བྱང་བདག་རིག་འཛིན་ངག་གི་དབང་པོ། བྱང་བདག་དབང་པོའི་སྡེའི་རིགས་སྲས་སུ་རབ་བྱུང་བཅུ་པའི་ལྕགས་འབྲུག(སྤྱི་ལོ1580)ལོར་སྐུ་འཁྲུངས། ཆུང་དུས་ནས་རྙིང་མའི་ཆོས་སྐོར་ཞུགས་ཏེ་མདོ་སྔགས་རིག་པའི་གནས་ཀུན་ལ་སྦྱངས་པ་མཐར་ཕྱིན་མཛད། རབ་བྱུང་བཅུ་གཅིག་པའི་ཆུ་སྤྲེལ(སྤྱི་ལོ1632)ལོར་ཐུབ་བསྟན་རྡོ་རྗེ་བྲག་ཨེ་ཝཾ་ལྕོག་སྒར་བཏབ། (གདོང་ཐོག་པས་གསུངས།) དེ་ནི་སྔ་འགྱུར་རྙིང་མ་བྱང་རྒྱུད་ལུགས་ཀྱི་གདན་ས་གཙོ་བོ་ཞིག་ཡིན། བྱང་བདག་རིག་འཛིན་ངག་གི་དབང་

པོ་མཆོག་རབ་བྱུང་བཅུ་གཅིག་པའི་ས་ཡོས(སྤྱི་ལོ1639)ལོར་སྐུ་གཤེགས། (མཛད་རྣམ་ཞིབ་པ་མ་རྙེད་)

བྱང་སེམས་ཀུན་དགའ་བཟང་པོ། རྗེ་འདི་ནི་རྒྱལ་བ་ཙོང་ཁ་པ་ཆེན་པོའི་དངོས་སློབ་ཡིན་ཞིང་། རབ་བྱུང་དྲུག་པའི་མེ་རྟ(སྤྱི་ལོ1366)ལོར་བྱར་མཁར་དུ་ལྕེའི་རིགས་སུ་སྐུ་འཁྲུངས། ཐོག་མར་རྩེད་ཐང་དུ་རྙིང་མའི་འཆད་ཉན་པ་མཛད། དེ་ནས་གྲུབ་ཆེན་ནམ་མཁའ་རྒྱལ་མཚན་དང་། འཇམ་མགོན་ཆོས་ཀྱི་རྒྱལ་པོ་ལ་མདོ་སྔགས་ཀྱི་ཆོས་མང་དུ་གསན། དགུང་ལོ་དོན་གསུམ་ལ་ཕེབས་པ་རབ་བྱུང་བདུན་པའི་ས་རྟ(སྤྱི་ལོ1438)ལོར་གཙང་པོ་བྱང་ཁ་བྱར་མཁར་ནང་དུ་ཆོས་སྡེ་མདོ་སྔགས་གླིང་བཏབ། དབུ་ཚད་དང་གསང་བདེ་གཉིས་ཀྱི་འཆད་ཉན་བཙུགས། བྱང་སེམས་རིན་པོ་ཆེར་སློབ་མ་འཇམ་དབྱངས་ཆོས་རྗེ་བཀྲ་ཤིས་དཔལ་ལྡན། ཚལ་པ་ཆོས་རྗེ་བསོད་ནམས་རིན་ཆེན། ཆོས་རྗེ་བློ་གྲོས་རྣམ་རྒྱལ། དགེ་སློང་བསོད་ནམས་གྲགས་པ། དགེ་སློང་ཐུབ་པ། དགེ་སློང་རང་སངས་རྒྱས་སོགས་ཆེ་ཁྲ་མང་དུ་འདུས། དགུང་ལོ་དོན་དགུ་ལ་ཕེབས་པ་རབ་བྱུང་བདུན་པའི་ཤིང་བྱི(སྤྱི་ལོ1444)ལོར་དགོངས་པ་གཞན་དོན་དུ་གཤེགས།

བྱམས་ཆེན་ཆོས་རྗེ་ཤཱཀྱ་ཡེ་ཤེས། རྗེ་འདི་ཉིད་ལྷ་ལྡན་འཕྲུལ་སྣང་གཙུག་ལ་ནས་ཕྱི་ལོ་ཉི་ཤུ་ལྷག་འདས་པའི་ཤར་གྱི་ཕྱོགས་ཚལ་གུང་ཐང་དུ་ཚལ་པའི་དཔོན་རྒྱུད་ཀྱི་རིགས་སུ་རབ་བྱུང་དྲུག་པའི་ཤིང་རྟ(སྤྱི་ལོ1354)ལོའི་བོད་ཟླ་བཞི་པའི་ཚེས་གཅིག་ལ་སྐུ་བལྟམས། གཞོན་ནུ་ཉིད་ནས་ཡོན་ཏན་སྦྱོང་བ་ལ་སྤྲོ་བ་ཆེ་ཞིང་སློབ་དཔོན་བསྟེན་ནས་ཡི་གེ་འབྲི་ཀློག་དང་མཆོད་བརྗོད་འཛིན་སྐྱོར་སོགས་ཆེགས་མེད་དུ་མཁྱེན། རབ་ཏུ་བྱུང་བའི་མཚན་ཤཱཀྱ་ཡེ་ཤེས་ཞེས་གསོལ། བླ་མ་མང་པོ་བསྟེན་ནས་རྒྱལ་བའི་གསུང་རབ་མཐའ་དག་ལ་མཁས་པར་སྦྱངས། ཁྱད་པར་དུ་རྗེ་ཙོང་ཁ་པ་ཆེན་པོ་རྩ་བའི་བླ་མར་བསྟེན། ཐོག་མར་རྗེའི་གསོལ་འདྲེན་ཞབས་ཞུ་མཛད། ཙོང་ཁ་པ་ཆེན་པོས་མཁན་པོ་དང་། འདུལ་འཛིན་གྲགས་པ་རྒྱལ་མཚན་གྱིས་ལས་སློབ། རྒྱལ་ཚབ་དར་མ་རིན་ཆེན་གྱིས་གསང་སྟོན། གཞན་གཉིས་ཀྱིས་ཁ་སྐོང་དང་བཅས་བསྙེན་པར་རྫོགས། རྒྱལ་བའི་གསུང་རབ་སྡེ་སྣོད་གསུམ་དང་རྒྱུད་སྡེ་བཞི། དེ་དག་གི་དགོངས་འགྲེལ་འཕགས་བོད་ཀྱི་བསྟན་བཅོས་རྣམས་ལ་སྦྱངས་ཏེ་མཁས་པའི་དབང་པོར་གྱུར། རྗེ་ཙོང་ཁ་པ་ཆེན་པོའི་བཀའ་ཆོས་གང་གནང་ཐམས་ཅད་བུམ་པ་གང་བྱོའི་ཚུལ་དུ་མངའ་བ་ཡིན། རབ་བྱུང་བདུན་པའི་ས་བྱི(སྤྱི་ལོ1408)ལོར་རྒྱ་ནག་ཏཱ་མིང་རྒྱལ་པོས་འབུལ་བ་དང་བཅས་རྗེ་ཙོང་ཁ་པ་ཆེན་པོ་ལན་འགའ་གདན་དྲངས་ཀྱང་མ་ཕེབས་པར་རྗེ་བདག་ཉིད་ཆེན་པོའི་སྐུ་ཚབ་ཏུ་བྱམས་ཆེན་ཆོས་རྗེ་རྒྱ་ནག་ཏུ་ཕྱིན། གོང་མའི་དགོངས་པ་ལྟར་རྒྱུད་སྡེ་རྣམས་ཀྱི་སྒྲུབ་ཐབས་ཀྱི་སྔ་གོན་དང་སྒྲུབ་མཆོད་རིམ་བཞིན་བཙུགས། གོང་མར་གྲུབ་རྒྱལ་ལུགས་ཀྱི་ཚེ་དབང་རྗེས་གནང་དང་། གྲུབ་ཆེན་ཏེ་ལོ་པའི་གདུགས་ཀྱི་བདེ་མཆོག་འཆི་པ་མཐར་

བྱེད་ཀྱི་དབང་བསྒྱུར་བས་གོང་མ་སླེན་ནད་དྲག་པོས་ཟིན་པ་ལས་གྲོལ། ཕྱོགས་དེར་ལོ་དགུ་བཞུགས། རི་བོ་རྩེ་ལྔར་ཕེབས་ནས་དགོན་ཆེན་དྲུག་དང་ཧྭ་ཡན་ཟེ་ཞེས་པའི་དགོན་པ་བཏབ། དེ་ཐམས་ཅད་དུ་རི་བོ་དགའ་ལྡན་པའི་ཕྱག་ལེན་དར་བར་མཛད། རྒྱ་ཧོར་གྱི་ཡུལ་གྲུ་རྣམས་སུ་རབ་བྱུང་དང་། བསྙེན་རྫོགས། ཁྲིམ་པ་རྣམས་ལ་བསྙེན་གནས་དང་དགེ་བསྙེན་གྱི་སྡོམ་པ་བསྩལ།

གོང་མས་དབུ་བླར་མངའ་གསོལ་ཏེ། འཕྲིན་ལས་སྣ་ཚོགས་ལ་མཁས་ཤིང་ཆོས་ཉིད་དམ་པར་རབ་ཏུ་རྒྱས་པ་ཡེ་ཤེས་རྣམ་དག་སྣང་བ་ཆེན་པོ་ཀུན་ཏུ་རྒྱས་ཤིང་རྒྱལ་ཁམས་སྐྱོང་བ། བསྟན་པ་རྒྱས་མཛད་རབ་ཏུ་དགེ་བ། བྱམས་ཆེན་ཆོས་ཀྱི་རྒྱལ་པོ། ཞེས་པའི་མཚན་བསྟོད་གསོལ། འབུལ་བ་གཏོད་ཆེན་བཏེགས། མེ་སྤྲེལ(སྤྱི་ལོ1416)ལོར་བཀའ་འགྱུར་པར་ཕུད་བསྣམས་ནས་བོད་ཡུལ་དུ་ཕྱིར་ཕེབས། རབ་བྱུང་བདུན་པའི་ས་ཕག(སྤྱི་ལོ1419)ལོར་རྗེ་ཙོང་ཁ་པ་ཆེན་པོའི་ཞལ་བཀོད་ལྟར་བདེ་གསང་གཉིས་ཀྱི་འཆད་ཉན་རྐང་ཚུགས་པའི་སེ་ར་ཐེག་ཆེན་གླིང་ཕྱག་བཏབ་ནས་བྱམས་ཆེན་ཆོས་རྗེ་ཉིད་ཀྱི་གདན་ས་མཛད། དགོན་བཏབ་པའི་མཐུན་རྐྱེན་ཕལ་ཆེ་བ་ཕག་གྲུའི་དཔོན་པོ་སྣེའུ་རྫོང་པ་ནམ་མཁའ་བཟང་པོས་སྦྱར།

རབ་བྱུང་བདུན་པའི་ལྕགས་གླང(སྤྱི་ལོ1421)ལོར་གོང་མས་སླར་གདན་ཞུས་ལྟར་རྒྱ་ནག་ཏུ་ཕེབས་ནས་ལོ་བཅུ་གཉིས་ཙམ་བཞུགས་རིང་གདུལ་བྱའི་དབང་པོའི་རིམ་པ་དང་མཐུན་པར་ཆོས་བཀའ་མང་དུ་གསུངས། ལང་ཐྲུའི་ཕྱོགས(ལན་ཀྲའུ)སུ་ཆོས་སྡེ་འགའ་དང་། མདོ་སྨད་ཙོང་ཆུའི་ལྷོ་དང་རྨ་ཆུའི་བྱང་རྒྱུད་དུ་ཁྲེན་ཟ་ཟེ། ཧུང་ཙོར་ཟེ། མཛོ་མོར་མཁར་བཅས་ཆོས་སྡེ་མང་པོ་ཕྱག་བཏབ་ནས་དགེ་འདུན་གྱི་སྡེ་བཙུགས། དེ་ནས་བོད་ཕྱོགས་ཆིབས་བསྒྱུར་གནང་བའི་ལམ་བར་མཛོ་མོ་མཁར་ཞེས་པའི་ས་གནས་སུ་དགུང་གྲངས་གྱ་གཉིས་པ་རབ་བྱུང་བདུན་པའི་ཤིང་ཡོས(སྤྱི་ལོ1435)ལོའི་བོད་ཟླ་བཅུ་པའི་ཚེས་ཉེར་བཞི་ཉིན་ཞི་དབྱིངས་སུ་གཤེགས། དེ་ནས་བཟུང་རྗེ་འདི་ཉིད་ཀྱི་དགོངས་རྫོགས་ལ་དམིགས་པའི་བཞི་མཆོད་དུ་གྲགས་པ་ལོ་ལྟར་བོད་ཟླ་བཅུ་པའི་ཚེས་ཉེར་བཞི་ཉིན་གླིང་མེ་འབུལ་བའི་སྲོལ་བོད་ཡོངས་ལ་སྔར་ཆགས་སུ་གནས། བྱམས་ཆེན་ཆོས་རྗེའི་གསུང་ལས་སྐྱེས་པའི་སྲས་ཀྱི་ཐུ་བོ་མང་དུ་མཆིས་ཀྱང་གཙོ་བོ་ནི། སེར་དགོན་གྱི་གདན་ས་གཉིས་པ་ཆོས་རྗེ་དར་རྒྱས་བཟང་པོ། གུང་རུ་རྒྱལ་མཚན་བཟང་པོ། བྱང་སེམས་ཤེས་རབ་བཟང་པོ། ཨ་མོ་གྷ། བསོད་ནམས་ཤེས་རབ། ཤཱཀྱ་ཚུལ་ཁྲིམས་སོགས་མཁས་གྲུབ་གཉིས་ལྡན་མང་དུ་བྱུང་ངོ་།

བྱམས་ཆེན་རབ་འབྱམས་པ། རྗེ་འདི་ཉིད་རབ་བྱུང་བདུན་པའི་ལྕགས་ཡོས(སྤྱི་ལོ1411)ལོར་རོང་གི་སྟར་རྡོ་སྤེ་ཞེས་པར་སྐུ་བལྟམས། དགུང་ལོ་བདུན་པ་ལ་ཆོས་འཁོར་སྒང་དུ་སེང་གེ་རྒྱལ་མཚན་ལས་རབ་ཏུ་བྱུང་། དགུང་ལོ་བཅུ་གསུམ་ལ་གསང་ཕུ་ནེའུ་ལ་ཕེབས་ཏེ་ཤངས་སྟོན་རིན་ཆེན་གྲུབ་པ་ལ་གསན་པ

མཛད། དཀྱུང་གྲངས་བཅུ་བཞི་པ་ལ་མངོན་དགའི་ཆོས་གྲྭར་དཀའ་བའི་གྲྭ་སྐོར་གནང་བས་སྐྱོག་པོ་དཀའ་བཞི་པར་གྲགས། དཀྱུང་ལོ་བཅོ་བརྒྱད་པར་རྩེད་ཐང་དུ་དཀའ་བཅུའི་གྲྭ་སྐོར་གནང་ཞིང་གསང་ཕུའི་ཆོས་ལུང་དུ་བཞུགས་ས་མཛད་པས་ཆོས་ལུང་དཀའ་བཅུ་པར་གྲགས། དཀྱུང་ལོ་ཉེ་ཤུ་རྩ་བརྒྱད་པ་ལ་གཞུང་ལུགས་རབ་འབྱམས་རྒྱ་མཚོར་ས་སྐྱ་དགོན་དུ་བཤད་པའི་དཀའ་སྟོན་སྤེལ་བས་བྱམས་ཆེན་རབ་འབྱམས་པ་ཞེས་གྲགས་སོ།

དེ་ནས་སེམས་པ་ཆེན་པོ་གཞོན་ནུ་རྒྱལ་མཆོག རོང་ཆུང་ཤེར་དཔལ་སོགས་ལ་མདོ་སྔགས་ཀྱི་གསན་པ་རྒྱ་ཆེར་མཛད། ཨེ་ཝཾ་ཆོས་ལྡན་དུ་རྡོ་རྗེ་འཆང་གིས་མཁན་པོ། རྗེ་འཁོར་ལོ་སྡོམ་པས་ལས་གསང་། མཁས་མཆོག་གཞོན་སེང་གིས་དུས་གོ་བར་མཛད་དེ་བསྙེན་པར་རྫོགས། དཀྱུང་གྲངས་སོ་བརྒྱད་ལ་ཐེབས་པ་ས་འབྲུག(སྤྱི་ལོ1448)ལོར་ཁ་རིག་བོད་འབྲུག་ཏུ་བསྟན་པའི་གཞི་བཙུགས། དཀྱུང་གྲངས་སོ་དགུ་པ་ས་སྦྲུལ(སྤྱི་ལོ1449)ལོར་རིན་སྤུངས་ནོར་བུ་བཟང་པོས་མཐུན་པའི་རྐྱེན་སྦྱར་ཏེ་འབྲས་ཡུལ་སྐྱེད་ཚལ་ཕྱག་བཏབ་ནས་འཆད་རྩོད་རྩོམ་གསུམ་གྱིས་རྒྱལ་བའི་བསྟན་པ་ཉིན་མོ་ལྟར་གསལ་བར་མཛད།

བསྟན་འཛིན་གྱི་ཐུགས་སྲས་མཁས་གྲུབ་བསྟན་གསལ། རྩེད་ཐང་སངས་ལྷུན། གོ་རབ་འབྱམས་པ། འབུམ་ཕྲག་གསུམ་པ། འཇམ་པའི་དབྱངས་ཀུན་དགའ་ཆོས་བཟང་སོགས་མང་དུ་ཐོན། མཐར་དཀྱུང་གྲངས་དོན་ལྔ་ལ་ཐེབས་པ་རབ་བྱུང་བརྒྱད་པའི་ཤིང་སྦྲུལ(སྤྱི་ལོ1485)ལོར་དགོངས་པ་ཆོས་དབྱིངས་སུ་ཐིམ།

བྱར་པོ་པཎ་ཆེན། རབ་བྱུང་བརྒྱད་པའི་ནང་ལྷོ་ཕྱོགས་བྱར་ཡུལ་དུ་སྐུ་འཁྲུངས། དཀྱུང་ལོ་ཆུང་ངུའི་དུས་ནས་རིག་གནས་སྤྱི་དང་། ཁྱད་པར་དུ་ཟུར་ལུགས་ཀྱི་བཞེད་པ་གཞིར་བཟུང་བའི་གསོ་བ་རིག་པ་ལ་མཁས་པར་གྱུར་པས་ཀརྨ་པ་ཆོས་གྲགས་རྒྱ་མཚོས་བྱར་པོ་པཎ་ཆེན་ཞེས་མཚན་གསོལ་ཞིང་གཟེངས་སུ་བསྟོད། སྐུ་ཚེ་ཧྲིལ་པོར་གསོ་བ་རིག་པ་འཆད་རྩོད་རྩོམ་གསུམ་ཡོན་མཛད་དེ་ལྷོ་རྒྱུད་དུ་གསོ་བ་རིག་པའི་བསྟན་པ་སྤེལ། གསུང་རྩོམ་ཡང་རིག་གནས་སྤྱིའི་སྐོར་སྣ་ཚོགས་དང་ཁྱད་པར་དུ་གསོ་བ་རིག་པའི་སྐོར་ལ་དཔལ་ལྡན་རྒྱུད་བཞིའི་འགྲེལ་པ། སྨན་གྱི་ཁོག་འབུབས་ལེགས་བཤད་གསེར་གྱི་སྙེ་མ། བྱེ་བ་རིང་བསྲེལ་གྱི་དཀར་ཆག་སོགས་མཛད། རྒྱུད་འཛིན་གྱི་སློབ་མ་འཕྱོངས་རྒྱས་འཚོ་བྱེད་ཀུན་རྗེར་སོགས་མང་དུ་བསྐྱངས། མཛད་རྣམ་ཞིབ་པ་མ་རྙེད།

ཀློ་བྲོས་རྒྱལ་མཚན། ས་སྐྱའི་ཆོས་རྒྱལ་བདུན་པ་ཁྲི་པ་བཅུ་བཞི་པ་འདི་ཉིད་ཡབ་ཀུན་དགའ་རྒྱལ་མཚན་དང་། ཡུམ་མ་གཅིག་བསོད་ནམས་དཔལ་གཉིས་ཀྱི་སྲས་སུ་རབ་བྱུང་དྲུག་པའི་ཆུ་སྤྲེལ(སྤྱི་ལོ1332)ལོར་སྐུ་འཁྲུངས། དེ་ནས་ཀུན་མཁྱེན་ཇོ་ནང་པ་དང་། བོ་དོང་ཁ་ཆེ། ས་བཟང་མ་ཏི་པཎ་ཆེན་སོགས

དགེ་བའི་བཤེས་གཉེན་ལ་བསྟེན་ནས་ཡི་གེ་འབྲི་ཀློག་དང་ཆོས་སོགས་སློབ་གཉེར་མཛད། དགུང་ལོ་དྲུག་ཏུ་ཕེབས་པ་རབ་བྱུང་དྲུག་པ་མེ་གླང(སྤྱི་ལོ1337)ལོར་ས་སྐྱའི་ཁྲིར་ཕེབས་ཤིང་བཞི་ཐོག་པའི་གདན་ས་ཡང་མཛད། ལོ་བཅུ་གཉིས་རིང་གདན་ས་ཆེན་པོར་ཚོགས་ཆོས་གསུངས། དགུང་ལོ་བཅོ་བརྒྱད་ལ་ཕེབས་པ་རབ་བྱུང་དྲུག་པའི་ས་གླང(སྤྱི་ལོ1349)ལོར་ས་སྐྱའི་སྲིད་དབང་ཉམས་ཏེ་ཕག་གྲུ་པ་ཏའི་སི་ཏུ་བྱང་ཆུབ་རྒྱལ་མཚན་གྱིས་བོད་དབུས་གཙང་ཕལ་ཆེ་བ་དབང་དུ་བསྡུས། དགུང་ལོ་སོ་གསུམ་པ་རབ་བྱུང་དྲུག་པའི་ཤིང་འབྲུག(སྤྱི་ལོ1364)ལོར་བློ་གྲོས་རྒྱལ་མཚན་སྐུ་གཤེགས།

དབེན་ས་བློ་བཟང་དོན་གྲུབ། ཀུན་གཟིགས་པཎ་ཆེན་སྐུ་ཕྲེང་གསུམ་པ་འདི་ཉིད་གཙང་གཡས་རུ་བདེ་རྒྱལ་བྱེ་མ་གླིང་གི་གཙུག་ལག་ཁང་དང་འདབས་ཆགས་པ་ན་གཙང་པོ་འབབ་པའི་འགྲམ་ལྷ་ཁྱུང་ཀྱི་ཕུ་དབེན་ས་ཞེས་པར་བསོད་ནམས་ཕྱོགས་ཀྱི་གླང་པོ་དང་རུས་གཅིག་པའི་ཡབ་བསོད་ནམས་རྡོ་རྗེ་དང་། ཡུམ་དཔལ་འཛོམས་སྐྱིད་ཅེས་པ་གཉིས་ཀྱི་སྲས་སུ་རབ་བྱུང་བརྒྱད་པའི་ཤིང་གླང(སྤྱི་ལོ1505)ལོའི་བོད་ཟླ་དང་པོའི་ཚེས་བཞི་ཉིན་སྐུ་བལྟམས། ཆུང་དུའི་དུས་དགེ་འཕེལ་གྱི་མཁན་ཆེན་ལེགས་བློ་མས་མཚན་མགོན་པོ་སྐྱབས་སུ་བཏགས། དགུང་ལོ་བརྒྱད་པའི་སྐབས་སྒྲུབ་པའི་མཛད་བཟང་ཡོང་རྒྱུའི་མཚན་ལྟས་བྱུང་བ་བཞིན་དགུང་ལོ་བཅུ་གཅིག་ལ་ཕེབས་སྐབས་ལྷ་རི་རྩེ་པ་གྲགས་པ་དོན་གྲུབ་པའི་དྲུང་ནས་རབ་ཏུ་བྱུང་། མཚན་བློ་བཟང་དོན་གྲུབ་ཏུ་གསོལ། དེ་ནས་བཀྲ་ཤིས་ལྷུན་པོར་ཕྱིན་ཏེ་བློ་བཟང་བཤེས་གཉེན་དྲུང་དུ་སྦྱོར་བ་བཅོས་པ་སོགས་རྩིས་རིག་སློབ་གཉེར་མཛད་དེ་རྗེས་སོར་བཞག། རྗེ་བློ་གྲོས་རྒྱལ་མཚན་དང་། རྗེ་ཐུབ་བསྟན་རྣམ་རྒྱལ་སོགས་ཀྱི་དྲུང་དུ་མདོ་སྔགས་ཀྱི་ཆོས་དཔག་ཏུ་མེད་པ་གསན། དགུང་ལོ་སུམ་ཅུ་སོ་གསུམ་པར་འབྲས་སྤུངས་དགོན་དུ་འབྲོམ་སྟོན་ཐམས་ཅད་མཁྱེན་པ་དགེ་འདུན་རྒྱ་མཚོ་ནས་བསྙེན་རྫོགས་ཀྱི་སྡོམ་པ་བཞེས། གྲུབ་ཆེན་ཆོས་རྡོ་རྗེ་དང་རྗེ་ཉིད་མཇལ་ནས་འགར་མོ་རྫོང་སོགས་དབུས་གཙང་ཀུན་ཏུ་ཡབ་སྲས་གཉིས་ཀས་གནས་ངེས་མེད་ཀྱིས་ཕྱིན་ཏེ་ཆོས་ཀྱི་འཁོར་ལོ་རྒྱ་ཆེར་བསྐོར། སླར་གཙང་དུ་ཕེབས་ནས་པ་སྣམ་ཇོ་མོ་ལྷ་རིའི་སྒྲུབ་གནས་སུ་བཞུགས། དབེན་སར་མདུན་ས་ཆོས་ཀྱི་ཕོ་བྲང་ཞེས་པའི་དགོན་པ་འདེབས་པར་མཛད། བཀའ་རྩོམ་ལ། བཅོམ་ལྡན་འདས་འཁོར་ལོ་སྡོམ་པའི་རྫོགས་རིམ་རྣལ་འབྱོར་ཆེན་པོའི་སྙིང་པོ། བྱང་ཆུབ་ལམ་གྱི་རིམ་པའི་བླ་མ་ལྔའི་རྣལ་འབྱོར་དང་ལམ་རིམ་སྙིང་པོ་ཉམས་སུ་ལེན་ཚུལ། སྤྱན་རས་གཟིགས་ཀྱི་སྒྲུབ་སྐོར་གྱི་རིམ་པ་ཕྱོགས་གཅིག་ཏུ་བསྡེབས་པ། ཆུའི་བཅུད་ལེན་གྱི་སྙིང་པོ་དང་བྲིས་སྐུ་མཐོང་བ་དོན་ལྡན་འབྲི་ཚུལ། དཔལ་གསང་འདུས་རྟེན་གྱི་དཀྱིལ་འཁོར་ཁྲིན་ཅི་མ་ལོག་པའི་གསལ་བྱེད་དངོས་གྲུབ་ཀུན་འབྱུང་སོགས་མདོ་སྔགས་གཞུང་ལུགས་ཀྱིས་མཚོན་པའི་གསུང་པོད་འབྲིང་གཉིས་ཙམ་མཛད། དགུང་ལོ་དྲུག་ཅུ་རེ་གཅིག་ལ་ཕེབས་པ་རབ་བྱུང་དགུ་པའི་ཤིང་གླང(སྤྱི་ལོ1565)ལོའི་བོད་ཟླ་གཉིས་པའི་ཚེས་ཉེར་གསུམ་ཉིན་དབེན་ས་ཆོས

ཀྱི་ཚོ་བྲང་དུ་སྐུ་གཤེགས།

འབྲི་གུང་རྒྱལ་བ་རིན་ཆེན་ཕུན་ཚོགས། འབྲི་གུང་གདན་རབས་བཅུ་དྲུག་པ་འདི་ཉིད་གཞུའི་ས་ཆ་ལས་སྐུ་གཉེར་སྣང་ཞེས་པར་ཡབ་བསྟན་པའི་རྒྱལ་མཚན་དང་། ཡུམ་བསོད་ནམས་སྒྲོལ་མ་གཉིས་ཀྱི་སྲས་སུ་རབ་བྱུང་དགུ་པའི་ས་སྦྲུལ(སྤྱི་ལོ1509)ལོར་སྐུ་བལྟམས། དགུང་ལོ་བརྒྱད་པ་ལ་གདན་ས་ཐེལ་དུ་ཞྭ་དམར་བཞི་པ་ཆོས་ཀྱི་གྲགས་པས་མཁན་པོ་དང་། ལས་སློབ་དུས་སྒོ་སོགས་ཁ་བསྐོང་གྲངས་ཚང་གི་དབུས་སུ་བར་མ་རབ་བྱུང་དུ་བསྒྲུབས། མཚན་རིན་ཆེན་ཕུན་ཚོགས་ཆོས་ཀྱི་རྒྱལ་པོར་གསོལ། དེ་ནས་འཕྲོངས་རྒྱས་སུ་རྗེ་ཞྭ་དམར་བཞི་པ་དང་ལྷན་ཅིག་ཕེབས། རྗེ་དེ་ལས་གསར་མའི་རྒྱུད་འབུམ་ལ་སོགས་གསང་སྔགས་ཀྱི་ཆོས་སྐོར་དུ་མ་དང་། དཔལ་དུས་ཀྱི་འཁོར་ལོའི་དབང་ཆེན་སོགས་དབང་རྗེས་གནང་མང་པོ་གསན། ཡར་འོན། འཕྲོངས་རྒྱས། སྣེའུ་གདོང་རྩེ་རྣམས་སུ་ལོ་བཞིའི་བར་བཞུགས། དེ་ནས་ཕྱུན་དྲུག་རྫོང་། ཡར་པོན། བཀྲ་ཤིས་དོ་ཁ། གསེར་ལ་སོགས་བརྒྱུད་སྟོད་ལུང་བདེ་ཆེན་དང་ཡངས་པ་ཅན་དུ་ཕེབས། མཚུངས་མེད་རཏྣ་ཀཱིརྟིའི་དྲུང་དུ་དཔལ་དུས་ཀྱི་འཁོར་ལོའི་རྫོགས་རིམ་རྣམས་གསན་པའི་ཚེ་དུ་བ་ལ་སོགས་རྟགས་བཅུ་མངོན་དུ་གྱུར། དགུང་ལོ་བཅུ་གསུམ་པར་འཕགས་མ་ཡིད་བཞིན་འཁོར་ལོའི་བསྙེན་སྒྲུབ་གནང་བའི་ཚེ་ཡིད་བཞིན་ནོར་མཆོག་གི་གདམས་པ་རྣམས་བྱུང་། དེ་ལྟར་ལོ་བདུན་གྱི་བར་ཡངས་ཅན་ཉིད་དུ་བཞུགས་ནས་རྗེ་ཞྭ་དམར་བཞི་པ་སོགས་ཡོངས་འཛིན་དུ་མ་བསྟེན་ཅིང་། གསང་སྔགས་ཀྱི་དབང་རྗེས་གནང་དུ་མ། ཀརྨ་ཞྭ་དམར་ནག་ན་རིམ་གྱི་བཀའ་འབུམ། གཞན་ཡང་གདམས་པའི་ཆོས་མང་དུ་གསན། གསར་རྙིང་རྒྱུད་སྡེའི་བསྐྱེད་རྫོགས་དཀྱིལ་ཆོག་དབང་ལས་རབ་འབྱམས་སོགས་རྡོ་རྗེ་སློབ་དཔོན་གྱི་བྱ་བ་དང་། སྒྲ་ཀཱ་ལ་པ་དང་དུས་འཁོར་གྱི་རྩིས་སོགས་ལ་སྦྱང་པ་མཛད་པས་ཐོགས་མེད་དུ་མཁྱེན། དགུང་ལོ་བཅུ་དྲུག་པ་ལ་རྒྱལ་བ་ཀུན་དགའ་རིན་ཆེན་གྱི་དྲུང་དུ་མོས་གུས་སྒྲིག་འཁོར་དབང་ཁྲིད་ཞལ་གདམས་བཅས་པ་དང་། ཕྱག་རྒྱ་ཆེན་པོ་ལྔ་ལྡན། དགུན་ཆོས་སྐབས་ཟབ་ལམ་ནཱ་རོ་ཆོས་དྲུག་གི་ཁྲིད་གསན་ཅིང་རས་ཕུད་མཛད་པས། སྒྲུབ་རྒྱུད་རིན་པོ་ཆེའི་ལམ་འདིར་ངེས་ཤེས་ཉམས་མྱོང་གི་གནས་ལུགས་ཀྱི་རྟོགས་པའི་དོན་མངོན་དུ་གྱུར། དགུང་ལོ་ཉི་ཤུ་པ་ས་བྱི(སྤྱི་ལོ1528)ལོར་ཆོས་ལུང་ཚོགས་པའི་མཁན་ཆེན་གྲགས་པ་རྒྱལ་མཚན་དང་། སློབ་དཔོན་བསོད་ནམས་དཔལ་བཟང་། གསང་སྟོན་གྲུབ་ཆེན་ཚེ་འཕེལ་བཟང་པོ་སོགས་ཁ་བསྐོང་གྲངས་ཚང་གི་དབུས་སུ་བསྙེན་པར་རྫོགས་པའི་སྡོམ་པ་བཞེས། ལོ་དེར་འབྲི་གདན་ཆོས་སྲིད་ཀྱི་ཁྲི་མངའ་གསོལ། གངས་ཏི་སེ། ལ་ཕྱི། ཙཱ་རི་ཏྲ་སོགས་གནས་གསུམ་གྱི་རྡོ་རྗེ་འཛིན་པའི་རི་ཁྲོད་པ་བསྐོ་བཞག་དང་། དབྱར་ཆོས་དགུན་ཆོས་སོགས་སྔར་སྲོལ་ཇེ་རྒྱས། རྗེ་སྐྱོབ་པའི་ཐུགས་དམ་ཐུན་མོང་མ་ཡིན་པ་བཅོམ་ལྡན་འདས་འཁོར་ལོ་སྡོམ་པ་ལྷན་སྐྱེས་ལྷ་ལྔའི་དཀྱིལ་ཆོག་མཛད་པ། དམ་པའི་ཆོས་དགོངས་པ་གཅིག་པའི་གསུང་པར་

བཞེངས་ཏེ་རྒྱ་ཆེར་སྤེལ་བ་སོགས་འབྲི་བསྟན་ལ་བྱ་བ་རླབས་ཆེ། ཡི་དམ་ཆོས་སྐྱོང་རྣམས་ཀྱི་བསྙེན་སྒྲུབ་གནང་ཞིང་། ཁྱད་པར་རྒྱ་སྟོན་དཔོན་པོ་རིག་འཛིན་གསང་བ་ལས་འཇམ་དཔལ་གཤིན་རྗེ་གཤེད་ཀྱི་སྐོར་ཐེ་སྐྱིད་པ་གསན། བསྙེན་སྒྲུབ་མཛད་པའི་ཚེ་རྟགས་མཚན་གཞུང་དང་མཐུན་པ་མངོན་དུ་གྱུར། གྲུབ་ཆེན་ཧཱུྃ་ཀ་པིར་གྱི་དངོས་སློབ། ཀུ་རུ་བཛྲ་ན་ཐ་ལས་ཀླུང་ཁྲིད་ཀྱི་གདམས་པ་གསན་ཏེ་ཉམས་སུ་བཞེས་པའི་ཚེ། སྐུ་ལུས་ལྷར་བསྒྱུར་བ་དང་། མདུན་མཁར་རྣམ་བཞིའི་མགྲོན་གྱི་ཚོགས་གཟིགས་ཤིང་། འགྲོ་དྲུག་གི་བྱ་སྤྱོད་དང་སེམས་རྒྱུད་གསལ་བར་མཁྱེན་པ་སོགས་ལྟས་ངོ་མཚར་བ་བྱུང་། དགུང་ལོ་ཉེར་དྲུག་ལ་ཕེབས་པ་ཤིང་རྟ（སྤྱི་ལོ1534）ལོར་རྗེ་རིན་ཆེན་རྣམ་རྒྱལ་ཕྱི་མ་དེ་ཉིད་གདན་ཁྲིར་མངའ་གསོལ་ནས་རྗེ་ཉིད་གཞུ་སྨད་སྤྲོ་ལུང་དུ་བཞུགས། དེ་ནས་བསྟན་འགྲོའི་དོན་འབའ་ཞིག་ཐུགས་དབུས་སུ་འཆང་སྟེ་ཐུབ་བསྟན་ཆོས་གྲྭ་ཆེན་པོ་ཡངས་རི་སྒར་གྱི་ལྟོག་གྲྭ་འདུས་སྡེ་འཛུགས་པར་མཛད། བདེ་མགོན་གྱི་ལས་རིམ་གཞུང་སོགས་ལ་གདངས་དབྱངས་མཛད་ཅིང་གར་དབྱངས་ཀྱི་རྣམ་བཞག་སོགས་དར། དེ་ནས་སྨར་པ་དང་བཅས་རྒྱལ་ཤོད། ཨ་ལ་རྫོང་གངས་ཤོད་རྣམས་སུ་ཕེབས་ནས་གང་ལ་གང་འདུལ་ཆོས་ཀྱི་བདུད་རྩིས་ཚིམ་པར་གནང་། ཟླ་དགོན་དུ་ཕེབས་ཏེ་ལུགས་གཉིས་ཀྱི་སྒོ་ནས་དགོན་གནས་ཉམས་པ་གསོས་ཤིང་སྒྲུབ་བརྒྱུད་འདི་ཉིད་ཀྱི་རིང་ལུགས་དར་བར་མཛད། སྔ་ཕྱིར་མངའ་རིས་རིག་འཛིན་བདུད་འཇོམས་རྡོ་རྗེ་ལས། གྱང་ལུགས་བཀའ་བརྒྱད་བདེ་འདུས། བླ་མ་དགོངས་འདུས། བྱང་གཏེར་སོགས་དང་། རྒྱ་མ་མི་འགྱུར་ཀུན་དགའ་དཔལ་ལས་ཡང་བསྐུར་བཀའ་བརྒྱད་དང་། སྙིང་ཐིག་ཡ་བཞི་སོགས་དང་། མངའ་རིས་པཎ་ཆེན་ལས་ཀྱང་སྔ་འགྱུར་གྱི་ཆོས་མང་དུ་གསན་ཅིང་། ཁྱད་པར་བཀའ་བརྒྱད་བདེ་འདུས་ཀྱི་དབང་སྒྲུབ་ཁྲོ་རོལ་གར་འཆམ་སོགས་ཕྱག་བཞེས་མཛད་པས་དུས་དེ་ནས་བསྟན་པ་གཉིས་ལྡན་གྱི་བདག་པོར་གྱུར། དེ་ནས་དམ་ཆོས་དགོངས་པ་ཡང་ཟབ་ཀྱི་ཆོས་སྐོར་རྣམས་རིམ་གྱིས་འབེབས་པར་མཛད། ཞི་ཁྲོའི་ལྷ་དབང་ཆེན་མོ་དང་། མཁའ་འགྲོ་སྙིང་ཐིག ན་རོའི་ཆོས་དྲུག ཧཱུྃ་ཀར་པིར་གྱི་ཀླུང་གི་ཉམས་ལེན་སོགས་ལ་ཁྲིད་ཡིག་བཅས་དང་། མགོན་པོ་ཕྱག་བཞི་པའི་གཏོར་བཟློག་བྱ་མགོ་མ་སོགས་དྲང་ངེས་ཀྱི་བསྟན་བཅོས་མང་པོ་མཛད། བོད་ཁམས་བདེ་ཐབས་སུ་ལྷ་སར་ཆུ་རགས་ལ་རབ་གནས་ཆུ་བཟློག ཇོ་བོ་རིན་པོ་ཆེར་བརྟན་བཞུགས། བསམ་ཡས་སོགས་མཐའ་འདུལ་ཡང་འདུལ་གྱི་གཙུག་ལག་ཁང་རྣམས་ལ་རབ་གནས་མཆོད་འབུལ་སྨོན་ལམ་མཛད་པར་ཡང་ནས་ཡང་དུ་ཕེབས། ཧོར་ཛིང་གེར་གྱིས་སྤྱན་དྲངས་པར་འདམ་གཞུང་། འཁོར་ཚའི་སྡེ་རྣམས་སུ་ལན་འགའ་ཕེབས། འབྲི་ཧོར་མཆོད་ཡོན་གྱི་སྐུ་རིམ་དང་མཐའ་དམག་བཟློག་ཕྱིར་ཁྲོ་རོལ་གྱི་གཏོར་བཟློག་སོགས་ཀྱང་གནང་། ཁྲི་ཐོག་རིན་ཆེན་རྣམ་རྒྱལ། པཎ་ཆེན་དཔལ་གྱི་རྒྱ་མཚོ། མཁན་སློབ་ཆོས་གསུམ་བླ་མ་གྲྭ་སློབ་རྣམས་ལ་དུས་ཀུན་རྒྱལ་བ་འབྲི་གུང་པའི་ཟབ་ཆོས་སྤྱི་དང་གསར་རྙིང་གི་དབང་ཆོས་བསམ་

གྱིས་མི་ཁྱབ་པ་བསྐྱལ། སྐབས་ཤིག་ཕག་གྲུ་དཔོན་སློབ་ནང་འཁྲུགས་ཏེ་དུས་ཟིང་ཆེ་བ་བྱུང་བར་རྗེ་ཉིད་སྣེ་གདོང་དུ་སྤྱན་དྲངས་པས། གོང་མ་མེས་དཔོན་ལ་ལུགས་གཉིས་ཀྱི་ཐུགས་བཞེད་བསྐངས་ནས་འབྲི་གུང་དུ་ཕེབས།

སྤྲ་རྫེས་སུ་གྲྭ་རབ་བཀྲ་ཤིས་ཆོས་རྫོང་། གཏེར་སྒྲོམ། བཀྲ་ཤིས་གངས་ར། བསམ་ཡས་ས་སྒྲུག་འཕྲང་པོ་ཨོ་རྒྱན་ཆོས་རྫོང་། བྱང་གླིང་གི་ནུབ་ངོས་ཡངས་རིའི་མཚམས་གྲྭ་བཅས་སྒྲུབ་སྡེ་དུ་མ་བཏབ། སློབ་མ་ལ་མཆོན་ན། ཆོས་སྲིད་ཀྱི་རྒྱལ་ཚབ་དམ་པ་རིན་ཆེན་རྣམ་རྒྱལ་གྲགས་པ་རྒྱལ་མཚན། པཎ་ཆེན་རིན་ཆེན་བསོད་ནམས་དཔལ་གྱི་རྒྱ་མཚོ། རྗེ་ཉིད་ཀྱི་རིགས་སྲས་ཆོས་རྒྱལ་ཕུན་ཚོགས་སོགས་གྲངས་ཀྱིས་མི་ལང་བ་བྱུང་། མཐར་དགུང་ལོ་ཞེ་དགུ་ལ་ཕེབས་པ་རབ་བྱུང་དགུ་པའི་མེ་སྦྲུལ(སྤྱི་ལོ1557)ལོར་ཞི་བར་གཤེགས།

འབྲི་གུང་ཆོས་ཀྱི་རྒྱལ་པོ། འབྲི་གུང་གདན་རབས་བཅུ་པ་འདི་ཉིད་གཞུ་སྨད་འཛོན་མ་ཡུལ་དུ་ཡབ་ཀུན་དགའ་རྒྱལ་མཚན་དང་། ཡུམ་དབུར་པ་དར་འཛམ་གཉིས་ཀྱི་སྲས་སུ་རབ་བྱུང་དྲུག་པའི་ཤིང་ཕག(སྤྱི་ལོ1335)ལོར་སྐུ་བལྟམས། དགུང་ལོ་བརྒྱད་བཞེས་ཆེ་ཆོས་ཀྱི་རྗེ་དོ་རྗེ་རྒྱལ་པོའི་དྲུང་རབ་ཏུ་བྱུང་། མཚན་འཛམ་གླིང་ཆོས་ཀྱི་རྒྱལ་པོར་གསོལ། སྟབས་སྟོན་གཞོན་ནུ་དཔལ་བའི་དྲུང་དུ་བདེ་མཆོག་གསང་འདུས། དུས་འཁོར་ལ་སོགས་པའི་དབང་དང་གདམས་པ་གསན། དགུང་ལོ་དགུ་ལ་འདུལ་འཛིན་རིན་ཆེན་རྒྱལ་མཚན་གྱིས་མཁན་པོ་དང་། ཆོས་སྒོ་བ་གཞོན་ནུ་དཔལ་གྱིས་སློབ་དཔོན་སོགས་ཁ་བསྐོང་གྲངས་ཚང་གི་དབུས་སུ་དགེ་ཚུལ་བསྒྲུབས། སྟག་ཕུར་ཆོས་རྗེ་སྟག་ཆེན་པ་ལས་དགྱེས་རྡོར་ལ་སོགས་རྒྱུད་འགྲེལ་དུ་མར་གསན་སྦྱོང་མཛད། དགུང་ལོ་བཅུ་གཅིག་པར་རྗེ་དོ་རྗེ་རྒྱལ་པོ་ལས་ཟབ་མོ་ལྔ་ལྡན། ན་རོའི་ཆོས་དྲུག མོས་གུས་སྒྲིག་འཁོར། ཐེག་ཆེན་བསྟན་པའི་སྙིང་པོ། དགོངས་པ་གཅིག་པ། སྐྱབ་པའི་ཟབ་ཆོས་སོགས་བཀའ་བརྒྱུད་ཀྱི་ཆོས་རྣམས་གསན། ལྕགས་ཡོས(སྤྱི་ལོ1351)ལོར་འབྲི་གུང་གདན་ཁྲིར་མངའ་གསོལ། དེ་ནས་དཔལ་ལྡན་ས་སྐྱ་ལ་སོགས་པ་ཞང་སྟོད་རྣམས་སུ་ཕེབས་ཏེ་ཆོས་ཀྱི་འཁོར་ལོ་རྒྱ་ཆེ་བསྐོར་བར་མཛད། དགུང་ལོ་ཉི་ཤུ་པ་ལ་མཁན་པོ་ས་སྐྱ་པ་འདུལ་འཛིན་ཀུན་དགའ་རྒྱལ་མཚན་དཔལ་བཟང་པོ་དང་། སློབ་དཔོན་ཆོས་ལུང་པ་སྟེ་སྟོད་འཛིན་པ་ཆོས་ཀྱི་རྒྱལ་མཚན། གསང་སྟོན་པ་བདེ་ལེགས་བཟང་པོ་སོགས་དགེ་འདུན་གྱི་དབུས་སུ་རྒྱལ་བའི་བསྟན་པ་ལ་ཡོངས་སུ་རྫོགས་པར་མཛད། དེ་ནས་མཁན་པོ་དེ་ཉིད་ལས་འདུལ་བ། བྱམས་ཆོས་སྡེ་ལྔ། སྤྱོད་འཇུག་ལ་སོགས་གསན་ཅིང་། གཞན་ཡང་གཡག་སྡེ་པཎ་ཆེན། རྗེ་ཆེན་པ་དོན་འགྲུབ་དཔལ་བཟང་། ལོ་ཆེན་ཚུལ་ཁྲིམས་མགོན་པོ། འཛམ་དབྱངས་བསོད་ནམས་རྒྱལ་མཚན་སོགས་རྫོང་བྲལ་གྱི་མཁས་གྲུབ་དུ་མ་བསྟེན་ནས། མདོ་སྔགས་རྒྱུད་སྡེ་སོགས་དུ་མ་གསན་ཅིང་རྒྱལ་བའི་གསུང་རབ་རྒྱ་མཚོའི་དགོངས་དོན་ལ་མཁས་པར་

གྱུར། གནས་གསུམ་གྱི་རི་ཁྲོད་འཛིན་པར་རྟོགས་པ་མངོན་དུ་གྱུར་བ་རྣམས་བཞུགས་བ་གནང་། མདོ་སྔགས་ཀྱི་སྒྲུབ་གྲྭ་བཙུགས་པ་སོགས་སྒྲུབ་བརྒྱུད་ཀྱི་རིང་ལུགས་ཆེས་ཆེར་འཕེལ་བར་མཛད། དབུར་ཆོས་དང་དཀྱུན་ཆོས་ཀྱི་ཕྱག་སྲོལ་སྔར་བཞིན་མི་ཉམས་རྒྱས་པའི་སྙིང་དཔྱིད་ཀྱི་དུས་སུ་ཐེག་ཆེན་བསྟན་སྙིང་དགོངས་པ་གཅིག་པ། སྟོན་གྱི་དུས་མོས་གུས་སྤྲོག་འཁོར་སོགས་དུས་བཞིར་ཟབ་པ་དང་རྒྱ་ཆེ་བའི་ཆོས་ཀྱི་འཁོར་ལོ་རྒྱ་ཆེར་བསྐོར། དེ་ནས་ཀརྨ་རོལ་པའི་རྡོ་རྗེ་དང་མཇལ་ནས་ཆོས་ཀྱི་འབྲེལ་གཏམ་དང་། མདོ་སྔགས་ཀྱི་ཆོས་ཟབ་མོ་འགའ་ཞིག སྙན་ངག་སྡེབ་སྦྱོར་སོགས་ཐ་སྙད་དུ་མ་གསན། དགུང་ལོ་ཉེར་དགུ་པ་ལ་རྒྱལ་བའི་བསྟི་གནས་རི་བོ་ཤྲཱི་ཟངས་ལུང་དང་། ཀོང་ཕྱོགས་ཕལ་ཆེར་དུ་ཕེབས་ནས་དད་ལྡན་རྣམས་ལ་ཆོས་ཀྱི་འབྲེལ་པ་གནང་། གནས་ཆེན་ཙ་རི་ཏྲར་ཕེབས་ཏེ་ཚོགས་ཀྱི་འཁོར་ལོ་ལན་གྲངས་དུ་མར་བསྐོར་ནས་མི་རིང་བར་འབྲི་གུང་དུ་ཕྱིར་ཕེབས། སྐབས་འདིར་ཤར་ཚོང་ཁ་པ་བློ་བཟང་གྲགས་པ་མདོ་སྨད་ནས་ཕེབས་པར། འབྲི་གུང་དུ་བྱོན་སྐབས་རྗེའི་དྲུང་དུ་ཆོས་འབྲེལ་གནང་།

རྗེ་འདི་ཉིད་ཀྱིས་རྒྱལ་བའི་བཀའ་འགྱུར་རིན་པོ་ཆེའི་གླེགས་བམ་གསར་བཞེངས་མཛད། དགུང་ལོང་གཅིག་པ་ཤིང་སྟག(སྤྱི་ལོ1385)ལོར་ཡིག་མཁན་དུ་མས་ཤོག་དཀར་གྱི་ངོས་ལ་བྲིས་པ། བསྟན་འགྱུར་དང་། དྭགས་པོ་བཀའ་བརྒྱུད་ཀྱི་སྐྱེས་མཆོག་རིམ་བྱོན་གྱི་རྣམ་ཐར་གསུང་འབུམ་བཅས་བཞེངས། དགུང་ལོ་རེ་གཅིག་པ་རབ་བྱུང་བདུན་པའི་ཤིང་ཕག(སྤྱི་ལོ1395)ལོར་ཆོས་སྲིད་ཀྱི་ཁུར་རྣམས་ཆོས་རྗེ་དོན་གྲུབ་རྒྱལ་པོར་གཏད། རྗེ་ཉིད་གཏེར་སྒྲོམ་དང་ལྷུན་པོ་ལ་སོགས་པ་དབེན་གནས་རྣམས་སུ་རྣལ་འབྱོར་གྱིས་དུས་འདའ་བར་མཛད། གསུང་རྩོམ་ཡང་ལྡེ་ལྡན་ནོར་བུའི་ཕྲེང་བ་ལྟ་ན་ཅིག་སྐྱེས་སྦྱོར། ཆོས་དྲུག་གི་ཁྲིད་ཡིག ཡེ་ཤེས་མགོན་པོ་དང་ཨ་ཕྱིའི་སྒྲུབ་སྐོར། རྟོགས་བརྗོད་དང་ཉམས་མགུར་སོགས་བསྟན་བཅོས་མང་དུ་མཛད། ཐུགས་ཀྱི་སྲས་ནམ་མཁའ་རྒྱལ་མཚན། ས་བཟང་འཕགས་པ། འབྲི་གུང་ལོ་ཙྪ་སོགས་སྐྱེས་མཆོག་ཁྱད་པར་བ་དུ་མ་བྱུང་། མཐར་དགུང་ལོ་དོན་གསུམ་བཞེས་པ་རབ་བྱུང་བདུན་པའི་མེ་ཕག(སྤྱི་ལོ1407)ལོར་སྐུ་མྱ་ངན་ལས་འདས།

འབྲུག་པ་པདྨ་དཀར་པོ། མཆིམས་ཡུལ་དགོན་གྱི་གྲོང་ན་ཡབ་རྗེ་སྲས་ཀླུའི་དབང་པོ་དང་ཡུམ་ཆོས་སྐྱོང་སྒྲོལ་མ་རྣམ་གཉིས་ཀྱི་སྲས་སུ་རབ་བྱུང་དགུ་པའི་མེ་ཕག(སྤྱི་ལོ1527)ལོའི་སོས་ཀའི་དུས་མཐའ་མ་ལོ་ཏོག་སྨིན་པའི་ཁེར་ཀྱིས་ལྟོ་བའི་སྐབས་ཀྱི་དུས་བཟང་པོ་ལ་དགེ་བའི་ལྟས་དང་བཅས་ཏེ་སྐུ་འཁྲུངས། དགུང་ལོ་གསུམ་གྱི་སྟེང་རང་གི་སྔོན་གྱི་དགེ་བའི་བཤེས་གཉེན་ཆེན་པོ་འབྲུག་པ་རིན་པོ་ཆེ་ངག་དབང་ཆོས་ཀྱི་རྒྱལ་པོ་མཇལ། དགུང་ལོ་དགུ་པའི་སྟེང་དུ་སྔོན་གྱི་གནས་ལྷོ་ཕྱོགས་ཡངས་པའི་རྒྱལ་ཁམས་སུ་ཕེབས། རིང་པོ་མ་ལོན་པར་མེ་ཕོ་སྤྲེའུའི་ལོ་རྒྱལ་བས་ཚེ་འཕྲུལ་ཆེན་པོ་བསྟན་པའི་དགའ་བ་དང་པོ་ལ་གདན་སར་གོའི་ཁྲི་ཆེན་པོར་མངོན་པར་དབང་བསྒྱུར་ཏེ་ཆོས་ཀྱི་རྒྱལ་སྲིད་སྐྱོང་བར་མངའ་གསོལ། དེ་

ནས་བཟུང་སྟེ་སློབ་དཔོན་ཤེས་རབ་གོ་ཆ་ལ་ཡི་གེའི་ཕྱི་མོ་འབྲི་བ་དང་ཀློག་པ་ཚུལ་བཞིན་དུ་བསླབས། སློབ་དཔོན་ཆོས་གྲགས་བསྟན་འཕེལ་བ་དང་། ཀུན་མཁྱེན་བཀྲ་ཤིས་རྣམ་པ་སོགས་མཁས་ཆེན་མང་པོ་བསྟེན་ནས་ཐུན་མོང་དང་ཐུན་མིན་གྱི་རིག་གནས་མཁས་པར་སྦྱངས། བསྟན་པའི་བདག་པོ་ཀུན་མཁྱེན་ངག་གི་དབང་པོར་གཙུག་ཕུད་ཕུལ། ཡོངས་སུ་རྫོགས་པའི་དགེ་བསྙེན་གྱི་སྡོམ་པ་མནོས། དབང་ལུང་རྗེས་གནང་མང་པོ་ཐོབ། དགུང་ལོ་བཅུ་བདུན་པ་མཛེས་བྱེད་ཀྱི་ལོ་ལ་ཆོས་གྲྭ་ཆེན་པོ་དཔལ་འཁོར་བདེ་ཆེན་དུ་ཀུན་དགའ་བཀྲ་ཤིས་རྣམ་རྒྱལ་དཔལ་བཟང་པོས་མཁན་པོ་མཛད། ལས་སློབ་སྟེ་སྟོད་འཛིན་པ་དཀོན་མཆོག་རིན་ཆེན་པ། གསང་སྟོན་སློབ་དཔོན་སངས་རྒྱས་ཡེ་ཤེས། གྲིབ་ཚོད་ཞང་རམ་པ། གྲོགས་ལྡན་པ་དགེ་སློང་སངས་རྒྱས་ལྷུན་གྲུབ། དད་པའི་དགེ་འདུན་གྲངས་ཚང་བའི་དབུས་དགེ་བསྙེན། དགེ་ཚུལ། གསོལ་བ་དང་བཞིའི་ལས་ཀྱི་བསྙེན་པར་རྫོགས་པ་ཚིག་རྫོགས་སུ་མནོས། ངག་དབང་ཀུན་དགའ་རྣམ་རྒྱལ་ནོར་བུ་དཔལ་བཟང་པོར་མཚན་བཏགས། བྱང་ཆུབ་སེམས་བསྐྱེད་པའི་མཚན་ནི་མི་ཕམ་པདྨ་དཀར་པོ་ཕྱོགས་ལས་རྣམ་པར་རྒྱལ་བའི་སྡེའོ། བསྟན་འགྲོའི་བྱ་བ་མང་པོ་མཛད། ཕྱི་ནང་རིག་པའི་གསུང་རྩོམ་པོད་བཅུ་བཞི་བརྩམས། རབ་བྱུང་བཅུ་པའི་མེ་སྤྲེལ（སྤྱི་ལོ1596）ལོར་དགོངས་པ་ཆོས་དབྱིངས་སུ་བསྡུས།

མང་ཐོས་ཀླུ་སྒྲུབ་རྒྱ་མཚོ། མཁས་དང་གྲུབ་པའི་བདག་ཉིད་ཆེན་པོ་འདི་ཉིད་སྟོད་ཟང་ཟང་བྱང་རྒྱུད་ཀྱི་ལུང་པ་འབྲོང་ཞེས་བྱ་བའི་ནང་ཚན་ཤེལ་ལུང་དུ་ཡབ་ལྷ་མོ་ལྷ་དར་དང་ཡུམ་སེམས་ལ་རྒྱལ་འཛོམ་གཉིས་ཀྱི་སྲས་སུ་རབ་བྱུང་དགུ་པའི་ཆུ་ལུག（སྤྱི་ལོ1523）ལོར་སྐུ་བལྟམས། མཚན་ཀླུ་རྒྱལ་ནོར་བུ་ཞེས་གསོལ། དགུང་ལོ་ཆུང་དུས་ནས་ཆོས་དང་ཡི་གེ་སྦྱོང་བར་དད་བརྩོན་ཤིན་ཏུ་ཆེ། དགུང་ལོ་བཅུ་བཞི་པ་ལ་ཆོས་འཁོར་སྒང་དུ་གདན་དྲངས་ཏེ་འཇམ་མགོན་བླ་མ་དང་མཇལ་བ་ཡོངས་འཛིན་དུ་བསྟེན་ནས་བཤད་གསར་གྱི་གཞུང་འཛིན་དང་ས་གཞུང་ངོ་སྦྲོད་སྦྱོར་བ་སོགས་ཀྱི་དབུ་ཚུགས་ཤིང་། དེ་སྐབས་ཚད་མ་རྣམ་འགྲེལ་གྱི་རྩ་གཞུང་ཕྱི་གཞུང་ཀུན་ཐུགས་འཛིན་གྲུབ། དགུང་ལོ་བཅོ་ལྔ་པར་ལྷགས་ཐང་རབ་འབྱམས་པ་བྱམས་པ་བསོད་ནམས་ཀྱིས་མཁན་པོ་དང་། པཎ་གྲུབ་བཟང་པོ་བཀྲ་ཤིས་ཀྱིས་སློབ་དཔོན་མཛད་དེ་རབ་ཏུ་བྱུང་། མཚན་ཀླུ་སྒྲུབ་རྒྱ་མཚོ་ཞེས་གསོལ། དགུང་ལོ་ཉི་ཤུར་ཕེབས་སྐབས་ཆོས་འཁོར་སྒང་དུ་འཇམ་མགོན་བླ་མ་ཕྱོགས་ལས་རྣམ་རྒྱལ་བའི་དྲུང་དུ་ལེགས་བཤད་ཆོས་ཀྱི་བདུད་རྩི་མཐའ་ཡས་པ་ཐུགས་ལ་བཟུང་། རྣམ་འགྲེལ་ལེའུ་བཞི་པ་ལ་ཟིན་བྲིས་གནང་། དགུང་ལོ་ཉེར་གསུམ་སྐབས་ཚར་ཆེན་གྱི་དྲུང་དུ་ས་ལུགས་ཀྱི་ཆོས་ཟབ་མོ་མང་དུ་གསན། དེ་ནས་འཇམ་མགོན་བླ་མ་དང་ལྷན་དུ་མང་མཁར་ཁའི་ཕུའི་གྲོག་ཕུག་ཏུ་ཕེབས་ཏེ་ཐུགས་དམ་ལ་གཞོལ་བ་ནས་བཟུང་རླུང་ཟིན་པའི་ཉམས་སྣང་རྒྱུན་དུ་བྱུང་། དགུང་ལོ་ཉེར་དྲུག་པར་རྗེ་ནང་ཀུན་དགའ་གྲོལ་མཆོག་གི་དྲུང་དུ་ཆོས་ཕུར་ཕེབས་ཏེ་དབང་

ལུང་མན་ངག་མང་པོ་ཞུ་གནང་མཛད། དགུང་ལོ་ཉེ་བདུན་པར་ར་པ་མཚལ་གུང་མཁས་གྲུབ་དཔལ་འབར་རྒྱལ་མཚན་གྱི་དྲུང་ནས་དབང་བཀའ་མང་པོ་ཞུས་ནས་དྭགས་ཤང་བཀའ་བརྒྱུད་གདམས་པའི་ཉིང་ཁུ་རྣམས་ཐུགས་སུ་བསྐྱིལ། ལྷག་པར་སེམས་འཛིན་འཕྲུལ་འཁོར་བསླབ་སྦྱང་ཤིན་ཏུ་འཕེལ། དགུང་ལོ་སུམ་ཅུ་པར་ཆོས་གླིང་གི་སློབ་དཔོན་མཛད། ལོ་འདིའི་ངམ་རིང་ཆོས་སྡེའི་དགུན་ཆོས་སྐབས་མཁན་ཆེན་བཟང་པོ་བཀྲ་ཤིས་ཀྱིས་མཁན་པོ་དང་། འཇམ་དབྱངས་བླ་མ་མཆོག་ལས་རྣམ་རྒྱལ་གྱིས་ལས་སློབ་མཛད་དེ་བསྙེན་པར་རྫོགས། དགུང་ལོ་སོ་གསུམ་ནས་དགུང་ལོ་ང་གཅིག་བར་ས་ག་ཆོས་སྡིངས་ཀྱི་སློབ་དཔོན་མཛད་རིང་ཕར་ཚད་གཉིས་དང་། འདུལ་མཛོད་ཟུང་། དབུ་སྨྲ་གཉིས། བྱམས་ཆོས་རིགས་གཏེར་རྣམས་ལ་འཆད་ཉན་རྒྱས་ཐོན་པ་མཛད། དགུང་ལོ་ང་གཉིས་པར་མཉན་ཡོད་བྱ་གཤོངས་ཀྱི་ཁྲིར་ཕེབས་པ་ནས་དགུང་ལོ་རེ་བཞི་བར་ལོ་ཧྲིལ་པོ་བཅུ་གཉིས་གདན་ས་བསྐྱངས། དགུང་ལོ་དྲུག་ཅུ་རེ་གཅིག་པར་འདར་གྲང་ཆེ་ཆོས་འཁོར་ཡང་རྩེའི་ཆོས་ཁྲིར་ཕེབས་ཏེ་གདན་ས་ཉིས་ཚིགས་ལྟ་བུ་གནང་། དགུང་ལོ་རེ་བཞི་པར་མཉན་ཡོད་བྱ་གཤོངས་ཀྱི་ཁྲི་པ་མཛད། དེ་ནས་རང་གི་གདན་ཚབ་ཏུ་ཆོས་རྗེ་འགའ་རོང་པ་བསྒོ་བཞག་གནང་། ཁྲི་ཐོག་རིང་དགོན་པའི་འཆད་ཉན་ཏ་ཙང་གོང་འཕེལ་བྱུང་ཁས། འདུ་ཁང་གསར་བཞེངས་དང་། ཆོས་སྐུ་ཉམས་དགའ་བར་བསྐྱུན་པ་སོགས་ཕྱག་རྗེས་ཆེ། དགུང་ལོ་རེ་བརྒྱད་པར་དགོན་པ་སེང་རྫོང་གི་ཕྱོགས་སུ་ཐུགས་དམ་ལ་བཞུགས་ཡུལ་སློབ་བཤད་ནོར་བུའི་གླིང་བསྐྱུན་ཏེ་དེ་གར་དད་འདུས་སློབ་མའི་ཚོགས་ལ་རང་རང་རེ་བའི་ཟབ་ཆོས་ཅི་རིགས་བསྩལ། དགུང་ལོ་བདུན་ཅུ་པར་དཔལ་ངམ་རིང་ཆོས་སྡེའི་གདན་ཁྲིར་ཕེབས།

མཁས་གྲུབ་འདི་ཉིད་ཀྱིས་ཀུན་མཁྱེན་ལྷགས་ཐང་རབ་འབྱམས་པ་བསོད་ནམས། པཎ་ཆེན་བཟང་པོ་བཀྲ་ཤིས། འཇམ་མགོན་བླ་མ་ཕྱོགས་ལས་རྣམ་རྒྱལ། ཚར་ཆེན་བློ་གསལ་རྒྱ་མཚོ། ཛོ་ནང་པ་ཀུན་དགའ་གྲོལ་མཆོག་སོགས་མཁས་ཤིང་གྲུབ་པ་བརྙེས་པའི་བླ་མ་མང་པོ་བསྟེན་གནང་གིས་མདོ་སྔགས་ཆོས་ཚུལ་རྒྱ་མཚོའི་ཕ་མཐར་སོན་པར་མཛད་དེ་འཆད་རྩོད་རྩོམ་གསུམ་དང་། མཁས་བཙུན་བཟང་གསུམ་གྱི་སྒོ་ནས་བསྟན་འགྲོའི་དོན་འབའ་ཞིག་ལྷུར་བཞེས་ཤིང་། གསུང་ལས་སྐྱེས་པའི་སློབ་མའི་ཚོགས་ཀྱང་ཆོས་རྗེ་འགའ་རོང་པ་དང་། ཆོས་རྗེ་འབུམ་པ་ཤེར་བློ་བ། ཆོས་རྗེ་ཆ་ལུང་པ་སོགས་ཆོས་རྗེའི་མཚན་ཐོབ་པ་དང་། རབ་འབྱམས་སྨྲ་བ། དཀའ་བཅུ་པ་སོགས་བརྒྱ་ཕྲག་བགྲལ་བ་བྱོན། གསུང་རྩོམ་ལ་མཆོན་ན། བསྟན་རྩིས་གསལ་བའི་ཉིན་བྱེད། ཐ་སྙད་རིག་གནས་ལྔའི་བྱུང་ཚུལ། ཕྱག་ཆེན་རྩོད་སྤོང་། ཕྱག་ཆེན་ཡང་ལན། རྒྱུད་མན་ངག་གི་བརྒྱུད་འདེབས། ཚུ་གྲུབ་ཀྱི་བསྟོད་པ་དང་འགྲེལ་པ། རབ་གནས་ཀྱི་ཆ་བ། བཟང་དྲུག་གི་ལག་ལེན་སོགས་ལེ་ཚན་བརྒྱ་ཕྲག་བགྲལ་བ་དཔར་ལ་འཁོད་པ་དང་མ་འཁོད་པ་ཕྱོན་བསྡོམས་པོད་ཆེན་བཅུ་གསུམ་ཡོད་པར་གྲགས། འདི་བར་མཁས་གྲུབ་གང་ཉིད་དགུང་

ལོ་རྡོར་གཉིས་པར་ཀྱི་མཛད་རྣམ་རགས་བསྡུས་ཤིག་ཡིན་ཀྱི་ནམ་ཞི་བར་གཤེགས་པའི་ལོ་དུས་མ་རྟེད།

མི་དབང་གྲགས་པ་རྒྱལ་མཚན། ཕག་གྲུ་སྡེ་སྲིད་ཁྲི་རབས་ལྔ་པ་འདི་ཉིད་རབ་བྱུང་དྲུག་པའི་ཤིང་སྟག（སྤྱི་ལོ1374）ལོར་ཡབ་ཤཱཀྱ་རིན་ཆེན་དང་། ཡུམ་ཟེ་ན་བཟའ་གཉིས་ཀྱི་སྲས་སུ་འཁྲུངས། དགུང་ལོ་བདུན་པར་མཁན་ཆེན་གཞོན་དབང་པའི་དྲུང་དུ་རབ་ཏུ་བྱུང་། མཚན་གྲགས་པ་རྒྱལ་མཚན་དཔལ་བཟང་པོར་གསོལ། དགུང་ལོ་བརྒྱད་པར་རྩེད་ཐང་གི་གདན་སར་ཕེབས་ཏེ་ཚོགས་པ་ལོ་བཞི་བསྐྱངས། དགུང་ལོ་བཅུ་གཉིས་པ་རབ་བྱུང་དྲུག་པའི་ཤིང་གླང（སྤྱི་ལོ1385）ལོར་ཕག་གྲུའི་ཁྲིར་ཕེབས། དགུང་ལོ་བཅུ་དྲུག་པ་ས་སྦྲུལ（སྤྱི་ལོ1389）ལོར་ཏཱ་མིང་གོང་མ་ཀྲེན་འུན་གྱིས་དབང་གི་མཚན་དང་གསེར་གྱི་དམ་ཁ་ཕུལ། སྡེ་སྲིད་འདི་ཉིད་ལུགས་གཉིས་ཀྱི་མཁྱེན་སྒོ་ཡངས་ཤིང་། ཞབས་འབྲིང་མི་དྲག་རྣམས་བོད་སྟ་རབས་ཀྱི་ཆས་ལུགས་བཟང་པོ་མི་ཉམས་གྱོན་པ་ལས་ཧོར་ཆས་སོགས་ལུང་མ་བསྟན་གྱི་ཞྭ་གོས་གྱོན་པ་རྣམས་ལ་མི་མཉེས་ཤིང་། ལྷག་པར་ལོ་གསར་སོགས་མཛད་ཆེན་ཁག་ལ་ནང་བློན་མི་དྲག་རྣམས་ནས་སྔར་བོད་རྗེ་ཆོས་རྒྱལ་སྐབས་ཀྱི་ཆས་གོས་རིན་ཆེན་རྒྱན་ཆ་གྱོན་སྲོལ་གསར་འཛུགས་གནང་བ་དང་། གཞན་ཡང་ཐེལ་དང་རྩེད་ཐང་གི་སྒོམ་གྲྭ་བཤད་གྲྭ་རྣམས་ལ་དག་རྐྱེན་དགེ་ཚོགས་བློས་མི་འབྱུང་ཙིང་། རྗེ་ཐམས་ཅད་མཁྱེན་པ། སྤྱན་སྔ་ཀུན་སྤངས་པ། མཚུངས་མེད་རིན་གཞོན་གཟྨ་བདེ་བཞིན་གཤེགས་པ་སོགས་དམ་པ་མང་པོར་ཆོས་གསན་ཞིང་གུས་མཆོད་མཛད། དབུས་གཙང་རྫོང་ཆེན་ཁག་གི་རྫོང་དཔོན་ལོ་བཅད་རེས་བསྐོར་བྱ་རྒྱུ་དེ་རྫོང་ཆེན་རྣམས་བློན་པོ་ཆེ་གྲས་ལ་མི་རྒྱུད་དང་བཅས་པ་ཤེས་སུ་འཇུག་པའི་ཤེལ་དམ་གནང་སྡེ་སྲིད་འཛིན་ལམ་ལུགས་བཅོས་བསྒྱུར་གྱིས་རྫོང་གཞིས་སྐྱེར་བདག་གནང་། བཟང་པོའི་སྤྱོད་པ་དང་མི་མཐུན་པ་ཡིད་ལ་ཤར་ཚད་ལག་ཏུ་མི་ལེན་པའི་རྒྱུས་བཅད་གཏན་ལ་ཕབ་པ་སོགས་ལས་མཆོག་དམན་གྱི་སྐྱེ་རྒྱུ་མཐའ་དག་ནས་གོང་མ་ཆོས་རྒྱལ་ཆེན་པོ་ཞེས་མཚན་དངོས་མིང་དུ་ཆགས་པས། དེ་ནས་བཟུང་མཚན་གྱི་ཆེ་བསྟོད་དུ་གོང་མ་ཆོས་རྒྱལ་ཆེན་པོ་དང་། གཉིས་མོས་ཀྱི་གྲོས་ཚོད་དང་བློས་བླངས་ཀྱི་གན་རྒྱ་ཁག་ལ་ལུགས་གཉིས་གོང་མ་ཁྲིམས་བདག་རིན་པོ་ཆེ། ཞེས་རྒྱུག་རྒྱུའི་སྲོལ་ཚུགས།

གྲགས་པ་རྒྱལ་མཚན་མཆོག་གིས་རིས་སུ་མ་ཆད་པའི་གྲུབ་མཐའ་མཐའ་དག་གི་དགེ་འདུན་གྱི་སྡེ་ལ་བསྙེན་བཀུར་དང་། ཁ་ཆེ་པཎ་ཆེན་གྱི་སྡོམ་རྒྱུན་འཛིན་པ་ཚོགས་པ་སྡེ་བཞིའི་དབྱར་གནས་ཀྱི་སྦྱིན་བདག་ལོ་མང་པོ་མཛད། བཀྲ་ཤིས་སྒོ་མངས་གསུམ་དང་། གསེར་གྱི་བཀའ་འགྱུར་སོགས་རྒྱལ་བའི་སྐུ་གསུང་ཐུགས་ཀྱི་རྟེན་མཐའ་ཡས་པ་བཞེངས། རྗེ་ཙོང་ཁ་པ་ཆེན་པོས་ལྷ་ལྡན་སྨོན་ལམ་ཆེན་མོ་གསར་འཛུགས་གནང་སྐབས་དངོས་པོའི་མཐུན་རྐྱེན་ཡང་དག་པར་བསྒྲུབས་པ་དང་། འབྲོག་རི་བོ་དགེ་ལྡན་ཐུག་འདེབས་པའི་སྦྱིན་བདག་གི་མཐིལ་ལེན་མཛད། དེ་ལྟར་ཆོས་སྲིད་ཀྱི་མཛད་འཕྲིན་རྒྱ་ཆེར་སྤེལ་

མཐར་རབ་བྱུང་བདུན་པའི་ཆུ་བྱི(སྤྱི་ལོ1432)ལོར་སྐུ་གཤེགས།

མིའི་ཉི་མ་མཐོང་བ་དོན་ལྡན། མཚན་གཞན་བྱམས་པ་དཀོན་ཅོག་རིན་ཆེན་མཆོག་ནི་སྟར་ཐོད་ཀྱི་ཆོས་རྒྱལ་གྱི་གདུང་རྒྱུད་གྲགས་པ་བསོད་ནམས་རྡོ་རྗེ་ཞེས་བྱ་བའི་སྲས་སུ་སྐུ་བལྟམས། སྐུ་ཆུང་སྲིད་ནས་ཡོན་ཏན་ལ་དད་བརྩོན་ཆེ་ཞིང་། དབུལ་ཕོངས་དང་དམན་པ་རྣམས་ལ་ཐུགས་བརྩེ་དང་སྙིང་རྗེ་ཆེ་བའི་བྱང་སེམས་ལྡན་པས་ཀུན་གྱི་བཀུར་ཡུལ་དུ་གྱུར།

ཡི་གེ་འབྲི་ཀློག་སྦྱོང་སྐབས་སྙིང་རུས་ཆེ་ལ་ཐུགས་རིག་ཤིན་ཏུ་སྐྱེན། དགུང་ལོ་བཅུ་ཡས་མས་སུ་འཕགས་ཡུལ་གྱི་པཎྜི་ཏ་ཆེན་པོ་ནགས་ཀྱི་རིན་ཆེན་དང་། ལོ་ཆེན་བསོད་ནམས་རྒྱ་མཚོ། བྱང་བདག་པོ་རིག་ལྡན་རྣམ་རྒྱལ་གྲགས་བཟང་སོགས་བསྟེན་ནས་སྡེ་སྣོད་གསུམ་དང་། རྒྱུད་སྡེ་བཞི་སོགས་རིག་གནས་སྤྱི་དང་ཁྱད་པར་དུ་གསོ་བ་རིག་པ་ལ་སྦྱངས་པ་མཐར་ཕྱིན་མཛད་པས་བོད་གངས་ཅན་གྱི་ཡུལ་འདིར་དར་རྫོགས་ཀྱི་གསོ་དཔྱད་མཐའ་དག་ལ་མཁྱེན་པ་རབ་ཏུ་བརྟས་པའི་སྨན་གྲགས་ས་སྟེང་ཁྱབ། སློབ་མ་རྣམས་ལ་བྱམས་ཤིང་ཐུགས་བརྩེ་ཆེ་བས་ཡོན་ཏན་བུམ་པ་གང་འཛོའི་ཚུལ་དུ་བསླབས། ནད་པ་ལ་སྙིང་རྗེ་དང་དང་རྒྱུད་འཇམ་ཤིང་མཆོག་དམན་དབྱེར་མེད་དུ་འབད་པས་གསོ་བར་མཛད།

གསོ་དཔྱད་ཀྱི་རྒྱལ་པོ་དང་། རྒྱུད་བཞིའི་འགྲེལ་པ། བཀོད་པ་རྣམ་བཞི། མ་ལ་ཡའི་བཀའ་འགྲེལ་འདོད་འཇོ་ཆེ་ཆུང་། གསོ་དཔྱད་ཀྱི་རྒྱལ་པོ། ངོ་མཚར་སྤྱི་སྨན་ཙ་མདོའི་འགྲེལ་པ་སྨན་རྒྱུད་རྡོ་རྗེའི་ཚིག་ཟུར་སོགས་སྨན་དཔེ་མང་པོ་ཕྲུག་རྩོམ་མཛད་ཡོད་པ་བཅས་ཀྱིས་བོད་ཀྱི་གསོ་བ་རིག་པའི་ཐད་བྱང་བདག་པོ་རྣམ་རྒྱལ་གྲགས་བཟང་གི་བཞེད་སྲོལ་ཐུན་མོང་མིན་པ་རྒྱུན་འཛིན་འཕེལ་རྒྱས་གཏོང་བར་ཕྲུག་རྗེས་ཤིན་ཏུ་ཆེའོ། (འབྱུང་འདས་ཀྱི་ལོ་ཚིགས་མ་རྙེད་རུང་དམ་པ་འདི་ཉིད་བྱང་པ་རྣམ་རྒྱལ་གྲགས་བཟང་གི་ཐུགས་སྲས་ཡིན་པས་བོད་རབ་བྱུང་བདུན་པའི་ནང་བྱོན་པར་སྣང་)

སྨས་ཆེན་དཀོན་མཆོག་རྒྱལ་མཚན། ངོར་བ་ཀུན་བཟང་གི་སློབ་མ་འདི་ཉིད་རབ་བྱུང་བདུན་པའི་ས་འབྲུག(སྤྱི་ལོ1388)ལོར་མུས་སྟོད་གླིང་སྐྱུར་སྐུ་འཁྲུངས། དགུང་ལོ་དགུ་པ་ལ་དབང་འོད་པས་མཁན་པོ་མཛད་དེ་རབ་ཏུ་བྱུང་། དགུང་ལོ་བཅོ་ལྔ་པ་ལ་གླེ་ལུང་མཁན་པོ་ཀུན་སྨོན་དང་། ཟུར་ཆོས་པ་བྱང་སེང་གཉིས་ལ་ཕར་ཕྱིན་སྦྱོང་འཇུག་སོགས་གསན། དགུང་ལོ་བཅོ་བརྒྱད་པ་ལ་བཤད་སྟོན་མཛད། དེ་ནས་ནམ་མཁའ་དཔལ་འབྱོར་དང་བློ་གྲོས་རྒྱལ་མཚན། སང་ལོ་པ་བཅས་ལ་གཅོད་ཁྲིད་དང་ཕར་ཕྱིན་སོགས་སྦྱངས་ནས་ངམ་རིངས་སུ་གྲྭ་སྐོར་མཛད། དགུང་ལོ་ཉེར་བཞི་པ་ལ་མཁས་མཆོག་ཐུགས་རྗེ་དཔལ་བའི་དྲུང་དུ་ཕར་ཕྱིན་གྱི་དཀའ་གནད་ལ་དཔྱད་པ་གནང་རྗེས་ས་སྐྱར་གྲྭ་སྐོར་མཛད། དགུང་ལོ་ཉེར་ལྔ་པ་ལ་མཁས་མཆོག་གཡག་པ་དང་མཇལ་བས་རྗེ་འདི་ལས་ཕར་ཕྱིན་གྱི་གནད་ཟབ་མོ་ཉམས་སུ་མྱོང་བར་མཛད། དགུང་ལོ་ཉེར་བརྒྱད་པ་ནས་སོ་བཞིའི་བར་སེམས་དཔའ་ཆེན་པོ་གཞོན་ནུ་རྒྱལ་མཆོག་ལོ་བདུན

བསྟེན་ནས་ཚད་མ་འུ་ཡུག་པའི་རིག་མཛོད་ཆེན་པོ་སོགས་ལ་སྦྱངས། སོ་བཞི་པ་ལ་བྱང་དུ་བཀའ་ལྔ་པ་དཔལ་འབྱོར་ཤེས་རབ་ལ་དབུ་མ་རེད་མདའ་པའི་ལུང་གསན། དགུང་ལོ་སོ་ལྔ་པ་ཆུ་སྟག（སྤྱི་ལོ1422）ལོར་ལྷ་སར་སྨོར་བ་འབུམ་ཐེར་མཛད། ཡར་ལམ་ནུབ་ཆོས་ལུང་དུ་གངས་ཆེན་ཀུན་དགའ་དཔལ་ལས་བསྙེན་པར་རྫོགས། དགུང་ལོ་བཞི་བཅུ་པ་ལ་དཔལ་ས་སྐྱ་དགོན་དུ་གསུང་ངག་རིན་པོ་ཆེའི་ཟབ་དོན་མཐིལ་ཕྱིན་པར་གསན། དགུང་ལོ་ཞེ་གཉིས་པ་ས་བྱ（སྤྱི་ལོ1429）ལོར་ངོར་དགོན་ཕྱག་བཏབ། བརྟག་གཉིས་རྣམ་བཤད་ཀྱི་དཀའ་སྟོན་ལེགས་པར་བསྐྱེད། དེ་ནས་བཟུང་རྗེ་འདི་དགུང་ལོ་རེ་བརྒྱད་དང་། རྗེ་ངོར་ཆེན་དོན་བཞི་བཞེས་པའི་བར་ངོར་དང་མུས་སུ་ཕྱིན་རེས་ཀྱིས་རྒྱུད་མན་ངག་གི་བསྟན་པའི་མེ་རོ་སོར་ཆུད་པར་མཛད། དགུང་གྲངས་ཞེ་དགུ་པར་ལྷ་གོང་དུ་ཀྱཻ་རྡོ་རྗེའི་བསྙེན་པ་ཟླ་བ་བཅུ་གསུམ་དུ་འབུམ་ཕྲག་བཅུ་གཅིག་གནང་། དགུང་ལོ་རེ་དགུ་པ་མེ་བྱི（སྤྱི་ལོ1456）ལོ་ནས་ཕྱི་སྣང་སྟག་གསུམ་འཛིན་སྐྱོང་གི་འཁུར་བཞེས། དགུང་ལོ་དོན་གཉིས་པ་ལ་རིན་སྤུངས་ནོར་བཟང་ལ་བདེ་མཆོག་སོགས་ཀྱི་དབང་གནང་། ལོ་དེར་མུས་སུ་ཡ་མའི་དགོན་པ་བཏབ། དོན་གསུམ་པ་ལ་བསྟན་འཛིན་ཕྱུག་ཏུ་བདེ་མཆོག་གི་བསྙེན་པ་གནང་། དོན་བཞི་པ་ལ་ངམ་རིངས་སུ་འདུས་ཚོགས་ལ་གསུང་ངག་དང་བློ་སྦྱོང་སོགས་ཀྱི་དཀའ་སྟོན་བསྩལ། དོན་ལྔ་པ་ལ་རྗེ་ཤེར་རྒྱམ་པ་ངོར་གྱི་གདན་ཁྲིར་བཀོད། དོན་བདུན་པ་ལ་བསྟན་འཛིན་ཕྱུག་ཏུ་བདུད་རྩི་རིལ་བུ་བསྒྲུབས། འོད་ཟེར་ཆེན་པོའི་ངང་དུ་རྣལ་འབྱོར་དབང་ཕྱུག་ཞལ་གཟིགས། སློབ་མ་ཤིན་ཏུ་མང་བ་བྱོན་ཞིང་། གསུང་ངག་བློ་བཤད་ཀྱི་བཀའ་བབས་ནི་བདག་ཆེན་རྡོ་རྗེ་འཆང་མ་ཏི་རཏྣ་ཤྲཱི་བྷ་དྲ་ཕོ་ནའོ། མཐར་དགུང་ལོ་བརྒྱད་ཅུ་རྩ་གཉིས་ལ་ཐེབས་པ་རབ་བྱུང་བརྒྱད་པའི་ས་གླང（སྤྱི་ལོ1469）ལོར་མུས་བསྟན་འཛིན་ཕྱུག་ཏུ་དག་པའི་ཞིང་དུ་གཤེགས།

ཀླད་བྱང་སེམས་ཤེས་རབ་བཟང་པོ། རྗེ་འདི་ནི་རབ་བྱུང་བདུན་པའི་ནང་རི་བོ་ཆེ་ཡོར་སྡེ་དགེ་སྟོང་དཔོན་གྱི་རིགས་སྲས་སུ་འཁྲུངས་ཤིང་། སྐུ་ཆུང་དུས་ཀརྨ་པའི་ཆོས་སྒོར་ཞུགས། དེ་ནས་དབུས་གཙང་གི་ཕྱོགས་སུ་ཕྱིན་ཏེ་རྒྱལ་བ་གཉིས་པ་ཤར་ཙོང་ཁ་པ་ཆེན་པོ་རྩ་བའི་བླ་མར་བཀུར། མཁས་མཆོག་དར་མ་རིན་ཆེན་དང་། མཁས་གྲུབ་དགེ་ལེགས་དཔལ་བཟང་། རྗེ་དགེ་འདུན་གྲུབ་པ་སོགས་ཀྱི་ཞབས་ལ་གཏུགས་ནས་མདོ་སྔགས་རབ་འབྱམས་ལ་གསན་བསམ་རྒྱ་ཆེར་མཛད། དེ་ནས་ཀུན་མཁྱེན་བྱང་ཆུབ་འབུམ་པའི་བཀའ་ལུང་དང་། རྒྱལ་ཚབ་དར་མ་རིན་ཆེན་གྱི་བཀའ་བཞིན་མདོ་ཁམས་སུ་ཕེབས་ཏེ་རབ་བྱུང་བདུན་པའི་ཤིང་བྱི（སྤྱི་ལོ1444）ལོར་གདན་ས་ཆེན་པོ་ཆབ་མདོ་བྱམས་པ་གླིང་ཕྱག་བཏབ། དེ་རྗེས་བཀའ་ཆེན་གྱི་བཤད་པ་མཛད་པས་ཆོས་རྗེ་རྣམ་རྒྱལ་གྲགས་པ་དང་། སློབ་དཔོན་རྣམ་པ་ལྔས་གཙོས་དགེ་བའི་བཤེས་གཉེན་ཤིན་ཏུ་མང་པོ་བསྐྱུས། རྒྱུ་མཚན་དེ་ལ་བརྟེན་ནས་བྱང་སེམས་ཆེན་པོ་

ཞེས་སྙན་གྲགས་བཟང་པོས་མདོ་ཁམས་ཀྱི་ས་གྲུ་ཀུན་ཏུ་ཁྱབ། བྱང་སེམས་ཤེས་རབ་བཟང་པོ་སྐུ་འདས་རྗེས། ཞང་ཞུང་ཆོས་དབང་གྲགས་པ་དང་། སྟོད་ལུང་པ་མཚུར་སྟོན་ནམ་མཁའ་དཔལ། ཤེས་རབ་དཔལ་བརྩེགས། གཞོན་ནུ་དཔའ་ཤོད་པ་ཆོས་རྗེ་ཀུན་དགའ་དཔལ་ལྡན་སོགས་མཁས་གྲུབ་རིམ་པས་གདན་ས་བསྐྱངས།

གཙང་སྟོད་སྡེ་པ་ཕུན་ཚོགས་རྣམ་རྒྱལ། རབ་བྱུང་བཅུ་པ་མེ་བྱ(སྤྱི་ལོ1597)ལོར་ཡབ་བསྟན་སྲུང་དབང་པོའི་སྲས་སུ་འཁྲུངས། དགུང་ལོ་བཅུ་བཞི་པ་ལྕགས་ཕག(སྤྱི་ལོ1611)ལོར་གཙང་པའི་སྲིད་ཀྱི་ལས་འགན་བཞེས། ཁོང་གི་དུས་ཅི་སྐད་སྡེ་གཟར་ཞེས་བྱ་བ་བྱུང་། དེ་ནི་ཆུ་བྱི་ལོ་དང་ཆུ་གླང་ལོར(སྤྱི་ལོ1612 – 1613)སྡེ་པ་ཕུན་ཚོགས་རྣམ་རྒྱལ་གྱིས་གཙང་ཕྱོགས་ཕལ་ཆེར་དབང་དུ་བསྡུར་ཐོག་དཔུང་གི་སྒྱུར་བ་ལ་བརྟེན་ནས་དབུས་ཕྱོགས་འཕན་པོ་དང་གཞིས་ཀ་རྩེའུ་སོགས་བླངས་པ་དེ་ལ་ཟེར། དེ་ནས་གཙང་པས་དབུས་གཙང་ཡོངས་ལ་དབང་སྒྱུར་བའི་གཞི་ཐོག་མ་ཚུགས་ཏེ་གཙང་པ་རྒྱལ་པོ་ཟེར་བ་དེ་བྱུང་། ཕུན་ཚོགས་རྣམ་རྒྱལ་དྲགས་པོ་བཀའ་བརྒྱུད་པར་མོས་ཤིང་། ལྷག་པར་ཀརྨ་པའི་སྦྱིན་བདག་གི་མཐིལ་ལེན་ཞུས། བཀྲས་ལྷུན་དང་གཞིས་རྩེའི་གྲོང་ཁྱེར་གྱི་བར་དེར་བཀའ་རྙིང་གི་ཆོས་སྡེ་གསར་རྒྱག་ཐོག་རི་ལྷེབས་སུ་བཀྲ་ཤིས་གཟིལ་གནོན་ཞེས་བྲིས། ས་རྟ(སྤྱི་ལོ1618)ལོར་གཙང་དམག་ཁྲིན་ཆེ་དབུས་སུ་ལྷགས་ཏེ་འབྲས་སྤུངས་རྒྱབ་རིར་གྱ་པ་དང་དབུས་དམག་བརྒྱ་ཕྲག་དུ་མ་བསད་ནས་འབྲས་སེ་གཉིས་ཀྱི་དགེ་འདུན་པ་རྣམས་བྱང་དུ་ཐོན་བསྐྱོད་བྱེད་དགོས་པ་བྱུང་། དེ་སྐབས་སྡེ་པ་གཙང་པ་མངའ་ཐང་ཀུང་ལ་བརྟེགས་ནས་བོད་ཁམས་ལ་དབང་བསྒྱུར་བའི་ལོ་ཐོག་མར་བརྩི་བ་ཡིན། དེ་ནས་བཟུང་ཕག་གྲུའི་སྲིད་དབང་རྩ་བ་ནས་འཐོར། སྡེ་སྲིད་ཕུན་ཚོགས་རྣམ་རྒྱལ་དབུས་ཕྱོགས་སུ་དཔུང་གི་འགོ་སྣེད་ལ་ཕེབས་པ་རབ་བྱུང་བཅུ་གཅིག་པའི་ལྕགས་ལུག(སྤྱི་ལོ1631)ལོར་ཟངས་ཡུལ་མོན་མདོང་སྨར་ཐོག་ཏུ་འབྲུམ་ནད་ཀྱིས་སྐུ་གཤེགས། (ཆུ་སྤྲེལ་སྤྱི་ལོ1632ལོར་འདས་པར་བཞེད་མཁན་ཡང་མཆིས)

གཙང་པ་བསྟན་སྐྱོང་དབང་པོ། ཡབ་གཙང་པ་སྡེ་སྲིད་ཕུན་ཚོགས་རྣམ་རྒྱལ་གྱི་སྲས་སུ་རབ་བྱུང་བཅུ་པའི་ལྕགས་བྱི(སྤྱི་ལོ1600)ལོར་འཁྲུངས། སྐུ་ནར་སོན་རྗེས་པ་ཤུལ་བུ་འཛིན་གྱི་ལས་འཁུར་བླངས་ཏེ་སྡེ་སྲིད་ཀྱི་ཁྲི་མངའ་གསོལ་ནས་སྲིད་དབང་བཟུང་། ཁོང་ནི་ཆོས་དང་སྲིད་གང་ལའང་མཁྱེན་པ་ཆེ། གཙང་པ་སྡེ་སྲིད་ཕ་བུ་གཉིས་ཀྱི་དུས་སུ་སངས་རྒྱས་བསྟན་པའི་ཆེ་བ་འདེགས་ཕྱིར་སྡེ་སྲིད་ཀྱིས་སེར་མོ་བའི་ཕྱག་འཚལ་མི་བཞེས་པ་དང་། གྲུབ་མཐའ་རིས་མེད་ཀྱི་དགེ་འདུན་ལོ་རེར་གཞིས་ཀ་བསམ་གྲུབ་རྩེར་གདན་དྲངས་ནས་བསྙེན་བཀུར་ཞུ་བ། འབངས་བདེ་ལ་འཁོད་ཕྱིར་ཁྲིམས་སྲོལ་གཙུ་ལེ་ཆེན་མོ་བསྒྲིགས་པ། ཁྲལ་ཞུལ་ཡང་བཟོས་གཏོང་བ། ཚོ་འཕྲུལ་དུས་ཆེན་སྐབས་རི་རྒྱ་གླུང་རྒྱ་སྡེམ་དགོས་པ་སོགས་གཏན་འབེབས་མཛད། འོན་ཀྱང་རྗེས་སུ་ཆོས་ལུགས་འཛིན་འཁྱེར་གྱི་དབང་དུ་སོང་ནས་སྡེ་སྲིད་

བསྟན་སྐྱོང་དབང་པོས་བཀའ་བརྒྱུད་ཀྱི་ཞྭ་དམར་བ་དང་ཇོ་ནང་པའི་གྲུབ་མཐའ་ལ་རྒྱབ་སྐྱོར་དང་། དགེ་ལུགས་པའི་སྒྲུབ་མཐའ་ལ་སྡང་ཟུག་གིས་གནོན་ཤུགས་རིམ་བཞིན་ཇེ་ཆེ་ཇེ་སྟུག་ཏུ་བཏང་བའི་རྐྱེན་གྱིས་མཐར་དགེ་ལུགས་པའི་སྦྱིན་བདག་སོག་པོ་གུ་ཤྲཱི་ཧན་གྱི་དམག་དཔུང་བོད་དུ་སླེབས་ནས་གཙང་པ་སྡེ་པའི་སྟོབས་ཤུགས་རྩེག་མེད་དུ་བཏང་ཐོག རབ་བྱུང་བཅུ་གཅིག་པའི་ཆུ་རྟ(སྤྱི་ལོ1642)ལོར་གུ་ཤྲཱི་བསྟན་འཛིན་ཆོས་རྒྱལ་གྱིས་གཙང་པ་བསྟན་སྐྱོང་དབང་པོ་བཟུང་ནས་བཀྱོངས་པ་དང་། སྡེ་སྲིད་གཙང་པའི་སྲིད་དབང་ཡང་དེ་ནས་མཇུག་བསྡིལ།

གཙང་པ་བློ་གྲོས་བཟང་པོ། ཇོ་འདི་ཉིད་རབ་བྱུང་དྲུག་པའི་ལྕགས་བྱི(སྤྱི་ལོ1360)ལོར་སྐུ་འཁྲུངས། བྱིས་པའི་དུས་ཡབ་རིན་སྤུངས་ན་བཞུགས་པས་དེར་བརྟེན་ནས་ཁང་གཉེར་མཛད། དེ་ནས་ཆོས་ལ་ཐུགས་མོས་པ་ཆེན་པོ་སྐྱེས་ཏེ་བླ་མ་ཆོས་དབྱིངས་པའི་ཞབས་ལ་གཏུགས། དེ་དང་མི་རིང་བར་ཆོས་རྗེ་འབའ་ར་བ་བསྟེན་ནས་གདམས་པ་མང་དུ་ཞུས། མཁས་གྲུབ་ཀྱི་བླ་མ་མཐའ་ཡས་པའི་ཞབས་ལ་གཏུགས་ཤིང་ཟབ་ཆོས་མང་དུ་གསན། དེའི་སྟོབས་ཀྱིས་སློབ་མ་ལ་ཁྲིད་རིམ་འདོགས་པ་ཡང་གདམས་ངག་སྣ་མི་གཅིག་པ་བརྒྱ་དང་བརྒྱད་ཅུ་གྱ་གཉིས་ཡོད་པར་གྲགས། གངས་ཏི་སེ་ལ་ཕྱིན་ཏེ་སྒྲུབ་པ་མཛད། དེ་ནས་ཆོས་ཀྱི་ཆེད་དུ་རྒྱ་གར་ནུབ་ཕྱོགས་ལྷུམ་བེ་དང་རྒྱ་གར་ཤར་ཕྱོགས་ཤིང་གི་རིར་ཕེབས། ཚུར་ཕྱིན་ནས་ལ་སྟོད་ལྷོར་ལོ་ཤས་བཞུགས་ཏེ་སི་ཏུ་ཆོས་རིན་བསྟེན། ཕྱིས་སྐྱི་ཤོད་དུ་སྤང་པོ་ཁ་དང་ལྷན་རྫོང་དུ་བཞུགས། དེ་རྗེས་གཡོར་ཕྱོགས་སུ་ཕེབས་ནས་ཡར་རྒྱབ་པ་དཔོན་ཆེན་དགེ་བསྙེན་པས་བླ་མར་བཟུང་། དེ་ལྟར་ས་ཡར་མར་དུ་འགྲོ་དོན་རྒྱ་ཆེན་པོ་མཛད་ནས་གྲྭ་ཕྱི་འབྲུག་གི་དགོན་པར་རབ་བྱུང་བདུན་པའི་ཆུ་ཡོས(སྤྱི་ལོ1423)ལོར་སྐུ་གཤེགས།

གཙང་སྨྱོན་ཧེཿརུ་ཀ་རུས་པའི་རྒྱན་ཅན། འཁྲུངས་ཡུལ་གཙང་མྱང་སྟོད་སྟག་ཚལ་དུ་མྱང་རལ་བ་ཅན་དང་ཉི་མ་འོད་ཟེར་སོགས་ཀྱི་རྒྱུད་པ་ཡབ་ཐུགས་འཆང་སངས་རྒྱས་དཔལ་ལྡན་དང་། ཡུམ་སངས་རྒྱས་འདྲེན་གཉིས་ཀྱི་སྲས་སུ་རབ་བྱུང་བརྒྱད་པའི་ཆུ་སྤྲེལ(སྤྱི་ལོ1452)ལོར་སྐུ་འཁྲུངས། དགུང་ལོ་བདུན་པ་ས་སྟག(སྤྱི་ལོ1458)ལོར་མཁན་ཆེན་ཀུན་དགའ་སངས་རྒྱས་ཀྱི་དྲུང་དུ་རབ་ཏུ་བྱུང་སྟེ་མཚན་སངས་རྒྱས་རྒྱལ་མཚན་ཞེས་གསོལ། དེ་ནས་བཟུང་དགུང་ལོ་བཅུ་བདུན་གྱི་བར་རང་ཡུལ་དུ་སློབ་གཉེར་མཛད། དགུང་ལོ་བཅོ་བརྒྱད་པར་ཙ་རིར་ཕྱིན་ཏེ་རྗེ་བཙུན་ཤ་ཀྲ་རབ་འབྱམས་པ་སངས་རྒྱས་སེང་གེ་དང་མཇལ། རེ་ཆོས་སྐོར་གསུམ། ཐར་གྲུ་སྐོར་གསུམ། ན་རོ་ཆོས་དྲུག ཕྱག་རྒྱ་ཆེན་པོ་ལྷ་ལྷན་ལྔན་གཅིག་སྐྱེས་སྦྱོར། རོ་ཧ་སྐོར་གསུམ་དང་མཇོད་དྲུག་རོ་སྙོམས་སོགས་བཀའ་བརྒྱུད་ཀྱི་ཆོས་སྐོར་ཕལ་མོ་ཆེའི་ལུང་གསན། རྗེ་བཙུན་མ་ལྷན་ཅིག་སྐྱེས་མའི་དཀྱིལ་འཁོར་དུ་དབང་བསྐུར་ཏེ་གསང་མཚན་མི་བསྐྱོད་རྡོ་རྗེ་ཞེས་གསོལ། དེ་ནས་དཔལ་འཁོར་ཆོས་སྡེར་ཕྱིན་ནས་གཡུ་ལུང་ལ་ཡོན་ཏན་རྒྱ་མཚོའི་དྲུང་ནས་ཆོས་མང་པོ་གསན་

ཅིང་། དེ་བཞིན་སློབ་དཔོན་ཀུན་དགའ་ཉི་མ་དང་། པཎ་ཆེན་དོན་གྲུབ་གྲགས་པ་སོགས་བསྟེན་ནས་གསང་སྔགས་ཀྱི་དབང་དང་རྒྱུད་ཀྱི་བཤད་པ་བསྐྱེད་རྫོགས་ཀྱི་གདམས་པ་སོགས་མང་པོ་གསན། གངས་ཏི་སེ་དང་། ཙ་རི། ལ་ཕྱི་ཆུང་བ། བལ་ཡུལ་སོགས་ཡུལ་ངེས་མེད་དུ་ཕྱིན། ཆ་ལུགས་ཀྱང་སྐབས་འགའ་ཞིག་ཏུ་སྐུ་གཅེར་བུ་ལ་མིའི་གཡང་གཞི་ཁྲག་ཅན་གསོལ། རྒྱུ་རྐྱེན་གྱིས་ག་ཤ་དང་གདུ་བུ་བཟུམ། མི་ཐོད་རྣ་བར་ཀླད་པ་དང་རྒྱུ་མ་སོགས་རྒྱན་བས་མས་དཀྲུགས་ཏེ་གསོལ། ཕལ་ཆེར་ཧེཿརུ་ཀའི་ཆ་བྱད་རྣམ་རྒྱན་དང་ཐོད་པ། ཁང་གླིང་། ཁ་ཊྭཱཾ་རྣམས་འཆང་ཞིང་དུར་ཁྲོད་དང་གྲོང་གསེབ་ངེས་མེད་དུ་ཕྱིན་ནས་ཐ་མལ་གྱི་བློར་མི་ཆུད་པའི་ཐོ་ཅོའི་སྤྱོད་པ་སྣ་ཚོགས་མཛད་པས་གཙང་སྨྱོན་ཞེས་གྲགས། མཛད་པ་ནི་བལ་ཡུལ་གྱི་འཕགས་པ་ཤིང་ཀུན་གྱི་ཞིག་གསོ་དང་། གྲུབ་གནས་མང་པོར་བཀའ་བརྒྱུད་ཀྱི་སྒྲུབ་སྡེ་བཙུགས། སྣན་བརྒྱུད་སྙིགས་བམ་དུ་བཀོད་པ་པོ་ཏི་བཅུ་གསུམ་ལ་ཞུ་དག་གཙང་མ་དང་རབ་བྱུང་བརྒྱད་པའི་ས་སྤྲེལ(སྤྱི་ལོ1488)ལོར་རྗེ་བཙུན་མི་ལའི་རྣམ་ཐར་ལྷུགས་རྩོམ་མཛད། ཉམས་མགུར་ཕྱོགས་གཅིག་ཏུ་བསྒྲིགས་ཤིང་པར་དུ་བསྐྲུན། གྲུབ་པའི་གོ་འཕང་མཐོན་པོར་གཤེགས་ཀྱང་ལས་འབྲས་ལ་རྩེ་འཛོག་ཆེ་བས་དགེ་སྡིག་ཆུང་དུ་ཙམ་ཡང་ཁྱད་དུ་མི་གསོད། སློབ་མ་གྲངས་ཀྱིས་མི་ཆོད་པ་འདུས། ཡོངས་གྲགས་སུ་ཐུགས་སྲས་ཞེ་དགུ། ཐུན་མོང་མ་ཡིན་པའི་ཐུགས་སྲས་བརྒྱད། བླ་ཆེན་བླ་ཆུང་དྲུག་ཅུ། རྟོགས་ལྡན་ཉེར་བརྒྱད། སྟོན་སྒོམ་ཉི་ཤུ། གྲུབ་ཆེན་བཅོ་བརྒྱད་སོགས་བསམ་གྱིས་མི་ཁྱབ་པ་ཐོན། མཐར་དགུང་ལོ་ལྔ་བཅུ་ང་དྲུག་པ་རབ་བྱུང་དགུ་པའི་མེ་ཡོས(སྤྱི་ལོ1507)ལོར་རས་ཆུང་ཕུག་ཏུ་སྐུ་གཤེགས་སོ།

ཚལ་པ་ཀུན་དགའ་རྡོ་རྗེ། རབ་བྱུང་ལྔ་པའི་ས་བྱ(སྤྱི་ལོ1309)ལོར་ཚལ་པ་ཁྲི་དཔོན་དྲུང་ཆེན་སྨོན་ལམ་རྡོ་རྗེའི་སྲས་སུ་འཁྲུངས། དགུང་ལོ་ལྔ་ནས་ཡི་གེ་འབྲི་ཀློག་དང་། ཚལ་པ་བཀའ་རྒྱུད་ཀྱི་ཆོས་སྐོར། མདོ་སྔགས་རིག་གནས་དང་བཅས་པར་འབད་པ་སྟོང་མེད་ཀྱིས་གསན་སྦྱོང་གནང་བས་མཁས་པའི་སྙན་གྲགས་ཐོབ། དགུང་ལོ་བཅུ་དྲུག་པ་རབ་བྱུང་ལྔ་པའི་ཤིང་གླང(སྤྱི་ལོ1325)ལོར་ཚལ་པ་ཁྲི་དཔོན་གྱི་ཁྲི་ཐོག་བཞུགས། དགུང་ལོ་བཅུ་བདུན་པར་སོག་པོ་ཡེ་སུན་ཐེ་མུར་གྱིས་དངུལ་ཕྱི་ཆེན་དང་། དངུལ་གྱི་ཐམ་ག་སོགས་ཕུལ། ཚལ་གྱི་ཁྲི་དཔོན་གྱི་ཁོ་སར་ལོ་ཉི་ཤུ་རྩ་བརྒྱད་བཞུགས་རིང་ཚལ་གུང་ཐང་གི་གཙུག་ལག་ཁང་དང་། ལྷ་ས་གཙུག་ལག་ཁང་། པོ་ཏ་ལ་བཅས་ལ་བདག་གཉེར་ཉམས་གསོ་ལེགས་པར་མཛད་པ་དང་། སྐུ་གསུང་ཐུགས་ཀྱི་རྟེན་བཞེངས། རི་བོ་དགེ་འཕེལ་ཕྱག་བཏབ། བུ་སྟོན་རིན་ཆེན་གྲུབ་ཚལ་དུ་གདན་དྲངས་ཏེ་སྔར་ཐང་གི་བཀའ་འགྱུར་སོགས་སྐབས་དེར་བོད་དུ་བཞུགས་པའི་བཀའ་འགྱུར་མང་པོ་ཞིབ་བསྡུར་དང་ཞུ་དག་ལེགས་པར་མཛད་དེ་གསེར་དངུལ་གྱི་བཞུན་ཁུ་འདྲེས་མས་བྲིས་པའི་བཀའ་འགྱུར་གྱི་པོད་ཉིས་བརྒྱ་དྲུག་ཅུ་བཞེངས་པ་དེར་ཚལ་པའི་བཀའ་འགྱུར་དུ་གྲགས་ཤིང་། བོད་ཀྱི་མཁས

པ་མང་པོས་དེ་ཚད་ལྡན་གྱི་བཀའ་འགྱུར་མ་དཔེར་བཟོ། ཀུན་དགའ་རྡོ་རྗེ་རང་ཉིད་ཀྱིས་དེའི་དཀར་ཆག་དེབ་ཐེར་དཀར་པོ་ཞེས་བྱ་བ་ཞིག་བརྩམས།

ཁྲི་དཔོན་གཡའ་བཟང་པ་དང་ཕག་མོ་གྲུ་པའི་དབར་འགལ་འཁྲུག་འབྱུང་སྐབས་ཚལ་པ་ཀུན་དགའ་རྡོ་རྗེས་གཡའ་བཟང་པའི་ཕྱོགས་སུ་ལངས་པ་དང་། ས་སྐྱའི་དཔོན་ཆེན་སོགས་དང་སྡེབས་པས་ཕག་གྲུ་བྱང་ཆུབ་རྒྱལ་མཚན་དང་དགྲ་ཟླར་གྱུར་སྐབས་གཡའ་ཕག་འགལ་བའི་ཁྲོད་དུ་ཚལ་པའི་དབང་རིས་ཀྱང་རབ་བྱུང་དྲུག་པའི་ཆུ་འབྲུག(སྤྱི་ལོ1352)ལོར་ཕག་གྲུར་ཤོར། དེ་རྗེས་མི་སྟོང་དུ་གྱུར་པའི་ཚལ་པའི་ཁྲི་དཔོན་གྱི་གོ་སར་རང་གི་གཅུང་པོ་གྲགས་པ་ཤེས་རབ་བསྐོས་ནས་རང་ཉིད་མཁན་ཆེན་དོན་ཞགས་པ་སངས་རྒྱས་རིན་ཆེན་གྱི་དྲུང་ནས་རབ་བྱུང་བསྙེན་རྫོགས་ཀྱི་སྡོམ་པ་བཞེས་ཏེ་མཚན་ཡང་དགེ་བའི་བློ་གྲོས་ཞེས་གསོལ། ཀརྨ་སྐུ་ཕྲེང་བཞི་པ་རོལ་པའི་རྡོ་རྗེའི་དྲུང་ནས་མདོ་སྔགས་ཀྱི་ཆོས་མང་དུ་ཞུས། བཀའ་རྩོམ་ལ་ཚལ་པ་བཀའ་འགྱུར་གྱི་དཀར་ཆག་དེབ་ཐེར་དཀར་པོ་དང་། རྒྱལ་རབས་ལོ་རྒྱུས་དེབ་ཐེར་དམར་པོ། དེའི་ལྷན་ཐབས་དེབ་ཐེར་མཁས་པ་ཡིད་འཕྲོག རྒྱལ་རབས་ལོ་རྒྱུས་དེབ་ཐེར་ཁྲ་པོ། གུང་ཐང་བླ་མ་ཞང་དང་། རང་ཉིད་ཀྱི་ཡབ་སློབ་ལམ་རྡོ་རྗེའི་རྣམ་ཐར་སོགས་མཛད། རྗེས་སུ་ཚལ་པ་ཀུན་དགའ་རྡོ་རྗེར་སི་ཏུ་ཐམས་ཅད་མཁྱེན་པ་དགེ་བའི་བློ་གྲོས་ཞེས་པའི་སྙན་གྲགས་བྱུང་། མཐར་དགུང་ལོ་ང་བདུན་པ་རབ་བྱུང་དྲུག་པའི་ཤིང་སྦྲུལ(སྤྱི་ལོ1365)ལོར་སྐུ་གཤེགས།

མཚུངས་མེད་རྡོ་རྗེ་རྒྱལ་མཚན། རྗེ་འདི་ཉིད་རབ་བྱུང་བདུན་པའི་ཤིང་འབྲུག(སྤྱི་ལོ1424)ལོར་ཆག་སྐྱར་སྐྱའི་ཕུའི་འབྲོག་གསེབ་ཏུ་སྐུ་བལྟམས། སྐུ་ཆུང་ངུ་ནས་མངའ་རིས་གུང་ཐང་དུ་སྤྱན་དྲངས། དགུང་ལོ་བརྒྱད་པ་ལ་སླང་འཁོར་བ་མཉྫུ་ཤྲཱི་ལས་རབ་ཏུ་བྱུང་། དགུང་ལོ་དགུ་པ་ལ་ཤར་བའི་དཔོན་སློབ་ཀུན་སྨོན་མཛེས་པའི་དཔལ་གྱིས་བཏབ་པའི་མུས་སྲད་གདན་སར་ཞབས་སོར་འཁོད། ལོ་གསུམ་རིང་ཆོས་རྗེ་ཡོན་ཏན་མགོན་པོ་ལས་རྡ་མཁྱེན་ཡང་གསང་སོགས་གསན། དགུང་ལོ་བཅུ་གཅིག་པར་གུང་ཐང་ཆོས་གྲགས་དང་བླ་ཆེན་ཆོས་དཔལ་བཟང་པོ་བསྙེན་ནས་རྒྱུད་གསུམ་གྱི་གསན་སྦྱོང་སོགས་དཔལ་ལྡན་ས་སྐྱའི་གསུང་རབ་གསན་སྦྱོང་མཛད། དགུང་ལོ་བཅོ་བརྒྱད་པར་ངམ་རིངས་ཆོས་གྲུབ་རྡོ་རྗེ་འཆང་ཨཱ་ནན་ཏ་མ་ཏི་ལས་ལོ་ནག་དྲིལ་གསུམ། འཇིགས་བྱེད་ར་ལུགས། ཕག་མོ་སྐོར་གསུམ། ཆོས་སྐྱོང་གི་མན་ངག་སོགས་དང་། བདག་ཆེན་དཔལ་ཆོས་དྲུང་དུ་རྒྱུད་གསུམ་ལས་བྱུང་བའི་དབང་བཀའ་བཅུ་བདུན་སོགས་དང་། བདེ་ཀྱེས་ཀྱི་བཀའ་དུ་མ་གསན། དགུང་ལོ་བཅུ་དགུ་པ་ལ་སེམས་པ་ཆེན་པོ་གཞོན་ནུ་རྒྱལ་མཆོག་པས་མཁན་པོ་དང་། ནམ་མཁའ་ལྷུན་བཟང་པས་སློབ་དཔོན་མཛད་དེ་བསྙེན་པར་རྫོགས། དགུང་ལོ་ཉེར་གཅིག་པ་ལ་གུང་ཐང་རྒྱལ་མཚན་དཀོན་མཆོག་གི་དྲུང་དུ་གསུང་ངག་ལམ་སྐོར་དང་བཅས་པ་དང་། གསང་འདུས་མི་བསྐྱོད་ལུགས་ཀྱི་དབང་བཀའ་འགོས་ལུགས། བཤད་བཀའ་པོ་ཏོང་ལུགས། ནག་ཁྲིད་

དམར་ཁྲིད་སོགས་ནོད། དེ་ནས་གུང་ཐང་དང་མུས་སྲད་ཀྱི་བསྟན་འཛིན་གླིང་དུ་ཤཱཀྱ་ཛྙཱ་ན་སོགས་ལས་ས་སྐྱ་པའི་དབང་བཤད་མན་ངག་དང་། གུར་སཾ་སྦྱོང་རྒྱུད་སོགས་ཀྱི་དབང་བཤད་མན་ངག་མང་དུ་གསན། བོ་དོང་ཕྱོགས་ལས་རྣམ་རྒྱལ་དང་བདེ་ཆེན་རྣམ་རྒྱལ་གྲགས་བཟང་ལ་དུས་འཁོར་དབང་སོགས་གསན། དགུང་ལོ་ཞེ་དགུ་པ་ལ་དཔལ་ལྡན་ས་སྐྱར་ཕེབས་ནས་ཞི་ཁྲོ་སོགས་རྙིང་མའི་ཆོས་འཁོར་མང་དུ་བསྐོར། དགུང་ལོ་ལྔ་བཅུ་པར་གྲང་མོ་ཆེ་པའི་བརྒྱ་དཔོན་ཆོས་རྗེ་ཀུན་བསམ་པས་བླ་བྲང་ཆེན་མོར་གདན་དྲངས་ནས་ཞི་བར་གཤེགས་ཀྱི་བར་གནས་དེ་ཉིད་དུ་ཟབ་དོན་ཉམས་བཞེས་དང་འཆད་རྩོད་རྩོམ་གསུམ་གྱིས་བསྟན་པ་རིན་པོ་ཆེ་གསལ་བར་མཛད།

རྩོམ་པའི་མཛད་པ་ལ། གསལ་བྱེད་རྣམ་བཞི་དང་། བླ་མ་འཕགས་པ། བླ་མ་དམ་པ། ཕྱག་ལེན། བཀའ་སྒྲུབ། འཁྲུལ་སེལ་རྣམ་བཞི། རྩ་རྒྱུད་རྣམ་བཞི་སོགས་མང་དུ་མཛད། བསྟན་འཛིན་གྱི་ཐུགས་སྲས་བྱོན་ཚུལ་ལ། ཆོས་རྗེ་བློ་གྲོས་རྒྱལ་མཚན། དཀའ་བཅུ་པ་དཀོན་མཆོག་བཟང་པོ། ཆེན་པོ་རིན་ཆེན་རྒྱལ་མཚན། བྱང་པ་བདག་ཆེན་བསོད་ནམས་རྒྱལ་མཚན། མེ་ཉག་ཆོས་གྲགས། བོ་དོང་བཀའ་བཅུ་པ་ཆོས་རིན། ཤངས་པ་ཀུན་དགའ་དཔལ་ལྡན། བདག་ཆེན་རྒྱ་གར་བ་ཤེས་རབ་རྒྱལ་མཚན། འཛིམ་པ་ཀུན་དགའ་སྙིང་པོ། མུས་ཆེན་རྣམ་རྒྱལ་བཟང་པོ་སོགས་མང་དུ་བྱོན། དེ་ལྟར་རང་གཞན་གྱི་དོན་མཐར་ཕྱིན་ཏེ་དགུང་གྲངས་དོན་ལྔ་ལ་ཕེབས་པ་རབ་བྱུང་བརྒྱད་པའི་ས་རྟ(སྤྱི་ལོ1498)ལོར་ཞི་བར་གཤེགས་སོ།

མཚོ་སྣ་བ་ཤེས་རབ་བཟང་པོ། རབ་བྱུང་ལྔ་པའི་ལྕགས་ཁྱི་ལོ་ཡས་མས་སུ་ལྷོ་ཁ་མཚོ་སྣ་ཁུལ་དུ་ཁྱིམ་ཐབ་དབུལ་པོ་ཞིག་ནང་སྐུ་བལྟམས། ཆུང་དུས་སྐར་ཐང་གྲོང་ལྷིང་དཔོན་གྱི་སར་བ་རྫིར་བཞུགས། ཐུགས་རྒྱུད་བཟང་ཞིང་བློ་རིག་བཀྲ་བ། རྗེ་དཀར་གོང་འདམ་པ་ལྟར་བརྗིས་ནས་སྐམ་ཆུང་དང་ཀླུང་ཐབ་ཀྱི་དབྱིབས་ལྟ་བུར་བཅོས་པ་སོགས་ཐུན་མོང་མ་ཡིན་པའི་མཛད་པ་སྣ་ཚོགས་སྤེལ།

སྐབས་དེའི་མཚམས་ལྷིང་དཔོན་གྱིས་ཆོས་རྒྱུགས་འབུལ་རྒྱུའི་ཞལ་བཞེས་ཏེ་རྗེ་ཉིད་གཉལ་བྲག་གོ་དགོན་པར་ཆོས་ལ་ཞུགས་པར་ཕེབས། བཟང་ཆེན་པས་དབུ་སྐྲ་གཙུག་ཕུད་བཞེས་ཏེ་མཚན་ཤེས་རབ་བཟང་པོར་གསོལ། དེ་ནས་ཡི་གེ་འབྲི་ཀློག་ལ་སྦྱངས། ལོ་ཤས་མཚམས་གཞུང་ཆེན་ལ་ཐུགས་སྦྱོང་མཛད་པས་མཁས་པར་གྱུར། དགུང་ལོ་ཉེར་གཅིག་ནས་དབུ་བཙམས་ཏེ་འདུལ་བ་མདོ་རྩ་བའི་འགྲེལ་པ་ལེགས་བཤད་ཉི་མའི་འོད་ཟེར་པོད་ཆེ་བ་སྟོད་སྨད་གཉིས་དང་། མདོ་རྩ་བའི་མཆན་འགྲེལ་པོད་གཅིག་བརྩམས། བྲག་གོར་འདུ་ཁང་ཀ་བ་བརྒྱད་ཙམ་གྱི་རྟེན་དང་བརྟེན་པ་བཅས་དང་དགེ་འདུན་གྱི་སྡེ་དགོན་གསར་འཛུགས་གནང་། མདོ་སྔགས་ཀྱི་ཆོས་མང་དུ་གསུངས་པས་བཤད་སྒྲུབ་ཀྱི་བསྟན་པ་ཉི་མ་ལྟར་གསལ་བར་མཛད། ཕྱིས་༧རྒྱལ་དབང་སྐུ་ཕྲེང་བཅུ་གསུམ་པ་ཆེན་པོས་རྗེ་ཤེས་རབ་བཟང་པོའི་

འདུལ་བ་མཚོ་ཏིཀྐ་དང་། མདོ་རྩ་མཚན་འགྲེལ་ཤིང་པར་ལ་བཀོས་གནང་མཛད་པ་དང་། གདན་ས་སེར་འབྲས་དགའ་གསུམ་གྱི་གཞུང་ཆེན་པོད་ལྔར་སློབ་གཉེར་བྱེད་མཁན་ཚོར་འགྲེལ་པ་འདི་ཉིད་རྩ་འཛིན་དགོས་པའི་བཀའ་བཞིན་ཉམས་ལེན་རྒྱུན་འཇགས་སུ་བྱུང་། འདུལ་བ་མཚོ་ཏིཀ་དེར་ས་དགེ་རྙིང་གསུམ་སངས་རྒྱས་ཆོས་པ་ཡོངས་རྫོགས་ཀྱིས་ཆ་འཇོག་ཚད་འཛིན་གནང་བ་མ་ཟད། རྒྱལ་ཕྱིའི་ཕྱོག་ཡའང་ཚད་མར་འཛིན།

རྗེ་འདི་ཉིད་དགུང་ལོ་བཞི་བཅུའི་ནང་སྐུ་གཤེགས་ནས་རྗེ་ཙོང་ཁ་པ་ཆེན་པོ་ཀུན་མཁྱེན་འདི་ཉིད་ཀྱི་ཡང་སྲིད་དུ་ངོས་པ་བྲག་གོར་མཁན་ཆེན་ཆོས་སྐྱབས་བཟང་པོས་མཛད་པའི་མཚོ་སྣ་བ་ཆེན་པོའི་གསོལ་འདེབས་ལས་ལམ་ཙམ་གསལ།

ཞ་ལུ་ལོ་ཆེན་ཆོས་སྐྱོང་བཟང་པོ། ལོ་ཆེན་འདི་ཉིད་གཙང་ཞ་ལུ་གསེར་ཁང་གོང་མར་ཡབ་འགོས་ཀྱི་རིགས་ལས་བྱུང་བ་བསམ་གྲུབ་བཟང་པོ་དང་། ཡུམ་རིན་ཆེན་ཆོས་འཛོམས་གཉིས་ཀྱི་སྲས་སུ་རབ་བྱུང་བདུན་པའི་ལྕགས་བྱ(སྤྱི་ལོ1441)ལོར་སྐུ་བལྟམས། མཚན་ཆོས་སྐྱོང་འབུམ་ཞེས་གསོལ། སྐུ་ཆུང་དུས་སུ་ཐོན་གྱི་བག་ཆགས་ཀྱི་དབང་གིས་དང་བརྩོན་ཤེས་རབ་སྙིང་རྗེ་ལ་སོགས་པ་ཕུན་སུམ་ཚོགས་ཤིང་སྐུ་རྩེད་ཀྱི་ཚེ་ཡང་ཆོས་འཆད་པ་དང་། སྒྲ་བསྒྱུར་བ། ཡི་གེ་འབྲི་བ་ལ་སོགས་པས་དུས་འདའ་བར་མཛད། དེ་ནས་དགེ་བའི་བཤེས་གཉེན་བཀྲ་ཤིས་དཔལ་ལྡན་དྲུང་ནས་བོད་ཡིག་འབྲི་ཀློག་གསན་སྦྱོང་མཛད། དགུང་ལོ་བརྒྱད་པའི་སྐབས་ཡབ་གཤེགས་པས་རྫོ་རྫོས་ཤར་ཁ་བ་བདག་ཆེན་བཀྲ་ཤིས་འཕགས་པའི་ཞབས་འབྲིང་དུ་མངགས་ནས་དགུང་ལོ་ཉེར་གཉིས་བར་ཁྲིམ་ཚུལ་བཟུང་ཡང་དེའི་རིང་རིག་གནས་དག་ལ་ཐོས་པ་རྒྱ་ཆེར་མཛད། དགུང་ལོ་ཉེར་གཉིས་ལ་གང་གི་ཐུགས་འདོད་ལྟར་འཇམ་དབྱངས་ཀུན་མཆོག་བཟང་པོས་མཁན་པོ་མཛད་དེ་རབ་ཏུ་བྱུང་། མཚན་རིན་ཆེན་ཆོས་སྐྱོང་བཟང་པོ་ཞེས་གསོལ། དགུང་ལོ་ཉེར་དྲུག་པར་རྗེ་དོན་གྲུབ་གྲགས་པས་མཁན་པོ་དང་། དཀའ་བཅུ་པ་བསོད་ནམས་གྲགས་པས་ལས་སློབ། མཁར་གྲགས་པ་བསོད་ནམས་བློ་གྲོས་ཀྱིས་གསང་སྟོན་གནང་སྟེ་དཔལ་འཁོར་ཆོས་སྡེར་བསྙེན་པར་རྫོགས། དེ་ནས་སྐུ་ཞང་མཁན་ཆེན་ཆོས་གྲུབ་པ་དང་། བྲག་དམར་རབ་འབྱམས་པ་བློ་དོན་རིན་པ་སོགས་ཡོངས་འཛིན་བཅུ་ཕྲག་ལྔ་ཙམ་བསྟེན་ནས་བོད་དུ་འགྱུར་བའི་བཀའ་དང་བསྟན་བཅོས་ཕལ་མོ་ཆེ་དང་། མདོ་ཕྱོགས་ཀྱི་བཤད་ལུང་མཐའ་ཡས་པ། སྔགས་ཕྱོགས་ཀྱི་དབང་། བྱིན་རླབས། རྗེས་གནང་། རྒྱུད་བཤད། སྙིང་པོ་ཕྱུང་བའི་དོན་ཁྲིད་ལ་སོགས་པ་མཐའ་དག་སློབ་གཉེར་གྱིས་བསམ་པའི་སྒོ་འདོགས་རྒྱ་ཆེར་བཅད་པ་ཡིན་ལ། ལྷག་པར་རིག་གནས་ཀྱི་བཤད་རྒྱུན་ཉམས་པ་གསོ་ཕྱིར་སྒྲ་རིག་པ་ཆེན་པོ་གནས་བརྟན་ལེགས་པ་རྒྱལ་པོ་དང་། དཔལ་སྟེངས་སྒྲ་པ། ལོ་ཆེན་གྲགས་ལ་རྒྱ་མཚོ། རྒྱ་སྟོན་ལྕགས་རི་བ་ཐར་པ་བཟང་པོ། སྣག་ཚང་ལོ་ཙཱ་བ་ཤེས་རབ་རིན་ཆེན་

སོགས་མཁས་པ་དུ་མའི་ཞབས་ལ་གཏུགས་ནས་ཡིག་རིགས་མི་འདྲ་བ་སྣ་ཚོགས་ནས་བཟུང་སྟེ། སྒྲ། སྙན་ངག །སྡེབ་སྦྱོར། མངོན་བརྗོད། ཟློས་གར་ཏེ་ཐ་སྙད་རིག་གནས་ལྔ་ལ་འཕགས་ཡུལ་ནས་འགྱུར་ཟིན་པའི་གཞུང་ཆེན་པོའི་འགྲེལ་པ་དང་བཅས་པ་དང་། མ་འགྱུར་བ་མང་པོ་རྒྱ་དཔེའི་སྟེང་ནས་གཏན་ལ་ཕབ་སྟེ་ཐོས་བསམ་གྱི་སྒྲོ་འདོགས་ལེགས་པར་བཅད་པས་རིག་པའི་གནས་གཞན་ལ་སྤེལ་བའི་སློབ་དཔོན་ཆེན་པོར་གྱུར། ལྷག་པར་སྨག་ཚང་ལོ་ཆེན་གྱི་དྲུང་དུ་ཀ་ལཱ་པའི་སྤྱི་ཊཱི་ཀ། ཉེར་མཁོའི་མདོ་སོ་སོ་འགྲེལ་པ་དང་བཅས་པ། རིག་གནས་ཕྱི་མ་བཞིའི་ཟབ་བཤད། ཉིད་ཀྱིས་མཛད་པའི་བསྟན་བཅོས་མཐའ་དག་གི་བཤད་ལུང་ཡོངས་སུ་རྫོགས་པར་ཞུས། ལོ་ཙཱ་བ་གྲགས་པ་རྒྱ་མཚོས་ཙནྡྲ་པའི་མདོ། འགྲེལ་པ་རྣམ་ཏྣ་ས། ཉེར་མཁོའི་མདོ་སོ་སོ་འགྲེལ་པ་དང་བཅས་ཞིབ་ཏུ་གསན། དེ་ལྟར་རིག་གནས་མཁྱེན་པ་དཔག་པར་དཀའ་བས། དུས་འཁོར་འགྲེལ་ཆེན། དཔག་བསམ་འཁྲི་ཤིང་ལ་སོགས་པའི་བསྟན་བཅོས་བརྒྱ་ཕྲག་ཙམ་རྒྱ་གར་གྱི་དཔེ་དང་བོད་དཔེ་ལེགས་པར་སྦྱར་ཏེ་གཟིགས་རྟོགས་དང་གཞན་ལ་འདོམས་པར་ཡང་མཛད། དགུང་ལོ་བཞི་བཅུ་པར་དབུས་སུ་ཕེབས་ནས་སྨག་ལུང་ཆོས་རྗེ་དང་། ཀརྨ་པ་ཞྭ་དམར་ནག་གཉིས་བཅས་བླ་ཆེན་གསུམ་ལ་སྒྲ་དང་སྙན་ངག་གི་བཤད་ཁྲིད་ལེགས་པར་གནང་། ལོ་ཆེན་འདི་ཉིད་ཀྱིས་རྒྱ་དཔེ་ལ་གཟིགས་བཞིན་བོད་སྐད་དུ་སྒྱུར་སྐབས་སློབ་མ་རྣམས་ཀྱིས་བོད་དཔེ་བཟུང་ནས་གནས་པ་ན་ཡི་གེ་གཅིག་ཀྱང་ཆད་ལྷག་མེད་པ་ཤིན་ཏུ་ཁྱེངས་དག་པར་གསུངས་པ་རྣམས་སློབ་མ་བོད་སློབ་བཟང་བ་དག་གིས་ཀྱང་རྗེས་དྲན་དཀའ་བ་ཡོད་པར་གྲགས། དགུང་ལོ་ང་གསུམ་པར་རྒྱ་སྟོན་ལྟུགས་རི་བའི་གདན་སར་དབང་བསྐུར། དགུང་ལོ་ང་ལྔ་པར་གྲྭ་ཐང་གཙུག་ལག་ཁང་གི་གདན་སར་དབང་བསྐུར་བ་ནས་བཟུང་ཕྱིས་སུ་བཞུགས་ཡུལ་གཙོ་བོ་དེར་མཛད། དགུང་ལོ་དོན་བཞི་པར་བུ་སྟོན་ཐམས་ཅད་མཁྱེན་པའི་ཞལ་སྐྱལ་བཞིན་ཞ་ལུར་ཕེབས་ཏེ་མདོ་སྔགས་སྤྱི་དང་། ལྷག་པར་ཐུན་མོང་གི་རིག་གནས་བཤད་རྒྱུན་རྒྱ་ཆེར་སྤེལ། དགུང་ལོ་དོན་དྲུག་པར་སྔེ་པ་ཡར་རྒྱབ་པས་གདན་ཞུས་ལྟར་སྣར་གྲྭ་ཐང་དུ་ཕེབས་ནས་སྐུ་ཚེའི་མཐའ་མ་བར་བཞུགས།

ལོ་ཆེན་རིན་པོ་ཆེའི་འགྱུར་ལ་མཚོན་ན། རྡོ་རྗེ་འཆང་ཆེན་པོའི་བསྟོད་པ་ཕྱག་ན་རྡོ་རྗེས་མཛད་པ། དེ་བཞིན་གཤེགས་པ་ཐམས་ཅད་ལ་བསྟོད་པ། བཅོམ་ལྡན་འདས་ཤཱཀྱ་ཐུབ་པའི་བསྟོད་པ་སློབ་དཔོན་དཀོན་མཆོག་འབངས་ཀྱིས་མཛད་པ། བླ་མ་དམ་པ་ལ་བསྟོད་པ་ཏ་རི་པུཎྜའི་དགེ་སློང་ཆོས་ཀྱི་ཉི་མས་བཀོད་པ། སཾསྐྲྀ་ཏ་ལ་བོད་སྐད་ཀྱི་མཚན་བྱ། དཔལ་དུས་ཀྱི་འཁོར་ལོའི་སྒྲུབ་ཐབས་རྣལ་འབྱོར་རབ་གསལ་ཞེས་བྱ་བ་དབུ་མ་ཆེན་པོའི་པཎྜི་ཏ་མཻ་ཏྲི་པའི་ཞལ་སྔ་ནས་མཛད་པ། ཤེར་ཕྱིན་བདུན་བརྒྱ་པ། ཤེར་སྙིང་། རྡོ་རྗེ་གཅོད་པའི་འགྲེལ་པ། མངོན་རྟོགས་རྒྱན་འགྲེལ་ཆུང་དང་བཅས་པ། བྱམས་ཆོས་ཕྱི་མ་བཞི། རྒྱུད་བླ་འགྲེལ་ཆེན། དཀོན་བརྩེགས། བྱང་ཆུབ་སེམས་པའི་སྡེ་སྣོད། འདུལ་བ་མདོ་

ཚ། སོ་མཐར་མདོ། སུམ་བརྒྱ་པ། མེ་ཏོག་ཕྲེང་རྒྱུད། ལས་ཕྱོགས་སོགས་ཀྱི་བསྟན་བཅོས་ཕོན་ཆེན་དང་། ཚད་མ་རྣམ་ངེས། རྣམ་འགྲེལ། གཏན་ཚིགས་ཐིགས་པ། རྒྱུད་གཞན་གྲུབ་པ། འགྲེལ་བརྟག་བསྟོད་པ་བཞི། བཤེས་སྤྲིངས། སློབ་སྤྲིངས། སྤྱོད་འཇུག མངོན་བརྗོད་འཆི་མེད་མཛོད། མངོན་བརྗོད་ཀྱི་བསྟན་བཅོས་སྣ་ཚོགས་གསལ་བ་ཞེས་པ། སྒྲ་གཅིག་དོན་མང་ནོར་བུའི་ཕྲེང་བ། རྒྱུད་སྡེ་ལས་མཚན་བརྗོད་འགྲེལ་པ་ཕན་ཡོན་དང་བཅས་པ། བསྡུས་རྒྱུད་རྩ་འགྲེལ། དོན་དམ་སྙེ་མ། ཧ་འདོད་མདོར་བསྟན། བརྟག་གཉིས། སམྦུ་ཊི། གསང་འདུས་རྩ་རྒྱུད། འགྲེལ་པ་སྒྲོན་གསལ། རྡོ་རྗེ་སྙིང་འགྲེལ། ཙནྡྲ་པ་སོགས་གཞི་བསྒྱུར་དང་བསྒྱུར་འཆོས་གནང་བ་པོད་བཅུ་ཕྲག་མང་པོ་ཟིན། གསུང་རྩོམ་ཡང་ཀ་ཙན་གྱི་སྤྱི་དོན་དང་། འགྲེལ་པ་རྣམ་པ་གཉིས། ཕྱིངས་མདོའི་བསྡུས་དོན། ཀ་ལཱ་པའི་ས་བཅད། ཉེར་བསྒྱུར་གྱི་འགྲེལ་པ་རྒྱས་འབྲིང་བསྡུས་གསུམ། སྙན་ངག་མེ་ལོང་གི་འགྲེལ་པ། སྡེབ་སྦྱོར་གྱི་གནད་བསྡུས་པ། དག་ཡིག་ཟ་མ་ཏོག ཨཥྚའི་ཕྱིངས་སྦྱབ་པ་སོགས་སྔགས་ཀྱི་ཕྱིངས་སྦྱབ་མང་པོ། མཚམས་སྦྱོར་གྱི་འགྲེལ་པ་གཉིས། སུམ་རྟགས་ཀྱི་འགྲེལ་པ་བརྡ་སྤྲོད་རིག་པའི་སྐོར་གྱི་བསྟན་བཅོས་ཀྱང་མང་དུ་གསར་རྩོམ་མཛད། མདོར་ན་ལོ་ཆེན་འདི་ཉིད་གཞུང་མང་པོ་ལ་འགྱུར་འཆོས་སམ་ཏོར་ཀོང་བསབ་པ་སོགས་ཀྱི་སྒོ་ནས་ལེགས་པར་མ་འགྱུར་བ་དང་། ལོག་པར་བསྒྱུར་བ། འགྱུར་ཆད་པ་སོགས་མཐའ་དག་གི་དྲི་མ་བཀྲུས་ནས་ཇི་ལྟ་བ་ཇི་སྙེད་པའི་རིག་གནས་ཀྱི་རྒྱུན་བཟང་པོ་ཤིན་ཏུ་གསལ་བར་མཛད་པ་མ་ཟད། བསྟན་བཅོས་ཀྱང་མང་པོ་གཞི་བསྒྱུར་དང་བཅྭམས་གནང་བ་བཅས་གངས་རིའི་ཁྲོད་ཀྱི་བློ་གཟུ་བོར་གནས་པ་ཐམས་ཅད་བཀུར་སྟིའི་གནས་དམ་པ་དང་། ལྷག་པར་རིག་གནས་ལ་ཕྱག་རྗེས་ཤིན་ཏུ་ཆེ།

ལོ་ཆེན་ཆོས་སྐྱོང་བཟང་པོའི་ཐུགས་སྲས་ལ་མཚོན་ན། ས་ལོ་ཀུན་དགའ་བསོད་ནམས་གྲགས་པ་རྒྱལ་མཚན་དང་། ལོ་ཙཱ་བ་རཏྣ་བྷ་དྲ། མཐུ་སྟོབས་ཆོས་ཀྱི་ངག་དབང་བསོད་ནམས། ཉིད་ཀྱི་དཔོན་པོ་ལོ་ཆེན་པད་མ་དཀར་པོ། སྐྱོགས་སྟོན་ལོ་ཙཱ་བ་ངག་དབང་རིན་ཆེན་བཀྲ་ཤིས། གཡའ་བཟང་མཁས་བཙུན་དབང་པོ་སོགས་ལོ་ཆེན་དགུ་དང་། ཐུགས་ཀྱི་བཤད་རྒྱུན་འཛིན་པའི་སློབ་མ་མཁས་གྲུབ་ཨོ་རྒྱན་རྫོང་པ། རྩེད་ཐང་འབུམ་རམས་པ། མཁན་པོ་ཆོས་གྲུབ་སེང་གེ་སོགས་མང་དུ་བྱུང་ནས་གངས་ཅན་གྱི་ལྗོངས་ཐམས་ཅད་དུ་ཁྱབ་པར་གྱུར། མཐར་དགུང་གྲངས་གྱ་བདུན་ལ་ཕེབས་པ་རབ་བྱུང་དགུ་པའི་མེ་ཕག(སྤྱི་ལོ1527)ལོར་ཐུགས་སྲས་པད་མ་དཀར་པོ་གྲྭ་ཐང་གི་གདན་སར་བསྐོ་གཞག་མཛད་ནས་དགོངས་པ་ཆོས་དབྱིངས་སུ་ཐིམ།

ཞང་ཞུང་ཆོས་དབང་གྲགས་པ། སྟོད་མངའ་རིས་སྐོར་གསུམ་ཞེས་པའི་ཆར་གཏོགས་པ། བོད་ཆོས་རྒྱལ་གྱི་གདུང་གིས་བཟུང་བའི་ཡུལ་གྲུ་ཞང་ཞུང་ཞེས་པར་གྲགས་པ་ལ་ཡབ་ཡུམ་རིགས་ལྡན་ཚོ་འབྲང་

ཕུལ་དུ་ཕྱིན་པའི་རྒྱུད་དུ་རྗེ་འདི་ཉིད་རབ་བྱུང་བདུན་པའི་ཤིང་སྤྲེལ（སྤྱི་ལོ1404）ལོར་སྐུ་འཁྲུངས། ཆུང་དུས་ཡི་གེའི་ཕྱི་མོ་སློབ་པ་ནས་བཟུང་བསླབ་པར་བྱ་བའི་ཆོས་གང་དང་གང་ལའང་སློབ་དཔོན་གྱི་ཞལ་ནས་ལན་རེ་གཉིས་ཐོས་ཙམ་གྱིས་ཆོགས་ཆུང་དུས་ཐུགས་སུ་ཆུད། དེ་རྗེས་དབུས་སུ་ཕྱིན་ཏེ་རྗེ་རྒྱལ་བ་ཡབ་སྲས་གསུམ་དང་མཚུངས་མེད་ཆོས་རྗེ་དམ་པ་རྣམས་ཀྱི་ཞབས་ལ་གཏུགས་ནས་མདོ་རྒྱུད་ཀྱི་བཤད་ལུང་དང་ཟབ་མོའི་དབང་ཁྲིད་རྗེས་གནང་བུམ་པ་གང་བྱོའི་ཚུལ་གྱིས་གསན་ཞིང་། སྒྲ་ཚད་སྙན་ངག་སོགས་ཐུན་མོང་གི་རིག་གནས་མཐའ་དག་ལ་ཡང་སྦྱངས་པ་མཐར་ཕྱིན་མཛད་པས། ཟླ་མེད་པའི་མཁས་པའི་གོ་འཕང་རྙེད་དེ་ཞང་ཞུང་ཆོས་དབང་གྲགས་པ་ཞེས་རྒྱལ་བ་འཇམ་དཔལ་སྙིང་པོའི་སློབ་མའི་ནང་མུས་སད་པ་བློ་གྲོས་རིན་ཆེན་སེང་གེ་དང་འདི་བ་གཉིས་ལ་རྣམ་དཔྱོད་ཕུལ་དུ་བྱུང་བའི་མཁས་པ་གཉིས་སུ་གྲགས། དགུང་ལོ་སོ་ལྔ་པ་ས་རྟ（སྤྱི་ལོ1438）ལོར་རྒྱལ་པོ་ནྚ་མ་ཊའི་རྟོགས་བརྗོད་མཛད། རྗེ་འདི་ཐ་སྙད་ཀྱི་གཙུག་ལག་མ་ལུས་པ་ལ་དབང་འབྱོར་བས་དགའ་ལྡན་པའི་བསྟན་པ་འཛིན་པའི་ནང་ལ་སྙན་ངག་འདི་ལས་མཁས་པ་མ་བྱུང་སྐད། དེ་ནས་ནགས་ཤོད་ཕྱུས་མདའི་གདན་སར་ཐེབས་ནས་ལེགས་པར་བཤད་པའི་དགའ་སྟོན་གྱིས་བློ་གསལ་གྱི་ཚོགས་སྐྱོང་བར་མཛད། ཕྱིས་ཆོས་རྫོང་དགོན་བཏབ་ནས་འཕགས་པ་ལྷ་མཐོང་བ་དོན་ལྡན་ལ་ཕུལ། དགུང་ལོ་ང་ལྔ་པ་རབ་བྱུང་བརྒྱད་པའི་ས་སྟག（སྤྱི་ལོ1458）ལོར་ཐར་འདོད་སྐྱེ་བོའི་འཇུག་ངོགས་ཆབ་མདོ་བྱམས་པ་གླིང་ཞེས་གྲགས་པའི་ཆོས་སྡེ་ཆེན་པོའི་ཁྲི་ཐོག་གཉིས་པ་ལ་མངོན་པར་འཛེགས་ཏེ་ཕར་ཕྱིན་དང་རྒྱུད་སྡེ་རྒྱ་མཚོའི་ཆོས་ཀྱི་འཁོར་ལོ་རྒྱ་ཆེར་བསྐོར། གཞན་དགོན་སྡེ་ཆེན་པོ་ཀུ་རུ་དཔལ་འཁོར་གྱི་ཁྲི་ལ་ཞབས་པད་བཀོད་དེ་མཁས་པའི་བྱ་བ་རྣམ་གསུམ་གྱིས་བསྟན་འགྲོ་ལ་སྨན་པའི་མཛད་འཕྲིན་སྤེལ། དགུང་ལོ་དྲུག་ཅུ་རེ་དྲུག་པ་རབ་བྱུང་བརྒྱད་པའི་ས་གླང（སྤྱི་ལོ1469）ལོར་ནགས་ཤོད་ཕྱུས་མདའ་རྣམ་རྒྱལ་དཔལ་འབར་དུ་སྐུ་གཤེགས། རྗེ་འདིས་རྣམ་ངེས་འཐད་ལྡན་གྱི་འགྲེལ་བཤད་དང་། དུས་འཁོར་གྱི་བསྐྱེད་རྫོགས་སོགས་ལྷུགས་རྩོམ་མཛད་ཅིང་། མཁས་གྲུབ་རིན་པོ་ཆེའི་དུས་འཁོར་ཊཱི་ཀ་ཆེན་རྩོམ་འཕྲོ་ལུས་པ་མཇུག་རྫོགས་པར་མཛད། གཞན་ཡང་སྙན་ངག་གིས་ཡོངས་སུ་སྤུད་པའི་ལྷ་དང་བླ་མའི་བསྟོད་པ། ནྚ་མ་ཊའི་རྟོགས་བརྗོད་ལ་སོགས་པ་གངས་ཅན་བོད་ཀྱི་སྙན་ངག་མཁན་ཀུན་གྱི་གཙུག་གི་ནོར་བུ་ལྟར་གྱུར་པའི་སྙན་ངག་གི་ལམ་ནས་དྲངས་པའི་བཀའ་རྩོམ་ཡང་མང་པོ་མཛད།

ཞིང་ཤག་ཚེ་བརྟན་རྡོ་རྗེ། ཞིང་ཤག་པ་ཚེ་བརྟན་རྡོ་རྗེས་ཐོག་མར་རིན་སྤུངས་སྡེ་སྲིད་ངག་དབང་རྣམ་རྒྱལ་གྱི་སྐབས་སུ་ཆིབས་དཔོན་གྱི་ལས་ཀ་དང་། དེ་ནས་རིམ་པས་ལས་ཚན་དུ་སླེབས་ནས་ཁྲལ་སྡུད་པ་ལོ་མང་མཛད། རབ་བྱུང་དགུ་པའི་ས་སྤྲེལ（སྤྱི་ལོ1548）ལོར་རིན་སྤུངས་པས་གཞིས་ཀ་བསམ་གྲུབ་རྩེའི་རྫོང་དཔོན་དུ་བསྐོས། སྡེ་སྲིད་ངག་དབང་འཇིགས་གྲགས་ཀྱི་དུས་སུ་སྲས་པདྨ་དཀར་པོ་ཞིང་ཤག་པས

བསྐོངས་ཏེ་འབངས་གྱེན་ལོག་བྱས་ནས་རིན་སྤུངས་པའི་ལུང་གི་འོག་ཏུ་མ་འདུས། མེ་སྦྲུལ（སྤྱི་ལོ1557）ལོར་རིན་སྤུངས་པ་དང་། ཞིང་ཤག་པ་གཉིས་དབར་དྲག་དཔུང་གི་སྦྱོར་བ་བརྩམས། སྐབས་དེའི་དུས་ཙམ་ནས་ཞིང་ཤག་ཚེ་བརྟན་རྡོ་རྗེར་སྐྱ་མདུན་ཞིང་ཞེས་ཆེ་བརྗོད་དུ་འབོད། ཤིང་གླང（སྤྱི་ལོ1565）ལོར་ཞིང་ཤག་པས་དམག་དཔོན་བྱས་ཏེ་པ་རྣམ་ལྷུན་གྲུབ་ཁྲུང་རྩེ་དང་། རྫོང་གསར་པག་རི་བླངས་ཏེ་རྒྱལ་ཁ་ཐོབ། ཞིང་ཤག་པས་བྱང་བདག་བཀྲ་ཤིས་སྟོབས་རྒྱལ་ལ་འཆེ་བར་བྱས་པ་ཐུགས་ལ་ཕོག་ཆེ་བས་བཀྲ་ཤིས་སྟོབས་རྒྱལ་གྱིས་མངོན་སྤྱོད་ཀྱི་ལས་སྦྱོར་མཛད་པས་ཞིང་ཤག་ཚེ་བརྟན་རྡོ་རྗེ་གཟའ་ནད་ཀྱིས་གྲོངས། འཁྲུངས་འདས་ཀྱི་ལོ་ཚིགས་དང་མཛད་རྣམ་ཞིབ་པ་མ་རྙེད།

ཞྭ་དམར་མཁའ་སྤྱོད་དབང་པོ། རྗེ་འདི་ཉིད་ཡུལ་བྱེ་མ་ལུང་ན་ཁན་བར་བ་ཞེས་བྱ་བའི་སའི་ཆར་ཡབ་ལྷ་རྒྱལ་དང་། ཡུམ་འབྲོག་མོའི་སྲས་སུ་རབ་བྱུང་དྲུག་པའི་ལྕགས་སྟག（སྤྱི་ལོ1350）ལོར་སྐུ་བལྟམས། དགུང་ལོ་དྲུག་པ་ལ་རྟོགས་ལྡན་གྲགས་པ་སེང་གེའི་སྐུ་སྐྱེར་ཞལ་བཞེས་ཤིང་། སྔོན་གྱི་སྤྱོད་པ་རྣམས་ཞིབ་ཏུ་གསུངས། དགུང་ལོ་བདུན་པ་ལ་ཀརྨ་རོལ་པའི་རྡོ་རྗེ་ལས་དགེ་བསྙེན་གྱི་སྡོམ་པ་དང་བྱང་ཆུབ་སེམས་བསྐྱེད་མནོས། ཆོས་དྲུག་དང་ཕྱག་རྒྱ་ཆེན་པོ་སོགས་ཀྱི་ཁྲིད་གསན། བདེ་ཆེན་མཁན་ཆེན་རིན་པོ་ཆེ་དོན་གྲུབ་དཔལ་བ་དང་། སློབ་དཔོན་ཀརྨ་རོལ་པའི་རྡོ་རྗེས་མཛད་ནས་རབ་ཏུ་བྱུང་། མཚན་ཡེ་ཤེས་དཔལ་ཞེས་གསོལ། དེ་ནས་མཁན་ཆེན་དོན་གྲུབ་དཔལ་བ་དང་། ཆོས་རྗེ་གཡུང་སྟོན་པ། རྗེ་རི་ཁྲོད་པ་སོགས་མཁས་གྲུབ་དུ་མའི་དྲུང་ལས་སྒྲོལ་དཀར་གྱི་ཚེ་སྒྲུབ། རྒྱུད་འབུམ། མདོ་མང་ཕལ་ཆེ་བའི་ལུང་། དབང་རྗེས་གནང་སོགས་མང་དུ་གསན། ཁྱད་པར་དུ་བཀའ་བརྒྱུད་ཀྱི་མན་ངག་ཟབ་ཅིང་རྒྱ་ཆེ་བ་ཕལ་མོ་ཆེར་ནན་ཏན་གྱིས་གཟིགས། དེ་ནས་སྐུ་མཚམས་དམ་པར་མཛད་ནས་བསྒོམས་པས། གནས་ནང་གི་སྒོམ་ཆེན་ཐམས་ཅད་ཀྱི་སྤྱོད་ལམ་མ་ལུས་པ་མངོན་སུམ་དུ་གཟིགས་ཏེ། སོ་སོར་ཚར་གཅོད་པ་དང་རྗེས་སུ་འཛིན་པའི་ཞལ་ཏ་གནང་བས་ཐམས་ཅད་ཡ་མཚན་དུ་གྱུར། དགུང་ལོ་བཅོ་བརྒྱད་པ་ལ་མཁན་ཆེན་དོན་གྲུབ་དཔལ་བ་དང་། སློབ་དཔོན་འཇམ་དབྱངས་ཆོས་ཀྱི་རྡོ་རྗེ། གསང་སྟོན་གཞོན་ནུ་དཔལ་བ་དགེ་འདུན་དང་བཅས་པའི་དབུས་སུ་བསྙེན་པར་རྫོགས། དེ་ནས་བདེ་བ་ཅན་པ་སློབ་དཔོན་འཇམ་རིན། མཁས་ཆེན་ཀུན་དགའ་འོད་ཟེར་སོགས་ལས་བྱམས་ཆོས་ལྔ་དང་། ཚད་མ་རྣམ་ངེས། འདུལ་བ་མདོ་རྩ། རྡོ་རྗེ་ཕྲེང་བའི་དབང་སོགས་གསན། བྱང་གི་འདམ་དང་སོག་ལ་བརྒྱུད་དེ་རེ་ཤོད་ཀྱི་བར་དུ་ཕེབས། སྐལ་ལྡན་གྱི་གདུལ་བྱ་རྣམས་ལ་ཟབ་ཆོས་རྒྱ་ཆེར་སྐོར། རྗེ་རི་ཁྲོད་པ་བདེ་བར་གཤེགས་རྗེས་གནས་ནང་གདན་ས་བླ་མ་བསོད་ནམས་འབུལ་བ་ལ་གཏད་ནས་རི་ཁྲོད་ཁོ་ནར་བཞུགས། ཉིན་མཚན་དབྱེར་མེད་དུ་རྒྱུད་གཞུང་ལ་གཟིགས་རྟོག་དང་། གཙོ་བོར་ཐུགས་དམ་ཏིང་ངེ་འཛིན་ཁོ་ན་ལ་མི་གཡེལ་བ་མཛད། དེ་ནས་ཀོང་པོའི་ཡུལ་ཁམས་ཐམས་ཅད་དུ་ཕེབས། ཁྱད་པར་ཙ་རི་གསར་མ་བྱིན་ལེགས་སུ

ཡུན་རིང་དུ་བཞུགས། སྟག་མ་ཕུ་དང་ཀློག་འཕྲེང་ལ་བཞུགས་སྐབས་གྲྭ་པའང་སུམ་བརྒྱ་ཟིན་ཙམ་ཚོགས་པ་ལ་རང་རང་གི་འདོད་པ་བཞིན་ཆོས་གསུངས། དཔྱར་དགུན་དུ་ཟླ་བ་གསུམ་གསུམ་གྱི་མཚམས་བསྡམས་ནས་ཁྲིད་ནར་མར་གནང་། རབ་བྱུང་དྲུག་པའི་ས་རྟ(སྤྱི་ལོ1378)ལོར་སྟག་རྩེ་རྣམ་རྒྱལ་སྒང་དགོན་པ་བཏབ། དགེ་འདུན་བརྒྱ་ཕྲག་གཉིས་ཙམ་འདུས། མེ་སྟག(སྤྱི་ལོ1386)ལོར་དགའ་མ་མོའི་དགོན་པ་ཕྱུག་བཏབ། གཙྪ་དེ་བཞིན་གཤེགས་པ་ཆུང་སྲིད་དང་མཇལ་བས་བཀའ་ལུང་མང་དུ་ཕུལ་ཞིང་བཞེད་པ་རྫོགས་པར་མཛད། གཙྪ་དེ་བཞིན་གཤེགས་པ་དབུས་སུ་ཕེབས་པ་ན་དཔོན་སློབ་སྟབས་སུ་མཚུར་ཕུར་ཕྱིན། ཆོས་དྲུག་གསུངས་ཤིང་སོག་དཔོན་རིགས་རལ་ལ་སོགས་པ་སྨིན་པར་མཛད། སླར་ཀོང་ཡུལ་དུ་ཕྱིན་ནས་གཙོ་ཆེར་རི་ཁྲོད་ཁོ་ནར་བཞུགས། དད་ལྡན་རྣམས་ལ་ཆོས་ཀྱིས་ཚིམ་པར་མཛད། ཤིན་ཏུ་རྫོངས་པའི་གདུལ་བྱ་དག་ལའང་ཐབས་སྣ་ཚོགས་ཀྱིས་འདུལ་བར་མཛད་པའི་རྣམ་ཐར་བསྐྲུངས། གདམས་པ་ཟབ་མོ་རྣམས་མི་གསལ་བ་ཆེས་གསལ་བར་མཛད་པའི་ཁྲི་ཕྲེང་དང་། ཉམས་མགུར་དང་། བསྟན་བཅོས་ཐོར་བུ་བའང་མང་དུ་མཛད། སློབ་མའང་གཙྪ་བདེ་བཞིན་གཤེགས་པ་དང་། བཀའ་བཞི་པ་རིགས་པའི་རལ་གྲི་རིན་ཆེན་བཟང་པོ། ཇ་དགོན་ཀུན་སྤངས་ཆོས་ཀྱི་ཡེ་ཤེས། ལྷ་གཟིགས་རིན་ཆེན་རྒྱལ་མཚན། འཕྲུལ་ཞིག་བསོད་ནམས་འབུམ་སོགས་མང་དུ་བྱུང་། མཐར་རབ་བྱུང་བདུན་པའི་ཤིང་བྱ(སྤྱི་ལོ1405)ལོའི་བོད་ཟླ་བདུན་པའི་ཚེས་ཉེར་དགུ་ལ་ཞི་བར་གཤེགས་སོ།

ཞྭ་དམར་ཆོས་དཔལ་ཡེ་ཤེས། རྗེ་འདི་ཉིད་ཡབ་བསམ་གྲུབ་དང་ཡུམ་བར་གཟའ་གཉིས་ཀྱི་སྲས་སུ་རབ་བྱུང་བདུན་པའི་མེ་ཁྱི(སྤྱི་ལོ1406)ལོར་ཡུལ་སྨྱུང་པོ་ཁེ་བྲག་མདོར་སྐུ་འཁྲུངས། སྐུ་ཆུང་ངུ་ནས་བླ་མ་ཆོས་བཟང་བ་དང་དགེ་སློང་དཔོན་གྲགས་པ་ལ་ཟབ་ཆོས་མང་དུ་གསན། དགུང་ལོ་བརྒྱད་བཞེས་པ་ལ་ཀོང་དབུས་ཀྱི་ས་མཚམས་བང་མདོར་ཆོས་རྗེ་དེ་བཞིན་གཤེགས་པ་དང་མཇལ་ནས་དགེ་བསྙེན་གྱི་སྡོམ་པ་བཞེས། དེ་ནས་སྟག་རྩེར་ཆོས་རྗེས་མཁན་པོ་དང་། བློ་གྲོས་རྒྱལ་མཚན་དཔལ་བཟང་པོས་སློབ་དཔོན་མཛད་ནས་རབ་ཏུ་བྱུང་། ཆོས་རྗེའི་དྲུང་དུ་ཁྲིད་དང་དབང་དང་ལུང་ལ་སོགས་པ་དཔག་ཏུ་མེད་པ་གསན། དགུང་ལོ་བཅུ་གསུམ་ལ་སྐྱེ་བོར་ཕྱིན། དེ་ནས་ཀོང་པོའི་དགོན་གནས་རྣམས་ཀྱི་དར་རྒྱས་སྤེལ་ཞིང་བ་ཡོ་ལ་སོགས་པར་བཞུགས། ཙ་རི་བཀྲ་ཤིས་ལྡོངས་སུ་ཚེ་དཔག་མེད་ཀྱི་སྒྲུབ་པ་མཛད་པས་ཞལ་མངོན་སུམ་དུ་གཟིགས། དེ་ནས་འོལ་ཁ་བཀྲ་ཤིས་ཐང་དུ་ཕེབས་ནས་མཚལ་མིན་རིན་པོ་ཆེ་བསོད་ནམས་བཟང་པོ་དང་མཇལ་ཏེ་བསྙེན་པར་རྫོགས། ཐྲག་གསུམ་དང་། འཇམ་ནེ། དམར་ཚ་ཐང་། རྫོང་ཨ་རིགས་རྣམས་སུ་ཕེབས་ནས་ཆོས་མང་དུ་གསུངས། དེ་ནས་བྱང་ལམ་བརྒྱུད་དེ་མཚུར་ཕུར་ཕེབས། བླ་མ་གངས་པ་དབང་ཕྱུག་རྒྱལ་མཚན་ལ་ནི་གུའི་ཆོས་སྐོར། འཚལ་བའི་ཆོས་སྐོར། དོ་ཏ་ལ་སོགས་པ་གསན། དེ་ནས་དབུ་སྟོད་ནས་སྨྱུང་པོ་བརྒྱུད་ཀོང་པོར་ཕེབས། མཚུར་སྟོན་ཆོས་ཀྱི་རིན་ཆེན་

དང་། ཆོས་རྗེ་མཐོང་བ་དོན་ལྡན། མཁན་ཆེན་ཤཱཀྱ་གྲགས་པ་སོགས་ལ་ཟབ་ཆོས་མང་དུ་གསན། སྨུམ་མཁར་གྱི་ས་ཆར་སྐུ་མཚམས་ཤིན་ཏུ་དམ་པར་མཛད་དེ་བཞུགས། དེ་ནས་གོང་པོ་བརྒྱུད་ལྷོ་རོང་། རི་བོ་ཆེ་རྣམས་སུ་བྱོན། ཡོར་མདའ་དང་ལྷ་སྟེངས་རྣམས་སུ་རབ་བྱུང་བསྟེན་རྫོགས་ཀྱི་མཁན་པོ་ཞུ་བ་མང་དུ་བྱུང་། མཐར་དགུང་ལོ་བཞི་བཅུ་ཞེ་བདུན་ལ་ཐེབས་པ་རབ་བྱུང་བརྒྱད་པའི་ཆུ་སྤྲེལ(སྤྱི་ལོ1452)ལོར་དགའ་མ་མོར་ཞི་བར་གཤེགས།

ཟུར་མཁར་མཉམ་ཉིད་རྡོ་རྗེ། མཚན་གཞན་རྣམ་སྣ་སྟེ་ཞུ་བ་འདི་ཉིད་རབ་བྱུང་བདུན་པའི་ས་ལུག(སྤྱི་ལོ1439)ལོར་ཡབ་རིག་འཛིན་ཕུན་ཚོགས་དང་། ཡུམ་ཀུན་མཁྱེན་བཀྲ་ཤིས་རྣམ་རྒྱལ་གཉིས་ཀྱི་སྲས་སུ་ཤར་དྭགས་པོའི་ས་ཆ་ལ་ཐོག་ཟུར་མཁར་དུ་སྐུ་འཁྲུངས། ཡབ་རིག་འཛིན་ཕུན་ཚོགས་དང་། ཤ་ར་རབ་འབྱམས་པ། སྨན་སྟོན་དབང་ཕྱུག་བཟང་པོ་སོགས་མཁས་དབང་དུ་མ་བསྟེན་ནས་ཡི་གེ་འབྲི་ཀློག་གིས་མཚོན་ཐུན་མིན་དང་ཐུན་མོང་གི་རིག་གནས་སྤྱི་དང་། ཁྱད་པར་དུ་གསོ་བ་རིག་པ་རྒྱལ་དུ་ཐོན་པར་སྦྱངས། དགུང་ལོ་བཅུ་དྲུག་སྐོར་ནས་གཡུ་ཐོག་སྙིང་ཐིག་གི་བླ་སྒྲུབ་སྟུག་བསྡལ་མུན་སེལ་ཐུགས་རྗེའི་ཉི་འོད་ལ་ཁ་སྐོང་དང་། གསུང་རྩོམ་དཔལ་ལྡན་རྒྱུད་བཞིའི་འགྲེལ་ཆེན་པོད་ཤལ་ཕྲ་མོ། རྒྱུད་ཀྱི་དཀའ་གནད་རྣམས་ལ་དྲི་ཚིག་དངུལ་དཀར་མེ་ལོང་བྱེ་བ་རིང་བསྲེལ། ལེགས་བཤད་ཉི་ཟེར། ཕྱོགས་ཀྱི་སྨན་པ་རྣམས་ལ་སྤྲིང་ཡིག་སོགས་མང་དུ་མཛད། ཤར་ཕྱོགས་མངོན་དགའ་ཞེས་བྱ་བར་ལྷོ་ཁ་གཉལ་དང་། སྒྲོར་ར། བྱ་ཡུལ་བཅས་གཉལ་ལོར་བྱར་གསུམ་དང་། ལྷོ་ཁ་ཨེ་ལྷ་རྒྱ་རི། ཉང་པོ་ཀོང་སྟོད། ཀོང་པོ་ཉི་ཁྲི་བཅས་ཨེ་ཉང་ཀོང་གསུམ་གྱི་སྨན་པ་ཐམས་ཅད་བསྡུས་ཏེ་རིན་ཆེན་འཁྲུངས་དཔེའམ་སྨན་ངོ་གསལ་བྱེད། རོ་སྐོར་ལྟུགས་ཀྱི་ཕྲེང་བ། བདུད་རྩིའི་གཏེར་མཛོད། བདུད་རྩིའི་རྗེང་བུ། ཕྱི་རྒྱུད་སྨན་ངོ་གསལ་བྱེད་བདུད་རྩིའི་སྒྲོན་མེ། སྨན་གྱི་བྱིངས་སོགས་སྨན་གྱི་རོ་དང་། ནུས་པ། ཞུ་རྗེས་ངོ་བོ། ངེས་ཚིག བྱེད་ལས་གཏན་ལ་འབེབས་པའི་བསྟན་བཅོས་བརྩམས་ཏེ་གསོ་རིག་གི་བསྟན་པ་ལ་ཕྱག་རྗེས་ལྷག་པ་ཆེ་འཇོག་པར་གནང་། དགུང་ལོ་སོ་བདུན་པ་རབ་བྱུང་བརྒྱད་པའི་ཤིང་ལུག(སྤྱི་ལོ1475)ལོར་འདས།

ཟུར་མཁར་བློ་གྲོས་རྒྱལ་པོ། ཟུར་མཁར་མཉམ་ཉིད་རྡོ་རྗེ་དང་གདུང་རྒྱུད་གཅིག་ཡིན། རབ་བྱུང་དགུ་པའི་ས་སྦྲུལ(སྤྱི་ལོ1509)ལོར་སྐུ་བལྟམས། མཚན་ཚེ་བརྟན་རྒྱལ་ཞེས་གསོལ། དེ་རྗེས་གཙྭ་འཕྲིན་ལས་པས་དབུ་སྐྲ་གཙུག་ཕུད་བཞེས་ཏེ་མཚན་དཔལ་ལྡན་དོན་གྲུབ་རྣམ་རྒྱལ་ཞེས་གནང་། སྐུ་ཆུང་དུས་ནས་ཐུན་མིན་དང་ཐུན་མོང་གི་རིག་གནས་སྦྱངས་པ་མཛད། ཁྱད་པར་དུ་གསོ་བ་རིག་པའི་ཐད་སླང་བྱ་ཆོས་རྗེ་དང་། བྱང་པ་བཀྲ་ཤིས་དཔལ་བཟང་སོགས་མཁས་དབང་དུ་མ་ལས་གསོ་རིག་གི་གཞུང་དང་ལུང་མང་པོ་གསན་སྦྱོང་གནང་བས་གསོ་བ་རིག་པ་འཆད་རྩོད་རྩོམ་གང་ལའང་ཐོགས་པ་མེད་པར་གྱུར།

རྗེ་གང་གིས་ཟུར་མཁར་གོང་མའི་བཞེད་པ་གཙོ་བོར་བསྟེན་ནས་རྩ་རྒྱུད་དང་། བཤད་རྒྱུད། ཕྱི་མ་རྒྱུད་ཀྱི་ཆུ་མདོ་ཡན་གྱི་འགྲེལ་བ་རྩ་རྒྱུད་ཀྱི་བཤད་པ་མེས་པོའི་ཞལ་ལུང་ཞེས་པ་དང་། ཕྱི་རྒྱུད་རྩ་ཆུའི་མེས་པོའི་ཞལ་ལུང་ཞེས་པ། དེ་བཞིན་བྱུང་པའི་བཀའ་སྒྲུབ་ཀྱི་ཡན་དཀར་པོ་ཆིག་ཐུབ་བམ་དབང་པོའི་ལག་ཉལ་དང་རྒྱུད་བཞིའི་བཀའ་དང་བསྟན་བཅོས་རྣམ་པར་དབྱེ་བ་མུན་སེལ་སྒྲོན་མེ། སྨན་གྱི་རོ་ནུས་ཞུ་རྗེས་ཀྱི་རེའུ་མིག ཟླ་ཐིག་ཉིན་བྱེད་འོད་མཆོག ཆུ་སྐྱོལ་གྱི་རྣམ་བཤད་སོགས་དང་། རྒྱུད་བཞིའི་བཀའ་བསྟན་གྱི་འགལ་སྤོངས་ལ་ཕྱི་ལྟར་ན་སངས་རྒྱས་ཀྱི་བཀའ། ནང་ལྟར་ན་པཎྜི་ཏའི་བསྟན་བཅོས། གསང་བ་ལྟར་ན་བོད་ཀྱི་བསྟན་བཅོས་སུ་བཞེས་པ་སོགས་གསོ་དཔྱད་སྐོར་ལ་གསུང་རྩོམ་ཤིན་ཏུ་མང་། གཞན་ཡང་སྐན་ངག་མེ་ལོང་མའི་མེ་ལོང་ཞེས་པ་སོགས་རིག་གནས་གཞན་སྐོར་གྱི་ཕྱག་རྩོམ་སྣ་ཚོགས་དང་། རྗེ་མཉམ་ཉིད་རྡོ་རྗེའི་རྣམ་ཐར་སོགས་བརྩམས་ཆོས་ཀྱང་མང་པོ་ཡོད།

དམ་པ་འདི་ཉིད་ཀྱིས་གཡུ་ཐོག་ཕྱག་བྲིས་མའི་རྒྱུད་བཞི་གསེར་མཚན་སོགས་གནའ་རབས་ཀྱི་ཚད་ལྡན་ཡིག་ཆ་རྣམས་ལ་ཁུངས་བཙོལ་ཏེ་རྒྱུད་བཞི་ལ་ཞུས་དག་མཛད་ཅིང་། ལྷོ་ཁ་གྲ་ཐང་དུ་སྡེ་པ་ཡར་རྒྱབ་པ་སྦྱིན་བདག་ཏུ་བསྐུལ་ནས་སྐད་གྲགས་ཆེ་བའི་གྲ་ཐང་རྒྱུད་བཞི་པར་དུ་བརྐོས་པ་དེ་ནི་རྒྱུད་བཞིའི་པར་ སྔ་ཤོས་སུ་གྱུར། དེས་བོད་ཀྱི་ཡུལ་གྲུ་ཆེན་པོར་རྒྱུད་བཞི་འཆད་ཉན་དང་དར་འཕེལ་འགྲོ་རྒྱུར་ཕན་ཐབས་ཆེན་པོ་ཐོན། ནང་སོ་དོན་ཡོད་སོགས་མཁས་གྲུབ་ཀྱི་སློབ་མ་མང་པོ་བསྐྱངས། སྐུ་ཚེ་ཧྲིལ་པོར་གསོ་བ་རིག་པའི་བསྟན་བཅོས་ཁོན་མཛད། དགུང་ལོ་བདུན་ཅུ་ལྷག་ཙམ་འཚོ་ཞིང་གཤེགས་པར་གྲགས།

ཟུར་ཆོས་དབྱིངས་རང་གྲོལ། རྗེ་འདི་ཉིད་ཟུར་གྱི་རིག་འཛིན་བརྒྱུད་པའི་གདུང་རབས་ཟུར་ཆེན་གཞོན་ནུ་དོན་གྲུབ་དང་ཡུམ་མཚན་ལྡན་ཡིད་འཛིན་གཉིས་ཀྱི་སྲས་སུ་རབ་བྱུང་བཅུ་པའི་ཤིང་འབྲུག (སྤྱི་ལོ1604) ལོར་སྐུ་བལྟམས། དྲུང་པ་དཀོན་མཆོག་རིན་ཆེན་པའི་སྐུའི་སྐྱེ་བར་ངོས་འཛིན་མཛད། ཡི་གེ་འབྲི་ཀློག་དང་འཕགས་ཡུལ་གྱི་ཡིག་རིགས་ཀྱང་ཐུགས་སུ་ཆུད། དགུང་ལོ་དགུ་པར་བྱུང་པ་རིག་འཛིན་ངག་གི་དབང་པོ་ལས་ལྷ་རིས་དང་། རྩིས་སྐོར། དྲག་སྔགས་ཀྱི་སྐོར་སོགས་གསན། དགུང་ལོ་བཅུ་གཉིས་ཙམ་ནས་སྣང་གསལ་རིན་པོ་ཆེ་ངག་དབང་ཡེ་ཤེས་གྲུབ་པའི་ཞབས་སུ་བཅར་ཏེ་བཀའ་བརྒྱུད་བདེར་འདུས་སྐོར་དང་། མཁའ་འགྲོ་སྙིང་ཐིག་བཀའ་གཏེར་གཉིས། ཟླ་མ་ནོར་བུ་རྒྱ་མཚོ། ཀར་གླིང་ཞི་ཁྲོ་དགོངས་པ་རང་གྲོལ་སོགས་ཀྱི་དབང་ལུང་དང་། ཉམས་ཁྲིད་མཐར་ཕྱིན་པ་གསན། ཕྱག་ཆེན་ལྷ་ལྔན་དང་གཅོད་ཁྲིད་སོགས་ཉམས་སུ་བསྟར། ཟྀང་པ་སྟག་མགོར་ལོ་གསུམ་ཕྱོགས་གསུམ་མཛད་ཅིང་གཙོ་བོར་རྫོགས་ཆེན་མཁའ་འགྲོ་སྙིང་ཐིག་གི་ཀ་དག་དང་། ལྷུན་གྲུབ་གནད་དུ་བསྒྲུན་པས་ཆོས་ཐམས་ཅད་ཀྱི་རྫུན་ཕུག་རྡིབ། རང་རིག་གདོད་མའི་མགོན་པོའི་རང་ཞལ་མངོན་དུ་གྱུར་པའི་རྟོགས་པ་བརྙེས། དགུང་ལོ་བཅུ་བདུན་པ་ལ་རྡོ་རྗེ་འཆང་ཕ་བོང་ཁ་དཔལ་འབྱོར་མཚན་ཅན་གྱི་དྲུང་དུ་ཕྱིན། རྗེ་མཆོག

གིས་བཀའ་གཏེར་གྱི་ཆོས་ཚུལ་རྒྱ་མཚོ་ལྷ་བུ་བུམ་པ་གང་བྱོའི་ཚུལ་དུ་གནང་། དགུང་ལོ་ཉེ་ཤུ་བཞིས་སྐབས་སླར་ཡང་དགེ་བསྙེན་ནས་བཟུང་བསྙེན་རྫོགས་ཀྱི་བར་དུ་སྒྲུབ་པ་མཛད། ཤིང་བྱི(སྤྱི་ལོ1624)ལོར་ཆོས་གྲྭ་ཆེན་པོ་དཔལ་གྱི་རྩེད་ཐང་དུ་དགུན་ཆོས་ཆེན་མོའི་ཐོག་གསང་བ་སྙིང་པོའི་རྒྱུད་ཀྱི་བཤད་པ་མཛད། ༧རྒྱལ་དབང་ལྔ་པ་ཆེན་པོར་ཞལ་གདོན་སོགས་ཆོས་བཀའ་རྣམས་དང་དྲག་སྔགས་སྐོར་སོགས་ཞི་རྒྱས་དབང་དྲག་གི་ཕྲིན་ལས་རབ་འབྱམས་ཀྱི་ལུང་ཁྲིད་རྣམས་ཕུལ། གར་གཙང་མཆོད་ཡོན་གྱིས་དགེ་ལུགས་སྤྱི་དང་བྱེ་བྲག་དགེ་ལྡན་ཕོ་བྲང་ལ་སྣང་ཟུག་ཆེ་བས་ཅི་གུམ་པར་སྟེ་གཟར་གྱི་སྐབས་སུ་རྗེ་འདིས་ལས་སྒྲོར་མཐའ་ཡས་པ་མཛད་པས། ༧རྒྱལ་དབང་ལྔ་པའི་ཕྲིན་ལས་དུས་ལ་བབ་པ་དང་རྗེ་འདི་ཉིད་ཀྱི་ཕྲིན་རླབས་མཐུར་བས་དགེ་ལྡན་ཕོ་བྲང་གི་ལུང་ལས་བོད་ཁམས་ཡོངས་ལ་ཁྱབ་པ་དེ་བྱུང་། བྱུང་བ་རིག་འཛིན་ངག་གི་དབང་པོའི་སྤྲུལ་པའི་སྐུ་སྐྱེ་འགྱུར་བསྟན་པའི་ཉི་མ་རིག་འཛིན་པདྨ་འཕྲིན་ལས་ངོས་འཛིན་མཛད་ཅིང་ཐུབ་བསྟན་རྡོ་རྗེ་བྲག་གི་གདན་སར་བཀོད་ནས་བཀའ་གཏེར་གྱི་ཆོས་མཐའ་དག་བརྩལ་ཅིང་བསྟན་པའི་བདག་པོར་མངའ་གསོལ། སྐུ་ཚེའི་མཐར་འགྲོ་མགོན་སྐྱེ་མེད་ནང་གི་གདན་ས་གུང་ཐང་དུ་བཞུགས། རྒྱ་བོད་ཧོར་གསུམ་གྱི་བླ་མ་སྐྱེ་སྤྲུལ་སོགས་ཆོས་དོན་གཉེར་རྣམས་ལ་བཀའ་གཏེར་གསར་རྙིང་གིས་རྣམ་པར་གྲོལ་བའི་ལམ་གྱི་དངོས་པོ་ཅི་རིགས་པར་སྒྲོར་བར་མཛད། ཐུགས་སྲས་ལ་མཚོན་ན། གཏེར་སྟོན་ཆེན་པོ་ཕྲིན་ལས་ལྷུན་གྲུབ་སོགས་ཤིན་ཏུ་མང་། དགུང་ལོ་རེ་དྲུག་ལ་ཕེབས་པ་རབ་བྱུང་བཅུ་གཅིག་པ་ས་བྱ(སྤྱི་ལོ1669)ལོར་རྡོ་མཚར་གྱི་ལྟས་དང་བཅས་དག་ཞིང་དུ་གཤེགས།

ཡབ་རྗེ་བླ་མ་སྐལ་ལྡན་རྒྱ་མཚོ། རྗེ་འདི་ཉིད་གྲུབ་ཆེན་ཆོས་པ་རིན་པོ་ཆེ་དང་ཡུམ་མི་གཅིག་པའི་མཆེད་དུ་རབ་བྱུང་བཅུ་པའི་མེ་ལུག(སྤྱི་ལོ1607)ལོར་མདོ་སྨད་ཁུལ་དུ་བལྟམས། གྲུབ་ཆེན་ཆོས་པ་རིན་པོ་ཆེ་ལས་ཀློག་བསླབས། དགུང་ལོ་བཅུ་པ་ལ་གྲུབ་ཆེན་ལས་རབ་ཏུ་བྱུང་སྟེ་མཚན་སྐལ་ལྡན་ཚོགས་གཉིས་སུ་གསོལ། དགུང་ལོ་བཅུ་གཅིག་ལ་ཕེབས་པ་མེ་སྦྲུལ(སྤྱི་ལོ1617)ལོར་ཡབ་སྲས་མཉམ་དུ་དབུས་སུ་ཕེབས། དགའ་ལྡན་དགོན་དུ་སྟག་ལུང་བྲག་པ་དང་མཇལ་ཅིང་དགེ་ཚུལ་བསྒྲུབས། མཚན་སྐལ་ལྡན་རྒྱ་མཚོར་གསོལ། ལོ་དེའི་དགུན་ཆོས་སུ་གདན་སའི་བྱང་རྩེ་གྲྭ་ཚང་དུ་ཆོས་ཞུགས་མཛད། རྗེ་ཚུལ་ཁྲིམས་ཆོས་འཕེལ་དང་། གཙང་བ་དཀའ་ཆེན་བློ་གྲོས་རྣམ་རྒྱལ། རྒྱལ་རོང་བ་མཁས་གྲུབ་བསྟན་པ་དར་རྒྱས་བཅས་བླ་མར་བསྟེན་ནས་བསྡུས་གྲྭ། དབུ་མར། མཛོད། འདུལ་བ། རྣམ་འགྲེལ་བཟུར་བཀོལ་དང་བཅས་པ་གསན་སྦྱོང་མཛད། གཞན་ཡང་ཁྲི་ཆེན་བློ་གྲོས་རྒྱ་མཚོ་དང་། པཎ་ཆེན་བློ་བཟང་ཆོས་ཀྱི་རྒྱལ་མཚན། དྭགས་པོ་བསོད་ནམས་ཉི་མ། རྒྱལ་སྲས་དོན་ཡོད་ཆོས་ཀྱི་རྒྱ་མཚོ་སོགས་མཁས་གྲུབ་དུ་མའི་ཞབས་ལ་གཏུགས་ཏེ་བཀའ་པོད་རབ་འབྱམས་ལ་སློབ་གཉེར་མཛད། དགུང་ལོ་ཉེ་ཤུ་ལ་ཕེབས་པ་མེ་སྟག་ལོར་གསང་ཕུར་ས་དགེ་གྲྭ་ཚང་བཅུ་ལྷག་གི་མཁས་མང་རྒྱ་མཚོའི

དབུས་སུ་དཀའ་ཆེན་བཅུ་ལས་བརྩམས་པའི་གྲྭ་སྐོར་དམ་བཅའ་གནང་། དེ་ནས་ལྷ་ལྡན་རྗེ་བོ་ཤཱཀྱ་མུ་ནེའི་སྤྱན་སྔར་པཎ་ཆེན་བློ་བཟང་ཆོས་རྒྱན་ལས་བསྙེན་རྫོགས་ཞུས། དགུང་ལོ་ཉེར་གཅིག་པར་རིག་འབྱུང་གྲོང་གི་བདེ་ཆེན་ཆོས་འཁོར་གླིང་དུ་གྲུབ་ཆེན་ཆོས་པ་རིན་པོ་ཆེ་དང་མཇལ། ཀོའུ་བ་ཆོས་ཀྱི་རྒྱ་མཚོ་ལས་གསང་འདུས་དབང་སོགས་མང་དུ་གསན། ཟབ་གསང་གི་གདམས་པ་མང་དུ་མནོས་པས་རྒྱུད་དོན་ཐམས་ཅད་སྔར་ལྷག་ཐུགས་སུ་ཆུད། དགུང་ལོ་ཉེར་བཞི་ལ་ཕེབས་པ་ལྕགས་རྟ(སྤྱི་ལོ1630)ལོར་རོང་པོ་བདེ་ཆེན་ཆོས་འཁོར་གླིང་དུ་ཐོས་བསམ་རྣམ་པར་རྒྱལ་བའི་གླིང་གསར་འཛུགས་ཐོག་གྲྭ་ཚང་གི་ཁྲི་པར་ཕེབས། ལུགས་གཉིས་ཀྱི་སྒོ་ནས་ལེགས་པར་བསྐྱངས་པས་འཆད་ཉན་ཤིན་ཏུ་འཕེལ། དགུང་ལོ་སུམ་ཅུ་པར་བཀྲ་ཤིས་འཁྱིལ་སོགས་དབེན་གནས་བརྒྱ་ཕྲག་ལ་ལམ་རིམ་དང་རྩ་འཁྲུལ་སོགས་ཉམས་བཞེས་ཀྱི་མཐིལ་མཛད། རབ་བྱུང་བཅུ་གཅིག་པའི་ལྕགས་སྦྲུལ(སྤྱི་ལོ1641)ལོར་སློན་ཆོས་བློ་བཟང་ཆོས་གྲགས་གླིང་ཁྲིར་བཀོད་ནས། གནས་ངེས་མེད་དུ་བཅུད་ལེན་དང་གཏུམ་མོའི་རྣལ་འབྱོར་ཁོ་ནར་བརྟེན་ཏེ་དབེན་གནས་མང་པོར་དགེ་སྦྱོར་ལ་བཞུགས། དགུང་ལོ་སོ་བརྒྱད་པར་གྲྭ་ཚང་འདུ་ཁང་དང་སྐུ་འབུམ་ཤར་གྱི་འཇམ་མགོན་ཕོ་བྲང་གསར་དུ་བསྐྲུན། རྒྱུད་འབུམ་དངུལ་གྱིས་བཞེངས། ཞེ་གཅིག་པར་མཁར་གོང་ལྷུད་ཀྱི་སྒྲུབ་སྡེ་གསར་འདེབས་དང་། ཞེ་གཉིས་པར་དབེན་གནས་བཀྲ་ཤིས་འཁྱིལ་བཀའ་གདམས་ཕོ་བྲང་དུ་གྲགས་པའི་འདུ་ཁང་ཆེན་མོ་བཞེངས། དགུང་ལོ་ཞེ་བདུན་པར༧རྒྱལ་དབང་ལྔ་པ་ཆེན་པོའི་དྲུང་ནས་རྗེས་གནང་དང་བཅས་གསན། སྔོན་གནས་རྗེས་དྲན་དང་ཕྱི་མ་གར་འགྲོ་ལ་སོགས་པའི་མངོན་ཤེས་ཁྱད་པར་ཅན་འཁྲུངས། གདན་ས་རོང་པོ་བདེ་ཆེན་ཆོས་འཁོར་གླིང་གི་འཆད་ཉན་དང་། སླ་ཚང་སྒོམ་གྲྭ ཁ་བར་སྒོམ་གྲྭ་རྫོང་ཐོག་སྒོམ་གྲྭ་སོགས་སྡེ་ཕྱིར་གསར་དུ་བཏབ།

སྐུ་ཚེ་གང་པོར་མཛད་པ་མཐའ་དག་བསྟན་འགྲོར་སྨན་ཕྱིར་དབུས་གཙང་གི་ཆ་ཐམས་ཅད་དང་། མདོ་སྨད་ཀྱི་ཡུལ་གྲུ་མཐའ་དག་ལ་ཕེབས་ཏེ། བསྟན་པའི་རྩ་ལག་དགེ་འདུན་གྱི་སྡེ་གསར་འདེབས་དང་ཉམས་གསོ་འཆད་ཉན་སོགས་ཀྱི་རྒྱུན་བསྐྲུངས། བཀའ་རྩོམ་སྐབས་ཁྲིད་དང་མགུར་མ། ལོ་རྒྱུས། ནང་རིག་སོགས་པོད་ལྔ་བཞུགས། དན་ཏིག་དང་། ཡང་ཏིག ཨན་ཆུང་གནམ་རྫོང་སོགས་རྨ་ཕྲུང་ཕྱོགས་ཀྱི་དབེན་གནས་དུ་མ་དང་། ཡར་ནང་གྲུབ་པ་ཐོབ་པའི་གནས་བརྒྱད། རྫོང་ཉིན་བྲག་ཕུག མར་ནང་བྲག་དཀར། གཞའ་གོང་བྲག་དཀར། གཤག་རལ་གོང་འོག ཇི་གེན་སྒོམ་བྲག སྟག་ཚང་ལྷ་མོ་སོགས་མཛོད་དགེ། ཁ་གྱ་ཆོ་དྲུག་ཚུན་ཆད་ཀྱི་དབེན་གནས་བརྒྱ་ཕྲག་དུ་མར་ཐུན་དྲུག་ཐུན་བཞིའི་རྣལ་འབྱོར་ལ་གཞོལ་མཐར་དགུང་ལོ་དོན་གཅིག་ལ་ཕེབས་པ་རབ་བྱུང་བཅུ་གཅིག་པའི་མེ་སྦྲུལ(སྤྱི་ལོ1677)ལོར་ཞི་བར་གཤེགས།

གཡག་ཕྲུག་སངས་རྒྱས་དཔལ། རྗེ་འདི་ཉིད་རྟེད་ཐང་ག་གི་ཆེན་པོ་བྱང་ཆུབ་རིན་ཆེན་གྱི་སྲས་སུ་རབ་བྱུང་དྲུག་པའི་ལྕགས་སྟག(སྤྱི་ལོ1350)ལོར་ས་སྐྱ་འཕྲང་ཞེས་བྱ་བར་སྐུ་འཁྲུངས། བྱང་ཆུབ་རིན་ཆེན་གྱི་ཉེ་གནས་གཡག་ཡུ་ཞེས་པའི་སྲས་སུ་ངོས་བླངས་པས་ན། གཡག་ཕྲུག་ཅེས་གྲགས། ཐོག་མར་དཔལ་ལྡན་ས་སྐྱ་དང་རྟེད་ཐང་སོགས་སུ་གསན་སྦྱོང་མཛད། དེ་ནས་ས་སྐྱའི་མཁས་དབང་བརྩོན་འགྲུས་དཔལ་གཙོ་བོར་བསྟེན་ནས་མདོ་ལ་སྦྱངས་ཤིང་། གོན་གྱོ་ཡེ་ཤེས་ལ་གསུང་ངག་སོགས་གསན། བུ་དོན་གྱི་སློབ་མ་ཉ་བཙོན་གཉིས། ཉ་བཙོན་གཉིས་ཀྱི་སློབ་མ་གཡག་གཞོན་རྣམ་གཉིས་ཞེས་བསྟན་པའི་གསལ་བྱེད་དམ་པར་གྱུར། དབུས་གཙང་གི་མཁས་གྲུབ་གོང་མའི་བཞུགས་གནས་སོ་སོར་སློབ་མ་འདུས་ཏེ་འཆད་ཉན་བསྐྱངས། རྒྱུན་འཛིན་མཁས་པ་རོང་སྟོན་སྨྲ་བའི་སེང་གེ་དང་། རེད་མདའ་བ་ཆེན་པོ། གཞོན་ནུ་རྒྱལ་མཆོག་སོགས་བསམ་གྱིས་མི་ཁྱབ་པ་ཞིག་བྱོན། རབ་བྱུང་བདུན་པའི་ཤིང་རྟ(སྤྱི་ལོ1414)ལོར་གཤེགས་པར་གྲགས།

རིན་ཆེན་རྣམ་རྒྱལ་ཆོས་ཀྱི་གྲགས་པ་རྒྱལ་མཚན་དཔལ་བཟང་པོ། འབྲི་གུང་གདན་རབས་བཅུ་བདུན་པ་འདི་ཉིད་ཡུལ་ལྷ་པོ་སྟོད་དུ་ཕོ་བྲང་རྣམ་སྲས་གླིང་བྱ་བར་ཡབ་བྱམས་པ་ཆོས་ཀྱི་རྒྱལ་མཚན་ལེགས་ལྡན་རིན་ཆེན་དཔལ་བཟང་པོ་དང་། ཡུམ་བསོད་ནམས་སྒྲོལ་མ་གཉིས་ཀྱི་སྲས་སུ་རབ་བྱུང་དགུ་པའི་ས་ཡོས(སྤྱི་ལོ1519)ལོར་སྐུ་བལྟམས། གཅུང་རིན་པོ་ཆེ་རྡོ་རྗེ་གྲགས་པའི་རྣམ་སྤྲུལ་དུ་གྲགས། ཡི་གེ་འབྲི་ཀློག་སྦྱངས་པ་ལ་ཐོགས་མེད་དུ་མཁྱེན། དགུང་ལོ་བཅུ་པ་ལ་མཁན་པོ་གྲགས་པ་རྒྱལ་མཚན་དཔལ་བཟང་པོ་ལས་དགེ་ཚུལ་གྱི་སྡོམ་པ་བཞེས། མཚན་རིན་ཆེན་རྣམ་རྒྱལ་ཆོས་ཀྱི་གྲགས་པ་རྒྱལ་མཚན་དཔལ་བཟང་པོ་ཞེས་གསོལ། དབང་ཆོས་ཀྱང་མང་དུ་ཞུས། ཁུ་བོ་རྒྱལ་བ་རིན་ཆེན་ཕུན་ཚོགས་ལས་འབྲི་གུང་པའི་ཆོས་མཛོད་མཐའ་དག་གསན། དེ་བཞིན་ཀརྨ་པ་བརྒྱད་པ་མི་བསྐྱོད་རྡོ་རྗེ། ཞྭ་དམར་ལྔ་པ་དཀོན་མཆོག་ཡན་ལག གཏེར་སྟོན་ཞིག་པོ་གླིང་པ། མཁན་ཆེན་ཀུན་དགའ་བཀྲ་ཤིས་སོགས་ཡོངས་འཛིན་དུ་མ་ལས་གསར་རྙིང་གི་དབང་ཆོས་མཐའ་ཡས་པ་གསན། དགུང་ལོ་བཅུ་དྲུག་བཞེས་པ་ཤིང་རྟ(སྤྱི་ལོ1534)ལོར་འབྲི་གུང་གདན་ཁྲིར་མངའ་གསོལ། གླིང་རིན་པོ་ཆེའི་ཆོས་ཁྲིམས་དང་། འབངས་སྲིད་རྣམས་ལའང་དགེ་བ་བཅུའི་ཁྲིམས་དམ་པར་མཛད་ཅིང་མཛད་འཕྲིན་རྒྱས། དགུང་ལོ་བཅོ་བརྒྱད་པ་ལ་བསྙེན་པར་རྫོགས། ལོ་དེར་རྒྱལ་བ་ཀརྨ་པ་མི་བསྐྱོད་རྡོ་རྗེ་གོང་པོ་ནས་འབྲི་གུང་དུ་སྤྱན་དྲངས། རྗེ་དེ་ལས་ཟབ་ཆོས་མང་དུ་གསན། ཁྱད་པར་ན་རོའི་ཆོས་དྲུག་གི་ཁྲིད་དང་། རྒྱལ་གྱི་ཉ་བར་རས་པ་སྟོང་ལྷག་གི་རས་ཕུད་མཛད། ཐར་གྱི་ཕྱག་སྲོལ་དབྱར་ཆོས་དགུན་ཆོས་སོགས་དང་། ཐེལ་གྱི་ཐོག་ཁ་གསེར་ཁང་། འཛམ་གླིང་རྒྱན་སྒོ་མང་སོགས་ཀྱི་སྐུ་གསུང་ཐུགས་རྟེན་དང་གཙུག་ལག་ཁང་། མཆེའུ་ཁའི་ཕོ་བྲང་སོགས་ཞིག་གསོ། གླིང་གི་མཚམས་གྲྭ་ལོ་གསུམ་གྱི་བཛྲ་ལེན། མཁན་སློབ་

ཆོས་གསུམ། ཧི་སེ། ལ་ཕྱི། ཙཱ་རི་སོགས་གནས་གསུམ་གྱི་རྗེ་འཛིན་དགོན་སྡེ་སོ་སོའི་བླ་མ་བཅས་བསྐོ་བཞག ཆོས་དྲུག་དུས་མཆོད་ཆེན་མོ། སོས་གཏོར་སོགས་སྤར་སྒྲོལ་རྣམས་མི་ཉམས་ཤིང་ཆེས་ཆེར་རྒྱས་པར་མཛད། སྐབས་ཤིག་ཡར་ཀླུང་པ་དང་། བསམ་ཡས། སྐྱིད་ཤོད་པ་སོགས་ཀྱི་དམག་དཔུང་སྟོབས་ཆེ་བས་འབྲི་བསྟན་ལ་ཐོ་འཚམས་བྱུང་བ་ཕ་རོལ་པ་རྣམས་རྨིག་མེད་དུ་བཅོམ། དགུང་ལོ་སུམ་ཅུ་པར་མཛོ་སེར་དང་། འབབ་རོམ། སྒོམ་སྡེ་སོགས་བྱང་ཕྱོགས་ཀྱི་ཡུལ་དང་། དེ་ནས་མདོ་སྟོད་ཨ་ལ་རྫོང་རྣམས་སུ་ཕེབས་ཤིང་། གདུལ་བྱ་རྣམས་ལ་དབང་ཆོས་ཟབ་རྒྱས་གནང་། སྐབས་དེའི་ཚེ་རྒྱ་ནག་ཏུ་སྨུ་གེ་ལ་སོགས་ལྟས་མི་ཤིས་པ་བྱུང་བར། སྤྱིར་ཐང་གི་རྗེས་མོ་བཏབ་པས་བོད་དུ་བྱང་ཆུབ་སེམས་དཔའ་ཞིག་ཡོད་པས་དེ་ལ་ལུང་ལས་སོགས་ཕུལ་ན་དགེ་ཞིང་བཀྲ་ཤིས་པ་ཡོང་བའི་ལུང་བྱུང་བར། འབྲི་ཕག་ས་ཀར་སོགས་ཀྱི་མཚན་བྱང་བཀྲམ་སྟེ། ལུང་ལས་གང་ལ་འབུལ་སྙོད་པོར་དམ་ཁ་འཕངས་པས། རྗེ་འདིའི་མཚན་བྱང་ལ་འབབས་པ་བཞིན་པོ་ཉ་མངགས་ཏེ། འཇའ་ས་དང་ཤེལ་ཐམ་གོས་དར་གསེར་དངུལ་སོགས་རྟེན་ཆས་དངོས་ཆེ་བ་ཕུལ། ལྕགས་ཕག (སྤྱི་ལོ1551) ལོར་རྒྱལ་བའི་བཀའ་འགྱུར་རོ་ཅོག་མཐིང་ཤོག་གི་ངོས་ལ་གསེར་འཇམ་དང་། བསྟན་འགྱུར་རྣམས་གསེར་དངུལ་ཕྲ་ཅན་དུ་བཞེངས་པའི་དབུ་ཚུགས། དུས་དེ་མཉམ་སངས་རྒྱས་ཀྱི་འབྲུངས་རབས། འཕགས་པའི་གནས་བརྟན་བཅུ་དྲུག གདན་རབས་རྟོགས་བརྗོད་བཅས་ཀྱི་བྲིས་ཐང་། གསེར་དངུལ་ལས་བླ་མ་སངས་རྒྱས་བྱང་སེམས་འགའ་ཞིག་གི་སྐུ་བརྙན། མཐིང་ཤོག་ལ་གསེར་གྱིས་བྲིས་པའི་བཀའ་བརྒྱུད་རིན་པོ་ཆེ་འདི་ཉིད་ཀྱི་གོང་མ་ན་རིམ་དང་གཙང་པ་མི་བསྐྱོད་རྡོ་རྗེའི་བཀའ་འབུམ་བཅས་བཞེངས་པར་མཛད། སྐུ་རབ་པ་དང་། རྗེད་ཐང་པ། འཕྱོངས་རྒྱས་པ་སོགས་ཀྱི་རྗེར་དམག་གིས་བསྐོར་བ་ལ་འདུན་ཆིངས་སུ་རྗེ་འདི་ཡར་ཀླུང་ལ་ཕེབས། སྡེ་ཁག་སོ་སོར་བཀའ་གན་མཛད་པས་འདུན་ཆིངས་ཁས་བླངས་པས་བདེ་འཇགས་ལ་འཁོད། དེ་རྗེས་བྱང་ནས་ཧོར་གྱི་གདན་ཞུས་བྱུང་བར། ཤོ་མོན་འཛོམ་རར་ཕེབས། ཧོར་གཙང་དཔལ་དང་ཁྲི་རྒྱལ་འབུམ་གཉིས་མ་དན་པར་འཁྲུག་བསྡུམས་ཏེ་ཐུགས་དམ་གཏོར་འཁོར་ཏུ་དྲངས། ཤིང་གླང (སྤྱི་ལོ1565) ལོར་གཙུང་པ་པཎ་ཆེན་དཔལ་གྱི་རྒྱ་མཚོ་གདན་སར་དབང་བསྐུར་བར་མཛད། དེ་རྗེས་མང་ཡུལ་ལ་དྭགས་སུ་ཕྱིན། རྒྱལ་པོའི་བླ་མཆོད་དུ་གྱུར་ནས་བཟུང་མང་ཡུལ་གྱི་རྒྱལ་པོ་འབྲི་གུང་གི་སྦྱིན་བདག་གཙོ་བོར་གྱུར། མང་ཡུལ་དུ་དགོན་གནས་ཀྱང་མང་དུ་ཆགས།

རྗེ་འདི་ལ་སློབ་མ་ཆོས་ཀྱི་རྗེ་ཕྱོགས་ལས་རྣམ་རྒྱལ། སྣང་གསལ་བ་ཀུན་དགའ་ཆེ་མཆོག་གངས་དཀར་རས་ཆེན། ལྡན་ཆོས་རྗེ་སྐུ་མཆེད། འབབ་རོམ་པའི་ཆོས་རྗེ་སོགས་རང་གཞན་གྱི་སློབ་མའི་ཚོགས་ཤིན་ཏུ་མང་པོ་བྱུང་། མཐར་དགུང་ལོ་ང་བརྒྱད་ལ་ཕེབས་པ་རབ་བྱུང་བཅུ་པའི་མེ་བྱི (སྤྱི་ལོ1576) ལོར་མཚུར་ཁར་སྐུ་མྱ་ངན་ལས་འདས།

རིན་སྤུངས་ཀུན་བཟང་པ། ཡབ་རིན་སྤུངས་པ་ནོར་བུ་བཟང་པོའི་སྲས་འདིས། གོང་མ་གྲགས་པ་འབྱུང་གནས་སྐུ་མཆེད་ཀྱི་ཞབས་ལ་གཏུགས་ཤིང་། ཡབ་མེས་ཀྱི་འཇའ་ས་དང་། ལས་ཀ་བླངས་ཏེ་རིན་སྤུངས་པའི་རྫོང་དཔོན་མཛད་སྐབས་དཔལ་ལྡན་ས་སྐྱ་པའི་རིང་ལུགས་འཛིན་པ་ཀུན་མཁྱེན་སངས་རྒྱས་འཕེལ་དང་། གོ་རམས་པ་བསོད་ནམས་སེང་གེ་དང་མཆོད་ཡོན་འབྲེལ་ཏེ་འབྲས་ཡུལ་སྐྱེད་ཚལ་གྱི་བཤད་གྲྭ་བཙུགས་ཤིང་། རྟ་ནག་ཐུབ་བསྟན་དགོན་འདེབས་པའི་མཐུན་རྐྱེན་ཡང་མཛད། འཁྲུངས་འདས་ཀྱི་ལོ་ཚིགས་དང་མཛད་རྣམ་ཞིབ་པ་མ་རྙེད།

རིན་སྤུངས་ངག་དབང་འཇིགས་གྲགས། རབ་བྱུང་བརྒྱད་པའི་ཆུ་སྟག(སྤྱི་ལོ1482)ལོར་ཡབ་རིན་སྤུངས་ངག་དབང་རྣམ་རྒྱལ་གྱི་སྲས་སུ་སྐུ་འཁྲུངས། སློབ་དཔོན་མཁས་པ་དུ་མ་བསྟེན་ནས་རིག་གནས་ཆེ་ཆུང་ལ་གཞན་དྲིང་མི་འཇོག་པའི་སྦྱངས་པ་བརྙེས་ཤིང་མཁྱེན་རབ་ཀྱི་སྣང་རྣམ་པར་ཡངས་པས་རྒྱལ་པོ་པཎྜི་ཏའི་རྣམ་ཐར་བཟུང་ཞིང་། རབ་བྱུང་དགུ་པའི་ས་ཡོས(སྤྱི་ལོ1519)ལོར་ས་སྐྱ་པཎྜི་ཏའི་རྣམ་ཐར་སྐལ་བཟང་ལེགས་ལམ་མཛད་པ་དང་། ལྕགས་སྦྲུལ(སྤྱི་ལོ1521)ལོར་མངོན་བརྗོད་མཁས་པའི་རྣ་རྒྱན་དང་། མེ་ཁྱི(སྤྱི་ལོ1526)ལོར་སྙན་འགྲེལ་མི་འཇིགས་སེངྒེའི་ང་རོ། མེ་ཕག(སྤྱི་ལོ1557)ལོར་ཤམ་ལྷ་ལའི་ལམ་ཡིག་སོགས་ཚིག་སྦྱོར་ཕུན་སུམ་ཚོགས་པའི་བསྟན་བཅོས་མང་དུ་མཛད་དེ་བོད་ཀྱི་རྩོམ་རིག་འཕེལ་རྒྱས་ལ་ཕྱག་རྗེས་ཆེ། རྗེ་འདིས་ཏོར་གོས་བཟང་པོའི་རྒྱུ་ལས་གྲུབ་པའི་རིགས་ལྡན་ཡོལ་བར་གྲགས་པའི་བཀོད་པས་ཁྱད་པར་དུ་འཕགས་པ་བཞེངས་ཤིང་། རྗེ་ཀུན་དགའ་གྲོལ་མཆོག་པ་རབ་གནས་སུ་གདན་དྲངས། ས་སྐྱ་དང་བྱང་བདག་པ་མ་མཐུན་པས་ས་སྐྱའི་རྒྱབ་རོགས་ངག་དབང་འཇིགས་གྲགས་པས་མཛད། ཆུ་ཕག(སྤྱི་ལོ1563)ལོར་རིན་སྤུངས་པའི་དམག་གཡས་རུ་བྱང་པའི་སྟེང་དུ་བཏེགས་པའི་ཚེ་སྡེ་པ་ངག་དབང་འཇིགས་གྲགས་རང་ཡང་དཔུང་ཧྲག་དང་བཅས་དམག་རྒྱབ་ཏུ་ཕེབས་པའི་ཚེ་ལམ་ཞོར་དུ་བྲ་གྲོད་གཤོངས་པ་རྣམས་བརྟུངས་པས་དགེ་འདུན་པ་ཚོ་ཡའང་འོ་བརྒྱལ་ཆེ་བ་བྱུང་། ལོ་དེ་གར་འབབས་གྱེན་ལོག་ལྟ་བུ་བྱུས། དེ་རྗེས་རིན་སྤུངས་པས་རྒྱལ་རྩེ་བ་དང་། འབྲོང་རྩེ་བ། སྣར་ཐང་སོགས་ལའང་དཔུང་འཇུག་ཁ་ཡར་བྱས་ན་ཡང་དེ་དག་གི་རྒྱབ་སྐྱོར་ཞིང་ཤག་པས་བྱས་སྐབས་རིན་སྤུངས་པ་ཕམ་ཁ་བསྟུད་མར་བྱུང་སྟེ་ངག་དབང་འཇིགས་གྲགས་ཀྱི་མངའ་ཐང་ཕལ་ཆེར་ཤོར་ནས་རིན་སྤུངས་པས་བོད་ལ་དབང་བསྒྱུར་པའི་མཇུག་ཀྱང་དེའི་དུས་སུ་བསྒྲིལ་ཏོ།

རིན་སྤུངས་དོན་ཡོད་རྡོ་རྗེ། ཡབ་ཀུན་བཟང་པའི་སྲས་སུ་རབ་བྱུང་བརྒྱད་པའི་ཆུ་རྟ(སྤྱི་ལོ1462)ལོར་འཁྲུངས། སྐུ་ནར་སོན་སྐབས་རྫོང་ཆེན་བཅུ་གཉིས་ཀྱི་ལས་ཀ་བཟུང་། རབ་བྱུང་བརྒྱད་པའི་ས་ཕག(སྤྱི་ལོ1479)ལོར་ཞྭ་དམར་ཆོས་ཀྱི་གྲགས་པ་དང་། མཆོད་ཡོན་འབྲེལ་ནས་ཡངས་པ་ཅན་དུ་དགོན་པ་འདེབས་པ་དང་། གཙྭ་ཆོས་གྲགས་རྒྱ་མཚོའི་བཞེད་པ་ལྟར་ཆུ་ཕག(སྤྱི་ལོ1503)ལོར་ལྷ

སའི་ཉེ་འདབས་ས་ནག་མར་ཀཱ་དགོན་གསར་ཐུབ་བསྟན་ཆོས་འཁོར་བཏབ་ནའང་སེ་འབྲས་ཀྱིས་བཤིག་པ་སོགས་དུས་མི་བདེ་བ་ཆེན་པོ་བྱུང་། ལྕགས་བྱི（སྤྱི་ལོ1480）ལོར་དོན་ཡོད་རྡོ་རྗེ་དང་། གཡུང་པ་ཚེ་དབང་གཉིས་ནས་དམག་གཙོས་ཆེ་བ་དྲངས་ཏེ་ཡར་ཀླུང་མཐིལ་དུ་སླེབས་ཤིང་། ཀ་བཞི་པ་ཤར་ནུབ་གཉེར་ཐོག་ནས་བཏོན་པ་དང་། གཞིས་ཀ་བྲག་དཀར་བ་དང་། ཆུ་ཤུར་ལྷུན་པོ་རྩེའི་རྫོང་སོགས་སྙེལ་པའི་ལག་ནས་འཕྲོག ལ་སྟོད་བྱང་དུ་བྱང་བདག་པ་ནམ་མཁའ་རྡོ་རྗེ་དང་། ལ་སྟོད་ལྷོ་པ་རྫོང་ཁ་ཆོས་རྒྱལ་ནོར་བུའི་སྡེ་སོགས་ཀྱི་ས་ཁུལ་ལ་ཡང་དམག་ཁ་ཡར་བྱས། སྐྱིད་ཤོད་དུ་དཔུང་གི་འཇུག་སྒོ་བཙམས། ས་ལུག（སྤྱི་ལོ1499）ལོར་དོན་ཡོད་རྡོ་རྗེས་རིན་སྤུངས་པ་མཚོ་སྐྱེས་རྡོ་རྗེ་སོགས་སྡེ་དཔོན་རྣམས་དང་གྲོས་ཏེ་འབྲུག་ཆེན་ངག་དབང་ཆོས་ཀྱི་རྒྱལ་པོ་སྡེ་གདོང་གི་ཁྲིར་བཏོན་ཐོག་གཞིས་ཀ་རིན་སྤུངས་པའི་སྐྱིད་ཚལ་ཁ་རུ་གདན་དྲངས་ཤིང་། མི་དབང་དོན་ཡོད་རྡོ་རྗེ་ཡབ་ཡུམ་གྱིས་ཚོགས་ཀྱི་འཁོར་ལོ་རྒྱ་ཆེན་བསྐོར། དོན་ཡོད་རྡོ་རྗེ་དགུང་ལོ་ང་གཅིག་ལ་ཕེབས་པ་རབ་བྱུང་དགུ་པའི་ཆུ་སྤྲེལ（སྤྱི་ལོ1512）ལོར་སྐུ་གཤེགས།

རིན་སྤུངས་ནོར་བུ་བཟང་པོ། རབ་བྱུང་བདུན་པའི་ཆུ་ལུག（སྤྱི་ལོ1403）ལོར་ཡབ་ནམ་མཁའ་རྒྱལ་པོའི་སྲས་སུ་འཁྲུངས། དེས་སྡེ་གདོང་དབང་གྲགས་པ་འབྱུང་གནས་ཀྱི་བློན་པོ་མཛད། ཡབ་མེས་ཀྱི་དུས་ལྟར་རྫོང་སྡོད་དང་། ཁྲི་དཔོན་གྱི་ལས་ཀ་བླངས། ཡར་ལུང་པ་ཨ་འབུམ་གྱིས་བཀོད་པའི་རིན་སྤུངས་པའི་གདུང་རབས་ནང་། ནོར་བུ་བཟང་པོས་དགུང་ལོ་བཅུ་གཉིས་ནས་རིན་སྤུངས་ཀྱི་འགན་བཞེས། དགུང་ལོ་བཅོ་ལྔ་ལ་ཤངས་འབྲིང་པོ་སྒང་པ་དང་དཔོན་གཡོག་མཛད། སྟག་གླིང་སྐྱུར་གསུམ་བཏུལ། ཤངས་ལུང་པ་ཁ་གཙང་ཞབས་སུ་བཅུག བྱང་རྒྱུད་མུན་འཚུབས་པ་དེ་བདེ་འཇམ་ཡུག་གཅིག་ཏུ་བཏང་། ཤངས་རོང་གི་དམག་དང་བཅས་གཞིས་ཀ་བསམ་གྲུབ་རྩེ་བརྩིས་བཞེས། འཕྱོངས་རྒྱས་པ་རང་ཡུལ་དུ་བརྫངས། གཙང་རོང་ཤངས་གསུམ་ལྟད་མེད་ཀྱིས་སྐྱོང་དར་གནང་ཞེས་འཁོད་པ་ལྟར་ཤིང་ཡོས（སྤྱི་ལོ1435）ལོར་ནོར་བུ་བཟང་པོས་བསམ་གྲུབ་རྩེའི་རྫོང་དཔོན་མཛད་དེ་གཞུང་ཕལ་ཆེར་གྱི་སྲིད་དབང་བཟུང་པས། འདི་ནས་ཕག་གྲུའི་སྲིད་དབང་འཕོར་འགོ་ཚུགས། རབ་བྱུང་བདུན་པའི་མེ་ལུག（སྤྱི་ལོ1427）ལོར་ནོར་བུ་བཟང་པོས་རོང་བྱམས་ཆེན་གྱི་ཆོས་སྡེ་དང་གཙུག་ལག་ཁང་ཆེན་པོའི་གཞི་བཏིང་ནས་ལོ་ངོ་བདུན་ལ་གྲུབ་པ་དང་། དགེ་འདུན་རྣམས་ལ་འཚོ་བའི་མཐུན་རྐྱེན་གྱི་ནོམ་པ་སྦྱར། དགུང་ལོ་སོ་ལྔ་བཞེས་པ་མེ་སྦྲུལ（སྤྱི་ལོ1437）ལོར་འབྲས་ཡུལ་སྐྱིད་ཚལ་ཆོས་སྡེ་ཕྱག་བཏབ་པ་བཅས་ཆོས་སྡེ་ཡས་མས་ལ་དབྱར་དགུན་དཔྱིད་ཆོས་ཀྱི་ཕོགས་སོགས་མཐུན་རྐྱེན་སྦྱར། དགུང་ལོ་དྲུག་ཅུ་རེ་དྲུག་པར་གསེར་ཟངས་ལས་གྲུབ་པའི་རོང་བྱམས་ཆེན་སྐུ་ཚད་ཕལ་པའི་ཐོག་སོ་དགུ་ཡོད་པ་བཞེངས་འགོ་ཚུགས་ནས་ལོ་དྲུག་ལ་ལེགས་པར་གྲུབ་པ་དང་འབྲེལ་སྐུ་གསུང་ཐུགས་རྟེན་དཔག་ཏུ་མེད་པ་བཞེངས།

རབ་གནས་སུ་རྒྱ་གར་ནས་པཎ་ཆེན་ནགས་ཀྱི་རིན་ཆེན་སྤྱན་དྲངས་པ་དང་། བྲག་དམར་ཆོས་སྡེ་རྙིང་པའི་འདབས་སུ་སྦྱིལ་བུ་བརྒྱ་ཕྲག་ཙམ་བརྩིགས་ཏེ་ཐོས་བསམ་སྒོམ་ལ་ཚུལ་བཞིན་བྱེད་པའི་འདུས་གྲྭ་བཙུགས་པ་སོགས་རིས་མེད་ཀྱི་གྲུབ་མཐའ་ཐམས་ཅད་ལ་བསྙེན་བཀུར་བླ་ན་མེད་པ་མཛད། ཕག་མོ་གྲུ་པའི་གདུང་རྒྱུད་རྣམས་དང་དཔོན་ཞང་འབྲེལ་བས་ཆབ་སྲིད་ཀྱི་ནང་ལ་མཐོང་བཟོས་ཆེ། བྱམས་ཆེན་བཞེངས་གྲུབ་ནས་མི་རིང་བར་གཤེགས།

རིན་སྤུངས་མཚོ་སྐྱེས་རྡོ་རྗེ། རབ་བྱུང་བརྒྱད་པའི་ཆུ་རྟ(སྤྱི་ལོ1462)ལོར་ཡབ་རིན་སྤུངས་ནོར་བཟང་པའི་སྲས་སུ་འཁྲུངས། དེས་དཔུང་སྟོབས་ལ་བརྟེན་ནས་ཡར་ཀླུང་མཁར་ཐོག་གི་རྫོང་བཟུང་། དེའི་ཚེ་སྣེ་གདོང་སྡེ་སྲིད་ངག་གི་དབང་ཕྱུག་གཤེགས་ཏེ་གདུང་རྒྱུད་སྐུན་ཕྲ་སྐབས་ཕོ་བྲང་སྣེ་གདོང་རྩེའི་དཔོན་ཚབ་དང་། ཐེལ་གཏོང་མཛད། རབ་བྱུང་བརྒྱད་པའི་ལྕགས་ཕག(སྤྱི་ལོ1491)ནས་ལོ་དགུའི་རིང་རིན་སྤུངས་མཚོ་སྐྱེས་རྡོ་རྗེས་དཔོན་ཚབ་ཐེལ་གཏོང་ཞེས་བྱ་བ་དོན་དུ་ཕག་མོ་གྲུ་པའི་སྲིད་ཀྱི་ཁ་ལོ་བསྒྱུར། ཁོང་གིས་དཔོན་ཚབ་དབང་བསྒྱུར་བྱེད་རིང་ཕག་གྲུའི་བློན་པོ་གཞན་རྣམས་མ་མགུ་བས་ཡར་ཀླུང་ནང་སྡེ་གཟར་ཡང་ཡང་བྱུང་རུང་རིན་སྤུངས་པའི་དཔུང་སྟོབས་ལ་འགྲན་ཐུབ་པ་ཞིག་མ་བྱུང་ཞིང་། རིན་སྤུངས་པའི་སྟོབས་ཤུགས་ཇེ་ཆེར་རྒྱས་པས་དབུས་གཙང་ཡོངས་ལ་དབང་བསྒྱུར་བྱེད་ཐུབ་པའི་རྨང་གཞི་ཆགས། རིན་སྤུངས་མཚོ་སྐྱེས་རྡོ་རྗེ་དང་དོན་ཡོད་རྡོ་རྗེས་གཙོ་བྱས་པའི་སྡེ་དཔོན་རྣམས་སྣེ་གདོང་དུ་འཚོགས་ཏེ་ས་ལུག(སྤྱི་ལོ1499)ལོར་ངག་དབང་བཀྲ་ཤིས་གྲགས་པ་དགུང་ལོ་བཅུ་གཉིས་བཞེས་པ་སྣེ་གདོང་གི་ཁྲིར་བཏོན། རབ་བྱུང་དགུ་པའི་ལྕགས་རྟ(སྤྱི་ལོ1510)ལོར་མཚོ་སྐྱེས་རྡོ་རྗེ་འདས།

རོང་སྟོན་ཤཱཀྱ་རྒྱལ་མཚན། རྗེ་འདི་ཉིད་ཤར་རྒྱལ་མོ་རོང་དུ་ཡབ་བོན་པོ་གོ་གོད་རྒྱལ་པོ་དང་། ཡུམ་རྒྱ་གར་སྨན་ཞེས་བྱ་བའི་སྲས་སུ་རབ་བྱུང་དྲུག་པའི་མེ་ལུག(སྤྱི་ལོ1367)ལོར་སྐུ་བལྟམས། ཐོག་མར་ཡབ་ཀྱི་དྲུང་དུ་བོན་ཆོས་ལ་སྦྱངས་ཤིང་ལུགས་དེ་ལ་བརྟེན་པའི་འཕྲིན་ལས་ཀྱང་དུ་མ་མཛད། དགུང་ལོ་བཅོ་བརྒྱད་པ་ལ་དབུས་གཙང་དུ་བྱོན་ཏེ་གསང་ཕུ་ནེའུ་ཐོག་གི་ཆོས་གྲྭར་ཐེབས། གླིང་སྟོད་པ་རིན་ཆེན་རྣམ་རྒྱལ་ལ་བྱང་སེམས་ཀྱི་སྡོམ་པ་བཞེས། རྗེ་འདི་དང་གོང་སྟོན་བློ་གྲོས་དབང་ཕྱུག་གི་དྲུང་དུ་རྡོག་ལོ་ནས་བརྒྱད་པའི་ཕར་ཚད་བསྡུས་གསུམ་དང་། དབུ་མ་རང་བརྒྱུད་པའི་བཤད་སྲོལ། སྐྱོར་མོ་ལུང་གི་མཁན་ཆེན་དཀའ་བཞི་པ་དང་། འཕན་ཡུལ་གྲོ་པའི་མཁས་པ་དམར་སྟོན་ལ་འདུལ་བ་སྨད་ལུགས་བྱ་འདུལ་དང་ཐོག་དཀའ་ཆེན་གྱི་བཤད་སྲོལ། མངོན་པ་མཛོད་མཆིམས་ལུགས་ཀྱི་བཤད་སྲོལ། ཐང་ཟག་པ་སྤྲུལ་སྐུ་གཞོན་ནུ་རྒྱལ་མཚན་ལ་དབུ་མ་ཐལ་འགྱུར་བ་ཚབ་ཀྱི་བཤད་སྲོལ། ལོ་པ་ཤཱཀྱ་རིན་ཆེན་གྱི་དྲུང་དུ་མངོན་པ་གོང་མ་སོགས་ལ་སྦྱངས། དགུང་ལོ་ཉེར་གཉིས་པ་ལ་གྲོ་ས་མཁན་ཆེན་ཀུན་དགའ་རྒྱལ་མཚན་དང་དམར་སྟོན་པའི་དྲུང་དུ་བསྙེན་པར་རྫོགས། མཚན་ཤཱཀྱ་རྒྱལ་མཚན་དཔལ་བཟང་པོར

གསོལ། རྣམ་ངེས་ཀྱི་ཊཱི་ཀ་བརྩམས་ཤིང་འཆད་པའི་འཕྲུར་བཟུང་། དགུང་ལོ་ཉེར་བདུན་པ་ལ་མཁན་ཆེན་གཡག་སྡེ་པ་དང་མཇལ་ཏེ་ས་ལུགས་ཀྱི་མདོའི་བཤད་སྲོལ་དང་། ཐེག་ཆེན་ཆོས་རྗེ་ལ་གསུང་ངག་སོགས་ཀྱི་ཟབ་དོན་བཞེས་ནས་ས་རྫོག་རྣམ་གཉིས་ཀྱི་བཤད་སྲོལ་རྒྱུན་བསྐྱངས་ཏེ། ཆ་པ་ཆོས་སེང་དང་། བཅོམ་ལྡན་རིག་རལ། ཀུན་མཁྱེན་འདི་གསུམ་ལས་འཆད་པའི་རྒྱུན་དང་། དངོས་སློབ་བསྟན་འཛིན་གྱི་ཐོན་ཆེ་བ་མ་བྱུང་ཞེས་གྲགས། དགུང་ལོ་ལྔ་བཅུ་ཙམ་ལ་སྟོད་དིང་རི་དང་མུས་སོགས་སུ་སྔགས་ཀྱི་ཟབ་དོན་བཞེས་པ་དང་། མདོ་ཕྱོགས་ཀྱི་འཕྲིན་ལས་སྤེལ་བ་ཡོན་མཛད། དགུང་ལོ་དྲུག་ཅུ་རེ་གཅིག་པ་ལ་སྡེ་དཔོན་སོ་སོའི་བསོད་ནམས་ཀྱི་མགྲོན་དང་། མདོ་སྔགས་ཀྱི་ཆོས་འཁོར་རྒྱ་ཆེ་བར་བསྐོར། དགུང་ལོ་རེ་དགུ་པ་ཤིང་ཡོས(སྤྱི་ལོ1435)ལོར་འཕན་པོ་ན་ལེནྡྲའི་ཆོས་གྲྭ་བཏབ་ནས་གཞན་དོན་མཛད། ཕར་ཕྱིན་བསྟན་པ་དང་། དབུ་མ་རང་རྒྱུད་པའི་བསྟན་པ་ལ་ཀུན་མཁྱེན་འདི་བཀའ་དྲིན་ཆེ།

དགུང་ལོ་ཉེར་གཉིས་པ་ལ་ཚད་མ་རྣམ་ངེས་འཆད་པ་ནས་བརྩམས་ཏེ་མྱ་ངན་ལས་འདས་པའི་བར་ཉིན་རེ་ལ་ཐུན་སློབ་མ་གཅིག་ཙམ་ལ་ཡང་གཙུག་ལག་གི་ཚིགས་སུ་བཅད་པ་གཅིག་ཡན་ཆད་ཀྱི་ཆོས་ཀྱི་སྦྱིན་པ་མཛད་པར་དམ་བཅས། གཞན་ལ་གནོད་པ་དང་། ཐོ་འཚམས་པ། ཕྲག་དོག་གི་རྣམ་པ་ཙུང་ཟད་ཀྱང་མི་མངའ། དགུང་ལོ་བརྒྱད་ཅུ་རྩ་གསུམ་བཞེས་པའི་ཚེ་ཡང་གཞུང་ཆེན་པོ་དག་ཀྱང་ཐུགས་ནས་ཐོགས་པ་མེད་པར་གསུངས་ཐུབ། དབུས་གཙང་གི་གྲྭ་ས་ཆེན་པོ་རྣམས་སུ་གཞུང་པོ་ཏི་བཅུ་ལ་གྲྭ་སྐོར་མཛད་པས་རྩོད་པའི་ཁྱུ་མཆོག་ཏུ་གྲགས་ཤིང་། རོང་སྟོན་སྨྲ་བའི་སེངྒེ་ཞེས་པའི་མཚན་སྙན་གསོལ། མཁན་ཆེན་སངས་རྒྱས་དཔལ་བའི་མཛད་སྲོལ་གཙོ་བོར་བཟུང་ནས་མངོན་པར་རྟོགས་པའི་རྒྱན་འགྲེལ་བ་དང་བཅས་པ་རྒྱུན་མི་ཆད་པར་གསུངས་ཤིང་། དེའི་མན་ངག་ཞི་བྱེད་བརྒྱུད་པ་ཕྱི་མ་ལ་གཙོ་བོར་མཛད།

གསུང་རྩོམ་ལ། ཚད་མ་རྣམ་ངེས་ཀྱི་འགྲེལ་པ་རྟོག་གེའི་སྣང་བ་དང་། འབུམ་གྱི་འགྲེལ་པ་རྒྱས་བསྡུས་གཉིས་ལ་སོགས་པ་གཞུང་ཆེན་བཞི་བཅུ་ཞེ་གཅིག་གི་རྣམ་བཤད་ཀྱིས་གཙོས་ཆོས་ཚན་སུམ་བརྒྱ་ལྔ་བཅུའི་གྲངས་སུ་བརྩམས་པར་མཛད། གསུང་ལས་སྐྱེས་པའི་སློབ་མའི་གཙོ་བོ་ནི། སྟོད་ཚར་གྱི་བུ་ཆེན་བསྟན་པ་འདེགས་པའི་ཀ་ཆེན་བཞི། བར་ཚར་གྱི་བུ་ཆེན་གངས་ཅན་མཛེས་པའི་རྒྱན་བརྒྱད་དང་མཆོག་གཉིས། སྐུ་གསུང་ཐུགས་ཀྱི་མཛད་སྤྱོད་མཚུངས་པའི་བུ་ཆེན་གསུམ། ཕྱི་ཚར་གྱི་བུ་ཆེན་བསྟན་པའི་གསལ་བྱེད་བཅུ་དྲུག ཡང་ཚར་གྱི་བུ་ཆེན་གྲགས་པ་ཅན་བཞི་ལ་སོགས་པས་གཙོས་སྡེ་སྣོད་འཛིན་པ་སྟོང་ཕྲག་འགའ་བསྐྱངས། དགུང་ལོ་བརྒྱད་ཅུ་རྩ་གསུམ་ལ་ཕེབས་པ་རབ་བྱུང་བརྒྱད་པའི་ས་སྦྲུལ(སྤྱི་ལོ1449)ལོར་ཞི་བར་གཤེགས་སོ།

ལོ་ཆེན་བྱང་ཆུབ་རྩེ་མོ། དཔང་ལོ་ཙཱ་བའི་དཔོན་པོ་འདི་ཉིད་ལ་སྟོད་ལྷོ་ཟུར་ཚོ་ཞེས་པར་ཡབ་གཞོན་ནུ་

དཔལ་བཟང་། ཡུམ་དཔང་ལོའི་ལྕམ་མོ་ཡེ་ཤེས་སྨན་ནེ་གཉིས་ཀྱི་སྲས་སུ་རབ་བྱུང་ལྔ་པའི་ཆུ་ཡོས(སྤྱི་ལོ1303)ལོར་སྐུ་བལྟམས། དགུང་ལོ་བདུན་པ་ལ་དཔང་ལོའི་དྲུང་དུ་དགེ་བསྙེན་གྱི་སྡོམ་པ་ནོད། དགུང་ལོ་བཅུ་དྲུག་པ་ལ་ཤོང་ལོའི་དཔོན་པོ་མཁན་ཆེན་ཆོས་སྐྱོང་དཔལ་ལས་དགེ་ཚུལ་བསྒྲུབས། དཔང་ལོས་མངའ་རིས་གནས་པོ་ཆེ་དང་། ས་སྐྱ་སོགས་སུ་འཁྲིད་དེ་བསླབ་སྦྱོངས་གནང་། གུང་ཐང་གནས་པོ་ཆེར་དཔང་ལོ་ལས་མངོན་ཚད་གསན། ཨེའི་གདན་སར་ལོ་བཞི་རིག་གནས་ཐལ་མོ་ཆེ་ལ་སྦྱངས། དགུང་ལོ་ཉེར་གཉིས་པ་ལ་དཔལ་ལྡན་ས་སྐྱའི་མཁན་པོ་འཇམ་དབྱངས་དོན་ཡོད་རྒྱལ་མཚན་དང་། ལས་ཀྱི་སློབ་དཔོན་དཔང་ལོ་དང་། གསང་སྟོན་ཆོས་རྗེ་བླ་མ། གྲིབ་ཆོད་མཁན་ཆེན་བསོད་ནམས་བཟང་པོས་མཛད་དེ་བསྙེན་པར་རྫོགས། དེ་ནས་ས་སྐྱར་བཤད་གསར་དང་། ཞྭ་ལུ་སོགས་སུ་གྲྭ་སྐོར་མཛད། དགུང་ལོ་ཉེར་ལྔ་པ་ལ་ལོ་ཙཱ་བ་མཁས་པར་གྱུར།

བཤེས་གཉེན་ཆེན་པོ་ཆོས་རྗེ་བླ་མ་སྐུ་མཆེད་དང་། དཔང་ལོ་ཙཱ་བ། རྒྱལ་སྲས་པ། བུ་དོལ་གཉིས། གངས་ཁྲོད་པ་གྲགས་པ་དཔལ། མ་ཏི་པཎ་ཆེན། མཆིམས་བློ་བཟང་གྲགས་པ་སོགས་མཁས་གྲུབ་ཀྱི་དགེ་བའི་བཤེས་གཉེན་ཆེན་པོ་དུ་མའི་ཞབས་ལ་གཏུགས་ཏེ་མདོ་རྒྱུད་ཀྱི་ཟབ་ཆོས་གསན་སྦྱངས་དཔྱིས་ཕྱིན་མཛད་ཅིང་ཉམས་སུ་བཞེས་པས་གྲུབ་པའི་དབང་ཕྱུག་ཏུ་མངའ་གསོལ། རྒྱལ་སྲས་པས་ལོ་ཆེན་འདི་ལ་ཞལ་ཟས་ཀྱིས་བསྙེན་བཀུར་ན་ལྷ་གེའི་བསྐལ་པ་ལས་ཐར་གསུངས་པའི་སྔན་གྲགས་ཀྱིས་རྙེད་བཀུར་མཆོད་པའི་མཚོ་བརྫོལ། ཆུ་ལ་མི་འབྱིང་། བྱུག་པ་ཆུང་དུ་ལ་སྐྱུས་བརྫོལ། ཁང་ཆུང་དུ་མི་མང་པོ་ལ་དབང་བསྐུར་བའི་རྫུ་འཕྲུལ་བསྟན། མངོན་པར་མཁྱེན་པ་མངའ། དཔལ་ལྡན་བླ་མའི་བཀས་ཨེའི་གདན་ས་མཛད། སྟག་ལུང་པ་ནམ་མཁའ་དཔལ་བཟང་ལ་དུས་འཁོར་སྒྲ་སྙན་སོགས་གནང་བས་དེའི་བཤད་རྒྱུན་དར་བས་སུ་ཆེ་དར། དེ་ནས་དགས་པོར་ཆོས་རྗེ་བླ་མའི་དྲུང་དུ་ཕྱིན། ཀ་ལྷ་པའི་ས་རིས་ཐུལ། དེ་ནས་གཙང་ཕྱོགས་སུ་བཞུགས། དགུང་ལོ་མཐོན་པོར་གྱུར་ཀྱང་སྤྱན་ཟླ་གྲགས་བྱུང་བས་གདན་དྲངས་ནས། ཡར་གླུངས། གདན་ས་ཐེལ། གུང་ཐང་རྣམས་སུ་དུས་འཁོར་སྒྲ་སྙན་གྱི་ཆོས་ཆར་ཕབ། མཁས་པ་རྣམས་ཐུགས་ཚིམ་པར་གྱུར། སྟག་ཚང་། ཤངས། ཞྭ་ཡུག་ཞང་སྟོད་རྣམས་སུ་དུས་འཁོར་གྱི་དབང་རྒྱུད་ཁྲིད་མང་དུ་གསུངས། ཀ་ལྷ་པའི་འགྲེལ་པ་སློབ་ཕན་སོགས་འགྱུར་དུ་མ་མཛད། འཆད་རྩོད་རྩོམ་གསུམ་གྱིས་བསྟན་པ་རིན་པོ་ཆེ་བསྐྱངས། དཔོན་པོ་ལོ་ཆེན་གྲགས་པ་དང་། སྒྲ་པ་ནམ་མཁའ་བཟང་པོ་སོགས་ཐུགས་སྲས་མང་དུ་བྱུང་། སྐུ་ཚེ་སྨད་དུ་གཙང་ཆུ་མིག་རིང་མོར་བཞུགས་ནས་གདུལ་བྱ་མང་པོ་སྨིན་གྲོལ་ལ་བཀོད་དེ་དགུང་གྲངས་དོན་བརྒྱད་བཞེས་པ་རབ་བྱུང་དྲུག་པའི་ལྕགས་སྤྲེལ(སྤྱི་ལོ1380)ལོར་དག་པའི་ཞིང་དུ་གཤེགས།

བརྗོད་པ་བློ་གྲོས་རྒྱལ་མཚན། ཆོས་རྗེ་ཆེན་པོ་བཀྲ་ཤིས་ལྷུན་པོའི་ཁྲི་ཐོག་བདུན་པ་འདི་ཉིད་རབ་བྱུང་

བརྒྱད་པའི་མེ་ལུག(སྤྱི་ལོ1487)ལོར་མངའ་རིས་སྟོད་དུ་ཡབ་རིག་འཛིན་ཞི་བ་བཟང་པོ་དང་། ཡུམ་ཁྲིན་ཟ་ལམ་སྒྲོན་གཉིས་ཀྱི་སྲས་སུ་བལྟམས། དགུང་ལོ་གཉིས་ཙམ་ནས་སྐུ་སྐྱེ་སྔ་མའི་གསུང་མང་དུ་མཛད། དེ་ནས་བཀྲ་ཤིས་ལྷུན་དགོན་དུ་ཆོས་ཞུགས་མཛད། དགུང་ལོ་བཅུ་གཅིག་པ་ལ་མཁས་གྲུབ་དམ་པ་རིན་ཆེན་དཔལ་བཟང་གི་དྲུང་དུ་དགེ་བསྙེན་གྱི་སྡོམ་པ་བཞེས། མཚན་བློ་གྲོས་རྒྱལ་མཚན་དུ་གསོལ། དགུང་གྲངས་བཅུ་གཉིས་ནས་ཚད་མ་རྣམ་འགྲེལ་གྱི་གཞུང་ཐུགས་འཛིན་མཛད། མཁས་མང་དབུས་སུ་བགྲོ་གླེང་གནང་སྐབས་རྣམ་དཔྱོད་ཡངས་པས་ཀུན་གྱིས་བསྔགས་བརྗོད་ཞུས། དེ་ནས་གཙང་དུ་ཕེབས་ལམ་ཆོས་རྗེ་ཤཱཀྱ་མཆོག་ལྡན་དང་མཇལ་བས་བློ་གྲོས་རྒྱལ་མཚན་གྱི་སྐུ་ཡོན་ལ་བསྔགས་པ་ཚད་མེད་མཛད། དགུང་ལོ་བཅོ་ལྔ་པ་ལ་བཀྲས་ལྷུན་དུ་ཕེབས་ཏེ་པཎ་ཆེན་ཡེ་ཤེས་རྩེ་མོས་མཁན་པོ་དང་། དགེ་ཏུ་རབ་འབྱམས་པས་སློབ་དཔོན། མཁན་མཆོག་ཤཱཀྱི་པས་དུས་གོ་བར་མཛད་དེ་དགེ་ཚུལ་གྱི་སྡོམ་པ་ནོད། དེ་ནས་བཟུང་རྗེ་འདི་ལ་ཤཱཀྱི་པ་ཞེས་མཚན་ཐོགས། པཎ་ཆེན་ཡེ་ཤེས་རྩེ་མོ་ལས་བཀའ་གདམས་གླེགས་བམ་ཆ་ལག་ཡོངས་རྫོགས་དང་། དཀའ་ཆེན་བཞི། དབུ་མ་རྩ་འཇུག་གི་ཊཱིཀྐ་རྣམས་གསན། དགུང་ལོ་ཉེར་ལྔ་པར་པཎ་ཆེན་ཡེ་ཤེས་རྩེ་མོའི་བཀའ་བཞིན་རྒྱལ་མཆོག་དགེ་འདུན་རྒྱ་མཚོ་གདན་འདྲེན་དུ་དབུས་སུ་ཕེབས། དགུང་གྲངས་སོ་གཅིག་པར༧རྒྱལ་དབང་དགེ་འདུན་རྒྱ་མཚོ་ལས་བསྙེན་པར་རྫོགས། ལོ་དེ་ནས་བཟུང་དཀྱིལ་ཁང་གྲྭ་ཚང་གི་མཁན་པོ་ལོ་ཉེར་གཅིག་མཛད། དེ་ནས་བཀྲས་ལྷུན་གདན་སའི་ཁྲི་པ་བདུན་པའི་མཛད་འཁུར་ལོ་མང་བཞེས། ཁྲི་ཐུར་ལ་ཕེབས་རྗེས་མངའ་རིས་ཕྱོགས་སུ་ཕྱིན་ནས་མཐོང་ལྡིང་གི་ཁྲི་ལ་ཕེབས་ཏེ་སྐལ་ལྡན་གྱི་གདུལ་བྱ་རྣམས་ལ་ཟབ་ཆོས་ཀྱི་ཆར་ཕབ། གུ་གེ་བཀྲ་ཤིས་ལྷུན་པོ་ཕྱག་བཏབ། གསུང་རྩོམ། ཤེས་རབ་ཀྱི་ཕ་རོལ་དུ་ཕྱིན་པའི་མན་ངག་གི་བསྟན་བཅོས་མངོན་པར་རྟོགས་པའི་རྒྱན་འགྲེལ་དང་བཅས་པའི་རྣམ་བཤད་སྙིང་པོའི་རྒྱན་གྱི་དགོངས་དོན་གསལ་བར་བྱེད་པའི་མེ་ལོང་ལས་སྐབས་གཉིས་པའི་སྤྱི་དོན། དབུ་ཕར་རྣམ་འགྲེལ་གྱི་དགོངས་འགྲེལ་སོགས་ལེགས་བཤད་མང་དུ་མཛད། མཐར་དགུང་གྲངས་གྱ་གཅིག་བཞེས་པ་རབ་བྱུང་བཅུ་པའི་མེ་ཡོས(སྤྱི་ལོ1567)ལོར་དགོངས་པ་གཞན་དོན་དུ་གཤེགས།

ཤབ་སྐད་ལོ་ཙཱ་བ་ཐུགས་རྗེ་དཔལ། ལོ་ཙྪ་བ་ནམ་མཁའ་བཟང་པོ་དང་ལོ་ཙྪ་བ་ཤེས་རབ་དཔལ་གཉིས་ཀྱི་ཐུགས་སྲས་དམ་པ་འདི་ཉིད་རིག་གནས་ལ་ཤིན་ཏུ་མཁས་པར་གྱུར་པས་ཙནྡྲ་པའི་འགྲེལ་པ་ཤིན་ཏུ་ཧྨ་དྣ་ས་རྫོགས་པར་བསྒྱུར། ཀ་ཙན་གཉིས་ལ་འགྲེལ་པ་ཤིན་ཏུ་རྒྱས་ཤིང་མཐའ་ཆོད་པ་བཞུགས་ཚོགས་ཆེན་པོ་རེ་མཛད་ཅིང་། ཐ་སྙད་རིག་གནས་ཀྱི་བཤད་རྒྱུན་རྒྱས་པར་སྤེལ་བ་ལས་སློབ་མ་ཡང་གཙང་དུ་ཆོས་འཁོར་སྒང་པ་ཤེས་རབ་རིན་ཆེན། ཞ་ལུ་པ་གཞུང་བརྒྱ་སྨྲ་བ་བཀྲ་ཤིས་རྒྱ་མཚོ། གནས་བརྟན་ལེགས་པ་རྒྱལ་པོ། སྣར་ཐང་ལོ་ཙྪ་བ་སངྒ་ཤྲཱི། པོ་དོང་ཤེས་རབ་བཟང་པོ། ཆོས་འཁོར་ལོ་ཙྪ་བ་མཉྫུ་ཤྲཱི

དབུས་སུ་རོང་སྟོན་ཐམས་ཅད་མཁྱེན་པ། རྗེ་བྱམས་པ་གླིང་པ་ལ་སོགས་པའི་མཁས་གྲུབ་དམ་པ་མང་དུ་བྱོན། ཐ་སྙད་རིག་པ་རྒྱས་པར་མཛད་པ་ལ་ཕྱག་རྗེས་ཤིན་ཏུ་ཆེའོ། (འབྱུང་ས་འདས་སོགས་མཛད་རྣམ་ཞིབ་པ་མ་རྙེད)

ཀར་སྐལ་ལྡན་རྒྱ་མཚོ། གྲུབ་ཆེན་སྐལ་ལྡན་རྒྱ་མཚོ་མཆོག་ནི་མདོ་སྨད་རེབ་གོང་གསེར་ལྡོངས་ཞེས་བྱ་བའི་ཡུལ་དབུས་རྒྱལ་ཐང་དུ་རོང་པོའི་མཁར་ཡབ་འབུམ་རྒྱལ་དང་། ཡུམ་ནག་ཡུ་སྐྱིད་མོ་དཔལ་གཉིས་ཀྱི་སྲས་སུ་རབ་བྱུང་བཅུ་པའི་མེ་ལུག(སྤྱི་ལོ1607)ལོར་སྐུ་བལྟམས། དགུང་ལོ་དྲུག་པ་ཆུ་བྱི(སྤྱི་ལོ1612)ལོར་ཆོས་པ་རིན་པོ་ཆེ་བློ་བཟང་བསྟན་པའི་རྒྱལ་མཚན་གྱི་སྤྱན་སྔར་དགེ་བསྙེན་དང་། དགུང་ལོ་བཅུ་པར་གོང་མ་ཆོས་པ་རིན་པོ་ཆེའི་སྤྱན་སྔར་རབ་ཏུ་བྱུང་སྟེ་མཚན་སྐལ་ལྡན་ཚོགས་གཉིས་ཞེས་པར་གསོལ། དགུང་ལོ་བཅུ་གཅིག་པ་མེ་སྦྲུལ(སྤྱི་ལོ1617)ལོར་རྗེ་ཆོས་པ་རིན་པོ་ཆེའི་ཞབས་ཕྱིར་འབྲང་སྟེ་དབུས་གཙང་དུ་བྱོན། ཐོག་མར་འབྲོག་རི་བོ་ཆེ་དགའ་ལྡན་དུ་ཕེབས། སྤྲུལ་སྐུ་རྗེ་སྟག་ལུང་གྲགས་པ་བློ་གྲོས་རྒྱ་མཚོ་དང་མཇལ་ཏེ་དགེ་ཚུལ་བསྒྲུབས། མཚན་སྐལ་ལྡན་རྒྱ་མཚོར་གསོལ། དགུང་ལོ་བཅུ་གཉིས་ལ་བྱང་རྩེ་ཐོས་བསམ་གླིང་གི་ཆོས་གྲྭར་དགུན་ཆོས་དང་པོ་ལ་ཞུགས། བསམ་གླིང་གི་འཇམ་དབྱངས་ཚུལ་ཁྲིམས་ཆོས་འཕེལ་དང་། རྗེ་བློ་གྲོས་རྒྱ་མཚོ། གཙང་དཀའ་ཆེན་བློ་གྲོས་རྣམ་རྒྱལ། རྗེ་རོང་པོ་མཁས་གྲུབ་བསྟན་པ་དར་རྒྱས་སོགས་བླ་མར་བསྟེན་ནས་དགུང་ལོ་ཉི་ཤུ་བར་བསྡུས་སྦྱོར་བློ་རྟགས་དང་གཞུང་བཀའ་པོད་ལྔ། ཁྱད་པར་དུ་དབུ་ཕར་གཉིས་ལ་སྦྱང་པ་མཐར་ཕྱིན་མཛད། དགུང་ལོ་ཉི་ཤུ་པ་མེ་སྟག(སྤྱི་ལོ1626)ལོར་གསང་ཕུར་དཀའ་བཅུ་གྲྭ་སྐོར་མཛད། པཎ་ཆེན་བློ་བཟང་ཆོས་རྒྱན་ལས་བསྙེན་པར་རྫོགས། ཉེར་གཅིག་པ་རབ་བྱུང་བཅུ་གཅིག་པའི་མེ་ཡོས(སྤྱི་ལོ1627)ལོར་མདོ་སྨད་ཀྱི་ཕྱོགས་སུ་ཆིབས་ཁ་བསྒྱུར། ཐོག་མར་རོང་བོར་བྱོན། དེ་ནས་དབེན་དགོན་བཀྲ་ཤིས་འཁྱིལ་དུ་ཕེབས། སྡེ་པ་ཆོས་རྗེ་བསྟན་འཛིན་བློ་བཟང་རྒྱ་མཚོ། རྒྱལ་སྲས་བློ་བཟང་བསྟན་འཛིན། རྗེ་སྟོང་འཁོར་མདོ་རྒྱུད་རྒྱ་མཚོ་སོགས་མཁས་གྲུབ་སོ་གསུམ་ལྷག་གི་ཞབས་ལ་གཏུགས་ནས་མདོ་སྔགས་ཀྱི་གཞུང་ལུགས་མཐའ་ཡས་པ་སྦྱངས། དགུང་ལོ་ཉེར་བཞི་པ་རབ་བྱུང་བཅུ་གཅིག་པའི་ལྕགས་རྟ(སྤྱི་ལོ1630)ལོར་དགོན་རོང་པོ་ཆོས་སྡེ་ཆེན་པོར་མཚན་ཉིད་ཀྱི་བཤད་གྲྭ་གསར་དུ་བཙུགས་ཏེ་མཚན་རོང་པོ་ཐོས་བསམ་གླིང་དུ་བཏགས། དགུང་ལོ་ཞེ་གཉིས་པ་ས་བྱི(སྤྱི་ལོ1648)ལོར་མདོ་སྨད་སྒྲུབ་སྡེ་ཡོངས་ཀྱི་རྒྱན་དབེན་གནས་བཀྲ་ཤིས་འཁྱིལ་དུ་ཕེབས། སྒྲུབ་སྡེ་དེ་ལ་ཆོས་སྲིད་གཉིས་ཀས་ལེགས་པར་བསྐྱངས། དགུང་ལོ་ཞེ་དྲུག་པ་ཆུ་འབྲུག(སྤྱི་ལོ1652)ལོར༧རྒྱལ་དབང་ལྔ་པ་ཆེན་པོ་རྒྱ་ནག་ཏུ་སྤྱན་དྲངས་ཏེ་མཚོ་སྔོན་པོའི་ཡུལ་ལ་ཕེབས་པའི་ཚེ། རྗེ་འདི་ཉིད་ཡབ་སྲས་གྲྭ་སློབ་བཅས་ལྔ་པ་ཆེན་པོ་མཇལ་ཞིང་བཀའ་ཆོས་ཞུས། སྤྱིར་དགུང་ལོ་ཉེར་གཅིག་ནས་རེ་གསུམ་བར། དུས་སྟ་ཕྱི་ངེས

མེད་དུ་ཡུལ་མཛོད་དགེ་གླིང་དོའུའི་མན་ཆད། སྐུ་འབུམ་དགོན་ལུང་ཡན་ཆད་ཀྱི་ས་རོང་འབྲོག་དགོན་གྲོང་ཀུན་ལ་ཞབས་ཀྱིས་བཅགས། སྐལ་ལྡན་བུ་སློབ་ལ་ཁྲིད་དབང་ལུང་མན་ངག་གི་ཆོས་ཆར་རྟག་ཏུ་ཕབ། སྐུ་ཚེ་གང་པོར་ཐུགས་རྩེ་གཅིག་གིས་སྒྲུབ་པ་ལ་གཞོལ་ཏེ་རི་དན་ཏིག ཡང་ཏིག གནམ་རྫོང་། ཤར་གཞའ་གོང་བྲག་དཀར། རྒྱ་མོ་གཤག་རལ། སྟག་ཚང་ལྷ་མོ་ལ་སོགས་པའི་དབེན་གནས་ཉམས་དགའ་བར་གནས་ཤིང་། གསུང་འབུམ་པོད་ལྔ་ལྷགས་རྩོམ་མཛད། དགུང་གྲངས་རེ་བཞི་ནས་ལོ་བདུན་གྱི་རིང་སྐུ་མཚམས་དང་ཐུན་བཞིའི་རྣལ་འབྱོར་ཆད་མེད་དུ་བསྐྱངས། དགུང་ལོ་དོན་གཅིག་པ་རབ་བྱུང་བཅུ་གཅིག་པ་མེ་སྦྲུལ(སྤྱི་ལོ1677) ལོར་སྐུ་གཤེགས།

ཤེས་རབ་རྒྱལ་མཚན། གཡུང་དྲུང་བོན་གྱི་བསྟན་པ་འཛིན་སྐྱོང་ལ་ཕྲག་རྗེས་ཆེ་བའི་སྐྱེས་མཆོག་འདི་ནི་ཤར་རྒྱལ་མོ་རོང་རྒྱལ་མོ་རྔུལ་ཆུའི་འགྲམ་དུ་གནས་པའི་ཡུལ་སྡེགས་མཆོག་བྱ་བའི་གནས་སུ་ཡབ་བོན་རིགས་བཞི་ལ་མཁས་པ་གླུ་རྒྱལ་དང་ཡུམ་རིན་ཆེན་སྒྲོན་གཉིས་ཀྱི་སྲས་སུ་རབ་བྱུང་དྲུག་པའི་མེ་སྤྲེལ(སྤྱི་ལོ1356) ལོར་སྐུ་བལྟམས། སྐུ་ན་ཆེས་ཕྲ་མོ་ཉིད་ནས་ཡབ་ཀྱི་དྲུང་དུ་འབྲི་ཀློག་དང་མོ་རྩིས་གསོ་དང་སྨན་དཔྱད་སོགས་རྒྱུའི་བོན་ལ་སྦྱངས་པ་མཛད། དགུང་ལོ་བཅུའི་ཐོག་བྱ་གཡུང་དྲུང་རྒྱལ་མཚན་གྱི་དྲུང་དུ་དང་པོ་བསྙེན་གནས་དགེ་བསྙེན་གྱི་སྡོམ་པ་བཞེས། ཁྲི་སློང་རྣམ་གསུམ་དང་། ཡར་མེ་བའི་བཀའ་རྟེན་རྣམ་པར་མཛོད་གབ་པ། རྩ་བརྒྱུད་གཞུང་ཆེན་སོགས་རྒྱུན་མཐོའི་སྟོན་འགྲོའི་ཕྲག་ལེན་གྱི་གཞུང་རྣམས་ཐུགས་འཛིན་མཛད། བཤེས་གཉེན་དེས་རབ་ཏུ་བྱུང་བའི་མཚན་ཤེས་རབ་རྒྱལ་མཚན་དུ་གསོལ་ཞིང་ཤ་ཆང་སློག་བཙོང་སྤངས་ནས་བསླབ་ཁྲིམས་ཚུལ་བཞིན་བསྲུངས་ཏེ་བོན་གྱི་ཆོས་སྒོ་ཁག་གསན་སྦྱོང་མཛད། མི་རིང་བར་བོན་རིགས་བཞི་ལ་མཁས་པར་གྱུར་ཀྱང་ངོམ་པ་མེད་པར་བོད་ཡུལ་ཀུན་འགྲིམས་སྐབས་དེར་བོན་གྱི་སྐོར་ལ་མཁས་པའི་རྩེར་སོན་པའི་མཁས་གྲུབ་ཡོད་དོ་ཅོག་གི་ཞབས་ལ་གཏུགས་ནས་གསན་སྦྱོང་མཛད། ཁྱད་པར་དུ་མཁས་གྲུབ་རིན་ཆེན་བློ་གྲོས་ཀྱི་དྲུང་ནས་ཕར་ཕྱིན་དང་། འདུལ་བ། དབུ་མ་གསན་སྦྱོང་གིས་མཁས་པར་གྱུར་ཏེ་རབ་འབྱམས་ཆེན་པོའི་མཚན་རྟགས་ཐོབ་པ་དང་འབྲེལ་དྲང་སྲོང་བསྙེན་རྫོགས་ཀྱི་སྡོམ་པ་བཞེས། སླར་ཡང་བཤེས་གཉེན་གང་གི་དྲུང་ནས་ཕྱི་ནང་གསང་གསུམ་གྱི་རྒྱུད་ལུང་དུ་མ་དང་། མཚན་ཉིད་སྡེ་ལྔ། སྒྲ་འགྲེལ། འབུམ་དང་མཁས་བརྒྱུད་གདན་ལ་འབེབས་པའི་བཤད་པ། འདུལ་བའི་ནྀ་ཀཱ། འཕྲིན་ལས་བཅོ་བརྒྱད་ཀྱི་བཤད་པ། བྱུང་ཁུངས་མདོ། མདོ་སྡེ་ཉེར་གཅིག ཐེག་པ་རིམ་པ་མངོན་དུ་བཤད་པའི་མདོ། རྒྱུད་མེ་ལོང་དགུ་སྐོར། ཚད་མ་རྣམ་འབྱེད། དབུ་མ་རྩོད་བཟློག གདན་ཚིགས་ཐེག་པ་སོགས་ལུང་རིག་གི་རྣམ་གཞག་ཇི་སྙེད་གསན་སྦྱོང་མཐར་ཕྱིན་གནང་བས་མཚན་སྙན་བོད་ཡུལ་ཀུན་ལ་ཁྱབ།

རབ་བྱུང་བདུན་པའི་མེ་ཁྱི(སྤྱི་ལོ1406) ལོར་ཞྭ་དཀར་གཡུང་དྲུང་བོན་གྱི་གདན་ས་ཆེན་པོ་

སྨན་རི་དགོན་ཕྱག་བཏབ། རྗེ་འདིས་མཛོད་ཀྱི་འགྲེལ་པ་འཕྲུལ་གྱི་སྒྲོན་མེ་ས་བཅད་དང་བཅས་པ། ཁོན་སྟུད་ཀྱི་འགྲེལ་པ་ས་བཅད་དང་བཅས་པ། བྱང་སེམས་གབ་པའི་འགྲེལ་པ་གསལ་བྱེད་ཉི་མའི་དཀྱིལ་འཁོར་ས་བཅད་དང་བཅས་པ། འདུལ་བ་ཆེ་ཆུང་གཉིས་ཀྱི་འགྲེལ་པ་འཕྲུལ་གྱི་སྒྲོན་མེ། བདེན་གཉིས་ཀྱི་འགྲེལ་པ། གསང་སྔགས་ཀྱི་སྤྱི་དོན། སྨན་གྱི་ཚིག་ཁྲིད། ཕུར་པའི་ཆམ་ཡིག སྲུང་མའི་སྔགས་འཛབ། འགྱུ་ཡའི་དབང་ཁྲིད། འོད་གསལ་ཕྱག་ལེན། ས་ལམ་གྱི་སྙན་ལམ་སོགས་ཐལ་ཕྲེང་དང་། དབང་ཁྲིད། བསྟོད་པ་སྐོར་གྱི་རྩོམ་ཡིག་ཤིན་ཏུ་མང་ཞིང་། གཞན་ཡང་བཀའ་འཕྲིན་དང་སྐབས་བདེའི་སྙན་ཚིག་སོགས་ནི་བརྗོད་ཀྱིས་མི་ལང་བ་ཡོད།

རྗེ་འདིའི་གསུང་གི་བདུད་རྩིས་བསྐྱངས་པའི་སློབ་མ་བསམ་གྱིས་མི་ཁྱབ་པ་བྱུང་བའི་ནང་རྒྱལ་ཚབ་རིན་ཆེན་རྒྱལ་མཚན་དང་། རྒྱལ་རིགས་སྦྲུ་ཤའི་གདུང་འཛིན་ཀུན་དགའ་དབང་ལྡན་དང་ཤེས་རབ་སེང་གེ། མི་ཉག་བསོད་ནམས་རྒྱལ་མཚན་སོགས་དང་། རྒྱུན་དུ་གམ་བཅར་གྱིས་གསུང་གི་བདུད་རྩི་ཐོབ་པའི་མཁས་པ་བརྒྱ་ཕྲག་ཁ་ཤས་ཡོད་པ་བཅས་མཁས་བཙུན་བཟང་གསུམ་གྱི་མཛད་པས་གཡུང་དྲུང་བོན་གྱི་བསྟན་པ་ལ་སྟོན་པ་གཉིས་པའི་ཕྱག་རྗེས་ཀྱིས་ལེགས་པར་བསྐྱངས་ཏེ་དགུང་ལོ་དྲུག་བཅུ་པ་རབ་བྱུང་བདུན་པའི་ཤིང་ལུག(1415)ལོར་དགོངས་པ་བོན་དབྱིངས་སུ་གཤེགས་སོ།

ས་སྐྱ་པ་བསོད་ནམས་རྒྱལ་མཚན། ས་སྐྱའི་ཁྲི་པ་བཅུ་གསུམ་པ་འདི་ཉིད་རབ་བྱུང་ལྔ་པའི་ཆུ་བྱི(སྤྱི་ལོ1312)ལོར་ཞྭ་ལུ་ཁང་གསར་དུ་ཡབ་བདག་ཆེན་བཟང་པོ་དཔལ་དང་། ཡུམ་མ་གཅིག་གཞོན་ནུ་འབུམ་གཉིས་ཀྱི་སྲས་སུ་སྐུ་འཁྲུངས། དགུང་ལོ་བརྒྱད་པར་ཕེབས་དུས་ནས་གཞུང་ལུགས་མང་པོ་གསལ་ལ་རྒྱ་ཆེ་བ་གསུངས་ཐུབ་པས་སྙན་གྲགས་ཆེ་བར་གྱུར། དགུང་ལོ་བཅུ་གཅིག་པར་བླ་ཆེན་ཀུན་དགའ་བློ་གྲོས་ཀྱི་དྲུང་དུ་དགེ་བསྙེན་གྱི་སྡོམ་པ་དང་ཐེག་ཆེན་སེམས་བསྐྱེད་སོགས་གསན། དགུང་ལོ་བཅུ་བདུན་ལ་མཁན་ཆེན་བསོད་ནམས་གྲགས་པ་དང་སློབ་དཔོན་དཔལ་ལྡན་སེང་གེ་གཉིས་ཀྱི་དྲུང་དུ་རབ་ཏུ་བྱུང་ནས་མཚན་བསོད་ནམས་རྒྱལ་མཚན་བཟང་པོ་ཞེས་གསོལ། དགུང་ལོ་ཉི་ཤུ་པ་ལ་སྔར་གྱི་མཁན་སློབ་རྣམས་དང་། གྲོགས་དན་པ་གནས་བརྟན་བཅུ་བདུན་ཙམ་གྱི་དབུས་སུ་བོ་དོང་བྱ་རྒོད་གཤོང་གི་གཙུག་ལག་ཁང་དུ་གཅེན་དང་ལྷན་དུ་བསྙེན་པར་རྫོགས། དེ་ནས་བཟུང་ཤ་ཆང་ཞལ་ལ་མི་རེག་ཅིང་ལྷུང་བ་ཕྲ་མོ་ཙམ་ཡང་ཁྱད་དུ་མི་གསོད། དགུང་ལོ་བཅུ་དགུ་པར་དཔང་ལོ་ཆེན་པོ་ལས་རྩ་ཤེའི་ཚིག་འགྲེལ་ཚིག་གསལ་དང་། དོན་འགྲེལ་དབུ་མ་འཇུག་པ་རང་འགྲེལ་དང་བཅས་པ་སོགས་མདོ་སྔགས་ཀྱི་ཆོས་མང་དུ་གསན། དགུང་ལོ་ཉི་ཤུ་པ་ལ་བྱ་གཤོངས་སྙིང་པར་བསྙེན་པར་རྫོགས། ཡོན་གོང་མ་ཐུག་ཐེའི་མུར་གྱིས་གདན་འདྲེན་ཕྱ་རྗེས་ཐེངས་བཞི་ཙམ་ཞུས་ཀྱང་མ་ཕེབས། དགུང་གྲངས་ཉེར་ལྔ་ལ་ཕེབས་ནས་བཟུང་བུ་སྟོན་རིན་པོ་ཆེ་དང་། ཇོར་དབྱིངས་སོགས་མཁས་གྲུབ་རྣམས་ལས་འཕགས

བོད་ཀྱི་གཞུང་བཀའ་མང་དུ་གསན། དགུང་ལོ་རེ་གཅིག་པར་པོ་དོང་ཨེར་བསྐོར་བའི་ཆོས་འཁོར་དང་། དྲུག་ཅུ་རེ་གཉིས་ལ་བསམ་ཡས་སུ་བསྐོར་བའི་ཆོས་འཁོར་འདི་གཉིས་ནི་སྟོན་གྱི་སྐྱེས་བུ་གང་ཞིག་གིས་ཀྱང་བསྐོར་མ་མྱོང་བའི་ཆོས་འཁོར་རླབས་ཤིན་ཏུ་ཆེ་བར་གྲགས། དེ་ནས་རྗེ་ཙོང་ཁ་པ་ཆེན་པོའི་ཞབས་ལ་གཏུགས་ནས་མདོ་སྔགས་ཀྱི་ཟབ་ཆོས་མང་པོ་གསན། སྐུ་ཚེ་ཕྱིལ་པོར་མཁས་གྲུབ་མང་པོ་བསྟེན་ནས་འཆད་རྩོད་རྩོམ་གསུམ་གྱི་མཛད་པ་རྒྱ་ཆེར་སྤེལ་བ་ལས། ཚད་མ་དང་། ཕར་ཕྱིན། དབུ་མ། གསང་སྔགས་སོགས་རིག་གནས་དང་ཆོས་འབྱུང་གི་ཕྱག་དཔེ་དང་། ལོ་རྒྱུས་ཀྱི་དཔེ་ཆ《རྒྱལ་རབས་གསལ་བའི་མེ་ལོང་》སོགས་མང་པོ་བརྩམས། བཀའ་འབུམ་ལ་ཡང་པོ་ཏི་ཉི་ཤུ་རྩ་ལྔ་བཞུགས།

སློབ་མའི་མཆོག་ནི། སྔགས་ཀྱི་རྒྱལ་ཚབ་ཆེན་པོ་སྣར་ཐང་པ་ཤེར་སྣང་བ་དང་། ཡར་ལུང་པ་སེང་གེ་རྒྱལ་མཚན་གཉིས། གསུང་ངག་འཛིན་པའི་ཐུགས་སྲས་སྔགས་འཆང་གཟུངས་པ། དཔལ་ལྡན་ཚུལ་ཁྲིམས། བླ་ཆེན་ཀུན་དགའ་རྒྱལ་མཚན། ཉ་དབོན་ཀུན་དགའ་དཔལ། ལོ་ཆེན་བྱང་རྩེ། ཇོ་ནང་མཁན་ཆེན་བྱང་སེང་། ལོ་ཆེན་སྐབས་མཆོག་དཔལ། སྤྱན་སྔ་གྲགས་པ་བྱང་ཆུབ་བཅས་བརྒྱད། དེ་བཞིན་བསྟན་འཛིན་གྱི་སྐྱེས་བུ་ཆེན་པོ་བཞི། ཡོངས་གྲགས་ཀྱི་མཁས་པ་ཆེན་པོ་བཅུ་གཅིག་སོགས་མང་དུ་བྱོན། དགུང་ལོ་དྲུག་ཅུ་རེ་བཞི་བཞེས་པ་རབ་བྱུང་དྲུག་པའི་ཤིང་ཡོས(སྤྱི་ལོ1375)ལོར་ཞི་བར་གཤེགས།

སངས་རྒྱས་རིན་ཆེན། རྗེ་འདི་ནི་མཁས་གྲུབ་ཆོས་དཔལ་བའི་སྲས་སུ་རབ་བྱུང་དྲུག་པའི་ས་ཡོས(སྤྱི་ལོ1339)ལོར་སྣེའུ་ཁར་དུ་སྐུ་བལྟམས། བྱིས་པའི་དུས་ནས་ཐུགས་རིག་སྐྱེན་ཞིང་བློ་གྲོས་དང་ལྡན། སྐུ་ན་ཕྲ་བའི་དུས་ཡབ་མེས་ཀྱི་ཆོས་བརྟག་གཉིས་རྫོགས་ལུགས་ཀྱི་བཤད་པ་དང་། རྙིང་མའི་ཕུར་བུ་དང་རྟ་མགྲིན། བླ་མ་གསང་འདུས་ལ་སོགས་པ་བཀའ་གཏེར་གྱི་ཆོས་མང་དུ་གསན། དེ་ནས་རྩེད་ཐང་དུ་བྱོན་ཏེ་ཆེན་པོ་ཆོས་སེང་བ་དང་སློབ་དཔོན་འོད་ཟེར་དཔལ་བ་ལ་ཕར་ཕྱིན་གསན་ཞིང་གྲྭ་སྐོར་ཡང་མཛད། དེ་ནས་རྣམ་འགྲེལ་བསླབས་ཏེ་ཊཱི་ཀཱ་ཡང་ཐུགས་ལ་རྫོགས་པར་ལོན། ལོ་ཙཱ་བ་ནམ་མཁའ་བཟང་པོ། ཆོས་རྗེ་ཕྱོགས་པ། རྟོགས་ལྡན་སྟོ་ཉལ་བ་ཡེ་ཤེས་རྒྱལ་མཚན། སློབ་དཔོན་འཇམ་སྐྱེག ཡར་འབྲོག་ཁ་བ་ལུང་པ། ཞང་སྟོན་བསོད་ནམས་གྲགས་པ་སོགས་མཁས་གྲུབ་ཀྱི་བླ་མ་མང་དུ་བསྟེན་ནས། དེ་དག་ལས་རྒྱུད་འགྲེལ་ཆེན་མོའི་བཤད་པ། དཔལ་དུས་ཀྱི་འཁོར་ལོའི་དབང་། མན་ངག་སྦྱོར་དྲུག བསྙེན་སྒྲུབ། ནཱ་རོ་པའི་དབང་མདོར་བསྟན་གྱི་འགྲེལ་པ་སོགས་མང་དུ་གསན་ཞིང་ཐུགས་ལ་ལེགས་པར་ཆུད། ཀུན་མཁྱེན་ཆེན་པོ་ལྷ་སར་ཕེབས་དུས་བསྙེན་པར་རྫོགས། ཆོས་ཐྲན་འགའ་ཡང་གསན། དེ་རྣམས་ལས་རྗེ་ཕྱོགས་ལས་རྣམ་རྒྱལ་བའི་ལུགས་ཉིད་གཙོ་བོར་མཛད། དེ་ནས་སྒྲུབ་པ་ལ་ཞུགས་ཏེ་ཡན་ལག་དྲུག་གི་རྣལ་འབྱོར་ལྷུར་བཞེས་པའི་ཚེ་ལོ་དགུ་ཙམ་སྐུ་ལུས་མི་མདག་གིས་བསྲེགས་པ་འདྲ་བའི་བསྙུན་དྲག་པོ་བཞེས་ཀྱང་

ཐུགས་དམ་ཆག་པ་མེད། བསྟན་ལས་གྲོལ་རྗེས་ཐུགས་དམ་ཡང་ཤིན་ཏུ་འཕེལ་བར་གྱུར་ཅིང་རྒྱུད་འགྲེལ་གྱི་བཤད་པ་ཡང་གནང་། རྒྱན་དུ་དད་ལྡན་གྱི་སྐྱ་སེར་ཕོ་མོ་ལ་སོགས་པ་གདུལ་བྱ་མང་པོ་ལ་ཡན་ལག་དྲུག་གི་ཁྲིད་བཏབ་སྟེ། གཞན་དོན་དཔེ་མེད་དུ་མཛད། འགོས་ལོ་ཙྪ་བ་གཞོན་ནུ་དཔལ་སོགས་མཁྱེན་རྒྱ་ཆེ་བའི་མཁས་གྲུབ་ཀྱི་སློབ་མ་མང་དུ་བྱོན། དགུང་གྲངས་བརྒྱད་ཅུ་གྱ་དྲུག་པར་འཆི་གཞིས་ཀྱིས་རབ་བྱུང་བདུན་པའི་ཤིང་འབྲུག(སྤྱི་ལོ1424)ལོར་དགོངས་པ་ཞི་དབྱིངས་སུ་གཤེགས་སོ།

སངས་རྒྱས་རིན་ཆེན་རྒྱལ་མཚན་དཔལ་བཟང་པོ། སྙིང་མའི་བླ་ཆེན་འདི་ཉིད་གཙང་ཧ་ནག་གནས་གསར་དུ་རབ་བྱུང་དྲུག་པའི་ལྕགས་སྟག(སྤྱི་ལོ1350)ལོར་སྐུ་བལྟམས། དགུང་ལོ་དྲུག་པ་ལ་རིན་པོ་ཆེ་ཤཱཀ་འབྱུང་བའི་སྤྱན་སྔར་བྱོན་ནས་གསང་བ་སྙིང་པོའི་རྒྱུད་ལ་ལེགས་པར་གསན་ཏེ་ཐུགས་སུ་ཆུད། ཡབ་ཀྱིས་ཆོ་ག་འཕྲིན་ལས་རྣམས་ཞིབ་པར་བསླབས་པས། དགུང་ལོ་བཅུ་བཞི་བཞེས་པ་ན་གཞན་ལ་དབང་བསྐུར་བའི་སློབ་དཔོན་ཕེར་བ་བྱུང་། དེ་ནས་ཡབ་ལས་སྒྱུ་འཕྲུལ་གྱི་ཆོས་སྐོར་གསན་ཏེ་ཐུགས་སུ་ལེགས་པར་ཆུད་རྗེས་རབ་བྱུང་མཛད་དེ་མཚན་ཉིད་སོགས་ལ་སྦྱོང་བའི་ཐུགས་འབྲུངས་ཀྱང་ཡབ་ཀྱི་བཀའ་དོར་མ་ནུས་པར་དགུང་ལོ་ཉི་ཤུ་རྩ་བཞི་པ་ལ་ཇོ་མོ་བཞེས་ཏེ་སྲས་སྲས་མང་དུ་བྱུང་། དགུང་ལོ་ང་དྲུག་བཞེས་པ་ན་ཆོས་འཁོར་སྣང་དུ་ཚོག་རྫོགས་མཛད་དེ་སྐུ་ཤིན་ཏུ་བརྩོན་པར་བཞུགས།

རྗེ་འདི་ཉིད་སྒྱུ་འཕྲུལ་ལ་ཤིན་ཏུ་མཁས་པར་གྱུར་པས་དགུང་ལོ་བཞི་བཅུ་སྐོར་ལ་གསང་བ་སྙིང་པོའི་རྒྱུད་ལ་ཊཱི་ཀ་ཆེ་བ་གཅིག་དང་། ལམ་རྣམ་པར་བཀོད་པ་ལ་ཡང་རྣམ་བཤད་ཆེན་པོ་ཞིག་མཛད། ཕྲིན་ལས་ཤར་བ་བརྒྱད་ལས་ཁྲོ་བོ་ལ་མངོན་པར་རྟོགས་པ་རྒྱས་པ་དང་། གནས་ལུང་ལ་ཡང་ཆོ་ག་ཤིན་ཏུ་རྒྱས་པ་ཞིག་མཛད། དགུང་ལོ་བདུན་ཅུ་པ་ས་ཕག(སྤྱི་ལོ1419)ལོར་སྒྱུ་འཕྲུལ་ཞི་ཁྲོའི་དབང་དང་། སྒྱུ་འཕྲུལ་གྱི་ཚེ་དབང་། ན་རག་དོང་སྤྲུགས་ཀྱི་དབང་། ཚེ་བདག་གི་དབང་། ཡང་དག་མེ་གཅིག་གི་དབང་། རྟ་མགྲིན་ཟ་པོ་བའི་ལུགས་ཀྱི་རྗེས་གནང་། ཟླ་རྒྱལ་མའི་ལུགས་ཀྱི་རྗེས་གནང་སོགས་དང་། སེམས་སྡེ་བཅོ་བརྒྱད་ཀྱི་རིག་པའི་རྩལ་དབང་། གསང་བ་སྙིང་པོའི་རྒྱུད་འགྲེལ་པ་དང་བཅས་པའི་རྣམ་བཤད། ལམ་རྣམ་པར་བཀོད་པའི་ཊཱི་ཀ་ཉིད་ཀྱིས་མཛད་པའི་ཐོག་ནས་རྒྱས་པར་བཤད་པ། གཞན་སྒྱུ་འཕྲུལ་གྱི་ཕོག་གཞུང་གསལ་སྒྲོན་ལ་སོགས་པའི་གཞུང་ཚང་བཞི་བཅུ་ཙམ་དང་། མདོ་དགོངས་པ་འདུས་པ་དང་། དེའི་རྩ་བའི་རྒྱུད་ཀུན་འདུས་དང་། གནུབས་ཆེན་གྱི་མདོའི་འགྲེལ་པ་མུན་པའི་གོ་ཆ། སྒྱུ་འཕྲུལ་བརྒྱད་ཅུ་པ་དང་། ཆླམ་གཉིས་དང་། ཡང་དག་རྩ་བའི་ལུང་རྣམས་ཀྱང་གནང་། སྙིང་ཐིག་གི་སྐོར་བཅས་ལ་སོགས་པའི་དབང་བཞི་དང་། མེ་ལོང་རྫོ་རྗེས་མཛད་པའི་ཁྲིད་ཡིག་གི་སྟེང་ནས་ཁྲིད། རྫོགས་པ་ཆེན་པོ་ཨ་རོའི་མན་ངག་ཀྱང་ཁྲིད་དུ་མཛད། གསང་སྔགས་སྙིང་མའི་ཕྱོགས་ལ་ལྷག་པར་མོས་པ་ཐོབ། དགུང་ལོ་དོན་གཉིས་པ་ལྕགས་གླང(སྤྱི་ལོ1421)ལོར་དགུས་སུ་ཕེབས། ཆུ་སྟག(སྤྱི་

ལོ1422）ལོར་བསམ་གཏན་གླིང་དུ་དབང་གྲགས་པ་རྒྱལ་མཚན་གྱིས་ཞབས་ལ་གཏུགས་པས། འདུས་བ་མདོའི་དབང་ལ་སོགས་པའི་དབང་མང་པོ་དང་། གསང་སྙིང་ལ་སོགས་པའི་བཤད་པ་དང་ལུང་མང་དུ་མཛད་དེ་ཤིང་འབྲུག（སྤྱི་ལོ1424）ལོར་གཙང་དུ་ཕྱིན། དགུང་ལོ་གྱ་གཉིས་ལ་ཕེབས་པ་རབ་བྱུང་བདུན་པའི་ལྕགས་ཕག（སྤྱི་ལོ1431）ལོར་གཙང་དུ་སྐུ་གཤེགས།

སེ་ར་རྗེ་བཙུན་ཆོས་ཀྱི་རྒྱལ་མཚན། རྗེ་འདི་ནི་ཉང་སྟོད་ཕྱུགས་པོ་གཞུང་སྐྱིན་དྲུག་ཁྱུང་རྩེ་ཞེས་པའི་དཔོན་རྒྱུད་དུ་ཡབ་ནང་སོ་བསོད་ནམས་འཕེལ་དང་། ཡུམ་སྒྲོལ་མ་འབུམ་གཉིས་ཀྱི་སྲས་སུ་རབ་བྱུང་བརྒྱད་པའི་ས་གླང（སྤྱི་ལོ1469）ལོར་འཁྲུངས། དགུང་ལོ་དྲུག་ལ་༧རྒྱལ་བ་དགེ་འདུན་གྲུབ་ཆབ་ཚན་ལ་ཕེབས་པ་སྐབས་འཁེལ་གྱིས་གདན་དྲངས་ཏེ་གྲུབ་རྒྱལ་ལུགས་ཀྱི་ཚེ་དབང་ཞུ་གནང་མཛད། དགུང་ལོ་བདུན་ལ་གནས་རྙིང་ཆོས་རྗེ་ཀུན་དགའ་བདེ་ལེགས་རིན་ཆེན་གྱི་དྲུང་དུ་དགེ་བསྙེན་གྱི་སྡོམ་པ་བཞེས། མཚན་ཆོས་ཀྱི་རྒྱལ་མཚན་ཞེས་གསོལ། དེའི་དྲུང་ནས་ཟབ་ཆོས་མང་དུ་གསན། སྐྱིན་དྲུག་ཁྱུང་རྩེར་བཞུགས་ནས་དཀའ་ཆེན་བཞིའི་རྩ་གཞུང་དང་། རྩ་འཇུག་གཉིས། མདོ་སྡུད་པ། ལམ་སྒྲོན་སོགས་ཐུགས་འཛིན་གནང་ནས་ལོ་ལྔ་བཞུགས། དགུང་ལོ་བཅུ་གསུམ་ལ་བཀྲ་ཤིས་ལྷུན་པོར་གསན་སྦྱོང་ལ་ཕེབས་ནས་པཎ་ཆེན་ལུང་རིགས་རྒྱ་མཚོ་དང་མཇལ། ཀུན་མཁྱེན་ཆོས་འཁོར་དཔལ་བཟང་དགེ་རྒན་དུ་བསྟེན་ནས་གཞུང་ཆེན་བཀའ་པོད་ལྔར་གསན་སྦྱོང་མཛད། དགུང་ལོ་བཅོ་ལྔ་ལ་ཚད་མ་སྡེ་བདུན་གཟིགས་ནས་མཁས་པའི་གྲགས་པ་ཐོབ། དགུང་ལོ་བཅུ་དྲུག་པ་ལ་པཎ་ཆེན་ཡེ་ཤེས་རྩེ་མོ་བཀྲ་ཤིས་ལྷུན་པོའི་ཁྲི་ཐོག་ཏུ་ཕེབས། དེའི་དྲུང་ནས་འདུལ་བ་མདོ་རྩ། མངོན་པ་མཛོད་སོགས་གསན། དགུང་ལོ་བཅོ་བརྒྱད་ལ་ཕེབས་སྐབས་ཡར་ཚད་དབུ་གསུམ་དང་། འདུལ་མཛོད་བཅས་བཀའ་པོད་ལྔར་མཁས་པའི་གཙུག་རྒྱན་དུ་གྱུར། དགུང་ལོ་ཉེར་གསུམ་ལ་བཀྲ་ཤིས་ལྷུན་པོའི་དགེ་སྐོས་མཛད། དེ་ནས་དཔལ་འཁོར་བདེ་ཆེན་དང་། གནས་རྙིང་གཟུངས་སྒྲུབ་རྣམས་སུ་རབ་འབྱམས་པའི་གྲྭ་སྐོར་མཛད། དགུང་ལོ་ཉེར་བཞི་པར་དབུས་སུ་ཕེབས་ནས་སེ་རར་ཆོས་རྗེ་དོན་ཡོད་དཔལ་ལྡན་དང་མཇལ། དེ་ནས་གཉལ་སྟོན་དཔལ་འབྱོར་ལྷུན་གྲུབ་དྲུང་དུ་རྩ་འཇུག་གཉིས་ཀྱི་ཊཱིཀྐ། དྲང་ངེས། ཚུལ་ཁྲིམས་ལེའུའི་རྣམ་བཤད། ཏོར་སྟོན་གྱི་བློ་སྦྱོང་སོགས་ཀྱི་བཤད་ལུང་གསན། སེ་ར་རྩེར་དཔེ་མཚམས་ལ་བཞུགས་ནས་ཤེར་ཕྱིན་མདོའི་འགྲེལ་ རྐང་ཐུགས་སུ་ཆུད། རྗེ་ཤེས་རབ་བཟང་པོའི་དྲུང་དུ་བསྙེན་རྫོགས་བསྒྲུབས། དགུང་ལོ་ཉེར་བདུན་ལ་གནས་རྙིང་རྗེའི་བཀའ་བཞིན་སླར་ཡང་གཙང་ཕྱོགས་ལ་ཕེབས་ནས་ལོ་གསུམ་རིང་མདོ་སྔགས་ཀྱི་ཆོས་འཁོར་བསྐོར། དགུང་ལོ་ཞེ་གསུམ་ལྕགས་ལུག（སྤྱི་ལོ1511）ལོར་མཁས་གྲུབ་དོན་ཡོད་དཔལ་ལྡན་གྱི་སྐུ་ཚབ་ཏུ་སེ་ར་བྱེས་མཁས་སླན་གྲྭ་ཚང་གི་མཁན་པོ་མཛད། མཁས་པའི་གྲགས་པ་ཆེས་ཆེར་གྲགས་སྐབས་སྟེ་པ་སྣར་པས་ས་སྐྱའི་དགེ་བཤེས་མཁས་པ་མང་པོ་བསགས་ནས་པོ་ཏ་ལ་དང་

གཞིས་ཀ་རྩེའུ་རྣམས་སུ་སེ་འབྲས་ཀྱི་བླ་མ་རྣམས་ཀྱི་དབུས་སུ་རྗེ་འདིས་ས་སྐྱའི་མཁས་པ་དང་བགྲོ་གླེང་མཛད་དེ་ཕས་ཀྱི་རྒོལ་བར་མཛད། དགུང་ལོ་ང་ལྔ་ལོ་ལ་སྟག་རྩེ་རིན་ཆེན་སྒང་གི་མཁན་པོར་ཕེབས། རྗེ་འདི་རྒྱུ་མཚན་ཉིད་དང་འབྲས་བུ་སྔགས་ལ་མཁས་པས་སྔགས་པ་ཆེན་པོའི་མཚན་ཐོབ་ཅིང་། དགུང་ལོ་རེ་དགུ་ལ་སེ་རའི་ཁྲི་ཐོག་བཅུ་གཉིས་པར་ཕེབས། དགུང་ལོ་བདུན་ཅུ་ས་ཁྱི（སྤྱི་ལོ1538）ལོར་༧རྒྱལ་བ་དགེ་འདུན་རྒྱ་མཚོའི་ཚབ་ཏུ་སེ་རའི་ཁྲི་པ་གནང་། དགུང་ལོ་དོན་གསུམ་ལ་ཆོས་རྗེ་ཤེས་རབ་སེང་གེ་ལ་གྲྭ་ཚང་གི་འཆད་ཉན་འགན་འཁྲི་གནང་ནས་རྗེ་ཉིད་བྲུར་བཞུགས་མཛད། བཀའ་རྩོམ། བསྟན་བཅོས་མངོན་རྟོགས་རྒྱན་གྱི་མཐའ་དཔྱོད་སྐོར་དང་། དྲང་ངེས་རྣམ་འབྱེད་ཀྱི་སྤྱི་དོན་རྒོལ་ངན་ཚར་གཅོད་རིན་པོ་ཆེའི་ཕྲེང་བ། བསམ་གཟུགས་ཀྱི་མཐའ་དཔྱོད། དབུ་མ་འཇུག་པའི་མཐའ་དཔྱོད། ཟབ་མོ་སྟོང་པ་ཉིད་ཀྱི་ལྟ་བ་ལོག་རྟོག་འགོག་པར་བྱེད་པའི་བསྟན་བཅོས་ལྟ་བ་ངན་པའི་མུན་སེལ་ཞེས་གོ་ཤག་གཉིས་ལ་གདམས་པ་སོགས་མང་དུ་མཛད། སྐུ་ཚེའི་སྨད་དུ་བདེ་ཆེན་གསང་སྔགས་མཁར་གྱི་གདན་སར་ཕེབས་ནས་མཐར་དགུང་ལོ་དོན་དྲུག་ལ་ཕེབས་པ་རབ་བྱུང་དགུ་པའི་ཤིང་འབྲུག（སྤྱི་ལོ1544）ལོར་ཞི་བར་གཤེགས།

སེམས་པ་ཆེན་པོ་བློ་གྲོས་རྒྱལ་མཚན། རྗེ་འདི་ཉིད་དབུས་ཡུལ་ཚྭམས་གྲོང་གསར་དུ་རབ་བྱུང་བདུན་པའི་ཆུ་སྤྲེལ（སྤྱི་ལོ1392）ལོར་སྐུ་འཁྲུངས། འཇམ་མགོན་བླ་མ་ཙོང་ཁ་པ་ཆེན་པོ་དང་། པཎ་ཆེན་དགེ་འདུན་གྲུབ། རྒྱལ་ཚབ་མཁས་གྲུབ་རྗེ། ཤར་པ་རིན་ཆེན་རྒྱལ་མཚན། རྗོག་རིན་ཆེན་དཔལ་སོགས་སྐྱེ་ཆེན་དམ་པ་མང་པོའི་ཞབས་ལ་གཏུགས་ནས་བྱང་ཆུབ་ལམ་རིམ་ཐུགས་ཉམས་སུ་བསྐྱར་བས། ཕྱིའི་ཀུན་སྤྱོད་ཞི་ཞིང་དུལ་བས་འཕགས་པ་ཧ་ཐུལ་ལྟ་བུ། ནང་གི་ཀུན་སྤྱོད་དཀར་ཕྱེར་འབའ་ཞིག་མཛད་པས་རྗེས་འབྲང་རྣམས་ཀྱང་དམར་ཟས་ཀྱི་དྲི་ཙམ་ཡང་མེད་པ་དང་། གཞན་གྱིས་དམོད་པ་ལ་ཐུགས་ཁྲོ་བ་ཕྲ་མོ་ཙམ་མི་མངའ་བས་སེམས་པ་ཆེན་པོ་ཞེས་གྲགས། འདུལ་འཛིན་གྲགས་པ་རྒྱལ་མཚན་ལས་བསྙེན་པར་རྫོགས། བོད་དུ་འགྱུར་རོ་ཅོག་གི་བཀའ་དང་བསྟན་བཅོས་གསན། ཐང་སྐྱའི་མཆོད་ཁང་གསར་མ་དང་ལྷ་ཁང་ཟམ་བཙུགས། ལྷ་སར་བྱམས་པ་ཁྲིམ་གཟིགས་བཞེངས། ན་བཟའ་དུར་སེར་དང་སྔོ་དཀར་སོགས་ཕྱི་ནང་གི་དཔྱད་པ་གཙང་བ་དང་བཅས་ཏེ་རབ་བརྒྱུད་ན་ཉི་ཕྱིངས་དགོན་དང་རི་ཞོལ་དུ་བདེ་མོ་ཐང་གི་ཆོས་སྡེ་བཏབ་པས་བྱང་སེམས་བདེ་མོ་ཐང་པར་ཡང་གྲགས། བསྟན་པ་དང་སེམས་ཅན་གྱི་དོན་རྒྱ་ཆེན་པོ་མཛད་དེ། དགུང་གྲངས་དོན་དགུ་ལ་ཕེབས་པ་རབ་བྱུང་བརྒྱད་པའི་ལྕགས་སྟག（སྤྱི་ལོ1470）ལོའི་ཟླ་བརྒྱད་པའི་ཚེས་བཅུ་གཉིས་ལ་ཞི་བར་གཤེགས།

རྗེ་འདི་ལ་སློབ་ལ་འཕགས་པ་ལྔ། བྱང་སེམས་ཤ་མི་གསོལ། རིན་པོ་ཆེ་སྨོན་ལམ་དཔལ། རྒྱུད་པ་ཀུན་དགའ་དོན་གྲུབ། པཎ་ཆེན་ཡེ་ཤེས་རྩེ་མོ། གྲུ་དཀར་ཆོས་མཛད། མཁན་རིན་ཆེན་ཆོས་བཟང་།

མཁན་ཆེན་སངས་རྒྱས་བཟང་པོ། གནས་བརྟན་ཆོས་སྐྱོང་བ། ཆོས་རྗེ་བསོད་ནམས་བཀྲ་ཤིས། དྲུང་གཞོན་ནུ་གྲགས་སོགས་མང་དུ་བྱུང་།

བསོད་ནམས་མཆོག་གྲུབ་གྲགས་བཟང་། རྗེ་འདི་ཉིད་ཤབ་དགེ་ལྡིངས་ཀྱི་སའི་ཆར་ཁྱུར་གྱི་རིགས་སུ་རབ་བྱུང་བདུན་པའི་ས་ཡོས(སྤྱི་ལོ1399)ལོར་སྐུ་འཁྲུངས། དགུང་ལོ་བཅུ་གཅིག་བཞེས་སྐབས་མཁན་ཆེན་གྲུབ་པ་ཤེས་རབ་དང་། སློབ་དཔོན་ཆོས་ལྡན་སྐལ་བ་བཟང་པོ་སོགས་ཀྱི་སྤྱན་སྔར་རབ་ཏུ་བྱུང་། མཚན་བསོད་ནམས་མཆོག་གྲུབ་གྲགས་བཟང་ཞེས་གསོལ། དགུང་ལོ་ཉི་ཤུ་པར་མཁན་ཆེན་གང་གི་དྲུང་ལས་བསྙེན་པར་རྫོགས། སློབ་དཔོན་གྲུབ་པ་ཤེས་རབ་དང་ཆོས་ལྡན་སྐལ་བ་བཟང་པོ་གཉིས་ལས་བཀའ་གདམས་ཀྱི་ཆོས་རྣམས་གསན། དཀའ་བཅུ་པ་དར་བཟང་དང་། གྲུབ་ཆེན་བསོད་གྲོ་བ། སྣར་ཐང་པ་ཤེས་རབ་སེང་གེ། རྗེ་ཙོང་ཁ་པ་ཆེན་པོ། འདུལ་འཛིན་གྲགས་པ་རྒྱལ་མཚན། མཁས་གྲུབ་ཆོས་རྗེ། སྤྱན་སྔ་ཉེར་གཉིས་རིན་པོ་ཆེ། གཙང་པ་བློ་བཟང་པ་སོགས་མཁས་གྲུབ་ཀྱི་བླ་མ་མང་པོའི་ཞབས་ལ་གཏུགས་ནས་མདོ་རྒྱུད་ཀྱི་རིག་གནས་འབྱམས་ཀླས་པ་ཐུགས་སུ་ཆུད། ས་ཁྱི(སྤྱི་ལོ1418)ལོ་ནས་ཆུ་གླང(སྤྱི་ལོ1433)ལོ་བར་སྣར་ཐང་གདན་ས་ལོ་བཅུ་དྲུག་བསྐྱངས། དེ་ནས་དབུས་སུ་ཕྱིན་ཏེ་དཔལ་ཕག་མོ་གྲུབ་པའི་ཆོས་སྡེའི་གོ་སར་བཞུགས། གོང་མ་ཕག་གྲུའི་བླ་མ་མཛད། ཆོས་རྗེ་ནམ་མཁའ་བློ་གྲོས་དང་། ཆོས་རྗེ་དོན་གྲུབ་དཔལ། ཆོས་རྗེ་ལོ་ཆེན། ཆོས་རྗེ་འདུས་པ་བ། ཆོས་རྗེ་དགེ་འཕེལ་སོགས་མཁས་གྲུབ་ཀྱི་སློབ་མ་མང་དུ་འདུས། བསྟན་བཅོས་ཀྱི་ཕྱག་རྩོམ་ཇི་སྙེད་མཛད། མཐར་དགུང་ལོ་ལྔ་བཅུ་ང་བཞི་བཞེས་པ་རབ་བྱུང་བརྒྱད་པའི་ཆུ་སྤྲེལ(སྤྱི་ལོ1452)ལོར་སྐུ་གཤེགས།

བསོད་ནམས་ཕྱོགས་ཀྱི་གླང་པོ། ཀུན་གཟིགས་པཎ་ཆེན་སྐུ་ཕྲེང་གཉིས་པ་འདི་ཉིད་རབ་བྱུང་བདུན་པའི་ས་ལུག(སྤྱི་ལོ1439)ལོའི་བོད་ཟླ་དང་པོའི་ཚེས་བཅུ་ཉིན་གཙང་ལྟོངས་ལྷོ་ཁུལ་དུ་ལྷོ་ཁུལ་བླ་མ་རྣམ་རྒྱལ་དབང་ཕྱུག་གི་ཚ་བོར་འཁྲུངས། བ་སོ་ཆོས་ཀྱི་རྒྱལ་མཚན་གྱིས་བསོད་ནམས་ཕྱོགས་གླང་ཞེས་བྱ་བའི་མཚན་གསོལ། སེམས་དཔའ་ཆེན་པོ་བློ་གྲོས་སྦས་པ་སོགས་ཡོངས་འཛིན་དུ་མ་བསྟེན་ནས་མདོ་སྔགས་ཀྱི་རིག་པའི་གནས་ཀུན་ལ་མཁས་པར་སྦྱངས། དབེན་སའི་དགོན་པ་ཞོལ་གྱི་གདན་ས་མཛད་པ་དང་ཁྲི་པའི་ཐུགས་འགན་བཞེས། གསང་ཕུར་གྲྭ་སྐོར་ཡང་མཛད། ཐུབ་པའི་ལོ་སྐུ་ཞིག་གིས་ལུང་བསྟན་པར་གྲགས་པ་བཞིན་དབེན་ཛ་ཕུར་ཆོས་འཁོར་དབུས་སྡིངས་ཞེས་པའི་མི་དགོན་ཞིག་ཕྱག་བཏབ། དགེ་ལུགས་པའི་བསྟན་པ་རྒྱས་པར་གསུངས་པའི་དབེན་ས་སྙན་བརྒྱུད་ཀྱི་རྩོམ་སྲོལ་བཏོད། འདབ་ཆགས་ལ་གླིང་མོལ་མཛད་ཚུལ་གྱི་མགུར་སོགས་བསྟན་བཅོས་མང་དུ་བརྩམས། དགུང་ལོ་དྲུག་ཅུ་རེ་དྲུག་ལ་ཕེབས་པ་རབ་བྱུང་བརྒྱད་པའི་ཤིང་བྱི(སྤྱི་ལོ1504)ལོའི་བོད་ཟླ་གསུམ་པའི་ཚེས་ཉེར་ལྔ་ཉིན་དགོངས་པ་ཆོས་དབྱིངས་སུ་ཐིམ།

ཧོར་སྟོན་ནམ་མཁའ་དཔལ་བ། རྗེ་འདི་ནི་མལ་གྲོ་ཡུལ་དུ་རབ་བྱུང་དྲུག་པའི་ཆུ་གླང（སྤྱི་ལོ1373）ལོར་སྐུ་བལྟམས། འཇམ་མགོན་བླ་མ་ཙོང་ཁ་པ་ཆེན་པོས་དབུས་མཁས་གྲུབ་ཀྱི་བཤེས་གཉེན་ཆེན་པོ་མང་པོའི་ཞབས་ལ་གཏུགས་ནས་མདོ་སྔགས་ཀྱི་གཞུང་ལུགས་མཐའ་ཡས་པར་ཐོས་བསམ་དཔྱིས་ཕྱིན་གནང་བས་མཁས་པ་ཆེན་པོར་གྱུར། དགའ་ལྡན་བྱང་རྩེ་གྲྭ་ཚང་ཕྱག་བཏབ་སྟེ་ཆོས་ཟུར་འཆད་མཛད་པས་རྗེ་དགེ་འདུན་གྲུབ་པ་སོགས་མཁས་གྲུབ་མང་པོས་ཆོས་ཞུས། ཐེག་པ་ཆེན་པོའི་བློ་སྦྱོང་སྙན་རྒྱུད་ཆེན་མོའི་རྣམ་བཤད་ཉི་མའི་འོད་ཟེར། ཞེས་བྱ་བ་བཀའ་རྩོམ་མཛད། འགོལ་གནས་སུ་ཡང་དབེན་བཏབ་སྟེ་དགུང་ལོ་དོན་ལྔ་ལ་ཐེབས་པ་རབ་བྱུང་བརྒྱད་པའི་མེ་ཡོས（སྤྱི་ལོ1447）ལོར་དགོངས་པ་ཆོས་དབྱིངས་སུ་ཐིམ།

ཀླུ་བྲག་གྲུབ་ཆེན་ནམ་མཁའ་རྒྱལ་མཚན། རྗེ་འདི་ཉིད་ཤུད་བུའི་གྲུབ་ཆེན་ཞིག་ཡིན། རབ་བྱུང་ལྔ་པའི་མེ་སྟག（སྤྱི་ལོ1326）ལོར་སྐུ་བལྟམས། དགུང་ལོ་གསུམ་པ་ལ་ཕྱུར་པའི་དབང་ཐོབ་པས་རིགས་ཀྱི་མཁའ་འགྲོ་རྣམས་གར་བྱེད་པའི་སྣང་བ་ཤར་བས་གར་སྒྱུར་གྱི་ཕྱག་རྒྱ་མང་པོ་མཁྱེན། དགུང་ལོ་བཅུ་པ་ལ་ཁུ་བོ་རྒྱལ་སྲས་བཟང་པོ་ལས་རབ་ཏུ་བྱུང་། དགུང་ལོ་བཅུ་གཉིས་པ་ལ་ཕུར་པ་ཁྲོ་བཅུས་བསྐོར་བ་ཞིག་ལ་བསྙེན་པ་དུམ་རེ་མཛད་པས་ངག་ནུས་ཆེ་བའི་བློས་ཐེག་པ་ལ་སྔགས་ཆུ་རེག་པས་ཤི་བ་ལ་སྙིང་རྗེ་འཁྲུངས་ནས་བཤུམས་པས་ཞལ་དངོས་སུ་གཟིགས། དགུང་ལོ་བཅུ་དགུ་པ་ལ་རྒྱ་མ་རིན་ཆེན་སྒང་གི་བླ་མ་བཀྲ་ཤིས་རྒྱལ་པོ་སོགས་ལ་བསྙེན་པར་རྫོགས། ཕྱག་ན་རྡོ་རྗེ་གྲུབ། གྲུབ་ཆེན་འདི་ཉིད་རྗེ་ཙོང་ཁ་པའི་དབུ་བླ་ཐུན་མོང་མ་ཡིན་པ་བཞིའི་མཆོག་གཅིག་ཡིན་ཏེ། ལས་ཀྱི་རྡོ་རྗེ་བླ་མའི་མཆོག བློ་བཟང་གྲགས་པ་སློབ་མའི་མཆོག བདུད་རྩི་སྨན་མཆོག་ཆོས་ཀྱི་མཆོག ཅེས་རྣམ་ཐར་ལས་བྱུང་བ་ལྟར་དགུང་ལོ་བདུན་ཅུ་པ་ལ་འཇམ་མགོན་ཆོས་ཀྱི་རྒྱལ་པོ་དགུང་ལོ་སོ་དགུ་བཞེས་དུས་དང་མཇལ་ཞིང་། བཀའ་གདམས་དང་ཕྱག་ན་རྡོ་རྗེའི་ཆོས་སྐོར་གནང་། བགྲོ་བ་མཛད་པས་ཆོས་སྡེའི་མིང་ཡང་བགྲོ་དགོན་དུ་ཐོགས་ཤིང་དེའི་རིང་ལུགས་སུ་གྱུར། དགུང་གྲངས་དོན་བདུན་ལ་ཐེབས་པ་རབ་བྱུང་བདུན་པའི་ཆུ་རྟ（སྤྱི་ལོ1402）ལོར་བན་པ་ཐིག་ཕྱིར་ཞི་བར་གཤེགས།

ཨ་མེས་ཀུན་དགའ་བསོད་ནམས་གྲགས་པ་རྒྱལ་མཚན། དཔལ་ས་སྐྱ་དགོན་གྱི་ཁྲི་པ་ཉེར་དྲུག་པ་འདི་ཉིད་རབ་བྱུང་དགུ་པའི་མེ་བྱ（སྤྱི་ལོ1537）ལོར་ཡབ་སྔགས་འཆང་གྲགས་པ་བློ་གྲོས་རྒྱལ་མཚན་དང་། ཡུམ་ལྷུང་མོ་སྲས་བསོད་ནམས་རྒྱལ་མོ་གཉིས་ཀྱི་སྲས་སུ་ས་སྐྱའི་ལྷ་ཁང་ཆེན་མོ་ཕུན་ཚོགས་གླིང་གི་བླ་བྲང་དུ་སྐུ་བལྟམས། གཞོན་ནུ་ནས་དགེ་བསྙེན་དང་དགེ་ཚུལ་གྱི་སྡོམ་པ་བཞེས། དེ་ནས་ཡོངས་རྫོགས་དགེ་བསྙེན་རྡོ་རྗེ་འཛིན་པའི་བརྟུལ་ཞུགས་ལ་གནས་པར་མཛད། དགུང་གྲངས་ཉི་ཤུ་རྩ་བཞི་བཞེས་པ་རབ་བྱུང་དགུ་པའི་ལྕགས་སྤྲེལ（སྤྱི་ལོ1560）ལོར་ས་སྐྱ་དགོན་གྱི་གདན་ཁྲིར་ཕེབས། དགུང་

གྲངས་སོ་གསུམ་བཞེས་པ་རབ་བྱུང་བཅུ་པའི་ས་སྦྲུལ(སྤྱི་ལོ1569) ལོར་འཛམ་གླིང་བྱང་ཕྱོགས་ཀྱི་ཐུབ་པའི་རྒྱལ་ཚབ་ཆེན་པོ་དཔལ་ལྡན་ས་སྐྱ་པའི་གདུང་རབས་རིན་པོ་ཆེ་ཇི་ལྟར་བྱོན་པའི་ཚུལ་གྱི་རྣམ་པར་ཐར་པ་ངོ་མཚར་རིན་པོ་ཆེའི་བང་མཛོད་དགོས་འདོད་ཀུན་འབྱུང་ཞེས་བྱ་བ་ལྷུགས་ཚོམ་མཛད་པ་སོགས་ལུགས་གཉིས་ཀྱི་མཛད་འཕྲིན་ལེགས་པར་སྤེལ། འདས་ལོ་མི་གསལ།

ལྔ་པ། དགའ་ལྡན་ཕོ་བྲང་གི་སྐབས།

ཀཱིརྟི་བློ་བཟང་འཕྲིན་ལས་བསྟན་པ་རྒྱ་མཚོ། མདོ་སྨད་རྩེ་གཞུང་གི་སའི་ཆར་དང་པོའི་མདོ་ཞེས་པའི་ཡུལ་དུ་ཡབ་སྟག་འཚང་བདེ་ཆེན་དང་། ཡུམ་རྫོ་མཐར་ཞེས་པ་གཉིས་ཀྱི་སྲས་སུ་རབ་བྱུང་བཅུ་བཞི་པའི་ས་བྱ(སྤྱི་ལོ1849)ལོར་སྐུ་འཁྲུངས། ཡབ་བདེ་ཆེན་གྱིས་འཕྲིན་ལས་རྡོ་རྗེ་ཞེས་པའི་མཚན་གསོལ། དགུང་ལོ་ལྔ་པར་ཀུན་མཁྱེན་སྐུ་ཕྲེང་གསུམ་པ་རྗེ་བཙུན་འཇིགས་མེད་རྒྱ་མཚོ་མཆོག་ནས་རྩོང་པོ་ཆོས་རྗེའི་སྤྲུལ་སྐུར་ངོས་འཛིན་མཛད། མཚན་བློ་བཟང་འཕྲིན་ལས་བསྟན་པ་རྒྱ་མཚོ་ཞེས་བསྩལ། དགུང་ལོ་དྲུག་པར་ཨ་ལགས་བསྟན་པ་ཡོངས་འཛིན་དུ་བསྟེན་ནས་ཡི་གེ་འབྲི་ཀློག་བསླབས། དགེ་བཤེས་ཐུབ་བསྟན་མཐའ་ཡས་ལས་མདོ་སྔགས་ཀྱི་གཞུང་མང་དུ་གསན། རྗེ་དཀོན་མཆོག་སྨོན་ལམ་བཟང་པོའི་མདུན་ནས་རབ་ཏུ་བྱུང་། དགུང་ལོ་བརྒྱད་པར་རྗེ་དཀོན་མཆོག་སྨོན་ལམ་པའི་མདུན་དགེ་ཚུལ་གྱི་སྡོམ་པ་བཞེས། བཅུ་གཅིག་པ་ས་ལུག་ནས་བཟུང་མཁས་གྲུབ་དམ་པ་མང་པོའི་ཞབས་ལ་གཏུགས་ཏེ་གཞུང་བཀའ་པོད་ལྔ་ལེགས་པར་སྦྱངས་ཤིང་ཐུལ་དུ་ཕྱིན། དགུང་ལོ་ཉེར་བཞི་པ་རབ་བྱུང་བཅོ་ལྔ་པའི་ཆུ་སྤྲེལ(སྤྱི་ལོ1872)ལོར་རང་གི་གདན་སར་རྗེ་བཙུན་ངག་དབང་ཆོས་འཕེལ་མཆོག་གི་དྲུང་དུ་བསྙེན་རྫོགས་ཀྱི་སྡོམ་པ་བཞེས། ཉེར་ལྔ་པར་ཇ་བའི་ཡུལ་དུ་དགོན་གསར་བཏབ་པ་དང་དེའི་གདན་སར་བཞུགས་ཏེ་འཆད་ཉན་གྱི་སྲོལ་བཟང་དར། རབ་འབྱམས་གཞུང་ལུགས་ལ་འབད་པས་ལྷུར་ལེན་མཛད་པས་མཁས་པའི་གྲགས་པ་ཐོབ། དེ་ནས་མདོ་སྨད་ཀྱི་དགོན་སྡེ་ཕལ་མོ་ཆེ་དང་སོག་ཡུལ་གྱི་དགོན་སྡེ་འགར་ཞབས་ཀྱིས་བཅགས་ཏེ་མཆོད་འབུལ་རྒྱ་ཆེན་པོ་མཛད། བཤད་གྲྭ་དང་སྒྲུབ་གྲྭ་བཙུགས་པ་དང་རྟེན་གསར་མང་དུ་བཞེངས་པ་སོགས་བསྟན་འགྲོ་ལ་སྨན་པའི་བྱ་བ་རྒྱ་ཆེན་པོ་བསྒྲུབས། དགུང་ལོ་ང་དྲུག་པ་རབ་བྱུང་བཅོ་ལྔ་པའི་ཤིང་འབྲུག(སྤྱི་ལོ1904)ལོར་རང་དགོན་སྟག་ཚང་ལྷ་མོར་སྐུ་གཤེགས། གསུང་རྩོམ་པོ་ཏི་བཅུ་གཉིས་ཙམ་བཞུགས།

ཀུན་མཁྱེན་འཇིགས་མེད་སྙིང་པ། མཁྱེན་བརྩེ་འོད་ཟེར་འཇིགས་མེད་གླིང་པ་ནི་རང་བཞིན་དུ་གྲགས་པའི་མིང་ཀློང་ཆེན་སྤྲུལ་སྐུ་རང་བྱུང་རྡོ་རྗེར་འབོད། དབུས་གཡོན་རུ་བཀྲ་ཤིས་སྒྲོང་བཙན་བང་སོ་དང་ཉེ་བའི་ཡུལ་འཕྱོངས་རྒྱས་སུ་རབ་བྱུང་བཅུ་གཉིས་པའི་ས་བྱ(སྤྱི་ལོ1729)ལོར་འཁྲུངས། དགུང་ལོ་དྲུག་པ་ཤིང་སྟག་ལོར་དམ་པའི་ཆོས་ཀྱི་སྒོར་ཞུགས། སྐུ་ན་གཞོན་དུས་ནས་རྣམ་དཔྱོད་ཀྱི་སྒོ་འཕར་མཆོག་ཏུ་ཡངས་པས། སློབ་དཔོན་རྒྱ་ཆེར་མ་བསྟེན་ཅིང་། སློབ་གཉེར་ལ་དཀའ་བ་མང་པོ་མ་སྤྱད་པར་

མདོ་རྒྱུད་ཀྱི་ཟབ་ཆོས་དང་རིག་གནས་མཐའ་དག་ལ་མཁས་པའི་རྩེར་སོན། དགུང་ལོ་ཉེར་ལྔ་ནས་སོ་ལྔའི་བར་དབེན་པའི་གནས་སུ་སྒྲུབ་པ་སྙིང་པོར་མཛད་དེ་བཅད་རྒྱ་ལོ་བཅུ་ཙམ་མཛད། དེ་ནས་བསྟན་འགྲོའི་བྱ་བ་རྒྱ་ཆེར་མཛད་དེ་དབུས་གཙང་ཁམས་གསུམ་དང་། མོན་པ་དང་ཁ་ཆེ་སོགས་སུ་སྐད་རིགས་མི་གཅིག་པའི་སློབ་མ་མང་དུ་སྤེལ། ཡོན་ཏན་མཛོད་རྩ་འགྲེལ་དང་། སྙིང་མ་རྒྱུད་འབུམ་གྱི་རྗོགས་བརྗོད། དགོངས་འདུས་རྣམ་བཤད། ཀློང་ཆེན་སྙིང་ཐིག་གི་གཏེར་ཆོས་སོགས་སྤྱིར་སྙིང་མ་རྡོ་རྗེ་ཐེག་པའི་སྐོར་གྱི་བསྟན་བཅོས་བཅུ་ཕྲག་ལྷག་ཙམ་མཛད། ༧རྒྱལ་བ་པཎ་ཆེན་སོགས་གྲུབ་མཐའ་རིས་མེད་ཀྱི་བླ་ཆེན་ཚང་མས་བསྟོད་པའི་མེ་ཏོག་ཕྱོགས་ཀུན་ཏུ་གཏོར། མཁས་གྲུབ་ཀུན་གྱིས་གཙུག་གི་ཏོད་པན་ལྟར་བཀུར་བའི་བླ་མ་ཞིག་ཏུ་གྱུར། དགུང་ལོ་བདུན་ཅུ་པ་རབ་བྱུང་བཅུ་གསུམ་པའི་ས་རྟ(སྤྱི་ལོ1798)ལོར་སྐུ་གཤེགས།

ཀེའུ་ཚང་འཇམ་དབྱངས་སྨོན་ལམ། དགའ་ལྡན་ཁྲི་ཐོག་རེ་བདུན་པ་འདི་ཉིད་ཁམས་བུ་ལི་དགའ་ལྡན་དར་རྒྱས་གླིང་གི་ཉེ་འདབས་ཆེང་ཕུག་ཅེས་པར་ཡབ་རྣམ་རྒྱལ་དང་། ཡུམ་ཉི་མ་མིག་གཉིས་ཀྱི་སྲས་སུ་རབ་བྱུང་བཅུ་གསུམ་པའི་ལྕགས་རྟ(སྤྱི་ལོ1750)ལོར་འཁྲུངས། སྐུ་ཆུང་དུས་འདུལ་འཛིན་སྐལ་བཟང་རྣམ་རྒྱལ་ལས་དགེ་ཚུལ་བསྒྲུབས། མཚན་འཇམ་དབྱངས་སྨོན་ལམ་དུ་གསོལ། ཡི་གེ་འབྲི་ཀློག་དང་། ཆོས་དཔེ་ལེགས་པར་ཐུགས་སུ་ཆུད། དགུང་ལོ་བཅུ་བདུན་ལ་དབུས་སུ་ཕེབས་ནས་འབྲས་སྤུངས་བློ་གསལ་གླིང་དུ་ཆོས་ཞུགས་མཛད། ཧོ་ར་བློ་བཟང་དགེ་ལེགས་བསྟེན་ནས་གཞུང་ཆེན་བཀའ་པོད་ལྔར་ཐུགས་གཉེར་གནང་། ར་བ་སྟོད་དང་། འཇང་དགུན་ཆོས་སོགས་ལ་ཕེབས་ནས་དཀའ་བ་དང་བླངས་མཛད། རྗེ་འདིས་ཀ་ཆེན་ཡེ་ཤེས་རྒྱལ་མཚན་དང་། ཀློང་རྡོལ་ངག་དབང་བློ་བཟང་། ཐུགས་རེ་ངག་དབང་འཕྲིན་ལས་སོགས་བཤེས་གཉེན་དུ་མ་བསྟེན་ནས་མདོ་སྔགས་ཀྱི་ཆོས་གསན། དེ་ནས་གཙང་དུ་པཎ་ཆེན་བློ་བཟང་དཔལ་ལྡན་ཡེ་ཤེས་ཀྱི་དྲུང་དུ་ཕེབས་ནས་བསྙེན་རྫོགས་བསྒྲུབས། ལྷ་ལྡན་སྨོན་ལམ་ཆེན་མོར་གྲྭ་སྐོར་དམ་བཅའ་མཛད། དེའི་ཕྱི་ལོར་དཔལ་ལྡན་རྒྱུད་སྟོད་གྲྭ་ཚང་དུ་ཕེབས་ནས་མི་རིང་བར་མཁན་ཁྲིར་ཕེབས། མུ་ལི་སྤྲུལ་སྐུ་ངག་དབང་དཔལ་ལྡན་རྒྱ་མཚོ་དང་། སྟག་ཕུ་བློ་བཟང་ཆོས་ཀྱི་དབང་ཕྱུག་གཉིས་ཀྱི་ཡོངས་འཛིན་མཛད། དགུང་ལོ་ཞེ་ལྔ་ལ་ཁྲི་ཆེན་དགེ་འདུན་ཚུལ་ཁྲིམས་དང་ལྷན་དུ་རྒྱ་ནག་ལ་ཕེབས་ཏེ་གོང་མ་དང་མཇལ། ཞེ་ཧོར་པོ་ཏ་ལའི་མཁན་ཁྲིར་ཕེབས་ནས་གོང་མའི་དགོངས་རྫོགས་མཆོད་འབུལ་ཡང་རྒྱ་ཆེར་གནང་། བོད་དུ་ཕེབས་རྗེས་ཤར་རྩེ་ཆོས་རྗེའི་ཁྲི་འདོན་མཛད། དགུང་ལོ་རེ་ལྔ་ལ་ཕེབས་པ་རབ་བྱུང་བཅུ་བཞི་པའི་ཤིང་ཁྱི(སྤྱི་ལོ1814)ལོར་དགའ་ལྡན་ཁྲི་ཐོག་དྲུག་ཅུ་རེ་བདུན་པའི་ཁྲི་ལ་ཕེབས་ནས་ལོ་གསུམ་དང་ཕྱེད་ཙམ་བཞུགས།

གསུང་རྩོམ་བྱང་ཆུབ་ལམ་རིམ་གྱི་རྫོན་འགྲོ་སྦྱོར་བའི་ཆོས་དྲུག་གི་ཁྲིད་ཡིག་ཆེན་མོ་འཇམ་

དབྱངས་བླ་མའི་དགོངས་རྒྱན། བྱང་ཆུབ་ལམ་རིམ་གྱི་རིམ་པ་ཆུང་ངུའི་ཟིན་བྲིས་བློ་གསལ་རྒྱ་མཚོའི་འཇུག་ངོགས། དགེ་སློང་གི་བསླབ་བྱའི་སྡོམ་ཚིག་ཐུབ་བསྟན་གསལ་བྱེད། རྒྱུད་སྡེའི་བཅུད་ཕྱུང་ཟབ་གསལ་བཻརའི་དབང་ཊཱི་ཀཱ་སྐན་བརྒྱུད་ཀྱི་ཅོ་ཏའི་རྒྱ་ཅན་སོགས་མང་དུ་མཛད། མཐར་དགུང་ལོ་དྲུག་ཅུ་རེ་བརྒྱད་ལ་ཕེབས་པ་རབ་བྱུང་བཅུ་བཞི་པ་མེ་གླང་(སྤྱི་ལོ1817)ལོར་སྐུ་གཤེགས།

ཀོང་པོ་ཡེ་ཤེས་བརྩོན་འགྲུས། རྗེ་འདི་ནི་ཀོང་པོའི་ཡུལ་དུ་ཡབ་ཚེ་དབང་རྒྱ་མཚོ་དང་། ཡུམ་ཚེ་དབང་བཟང་མོ་གཉིས་ཀྱི་སྲས་སུ་རབ་བྱུང་བཅུ་གསུམ་པའི་ལྕགས་སྦྲུལ་(སྤྱི་ལོ1761)ལོར་འཁྲུངས། དགུང་ལོ་བརྒྱད་ལ་ཕེབས་སྐབས་ཡབ་ཡུམ་གཉིས་ཀྱིས་ཡི་གེ་འབྲི་ཀློག་བསླབས། དེའི་ལོར་ཀོང་པོ་ཚབ་ནག་རི་བོ་དགའ་ལྡན་དུ་ཕྱག་ཕྲིས་སློབ་གཉེར་དུ་ལོ་གཅིག་ཙམ་བཞུགས། དགུང་ལོ་དགུ་ལ་ལྷ་ལྡན་སྦྲེ་བདེ་ཁང་གསར་དུ་ཕྱག་ཕྲིས་དང་། རྩིས། ཆོས་སྤྱོད་སོགས་བསླབས་ནས་དགུང་ལོ་བཅོ་ལྔ་བར་བཞུགས། དགུང་ལོ་བཅུ་དྲུག་སྐབས་གདོན་གྱི་རྣམ་པས་སྐུ་མི་བདེ་ཙམ་བྱུང་ནས་ཏ་མགྲིན་གྱི་བསྙེན་པ་དུས་མཚམས་གཅིག་རིང་བསྐྱངས། དེ་ནས་ཡབ་ཀྱི་བཞེད་དོན་མ་བསྟུན་པར་ཆོས་སྒོར་ཞུགས། དགུང་ལོ་བཅུ་བདུན་ཐོག་པཎ་ཆེན་དཔལ་ལྡན་ཡེ་ཤེས་ཀྱི་དྲུང་དུ་དགེ་ཚུལ་བསྒྲུབས། དགུང་ལོ་བཅོ་བརྒྱད་ལ་འབྲས་བློ་གསལ་གླིང་གྲྭ་ཚང་དུ་ཆོས་ཞུགས་མཛད་ནས་ཆོས་མཛད་ཆེ་བའི་མཚན་བཞེས། གཞུང་ཆེན་བཀའ་པོད་ལྔར་གསན་སྦྱོང་མཛད། དགུང་ལོ་ཉེར་གསུམ་ལ་གཙང་པ་མཁན་ཆེན་རྡོ་རྗེ་འཆང་ཆེན་པོའི་དྲུང་དུ་བསྙེན་རྫོགས་བསྒྲུབས། དེ་ནས་པར་ཕྱིན་འཛིན་གྲྭའི་སྐབས་བླ་མའི་བཀའ་བཞིན་དབེན་པར་བཞུགས་རྒྱུ་ཐག་བཅད་ཀྱིས་གྲྭ་ས་ནས་ཕེབས་ཏེ་དཀའ་ཆེན་ཡེ་ཤེས་རྒྱལ་མཚན་གྱི་ཞབས་ལ་གཏུགས་ནས་དབེན་གནས་ཁག་ལ་སྒྲུབ་པ་རྩེ་གཅིག་ཏུ་མཛད། དགུང་ལོ་ང་གཅིག་ལ་ཀོང་པོ་དགའ་ལྡན་བསམ་གཏན་གླིང་ཕྱག་བཏབ། དགུང་ལོ་ང་གསུམ་ལ་ལྷ་སར་ཕེབས་ནས་ཚེ་མཆོག་གླིང་སྤྲུལ་སྐུར་སྐུ་ཡོན་སྦྱིན་འབུལ་དུ་ལོ་གཅིག་བཞུགས། རྒྱུན་དུ་དབུས་དང་། ཀོང་པོ་ཁུལ་དུ་བྱང་ཆུབ་ལམ་རིམ་བཤད་ཁྲིད་དང་། སྐུ་མཚམས་ཁོ་ནར་བརྩོན་པ་མཛད། རྩོམ་པ་ལ་ཡང་དཀོན་མཆོག་རྗེས་དྲན་གྱི་མདོ་འགྲེལ། གཅོད་བདག་འཛིན་འཆིང་བ་གཅོད་པའི་མཚོན་ཆ། ལམ་རིམ་ཚིགས་བཅད་མ། ཡོངས་འཛིན་ཆོས་ཀྱི་རྒྱལ་པོའི་གསུང་ཟིན་བདེ་ལམ་དམར་ཁྲིད་དྲང་སྲོང་ཞལ་ལུང་ལས་སྐྱེས་བུ་ཆུང་ངུ། རྟེན་འབྲེལ་བསྟོད་པའི་ཊཱི་ཀཱ། སོགས་བསྟན་བཅོས་ཁག་བཅུ་གྲངས་འགའ་མཛད། དགུང་ལོ་ང་དྲུག་ལ་ཕེབས་པ་རབ་བྱུང་བཅུ་བཞི་པའི་མེ་བྱི(སྤྱི་ལོ1816)ལོར་དགོངས་པ་གཞན་དོན་དུ་གཤེགས།

ཀོང་སྤྲུལ་ཡོན་ཏན་རྒྱ་མཚོ། མཚན་གཞན་ངག་དབང་བློ་གྲོས་མཐའ་ཡས་མཆོག་ནི་རབ་བྱུང་བཅུ་བཞི་པའི་ཆུ་བྱ(སྤྱི་ལོ1813)ལོའི་ཟླ་བཅུ་པའི་ཚེས་བཅུ་ལ་མདོ་ཁམས་འབྲི་ཟླ་ཟལ་མོ་སྒང་གནས་མཆོག་པདྨ་ལྷ་རྩེའི་མདུན་རོལ་རོང་རྒྱབ་སྨས་པའི་ཡུལ་དུ་ཡབ་ཁྱུང་པོ་བླ་མ་གཡུང་དྲུང་བསྟན་འཛིན་དང་།

ཡུམ་བཀྲ་ཤིས་མཚོ་བྲོ་བའི་སྲས་སུ་འཁྲུངས་ཤིང་། ཞི་ཆེན་པཎ་ཆེན་འགྱུར་མེད་མཐུ་སྟོབས་རྣམ་རྒྱལ་དང་། དཔལ་སྤུངས་སི་ཏུ་པདྨ་ཉིན་བྱེད་དབང་པོ། འཇམ་དབྱངས་མཁྱེན་བརྩེའི་དབང་པོ་སོགས་རིས་མེད་ཀྱི་སྐྱེ་ཆེན་ལྔ་བཅུ་ཙམ་བསྟེན་ནས་ཕྱི་ཐ་སྙད་རིག་པའི་གནས་ཡན་ལག་བཅས་པ་དང་། ནང་མདོ་རྒྱུད་གསར་རྙིང་དགོངས་འགྲེལ་དང་བཅས་པ། གསང་བ་མན་ངག་ཉམས་ཁྲིད་ཕྱག་བཞེས་དང་བཅས་པ་རྣམས་ལ་ཐོས་པས་མཐའ་རྒྱ་བཅད། བསམ་པས་གཏན་ལ་ཕབ། སྒོམ་པས་ཉམས་སུ་བླངས་ཏེ་རང་དོན་དུ་ཧེ་ཛྲ་ཧེ་སྙིང་ཀྱི་མཁྱེན་པའི་ཡེ་ཤེས་མངོན་དུ་གྱུར། གཞན་དོན་དུ་གདུལ་བྱ་རང་རང་གི་མོས་བློ་དང་འཚམས་པར་སྒྲ་ཀཱ་ཙན་དབྱངས་གསུམ་དང་། སུམ་རྟགས་དག་གསུམ། གསོ་རིག་རྒྱུད་བཞི། སྐར་རྩིས་ནག་རྩིས་སོགས་ཐ་སྙད་རིག་གནས་སྐོར་དང་། གཞུང་ཆེན་བཅུ་གསུམ། སྒྱུ་འཕྲུལ་གསར་རྙིང་། ན་རོ་ཆོས་དྲུག སྦྱོར་དྲུག་སོགས་མདོ་སྔགས་ཀྱི་གཞུང་བཤད་ལན་གྲངས་དུ་མར་བསྩལ་བས་སྐལ་ལྡན་རྣམས་རྗེས་སུ་བཟུང་། ཁྱད་པར་གསོ་བ་རིག་པའི་སྐོར་ལ་མཛད་རྗེས་ཐུན་མོང་མ་ཡིན་པ་བསྐྲུན། གང་གི་གསུང་གི་གསང་བར་རོལ་བའི་ཐུགས་སྲས་ཀརྨ་པ་སྐྱ་ཕྲེང་བཅུ་བཞི་པ་དང་བཅོ་ལྔ་པ། འཇམ་དབྱངས་བློ་གཏེར་དབང་པོ། མི་ཕམ་འཇམ་དབྱངས་རྣམ་རྒྱལ། བྲག་གཡབ་གདོང་སྐྱོལ་ངག་དབང་དམ་ཆོས་རྒྱ་མཚོ་སོགས་དབུས་གཙང་མདོ་ཁམས་སྟོད་སྨད་བར་གསུམ་གྱི་ས་དགེ་བཀའ་རྙིང་གི་མཁས་གྲུབ་ཤིན་ཏུ་མང་པོ་བྱུང་།

དམ་པ་འདི་ཉིད་ཀྱིས་རིན་ཆེན་གཏེར་མཛོད་དང་། གདམས་ངག་མཛོད། བཀའ་བརྒྱུད་སྔགས་མཛོད་རྣམས་བསྒྲིགས་པར་མཛད་ཅིང་། ཤེས་བྱ་མཛོད་དང་། ཐུན་མིན་གསང་བའི་མཛོད་བརྩམས་གནང་བ་དང་གཏེར་ནས་བཏོན་པ་བཅས་མཛོད་ཆེན་ལྔ་དང་། དེ་འབྲེལ་གསུང་རྩོམ་སྣ་ཚོགས་གཞུང་། འཕེལ་གཏམ། བསྟོད་ཚོགས་ནས་བསྔོ་སྨོན་ཤིས་བརྗོད་སོགས་རྒྱ་ཆེན་བཀའི་མཛོད་པོ་ཏི་བཅོ་ལྔ་བཅས་ཏེ་མདོར་ན་རྗེ་འདི་ཉིད་ཀྱིས་ཕྱོགས་བསྒྲིགས་དང་ལྷུགས་རྩོམ་གནང་བ་གསུང་རབ་གླེགས་བམ་དགུ་བཅུ་ཙམ་རྗེས་འཇུག་རྣམས་ལ་བསྟན་རྒྱུན་ལེགས་པར་བསྩལ་ཏེ་དགུང་གྲངས་གྱ་བདུན་པ་རབ་བྱུང་བཅོ་ལྔ་པའི་ས་ཕག(སྤྱི་ལོ1899)ལོའི་ཟླ་བཅུ་གཅིག་པའི་ཚེས་ཉེར་བརྒྱད་ཉིན་གཟུགས་སྐུའི་བཀོད་པ་ཆོས་སྐུ་ཞི་དབྱིངས་སུ་རེ་ཞིག་བསྡུ་བར་མཛད་དོ།

དཀའ་བཅུ་པ་ངག་དབང་བཀྲ་ཤིས། མདོ་སྨད་རེབ་གོང་བསེའི་ཉ་ལུང་ཞེས་པར་ཡབ་རིན་ཆེན་སྐྱབས་དང་། ཡུམ་སྙིང་བྱམས་གཉིས་ཀྱི་སྲས་སུ་རབ་བྱུང་བཅུ་གཅིག་པའི་ས་རྟ(སྤྱི་ལོ1678)ལོར་འཁྲུངས། གྲུབ་ཆེན་སྐལ་ལྡན་རྒྱ་མཚོའི་དངོས་སློབ་མགར་གོང་ཚེ་བརྟན་རྒྱ་མཚོའི་དྲུང་དུ་རབ་བྱུང་གི་སྡོམ་པ་བཞེས་ནས་མཚན་སྦྱིན་པ་རྒྱ་མཚོ་ཞེས་གསོལ། དགུང་ལོ་བཅུ་དྲུག་ལ་ཡུལ་དབུས་སུ་ཕྱིན་ནས་འབྲས་སྤུངས་སྒོ་མང་གྲྭ་ཚང་དུ་ཆོས་ཞུགས་མཛད། སློབ་དཔོན་དོན་གྲུབ་རྒྱལ་མཚན་དང་། འཇམ་དབྱངས་བཞད་པ།

འོད་ཟེར་རྒྱ་མཚོ་སོགས་བསྟེན་ནས་གཞུང་ཆེན་ལ་གསན་བསམ་མཛད། དགུང་ལོ་ཉེར་དྲུག་པར་གསང་ཕུར་དཀའ་བཅུའི་མཚན་བཏགས་ཀྱང་བཞེས། འཇམ་བཞད་ངག་དབང་བརྩོན་འགྲུས་ཀྱིས་བསྟེན་རྫོགས་ཀྱི་སྡོམ་པ་གནང་ནས་མཚན་ངག་དབང་བཀྲ་ཤིས་ཞེས་གསོལ། དགུང་ལོ་ཉེར་བརྒྱད་པར་དཔལ་ལྡན་རྒྱུད་སྨད་གྲྭ་ཚང་དུ་ཕེབས། དགུང་ལོ་སོ་གཉིས་པར་ཀུན་མཁྱེན་འཇམ་བཞད་ཀྱི་ཞབས་ཕྱིར་མདོ་སྨད་དུ་ཕྱིར་ཕེབས། དགུང་ལོ་སོ་གསུམ་ལོ་ནས་ལོ་དགུའི་རིང་དགོན་པའི་དགེ་བསྐོས་མཛད་ནས་འདུལ་ཁྲིམས་ཀུན་སྤྱོད་དམ་འཛིན་གནང་། དགུང་ལོ་ཞེ་གཉིས་ནས་ལོ་ཉི་ཤུའི་རིང་བཀྲ་ཤིས་འཁྱིལ་གྱི་གདན་རབས་གཉིས་པའི་ཁྲི་ལ་ཕེབས།

ཕྱག་རྩོམ་ལ་མཚོན་ན། ཟབ་མོ་རྟེན་ཅིང་འབྲེལ་བར་འབྱུང་བ་མཐའ་དཔྱོད་ལེགས་བཤད་རྒྱ་མཚོ། བསམ་གཟུགས་ཀྱི་མཐའ་དཔྱོད་ལེགས་བཤད་མཛོད་ཀྱི་སྒོ་འབྱེད། རྟེན་འབྲེལ་གྱི་མཐའ་དཔྱོད་ལེགས་བཤད་རྒྱ་མཚོ། འཕྲིན་ལས་ཀྱི་རྣམ་གཞག་སོགས་པོད་གཅིག་ཙམ་མཛད། དགུང་ལོ་རེ་གཅིག་ལ་ཕེབས་པ་རབ་བྱུང་བཅུ་གཉིས་པའི་ས་རྟ(སྤྱི་ལོ1738)ལོར་དགོངས་པ་ཆོས་དབྱིངས་སུ་གཤེགས།

དཀའ་ཆེན་ཡེ་ཤེས་རྒྱལ་མཚན། ཚེ་མཆོག་གླིང་ཡོངས་འཛིན་སྤྲུལ་སྐུ་སྐུ་ཕྲེང་དང་པོ། རྗེ་འདི་ཉིད་གཏིང་སྐྱེས་གཟར་བྱང་ཕྱུག་ཏུ་ཡབ་ཚངས་པ་དཀར་པོ་དང་ཡུམ་ཚེ་རིང་དཔལ་འཛོམས་གཉིས་ཀྱི་སྲས་སུ་རབ་བྱུང་བཅུ་གཉིས་པའི་ཆུ་སྦྲུལ(སྤྱི་ལོ1713)ལོར་སྐུ་འཁྲུངས། དགུང་ལོ་དགུ་ལ་ཕེབས་སྐབས་བཀྲ་ཤིས་ལྷུན་པོར་ཆོས་ཞུགས་མཛད། པཎ་ཆེན་བློ་བཟང་ཡེ་ཤེས་ཀྱི་དྲུང་ནས་རབ་བྱུང་དང་དགེ་ཚུལ་གྱི་སྡོམ་པ་བཞེས་ཏེ་མཚན་ཡེ་ཤེས་རྒྱལ་མཚན་ཞེས་འདོགས་གནང་མཛད། དཀའ་ཆེན་ཡེ་ཤེས་ཐོགས་མེད་དགེ་རྒན་དུ་བསྟེན་ནས་ཚད་མ་རྣམ་འགྲེལ་དང་། ཕར་ཕྱིན། འདུལ་མཛོད་བཅས་ལ་གསན་བསམ་མཛད། དེ་ནས་མང་ཡུལ་སྐྱིད་གྲོང་གི་བླ་མ་རིན་པོ་ཆེ་བློ་བཟང་རྣམ་རྒྱལ་གྱི་དྲུང་དུ་ཕེབས་ནས་དགེ་སློང་གི་སྡོམ་པ་བཞེས། ལོ་བདུན་ཙམ་རིང་རྗེ་འདི་ཉིད་ལས་མདོ་སྔགས་ཀྱི་ཆོས་བཀའ་མང་དུ་གསན། དེ་རྗེས་དབུས་ཕྱོགས་སུ་ཕེབས་ཏེ་ཕུར་ལྕོག་ངག་དབང་བྱམས་པ་དང་དགེ་ལྡན་ཁྲི་ཆེན་ནམ་མཁའ་བཟང་པོ་སོགས་ནས་མདོ་སྔགས་ཀྱི་ཆོས་བཀའ་རྒྱ་ཆེར་གསན། དགུང་ལོ་ཞེ་བཞི་ཙམ་ནས་ཆོས་འཆད་སྤེལ་གནང་འགོ་བཙུགས་ཏེ་བཀྲ་ཤིས་ལྷུན་པོ་དང་། སེ་འབྲས་དགའ་གསུམ་སོགས་ལ་སློབ་མ་སྟོང་ཕྲག་མང་པོར་མདོ་སྔགས་ཀྱི་ཆོས་བཀའ་མང་དུ་བསྩལ། མ་ཧེ་ལ་ཁའི་བཀྲ་ཤིས་བསམ་གཏན་གླིང་དང་། བྲག་དཀར་ཐེག་ཆེན་གླིང་གི་རི་ཁྲོད་ཕྱག་བཏབ། དགུང་ལོ་བདུན་བཅུ་པར་རྒྱལ་བ་སྐུ་ཕྲེང་བརྒྱད་པའི་ཡོངས་འཛིན་དུ་མངའ་གསོལ། དགུང་ལོ་གྱ་གཅིག་ལ་ཕེབས་པ་རབ་བྱུང་བཅུ་གསུམ་པའི་ཆུ་གླང་(སྤྱི་ལོ1793)ལོར་དགོངས་པ་རྫོགས།

འདི་ཉིད་ཀྱི་གསུང་རྩོམ་ལ། ལམ་རིམ་བླ་མ་བརྒྱུད་པའི་རྣམ་ཐར། སྐྱེས་རབས་སོ་བཞིའི་འགྲེལ་

ཆེན། བསྟོད་པ་བརྒྱ་ལྔ་བཅུ་པའི་འགྲེལ་པ། བློ་གྲོས་ཁྲིད་ཡིག་ཆེན་མོ། བྱ་རྒྱུད་དོན་གསལ་སོགས་པོད་བཅོ་བརྒྱད་ཙམ་བཞུགས་སོ།

དཀར་ལེབས་དྲུང་ཡིག་པདྨ་རྡོ་རྗེ། མཚན་གཞན་ཨོ་རྒྱན་རྡོ་རྗེ་ནི་རབ་བྱུང་བཅུ་བཞི་པའི་ས་རྟ(སྤྱི་ལོ1858)ལོར་གཙང་ཕྱོགས་ལ་སྟོད་དིང་རི་ཤེལ་དཀར་རྫོང་ཁོངས་སྐྱུ་ར་ཞེས་པའི་སའི་ཆར་སྐུ་འཁྲུངས། མཁས་དབང་འདི་ཉིད་ཀྱིས་དཀར་ལེབས་དགོན་གྱི་དྲུང་ཡིག་མཛད་སྐྱོང་བས་ཡོངས་གྲགས་སུ་དཀར་ལེབས་དྲུང་ཡིག་ཅེས་མཚན་དུ་འབོད། དགོངས་ལོ་ཆུང་དུས་མཐོང་བྲག་རིན་པོ་ཆེ་དང་། སྟག་ཚང་བླ་མ་རིན་པོ་ཆེ། རྫོགས་ཆེན་གང་ཤར་རང་གྲོལ་སོགས་བླ་མ་མང་པོའི་དྲུང་དུ་རིམ་པར་བོད་ཡིག་དང་ལན་ཚར་སོགས་ཡིག་རིགས་ཁག་དང་། ལྷག་པར་བཟོ་སྦྱོང་པའི་གཞུང་ལུགས་ཀྱིས་མཚོན་རིག་པའི་གནས་མང་པོར་སློབ་གཉེར་མཛད། དགུང་ལོ་ཉི་ཤུ་ཙམ་ནས་བཟོ་སྦྱོང་པའི་གཞུང་ལུགས་ལ་བརྟེར་ཤ་ཆོད་པའི་སུམ་རྟགས་མཁན་པོ་ཁྲིད་དུ་འཕགས་པ་ཞིག་ཡིན་པའི་ཐོག་སྔོན་དངགས་དང་། ཚད་མའི་གཞུང་ལུགས་ནང་དོན་རིག་པ་སོགས་གང་གི་ཐད་མཁས་པའི་གོ་འཕང་རྙེད། དཀར་ལེབས་དགོན་ནས་དྲུང་ཡིག་དགོངས་ཞུ་གནང་སྟེ་སྟོད་ཁུལ་ཕྱིར་ལོག་ཕེབས་རྗེས་དབུས་གཙང་སྤྱི་དང་བྲེ་བྲག་ལ་སྟོད་ཀྱི་ཕྱོགས་སུ་སུམ་རྟགས་གཙོ་བོར་གྱུར་པའི་རིག་གནས་སློབ་ཁྲིད་རྒྱ་ཆེར་མཛད་ནས་རིམ་གྲས་འདྲ་མིན་པའི་རིས་སུ་མ་ཆད་པའི་སློབ་མའི་ཚོགས་མང་དུ་བསྐྲུངས། འབྲིག་ཆུ་བཟང་རིན་པོ་ཆེ་སྐུ་མཆེད་དང་། པ་རྣམ་ཁམ་བྲག་སྤྲུལ་པའི་སྐུ། ངེས་དོན་གྲུབ་དབང་ཐོན་བླ་ཀུན་བཟང་རྡོ་རྗེའི་སྐུ་ཚ་ཚོས་དར་སྐུ་མཆེད་སོགས་སུམ་རྟགས་ལ་མཁས་པའི་སློབ་མ་དུ་མ་བྱུང་། སྟ་རྗེས་སུ། ཐོན་མིའི་དགོངས་རྒྱན་དང་། རྟགས་ཀྱི་འཇུག་པའི་དཀའ་གནད་སྙིང་པོ་རབ་གསལ། མཐའ་དཔྱོད་དྭངས་ཤེལ་མེ་ལོང་སོགས་རྩོམ་འབྲི་མཛད། དེ་མིན་བཟོ་སྦྱོང་གྱི་གཞུང་ལ་མཁས་པར་གྲགས་པའི་འབྲས་ལྗོངས་བླ་མ་ཨོ་རྒྱན་ལགས་དང་ཁྲེ་ན་བ་བསྟན་འཛིན་རྒྱལ་མཚན་རིན་པོ་ཆེས་གནང་བའི་རྩོད་ཡིག་ལ་རྩོད་ལན་དང་། ཡང་ལན། ཁམ་བྲག་སྤྲུལ་སྐུ་རིན་པོ་ཆེའི་བཞེད་ཚུལ་དང་། ཤར་ཁྲུམ་བུ་བ་ངག་དབང་ཚུལ་ཁྲིམས་ཀྱི་འདྲི་བར་དྲིས་ལན་མཛད་པའི་རྩོམ་ཡིག་དང་། ལྷག་པར་དྲིས་ལན་གཙྪའི་སྙིང་བུ་དང་ཞོ་འཐུང་རྣ་བ་པ། ཞེས་པ་ནི་དགུང་ལོ་བདུན་ཅུ་དོན་ལྔར་རྩོམ་འབྲི་གནང་བ་ཞིག་ཡིན། མདོར་ན་བོད་ཀྱི་རིག་གནས་བྱ་གཞག་གི་ཆེད་དུ་འབད་བརྩོན་སྟོད་མེད་མཛད། འདས་ལོ་མི་གསལ།

དཀོན་མཆོག་བསྟན་འཛིན་འཕྲིན་ལས་རྣམ་རྒྱལ། འབྲི་གུང་གི་གདན་རབས་ཉེར་བརྒྱད་པ་འདི་ཉིད་གོང་པོའི་ཡུལ་གྱི་སའི་ཆར་འཁོད་པའི་མངའ་བདག་མྱང་གི་སྐུ་རྒྱུད་ཐུགས་འཆང་ཞིག་གི་སྲས་སུ་རབ་བྱུང་བཅུ་གསུམ་པའི་ལྕགས་སྟག(སྤྱི་ལོ1770)ལོར་སྐུ་བལྟམས། འབྲི་གུང་གི་གདན་རབས་ཉེར་བདུན་པ་དཀོན་མཆོག་བསྟན་འཛིན་ཆོས་ཀྱི་ཉི་མ་མཆོག་ནས་རྗེ་འདི་ཉིད་དགུང་ལོ་བདུན་པ་ལ་འབྲི་གུང་

གདན་རབས་ཉེར་དྲུག་པ་དཀོན་མཆོག་བསྟན་འཛིན་འགྲོ་འདུལ་དཔལ་ལྡན་ཆོས་ཀྱི་ཉི་མ་འཕྲིན་ལས་ཕྱོགས་ལས་རྣམ་རྒྱལ་མཆོག་གི་ཡང་སྲིད་དུ་ངོས་འཛིན་མཛད་དེ་མེ་སྤྲེལ(སྤྱི་ལོ1776) ལོར་ཆུང་སྲིད་འབྲི་གུང་དུ་གདན་དྲངས། དེ་ནས་ཐེལ་དུ་ཆོས་རྗེ་རིན་པོ་ཆེའི་དྲུང་དུ་དགེ་བསྙེན་གྱི་སྡོམ་པ་བཞེས། མཚན་དཀོན་མཆོག་བསྟན་འཛིན་འཕྲིན་ལས་རྣམ་རྒྱལ་ཞེས་བསྩལ། འབྲི་གུང་པའི་བཀའ་ཆོས་ཕལ་ཆེ་བ་དང་བདེ་འདུས་སོགས་གསར་རྙིང་གི་ཟབ་ཆོས་མང་དུ་གསན། དགུང་ལོ་བཅོ་ལྔའི་སྟེང་དགེ་ཚུལ་གྱི་བསླབ་སྡོམ་བཞེས། མཚན་བསྟན་འཛིན་པདྨའི་རྒྱལ་མཚན་འཇིགས་མེད་འཕྲིན་ལས་ཕྱོགས་ཐམས་ཅད་ལས་རྣམ་པར་རྒྱལ་བའི་སྡེ་ཞེས་གསོལ། སྐྱ་རིན་པོ་ཆེ་ཆོས་ཀྱི་རྒྱལ་མཚན་ལས་དབང་ཆོས་མང་དུ་གསན། དགུང་ལོ་བཅུ་དགུ་ལ་ཕེབས་པ་རབ་བྱུང་བཅུ་གསུམ་པའི་ས་སྤྲེལ(སྤྱི་ལོ1788) ལོར་འབྲི་གུང་གི་གདན་རབས་ཉེར་བརྒྱད་པའི་ཁྲིར་ཕེབས། ལྕགས་སྤྲེལ(སྤྱི་ལོ1800) ལོར་འབྲི་གུང་གི་གདན་རབས་གསེར་ཕྲེང་ཞེས་བྱ་བ་བརྩམས། དགུང་ལོ་ཉེར་གསུམ་པ་ལ་རྗེ་ཆོས་ཀྱི་ཉི་མས་མཁན་པོ་དང་། སྐྱ་རིན་པོ་ཆེས་ལས་སློབ་མཛད་ནས་དགེ་འདུན་ཁ་སྐོང་གྲངས་ཚང་བའི་དབུས་སུ་བསྙེན་པར་རྫོགས། ལོ་དེ་རང་ལ་རྗེ་གོང་མ་དགོངས་པ་རྫོགས་པས་འབྲི་གུང་གདན་སའི་ཐུགས་འགན་ཡོངས་རྫོགས་བདག་གིར་བཞེས། སྐུ་ཚེ་སྨད་ཀྱི་མཛད་རྣམ་དང་འདས་ལོ་སོགས་མ་རྙེད།

དཀྱིལ་ཟུར་བློ་བཟང་སྦྱིན་པ། འབྲུངས་ཡུལ་གཙང་སྟོད་ཐང་སྨེ་ཞེས་པའི་ཡུལ་དུ། ཡབ་ཚོང་དཔོན་པ་སངས་དང་ཡུམ་ཆུང་སྐྱིད་གཉིས་ཀྱི་སྲས་སུ་རབ་བྱུང་བཅུ་བཞི་པའི་ལྕགས་སྦྲུལ(སྤྱི་ལོ1821) ལོར་སྐུ་བལྟམས། དགུང་ལོ་བརྒྱད་ལ་བཀྲ་ཤིས་ལྷུན་པོར་ཕེབས་ཏེ་གྲྭ་བཙུན་མཛད་ནས་པཎ་ཆེན་བསྟན་པའི་ཉི་མའི་དྲུང་དུ་རབ་ཏུ་བྱུང་ཞིང་དགེ་ཚུལ་གྱི་སྡོམ་པ་མནོས། ཡི་གེ་འབྲི་ཀློག་ལེགས་པར་སྦྱངས། དེ་ནས་གཞུང་བཀའ་པོད་ལྔ་ལ་འབད་པས་སྦྱངས་ཏེ་བཀའ་བཅུའི་མིང་བཏགས་ཐོབ། དགུང་ལོ་ཉེར་བདུན་པར་པཎ་ཆེན་བསྟན་པའི་ཉི་མའི་དྲུང་དུ་བསྙེན་རྫོགས་ཀྱི་སྡོམ་པ་མནོས། དགུང་ལོ་ཉེར་དགུ་པར་རབ་འབྱམས་སྨྲ་བའི་སེང་གེའི་མཚན་བཏགས་བཞེས་ཏེ་རྒྱུད་པ་གྲྭ་ཚང་དུ་ལོ་བཅུ་གཉིས་རིང་གསང་སྔགས་སྐོར་ཀུན་ཐུགས་གཉེར་མཛད། སྐབས་དེར་རྗེ་འདི་ཡོངས་འཛིན་བློ་བཟང་བསྟན་འཛིན་གྱི་སྤྲུལ་སྐུ་ཡིན་ཞེས་དབུས་གཙང་ཡོངས་སུ་གྲགས་ཤིང་། བཀའ་ཟུར་མཁྱེན་རབ་བསམ་གཏན་གྱིས་ཡོངས་འཛིན་བློ་བཟང་བསྟན་འཛིན་གྱི་བཞུགས་གནས་དཔལ་འབྱོར་ལྷུན་པོའི་རི་ཁྲོད་དུ་གདན་ཞུ་བྱས། དགུང་ལོ་ཞེ་གཅིག་པར་པཎ་ཆེན་རིན་པོ་ཆེ་ནས་བཀྲ་ཤིས་ལྷུན་པོའི་དཀྱིལ་ཁང་གྲྭ་ཚང་གི་བདག་པོར་བསྐོས། དགུང་ལོ་ང་བདུན་པ་རབ་བྱུང་བཅོ་ལྔ་པའི་མེ་གླང(སྤྱི་ལོ1877) ལོར་པཎ་ཆེན་རིན་པོ་ཆེའི་ཕྱག་ཕྱི་མཛད་ནས་ལྷ་ལྡན་དུ་ཕྱིན། འབྲས་སྤུངས་དང་སེ་ར་དགོན་སོགས་སུ་མང་འགྱེད་དང་བླ་མཆོད་ཁྲིད་ཆོས་སོགས་ཕུལ། མཁས་པ་རྣམས་དང་བགྲོ་གླེང་མང་པོ་མཛད་དེ་མཁས་པའི་གྲགས་པ་ཐོབ། དགུང་ལོ་རེ་དྲུག་པ་ཆུ

ལུག་ལོར་པཎ་ཆེན་བསྟན་པའི་ཉི་མའི་རྣམ་ཐར་བརྩམས། དགུང་ལོ་དོན་གཅིག་པ་ལྕགས་ཡོས（སྤྱི་ལོ1891）ལོར་རང་རྣམ་ཚིགས་བཅད་མ་ལྡུགས་རྩོམ་མཛད། དེ་བཞིན་བཤེས་པའི་སྤྲིངས་ཡིག་གི་རྣམ་བཤད་འཕགས་པའི་དགོངས་པ་ཀུན་གསལ། རྗེ་རིན་པོ་ཆེའི་བསྟོད་འགྲེལ་སྐལ་བཟང་སྐྱེ་བོའི་འཇུག་ངོགས། བྱང་ཆུབ་སེམས་པའི་སྤྱོད་པ་ལ་འཇུག་པའི་དོན་རྣམ་པར་བཤད་པ་རྒྱལ་སྲས་འཇུག་ངོགས་ཀྱི་སྙིང་པོ། ཀླུང་གི་བསྟན་བཅོས་སོགས་ལུགས་ཟུང་གི་བསླབ་བྱ་པོད་འབྲིང་གསུམ་ལྷག་བཞུགས། ནམ་གཤེགས་ཀྱི་ལོ་དུས་མ་རྙེད།

བཀྲ་ཐང་བློ་བཟང་ཆོས་ཀྱི་ཉི་མ། རྗེ་འདི་ནི་ཡབ་ཨ་འགྲུབ་དང་ཡུམ་སྒྲོལ་མ་གཉིས་ཀྱི་སྲས་སུ་རབ་བྱུང་བཅུ་གསུམ་པའི་ཆུ་ལུག（སྤྱི་ལོ1763）ལོར་འཁྲུངས། རིང་པོར་མ་ལོན་པར་ཆོས་རྗེ་ཆེན་པོ་དགའ་ལྡན་དོན་གྲུབ་གླིང་དུ་མངའ་གསོལ། དགུང་ལོ་བདུན་ཐོག་བླ་སྤྲུལ་མཆོག་སྤྲུལ་ངག་དབང་འཇིགས་མེད་ནས་གཙུག་ཕུད་བཞེས་ཏེ་མཚན་བློ་བཟང་ཉི་མ་བསྟན་པའི་རྒྱལ་མཚན་དུ་གསོལ། དགེ་བའི་བཤེས་གཉེན་བློ་བཟང་དཔལ་སྦྱིན་གྱི་དྲུང་ནས་བར་མ་རབ་བྱུང་དང་དགེ་ཚུལ་གྱི་སྡོམ་པ་བཞེས། ཁྲི་པོ་བླ་སྤྲུལ་གྱི་མདུན་ནས་ཡི་གེ་འབྲི་ཀློག་གསན། དེ་ནས་དབུས་སུ་ཕྱིན་ཏེ་འབྲས་བློ་གླིང་གི་ཆོས་གྲྭར་ཞུགས། གཞུང་པོད་ཕྱར་གསན་སྦྱངས་མཛད། པཎ་ཆེན་བློ་བཟང་དཔལ་ལྡན་བསྟན་པའི་ཉི་མའི་དྲུང་ནས་བསྙེན་རྫོགས་ཀྱི་སྡོམ་པ་བཞེས། གླིང་བསྲེའི་མཚན་བཏགས་མཛད་དེ་མདོ་སྨད་དུ་ཕྱིན་ནས་ཆོས་སྡེ་དོན་གྲུབ་གླིང་དང་། སྒྲ་ནག་བདེ་ཆེན། བཀྲ་ཐང་སོགས་དགོན་སྡེ་ཁག་ལ་བཤད་སྒྲུབ་ཀྱི་བྱ་བ་རྒྱ་ཆེར་མཛད། ཆོས་སྡེ་དོན་གྲུབ་གླིང་དུ་མཚན་ཉིད་ཀྱི་བཤད་གྲྭ་བཙུགས། བཀའ་རྩོམ་ལ་མཚོན་ན་ཡན་ལག་བདུན་པ་རྒྱས་པ་བྱ་ཚུལ་བསོད་ནམས་ཆུ་གཏེར། འཇིགས་བྱེད་གཙོ་རྐྱང་གི་སྒོམ་བཟླས་བྱ་ཚུལ་དངོས་གྲུབ་འབྱུང་གནས། སྨོན་ལམ་རྒྱས་པ་འདོད་དོན་ཀུན་གྲུབ། རྗེ་རག་གསེར་ལྡན་གྱི་རྣམ་ཐར་མཁས་བླུན་ཀུན་གྱི་རྣ་བར་འཇེབས་པའི་གླིང་བུའི་སྒྲ་དབྱངས། འཆི་མེད་རྡོ་རྗེའི་སྲོག་ཤིང་གི་ཚེ་སྒྲུབ་དང་ཚེ་དབང་བསྐུར་ཚུལ་མདོར་བསྡུས་པ་འཆི་མེད་དཔལ་སྟེར། དཔལ་རྡོ་རྗེ་འཇིགས་མཛད་ཀྱི་དྲག་པོའི་སྦྱིན་སྲེག་གི་ཆོ་ག་དགྲ་བགེགས་བསྲེགས་པའི་མེ་ཕུང་སོགས་མང་པོ་མཛད། དགུང་ལོ་ང་དགུ་ལ་ཐེབས་པ་རབ་བྱུང་བཅུ་བཞི་པ་ལྕགས་སྦྲུལ（སྤྱི་ལོ1821）ལོར་དགོངས་པ་ཆོས་དབྱིངས་སུ་ཐིམ།

ཀློང་རྫོལ་ངག་དབང་བློ་བཟང་། རྗེ་འདི་ནི་མདོ་སྟོད་ཕུ་མདོར་ཡབ་བྲག་རྩ་དཔོན་གྱི་རྒྱུད་པ་སྟགས་འཚང་དབང་འབུམ་དང་། ཡུམ་འཛང་བཟའ་བུམ་སྐྱིད་གཉིས་ཀྱི་སྲས་སུ་རབ་བྱུང་བཅུ་གཉིས་པའི་ས་ཕག（སྤྱི་ལོ1719）ལོའི་ཟླ་བཅུ་གཅིག་པའི་ཚེས་བཅོ་ལྔ་ལ་སྐུ་འཁྲུངས། དགུང་ལོ་བདུན་ཐོག་བློ་གླིང་དགེ་སློང་བློ་བཟང་དགེ་འདུན་ནས་གཙུག་ཕུད་བཞེས་ཏེ་ཆོས་སྒྲོར་ཞུགས། དགུང་ལོ་བཅུ་གཉིས་ཐོག་འཇམ་མགོན་ཕུར་ལྕོག་ངག་དབང་བྱམས་པས་རབ་བྱུང་གི་སྡོམ་པ་བསྩལ། དགུང་ལོ་བཅུ་བདུན་བར་

ཡབ་ཡུམ་གྱི་དྲུང་དུ་བཞུགས་ནས་གསང་འདུས་དང་འཇིགས་བྱེད་སོགས་ཆོས་སྐྱོད་ཐུགས་ལ་བཟུང་། དགུང་ལོ་བཅོ་བརྒྱད་ལ་ཚབ་རོང་རི་ཁྲོད་དུ་རྩ་ཤེས་སོགས་གཞུང་འགའ་འཛིན་སྐྱོར་གནང་། དགུང་ལོ་ཉེ་ཤུ་ཐོག་ཆབ་མདོར་གླིང་སྟོད་གྲྭ་ཚང་གི་སྔགས་གྲྭའི་ཕྱག་ལེན་ཞིབ་ཕྲ་ལོ་གཉིས་རིང་མཛད། དེ་ནས་རྗེ་དགེ་འདུན་བཀྲ་ཤིས་ཀྱི་རྗེས་སུ་བཟུང་ནས་ཆུ་དབར་ཡང་དགོན་སྒྲུབ་སྡེར་ལོ་གཅིག་བཞུགས་རིང་ལམ་རིམ་ཆུང་བ་ཐུགས་ལ་བཟུང་། དགུང་ལོ་ཉེ་ཤུ་རྩ་བཞིའི་ཐོག་དབུས་སུ་ཕེབས་ནས་སེ་ར་སྔགས་པ་ཁང་ཚན་དུ་ཞུགས། དེ་རྗེས་སེ་ར་བྱེས་གྲྭ་ཚང་གི་ཆོས་རར་ཞུགས། དགུང་ལོ་སུམ་ཅུའི་ཐོག་མཁན་ཆེན་ཕུར་ལྕོག་ངག་དབང་བྱམས་པའི་དྲུང་དུ་བསྙེན་རྫོགས་ཀྱི་སྡོམ་པ་བཞེས། རྗེའི་དྲུང་ནས་ལམ་རིམ་འཇམ་དཔལ་ཞལ་ལུང་གི་ཁྲིད་ཚར་བརྒྱད་དང་། བྱང་ཆུབ་བདེ་ལམ་གྱི་ཁྲིད་ཚར་བདུན། གསང་བདེ་འཇིགས་གསུམ་གྱི་བསྐྱེད་རྫོགས་སོགས་ཆོས་བཀའ་མང་པོ་གསན། དགུང་ལོ་སོ་གཅིག་ཐོག་གཙང་ཕྱོགས་སུ་གནས་མཇལ་དུ་ཕེབས་སྐབས་པཎ་ཆེན་བློ་བཟང་དཔལ་ལྡན་ཡེ་ཤེས་དང་མཇལ། དེར་ཡུན་རིང་བཞུགས། དགུང་ལོ་སོ་གསུམ་ལོར་གསང་ཕུར་ཐོན་ནས་དཀའ་བཅུའི་མཚན་རྟགས་མཛད། དགུང་ལོ་སོ་དགུའི་ཐོག་ཆུ་བཟང་ངག་དབང་ཆོས་གྲགས་ཀྱི་དྲུང་ནས་རྒྱུད་འགྲེལ་སོགས་གསན། རྒྱུད་དུ་ལོ་གསུམ་བཞུགས་རིང་སྔགས་ཀྱི་དཀའ་གནད་རྣམས་ཐུགས་ལ་ཤིན་ཏུ་ངེས་པར་མཛད། ༧རྒྱལ་བའི་དབང་པོ་བསྐལ་བཟང་རྒྱ་མཚོ་དང་། པཎ་ཆེན་བློ་བཟང་དཔལ་ལྡན་ཡེ་ཤེས། གྲུབ་དབང་ལྕང་སྐྱ་རོལ་པའི་རྡོ་རྗེ། རྗེ་ངག་དབང་བྱམས་པ་རྣམ་བཞིས་མདོ་སྔགས་ཀྱི་གདམས་པ་ཟབ་མོ་རྣམས་བཀའ་དྲིན་ལེགས་པར་བསྩལ། དགུང་ལོ་ཞེ་བརྒྱད་ཐོག་ཕུར་ལྕོག་མཆོག་སྤྲུལ་བློ་བཟང་བྱམས་པའི་དཔལ་ལ་ལུང་ཕུལ། དེ་ནས་ལོ་རེ་བཞིན་ལམ་རིམ་སོགས་བཀའ་ཆོས་ཚོགས་ཆོས་མང་དུ་གནང་། དགུང་ལོ་ལྔ་བཅུ་ནས་སྒྲུབ་པ་སྙིང་པོར་མཛད་ཅིང་། དགུང་ལོ་ང་བརྒྱད་ཐོག་ལྷོ་བྲག་གྲོ་བོ་ལུང་དུ་རྗེ་མར་པའི་གཟིམ་ཁང་སོགས་ལ་གནས་གཟིགས་གནང་། སྲས་མཁར་ལ་ཆོས་རྫས་ཕུལ། སྔ་རྗེས་རྫོང་ལྕོག་ཏུ་ལོ་གསུམ་དང་། ཀློང་རྫོལ་དུ་ལོ་དགུ། རིན་ཆེན་གླིང་དུ་ལོ་བརྒྱད་བཅས་ལོ་ཉེར་གཅིག་ཙམ་རི་ཁྲོད་ཁོ་ན་བརྟེན་ནས་ངེས་འབྱུང་བྱང་སེམས་ཡང་དག་པའི་ལྟ་བ་རྣམས་སྒོམ་སྒྲུབ་མཛད། འཇམ་དབྱངས་བཞད་པ་དཀོན་མཆོག་འཇིགས་མེད་དབང་པོ་སོགས་མཁས་ཤིང་གྲགས་པ་ཅན་གྱི་སློབ་མ་མང་དུ་བྱུང་། གནད་ཆེའི་བཀའ་རྩོམ་གསང་སྔགས་རིག་པ་འཛིན་པའི་སྡེ་སྣོད་ལས་བྱུང་བའི་རྒྱུད་སྡེ་བཞིའི་མིང་གི་རྣམ་གྲངས་ཞེས་པ་དང་། རྒྱལ་བ་ཙོང་ཁ་པའི་གཞུང་དང་མཐུན་པའི་དུས་འཁོར་གྱི་མིང་གི་རྣམ་གྲངས་ཕྱོགས་གཅིག་ཏུ་བཏུས་པ། ལམ་རིམ་ཆེན་མོ་ཤར་སྒོམ་བྱ་ཚུལ་གྱི་མན་ངག་ས་བཅད། བཀའ་གདམས་པ་དང་དགེ་ལུགས་པའི་བླ་མ་རགས་རིམ་གྱི་གསུང་འབུམ་དཀར་ཆག་སོགས་པོད་ཆེན་གཅིག་ལྷག་བཞུགས། དགུང་ལོ་དོན་དྲུག་ལ་ཕེབས་པ་རབ་བྱུང་བཅུ་གསུམ་པའི་ཤིང་སྟག(སྤྱི་ལོ1794)ལོར་ཞི་བར་གཤེགས།

སྐལ་ལྡན་དགེ་འདུན་འཕྲིན་ལས་རབ་རྒྱས། རྗེ་འདི་ཉིད་གཞའ་གོང་ཐྲག་དཀར་གྱི་ལྷ་ཞོལ་གཞན་ཐོག་འཁྲོག་ཏུ་ཡབ་བསོད་ནམས་དབང་ཕྱུག་དང་ཡུམ་དཔལ་མོ་སྐྱིད་གཉིས་ཀྱི་སྲས་སུ་རབ་བྱུང་བཅུ་གཉིས་པའི་ལྕགས་སྤྲེལ(སྤྱི་ལོ1740)ལོར་སྐུ་བལྟམས། སྟོང་སྐོར་བསོད་ནམས་རྒྱ་མཚོ་དང་ཁྲི་རྒྱལ་མཚན་སེང་གེ་གཉིས་ཀྱིས་སྐལ་ལྡན་ངག་དབང་འཕྲིན་ལས་རྒྱ་མཚོའི་ཡང་སྲིད་དུ་ངོས་འཛིན་མཛད། གཞན་ཐོག་དགེ་སློང་བློ་བཟང་ཤེས་རབ་ཀྱི་དྲུང་དུ་སྒྲོར་གློག་དང་། བཀྲ་ཤིས་འཁྱིལ་དགའ་དྭགས་དབུ་མཛད་ངག་དབང་རྒྱ་མཚོའི་དྲུང་དུ་ཆོས་སྤྱོད་ཐུགས་འཛིན་སྐབས་ཤེས་རབ་ཆེ་བའི་ངོ་མཚར་ལྟས་མང་དུ་ཐོན། དགུང་གྲངས་བདུན་པ་ལ་མཁན་ཆེན་དགེ་འདུན་རྒྱ་མཚོ་ལས་རབ་ཏུ་བྱུང་། དགུང་ལོ་དགུ་པ་རབ་བྱུང་བཅུ་གསུམ་པའི་ས་འབྲུག(སྤྱི་ལོ1748)ལོར་གདན་ས་བདེ་ཆེན་ཆོས་འཁོར་གླིང་དུ་ཐེབས། དགུང་ལོ་བཅུ་གསུམ་པར་གྲྭ་ཚང་ཐོས་བསམ་གླིང་དུ་ཆོས་གྲྭར་ཞུགས། མཁན་ཆེན་དགེ་འདུན་རྒྱ་མཚོ་ལས་བདེ་གསང་འཇིགས་གསུམ། ཀུན་རིག་སོགས་ཀྱི་དབང་། འཇིགས་བྱེད་རིམ་གཉིས་ཀྱི་ཁྲིད་དང་། ཁྲི་རིན་པོ་ཆེ་ལྷུང་ལུང་དགེ་འདུན་བསྟན་འཛིན་ལས་སྣར་ཐང་བརྒྱ་རྩ། རིན་འབྱུང་། སྐལ་ལྡན་གསུམ་འབུམ་དང་། དེ་བཞིན་སློབ་དཔོན་འཇམ་དབྱངས་རིན་ཆེན་དང་། མཁས་ཆེན་འཕྲིན་ལས་སོགས་མཁས་གྲུབ་དུ་མ་བསྟེན་ནས་བཀའ་གདམས་གླེགས་བམ་དང་། དབེན་ས་བཀའ་འབུམ། དྭགས་པོ་བཀྲས་རྣམ་པའི་ཤྲིམ་ཋའི་སྒྲུབ་ཐབས། མི་ཏྲ། རྡོར་ཕྲེང་། དྲིལ་བུ་ཕྱི་ནང་། གདུགས་དཀར་ལྷ་མང་། ལྷ་བཅུ་བདུན་མ། མགོན་ཆེན་བཅུ་གསུམ། རྣམ་སྲས་བཙོ་ལྔ་སོགས་མདོ་སྔགས་ཀྱི་གཞུང་ཁྲིད་དབང་ལུང་ཁྲིད་རྗེས་གནང་སོགས་མང་དུ་གསན། དགུང་ལོ་བཅུ་དྲུག་པར༧རྒྱལ་དབང་བསྐལ་བཟང་རྒྱ་མཚོས་སྐུ་གོང་མའི་དུས་ལྟར་དགའ་ལྡན་ཨ་ཆི་ཐུ་ཨེར་ཏེ་ནི་ནོ་མོན་ཧན་ཞེས་བཏགས་པའི་བཀའ་ཐམ་གནང་། དགུང་ལོ་བཅུ་བདུན་པར་རྒྱུད་གྲྭ་གསང་ཆེན་ཆོས་ཁྲིར་བཞུགས།

དགུང་ལོ་ཉི་ཤུ་པ་ས་ཡོས(སྤྱི་ལོ1759)ལོར་མཁན་ཆེན་དགེ་འདུན་རྒྱ་མཚོ་ལས་བསྙེན་པར་རྫོགས། རབ་བྱུང་བཅུ་གསུམ་པའི་ཆུ་སྦྲུལ(སྤྱི་ལོ1773)ལོར་དུས་འཁོར་གྲྭ་ཚང་གསང་སྔགས་དར་རྒྱས་གླིང་གསར་དུ་བཙུགས་པ་དང་ཐོག་མའི་ཆོས་ཁྲིར་བཞུགས། དགུང་ལོ་ཞེ་བདུན་པར་རོང་རྐན་དགེ་འདུན་མཁྱེན་རབ་རྒྱལ་ཚབ་ཏུ་བསྐོས་ཏེ་དབུས་སུ་ཐེབས། ༧རྒྱལ་དབང་འཇམ་དཔལ་རྒྱ་མཚོ་དང་མཇལ་ཞིང་ཆེ་དབང་ཞུས། ཡོངས་འཛིན་ཡེ་ཤེས་རྒྱལ་མཚན་དང་སྐྱི་ཐང་བ་ངག་དབང་ཀུན་དགའ་བཀྲ་ཤིས་སོགས་ལས་བཀའ་ཆོས་རྩི་རིགས་གསན། གཞུང་ས་དགའ་ལྡན་ཕོ་བྲང་ནས་གནང་སྦྱིན་གཏོས་ཆེ་དང་། ཨེར་ཏེ་ནི་ནོ་མོན་ཧན་གྱི་ཆོ་ལོ་ཐམ་ག་ཆེ་ཆུང་། གདུགས་ཧྲ་དར། ཆིབས་སྒ་སྲབ་རིན་ཆེན་རྒྱན་ལྡན། མཁན་ཚབ་སོགས་གནང་། ཕྱིར་ཐེབས་ནས་དམ་ཆོས་བདུད་རྩིར་ཆར་ཕབ་སྟེ་སྐལ་ལྡན་རྣམས་ཚིམ་པར་མཛད། ཟུ་ཕྱིར་ལ་མོ། རི་ཛན། བན་ཤུལ། བདུད་ཤུལ་སོགས་རབ་གོང་གི་ཤུལ་ཆེན་རྣམས

ཀྱི་ཕྱོགས་སུ་འཕྲིན་ལས་སྤེལ། སྐུ་གསུང་ཐུགས་རྟེན་མང་པོ་གསར་བཞེངས་དང་། ཞར་བླ་བྲང་ཆེན་མོ་རྒྱ་བསྐྱེད་མཛད། ལམ་གཙོའི་འགྲེལ་པ་སོགས་གསུང་རྩོམ་འགའ་བཞུགས། དགུང་ལོ་ང་ལྔ་བཞེས་པ་རབ་བྱུང་བཅུ་གསུམ་པའི་ཤིང་སྟག(སྤྱི་ལོ1794)ལོར་གཟུགས་སྐུའི་བཀོད་པ་ཆོས་དབྱིངས་སུ་ཐིམ།

སྐལ་ལྡན་ངག་དབང་འཕྲིན་ལས་རྒྱ་མཚོ། ཡབ་རོང་པོའི་བུ་ཆོས་སྐྱོང་གི་སྲས་སུ་རབ་བྱུང་བཅུ་གཅིག་པའི་ས་རྟ(སྤྱི་ལོ1678)ལོར་འཁྲུངས། དགུང་ལོ་བདུན་པ་ལ་བ་གསོ་རྗེ་དྲུང་དཀོན་མཆོག་ཉི་མའི་དྲུང་རབ་ཏུ་བྱུང་། མཚན་ངག་དབང་འཕྲིན་ལས་རྒྱ་མཚོར་གསོལ། རྗེ་ཚུལ་ཁྲིམས་བཀྲ་ཤིས་དང་རྗེ་ཤེས་རབ་བཀྲ་ཤིས་བླ་མར་བསྟེན་ནས་དབང་ལུང་ཁྲིད་གསུམ་དང་རྗེ་གོང་མའི་སྙན་བརྒྱུད་ཀྱི་གདམས་པ་མ་ལུས་གསན། དགུང་ལོ་ཉི་ཤུ་པ་མེ་གླང(སྤྱི་ལོ1697)ལོར་དབུས་སུ་ཕེབས་ཏེ༧རྒྱལ་དབང་དྲུག་པ་ཚངས་དབྱངས་རྒྱ་མཚོ་དང་པཎ་ཆེན་བློ་བཟང་ཡེ་ཤེས་སོགས་ཀྱིས་མཆོད་མཁས་གྲུབ་དུ་མའི་ཞབས་ལ་གཏུགས། འབྲས་སྤུངས་སྒོ་མང་གྲྭ་ཚང་གི་ཆོས་གྲྭར་ཞུགས་ཏེ་གསན་བསམ་མཛད། པཎ་ཆེན་བློ་བཟང་ཡེ་ཤེས་ལས་བསྙེན་རྫོགས་བཞེས། དགུང་ལོ་ཉེར་གསུམ་པར་ཀུན་མཁྱེན་འཇམ་དབྱངས་བཞད་པ་སྒོ་མང་ཁྲིར་ཕེབས་པའི་དྲུང་དུ་མདོ་སྔགས་ཀྱི་བཀའ་ཆོས་མང་དུ་གསན། དགུང་ལོ་ཉེར་ལྔ་པ་ཆུ་རྟ(སྤྱི་ལོ1702)ལོར་གོང་ས༧རྒྱལ་དབང་དྲུག་པ་ཚངས་དབྱངས་རྒྱ་མཚོ་མཆོག་གིས"དགའ་ལྡན་ཨ་ཆེ་ཐུ་ཨེར་ཏེ་ནེ་ནོ་མོ་ཧན"གྱི་ཆོ་ལོ་དང་། ཐམ་ག་གྲུ་སྐོར། གདུགས་རྟ་དར། འབེབ་ལྷུགས་སོགས་ཆེན་པོར་འོས་པའི་གཟེངས་བསྟོད་དང་། པཎ་ཆེན་བློ་བཟང་ཡེ་ཤེས་མཆོག་གིས་ཀྱང་གཟེངས་བསྟོད་གནང་། ལོ་དེར་གསེར་སྡོང་ཞིང་གི་གདན་ས་བདེ་ཆེན་ཆོས་འཁོར་གླིང་དུ་ཕེབས། སྔགས་འཆང་འཇམ་དབྱངས་བློ་གྲོས་ལས་ཟབ་ཆོས་ཀྱི་གདམས་ངག་མང་དུ་གསན། དགུང་གྲངས་སུམ་ཅུ་པར་ཡོངས་འཛིན་རྗེ་ཤེས་རབ་བཀྲ་ཤིས་ཀྱི་སྤྱན་སྔར་ཕྲེང་བ་གསན་སྐབས་ཡོངས་འཛིན་ཆེན་མོ་དཀྱིལ་འཁོར་སོ་སོའི་གཙོ་བོར་དངོས་སུ་གཟིགས་ནས་ཐུགས་དད་ཚད་མེད་པ་འཁྲུངས། དགུང་གྲངས་སོ་དགུ་པར༧རྒྱལ་དབང་བསྐལ་བཟང་རྒྱ་མཚོ་དཔལ་བཟང་པོ་དགུང་ལོ་བརྒྱད་པ་དང་མཇལ་ཏེ་སྤྱན་རས་གཟིགས་ཀྱི་རྗེས་གནང་གསན། རྗེ་འདི་པའི་ལྷུགས་བཀོད་ལྟར་སྦྱིན་བདག་ཨཆེར་གྱིས་རོང་པོ་ནང་བཀའ་འགྱུར་གསེར་བྲིས་མ་བཞེངས། དགུང་ལོ་ང་ལྔ་པ་ཆུ་བྱི(སྤྱི་ལོ1732)ལོར་ནང་སོ་ངག་དབང་བློ་བཟང་དང་བཀའ་གྲོས་མཛད་དེ་སྐྱབས་སྟེ་དང་དགོན་ལག་ལྔན་གཅིག་འཚོགས་ཏེ་རོང་པོ་སྨོན་ལམ་གསར་དུ་བཙུགས་པ་ལོ་ལྟར་རྒྱུན་འཛུགས་སོང་། དགུང་གྲངས་ང་བདུན་བཞེས་པ་ཤིང་སྟག(སྤྱི་ལོ1734)ལོར་འཇའ་མོའི་དཔོན་སློབ་ངག་དབང་གྲགས་པ་ལ་ཞུ་ལུ་བ་ལེགས་པ་རྒྱལ་མཚན་གྱི་ཞུན་ཐིག་ལས་གྲུབ་པའི་དཔལ་རྡོ་རྗེ་འཇིགས་བྱེད་ཀྱི་སྐུ་དང་། སྟོར་བཅོམ་ལྡན་འདས་རྡོ་རྗེ་འཕགས་མོས་དངོས་སུ་གནང་བའི་རྒྱུད་ཀྱི་གླེགས་བམ་དང་བཀའ་ཁྲབ་བཅས་པ་བརྩལ་ཏེ་སྐྱབས་སྟེ་སོ་སོ་ནས་དགེ་འདུན་གསང་བ་འདུས་པའི་ལྷ་

གྲངས་སུ་བསྟུས་ཏེ་རིང་བོའི་གྲྭ་ཚང་གསུམ་གྱི་ཡ་གྱལ་དཔལ་ལྡན་རྒྱུད་པ་གྲྭ་ཚང་གསང་ཆེན་ཆོས་ཀྱི་བང་མཛོད་གསར་དུ་བཙུགས་པ་དང་ཆོས་ཁྲི་དང་པོར་བྱིན་གྱིས་བརླབས། རྗེ་ཉིད་གང་དུ་ཕེབས་པ་ན་ཚུལ་ཁྲིམས་ཀྱི་དྲི་བཟང་ཕོར་ཡུག་ཏུ་ཁྱབ། རྡོ་ཡང་འདམ་ལྟར་བཞེས་ཏེ་ཞབས་རྗེས་བཀོད་པ་ལ་སོགས་རྫུ་འཕྲུལ་ཅི་ཡང་བསྟན། དྲུང་འཁོད་རྣམས་ཀྱི་རྟོགས་པ་ཕྲ་མོ་ཡང་མཁྱེན། གསུང་རྩོམ་ལ། རྗེ་རིན་པོ་ཆེ་ལ་བརྟེན་པའི་བླ་མའི་རྣལ་འབྱོར། མདོ་སྔགས་ལམ་གྱི་གནད་མ་ལུས་པ་ཉམས་སུ་ལེན་པའི་བླ་མའི་རྣལ་འབྱོར། རྗེ་ཤེས་རབ་བཀྲ་ཤིས་པའི་རྣམ་ཐར། དེ་བཞིན་རྟོགས་བརྗོད་དང་། རྣམ་ཐར། བསླབ་བྱ། མགུར་མ་སོགས་པོ་ཏི་གཅིག་བཞུགས། དགུང་གྲངས་རེ་གཉིས་ལ་ཕེབས་པ་རབ་བྱུང་བཅུ་གཉིས་པའི་ས་ལུག(སྤྱི་ལོ1739)ལོར་ཞི་བར་གཤེགས།

སྐལ་ལྡན་བློ་བཟང་བསྟན་པའི་རྒྱལ་མཚན། ཚུ་བཟང་ར་ལོ་ཐང་དུ་རབ་བྱུང་བཅུ་བཞི་པའི་ས་ལུག(སྤྱི་ལོ1859)ལོར་སྐུ་འཁྲུངས། དགུང་ལོ་ལྔ་པ་ལ་ཤར་བླ་བྲང་དུ་རྗེ་གོང་མ་བློ་བཟང་འཕྲིན་ལས་རྒྱ་མཚོའི་ཆོས་ཁྲི་ལ་ཕེབས། རྗེ་བཙུན་ཨ་རོལ་བློ་བཟང་ལུང་རིགས་རྒྱ་མཚོ་དཔལ་བཟང་པོ་ལས་དགེ་བསྙེན་གྱི་སྡོམ་པ་བཞེས་ཏེ་མཚན་བློ་བཟང་བསྟན་པའི་རྒྱལ་མཚན་ཞེས་གསོལ། ནགས་རྒྱའི་ཡོངས་འཛིན་དར་རྒྱས་རྒྱ་མཚོ་ལས་ཆོས་སྤྱོད་ཀྱི་རིགས་དང་། ཨ་རོལ་རྡོ་རྗེ་འཆང་ལས་རབ་བྱུང་དགེ་ཚུལ་འཇིགས་མཛད་རྒྱལ་པོའི་དབང་དངོས་སྣ་སོགས་བཞེས་ཏེ་གསང་མཚན་ལ་མི་བསྐྱོད་རྡོ་རྗེ་ཞུ། དགུང་ལོ་བདུན་བརྒྱད་སྐབས་འཇམ་དབྱངས་དཀར་པོ་དང་དབྱངས་ཅན་མ་དཀར་མོ་གཉིས་ལ་བསྟོད་པ་མཛད་པས་སྙན་ངག་པ་རྣམས་ཀྱིས་ངོ་མཚར་དུ་འཛིན། དགུང་ལོ་བཅུ་པ་ནས་གསན་སྦྱོང་དབུ་ཚུགས། ར་སྟོད་མཁན་ཆེན་དང་། སྐྱེ་ཡའི་རབ་འབྱམས་པ་བློ་བཟང་བསྟན་འཛིན། གཙོས་ཁྲི་སྨྲལ་བློ་བཟང་འཇམ་དཔལ་བསྟན་འཛིན་སེང་གེ་སོགས་ལས་བསྡུས་གྲྭ་དང་། སུམ་རྟགས། དག་ཡིག སྙན་ངག ས་རིས། རྩིས་དཀར་ནག་སོགས་མཐར་ཕྱིན་པར་སྦྱངས། དེ་ནས་སོག་ཡུལ་དུ་གདན་དྲངས་ཏེ་ཁྲིམ་ཆེན་ལ་སྤྱན་རས་གཟིགས་ཀྱི་དབང་སོགས་གནང་། དགུང་ལོ་ཉི་ཤུ་པར་བློ་བཟང་ལུང་རིགས་རྒྱ་མཚོ་ལས་ཐུགས་རྫོགས་བཞེས། དགུང་ལོ་ཉེར་བཞི་པར་རྒྱ་ནག་རི་བོ་རྩེ་ལྔར་གནས་མཇལ་དང་། ཅང་ཏེ་དགོན་པར་འཇམ་དབྱངས་ཞི་ཁྲོ་སྒྲུབ་སྒྲུབ་ཀྱི་བསྙེན་མཚམས་གནང་། དེ་ནས་པེ་ཅིན་དང་ཁྲིན་འདུ་སོགས་ལ་ཕེབས་ནས་གནས་གཟིགས་མཛད། དགུང་ལོ་ཉེར་བརྒྱད་པར་དབུས་སུ་ཕེབས་ནས༧རྒྱལ་དབང་ཐུབ་བསྟན་རྒྱ་མཚོ་མཆོག་ལ་སྟོང་འབུལ་དང་ཆོས་འབྲེལ་ཞུས། གདན་ས་གསུམ་ལ་མང་འགྱེད་བསྟབས། གཞུང་ས་ཆེན་མོས་འཇའ་ས་ཐམ་ཀ་གྲུ་སྐོར། མཁན་ཆས་ཆ་ཚང་། གདུགས་རྟ་དར་བཅས་དང་བསྟན་པའི་གསལ་བྱེད་ཨེར་ཏེ་ཧོ་ཐོག་ཐུ་མཁན་པོ་ཞེས་པའི་ཆོ་ལོ་སྔར་སྲོལ་ལྟར་གནང་བ་སྤྱི་བོར་བཞེས་ཏེ་ཕྱིར་རང་དགོན་དུ་ཕེབས། དགུང་ལོ་སོ་གཅིག་པར་གྲུབ་དབང་འཇིགས་མེད་བསམ་གཏན་རིན་པོ་ཆེ་ལས་

ཕྲེང་གྲིའི་དབང་སོགས་བཀའ་ཆོས་མང་དུ་གསན།

དགུང་ལོ་ཞེ་ལྔ་པར་གསེར་ཁྲིར་ཞབས་སོར་བཀོད་དེ་ལོ་བཞི་རིང་བཀའ་ཆོས་མང་དུ་གསུངས་ནས་སྤྱི་སྣེར་གྱི་དཀའ་སྟོན་བརྗོད་ལས་འདས་པ་བསྐྱངས་ཏེ་དགུང་ལོ་ཞེ་བརྒྱད་པར་ཁྲི་ཁུར་བཞག ཚོམས་ཆེན་ཕུན་ཚོགས་འདུ་ཁང་དང་མི་ཕམ་མདུན་ས་གསར་བཞེངས་མཛད་ཅིང་། གདན་སའི་གོས་སྐུ་ཆེན་མོ་བཞེངས། དགུང་གྲངས་ང་བདུན་བཞེས་པ་རབ་བྱུང་བཅོ་ལྔ་པའི་ཤིང་ཡོས(སྤྱི་ལོ1915)ལོར་བསམ་བཞིན་མྱ་ངན་ལས་འདས་པའི་ཚུལ་བསྟན།

སྐལ་ལྡན་བློ་བཟང་ཆོས་གྲགས་རྒྱ་མཚོ། མདོ་སྨད་བྱང་རྒྱུད་ར་ལོ་ཐང་དུ་ཡབ་སྐལ་བཟང་རྣམ་རྒྱལ་ཞེས་བྱ་བའི་སྲས་སུ་རབ་བྱུང་བཅུ་གསུམ་པའི་ཤིང་ཡོས(སྤྱི་ལོ1795)ལོར་བལྟམས། དགུང་ལོ་བཅུ་གཉིས་པར་ཆུ་བཟང་ཞྭང་སྐྱ་བླ་བྲང་དུ་ཁྲི་སྤྲུལ་བློ་བཟང་རྒྱལ་མཚན་སེང་གེ་ལས་རབ་ཏུ་བྱུང་ནས་གདན་སར་ཕེབས། དགེ་བཤེས་བློ་བཟང་བསྟན་འཛིན་དང་། རབ་འབྱམས་པ་འཇམ་དབྱངས་གཉིས་ལས་བསྡུས་གྲྭ་དང་། བློ་རྟགས། དོན་བདུན་ཅུ། ཕར་ཕྱིན་བཅས་སྦྱངས་ཤིང་ཟུར་བཀོལ་ཕལ་ཆེར་ཐུགས་འཛིན་མཛད། དགུང་ལོ་ཉེར་གསུམ་བཞེས་པ་མེ་གླང(སྤྱི་ལོ1817)ལོར་དབུས་སུ་ཕེབས། དཀའ་ལྡན་བྱང་རྩེ་གྲྭ་ཚང་དུ་དགེ་བའི་བཤེས་གཉེན་བློ་བཟང་རྒྱལ་མཚན་ཡོངས་འཛིན་དུ་བསྟེན་ནས་དབུ་ཕར་གཙོ་བྱས་པའི་བཀའ་པོད་རབ་འབྱམས་ལ་སྦྱངས། ཚོགས་ཆེན་དུ་ཚོགས་གླེང་མང་དུ་མཛད་དེ་མཁས་པའི་གྲགས་པ་རྒྱས། པཎ་ཆེན་བསྟན་པའི་ཉི་མའི་དྲུང་དུ་བསྙེན་རྫོགས་ཞུས། དགུང་ལོ་ཉེར་བདུན་པར་ཕྱིར་ཕེབས་ནས་མེ་དགྲ་བྱུང་བའི་བཀའ་བསྟན་དང་རྗེ་ཡབ་སྲས་ཀྱི་གསུང་འབུམ་སོགས་གླེགས་བམ་སྟོང་ཕྲག་འགའ་གསར་བཞེངས་མཛད། དགུང་ལོ་ཉེར་དགུ་པར་ཚོམས་ཆུང་བཀྲ་ཤིས་སྒོ་མང་དང་། ལྷ་ལྔའི་ཆོས་ཁང་ཆེན་མོ། མགོན་ཁང་ཧམ་བརྗིད་རོལ་བ་སོགས་གསར་བཞེངས་གནང་། ཆིང་ཤང་བཀྲ་ཤིས་འབྱུང་གནས་ཀྱིས་གདན་འདྲེན་ཞུས་ཏེ་མཆོད་བཀུར་དང་ཞོགས་ཀའི་མང་ཇའི་ཇ་ཚུལ་སྣེ་བའི་སྤྱི་རྫས་སུ་ལན་ཆེན་བརྒྱ་ཕུལ་ཏེ་བཟང་སྤྱོད་ཆག་མེད་ཀྱི་རྒྱུན་བཙུགས། དེ་ནས་ཤར་ཆེན་མོ་ཞི་བར་གཤེགས་པའི་དབུ་བླར་ཕེབས། སྤྱི་སོའི་འདུ་ཁང་ཆེན་མོ་རྟེན་བརྟེན་པར་བཅས་པ་རྙིང་སྐྱོན་ཆེ་བས་གསར་བཞེངས་མཛད། སྤྱི་སོའི་བཅའ་ཡིག་ཆེན་མོ་གསར་འཛུགས་གནང་། གསོ་རིག་ལ་མཁས་པས་ཉམ་ཐག་རྣམས་ལ་ཐུགས་བརྩེ་བས་བསྐྱངས། དགུང་གྲངས་ཞེ་དགུ་ལ་ཕེབས་པ་རབ་བྱུང་བཅུ་བཞི་པའི་ཆུ་ཡོས(སྤྱི་ལོ1843)ལོར་དགོངས་པ་ཆོས་དབྱིངས་སུ་ཐིམ།

སྐལ་བཟང་དགེ་ལེགས་རྒྱ་མཚོ། རྗེ་འདི་ཉིད་འཕན་ཡུལ་གྱི་སའི་ཆར་རྫོག་ཆོས་སྐུ་རྡོ་རྗེའི་གདུང་རྒྱུད་དུ་གཏོགས་པ་ཡབ་གསོལ་རྟོག་དང་། ཡུམ་དཔལ་པོའི་སྲས་སུ་རབ་བྱུང་བཅུ་གསུམ་པའི་མེ་སྤྲེལ(སྤྱི་ལོ1776)ལོར་སྐུ་བལྟམས། རྗེ་གོང་མའི་གསོལ་དཔོན་ངག་དབང་ཀུན་བཟང་གིས་བདག་བྱས་ཏེ་སྒོ

མང་ཚོགས་གྲྭར་ཞུགས། དགུང་གྲངས་བཅུ་གཅིག་པ་མེ་རྟ་ལོར་སྐྱབས་མགོན་མཆོག་གི་བཀའ་བཞིན་མདོ་སྨད་དུ་ཕྱིན། ཨ་རིག་གསུང་རབ་དང་གཙོས་དགོན་མཆོག་གཉིས་རིམ་པར་དགེ་རྒྱན་དུ་བསྙེན་ནས་བསྡུས་གྲྭ་བློ་རྟགས་དབུ་མཐར་བཅས་ལ་སྦྱངས་བརྩོན་མཛད། རྗེ་སྐལ་ལྡན་པའི་གདན་ས་རོང་པོ་བཀྲ་ཤིས་ཆོས་རྫོང་གི་ཁྲིར་ལོ་ངོ་བཞི་བཞུགས། ཐན་པ་བྱུང་བར་ཚོ་ལྔའི་སྡེ་པ་སོ་སོར་དམིགས་བརྩེ་མའི་ཆར་འབེབ་གནང་། ཆར་འདོད་པ་བཞིན་ཕབ་པས་ལྷག་པར་དད། ཨུ་ཀྱེར་ཕང་གི་བླ་མ་ལོ་གསུམ་མཛད། སྨད་དུ་སྔ་ཕྱིར་ཕེབས། པེ་ཅིང་དུ་ཙན་དན་ཇོ་བོ་མཇལ་བས་གཟིགས་སྣང་ཁྱད་པར་ཅན་དང་། རི་བོ་རྩེ་ལྔར་ངོ་མཚར་བའི་ལྟས་མང་དུ་བྱུང་། བེར་ནག་གིས་སྐུ་ཚེར་བར་གཅོད་ཀྱི་ལྟས་བྱུང་སྐབས་མནལ་ལམ་བརྒྱུད་གུར་མགོན་ཡབ་ཡུམ་གྱིས་བཅོས་པར་མཛད། རབ་བྱུང་བཅུ་བཞི་པའི་ལྕགས་ཡོས(སྤྱི་ལོ1831)ལོར་བླ་བྲང་བཀྲ་ཤིས་འཁྱིལ་གྱི་ཚོགས་ཆེན་གྱི་ཁྲིར་ཕེབས། དགུང་ལོ་ང་བརྒྱད་བཞེས་པ་རབ་བྱུང་བཅུ་བཞི་པའི་ཆུ་སྦྲུལ(སྤྱི་ལོ1833)ལོར་སྐུ་གཤེགས།

ཁ་རྫོན་ནང་པ་བློ་བཟང་བསྟན་འཛིན། རྗེ་འདི་ནི་མདོ་སྨད་ཤར་རྒྱུད་གྲོ་ཆེན་གྱི་ཡུལ་དུ་ཡབ་ཚེ་རིང་དོན་གྲུབ་དང་ཡུམ་སླུ་སྨུ་ཡག་གཉིས་ཀྱི་སྲས་སུ་རབ་བྱུང་བཅུ་གཉིས་པའི་ལྕགས་ཁྱི(སྤྱི་ལོ1730)ལོར་སྐུ་འཁྲུངས། དགུང་ལོ་བདུན་པར་ཁྲར་དགེ་བློ་གྲོས་རྒྱ་མཚོའི་མདུན་དགེ་བསྙེན་བསྒྲུབས། དེ་རྗེས་ཁྲར་དགེ་བློ་གྲོས་བསོད་ནམས་མདུན་རབ་ཏུ་བྱུང་། མཚན་བློ་བཟང་བསྟན་འཛིན་དུ་གསོལ། དགུང་ལོ་ཉེར་གཅིག་པར་སློབ་དཔོན་བརྩོན་འགྲུས་བཟང་པོའི་མདུན་དགེ་ཚུལ་དང་བསྙེན་རྫོགས་ཀྱི་སྡོམ་པ་བཞེས། དཀའ་སྤྱད་ཀྱིས་ཉམས་ལེན་དང་ཆོས་འཆད་དབང་ལུང་གནང་བ་སོགས་ཀྱིས་དུས་འདའ་བར་མཛད། བཀའ་རྩོམ། བཅོམ་ལྡན་འདས་དཔལ་རྡོ་རྗེ་འཇིགས་བྱེད་དཔའ་བོ་གཅིག་པའི་སྒྲུབ་ཐབས། ཐུགས་རྗེ་ཆེན་པོ་ཞལ་བཅུ་གཅིག་པའི་སྨྱུང་ཚོག བླ་མའི་རྣལ་འབྱོར་དང་ལྷག་པའི་ལྷ་འགའ་ཞིག་གི་སྒྲུབ་ཐབས། འཇམ་དབྱངས་དམར་སེར་གྱི་སྒྲུབ་ཐབས་སོགས་མང་དུ་མཛད། དགུང་ལོ་རེ་དྲུག་ལ་ཕེབས་པ་རབ་བྱུང་བཅུ་གསུམ་པའི་ཤིང་ཡོས(སྤྱི་ལོ1795)ལོར་ཞི་བར་གཤེགས།

ཁང་ཆེན་བསོད་ནམས་རྒྱལ་པོ། མཚན་གཞན་དའི་ཆེང་སྦ་ཏུར་ཡང་ཟེར། ཁོང་ནི་གཙང་རྣམ་གླིང་རྫོང་གི་མི་ཡིན་ཞིང་། ལྷ་བཟང་ཧན་གྱིས་བོད་ལ་དབང་བསྒྱུར་བའི་དུས་སུ་རྫོང་གཞིས་བཀར་ཡོང་གི་ལས་མཚན་བྱེད་མྱོང་ཁར། སྟོད་སྒར་དཔོན་ལས་ཐོག་སྐབས་ཕོ་ལྷ་བ་དང་མཉམ་འབྲེལ་གྱིས་མངའ་རིས་བརྒྱུད་ཕྱོགས་ཕྱོལ་དུ་འགྲོ་བའི་སོག་པོ་ཛུན་གར་བའི་དམག་རྣམས་རྩིག་མེད་དུ་བཏང་ནས། ཛུན་གར་བས་རྒྱ་འཕྲེར་བྱས་པའི་སྲོང་བཙན་སྒམ་པོའི་ཐུགས་ཀྱི་རྟེན་འཕགས་པ་ལོ་ཀི་ཤྭ་ར་དང་རིན་ཆེན་རྒྱན་ཆ་སོགས་དགྲ་ལག་ནས་ལོན་ཏེ་གཞུང་སར་ཉམས་མེད་ཕྱིར་འབུལ་ཞུས། ལྕགས་གླང(སྤྱི་ལོ1721)ལོར་མཇུ་གོང་མས་ཁོང་ལ་པས་སེའི་ཆེ་ལོ་གནང་། དེ་རྗེས་བཀའ་བློན་ནང་ཁུལ་འགལ་བ་བྱུང་སྐབས་དའི་ཆེང་སྦ

དུར་དང་པོ་ལྷ་བ་ཕྱོགས་བསྒྲིལ་དང་། ང་ལུམ་སྦྱར་གསུམ་གནོགས་བསྒྲིལ་གྱིས་འགལ་བ་རྩེར་སོན་ཏེ། རབ་བྱུང་བཅུ་གཉིས་པའི་མེ་ལུག(སྤྱི་ལོ1727) ལོར་བཀའ་བློན་ང་ལུམ་སྦྱར་གསུམ་གྱིས་དའི་ཆིང་སྒྲ་དུར་བཀྲོངས་སོ།

ཁམས་སྤྲུལ་བསྟན་འཛིན་ཆོས་ཀྱི་ཉི་མ། མཚན་གཞན་སྒྲ་དབྱངས་བླ་བ་བདུད་རྩིའི་ཡང་ཚོར་གྲགས་པ་མཆོག་ནི། རབ་བྱུང་བཅུ་གཉིས་པ་ལྕགས་ཁྱི(སྤྱི་ལོ1730) ལོར་ཟླ་སྟོད་དཔོན་ཚང་ཞེས་པའི་ཁྱིམ་དུ་སྐུ་འཁྲུངས། དགུང་ལོ་བཞི་པ་ཆུ་གླང(སྤྱི་ལོ1733) ལོར་མདོ་ཁམས་ལྷ་ཐོག་རྒྱལ་པོའི་མངའ་ཁོངས་ཁ་སྟག་དཀར་མོའི་རི་ཁྲུག་ཁམས་པ་དགོན་ཞེས་བྱ་བ་མདོ་ཁམས་ཁུལ་གྱི་འབྲུག་པ་བཀའ་བརྒྱུད་ཀྱི་རྩ་བའི་གདན་ས་དཔལ་ཕུན་ཚོགས་ཆོས་འཁོར་གླིང་གི་སྤྲུལ་སྐུར་ངོས་འཛིན་ཞུས། དཔལ་སྤུངས་སི་ཏུ་ཆོས་ཀྱི་འབྱུང་གནས་དང་། བདེ་ཆེན་ཆོས་འཁོར་གྱི་ཡོངས་འཛིན་འཇམ་དཔལ་དཔའ་བོ་སོགས་མཁས་གྲུབ་ཀྱི་བླ་མ་དུ་མ་བསྟེན་ནས་ཕྱི་ནང་གི་རིགས་གཞུང་རྒྱ་མཚོ་ལྟ་བུར་ཐོས་བསམ་གྱིས་སྒྲོ་འདོགས་བཅད། གཞུང་བཀའ་པོད་སོགས་ཀྱི་འགྲེལ་ཊཱི་ཀ་མང་དུ་མཛད། ལྷག་པར་སི་ཏུའི་དྲུང་ནས་སྙན་ངག་མེ་ལོང་མ་དང་། སྒྲ་ཙནྡྲ་པ། སྡེབ་སྦྱོར་སོགས་ཐུན་མོང་རིག་པའི་གནས་རྣམས་གསན་བསམ་ལེགས་པར་གནང་སྟེ་དགུང་ལོ་ཉེར་ལྔ་པར་སྙན་ངག་མེ་ལོང་མའི་འགྲེལ་ཆེན་དབྱངས་ཅན་ངག་གི་རོལ་མཚོ་ཞེས་བྱ་བ་འདི་ཉིད་བརྩམས་འགོ་ཚུགས། སྐུ་ཚེ་གང་པོར་ཐོས་བསམ་སྒོམ་གསུམ་དང་འཆད་རྩོད་རྩོམ་གསུམ་སོགས་བཤད་སྒྲུབ་འཁོར་ལོ་གསུམ་གྱི་བྱ་བས་དུས་འདའ་བར་མཛད། ལྷག་པར་བོད་ཀྱི་རིག་གནས་འཕེལ་རྒྱས་གཏོང་བའི་བྱ་གཞག་ལ་མི་ནུབ་པའི་མཛད་རྗེས་རླབས་པོ་ཆེ་འཇོག་པ་གནང་། དགུང་ལོ་བཅུ་དྲུག་པར་ཁ་སྟག་དཀར་མོའི་རི་ཁྲུག་ནས་ཕྱིས་ཀྱི་གདན་ས་གནས་ཡུལ་ཕུན་ཚོགས་གླིང་དུ་སྤོ་བཞུགས་ཀྱིས་རྟེན་དང་བརྟེན་པར་བཅས་པ་གསར་བཞེངས་དང་། དེ་རྗེས་གྱིང་ཕུ་དཔལ་གྱི་ཡང་དབེན་དུ་མཚན་ཉིད་དགོན་རྣམ་རྒྱལ་ཆོས་འཁོར་གླིང་དང་། སྒྲ་ཉག་དཀར་མོ་རིའི་ཡང་སྒོང་དུ་སྒྲུབ་སྡེ་གསང་ཆེན་མཐོང་གྲོལ་གླིང་སོགས་བཤད་སྒྲུབ་ཕྱོགས་གསུམ་གྱི་ཆོས་སྡེ་ཕྱག་བཏབ་སྟེ་ལུང་དང་རྟོགས་པའི་བསྟན་པ་བཤད་སྒྲུབ་གཉིས་ཀྱི་སྒོ་ནས་འཛིན་སྐྱོང་མཛད།

མཁས་གྲུབ་བསོད་ནམས་རབ་འཕེལ་དང་། རབ་འབྱམས་པ་བློ་གྲོས་བརྟན་པ། འཛི་སྒར་རྡོ་རྗེ་གྲགས་པ་སོགས་མཁས་དང་གྲུབ་པའི་བདག་ཉིད་ཀྱི་སློབ་མའི་ཚོགས་མང་པོ་བསྐྱངས་ཏེ་མཐར་དགུང་ལོ་ལྔ་བཅུར་ཕེབས་པ་རབ་བྱུང་བཅུ་གསུམ་པ་ས་ཕག(སྤྱི་ལོ1779) ལོར་ཕུན་ཚོགས་ཆོས་འཁོར་གླིང་དུ་སྐུ་གཤེགས།

ཁལ་ཁ་ངག་དབང་དཔལ་ལྡན། རྗེ་འདི་ནི་རབ་བྱུང་བཅུ་གསུམ་པའི་མེ་སྟག(སྤྱི་ལོ1806) ལོར་སྐུ་འཁྲུངས། དགུང་ལོ་བཞི་བཅུར་ཕེབས་སྐབས་མཚན་ཉིད་ཀྱི་གཞུང་གྲུབ་མཐའ་ཆེན་པོའི་མཆན་འགྲེལ་

ཞིབ་ཕྲ་གསལ་བ་ཞིག་དབུ་བརྩམས་ནས་རི་བོ་རྩེ་ལྔར་མཇུག་རྫོགས་པར་མཛད་ཅིང་། དེ་རྗེས་ཁལ་ཁ་ཞུ་རེ་ཆེ་མོར་ཤིང་པར་དུ་བསྒྲུན། དགུང་ལོ་ང་བཞི་ས་ལུག（སྤྱི་ལོ1859）ལོར་མངོན་རྟོགས་རྒྱན་གྱི་ཚིག་དོན་གྱི་འགྲེལ་བ་བརྩམས་གནང་བ་མ་ཟད། སྔོ་མང་དང་བློ་གསལ་གླིང་གི་མཚན་ཉིད་ཡིག་ཆའི་བཤད་ཚུལ་བཀོད་པ་བློ་གསལ་དགའ་སྟོན། བསྟན་བཅོས་མངོན་རྟོགས་རྒྱན་ཚིག་དོན་གྱི་སྒོ་ནས་བཤད་པ་བྱམས་མགོན་ཞལ་ལུང་གྲུབ་མཐའ་བཞིའི་ལུགས་ཀྱི་ཀུན་རྫོབ་དང་དོན་དམ་གྱི་རྣམ་བཤད། དུས་ཚིག་གི་མཆན་འགྲེལ་སྒོ་བརྒྱ་འབྱེད་པའི་ལྡེ་མིག་སོགས་གསུང་འབུམ་པོད་འབྲིང་གསུམ་ཙམ་མཛད། སྐུ་ཚེ་སྨད་ཀྱི་མཛད་པ་མ་རྙེད།

ཁྲར་དགེ་བློ་གྲོས་རྒྱ་མཚོ། མདོ་སྨད་ཙོ་ནེའི་ས་ཆར་ཡབ་ཀླུ་འབུམ་ཡག་དང་། ཡུམ་ལྷ་མོ་མཚོ་གཉིས་ཀྱི་སྲས་སུ་རབ་བྱུང་བཅུ་གཅིག་པའི་ཤིང་འབྲུག（སྤྱི་ལོ1664）ལོར་འཁྲུངས། དགུང་ལོ་བདུན་ལ་ཀ་ཁ་སོགས་འབྲི་ཀློག་སྦྱངས། ལོ་ལྔའི་རིང་སྦྱུགས་འཚོ་ཞོར་ལ་ཡིག་རྩ་སོགས་ཐུགས་བརྩོན་མཛད། དགུང་ལོ་བཅུ་གཅིག་ལ་བླ་མ་རི་ཁྲོད་པའི་དྲུང་དུ་རབ་བྱུང་བསྒྲུབས། མཚན་བློ་གྲོས་རྒྱ་མཚོར་གསོལ། དེ་ནས་ཙོ་ནེ་ཚོས་རྗེ་དང་མཉམ་དུ་དབུས་སུ་ཕེབས་ནས་འབྲས་སྒོ་མང་གྲྭ་ཚང་དུ་བཞུགས། གཞུང་ཆེན་མོར་ཐུགས་གཉེར་མཛད་ནས་གཙང་གནས་སུ་ཕེབས། དབུས་སུ་ཕེབས་ཏེ་ཕ་བོང་ཁ་པ་ངག་དབང་བསྟན་འཛིན་སར་བསྙེན་རྫོགས་བསྒྲུབས། འཇམ་དབྱངས་བཞད་པ་སོགས་བླ་མ་མང་པོ་བསྟེན། དེ་ནས་ཨ་མདོར་ཕྱིར་ཕེབས། དགོན་པ་གསར་འདེབས་སོགས་ཆོས་ཀྱི་བྱ་བ་རྒྱ་ཆེར་སྤེལ། མདོ་སྨད་དགོན་ཁག་ཡོངས་ལ་ཞབས་ཀྱིས་བཅགས། དགུང་ལོ་མཐོན་པོར་ཕེབས་པ་ན་རི་ཁྲོད་དུ་འཚོ་བ་ངན་ངོན་བསྟེན་ནས་ཉམས་རྟོགས་ཁོན་མཛད།

བཀའ་རྩོམ་པོད་གཅིག་ཙམ་མཛད་ཡོད་པ་དཔེར་ན། རྗེ་བཙུན་བླ་མ་དམ་པའི་རྣམ་ཐར་སྐལ་ལྡན་རེ་སྐོང་། དགེ་ཚུལ་གྱི་བསླབ་བྱ། རྡོ་རྗེ་འཇིགས་བྱེད་ཀྱི་སྒྲུབ་ཐབས། དཔལ་འཁོར་ལོ་བདེ་མཆོག་གི་བསྐྱེད་རིམ། བསངས་ཡིག་ལྷུན་གྲུབ་མ། གསང་བའི་རྣམ་ཐར་པད་དཀར་ཕྲེང་བ་སོགས་ཆོས་སྐྱོང་གི་མཛད་པ། ལྟུང་བ་བཤགས་པའི་འགྲེལ་པ་སོགས་མཆིས། དགུང་ལོ་དོན་བདུན་ལ་ཕེབས་པ་རབ་བྱུང་བཅུ་གཉིས་པའི་ལྕགས་སྤྲེལ（སྤྱི་ལོ1740）ལོར་སྐུ་གཤེགས།

ཁྲི་ཆེན་ངག་དབང་ཆོས་གྲགས། དགའ་ལྡན་ཁྲི་ཐོག་ང་བརྒྱད་པ་བྱང་རྩེ་བསམ་བློ་བ་ངག་དབང་ཆོས་གྲགས་མཆོག་ནི་རབ་བྱུང་བཅུ་གཉིས་པའི་མེ་ཕག（སྤྱི་ལོ1707）ལོར་མདོ་སྨད་བྱ་ཁྱུང་ཉེ་འདབས་མཚམས་རིང་བར་སྐུ་འཁྲུངས། སྐུ་ཆུང་དུས་བྱ་ཁྱུང་དགོན་དུ་ཆོས་སྒོར་ཞུགས། རྗེ་བདེ་ཡངས་ངག་དབང་ནོར་བུ་ལས་རབ་ཏུ་བྱུང་། དགུང་ལོ་ཉེར་གཅིག་པ་མེ་ལུག（སྤྱི་ལོ1727）ལོར་དབུས་གཙང་དག་པའི་ཞིང་དུ་ཕེབས། སེར་བྱེས་གྲྭ་ཚང་དུ་ཆོས་ཞུགས་མཛད། རྗེ་བློ་བཟང་ཆོས་འཕེལ་དང་། བྲག་

རི་ངག་དབང་དོན་གྲུབ་སོགས་ཀྱི་ཞབས་ལ་གཏུགས་ནས་གཞུང་ལུགས་ལེགས་པར་གསན། པཎ་ཆེན་བློ་བཟང་ཡེ་ཤེས་ལས་བསྙེན་རྫོགས་ཀྱི་སྡོམ་པ་མནོས། ༧རྒྱལ་མཆོག་བདུན་པ་བསྐལ་བཟང་རྒྱ་མཚོ་མཆོག་དང་། ཁྲི་ངག་དབང་མཆོག་ལྡན། རྗེ་ཕུར་ལྕོག་པ། ཁྲི་རྒྱལ་མཚན་སེང་གེ། ཨ་ཀ་བསོད་ནམས་བཟང་པོ་སོགས་མཁས་གྲུབ་མང་པོའི་ཞབས་ལ་གཏུགས་ནས་མདོ་སྔགས་ཀྱི་ཟབ་ཆོས་དུ་མ་དང་། བཀའ་འགྱུར་ལུང་སོགས་གསན། ལྷ་རམས་དམ་བཅའ་མཛད་དེ་རྒྱུད་སྨད་ལ་ཞུགས། དེ་ནས་བླ་མ་དབུ་མཛད་དང་རྒྱུད་པའི་མཁན་ཁྲི་དང་བྱང་རྩེ་མཁན་ཁྲི་སོགས་ལ་རིམ་པས་ཕེབས། དེ་སྐབས་རྒྱུད་ཁང་ཞིག་གསོས་རྒྱ་ཆེར་མཛད། ༧རྒྱལ་བ་འཇམ་དཔལ་རྒྱ་མཚོའི་ཡོངས་འཛིན་དུ་བཀུར། དགུང་ལོ་ང་བརྒྱད་ལ་ཕེབས་པ་རབ་བྱུང་བཅུ་གསུམ་པའི་ཤིང་སྤྲེལ（སྤྱི་ལོ1764）ལོར་དཔལ་རི་བོ་དགའ་ལྡན་དགོན་གྱི་གསེར་ཁྲིར་ཕེབས། སྐུ་གསུང་ཐུགས་རྟེན་མང་དུ་བཞེངས། རྗེའི་དངུལ་སྐུ་མི་ཚད་མ་ཁྲི་རྒྱབ་ཡོལ་བཅས་བཞེངས་ནས་ལྷ་ལྡན་དཀྱིལ་འཁོར་སྡིངས་སུ་བཞུགས་སུ་གསོལ། གསེར་ཟངས་ལས་རྗེ་བོའི་སྐུ་མི་ཚད་མ་ཕྲ་རྒྱན་ཕུན་སུམ་ཚོགས་པ་བཞེངས་ནས་བྱ་ཁྱུང་དགོན་དུ་ཕུལ། ༧རྒྱལ་དབང་འཇམ་དཔལ་རྒྱ་མཚོ་མཆོག་གིས་ཚོགས་སྤྱི་ཕྱིའི་སྡོམ་བཞེས་སྐབས་ཀྱི་ལས་སློབ་མཛད། དགའ་ལྡན་ཁྲི་ཐོག་དུ་ལོ་བདུན་བཞུགས། ཟབ་རྒྱས་ཆོས་ཀྱི་འཁོར་ལོ་རྒྱ་ཆེར་བསྐོར། དགུང་ལོ་དོན་གཉིས་ལ་ཕེབས་པ་རབ་བྱུང་བཅུ་གསུམ་པའི་ས་ཁྱི（སྤྱི་ལོ1778）ལོར་ལྷ་ལྡན་ཁྲི་ཐོག་ཁང་དུ་དགོངས་པ་ཆོས་དབྱིངས་སུ་ཐིམ།

ཁྲི་ཆེན་ངག་དབང་མཆོག་ལྡན། ར་སྒྲེང་སྐུ་ཕྲེང་དང་པོ་འདི་ཉིད་མདོ་སྨད་བྱ་ཁྱུང་ཆོས་སྡེ་ཆེན་པོའི་ཉེ་འདབས་བཙན་རྩ་ཞེས་པའི་སའི་ཆར（གཙན་ཚ་རྫོང་དཀར་མོ་ཕུག）ཡབ་ཕྱུག་རྫོར་བཀྲ་ཤིས་དང་ཡུམ་སྒྲོ་ཚོག་སྐྱིད་གཉིས་ཀྱི་སྲས་སུ་རབ་བྱུང་བཅུ་གཅིག་པའི་མེ་སྦྲུལ（སྤྱི་ལོ1677）ལོར་སྐུ་བལྟམས། དགུང་ལོ་བཅུ་གཅིག་པར་བྱ་ཁྱུང་ཆོས་སྡེ་ཆེན་པོར་ཞུགས་ནས་ཁྲི་ཆེན་ངག་དབང་ཚུལ་ཁྲིམས་ལས་རབ་ཏུ་བྱུང་སྟེ་མཚན་ངག་དབང་མཆོག་ལྡན་ཞེས་གསོལ་ཞིང་སྔ་མ་དགེ་ཚུལ་གྱི་སྡོམ་པ་མནོས། ཡི་གེ་དཀར་ནག་འབྲི་ཀློག་དང་ཆོས་སྡེ་དེ་གའི་ཆོས་སྤྱོད་སྨོན་ལམ་གྱི་རིགས་དང་། རྒྱན་འཇུག་སོགས་གཞུང་ཆེན་མོའི་རྩ་བ་རྣམས་སྦྱོང་བར་མཛད། དགུང་ལོ་བཅུ་གསུམ་ལ་བསྡུས་གྲྭའི་ཡིག་ཆ་དང་སྦྱོར་བ་རྩེ་བ་སོགས་ལ་ཐུགས་རྩོལ་མཛད་ནས་རིག་པ་སྨྲ་བ་ལ་མཁས་པར་གྱུར། དགུང་ལོ་བཅོ་ལྔ་པ་རབ་བྱུང་བཅུ་གཉིས་པའི་ལྕགས་ལུག（སྤྱི་ལོ1691）ལོར་དབུས་གཙང་ཆོས་ཀྱི་ལྗོངས་སུ་ཞབས་བསྐྱུར་ནས་སེ་ར་ཐེག་ཆེན་གླིང་ལ་ཆོས་ཞུགས་ཀྱིས་བཤད་སྒྲོལ་རིགས་ལམ་དང་། ཕར་ཕྱིན། ཐུར་བསྒྲོལ་བཞི། ཁྱད་པར་དྲང་ངེས་རྣམ་འབྱེད། བྱང་ཆུབ་ལམ་རིམ་ཆེན་མོ། བཀའ་གདམས་གླེགས་བམ་གྱི་བཤད་ལུང་ཡོངས་རྫོགས་སོགས་ཀྱི་གཞུང་ལ་སྦྱང་པ་མཛད། དགུང་ལོ་ཉི་ཤུ་ལ་གསང་ཕུ་ནེའུ་ཐོག་གི་ཆོས་གྲྭར་ཕེབས། མཁས་མང་རྒྱ་མཚོའི་དབུས་སུ་ཕར་ཕྱིན་གྱི་གྲྭ་སྐོར་མཛད་པས་རྣམ་དཔྱོད་ཕུལ་དུ་ཕྱིན་པ་བྱུང་། དགུང་ལོ་ཉེར་

གཉིས་ནས་ཉེར་བཞི་བར་མཛོད་ཀྱི་གསན་སྦྱོང་གནང་། དེ་ནས་དགེ་འདུན་འདུས་པ་རྒྱ་མཚོའི་དབུས་སུ་ཕར་ཕྱིན་དང་། དབུ་ཚད་འདུལ་མདོན་གྱི་ཕུ་ཏི་ཡོངས་སུ་རྫོགས་པ་ལ་དམ་བཅའ་འཛོག་པ་གནང་། དགུང་ལོ་ཉེར་ལྔ་ལ་ལྷ་ལྡན་ཆོ་འཕྲུལ་སྨོན་ལམ་ཆེན་མོར་དགེ་འདུན་ཉིས་ཁྲི་ཙམ་འདུས་པའི་དབུས་སུ་རྣམ་འགྲེལ་དབུ་ཕར་འདུལ་མདོན་རྣམས་ཀྱི་གྲྭ་སྐོར་མཛད། དེ་ནས་ཁྲིམས་པོ་མཛད་དེ་བྱ་བྲལ་གྱི་ཚུལ་དུ་ཕེབས། བཀྲ་ཤིས་ལྷུན་པོར་པཎ་ཆེན་བློ་བཟང་ཡེ་ཤེས་དང་མཇལ་ཏེ་དགེ་སློང་གི་དངོས་པོ་རྣམ་དག་བཞེས། དེ་རྗེས་དབུས་སུ་ཕེབས་ནས་སྨད་རྒྱུད་གྲྭ་ཚང་གི་ཆོས་གྲྭར་ཞུགས་ཏེ་དཔལ་གསང་བ་འདུས་པའི་བསྐྱེད་རིམ་དངོས་གྲུབ་རྒྱ་མཚོ་དང་། རྫོགས་རིམ་རིམ་ལྔ་གསལ་སྒྲོན་གྱི་གཟབ་བཤད་སོགས་གསང་ཆེན་གྱི་གཞུང་ལ་གསན་བསམས་མཛད་ནས་ཆོས་ཐོག་གཉིས་གསུམ་གྱི་རིང་ལ་སྔགས་ཕྱོགས་ཀྱི་དམ་བཅའ་ཆེན་མོ་འཛོག་པ་གནང་། དགུང་ལོ་ཉེར་དགུའི་ཐོག་རྒྱུད་པའི་དགེ་བསྐོས་ཀྱི་ཁུར་བཞེས། དེ་ནས་ཨ་མདོའི་ཕྱོགས་ཀྱི་དད་ལྡན་རྣམས་ཀྱི་རེ་འདོད་བཞིན་ཤིང་བྱ(སྤྱི་ལོ1705)ལོར་མདོ་སྨད་དུ་ཕྱིན་ཏེ་བྱ་ཁྱུང་དགོན་དང་། སྐུ་འབུམ་དགོན། དགོན་ལུང་དགོན། བཙན་པོ་དགོན་སོགས་ཆོས་སྡེ་ཆེན་པོ་རྣམས་སུ་རིམ་ཕེབས་ཀྱིས་ཕུ་ཏི་ཡོངས་རྫོགས་ཀྱི་དམ་བཅའ་རེ་འཛོག་པ་གནང་བས་མཁས་པའི་སྙན་གྲགས་ཕྱོགས་བཅུར་ཁྱབ། ལོ་བཞི་བཞུགས་རིང་ཡབ་ཡུམ་གཉིས་ལ་བདེ་གཤེགས་བརྒྱད་ཀྱི་མཆོད་རྟེན་དང་། རི་ཀན་ནང་དུ་སྐུ་སྲིང་ཞིག་ཡོད་པ་ལ་མཆོད་རྟེན་བརྒྱད་བཞེངས། དེ་ནས་སླར་དབུས་སུ་ཕེབས་ནས་སྨུ་མཐུད་རྒྱུད་གྲྭ་ཙུང་ཟད་འགྲིམ་པར་མཛད། དགུང་ལོ་སོ་བཞི་པར་གཞུང་སའི་བཀའ་བཞིན་མངའ་རིས་མཐོ་ལྡིང་གི་མཁན་ཁྲིར་ཕེབས་ནས་ལོ་བདུན་བཞུགས་རིང་སྐྱེ་བོ་དུ་མར་མདོ་སྔགས་ཀྱི་ཟབ་ཆོས་བཤད་ཁྲིད་དང་གཙུག་ལག་ཁང་གིས་དབུས་ལོ་ཆེན་རིན་ཆེན་བཟང་པོའི་སྐུ་དུས་བཞེངས་པའི་མཆོད་རྟེན་སྟོང་ཐྲག་ཞིག་གསོ། རྒྱལ་བའི་བཀའ་འགྱུར་རོ་ཙོག་གཟིགས་རྟགས་སློབ་ལ་འབད་བརྩོན་མཛད། མཁན་པོ་ལོ་བདུན་འཁྱོལ་ནས་དབུས་སུ་ཕེབས་སྐབས་གངས་རི་ཆེན་པོ་ཏི་སེར་རྗེ་ལ་ཞབས་རྗེས་བཞག དབུས་སུ་ཕེབས་རྗེས་གཞུང་སའི་བཀའ་བཞིན་ས་ཕག(སྤྱི་ལོ1719)ལོར་སྨད་རྒྱུད་གྲྭ་ཚང་གི་མཁན་པོའི་ཁྲིར་ཕེབས། ཆུ་སྟག(སྤྱི་ལོ1722)ལོ་ལ་གསང་སྔགས་མཁར་ཞིག་གསོ་གནང་། དེ་རྗེས་རྒྱུད་སྨད་མཁན་པོ་ལོ་བཅུ་མཛད། ས་སྤྲེལ(སྤྱི་ལོ1728)ལོར་གོང་ས་ཆེན་པོ་སྐུ་ཕྲེང་བདུན་པ་བསྐལ་བཟང་རྒྱ་མཚོ་མཆོག་སྔགས་ཕྱོགས་ཀྱི་གསན་སྦྱོང་གནང་རྒྱུའི་ཡོངས་འཛིན་དུ་མངའ་གསོལ། ༧རྒྱལ་དབང་མཆོག་ལ་མི་ཏྲ་ཛོར་ཕྲེང་དང་། དཔལ་དུས་ཀྱི་འཁོར་ལོ། བཀའ་བསྟན་འགྱུར། བུ་སྟོན་རིན་པོ་ཆེའི་གསུང་འབུམ་གྱི་བཀླགས་སོགས་ཆོས་རྒྱུན་མང་དུ་ཕུལ། ལྕང་སྐྱ་རོལ་པའི་རྡོ་རྗེ་ལ་ཟབ་ཆོས་བུམ་པ་གང་བྱོའི་ཚུལ་དུ་གནང་། རབ་བྱུང་བཅུ་གཉིས་པའི་ས་ལུག(སྤྱི་ལོ1739)ལོར་དགའ་ལྡན་ཁྲི་ཐོག་ང་བཞིའི་གསེར་ཁྲིར་ཕེབས། ལོ་བདུན་རིང་མདོ་སྔགས་ཟབ་ཆོས་ཀྱི་འབྲུ་ཆར་ཕབ་སྟེ་མེ་སྟག(སྤྱི་

ལོ1746）ལོར་དགའ་ལྡན་གསེར་ཁྲི་ནས་དགོངས་ཞུ་མཛད། གོང་ས་ཆེན་པོས་ཁྲི་ཆེན་གྱི་ཐུགས་རེ་བཞིན་ར་སྒྲེང་དགོན་པ་གནང་བས་དེར་ཐེབས་ནས་མཚམས་སྒྲུབ་ལ་ཞུགས།

ཁྲི་ཆེན་མཆོག་གི་སློབ་བུ་ནི་མདོ་དབུས་ཏོར་སོགས་གང་སར་ཁྱབ་ཅིང་། གསུང་རྩོམ་ཡང་མང་དག་མཛད། སྐུ་ཚེ་ཧྲིལ་པོར་མདོ་སྔགས་རིག་པ་མཐའ་ཡས་རྒྱ་མཚོ་ལྟ་བུར་སློབ་གཉེར་གནང་ཐོག་ཆོས་ཀྱི་འཁོར་ལོ་ཆེ་ན་བསྐོར་བར་མཛད་མཐར་དགུང་ལོ་དོན་ལྔ་ལ་ཐེབས་པ་རབ་བྱུང་བཅུ་གསུམ་པའི་ལྕགས་ལུག（སྤྱི་ལོ1751）ལོར་ཞི་བར་གཤེགས་སོ།

ཁྲི་ཆེན་ངག་དབང་སྐན་གྲགས། དགའ་ལྡན་ཁྲི་ཐོག་རེ་དྲུག་པ་སེར་བསམ་བྱང་རྩེ་ཁྲི་ཆེན་ངག་དབང་སྐན་གྲགས་མཆོག་ནི་རབ་བྱུང་བཅུ་གཉིས་པའི་མེ་སྟག（སྤྱི་ལོ1746）ལོར་མདོ་སྨད་སའི་ཆར་སྐུ་འཁྲུངས། དགུང་ལོ་བཅུ་པར་བྱ་ཁྱུང་དགོན་གྱི་ཆོས་སྡེར་ཞུགས། མདོ་བ་མཁན་ཆེན་ངག་དབང་དོན་གྲུབ་ལས་རབ་ཏུ་བྱུང་། དགུང་ལོ་བཅོ་བརྒྱད་ལ་ཐེབས་པ་རབ་བྱུང་བཅུ་གསུམ་པའི་ཆུ་ལུག（སྤྱི་ལོ1763）ལོར་སྐུ་ཞང་ཁྲི་ཆེན་ངག་དབང་ཆོས་གྲགས་ཀྱིས་ཞལ་སྐྱལ་གནང་བ་བཞིན་དབུས་གཙང་དུ་ཕྱིན། ཆོས་མཛད་ཀྱི་གོ་གནས་བཞེས། སེ་ར་གཟིམ་ཁང་སྟེང་དུ་བཞུགས་པས་སྐུ་ཕྲེང་རྗེས་མ་རྣམས་ཡའང་གཟིམ་ཁང་ཆོས་མཛད་དུ་གྲགས། སེར་བྱེས་བསམ་བློ་ཁམས་ཚན་དུ་ཞུགས། ཁྲི་ཆེན་ངག་དབང་ཆོས་གྲགས་ལས་དགེ་ཚུལ་གྱི་སྡོམ་པ་བཞེས། སྐྱིད་ཚང་བྱམས་པ་སྨོན་ལམ་དང་། མཁན་ཆེན་སྐལ་བཟང་། སློམ་སྟེ་ལྷ་དབང་རྒྱ་མཚོ་སོགས་བསྟེན་ནས་གཞུང་ཆེན་པོར་སྦྱངས། དགུང་ལོ་ཉེར་དགུའི་སྟེང་པཎ་ཆེན་དཔལ་ལྡན་ཡེ་ཤེས་ལས་བསྙེན་རྫོགས་མཛད། དགུང་ལོ་སོ་གཉིས་སྟེང་ལྷ་རམས་དམ་བཅའ་འཛུགས་པར་གནང་། དགུང་ལོ་སོ་དྲུག་པ་ལ་སྨད་རྒྱུད་དགེ་སྐོས་སུ་ཐེབས། ཡོངས་འཛིན་ཡེ་ཤེས་རྒྱལ་མཚན་ལས་ལམ་རིམ་ཆེན་མོ་དང་། འགྲེལ་པ་བཞི་སྦྲགས་སོགས་དང་སློང་རྫོལ་བླ་མ་ལས་བཀའ་འགྱུར་གྱི་ལུང་གསན། རྒྱལ་སྲས་རིན་པོ་ཆེ། ར་སྒྲེང་ཁྲི་སྤྲུལ། ཞི་བ་ལྷ། འཇིགས་མེད་དབང་པོ་སོགས་མཁས་གྲུབ་བཞི་བཅུ་ལ་ཉེ་བའི་ཞབས་ལ་གཏུགས་ནས་མདོ་སྔགས་རིག་པའི་རྒྱ་མཚོར་ཞུགས་ནས་མཁས་པའི་ཕ་རོལ་དུ་སོན། དགུང་ལོ་བཞི་བཅུའི་ཐོག་རྒྱུད་པའི་བླ་མ་དབུ་མཛད་དུ་ཐེབས། དགུང་ལོ་ཞེ་བདུན་པར་རྒྱུད་སྨད་མཁན་ཁྲིར་ཐེབས། དགུང་ལོ་ང་གཅིག་པར་མངའ་རིས་མཐོ་ཐིང་གི་ཁྲི་དང་། ང་བརྒྱད་པར་དགའ་ལྡན་བྱང་རྩེའི་ཁྲིར་ཐེབས། དགུང་ལོ་རེ་གཉིས་ལ་ཐེབས་པ་རབ་བྱུང་བཅུ་བཞི་པའི་མེ་ཡོས（སྤྱི་ལོ1807）ལོར་དགའ་ལྡན་གྱི་གསེར་ཁྲིར་ཐེབས་ནས་ལོ་བདུན་བསྐྱངས། སྟ་ཕྱིར་༧རྒྱལ་དབང་ལུང་རྟོགས་རྒྱ་མཚོ་དང་། ༧རྒྱལ་དབང་ཚུལ་ཁྲིམས་རྒྱ་མཚོ་རྣམ་གཉིས་ཀྱི་ཡོངས་འཛིན་དུ་བཀུར། དགུང་ལོ་དོན་དགུ་ལ་ཐེབས་པ་རབ་བྱུང་བཅུ་བཞི་པའི་ཤིང་སྤྲེལ（སྤྱི་ལོ1824）ལོར་དགོངས་པ་ཞི་དབྱིངས་སུ་གཤེགས།

རྗེ་འདིའི་དངོས་སློབ་ཀྱང་ཡོངས་རྒྱལ་དབང་སྐུ་ཕྲེང་དགུ་པ་ལུང་རྟོགས་རྒྱ་མཚོ་དང་། ཡོངས་རྒྱལ་དབང་སྐུ་ཕྲེང་བཅུ་པ་ཚུལ་ཁྲིམས་རྒྱ་མཚོ། པཎ་ཆེན་སྐུ་ཕྲེང་བདུན་པ་བློ་བཟང་བསྟན་པའི་ཉི་མ། འཇམ་དབྱངས་བཞད་པ་འཇིགས་མེད་རྒྱ་མཚོ། ཏཱ་ལ་ཏཱ་རྗེ་བཙུན་དམ་པ་སོགས་མང་དུ་བྱུང་།

ཁྲི་ཆེན་བསྟན་པ་རབ་རྒྱས། རྗེ་འདི་ནི་ལི་ཐང་དུ་ཡབ་བསོད་ནམས་དར་རྒྱས་དང་ཡུམ་སྒྲོལ་མ་མཚོ་གཉིས་ཀྱི་སྲས་སུ་རབ་བྱུང་བཅུ་གསུམ་པའི་ས་ཡོས་ (སྤྱི་ལོ1759) ལོར་འཁྲུངས། དགུང་ལོ་གཉིས་ལ་ཕེབས་སྐབས་ལི་ཐང་མཁན་པོ་ཕུན་ཚོགས་རྒྱ་མཚོའི་དྲུང་དུ་རྣམ་འཇོམས་ཀྱི་བྱབས་ཁྲུས་ཞུས། དགུང་ལོ་དྲུག་ཐོག་ཁྲི་ཆེན་རྡོ་རྗེ་འཆང་གི་ཡང་སྲིད་ལ་ངོས་བཟུང་སྟེ་མཚན་བློ་བཟང་དར་རྒྱས་ཞེས་བསྩལ། དབུས་ཕྱོགས་སུ་ཕེབས་སྐབས་ར་སྒྲེང་ལ་མཛད་སྒོའི་ཐོག་གསེར་ཁྲིར་འཁོད། དེ་ནས་གོང་ས་ཆེན་པོའི་གསེར་ཞལ་མཇལ་ཞིང་། པཎ་ཆེན་དཔལ་ལྡན་ཡེ་ཤེས་ཀྱི་དྲུང་དུ་རབ་བྱུང་བསྒྲུབས། ཡོངས་འཛིན་ཁྲི་ཆེན་ངག་དབང་ཆོས་གྲགས་བསྟེན་ནས་ཕྱག་ཕྱིས་འབྲི་ཀློག་གསན་སྦྱོང་མཛད། དགུང་ལོ་བཅུ་པ་ལ་པཎ་ཆེན་རིན་པོ་ཆེའི་སྐུ་མདུན་ནས་གསང་ཆེན་རྒྱ་མཚོའི་ཉིང་ཁུ་བདེ་མཆོག་དང་གསང་འདུས་སོགས་དཀའ་བའི་ཟབ་བཀའ་མང་པོའི་དབང་གི་ཆུ་བོ་ཡང་གསན། དེའི་ལོར་སེར་བྱེས་མཁས་སྐྱན་གྲྭ་ཚང་དུ་གསར་ཞུགས་གནང་། རིགས་པའི་སྒོ་འབྱེད་བསྡུས་གྲྭའི་གནད་རྣམས་དཔྱིས་ཕྱིན་པ་གསན། སེར་བྱེས་རྗེ་བྱམས་པ་སྨོན་ལམ་ཡོངས་འཛིན་དུ་བསྟེན་ནས་དབུ་མའི་གཞུང་ལུགས་གསན་སྦྱོང་མཛད། དགུང་ལོ་ཉེར་གཅིག་ཐོག་སེར་བྱེས་གྲྭ་ཚང་དུ་ལྷ་རམས་པའི་མཚན་རྟགས་བཞེས། པཎ་ཆེན་དཔལ་ལྡན་ཡེ་ཤེས་དྲུང་ནས་བསྙེན་རྫོགས་ཀྱི་སྡོམ་པ་བཞེས་ཏེ་དཔལ་ལྡན་སྨད་རྒྱུད་གྲྭ་ཚང་དུ་ཞུགས། དགེ་བའི་བཤེས་གཉེན་པཎ་ཆེན་དཔལ་ལྡན་ཡེ་ཤེས་དང་། ཁྲི་ཆེན་ངག་དབང་ཆོས་གྲགས། སེར་བྱེས་རྗེ་བྱམས་པ་སྨོན་ལམ་སོགས་ཡོངས་འཛིན་དུ་བསྟེན་ནས་ཆོས་ཚུལ་རྒྱ་མཚོ་ལྟ་བུ་གསན་བསམ་མཛད། དགུང་ལོ་ཞེ་དྲུག་ཐོག་བཞི་སྡེ་བསམ་གཏན་གླིང་དུ་གདན་ས་གསུམ་དང་ལྕང་སྐྱ་ཐམས་ཅད་མཁྱེན་པ་སོགས་འདུས་ཚོགས། དགུང་ལོ་ཞེ་བདུན་ཐོག་གོང་ས་ཆེན་པོའི་བཀའ་བཞིན་ལྕང་སྐྱ་རིན་པོ་ཆེའི་ཡོངས་འཛིན་དུ་འབྲས་སྤུངས་སུ་བཞུགས། ཀེའུ་ཚང་མཆོག་སྤྲུལ་རིན་པོ་ཆེའི་བསྙེན་རྫོགས་ཀྱི་སྡོམ་པ་བཞེས། དགུང་ལོ་ཞེ་དགུའི་ཐོག་སེར་བྱེས་མཁས་མང་གྲྭ་ཚང་ནས་གསོལ་བ་བཏབ་པ་བཞིན་ངུར་སྨྲིག་འཛིན་པའི་འདུས་པ་སྟོང་ཕྲག་དུ་མར་ལམ་རིམ་བསྡུས་དོན་གྱི་བཤད་ལུང་ཞག་བཅུ་སྐོར་གནང་། ཕྱག་རྫོམ་རྗེ་བཙུན་རྡོ་རྗེ་རྣལ་འབྱོར་མ་ནཱ་རོ་མཁའ་སྤྱོད་སྒྲུབ་པའི་ཉེ་ལམ། ཡེ་ཤེས་མགོན་པོ་བེང་དམར་གྱི་བསྙེན་སྒྲུབ་ལས་གསུམ་གྱི་རྣམ་བཤད། ཀློང་རྡོལ་དྲུང་ཡིག་དམ་ཆོས་ཡར་འཕེལ་གྱི་དྲི་བ་དྲིས་ལན། བདེ་ཆེན་གསང་སྦུགས་མཁར་གྱི་འདུས་སྡེའི་སྲུང་མ་བཙན་རྒོད་མཐུ་སྟོབས་དང་ཀླུ་བདུད་དུག་གི་སྤུ་གྲི་སོགས་པོད་གཉིས་ཙམ་མཛད། དགུང་ལོ་ང་བདུན་ལ་ཕེབས་པ་རབ་བྱུང་བཅུ་བཞི་པའི་ཤིང་ཕག(སྤྱི་ལོ1815) ལོར་ཞི་བར་གཤེགས།

ཁྲི་ཆེན་བྱང་ཆུབ་ཆོས་འཕེལ་དཔལ་བཟང་པོ། དགའ་ལྡན་ཁྲི་ཐོག་རེ་དགུ་པ་འདི་ཉིད་མདོ་ཁམས་ལི་ཐང་དུ་ཡབ་བཀྲ་ཤིས་དང་ཡུམ་མ་མོ་མཚོ་ཞེས་བྱ་བ་གཉིས་ཀྱི་སྲས་སུ་རབ་བྱུང་བཅུ་གསུམ་པའི་མེ་བྱི（སྤྱི་ལོ1756）ལོར་སྐུ་བལྟམས། དགུང་ལོ་བཅུ་གཉིས་པ་མེ་ཕག་ལོར་བསམ་འཕེལ་གླིང་གི་བླ་མ་གདོང་ནག་ལ་དབུ་སྐྲ་གཙུག་ཕུད་ཕུལ། མཚན་བྱང་ཆུབ་ཆོས་འཕེལ་ཞེས་གསོལ། དེ་ནས་ལོ་གཉིས་ཀྱི་བར་དུ་དགུན་ཐོག་དགོན་པ་དང་། དབྱར་དུས་ཕལ་ཆེར་ཡབ་ཡུམ་གྱི་བཀའ་བཞིན་རྟ་ཐོག་ཏུ་ཕྱུགས་སྐྱོང་བ་དང་། ཞོར་དུ་རྩོར་གཅོད་ཀྱི་ཕྱག་དཔེ་ཀློག་འདོན་མཛད་པས་ཐུགས་སུ་ཆུད། དགུང་ལོ་བཅུ་བཞི་པར་བསམ་གླིང་བླ་མ་དཀོན་མཆོག་ཆོས་འཕེལ་གྱིས་མཁན་པོ་དང་། དགེ་བཤེས་རིན་ཆེན་བཟང་པོས་སློབ་དཔོན་མཛད་དེ་དགེ་བསྙེན་དང་། བར་མ་རབ་བྱུང་། དགེ་ཚུལ་གྱི་སྡོམ་པ་རྣམས་རིམ་གྱིས་བཞེས། དགུང་ལོ་ཉེར་གཅིག་པར་དབུས་སུ་ཕྱིན་ནས་དགའ་ལྡན་རྣམ་རྒྱལ་གླིང་དུ་ཕེབས། དེ་ནས་གསང་ཕུར་བསྟུས་སྒྲ་སློབ་གཉེར་དང་དཀའ་བཅུ་མཛད། དགའ་ལྡན་དགོན་པར་ཕྱིར་ཕེབས་རྗེས་ཤར་རྩེ་མཁན་པོ་ཆོས་དབང་རྒྱ་མཚོ་དང་དགེ་བཤེས་སངས་རྒྱས་རྒྱ་མཚོ་སོགས་བཤེས་གཉེན་དུ་མ་བསྟེན་ནས་འཚོ་བའི་དཀའ་སྤྱད་ཤིན་ཏུ་ཆེ་རུང་དཔེ་ཆ་འཛིན་སྐྱོར་རྩོད་གསུམ་ལ་ཆེག་སྒྲིལ་མཛད། དགུང་ལོ་ཉེར་གསུམ་པར་ཚད་མ་རྣམ་འགྲེལ་ལེའུ་དང་པོའི་ཚོགས་ལངས་བཞེས་ཏེ་ལུང་རིག་གང་ཐད་མཁས་པ་མགུ་བའི་རྣམ་ཐར་བསྐྲུངས། དགུང་ལོ་ཉེར་བཞིར་པཎ་ཆེན་རིན་པོ་ཆེའི་དྲུང་ལས་བསྙེན་རྫོགས་ཞུས། ཡོངས་འཛིན་པཎྜི་ཏ་ཡེ་ཤེས་རྒྱལ་མཚན་དང་། ཀློང་རྡོལ་གྲུབ་དབང་རིན་པོ་ཆེ་ངག་དབང་བློ་བཟང་། ཁྲི་ཆེན་རྡོ་རྗེ་འཆང་ངག་དབང་ཚུལ་ཁྲིམས་སོགས་ལས་ཟབ་ཆོས་མང་དུ་གསན། དགུང་ལོ་སོ་གསུམ་པ་ས་སྤྲེལ་ལོར་དགའ་ལྡན་གྱི་གླིང་བསྲེ་མཛད། དགུང་ལོ་སོ་བདུན་ལ་ལྷ་ལྡན་སྨོན་ལམ་ཆེན་མོའི་དབུས་སུ་གཞུང་ལུགས་རབ་འབྱམས་སྨྲ་བའི་གྲྭ་སྐོར་མཛད། ལོ་དེར་དཔལ་ལྡན་སྨད་རྒྱུད་གྲྭ་ཚང་དུ་ཞུགས་ཏེ་གསང་ཆེན་རྡོ་རྗེ་ཐེག་པའི་རྒྱུད་སྡེ་བཞིའི་ལམ་གྱི་གནད་དོན་སྤྱི་དང་། ཁྱད་པར་དུ་རྒྱུད་སྡེ་ཀུན་གྱི་མཐར་ཐུག་དཔལ་གསང་བ་འདུས་པའི་ལམ་རིམ་པ་གཉིས་ཀྱི་དཀའ་བའི་གནད་རྣམས་དཔྱིས་ཕྱིན་པར་ཐུགས་སུ་ཆུད་པའི་ཐབས་ལ་ཆོས་ཐོག་ཆོས་མཚམས་ཀུན་ཏུ་འབད་པར་མཛད། རྒྱུད་གྲྭར་ སྔགས་ཀྱི་དམ་བཅའ་དང་དགའ་ལྡན་དགུན་ཆོས་ཀྱི་དགེ་སྐྱོས་སོགས་རིམ་པ་མཛད། དགུང་ལོ་ཞེ་བཞི་པར་རྒྱུད་སྟོད་བླ་མ་དབུ་མཛད་ཀྱི་ཁྲི་འདོན་དང་མི་རིང་བར་མཁན་པོའི་ཁྲི་འདོན་ཡང་གནང་། མཁན་ཁྲི་དགོངས་འཕྲོལ་བྱུང་རྗེས་སྤང་ལུང་རི་ཁྲོད་དུ་ལོ་བརྒྱད་བཞུགས་རིང་དཀའ་སྤྱད་སྙིང་རུས་ཆེན་པོས་ཕྱག་སྐོར་མཎྜལ་སོགས་བསགས་སྦྱངས་དང་། བསྐྱེད་རྫོགས་ཀྱི་ཉམས་ལེན་ལ་གཅིག་ཏུ་འགྲུས་མཛད་ལས་ཐུན་མོང་དང་ཐུན་མོང་མ་ཡིན་པའི་ལམ་གྱི་ཡོན་ཏན་མཐའ་དག་རྒྱུད་ལ་སྐྱངས་པ་བཞིན་དུ་གྱུར། དགུང་ལོ་ང་བཞི་པར་ཤར་པ་ཆོས་རྗེའི་ཁྲི་ཐོག་ཏུ་ཕེབས། རབ་བྱུང་བཅུ་བཞིའི་ལྕགས་ལུག（སྤྱི་ལོ1811）

ལོར་༧རྒྱལ་དབང་ལུང་རྟོགས་རྒྱ་མཚོའི་ཡོངས་འཛིན་དུ་བསྐོས། ཤིང་ཕག་སྟེ(སྤྱི་ལོ1815) ལོར་དགའ་ལྡན་གྱི་ཁྲིར་འཁོད། ཆུ་རྟ(སྤྱི་ལོ1822) ལོར་ཡོངས་འཛིན་དང་དགའ་ལྡན་ཁྲི་པ་དགོངས་ཞུ་མཛད་དེ་ལོ་བཅུ་བདུན་ཙམ་སོང་མཐར་བོད་རབ་བྱུང་བཅུ་བཞི་པའི་ས་ཁྱི(སྤྱི་ལོ1838) ལོར་འདས།

ཁྲི་སྤྲུལ་བློ་བཟང་རྒྱལ་མཚན་སེང་གེ། རྗེ་འདི་ནི་མདོ་སྨད་ཁྲིམ་ཐོག་ཏུ་རབ་བྱུང་བཅུ་གསུམ་པའི་མེ་གླང(སྤྱི་ལོ1757) ལོར་སྐུ་འཁྲུངས། དགུང་ལོ་བཞི་ལ་མཁན་ཆེན་ཆོས་སྐྱོང་རྒྱ་མཚོའི་དྲུང་དུ་གཙུག་ཕུད་ཕུལ། མཚན་བློ་བཟང་རྒྱལ་མཚན་སེང་གེ་ཞེས་བསྩལ། དགུང་ལོ་བདུན་ལ་དགའ་ལྡན་ཆོས་གླིང་གི་ཁྲིར་ཕེབས། དགེ་སློང་བློ་བཟང་ཐོས་བསམ་ནས་ཀློག་བསླབས། དགུང་ལོ་བརྒྱད་ལ་སྒོ་མང་དགེ་བཤེས་བློ་བཟང་ཤེས་རབ་ཡོངས་འཛིན་དུ་བསྟེན་ནས་གཞུང་ལ་སློབ་སྦྱོང་གནང་། དགུང་ལོ་བཅུ་དྲུག་ལ་ཕེབས་སྐབས་བསྟོད་པ་མི་འགྱུར་མའི་འགྲེལ་པ་བརྩམས། དགུང་ལོ་ཉེར་གསུམ་ལ་ཞོགས་ཁར་པཎ་ཆེན་དཔལ་ལྡན་ཡེ་ཤེས་མཆོག་ནས་མཁན་སློབ་སྦྲགས་མས་ཡོངས་རྫོགས་དགེ་སློང་གི་དངོས་པོ་བསྒྲུབས། དགུང་ལོ་བཅུ་བདུན་ནས་ཉེར་ལྔའི་བར་དགོན་པའི་རྟེན་དང་བརྟེན་པ་བཅས་གསར་སྐྲུན་མཛད། དགུང་ལོ་ཉེར་དྲུག་ལ་དབུས་འགྱུར་ཆོས་ཀྱི་ཞིང་སར་ཐོན་ནས་༧རྒྱལ་དབང་འཇམ་དཔལ་རྒྱ་མཚོ་དང་ཚ་རོང་ནོ་མོན་ཧན་མཇལ། འབྲས་སྤུངས་སྒོ་མང་གི་ཆོས་གྲྭར་ཞུགས། ཏོར་སྐལ་བཟང་དོན་གྲུབ་དགེ་རྒན་དུ་གདན་དྲངས་ཏེ་གཞུང་ལ་སློབ་གཉེར་གནང་སྟེ་ལོ་བདུན་བཞུགས། དགུང་ལོ་སོ་གཉིས་ལ་མདོ་སྨད་དུ་ཕྱིར་ཕེབས་ནས་དགུང་ལོ་ལྔ་བཅུ་བར་སྨད་ཕྱོགས་སུ་བཞུགས། དགུང་ལོ་ང་གཉིས་ལོར་བོད་དུ་ཕེབས་ནས་ཡོངས་འཛིན་ཡེ་ཤེས་རྒྱལ་མཚན་དང་། ཀློང་རྫོལ་ངག་དབང་བློ་བཟང་། ཁྲི་ཆེན་བློ་བཟང་ཡེ་ཤེས་བསྟན་པ་རབ་རྒྱས་སོགས་མཇལ་ནས་དབང་བཀའ་མང་དུ་གསན་ཏེ་མདོ་སྨད་དུ་ཐོན། རྒྱ་ནག་ཏུ་ཐུ་རྗེས་ཐེངས་གཉིས་ཕེབས། དགུང་ལོ་ང་བརྒྱད་ནས་དགུང་ལོ་གོ་གཅིག་བར་གདན་ས་དགའ་ལྡན་ཆོས་གླིང་། གཙོའི་དགོན། རོང་པོ་བདེ་ཆེན་སོགས་དགོན་སྡེ་མང་ཆེ་བར་བཤད་སྒྲུབ་བསྟན་པ་དབྱར་མཚོ་ལྟར་སྤེལ། མཛོད་དགེ་དཀར་མོར་མཚན་ཉིད་ཀྱི་དགོན་པ་གསར་བཞེངས་མཛད། སྔགས་ཕྱོགས་ཀྱི་རྒྱུད་གྲྭ་བཙུགས།

སྐུ་ཚེ་གང་པོར་དམ་པའི་ཆོས་ཀྱི་འཁོར་ལོ་རྒྱ་ཆེར་བསྐོར། བཀའ་རྩོམ་ཡང་ཤཱཀྱའི་དགེ་སློང་སུམ་ཛེ་ར་ཛ་སི་ཧའི་རྟོགས་པ་བརྗོད་པ་ཉིན་མོའི་འོད། གྲུབ་པའི་མཐའ་རྣམ་པར་གཞག་པ་ནོར་བུའི་ཕྲེང་བ། རྒྱུད་སྡེ་བཞིའི་དབང་གི་བརྒྱུད་འདེབས་བསྟོད་ཚོགས་ཞབས་བརྟན་སྨོན་ཚིག་གི་སྐོར་རྣམས་ཕྱོགས་གཅིག་ཏུ་བཀོད་པ་དཔག་བསམ་ཡོངས་འདུའི་ལྗོན་ཤིང་། ལམ་གྱི་གཙོ་བོ་རྣམ་གསུམ་གྱི་རྣམ་བཤད་སྐལ་བཟང་རེ་སྐོང་། མགོན་པོ་ཡིད་བཞིན་ནོར་བུ་ལ་བརྟེན་པའི་གཏེར་སྒྲུབ་བྱ་ཚུལ་འདོད་འཇོའི་བུམ་བཟང་། ལེགས་པར་སྦྱར་བའི་སྐད་དང་གངས་ཅན་བོད་ཀྱི་བརྡ་ཤན་སྦྱར་ཏེ་ཀཱ་ལེའི་ཕྲེང་བར་བསྒྲིགས

པ་མཁས་པ་དགའ་བྱེད། རྫོ་རྗེ་འཇིགས་བྱེད་ནག་པོ་མདའ་འགེངས་ཀྱི་སྒྲུབ་ཐབས་འཇིགས་མཛད་ཞལ་ལུང་བདུད་འཇོམས་དཔའ་བོའི་གད་རྒྱངས་སོགས་མདོ་སྔགས་རིག་གཞུང་གི་བསྟན་བཅོས་པོད་བདུན་ལྷག་མཛད། སྐུ་ཚེ་ཡང་རིང་པོར་འཚོ་གཞིས་བཞུགས་ཏེ་དགུང་ལོ་གོ་གསུམ་ལ་ཕེབས་པ་རབ་བྱུང་བཅུ་བཞི་པའི་ས་བྱ(སྤྱི་ལོ1849)ལོར་སྐུ་གཤེགས།

མཁན་ཆེན་དགེ་འདུན་རྒྱ་མཚོ། རྗེ་འདི་ནི་རོང་བོའི་བླ་མ་ཞིག་ཡིན། རབ་བྱུང་བཅུ་གཅིག་པའི་ས་ལུག(སྤྱི་ལོ1679)ལོར་མདོ་སྨད་རེབ་གོང་ཡུལ་དུ་ཡབ་ཚེ་ཐར་སྐྱབས་དང་། ཡུམ་ལྷ་མོ་སྐྱབས་གཉིས་ཀྱི་སྲས་སུ་འཁྲུངས། རྗེ་བསམ་གཏན་རྒྱ་མཚོའི་སྤྲུལ་སྐུར་ངོས་འཛིན་ཞུས། དགུང་ལོ་བཅུ་པར་རོང་བོའི་བླ་མ་དངོས་གྲུབ་མདུན་རབ་ཏུ་བྱུང་སྟེ་ཆོས་གྲྭར་ཞུགས། ཆུ་དམར་སློམ་ཆེན་བློ་བཟང་རྒྱ་མཚོ་དང་། གཡེར་གཤོང་འཇམ་དབྱངས་གྲགས་པ། བདེ་ཆེན་དཔོན་སློབ་བློ་བཟང་བཀྲ་ཤིས། དཔོན་སློབ་ཆོས་འཕེལ་རྒྱ་མཚོ་སོགས་ལས་བཀའ་ཆོས་མང་པོ་གསན། རོང་པོ་སྤྲུལ་སྐུ་འཕྲིན་ལས་རྒྱ་མཚོ་དང་མཉམ་དུ་རྣམ་འགྲེལ་སྐོར་ཚོགས་གླིང་མཛད། དགུང་ལོ་ཉེར་ལྔ་ལ་ལ་མོ་བདེ་ཆེན་དུ་ཕེབས། དེར་དམ་བཅའ་མཛད། ཆུ་བཟང་དང་དགོན་ལུང་གཉིས་སུ་གྲྭ་སྐོར་གནང་། དགུང་ལོ་ཉེར་དྲུག་ལ་ཕེབས་པ་རབ་བྱུང་བཅུ་གཉིས་པའི་ཤིང་སྤྲེལ(སྤྱི་ལོ1704)ལོར་དབུས་སུ་ཕེབས། འབྲས་སྤུངས་སྒོ་མང་བླ་བྲང་དུ་ཀུན་མཁྱེན་འཇམ་དབྱངས་བཞད་པའི་རྡོ་རྗེ་ལས་དབང་རྗེས་གནང་ལུང་ཁྲིད་མཐའ་ཡས་པ་གསན། དགེ་ཚུལ་དང་བསྙེན་རྫོགས་བསྒྲུབས། དགུང་ལོ་སོ་དྲུག་པར་ལྷ་ས་སྨོན་ལམ་ཆེན་མོའི་ཐོག་གཞུང་པོད་ལྔའི་བཤད་པ་དང་རྩོད་པ་མཛད་ནས་ལྷ་རམས་པའི་མཚན་རྟགས་བཞེས། དགུང་ལོ་བཞི་བཅུ་པ་ས་ཁྱི(སྤྱི་ལོ1718)ལོར་སྨོན་ལམ་གྱི་རྗེས་སུ་ལྷ་སར་དགེ་བཤེས་སུ་བཟང་བརྟག་པའི་མཁས་པ་བརྒྱ་ཕྲག་སྟོང་དུས་རྗེ་འདིས་ཨང་དང་པོ་བཞེས། དེ་ནས་བཀྲ་ཤིས་ལྷུན་པོར་ཕེབས། སྔགས་གྲྭར་ཞུགས། དེ་རྗེས་གཞུང་ནས་གཙང་དཔལ་འཁོར་ཆོས་སྡེའི་མཁན་པོར་བསྐོས། དགུང་ལོ་ང་བཞི་པ་ཆུ་བྱི(སྤྱི་ལོ1732)ལོར་མདོ་སྨད་རེབ་གོང་དུ་ཕེབས། དགོན་ཆེན་གྱི་ཁྲི་ལ་ལོ་བདུན་བཞུགས། བསྟུས་གྲྭའི་ལེགས་བཤད་གྲངས་མེད་སྐལ་བཟང་བློ་གྲོས་ཀྱི་པད་ཚལ་བཞད་པའི་ལུང་རིགས་ཀྱི་ཉི་མ་ཞེས་བྱ་བ་བཀའ་རྩོམ་མཛད། རོང་བོའི་གདན་ས་བཟུང་། མདོ་སྨད་ཕྱོགས་ཀྱི་དགོན་ཁག་ཡོངས་སུ་ཕེབས་ཤིང་འཆད་ཉན་ཉམས་ལེན་གྱི་བྱ་བ་རྒྱ་ཆེར་སྤེལ། དགུང་ལོ་གྱ་བདུན་པ་རབ་བྱུང་བཅུ་གསུམ་པའི་ཤིང་བྱ(སྤྱི་ལོ1765)ལོར་སྐུ་གཤེགས།

མཁན་ཆེན་ཉི་མ་བསྟན་འཛིན། རྗེ་འདི་ནི་རྒྱལ་བ་མཉམ་མེད་ཆེན་པོ་ཤེས་རབ་རྒྱལ་མཚན་གྱི་ཁྲི་འཛིན་མཁན་རབས་ཉེར་གཉིས་པ་ཡིན། མཁན་ཆེན་མཆོག་མདོ་ཁམས་བུམ་པོར་སྨད་སྡེ་དགེའི་ཁོངས་ཀམ་ཚང་གདུང་ལ་རབ་བྱུང་བཅུ་བཞི་པའི་ཆུ་བྱ(སྤྱི་ལོ1813)ལོར་སྐུ་འཁྲུངས། ཆུང་དུས་གཡུང་དྲུང་ཉི་མ་རྒྱལ་མཚན་གྱིས་རྗེས་སུ་བཟུང་ནས་ཕྱི་ནང་གསང་བའི་བོན་སྡེའི་དབང་ལུང་ཕྱག་ལེན་དང་རིག་གནས་

སོགས་ལ་གསན་སྦྱངས་གནང་། ཤེས་བྱ་ཀུན་ལ་ལན་རེ་གཟིགས་པ་ཙམ་གྱིས་གསལ་རྟོགས་མཁྱེན་པའི་སྤོབས་པ་རྒྱས། དེ་ནས་ཁུ་བོ་རིན་པོ་ཆེ་དང་མཉམ་དུ་གཙང་ལ་བྱོན་ནས་བཀྲ་ཤིས་ལྷུན་རི་དགོན་པར་སྒྲིག་ཞུགས་མཛད། སྐྱབས་མགོན་བློ་བ་རྒྱལ་མཚན་སོགས་སྐྱེས་ཆེན་དུ་མའི་ཞབས་ལ་གཏུགས་ནས་མདོ་སྔགས་རྒྱུད་སྡེའི་ཚིག་དོན་ཀུན་ལ་མཁས་པར་སྦྱངས། ཁྱད་པར་དུ་དྲང་སྲོང་གི་སྡོམ་ཁྲིམས་ཉིས་བརྒྱ་ལྔ་བཅུ་དང་གསང་སྔགས་ཀྱི་དབང་ལུང་ཁྲིད་སོགས་མཁན་ཆེན་བསོད་ནམས་བློ་གྲོས་ཀྱི་དགོངས་བཅུད་ཟབ་མོ་གསན་བཞེས་གནང་སྟེ་མཁས་དང་གྲུབ་པའི་རྟེར་སོན། གཡུང་དྲུང་བོན་གྱི་བསྟན་པ་སྐྱོང་བའི་དགེ་བའི་བཤེས་གཉེན་གྱི་མཚན་སྙན་རྒྱ་ཆེར་ཁྱབ། དགུང་ལོ་ཉེར་བཞིའི་སྟེང་མཉམ་མེད་རྒྱལ་བའི་རྒྱལ་ཚབ་ཏུ་གསེར་ཁྲིར་མངའ་གསོལ། སྐུ་གསུང་ཐུགས་ཀྱི་རྟེན་གསུམ་བྱིན་ཅན་མང་དུ་བཞེངས། རབ་ལེགས་གཡུང་དྲུང་གླིང་དུ་སྐྱབས་མགོན་གྱི་བཀའ་བཞིན་མཚན་ཉིད་གཞུང་ཆེན་དྲུག་གི་བཤད་གྲྭ་བཙུགས་ནས་ཡོངས་འཛིན་དུ་བཞུགས། སློབ་མའི་ཚོགས་མང་དུ་བསྐྱངས། ཧོར་འབྲོག་ཀླུ་ཕུག་གཡུང་དྲུང་བདེ་ཆེན་གླིང་སོགས་གཤེན་བསྟན་སྨན་རིའི་སྲོལ་འཛིན་གྱི་དགོན་ལག་མང་པོ་ཕྱག་བཏབ། ཚོང་གི་ཕྱག་རྩོམ་ལ་མཚོན་ན། ཤེས་རབ་ཀྱི་བླ་ན་མེད་པར་ཕྱིན་པ་མངོན་རྟོགས་རྒྱན་གྱི་འགྲེལ་བ་དཀའ་གནད་རབ་གསལ་དང་། རྣམ་བཤད་གཞུང་འགྲེལ། རྒྱལ་བ་མཉམ་མེད་ཆེན་པོའི་རྣམ་ཐར། བསྟོད་ཕྱག་སྐུ་གསུམ་ལྷུན་གྲུབ་ཀྱི་འགྲེལ་པ། ཐུན་མོང་བསྡུས་གྲྭའི་རྣམ་གཞག རྟེས་གཞུང་འོད་ཟེར་འབུམ་ལྡན། བསྟན་རྩིས་ནོར་བུའི་ཕྲེང་བ། བརྡ་དག་འབེལ་གཏམ་ཉི་འོད་གཞོན་ནུ་སོགས་ཤིན་ཏུ་མང་། དེ་ནས་རྗེ་ཉིད་མཁན་ཟུར་དུ་བཞུགས་རྗེས་བསྙེན་སྒྲུབ་མཐར་སོན་ཏེ་ཡི་དམ་ལྷའི་ཞལ་གཟིགས་པར་གྲགས། ཞལ་སློབ་མཆོག་ཏུ་གྱུར་པ་བསོད་ནམས་ཕུན་ཚོགས་དང་། འགྲོ་མགོན་ཤེས་རབ་གཡུང་དྲུང་། མཁན་ཆེན་སྐལ་བཟང་ཉི་མ་སོགས་མང་དག་བྱུང་། དགོངས་རྫོགས་ཀྱི་དུས་ཚོད་གཅིག་ཏུ་མ་ངེས་པར་བཞེད་པ་མི་འདྲ་བ་ཆུང་ཟད་ཡོད་རུང་། མང་ཆེ་བས་རྗེ་འདི་ཉིད་དགུང་ལོ་སོ་དྲུག་ཏུ་ཕེབས་པ་རབ་བྱུང་བཅུ་བཞི་པའི་ས་སྤྲེལ（སྤྱི་ལོ1848）ལོ་ལ་འདས་པར་བཞེད།

མཁར་རྗེ་བཟོད་པ་རྒྱ་མཚོ། ཆོས་འཁོར་དཔལ་གྱི་ལྷ་ས་སྟེང་ཁང་སྤུག་ཏུ་ཡབ་སྔགས་འཆང་དག་དབང་ཚུལ་ཁྲིམས་དང་། ཡུམ་ཨ་ལྷེ་སྐྱིད་གཉིས་ཀྱི་སྲས་སུ་རབ་བྱུང་བཅུ་གཅིག་པའི་ཆུ་བྱི（སྤྱི་ལོ1672）ལོར་འཁྲུངས། མཚན་ཤེས་རབ་རྒྱ་མཚོར་གསོལ། དགུང་ལོ་བཅུ་གསུམ་ལ་སེར་བྱེས་གྲྭ་ཚང་དུ་ཆོས་ཞུགས་མཛད། སློབ་དཔོན་རྒྱལ་མཚན་དོན་གྲུབ་སར་རབ་བྱུང་བསྒྲུབས་ནས་མཚན་བཟོད་པ་རྒྱ་མཚོར་གསོལ། དགུང་ལོ་བཅུ་བཞི་ནས་གཞུང་ཆེན་བཀའ་པོད་ལྔར་གསན་བསམ་མཛད། དགུང་ལོ་ཉི་ཤུ་ཐམ་པར་སློབ་དཔོན་རྒྱལ་མཚན་དོན་གྲུབ་དྲུང་དུ་བསྙེན་པར་རྫོགས། དགུང་ལོ་ཉེར་གཉིས་ཐོག་ཡེར་པ་དང་། མཁར་རྗེ། འཕན་པོ་ཤར་འབུམ་པ་སོགས་ལ་ཕེབས་ནས་ལམ་རིམ་ལ་ཐུགས་གཉེར་མཛད། དེ་ནས་མཁར་རྗེའི་

གནས་འདི་ཕུན་སུམ་ཚོགས་པ་ཞིག་འདུག་པས་དེར་སྒྲུབ་པ་སྙིང་པོར་བཞུགས་རྒྱུ་གཏན་ཁེལ་ནས་དཀའ་ཆེན་ངག་དབང་གྲགས་པ་དང་། སྒྲུབ་ཁང་དགེ་ལེགས་རྒྱ་མཚོ་སོགས་བླ་མ་མང་པོ་བསྟེན། དགུང་ལོ་ཉེར་ལྔ་ལོ་ལ་སྔོ་དྭགས་དང་། གཙང་ཁྲུལ་གནས་ཆེན་ཁག་ལ་རེས་འཁོར་གྱིས་སྒྲུབ་པ་ཉམས་ལེན་གནང་བ་དང་། འཚོ་ཆད་ཀྱི་ཐད་མེ་ཏོག་བཅུད་ལེན་ཕྱུག་བཞེས་མཛད། དགུང་ལོ་སོ་ལྔ་པ་རབ་བྱུང་བཅུ་གཉིས་པའི་མེ་ཁྱི(སྤྱི་ལོ1706)ལོའི་ས་ག་ཟླ་བར་མཁར་རྡོ་རི་ཁྲོད་དུ༧རྒྱལ་བ་སྐུ་ཕྲེང་དྲུག་པ་ཚངས་དབྱངས་རྒྱ་མཚོ་གནས་འདིར་སྤྱན་དྲངས། ཐུབ་བསྟན་ཡོངས་སྙིང་བྱ་བཏང་བློ་བཟང་སྙོམ་ཆུང་གི་སྐུ་ཚེ་སྟོད་ཀྱི་རྣམ་ཐར་མགུར་མ། མཁས་གྲུབ་ཐམས་ཅད་མཁྱེན་པ་དགེ་ལེགས་དཔལ་བཟང་པོའི་རྣམ་ཐར། བླ་མ་མཆོད་པའི་ཁྲིད་ཡིག་ཡིད་ཆེས་རྒྱུད་ལྡན་ཟབ་གསལ་སྙིང་པོ་རྗེན་པར་ཕྱུང་བ། བྱང་ཆུབ་ལམ་གྱི་རིམ་པ་བདེ་ལམ་གྱི་ཞལ་ཤེས་ལྡན་ཐབས་སོགས་གསུང་རྩོམ་པོད་གཅིག་ཙམ་ལྷུགས་རྩོམ་མཛད། འདས་ལོ་དང་ཞིབ་རྣམས་མ་རྙེད།

མཁས་གྲུབ་ཆེན་པོ་དཀོན་མཆོག་སེང་གེ། རྗེ་འདི་ཉིད་རབ་བྱུང་བཅུ་གསུམ་པའི་ས་བྱི(སྤྱི་ལོ1768)ལོར་ཡབ་སྣང་རའི་བེ་ཏུ་བློ་གྲོས་དང་ཡུམ་སྙིང་མོ་རྒྱལ་གཉིས་ཀྱི་སྲས་སུ་འཁྲུངས། རྗེ་འཇམ་དབྱངས་བཞད་པ་ལས་རབ་བྱུང་དང་དགེ་ཚུལ་བསྒྲུབས། ཚེ་རིག་ཐུ་དཔོན་པོའི་དྲུང་ནས་ཡི་གེ་བསླབས། དེ་ནས་གསོལ་དཔོན་གཙང་སྟོན་པའི་ནང་དུ་བཞུགས་ནས་དགེ་རྒན་དུ་བསྟེན། ཐོས་བསམ་གླིང་གི་ཆོས་གྲྭར་རིག་ལམ་ལ་སྦྱངས་པས་རིགས་སྨྲ་རྗེར་སོན། དགུང་ལོ་བཅུ་བདུན་ལ་ཕེབས་པ་ཤིང་འབྲུག་ལོར་རྗེ་འཇམ་བཞད་པ་མཆོག་གིས་དབུས་ཕྱོགས་སུ་འཁྲིད་ཕེབས། ལྷ་སར་ཀློང་རྡོལ་བླ་མ་རིན་པོ་ཆེ་ལས་ལམ་རིམ་ཆེ་ཆུང་གི་བཤད་ལུང་སོགས་ཆོས་བཀའ་གང་གནང་ཆག་མེད་གསན་བཞེས་མཛད། རིགས་ལམ་ལ་ཐར་ནས་བྱང་ཞིང་འཛིན་སྐྱོར་སྦྱངས་ལ་ཐུགས་བརྩོན་ཆེ་བས་གསར་བའི་དུས་ནས་སློབ་གཉེར་བ་གྲགས་ཅན་ཞིག་ཏུ་གྱུར། ཏེ་པོ་དགེ་བཤེས་སངས་རྒྱས་བཀྲ་ཤིས་དང་མཉམ་དུ་ཕར་ཕྱིན་དང་། ཏེ་པོ་དགེ་བཤེས་ཚེ་དབང་འབུམ་དང་ལྷན་དུ་འདུལ་བའི་ཚོགས་གླིང་ཡང་གནང་། སྨོན་ལམ་གྲྭ་སྐོར་སྐབས་སློབ་གཉེར་བ་གྲགས་ཅན་ཡིན་སྟབས་གདན་ས་གསུམ་དང་། རྒྱུད་གྲྭ་སྟོད་སྨད་ཀྱི་དགེ་བཤེས་དྲེགས་རིགས་ཀྱིས་རིགས་ལུང་བྲག་ཐོག་ནས་ཆུ་འཐོ་བ་ལྟ་བུ་བྱུང་ཡང་ཁས་ལེན་ལ་སུས་ཀྱང་མ་གནོད་པས་ལྷ་རམས་པའི་ཨང་དང་ཐོན། ༧རྒྱལ་དབང་འཇམ་དཔལ་རྒྱ་མཚོའི་དྲུང་ནས་ཐེག་ཆེན་གསོ་སྦྱོང་གི་སྡོམ་པ་མནོས། ཁྲི་ཆེན་རྒྱལ་རོང་བ་བློ་བཟང་སྨོན་ལམ། ཁྲི་ཆེན་ཏེ་པོ། དགེ་བཤེས་ཁྱབ་བདལ་སོགས་རྟོག་ལྡན་མཁས་གྲུབ་དུ་མའི་ཞབས་ལ་གཏུགས་ནས་འགྲེལ་བ་ཞི་སྒྲུགས། སྐབས་དོན་ཀུན་གསལ་སོགས་གསན་ཅིང་། ཀླུ་འབུམ་ར་རྐོང་དཔོན་སློབ་དོན་གྲུབ་དང་། དགེ་འཕེལ་གནས་བརྟན་པ་རྣམ་གཉིས་ལས་ནཱ་རོ་ཆོས་དྲུག་གི་ཉམས་ཁྲིད་གསན་ཏེ་ལུས་སྦྱོང་རླུང་སྦྱོང་ལ་བསླབས། དབེན་ས་སྙན་བརྒྱུད་ཀྱི་གཅོད་ཐུགས་ཉམས་སུ

བཞེས་པས་མཚན་མོ་འགར་སྒོ་མང་ཆོས་གྲྭའི་སེང་གདོང་མའི་གནས་དང་། འབྲས་སྤུངས་དུར་ཁྲོད་རྣམས་སུ་ལུས་སྦྱིན་བཏང་བར་གཟུགས་མེད་པའི་ལག་པ་འཛིན་ལ་ཁད་ལྷ་བུའི་སྣང་བ་འཁྲུལ་མེད་དུ་བྱུང་། ས་རྟ(སྤྱི་ལོ1798)ལོར་དགོན་པར་ཕྱིར་ཕེབས། རབ་བྱུང་བཅུ་བཞི་པའི་ས་སྦྲུལ(སྤྱི་ལོ1809)ལོར་བཀྲ་ཤིས་འཁྱིལ་གྱི་གདན་རབས་ཉེར་ལྔ་པའི་ཁྲིར་ཕེབས། མཛོད་དཀའ་རམས་ཀྱི་སློབ་གཉེར་མ་བྱས་པ་ལོ་ཞུང་གི་རིགས་གཞམ་དུ་ཕབ་ནས་བསྡུས་ཆུང་ཚུགས། སློ་རིག་དམན་པ་རྣམས་ལ་དཔར་དང་ཡི་གེ་བསླབས། གྲྭ་ཚང་ཁག་ལ་འདོན་རྟ་དབྱངས། ཐིག་རྩལ་ཆོན། བཅའ་བཟོ། རོལ་མོ་འབུད་དཀྲོལ་སོགས་ལ་གཟིགས་རྟོགས་དང་དོ་དམ་གང་ཞིབ། འཁྲིག་ལམ་ལ་དག་ཐེར་སོགས་མཛད་པས་འཆད་ཉན་གྱིས་ཉིན་མཚན་འདའ་བ་ཞིག་བྱུང་། རྗེ་ཉིད་ཀྱི་མཁྱེན་ཡོན་འགྲན་ཟླ་དང་བྲལ་ཏུང་འཆད་ཉན་གྱི་བརྩོན་པ་མི་ལྷོད་པར་དམ་པ་མང་པོ་ལས་ཟབ་ཆོས་མཐའ་ཡས་པ་གསན། གསང་འདུས་འཇམ་རྡོར། འཇམ་དཔལ་གསང་ལྡན། ཐུབ་པ་དམ་ཚིག་གསུམ་བཀོད་རྣམས་ཀྱི་དབང་། སྒྲུབ་ཐབས་རིན་འབྱུང་། ནག་པོ་གདའ་འགེང་གི་རྗེས་གནང་སོགས་ཆོས་བཀའ་མང་དུ་གནང་། ཕྱོགས་ཀྱི་དགོན་ལག་རྣམས་ལ་བླ་མ་ལས་སྡེ་བསྐོ་གཞག ལྷ་སྡེ་གསར་སྒྲིག་དང་སྔར་ཡོད་སོ་སོར་འགོ་དཔོན་འཛུག་འཛུགས་ཀྱིས་མཆོད་བླ་བྲང་ཆེན་མོའི་སྐུ་དོན་ཆེ་ཕྲ་མཐའ་དག་གི་ཁུར་བབས་གང་ཡོད་ལེ་ཤོར་སྐད་ཅིག་ཀྱང་མེད་པ་གནང་། དེ་ལྟར་ཆོས་སྲིད་ཀྱི་སྐུ་དོན་གྲུ་བཟུར་མ་ཉམས་པར་ཀུན་གཟིགས་མཆོག་གི་ཕྱག་ཏུ་ཕུལ་ཏེ་ཚོགས་ཆེན་ཁྲི་དང་ཕྱག་མཛོད་ཀྱི་དགོངས་པ་རིམ་ཁྲོལ་གྱིས་ཟུར་བཞུགས་མཛད། དེ་ནས་ཚ་གན་པོ་ཤིང་སོགས་ཡུལ་དགོན་མང་པོར་ཞབས་ཀྱིས་བཅགས་ཏེ་ཆོས་ཀྱི་འཁོར་ལོ་རྒྱ་ཆེར་བསྐོར། ཡུལ་ལུང་འགོ་དཔོན་ཁག་པན་ཚུན་འཁོན་སྡང་རྩོད་རྙོག་གི་གླེང་ལང་འཐབ་འཁྲུག་སོགས་བྱུང་བར་རྗེ་གང་གིས་ཞི་མཐུན་ཞིང་འགྲིག་གི་འདུམ་མང་པོ་མཛད་པས་སྐྱེ་བོའི་བདེ་འཛམ་ལ་ཤིན་ཏུ་སྨན་པ་བྱུང་། དགུང་ལོ་དྲུག་ཅུ་ལ་ཕེབས་པ་མེ་ཕག(སྤྱི་ལོ1827)ལོར་གདན་སར་ཕྱིར་ཕེབས་ནས་རྒྱ་འབྲུག་བར་ལོ་ལྔའི་རིང་བཅད་རྒྱ་མཛད་དེ་ཐུགས་དམ་འབའ་ཞིག་གནང་། ཐར་གླིང་རྗོལ་རིན་པོ་ཆེའི་མ་འོངས་སྟོན་གཟིགས་བྱུང་བ་ཇི་བཞིན་རྗེ་འདི་ལ་སྟོང་ཉིད་ཀྱི་རྟོགས་པ་འཁྲུངས། མཐར་རབ་བྱུང་བཅུ་བཞི་པའི་ཆུ་སྦྲུལ(སྤྱི་ལོ1833)ལོར་དགོངས་པ་ཆོས་དབྱིངས་སུ་གཤེགས།

མཁས་གྲུབ་ཐར་ཕྱུལ་བ་དགེ་འདུན་ཆོས་སྐྱོང་། རྗེ་འདི་ནི་མདོ་སྨད་ཆེ་ཧིའི་ཀླུ་མཁར་དུ་ཡབ་རྡོ་རྗེ་རབ་བརྟན་དང་། ཡུམ་དཔལ་འཛོམས་གཉིས་ཀྱི་སྲས་སུ་རབ་བྱུང་བཅུ་བཞི་པ་ལྕགས་རྟ(སྤྱི་ལོ1810)ལོར་སྐུ་འཁྲུངས། དགུང་ལོ་བདུན་ལ་འདུལ་འཛིན་པ་དགེ་འདུན་ཡར་འཕེལ་གྱི་དྲུང་ནས་དགེ་བསྙེན་དང་། བར་མ་རབ་བྱུང་། དགེ་ཚུལ་གྱི་སྡོམ་པ་རྣམས་དཀྱུས་གཅིག་ལ་ཡང་དག་པར་མནོས་ཏེ་མཚན་དགེ་འདུན་ཆོས་སྐྱོང་ཞེས་གསོལ། དགུང་ལོ་བཅུ་བཞིར་བདེ་ཆེན་དགེ་ཚོགས་གླིང་དུ་ཆོས་གྲྭར་ཞུགས།

དགེ་བསྙེན་ཆེན་པོ་ངག་དབང་བཟོད་པ་ཡོངས་འཛིན་དུ་བསྟེན་ནས་གཞུང་ཆེན་པོད་ལྔར་གསན་སྦྱངས་མཛད། དགུང་ལོ་ཉེ་ཤུར་རྗེ་ངག་དབང་བསྟན་འཛིན་གྱི་དྲུང་ནས་བསྙེན་རྫོགས་ཀྱི་སྡོམ་པ་བཞེས། དགུང་ལོ་ཉེར་བཞིར་རྗེ་ཉིད་ཀྱི་གདན་ས་བདེ་ཆེན་ཆོས་གླིང་གི་ཆོས་ཁྲིར་མངའ་གསོལ། དེ་ནས་གཞུང་བརྒྱ་སྨྲ་བའི་དབང་པོ་ལྷ་རམས་པ་བྱམས་པ་དང་། རྗེ་ངག་དབང་བསྟན་འཛིན་གཉིས་ཀྱི་དྲུང་ནས་ལོ་བཞིའི་རིང་མདོ་སྔགས་ཀྱི་ལུང་གསན། དགུང་ལོ་ཉེར་བརྒྱད་ལ་གྲུབ་གནས་ཆོས་ལུང་གསེར་དགོན་གྱི་རི་ཁྲོད་དུ་བཞུགས་ནས་དེའི་རིང་མདོ་སྔགས་ཀྱི་ཆོས་མང་པོ་ཉམས་ལེན་གནང་། དགུང་ལོ་སོ་བརྒྱད་ལ་ལྷ་སར་ཕེབས། དེའི་ཕྱི་ལོར་མདོ་སྨད་དུ་ཕྱིར་ཕེབས། དགུང་ལོ་ང་བརྒྱད་ནས་བཟུང་ཕྱུག་རྫས་གང་ཡོད་གོང་བའི་གྲྭ་ཚང་དང་། འཇམ་མོའི་གྲྭ་ཚང་། ཅོག་རོང་། ཏོར་རྒྱའི་གྲྭ་ཚང་། མི་ཉག་གྲྭ་ཚང་སོགས་གསར་བཞེངས་ཀྱི་དགོས་མཁོར་གཏོང་གནང་གིས་འདུ་ཁང་ཁག་ཉི་ཤུ་བཞེངས། དགུང་ལོ་དྲུག་ཅུ་རེ་གཉིས་བཞེས་པ་ན་གོང་བའི་གྲྭ་ཚང་ཐོས་བསམ་གླིང་དུ་རྗེ་བཙུན་བློ་བཟང་བསྟན་པ་རྒྱ་མཚོ་དང་། མངའ་བདག་ལྷ་རི་བློ་བཟང་འབྱུང་གནས་ཀྱི་སྤྲུལ་སྐུ་རིན་པོ་ཆེ་བློ་བཟང་བཀྲ་ཤིས་སོགས་བླ་སྤྲུལ་ཁ་ཤས་ལ་མདོ་སྔགས་ཡོངས་རྫོགས་ཀྱི་དགེ་བའི་བཤེས་གཉེན་ཤིན་ཏུ་མང་པོར་མདོ་སྔེ་ཀུན་གྱི་གསུང་བཤད་གནང་། བཀའ་རྩོམ་ཡང་རྗེ་དཔོན་སློབ་རིན་པོ་ཆེ་བློ་བཟང་བསྟན་པའི་རྒྱལ་མཚན་གྱི་རྣམ་ཐར་དང་། སྲིད་བརྒྱུད་ལུགས་ཀྱི་བླ་མའི་རྣལ་འབྱོར་གྱི་དམིགས་ཁྲིད་སྐྱོང་ཚུལ་མདོར་བསྡུས། བློ་སྦྱོང་དོན་བདུན་མའི་ཁྲིད་ཡིག་མདོར་བསྡུས་དོན་བཟང་བདུད་རྩིའི་སྙིང་པོ། བསླབ་བྱ་སྣ་ཚོགས་སྐོར་གདུང་སེལ་བདུད་རྩིའི་ཐིགས་ཕྲེང་། འཇིགས་མཛད་དུས་གྲྭའི་དབང་པོའི་བསྙེན་སྒྲུབ་ལས་བཅམས་པའི་ཞལ་གདམས་ཀྱི་རིམ་པ་གསང་བའི་སྙིང་ནོར་སོགས་པོད་འཁྲིང་གཅིག་ཙམ་མཛད། མཐར་དགུང་ལོ་བདུན་ཅུ་དོན་ལྔ་ལ་ཕེབས་པ་རབ་བྱུང་བཅོ་ལྔ་པའི་ཤིང་སྤྲེལ(སྤྱི་ལོ1884)ལོར་ཞི་བར་གཤེགས།

མཁྱེན་རབ་ནོར་བུ། སྨན་རྩིས་མཁས་དབང་མཁྱེན་རབ་ནོར་བུ་མཆོག་ནི་ལྷོ་ཁ་རྩེད་ཐང་ཁྲུལ་བྱ་ས་ལྷ་ཁང་གི་ཉེ་འདབས་སུ་ཡབ་རྩིས་རིག་སྨྲ་བ་ཀུང་མགོ་ལེབ་བམ་རྩིས་པ་ཇ་བོ་ཆེར་གྲགས་པ་དང་། ཡུམ་དབྱངས་ཅན་གཉིས་ཀྱི་སྲས་སུ་རབ་བྱུང་བཅོ་ལྔ་པའི་ཆུ་ལུག(སྤྱི་ལོ1883)ལོར་སྐུ་བལྟམས། ཆུང་དུས་རྩེད་ཐང་ལྷ་མཆོད་གྲྭ་ཚང་དུ་ཆོས་ཞུགས་གནང་། དགུང་ལོ་བཅུ་བཞི་ཡས་མས་སུ་དགོན་པས་དྲག་འདེམས་ཀྱིས་ལྷ་ས་ལྕགས་རི་འགྲོ་ཕན་གླིང་དུ་གསོ་རིག་སློབ་གཉེར་དུ་མངགས། ཐོག་མར་ལྕགས་པོ་རི་གྲྭ་ཚང་གི་སྨན་དགེ་ངག་དབང་ཆོས་ལྡན་གྱི་དྲུང་ནས་སྨན་གཞུང་གསན་སྦྱོང་གི་དབུ་ཚུགས་པ་ནས་བཟུང་སློབ་གཉེར་ལ་འབད་པ་ལྷུར་ལེན་གྱིས་ཉིན་མཚན་ཀུན་ཏུ་དཀའ་བ་དྲག་པོ་སྤྱད་དེ་ཟས་གོས་སོགས་ལ་དང་དོད་སྤུ་ཙམ་མི་གནང་བར་ན་བཟའ་རྒྱལ་པོར་གྱུར་ཀྱང་ཐུགས་སྣང་གཏན་ནས་མེད་པར་ཡོན་ཏན་སྦྱོང་བ་ཁོ་ན་ལ་ཐུགས་བརྩོན་མཛད་ཅིང་། དེ་ནས་རིང་པོར་མ་ཐོགས་པར་སྨན་གཞུང་ཐུགས་འཛིན་དང་ཚོགས་འདོན་

ཆོས་སྐྱོད་སོགས་ཀྱི་རྒྱུགས་འབུལ་སྦྱངས་འབྲས་ལེགས་ཐོབ་ལ་བརྟེན༧རྒྱལ་དབང་སྐུ་ཕྲེང་བཅུ་གསུམ་པ་ཆེན་པོའི་ སྐུའི་ བླ་སྨན་ དངོས་གཞི་ བྱམས་པ་ ཐུབ་ དབང་ མཆོག་ གི་ རྒྱུད་ འཛིན་ སློབ་ གྲྭ་ བའི་ ཁོངས་ སུ་བདམས་ཚུད་བྱུང་ བས། མཁས་མཆོག་དེ་ལས་དཔལ་ལྡན་གསོ་བ་རིག་པའི་རྒྱུད་བཞི་དང་། གཞུང་འགྲེལ་བཻ་སྔོན་ལ་སོགས་པ་སྨན་གྱི་གཞུང་ལུགས་མང་པོའི་ལུང་འཁྲིད་མན་ངག་ལག་ལེན་དང་བཅས་པར་སྦྱངས་བརྩོན་མཐར་ཕྱིན་པར་མཛད། སྤྱི་རྗེས་སུ་མཁས་དབང་འཚོ་བྱེད་རྡོ་རྗེ་རྒྱལ་མཚན་དང་། འཇམ་དཔལ་རོལ་པའི་བློ་གྲོས། འབྲས་ལྗོངས་བླ་མ་ཨོ་རྒྱན་བསྟན་འཛིན་རྒྱ་མཚོ། འགུ་ལོག་བླ་མ་འཇམ་དཔལ་རོལ་པའི་བློ་གྲོས། མཚན་ཉིད་སྤྲུལ་སྐུ་འཇམ་དཔལ་ནོར་བུ། འབྲས་སྤུངས་ཁང་གསར་རིན་པོ་ཆེ། ཕ་བོང་ཁ་བདེ་ཆེན་སྙིང་པོ། ལྷ་བཙུན་རིན་པོ་ཆེ་རོང་ཐ་ཚུ་ཚང་བློ་བཟང་དམ་ཆོས་སོགས་རྗོད་མེད་མཁས་དབང་དུ་མ་ལས་གསོ་རིག་དང་། སྐར་ནག་རྩིས་ཀྱི་རིག་པ། སུམ་རྟགས་དང་སྒྲ་རིག་པ། སྙན་ངག རྒྱུད་བཞི། དུས་ཀྱི་འཁོར་ལོ། གཡུ་ཐོག་སྙིང་ཐིག བཻ་དཀར་བུ་དཔེའི་ཚངས་དབྱངས་རྒྱ་མཚོའི་འཕྲུངས་རྩིས་ཐོག་ནས་ཆེ་རབས་ལས་རྩིས་དང་། བག་རྩིས། གཤིན་རྩིས། དབྱངས་འཆར་འགྲེལ་པ། དཔལ་སྒྲོན་སྙིང་ནས་ལེའུ་བཅུ་ཀའི་འཁོར་ལོ་བཅས་ཀྱི་ཁྲིད་རྒྱུན་སོགས་ལེགས་པར་གསན་སྦྱོང་མཛད་པས་སྨན་རྩིས་གཙོ་བོར་གྱུར་པའི་རིག་གནས་ཀུན་ལ་མཁྱེན་དཔྱོད་འགྲན་ཟླ་བྲལ་བའི་མཁས་པའི་གོ་འཕང་ཐོབ།

ལྕགས་ཁྱི(སྤྱི་ལོ1910) ལོར་ལྕགས་རི་སྨན་སློབ་གྲྭ་ཚང་ནས་གདན་ས་ཆེན་པོ་འབྲས་སྤུངས་དགོན་གྱི་སྨན་སྦྱིན་པར་མངའ་གསོལ། ཆུ་གླང(སྤྱི་ལོ1913) ལོར་བཤད་སྒྲ་བློན་ཆེན་སིམ་ལའི་ཆིངས་དོན་དུ་རྒྱ་གར་ལ་ཕེབས་དུས་དེའི་བླ་སྨན་པར་མཉམ་ཕྱིན་སྐབས་ཕྱི་རྒྱལ་གྱི་ནད་པ་གསོ་དཀའ་བ་འགའ་ཞིག་ལ་སྨན་བཅོས་གནང་བ་བརྒྱུད་ཕན་གསོས་ཆེན་པོ་བྱུང་བར་ངོ་མཚར་གྱི་བསྔགས་བརྗོད་རྒྱ་ཆེ་ཐོབ། མེ་འབྲུག(སྤྱི་ལོ1916) ལོར༧རྒྱལ་དབང་སྐུ་ཕྲེང་བཅུ་གསུམ་པ་ཆེན་པོས་བོད་ལྗོངས་ལྷ་ས་སྨན་རྩིས་འགྲོ་ཕན་གླིང་གསར་འཛུགས་གནང་ནས་མཁྱེན་རབ་ནོར་བུ་མཆོག་ལ་རྩེ་དྲུང་ལས་ཚན་པའི་མཚན་གནས་དང་སྦྲགས་སྨན་རྩིས་ཁང་གི་དབུ་འཛིན་དང་ལྕགས་པོ་རི་སྨན་པ་གྲྭ་ཚང་གི་སློབ་དཔོན་གཅིག་ལྕོགས་སུ་བསྐོ་བཞག་གནང་བས། སྨན་རྩིས་ཁང་གི་སློབ་མ་ཚོར་སྨན་རྩིས་གཙོ་བོར་གྱུར་པའི་སྨན་བཅོས་ལག་རྩལ། སྨན་རྫས་སྦྱོར་བཟོ། རིག་གནས་གཞན་སུམ་རྟགས་དག་གསུམ་དང་། སྒྲ་སྙན་ངག བྱང་ཆུབ་ལམ་སྒྲོན། བཤེས་སྤྲིངས་དང་སློབ་སྤྲིངས། ཐེག་དགུའི་དོན་སྟོན། ལམ་གཙོ་རྣམ་གསུམ་སྟེང་སྦྱོར། ལཀྵ། ཕཏྲ་སོགས་སློབ་ཁྲིད་གནང་བ་དང་། ཕྱི་ལུགས་སྨན་ཁབ་དང་གཤེག་བཅོས་འཐང་རྗེས་སུ་ཡིད་རངས་མཛད། དབུས་གཙང་གཙོ་བོར་གྱུར་པའི་མདོ་སྨད་དང་། འབྲུག་པ། འབྲས་ལྗོངས། ལ་དྭགས། ཁུ་ནུ་ལ་སོགས་ནས་སློབ་མ་ཇི་སྙེད་འདུས། ལྕགས་རི་འགྲོ་ཕན་གླིང་གི་དབུ་འཛིན་གནང་སྐབས་ཆུ་ཕག

(སྤྱི་ལོ1923)ལོར༧རྒྱལ་དབང་བཅུ་གསུམ་པའི་བཀའ་དགོངས་བཞིན་སྡེ་སྲིད་སངས་རྒྱས་རྒྱ་མཚོས་གསར་བཞེངས་གནང་པའི་སྨན་ཐང་བརྒྱད་ཅུ་ཡོད་པ་ལས་བར་སྐབས་ལྔ་བཅུ་སྐོར་ཟད་སྐྱོན་པོར་བརྟག་སོང་བ་རྣམས་བསྐྱར་བྲིས་ཁ་གསབ་མཛད། སློབ་མ་ཆོས་བཀླ་བདེ་ཤེས་སླ་ཡོང་ཆེད་སྨན་རྩིས་ཁང་སློབ་གྲྭའི་ཚོགས་ཁང་གི་ལྡེབས་བྲིས་ལ་རྩ་བཤད་ཀྱི་སྡོང་འགྲེམས་དང་། གདར་བསྲེག་དཔེ་རིས། བྱང་ཁོག་ཡུལ་ཐིག་སྡེ་དུས་སྡེ་སྲིད་སངས་རྒྱས་རྒྱ་མཚོའི་སྐབས་སྔོ་བྲག་བསྟན་འཛིན་ནོར་བུས་ཕུང་པོ་དངོས་ལ་གཟིགས་ཏེ་བཞེངས་པའི་དཔེ་རིས། གསོ་རིག་རྒྱུད་བཞིའི་ཡོངས་གཏད་ལེའུའི་རི་མོ། དུས་འཁོར་ལུགས་ཀྱི་རི་རབ་དང་གོ་ལའི་དཔེ་རིས་མི་འདྲ་བ། སྙན་ངག་སྒྲ་རྒྱན་བྱ་དཀའ་བའི་ཀུན་བཟང་འཁོར་ལོ་སོགས་གསར་བཞེངས་གནང་། ས་རྟ(སྤྱི་ལོ1918)ལོར༧རྒྱལ་དབང་སྐུ་ཕྲེང་བཅུ་གསུམ་པ་ཆེན་པོས་དམིགས་བསལ་གཟིགས་བསྐྱངས་ཀྱིས་རྗེ་འདི་ཉིད་ལ་སྐུའི་བླ་སྨན་པ་ཆུང་བ་བསྐོ་བཞག་བསྩལ། ར་སྒྲེང་རྒྱལ་ཐོག་སྐབས་མཁན་ཆུང་གི་གོ་གནས་སུ་གནས་སྤར་གནང་བ་དང་། མེ་བྱ(སྤྱི་ལོ1957)ལོར༧རྒྱལ་དབང་སྐུ་ཕྲེང་བཅུ་བཞི་པ་ཆེན་པོས་སྐུ་བཅར་མཁན་ཆེ་དར་ཧན་གྱི་གོ་མིང་བསྩལ། ལྕགས་གླང(སྤྱི་ལོ1961)ལོར་སྨན་རྩིས་ཁང་གི་ཡོན་ཀྲང་དུ་བསྐོ་བཞག་དང་དེའི་ཕྱི་ལོར་ཀྲུང་གོ་མི་དམངས་ཆབ་གྲོས་རྒྱལ་ཡོངས་ཨུ་ཡོན་ལྷན་ཁང་གི་ཨུ་ཡོན་གྱི་མཚན་གནས་ཐུལ།

མདོར་ན། མཁས་དབང་མཁྱེན་རབ་ནོར་བུ་མཆོག་གིས་སྨན་རྩིས་ལ་མཁས་པའི་དངོས་སློབ་བརྒྱ་ཕྲག་འགའ་གསོ་སྐྱོང་མཛད་པ་དང་། གསུང་རྩོམ་ལ་མཚོན་ན་རྩ་རྒྱུད་སྡོང་འགྲེམས་གསོ་རིག་རྒྱ་མཚོའི་སྙིང་པོ། རྩིས་གཞུང་རིག་ལྡན་སྙིང་ཐིག་སོགས་ཧ་ཅང་མང་བས་སྤྱིར་བོད་ཀྱི་རིག་གནས་དང་། སྨན་རྩིས་གཉིས། ཁྱད་པར་དུ་སྨན་རྩིས་ཁང་དར་རྒྱས་གོང་འཕེལ་གཏོང་ཕྱིར་སྐུ་ཚེ་ཧྲིལ་པོ་འབད་བརྩོན་གནང་ནས་ཕྱག་རྗེས་ཤིན་ཏུ་ཆེ། མཐར་རབ་བྱུང་བཅུ་དྲུག་པའི་ཆུ་སྟག(སྤྱི་ལོ1962)ལོའི་བོད་ཟླ་བཅུ་པའི་ཚེས་ཉེར་བརྒྱད་ཉིན་སྐུ་གཤེགས།

ཀུ་གེ་ཡོངས་འཛིན་བློ་བཟང་བསྟན་འཛིན་རྒྱ་མཚོ། གཙང་གཡས་རུ་བདེ་རྒྱས་བྱེ་མ་གླིང་གི་གཙུག་ལག་ཁང་དང་ཉེ་བར། ཚ་བོ་ལོ་ཏ་ཏིའི་ཉེ་འདབས་བརྒྱ་མཁར་ཞེས་པའི་ཡུལ་དུ། ཡབ་ཚེ་རིང་དཔལ་འབྱོར་དང་ཡུམ་འཛོམ་ཆོག་གཉིས་ཀྱི་སྲས་སུ་རབ་བྱུང་བཅུ་གསུམ་པའི་ས་འབྲུག(སྤྱི་ལོ1748)ལོར་སྐུ་འཁྲུངས། ཡབ་ནས་མཚན་ལ་བཀྲ་ཤིས་དོན་གྲུབ་ཅེས་གསོལ། དགུང་ལོ་དགུ་པ་ཤིང་ཕྱི་ལོར་ཁ་བ་བློ་བཟང་བརྩོན་འགྲུས་ཀྱི་མདུན་དུ་རབ་ཏུ་བྱུང་། མཚན་བློ་བཟང་བསྟན་འཛིན་རྒྱ་མཚོ་ཞེས་གསོལ། བཀྲ་ཤིས་ལྷུན་པོར་ཆོས་སྤྱོད་སོགས་ཀྱི་རྒྱུགས་ལེགས་པར་ཕུལ། དགུང་ལོ་བཅུ་པ་མེ་གླང་ལོར་མཁན་ཆེན་ཡེ་ཤེས་རྒྱལ་མཚན་གྱི་དྲུང་དུ་དགེ་ཚུལ་གྱི་སྡོམ་པ་བཞེས། ཚོགས་ཆེན་ངག་འདོན་གྱི་རིམ་པ་དང་གྲྭ་ཚང་ཆོས་སྤྱོད་རྣམས་ལ་སྦྱོང་བརྩོན་དང་། དཀྱིལ་ཁང་གྲྭ་ཚང་དུ་ཚད་མའི་སྐོར་སྦྱངས་པ་མཐར་ཕྱིན་

མཛད་དེ་དཀའ་བཅུའི་མིང་བཏགས་བཞེས། སློབ་དཔོན་རིན་ཆེན་དང་དགེ་སློང་ཆོས་རྗེའི་མདུན་སྲ་དང་སྦེབ་སྦྱོར་ལེགས་པར་སྦྱངས། དགུང་ལོ་ཉེར་བརྒྱད་པ་ཤིང་ལུག(སྤྱི་ལོ1775)ལོར་པཎ་ཆེན་བློ་བཟང་དཔལ་ལྡན་ཡེ་ཤེས་ཀྱི་དྲུང་ནས་དགེ་སློང་གི་སྡོམ་པ་མནོས། དེ་ནས་ལོ་ངོ་བཅུ་བཞི་ཙམ་གྱི་རིང་ལ་དཔལ་འཁོར་ལྷུན་པོའི་རི་ཁྲོད་སོགས་དབེན་གནས་སུ་སྒྲུབ་པ་ཉམས་ལེན་གཙོ་བོར་མཛད། རྒྱལ་བའི་གསུང་རབ་དགོངས་འགྲེལ་དང་བཅས་པར་གོ་རྟོགས་མཐར་ཕྱིན་མཛད། དགུང་ལོ་ཞེ་ལྔ་པ་ཆུ་བྱི(སྤྱི་ལོ1792)ལོར་དཀྱིལ་འཁོར་གྲྭ་ཚང་གི་སློབ་དཔོན་དུ་གྱུར། དགུང་ལོ་ཞེ་བརྒྱད་པ་ཤིང་ཡོས(སྤྱི་ལོ1795)ལོར་རྒྱུད་པ་གྲྭ་ཚང་གི་སློབ་དཔོན་དུ་བསྐོས་པས། དམ་པའི་ཆོས་ཀྱི་སྦྱིན་པ་ཚད་མེད་བསྩལ། དགུང་ལོ་ཞེ་དགུ་པར་པཎ་ཆེན་རིན་པོ་ཆེ་བློ་བཟང་བསྟན་པའི་ཉི་མའི་ཡོངས་འཛིན་མཛད། དེ་ནས་བཟུང་གུ་གེ་ཡོངས་འཛིན་ཞེས་པའི་མཚན་ཐོབ། རྗེ་འདིས་བྱང་ཆུབ་ལམ་གྱི་རིམ་པའི་དམར་ཁྲིད་ཐེག་ཆེན་ལམ་གྱི་འཇུག་ངོགས་ཞེས་པ་དང་། རྗེ་རང་ཉིད་ཀྱི་གསང་ཡིག་ནོར་བུའི་ཕྲེང་བ། དགེ་ལྡན་བཀའ་བརྒྱུད་རིན་པོ་ཆེའི་བཀའ་སྲོལ་ཕྱག་རྒྱ་ཆེན་པོ་རྩ་འགྲེལ་རྣམས་ཀྱི་འགྲེལ་བཤད་མཆོག་ཐུན་དངོས་གྲུབ་ཀྱི་བང་མཛོད། སློབ་དཔོན་དཔའ་བོས་མཛད་པའི་སྐྱེས་རབས་སོ་བཞི་པའི་འགྲེལ་བཤད་དད་པའི་རིན་ཆེན་འདྲེན་པའི་ཤིང་རྟ་སོགས་པོད་ལྔ་ལྷག་མཛད། དགུང་ལོ་དྲུག་ཅུ་རེ་དྲུག་ལ་ཐེབས་པ་རབ་བྱུང་བཅུ་བཞི་པའི་ཆུ་བྱ(སྤྱི་ལོ1813)ལོར་དགོངས་པ་ཆོས་དབྱིངས་སུ་ཐིམ།

གུང་ཐང་དཀོན་མཆོག་བསྟན་པའི་སྒྲོན་མེ། མཁས་དབང་འདི་ཉིད་མདོ་སྨད་ཤར་ལྷོའི་མཛོད་དགེ་སྨད་ཅེས་པའི་ཡུལ་དུ་ཡབ་ཐེ་བོ་ལྷུགས་ཁོ་བྱམས་དང་། ཡུམ་བོ་ཅིག་གཉིས་ཀྱི་སྲས་སུ་རབ་བྱུང་བཅུ་གསུམ་པའི་ཆུ་རྟ(སྤྱི་ལོ1762)ལོར་སྐུ་འཁྲུངས། དགུང་ལོ་བདུན་པར་རྗེ་ཀུན་མཁྱེན་འཇིགས་མེད་དབང་པོས་ཁྲི་ཆེན་དགེ་འདུན་ཕུན་ཚོགས་ཀྱི་སྐུ་སྐྱེ་ལ་ངོས་འཛིན་མཛད་དེ་བླ་བྲང་བཀྲ་ཤིས་འཁྱིལ་དགོན་དུ་གདན་དྲངས། འཇམ་དབྱངས་བཞད་པའི་དྲུང་དུ་དགེ་བསྙེན་དང་རབ་བྱུང་དགེ་ཚུལ་བཅས་ཀྱི་སྡོམ་པ་དགྱུས་གཅིག་ཏུ་ཞུས། མཚན་དཀོན་མཆོག་བསྟན་པའི་སྒྲོན་མེ་ཞེས་བསྩལ། དེ་ནས་རྗེ་རམས་པ་བློ་བཟང་རིན་ཆེན་ཀློག་གི་སློབ་དཔོན་དུ་བསྟེན་ནས་ཀ་མད་སྦྱོར་ཀློག་དང་བློ་འཛིན་སོགས་ལེགས་པར་སྦྱང་བརྩོན་མཛད་ཅིང་། རིམ་གྱིས་ཚད་མ་དང་ཕར་ཕྱིན་སོགས་ཀྱི་གཞུང་རྣམས་གསན་སྦྱོང་གིས་ཐུགས་སུ་ཆུད། རྒྱ་དང་སོག་པོའི་སྐད་ཡིག་ཀྱང་མཁྱེན།

དགུང་ལོ་བཅུ་བདུན་ལ་ཐེབས་པ་ས་ཁྱི(སྤྱི་ལོ1778)ལོར་དབུས་ལྷ་ལྡན་ཞིང་དུ་ཕྱིན་ནས་འབྲས་སྤུངས་སྒོ་མང་གྲྭ་ཚང་གི་ཆོས་གྲྭར་ཞུགས། ཧོར་སྐལ་བཟང་དངོས་གྲུབ་དགེ་རྒན་དུ་བསྟེན་ནས་དབུ་མ། མཛོད། འདུལ་བ་སོགས་གསན་སྦྱོང་གཙོ་བོར་མཛད་དེ་གཞུང་པོད་ལྔ་ལ་བརྟར་ཤ་ཚད་པར་གྱུར། ཕར་ཕྱིན་སྡོམ་དང་། མཛོད་སྡོམ། འདུལ་བ་སོགས་ཀྱི་བཀའ་ཆོས་སྐབས་དེར་ལྟོགས་རྩོམ

མཛད། དགུང་ལོ་ཉེར་གཅིག་ལ་ཐེབས་པ་ཆུ་སྟག(སྤྱི་ལོ1782)ལོར་༧རྒྱལ་དབང་བློ་བཟང་འཇམ་དཔལ་རྒྱ་མཚོའི་དྲུང་དུ་བསྙེན་རྫོགས་ཀྱི་སྡོམ་པ་བཞེས། དགུང་གྲངས་ཉེར་གཉིས་པར་དགེ་བཤེས་ལྷ་རམས་པའི་མཚན་རྟགས་བཞེས། དགུས་སུ་ལོ་བརྒྱད་ཙམ་བཞུགས་རིང་མདོ་སྔགས་རིག་གནས་ཀྱི་གཞུང་ཀུན་ལ་མཁྱེན་པ་ཐོགས་མེད་དུ་གྱུར་ཅིང་། དགུས་གཙང་གི་མཁས་པའི་ཁྲོད་དུ་རྒྱལ་མཚན་གྱི་ཏོག་ལྟར་ཐམས་ཅད་ཀྱིས་བཀུར་བའི་གནས་སུ་གྱུར། དགུང་ལོ་ཉེར་ལྔ་ལ་ཐེབས་པ་མེ་རྟ(སྤྱི་ལོ1786)ལོར་རང་ཡུལ་མདོ་སྨད་བཀྲ་ཤིས་འཁྱིལ་དུ་ཕྱིན། དགུང་ལོ་སུམ་ཅུ་པ་ལྕགས་ཕག(སྤྱི་ལོ1791)ལོར་ཆོས་རྗེ་ཆེན་པོ་བླ་བྲང་བཀྲ་ཤིས་འཁྱིལ་གྱི་གདན་རབས་ཉེར་གཅིག་པའི་ཁྲི་ལ་ཐེབས། དེ་ནས་བཟུང་མདོ་སྨད་ཨ་མདོ་བྱང་གི་ཆོས་གྲྭ་ཆེན་པོ་རྣམས་སུ་འཆད་རྩོད་རྩོམ་གསུམ་གྱི་བྱ་བ་ཁོ་ནས་དུས་འདའ་བར་མཛད་ཅིང་། བཀའ་རྩོམ་ཡང་འདུལ་བ་རྒྱ་མཚོའི་དཀའ་གནད་མདོར་བསྡུས་ནོར་བུའི་ཕྲེང་བ། དྲང་ངེས་རྣམ་འབྱེད་ཀྱི་དཀའ་འགྲེལ་རྩོམ་འཕྲོ་ལེགས་བཤད་སྙིང་པོའི་ཡང་སྙིང་། ཟབ་མོ་ལྷ་བའི་ཟིན་བྲིས་ཐར་ལམ་སྣང་བ། གསང་བདེ་འཇིགས་གསུམ་སོགས་ལྷག་པའི་ལྷ་དུ་མ་དང་འབྲེལ་བའི་བླ་མའི་རྣལ་འབྱོར་དངོས་གྲུབ་ཀུན་འབྱུང་། རྗེ་བཙུན་དཀོན་མཆོག་འཇིགས་མེད་དབང་པོའི་རྣམ་པར་ཐར་པ་རྒྱལ་སྲས་རྒྱ་མཚོའི་འཇུག་ངོགས། ཉམས་མྱོང་རྒྱན་པོའི་འབེལ་གཏམ་ཡིག་ཆུང་དམར་ཁྲིད། ཀློས་གར་གྱི་བསྟན་བཅོས་ཡང་དག་ལམ་དུ་བགྲོ་བའི་རོལ་རྩེད། ཀུན་གཟིགས་ལྔ་པ་ཆེན་པོས་མཛད་པའི་རྗེ་རིན་པོ་ཆེའི་བསྟོད་པ་དཔྱིད་ཀྱི་རྒྱལ་མོའི་གླུ་དབྱངས་ཀྱི་དོན་འགྲེལ་དབྱར་སྐྱེས་སྒྲ་བརྒྱ། ཆུ་ཤིང་བསྟན་བཅོས། སློབ་གཉེར་བྱེད་ཚུལ་གྱི་བསླབ་བྱ་སོགས་མདོ་དང་། གསང་སྔགས་ཀྱི་གཞུང་ལུགས་རྣམ་ཐར། སྙན་ངག་ལེགས་བཤད་སོགས་བརྗོད་དོན་ཟབ་ཅིང་རྫོད་བྱེད་སྙན་འཇེབས་ལྡན་པའི་ཕྱག་རྩོམ་པོ་ཏི་བཅུ་གཉིས་ལྷག་མཛད། དབལ་མིང་པཎྜི་ཏ་དཀོན་མཆོག་རྒྱལ་མཚན་སོགས་སློབ་མ་མཁས་ཆེན་ཤིན་ཏུ་མང་པོ་བྱུང་། དགུང་ལོ་དྲུག་ཅུ་རེ་གཉིས་ལ་ཐེབས་པ་རབ་བྱུང་བཅུ་བཞི་པའི་ཆུ་ལུག(སྤྱི་ལོ1823)ལོར་དགོངས་པ་ཆོས་དབྱིངས་སུ་ཐིམ།

གུང་ཐང་བློ་གྲོས་རྒྱ་མཚོ། རྗེ་འདི་མདོ་སྨད་དུ་རབ་བྱུང་བཅུ་བཞི་པའི་ལྕགས་ཕག(སྤྱི་ལོ1851)ལོར་འཁྲུངས། སྐུ་ཆུང་དུས་ནས་སྐྱེས་སྦྱངས་ཀྱི་ཤེས་རབ་ཆེས་ཆེར་འཕེལ་བས་མདོ་སྔགས་དང་རིག་གནས་སོགས་ལ་མཁས་པའི་གྲགས་པ་ཕྱོགས་ཡོངས་ལ་ཁྱབ་པ་ཞིག་བྱུང་ཞིང་། བླ་བྲང་བཀྲ་ཤིས་འཁྱིལ་གྱི་དགེ་བཤེས་ཁྱད་དུ་འཕགས་པ་ཞིག་ཡིན། མདོ་སྔགས་ཀྱི་བསྟན་བཅོས་ཀྱང་མང་དུ་མཛད་པ་སྟེ། ཆོས་འདུལ་བ་རྒྱ་མཚོའི་དགོངས་དོན་གསལ་བར་བྱེད་པའི་ཚ྄ོཏྨ་ཧཱའི་ཕྲེང་མཛེས་བློ་གསལ་མགུལ་རྒྱན། འདུལ་བ་རྒྱ་མཚོའི་དགོངས་དོན་གཞི་སྣང་། འདུལ་བ་མདོ་རྩ་བའི་མཆན་འགྲེལ་དྲན་པའི་ཆུ་རྒྱུན། དབུ་མའི་མཐའ་དཔྱོད་ལུང་རིགས་གཏེར་མཛོད་དགོངས་དོན་གསལ་བར་བྱེད་པའི་ཉིན་བྱེད་སྣང་བ།

རྟགས་རིགས་ཀྱི་མཐའ་དཔྱོད་དཀའ་གནད། བློ་རིག་གི་མཐའ་དཔྱོད་སོགས་ཀྱི་དཀའ་གནད་རྩུང་ཟད་བཤད་པ་རིན་ཆེན་ཕྲེང་བ། ཕར་ཕྱིན་སྐབས་བཞི་པའི་བསྡུས་དོན་གྱི་འགྲེལ་པ་བློ་གསལ་མགྲིན་རྒྱན་སོགས་ཡོད་འཕྲིན་དགུ་ཙམ་མཛད། སྐུ་གཤེགས་པའི་ལོ་ཟླ་ཁ་གསལ་མ་རྙེད་རུང་། དགུང་ལོ་བརྒྱད་ཅུ་ལྷག་ཙམ་བཞུགས།

གྲུབ་དབང་དཀོན་མཆོག་འཕྲིན་ལས་དཔལ་བཟང་པོ། མཚན་གཞན་དགེ་སློང་དཔའ་ཆུང་ཞུ། རྗེ་བཙུན་འདི་ཉིད་འབྲི་གུང་སྤྲ་ག་ཞེས་པའི་འབྲོག་སྡེར་ཡབ་བཙོ་ལྷ་དང་ཡུམ་སྒྲོལ་མ་ལྷ་གཉིས་ཀྱི་རིགས་ཀྱི་སྲས་སུ་རབ་བྱུང་བཅོ་ལྔ་པའི་ལྕགས་བྱི(སྤྱི་ལོ1900)ལོར་སྐུ་བལྟམས། དགུང་ལོ་དྲུག་ལ་བེ་གུ་ལུང་རྟོགས་རྒྱ་མཚོས་དབུ་སྐྲ་གཙུག་ཕུད་བཞེས། དགུང་ལོ་དྲུག་བདུན་ནས་བཅུ་བདུན་བར་རང་ཁྱིམ་དུ་ཕྱུགས་རྫི་མཛད་དེ་བཞུགས་སྐབས་ཞ་དང་ཞོར་ལ་ཡིག་དྲུག་དང་སྒྲོལ་མ་འབུམ་ཐེར་གསུངས་པ་མ་ཟད། རྡོ་རྗེ་གཅོད་པ་ཆག་མེད་དང་བརྒྱད་སྟོང་པ་བརྒྱ་ཚར་གསུངས། བྱིས་པའི་དུས་ནས་ཁྱིམ་ནས་ཁྱིམ་མེད་པར་རབ་ཏུ་བྱུང་བའི་སྙིང་པར་ཐུགས་ཤིན་ཏུ་མོས་པར་མཛད། དགུང་ལོ་བཅུ་བདུན་པར་འབྲི་གུང་རིན་ཆེན་དཔལ་གྱི་གདན་སར་ཕེབས་ཏེ་དབུ་སྐྲ་ཕྲེག སྐྱབས་གྲྭའི་ཁྲི་དཔོན་གྲུབ་དབང་ཚེ་བརྟན་རིན་པོ་ཆེའི་དྲུང་ནས་སྐྱབས་བརྒྱུད་ལམ་གྱི་ཡང་སྙིང་ཕྱག་རྒྱ་ཆེན་པོ་ལྔ་ལྡན་གྱི་གདམས་པ་གསན་ཏེ་ཉམས་ལེན་ལ་འབད། དགུང་ལོ་ཉེར་དགུ་པར་བསྙེན་པར་རྫོགས་ཏེ་མཚན་དཀོན་མཆོག་འཕྲིན་ལས་སུ་གསོལ། དེ་ནས་ཚོ་སྨད་དབེན་རིའི་བཤད་གྲྭར་ཕེབས་ཏེ་འཚོ་བ་ངན་ངོན་ཙམ་ལ་བརྟེན་ནས་ཉིན་མཚན་བསྟུད་དེ་དཀའ་སྤྱད་སྙིང་རུས་ཆེན་པོས་ཐོས་བསམ་མཛད་པས་གཞུང་ཆེན་པོའི་དགོངས་པའི་གནད་ཚང་མ་ཐུགས་སུ་ཆུད་པས་བཤད་སྒྲའི་མཁན་པོའི་འོས་སུ་ཕེབས། དགུང་ལོ་སོ་བཞི་པར་གཞུང་ཆེན་བཅུ་གསུམ་ཆ་ལག་དང་བཅས་པ་དང་། ཐེག་ཆེན་བསྟན་སྙིང་དང་། དམ་ཆོས་དགོངས་པ་གཅིག་པ། རྫོགས་ཆེན་སྙིང་ཐིག་གི་དབང་དང་ཁྲིད་ཆ་ཚང་བར་གསན་བསམ་མཐར་ཕྱིན་མཛད། སྐྱབས་རྗེ་ཞི་བའི་བློ་གྲོས་དང་ཆོས་ཀྱི་འབྱུང་གནས་དྲུང་ནས་བཀའ་བརྒྱུད་གོང་མའི་གདམས་ཟབ་བུམ་པ་གང་འཛོའི་ཚུལ་དུ་གསན་པ་སོགས་གདམས་པའི་མཛོད་ཀྱིས་ཕྱུག་པའི་མཁས་བཙུན་གྱི་ཕུལ་དུ་བྱུང་།

བདག་ཉིད་ཆེན་པོ་འདི་ཉིད་ཐོས་བསམ་གྱི་བྱ་བ་མཇུག་བསྒྲིལ་རྗེས་སྒྲུབ་པར་གཞོལ་ཆེད་འབྲི་གུང་གདན་སར་མཐིལ་དུ་ཕེབས་ནས་མཚམས་གྲྭའི་སྒྲིགས་སུ་ཞུགས། གྲུབ་དབང་ཚེ་བརྟན་རིན་པོ་ཆེའི་དྲུང་ནས་ལྔ་ལྡན་ཆོས་དྲུག་གི་གདམས་པ་མཐར་ཕྱིན་ཞུས། མཚམས་ཁང་གོག་རྩུལ་དུ་ཉིན་རེ་ཕྱུར་ཙམ་སྤར་ཕྱེད་ཙམ་ལ་བརྟེན་ནས་ལོ་དྲུག་སླ་བཅད་འདག་སྦྱར་གྱིས་སྒྲུབ་པ་ལྷུར་བཞེས་མཛད་པས་ཉམས་རྟོགས་ཀྱི་ཡོན་ཏན་ཁྱད་པར་ཅན་འཁྲུངས། དེ་རྗེས་སྐར་ལོ་གསུམ་སྐུ་མཚམས་མཛད་པར་བདེ་སྟོང་གི་ལང་ཚོ་རྒྱས་ཏེ་རས་རྐྱང་ཁོ་ན་གསོལ་ནས་བཞུགས་ཐུབ་པ་སོགས་པའི་ཉམས་རྟོགས་བསམ་གྱིས་མི་ཁྱབ་

པ་ཐུགས་ལ་འཁྲུངས། དེ་ནས་འབྲི་གུང་པ་ཆེན་པོའི་གདན་ས་འོག་མིན་བྱང་ཆུབ་གླིང་གི་སྒྲུབ་གྲྭའི་ཆོས་འཆད་སེམས་ཁྲིད་ཀྱི་སློབ་དཔོན་གྱི་ཁྲི་ལ་ཕེབས་ཏེ་སྒྲུབ་པའི་གཙུག་རྒྱན་ཆེན་པོར་གྱུར།

དགུང་ལོ་དྲུག་ཅུ་རེ་གཅིག་པ་རབ་བྱུང་བཅུ་དྲུག་པ་ལྕགས་བྱི(སྤྱི་ལོ1960)ལོ་ཡས་མས་སུ་དུས་ཀྱི་འཕོ་འགྱུར་གྱིས་རྐྱེན་པས་སེ་ར་ཐེག་ཆེན་གླིང་དུ་ཕེབས་ཏེ་གསང་གཅོད་འདོན་པ་སོགས་ཀྱི་ངན་ལས་སྣ་ཚོགས་མཛད་དགོས་བྱུང་། དགུང་ལོ་རེ་གསུམ་པར་འབྲི་གུང་དུ་ཕེབས་རྗེས་རི་ཁྲོད་འགྲིམ་ནས་སྒྲུབ་པ་ཉམས་ལེན་ཁོ་ནར་བཞུགས་སྐབས་ཡུལ་ལུང་གི་འགོ་པ་སོགས་ཀྱིས་འདྲི་རྩད་དང་བཀག་ཉར། ཕྱུགས་རྫིར་སྐྱུལ་འདེད། འབུ་ནག་གསོད་པར་འབོད་བསྐུལ་ཞུས་པ་དང་། སྐྱེ་བོ་ལ་ལས་སྐྱེས་བུ་དམ་པ་འདི་ཉིད་ལ་བརྙས་བཅོས་དང་། ངན་སྨྲས། མཐོང་ཚུང་རྗེ་འདྲ་བྱས་ཀྱང་དགེ་སྦྱོང་གི་ཆོས་བཞིར་གནས་ནས་གནོད་བྱེད་རྣམས་ལ་བྱམས་དང་བརྩེ་བས་རྗེས་སུ་འཛིན། དགེ་སློང་རིན་པོ་ཆེ་ཆུ་ཆེན་པོར་མི་བྱེད་པར་སྐམ་སའི་ཐོག་ཏྲོན་པ་ལྟར་ཕར་ཚུར་ཕེབས་སྐྱོད་དང་། བཞུགས་གནས་ཀྱི་སྤྱིལ་བུར་འཇའ་འོད་ཀྱི་གུར་ཁང་ཕེབས་པ་སོགས་ཡུལ་དེའི་འབྲོག་སྡེའི་འགོ་ཁྲིད་ནོར་དར་གྱི་བུ་དང་། འབྲི་གུང་སྐྱབས་མགོན་དཀོན་མཆོག་བསྟན་འཛིན་ཀུན་བཟང་འཕྲིན་ལས་ལྷུན་གྲུབ་ཀྱི་གཟིམ་འགག་ཡེ་ཤེས་བསྟན་འཛིན་གཉིས་ཀྱིས་དངོས་སུ་མཐོང་།

དགུང་ལོ་གྱ་གཉིས་པ་ལྕགས་བྱ་ལོར་འབྲི་མཐིལ་དུ་ཕེབས་ནས་འབྲི་གུང་གླིང་རིན་ཆེན་ཉམས་གསོ་དང་། རབ་བྱུང་བཅུ་དྲུག་པའི་ཤིང་སྟག་ལོར་གསེར་ཁང་གཙུག་ལག་ཁང་དུ་རྗེ་ཉིད་ནས་མཁན་པོ་དང་། གྲུབ་དབང་བསྟན་འཛིན་ཉི་མས་སློབ་དཔོན་མཛད་དེ་ཁ་སྐོང་གྲངས་ཚང་གིས་དགེ་འདུན་ལྔ་བརྒྱ་ཙམ་བསྙེན་པར་རྫོགས། དེ་ནས་བཟུང་ལོ་ལྟར་བསྙེན་རྫོགས་ཀྱི་སྡོམ་པ་གནང་བའི་སྲོལ་བཙུགས་ཏེ་རྒྱལ་བའི་བསྟན་པ་ལ་ཕྱག་རྗེས་ཟད་དུ་བྱུང་བ་འཇོག་པར་མཛད། འཚོ་བའི་ཐད་སྐུ་ཆེ་ཧྲིལ་པོར་འདོད་ཆུང་ཆོག་ཤེས་ཀྱི་མཛད་པ་ཁོ་ན་བསྐྱངས། དེ་བཞིན་གདན་ས་རིན་པོ་ཆེར་ལོ་ལྟར་རྒྱལ་ལུགས་ཐུགས་རྗེ་ཆེན་པོའི་མ་ཎིའི་འབུམ་སྒྲུབ་དང་། དབང་བསྐུར་གྱི་སྲོལ་སྐར་གསོ། སྒྲུབ་བརྒྱུད་རིན་པོ་ཆེའི་ཕྱག་བཞེས་ལྟར་མཚམས་གྲྭ་གཏན་འཁེལ་གྱིས་སྒྲུབ་གྲྭ་འཛུགས་གཉེར་བྱ་རྒྱུ་ལ་སོགས་པའི་བསམ་གྱིས་མི་ཁྱབ་པའི་མཛད་པ་བསྐྱངས་ཟིན་ནས་རེ་ཞིག་དགོངས་པ་གཞན་དོན་དུ་གཤེགས་རྒྱུའི་དགོངས་པ་གཏད་པར་སྐབས་རྗེ་ཆོས་ཀྱི་སྣང་བ་སོགས་ཀྱིས་གསོལ་བ་རྩེ་གཅིག་ཏུ་བཏབ་པས་མཐར་ལོ་གསུམ་བཞུགས་རྒྱུའི་ཞལ་བཞེས་ཏེ་འབྲི་མཐིལ་གསང་སྔགས་གསར་མའི་གར་འཆམ་གྱི་སྲོལ་ཉམས་གསོ་དང་། ཆོས་རྗེ་སྐྱོབ་པ་རིན་པོ་ཆེའི་དར་སྐུ་དང་། བསྟན་སྐྱིང་དགོངས་གཅིག་གི་གསུང་པར་བཀོ་རྒྱུ། རྟེན་འཛམ་གླིང་རྒྱན་དང་། འདུ་ཁང་ཉམས་གསོ་བྱ་དགོས་པའི་བཀའ་སློབ་མཛད་དེ་ཐར་ལོ་གསུམ་ཞལ་བཞུགས་ཀྱི་དུས་ཚོད་རྫོགས་མཚམས་བོད་རབ་བྱུང་བཅུ་བདུན་པའི་ས་འབྲུག(སྤྱི་ལོ1988)ལོའི་བོད་ཟླ8ཚེས27ཉིན་

ངོ་མཚར་བའི་ལྟས་དང་བཅས་རེ་ཞིག་གཟུགས་སྐུ་ཆོས་དབྱིངས་སུ་ཐིམ།

གྲུབ་དབང་འཇམ་དཔལ་རྒྱ་མཚོ། མཚན་གཞན་འཇམ་དབྱངས་བདེ་བའི་རྡོ་རྗེ་ཞུ་བ་མཆོག་ནི་སྤྱི་ལོའི་དུས་རབས་བཅུ་བདུན་པའི་སྨད་ཙམ་དུ་སྐུ་འཁྲུངས། མདོ་སྔགས་ཀྱི་ཆོས་ཀུན་ལ་ཁྱད་དུ་འཕགས་པས། སྔག་ཕུ་བསྟན་པའི་རྒྱལ་མཚན་དང་། འོན་རྒྱལ་སྲས་འཇིགས་མེད་ཡེ་ཤེས་གྲགས་པ་གཉིས་ཀྱི་ཡོངས་འཛིན་གནང་བ་དང་། མི་དབང་བསོད་ནམས་སྟོབས་རྒྱལ་གྱིས་རྗེ་འདིའི་སྦྱིན་བདག་བྱས། བཀའ་རྩོམ་ལ་མཚོན་ན། བཀའ་གདམས་ཐིག་ལེ་བཅུ་དྲུག་གི་སྒྲུབ་དཀྱིལ་ལེགས་བཤད་སྒྲོན་མེ། ཐུགས་རྗེ་ཆེན་པོ་རྒྱལ་བ་རྒྱ་མཚོའི་སྒྲུབ་ཐབས་བུམ་བཟང་བདུད་རྩིའི་འདོད་འཇོ། དཔལ་འཁོར་ལོ་བདེ་མཆོག་གི་སྔགས་བཏུའི་ཁྲིད་ཟླབས་རྗེས་གནང་གི་ཆོ་ག་རིན་ཆེན་བཞིའི་ཕྲེང་བ་དམ་པའི་མགུལ་རྒྱན། མདོ་སྔགས་ཀྱི་ཆོས་ཇི་ལྟར་གསན་པའི་གསན་ཡིག་སོགས་མང་དུ་མཛད། རབ་བྱུང་བཅུ་གཉིས་པའི་ལྕགས་བྱ（སྤྱི་ལོ1741）ལོར་སྐུ་གཤེགས།

ཤིང་སྤྲུལ་བློ་བཟང་ལུང་རྟོགས་བསྟན་འཛིན་འཕྲིན་ལས། རྗེ་འདི་ཉིད་རབ་བྱུང་བཅུ་བཞི་པའི་ལྕགས་ཁྱི（སྤྱི་ལོ1850）ལོར་སྐུ་བལྟམས། སྐུ་ན་ཆུང་དུས་དཔལ་ལྡན་འབྲས་དཀར་སྤུངས་པར་ཆོས་ཞུགས་ཀྱིས་མདོ་སྔགས་ཀྱི་ཟབ་ཆོས་ཀུན་ལ་སྦྱངས་པ་མཐར་ཕྱིན་མཛད། དེ་རྗེས་རྒྱུད་ལ་ཐེབས་ནས་གསང་བ་སྔགས་ཀྱི་རིག་ལམ་ལ་མངའ་བརྙེས། རྒྱུད་སྟོད་མཁན་པོ་མཛད་ནས་ཆོས་ཀྱི་འཁོར་ལོ་རྒྱ་ཆེར་བསྐོར། ཤིང་ལུག（སྤྱི་ལོ1895）ལོར་༧རྒྱལ་དབང་སྐུ་ཕྲེང་བཅུ་གསུམ་པ་ཐུབ་བསྟན་རྒྱ་མཚོ་མཆོག་གི་ཡོངས་འཛིན་མཛད།

བཀའ་རྩོམ་ཡང་ཐེམ་སྐས་གཉིས་པ་སྒྲུབ་ཐབས་ངག་འདོན་བདུད་ལས་རྣམ་རྒྱལ་ཞེས་པ་དང་། བདག་འཇུག་བྱ་ཚུལ་དངོས་གྲུབ་འགུགས་པའི་ལྕགས་ཀྱུ་ཞེས་ལྟུང་སླང་པོ་འཛོམས་པའི་མཚོན་ཆ། ཁ་སྐོང་གི་སྦྱིན་སྲེག་བྱ་ཚུལ་སྡིག་ལྟུང་མུན་པ་འཛོམས་ཤིང་དངོས་གྲུབ་འོད་དཀར་འཕྲེད་པའི་ཟླ་གཞོན་སོགས་པོད་ཆུང་གཅིག་ཙམ་མཛད། དགུང་གྲངས་ང་གསུམ་ལ་ཐེབས་པ་རབ་བྱུང་བཅོ་ལྔ་པའི་ཆུ་སྟག（སྤྱི་ལོ1902）ལོར་སྐུ་གཤེགས།

དགའ་ལྡན་ཁྲི་པ་ངག་དབང་ཆོས་འཕེལ། རྗེ་འདི་འདམ་གཞུང་རྫོང་ཁོངས་གྱུར་པའམ་མར་ཀྲུང་བྱ་བའི་ས་ཆར་ཕ་ཕོང་དཀར་རི་ཞེས་པ་དེར་ཡབ་ཨ་ར་དབུ་རྒྱན་སྲིད་ཐར་དང་། ཡུམ་ཐང་ཟ་ཚེ་རིང་ལྷ་མོ་གཉིས་ཀྱི་སྲས་སུ་རབ་བྱུང་བཅུ་གསུམ་པའི་ལྕགས་འབྲུག（སྤྱི་ལོ1760）ལོར་སྐུ་འཁྲུངས། དགུང་ལོ་ལྔ་ལ་ཕེབས་སྐབས་དུད་ཚང་ཕྱུག་པོ་འདྲའི་རེའུ་དང་ལུ་གུ་འཚོ་རུ་ཕེབས། དགུང་ལོ་དགུ་དང་བཅུ་ལ་ར་ལུག་གི་རྫི་བོ་གནང་། དགུང་ལོ་བཅུ་གསུམ་ལ་དབུས་སུ་ཕེབས་ནས་འབྲས་སྤུངས་སྒོ་མང་གྲྭ་ཚང་ལ་ཆོས་ཞུགས་གནང་། དགུང་ལོ་བཅོ་ལྔའི་ཐོག་གཙང་པ་མཁན་ཆེན་ཡེ་ཤེས་དཔལ་འབྱོར་བའི་ཞལ་སྔ་ནས་དགེ

ཚུལ་གྱི་སྡོམ་པ་བཞེས། དགུང་ལོ་བཅུ་དགུ་ལ་རྣམ་འགྲེལ་གྱི་ཚིགས་ལངས་མཛད། ཕར་ཕྱིན་སྟོན་མོའི་དམ་བཅའ་འཛུགས་པ་གནང་། ༧རྒྱལ་དབང་ཐམས་ཅད་མཁྱེན་པ་འཇམ་དཔལ་རྒྱ་མཚོ་དཔལ་བཟང་པོའི་དྲུང་ནས་བསྙེན་རྫོགས་ཀྱི་སྡོམ་པ་བཞེས། དཀའ་ཆེན་ཡེ་ཤེས་རྒྱལ་མཚན་དང་། ཀློང་རྡོལ་བླ་མ་རིན་པོ་ཆེ་སོགས་བསྟེན་ནས་མདོ་སྔགས་ཀྱི་ཆོས་མང་པོ་གསན། དགུང་ལོ་སོ་བདུན་ལ་ལྷ་རམས་པའི་མཚན་བཏགས་དང་གཏོང་སྒོ་སོགས་གནང་། དཔལ་ལྡན་སྨད་རྒྱུད་གྲྭ་ཚང་གི་ཆོས་ཐོག་སྐབས་རྒྱུད་གྲྭར་ཞུགས། རིམ་བཞིན་སེ་ར་ཆོས་སྡིངས་དང་ཆུ་མིག་ལུང་དུ་དབྱངས་རྒྱུགས་ཕུལ། རྒྱུད་པའི་ཆོས་གྲྭར་སྔགས་ཀྱི་དམ་བཅའ་བཞག དགེ་བསྐོས་དང་ཁྲིད་དཔོན་སོགས་རིམ་གྱིས་མཛད། དགུང་ལོ་ཞེ་བརྒྱད་པར་རྒྱུད་པའི་བླ་མ་དབུ་མཛད་དང་རྒྱུད་སྨད་གྲྭ་ཚང་གི་མཁན་པོ་གནང་། ཀུན་གླིང་སྤྲུལ་སྐུའི་ཡོངས་འཛིན་མཛད། དགུང་ལོ་དྲུག་ཅུ་ལ་ཐེབས་པ་རབ་བྱུང་བཅུ་བཞི་པའི་ས་ཡོས་ (སྤྱི་ལོ1819) ལོ་ནས་དགའ་ལྡན་ཁྲི་པ་ལོ་དྲུག་དང་། དགུང་ལོ་རེ་བཞི་ལ༧རྒྱལ་དབང་སྐུ་ཕྲེང་བཅུ་པའི་ཡོངས་འཛིན་གནང་། དགུང་ལོ་རེ་བརྒྱད་ཐོག་སྟག་ལུང་བྲག་རི་ཁྲོད་དུ་འདུ་ཁང་གསར་བཞེངས་ཐོག་སྐུ་རྟེན་དང་གསུང་རྟེན་ཡང་བཞེངས། གསུང་ཆོས་གསང་འདུས་འཇིགས་རྟེན་དབང་ཕྱུག་ལྷ་ཅུ་དགུའི་སྒྲུབ་ཐབས་མདོར་བསྡུས། གྲུབ་མཐའི་རྣམ་བཤད་ཆེན་མོའི་ས་བཅད་བསྡུས་དོན། བདེ་ལམ་བླ་བརྒྱུད་ཀྱི་རྒྱབ་ཡིག་སོགས་རྒྱབ་ཡིག་སྐོར་དང་གཞི་གསུམ་གྱི་ཚོ་གའི་ལག་ལེན་མདོར་བསྡུས། འགྲེལ་པ་དོན་གསལ་གྱི་ཟིན་བྲིས། རྡོ་རྗེ་ཕྲེང་བ་ནས་བཤད་པའི་རིག་བྱེད་མ་ལྷ་བཅོ་ལྔའི་སྒྲུབ་ཐབས། བུམ་བསྐྱེད། བདག་འཇུག སྨོན་ཤིས་སྦྱིན་སྲེག་བཅས། རྗེ་ཉིད་ཀྱི་རྣམ་ཐར་རྒྱས་པ་དགེ་ལྡན་རིང་ལུགས་རྒྱས་བྱེད་སོགས་མང་པོ་ཕྱག་རྩོམ་མཛད། སྐུ་ཚེ་རིལ་པོར་མདོ་སྔགས་ཀྱི་ཆོས་འཁོར་བསམ་གྱིས་མི་ཁྱབ་པ་བསྐོར་བ་གནང་། དགུང་གྲངས་བརྒྱད་ཅུ་ཐམ་པ་ལ་ཐེབས་པ་རབ་བྱུང་བཅུ་བཞི་པའི་ས་ཕག (སྤྱི་ལོ1839) ལོར་དགོངས་པ་ཞི་དབྱིངས་སུ་གཤེགས།

དགེ་འདུན་ཆོས་འཕེལ། རྗེ་འདི་ཉིད་མདོ་སྨད་ཨ་མདོ་རེབ་གོང་ཞོ་འོང་དཔྱི་བྱ་བའི་གྲོང་ཚོར་ཡབ་སྔགས་འཆང་རྡོ་རྗེའི་མཚན་ཅན་ནམ་ཨ་ལགས་རྒྱལ་པོ་ཞེས་བྱ་བ་དང་། ཡུམ་པདྨ་སྐྱིད་གཉིས་ཀྱི་སྲས་སུ་རབ་བྱུང་བཅོ་ལྔ་པའི་ཆུ་ཡོས(སྤྱི་ལོ1903) ལོར་སྐུ་འཁྲུངས། ཐོག་མའི་མཚན་ལ་རིག་འཛིན་རྣམ་རྒྱལ་ཞེས་བཏགས། དེ་ནས་གཡའ་མ་བཀྲ་ཤིས་འཁྱིལ་དགོན་པའི་རྡོར་གྲགས་སྤྲུལ་སྐུའི་ཡང་སྲིད་དུ་ངོས་འཛིན་མཛད་པས་དེར་ཆོས་ཞུགས་ཀྱིས་རྡོར་གྲགས་སྤྲུལ་སྐུ་ཞེས་ཀྱང་འབོད། དགུང་ལོ་བདུན་ལ་ཐེབས་སྐབས་ཡབ་འདས། ཆུང་དུས་གཡའ་མ་བཀྲ་ཤིས་འཁྱིལ་དགོན་པར་རྒྱུན་བཞུགས་མཛད་ནས་དགོན་པ་དེ་དང་ཤེལ་དགོན་སོགས་སུ་སུམ་རྟགས་སྙན་ངག་སོགས་ལ་སྦྱངས་པ་མཐིལ་ཕྱིན་གནང་། དེ་ནས་ཞྭ་དམར་པཎྜི་ཏའི་དགོན་པ་དི་ཚ་ཞེས་བྱ་བར་ཐེབས་ཏེ་མཁན་ཆེན་སྐུ་ཕྲེང་དྲུག་པ་དགེ་འདུན་རྒྱ་མཚོའི་དྲུང་ནས

རབ་ཏུ་བྱུང་སྟེ་མཚན་དགེ་འདུན་ཆོས་འཕེལ་ཞེས་གནང་། རབ་བྱུང་བཅོ་ལྔ་པའི་མེ་སྦྲུལ（སྤྱི་ལོ1917）ལོ་ནས་རབ་བྱུང་བཅུ་དྲུག་པའི་མེ་ཡོས（སྤྱི་ལོ1927）ལོའི་བར་བླ་བྲང་བཀྲ་ཤིས་འཁྱིལ་དུ་བསྡུས་གྲྭ་ཕར་ཕྱིན་འོག་མའི་བར་སློབ་གཉེར་དཔྱིས་ཕྱིན་པ་མཛད་ནས་མཁས་པའི་གྲགས་པ་ཐོན། ཁོང་གིས་འཛམ་བཞད་ཡིག་ཆར་དོགས་སློང་མཛད་པར་དངོས་ཤུགས་ཅི་རིགས་ནས་སྟང་ཟླུག་བྱེད་མཁན་བྱུང་བས་དེས་རྐྱེན་པས་དགུང་གྲངས་ཉེ་ཤུ་རྩ་ལྔ་ལ་ལྷ་སར་ཕེབས། དེ་ནས་འབྲས་སྤུངས་སྒོ་མང་གྲྭ་ཚང་དུ་དགེ་བཤེས་ཤེས་རབ་རྒྱ་མཚོ་དཔེ་ཚའི་དགེ་རྒན་དུ་བསྟེན་ནས་སློབ་གཉེར་མཛད་པས་མཁས་པའི་གྲགས་པ་ཆེས་ཆེར་ཁྱབ། དེར་ལོ་ལྔ་དྲུག་ཙམ་བཞུགས་རིང་སྔར་བཞིན་འཛམ་བཞད་ཡིག་ཆར་དོགས་སློང་མཛད་པས། འགའ་ཞིག་གིས་ཁོང་ལ་ཚིག་མཚོན་སྣ་ཚོགས་བཏབ་པ་སོགས་བཞུགས་མི་བདེ་བ་བྱུང་བར་བརྟེན་ཆུ་བྱ（སྤྱི་ལོ1933）ལོར་པཎྜི་ཏ་ར་ཧུ་ལས་གདན་ཞུས་ལྟར་རྒྱ་གར་ལ་ཕེབས། དེ་ནས་རྒྱ་གར་ཕར་ཙ་སི་སོགས་སུ་ལེགས་སྦྱར་གྱི་སྐད་སྦྱངས། སིང་ག་ལར་ཕེབས་ནས་སཾ་སྐྲི་ཏའི་སློབ་གྲྭ་ཆེན་མོར་ལོ་གཅིག་དང་ཟླ་བ་བཞི་སློབ་གཉེར་གནང་སྟེ་མཁས་པའི་ཡང་རྩེར་སོན། སིང་ག་ལའི་གནས་བརྟན་སྡེ་བའི་མདོ། ལེགས་སྦྱར་བང་མཛོད། སྦ་ཕྱིར་མཛད། ཨུ་རུ་སུའི་རི་མོ་མཁས་པ་རའོ་རིས་ཞེས་པས་རྒྱ་གར་ཀུ་མུར་གདན་དྲངས། དེབ་སྔོན་དབྱིན་ཡིག་ཏུ་སྒྱུར་རོགས་མཛད། ས་སྟག（སྤྱི་ལོ1938）ལོར་པཎྜི་ཏ་ར་ཧུ་ལ་དང་རི་མོ་མཁས་པ་ཀན་ཕལ་ཀྲྀཥྞ་བཅས་མཉམ་དུ་དཔལ་ས་སྐྱའི་གཙུག་ལག་ཁང་དུ་ཕེབས་ནས་དེར་ཡོད་གནའ་དུས་རྒྱ་གར་གྱི་དཔེ་ཆ་རྩ་ཆེན་རྣམས་མཇལ། དེ་དུས་རྒྱལ་ཁམས་རིག་པས་བསྐོར་བའི་གཏམ་རྒྱུད་གསེར་གྱི་ཐང་མ་ཞེས་བྱ་བ་མཛད། དེ་ནས་སླར་ཡང་རྒྱ་གར་དུ་ཕེབས་ནས་ལོ་གསུམ་བཞུགས་རིང་དབྱིན་ཇིའི་རྒྱ་གར་གཞུང་ནས་དམ་པ་འདི་ལ་བོད་ཡིག་ཏུ་ཡོད་པའི་ཆོས་དང་། རིག་གནས་སྐོར་ཁག་གཅིག་དབྱིན་ཡིག་ཏུ་བསྒྱུར་རྒྱུའི་ལས་འགན་ཕུལ་བ་བཞེས་ཐོག ཨ་རིའམ་ཧྲུ་རན་སིའི་མི་གང་ཡིན་ཞིག་གིས་རང་ཡུལ་ལ་གདན་ཞུ་བྱས་པར་ཁས་ལེན་མཛད་ཀྱང་རྒྱ་གར་གཞུང་གིས་བཀག་འགོག་བྱས་པས་ལམ་ལྷོངས་མ་བྱུང་།

ཤིང་བྱ（སྤྱི་ལོ1945）ལོའི་ལོ་སྟོད་དུ་སྐབས་རྗེ་ཁྲི་བྱང་རིན་པོ་ཆེ་དང་ཀ་ཤོད་པ་གཉིས་ནས་གདན་ཞུས་ལྟར་བོད་དུ་ཕྱིར་ལོག་ཕེབས་རྗེས་ཁོང་གི་སར་གཞུང་གི་དཔོན་རིགས་སེར་སྐྱ་དང་། དགོན་པའི་བླ་སྤྲུལ་དགེ་བཤེས། ཨ་མདོ་དང་ཁམས་པ། གྲོང་མི་སོགས་ཡོན་ཏན་དོན་གཉེར་ཅན་མང་པོ་འཚང་ག་ཤིག་ཤིག་གིས་དཔེ་ཁྲིད་ཞུ་བར་བཅར་མཁན་རྣམས་ལ་རེ་འདོད་བསྐང་གང་ཐུབ་མཛད། མེ་ཁྱི（སྤྱི་ལོ1946）ལོ་ནས་མེ་ཕག（སྤྱི་ལོ1947）ལོ་བར་བོད་ཆེན་པོའི་སྲིད་ལུགས་དང་འབྲེལ་བའི་རྒྱལ་རབས་དེབ་ཐེར་དཀར་པོ་ཞེས་བྱ་བ་བརྩམས་མཛད། ལོ་དེར་བཀའ་ཤག་གིས་བཙོན་དུ་བཙུག་པས་དེབ་དཀར་རྫོགས་འཕྲོ་ཅན་དུ་ལུས། ས་གླང（སྤྱི་ལོ1949）ལོར་བཙོན་ནས་ཐུང་རྗེས་ཆང་རག་ཚོད་མེད་

བཞེས་ཏེ་སྣང་ཕོག་རྗེ་ལོད་དུ་སོང་མཐར་དགུང་གྲངས་ཞེ་དགུ་ལ་ཕེབས་པ་རབ་བྱུང་བཅུ་དྲུག་པའི་ལྕགས་ཡོས(སྤྱི་ལོ1951)ལོའི་བོད་ཟླ་བརྒྱད་པའི་ཚེས་བཞི་ཉིན་ལྷ་སར་སྐུ་གཤེགས།

མཁས་དབང་འདི་ཉིད་ཀྱི་ཕྱག་རྩོམ་ལ་མཚོན་ན། རྒྱལ་ཁམས་རིག་པས་བསྐོར་བའི་གཏམ་རྒྱུད་གསེར་གྱི་ཐང་མ་དང་། བོད་ཆེན་པོའི་སྲིད་ལུགས་དང་འབྲེལ་བའི་རྒྱལ་རབས་དེབ་ཐེར་དཀར་པོ། ཀླུ་སྒྲུབ་དགོངས་རྒྱན། སེང་ག་ལའི་རྟོགས་བརྗོད། རྒྱལ་པོ་ར་མ་ཎའི་རྟོགས་བརྗོད། བྲ་ལེན་མའི་རྟོགས་བརྗོད། ནག་པོ་སྤྱོད་པས་མཛད་པའི་ཨེ་ཝཾ་གྱི་རྣམ་བཤད་རི་མོ་ཅན། སྒྲའི་ཟེན་བྲིས། གངས་རིའི་སྐོར་ཞང་དགའ་བའི་བློ་གྲོས་ལ་དྲིས་ལན། སིཾ་ལའི་གནས་བརྟན་སྡེ་པའི་མདོ་ཛ་ཏ་ཀ་ཞེས་བྱ་བ་སོགས་རང་རྩོམ་དང་སྒྱུར་རྩོམ་མང་དུ་མཆིས་སོ།

འགྱུར་མེད་རྣམ་རྒྱལ། ཕོ་ལྷ་བ་བསོད་ནམས་སྟོབས་རྒྱལ་གྱི་བུ་གཉིས་པ་འདིས་ཡབ་གཤེགས་རྗེས་རབ་བྱུང་བཅུ་གསུམ་པའི་མེ་ཡོས(སྤྱི་ལོ1747)ལོར་ཕའི་གོ་ས་ཤུལ་འཛིན་མཛད་ནས་བོད་ཀྱི་ལས་དོན་ཁག་བསྐྱངས། གོང་མས་ཅོ་ཏུན་ཧྲུན་ཝང་གི་ཚོ་ལོ་དང་ཐམ་ག་ཕུལ།

ས་འབྲུག(སྤྱི་ལོ1748)ལོར་སྲིད་སྐྱོང་ཟླ་ལའི་བླ་ཐུར་འགྱུར་མེད་རྣམ་རྒྱལ་གཙང་ཁུལ་གཟིགས་སྐོར་ཕེབས་པ་དང་སྟགས་ཀུན་གཟིགས་པཎ་ཆེན་རིན་པོ་ཆེའི་ཡང་སྲིད་དཔལ་ལྡན་ཡེ་ཤེས་ལ་མཇལ་ཕྱག་ཕོག་འབུལ་བ་རྒྱ་ཆེ་དང་། ལྷག་པར་མཛད་བརྒྱ་རྟོགས་བརྗོད་དཔག་བསམ་ཁྲི་ཤིང་གི་ཐང་པར་གྲངས་སུམ་ཅུ་སོ་གཅིག་དང་། ཅོང་ཁ་བརྒྱད་ཅུའི་ཐང་པར་བཅོ་ལྔ། གནས་བཅུའི་ཐང་པར་བདུན། ༧རྒྱལ་དབང་དང་པཎ་ཆེན་འཁྲུངས་རབས་བཅས་སྣང་ལུགས་བྲིས་ཚུགས་ལྡན་པའི་ཐང་སྐུའི་ཤིང་པར་ངོ་མཚར་ཅན་རྣམས་འབུལ་བར་མཛད། ས་སྦྲུལ(སྤྱི་ལོ1749)ལོར་རང་གི་གཅེན་པོ་མངའ་རིས་སྤྱི་ཁྱབ་གུང་འགྱུར་མེད་ཚེ་བརྟན་དབང་འཁོར་འབྲུག་ཡོ་ཡངས་ཆེ་ཙམ་བྱུང་སྟེ་འགྱུར་མེད་ཚེ་བརྟན་རྐྱེན་ལམ་དུ་བཏང་། ལྕགས་རྟ(སྤྱི་ལོ1750)ལོར་སྲིད་སྐྱོང་ཟླ་ལའི་བླ་ཐུར་འགྱུར་མེད་རྣམ་རྒྱལ་ནས་སྔར་ཡང་གོང་མ་དང་བོད་སྡོད་ཕྲ་ཞིན་གཉིས་ལ་ལྷ་སར་བཅའ་སྡོད་རྒྱའི་དཔོན་དམག་ཉུང་འཕྲི་དགོས་པ་ཞུས་དོན་གོང་མས་དམག་དཔུང་ཁག་གཅིག་ཕྱིར་འཐེན་ཏུང་། ལྷ་སྡོད་ཨམ་བན་དང་འབྲེལ་བ་ཇེ་སྟུག་སོང་བ་མ་ཟད། ཆེང་གོང་མའི་དཔོན་དམག་བོད་དུ་འཇོག་རྒྱུར་མ་འདོད་པས། ལོ་དེའི་ཧོར་ཟླ་བཅུ་པའི་ཚེས་བཅུ་གསུམ་ཉིན་ཕྲ་ཞིན་ཕུ་ཆེན་དང་ལབ་ཏུ་གཉིས་ནས་ཕང་འགྱུར་མེད་རྣམ་རྒྱལ་ཁྲིམ་གཟིགས་ཁང་དུ་གདན་ཞུས་ཕོག་ཛ་གཡོག་གསུམ་བཀྲོངས། འགྱུར་མེད་རྣམ་རྒྱལ་གྱི་མགྲོན་གཉེར་བློ་བཟང་བཀྲ་ཤིས་དང་། ཡར་སོར་གཉིས་སོགས་ནས་བོད་དམག་བསྐུལ་ཏེ་ཕྲ་ཞིན་གཉིས་དང་། རྒྱའི་ཞི་དྲག་ལས་བྱེད་བརྒྱ་ལྷག་ཙམ་དུས་གཅིག་ཏུ་ཁྲིམ་གཟིགས་ཁང་གི་ཉེ་འགྲམ་དུ་བཀྲོངས་པས་ས་ཆ་དེར་ཕྱིས་རྒྱ་འབུམ་སྒང་ཞེས་མིང་ཆགས། སྐྱོན་མ་བྱུང་བ་སྦྲི་ཆའི་ཚེས་གཉིས་དང་། ཕོགས་དཔོན། ཨམ་བན་གཉིས་ཀྱི་ཟླ་བོ། དམག་མི།

ཚོང་པ་བཅས་མི་གྲངས་ཉིས་བརྒྱ་བཞི་བཅུ་སྐོར་རྩེ་ཕོ་བྲང་དུ༧རྒྱལ་བའི་སྐུ་དྲུང་དུ་སྐྱབས་ཞུར་བཅར།

ལྕགས་རྟ་ལོ་མཇུག་དེ་རང་དུ་མགྲོན་གཉེར་བློ་བཟང་བཀྲ་ཤིས་དང་། དཔལ་གྲོང་ཤར་པ་སྲུང་སྲུག་པ་སོགས་ལྷ་ལྡན་ལྕང་ལོ་ཅན་གྱི་སྐོ་རའི་ནང་དྲག་པོའི་ཁྲིམས་བཅད་པ་དང་། ཏཱ་ལའི་བླ་ཕྲུར་གྱི་སྲས་དར་རྒྱས་ཚེ་རིང་དང་། ལྕམ་བགྲེས་གཞོན་སོགས་ཕྱིར་མི་ལྡོག་པའི་རྒྱང་ཕུད་དུ་བཏང་།

ཏཱ་ལའི་བླ་ཕྲུར་འགྱུར་མེད་རྣམ་རྒྱལ་གྱིས་ལྕགས་རྟ་བར་ལོ་བཞི་སྲིད་སྐྱོང་རིང་། དགེ་ལྡན་ཚོགས་ཆེན་དང་། གསང་ཕུ་ནེའུ་ཐོག་གི་འདུ་ཁང་གསར་བཞེངས། ལ་མོ་བྱང་ཆུབ་ལྟོག་ལ་རྒྱ་ཕིབས་སོགས་གསར་བཞེངས། དགེ་འདུན་གྱི་སྡེ་ལ་སྤྱི་ཞུ་ཆེ་ཞིང་དཀའ་ལྡན་དུ་སྟག་རྩེ་གྲུབ་མཆོད་གསར་འཛུགས། བཙན་བརྗེད་ཆེན་པོས་ཁྲིམས་དོན་ཤིན་ཏུ་ཆེ་ཡང་ཙང་མ་བརྟག་པའི་སྐྱོན་དང་། རྒྱུན་དུ་ཀུན་སྤྱོད་དྲག་ཤུལ་ཆེ་ཙམ་ཡང་ཡོད་པར་སྣང་ངོ་།

རྒྱལ་མཁན་པོ་གྲགས་པ་རྒྱལ་མཚན། མདོ་སྨད་ཤོ་རྒྱུད་འཕོ་རའི་རྒྱ་སྨར་ཐང་ཞེས་པར་ཡབ་ཡུམ་སྐྱབས་དང་ཡུམ་ལྷ་མོ་མཚོ་གཉིས་ཀྱི་སྲས་སུ་རབ་བྱུང་བཅུ་གསུམ་པའི་ཆུ་རྟ（སྤྱི་ལོ1762）ལོར་སྐུ་འཁྲུངས། དགུང་ལོ་བདུན་པ་ནས་བཟུང་མང་ངེ་དགེ་སློང་ཚུལ་ཁྲིམས་རྒྱ་མཚོ་ལས་ཡིག་ཀློག་དང་འདོན་ཆོས་བསླབས། དགུང་ལོ་བཅུ་གཅིག་པར་སེ་ར་དཔོན་སློབ་བློ་བཟང་ཆོས་འཕེལ་ལས་རབ་ཏུ་བྱུང་། མཚན་བློ་བཟང་དོན་གྲུབ་ཅེས་གསོལ། ཆུ་སྦྲུལ་ལོར་བཀྲ་ཤིས་འཁྱིལ་གྱི་ཆོས་གྲྭར་དཔོན་སློབ་ངག་དབང་འཕྲིན་ལས་པ་ལས་བརྩེ་བཞག་གསན། ཕུན་ཚོགས་ལྷ་བྲིས་པའི་དཔོན་པོ་བློ་བཟང་དཔལ་ལྡན་དགེ་རྒན་དུ་བསྟེན། དགུང་ལོ་བཅུ་དྲུག་པར་དཔོན་སློབ་བསོད་ནམས་གྲགས་པ་ལས་དགེ་ཚུལ་བསྒྲུབས། བསྡུས་གྲྭ། བློ་རིགས། གྲུབ་མཐའ་རིན་ཆེན་ཕྲེང་བ་སོགས་ཐུགས་འཛིན་དང་ཚོགས་ཞུགས་ཕུལ། ལོ་དེར་སྒོ་མང་བླ་མ་སངས་རྒྱས་རྡོ་རྗེ་བའི་ཡང་སྲིད་དུ་ངོས་འཛིན་མཛད་དེ་ཁྲིར་བཀོད། དེ་ནས་ལྷ་ཞིས་དཀའ་བཅུ་བ་དང་ཁ་གྲུ་དར་རྒྱས་རྣམ་གཉིས་སློབ་དཔོན་དུ་བསྟེན་ནས་གཞུང་པོད་ལྔ་སོགས་ལ་གོ་རིམ་བཞིན་དུ་གསན་སྦྱོང་མཛད། དགུང་ལོ་ཉེར་གཅིག་པར་སྐྱབས་མགོན་མཆོག་གི་དྲུང་ནས་བསྙེན་པར་རྫོགས། མཚན་གྲགས་པ་རྒྱལ་མཚན་དུ་གསོལ། རིགས་གྲྭ་བློ་བཟང་འཇིགས་མེད་དང་ཀུ་ཤྲཱི་སྐལ་བཟང་རྣམ་གཉིས་ལས་སྙན་ངག་སོགས་རིག་གནས་སྦྱངས། བསོད་གྲགས་དཔོན་སློབ་དང་ཁྲི་ཆེན་བློ་བཟང་སྨན་གྲགས་སོགས་ལས་ཆོས་མང་དུ་གསན། ཆུ་ཡོས（སྤྱི་ལོ1783）ལོར་དབུས་སུ་ཕེབས། ༧རྒྱལ་དབང་འཇམ་དཔལ་རྒྱ་མཚོའི་གསེར་ཞལ་མཇལ། འབྲས་སྒོ་མང་ཆོས་གྲྭར་ཞུགས། ཧོར་སྐར་བཟང་དངོས་གྲུབ་དང་གུང་ཐང་འཇམ་དཔལ་དབྱངས་གཉིས་དགེ་རྒན་དུ་བསྟེན། ཉེར་ལྔ་པ་མེ་རྟ（སྤྱི་ལོ1786）ལོར་སྡེ་པ་གཞུང་ནས་ཆོས་འཁོར་རྒྱལ་གྱི་མཁན་པོར་བསྐོས། སྐབས་དེར་བཀའ་པོད་ལྔའི་སློབ་གཉེར་མཐར་ཕྱིན་མཛད། ལྷས་སྨོན་ལམ་ཆེན་མོར་དམ་བཅའ་ཨང་དང་པོ་བྱུང་། དགེ་བཤེས་ལྷ་རམས་པའི་

མཚན་རྟགས་ཐོབ། ལྕགས་ཁྱི（སྤྱི་ལོ1790）ལོར་མདོ་སྨད་བཀྲ་ཤིས་འཁྱིལ་དུ་ཕེབས། འཇམ་དབྱངས་བཞད་པས་རྗེ་འདི་བླ་བྲང་མཁན་པོར་བསྐོས། འཆད་རྩོད་རྩོམ་གསུམ་གྱིས་བསྟན་འགྲོར་ཕན་པའི་བྱ་བ་མཛད། རྗེན་གསར་མང་དུ་བཞེངས། དགུང་ལོ་སུམ་ཅུ་པར་བཀྲ་ཤིས་འཁྱིལ་གྱི་ཆོས་དང་འཇིག་རྟེན་གྱི་བྱ་བ་ཡོངས་ཀྱི་འགན་འཁུར་བཞེས། དགུང་ལོ་ཞེ་བཅུ་པར་བླ་བྲང་ཚོགས་ཆེན་གྱི་གདན་ཁྲིར་ཕེབས། ལོ་གསུམ་གྱི་རིང་གཏོང་སྒོ་ཕལ་ཆེར་བླ་བྲང་ཆེན་པོ་ནས་ཁུར་བླངས་པས་ སྤར་སྤྲོལ་གོང་འཕེལ་དུ་བསྐྱངས། དགུང་ལོ་ཞེ་གསུམ་པར་ཁྲི་འཛིན་དགོངས་པ་ཞུས་ཏེ་འཇམ་བཞད་ཡང་སྲིད་ཚོགས་དབུས་སུ་གདན་དྲངས། ཤིང་བྱི་ལོ་ནས་བཟུང་དབེན་གནས་བཀྲ་ཤིས་དགེ་འཕེལ་དུ་སྐུ་མཚམས་ལོ་ལྔ་དྲུག་ཙམ་བཞུགས་ཏེ་སྐུ་མཇུག་ཏུ་སྒྲུབ་པ་ཉམས་ལེན་ཁོ་ནར་འབད་དེ་དུས་འདའ་བར་མཛད། དཔལ་ཤུལ་གྱི་སའི་སྣ་འགྲམ་གསེར་ལུང་དུ་སྒྲུབ་སྡེ་བཙུགས། གསུང་རྩོམ་མཉམ་མེད་ཤཱཀྱའི་རྒྱལ་པོ་དང་འཇམ་གླིང་མཛེས་བྱེད་རྒྱན་དྲུག་མཆོག་གཉིས་ཀྱི་རྟོགས་བརྗོད་ལྷའི་དཔག་བསམ་ལྗོན་ཤིང་། མདོ་སྡེ་རྒྱན་གྱི་མཆན་འགྲེལ། བྱང་ཆུབ་སེམས་དཔའི་སྤྱོད་པ་འཇུག་པའི་ཊཱིཀྐ་རིན་པོ་ཆེའི་ཕྲེང་བ་ཞེས་བྱ་བ། བསྟོད་ཚོགས་དངོས་གྲུབ་འགུགས་པའི་ལྕགས་ཀྱུ། དགེ་བ་རྫོགས་བྱང་དུ་བསྔོ་བའི་སྨོན་ཚིག དྲན་པ་ཤེས་རབ་བཀྲ་ཤིས་ཀྱི་རྣམ་ཐར་དུ་མུ་ཏི་ལིའི་ཕྲེང་བ། སྤྱོད་འཇུག ལམ་གཙོ། འདུལ་བ་རྒྱ་མཚོའི་སྙིང་པོ། རྒྱལ་སྲས་ལག་ལེན། གུང་ཐང་རིན་པོ་ཆེའི་ལྡེ་མགུར་སོགས་ཀྱི་ཊཱིཀྐ། འཇིགས་བྱེད་བསྐྱེད་རིམ་སོགས་པོ་ཏི་དྲུག་ཙམ་མཛད། གསུང་གི་བདུད་རྩིས་བསྐྱངས་པའི་བུ་སློབ་ཁྲི་ཆེན་ངག་དབང་ཆོས་འཕེལ། རྗེ་ཁྲི་རིན་པོ་ཆེ་འཇམ་དབྱངས་ཐུབ་བསྟན་ཉི་མ། ལྕང་ལུང་པཎྜི་ཏ་ངག་དབང་བློ་བཟང་བསྟན་པའི་རྒྱལ་མཚན། ཐེག་ཆེན་སྨྱུང་གནས་པ། ཆ་ཧར་བཀའ་འགྱུར་བ་སོགས་མཁས་གྲུབ་དམ་པ་མང་དུ་བྱུང་། དགུང་ལོ་དོན་དྲུག་ལ་ཕེབས་པ་རབ་བྱུང་བཅུ་བཞི་པའི་མེ་བྱ（སྤྱི་ལོ1837）ལོར་དགོངས་པ་གཞན་དོན་དུ་གཤེགས།

རྒྱལ་ཏིག་ཞབས་དྲུང་། རྒྱལ་ཏིག་དཔོན་སློབ་ངག་དབང་ཆོས་ལྡན་རྒྱ་མཚོའམ་དཀོན་མཆོག་ཡར་འཕེལ་ཏེ། སྐུ་གཞོན་དུས་བླ་བྲང་བཀྲ་ཤིས་འཁྱིལ་དུ་ཕེབས་ཏེ་ཀུན་མཁྱེན་འཇིགས་མེད་དབང་པོ་དང་། བཀའ་འགྱུར་པ་འཇིགས་མེད་རབ་རྒྱས་སོགས་སློབ་དཔོན་དུ་མ་བསྟེན་ནས་མདོ་སྔགས་ཀྱི་གཞུང་མང་དུ་གསན། རྗེས་ནས་མཆོད་རྟེན་ཐང་གི་ཁྲིར་བཞུགས། འཆད་ཉན་སྨར་ཞིང་དགེ་བཤེས་རྣམས་ལ་འཁྲིས་པ་དོགས་སློང་གིས་དུས་འདའ་བར་མཛད་པས་སྐྱིད་ཐོན་འཁྲིག་ཁྲིམས་དམ་ཞིང་རྒྱུན་དུ་འདོད་ཆུང་ཆོག་ཤེས་ཀྱིས་སྒྲུབ་པ་ཉམས་ལེན་ལ་གཞོལ། འཇུ་ལག་ཆུ་འགྲམ་འདབ་རྒྱན་པའི་སྒྲུབ་གནས་ཕུག་གི་རི་ཁྲོད་དུ་བཞུགས། འབྱུང་འགྱུར་མངོན་སུམ་དུ་གཟིགས་པས་གང་གསུངས་བསླུ་བ་མེད་པ་སོགས་ཉམས་རྟོགས་གློང་དུ་གྱུར། ཟབ་ལུང་རི་ཁྲོད་བཏབ། གསུང་ཆོས། དགེ་ལྡན་ལེགས་བཤད་ཀྱི་འགྲེལ་པ།

འཇིགས་བྱེད་བསྐྱེད་རིམ་རྫོམ་འཕྲོ། མགུར་ཚན་ཐོར་བུ་བཅས་བཞུགས། དགུང་ལོ་དོན་གྲངས་འཚོ་ཞིང་གཞེས།

རྒྱལ་བ་བསྐལ་བཟང་རྒྱ་མཚོ། ༧རྒྱལ་དབང་སྐུ་ཕྲེང་བདུན་པ་བསྐལ་བཟང་རྒྱ་མཚོ་མཆོག་ནི། མདོ་ཁམས་སྨད་ཀྱི་སའི་ཆ་ཚོས་སྡེ་ཆེན་པོ་ལི་ཐང་ཐུབ་ཆེན་བྱམས་པ་གླིང་གི་ཉེ་འདབས་སྟོ་ཞོལ་གྲོང་ཚོར་ཡབ་ རྗེ་བསོད་ནམས་དར་རྒྱས་སམ་དགེ་འདུན་དར་རྒྱས་དང་། ཡུམ་བློ་བཟང་ཆོས་མཚོ་གཉིས་ཀྱི་སྲས་སུ་རབ་བྱུང་བཅུ་གཉིས་པའི་ས་བྱི(སྤྱི་ལོ1708)ལོའི་བོད་ཟླ་བདུན་པའི་ཚེས་བཅུ་དགུ་ཉིན་སྐུ་བལྟམས། སྐུ་ཞང་རབས་འབྱམས་པས་དེའི་མཚན་རྟགས་བཟང་བས་བསྐལ་བཟང་རྒྱ་མཚོ་ཞེས་པའི་མཚན་གསོལ། ལི་ཐང་ཆོས་སྐྱོང་ནས༧རྒྱལ་བའི་ཡང་སྲིད་ཡིན་པའི་ལུང་བསྟན། འོན་ཀྱང་ལྷ་བཟང་ཁྲཱན་དབང་ཤུགས་ཆེ་བས་རེ་ཞིག་ངོས་འཛིན་ཞུ་མ་ནུས། མཚོ་སྔོན་གྱི་དཔོན་རིགས་འགས་ཡང་སྲིད་རིན་པོ་ཆེ་གཞན་ལག་ཏུ་ཤོར་ངོགས་ཀྱིས་མཚོ་ཁར་གདན་དྲངས། དེ་ནས་དགུང་ལོ་དགུ་པ་མེ་སྤྲེལ(སྤྱི་ལོ1716)ལོར་མདོ་སྨད་ཙོང་ཁ་སྐུ་འབུམ་བྱམས་པ་གླིང་དུ་ཕེབས། རིགས་དང་དཀྱིལ་འཁོར་གྱི་ཁྱབ་བདག་རྗེ་བཟང་ངོ་མོན་ཏན་ངག་དབང་བློ་བཟང་བསྟན་པའི་རྒྱལ་མཚན་ལས་དགེ་བསྙེན་གྱི་སྡོམ་པ་བཞེས། མཚན་ངག་གི་དབང་ཕྱུག་ཆོས་ཀྱི་གྲགས་པ་ཐུབ་བསྟན་རྒྱལ་མཚན་དཔལ་བཟང་པོར་གསོལ། དགུང་ལོ་བཅུ་གསུམ་པ་རབ་བྱུང་བཅུ་གཉིས་པའི་ལྕགས་བྱི(སྤྱི་ལོ1720)ལོར་གོང་མ་ཁང་ཤིས་ཀྱིས་བོད་དང་སོག་པོ་མན་ཧྲ་གསུམ་གྱི་ཡི་གེ་ལས་གྲུབ་པའི་གསེར་ཐམ་ཁ་རིས་སུ། བསྟན་པ་རྒྱས་ཤིང་འགྲོ་བ་འདྲེན་པ་དྲུག་པའི་བླ་མ་དྲུག་པའི་ཐམ་ཀ ཞེས་འཁོད་པ་ཞིག་ཕུལ། ལོ་དེར་དབུས་སུ་ཕེབས་ནས་པོ་ཏ་ལ་ཆེན་པོ་གྲུ་འཛིན་གཉིས་པར༧རྒྱལ་དབང་སྐུ་ཕྲེང་བདུན་པའི་སེང་ཁྲིར་ཞབས་སོར་འཁོད། པཎ་ཆེན་བློ་བཟང་ཡེ་ཤེས་མཆོག་གིས༧རྒྱལ་དབང་རིན་པོ་ཆེར་དགེ་ཚུལ་གྱི་སྡོམ་པ་ཕུལ། མཚན་སྔོན་ཡོད་ཐོག་བློ་བཟང་བསྐལ་ཏེ་བློ་བཟང་བསྐལ་བཟང་རྒྱ་མཚོར་གསོལ། དེ་ནས་ཁྲི་ཆེན་བློ་བཟང་དར་རྒྱས་པའི་ཞལ་སྔ་ནས་པར་ཕྱིན་ཞྭ་ལུ་རིན་པོ་ཆེ་ངག་དབང་ཡོན་ཏན་འབྱུང་གནས་ལས་སྔན་ངག་ལེགས་པར་གསན། ཆུ་ཡོས(སྤྱི་ལོ1723)ལོ་ནས་བཟུང་ལྷ་ལྡན་སྨོན་ལམ་ཆེན་མོར་དགའ་ལྡན་དགོན་གྱི་དགེ་འདུན་རྣམས་ཕེབས་རྒྱུའི་གཏན་འབེབས་མཛད་ཐོག སྨོན་ལམ་ཆེན་མོའི་བཅའ་ཡིག་གསར་དུ་བསྒྲུལ། ཤིང་འབྲུག(སྤྱི་ལོ1724)ལོར་གོང་མ་གཡུང་ཀྲེས་གསེར་སྲང་སུམ་བརྒྱ་ཡོད་པའི་འཇའ་ས་དང་། ཉིས་བརྒྱ་ལྔ་བཅུ་ཡོད་པའི་གསེར་ཐམ་ཕུལ། གསེར་ཐམ་གྱི་ཁ་རིས་སུ། ནུབ་ཕྱོགས་མཆོག་ཏུ་དགེ་བའི་ཞིང་གི་རྒྱལ་དབང་། ས་སྟེང་གི་རྒྱལ་བསྟན་ཡོངས་ཀྱི་བདག་པོ་ཐམས་ཅད་མཁྱེན་པ་བཛྲ་དྷ་ར་ཏཱ་ལའི་བླ་མ། ཞེས་འཁོད། ཡོངས་འཛིན་དམ་པ་ཁྲི་རིན་པོ་ཆེ་དཔལ་ལྡན་གྲགས་པ་རྗེ་འདིའི་ཡོངས་འཛིན་དུ་མངའ་གསོལ་ཏེ་དབུ་མའི་སྐོར་ལེགས་པར་གསན། ཤིང་སྦྲུལ(སྤྱི་ལོ1725)ལོར་ཕྱར་མཚོ་སྔོན་གྱི་དུས་ཟིང་སྐབས་ཨ

མདོ་ཁུལ་གྱི་དགོན་ཁག་ཆེན་པོ་དུ་མ་ཞིག་རྒྱའི་དམག་གིས་ཐོར་རྐྱེན་དུ་བཏང་བ་རྣམས་སྔར་རྒྱུན་ལྟར་འཛུགས་དགོས་ཚུལ་གོང་མར་ཞུས་གནང་བ་དང་ཕྱུགས་བོད་ནས་ཀྱང་ཞལ་འདེབས་དང་བཟོ་རིགས་མཁས་པ་གཏོང་གནང་མཛད་པ་སོགས་མདོ་སྨད་ཀྱི་བསྟན་ལར་སྨན་པའི་མཛད་པ་རླབས་ཆེན་བསྒྲུབས། ལོ་འདིར་གོང་མས་བཀའ་འགྱུར་པར་གསར་གྱི་པར་ཕུད་དང་མ་ཕྱི་༧རྒྱལ་དབང་མཆོག་ལ་ཕུལ། དགུང་ལོ་ཉི་ཤུ་པ་མེ་ལུག(ཕྱི་ལོ1727)ལོར་པཎ་ཆེན་བློ་བཟང་ཡེ་ཤེས་དཔལ་བཟང་པོས་མཁན་པོ་དང་། དགའ་ལྡན་ཁྲི་རིན་པོ་ཆེ་དཔལ་ལྡན་གྲགས་པས་ལས་ཀྱི་སློབ་དཔོན། རྒྱུད་སྨད་སློབ་དཔོན་ངག་དབང་མཆོག་ལྡན་གྱིས་གསང་སྟེ་སྟོན་པའི་སློབ་དཔོན་བརྗོད་དེ་བསྙེན་པར་རྫོགས་པ་དགེ་སློང་གི་སྡོམ་པ་རྣམ་པར་དག་པ་བཞེས་ཐོག་དཔལ་གསང་བ་འདུས་པའི་དབང་བཀའ་ཡང་དུ་མ་གསན། དགུང་ལོ་ཉེར་གཅིག་སྐབས་འབྲས་སྤུངས་རྗེ་རམས་པའི་གྲྭ་བསྐོར་མཚན་རྟགས་བཞེས། ༧རྒྱལ་དབང་མཆོག་མཚན་ཉིད་གསན་སྦྱོང་ལ་ཐུགས་ཤུགས་ཤིན་ཏུ་ཆེ་ཞིང་། ཆབ་སྲིད་ཀྱི་ལས་དོན་གང་ཅིར་ཐུགས་སྣང་དེ་ཙམ་མེད་པས་སྐབས་དེར་བཀའ་བློན་རྣམས་ཐུགས་ནང་མ་གཤིན་པའི་དབང་གིས་བདེ་གཟར་མི་ཡངས་པའི་ཆེད་དུ་༧རྒྱལ་དབང་མཆོག་ནས་པཎ་ཆེན་རིན་པོ་ཆེར་བཀའ་ཤོག་འབུལ་གནང་སོགས་བདེ་འཇགས་ཀྱི་ཐབས་ལ་གཞོལ་བར་མཛད་ཀྱང་འགོག་མ་ནུས་པར། ས་སྤྲེལ(ཕྱི་ལོ1728)ལོའི་བོད་ཟླ་ལྔ་པའི་ནང་མི་དབང་ཕོ་ལྷས་དཔུང་ཤུགས་ཀྱིས་ལྷ་ས་ཡོངས་རྫོགས་བདག་གིར་བཟུང་བས། ལོ་དེའི་བོད་ཟླ་བཅུ་གཅིག་པའི་ནང་མདོ་སྨད་དུ་ཕེབས་དགོས་བྱུང་། ས་བྱ(ཕྱི་ལོ1729)ལོར་མདོ་སྨད་མགར་ཐར་དུ་གཙུག་ལག་ཁང་ཞིག་ཕྱག་བཏབ་གནང་སྟེ་དགེ་འདུན་ལྔ་བཅུ་སྐོར་གྱི་གྲྭ་ཚང་འཛུགས་པར་མཛད། ཁུལ་དེར་དགོན་སྡེ་ཁག་ལ་ཆོས་འཁོར་རྒྱ་ཆེར་བསྐོར་བ་གནང་སྟེ་དད་ལྡན་ཁྲི་ཚོ་དུ་མའི་ཡིད་ཀྱི་རེ་བ་སྐོང་པར་གྱུར། ཤིང་ཡོས(ཕྱི་ལོ1735)ལོར་མདོ་ཁམས་ནས་ཕོ་བྲང་ཆེན་པོར་ཞབས་སོར་འཁོད། དགུང་ལོ་སུམ་ཅུ་ལ་ལྷ་ལྡན་གཙུག་ལག་ཁང་གི་རྟེན་རྣམས་ཉམས་གསོ་དང་ཁག་གཅིག་གསར་བཞེངས་མཛད། དགུང་ལོ་སོ་གཅིག་ཐོག་ཁྲ་འབྲུག་གཙུག་ལག་ཁང་ཞིག་གསོ་བཀའ་ཁྱབ་གནང་། དགུང་ལོ་སོ་གསུམ་ལ་ཚོགས་མཆོད་གསེར་སྡོང་མཆོད་རྫས་ཧྲུལ་སྐྱོན་རྣམས་གསར་བཟོ་མཛད། དགུང་ལོ་སོ་བཞིར་འབྲུག་སྟེ་སྲིད་དགོངས་ཞུས་ཚབ་བློན་པོ་ངག་དབང་རྒྱལ་མཚན་བསྐོ་གཞག་གནང་། ལྕགས་རི་འགྲོ་ཕན་གླིང་གི་གསོ་བ་རིག་པའི་སློབ་སྦྱོང་ཅུང་ཟད་ཉམས་པར་བརྟེན་གདན་ས་མཐིལ་གྱི་མཁན་པོ་རྒྱུགས་ལེན་གཏོང་བ་གནང་སྟེ་བསྡམ་ར་མཛད། པཎ་ཆེན་བློ་བཟང་ཡེ་ཤེས་ཀྱི་མཆོག་སྤྲུལ་ཡང་སྲིད་ངོས་འཛིན་གནང་སྟེ་མཚན་བློ་བཟང་དཔལ་ལྡན་ཡེ་ཤེས་གསོལ། དགུང་ལོ་སོ་དགུ་ལ་སྒྲ་གཞུང་ཙནྡྲ་པའི་རི་མོའི་སློབ་རྒྱུན་སྤེལ་བར་གནང་། དགུང་ལོ་བཞི་བཅུའི་ཐོག་པཎ་ཆེན་དཔལ་ལྡན་ཡེ་ཤེས་ལྷ་སར་ཕེབས་པ་ལ་འཇམ་དབྱངས་སྒྲ་སེང་དང་སྒྲོལ་དཀར་སོགས་ཀྱི་རྗེས་གནང་བསྩལ། དགུང་ལོ་ཞེ་གཉིས་ཐོག་རྩེའི་གསང་བདེ་

འཇིགས་གསུམ་གྱི་བློས་བླངས་དཀྱིལ་འཁོར་བཞེངས་གནང་མཛད། དགུང་ལོ་ཞེ་བཞི་པ་རབ་བྱུང་བཅུ་གསུམ་པའི་ལྕགས་ལུག(སྤྱི་ལོ1751)ལོར་ཆབ་སྲིད་ལུགས་གཉིས་ཀྱི་ཐུགས་འགན་བཞེས་ནས་བཀའ་ཤག་གསར་བཙུགས་དང་བཀའ་བློན་བཞི་བསྐོ་གཞག་གནང་ཐོག བཀའ་ཤག་གི་ཕྱག་དམ་བདེ་སྐྱིད་མ་དང་། རྟགས་དམ་སེལ་དམ་བཅས་གནང་། དྲུང་མགྲོན་འགག་གསུམ་སྟེ་བཀའ་དྲུང་དང་། བཀའ་མགྲོན། འགག་པ་བཅས་འཛུགས་པའི་སྲོལ་བཏོད། དེ་ནས་བཟུང་བཀའ་ཤག་གིས་བོད་ཀྱི་ཞི་དྲག་ཕྱི་ནང་གང་ཅིར་ཁྱབ་འདོམས་བསྐྱུལ་བྱུས་མཛད། དགུང་ལོ་ཞེ་ལྔར་འབྲས་ལྗོངས་རྒྱལ་པོ་གསར་བསྐོས་གནང་བ་དང་། རིས་མེད་ཀྱི་དགོན་སྡེ་རྣམས་འཕྲོར་ཞིག་གིས་ཉམས་ཆག་སོང་བ་བོད་ཁམས་ཀྱི་བདེ་ཐབས་སུ་ཉམས་གསོ་མཛད། སྐབས་དེའི་དུས་བོད་འབྲུག་གཉིས་ཏ་ཙང་གི་མཐུན་ལམ་ཆེན་པོ་བྱུང་། ཤིང་ཁྱི(སྤྱི་ལོ1754)ལོར་སྲ་དང་། སྨན་ངག རྩིས་སྐར་ནག སྡེབ་སྦྱོར། ལཀྵ ཕཀྲ་སོགས་ཡིག་སྣ་ལག་མང་ཁྲིད་སྦྱོང་བྱེད་པའི་རྩེ་སེར་མོ་བའི་སློབ་གྲྭ་གསར་འཛུགས་དང་། ཕོ་བྲང་ཆེན་པོའི་ཞོལ་དུ་སྐུ་རྟེན་བྲིས་བཞེངས་ཀྱི་བཟོ་གྲྭ་འདོད་འཇོའི་དཔལ་འཁྱིལ་གསར་སྐྲུན་གནང་། དགུང་ལོ་ཞེ་དྲུག་ལ་རྩེའི་བློས་བསླངས་ཁང་གི་ལྷེབས་རིས་གསར་བཞེངས་མཛད། དགུང་ལོ་ཞེ་བདུན་ལ་ཕེབས་སྐབས་རྩེ་ཡིག་ཚང་ལས་ཁུངས་གསར་དུ་བཙུགས། གཞན་ཡང་ལྷ་སྐུ་རྟེན་བཞེངས། དགོན་པ་ཉམས་གསོ་སོགས་མཐའ་ཡས་པ་མཛད།

༧རྒྱལ་དབང་མཆོག་སློབ་པ་ལམ་གྱི་གནས་སྐབས་སུ་དགེ་བའི་བཤེས་གཉེན་ཚ་གན་ནོ་མོན་ཧན་ངག་དབང་བློ་བཟང་བསྟན་པའི་རྒྱལ་མཚན་དང་། པཎ་ཆེན་བློ་བཟང་ཡེ་ཤེས། མཁན་ཆེན་རྡོ་རྗེ་འཆང་ངག་དབང་མཆོག་ལྡན་སོགས་ཚུལ་བཞིན་བསྟེན་ནས་ཆོས་ཚུལ་མཐའ་ཡས་པ་གསན། མདོ་སྔགས་ཀྱི་ཆོས་ལ་གཟིགས་པ་ཡངས་པས་གསུང་ཆོས་དང་། གསུང་མགུར། བསླབ་བྱ་སོགས་རྩ་ཆེའི་གསུང་འབུམ་པོད་བརྒྱད་ཙམ་མཛད། ༧གོང་ས་མཆོག་འདུལ་བའི་དཔྱད་ཁྲིམས་ལ་སྲུང་བརྩི་ཆེ་ཞིང་། རྒྱུན་དུ་ཐུགས་དམ་ཉམས་བཞེས་མཐའ་དག་ཉིན་དཀྱུང་གོང་ལ་གྲུབ་པར་མཛད་དེ་ཉིན་མོའི་གསོལ་ཚིག་བཞེས་པ་ནས་གསུང་ཆོས་ལོ་ནར་དུས་འདའ་བ་ལས་ཉིན་གཅིག་ཀྱང་རང་བཞིན་སྟོད་བཞུགས་མ་མཛད་པར་རྟག་ཏུ་ཆོས་མཐུན་བག་ཡོད་ལ་གནས་ཤིང་། མཐོ་དམན་ཀུན་ལ་མཛའ་མཐུན་སྙོམ་ཆུང་ལོ་ན་མཛད་མོད། བར་དེར་སྲིད་སྐྱོང་ཧྭ་རྗེས་ནས་ཅོ་འདྲི་བསླད་འདོགས་ཀྱི་འོ་བརྒྱལ་ཇི་སྙེད་བྱུང་ཡང་། ཆགས་སྡང་མགོ་སྙོམས་སུ་བཞུགས་པ་མ་ཟད། བོད་རང་ལུགས་ཀྱི་ཤེས་རིགས་རྒྱུན་གནས་སྲུང་འཛིན་ཉེ་འབྲེལ་ཁྲིམ་མཆོས་རྒྱལ་ཁབ་ཆེ་ཆུང་ཚང་མར་མཐུན་ལམ་ཡར་རྒྱས་གོང་འཕེལ་དང་། ཆབ་འབངས་རྣམས་ཀྱང་མ་ཡིས་བུ་ལ་བརྩེ་བ་ལྟར་སྐྱོང་གནང་བ་སོགས་བསྟན་པ་དང་འགྲོ་བའི་དོན་རླབས་པོ་ཆེ་ངོ་མཚར་སྣང་དུ་བྱུང་བ་བསམ་གྱིས་མི་ཁྱབ་པ་མཛད། སྐལ་ལྡན་གྱི་སློབ་མ་ཀུན་གཟིགས་པཎ་ཆེན་བློ

བཟང་དཔལ་ལྡན་ཡེ་ཤེས་དང་། ལྕང་སྐྱ་རོལ་པའི་རྡོ་རྗེ། དེ་མོ་སྤྲུལ་སྐུ་བདེ་ལེགས་རྒྱ་མཚོ་སོགས་མཁས་གྲུབ་དམ་པ་མང་དུ་བྱུང་། དགུང་ལོ་ལྔ་བཅུ་པ་རབ་བྱུང་བཅུ་གསུམ་པའི་མེ་གླང（སྤྱི་ལོ1757）ལོའི་བོད་ཟླ་གཉིས་པའི་ཚེས་གསུམ་ཉིན་ཕོ་བྲང་ཆེན་པོ་པོ་ཏ་ལར་གཟུགས་སྐུའི་བཀོད་པ་ཆོས་དབྱིངས་སུ་ཐིམ་ཚུལ་བསྟན། སྐུ་གདུང་རིན་པོ་ཆེ་རྩེ་ཕོ་བྲང་པོ་ཏ་ལའི་གསེར་སྡོང་བཀྲ་ཤིས་འོད་འབར་དུ་བཞུགས།

རྒྱལ་བ་མཁས་གྲུབ་རྒྱ་མཚོ། ༄རྒྱལ་དབང་སྐུ་ཕྲེང་བཅུ་གཅིག་པ་མཁས་གྲུབ་རྒྱ་མཚོ་མཆོག་ནི་ཁམས་ཀྱི་དར་རྩེ་མདོའི་ཁོངས་མི་ཉག་མགར་ཐང་དགོན་པའི་ཉེ་འདབས་སུ། མན་ཆོད་ཀུན་བརྩེགས་གཤིས་ཚང་དུ་ཡབ་ཚེ་དབང་དོན་གྲུབ་དང་ཡུམ་གཡུང་དྲུང་བུ་ཁྲིད་བྱ་བ་གཉིས་ཀྱི་རིགས་སྲས་སུ་རབ་བྱུང་བཅུ་བཞི་པའི་ས་ཁྱི（སྤྱི་ལོ1838）ལོའི་བོད་ཟླ་དགུ་པའི་ཚེས་གཅིག་ཉིན་སྐུ་བལྟམས། ལྕགས་གླང（སྤྱི་ལོ1841）ལོའི་བོད་ཟླ་གཉིས་པར་དཔུས་ལྷོངས་སུ་གདན་ཞུས་ཐོག ཟླ་བ་ལྔ་པར༄རྒྱལ་དབང་སྐུ་ཕྲེང་བཅུ་པ་ཆེན་པོའི་ཡང་སྲིད་དུ་ངོས་འཛིན་ཞུས། ཟླ་དྲུག་པའི་ཚེས་ལྔ་ཉིན་ཀུན་གཟིགས་པཎ་ཆེན་བློ་བཟང་བསྟན་པའི་ཉི་མ་མཆོག་ནས་དབུ་སྐྲ་གཙུག་ཕུད་བཞེས་ཏེ། མཚན་མཁས་གྲུབ་རྒྱ་མཚོ་ཞེས་གསོལ། ལོ་དེར་ལ་དྭགས་དང་སེང་པ་བསྒྲིལ་བའི་དམག་དཔུང་ཁྲོན་ཆེས་མངའ་རིས་བསྐོར་གསུམ་ལ་བཙན་འཛུལ་བྱས། ཆུ་སྟག（སྤྱི་ལོ1842）ལོའི་བོད་ཟླ་བཞི་པའི་ཚེས་བཅོ་ལྔ་ཉིན་ཕོ་བྲང་ཆེན་པོ་པོ་ཏ་ལའི་གསེར་ཁྲིར་ཞབས་སོར་འཁོད། མེ་རྟ（སྤྱི་ལོ1846）ལོའི་བོད་ཟླ་བཞི་པའི་ཚེས་བདུན་ཉིན་ཀུན་གཟིགས་པཎ་ཆེན་རིན་པོ་ཆེས་མཁན་པོ་མཛད་དེ་ལྷ་ལྡན་ཇོ་བོ་རིན་པོ་ཆེའི་སྐུ་མདུན་དུ༄རྒྱལ་དབང་མཆོག་རབ་བྱུང་གི་བསླབ་སྡོམ་བཞེས། ལོ་འདིར་རྒྱལ་རྩེ་དང་། པ་སྣམ་ཁུལ་ས་མི་ཞིབ་གཙོད་བསྐོ་རྩལ་གྱིས་གཞུང་རྒྱུགས་ཁྲལ་ཚོ་མ་ཟིན་པའི་ཉམས་ཐག་དངོས་འབྲེལ་རྣམས་སྔེར་ཆོས་ཁག་ལ་གླང་སྣེ་བེལ་འདོགས་ལྷ་བུར་རྩིས་སྤྲོད་དང་། ས་ཞིང་རྒྱ་ཆེ་བར་མ་དོར་འཕྲོལ་འཁྱིལ་བསྡད་པ་རྣམས་ལ་ཀྲང་གཞུང་གསར་བཀོད་ཐོག མི་ལུག་ཞིབ་གཞུང་ཞེས་རྩིས་ཁང་ལས་ཁུངས་ཀྱི་རྩ་འཛིན་མ་དེབ་གཏན་ལ་ཕབ། ས་སྤྲེལ（སྤྱི་ལོ1848）ལོར་ནོར་གླིང་བསྐལ་བཟང་ཕོ་བྲང་གི་དབུ་གཡབ་གཟིམ་ཆུང་གསར་རྒྱག་དང་། དེའི་ཕྱི་ལོ་ནས་གཟིམ་ཆུང་ཆབ་ཞུགས་རྗེས་འབྲེལ་ཚོས་ སྣའི་ནང་གར་པ་རྣམས་ནས་གར་རོལ་རྩེད་འཛོའི་གཟིགས་མོ་འཁྲབ་སྟོན་བྱས་པ་འདི་ནི་ནོར་གླིང་དུ་ཞོ་སྟོན་གཟིགས་མོའི་སྲོལ་བཏོད་པ་ཡིན། དེ་ནས་བཟུང་རྗེ་རྒྱས་སུ་ཕྱིན་ཏེ་ལོ་ལྟར་ཞོ་སྟོན་ཞེས་ཟློས་གར་ལྷ་མོ་བ་རྣམས་དང་། སྐབས་རེ་རྩེ་ཏྲུ་གྲྭ་ཚང་གི་དགེ་འདུན་པ་རྣམས་ནས་སྤྱོང་སངས་སྐབས་ནོར་གླིང་ཕོ་བྲང་དུ་སངས་རྒྱས་དང་། བྱང་ཆུབ་སེམས་དཔའི་རྣམ་པར་ཐར་པ་འཁྲབ་སྟོན་བྱེད་པ་སོགས་ཀྱི་སྲོལ་འཛུགས་མཛད། ཆུ་བྱི（སྤྱི་ལོ1852）ལོ་དང་། ཆུ་གླང（སྤྱི་ལོ1853）ལོ་སོ་སོར༄རྒྱལ་དབང་མཆོག་གདན་ས་གསུམ་ལ་གསན་བསམ་དབུ་འཛུགས་ཀྱི་གྲྭ་སྐོར་དང་། དད་བསྟུས་སེར་སྐྱ་ཁྲི་སྟོང་ལ་མཇལ་ཁ་དང་བཀའ་ཆོས་གནང་ཐོག་སྔོ་ཁུལ་

གནས་གཟིགས་སོགས་ལ་ཕེབས། ལོ་འདིར་ཀུན་གཟིགས་པཎ་ཆེན་བསྟན་པའི་ཉི་མ་མཆོག་དགོངས་པ་ཆོས་དབྱིངས་སུ་ཐིམ་པའི་ཚུལ་བསྟན་པར་དགོངས་རྫོགས་ཐུགས་སྐོང་རྒྱ་ཆེ་དང་སྦུགས་མཆོད་སྦྱིན་རྒྱས་པར་མཛད། རབ་བྱུང་བཅུ་བཞི་པའི་ཤིང་ཡོས(སྤྱི་ལོ1855)ལོའི་བོད་ཟླ་དང་པོའི་ཚེས་བཅུ་གསུམ་ཉིན༸རྒྱལ་དབང་སྐུ་ངོ་མས་བོད་ཀྱི་ཆོས་སྲིད་གཉིས་ཀའི་ཐུགས་འགན་བཞེས་ཀྱང་ལོ་འདིའི་ཧོར་ཟླ་བཅུ་གཉིས་པའི་ཚེས་ཉེར་ལྔའི་ཕོ་རེངས་སྐག་གི་དུས་ཕོ་བྲང་པོ་ཏ་ལར་སྐུ་མྱ་ངན་ལས་འདས། སྐབས་དེར་དགུང་ལོ་བཅོ་བརྒྱད་ལ་ཕེབས་ཤིང་། སྐུ་གདུང་རིན་པོ་ཆེ་པོ་ཏ་ལའི་གསེར་གདུང་ཕན་བདེའི་འོད་འབར་དུ་བཞུགས།

རྒྱལ་བ་འཇམ་དཔལ་རྒྱ་མཚོ། ༸རྒྱལ་དབང་སྐུ་ཕྲེང་བརྒྱད་པ་འཇམ་དཔལ་རྒྱ་མཚོ་མཆོག་ནི་རབ་བྱུང་བཅུ་གསུམ་པའི་ས་སྟག(སྤྱི་ལོ1758)ལོའི་བོད་ཟླ་དྲུག་པའི་ཚེས་ཉི་ཤུ་ཙ་ལྔ་ཉིན་གཙང་སྟོད་ཐོབ་རྒྱལ་ལྷ་རི་སྒང་དུ་ཡབ་བསོད་ནམས་དར་རྒྱས་དང་ཡུམ་ཕུན་ཚོགས་དབང་མོ་གཉིས་ཀྱི་རིགས་སྲས་སུ་སྐུ་བལྟམས། སྐུ་ཆུང་ངུའི་སྐབས་རྒྱལ་ཚབ་དེ་མོའི་སྐུ་ཚབ་དང་། གདན་ས་གསུམ་གྱི་སྐུ་ཚབ། པཎ་ཆེན་དཔལ་ལྡན་ཡེ་ཤེས་མཆོག་བཅས་ནས་རྒྱལ་བའི་ཡང་སྲིད་རིན་པོ་ཆེར་ངོས་འཛིན་ཐོག དགུང་ལོ་གསུམ་ལ་བཀྲ་ཤིས་ལྷུན་པོ་དགོན་དུ་གདན་དྲངས། ཀུན་གཟིགས་པཎ་ཆེན་རིན་པོ་ཆེ་ནས་བྱད་འགྲོལ་གནང་། དགུང་ལོ་ལྔ་པ་ཆུ་རྟ(སྤྱི་ལོ1762)ལོར་པཎ་ཆེན་རིན་པོ་ཆེས་དགེ་བསྙེན་གྱི་སྡོམ་པ་འབུལ་བཞེས་བསྐྱངས་ཏེ། མཚན་བློ་བཟང་བསྟན་པའི་དབང་ཕྱུག་འཇམ་དཔལ་རྒྱ་མཚོ་དཔལ་བཟང་པོ། ཞེས་གསོལ། ལོ་དེའི་ཟླ་བདུན་པའི་ཚེས་བཅུ་ཉིན་རྩེ་ཕོ་བྲང་དུ་གསེར་ཁྲི་མངའ་གསོལ། དགུང་ལོ་བཞི་ལ་གཏད་ཙམ་ནས་ཡོངས་འཛིན་ཕུར་ལྕོག་ངག་དབང་བྱམས་པ་དང་། བྱ་ཁྱུང་པ་ངག་དབང་ཆོས་གྲགས་གཉིས་ནས་མཛད་དེ་སྐུ་ནའི་བབ་དང་བསྟུན་པའི་སྐུ་ཡོན་འབུལ་བཞེས་ཀྱི་དབུ་ཚུགས། དགུང་ལོ་བརྒྱད་པའི་ཐོག་པཎ་ཆེན་རིན་པོ་ཆེ་དབུས་སུ་ཕེབས་ཏེ་དགེ་ཚུལ་གྱི་བསླབ་སྡོམ་འབུལ་བ་གནང་། བསྟུས་ར་ནས་བརྩམས་ཏེ་གཞུང་ཆེན་ལ་གསན་བསམ་མཛད། སྐུའི་ན་ཚོད་ཆེས་ཕྲ་ཡང་སྐྱེ་བོ་ཁྲི་ཕྲག་ཚོགས་པའི་དབུས་སུ་ཟབ་ལམ་བླ་མའི་རྣལ་འབྱོར་སོགས་ཀྱི་བཤད་ལུང་བསྩལ། དགུང་ལོ་བཅུ་བཞིའི་ཐོག་སྙན་ངག་དང་མཚན་ཉིད་ཀྱི་བརྗེ་བཞག་གསན་ནས་རྩོད་གྲྭ་གནང་བཞིན་དགོངས་པའི་ཀློངས་མངོན་དུ་གྱུར་པ་དང་། དེ་རྗེས་བསམ་ཡས་གཙུག་ལག་ཁང་ཞིག་གསོ་གསར་སྐྲུན་དང་། མཆོད་རྫས། དཀར་མེ་སོགས་ཉམས་པ་སོར་ཆུད་གནང་། དགུང་ལོ་བཅུ་བདུན་ཐོག་ཡོངས་འཛིན་ཡེ་ཤེས་རྒྱལ་མཚན་གྱི་དྲུང་ནས་བྱང་ཆུབ་ལམ་རིམ་གྱི་རྣམ་བཤད་གསན། མེ་བྱ(སྤྱི་ལོ1777)ལོར་ཀུན་གཟིགས་པཎ་ཆེན་རིན་པོ་ཆེས་མཁན་པོ་དང་། ༸གོང་ས་ཆེན་པོས་སློབ་མའི་ཚུལ་བཞེས་ཏེ་ལས་སློབ། གསང་སྟོན། ཁ་སྐོང་། དགེ་འདུན་ཞལ་གྲངས་ཚང་བའི་དབུས་སུ་བསྙེན་པར་རྫོགས་ཏེ་དགེ་སློང་གི་སྡོམ་པ་བཞེས་ཐོག ཁྲུང་ནག་གི

རྗེས་གནང་སོགས་མང་པོ་གསན། དེ་ནས་ལྷོ་གནས་དང་། ར་སྒྲེང་། ཡངས་པ་ཅན་དགོན་སོགས་ལ་གནས་གཟིགས་སུ་ཐེབས།

དགུང་ལོ་ཉི་ཤུ་རྩ་བཞི་པ་རབ་བྱུང་བཅུ་གསུམ་པའི་ལྕགས་གླང་(སྤྱི་ལོ1781)ལོའི་བོད་ཟླ་དྲུག་པའི་ཚེས་གཅིག་ཉིན་ལུགས་གཉིས་ཀྱི་ཐུགས་འགན་བཞེས་གནང་མཛད་ནུང་། རྒྱུན་དུ་ཆོས་ཕྱོགས་ལོ་ནར་ཉམས་བཞེས་ཐུགས་གཞོལ་ཆེ་བས་སྲིད་སྐྱོང་ཁྲི་ཆེན་ནོ་མི་ཧན་ཕྱག་རོགས་ཞབས་ཞུར་ཐར་རྒྱུན་ལྷར་བཞུགས། གོང་མས་རྗེ་མཆོག་ལ་མན་ཧྲ། རྒྱ་སོག་བོད་ཡིག་བཅས་སྐད་བཞི་ཤན་སྦྱར་ལས་གྲུབ་པ། བོད་ཡིག་ཧྲ། ནུབ་ཕྱོགས་མཆོག་ཏུ་དགེ་བའི་ཞིང་གི་རྒྱལ་དབང་ས་སྐྱོང་རྒྱལ་བསྟན་ཡོངས་ཀྱི་བདག་པོ་ཐམས་ཅད་མཁྱེན་པ་རྡོ་རྗེ་འཆང་ཏཱ་ལའི་བླ་མའི་ཐམ་ཀ་ཞེས་འཁོད་པའི་གསེར་ཐམ་ཕུལ། དགུང་ལོ་ཉི་ཤུ་ལྔར་བོད་རྒྱ་ཁྲབ་ལག་གི་རྫོང་གཞིས་སུ་ནག་ཅན་དོང་བཙུག་དང་། མཐའ་འབུད་བཏང་བའི་ཉེས་ཅན་མཐའ་དག་ལ་མི་འཛིགས་སྲོག་གི་སྦྱིན་པ་བསྩལ། ཤིང་འབྲུག(སྤྱི་ལོ1784)ལོར་ནོར་གླིང་སྐལ་བཟང་ཕོ་བྲང་གསར་བཞེངས་ཀྱིས་ཆབ་བཞུགས་མཛད་སྒོ་རྒྱ་ཆེ་གནང་བ་དེ་ནས་བཟུང་སྐུ་ཕྲེང་རྗེས་མ་རིམ་བྱོན་ནས་དབྱར་ཐོག་ཕལ་ཆེར་རྒྱུན་བཞུགས་མཛད་དེ་རིམ་པས་རྒྱ་བསྐྱེད་གནང་། ཤིང་སྦྲུལ(སྤྱི་ལོ1785)ལོར་བཀྲ་ཤིས་ལྷུན་པོར་ཆིབས་བསྒྱུར་གྱིས་པཎ་ཆེན་མཆོག་སྤྲུལ་རིན་པོ་ཆེའི་དབུ་སྐྲ་གཙུག་ཕུད་འབུལ་བཞེས་དང་འབྲེལ། རྗེ་བཙུན་བློ་བཟང་དཔལ་ལྡན་བསྟན་པའི་ཉི་མ་ཕྱོགས་ལས་རྣམ་རྒྱལ་དཔལ་བཟང་པོ་ཞེས་པའི་མཚན་གསོལ་མཛད་པ་དང་། དགེ་བསྙེན་གྱི་བསླབ་སྡོམ་བསྩལ། མེ་ལུག(སྤྱི་ལོ1787)ལོའི་ཟླ་བ་དྲུག་པའི་ནང་ཞྭ་དམར་བའི་གཡོག་གྲས་ཀརྨ་མཆོག་སྦྱིན་སོགས་ཁ་ཤས་ཀྱིས་ས་སྐྱེ་ལམ་རྒྱུས་བྱས་ཏེ་བོད་ལོངས་གཉའ་ནང་དང་། རོང་ཤར། སྐྱིད་གྲོང་བཅས་ས་མཚམས་ལག་གསུམ་ལ་གོར་ཁའི་དམག་གིས་གློ་བུར་དུ་བཙན་འཛུལ་བྱས། ས་སྤྲེལ(སྤྱི་ལོ1788)ལོར་གོར་ཁས་སྐྱིད་གྲོང་དུ་བཞག་པའི་བོད་གོར་ཆིངས་དོན་དང་རྒྱབ་འགལ་གྱིས་བོད་ལ་ཐེངས་གཉིས་པའི་བཙན་འཛུལ་བྱས་ཏེ་གཙང་ཤེལ་དཀར་བ་དམག་གིས་བཅོམ། བཀྲས་ལྷུན་གྱི་སྐུ་གསུང་ཐུགས་རྟེན་སོགས་བརྐུ་འཕྲོག་བྱས། གོར་དམག་གིས་རྐྱེན་པས་སྐྱིད་གྲོང་བསམ་གཏན་གླིང་གི་དགེ་འདུན་ཕལ་ཆེར་ཡུལ་གྲུར་ལྷ་སའི་ཕྱོགས་ལ་ཐེབས་གཤིས༧རྒྱལ་དབང་འཇམ་དཔལ་རྒྱ་མཚོ་མཆོག་ནས་ལྕགས་ཁྱི(སྤྱི་ལོ1790)ལོར་གྲིབ་ཚེ་ཕྱོགས་གླིང་གི་དགོན་པ་ཕྱག་བཏབ། དགུང་གྲངས་སུམ་ཅུ་སོ་དགུའི་ལོར་རྩེ་ཕོ་བྲང་དུ་བཞུགས་པའི་སྐུ་འདྲ་ཆེ་ཆུང་བཞི་སྟོང་ལ་ཉེ་བར་ཞལ་གསེར་སྤྱན་འབྱེད་ཀྱི་སྲི་ཞུ་མཛད། ཆུ་བྱི(སྤྱི་ལོ1792)ལོར་དངུལ་ནོ་གང་སྐར་ལྔའི་རིན་ཐང་ཅན་གྱི་བོད་ཏམ་གསར་འགྲེམས་གནང་། ལོ་འདིར་རྒྱ་བོད་ཀྱི་དཔུང་བཤམས་ཏེ་གོར་དམག་རྣམས་ཕམ་ཉེས་མཐར་སྐྲོད་བཏང་། ལྕགས་བྱ(སྤྱི་ལོ1801)ལོར༧རྒྱལ་དབང་མཆོག་གིས་མཁན་པོ་མཛད་དེ་ཀུན་གཟིགས་པཎ་ཆེན་བསྟན་པའི་ཉི་མ་མཆོག་ལ་བསྙེན་རྫོགས་ཀྱི་སྡོམ་པ་ཕུལ།

དགའ་ལྡན་འཁྲིལ་པ་ཞེས་ད་ལྟའི་བྱམས་ཁང་རྟེན་དང་བརྟེན་པར་བཅས་པ་གསར་བཞེངས་གནང་། ཆུ་ཕག(སྤྱི་ལོ1803)ལོར་ཏ་ལ་ཏ་རྗེ་བཙུན་དམ་པ་ཧོ་ཐོག་ཐུ་བོད་ཕེབས་ཀྱིས༧རྒྱལ་དབང་མཆོག་ལ་བསྙེན་རྫོགས་དང་གལ་ཆེའི་དབང་བཀའ་རྗེས་གནང་སོགས་ཟབ་ཆོས་འགའ་ཞུས་གསན། ༧རྒྱལ་དབང་མཆོག་གིས་དགེ་བའི་བཤེས་གཉེན་ཡོངས་འཛིན་དཔལ་ལྡན་ཡེ་ཤེས་དང་། ཕུར་ལྕོག་ངག་དབང་བྱམས་པ། བྱང་རྩེ་ངག་དབང་ཆོས་གྲགས། ཡོངས་འཛིན་ཡེ་ཤེས་རྒྱལ་མཚན་སོགས་གུས་སྦྱོར་གྱིས་ཚུལ་བཞིན་བསྟེན་མཁས་ཐོག ཐུགས་ཐུས་ཆེན་པོས་གསན་བསམ་མཐར་ཕྱིན་མཛད། བསྟན་པའི་བྱ་བ་རླབས་ཆེན་ཀྱིས་རིས་མེད་སྤེ་དང་། གདུལ་བྱ་རྣམས་དགེ་བའི་ལམ་ཡངས་པོར་བཀོད། ཡོངས་འཛིན་ཡེ་ཤེས་རྒྱལ་མཚན་གྱི་རྣམ་ཐར་དང་། མཁའ་འགྲོ་མ་སྒྲུ་མ་ཆེན་མོ་ལྕ་ལྷའི་དཀྱིལ་ཆོག་བདེ་ཆེན་འཇུག་ངོགས། བླ་མའི་རྣལ་འབྱོར་གྱི་རིམ་པ་ཕྱོགས་གཅིག་ཏུ་བསྒྲིགས་པ་དབྱར་སྐྱེས་སྤྲིན་གྱི་སྒྲ་དབྱངས་སོགས་བཀའ་རྩོམ་མང་དུ་མཛད། མཐར་དགུང་ལོ་བཞི་བཅུ་ཞེ་བདུན་བཞེས་པ་རབ་བྱུང་བཅུ་གསུམ་པའི་ཤིང་བྱི(སྤྱི་ལོ1804)ལོའི་བོད་ཟླ་བཅུ་པའི་ཚེས་བཅོ་བརྒྱད་ཉིན་ཕོ་བྲང་ཆེན་པོ་པོ་ཏ་ལར་གཟུགས་སྐུའི་བཀོད་པ་ཆོས་དབྱིངས་སུ་ཐིམ་ཚུལ་བསྟན་པར་མཛད། སྐུ་གདུང་པོ་ཏ་ལའི་གསེར་སྡོང་དགེ་ལེགས་གཟི་འབར་དུ་བཞུགས།

རྒྱལ་བ་ཐུབ་བསྟན་རྒྱ་མཚོ། ༧རྒྱལ་དབང་སྐུ་ཕྲེང་བཅུ་གསུམ་པ་ཐུབ་བསྟན་རྒྱ་མཚོ་མཆོག་ནི། ལྷོ་ཁ་དྭགས་སྨད་སྣང་རྫོང་འོག་གླང་མདུན་ཞེས་པ་ཞིང་པ་སྐྱིར་བཏང་བ་ཞིག་གི་ཁྱིམ་ཚང་དུ་ཡབ་ཀུན་དགའ་རིན་ཆེན་དང་ཡུམ་བློ་བཟང་སྒྲོལ་མ་གཉིས་ཀྱི་སྲས་སུ་རབ་བྱུང་བཅོ་ལྔ་པའི་མེ་བྱི(སྤྱི་ལོ1876)ལོའི་བོད་ཟླ5ཚེས5ཉིན་སྐུ་བལྟམས། མཚན་བློ་བཟང་ཐབས་མཁས་རྒྱ་མཚོ་ཞེས་གསོལ། མེ་གླང(སྤྱི་ལོ1877)ལོའི་བོད་ཟླ11པར་དྭགས་པོ་འཕྲུངས་གཞིས་ནས་ལྷ་སར་གདན་དྲངས། ས་སྟག(སྤྱི་ལོ1878)ལོར་པཎ་ཆེན་བསྟན་པའི་དབང་ཕྱུག་མཆོག་གིས་ཆུང་སྲིད་རིན་པོ་ཆེའི་དབུ་སྐྲ་གཙུག་ཕུད་བཞེས་ཏེ། མཚན་རྗེ་བཙུན་ངག་དབང་བློ་བཟང་ཐུབ་བསྟན་རྒྱ་མཚོ་འཇིགས་བྲལ་དབང་ཕྱུག་ཕྱོགས་ལས་རྣམ་པར་རྒྱལ་བའི་སྡེ་ཞེས་གསོལ། ས་ཡོས(སྤྱི་ལོ1879)ལོའི་བོད་ཟླ6ཚེས14ཉིན་རྩེ་ཕོ་བྲང་པོ་ཏ་ལའི་ཚོམས་ཆེན་སྲིད་ཞིའི་ཕུན་ཚོགས་སུ་གསེར་ཁྲི་མངའ་གསོལ། ཆུ་རྟ(སྤྱི་ལོ1882)ལོར་ཡོངས་འཛིན་བགྲེས་པ་རྒྱལ་ཚབ་རྟ་ཚག་ངག་དབང་དཔལ་ལྡན་མཆོག་དང་། ཡོངས་འཛིན་གཞོན་པ་ཕུར་ལྕོག་ཞབས་དྲུང་བློ་བཟང་ཚུལ་ཁྲིམས་བྱམས་པ་རྒྱ་མཚོ་རྣམ་གཉིས་ཀྱི་དྲུང་དུ་དགེ་ཚུལ་གྱི་སྡོམ་པ་བཞེས། དེ་ནས་ཡི་གེའི་ཕྱི་མོ་ལྷུགས་ཀློག་སློབ་ཁྲིད་ཀྱི་དབུ་ཚུགས། ས་བྱི(སྤྱི་ལོ1888)ལོར་པཎ་ཆེན་སྐུ་ཕྲེང་བརྒྱད་པའི་ཡང་སྤྲུལ་རིན་པོ་ཆེའི་དབུ་སྐྲ་གཙུག་ཕུད་བཞེས་ཐོག མཚན་རྗེ་བཙུན་བློ་བཟང་ཐུབ་བསྟན་ཆོས་ཀྱི་ཉི་མ་དགེ་ལེགས་རྣམ་རྒྱལ་ཞེས་གནང་། ཤིང་རྟ(སྤྱི་ལོ1894)ལོར་གཞུང་ཞབས་བསྐོ་བཞག་

སྐབས་མིའི་འཛིན་ནུས་དང་སྤྱི་མོས་དྲང་ཚུགས་སོགས་ཀྱི་མཐུན་རྐྱེན་གཙོ་བོར་བཟུང་དགོས་ལས་སྔར་ལམ་ཕ་གཞིས་རྒྱུན་འཛིན་ཕོ་ནའི་ལམ་དུ་འགྲོ་མི་རུང་བའི་རྒྱུས་དཔྱད་དང་། གདན་ས་གསུམ་གྱིས་གཙོས་རིས་མེད་དགེ་འདུན་གྱི་སྡེ་རྣམས་ལ་ཁྲིམས་འདོམས་ཚུལ་བཞིན་དགོས་པ་ལས་སྣེ་ཚོར་བཀའ་བསྒྱུར་དང་ཆོས་སྡེ་སོ་སོར་དཔྱད་ཁྲ་བསྩལ། དགུང་གྲངས་ཉེ་ཤུ་ལ་ཕེབས་པ་ཤིང་ལུག(སྤྱི་ལོ1895)ལོར་ཡོངས་འཛིན་ཕུར་ལྕོག་རིན་ཆེན་སྤྲུལ་སྐུའི་དྲུང་ལས་དགེ་སློང་གི་སྡོམ་པ་དང་། ལོ་དེའི་བོད་ཟླ8ཚེས8ཉིན་བོད་ལྗོངས་ལུགས་གཉིས་ཆབ་སྲིད་ཀྱི་ཐུགས་འགན་བཞེས། ས་ཁྱི(སྤྱི་ལོ1898)ལོར་གདན་ས་གསུམ་ལ་གཞུང་ཆེན་བཀའ་པོད་ལྔའི་སྟོད་པའི་གྲྭ་བསྐོར་དམ་བཅའ་གྲུབ་སྟེ་ས་ཕག(སྤྱི་ལོ1899)ལོར་ལྷ་ལྡན་སྨོན་ལམ་ཆེན་མོར་ལྷ་རམས་པའི་དམ་བཅའ་འཛུགས་པར་གནང་། དེའི་ལོར་མཚན་ཞབས་སོག་པོ་ཇོ་ཛེ་ཡིབ་བརྒྱུད་སྐད་ཡང་ཨུ་རུ་སུ་དང་འབྲེལ་བ་མཛད། ལྕགས་བྱི(སྤྱི་ལོ1900)ལོར་གོང་ས་མཆོག་ཆོས་འཁོར་རྒྱལ་དང་། ཁྲ་བསམ་སོགས་ཀྱིས་གཙོས་ལྷོ་ཁུལ་གནས་རྟེན་ཁག་ལ་གནས་གཟིགས་དང་། ཁུལ་དེའི་ཆབ་འབངས་ཀྱི་བདེ་རྩར་གཟིགས་ཞིབ་མཛད། ཆུ་སྟག(སྤྱི་ལོ1902)ལོར་རྗེ་ཉིད་ནས་མཁན་སློབ་སྦྲགས་མ་མཛད་དེ་པཎ་ཆེན་སྐུ་ཕྲེང་དགུ་པ་བློ་བཟང་ཐུབ་བསྟན་ཆོས་ཀྱི་ཉི་མ་མཆོག་ལ་དགེ་བསྙེན་དང་། ཚོག་སྔ་མ་དགེ་ཚུལ་གྱི་བསླབ་སྡོམ་འབུལ་བ་གནང་། ཤིང་འབྲུག(སྤྱི་ལོ1904)ལོར་དབྱིན་ཇིའི་བཙན་འཛུལ་དམག་ལྷ་སར་ལྷགས་རྐྱེན་བོད་ཀྱི་སྲིད་འཛིན་སྐུ་ཚབ་ཏུ་དགའ་ལྡན་ཁྲི་ཟུར་བློ་བཟང་རྒྱལ་མཚན་བསྐོ་བཞག་མཛད་དེ་བོད་ཟླ6ཚེས15ཉིན་རྒྱ་སོག་གི་ཡུལ་དུ་ཆིབས་ཞལ་བསྒྱུར། ལོ་དེའི་བོད་ཟླ10ཚེས20ཉིན་སོག་ཡུལ་གྱི་གྲོང་ཁྱེར་ཨུ་ལན་སྦ་ཐུར་ཕེབས་འབྱོར་བྱུང་། སོག་ཡུལ་གྱི་ཁལ་ཁ། ཆ་ཧར། སྦོ་རས་ཐྲ། ཐོར་གོད་སོགས་ཡུལ་གྲུ་ཀུན་ནས་ཆོས་འབྲེལ་ཞུ་མི་དང་དངོས་འབུལ་བཏེགས་མི་ཁྱོན་ཆེ་བྱུང་བར་དབང་བཀའ་རྗེས་གནང་བསྐྱངས་པ་སོགས་བགྲངས་ཀྱིས་མི་ལངས་ཤིང་། དགེ་ཚུལ་གྱི་བསླབ་སྡོམ་བསྩལ་བའང་ཁྲི་ཕྲག་བརྒལ། ཐུགས་དང་མཚན་ཉིད་སོགས་མ་ཉམས་པར་ཆེ་བསྟོད་དང་། ཉམས་པ་སོར་ཆུད་ཀྱི་བཀའ་སློབ། དགོན་པ་ཕལ་མོ་ཆེར་བཀའ་ཡིག་ལེགས་གསོ་ལྷ་ན་མེད་པ་གནང་བ་སོགས་ཆོས་ཀྱི་བྱེད་སྒོ་གཟབ་རྒྱས་སྤེལ་བར་མཛད་པས་གང་གི་མཚན་སྙན་ཡུལ་གྲུ་ཀུན་ཏུ་ཁྱབ། ཨུ་རུ་སུ་སོགས་ཕྱི་རྒྱལ་གྱི་དཔོན་རིགས་མང་པོ་མཇལ་འཕྲད་དུ་བཅར། མེ་ལུག(སྤྱི་ལོ1907)ལོར་སྐུ་འབུམ་དུ་ཕེབས་ནས་ལོ་གཉིས་ཙམ་བཞུགས་རིང་བྱང་ཆུབ་ལམ་རིམ་ཆེན་མོ་སོགས་ཟབ་ཆོས་དུ་མ་དང་། སྙན་ངག་དབྱངས་ཅན་སྒྲ་མདོའི་ཐོག་ནས་སྒྲའི་རི་མོ། མཚམས་སྦྱོར་ལྷུ་པ་སོགས་གསན་བཞེས་རྒྱ་ཆེན་མཛད། ཕྱོགས་མཚུངས་སྐུ་འབུམ་བྱམས་པ་གླིང་དགོན་གྱི་སྒྲིག་ལམ་ཉམས་པ་སོར་ཆུད་དང་བཅའ་ཡིག་ལྷུགས་བསྒྲིགས་བསྩལ། ས་སྤྲེལ(སྤྱི་ལོ1908)ལོའི་བོད་ཟླ་དང་པོར་རྒྱ་ནག་རི་བོ་རྩེ་ལྔར་ཕེབས་སྐབས་དེར་འཛར་མན་དང་། ཉི་འོང་། ཨ་རི། ཨུ་རུ་སུ་

སོགས་ཀྱི་དཔོན་རིགས་དང་དད་ལྡན་སྐྱེ་བོ་དུ་མ་མཇལ་ཁར་བཅར། ལོ་དེའི་ཟླ་བརྒྱད་པར་པེ་ཅིན་དུ་ཞབས་སོར་འཁོད་དེ་གོང་མ་ཀྭང་ཞུ་དང་མཇལ་འཛོམས་བྱུང་ཞིང་། གོང་མས་རྒྱལ་བ་རིན་པོ་ཆེར་ཐུབ་སྟོབས་ཀྱི་སྙིང་རྗེ་ཆེན་པོའི་སྐྱེས་བུ་སངས་རྒྱས་ཞེས་པའི་མཚན་འཕར་གསེར་ཡང་དུ་བཀོད་པ་ཞིག་ཕུལ། དེ་ནས་མི་རིང་བ་གོང་མ་ཀྭང་ཞུ་དང་ཡུམ་ཧྲོང་ཐའི་ཧུ་གཉིས་སྦྲ་རྗེང་གི་བར་འགྱངས་ཆེར་མེད་པར་སྐུ་ཆེ་རྫོགས། དེར་ དམིགས་ ཐུགས་ སྨོན་ དང་ དགོན་ ཁག་ ལ་ བསྙེན་ བཀུར་ གནང་། ལོ་ དེའི་ བོད་ཟླ10ཚེས28ཉིན་པེ་ཅིན་ནས་བོད་ལྗོངས་སུ་ཞལ་བསྐྱར། ས་བྱ(སྤྱི་ལོ1909)ལོར་ལྷ་སར་ཕེབས། བོད་ལྗོངས་ལྷ་སྡེ་མི་སྡེ་མཁྱེན་གཅིག་ནས་གསེར་ཐམ་ཆེན་མོ་འབུལ་ལམ་ཞུས་པ་བདག་གིར་བཞེས། ལྕགས་ཁྱི(སྤྱི་ལོ1910)ལོའི་བོད་ཟླ་དང་པོའི་ནང་ལྕའོ་ཧྲུན་རྒྱ་དམག་སྟོང་ཕྲག་འགའ་ལྷ་སར་ལྷགས་རྐྱེན༧རྒྱལ་དབང་མཆོག་ནས་དགའ་ལྡན་ཁྲི་འཛིན་ཚེ་སྨོན་གླིང་ཧོ་ཐོག་ཐུ་ལ་སྲིད་སྐྱོང་ལས་ཚབ་བསྐོ་བཞག་གནང་སྟེ་རྒྱ་གར་ལ་བྲོས་བྱོལ་དུ་ཕེབས། དེར་ལོ་གཉིས་བཞུགས་ནས་ཆུ་བྱི(སྤྱི་ལོ1912)ལོར་བོད་དུ་ཆིབས་བསྐྱར་གནང་། དེ་ནས་བོད་ཀྱི་ཤོག་དངུལ་ཏམ་ལྔ་བཅུ་དང་། ཏམ་ཉེར་ལྔ་སོགས་དང་ཟངས་ཏམ་བཅུ་སྐར་དཔར་འགྲེམས་གནང་བ་མ་ཟད། གསེར་ཏམ་ཡང་དཔར་འདེབས་མཛད། ཆུ་གླང(སྤྱི་ལོ1913)ལོར་སྦྲག་ཟམ་དང་། ཏར་ཁང་འཛུགས་གནང་བ་དང་ཆབས་ཅིག་སྦྲག་འཛིན་ཁ་གང་། སྐར་ལྔ། སྐར་ཕྱེད་བརྒྱད། ཞོ་གང་། ཏམ་གཅིག ཏམ་གཉིས། ཏམ་བཞི་སོགས་འདོན་འགྲེམས་དང་། ཕག་རི་ནས་རྒྱལ་རྩེ་བརྒྱུད་ལྷ་ས་དང་། དེ་ནས་གོང་པོ་རྒྱ་མདའ་བར་ཡིག་སྐྱེལ་ཏར་གཏོང་གི་ལམ་ཚུགས། ལོ་དེར་ས་གཏེར་འཚོལ་ཞིབ་དང་། གློག་ལས་སྦྲག་ཏར་སོགས་ཀྱི་ཤེས་བྱ་སྦྱོང་མི་བོད་ཕྲུག་བཞི་དབྱིན་ཇིའི་ལོན་ཀྲོན་དུ་སློབ་གཉེར་ལ་ཆེད་གཏོང་གནང་། ལོ་དེར༧རྒྱལ་དབང་མཆོག་ནས་བོད་རྒྱ་ཁྱབ་ཡོངས་ལ་རིས་མེད་དགོན་སྡེ་མཆིས་སོ་ཅོག་གི་མཆོད་རྒྱུན་མི་ཉམས་གོང་འཕེལ་དང་། གཙུག་ལག་ཁང་ཉམས་གསོ་གཅེས་སྲུས། དགེ་འདུན་གྱི་སྡེ་རྣམས་ཀྱིས་འདུལ་ཁྲིམས་ནན་སྲུང་ཐོག་མདོ་སྔགས་ཀྱི་རིག་གཞུང་སློབ་སྦྱོང་གཟབ་ནན་དགོས་པ། མཁན་པོ་བླ་སྤྲུལ། དགེ་བཤེས་སོགས་ཀྱི་ཤེས་ཡོན་ཞིབ་བཤེར། བུ་ཚས་ཕ་མར་བཀུར་བསྟི། སྡེ་མོ་ལས་འཛིན་མཆིས་སོ་ཅོག་ནས་ཁྲལ་བསྡུ་དང་། ཁྲིམས་གཙོན་གྱི་བྱེད་སྒོ་ཅི་མཆིས་དྲང་པོས་གཞུང་བསྲུང་དགོས་རྒྱུ་ལས། ཆབ་འབངས་སྡུག་མནར་བརྡབ་གསིག་གིས་ཆགས་ཐབས་བྲལ་བ་དང་། ལོ་ཐོགས་ཕྲན་བུར་སྐད་དེ་ས་ཁང་གཞུང་ལེན་སོགས་ཀྱི་བྱ་ངན་དེ་རིགས་མིང་ཙམ་མེད་པ་དགོས་རྒྱུ། གཡོག་རིགས་རྐན་རྐོན་ཐ་ཉེས་གཏོང་མི་ཆོག་པ། ལམ་འཁེལ་རྫོང་ཁག་གི་ཧ་ཁེལ་མི་སོགས་ཀྱི་ཁྲལ་རིགས་ཆག་ཡང་གཏོང་བ། སྤྱི་ས་རི་ཀླུངས་བེད་མེད་སྟོང་ལུས་རྗེ་ཡོད་ལ་ཁྱིམ་པ་ཉམས་ཅན་རྩོལ་ལྡན་ནས་ས་ཞིང་འདུལ་བ་དང་། སྦྱར་ལྕང་སྐྱེ་ཚེར་ཡན་གྱི་ཕན་བདེ་སྤེལ་བའི་འདེབས་འཁོལ་གང་ཐུབ་བྱེད་པར་གཞུང་སྣེར་ཆོས་བཅས་སྲུས་ཀྱང་བཀག་འགོག་ནམ་

ཡང་མི་ཆོག་ཅིང་། དེ་དག་དགེ་བེད་ལོ་གསུམ་ཁྲལ་མེད་དུ་སྤྲད་རྗེས་རྒྱ་ཕྱིན་དང་དགེ་བེད་ལ་གཞིགས་པའི་ཁྲལ་བོགས་གཉིས་འགེལ་འོས་ཐོག་འཛིན་བདག་གཏན་འཇགས་སུ་སྤྲོད་དགོས་པ་སོགས་ཀྱི་རྩ་ཚིག་དོན་ཚན་ལྔ་ཁྱབ་བསྒྲགས་གནང་། ཤིང་སྟག(སྤྱི་ལོ1914)ལོར་བོད་དམག་བཅོས་སྒྲིག་དང་རྒྱ་བསྐྱོད་མཛད་དེ་བོད་དམག་ཚོར་ཉི་ཧོང་དང་། ཨུ་རུ་སུ། དབྱིན་ཇི། རྒྱ་ལུགས་བཅས་ཀྱི་དམག་རྩལ་སྦྱོང་བརྡར་སྦྱོད་གནང་མཛད། མེ་འབྲུག(སྤྱི་ལོ1916)ལོར་གྲྭ་ས་ཁག་དང་གཞིས་དགོན་ཁག་ནས་གྲྭ་པ་ལོ་གཞོན་ཤེས་རིག་བཀྲ་བ་དྲུག་འདེམས་གྲྭ་ཆག་བསྐྱོན་ཏེ་སྨན་རྩིས་ཁང་གསར་འཛུགས་གནང་། མེ་འབྲུག(སྤྱི་ལོ1916)ལོ་ནས་ས་ལུག(སྤྱི་ལོ1919)ལོའི་བོད་ཟླ་བརྒྱད་པ་བར་དཔལ་རྡོ་རྗེ་འཇིགས་བྱེད་ཆེན་པོའི་ལྷགས་བསྙེན་ལོ་འཁོར་གསུམ་རིང་ལེགས་པར་གྲུབ། རྒྱུན་པར་གསང་སྔགས་གསར་རྙིང་དབང་ཁྲིད་རྗེས་གནང་དུ་མ་གསན་ཏེ་སོ་སོའི་ལས་ཐུང་ལྷགས་བསྙེན་གྱི་རིམ་པ་མཐའ་གླས་པ་མཛད། ཆུ་ཁྱི(སྤྱི་ལོ1922)ལོར་ནོར་གླིང་གཟིམ་ཆུང་སྤྱན་གསལ་པོ་བྲང་གསར་བཞེངས་གནང་། ཆུ་ཕག(སྤྱི་ལོ1923)ལོར་ལྷ་ས་གྲོང་ཁྱེར་གྱི་བདེ་འཇགས་ཆེད་སྐོར་སྲུང་དམག་སྡེ“པུ་ལི་སི”དམག་སྒར་གསར་འཛུགས་དང་། ཇ་ཚ་རོང་དུ་ཇ་ཤིང་འདེབས་ལས་ཀྱི་ཆེད་ལྷ། རྒྱལ་རྩེར་དབྱིན་ཡིག་སློབ་གྲྭ་བཙུགས་པ་བཅས་མཛད། རབ་བྱུང་བཅུ་དྲུག་པ་མེ་ཡོས(སྤྱི་ལོ1927)ལོར་རྒྱ་གར་ནས་གླངས་འཁོར་ནང་འདྲེན་དང་རྒྱ་ལམ་གསར་བཟོ་གནང་། ལྕགས་ལུག(སྤྱི་ལོ1931)ལོར་གྲྭ་བཞི་གློག་འཕྲུལ་ཁང་གསར་སྐྲུན་གནང་སྟེ་མེ་མདའ་དང་མདེའུ་བཟོ་བ་དང་། དངུལ་པར། ཚོན་ཁྲ་ཅན་གྱི་ཤོག་དངུལ་པར་འདེབས་ཚང་མར་གློག་ཤུགས་བེད་སྤྱོད་གནང་། ལོ་དེར་ནན་ཅན་དུ་བཅའ་སྡོད་བོད་ཀྱི་དོན་གཅོད་ཁང་བཙུགས།

དེ་བཞིན་རྒྱ་ཁྱབ་རྫོང་གཞིས་སོ་སོར་སློབ་གྲྭ་གསར་འཛུགས་ཀྱིས་ལོ་གཞོན་ཤེས་རིག་བཀྲ་བ་རྣམས་དམིགས་འཛུགས་ཡིག་རྩིས་སྦྱོང་དགོས་རྒྱུའི་བཀོད་རྒྱ་གནང་བ་དང་། ཁྲིམས་འགལ་ཉེས་ཅན་ལྷི་བར་དབང་པོ་ཡན་ལག་བྲེགས་གཅོད་བྱེད་རྒྱུན་རྩ་འགོག་དགོས་པ། རི་རྒྱ་ཀླུངས་རྒྱ་སྡེབས་ནས་རང་འབྱུང་གི་རྩི་ཤིང་དང་སྲོག་ཆགས་སྲུང་སྐྱོབ། ལྷ་བྲིས་དང་། རྟེན་བཞེངས། གསེར་དངུལ། ཟངས་ལྕགས། འཇིམ་པ། རྡོ་ཤིང་། རྡོ་བཟོ། ཚེམ་བཟོ་སོགས་དང་། ཤིང་དང་བ་སོར་དཀྲུགས་རྐོས། སྣམ་རིགས་ཐུམ་དང་གྲུམ་ཟེ། ཕྱིང་པ་སོགས་བཀལ་འཐག་གི་ལག་རྩལ་བཟོ་ལས་དང་། སོ་ནམ་དཀར་ཞེ་སོགས་ཐོན་ཁུངས་ལེགས་ཤིར་འགྲན་བསྡུར་དང་། ཡར་ཐོན་རིགས་ལ་མིང་གནས་དང་ཐབ་རྟེན་སོགས་གང་ལ་གང་འོས་ཀྱི་གཟེངས་བསྟོད་བྱ་དགའ་གནང་། སྦག་དང་སྟག་སེ་སོགས་རྒྱུན་བཙུགས་རྩེད་མོའི་རིགས་མི་ཆོག་པ་དང་། ཉལ་ཐག་དང་། ཤིག་རས། རྡོ་ཐ་སོགས་འཐེན་བཏུང་ཉོ་ཚོང་མི་ཆོག་པའི་རྒྱུས་བཅད། རང་རང་དཔལ་འབྱོར་དང་མི་མཐུན་པའི་བུ་ལོན་གཡར་ནས་བུད་མེད་ལ་རྒྱན་ཆ

བཟོས་ཏེ་ཕན་ཚུན་དོན་མེད་འགྲན་པའི་རིགས་ལ་བཀག་འགོག ལྷ་སའི་བར་སྐོར་ནང་སྟེང་ཤོད་དུ་ས་འོག་ཆུ་ཡུར་བཟོ་སྐྲུན་སོགས་ཡུལ་ལུང་དར་རྒྱས་དང་སྤྱི་འབངས་ཀྱི་བདེ་རྩར་སྨན་པའི་ཐབས་ཤེས་ལུ་གུ་བརྒྱུད་དུ་སྤེལ་བར་མཛད།

ལྷ་ལྡན་གཙུག་ལག་ཁང་དང་། རྒྱས་བཏབ་ར་མོ་ཆེ། རྗེ་ཕོ་བྲང་། འཕྲི་གུང་ཞ་ལྷ་ཁང་། ཁྲ་འབྲུག་བཀྲ་ཤིས་བྱམས་སྙོམས་གཙུག་ལག་ཁང་། ཕྱུ་ཧྲེང་རྫོ་ཁང་། བྱ་སྐྲ་བདུན། ཊ་ལག་གྲོམ་པ་རྒྱང་། སྐྱི་བྲག་བྲན་པ་ཕྲུག་རྫོང་། སོལ་ནག་ཐང་པོ་ཆེ། སྲས་མཁར་དགུ་ཐོག དྭགས་ལ་སྒམ་པོ། ཙ་རི་ཅིག་ཅར་ལྷ་ཁང་། འོལ་ཁ་རྫིང་ཕྱི། བལ་ཡུལ་གྱི་མཆོད་རྟེན་བྱ་རུང་ཁ་ཤོར་སོགས་གནས་རྟེན་ཁྱད་པར་ཅན་རྗེ་སྟེད་ཞིག་གསོས་དང་གསར་སྐྲུན་གང་འོས་བསྐྲུངས། རྒྱལ་བའི་བཀའ་འགྱུར་རིན་པོ་ཆེས་དབུས་རིས་མེད་དཔེ་རྒྱུན་དཀོན་པའི་གསུང་འབུམ་མང་པོ་ཤིང་པར་གསར་སྐྲུན་ཐོག པར་ཤིང་རྙིང་པ་རྣམས་ལ་འབྲུ་བསང་ཉམས་གསོ། གདན་ས་གསུམ་གྱིས་གཙོས་གྲུབ་མཐའ་རིས་མེད་དགེ་འདུན་གྱི་སྡེ་མཆེས་སོ་ཙོག་གི་རང་ལུགས་སྒྲིག་ལམ་ཀུན་སྤྱོད་ལ་དག་ཐེར། ལྷ་རམས་དགེ་བཤེས་རྣམས་ལ་རྩོད་རྒྱུགས་བཞེས་ཏེ་ཨང་གནས་ཟིན་རིགས་མ་གཏོགས་རྒྱུད་པའི་བླ་མ་དབུ་མཛད་དང་། མཁན་པོ། ཤར་བྱང་ཆོས་རྗེ། དགའ་ལྡན་ཁྲི་པ་སོགས་ལ་རང་བཞིན་ཕེབས་མི་ཆོག་པའི་རྒྱས་དཔྱད། སྔ་ཕྱི་བསྔོམས་དགེ་ཚུལ་ཆེག་ཁྲི་ཆིག་སྟོང་སྐོར་དང་། བསྙེན་རྫོགས་ཉིས་ཁྲི་བརྒྱལ་བ། གཞན་ཡང་དགེ་ཚུལ་མ་དང་། དགེ་བསྙེན་མ། བསྙེན་གནས་བཅས་ཀྱི་སྡོམ་པ་ཤིན་ཏུ་མང་བར་བསྩལ་བ་སོགས་བསྟན་དོན་གྱི་མཛད་འཕྲིན་རླབས་ཆེན་བསྐྲུངས། རྩོམ་པ་ལ་ཡང་མཆོག་ཏུ་མངའ་བས་བཀའ་རྩོམ་ལ་མཚོན་ན། བཀའ་གདམས་ཐིག་ལེ་བཅུ་དྲུག་གི་སྒྲུབ་དཀྱིལ་ཆ་ལག་ཀུན་ཚང་ལེགས་བཤད་རིན་ཆེན་གསལ་སྒྲོན་ཞེས་པ་དང་། ཐིག་ལེ་བཅུ་དྲུག་གི་ལྷ་ཚོགས་ལ་ཞི་བའི་སྲེག་སྦྱིན་གྱི་མཆོད་པ་འབུལ་ཚུལ། རབ་དཀར་ཟླ་བ་གསར་པའི་ཐིགས་ཕྲེན། རྟུལ་ཚོན་གླུ་ལ་གཏོད་པའི་ཆབ་འདྲེན་གྱི་ཚིག འཇོག་པོའི་གཙུག་ནོར། ཞེས་པ་སོགས་གསུང་འབུམ་པོད་བདུན་ཕྱོགས་རྩོམ་མཛད། མཐར་དགུང་ལོ་ང་བརྒྱད་བཞེས་པ་རབ་བྱུང་བཅུ་དྲུག་པའི་ཆུ་བྱ(སྤྱི་ལོ1933)ལོའི་བོད་ཟླ་བཅུ་པའི་གནམ་གང་ཉིན་ནོར་གླིང་འཆི་མེད་འོད་འཁྱིལ་དུ་དགོངས་པ་ཆོས་དབྱིངས་སུ་ཐིམ་ཚུལ་བསྟན། སྐུ་གདུང་རིན་པོ་ཆེ་རྩེ་ཕོ་བྲང་གི་གསེར་སྡོང་དགེ་ལེགས་འདོད་འཇོར་བཞུགས།

རྒྱལ་བ་འཕྲིན་ལས་རྒྱ་མཚོ། ༧རྒྱལ་དབང་སྐུ་ཕྲེང་བཅུ་གཉིས་པ་འཕྲིན་ལས་རྒྱ་མཚོ་མཆོག་ནི་རབ་བྱུང་བཅུ་བཞི་པའི་མེ་འབྲུག(སྤྱི་ལོ1856)ལོའི་ཟླ་བཅུ་གཉིས་པའི་ཚེས་གཅིག་ཉིན་བོད་ལྷོ་ཁའི་སའི་ཆ་འོལ་དགའ་རྫིང་ཕྱིའི་ཉེ་འདབས་འབབ་འཐྲོག་ཞང་ཚང་པ་ཞེས་པའི་ཁྱིམ་དུ། ཡབ་ཕུན་ཚོགས་ཚེ་དབང་དང་ཡུམ་ཚེ་རིང་གཡུ་སྒྲོན་གཉིས་ཀྱི་སྲས་སུ་སྐུ་བལྟམས། མེ་སྦྲུལ(སྤྱི་ལོ1857)ལོའི་ཟླ་བཅུ་པར་ཚུང་སྲིད་

རིན་པོ་ཆེ་ལྷ་སར་གདན་དྲངས། ས་རྟ(སྤྱི་ལོ1858)ལོའི་ཟླ་དང་པོའི་ནང་༧རྒྱལ་དབང་གོང་མའི་ཡང་སྲིད་རིན་པོ་ཆེར་ངོས་འཛིན་ཐུགས་གཏན་འཁེལ། ཆོས་བཅོ་ལྔ་ཉིན་སྲིད་སྐྱོང་ར་སྒྲེང་རིན་པོ་ཆེས་དབུ་སྐྲ་གཙུག་ཕུད་བཞེས་ཏེ་མཚན་ངག་དབང་བློ་བཟང་བསྟན་པའི་རྒྱལ་མཚན་འཕྲིན་ལས་རྒྱ་མཚོ་ཞེས་གསོལ། ལྕགས་སྤྲེལ(སྤྱི་ལོ1860)ལོའི་ཟླ་བདུན་པའི་ཚེས་གསུམ་ཉིན་མཆོག་སྤྲུལ་རིན་པོ་ཆེ་པོ་བྲང་ཆེན་པོ་པོ་ཏ་ལའི་གསེར་ཁྲི་མངའ་གསོལ། ཆུ་ཁྱི(སྤྱི་ལོ1862)ལོའི་ཟླ་གཉིས་པའི་ནང་༧རྒྱལ་དབང་མཆོག་ཆོས་སྲིད་ལུགས་གཉིས་ཀྱི་འགན་བཞེས་གནང་དགོས་བྱུང་ཡོད། དེ་སྐབས་སྐུ་ན་ཕྲ་སྟབས་ཕྱག་རོགས་སུ་བཀའ་ཟུར་བཤད་སྒྲ་དབང་ཕྱུག་རྒྱལ་པོར་སྲིད་སྐྱོང་བསྐོ་བཞག་མཛད། ཤིང་བྱི(སྤྱི་ལོ1864)ལོའི་ཟླ་བཞི་པའི་ཚེས་བཅུ་གསུམ་ཉིན་ལྷ་ལྡན་གཙུག་ལག་ཁང་གི་ཇོ་བོ་ཤཱཀྱ་མུ་ནེའི་སྤྱན་སྔར་ཡོངས་འཛིན་ཁྲི་ཟུར་བློ་བཟང་མཁྱེན་རབ་དབང་ཕྱུག་གི་དྲུང་ལས་༧རྒྱལ་དབང་མཆོག་གིས་རབ་བྱུང་གི་སྡོམ་པ་བཞེས། ས་འབྲུག(སྤྱི་ལོ1868)ལོར་གོང་ས་མཆོག་ཚེ་འཕྲུལ་སྨོན་ལམ་ཆེན་མོར་ཚོགས་ཐེབས་གནང་། དེ་ནས་བཟུང་༧རྒྱལ་དབང་མཆོག་ཚོགས་ཐེབས་གནང་བའི་འགོ་ཚུགས། ལྕགས་རྟ(སྤྱི་ལོ1870)ལོར་༧རྒྱལ་དབང་མཆོག་གདན་ས་ཆེན་པོ་དཔལ་ལྡན་འབྲས་སྤུངས་དང་། སེ་ར་ཐེག་ཆེན་གླིང་སོ་སོར་སྔར་ལམ་གྲྭ་བསྐོར་དམ་བཞེས་སུ་ཆིབས་བསྒྱུར་མཛད་རྗེས་རྩེ་པོ་བྲང་དུ་ཕྱིར་ཐེབས་གནང་། ཆུ་བྱ(སྤྱི་ལོ1873)ལོའི་ཟླ་གཉིས་པའི་ཚེས་བཅུ་བཞི་ཉིན་ལུགས་གཉིས་ཀྱི་ཐུགས་འགན་ཡོངས་སུ་བཞེས། ཤིང་ཁྱི(སྤྱི་ལོ1874)ལོར་༧རྒྱལ་དབང་མཆོག་སྔར་ལམ་ལྟར་གདན་ས་ཆེན་པོ་དགའ་ལྡན་རྣམ་པར་རྒྱལ་བའི་གླིང་དུ་གྲྭ་བསྐོར་དམ་བཅར་ཆིབས་བསྒྱུར་དང་། དེ་ནས་ཆོས་འཁོར་རྒྱལ་སོགས་ལྷོ་ཁུལ་གནས་གཟིགས་ལ་ཐེབས་ཏེ་དེ་ཁུལ་དང་ལྡན་སེར་སྐྱ་མི་དམངས་ལ་མཇལ་ཕྱག་དང་ཆོས་འབྲེལ་སོགས་ཡིད་ཀྱི་རེ་འདོད་སྐོང་བར་མཛད། ལོ་འདིར་༧རྒྱལ་དབང་མཆོག་ནས་ཁལ་ཁ་རྗེ་བཙུན་དམ་པའི་ཡང་སྲིད་བསྟན་འཛིན་དབང་ཕྱུག་ལ་དགེ་ཚུལ་གྱི་བསླབ་སྡོམ་བསྩལ་ཅིང་དེ་འབྲེལ་ཁལ་ཁའི་ཁུ་རལ་མཁན་པོ། ཧོ་བླམ་སོགས་ལ་གནང་རྟེན་ཡང་བསྩལ། མཐར་དགུང་གྲངས་ཉེ་ཤུའི་ངོར་ཐེབས་པ་རབ་བྱུང་བཅོ་ལྔ་པའི་ཤིང་ཕག(སྤྱི་ལོ1875)ལོའི་ཟླ་གསུམ་པའི་ཚེས་ཉེ་ཤུ་ཉིན་རྩེ་པོ་ཏ་ལའི་གཟིམ་ཆུང་ཉི་འོད་ཀྱི་བཞུགས་ཁྲི་ཆེན་མོའི་སྐུ་མདུན་དུ་བདེ་སྟན་ཐོག་སྐུ་བཞུགས་གནང་མུར་སྐུ་མྱ་ངན་ལས་འདས་པའི་ཚུལ་བསྟན། སྐུ་གདུང་རིན་པོ་ཆེ་པོ་ཏ་ལའི་གསེར་གདུང་ཚེ་སྦྱིན་འོད་འབར་དུ་བཞུགས།

རྒྱལ་བ་བློ་བཟང་རྒྱ་མཚོ། ༧རྒྱལ་དབང་སྐུ་ཕྲེང་ལྔ་པ་ཆེན་པོ་བློ་བཟང་རྒྱ་མཚོ་མཆོག་ནི་ལྷོ་ཁ་ཡར་ལུང་འཕྱོངས་རྒྱས་འཕྱིང་བ་སྟག་རྩེའི་ཡུལ་དུ་ཟ་ཧོར་གྱི་རིགས་ལས་ཡབ་མི་དབང་བདུད་འདུལ་རབ་བརྟན་དང་། ཡུམ་ཁྲི་ལྕམ་ཀུན་དགའ་ལྷ་མཛེས་གཉིས་ཀྱི་རིགས་སྲས་སུ་རབ་བྱུང་བཅུ་པའི་མེ་སྦྲུལ(སྤྱི་ལོ1617)ལོའི་བོད་ཟླ9ཚེས23ཉིན་སྐུ་བལྟམས། ཀུན་གཟིགས་པཎ་ཆེན་བློ་བཟང་ཆོས་རྒྱན་མཆོག

དང་འབྲས་སྤུངས་དགའ་ལྡན་ཕོ་བྲང་སྐུ་ཚབ་ཀྱིས་གཙང་པ་རྒྱལ་པོའི་བཀའ་འཁྲོལ་བཞིན་ཆུང་སྲིད་རིན་པོ་ཆེ་དགུང་ལོ་དྲུག་ལ་ཕེབས་པ་ཆུ་ཁྱི(སྤྱི་ལོ1622)ལོའི་བོད་ཟླ2ཚེས25ཉིན་དཔལ་ལྡན་འབྲས་སྤུངས་དགོན་ཕོ་བྲང་དུ༧རྒྱལ་དབང་གོང་མའི་བཞུགས་ཁྲིར་མངའ་གསོལ་ཏེ་སྐུའི་ན་ཚོད་དང་བསྟུན་པའི་རིག་གནས་གསན་སྦྱོང་གནང་། དགུང་ལོ་དགུ་པར་པཎ་ཆེན་བློ་བཟང་ཆོས་རྒྱན་མཆོག་གིས་དབུ་སྐྲ་གཙུག་ཕུད་བཞེས་ནས། མཚན་ངག་དབང་བློ་བཟང་རྒྱ་མཚོ་འཇིགས་མེད་གོ་ཆ་ཐུབ་བསྟན་ལང་ཚོའི་སྡེ་ཞེས་གསོལ། གླིང་སྨད་པ་དཀོན་མཆོག་ཆོས་འཕེལ་གྱིས་བསྟུས་ཚད་ནས་བཟུང་པོད་ཆེན་རྣམས་ཀྱི་སྐུ་ཡོན་བསྒྲོན་པས་ཚོགས་མེད་དུ་མཁྱེན། དགུང་ལོ་བཅུ་བདུན་པར་འཁོན་སྟོན་ལས་གསང་སྔགས་གསར་རྙིང་གི་ཆོས་དང་པཎ་ཆེན་རིན་པོ་ཆེ་ལས་དབང་ལུང་མན་ངག་མང་དུ་གསན། དགུང་ལོ་ཉེར་གཅིག་ནས་བཟུང་ཟུར་ཆེན་ཆོས་དབྱིངས་རང་གྲོལ་སོགས་ལས་གསང་སྔགས་ཀྱི་དབང་རིམ་དང་། དགའ་ལྡན་ཁྲི་ཐོག་སོ་ལྔ་པ་འཇམ་དབྱངས་དཀོན་མཆོག་ཆོས་འཕེལ་ལས་གཞུང་ཆེན་བཀའ་པོད་ལྔའི་རིག་ལམ་མཐའ་དག་གསན། སྨོན་འགྲོ་པ་པཎྜི་ཏ་ཆོས་དབང་དོན་གྲུབ་ཡབ་སྲས་ལས་སྙན་ངག་སྒྲ། སྡེབ་སྦྱོར་སོགས་ལ་སྦྱངས་པ་དཔྱིས་ཕྱིན་མཛད། སྒྲ་ཡི་རི་མོ་ཡོངས་རྫོགས་རྒྱུགས་འཕྲོད་པའི་ཀུན་བཤད་ཀྱི་མཚན་ལ་འཇམ་དབྱངས་དགའ་བའི་བཤེས་གཉེན་ཞེས་གསོལ། ཡུམ་པོ་དོན་གྲུབ་དབང་རྒྱལ་ལས་སྐར་ནག་དབྱངས་འཆར་རྩིས་ཀྱི་སྐོར་སོགས་གསན་ཏེ་བཙུ་ཕྲག་རིག་པའི་མ་ཧཱ་པཎྜི་ཏ་ཆེན་པོར་གྱུར། དགུང་ལོ་ཉེར་གཉིས་པ་རབ་བྱུང་བཅུ་གཅིག་པའི་ས་སྟག(སྤྱི་ལོ1638)ལོར་པཎ་ཆེན་བློ་བཟང་ཆོས་རྒྱན་དྲུང་དུ་བསྙེན་རྫོགས་བསྒྲུབས། མཚན་ངག་གི་དབང་ཕྱུག་ཅེས་གསར་དུ་བསྟན། དགུང་ལོ་ཉེར་གསུམ་ལ་གསོ་རིག་རྒྱུད་བཞི་ཐུགས་གཉེར་གནང་། དགུང་ལོ་ཉེར་ལྔ་ལ་གུ་ཤྲཱི་བསྟན་འཛིན་ཆོས་རྒྱལ་གྱིས་ཁམས་བེ་རི་རྒྱལ་པོ་དབང་དུ་བསྡུས།

༧རྒྱལ་དབང་མཆོག་དགུང་ལོ་ཉེར་དྲུག་ལ་ཕེབས་པ་རབ་བྱུང་བཅུ་གཅིག་པའི་ཆུ་རྟ(སྤྱི་ལོ1642)ལོར་གུ་ཤྲཱི་བསྟན་འཛིན་ཆོས་རྒྱལ་གྱིས་བོད་ཁམས་ཡོངས་རྫོགས་དབང་དུ་བསྒྱུར་བའི་མཚན་གནས་ཕུལ་ནས་དགའ་ལྡན་ཕོ་བྲང་གི་སྲིད་དབང་གཞི་ཚུགས། དགུང་ལོ་ཉེར་བདུན་པར་དེབ་ཐེར་དཔྱིད་ཀྱི་རྒྱལ་མོའི་གླུ་དབྱངས་ཕྱག་རྩོམ་གནང་། རབ་བྱུང་བཅུ་གཅིག་པའི་ཤིང་བྱ(སྤྱི་ལོ1645)ལོར་སྡེ་པ་བསོད་ནམས་ཆོས་འཕེལ་དང་བཀའ་གྲོས་ཀྱིས་དམར་པོ་རི་ལ་རྩེ་ཕོ་བྲང་དཀར་པོ་བཞེངས་པའི་རྨང་བཏིང་། ༧རྒྱལ་དབང་མཆོག་ནས་ལྷ་ཁང་པ་དང་། བག་གྲོ་ཅན་ངོ་ལས་མདོ་སྟོད་འབྲི་ཆུ་ཤར་ཕྱོགས་དར་རྩེ་མདོ་ཡན་གྱི་ལུང་ཚན་རྣམས་ལ་ངོ་འགྲོ་རྟོག་བསྐོར་གྱིས་ས་མི་ཞིབ་དཔྱོད་དང་། སྣ་ཁྲ་ཐེམ་བཤེར་གྱི་མིང་གཞུང་གསར་བསྒྲོ། ཁྲལ་བཟོ་ཁུངས་འཇུག ས་ཞིང་འབྲིང་གི་བདག་པོ་ཚོ་ནས་ལོ་རེའི་བཅའ་ཁྲལ་འབབ་བཟོ་གཏན་འབེབས་ཀྱི་བཅའ་ཁྲལ་དེ་ཐོག་ནས་ས་གནས་སོ་སོར་ཡོད་པའི་དགོན་པ་

ཚོའི་མཆོད་རྒྱུན་དང་། ཉམས་གསོ། ཡུལ་ལུང་ཡར་རྒྱས་ཀྱི་མཐུན་རྐྱེན། རང་རང་ས་སྡེ་བསྲུང་བྱའི་ཡུལ་དམག་གི་ཐོགས་རྡུས་སུ་དགོས་ངེས་བཏང་བའི་ཁ་ལྷག་རྣམས་གཞུང་ཕྱག་མཛོད་དུ་འབུལ་རྒྱུའི་འབབ་དེབ་ལྷེབས་འགོ་བཅུ་ཕྲག་རེ་ཡོད་པའི་སྦྲུག་ཐམ་སྦྱར་མའི་དེབ་ལག་ལྔ་བཅུ་ང་དྲུག་གསར་བཟོ་གནང་། དགུང་ལོ་སོ་གསུམ་ལ་གསོ་རིག་འགྲོ་ཕན་གླིང་གསར་འཛུགས་དང་། དགུང་ལོ་སོ་བཞི་ནས་ལོ་བཅུ་གཉིས་རིང་མདོ་སྔགས་དང་རིག་གནས་སོགས་པར་གཞི་རྒྱ་ཆེ་བའི་གསན་སྦྱོང་མཛད། རབ་བྱུང་བཅུ་གཅིག་པ་ལྕགས་སྟག་ལྕགས་ཡོས(སྤྱི་ལོ1650－1651)ལོ་སོ་སོར་མན་ཇུ་གོང་མའི་གདན་ཞུ་རིམ་པར་འབྱོར་པས་དགུང་གྲངས་སོ་དྲུག་ལ་ཕེབས་པ་ཆུ་འབྲུག(སྤྱི་ལོ1652)ལོར་པེ་ཅིན་དུ་ཕེབས། རྒྱ་སོག་ཡུལ་གྲུའི་དགོན་པ་ཆེ་ཁག་ཚང་མར་ཆོས་འདུལ་བ་དང་རྗེས་སུ་མཐུན་པའི་སྤྱང་བླང་ཇི་ལྟར་འོས་པའི་བཀའ་སློབ་སོགས་བསྩལ། པེ་ཅིན་དུ་ཕེབས་སྐབས་གོང་མས་བསུ་བ་ཞབས་ཏོག་གཟབ་རྒྱས་ཞུས་འབྲེལ་གསེར་གྱི་བྱང་བུ་བཅོ་ལྔ་འཕྲུལ་མིག་ཏུ་སྦྲེལ་བའི་ངོས་སུ། ནུབ་ཀྱི་ལྷ་གནས་ཆེས་དགེ་བར་བདེ་བར་གནས་པའི་སངས་རྒྱས་ཀྱི་བཀའ་ལུང་། གནམ་འོག་གི་སྐྱེ་འགྲོ་ཐམས་ཅད་བསྟན་པ་གཅིག་ཏུ་གྱུར་པ་འགྱུར་མེད་རྡོ་རྗེ་འཆང་རྒྱ་མཚོའི་བླ་མ། ཞེས་བོད་རྒྱ་ཧོར་གསུམ་གྱི་ཡི་གེ་ཤན་སྦྱར་འཁོད་པ་ཞིག་ཕུལ། ༧རྒྱལ་དབང་མཆོག་ནས་མན་ཧོར་བོད་གསུམ་གྱི་ཡི་གེའི་ཐོག་ནས། གནམ་གྱི་ལྷ་འཇམ་དབྱངས་གོང་མ་བདག་པོ་ཆེན་པོ། ཞེས་པའི་མཚན་བསྟོད་འབུལ་གནང་མཛད། ཆུ་སྦྲུལ(སྤྱི་ལོ1653)ལོའི་བོད་ཟླ3ཚེས10ཉིན་རྒྱལ་དབང་མཆོག་པེ་ཅིན་ནས་ཆིབས་ཁ་བསྒྱུར་ཏེ་ཏའི་ཁར་ཞེས་པའི་ས་གནས་སུ་ཕེབས་འབྱོར་སྐབས་གོང་མ་ཆེན་པོས་ཕོ་ཉ་ཆེད་དུ་མངགས་ཏེ་གསེར་ཡིག་དང་། ཐམ་ག་ཕུལ། ལོ་དེའི་དགའ་ལྡན་ལྔ་མཆོད་སྐབས་ལྷ་ལྡན་ཞིང་དུ་ཞབས་སོར་འཁོད། དགུང་གྲངས་སོ་བརྒྱད་ལ་བཀྲ་ཤིས་ལྷུན་པོར་པཎ་ཆེན་རིན་པོ་ཆེ་མཇལ་བར་ཕེབས། ས་ཁྱི(སྤྱི་ལོ1658)ལོར་གུ་ཤྲཱི་ཁང་གི་སྲས་བསྟན་འཛིན་རྡོ་རྗེར་རྒྱལ་པོའི་ཆོ་ལོ་གནང་། ལོ་དེར་རྒྱ་གར་ཧྂ་ག་ལའི་རྒྱལ་པོ་ཤཱ་ཧ་སུ་ཛས་མ་ཧཱ་ཤ་སི་ལྷ་པ་ཆེན་པོར་འཚམས་ཞུར་མངགས། དགུང་ལོ་ཞེ་གསུམ་པ་ས་ཕག(སྤྱི་ལོ1659)ལོར་དོན་གཅོད་བསོད་ནམས་དབང་རྒྱལ་མཚོ་སྔོན་པོར་རྫོང་བདའ་མཛད་ནས་སོག་པོའི་དཔོན་ཁག་ཕན་ཚུན་ནང་འགལ་མི་བྱེད་པར་ཚང་མས་ཏཱ་ལའི་བླ་མ་མཆོག་གི་བཀའ་ལ་བརྩི་བཀུར་ཞུ་རྒྱུའི་ཆོས་ལུགས་ཀྱི་དམ་བཞག་མནའ་གན་མཐུ་མོ་ཆེ་བཞེས་པ་དེ་སོག་པོའི་ནང་ཁུལ་འཁྲུག་གཞི་འཛགས་པ་དང་། བོད་དུ་དགའ་ལྡན་ཕོ་བྲང་པའི་དབང་སྒྱུར་སྟོབས་ཤུགས་སྲ་བརྟན་དུ་འགྱུར་བར་ཕན་པ་ཙམ་མ་ཟད། འབྱུང་འགྱུར་རྒྱ་སོག་མཚམས་ཀྱི་འཁྲུག་རྙོད་འགོག་པ་ལའང་ཕན་ནུས་ཆེན་པོ་ཐོན། དགུང་ལོ་ང་གཅིག་པ་མེ་ལུག(སྤྱི་ལོ1667)ལོར་མཚོ་སྔོན་ཤར་མཚམས་སུ་རྒྱ་སོག་འཁྲུག་གཞི་བྱུང་བར་གོང་མས་ལྷ་པ་ཆེན་པོར་སོག་པོའི་དཔོན་ཁག་ལ་ཁོ་གསེད་གནང་རྒྱུའི་རེ་སྐུལ་ཞུས་པ་ལྟར་སྐུ་ཚབ་ཆེད་གཏོང་གིས་སོག་པོའི་དཔོན་རིགས་རྣམས་ལ་སློབ་

སྟོན་གནང་བས་རྒྱ་སོག་བར་དུས་བདེ་ཞོད་འཛགས་བྱུང་། ས་བྱ(སྤྱི་ལོ1669)ལོར་པཎ་ཆེན་བློ་བཟང་ཡེ་ཤེས་ལ་དགེ་ཚུལ་གྱི་སྡོམ་པ་གནང་། དགུང་ལོ་ང་བཞི་ལ་བསམ་ཡས་གཙུག་ལག་ཁང་དང་ལྷ་ས་གཙུག་ལག་ཁང་ཉམས་གསོ་གནང་། ལྕགས་ཕག(སྤྱི་ལོ1671)ལོར་གུ་ཤྲཱི་ཁང་གི་སྲས་ཚུང་བ་དཀོན་མཆོག་ད་ལའི་ཁུང་ལ་བསྟན་འཛིན་ད་ལའི་ཁུང་གི་ཆོ་ལོ་དང་བཅས་ཡབ་ཀྱི་གོ་སར་ཁྲི་འདོན་མཛད། ཆུ་བྱི(སྤྱི་ལོ1672)ལོའི་གུང་གསར་མཛད་སྒོའི་སྐབས་ནས་རིན་ཆེན་རྒྱན་ཆ་བའི་སྲོལ་འཛུགས་མཛད། ལོ་དེར་སྔོ་ཁ་ཐང་པོ་ཆེ་སོགས་ལ་གསེར་ཆོས་ཀྱི་བཀའ་འགྱུར་གསར་བཞེངས་གནང་། དགུང་ལོ་ང་དྲུག་ནས་ལོ་གསུམ་རིང་རྩེའི་བསྟན་མ་ལྷོག་དང་། གྲྭ་ཤག ཆོས་འཁོར་རྒྱལ་སོགས་ཉམས་གསོ་གནང་། དགུང་ལོ་རེ་གཅིག་ལ་མཁན་ཆེན་བསོད་ནམས་མཆོག་གྲུབ་བསྟན་པའི་རྒྱལ་མཚན་དྲུང་ནས་ཆོས་བཀའ་གསན། རབ་བྱུང་བཅུ་གཅིག་པའི་ས་ལུག(སྤྱི་ལོ1679)ལོར་གྲོང་སྨད་པ་སངས་རྒྱས་རྒྱ་མཚོར་སྡེ་སྲིད་བསྐོ་བཞག་གནང་བ་ནས་བཟུང་སྲིད་ཕྱོགས་ཀྱི་མཛད་པ་ཆེར་མ་བསྐྱངས་བར་གཙོ་བོ་ཆོས་ཕྱོགས་ཀྱི་ཐུགས་དམ་ཉམས་བཞེས་ཁོ་ནར་གཞོལ་བར་མཛད།

སྤྱིར་གོང་ས་ལྔ་པ་ཆེན་པོས་པཎ་ཆེན་བློ་བཟང་ཆོས་རྒྱན་དང་། ཁྲི་ཆེན་དཀོན་མཆོག་ཆོས་འཕེལ། འཁོར་སྟོན་དཔལ་འབྱོར་ལྷུན་གྲུབ། ཁྲབ་བདག་བཀའ་འགྱུར་བ། དབུ་མཛད་བསོད་ནམས་མཆོག་གྲུབ། ཟུར་ཆེན་ཆོས་དབྱིངས་རང་གྲོལ། རིག་འཛིན་གཏེར་བདག་གླིང་པ། སྨན་ལུང་པ་བློ་མཆོག་རྡོ་རྗེ་སོགས་གྲུབ་མཐའ་རིས་མེད་ཀྱི་མཁས་ཤིང་གྲུབ་པའི་ཡོངས་འཛིན་དུ་མ་བསྟེན་ནས་གསར་རྙིང་གི་ཆོས་ཚུལ་རྒྱ་མཚོ་ལྟ་བུ་བཞེས་པར་མཛད། གསུང་རྩོམ་ཟབ་པ་དང་རྒྱ་ཆེ་བའི་དམ་པའི་ཆོས་ཀྱི་གསན་ཡིག་གངྒཱའི་ཆུ་རྒྱུན། ཟུར་ཐམས་ཅད་མཁྱེན་པ་ཆོས་དབྱིངས་རང་གྲོལ་གྱི་རྣམ་ཐར་ཐེག་མཆོག་བསྟན་པའི་ཤིང་རྟ། འཇམ་དཔལ་གཤིན་རྗེ་གཤེད་དམར་པོ་ལྷ་ལྔའི་དཀྱིལ་འཁོར་གྱི་ཆོ་ག་མཐོ་རིས་དབང་གི་ཆུ་རྒྱུན། དཔལ་འཁོར་ལོ་སྡོམ་པ་དྲིལ་བུ་ལུགས་ཀྱི་ཕྱི་དཀྱིལ་ཆོ་ག་དཔའ་བོའི་གྲོང་འཇུག དཔྱིད་ཀྱི་རྒྱལ་མོའི་གླུ་དབྱངས། བདེ་གཤེགས་བདུན་གྱི་མཆོད་པའི་ཆོག་སྒྲིག་ཡིད་བཞིན་དབང་རྒྱལ། སྙན་ངག་མེ་ལོང་གི་དཀའ་འགྲེལ་དབྱངས་ཅན་དགྱེས་པའི་གླུ་དབྱངས། རྩིས་དཀར་ནག་ལས་བརྩམས་པའི་དྲིས་ལན་ཉིན་བྱེད་དབང་པོའི་སྣང་བ། སྨན་གླིང་དཀོན་མཆོག་ཆོས་འཕེལ་གྱི་རྣམ་ཐར། ཕར་ཕྱིན་བློ་བཟང་དགོངས་རྒྱན། མཛོད་ཊཱི་ཀ་རིན་ཆེན་ཤིང་རྟ། དྲིས་ལན་ཉིན་བྱེད་དབང་པོ་གདན་ཐོབ། ལུགས་ཟུང་གི་བསླབ་བྱ་མུ་ཏི་ལའི་ཕྲེང་བ། ལས་ཚོགས་རྣམ་རྒྱལ་གསེར་མདོག་སོགས་རང་རྣམ་དང་། བླ་མའི་རྣམ་ཐར། སྙན་ངག་འགྲེལ་པ། རྒྱལ་རབས་དེབ་ཐེར། མཚན་ཉིད་ཀྱི་ཡིག་ཆ། ལམ་རིམ་སོགས་ཕྱི་ནང་པོད་ཆེན་སུམ་ཅུ་སོ་བཞི་བཞུགས་པ་དང་། རྡོ་རྗེ་ཕྲེང་བ་སོགས་དང་། རྒྱུད་སྡེ་བཞིའི་དབང་ལུང་འཆད་སྤེལ་གནང་བ་སོགས་ཆུ་བོ་གངྒཱའི་ཤར་ཕྱོགས་ཀྱི་བླ་ཆེན་དང་མི་ཆེན་ཕལ་མོ་ཆེ་ཞལ་སློབ་ཏུ་མ་གྱུར་

པ་མེད་པ་ལྷ་བུར་སྣང་། གསར་ཕྱོགས་ལ་འཇམ་དབྱངས་མཁྱེན་བརྩེ་དང་། རྙིང་ལུགས་ལ་བྱང་པ་བཀྲ་ཤིས་སྟོབས་ཀྱི་ལུགས་པོ་ན་ཐུགས་རྗེས་སུ་མཛད། དེ་བཞིན་བྲག་གཡེར་པར་དཀའ་ལྡན་གསང་སྔགས་ཡང་རྩེའི་དགོན་པ། ཆུ་ཤུར་དཀའ་ལྡན་ཆོས་འཁོར་ཡང་རྩེ། དོལ་གསུམ་རབ་གླིང་། ལྷ་རྩེ་འོག་མིན་གླིང་། སྔོ་བྲག་དོན་གཉིས་གླིང་། ཡར་སྟོད་ཐོས་བསམ་དར་རྒྱས་གླིང་། ས་དགའ་འཕེལ་རྒྱས་གླིང་། གསང་སྔགས་བྱང་ཆུབ་གླིང་། གོང་དཀར་བཤད་སྒྲུབ་གླིང་། ཞུག་དགའ་ལྡན་ཆོས་གླིང་། གཙང་ཕུང་པོ་རི་བོ་ཆེ་སོགས་དབུས་གཙང་ཁམས་སོགས་ཀྱི་ཡུལ་དུ་ཆོས་སྡེ་གསར་བཞེངས་བགྲང་གིས་མི་ལང་། རབ་བྱུང་བསྙེན་རྫོགས་འདོགས་པའི་དགེ་སློང་ནི་ས་ཆེན་པོའི་རྡུལ་ལྟ་བུར་སྣང་།

མདོར་ན། ༧གོང་ས་ལྔ་པ་ཆེན་པོ་མཆོག་གིས་ལུགས་ཟུང་གི་ལྟབས་ཆེ་བའི་མཛད་པ་དང་འཕྲིན་ལས་དབྱར་མཚོ་ལྟར་རྒྱས་པར་སྤེལ་གནང་བ་མ་ཟད། བལ་ཡུལ་སོགས་ལའང་ཆོས་དང་ཤེས་རིག་ཚོང་བཅས་ཀྱི་འབྲེལ་བའི་མཐུན་ལམ་སྐྱོང་མཁས་གནང་བ་དང་། ལྷ་སར་ཡོད་པའི་ཁ་ཆེ་དང་བལ་པོ་སོགས་ནས་ཀྱང་ཆོས་ལུགས་ཅི་བདེར་བྱས་ཆོག་པའི་ཐོག་གཉིར་ནས་འཁྱོར་བའི་ཁ་ཆེ་སྤྱིར་ལྷ་ཁང་གི་དོན་ལ་ལྷ་སའི་གྲོང་ཁྱེར་དུ་ས་ཁང་དང་། སྤོ་སྐྱིད་གདོང་ཡུལ། ཕུང་པོ་སྐྱིལ་ཡུལ་བཅས་གཏན་འཇགས་སུ་གནང་བ་སོགས་མཛད་སྤྱོད་ཆེ་ཕྲ་ཀུན་ལ་ཕྱི་ནང་མཆོག་དམན་ཐམས་ཅད་ནས་སྤྱི་མོས་ཤིན་ཏུ་ཆེ་བ་བཅས་འཁོར་ལོ་གསུམ་གྱི་ཕྱག་རྗེས། ཕྱི་ནང་གསང་གསུམ་གྱི་མཛད་པ་དང་རྣམ་ཐར་བསམ་གྱིས་མི་ཁྱབ། དགུང་ལོ་རེ་དྲུག་པ་རབ་བྱུང་བཅུ་གཅིག་པའི་ཆུ་ཁྱི(སྤྱི་ལོ1682)ལོའི་བོད་ཟླ་གཉིས་པར་བོད་བསྟན་སྲིད་ལུགས་ཟུང་གི་བྱ་བྱེད་མཐའ་དག་སྡེ་སྲིད་རིན་པོ་ཆེར་བསྒྲུབ་སྟོན་མཛད་མཐར་ཚེས་ཉེར་ལྔ་ཉིན་ཕྱེད་རྟའི་ཐོག་དགོངས་པ་ཆོས་དབྱིངས་སུ་ཐིམ། སྐུ་གདུང་པོ་ཏ་ལའི་གསེར་སྡོང་འཛམ་གླིང་རྒྱན་གཅིག་ནང་བཞུགས།

རྒྱལ་བ་ཚངས་དབྱངས་རྒྱ་མཚོ། ༧རྒྱལ་དབང་སྐུ་ཕྲེང་དྲུག་པ་འདི་ཉིད་ཡབ་སྨྲོས་རིགས་གཏེར་སྟོན་པདྨ་གླིང་པའི་དབོན་བརྒྱུད་སྔགས་འཆང་རིག་འཛིན་བཀྲ་ཤིས་བསྟན་འཛིན་དང་། ཡུམ་ཚེ་དབང་ལྷ་མོ་གཉིས་ཀྱི་སྲས་སུ་རབ་བྱུང་བཅུ་གཅིག་པའི་ཆུ་ཕག(སྤྱི་ལོ1683)ལོའི་ཟླ་གསུམ་པའི་ཚེས་གཅིག་ལ་སྟོ་མོན་ལ་འོག་ཡུལ་གསུམ་དུ་སྐུ་འཁྲུངས། སྡེ་སྲིད་སངས་རྒྱས་རྒྱ་མཚོས་ལྔ་པ་ཆེན་པོའི་ཡང་སྲིད་ལ་ངོས་འཛིན་ཞུས་ཏེ་ཐོག་མར་མཚོ་སྣ་ལ་གདན་དྲངས་ནས་ཡི་གེ་དང་འདོན་ཆ་ཆོས་སྤྱོད་སོགས་ཀྱི་སྐུ་ཡོན་བསྒྲིན། དགུང་ལོ་བརྒྱད་ལ་ཕྱག་བྲིས་ཤོག་ཐོག་ཏུ་ཕབ། དགུང་ལོ་བཅུ་གཅིག་ཐོག་ཐོལ་བྱུང་དུ་རྟ་མགྲིན་ལ་བསྟོད་ཚིག་ཤོ་ལོ་ཀ་ལྔ་སྐོར་ཚིག་དོན་ཕུན་སུམ་ཚོགས་པ་ཞིག་བརྩམས་མཛད། དགུང་ལོ་བཅོ་ལྔ་པ་རབ་བྱུང་བཅུ་གཉིས་པའི་མེ་གླང(སྤྱི་ལོ1697)ལོར་༧རྒྱལ་དབང་དྲུག་པའི་སྲིད་ཁྲིར་མངའ་གསོལ། ཆུ་རྟ(སྤྱི་ལོ1702)ལོར་པཎ་ཆེན་བློ་བཟང་ཡེ་ཤེས་མཆོག་གིས་རབ་བྱུང་གི་སྡོམ་པ་ཕུལ།

མཚན་རིན་ཆེན་ཚངས་དབྱངས་རྒྱ་མཚོ་ཞེས་གསོལ། པཎ་ཆེན་རིན་པོ་ཆེ་མཆོག་དང་སྡེ་སྲིད་རྣམ་གཉིས་ཀྱིས་གཙོས་བླ་སློབ་སྦྲགས་མར་བསྟེན་ནས་བཀའ་ཆོས་གསན་པའི་ཁུར་བཞེས། སྔ་གཞུག་ཏུ་ཚུལ་ཁྲིམས་དར་རྒྱས་དང་དགེ་ལེགས་རྒྱ་མཚོ་སོགས་ཡོངས་འཛིན་དུ་མ་བསྟེན་ནས་རྩ་བ་སྔགས་ཀྱི་རྒྱུད། བྱང་ཆུབ་ལམ་རིམ་སོགས་མདོ་སྔགས་ཀྱི་ཆོས་དང་དབང་ལུང་གསན་པ་མ་ཟད། རིག་གནས་དང་མཚན་ཉིད་སོགས་ཀྱང་སྦྱངས་ཏེ་འབྲས་སྤུངས་གྲྭ་ཚང་བཞི་དང་གཞན་པའི་ཆོས་ཐོག་ལའང་ཕེབས་པར་མཛད། སྐུ་ཡོན་གསན་བཞེས་གནང་རིགས་ཀྱི་ནང་ནས་ཀྱང་ཕྱག་བྲིས་ཀྱི་བཟང་དག་དང་བཀའ་རྩོམ་གྱི་རིགས་སྐྱ་གོང་མའི་བག་ཆགས་ཁྱད་པར་དུ་སད་པ་ཤིན་ཏུ་ངོ་མཚར་ཞིང་། དད་པ་འཕེལ་བར་སྣང་། ལྷུགས་རྩོམ་ཀྱང་རྟ་མགྲིན་སྒྲུབ་ཐབས་དང་། སེ་ར་རྟ་མགྲིན་མཆོད་པའི་དྲིས་ལན་སོགས་མཛད། གདན་ས་གསུམ་དང་། ཆོས་འཁོར་རྒྱལ་སོགས་པར་བཀའ་ཆོས་བསྩལ་བ་དང་། བཀའ་འགྱུར་གྱི་པར་གསར་བསྐོ་བསྐྲུན་རྒྱུའི་དབུ་འཛུགས་གནང་སྐུ་པོད་ཉི་ཤུ་ལྷག་ཙམ་ལེགས་པར་གྲུབ། ལྷ་ལྡན་གཙུག་ལག་ཁང་གི་ཡང་སྟེང་གསེར་ཟངས་ཀྱི་མདའ་གཡབ་དང་། རྟེན་བཞེངས་སོགས་ཀྱང་མང་པོ་གནང་བས་མཚོན་ཆོས་སྲིད་ཀྱི་མངའ་ཐང་སྐྱོང་བའི་འཕྲིན་ལས་ལེགས་པར་སྤེལ་བའི་དབུ་བརྙམས། འོན་ཀྱང་སྡེ་སྲིད་རིན་པོ་ཆེ་དང་ལྷ་བཟང་གི་འགལ་བ་ཇེ་ཆེར་སོང་བ་སོགས་རྒྱུ་རྐྱེན་སྣ་ཚོགས་ཀྱི་འོག་ཏུ་སྲིད་མཐར་སྐྱོང་ཚེ་ནམ་ཞིག་རང་ཡང་ཕ་རོལ་པོའི་ལག་ནས་ཐར་དཀའ་བ་གཟིགས་ཏེ་དགུང་ལོ་ཉི་ཤུའི་ཐོག་གཙང་ལ་པཎ་ཆེན་རིན་པོ་ཆེའི་མདུན་སར་བསྙེན་རྫོགས་སྒྲུབ་པར་ཕེབས་སྐབས་སུ་སྔར་གྱི་སྡོམ་པ་ནས་ཀྱང་ཕྱིར་འབུལ་མཛད་དེ་ནས་བཟའ་སྐུ་ཆས་བཞེས་སྐད། དེ་ནས་བཟུང་༧རྒྱལ་དབང་ཚངས་དབྱངས་རྒྱ་མཚོས་བཞུགས་ཡུལ་པོ་ཏ་ལའི་ཕོ་བྲང་དུ་བཞུགས་ཀྱང་བརྟུལ་བཞུགས་ཀྱི་མཛད་པ་སྐྱོང་བཞིན་དྲིན་ཅན་སྡེ་སྲིད་ཀྱི་ཞལ་ལ་ཡང་མ་གསན་པར་སྤྲོ་སྐྱིད་གནང་བར་ལྷ་ས་དང་། ཉེ་བའི་རྫོང་རྒྱབ། འོལ་དགའ། འཕྱོངས་རྒྱས། གོང་དཀར་ཁྲུལ་སོགས་གང་བྱུང་ལ་ཐུགས་འདོད་ལྟར་ཕེབས་ཤིང་། ཉིན་མོ་ཕལ་ཆེ་བ་རྫོང་རྒྱབ་ཏུ་ཞབས་འབྲིང་ལོ་གཞོན་དག་འཁྲིད་དེ་ཕྱག་མདར་ཕེབས་པ་དང་། མཚན་མོ་ལྷ་ས་དང་ཞོལ་གྲོང་ཁྱིམ་ནང་བཞུགས་པ་སོགས་ཕྱི་གྱར་ཚུལ་མིན་གྱི་སྤྱོད་ལམ་འབའ་ཞིག་བསྐྱངས། ཤིང་བྱ(སྤྱི་ལོ1705)ལོར་སོག་པོ་ལྷ་བཟང་གིས་སྡེ་སྲིད་སངས་རྒྱས་རྒྱ་མཚོ་བཀྲོངས། དྲག་ཤུལ་ལ་བརྟེན་ནས་བོད་ཀྱི་སྲིད་དབང་འཕྲོག་རྗེས་མཚོན་ཁ༧རྒྱལ་དབང་མཆོག་ལ་བསྐོར་ནས་མེ་ཁྱི(སྤྱི་ལོ1706)ལོར་རྒྱ་ནག་ཏུ་གདན་འདྲེན་པའི་ལམ་བར་མཚོ་སྔོན་བརྒྱུད་ལ་ཕེབས་སྐབས་སྐུ་གཤེགས་སྐད་དང་། སྐུ་གདུང་ཡང་མཚོ་སྔོན་གསེར་ཁེབ་དགོན་དུ་ཡོད་ཅེས་གྲགས། རྗེ་འདིའི་ཕྱག་རྩོམ་སྐད་གྲགས་ལྡན་པའི་སྙན་ངག་ཀློ་ཀ་དྲུག་ཅུ་རེ་གཉིས་ཅན་ཞིག་ཀྱང་མཆིས།

གསོལ་དཔོན་བློ་གྲོས་དབང་ཕྱུག་གིས་མཛད་པའི་རྣམ་ཐར་དང་། སུམ་པ་མཁན་པོ་ཡེ་ཤེས་

དཔལ་འབྱོར་དང་། ལྷ་བཙུན་དར་རྒྱས་ནོ་མོ་ཧན་གྱིས་མཛད་པའི་ཚངས་དབྱངས་པའི་སྐུ་ཚེ་སྨད་ཀྱི་མཛད་རྣམ་ལྷའི་ཏམ་བུ་རའི་སྒྲ་དབྱངས། ཞེས་པ་སོགས་ཀྱི་ནང༌༧རྒྱལ་དབང་མཆོག་དགུང་ལོ་རེ་བཞི་བར་བཞུགས་པའི་རྣམ་ཐར་ཞིབ་པར་བཀོད་ཡོད་པ་སྟེ། དགུང་ལོ་ཉེར་ལྔའི་ཐོག་ལྷ་བཟང་གི་སྐྱོག་གསོམ་འོག༌༧རྒྱལ་བའི་ཁྲི་ལས་ཕབ་སྟེ་རྒྱ་ནག་ཏུ་གདན་འདྲེན་པའི་ལམ་བར་མཚོ་སྔོན་ཀུན་དགའ་ནོར་ནས་བྲོས་བྱོལ་དུ་ཐེབས་ཏེ་སྦས་པའི་བརྟུལ་བཞུགས་འཛིན་ཕྱིར་བློ་བཟང་རིན་ཆེན་ཆོས་གྲགས་རྒྱ་མཚོ་དང་། ངག་དབང་ཆོས་གྲགས་རྒྱ་མཚོར་མཚན་བརྗེས། ཤིང་རྟ(སྤྱི་ལོ1714)ལོར་དྲུགས་པོ་གྲྭ་ཚང་དུ་བཞུགས་སྐབས་དྲུགས་པོ་ཞབས་དྲུང་དང་། དྲུགས་པོ་བླ་མ་སོགས་སུ་འབོད། ལོ་བཅུའི་རིང་ལ་མཚོ་སྔོན་ཨ་རིག་ནས་བཟུང་སྟེ་ཚ་བ་རོང་དང་། ཚ་ཁོ་དར་རྩེ་མདོ། སྤང་ཆེན་འཁྱིང་རི། ཁམས་ཀྱི་འབལ་ལི་ཐང་། སྟོ་ཁ། ཙ་རི། ཀོང་ཡུལ། མོན་ཡུལ། བལ་ཡུལ། རྒྱ་གར་སོགས་ས་ཆ་མང་པོར་གསང་སྐབས་ཀྱིས་གནས་མཇལ་གནང་། ལྕགས་བྱི(སྤྱི་ལོ1720)ལོར་དཔའ་རིས་གསེར་ཁོག་དགོན་དུ་ཐེབས་སྐབས་བློ་བཟང་དཔལ་ལྡན་ཞྭ་ལུ་ལེགས་པ་རྒྱལ་མཚན་གྱི་སྤྲུལ་སྐུར་ངོས་འཛིན་གནང་། རབ་བྱུང་བཅུ་གཉིས་པའི་ལྕགས་གླང(སྤྱི་ལོ1721)ལོར་རྗེ་ཉིད་ཨ་ལག་ཤ་ནས་དཔའ་རིས་གསེར་ཁོག་དགོན་དུ་ཐེབས་སྐབས་ཧྥག་ཐུང་གྲོང་རི་དགོན་གྱིས་ཞུས་པ་ལྟར་དགོན་དེའི་མཁན་ཁྲིའི་ཁུར་བཞེས། མེ་ལུག(སྤྱི་ལོ1727)ལོར༧རྒྱལ་དབང་མཆོག་གིས་བོད་སོག་གི་ཡོན་བདག་བཅོལ་ནས་བྲག་འགག་གི་གནས་ས་ཡར་ལུང་དགོན་ཐོས་བསམ་དར་རྒྱས་གླིང་གསར་བཞེངས་ཀྱི་འགོ་བཙམས་ཏེ་ལོ་ལྔའི་ནང་གྲུབ་ཅིང་། དགེ་འདུན་གྱི་སྡེ་མང་པོ་བཙུགས། དགུང་ལོ་སོ་དགུའི་སྟེང་ཧྥག་ཐུང་དགོན་རྙིང་གི་མཁན་ཁྲིའི་ཐུགས་ཁུར་བཞེས་ནས་དགུང་ལོ་རེ་བཞིའི་བར་ལོ་ཉེར་ལྔའི་རིང་ལ་ཧྥག་ཐུང་ཡར་ལུང་དགོན་པའི་དགོན་བདག་དང་མཁན་པོ་གཅིག་ཚོགས་གནང་། ཤིང་སྟག(སྤྱི་ལོ1734)ལོར་ཏེ་ཐང་རྡོ་རྗེ་འཆང་གི་དཀར་ཆག་པད་དཀར་སྡོང་བཟང་ཞེས་པ་དང་། མ་ཐུང་སྨིན་པོའི་གཟུགས་ཅན་ཁྲི་གཏུམ་ཆེ་ཞེས་པའི་གུར་མགོན་འཕྲིན་བཅོལ་ལྷུགས་རྩོམ་མཛད། རབ་བྱུང་བཅུ་གཉིས་པའི་མེ་སྟག(སྤྱི་ལོ1746)ལོར་མདོ་སྨད་དུ་དགོངས་པ་རྫོགས་པར་གསུངས་སོ།

རྒྱལ་བ་ཚུལ་ཁྲིམས་རྒྱ་མཚོ། ༧རྒྱལ་དབང་སྐུ་ཕྲེང་བཅུ་པ་ཚུལ་ཁྲིམས་རྒྱ་མཚོ་མཆོག་ནི་མདོ་ཁམས་སྨད་དྲུག་ཏུ་གྲགས་པའི་ནང་ཚན་སྤོབ་འབོར་སྒང་གི་ཁོངས་གཏོགས་ལི་ཐང་ཤོག་དྲུག་སྒོ་མདངས་སུ་འབོད་པའི་སའི་ཆར་གྲོང་སྡོད་ནོར་བུ་ཚང་བྱ་བའི་ཁྱིམ་དུ་ཡབ་བློ་བཟང་སྐལ་གྲགས་དང་ཡུམ་རྣམ་རྒྱལ་བུ་ཁྲིད་གཉིས་ཀྱི་སྲས་སུ་རབ་བྱུང་བཅུ་བཞི་པའི་མེ་བྱི(སྤྱི་ལོ1816)ལོའི་བོད་ཟླ་གསུམ་པའི་ཚེས་ཉེར་དགུ་ཉིན་བལྟམས། དགུང་ལོ་དྲུག་པར༧རྒྱལ་བའི་ཡང་སྲིད་དུ་ངོས་འཛིན་ཞུས། ཆུ་རྟ(སྤྱི་ལོ1822)ལོའི་བོད་ཟླ་དང་པོའི་ཚེས་བཅོ་བརྒྱད་ཉིན་ཀུན་གཟིགས་པཎ་ཆེན་བསྟན་པའི་ཉི་མ་མཆོག་ནས་སྐྲ་ཐང་བདེ

པ་ཅན་དུ་ཚུར་སྲིད་རིན་པོ་ཆེའི་དབུ་སྐྲ་གཙུག་ཕུད་བཞེས་ཏེ། མཚན་ངག་དབང་བློ་བཟང་འཇམ་དཔལ་ཚུལ་ཁྲིམས་རྒྱ་མཚོ་དཔལ་བཟང་པོ་ཞེས་གསོལ་གནང་མཛད་ཐོག བླ་བ་གཉིས་པའི་ཚེས་བཅུ་གསུམ་ཉིན་རབ་ཏུ་བྱུང་བའི་བསླབ་སྡོམ་ཡང་འབུལ་བཞེས་གནང་། ལོ་དེའི་ཟླ་བརྒྱད་པའི་ཚེས་བརྒྱད་ཉིན་༧རྒྱལ་དབང་མཆོག་ཕོ་བྲང་ཆེན་པོ་པོ་ཏ་ལའི་གཟིམ་ཚུར་ཉི་འོད་འཁྱིལ་བར་ཕེབས་བསྐྱོད་ཀྱིས་མི་འཇིགས་གསེར་ཁྲི་ཆེན་པོར་ཞབས་སོར་འཁོད། དགའ་ལྡན་ཕྲི་གེ་ཐུ་སུ་མ་ཧི་པཎྜི་དང་། དགའ་ལྡན་ཁྲི་ཟུར་ངག་དབང་སྣན་གྲགས། སྤྲུལ་སྐུ་འཇམ་དཔལ་ཡེ་ཤེས་བསྟན་པའི་རྒྱ་མཚོ་བཅས་ཡོངས་འཛིན་དུ་བསྐོ་བཞག་མཛད་དེ་ཚུར་སྲིད་རིན་པོ་ཆེར་སྐུ་ཡོན་སྦྱོན་འགོ་ཚུགས། ༧རྒྱལ་དབང་མཆོག་སྐུ་ཚུར་དུས་ནས་སློབ་གཉེར་ལ་ཐུགས་བརྩོན་ཆེ་བས། གཙོ་བོ་མདོ་སྔགས་གཞུང་ལུགས་རྒྱ་མཚོའི་གསན་བསམ་ལ་གཅིག་ཏུ་འབྲུས་པར་མཛད་པའི་མཐུ་ལས་ལུང་རྟོགས་ཀྱི་སྐུ་ཡོན་རྣམ་པར་རྒྱས། ས་གླང་(སྤྱི་ལོ1829)ལོར་འབྲས་སྤུངས་དགོན་དུ་བཀའ་ཆོས་གསན་སྦྱོང་ཐོག དེ་ནས་སེ་ར་དགོན་པ་སོགས་སུ་ཆིབས་བསྒྱུར་མཛད་པ། ལྕགས་སྟག(སྤྱི་ལོ1830)ལོར་དབུས་གཙང་རྫོང་གཞིས་ཁག་གི་གཞུང་སྒེར་ཆོས་བཅས་ལ་ས་ཞིང་དང་། རྗེས་འབྲེལ་ཁང་འགྲོ་ལག་འདོན་གྱི་ཁྲལ་རིགས་ཚང་མ་མོས་སྙོམ་ཞིབ་གཅོད་ཀྱིས་ས་གནས་སོ་སོའི་སྣེ་སྟོད་དང་། གཙོ་དྲག ཆུན་པོ། ས་བདག་གཞིས་བྱེས་འཁུར་མཉམ་ལེན་ཐོག་ནས་ས་རབ་འབྲིང་མཐའ་གསུམ་ལ་བསྐོར་ཏེ་སྒེར་ཆོས་འདོན་དང་། གཞུང་རྒྱུགས་ཁང་དུ་བཅོས་པའི་རྩིས་ཁང་ཕུན་ཚོགས་བཀོད་པའི་རྩ་འཛིན་ལྕགས་སྟག་ཞིབ་གཞུང་ཞེས་པའི་དེབ་གཞི་གཏན་འབེབས་གསར་བསྒྲིགས་གནང་། ཤིང་རྟ(སྤྱི་ལོ1834)ལོའི་ཟླ་བཞི་པའི་ཚེས་བདུན་ཉིན་ཀུན་གཟིགས་པཎ་ཆེན་རིན་པོ་ཆེས༧རྒྱལ་དབང་མཆོག་ལ་བསྙེན་རྫོགས་ཀྱི་བསླབ་སྡོམ་ཡང་དག་པར་འབུལ་བཞེས་ལེགས་པར་བསྒྲུབས། ལོ་དེར༧རྒྱལ་དབང་མཆོག་ནས་ཁལ་ཁ་རྗེ་བཙུན་དམ་པ་དང་། ཐོར་གོད་རྒྱལ་པོ་རྣམས་ལ་གཟིམ་ཚུར་དུ་དམིགས་བསལ་མཇལ་ཁ་དང་། ཆོས་འབྲེལ་གནང་བ་མ་ཟད། ཐོར་གོད་རྒྱལ་པོའི་ཞུ་མོས་ལྟར། ཐོར་གོད་ཡུལ་དུ་དུས་འཁོར་སྒྲུབ་མཆོད་གསར་འཛུགས་བྱེད་པར་གྲྭ་ཚང་གྲྭ་རིགས་ཆེད་རྫོང་མཛད། མཐར་དགུང་གྲངས་ཉི་ཤུ་རྩ་གཉིས་ལ་ཕེབས་པ་མེ་བྱ(སྤྱི་ལོ1837)ལོའི་བོད་ཟླ་དགུ་པའི་ཚེས་གཅིག་ཉིན་གཟིམ་ཚུར་ཕུན་ཚོགས་འདོད་འཁྱིལ་དུ་ཁྲིའུ་ཤིང་གི་ཁར་བྱམས་པའི་བཞུགས་སྟངས་ཀྱིས་འཞུགས་ཏེ། བཞད་མོའི་རྣམ་པ་བཅས་མཛད་བཞིན་པའི་ངང་མཛད་པའི་མཐའ་མ་མྱ་ངན་ལས་འདས་པའི་ཚུལ་བསྟན་པར་མཛད་དོ། སྐུ་གདུང་རིན་པོ་ཆེ་པོ་ཏ་ལའི་གསེར་གདུང་ཁམས་གསུམ་རྒྱན་མཆོག་ཏུ་བཞུགས།

རྒྱལ་བ་ལུང་རྟོགས་རྒྱ་མཚོ། ༧རྒྱལ་དབང་སྐུ་ཕྲེང་དགུ་པ་ལུང་རྟོགས་རྒྱ་མཚོ་མཆོག་ཁམས་ལྡན་ཆོས་འཁོར་དགོན་གྱི་ཉེ་འགྲམ་ཆོས་འཁོར་དཔོན་ཚང་དུ་ཡབ་བསྟན་འཛིན་ཆོས་སྐྱོང་དང་། ཡུམ་དོན་གྲུབ་

སྐྱོལ་མ་གཉིས་ཀྱི་སྲས་སུ་རབ་བྱུང་བཅུ་གསུམ་པའི་ཤིང་གླང་(སྤྱི་ལོ1805)ལོའི་བོད་ཟླ་བཅུ་གཉིས་པའི་ཚེས་གཅིག་ཉིན་ངོ་མཚར་གྱི་ལྟས་བཟང་པོ་དང་བཅས་སྐུ་འཁྲུངས། དགུང་ལོ་གསུམ་པ་རབ་བྱུང་བཅུ་བཞི་པའི་མེ་ཡོས(སྤྱི་ལོ1807)ལོར༧རྒྱལ་བའི་ཡང་སྲིད་དུ་ངོས་འཛིན་ཞུས་ཏེ་ལོ་དེའི་བོད་ཟླ་དགུ་པར་ཡབ་ཚང་སྐུ་འཁོར་དང་བཅས་ལྷ་ལྡན་ཞིང་དུ་གདན་དྲངས། ས་འབྲུག(སྤྱི་ལོ1808)ལོའི་བོད་ཟླ་གཉིས་པའི་ཚེས་བཅུ་བཞི་ཉིན་ཀུན་གཟིགས་པཎ་ཆེན་བསྟན་པའི་ཉི་མ་མཆོག་ནས་དབུ་སྐྲ་གཙུག་ཕུད་བཞེས་ཏེ། མཚན་བློ་བཟང་བསྟན་པའི་དབང་ཕྱུག་ལུང་རྟོགས་རྒྱ་མཚོ་ཞེས་གསོལ། ཕྱོགས་ཀྱི་སྐུ་ཡོན་འབུལ་བའི་ཡོངས་འཛིན་དུ་འོན་རྒྱལ་སྲས་སྤྲུལ་པའི་སྐུ་དང་། དེ་མོ་ཧོ་ཐོག་ཐུ་ཐུབ་བསྟན་འཇིགས་མེད་རྒྱ་མཚོ་གཉིས་བསྐོ་བཞག་གནང་བ་ལྟར་གསན་བསམ་ལ་རྩེ་གཅིག་ཏུ་གཞོལ་བར་མཛད། ལོ་དེའི་བོད་ཟླ་དགུ་པའི་ཚེས་ཉེར་གཉིས་ཉིན་པོ་ཏ་ལའི་ཚོམས་ཆེན་སྲིད་ཞི་ཕུན་ཚོགས་ཀྱི་འཇིགས་བྲལ་གསེར་གྱི་ཁྲི་འཕང་མཐོན་པོར་ཞབས་སོར་འཁོད། ལྕགས་རྟ(སྤྱི་ལོ1810)ལོར་རྩེ་པོ་བྲང་ཆེན་པོའི་ཞབས་བརྟན་ལྷ་ཁང་སྟེང་ཤོད། ཤར་བརྒྱུད་སྐོར། གསོལ་ཐབ་སྟེང་ཤོད། ན་བཟའ་སྟེང་ཤོད། གཟིམ་ཚུང་འགག་སོགས་ཀྱིས་མཆོད་ཕོ་བྲང་ཆེན་པོའི་ཤར་ནུབ། ལྷོ་བྱང་ཤིན་ཏུ་རྒྱ་ཆེ་བ་དང་། ཉེ་སྐོར་གྱི་གཞུང་ཁང་བཅས་ཞིག་གསོ་ལེགས་པར་མཛད། ཆུ་བྱ(སྤྱི་ལོ1813)ལོའི་བོད་ཟླ་དགུ་པའི་ནང་པཎ་ཆེན་བསྟན་པའི་ཉི་མ་མཆོག་གཙང་ནས་གདན་ཞུ་དང་འབྲེལ་སྟོན་པ་ལྷ་ལས་བབས་པའི་དུས་ཆེན་གཟའ་སྐར་འཕྲོད་སྦྱོར་བཟང་བའི་ཉིན་མཆོག་སྤྲུལ་རིན་པོ་ཆེས་དགེ་ཚུལ་གྱི་སྡོམ་པ་རྣམ་པར་དག་པ་བཞེས་ཏེ་དྲུང་སྐྱིག་རྒྱལ་མཚན་སྒྲིང་བ་རྣམས་ཀྱི་གཙུག་རྒྱན་དུ་གྱུར།

༧རྒྱལ་དབང་སྐུ་ཕྲེང་དགུ་པ་མཆོག་སྐུན་ཕྲ་ཡང་། སྐུ་ཡོན་གསན་བཞེས་ཀྱི་མཛད་སྒོར་ཀུན་རྟག་སྦྱོར་བའི་ཐུགས་བརྩོན་ལྷག་པར་ཆེ་བས། དབུས་འགྱུར་གདན་སའི་ཆོས་སྤྱོད་ཕལ་མོ་ཆེ་ཐུགས་འཛིན་གྲུབ་པ་མ་ཟད། སྐལ་བཟང་རྒྱན་ཕྲེང་དང་། རྒྱན་འདྲུག་གཉིས། མཛོད་རྩ་བ་སོགས་རྒྱ་གཞུང་དུ་མ་ཐུགས་ལ་བཞུགས་ཤིང་། ཡོངས་འཛིན་རྣམ་གཉིས་ལས་ཚད་མ་གསུམ་གྱི་གཞལ་བྱའི་གནས་ཀུན་ལ་འབེབས་པའི་བསྡུས་གཞུང་གི་བརྗེ་བཞག་ལེགས་པར་བཞེས་ནས་བདག་ཉིད་ཀྱི་དམ་བཅའ་འཛིན་ལ་མཁས་པ་དང་། གཞན་གྱི་དམ་བཅའ་ཡང་མི་དག་པ་བསུན་འཕྲིན་པ་ལ་མཁས་པའི་ཚུལ་བཞེས་པ་སོགས་བསྟན་འགྲོར་ཕན་པའི་ལུགས་གཉིས་ཀྱི་གཙུག་རྒྱན་དམ་པར་འགྱུར་བའི་རེ་འབྲས་མ་སྨིན་གོང་དགུང་གྲངས་བཅུ་གཅིག་ལ་ཕེབས་པ་རབ་བྱུང་བཅུ་བཞི་པའི་ཤིང་ཕག(སྤྱི་ལོ1815)ལོའི་བོད་ཟླ་གཉིས་པའི་ཚེས་བཅུ་དྲུག་ཉིན་གློ་བུར་དུ་དགོངས་པ་ཆོས་དབྱིངས་སུ་ཐིམ། སྐུ་གདུང་པོ་ཏ་ལའི་གསེར་གདུང་ས་གསུམ་མདོན་དགའ་རུ་བཞུགས།

རྒྱལ་དབང་ཆོས་རྗེ་བློ་བཟང་འཕྲིན་ལས་རྣམ་རྒྱལ། རྗེ་འདི་ནི་སྤྱི་ལོའི་དུས་རབས་བཅུ་དགུ་པའི་

འགོ་ཙམ་ལ་འབྱོངས། སྐུ་གཞོན་དུས་སེར་སྨད་གྲྭ་ཚང་དུ་ཆོས་ཞུགས་མཛད་ནས་གཞུང་ཆེན་བཀའ་པོད་ལྔར་གསན་བཞེས་གནང་། རྗེ་འདིས་༧རྒྱལ་དབང་བཅུ་པ་ཚུལ་ཁྲིམས་རྒྱ་མཚོ་དང་བཅུ་གཅིག་པ་མཁས་གྲུབ་རྒྱ་མཚོ་སྐུ་ཕྲེང་གཉིས་ཀྱི་མཚན་ཞབས་ཀྱི་མཛད་འཕྲུར་བཞེས་ནས་གོང་ས་རྣམ་གཉིས་ཀྱི་མཛད་རྣམ་དང་། འཇམ་མགོན་བླ་མ་ཙོང་ཁ་པ་ཆེན་པོའི་རྣམ་ཐར་ཐུབ་བསྟན་མཛེས་པའི་རྒྱན་གཅིག་ངོ་མཚར་ནོར་བུའི་ཕྲེང་བ། རིགས་དང་དཀྱིལ་འཁོར་རྒྱ་མཚོའི་ཁྱབ་བདག་ཁྲི་ཆེན་རྡོ་རྗེ་འཆང་བློ་བཟང་ཡེ་ཤེས་བསྟན་པ་རབ་རྒྱས་དཔལ་བཟང་པོའི་འཁྲུངས་རབས་དང་། རྣམ་ཐར་མཁས་པའི་མགུལ་རྒྱན། བླ་མ་མཆོད་པ་དངོས་གྲུབ་འདོད་འཇོ་དང་། ཕྱག་ཆེན་རྩ་བའི་གསུང་བཤད་ཟིན་བྲིས་ཟག་མེད་བདུད་རྩིའི་ཐུམ་བཟང་སོགས་པོད་ཆེན་བཞི་ལྷག་བཞུགས། འཁྲུངས་འདས་དང་མཛད་རྣམ་ཞིབ་པ་མ་རྙེད།

སྨིས་སྟེང་བློ་བཟང་དཔལ་ལྡན། མདོ་སྨད་རེབ་གོང་རོང་འབྲོག་ཚོ་ལྔའི་ནང་ཚན་ཚོ་འདུ་ཞེས་པའི་ཡུལ་དུ་ཡབ་ཚོ་འདུའི་སྐུ་དཔོན་ཆོས་མཛད་དང་། ཡུམ་སྒྲོལ་མ་གཉིས་ཀྱི་སྲས་སུ་རབ་བྱུང་བཅོ་ལྔ་པའི་ལྕགས་སྦྲུལ(སྤྱི་ལོ1881)ལོར་སྐུ་འཁྲུངས། མཚན་པདྨ་བཀྲ་ཤིས་ཞེས་ཐོག་མར་གསོལ། དགུང་ལོ་བཅུ་པར་དབེན་གནས་དམ་པ་སྨིས་སྟེང་དགའ་ལྡན་ཆོས་འཕེལ་གྱི་སྒྲུབ་གྲྭར་ཞུགས་ཏེ་སླང་གྱིའི་ལྷ་རམས་པ་བློ་བཟང་ཆོས་གྲགས་ཀྱི་དྲུང་དུ་ཚངས་སྤྱོད་དགེ་བསྙེན་དང་བར་མ་རབ་བྱུང་སྔོན་དུ་འགྲོ་བའི་སྒོ་ནས་ཆོས་སྡོམ་དགེ་ཚུལ་གྱི་སྡོམ་པ་ཡང་དག་པར་མནོས། མཚན་བློ་བཟང་དཔལ་ལྡན་ཞེས་གསོལ། དགུང་ལོ་བཅུ་གཉིས་པ་ཆུ་འབྲུག་ལོ་ནས་རྗེ་ཞྭ་དམར་པཎྜི་ཏ་དགེ་འདུན་བསྟན་འཛིན་རྒྱ་མཚོ་དང་། གྲུབ་དབང་འཇིགས་མེད་བསམ་གཏན། ཚོ་འདུའི་ཡོངས་འཛིན་བྱང་ཆུབ་ཀུན་སྤངས་བློ་བཟང་བསྟན་པ་བཅས་མཁས་གྲུབ་དུ་མའི་ཞབས་ལ་གཏུགས་ཏེ་ཐུན་མོང་གི་རིག་གནས་དང་སྒོས་སུ་མདོ་སྔགས་ཀྱི་བཀའ་ཆོས་དབང་ལུང་མང་དུ་གསན། དགུང་ལོ་ཉི་ཤུ་པར་རབ་བྱུང་མཁན་པོ་སེམས་དཔའ་ཆེན་པོ་བློ་བཟང་ཆོས་གྲགས་ལ་བསྙེན་པར་རྫོགས། ལོ་དེར་དུས་འཁོར་སྔགས་ཆེན་མཚོ་བྱུང་དགྱེས་པའི་དཔལ་ལས་དབྱངས་ཅན་བྷཱ་ཀ་ར་ཏ་ཙ་འགྲེལ་དང་། སྙན་སྒྲོར་རིན་ཆེན་འབྱུང་གནས་ཞིབ་ཏུ་སྦྱངས་པས་ཀུན་བཤད་ཀྱི་མཚན་མི་ཕམ་མཚོ་ཆུང་བཞད་པའི་ལང་ཚོ་ཞེས་གསོལ་ཅིང་། ཕྱིས་ཀ་ཙན་དབྱངས་གསུམ་གྱི་སྐོར་ལ་གཟིགས་རྟོགས་རྒྱ་ཆེར་མཛད་དེ་ནང་བྱན་ཆུད་པར་གྱུར། སྙན་ངག་དང་རྩིས་ཀྱི་སྐོར་ཡང་བཤེས་གཉེན་མཚོ་ཆུང་དགྱེས་པའི་དཔལ་གཅིག་པུ་ལས་ལོ་སྔ་ཕྱི་དགུས་གཅིག་ལ་མཐར་ཕྱིན་པར་མཛད། དགུང་ལོ་ཉེར་བཞིར་སྡེ་ཚ་བཀྲ་ཤིས་ཆོས་སྡིངས་སུ་ཕེབས། བླ་མ་རྡོ་རྗེ་འཆང་དགེ་འདུན་བསྟན་འཛིན་རྒྱ་མཚོའི་ཞབས་ལ་ཡང་བསྐྱར་གཏུགས། དེ་ནས་བཟུང་དགུང་ལོ་སོ་གཉིས་ཀྱི་བར་བླ་མ་དེ་ཉིད་ཀྱི་ཞབས་པད་དུ་བཅར་ནས་མདོ་སྔགས་རིག་གནས་ཀྱིས་བསྡུས་པའི་མཁས་པར་བྱ་བའི་གནས་རྣམས་ཁོང་དུ་ཆུད་པར་མཛད། དགུང་ལོ་སོ་ལྔ་པ་ནས་སྟག་རྫོང་དང་། སྣ་སར། ཀ་རིང་། རྫོང་དཀར་སོགས་སུ་བཞུགས་ནས

ཆོས་ཀྱི་སྦྱིན་པ་རྒྱ་ཆེར་བསྩལ། དགུང་ལོ་ཞི་བདུན་པར་ཤར་བླ་བྲང་ཆེན་པོར་ཐེབས་ཏེ་ཤར་སྐྱབས་མགོན་སྐལ་ལྡན་བློ་བཟང་འཕྲིན་ལས་ལུང་རྟོགས་རྒྱ་མཚོའི་ཡོངས་འཛིན་མཛད། ང་ལྔ་པར་འབྲས་སྤུངས་སྒོ་འབུམ་ལྷ་རམས་པ་ཤེས་རབ་པས་མཛད་པའི་བརྒལ་ལན་བསྐལ་པའི་མེ་དཔུང་ཞེས་བྱ་བ་ཡུལ་དབུས་ནས་བསྐུར་བ་ཕྱག་ཏུ་འབྱོར། མེ་བྱི་ལོར་དགག་ལན་ཆུ་ཡི་འཕྲུལ་འཁོར་བརྩམས། ལོ་དེའི་ཟླ་བ་བཞི་པར་པཎ་ཆེན་ཐམས་ཅད་མཁྱེན་པ་གསེར་ལྗོངས་ཡུལ་དུ་ཐེབས་པ་ལ་རྗེ་འདིས་སྔན་ཚེམ་རྟོགས་བརྗོད་གསེར་གྱི་མེ་ཏོག་མཛད་དེ་ཕུལ། རིག་གནས་ཆེ་ཆུང་བཅུ་ཕྲག་ཡོན་ཏན་གྱི་བགོ་བཤས་བུ་སློབ་བསྐྱངས་པའང་མདོ་སྨད་ཀྱི་གྲྭ་ས་སྐྱབ་སྡེ་ཕལ་ཆེ་བའི་བླ་སྤྲུལ། དགེ་བཤེས། རེ་ཁྲིད་པ་མང་པོ་དང་། གསང་སྔགས་རྙིང་མའི་བླ་སྤྲུལ་དང་སྔགས་པ། གཤེན་སྟོན་བོན་པོ་གཡུང་དྲུང་གི་རྒྱུད་འཛིན་པའི་སྐྱེས་ཆེན། ཟི་ལིང་གྲོང་ཁྱེར་ནས་ཆེད་གཉེར་གྱིས་སླེབས་པའི་རྒྱ་རིགས་སློབ་མ་སོགས་དགེ་ཕྲུག་སྟོང་ཕྲག་བརྒྱལ་བ་བྱུང་། གསུང་ལས་སྐྱེས་པའི་བུ་སློབ་ཀྱི་ཁྲོད་ནས་ཀྱང་མཁས་པའི་རྒྱལ་ཐབས་འཛིན་པ་ཤིན་ཏུ་མང་པོ་ཐོན། གསུང་རྩོམ་མདོ་སྔགས་ཀྱི་གཞུང་འགྲེལ་དང་། སྐར་རྩིས། ཚབ་ཤོག སྙན་ངག་གི་སྐོར། ལས་ཞུ་མར་བཤད་ཀྱི་གཏམ་ངོ་མཚར་བ་སོགས་པོ་ཏི་གཉིས་ཙམ་བཞུགས། དགུང་ལོ་རེ་བཞི་པ་རབ་བྱུང་བཅུ་དྲུག་པའི་ཤིང་སྤྲེལ(སྤྱི་ལོ1944)ལོར་སྐུ་གཤེགས།

སྐྱ་མང་བསྟན་པ་ཆོས་འཕེལ། རྗེ་འདི་ནི་ལྷ་སའི་བྱང་རྒྱུད་གནས་ནང་ཞེས་པར་ཡབ་སྐལ་བཟང་དོན་གྲུབ་དང་ཡུམ་ལྷས་སྐྱིད་གཉིས་ཀྱི་སྲས་སུ་རབ་བྱུང་བཅུ་བཞི་པའི་ལྕགས་བྱི(སྤྱི་ལོ1840)ལོར་འཁྲུངས། སྐུ་གཞོན་ནུའི་དུས་པཎ་ཆེན་བསྟན་པའི་ཉི་མའི་དྲུང་དུ་མིང་འཁྱེར་ཁྲིད་པའི་མཚན་བསྟན་པ་ཆོས་འཕེལ་ཞེས་བཙལ། ཀུང་རུའི་གྲྭ་ཚུལ་ཁྲིམས་བྱམས་པ་དགེ་རྒན་དུ་བཅོལ་ནས་སློག་བསླབས། དགུང་ལོ་བདུན་ལ་འདུལ་འཛིན་བསྟན་པ་ཆོས་བཟང་གི་དྲུང་ནས་རབ་བྱུང་སྡོམ་པ་བཞེས། མཚན་བསྟན་པ་ཆོས་འཕེལ་ཞེས་གསོལ། དགུང་ལོ་ཉི་ཤུ་རྩ་གསུམ་ལ་ཁྲི་ཆེན་བློ་བཟང་མཁྱེན་རབ་དབང་ཕྱུག་དཔལ་བཟང་པོའི་དྲུང་ནས་བསྙེན་རྫོགས་ཀྱི་སྡོམ་པ་བཞེས། འདིའི་ལོར་རྗེ་རམས་པའི་མཚན་བཏགས་མཛད། དགུང་ལོ་སོ་བརྒྱད་ལ་རྒྱ་ནག་ཏུ་ཐ་ཡེར་བླ་མར་ཐེབས། སྨད་ཕྱོགས་ཀྱི་ཆོས་སྡེ་ཁག་ལ་མདོ་སྔགས་ཀྱི་ཆོས་འཁོར་མང་པོ་རྒྱུན་སྤེལ་མཛད། དགུང་ལོ་ང་གཅིག་ལ་གཞུང་གི་བཀའ་འབྲེལ་གྱིས་ལྷ་སར་ཐེབས་ནས་གདན་ས་གསུམ་དང་། ནག་ཆུ་ཞབས་བརྟན་དགོན་སོགས་དགེ་འདུན་རྣམས་ལ་རྒྱལ་བའི་བཀའ་འགྱུར་རིན་པོ་ཆེའི་བཀླག་ལུང་དང་སྔར་ཐང་པར་མ་གཞིར་བཞག་ནས། རྒྱལ་རྩེ་ཐེམ་སྤྱངས་མ་དང་། སྡེ་དགེ་པར་མ་བཅས་པར་ཞུས་དག་ནན་ཏན་གནང་། དགུང་ལོ་ང་ལྔ་ལོར་གོང་ས་སྐུ་ཕྲེང་བཅུ་གསུམ་པ་མཆོག་ནས་དམིགས་བསལ་གྱིས་འབྲས་སྤུངས་སྒོ་མང་གྲྭ་ཚང་གི་ཆོས་ཁྲིར་བསྐོ་བཞག་གིས་ལོ་བཅུ་གཅིག་བཞུགས། མདོ་སྔགས་རིག་པའི་རྒྱ་མཚོར་གསན་སྦྱོང་གནང་ནས་འཆད་རྩོད་རྩོམ་གསུམ་གྱི་མཁས་པའི་སྒོ་འཕང་

བརྙེས། ཕྱག་རྫོགས་ཡང་འཇམ་དཔལ་གཤིན་རྗེ་གཤེད་བཀའ་སྲོད་དམ་ཅན་ཆོས་ཀྱི་རྒྱལ་པོའི་གཏོར་སྒྲུབ་ཡིད་བཞིན་དབང་གི་རྒྱལ་པོའི་གཏེར་མཛོད། དཔལ་ལྡན་གསང་ཕུའི་དབང་དྲག་ཟློག་ཆོས་སྲུང་རྣམས་ཀྱི་ཐུགས་དམ་བསྐང་བའི་རིམ་པ་ཕྱག་ལེན་མ་ཉམས་པར་ངག་འདོན་ཕྱོགས་བསྒྲིགས། ཐོག་མཐའ་བར་དུ་དགེ་བའི་དཔལ་གསང་བ་འདུས་པའི་བསྙེན་ཡིག་དངོས་གྲུབ་རྒྱ་མཚོ་སྐལ་བཟང་རེ་སྐོང་ཙཎྜ་མ་ཧྀ་ལ། བཀའ་གདམས་ལྷ་བཞིའི་རྣལ་འབྱོར་དང་འབྲེལ་བའི་སྦྱོང་འཇུག་ལེའུ་བཞིའི་མན་ངག་ཉམས་སུ་ལེན་ཚུལ་དངོས་གྲུབ་ཡོངས་འདུའི་སྙེ་མ་སོགས་པོད་འབྲིང་གཉིས་ཙམ་བཞུགས། དགུང་ལོ་རེ་བརྒྱད་ལ་ཐེབས་པ་རབ་བྱུང་བཅོ་ལྔ་པའི་མེ་ལུག(སྤྱི་ལོ1907)ལོར་སྐུ་གཤེགས།

སྐྱབ་ཁང་དགེ་ལེགས་རྒྱ་མཚོ། སྟོད་མངའ་རིས་ཟངས་དཀར་གྱི་སའི་ཆར་ཡབ་གུ་རུ་དཀོན་མཆོག་དང་། ཡུམ་བུ་མོ་མཆོག་གཉིས་ཀྱི་སྲས་སུ་རབ་བྱུང་བཅུ་གཅིག་པའི་ལྕགས་སྦྲུལ(སྤྱི་ལོ1641)ལོར་འཁྲུངས། དགུང་ལོ་དྲུག་ལ་ཐེབས་སྐབས་ཡབ་འདས། ཡུམ་ལ་བལ་གན་སྨྱུག་པོའི་བསྟན་གཞི་ཐོག་ནས་རྗེ་ཉིད་ཀྱིས་བསྟན་གཡོག་དང་། ཞོར་དུ་དཔེ་ཆ་ཀློག་འདོན་མཛད། དགུང་ལོ་བཅུ་བདུན་ལ་ཡུམ་གཤེགས་པའི་སྐུ་ཕུང་བསྣམས་ནས་དུར་འཇུག་གི་མཛད་སྒོ་རྣམས་བསྐྱངས། དེ་ནས་དགོན་སྡེ་ཆེན་པོ་ཁྲིམས་པ་གླིང་གི་སློབ་དཔོན་བློ་བཟང་ལེགས་པའི་དྲུང་དུ་དགེ་བསྙེན་གྱི་སྡོམ་པ་བཞེས། དེར་ལོ་གཉིས་ཙམ་བཞུགས། དགུང་ལོ་བཅུ་དགུ་ལ་དབུས་སུ་སློབ་གཉེར་ལ་ཐེབས་པའི་ལམ་བར་བཀྲ་ཤིས་ལྷུན་པོར་པཎ་ཆེན་བློ་བཟང་ཆོས་རྒྱན་དང་མཇལ། དེ་ནས་ཤངས་རྐྱོང་ཚང་དུ་དྲུང་པ་བརྩོན་འགྲུས་རྒྱལ་མཚན་སར་ཐེབས་ནས་དགེ་ཚུལ་གྱི་སྡོམ་པ་བཞེས། མཚན་དགེ་ལེགས་རྒྱ་མཚོར་གསོལ། དེ་རྗེས་སེ་རར་ཕྱུག་ཙམ་བཞུགས། དེ་ནས་དྭགས་པོ་གྲྭ་ཚང་དུ་ཆོས་ཞུགས་ཀྱིས་གཞུང་ཆེན་བཀའ་པོད་ལྔ་གསན་བསམ་མཛད་དེ་ལོ་བཅུ་དྲུག་བཞུགས། སྐབས་དེར་དགོན་དེའི་དགེ་བསྐོས་དང་གྲྭ་སྐོར་འཁེལ་བས་དགེ་བསྐོས་མཛད་འདོད་མེད་རྒྱན་གསང་སྟབས་དང་བྱོལ་ནས་ཤངས་རྐྱོང་ཚང་དུ་དྲུང་བ་རིན་པོ་ཆེའི་སར་བསྙེན་རྫོགས་བསྒྲུབས། བླ་མའི་བཀའ་བཞིན་དྭགས་པོ་གྲྭ་ཚང་དུ་ལུགས་མཐུན་དགོངས་པ་ཞུ་བར་སླར་ཐེབས་ནས་དགེ་འདུན་གྱི་སྡེར་དྲང་ངེས་རྣམ་འབྱེད་ཀྱི་བཤད་པ་གནང་། དེ་རྗེས་གཙང་དུ་ཐེབས་སྐབས་དྲུང་པ་བརྩོན་འགྲུས་རྒྱལ་མཚན་སྐུ་གཤེགས་ནས་ཁོང་གི་བུ་ཆེན་དྲུང་པ་ཏ་ཕུག་པ་བློ་བཟང་རྒྱལ་མཚན་དང་། རྟོར་དཀའ་ཆེན་བློ་བཟང་དོན་གྲུབ་སོགས་མཇལ་ཏེ་ཆོས་བཀའ་མང་དུ་གསན་ནས་བཀྲ་ཤིས་ལྷུན་པོར་བཞུགས། དེ་རྗེས་དབུས་སུ་ཐེབས་ནས་སེ་ར་བྱེས་མཁན་པོ་ཇོ་སྟན་བསོད་ནམས་རྒྱལ་མཚན་དང་མཇལ་བས་རྗེའི་སྒྲུབ་ཁང་བསྟན་ནས་དེར་བཞུགས་དགོས་པའི་སློབ་སྟོན་མཛད། སྒྲུབ་ཁང་དེར་འཚོ་བ་ངན་ངོན་ལ་བརྟེན་ནས་དགུང་ལོ་ལྔ་བཅུ་ལྷག་ཙམ་བར་བཞུགས། དེ་ནས་འོལ་ཁ། རྒྱལ། དྭགས་པོ། ཙ་རིའི་རྩེ་སྐོར་སོགས་ལ་ཐེབས། དགུང་ལོ་རེ་བཞི་ལ་ཕུར་བུ་ལྕོགས་རིགས་གསུམ་ལྷ་ཁང་བཞེངས་པར་

ཞལ་བཀོད་མཛད། རྗེ་ཉིད་ཀྱིས་སེ་ར་རྗེ་སྒྲུབ་ཁང་རི་ཁྲོད་ལ་དགེ་སློང་བཅུ་བདུན་དང་ཕུར་བུ་ལྕོག་ཏུ་དགེ་སློང་བརྒྱ་གྲྭ་གཅིག ར་ཁ་བྲག་ཏུ་དགེ་སློང་བཅུ་གཉིས་བཅས་ཀྱི་སྒྲུབ་སྡེ་གསར་འཛུགས་མཛད། དྲང་བ་དང་ངེས་པའི་དོན་རྣམ་པར་འབྱེད་པའི་བསྟན་བཅོས་ལེགས་པར་བཤད་པའི་སྙིང་པོའི་དགོངས་པའི་དོན་གསལ་བར་བྱེད་པའི་མེ་ལོང་། ཞེས་བྱ་བ་བཀའ་རྩོམ་གནང་། མཐར་དགུང་ལོ་དོན་གསུམ་ལ་ཞིབས་པ་རབ་བྱུང་བཅུ་གཉིས་པའི་ཆུ་སྦྲུལ（སྤྱི་ལོ1713）ལོར་གཤེགས།

ངག་དབང་ཐུབ་བསྟན་རྒྱ་མཚོ། རྗེ་འདི་ནི་མདོ་སྨད་ཆུ་ཞྭ་རྒྱུད་དུ་ཁ་གྱུའི་ཧུས་ཤང་འབབ་ཁྲིམ་ཚང་དུ་ཡབ་དགོན་པོ་དོན་གྲུབ་དང་། ཡུམ་སྒྲོལ་མ་མཚོ་གཉིས་ཀྱི་སྲས་སུ་རབ་བྱུང་བཅུ་བཞི་པའི་མེ་སྤྲེལ（སྤྱི་ལོ1836）ལོར་འཁྲུངས། མཚན་འཇམ་དབྱངས་བསྟན་འཛིན་དུ་གསོལ། དགུང་ལོ་བདུན་ལ་བཀྲ་ཤིས་འཁྱིལ་གདན་སར་ཆོས་ཞུགས་མཛད། སྐྱབས་མགོན་བློ་བཟང་ཐུབ་བསྟན་འཇིགས་མེད་རྒྱ་མཚོའི་དྲུང་དུ་རབ་བྱུང་བསྒྲུབས། མཚན་ངག་དབང་ཐུབ་བསྟན་རྒྱ་མཚོར་གསོལ། དགུང་ལོ་བཅུ་གཅིག་ལ་འཇམ་དབྱངས་ཐུབ་བསྟན་ཉི་མའི་ས་ནས་ཆོས་གསན། རྗེ་ཤེས་རབ་རྒྱ་མཚོ་ཡོངས་འཛིན་དུ་བསྟེན་ནས་གཞུང་ཆེན་བཀའ་པོད་ལྔར་གསན་བཞེས་མཛད། དགུང་ལོ་བཅུ་དྲུག་ལ་ཕར་ཕྱིན་མཐའ་དཔྱོད་དང་པོ་དང་། གཉིས་པ། རྟེན་འབྲེལ། ཀུན་གཞི་སོགས་ཐུགས་འཛིན་མཛད། དགུང་ལོ་བཅུ་བདུན་ལ་དྲང་ངེས་དཀའ་འགྲེལ་དང་། གྲུབ་མཐའ་སོགས་ཐུགས་འཛིན་གནང་། དགུང་ལོ་ཉི་ཤུ་ལ་སྐྱབས་མགོན་མཆོག་གི་དྲུང་དུ་བསྙེན་རྫོགས་བསྒྲུབས། དགུང་ལོ་ཉི་ཤུ་རྩ་དྲུག་ལ་དཀའ་རམས་འཛིན་གྲྭར་ཕེབས། དེའི་ཕྱི་ལོར་དཀའ་རམས་པའི་གྲྭ་སྐོར་དམ་བཅའ་མཛད། དགུང་ལོ་བཞི་བཅུ་ལོར་རྒྱ་ནག་པེ་ཅིན་དུ་ཕེབས། སྟོང་འཁོར་སྤྲུལ་སྐུ་དང་། ཁྲི་རྒྱ་ནག་པའི་སྤྲུལ་སྐུ་རྣམ་གཉིས་དང་མཇལ། དགུང་ལོ་བཞི་བཅུ་ཞེ་བཞི་ལ་དབུས་སུ་ཕེབས་ནས་སེ་འབྲས་དགེ་གསུམ་ལ་བསྙེན་བཀུར་ཞུས། ༧རྒྱལ་དབང་ཐུབ་བསྟན་རྒྱ་མཚོ་དང་ཁྲི་རིན་པོ་ཆེ་ངག་དབང་ནོར་བུ་གཉིས་ལ་མཇལ་ཁ་ཞུས། སྣར་ཐང་བསྟན་འགྱུར་ཆ་ཚང་བླུ་ཡོན་ཞུས་ཏེ་རང་དགོན་དུ་གདན་དྲངས། དགུང་ལོ་ཞེ་དྲུག་ལོར་གསང་སྔགས་དར་རྒྱས་གླིང་གི་ཁྲི་པ་མཛད། ཕྱག་རྩོམ་དཔལ་རྡོ་རྗེ་འཇིགས་བྱེད་དཔའ་བོ་གཅིག་པའི་ལམ་རིམ་གཉིས་དང་འབྲེལ་བའི་སྨོན་ལམ་གྱི་རྒྱ་ཆེར་འགྲེལ་པ་གསང་གསུམ་རྒྱན་གྱི་སྣང་བ། མི་ཏྲའི་དབང་གི་ཕྱག་ལེན་གསལ་བར་བཀོད་པ་གསང་ཆེན་བདུད་རྩིའི་སྒོ་འབྱེད། འཇམ་དབྱངས་ཀྱི་བསྟོད་སྒྲུབ་མཎྜལ་བཞི་པའི་ཆོ་ག་ཕན་བདེའི་ཉིན་བྱེད། ཁྱབ་བདག་སྟག་ཕུའི་ལུགས་ཀྱི་རྗེ་བཙུན་སྒྲོལ་མའི་ལས་ཀྱི་བདག་འཇུག་དབང་ཆོག་བྱིན་རླབས་བདུད་རྩི་འཛགས་པའི་ཟླ་ཤེལ་སོགས་པོད་འབྲིང་བཞི་ཙམ་མཛད། དགུང་ལོ་ང་བཞི་པ་རབ་བྱུང་བཅོ་ལྔ་པའི་ས་གླང（སྤྱི་ལོ1889）ལོར་གཤེགས།

ཛ་མཚར་གཞན་ཕན་ཕུལ་བྱུང་སངས་རྒྱས་རྒྱ་མཚོ། མཚན་གཞན་ཚངས་སྲས་བཞད་པའི་རྡོ་རྗེ

མཆོག་ནི་ཨ་ལག་ཤ་མཁན་པོ་སྐུ་ཕྲེང་ལྔ་པར་གྲགས་ཤིང་། རྗེ་འདི་ཉིད་རབ་བྱུང་བཅོ་ལྔ་པའི་ལྕགས་ལུག (སྤྱི་ལོ1871) ལོའི་བོད་ཟླ་བཅུ་པའི་ཚེས་བཅོ་བརྒྱད་ལ་ཨ་ལག་ཤ་རྒྱལ་རིགས་སུ་སྐུ་བལྟམས། སྐུ་ཆུང་སྲིད་ནས་པུ་རིང་ཁེ་དགའ་ལྡན་བསྟན་རྒྱས་གླིང་དུ་གདན་དྲངས་ཏེ་གདན་སར་མངའ་གསོལ། ཚད་མ་རིག་པ་སོགས་རིག་པའི་གནས་ཀུན་ལ་སྦྱངས་པ་མཐར་ཕྱིན་མཛད། གཞོན་ནུའི་སྐབས་དབུས་སུ་ཕེབས་ཏེ་འབྲས་སྤུངས་དགོན་དུ་སློབ་གཉེར་གནང་། དེ་ནས་ལོ་འགའི་རྗེས་སུ་ཕྱིར་ཕྱིན་ཏེ་དཔའ་རིས་ཡར་ལུང་དགོན་དང་ཨ་ལག་ཤ་པུ་རིང་ཁེ་དགོན་པ་སོགས་ཆོས་སྡེ་བཅུ་ཕྲག་དུ་མ་བསྐྱངས། དགེ་བའི་བཤེས་གཉེན་ཆེན་པོ་རྗེ་བློ་བཟང་རབ་གསལ་མཚོ་བྱུང་རོལ་པའི་བློ་གྲོས་ཡོངས་འཛིན་དུ་བསྟེན་ནས་མདོ་སྔགས་རིག་གནས་ཀུན་ལ་དཔྱིས་ཕྱིན་པར་སྦྱངས་བརྩོན་མཛད་ནས་དགེ་བཤེས་ལྷ་རམས་པའི་མཚན་བཏགས་བཞེས། སླར་ཡང་དབུས་སུ་ཕེབས་ནས་རྒྱ་རྣམ་རྒྱལ་གྲྭ་ཚང་གི་མཁན་པོ་མཛད།

རྗེ་མཆོག་ནས༧རྒྱལ་དབང་སྐུ་ཕྲེང་བཅུ་གསུམ་པ་དང་པཎ་ཆེན་སྐུ་ཕྲེང་དགུ་པ་རྣམ་གཉིས་སུ་ཆོས་དང་། ༧རྒྱལ་དབང་ཚངས་དབྱངས་པའི་སྐུ་གདུང་བདག་སྐྱོང་གནང་ཚུལ། བསྟན་འགྲོའི་བདེ་སྐྱིད་དང་དགོན་པའི་ཆོས་སྲིད་སོགས་འཁོད་པའི་ཆབ་ཤོག་མང་དུ་ཕུལ། རྩེ་རྣམ་རྒྱལ་གྲྭ་ཚང་དང་འབྲས་སྤུངས། བསམ་ཡས་དགོན་བཅས་ལ་གསེར་ཟངས་ལས་གྲུབ་པའི་ཀ་འཕན་རྒྱལ་མཚན་མང་དུ་ཕུལ། རབ་བྱུང་བཅོ་ལྔ་པའི་ལྕགས་སྤྲེལ(སྤྱི་ལོ1920) ལོར་དཔའ་རིས་ཡར་ལུང་དགོན་པའི་བླ་མ་ཁྲི་པའི་བཅའ་ཡིག་མཛད། ལྷགས་རྩོམ་ཕྲིན་པོད་བརྒྱད་བཞུགས། རྗེ་འདི་ཉིད་ཀྱིས་རྒྱལ་བ་གཉིས་པའི་བསྟན་པ་རིན་པོ་ཆེ་སོག་ཡུལ་དུ་འཛིན་སྐྱོང་སྤེལ་གསུམ་གྱི་མཛད་འཕྲིན་རྒྱ་ཆེར་བསྐྱངས། ལྷག་པར་དུ༧རྒྱལ་དབང་ཚངས་དབྱངས་པའི་སྐུ་གདུང་བཞུགས་ཁང་རྒྱ་ཆེར་བཞེངས་པ་དང་དུས་བཞིའི་ཆོས་ཐོག་བཙུགས། སྐུ་ཚེའི་སྨད་དུ་ཨ་ལག་ཤའི་ཆོས་སྲིད་གཉིས་ཀ་བདག་གིར་བཞེས། མཐར་དགུང་ལོ་དོན་བཞིར་ཕེབས་པ་རབ་བྱུང་བཅུ་དྲུག་པའི་ཤིང་སྤྲེལ(སྤྱི་ལོ1944) ལོར་སྐུ་གཤེགས།

དཔལ་ཆུ་ངག་དབང་རྡོ་རྗེ། བདག་ཉིད་ཆེན་པོ་འདི་ནི་བཀྲ་ཤིས་ཁང་གསར་དུ་རབ་བྱུང་བཅུ་གཉིས་པའི་ལྕགས་བྱི(སྤྱི་ལོ1720) ལོར་སྐུ་བལྟམས། མཚན་ལྷ་བཙན་རྡོ་རྗེ་ཞེས་གསོལ། སྐུ་ཆུང་ངུ་ནས་རབ་ཏུ་བྱུང་བ་ལ་ཐུགས་བློ་ཕྱོགས་པས་བཀྲས་དགེའི་སློབ་དཔོན་དགེ་འདུན་ཡར་འཕེལ་ལ་དབུ་སྐྲ་གཙུག་ཕུད་ཕུལ། མཚན་དགེ་འདུན་རྡོ་རྗེ་ཞེས་གནང་། དེ་ནས་བཟུང་ཡི་གེ་འབྲི་ཀློག་དང་ཆོས་སློབ་ལ་ཐུགས་བརྩོན་རྩེ་གཅིག་ཏུ་འབྲུངས་པས་བདེ་བླག་ངང་མཁྱེན་སྟོབས་རབ་ཏུ་རྒྱས། ཆོས་རྗེ་ངག་དབང་དར་པོའི་དྲུང་དུ་དགེ་ཚུལ་བསྒྲུབས་པས་མཚན་ངག་དབང་རྡོ་རྗེ་ཞེས་གསོལ། དེ་ལྟར་མཚན་ལན་གསུམ་བྱུང་བར་རྡོ་རྗེའི་སྒྲམ་འགྱུར་བ་དེ་ཚེ་རིང་པོར་གནས་པའི་རྟེན་འབྲེལ་ཡིན་གསུངས། བཞད་དགེ་འཕེལ་དུ་གསན་སྦྱོང་ཡུན་རིང་མཛད། མདོ་སྔགས་ཀྱི་གཞུང་ལུགས་ཐོས་བསམ་རྒྱ་ཆེ་བས་མཁས་པའི་སྙན་གྲགས་རྒྱས།

རྗེ་གང་གི་ཐུགས་སྲས་དངུལ་ཆུ་དྷརྨ་བྷ་དྲ་ནས་དབུས་སློབ་མ་མང་དག་ལ་རབ་བྱུང་གི་སྡོམ་པ་དང་། མདོ་སྔགས་ཀྱི་ཟབ་ཆོས་དུམ་པ་གང་ཐོས་སུ་གནང་། སྐུ་ཚེ་ཕལ་ཆེབ་སྒྲུབ་པ་ལ་རྩེ་གཅིག་ཏུ་གཞོལ་བས་ཉམས་ལེན་གྱི་རྟོགས་པ་རྒྱས། བཀའ་རྩོམ་ཡང་། ཐུབ་བསྟན་རིན་པོ་ཆེ་ལ་ལོག་པར་སྤྱོད་པ་ཚུང་ཟད་བསྒྲུན་འཕྲིན་ཞེས་བྱ་བ་དང་། བརྡ་གསར་རྙིང་གི་ཁྱད་པར་བསྟན་པ་གསར་བུའི་བློ་གྲོས་སྐྱེད་བྱེད། བོད་ཀྱི་བརྡའི་བྱེ་བྲག་སོ་སོར་ཕྱེ་བ་དག་བྱེད་གསལ་བའི་མེ་ལོང་། འདུལ་བའི་ཚིག་ལས་དེང་དུས་མཁོ་བ་འགའ་ཞིག་ཟུར་དུ་བཀོད་པ། ཡི་དམ་ཆེན་པོ་རྡོ་རྗེ་འཇིགས་བྱེད་ཀྱི་བཀའ་བསྒོ་བ་ཚུལ་སོགས་མང་དུ་མཛད། མཐར་དགུང་ལོ་གྱ་བཞི་ལ་ཕེབས་པ་རབ་བྱུང་བཅུ་གསུམ་པའི་ཆུ་ཕག(སྤྱི་ལོ1803)ལོར་དགོངས་པ་གཞན་དོན་དུ་གཤེགས།

དངུལ་ཆུ་དྷརྨ་བྷ་དྲ། དངུལ་ཆུ་དྷརྨ་བྷ་དྲའམ་བླ་མ་ཆོས་བཟང་མཆོག་ནི། གཙང་གཡས་རུའི་ཆ་རོང་སྟོད་ཕྱུག་མོའི་ཡུལ་དུ་ཡབ་བཀྲ་ཤིས་དཔལ་འབྱོར་དང་། ཡུམ་མཁའ་འགྲོ་དཔལ་སྐྱིད་གཉིས་ཀྱི་སྲས་སུ་རབ་བྱུང་བཅུ་གསུམ་པའི་ཆུ་འབྲུག(སྤྱི་ལོ1772)ལོར་སྐུ་འཁྲུངས། དགུང་ལོ་བཅུ་གཅིག་པར་སྐུ་ཞང་ཀན་པོ་ལྷ་བུ་ཞེས་པ་ལས་ཡི་གེ་འབྲི་ཀློག་སྦྱོང་བའི་དབུ་བརྙམས། ཁྲིམ་ཚང་ཤིན་ཏུ་དབུལ་པོ་ཡིན་པས་ར་ལུག་འཚོ་རྫིའི་ཞོར་རྡོ་ལེབ་ངོས་འཇམ་དང་ས་གཞི་ངོས་སྙོམས་སོགས་ལ་ཡི་གེ་འབྲི་སྦྱོང་གིས་མཛུབ་རྩེ་ཐེངས་མང་བརྡོལ་ཀྱང་ཧ་མི་སྐམ་པར་རྒྱུན་འཁྱོངས་མཛད་དེ་ཡུན་མི་རིང་བར་དབུ་ཆེན་དབུ་ཚུང་འབྲི་ཀློག་ལ་ཐོགས་པ་མེད་པར་གྱུར། དགུང་ལོ་བཅུ་བཞི་པ་རབ་བྱུང་བཅུ་གསུམ་པའི་ཤིང་སྦྲུལ(སྤྱི་ལོ1785)ལོར་བཀྲ་ཤིས་དགེ་འཕེལ་གླིང་དུ་ཕེབས་ནས་སློབ་དཔོན་བློ་བཟང་རྒྱལ་མཚན་གྱི་སྐུ་དྲུང་དུ་དབུ་སྐྲའི་གཙུག་ཕུད་འབུལ་བཞེས་ཀྱིས་གྲྭ་བཙུན་མཛད། མཚན་བློ་བཟང་ཚེ་རིང་ཞེས་གསོལ། ལོ་དེར་མཁས་ཆེན་ངག་དབང་རྡོ་རྗེའི་དྲུང་དུ་དགེ་བསྙེན་དང་དགེ་ཚུལ་གྱི་སྡོམ་པ་རིམ་བཞིན་བཞེས། སྐབས་དེར་སྐུ་ཆས་ཤིན་ཏུ་ཞན་མོད། ཚོགས་པ་ན་འགྱེད་ཚུང་རེ་ཙམ་ནའང་དཔེ་ཆ་བླུ་བ་སོགས་མཛད་ནས་རང་གི་འཚོ་བ་ངན་ངོན་པོ་ནར་བསྐྱེན། དགུང་ལོ་བཅོ་བརྒྱད་ཐོག་གཅེན་པོ་ཧ་མཐིན་དབང་རྒྱལ་དུས་ལས་འདས་པ་དང་། བཅུ་དགུ་པའི་ཐོག་མ་ཡུམ་དང་སྲུ་མོ་གཉིས་ཀྱང་སྔ་རྗེས་སུ་འདས་པས་ཐུགས་སྐྱོ་ཚད་མེད་འཁྲུངས་ཏེ་དབེན་གནས་དངུལ་ཆུ་རི་ཁྲོད་དུ་ཕེབས་ནས་སྒྲུབ་པ་ཉམས་ལེན་མཛད། ལོ་དེར་སློབ་དཔོན་ཡེ་ཤེས་དཔལ་གྲུབ་ཀྱི་དྲུང་ནས་དགེ་སློང་གི་སྡོམ་པ་མནོས། དགུང་ལོ་ཉེར་གཅིག་པར་བློ་བཟང་སྐལ་བཟང་ཆོས་རྒྱལ་སློབ་དཔོན་དུ་བསྟེན་ནས་བཀའ་ཆོས་མང་དུ་གསན། དགུང་ལོ་ཉེར་གཉིས་ནས་སོ་གཉིས་བར་ལོ་ངོ་བཅུའི་རིང་བཀྲས་ལྷུན་དགོན་དུ་ཐེངས་མང་ཕེབས་ཏེ་འཁོར་རྗེ་བློ་བཟང་ཚུལ་ཁྲིམས། ཀུ་གེ་ཡོངས་འཛིན་བློ་བཟང་བསྟན་འཛིན། གྲུབ་དབང་སྐལ་བཟང་ཆོས་རྒྱལ་སོགས་སློབ་དཔོན་མཁས་ཆེན་མང་པོ་ལས་ཟབ་ཆོས་དུ་མ་གསན། ཁྱད་པར་དུ་རྗེ་དྲུང་བློ་བཟང་དགེ་འདུན་གྱི་སྐུ་དྲུང་དུ་སྒྲ་དང་། སྙན་ངག

སུམ་རྟགས། མངོན་བརྗོད། སྙེབ་སྦྱོར་བཅས་ལེགས་པར་གསན་སྦྱོང་མཛད། མཁས་གྲུབ་ཀྱི་གྲགས་པ་ཀུན་ཏུ་ཁྱབ་པར་གྱུར། དགུང་ལོ་སོ་ལྔ་ནས་སློབ་པ་ཉམས་ལེན་གཙོ་བོར་མཛད། དེ་ནས་བཟུང་དགུང་ལོ་བརྒྱད་ཅུའི་བར་གྲྭ་འཛིན་དུ་འཆད་ཉན་མཛད་པར་ཐེངས་འགའ་ཐེབས་པ་མ་གཏོགས་དུས་ཕལ་ཆེ་བར་དངུལ་ཆུའི་རི་ཁྲོད་དུ་སྒྲུབ་པ་ཁོ་ནས་དུས་འདའ་བར་མཛད། སྐུ་ཚེ་ཕྱིལ་པོ་བསྟན་འགྲོའི་དོན་འབའ་ཞིག་ལ་གཞོལ་ནས། སློབ་མ་མཁན་ཆེན་ངག་དབང་སྙན་གྲགས་དང་། རི་སྨུག་སྤྲུལ་སྐུ་བློ་གསལ་བསྟན་སྐྱོང་། བདེ་ཆེན་སྤྲུལ་སྐུ་བློ་བཟང་ཚུལ་ཁྲིམས་སོགས་སྐྱེས་ཆེན་དམ་པ་མང་དུ་བྱུང་། བཀའ་ཆོས་ཀྱང་མང་དག་མཛད་པ་སྟེ། འཇིགས་བྱེད་བཅུ་གསུམ་མའི་བསྙེན་ཡིག་མཁས་གྲུབ་དགོངས་འདུས། གྲུབ་རྒྱལ་ལུགས་ཀྱི་ཚེ་དཔག་མེད་ལྷ་གཅིག་འབུམ་གཅིག་གི་དབང་བསྐུར་ཚུལ། སྨྱུང་གནས་ཀྱི་ཆོ་ག་བསྡུས་པའི་ཁྲིད་ཡིག་གྲུབ་བརྙེས་དཔལ་མོའི་དགོངས་རྒྱན། དཔལ་རྡོ་རྗེ་སེམས་དཔའི་སྒོམ་བཟླས་དག་བྱེད་བདུད་རྩིའི་ཐུམ་བཟང་། རྟེན་འབྲེལ་བསྟོད་པའི་ཚིག་དོན་ཉུང་ངུར་བཀྲོལ་བ་ཟབ་དོན་ལྷུ་བའི་འདྲེན་བྱེད། ཡི་དམ་སྒྲུབ་ཐབས་ཀྱི་རིམ་པ་ཕྱོགས་གཅིག་ཏུ་བསྒྲིགས་པ། མངོན་བརྗོད་ཀྱི་བསྟན་བཅོས་རྒྱ་མཚོའི་ཆུ་ཐིགས། གྲངས་ཀྱི་མངོན་བརྗོད་ཀྱི་རྣམ་བཤད། སྙན་ངག་མེ་ལོང་གི་ནང་ནས་གབ་ཚིག་གི་སྙན་ངག་ལོགས་སུ་བཀོལ་ཏེ་བཤད་པ། ཡིག་བསྐུར་རྣམ་གཞག་མདོར་བསྡུས། བློ་སྦྱོང་དོན་བདུན་མའི་ཟིན་བྲིས་རྒྱལ་སྲས་སྙིང་ནོར་སོགས་པོ་ཏི་བཅུ་ཙམ་བཞུགས། དགུང་གྲངས་བརྒྱད་ཅུ་ལ་ཐེབས་པ་རབ་བྱུང་བཅུ་བཞི་པའི་ལྕགས་ཕག(སྤྱི་ལོ1851)ལོར་དངུལ་ཆུ་རི་ཁྲོད་དུ་དགོངས་པ་ཆོས་དབྱིངས་སུ་ཐིམ།

དངུལ་ཆུ་དབྱངས་ཅན་གྲུབ་པའི་རྡོ་རྗེ། གཙང་གཡས་རུའི་བཀྲ་ཤིས་དགེ་འཕེལ་གླིང་གི་ཉེ་འདབས་རྡོན་དུས་འཛད་ཅེས་པ་དང་རྗེས་སུ་བཞད་ཅེས་པའི་ཡུལ་དུ། ཡབ་རྣམ་རྒྱ་དྲའི་གཙུང་བཀྲ་ཤིས་དང་ཡུམ་ཚེ་རིང་སྲི་ཆོད་གཉིས་ཀྱི་སྲས་སུ་རབ་བྱུང་བཅུ་བཞི་པའི་ས་སྤྲེལ(སྤྱི་ལོ1809)ལོར་སྐུ་འཁྲུངས། མཚན་འཇམ་དབྱངས་རྡོ་རྗེ་ཞེས་གསོལ། དགུང་ལོ་ལྔ་པར་ཁུ་བོ་རྣམ་རྒྱ་དྲའི་དྲུང་དུ་ཀློག་བསླབས། དགུང་ལོ་དྲུག་ཙམ་ལ་སྦྱོར་ཀློག་བློ་འཛིན་སོགས་ལ་ཐོགས་པ་མེད་པར་གྱུར། དགུང་ལོ་བཅུ་གཅིག་པར་བཀྲ་ཤིས་དགེ་འཕེལ་དགོན་དུ་ཐེབས་ཏེ་དཀའ་ཆེན་དཀོན་མཆོག་ཆོས་འཕེལ་གྱི་མདུན་དུ་དབུ་སྐྲ་གཙུག་ཕུད་ཕུལ། མཚན་བློ་བཟང་ཆོས་འཕེལ་ཞེས་གསོལ། དགུང་ལོ་བཅུ་གཉིས་པར་དཀའ་ཆེན་དཀོན་མཆོག་ཆོས་འཕེལ་ལས་དགེ་བསྙེན་དང་དགེ་ཚུལ་གྱི་སྡོམ་པ་མནོས། དེ་ནས་བཟུང་རྗེ་མི་ལའི་རྣམ་མགུར་སོགས་གཞུང་མང་མཐར་ཕྱིན་པར་སྦྱངས། དགུང་ལོ་བཅུ་དགུ་པར་བླ་མ་རྣམ་རྒྱ་དྲའི་ཞབས་ཞུ་མཛད། ཐ་སྙད་ཀྱི་རིག་གནས་དང་མདོ་སྔགས་ཀྱི་གཞུང་རྒྱ་ཆེན་པོ་སྦྱོང་བའི་དབུ་ཚུགས། དགུང་ལོ་སོ་བཞི་པར་བླ་མའི་མདུན་དུ་སྙན་ངག་དང་སྒྲ་ཀཱ་ལ་པའི་རྒྱུགས་ཕུལ་པས། བླ་མས་ཐུགས་དགྱེས་ཆེན་པོས་ལེགས་སོ་གནང་བ་དང་ཀུན་བཤད་ཀྱི་མིང་དབྱངས་ཅན་གྲུབ་པའི་རྡོ་རྗེ་ཞེས་གནང་། ལོ་དེའི་ཟླ་བཞི་པར་ཟླ་མ

ཆོས་བཟང(རྣམ་རྒྱ་དྲ)གི་དྲུང་ནས་དགེ་སློང་གི་སྡོམ་པ་མནོས། དེ་ནས་བཟུང་དགེ་སློང་གི་བསླབ་བྱའི་འཁྲིད་སོགས་འདུལ་བའི་སྐོར་གྱི་ཟབ་ཁྲིད་རྒྱ་མཚོ་ལྟ་བུ་གསན། བླ་མའི་ཐུགས་ལ་ཟབ་ཆོས་བཞུགས་སོ་ཅོག་བུམ་པ་གང་བྱོའི་ཚུལ་གྱིས་ཞུས་ཤིང་རིག་གནས་ཆེ་ཕྲ་ཀུན་ལ་མཁས་པའི་ཡང་རྩེར་སོན། བླ་མའི་གསུང་རྩོམ་འགའི་ཡི་གེ་བའང་ཞོང་གིས་མཛད། དགུང་ལོ་ཞེ་གསུམ་པར་བླ་མ་དམ་པ་སྐུ་གཤེགས་པས་ཕོང་གིས་ཕུར་ཁང་བརྩིགས་པ་དང་དངུལ་གྱི་གདུང་རྟེན་བཞེངས་པ་སོགས་དགོངས་རྫོགས་ཀྱི་བྱ་བ་ལེགས་པར་བསྒྲུབས། དེ་ནས་བླ་མའི་རྗེས་འཛིན་མཛད་ནས་གདན་ས་རྒྱ་བསྐྱེད་དང་སྐུ་གསུང་ཐུགས་རྟེན་གསར་བཞེངས་གནང་། བླ་མའི་གསུང་འབུམ་པར་དུ་བསྐྲུན། དགུང་ལོ་རེ་གཅིག་པ་རབ་བྱུང་བཅོ་ལྔ་པའི་ས་སྦྲུལ(སྤྱི་ལོ1869)ལོར་དབུས་སུ་ཕེབས། དགོན་གནས་དང་རྟེན་ཁྱད་འཕགས་རྣམས་ལ་ཕྱག་མཆོད་དང་། བླ་ཆེན་དཔོན་ཆེན་རྣམས་ལ་དམ་པའི་ཆོས་ཀྱི་བདུད་རྩི་ཕུལ། རེ་གཉིས་པར་ཕྱིར་གདན་སར་ཕེབས། བཤད་སྒྲུབ་གཉིས་ཀྱི་སྒོ་ནས་དགེ་ལྡན་བསྟན་པའི་རྒྱལ་མཚན་སྲིད་རྩེར་བསྒྲེངས། གངས་ཅན་མཁས་པ་ཡོངས་ཀྱིས་གཙུག་གི་ཏོག་ལྟར་བཀུར། སློབ་མ་གྲགས་ཆེན་ངག་དབང་ཚུལ་ཁྲིམས་དང་། སྒོ་མང་ལྷ་རམས་པ་དགེ་འདུན་རྒྱ་མཚོ་བླ་མ་ཡེ་ཤེས་ཆོས་འཕེལ། སྨིན་གྲོལ་ནོ་མོན་ཧན། ཆབ་མདོ་འཕགས་པ་ལྷ་ཚུ་བཟང་ཏུ་ཐོག་ཐུ། བློ་བཟང་འཇིགས་མེད་སོགས་བླ་ཆེན་མཁས་པ་ཤིན་ཏུ་མང་། དགུང་ལོ་བདུན་ཅུ་དོན་དགུ་པ་རབ་བྱུང་བཅོ་ལྔ་པའི་མེ་ཕག(སྤྱི་ལོ1887)ལོར་སྐུ་གཤེགས། བཀའ་རྩོམ་ཡང་གསང་སྔགས་སྒྲུབ་ཐབས་སྐོར་དང་། ལེགས་བཤད་ལྗོན་དབང་། དཀའ་གནད་གསལ་བའི་མེ་ལོང་སོགས་ཐུན་མོང་གི་རིག་གནས་སྐོར་ངག་སུམ་རྟགས་སྐོར་སོགས་པོ་ཏི་གསུམ་ལྷག་མཛད།

ཙ་ནེ་གྲགས་པ་བཤད་སྒྲུབ། མདོ་སྨད་ཙོ་ནེ་དཔོན་གྱི་མངའ་འོག་ཐུའུ་ཧྲའི་ཡུལ་གྱི་བྱེ་བྲག་གཡོ་སའམ། རབ་པོ་ཞེས་པར་ཡབ་སྐྱབས་འབུམ་དང་། ཡུམ་སྐལ་བཟང་སྨན་གཉིས་ཀྱི་སྲས་སུ་རབ་བྱུང་བཅུ་གཅིག་པའི་ཤིང་ཡོས(སྤྱི་ལོ1675)ལོར་འཁྲུངས། དགུང་ལོ་བདུན་ལ་ཁྲི་ཆེན་དགེ་འདུན་གྲགས་པའི་དྲུང་ནས་ཡི་གེ་འབྲི་ཀློག་སློབ་པའི་དབུ་ཚུགས། དགུང་ལོ་དགུ་ལ་རྗེ་དེའི་དྲུང་ནས་རབ་ཏུ་བྱུང་། དེ་ནས་ལོ་འགའི་རིང་ཆོས་སྤྱོད་སོགས་བློ་འཛིན་མཛད། སྨན་པ་སྟག་རིས་དགེ་སློང་གི་དྲུང་ནས་སྨན་དཔེ་གསན་སྦྱོང་གིས་ནད་བཅོས་ཀྱི་བྱ་བ་ཙུང་ཟད་སྒྲུབ། དགུང་ལོ་ཉེར་གཅིག་ལ་དབུས་ཕྱོགས་སུ་ཕེབས། དགུང་ལོ་ཉེར་གཉིས་ལོར་སེ་ར་སྨད་ཐོས་བསམ་གླིང་གྲྭ་ཚང་དུ་ཆོས་ཞུགས་མཛད། རྗེ་བཀྲ་ཤིས་དཔལ་བཟང་དགེ་རྒན་དུ་བསྟེན་ནས་གཞུང་ཆེན་བཀའ་པོད་ལྔར་གསན་བསམ་གནང་། དགུང་ལོ་སོ་གཅིག་ལ་ལྷ་ལྡན་སྨོན་ལམ་ཆེན་མོར་གྲྭ་སྐོར་གྱིས་མིང་བཏགས་བཞེས་རྗེས་ཀྱང་དབུས་སུ་དུས་འཁྲུགས་བྱུང་བས་སྡེ་སྲིད་སྐུ་གཤེགས། ལོ་དེའི་ཟླ་བ་བརྒྱད་པར་གྲུབ་མཐའ་རིས་མེད་ཀྱི་འདུས་སྡེ་ཉིས་ཁྲི་ལྷག་ཙམ་འཚོགས་ཏེ་སྨོན་ལམ་འཕར་མའི་སར་སློབ་དཔོན་ཚུལ་ཁྲིམས་རིན་ཆེན་གྱི་བཀའ་བཞིན་མཚན་བཏགས་བཞེས།

རྗེ་ཉིད་གཙང་བཀྲ་ཤིས་ལྷུན་པོར་ཕེབས་ནས་པཎ་ཆེན་བློ་བཟང་ཡེ་ཤེས་དྲུང་དུ་བསྙེན་རྫོགས་ཀྱི་སྡོམ་པ་བཞེས། དབུས་སུ་ཕེབས་ནས་དགའ་ལྡན་དང་། འབྲས་སྤུངས་བཅས་སུ་དམ་བཅའ་བཞག་པས་ཚང་མ་དོ་མཚར་བ་བྱུང་ཞིང་། དགུ་ལོ་སོ་གཉིས་ལ་ཕེབས་སྐབས་མདོ་སྨད་ཅོ་ནེ་དགོན་དུ་ཕྱིར་ཕེབས། སྐབས་དེར་ཅོ་ནེ་བསྟན་པའི་མངའ་བདག་གོ་ཤྲི་ནང་སོ་ཡིས་དེ་ཉིད་ཕོ་བྲང་དུ་གདན་མ་མཇལ་བའི་སྐབས་ཀྱི་བཀའ་མངགས་ལྟར་ནང་སོས་ཤིང་ཧ་ལོར་དགོན་པ་དེར་མཚན་ཉིད་གྲྭ་ཚང་ཞིག་གསར་དུ་བཙུགས། རྗེ་ཉིད་དགུང་ལོ་བཞི་བཅུ་ལ་ཕེབས་སྐབས་དགོན་དེའི་བླ་མ་མཛད། དགུང་ལོ་ཞེ་དྲུག་ལོར་གྲྭ་ཚང་བླ་མ་དགོངས་ཞུ་གནང་ནས་ལོ་བདུན་ཙམ་རིང་ལམ་གཙོ་གསུམ་སོགས་བསྟན་བཅོས་མང་དག་བཀའ་རྩོམ་མཛད།

རྗེ་འདི་ཉིད་ཀྱིས་མདོ་སྔགས་ཆོས་རྒྱུད་ཀྱི་བླ་རབས་དང་། སྔགས་རིམ་གྱི་སྙིང་པོ་བསྡུས་པ། གསང་བདེ་འཇིགས་གསུམ་གྱི་བླ་མའི་རྣལ་འབྱོར། ཀུན་རིག་ཆོག་བསྒྲིགས་མ། སྦྱོང་བཅུད་ཀྱི་རྣམ་གཞག བྱང་ཆུབ་ལམ་རིམ་གྱི་དམར་ཁྲིད་ཙུང་ཟད་རྒྱས་པ། གྲུབ་མཐའ་བཞིའི་ལུགས་ཀྱི་ལྟ་བའི་རྣམ་གཞག དེའི་ཊཱི་ཀཱ་ཡོངས་རྫོགས། གསང་བ་འདུས་པའི་བདག་བསྐྱེད་བསྒྲིགས་མ། བདེ་མཆོག་རྩ་རྒྱུད་ཀྱི་ཊཱི་ཀཱ། མངོན་རྟོགས་རྒྱན་གྱི་སྐབས་དང་པོའི་ཊཱི་ཀཱ། ཆོས་མངོན་མཛོད་ཀྱི་ཊཱི་ཀཱ་དགོངས་པ་རབ་གསལ། དབུ་མ་རྩ་བ་ཤེས་རབ་ཀྱི་ཊཱི་ཀཱ་རྣམ་བཤད་རིགས་པའི་རྒྱ་མཚོར་འཇུག་པའི་གྲུ་གཟིངས་སོགས་གསུང་རྩོམ་པོད་བཅུ་གཅིག་ལྷག་ལྷུགས་རྩོམ་མཛད། དགུང་ལོ་ང་བདུན་ལ་ཕེབས་པ་རབ་བྱུང་བཅུ་གཉིས་པའི་ལྕགས་ཕག(སྤྱི་ལོ1731)ལོར་སླར་ཡང་དགོན་དེའི་ཁྲི་ལ་ཕེབས། དགུང་ལོ་ང་བརྒྱད་ལོར་རྒྱུད་པ་གྲྭ་ཚང་བཙུགས་ཏེ་བླ་མ་དང་སློབ་དཔོན་ཟུང་འབྲེལ་དུ་མཛད། དགུང་ལོ་རེ་གཉིས་བར་འཆད་རྩོད་རྩོམ་གསུམ་གྱིས་དུས་འདའ་བར་མཛད་མཐར་དགུང་ལོ་དོན་ལྔ་པ་རབ་བྱུང་བཅུ་གསུམ་པའི་ས་སྦྲུལ(སྤྱི་ལོ1749)ལོ་ལ་སྐུ་མྱ་ངན་ལས་འདས།

ཅོ་ནེ་འཇམ་དབྱངས་ཚུལ་ཁྲིམས་དར་རྒྱས། དགའ་ལྡན་ཁྲི་ཐོག་ཞེ་ལྔ་པ་འདི་ཉིད་མདོ་སྨད་ཅོ་ནེ་དགའ་ལྡན་བཤད་སྒྲུབ་གླིང་དང་འདབས་འབྲེལ་ཅོ་ནེ་ཞོ་བཟང་ཞེས་བྱ་བའི་ཡུལ་དུ་རབ་བྱུང་བཅུ་གཅིག་པའི་ཆུ་སྤྲེལ(སྤྱི་ལོ1632)ལོར་སྐུ་བལྟམས། དེ་ནས་བྱ་ཁྱུང་མཁན་པོ་ནོ་མོན་ཁང་དོན་ཡོད་རྒྱལ་མཚན་གྱིས་མཁན་པོ་དང་། ནོ་ཡོན་ཆོས་རྗེ་རྒྱལ་མཚན་དཔལ་བཟང་གིས་གྲོགས་མཛད་དེ་བླ་ཆེན་དགོངས་པ་རབ་གསལ་ནས་རྒྱུད་པ་སྨད་འདུལ་བའི་སྡོམ་རྒྱུན་ལས་རབ་ཏུ་བྱུང་། མཚན་ཚུལ་ཁྲིམས་དར་རྒྱས་སུ་གསོལ། དེ་རྗེས་དབུས་སུ་ཕེབས་ཏེ་སེ་ར་ཐེག་ཆེན་གླིང་གི་གྲྭ་ཚང་སྨད་དུ་ཞུགས། རྒྱུ་མཚན་ཉིད་ཀྱི་ཐེག་པར་ཐུགས་གཉེར་ཡང་དག་མཛད། དེ་ནས་དཔལ་ལྡན་སྟོད་རྒྱུད་གྲྭ་ཚང་དུ་སྔགས་ཀྱི་ཐེག་པ་ལ་ཐོས་བསམ་གནང་། དགུང་ལོ་སུམ་ཅུའི་ཐོག་སྨད་གྲྭ་ཚང་གི་འཆད་ཉན་སློབ་དཔོན་དུ་

ཕེབས་ནས་ལོ་བཅུ་བཞི་བསྐྱངས། དགེ་བའི་བཤེས་གཉེན་མང་དུ་ཐོན་ཞིང་རྟེན་བཞེངས་ཀུན་ར་སོགས་ཕྱུག་རྗེས་ཆེ། དེ་ནས་རྒྱལ་བ་ཙོང་ཁ་པ་ཆེན་པོའི་གདན་ས་འོལ་ཁ་རྫིང་ཕྱིའི་མཁན་པོར་ཕེབས། སྔ་རྗེས་སུ་བསམ་གླིང་སློབ་རེ། ཚལ་གུང་ཐང་། གསང་སྔགས་མཁར་སོགས་གདན་ས་གཞན་དུ་མ་བསྐྱངས། རྟེན་བརྟེན་པ་སྙིང་པ་ཞིག་གསོ་དང་གསར་སྐྲུན་མང་དུ་མཛད། ཆོས་དང་ཟང་ཟིང་གིས་འགྲོ་དོན་བསྒྲུབས། རབ་བྱུང་བཅུ་གཅིག་པའི་མེ་འབྲུག(སྤྱི་ལོ1676)ལོར༧རྒྱལ་དབང་ལྔ་པ་ཆེན་པོའི་བཀའ་བཞིན་ཨོ་རོད་ཧུན་གར་གྱི་ཚེངས་སྤྲིག་ལ་ཕེབས། འཐབ་རྩོད་ཁོལ་བུ་དུ་མ་འདུམས་ཤིང་། མུ་གེ་ཡང་བས་ཉམ་ཐག་པའི་སྐྱེ་དགུ་མང་པོ་ཟས་ཀྱིས་ཚིམ་པར་མཛད་དེ་སྲོག་ལས་བསྐྱབས་པ་སོགས་བསྟན་འགྲོའི་དོན་རླབས་དང་ལྡན། དགུང་ལོ་ཞེ་བདུན་ལ་ཕེབས་སྐབས་ཕོ་བྲང་པོ་ཏ་ལར༧རྒྱལ་མཆོག་ལྔ་པ་ཆེན་པོའི་སྐུ་དྲུང་དུ་སྔར་ཡང་ཁ་ཆེ་པཎྜི་ཏ་ཤཱཀྱ་ཤྲཱི་ལས་བརྒྱུད་པའི་སྡོམ་རྒྱུན་རྗེ་ཙོང་ཁ་པ་ཆེན་པོའི་སྡོམ་རྒྱུན་དུ་བཞུགས་པ་རྣམ་དག་འདི་ཉིད་ཀྱི་སྒོ་ནས་ཡོངས་སུ་རྫོགས་པའི་དགེ་སློང་གི་དངོས་པོ་བཞེས། དེ་ནས་དགའ་ལྡན་ཤར་གྱི་གདན་ས་མཛད། ཤར་ཕྱོགས་རྒྱ་ནག་པོའི་ཡུལ་དུ་ཕེབས། དགུང་ལོ་ང་བཞི་ལ་ཕེབས་པ་ཤིང་གླང(སྤྱི་ལོ1685)ལོར་དགའ་ལྡན་གསེར་ཁྲིར་ཕེབས། ལྷ་ལྡན་སྨོན་ལམ་ཆེན་མོའི་གྲལ་དབུ་མཛད། སྔགས་མཁར་འདུ་ཁང་། དགའ་ལྡན་དྲི་གཙང་ཁང་སོགས་རྟེན་དང་། སྐུ་ཁྲིས་འབུར། དངུལ་གདུང་། བཀའ་འགྱུར་སོགས་བརྟེན་པ་འགངས་ཆེ་མང་དུ་བཞེངས། སྔ་ཕྱིར༧རྒྱལ་དབང་ལྔ་པ་ཆེན་པོའི་དྲུང་ནས་འཇམ་དབྱངས་ཆོས་སྐོར་གྱིས་མཚོན་པའི་ཟབ་ཆོས་དུ་མ་གསན། ཁྲི་ཐོག་ལོ་གྲངས་ཐིམ་ནས་རང་ཉིད་ཀྱི་གདན་ས་འོལ་ཁ་རྫིང་ཕྱིར་ཟབ་པ་དང་རྒྱ་ཆེའི་ཆོས་འཁོར་སྐོར་བཞིན་བཟུར་དུ་བཞུགས། སྐུ་ཚེ་གང་པོར་རྣམ་དཀར་གྱི་འཕྲིན་ལས་ནམ་མཁའི་མཐའ་ཁྱབ་ཏུ་སྤེལ། འདས་ལོ་མ་གསལ།

ལྕང་སྐྱ་ངག་དབང་བློ་བཟང་ཆོས་ལྡན། མདོ་སྨད་ཙོང་ཁའི་ཉེ་འདབས་གཡི་དགེའི་ཆར་གཏོགས་ཧ་ཕྱུག་ཅེས་པའི་གྲོང་དུ་ཡབ་ཁེ་བ་ཙང་ཨེ་ཧྭར་དང་། ཡུམ་ལོ་བཟའ་ཐར་མོ་མཚོ་གཉིས་ཀྱི་རིགས་སྲས་སུ་རབ་བྱུང་བཅུ་གཅིག་པའི་ཆུ་རྟ(སྤྱི་ལོ1642)ལོའི་བོད་ཟླ་བཅུ་གཅིག་པར་སྐུ་བལྟམས། དགུང་གྲངས་གསུམ་བཞིར་ཕེབས་སྐབས་སྔ་མི་ཤེས་པའི་ཚུལ་བཞེས། དགེ་བསྙེན་གྱི་སྡོམ་པ་བཞེས་རྗེས་རིམ་གྱིས་གསུང་བགྲོས་བསླུལ། དགེ་འདུན་སྐྱབས་ཞེས་པའི་མཚན་གསོལ། ཐང་རིང་དགོན་གྱི་ཁྲི་པ་ཚུལ་ཁྲིམས་རྒྱ་མཚོ་དང་པཎ་ཆེན་བློ་བཟང་ཆོས་རྒྱན་གྱིས་བླ་མ་གོང་མ་གྲགས་པ་འོད་ཟེར་གྱི་སྤྲུལ་སྐུར་ངོས་འཛིན་མཛད། དེ་རྗེས་བླ་མ་ཚུལ་ཁྲིམས་རྒྱ་མཚོ་དང་ཕུན་ཚོགས་བཟང་པོ་གཉིས་ཀྱི་དྲུང་ན་རབ་ཏུ་བྱུང་། མཚན་བསྟན་འཛིན་ལེགས་བཤད་རྒྱ་མཚོ་ཞེས་གསོལ། ཡི་གེ་སྦྱོར་ཀློག་དང་ཆོས་དཔེ་བློ་འཛིན་གྱི་དབུ་ཚུགས། དགུང་ལོ་ཉི་ཤུ་ལ་ཕེབས་པ་ལྕགས་གླང(སྤྱི་ལོ1661)ལོར་དབུས་ལྷ་ལྡན་ཞིང་དུ་ཕེབས།

ཀུན་གཟིགས་ལྔ་པ་ཆེན་པོ་བློ་བཟང་རྒྱ་མཚོ་མཆོག་གི་སྤྱན་སྔར་དགེ་ཚུལ་གྱི་སྡོམ་པ་མནོས། བློ་བཟང་ཆོས་ལྡན་ཞེས་པའི་མཚན་གནང་། དེ་ནས་འབྲས་སྤུངས་སྒོ་མང་གྲྭ་ཚང་གི་ཆོས་གྲྭར་ཞུགས། སྒོ་མང་དཔོན་སློབ་ངག་དབང་བློ་གྲོས་རྒྱ་མཚོ་ལས་བཀའ་ཆོས་མང་དུ་གསན། དགུང་ལོ་ཉེར་གསུམ་ལ་ཕེབས་པ་ཤིང་འབྲུག(སྤྱི་ལོ1664)ལོར༧རྒྱལ་མཆོག་ལྔ་པ་ཆེན་པོའི་སྐུ་མདུན་དུ་བསྙེན་རྫོགས་ཀྱི་སྡོམ་པ་བཞེས། དགུང་ལོ་ཉེར་བདུན་པར་གླིང་བསྲེ་དང་ལྷ་ས་སྨོན་ལམ་ཆེན་མོར་གྲྭ་སྐོར་མཛད། དགུང་ལོ་སོ་གསུམ་པར་གཙང་དུ་ཕེབས། ཤར་རྩེའི་མཁན་པོ་བློ་བཟང་པདྨ་ལ་རྗེའི་གསུང་འབུམ་སོགས་ཀྱི་ཁྲིད་དང་། སྔགས་པ་དཔོན་སློབ་དགེ་འདུན་གྲུབ་པ་ལས་དབང་ལུང་རྗེས་གནང་མང་པོ་ཞུས། སྔགས་ཆེན་དཀོན་མཆོག་རྒྱལ་མཚན་དང་དྲུང་པ་རྒྱལ་ཚབ་པ་སོགས་མཁས་པ་མང་པོའི་ཞབས་ལ་གཏུགས་ཏེ་མདོ་སྔགས་ཀྱི་གཞུང་ལ་སྦྱངས་པ་མཐར་ཕྱིན་མཛད། མཁས་པའི་གྲགས་པ་ཐོབ། དགུང་ལོ་ཞེ་གཉིས་པ་ཆུ་ཕག(སྤྱི་ལོ1683)ལོར་མདོ་སྨད་དུ་ཕེབས། རབ་བྱུང་བཅུ་གཉིས་པའི་མེ་ཡོས(སྤྱི་ལོ1687)ལོར་ཁྲི་ཆེན་བླ་འབུམ་ངག་དབང་བློ་གྲོས་རྒྱ་མཚོའི་ཞབས་ཕྱི་མཛད་དེ་རྒྱ་ནག་པེ་ཅིན་དུ་ཕེབས། ས་འབྲུག(སྤྱི་ལོ1688)ལོར་དགོན་ལུང་གི་ཁྲིར་ཕེབས། ཆུ་བྱ(སྤྱི་ལོ1693)ལོར་གོང་མ་ཁང་ཤིས་གདན་འདྲེན་ཞུར་སླར་ཡང་པེ་ཅིན་དུ་ཕེབས། མཁྱེན་བརྩེ་ནུས་པའི་གཟི་བྱིན་གྱིས་གོང་མས་དབུ་བླར་བཀུར། དེ་ནས་ལོ་བཞི་ཙམ་རྒྱ་ནག་ཏུ་གསང་བདེ་འཇིགས་གསུམ་གྱི་དབང་དང་རྗེས་གནང་། ཁྲིད་ལུང་གནང་བ་དང་། དགེ་བསྙེན་དང་རབ་བྱུང་གི་སྡོམ་པ་འབོགས་པ་སོགས་དམ་པའི་ཆོས་ཀྱི་སྦྱིན་པ་རྒྱ་ཆེར་བསྩལ། དགུང་ལོ་ང་དྲུག་པ་མེ་གླང(སྤྱི་ལོ1697)ལོར་རྒྱལ་དབང་མཆོག་ལ་གསེར་ཡིག་འབུལ་བར་དབུས་སུ་ཕེབས། ཕྱི་ལོར་བྱང་ལམ་བརྒྱུད་དེ་པེ་ཅིན་དུ་ལོག གོང་མས་མཚོ་བདུན་དུ་ལྷ་ཁང་གསར་རྒྱག་བྱས་པའི་གཙུག་ལག་ཁང་རྟེན་གསུམ་ཐམས་ཅད་རྗེ་འདི་ལ་གཏད། མེ་ཕྱི(སྤྱི་ལོ1706)ལོར་གོང་མས་ཀོན་ཏིང་ཧུའུ་ཤན་བཀང་ཆེ་ཧྭ་ཐོ་ཁྲིའི་ལུང་དང་གསེར་ཐམ་གནང་། རེ་དགུ་པ་ལྕགས་སྟག(སྤྱི་ལོ1710)ལོར་དགོན་ལུང་དུ་ཕེབས་པའི་ལམ་དུ་སོག་ཡུལ་གྱི་དགོན་སྡེ་ཡོངས་ལ་ཞབས་བཅགས་ཏེ་དམ་ཆོས་ཀྱི་བདུད་རྩི་ཕབ། བདུན་ཅུ་པ་ལྕགས་ཡོས(སྤྱི་ལོ1711)ལོར་སླར་པེ་ཅིན་དུ་ཕེབས། ཡཱ་དུར་ཧྲིན་དགོན་པར་ནང་བརྟེན་བཅས་པ་བཞེངས། གོང་མས་དགོན་པ་དེ་ལ་ཟུང་གྲུ་ཟི་ཞེས་མིང་བཏགས། གསུང་ཆོས་བྱང་ཆུབ་ལམ་གྱི་རིམ་པའི་གདམས་པ་ཚིགས་སུ་བཅད་པ་ཀུན་མཁྱེན་བདེ་ལམ། ཕྲེང་བ་དང་གྲི་ཡ་སྦྲགས་པའི་དཀྱིལ་འཁོར་ཞི་ལྷའི་དབང་བསྐུར་བྱ་ཚུལ་གྱི་ཆོ་ག དཔལ་གསང་བ་འདུས་པའི་རིམ་པ་དང་པོའི་ལམ་ལ་སློབ་ཚུལ་གསང་ཆེན་མྱུར་ལམ་དང་། རིམ་པ་དང་པོའི་ནང་དོན་གསལ་བྱེད་ཉི་མའི་འོད་ཟེར། རྗེ་བླ་མ་ངག་དབང་ཆོས་ལྡན་དཔལ་བཟང་པོའི་རྣམ་ཐར་དད་པའི་རོལ་མཚོ། རྟེན་འབྲེལ་སྙིང་པོའི་ཊཱི་ཀཱ་བདེ་གཤེགས་དགོངས་རྒྱན། བྱིན་རླབས་མྱུར་དུ་འཇུག་བྱེད་བླ་མ་ལྷའི་རྣལ་འབྱོར་

སྐོར་སོགས་པོད་ལྔ་ཙམ་མཛད། མཐར་དགུང་ལོ་དོན་གསུམ་ལ་ཕེབས་པ་རབ་བྱུང་བཅུ་གཉིས་པའི་ཤིང་རྟ(སྤྱི་ལོ1714)ལོར་སྐུ་གཤེགས།

ལྕང་སྐྱ་རོལ་པའི་རྡོ་རྗེ། མཚན་གཞན་ཡེ་ཤེས་བསྟན་པའི་སྒྲོན་མེ་དཔལ་བཟང་པོ་ཞུ་བ་འདི་ཉིད་ཚོང་ཁ་བྱང་གི་ཕྱོགས་མདོ་སྨད་ཡུལ་གྲུ་ལང་གྲུ་སྡེ་བཞིར་གྲགས་པའི་ནང་ཚན་ནུབ་པ་རྫོ་སྡེའི་ཆར་གཏོགས་པའི་འབྲོག་གནས་བྲག་དཀར་ཟེར་བའི་ལུང་པར་ཡབ་ཆེ་ཀླུ་ཚངས་པ་གུ་རུ་བསྟན་འཛིན་དང་། ཡུམ་བུ་སྐྱིད་གཉིས་ཀྱི་སྲས་སུ་རབ་བྱུང་བཅུ་གཉིས་པའི་མེ་བྱ(སྤྱི་ལོ1717)ལོར་སྐུ་བལྟམས། མཚན་གྲགས་པ་བསོད་ནམས་ཞེས་གསོལ། དགུང་ལོ་བཞི་པ་ལྕགས་བྱི(སྤྱི་ལོ1720)ལོར་ཆོས་སྡེ་ཆེན་པོ་དགོན་ལུང་བྱམས་པ་གླིང་གི་ལྕང་སྐྱ་བླ་བྲང་དུ་ཕེབས། འཇམ་བཞད་འཇིགས་མེད་དབང་པོས་ལྕང་སྐྱ་སྐུ་ཕྲེང་གཉིས་པ་བློ་བཟང་ཆོས་ལྡན་གྱི་སྤྲུལ་སྐུར་ངོས་འཛིན་མཛད། ཆུ་བཟང་རིན་པོ་ཆེ་བློ་བཟང་བསྟན་པའི་རྒྱལ་མཚན་གྱི་དྲུང་དུ་སྐྲ་ཕུད་ཕུལ་ཏེ་མཚན་ངག་དབང་ཆོས་ཀྱི་གྲགས་པ་བསྟན་པའི་རྒྱལ་མཚན་དཔལ་བཟང་པོར་གསོལ། སྐུ་གོང་མའི་སློབ་མ་ཨ་ཙི་ཆོས་རྗེ་བློ་བཟང་ཆོས་འཛིན་པའི་དྲུང་དུ་གཟབ་གཤར་གྱི་ཡི་གེ་འབྲི་ཀློག་ཆེགས་མེད་པར་ཐུགས་སུ་ཆུད་ཅིང་། ཆོས་སྤྱོད་གསོལ་འདེབས་ཀྱི་རིམ་པ། བདེ་གསང་འཇིགས་གསུམ་གྱི་སྒྲུབ་ཐབས་སོགས་འཕྲལ་མཁོའི་ཆོས་ཚན་མང་ཆེ་བ་ཐུགས་འཛིན་མཛད། དགུང་ལོ་བདུན་པ་ཆུ་ཡོས(སྤྱི་ལོ1723)ལོར་རྗེ་བློ་བཟང་བསྟན་པའི་རྒྱལ་མཚན་གྱི་དྲུང་དུ་ཡོངས་རྫོགས་དགེ་བསྙེན་གྱི་སྡོམ་པ་དང་བར་མའི་ཚུལ་ཁྲིམས་ལེགས་པར་བཞེས། དགུང་ལོ་བརྒྱད་པ་ཤིང་འབྲུག(སྤྱི་ལོ1724)ལོར་གོང་མ་གཡུང་ཀྲིས་གདན་དྲངས་ཏེ་ཟུང་གྲུ་ཟེ་དགོན་པར་སྐུ་གོང་མའི་ཆོས་ཀྱི་རྒྱལ་སྲིད་ཀྱི་ཁྲིར་བཀོད། དེ་ནས་རྗེ་ཁྲི་ཆེན་མཆོག་སྤྲུལ་བློ་བཟང་བསྟན་པའི་ཉི་མ་དང་། དཀའ་ཆེན་ཤེས་རབ་དར་རྒྱས། ཨ་ཙི་ཆོས་རྗེ་བློ་བཟང་ཆོས་འཛིན་བཅས་སློབ་དཔོན་དུ་བསྟེན་ནས་རྒྱན་དྲུག་མཆོག་གཉིས་ཀྱི་གཞུང་ཆེན་རྣམས་ཀྱིས་གཙོས་མདོ་སྔགས་ཀྱི་གཞུང་ཆེན་མོ་ཀུན་ལ་གསན་སྦྱོང་ལེགས་པར་མཛད་དེ་གཞན་དྲིང་མི་འཇོག་པའི་སྤོབས་པ་བརྙེས། དགུང་ལོ་དགུ་པའི་སྐབས་བྱང་ཆུབ་ལམ་གྱི་རིམ་པའི་དམིགས་རྣམ་གསོལ་འདེབས་ཚིགས་བཅད་མ་ལྷུག་སྦྱོམ་ཐོག་མར་མཛད། དགུང་ལོ་བཅུ་གཅིག་པའི་དུས་ནས་སྐྱབས་འགྲོའི་ཁྲིད་དང་། དབང་ཆེན་གྱི་རིགས་མ་གཏོགས་གང་ཞུས་ཅི་དགར་བསྩལ། དགུང་ལོ་བཅུ་བདུན་ནས་གཞུང་ལུགས་ལ་སྦྱངས་པའི་རྩོད་པར་ཞུགས་ནས་རྒོལ་བའི་སྤོབས་པ་འཛོམས་པར་མཛད། རྒྱ་དང་སོག་པོ་མན་ཇུ་བཅས་ཀྱི་སྐད་ཡིག་ཀྱང་ཐུགས་སུ་ཆུད། གོང་མས་རྗེ་འདི་ལ་ཐུགས་བརྗོད་གསེར་གྱི་བཀའ་ལུང་དང་བཅས་སྐུ་གོང་མའི་དུས་བཞིན་བཀྱུན་ཧིང་ཕུའུ་ཤན་བཀྱང་ཆེ་དྷ་གོཾ་ཤྲི་ཞེས་བོད་སྐད་དུ། བྱམས་བརྩེས་འགྲོ་བ་ཡོངས་ཀྱི་སྤྱི་བོ་ནས་དབང་བསྒྱུར་བའི་ཀུན་མཁྱེན་བླ་མ་ཆེན་པོ་ཞེས་པའི་མཚན་གྱིས་གཟེངས་བསྟོད་དང་། གསེར་སྲང་བརྒྱད་ཅུ་ལས་གྲུབ་པའི་ཐམ་ག ཐུགས་བརྗོད་

ཀྱི་གསེར་ཡིག་བཅས་ཕུལ།

ཤིང་ཡོས(སྤྱི་ལོ1735)ལོར་སྐྱབས་མཆོག་བསྐལ་བཟང་རྒྱ་མཚོ་མགར་ཐར་ནས་དབུས་སུ་གདན་འདྲེན་པར་ཕེབས། སྐྱབས་མཆོག་དེ་དང་། ཁྲི་ངག་དབང་མཆོག་ལྡན་ཡབ་སྲས་ལས་རི་བོ་དགེ་ལྡན་པའི་སྟན་བརྒྱུད་ཀྱི་གདམས་པ་ཡོངས་རྫོགས་གསན། མེ་འབྲུག(སྤྱི་ལོ1736)ལོའི་ཟླ་བཅུ་པར་གཙང་དུ་པཎ་ཆེན་བློ་བཟང་ཡེ་ཤེས་ལས་དགེ་ཚུལ་གྱི་སྡོམ་པ་མནོས། མཚན་ཡེ་ཤེས་བསྟན་པའི་སྒྲོན་མེ་དཔལ་བཟང་པོ་ཞེས་གནང་། ཆོས་བཅུ་བདུན་ཉིན་པཎ་ཆེན་མཆོག་གི་དྲུང་ནས་དགེ་སློང་གི་སྡོམ་པ་མནོས། ལོ་དེར་རྒྱ་ནག་པེ་ཅིན་དུ་ཕེབས་ནས་གོང་མ་ཆེན་ལུང་དང་མཇལ། གོང་མ་ཆེན་ལུང་ལ་ཐོག་མར་སྐྱབས་འགྲོའི་ཁྲིད་མདོར་བསྡུས་དང་། བོད་ཡིག་གཟབ་གཤར་གྱི་འབྲི་ཀློག དག་ཡིག བྱང་ཆུབ་ལམ་རིམ། བདེ་མཆོག་དྲིལ་བུའི་ལྷ་ལྔའི་དབང་བཅས་རིམ་པར་གནང་། ལྕགས་མོ་བྱེར་ལྡ་བ་ལྷགས་བྱ(སྤྱི་ལོ1741)ལོའི་ཟླ་བཅུ་པའི་ཚེས་ཤར་ནས་རྒྱལ་བའི་བཀའི་དགོངས་འགྲེལ་གྱི་བསྟན་བཅོས་འགྱུར་རོ་ཅོག་ལོ་ཙཱ་བ་དུ་མ་དང་མཉམ་དུ་སོག་སྐད་དུ་སྒྱུར་འགོ་ཚུགས། ཕྱི་ལོ་ཟླ་གསུམ་པའི་ཚེས་ལྔ་ཉིན་ཡོངས་སུ་གྲུབ་སྟེ་པར་ཕུད༧རྒྱལ་མཆོག་བདུན་པ་ཆེན་པོར་ཕུལ། བཀའ་འགྱུར་རིན་པོ་ཆེ་ཧོར་གྱི་ཡུལ་གྲུ་ཀུན་ལ་ཁྱབ་པར་མཛད། རབ་བྱུང་བཅུ་གསུམ་པའི་ས་སྦྲུལ(སྤྱི་ལོ1749)ལོར་རང་ཡུལ་མདོ་སྨད་དུ་ཕེབས། དགོན་ཆེན་སྐུ་འབུམ་དང་། དགོན་ལུང་། གསེར་ཁོག་གསུམ་ལ་གོང་མས་ཕུལ་བའི་རྩེ་པན་བསྐུལ་ཞིང་། ཟབ་ཆོས་བདུད་རྩིའི་གྲུ་ཆར་ཕབ་སྟེ་འགྲོ་དོན་རྒྱ་ཆེར་མཛད། འཇམ་དབྱངས་བཞད་པའི་རྡོ་རྗེའི་སྤྲུལ་པའི་སྐུར་བསྙེན་རྫོགས་དགེ་སློང་གི་དངོས་པོ་བསྒྲུབས་ཏེ་མཚན་དཀོན་མཆོག་འཇིགས་མེད་དབང་པོ་ཞེས་བསྐུལ། ལོ་དེའི་ཟླ་བ་བརྒྱད་པར་པེ་ཅིང་དུ་ཕྱིན་ནས་བོད་ལུགས་ཀྱི་དགོན་པ་མང་པོ་གསར་དུ་བཞེངས། དཀྱུང་ལོ་ཞེ་གཅིག་པར་སླར་དབུས་སུ་ཕེབས། གོང་ས་འཇམ་དཔལ་རྒྱ་མཚོ་རྒྱལ་བའི་སྤྲུལ་སྐུར་ངོས་བཟུང་། ༧རྒྱལ་དབང་བསྐལ་བཟང་རྒྱ་མཚོའི་རྣམ་ཐར་བརྩམས། ཤིང་སྤྲེལ(སྤྱི་ལོ1764)ལོར་དགོན་ལུང་གི་ཁྲི་པ་མཛད་ནས་ཚད་མ་རྣམ་འགྲེལ་གྱི་འཛིན་གྲྭ་གསར་དུ་བཙུགས། དེ་ནས་དགུང་ལོ་ང་གཅིག་པར་ཁྲི་པ་དགོངས་ཞུ་གནང་། མེ་ཕག(སྤྱི་ལོ1767)ལོར་རི་བོ་རྩེ་ལྔར་ཕེབས་ནས་ཨེ་ཝཾ་དགའ་འཁྱིལ་ཞེས་པའི་སྒྲུབ་ཁང་བཏབ། དགུང་ལོ་ང་ལྔ་ལ་ཕེབས་པ་ལྕགས་ཡོས(སྤྱི་ལོ1771)ལོར་གོང་མའི་ངོ་སྐུལ་ལྟར་བཀའ་འགྱུར་ཆེན་མོ་མན་ཇུའི་སྐད་དུ་སྒྱུར་བའི་དབུ་ཚུགས་ཏེ་ཟླ་མ་མཁས་པ་དང་། ཧ་ཅང་ཡོན་ཏན་བཟང་བའི་ལོ་ཙཱ་བ་བསྡུས་ཏེ་བསྒྱུར།

བདག་ཉིད་ཆེན་པོ་འདིའི་གསུང་ལས་སྐྱེས་པའི་སློབ་མའི་ནང་དམ་པའི་སྐྱེ་རབས་འཛིན་པའི་སྤྲུལ་སྐུ་དང་། ཆོས་ཀྱི་གདན་ཁྲིར་བཞུགས་པའི་བླ་ཆེན། བཀའ་བོད་མང་པོ་སྦྱངས་པའི་དགེ་བཤེས། སྒྲུབ་པ་སྙིང་པོར་བྱེད་པའི་སྒོམ་ཆེན། སྐད་གཉིས་སྨྲ་བའི་ལོ་ཙཱ་བ། འདུལ་བ་དང་མདོ་སྔགས་ལ་མཁས་པའི་ཧྭ་

ཤང་། དད་པའི་ནོར་གྱིས་ཕྱུག་པའི་ཁྱིམ་བདག་སོགས་མཐའ་དབུས་ནོར་འཛིན་གྱི་ཁྱོན་གང་སར་གནས། ལེགས་བཤད་ཀྱི་གསུང་རྩོམ་ཡང་། ༧རྒྱལ་དབང་ཐམས་ཅད་མཁྱེན་པ་བསྐལ་བཟང་རྒྱ་མཚོའི་རྣམ་ཐར་དཔག་བསམ་རིན་པོ་ཆེའི་སྙེ་མ། གྲུབ་མཐའི་རྣམ་གཞག་ཐུབ་བསྟན་ལྷུན་པོའི་མཛེས་རྒྱན། དག་ཡིག་མཁས་པའི་འབྱུང་གནས། བྱང་ཆུབ་ལམ་གྱི་སྒྲོན་མའི་ས་བཅད་བྱང་ཆུབ་ཀྱི་སེམས་བསྐྱེད་ཚུལ་བཤད་པ་ཐེག་ཆེན་འཇུག་སྒོ། གསང་འདུས་བསྐྱེད་ཡིག་དངོས་གྲུབ་བདུད་རྩིའི་བུམ་བཟང་སོགས་པོ་ཏི་དགུ་ཙམ་བཞུགས། མཐར་དགུང་གྲངས་བདུན་ཅུ་ལ་ཕེབས་པ་རབ་བྱུང་བཅུ་གསུམ་པའི་མེ་རྟ (སྤྱི་ལོ1786) ལོའི་བོད་ཟླ་བཞི་པའི་ཚེས་གཉིས་ཉིན་རི་བོ་རྩེ་ལྔའི་ཨེ་ཕུ་དགའ་འཁྱིལ་དུ་སྐུ་གཤེགས།

ལྷང་སྐྱབ་ཁྲི་ཟུར་མཁྱེན་རབ་ཡོན་ཏན། དགའ་ལྡན་ཁྲི་ཐོག་བརྒྱད་ཅུ་གྱ་བརྒྱད་པ་འདི་ཉིད་དུས་རབས་བཅུ་དགུ་པའི་ནང་འབྲི་གུང་དུ་སྐུ་འཁྲུངས། སྐུ་གཞོན་དུས་འབྲས་སྤུངས་སྒོ་གསལ་གླིང་དུ་མདོ་སྔགས་ཀྱི་གཞུང་ལུགས་རྒྱ་མཚོ་ལྟ་བུར་གསན་བསམ་དཔྱིས་ཕྱིན་མཛད་དེ་མཁས་པའི་གོ་འཕང་བརྙེས། སྔོན་ལམ་ཆེན་མོའི་གྲྭ་སྐོར་གནང་། དེ་ནས་རྒྱུད་སྟོད་ཀྱི་ཆོས་གྲྭར་ཕེབས། ས་བྱ (སྤྱི་ལོ1909) ལོར་རྗེ་ཉིད་བྱང་རྩེ་ཆོས་རྗེའི་སྐབས་ཁྲི་ཆེན་བློ་བཟང་རྒྱལ་མཚན་གྱིས་སྡེ་སྲིད་ཀྱི་གསུང་བཻཌཱུརྱ་དཀར་པོའི་པར་ཞིང་བགྲེས་སྐྱོན་གྱིས་གསར་བསྐོའི་སྐབས་ཞུ་དག་མཛད། དེ་རྗེས་དགའ་ལྡན་ཁྲི་ཐོག་བརྒྱད་ཅུ་གྱ་བརྒྱད་པའི་ཁྲིར་ཕེབས། ཁྲི་ཐོག་ལོ་དྲུག་བཞུགས། ཁྲི་ཟུར་ལ་ཕེབས་ནས་ལོ་ཤས་བཞུགས་རྗེས་སྐུ་གཤེགས། བཀའ་རྩོམ་ཟླ་མཆོད་ཁྲིད་ཡིག་མན་ངག་གཏེར་མཛོད། ལོ་རྒྱུས་རིལ་བུའི་སྙིང་ཐབས་དང་ལས་ཚོགས་རིལ་སྒྲུབ་དང་གེག་སྲེལ་རབ་གནས་བཤད་པ། བོད་ཀྱི་བརྡ་སྤྲོད་པའི་གཞུང་སུམ་རྟགས་ཞུང་དྲིའི་ཚིག་གི་གོ་བདེར་བཀྲལ་བ་བློ་སྔོངས་གསལ་སྒྲོན་སོགས་པོད་ཆུང་གཅིག་ཙམ་མཛད། འཁྲུངས་འདས་ཀྱི་ལོ་ཚིགས་དང་མཛད་རྣམ་ཞིབ་པ་མ་རྙེད།

ལྷང་ལུང་པཎྜི་ཏ་ངག་དབང་བློ་བཟང་བསྟན་པའི་རྒྱལ་མཚན། རྗེ་འདི་ནི་སོག་པོ་ཚོ་ཆེན་ཞེ་དགུའི་ཡ་གྱལ་སོ་ཉིད་གཡོན་རུའི་ཤོག་ཏུ་ཡབ་ཐའི་ཇི་དོན་གྲུབ་དང་ཡུམ་བདེ་བ་ཅན་གཉིས་ཀྱི་སྲས་སུ་རབ་བྱུང་བཅུ་གསུམ་པའི་ལྕགས་སྟག (སྤྱི་ལོ1770) ལོར་འཁྲུངས། དགུང་ལོ་དྲུག་ལ་ལྕང་སྐྱ་རོལ་པའི་རྡོ་རྗེས་ལྕང་ལུང་བློ་བཟང་དཔལ་འབྱོར་གྱི་ཡང་སྲིད་དུ་ངོས་འཛིན་མཛད། དགེ་འཕེལ་དགའ་ལྡན་ཆོས་མཛོད་གླིང་བླ་བྲང་དུ་ཕེབས། མཁན་པོ་ངག་དབང་ཚུལ་ཁྲིམས་དཔལ་བཟང་དྲུང་དུ་རབ་བྱུང་བསྒྲུབས། མཚན་ངག་དབང་བློ་བཟང་བསྟན་པའི་རྒྱལ་མཚན་དུ་གསོལ། བཤེས་གཉེན་ངག་དབང་དཔལ་འབྱོར་ཡོངས་འཛིན་དུ་བསྟེན། དགུང་ལོ་བདུན་ལ་སྐུ་གོང་མའི་གདན་ཁྲིར་ཕེབས། དགུང་ལོ་བཅུ་བཞི་ལ་རྒྱ་ནག་རི་བོ་རྩེ་ལྔར་ཕྱིན་ནས་ལྕང་སྐྱ་རོལ་པའི་རྡོ་རྗེའི་དྲུང་འཇིགས་བྱེད་ལྷ་བཅུ་གསུམ་མའི་དབང་སོགས་གསན། ཤ་མི་བཞེས་པའི་དམ་བཅའ་མཛད། དགུང་ལོ་བཅུ་དགུ་ལ་དགོན་པའི་ལས་དོན་ཆེ་ཕྲ་མཐའ་

དག་གི་ཐུགས་འགན་བཞེས། དགུང་ལོ་ཉེར་གཅིག་ལ་ལྷ་སར་ཕེབས་ཏེ་སེར་བྱེས་གྲྭ་ཚང་དུ་ཆོས་ཞུགས་མཛད། དགུང་ལོ་ཉེར་གཉིས་ལ༧རྒྱལ་དབང་འཇམ་དཔལ་རྒྱ་མཚོའི་དྲུང་ནས་དགེ་སློང་གི་སྡོམ་པ་བཞེས། དེའི་ལོར་ཧོར་ཁའི་དམག་བྱུང་། དབུས་སུ་ལོ་ལྔ་ཙམ་བཞུགས། རང་ཡུལ་དུ་ཕྱིར་ཕེབས་ཁར༧རྒྱལ་དབང་འཇམ་དཔལ་རྒྱ་མཚོས་ཁོང་ལ་པཎྜི་ཏའི་ཆོ་ལོ་དང་། དབུ་གདུགས། ཐམ་ཀ། པཎ་ཞྭ་སོགས་སྐུའི་ཉེར་སྤྱད་ཆ་ཚང་གནང་། དགུང་ལོ་ཉེར་དགུ་ལ་བྱམས་ཆེན་ལྷ་ཁང་གསར་བཞེངས་དང་འབྲེལ་གོང་མའི་བཀའ་བཞིན་པེ་ཅིན་དུ་ཕེབས། དགུང་ལོ་སོ་བཞི་ལ་སྐུ་འབུམ་བརྒྱུད་བཀྲ་ཤིས་འཁྱིལ་དུ་ཕེབས། གུང་ཐང་བསྟན་པའི་སྒྲོན་མེ་མཇལ་ནས་ཆོས་མང་དུ་གསན། དགུང་ལོ་ཞེ་ལྔ་ལོར་རང་དགོན་དུ་མཚན་ཉིད་གྲྭ་ཚང་བཙུགས། གོང་མའི་ཞབས་བརྟན་བསྒྲུབ་པར་པེ་ཅིན་དུ་ཐེངས་འགའ་ཕེབས། རྒྱུན་དུ་སྐྱེ་བོ་དུ་མར་ཆོས་འཁོར་རྒྱ་ཆེར་བསྐོར། རྩོལ་བ་ཆེན་པོས་རྩོམ་པའི་བགྱི་བ་ལ་ཡང་ཕྱོད་མེད་ཞུགས་ནས། བཅོམ་ལྡན་འདས་དཔལ་རྡོ་རྗེ་འཇིགས་བྱེད་ལྷ་བཅུ་གསུམ་མའི་དཀྱིལ་འཁོར་གྱི་ཆོ་གའི་ངག་འདོན་གྱི་རིམ་པ་ལེགས་བཤད་བདུད་རྩིའི་ཐིལ་མངར། གནས་མཆོག་བསོད་ནམས་ཀུན་སྡུད་གླིང་གི་རྟེན་གཙོ་ཇོ་བོ་མཧཱ་བོ་དྷེའི་དཀར་ཆག་ཆེད་དུ་བརྗོད་པ་དྭངས་ཤེལ་མེ་ལོང་། དེ་བཞིན་གཤེགས་པ་བདུན་གྱི་དབང་བསྐུར་བའི་ཆོ་ག་ཕན་བདེའི་འབྱུང་གནས་ཇི་ལྟ་བ་བཞིན་ནག་འགྲོས་སུ་བཀོད་པ། བཅོམ་ལྡན་འདས་འཁོར་ལོ་ཆེན་པོ་བསྙེན་ཐབས་ཀྱི་མན་ངག་གསང་བདག་དགྱེས་ཞལ་བལྟ་བའི་མེ་ལོང་། བཀའ་གདམས་ཐིག་ལེ་བཅུ་དྲུག་གི་མངོན་དཀྱིལ་གྱི་ཆོ་ག་ཕུལ་བྱུང་ཞལ་ལུང་། རྒྱ་དཀར་ནག་རྒྱ་སེར། གཉྫི་ར། བལ་བོད་ཧོར་གྱི་ཡི་གེ་དང་དཔེ་རིས་རྣམ་གྲངས་སོགས་པོ་ཏི་དྲུག་ཙམ་བཀའ་རྩོམ་གནང་། སྐུ་གསུང་ཐུགས་ཀྱི་རྟེན་ཡང་མང་དུ་བཞེངས། དགུང་ལོ་དོན་དྲུག་ལ་ཕེབས་པ་རབ་བྱུང་བཅུ་བཞི་པའི་ཤིང་སྦྲུལ(སྤྱི་ལོ1845)ལོར་དགོངས་པ་མྱ་ངན་ལས་འདས།

ཚ་བཟང་ངག་དབང་ཐུབ་བསྟན་དབང་ཕྱུག ཆོས་རྗེ་དོན་གྲུབ་རིན་ཆེན་གྱི་སྐུ་སྐྱེར་གྲགས་པ་འདི་ཉིད་རབ་བྱུང་བཅུ་གཉིས་པའི་ཤིང་སྦྲུལ(སྤྱི་ལོ1725)ལོར་ལྷུང་སྐྱ་རོལ་པའི་རྡོ་རྗེའི་སྐུ་མཆེད་དུ་འཁྲུངས། དགུང་ལོ་བཅུ་བདུན་པར་དབུས་ལྷ་ལྡན་ཞིང་དུ་ཕེབས། འབྲས་སྤུངས་སྒོ་མང་ཆོས་གྲྭར་ཞུགས། སྐུ་གོང་མ་བློ་བཟང་བསྟན་པའི་རྒྱལ་མཚན༧རྒྱལ་མཆོག་བདུན་པའི་ཐོག་མའི་ཡོངས་འཛིན་ཡིན་པས་རྗེ་འདི་ལ་བཀུར་གཟིགས་ཆེ་བར་མཛད། ༧རྒྱལ་དབང་མཆོག་དང་། ཁྲི་ཆེན་ངག་དབང་མཆོག་ལྡན། རྗེ་ངག་དབང་བྱམས་པ་སོགས་ཀྱི་ཞབས་ལ་གཏུགས་ནས་སློབ་གཉེར་མཛད་པས་གཞུང་ལུགས་ལ་ནང་བྱན་ཚུད་པར་གྱུར། ༧རྒྱལ་དབང་རིན་པོ་ཆེར་བསྙེན་རྫོགས་ཞུས། ཁྲི་ཆེན་ངག་དབང་མཆོག་ལྡན་ལས་འཇིགས་བྱེད་བསྐྱེད་རིམ་གསན་པས་མཐར་ཕྱིན་ནས་རྫོགས་རིམ་ལ་སྦྱོང་བ་ཐོན། དགུང་ལོ་ཉེར་བཞིར་ཕེབས་པ་ས་འབྲུག(སྤྱི་ལོ1748)ལོར་མདོ་སྨད་དུ་ཕེབས་ཏེ་དགོན་ལུང་། གསེར་

དགོན། སྐུ་འབུམ་རྣམས་ཀྱི་ཁྲིར་བཞུགས། ཆོས་སྲིད་གཉིས་ཆར་གྱིས་བསྐྱངས། དེ་ནས་རྒྱ་ནག་པེ་ཅིན་དུ་ཕེབས་ནས་ལྕང་སྐྱ་རིན་པོ་ཆེ་དང་རོང་པོ་མཚན་སྒྲོགས་ལས་འགྲེལ་བ་བཞི་སྒྲགས་སོགས་ཆོས་བཀའ་གང་ཟབ་མནོས། གོང་མ་ཆེན་ལུང་གིས་ལྕང་སྐྱ་རོལ་པའི་རྡོ་རྗེ་ལོ་ཙཱ་མཛད་བཅུག་ནས་རྗེ་འདི་བ་ལ་ཁྱབ་པའི་དམིགས་པ་སོགས་ཞི་གནས་ལས་བརྩམས་ཏེ་བཀའ་འདྲི་ཞུས། དགུང་ལོ་སོ་དྲུག་སྟེང་བྱ་ཁྱུང་དུ་ཐོག་མར་ཕེབས་ནས་བསྙེན་མཚམས་དང་། རྒྱུད་པ་གྲྭ་ཚང་ལ་གསང་སྔེ་འཇིགས་གསུམ་གྱི་དབང་དང་ཚོགས་ཆེན་ལ་ཀུན་རིག་གི་དབང་བསྐུར། དགུང་ལོ་ཞེ་བརྒྱད་ལ་ཕེབས་པ་རབ་བྱུང་བཅུ་གསུམ་པའི་ཆུ་འབྲུག(སྤྱི་ལོ1772)ལོར་བྱ་ཁྱུང་དགོན་པའི་མཁན་རབས་སོ་དགུ་པའི་སེང་ཁྲིར་ཕེབས། དགུང་ལོ་ལྔ་བཅུ་ཙམ་ནས་སྐུ་འབུམ་མཁན་པོ་ལས་ཐོག་པ་མགོན་གྲྭ་ཚང་མ་བཞུགས་པའི་རྐྱེན་གྱིས་གདན་ས་གཡས་གཡོན་གཉིས་ཀ་ཟུང་འབྲེལ་དུ་བསྐྱངས། དེ་ལྟར་ལོ་བཅུའི་རིང་འཆད་ཉན་ལ་གཟིགས་རྩོག་གང་དྲག་དང་། ཟླ་ངོ་རེ་གཉིས་སུ་སྐུ་མཚམས་ལ་བཞུགས་པ། ཟ་ཁྱིར་ཕྱུགས་རྗེ་ཆེན་པོ། གདུགས་དཀར། འཇིགས་བྱེད་བཅུ་གསུམ་མ་རྣམས་ཀྱི་དབང་བསྐུལ་བ་སོགས་འདོད་ཆོས་ཅི་རིགས་སོ་སོའི་མོས་པ་བཞིན་གནང་ནས་བསྟན་པའི་བྱ་བ་ཟླབས་གང་ཆེ་མཛད། བྱ་ཁྱུང་འདུ་ཁང་ཆེན་མོ་ཀ་བ་བརྒྱ་དང་ཉེར་བརྒྱད་ཅན་ཕྱི་ནང་བར་གསུམ་ཞིག་གསོ་དང་། བྱ་ཁྱུང་གི་ཆུ་བཟང་ཟླ་བྲང་གསར་གསོས་གནང་། འདུ་ཁང་དུ་སྤྱན་རས་གཟིགས་ཀྱི་ལི་སྐུ་རྒྱབ་ཡོལ་བཞུགས་ཁྲི་དང་བཅས་པ། བཙན་ཁང་དུ་སྟག་ལྷགས་ཀྱི་རྒྱལ་མཚན། ཟླ་ཐེ། དངུལ་གྱི་བཀྲ་ཤིས་རྟགས་བརྒྱད་སོགས་གསར་བཞེངས་ཐོག གཞན་ལྷ་ཁང་འདུ་ཁང་སོ་སོར་སྟོང་མཆོད་དང་མཆོད་རྫས་ཀྱི་ཐེབས་དངུལ་ཕོན་ཆེན་ཕུལ། དགུང་ལོ་ང་བདུན་ལ་ཕེབས་པ་ལྕགས་གླང(སྤྱི་ལོ1781)ལོར་ཁྲི་དགོངས་ཞུ་མཛད། དགུང་ལོ་རེ་གཅིག་ལ་ཕེབས་པ་ཤིང་སྦྲུལ(སྤྱི་ལོ1785)ལོར་ཆེད་དུ་གདན་ཞུས་ལྟར་དན་ཏིག་དང་། གོང་སྐྱ། ཚེ་ཏན་སོགས་ཀྱི་དགོན་པར་ཕེབས་ཤིང་། རིམ་པར་དེ་དག་གི་ཁྲི་པ་མཛད་དེ་ཆོས་སྲིད་ཀྱིས་བསྐྱངས། ཁྱད་པར་དན་ཏིག་ཐེབས་པ་ཡང་ཏིག་རྣམས་ལ་གནས་མཇལ་སྐབས་དག་པའི་གཟིགས་སྣང་མང་དུ་བྱུང་ཞིང་། བྲག་ལ་རང་བྱོན་གྱི་ལྷ་སྐུ་འདི་དང་འདི་རེད་ཅེས་བསྟན་པར་མཛད། མེ་ལུག(སྤྱི་ལོ1787)ལོར་བྱ་ཁྱུང་གདན་རབས་དང་ལྕང་སྐྱ་རོལ་པའི་རྡོ་རྗེའི་རྣམ་ཐར་བརྩམས། དགུང་ལོ་བདུན་ཅུ་དོན་གཉིས་ལ་ཕེབས་པ་རབ་བྱུང་བཅུ་གསུམ་པའི་མེ་འབྲུག(སྤྱི་ལོ1796)ལོར་དགོངས་པ་ཆོས་དབྱིངས་སུ་ཐིམ།

ཆུ་བཟང་ཡེ་ཤེས་རྒྱ་མཚོ། རྗེ་འདི་ནི་ཤར་ཕྱོགས་ཀོང་ཡུལ་དུ་ཡབ་ཚེ་འཕེལ་དང་། ཡུམ་མཚོ་མོ་གཉིས་ཀྱི་སྲས་སུ་རབ་བྱུང་བཅུ་གསུམ་པའི་ས་བྱ(སྤྱི་ལོ1789)ལོར་འཁྲུངས། སྐུ་ཆུང་དུས་དགོན་པ་བཀྲ་ཤིས་རབ་བརྟན་དུ་བཞུགས་ནས་དགོན་པའི་འདོན་ཆ་ཕལ་ཆེར་བསླབས། དགུང་ལོ་བཅོ་ལྔ་ནས་བཅོ་བརྒྱད་བར་ཆོས་གྲྭ་ཞིག་ཏུ་ཕེབས་འདུན་ཡང་དགེ་རྒན་དང་ཕ་མའི་བཀའ་མ་འཁྲོལ། དགུང་ལོ་བཅུ་

དཀར་ཕྱོལ་ཐབས་ཀྱིས་འབྲས་སྤུངས་བློ་གསལ་གླིང་གྲྭ་ཚང་དུ་ཆོས་ཞུགས་མཛད། དགུང་ལོ་ཉི་ཤུའི་ཐོག་གྲུབ་དབང་རིན་ཆེན་ཕུན་ཚོགས་དཔལ་བཟང་པོའི་དྲུང་དུ་དགེ་བསྙེན་བར་མ་རབ་བྱུང་དགེ་ཚུལ་གྱི་སྡོམ་པ་མནོས། མཚན་ཡེ་ཤེས་རྒྱ་མཚོ་ཞེས་བསྩལ། དགུང་ལོ་ཉི་ཤུ་རྩ་དྲུག་ལ་དེ་མོ་ནོ་མོན་ཧན་ཞབས་དྲུང་ནས་བསྙེན་རྫོགས་ཀྱི་སྡོམ་པ་བཞེས། རྡོ་རྗེ་འཆང་ངག་དབང་ཆོས་འཛིན་དང་། ཁྲི་ཆེན་བྱང་ཆུབ་ཆོས་འཕེལ། བླ་མ་སྐལ་བཟང་མཁས་གྲུབ་སོགས་ཀྱི་ཞལ་སྔ་ནས་མདོ་སྔགས་ཀྱི་ཆོས་མང་དུ་གསན། དགུང་ལོ་ང་བདུན་དུ་ཕེབས་པ་རབ་བྱུང་བཅུ་བཞི་པའི་ཤིང་སྦྲུལ(སྤྱི་ལོ1845)ལོར༧རྒྱལ་དབང་སྐུ་ཕྲེང་བཅུ་གཅིག་པ་མཁས་གྲུབ་རྒྱ་མཚོ་མཆོག་རབ་བྱུང་གི་སྡོམ་པ་བཞེས་པའི་མཛད་སྒོར་ཞུགས། དགུང་གྲངས་དྲུག་ཅུ་ཐམ་པ་ལ་ཕེབས་པའི་ལོ་དེར་རྟག་ཕུའི་ཡོངས་འཛིན་མཛད། དགུང་ལོ་རེ་དྲུག་པ་ལ༧རྒྱལ་དབང་མཁས་གྲུབ་རྒྱ་མཚོ་མཆོག་ལ་བརྟན་བཞུགས་མཎྜལ་ལྷུགས་བཤད་གནང་བ་དང་། རྩོམ་པ་ལ་མཆོན་ན་བྱང་ཆུབ་ལམ་རིམ་ཆེན་མོའི་ས་བཅད་ཀྱི་ཐོག་ནས་སྐྱེས་བུ་གསུམ་གྱི་ལམ་གྱི་རིམ་པའི་མན་ངག་གནད་བསྡུས་གསལ་བའི་སྒྲོན་མེ། བླ་མའི་རྣལ་འབྱོར་དངོས་གྲུབ་ཀུན་འབྱུང་། ཚེ་གཅིག་གི་ཉམས་ལེན་རྣམས་ཉིན་ཞག་ཕྱུགས་གཅིག་གིས་སྦྱར་ཏེ་ལག་ལེན་དུ་བསྒྲར་བའི་རིམ་པ་མདོར་བསྡུས་སོགས་བཀའ་རྩོམ་པོ་ཏི་འཕྲིང་བ་གཉིས་ཙམ་མཛད། མཐར་དགུང་ལོ་རེ་བརྒྱད་དུ་ཕེབས་པ་རབ་བྱུང་བཅུ་བཞི་པའི་མེ་འབྲུག(སྤྱི་ལོ1856)ལོར་སྐུ་གཤེགས།

ཚེ་མོན་ངག་དབང་བཤད་སྒྲུབ་བསྟན་པའི་ཉི་མ། རྗེ་འདི་ནི་མདོ་སྨད་ཙོང་ཁ་ཆུ་རྡུལ་ཁ་ཞེས་པར་ཡབ་སྔགས་འཆང་ཚེ་དབང་དང་། ཡུམ་སྐྱིད་རེ་གཉིས་ཀྱི་སྲས་སུ་རབ་བྱུང་བཅུ་གསུམ་པའི་མེ་ལུག(སྤྱི་ལོ1787)ལོར་འཁྲུངས། མཚན་བཤད་སྒྲུབ་བསྟན་པའི་ཉི་མ་ཞེས་གསོལ། དེར་གདན་སར་གདན་དྲངས། དགུང་ལོ་དགུ་ལ་མི་ཉག་མཁན་པོ་ཚུལ་ཁྲིམས་བསྟན་པའི་ཉི་མའི་སར་དགེ་ཚུལ་གྱི་སྡོམ་པ་མནོས། མཚན་ངག་དབང་བཤད་སྒྲུབ་བསྟན་པའི་ཉི་མ་ཞེས་གསོལ། དགུང་ལོ་བཅུ་གསུམ་ལ་སྐུ་འབུམ་དགོན་དུ་ཆོས་ཞུགས་མཛད་ནས་གཞུང་ཆེན་ལ་གསན་བསམ་གནང་། དགུང་ལོ་བཅོ་ལྔའི་ཐོག་དབུས་སུ་ཕེབས་ནས་སེར་སྨད་ཐོས་བསམ་ནོར་བུའི་གླིང་དུ་ཆོས་གྲྭར་ཞུགས་ནས་མཁན་པོ་གྲགས་པ་མཁས་གྲུབ་བསྙེན་ཏེ་གཞུང་ཆེན་བཀའ་པོད་ལྔ་ལ་གསན་བསམ་མཛད། དགུང་ལོ་ཉེར་གཅིག་ལ་གྲྭ་སྐོར་གནང་། དགུང་ལོ་ཉེར་གཉིས་པར་པཎ་ཆེན་བསྟན་པའི་ཉི་མའི་དྲུང་དུ་དགེ་སློང་གི་སྡོམ་པ་ཞུས། དེ་ནས་མདོ་སྨད་དུ་ཕྱིར་ཕྱོན། དགུང་ལོ་ཉེར་དྲུག་ལ་རྒྱུད་པའི་ཁྲིར་ཕེབས། དགུང་ལོ་སུམ་ཅུ་ཐམ་པར་སྐུ་འབུམ་གྱི་ཁྲི་ཆེན་ལ་ཕེབས། རྗེ་འདི་བྱང་ཕྱོགས་ཧོར་གྱི་ཡུལ་སྨད་སོགས་སུ་ཐེངས་དྲུག་ཕེབས་ནས་ཐེངས་རྗེས་མར་ཏ་ཡན་ཆེ་བླ་མའི་དགོན་པར་མཚན་ཉིད་གྲྭ་ཚང་དང་། དར་ཧན་བེ་ལེག་དར་རྒྱས་ཆོས་གླིང་དུ་དུས་འཁོར་གྲྭ་ཚང་། ཨ་རྒ་ཀ་དགའ་ལྡན་བཤད་སྒྲུབ་གླིང་དུ་ལམ་རིམ་གྲྭ་ཚང་སོགས་གསར་སྐྲུན་མཛད།

དེ་བཞིན་འབྲུག་རྒྱལ་དབང་ཆོས་རྗེས་མཛད་པའི་ཆེ་ཤོས་ངག་དབང་བསྟན་པ་དང་རྗེ་གོང་མའི་རྣམ་ཐར་སྟོད་ཆ། བཅོམ་ལྡན་འདས་དཔལ་དུས་ཀྱི་འཁོར་ལོ་ལྷ་བཅུ་གསུམ་མའི་བསྙེན་ཡིག་དངོས་གྲུབ་རྣམ་གཉིས་འགྲུབ་པའི་ལྕགས་ཀྱུ། ཞལ་དཀར་མེ་ལོང་། རབ་གནས་བཀྲ་ཤིས་སྙེ་མའི་དགོངས་གསལ་ཞལ་དཀར་མེ་ལོང་སོགས་བཀའ་རྩོམ་མང་དུ་མཛད། དགུང་ལོ་བདུན་ཅུ་དོན་གསུམ་ལ་ཐེབས་པ་རབ་བྱུང་བཅུ་བཞི་པའི་ས་ལུག(སྤྱི་ལོ1859)ལོར་དགོངས་པ་ཆོས་དབྱིངས་སུ་ཐིམ།

ཆེ་ཤོས་བློ་བཟང་བྱང་ཆུབ་བསྟན་པའི་སྒྲོན་མེ། རབ་བྱུང་བཅུ་བཞི་པའི་ལྕགས་བྱ(སྤྱི་ལོ1861)ལོར་མདོ་སྨད་ཁྲུང་ཀྭའི་སའི་ཆར་གཏོགས་ཐོག་ཁང་ལ་ཁ་ཞེས་པའི་སྡེ་བར་ཡབ་སྔགས་འཆང་དབང་རྒྱལ་དང་། ཡུམ་ཀ་ཏོ་ཞེས་པ་གཉིས་ཀྱི་སྲས་སུ་སྐུ་འཁྲུངས། དགུང་ལོ་གསུམ་པར་སྐུ་གོང་མ་ངག་དབང་བཤད་སྒྲུབ་བསྟན་པའི་ཉི་མའི་སྐུ་སྐྱེ་རུ་ངོས་འཛིན་མཛད། ཨ་རིག་དགེ་བཤེས་སྨོན་ལམ་དཔལ་བཟང་རིན་ཆེན་གྱི་དྲུང་དུ་དགེ་བསྙེན་བསྒྲུབས་ཤིང་མཚན་བློ་བཟང་བསྟན་པའི་རྒྱལ་མཚན་ཞེས་གསོལ། ཁུ་བོ་བློ་བཟང་ཕུན་ཚོགས་དང་དགེ་བཤེས་བློ་བཟང་ཆོས་འཕྲོར་གཉིས་ལས་ཡི་གེ་འབྲི་ཀློག་བསླབས། དགུང་ལོ་བདུན་པ་རབ་བྱུང་བཅོ་ལྔ་པའི་མེ་ཡོས་ལོར་ཆེ་ཤོས་བླ་བྲང་དུ་གདན་དྲངས། སྐུ་འབུམ་སྨན་པ་ཁྲི་ཟུར་དཀའ་ཆེན་བྱང་ཆུབ་རིན་ཆེན་གྱིས་མཁན་པོ་དང་། ཁྲི་ཆེན་སྤྲུལ་སྐུ་འཇམ་དབྱངས་བསྟན་པའི་ཉི་མ་དང་། ཞྭ་ཀྱུ་ལྷ་རམས་པ་ངག་དབང་ཆོས་གྲགས། སྔགས་རམས་པ་བསྟན་པ་དར་རྒྱས་རྣམས་ཀྱིས་ལས་ཀྱི་ཁ་སྐོང་མཛད་ནས་བསླབ་པའི་གཞི་ལྔ་འཛིན་པའི་དགེ་བསྙེན་དང་བར་མ་རབ་བྱུང་གི་ཚུལ་ཁྲིམས་ལ་འགོད་པར་མཛད། མཚན་བྱང་ཆུབ་བསྟན་པའི་སྒྲོན་མེ་ཞེས་གསོལ། སྐུ་གོང་མའི་མཆོད་དཔོན་སྔགས་རམས་པ་བསྟན་པ་དར་རྒྱས་དགེ་རྒན་དུ་བསྟེན་ནས་མདོ་སྔགས་ཀྱི་གཞུང་མང་དུ་གསན། དགུང་ལོ་དགུ་པ་ས་སྤྲེལ་ལོར་ཡུལ་གཞན་དུ་གནས་སྐོར་མཛད། སྨད་ཧོར་གྱི་ཡུལ་དང་། རྒྱ་ནག་རི་བོ་རྩེ་ལྔ། ཁྲང་ཨན། ཐེ་ཁྲོན་ཁྲིན་ཏུ་སྦྲུ། དར་རྩེ་མདོ་སོགས་བརྒྱུད་ནས་དགུང་ལོ་བཅུ་གསུམ་ཐོག་ལྷ་སར་ཕྱིན། སེར་སྨད་གྲྭ་ཚང་དུ་ཆོས་ཞུགས་མཛད། གྲུབ་མཐའ་རིས་མེད་ཀྱི་མཁས་གྲུབ་དམ་པ་རྣམས་ལ་ཆོས་འབྲེལ་མཇལ་ཁ་རྗེན་བཅས་ཞུས། ཡོངས་འཛིན་བྱམས་པ་རིན་པོ་ཆེ་ལས་དབང་ལུང་མན་ངག་མང་དུ་གསན། དགུང་ལོ་བཅུ་བཞི་པ་ཤིང་ཁྱི(སྤྱི་ལོ1874)ལོར་རང་ཡུལ་བསམ་གཏན་གླིང་དུ་ཐེབས། བཅོ་ལྔ་པར་གྲུ་ཀྭ་སྨན་རམས་པ་བློ་བཟང་ཉི་མ་ཡོངས་འཛིན་དུ་བསྟེན་ནས་ཚད་མ་དང་ཕར་ཕྱིན་གྱི་གཞུང་ལ་གནད་འགག་རིགས་པའི་འཕྲུལ་འདེགས་ལོན་ངེས་ཀྱི་སློབ་སྦྱོང་ནན་ཏན་མཛད། དགུང་ལོ་ཉེར་གཅིག་ལ་ཐར་ཤུལ་རྡོ་རྗེ་འཆང་གི་དྲུང་དུ་བསྙེན་རྫོགས་བསྒྲུབས། དགུང་ལོ་ཉེར་གསུམ་པར་དུས་འཁོར་དཔོན་སློབ་དང་ཤིང་སྤྲེལ་ལོར་རྒྱུད་པ་མཁན་པོའི་ཁྲིར་བཞུགས་ནས་ཆོས་འཆད་ཉན་དང་འགྲིག་ལམ་ཀུན་སྤྱོད་སྐོར་ལ་ཚགས་འཛིན་དང་དོ་དམ་གང་ལེགས་མཛད། ཉེར་བརྒྱད་པ་ས་བྱི(སྤྱི་

ལོ1888）ལོར་གདན་སའི་ཁྲི་ཆེན་ལ་བཞུགས་ནས་སློབ་ལམ་གསུང་ཆོས་དང་ཆོས་ཐོག་གི་བརྩེ་བཞག་བཀའ་ཆོས་གང་ཡོད་རྒྱས་ཤིང་མཐའ་ཆོད་པའི་བཀའ་དྲིན་བླ་ན་མཐོ། དགུང་ལོ་སུམ་ཅུ་པར་དབུས་སུ་ཕེབས་ནས་ཕུར་ལྕོག་བྱམས་པ་རྒྱ་མཚོའི་དྲུང་དུ་བསྙེན་པར་རྫོགས། ཆུ་འབྲུག་ལོར་སྐུ་འབུམ་དུ་ཕྱིན། དེ་བཞིན་ཐ་ཕྱིར་དབུས་གཙང་དང་ཧོར་གྱི་ཡུལ་གྲུ་སོགས་སུ་ལན་དུ་མར་ཆིབས་བསྐྱོད་མཛད་དེ། རང་ཉིད་མདོ་སྔགས་རིག་གནས་ཀྱི་ཆོས་རྒྱུན་མཐའ་ཡས་པས་གདུལ་བྱ་གཞན་དག་སྨིན་པ་དང་འགྲོལ་བ་བྱེད་པའི་མཛད་འཕྲིན་བསམ་གྱིས་མི་ཁྱབ། བཀའ་རྩོམ་ཡང་ཁྲིས་སྐུ་བཞེངས་ཚུལ་ངོ་མཚར་མཐོང་བ་དོན་ལྡན། དཔལ་ལྡན་དུས་ཀྱི་འཁོར་ལོའི་དབང་པོ་ལྷ་བཅུ་གསུམ་མའི་སྒྲུབ་ཐབས་མདོར་བསྡུས་འཇམ་དཔལ་དགྱེས་པའི་དགོངས་རྒྱན། དཔལ་ཡེ་ཤེས་ཀྱི་མགོན་པོའི་བསྙེན་ཡིག་དོན་གཉིས་མཆོག་སྩོལ། སྒྲོལ་མ་དམར་མོའི་ཚོ་ག་ཆ་ལག་ཚང་བ་ཁམས་གསུམ་དབང་དུ་བསྡུས་པའི་ལྕགས་ཀྱུ། ཟབ་པ་དང་རྒྱ་ཆེ་བའི་གཞུང་ལུགས་རྒྱ་མཚོ་ལྟ་བུ་ལས་རང་གི་བགོ་སྐལ་དུ་མནོས་པའི་དབང་ཁྲིད་ལུང་གསུམ་གྱི་ཐོབ་ཡིག་མདོ་ཙམ་བཀོད་པ་ནོར་བུ་བཻཌཱུཪྻའི་ཕྲེང་མཛེས་དཔྱོད་ལྡན་མགྲིན་པའི་དོ་ཤལ་ལས་ལུང་གི་སྐོར་སོགས་པོད་འབྲིང་ལྔ་ཙམ་བཞུགས། དགུང་ལོ་དོན་ལྔ་ལ་ཕེབས་པ་རབ་བྱུང་བཅུ་དྲུག་པའི་ཤིང་ཕག(སྤྱི་ལོ1935）ལོར་དགོངས་པ་ཆོས་དབྱིངས་སུ་ཐིམ།

ཇུན་གར་ཚེ་དབང་རབ་བརྟན། འདི་ནི་ཐོར་སོག་པོའི་དམག་དཔོན་དགའ་ལྡན་བྲ་བའི་གཅེན་པོའི་བུ་ཡིན། རབ་བྱུང་བཅུ་གཉིས་པ་མེ་སྤྲེལ(སྤྱི་ལོ1716）ལོར་ཇུན་གར་ཚེ་དབང་རབ་བརྟན་ནས་དམག་དཔོན་ཆེན་པོ་ཚེ་རིང་དོན་གྲུབ་ཀྱིས་གཙོ་བོར་བྱས་པའི་སོག་དམག་དྲུག་སྟོང་བོད་དུ་བཏང་། མེ་བྱ(སྤྱི་ལོ1717）ལོར་དམག་དཔུང་འདམ་དུ་འཁྱོར་ཏེ་དེར་དམག་འཐབ་ལན་འགའ་བྱས་ཀྱང་མ་ཐུབ་པས་ལྷ་བཟང་དཔུང་དང་བཅས་པ་ཁྲེལ་རྟབ་ཀྱིས་ལྷ་སར་ཐོན་ནས་རྩེ་པོ་ཏ་ལའི་ཆབ་སྒོ་རྣམས་བསྡམས་ཏེ་བསྡད། དེ་དུས་ཀྱི་དམག་དཔོན་ཆེ་བ་ནི། དབུས་མདའ་དཔོན་ཨ་རོང་པ་དང་། འབུམ་ཐང་པ་འདས་པོའི་བུ་གཉིས་དང་། གཙང་དཔུང་གི་དམག་དཔོན་དུ་ཕོ་ལྷ་ཐའི་ཇི་བསོད་ནམས་སྟོབས་རྒྱས་དང་། བསམ་གྲུབ་གླིང་པ། བཀྲ་ཤིས་རྩེ་པ། སོག་དཔུང་གི་དམག་དཔོན་དུ་རལ་ཐའི་ཇི་བཅས་ཡིན། ལོ་དེའི་ཟླ་བ་བཅུ་གཅིག་པའི་ཚེས་བཅུ་གསུམ་ཉིན་ཇུན་གར་དམག་ལྷ་སར་འཛུལ། བོད་དམག་སྲུང་བྱ་རྣམས་ཀྱིས་སྣག་མ་རྙེད་པར་ཁ་ཐོར། ཕོ་ལྷ་བའང་འབྲས་སྤུངས་ལ་བྲོས། ཇུན་དམག་གིས་གྲོང་ཁྱེར་ནང་བཅོམ་འཕྲོག་ཚོད་མེད་བྱས། ཟླ་བ་བཅུ་གཉིས་པའི་ཚེས་གསུམ་ཉིན་ཇུན་དམག་གིས་རྩེ་པོ་ཏ་ལ་གི་སྒོ་ཕྱོགས་ནས་འཛུལ་ཐབས་བྱས་ཀྱང་ཐར་དཀའ་བས་རྒྱལ་སྐོར་མེ་རྒྱག་རྩིས་བྱེད་སྐབས་ལྷ་བཟང་ཁྱེད་རང་ཉིད་དང་། ཞབས་སློ་བཟང་ཆོས་འཕེལ་གཉིས་ལྷག་རྒྱབ་ནས་རྟ་བཞོན་ཏེ་བྲོས་འགྲོ་སྐབས་རྟ་འདམ་ལ་བྱིངས་ཏེ་འགྲོ་མ་ཐུབ་པའི་ངང་རྗེས་འདེད་ཇུན་དམག་འཁྱེར་བ་དང་ལག་འཛིངས་ཀྱིས་དམག་མི་ཁ་ཤས་

བསད་མཐར་ཞོང་གཉིས་ཧྲུན་དམག་གིས་ལག་ཏུ་བཀྱབ་སྟེ་བཀྲོངས།

དེའི་ཚེ་ཧྲུན་གར་བའི་དཔུང་གི་གཙོ་བོ་རྣམས་ཀྱིས་ཧེ་དཀྲུང་ན་མཐོན་པོར་ཕེབས་པ་བྱེ་རི་སྟག་རྩེའི་ཞབས་དྲུང་ལྷ་རྒྱལ་རབ་བརྟན་བོད་ཀྱི་སྲིད་སྐྱོང་བའི་ཁྲིར་བསྐོས། དེ་ནས་པོ་ཏ་ལའི་རྣམ་རྒྱལ་གྲྭ་ཚང་གི་དགེ་འདུན་ཚང་མ་སྐྱིད་ཆུའི་ཁར་འཁྲིད་ནས་ན་བཟའ་རྣམས་བཤུས། སྐུ་ཆས་གཡོགས་ཏེ་སོ་སོའི་གཞིས་དང་ཕ་མིང་གར་ཡོད་སར་བཏང་། རྡོ་རྗེ་བྲག་དང་སྨིན་གྲོལ་གླིང་གི་བླ་མ་གཙོ་བོ་རྣམས་དང་། ལྷ་བཟང་གི་ཞབས་འབྲིང་གཙོ་ཆེ་བ་རྣམས་བཟུང་སྟེ་བཙོན་དུ་བཙུག གཞུང་ཞབས་རྣམས་བསྐོངས་ཏེ་པད་དཀར་འཛིན་པ་ངག་དབང་ཡེ་ཤེས་རྒྱ་མཚོ༧རྒྱལ་དབང་ལྔ་པ་ཆེན་པོའི་ཡང་སྲིད་ཡིན་མིན་འདྲི་རྩད་བྱས་པར་ཚང་མས་འདོད་གཅིག་གིས་མིན་པར་ཐག་བཅད་པས་ཞོང་ཁྲི་ལས་ཕབ་སྟེ་ལྕགས་པོ་རིར་དོ་དམ་བཀག་ཉར་བྱས། ཟླ12ཚེས24ཉིན་བླ་བྲང་སྟེང་དུ་དབུས་གཙང་གི་བླ་དཔོན་རྣམས་བསྐོངས་ཐོག ཧྲུན་གར་གྱི་སློན་ཆེན་ཚེ་རིང་དོན་གྲུབ་དང་། གདུགས་དཀར། ཆོས་འཕེལ་ཐའི་སང་གསུམ་བཅས་ནས་སྐད་ཕྱིན་གསང་སྔགས་རྙིང་མའི་ཆོས་རྩ་བ་ནས་བྱས་མི་ཆོག་པ་དང་། སྐུ་གསུང་ཐུགས་རྟེན་རྣམས་དོར་དགོས་པའི་ཁྲིམས་བསྒྲགས། དེ་ཉུབ་སྨིན་གླིང་ལོ་ཆེན་ཧྲུམ་ཤྲཱི་དང་། རྡོ་རྗེ་འཛིན་པ་བློ་བཟང་བསྟན་པའི་རྒྱལ་མཚན། གདུང་སྲས་པདྨ་འགྱུར་མེད་རྒྱ་མཚོ་སོགས་སྐྱིད་ཆུའི་འགྲམ་དུ་འཁྲིད་དེ་བཀྲོངས། ལོ་ཆེན་རིན་པོ་ཆེ་གནས་ཚང་ནས་ཕྱིར་ཕེབས་པ་དང་སྒྲུགས་ཞལ་འདོན་དཔྱ་ཚུགས་ཤིང་། ལྕགས་པོ་རིའི་རྒྱབ་ཏུ་ཕེབས་དུས་སྨོན་ལམ་འདེབས་པ་ཡིན་པས་རྩུང་ཞོགས་གསུངས་ནས་དེ་ཁར་ཞིང་ལ་གཤེགས། དེ་ནས་མ་འགྱངས་བར་སྨིན་གླིང་གདུང་སྲས་སྐུ་གཞོན་དང་། ཕྲུག་མཛོད་ཞབས་དྲུང་ལེགས་གྲུབ། རྡོ་བྲག་རིག་འཛིན་ཆེན་མོ་པདྨ་འཕྲིན་ལས། ལྷ་བཟང་ཁྣང་གི་གཞུང་ཞབས་གཙོ་གྲས་བུ་ཆུང་དང་། དངོས་གཞི་བ། པདྨ་ཚེ་རིང་། རྒྱལ་རྩེ་ལྷུང་ལོ་ཙན་པ་སོགས་བཀྲོངས། ཨོ་རྒྱན་སངས་རྒྱས་གཉིས་པའི་སྒྲུབ་གནས་མང་པོའི་སྒོ་བརྗིགས་ནས་བཀག རྡོ་རྗེ་བྲག་དགོན་པ་དང་། སྨིན་གྲོལ་གླིང་། ཆུ་ཤུར་ཐར་པ་གླིང་། གསང་སྔགས་བྱང་ཆུབ་གླིང་སོགས་རྙིང་ལུགས་ཀྱི་དགོན་པ་མང་པོ་རྨེག་མེད་དུ་བཏང་། སྨིན་གྲོལ་གླིང་གི་ཕྲུག་དཔེ་ཡོད་ཚད་ས་ཕུང་ལྟར་སྤུངས་ནས་དེ་སྟེང་ཕར་འགྲོ་ཚུར་འགྲོ་བྱེད་བཙུག གདན་ས་གསུམ་དང་བཀྲ་ཤིས་ལྷུན་པོ་བཅས་ཀྱི་འདབས་གནས་གྲོང་རྣམས་རྒྱང་རིང་པོར་བཞིག་སྡོ་བྱེད་བཙུག་པ་སོགས་བརྫབ་གསིག་ཆེན་པོ་བྱུང་།

ཧྲུན་གར་བའི་དཔོན་དམག་རྣམས་བོད་དབུས་གཙང་ཁུལ་དུ་རང་སྣང་གང་དྲན་གྱི་དབང་སྒྱུར་ལོ་གསུམ་ཙམ་བྱས་རིང་དགེ་ལུགས་པར་རྒྱབ་སྐྱོར་ཡིན་ཁུལ་ཤོད་མཁན་ཙམ་ལས། རྙིང་མའི་བསྟན་པ་ལ་ཏ་ཙང་གི་སྣང་ཟུག་ཆེན་པོ་བྱས་ཏེ་གཏོར་བརླག་ཚབས་ཆེན་བཏང་མཐར། ཁྣང་ཆེན་ནས་དང་། ཕོ་ལྷ་ནས། སྟེ་པ་ང་ཕོད་སོགས་ཀྱིས་ཧྲུན་གར་བར་ངོ་རྒོལ་བྱས་པས་ཧྲུན་གར་དཔོན་དམག་རྣམས་སྟོད་

ཐབས་མེད་པར་འཕགས་མཆོག་ལོ་ཀེ་ཤྭ་རེས་དབུས་སྐུ་གསུང་ཐུགས་རྟེན་སོགས་བོད་ཀྱི་དངོས་ནོར་ཁྱད་འཕགས་ཡོན་ཆེ་འཁྱེར་ཏེ། རབ་བྱུང་བཅུ་གཉིས་པའི་ལྕགས་བྱི(སྤྱི་ལོ1720)ལོར་ཕྱིར་འཐེན་བྱས། ནག་ཚང་བརྒྱུད་ཐོན་པའི་ཧུན་དམག་རྣམས་ཁང་ཆེན་ནས་ཀྱིས་རྗེས་འདེད་བཏང་སྟེ་ཧུན་དམག་མང་པོ་བསད། འཕགས་མཆོག་ལོ་ཀེ་ཤྭ་རེ་དང་རྫ་ཆེའི་དངོས་ནོར་ཁྱད་འཕགས་མང་པོ་ཚུར་བླངས་སོ།

འཇམ་དབྱངས་མཁྱེན་བརྩེ་དབང་པོ། རྗེ་འདི་ཉིད་ལ་ཡོངས་གྲགས་སུ་རྫོང་གསར་མཁྱེན་བརྩེའམ་དིལ་མགོ་མཁྱེན་བརྩེ་དང་། པདྨ་འོད་གསལ་མདོ་སྔགས་གླིང་པ་ཞེས་མཚན་གྱི་རྣམ་གྲངས་འགའ་མཆིས། རབ་བྱུང་བཅུ་བཞི་པའི་ལྕགས་འབྲུག(སྤྱི་ལོ1820)ལོའི་བོད་ཟླ་དྲུག་པའི་ཚེས་ལྔ་ལ་མདོ་ཁམས་སྡེ་དགེ་གཏེར་ཀླུང་དིལ་མགོའི་གྲོང་གི་དབྱར་རུ་ཁྱུང་ཆེན་བྲག་ཉེ་འདབས་སུ་ཡབ་རིན་ཆེན་རྣམ་རྒྱལ་དང་ཡུམ་བསོད་ནམས་མཚོ་གཉིས་ཀྱི་སྲས་སུ་འཁྲུངས། དགུང་ལོ་བཞི་ལྔ་ཙམ་ནས་ཡི་གེ་འབྲི་ཀློག་ལ་སྦྱངས་པས་ཐོགས་མེད་དུ་མཁྱེན། དགུང་ལོ་བཅུ་གཉིས་ཐོག་ཨེ་ཝྃ་ཐར་པ་རྩེའི་མཁན་ཆེན་བྱམས་པ་ནམ་མཁའ་འཆི་མེད་ཀྱི་ཡང་སྲིད་དུ་ངོས་བཟུང་། མཚན་འཇམ་དབྱངས་མཁྱེན་བརྩེའི་དབང་པོ་ཀུན་དགའ་བསྟན་པའི་རྒྱལ་མཚན་དཔལ་བཟང་པོ་ཞེས་གསོལ། དགུང་ལོ་ཉེར་གཅིག་པར་སྨིན་གླིང་མཁན་ཆེན་རིག་འཛིན་བཟང་པོ་ལས་བསྙེན་པར་རྫོགས། སྨིན་གླིང་ཁྲི་ཆེན་འགྱུར་མེད་སངས་རྒྱས་ཀུན་དགའ་དང་། ཞེ་ཆེན་འགྱུར་མེད་མཐུ་སྟོབས་རྣམ་རྒྱལ། ས་སྐྱ་པ་རྡོ་རྗེ་རིན་ཆེན་སོགས་ས་དགེ་བཀའ་རྙིང་གི་བླ་མ་སྐྱེས་བུ་དམ་པ་དང་། རིག་པའི་གནས་ལ་ཆུབ་པའི་མཁས་དབང་དུ་མའི་ཞབས་ལ་གཏུགས་ནས་མདོ་སྔགས་རིག་གནས་དང་བཅས་ཐུན་མོང་དང་ཐུན་མིན་གྱི་གཞུང་ལུགས་མཐའ་དག་སྦྱང་པ་དཔྱིས་ཕྱིན་མཛད། སྔ་འགྱུར་རྙིང་མའི་བཀའ་གཏེར་དག་སྣང་གི་ཆོས་བཀའ་རྣམས་དང་། བཀའ་གདམས་གསར་རྙིང་གི་ལྷ་ཆོས་གྲུབ་ཆེན་བི་རུ་པའི་ཐུགས་བཅུད་དཔལ་ལྡན་ས་སྐྱ་པ་ཡབ་སྲས་ལས་བརྒྱུད་ཅིང་ས་ངོར་མཚར་གསུམ་སོགས་སུ་བརྒྱུད་པའི་ལམ་འབྲས་བུ་དང་བཅས་པའི་གདམས་ངག བཀའ་བརྒྱུད་ཆེ་བཞི་ཆུང་བརྒྱད་བཅས་བཀའ་བཞི་བརྒྱུད་པའི་མན་ངག དཔལ་ལྡན་ཤངས་པ་བཀའ་བརྒྱུད་ཀྱི་ནི་གུའི་གསེར་ཆོས། དཔལ་དུས་ཀྱི་འཁོར་ལོའི་རྫོགས་རིམ་རྡོ་རྗེའི་རྣལ་འབྱོར་རྒྱལ་དུ་བཏོན་པ་སྦྱོར་བ་ཡན་ལག་དྲུག་པ་སོགས་གངས་ཅན་ལྗོངས་སུ་མན་ངག་གཙོ་བོར་བྱེད་པ། སྒྲུབ་བརྒྱུད་ཤིང་རྟ་བརྒྱད་དུ་གྲགས་པ་དེ་དག་གི་དབང་ལུང་ཁྲིད་དང་བཅས་པ་ཐུགས་ལ་གཏམས། དེ་བཞིན་རྒྱལ་བའི་བཀའ་འགྱུར་རིན་པོ་ཆེ་དང་། རྙིང་མ་རྒྱུད་འབུམ། བསྟན་འགྱུར་སོགས་ཀྱིས་གཙོས་འཕགས་བོད་རིས་མེད་ཀྱི་གསུང་ཆོས་ཡོངས་བསྡོམས་གླེགས་བམ་བདུན་བརྒྱ་ཙམ་གྱི་བཀླག་ལུང་མཐའ་དག་གསན་བཞེས་མཛད། མདོར་ན། གསང་སྔགས་གསར་རྙིང་དང་། ས་གཏེར། ཡང་གཏེར། དགོངས་གཏེར། རྗེས་དྲན། དག་སྣང་། སྙན་བརྒྱུད་བཅས་བཀའ་བབ་བདུན་དང་ལྡན་ཞིང་། རྙིང་མ་དང་། བཀའ་གདམས། ལམ་འབྲས། མར་པ་བཀའ་

བརྒྱུད། ཤངས་ཆོས། ཞི་གཅོད་རྡོ་རྗེའི་རྣལ་འབྱོར། བསྙེན་སྒྲུབ་བཅས་སྒྲུབ་བརྒྱུད་ཤིང་རྟ་བརྒྱད་ཀྱི་རིང་ལུགས་གསལ་བར་མཛད་པའི་དཔེ་གཞུང་དང་། སྨྲ། སྙན་ངག་གསོ་རིག་སྐར་སོགས་ཀྱི་གསུང་རྩོམ་པར་དུ་འཕོད་པ་གླེགས་བམ་བཅུ་གསུམ་བཞུགས་ཤིང་། ཞལ་སློབ་ཀུང་གོང་སྤྲུལ་ཡོན་ཏན་རྒྱ་མཚོ་དང་། འཇུ་མི་ཕམ་འཇམ་དབྱངས་རྣམ་རྒྱལ་རྒྱ་མཚོ། རྡོ་གྲུབ་ཆེན་འཇིགས་མེད་བསྟན་པའི་ཉི་མ། ས་སྐྱ་ཁྲི་ཆེན་བཀྲ་ཤིས་རིན་ཆེན། ན་ལེན་དྲའི་གཟིམས་འོག རྒྱལ་བ་ཀརྨ་པ་སྐུ་ཕྲེང་བཅུ་བཞི་པ་དང་བཅོ་ལྔ་པ། སི་ཏུ་སྐུ་ཕྲེང་བཅུ་པ་དང་བཅུ་གཅིག་པ། རྟག་ལུང་པ་རིན་པོ་ཆེ་དཀོན་མཆོག་བསྟན་པ་རབ་རྒྱས། བྲག་གཡབ་ནོ་མི་ཧན་ཆེན་སོགས་ས་བཀའ་སྙིང་གསུམ་དང་དགེ་ལུགས་པ། གཡུང་དྲུང་བོན་གྱི་བསྟན་པ་འཛིན་པ་སོགས་མཁས་གྲུབ་བསྟན་འཛིན་གྱི་སྐྱེས་བུ་བགྲངས་ལས་འདས་པ་བྱོན། གཞན་ཡང་སྐུ་གསུང་ཐུགས་རྟེན་བརྒྱ་ཕྲག་ལྷག་དང་། དེ་དག་བཞུགས་སུ་གསོལ་བའི་ལྷ་ཁང་ཆེ་ཆུང་སུམ་ཅུ་སྐོར་གསར་བཞེངས་མཛད་པ་སོགས་སྐུ་ཚེ་ཧྲིལ་པོར་བསྟན་འགྲོའི་དོན་འབའ་ཞིག་ལ་གཞོལ་ནས་རླབས་ཆེན་གྱི་མཛད་པ་རེ་ཞིག་མཐར་སོན་ཏེ། དགུང་གྲངས་དོན་གསུམ་བཞེས་པ་རབ་བྱུང་བཅོ་ལྔ་པའི་ཆུ་འབྲུག(སྤྱི་ལོ1892)ལོའི་བོད་ཟླ་གཉིས་པའི་ཚེས་ཉེར་གཅིག་ཉིན་སྐུ་མྱ་ངན་ལས་འདས།

འཇམ་དབྱངས་བསྟན་པའི་ཉི་མ། རབ་བྱུང་བཅུ་གཅིག་པའི་མེ་སྟག(སྤྱི་ལོ1686)ལོར་ཧོར་ཡུལ་ཨ་ཏ་ཧོ་ཆེན་དུ་སྐུ་འཁྲུངས། དགུང་ལ་བཞི་པ་རབ་བྱུང་བཅུ་གཉིས་པའི་ས་སྤྲུལ་ལོར་སྡེ་ཁྲི་རིན་པོ་ཆེ་བློ་བཟང་དོན་གྲུབ་ནས་དུས་འཁོར་རྒྱ་ནག་པ་ངག་དབང་ཕུན་ཚོགས་ཀྱི་ཡང་སྤྲུལ་དུ་ཐུགས་ཐག་བཅད། དགུང་ལོ་བདུན་པར་སྡེ་ཁྲི་རིན་པོ་ཆེ་ལས་རབ་ཏུ་བྱུང་། ཡི་གེ་སྦྱོར་ཀློག་གི་དབུ་བརྩམས། བཅུ་གཅིག་པར་བཀྲ་ཤིས་འཁྱིལ་དུ་ཕེབས། མཁས་གྲུབ་དམ་པ་དུ་མ་མཇལ། ཟབ་རྒྱས་ཆོས་ཀྱི་བགོ་སྐལ་ཐོབ། རབ་བྱུང་བཅུ་གཉིས་པའི་ཤིང་ཁྱི(སྤྱི་ལོ1694)ལོར་འཇམ་དབྱངས་བཞད་པའི་རྡོ་རྗེས་བརྩེ་བཞག་ཐོག་མར་གནང་སྐབས་ཆོས་གྲྭར་ཞུགས། གསུང་གི་བདུད་རྩི་ཚིམ་པར་བཞེས། བླ་མ་འཇམ་དཔལ་དབྱངས་ལ་བྱམས་ཆོས་དང་དབུ་མ་རིགས་ཚོགས་ཀྱི་ཚིག་རྒྱུགས་ཕུལ་ཏེ་ལེགས་སོ་ཐོབ། དགུང་ལོ་བཅུ་དྲུག་པར་སྤྱི་དོན་རིགས་རྒྱན་དང་བློ་རྟགས་སོགས་ཚད་མའི་སྐོར་གྱི་འབེལ་གཏམ་མཛད། དགུང་ལོ་ཉེར་གཅིག་ནས་ཉེར་གསུམ་བར་གཞུང་པོ་ཏི་ལྔ་སྦྱངས་པ་མཐར་ཕྱིན་མཛད་ཅིང་གོ་རིག་ཟུང་འབྲེལ་གྱི་རིགས་སྨྲ་འགྲན་ཟླ་མེད་པ་བྱུང་། ཉེར་ལྔ་པར་ཀུན་མཁྱེན་བླ་མའི་བཀའ་བཞིན་བཀའ་པོད་ལྔའི་བརྒལ་ལན་མཛད་དེ་རྡོ་རམས་པའི་དམ་བཅའ་ཐོབ་ཞིང་མཁས་པའི་གྲགས་པ་ཐོབ། རྗེ་འདི་སྐུ་ཚེ་སྟོད་ལ་བླ་བྲང་བཀྲ་ཤིས་འཁྱིལ་དུ་སློབ་གཉེར་མཛད་པ་དང་། སྐུ་ཚེ་སྨད་དུ་ཧོར་སོག་གི་ཡུལ་ཁུལ་ཁ་སོགས་སུ་བཞུགས་པ་དང་། སྐབས་འགར་སྐོར་རྒྱུག་ཀྱང་མཛད་དེ་དབང་ལུང་མན་ངག་གི་རྒྱུན་མང་དུ་སྤེལ། གཡོན་རུའི་སར་ཧུ་བེ་ཧུང་ཤང་གིས་སྦྱིན་བདག་བྱས་ཏེ་བདེ་མཆོག་གློས་བསླངས་ལྷར་གྱི་གཙུག་ལག་ཁང་བཞེངས། སྒོ་བཞི་ལ་རྒྱུད་དང་།

དུས་འཁོར། སྨན་པ། རིག་གནས་ཀྱི་གྲྭ་ཚང་བཞི་བཙུགས། བདེ་མོ་ཐང་དགའ་ལྡན་ཆོས་འཁོར་གླིང་དང་བླ་བྲང་དུས་འཁོར་གྲྭ་ཚང་གི་ཁྲིར་བཞུགས་ཏེ་མདོ་སྔགས་ཀྱི་འཆད་ཉན་རྒྱ་ཆེར་སྤེལ། སྟོང་ཁ་བརྒྱད་ཆུའི་ལྷ་ཁང་གཡུ་ཐོག་ཅན་བདེ་ཡངས་བཅས་པ་གསར་དུ་བསྐྲུན། དགུང་ལོ་ང་གསུམ་པ་རབ་བྱུང་བཅུ་གཉིས་པའི་ས་རྟ(སྤྱི་ལོ1738)ལོར་ཨུ་ཅི་མུ་ཆེན་གཡོན་རུའི་ཤོག་ཨེ་རིན་གྱི་སར་སྐུ་གཤེགས།

གསུང་ཆོས་དབུས་མཐའ་རྣམ་འབྱེད་ཀྱི་འགྲེལ་པ། དགེ་འདུན་ཉི་ཤུའི་རྣམ་གཞག དཔལ་ལྡན་རིག་པ་འཛིན་པའི་འཁོར་ལོས་བསྒྱུར་བ་སྤྲིན་གྱི་བཞོན་པའི་རྟོགས་བརྗོད་སོགས་མགུར་དང་སྙན་ངག་ཆབ་ཤོག གཞུང་འགྲེལ་རྟོགས་བརྗོད། ཟབ་མོ་ལྟ་བའི་དམིགས་ཁྲིད་ཐར་པའི་སྒོ་འབྱེད། ལྟ་མགུར་གྱི་འགྲེལ་པ་མཁས་པ་དགྱེས་པའི་མཆོད་སྤྲིན། ལམ་རིམ་ཆུང་ངུའི་བདེན་གཉིས་སྐབས་ཀྱི་མཆན་འགྲེལ་བློ་བཟང་དགོངས་རྒྱན། དཔལ་དུས་ཀྱི་འཁོར་ལོའི་སྐོར་ལས་བརྩམས་པའི་དྲིས་ལན་ལེགས་བཤད་པད་མོའི་སྟོན་པ། དཔལ་ལྡན་ལྷ་མོའི་བཟློག་བསྒྱུར་བྱ་ཚུལ་གནོད་འཚེ་ཀུན་གསལ་སོགས་པོད་གསུམ་ཙམ་བཞུགས།

འཇམ་དབྱངས་ཐུབ་བསྟན་རྒྱ་མཚོ། ལྷང་ལུང་ཁྲི་ཀན་རིན་པོ་ཆེ་འཇམ་དབྱངས་ཐུབ་བསྟན་རྒྱ་མཚོ་ནི། མདོ་སྨད་རྨ་ཆུ་ལྷོ་རྒྱུད་ཀྱི་རྩེ་གཞུང་སེང་གེའི་ལྷ་ཞོལ་གྱི་ཆར་གཏོགས་དགོན་ཤུལ་ཞེས་པའི་ཚོ་བར། ཡབ་སྐར་མ་དང་ཡུམ་མཚོ་མོ་སྐྱིད་གཉིས་ཀྱི་སྲས་སུ་རབ་བྱུང་བཅུ་བཞི་པའི་མེ་སྟག(སྤྱི་ལོ1866)ལོར་སྐུ་འཁྲུངས། མཚན་གུར་མགོན་སྐྱབས་ཞེས་གསོལ། དགུང་ལོ་དྲུག་པ་ལྟགས་ལུག་ལོར་རོང་པོ་དགོན་ཆེན་སྐུ་གོང་མའི་བཞུགས་གནས་ཀྱི་ཁྲིར་བཀོད། ལྷ་སེ་དགེ་འདུན་ཡོན་ཏན་ལས་ཀློག་དང་ཆོས་སྤྱོད་ཀྱི་རིགས་ཚེགས་མེད་པར་ཐུགས་སུ་ཆུད། དགུང་ལོ་བརྒྱད་པ་རབ་བྱུང་བཅོ་ལྔ་པའི་ཆུ་བྱ(སྤྱི་ལོ1873)ལོར་མཁན་ཆེན་རིན་པོ་ཆེ་བློ་བཟང་ལུང་རིགས་རྒྱ་མཚོའི་དྲུང་དུ་རབ་ཏུ་བྱུང་བའི་ཚུལ་ཁྲིམས་དང་ཚིགས་སྡོམ་དགེ་ཚུལ་གྱི་སྡོམ་པ་ཡང་དག་པར་བཞེས། མཚན་འཇམ་དབྱངས་བསྟན་འཛིན་རྒྱ་མཚོར་གསོལ། ཤིང་བཟའ་རྡོ་རྗེ་འཆང་བློ་བཟང་བསྟན་པའི་དབང་ཕྱུག་ཚུལ་ཁྲིམས་ཕུན་ཚོགས་ལས་དབང་ལུང་མང་དུ་གསན། བཅུ་གཅིག་པར་རོང་པོ་དགོན་ཆེན་བདེ་ཆེན་ཆོས་འཁོར་གླིང་གི་སྟེང་གྲྭར་བཞུགས། དགེ་བའི་བཤེས་གཉེན་དགེ་འདུན་བསྟན་འཛིན་ཡོངས་འཛིན་དུ་བསྟེན། གཞན་མཁན་ཆེན་ཡོངས་འཛིན་དགེ་འདུན་འོད་ཟེར་དང་དགེ་བཤེས་སྐྱི་རམས་པ་སོགས་ལ་དཔེ་ཁྲིད་ཅི་རིགས་ཞུས། དགུང་ལོ་བཅུ་དགུ་པ་ཤིང་སྤྲེལ(སྤྱི་ལོ1884)ལོར་མཁན་ཆེན་བློ་བཟང་ལུང་རིགས་རྒྱ་མཚོས་མཁན་སློབ་ཟླགས་མ་དང་། ཀུན་སྤངས་འདུལ་འཛིན་ཆེན་པོ་དགོན་རོང་ཚུལ་ཁྲིམས་རྒྱ་མཚོས་གསང་སྟེ་སྟོན་པའི་སློབ་དཔོན་མཛད་དེ་དགེ་སློང་གི་དངོས་པོར་བསྒྲུབས་ཤིང་མཚན་འཇམ་དབྱངས་ཐུབ་བསྟན་རྒྱ་མཚོ་དཔལ་བཟང་པོར་གསོལ། དགུང་ལོ་ཉེར་གསུམ་པ་ནས་རྡོ་རྗེ་འཆང་དགེ་འདུན་བསྟན་འཛིན་རྒྱ་མཚོ་དང་། བློ་བཟང་སྐལ་

ལྷུན་བསྟན་པའི་རྒྱལ་མཚན་ཕྱོགས་ལས་རྣམ་རྒྱལ། གྲུབ་ཆེན་འཇིགས་མེད་བསམ་གཏན། རྟ་རྒྱའི་སྤྲུལ་སྐུ་བློ་བཟང་ཚུལ་ཁྲིམས་རྒྱ་མཚོ་སོགས་མཁས་གྲུབ་དམ་པ་མང་པོའི་ཞབས་ལ་གཏུགས་ཏེ་ཟབ་གསང་ཆོས་ཀྱི་བདུད་རྩིས་ཐུགས་ཀྱི་བུམ་བཟང་ཡོངས་སུ་བཀང་། དགུང་ལོ་ཉེར་དགུ་པར་གདན་ས་ཆེན་པོའི་མཁན་ཁྲིར་བཞུགས་ཏེ་གདུལ་བྱ་མཐའ་ཡས་པའི་དོན་མཛད། སོ་ལྔ་པར་དཔལ་ལྡན་རྒྱུད་པ་གྲྭ་ཚང་གསང་སྔགས་བང་མཛོད་གླིང་གི་ཆོས་ཀྱི་ཁྲི་ལ་ཞབས་པད་བཀོད། དགུང་ལོ་ཞེ་གསུམ་པར་དབེན་གནས་དཀར་པོ་གཤོང་དུ་སྒྲུབ་པ་ཉམས་ལེན་མཛད་ཅིང་། སློབ་མ་མཆོག་བཞི་སྟེ་ཨ་རོལ་བློ་བཟང་ལུང་རིགས་བསྟན་པའི་རྒྱལ་མཚན། བསེ་ཁྲི་ཆེན་བློ་བཟང་བཀྲ་ཤིས་འཕྲིན་ལས་རྒྱ་མཚོ། རྫོང་དཀར་མ་ཅི་བ་བློ་བཟང་བཀྲ་ཤིས་ཆོས་འཕེལ་རྒྱ་མཚོ། གཡེར་གཤོང་སྔགས་ཆེན་པ་ངག་དབང་བསྟན་འཛིན་བློ་གྲོས་རྒྱ་མཚོ་སོགས་ལ་ཟབ་ཆོས་བདུད་རྩིའི་ཆར་ཆེན་ཕབ། དགུང་ལོ་ང་གཉིས་ལ་ཕེབས་སྐབས་པཎྜི་ཏ་བློ་བཟང་དཔལ་ལྡན་དང་། དུས་ཞབས་པ་མཚོ་བྱུང་དགྱེས་པའི་དྲུང་ནས་རིག་གནས་སྙན་སུམ་སོགས་གསན། དགུང་ལོ་ང་དྲུག་པ་རྩ་ཁྲི་ལོར་གདན་ས་ཆེན་པོ་བདེ་ཆེན་ཆོས་འཁོར་གླིང་དུ་ཕེབས། སྐྱབས་མགོན་མཆོག་སྤྲུལ་རིན་པོ་ཆེ་བློ་བཟང་འཕྲིན་ལས་ལུང་རྟོགས་རྒྱ་མཚོ་དཔལ་བཟང་པོ་ལ་མཁན་སློབ་ སྦྲགས་མར་མཛད་དེ་རབ་བྱུང་དང་དགེ་ཚུལ་གྱི་སྡོམ་པ་དགྱེས་གཅིག་ཏུ་ཕུལ། དགུང་ལོ་ང་བརྒྱད་པར་གདན་སར་འདུ་ཁང་གསར་བཞེངས་དང་རབ་གནས་མཛད། བྲག་དཀར་རྗེ་རྗེ་རྫོང་དང་། དབེན་གནས་ཆོས་ཀྱི་ཕོ་བྲང་གི་གཞི་བཏིང་། དགུང་ལོ་ང་དགུར་ཕེབས་སྐབས་གཱིརྟི་བློ་བཟང་འཕྲིན་ལས་ཀྱི་རྣམ་ཐར་བརྩམས། དགུང་ལོ་དྲུག་ཅུ་ལ་ཉེ་བའི་སྐབས་རོང་པོ་སྐུ་ཕྲེང་བདུན་པའི་ཡོངས་འཛིན་མཛད། གསུང་རྩོམ་ལ་མཆོན་ན། སྡོམ་གསུམ་ཁ་སྐོང་སྐལ་བ་བཟང་པོའི་ལེགས་ལམ་དང་། གཱིརྟི་རྣམ་ཐར་ཆེན་མོ། ཉེར་མཁོའི་ཁྲིད་ཡིག་མང་པོ་རྣམས་གསོ་བོར་གྱུར་པའི་པོད་བཅུ་བཞི་བརྐལ་བ་བཞུགས། མཐར་དགུང་ལོ་དྲུག་ཅུ་རེ་གསུམ་ལ་ཕེབས་པ་རབ་བྱུང་བཅུ་དྲུག་པའི་ས་འབྲུག(སྤྱི་ལོ1928)ལོར་སྐུ་གཤེགས།

འཇམ་དབྱངས་བཞད་པ་འཇིགས་མེད་དབང་པོ། འཇམ་དབྱངས་བཞད་པ་སྐུ་ཕྲེང་གཉིས་པ་དཀོན་མཆོག་འཇིགས་མེད་དབང་པོ་མཆོག་ནི་སྨད་རའི་གསེར་ཁང་དང་ཁད་ཤིན་ཏུ་ཉེ་བའི་སྡེ་ཆེན་གྲམ་པ་ནང་དུ་ཡབ་གཙན་ཚའི་དཔོན་པོ་ངག་དབང་རྣམ་རྒྱལ་དང་ཡུམ་རྣམ་སྐྱིད་གཉིས་ཀྱི་སྲས་སུ་རབ་བྱུང་བཅུ་གཉིས་པའི་ས་སྤྲེལ(སྤྱི་ལོ1728)ལོར་སྐུ་འཁྲུངས། མཁའ་སྤྱོད་གྲུབ་ཆེན་པས་ཀུན་མཁྱེན་འཇམ་དབྱངས་བཞད་པའི་རྗེ་རྗེའི་ཐུགས་ཀྱི་སྤྲུལ་པར་ལུང་གིས་བསྟན། དགུང་ལོ་ལྔའི་སྟེང་ཧོག་ནོར་བུ་རྒྱལ་མཚན་ལས་དགེ་བསྙེན་དང་། དགུང་ལོ་དྲུག་པ་ལ་དགེ་ཕྲུག་ཆོས་རྗེ་ལས་རབ་ཏུ་བྱུང་། མཚན་ངག་དབང་རྒྱལ་མཚན་དུ་གསོལ། དགུང་ལོ་བདུན་ནས་བཟུང་ཁུ་བོ་སྟོང་འཁོར་རིན་པོ་ཆེའི་དྲུང་ལས་ཟབ་ཆོས་མང་དུ་གསན། སྐུ་ཞང་དགེ་སློང་བློ་གྲོས་རྒྱ་མཚོ་ལས་ཀློག་བསླབས། དགུང་ལོ་བཅུ་གསུམ་པར་སྟོང་

འཁོར་རིན་པོ་ཆེ་བསོད་ནམས་རྒྱ་མཚོ་ལས་དགེ་ཚུལ་བསྒྲུབས། མཚན་འཇམ་དབྱངས་འཕྲིན་ལས་སུ་གསོལ། དགུང་ལོ་བཅུ་དྲུག་ལ་ཕེབས་པ་ཆུ་ཕག(སྤྱི་ལོ1743)ལོར་བཀྲ་ཤིས་འཁྱིལ་དུ་གདན་དྲངས། དེར་མཁས་དབང་རབ་བརྟན་རྒྱ་མཚོ། རོང་པོ་མེ་ཏན་ཆོས་རྗེ་ལ་སོགས་དགེ་བའི་བཤེས་གཉེན་བཅུ་ཕྲག་ལྷག་ནས་བསྟུས་གྲྭ། ཕར་ཕྱིན། ཚད་མའི་དཀའ་གནད་བཅས་དང་། སྒྲ་སྙན་ངག སྡེབ་སྦྱོར། སྐར་རྩིས་སོགས་ལེགས་པར་སྦྱངས། མཁན་ཆེན་དགེ་འདུན་རྒྱ་མཚོ། རྗེ་ཀུན་སྤངས་བློ་བཟང་བཀྲ་ཤིས། གྲུབ་དབང་སྟོབས་ལྡན་རྒྱ་མཚོ་སོགས་མཁས་གྲུབ་དམ་པ་དུ་མའི་དྲུང་དུ་རྒྱུད་སྡེ་བཞིའི་དབང་ཆེན་དང་། དཔལ་སྡེ་གསང་འདུས་བྱེད་རིམ་གཉིས་སོགས་ཀྱི་བཀའ་ཆོས་མང་པོ་གསན། དགུང་གྲངས་ཉེར་གཉིས་ལ་ལྷུང་སྐྱོ་རོལ་པའི་རྡོ་རྗེ་ལས་བསྙེན་པར་རྫོགས། མཚན་དཀོན་མཆོག་འཇིགས་མེད་དབང་པོ་ཡེ་ཤེས་བརྩོན་འགྲུས་ཞེས་གསོལ། དགུང་གྲངས་ཉེར་ལྔ་ལ་ཕེབས་པ་ཆུ་སྤྲེལ(སྤྱི་ལོ1752)ལོར་དབུས་གཙང་དག་པའི་ཞིང་ཁམས་སུ་ཕེབས། འབྲས་སྤྲོ་མང་གྲྭ་ཚང་གི་ཆོས་སྒོར་ཞུགས། ༧རྒྱལ་དབང་བསྐལ་བཟང་རྒྱ་མཚོ་མཆོག་དང་། པཎ་ཆེན་དཔལ་ལྡན་ཡེ་ཤེས། བཀའ་གདམས་མངའ་བདག མི་དྭེའི་ཞབས། ས་སྐྱ་བདག་ཆེན་ཀུན་དགའ་བློ་གྲོས་སོགས་མཁས་གྲུབ་མང་པོ་ལས་ཁྱུངས་རྣམ་དག་གི་དབང་ལུང་རྗེས་གནང་ཁྲིད་མན་ངག་དུ་མ་འབབ་པས་གསན། གསང་ཕུར་དཀའ་བཅུ་མཛད། དེ་ལྟར་ལོ་ངོ་བརྒྱད་རིང་ཆོས་ཟབ་རྒྱས་གདམས་པའི་མཛོད་བརྙེས། གཞུང་མདོ་རྒྱུད་རྒྱ་མཚོའི་མཐར་སོན། ཆོས་འཆད་རྩོད་རྩོམ་པའི་མངའ་བདག་ཏུ་གྱུར། བོད་དབུས་ཀྱི་སྐྱེ་མཆོག་དུ་མས་མདོ་སྨད་ཀྱི་མ་ཧཱ་པཎྜི་ཏ། ངེས་པ་དོན་གྱི་བསྟན་པའི་བདག་པོ་ཞེས་གཟེངས་སུ་བསྟོད། ས་ཡོས(སྤྱི་ལོ1759)ལོར་ཡུལ་མདོ་སྨད་དུ་ཕེབས། དགུང་ལོ་སོ་དྲུག་ལ་བྱམས་པ་གླིང་དང་། སོ་བརྒྱད་ལ་སྐུ་འབུམ་གྱི་ཁྲིར་ཕྱིན། ཆོས་སྡེ་ཆེན་པོའི་ལུགས་གཉིས་ཀྱི་ལས་སྡེ་བཞི་ཡར་ངོའི་ཟླ་ལྟར་རྒྱས་པར་མཛད། གདན་ས་རང་དུ་དཔལ་དུས་འཁོར་གྱི་འདུས་གྲྭ་གསར་དུ་བཙུགས་པ་དང་། སྨྲ་ཡིག་རིགས་རྩིས་ཀྱི་སློབ་གཉེར་བཙུགས། གསོ་རིག་གྲྭ་ཚང་གསར་དུ་བསྐྲུན་ཏེ་གསོ་རིག་བརྒྱུད་བཞིའི་འཆད་ཉན་སྤེལ། དགུང་ལོ་ཞེ་གཉིས་པར་རྗེ་ལྕང་སྐྱ་རོལ་པའི་རྡོ་རྗེ་ལས་རིམ་ལྔ་གསལ་སྒྲོན་སོགས་ཆོས་ཟབ་རྒྱས་ཞུ་བར་རྒྱ་ནག་རི་བོ་རྩེ་ལྔར་ཕེབས། ཆུ་འབྲུག་ལོར་གདན་སར་ཕྱིན། བཀྲ་ཤིས་ལྷུན་པོའི་སྲོལ་ལྟར་ཟློལ་ཛམས་བརྗིད་ཀྱི་སྒྲུང་མའི་གར་འཆམ་གསར་དུ་བཙུགས། རྗེ་བླ་མའི་ལེགས་བཤད་སྙིང་པོ་དང་། དཔལ་འདུས་པའི་རྒྱུད་འགྲེལ་རིམ་ལྔ། བསྡུས་རྒྱུད་འགྲེལ་ཆེན། ལམ་རིམ་གྱི་ཁྲིད་གཟབ་བཤད་ཡང་ཡང་ཞིབ་ཏུ་བསྩལ།

དགུང་ལོ་ང་བདུན་ལོར་སླར་ཡང་དབུས་སུ་ཕྱིན་ཏེ་གདན་ས་ཆེན་པོ་སེ་འབྲས་དགེ་གསུམ་དང་། ལྷ་ས། བསམ་ཡས། ར་སྒྲེང་། དབུས་ཀྱི་གདན་ས་ཐམས་ཅད་དང་། རོང་འབྱམས་ཆེན་དཔལ་འཁོར་ཆོས་ཀྱི་སྡེ། དཔལ་བཀྲ་ཤིས་ལྷུན་པོ། ས་སྐྱ་རྟག་བརྟན། ཞ་ལུ་སོགས་དགོན་སྡེ་རིས་མེད་པར་མཆོད་

སྦྱིན་རྒྱ་ཆེན་པོ་མཛད། གར་ཐེབས་སུ་དཔེ་རྒྱུན་དཀོན་པ་གང་ཡོད་རྩད་བཅད་དེ་ཡོན་འབུལ་གྱིས་བླུས་པ་དང་དད་འབུལ་བཅས་པོ་ཏ་སུམ་སྟོང་ལྷག་བྱུང་བ་རྣམས་བྲི་བཤུས་དང་པར་བརྐོས་ཀྱིས་པོ་ཏ་ཁྲི་ཕྲག་བརྒྱལ་བ་བསྒྲིགས། མེ་རྟ(སྤྱི་ལོ1786)ལོར་མདོ་སྨད་གདན་སར་ཆིབས་ཁ་བསྒྱུར། དད་ལྡན་སློབ་མ་ལྷ་སྟོང་ཙམ་ལ་རྒྱུད་མི་ཏྲའི་དབང་གིས་སྨིན་པར་མཛད། ཞལ་སློབ་ཀུང་དགའ་ལྡན་ཁྲི་ཆེན་རེ་གཉིས་པ་བློ་བཟང་སྨོན་ལམ། ཁྲི་ཆེན་བློ་བཟང་བཀྲ་ཤིས། པཎ་ཆེན་བསྟན་པའི་ཉི་མའི་ཡོངས་འཛིན་རྣམ་གསུམ་བཅས་ལ་ཆོས་བཀའ་ཕན་ཚུན་གསན། དགུང་ལོ་རེ་གཅིག་པ་ས་སྤྲེལ(སྤྱི་ལོ1788)ལོར་གནས་མཆོག་སྐུ་འབུམ་དུ་རྗེའི་གསུང་འབུམ་ལྷུགས་ལུང་ཡོངས་རྫོགས་གནང་། བླ་བྲང་དུ་གསེར་ཁང་བྱམས་པ་བཞེངས། སྟོང་འཁོར་དགོན་དུ་རྗེ་བསོད་ནམས་རྒྱ་མཚོའི་དངུལ་གདུང་དང་སྣང་རར་བྱམས་སྐུ་བཞེངས། ས་བྱ(སྤྱི་ལོ1789)ལོར་བྱ་ཁྱུང་ཐེག་ཆེན་བཤད་སྒྲུབ་གླིང་གི་ཁྲིར་ཐེབས།

རྗེ་མཆོག་གིས་དཔལ་ས་སྐྱའི་གདན་ས་ནས་དབང་ཕྱོགས་རྒྱ་མཚོའི་མཐའི་བར་གྱི་ཡུལ་གྲུ་ཐལ་མོ་ཆེར་ཞབས་ཀྱིས་བཅགས་ཏེ་དབང་རྗེས་གནང་དང་། ལུང་ཁྲིད་མན་ངག སྒྲ་དང་སྙན་ངག་སློབ་པ་སོགས་མདོ་སྔགས་རིག་གནས་ཀྱི་བཤད་རྒྱུན་བཞིན་བསྐྱངས། ཨ་མཆོག་དགོན་དང་། རི་ཁྲོད་བཀྲ་ཤིས་དགེ་འཕེལ། དམེ་ཤུལ་དཀར་པོ་གཤོང་། དམུ་དགེ་དགོན། མཛོད་དགེ་སྒར་སྙིང་རྣམས་སུ་རྒྱུད་གྲྭ་བཙུགས་པ་སོགས་ཆོས་སྡེ་གསར་བསྐྲུན་དང་གྲྭ་ཚང་གསར་འཛུགས་དུ་མ། གཙོས་རྒྱ་མཁར་སྣར། ཆོས་རྫོང་། མཆོད་རྟེན་ཤར། སྟོན་མོ་ཐང་། རྐང་ཚའི་དགོན། སྣེ་མོ་སོགས་དགོན་སྡེ་བཞི་བཅུ་ཉེ་བར་འཛིན་བདག་མཛད་དེ་ལུགས་གཉིས་ཀྱི་བཀའ་དྲིན་ཚད་མེད་པས་བསྐྱངས། བཀའ་རྩོམ་ཡང་། ཀུན་མཁྱེན་འཇམ་དབྱངས་བཞད་པའི་རྡོ་རྗེའི་རྣམ་ཐར་དང་། ལྕང་སྐྱ་རྡོ་རྗེའི་འཁྲུངས་རབས། བསྟན་བཅོས་ཆེན་མོ་དབུ་མ་འཇུག་པའི་མཐའ་དཔྱོད་ལུང་རིགས་སྒྲོན་མེ། དམ་པའི་ཆོས་མངོན་པ་མཛོད་ཀྱི་དོན་ལེགས་པར་བཤད་པ་རིན་པོ་ཆེའི་གྲུ་གཟིངས། སྐྱེས་རབས་སོ་བཞི་པའི་འགྲེལ་པ་མཁས་པའི་མགྲིན་རྒྱན། ཡི་དམ་སྒྲུབ་སྐོར་གྱི་རིམ་པ་དགོས་འདོད་ཀུན་བྱུང་། དཔལ་ལྡན་དམག་ཟོར་རྒྱལ་མོའི་སྒོ་ནས་ཟོ་མོ་བརྟག་ཚུལ་ཀུན་གསལ་མེ་ལོང་སོགས་མདོ་སྔགས་ཀྱི་བསྟན་བཅོས་རྣམ་ཐར་སོགས་པོད་བཅུ་གཉིས་ལྷག་མཛད། དགུང་ལོ་རེ་བཞི་ལ་ཐེབས་པ་རབ་བྱུང་བཅུ་གསུམ་པའི་ལྕགས་ཕག(སྤྱི་ལོ1791)ལོར་ཀ་མདོ་མདོང་དམར་སྣར་སྐུ་གཤེགས།

འཇམ་དབྱངས་བཞད་པའི་རྡོ་རྗེ། རྗེ་བདག་ཉིད་ཆེན་པོ་འདི་ཉིད་ཡབ་དབལ་ཤུལ་འབུམ་རྒྱལ་དང་། ཡུམ་ཐར་མེ་བྱམས་གཉིས་སྲས་སུ་རབ་བྱུང་བཅུ་གཅིག་པའི་ས་བྱི(སྤྱི་ལོ1648)ལོར་མདོ་སྨད་གནས་ཆེན་བྲག་དཀར་བསང་གི་རྫོ་གེར་ལྷས་ཁྲ་ཏིང་ཞེས་པའི་ཡུལ་དུ་སྐུ་འཁྲུངས། དགུང་ལོ་ལྔ་པར༧རྒྱལ་བ་ལྔ་པ་ཆེན་པོ་མཚོ་ཁར་ཐེབས་པ་དང་མཇལ། དགུང་ལོ་བདུན་ནས་ཁུ་བོ་དགེ་སློང་བསོད་ནམས་ལྷུན་གྲུབ་ཀྱི་

དྲུང་དུ་ཡི་གེ་འབྲི་སློག་ལ་སློབ་གཉེར་མཛད་པས་རིང་པོར་མ་ཐོགས་པར་འབྲི་སློག་ལ་བྱང་པར་གྱུར། དགུང་ལོ་བཅུ་གསུམ་པར་ཁྲོ་མཆོག་ཡེ་ཤེས་རྒྱ་མཚོ་བ་ལས་རབ་བྱུང་དང་དཔའ་གཅིག་གི་རྗེས་གནང་ཞུས། མཚན་བློ་བཟང་རྒྱལ་མཚན་ཞེས་གསོལ། རྗེ་འདི་ལས་ཆོས་མང་དུ་གསན། དགུང་ལོ་ཉེར་གཅིག་པ་ས་སྤྲེལ(སྤྱི་ལོ1668)ལོར་དབུས་སུ་བྱོན། འབྲས་སྤུངས་སྒོ་མང་ཆོས་གྲྭར་སློབ་དཔོན་བློ་གྲོས་རྒྱ་མཚོ་ལས་བཅོ་བཞག་དང་། བསྡུས་གྲྭ་མི་འདྲ་བ་མང་པོ། བློ་རིགས། རྣམ་བཤད་སྙིང་པོ་རྒྱན། གསེར་ཕྲེང་། འགྲེལ་ཆུང་དོན་གསལ། ཟུར་བཀོལ་བཞི། ལེགས་བཤད་སྙིང་པོ། རྣམ་བཤད་དགོངས་པ་རབ་གསལ། འདུལ་བ་ལུང་རིགས་གཏེར་མཛོད་སོགས་མདོ་ཕྱོགས་ཀྱི་ཆོས་ཕལ་ཆེར་གསན། གསོལ་ཚས་བཀྲེན་པས་རྒྱུན་པར་སྲན་ཇོག་དང་ཆུ་རྒྱུང་བཞེས་ནས་འཚོ་བར་མཛད། དགུང་ལོ་ཉེར་ལྔ་བ་ལ་གསང་ཕུར་དཀའ་བཅུའི་མཚན་བཞེས། དེའི་ཕྱི་ལོར་ཆོས་ཁྲི་སེར་པོར་གྲྭ་སྐོར་མཛད། དགུང་ལོ་ཉེར་བདུན་པ་ཤིང་སྟག(སྤྱི་ལོ1674)ལོར་ཀུན་གཟིགས་ལྔ་པ་ཆེན་པོ་ལས་བསྙེན་པར་རྫོགས། མཚན་ངག་དབང་བརྩོན་འགྲུས་ཞེས་བསྩལ། སྔགས་ཀྱི་གཞུང་འགའ་ཞིག་དང་སྒྲ་སྙན་ཞོར་ཆོས་སུ་བསླབས། དགུང་ལོ་ཉེར་དགུ་པ་ལ་རྒྱུད་སྨད་དུ་ཞུགས་ནས་སྔགས་ལ་སྦྱངས་པ་མཛད། རྒྱུད་ཆེན་བློ་གྲོས་རྒྱ་མཚོ་ལས་འགྲེལ་བའི་བཤད་ལུང་། དབེན་ས་ནས་བརྒྱུད་པའི་འཕྲུལ་འཁོར་སོགས་ཟབ་ཁྲིད་མང་དུ་གསན། རྒྱུད་སྡེ་སོ་སོའི་དཀྱིལ་འཁོར། མཆོད་རྟེན་བརྒྱད། ལས་བཞིའི་སྦྱིན་སྲེག་གི་ཐིག་སོགས་གར་དབྱངས་རྒྱུད་ན་གང་ཡོད་ལ་སློབ་གཉེར་མཛད། བ་སོར་ལྷ་ཁྲིད་བསྐྱངས་པས་ཟབ་མོ་དབུ་མའི་ལྟ་བ་ཁྱད་པར་ཅན་དང་། ཆུ་མིག་ལུང་དུ་རིམ་ལྔའི་ཁྲིད་བསྐྱངས་པར་ཉམས་རྟོགས་རྒྱུད་ནས་གསུངས་པ་བཞིན་འཁྲུངས། རྒྱུད་ཀྱི་དམ་བཅའ་ཆེན་མོ་ཐོན། དགུང་ལོ་སོ་གསུམ་པ་ལ་རི་བོ་དགེ་འཕེལ་དུ་བྱོན། སྲིད་རྒྱུད་རྡོ་རྗེ་འཆང་དཀོན་མཆོག་ཡར་འཕེལ་སྐྱུན་ཤིན་ཏུ་སྨིན་པས། དམ་ཅན་ཆོས་རྒྱལ་ལ་རྗེ་བླ་མའི་སྙན་བརྒྱུད་གང་ལ་གཏད་པའི་སློབ་མ་ཞིག་ཡོད་ན་ད་ལྟ་ཉིད་དུ་བཀུག་ཡོང་དགོས་ཞེས་འཕྲིན་ལས་གཉེར་དུ་གཏད་པས་རྗེ་འདི་ཉིད་ཕེབས། སྙན་བརྒྱུད་མན་ངག་གི་སྐོར་རྫོགས་པར་གནང་། སྔགས་པ་དཔོན་སློབ་ཚུལ་ཁྲིམས་མཚན་ཅན། ཕ་བོང་ཁ་བ་འཇམ་དབྱངས་གྲགས་པ། རྒྱལ་སྲས་མེ་ཉག་རིན་པོ་ཆེ། གྲུབ་ཆེན་ཤ་བོ་བ། གྲགས་པ་བླ་མ་བསོད་ནམས་སོགས་མཁས་གྲུབ་དུ་མ་ལས་ཟབ་ཆོས་མང་དུ་གསན། བཀའ་རྩོམ་གྲངས་ངེས་རྣམ་འབྱེད་དང་། སྒོ་མང་གི་ཡིག་ཆ་ཕལ་ཆེར། འཇིགས་བྱེད་ཆོས་འབྱུང་། སེམས་གཟུགས་མཐའ་དཔྱོད་ཆེན་མོ། གྲུབ་མཐའ་རྩ་འགྲེལ། སྙན་ངག་གི་བསྟན་བཅོས་དབྱངས་ཅན་ཞལ་ལུང་སོགས་མཛད། དགུང་ལོ་ང་གསུམ་པ་རབ་བྱུང་བཅུ་གཉིས་པའི་ལྕགས་འབྲུག(སྤྱི་ལོ1700)ལོར༧རྒྱལ་དབང་དྲུག་པ་རིན་པོ་ཆེའི་བཀའ་བཞིན་འབྲས་སྤུངས་སྒོ་མང་མཁན་པོར་ཕེབས། ཆོས་ཀྱི་སྦྱིན་པ་རྒྱ་ཆེར་བསྩལ་ཏེ་ཐུབ་བསྟན་བཤད་སྒྲུབ་ཀྱིས་སྤེལ་བའི་ཆེ་བ་ཟླ་མེད་པར་གྱུར། གྲྭ་ཚང་གི་ཐུགས་བཞེད་བཞིན་བཀའ་པོ་ཏ་ལྷག་མ་རྣམས་ཀྱི་

མཐའ་དཔྱོད་ལྷུགས་རྩོམ་མཛད། ཕར་ཕྱིན་སྟོན་མོའི་སྒྲོལ་ཊུབ་པ་སོགས་འགྲིག་ལམ་ཉམས་པ་འགའ་ཞིག་གསོས། མདོ་ སྔགས་གཉིས་ཀ་དར་རྒྱས་བྱུང་། སྔགས་ཁང་གི་འཇིགས་བྱེད་དང་སྒོ་མང་བླ་བྲང་ཞིག་གསོས་མཛད། ཞལ་སྲུས་རྒྱ་མཚོ་མའི་སྒྲོལ་ཊུབ་པ་གསོས། གྲྭ་ཚང་གི་སྟོང་ཐེབས་སུ་གཞིས་ཀ་དུ་མ་བསྒྲིགས་པ་སོགས་ལུགས་གཉིས་མཛད་སྒོ་རླབས་ཆེ་བ་འདི་འདྲ་སྒོ་མང་བླ་མ་སྤྱི་ཕྱི་གང་གི་སྐབས་སུའང་མ་བྱུང་སྐད། མེ་ཕག(སྤྱི་ལོ1707)ལོར་ཟུར་བཞུགས་ཀྱིས་ཕ་བོང་ཁའི་གདན་ས་པ་མཛད། དེ་ན་ཨེ་ཧེ་ཧྲ་ནང་གི་གདན་ཞུས་ལྟར་མདོ་སྨད་བཀྲ་ཤིས་འཁྱིལ་དུ་ཕྱིན། ཀང་ཚའི་དཀའ་བཅུ་སོགས་ཀྱིས་དགོན་ས་ཐུལ་བས་ས་གླང(སྤྱི་ལོ1709)ལོར་བཀྲ་ཤིས་འཁྱིལ་གྱི་དགོན་པ་ཕྱག་བཏབ། ལྕགས་སྟག(སྤྱི་ལོ1710)ལོར་དགོན་ལུང་ནས་འགྲེལ་བ་བཞི་སྦྲགས་བཤད་ལུང་གནང་སྐྱེ་རྒྱུད་གྲྭ་བཙུགས། རྗེ་གང་ཉིད་སྐུ་མ་འདས་བར་ལུགས་གཉིས་ཀྱིས་བསྐྱངས་པས་མདོ་སྔགས་བཤད་སྒྲུབ་ཀྱི་ཀང་ཚུགས། དེ་ནས་བཟུང་སྐུ་ཕྲེང་རིམ་བྱོན་གྱིས་གདན་ས་བསྐྱངས།

བཀའ་རྩོམ་ཡང་ཕར་ཕྱིན་སྐབས་བདུན། དབུ་མའི་བདེན་གཉིས་ཀྱི་མཐའ་དཔྱོད། རྣམ་འགྲེལ་ཊཱིཀྐ། འཇིགས་བྱེད་ཆོས་འབྱུང་། བསྟན་རྩིས་ཚིགས་བཅད་མ་སོགས་པོད་བཅོ་ལྔ་མཛད། བུ་སློབ་ཀྱང་བསྟན་པའི་མངའ་བདག་ཏུ་གྱུར་པ་པད་དཀར་འཛིན་པ་ངག་དབང་ཡེ་ཤེས་རྒྱ་མཚོ། རྒྱལ་བ་གཉིས་པའི་གདན་སར་བཞུགས་པའི་ཁྲི་ཆེན་བཞི། འགྲོ་བ་དུ་མའི་འདྲེན་པར་གྱུར་པའི་བླ་ཆེན་བཅུ། ཆོས་ཀྱི་གདན་ཁྲིས་མཐོ་བའི་མཁན་ཆེན་ལྔ། སྒྲུབ་པའི་རྒྱལ་མཚན་འཛིན་པའི་རྣལ་འབྱོར་པ་བཞི། འཆད་ཉན་གྱི་རྒྱལ་མཚན་འཛིན་པའི་སློབ་དཔོན་ཉེར་དགུ། ལུང་དང་རིགས་པ་སྨྲ་བའི་བཤེས་གཉེན་བཞི། རིག་པའི་གནས་ལྔ་ལ་སྦྱངས་པའི་པཎྜི་ཏ་གསུམ་སོགས་རྣམ་ཐར་དུ་གསལ་བའི་སྐོར་དང་། གདན་རབས་ལས་འབྱུང་བའི་ཉེར་བདུན་སོགས་བགྲང་ལས་འདས་སོ། མཐར་དགུང་ལོ་དོན་ལྔ་ལ་ཕེབས་པ་རབ་བྱུང་བཅུ་གཉིས་པའི་ཆུ་སྟག(སྤྱི་ལོ1722)ལོར་སྐུ་གཤེགས།

འཇིགས་མེད་དམ་ཆོས་རྒྱ་མཚོ། འཁྲུངས་ཡུལ་མདོ་སྨད་རེབ་གོང་གསེར་མོ་ལྗོངས་ཀྱི་ཆར་གཏོགས་ཨ་ཕེར་དུ་གྲགས་པའི་འབྲོག་སྡེ་ཁམ་མདངས་ཞེས་བྱ་བར། ཡབ་དགེ་འདུན་བསོད་ནམས་དང་ཡུམ་སྒྲོན་མ་སྐྱིད་གཉིས་ཀྱི་སྲས་སུ་རབ་བྱུང་བཅོ་ལྔ་པའི་ས་ཁྱི(སྤྱི་ལོ1898)ལོར་སྐུ་འཁྲུངས། སྐྱབས་མགོན་ཤར་ཐམས་ཅད་མཁྱེན་པ་བློ་བཟང་སྐལ་ལྡན་བསྟན་པའི་རྒྱལ་མཚན་དང་། ཞྭ་དམར་པཎྜི་ཏ་རྣམ་གཉིས་ཀྱིས་རྗེ་འཇིགས་མེད་བསམ་གཏན་གྱི་སྤྲུལ་སྐུར་ངོས་འཛིན་མཛད། དགུང་ལོ་བདུན་པར་རྗེ་ཞྭ་དམར་པཎྜི་ཏ་དགེ་འདུན་བསྟན་འཛིན་རྒྱ་མཚོ་ལས་དགེ་བསྙེན་དང་བར་མ་རབ་བྱུང་གི་ཚུལ་ཁྲིམས་ཡང་དག་པར་བཞེས། མཚན་འཇིགས་མེད་དམ་ཆོས་རྒྱ་མཚོ་ཞེས་གསོལ། སྐྱབས་རྗེ་དམ་པ་འདི་ལས་གསུང་གི་བདུད་རྩི་ཚིམ་པར་མྱངས་པས་རྩ་བའི་བླ་མ་སྐྱབས་གནས་ཉག་གཅིག་ཏུ་མཛད། དེ་ནས་མ་འགྱངས་པར་རྗེ་

སྒོང་མའི་གདན་ས་ཀ་རིང་བཀྲ་ཤིས་ཆོས་གླིང་དུ་ཕེབས། ཤིང་སྦྲུལ་ལོར་གཙན་ཚའི་བྲག་ལུང་དགོན་དུ་ཕེབས་ཏེ་རྗེ་ཞྭ་དམར་རིན་པོ་ཆེ་ལས་མཉམ་མེད་རི་བོ་དགེ་ལྡན་པའི་ཟབ་ཆོས་དང་ཁྱད་པར་རྡོ་རྗེ་འཇིགས་བྱེད་ལྷ་བཅུ་གསུམ་པའི་དབང་ཞུས། གསང་མཚན་རིན་ཆེན་རྡོ་རྗེ་ཞེས་གསོལ། དགུང་ལོ་བཅུ་པ་མེ་ལུག་ལོར་སྐུ་འབུམ་དུ་ཕེབས་ཏེ་ཕྲུག་ན་པཎྜི༧རྒྱལ་དབང་སྐུ་ཕྲེང་བཅུ་གསུམ་པར་ཕྲུག་དབང་གི་བྱིན་རླབས་ཞུས། ཟླ་བ་དགུ་པར་རེབ་གོང་སྟོད་ཀྱི་སྦས་ཡུལ་དཀར་པོ་གཤོང་དུ་ཕེབས་ཏེ་རྗེ་ལྕང་ལུང་ཁྲི་ཆེན་འཇམ་དབྱངས་ཐུབ་བསྟན་རྒྱ་མཚོ་ལས་གསུང་ཆོས་ཀྱི་རིམ་པ་རྒྱ་ཆེར་གསན། དེ་ནས་བཟུང་སྨིན་བྱེད་ཀྱི་དབང་དང་རྗེས་གནང་། འགྲོལ་བྱེད་ཀྱི་ཁྲིད་དང་བཤད་ལུང་། རྒྱབ་རྟེན་ལུང་གི་ཚོགས་གཞི་ཆེ་བ་ཅི་རིགས་དང་། ཞལ་ཤེས་སྙན་བརྒྱུད་མན་ངག་གི་རིམ་པ་ཇི་སྙེད་གསན། བྱམས་ཆོས་དང་བཀའ་པོད་ལྔས་མཚོན་པའི་གཞུང་ལུགས་རབ་འབྱམས་ལ་གསན་བསམ་ཕུ་ཐག་ཆོད་པ་མཛད། དགུང་ལོ་བཅུ་དགུ་པར་རྗེ་བཙུན་འཇམ་དབྱངས་ཐུབ་བསྟན་རྒྱ་མཚོ་ལས་དགེ་ཚུལ་གྱི་བསླབ་བཞེས་སྔོན་དུ་བཏང་སྟེ་བསྙེན་རྫོགས་ཀྱི་སྡོམ་པ་ཡང་དག་པར་བཞེས། མེ་སྦྲུལ་ལོར་ཡོངས་འཛིན་བློ་བཟང་དཔལ་ལྡན་ལས་སྙན་ངག་ལེགས་པར་སྦྱངས། ས་རྟ་ལ་སྒྲའི་བྱིངས་ཀྱི་དབུར་སླེབས་མཚམས་སུ་དབྱངས་ཅན་དགྱེས་པའི་རྡོ་རྗེ་ཞེས་བྱ་བའི་ཀུན་བཤད་ཀྱི་མཚན་རྟགས་བཞེས། ཆུ་ཕག་ལོར་བདེན་པ་བཞི་ལས་བརྩམས་པའི་རྩོད་ཡིག་འཇིགས་མེད་རིགས་པའི་གད་རྒྱངས་ཞེས་པ་མཛད། རབ་བྱུང་བཅུ་དྲུག་པའི་མེ་ཡོས(སྤྱི་ལོ1927)ལོར་རོང་བོ་བདེ་ཆེན་ཆོས་འཁོར་གླིང་གི་ཁྲིར་བཞུགས་ཏེ་ཟབ་རྒྱས་ཆོས་ཀྱི་འཁོར་ལོ་རྒྱ་ཆེར་བསྐོར། སྒོང་ས་ཐམས་ཅད་མཁྱེན་པས་རིགས་ཀྱི་ཅོད་པན་དུ་བཀུར་ཅིང་འཕྲིན་ལས་ཀྱི་སྒོ་འཕར་ཡངས་པོར་གྲོལ། གསུང་རབ་དྲི་མ་མེད་པའི་དགོངས་དོན་གསལ་བར་མཛད་པའི་བསྟན་བཅོས་རྟོག་བདུན་འགྲེལ་ཆེན་དང་རིམ་ལྔ་གསལ་སྒྲོན་གྱི་དཀའ་འགྲེལ་བསྡུས་དོན། དྲང་ངེས་བརྗོད་བྱང་ཆེན་མོ་སོགས་དང་། སྙན་ངག་གི་ལམ་ནས་དྲངས་པའི་རྟོགས་བརྗོད། རྣམ་ཐར་བསླབ་མགུར། ཆབ་ཤོག་སོགས་ཕྱོན་གསུང་འབུམ་པོད་ཉི་ཤུར་ཉེ་བ་མཛད། དགུང་ལོ་ཞེ་དགུ་པ་རབ་བྱུང་བཅུ་དྲུག་པའི་མེ་ཁྱི(སྤྱི་ལོ1946)ལོར་གསང་ཆེན་ཆོས་ཀྱི་འབྱུང་གནས་གདན་སའི་མཐིལ་ཨེ་ཝཾ་དགའ་ཚལ་དུ་སྐུ་ཚེའི་ཐ་མར་བཤད་སྒྲུབ་ཟུང་འབྲེལ་གྱིས་བསྟན་པའི་དར་ཆེན་ནམ་མཁའ་ཇི་སྲིད་བར་གཡོ་མེད་དུ་བསྒྲེངས། ལོ་དེར་སྐུ་ཞི་བའི་དབྱིངས་སུ་གཤེགས།

འཇུ་མི་ཕམ་འཇམ་དབྱངས་རྣམ་རྒྱལ་རྒྱ་མཚོ། མཁས་པའི་དབང་པོ་འདི་ཉིད་མདོ་ཁམས་སྡེ་དགེའི་ཉེ་འདབས་ཡ་ཆུ་དིང་ཆུང་གི་ས་ཆར་ཡབ་མགོན་པོ་དར་རྒྱས་དང་། ཡུམ་སྲིད་ཆུང་གཉིས་ཀྱི་སྲས་སུ་རབ་བྱུང་བཅུ་བཞི་པའི་མེ་རྟ(སྤྱི་ལོ1846)ལོར་སྐུ་བལྟམས། དགུང་ལོ་བདུན་བརྒྱད་ཙམ་ནས་ཡབ་དང་ཞང་པོའི་དྲུང་དུ་ཡི་གེ་འབྲི་ཀློག་སློབ་སྦྱོང་དང་གཞུང་ལུགས་བློ་འཛིན་སོགས་ལ་མཁྱེན་རབ་ཤིན་ཏུ་ཆེ

བས་རྩོམ་ཡིག་འབྲི་ཤེས་ཐུབ་པ་མ་ཟད། རྩིས་དཀར་ནག་གི་སྟོན་འགྲོ་ལའང་སྦྱང་པ་མཛད། དགུང་ལོ་བཅུ་གཉིས་ལ་ཕེབས་པ་མེ་སྦྲུལ(སྤྱི་ལོ1857)ལོར་གསང་སྔགས་ཆོས་གླིང་དགོན་དུ་ཕེབས་ཏེ་གྲྭ་བཙུན་གནང་། དེ་ནས་ལོ་གཅིག་རིང་དབུས་ལྷ་ལྡན་དུ་གནས་སྐོར་ལ་བྱོན། ཕྱིར་ལོག་ཕེབས་རྗེས་བླ་མ་འཇམ་དབྱངས་མཁྱེན་བརྩེ་དབང་པོ་དང་། དབང་ཆེན་དགྱེས་རབ་རྡོ་རྗེ། དཔལ་སྤྲུལ་འཇིགས་མེད་ཆོས་དབང་། དགེ་བཤེས་ངག་དབང་འབྱུང་གནས། ༸གཏེར་དབང་པོ་སོགས་མཁས་ཆེན་དུ་མ་སློབ་དཔོན་དུ་བསྟེན་ནས་ཐུན་མོང་དང་ཐུན་མོང་མ་ཡིན་པའི་གཙུག་ལག་བཀྲ་ཕྲག་མང་པོ་སྦྱངས་པ་མཐར་ཕྱིན་པ་མཛད་ཅིང་། རིག་པའི་གནས་བཅུ་ལ་མཁས་པའི་ཡང་རྩེར་སོན། དགུང་ལོ་ང་གཅིག་པ་རབ་ཆོས་མེ་ཕྲེལ་ལོར་རྒྱལ་པོ་ལུགས་ཀྱི་བསྟན་བཅོས་མཛད། དགུང་ལོ་རེ་གཉིས་པ་མེ་ལུག་ལོར་དུས་འཁོར་འགྲེལ་ཆེན་བརྩམས། དེའི་ཕྱི་ལོར་སྙན་འགྲེལ་དབྱངས་ཅན་དགྱེས་པའི་རོལ་མཚོ་མཛད། དེ་བཞིན་སྙན་ཕྲེང་བརྒྱ་རྩ་དང་། ཕྱི་རྒྱུད་རྩ་རྒྱའི་འགྲེལ་པ། ལུས་ལ་ཉེར་མཁོ་སྐབས་བརྒྱད་པ་སོགས་གསོ་རིག་གི་བསྟན་བཅོས་མང་པོ་མཛད། མདོར་ན། མཁས་དབང་འདི་ཉིད་ཀྱིས་སྒྲ་ཚད། སྙན་རྩིས་སོགས་ཐུན་མོང་རིག་གནས་ཀྱི་སྐོར་དང་། མདོ་རྒྱུད་ཀྱི་གཞུང་འགྲེལ་སོགས་ནང་རིག་པ་ལས་ཚན་ཉིད་ཐེག་པའི་སྐོར། གསང་སྔགས་ཐུན་མོང་སྐོར། བསྟོད་ཚོགས་དང་གདམ་ཚོགས། འདོན་ཆོག་སྐོར་སོགས་པར་དུ་བཀོས་པ་ཕྲག་རྩོམ་པོ་ཏི་སུམ་ཅུ་ལྷག་བཞུགས།

སྐུ་ཚེ་ཧྲིལ་པོར་འཆད་རྩོད་རྩོམ་གསུམ་གྱི་བྱ་བས་བསྟན་འགྲོ་ལ་ཕན་པའི་དོན་རྒྱ་ཆེན་པོ་སྒྲུབ་པར་མཛད། ཁྱད་པར་དུ་བཟོ་དང་། གསོ་བ། རྩིས་རིག་བཅས་ལ་ཕུལ་དུ་བྱུང་བའི་ཕྲག་རྗེས་ཆེན་པོ་བཞག་པས། རིས་མེད་མཁས་པ་རྣམས་ཀྱིས་བསྟོད་ཚིག་གི་མེ་ཏོག་ཕྱོགས་ཀུན་ཏུ་གཏོར། མདོ་དབུས་ཁམས་གསུམ་དུ་མཁས་པའི་གྲགས་པ་བར་མེད་ཁྱབ། རྗེ་འདི་ཉིད་ཀྱི་གསུང་གི་བདུད་རྩི་ལས་འབྲུངས་པའི་སློབ་མ་གྲགས་ཆེ་བ་རྡོ་སྤྲུལ་རྡོ་རྗེ་དང་། གཏེར་སྟོན་བསོད་རྒྱལ། ཀཿཐོག་སི་ཏུ་ཆོས་ཀྱི་རྒྱ་མཚོ། རྫོགས་སྤྲུལ་ལྷ་པ། དཔལ་སྤྱངས་སི་ཏུ་སོགས་མཁས་གྲུབ་དམ་པ་ཤིན་ཏུ་མང་། མཐར་དགུང་ལོ་རེ་བདུན་ལ་ཕེབས་པ་རབ་བྱུང་བཅོ་ལྔ་པའི་ཆུ་བྱི(སྤྱི་ལོ1912)ལོར་འཇུ་རི་ཁྲོད་དུ་དགོངས་པ་ཆོས་དབྱིངས་སུ་ཐིམ།

འཇིགས་རི་ངག་དབང་བསྟན་འཛིན་འཕྲིན་ལས། རྗེ་འདི་ནི་དབུས་སྟོད་བྱི་རི་སྟག་རྩེར་ཡབ་དཔལ་མགོན་དང་། ཡུམ་ཚེ་རིང་ལྷ་མོ་གཉིས་ཀྱི་སྲས་སུ་རབ་བྱུང་བཅུ་གསུམ་པ་ས་འབྲུག(སྤྱི་ལོ1748)ལོར་སྐུ་འཁྲུངས། དགུང་ལོ་བརྒྱད་དགུའི་སྐབས་ཞང་བྲན་གཞིས་ཀ་སྐོར་གྱི་ཕྱུགས་འཚོ་བར་ཕེབས། དགུང་ལོ་བཅུ་གསུམ་ལ་སེར་སྨད་དུ་བློ་བཟང་རྒྱལ་མཚན་དྲུང་དུ་གཙུག་ཕུད་ཕུལ། མཚན་གྲགས་པ་བློ་གྲོས་ཞེས་གསོལ། དགུང་ལོ་བཅུ་བདུན་ལ་ལྕང་སྐྱ་ངག་དབང་འཕྲིན་ལས་དྲུང་དུ་རབ་བྱུང་བསྒྲུབས། མཚན་ངག་

དབང་བསྟན་འཛིན་འཕྲིན་ལས་སུ་གསོལ། དེ་ནས་རྗེ་གྲགས་པ་འཕྲིན་ལས་སོགས་བསྟེན་ནས་གཞུང་ཆེན་ལ་སློབ་གཉེར་མཛད། སར་ཕྱིན་འཛིན་གྲྭའི་སྐབས་བྱ་བྲལ་ལ་ཐེབས། དགུང་ལོ་ཉེར་གཉིས་སྐབས་སྐྱིད་གྲོང་དུ་དཀའ་ཆེན་ཡེ་ཤེས་རྒྱལ་མཚན་གྱི་སར་བསླེབ་པར་རྫོགས། དེ་ནས་གྲུབ་དབང་བློ་བཟང་རྣམ་རྒྱལ་གྱི་གདན་ས་ཕུག་པོ་ཆེར་སྒྲུབ་པར་བརྩོན་བཞིན་བཞུགས། དགུང་ལོ་ཉེར་བརྒྱད་ལ་བླ་མའི་བཀའ་བཞིན་བལ་ཡུལ་ཁྲུལ་གནས་སྐོར་ལ་ཐེབས། དགུང་ལོ་སོ་གཉིས་ཐོག་སྐྱིད་གྲོང་ནས་ལྷ་སར་ཐེབས་ཏེ་ཆོས་མཐུན་གྱི་གཞང་སྐོར་ཞུགས། དགུང་ལོ་ང་གཅིག་པར་འབྲུ་ལ་མཁན་ཆེན་གྱི་རྣམ་ཐར་ལྷུགས་རྩོམ་མཛད། དགུང་ལོ་ང་བདུན་ལ་ཁལ་ཁ་རྗེ་བཙུན་དམ་པའི་འབྲུངས་རབས་བརྩམས། དེ་བཞིན་བླ་མ་དང་སྨན་པའི་རྒྱལ་པོར་བརྟེན་པའི་བླ་མའི་རྣལ་འབྱོར་སོགས་གསོལ་འདེབས་ཀྱི་རིགས་སྣ་ཚོགས་དང་། གུང་ཐང་དཔལ་གྱི་གཙུག་ལག་ཁང་བྱུང་རབས་དང་བཅས་པའི་དཀར་ཆག་འགྲོ་མགོན་ཞལ་ལུང་བདུད་རྩིའི་ཚ་རྒྱུན། ཐར་པ་དོན་དུ་གཉེར་བའི་སྦྱོང་བ་པ་རྣམས་ལ་ཕྲིམས་སུ་བཅའ་བའི་ཡི་གེ་འཇམ་དཔལ་སྙིང་པོའི་དགོངས་རྒྱན་ཞེས་བྱ་བ་སོགས་པོད་འབྲིང་གཉིས་ཙམ་མཛད། འདས་ལོ་སོགས་ཞིབ་རྣམ་མ་རྙེད།

རྗེ་དཀོན་མཆོག་རྒྱ་མཚོ། ཁྲི་བསོད་ནམས་གྲགས་པའི་སྤྲུལ་སྐུ་རྗེ་དཀོན་མཆོག་རྒྱ་མཚོ་མཆོག་ནི་ཡབ་ངག་དབང་བཀྲ་ཤིས་དང་ཡུམ་ཨ་རིག་གཡས་ཆེན་བཟའ་སྐྱིད་མཚོ་གཉིས་ཀྱི་སྲས་སུ་རབ་བྱུང་བཅུ་གསུམ་པའི་ལྕགས་ཁྱི(སྤྱི་ལོ1790)ལོར་སྐུ་བལྟམས། དགུང་ལོ་ལྔའི་ཐོག་བཀྲ་ཤིས་འཁྱིལ་གྱི་གདན་སར་བཀོད། གཡག་ཤུལ་འདུལ་འཛིན་ཆོས་བཟང་དར་རྒྱས་ཀློག་གི་སློབ་དཔོན་དུ་བསྟེན། དགུང་ལོ་དྲུག་པ་ལ་གུང་ཐང་འཇམ་དཔལ་དབྱངས་ཀྱི་དྲུང་ལས་རབ་ཏུ་བྱུང་། དགུང་ལོ་བརྒྱད་དགུ་ནས་ཆོས་གྲྭ་འཁྲིམ་རིང་ཞག་བཅུ་ཉི་ཤུ་ལ་རྩམ་པ་ཁལ་སྤྱར་མ་སྤྱོང་བ་ཡོད་གསུངས། དགུང་ལོ་བཅུ་གཅིག་པར་ཆོས་གྲྭར་ཞུགས། ལོ་དེར་བསྡུས་གྲྭའི་ཚོགས་རྒྱུག་ཕུལ། ཐོར་གོད་ཆོས་ལྡན་དགེ་རྒན་དུ་བསྟེན་ནས་བཀའ་པོད་ཡོངས་རྫོགས་ལ་སྦྱངས་པ་དཔྱིས་ཕྱིན་པ་མཛད། དགུང་ལོ་བཅུ་དྲུག་ལ་ཡབ་རྗེ་རྣ་ཛའི་མཚན་ཅན་ཚུལ་བཞིན་དུ་བསྟེན་ནས་བཟུང་བཀའ་ཆོས་གང་གནང་ཆག་མེད་དུ་གསན། འཛིན་གྲྭ་གཞུང་དུ་སླེབས་པ་ནས་དབུ་མ་གསར་མའི་ལོར་སློན་ལམ་རབ་འབྱམས་པའི་མཚན་རྟགས་མཛད། གུང་ཐང་འཇམ་དཔལ་དབྱངས་ལས་བསྙེན་རྫོགས་དང་། ནམ་མཁའ་སྒོ་འབྱེད་ཀྱི་དབང་སོགས་གསན། དེ་ནས་ཀུན་གཟིགས་ཐམས་ཅད་མཁྱེན་པ། ཁྲི་ཆེན་འཇིགས་མེད་རིག་པའི་སེང་གེ། བཀའ་འགྱུར་པ་ཆེན་པོ་དཀོན་མཆོག་དཔལ་འཛིན་བཅས་ལས་ཆོས་བཀའ་མང་དུ་གསན། བཀའ་འགྱུར་གྱི་ལུང་ཞུས། རྒྱ་ལུག་རིགས་གྲྭར་རྗེ་རམས་པའི་དམ་བཅའ་བཞག བདེ་མོ་ཐང་དགའ་ལྡན་ཆོས་འཁོར་གླིང་གི་ཁྲིར་བཞུགས། རབ་བྱུང་བཅུ་བཞི་པའི་ལྕགས་སྟག(སྤྱི་ལོ1830)ལོར་དབུས་སུ་ཐེབས། ལྷ་ལྡན་ཆོས་སྡེ་ཁག་ལ་མང་འགྱེད་ཞལ་འདེབས་དང་། དགའ་ལྡན། བྲག་ཡེར་པ། ལ་མོ། ཕུན་ཚོགས་གླིང་། མལ་དྲོ་སྤང་གསར། རིན་ཆེན་གླིང་།

གར་ཕྱུག་སོགས་འོལ་ཁའི་རྫེའི་སྒྲུབ་གནས་རྣམས་དང་། འཕན་པོ། གཞིས་རྩེ་སོགས་ཀྱི་གནས་རྟེན་རྣམས་ཞིབ་མཇལ་ཞུས། དེ་ནས་ཁྲི་ཆེན་ངག་དབང་ཆོས་འཕེལ་གྱི་དྲུང་དུ་ཕྱོགས་རིམ་ཆེན་མོའི་བཤད་ལུང་དང་། ཤར་རྩེ་དཔོན་སློབ་བློ་བཟང་བཀྲ་ཤིས་ལས་ཞོགས་དོན་ཡོད་མཁས་གྲུབ་པའི་གསུང་འབུམ། ཚུ་བཟང་དགེ་བཤེས་སྐལ་བཟང་མཁས་གྲུབ་ལས་ཤ་ར་བ་ཡོན་ཏན་གྲགས་ཀྱི་ལམ་རིམ་འབྲིང་པོའི་ལུང་རྣམས་གསན་ཏེ་སྨན་ཡོན་ཆེན་པོར་གྱུར། ལྕགས་ཡོས་ལོར་མདོ་སྨད་དུ་ཕྱིན། ཨུཀྲེ་སྣར་གསང་ཕྱོགས་སླེན་རྒྱས་གླིང་གི་ཁྲིར་ཕེབས། མདོ་ཕྱོགས་ཆོས་ཀྱི་འཁོར་ལོ་རྒྱ་ཆེར་བསྐོར། ཤིང་འབྲུག(སྤྱི་ལོ1844)ལོར་བཀྲ་ཤིས་འཁྱིལ་གྱི་ཚོགས་ཆེན་ཁྲིར་འཁོད་དེ་བཅུ་བཞག་ཆག་མེད་མཛད། ཆོས་རྒྱུན་འཛིན་པའི་བུ་སློབ་ས་ཁྱབ་པ་བྱུང་། དེ་བཞིན་དུ་ཟ་བ། མཛོད་དགེ། དབལ་ཤུལ། སོག་པོ་མདའ་བཅུ་གཅིག ཧོར། རོང་ཚོ་ཆེན་བཅོ་བརྒྱད་སོགས་ཕྱོགས་གང་སར་ཞབས་ཀྱིས་བཅགས་ཏེ་སོ་སོའི་རེ་བ་ཡིད་བཞིན་དུ་སྐོང་བར་མཛད། གཞན་ཡང་བྲག་དཀར་བྱང་ཆུབ་གླིང་། རྒྱལ་ལུང་རྣམ་རྒྱལ་གླིང་། གཞུང་བ་ཁ་གསུམ་གྱི་དགོན་སྡེ་སོགས་ལ་ཕེབས་ཏེ་ཆོས་བཀའ་ཅི་རིགས་བསྩལ། དེ་ནས་རི་ཁྲོད་དུ་སྒྲུ་མཚམས་ལ་ལན་མང་བཞུགས། དགེ་ཚུལ་སློང་སྡེ་ཕྱིར་མང་དུ་བསྒྲུབས། ཅི་མཛད་གཞན་ཕན་འབའ་ཞིག་ཏུ་དགོངས་ཤིང་ཀུན་ལ་མཐུན་གྲུབ་ཁོན་མཛད།

དེ་ནས་ཕྱི་སོར་ཞིག་ལ་ཡབ་རྗེ་ཧྭ་ཧའི་ཞབས་ཀྱིས་རྗེ་འདི་ལ་ཁྱེད་ཀྱི་སྐུ་གོང་མའི་དགུང་གེགས་དེ་འཛུར་ན་བཟང་། དེ་ཕན་ཆད་ཉིད་ནས་བབ་ལ་གཟིགས། ཏ་ཙང་བགྲེས་ན་སྐུས་ཐེགས་དཀའ་རྒྱུ་རེད་ཅེས་གསུངས་པ་ཞལ་གྱིས་བཞེས་པ་བཞིན་རེ་བདུན་གྱི་དགུང་གེགས་འཛུར་བའི་ལོ་གཉིས་པ་རབ་བྱུང་བཅུ་བཞི་པའི་ས་རྟ(སྤྱི་ལོ1858)ལོར་མཁའ་སྤྱོད་དག་པའི་ཞིང་ཁམས་སུ་རེ་ཞིག་གཤེགས་པའི་ཚུལ་བསྟན། ཐུགས་དམ་གྲོལ་རིང་ལ་རླུང་ཕྲ་མོ་ཙམ་ཡང་མི་རྒྱུ་བར་ནམ་མཁའ་གཡའ་དག་པ་སོགས་རྫོགས་རིམ་ནས་བཤད་ཚོད་ལྟར་གྱི་རྟགས་མངོན་མཚན་ཅན་བྱུང་། ཐུགས་སྲས་ཤེས་རབ་རྒྱ་མཚོ་སོགས་མང་དུ་ཕྱིན།

རྗེ་དཀོན་མཆོག་བསྟན་འཛིན་འགྲོ་འདུལ། འབྲི་གུང་གདན་རབས་ཉེར་དྲུག་པ་འདི་ཉིད་གོང་ཡུལ་ཨ་རོང་ཞེས་པར་ཡབ་སྡེ་པ་ཚེ་རིང་དབང་རྒྱལ་དང་ཡུམ་བུ་ཁྲིད་གཉིས་ཀྱི་སྲས་སུ་རབ་བྱུང་བཅུ་གཉིས་པའི་ཤིང་འབྲུག(སྤྱི་ལོ1724)ལོར་སྐུ་བལྟམས། དགུང་ལོ་བཞི་པ་ལ་ཇོ་ཤཱཀ་ཡིད་བཞིན་ནོར་བུའི་དྲུང་དུ་རྟག་དྲིལ་ཕུལ་བར་རྗེ་འཕྲིན་ལས་བཟང་པོའི་ཡང་སྲིད་འཁྲུལ་མེད་དུ་ཆུང་སྲིད་འདི་ཉིད་ཕེབས་ཤིང་། ཆོས་རྗེ་རིན་པོ་ཆེའི་དྲུང་དུ་གཙུག་ཕུད་ཕུལ། མཚན་དཀོན་མཆོག་བསྟན་འཛིན་འགྲོ་འདུལ་དུ་གསོལ། དགུང་ལོ་བདུན་པ་ལ་རྗེ་གོང་མ་ཆོས་ཀྱི་རྒྱལ་པོའི་དྲུང་རབ་ཏུ་བྱུང་བའི་མཚན་སྔོན་མའི་མཇུག་ཏུ་དཔལ་ལྡན་ཆོས་ཀྱི་ཉི་མ་འཕྲིན་ལས་ཕྱོགས་ལས་རྣམ་པར་རྒྱལ་བ་བཟང་པོའི་སྡེ་ཞེས་སྦྱར་བ་གནང་། དགུང་ལོ་

དགུ་པ་ནས་ཆོས་ཀྱི་རྒྱལ་པོའི་དྲུང་དུ་ཕྱག་ཆེན་ཆོས་དྲུག་སོགས་འབྲི་གུང་པའི་ཆོས་མ་ལུས་པ་དང་། རྫོག་དཀྱིལ་བདུན། རྡོ་རྗེ་ཕྲེང་བ་དཀྱིལ་འཁོར་ཞེ་བརྒྱད་པ། སྒྲུང་ལུགས་བཀའ་བརྒྱད་བདེ་འདུས། སངས་གླིང་དགོངས་འདུས། པདྨ་གླིང་པའི་སྐོར་སོགས་གསང་སྔགས་གསར་རྙིང་གི་ཆོས་བསམ་གྱིས་མི་ཁྱབ་པ་དང་། ཀློ་དཀོན་མཆོག་ཆོས་ཀྱི་རྒྱ་མཚོ་ལས་ཀྱང་རྗེ་སྐྱོབ་པ་རིན་པོ་ཆེའི་ཟབ་ཆོས་ཐུགས་ཀྱི་ཉིང་ཁུ་སེམས་བསྐྱེད་ཆེན་མོ་སོགས་མང་དུ་གསན། དགུང་ལོ་བཅུ་གསུམ་པར་༧རྒྱལ་དབང་བསྐལ་བཟང་རྒྱ་མཚོ་མགར་ཐང་ནས་བོད་ལྗོངས་སུ་ཆིབས་བསྒྱུར་གནང་སྐབས་ཏྲ་སྒྲིང་དུ་ཕེབས་བསུར་བཅར་ཏེ་དེར་༧རྒྱལ་དབང་མཆོག་ལ་གཙུག་ཕུད་ཕུལ་བར་མཚན་ཀུན་བཟང་དཀོན་མཆོག་ཉི་མ་ཞེས་གནང་། དེ་ནས་ཡི་གེ་འབྲི་ཀློག་ནས་བཟུམས་རང་ལུགས་ཀྱི་འདོན་ཆོས་སྤྱོད་གར་ཐིག་དབྱངས་གསུམ་བྱེད་གྲུབ་ཀྱི་རྩིས་དཀར་ནག སྙན་ངག གསོ་དཔྱད་རྒྱུད་བཞི། ལྷ་བྲིས་སོགས་ལ་སྦྱངས་པ་མཐར་ཕྱིན་པ་གནང་། ཕྱིས་སི་ཏུ་ཆོས་ཀྱི་འབྱུང་གནས་ལས་སྒྲ་ཀ་ལཱ་པ་སོགས་མདོ་རྒྱུད་རིག་གནས་མཐའ་དག་ལ་མཁྱེན་རབ་ཕུལ་དུ་ཕྱིན། དགུང་ལོ་བཅུ་དྲུག་ལ་ནང་ཆེན་སྟེ་ཐོག་ཏུ་ཕེབས། ཀློ་མགར་གྱིས་དབུས་བླ་གྲྭ་མང་ཙམ་གྱིས་ཞབས་བཏེགས་ཏེ་བཀའ་བརྒྱད་བདེ་འདུས་ཀྱི་སྒྲུབ་དབང་ཆེན་མོ་འཛུགས་པར་གནང་། སྐལ་ལྡན་གྱི་འདུས་པ་ཁྲི་ཕྲག་ལྷག་ལ་དམ་ཆོས་བསྩལ། ཕང་འགྱུར་མེད་རྣམ་རྒྱལ་དང་རྗེ་འདི་སྐུ་ཉེར་གྱུར་པ་མ་ཟད། རྗེ་ཉིད་ལ་གུས་འདུད་ཤིན་ཏུ་ཆེ་བ་བཅས་འདམ་དང་། བྲེ་རི་སྟག་རྩེ་སོགས་སུ་གདན་ཞུས་བྱུང་བ་ལྟར་ལན་མང་དུ་ཕེབས། རབ་བྱུང་བཅུ་གསུམ་པ་མེ་ཡོས(སྤྱི་ལོ1747)ལོར་གདན་ས་བྱང་ཆུབ་གླིང་གི་ཐེག་ཆེན་ཆོས་ཀྱི་ཁྲིར་མངའ་གསོལ། དེ་ནས་སྤྲོ་ལུང་དུ་ཡང་ཁྲིར་ཞབས་བཀོད། དེར་འཇམ་དབྱངས་ཆོས་ཀྱི་རྒྱལ་པོས་མཁན་པོ་གནང་སྟེ་བསྙེན་པར་རྫོགས། ལྕགས་ལུག(སྤྱི་ལོ1751)ལོར་རྫོང་གསར་གྱི་ཡིག་དྲུག་འཁོར་ཆེན་གསར་བཞེངས་གནང་། སངས་རྒྱས་ཀྱི་བསྟན་པ་དང་འགྲོ་བའི་དོན་ལ་དགོངས་ཏེ་སྟ་ཕྱིར་ས་འབུམ་མཆོད་རྟེན་གསར་བཞེངས། སྟོན་པའི་འཕྲུངས་རབས་བརྒྱ་པའི་ཐྲ་ཐང་བཅོ་ལྔ་ཆེ་ལེགས་གསར་བཞེངས། གུ་རུ་པདྨའི་སྐུ་ཟ་ཧོར་མ་ཡུམ་གཉིས་མཚན་བརྒྱད། རྩ་གསུམ་རྡོ་རྗེ་གནོན་ནུ་ཁྲོ་བོ་བཅུ་ཡབ་ཡུམ་བཅས་གསར་བཞེངས། རྩེ་བའི་མགོན་ཁང་གསར་སྐྲུན་ཐོག་མགོན་པོ་ཕྱག་བཞི་སོགས་སྐུ་རྟེན་དུ་མ་གསར་བཞེངས། གཞན་ཡང་སྤྲོ་ལུང་གི་མཆོད་ཁང་རྩེར་གུ་རུ་པདྨ་སམྦྷའི་དངུལ་སྐུ་གསར་བླུགས་མ། གནས་བཅུ་བཀའ་ཐང་ཆོས་སྐྱོང་ཡོངས་རྫོགས་སོགས་བྲིས་སྐུ་མང་རབ། རྗེ་སྐྱོབ་པ་རིན་པོ་ཆེ་ནས་རྗེ་དོན་གྲུབ་ཆོས་རྒྱལ་བར་གྱི་གོང་མ་རྣམས་ཀྱི་བཀའ་འབུམ་ཇི་ཡོད་དང་། གསར་རྙིང་གི་ཆོས་སྐོར་སོགས་པོ་ཏི་མང་བ་གསར་བཞེངས། གནས་ཆེན་ཙཱ་རི་ཏྲའི་ཡུལ་སྨད་ཞིག་གསོས་དང་སྔགས་ལྷ་ཁང་ཐོག་གཉིས་པ། གདན་རབས་བླ་བརྒྱུད་རྣམས་ཀྱི་སྐུ་གསར་བཞེངས་གནང་བ་སོགས་བརྗོད་ལས་འདས། སྐུ་ཚེ་རིལ་པོར་དམ་པའི་ཆོས་ཀྱི་འཁོར་ལོ་འབའ་ཞིག་བསྐོར་བར་མཛད་དེ། ཐུགས་ཀྱི་སྲས་

ཀུང་སློ་རིན་པོ་ཆེ་ཆོས་ཀྱི་རྒྱལ་མཚན། དགེ་སློང་ངག་དབང་སོགས་སྔགས་པའི་རྣལ་འབྱོར་མང་དུ་བྱུང་། མཐར་དགུང་ལོ་ཞེ་གསུམ་ལ་ཕེབས་པ་རབ་བྱུང་བཅུ་གསུམ་པའི་མེ་ཁྱི（སྤྱི་ལོ1766）ལོར་གཟུགས་སྐུའི་དཀྱིལ་འཁོར་ཆོས་དབྱིངས་སུ་བསྡུ་བའི་ཚུལ་བསྟན་ཏོ།

རྗེ་དཀོན་མཆོག་འཕྲིན་ལས་བཟང་པོ། འབྲི་གུང་གདན་རབས་ཉེར་བཞི་པ་འདི་ཉིད་བྱང་ཀོང་ལོང་པོའི་ཕྱོགས་སྤང་ཁྲོང་ཞེས་པར་ཡབ་ཐུགས་རྒྱུད་ཨ་པོ་ལྷ་རྒྱལ་དང་། ཡུམ་གསོ་དཔྱད་པའི་རིགས་རྡོ་རྗེ་རྒྱལ་མོ་གཉིས་ཀྱི་སྲས་སུ་རབ་བྱུང་བཅུ་གཅིག་པའི་མེ་སྤྲེལ（སྤྱི་ལོ1656）ལོར་སྐུ་བལྟམས། རྗེ་ཆོས་ཀྱི་གྲགས་པས་ས་ཁྱི（སྤྱི་ལོ1658）ལོར་འབྲི་གུང་དུ་སྤྱན་དྲངས། རྗེ་ཆོས་ཀྱི་གྲགས་པའི་དྲུང་དགེ་བསྙེན་གྱི་སྡོམ་པ་བཞེས། མཚན་དཀོན་མཆོག་འཕྲིན་ལས་བཟང་པོར་གསོལ། དགུང་ལོ་ལྔ་པ་ལ་ལྷ་ལྡན་དུ་ཕེབས། ༧རྒྱལ་དབང་ལྔ་པ་ཆེན་པོ་ལས་དགེ་ཚུལ་གྱི་སྡོམ་པ་མནོས། དེ་ནས་འབྲི་གུང་དུ་སྲུམ་པ་ཚུལ་ཁྲིམས་རྡོ་རྗེ་དང་། ཐུགས་སྲས་སྤྲུལ་སྐུ་ལས་བླ་མ་དགོངས་འདུས་དང་། པད་གླིང་གི་སྐོར་སོགས་རྙིང་མའི་ཆོས་མང་པོ་གསན། དགེ་སློང་ར་ཁྲིམ་པ་དང་། ཉི་ཁྲི་རིན་འབྱུང་ལས་ཡི་གེ་འབྲི་ཀློག་དང་རང་ལུགས་འདོན་ཆོས་སྤྱོད་སོགས་ལ་སྦྱངས། དགུང་ལོ་དྲུག་པ་ལྕགས་གླང（སྤྱི་ལོ1661）ལོར་གདན་ས་ཆེན་པོ་བྱང་ཆུབ་གླིང་དུ་གསེར་ཁྲིར་མངའ་གསོལ། ལོ་དེ་ཉིད་དུ་སྒོ་ལུང་དུ་འདུས་ཚོགས་ལ་དབང་ཆོས་ཐོག་མར་གནང་། སྐབས་ཤིག་ཐེལ་གྱི་ཁང་གསར་བྱང་མའི་གཟིམ་ཆུང་དུ་ཟླ་གསང་གི་གཞི་བསྙེན་གནང་བའི་ཚེ་ཡི་དམ་དངོས་སུ་ཞལ་གཟིགས། ཕྱིས་མལ་དེར་ཞལ་བར་རང་བྱོན་བྱོན་པ་དངོས་སུ་མཇལ་རྒྱུ་ཡོད། རྗེ་ཉིད་ཀྱིས་མགོན་པོ་དང་། ཨ་ཕྱིའི་གཙོ་འཁོར། བཀའ་སྲུང་སྨུག་ནག་ཞྭམ་དྲལ། ཏ་ར། ཆོས་རྗེའི་དགེ་བསྙེན་རྣམ་བཞི། ཚངས་པ། ཐང་ལྷ། ཞིང་སྐྱོང་ཡབ་ཡུམ། པེ་ཧར། གནོད་སྦྱིན་རྩེ་དམར་སོགས་རང་ལུགས་ཆོས་སྐྱོང་ཚང་མའི་གར་འཆམ་ངོ་མཚར་བ་གསར་འཛུགས་གནང་། ཕྱིས་ཐེལ་དུ་ཡང་དེ་མཚུངས་འཛུགས་པར་མཛད། དེ་ནས་བཟུང་རང་ལུགས་དགོན་གནས་འགའ་ཞིག་ལ་དར། དགུང་ལོ་ཉེར་གསུམ་པ་ས་རྟ（སྤྱི་ལོ1678）ལོར་ལྷ་ལྡན་རྒྱལ་ཁབ་ཀྱི་ཕོ་བྲང་དམར་པོ་རིར༧རྒྱལ་དབང་ཐམས་ཅད་མཁྱེན་པ་ངག་དབང་བློ་བཟང་རྒྱ་མཚོའི་སྐུ་དྲུང་བསྙེན་པར་རྫོགས་པའི་དགེ་སློང་གི་སྡོམ་པ་བཞེས་པའི་མཚན་ངག་དབང་ཆོས་གྲགས་ཕུན་ཚོགས་ཞེས་གནང་། སྨིན་གླིང་གི་སྐྱེས་མཆོག་ཆོས་རྒྱལ་གཏེར་གླིང་པ་བྱོན་པར། གཡའ་མ་ལུང་། ཤེལ་བྲག གནམ་ལྕགས་བྲག་གསུམ་གྱི་ཟབ་གཏེར་གྱི་ཆོས་རྣམས་གསན་ཅིང་། གཏེར་གསར་དྲག་པོའི་ཆོས་བདག་རྗེ་འདི་ལ་ཟིན་པས། དེ་ཉིད་ཟུང་འབྲེལ་རྩེ་ནང་གྲྭ་ཚང་དེ་སྐབས་འཛུགས་པ་གནང་། དྲག་པོའི་འཕྲིན་ལས་བཟློག་གཞུང་། ཡང་བཟློག་གི་དཀྱིལ་སོགས་བསྟན་བཅོས་འགའ་ཞིག་མཛད། ཕྱི་རྗེས་སུ་རྗེ་དཀོན་མཆོག་རིན་ཆེན་དང་ཆོས་ཀྱི་གྲགས་པ་རྣམ་གཉིས་ཀྱི་བཀའ་འབུམ་རྣམས་མཐིང་ཤོག་ལ་གསེར་གྱིས་བྲིས་པ་བཞེངས། རྒྱལ

བའི་བཀའ་འགྱུར་རོ་འཚལ་ཡོངས་རྫོགས་སྤྱི་འགྱུར་རྒྱུད་འབུམ་བཅས་མཐིང་ཤོག་གི་ངོས་ལ་གསེར་དངུལ་སྤྲ་ཅན་ལས་གྲུབ་པའི་གླེགས་བམ་བརྒྱ་དང་ཉི་ཤུ་དང་། དེ་མཉམ་འཕགས་པའི་གནས་བརྟན་བཅུ་དྲུག་གི་རྟོགས་བརྗོད་གླེ་ཐང་ཞེང་གསུམ་བཞེངས། བཀའ་འགྱུར་སྙིང་རྒྱུད་གླེགས་བམ་བརྒྱ་དང་ཉི་ཤུ་ཤོག་དཀར་གྱི་ངོས་སུ་བཞེངས་པ། དེ་བཞིན་སངས་རྒྱས་གླིང་པའི་བཀའ་ཐང་། སྟོན་པའི་འཁྲུངས་རབས་མཛད་བརྒྱ། གྲུབ་ཐོབ་བརྒྱད་ཅུའི་རྟོགས་བརྗོད། བཀའ་བརྒྱད་བདེ་འདུས་ཀྱི་གླེ་ཐང་། དངུལ་གར་བླུགས་དང་། ཙན་དན་དཀར་དམར་ལས་གྲུབ་པའི་སྐུ་འདྲ་སོགས་སྐུ་གསུང་ཐུགས་ཀྱི་རྟེན་མང་དུ་བཞེངས། དེ་བཞིན་སྤྲག་ཡང་ཐོག་ལྷུན་རྩེ་དགའ་འཁྱིལ་གསར་བཞེངས་དང་། རྫོང་གསར་བཀྲ་ཤིས་ཚུགས་ཕོ་བྲང་གསར་སྐྲུན་གནང་། ཐུགས་ཀྱི་སྲས་ལ་མཆོན་ན། དོན་གྲུབ་ཆོས་ཀྱི་རྒྱལ་པོ་དང་། སྟོ་རིན་པོ་ཆེ་ཆོས་ཀྱི་རྒྱ་མཚོ་སོགས་མང་དུ་བྱུང་། མཐར་དགུང་ལོ་རེ་གསུམ་ལ་ཕེབས་པ་རབ་བྱུང་བཅུ་གཉིས་པའི་ས་ཁྱི(སྤྱི་ལོ1718)ལོར་ཞི་བར་གཤེགས།

རྗེ་འཇིགས་མེད་འཕྲིན་ལས་རྒྱ་མཚོ། རྗེ་འདི་ནི་མཚོ་སྔོན་ཟེ་ལེང་དུ་རབ་བྱུང་བཅུ་བཞི་པའི་ཆུ་སྦྲུལ(སྤྱི་ལོ1833)ལོར་འཁྲུངས། དགུང་ལོ་བཅུ་བཞིར་ཕེབས་སྐབས་དབང་ལྡན་རིན་པོ་ཆེའི་དྲུང་དུ་རབ་བྱུང་བསྒྲུབས། དེ་ནས་གཞུང་ཆེན་བཀའ་པོད་ལྔར་གསན་བཞེས་གནང་། དགུང་ལོ་ཉེར་གསུམ་ལ་དབང་ལྡན་རིན་པོ་ཆེའི་དྲུང་དུ་བསྙེན་རྫོགས་བསྒྲུབས། མཁས་ཤིང་གྲུབ་པའི་སྐྱེས་ཆེན་དམ་པ་དུ་མའི་ཞབས་ལ་གཏུགས་ནས་མདོ་སྔགས་གཞུང་ལུགས་རྒྱ་མཚོ་ལྟ་བུར་སློབ་གཉེར་དཔྱིས་ཕྱིན་མཛད་དེ་མཁས་པའི་གྲགས་པ་བརྙེས། རྩོམ་པ་ལའང་མཆོག་ཏུ་གྱུར་པས། བྱང་ཆུབ་སེམས་པའི་སྤྱོད་པ་ལ་འཇུག་པའི་འབྲུ་འགྲེལ་རྒྱལ་སྲས་ལམ་བཟང་གསལ་བའི་སྒྲོན་མེ། གྲུབ་མཐའ་རྩ་འགྲེལ་གྱི་ཟིན་བྲིས་ཀུན་བཟང་ཉིན་བྱེད་སྣང་བ། དཔལ་གསང་བ་འདུས་པའི་རྒྱུད་འགྲེལ་གྱི་ཟིན་བྲིས་རྒྱུད་དོན་བལྟ་བའི་མིག་འབྱེད། སྒྲ་དབྱངས་ལྷ་མོ་དབྱངས་ཅན་མའི་བསྙེན་སྒྲུབ་གསལ་བར་བཀོད་པ་ཤེས་རབ་ཉིན་བྱེད་སྣང་བ་དང་སྒྲིབ་སེལ། ལྷ་མོ་རིག་བྱེད་མའི་རྣམ་བཤད་ཅོད་པན་སོགས་པོད་འབྲིང་དྲུག་ཙམ་མཛད། མཐར་དགུང་ལོ་རེ་དགུ་ལ་ཕེབས་པ་རབ་བྱུང་བཅོ་ལྔ་པའི་ལྕགས་གླང(སྤྱི་ལོ1901)ལོར་དགོངས་པ་གཞན་དོན་དུ་གཤེགས།

རྗེ་འཇིགས་མེད་བསམ་གཏན། གྲུབ་པའི་དབང་ཕྱུག་འཇིགས་མེད་བསམ་གཏན་རིན་པོ་ཆེ་ནི། རབ་བྱུང་བཅུ་བཞི་པའི་ཤིང་ཁྱི(སྤྱི་ལོ1814)ལོར་མདོ་སྨད་རེབ་གོང་སྟོད་ཀྱི་ཆར་གཡུ་འབྲོང་ཁྱུང་གསུམ་གྱི་ལྷ་ཞོལ་ལྟེ་ཐང་དུ་ཡབ་མགོ་ཀྲས་མཁར་བྱམས་དང་ཡུམ་སྙིང་མོ་སྐྱིད་གཉིས་ཀྱི་སྲས་སུ་སྐུ་བལྟམས། བྱིས་པའི་དུས་ནས་རྫོང་དཀར་གྱི་ཆོས་གྲྭར་ཞུགས་ཏེ་ཀློག་དང་ཆོས་སྤྱོད་མང་པོ་ཚེགས་མེད་པར་ཐུགས་སུ་ཆུད། རྫོང་ཆུང་པཎྜི་ཏ་འཇིགས་མེད་ལུང་རིགས་རྒྱ་མཚོ་སྤྱི་ཕྱིའི་མཁན་པོར་གསོལ་ཏེ་སོ་ཐར་གྱི་སྡོམ་

རྒྱུན་བཞེས། དེ་ཉིད་ལས་མདོ་སྔགས་ཀྱི་ཆོས་བཀའ་མང་དུ་གསན་ཅིང་རིག་གནས་ཀྱི་དཔེ་ཁྲིད་ཀྱང་མོད་མི་དམའ་བ་ཞུས། རོང་པོ་བློ་བཟང་ཆོས་དར་ལས་སྒྲ་སྙན་ངག་སྙན་རྩིས་སོགས་རིག་གནས་དང་། རབ་འབྱམས་པ་བློ་བཟང་ཉི་མ་ལས་བསྡུས་རྒྱགས་བློ་གསུམ་སློབ་སྦྱོང་རྩོད་རྟུས་ཐུག་པ་མཛད། གཞན་ཨ་རོལ་རིན་པོ་ཆེ། བསེ་སྐུ་ཕྲེང་གསུམ་པ། བྲག་ལུང་མཆོ་ཁ་བ་རྣམས་ལས་ཀྱང་སྔ་ཕྱིར་ཆོས་ལུང་མང་དུ་མནོས། དགུང་ལོ་ཉེར་དྲུག་པ་ས་ཕག(སྤྱི་ལོ1839) ལོར་སྒྲུབ་བརྒྱུད་བསྟན་པའི་བདག་པོ་རྗེ་གསེར་ཁང་བ་བློ་བཟང་བསྟན་འཛིན་རྒྱ་མཚོ་མཇལ་ཏེ་སྨད་དགོན་གྱི་སྙན་བརྒྱུད་མཐའ་དག་ལྷག་ཆད་མེད་པར་ཐུགས་ཀྱི་བུམ་བཟང་དུ་བསྐྱིལ། དེ་ནས་བཟུང་ལོ་ངོ་བཅུ་བདུན་གྱི་རིང་དབེན་པའི་གནས་གང་འགོལ་དུ་དཀའ་སྤྱད་ཤ་སྟག་གིས་སྒྲུབ་པ་ཉམས་ལེན་མཛད། གཞན་ཡང་ཤིང་བཟའ་རིན་པོ་ཆེ་བློ་བཟང་དར་རྒྱས་དང་གྲུབ་ཆེན་སྐལ་བཟང་གྲགས་པ། རྗེ་རམས་པ་འཇིགས་མེད་བཟང་པོ་སོགས་ལས་ཀྱང་ཆོས་བཀའ་དང་མན་ངག་གི་རིགས་མཐའ་ཡས་པ་གསན། ཁྱད་པར་ཕྱི་མ་ལས་འཇམ་དབྱངས་བཞད་པ་ཡབ་སྲས་ནས་བརྒྱུད་པའི་མན་ངག་རྣམ་གསུམ་གྱི་གདམས་པ་རྣམས་ཚང་བར་མནོས་པས་དུས་འདིར་སྨད་དགོན་གྱི་གདམས་པའི་བང་མཛོད་གཅིག་པུར་གྱུར། དགུང་ལོ་ཞེ་བཞི་པ་མེ་སྦྲུལ(སྤྱི་ལོ1857) ལོ་ནས་གཞན་དོན་མཁའ་ཁྱབ་ཏུ་སྐྱོང་བའི་དབུ་བརྩུགས་ཏེ། སྒོ་མེ་མཆོད་རྟེན་སྒྲི་དང་། པིས་ཐང་། རྫོང་དཀར། སྐུ་འབུམ། རྩེ་གཞུང་། ཀ་རིང་བཅས་དགོན་སྡེ་མང་པོར་དབང་ལུང་རྗེས་གནང་མཐའ་ཡས་པ་གནང་། ཁྱད་པར་དུ་བླ་མ་ཆེ་དགུ་ཤར་ཐམས་ཅད་མཁྱེན་པ་བློ་བཟང་སྐལ་ལྡན་བསྟན་པའི་རྒྱལ་མཚན་དང་། ཁྲི་ཆེན་འཇམ་པའི་དབྱངས་རྒྱལ་བའི་ཡོངས་འཛིན་ཞྭ་དམར་པཎྜི་ཏ། བདེ་ཡངས་ནོ་མོན་ཧན། མཚན་སྒྲོགས་ཧོ་ཐོག་ཐུ་རྗེ་སྤྱན་སྔ་དཀོན་མཆོག་ཕུན་ཚོགས་སོགས་ཀྱིས་མཚོན་སྣོད་ལྡན་གྱི་སློབ་མ་མི་ཉུང་བ་ལ་མན་ངག་རྣམ་གསུམ་གྱི་ཁྲིད་བརྒྱ་ལྷག་བཀལ་བ་གནང་། གསུང་འབུམ་པོད་གཉིས་ཙམ་ལྷུགས་རྩོམ་མཛད། གཞན་ཡང་མགོན་པོའི་གཏོར་ཆེན་དང་། ལྕགས་མཁར་ཟླུར་དགུ་པ། ཆོས་རྒྱལ་གཏོར་ཆེན། ལྕམ་སྲིང་། ཀླུ་ཏ་པ་ལའི་གཏོར་ཆེན། ཡ་མ་ར་ཛའི་སྒོ་ནས་དྲག་པོའི་ལས་སྦྱོར་གྲངས་ལས་འདས་པ་མཛད། ཆུ་ཕག(སྤྱི་ལོ1863) ལོར་གཙང་མིག་དམར་དགེ་བཤེས་དང་མཇལ། ཆོས་བཀའ་གང་མང་གསན། རབ་བྱུང་བཅོ་ལྔ་པའི་ས་གླང(སྤྱི་ལོ1889) ལོར་ཚེ་ཧན་དུ་ཐེབས་ཏེ་ཆོས་བཀའ་མང་པོ་གསུངས། དེ་ལྟར་བསྟན་འགྲོའི་དོན་ཁོ་ན་ལ་དམིགས་པའི་མཛད་པ་རླབས་ཆེ་ཞིང་མཐའ་ཡས་པ་སྤེལ་ཏེ་དགུང་ལོ་བརྒྱ་བཞི་པ་རབ་བྱུང་བཅོ་ལྔ་པའི་མེ་བྱ(སྤྱི་ལོ1897) ལོའི་ཟླ་བདུན་པའི་ཚེས་གཅིག་ལ་ཀ་རིང་དུ་སྐུ་གཤེགས།

རྗེ་བློ་བཟང་རབ་གསལ། དཔའ་རིས་བློ་བཟང་རབ་གསལ་ཞུ་བ་འདི་ཉིད་རབ་བྱུང་བཅུ་བཞི་པའི་ལྕགས་བྱི(སྤྱི་ལོ1840) ལོར་དཔའ་རིས་ཡུལ་གྱི་འབྲོག་སའི་ཁྱིམ་ཞིག་ཏུ་སྐུ་འཁྲུངས། སྐུ་ན་ཆེས་ཕྲ་བའི་དུས

སུ་ཧྲག་ཏུང་ཡར་ལུང་ཐོས་བསམ་དར་རྒྱས་གླིང་དུ་ཚོགས་ཞུགས་མཛད་ཅིང་། ཐུགས་རབ་ཤིན་ཏུ་ཆེ་བས་དགོན་པའི་འདོན་ཆ་སོགས་མྱུར་བར་ཐུགས་སུ་ཆུད། དེ་ནས་དཔལ་ལྡན་བཀྲ་ཤིས་འཁྱིལ་གྱི་གདན་སར་ཐེབས། དགེ་བའི་བཤེས་གཉེན་བཅུ་ཕྲག་དུ་མ་བསྟེན་ནས་མདོ་ཕྱོགས་བཀའ་པོད་ལྔ། སྔགས་ཕྱོགས་རྒྱུད་སྡེ་ཆེན་པོ་བཞི་ལ་སོགས་པའི་ཐུན་མོང་དང་ཐུན་མོང་མ་ཡིན་པའི་གཞུང་ལུགས་ལ་ཐུགས་གཉེར་རྒྱ་ཆེར་མཛད་དེ་མཁས་གྲུབ་ཀྱི་གོ་འཕང་བརྙེས་ཤིང་རྒྱལ་བའི་བསྟན་པ་རིན་པོ་ཆེ་རང་གི་སྤྱན་འབྲས་བཞིན་དུ་གཅེས་པར་བཟུང་ནས་གདན་ས་མཆོག་གི་དགེ་འདུན་སྟོང་ཕྲག་མང་པོའི་གཙུག་རྒྱན་དུ་གྱུར། དམིགས་བསལ་གྱིས་རྗེ་རམས་པ་འཕར་མའི་མཚན་རྟགས་བཞེས། གདན་ས་མཆོག་གི་རྫོང་རྒྱུགས་ཕུལ་དུ་བྱུང་བའི་མཚན་སྙན་ཐོབ། དགུང་ལོ་ང་ལྔར་ཐེབས་པ་རབ་བྱུང་བཅོ་ལྔ་པའི་ཤིང་རྟ (སྤྱི་ལོ1894) ལོར་ཀུན་ལྡོ་དང་དཔའ་རིས། མཚོ་སྔོན་གྱི་སྐུ་འབུམ་བྱམས་པ་གླིང་། རོང་བོ་དགོན་ཆེན། ཨ་རིག་དགོན་ཆེན་སོགས་ཀྱི་དགོན་སྡེ་ཆེ་ཕྲ་དུ་མར་ཐེབས་ནས་མདོ་སྔགས་བཤད་གྲྭ་གྲྭ་སྐོར་མཛད། འཇུ་མི་ཕམ་གྱི་དགག་རྩོམ་ལ་དགག་ལན་བརྩམས་གནང་བ་སོགས་འཆད་རྩོད་རྩོམ་པའི་བྱ་བས་དུས་འདའ་བས་མཁས་པའི་གྲགས་སྙན་ས་སྟེང་དུ་ཁྱབ། མེ་རྟ (སྤྱི་ལོ1906) ལོར༧རྒྱལ་དབང་སྐུ་ཕྲེང་བཅུ་གསུམ་པ་ཆེན་པོས་རྗེ་ཉིད་ལས་མདོ་སྔགས་རིག་གནས་ཀྱི་གདམས་པ་མང་པོ་གསན། ཕྱིས་ཡབ་སྲས་གཉིས་མཉམ་དུ་པེ་ཅིན་དང་། རི་བོ་རྩེ་ལྔ། སོག་ཡུལ་ལ་སོགས་པར་ཞབས་ཀྱིས་བཅགས་ཤིང་། སྐལ་ལྡན་གྱི་སློབ་མ་ནམ་མཁའི་སྐར་ཚོགས་ཇི་བཞིན་བསྐྱངས་པར་མཛད། ལྕགས་ཁྱི (སྤྱི་ལོ1910) ལོའི་ཡས་མས་སུ་བདག་ཉིད་ཆེན་པོ་འདི་ཉིད་སླར་ཡང་ཕྱི་སོག་ཡུལ་དུ་ཐེབས་ཏེ་ཟབ་རྒྱས་ཆོས་ཀྱི་སྒོ་བརྒྱ་ཕྱེས། སྐལ་ལྡན་གྱི་གདུལ་བྱ་མཐའ་ཡས་པ་སྨིན་གྲོལ་གྱི་ལམ་བཟང་ལ་ཉེ་བར་འགོད་བཞིན་པའི་ཚེ་ན། གཟུགས་སྐུའི་བཀོད་པ་རེ་ཞིག་བསྡུ་བའི་ཚུལ་བསྟན་ཏོ།

རྗེ་བློ་བཟང་བཤད་སྒྲུབ་རྒྱ་མཚོ། རྗེ་དེ་ཉིད་རྐང་ཚའི་ཆུ་ཆ་གྱི་མོག་ཤིང་ལུང་མཆེར་ན་ཡབ་ནུ་ཞི་མགོན་སྐྱབས་དང་ཡུམ་སྐྱིད་ཀོའི་སྲས་སུ་རབ་བྱུང་བཅོ་ལྔ་པའི་ཤིང་འབྲུག (སྤྱི་ལོ1904) ལོར་སྐུ་བལྟམས། དགུང་ལོ་བདུན་པ་ལ་ཞྭ་དམར་པཎྜི་ཏའི་དྲུང་ནས་རབ་ཏུ་བྱུང་། དེ་ནས་རང་དགོན་དུ་ཐེབས་ཏེ་ཡི་གེ་འབྲི་ཀློག་སོགས་ལ་སྦྱངས་པ་མཛད། བཅུ་གཉིས་པ་ལ་སྡེ་ཚ་བཀྲ་ཤིས་ཆོས་སྡིངས་སུ་སློབ་གཉེར་ལ་ཐེབས་ནས་བསྡུས་གྲྭ། བློ་རྟགས། ཕར་ཕྱིན། སྒྲ་རིག་སོགས་རིག་གནས་ཀུན་ལ་གསན་སྦྱོང་གནང་། ཉེ་ཤུ་པ་ལ་ཨ་ལགས་ཁ་རྒྱ་རིན་པོ་ཆེའི་དྲུང་བསྟེན་པར་རྫོགས། བླ་མ་དེ་ལས་ཐུགས་རྗེ་ཆེན་པོ་རྒྱལ་བ་རྒྱ་མཚོ། བདེ་གསང་འཇིགས་གསུམ་གྱི་དབང་སོགས་ཆོས་བཀའ་མང་དུ་གསན། ཉེར་བཞི་པ་རབ་བྱུང་བཅུ་དྲུག་པའི་མེ་ཡོས (སྤྱི་ལོ1927) ལོར་བཤད་སྒྲུབ་དར་རྒྱས་གླིང་དགོན་པར་མཚན་ཉིད་གསར་དུ་འཛུགས་མཛད། དགུང་ལོ་ཉེར་བདུན་པ་ལ་བླ་བྲང་བཀྲ་ཤིས་འཁྱིལ་དུ་ཕྱིན་ནས་ཨ་ལགས་བླ་ཁོ་རིན་པོ་

ཆེའི་དྲུང་དུ་དབང་ལུང་རྗེས་གསུམ་རྒྱ་ཆེར་གསན། དེ་དུས་བཀའ་ཆོས་ཟིན་བྲིས་སུ་བཏབ་པ་ནས་བླམ་དགེ་བཤེས་རྣམས་ཀྱིས་གཟིགས་ཚེ་དབུ་མཇུག་བར་གསུམ་གྱི་ཚིག་དོན་ཡོངས་རྫོགས་ཐོན་པས། ཀུན་གྱིས་ཡ་མཚན་ངོ་མཚར་ཆེ་བའི་རྟགས་སུ་བསྔགས་བརྗོད་མཛད། རང་དགོན་ནས་རྗེ་གསེར་ཁང་བའི་ཕྱག་བཞེས་ལྟར་ཕྱག་དང་བསྐོར་བ་སོགས་འབུམ་བཅུའི་སྔོན་འགྲོ་བཅས་འཇིགས་བྱེད་བསྙེན་ཆེན་མཐར་ཕྱིན་མཛད། ཆེན་ཚང་མ་དང་སྐྱ་ནག་ཚོ་དྲུག་གི་དད་ལྡན་རྣམས་ལ་ཐུགས་རྗེ་ཆེན་པོ་རྒྱལ་བ་རྒྱ་མཚོ། བཀའ་བརྒྱུད་ཀྱི་དབང་སོགས་བཀའ་ཆོས་མང་དུ་བསྩལ། རང་དགོན་དུ་གཙོད་དབང་ལྡན་བཞི། འཇིགས་བྱེད་ལྷ་བཅུ་གསུམ་མའི་དབང་། ཚེ་དབང་། འཇམ་དབྱངས་དཀར་ནག་གི་རྗེས་གནང་། འཇིགས་བྱེད་བསྙེན་ཁྲིད་བསྟུས་གྲྭ་བདེ་གསང་འཇིགས་གསུམ་སོགས་ཀྱི་ཐེག་ཁྲིད། བརྒྱ་རྩའི་ཁྲིད། ཐེག་ཆེན་གསོ་སྦྱོང་གི་ལུང་སོགས་ཁྲིད་དང་དབང་ལུང་རྗེས་གསུམ་གྱི་བཀའ་དྲིན་མང་དུ་བསྩལ། གསུང་རྩོམ་ཞུ་དག་བྱས་པ་དང་མ་བྱས་པ་བསྡོམས་པོད་བཅུ་གཅིག་ཙམ་བཞུགས། སྐུ་ཚེ་ཧྲིལ་པོར་ཁས་བླངས་པའི་དམ་ཚིག་དང་སྡོམ་པ་མིག་འབྲས་ལྟར་གཅེས་པར་སྲུང་ཞིང་། ཉིན་མཚན་ཀུན་ཏུ་ཐོས་བསམ་སྒོམ་གསུམ་དང་འཆད་རྩོད་རྩོམ་གསུམ་གྱིས་དུས་འདའ་བར་མཛད། དགུང་ལོ་བཞི་བཅུ་ཞེ་གསུམ་དུ་ཕེབས་པ་རབ་བྱུང་བཅུ་དྲུག་པའི་མེ་ཁྱི(སྤྱི་ལོ1946)ལོར་སྐུ་འབུམ་དུ་ཞི་བར་གཤེགས།

རྗེ་ཞྭ་དམར་དགེ་འདུན་བསྟན་འཛིན་རྒྱ་མཚོ། རྗེ་འདི་མདོ་སྨད་དུ་ཡབ་པད་མིག་དང་། ཡུམ་མ་ཅིག་གཉིས་ཀྱི་སྲས་སུ་རབ་བྱུང་བཅུ་བཞི་པའི་ཆུ་བྱི(སྤྱི་ལོ1852)ལོར་འཁྲུངས། དགུང་ལོ་བཞི་ལ་ལ་མོ་བདེ་ཆེན་དགོན་དུ་དགེ་བཤེས་རོང་པོ་ཨ་ལགས་བསྟེན་ནས་ཀློག་བསླབས། ཆོས་སྤྱོད་སོགས་བློར་འཛིན་མཛད། དགུང་ལོ་བརྒྱད་ལ་རྗེ་ཐར་ཤུལ་རིན་པོ་ཆེའི་དྲུང་ནས་རབ་ཏུ་བྱུང་། བདེ་ཆེན་དགོན་དུ་བཞུགས་ནས་མདོ་སྔགས་ལ་གསན་བསམ་ཡང་དག་པར་མཛད། དགུང་ལོ་བཅུ་དྲུག་ནས་བླ་གཞུང་གི་དྲུང་ཡིག་གནང་། དགུང་ལོ་ཉེར་བདུན་ལ་ཁྲུ་ལུགས་དགེ་བཤེས་ཉི་མ་རིན་པོ་ཆེའི་དྲུང་དུ་བསྙེན་རྫོགས་བསྒྲུབས། དགུང་ལོ་སོ་བཞི་ལ་ར་རྒྱ་དགོན་དུ་དམ་བཅའ་འཛུགས་པར་མཛད། དགུང་ལོ་ཉེར་དགུ་ནས་ལྔ་བཅུ་བར་སྐུ་མཚམས་ལ་བཞུགས། དགུང་ལོ་ང་གཅིག་ལ་ཐར་ཤུལ་རིན་པོ་ཆེའི་གསུང་འབུམ་དཀར་ཆག་གསར་རྩོམ་གནང་། དགུང་གྲངས་ང་གཉིས་ལ་ཕེབས་པ་རབ་བྱུང་བཅོ་ལྔ་པའི་ཆུ་ཡོས(སྤྱི་ལོ1903)ལོར་ལྷེ་ཚ་བཀྲ་ཤིས་ཆོས་སྡིངས་གསར་དུ་བསྐྲུན་ནས་མཚན་ཉིད་བཙུགས། དགུང་ལོ་ང་བདུན་ལོར་ཆོས་སྡེ་ཆེན་པོ་ལ་མོ་བདེ་ཆེན་དགོན་པར་རྒྱུན་ཐའི་ཐེབས་བཙུགས།

བཀའ་རྩོམ་ལ་མཆོན་ན། སྐྱབས་རྗེ་ཀི་རྟི་རིན་པོ་ཆེ་བློ་བཟང་འཕྲིན་ལས་ཀྱི་རྣམ་ཐར་དང་། བྱང་ཆུབ་བདེ་ལམ་གྱི་ཁྲིད་དམིགས་སྐྱོང་ཚུལ་ཤིན་ཏུ་གསལ་བར་བཀོད་པ་དགེ་ལེགས་འོད་སྣང་འགྱེད་པའི་ཉིན་བྱེད། རྫོག་དཀྱིལ་བདུན་ལས་མ་རྒྱུད་དཀྱིལ་འཁོར་དྲུག་དང་རྡོར་དབྱིངས་དབང་གི་བརྗོད

བྱང་གཏུང་སེལ་བདུད་རྩིའི་ཁྲུས་རྫིང་། རྒྱལ་བའི་བཀའ་འགྱུར་རིན་པོ་ཆེའི་ཐོབ་ཡིག་ནོར་བུའི་ཕྲེང་མཛེས། མེ་ཏོག་བཅུད་ལེན་གྱི་ཟིན་བྲིས་མདོར་བསྡུས་དཀའ་ཐུབ་སྤྱོད་པའི་རྒྱན། དཔལ་གསང་བའི་བདག་པོ་འཁོར་ལོ་ཆེན་པོའི་སྒྲུབ་ཐབས་མདོར་བསྡུས་བདུད་སྡེ་ཟིལ་གྱིས་གནོན་པའི་བཞད་སྒྲ། བློ་སྦྱོང་ཚིག་བརྒྱད་མའི་ཁྲིད་ཀྱི་ཟིན་བྲིས་སྐལ་བཟང་སྤྱི་ནོར། སྔགས་ངག་གི་བསྔགས་བརྗོད་ཆེན་པོ་མེ་ལོང་གི་རྒྱན་རྣམས་ཀྱི་དོགས་གཅོད་འཕྲོ་ཅན། དེ་བཞིན་འགྲོ་མགོན་ཞང་བཟའ་རིན་པོ་ཆེའི་རྣམ་ཐར་དང་ཞྭ་དམར་ལམ་རིམ་སོགས་ཀྱི་བཀའ་རྩོམ་པོད་འབྲིང་དགུ་ཙམ་བཞུགས་པ་དང་། ༧རྒྱལ་དབང་ཐུབ་བསྟན་རྒྱ་མཚོ་མཆོག་ལ་གསུང་ཆོས་ཀྱང་གནང་། དགུང་གྲངས་རེ་གཅིག་ལ་ཐེབས་པ་རབ་བྱུང་བཅོ་ལྔ་པའི་ཆུ་བྱི(སྤྱི་ལོ1912)ལོར་དགོངས་པ་གཞན་དུ་གཤེགས།

ཏེ་ཧོར་ཁང་གསར་བློ་བཟང་ཚུལ་ཁྲིམས། རྗེ་འདི་ནི་མདོ་ཁམས་དཀར་མཛེས་ཀྱི་སའི་ཆར་རབ་བྱུང་བཅུ་བཞི་པའི་ས་སྤྲེལ(སྤྱི་ལོ1848)ལོར་སྐུ་འཁྲུངས། སྐུ་གཞོན་དུས་དབུས་སུ་གྲྭ་སར་ཆོས་ཞུགས་མཛད་དེ་གཞུང་ཆེན་བཀའ་པོད་ལྔར་གསན་བཞེས་མཛད། ༧རྒྱལ་དབང་ཐུབ་བསྟན་རྒྱ་མཚོའི་སྐུ་དུས་རྒྱུད་སྨད་མཁན་པོ་གནང་། དེའི་ཕྱིར་ཏེ་ཧོར་ཁང་གསར་བློ་བཟང་ཚུལ་ཁྲིམས་ཞེས་ཞུ། བཀའ་རྩོམ་ལ་མཆོན་ན། དཔལ་རྡོ་རྗེ་འཇིགས་བྱེད་ཆེན་པོའི་རིམ་པ་དང་པོའི་ཟིན་བྲིས་ཟུང་འཇུག་རིན་ཆེན་འདྲེན་པའི་ཤིང་རྟ། སྒྱུར་ལམ་དམར་ཁྲིད་ཀྱི་ཟིན་བྲིས་གསེར་གྱི་ཤིང་རྟ། ཟབ་ལམ་བླ་མ་མཆོད་པའི་མན་ངག་སྔགས་རྒྱུད་ལག་ལེན་དུ་བསྐུར་བའི་རིམ་པ་ནག་འགྲོས་སུ་བཀོད་པ། ཟབ་ལམ་ན་རོ་ཆོས་དྲུག་གི་ཁྲིད་ཡིག་བདེ་ཆེན་སྒྱུར་ལམ། དུས་འཁོར་གྱི་དབང་བཤད་སོགས་པོད་འབྲིང་གསུམ་ལྷག་མཛད། སྐུ་ཚེ་མཐའ་མའི་མཛད་པ་མི་གསལ།

གཏེར་སྟོན་ཉི་མ་གྲགས་པ། གཏེར་སྟོན་ཆེན་པོ་འདི་ཉིད་མདོ་ཁམས་ཟལ་མོ་སྒང་གི་སའི་ཆ་ལུང་པ་བན་ཏུ་གྲུ་ཡ་གྲོང་ཞེས་བྱ་བར་ཡབ་ཀརྨ་རྣམ་རྒྱལ་དང་། ཡུམ་བསོད་ནམས་མཚོ་གཉིས་ཀྱི་སྲས་སུ་རབ་བྱུང་བཅུ་གཅིག་པའི་མེ་ཕག(སྤྱི་ལོ1647)ལོར་སྐུ་བལྟམས། སྐུ་ན་ཕྲ་བའི་དུས་ནས་དད་པ་དང་སྙིང་རྗེས་ཐུགས་རྒྱུད་ལེགས་པར་གཏམས་ཤིང་། ཕྱིར་བཏང་བྱིས་པ་ཐལ་པའི་ངང་ཚུལ་དང་ཡོངས་སུ་མི་མཐུན་པར་ཡི་གེ་འབྲི་ཀློག་གི་སྐུ་ཡོན་སྦྱོར་པ་ཙམ་གྱིས་ཚེགས་མེད་མཁྱེན་ཏེ་སྐྱེ་སྟོབས་ཀྱི་ཤེས་རབ་ལྷག་པར་ཆེ། གྲུབ་ཐོབ་རྫོགས་ཆེན་པད་མ་རིག་འཛིན་ལས་ཡོངས་རྫོགས་དགེ་བསྙེན་གྱི་སྡོམ་པ་བཞེས། ༧རྒྱལ་དབང་ལྔ་པ་ཆེན་པོ་སོགས་གྲུབ་མཐའ་རིས་མེད་ཀྱི་མཁས་གྲུབ་མང་པོ་བསྟེན་ནས་མདོ་རྒྱུད་བཀའ་གཏེར་རྣམས་ཀྱི་དགོངས་འགྲེལ་མན་ངག་ཉམས་ཁྲིད་དང་། ཐ་སྙད་རིག་པའི་གནས་ཐམས་ཅད་ལ་ཐོས་བསམ་རྒྱ་ཆེར་གནང་ཞིང་། འཆད་རྩོམ་གྱི་མཛད་འཕྲིན་སྤེལ། ཆགས་རི་ཉི་གྲགས་དགོན་ནམ་སྲིད་རྫོང་འོད་གསལ་སྒྲུབ་སྡེ་ཕྱག་བཏབ་ཅིང་འཛིན་སྐྱོང་མཛད། མདོ་སྨད་ཁྲོལ་སྟག་མོ་དགོན་སོགས་དགོན་སྡེ་མང་པོ་གསར་

བཞེངས་ཐོག གཙུག་ལག་ཁང་ཁག་དང་དགོན་པ་གཞན་རྣམས་ཉམས་གསོ་དང་སྐུ་གསུང་ཐུགས་རྟེན་བཞེངས། བྱ་བཏང་མཛད་ནས་ལུམ་བྷིའི་ཚལ་སོགས་སྟོན་པའི་མཛད་ཆེན་རྣམས་ཀྱིས་གཙོས་འཕགས་ཡུལ་དང་། བལ་བོད་ཀྱི་གནས་ཆེན་ཁག སློབ་དཔོན་རིན་པོ་ཆེ་དང་རྗེ་བཙུན་མི་ལའི་སྒྲུབ་གནས་སོགས་གངས་ཅན་ལྗོངས་ཀྱི་དགོན་པ་དང་གནས་ཆེན་ཕལ་ཆེ་བར་ཞབས་ཀྱིས་བཅགས། གཏེར་ལུང་དང་རྗེས་མཐུན་ཟབ་གཏེར་མང་དུ་བཞེས་པ་སོགས་བསྟན་འགྲོའི་དོན་རྒྱ་ཆེར་མཛད། མཐར་རབ་བྱུང་བཅུ་གཉིས་པའི་ལྕགས་སྟག(སྤྱི་ལོ1710)ལོར་དགོངས་པ་ཞི་དབྱིངས་སུ་གཤེགས།

གཏེར་བདག་གླིང་པ། མཚན་དངོས་ལ་པདྨ་གར་དབང་འགྱུར་མེད་རྡོ་རྗེ་ཞུ། རྗེ་འདི་ནི་ཡབ་སྨྲས་སྟོན་གསང་བདག་འཕྲིན་ལས་ལྷུན་གྲུབ་དང་། ཡུམ་ལྷ་འཛིན་དབྱངས་ཅན་སྒྲོལ་མ་གཉིས་ཀྱི་སྲས་སུ་རབ་བྱུང་བཅུ་གཅིག་པའི་མེ་ཁྱི(སྤྱི་ལོ1646)ལོར་གྲ་ནང་དར་རྒྱས་ཆོས་གླིང་དུ་སྐུ་བལྟམས། མཚན་ཀུན་དགའ་དངོས་གྲུབ་རིན་ཆེན་དབང་རྒྱལ་ཞེས་གསོལ། དགུང་ལོ་བཞི་ལ་ཡབ་ལས་བརྒྱུད་གསང་རྫོགས་ཀྱི་དབང་གསན། དེ་རྗེས་དགོན་པར་ཕེབས་ཏེ་ཡི་གེ་འབྲི་ཀློག་སྦྱངས། དགུང་ལོ་བཅུ་གཅིག་པ་ལ༧རྒྱལ་མཆོག་ལྔ་པ་ཆེན་པོའི་དྲུང་དུ་དབུ་སྐྲ་གཙུག་ཕུད་ཕུལ་ཏེ་མཚན་ངག་དབང་པདྨ་བསྟན་འཛིན་ཞེས་བསྩལ། དགུང་ལོ་བཅུ་གསུམ་ཙམ་ནས་བཟུང་ཙ་རྒྱུད་གསང་བ་སྙིང་པོ་དང་། རྒྱུད་བླ་མ་སེམས་ཉིད་ངལ་གསོ། ཡིད་བཞིན་མཛོད་ཙ་འགྲེལ་རྣམས་ཐུགས་ལ་བཟུང་ནས་ཡབ་རྗེ་ལས་གསུང་བཤད་རིམ་པར་གསན། དགུང་ལོ་བཅོ་བརྒྱད་པ་ལ་གཡའ་མ་ལུང་ནས་རིག་འཛིན་ཐུག་ཐེག་གི་སྐོར་སོགས་དང་། དགུང་གྲངས་ཉེར་གཉིས་པ་ལ་རྫུ་འཕྲུལ་གྱི་བཀོད་པས་ཤེལ་བྲག་ནས་འཇམ་དཔལ་གཤིན་རྗེ་དྲེགས་འཛོམས་ཀྱི་ཆོས་སྐོར་སྤྱན་དྲངས་པ་སོགས་ཤིན་ཏུ་མང་སྐད། དགུང་གྲངས་སོ་གཅིག་པ་མེ་འབྲུག(སྤྱི་ལོ1676)ལོར་ཨོ་རྒྱན་སྨིན་གྲོལ་གླིང་གཙུག་ལག་ཁང་གསར་བཞེངས་ཐོག་ཆོས་གྲྭ་དང་སྒྲུབ་གྲྭ་བཙུགས། གྲྭ་ཚང་དུ་དཀྱིལ་འཁོར་དུ་མའི་སྒྲུབ་མཆོད་དང་། གཞི་གསུམ་གྱི་ཕྱག་བཞེས་རྣམས་ཀྱི་སྲོལ་བཏོད། ཨོ་རྒྱན་སྨིན་གྲོལ་གླིང་གི་རིག་གནས་འཕྲིད་རྒྱུན་ད་ཅང་ཁུངས་དག་ཅིང་སྐད་གྲགས་ལྡན་པས་དགོན་པ་དེ་ལས་རིག་གནས་མཁས་དབང་དུ་མ་དང་། གསང་ཆེན་སྔ་འགྱུར་རྙིང་མའི་བསྟན་འཛིན་གྱི་སྐྱེས་བུ་མང་པོ་བསྐྱངས།

གཏེར་གླིང་པ་མཆོག་དགུང་གྲངས་སུམ་ཅུ་ཡས་མས་སུ་བྲག་དམར་མཆིམས་བུ་དང་། གཡའ་མ་ལུང་སོགས་དབེན་གནས་སུ་མཚམས་ལ་ཞུགས་ནས་ཡི་དམ་གྱི་ལྷ་སུམ་ཅུ་ཙ་ལྔ་ཙམ་གྱི་བསྙེན་སྒྲུབ་དང་། རྫོགས་པ་ཆེན་པོ་ཁྲེགས་ཆོད་ཀྱི་ཉམས་བཞེས་པས་མ་དག་པའི་སྣང་བ་འགོག་པའི་བསྐྱེད་རིམ་ལ་བརྟན་པ་ཐོབ་སྟེ་ལས་བཞི་གང་ཡང་ཐོགས་མེད་དུ་གྲུབ། དགུང་གྲངས་སོ་དགུ་པ་ཤིང་བྱི(སྤྱི་ལོ1684)ལོར་བླ་བྲང་ཆོས་འཁོར་ལྷུན་པོ་དང་། བསམ་གྲུབ་གླིང་། བཀྲ་ཤིས་རབ་བརྟན་བཅས་དང་། དགུང་གྲངས་ཞེ་དྲུག་པར་སྐུ་འབུམ་མཐོང་གྲོལ་ཆེན་མོ་དང་། ཕྱོགས་མཚམས་གཞན་རྣམས་སུ་བྱང་ཆེན་ལ་སོགས་པའི་

མཆོད་རྟེན་ལྷག་མ་བདུན་སོགས་རྟེན་གསུམ་ཤིན་ཏུ་མང་པོ་གསར་བཞེངས་མཛད། དགུང་གྲངས་ང་ལྔ་ལ་དཀྱིལ་འཁོར་དུ་མའི་གྲུབ་མཆོད་དང་། གསང་སྔགས་ཕོ་བྲང་གསར་དུ་བཞེངས།

མདོར་ན། རྗེ་འདི་ཉིད་ཀྱི་ཡབ་རྗེ་དང་༧རྒྱལ་མཆོག་ལྔ་པ་ཆེན་པོ་མཆོག་གིས་དབུས་གླིང་གྲོལ་ཟབ་ལམ་གསན་པའི་བསྟན་འཛིན་ཆེན་པོ་བཅུ་དྲུག ཟབ་ཆོས་སྣ་ཚོགས་གསན་པའི་ཡོངས་འཛིན་སུམ་ཅུ་རྩ་ལྔ་རྣམས་བསྟན་ཏེ། ཡུལ་དུས་ཅི་རིགས་པར་ཡོངས་འཛིན་དགེ་བསྙེན། བྱང་སྡོམ་བཀའ་སྲོལ་གསུམ་སོགས་ལས་སྨྲ་འགྱུར་བཀའ་མ་དེང་སང་རྒྱུན་ཡོད་དོ་ཅོག་དང་། གཏེར་མའི་རྗེ་ཕྲེང་། སྒྲུབ་ཐབས་བརྒྱ་རྩ་སོགས་སྤྱི་བཀའ་དང་། བདེ་མཆོག གཤེད་སྐོར་སྒྲི་ཡོག་སོགས་ཀྱི་ཟུར་བཀའ། མདོ་ཕྱོགས་མང་པོ་དང་བཅས་པའི་དབང་ཁྲིད་བཤད་ལུང་། དེ་ཐམས་ཅད་ཀྱི་རྩ་བར་གྱུར་པ་བཀའ་འགྱུར་རོ་ཅོག་གི་ལུང་སོགས་ཆོས་བཀའ་གསན་པ་ནི་མཐའ་ཡས་པའོ།

རྗེ་འདི་ཉིད་ཀྱི་ཞལ་སློབ་ཏུ་གྱུར་པ་ནི་གཙོ་བོར༧རྒྱལ་མཆོག་ལྔ་པ་ཆེན་པོས་སྨྲ་འགྱུར་རྒྱུད་འབུམ་རིན་པོ་ཆེས་མཚོན་ཟབ་ཀྱི་ཆོས་སྐོར་ཇི་སྙེད་པ་ཞིག་གསན་ནས་ཏེ་ཤྭིར་བཀུར། སྡེ་སྲིད་སངས་རྒྱས་རྒྱ་མཚོ་མཆོག་ནས་ཀྱང་ཟུར་ལུགས་ཀྱི་ལུང་རྒྱུན་བཞེས། ས་ཕག་འབྲི་སྟག་སོགས་ཆེན་པོའི་གོ་སར་བཞུགས་པའི་སྐྱེ་མཆོག་དུ་མ་དང་། མི་ཆེན། བསྟན་པ་གསལ་བར་མཛད་པའི་བཤེས་གཉེན་སོགས་གྲངས་མེད་དང་། དེ་བཞིན་བལ་ཡུལ་དང་། འབྲུག་ཡུལ། འབྲས་ལྗོངས་སོགས་ནས་དད་འདུས་ཀྱི་སྐལ་ལྡན་མཆོག་དམན་མཐའ་ཡས་པ་བྱུང་ངོ་། ཕྱག་རྫོམ་ལ་མཚོན་ན་བཀའ་མའི་སྐོར་གྱི་སྒྲུབ་དཀྱིལ་དབང་ཆོག་སོགས་དང་། བཀའ་བསྟན་གྱི་གཞུང་འགྲེལ། རིག་གནས་སྐོར་སོགས་སྔ་ན་མེད་པའི་ལེགས་བཤད་སྨད་དུ་བྱུང་བའི་བསྟན་བཅོས་གླེགས་བམ་པོད་ཆེན་བཅོ་ལྔ་ཙམ་བཞུགས། དགུང་གྲངས་རེ་དགུར་ཐེབས་པ་རབ་བྱུང་བཅུ་གཉིས་པའི་ཤིང་རྟ(སྤྱི་ལོ1714)ལོར་གཟུགས་སྐུའི་བཀོད་པ་ཆོས་དབྱིངས་སུ་བསྡུས་སོ།

ཏ་མགྲིན་ལྷ་མོ། རབ་བྱུང་བཅོ་ལྔ་པའི་ཆུ་ཕག(སྤྱི་ལོ1923)ལོར་ཆབ་མདོ་གོ་འཇོ་རྫོང་ཁོང་ར་ཆུ་ཀ་དོའི་ཉག་བླ་སྒར་ཞེས་པའི་སར་ཡབ་ཉག་བླ་བྱང་ཆུབ་རྡོ་རྗེ་དང་ཡུམ་དྲི་མེད་དབང་མོ་གཉིས་ཀྱི་རིགས་ཀྱི་སྦུ་གུར་འཁྲུངས། ཡབ་ཀྱི་གཏེར་ཆོས་པོད་ཆེན་བཞི་བཅུ་ཙམ་ཡོད་པར་བཀའ་འདུས་ཆོས་ཀྱི་རྒྱ་མཚོ་སོགས་ཀྱི་དབང་ལུང་ཁྲིད་མན་ངག་བཅས་པ་གསན་བཞེས་ཉམས་ལེན་མཛད། ལྷག་པར་དུ་ཡབ་ཀྱི་གཏེར་ཆོས་ཕག་མོའི་སྣང་ཁྲིད་རྒྱུན་དུ་མཛད་ནས་བཅུད་ལེན་བདུན་ཚར་ཉེར་གཅིག་ཙམ་དང་ནམ་མཁའ་བཅུད་ལེན་བདུན་གཅིག་བཞུགས། ཁྱད་པར་དུ་ཡབ་ཀྱི་གཏེར་ཆོས་ཀྱི་ཉིང་ཁུ་ལྷ་བུ་ཡང་ཏིག་ནག་པོ་གསེར་གྱི་རྒྱ་ཅན་ཞེས་པར་ཉམས་ལེན་མཛད། ཧྲ་གི་མ་འདི་ཉིད་ཀྱི་དབུ་སྐྲས་མིག་གི་ལིང་ཏོག་མངོན་སུམ་དུ་ཕྱི་ནུས་པ་དང་། ནུ་ཆུས་མིག་ནད་དང་གྲིབ་ནད་ལ་སོགས་པ་སྦྱོང་བའི་མཆོག་ཡིན། དགྲ་ལ་སྡང་སེམས་དང་གཉེན་ལ་ཆགས་སེམས་ཟེར་བ་གཏན་ནས་མི་མཁྱེན། གྲྭ་བུ་སོགས་སློབ་མ་མང་དུ་བསྐྱངས།

དེ་ལྟར་དོན་གཉིས་ལྷུན་གྲུབ་ཀྱི་ངང་ནས་དགུང་ལོ་ང་བདུན་ཧྲིལ་པོར་ཕེབས་པ་ས་ལུག（སྤྱི་ལོ1979）ལོའི་བོད་ཟླ་གཉིས་པའི་ཚེས27ཀྱི་ཞོགས་པར་བཞུགས་སའི་ཉེ་སྐོར་གསེར་ཁ་དང་རྩེ་རོང་སོགས་སུ་ཡོད་པའི་གཉེན་ཉེ་བུ་སློབ་ཚང་མ་འབོད་དེ་གསུངས་པར། ད་ཁྱེད་ཚོ་སྡུག་མ་བྱེད། སྐྱེས་པའི་མཐའ་མར་ཤི་རྒྱུ་ལས་མ་མཆིས། ང་རང་གི་ཚེ་ཚད་ལོ་ལྔ་བཅུ་ང་གཉིས་ཡིན་ཀྱང་། བླ་མ་རིན་པོ་ཆེའི་ཐུགས་རྗེ་དང་བུ་མོ་ཆུང་ཆུང་དེ་སྐྱེས་པ་གཉིས་ཀྱི་རྐྱེན་བྱས་ཏེ་ལོ་ཤས་ཚེ་བསྲིང་ཐུབ་པ་བྱུང་། རང་ལ་ཕག་མོའི་ཞལ་མཇལ་ཡང་ཐེངས་ཁ་ཤས་བྱུང་། ད་རེ་ཞིག་གཡུ་ལོ་བཀོད་པའི་ཞིང་དུ་འགྲོ་དགོས། ངའི་ཕུང་པོ་ལ་ཞེན་ཆགས་བྱས་ནས་ཉར་མ་སྡོད་ཅེས་སོགས་གསུངས་ཏེ་དེ་ནུབ་མཚན་མོར་དགོངས་པ་གཞན་དོན་དུ་གཤེགས། སྐུ་གདུང་ཉིན་བདུན་བཞག་རིང་འོད་དུ་ཞུ་ནས་སྐུ་ལུས་ཧྲིལ་པོ་སྤྱི་སྐར་ཉེར་དྲུག་གམ་མཁྱིད་ལྔག་གང་ཙམ་ལས་མ་ལུས། ཚུལ་དེ་ཡུལ་དེའི་མང་ཚོགས་སྟོང་ཕྲག་མང་པོའི་ཐུན་མོང་གི་མིག་ལམ་དུ་མངོན་སུམ་སྣང་བ་བྱུང་། མི་མང་པོས་ཕྱར་བསྐུར་འདེབས་ཞུས་སྒྲོང་བར་བཟོད་གསོལ་ཞུས།

ཧ་ཚག་ངག་དབང་དཔལ་ལྡན་ཆོས་ཀྱི་རྒྱལ་མཚན། རྗེ་འདི་ཡུལ་ཡར་ལུང་སྟེ་པ་ཡབ་ཚེ་རིང་དར་རྒྱས་དང་། ཡུམ་ཨ་ལགས་གཉིས་ཀྱི་སྲས་སུ་རབ་བྱུང་བཅུ་བཞི་པའི་ལྕགས་ཁྱི（སྤྱི་ལོ1850）ལོར་སྐུ་འཁྲུངས། མཚན་ནོར་བུ་དོན་གྲུབ་ཏུ་གསོལ། དགུང་ལོ་བཞི་ལ་ཕེབས་སྐབས་ལྷ་ས་ཀུན་བདེ་གླིང་ལ་གདན་དྲངས། ར་སྒྲེང་སྐུ་ཕྲེང་བཞི་པ་ངག་དབང་ཡེ་ཤེས་ཚུལ་ཁྲིམས་ལ་གཙུག་ཕུད་ཕུལ། མཚན་ངག་དབང་དཔལ་ལྡན་ཆོས་ཀྱི་རྒྱལ་མཚན་ཞེས་བསྟུལ། རྒྱུད་སྟོད་མཁན་ཟུར་ངག་དབང་ནོར་བུ་ཡོངས་འཛིན་དུ་བསྟེན་ནས་ཡི་གེ་འབྲི་ཀློག་དང་ཆོས་སྤྱོད་སོགས་ཀྱི་རིམ་པ་རྣམས་གསན་སྦྱོང་མཛད། དགུང་ལོ་དྲུག་ལ་འབྲས་སྤུངས་སྒོ་མང་གྲྭ་ཚང་དུ་ཆོས་ཞུགས་མཛད་ནས་གཞུང་ཆེན་བཀའ་པོད་ལྔར་གསན་བཞེས་དབུ་ཚུགས། དགུང་ལོ་བཅུ་དགུར་སྔོ་གནས་སུ་ཕེབས། དགུང་ལོ་ཉི་ཤུ་ལ་འོན་རྒྱལ་སྲས་ངག་དབང་ཐོགས་མེད་བསྟན་འཛིན་རྒྱ་མཚོའི་དྲུང་དུ་བསྙེན་རྫོགས་བསྒྲུབས། བྲག་རི་བློ་བཟང་ཆོས་འཕྱོར་དང་ཕུར་ལྕོག་བྱམས་པ་རྒྱ་མཚོ་སོགས་བསྟེན་ནས་མདོ་སྔགས་ཀྱི་ཆོས་མང་དུ་གསན། དགུང་ལོ་ཉེར་གཉིས་ལ་ལྷ་ལྡན་སྨོན་ལམ་ཆེན་མོར་གྲྭ་སྐོར་མཚན་རྟགས་མཛད། དགུང་ལོ་ཉེར་དྲུག་ནས་སོ་བདུན་བར་བོད་ཀྱི་རྒྱལ་ཚབ་གནང་། དགུང་ལོ་ཉེར་དགུ་ལ༧རྒྱལ་དབང་སྐུ་ཕྲེང་བཅུ་གསུམ་པ་ཡང་སྲིད་ངོས་འཛིན་གནང་སྐེ་གསེར་ཁྲིར་གདན་དྲངས། དགུང་ལོ་སོ་གསུམ་ལ༧རྒྱལ་བའི་ཡོངས་འཛིན་མཛད་ནས་གོང་ས་མཆོག་ལ་རབ་བྱུང་གི་སྡོམ་པ་འབུལ་བཞེས་གནང་། ཧ་ཚག་སྐུ་ཕྲེང་བཅུ་པ་འདི་ཉིད་ཀྱིས་བོད་ཀྱི་སྲིད་སྐྱོང་ལོ་བཅུ་གཉིས་གནང་རིང་བསྟན་སྲིད་ལ་ཐུགས་ཁུར་ཆེ་ཁར། མི་མང་གི་བདེ་སྡུག་ལ་རྒྱུན་པར་གཟིགས་རྟོགས་ཡངས་ཤིང་། བོད་ལྗོངས་སུ་རྫ་རྗེ་མཆེར་མའི་ནད་ཡམས་དྲག་པོ་ཡོང་སྐབས་རྒྱ་ཁྱབ་ཡོངས་ལ་རིམ་སྲུང་གནང་སྒོ་སྟོད་མེད་བསྐྱངས་པས་བྱིས་པ་ཁྲི་ཕྲག་མང་པོ་ནད་ལས་ཐར་གཤིས

མང་ཚོགས་ནང་ཧ་ཚག་ལྷ་འབུམ་དཀར་མོ་ཞེས་གྲགས། འཕངས་ལ་བྱམས་གཟིགས་ཆེ་བས་དབུས་གཙང་དུ་སློ་བུར་འབྲུ་གོང་འཕར་བར་སྲིད་སྐྱོང་མཆོག་ནས་སྐུ་སྔེར་ཀུན་གླིང་བླ་བྲང་གི་བཀར་འབྲུ་བཏོན་ཏེ་རིན་གོང་གཅོག་ཐབས་གནང་བ་སོགས་འདི་དང་དེ་འདྲའི་མཛད་བཟང་ཇི་སྙེད་མཆིས། མདོ་སྔགས་ཀྱི་གཞུང་ལུགས་ལའང་མཁས་ཆེ་བས་བཀའ་རྩོམ་ཡང་། ལྷ་དང་བཅས་པའི་སྐྱེ་རྒུ་མ་ལུས་པའི་གཙུག་ནོར་ཧ་ཚག་ཇེ་དྲུང་ཧོ་ཐོག་ཐུ་ཡོངས་འཛིན་སྲིད་སྐྱོང་ངག་དབང་དཔལ་ལྡན་ཆོས་ཀྱི་རྒྱལ་མཚན་དཔལ་བཟང་པོའི་རྣམ་ཐར་སྲིད་ཞིའི་མཛེས་རྒྱན། ཆབ་ཤོག་རིམ་པ་རྣམས་ཕྱོགས་གཅིག་ཏུ་བསྒྲིགས་པ། ཆོས་རྗེ་ཆེན་པོ་ཞྭ་ལུ་རི་ཕུག་གི་བཅའ་ཁྲིམས་ཡི་གེ་རབ་གསལ་ནོར་བུ་སོགས་པོད་ཚང་གཅིག་ཙམ་མཛད། མཐར་དགུང་གྲངས་སོ་བདུན་ལ་ཕེབས་པ་རབ་བྱུང་བཅོ་ལྔ་པའི་མེ་ཁྱི(སྤྱི་ལོ1886)ལོའི་བོད་ཟླ་བཞི་པའི་ཚེས་བརྒྱད་ཉིན་རྗེ་ཤར་རྒྱུད་དུ་སྐུ་གཤེགས།

ཧ་ཚག་ངག་དབང་བློ་བཟང་བསྟན་པའི་རྒྱལ་མཚན། ཧ་ཚག་སྐུ་ཕྲེང་དགུ་པ་འདི་ནི་རབ་བྱུང་བཅུ་བཞི་པའི་ལྕགས་ལུག(སྤྱི་ལོ1811)ལོར་འཁྲུངས། སྐུ་གཞོན་དུས་འབྲས་སྤུངས་སུ་ཆོས་ཞུགས་མཛད་ནས་གཞུང་ཆེན་ལ་གསན་བསམ་གནང་། ༧རྒྱལ་དབང་ཚུལ་ཁྲིམས་རྒྱ་མཚོ་དང་། པཎ་ཆེན་བསྟན་པའི་ཉི་མ་སོགས་ཀྱི་དྲུང་ནས་མདོ་སྔགས་ཀྱི་ཆོས་གསན། དགུང་ལོ་སུམ་ཅུའི་སྐབས༧རྒྱལ་དབང་སྐུ་ཕྲེང་བཅུ་གཅིག་པ་མཁས་གྲུབ་རྒྱ་མཚོའི་ཡོངས་འཛིན་མཛད། རྩོམ་པ་ལ་ཐུབ་པའི་དབང་པོའི་ཀ་བསྟོད། དྲིས་ལན་ཀུན་གསལ་མེ་ལོང་། གླུ་བསངས་དང་གླུ་སྦྱོ་བའི་འདོད་གསོལ་དང་རྟ་རྒྱའི་བསངས་མཆོད། སྟབ་ཆེན་སངས་རྒྱས་ཡེ་ཤེས་ཀྱི་རྟོགས་བརྗོད་མདོར་བསྡུས། བ་སོ་སྐུ་ཕྲེང་གོང་མའི་གདན་ས་ཧ་ཚག་ལྷུན་གྲུབ་བདེ་ཆེན་གྱི་དགེ་འདུན་རྣམས་ཀྱི་ཁྲིམས་སུ་བཅའ་བ་སོགས་པོད་གཅིག་བཞུགས། དགུང་ལོ་སོ་བརྒྱད་ལ་ཕེབས་པ་རབ་བྱུང་བཅུ་བཞི་པ་ས་སྤྲེལ(སྤྱི་ལོ1848)ལོར་སྐུ་གཤེགས།

ཧ་ཚག་བསྟན་པའི་མགོན་པོ། རྗེ་འདི་ནི་མདོ་སྟོད་སྤོའོ་རུ་ཡབ་དར་ལུ་ཚེ་རིང་དང་ཡུམ་ཟླ་བ་བུ་ཁྲིད་གཉིས་ཀྱི་སྲས་སུ་རབ་བྱུང་བཅུ་གསུམ་པའི་ལྕགས་འབྲུག(སྤྱི་ལོ1760)ལོར་འཁྲུངས། དགུང་ལོ་ལྔ་ལ་དཔའ་ཤོད་དགོན་པར་ཞབས་སོར་འཁོད། དགུང་ལོ་དྲུག་ལ་ཁྲི་འདོན་མཛད། དགུང་ལོ་བརྒྱད་ལ་མཁན་ཆེན་དཔལ་ལྡན་གྲགས་པའི་དྲུང་ནས་ཡོངས་རྫོགས་དགེ་བསྙེན་གྱི་སྡོམ་པ་བཞེས། དགུང་ལོ་བཅུ་གཉིས་ལྕགས་ཡོས་ལོར་སྐུ་འབུམ་ཕྱོགས་སུ་ཕེབས། དགུང་ལོ་བཅུ་གསུམ་ལ་རྒྱ་ནག་ཏུ་ཕེབས་ཏེ་གོང་མ་ལྷ་སྐྱོང་མཇལ། ལྕང་སྐྱ་རྡོ་རྗེ་འཆང་གི་དྲུང་ནས་དགེ་ཚུལ་བསྒྲུབས། མཚན་ཡེ་ཤེས་བསྟན་པའི་མགོན་པོར་གསོལ། དགུང་ལོ་ཉེར་གསུམ་ཐོག་དབུས་སུ་ཕེབས་ཏེ་འབྲས་སྤུངས་སུ་ཆོས་ཞུགས་མཛད། དགུང་ལོ་ཉེར་བཞིར༧རྒྱལ་དབང་འཇམ་དཔལ་རྒྱ་མཚོའི་དྲུང་དུ་བསྙེན་རྫོགས་ཀྱི་སྡོམ་པ་བཞེས། དགུང་ལོ་ཉེར་ལྔ་ལ་རིགས་གྲྭར་ཚོགས་ལངས་མཛད། དགུང་ལོ་སུམ་ཅུའི་ཐོག་འབྲས་སྤུངས་དགོན་དུ་གཞུང་

ལུགས་ལ་ཐོས་བསམ་མཐར་ཕྱིན་པའི་གདང་རབ་ལེགས་འབྱུལ་མཛད། དགུང་ལོ་སོ་གཅིག་ནས་ང་གཅིག་བར་སྟ་ཕྱི་གཉིས་ལ་བོད་ཀྱི་སྲིད་སྐྱོང་ལོ་ཉི་ཤུ་གནང་། དགུང་ལོ་སོ་གཉིས་ལ་རྒྱ་ནག་ཏུ་ཐེབས། ལོ་དེར་བོད་ལ་གོར་ཁའི་དམག་བྱུང་། དགུང་ལོ་སོ་གསུམ་ལ་གོང་མས་ས་མ་ཏི་པཀྴའམ་ཐུ་ཐུང་གཞན་ཟེའི་ཆོ་ལོ་ཕུལ། ཀུན་གླིང་དགོན་པ་གསར་དུ་བསྐྲུན། དགུང་ལོ་ཞེ་བརྒྱད་ལ་༧རྒྱལ་དབང་སྐུ་ཕྲེང་དགུ་པ་ལུང་རྟོགས་རྒྱ་མཚོ་ངོས་འཛིན་གནང་། བཀའ་རྩོམ་མཆོག་གསུམ་རིན་པོ་ཆེར་གསོལ་འདེབས་དྲང་སྲོང་གྲུབ་པའི་བདེན་ཚིག་དང་གསོལ་འདེབས་ཞབས་བརྟན་སོགས་ཕྱོགས་གཅིག་ཏུ་བསྡེབས་པ། སྐུ་གསུང་ཐུགས་རྟེན་དང་གཙུག་ལག་ཁང་རྣམས་ལ་རབ་གནས་ཀྱི་ཡོན་སྐོའི་གསུང་བཤད་སྐོར། དམ་ཅན་རྡོར་ལེགས་ཀྱི་བསྐང་བ་དབྱར་སྐྱེས་སྤྲིན་གྱི་སྒྲ་དབྱངས་དང་གནས་བདག་དཔའ་རྡོ་རྗེའི་གསོལ་མཆོད་རྒྱས་བསྡུས་སོགས་བསྟན་བཅོས་མི་ཉུང་བ་ཞིག་མཛད།

དགུང་ལོ་ང་གཅིག་ལ་ཐེབས་པ་རབ་བྱུང་བཅུ་བཞི་པ་ལྕགས་རྟ(སྤྱི་ལོ1810)ལོར་ཞི་བར་གཤེགས།

རྗེས་ཚང་མ་ཧི་བ་ཤེས་རབ་བཀྲ་ཤིས། རེབ་གོང་སྟོད་དུ་གཡུང་སྟོན་ཁྲོ་རྒྱལ་གྱི་མི་རྒྱུད་ཕྱུག་རྡོར་རྒྱལ་གྱི་སྲས་སུ་རབ་བྱུང་བཅུ་གཅིག་པའི་མེ་ཕག(སྤྱི་ལོ1647)ལོར་འཁྲུངས། དགུང་ལོ་བཅུ་གསུམ་པ་ས་ཕག་ལོར་ཁུ་བོ་གཤིན་རྗེ་རྣལ་འབྱོར་པ་ཤེས་རབ་རྒྱ་མཚོ་ལས་རབ་ཏུ་བྱུང་། བཅུ་དྲུག་པ་ཆུ་སྟག་ལོར་རོང་པོ་དགོན་ཆེན་གྱི་ཆོས་གྲྭར་ཞུགས། རྗེ་སྐལ་ལྡན་པ་ལས་ཆོས་བཀའ་མང་དུ་གསན། དགུང་ལོ་ཉི་ཤུ་པ་མེ་རྟ(སྤྱི་ལོ1666)ལོར་དབུས་སུ་ཐེབས། དཔོན་སློབ་བློ་གྲོས་རྒྱ་མཚོ་དང་། དགེ་སློང་འཇམ་དབྱངས་གྲགས་པ། རབ་འབྱམས་པ་ཆོས་འཕེལ་རྒྱ་མཚོ་སོགས་ལས་དབང་ལུང་བཀའ་ཆོས་མང་དུ་གསན། ཀུན་གཟིགས་ལྔ་པ་ཆེན་པོ་ལས་བསྙེན་པར་རྫོགས། དགུང་ལོ་ཉེར་ལྔ་པར་ལྷ་ལྡན་སྨོན་ལམ་ཆེན་མོར་རབ་འབྱམས་པའི་མཚན་བཏགས་བཞེས། ཉེར་བདུན་པར་རང་ཡུལ་དུ་ཐེབས། ལྷ་ཁྲིད་ཀྱི་ཡིག་ཆ་བརྩམས། སོ་བདུན་པ་ཆུ་ཕག(སྤྱི་ལོ1683)ལོར་རྫོང་དཀར་བཀའ་གདམས་ཆོས་བྲང་བཀྲ་ཤིས་གླིང་ཕྱག་བཏབ། དགུང་ལོ་རེ་གཅིག་པར་རོང་པོ་དགོན་ཆེན་གྱི་ཁྲིར་བཞུགས་ཏེ་ལོ་བདུན་བསྐྱངས། བདུན་ཅུ་པ་རབ་བྱུང་བཅུ་གཉིས་པའི་མེ་སྤྲེལ(སྤྱི་ལོ1716)ལོར་སྐུ་གཤེགས།

ཐུག་ཐུ་འཇམ་དཔལ་བསྟན་པའི་དངོས་གྲུབ། མཚན་གཞན་པད་མ་བཛྲ་ནི་རབ་བྱུང་བཅོ་ལྔ་པའི་མེ་བྱི(སྤྱི་ལོ1876)ལོར་སྐུ་འཁྲུངས། དགུང་ལོ་བཅུ་གསུམ་ལ་འབྲས་སྤུངས་སུ་ཆོས་ཞུགས་མཛད་ནས་གཞུང་ཆེན་བཀའ་པོད་ལྔར་གསན་བཞེས་གནང་། དགུང་ལོ་བཅུ་དགུ་ལ་ནགས་ཤོད་གདན་སར་ཕྱིར་ཐེབས། དགུང་ལོ་སུམ་ཅུ་ལ་དབུས་ཁུལ་དུ་གནས་མཇལ་ལ་ཕྱིན། དགུང་ལོ་སོ་དགུ་ལོར་སླར་ཡང་དབུས་རི་བོར་བསྐོར་བ་ལ་ཐེབས་ནས་མྱུང་ཕུག་གུ་རུའི་གྲུབ་ཕུག་ལ་བཅུད་རྒྱུར་བཞུགས་སྐབས་ཆོས་ཉེར་

ལྷ་ཉིན་མཁའ་འགྲོའི་བརྡ་ཡིག་གི་ཆར་ལན་གསུམ་བབས་ཏེ། གུ་རུ་ཡབ་ཡུམ་དང་། རྗེ་འབངས་ཉེར་ལྔའི་ཞལ་གཟིགས་བྱུང་ཞེས་འཁོད་པ་དང་དེ་རྗེས་ཕ་བོང་ཁ་བྱམས་པ་བསྟན་འཛིན་མཆོག་ལ་གསང་ཆོས་རྒྱ་ཅན་བཅུ་གསུམ་གྱི་དབང་ལུང་སོགས་གནང་། དགུང་ལོ་ཞེ་གསུམ་སྐབས་གསང་རྫོང་ཨེ་ཝམ་ལྕོག་ཏུ་ཕེབས་སྐབས་བཤད་སྒྲ་སྲིད་བློན་དང་མཇལ། དགུང་ལོ་ཞེ་དྲུག་ལོར་གསང་སྔགས་དཔལ་གྱི་སྒྲུབ་སྡེ་གསར་བཞེངས་མཛད། བཀའ་རྫོགས་ཡང་གར་གྱི་དབང་ཕྱུག་པའི་འཕྲུལ་འབྱམས་གསང་བའི་ལོ་རྒྱུས་རྒྱ་ཅན་སྐོར་ཞེས་པ་དང་། དཔལ་སྟག་ཕུའི་གསང་ཆོས་རྒྱ་ཅན་བཅུ་གསུམ་གྱི་སྨིན་བྱེད་དབང་ཚིག་ཆུ་འབབས་སུ་བཀོད་པ་དོན་གཉིས་འབྲས་བུས་བརྗིད་པའི་ཡོངས་འདུའི་དབང་པོ་ཞེས་བྱ་བ། མཆོག་དམན་མགྲོན་ལ་བསངས་དང་གསེར་སྐྱེམས་འབུལ་ཚུལ་དང་། འཕྲིན་བཅོལ། སྨན་དང་སྨོན་ཚིག་སོགས་ཕྱོགས་གཅིག་ཏུ་བསྡེབས་པ་པོད་ཆུང་གཉིས་ཙམ་མཛད། དགུང་ལོ་ཞེ་བདུན་ལ་ཕེབས་པ་རབ་བྱུང་བཅོ་ལྔ་པའི་ཆུ་ཁྱི(སྤྱི་ལོ1922)ལོར་སྐུ་གཤེགས།

སྟག་ཕུ་བློ་བཟང་ཆོས་ཀྱི་དབང་ཕྱུག ཡུལ་ཉང་སྟོད་ཀོང་སུམ་དུ་གྲགས་པའི་བྱེ་བྲག་ཉང་པོའི་གྲོང་ཕུ་གཡུ་ལུང་ཞེས་པར་ཡབ་ཕུན་ཚོགས་བསྟན་འཛིན་དང་། ཡུམ་བདེ་ཆེན་བུ་ཁྲིད་གཉིས་ཀྱི་སྲས་སུ་རབ་བྱུང་བཅུ་གསུམ་པའི་ཤིང་བྱ(སྤྱི་ལོ1765)ལོར་འཁྲུངས། དགུང་ལོ་ལྔ་ལ་པཎ་ཆེན་དཔལ་ལྡན་ཡེ་ཤེས་ཀྱིས་སྟག་ཕུ་བློ་བཟང་བསྟན་པའི་རྒྱལ་མཚན་གྱི་སྤྲུལ་སྐུར་ངོས་འཛིན་མཛད་ནས་མཚན་བློ་བཟང་ཆོས་ཀྱི་དབང་ཕྱུག་ཅེས་གསོལ་ཏེ་ཁྲི་འདོན་མཛད། དགུང་ལོ་བདུན་པར་དཀའ་བཅུ་བློ་བཟང་ཐབས་མཁས་སློབ་དཔོན་དུ་བསྟེན་ནས་ཀློག་བསླབས། དགུང་ལོ་བཅུ་གཅིག་པར་དབུས་སུ་ཕེབས་ཏེ་༧རྒྱལ་དབང་འཇམ་དཔལ་རྒྱ་མཚོའི་དྲུང་དུ་གཙུག་ཕུད་ཕུལ་ཏེ་མཚན་བློ་བཟང་བསྟན་འཛིན་དབང་ཕྱུག་གསོལ། ལོ་དེར་དེ་མོ་ངག་དབང་འཇམ་དཔལ་བདེ་ལེགས་རྒྱ་མཚོའི་དྲུང་དུ་དགེ་ཚུལ་གྱི་སྡོམ་པ་བཞེས། མེས་པོ་ཀུན་དགའ་བསྟན་འཛིན་ཞེས་པ་ལས་དཀར་ནག་རྩིས་དང་གསོ་རིག་སྨན་དཔྱད་ལ་ཡང་ཐུགས་གཉེར་མཛད། དེ་ནས་དཀའ་བཅུ་བསྟན་འཛིན་ཤེས་རབ་དགེ་རྒན་དུ་བསྟེན་ཏེ་བསྡུས་གྲྭ་སོགས་སྦྱངས་པ་མཛད། དགུང་ལོ་བཅུ་བདུན་སྐབས་དཀའ་ལྡན་བརྒྱུད་དབུས་སུ་ཕེབས་ཏེ་དཔལ་ལྡན་འབྲས་སྤུངས་བློ་གསལ་གླིང་གི་ཆོས་གྲྭར་ཞུགས་ཏེ་མཁན་པོ་མུ་ལི་བློ་བཟང་སྦྱིན་པ་དང་། ཧེ་ཧོར་བློ་བཟང་བསམ་གཏན་རྣམ་གཉིས་དགེ་རྒན་དུ་བསྟེན་ནས་གཞུང་ཆེན་ལ་གསན་སྦྱོང་མཛད། དགུང་ལོ་བཅུ་དགུ་ལ་༧རྒྱལ་དབང་འཇམ་དཔལ་རྒྱ་མཚོ་མཆོག་གི་སྐུ་དྲུང་ནས་བསྙེན་རྫོགས་ཀྱི་སྡོམ་པ་བཞེས། རྗེ་དྲུང་བློ་བཟང་རབ་རྒྱས་ལས་ལཉྫན་དང་ཝརྟུ་སོགས་ཀྱི་ཡིག་རྣམ་སྦྱངས་བརྩོན་མཛད། སྐུ་ཚེ་རིང་པོ་མ་བཞུགས་རུང་བློ་གྲོས་ཀྱི་མཁྱེན་གཏེར་ཡངས་པས་གསུང་རྩོམ་དུ་མ་མཛད་ཡོད་པ་སྟེ། དབེན་གནས་རྡོ་རྗེ་དེ་པའི་གནས་ཀྱི་ཡོན་ཏན་བརྗོད་པའི་གཏམ། དགའ་ལྡན་ཕྱག་རྒྱ་ཆེན་པོའི་མན་ངག་ལས་བརྩམས་པའི་དྲིས་ལན་ཟབ་

དོན། བསྟན་སྲུང་དམ་ཅན་རྒྱ་མཚོའི་འཕྲིན་བཅོལ་གཉེར་གཏད་མངའ་གསོལ་རྟེན་འཛུགས། རྗེ་བཙུན་ རྡོ་རྗེ་རྣལ་འབྱོར་མ་ནཱ་རོ་མཁའ་སྤྱོད་མའི་སྒོ་ནས་གཤིན་པོ་རྗེས་སུ་འཛིན་པའི་ཆོ་ག ཀུན་རིག་རྣམ་པར་སྣང་མཛད་ཀྱི་ཆོ་ག་ཤིན་ཏུ་བསྡུས་པ། དཔྱིད་ལྡན་མགུ་བ་བསྐྱེད་པའི་འཕྲིན་ཡིག་གི་རིམ་པ། དཔལ་ལྡན་ས་སྐྱ་པའི་གསེར་ཆོས་བཅུ་གསུམ་གྱི་བྱིན་རླབས་དང་རྗེས་གནང་གི་རིམ་པའི་ཆོས་བསྒྲིགས་བཀླག་ཆོག་ཏུ་བཀོད་པ་རྒྱུད་ལྡན་དྭང་སྦྱོང་བླ་མའི་ཞལ་ཆབ་འཕྲུལ་པའི་རྙོག་པ་བྲལ་བའི་གཏྭའི་ཆུ་རྒྱུན་སོགས་པོད་བརྒྱད་ཙམ་བཞུགས། དགུང་ལོ་ཉེར་བརྒྱད་ལ་ཕེབས་པ་རབ་བྱུང་བཅུ་གསུམ་པའི་ཆུ་བྱི(སྤྱི་ལོ1792)ལོར་དགོངས་པ་གཞན་དོན་དུ་གཤེགས།

ཐུག་ཐུ་བློ་བཟང་བསྟན་པའི་རྒྱལ་མཚན། མཚན་གཞན་བློ་གྲོས་རྒྱ་མཚོ་མཚོག་ནི་གོང་སྟོད་ཞང་པོ་རྒྱ་ནང་དུ་གནྭབས་ཀྱི་རིགས་སུ་ཡབ་ཐུགས་འཆང་དཀོན་མཆོག་སྐྱབ་གྲགས་དང་། ཡུམ་འཛོམས་པ་གཉིས་ཀྱི་སྲས་སུ་རབ་བྱུང་བཅུ་གཉིས་པའི་ཤིང་རྟ(སྤྱི་ལོ1714)ལོར་འཁྲུངས། སྐུ་ཆུང་དུའི་དུས་དོ་པོ་མགོའི་བླ་བྲུར་ཆུ་མཁར་སྤྲུལ་སྐུའི་དྲུང་དུ་དབུ་སྐྲ་གཙུག་ཕུད་ཕུལ། མཚན་ངག་དབང་ཡེ་ཤེས་གསོལ། དགུང་ལོ་ལྔ་ལ་ཆོས་འདོན་མཁས་པ་རྡོ་རྗེ་རྒྱལ་མཚན་གྱི་སར་ཡི་གེ་འབྲི་ཀློག་བསླབས། དགུང་ལོ་བཅུ་གཉིས་ལ་བསམ་ངོ་པོ་དགོན་གྱི་བླ་མ་མཛད། དགུང་ལོ་བཅུ་གསུམ་ལ་སྟག་ཕུ་ངག་དབང་ཆོས་གྲགས་ཀྱི་ཡང་སྲིད་དུ་ངོས་འཛིན་ཞུས། དགུང་ལོ་བཅོ་ལྔ་ལ་ཞང་པོ་བྲག་དཀར་ལྷ་ཆུའི་དགོན་པར་ཟབ་མོའི་ཏིང་ངེ་འཛིན་ལ་སྒྲུབ་པ་རྩེ་གཅིག་ཏུ་བཞུགས། དགུང་ལོ་བཅུ་དྲུག་ལ་རྒྱུད་སྨད་མཁན་པོ་ངག་དབང་མཆོག་ལྡན་པ་མདོ་སྨད་མགར་མཐར་དུ༧རྒྱལ་བ་བསྐལ་བཟང་རྒྱ་མཚོར་བཀའ་ཆོས་འབུལ་བར་ཕེབས་པའི་ལམ་ཞོར་དུ་བར་མ་རབ་བྱུང་བསྒྲུབས། མཚན་ངག་དབང་བློ་གྲོས་རྒྱ་མཚོ་ཞེས་བསྟུལ། དེ་ལོར་ནགས་ཤོད་སྟག་ཕུ་བན་དཀར་དགོན་དུ་གདན་དྲངས། རྗེ་ཡོན་ཏན་དར་རྒྱས་བསྟེན་ནས་མདོ་སྔགས་ཀྱི་ཆོས་མང་དུ་གསན། དགུང་ལོ་བཅུ་དགུ་ལ་དབུས་སུ་ཕེབས་ནས་འབྲས་སྤུངས་བློ་གསལ་གླིང་དུ་ཆོས་ཞུགས་མཛད། དགེ་བཤེས་འཇམ་དབྱངས་ཕུན་ཚོགས་དང་། སློབ་དཔོན་དགེ་འདུན་བདེ་ལེགས་སོགས་བསྟེན་ནས་གཞུང་ཆེན་བཀའ་པོད་ལྔར་གསན་བཞེས་མཛད། དགུང་ལོ་ཉེར་བདུན་ལ་ལྷ་ལྡན་སྨོན་ལམ་ཆེན་མོར་གྲྭ་བསྐོར་མཛད། དེ་ནས༧རྒྱལ་བ་བསྐལ་བཟང་རྒྱ་མཚོ་དང་། རྗེ་བའི་བླ་མ་གྲུབ་དབང་འཇམ་དཔལ་རྒྱ་མཚོ་སོགས་བསྟེན་ནས་ཆོས་མང་དུ་གསན། དགུང་ལོ་ཉེར་བརྒྱད་ལོར་རྩིས་སྐར་ནག་སོགས་གསན། དགུང་ལོ་ཉེར་དགུ་ལ་དབུས་སུ་ཕེབས་ནས༧རྒྱལ་དབང་བསྐལ་བཟང་རྒྱ་མཚོ་དང་། མི་དབང་བསོད་ནམས་སྟོབས་རྒྱལ་སོགས་མཇལ། དགུང་ལོ་སུམ་ཅུ་ལ༧རྒྱལ་དབང་བསྐལ་བཟང་རྒྱ་མཚོའི་དྲུང་དུ་བསྙེན་རྫོགས་ཀྱི་སྡོམ་པ་བཞེས། དེ་ལོར་ནགས་ཤོད་དུ་ཆིབས་བསྒྱུར་གྱིས་རབ་བརྟན་དགོན་སོགས་ལ་གཞི་གསུམ་ཕྱག་ལེན་དང་། མདོ་སྔགས་ཀྱི་ཆོས་འཁོར་བསྐོར། དགུང་ལོ་སོ་དྲུག་ལོར་སྐུ་མཚམས་སུ་

བཞུགས། དགུང་ལོ་བཞི་བཅུ་ལ་དབུས་སུ་ཕེབས་ནས་འབྲས་སྤུངས་སུ་བཀའ་ཆོས་མང་དུ་གནང་། དགུང་ལོ་ཞེ་དྲུག་ལ༧རྒྱལ་དབང་བསྐལ་བཟང་རྒྱ་མཚོའི་གསེར་སྡོང་ལ་མཆོད་འབུལ་མཛད་ཕྱིར་ལྷ་སར་ཕེབས། རྗེ་འདིས་གསུང་རྩེན་བཀའ་འགྱུར་སོགས་མང་དག་བཞེངས། བཀའ་རྩོམ་ལ་མཚོན་ན། རྗེ་བཙུན་རྡོ་རྗེ་རྣལ་འབྱོར་མ་ན་རོ་མཁའ་སྤྱོད་ཀྱི་རིམ་གཉིས་ཟབ་མོའི་ཉམས་ལེན་པདྨ་ཞུན་མའི་ཐེམ་སྐས། ལྷ་མོ་འོད་ཟེར་ཅན་གྱི་བརྒྱུད་འདེབས། བྱང་ཆུབ་ཀྱི་སེམས་མངའ་བའི་བྱ་མགྲིན་སྔོན་ལྷ་བའི་རྟོགས་པ་བརྗོད་པ་འཁོར་བ་མཐའ་དག་ལ་སྙིང་པོ་མེད་པར་མཐོང་བ་རྣམས་ཀྱི་རྣ་རྒྱན། དཔལ་ཡེ་ཤེས་ཀྱི་མགོན་པོ་ལེགས་ལྡན་བེང་ཆེན་འཛིན་གཏོར་ལ་བརྟེན་ནས་རྒྱུན་གྱི་ཉམས་ལེན་བྱ་ཚུལ་སོགས་པོད་ཆུང་གཉིས་ཙམ་མཛད། དགུང་ལོ་ཞེ་དགུ་ལ་ཕེབས་པ་རབ་བྱུང་བཅུ་གསུམ་པ་ཆུ་རྟ(སྤྱི་ལོ1762)ལོར་སྐུ་གཤེགས།

སྟག་བྲག་ངག་དབང་གསུང་རབ་མཐུ་སྟོབས། རྗེ་འདི་ཉིད་ལྷ་སའི་ནུབ་ངོས་ཤུན་ཁུལ་གྲོང་ཆུང་གཞིས་སུ་ཡབ་ནང་མ་དང་། ཡུམ་ཚེ་བརྟན་སྒྲོལ་མ་གཉིས་ཀྱི་སྲས་སུ་རབ་བྱུང་བཅོ་ལྔ་པའི་ཤིང་ཁྱི(སྤྱི་ལོ1874)ལོར་སྐུ་བལྟམས། དགུང་ལོ་དྲུག་ལ་ཁྲི་སྤྲུལ་སྐུ་ཕྲེང་གསུམ་པའི་སྤྲུལ་སྐུར་ངོས་འཛིན་གྱིས་འབྲས་སྒོ་མང་གྲྭ་ཚང་དུ་ཆོས་ཞུགས་མཛད། ཡོངས་འཛིན་འབུལ་སྤུད་བློ་བཟང་བསྟན་པའི་རྒྱལ་མཚན་བསྟེན་ནས་གཞུང་ཆེན་བཀའ་པོད་ལྔར་གསན་བཞེས་གནང་། དགུང་ལོ་ཉེ་ཤུ་ལ་ཡོངས་འཛིན་འབུལ་སྤུད་པའི་དྲུང་དུ་བསྙེན་རྫོགས་ཀྱི་སྡོམ་པ་བཞེས། མཚན་ངག་དབང་གསུང་རབ་མཐུ་སྟོབས་བསྟན་པའི་རྒྱལ་མཚན་དུ་གསོལ། ཕུར་ལྕོག་བྱམས་པ་རྒྱ་མཚོའི་དྲུང་ནས་མདོ་སྔགས་ཀྱི་ཆོས་མང་དུ་གསན། དགུང་ལོ་སུམ་ཅུ་པར་ལྷ་ལྡན་སྨོན་ལམ་ཆེན་མོར་ལྷ་རམས་གྲྭ་སྐོར་གྱི་མཚན་རྟགས་བཞེས། དགུང་ལོ་ཞེ་དགུ་ལ་ནོར་བུ་གླིང་ཁར་བཀའ་འགྱུར་པར་ཤིང་གསར་བསྐོའི་ཕྱག་ལས་གནང་། དགུང་ལོ་ང་གསུམ་ལ་གོང་ས་བཅུ་གསུམ་པའི་མཚན་ཞབས་མཛད། དགུང་ལོ་ང་དགུ་ལ་གོང་ས་སྐུ་ཕྲེང་བཅུ་གསུམ་པ་ཆེན་པོ་དགོངས་པ་ཆོས་དབྱིངས་སུ་གཤེགས་པའི་གདུང་མཆོད་དང་གསེར་སྡོང་དགེ་ལེགས་འདོད་འཇོའི་ཐེག་འདེབས་སོགས་གསར་བཞེངས་ཀྱི་ཐུགས་འགན་བཞེས་པ་དང་། གསེར་སྡོང་དེའི་དཀར་ཆག་ཀྱང་བརྩམས་གནང་མཛད། དགུང་ལོ་རེ་ལྔ་ལ་གོང་ས་སྐུ་ཕྲེང་བཅུ་བཞི་པ་མཆོག་གི་ཡོངས་འཛིན་སྐུ་གཞོན་པའི་ཐུགས་འགན་བཞེས། དགུང་ལོ་རེ་བརྒྱད་ལ་ཕེབས་པ་ལྕགས་སྦྲུལ(སྤྱི་ལོ1941)ལོར་ཡོངས་འཛིན་བགྲེས་པ་དང་སྲིད་སྐྱོང་གི་ཐུགས་འགན་བཞེས། དགུང་ལོ་བདུན་ཅུ་དོན་བདུན་ལ་ཕེབས་པ་ལྕགས་སྟག(སྤྱི་ལོ1950)ལོར༧རྒྱལ་དབང་སྐུ་ཕྲེང་བཅུ་བཞི་པ་ཆེན་པོ་མཆོག་ནས་ལུགས་གཉིས་ཐུགས་འགན་ཡོངས་སུ་བཞེས་པས། ལོ་དེར་སྟག་བྲག་མཆོག་གིས་སྲིད་བློན་དགོངས་ཞུ་མཛད། རྗེ་འདི་ཉིད་ཀྱིས་མདོ་སྔགས་ཀྱི་ཆོས་དཔེ་པར་ཤིང་སྐྲུན་ཟད་མང་དག་ཅིག་གསར་བསྐོ་གནང་བ་དང་། རིག་པའི་གནས

ཀུན་ལ་ཡང་ཤིན་ཏུ་མཁས་པས། བརྒྱུད་པ་ཟམ་མི་ཆད་པ་བོད་ཀྱི་མཁས་གྲུབ་རྣམས་ཀྱི་གསུང་རྒྱུན་ལུང་གི་སྐོར་དང་། གོང་ས་སྐུ་ཕྲེང་བཅུ་བཞི་པ་ཆེན་པོར་བསྟུས་ཚད་པར་ཕྱིན་དབུས་སོགས་ཀྱི་གསན་བཞེས་ཐུལ་བའི་སྐོར། རྗེ་བཙུན་སྒྲོལ་དཀར་ཡིད་བཞིན་འཁོར་ལོའི་སྒོ་ནས་ཚེ་དབང་བསྐུར་ཚུལ་བླ་མ་དམ་པའི་མན་ངག་འཆི་མེད་བདུད་རྩིའི་ཆུ་རྒྱུན། གསང་བདེ་འཇིགས་གསུམ་གྱི་གཙོས་ལྷག་ལྷ་རྣམས་ཀྱི་སྨིན་བྱེད་དབང་གི་སྐོར། རྒྱལ་བའི་བཀའ་འགྱུར་རིན་པོ་ཆེ་དང་བསྟན་འགྱུར་གཉིས་ཀྱི་ལུང་གསན་པའི་སྐོར་སོགས་ཀྱི་བཀའ་རྩོམ་མང་དུ་བཞུགས། དགུང་ལོ་དོན་དགུ་ལ་ཐེབས་པ་རབ་བྱུང་བཅུ་དྲུག་པའི་ཆུ་འབྲུག (སྤྱི་ལོ1952) ལོར་དགོངས་པ་གཞན་དོན་དུ་གཤེགས།

ཐུབ་བསྟན་འཇིགས་མེད་རྒྱ་མཚོ་དཔལ་བཟང་པོ། འཇམ་དབྱངས་བཞད་པ་སྐུ་ཕྲེང་གསུམ་པ་འདི་ཉིད་མདོ་སྨད་རེབ་གོང་གཉན་ཐོག་འབྲོག་ཏུ་ཡབ་རིན་ཆེན་རྒྱ་མཚོ་དང་ཡུམ་མཁར་མོ་སྐྱིད་གཉིས་ཀྱི་སྲས་སུ་རབ་བྱུང་བཅུ་གསུམ་པའི་ཆུ་བྱི (སྤྱི་ལོ1792) ལོར་སྐུ་བལྟམས། རྗེ་འདི་ཉིད་འཇམ་བཞད་སྐུ་ཕྲེང་གཉིས་པའི་སྤྲུལ་སྐུའི་ཡང་སྲིད་དུ༧རྒྱལ་དབང་མཆོག་དང་པཎ་ཆེན་རིན་པོ་ཆེར་སྙན་གསེང་ཕུལ་བས་གོང་ས་མཆོག་ནས་གཟིགས་བསྙོད་ཀྱི་བཀའ་ཤོག་དང་། བློ་བཟང་ཐུབ་བསྟན་འཇིགས་མེད་དབང་པོའི་སྡེ་ཞེས་པའི་མཚན་གནང་། པཎ་ཆེན་རིན་པོ་ཆེས་བློ་བཟང་ཐུབ་བསྟན་འཇིགས་མེད་རྒྱ་མཚོ་ཞེས་པའི་མཚན་གནང་། དགུང་ལོ་བདུན་པ་ས་རྟ (སྤྱི་ལོ1798) ལོར་འཇིགས་བྲལ་ཆོས་ཀྱི་ཁྲི་ལ་དབང་བསྐུར། ལོ་དེའི་བོད་ཟླ་གཉིས་པར་ཐུའུ་བཀྭན་རིན་པོ་ཆེ་བློ་བཟང་ཉི་མའི་དྲུང་ནས་རབ་ཏུ་བྱུང་། མཚན་བློ་བཟང་ཐུབ་བསྟན་འཇིགས་མེད་ཉི་མ་ཞེས་གསོལ། ལྷ་རམས་པ་བློ་བཟང་བསྟན་འཛིན་ཡོངས་འཛིན་དུ་བསྟེན་ནས་ཡི་གེ་འབྲི་ཀློག་སོགས་སྙན་སྐུལ་གང་ཞུས་དཀའ་ཚེགས་མེད་པར་མཁྱེན། དགུང་ལོ་དགུ་པར་ཆོ་འཕྲུལ་སྨོན་ལམ་གསུང་ཆོས་ཀྱི་མགོན་དུ་ཐེབས། སྐྱེས་རབས་སོ་བཞི། སྤྱོད་འཇུག རྗེའི་རྣམ་ཐར་དད་པའི་འཇུག་ངོགས་གསུམ་གྱི་དབུ་ནས་ཆོས་ཐུན་རེ་བསྩལ། ཚོགས་བཅད་ལྷུག་གི་བསྔོ་བ་རྣམས་ཐོགས་མེད་དུ་གསུངས་ཤིང་། ཕྱག་ལེན་གྱི་ཆ་ཕྲ་མོ་ཙམ་ཡང་འཁྲུལ་བ་མེད་པར་ཕྱག་བཞེས་སུ་བསྟར་བས་ཐམས་ཅད་དགའ་དད་སྤྲོ་གསུམ་གྱིས་མིག་ནས་མཆི་མ་འཁྲུགས། དེ་ནས་རྗེ་ཆོས་ཀྱི་ཉི་མ། གུང་ཐང་འཇམ་དཔལ་དབྱངས། ཏོར་ཚང་གསེར་ཁྲི་རིན་པོ་ཆེ་རྣམས་ལས་སྐྱབས་འགྲོ། བདེ་ལམ་སོགས་མདོ་སྔགས་ཀྱི་ཉམས་ཁྲིད། མི་ཏྲ། ཛོར་ཕྲེང་། སྒྲུབ་ཐབས་རིན་འབྱུང་། རྒྱ་རྒྱམ་སོགས་སྤྱི་ཟུར་བཀའི་དབང་རྗེས་གནང་ཕལ་ཆེར། བསྟན་བཅོས་མང་པོའི་བཀླག་ལུང་གིས་མཚོན་ཟབ་ཆོས་མང་དུ་གསན། བསྡུས་གྲྭ། བློ་རྟགས་ཀྱི་ཡིག་ཆ་ཐུགས་འཛིན་དང་། རྣམ་འགྲེལ་གྱི་ཡིག་ཆ་མང་པོར་ཞིབ་གཟིགས་མཛད་པས་མཚོན་མདོ་དབུས་གཉིས་ཀར་བཀའ་པོད་ཀྱི་དགོངས་དོན་རིགས་པས་གཏན་ལ་ཕབ་པས་གྲགས་ཅན་མཁས་པའི་རྒྱན་དུ་གྱུར། དགུང་ལོ་བཅུ་དྲུག་པ་ལ་འདུ་ཁང་ཆེན་མོར་ཚོགས་པ

སུམ་སྟོང་ལྷག་ལ་འཇིགས་བྱེད་དཔའ་བོ་གཅིག་པའི་དབང་གནང་བར་ཀུན་མཁྱེན་སྐུ་གོང་མ་དང་སྐུའི་རྣམ་པ་ཙམ་ལས་དབྱེར་མི་བྱེད་པའི་དད་གུས་ལྷག་པར་འཕེལ། ཅོ་ནེ་བར་གྱི་རོང་ཁམས་ཀྱི་ཆོས་སྡེ་རྣམས་དང་། རྒྱལ་མོ་ཚ་བ་རོང་ཚུན་ཆད་ཞབས་ཀྱིས་བཅགས། སེར་སྐྱ་མི་དམངས་རྣམས་ལ་ཆོས་ཀྱི་འཁོར་ལོ་རྒྱ་ཆེར་བསྐོར། དགུང་ལོ་བཅོ་བརྒྱད་པ་ས་སྦྲུལ(སྤྱི་ལོ1809)ལོར་དབུས་གཙང་དུ་ཐེབས། འབྲས་སྒོ་མང་ཆོས་གྲྭར་གཞུང་གསར་ནས་ཞུས། དཔའ་རེ་སློབ་དཔོན་ལས་བརྩི་བཞག་གསན། ལུང་རིགས་ཀྱི་སྒོ་ནས་གཞུང་ཆེན་གྱི་རྩོད་པ་མཛད་སྐབས་འགྲན་ཟླ་དང་བྲལ་བར་གྱུར། མདོ་སྔགས་ཀྱི་སྐུ་ཡོན་བསམ་གྱིས་མི་ཁྱབ་པ་ལྡན་ཡང་དུས་རྒྱུན་དམན་ཆ་ལྟར་བཞེས་ཏེ་མ་བརྟག་གྲུ་ཆོམ་དང་ང་རྒྱལ་དུ་འཛུག་པའི་སྤྱོད་པ་ཅུང་ཟད་ཙམ་མི་མངའ་བར་ཞི་དུལ་བག་ཡོད་ཀྱིས་ཀུན་ཡིད་འཕྲོག དབུས་སུ་བཞུགས་རིང་གདན་ས་བཞི་སོགས་ཆོས་སྡེ་ཁག་ལ་མང་འགྱེད། ཇོ་ཤཱཀ་རྣམ་གཉིས་ཀྱིས་གཙོས་རྟེན་རྣམས་ལ་མཆོད་འབུལ་རྒྱ་ཆེར་མཛད། གོང་ས་མཆོག་དང་པཎ་ཆེན་རྣམ་གཉིས་ལས་ཟབ་ཆོས་ཅི་རིགས། ཁྲི་ཆེན་ངག་དབང་སྐལ་གྲགས་ལས་ལམ་རིམ་ཆེན་མོ་དང་། འགྲེལ་པ་བཞི་སྦྲགས་ཀྱི་བཤད་ལུང་སོགས་ཆོས་ཀ་རྒྱ་ཆེར་གསན། གསན་པ་ཙམ་མ་ཚད་མདོ་རྒྱུད་དགོངས་འགྲེལ་དང་བཅས་པའི་གཞུང་ལུགས་གདམས་པར་ཤར། དཀྱིལ་འཁོར་ཕྱི་སྒྲུབ་ཀྱིས་མཚོན་མཐོང་བ་བརྒྱུད་པའི་ཕྱག་ལེན་གྱི་ཆ་ཕྲ་མོ་རྣམས་ཞིབ་ཏིག་སློབ་པར་མཛད་པས་རྒྱུད་དོན་མན་ངག་ལ་ནང་བྱིན་ཚུད་པ་སོགས་མདོ་སྔགས་རིག་གནས་མཐའ་དག་ལ་གཞན་དྲིང་མི་འཛོག་པའི་སྤོབས་པ་བརྙེས། དགུང་ལོ་ཉི་ཤུ་པ་ལ་པཎ་ཆེན་ཐམས་ཅད་མཁྱེན་པ་བློ་བཟང་བསྟན་པའི་ཉི་མ་ལས་བསྙེན་པར་རྫོགས། དགུང་ལོ་ཉེར་གཉིས་པ་ཆུ་བྱ(སྤྱི་ལོ1813)ལོར་བཀྲ་ཤིས་འཁྱིལ་དགོན་པར་ཕྱག་ཐེབས། དགུང་ལོ་ཉེར་དྲུག་པ་མེ་གླང(སྤྱི་ལོ1817)ལོར་ཚོགས་ཆེན་ཁྲིར་ཞབས་པད་བཀོད། ལོ་རེ་བཞིན་ལས་སྡེ་གསར་བསྐོས་ལ་འགྲིག་ལམ་འཛིན་སྐྱོང་གི་བཀོད་ཁྱབ། བརྩི་བཞག་དང་རིགས་ལུང་གི་རྒྱུག འཛིན་གྲྭ་གཏུག་རྒྱུ། ཚོགས་གླེང་། གླིང་བསྲེ་སོགས་དང་། གྲྭ་ཚང་སོ་སོའི་སྒྲུབ་མཆོད་ཀྱི་འདོན་ཏ་དབྱངས། ཆོ་ག་ཕྱག་ལེན་གྱིས་མཚོན་གང་ཅིར་དོ་དམ་དང་དག་ཐེར་རྒྱུན་སྐྱོང་གནང་བས་འཕེལ་རྒྱས་ཡར་ཟླའི་དཔལ་ལ་འགྲན་པར་གྱུར། དགུང་ལོ་ཞེ་བཞི་པ་ཤིང་ལུག་ནས་ལོ་གསུམ་གྱི་ཁོངས་ཁྲ་མེད་དང་། བེ་སྒྱུ། དཔྱལ་ཟླ། དབལ་ཤུལ། མཚམས་རིང་། ཐ་བ་སྟོད་སྨད། སྒོ་མང་སྒར་སོགས་དགོན་རི་ཁྲོད། ད་ཚང་དགོན། དམུ་དགེ་དགོན་སྒྲུབ་སྡེ་རྣམས་སུ་ཕྱོན། ཚ་ཁོའི་རྒྱལ་ཁག་རྣམས་ཀྱིས་ཞབས་ལ་གཏུགས། འགྲོ་དོན་རྒྱ་ཆེར་བསྒྲུབས། ང་དགུ་པ་ལྕགས་ཁྱི(སྤྱི་ལོ1850)ལོར་སྐུ་འབུམ་བྱམས་པ་གླིང་གི་ཁྲིར་ཕྱོན། འཆད་ཉན་དང་གཏོང་སྒོ་སྤར་རྒྱུན་གོང་འཕེལ་དང་། ཟུར་ཆོས་ཀྱང་མང་དུ་གནང་། དུས་རྒྱུན་གྲྭ་རིགས་སོགས་ན་བཟའ་འགངས་ཅན་གྱི་རིགས་གཏན་ནས་མི་བཞེས་པ་དང་། སྐུ་དྲུང་དུ་ཤེལ་དངུལ་གྱི་ཉེར་སྤྱོད་བཞག་མི་ཆོག

ཅིང་། ཐན་སྐམ་གྱི་རྡིབ་རུས་ཀྱིས་བཞེངས་ཐུར་མཛད་པ་སོགས་ཀུན་སྤྱང་གི་བརྟུལ་ཞུགས་ལྷུར་བཞེས། རྗེ་མཆོག་གིས་མདོ་རྒྱུད་དགོངས་འགྲེལ་དང་བཅས་པ་ལ་དཔེ་གཟིགས་དང་། ཡམ་ཐུན་མོང་བ་དང་ཐུན་མོང་མ་ཡིན་པའི་ཉམས་བཞེས་ལ་གཞོལ་བར་མཛད་པས་བསླབ་གསུམ་རིམ་གཉིས་ཀྱི་ཉམས་རྟོགས་མཐར་ཕྱིན་ཏེ་འགྲོ་རྣམས་ཞི་བའི་ལམ་དང་མྱང་འདས་ལ་འགོད་པའི་འཕྲིན་ལས་རབ་འབྱམས་ལ་མངའ་བརྙེས་ཤིང་། དེ་བཞིན་སྐྱེ་བོ་འགའ་ནད་རིམས་དང་གདོན་གེགས་སོགས་ཀྱི་འཇིགས་པ་ལས་བསྐྱབས་པ་དང་། ཆར་འབེབས་གནང་བ། རྡོ་ལ་ཕྱག་རྗེས་བཞག་པ་སོགས་ཀྱི་ལོ་རྒྱུས་མང་།

མཐར་དགུང་གྲངས་རེ་བཞི་ལ་ཕེབས་སྐབས་སྲས་ཀྱི་ཐུ་བོ་ཁྲི་སྤྲུལ་རྣམ་གཉིས་ལ་དགོན་པའི་ལུགས་གཉིས་འཛིན་སྐྱོང་གི་ཁུར་གཏད། རབ་བྱུང་བཅུ་བཞི་པའི་ཤིང་ཡོས（སྤྱི་ལོ1855）ལོར་སྐུ་གཤེགས་ཁར་ཆོས་གོས་རྣམ་གསུམ་སྒྲུར་བཞེས་ཏེ་གདིང་བའི་སྟེང་དུ་སྐྱ་དྲང་པོར་བཞུགས། ཕྱག་གཉིས་ཐུགས་ཀར་འཁྱུད་རྒྱ་དང་བཅས་ཤིན་ཏུ་སྒྲོ་བའི་ཉམས་ཀྱིས་ཞལ་དབུགས་ཀྱི་རྒྱུ་བ་ཆད་ནས་རགས་པའི་སྐུ་ལུས་བཞག་སྟེ་གཤེགས་སོ།

ཐུའུ་བཀྭན་བློ་བཟང་ཆོས་ཀྱི་ཉི་མ། རྗེ་འདི་ནི་ཨ་མདོ་ཕ་རོད་ལང་གྲུའི་ཕྱོགས་ཕུན་ཚོགས་གླིང་ལུང་པར་པྲ་སྟོའི་རིགས་སུ་ཡབ་དབང་སྐྱབས་རྒྱལ་དང་ཡུམ་བ་རི་བཟའ་ཆོས་མཚོ་སྐྱིད་གཉིས་ཀྱི་སྲས་སུ་རབ་བྱུང་བཅུ་གཉིས་པའི་མེ་སྦྲུལ（སྤྱི་ལོ1737）ལོར་འཁྲུངས། དགུང་ལོ་དྲུག་པ་ཚུཔྱི་ལོར་སྐུ་གོང་མ་ངག་དབང་ཆོས་ཀྱི་རྒྱ་མཚོའི་ཁྲིར་འཁོད། བདེ་རྒྱུ་ངག་དབང་དགེ་ལེགས་རྒྱ་མཚོའི་དྲུང་དུ་དགེ་བསྙེན་བསྒྲུབས། དམར་གཙང་དཔོན་ཚང་བློ་བཟང་ཆོས་འཛིན་ལས་ཡི་གེ་བསླབས། དགུང་ལོ་བཅུ་གཅིག་པ་རབ་བྱུང་བཅུ་གསུམ་པའི་མེ་ཡོས（སྤྱི་ལོ1747）ལོར་སུམ་པ་མཁན་ཆེན་ཡེ་ཤེས་དཔལ་འབྱོར་ལས་རབ་ཏུ་བྱུང་། དགོན་ལུང་བྱམས་པ་གླིང་གི་ཆོས་གྲྭར་ཞུགས། སྐྱེས་སྦྱངས་ཀྱི་མཁྱེན་རབ་ཐོགས་པ་མེད་པའི་སྟེང་དུ་རྟག་གུས་སྦྱོར་བའི་བརྩོན་པ་དྲག་པོས་གསན་སྦྱོང་ལྷུར་བཞེས་པས། རྣམ་དཔྱོད་ཀྱི་རྩལ་དབྱར་གྱི་ཆུ་གཏེར་བཞིན་གོང་དུ་འཕེལ། དགུང་ལོ་བཅུ་གསུམ་པ་ས་སྦྲུལ（སྤྱི་ལོ1749）ལོར་ལྕང་སྐྱ་རོལ་པའི་རྡོ་རྗེ་ལས་དགེ་ཚུལ་བསྒྲུབས། དགུང་ལོ་བཅུ་དགུ་པ་ཤིང་ཕག（སྤྱི་ལོ1755）ལོར་དབུས་གཙང་ཆོས་ཀྱི་མདུན་སར་ཕེབས། འབྲས་སྤུངས་སྒོ་མང་ཆོས་གྲྭར་ཞུགས། ཀུན་མཁྱེན་འཇིགས་མེད་དབང་པོ་ལས་ལུང་ཆོས་མན་ངག་མཐའ་ཡས་པ་གསན། ཕུར་བུ་ལྕོག་ཏུ་བླ་མ་བྱམས་པ་རིན་པོ་ཆེ་ལས་འཇམ་དབྱངས་ཞལ་ལུང་དང་བདེ་ལམ་གྱི་ཟབ་ཁྲིད། བདེ་གསང་འཇིགས་གསུམ་གྱི་བསྐྱེད་རྫོགས་ཀྱི་ཁྲིད་རིམ་སོགས་གནང་བ་གསན་ཞིང་། ཉེར་གཅིག་པ་མེ་གླང（སྤྱི་ལོ1757）ལོར་རྗེ་དེ་ལས་བསྙེན་རྫོགས་བསྒྲུབས། ལོ་འདིར་ལྕང་སྐྱ་རིན་པོ་ཆེ་དབུས་སུ་ཕེབས་པར་བཀའ་ཆོས་རྒྱ་ཆེ་བ་གསན། གཞན་ཡང་པཎ་ཆེན་དཔལ་ལྡན་ཡེ་ཤེས་དང་། སྟག་ཕུ་བཞད་པའི་རྡོ་རྗེ། འབྲུ་ལ་མཁན་ཆེན་ཡེ་ཤེས་བསྟན་སྒྲོན།

བ་རི་ངག་དབང་དོན་གྲུབ་སོགས་མཁས་པ་མང་པོ་ལས་གསན་པ་ཐུལ་ཕྱིན་མཛད། རྟག་སྦྱོར་དང་། གྲུས་སྦྱོར་གྱི་བརྩོན་པ་དྲག་པོས་གསན་སྦྱོང་ལྷུར་བཞེས་པས་མཁྱེན་རབ་དང་རྣམ་དཔྱོད་ཀྱི་རྩལ་ལ་འགྲན་པའི་ཟླ་དང་བྲལ་བར་གྱུར། གཞན་ཡང་སྙན་ངག་དང་། མངོན་བརྗོད། སྡེབ་སྦྱོར། སྐར་རྩིས་སོགས་ཐ་སྙད་རིག་གནས་ཀྱི་སྐོར་ལའང་སྦྱངས་པ་མཐར་སོན། ཉེར་གསུམ་པ་ས་ཡོས(སྤྱི་ལོ1759)ལོར་གཞུང་ནས་ཞྭ་ལུ་མཁན་པོར་བསྐོས། དགུང་ལོ་ཉེར་ལྔ་པ་ལྕགས་སྦྲུལ(སྤྱི་ལོ1761)ལོར་མདོ་སྨད་དུ་ཕེབས། སུམ་པ་མཁན་ཆེན་སོགས་བླ་སློབ་ཀྱི་ཐུགས་བཞེད་ལྟར་དགོན་ལུང་གི་ཁྲིར་བཞུགས། མེ་ཕག(སྤྱི་ལོ1767)ལོར་རྒྱ་ནག་པེ་ཅིན་དུ་ཕེབས། དཔོན་དམངས་ལ་བཀའ་ཆོས་གནང་། གོང་མས་འདི་ལ་ཧོ་ཐོག་ཐུའི་གོ་ས་དང་ཆབ་བཞིའི་ལུང་ལས་ཐུལ། དགུང་ལོ་སོ་གཉིས་པར་རང་དགོན་དུ་ཕེབས། དགུང་ལོ་ང་གཅིག་པ་མེ་ལུག་ལོར་བྱ་ཁྱུང་གི་མཁན་རབས་ཞེ་གཉིས་པའི་ཁྲི་ལ་ཕེབས་ཏེ་ལོ་ངོ་གསུམ་བསྐྱངས། དགུང་ལོ་ང་གསུམ་པར་སྐུ་འབུམ་བྱམས་པ་གླིང་གི་ཁྲིར་བཞུགས། དགེ་འདུན་རྣམས་ཀྱི་འཆད་ཉན་ཡར་ངོའི་ཟླ་ལྟར་འཕེལ།

རྗེ་འདི་ཉིད་ཀྱིས་དགོན་སྡེ་མང་དུ་ཕྱག་བཏབ། ཕྱིན་ཅན་གྱི་རྟེན་མང་དུ་བཞེངས། རིས་མེད་ཀྱི་བསྟན་པའི་བྱ་བ་རྒྱ་ཆེར་མཛད། བཀའ་རྩོམ་ལ་མཚོན་ན། ཡེ་ཤེས་བསྟན་པའི་སྒྲོན་མེ་དཔལ་བཟང་པོའི་རྣམ་ཐར་དང་། ཐུའུ་བཀྭན་གྲུབ་མཐའ། བཅོམ་ལྡན་འདས་རྡོ་རྗེ་མི་འཁྲུགས་ལྷ་དགུའི་དཀྱིལ་འཁོར་དུ་དབང་བསྐུར་བའི་ཆོ་ག་གནད་འི་ཆུ་རྒྱུན། གདུགས་དཀར་བཟློག་ཆེན་རྒྱས་པ་དང་འབྲིང་པོའི་ལག་ལེན་ཆོ་གའི་རིམ་པ་བཀྲ་ཤིས་ཀུན་འབྱུང་། རྗེ་བཙུན་ནཱ་རོ་མཁའ་སྤྱོད་མའི་བསྐྱེད་རྫོགས་ཀྱི་དམིགས་རིམ་ཤིན་ཏུ་ཟབ་པ་བདེ་ཆེན་ལམ་གྱི་སྙིང་པོ། རྩིས་ཀྱི་བསྟན་བཅོས་མཁས་པའི་སྙིང་ནོར་སོགས་པོད་ཆུང་བཅོ་ལྔ་ཙམ་མཛད། དགུང་ལོ་རེ་དྲུག་ལ་ཕེབས་པ་རབ་བྱུང་བཅུ་གསུམ་པའི་ཆུ་ཁྱི(སྤྱི་ལོ1802)ལོར་སྐུ་གཤེགས།

ཐེ་བོ་སྤྲུལ་སྐུ་ཡེ་ཤེས་ཐུབ་བསྟན་རྒྱ་མཚོ། རྗེ་འདི་ནི་རབ་བྱུང་བཅུ་གསུམ་པའི་མེ་སྟག(སྤྱི་ལོ1806)ལོར་སྐུ་འཁྲུངས། སྐུ་གཞོན་དུས་དགའ་ལྡན་ཤར་རྩེ་གྲྭ་ཚང་དུ་ཆོས་ཞུགས་གནང་ནས་གཞུང་ཆེན་བཀའ་པོད་ལྔར་སློབ་གཉེར་མཛད། དགུང་ལོ་སོ་བཞི་ལ་ཕེབས་པ་ས་ཕག་ལོར་གོང་གི་བཀའ་བཞིན་མདོ་སྨད་ཡུལ་གྲུ་ཁག་ལ༧རྒྱལ་དབང་སྐུ་ཕྲེང་བཅུ་པ་ཚུལ་ཁྲིམས་རྒྱ་མཚོའི་གསེར་སྡོང་བཞེངས་རྒྱུའི་ཆེད་འབུལ་སྡུད་མཁན་པོར་ཕེབས། རྗེ་འདིའི་སྐུ་ཕྲེང་རྗེས་མ་གསེར་ཏོག་བློ་བཟང་ཚུལ་ཁྲིམས་ཡིན། ཡེ་ཤེས་ཐུབ་བསྟན་རྒྱ་མཚོ་མཆོག་གི་བཀའ་རྩོམ་ལ་མཚོན་ན། བྱང་ཆུབ་ལམ་གྱི་རིམ་པ་ཆུང་ངུའི་ཟིན་བྲིས་བློ་གསལ་རྒྱ་མཚོའི་འཇུག་ངོགས་ཞེས་པ་དང་། གྲུབ་པའི་དབང་ཕྱུག་ཡེ་ཤེས་བསྟན་འཛིན་དཔལ་བཟང་པོ་བཀའ་དྲིན་ཅན་དེའི་རྣམ་པར་ཐར་པ་རྣམ་གྲོལ་འབྲས་བཟང་གྲུབ་པའི་དགའ་

སྟོན་སོགས་པོད་འབྲིང་གཅིག་བཞུགས། དགུང་ལོ་ཞེ་གཅིག་ལ་ཐེབས་པ་རབ་བྱུང་བཅུ་བཞི་པའི་མེ་རྟ (སྤྱི་ལོ1846) ལོར་སྐུ་གཤེགས།

ཚ་ཡོན་ཡེ་ཤེས་དོན་གྲུབ་བསྟན་པའི་རྒྱལ་མཚན། རྗེ་འདི་ནི་སོག་ཡུལ་དུ་ཆིང་གེར་རྒྱལ་པོའི་རིགས་རྒྱུད་ལས་ཡབ་དཔལ་མཆོག་དང་། ཡུམ་དཔལ་མོ་གཉིས་ཀྱི་སྲས་སུ་རབ་བྱུང་བཅུ་གསུམ་པའི་ཆུ་བྱི (སྤྱི་ལོ1792) ལོར་འཁྲུངས། ཡབ་ཡུམ་གཉིས་ཀྱིས་འཇམ་དཔལ་རྡོ་རྗེ་ཞེས་མཚན་གསོལ། དགུང་ལོ་བདུན་ནས་སོག་ཡིག་དང་མན་ཇུའི་ཡི་གེ་བསླབས་ཏེ་མཁས་པར་གྱུར། དགུང་ལོ་བཅུ་དགུའི་ཐོག་ཡབ་ཡུམ་གྱིས་ཧར་ཆེན་ཕང་གི་བུ་མོ་བཙུན་མོར་བསུས་ཏེ་སྲས་གཉིས་བཙས། དགུང་ལོ་ཉེར་གསུམ་ཐོག་རྗེས་ཐང་མཁན་པོ་ངག་དབང་ཤེས་རབ་ཀྱི་དྲུང་ནས་བྱང་ཆུབ་ལམ་རིམ་གྱི་ཁྲིད་ཞུས་པས་ཡིད་གྱུར་གྱི་སྐྱོང་བ་ཐོན་ཞིང་ཐུགས་སྐྱུང་། དགུང་ལོ་ཉེར་ལྔར་ཐེབས་སྐབས་ངེས་འབྱུང་བསམ་པས་སྟོབས་འཁོར་མངའ་ཐང་སོགས་ཐམས་ཅད་མཆིལ་མ་བཞིན་དོར་ནས་རྗེས་ཐང་མཁན་ཆེན་གྱི་ཞབས་དྲུང་དུ་སྐྲ་ཐུད་ཕུལ་ཏེ་དགེ་བསྙེན་བསྒྲུབས། གྲུབ་པའི་དབང་ཕྱུག་བློ་བཟང་ཚེ་འཕེལ་དང་སྒོ་མང་མཁན་པོ་མཐུ་སྟོབས་ཉི་མ་སོགས་ཀྱི་དྲུང་དུ་རྒྱལ་བའི་བཀའ་དང་བསྟན་འགྱུར་ནས་བཟུང་སྟེ་པོ་ཏི་སུམ་བརྒྱ་དང་། དབང་ཁྲིད་བརྒྱ་ཚར་བཅས་ཀྱི་ལུང་རྒྱུན་གསན། དགུང་ལོ་ཉེར་བདུན་ཐོག་གཙང་དུ་ཐེབས། ལྷ་རྗེ་བ་ཡེ་ཤེས་བསྟན་འཛིན་གྱི་དྲུང་དུ་དགེ་ཚུལ་གྱི་སྡོམ་པ་བཞེས། མཚན་ཡེ་ཤེས་དོན་གྲུབ་བསྟན་པའི་རྒྱལ་མཚན་ཞེས་བསྩལ། དགུང་ལོ་ཉེར་བརྒྱད་ཐོག་འབྲས་སྒོ་མང་གི་ཆོས་གྲྭར་ལོ་གཉིས་རིང་གཞུང་ཆེན་ལ་སྦྱངས། དགུང་ལོ་སུམ་ཅུར་པཎ་ཆེན་བསྟན་པའི་ཉི་མའི་དྲུང་ནས་བསྙེན་རྫོགས་བསྒྲུབས། དགུང་ལོ་སོ་གཅིག་ནས་ལོ་ཤས་ནང་དགེ་བའི་བཤེས་གཉེན་བརྒྱ་དང་ལྔ་བཅུ་ལྷག་ཙམ་བསྟེན། དེའི་ནང་ནས་དགུང་ཐང་བསྟན་པའི་སྒྲོན་མེ་དང་། དངུལ་ཆུ་བླ་མ་དབང་ཕྱུག་ཆོས་བཟང་། གསེར་ཁང་པ་བློ་བཟང་བསྟན་འཛིན་ལྷ་བུའི་རྗེས་སུ་འབྲངས་ཏེ་རྣམ་གྲོལ་སྒྲུབ་པར་བྱའོ་དགོངས་ཏེ་དགུང་ལོ་སོ་གསུམ་ཐོག་བ་ཡུལ་དུ་ཐེབས་ནས་ལོ་ཤས་རིང་མཚམས་བསྙེན་ལ་བཞུགས། དེ་རྗེས་རྒྱ་ནག་རི་བོ་རྩེ་ལྔར་ཐེབས་ཤིང་འཇིགས་བྱེད་ཀྱི་བསྙེན་པ་མཛད། དེ་ནས་བོད་དུ་ཕྱིན་ནས་གཙང་དང་། ས་སྐྱ། ངོར་དགོན། ཞ་ལུ། སྟོད་ལུང་། འཕན་པོ། སྟག་ལུང་རྣམས་སུ་ཐེབས་ཏེ་ས་སྐྱ་དང་། བུ་ལུགས། བཀའ་བརྒྱུད་པའི་དབང་རྗེས་གནང་ཁྲིད་ཐལ་ཆེར་གསན། ཡེར་བ་ལྷ་རིར་ཐེབས་ནས་སྤྱན་རས་གཟིགས་ཀྱི་བསྙེན་སྒྲུབ་ལ་བཞུགས། དེ་སྐབས་དཀྱིལ་ཆོག་ནོར་བུའི་ཕྲེང་བ་ཕྱོགས་བསྒྲིགས་མཛད། དགུང་ལོ་ང་ལྔ་ནས་རེ་གཅིག་བར་འབྲས་སྤུངས་དགའ་ལྡན་ཕོ་བྲང་སོགས་སུ་དགེ་འདུན་བརྒྱ་ཕྲག་ལ་གསེར་ཆོས་བཅུ་གསུམ་དང་། སྔགས་རིམ་ཆེན་མོའི་བཤད་ལུང་། དཀྱིལ་མཆོག་ནོར་བུའི་ཕྲེང་བ་སོགས་ཀྱི་ཆོས་བཀའ་རྒྱ་ཆེར་བསྩལ། དགུང་ལོ་རེ་གཉིས་ཐོག་ཁམས་འདུ་བིར་ཐེབས་ནས་འཇམ་དབྱངས་ཐུབ་བསྟན་ཉི་མར་ནོར་ཕྲེང་ཐེངས་གསུམ་

བསྟོལ། དགུང་ལོ་རེ་གསུམ་ཐོག་དཀྱིལ་ཆོག་ནོར་ཕྲེང་གི་པར་གསར་བསྐོའི་ཞུས་དག་དང་། འབྲས་ལྗོངས་སུ་དགེ་འདུན་བརྒྱ་ཕྲག་ལ་འཆད་སྤེལ་རྒྱ་ཆེར་མཛད། བཀའ་རྫོགས་ཡང་རྗེ་བཙུན་འཇམ་དབྱངས་ཀྱི་སྐྱེས་རབས་རྟོགས་བརྗོད་དཔག་བསམ་འཁྲི་ཤིང་། རྗེ་བོ་རྗེའི་ལུགས་གསང་འདུས་འཇིག་རྟེན་དབང་ཕྱུག་གི་སྒྲུབ་དཀྱིལ། ཆོས་དབྱིངས་གསུང་དབང་གི་དཀྱིལ་ཆོག དཔལ་མཆོག་རིགས་བསྡུས་དབང་བཅུ་བཞི། སྤྱན་རས་གཟིགས་དོན་ཡོད་ཞགས་པ། མ་རྒྱུད་བདེ་མཆོག་སྟོད་འགྲེལ་ལུགས། སམ་པུ་ཊའི་རྡོ་རྗེ་དབྱིངས། ཉི་སྦྱར་ལུགས་སྒྲོལ་མའི་དབང་སོགས་པོ་ཏི་ཆུང་བ་གཉིས་ཙམ་མཛད། དགུང་ལོ་རེ་བཞི་ལ་ཕེབས་པ་རབ་བྱུང་བཅུ་བཞི་པའི་ཤིང་ཡོས(སྤྱི་ལོ1855)ལོར་སྐུ་གཤེགས།

དར་མོ་སྨན་རམས་པ་བློ་བཟང་ཆོས་གྲགས། དར་མོ་སྨན་རམས་པ་མཆོག་ནི་ལྷོ་ཁ་ཡར་ཀླུངས་ཤར་དར་མོའི་ཡུལ་དུ་རྒྱལ་མོ་གཡུ་སྒྲ་སྙིང་པོའི་རིགས་སུ་རབ་བྱུང་བཅུ་གཅིག་པའི་ས་སྟག(སྤྱི་ལོ1638)ལོར་སྐུ་བལྟམས། ཐོག་མར་ལྷ་ས་སྐྱིད་ཚལ་ཀླུ་སྡིག་གླིང་དུ་བཞུགས་ནས་སློབ་གཉེར་མཛད་ཅིང་། དེ་རྗེས་འབྲས་ལྗོངས་ཐོ་བྲང་ནུབ་མར་གསོ་རིག་འགྲོ་ཕན་གླིང་གི་ཐོ་བཙུན་གྱི་གྲས་སུ་ཚུད་རྗེས་ཉི་ཐང་སྤྲུལ་སྐུ་བློ་བཟང་རྒྱ་མཚོ་དང་། དྲང་སྲོང་བསྟན་འཛིན་དར་རྒྱས་སོགས་སློབ་དཔོན་བཅུ་ཕྲག་འགའི་ཞབས་ལ་གཏུགས་ནས་གསོ་དཔྱད་ཀྱིས་མཚོན་རིག་པའི་གནས་ཀུན་སྦྱོང་བརྩོན་དཔྱིས་ཕྱིན་མཛད་པས་སྨན་རམས་པའི་མཚན་ཐོབ། ༧རྒྱལ་དབང་ལྔ་པ་ངག་དབང་བློ་བཟང་རྒྱ་མཚོ་མཆོག་གི་སྐུའི་བླ་སྨན་པ་མཛད། རྩེ་ཐོ་བྲང་དམར་པོའི་ལྷ་དབང་ཕྱོགས་གམ་ཤར་ཆེན་ཕྱོགས་སུ་གསོ་རིག་སློབ་གྲྭའི་སློབ་དཔོན་གནང་ནས་དཔལ་ལྡན་རྒྱུད་བཞིའི་དགོངས་དོན་འཆད་རྩོད་རྩོམ་གསུམ་མཛད། རྗེ་འདི་ཉིད་ཀྱིས་འཕགས་ཡུལ་གྱི་སྨན་པ་ཙན་དྲ་ཧོ་ཞེས་པ་མིག་བཅོས་ལ་ཤིན་ཏུ་མཁས་པ་ཞིག་བྱུང་བ་དེ་ལས་མིག་འབྱེད་ཀྱི་ཡོན་རྩལ་སྦྱངས་པས་འགྲོ་ཕན་འཕེལ་བར་གྱུར། ལྔ་པ་ཆེན་པོ་དགུང་ལོ་ལྔ་བཅུ་ང་དགུ་བཞེས་སྐབས་སྤྱན་ཟུང་གི་འགྲིབ་སྐྱོན་པར་གཤེག་བཅོས་གནང་བ་ལེགས་གྲུབ་བྱུང་། མིའི་ནུས་དུམ་སྐོར་དཔྱད་པ་གནང་ཆེད་ཕུང་པོ་གཤོག་ལས་མཛད་དེ་ནུས་པ་རེ་རེ་བཞིན་གཏན་ལ་ཕབ། སྡེ་སྲིད་མཆོག་གིས་ཁོང་ནི། སྨན་པའི་རྒྱུ་དྲུག་གི་ཡོན་ཏན་ལྡན་ཞིང་། འདི་ཕྱིའི་ལེགས་ཚོགས་འབྱུང་བའི་སྨན་བླ་གཉིས་པ་ལྟ་བུ་ཡིན་འདུག་ཅེས་བསྔགས་བརྗོད་ཆེན་པོས་མངོན་པར་བསྟོད། དམ་པ་འདི་ཉིད་ཀྱིས་སྐུ་ཚེ་ཧྲིལ་པོར་དཔལ་ལྡན་རྒྱུད་བཞི་སོགས་གསོ་བ་རིག་པའི་དགོངས་དོན་ལ་འཆད་རྩོད་རྩོམ་གསུམ་གྱིས་དུས་འདའ་བར་མཛད་ནས་བསྟན་འགྲོར་སྨན་པའི་ཕྲུག་བཞེས་དུ་མ་གནང་བ་སོགས་ལ་གོང་ས་ཆེན་པོས་གཟིགས་པ་ཆེས་ཆེར་མཛད།

གསུང་རྩོམ་ཡང་གངས་རིའི་ཁྲོད་ཀྱི་སྨན་གྱི་མན་ངག་རྣམས་གཅིག་ཏུ་བསྡུས་པར་གྲགས་པའི་བཀའ་རྒྱ་མ་དང་། མན་རྒྱུད་འགྲེལ་ཆེན་ལེགས་བཤད་གསེར་རྒྱན། བཤད་རྒྱུད་སྟོང་འགྲེམས་ལེགས་

བཤད་གསེར་གྱི་ཐུར་མ། རྣམ་བགྲ་གསེར་གྱི་གན་མཛོད། བཅུད་ལེན་འཆི་གསོས་བདུད་རྩིའི་ཉིང་ཁུ་འདོད་ལྡན་དགའ་བསྐྱེད་མཐོང་བ་འཇུམ་ཤོར་ནོར་བུའི་བང་མཛོད། རིན་ཆེན་གྲང་སྦྱོར་གྱི་གསལ་བྱེད་འཆི་མེད་བདུད་རྩིའི་ཉིང་ཁུ། ལྷན་ཐབས་ཀྱི་གསང་སྨན་ངོས་འཛིན། གཡུ་ཐོག་གསར་རྙིང་གི་རྣམ་ཐར་སོགས་ཚད་ལྡན་གྱི་གཞུང་འགྲེལ་དང་མན་ངག་ལག་ལེན་བཅས་ཕྱོགས་གང་ཅིའི་ཐད་ཀྱི་སྨན་གཞུང་མང་པོ་ལྷུགས་རྩོམ་གནང་བས་བོད་ལུགས་གསོ་རིག་གཞུང་ལུགས་ཀྱི་འགྲེལ་པ་དང་། ནད་ཐོག་གི་ལག་ལེན། སྨན་གྱི་ངོས་འཛིན། སྦྱོར་ཚད། ལས་སྟོན་བྱ་ཐབས་སོགས་ལ་ཕན་བསྐྱེད་ཆེས་ཆེར་ཐོན། དངོས་སློབ་སྨན་རམས་པ་བློ་གྲོས་ཆོས་འཕེལ་ཞེས་པ་སོགས་མཁས་པ་མང་པོ་ཐོན་ཏེ་འགྲོ་ཕན་རྒྱ་ཆེར་བྱུང་སྟབས་བོད་དབུས་གཙང་དང་། མཚོ་སྔོན། མདོ་སྨད། ཐ་ན་སོག་ཡུལ་བཅས་པར་མཁས་དབང་འདི་ཉིད་ཀྱི་སྙན་གྲགས་ཁྱབ། དེ་ནས་དགུང་གྲངས་དོན་གསུམ་ལ་ཕེབས་སྐབས་ན་སྒྲོང་བྱང་ཆུབ་གླིང་གི་མཁན་པོ་མཛད་ནས་སྐུ་ཚེ་ཡང་རིང་དུ་བཞུགས་མོད། དགོངས་རྫོགས་ཀྱི་ཆེས་ཚ་གསལ་པོ་མ་རྙེད།

དེ་མོ་སྤྲུལ་སྐུ་ངག་དབང་འཇམ་དཔལ་བདེ་ལེགས་རྒྱ་མཚོ། དེ་མོ་སྐུ་ཕྲེང་དྲུག་པ་འདི་ཉིད་རབ་བྱུང་བཅུ་གཉིས་པའི་ཆུ་ཡོས(སྤྱི་ལོ1723)ལོར་བོད་ཤར་ཕྱོགས་ཀོང་ཡུལ་དུ་ཡབ་བསོད་ནམས་ལྷ་དར་དང་ཡུམ་སྒྲོལ་མ་སྐྱིད་གཉིས་ཀྱི་སྲས་སུ་སྐུ་འཁྲུངས། སྐུ་ཆུང་ངུའི་དུས་ནས་ཐུགས་རིག་བགྲ་བས་ཕྱག་དཔེ་འཛིན་སྟོག་ལ་ཐོགས་པ་མེད་པ་དང་། ཕྱག་སོར་བདེ་བས་བདེ་བཤེགས་ཀྱི་སྐུ་བརྙན་སོགས་འབྲི་བར་མཁས་པ་བཅས་ངོ་མཚར་གྱི་རྟགས་དང་ལྡན། དགུང་ལོ་བཅུ་གསུམ་ཐོག་ལྷ་སར་ཕེབས་ནས་རྒྱལ་དབང་བསྐལ་བཟང་རྒྱ་མཚོར་དབུ་སྐྲ་གཙུག་ཕུད་ཕུལ་ཏེ་མཚན་ངག་དབང་འཇམ་དཔལ་བདེ་ལེགས་རྒྱ་མཚོ་ཞེས་གསོལ། རྒྱལ་བའི་བཀའ་ལྟར་འབྲས་སྤུངས་བློ་གསལ་གླིང་དུ་ཆོས་ཞུགས་གནང་ནས་བློ་གླིང་ར་སྒྲེང་མཁན་པོ་བློ་བཟང་དར་རྒྱས་ཡོངས་འཛིན་དུ་བསྟེན་ནས་རིག་ལམ་སྒོ་འབྱེད་བསྡུས་གྲྭ་རྩི་བཞག་སོགས་གསན། དེ་རྗེས་རྒྱལ་དབང་བསྐལ་བཟང་རྒྱ་མཚོས་མཁན་པོ་དང་། ཁྲི་ཆེན་ངག་དབང་མཆོག་ལྡན་གྱིས་སློབ་དཔོན་མཛད་དེ་དགེ་བསྙེན་དང་དགེ་ཚུལ་གྱི་སྡོམ་པ་རིམ་བཞིན་བཞེས། དགུང་ལོ་ཉི་ཤུར་ཕེབས་སྐབས་རྒྱལ་དབང་མཆོག་ནས་དགེ་སློང་གི་སྡོམ་པ་བཞེས། རྒྱལ་དབང་མཆོག་གི་བཀའ་སྐུལ་ལྟར་ལྷ་ལྡན་སྨོན་ལམ་ཆེན་མོར་གྲྭ་སྐོར་དམ་བཅའ་འཛོག་སྐབས་གཞུང་ཆེན་བཀའ་པོད་ལྔ་ལ་རྣམ་དཔྱོད་རྩལ་དང་ལྡན་པས་མཁས་མང་གི་བསྔགས་བརྗོད་ཐོབ་པ་མ་ཟད། གོང་ས་མཆོག་གིས་དམིགས་བསལ་གཟིགས་གསོས་སུ་མཇལ་དར་ནང་མཛོད་བསྩལ། རྒྱལ་དབང་བསྐལ་བཟང་རྒྱ་མཚོ་སྐུ་གཤེགས་རྗེས། རབ་བྱུང་བཅུ་གསུམ་པའི་མེ་གླང(སྤྱི་ལོ1757)ལོར་དེ་མོ་འཇམ་དཔལ་བདེ་ལེགས་རྒྱ་མཚོས་བོད་ཀྱི་སྲིད་སྐྱོང་གི་ཐུགས་འགན་བཞེས་ཤིང་། དེ་ནི་སྤྲུལ་སྐུ་གཞན་གྱིས་བོད་ཀྱི་སྲིད་དབང་འཛིན་པའི་ཐོག་མ་དེ་ཡིན། སྲིད་སྐྱོང་གནང་རིང་ཁྲིམས་འགལ་ལུགས་དཀྲུག་བྱེད་མིར་ནན་པོའི་ཚད་

འགེལ་གྱིས་བཀག་འགོག་དང་། གཞུང་དོན་ལ་ཐུགས་ཁུར་ཆེ་ཞིང་སྐུ་སྒེར་གྱི་དོན་རྒྱུང་དུ་བསྐྱིངས་ནས་ཐ་ན་གཞན་གྱིས་གསུང་བརྟག་ཞུ་བའི་རྟེན་ཡང་སྲིད་གཞུང་གི་ཕྱག་མཛོད་དུ་འབབ་པར་མཛད་པ། རྒྱ་ཁྱབ་ཉམ་ཐག་མི་སེར་གྱི་བདེ་རྩར་ཐུགས་ཁུར་ཆེ་བས་རྐང་འགྲོ་ལག་འདོན་གྱི་ཁྲལ་འཕར་རིགས་འཁྲི་སྐྱབ་བྱེད་མི་དགོས་པ་དང་། ཆེ་བཙན་ཁག་ལའང་དམིགས་བསལ་མེད་པར་ལམ་ཐོག་འདུར་རྒྱུགས་སུ་བཏང་བ་སོགས་མི་སེར་གྱི་བདེ་རྩར་ཕན་སླེབས་ཆེ་བའི་བྱ་བ་མི་ཉུང་བ་སྐྱབ་གནང་མཛད། དེ་བཞིན་རྒྱལ་དབང་སྐུ་ཕྲེང་བདུན་པའི་གསེར་གདུང་བཀྲ་ཤིས་འོད་འབར་གསར་བཞེངས་གནང་བ་དང་། རྒྱལ་བའི་ཡང་སྲིད་བརྩད་འཚོལ་དང་ངོས་འཛིན་ཁྲི་འདོན་ཞུ་བ་སོགས་ཀྱི་ལས་དོན་ཁག་གཙོ་སྐྱོང་གནང་བ། བསྟན་རྒྱས་གླིང་སོགས་དགེ་འདུན་གྱི་ཆོས་སྡེ་མང་པོ་གསར་བཙུགས་དང་ཉམས་གསོ་གནང་བ་སོགས་མདོར་ན་བསྟན་སྲིད་ལ་ཕྱག་རྗེས་ཆེ་བ་བྱུང་། མཐར་དགུང་གྲངས་ང་ལྔ་པ་རབ་བྱུང་བཅུ་གསུམ་པའི་མེ་བྱ(སྤྱི་ལོ1777)ལོར་སྐུ་གཤེགས།

དེའུ་དམར་དགེ་བཤེས་བསྟན་འཛིན་ཕུན་ཚོགས། རྗེ་འདི་ནི་རབ་བྱུང་བཅུ་གཉིས་པའི་ཤིང་སྦྲུལ(སྤྱི་ལོ1725)ལོར་ཡབ་རྡོ་རྗེ་བཀྲ་ཤིས་དང་ཡུམ་ལྷ་དགའ་གཉིས་ཀྱི་སྲས་སུ་ཆབ་མདོ་གོ་འཇོ་གསེར་དགའ་རྫོང་དུ་སྐུ་འཁྲུངས། ཆུང་དུས་འཇོ་མདའ་རྗེ་དཀར་དགོན་པར་ཆོས་ཞུགས་གནང་ནས་འདོན་ཆོས་དང་ཡི་གེ་འབྲི་ཀློག་ལ་སྦྱངས་པ་མཛད། དགུང་ལོ་བརྒྱད་ཀྱི་ཐོག་ནས་རིག་གནས་སྤྱི་དང་ཁྱད་པར་སྨན་རྩིས་བཅས་པར་ཐོས་བསམ་དཔྱིས་ཕྱིན་གནང་། སློབ་དཔོན་ཀརྨ་བསྟན་འཕེལ་དང་ཀུན་དགའ་བསྟན་འཛིན་སོགས་མཁས་གྲུབ་རིམ་པའི་ཞབས་ལ་གཏུགས་ནས་སློབ་གཉེར་མཛད་པས་བོད་ཆེན་པོའི་ལྗོངས་འདིར་དེའུ་དམར་པཎ་ཆེན་མཆོག་གི་མཚན་སྙན་གྱིས་ཁྱབ། རྗེ་ཉིད་ཀྱིས་མདོ་ཁམས་གོ་འཇོ་རུ་དེའུ་དམར་ཐབ་རྒྱས་ཆོས་གླིང་ཕྱག་བཏབ། དེ་ནས་སྡེ་དགེ་ལྷ་ཐོག་ཁུལ་དུ་ལོ་ཤས་བཞུགས་ཤིང་། དེ་སྐབས་ལྷ་ཐོག་རྒྱལ་པོས་རྗེ་འདི་ལ་སྡང་ཟུག་གིས་ཁོང་གི་ཕྱག་རྩོམ་ཡོན་ཆེན་མེ་བསྲེགས་ཆུ་བསྐྱུར་བྱས་པས་མ་ཚད་ལྷ་ཐོག་ཏུ་བཞུགས་སུ་མ་བཅུག་པས། རི་ཞིག་རྒྱ་གར་འཕགས་ཡུལ་དུ་གནས་སྐོར་དུ་ཕེབས་ནས་ཚུར་ཕེབས་རྗེས་ལྷ་ལྡན་སེ་ར་དགོན་དུ་བཞུགས། གསོ་བ་རིག་པ་སྤྱི་དང་ཁྱད་པར་དུ་སྨན་རྫས་རིག་པའི་སྐོར་ལ་ཕྱག་རྗེས་ཤིན་ཏུ་ཆེ།

གསུང་རྩོམ་ཡང་ནང་རིག་པའི་སྐོར་དང་། སྒྲ་རིག་པ། བཟོ་རིག་པ། སྐར་རྩིས་སོགས་ཐུན་མིན་དང་། ཐུན་མོང་གི་རིག་གནས་སྣ་ཚོགས་དང་། ཁྱད་པར་དུ་གསོ་བ་རིག་པའི་སྐོར་ལ་བདུད་རྩི་སྨན་གྱི་རྣམ་དབྱེ། ངོ་བོ། ནུས་པ། མིང་བཅས་རྒྱས་པར་བཤད་པ་ཤེལ་གོང་ཕྲེང་བ་དང་། ལག་ལེན་གཅེས་བསྡུས། སྨན་ཀུན་བཅུད་དུ་བསྒྲུབ་པའི་ལས་ཀྱི་ཆོ་ག་ཀུན་གསལ་སྣང་མཛོད། གསོ་རིག་མངོན་བརྗོད། ཉེར་མཁོའི་དོན་གསལ། མེ་བཙའ་དང་གཏར་གའི་སྐོར་སོགས་དཔེ་ཚན་བརྒྱ་ལ་ཉེ་བར་ཕྱག

རྩོམ་མཛད། སློབ་མ་ཡང་དཔལ་སྤྲུངས་སི་ཏུ་ཆོས་ཀྱི་འབྱུང་གནས་སོགས་མཁས་བཙུན་ལྡན་པ་མང་པོ་བསྐྱངས་པ་སོགས་མཛད་རྗེས་ཤིན་ཏུ་ཆེ།

གཏེར་གཞུག་ངག་དབང་ཆོས་གྲགས། མདོ་སྨད་བྲ་བྲུང་དགོན་གྱི་མཁན་རབས་སོ་གཉིས་པ་འདི་ཉིད་ཀྱི་མཚན་གཞན་འོན་འཇའ་ཚང་དང་མཆོར་མོ་ཆེ་ཡང་ཞུ། འབྱུངས་ཡུལ་རོང་པོའི་ཚེ་རུག་འོན་འཇའ་ལ་ཡིན། ཐོག་མར་བྲ་བྲུང་གི་ཆོས་སྐོར་ཞུགས་ནས་ཟབ་ཆོས་གསན་སྦྱོང་མཛད། དེ་ནས་དབུས་སུ་ཕེབས་ཏེ་སེར་བྱེས་གྲྭ་ཚང་དུ་གཞུང་ལུགས་གསན་སྦྱོང་ཐོག་ལྷ་ལྡན་སྨོན་རམས་པ་མཛད། སུམ་རྟགས། སྙན་ངག རྩིས་དཀར་ནག་སོགས་ལ་ཡང་སྦྱངས་པ་ཆེ། དེ་ནས་རང་ཡུལ་དུ་ཕེབས་ཏེ་རབ་བྱུང་བཅུ་གཉིས་པའི་ལྕགས་གླང(སྤྱི་ལོ1721)ལོར་བྲ་བྲུང་དགོན་གྱི་སེང་ཁྲིར་ཕེབས། དབུ་མ་འཇུག་པ་ཚིགས་འདོན་དུ་བཙུགས། ཐུག་དཀར་སྟུགས་རམས་པ་གདན་དྲངས་ཏེ་བཀའ་ཆོས་མང་ཙམ་ཞུས། དམ་ཅན་མགར་ནག་གི་གསོལ་ཁ་གསར་འཛུགས་དང་། སྐྱེས་རི་ལ་བདེ་ལྡན་ལྷུན་པོའི་ལ་བཙས་བསྟོད་ནས་བསང་ཡིག་གསར་རྩོམ་གནང་། དེ་ལྟར་ལོ་ལྔའི་བར་དུ་གདན་ས་བསྐྱངས་ནས་འཆད་ཉན་འཕེལ་བ་དང་། དོན་གཉེར་བ་སོ་སོར་ཡི་གེ་འབྲི་ཀློག རྩིས་དཀར་ནག་སྙན་ངག་སོགས་ཀྱི་ཁྲིད་དཔེ་དང་། བྱམས་ཁང་གི་སྐུ་བརྙན་ལ་ཞིག་གསོ་དང་རྒྱུན་གྱི་མཛད་སྒྲུབ་ལེགས་པ་བཅས་མང་མས་གཙུག་ཏུ་བཀུར། གསུང་རྩོམ་ཡང་ལྷ་བསྟུས་ནས་བཟུང་གཟའ་འཛིན་བར་གྱི་རྩིས་གཞི་གསར་སྤོས་དང་། སྤྱི་སོའི་དེབ་ཡིག་སེམས་བསྐྱེད་ཀྱི་བཤད་ཁྲིག་ལ་སྤ་ཁྲིག་དང་། ཕྱི་ཁྲིག་འགའ་རེ་བཅས་མཛད། རབ་བྱུང་བཅུ་གཉིས་པའི་ཤིང་སྦྲུལ(སྤྱི་ལོ1725)ལོར་གདན་ས་བཞག་ནས་མཆོར་མོ་ཆེའི་རི་ཁྲོད་དུ་སྐུ་ཚེ་དང་སྒྲུབ་པ་སྙོམས་པར་མཛད།

(འབྱུངས་འདས་ཀྱི་ལོ་ཚིགས་མི་གསལ)

བདེ་ཁང་བ་བློ་བཟང་རབ་བརྟན། མདོ་སྨད་བྲ་བྲུང་དགོན་གྱི་མཁན་རབས་སོ་ལྔ་པ་འདི་ཉིད་ཡབ་གནམ་ལྷ་འབུམ་དང་། ཡུམ་པདྨ་མཚོ་གཉིས་ཀྱི་སྲས་སུ་རབ་བྱུང་བཅུ་གཅིག་པའི་ཆུ་ཕག(སྤྱི་ལོ1683)ལོར་ཙོང་ཁ་སྐྱེས་རིའི་གཡས་འདབས་ཆེར་ཕུག་ཡུལ་དུ་སྐུ་འཁྲུངས། ཨ་གྲོ་ཆོས་རྗེ་ཤེས་རབ་རྒྱལ་མཚན་གྱི་སྐུ་སྐྱེར་གྲགས། དགུང་ལོ་བཅུ་པ་ལ་རབ་ཏུ་བྱུང་། མཚན་བློ་བཟང་རབ་བརྟན་དུ་གསོལ། གྲོང་དགེ་ཞིག་ལས་ཀློག་དང་འདོན་ཆ་བསླབས། དགུང་ལོ་བཅུ་གསུམ་པར་བྲ་བྲུང་དུ་ཕེབས། དེའི་ཕྱི་ལོར་ཆོས་གྲྭར་ཞུགས། མཁྱེན་བརྩོན་ཆེ་བས་འཕྲལ་དུ་སྐྱོར་དཔོན་ཁུར། དགུང་ལོ་བཅོ་བརྒྱད་ཐོག་སྐུ་འབུམ་གྱི་སྨོན་ལམ་ཐོག་དམ་བཅའ་བཞག དགུང་ལོ་ཉེར་གཅིག་ཐོག་དབུས་གཙང་དུ་ཕེབས། བསམ་བློའི་དཀའ་ཆེན་སྔ་རྒྱ་ངག་དབང་བརྩོན་འགྲུས་དགེ་རྒན་དུ་བསྟེན་ནས་བཀའ་པོད་ཚང་མར་ཤ་ཆོད་རུས་ཆོད་དུ་སྦྱངས་པས་མཁས་པར་གྲགས། དགུང་ལོ་ཉེར་དགུའི་ཐོག་སྒྲུབ་ཁང་རིན་པོ་ཆེ་ལ་བསྟེན་རྫོགས་ཞུས་ཤིང་འཇམ་དཔལ་ཞལ་ལུང་གི་ཁྲིད་རྫོགས་པར་གསན། སོ་གཉིས་ཐོག་རྒྱུད་སྨད་གྲྭ་ཚང་འགྲིམས།

སུ་ཕྱིར་ཆུ་བཟང་བླ་མ། འཇམ་དཔལ་གྲགས་པ། བཟོད་པ་བཟང་པོ། མངའ་རིས་ཞབས་དྲུང་། བླ་མ་བྱམས་པ། པཎ་ཆེན་བློ་བཟང་ཡེ་ཤེས་སོགས་ལས་ཆོས་རྒྱུན་མང་ཙམ་གསན། དགུང་ལོ་སོ་ལྔའི་ཐོག་སྐར་མདོ་སྨད་རང་དགོན་དུ་ཕེབས། དམ་བཅའ་མཛད་པ་མཁས་པའི་མིག་རྒྱན་དུ་གྱུར། དེའི་ཕྱི་ལོར་ལྷུང་གཡོན་དགའ་ལྡན་ཆོས་འཕེལ་གླིང་གི་རི་ཁྲོད་དུ་ཕེབས་ནས་ལོ་གསུམ་གྱི་རིང་ཤིན་ཏུ་དབེན་པར་བཞུགས། དེར་དད་འདུས་ཀྱི་སློབ་མ་འགའ་བྱུང་བས་སྒྲུབ་སྡེ་བཙུགས་ནས་ལམ་རིམ་བློ་སྦྱོང་། སྡོམ་གསུམ་བསླབ་བྱ་སོགས་ཁྲིད་ཅིང་གཞི་གསུམ་གྱི་ཕྱག་ལེན་འཛུགས་བྱེད་ཀྱི་སྒྲུབ་མཆོད་བཙུགས། དགུང་ལོ་ལྔ་བཅུ་པ་ཆུ་བྱི(སྤྱི་ལོ1732)ལོར་བྱ་ཁྱུང་གི་ཆོས་ཁྲིར་ཕེབས་ནས་ལོ་བཅུ་བཞུགས་རིང་ལམ་རིམ་ཆེན་མོའི་གཟབ་བཤད་ཀྱིས་གཙོས་ཆོས་བཀའ་རྒྱ་ཆེར་གནང་། སློབ་གཉེར་འཕེལ་བའི་ཐབས་སུ་སྨོན་ལམ་རབ་འབྱམས་པའི་མིང་བཏགས་གསར་དུ་བཙུགས། ལྷ་ཁང་རྟེན་གསུམ་སྙིང་བ་ཡོད་ཚད་ཞིག་གསོས་མཛད། དགུང་ལོ་དོན་གཅིག་པ་ནས་བཟུང་ལོ་གསུམ་གྱི་རིང་གང་ཅིའི་འགན་བསྣམས་ནས་རྒྱུད་པའི་འདུ་ཁང་གསར་བཞེངས་དང་། མཆོད་རྟེན་ཆེ་བ་བཅུ་གཉིས་སོགས་རྟེན་བཞེངས་རྒྱ་ཆེར་མཛད་པས་མཚོན་ལྷ་ཁང་ཕྱི་ནང་དང་། དགོན་པའི་ཉེ་འཁོར་རྣམས་སུ་མཆོད་རྟེན་ཆེ་ཆུང་དྲུག་ཅུ་ཙ་བདུན་བཞེངས། དགུང་ལོ་དོན་བཞི་པ་ལ་གདན་ཞུས་ལྟར་དན་ཏིག་དགོན་པར་ཕེབས། དེར་རྟེན་གསུམ་རྣམས་ལ་མཆོད་འབུལ། དགེ་འདུན་ལ་སྐུ་འགྱེད། ཕྱོགས་འདུས་མི་མང་ལ་ཆོས་སྦྱིན་རྒྱ་ཆེར་བསྩལ། བཀའ་རྩོམ་པོད་གཅིག་ལྷག་མཛད། ཆོས་འབྲེལ་གསན་པའི་སློབ་མ་ཆེ་གྲས་མཁན་ཆེན་ངག་དབང་དོན་གྲུབ། མཁན་པོ་ངག་དབང་མཁས་གྲུབ་རྒྱ་མཚོ། རྭ་ལོ་སྤྲུལ་སྐུ། དན་ཏིག་ཞབས་དྲུང་འཇམ་དབྱངས་གྲགས་པ་སོགས་འགྲོ་འདྲེན་དམ་པ་མང་དུ་བྱུང་། མཐར་དགུང་གྲངས་གྱ་བཞི་ལ་ཕེབས་པ་རབ་བྱུང་བཅུ་གསུམ་པའི་མེ་ཁྱི(སྤྱི་ལོ1766)ལོར་ཞི་བར་གཤེགས།

མདོ་མཁར་བ་ཚེ་རིང་དབང་རྒྱལ། རབ་བྱུང་བཅུ་གཉིས་པའི་མེ་གླང(སྤྱི་ལོ1697)ལོར་ཕ་ངག་དབང་ཚངས་པ་དང་། མ་མདང་དྲུང་གཉིས་ཀྱི་བུར་བྱང་སྟག་ལུང་དུ་སྐྱེས། ལོ་དྲུག་པ་ནས་བཅུ་བཞིའི་བར་ཡི་གེ་འབྲི་ཀློག་དང་རྩིས་སོགས་སྦྱངས། ལོ་བཅོ་ལྔ་པ་ལྕགས་ཡོས(སྤྱི་ལོ1711)ལོར་སྨིན་གྲོལ་གླིང་དུ་ལོ་ཙཱ་བ་དྷརྨ་ཤྲཱིའི་དྲུང་དུ་ཡིག་རིགས་སྣ་ཚོགས་དང་། སྙན་ངག རྩིས། སྒྲ་མདོ་དབྱངས་ཅན་མའི་རི་མོ་ཡོངས་རྫོགས། སྡེབ་སྦྱོར་བཅས་ལ་སྦྱང་པ་ཕུལ་དུ་ཕྱིན་པའི་བྱས་རྗེས་སུ་ཚངས་སྲས་དགྱེས་པའི་བློ་ལྡན་ཞེས་བཏགས། རང་ལོ་ཉེར་གཅིག་པ་མེ་བྱ(སྤྱི་ལོ1717)ལོར་གཞིས་ཀ་རྩེ་རྫོང་དཔོན་གྱི་ལས་འགན་བཟུང་། དེའི་ཕྱི་ལོ་ལྕགས་རྩེ་གྲི་གུ་རྫོང་གི་རྫོང་དཔོན་གྱི་ལས་འགན་ལོ་གཉིས་བཟུང་བཞིན་པའི་སྐབས་གཞོན་ནུ་ཟླ་མེད་ཀྱི་གཏམ་རྒྱུད་བརྩམས། རང་ལོ་ཉེར་དྲུག་པ་ཆུ་སྟག(སྤྱི་ལོ1722)ལོར་གཞུང་ཞབས་ཀྱི་དྲུང་འཁོར་གྲས་སུ་ཞུགས། ལོ་དེའི་ཕྱི་ལོར་གོང་དཀར་རྫོང་གི་རྫོང་དཔོན་བྱེད་བཞིན་

པའི་ཐོག་མ་ལྔ་ཐའི་རྗེ་བྱང་ཁུལ་དུ་བསྐྱོད་པའི་ཚབ་ཏུ་རྗེས་དཔོན་གྱི་ལས་འགན་བླངས། རྗེས་སུ་བཀའ་བློན་ཕོ་ལྷ་བའི་ལས་རོགས་སུ་ཇ་སག་ཐའི་ཇིའི་གོ་གནས་དང་ཐུགས་བཀའ་བློན་དུ་བསྐོས། ཆུ་གླང་（སྤྱི་ལོ1733）ལོར་མི་དབང་རྟོགས་བརྗོད་བརྩམས་མཇུག་འགྲིལ་བ་དང་། སྐད་གཉིས་ཤན་སྦྱར་དོན་བུའི་རྡོ་ཞལ་བསྒྲིགས། རབ་བྱུང་བཅུ་གཉིས་པ་ས་བྱ（སྤྱི་ལོ1729）ལོ་ནས་ལོ་ངོ་སུམ་ཅུ་སོ་གསུམ་ཙམ་བཀའ་བློན་མཛད། རང་ལོ་རེ་དྲུག་པ་རབ་བྱུང་བཅུ་གསུམ་པའི་ཆུ་རྟ（སྤྱི་ལོ1762）ལོར་རང་ཉིད་ཀྱི་རྟོགས་བརྗོད་བཀའ་བློན་རྟོགས་བརྗོད་ཅེས་པ་བརྩམས། རེ་བདུན་པ་རབ་བྱུང་བཅུ་གསུམ་པ་ཆུ་ལུག（སྤྱི་ལོ1763）ལོར་གྲོངས།

རྡོ་གྲུབ་ཆེན་འཇིགས་མེད་བསྟན་པའི་ཉི་མ། རྗེ་འདི་ནི་གྲུབ་ཆེན་སྐུ་ཕྲེང་གསུམ་པ་ཡིན། རབ་བྱུང་བཅོ་ལྔ་པའི་ནང་རྡོ་སྟོད་གཙང་ཆེན་དངོས་གྲུབ་དཔལ་འབར་གླིང་ཞེས་པའི་དགོན་པར་གསར་རྙིང་རིས་མེད་ཀྱི་མདོ་སྔགས་བཤད་སྒྲུབ་ཀྱི་ཆོས་གྲྭ་བཙུགས་ཏེ་མཁས་གྲུབ་ཀྱི་བླ་མ་མང་དུ་བྱོན། སྙིང་ཐིག་དུམ་གཉིས་དང་། མཛོད་བདུན། རྡོ་གྲུབ་ཆེན་འཇིགས་མེད་བསྟན་པའི་ཉི་མའི་གསུང་འབུམ་སོགས་ཀྱི་པར་ཤིང་སྣ་ཚོགས་བཞུགས་པའི་རྙིང་མའི་དགོན་པ་གྲགས་ཅན་ཞིག་ཏུ་བསྒྱུར། མཛད་རྣམ་ཞིབ་པ་དང་འཁྲུངས་འདས་ཀྱི་ལོ་ཚིགས་མ་རྙེད།

རྡོ་གྲུབ་ཆེན་འཇིགས་མེད་འཕྲིན་ལས་འོད་ཟེར། རྗེ་འདིས་རབ་བྱུང་བཅུ་བཞི་པའི་ལྕགས་རྟ（སྤྱི་ལོ1810）ལོར་གྲུབ་ཆེན་དགོན་གྱི་གདན་སའི་ཐོག་མར་ཡར་ལུང་པདྨ་བཀོད་ཅེས་པ་ཁམས་ཀྱི་བྱང་ཕ་ཤུལ་གསེར་ཐའི་སྟོད་ཡར་ལུང་གི་ས་ཆར་རྡོ་གྲུབ་ཆེན་དགོན་པ་ཕྱག་བཏབ། འཁྲུངས་འདས་སོགས་མཛད་རྣམ་ཞིབ་པ་མ་རྙེད།

རྡོ་སྦིས་དགེ་བཤེས་ཤེས་རབ་རྒྱ་མཚོ། རྗེ་འདི་ནི་མདོ་སྨད་རྡོ་སྦིས་གསེར་མོ་ལྗོངས་ཞེས་པའི་ཡུལ་གྱི་ཁོངས་གཏོགས་ཏོར་གྲོལ་པ་ཞེས་པའི་གྲོང་སྡེར་ཡབ་ལྷ་ལུང་སྐྱབས་དང་། ཡུམ་ལྷ་ལུང་སྐྱིད་གཉིས་ཀྱི་སྲས་སུ་རབ་བྱུང་བཅོ་ལྔ་པའི་ཤིང་སྤྲེལ（སྤྱི་ལོ1884）ལོར་སྐུ་འཁྲུངས། དགུང་ལོ་ལྔ་པ་ས་བྱི་ལོར་འབྲས་སྤུངས་སྒོ་མང་གྲྭ་ཚང་གི་དགེ་བཤེས་ལྷ་རམས་པ་ཏོར་བུ་རིན་པོ་ཆེའི་དྲུང་ནས་རབ་ཏུ་བྱུང་ཞིང་དགེ་ཚུལ་གྱི་སྡོམ་པ་ལེགས་པར་བཞེས་ཐོག དགེ་ལྡན་འཕེལ་རྒྱས་གླིང་གི་ཆོས་སྙོར་ཞུགས་ནས་ཡི་གེ་སྦྱོར་ཀློག་ལ་སྦྱངས་པ་མཛད། དགུང་ལོ་བཅུ་དྲུག་པར་ཆོས་སྡེ་ཆེན་པོ་བླ་བྲང་བཀྲ་ཤིས་འཁྱིལ་དུ་ཕེབས་ཏེ་ཨ་ཁུ་གུང་ཐང་བློ་གྲོས་དང་། ཀུན་མཁྱེན་བསྐལ་བཟང་ཐུབ་བསྟན་དབང་ཕྱུག་སོགས་སྐྱེ་སྟོད་འཛིན་པའི་བླ་མ་དུ་མ་བསྟེན། དགུང་ལོ་ཉེར་གཅིག་པ་ཤིང་འབྲུག（སྤྱི་ལོ1904）ལོར་དབུས་སུ་ཕེབས་ཏེ་འབྲས་སྤུངས་སྒོ་མང་གྲྭ་ཚང་གི་ཆོས་གྲྭར་ཞུགས། མཁས་དབང་མཆོག་གྲུབ་དཀར་པོ་དང་བློ་བཟང་ཡེ་ཤེས་བསྟན་པའི་རྒྱལ་མཚན་སོགས་དགེ་བའི་བཤེས་གཉེན་བཅུ་ཕྲག་གསུམ་ལྷག་ཙམ་གྱི་ཞབས་ལ་

གཏུགས་ཏེ་རིག་པའི་གནས་མཐའ་དག་དང་། མདོ་སྔགས་ཀྱི་གཞུང་ལུགས་རྒྱ་མཚོ་ལྟ་བུ་ལ་ཐོས་བསམ་མཐར་ཕྱིན་པར་མཛད་ནས་འཆད་རྩོད་རྩོམ་གསུམ་དང་། མཁས་བཙུན་བཟང་གསུམ་གྱི་ཡོན་ཏན་ལ་མངའ་བརྙེས་ཤིང་། སྐྱེ་ཐམས་ཅད་ནས་འགྲན་པའི་ཟླ་དང་བྲལ་བའི་མཁས་པའི་གོ་འཕང་མཐོན་པོར་གཤེགས།

དགུང་ལོ་སོ་བཞི་པ་མེ་སྦྲུལ་ལོ་ནས༧རྒྱལ་དབང་ཐམས་ཅད་མཁྱེན་པ་ཐུབ་བསྟན་རྒྱ་མཚོའི་བཀའ་ལུང་ལྟར་བུ་སྟོན་ཐམས་ཅད་མཁྱེན་པའི་གསུང་འབུམ་པོད་ཉེར་དགུའི་དཔར་གཞི་གསར་བཞེངས་ཞུ་དག་དང་། རྒྱལ་བའི་བཀའ་འགྱུར་རོ་ཅོག་གི་དཔར་གཞི་གསར་བཞེངས་ཞུ་དག་ལེགས་པར་མཛད། སློབ་མའི་ཚོགས་ཀྱང་ཤིན་ཏུ་མང་སྟེ། གྲགས་ཆེ་དགེ་བཤེས་ལྷ་རམས་པ་སྐལ་བཟང་རྒྱ་མཚོ་དང་། དགེ་བཤེས་གཞུང་པ་ཚུལ་ཁྲིམས་རྒྱ་མཚོ་སོགས་དང་། དེ་མིན་སློབ་གཉེར་ལ་དོན་གཉེར་བྱེད་མཁན་མང་པོ་ལ་སྒྲ་སྙན་ངག་སུམ་རྟགས་སོགས་ཁྲིད་ནས་སྐྱེད་སྲིང་མཛད་དེ་བོད་ཀྱི་རིག་གནས་མི་ཉམས་གོང་སྤེལ་གྱི་བྱ་བ་མང་པོ་མཛད། དགུང་ལོ་ལྔ་བཅུ་ང་ལྔ་ལ་ཕེབས་པ་རབ་བྱུང་བཅུ་དྲུག་པའི་ས་སྟག(སྤྱི་ལོ1938)ལོར་གོ་མིན་ཏང་སྲིད་གཞུང་གིས་གདན་དྲངས་པ་ལྟར་རྒྱ་ནག་ཏུ་ཕེབས་ཏེ་ཆོས་སྲིད་ཀྱི་བྱ་བ་མང་པོ་གནང་། དགུང་ལོ་བདུན་ཅུ་དོན་གསུམ་པ་མེ་སྤྲེལ(སྤྱི་ལོ1956)ལོར་རྒྱ་གར་དང་བལ་པོའི་རྒྱལ་ཁབ་གཉིས་ཀྱིས་གདན་ཞུས་ལྟར་སངས་རྒྱས་བཅོམ་ལྡན་འདས་མྱ་ངན་ལས་འདས་ནས་ལོ་ཉིས་སྟོང་ལྔ་བརྒྱའི་རྗེས་དྲན་ཚོགས་ཆེན་ལ་ཞུགས། དེའི་སྔ་གཞུག་ཏུ་འབར་མ་དང་། གསྟོང་ཛོང་། སེང་ག་ལ། རོས་ཏན་སོགས་ཆོས་ལྡན་རྒྱལ་ཁབ་དེ་དག་ལ་ཕེབས་ནས་དེ་གའི་ཆོས་པ་རྣམས་ལ་བཀའ་ཆོས་མང་དུ་གསུངས་ཤིང་། བསྟན་འགྲོའི་དོན་རྒྱ་ཆེར་མཛད། གསུང་འབུམ་པོད་གཉིས་ལྷག་བཞུགས། དགུང་ལོ་གྱ་ལྔ་ལ་ཕེབས་པ་རབ་བྱུང་བཅུ་དྲུག་པའི་ས་སྤྲེལ(སྤྱི་ལོ1968)ལོར་སྐུ་གཤེགས།

ཛོ་རིང་བསྟན་འཛིན་དཔལ་འབྱོར། ཡབ་ཛོ་རིང་པཎྜི་ཏ་མགོན་པོ་དངོས་གྲུབ་རབ་བརྟན་དང་ཡུམ་རིན་ཆེན་སྐྱིད་འཛོམས་གཉིས་ཀྱི་བུར་རབ་བྱུང་བཅུ་གསུམ་པའི་ལྕགས་འབྲུག(སྤྱི་ལོ1760)ལོར་འཁྲུངས། ཆུང་དུས་ནས་ཛོ་རིང་པཎྜི་ཏས་རྒྱུན་སྲོལ་གྱི་སློབ་གསོ་དང་སྦྱོང་བརྡར་གཏོང་རྒྱུར་དོ་སྣང་ཆེན་པོ་བྱས་ཏེ་ལོ་ལྔ་ཙམ་ནས་ཡི་གེ་འབྲི་ཀློག་སོགས་བསླབས། ལོ་བརྒྱད་ནས་བཟུང་སེར་བྱེས་དགེ་བཤེས་སྦ་རི་དང་། ཐོགས་མེད། སྨིན་གྲོལ་གླིང་གི་བླ་མ་ཆོས་རྗེ་ང་པ་སོགས་ཀྱི་དྲུང་ནས་སློབ་གཉེར་གྱིས་བརྗོད་སྦྱོར་པའི་བསྟན་བཅོས་ཁག་དང་། སྙན་གཞུང་། འདུས་ཆུང་ཟུར་རྩིས། ཚད་མ་སོགས་སྦྱངས་པ་དང་། དེ་བཞིན་རོལ་མོའི་བྱེ་བྲག་དང་། གར་སྒྲུ། མིག་མངས། གནའ་རབས་ཀྱི་ཐོ་རྩལ་སོགས་ལའང་སྦྱངས་བརྩོན་བྱས། ལྷག་པར་དུ་ཛོ་རིང་པཎྜི་ཏ་དང་སློབ་དཔོན་ཆོས་རྗེ་པས་སྙན་ངག་མེ་ལོང་མ་ཐེངས་གསུམ་བཞི་ཞིབ་ཁྲིད་བྱས་པས་ལོ་བཅུ་གཅིག་ཙམ་ནས་སྙན་ངག་ཚིག་བཅད་རྩོམ་ཐུབ་

པ་དང་། མདའ་དང་མེ་མདའ་རྒྱག་འཕེན་ཡའང་མཁས་པར་གྱུར། ས་ཕག(སྤྱི་ལོ1779)ལོར་བཀའ་ཤག་ཡིག་ཕྱུག་ལ་མགྲོན་དྲུང་གྲས་སུ་བཞག ལྕགས་སྦྲང(སྤྱི་ལོ1781)ལོར་ཞབས་སྟོད་ཞུས་པ་དང་ཆབས་ཅིག་བཀའ་དྲུང་བསྐོ་བཞག་གནང་། ཆུ་ཡོས(སྤྱི་ལོ1783)ལོར་བོད་གཞུང་གི་ལས་བྱེད་ཁོ་གནས་བཟུང་། ས་སྤྲེལ(སྤྱི་ལོ1788)ལོ་ནས་གོར་ཁ་བཙན་འཛུལ་དམག་འགོག་རྒོལ་གྱི་ལས་ལ་ཞུགས། ལྕགས་ཕག(སྤྱི་ལོ1791)ལོར་གོར་ཁས་བཟུང་སྟེ་ལོ་འཁོར་ལ་བལ་ཡུལ་དུ་བཙོན་བཅུག་བྱས། ཆུ་བྱི(སྤྱི་ལོ1792)ལོར་རྒྱ་བོད་བལ་གསུམ་ལ་བརྟབ་གསིག་ཡོང་རྐྱེན་ལ་ལེ་ཐོགས་པས་བཀའ་བློན་གནས་དབྱུང་གི་ཉེས་པ་ཐོག ཆུ་སྦྲང(སྤྱི་ལོ1793)ལོ་ནས་ཆོས་ཀྱི་བྱེད་སྒོ་གཙོ་བཟུང་གིས་ཕྱོགས་མཐའི་གནས་ཁག་མཇལ་བ་དང་། བླ་ཆེན་སྤྲུལ་སྐུ་དུ་མ་བསྟེན་ནས་ཉམས་ལེན་བྱས། ཤིང་ཡོས(སྤྱི་ལོ1795)ལོར་ཞོལ་སྟེ་པའི་ལས་འགན་ཁུར། རབ་བྱུང་བཅུ་བཞི་པའི་ལྕགས་རྟ(སྤྱི་ལོ1810)ལོ་ཡས་མས་སུ་དགའ་བཞི་བའི་བྱུང་བ་བརྗོད་པ་ཟློས་མེད་གཏམ་གྱི་རོལ་མོ། ཞེས་བྱ་བའི་རང་རྣམ་ཞིག་བརྩམས།

བསྟན་འཛིན་དཔལ་འབྱོར་གྱི་མི་ཚེ་རྫིལ་པོར་ཆབ་སྲིད་ཐད་དམིགས་བསལ་གྱི་བྱས་རྗེས་མེད་ཁར། གནས་དབྱུང་ཉེས་པ་ཐོག་པ་སོགས་རྐྱེན་ངན་མང་པོ་ཕྲད། འོན་ཀྱང་ཁོང་གིས་ངལ་བ་ལྷུར་ལེན་གྱིས་རྩོམ་འབྲིའི་ཤེས་ཡོན་སྦྱངས་པ་རྩེར་སོན་ཏེ་བརྡ་སྤྲོད་རིག་པའི་བསྟན་བཅོས་སུམ་རྟགས་གཉིས་ཀྱི་རྩ་འགྲེལ་ལེགས་པར་བཤད་པ་ཚིག་ཉུང་དོན་བཟང་ཨུཏྤལ་ཡི་རྣ་རྒྱན་དང་། རྒྱལ་པོ་གྲགས་པའི་མུ་འཕྲེད་ཀྱི་བསྟན་བཅོས་ལེགས་པར་བཤད་པ་སྟེ་བཞིའི་སྒོ་འཕར་རབ་ཏུ་འབྱེད་པའི་གཏམ། ཆར་སྤྲིན་རྔ་བྱའི་གློས་གར་ཞེས་པ་སོགས་རྩོམ་ཡིག་འགའ་ཤས་སྤེལ། འདས་ལོ་མ་རྙེད།

རྗེ་རིང་པཎྜི་ཏ་མགོན་པོ་དངོས་གྲུབ་རབ་བརྟན། འདི་ཉིད་བོད་རབ་བྱུང་བཅུ་གཉིས་པའི་ལྕགས་སྦྲང(སྤྱི་ལོ1721)ལོར་ཡབ་མདའ་རིས་སྨར་དཔོན་ཚེ་བརྟན་བཀྲ་ཤིས་དང་ཡུམ་བསོད་ནམས་ལྷ་སྒྲོན་གཉིས་ཀྱི་སྲས་སུ་འཁྲུངས། དགུང་ལོ་ཆུང་དུས་ནས་སྨིན་གྲོལ་གླིང་དགོན་དུ་སློབ་དཔོན་ཆོས་རྗེ་པའི་སྐུ་མདུན་དུ་ཡི་གེ་དང་རིག་གནས་སློབ་སྦྱོང་མཛད་ནས་ལོ་བདུན་ཙམ་བཞུགས། རྒྱལ་བ་སྐུ་ཕྲེང་བདུན་པ་བསྐལ་བཟང་རྒྱ་མཚོ་དང་ཕོ་ལྷ་བསོད་ནམས་སྟོབས་རྒྱས་ཀྱི་སྐུ་མདུན་དུ་སྙན་ངག་ཐེབ་སྦྱོར། སྐར་རྩིས། སྨན་ངག་བཅས་རྒྱུགས་འབུལ་གནང་བར་བྱ་དགའི་དངོས་པོ་གནང་བ་མ་ཟད། ནོ་ཡོན་པཎྜི་ཏ་ཞེས་པའི་མཚན་བསྟོད་ཀྱང་གནང་། དེ་ནས་མི་རིང་བར་གཅེན་པོ་གུང་རྣམ་རྒྱལ་ཚེ་བརྟན་སྐུ་འདས་པས་གུང་གི་གོ་གནས་དེ་གཅུང་པོ་པཎྜི་ཏ་མགོན་པོ་དངོས་གྲུབ་རབ་བརྟན་ལ་གནང་། དེ་རྗེས་མགྲོན་གཉེར་བློ་བཟང་བཀྲ་ཤིས་སོགས་ཀྱིས་བོད་སྟོད་ཨམ་བན་བསད་པའི་དོན་རྐྱེན་ཐོན་སྐབས་དོན་རྐྱེན་ཞི་འཇགས་གཏོང་བའི་ལས་དོན་ཁག་ཏུ་ཐག་སྐྱབ་པར་བརྟེན། བཀའ་ཤག་གསར་འཛུགས་སྐབས་བཀའ་བློན་གྱི་

ལས་ཐོག་དང་པོར་བསྒོ་བཞག་བྱུང་ཞིང་། བཀའ་བློན་གྱི་ལས་འགན་ལོ་ངོ་སུམ་ཅུ་ལྷག་ཙམ་མམ་བཞི་བཅུ་ལྷག་ཙམ་འཁུར་ནས་མཐར་རབ་བྱུང་བཅུ་གཉིས་པའི་ཆུ་བྱི(སྤྱི་ལོ1792)ལོར་འདས།

སྡེ་ཁྲི་འཇམ་དབྱངས་ཐུབ་བསྟན་ཉི་མ། སྡེ་ཁྲི་འཇམ་དབྱངས་ཐུབ་བསྟན་ཉི་མའམ་གསང་མཚན་རཏྣ་བཛྲ་ནི་མཚོ་སྔོན་གཡོན་ཏུ་རྗེ་དྲུག་སྙིང་བདུན་རྗེ་ནྣ་ཡོ་ཆེ་བ་བཅོ་བརྒྱད་དུ་གྲགས་པའི་ནང་ཚན་བེ་ལེན་ནུ་ཁན་ཞེས་པར་ཡབ་སོག་རིགས་ཀ་འབུམ་སྨན་པ་ངག་དབང་ཕུན་ཚོགས་དང་། ཡུམ་ལྷ་མོ་སྐྱིད་གཉིས་ཀྱི་སྲས་སུ་རབ་བྱུང་བཅུ་གསུམ་པའི་ས་ཕག(སྤྱི་ལོ1779)ལོར་སྐུ་འཁྲུངས། དགུང་ལོ་བཞི་ལ་ཕེབས་དུས་རོང་པོའི་ཤར་ནོ་མོན་ཧན་རིན་པོ་ཆེར་ཡབ་ཡུམ་གཉིས་ནས་མཚན་ཞུས་པར་འཇམ་དབྱངས་ཐུབ་བསྟན་ཉི་མ་ཞེས་གསོལ། སྐྱབས་མགོན་མཆོག་གིས་དགུང་ལོ་ལྔ་ལ་སྐུ་གོང་མ་འཇིགས་མེད་ལུང་རིགས་རྒྱ་མཚོའི་སྤྲུལ་སྐུར་ངོས་བཟུང་། དགུང་ལོ་དྲུག་ལ་ཕེབས་སྐབས་དཀའ་ལྡན་བཀྲ་ཤིས་འཁྱིལ་རྒྱུད་པ་གྲྭ་ཚང་ལ་གདན་དྲངས། ཀུན་མཁྱེན་འཇིགས་མེད་དབང་པོའི་དྲུང་དུ་རབ་ཏུ་བྱུང་སྟེ་མཚན་སྔར་ལྟར་འཇམ་དབྱངས་ཐུབ་བསྟན་ཉི་མ་ཞེས་གསོལ། དགུང་ལོ་དགུ་ནས་བཅུ་བར་ཀུན་མཁྱེན་ཆེན་པོའི་ས་ནས་མདོ་སྔགས་ཀྱི་ཆོས་གསན། དགུང་ལོ་བཅུ་གཅིག་ལ་བཀྲ་ཤིས་འཁྱིལ་ཐོས་བསམ་གླིང་གི་ཆོས་གྲྭར་ཞུགས་ནས་གཞུང་ཆེན་བཀའ་པོད་ལྔར་གསན་བཞེས་མཛད། དགུང་ལོ་བཅུ་བཞིར་གུང་ཐང་བསྟན་པའི་སྒྲོན་མེའི་དྲུང་དུ་རབ་བྱུང་སྡོམ་པ་བཞེས། དགུང་ལོ་ཉི་ཤུ་ཐམ་པར་རྗེ་གུང་ཐང་པའི་དྲུང་དུ་བསྙེན་རྫོགས་བསྒྲུབས། དགུང་ལོ་ཉེར་བཞི་པར་དཀའ་ནམ་འཛིན་གྲྭར་ཕེབས། དགུང་ལོ་ཉེར་བདུན་སྐབས་གྲྭ་ཚང་ཚ་གན་བེ་ཤིང་གི་ཁྲི་པ་ལོ་གཉིས་མཛད། དགུང་ལོ་སུམ་ཅུ་ཐམ་པར་ཨ་རུ་ཧོར་ཆེན་གྱི་དཔོན་བེ་ལི་ཡུམ་སྲས་ཀྱིས་གདན་ཞུ་ལྟར་རྒྱ་སོག་ཡུལ་གྲུར་ཕེབས་ནས་དེ་ལོན་བུ་ལག་དགོན་གསར་བཞེངས་དང་། ཧར་ཆེན་བེ་ལེའི་དགོན་པར་དུས་འཁོར་གྲྭ་ཚང་བཙུགས། དུས་འཁོར་དབང་ལན་གྲངས་ཁ་ཤས་དང་། སྒྲུབ་ཐབས་བརྒྱ་རྩ་སོགས་དབང་རྗེས་གནང་། ལམ་རིམ་བློ་སྦྱོང་གི་ཁྲིད་སོགས་ཆོས་འཁོར་རྒྱ་ཆེར་བསྐོར། ཆུ་རྟ་བར་ལོ་བཅོ་ལྔ་རིང་བཞུགས། དགུང་ལོ་ཞེ་ལྔ་ལོར་རྒྱ་སོག་ཡུལ་གྲུ་ནས་ཕྱིར་ལོག་ཕེབས། འཇམ་དབྱངས་ཀུན་གཟིགས་གཙོར་བཞུགས་ཀྱི་སྟོང་སྐུའི་ལྷ་ཁང་རྟེན་དང་བརྟེན་པ་གཟིམ་ཁང་དང་བཅས་གསར་བཞེངས་མཛད། དགུང་ལོ་ཞེ་དྲུག་ལོར་བཀྲ་ཤིས་འཁྱིལ་གྱི་ཁྲི་པར་ཕེབས། དོ་དགོན་པའི་འདུལ་ཁྲིམས་དང་ཚོགས་ཆོས་རྭའི་སྒྲིག་འཁྱུར། བསླབ་པ་སློབ་གཉེར་གང་ཅིར་དོ་དམ་ཞིབ་ཏིག་ཡང་ཡང་མཛད་པས་འཆད་རྩོད་ཀྱི་ཆོས་གྲྭ་ཤིན་ཏུ་འཕེལ་བར་གྱུར། དགུང་ལོ་ཞེ་བརྒྱད་ལོར་རྗེ་ཉིད་སླར་ཡང་སོག་ཡུལ་དུ་ཕེབས། མཁས་གྲུབ་རྗེའི་དཀྱིལ་ཆོག་ཡོངས་རྫོགས་སོག་སྐད་དུ་བསྒྱུར་ཏེ་ས་སྐྱའི་དུས་ལྟར་ཧོར་གྱིས་རང་སྐད་དུ་འདོན་རྒྱུའི་སྲོལ་འཛུགས་མཛད། རབ་བྱུང་བཅུ་བཞི་པའི་ལྕགས་བྱི(སྤྱི་ལོ1840)ལོར་ཆོས་འཁོར་སྐར་ཤར་ཕྱིན་གླིང་གསར་འདེབས་མཛད།

དེར་བདེ་གསང་འཇིགས་གསུམ་གྱི་དབང་བསྐུལ། དགུང་ལོ་རེ་གསུམ་ལ་ལྷུང་སྐྱ་བླ་བྲང་བྱུང་ཀྱུ་སེར་ཕྱག་ཕེབས་ཏེ་ལྷུང་སྐྱ་རིན་པོ་ཆེ་དང་མཇལ། ཁོང་ལ་དུས་འཁོར་དང་ཀུན་རིག་དབང་བསྐུལ། ཇོ་ཡོན་བུ་ལག་ཏུ་དེ་གར་བསྙེན་རྫོགས་བརྒྱ་དང་རེ་བརྒྱད་དང་། དགེ་ཚུལ་སུམ་ཅུ། རབ་བྱུང་བཅུ་སྒྲུབ་པ་སོགས་མཛད། དགུང་ལོ་རེ་བཞི་ལ་ཕེབས་སྐབས་བེ་ཙིའི་དགོན་དུ་ལོ་གསར་གྱི་དགྱེས་སྟོན་ལ་ལམ་རིམ་ཆེན་མོའི་བཤད་ལུང་སོག་སྐད་དུ་བསྒྱུར་ནས་ཉིན་བཅོ་བརྒྱད་རིང་རྒྱས་པར་གནང་། བཀའ་ཆོས་རྗེ་བཙུན་འཇམ་དབྱངས་ཐུབ་བསྟན་ཉི་མ་དཔལ་བཟང་པོའི་ཞལ་སྔ་ནས་ཀྱི་རྣམ་པར་ཐར་པ་གསང་གསུམ་བཀྲ་ཤིས་རི་མོ་དང་། རྗེ་བཙུན་བྱམས་པ་མགོན་པོའི་རྟོགས་བརྗོད་པད་དཀར་ཕྲེང་བ། དཔལ་དུས་ཀྱི་འཁོར་ལོའི་བསྐྱེད་རིམ་རྣམ་གཞག་འཇམ་དཔལ་ཞལ་ལུང་། རྡོ་རྗེ་དབྱིངས་ཀྱི་དཀྱིལ་འཁོར་གྱི་ཆོ་ག་ཡིད་བཞིན་ནོར་བུའི་དོ་ཤལ། བཅོམ་ལྡན་འདས་རྡོ་རྗེ་མི་འཁྲུགས་པ་ལ་བརྟེན་པའི་སྦྱོང་གནས་ཆོ་ག བསྟན་སྲུང་རྣམས་ཀྱི་གཏོར་འབུལ་སྐོར་སོགས་མང་དུ་མཛད། ཕྱིས་སུ་རི་བོ་རྩེ་ལྔར་ཐེངས་གསུམ་ཕེབས་པ་དང་། ཕྱི་ལོག་ནང་ལོག་གི་དགོན་པ་མཆོད་གཞིས་དང་བཅས་པར་ཆོས་བཀའ་ཅི་རིགས་གནང་། རབ་བྱུང་བསྙེན་རྫོགས་བརྒྱ་ཕྲག་ཏུ་མ་གསར་སྒྲུབ་མཛད་པ་སོགས་བསྟན་འགྲོར་གཅིག་ཏུ་ཕན་པའི་མཛད་བཟང་བསམ་གྱིས་མི་ཁྱབ། དགུང་གྲངས་གྱ་བཞི་ལ་ཕེབས་པ་རབ་བྱུང་བཅུ་བཞི་པའི་ཆུ་ཁྱི(སྤྱི་ལོ1862)ལོའི་བོད་ཟླ་གཉིས་པའི་ཚེས་བཞི་ཉིན་དགོངས་པ་ཆོས་དབྱིངས་སུ་གཤེགས།

སྡེ་སྲིད་འཕྲིན་ལས་རྒྱ་མཚོ། ༧རྒྱལ་དབང་ལྔ་པ་ཆེན་པོའི་སྡེ་སྲིད་གཉིས་པ་འདི་ཉིད་རབ་བྱུང་བཅུ་གཅིག་པའི་ལྕགས་བྱི(སྤྱི་ལོ1660)ལོའི་ཟླ་བ་བདུན་པའི་ཚེས་བཅུ་གསུམ་ཉིན་སྡེ་སྲིད་དུ་བསྐོ་གཞག་མཛད། ཇའི་སང་སྡེ་པའམ་གྲོང་སྣང་པ་འཕྲིན་ལས་རྒྱ་མཚོ་འདི་སྡེ་སྲིད་སངས་རྒྱས་རྒྱ་མཚོའི་མེས་པོ་ཡིན། ཁོང་གིས་ལོ་ངོ་དགུ་རིང་སྡེ་སྲིད་ཀྱི་ཐུགས་འགན་བཞེས་ཏེ་༧རྒྱལ་དབང་ལྔ་པ་ཆེན་པོའི་བཀའ་བཀོད་དགོངས་དོན་ཇི་བཞིན་དགའ་ལྡན་ཕོ་བྲང་གི་ཆབ་སྲིད་འཛིན་སྐྱོང་མཛད། ཆུ་སྟག(སྤྱི་ལོ1662)ལོར་འབྲས་མོ་ལྗོངས་ཀྱི་རྒྱལ་པོ་ཕུན་ཚོགས་རྣམ་རྒྱལ་གྱི་སྲས་རྒྱལ་པོ་བསྟན་སྲུང་རྣམ་རྒྱལ་མཆོག་ལྔ་པ་ཆེན་པོ་མཇལ་བར་ལྷ་སར་ཕེབས་སྐབས་སྡེ་སྲིད་འཕྲིན་ལས་རྒྱ་མཚོ་དང་མཇལ་བས་རྒྱལ་སྲས་ཀྱིས་སྡེ་སྲིད་མཆོག་ལ་ཁྲིམས་ཡིག་ཞལ་ལྕེ་བཅུ་དྲུག་སྐོར་ལ་སློབ་སྟོན་མང་པོ་ཞུ་གནང་མཛད། ཤིང་སྦྲུལ(སྤྱི་ལོ1665)ལོར་གོང་མ་ཁང་ཞིའི་རེ་སྐུལ་ལྟར་བྱམས་གླིང་མཁན་པོ་ཚུལ་ཁྲིམས་རྒྱལ་མཚན་དང་། ཁང་གསར་རབ་བརྟན་གཉིས་ཆེད་གཏོང་གིས་རྒྱ་སོག་ས་མཚམས་འཁེལ་བའི་སོག་པོའི་སྡེ་དཔོན་རྣམས་ལ་རང་སྡེ་རང་བཟུང་དང་། ས་མཚམས་འཁེལ་བའི་རྒྱ་སྡེ་རྣམས་ལ་བསྲུན་གཅེར་མ་བྱས་པར་ཐར་ལུགས་ཚོང་གི་འབྲེལ་བ་དམ་ཟབ་བྱེད་དགོས་པའི་བཀའ་སློབ་གནང་བས། འཐོན་རྩོད་ཞི་འཇགས་དང་ཚོང་འབྲེལ་སྔར་སོར་ཆུད་པ་བྱུང་། རབ་བྱུང་བཅུ་གཅིག་པ་མེ་ལུག(སྤྱི་ལོ1667)ལོར་སྐུ་

གཉེགས།

ཕྱི་གླིང་བཤད་སྒྲ་དབང་ཕྱུག་རྒྱལ་པོ། ཁོང་ནི་པ་སྣམ་ཁུལ་སྙེར་སྟེལ་བཞི་བའི་མི་རྒྱུད་ཐོག ཆུང་དུས་སྟེལ་བཞི་ཆོས་མཛད་ཅེས་བསམ་ཡས་དཀར་མེའི་ལས་འཁུར་མཛད། བཤད་སྒྲ་བཀའ་བློན་དོན་གྲུབ་རྡོ་རྗེ་བསམ་ཡས་ཉམས་གསོར་བཞུགས་སྐབས་ངོ་ཤེས་འདྲིས་ཅན་དུ་གྱུར། དབང་ཕྱུག་རྒྱལ་པོས་བསམ་ཡས་དཀར་མེའི་རྗེས་ཞུ་སོགས་སྤྱོད་ལེན་འཁུམ་འདུས་པར་རྗེས་ཆད་རྒྱ་ཆེར་བཀའ་ཞིབ་ཀྱིས་ཉེས་ཆད་ཐོག་སྐབས་བཤད་སྒྲས་དཀར་མེའི་གཞུང་ཆད་རྣམས་ཕུལ་ཏེ་ཞོལ་ལས་ཁྲུངས་ནས་ཆོས་མཛད་སྟེལ་བཞི་བསྐུས་ཏེ་ཁོང་མི་འཛོན་པོ་དང་ཡིག་རྩིས་ཡག་པོ་སོང་བས་བཤད་སྒྲའི་ཕྱི་འགྲོར་ཞར་ཏེ་ཕྱིས་བཤད་སྒྲ་ཞབས་པད་ཀྱི་སྲུས་མོ་དང་མཐུན་འབྲེལ་བྱུང་བས་བཤད་སྒྲའི་མིང་ཐོག་ཞབས་སྟོད་ཞུས་ནས་བཟུང་ལས་ཚན་ཐེག་པ་རིམ་འཛེགས་བརྒྱུད་ལ་སེང་དམག་འཐབ་ཀྱི་བྱུས་རྗེས་སུ་དམིགས་བསལ་བདག་རྐྱེན་དུ་བཀའ་བློན་བསྐོ་བཞག་དང་། དེ་ནས་མོན་པ་ཤེས་རབ་གྲགས་པས་ཕྱི་རྒྱལ་ལ་མགོ་བཙོལ་ནས་མོན་ཁུལ་ཟང་ཟིང་སྐབས་ཧ་དབང་དུ་ཐེབས་ཏེ་མཐའ་འདོམས་ཞིབ་དཔྱོད་མཛད། དེ་རྗེས་བྲག་གཡབ་དང་། སྨར་ཁམས། ས་ངན་སོགས་ལ་ས་མི་ཞིབ་དཔྱོད་དུ་ཐེབས་ཏེ་ཞོད་འཛུགས་གཏན་འཁེལ་གནང་། དེ་ནས་དར་མདོ། རྒྱལ་རོང་། རྒྱལ་ཐང་། མོན་ཕྱོགས་ཀྱི་ས་མི་ཞིབ་དཔྱོད་པ་མཛད། ཤིང་ཡོས་ལོར་བོད་སྟེ་གཟར་སྐབས་མཐའ་མཚམས་སུ་ཆེངས་མོལ་དུ་ཐེབས།

རབ་བྱུང་བཅུ་བཞི་ལྕགས་སྤྲེལ（སྤྱི་ལོ1860）ལོའི་ཡས་མས་སུ་སྲིད་སྐྱོང་ར་སྒྲེང་ངག་དབང་ཡེ་ཤེས་ཚུལ་ཁྲིམས་མཆོག་ནས་གཏན་ཚིགས་དང་། ཤེ་བམ། འགོ་མཆན་ཞུས་རིགས་ཚང་མར་སྲིད་ཐམ་གནང་ཐལ་ཆེ་བར་ཞབས་པད་བཤད་སྒྲ་དབང་ཕྱུག་རྒྱལ་པོས་ཐམ་འཛིན་པ་ཞིག་བསྐོ་བཞག་གནང་རྒྱུའི་རེ་བསྐུལ་ཞུས་རྐྱེན་གློ་བུར་དུ་ལས་དོན་ཆུང་ཙག་ལ་སྐྱོད་འདོགས་ཀྱིས་བཤད་སྒྲ་ཞབས་པད་ཀྱི་གོ་གནས་དང་། ཞབས་སྟོད་ཆབས་ཅིག་གནས་དབྱུངས་ཀྱིས་སྐེ་མོ་རྒྱལ་བྱེད་ཚལ་དགོན་པར་ལོ་འཁོར་ལྔག་ཙམ་བཙོན་དུ་བཅུག ཆུ་ཁྱི（སྤྱི་ལོ1862）ལོར་དགའ་ལྡན་དང་འབྲས་སྤུངས་གཉིས་དང་སྲིད་སྐྱོང་ར་སྒྲེང་དབར་འགལ་འཁོན་བྱུང་སྟེ་དགའ་འབྲས་གཉིས་ནས་སྲིད་སྐྱོང་ལ་ངོ་རྒོལ་བྱས་པ་དང་འབྲེལ་སྐེ་མོ་རྒྱལ་བྱེད་ཚལ་དགོན་གྱི་བཙོན་ནས་བཀའ་ཟུར་བཤད་སྒྲ་ལྷ་སར་གདན་ཞུ་བྱས། དེ་ནས་བཤད་སྒྲས་དགའ་འབྲས་དྲུང་སྤྱི་ཟེར་བ་ཞིག་བཙུགས་ཏེ་སྲིད་སྐྱོང་ཐུགས་འགན་བཤོལ་དགོས་པའི་སྐྱོན་འཛུགས་ཤུགས་ཆེ་བྱས་གཤིས། སྲིད་སྐྱོང་ར་སྒྲེང་སྐུ་འཁོར་ཏག་བསྡུས་ཤིག་སྲིད་ཐམ་བསྣམས་ཏེ་རྒྱ་ནག་ཏུ་བྲོས་ཐེབས། ལོ་དེར་བཀའ་ཟུར་བཤད་སྒྲ་དབང་ཕྱུག་རྒྱལ་པོར་ནོ་མི་ཧན་གྱི་ཆེ་ལོ་དང་བཅས་སྲིད་སྐྱོང་དུ་བསྐོ་བཞག་གནང་། ཁོང་གིས་དགའ་ལྡན་ཤར་རྩེ་མཁན་པོའི་ཕྱག་མཛོད་དཔལ་ལྡན་དོན་གྲུབ་ལ་གཞུང་གི་ཞབས་སྟོད་ཐོག ཟླ་ཕྱག་མཁན་ཆུང་གི་གོ་གནས་བསྐུལ། བཤད་སྒྲ་དབང་ཕྱུག་རྒྱལ་པོས་ཆབ་སྲིད་ཀྱི་ཐུགས་

འགན་ལོ་ངོ་གསུམ་ཙམ་བཞེས་མཐར་རབ་བྱུང་བཅུ་བཞི་པ་ཤིང་བྱི（སྤྱི་ལོ1864）ལོའི་བོད་ཟླ8ཚེས28ཉིན་ནོར་གླིང་ཕོ་བྲང་དུ་འདས།

སྡེ་སྲིད་སངས་རྒྱས་རྒྱ་མཚོ། སྡེ་སྲིད་སངས་རྒྱས་པ་ཡང་ཞུ་བ་འདི་ཉིད་༧རྒྱལ་མཆོག་ལྔ་པ་ཆེན་པོས་བསྐོ་བཞག་གནང་བའི་སྡེ་སྲིད་ལྔ་པ་ཡིན། སྡེ་སྲིད་མཆོག་ལྷ་ལྡན་བྱང་ཕྱོགས་སྐྱིད་ཤོད་ཞང་བྲན་གྲོང་སྨད་གཞིས་ཀར་མར་པ་ལོ་ཙྰ་བའི་ཐུགས་སྲས་མཚུར་སྟོན་དབང་གི་རྡོ་རྗེའི་རིགས་རྒྱུད་ཡབ་ཨ་སུག་དང་། ཡུམ་བུ་ཁྲིད་རྒྱལ་མོ་གཉིས་ཀྱི་སྲས་སུ་རབ་བྱུང་བཅུ་གཅིག་པའི་ཆུ་སྦྲུལ（སྤྱི་ལོ1653）ལོའི་ཟླ་དྲུག་པར་འཁྲུངས། ལ་མོ་ཚངས་པས་མཚན་ལ་དཀོན་མཆོག་དོན་གྲུབ་ཅེས་གསོལ། དགུང་ལོ་བཞི་ལྔའི་ཐོག་སྐུ་ཞང་སྡེ་སྲིད་འཕྲིན་ལས་རྒྱ་མཚོའི་དྲུང་དུ་ཡི་གེ་འབྲི་ཀློག་དང་སུམ་རྟགས་སོགས་ལ་སྦྱངས། དགུང་ལོ་བརྒྱད་ཀྱི་ཐོག་༧རྒྱལ་དབང་ལྔ་པ་ཆེན་པོའི་ཞལ་མཇལ། དགུང་ལོ་བཅུ་དྲུག་པར་ཆུ་བཟང་དུ་བཞུགས་ནས་ཡི་དམ་གྱི་བཟླས་བསྙེན་དང་། སྨན་གཞུང་སོགས་ཐུགས་འཛིན་མཛད། དེ་ནས་གོང་ས་མཆོག་ལས་མདོ་སྔགས་སྤྱི་དང་བྱེ་བྲག་གི་གཞུང་དོན་མང་པོ་གསན། ལྷག་པར་དུ་ཆབ་སྲིད་སྐྱོང་ལུགས་ཀྱི་སློབ་སྟོན་ཇི་སྙེད་བསྩལ། གོང་ས་ཆེན་པོས་སངས་རྒྱས་རྒྱ་མཚོ་ཞེས་པའི་མཚན་གནང་། སྡེ་སྲིད་མཆོག་ནས་འདར་པ་ལོ་ཙྰ་བ་ལས་སྐད་རྩིས་དང་སྒྲ་རིག་པ། ལོ་འགོ་བླ་མཁྱེན་ངག་གི་དབང་པོ་ལས་དབྱངས་འཆར། བྱང་པ་ལྷུན་སྡིངས་པ་རྣམ་རྒྱལ་རྡོ་རྗེ་ལས་བྱང་ཁོག་ཡུལ་ཐིག་དང་། རྩ་རྒྱུད་སྟོང་འགྲེམས། གསང་སྨན་ཚིག་བརྒྱུད་སྐོར་གྱི་མན་ངག་བཅས་གསོ་རིག་ལ་སྦྱང་བརྩོན་གནང་བ་སོགས་མཁས་གྲུབ་གཉིས་ལྡན་གྱི་ཡོངས་འཛིན་དུ་མ་བསྟེན་ནས་ཐུན་མིན་དང་། ཐུན་མོང་གི་རིག་གནས་ཀུན་ལ་སྦྱངས་པ་དཔྱིས་ཕྱིན་པར་མཛད། འཇིག་རྟེན་ཁྲིམས་ཐབ་ཀྱི་ཚིག་ཡང་ཉམས་སུ་བསྟར་ཏེ་སྲས་གསུམ་དང་སྲས་མོ་གཅིག་བྱུང་།

དགུང་ལོ་ཉེར་བདུན་པ་ས་ལུག（སྤྱི་ལོ1679）ལོར་༧རྒྱལ་དབང་ལྔ་པ་ཆེན་པོས་སྡེ་སྲིད་བློ་བཟང་སྦྱིན་པས་དགོངས་པ་ནན་ཞུས་གནང་བ་ལྟར་གྲོང་སྨད་ཨ་ཕར་རམ་སངས་རྒྱས་རྒྱ་མཚོ་ལོ་ན་ཕྲ་ཡང་རྩ་གསུམ་ལུང་དང་སྤྱ་ཕྱིའི་ཐུགས་དམ་ལྟར་སྡེ་སྲིད་ལས་ཁུར་ཨུ་ཚུགས་ཀྱིས་བསྐུལ་ཅིང་། ཁོང་ལ་སྡེ་སྲིད་གོང་མ་གཞན་དང་མི་འདྲ་བའི་དམིགས་བསལ་གྱི་བདག་རྐྱེན་དང་། ཁོང་གིས་གང་མཛད་པ་རྣམས་༧རྒྱལ་དབང་མཆོག་གི་མཛད་པ་དང་ཁྱད་པར་མེད་ཚུལ་རྩ་ཚིག་ལ་ཕྱག་ཐྲང་གིས་རྗེས་སྦྱར་མ་རྩེ་ཕོ་བྲང་ཆེན་པོའི་སུམ་སྐས་འགོར་བརྐྱལ་བ་ལྟར་ལོ་ཉི་ཤུ་རྩ་དྲུག་གི་རིང་སྡེ་སྲིད་གནང་ནས་ཕྱི་ནང་གི་བྱ་བ་ཐམས་ཅད་ལ་བཀོད་འདོམས་ལེགས་པར་མཛད་པས་བོད་མི་དམངས་ཀྱིས་སྤྱི་བོར་བཀུར། སྡེ་སྲིད་སངས་རྒྱས་རྒྱ་མཚོ་མཆོག་གིས་སྲིད་དབང་སྐྱོང་བའི་དུས་ནི་དགའ་ལྡན་ཕོ་བྲང་པའི་སྲིད་དབང་བཙུགས་ཏེ་ཡུན་རིང་མ་སོང་བས་སྲིད་འཛིན་གྱི་སྒྲིག་གཞི་དང་སྒྲིག་སྲོལ་སྲ་བརྟན་དང་འཕྲུས་སྒོ་ཚང་དུ་གཏོང་བའི་དུས་ཡིན་པས། གཙོ་ཆེ་ལྔ་པ་ཆེན་པོའི་བཀའ་སློབ་དང་། ཁོང་རང་སྐུ་ངོ་མ་དབུས་གཙང་དྭགས

ཀོང་སོགས་ས་ཆ་མང་པོར་ཐ་མལ་གྱི་ཆས་སུ་ཞུགས་ཏེ་བརྟག་དཔྱད་ཞིབ་ནན་གྱིས་སྲིད་དབང་འཛིན་སྐྱོང་ལ་སྨན་པའི་གཞུང་གི་སྒྲིག་སྲོལ་འཕྲུལ་སྒོ་རྗེ་ཚང་དུ་གཏོང་གནང་བ་མ་ཟད། སྡེ་སྲིད་གཙང་པའི་ཁྲིམས་ཡིག་ཞལ་ལྕེ་བཅུ་དྲུག་ནས་གསུམ་དོར་ཏེ་ཁྲིམས་ཡིག་ཞལ་ལྕེ་བཅུ་གསུམ་ཟུར་རྒྱན་དང་བཅས་པ་གཏན་ལ་ཕབ། སྲིད་འཛིན་གྱི་ལས་ཁུངས་ཁག་མང་བཙུགས་ཏེ་དེ་དག་གི་ཁྲིམས་ཡིག་བླང་དོར་གསལ་བར་བྱེད་པ་དྭངས་ཤེལ་མེ་ལོང་། ཞེས་བྱ་བ་དོན་ཚན་ཉེར་གཅིག་ཡོད་པ་ཞིག་གསར་རྩོམ་མཛད། དེ་སྔོན་ཆད་ས་སྐྱ་འཕགས་པ་རིན་པོ་ཆེས་གསར་སྒྲིག་གནང་བ་ཆེན་པོར་འོས་པའི་ལས་ཚན་བཅུ་གསུམ་དུ་གྲགས་པ་དེར་མ་ཚུད་པའི་སྲིད་སྐྱོང་དང་། བཀའ་བློན། དམག་དཔོན། ཞལ་ལྕེ་བ། བཟོ་རིགས་དོ་དམ་པ། ཕྱག་མཛོད་དང་གཉེར་ལས་འཛིན། མི་དཔོན། ཕྱོགས་མཐའི་རྫོང་དཔོན་དང་གཞིས་དཔོན། དགོན་སྡེ་གྲྭ་ཚང་གི་གཉེར་པ། བཀར་རྒྱ་ཡོང་སྣུད་ཀྱིས་མཚོན་པའི་ལས་ཚན་གསར་དུ་བཙུགས་ནས་གཞུང་དོན་ཆེ་ཕྲའི་བྱེད་སྒོ་མཐའ་དག་མ་འདྲེས་གསལ་བར་བྱེད་པའི་རྩ་འཛིན་གཏན་ལ་ཕབ། རྒྱ་ཁྱབ་མི་སེར་གྱི་ཐེམ་ཐོ་ཞིབ་བཤེར་དང་། རྫོང་གཞིས་ཀྱི་རིམ་པ། ཁྲལ་རིགས་འབབ་བཟོ། ས་གནས་གལ་ཆེའི་བར་ཆོས་རྫོང་ཟུར་སྲེལ་གྱི་ལམ་ལུགས་འཛུགས་པ་སོགས་ཁྲིམས་ལུགས་དང་། སྒྲིག་སྲོལ་ལ་གཏོགས་པ་མང་པོ་གཏན་ལ་ཕབ། ཆབ་འབངས་ཐོག་སྙེར་སྐྱོད་ཀྱི་བརྟན་གནས་མི་འགྱུར་བའི་ཐབས་ཚུལ་དུ་མ་མཛད། ལ་དྭགས་རྒྱལ་པོའི་དཔུང་དང་དཔུང་རོགས་བཅས་པ་ཕྱི་མར་བསྣུགས་ཏེ་བཙན་པོའི་གདུང་རྒྱུད་གུ་གེ་རྒྱལ་པོའི་མངའ་ཐང་སླར་གསོས་པ་སོགས་བཙུགས་མ་ཐག་པའི་དགའ་ལྡན་ཕོ་བྲང་གི་སྲིད་འཛིན་སྒྲིག་གཞི་དང་སྒྲིག་སྲོལ་སྣ་ཚོགས་སྲ་བརྟན་དང་འཕྲུལ་སྒོ་རྗེ་ཚང་དུ་མཛད།

སྡེ་སྲིད་དགུང་གྲངས་སུམ་ཅུ་སོ་བརྒྱད་ལ་ཕེབས་པ་རབ་བྱུང་བཅུ་གཉིས་པའི་ལྕགས་རྟ (སྤྱི་ལོ1690) ལོར༧རྒྱལ་དབང་ལྔ་པ་ཆེན་པོའི་བཀའ་བཞིན་རྩེ་ཕོ་བྲང་དམར་པོ་ལེ་ལག་དང་བཅས་པ་གསར་བཞེངས་གནང་འགོ་བཙུགས་ཏེ་ལོ་བཞི་ལྷག་ནང་ལེགས་པར་གྲུབ། ཕོ་བྲང་དམར་པོའི་འཛུགས་སྐྲུན་གྱི་འགྲོ་སོང་འབྲུ་ཕབ་ན་འབྲུ་ཁལ་བྱེ་བ་གསུམ་དང་ས་ཡ་བརྒྱད་བཞི་འབུམ་ཆིག་ཁྲི་བཞི་སྟོང་ལྔ་བརྒྱ་བཅུ་མེད་བརྒྱད་སོང་ཞིང་། ཕོ་བྲང་བཞེངས་པའི་འཆར་འགོད་དང་བཀོད་འདོམས་གཙོ་བོ་སྡེ་སྲིད་རང་གིས་མཛད། དེ་བཞིན་གསེར་སྡོང་འཛམ་གླིང་རྒྱན་གཅིག་གསར་བཞེངས་ཀྱི་རྒྱུར་གསེར་རྒྱ་ཐུར་སྲང་ཆིག་འབུམ་ཆིག་ཁྲི་དགུ་སྟོང་ཉིས་བརྒྱ་བརྒྱད་ཅུ་གྱ་གཉིས་དང་། འགྲོ་སོང་རྣམས་འབྲུ་ཕབ་ན་འབྲུ་ཁལ་བྱེ་བ་གཅིག་དང་ས་ཡ་བརྒྱད་བདུན་འབུམ་ལྔ་ཁྲི་ཉིས་སྟོང་དགུ་བརྒྱ་ཐམ་པ་དང་བྲེ་བཅུ་ཕྱུལ་ཕྱེད་བཞི་སོང་། དེ་བཞིན༧རྒྱལ་དབང་ལྔ་པ་ཆེན་པོའི་དགོངས་རྫོགས་མཆོད་སྦྱིན་གྱི་ཆེད་དུ་ལྷ་ལྡན་ཚོགས་མཆོད་ཆེན་མོ་གསར་འཛུགས་དང་། གྲྭ་ས་གསུམ་ལ་མང་ཇ་སྟར་ཆགས་སུ་བཙུགས། ལྷ་ལྡན་གཙུག་ལག་ཁང་གི་བར་ཁང་དང་། རྩེ་ཐོག་གི་ལྷ་ཁང་ཕལ་མོ་ཆེ། སྐོར་ལམ་གྱི་བྱང་ཤར་འཆི་མེད་ལྷ་

ཁང་དང་། བདེ་ཐབས་ལྷ་ཁང་སོགས་གསར་སྐྲུན་གནང་། དེ་བཞིན་རྒྱལ་ཏམ་དགའ་ལྡན་སུམ་རྩེན་གླིང་དང་། བར་ཁམས་བྱུར་མང་ངེས་ལེགས་གླིང་། གནས་ཆུང་ལྷོག་སྒྲ་དབྱངས་གླིང་། སྨོན་མཚམས་དགའ་ལྡན་རྣམ་རྒྱལ་ལྷ་རྩེ། ཀོ་འཇོར་དགའ་ལྡན་གསང་སྔགས་འགྲོ་འདྲེན་གླིང་། ལྷ་ས་ལྕགས་པོ་རི་བཻཌཱུརྻ་འགྲོ་ཕན་རིག་བྱེད་གླིང་སོགས་དབུས་གཙང་སྟོད་སྨད་གང་སར་དགོན་གནས་ཆེ་ཆུང་ཁག་མང་ཕྱག་བཏབ། དགོན་གནས་ཤིན་ཏུ་མང་པོར་མཆོད་གཞིས་རྒྱ་ཆེ་སྦྱོར་འཛུགས་གནང་། གསོ་རིག་དཔལ་ལྡན་རྒྱུད་བཞིར་ཞུ་དག་མཛད་དེ་དཔར་སྐྲུན་གནང་བ་སོགས་མཛད་རྗེས་ཤིན་ཏུ་ཆེ།

གསུང་རྩོམ་སྐོར་ལ་ཕུག་ལུགས་རྩིས་ཀྱི་ལེགས་བཤད་བཻཌཱུརྻ་དཀར་པོ་དང་། བཻཌཱུརྻ་དཀར་པོའི་གཡའ་སེལ། གསེར་སྡོང་འཛམ་གླིང་རྒྱན་གཅིག་གི་དཀར་ཆག ཁྲིམས་ཡིག་དྭངས་ཤེལ་ཉེར་གཅིག གསོ་བ་རིག་པའི་ཁོག་འབུབས། ལེགས་བཤད་བཻཌཱུརྻའི་མེ་ལོང་དྲང་སྲོང་དགྱེས་པའི་དགའ་སྟོན། དཔལ་ལྡན་རྒྱུད་བཞིའི་འགྲེལ་པ་བཻཌཱུརྻ་སྔོན་པོ། མན་ངག་རྒྱུད་ཀྱི་ལྷན་ཐབས་དུས་མིན་འཆི་ཞགས་གཅོད་པའི་རལ་གྲི། དེ་བཞིན་མདོ་སྔགས་ཀྱི་གཞུང་དང་། ཆོས་འབྱུང་། རྒྱལ་རབས། རྣམ་ཐར། སྒྲ་སྙན་ངག ཁྲིམས་ལུགས། གླུ་གར་གྱི་རྩ་ཚིག་སོགས་ལེགས་བཤད་རྨད་དུ་བྱུང་བའི་བསྟན་བཅོས་སྣ་ཚོགས་བརྗོད་ཀྱིས་མི་ལང་བ་ཕྱག་རྩོམ་མཛད་པ་ནི་སྡེ་སྲིད་ཀྱིས་སྲིད་སྐྱོང་གནང་རིང་ཆོས་སྲིད་གཉིས་ཀའི་འཁྱེར་བཞེས་མཛད་ཁྲེལ་ཆེ་ལ་སྐུ་ཚེ་ཡང་དེ་ཙམ་རིང་བ་མ་བརྟན་ཙང་བོད་རིག་པའི་སྐོར་སྟོན་མེད་ཀྱི་བཀའ་རྩོམ་གྲགས་ཅན་གནང་ཐུབ་པ་སྤྱིར་བཏང་གི་མིའི་བློ་ཡུལ་ལས་འདས། སྡེ་སྲིད་རིན་པོ་ཆེའི་སྐུ་ཚེ་སྨད་དུ་བར་ཆད་དང་རྐྱེན་ངན་སྣ་ཚོགས་བྱུང་ག་ཤིས་གང་གིས་མཛད་པའི་ཕྱག་རྩོམ་མ་ལུས་པར་བསྒོ་ཐུབ་རྒྱུ་ལྟ་ཅི་ཆ་ཚང་ཕྱོགས་བསྒྲིགས་ཐུབ་པའང་བྱུང་ཇོད་མེད་པར་བརྟེན་དངོས་སུ་མཇལ་དུ་ཡོད་པ་པོད་བཅུ་གཅིག་ཙམ་བཞུགས་ན་ཡང་གྲངས་འབོར་དེ་ཙམ་ཞེས་སུས་ཀྱང་ཁ་ཆོད་གཅོད་མི་ནུས་སོ། གཞན་ཡང་གསོ་རིག་དཔལ་ལྡན་རྒྱུད་བཞིའི་དགོངས་དོན་གྱི་སྨན་ཐང་བརྒྱད་ཅུ་གསར་དུ་བཞེངས་གནང་བ་ཆོས་སྲིད་མཛད་འཕྲིན་གྱི་བར་གསེང་དུ་སྨན་རྩིས་ཀྱི་ཕྱག་ལེན་གནང་བ་སོགས་སྨན་དང་རྩིས་ཀྱི་ཐད་ལའང་ཕྱག་རྗེས་རླབས་པོ་ཆེ་འཇོག་གནང་བས་བོད་ལྗོངས་སྨན་རྩིས་ཁང་གི་ཕྱག་བཞེས་འཆད་ཉན་རྒྱུད་འཛིན་དང་བཅས་པ་མཐར་གཏུགས་ན་མཁས་པའི་དབང་པོ་འདིའི་མཛད་རྗེས་དང་བྲལ་ཐབས་མེད།

རབ་བྱུང་བཅུ་གཅིག་པའི་ཆུ་ཁྱི(སྤྱི་ལོ1682)ལོར་ལྔ་པ་ཆེན་པོ་ཞི་བར་གཤེགས་པ་ནས་ཆོས་སྲིད་ཀྱི་ཐུགས་འགན་ཚང་མ༧རྒྱལ་བའི་དགོངས་གཞི་ལྟར་སྡེ་སྲིད་མཆོག་ནས་བཞེས་ཐོག བསྟན་སྲིད་བདེ་རིམ་ལ་ཞལ་གཡར་ནས༧རྒྱལ་བའི་དགོངས་རྫོགས་ཀྱི་ཆོས་པ་རྒྱ་ཆེན་བསྒྲུབས་པ་དང་། གོང་ས་ཆེན་པོའི་ཞལ་ཆེམས་དང་ལྷ་མོར་བརྟག་བསྒྲིལ་ཞུས་ཐེབས་བཞིན་ལྔ་པ་ཆེན་པོ་དགོངས་རྫོགས་ཀྱི་གསང་

རྒྱ་མོ་བཙུ་དྲུག་གནང་སྟེ་རབ་བྱུང་བཅུ་གཉིས་པའི་མེ་གླང（སྤྱི་ལོ1697）ལོར༧རྒྱལ་མཆོག་ལྔ་པ་ཆེན་པོ་དགོངས་རྫོགས་ཀྱི་གསང་རྒྱ་བཀྲོལ་གནང་བ་དང་སྲུགས་ཚངས་དབྱངས་རྒྱ་མཚོ་སྲིད་ཁྲིར་མངའ་གསོལ་བ་སོགས་སྐུ་ཚེ་ཧྲིལ་པོར་བསྟན་འགྲོའི་དོན་ཕན་མཛད་དེ་བོད་མི་དམངས་ལ་ཕན་པའི་བྱ་བ་དུ་མ་བསྒྲུབས། ཁྱད་པར་དུ་བོད་ཀྱི་ཆོས་སྲིད་འཛིན་སྐྱོང་དང་རིག་གནས་གོང་འཕེལ་གཏོང་བའི་སྣད་སྐྱུ་ངལ་ཆེན་པོ་བསྐྱོན་པའི་རླབས་ཆེན་གྱི་ཕྱག་རྗེས་བོད་མི་དམངས་ཀྱི་ཡིད་ལ་ནམ་ཡང་གནས་པར་འགྱུར། དེ་ལྟར་སྡེ་སྲིད་རིན་པོ་ཆེས་ཆོས་སྲིད་ལུགས་ཟུང་གི་མཛད་པ་བསྐྱངས་དང་སྐྱོང་བཞིན་པའི་ཨུར་ལྷ་བཟང་ཁན་དང་ཐུགས་སྣང་མི་མཐུན་པའི་འགལ་བའི་ཁྲོད་དུ་མཐར་དགུང་ལོ་ང་གསུམ་ལ་ཕེབས་པ། རབ་བྱུང་བཅུ་གཉིས་པའི་ཤིང་བྱ（སྤྱི་ལོ1705）ལོའི་ཧོར་ཟླ་བདུན་པར་སོག་པོ་ལྷ་བཟང་ཁན་གྱིས་མིའི་དབང་པོ་འདི་ཉིད་སྐུ་བཀྲོངས་པའི་ཉེས་ཉིག་ཚབས་ཆེན་བསགས་སོ།

སྡེ་སྲིད་བསོད་ནམས་ཆོས་འཕེལ། ༧རྒྱལ་དབང་ལྔ་པ་ཆེན་པོས་བསྐོ་བཞག་གནང་བའི་སྡེ་སྲིད་དང་པོ་འདིའི་མཚན་གཞན་ལ་བསོད་ནམས་རབ་བརྟན་དང་། རྒྱ་ལེ་ཆོས་མཛད་ཀྱང་ཞུ།

བོད་རབ་བྱུང་བཅུ་པ་མེ་འབྲུག（སྤྱི་ལོ1616）ལོར་པཎ་ཆེན་བློ་བཟང་ཆོས་རྒྱན་གྱིས་ཐུགས་འགན་གཙོ་བཞེས་འོག་ཞལ་ངོ་བསོད་ནམས་ཆོས་འཕེལ་གྱིས༧རྒྱལ་དབང་སྐུ་ཕྲེང་བཞི་པ་ཡོན་ཏན་རྒྱ་མཚོའི་ཡང་སྲིད་འཚོལ་བ་ལ་འབད། དེ་རྗེས༧རྒྱལ་བའི་ཡབ་རྗེ་སྐུ་ཁམས་མ་འཚོ་བའི་དགོངས་རྫོགས་མཆོད་སྦྱིན་རྣམས་ཞལ་ངོ་འདི་ཉིད་ཀྱིས་ལེགས་པར་བསྒྲུབས། སྐབས་དེར་གཙང་པ་རྒྱལ་པོས་དགེ་ལྡན་པར་སྡང་ཟུག་བྱས་པ་ལ་བརྟེན་བསོད་ནམས་ཆོས་འཕེལ་དང་སྐྱིད་ཤོད་བྱེ་རི་སྟག་རྩེ་བའི་སྡེ་པ་མཚོ་སྐྱེས་རྡོ་རྗེ་སོགས་ཧུན་སྐར་ཕྱོགས་སུ་བསྐྱོད་དེ་སོག་པོའི་རྒྱལ་བློན་རྣམས་ལ་དཔུང་རོགས་ཡོང་བ་ཞུས་པས་རབ་བྱུང་བཅུ་གཅིག་པ་ལྕགས་སྦྲུལ（སྤྱི་ལོ1641）ལོར་གུ་ཤྲཱི་ཁཱན་གི་དཔུང་ཆེན་གྱིས་གཙང་པ་སྡེ་པའི་མཐུན་ཕྱོགས་བེ་རི་ཚོགས་པ་སོགས་ཆམ་ལ་ཕབ་ཅིང་། བསམ་གྲུབ་རྩེ་དང་དབུས་གཙང་མཐའ་དག་དབང་དུ་བཙུག་པ་སོགས་ཀྱི་རྒྱལ་ཁའི་དྲན་གསོར་ཕྱག་མཛོད་བསོད་ནམས་ཆོས་འཕེལ་གྱིས་ལྷ་ལྡན་གཙུག་ལག་ཁང་གི་མདུན་ཕྱོགས་སུ་བྱུས་ཡག་དར་ཆེན་ཞེས་པ་འདི་བཙུགས་པར་གྲགས། རབ་བྱུང་བཅུ་གཅིག་པའི་ཆུ་རྟ（སྤྱི་ལོ1642）ལོར༧རྒྱལ་དབང་ལྔ་པ་ཆེན་པོས་བོད་ཆོལ་ཁ་གསུམ་གྱི་ཆོས་སྲིད་དབང་ཆ་ཚང་མ་བཞེས་པ་དང་དགའ་ལྡན་ཕོ་བྲང་དབུ་བརྙེས་པ་དང་འབྲེལ་ཞལ་ངོ་བསོད་ནམས་ཆོས་འཕེལ་ལ་སྡེ་སྲིད་བསྐོ་གཞག་བསྩལ། ལོ་དེར་སྡེ་སྲིད་ཀྱིས་གཙང་དང་། སྟོད་ཁུལ་མངའ་སྡེ་རྣམས་ལ་བལྟ་བསྐོར་དང་། ས་མི་ཞིབ་བཤེར། ཁྲལ་བཟོ་ཁུངས་འཛུག་བྱེད་མིའི་ལས་བྱེད་པ་ཁག་ཀྱང་རིམ་བཞིན་བསྐོ་བཛངས་གནང་ཞིང་། ཤིང་བྱ（སྤྱི་ལོ1645）ལོར༧རྒྱལ་དབང་མཆོག་ནས་སྡེ་སྲིད་བསོད་ནམས་ཆོས་འཕེལ་དང་བཀའ་གྲོས་ཀྱིས་རྩེ་ཤར་བརྒྱད་ཕོ་བྲང་དཀར་པོའི་རྨང་འདིང་བའི་དབུ་བཙུགས་ནས་ས་

བྱེ(སྤྱི་ལོ1648)བར་ལོ་ངོ་བཞིའི་ནང་གྲུབ། སྔར་གྱི་སྣེ་གདོང་དང་གཙང་པ་སྡེ་པའི་ཁྲིམས་ཡིག་ལ་སྣོན་འཕྲི་དང་འབྲེལ་ཁྲིམས་ཡིག་ཞལ་ལྕེ་བཅུ་གསུམ་གཏན་ལ་ཕབ། ལྷ་ལྡན་གཙུག་ལག་ཁང་ཉམས་གསོ་རྒྱ་སྐྱིད་ཐོག་ཕྱོགས་བཞིའི་རྒྱ་ཕིབས་གསར་བཟོ་དང་། ར་སྒྲེང་གི་འདུ་ཁང་ཆེན་མོ་དབུ་རྩེ་དང་བཅས་པ། དགའ་ལྡན་ཡངས་པ་ཅན། འོལ་དགའ་རྫིང་ཕྱི་ལྷ་ཁང་། སེ་འབྲས་ཀྱི་ཚོགས་ཆེན་འདུ་ཁང་རྙིང་པ་རྣམས་ཉམས་གསོ་དང་གསར་བཞེངས་གནང་བ་སོགས་སྡེ་སྲིད་འདི་ཉིད་ཀྱིས་དགའ་ལྡན་ཕོ་བྲང་པའི་སྲིད་དབང་གསར་འཛུགས་ཀྱི་བྱ་རིམ་དང་། ཞྭ་སེར་བསྟན་པའི་དོན་དུ་སྐུ་ཚེ་གང་པོར་འབད་བརྩོན་གནང་མཐར་རབ་བྱུང་བཅུ་གཅིག་པའི་ས་ཁྱི(སྤྱི་ལོ1658)ལོའི་བོད་ཟླ་གསུམ་པའི་ཚེས་གསུམ་ཉིན་ལྷ་ལྡན་བླ་བྲང་སྟེང་དུ་སྐུ་གཤེགས།

སྣང་སྟོན་ཟླ་བ་རྒྱལ་མཚན། སྣང་སྟོན་ཟླ་བ་རྒྱལ་མཚན་དཔལ་བཟང་པོ་འདི་ཉིད་རབ་བྱུང་བཅུ་གསུམ་པའི་མེ་འབྲུག(སྤྱི་ལོ1796)ལོར་ཧ་བ་ཁུལ་དུ་ཡབ་སྣང་ཞིག་གདུང་རིགས་ནོར་བུ་དང་ཡུམ་མཁར་སླེབས་གཉིས་ཀྱི་སྲས་སུ་འཁྲུངས། དགུང་གྲངས་དྲུག་ལ་ཕེབས་པ་ནས་ཡི་གེ་འབྲི་ཀློག་འདོན་གསུམ་ཐབ་པར་སྦྱངས་པས་རང་གྲོལ་དུ་མཁྱེན། དགུང་ལོ་བཅུ་གསུམ་བཞེས་པའི་དུས་ཨ་ཁུ་ཤེས་རབ་བློ་གྲོས་ཀྱི་དྲུང་ནས་བོན་སྟོན་འགྲོའི་འཁྲིད་ཁ་ཞུས་པ་དང་། དགུང་ལོ་བཅོ་བརྒྱད་བཞེས་སྐབས་དབུས་གཙང་ཁུལ་དུ་གནས་མཇལ་བར་ཕེབས། གཡུང་དྲུང་བོན་གྱི་གདན་ས་གཙང་ཐོབ་རྒྱལ་བཀྲ་ཤིས་སྨན་རི་དགོན་དུ་ཕེབས་ནས་དེར་མཁན་ཆེན་ཤེས་རབ་དགོངས་རྒྱལ་གྱི་དྲུང་དུ་དགེ་ཚུལ་གྱི་སྡོམ་པ་ཞུས་པས། མཚན་ཟླ་བ་རྒྱལ་མཚན་ཞེས་གསོལ། དེ་ནས་ཐོབ་རྒྱལ་སྨན་རི་དགོན་དུ་སྒྲིག་ཞུགས་མཛད་དེ་དགོན་པའི་ཕྱི་ནང་བར་གསུམ་གྱི་སྒྲིག་ལམ་དང་། དཀྱིལ་འཁོར་ཕྱི་ནང་གསང་གསུམ་གྱི་ཐིག་རྩ། གྱེར་གདངས་འཕྲིན་ལས་དང་དུང་འབུད་གཏོར་བཟོ་འཆམ་སོགས་ལ་སྦྱངས་པ་ནང་བྱན་ཆུད་པར་མཛད། དེ་ནས་ས་སྐྱའི་དགོན་ལག་ཆོས་སྡེ་ཆེན་པོ་འབྲས་ཡུལ་སྐྱིད་ཚལ་དུ་མཁན་པོ་སྐལ་བཟང་ཆོས་འཕེལ་སློབ་དཔོན་དུ་བསྟེན་ནས་བསྡུས་གྲྭ་ཚན་པ་ལེའུ་བཅོ་བརྒྱད་དང་། རྩ་གཞུང་འདུལ་བ། མངོན་པ་མཛོད། ཚད་མ། ཕར་ཕྱིན། དབུ་མ་སོགས་གཞུང་ལུགས་རྒྱ་མཚོ་ལྟ་བུ་ལ་སྦྱངས་པ་མཛད་པས་འཆད་རྩོད་རྩོམ་གསུམ་ལ་མཁས་པར་གྱུར། དགུང་ལོ་ཉེར་ལྔ་པ་ལ་ས་སྐྱའི་གོང་མ་ཆེན་པོ་པདྨ་བདུད་འདུལ་གྱིས་དགེ་བའི་བཤེས་གཉེན་ཆེན་པོ་བཀའ་རབ་འབྱམས་པའི་མཚན་རྟགས་གསོལ། དེ་ནས་བསྐྱར་དུ་ཐོབ་རྒྱལ་བཀྲ་ཤིས་སྨན་རི་དགོན་དུ་ཞབས་འཁོར་བསྐྱོད་པར་མཛད། དེར་མཁན་ཆེན་ཤེས་རབ་དགོངས་རྒྱལ་གྱི་དྲུང་ནས་དག་པ་དྲང་སྲོང་གི་སྡོམ་པ་ཉིས་བརྒྱ་ལྔ་བཅུ་ཐམ་པ་ཞུས་ཏེ་ཤ་ཆང་དང་དུས་མིན་ཁ་ཟས་སྤོག་བཅོང་སོགས་ལ་སྤང་བྱ་མཛད། མཁན་རིན་པོ་ཆེའི་སྐུ་གམ་ནས་ཕྱི་ནང་གསང་བའི་སྐོར་གྱི་བོན་རྒྱུན་བུམ་པ་གང་བྱོའི་ཚུལ་དུ་མནོས་ནས་ལོ་བདུན་རིང་སྐྱེས་རྫོགས་སྒོམ་གསུམ་གྱི་དཀའ་སྤྱད་དགེ་སྦྱོར་ཉམས་སུ་ལེན་ཆེད་ངེས་

མེད་རི་ཁྲོད་སོགས་ལ་མཚམས་སྒྲིབ་སྦྱོངས་ལ་བཞུགས་པར་མཛད། དེ་ནས་སྨན་རིའི་མཁན་ཆེན་ཤེས་རབ་དགོངས་རྒྱན་གྱི་བཀའ་དང་ལུང་གིས་བསྐུལ་བ་ལས་གདན་སའི་ས་མིག་འཚོལ་བར་ཕྱིན་ནས་རབ་བྱུང་བཅུ་བཞི་པ་ཤིང་ལུག(སྤྱི་ལོ1835)ལོར་རྟ་ལག་གཡུང་དྲུང་གླིང་དགོན་ཕྱག་བཏབ། མཐར་དགུང་གྲངས་རེ་བརྒྱད་ལ་ཐེབས་ལ་རབ་བྱུང་བཅུ་བཞི་པ་ཆུ་ཕག(སྤྱི་ལོ1863)ལོར་སྐུ་གཤེགས།

པཎ་ཆེན་བསྟན་པའི་ཉི་མ། ཀུན་གཟིགས་པཎ་ཆེན་སྐུ་ཕྲེང་བདུན་པ་འདི་ཉིད་གཙང་ཤང་སྣད་པ་སྣམ་སྐྱིད་གཞོངས་སུ་ཡབ་དཔལ་ལྡན་དོན་གྲུབ་དང་། ཡུམ་འཆི་མེད་རྒྱལ་མོ་གཉིས་ཀྱི་སྲས་སུ་རབ་བྱུང་བཅུ་གསུམ་པའི་ཆུ་སྟག(སྤྱི་ལོ1782)ལོའི་བོད་ཟླ་བཞི་པའི་ཚེས་བརྒྱད་ཉིན་སྐུ་བལྟམས། ལོ་དེར་༧རྒྱལ་དབང་སྐུ་ཕྲེང་བརྒྱད་པ་འཇམ་དཔལ་རྒྱ་མཚོ་མཆོག་ནས་པཎ་ཆེན་སྐུ་གོང་མ་དཔལ་ལྡན་ཡེ་ཤེས་ཀྱི་སྤྲུལ་སྐུ་སྟེ་པཎ་ཆེན་སྐུ་ཕྲེང་བདུན་པར་ངོས་འཛིན་མཛད། ལོ་མཇུག་ཏུ་ཡང་སྲིད་རིན་པོ་ཆེ་པ་སྣམ་ཐར་པ་དགོན་དུ་གདན་དྲངས། ཤིང་སྦྲུལ(སྤྱི་ལོ1785)ལོར་༧རྒྱལ་དབང་མཆོག་ནས་དབུ་སྐྲེས་གཙུག་ཕུད་བཞེས་ཏེ་བློ་བཟང་དཔལ་ལྡན་བསྟན་པའི་ཉི་མ་ཕྱོགས་ལས་རྣམ་རྒྱལ་དཔལ་བཟང་པོ་ཞེས་པའི་མཚན་གསོལ། དགུང་ལོ་བདུན་པ་ས་སྤྲེལ(སྤྱི་ལོ1788)ལོར་བཀྲ་ཤིས་ལྷུན་པོའི་པཎ་ཆེན་སྐུ་གོང་མའི་ཁྲི་མཐོན་པོར་ཐེབས། དགུང་ལོ་བརྒྱད་པ་ས་བྱ་ལོར་༧རྒྱལ་དབང་འཇམ་དཔལ་རྒྱ་མཚོ་མཆོག་ལས་དགེ་ཚུལ་གྱི་སྡོམ་པ་བཞེས། དགུང་ལོ་བཅུ་པ་ལྕགས་ཕག(སྤྱི་ལོ1791)ལོར་གོར་ཁ་པས་བོད་དུ་དམག་བཏེགས་པས་དཔའ་བོ་ཨམ་བན་ནས་པཎ་ཆེན་རིན་པོ་ཆེ་དབུས་སུ་ཐེབས་རེ་ཞུས་པ་ལྟར་ལྷ་སར་ཐེབས་ཏེ་༧རྒྱལ་དབང་ཡབ་སྲས་གསེར་ཞལ་ལྷན་དུ་འཛོམས། དགུང་ལོ་ཉི་ཤུ་པ་ལྕགས་བྱ(སྤྱི་ལོ1801)ལོར་༧རྒྱལ་དབང་འཇམ་དཔལ་རྒྱ་མཚོ་མཆོག་ལས་བསྙེན་རྫོགས་ཀྱི་སྡོམ་པ་བཞེས། དེ་ནས་༧རྒྱལ་དབང་རིན་པོ་ཆེ་མཆོག་དང་། ཡོངས་འཛིན་འཕྲོང་རྩེ་བློ་བཟང་ཚུལ་ཁྲིམས། ཡོངས་འཛིན་གུ་གེ་བ་བློ་བཟང་བསྟན་འཛིན་བཅས་མཁས་གྲུབ་དམ་པ་རྣམས་ལས་མདོ་སྔགས་རིག་གནས་ཀུན་ལ་སྦྱངས་པ་མཛད། དགུང་ལོ་ཉེར་ལྔའི་ཐོག་༧རྒྱལ་དབང་སྐུ་ཕྲེང་དགུ་པ་ལུང་རྟོག་རྒྱ་མཚོ་ངོས་འཛིན་གནང་། དེ་ནས་མ་འགྱངས་བར་༧རྒྱལ་དབང་དགུ་པའི་རབ་བྱུང་སྡོམ་པ་བཞེས་ཏེ་མཚན་བློ་བཟང་བསྟན་པའི་འབྱུང་གནས་ངག་དབང་ལུང་རྟོགས་རྒྱ་མཚོ་ཞེས་གསོལ། ཆུ་བྱ(སྤྱི་ལོ1813)ལོར་པཎ་ཆེན་རིན་པོ་ཆེས་མཁན་པོ་མཛད་དེ་༧རྒྱལ་དབང་མཆོག་ལ་དགེ་ཚུལ་གྱི་སྡོམ་པ་ཕུལ། ཆུ་རྟ(སྤྱི་ལོ1822)ལོར་༧རྒྱལ་དབང་ཚུལ་ཁྲིམས་རྒྱ་མཚོ་མཆོག་གི་དབུ་སྐྲེས་གཙུག་ཕུད་བཞེས་ནས་ཡོངས་རྫོགས་དགེ་བསྙེན་གྱི་བསླབ་སྡོམ་ཕུལ་ཏེ་མཚན་ངག་དབང་བློ་བཟང་འཇམ་དཔལ་ཚུལ་ཁྲིམས་རྒྱ་མཚོ་ཞེས་གསོལ། དགུང་ལོ་ང་གསུམ་ལ་གོང་ས་མཆོག་སྤྲུལ་རིན་པོ་ཆེར་བསྙེན་རྫོགས་ཀྱི་སྡོམ་པ་གནང་། ལྕགས་གླང(སྤྱི་ལོ1841)ལོར་༧རྒྱལ་དབང་སྐུ་ཕྲེང་བཅུ་གཅིག་པ་ཆེན་པོ་ངོས་འཛིན་མཛད། དེ་ནས་༧རྒྱལ་བའི་ཡང་

སྲིད་རིན་པོ་ཆེའི་དབུ་སྐྱེས་གཙུག་ཕུད་བཞེས་ནས། མཚན་ངག་དབང་བསྐལ་བཟང་བསྟན་པའི་སྒྲོན་མེ་མཁས་གྲུབ་རྒྱ་མཚོ་དཔལ་བཟང་པོ་ཞེས་གསོལ། དགུང་ལོ་རེ་གསུམ་ལ་ཕེབས་པ་རབ་བྱུང་བཅུ་བཞི་པའི་ཤིང་འབྲུག(སྤྱི་ལོ1844)ལོར་ཚེ་སྨོན་གླིང་འཇམ་དཔལ་ཚུལ་ཁྲིམས་སྲིད་སྐྱོང་གནས་དབྱུང་གནང་ཚབ་ཟླ་བརྒྱད་པའི་ཚེས་དྲུག་ནས་ཕྱི་ལོའི་ཟླ་བཞི་པའི་ཚེས་ཉེར་དྲུག་བར་ལུགས་གཉིས་ཀྱི་སྲིད་སྐྱོང་ཐུགས་འགན་ཡོངས་སུ་བཞེས། མེ་རྟ(སྤྱི་ལོ1846)ལོར་༧རྒྱལ་དབང་མཁས་གྲུབ་རྒྱ་མཚོ་མཆོག་ལ་སོ་ཐར་རབ་བྱུང་གི་བསླབ་སྡོམ་ཕུལ།

ལྷགས་སྡོམ་ཤམ་ཧྲ་ལའི་སྨོན་ལམ་གྱི་འགྲེལ་པ། ཡོངས་འཛིན་བློ་བཟང་བྱམས་པའི་རྟོགས་བརྗོད། རྗེ་བཙུན་བློ་བཟང་དཔལ་ལྡན་ཡེ་ཤེས་དཔལ་བཟང་པོའི་ཟབ་དང་རྒྱ་ཆེ་བའི་ཆོས་ཀྱི་གསན་ཡིག་བཻཌཱུརྱའི་ཕྲེང་བ། གསུང་རབ་ཀུན་གྱི་སྙིང་པོ་ལམ་གྱི་གཙོ་བོ་རྣམ་གསུམ་གྱི་ཁྲིད་ཡིག་གཞན་ཕན་སྙིང་པོ། དཔལ་གསང་བ་འདུས་པའི་དབང་དོན་དངོས་གྲུབ་བང་མཛོད། རྣམ་རྒྱལ་མའི་སྒྲུབ་དཀྱིལ་འཆི་མེད་བདུད་རྩི། ཚད་མའི་ལམ་ཁྲིད་རིག་པའི་སྒོ་བརྒྱ་འབྱེད་པའི་ལྡེ་མིག བསྐལ་བཟང་སངས་རྒྱས་སྟོང་གི་མཆོད་ཆོག་མཆོག་ཐུན་དངོས་གྲུབ་ཀྱི་འདབ་བརྒྱ་མདོན་པར་གྲོལ་བའི་ཉིན་བྱེད་དབང་པོ། དྲིས་ལན་གྱི་རིམ་པ་ཕྱོགས་གཅིག་ཏུ་བསྒྲིགས་པ་སོགས་པོ་ཏི་དགུ་ཙམ་ཕྱག་རྩོམ་མཛད། དགུང་ལོ་བདུན་ཅུ་རྩ་གཉིས་ལ་ཕེབས་པ་རབ་བྱུང་བཅུ་བཞི་པའི་ཆུ་གླང་(སྤྱི་ལོ1853)ལོའི་བོད་ཟླ་དང་པོའི་ཚེས་བརྒྱད་ཉིན་དགོངས་པ་ཆོས་དབྱིངས་སུ་གཤེགས། སྐུ་གདུང་རིལ་པོའི་མཆོད་སྡོང་བཀྲ་ཤིས་ལྷུན་པོར་རབ་བྱུང་བཅུ་དྲུག་པའི་མེ་རྟ(སྤྱི་ལོ1966)ལོ་བར་བཞུགས།

པཎ་ཆེན་བསྟན་པའི་དབང་ཕྱུག ཀུན་གཟིགས་པཎ་ཆེན་སྐུ་ཕྲེང་བརྒྱད་པ་འདི་ཉིད་གཙང་ཐོབ་རྒྱལ་ཐྲུལ་ཚང་ཞེས་པར་ཡབ་བོན་རིགས་བསྟན་འཛིན་དབང་རྒྱལ་དང་། ཡུམ་བཀྲ་ཤིས་ལྷ་མོ་གཉིས་ཀྱི་སྲས་སུ་རབ་བྱུང་བཅུ་བཞི་པའི་ཤིང་ཡོས(སྤྱི་ལོ1855)ལོའི་ཟླ་བརྒྱད་ཚེས་བརྒྱད་ཉིན་སྐུ་འཁྲུངས། དགུང་ལོ་གསུམ་ཐོག་པཎ་ཆེན་བསྟན་པའི་ཉི་མའི་མཆོག་སྤྲུལ་ཡང་སྲིད་དུ་ངོས་འཛིན་ཞུས་ཏེ་བཀྲ་ཤིས་ལྷུན་པོའི་དགོན་པར་གདན་འདྲེན་ཞུས། དགུང་ལོ་དྲུག་ལ་དགོན་པའི་གསེར་ཁྲིར་ཕེབས་ནས་སྲིད་སྐྱོང་ར་སྒྲེང་ཨ་ཆི་ཧོ་ཐོག་ཐུ་ངག་དབང་ཡེ་ཤེས་ཚུལ་ཁྲིམས་རྒྱལ་མཚན་མཆོག་གི་དྲུང་དུ་རབ་བྱུང་གི་སྡོམ་པ་བཞེས། དགུང་ལོ་བདུན་ནས་ཉི་ཤུ་རྩ་གཅིག་བར་གཞུང་ཆེན་བཀའ་པོད་ལྔར་ཐུགས་གཉེར་མཛད། ས་སྐྱའི་འདུལ་འཛིན་ཆེན་པོ་མེ་ཏྲི་ར་ཏྣ་ཤ་ཏ་དཔལ་བཟང་པོའི་དྲུང་ནས་པཎ་ཆེན་ཤཱཀྱ་ཤྲཱིའི་སྡོམ་རྒྱུན་གྱི་བསྙེན་རྫོགས་སྡོམ་པ་བཞེས། སྨིན་གླིང་ཁྲི་ཆེན་གྱི་དྲུང་ནས་གསང་སྔགས་སྔ་འགྱུར་གྱི་ཆོས་བཀའ་ཁ་ཤས་གསན། ཤིང་ཕག(སྤྱི་ལོ1875)ལོར་༧རྒྱལ་དབང་སྐུ་ཕྲེང་བཅུ་གཉིས་པ་གཤེགས་འཕྲལ་པཎ་ཆེན་རིན་པོ་ཆེ་མཆོག་གིས་སྤྲུལ་སྐུ་མྱུར་བྱོན་གསོལ་འདེབས་བཀའ་རྩོམ་མཛད། དགུང་ལོ་ཉེར་གསུམ་ལ་

ཕེབས་སྐབས་ཕུར་ལྕོག་ཡོངས་འཛིན་བྱམས་པ་རྒྱ་མཚོའི་དྲུང་ནས་བླ་ཆེན་བརྒྱུད་ཀྱི་དགེ་སློང་སྡོམ་པ་བཞེས། དགུང་ལོ་ཉེར་བཞེར་ཕེབས་སྐབས་དབུས་སུ་ཕེབས་ནས་གོང་ས་སྐུ་ཕྲེང་བཅུ་གསུམ་པའི་དབུ་སྐྲ་གཙུག་ཕུད་བཞེས་ཏེ། མཚན་ངག་དབང་བློ་བཟང་ཐུབ་བསྟན་རྒྱ་མཚོ་ཞེས་གསོལ། རྗེ་འདི་ཉིད་ཀྱིས་ཐོས་གླིང་གཞལ་ཡས་ཕྱི་རྣམ་རྒྱལ་བཟོད་པ་དང་། རྗེ་རྗེ་འཆང་བློ་བཟང་བསྟན་པའི་རྒྱལ་མཚན། ཕུར་ལྕོག་ཡོངས་འཛིན་བློ་བཟང་ཚུལ་ཁྲིམས་སོགས་ཡོངས་འཛིན་དུ་མ་བསྟེན་ནས་མདོ་སྔགས་ཀྱི་ཟབ་ཆོས་མང་དུ་གསན་ཞིང་། ཕྱག་རྩོམ་ཡང་སྙན་དངགས་མེ་ལོང་མའི་ལེའུ་གསུམ་གྱི་དཔེར་བརྗོད། རབ་བརྗིད་རྡོ་རྗེའི་གསེར་གྱི་གཉའ་ཤིང་ཞེས་པའི་དཔལ་བཀྲ་ཤིས་ལྷུན་པོའི་བཅའ་ཡིག་ཆེན་མོ། རྗེ་བཙུན་བློ་བཟང་དཔལ་ལྡན་ཆོས་ཀྱི་གྲགས་པ་བསྟན་པའི་དབང་ཕྱུག་དཔལ་བཟང་པོའི་རྣམ་ཐར་དད་ལྡན་པད་ཚལ་བཞད་པ། སྨུར་མཛད་ཡེ་ཤེས་མགོན་པོ་ཕྱག་དྲུག་དང་། མགོན་དཀར་བཅས་ཀྱི་བསྐང་གསོ་ཆོག་བསྒྲིགས། ཐུབ་པའི་དབང་པོའི་འཁྲུངས་རབས་བཞིའི་གསུང་བཤད་སྟོན་འགྲོ་སོགས་པོད་འབྲིང་གསུམ་ཙམ་བཞུགས། ཆུ་རྟ (སྤྱི་ལོ1882) ལོར་བཀྲ་ཤིས་ལྷུན་པོའི་དགེ་འདུན་གྱི་འདུལ་ཁྲིམས་དང་། བླ་བྲང་ཞབས་འབྲིང་ལས་བྱེད་པའི་བྱེད་སྒོ་བཅས་ལ་ཞིབ་འཇུག་གནང་། མཐར་རབ་བྱུང་བཅོ་ལྔ་པའི་ཆུ་རྟ (སྤྱི་ལོ1882) ལོའི་བོད་ཟླ་དྲུག་པའི་ཚེས་བཅུ་དྲུག་ཉིན་སྐུ་མྱ་ངན་ལས་འདས། སྐུ་གདུང་རྡིལ་པོ་མཆོད་སྡོང་ཆེན་པོ་བཀྲ་ཤིས་ལྷུན་པོར་རབ་བྱུང་བཅུ་དྲུག་པའི་མེ་རྟ (སྤྱི་ལོ1966) ལོ་བར་བཞུགས།

པཎ་ཆེན་བློ་བཟང་ཐུབ་བསྟན་ཆོས་ཀྱི་ཉི་མ། ཀུན་གཟིགས་པཎ་ཆེན་སྐུ་ཕྲེང་དགུ་པ་འདི་ཉིད་དྭགས་པོ་ཀ་ཤར་ཡུལ་དུ་ཡབ་རྟ་མགྲིན་དང་ཡུམ་དམ་ཆོས་མཚོ་མོ་གཉིས་ཀྱི་སྲས་སུ་རབ་བྱུང་བཅོ་ལྔ་པའི་ཆུ་ལུག (སྤྱི་ལོ1883) ལོའི་བོད་ཟླ་དང་པོའི་ཚེས་བཅུ་གཉིས་ཉིན་སྐུ་བལྟམས། ལྷ་ལྡན་ཇོ་བོ་ཤཱཀྱ་མུ་ནེའི་སྤྱན་སྔར་གསེར་བུམ་དཀྲུགས་ཏེ་པཎ་ཆེན་སྐུ་ཕྲེང་བརྒྱད་པའི་ཡང་སྲིད་དུ་ངོས་འཛིན་ཞུས། ས་བྱི (སྤྱི་ལོ1888) ལོར༧རྒྱལ་དབང་སྐུ་ཕྲེང་བཅུ་གསུམ་པ་ཆེན་པོ་ཐུབ་བསྟན་རྒྱ་མཚོ་མཆོག་གིས་དབུ་སྐྲ་གཙུག་ཕུད་བཞེས་པ་དང་འབྲེལ་རྗེ་བཙུན་བློ་བཟང་ཐུབ་བསྟན་ཆོས་ཀྱི་ཉི་མ་དགེ་ལེགས་རྣམ་རྒྱལ་ཞེས་པའི་མཚན་གསོལ། དེ་ནས་ཡོངས་འཛིན་དཔོན་བྲང་བསྟན་འཛིན་དབང་རྒྱལ་དྲུང་ནས་གཞུང་ཆེན་བཀའ་པོད་ལྔར་གསན་བཞེས་མཛད། ཆུ་འབྲུག (སྤྱི་ལོ1892) ལོར་བཀྲ་ཤིས་ལྷུན་གདན་སའི་ཁྲི་ཐོག་ཏུ་ཕེབས། ཆུ་སྟག (སྤྱི་ལོ1902) ལོར་ལྷ་ལྡན་གཙུག་ལག་ཁང་དུ་གོང་ས་རྒྱལ་བའི་དབང་པོ་ངག་དབང་བློ་བཟང་ཐུབ་བསྟན་རྒྱ་མཚོའི་ཞལ་སྔ་ནས་བསྙེན་རྫོགས་ཀྱི་སྡོམ་པ་བཞེས། རབ་བྱུང་བཅོ་ལྔ་པའི་ཤིང་འབྲུག (སྤྱི་ལོ1904) ལོར་དབྱིན་ཇིའི་དམག་ལྷ་སར་འཛུལ་བའི་ཕྱི་ལོ་དབྱིན་ཇིས་གདན་ཞུས་ལྟར་རྒྱ་གར་ལ་ཕེབས། མེ་རྟ (སྤྱི་ལོ1906) ལོར་གཙང་དུ་ཕྱིར་ལོག་མཛད། ཤིང་སྟག (སྤྱི་ལོ1914) ལོར་གདན་ས་ཆེན་པོ་བཀྲ་ཤིས་ལྷུན་པོར་གསེར་ཟངས་ལས་གྲུབ་པའི་རྒྱལ་བ་བྱམས་པའི་སྐུ་བརྙན་བོད་སྡོངས

ན་སྔར་མ་གྲགས་པའི་སྐུ་ཚད་ཐོག་རྩེག་བདུན་པའམ་ཁྲུ་བརྒྱད་ཅུ་གྱ་ལྔའི་བདག་ཉིད་ཅན་འགྲན་ཟླ་བྲལ་བ་ཞིག་གསར་བཞེངས་མཛད། དེ་ནི་འཛམ་གླིང་ན་གསེར་ཟངས་ཀྱི་སྐུ་བརྙན་ཆེ་ཤོས་ཡིན་པར་གྲགས། ས་ལུག(སྤྱི་ལོ1919)ལོར་ལྷ་སར་ཕེབས་ནས་གོང་ས་ཆེན་པོ་མཆོག་དཔལ་རྡོ་རྗེ་འཇིགས་བྱེད་ཀྱི་ལྷུགས་བསྙེན་གྲུབ་པའི་ལེགས་འབུལ་མཇལ་ཕྱག་གི་ཆོས་མཐུན་མཛད་སྒོའི་ཞོར་དུ་བཀྲས་ལྷུན་བླ་བྲང་གི་ཆོས་གཞིས་ཞིང་འབྲོག་དམག་ཐོག་སོགས་དང་། ལམ་ཐོག་འཕྲི་སྐྱབ་སྐོར་བཀའ་འཁྲུན་མ་ཆོད་པ་རྣམས་སྐྱབས་ཞུའི་བཀའ་མོལ་གནང་བ་སོགས་བདུན་ཕྲག་ཁ་ཤས་སྐུ་བཞུགས་རྗེས་གཙང་དུ་ཕྱིར་ཕེབས།

ཆུ་ཕག(སྤྱི་ལོ1923))ལོར་ཀུན་གཟིགས་པཎ་ཆེན་རིན་པོ་ཆེ་སྟོན་འཁོར་གོ་ཧྲག་དང་བཅས་བྱང་ཐང་བརྒྱུད་པེ་ཅིན་དུ་ཤིང་གླང་(སྤྱི་ལོ1925)ལོར་ཕེབས་འབྱོར་བྱུང་། གོ་མིན་ཏང་གཞུང་ནས་སྣེ་ལེན་ཕེབས་བསུ་རྒྱ་ཆེ་ཞུས། དེ་སྔ་གོང་མ་མཆོད་ཡོན་གྱི་མཛད་སྲོལ་བཞིན་གསེར་སམ་དང་གསེར་ཐམ་ཕུལ། དེ་ནས་ནང་སོག་དང་། ནན་ཅིན། ཧང་ཀྲོའུ། མཚོ་སྔོན་སོགས་སུ་ཕེབས་ཏེ་བཀའ་ཆོས་གནང་། རབ་བྱུང་བཅུ་དྲུག་པའི་ཆུ་བྱ(སྤྱི་ལོ1933)ལོར་ཁམས་སྐྱེ་དགུ་མདོར་ཕེབས་འབྱོར་སྐབས་བོད་གཞུང་གིས་པཎ་ཆེན་བོད་དུ་ཕེབས་ན་རྒྱའི་དམག་མཉམ་དུ་ཁྲིད་མི་ཆོག་པ་དང་། ཡར་ལམ་ལྷ་སར་ཕེབས་མི་ཆོག་པ། སླད་བོད་གཞུང་གི་བཀའ་ལ་སྒྲུང་བརྩི་དང་ལེན་དགོས་པ་སོགས་དོན་ཚན་གསུམ་བཏོན་པ་དང་། ཉིད་ཀྱི་ཞབས་འབྲིང་པ་འགའ་ཤས་ཀྱི་བྱ་སྤྱོད་ཀྱི་རྐྱེན་སྣ་ཚོགས་འཛོམས་པར་བརྟེན་ནས་བོད་དུ་ཆིབས་བསྒྱུར་མ་ཐུབ་པར་མེ་གླང་(སྤྱི་ལོ1937)ལོར་སྐྱེ་དགུ་མདོར་སྐུ་གཤེགས། སྐུ་གདུང་རིན་པོ་ཆེ་གདན་ས་ཆེན་པོ་བཀྲ་ཤིས་ལྷུན་པོར་དྲངས་ཏེ་རབ་བྱུང་བཅུ་དྲུག་པའི་མེ་རྟ(སྤྱི་ལོ1966)ལོ་བར་བཞུགས། གསུང་རྩོམ་ལ། ལམ་རིམ་ཚིགས་བཅད་མ་དང་། ལམ་སྒྲོལ་འགྲེལ་པ། ས་ཤིང་གི་བཅོས་སོགས་པོ་ཏི་བཞི་ཙམ་བཞུགས།

པཎ་ཆེན་བློ་བཟང་དཔལ་ལྡན་ཡེ་ཤེས། ཀུན་གཟིགས་པཎ་ཆེན་སྐུ་ཕྲེང་དྲུག་པ་འདི་ཉིད་རབ་བྱུང་བཅུ་གཉིས་པའི་ས་རྟ(སྤྱི་ལོ1738)ལོའི་བོད་ཟླ་བཅུ་གཅིག་པའི་ཚེས་བཅུ་ཉིན་གཙང་ཤངས་གནམ་གླིང་རྫོང་ཁོངས་གྲམ་བཀྲ་ཤིས་རྩེ་ཞེས་པའི་ཡུལ་དུ་ཡབ་ཐང་ལྷ་དང་། ཡུམ་ལ་དྭགས་རྒྱལ་པོའི་སྲས་མོ་ཉི་ཟླ་དབང་མོ་གཉིས་ཀྱི་སྲས་སུ་སྐུ་འཁྲུངས། དགུང་ལོ་གསུམ་པར་སློབ་དཔོན་བསྟེན་ནས་ལྷུགས་ཀློག་སློབ་སྦྱོང་མཛད། ༧རྒྱལ་དབང་བདུན་པ་བསྐལ་བཟང་རྒྱ་མཚོ་མཆོག་ནས་པཎ་ཆེན་སྐུ་ཕྲེང་ལྔ་པའི་སྤྲུལ་སྐུར་ངོས་འཛིན་གནང་། དགུང་ལོ་བཞི་ལ་ཕེབས་སྐབས་བཀྲས་ལྷུན་དགོན་དུ་གསེར་ཁྲིར་མངའ་གསོལ། དགུང་ལོ་བདུན་པར་དབུས་སུ་ཕེབས་ཏེ༧རྒྱལ་དབང་བསྐལ་བཟང་རྒྱ་མཚོའི་སྐུ་དྲུང་ནས་དགེ་ཚུལ་གྱི་སྡོམ་པ་བཞེས། མཚན་བློ་བཟང་དཔལ་ལྡན་ཡེ་ཤེས་ཞེས་གསོལ། རབ་བྱུང་བཅུ་གསུམ་པའི་ཆུ་སྤྲེལ(སྤྱི་ལོ1752)ལོར་དབུས་སུ་ཕེབས་ནས༧རྒྱལ་བའི་དྲུང་དུ་དཔལ་དུས་ཀྱི་འཁོར་ལོའི་སྐུ་གསུང་ཐུགས

ཡོངས་སུ་རྫོགས་པའི་དཀྱིལ་འཁོར་རྟུལ་ཚོན་ལ་བརྟེན་པ་རྒྱས་པ་མཐའ་དག རྒྱུད་ཀྱི་རྒྱལ་པོ་ཆེན་པོའི་འགྲེལ་ཆེན་དྲི་མེད་པའི་འོད་ཀྱི་དགོངས་པ། མཁས་གྲུབ་རྗེའི་རྒྱུད་ཀྱི་འགྲེལ་ཆེན་སོགས་གསན་བཞེས་ཀྱིས་དབང་དང་། རྗེས་གནང་། ཁྲིད་ལུང་སོགས་མཐའ་ཡས་པ་ཐོབ། དགུང་ལོ་བཅུ་བདུན་ལ་རྣམ་འགྲེལ་གྱི་ཐལ་ཕྲེང་ཐུགས་གཉེར་གནང་། དགུང་ལོ་ཉི་ཤུ་པ་མེ་གླང(སྤྱི་ལོ1757)ལོར་ཡོངས་འཛིན་བློ་བཟང་ཆོས་འཕེལ་ལས་བསྙེན་རྫོགས་ཀྱི་སྡོམ་པ་བཞེས། ལོ་དེར་གོང་ས་སྐུ་ཕྲེང་བདུན་པ་བསྐལ་བཟང་རྒྱ་མཚོ་སྐུ་གཤེགས། ལྕགས་འབྲུག(སྤྱི་ལོ1760)ལོར༧རྒྱལ་བའི་ཡང་སྲིད་བཙལ་འཚོལ་ངོས་འཛིན་གྱི་ཐུགས་འགན་བཞེས། ལྕགས་སྦྲུལ(སྤྱི་ལོ1761)ལོར༧རྒྱལ་བའི་ཆུང་སྲིད་རིན་པོ་ཆེའི་དབུ་སྐྲ་གཙུག་ཕུད་བཞེས་ཏེ། བློ་བཟང་བསྟན་པའི་དབང་ཕྱུག་འཇམ་དཔལ་རྒྱ་མཚོ་ཞེས་པའི་མཚན་གསོལ། མེ་ཁྱི(སྤྱི་ལོ1766)ལོར༧རྒྱལ་དབང་འཇམ་དཔལ་རྒྱ་མཚོ་མཆོག་ལ་བསྙེན་རྫོགས་ཀྱི་སྡོམ་པ་འབུལ་གནང་མཛད། མེ་སྤྲེལ(སྤྱི་ལོ1776)ལོར་གོང་མས་པེ་ཅིང་དུ་གདན་དྲངས། མེ་བྱ(སྤྱི་ལོ1777)ལོར་དབུས་སུ་ཕེབས་ནས་ཕོ་བྲང་ཆེན་པོ་པོ་ཏ་ལར༧རྒྱལ་དབང་འཇམ་དཔལ་རྒྱ་མཚོ་མཆོག་དང་ཞལ་འཛོམས། ༧རྒྱལ་དབང་ལ་བསྙེན་རྫོགས་ཀྱི་སྡོམ་པ་ཕུལ་ཞིང་། དབང་ལུང་རྗེས་གནང་སོགས་ཟབ་ཆོས་མཐའ་ཡས་པ་ཕུལ། དགུང་ལོ་ཞེ་གཅིག་ཐོག་མདོ་སྨད་ཁུལ་དུ་ཕེབས་ནས་སྐུ་འབུམ་དང་། ཧོར་ཡུལ་དགོན་སྡེ་ཁག་ལ་སྐྱེ་བོ་ཁྲི་ཕྲག་དུ་མར་མདོ་སྔགས་ཀྱི་ཆོས་ཀྱི་འཁོར་ལོ་རྒྱ་ཆེར་བསྐོར། དགུང་ལོ་ཞེ་གཉིས་པ་ས་ཕག(སྤྱི་ལོ1779)ལོའི་ཟླ་དྲུག་པར་རྗེ་ཉིད་སྐུ་འཁོར་དང་བཅས་པ་གོང་མ་ཆེན་ལུང་གིས་གདན་དྲངས་པ་ལྟར་རྒྱ་ནག་ཏུ་ཕེབས། པཎ་ཆེན་རིན་པོ་ཆེས་གོང་མར་ཆོས་དང་རྗེས་གནང་མང་པོ་བསྩལ། བཅོམ་ལྡན་འདས་མ་གདུགས་དཀར་མོའི་སྒྲུབ་ཐབས་དངོས་གྲུབ་བདུད་རྩིའི་བུམ་བཟང་ཞེས་པ་བདག་བདུན་དང་བཅས་པ་གསར་རྩོམ་མཛད། གོང་མས་གཡང་ཏིའི་ཐམ་ག་དང་འཇའ་ས་ཕུལ།

གསུང་ཆོས་ཤམྦྷ་ལའི་སྨོན་ལམ་དང་། ཤམྦྷ་ལའི་ལམ་ཡིག དཔལ་ལྡན་ཡེ་ཤེས་དཔལ་བཟང་པོའི་རྣམ་ཐར་ཉི་མའི་འོད་ཟེར། མ་གཅིག་འདོད་ཁམས་ཀྱི་དབང་མོ་ལ་བརྟེན་པའི་མོ་ཤོ་འདེབས་ཚུལ། འདོད་གསོལ་སྨོན་ལམ། ཡུལ་ལྷ་གཞི་བདག་རྣམས་ལ་མཆོད་གཏོར་འབུལ་ཚུལ་གྱི་རིམ་པ་སོགས་པོད་འབྲིང་དགུ་ཙམ་མཛད། ལྕགས་བྱི(སྤྱི་ལོ1780)ལོར་པེ་ཅིང་ཧོང་སི་ཞེས་པའི་དགོན་པར་སྐུ་གཤེགས། སྐུ་གདུང་གཙང་བཀྲ་ཤིས་ལྷུན་པོའི་དགོན་པར་གདན་དྲངས་ཏེ་གསེར་སྡོང་གསར་བཞེངས་ཀྱིས་བཞུགས་སུ་གསོལ།

པཎ་ཆེན་བློ་བཟང་ཡེ་ཤེས། ཀུན་གཟིགས་པཎ་སྐུ་ཕྲེང་ལྔ་པ་འདི་ཉིད་རབ་བྱུང་བཅུ་གཅིག་པའི་ཆུ་ཡོས(སྤྱི་ལོ1663)ལོའི་བོད་ཟླ་བདུན་པའི་ཚེས་བཅོ་ལྔ་ཉིན་ཡབ་ཞབས་དྲུང་བསོད་ནམས་གྲགས་པ་དང་། ཡུམ་ཚེ་བརྟན་བུ་ཁྲིད་གཉིས་ཀྱི་སྲས་སུ་གཙང་ཐོབ་རྒྱལ་སྦྲུལ་ཚང་དུ་སྐུ་བལྟམས། གདུང་རྒྱུད་བོན་ཡིན་

པར་གྲགས། ཤིང་འབྲུག(སྤྱི་ལོ1664)ལོར༧རྒྱལ་མཆོག་ལྔ་པ་ཆེན་པོས་པཎ་ཆེན་སྐུ་ཕྲེང་བཞི་པའི་ཡང་སྲིད་དུ་ངོས་འཛིན་མཛད། མེ་ལུག(སྤྱི་ལོ1667)ལོར༧རྒྱལ་དབང་ལྔ་པ་ཆེན་པོའི་བཀའ་དགོངས་བཞིན་བཀྲས་ལྷུན་དུ་གདན་དྲངས་ཏེ་གསེར་ཁྲིར་མངའ་གསོལ། དགུང་ལོ་བརྒྱད་ལ་ཕེབས་པ་ལྕགས་ཁྱི(སྤྱི་ལོ1670)ལོར༧རྒྱལ་མཆོག་ལྔ་པ་ཆེན་པོས་དགེ་ཚུལ་གྱི་སྡོམ་པ་བསྩལ། དགུང་ལོ་ཉི་ཤུ་རྩ་གཉིས་ལ་སྔགས་ཆེན་རྡོ་རྗེ་འཛིན་པ་ཀུན་མཆོག་རྒྱལ་མཚན་གྱི་དྲུང་ནས་བསྙེན་རྫོགས་ཀྱི་སྡོམ་པ་བཞེས། གོང་མ་ཁང་ཞིས་ཕོ་ཉ་མངགས་ཏེ་གདན་ཞུ་ལན་དུ་མ་བྱུང་རུང་མ་ཕེབས། རབ་བྱུང་བཅུ་གཉིས་པ་མེ་གླང(སྤྱི་ལོ1697)ལོར༧རྒྱལ་དབང་དྲུག་པ་ཚངས་དབྱངས་རྒྱ་མཚོ་མཆོག་ལ་དགེ་བསྙེན་དང་། རབ་བྱུང་། དགེ་ཚུལ་བཅས་ཀྱི་སྡོམ་པ་འབོགས་པར་མཛད། དགུང་ལོ་ང་གཅིག་པ་རབ་བྱུང་བཅུ་གཉིས་པའི་ཆུ་སྦྲུལ(སྤྱི་ལོ1713)ལོར་གོང་མས་པཎ་ཆེན་ཨེར་ཏི་ནི(པཎ་ཞེས་པ་ལེགས་སྦྱར་གྱི་སྐད་པཎྜི་ཏའི་བསྡུས་མིང་། བོད་སྐད་དུ་མཁས་པའི་དོན་དུ་འཇུག ཨེར་ཏི་ནི་ཞེས་པ་སོག་སྐད། བོད་སྐད་དུ་རིན་པོ་ཆེའི་དོན་དུ་འཇུག) ཞེས་པའི་མཚན་འཕར་དང་འཇའ་ས་ཐམ་ཀ་ཕུལ། དེ་ནས་བཟུང་སྐུ་ཕྲེང་རིམ་བྱོན་ལ་ཐ་སྙད་དེ་ལྟར་གྲགས། མེ་བྱ(སྤྱི་ལོ1717)ལོར་སོག་པོ་ཇུན་གར་ཚེ་དབང་རབ་བརྟན་གྱིས་དམག་ཁྲིད་དེ་ཞིན་ཅང་ནས་བོད་དུ་འཇུལ་དུས་པཎ་ཆེན་རིན་པོ་ཆེ་ལྷ་སར་བར་འདུམ་བྱེད་དུ་ཕེབས་ཀྱང་དོན་འབྲས་མ་བྱུང་བས་བཀྲས་ལྷུན་དུ་ཕྱིར་ཕེབས། ལྕགས་བྱི(སྤྱི་ལོ1720)ལོར༧རྒྱལ་དབང་སྐུ་ཕྲེང་བདུན་པ་བསྐལ་བཟང་རྒྱ་མཚོ་མཆོག་ལ་དགེ་ཚུལ་གྱི་སྡོམ་པ་འབོགས་པར་མཛད། རབ་བྱུང་བཅུ་གཅིག་པའི་ལྕགས་ཁྱི(སྤྱི་ལོ1670)ལོ་ནས་རབ་བྱུང་བཅུ་གཉིས་པའི་མེ་སྦྲུལ(སྤྱི་ལོ1737)ལོ་བར་བཀྲས་ལྷུན་གདན་ས་ལོ་དྲུག་ཅུ་རེ་བརྒྱུད་བསྐྱངས། ལམ་རིམ་མྱུར་ལམ་དམར་ཁྲིད་དང་རང་རྣམ་སོགས་བཀའ་རྩོམ་པོད་བཞི་བཞུགས། དགུང་ལོ་དོན་ལྔ་ལ་ཕེབས་པ་མེ་སྦྲུལ(སྤྱི་ལོ1737)ལོར་བླ་བྲང་ཡིད་དགའ་ཆོས་འཛིན་དུ་དགོངས་པ་ཆོས་དབྱིངས་སུ་ཐིམ། སྐུ་གདུང་རིལ་པོ་བཞུགས་པའི་མཆོད་སྡོང་ཆེན་པོ་བཀྲ་ཤིས་ལྷུན་པོར་རབ་བྱུང་བཅུ་དྲུག་པའི་མེ་རྟ(སྤྱི་ལོ1966)ལོ་བར་བཞུགས།

དཔལ་སྤྲུལ་འཇིགས་མེད་ཆོས་ཀྱི་དབང་པོ། ཡོངས་གྲགས་སུ་ཛ་དཔལ་སྤྲུལ་རིན་པོ་ཆེ་ཞུ་བ་མཆོག་ནི། རབ་བྱུང་བཅུ་བཞི་པའི་ས་འབྲུག(སྤྱི་ལོ1808)ལོར་ཁམས་བྱང་འབྲོག་དགེ་རྩེ་ཛ་ཆུ་ཁའི་སྟེར་གཏོགས་རྒྱལ་ཐོག་ཅེས་པའི་གདུང་ལས་སྐུ་འཁྲུངས། རྡོ་གྲུབ་ཆེན་འཇིགས་མེད་འཕྲིན་ལས་འོད་ཟེར་གྱིས་དཔལ་དགེ་བསམ་གཏན་ཕུན་ཚོགས་ཀྱི་སྤྲུལ་སྐུར་ངོས་བཟུང་། ཨོ་རྒྱན་འཇིགས་མེད་ཆོས་ཀྱི་དབང་པོ་ཞེས་མཚན་གསོལ། སྐུ་ན་ཆུང་ངུའི་དུས་ནས་ཡི་གེ་འབྲི་ཀློག་རྣམས་ཚེགས་མེད་དུ་མཁྱེན། མཁན་ཆེན་ཤེས་རབ་བཟང་པོ་ལས་རབ་ཏུ་བྱུང་། རྡོ་བླ་འཇིགས་མེད་སྐལ་བཟང་དང་། རྒྱལ་སྲས་གཞན་ཕན་མཐའ་ཡས་སོགས་ཀྱི་དྲུང་ནས་ངལ་གསོ་སྐོར་གསུམ་དང་། སྤྱོད་འཇུག་རྩ་རྒྱུད་གསང་བ་སྙིང་པོ་སོགས་མདོ་

སྔགས་ཀྱི་གཞུང་མང་པོ་དང་། རིག་གནས་བཅས་གསན། ཞི་ཆེན་དཔོན་སློབ་མཐུ་སྟོབས་རྣམ་རྒྱལ་དང་འཇིགས་མེད་རྒྱལ་བའི་མྱུ་གུ་སོགས་མཁས་མཆོག་དུ་མ་ལས་བཀའ་བསྟན་འགྱུར་རོ་ཅོག་དང་། སྙིང་མའི་ཀུན་མཁྱེན་ཡབ་སྲས། ས་པཎ། རྗེ་ཙོང་ཁ་པ་སོགས་གསར་རྙིང་སྐྱེས་ཆེན་རྣམས་ཀྱི་ལེགས་བཤད་མཐའ་དག ཀློང་ཆེན་སྙིང་ཐིག་གི་སྔོན་འགྲོའི་ལམ་ཁྲིད། རྩ་རླུང་དང་རྫོགས་ཆེན་གྱི་ཁྲིད་སོགས་མཐའ་ཡས་པ་གསན་ཞིང་སྒོམ་སྒྲུབ་ལ་གཞོལ་བས་རྟོག་པ་ཚད་མེད་པ་འཁྲུངས། མཁས་པའི་ཕ་རོལ་ཏུ་སོན། དགུང་ལོ་སུམ་ཅུའི་ནང་སློབ་མའི་ཚོགས་ལ་རྒྱུད་གསང་བ་སྙིང་པོའི་ལྡེགས་ཁྲིད་རྒྱས་པར་གནང་། གསེར་ཐལ་དང་རྡོ་སྟོད་སྨད་ཀྱི་འདུས་སྡེ་ཡོངས་ལ་སྤྱོད་འཇུག་དང་། མ་ཎི་བཀའ་འབུམ། བདེ་སྨོན་སོགས་ཀྱི་ཆོས་སྦྱིན་གྲངས་མེད་བསྩལ། ཀུན་ཐང་གི་རྒྱུན་བཅད། དམར་སྟོན་གྱི་སྲོལ་བཙུགས། ཛ་རྒྱལ་དགོན་གྱི་ཉེ་སྐོར་དུ་ཆོས་འཁོར་གྱི་གདན་ས་མཛད། རྡོ་འབུམ་ཆེན་མོར་ཁ་གསོའི་ཚུལ་དུ་སྔོན་གྱི་རྡོ་འབུམ་ལས་ཀྱང་རྒྱ་ཆེ་ཞིང་དཔངས་མཐོ་བ་འབྱོན་སྒྲིས་ཤིང་ཕྱུས་ལེགས་པ་ཞིག་བཞེངས་ཏེ་དཔལ་སྤྲུལ་རྡོ་འབུམ་ཞེས་སུ་གྲགས། རྗེ་འདི་ཉིད་སྐུ་ཚེ་ཕྱིལ་པོར་གནས་ངེས་མེད་དུ་ཕེབས་ཤིང་ཀུན་སྤངས་བྱ་བཏང་གི་མཛད་པ་སྤྱིལ་ཐོག་ཐོས་བསམ་སྒོམ་གསུམ་དང་འཆད་རྩོད་རྩོམ་གསུམ་གྱི་རྣམ་ཐར་བསྐྱངས་ཏེ་ཁམས་སྟོད་སྨད་བར་གསུམ་དུ་སྤྱོད་འཇུག་དང་། བྱམས་ཆོས། སྡོམ་གསུམ། ཡོན་ཏན་མཛོད་སོགས་ཀྱི་འཆད་ཉན་ས་དར་ར་རྗེ་དར་དུ་སྒྱུར་པ་དང་། ལྷག་པར་དུ་རྒྱུད་གསང་བ་སྙིང་པོའི་བཤད་རྒྱུན་དང་། ཀློང་ཆེན་སྙིང་ཐིག་གི་རྩ་རླུང་དང་ཁྲིད་སོགས་ཀྱི་ཆོས་རྒྱུན་རྗེ་འདི་ཉིད་ཀྱིས་ཉམས་པ་སོར་ཆུད་ཀྱིས་ཆེས་ཆེར་དར་བར་མཛད། རྗེ་ཉིད་སྔ་འགྱུར་གསང་སྔགས་སྙིང་མའི་བཀའ་གཏེར་གྱི་ཆོས་སྒོ་སྤྱི་དང་། ཡང་སྒོས་རྫོགས་པ་ཆེན་པོ་ཀློང་ཆེན་སྙིང་ཐིག་གི་ཟབ་ལམ་གདམས་པའི་བླ་བརྒྱུད་དུ་སྒྱུར་པ་མ་ཟད། ས་དགེ་བཀའ་གསུམ་གྲུབ་མཐའ་རིས་མེད་ཀྱི་གཞུང་ལུགས་ལ་གསན་བསམ་མཐར་ཕྱིན་མཁས་པའི་རྩེ་མོར་སོན་ཏེ་རྫ་དཔལ་སྤྲུལ་རིན་པོ་ཆེ་ཞེས་སྙན་པའི་གྲགས་པ་ཁ་སྒོངས་ཕྱོགས་ཀུན་ཁྱབ། རྒྱལ་སྲས་ཞི་བ་ལྷའི་སྤྱོད་འཇུག་ཆེན་པོས་གཙོས་པའི་གཞུང་ཆེན་ལྡེགས་ཁྲིད་གནང་བས་སྤྱོད་འཇུག་བླ་མ་ཞེས་པའི་མཚན་སྙན་ཡང་ཐོགས།

དམ་པ་འདི་ཉིད་ཀྱིས་ཀཿཐོག་སི་ཏུ་མཆོག་སྤྲུལ་ཆོས་ཀྱི་བློ་གྲོས་དང་། རྫོགས་ཆེན་སྐུ་ཕྲེང་ལྔ་པ་ཐུབ་བསྟན་ཆོས་རོར། རྒྱ་རོང་ནམ་སྤྲུལ་ཀུན་བཟང་ཐེག་མཆོག་རྡོ་རྗེ། འཇུ་མི་ཕམ་རྣམ་རྒྱལ། ཨ་ལགས་མདོ་སྔགས་རྒྱ་མཚོ་སོགས་སྙིང་མའི་མཁས་གྲུབ་ཀྱི་སྐྱེས་བུ་དུ་མ་དང་སེར་ཤུལ་ལྷ་རམས་པ་ཐུབ་བསྟན། དཔལ་སྤྲུངས་བླ་མ་བཀྲ་ཤིས་འོད་ཟེར་སོགས་ས་དགེ་བཀའ་བརྒྱུད་ཀྱི་བླ་མ་དེ་དག་གིས་གཙོས་པའི་སློབ་མ་མང་དུ་བསྐྱངས། སློབ་མ་སོགས་རང་རང་གི་བློ་དང་འཚམས་པའི་ལྡེགས་རྩོམ་མཐའ་ཡས་པ་གནང་ཡོད། འོན་ཀྱང་སློབ་མ་སོ་སོས་དེ་དག་ག་སྒོམས་ཆེན་བྱས་ཏེ་ཉར་ཚགས་བྱས་པས་མང་ཆེ་བ་པར་དུ་འཁོད་མ་ཐུབ། པར་དུ་འཁོད་ཅིང་དེང་མཇལ་རྒྱུ་ཡོད་པ་ནི་གླེགས་བམ་ཕྱིན་དྲུག་གི་གྲངས་ཀྱིས་བརྒྱན་

པ་རྣམས་སོ། གསུང་རྩོམ་དེ་དག་ནང་བྱམས་ཆོས་དང་། སྤྱོད་འཇུག་ཡོན་ཏན་མཛོད་སོགས་ཀྱི་གཞུང་འགྲེལ་ས་བཅད་དང་། གཏམ་པད་མའི་ཚལ་གྱི་ཟློས་གར་སོགས་གཏམ་ཚོགས་དང་། ཞལ་གདམས། བསྟོད་ཚོགས་སོགས་པོད་བདུན་ཙམ་མཆིས་སོ། རབ་བྱུང་བཅོ་ལྔ་པའི་མེ་ཕག(སྤྱི་ལོ1887)ལོའི་ས་ག་ཟླ་བའི་ཚེས་བཅོ་བརྒྱད་ཉིན་སྐུ་གཤེགས།

ཀྲི་མཁན་དཔལ་ལྡན་དོན་གྲུབ། ཁོང་གི་འབྱུངས་ཡུལ་ནི་ཁམས་རྫི་ལི་ནས་ཡིན་ཞིང་། དུས་རབས་བཅུ་དགུ་པའི་དུས་དཀྱིལ་ཙམ་དུ་དབུས་སུ་གྲྭ་རྒྱུན་དུ་ཡོང་ནས་དགའ་ལྡན་ཤར་རྩེ་གྲྭ་ཚང་གི་སྒྲིག་ཁོངས་སུ་ཞུགས། དེ་ནས་བར་སྐབས་ཤིག་རྒྱུད་སྟོད་དུ་ཞུགས་ཏེ་རྒྱུད་པའི་ཆོས་ཐོག་གཉེར་པ་ལོ་གསུམ་ཙམ་བྱས། ཁོང་ལ་རིག་གནས་ཀྱི་ཤེས་བྱ་དེ་ཙམ་མེད་རུང་མི་རྐྱང་པོ་ཞིག་ཡོད་པས་དགའ་ལྡན་ཤར་རྩེ་མཁན་པོའི་ཕྱག་མཛོད་བསྐོས། ཁོང་གཟིམ་ཤག་བཤད་སྒྲ་དང་འབྲེལ་བ་གཟབ་གཤིས་རབ་བྱུང་བཅུ་བཞི་པའི་ལྕགས་སྤྲེལ(སྤྱི་ལོ1860)ལོར་བཤད་སྒྲ་བཀའ་བློན་དབང་ཕྱུག་རྒྱལ་པོ་གནས་དབྱུང་བཏང་སྟེ་སྣེ་མོ་རྒྱལ་བྱེད་ཚལ་དུ་བཙོན་བཞུགས་སྐབས་དཔལ་ལྡན་དོན་གྲུབ་ཀྱིས་སྲིད་སྐྱོང་ར་སྒྲེང་ལ་ངོ་ལོག་གི་ལས་འགུལ་ཤུགས་ཆེ་བརྩམས་ནས་བཤད་སྒྲ་བསྐྱར་ལོག་གི་ལས་ཀའི་ཐང་ལེན་བྱས་པར་བརྟེན་དེ་རྗེས་བཤད་སྒྲས་སྡེ་སྲིད་གནང་དུས་ཁོང་གཞུང་གི་རྩེ་དྲུང་ཁོངས་སུ་ཚུད་ཅིང་། རིམ་བཞིན་གལ་ཆེའི་ལས་གནས་སུ་འཕྲོལ་བ་མ་ཟད། དབང་ཤུགས་ཀྱང་ཇེ་ཆེར་སོང་། ཁོང་བླ་ཕྱག་ཏུ་བསྐོ་བཞག་བྱུང་རྗེས་གཞུང་རྩིས་ཞིབ་ཁང་ལས་ཁུངས་ཟེར་བ་ཞིག་བཙུགས་ཏེ་ཇོང་གཞིས་སྣེ་སྡོད་དང་། ལས་འཛིན་ཁག་ནས་ལོ་མང་རིང་གཞུང་འབབ་བར་བཟོས་ཀྱིས་སྙིང་ཆད་དང་། ཡོང་སྒོ་ཁྲིམས་བཤུག་ཆད་བསྡད་མང་པོ་ཚ་འདེད་ཐོག་དེ་དག་གསེར་དངུལ་ལ་བསྒྱུར་ནས་རྣམ་སྲས་གན་མཛོད་ལ་སྐད་གྲགས་ལྡན་པའི་བཀར་འཇུག་བརྒྱབ་པ་སོགས་གཞུང་ཕན་འཛིན་ཐང་ངེས་ཅན་ཡོད་པ་ལ་བརྟེན་བླ་བྲང་ཕྱག་མཛོད་དང་། བཀའ་ཚབ་བླམ་སོགས་གལ་ཆེ་གོ་གནས་རིམ་པར་བཟུང་ཞིང་། ས་འབྲུག(སྤྱི་ལོ1868)ལོར་སྐུ་བཅར་སྤྱི་ཁྱབ་མཁན་པོར་བསྐོ་བཞག་བྱུང་།

ཁོང་གིས་དབང་ཆར་ཆོད་འཛིན་མ་བྱས་པར་བོད་ཡོངས་ལ་དབང་བསྒྱུར་བྱེད་རྒྱུའི་བསམ་པ་འཁོར་ཏེ༧རྒྱལ་དབང་མཆོག་རི་ཁྲོད་ཞིག་ཏུ་གསོལ་ཐོགས་ཟུར་འབུལ་གྱིས་འཇོག་རྩིས་དང་། སྐབས་དེའི་སྲིད་སྐྱོང་སྡེ་དྲུག་གི་ཕྱག་ལས་བཤོལ་ཐབས་བྱས་པ་མ་ཟད། ཞབས་པད་ཚོ་ཡང་ལངས་རྒྱུ་མེད་པ་བཟོས་ཐོག་རང་གི་དབང་དང་ཁ་ལ་མ་ཚུད་པ་རྣམས་རིམ་པས་ཚར་གཅོད་ཀྱི་བསམ་ངན་ཡང་ཆེར་སྐྱེས་ཏེ་ཞབས་པད་ཡུ་ལུང་པ་དེ་བཞིན་སྐུ་ཡོན་དང་། སྣམ་ཚུགས་ཆེ་བས་དཔལ་དོན་རང་གི་ཁ་འཁོག་མ་ཚུད་པའི་དོགས་འདྲོག་ལངས་ནས། ཡུ་ལུང་པ་ཉག་རོང་ཞོད་འཛགས་གཏོང་བའི་སྤྱི་ཁྱབ་ལ་བཏོན་ནས་ཕྱིར་ལོག་ཕེབས་སྐབས་དཔལ་དོན་གྱིས་བཀའ་རྒྱ་རྫུན་མ་བཏང་སྟེ་བཀྲོངས་པར་གྲགས། དེ་ནས་བཀའ་བློན་

མཆོ་སྔོ་བས་དཔལ་དོན་གྱི་བྱེད་རྟེས་ལ་མ་གསན་སྐབས་པོང་ཡང་ཆུར་བསྒྱུར་སྙིག་གསོད་བཏང་བ་སོགས་དཔལ་ལྡན་དོན་གྲུབ་ཀྱིས་བོད་ཀྱི་སྲིད་འགན་འཁུར་རིང་ནུས་ཤུགས་ཆེ་ཞིང་འར་གཙུབ་ཚ་བ། ལེགས་ཉེས་ཀྱི་བྱ་བ་མི་ཤུང་བ་ཞིག་བྱས་མཐར་རབ་བྱུང་བཅོ་ལྔ་པའི་ལྕགས་ལུག(སྤྱི་ལོ1871)ལོར་རང་གི་བྱེད་ངན་མཐིལ་བརྡོལ་བས་ལྡེབས་སོ།

ལ་བོད་ཁ་རྗེ་བཙུན་བྱམས་པ་བསྟན་འཛིན་འཕྲིན་ལས། རྗེ་འདི་ཉིད་ཡབ་ཤོད་དྲུང་ཚེ་བརྟན་རྣམ་རྒྱལ་དང་ཡུམ་ཚེ་འབྲང་བཟང་མོ་དཀོན་མཆོག་སྒྲོན་མ་གཉིས་ཀྱི་སྲས་སུ་ལྷ་ལྡན་ར་ས་འཕྲུལ་སྣང་གཙུག་ལག་ཁང་གི་ནུབ་ཕྱོགས་གཡུ་ཐོག་ཤར་ཞེས་པའི་གནས་ཚང་དུ་རབ་བྱུང་བཅོ་ལྔ་པའི་ས་སྟག(སྤྱི་ལོ1878)ལོའི་ཟླ་དྲུག་པའི་ཚེས་བཅུ་དྲུག་ཉིན་སྐུ་འཁྲུངས། མཚན་ངག་དབང་བརྟན་པ་རབ་བརྟན་དུ་གསོལ། དགུང་ལོ་བཞི་པར་ཁྲི་ཆེན་ངག་དབང་ནོར་བུའི་དྲུང་དུ་དབུ་སྐྲ་གཙུག་ཕུད་ཕུལ་ཏེ་མཚན་ངག་དབང་རབ་བརྟན་ཞེས་གནང་། དགུང་ལོ་བདུན་པར་རབ་ཏུ་བྱུང་ནས་ཡོངས་འཛིན་ཕུར་ལྕོག་པའི་དྲུང་དུ་དགེ་ཚུལ་གྱི་སྡོམ་པ་བཞེས། མཚན་བྱམས་པ་བསྟན་འཛིན་འཕྲིན་ལས་རྒྱ་མཚོ་ཞེས་བསྟུལ། དགུང་ལོ་བཅུ་གཅིག་ཐོག་སེར་སྨད་གྲྭ་ཚང་གི་ཆོས་སྔོར་ཞུགས་ཏེ་རིགས་ལམ་བསྡུས་གྲྭ་ནས་གཞུང་པོད་ལྔ་ལ་ཐོས་བསམ་མཛད། དགུང་ལོ་བཅོ་བརྒྱད་སྐབས་གླིང་བསྲེའི་མཚན་བཏགས་བཞེས། དགུང་ལོ་བཅུ་དགུ་པར་སྟོད་རྒྱུད་གྲྭ་ཚང་དུ་བཞུགས་ཏེ་རྒྱུད་སྡེ་བཞི་མཁས་པར་སྦྱངས། དགུང་ལོ་ཉི་ཤུ་པར་བསྙེན་རྫོགས་དགེ་སློང་གི་སྡོམ་པ་བཞེས། བར་བར་དུ་སྒྲ་དང་སྙན་ངག མངོན་བརྗོད། སྡེབ་སྦྱོར། དཀར་ནག་རྩིས་རིག་སོགས་རིག་གནས་མཐའ་དག་མཁས་པའི་མཆོག་ཏུ་སོན། རིགས་ཀྱི་ཙོད་པན་བྲག་རི་རྡོ་རྗེ་འཆང་བློ་བཟང་ཐུབ་བསྟན་རྣམ་རྒྱལ་དཔལ་བཟང་པོ་སོགས་དགེ་བའི་བཤེས་གཉེན་བཅུ་ཕྲག་འགའི་ཞབས་ལ་གཏུགས་ནས་ལུང་རྒྱུན་པོ་ཏི་ལྔ་བརྒྱར་ཉེ་བ་དང་། རྗེས་གནང་སྟོང་ཕྲག་ལ་ཉེ་བ། ཁྲིད་ཆེན་ཁག་ལྔ་བཅུ་བརྒལ་བ། དབང་ཆེན་བཅུ་ཕྲག་གཉིས་སུ་ཉེ་བས་མཚོན་ས་དགེ་རྙིང་མ་སོགས་ཀྱི་དབང་ལུང་མན་ངག་རྒྱ་མཚོ་ལྟ་བུར་གསན་བསམ་རྒྱ་ཆེན་པོ་གནང་། དེ་དག་གསན་པ་ཙམ་དུ་མ་ཟད་ཐུགས་ཉམས་སུ་བཞེས་ཏེ་སྡོམ་གསུམ་སོ་སོའི་སྐབས་ཀྱི་བསླབ་བྱ་ཕྲ་རག་རྣམས་སྤྱན་གྱི་འབྲས་བུ་ལྟར་བསྲུངས་ཤིང་། མདོ་སྔགས་ཟབ་རྒྱས་ཀྱི་ཆོས་འཁོར་རྒྱུན་མི་ཆད་པར་བསྐོར་བར་མཛད་པས་གསུང་ལས་སྐྱེས་པའི་སློབ་མ་གདན་ས་ཆེན་པོ་བཞིས་མཚོན་པའི་བོད་ཡུལ་དབུས་གཙང་ལྷོ་བྱང་མདོ་ཁམས་སྟོད་སྨད་སོགས་ནས་དགེ་ལུགས་ཀྱི་དགོན་སྒྲུབ་སྡེ་ཁག་གི་མཁན་སློབ་བླ་སྤྲུལ་བཀའ་རབས་དགེ་བའི་བཤེས་གཉེན་སོགས་བློ་གསལ་མཁས་མང་འདུས་སྡེ་དང་བཅས་པ་ཕལ་མོ་ཆེ་རྗེ་ཉིད་ཀྱི་གསུང་སྐྱེས་ཀྱི་སློབ་བུར་མ་གྱུར་པ་མེད། ཐུགས་སྲས་ཀྱི་ཐུ་བོ་ཆེ་རྣམ་འདྲེན་ཆེན་པོའི་ཡོངས་སུ་འཛིན་པ་མཆོག་ལྟ་བུ། རྗེ་འདི་དབུས་གཙང་ཡས་མས་དང་། དྭགས་ཀོང་། ལྷོ་བྱང་། མདོ་སྨད། བར་ཁམས་དང་བཅས་པར་ཕེབས་ཏེ་སྟོད་

བཙུད་མཐའ་དག་ལ་དགེ་ལེགས་ཀྱི་བྱིན་བརྒྱ་འབེབས་ཤིང་། མཐོང་ཐོས་དྲན་རེག་གི་སྐལ་ལྡན་རྣམས་ལ་འབྲེལ་ཚད་དོན་དང་ལྡན་པར་མངོན་མཐོ་དང་ངེས་ལེགས་ཀྱི་ས་བོན་ཁྱད་པར་ཅན་སྒོ་དུ་མ་ནས་སྐྲུན་པར་མཛད་པ་སོགས་གསང་གསུམ་གྱི་ཡོན་ཏན་རྨད་དུ་བྱུང་བ་ཆེས་མང་ངོ་། རབ་བྱུང་བཅོ་ལྔ་པ་ས་ལུག (སྤྱི་ལོ1919) ལོར་ནོར་གླིང་དུ་བཀའ་འགྱུར་པར་གསར་བཞེངས་ཀྱི་ཕྱག་ལས་ནང་བཞུགས་ནས་དཀར་ཆག་གི་འཕྲོ་རྣམས་བརྩམས། ཤང་བྲན་ཕུ་ཏག་བརྟན་རི་ཁྲོད་རྟེན་དང་བརྟེན་པར་བཅས་གསར་དུ་བཞེངས། བཀའ་རྩོམ་ལ་མཆོན་ན། གསན་ཡིག་བསམ་འཕེལ་ནོར་བུའི་དོ་ཤལ། བཅོམ་ལྡན་འདས་མ་སེང་ལྡེང་ནགས་ཀྱི་སྒྲོལ་མའི་རིམ་གཉིས་ཀྱི་རྣལ་འབྱོར་ཉམས་སུ་ལེན་ཚུལ་ཚོཀྐ་མ་ཧེའི་དོ་ཤལ། ནཱ་རོ་མཁའ་སྤྱོད་ཀྱི་སྒྲུབ་ཐབས་ཐུན་མོང་མ་ཡིན་པ་བདེ་ཆེན་ཉེ་ལམ། བྱང་ཆུབ་ལམ་གྱི་རིམ་པ་མཆན་བུ་བཞི་སྦྲགས་ཀྱི་བཀའ་མཆན་ཐོར་བུ། རྗེའི་ལམ་རིམ་ཆུང་ངུའི་བཤད་ལུང་དང་པཎ་ཆེན་གྱི་སྨུར་ལམ་ཉམས་ཁྲིད་སྦྲགས་མའི་གསུང་བཤད་ཟིན་བྲིས་མདོ་ཙམ་དུ་བཀོད་པ་ཟབ་རྒྱས་སྙིང་པོ། ཁྱབ་བདག་རྡོ་རྗེ་འཆང་ཕ་བོང་ཁའི་བཀའ་རྩོམ་དང་ཕྱག་བཞེས་ཕྲན་ཚེགས་སྣར་ཕྱོགས་གཅིག་ཏུ་བཀོད་པ་སོགས་པོད་བཅུ་གཉིས་ལྷག་བཞུགས། དགུང་ལོ་རེ་བཞིར་ཕེབས་པ་རབ་བྱུང་བཅུ་དྲུག་པའི་ལྕགས་སྦྲུལ (སྤྱི་ལོ1941) ལོར་གཟུགས་སྐུ་ཆོས་དབྱིངས་སུ་བསྡུས།

ཕུར་ལྕོག་ངག་དབང་བྱམས་པ། མདོ་སྟོད་ཟལ་མོ་སྒང་གི་ཆར་གཏོགས་པའི་ཐམ་ཁ་གྲོང་སྔ་རོམ་ཞེས་པར་ཡབ་ཨ་ནུ་འཕགས་དང་། ཡུམ་བཀྲ་ཤིས་མཚོ་གཉིས་ཀྱི་སྲས་སུ་རབ་བྱུང་བཅུ་གཅིག་པའི་ཆུ་ཁྱི(སྤྱི་ལོ1682) ལོར་སྐུ་འཁྲུངས། སྐུ་བལྟམས་རྗེས་བཀའ་བརྒྱུད་བླ་མ་གྲགས་པ་ཕུན་ཚོགས་ལ་མཚན་ཞུས་པར་བདེ་མཆོག་བསྲུང་ཞེས་བསྟུལ། དགུང་ལོ་བདུན་ལ་ཕེབས་སྐབས་ཁུ་བོ་དབང་ཕྱུག་ཆོས་སྐྱོང་སར་ཡི་གེ་སློག་པའི་སྦྱོར་བ་ལ་ཞུགས། དགུང་ལོ་བཅུ་གཉིས་ཐོག་ཆབ་མདོ་སྐུ་ཞབས་གྲྭ་ཚང་དུ་ཆོས་ཞུགས་མཛད། དགུང་ལོ་བཅུ་གསུམ་ཐོག་ཆབ་མདོ་བྱམས་པ་གླིང་གི་གནས་སུ་ཕེབས་ཏེ་འཕགས་པ་ལྷ་རྒྱལ་བ་རྒྱ་མཚོའི་དྲུང་དུ་རབ་ཏུ་བྱུང་སྟེ་མཚན་ངག་དབང་བྱམས་པ་ཞེས་གསོལ། དགུང་ལོ་བཅུ་བཞིའི་ཐོག་འཕགས་པ་ལྷའི་དྲུང་ནས་འཇིགས་བྱེད་ལྷ་བཅུ་གསུམ་མའི་དབང་བཞི་ཡོངས་རྫོགས་བཞེས་པས་རྡོ་རྗེའི་རིགས་སུ་གྱུར་ཏེ་གསང་མཚན་སེར་ན་རྡོ་རྗེ་ཞེས་གསོལ། དགུང་ལོ་བཅོ་ལྔ་ལོར་དབུས་ཕྱོགས་སུ་སློབ་གཉེར་ལ་ཕེབས་ནས། ཐོག་མར་དགའ་ལྡན་དགོན་དུ་ཆོས་ཞུགས་གནང་རྒྱུ་མཛད་ཀྱང་སེར་བྱེས་གྲྭ་ཚང་དུ་གནས་གཟིགས་མཛད་སྐབས་ཞལ་རས་ལ་རླུང་བསེར་ཐོག་པ་དང་དུས་མཉམ་པར་བདེ་མཆོག་གི་ལྡེབས་བྲིས་གཟིགས་པའི་རྐྱེན་བྱས་སེར་བྱེས་གྲྭ་ཚང་རང་དུ་ཆོས་ཞུགས་མཛད། མཁས་ཆེན་ངག་དབང་རྒྱ་མཚོ་དང་བྱ་བྲལ་དགེ་བཤེས་བློ་བཟང་ཆོས་འཕེལ་སོགས་བསྟེན་ནས་གཞུང་ཆེན་པོར་གསན་སྦྱོང་གནང་། དགུང་ལོ་བཅུ་བདུན་ལ་རིགས་ཆུང་ཚོགས་ལངས་མཛད། དེའི་སྐབས་སྒྲུབ་ཁང་དགེ་ལེགས་རྒྱ

མཚོ་དང་མཇལ། དགུང་ལོ་ཉེར་གཅིག་ལ་གླིང་བསྲེའི་གྲྭ་སྐོར་མཛད། དགུང་ལོ་ཉེར་གསུམ་པར་གཙང་བཀྲ་ཤིས་ལྷུན་པོར་ཕེབས་ནས་པཎ་ཆེན་བློ་བཟང་ཡེ་ཤེས་ཀྱི་དྲུང་དུ་བསྙེན་པར་རྫོགས། དབུས་སུ་ཕེབས་ཏེ་ཐོས་བསམ་ལ་བརྩོན་པར་མཛད་ནས་ལྷ་ས་སྨོན་ལམ་ཆེན་མོར་གྲྭ་སྐོར་གནང་། དགུང་ལོ་ཉེར་ལྔ་པ་ལ་སྒྲུབ་ཁང་དགེ་ལེགས་རྒྱ་མཚོའི་དྲུང་དུ་ཆོས་བཀའ་མང་དུ་གསན་ནས་དབེན་གནས་སུ་སྒྲུབ་པར་གཞོལ། དགུང་ལོ་སོ་དགུ་ལ་༧རྒྱལ་དབང་སྐུ་ཕྲེང་བདུན་པ་བསྐལ་བཟང་རྒྱ་མཚོ་གསེར་ཁྲི་མངའ་གསོལ་གྱི་མཛད་སྒོར་ཞུགས། དགུང་ལོ་བཞི་བཅུར་ཕེབས་སྐབས་འཕགས་པ་ལྷ་ཡི་ཡོངས་འཛིན་གནང་སྟེ་ཆབ་མདོར་ཕེབས། དགུང་ལོ་ང་ལྔ་ལོར་གཙང་དུ་པཎ་ཆེན་བློ་བཟང་ཡེ་ཤེས་ལ་བརྟན་བཞུགས་འབུལ་བར་ཕེབས། ཚོགས་ཡོངས་ལ་ལམ་རིམ་གྱི་གསུང་ཆོས་བསྩལ། དགུང་ལོ་ང་བརྒྱད་ལོ་རྗེ་འདི་ཉིད་མི་དབང་བསོད་ནམས་སྟོབས་རྒྱལ་གྱི་བཀའ་མངགས་ལྟར་ལྷ་ས་གཙུག་ལག་ཁང་གི་དཀྱིལ་འཁོར་མཐིལ་དུ་གསེར་ཟངས་ཀྱི་རྒྱལ་བ་བྱམས་པ་ཆེན་པོ་གསར་བཞེངས་ལེགས་གྲུབ་ཀྱི་མཛད་སྒོར་ཕེབས། དེའི་ལོར་མི་དབང་གིས་བསམ་ཡས་ཉམས་གསོ་ལེགས་གྲུབ་ཟིན་པའི་རབ་གནས་ལ་ཕེབས་པ་དང་སྦྲགས་ལྷོ་གནས་སུ་ཕྱིན་ཏེ་འཕྱོངས་རྒྱས་སུ་གོང་ས་ལྔ་པ་ཆེན་པོའི་བླ་མཆོད་ཡང་མཆོ་ཟས་དང་གླུ་སྨན་སོགས་འབུལ་བ་གནང་། དགུང་ལོ་རེ་ལྔ་ལ་ཕེབས་སྐབས་མི་དབང་བསོད་ནམས་སྟོབས་རྒྱལ་དུས་ཆོས་སུ་གྱུར་པའི་མཆོད་འབུལ་དང་། ལྷ་སའི་དུར་ཁྲོད་རགས་ཁར་སྲེག་ཁང་བརྩིགས་ཏེ་སྲེག་སྦྱང་གི་གནང་སྒོར་ཞུགས། དེ་ནས་༧རྒྱལ་བ་འཇམ་དཔལ་རྒྱ་མཚོའི་ཡོངས་འཛིན་མཛད། རྒྱུན་དུ་ཐར་འདོད་སྐྱེས་བུ་མང་པོར་དམ་པའི་ཆོས་ཀྱི་འཁོར་ལོ་བསྐོར་བར་གནང་། བཀའ་རྩོམ་ལ་མཚོན་ན། རྟེན་འབྲེལ་བསྟོད་པའི་ཊཱིཀྐ་འོད་དཀར་ཕྲེང་བ། གསུང་མགུར་བསླབ་བྱའི་རིམ་པ། བྱང་ཆུབ་ལམ་རིམ་ལ་བློ་སྦྱོང་ཚུལ་གྱི་གདམས་པ་ཐོར་བུ་ཟིན་བྲིས་སུ་བཀོད་པ། གསང་འདུས་བསྐྱེད་རིམ་དངོས་གྲུབ་རྒྱ་མཚོའི་སྙིང་པོ། འཇམ་ལུགས་ཚེ་དབང་རིགས་ལྔའི་ཟུར་འདེབས་འཆི་མེད་སྲོག་གི་དཔལ་སྦྱིན། རིགས་གསུམ་སྤྱི་སྒྲུབ་ཀྱི་བླ་མའི་རྣལ་འབྱོར། སྐུ་གསུང་ཐུགས་རྟེན་བཞེངས་པའི་དཀར་ཆག་གི་རིམ་པ་དང་སྨོན་ཚིག་གི་རིམ་པ་སོགས་པོད་གསུམ་ཙམ་བཞུགས། དགུང་ལོ་བརྒྱད་ཅུ་གྱ་གཅིག་ལ་ཕེབས་པ་རབ་བྱུང་བཅུ་གསུམ་པའི་ཆུ་རྟ（སྤྱི་ལོ1762）ལོར་སྐུ་གཤེགས།

ཐར་ཕྱོགས་བྱམས་པ་རྒྱ་མཚོ། རྗེ་འདི་ནི་ཁམས་རྫ་ཆུ་ཁོར་ཧོར་གི་འབྲོག་པ་ཡབ་བྱམས་ཆོས་དང་། ཡུམ་ཚེ་རིང་སྒྲོལ་དཀར་གཉིས་ཀྱི་སྲས་སུ་རབ་བྱུང་བཅུ་བཞི་པའི་ཤིང་བྱ（སྤྱི་ལོ1825）ལོར་སྐུ་འཁྲུངས། དགུང་ལོ་ལྔ་ལ་དབུས་སུ་གདན་དྲངས་ཏེ་ཐུར་ཕྱོག་རི་ཁྲོད་དུ་བཞུགས། གནས་བླ་མས་ཕྱག་ཕྲིས་དང་འདོན་བྱ་སོགས་ཀྱི་སྐུ་ཡོན་བསློབ། དགུང་ལོ་བཅུ་ལ་སེ་ར་ཐེག་ཆེན་གླིང་བྱེས་པ་གྲྭ་ཚང་དུ་ཆོས་ཞུགས་མཛད། ལོ་དེར་༧རྒྱལ་དབང་སྐུ་ཕྲེང་བཅུ་པ་ཚུལ་ཁྲིམས་རྒྱ་མཚོའི་དྲུང་དུ་གཙུག་ཕུད་ཕུལ། མཚན་

བྱམས་པ་ཚུལ་ཁྲིམས་རྒྱ་མཚོ་ཞེས་བསྟུལ། དེ་ནས་པཎ་ཆེན་བསྟན་པའི་ཉི་མའི་དྲུང་དུ་དགེ་ཚུལ་བསྒྲུབས། ཡོངས་འཛིན་དགེ་བཤེས་གྲགས་པ་བརྟན་འགྲུས་བསྟེན་ནས་གཞུང་ཆེན་ལ་གསན་སྦྱོང་མཛད། དགུང་ལོ་བཅུ་བཞི་ལ་ཕར་ཕྱིན་ཚོགས་ལངས་གནང་། དེའི་རྗེས་ཚོགས་ཆེན་དུ་རྟ་ཕྱི་ཐེངས་གསུམ་ཙམ་ཚོགས་ལངས་མཛད། དགུང་ལོ་ཉི་ཤུ་ལ་པཎ་ཆེན་བསྟན་པའི་ཉི་མའི་དྲུང་དུ་བསྙེན་རྫོགས་བསྒྲུབས། དགུང་ལོ་ཉེར་གཅིག་ལ་ལྷ་ལྡན་སྨོན་ལམ་ཆེན་མོར་དགེ་བཤེས་ལྷ་རམས་པའི་གྲྭ་སྐོར་དམ་བཅའ་བཞེས། མདོ་སྔགས་ཀྱི་རིགས་པའམ་གཞུང་ལུགས་སྤྱི་ལ་མཁས་པའི་སློ་འཕང་རྙེད། གསུང་ཆོས་དགའ་ལྡན་ལྷ་བརྒྱ་མ་དང་འབྲེལ་བའི་བླ་མའི་རྣལ་འབྱོར་གྱི་ཁྲིད་ཡིག་གངྒཱའི་ཆུ་རྒྱུན་འབབ་པའི་ཐིགས་མ། གསང་བདེ་འཇིགས་གསུམ་ལ་བརྟེན་པའི་བླ་མའི་རྣལ་འབྱོར་འཇིགས་མཛད་དཔའ་བོ། ཧ་མགྲིན། མགོན་དཀར་བཅས་ལ་བརྟེན་པའི་བླ་མའི་རྣལ་འབྱོར་བྱིན་རླབས་མཆོག་སྩོལ། ཚད་མའི་གཞུང་དོན་འབྱེད་པའི་བསྡུས་གྲྭའི་རྣམ་གཞག་རིགས་ལམ་འཕྲུལ་གྱི་ལྡེ་མིག་ལས་རིགས་ལམ་ཆུང་ངུའི་རྣམ་བཤད། རིགས་ལམ་ཆེ་འབྲིང་གི་རྣམ་བཤད། སྐྱབས་མགོན་༧རྒྱལ་བའི་དབང་པོ་རྗེ་བཙུན་ངག་དབང་བློ་བཟང་བསྟན་པའི་རྒྱལ་མཚན་མཁྱེན་རབ་འཕྲིན་ལས་རྒྱ་མཚོ་དཔལ་བཟང་པོའི་རྣམ་ཐར་སོགས་པོད་འབྲིང་གཉིས་ལྷག་བཀའ་རྩོམ་མཛད། དགུང་ལོ་སོ་བདུན་ལ་ཐེབས་སྐབས་༧རྒྱལ་དབང་སྐུ་ཕྲེང་བཅུ་གཉིས་པ་འཕྲིན་ལས་རྒྱ་མཚོའི་ཡོངས་འཛིན་གྱི་ཐུགས་འགན་བཞེས། དགུང་ལོ་ང་ལྔ་ལ་ཐེབས་སྐབས་༧རྒྱལ་དབང་སྐུ་ཕྲེང་བཅུ་གསུམ་པ་ཐུབ་བསྟན་རྒྱ་མཚོ་མཆོག་གི་ཡོངས་འཛིན་གནང་། བསྙེན་རྫོགས་མཁན་སློབ་སྦྲགས་མ་དང་མདོ་སྔགས་ཀྱི་དབང་ལུང་ཁྲིད་སོགས་ཆ་ཚང་འབུལ་བཞེས་མཛད། དགུང་ལོ་བདུན་ཅུ་ལ་ཐེབས་པ་རབ་བྱུང་བཅོ་ལྔ་པའི་ཤིང་རྟ(སྤྱི་ལོ1894ལོར་སྐུ་གཤེགས།

ཕོ་ལྷ་བ་བསོད་ནམས་སྟོབས་རྒྱལ། རབ་བྱུང་བཅུ་གཉིས་པའི་ས་སྦྲུལ(སྤྱི་ལོ1689)ལོར་ཡབ་པདྨ་རྒྱལ་པོ་དང་ཡུམ་སྒྲོལ་མ་བུ་ཁྲིད་གཉིས་ཀྱི་བུ་ལ་རྒྱལ་རྩེ་ཁུལ་དུ་འཁྲུངས། རང་ལོ་བཅུ་ལ་སོན་སྐབས་ཡི་གེའི་འབྲི་ཀློག་བསླབས། གཅེན་པོ་དང་མཉམ་དུ་སྨིན་གྲོལ་གླིང་དུ་བསྐྱོད་ནས་ཤེས་བྱ་རིག་པའི་གནས་ལ་སྦྱངས་བརྩོན་ལེགས་པར་བྱས། དེ་ནས་ལྷ་སར་བསྐྱོད་དེ་རྒྱལ་པོ་ལྷ་བཟང་ལས་ས་གཞིས་གསར་པ་ཞུས་པ་དང་། རྩིས་ཁང་དུ་རྩེལ་རྩིས་ཀྱང་སློབ་གཉེར་བྱས། རྒྱལ་པོ་ལྷ་བཟང་གིས་བོད་རྒྱལ་རྩེའི་རྫོང་དཔོན་དུ་བསྐོས་ཤིང་། ཕོ་ལྷ་བ་བསོད་ནམས་སྟོབས་རྒྱལ་ཡི་གེའི་འཇུག་པ་ཡངས་བ་ལ་བརྟེན་ལྕགས་སྟག(སྤྱི་ལོ1710)ལོར་རྒྱལ་པོ་ལྷ་བཟང་གི་གསེར་ཡིག་པའི་གོ་ས་བཟུང་། ས་ཁྱི(སྤྱི་ལོ1718)ལོར་ཕོ་ལྷ་བས་ཐབས་མཁས་ཀྱིས་སྔ་སྲིད་སྟག་རྩེ་པ་དང་ཧྲུན་གར་ཚེ་རིང་དོན་གྲུབ་ལ་རེ་ཞུས་ལྟར་གཉའ་ནང་རྫོང་སྡོད་དུ་བསྐོ་གཞག་བྱུང་། ལྕགས་བྱི(སྤྱི་ལོ1720)ལོར་སྟོད་གཙང་ཕྱོགས་ནས་ཕོ་ལྷ་ནས་དང་ཁང་ཆེན་ནས་ཀྱིས་དམག་བསྐུལ་བ་དང་། མདོ་སྨད་ཕྱོགས་ནས་རྒྱ་སོག་གི་དཔོན་དམག་རྣམས་

ཀྱིས་རྒྱལ་བའི་ཡང་སྲིད་ཕེབས་སྐྱེལ་གྱི་དཔུང་གཟིལ་ཆེ་བ། དབུས་ནས་སྡེ་པ་ང་ཕོད་སོགས་ཀྱིས་ཧུན་གར་བར་ཛ་ལོག་སྡེ་སྐྱ་འབུམ་ཕྱོགས་སུ་སྐྱབས་ཞུར་བཅར་བ་སོགས་ལ་བརྟེན་ཧུན་གར་དཔོན་དམག་རྣམས་ཕྱིར་འཐེན་མི་བྱེད་ཀ་མེད་དུ་གྱུར། ལྕགས་གླང་(སྤྱི་ལོ1721)ལོར་ཕོ་ལྷ་བར་ཐའི་ཇེའི་ཚོ་ལོ་དང་སྲུགས་བཀའ་བློན་དུ་བསྐོས། ཆུ་ཡོས(སྤྱི་ལོ1723)ལོར་ཆེང་གོང་མས་ཁོང་ལ། དབུས་གཙང་གི་བཀའ་སློབ་ཀྱི་བྱ་བྱེད་མཁན་ཇཻ་རིང་རོས་པའི་ལིའི་ཐམ་ག་ཞེས་པ་ཞིག་གནང་། སྐབས་དེའི་བཀའ་བློན་གཙོ་བོ་དའི་ཆེང་སྦ་དུར་དང་། ང་ཕུམ་སྦྱར་གསུམ། ཕོ་ལྷ་བ་བཅས་མཉམ་སྤྲེལ་གྱི་དབང་བསྒྱུར་ལོ་དྲུག་བྱས་རིང་མཐུན་སྒྲིལ་མཉམ་རུབ་མ་ཐུབ་པས། མེ་ལུག(སྤྱི་ལོ1727)ལོར་པས་སེ་ང་ཕོད་པ་དང་། ཀུང་ལུམ་པ། སྦྱར་ར་བའི་ཇེ་བཅས་གསུམ་གྱིས་ཁང་ཆེན་བསོད་ནམས་རྒྱལ་པོའམ་དའི་ཆེང་སྦ་དུར་བཀྲོངས། དེ་ནས་ཕོ་ལྷ་བ་དང་ལྷུང་ལོ་ཅན་པས་གཙང་དང་སྟོད་མངའ་རིས་ཀྱི་དམག་ཁྲིད་དེ་དབུས་ལ་བཤར། ལུམ་པ་བ་དང་སྦྱར་ར་བས་དབུས་དང་དྭགས་ཀོང་གི་དཔུང་ཚོགས་གཙང་དུ་བཏེགས་ནས་ཕན་ཚུན་དགྲ་འཐབ་ལན་འགའ་བྱས། ལོ་དེར་གཙང་དམག་རེ་ཞིག་རྒྱལ་རྗེ་ནས་ཕྱིར་འཐེན་བྱེད་དུས་ཕོ་ལྷ་བས་ལྷ་རྩེ་དམག་སྐར་ནས་གོང་མ་ཡུང་ཀྲིན་ལ་དཔུང་ཆེན་གཏོང་རོགས་ཀྱི་ཡི་གེ་བཏང་། དབུས་གཙང་སྡེ་གཟར་གྱི་མི་གསོད་ཁྲག་སྦྱོར་དེ་ལ་གཙང་ནས་པཎ་ཆེན་རིན་པོ་ཆེ་དང་ས་སྐྱ་བདག་ཆེན་གྱི་སྐུ་ཚབ། དབུས་ནས་དགའ་ལྡན་ཁྲི་པ། སེ་འབྲས་དགའ་གསུམ། རྒྱུད་གྲྭ་སྟོད་སྨད་བཅས་ཀྱི་བླ་མ་ལས་སྡེ་སོགས་ཀྱིས་ཆེངས་མོལ་གནང་བར་ཕོ་ལྷ་བས་ཁས་མ་བླངས། བོད་ས་སྤྲེལ(སྤྱི་ལོ1728)ལོའི་བོད་ཟླ་ལྔ་པར་ཕོ་ལྷ་བའི་དཔུང་ཤུགས་ཀྱིས་གྲོང་ཁྱེར་ལྷ་ས་བདག་གིར་བཟུང་། ལོ་ཕྱི་མའི་ཟླ་བ་དྲུག་པ་ཙམ་གྱི་བར་དབུས་གཙང་གི་སྡེ་གཟར་ཐག་མ་ཆོད། དེ་ནས་རིང་པོར་མ་སོང་བར་མན་ཇུ་གོང་མ་ནས་བཏང་བའི་ཨ་ལི་ཁན་ཨམ་པ་དང་། མེ་རིང་ཛཾ་གི་ལ་སོགས་པ་དཔུང་དམག་སྟོང་ཕྲག་བཅུ་དང་བཅས་འཁོར་བས་ཉིན་གཅིག་ཕོ་ལྷ་བ་དང་གོང་མའི་དམག་དཔུང་གིས་ལྷ་ས་བ་མ་རིའི་འདབས་སུ་ང་ལུམ་སྦྱར་གསུམ་གྱིས་གཙོས་པའི་ལེ་གཏོགས་པ་རྣམས་འཁྲིད་དེ་ང་ལུམ་པ་གཉིས་ཀྱི་ལུས་ཀྱི་ཆ་ཤས་ལྕགས་ཀྱུས་བཟུང་ཞིང་། ཤ་བཅད་ནས་ཁ་ལ་འཛུད་པ་དང་། མིག་ཡ་གཅིག་བཏོན་ནས་ཡ་གཅིག་ལ་སྟོན་པ། སྟོ་བ་ནས་རྒྱ་མ་དྲངས་ཏེ་ཁར་འཛུད་པ་སོགས་ཟད་མི་ཤེས་པའི་སྡུག་ལ་སྦྱར་ནས་བཀུམས་པ་དང་། དེ་དག་གི་ཉེ་དུ་དང་བུ་ཕྲུག་ཚོ་ཡང་དུས་གཅིག་ལ་སྲོག་ཐོག་ཏུ་བཏང་། ལོ་དེའི་བོད་ཟླ་བཅུ་གཅིག་པར༧རྒྱལ་དབང་སྐུ་ཕྲེང་བདུན་པ་མཆོག་དང་གང་གི་ཡབ་རྗེ་སོགས་མདོ་སྨད་ཕྱོགས་སུ་ཕེབས་དགོས་བྱུང་བས་བོད་ཀྱི་སྲིད་དབང་ཕོ་ལྷ་བས་བཟུང་། ལྕགས་སྤྲེལ(སྤྱི་ལོ1740)ལོར་གོང་མས་ཕོ་ལྷ་བར། དབུས་གཙང་གི་བཀའ་སློབ་ཀྱི་བྱ་བ་བྱེད་མཁན་ཇཻ་རོས་ཀུན་ཕང་གི་ཐམ་ག་ཞེས་པ་སྩལ།

ཕོ་ལྷ་བས་བོད་ཀྱི་ཆབ་སྲིད་ལོ་བཅུ་དགུ་སྐྱོང་རིང་ཕྱོག་མར་ཆོས་སྲིད་གཉིས་ཐད་ཀྱི་དགོས་པར་གཞིགས་ནས་སེ་འབྲས་དགའ་གསུམ་སོ་སོར་གཞིས་འབབས་གང་འཚམས་སྦྱོར་འཇགས་སུ་ཕུལ་བ་དང་། རིས་སུམ་མཆིས་པའི་དགེ་འདུན་གྱི་སྡེ་མང་པོར་བཀུར་སྟི་ཞབས་ཏོག མཆོད་ཕེབས་ས་ཞིང་འབུལ་སྦྱོར། གདན་ས་གསུམ་གྱི་ཚོགས་ཆེན་ཉམས་གསོ་དང་གསར་བཞེངས། བོད་ཡུལ་དུ་ཇག་རྐུན་དང་ཁྲམ་པ་སོགས་གཙང་བཤེར། རྟ་ཟམ་གྱི་སྲོལ་འཛུགས། ལྷ་ལྡན་གཙུག་ལག་ཁང་དུ་གསེར་ཟངས་ལས་གྲུབ་པའི་བྱམས་ཆེན་དང་། རྡོ་མོར་བདེ་གསང་འཇིགས་གསུམ་གྱི་བློས་བླངས་དཀྱིལ་འཁོར། དགའ་ལྡན་གསེར་ཁྲིའི་དབུ་ཕྱོག་རྒྱ་ཕིབས། དགའ་ལྡན་དུ་རྒྱལ་བའི་བཀའ་འགྱུར་རིན་པོ་ཆེ་གསེར་བྲིས་མ་འཛམ་གླིང་གཡས་བཞག་སོགས་བཞེངས། ལྷག་པར་༄རྒྱལ་མཆོག་ཚངས་དབྱངས་རྒྱ་མཚོའི་སྐབས་རྒྱལ་བའི་བཀའ་འགྱུར་རིན་པོ་ཆེ་པར་ཤིང་བརྐོ་རྒྱུ་འཕྲོ་ལུས་ཀྱི་འཕྲོ་བསྐྱངས། བསྟན་འགྱུར་རིན་པོ་ཆེའི་གསུང་པར་དབུས་གཙང་ཕྱོགས་སུ་མེད་གཤིས་ཤིང་པར་མ་ཕྱི་པར་བརྐོས་ཀྱིས་དཔལ་སྣར་ཐང་ཕྱོགས་སུ་བཞུགས་སུ་གསོལ། གདན་ས་གསུམ་གྱི་མཚན་ཉིད་ཀྱི་ཡིག་ཆ་མཐའ་དག་པར་དུ་བརྐོས། དངོས་འབྲེལ་དཀའ་ངལ་ལྷི་ཆེའི་ཆབ་འབབས་ཀྱི་རྐང་འགྲོ་ལག་འདོན་སོགས་ཀྱི་ཁྲལ་རིགས་རྩ་ཆག་གཏོང་བ་སོགས་བྱས་ཀྱང་། ༄རྒྱལ་དབང་མཆོག་ལ་སྤྱི་ཕྱིར་དགོངས་བབས་ཤིག་རང་མ་ཞུས་པ། ལྕང་སྐྱ་རོལ་པའི་རྡོ་རྗེའི་རྣམ་ཐར་ནང་། བོད་ཀྱི་སྲིད་སྐྱོང་ཕོ་ལྷ་བ་བསོད་ནམས་སྟོབས་རྒྱལ་ཕྱིར་བསྟན་པ་དང་བསྟན་འཛིན་བཅས་པར་གུས་མཆོད་ལྷུར་ལེན་པ་དང་། དཔའ་མཛངས་བརྟུལ་ཡོད་པ་སོགས་ལུགས་གཉིས་ཆར་ནས་བསྔགས་འོས་པ་ཞིག་ཡིན་འདུག་ཀྱང༌༄རྒྱལ་དབང་ཐམས་ཅད་མཁྱེན་པར་གཏིང་ནས་མི་དད་ཅིང་། ལོག་སྒྲུབ་མང་དུ་བགྱིས། ཞེས་གསུངས་སོ། མཐར་རབ་བྱུང་བཅུ་གསུམ་པ་མེ་ཡོས(སྤྱི་ལོ1747) ལོར་ཕོ་ལྷ་བའི་མཛིང་པར་གཉན་འབུར་དྲག་པོས་ཟིན་ཏེ་ཅི་བྱས་ཀྱང་ཕྲོག་ཏུ་མེད་པར་གྲོངས་སོ།

འཕགས་པ་ལྷ་རྒྱལ་བ་རྒྱ་མཚོ། རྗེ་འདི་ཉིད་རབ་བྱུང་བཅུ་གཅིག་པའི་ཤིང་སྤྲེལ(སྤྱི་ལོ1644) ལོར་ཇ་ཚ་བརྒྱུད་ཀྱི་སྟུ་ཞེས་བྱ་བའི་ཡུལ་དུ་སྐུ་བལྟམས། པཎ་ཆེན་བློ་བཟང་ཆོས་རྒྱན་མཆོག་གིས་འཕགས་པ་ལྷའི་སྐུ་སྐྱེར་ངོས་འཛིན་གནང་ཞིང་མཚན་རྒྱལ་བ་རྒྱ་མཚོར་གསོལ། ཟབ་ཆོས་མང་དུ་བསྟུལ། དགུང་ལོ་བརྒྱད་པའི་ཕྱོག་དཔལ་ལྡན་འབྲས་སྤུངས་དགོན་དུ་ཐམས་ཅད་མཁྱེན་པ་ངག་དབང་བློ་བཟང་རྒྱ་མཚོའི་དྲུང་དུ་དབུ་སྐྲ་གཙུག་ཕུད་ཕུལ། མཚན་བློ་བཟང་འཕགས་པ་བསོད་ནམས་ལྷུན་གྲུབ་བདེ་ལེགས་དཔལ་བཟང་པོར་བསྟུལ། དགུང་ལོ་དགུ་ལ་ཕེབས་པ་རབ་བྱུང་བཅུ་གཅིག་པའི་ཆུ་འབྲུག(སྤྱི་ལོ1652) ལོར་ཆབ་མདོའི་ཁྲིར་ཕེབས། དགུང་ལོ་ཉེར་གཅིག་ལ་ཕེབས་པ་ཤིང་འབྲུག(སྤྱི་ལོ1664) ལོར༄རྒྱལ་དབང་ལྔ་པ་ཆེན་པོས་བླ་ཆེན་པོ་དང་། པཎ་ཆེན་བརྒྱད་དེ་སྟོམ་པའི་ཆུ་བོ་རྣམ་པ་གཉིས་ཀའི་སྒོ་ནས་བསྙེན་པར་

རྫོགས། མེ་ལུག(སྤྱི་ལོ1667)ལོར་སླར་ཡང་དབུས་སུ་ཕེབས་ནས༧རྒྱལ་དབང་མཆོག་ལས་ཟབ་ཆོས་དུ་མ་གསན། ས་བྱ(སྤྱི་ལོ1669)ལོར་ལྷུགས་རིའི་དངུལ་གདུང་ཆེན་མོ་ལེགས་པར་གྲུབ། ས་ལུག(སྤྱི་ལོ1679)ལོར་དབུས་སུ་བྱོན་ནས༧གོང་ས་ཆེན་པོ་དང་མཇལ་འཛོམས་ཀྱིས་མདོ་སྔགས་ཀྱི་གཞུང་ལ་ཐོས་བསམ་མཛད། དགུང་ལོ་རེ་དགུ་ལ་ཕེབས་པ་རབ་བྱུང་བཅུ་གཉིས་པའི་ཆུ་འབྲུག(སྤྱི་ལོ1712)ལོར་དགོངས་པ་ཞི་དབྱིངས་སུ་ཐིམ།

ཁ་སོ་ངག་དབང་དཀོན་མཆོག་ཉི་མ། མདོ་སྨད་འབའ་ལི་ཐང་ཆབ་དཀར་གྱི་མདོ་ཞེས་བྱ་བར་ཡབ་ཡ་སྐྱེ་དང་། ཡུམ་ཚེ་དབང་མཚོ་གཉིས་ཀྱི་སྲས་སུ་རབ་བྱུང་བཅུ་གཅིག་པའི་ཆུ་སྦྲུལ(སྤྱི་ལོ1653)ལོར་འཁྲུངས། དགུང་ལོ་ལྔ་ལ་སྤྲུལ་སྐུར་ངོས་འཛིན་ཞུས། དགུང་ལོ་བཅུ་གཅིག་ལ༧རྒྱལ་དབང་ལྔ་པའི་དྲུང་དུ་རབ་བྱུང་བསྒྲུབས། མཚན་ངག་དབང་དཀོན་མཆོག་བསྟན་པའི་ཉི་མ་ཞེས་བསྩལ། དགུང་ལོ་བཅུ་གཉིས་པ་ལ་གདན་སར་ཆོས་ཞུགས་མཛད། དགུང་ལོ་བཅོ་ལྔ་ལ་ས་སྨད་ཁུལ་དུ་འབུལ་སྐྱོད་ལ་ཕེབས། དགུང་ལོ་བཅུ་དྲུག་ལ༧རྒྱལ་བའི་བཀའ་བཞིན་སེར་བྱེས་གྲྭ་ཚང་དུ་ཆོས་ཞུགས་མཛད། དགུང་ལོ་བཅུ་དགུ་ལ་ཕར་ཕྱིན་ཚོགས་ལངས་མཛད། དགུང་ལོ་ཉི་ཤུ་རྩ་གཅིག་པར་སྔགས་ཚང་ར་བ་སྟོད་དུ་ཚད་མའི་ཐུགས་གཉེར་ལ་བཞུགས། དགུང་ལོ་ཉེར་གཉིས་ལ་ལྷ་ལྡན་སྨོན་ལམ་ཆེན་མོར་དཀའ་བཅུའི་གྲྭ་སྐོར་མཛད། འདར་པ་ལོ་ཙཱ་བ་ངག་དབང་ཕུན་ཚོགས་དྲུང་ནས་རྩིས་དང་སྒྲ་རིག་པ་སོགས་གསན་བཞེས་མཛད། དགུང་ལོ་ཉེར་བཞི་ལ༧རྒྱལ་དབང་ལྔ་པའི་དྲུང་དུ་བསྙེན་རྫོགས་བསྒྲུབས། དེའི་ལོ་སྨད་དུ་ཁམས་ཕྱོགས་སུ་ཕེབས། ནགས་ཤོད། ཤོ་མདོ། རྫི་ཐོ་སོགས་དགོན་པ་ཁག་ལ་གནས་མཇལ་དང་། སྐྱེ་འགྲོ་མང་པོར་ཆོས་འཁོར་བསྐོར། དཔའ་ཤོད་བརྒྱུད་ཆབ་མདོ་བྱམས་པ་གླིང་དགོན་དུ་ཕེབས། དགུང་ལོ་ཉེར་དྲུག་ལ་དབུས་སུ་ཕེབས། རྡོ་རྗེ་འཆང་འཇམ་དབྱངས་གྲགས་པ་དང་། ངག་དབང་བློ་གྲོས་སོགས་ཀྱི་དྲུང་ནས་དུས་དཀྲའི་དབང་པོའི་འཁྲུལ་འཁོར། རྟ་མགྲིན་སྒྲུབ་ཐབས་བརྒྱ་རྩ་སོགས་ཀྱི་དབང་ལུང་གསན། དགུང་ལོ་ཉེར་བརྒྱད་ལོ་ལ༧རྒྱལ་དབང་ལྔ་པ་ཆེན་པོ་དང་ལྷན་དུ་འབྲས་སྤུངས་ཀུན་དགའ་ར་བའི་བཞུགས་གྲལ་ཆེན་མོའི་སར་སེ་འབྲས་དགེ་བཤེས་ཆེན་པོ་བདུན་གྱིས་དུས་གཅིག་ཏུ་བགྲོ་གླེང་ཕུལ་བས་སོ་སོར་ཐོགས་མེད་ཀྱི་ལན་གནང་ནས་ཕ་རོལ་ཕམ་པར་མཛད། གོང་ས་མཆོག་ནས་བསྔགས་བརྗོད་ཐོབ། དགུང་ལོ་སུམ་ཅུ་ལ་མདོ་སྔགས་དར་རྒྱས་གླིང་དུ་ཕྱིར་ཕེབས། དགུང་ལོ་སོ་གཅིག་ལོར་མདོ་སྨད་སོག་ཡུལ་སོགས་ལ་ཕེབས་ནས་འགྲོ་དོན་བསྐྱངས། དགུང་ལོ་ཞེ་གཅིག་ལོར་དབུས་སུ་ཕེབས་ནས་གོང་ས་མཆོག་སྤྲུལ་རིན་པོ་ཆེ་དང་། སྡེ་སྲིད་སོགས་མཇལ། དགུང་ལོ་བཞི་བཅུ་ཞེ་གཉིས་ལ་བཞུགས་གནས་དགའ་ལྡན་རྣམ་རྒྱལ་གསར་སྐྲུན་མཛད།

ཕྱག་རྗེས་ལ་མཚོན་ན། སྙན་ངག་མེ་ལོང་ལེའུ་གཉིས་པའི་དཔེར་བརྗོད་ངོ་མཚར་སྙན་ཚིག

གཏམ་གྱི་འདབ་བརྒྱ། གྲུབ་པའི་དབང་ཕྱུག་ཚོམ་བུ་ཞབས་ནས་བརྒྱུད་པའི་ཐུགས་རྗེ་ཆེན་པོའི་དམར་ཁྲིད་ཀྱི་ཟིན་བྲིས་རིན་ཆེན་དོ་ཤལ། སྐར་གྱི་བཅའ་ཐོ་འདོད་འཇོའི་བུམ་བཟང་། པེ་ཤྭ་ཀརྨའི་རྗེས་སུ་འཇུག་པ་སོགས་པོད་གཅིག་མཛད། མཐར་དགུང་ལོ་ང་ལྔ་ལ་ཕེབས་པ་རབ་བྱུང་བཅུ་གཉིས་པའི་མེ་ཕག(སྤྱི་ལོ1707)ལོར་སྐུ་གཤེགས།

ཕེས་པ་ངག་དབང་མི་ཕམ་ཟླ་བ། མདོ་སྨད་མར་ནང་ཚོ་ལྔར་པིས་ཐང་འཇའ་མོའི་རིགས་སུ་རབ་བྱུང་བཅུ་གསུམ་པའི་མེ་ཕག(སྤྱི་ལོ1767)ལོར་འཁྲུངས། མཁན་ཆེན་དངོས་སློབ་པིས་པ་དགེ་བཤེས་ཤེས་རབ་བསྟན་འཛིན་གྱི་སྐུ་སྐྱེ་རུ་ངོས་བཟུང་། དགུང་ལོ་བཅུ་གསུམ་པ་ས་ཕག་ལོར་ཆོས་གྲྭར་ཞུགས། བདེ་ཆེན་པ་ཤེས་རབ་འོད་ཟེར་ལས་སུམ་རྟགས་དང་། ཨ་ཁྱུང་ངག་དབང་མཁྱེན་རབ་ལས་སྙན་ངག་བསླབས། ཤར་ཕྱོགས་སྤྲུལ་རིན་པོ་ཆེ་སྐལ་ལྡན་དགེ་འདུན་འཕྲིན་ལས་རབ་རྒྱས་ནས་བསྙེན་པར་རྫོགས། མཁན་ཆེན་དྲུང་ཡིག་བློ་བཟང་རྒྱ་མཚོ་དང་། ཁྲི་ཆེན་སྤྲུལ་སྐུ་ངག་དབང་འཇམ་དབྱངས་བཀྲ་ཤིས། ཚེ་མགོན་བླ་མ། དགོན་ལུང་དུ་ཕང་སྐལ་བཟང་ཡེ་ཤེས་དར་རྒྱས། ཞང་བ་སྒོམ་ཆེན་བློ་བཟང་ཟླ་བ་རྣམས་ལས་བཀའ་ཆོས་ཅི་རིགས་གསན། ཁྱད་པར་དུ་ཐུའུ་བཀྭན་རིན་པོ་ཆེ་བློ་བཟང་ཆོས་ཀྱི་ཉི་མའི་དྲུང་དུ་སྔགས་ལུགས་ཐུན་མོང་མ་ཡིན་པའི་ཕྱག་རྒྱ་ཟབ་ཁྲིད་བཅས་ལེགས་པར་གསན། ཐུའུ་བཀྭན་གྱི་ཞལ་ནས། གུང་ཐང་སྤྲུལ་པའི་སྐུ་དང་འདི་བ་ལྔ་བུའི་མདོ་སྔགས་རིག་གནས་ཐམས་ཅད་ལ་མཁས་པ་དེང་སང་དཀོན་གསུངས། རོང་པོ་དུས་འཁོར་གྲྭ་ཚང་གསང་སྔགས་དར་རྒྱས་གླིང་གི་ཁྲིར་བཞུགས། རབ་བྱུང་བཅུ་བཞི་པའི་མེ་ཡོས(སྤྱི་ལོ1807)ལོར་རོང་པོ་ཚོགས་ཆེན་གྱི་ཁྲིར་ཕེབས། འོན་ཀྱང་འཆད་ཉན་གྱི་བདུད་རྩི་སྤྲོ་སེམས་མ་བྱུང་བར་ལོ་དེར་སྐུ་གཤེགས། ཕྱག་རྩོམ་ཤར་སྤྲུལ་པའི་སྐུ་དགེ་འདུན་འཕྲིན་ལས་རབ་རྒྱས་ཀྱི་རྣམ་ཐར་དང་། རྩིས་གཞུང་མཁས་པའི་སྙིང་ནོར་སོགས་པོ་ཏི་གསུམ་ཙམ་ཡོད། དུས་ཐོག་དེར་རྩོམ་པ་ལེགས་པའི་ཚད་བྱེད་དུ་གྲགས།

པོད་མཁས་པ་མི་ཕམ་དགེ་ལེགས་རྣམ་རྒྱལ། རྗེ་འདི་ནི་རབ་བྱུང་བཅུ་པའི་ས་རྟ(སྤྱི་ལོ1618)ལོར་སྐུ་འཁྲུངས། བཀའ་བརྒྱུད་པའི་གྲུབ་མཐའ་འཛིན་ཅིང་། བོད་ཀྱི་སྙན་ངག་པ་ཆེན་པོ་གྲགས་ཅན་ཞིག་ཡིན་པ་མ་ཟད། སྨན་དཔྱད་ཀྱི་རིག་པ་ལའང་ཤིན་ཏུ་མཁས། ཟུར་ལུགས་དང་འབྲུག་པ་པདྨ་དཀར་པོའི་ལུགས་ཕྱག་བཞེས་ཀྱིས། སྨན་གྱི་རོ་ནུས་བཤད་པ་བཻ་ཌཱུར་ཡའི་མེ་ལོང་། དྲིས་ལན་ལེགས་བཤད་རིན་པོ་ཆེའི་སྣང་བ་གསར་པ། ལུས་ཐིག་ཟླ་བ་ནོར་བུ་སོགས་གསོ་རིག་གི་ཕྱག་རྩོམ་དང་། དགུང་ལོ་རེ་གཅིག་ལ་ཕེབས་པ་རབ་བྱུང་བཅུ་གཅིག་པའི་ས་རྟ(སྤྱི་ལོ1678)ལོར་སྙན་འགྲེལ་དབྱིའི་དགོངས་རྒྱན་ཞེས་བྱ་བ་ཕྱག་རྩོམ་མཛད། འདས་ལོ་སོགས་མཛད་རྣམ་ཞིབ་པ་མ་རྙེད།

པོན་གྲོང་ཚེ་བརྟན་ཡེ་ཤེས། མཚན་གཞན་པོན་གྲོང་མཁས་པ་ཞུ་བ་འདི་ནི་པ་རྣམ་རྫོང་ཕོངས་ཞལ་ལྕེ

བོན་གྲོང་དུ་དུས་རབས་བཅུ་བདུན་པའི་སྨད་ཙམ་དུ་སྐུ་འཁྲུངས། སྔ་སྲིད་སངས་རྒྱས་རྒྱ་མཚོའི་སྐབས་སྲིད་གཞུང་གི་ཞབས་འབྲིང་ཡང་མཛད། སྔན་རྩོམ་ལ་མཁས་པས་ཛ་ཚང་ལྷ་མོའི་བསྟན་བཅོས་དང་། དེ་དཀར་ལེགས་བཤད། རྨི་ལམ་ལྷ་མོའི་བསྟན་བཅོས། བོན་གྲོང་ཚབ་ཤོག་སོགས་བརྗོད་བྱ་ཟབ་ལ་རྗོད་བྱེད་སྙན་འཇེབས་ལྡན་པའི་ཞུལ་བྱུང་གི་ཕྲུག་རྩོམ་མང་དུ་མཛད། སྐུ་ན་བགྲེས་ནས་ཁྱིམ་གཞིས་སུ་བསྟན་བཅོས་རྩོམ་འབྲི་དང་སློབ་མ་བསྐྱངས་ནས་བཞུགས་སྐད།

ཟླ་དཀར་བློ་བཟང་དཔལ་ལྡན། རྗེ་འདི་ནི་དཀར་མཛེས་འཁྲིགས་ལུང་རི་ཁྲོད་དུ་ཡབ་བསམ་གཏན་ཚེ་རིང་དང་། ཡུམ་ཚེ་རིང་མའི་སྲས་སུ་རབ་བྱུང་བཅུ་བཞི་པ་མེ་སྟག(སྤྱི་ལོ1866)ལོའི་ཟླ་བ་དང་པོའི་ཚེས་གཅིག་ཉིན་འཁྲུངས། དགུང་ལོ་བཞི་ལ་ཟླ་དཀར་བྱང་ཆུབ་རྒྱལ་མཚན་གྱི་ཡང་སྲིད་དུ་ངོས་བཟུང་། མཚན་བློ་བཟང་དཔལ་ལྡན་བསྟན་འཛིན་སྙན་གྲགས་ཞེས་གསོལ། དགུང་ལོ་ལྔ་ལ་དགེ་རྒན་རྡོ་རྗེ་འབུམ་ལས་ཡི་གེ་འབྲི་ཀློག་གསན། དགུང་ལོ་དགུ་ནས་ཡོངས་འཛིན་བློ་ལྡན་ཆོས་འཕེལ་གྱི་དྲུང་ནས་དག་ཡིག་དང་། སུམ་རྟགས། སྙན་ངག མདོ་སྔགས་ཀྱི་གཞུང་ཆེན་སྐོར་གྱི་བཤད་ཁྲིད་སོགས་སྦྱངས། དྲུང་སར་བླ་མ་བློ་བཟང་དཔལ་ལྡན་བསྟན་འཛིན་ཚུལ་ཁྲིམས་ལས་རབ་ཏུ་བྱུང་། རྒྱ་རོང་བླ་མ་དཀོན་མཆོག་བཟང་པོ་དང་ཁང་གསར་བློ་བཟང་མཐུ་སྟོབས་རྒྱ་མཚོ་གཉིས་ལས་དབྱངས་ཅན་སྒྲ་མདོ་དང་། སྙིང་ཐིག་གི་རྩ་རླུང་འཁྲུལ་འཁོར་ལག་ཁྲིད། འཇིགས་བྱེད་ལྷ་བཅུ་གསུམ་གྱི་དབང་སོགས་གསན། དགུང་ལོ་བཅུ་བདུན་ཐོག་དབུས་ལྷ་ལྡན་དུ་ཕེབས་ཏེ་འབྲས་སྤུངས་བློ་གསལ་གླིང་ཧ་དོ་ཁང་ཚན་དུ་ཞུགས། གཞུང་བཀའ་པོད་ལྔ་ལ་གསན་བསམ་རྒྱ་ཆེར་གནང་ཐོག རིགས་ལམ་རྩོད་གྲྭའི་ནང་དུ་གྲྭ་སྐོར་མཛད་སྐབས་མང་ཐོས་དགེ་བཤེས་རྣམས་ཀྱིས་བསྔགས་བརྗོད་གནང་ཞིང་། མཁས་པའི་སྙན་གྲགས་བརྟས། དེ་ནས་སྨུ་མཐུད་རིག་པའི་གནས་སྒོ་ཀུན་ལ་སྦྱོང་བའི་ཐུགས་བསྐྱེད་ཆེས་ཆེར་སྐྱེས་ཏེ། གྲུབ་དབང་རྣམ་སེང་གི་ལས་གསོ་བ་རིག་པ་དང་། གཅོད་ཀྱི་དབང་ཁྲིད། གོང་ས་ལྔ་པའི་གསང་བ་རྒྱ་ཅན་ཀློང་ཆེན་སྙིང་ཐིག་གི་དབང་ལུང་ཁྲིད་གསུམ། ཀུན་མཁྱེན་ཀློང་ཆེན་པའི་གསུང་ཆོས་སོགས་ཟབ་ཆོས་མང་དུ་གསན་ཏེ་རིགས་ཀྱི་བདག་པོར་གྱུར། དགུང་ལོ་ཉེར་གཉིས་ཐོག་མདོ་སྨད་དུ་ཕྱིར་ཕེབས་ནས་ཟླ་དཀར་བྱང་ཆུབ་གླིང་དུ་བཞུགས། དེར་ཡང་གླིང་ཡོངས་འཛིན་མཆོག་སྤྲུལ་རིན་པོ་ཆེ་དང་། སེ་རོང་འཇམ་དབྱངས་དབང་ཕྱུག་རབ་བརྟན། ཉ་རྒྱས་མཆོག་སྤྲུལ་སོགས་མཁས་གྲུབ་ཀྱི་ཡོངས་འཛིན་ཧེ་སྙིད་སྤྱི་བོར་བཀུར་ཏེ་བསྟན་འགྱུར་གྱི་ལུང་དང་། ལམ་རིམ་ཆེ་ཆུང་། རྗེ་ཙོང་ཁ་པ་ཡབ་སྲས་ཀྱི་གསུང་འབུམ། གསང་བདེའི་དབང་། བདེ་མཆོག་གི་ལུས་དཀྱིལ་དུས་འཁོར་སྦྱོར་དྲུག་སོགས་མདོ་སྔགས་ཀྱི་རིག་གནས་འབྱམས་ཀླས་པར་མང་ཐོས་མཁས་པའི་མངའ་བརྙེས།

དགུང་ལོ་ཉེར་བདུན་ནས་བཟུང་ཟླ་དཀར་རི་ཁྲོད་སྣ་ལ་ནང་དང་། ཆོས་དབྱིངས་དགོན།

བྲག་མགོའི་དགེ་ཐར་ལུང་སོགས་སུ་གདན་ས་མཛད་དེ་གཞུང་བྱམས་ཆོས་སྡེ་ལྔ་དང་། དབུ་མ་རྩ་འཇུག་བཞི་གསུམ། རིགས་ཚོགས། བསྡོད་ཚོགས་སོགས་འཆད་ཁྲིད་མཛད། གཞན་ཡང་དཀར་མཛེས། བྲག་མགོ། མི་ཉག གསེར་ཐར་སོགས་གནས་མཆོག་མང་པོར་ཞབས་ཀྱིས་བཅགས་ཏེ་བདེ་གསང་འཇིགས་གསུམ། སྙིང་ཐིག ཞི་གཅོད་སོགས་ཀྱི་དབང་ལུང་ཁྲིད་གསུམ་དང་། བཀའ་བསྟན་འགྱུར་དང་། རྗེ་ཙོང་ཁ་པའི་གསུང་འབུམ། བླ་མ་སོ་སོའི་གསུང་འབུམ་སྣ་ཚོགས་ཀྱི་ལུང་གནང་བ་སོགས་འདུལ་བྱ་རྣམས་སྐལ་ལྡན་གྱི་ལམ་དུ་བཀོད།

ཨ་མདོ་དགེ་བཤེས་འཇམ་དཔལ་རོལ་པའི་བློ་གྲོས་དང་། དགེ་ཐོག་མཆོག་སྤྲུལ་བློ་གྲོས་འགྱུར་མེད་ཆོས་ཀྱི་དབང་ཕྱུག རྭ་ཧོ་མཆོག་སྤྲུལ་འཇམ་དབྱངས་གྲུབ་པའི་དབང་པོ་སོགས་མཁས་གྲུབ་གཉིས་ལྡན་གྱི་སྐྱེ་ཆེན་དུ་མ་ཞལ་སློབ་ཏུ་གྱུར། བཀའ་འགྱུར་གསེར་བྲིས་གནང་བ་དང་། རྡོ་རྗེ་སེམས་དཔའ་དང་། བྱམས་པ་སོགས་གསེར་ཟངས་ཀྱི་སྐུ་མང་པོ་བཞེངས། སྨན་ངག་གི་དཔེར་བརྗོད་དང་། བསྡོད་ཚོགས། བླ་མ་རྒྱུད་པའི་རྣམ་ཐར། གསང་འདུས་རྩ་རྒྱུད། ཐུགས་ཛོགས་སྐོར་གྱི་འགྲེལ་བཤད་སོགས་པར་དུ་འགོད་པ་གླེགས་བམ་བཅུ་བདུན་ཙམ་བཞུགས། མཐར་རབ་བྱུང་བཅུ་དྲུག་པའི་ས་སྦྲུལ（སྤྱི་ལོ1929）ལོའི་ཟླ་བརྒྱད་པའི་ཚེས་གསུམ་ཉིན་སྐུ་གཤེགས།

བྲག་དཀར་བློ་བཟང་དཔལ་ལྡན་བསྟན་འཛིན་སྙན་གྲགས། རྗེ་འདི་ནི་ཡུལ་མདོ་སྨད་ཀྱི་སའི་ཆ་ཛི་ཀ་ཞེས་པར་རབ་བྱུང་བཅུ་བཞི་པའི་ས་སྦྲུལ（སྤྱི་ལོ1809）ལོར་སྐུ་འཁྲུངས། དགུང་ལོ་ལྔ་ལ་ཕེབས་དུས་གདན་ས་བྲག་དཀར་གྱི་ཁྲིར་བཞུགས། ཡི་གེ་འབྲི་ཀློག་སོགས་སྦྱངས། དགུང་ལོ་བཅུར་འཁྲུངས་ས་ར་མཆོག་སྤྲུལ་རིན་པོ་ཆེའི་དྲུང་དུ་རབ་བྱུང་གི་སྡོམ་པ་བཞེས། དགུང་ལོ་བཅུ་བདུན་ལ་དབུས་ཕྱོགས་སུ་ཕེབས་ནས་འབྲས་བློ་གསལ་གླིང་གྲྭ་ཚང་དུ་ཆོས་ཞུགས་མཛད། གཞུང་ཆེན་པོད་ལྔ་ལ་སློབ་གཉེར་གནང་། དགུང་ལོ་ཉི་ཤུ་རྩ་གསུམ་སྐབས་མི་ཕམ་རྣམ་རྒྱལ་རྒྱ་མཚོའི་སྤྱོད་འཇུག་ཤེར་ལེའི་འགྲེལ་པ་ཀེ་ཏ་ཀའི་གོང་འོག་རྣམས་སུ་ལུང་རིག་ཡང་དག་དང་འགལ་ཚབས་ཆེ་བ་མང་ཙམ་གཟིགས་པ་སླུན་ཀ་བཀྱིས་པ་དང་། ལོ་དེ་ནང་དུ་ཟབ་མོ་དབུ་མའི་གནད་ཅུང་ཟད་བརྗོད་པ་བློ་གསལ་དགའ་བའི་གཏམ་གསར་དུ་བརྩམས། ཁྲི་ཆེན་རྡོ་རྗེ་འཆང་ནས་བསྙེན་རྫོགས་ཀྱི་སྡོམ་པ་བཞེས། དགུང་ལོ་ཉེར་བདུན་ཐོག་མདོ་སྨད་དུ་ཕྱིན་ཏེ་ཏོར་ཁོག་དགོན་དུ་གཞུང་པོད་ལྔའི་རྗོད་གྲྭ་དང་། གསང་སྔགས་ཀྱི་རྒྱུད་གྲྭ་གསར་དུ་བཙུགས་ཏེ་དེ་ཁུལ་ཡུལ་གྲུ་སྟོད་སྨད་ཀྱི་གདུལ་བྱ་རྣམས་ལ་དམ་པའི་ཆོས་ཀྱི་ཆར་ཕབ། བཀའ་རྩོམ་བྱང་ཆུབ་ལམ་གྱི་རིམ་པ་ཀུན་ཕན་བདུད་རྩིའི་ཆུ་རྒྱུན། སྦྱོང་གནས་བླ་མ་རྒྱུད་པའི་རྣམ་ཐར་ཡིག་དྲུག་དང་སྦྱོང་གནས་ཀྱི་ཕན་ཡོན་བཅས་ལེགས་པར་བཤད་པ་གསེར་གྱི་ཕྲེང་མཛེས། རྒྱུད་སྡེ་གཞིའི་རྣམ་གཞག་དང་ས་ལམ་གྱི་བགྲོད་ཚུལ་ཇི་ལྟ་བ་བཞིན་འཆད་པ་རྒྱུད་སྡེ་ནོར་བུའི་བང་མཛོད། འདུལ་བའི་རྩ་བའི་སྤྱི

དོན་དང་དཀའ་གནད་རབ་ཏུ་བཤད་པ་འདུལ་གཞུང་ནོར་བུའི་ཕྲེང་བ། ཕར་ཕྱིན་རྣམ་བཤད་སྙིང་པོའི་རྒྱན་གྱི་དཀའ་བའི་གནད་རྣམ་པ་འབྱེད་པའི་བསྟན་བཅོས་ལེགས་བཤད་ཀུན་གྱི་ཡང་སྙིང་སྐབས་དང་པོ་ནས་བརྒྱད་པ་བར། དབུ་མ་ལ་འཇུག་པའི་རྣམ་བཤད་དགོངས་པ་རབ་ཏུ་གསལ་བའི་སྒྲོན་མེ། དེ་བཞིན་ཚད་མ་དང་། གྲུབ་མཐའི་སྐོར་གྱི་ཕྱག་རྩོམ་སོགས་ཁྱོན་པོད་འབྲིང་དགུ་ཙམ་བཞུགས། འདས་ལོ་དང་སྐུ་ཚེ་སྨད་ཀྱི་མཛད་པ་མ་རྙེད།

བྲག་དགོན་པ་དཀོན་མཆོག་བསྟན་པ་རབ་རྒྱས། རྗེ་འདི་ནི་ཀན་སུའུ་ཞིང་ཆེན་ལྷ་ཧོ་རྫོང་ཁོངས་གཙོས་བསྟན་འཛིན་སྡེ་ཁྲོད་དུ་རབ་བྱུང་བཅུ་གསུམ་པའི་ལྕགས་བྱ(སྤྱི་ལོ1801)ལོར་སྐུ་འཁྲུངས། དགུང་ལོ་ལྔ་ལ་ཕེབས་སྐབས་ཀུན་མཁྱེན་འཇམ་དབྱངས་བཞད་པ་སྐུ་ཕྲེང་གསུམ་པས་བྲག་དགོན་པ་སྤྲུལ་བཟང་ཤེས་རབ་ཀྱི་སྤྲུལ་སྐུར་ངོས་འཛིན་མཛད། དགུང་ལོ་དྲུག་པར་དཔོན་མང་པཎྜི་ཏ་ལས་རབ་ཏུ་བྱུང་སྟེ་མཚན་དཀོན་མཆོག་བསྟན་པ་རབ་རྒྱས་སུ་གསོལ། དགུང་ལོ་དགུ་པ་ནས་དགའ་ལྡན་ཆོས་འཁོར་གླིང་དང་། ལྷག་པར་བླ་བྲང་བཀྲ་ཤིས་འཁྱིལ་དུ་མདོ་སྔགས་རིག་གནས་དང་བཅས་པར་ཐུགས་གཉེར་དཔྱིས་ཕྱིན་གནང་ཐོག་དབུས་སུ་ལན་གཉིས་ཕེབས། སྔག་ཕུ་ཡོངས་འཛིན་ཡེ་ཤེས་རྒྱ་མཚོ་སོགས་སྐྱེར་བླ་མ་སུམ་ཅུ་རྩ་གྲངས་ཀྱི་ཞབས་ལ་གཏུགས་ནས་དབང་ལུང་མན་ངག་གི་གདམས་པ་རྒྱ་ཆེར་གསན། ལྷག་པར་དུ་དགུང་ལོ་དགུ་པ་ནས་ང་གསུམ་གྱི་བར་དཔལ་མང་པཎྜི་ཏ་དཀོན་མཆོག་རྒྱལ་མཚན་གྱི་དྲུང་དུ་བཅར་བཞུགས་གནང་སྟེ་བསམ་སྦྱོར་གཉིས་ཀྱིས་ཚུལ་བཞིན་བསྟེན་ཅིང་མཁས་པའི་དབང་པོར་སོན། དེ་ནས་དཔལ་མང་པཎྜི་ཏ་དང་། དགའ་ལྡན་ཐེ་བོ་སྤྲུལ་པའི་སྐུ། དཔའ་རི་སྤོ་ཁོ་ངག་དབང་ལེགས་བཤད་ཉི་མ་སོགས་མཁས་གྲུབ་དག་གིས་ཡང་ཡང་སྐུལ་མ་མཛད་པས་ཀུན་བསླངས་ཏེ། རྗེ་བསྟན་པ་རབ་རྒྱས་མཆོག་གིས་བཀའ་ཆེམས་དང་། ཆོས་འབྱུང་། དེབ་ཐེར། ལོ་རྒྱུས། རྣམ་ཐར། བསྟན་རྩིས། འཁྲུངས་རབས། གདུང་རབས། རྒྱལ་རབས། གདན་རབས། རྟོགས་བརྗོད། དཀར་ཆག ཐུས་མཛོད་སོགས་ལོ་རྒྱུས་རིག་པའི་རྩོམ་གཞུང་རྣམ་གྲངས་ལྔ་བརྒྱ་སུམ་ཅུ་ལྷག་གསན་གཟིགས་དང་། རྨ་ཆུ། ཀླུ་ཆུ། བསང་ཆུ། དགུ་ཆུ། ཙོང་ཆུའི་རྒྱུད་སོགས་ཡུལ་གྲུ་དང་ས་ཁུལ་མང་པོར་ཆིབས་བསྐྱོད་ཀྱིས་དྲི་གཏུགས་དངོས་ཀྱི་ཐོག་ནས་མདོ་སྨད་ཆོས་འབྱུང་རྩོམ་སྒྲིག་མཛད། རབ་བྱུང་བཅུ་བཞི་པའི་ཤིང་གླང(སྤྱི་ལོ1865)ལོར་ལེགས་པར་གྲུབ། ཆོས་འབྱུང་དེའི་ནང་དོན་ཨ་མདོའི་ཡུལ་གྲུ་ཁག་གི་དགོན་མ་ལག་སོ་སོར་ཁྱོན་པའི་བསྟན་འཛིན་སྐྱེས་བུ་དང་། གྲྭ་རྒྱུན་མང་ཉུང་། ས་ཆགས་རིང་ཐུང་། འཁོར་པ་ཐོན་ཁུངས་སོགས་ཞིབ་ཏུ་གསུངས་ཤིང་། ཁྱད་པར་དུ་མདོ་སྨད་ལྗོངས་ཀྱི་བསྟན་པའི་འཕེལ་འགྲིབ་དང་། ལུང་བ་ཤོག་པ། ཆབ་སྲིད་དཔལ་འབྱོར། རིག་གནས་སློབ་གསོ། རང་བྱུང་གི་ཁམས། དགོན་སྒྲུབ་སྡེའི་གདན་རབས། ལྷ་རྟེན་ཆོས་གསུམ། དཔེ་མཛོད་གཙུག་ལག་བཅས་ཞིབ་ཅིང་རྒྱས་ཙམ་གསལ་

བ་མ་ཟད། དབུ་ན་ཆོས་འབྱུང་རྒྱལ་རབས་རྣམ་གྲངས་དྲུག་ཅུ་ལྷག་ཙམ་གྱི་མཚན་བྱང་དང་རྩོམ་པ་པོ་སོགས་བཀོད་ཡོད། ཇེ་འདི་ཉིད་ཀྱི་གསེགས་ལོ་ཁ་གསལ་མ་རྙེད།

བྲག་གཡབ་རྗོགས་ལྡན་འཇམ་དབྱངས་བློ་གྲོས། ཇེ་འདི་མདོ་སྨད་ཀྱི་སའི་ཆ་རྨེ་སྟོད་བྱང་དཀར་ཞེས་བྱ་བའི་ཡུལ་གྲུ་དེར་ཡབ་དར་རྒྱས་དང་ཡུམ་རྣལ་འབྱོར་མའི་རིགས་ཅན་དུ་གྲགས་པ་ལོ་ཡག་སྒྲོན་གཉིས་ཀྱི་སྲས་སུ་རབ་བྱུང་བཅོ་ལྔ་པའི་ས་བྱི(སྤྱི་ལོ1888)ལོར་འཁྲུངས། མཚན་དོན་གྲུབ་ཚེ་རིང་ཞེས་གསོལ། དགུང་ལོ་ལྔ་པའི་དུས་ཡི་གེ་བསླབས་པར་ཚེགས་མེད་དུ་མཁྱེན། དགུང་ལོ་བཅུ་གཉིས་ནས་བཅུ་དྲུག་བར་ཆོས་འདོན་དུ་ཕྱིན། དགུང་ལོ་བཅུ་བདུན་སྐབས་གྲུབ་ཆེན་བསྟན་པའི་རྒྱལ་མཚན་གྱི་དྲུང་ནས་རབ་བྱུང་གི་སྡོམ་པ་བཞེས། མཚན་ངག་དབང་ཡེ་ཤེས་ཞེས་གསོལ། དགུང་ལོ་ཉི་ཤུ་རྩ་གཉིས་ལ་རྒྱལ་བ་བློ་བཟང་ཆོས་ཉིད་ཀྱི་དྲུང་དུ་ཟབ་ཆོས་མང་དུ་གསན་ཏེ་མཚན་འཇམ་དབྱངས་བློ་གྲོས་ཞེས་བསྩལ། དགུང་ལོ་ཉེར་གསུམ་ལ་དབུས་སུ་ཕེབས་ནས་འབྲས་བློ་གླིང་གི་ཆོས་གྲྭར་ཞུགས། ཀྱཻ་རྡོར་བློ་བཟང་སྦྱིན་པ་དང་། མི་ཉག་འཇམ་དཔལ་བློ་གྲོས། གསེར་ཁང་རྗེ་བྱམས་པ་བསྟན་འཛིན་རྒྱ་མཚོ་སོགས་ནས་མདོ་སྔགས་ཀྱི་ཆོས་ཚུལ་མཐའ་ཡས་པ་གསན་ཅིང་། ཕ་བོང་ཁ་རྗེ་བྱམས་པ་བསྟན་འཛིན་རྒྱ་མཚོའི་དྲུང་ནས་དགེ་སློང་གི་སྡོམ་པ་མནོས། ཇེ་འདི་གྲྭ་རྒྱུད་བྱ་བྲལ་དུ་རི་ཁྲོད་ཨེ་གསང་ཕུག་ཏུ་འཚོ་བ་གང་བྱུང་ལ་ཆོག་ཤེས་བརྟེན་ནས་སྒྲུབ་པ་ལ་བརྩོན། དགུང་ལོ་སོ་ལྔ་ལ་མདོ་སྨད་དུ་ཕེབས། བྲག་གཡབ་བྲ་དགོན་དུ་ལམ་རིམ་བདེ་ཆེན་ཞལ་ལུང་ལྷུགས་བསྒྲིགས་མཛད། དཔའ་ཤོད་དགོན་དུ་གཞུང་ཆེན་པོད་ལྔའི་རྩོད་གྲྭ་བཙུགས། ཚོགས་གཞུང་དུ་བཏུང་བ་སྦྱིས་ཚང་གི་རྒྱུན་བཙུགས། ཟ་རྒྱུད་ཙ་ར་ཁར་ལམ་རིམ་གྱི་སྒྲུབ་གྲྭ་བཙུགས་ནས་རྒྱར་ཁམས་དགོན་ཁག་སོ་སོར་ལམ་རིམ་ཁྲིད་ལ་གཙོལ་བ་མཛད། གཙུག་ཕུར་རི་ཁྲོད་ཕྱག་བཏབ། བཀའ་རྩོམ་ཡང་། ལྷག་མཐོང་ཆེན་མོའི་དཀའ་གནད་རིན་ཆེན་ཕྲེང་བ། ཉམས་མགུར་གྱི་ཚོགས་ཐབས་ཤེས་གསང་བའི་བང་མཛོད། ལྷག་མཐོང་ཆེན་མོའི་དཀའ་གནད་ཀྱི་འགྲེལ་པ་རིག་པའི་ལྡེ་མིག་སོགས་ཐུར་སོགས་པོད་ཆེན་གཅིག་བཞུགས། དགུང་ལོ་ང་བཞི་ལ་ཕེབས་པ་རབ་བྱུང་བཅུ་དྲུག་པའི་ལྕགས་སྦྲུལ(སྤྱི་ལོ1941)ལོར་དགོངས་པ་ཆོས་དབྱིངས་སུ་ཐིམ།

བྲག་གཡབ་བློ་བཟང་བསྟན་པ། ཇེ་འདི་ནི་གོ་འཇོ་ལྷ་ཐོག་ཡུལ་དུ་རབ་བྱུང་བཅུ་གཅིག་པའི་ཆུ་ཕག(སྤྱི་ལོ1683)ལོར་སྐུ་འཁྲུངས། སྐུ་གཞོན་དུས་གསང་ཕུ་དགོན་དུ་སློབ་གཉེར་མཛད་དེ་ཁྲི་ཆེན་སྦྱིན་པ་རྒྱ་མཚོ་དང་། བཀའ་འགྱུར་བློ་བཟང་ཆོས་འཛིན་སོགས་ཀྱི་ཞབས་ལ་གཏུགས་ནས་མདོ་སྔགས་ཀྱི་ཆོས་མང་དུ་གསན། མཁས་དང་གྲུབ་པའི་གོ་འཕང་བརྙེས། སྐུ་ཚེ་ཕྱི་ལ་པོ་འཆད་རྩོད་རྩོམ་གསུམ་གྱིས་དུས་འདའ་བར་མཛད། གསུང་རྩོམ་ལ་མཚོན་ན། ཁམས་གསུམ་འགྲོ་བའི་བླ་མ་ཆོས་ཀྱི་རྒྱལ་པོ་ཐམས་ཅད་མཁྱེན་པ་ཤར་ཙོང་ཁ་པ་བློ་བཟང་གྲགས་པའི་དཔལ་གྱི་རྣམ་པར་ཐར་པ་ཡོན་ཏན་ཆུ་གཏེར། ༡རྒྱལ་

དབང་ལྷ་པའི་རིགས་གསུམ་སྤྱི་སྒྲུབ་ཀྱི་རྣམ་བཤད་ཆེན་མོ་ཕན་བདེའི་འབྱུང་གནས། སྙིང་པོ་དོན་གསུམ་གྱི་ཁྲིད་ཡིག་རྒྱས་བསྡུས་གཉིས་སུ་ཕྱེ་བ། སེམས་བསྐྱེད་ཆོ་ག་བཟུང་ཚུལ་སོགས་ཆོས་དཔེ་པོད་གཅིག་ལྷག་བཀའ་རྩོམ་གནང་། མཐར་དགུང་ལོ་ལྔ་བཅུ་ང་བདུན་ལ་ཕེབས་པ་རབ་བྱུང་བཅུ་གཉིས་པའི་ས་ལུག(སྤྱི་ལོ1739)ལོར་སྐུ་གཤེགས།

ཐག་རི་དམ་ཚིག་རྡོ་རྗེ་གྲགས་པ་དཔལ། རྗེ་འདི་ནི་ཧལ་ཧའི་ཡུལ་གྱུར་ཆེང་གིར་གྱི་རྒྱལ་རྒྱུད་དུ་ཡབ་ཚེ་དབང་བཀྲ་ཤིས་དང་། ཡུམ་བསོད་ནམས་སྐྱིད་གཉིས་ཀྱི་སྲས་སུ་རབ་བྱུང་བཅུ་གསུམ་པའི་ལྕགས་གླང(སྤྱི་ལོ1781)ལོར་འཁྲུངས། ནོ་ཡོན་ཧོ་ཐོག་ཐུ་ཡེ་ཤེས་དོན་གྲུབ་ཀྱིས་མཚན་ཚེ་རིང་རྡོ་རྗེར་གསོལ། དགུང་ལོ་བཅུ་གཉིས་ལ་ཞུ་རེ་དགོན་པར་ཆོས་ཞུགས་མཛད་ནས་བསྡུས་གྲྭ་སོགས་གཞུང་ལུགས་ལ་གསན་སྦྱོང་མཛད། དགུང་ལོ་བཅུ་དྲུག་ལ་དཀའ་བཅུ་ཡེ་ཤེས་དོན་གྲུབ་ཀྱི་དྲུང་དུ་རབ་བྱུང་བསྒྲུབས། དགུང་ལོ་བཅུ་དགུ་ལ་ཐུའུ་བཀྭན་རིན་པོ་ཆེའི་དྲུང་དུ་ཕེབས་ནས་མདོ་སྔགས་ཀྱི་ཆོས་མང་དུ་གསན། དགུང་ལོ་ཉི་ཤུ་ལ་དགོན་ལུང་དུ་ཕེབས་ནས་ཐུའུ་བཀྭན་ཆོས་ཀྱི་ཉི་མའི་དྲུང་དུ་བསྙེན་རྫོགས་བསྒྲུབས། དགུང་ལོ་ཉེར་བཞི་ལ་ཁལ་ཁ་རྗེ་བཙུན་སྐུ་ཕྲེང་བཞི་པ་དང་ལྷན་དུ་དབུས་སུ་ཕེབས་ནས༑རྒྱལ་དབང་འཇམ་དཔལ་རྒྱ་མཚོ་དང་མཇལ། སེ་ར་བྱེས་བསམ་བློ་ཁང་ཚན་དུ་ཆོས་ཞུགས་མཛད། ཧལ་ཧ་བློ་བཟང་སྦྱིན་པ་ཡོངས་འཛིན་དུ་བསྟེན་ནས་གཞུང་ཆེན་མོར་སློབ་གཉེར་མཛད། ཁྲི་ཆེན་ངག་དབང་སྙན་གྲགས་ཀྱི་དྲུང་ནས་kyང་དམ་ཆོས་མང་དུ་གསན། མདོ་སྔགས་ཀྱི་གཞུང་ཆེན་ལ་མཁས་པའི་གྲགས་པ་རྒྱས། བོད་དུ་སློབ་གཉེར་ལ་ལོ་བཅུ་དྲུག་བཞུགས་ནས་དགུང་ལོ་བཞི་བཅུ་ཐམ་པ་ལ་རྗེ་བཙུན་དམ་པ་སྐུ་ཕྲེང་ལྔ་པའི་མཆོག་སྤྲུལ་ཁལ་ཁར་གདན་ཞུ་གནང་བ་དང་སྦྲགས་རང་ཡུལ་དུ་ཕྱིར་ཕེབས། དགུང་ལོ་རེ་དྲུག་ལ་རྗེ་བཙུན་དམ་པ་སྐུ་ཕྲེང་ལྔ་པ་དགོངས་པ་རྫོགས་པའི་མཆོད་འབུལ་དུ་དབུས་གཙང་དུ་ཕེབས། རྗེ་འདི་ཉིད་འཆད་རྩོད་ཀྱི་རིག་པ་ཟབ་པ་མ་ཟད། རྩོམ་པ་ལའང་མཆོག་ཏུ་མངའ་བས། བྱང་ཆུབ་ལམ་རིམ་གྱི་ཁྲིད་ཡིག་སྨན་མཆོག་ཐེག་ཆེན་བློ་སྦྱོང་གི་དམིགས་རྣམ་སྐྱོང་ཚུལ་བདུད་རྩིའི་ཉིང་ཁུ། དབུ་མ་འཇུག་པའི་འགྲེལ་བཤད་རྒྱལ་སྲས་རྒྱ་མཚོའི་འཇུག་ངོགས། སྨན་མཆོག་ཁ་སྐོང་དང་བཅས་པ་ནོར་བུའི་མཛེས་རྒྱན། སྤྱན་རས་གཟིགས་ལྷ་ལྔའི་སྒྲུབ་དཀྱིལ་ཆོ་ག རྡོ་རྗེ་འཇིགས་བྱེད་ལྷ་བཅུ་གསུམ་གྱི་ལས་རིམ། བདེ་མཆོག་དཀར་པོའི་མཆོད་ཚོག་དཔལ་སྟེར། སྒྲུབ་མཆོད་རྒྱས་པ་དངོས་གྲུབ་གཏེར་མཛད། སྒྲོལ་དཀར་ཡིད་བཞིན་འཁོར་ལོའི་ཆོས་མཆོག་རབ་རྒྱས། བླ་མའི་རྣལ་འབྱོར་རྣ་ཚོགས་ཀྱི་སྐོར། ཚེ་སྒྲུབ་འཆི་མེད་སྒྲོག་ཤིང་། ཀུན་མཁྱེན་གཉིས་པ་སློབ་དཔོན་ཆེན་པོ་དཔྱིག་གཉེན་ཞབས་ཀྱི་ཕྱུང་བོ་ལྔའི་རབ་བྱེད་སོགས་མདོ་སྔགས་ཀྱི་བསྟན་བཅོས་པོ་ཏི་བཅུ་དྲུག་ཙམ་བརྩམས་པ་གནང་། མཐར་དགུང་གྲངས་དོན་ལྔ་ལ་ཕེབས་པ་རབ་བྱུང་བཅུ་བཞི་པའི་ཤིང་ཡོས(སྤྱི་ལོ1855)ལོར་གཟུགས་སྐུའི་བཀོད་པ་རེ་ཞིག

ཆོས་དབྱིངས་སུ་བསྡུ་བའི་ཚུལ་བསྟན།

བྲག་ལུང་མཁན་པོ་དགེ་འདུན་ལུང་རྟོགས་རབ་རྒྱས། མདོ་སྨད་བྲ་གྲུང་དགོན་གྱི་མཁན་རབས་གྱི་བདུན་པ་འདི་ཉིད་ནག་རྩ་ཡུལ་གདོང་དུ་ཡབ་ལེགས་ཟླ་དང་། ཡུམ་ཀ་ཀྲོ་གཉིས་ཀྱི་སྲས་སུ་རབ་བྱུང་བཅོ་ལྔ་པའི་ཤིང་ལུག(སྤྱི་ལོ1895) ལོར་སྐུ་འཁྲུངས། རྗེ་ཞྭ་དམར་པཎྜི་ཏ་ལས་རབ་ཏུ་བྱུང་། མཚམས་རིང་ཁོང་དགེ་རྒན་དུ་བསྟེན། མཁྱེན་རབ་ཆེ་བའི་གྲགས་པ་རྒྱས། ༧རྒྱལ་དབང་སྐུ་ཕྲེང་བཅུ་གསུམ་པ་ཆེན་པོ་བྲ་གྲུང་དུ་ཕེབས་ནས་འཛིན་གྲྭ་སོ་སོར་དཔེ་ཁྲིད་གནང་སྐབས་འདི་བས་དོན་བདུན་ཙུའི་ཤོག་སྡེ་བཟུང་ནས༧རྒྱལ་དབང་དང་མཉམ་གཟིགས་མཛད་པའི་སྐལ་བ་བྱུང་། དགུང་ལོ་བཅོ་བརྒྱད་ཐོག་བསྡུས་གྲྭའི་དམ་བཅའ་བཞག་པར་དགེ་བཤེས་རྣམ་པའི་ཐུགས་ཟིན། ས་རལ་མཁན་ཆེན་དགེ་འདུན་ཆོས་འཕྲོར་རྒྱ་མཚོ་ལས་བསྙེན་རྫོགས་བཞེས། གསེར་ཏོག་བློ་བཟང་ཚུལ་ཁྲིམས་རྒྱ་མཚོ་དང་། ཆེ་ཤོས་རིན་པོ་ཆེ། ཨ་ལགས་པོ་ཆེ་སོགས་ཀྱི་དྲུང་ནས་ཆོས་བཀའ་ཅི་རིགས་གསན། དགུང་ལོ་ཉེར་ལྔའི་ཐོག་ལྷ་ཁང་ཉམས་གསོའི་དོན་དུ་སོག་ཡུལ་དུ་ཕེབས། ཕྱིར་ཕེབས་ནས་ལྷ་ཁང་རྟེན་བརྟེན་པ་གསར་བཞེངས་དང་། གསེར་ཟངས་ལས་གྲུབ་པའི་སྒྲོལ་མ་ཉེར་གཅིག འདུ་ཁང་ཆེན་མོར་གན་ཛི་ར་སོགས་རྟེན་བཞེངས། དེའི་རྗེས་ནས་ཀྱང་སོག་ཡུལ་དུ་ལན་གཅིག་ཕྱིན། དགུང་ལོ་སོ་དྲུག་པ་ལྕགས་རྟ (སྤྱི་ལོ1930) ལོར་བྲ་གྲུང་གདན་ཁྲིར་ཕེབས། སློབ་གཉེར་ལ་རྟིང་སྐུལ་དང་བསྙེན་བཀུར་ཟབ། དགུང་ལོ་སོ་བརྒྱད་སྟེང་མཁན་ཁྲི་དགོངས་པ་ཞུས། བྲག་ལུང་གི་འདུ་ཁང་གསར་བཞེངས་མཛད། དགུང་ལོ་སོ་དགུའི་སྟེང་ནས་རྗེ་ཨ་ཁྱ་ཞབས་ཡབ་སྲས་ཀྱི་ཞབས་པད་བསྟེན། མི་ཏྲ་རྫོར་ཕྲེང་གི་དབང་དང་བཀའ་འགྱུར་གྱི་ལུང་སོགས་ཆོས་བཀའ་མནོག་ཆེ་བ་གསན། འཇིགས་བྱེད་བསྙེན་ཆེན་སྔ་ཕྱིར་ལན་གཉིས་བཏང་། བྲ་གྲུང་དུ་སྔ་ཕྱིར་ཕེབས་ནས་ཁོང་བའི་ཐུགས་མོས་བཞིན་ཆོས་རྒྱུན་མི་ཉུང་ཙམ་སྤེལ། དགུང་ལོ་ང་བརྒྱད་བཞེས་པ་རབ་བྱུང་བཅུ་དྲུག་པའི་ཆུ་འབྲུག(སྤྱི་ལོ1952) ལོའི་བོད་ཟླ་དང་པོའི་ཚེས་གཅིག་ལ་ཞི་བར་གཤེགས་སོ།

ལྷ་བྲང་ཨ་ཁུ་ཤེས་རབ་རྒྱ་མཚོ། མདོ་སྨད་རྩེ་གཞུང་བྲག་དམར་མདོ་ཞེས་པའི་ཡུལ་དུ་ཡབ་ནོ་བོ་དང་། ཡུམ་ཙོན་ཐར་ཞེས་པ་གཉིས་ཀྱི་སྲས་སུ་རབ་བྱུང་བཅུ་གསུམ་པའི་ཆུ་ཕག(སྤྱི་ལོ1803) ལོར་སྐུ་འཁྲུངས། ཆུང་དུས་ཁུ་བོ་རྗེ་སང་བླམ་ལས་ཕྲལ་ཀློག་དང་སྦྱོར་ཀློག་ཐུགས་སུ་ཆུད། དགུང་ལོ་བཅུ་དྲུག་པར་དབེན་གནས་ཡིད་དགའ་ཆོས་འཛིན་བསམ་གཏན་འཕེལ་རྒྱས་གླིང་དུ་འཕགས་པ་གནས་བརྟན་ཆེན་པོ་དཀོན་མཆོག་དགེ་འདུན་ལས་ཚངས་སྤྱོད་དགེ་བསྙེན་གྱི་སྡོམ་པ་དང་རབ་བྱུང་གི་ཚུལ་ཁྲིམས་མནོས་ཏེ་རྒྱལ་བའི་བསྟན་པ་རིན་པོ་ཆེའི་སྒོར་ཞུགས། དེ་ནས་དགེ་བའི་བཤེས་གཉེན་ཆེན་པོ་དཀོན་མཆོག་དོན་ཡོད་དང་མཁྱེན་གཏེར་ངག་དབང་བཀྲ་ཤིས་ལས་བསྡུས་གྲྭ་དང་ཚད་མ། གཞུང་ཐང་བསྟན་

པའི་སྒྲོན་མེ་ལས་བྱང་ཆུབ་བདེ་ལམ་དང་། འཇམ་དཔལ་ཞལ་ལུང་གི་ཁྲིད་སོགས་ཆོས་བཀའ་བསམ་གྱིས་མི་ཁྱབ་པ་གསན། དགུང་ལོ་བཅུ་བདུན་པ་ས་ཡོས་ལོར་དགེ་ཚུལ་གྱི་སྡོམ་པ་མནོས། དགུང་ལོ་ཉི་ཤུ་རྩ་ཧ་ལོ་ནས་པར་ཕྱིན་དང་དབུ་མ་ཉེར་དྲུག་པ། ས་ཕྱི་ལོ་ནས་མཛོད་ལ་སོགས་པ་གཞུང་པོད་ལྔ་ལ་མཐར་ཕྱིན་པར་སྦྱངས། གཞན་ཡང་གཏོར་བཟློག བཅའ་གཞོམས། ཕྱག་ཁྲིས་སོགས་ཕུལ་བྱུང་དུ་གྱུར། བླ་མའི་བཀའ་བཞིན་དྲུང་ཡིག་གི་ལས་འགན་བསྣམས། མཁས་པའི་མཚན་སྙན་ཐོབ། དགུང་ལོ་ཉེར་བརྒྱད་པ་ལྕགས་སྟག(སྤྱི་ལོ1830)ལོར་སྐྱབས་མགོན་ཐམས་ཅད་མཁྱེན་པ་རྗེ་བཙུན་བློ་བཟང་ཐུབ་བསྟན་འཇིགས་མེད་རྒྱ་མཚོས་མཁན་སློབ་སྦྲགས་མ་དང་། སྔོ་མེ་ལྷ་རམས་པ་བློ་བཟང་ཆོས་འཛིན་གྱིས་གསང་སྟོན་མཛད་དེ་རབ་བྱུང་དགེ་ཚུལ་བསྐྱར་སྒྲུབ་དང་དགེ་སློང་གི་སྡོམ་པ་མནོས། མཚན་ཤེས་རབ་རྒྱ་མཚོ་ཞེས་གསོལ། ཕྱིར་རྗེ་འདིས་མཁས་གྲུབ་དམ་པ་མང་པོའི་ཞབས་ལ་གཏུགས་ཏེ་མདོ་སྔགས་ཀྱི་གཞུང་དང་དབང་ཁྲིད་མན་ངག་མཐའ་ཡས་པ་གསན། གསན་ཡིག་ལས། སྐྱབས་མགོན་ཐམས་ཅད་མཁྱེན་ཅིང་གཟིགས་པ་ཆེན་པོ་རྗེ་བཙུན་བློ་བཟང་ཐུབ་བསྟན་འཇིགས་མེད་རྒྱ་མཚོ་དང་། འཇམ་དཔལ་དབྱངས་དངོས་དཀོན་མཆོག་བསྟན་པའི་སྒྲོན་མེ། སྤྱན་རས་གཟིགས་དབང་མཁན་ཆེན་གྲགས་པ་རྒྱལ་མཚན། གསང་བདག་གྲུབ་པའི་དབང་ཕྱུག་སྟེ་ཁྲི་རིན་པོ་ཆེ་འཇམ་དབྱངས་ཐུབ་བསྟན་ཉི་མ་ལ་སོགས་པའི་དགེ་བའི་བཤེས་གཉེན་བཅུ་ཕྲག་གསུམ་དུ་ཉེ་བའི་ཞབས་ལ་གཏུགས་ཏེ་ཡང་དག་པར་རྫོགས་པའི་སངས་རྒྱས་ནས་བཟུང་དམ་པ་བར་མ་ཆད་པ་ལས་བརྒྱུད་པའི་དབང་རྗེས་གནང་ཁྲིད་མན་ངག་མི་ཉུང་བ་ཙམ་འབད་པས་མནོས། བཀའ་རྩོམ་ལ་མཆོན་ན། རྗེ་ཙོང་ཁ་པ་ཆེན་པོའི་བསྟོད་པ་རྩ་འགྲེལ་གྱི་བཤད་ལུང་གི་བརྗེད་བྱང་ཐོར་བུ་ནོར་བུའི་ཕྲ་ཚོམ། དཔལ་གསང་དབང་འདུས་པ་འཕགས་ལུགས་ལྷ་སོ་གཉིས་པའི་རིམ་པ་དང་པོའི་ཁྲིད་དམིགས་བརྗེད་བྱང་མི་བསྐྱོད་མགོན་པོའི་ཞལ་ལུང་། འཇམ་དཔལ་དུས་དགྲའི་དབང་པོ་མ་ཧེའི་གདོང་ཅན་ལྷ་བཅུ་གསུམ་པའི་རིམ་པ་དང་པོའི་ཟབ་ཁྲིད་ཟིན་བྲིས་འཇིགས་མཛད་རྡོ་རྗེའི་ཞལ་ལུང་། བསྟན་པའི་གནད་ཀུན་རྫོགས་པའི་གདམས་པ་བྱང་ཆུབ་བདེ་ལམ་གྱི་ཞལ་ཤེས་བདུད་རྩིའི་དབྱིངས་ཀྱི་སྒོ་འབྱེད། སྒྲའི་དཀའ་གནས་ལས་བརྩམས་པའི་བརྗེད་བྱང་དབྱངས་ཅན་རོལ་མཚོ་སོགས་པོད་ཉི་ཤུ་ཙམ་མཛད།

ཕྱིས་སུ་བྲག་རི་དགོན་དང་། སྨར་ལུང་བཀྲ་ཤིས་ཆོས་འཕེལ་གླིང་། བྲག་དཀར་བྱང་ཆུབ་གླིང་སོགས་དགོན་སྡེ་མང་པོར་ཕེབས་ཏེ་དབང་ལུང་མན་ངག་གི་བདུད་རྩིའི་གྲུ་ཆར་ཚད་མེད་ཕབ་སྟེ་བསྟན་འགྲོར་སྨན་པའི་བྱ་བ་རྒྱ་ཆེན་པོ་མཛད། དགུང་ལོ་དོན་གསུམ་ལ་ཕེབས་པ་རབ་བྱུང་བཅོ་ལྔ་པའི་ཤིང་ཕག(སྤྱི་ལོ1875)ལོར་དགོངས་པ་ཆོས་དབྱིངས་སུ་ཐིམ།

བློ་བཟང་རྒྱ་མཚོའི་ཕྲིན། མཚན་གཞན་ཅོ་ནེ་བླ་མ་རིན་པོ་ཆེ་ནི་མདོ་སྨད་ཆོས་དཔལ་ཞིང་དུ་གོང་ཚོའི་

རིགས་སུ་རབ་བྱུང་བཅོ་ལྔ་པའི་ལྕགས་རྟ(སྤྱི་ལོ1870)ལོར་སྐུ་འཁྲུངས། དགུང་ལོ་བརྒྱད་ལ་ཕེབས་སྐབས་རྗེ་ངག་དབང་མཚན་ཅན་གྱི་དྲུང་ནས་གཞུང་ཆེན་བཀའ་པོད་ལྔར་གསན་སྦྱོང་མཛད། དགེ་བའི་བཤེས་གཉེན་ངག་གི་དབང་ཕྱུག་དང་འཇམ་བཞད་སྐལ་བཟང་ཐུབ་བསྟན་དབང་ཕྱུག་སོགས་བསྟེན་ནས་མདོ་སྔགས་ཀྱི་ཆོས་མང་དུ་གསན། དགུང་ལོ་སོ་བཞི་པར་བཀྲ་ཤིས་འཁྱིལ་དུ་བཞུགས། ས་བྱ(སྤྱི་ལོ1909)ལོ་ཙམ་ལ་པཎ་ཆེན་ཆོས་ཀྱི་ཐུབ་བསྟན་ཉི་མས་གཙང་བཀྲ་ཤིས་ལྷུན་པོར་གདན་ཞུ་གནང་སྟེ་བཀྲས་ལྷུན་དུ་ལོ་ཤས་རིང་ཆོས་འཁོར་བསྐོར། དེ་ནས་མེ་སྟག(སྤྱི་ལོ1926)ལོར་དབུས་སུ་ཕེབས་རྗེས་སྐྱབས་རྗེ་ཕ་བོང་ཁ་བྱམས་པ་བསྟན་འཛིན་མཆོག་ནས་རྗེ་ཉིད་བཀྲ་ཤིས་ཆོས་གླིང་དུ་གདན་དྲངས་ཏེ་མདོ་སྔགས་ཀྱི་ཆོས་མང་དུ་བསྩལ། ལོ་ཤས་བཞུགས་རྗེས་རབ་བྱུང་བཅུ་དྲུག་པ་ལྕགས་རྟ(སྤྱི་ལོ1930)ལོར་༧རྒྱལ་དབང་ཐུབ་བསྟན་རྒྱ་མཚོས་བཀའ་ཡིག་བསྩལ་ཏེ་ནོར་གླིང་དུ་བཀའ་འགྱུར་དཀར་ཆག་རྩོམ་འབྲི་གནང་བར་ཕེབས། དེ་ནས་ལོ་གཉིས་ཙམ་ནོར་གླིང་དུ་བཀའ་འགྱུར་དཀར་ཆག་རྩོམ་འབྲི་གནང་མུར་གཤེགས་པར་སྣང་། ཕྱག་རྩོམ་ལ་མཆོན་ན། གསུང་གི་དབང་ཕྱུག་མ་ལ་བསྟོད་ཅིང་འདོད་དོན་གསོལ་བ། རྒྱས་པའི་བསྟན་བཅོས་ཚད་མ་རྣམ་འགྲེལ་བསྡུས་དོན་གཏེར་གྱི་ཁ་བྱང་། ལེགས་པར་བཤད་པའི་སྙིང་པོ་ལས་བརྩམས་ཏེ་སྤྱིལ་མར་བསྟོད་པ་དགོངས་དོན་ཟབ་མེད་ནམ་མཁའ་མཛོད་ཀྱི་སྒོ་འཕར་སོགས་པོ་ཏི་ཆུང་བ་གཅིག་ཙམ་བཞུགས།

བློ་བཟང་བསྟན་པ་ཆོས་འཕེལ། མཚན་གཞན་འཁྲུལ་ཞིག་པ་གར་དབང་མཆོག་ནི་མདོ་ཁམས་ལྷན་མ་ཁུལ་དུ་སྤྱི་ལོའི་དུས་རབས་བཅུ་དགུ་པའི་དཀྱིལ་ཙམ་ལ་འཁྲུངས། རྗེ་འདི་མཁན་ཆེན་ཡོན་ཏན་དཔལ་གྱི་སྤྲུལ་སྐུ་ཡིན་པ་དང་། སེ་རར་ཆོས་ཞུགས་ཀྱིས་གཞུང་ཚན་ལ་སློབ་གཉེར་མཛད། པཎ་ཆེན་བསྟན་པའི་ཉི་མ་མཆོག་དང་། རྗེ་སྐལ་བཟང་མཁས་གྲུབ་སོགས་བསྟེན་ནས་མདོ་སྔགས་ཀྱི་ཆོས་མང་དུ་གསན། ལྷག་པར་འཇམ་བཞད་སྐུ་ཕྲེང་བཞི་པའི་ཡབ་ཀྱི་ས་ནས་སྨན་གཞུང་ལ་སྦྱོང་བ་མཛད་ནས་སྨན་པ་མཁས་པར་གྲགས། རྗེ་འདིས་འཇམ་བཞད་བློ་བཟང་མཁས་གྲུབ་དང་རྣ་སྦྲེང་ངག་དབང་ཡེ་ཤེས་བསྟན་པའི་རྒྱལ་མཚན་སོགས་ལ་ཆོས་མང་དུ་གསུངས། མདོ་སྔགས་གཞུང་ལུགས་གསན་སྦྱོང་དཔྱིས་ཕྱིན་པ་མཛད་པས་མཁས་པའི་གྲལ་ན་འཁོད། རྩོམ་པ་ལ་ཡང་བྱང་ཆུབ་ལམ་གྱི་རིམ་པའི་སྔོན་འགྲོ་སྦྱོར་བའི་ཆོས་དྲུག་ཉམས་སུ་ལེན་ཚུལ་བཀའ་གདམས་མེས་པོའི་ཞལ་ལུང་། རང་དང་གཞན་གྱི་གྲུབ་པའི་མཐའི་རྣམ་པར་གཞག་པ་ལེགས་པར་བཤད་པ་རབ་གསལ་ཤེལ་དཀར་མེ་ལོང་། དཔལ་རྟ་མཆོག་རོལ་པའི་རྒྱུད་ལས་དབང་ཆེན་མིའི་གར་གྱི་དབང་ཕྱུག་གསང་ཆེན་དགྱེས་གུར་རབ་ཏུ་སྤྱིལ་བའི་རྡོར་རྗེ་སློབ་དཔོན་ཇི་ལྟར་བྱུང་བའི་ཚུལ་ལུང་དུ་བསྟན་པའི་ལུང་བསྟན་གྱི་རྣམ་པར་བཤད་པ་ཀུན་བཟང་ཆོས་སྤྲིན། བསྟན་བཅོས་ཆེན་མོ་དབུ་མ་ལ་འཇུག་པའི་གཞུང་ལ་ཐོས་བསམ་བྱ་བའི་ཚུལ་འཇམ་དབྱངས་ཞལ་ལུང་མཁས་པའི་

དགོངས་རྒྱན། དཔལ་གསང་བ་འདུས་པའི་དབང་གི་སློབ་མ་སྔ་གོན་གྱི་ཆོ་ག ཐུན་མོང་མིན་པའི་རྣམ་ཐར་ཤིན་ཏུ་གསང་བ་རྟོགས་བརྗོད་འཇིགས་མེད་སྨན་འགྱུར་རྡོ་རྗེའི་སྒྲ་དབྱངས་ཀྱི་འགྲེལ་པ་སོགས་པོད་ཆུང་གསུམ་ཙམ་བཞུགས། འདས་ལོ་ཡང་མ་གསལ།

བློ་བཟང་དོན་ལྡན། རྗེ་འདི་ནི་སྤྱི་ལོའི་དུས་རབས་ཉི་ཤུ་ཐམ་པའི་འགོ་ཙམ་ལ་སྐུ་འཁྲུངས། ཆུང་དུས་འབྲས་སྤུངས་བློ་གསལ་གླིང་ལ་ཆོས་ཞུགས་ཐོག མདོ་སྔགས་གཞུང་ལུགས་རྒྱ་མཚོ་ལྟ་བུར་གསན་བསམ་དཔྱིས་ཕྱིན་མཛད། དེ་རྗེས་བྱ་བྲལ་ལྟ་བུས་དབེན་གནས་ལྷ་ལུང་རི་ཁྲོད་དུ་བཞུགས། དམ་ཆོས་སྒྲུག་བརྩལ་ཞི་བྱེད་ཀྱི་ཆོས་འཁོར་བྱ་བས་དུས་འདའ་བར་མཛད། བཀའ་རྩོམ། ལམ་ཟབ་མོ་ཐབས་ཤེས་ཀྱི་སྐྱིད་ཡུལ་སྟན་ཐོག་གཅིག་ཏུ་ཉམས་སུ་ལེན་ཚུལ་ཁྲིད་ཆོག་དཀྲ་ལས་རྣམ་རྒྱལ། ཟབ་ལམ་གཅོད་ཀྱི་ཁྲིད་ཡིག་མ་ཧི་ཧྣ་དྲ་ཀི་རྗེས་སྒྲུར་བ། གཅོད་ཁྲིད་བདག་འཛིན་ཚར་གཅོད་སོགས་པོ་ཏི་ཆུང་བ་གཅིག་ཙམ་མཛད། རབ་བྱུང་བཅུ་དྲུག་པའི་ལྕགས་སྟག(སྤྱི་ལོ1950)ལོར་དྭགས་པོ་སླང་མདུན་དུ་སྐུ་གཤེགས།

དབལ་མང་དཀོན་མཆོག་རྒྱལ་མཚན། མདོ་སྨད་རྨ་གཡང་ཕྱུག་མོའི་གཞུང་དུ་ཡབ་དབང་གྲགས་སྐྱབས་དང་། ཡུམ་བདེ་ཟ་ལྷ་མོ་གཉིས་ཀྱི་སྲས་སུ་རབ་བྱུང་བཅུ་གསུམ་པའི་ཤིང་སྤྲེལ(སྤྱི་ལོ1764)ལོར་འཁྲུངས། དགུང་ལོ་དྲུག་ཏུ་བཀྲ་ཤིས་འཁྱིལ་དགོན་དུ་ཆོས་ཞུགས་མཛད། རྗེ་འཇིགས་མེད་དབང་པོའི་དྲུང་ནས་རབ་བྱུང་སྡོམ་པ་བཞེས་ཏེ་མཚན་དཀོན་མཆོག་རྒྱལ་མཚན་བསྩལ། དགུང་ལོ་བདུན་ལོན་སྐབས་རྒྱུད་པ་ཐན་བསམ་གཏན་སེང་གེ་ནས་ཀློག་བསླབས། དགུང་ལོ་བརྒྱད་ལ་འདོན་ཆ་ཡོངས་རྫོགས་ཐུགས་འཛིན་གྲུབ། དགུང་ལོ་བཅུ་གཅིག་སྐབས་ཆོས་གྲྭར་ཞུགས་ནས་གཞུང་ཆེན་ལ་གསན་བཞེས་མཛད། རྗེ་རམས་པ་ཚུལ་ཁྲིམས་སེང་གེ་དགེ་རྒན་དུ་བསྟེན། བསྡུས་གྲྭ། བློ་རིགས། རྟགས་རིགས་རང་ལུགས། གྲུབ་མཐའ་རིན་ཆེན་ཕྲེང་བ། དགེ་འདུན་ཉི་ཤུའི་མཐའ་དཔྱོད་ཆེན་པོ། ཀུང་རུའི་རྟེན་འབྲེལ། དྲང་ངེས་རྣམ་འབྱེད་ཆེན་མོ། ཕར་ཕྱིན་སྐབས་བཞི་པ་ཡན། གྲུབ་མཐའ་ཆེན་མོ་རྣམས་ཐུགས་འཛིན་གནང་། སྐབས་འདི་དག་ཏུ་སྐུ་ཆས་བཀྲེན་པས་བྲག་ཇ་དང་གཏོར་སྐམ་གྱི་བཞེས་ཐུག་བསྐོལ། བཞུགས་གདན་ཙམ་ཡང་མེད་པར་ཉིན་མཚན་ཀུན་ཏུ་ས་རྗེན་ལ་བཞུགས། གཟིམས་ཤག་ཏུ་ཡང་གྲང་དུས་ཟླ་གམ་བཞེས་ནས་བཞུགས་པ་ལས་ན་བཟའ་གཞན་མེད་པ་སོགས་སྐྱོ་ངལ་ཆེན་པོ་བྱུང་ཡང་ཞུམ་པ་མེད་པར་ཐོས་བསམ་ཁོན་ལ་གཞོལ། ཆུ་སྟག་དགུན་ཆོས་ལ་ཕར་ཕྱིན་སྟོན་མོ་མཛད། དགུང་ལོ་ཉི་ཤུར་ཕེབས་སྐབས་བླ་མ་ངག་དབང་རྒྱ་མཚོའི་དྲུང་ནས་བསྙེན་རྫོགས་སྡོམ་པ་བཞེས། དགུང་ལོ་ཉེར་གཉིས་ཐོག་སློབ་ལམ་རབ་འབྱམས་པའི་གྲྭ་སྐོར་མཛད། དགུང་ལོ་ཉེར་ལྔར་གསེར་ཁང་གསར་བཞེངས་ཀྱི་ཆེད་མཚོ་སྔོན་ཁུལ་དུ་འབུལ་སྡུད་ལ་ཕེབས། བླ་མ་བློ་བཟང་ཡར་འཕེལ་དང་གཙང་རབ་འབྱམས་པ་བསྟན་པ་དར་རྒྱས་གཉིས་ལས་རྩིས་སྐོར་དང་། མེར་ཐན་ཆོས་རྗེ་སོགས་ཀྱི་དྲུང་ནས་དབྱངས་ཅན་སྒྲ་མདོའི་རི་མོ་ལག་བྲིས་

བསླབས། སྐབས་མཚམས་ནམ་འགྲིག་ལ་དཔེ་མཚམས་དང་བསྙེན་པ་ལས་རུང་འགའ་ཞིག་གནང་། དགུང་ལོ་ཉེར་དགུའི་ཐོག་རྗེ་རམས་པའི་མཚན་བཏགས་བཞེས། དགུང་ལོ་སུམ་ཅུར་རྒྱུད་པའི་ཁྲིར་ཕེབས། དགུང་ལོ་སོ་བཞིར་ཀུན་མཁྱེན་འཇིགས་མེད་དབང་པོའི་ཡང་སྲིད་ཆེད་ལྷ་སར་ཕེབས། ༧རྒྱལ་དབང་པཎ་ཆེན་རྣམ་གཉིས་ཀྱི་གསེར་ཞལ་མཇལ་ཏེ་ཆོས་འབྲེལ་དང་། ཧོ་བོ་ཁྲི་ཆེན་བློ་བཟང་བཀྲ་ཤིས་པ་རི་དགེ་བཤེས་ཁྱབ་བདག བཀྲས་ལྷུན་ཡོངས་འཛིན་ཞལ་སྔ་རྣམ་གཉིས་སོགས་ལས་བཀའ་ཆོས་རྒྱུན་དཀོན་མང་དུ་གསན། ས་ཏྲ་ལོར་མདོ་སྨད་དུ་ཆིབས་བསྒྱུར། དེ་ནས་མཛོད་དགེ་དགོན་གསར་རབ་རྒྱས་གླིང་གསར་འདེབས་ཀྱི་རྗེ་རྗེ་སློབ་དཔོན་དུ་བསྐོས། སྐུ་གསུང་ཐུགས་རྟེན་དང་མཆོད་རྫས་གསར་བསྒྲིགས་རྣམ་གྲངས་དུ་མ་བཞེངས། གཞན་ཡང་དགོན་སྡེ་མང་པོར་སྒྲུབ་མཆོད་དུ་མ་གསར་འཛུགས་གཏོང་ཐེབས་དང་། སྤྱི་འཛོག་མང་འགྱེད་འཚམ་ལུས་མེད་པ་གནང་། དགུང་ལོ་ཞེ་གཅིག་ནས་ཞེ་དྲུག་བར་བཀྲ་ཤིས་འཁྱིལ་གྱི་ཁྲི་ཐོག་ཉི་ཤུ་རྩ་བཞི་པའི་ཐུགས་འགན་བཞེས། དགུང་ལོ་ཞེ་བདུན་ནས་ལྔ་བཅུ་བར་རབ་རྒྱས་གླིང་དགོན་པའི་ཁྲིར་བཞུགས། དགུང་ལོ་ང་གཅིག་ནས་དོན་ལྔའི་བར་ཨ་མཆོག་དགོན་དང་། བསྟན་འཕེལ་གླིང་གི་ཁྲི་འཛིན་མཛད། དེ་སོ་སོར་མདོ་སྔགས་ཀྱི་འཆད་ཉན་སྒྲིག་ལམ་དག་ཐེར་དང་བཅོས་བསྒྱུར་ཡང་ཡང་མཛད་དེ་བཤད་སྒྲུབ་བསྟན་པའི་རྐང་ཚུགས། བྱང་གྲུ་གུ་ནས་སྔོ་ཟི་ཁྲུན་བར་དགོན་སྡེ་དང་། རི་ཁྲོད་སོགས་ལ་གཟབ་རྒྱས་ཀྱི་ཆོས་འཁོར་ཤིན་ཏུ་རྒྱ་ཆེར་བསྐོར། བཀྲ་ཤིས་འཁྱིལ་གྱི་གདན་རབས་དང་། རྗེ་བླ་མ་དཀོན་མཆོག་རྒྱལ་མཚན་དཔལ་བཟང་པོའི་རྣམ་ཐར་ཐར་འདོད་འཇུག་ངོགས། གྲུབ་མཐའི་དྲིས་ལན་ཕྱོགས་ལྷུང་མུན་སེལ། བྱང་ཆུབ་བདེ་ལམ་གྱི་ཟིན་བྲིས་གནད་དོན་གསལ་བ། མདོ་སྡེ་རྒྱན་གྱི་འགྲེལ་པ་ཐུབ་བསྟན་རྒྱས་པའི་མེ་ཏོག ལྟ་བའི་ཟིན་བྲིས་འོད་ཟེར་སྟོང་འབར། རྗེ་བཙུན་དཀོན་མཆོག་བསྟན་པའི་སྒྲོན་མེའི་རྣམ་ཐར་དད་པའི་པད་མོ་བཞད་པའི་ཉིན་བྱེད། རྟེན་འབྲེལ་བསྟོད་པའི་ཊཱིཀྐ་རིན་ཆེན་སྒྲོན་ཤིང་། བདེ་ལམ་ཟིན་བྲིས་སྙིང་གི་མེ་ལོང་སོགས་བཀའ་འབུམ་པོད་བཅུ་གཉིས་ཙམ་མཛད། སྐུ་གསུང་ཐུགས་རྟེན་བགྲང་གིས་མི་ལང་པ་གསར་བཞེངས་གནང་། སྤྱི་ལོ་ནས་ན་བཟའ་དང་ཉེར་སྤྱོད་འགངས་ཆེན་ཇི་ཡོད་སྤྱོང་ཐང་གི་ཚུལ་དུ་འགྱེད་བཏང་སྟེ། དགུང་ལོ་དགུ་བཅུ་ལ་ཕེབས་པ་རབ་བྱུང་བཅུ་བཞི་པའི་ཆུ་གླང་(སྤྱི་ལོ1853)ལོའི་བོད་ཟླ་དྲུག་པའི་ཡར་ཚེས་ལ་བསམ་བཞིན་དུ་གཟུགས་སྐུའི་བཀོད་པ་བསྡུས་ཚུལ་བསྟན།

འབྲས་བློ་གླིང་དགེ་བཤེས་ངག་དབང་ཆོས་གྲུབ། མཚན་གཞན་གདན་མ་སྟོང་ཕུད་ཞུ་བ་འདི་རབ་བྱུང་བཅོ་ལྔ་པའི་ལྕགས་སྟག(སྤྱི་ལོ1890)ལོར་ཁམས་ལྡན་མ་ཁུལ་དུ་སྐུ་འཁྲུངས། སྐུ་ཆུང་དུས་དབུས་སུ་ཕེབས་ནས་འབྲས་སྤུངས་བློ་གསལ་གླིང་དུ་ཆོས་ཞུགས་མཛད། ལྡན་མ་བློ་ཆོས་སོགས་དགེ་བའི་བཤེས་གཉེན་དུ་མའི་ཞབས་ལ་གཏུགས་ནས་གཞུང་ཆེན་ལ་སློབ་གཉེར་གནང་། རྗེས་སུ་ལྷ་རམས་པའི་གྲྭ་སྐོར་

མཛད་ནས་མཁས་པའི་གྲགས་པ་ཐོབ། དགུང་ལོ་ང་ལྔ་ཙམ་ལ་སྤྱིན་བདག་གིས་གདན་ཞུས་ལྷར་རྒྱ་ནག་རི་བོ་རྩེ་ལྔར་ཕེབས་ནས་ཆོས་འཁོར་རྒྱ་ཆེར་བསྐོར། བཀའ་རྩོམ་ཚུལ་དང་ཚུལ་མ་ཡིན་པ་རྣམ་པར་འབྱེད་པའི་བསྟན་བཅོས་རིག་པའི་ཉིན་བྱེད། ཆོས་ཀྱི་དབྱངས་གསལ་བར་འབྱེད་པའི་གཏམ་བླུ་སྒྲུབ་དགོངས་རྒྱན་དང་དེའི་རང་འགྲེལ་སོགས་མཛད། དགུང་ལོ་དྲུག་ཅུ་ལ་ཕེབས་པ་རབ་བྱུང་བཅུ་དྲུག་པའི་ས་གླང་(སྤྱི་ལོ1949)ལོར་སྐུ་གཤེགས།

འབྲས་མི་ཉག་མཁན་སྤྲུལ་བློ་བཟང་སྐལ་ལྡན། རྗེ་འདི་ནི་སྤྱི་ལོའི་དུས་རབས་བཅུ་དགུ་པའི་ནང་ཁམས་མགར་ཐང་དུ་སྐུ་འཁྲུངས། སྐུ་ཆུང་དུའི་དུས་སུ་མི་ཉག་སྐྱིད་ལེགས་དགོན་དུ་ཆོས་ཞུགས་ཀྱིས་ཡི་གེ་འབྲི་ཀློག་དང་གཞུང་ལ་གསན་བསམ་མཛད། དེ་ནས་དབུས་སུ་ཕྱིན་ཏེ་མཁས་མཆོག་ཁྲི་རིན་པོ་ཆེ་ངག་དབང་ནོར་བུ་མཆོག་དང་། ཀེའུ་ཚང་བློ་བཟང་བསྟན་འཛིན་ཡར་རྒྱས། གླིང་སྤྲུལ་བློ་བཟང་ལུང་རྟོགས་བསྟན་འཛིན་འཕྲིན་ལས་སོགས་མཁས་གྲུབ་དུ་མའི་ཞབས་ལ་གཏུགས་ནས་མདོ་སྔགས་ཀྱི་ཆོས་མང་དུ་གསན། རྩོམ་པ་ལ་ཡང་ཐུགས་རབ་ཕྱོགས་ཏེ། ཡི་དམ་སྤྱི་འགྲོའི་ཚོགས་མཆོད་དང་དེའི་དམ་ཚིག་གི་རིམ་པ་རྒྱས་པར་བཤད་པ་ཚོགས་གཉིས་རིན་ཆེན་འདྲེན་པའི་ཤིང་རྟ། རྟ་མགྲིན་གསང་སྒྲུབ་ཀྱི་འཕྲིན་ལས་ཀྱི་བྱང་བུ་གསང་གཏམ་སྙིང་གཏེར་དང་དེའི་བསྙེན་ཡིག་རྗེས་གནང་། སློབ་དཔོན་རིན་པོ་ཆེ་ལ་བརྟེན་པའི་བླ་མའི་རྣལ་འབྱོར་རམ་བླ་མཆོད་ཚེ་ག་སོགས་མང་དུ་མཛད། འཁྲུངས་འདས་ཀྱི་ལོ་ཚིགས་ཞིབ་ཆ་མི་གསལ།

སྨན་ཁང་པ་ངག་དབང་ཆོས་འཕེལ། རྗེ་འདི་ནི་གཙང་ཁུལ་དུ་ཡབ་དར་རྒྱས་དང་། ཡུམ་ཚེ་རིང་བསམ་གྲུབ་གཉིས་ཀྱི་སྲས་སུ་རབ་བྱུང་བཅུ་གཅིག་པའི་ཤིང་ཕག(སྤྱི་ལོ1635)ལོར་འཁྲུངས། དགུང་ལོ་ལྔ་ལ་ཞལ་དཀར་ཆོས་སྡེའི་མཁན་པོ་ལེགས་པ་དོན་གྲུབ་དྲུང་དུ་གཙུག་ཕུད་ཕུལ། དགུང་ལོ་བཅུ་གཅིག་ལ་ཞལ་དཀར་ཆོས་སྡེར་ཆོས་ཞུགས་མཛད། གཞུང་ཆེན་བཀའ་པོད་ལྔར་གསན་བསམ་གནང་། དགུང་ལོ་བཅོ་བརྒྱད་ལ༧རྒྱལ་དབང་ལྔ་པ་བློ་བཟང་རྒྱ་མཚོའི་དྲུང་དུ་རབ་བྱུང་གི་སྡོམ་པ་བཞེས། དགུང་ལོ་བཅུ་དགུ་ལ་རྟ་ནག་རྗེ་དམ་ཆོས་རྒྱལ་མཚན་པ་ནས་བྱང་ཆུབ་ལམ་རིམ་སོགས་ཀྱི་བཤད་ལུང་གསན། དགུང་ལོ་ཉེར་བཞི་ལ་མཁན་པོ་བགྲ་ཤིས་རྒྱ་མཚོའི་དྲུང་དུ་བསྙེན་རྫོགས་བསྒྲུབས། དགུང་ལོ་སོ་གཉིས་ལ་ངམ་རིང་ཆོས་སྡེར་གྲྭ་སྐོར་མཛད། དགུང་ལོ་སོ་གསུམ་ལ་རྒྱལ་བའི་བཀའ་འགྱུར་ཁོངས་འབུམ་པོད་བཞི་དང་། ཤེས་རབ་ཁྲི་པ་སོགས་པོད་འགའ་ཐུགས་འཛིན་གྱིས་ཚོགས་གཞུང་ལ་རྒྱུགས་འབུལ་མཛད་ཅིང་། དགུང་ལོ་བཞི་བཅུ་ནས་ལོ་ཤས་རིང་དགོན་པ་ཞིག་གསོའི་ཕྱག་ལས་འགན་བཞེས། དགུང་ལོ་ཞེ་གཉིས་ནས་ལོ་ཤས་རིང་ཁ་ཟས་རགས་པ་རྒྱུན་གཅོད་མཛད་དེ་མཚམས་སྒོ་འདག་སྦྱར་གྱིས་སྐུ་མཚམས་ལ་བཞུགས། དགུང་ལོ་ཞེ་བདུན་ཐོག་དགེ་སློང་དོན་གྲུབ་དང་ལྷན་དུ་རྟ་ནག་ཏུ་ཕེབས་ནས

རྗེ་དམ་ཆོས་རྒྱལ་མཚན་དང་མཇལ། དེ་ནས་དབུས་སུ་ཕེབས་ཏེ་སེ་འབྲས་དང་། ར་སྒྲེང་། ལྷོ་དྭགས་སོགས་ལ་གནས་མཇལ་དུ་ཕེབས་རྗེས་གཙང་དུ་པཎ་ཆེན་བློ་བཟང་ཡེ་ཤེས་མཇལ་བར་ཕྱིན། སྟོད་ཁུལ་རྗེ་བཙུན་མི་ལའི་སྒྲུབ་གནས་ཆུ་དབར་བྲག་དམར་དུ་སྒྲུབ་པ་རྩེ་གཅིག་ཏུ་མཛད། དགའ་ལྡན་ཆོས་འཕེལ་དུ་གསུང་ཆོས་ཇི་སྙེད་གནང་། ཤེལ་དཀར་དགོན་སོགས་ལ་རྟེན་བཞེངས་ཀྱི་བྱ་བ་རྒྱ་ཆེ་མཛད། ཕྱག་རྫོམ། ངོ་མཚར་མེད་ཀྱང་ངག་དབང་ཆོས་འཕེལ་གྱི་བྱ་ཕྲན་ཁྱུང་རྗེས་རྟོག་འདྲའི་རྣམ་ཐར། འཁྲུངས་རབ་གསོལ་འདེབས་གསང་བ་དྲི་མེད་སོགས་པོད་གཉིས་ཙམ་མཛད། དགུང་ལོ་དོན་གསུམ་ལ་ཕེབས་པ་རབ་བྱུང་བཅུ་གཉིས་པའི་མེ་ཕག(སྤྱི་ལོ1707)ལོར་དགོངས་པ་ཆོས་དབྱིངས་སུ་གཤེགས།

སྨན་རི་བ་བློ་བཟང་རྣམ་རྒྱལ། རྗེ་འདི་ནི་གཙང་ཕོབ་རྒྱལ་སྨན་རིར་སྤྱི་ལོའི་དུས་རབས་བཅུ་དགུའི་དཀྱིལ་ཙམ་དུ་འཁྲུངས། སྐུ་གཞོན་དུས་བཀྲ་ཤིས་ལྷུན་པོར་ཆོས་ཞུགས་མཛད། རིག་གནས་སོགས་ལ་མཁས་པའི་གྲགས་པ་ཐོབ། པཎ་ཆེན་བསྟན་པའི་ཉི་མ་མཆོག་གི་མཆོད་དཔོན་མཁན་པོ་མཛད། དེ་རྗེས་པཎ་ཆེན་བསྟན་པའི་དབང་ཕྱུག་དགུང་ལོ་བཞི་སྟེ་ས་རྟ(སྤྱི་ལོ1858)ལོར་སྐབས་དབྱིངས་ཛ་སག་གི་ཕྱག་ལས་ཐུགས་འགན་བཞེས། དེ་ནས་ངམ་རིང་ཆོས་སྡེའི་བྱམས་ཁང་སྟེང་ཤོད་དང་། བླ་བྲང་། ཆོས་ར། གྭ་ཤག་སོགས་ཉམས་གསོ་གསར་སྐྲུན་དང་། རྒྱལ་བའི་བཀའ་འགྱུར་རིན་པོ་ཆེ་སོགས་གསར་བཞེངས་མཛད། རྗེ་མཆོག་གིས་སྐབས་དབྱིངས་ལོ་བརྒྱད་ཐུགས་འགན་བཞེས་ནས་རབ་བྱུང་བཅུ་བཞི་པ་ཤིང་གླང(སྤྱི་ལོ1865)ལོར་དགོངས་ཞུ་མཛད་དེ་ཟུར་བཞུགས་སུ་ཕེབས། བཀའ་རྫོམ་ལ་མཚོན་ན་བྱང་ཆུབ་སེམས་དཔའ་སེམས་དཔའ་ཆེན་པོ་རྟག་ཏུ་ངུའི་རྟོགས་བརྗོད་དབྱངས་ཅན་འཕང་འགྲོའི་སྒྲ་དབྱངས། འཕགས་མཆོག་ཐུགས་རྗེ་ཆེན་པོའི་སྤྲུལ་པ་ཆོས་རྒྱལ་དྲི་མེད་ཀུན་ལྡན་ལེགས་པའི་བློ་གྲོས་ཀྱི་རྟོགས་བརྗོད་བསྡུགས་འོས་བསྡུགས་པ། སྐྱེས་རབས་སོ་བཞིའི་བསྡུས་དོན་བཅུད་ལྡན་རོ་བརྒྱའི་སྙེ་མ། རྗེ་བཙུན་ཙོང་ཁ་པ་ཆེན་པོར་བསྟོད་པའི་སྒོ་ནས་གསོལ་འདེབས། ཉམས་མྱོང་རྒན་པོའི་འབེལ་གཏམ་སོགས་པོད་ཆུང་གཅིག་བཞུགས། འདས་ལོ་དང་མཛད་རྣམ་ཞིབ་པ་མ་གསལ།

གཙང་པ་མཁན་ཆེན་ཡེ་ཤེས་དཔལ་འབྱོར། རྗེ་འདི་ནི་གཙང་རོང་རིན་སྤུངས་ཆོས་རྒྱལ་གྱི་གདུང་རྒྱུད་དུ་ཡབ་སྔགས་འཆང་བློ་བཟང་རྡོ་རྗེ་དང་། ཡུམ་དཔོན་མོ་ལྷ་དགའ་དགའ་ལྡན་འཛིན་གཉིས་ཀྱི་སྲས་སུ་རབ་བྱུང་བཅུ་གཉིས་པའི་ཤིང་རྟ(སྤྱི་ལོ1714)ལོར་སྐུ་འཁྲུངས། དགུང་ལོ་ལྔ་ལ་ཕེབས་སྐབས་ཡབ་ཀྱིས་སྐུ་ཡོན་སྦྱོན། དགུང་ལོ་བཅུ་ལ་བཀྲ་ཤིས་ལྷུན་པོར་ཆོས་ཞུགས་མཛད། དགུང་ལོ་བཅུ་གཅིག་ལ་སྔགས་ཆེན་དམ་ཆོས་དཔལ་འབྱོར་དྲུང་རབ་བྱུང་བསྒྲུབས། དེའི་ལོར་གཞུང་ཆེན་ལ་གསན་བསམ་གྱི་དབུ་ཚུགས། དགུང་ལོ་བཅུ་དྲུག་ལ་ཚད་མ་རྣམ་འགྲེལ་ཐུགས་གཉེར་མཛད། དགུང་ལོ་ཉི་ཤུ་ལ་དབུས་སུ་ཕེབས་ནས་འབྲས་སྤུངས་སུ་ཆོས་ཞུགས་གནང་། དགུང་ལོ་ཉེར་ལྔ་ལོར་ཕྱུར་སློག་ངག་དབང་བྱམས་

པའི་དྲུང་བསྙེན་རྫོགས་བསྒྲུབས། དགུང་ལོ་ཉེར་དགུ་ལ་ཁང་ཚན་དགེ་རྒན་མཛད། དགུང་ལོ་སོ་བདུན་ལོར་ལྷ་ལྡན་སྨོན་ལམ་ཆེན་མོར་གྲྭ་སྐོར་དམ་བཅའ་བཞེས་ནས་ཨང་དང་པོ་ཐོབ། དགུང་ལོ་ཞེ་གསུམ་ལོར་གོང་ས་ཆེན་པོའི་བཀའ་བཞིན་སྨར་ཁམས་གོ་བོ་དགོན་གྱི་བླ་མར་ཕེབས། དགུང་ལོ་ཞེ་བརྒྱད་ལོར་འབྲས་སྤུངས་སུ་ཕྱིར་ཕེབས་ནས་མདོ་སྔགས་ཀྱི་ཆོས་འཁོར་རྒྱ་ཆེར་བསྐོར། ཕྱག་རྫོགས། རྗེ་བཙུན་བླ་མ་དམ་པ་ཡེ་ཤེས་དཔལ་འབྱོར་གྱི་ཞལ་སྔ་ནས་གང་གི་རྟོགས་པ་བརྗོད་པ་ངོ་མཚར་ལྷན་གཅིག་སྐྱེས་པའི་རོལ་མོ། ཉམས་མགུར་ཞལ་གདམས་བསླབ་བྱ་གསོལ་འདེབས་སྨོན་ལམ་སོགས་པོད་ཆུང་གཅིག་ཙམ་མཛད། དགུང་ལོ་བདུན་བཅུ་ལ་ཕེབས་པ་རབ་བྱུང་བཅུ་གསུམ་པའི་ཆུ་ཡོས (སྤྱི་ལོ1783) ལོར་སྐུ་གཤེགས།

གཙང་སྨན་ཡེ་ཤེས་བཟང་པོ། རྗེ་འདི་ནི་ལྷ་ས་ལྷུགས་པོ་རིའི་གསོ་རིག་འགྲོ་ཕན་གླིང་གི་སྨན་པ་མཁས་ཅན་ཞིག་ཡིན། སྐུ་ཆུང་དུས་ནས་གསོ་རིག་ལ་སྦྱངས་བརྩོན་མཛད་ཅིང་། ཁྱད་པར་དུ་དགུང་ལོ་བཅོ་བརྒྱད་ལ་ལྷ་ས་ལྷུགས་པོ་རིར་ཕེབས་རྗེས་བླ་སྨན་ཐབས་མཁས་སོགས་དགེ་བའི་བཤེས་གཉེན་དུ་བཀུར་ཏེ་ལོ་ངོ་བཅོ་བརྒྱད་རིང་རྒྱུད་བཞི་དང་སྨན་གྱི་ལག་ལེན་སོགས་ལེགས་པར་སྦྱངས་ནས་མཁས་པར་གྱུར། དགུང་ལོ་སོ་བདུན་ལ་ཕེབས་པ་རབ་བྱུང་བཅུ་གཉིས་པའི་སྨད་ཙམ་དུ་༧རྒྱལ་དབང་སྐུ་ཕྲེང་བདུན་པ་བསྐལ་བཟང་རྒྱ་མཚོ་མཆོག་དང་། ཕོ་ལྷ་བསོད་ནམས་སྟོབས་རྒྱལ་གཉིས་ཀྱིས་རྗེ་ཉིད་མདོ་སྨད་དུ་ཆེང་ཝང་བསྟན་འཛིན་དབང་ཕྱུག་གི་བླ་སྨན་དུ་ཕེབས་དགོས་ཀྱི་བཀའ་བསྐོས་དང་དུ་བཞེས་ནས་ལོ་ཤས་རིང་བླ་སྨན་པ་མཛད། བོད་སོག་གི་དོན་གཉེར་ཅན་མང་པོར་གསོ་རིག་གི་བརྒྱུད་སྤེལ། དེ་རྗེས་སུ་མདོ་སྨད་བླ་བྲང་བཀྲ་ཤིས་འཁྱིལ་དུ་ཕེབས་ནས་སྨན་པ་གྲྭ་ཚང་བཙུགས། རྡོ་རྗེ་རབ་འབྱམས་དང་། སོག་པོ་མེར་གན་ཨེམ་ཆི་བློ་བཟང་དར་རྒྱས་སོགས་སློབ་མ་མང་པོ་བསྐྱངས། རྒྱུད་བཞིའི་འཆད་ཉན་དང་ལུས་ཐིག་སོགས་ཀྱི་གསོ་རིག་སློབ་གཉེར་གྱི་སྲོལ་ལམ་ལེགས་པར་ཚུགས། བཀའ་རྩོམ་ཡང་སྨན་སྦྱོར་གཅེས་བསྡུས་དང་། བྱང་ཁོག་ཡུལ་ཐིག་རྩ་འགྲེལ། དུས་སུ་སྤྱོད་པའི་སྤྱོད་ལམ་ནད་མུན་བཞི་བརྒྱ་རྩ་བཞི་སེལ་བྱེད་ཚ་ཟེར་འབུམ་འཁྱིལ། དངུལ་ཆུ་བཅོ་བརྒྱ་དང་རིན་ཆེན་རིལ་བུའི་དམར་ཁྲིད་ལག་ལེན། བཏུང་བ་ཆུ་ཡི་བཟང་ངན་དབྱེ་བའི་ཟིན་བྲིས། ཆིག་བརྒྱུད་གསང་སྨན་བདུད་རྩི་འཆི་གསོས་སོགས་པོ་ཏི་མང་པོ་མཛད། གསོ་རིག་རྒྱུད་བཞིའི་ཁྲིད་རྒྱུན་དང་སྨན་ངོས་འཛིན་གྱི་སྐོར་དང་། ལག་ལེན་དམར་ཁྲིད་སྲོལ་གཏོད་པ་སོགས་མདོ་སྨད་བྱང་རྒྱུད་དུ་གསོ་རིག་ལ་མཛད་རྗེས་ཤིན་ཏུ་ཆེ་ཞིང་ད་ལྟའི་བར་དུ་ཕྱག་ལེན་དེ་དག་གི་སྲོལ་རྒྱུན་མ་ཉམས་པར་གནས་སོ། འཁྲུངས་འདས་ཀྱི་ལོ་ཚིགས་ཞིབ་པ་མ་རྙེད།

བསྟན་པ་བློ་བཟང་རབ་བརྟན། མདོ་སྨད་ཙོང་ཁ་དགེ་ཐང་ཡུལ་དུ་རུས་དགྲ་ཡབ་དབང་རྒྱལ་དང་། ཡུམ་ཧྲ་མགྲིན་མཚོའི་སྲས་སུ་རབ་བྱུང་བཅུ་གཅིག་པའི་མེ་འབྲུག (སྤྱི་ལོ1676) ལོར་སྐུ་འཁྲུངས།

མཚན་དོན་གྲུབ་ཚེ་རིང་དུ་གསོལ། ཆུང་དུས་ར་ལུག་དང་རྟ་ཕྱུགས་སོགས་འཚོ་བར་ཐེབས། དགུང་ལོ་བཅུ་གསུམ་ལ་རྩེ་ནེ་དགོན་དུ་ཞུགས། སྤྲུལ་སྐུ་བློ་བཟང་རྣམ་རྒྱལ་དྲུང་དུ་རབ་ཏུ་བྱུང་། མཚན་བློ་བཟང་རབ་བརྟན་དུ་གསོལ། དགུང་ལོ་བཅུ་དགུའི་ཐོག་དབུས་སུ་ཐེབས་ནས་འབྲས་སྤུངས་སྒོ་མང་གྲྭ་ཚང་དུ་ཆོས་གྲྭར་ཞུགས། གཞུང་ཆེན་བཀའ་པོད་ལྔར་གསན་བཞེས་མཛད། དགུང་ལོ་ཉེར་གཉིས་ལ་པཎ་ཆེན་བློ་བཟང་ཡེ་ཤེས་དྲུང་དུ་དགེ་སློང་གི་སྡོམ་པ་ཞུས། དགུང་ལོ་ཉེར་དྲུག་ཐོག་འབྲས་སྤུངས་སུ་གླིང་བསྲེའི་མཚན་རྟགས་བཞེས། ༧རྒྱལ་བ་ཚངས་དབྱངས་རྒྱ་མཚོའི་དྲུང་ནས་ལམ་རིམ་དང་། རྗེའི་གསུང་ཐོར་བུ་སོགས་ཀྱི་ལུང་ཞུས། དགུང་ལོ་ཉེར་བརྒྱད་ལོར་ཨ་མདོར་ཕྱིར་ཐེབས། དགུང་ལོ་བཞི་བཅུའི་ཐོག་༧རྒྱལ་བ་བསྐལ་བཟང་རྒྱ་མཚོ་མཆོག་མདོ་སྨད་དུ་ཐེབས་སྐབས་གསེར་ཞལ་བཟང་པོ་དང་མཇལ། ཁྲི་ཀ་སློབ་དཔོན་དང་། འཇམ་བཞད་ངག་དབང་བརྩོན་འགྲུས་སོགས་བླ་མ་མང་པོ་བསྟེན་ནས་མདོ་སྔགས་ཀྱི་ཆོས་དུ་མ་གསན། བྱང་ཆུབ་ལམ་གྱི་རིམ་པའི་ཉམས་ལེན་གྱི་རྣམ་གཞག་མདོར་བསྡུས་ཀྱི་འགྲེལ་པ། བྱིས་པའི་སྤྱོད་པ་གསལ་བྱེད་མེ་ལོང་ཞེས་བྱ་བ། ཐོག་མཐའ་བར་དུ་དགེ་བའི་གཏམ་རྣམ་དཔྱོད་ཡང་ཚེ་ལྡན་པའི་མགུལ་རྒྱན། བཟླ་སྦྱོར་ཚིག་དོན་འབྱེད་པའི་ལྡེ་མིག རྟོགས་བརྗོད་རིན་པོ་ཆེའི་མཛུག་བསྡུས་ནོར་བུའི་ཐེམ་སྐས་སོགས་གསུང་རྩོམ་པོད་གཅིག་ཙམ་མཛད། སྟག་ཚང་རི་ཁྲོད་བཀྲ་ཤིས་ཆོས་གླིང་ཕྱག་བཏབ། སྐུ་ཚེ་འདིར་བྱ་བྲལ་གྱི་སྤྱོད་པ་ལ་ཞུགས། དགུང་ལོ་བདུན་ཅུ་ལ་ཐེབས་པ་རབ་བྱུང་བཅུ་གཉིས་པའི་ཤིང་གླང(སྤྱི་ལོ1745)ལོར་དགོངས་པ་ཆོས་དབྱིངས་སུ་གཤེགས།

བརྩོན་མ་གཡུ་ལྷ། རབ་བྱུང་བཅོ་ལྔ་པའི་ལྕགས་གླང(སྤྱི་ལོ1901)ལོར་ཆབ་མདོ་བྲག་གཡབ་རྫོང་འོ་མདའ་ཁྲུལ་མཁས་མཐོང་གྲོང་དུ་སྐུ་འཁྲུངས། ཨ་འཛོམ་རྒྱལ་སྲས་འགྱུར་མེད་རྡོ་རྗེ་དང་། རྫོགས་ཆེན་མཁན་ངག་ཆུང་སོགས་བསྟེན། རྒྱུན་དུ་ལྷ་སྒོམ་སྤྱོད་གསུམ་ལ་འབད་ཅིང་ནད་པར་རྩ་ཆུ་གཟིགས་པ་སོགས་གཞན་ཕན་ཆེར་བརྩོན། ཀུན་གྱིས་ཨ་ནེ་གཡུ་ལྷ་ཞེས་གོང་དུ་བཀུར། དགུང་ལོ་བརྒྱད་ཅུ་བཞུགས། རབ་བྱུང་བཅུ་དྲུག་པའི་ལྕགས་སྤྲེལ(སྤྱི་ལོ1980)ལོར་སྐུ་གཤེགས་སྐབས་པུར་འོད་དུ་ཞུ་སྟེ་ཁྲུ་གང་ལས་མ་ལྷག ཞུགས་སུ་འབུལ་སྐབས་འཇའ་འོད་ཀྱི་གུར་ཕུབ་པ་ཀུན་གྱི་མཐོང་ཆོས་སུ་བྱུང་།

རྩ་བ་བློ་བཟང་རྒྱལ་མཚན། མདོ་སྨད་བྱ་ཁྱུང་དགོན་མཁན་རབས་སོ་བརྒྱད་པ་འདི་ཉིད་རབ་བྱུང་བཅུ་གཉིས་པའི་ལྕགས་འབྲུག(སྤྱི་ལོ1700)ལོར་རྩ་བའི་ཨ་སྐྱེ་ཡུལ་དུ་སྐུ་འཁྲུངས། བློ་བཟང་ཆོས་དབྱིངས་པའི་དྲུང་ནས་རབ་ཏུ་བྱུང་། བྱ་ཁྱུང་དུ་སློབ་གཉེར་མཛད། དགུང་ལོ་བཅུ་གསུམ་ཐོག་དབུས་སུ་ཐེབས་ཏེ་སེར་བྱེས་སུ་ཟབ་ཆོས་གསན། ལྷ་རམས་མཚན་རྟགས་བཞེས། དེ་ནས་སྨད་རྒྱུད་དུ་ཞུགས། ༧རྒྱལ་བ་ཡབ་སྲས་དང་། ཁྲི་ངག་དབང་མཆོག་ལྡན། བླ་མ་བྱམས་པ་སོགས་བསྟེན། སླར་རང་དགོན་དུ་ཐེབས་ནས་རྒྱུད་པ་གསར་འཛུགས་ཀྱི་རྡོ་རྗེ་སློབ་དཔོན་ལོ་བཅུ་གཉིས་མཛད། འཆད་ཉན་དང་སྒྲུབ་

ཆོས་ཀྱི་སྲོལ་བཏོད། དྲང་ངེས་རྣམ་འབྱེད་ཀྱི་བཤད་པ་སོགས་གསུང་རྩོམ་འགའ་རེ་བཞུགས། དགུང་ལོ་རེ་གཅིག་ལ་ཕེབས་པ་ལྕགས་འབྲུག(སྤྱི་ལོ1760)ལོར་བྱ་ཁྱུང་སེང་ཁྲིར་ཕེབས་ནས་ལོ་བཅུ་གསུམ་བསྐྱངས། ལམ་རིམ། སྐྱེས་རབས། སྤྱོད་འཇུག་སོགས་ཀྱི་བཤད་པ་དང་། བདེ་གསང་འཇིགས་གསུམ་གྱི་དབང་། མགོན་བཀའི་རྗེས་གནང་སོགས་ཆོས་བཀའ་ཅི་རིགས་པ་དང་། རྩོད་གྲྭ་ལ་རྟེང་སྐྱུལ་ཤིན་ཏུ་སྨར། ཙོང་ཁ་བརྒྱད་ཅུ། རིགས་ལྡན་ཉེར་ལྔ་སོགས་ཀྱི་ཞལ་ཐང་གྲངས་མང་བཞེངས། སྡེ་དགེའི་བཀའ་འགྱུར་མཚལ་པར་མ་གདན་ཞུ་མཛད། པཎ་ཆེན་དཔལ་ལྡན་ཡེ་ཤེས་མཆོག་ལ་ཆོས་སྡེ་རྒྱབ་རྟེན་གྱི་བཀའ་ཤོག་ཞུས། ཐུགས་ཀྱི་བཞེས་དོན་ཡོད་རྒྱ་གྲུབ་ནས་མཐར་དགུང་ལོ་གྱ་དྲུག་ལ་ཕེབས་པ་རབ་བྱུང་བཅུ་གསུམ་པ་ཤིང་སྦྲུལ(སྤྱི་ལོ1785)ལོར་མྱ་ངན་ལས་འདས།

མཚམས་པ་བློ་བཟང་དཀོན་མཆོག རྗེ་འདི་ཉིད་མཛོད་དགེ་སྐྱོ་ཚང་བུམ་པའི་མགོན་པོ་ཟེར་བའི་སྲས་སུ་རབ་བྱུང་བཅུ་གཉིས་པའི་ཆུ་ཁྱི(སྤྱི་ལོ1742)ལོར་སྐུ་འཁྲུངས། ཐུགས་རྒྱུད་ཡིན་པས་ཆུང་དུས་ནས་ཕ་ཆོས་དང་སྨན་ལ་སྦྱངས། ཡབ་ཡུམ་གྱིས་ཁྱིམ་ཐབས་ལེན་རྩིས་བྱས་པར་མ་གསན་པར་རབ་ཏུ་བྱུང་། དཔོན་སློབ་སྨན་གྲགས་པ་ལས་བཙེ་བཞག་གསན། དགེ་བའི་བཤེས་གཉེན་རབ་བརྟན་རྒྱ་མཚོ་བ་དགེ་ཀན་དུ་བསྟེན་ཏེ་བཀའ་པོད་ཡོངས་རྫོགས་ལ་སྦྱངས། མདོ་སྔགས་རིག་གནས་ཐམས་བཅད་ལ་མཁས། ཚ་གན་པེ་ཤིང་དང་ཁྱད་པར་དུ་བཀྲ་ཤིས་འཁྱིལ་བཞུགས་སའི་མཐིལ་མཛད་དེ་སྐུ་མཚམས་ཁོ་ནས་དགེ་སྦྱོར་སྐུ་ཆེ་དང་ཉམས། ཆོས་རྒྱུན་མང་དུ་སྤེལ་བས་ཡབ་རྗེ་རྣ་ཛའི་ཞལ་སྔ་ནས་སོགས་སློབ་མའི་ཚོགས་མང་དུ་འདུས། དགུང་ལོ་བརྒྱད་ཅུ་ལྷག་བཞུགས་ཏེ་རབ་བྱུང་བཅུ་བཞི་པའི་སྟོད་ཙམ་དུ་སྐུ་གཤེགས།

རྣ་ཡ་བློ་བཟང་འཕྲིན་ལས། སོག་པོ་ཧེང་གེའི་རྒྱུད་ཡབ་ས་མཐར་མེང་ཅན་དང་། ཡུམ་ཨོ་ཁེ་ཏ་གཉིས་ཀྱི་སྲས་སུ་རབ་བྱུང་བཅུ་གཅིག་པའི་ཆུ་རྟ(སྤྱི་ལོ1642)ལོར་འཁྲུངས། དགུང་ལོ་བཞིའི་ཐོག་འདུལ་འཛིན་བློ་གྲོས་རྒྱ་མཚོའི་དྲུང་ནས་དགེ་བསྙེན་གྱི་སྡོམ་པ་བཞེས། དགུང་གྲངས་ལྔ་ནས་བཅུ་ཡི་བར་སློབ་དཔོན་ཤེས་རབ་རིན་ཆེན་གྱི་དྲུང་ནས་འཇིགས་བྱེད་དང་། གདུགས་དཀར། གསང་འདུས་སོགས་ཐུགས་འཛིན་མཛད། དགུང་ལོ་ཉེར་གཅིག་ལ་དབུས་ཕྱོགས་སུ་ཕེབས་ནས་གཙང་དུ་ཕྱིན། པཎ་ཆེན་བློ་བཟང་ཆོས་ཀྱི་རྒྱལ་མཚན་དང་མཇལ་ཏེ་ཆོས་འབྲེལ་ཞལ་ལུང་གསན། དེ་ནས༧རྒྱལ་དབང་ལྔ་པ་ཆེན་པོ་ཐོག་མར་མཇལ་ཞིང་དགའ་བདེས་ཆོས། ༧རྒྱལ་དབང་ཆེན་པོའི་དྲུང་ནས་དགེ་ཚུལ་གྱི་སྡོམ་པ་ཞུས། གླིང་སྟོད་ཞབས་དྲུང་བློ་བཟང་རྒྱ་མཚོའི་དྲུང་ནས་སྤྱོད་འཇུག་དང་། གསོ་རིག་རྩ་རྒྱུད་ཀྱི་ལུང་ཞུས། བཀྲ་ཤིས་ལྷུན་པོར་གསར་ཞུགས་ཀྱིས་རྣམ་འགྲེལ་ཡོངས་རྫོགས་ཐུགས་ལ་བཟུང་ནས་རྩོད་པ་སོགས་བརྩོན་འགྲུས་མཛད། དགུང་ལོ་ཉེར་གསུམ་ཐོག་པོ་ཏ་ལར༧རྒྱལ་དབང་མཆོག་གི་དྲུང་ནས་བསྙེན་རྫོགས་བསྒྲུབས། མཚན་བློ་བཟང་འཕྲིན་ལས་བསྟུལ། དགུང་ལོ་སོ་གསུམ་ལ༧རྒྱལ་བའི་དྲུང་དུ

སྡོམ་རྒྱུན་གསར་པ་བསྒྱུར་གྲུབ་མཛད། བཀྲ་ཤིས་ལྷུན་དུ་སྔ་རྗེས་སུ་གཞུང་ཆེན་པོ་ལྔ་ལ་གསན་བསམ་རྒྱ་ཆེར་མཛད་རྗེས་དགུང་ལོ་སོ་བརྒྱད་ལ་སོག་ཡུལ་དུ་ཕྱིར་ལོག་ཕེབས་ནས་གདུལ་བྱ་རྣམས་སྨིན་པར་མཛད། རྗེ་འདི་ས༧རྒྱལ་དབང་ལྔ་པ་ཆེན་པོ་དང་། པཎ་ཆེན་བློ་བཟང་ཆོས་རྒྱན། ཁྲབ་བདག་དགེ་འདུན་དོན་གྲུབ། སློབ་དཔོན་འཇམ་དབྱངས་གྲགས་པ། དགའ་ལྡན་ཁྲི་པ་བློ་བཟང་དོན་ཡོད་སོགས་དགེ་བའི་བཤེས་གཉེན་དུ་མ་བསྟེན་ནས་གསན་བསམ་དཔྱིས་ཕྱིན་གནང་། རྗེ་ཉིད་སོག་ཡིག་ལ་མཁས་པར་གྱུར་པས་ཆོས་བཀའ་མང་པོ་སོག་ཡིག་ཏུ་བསྒྱུར་བབ་མཛད། ལྷུགས་རྩོམ་ལ་མཚོན་ན། ཤེར་ཕྱིན་དངོས་བརྒྱད་དོན་བདུན་ཅུའི་རྣམ་བཤད་ལེགས་བཤད་སྒྲོན་མེ། སྐྱེ་བ་སྔ་ཕྱིའི་བརྟག་པ་བསྟན་བཅོས་དངུལ་དཀར་མེ་ལོང་། རང་གིས་འཁོར་བར་སྤྱོད་ཚུལ་ཤིན་ཏུ་གསལ་བའི་སྒྲོན་མེ། བཅོམ་ལྡན་འཕགས་མ་གདུགས་དཀར་གྱི་མངོན་དཀྱིལ་དངོས་གྲུབ་གཏེར་མཛོད་སོགས་བསྟན་བཅོས་པོད་ལྔ་ཙམ་མཛད། དགུང་ལོ་རེ་བདུན་ལ་ཕེབས་པ་རབ་བྱུང་བཅུ་གཉིས་པའི་ས་བྱི(སྤྱི་ལོ1708)ལོར་སྐུ་གཤེགས།

ཞང་སྟོན་བསྟན་པ་རྒྱ་མཚོ། མདོ་ཁམས་སྨད་ཀྱི་སའི་ཆར་གཏོགས་རྩེ་གཞུང་དུ་གྲགས་པ་ཁེབ་ཐི་ཞེས་བྱ་བའི་ཡུལ། ཡབ་སྙིང་དཀར་འབུམ་དང་ཡུམ་ཨ་རིག་བཟའ་ཚེ་རིང་སྒྲོལ་མ་གཉིས་ཀྱི་སྲས་སུ་རབ་བྱུང་བཅུ་བཞི་པའི་ཤིང་བྱ(སྤྱི་ལོ1825)ལོར་སྐུ་འཁྲུངས། མཚན་པདྨ་འབུམ་དུ་བཏགས། དགུང་ལོ་ལྔ་ཙམ་གྱི་སྔོན་ནས་ཡི་གེ་འབྲི་ཀློག་བསླབས་པས་ཆོགས་མེད་པར་མཁྱེན། དགུང་གྲངས་བདུན་པ་ལྷགས་ཡོས་ལོར་རྗེ་དཀོན་མཆོག་རྒྱ་མཚོའི་དྲུང་དུ་ཁྱིམ་ནས་ཁྱིམ་མེད་པར་རབ་ཏུ་བྱུང་སྟེ་མཚན་དཀོན་མཆོག་ཐབས་མཁས་ཞེས་གསོལ། བཅུ་གཅིག་པ་ཤིང་ལུག་ལོར་གདན་ས་ཆེན་པོ་བཀྲ་ཤིས་འཁྱིལ་དུ་ཕེབས། དགུང་ལོ་བཅུ་གསུམ་ལ་བཀྲ་ཤིས་འཁྱིལ་དུ་ཆོས་ཞུགས་མཛད་ནས་གཞུང་ཆེན་བཀའ་པོད་ལྔར་གསན་བཞེས་མཛད། དགུང་ལོ་བཅོ་ལྔ་པ་ས་ཕག་ལོར་ཡབ་རྗེ་རཏྣ་རྡྷ་ཛའི་དྲུང་དུ་བཀའ་ཆོས་གང་མང་གསན། བསྡུས་གྲྭའི་ཚོགས་རྒྱུགས་ཕུལ། བློ་རྟགས། གྲུབ་མཐའ། དོན་བདུན་ཅུ་སོགས་རིམ་པར་ཐུགས་འཛིན་མཛད། དགུང་ལོ་ཉེར་གཅིག་པ་ཤིང་སྦྲུལ(སྤྱི་ལོ1845)ལོར་རྗེ་བཙུན་བློ་བཟང་ཐུབ་བསྟན་འཇིགས་མེད་རྒྱ་མཚོའི་དྲུང་དུ་དགེ་བསྙེན་ནས་བཟུང་བསྒྱུར་སྐྱབ་ཀྱི་ཐོག་ཚོགས་སྟ་མ་དགེ་ཚུལ་དང་བསྙེན་རྫོགས་ཀྱི་སྡོམ་པ་ཡང་དག་པར་མནོས། མཚན་བསྟན་པ་རྒྱ་མཚོ་ཞེས་གསོལ། དགུང་ལོ་ཉེར་གཉིས་ལ་དཀའ་བཅུ་གླིང་བསྲེའི་མཚན་བཞེས། དེ་ནས་བཟུང་འདུལ་བ་ལུང་སྡེ་བཞི་དང་དེའི་དགོངས་འགྲེལ་གྱི་གཞུང་ཆེ་ཕྲ་མཐའ་དག་གསན་སྦྱོང་མཛད་དེ་བསྟན་པའི་མཛེས་རྒྱན་དུ་གྱུར། ལོ་དེའི་དགུན་ཆོས་ལ་ཚོགས་བསགས་རབ་འབྱམས་པའི་མཚན་བཏགས་གནང་། དེ་ནས་སྐྱབས་མཆོག་འཇིགས་མེད་རྒྱ་མཚོ་དང་། སྡེ་ཁྲི་རྡོ་རྗེ་འཆང་འཇམ་དབྱངས་ཐུབ་བསྟན་ཉི་མ། རྗེ་བཙུན་དཀོན་མཆོག་བསྟན་པའི་རྒྱ་མཚོ། རྗེ་རྡྷ་

ཛཱའི་ཞབས། གྲུབ་དབང་དཀོན་མཆོག་རྒྱ་མཚོ། བྲག་དགོན་པ་དཀོན་མཆོག་བསྟན་པ་རབ་རྒྱས། རྗེ་ཤེས་རབ་རྒྱ་མཚོ། རྗེ་བཙུན་ངག་དབང་ཐུབ་བསྟན་རྒྱ་མཚོ་སོགས་ཡབ་སྲས་ཉི་ཟླ་ལྟ་བུ་རྣམས་ལས་ཐུ་ཕྱིར་ཟབ་རྒྱས་ཆོས་ཀྱི་བདུད་རྩི་ཚིམ་བར་གསོལ། དགུང་ལོ་སུམ་ཅུ་པར་ཐུའུ་བཀྭན་མཆོག་སྤྲུལ་རིན་པོ་ཆེའི་ཡོངས་འཛིན་དུ་པེ་ཅིན་ལ་ཐེབས། མི་འགྱུག་ལོར་ཕྱིར་གདན་སར་ཆིབས་ཁ་བསྒྱུར། ས་གསུམ་པ་མི་སྤྲུལ་ལོར་དགོན་ལུང་དུ་ཐེབས་ནས་ལོ་གཉིས་རིང་གཟབ་རྒྱས་ཆོས་ཀྱི་འཁོར་ལོ་བསྐོར། དགུང་ལོ་ཞེ་གསུམ་པ་ནས་ལོ་ངོ་བདུན་ཙམ་རིང་གོང་ས་སྐྱབས་མགོན་མཆོག་སྤྲུལ་རིན་པོ་ཆེར་མཚན་ཉིད་གསན་སྦྱོང་གི་ཞབས་འདེགས་བསྒྲུབས། ལྕགས་ཏ་ལོར་ཞྭ་དམར་སྤྲུལ་པའི་སྐུ་དགེ་འདུན་བསྟན་འཛིན་རྒྱ་མཚོ་ཆེད་གཉེར་གྱིས་ཐེབས་པའི་ཐུགས་འདུན་ལྟར་བཀའ་ཆོས་མཐའ་ཡས་པ་གནང་། རྗེ་འདི་ཐོས་བསམ་སྒོམ་གསུམ་ཟུང་དུ་འབྲེལ་བའི་ཉམས་བཞེས་ཀྱི་སྒོ་ནས་སྤངས་རྟོགས་ཀྱི་ཡོན་ཏན་རྒྱ་མཚོ་ལྟ་བུའི་གཏེར་དུ་གྱུར་ཅིང་གདུལ་བྱ་རྗེས་སུ་འཛིན་པའི་ཡོན་ཏན་ལ་དབང་སྒྱུར་བའི་སྐལ་པ་མཐའ་དབུས་ཀྱི་ཡུལ་གྲུ་ཀུན་ཏུ་ཁྱབ་པར་གྱུར། དགུང་ལོ་རེ་བརྒྱད་པར་གདན་སར་ཐེབས་ནས་གཞན་དྲིང་མི་འཛོག་པའི་མཁྱེན་རབ་ཀྱི་རྩལ་ལས། བཀའ་དྲིན་མཚུངས་མེད་ཞང་སྟོན་རྡོ་རྗེ་འཆང་བསྟན་པ་རྒྱ་མཚོ་དཔལ་བཟང་པོའི་ཞལ་ཐ་ནས་ཀྱི་རྣམ་པར་ཐར་པ་གཟུར་གནས་མཁས་པའི་གཙུག་ནོར། བྱང་ཆུབ་ལམ་གྱི་རིམ་པའི་གདམས་པ་རང་རྒྱུད་སླང་སྒྲོན་འདུལ་བའི་ལྕགས་ཀྱུ། བླ་མའི་རྣལ་འབྱོར་བརྒྱུད་འདེབས། རྡོ་རྗེ་འཆང་ཞང་སྟོན་ཆོས་ཀྱི་རྒྱལ་པོའི་བཀའ་འབུམ་ལས་ཆབ་ཤོག་གི་སྐོར། རྗེ་བཙུན་ནཱ་རོ་མཁའ་སྤྱོད་ཀྱི་སྒྲུབ་ཐབས་བསྡུས་པ། རྗེ་བཙུན་སྒྲོལ་མའི་ལྷ་ཆོས་ཀྱི་ལོ་རྒྱུས་གཡུ་ལོ་བཀོད་པའི་དགའ་ཚལ་སོགས་ཕྱག་རྩོམ་པོད་འབྲིང་བཞི་ཙམ་མཛད་པ་ཐམས་ཅད་བརྗོད་བྱ་ཟབ་ཅིང་ཚིག་བདེ་བ། རྗོད་བྱེད་སྙན་ཞིང་འཇེབས་པ། ཁ་གསལ་ཞིང་དོན་གྱི་གནད་འདུ་བ་ཞིག་ཡིན་པས། མདོ་སྔགས་ཀྱི་བསྟན་པ་མི་ནུབ་པའི་རྒྱལ་མཚན་སྲིད་རྩེ་བར་དུ་བསྒྲེངས་པའི་བཀའ་དྲིན་གྱིས་ཁྱབ་པར་གྱུར། དགུང་ལོ་དོན་གསུམ་ལ་ཐེབས་པ་རབ་བྱུང་བཅོ་ལྔ་པའི་མེ་བྱ(སྤྱི་ལོ1897)ལོར་སྐུ་གཤེགས།

ཞབས་དཀར་བ་ཚོགས་དྲུག་རང་གྲོལ། སྒྲུབ་པའི་དབང་ཕྱུག་ཞབས་དཀར་བ་ཚོགས་དྲུག་རང་གྲོལ་མཆོག་ནི་རབ་བྱུང་བཅུ་གསུམ་པའི་ལྕགས་གླང(སྤྱི་ལོ1781)ལོར་མདོ་སྨད་རེབ་གོང་གསེར་མོ་ལྗོངས་ཀྱི་ཆར་གཏོགས་ཞོ་འོང་གཉན་རྒྱ་ཞེས་པའི་གྲོང་སྡེར་ཡུམ་བཀྲ་ཤིས་བརྩེགས་པ་ཞེས་པའི་སྲས་སུ་འཁྲུངས། མཚན་ངག་དབང་བཀྲ་ཤིས་ཞེས་བཏགས། དགུང་ལོ་བརྒྱད་ཀྱི་སྟེང་ཨ་མེས་ངག་དབང་གི་མདུན་དུ་ཡི་གེ་སྦྱོར་ཀློག་སྦྱངས་ཤིང་ཚེགས་མེད་པར་ཐུགས་སུ་ཆུད། དགུང་ལོ་བཅུ་པར་ཞོ་འོང་ཐུགས་མང་ཆོས་ཐོག་གི་གྲལ་དུ་ཞུགས། བཅུ་བདུན་སྟེང་གླིང་རྒྱའི་ལྷ་བཟོ་བསྟན་པ་དར་རྒྱས་ལས་ལྷ་བྲིས་བསླབས་པས་རི་མོ་ལེགས་པོ་འབྲི་ཤེས་པ་བྱུང་། དེ་ནས་འཇམ་དབྱངས་རྒྱ་མཚོ་དང་ཨོ་རྒྱན་འཕྲིན་ལས་རྣམ་གཉིས་ཀྱི་ཞབས

པད་བསྟེན་ནས་མདོ་སྔགས་ཆོས་ཀྱི་གདམས་པ་གང་མང་གསན། དགུང་ལོ་ཉེར་གཅིག་པ་རབ་བྱུང་བཅུ་གསུམ་པའི་ལྕགས་བྱ（སྤྱི་ལོ1801）ལོར་ཨ་རིག་དགེ་བཤེས་བྱམས་པ་དགེ་ལེགས་རྒྱལ་མཚན་གྱིས་མཁན་པོ་དང་། རྒྱལ་མཁན་ཆེན་གྱིས་གསང་སྟོན་མཛད་དེ་རབ་བྱུང་དང་བསྙེན་རྫོགས་བསྒྲུབས། མཚན་བྱམས་པ་ཆོས་དར་ཞེས་གསོལ། དེ་ནས་རྒྱལ་མཁན་ཆེན་དང་ལྷན་དུ་རྩེ་གཞུང་དུ་ཕེབས་ཏེ་ཆེང་ཤང་དག་དབང་དར་རྒྱས（མཁས་དབང་ཆོས་རྒྱལ་ངག་གི་དབང་པོ）ལས་མདོ་སྔགས་ཆོས་ཀྱི་གཞུང་ལུགས་རྒྱ་མཚོ་ལྟ་བུ་ལ་ཐོས་བསམ་དཔྱིས་ཕྱིན་པར་མཛད་ཅིང་། མཁས་བཙུན་བཟང་གསུམ་གྱི་ཡོན་ཏན་ལ་མངའ་བརྙེས་ནས་མཁས་པའི་གོ་འཕང་མཐོན་པོར་སོང་། དགུང་ལོ་ཉེར་དྲུག་ནས་བཟུང་རྒྱལ་ཁམས་ཕྱོགས་མེད་འགྲིམས་ཏེ་སྒྲུབ་པ་ཉམས་ལེན་སྙིང་པོར་མཛད། གངས་ཅན་བོད་ཀྱི་གནས་ཆེན་ཡོད་དོ་ཅོག་ལ་ཞབས་ཀྱིས་བཅགས། སྟོད་ཀྱི་གནས་ཆེན་ཙཱ་རི། གངས་དཀར་ཏེ་སེ། ལ་ཕྱི་སོགས་དང་། སྨད་ཀྱི་གནས་ཆེན་རྨ་ཆེན། མཚོ་སྔོན། བྲག་དཀར་སྤྲེལ་རྫོང་སོགས་དབེན་གནས་བརྒྱ་ཕྲག་ལ་ལོ་ངོ་སུམ་ཅུའི་རིང་སྒྲུབ་པ་ལྷུར་ལེན་གནང་ནས་འགྲོ་དོན་བསམ་གྱིས་མི་ཁྱབ་པ་མཛད། པདྨ་རང་གྲོལ་དང་། ཀཱལ་ལྡན་རང་གྲོལ། སངས་རྒྱས་རིན་ཆེན། ལུང་ལུང་སྤྲུལ་པའི་སྐུ་སོགས་མཚན་སྙན་གྲགས་པའི་བུ་སློབ་མང་པོ་བྱུང་། ལྷུགས་རྩོམ་རྗེ་ཞབས་དཀར་པའི་རང་རྣམ་སོགས་པོད་ཉེར་ལྔ་ཡོད་པར་གྲགས། དགུང་ལོ་དོན་གཅིག་པ་རབ་བྱུང་བཅུ་བཞི་པའི་ལྕགས་ཕྱུག（སྤྱི་ལོ1851）ལོར་རང་ཡུལ་དུ་སྐུ་གཤེགས།

ཞི་ཆེན་རྒྱལ་ཚབ་འགྱུར་མེད་པདྨ་རྣམ་རྒྱལ། རྗེ་འདི་ནི་ཡབ་ཨ་གྲོའི་རུས་སུ་གཏོགས་པ་ཤེས་རབ་དང་ཡུམ་ནམ་མཁའ་སྒྲོལ་མའི་སྲས་སུ་རབ་བྱུང་བཅོ་ལྔ་པའི་ལྕགས་ལུག（སྤྱི་ལོ1871）ལོའི་བོད་ཟླ12ཚེས19ཉིན་ལྷ་ཐོག་དང་སྡེ་གེའི་ཚར་གཏོགས་མཚོ་ལུང་ཞེས་པའི་གནས་སུ་འཁྲུངས། འཇམ་དབྱངས་མཁྱེན་བརྩེའི་དབང་པོས་ཨོ་རྒྱན་རབ་བྱུང་རྡོ་རྗེའི་ཡང་སྲིད་དུ་ངོས་འཛིན་མཛད། མཚན་འགྱུར་མེད་པད་མ་བསྟན་འཛིན་མཁས་གྲུབ་རྒྱ་མཚོའི་སྡེ་ཞེས་གསོལ། ཞི་ཆེན་དགོན་པ་བསྟན་གཉིས་དར་རྒྱས་གླིང་གི་རྒྱལ་ཚབ་བཞི་པར་མངའ་གསོལ། རྗེ་ཉིད་ཀྱི་ཁྲུ་བོ་སྐྱིད་གཡང་དྲུང་ནས་ཡི་གེ་འབྲི་ཀློག་དང་། སྙན་གཞུང་མེ་ལོང་མ། སྒྲ་རིག་ཀ་ཙན་དབྱངས་གསུམ། སྡེབ་སྦྱོར་རིན་འབྱུང་། རྩིས་དཀར་ནག་གི་གཞུང་སོགས་ལ་གསན་སྦྱོང་མཛད། རྫོགས་ཆེན་མཁན་པོ་པད་མ་དམ་ཆོས་འོད་ཟེར་ལས་དགེ་ཚུལ་གྱི་སྡོམ་པ་བཞེས། མཚན་པད་མ་རྣམ་རྒྱལ་ཞེས་གསོལ། དགེ་མང་མཁན་པོ་ཡོན་ཏན་རྒྱ་མཚོ་ལས་བསྙེན་པར་རྫོགས། མཁྱེན་ཀོང་རྣམ་གཉིས་སོགས་ལས་སེམས་བསྐྱེད་སྡོམ་པའི་ཚུལ་ཁྲིམས་གསན། བྱང་སེམས་ཀྱིས་ཡོངས་སུ་གཏམས་ཤིང་གཞན་ཕན་འབའ་ཞིག་ལྷུར་བཞེས། འཇམ་མགོན་མཁྱེན་བརྩེའི་དབང་པོ་དང་། ཀཿཐོག་རང་བྱུང་རྡོ་རྗེ། འཇམ་མགོན་ཀོང་སྤྲུལ་བློ་གྲོས་མཐའ་ཡས། ཟུར་མང་དྲུང་རིན་པོ་ཆེ་ཀཿཐོག་ཆོས་ཀྱི་ཉིན་བྱེད་སོགས་མཁས་གྲུབ་ཆེན་པོ་དུ་མའི་དྲུང་ནས་བཀའ་དགོངས་ཕུར་གསུམ་སོགས

གྱི་བཀའ་གཏེར་གྱི་དབང་ཁྲིད་མན་ངག་དང་། རྫོའི་ལམ་རིམ་ཆེན་མོ། ཐུགས་གསང་མའི་ཆོས་སྐོར། མཛོད་རྩ་འགྲེལ། བཀའ་བརྒྱད་ཐུགས་མཛོད། སྙིང་མ་རྒྱུད་འབུམ་སོགས་སྔོན་བྱོན་དམ་པ་རྣམས་ཀྱི་བཀའ་འབུམ་ཁག་དང་གཞུང་འགྲེལ་སོགས་ལ་གསན་བསམ་རྒྱ་ཆེར་མཛད།

ལོ་ཉི་ཤུ་ལྷག་ཙམ་དུ་བསྐྱེད་རྫོགས་ཀྱི་གནས་ལ་ཐུགས་དམ་གནད་དུ་བསྣུན་པས་ཉམས་རྟོགས་ཀྱི་ཡོན་ཏན་ སྣན་འཕེལ། ས་ལམ་གྱི་མངོན་རྟོགས་རྫོགས་པར་བརྙེས། དགོངས་པའི་གཏེར་ཆེན་བཪོལ། རྫོང་གསར་མཁྱེན་བརྩེ་འཇམ་དབྱངས་ཆོས་ཀྱི་བློ་གྲོས་དང་། ཞེ་ཆེན་རབ་འབྱམས་དྲུག་པ་ཀུན་བཟང་བསྟན་པའི་ཉི་མ། འཇམ་དབྱངས་བློ་གཏེར་དབང་པོ་སོགས་སྐྱེས་ཆེན་དུ་མ་རྗེ་ཉིད་ཀྱི་ཞལ་སློབ་ཏུ་གྱུར།

རྗེ་འདི་ཉིད་ཀྱིས་མཆོད་འབུལ་གྱི་ལས་ཚོག་སྐོར་དང་། སྟོད་ཚོགས་ཀྱི་སྐོར། གསོལ་འདེབས་ཞབས་བརྟན་གྱི་སྐོར། ཆོས་འབྱུང་ལོ་རྒྱུས་ཀྱི་སྐོར། དེ་བཞིན་སྒྲ་དང་། སྙན་ངག སྐར་རྩིས་སྐོར་དང་། ཞལ་གདམས་གཏམ་ཚོགས་ཀྱི་སྐོར། བསྐྱེད་རྫོགས་དང་རྣམ་བཤད་འགྲེལ་ཊཱི་ཀའི་སྐོར། བསྔོ་སྨོན་ཤིས་བརྗོད་ཀྱི་སྐོར་སོགས་ཕྱག་རྩོམ་གནང་བ་གླེགས་བམ་བཅུ་གསུམ་ཙམ་བཞུགས། དེ་ལྟར་རྗེ་འདི་ཉིད་ཀྱིས་རང་དོན་དུ་ཐོས་བསམ་སྒོམ་གསུམ་དང་། གཞན་དོན་འཆད་རྩོད་རྩོམ་གསུམ་གྱི་མཛད་པ་ལྷུར་བཞེས་ཏེ་དགུང་གྲངས་ལྔ་བཅུ་ཙ་དྲུག་བཞེས་པ་རབ་བྱུང་བཅོ་ལྔ་པའི་མེ་སྟག(སྤྱི་ལོ1926)ལོའི་ཟླ5ཚེས18ཉིན་སྐུ་གཤེགས།

ཞིང་སྐྱོང་གྲགས་པ་བཀྲ་ཤིས། མདོ་སྨད་བྲ་ཁྲུང་དགོན་གྱི་མཁན་རབས་ཉེར་གསུམ་པ་འདི་ཉིད་རབ་བྱུང་བཅུ་གཅིག་པའི་ལྕགས་ལུག(སྤྱི་ལོ1631)ལོར་སྐུ་འབུམ་མཆོད་གཞིས་ཞིང་སྐྱོང་ཀྲ་གྱི་སྡེ་ཞེས་བྱ་བར་སྐུ་འཁྲུངས། རྗེ་ལྷུན་གྲུབ་རྒྱ་མཚོ་ལས་རབ་ཏུ་བྱུང་། སྐུ་འབུམ་ཆོས་སྡེར་ཞུགས། མཁས་དབང་དོན་གྲུབ་རྒྱ་མཚོ་བསྟེན་ནས་ཡར་ཚད་དབུ་གསུམ་ལ་སྦྱངས། དགོན་ལུང་དང་བྲ་ཁྲུང་སོགས་སུ་གྲྭ་སྐོར་མཛད། དེ་ནས་དབུས་སུ་ཕེབས་ནས་འབྲས་སྤུངས་སྒོ་མང་དུ་ཞུགས། བཀའ་པོད་ལ་སྦྱངས་པ་དཔྱིས་ཕྱིན་པ་དང་། སྨད་རྒྱུད་གྲྭ་ཚང་དུ་ཞུགས་ནས་རྒྱུད་སྡེ་ལ་གསན་བསམ་མཛད། པཎ་ཆེན་རིན་པོ་ཆེ་བློ་བཟང་ཆོས་རྒྱན་དྲུང་ནས་བསྙེན་རྫོགས་བཞེས་ཤིང་ཆོས་བཀའ་ཅི་རིགས་གསན། ༧རྒྱལ་དབང་ལྔ་པ་ཆེན་པོ་ལས་དབང་རྡོ་རྗེ་ཕྲེང་བ་སོགས་མང་དུ་ཞུས། དེ་ནས་སླར་སྐུ་འབུམ་དུ་ཕེབས་ནས་རྒྱུད་གྲྭར་ཞུགས་ཤིང་རྒྱུད་པའི་མཁན་པོ་མཛད། རབ་བྱུང་བཅུ་གཅིག་པའི་ཤིང་ཡོས(སྤྱི་ལོ1675)ལོར་བྲ་ཁྲུང་གི་ཁྲིར་ཕེབས། འཆད་ཉན་བསྐྱངས་ཤིང་དགོན་པའི་སྒྲིག་ཁྲིམས་ཤིན་ཏུ་དམ་པར་མཛད། འདུ་ཁང་དབུས་འབུམ་གྱིན་དགུ་མ་དང་ལྷ་ཐང་ཕྱིར་ནང་སྐོར་བཅས་གསར་བཞེངས་མཛད། མཛད་བསྡུ། གནས་བསྡུ། ཙོང་ཁ་བརྒྱད་ཅུ། འཛིགས་བྱེད་དང་ཆོས་སྐྱོང་ཁག མཁན་བརྒྱུད་དང་རྗེ་བཙུན་དམ་པའི་འཁྲུངས་རབས། ཞལ་ཐང་། བྱམས་པའི་གསེར་སྐུ། གསང་འདུས་བློས་བསླང་། ཚོགས་ཁྲི་ཆེ་

ཚད་སོགས་རྟེན་དང་མཆོད་རྫས་མང་ཙམ་བཞེངས། དགུར་གནས་སྐབས་སུ་གསང་འདུས་བདག་འཇུག་དང་འདུས་པའི་རྒྱུད་གཞུང་ལེ་དང་གསུང་བའི་རྒྱུན་བཙུགས། སླར་ཡང་དབུས་ཕྱོགས་སུ་ཕེབས་ནས་ཛོ་ཤཱཀ་རྣམ་གཉིས་དང་། ༧རྒྱལ་དབང་ལྔ་པ་རིན་པོ་ཆེ། སྡེ་སྲིད་སངས་རྒྱས་རྒྱ་མཚོ་བཅས་ལ་མཆོད་བཀུར་བསྙེན་གསུམ་དཔངས་མཐོ་བ་ཞུས། སྔོན་ཆད་བྲ་ཁྱུང་གི་གདན་ས་བ་རྣམས་ལ་མཁན་པོའི་ཆོ་ལོ་མ་བྱུང་ན་ཡང་། རྗེ་འདི་བར་༧རྒྱལ་དབང་ལྔ་པ་རིན་པོ་ཆེས་མཁན་པོའི་བཀའ་ཐམ་བསྩལ་ནས་བཟུང་བྲ་ཁྱུང་གི་མཁན་རབས་རིམ་བྱོན་ལ་མཁན་པོའི་ཆོ་ལོ་ཡོད་པར་གྱུར། སྡེ་སྲིད་སངས་རྒྱས་རྒྱ་མཚོས་མཛད་པའི་༧རྒྱལ་བ་ཚངས་དབྱངས་རྒྱ་མཚོའི་རྣམ་ཐར་དུ་བྲ་ཁྱུང་མཁན་པོའི་མཚན་སྔ་ཕྱིར་རེ་གཉིས་ཐོན་པའང་འདི་བ་ཡིན་པས་མངོན། དེ་ལྟར་ལོ་བཅོ་ལྔའི་རིང་ཆོས་སྲིད་གཉིས་ཆར་ནས་དགོན་པ་ལེགས་པར་བསྐྱངས། དེ་ནས་ཁྲི་དགོངས་པ་ཞུས་ཏེ་སྐུ་འབུམ་ཆུ་དཀར་རི་ཁྲོད་དུ་ཕེབས་ནས་བསྙེན་ལ་གཅིག་ཏུ་སྨན་པའི་ཉམས་བཞེས་ཤ་སྟག་གིས་དུས་འདས་ཤིང་། གཞན་ལ་ཡང་ལམ་ཁྲིད་འཇམ་དཔལ་ཞལ་ལུང་གི་དམར་ཁྲིད་སོགས་སྡེ་ཉམས་ལེན་ལ་སྦྱོར་གང་ཐུབ་མཛད། མཐར་དགུང་ལོ་དྲུག་ཅུ་ལ་ཕེབས་པ་རབ་བྱུང་བཅུ་གཉིས་པའི་ལྕགས་རྟ(སྤྱི་ལོ1690)ལོར་ཡ་མཚན་གྱི་ལྟས་དང་བཅས་མྱ་ངན་ལས་འདས་སོ།

ཨུ་ཆེན་ཚུལ་ཁྲིམས་རིན་ཆེན། ཁམས་སྡེ་དགེའི་མངའ་ཁོངས་ལྷུན་ཁོག་གསེར་ལྡན་ས་དཀར་གྱི་ཡུལ་དུ་ཡབ་ཀུན་དགའ་འཕེལ་ལམ་མིང་གཞན་ལྷ་བཟོ་ངག་དབང་ཆོས་འཕེལ་དང་། ཡུམ་བུ་ཆོག་ཅེས་པ་གཉིས་ཀྱི་སྲས་སུ་རབ་བྱུང་བཅུ་གཉིས་པའི་མེ་གླང(སྤྱི་ལོ1697)ལོར་འཁྲུངས། དགུང་ལོ་བདུན་པར་ཁུ་བོའི་མདུན་ནས་ཀ་མད་འདོགས་འཕྲིལ་བཅས་སྦྱངས། དེ་ནས་ས་དགོན་དུ་གྲྭ་བཙུན་མཛད། ཁྲི་བོ་ལྷ་མགོན་ཞེས་པ་ནས་སྦྱོར་ཀློག་ལེགས་པར་སྦྱངས། དགུང་ལོ་བཅུ་གཅིག་པར་དྲུང་པ་ཀུན་དགའ་རྒྱ་མཚོའི་མདུན་ནས་དགེ་ཚུལ་གྱི་སྡོམ་པ་བཞེས། མཚན་ཀུན་དགའ་བསོད་ནམས་ཞེས་བཏགས། ཚེ་སྐྱིད་དགོན་དུ་ཀརྨ་ཐུབ་སྟོབས་ཀྱི་དྲུང་ནས་སྒྲ་སྙན་ངག་དང་། དགེ་བཤེས་སངས་རྒྱས་ཆོས་འཕེལ་ལས་རྩིས། རབ་འབྱམས་པ་བསོད་ནམས་བསྟན་པ་ལས་ཚད་མ་བཅས་ཐུན་མོང་གི་རིག་གནས་ཀུན་ལེགས་པར་སྦྱངས། དགུང་ལོ་ཉེར་དགུ་པ་ཤིང་སྦྲུལ(སྤྱི་ལོ1725)ལོར་གཙང་ས་ངོར་གྱི་གདན་སར་ཕེབས། ངོར་བླ་བྲང་མཁན་པོ་ཚུལ་ཁྲིམས་ལྷུན་གྲུབ་ཀྱིས་ཚུལ་ཁྲིམས་རིན་ཆེན་ཞེས་པའི་མཚན་གསོལ། དེ་ནས་མི་རིང་བར་ངོར་དགོན་ཁང་གསར་བླ་བྲང་གི་དྲུང་ཡིག་མཛད་ནས་དགོན་དེར་ལོ་བཞི་ལྷག་ཙམ་བཞུགས། དགུང་ལོ་སོ་བཞི་པ་ལྕགས་ཁྱི(སྤྱི་ལོ1730)ལོར་མཁན་པོ་བཀྲ་ཤིས་ལྷུན་གྲུབ་དང་མཉམ་དུ་སྡེ་དགེར་ཕེབས། སྡེ་དགེའི་རྒྱལ་པོ་ཞི་གཉིས་པ་ཆོས་རྒྱལ་བསྟན་པ་ཚེ་རིང་གིས་སྡེ་དགེའི་པར་ཁང་ཆེན་མོའི་ཞུ་དག་མཁན་པོར་བསྐོས། དེ་ནས་བཟུང་ས་ཕྱོགས་ཀྱི་དཔེ་ཆ་ཚང་མ་ལེགས་སྒྲིག་དང་བསྟན་

འགྱུར་ལ་ཞུ་དག་གང་ལེགས་མཛད། བར་སྐོར་རྣམས་སུ་འཆད་ཉན་ཉམས་ལེན་དང་ལྷ་རིས་སོགས་ཀྱི་བྱ་བས་དུས་འདའ་བར་མཛད་དེ། དགུང་ལོ་དོན་བརྒྱད་པ་རབ་བྱུང་བཅུ་གསུམ་པའི་ཤིང་རྟ་(སྤྱི་ལོ1774)ལོར་སྐུ་གཤེགས།

རྗེ་འདིའི་མཚན་གྱི་རྣམ་གྲངས་ལ། ངག་གི་དབང་པོ་འཛིགས་བྲལ་ཕྱོགས་ལས་རྣམ་རྒྱལ་དང་། ཀུན་དགའ་བསོད་ནམས། ཞུ་ཆེན་ལོ་ཙྪ་བ། ཞུ་ཆེན་མཁན་པོ། ཚུལ་ཁྲིམས་རིན་ཆེན་སོགས་དུ་མ་ཡོད། ཞུ་ཆེན་རིན་པོ་ཆེས་མཛད་པའི་གསུང་ཆོས་ནི། བསྟོད་ཚོགས་གསུམ་འཕར་མ་དང་། རྣམ་ཐར་གྱི་སྐོར། དཀར་ཆག་ཆབ་ཤོག་གི་སྡེ་ཚན་སོགས་སྐྱན་ངག་གི་ཉམས་འགྱུར་ཕུན་སུམ་ཚོགས་པ་དང་ལྡན་པ་པོ་ཏི་བཅུ་གསུམ་བཞུགས།

ཚོགས་དོན་ཡོད་མཁས་གྲུབ། འཕན་ཡུལ་སྨད་ཚུང་པ་ཆུ་སྐོར་ཞེས་པའི་ཁྱིམ་དུ་ཡབ་ཚེ་རིང་ལྷ་སྒྲུབ་དང་། ཡུམ་ཨ་སང་གཉིས་ཀྱི་སྲས་སུ་རབ་བྱུང་བཅུ་གཅིག་པའི་ལྕགས་ཕག་(སྤྱི་ལོ1671)ལོར་འཁྲུངས། མཚན་ཚེ་དབང་ལྡན་ཞེས་གསོལ། དགུང་ལོ་བདུན་ལ་དཀའ་ལྡན་ཁྲི་ཆེན་བློ་བཟང་དོན་ཡོད་དྲུང་དུ་དགེ་བསྙེན་དང་བར་མ་རབ་བྱུང་སྟོན་དུ་འགྲོ་བའི་དགེ་ཚུལ་གྱི་སྡོམ་པ་བཞེས། མཚན་ལ་དོན་ཡོད་མཁས་གྲུབ་ཅེས་གསོལ། དགེ་སློང་ཆོས་གྲུབ་བསྟེན་ནས་ཀློག་སློབ་ལ་སྦྱངས་པ་མཛད། དགུང་ལོ་བརྒྱད་ནས་བཅོ་བརྒྱད་བར་ལ་ཚོགས་གུར་སྨོན་དགོན་དུ་སྒྲིག་ཞུགས་གནང་། དགུང་ལོ་བཅུ་དགུ་ལ་དགའ་ལྡན་བྱང་རྩེར་བཞུགས་ཏེ་མཁས་དབང་བློ་བཟང་དགེ་ལེགས་བསྟེན་ནས་གཞུང་ཆེན་བཀའ་པོད་ལྔར་གསན་སྦྱོང་མཛད། དགུང་ལོ་ཉེར་ལྔ་ལ་ཕེབས་སྐབས་ཚོགས་དགོན་པའི་དགེ་བསྐོས་གནང་། དགུང་ལོ་ཉེར་དྲུག་སྐབས་འཁོར་བའི་སྣང་ཚུལ་ལ་ཐུགས་སྐྱོ་ཤས་འཁྲུངས་ཏེ་སྒྲུབ་དབང་བྱམས་པ་ཆོས་ལྡན་དང་། རྗེ་བཙུན་བསོད་ནམས་དོན་གྲུབ་སོགས་བསྟེན་ནས་ལོ་མང་རིང་དབེན་སར་དཀའ་ཐུབ་དྲག་པོ་སྤྱད་དེ་སྒྲུབ་པ་ལ་བརྩོན། དགུང་ལོ་ཞེ་གཉིས་ཐོག་སོག་པོ་ཇུན་གར་བའི་དམག་དཔུང་སྐྱིད་ཤོད་དུ་སླེབས། དགུང་ལོ་ཞེ་དྲུག་ནས་ལོ་གསུམ་རིང་ཚོགས་གུར་སྨོན་གྱི་ཆོས་གྲྭར་ལོ་ལྔར་ཟླ་བ་གསུམ་རིང་ལམ་རིམ་གྱི་ཁྲིད་དང་། འཇིགས་བྱེད་ཀྱི་དབང་ཆེན་སོགས་བསྐྱལ། དགུང་ལོ་ང་གསུམ་ལ་མི་དབང་བསོད་ནམས་སྟོབས་རྒྱལ་གྱིས་སྲིད་འགན་བླངས་ནས་རྗེ་ཉིད་ཁོང་གི་རྩ་བའི་བླ་མར་གྱུར། སྐུ་ཚེ་གང་པོར་འཆད་རྩོད་རྩོམ་གསུམ་གྱི་སྒོ་ནས་བསྟན་འགྲོའི་དོན་མཐའ་ཡས་པ་མཛད། བཀའ་རྩོམ་ལ་མཆོན་ན། བླ་མ་མཆོད་པའི་ཟབ་ཁྲིད་ཐུན་མོང་མ་ཡིན་པ་བརྒྱུད་ལྡན་བླ་མའི་ཞལ་གདམས། ལམ་གྱི་གཙོ་བོ་རྣམ་གསུམ་གྱི་ཁྲིད་ཡིག་རྒྱས་པ། དཔལ་གསང་བ་འདུས་པའི་བསྐྱེད་རིམ་དངོས་གྲུབ་རྒྱ་མཚོའི་སྙིང་པོ། བྲ་ཧྲི་དགེ་བཤེས་རིན་ཆེན་དོན་གྲུབ་ཀྱིས་ལྷ་བའི་སྐོར་གྱི་དྲི་བ་དང་དེའི་དྲིས་ལན་སོགས་པོད་གཅིག་ཙམ་ཕྱག་རྩོམ་མཛད། དགུང་ལོ་རེ་བདུན་བཞེས་པ་རབ་བྱུང་བཅུ་གཉིས་པའི་མེ་སྦྲུལ(སྤྱི་ལོ1737)ལོར་སྐུ་གཤེགས།

འོན་རྒྱལ་སྲས་སྐལ་བཟང་ཐུབ་བསྟན་འཇིགས་མེད་རྒྱ་མཚོ། རྗེ་འདི་ནི་དབུས་སྟོད་ལ་མོར་ཡབ་ཆོས་རྗེ་བསོད་ནམས་དབང་འདུས་དང་། ཡུམ་ཉི་མ་བདེ་སྐྱིད་གཉིས་ཀྱི་སྲས་སུ་རབ་བྱུང་བཅུ་གཉིས་པའི་ཆུ་ཕག(སྤྱི་ལོ1743)ལོར་སྐུ་འཁྲུངས། དགུང་ལོ་བཞི་ལ་འོན་ངེས་གསང་དར་རྒྱས་གླིང་དུ་གདན་དྲངས། དགུང་ལོ་ལྔ་ལ་༧རྒྱལ་དབང་བསྐལ་བཟང་རྒྱ་མཚོའི་དྲུང་དུ་གཙུག་ཕུད་ཕུལ། མཚན་བསྐལ་བཟང་ཐུབ་བསྟན་འཇིགས་མེད་རྒྱ་མཚོ་ཞེས་གནང་། དགེ་སློང་རྒྱ་མཚོ་རྡོ་རྗེ་བསྟེན་ནས་ཡི་གེ་འབྲི་ཀློག་དང་ཆོས་སྤྱོད་སོགས་གསན་སྦྱོང་མཛད། དགུང་ལོ་བཅུ་ལ་༧རྒྱལ་བ་རིན་པོ་ཆེའི་དྲུང་དུ་རབ་བྱུང་བསྒྲུབས། དཔོན་ལུང་བཀའ་བཅུ་གྲགས་པ་ཡར་འཕེལ་བསྟེན་ནས་བསྡུས་གྲྭ་བློ་རྟགས་བཅས་གཞུང་ཆེན་ལ་སློབ་གཉེར་མཛད། དགུང་ལོ་བཅོ་ལྔ་ལ་༧རྒྱལ་དབང་བསྐལ་བཟང་རྒྱ་མཚོ་སྐུ་གཤེགས། དགུང་ལོ་ཉི་ཤུ་ལ་ཕུར་ལྕོག་ངག་དབང་བྱམས་པའི་དྲུང་དུ་བསྙེན་རྫོགས་བསྒྲུབས། དེའི་ལོར་༧རྒྱལ་དབང་འཇམ་དཔལ་རྒྱ་མཚོའི་གསེར་ཁྲི་མངའ་གསོལ་གྱི་མཛད་སྒོར་ཕེབས། དགུང་ལོ་ཉེར་བཞི་ལ་ལྷ་ལྡན་སྨོན་ལམ་ཆེན་མོར་གྲྭ་སྐོར་དམ་བཅའ་མཛད། དགུང་ལོ་ཉེར་ལྔ་ལ་བཀྲ་ཤིས་ལྷུན་པོར་པཎ་ཆེན་རིན་པོ་ཆེ་མཇལ་བར་ཕེབས། རྗེ་འདིས་ཕུར་ལྕོག་ངག་དབང་བྱམས་པ། པཎ་ཆེན་དཔལ་ལྡན་ཡེ་ཤེས། ལྕང་སྐྱ་རོལ་པའི་རྡོ་རྗེ་སོགས་བསྟེན་ནས་མདོ་སྔགས་ཀྱི་ཆོས་མང་དུ་གསན། དགུང་ལོ་ཉེར་དྲུག་ནས་ང་གསུམ་བར་འོན་ཕུར་སྒྲུབ་པ་ཉམས་ལེན་ལ་རྩེ་གཅིག་ཏུ་གཞོལ། གསུང་རྩོམ་ཡང་། ཡི་དམ་ལྷ་ཚོགས་ཀྱི་སྒྲུབ་ཐབས་རྗེས་གནང་ཚེ་སྒྲུབ་རབ་གནས་སྦྱིན་སྲེག་ཡུལ་ཁྲུས་བསངས་མཆོད་སོགས་འདོད་དགུའི་ཆར་འབེབས་ཞེས་བྱ་བ་དང་། སྡེབ་སྦྱོར་དང་དབྱེའི་གཞུང་ལས་ལེའུ་གཉིས་པའི་དཔེར་བརྗོད་ཀུན་འཕོར་སྙན་བཤད་དབྱངས་འཆར་ལུང་གསལ་བའི་སྒྲོན་མེ། མི་ཏྲ་བརྒྱ་རྩའི་དཀྱིལ་འཁོར་གྱི་མངོན་རྟོགས་བློ་གསལ་མགུལ་རྒྱན། འཕགས་པ་ཐུགས་རྗེ་ཆེན་པོ་དཔལ་མོ་ལུགས་ཀྱི་དཀྱིལ་འཁོར་གྱི་ས་ཆོག་གི་ངག་འདོན་བདེ་ལེགས་ཀུན་འབྱུང་གི་དགོངས་པ་རབ་གསལ་སོགས་པོད་འབྲིང་གསུམ་ཙམ་མཛད། མཐར་དགུང་ལོ་རེ་དགུ་ལ་ཕེབས་པ་རབ་བྱུང་བཅུ་བཞི་པ་ལྕགས་ལུག(སྤྱི་ལོ1811)ལོར་གཤེགས།

འོན་རྒྱལ་སྲས་འཇིགས་མེད་ཡེ་ཤེས་གྲགས་པ། རྗེ་འདི་ནི་ལྷ་ལུང་རྙིང་པར་རབ་བྱུང་བཅུ་གཉིས་པའི་མེ་བྱི(སྤྱི་ལོ1696)ལོར་སྐུ་འཁྲུངས། དགུང་ལོ་བཞི་ལ་འོན་ཆོས་སྡིངས་ངེས་གསང་དར་རྒྱས་གླིང་དུ་གདན་དྲངས། དེའི་ལོར་༧རྒྱལ་དབང་ཚངས་དབྱངས་རྒྱ་མཚོར་དབུ་སྐྲའི་གཙུག་ཕུད་ཕུལ། མཚན་བློ་བཟང་ངག་དབང་འཇིགས་མེད་ཅེས་བསྩལ། མཁས་གྲུབ་བསྟན་དར་བའི་སྐུ་སྐྱེ་མདོ་སྨད་པ་དགེ་སློང་ངག་དབང་རབ་བརྟན་དགེ་རྒན་དུ་བསྟེན་ནས་ཡི་གེ་འབྲི་ཀློག ཆོས་སྤྱོད། རྒྱན་འཇུག་རྟགས་སྐོར་བཅས་གསན་བཞེས་མཛད། དགུང་ལོ་བརྒྱད་ལ་འོན་མངའ་རིས་གྲྭ་ཚང་དུ་ཆོས་ཞུགས་མཛད། བསྡུས་གྲྭ་དང་ཚད་མ་སོགས་ལ་གསན་སྦྱོང་གནང་། དགུང་ལོ་བཅུ་བཞི་ལ་འབྲས་སྤུངས

དགོན་དུ་ཆོས་ཞུགས་མཛད་ནས་གཞུང་ཆེན་ལ་སློབ་གཉེར་དང་། དགུང་ལོ་བཅོ་བརྒྱད་ལ་པཎ་ཆེན་བློ་བཟང་ཡེ་ཤེས་མཇལ་བར་བཀྲ་ཤིས་ལྷུན་པོར་ཕེབས། དགུང་ལོ་ཉི་ཤུ་ལ་པཎ་ཆེན་རིན་པོ་ཆེའི་དྲུང་དུ་བསྙེན་རྫོགས་བསྒྲུབས། དགུང་ལོ་ཉེར་བཞི་ལ་ངེས་གསང་དར་རྒྱས་གླིང་དུ་ཕེབས་ནས་སྔན་དང་རྩིས། དཀྱིལ་འཁོར་གྱི་ཐིག་རྩ་སོགས་གསན་སྦྱོང་མཛད། དགུང་ལོ་སོ་གསུམ་ལ༧རྒྱལ་དབང་བསྐལ་བཟང་རྒྱ་མཚོ་མདོ་སྨད་དུ་ཕེབས་ཞུལ་སྔོན་ལམ་གྱི་ཚོགས་དཔུར་ལོ་བརྒྱད་རིང་ཕེབས། རྗེ་འདིས༧རྒྱལ་དབང་བསྐལ་བཟང་རྒྱ་མཚོ་དང་། དུས་འཁོར་བ་ཡོན་ཏན་དར་རྒྱས། རྗེ་ཀུན་དགའ་ལེགས་འབྱུང་སོགས་བསྟེན་ནས་མདོ་སྔགས་ཀྱི་ཆོས་མང་དུ་གསན། གསུང་རྩོམ་ཡང་རང་ལ་གྲོས་འདེབས་དང་སྐན་བསྒྱུལ་གྱི་རིམ་པ་ཞེས་པ་དང་། རྗེ་བཙུན་སྒྲོལ་དཀར་ལ་བརྟེན་པའི་བརྟན་བཞུགས་དང་དེའི་བླ་བརྒྱུད་གསོལ་འདེབས་སྨོན་ལམ་ཤིས་བརྗོད། སྔོ་སྨོའི་ཚིག དཔལ་སྐར་ཐང་། རྣ་སྒྲེང་། དགོན་ལུང་བྱམས་པ་གླིང་དགོན་མ་ལག་བཅས་ཀྱི་བཅའ་ཡིག་སྤྱན་རས་གཟིགས་ཕྱག་སྟོང་སྤྱན་སྟོང་གི་ཆོ་ག་སོགས་དུ་མ་མཛད། དགུང་ལོ་ང་གཉིས་ལ་རྒྱུད་གྲྭར་ཞུགས། སྐུ་ཚེ་གང་པོར་ཆོས་འཁོར་རྒྱ་ཆེར་བསྐོར་ནས་དགུང་ལོ་ང་ལྔ་ལ་ཕེབས་པ་རབ་བྱུང་བཅུ་གསུམ་པའི་ལྕགས་རྟ(སྤྱི་ལོ1750)ལོར་སྐུ་གཤེགས།

ཡོངས་འཛིན་འབྲོང་རྩེ་བློ་བཟང་ཚུལ་ཁྲིམས། རྗེ་འདི་ནི་ཤང་སྟོད་གྲམ་བུ་ཞེས་པར་ཡབ་དཔལ་ལྡན་སྲི་ཆོས་དང་། ཡུམ་མཆོག་སྐྱིད་གཉིས་ཀྱི་སྲས་སུ་རབ་བྱུང་བཅུ་གཉིས་པའི་ཤིང་གླང(སྤྱི་ལོ1745)ལོར་སྐུ་འཁྲུངས། དགུང་ལོ་བཅུ་གསུམ་ལ་འབྲོང་རྩེ་ཆོས་སྡེར་ཆོས་ཞུགས་མཛད། མཁན་པོ་མང་ཐོས་ཚུལ་ལྡན་དྲུང་དུ་གཙུག་ཕུད་ཕུལ། མཚན་བློ་བཟང་ཚུལ་ཁྲིམས་ཞེས་གསོལ། དེ་རྗེས་བཀྲ་ཤིས་ལྷུན་པོ་ཐོས་བསམ་གླིང་དུ་ཆོས་ཞུགས་མཛད། མཁན་ཆེན་བློ་བཟང་བཀྲ་ཤིས་ཀྱི་དྲུང་དུ་དགེ་ཚུལ་གྱི་སྡོམ་པ་བཞེས། དགུང་ལོ་བཅོ་ལྔ་ལ་གཞུང་ཆེན་བཀའ་པོད་ལྔར་སློབ་གཉེར་མཛད། དགུང་ལོ་སུམ་ཅུ་ཐམ་པར་པཎ་ཆེན་དཔལ་ལྡན་ཡེ་ཤེས་ཀྱི་དྲུང་དུ་བསྙེན་རྫོགས་ཀྱི་སྡོམ་པ་མནོས། དེའི་ལོར་རབ་འབྱམས་པའི་མཚན་རྟགས་བཞེས། རྗེ་འདིས་ལོ་ཆེན་བློ་བཟང་བསྟན་པའི་རྒྱལ་མཚན་དང་། འཇམ་བཞད་འཇིགས་མེད་དབང་པོ་སོགས་ཀྱི་ཞབས་ལ་གཏུགས་ནས་མདོ་སྔགས་ཀྱི་ཆོས་མང་དུ་གསན། དེ་ནས་ལོ་གསུམ་རིང་བཀྲས་ལྷུན་རྒྱུད་གྲྭར་ཞུགས། རྗེ་ཉིད་བྱ་བྲལ་གྱིས་ལྷ་ཕྱུགས་འབྲུག་ཡུལ་གྱི་རིའི་གནས་སུ་སྒྲུབ་པ་ལོ་ཤས་མཛད། དབུས་གཙང་ཙ་རི་སོགས་ལ་གནས་སྐོར་ལ་ཕེབས། སླར་ཡང་བཀྲ་ཤིས་ལྷུན་པོར་ཕེབས་ནས་རྒྱུད་པ་གྲྭ་ཚང་གི་སློབ་དཔོན་གནང་། དགུང་ལོ་ང་གཅིག་ལོར་པཎ་ཆེན་བསྟན་པའི་ཉི་མ་མཆོག་གི་ཡོངས་འཛིན་མཛད། ལོ་གཉིས་སོང་རྗེས་སྐུ་གཟུགས་ཐང་མིན་གྱིས་ཡོངས་འཛིན་དགོངས་ཞུ་གནང་ནས་བདེ་ཆེན་ཆོས་འཁོར་རི་ཁྲོད་དུ་སྒྲུབ་པར་གཞོལ། བཀའ་རྩོམ་ལ། བཤེས་གཉེན་བློ་བཟང་ཚུལ་ཁྲིམས་ཀྱི་རྟོགས་པ་བརྗོད་པ་དད་ལྡན་རེ་སྐོང་ནོར་བུའི་དོ་ཤལ་ཞེས་བྱ་བ་དང་། རྗེ་བཙུན་ཙོང་ཁ་པ་ཆེན་པོའི་བསྙེན་སྒྲུབ་བྱ་

བའི་རིམ་པ་བླ་མའི་བྱིན་རླབས་འཇུག་པའི་ལྷུགས་ཀྱུ། བཅོམ་ལྡན་འདས་རྣམ་པར་སྣང་མཛད་ཀྱི་བསྙེན་ཡིག ཤེར་སྙིང་གི་མདོའི་སྐབས་དོན་མངོན་རྟོགས་གསལ་བའི་ཉི་མ། བཟང་སྤྱོད་སྨོན་ལམ་གྱི་དོན་འགྲེལ་ཀུན་བཟང་དགོངས་རྒྱན། གྲུབ་མཐའ་གླིང་བཞི་གསལ་བའི་ཉི་མ་སོགས་མང་དུ་མཛད། དགུང་ལོ་ང་དྲུག་ལ་ཞིབས་པ་རབ་བྱུང་བཅུ་གསུམ་པའི་ལྕགས་སྤྲེལ(སྤྱི་ལོ1800)ལོར་སྐུ་གཤེགས།

ཡོངས་འཛིན་ཡེ་ཤེས་རྒྱལ་མཚན། རྗེ་འདི་གཙང་སྟོད་སྐྱིད་གྲོང་པད་ཁུད་ནང་པའི་རིགས་སུ་ཡབ་ཚངས་པ་དཀར་པོ་དང་། ཡུམ་ཚེ་རིང་དཔལ་འཛོམས་གཉིས་ཀྱི་སྲས་སུ་རབ་བྱུང་བཅུ་གཉིས་པའི་ཆུ་སྦྲུལ(སྤྱི་ལོ1713)ལོར་འཁྲུངས། དགུང་ལོ་བདུན་ཐོག་ཐོས་བསམ་གླིང་གི་ཆོས་རྗེ་ཚེ་བརྟན་རྣམ་རྒྱལ་གྱི་དྲུང་དུ་དབུ་སྐྲ་གཙུག་ཕུད་ཕུལ་ཏེ་མཚན་དབུ་རྒྱན་ཆོས་འཕེལ་ཞེས་བསྟུལ། ཨ་ནེས་ཀློག་བསླབས། དགུང་ལོ་བརྒྱད་པར་བཀྲས་ལྷུན་དྲུང་རམས་པ་ནས་ཆོས་སྤྱོད་འཛིན་སྐྱོར་གནང་བཅུག དགུང་ལོ་བཅུ་ཐོག་བཀྲས་ལྷུན་གྱི་ཆོས་སྐོར་ཞུགས། དེའི་ལོར་པཎ་ཆེན་བློ་བཟང་ཡེ་ཤེས་ཀྱི་དྲུང་དུ་རབ་བྱུང་གི་སྡོམ་པ་ཕུལ། མཚན་ཡེ་ཤེས་རྒྱལ་མཚན་ཞེས་འདོགས་པར་གནང་། དགུང་ལོ་བཅུ་བདུན་པར་གཞུང་ཆེན་བཀའ་པོད་ལྔར་གསན་བསམ་མཛད། དེ་རྗེས་སྐྱིད་གྲོང་དུ་ཕེབས་ནས་ལོ་གསུམ་རིང་སྒྲུབ་པ་ལ་བརྩོན། དགུང་ལོ་ཉི་ཤུ་ལ་སྒྲུབ་དབང་བློ་བཟང་རྣམ་རྒྱལ་གྱི་དྲུང་ནས་བསྙེན་རྫོགས་ཀྱི་སྡོམ་པ་བཞེས། དགུང་ལོ་ཉེར་གཅིག་ལ་དབུས་སུ་ཕེབས། ཕུར་ལྕོག་བྱམས་པ་རིན་པོ་ཆེ་མཇལ་ནས་ཟབ་ཆོས་འགའ་ཞུས་ཏེ་ས་ཕུག་གཅིག་ཏུ་སྒྲིག་འཚོའི་འཚོ་བར་བཅས་ཏེ་ལོ་གཅིག་བཞུགས། དགུང་ལོ་ཉེར་གསུམ་ལ་སྐྱིད་གྲོང་དུ་ཕེབས་ནས་གྲུབ་དབང་རིན་པོ་ཆེ་ཞི་བར་གཤེགས་པའི་དགོངས་རྫོགས་བསྒྲུབས། དགུང་ལོ་ཉེར་ལྔ་ལ་དིང་རི་རར་ཡ་དམ་པའི་སྒྲུབ་གནས་མཁའ་འགྲོའི་གསང་ཕུག་ཏུ་འཚོ་བ་ངན་ངོན་ལ་བརྟེན་ནས་ཟླ་རྗེས་མི་ལོ་བཅུ་གཉིས་རིལ་པོ་སྒྲུབ་པ་ལ་རྩེ་གཅིག་ཏུ་གཞོལ། དགུང་ལོ་ཞེ་བཞི་ནས་རེ་ལྔའི་བར་སྐྱིད་གྲོང་བསམ་གཏན་གླིང་དང་། དགའ་ལྡན་ཕུག་པོ་ཆེ། ཆོས་སྡིངས་ཚུལ་ལྡན་གླིང་། བལ་ཡུལ་ཐང་ཧྤི་ཏ་ར་སོགས་ཀྱི་གཙུག་ལག་ཁང་རྟེན་དང་བརྟེན་པར་བཅས་པ་ཉམས་གསོ་གནང་། དགུང་ལོ་རེ་གཉིས་ལ་ཕེབས་སྐབས༧རྒྱལ་དབང་ཐམས་ཅད་མཁྱེན་པ་འཇམ་དཔལ་རྒྱ་མཚོའི་ཡོངས་འཛིན་དང་པཎྜི་ཏའི་མཚན་བསྟོད་བཞེས་ནས་ཕོ་བྲང་ཆེན་པོ་པོ་ཏ་ལར་བཞུགས་ཏེ་དགུང་ལོ་བརྒྱད་ཅུ་བར་ཡོངས་འཛིན་མཛད། མ་མ་མཆོད་པའི་ཁྲིད་ཡིག་དང་། སྐྱེས་རབས་སོ་བཞིའི་རྣམ་བཤད་ཐེག་ཆེན་གསལ་བའི་སྒྲོན་མེ། ཤེར་ཕྱིན་སྟོང་ཕྲག་བརྒྱད་པ། མངོན་རྟོགས་རྒྱན་སྦྱར་ཏེ་བྱང་ཆུབ་ལམ་གྱི་རིམ་པའི་གནད་རྣམས་གསལ་བར་སྟོན་པའི་ཤེར་ཕྱིན་གསལ་བའི་སྒྲོན་མེའི་ལེགས་བཤད། དམ་ཚིག་རྡོ་རྗེའི་སྡོམ་བརླས་དངོས་གྲུབ་ཀུན་བྱུང་སོགས་མདོ་སྔགས་ཀྱི་ཆོས་དཔེ་པོད་འབྲིང་བཅུ་དགུ་ཙམ་མཛད། དབུས་གཙང་གི་ཆོས་སྡེ་ཆེ་ཆུང་ཚང་མར་འདུལ་བའི་ཕྲག་ལེན་དང་ལམ་རིམ་གྱི་འཆད་སྤེལ་ནར་མར་བསྐྱངས། དགུང་ལོ་དོན་བདུན

སྐབས༧རྒྱལ་བ་འཇམ་དཔལ་རྒྱ་མཚོའི་ཐུགས་མོས་བྱུང་བ་ལ་བརྟེན་ནས་གྲིབ་ཚེ་མཆོག་གླིང་དགོན་པ་ཕྱག་བཏབ། དགུང་ལོ་གྱ་གཅིག་ལ་ཕེབས་པ་རབ་བྱུང་བཅུ་གསུམ་པའི་ཆུ་གླང（སྤྱི་ལོ1793）ལོར་དགོངས་པ་ཆོས་དབྱིངས་སུ་ཐིམ།

གཡུང་དྲུང་རྒྱལ་མཚན་དཔལ་བཟང་པོ། གཡུང་དྲུང་བོན་གྱི་རྗེ་འདི་ཉིད་མདོ་སྨད་དངུལ་རྫ་ཟེན་སྐང་སྟོད་ཀྱི་སྡེར་གཏོགས་ཡུལ་སྤྱ་བ་ལུང་ནང་ཟེར་བར་ཡབ་བསོད་ནམས་བསྟན་དར་དང་ཡུམ་བསོད་ནམས་གནམ་མཚོ་གཉིས་ཀྱི་སྲས་སུ་རབ་བྱུང་བཅོ་ལྔ་པའི་མེ་བྱ（སྤྱི་ལོ1897）ལོར་འཁྲུངས། མཚན་བསོད་ནམས་བསྟན་འཛིན་ཞེས་གསོལ། དགུང་ལོ་བདུན་པ་ལ་བྱ་བྲལ་དྲང་སྲོང་རྒྱལ་བ་ཚུལ་ཁྲིམས་དགེ་རྒན་དུ་བསྟེན་ནས་ཡི་གེ་འབྲི་ཀློག་ལ་སྦྱངས། སྐྱབས་འགྲོ་དང་། སེམས་བསྐྱེད། སྙིང་པོ་རྣམ་གསུམ། གསོལ་འདེབས་སོགས་ཁྲི་ཕྲག་རེ་བསགས་ཤིང་། ཡི་གེ་རྫབ་ཤར་དཀར་ནག་གང་ཡང་ཀློག་འདོན་ཐོགས་མེད་དུ་བྱུང་། དགུང་ལོ་བཅུ་གཅིག་ནས་དབལ་གསས་བོན་སྐྱོངས། ཞི་ཁྲོ་ཁྲི་མཆོད། ཁྲོ་བོའི་བསྙེན་སྒྲུབ། མ་མོ་སྲིད་གཏོང་སོགས་འདོན་རིམ་དང་། དཀྱིལ་འཁོར་གྱི་ཐིག་རྩ་འབྲི་སྟངས། གཏོར་བཟོ་གྱེར་དབྱངས་དང་ཕྱག་རྒྱ། སྨན་རྩིས། ལྷ་རིས་སོགས་ལ་སྦྱངས་པ་ཐུལ་དུ་ཕྱིན། ལྕགས་ཕག（སྤྱི་ལོ1911）ལོར་དགེ་སློང་སྒོ་སྟོན་ཉི་མ་རྒྱལ་མཚན་རིན་པོ་ཆེ་དང་། དགེ་སློང་དྲང་སྲོང་རྒྱལ་བ་ཚུལ་ཁྲིམས་མཆོག་གཉིས་ཀྱི་དྲུང་ནས་རབ་ཏུ་བྱུང་བའི་སྡོམ་པ་ཉེར་ལྔ་ཡང་དག་པར་བཞེས། མཚན་གཡུང་དྲུང་རྒྱལ་མཚན་དུ་གསོལ། ས་ལུག（སྤྱི་ལོ1919）ལོར་དབུས་གཙང་དུ་ཕེབས། གཙང་ཐོབ་རྒྱལ་སྨན་རི་དགོན་གྱི་མཁན་ཆེན་ཕུན་ཚོགས་བློ་གྲོས་ལ་བསྙེན་རྫོགས་ཞུས། མཚན་གཡུང་དྲུང་རྒྱལ་མཚན་དཔལ་བཟང་པོ་ཞེས་གསོལ། སྨན་རིའི་སྒྲུབ་ཆེན་གྱི་དབང་ལུང་ཡོངས་རྫོགས་གསན། དེ་ནས་སྤུན་ཉེ་དང་ཏ་ཁལ་རྣམས་ཕ་ཡུལ་དུ་བཙོངས་ཏེ་ཕྱོགས་མེད་རི་ཁྲོད་འགྲིམ་རྒྱུ་ལ་ཐུགས་ཕྱོགས། དཔལ་ལྡན་གྲྭ་ས་གོང་འོག་བར་གསུམ་ལ་ཕེབས་ནས་མཁས་གྲུབ་བླ་མ་བཤེས་གཉེན་མང་དུ་བསྟེན། ཕྱི་ནང་གི་དབང་ལུང་ཁྲིད་གསུམ་རྒྱ་ཆེར་གསན། གནས་ཆེན་སྒྲུབ་གནས་བྲག་ཕུག་ཁག་དང་། དུར་ཁྲོད་ཡའང་བསྐྱེད་རྫོགས་ཟུང་འབྲེལ་གྱི་ཟབ་མོའི་སྒྲུབ་པ་ལྷུར་བཞེས་ཉམས་ལེན་རྒྱས་པར་མཛད། རྒྱ་གར་དང་། བལ་ཡུལ། ཟ་ཧོར། ཨོ་རྒྱན། གྲུ་ཤ་སོགས་ཀྱི་གནས་རྟེན་རྣམས་མཇལ། ཙ་རིའི་སྒྲུབ་གནས་སུ་ལོ་ཤས་རིང་ཉམས་ལེན་གྱི་ཕྱག་རྒྱ་ཟབ་པར་སྤེལ། དེ་ནས་ཁྱུང་ལུང་རི་ཁྲོད་དུ་མཚམས་སྒྲུབ་ཉམས་ལེན་ལོ་གསུམ་མཛད་རྗེས་གངས་དཀར་ཏི་སེ་དང་། གུར་རྒྱལ་ལྷ་མཚོ། མཚོ་མ་ཕམ་སོགས་སུ་གནས་མཇལ་ལ་ཕེབས། མེ་བྱི（སྤྱི་ལོ1936）ལོར་ཁྱུང་ལུང་དངུལ་མཁར་དགོན་གྱི་རྨང་བཏིང་ནས་ཤིང་སྤྲེལ（སྤྱི་ལོ1944）ལོར་གྲུབ། ནང་རྟེན་ཁྱད་པར་ཅན་ལེགས་པར་བཞེངས།

རྗེ་འདི་ཉིད་ཀྱི་ལྷགས་རྗེས་ལ་མཚོན་ན། ཚོགས་འདོན་བརྒྱུད་རིམ་བླ་མའི་གསོལ་འདེབས།

དཔྱད་གསུམ་འབྲས་རྩིས་ར་ཧི་བང་མཛོད། གསོ་རིག་བསྡུས་བཅོས་གཞུང་ཆེན་མོ། སྔགས་འབུམ། ཀེག་རྩིས་རྗེའུ། དཀྱིལ་འཁོར་ཐིག་རྩ། མིང་གཞི་དང་བརྡ་སྤྲོད་རྩ་འགྲེལ། དབྱངས་ཅན་སྒྲ་མདོའི་འགྲེལ་པ་སོགས་གླེགས་བམ་བཅུ་གསུམ་བཞུགས། ཐུགས་སྲས་དཔལ་ཚུལ། མཁས་མཆོག རྒྱ་མཚོ། དར་པོ། རྒྱལ་མཚན། བདེ་མཆོག གསང་སྔགས། གཡུང་དྲུང་རྒྱལ་མཚན། བསྟན་པ་ཚུལ་ཁྲིམས་སོགས་མང་དུ་བྱུང་། དེ་བཞིན་བོན་རྒྱལ་བའི་གསུང་རབ་དང་རྗེ་ཉིད་ཀྱི་ལྷུགས་རྩོམ་གླེགས་བམ་ཕྲོན་ཁྲི་ཕྲག་སྐོར་རྒྱ་གར་ཧྲི་ལེར་དཔར་དུ་བསྒྲུན། མཐར་དགུང་ལོ་ང་དགུ་ལ་ཐེབས་པ་རབ་བྱུང་བཅུ་དྲུག་པའི་ཤིང་ལུག(སྤྱི་ལོ1955)ལོར་དགོངས་པ་བོན་དབྱིངས་སུ་ཞི་བར་གཤེགས།

གཡེར་གཤོང་མཁན་ཆེན་ཚོ་མོན་ཏན་དག་དབང་བློ་བཟང་བསྟན་འཛིན་རྒྱ་མཚོ། ནོམ་ཆེ་མཁན་པོ་ཡང་ཞུ་བ་འདི་ཉིད་མདོ་སྨད་རེབ་གོང་གོང་སྟེ་ཤ་སྦྱང་ཞེས་བྱ་བའི་ཡུལ་གྱི་འབྲོག་སྡེ་ཞིག་ཏུ་ཡབ་བསོད་ནམས་རྒྱལ་དང་། ཡུམ་བཀྲ་ཤིས་སྐྱིད་གཉིས་ཀྱི་སྲས་སུ་རབ་བྱུང་བཅོ་ལྔ་པའི་ཆུ་རྟ(སྤྱི་ལོ1882)ལོར་སྐུ་བལྟམས། ཐར་ཞུལ་ཆོས་སྐྱོང་རྒྱ་མཚོས་གཡེར་གཤོང་འཇིགས་མེད་ཕུལ་བྱུང་བའི་སྤྲུལ་སྐུར་ངོས་འཛིན་མཛད། དགུང་གྲངས་ལྔ་ལ་གདན་སར་ཐེབས། སློབ་ལམ་དང་ཆོས་སྤྱོད་སོགས་པར་སྦྱངས། རྗེ་ཕུན་ཚོགས་བསྟན་འཕེལ་ཡོངས་འཛིན་དུ་བསྟེན་ནས་ཡི་གེ་འབྲི་ཀློག་ལ་སྦྱངས་པས་ཚེགས་མེད་དུ་མཁྱེན། དེ་ནས་རྗེ་བཙུན་རིན་ཆེན་རྡོ་རྗེའི་དྲུང་དུ་རབ་ཏུ་བྱུང་། མཚན་བློ་བཟང་བསྟན་པའི་རྒྱལ་མཚན་དུ་གསོལ། ཡོངས་འཛིན་དེ་ལས་དཔལ་རྡོ་རྗེ་འཇིགས་བྱེད་ཀྱི་དབང་སྐྱ་གོན་དང་བཅས་པ་ཞུས། མི་བསྐྱོད་རྡོ་རྗེ་ཞེས་པའི་གསང་མཚན་གནང་། དགུང་ལོ་བདུན་ནས་སུམ་རྟགས་དང་སྒྲ་སྙན་ངག་སོགས་ཐུན་མོང་གི་རིག་གནས་གསན་སྦྱོང་གི་དབུ་བརྩམས། དགུང་ལོ་བརྒྱད་པར་ཤར་སྐལ་ལྡན་བསྟན་པའི་རྒྱལ་མཚན་གྱི་དྲུང་དུ་སྔར་ཡང་བར་མ་རབ་བྱུང་དང་དགེ་ཚུལ་གྱི་སྡོམ་པ་ཞུས། ཆོས་གྲྭར་ཞུགས་ཏེ་རྗེ་དོན་གྲུབ་རྒྱ་མཚོ་ལ་བསྡུས་གྲྭ་བློ་རྟགས་སོགས་ལ་སྦྱངས། ཞྭ་དམར་དགེ་འདུན་བསྟན་འཛིན་རྒྱ་མཚོ་དང་གྲུབ་དབང་འཇིགས་མེད་བསམ་གཏན་རིན་པོ་ཆེ་རྣམ་གཉིས་ཀྱི་དྲུང་དུ་གདུགས་དཀར་གྱི་དབང་དང་། ལེགས་ལྡན་མཆེད་གསུམ་གྱི་རྗེས་གནང་། འཇིགས་བྱེད། བདེ་མཆོག་ལྷ་ལྔ། ཀུན་རིག ཐུགས་རྗེ་ཆེན་པོའི་དབང་བཅས་དབང་དང་རྗེས་གནང་གི་སྐོར་མང་དུ་གསན། དགུང་ལོ་ཉི་ཤུ་ཙམ་ལ་བསྟན་པའི་རྒྱལ་མཚན་གྱི་དྲུང་དུ་བསྙེན་རྫོགས་ཀྱི་སྡོམ་པ་བཞེས། སྤྱ་རྗེས་སུ་ཞྭ་དམར་པཎྜི་ཏ་དང་། དྲུང་ཆེན་འཕྲིན་ལས་རྒྱ་མཚོ། བླ་ཕོ་རྡོ་རྗེ་འཆང་ཡ་ཙྭ། གུང་ཐང་བློ་གྲོས་རྒྱ་མཚོ་སོགས་མཁས་གྲུབ་ཀྱི་སྐྱེས་བུ་མང་པོ་བསྟེན་ནས་མདོ་སྔགས་ཀྱི་ཟབ་ཆོས་མང་དག་གསན་ཅིང་། སྒྲ་སྙན་ངག་དང་སྡེབ་སྦྱོར་གསོ་རིག་སོགས་པ་ལ་ཡང་མཁས་པར་སྦྱངས། ཁྱད་པར་དུ་བསྡུས་གྲྭ། བློ་རྟགས། དབུ་ཕར་གྱི་གཙོས་གཞུང་སོ་སོ་ཆོས་གྲྭར་བརྒྱལ་བཏགས་ཀྱིས་གཏན་ལ་ཕབ་པས་བཀའ་པོད་ཆེན་པོ་རྣམས་ཀྱི་དགོངས་དོན་

རིག་པས་འཇིད་པ་འགྲན་ཟླ་མེད་པར་གྱུར། རི་བོ་བཀྲ་ཤིས་འཁྱིལ་དང་། སྒོ་དམར་དགའ་ལྡན་ཕུན་ཚོགས་གླིང་། རོང་པོ་ཐོས་བསམ་གླིང་སོགས་དང་། གནས་ཕྱོགས་ངེས་མེད་དུ་ཕེབས་ནས་གདུལ་བྱ་ཤིན་ཏུ་མང་པོར་དབང་དང་རྗེས་གནང་ཁྲིད་སོགས་དཔག་ཏུ་མེད་པ་བསྩལ། བཀའ་འགྱུར་གྱི་ལུང་རྩོལ་སྐབས་ཉིན་རེར་པོད་གཉིས་གསུམ་བརྩལ་ཐུབ་ཅིང་། རབ་བྱུང་དང་བསྙེན་རྫོགས་ཀྱི་སྡོམ་པ་གནང་བ་བསམ་གྱིས་མི་ཁྱབ། མེ་བྱི(སྤྱི་ལོ1936)ལོར་སྐུ་འབུམ་བྱམས་པ་གླིང་དུ་པཎ་ཆེན་ཆོས་ཀྱི་ཉི་མ་དང་མཇལ་བས་པཎ་ཆེན་རིན་པོ་ཆེས་རྗེ་འདི་ལ། ནོམ་ཆི་མཁན་པོ་ངག་དབང་ཕུན་ཚོགས། ཞེས་པའི་ཆོ་ལོ་དང་། བཀའ་ཤོག་ཐམ་ག་ཅན། དབུ་ཞྭ་སོགས་མཁན་ཆས་ཆ་ཚང་བསྩལ།

ས་སྟག(སྤྱི་ལོ1938)ལོར་རྐང་ཚ་དགོན་དར་རྒྱས་གླིང་ཕྱག་བཏབ། གསོ་སྦྱོང་དང་དགག་དབྱེ་སོགས་འདུལ་བའི་ཕྱག་བཞེས་ཚུགས། ཕྱག་རྩོམ་ལ་མཚོན་ན། རྗེ་ལམ་རིམ་ཆུང་ངུའི་ཟིན་བྲིས། སྙན་བརྒྱུད་ཀྱི་མན་ངག་སེམས་སྦྱོང་རིན་ཆེན་དབང་གི་རྒྱལ་པོ། ལམ་རིམ་ཆུང་ངུའི་ས་བཅད། མེའི་བསྟན་བཅོས་ཐར་ལམ་གསལ་བའི་སྒྲོན་མེ། ལྕགས་ཀྱི་བསྟན་བཅོས་ལེགས་བཤད་དགོས་འདོད་འགྲུབ་པའི་ལྕགས་ཀྱུ། རིན་པོ་ཆེའི་བསྟན་བཅོས་ལེགས་བཤད་དབང་གི་རྒྱལ་པོ། དེ་བཞིན་གསོ་བ་རིག་པ། སྐར་རྩིས། སྙན་ངག་སོགས་པོད་གསུམ་ཙམ་མཛད། གསུང་ལས་སྐྱེས་པའི་སློབ་མ་ཡང་མདོ་སྟོད་སྨད་སྤྱི་དང་སོག་པོ་སོགས་པར་བགྲང་གིས་མི་ལང་བ་མཆིས།

དགུང་ལོ་བདུན་ཅུ་པ་ལ་རྒྱ་གར་དུ་ཕེབས་ནས་རྟེན་གཙོ་དང་གནས་ཆེན་ཁག་མཇལ། དགུང་ལོ་དོན་གསུམ་ལ་ཕེབས་པ་རབ་བྱུང་བཅུ་དྲུག་པའི་ཤིང་རྟ(སྤྱི་ལོ1954)ལོར་ཕྱིར་ཕེབས་ལམ་རྒྱལ་རྩེ་གྲོང་དུ་ཞི་བར་གཤེགས།

རབ་འབྱམས་པ་ངག་དབང་ཐུབ་བསྟན། རྗེ་འདི་སོག་པོའི་ཡུལ་དུ་སྤྱི་ལོའི་དུས་རབས་བཅུ་དགུ་པའི་ནང་འཁྲུངས། དགུང་ལོ་བདུན་ལ་ཕེབས་སྐབས་དགེ་སློང་གྲགས་པ་ཚེ་རིང་མདུན་དགེ་བསྙེན་བསྒྲུབས། མཚན་བློ་བཟང་ཐུབ་བསྟན་ཞེས་གསོལ། དེ་ནས་ཁུ་རེ་དགོན་པར་ཆོས་ཞུགས་མཛད་དེ་གཞུང་ཆེན་བཀའ་པོད་ལྔར་གསན་བསམ་གནང་། དགུང་ལོ་བཅུ་བདུན་ལ་རྗེ་ངག་དབང་མཁས་གྲུབ་ལས་རབ་ཏུ་བྱུང་བ་དང་། དགེ་ཚུལ་གྱི་སྡོམ་པ་སྩལ་བར་མནོས། མཚན་ངག་དབང་ཐུབ་བསྟན་ཞེས་བསྩལ། སྐུ་ནར་སོན་པ་ན་དབུས་གཙང་དགོན་ཁག་རྣམས་མཇལ་བ་དང་སྔགས་རྒྱལ་དབང་ཚུལ་ཁྲིམས་རྒྱ་མཚོ་དང་། པཎ་ཆེན་བསྟན་པའི་ཉི་མ། ཁྲི་བྱང་ཆུབ་ཆོས་འཕེལ་སོགས་དགེ་བའི་བཤེས་གཉེན་བཅུ་ཕྲག་བསྟེན་ནས་མདོ་སྔགས་ཀྱི་ཆོས་མང་དུ་གསན། དགུང་ལོ་སུམ་ཅུ་པར་པཎ་ཆེན་བློ་བཟང་བསྟན་པའི་ཉི་མའི་དྲུང་དུ་དགེ་སློང་གི་སྡོམ་པ་བཞེས། སོག་ཡུལ་དུ་ཕྱིར་ལོག་རྗེས་ཁུ་རེ་དགོན་པའི་མཁན་ཁྲིར་ཕེབས། གོང་མས་ཁུ་རེ་མཁན་པོ་ནོ་མོན་ཧན་ཞེས་པའི་མཚན་སྙན་ཕུལ། དགུང་ལོ་བརྒྱད་ཅུ་གྱ་གཉིས་སུ་ཕེབས་སྐབས

ཀྱང་ལེགས་བཤད་ཕྲུག་རྫོམ་གནང་། བཀའ་རྫོམ་ལ་མཚོན་ན། བསྟན་པའི་གསལ་བྱེད་རྒྱལ་ཁང་རྩེ་རྗེ་ བློ་བཟང་དཔལ་འབྱོར་ལྷུན་གྲུབ་ཀྱི་རྣམ་ཐར་དང་། བསྟན་བཅོས་མངོན་རྟོགས་རྒྱན་གྱི་འགྲེལ་པ་སྔོན་ འགྲོའི་རྣམ་གཞག་བླ་མ་རྣམས་ཀྱི་ཞལ་བཞེས་མན་ངག་བདུད་རྩི། ཤིང་རྟའི་སྲོལ་འབྱེད་ཀྱི་རྣམ་གཞག ཆོས་སྐྱོང་དྲེགས་ལྡམ་ལ་བརྟེན་ནས་གཏོར་སྒྲུབ་བྱེད་ཚུལ། སྒྲོལ་མའི་རྒྱུད་ཀྱི་འབྱུང་ཁུངས་གསལ་བྱེད་ལོ་ རྒྱུས་གསེར་ཕྲེང་། སྔན་ངག་མེ་ལོང་གི་ཟིན་བྲིས་ཐོ་གསལ་འདེབས་སོགས་མང་དུ་མཛད། སྐུ་གཤེགས་ པའི་ལོ་དུས་མ་རྙེད།

རིག་འཛིན་ཆོས་དབྱིངས་བཟང་མོ། ཤུག་གསེབ་རྗེ་བཙུན་རིན་པོ་ཆེ་རིག་འཛིན་ཆོས་དབྱིངས་བཟང་ མོ་འདི་ཉིད་ཡབ་ཁེ་སྨད་པའི་རིགས་ལས་བྱུང་བ་དོན་གྲུབ་རྣམ་རྒྱལ་དང་ཡུམ་བལ་མོ་བཟའ་མཚན་ མཚར་རམ་སྤྲིན་པ་སྒྲོལ་མ་གཉིས་ཀྱི་སྲས་མོར་རབ་བྱུང་བཅུ་བཞི་པའི་ཆུ་གླང་(སྤྱི་ལོ1853)ལོར་ཡབ་ ཡུམ་གཉིས་རྒྱ་གར་ཛ་ལནྡྷར་གྱི་ཡུལ་མཚོ་པདྨ་གནས་བསྐོར་དུ་ཕེབས་སྐབས་སྐུ་བལྟམས། མཚན་བཙོ་ལྷ་ ལྷ་མོར་གསོལ། ཁྱིམ་གྱི་འཚོ་ཐབས་དབུལ་ཡང་ཆུང་དུས་ནས་ཐུགས་རིག་རྒྱས་ལ་ཆོས་ཀྱི་བག་ཆགས་ ཟབ་པས་ནང་ཆོས་ཀྱི་ཐོས་པ་སྒྲུབ་པ་དང་ཞར་ལ་འཚོ་ཐབས་འབྱེད་པའི་ཆེད་དུ་དགུང་ལོ་བཅོ་ལྔའི་ཐོག་ རྣལ་འབྱོར་མ་ཚེ་རིང་བུ་ཁྲིད་ཀྱི་གཡོག་ཏུ་ཡུམ་དང་ལྷན་དུ་བཞུགས། དགུང་ལོ་བཅུ་དྲུག་ཙམ་ནས་བླ་མ་ མ་ཧཱ་བཤད་བསྒྲུབ་མཛད། ལ་དྭགས་རྒྱལ་པོའི་དབུ་བླ་བླ་མ་བཀྲ་ཤིས་རྒྱལ་གྱི་དྲུང་ནས་བོད་ཡིག་འབྲི་ ཀློག་ལེགས་པར་བསླབས། འཚོ་ཐབས་ཞབ་པས་ཡབ་ཀྱིས་གཞིས་དང་རྗེ་བཙུན་ཉིད་ཀྱིས་ཞབས་ཕྱི་ བསྐྱོན་ཏེ་སློང་མོ་མཛད་ཀྱིན་མངའ་རིས་དང་། ཏ་ན། ག་ཞ་བཅས་བརྒྱུད་དེ་ཛ་ལནྡྷར་གྱི་ཡུལ་དུ་ཕེབས། དེ་ནས་གནས་བསྐོར་དང་སྦྲགས་ཡུམ་གྱི་འཁྲུངས་ཡུལ་བལ་ཡུལ་དུ་ཕེབས་ནས་མཆོད་རྟེན་རྣམ་གསུམ་ སོགས་གནས་ཁྱད་པར་ཅན་བལ་མོ་ཆེ་མཇལ། ཞང་པོ་འབྲུག་པ་འཕྲིན་ལས་རྣམ་རྒྱལ་གྱི་དྲུང་ནས་ འབྲུག་པ་བཀའ་བརྒྱུད་ཀྱི་སྔོན་འགྲོ་ཕྱག་ལེན་ལྷ་ལྷན་ཡོངས་རྫོགས་གསན། དགུང་ལོ་བཅུ་གསུམ་ཐོག་ཛ་ ཧོར་རྒྱལ་པོས་རྗེ་བཙུན་རིན་པོ་ཆེ་ཕོ་བྲང་དུ་གདན་དྲངས་ཏེ་རྒྱལ་བརྒྱུད་འཛིན་པའི་སྲས་འབྱུང་ཐབས་ ཀྱི་རིམ་འགྲོ་ཞུས་ཤིང་། རྗེ་བཙུན་གྱི་བཀའ་བསྒོས་བཞིན་བསྒྲུབས་ཏེ་རྗེས་སུ་བཙུན་མོར་སྲས་ཤིག་ འཁྲུངས་པས་རྗེ་བཙུན་ཉིད་རྒྱལ་པོའི་དབུ་བླར་བཀུར། འོན་ཀྱང་ཚེ་འདི་བསྙེན་བཀུར་ལ་མི་ཆགས་པར་ སྐྱིད་གྲོང་དུ་བླམ་པདྨ་རྒྱ་མཚོ་མཇལ་བར་ཕེབས་པར་བླམས་གདམས་ངག་ཡོད་རྒྱུ་བུམ་པ་གང་བྱོའི་ཚུལ་ དུ་བསྟུལ་བ་ཞུས་ཏེ་སྣས་ལུང་རྫེ་རི་ཁྲོད་དུ་སྒྲུབ་པ་ལོ་གསུམ་མཛད། དགུང་ལོ་བཅུ་བདུན་ཐོག་རླུང་བུམ་ པ་ཅན་དུ་སྒོམ་སྦྱོང་མཛད་ཅིང་། སླར་བལ་ཡུལ་དུ་ཕེབས་ནས་མཆོད་རྟེན་རྣམ་གསུམ་སོགས་ལ་སྐུ་ དཀར་གསོལ། མཆོད་རྟེན་བྱ་རུང་ཁ་ཤོར་གྱི་དཀར་ཆག་པར་དུ་བརྐོས། དེ་ནས་ཕྱིར་ཕེབས་ཀྱིས་དིང་ རིར་ཕྲི་རྩེབས་རི་དང་། བདེ་ཆེན་ཕུག གྲམ་མཚོ། ས་སྐྱ། བཀྲ་ཤིས་ལྷུན་པོ། རྒྱལ་རྩེ་དཔལ་འཁོར་

ཆོས་སྲེ། ལྷ་ལྡན་ཇོ་ཤཀྱ་རྣམ་གཉིས། རྩེ་པོ་བྲང་། འཕན་གནས་བྱིན་ཅན་དུ་གྲགས་སོ་ཅོག་མཇལ་རྗེས་ལྷ་སའི་འཇའ་ཚོན་ཆུ་མིག་ཏུ་མཚམས་སྒྲུབ་ཀྱིས་བཞུགས། དགུང་ལོ་སོ་དྲུག་པར་ཞབས་དཀར་ཚོགས་དྲུག་རང་གྲོལ་གྱི་སྤྲུལ་སྐུ་རིག་འཛིན་ཆོས་དབྱིངས་བཟང་མོ་ཞེས་པའི་མཚན་གསོལ། ཡང་ཧི་རིན་པོ་ཆེའི་དྲུང་ནས་སྤྱོད་འཇུག་གི་ཊཱི་ཀཱ་དང་། སྡོམ་གསུམ་རབ་དབྱེ། བཟང་སྤྱོད། བཤེས་སྤྲིངས་སོགས་ཁྲིད་ལུང་གསན་ཏེ་སྒྲུབ་པ་མཛད། མཁན་ཆེན་ངག་དབང་བསྟན་པའི་ཉི་མའི་དྲུང་ནས་རབ་བྱུང་གི་སྡོམ་པ་བཞེས། གང་ཕོད་དུ་བཞུགས་ཏེ་སྒྲུབ་པ་རྩེ་གཅིག་ཏུ་མཛད་པས་གང་ཕོད་ནས་ལྷ་སར་སྐད་ཅིག་ལ་ཕྱིན་པ་སོགས་རྫུ་འཕྲུལ་གྱི་སྒྲུབ་རྟགས་ཀྱང་མང་དུ་སྟོན་པར་མཛད། དེ་ནས་སྒོ་གནས་སུ་ཕྱིན་ཏེ་སྲིད་པའི་གངས་རི་ཡར་ལྷ་ཤམ་བུར་ཇོར་སེམས་མཛོན་དགའི་ཞིང་སྐྱོང་གི་སྐུ་མཚམས་ལ་བཞུགས། དགུང་ལོ་ལྔ་བཅུ་ང་བཞི་པ་ནས་ལོ་མང་རིང་ཤུག་གསེབ་ཏུ་སྒྲུབ་པ་ཁོ་ན་མཛད་དེ་བཞུགས་པས་སྐྱེ་བོ་དྲག་འབྲིང་མཐའ་གསུམ་གྱིས་ཤུག་གསེབ་རྗེ་བཙུན་རིན་པོ་ཆེ་ཞེས་དང་གྲུབ་ཆེན་པོ་ཞུ་ཡུལ་ཞིག་ཏུ་གྱུར། དགུང་གྲངས་དྲུག་ཅུར་ཕེབས་སྐབས་འདུས་པ་བརྒྱ་ཕྲག་སྐོར་ལ་མ་གཅིག་ལབ་ཀྱི་སྒྲོལ་མའི་གཅོད་དབང་བསྐུལ། དེ་ནས་དུར་ཁྲོད་དང་ཆུ་མིག་བརྒྱ་རྩར་གཅོད་ཁོན་བཏང་སྟེ་དུས་འདའ་བར་མཛད་པས། ཀུན་གྱིས་མ་གཅིག་ལབ་སྒྲོན་གྱི་སྤྲུལ་པར་ངོས་འཛིན་ཅིང་། རྗེ་བཙུན་གྱི་མཚན་སྙན་བོད་གངས་ཅན་གྱི་ཡུལ་ཕྱོགས་ཀུན་ཏུ་ཁྱབ། འོན་ཀྱང་ཟང་ཟིང་གི་མཐུན་རྐྱེན་གྱིས་དབུལ་བས་ཐ་ན་སྒྲུབ་ཆོས་ཀྱི་མཐུན་རྐྱེན་ཙམ་ཡང་ཕྲག་ཐོགས་ཆེན་པོ་ཡོད་པ་ཞིག་ཡིན། དགུང་ལོ་གྱ་གསུམ་ལོར་རྨེ་ཉིང་གྲུབ་ཆེན་ཟླ་བ་རྡོ་རྗེའི་དྲུང་ནས་སྙིང་མའི་ཆོས་བསྐོར་མང་པོ་གསན། དེ་ལྟར་རྗེ་བཙུན་འདི་ཉིད་སྐུ་ཚེ་ཧྲིལ་པོར་འཁོར་བའི་ཕུན་ཚོགས་སྤངས་ཏེ་དམ་པའི་ཆོས་འབའ་ཞིག་དོན་གཉེར་མཛད་མཐར་དགུང་གྲངས་གོ་བརྒྱད་པར་ཕེབས་པ་རབ་བྱུང་བཅུ་དྲུག་པའི་ལྕགས་སྟག(སྤྱི་ལོ1950)བོད་ཟླ་གསུམ་པའི་ཚེས་བཅུ་གསུམ་ཉིན་ངོ་མཚར་གྱི་ལྟས་དུ་མ་དང་བཅས་དགོངས་པ་ཆོས་དབྱིངས་སུ་ཐིམ།

རོང་ཐ་བློ་བཟང་ཆོས་འབྱོར་ལྷུན་གྲུབ། རྗེ་འདི་སྨད་མདོ་ཁམས་ཀྱི་ཆར་གཏོགས་པའི་འབྲི་ཟླ་ཟལ་མོ་སྒང་རྒྱལ་བཟང་གི་འབྲོག་སྡེར་ཡབ་བཀྲ་ཤིས་དཔལ་ལྡན་དང་། ཡུམ་སྨན་ལྷ་ཚེ་རིང་གཉིས་ཀྱི་སྲས་སུ་རབ་བྱུང་བཅུ་བཞི་པའི་མེ་སྦྲུལ(སྤྱི་ལོ1857)ལོར་འཁྲུངས། དགུང་ལོ་དྲུག་ལ་ཕེབས་སྐབས་རྗེ་བློ་བཟང་བསྟན་པའི་རྒྱལ་མཚན་གྱི་ཡང་སྲིད་དུ་ངོས་འཛིན་གྱིས་གདན་ས་རོང་ཐ་ར་ཉག་ཐེག་ཆེན་གླིང་དུ་གདན་དྲངས་ཏེ་ཁྲི་ལ་གསོལ། རྗེ་བློ་བཟང་འཕྲིན་ལས་རྒྱལ་མཚན་མཆོག་ནས་གཙུག་ཕུད་བཞེས་པ་དང་དགེ་བསྙེན་དུ་བསྒྲུབས་ནས་མཚན་བློ་བཟང་ཆོས་འབྱོར་ལྷུན་གྲུབ་ཅེས་གསོལ། དགུང་ལོ་བཅུ་ལ་ཡོངས་འཛིན་དགོངས་རྫོགས་ཀྱི་ཆེད་དབུས་གཙང་དུ་ཕེབས། ༧རྒྱལ་དབང་ཐམས་ཅད་མཁྱེན་པ་འཕྲིན་ལས་རྒྱ་མཚོ་དང་པཎ་ཆེན་ཐམས་ཅད་མཁྱེན་པ་དང་མཇལ། ཁྱབ་བདག་འཇོག་རི་པ་ཆེན་པོ་དང་ཀེའུ་ཚང་

མཆོག་སྤྲུལ་རིན་པོ་ཆེ་བློ་བཟང་ཡེ་ཤེས་གཉིས་ཀྱི་དྲུང་དུ་གསང་བདེ་འཇིགས་གསུམ་གྱི་དབང་ལུང་དུ་མ་གསན། དགུང་ལོ་བཅུ་གཅིག་ལ་ཕེབས་སྐབས་ཕུར་བུ་ལྕོག་བྱང་ཆུབ་གླིང་དབེན་གནས་སུ་བྱམས་མགོན་བླམ་རིན་པོ་ཆེའི་དྲུང་ནས་དགེ་བསྙེན་དང་རབ་བྱུང་དགེ་ཚུལ་དང་བཅས་པའི་སྡོམ་པ་བཞེས། མཚན་ཡང་སྔར་ཡོད་ཀྱི་གོང་དུ་བྱམས་པ་ཞེས་བསྣན་པ་ཙམ་ལས་གཞན་སོར་བཞག་མཛད་དེ་ཕ་ཡུལ་ཕྱོགས་སུ་ཕྱིན། དགུང་ལོ་བཅུ་གསུམ་ལ་ཀོ་རྗོང་གི་པཎྜིའི་ཁ་ཏྭ་ནའི་མཚན་ཅན་གྱི་དྲུང་ནས་སྐད་ངག་སུམ་རྟགས་དང་བརྡ་གསར་རྙིང་ལ་སོགས་རིག་པའི་གནས་ལ་གསན་སྦྱངས་མཛད། དགུང་ལོ་བཅུ་དྲུག་ལ་དཔལ་སྤུངས་དགོན་དུ་ཕེབས། དགུང་ལོ་བཅུ་དགུར་དབུས་སུ་ལྷ་ལྡན་སྨོན་ལམ་ཆེན་མོའི་ཚོགས་སུ་ཕྱིན། ལྷ་རམས་པའི་དམ་བཅའ་སོགས་ལ་ཕེབས། ལོ་དེའི་ཟླ་བ་གཉིས་པར་རྗེ་བློ་གྲོས་མཐའ་ཡས་ཀྱི་དྲུང་ནས་བསྙེན་རྫོགས་ཀྱི་སྡོམ་པ་བཞེས། དགུང་ལོ་ཉི་ཤུ་རྩ་དྲུག་ལ་ར་ཞག་དགོན་གྱི་བྱམས་ཁང་དང་ཕོ་བྲང་ཞིག་གསོ་གནང་། དགུང་ལོ་སུམ་ཅུར་རྗེ་བླམ་དངུལ་ཆུ་པ་ཆེན་པོར་བསྟོད་པ་ཀུན་ཏུ་བཟང་པོའི་འཁོར་ལོ་བརྩམས་པར་མཛད། དེ་ནས་དགུང་ལོ་ཞེ་ལྔ་བར་དབུས་གཙང་དུ་ཐེངས་འགའ་ཕེབས་རྗེས་གཙོ་བོར་སྐུ་མཚམས་སུ་སྒྲུབ་པ་སྙིང་པོར་མཛད། ཕྱག་རྩོམ་བཀའ་དྲིན་གསུམ་ལྡན་རྗེ་བཙུན་བློ་བཟང་ཆོས་འགྱུར་ལྷུན་གྲུབ་དཔལ་བཟང་པོའི་རྣམ་ཐར་ལེགས་བཤད་གཏམ་གྱི་རྒྱ་མཚོ། ལྷ་ཆེན་སྲིད་སྐྱོངས་རྡོ་རྗེ་ལ་མཆོད་བསྟོད་བྱ་ཚུལ། དཔལ་ལྡན་ཆོས་ཀྱི་སྲུང་མ་འཁོར་བཅས་དགྱེས་བསྐྱེད་བསྐང་མདོས་ཕྱོགས་བསྒྲིགས། དམ་པའི་ཆོས་ལ་བསྐུལ་བའི་བསླབ་བྱ་ཤུགས་འབྱུང་སྙིང་སྒྲུའི་ཕྲེང་བ་དམ་པ་མཉེས་པའི་མཆོད་སྤྲིན་སོགས་གསུང་མགུར་བསླབ་བྱའི་རིམ་པ་དུ་མ་དཀྲུས་གཅིག་ཏུ་བཀོད་པ། འཇམ་གླིང་སྐྱེས་མཆོག་རིན་པོ་ཆེའི་འཁོར་དང་བཅས་པ་ལ་མཆོད་བསྟོད་ཆོ་ག་དངོས་གྲུབ་འདོད་འཇོ་སོགས་པོད་འབྲིང་གཉིས་ཙམ་མཛད། དགུང་ལོ་ཞེ་ལྔ་ལ་ཕེབས་པ་རབ་བྱུང་བཅོ་ལྔ་པའི་ལྕགས་གླང་(སྤྱི་ལོ1901)ལོར་དགོངས་པ་ཆོས་དབྱིངས་སུ་ཐིམ།

རྭ་སྒྲེང་ཐུབ་བསྟན་འཇམ་དཔལ་ཡེ་ཤེས་བསྟན་པའི་རྒྱལ་མཚན། རྭ་སྒྲེང་སྐུ་ཕྲེང་ལྔ་པ་འདི་ཉིད་བོད་རབ་བྱུང་བཅོ་ལྔ་པའི་ཆུ་བྱི(སྤྱི་ལོ1912)ལོར་བོད་ཤར་ལྷོའི་ཡུལ་དྭགས་པོའི་ཇོ་སྨད་དུ་ཡབ་ཕུན་ཚོགས་དབང་འདུས་ཀྱི་སྲས་སུ་འཁྲུངས། སྐུ་འཁྲུངས་པའི་དུས་སུ་ལྟས་བཟང་པོ་སྣ་ཚོགས་བྱུང་བས་ཡུལ་མི་རྣམས་ཧ་ལས་ཤིང་དད་པའི་བློ་དུ་ཚུད། ཆུང་དུས་ཕྱུགས་འཚོ་བར་ཕེབས་པའི་ལམ་དུ་ཆུ་རྡོའི་སྟེང་ཞབས་རྗེས་དང་། བྲག་ལྡེབས་སུ་ཤིང་ཕུར་བསྡིར་བ་སོགས་སྐྱེ་བོ་མི་ཉུང་བའི་ངག་རྒྱུན་དུ་གྲགས། དེ་ལྟར་ལྟས་ཁྱད་པར་ཅན་དང་བཅས་གཞན་དང་མི་འདྲ་བའི་རྟགས་དང་མཚན་གྱིས་རྭ་སྒྲེང་སྐུ་ཕྲེང་བཞི་པའི་ཡང་སྲིད་དུ་ངོས་བཟུང་ཞིང་རྭ་སྒྲེང་དགོན་དུ་ཞབས་སོར་འཁོད། མཚན་ཐུབ་བསྟན་ཡེ་ཤེས(འཇམ་དཔལ)བསྟན་པའི་རྒྱལ་མཚན་ཞེས་གསོལ་ཏེ་སྔར་སྲོལ་བཞིན་སེ་ར་ཐེག་ཆེན་གླིང་བྱེས་གྲྭ་ཚང་

དུ་ཆོས་ཞུགས་ཐོག ཆོས་སྐྱོང་གྱི་བྱེད་སྒོ་མ་ལུས་པ་ཐུགས་སུ་ཆུད། བཀའ་གདམས་གསར་རྙིང་གི་ཆོས་སྒོ་དང་། གཞུང་ཆེན་ཀ་པོད་ལྔ་ལ་སོགས་པར་སློབ་གཉེར་གྱིས་སྦྱང་པ་དཔྱིས་ཕྱིན་པར་མཛད་དེ་༧རྒྱལ་དབང་སྐུ་ཕྲེང་བཅུ་གསུམ་པ་སྐུ་ངོ་མས་རྒྱུགས་བཞེས་ཐོག དགེ་བཤེས་ལྷ་རམས་པའི་མཚན་གནས་ཐོབ། དགུང་གྲངས་ཉི་ཤུ་ཙམ་དུ་ར་སྒྲེང་གདན་སར་བཞུགས་ཏེ་བསྟན་འགྲོའི་འཕྲལ་ཕུགས་ཀྱི་བདེ་དོན་སྣད་དུ་མཛད་འཕྲིན་སྤེལ་བའི་དབུ་ཚུགས། དགུང་ལོ་ཉེར་གཉིས་ལ་ཕེབས་པ་༧རྒྱལ་དབང་སྐུ་ཕྲེང་བཅུ་གསུམ་པ་ཆེན་པོ་སྒློ་བུར་ཞི་བ་ཆོས་དབྱིངས་སུ་གཤེགས་པའི་ཕྱི་ལོར་རྒྱལ་ཚབ་ཀྱི་གསེར་ཁྲི་འགོད་པའི་འོས་སུ་བབས་ཏེ་བོད་ཤིང་ཁྱི（སྤྱི་ལོ1934）ལོའི་ཟླ1ཚེས10ཉིན་གངས་ལྗོངས་སྐྱོང་བའི་བྱེད་པོར་མངའ་གསོལ།

རྒྱལ་སྲིད་ཀྱི་ཁྲི་ལ་བཞུགས་རྗེས་དབང་འཛིན་གྱི་སྲིག་གཞིར་བསྒྱུར་བཅོས་གང་འཚམས་གནང་བ་བརྒྱུད་གོང་འོག་ནང་འབྲུག་གི་རྐྱེན་ངན་ལས་ཟློག་པར་མཛད། བོད་སྤྱིར་ཞིང་ལས་དང་འབྲོག་ལས་ཐོན་སྐྱེད་གོང་འཕེལ་འགྲོ་བའི་རྣམ་པ་བཟང་པོ་ཐོན། རྒྱལ་པོ་ཉིད་ཀྱི་དམ་པའི་མཛད་སྤྱོད་ལ་སྐྱེ་འགྲོ་མཐོ་དམན་དྲག་ཞན་ཀུན་གྱིས་སྒོ་གསུམ་གུས་པས་ཞབས་ལ་འདུད། གདན་ས་ཆེན་པོ་གསུམ་གྱིས་གཙོས་གྲྭ་མཐའ་རིས་མེད་ཀྱི་དགོན་སྡེ་ཁག་བཤད་སྒྲུབ་འཆད་ཉན་གྱི་ཆོས་རྒྱུན་ཉམས་པ་སོར་ཆུད་དང་མི་ཉམས་གོང་འཕེལ་ཡོང་བའི་བརྩོན་པ་རྩེ་གཅིག་ཏུ་མཛད་པས་བསྟན་པ་རྒྱས་ཤིང་དགེ་འདུན་གྱི་སྡེ་འཕེལ་བར་གྱུར། བསམ་ཡས་གཙུག་ལག་ཁང་སོགས་རྟེན་དང་བརྟེན་པ་དག་ཀྱང་ཉམས་གསོ་ཞིང་ལྷག་ཏུ་བརྩོན་པར་མཛད། རྒྱལ་མཆོག་བཅུ་གསུམ་པའི་སྐུ་གདུང་དངོས་སུ་བཞུགས་པ་གསེར་སྡོང་དགེ་ལེགས་འདོད་འཇོ་གསར་བཞེངས་གནང་། རྒྱལ་མཆོག་སྐུ་ཕྲེང་བཅུ་བཞི་པ་ཆེན་པོ་ངོས་འཛིན་གནད་ཞུས་ཀྱིས་བོད་མི་དམངས་ཀྱི་བསམ་འདུན་བསྐངས། བོད་རྒྱ་མི་རིགས་མཐུན་སྒྲིལ་གྱི་སྲོལ་ལམ་སྣར་གསོ་མཛད། བོད་དངུལ་བཅུ་ལོར་དང་བཅུ་སྒོར་གསར་འདོན་གནང་།

བོད་ལྕགས་འབྲུག（སྤྱི་ལོ1940）ལོར་ར་སྒྲེང་རིན་པོ་ཆེས་རྒྱལ་ཚབ་ཀྱི་ཐུགས་འགན་དགོངས་ཞུས་ཐོག་ལྕགས་སྦྲུལ（སྤྱི་ལོ1941）ལོའི་ཟླ་དང་པོར་སྲིད་སྐྱོང་གསར་པ་སྟག་བྲག་རིན་པོ་ཆེར་ཆོས་སྲིད་ཀྱི་བྱ་བ་རྣམས་རྗེས་འབུལ་གྱིས་གདན་ས་ར་སྒྲེང་དུ་ཕེབས།

མི་བསྲུན་སྐྱོ་བོ་འགས་བླ་སློབ་དབར་དབྱེན་སྦྱོར་དཀྲུགས་ཤིང་གིས་ར་སྟག་དོན་རྐྱེན་བསླངས་ཏེ་སྐྱེས་མཆོག་ཉིད་ར་སྒྲེང་དགོན་ནས་ལྷ་སར་གདན་དྲངས་པ་མ་ཟད། ཁྲིམས་མུན་དུ་བཙུག་པས་སྨན་ཀྱིས་བཏབ་སྟེ་བོད་མེ་ཕག（སྤྱི་ལོ1947）ལོའི་ཟླ་གསུམ་པར་དགོངས་པ་ཞི་བ་ཆོས་དབྱིངས་སུ་མནལ་བའི་ཚུལ་བསྟན།（འགའ་ཞིག་གིས་སྐུ་བཀྲོངས་པ་རེད་ཀྱང་ཟེར་སྲོལ་ཡོད）

ར་ལོ་སྤྲུལ་སྐུ་བློ་བཟང་བསམ་གྲུབ། མདོ་སྨད་བྱ་ཁྱུང་དགོན་གྱི་མཁན་རབས་ཉེར་དྲུག་པ་འདི་ཉིད་

གཙང་རྒྱ་མཁར་ཕུ་བྱ་བའི་ཡུལ་དུ་སྐུ་འཁྲུངས། བཀྲས་ལྷུན་དགོན་དུ་ཆོས་ཞུགས་མཛད། པཎ་ཆེན་བློ་བཟང་ཡེ་ཤེས་ཀྱི་དངོས་སློབ་ན་ལོ་ཙྪ་བའི་སྤྲུལ་སྐུར་གྲགས། རབ་བྱུང་བཅུ་གཉིས་པའི་མེ་བྱི(སྤྱི་ལོ1696)ལོར་བྲ་འབྲུང་སེང་ཁྲིར་ཕེབས། ཆོས་ཐོན་སྐབས་ཞོགས་ཀ་གུང་ཚོགས་གཉིས་ལ་བཅོ་བཞག་ཆག་མེད་དང་། དབྱར་དུས་ཞོགས་ཀ་གུང་ཚོགས་སྤྲུལ་འདོན་གསུམ་ལ་ཆག་མེད་དུ་ཕེབས། བློ་གསར་བ་རྣམས་ལ་བློ་སྐྱེད་མང་དུ་གནང་། བཀའ་གདམས་པའི་ཀུན་སྤྱོད་དང་མཐུན་པས་དང་བ་དབང་མེད་དུ་འདྲེན་པ་ཞིག་ཡིན། ཚོགས་སུ་སྨན་ཚིག་ཆེན་མོ་བཙུགས། གསེར་གདུང་སྟེང་ཤོད་དབུས་འབུབ་དང་། བླ་བྲང་འདུ་ཁང་གཉིས་ཀྱི་སྟེང་ཤོད། ཆོས་ར་ཆེན་མོ་བཞི་སྐོར་བཅས་ཞིག་གསོ་དང་གསར་སྐྲུན་ཅི་རིགས་མཛད། གཞན་ཡང་བྱམས་པ་ཆུ་གཟིགས་མ་ལྷ་ཁང་དང་བཅས་པ། སྨན་བླའི་ཕོ་བྲང་། བཅུ་གཅིག་ཞལ། རྡོ་པོ་རྗེ། ཆོས་རྗེ་དོན་རིན་པ། རྗེ་རིན་པོ་ཆེ། ཡུམ་ཆེན་མོས་གཙོས་སངས་རྒྱས་སྟོང་སྐུ་སོགས་སྐུ་བརྙན་སྟོང་དང་དྲུག་ཅུ་ལྷག་དང་། ཡུམ་རྒྱས་འབྲིང་བསྡུས་གསུམ་དངུལ་བྲིས་མ། ཚོགས་ཁྲི་གསར་པ་བཅས་ལོ་བཅུ་གསུམ་རིང་རྟེན་བཞེངས་གྲངས་མེད་མཛད་ཅིང་ཟབ་ཆོས་ཀྱི་ཆར་དབབ། དགུང་ལོ་དྲུག་ཅུའི་ཚོད་ཙམ་ལ་ཀ་ཅུའི་ཧན་སྟག་ལུང་གི་བླ་དཔོན་གྱིས་གདན་དྲངས་ནས་ཕྱོགས་དེར་ཕེབས། ཆོས་རྒྱུན་མང་ཙམ་གནང་། མཐར་རབ་བྱུང་བཅུ་གཉིས་པའི་ས་བྱི(སྤྱི་ལོ1708)ལོའི་ཐོད་ཟླ་བཅུ་གཅིག་པའི་ཚེས་གཅིག་ལ་རྟགས་ཡ་མཚན་དང་བཅས་སྐུ་གཤེགས།

ལ་མོ་གྲགས་རྟན་བློ་བཟང་བཀྲ་ཤིས། མདོ་སྨད་བྱ་ཁྱུང་དགོན་གྱི་མཁན་རབས་ཉེར་བརྒྱད་པ་འདི་ཉིད་འབལ་གཞུང་ཉ་མཚོའི་དཔོན་རྒྱུད་དུ་རབ་བྱུང་བཅུ་གཅིག་པའི་མེ་ཕག(སྤྱི་ལོ1647)ལོར་འཁྲུངས། དཔལ་ལྡན་འབྲས་སྤུངས་དགོན་དུ་ཆོས་ཞུགས་མཛད། མཁྱེན་རབ་ཆེ་བས་འཛིན་གྲྭ་བདུན་རེའི་བཅོ་བཞག་དུས་གཅིག་ལ་གསན། སྨྲ་བའི་ཁྱུ་མཆོག་ཏུ་གྱུར། ༧རྒྱལ་དབང་ལྔ་པ་ཆེན་པོར་བསྙེན་རྫོགས་ཞུས། ལོ་བདུན་ནས་ལྷ་རམས་པའི་མཚན་རྟགས་བཞེས། བཀའ་འགྱུར་གྱི་ལུང་སོགས་ཆོས་རྒྱུན་མནོག་ཆེ་བ་གསན། ཨ་མདོ་ནས་ཚ་གན་ནོ་མོན་ཧན་གྱི་ཡོངས་འཛིན་དུ་གདན་དྲངས། ལྕགས་བྱ(སྤྱི་ལོ1681)ལོར་རང་ཡུལ་དུ་ཕྱིར་ཕེབས། མདོ་སྨད་ཀྱི་གྲྭ་ས་ཕལ་ཆེར་ལ་དམ་བཅའ་བཞག དགུང་ལོ་ཞེ་བརྒྱད་ཐོག་སླར་ཡང་དབུས་སུ་ཕེབས། སེ་འབྲས་དགེ་གསུམ་སོགས་ལ་བསྙེན་བཀུར་དང་། ཀུན་མཁྱེན་བླ་མར་དབུ་མ་ཆེན་མོའི་ལྟ་ཁྲིད་ཞུས། གཙང་དུ་ཕྱིན་ནས་པཎ་ཆེན་བློ་བཟང་ཡེ་ཤེས་མཇལ། དེ་ནས་རང་ཡུལ་དུ་ཕེབས། མེ་གླང(སྤྱི་ལོ1697)ལོར་ཁྲི་ཆེན་སྤྲུལ་སྐུ་བསྟན་པའི་ཉི་མ། ཐལ་ཤུལ་ཆོས་སྐྱོང་རྒྱ་མཚོ། ཤ་སྦྲང་འཇམ་དབྱངས་བློ་གྲོས། བྱང་ཆུབ་མི་ལ་སོགས་ཀྱིས་གཙོས་གསན་མཁན་སྟོང་ལྷག་ལ་ཕྲེང་ཀྲི་སྦྱགས་མའི་དབང་དང་། རྗེ་ཡབ་སྲས་ཀྱི་གསུང་འབུམ་ལུང་། ལམ་རིམ་གྱི་སྨྲོང་ཁྲིད་ཚར་མང་པོ་སོགས་ཅི་འདོད་དུ་གནང་། ཀུན་མཁྱེན་བླ་མ་བདེ་ཆེན་དུ་ཞུས་ནས་ཆོས་བཀའ་གསན

བཞེས་མཛད་པ་སོགས་རྣམ་ཐར་འགངས་ཆེ། འཇིགས་བྱེད་བསྐྱེད་རིམ། དབུ་མ་དང་འདུལ་བའི་ཐལ་ཕྲེང་། ཆོས་འབྱུང་སོགས་གསུང་རྩོམ་ཡང་མང་། རབ་བྱུང་བཅུ་གཉིས་པའི་ཆུ་འབྲུག(སྤྱི་ལོ1712)ལོར་བྲ་བྲུང་གི་ཁྲིར་ཕེབས། འཆད་ཉན་འཕེལ་རྒྱས་གཙོར་འདོན་མཛད། ཚོགས་མང་ལ་བྱང་ཆུབ་ལམ་རིམ་གྱི་བཤད་ལུང་བསྩལ་བ་སོགས་གདན་ས་ཕན་ཚུན་དུ་འཆད་ཉན་གྱི་ཁུར་སྐྱོང་བའི་སྐབས། དགུང་ལོ་རེ་བདུན་བཞེས་པ་རབ་བྱུང་བཅུ་གཉིས་པའི་ཆུ་སྦྲུལ(སྤྱི་ལོ1713)ལོར་གློ་བུར་དུ་ཞི་བར་གཤེགས།

ཞྭ་ཆེན་ཧྲམ་སྲི། ཡབ་སྨྱོས་སྟོན་ཆེན་པོ་གསང་བདག་འཕྲིན་ལས་ལྷུན་གྲུབ་དང་། ཡུམ་ཤེལ་དཀར་རྡོ་རྗེ་མཚོའི་སྤྲུལ་པ་ལྷ་འཛིན་དབྱངས་ཅན་སྒྲོན་མའི་སྲས་སུ་རབ་བྱུང་བཅུ་གཅིག་པའི་ཤིང་རྟ(སྤྱི་ལོ1654)ལོར་ཐུགས་དགོན་དར་རྒྱས་གླིང་དུ་འཁྲུངས། མཚན་ལེགས་པ་དོན་གྲུབ་ཏུ་གསོལ། དགུང་ལོ་དགུ་ལ་ཡབ་གཤེགས་པས་གཅེན་ཆོས་རྒྱལ་གཏེར་བདག་པ་དང་ཡུམ་ཕྱུགས་ཐུགས་ཀྱིས་བཞུགས་ཁྲོམ་མ་བྱུང་བས། སྐྱེས་མའི་ཞལ་ཏ་མས་བསྐུལ་ཏེ་ངག་བསླབས་ཀྱི་གསོལ་འདེབས་ལེའུ་བདུན་མ་སོགས་དགོན་པའི་འདོན་ཆོས་ཀྱི་སྐོར་དང་། གསོལ་དཔོན་གྱིས་ཡི་གེ་འབྲི་ཀློག་བསླབས་པ་ཐུགས་ལ་ཆུབ་པར་མཛད། དགུང་ལོ་བཅུ་གཉིས་པར་རྗེ་གཏེར་ཆེན་བླ་མས་རྟུལ་ཚོན་གྱི་དཀྱིལ་འཁོར་དུ་རིག་འཛིན་ཐུགས་ཐིག་གི་དབང་ནོད། དགུང་ལོ་བཅུ་གསུམ་པ་ལ་རྗེ་གཏེར་ཆེན་བླ་མར་གཙུག་ཕུད་ཕུལ་ཏེ་མཚན་བསྟན་འཛིན་འཇམ་དབྱངས་དབང་པོ་ཞེས་གསོལ། དགེ་བསྙེན་གྱི་སྡོམ་པའང་ཐོབ། དགུང་ལོ་བཅུ་བཞི་པ་ལ་ཀ་ལྷ་པའི་མཚམས་སྦྱོར་ལྷའི་རི་མོ་ཙམ་དང་། བོད་ཡིག་བསྒྱུར་སློབ་མཛད། དེའི་ཕྱི་ལོ་གུང་ཐང་པཎ་ཆེན་ལས་ཀ་ལྷ་པའི་བཤད་པ་དང་ས་རིས་ཞུས་ནས། ཡོངས་རྫོགས་ཀྱི་རི་མོའི་རྒྱུགས་ཐུགས་ཐོག་ནས་གཅང་དག་སྡེབ་འབུལ་མཛད། དེ་རྗེས་སྡེབ་སྦྱོར་གྱི་བཤད་པ་དང་། ཞ་ལུ་ལོ་ཆེན་གྱི་ཀ་ལྷ་པའི་སྤྱིའི་ཊཱི་ཀཱ་གཉིས་ཀྱི་ལུང་། གཞན་ཡང་ལཉྫ་ན་དང་། རྙ་རི་ཀ། ནྜ་ག་ར། ཞྒྲ། ཀཱ་ལི། རྒྱ་མཚོ་མཐའ་པུཎྜ་རཱི་དྲག་འཛོམས་ཀྱི་ཡི་གེ་སོགས་ལ་སྦྱང་པ་མཛད་པས་མཁས་པར་གྱུར། དགུང་ལོ་བཅོ་ལྔ་པ་ལ་ཐམས་ཅད་མཁྱེན་པ་ལྔ་པ་ཆེན་པོ་ལས་རབ་ཏུ་བྱུང་སྟེ་མཚན་ངག་དབང་ཆོས་དཔལ་ཞེས་བསྩལ་ནས་དགེ་ཚུལ་གྱི་སྡོམ་པ་མནོས། དགུང་ལོ་བཅུ་བདུན་ལ་ཨོ་རྒྱན་སྨིན་གྲོལ་གླིང་གི་གྲྭ་ཁྲུར་ཞུགས་ཏེ་གང་ཐེག་དབྱངས་གསུམ་གི་ཕྱག་བཞེས་རྣམས་སྦྱངས། དགུང་ལོ་བཅུ་དགུ་པ་ལ་དོན་གྲུབ་དབང་རྒྱལ་གྱི་དྲུང་ནས་སྐར་རྩིས་ཀྱི་རིག་པ་ལྔ་བསྟུས་དང་། གཟའ་ལྔ། ཞག་གསུམ་རྣམ་པར་དབྱེ་བ། དུས་ཀྱི་སྦྱོར་བ་སོགས་ལ་འབད་པ་ལྷུར་ལེན་གྱིས་ལེགས་པར་བྱང་། ཕྱིས་སྟག་ལུང་པ་གྲུབ་ཆེན་ངག་དབང་གཟུངས་མཆོག་ལས་དབྱངས་ཅན་བླ་ག་ར་ཙའི་ས་རིས། ཙནྡྲ་པའི་ཡི་གེའི་འདུལ་བ་དང་ཧེ་དྲ་མཐའ་སོགས་ལ་ཞིབ་བཤད་དང་། གཞུང་སྤྱི་ལའང་བཤད་པ་མཛད་པ་སོགས་ཕྱི་ནང་རིག་པའི་གནས་ལ་འབད་པ་ཆེན་པོས་གསན་

བསམ་མཐའ་ཡས་པ་མཛད། དཀྱུང་ལོ་ཉི་ཤུ་པ་ལ་གོང་ས་ལྔ་པ་ཆེན་པོ་ལས་བསྙེན་པར་རྫོགས་ཟིན་ཀྱང་སྣར་ཡང་གྲྭ་གཙང་དུ་སྨད་འདུལ་སྡོམ་རྒྱུན་ཁྱད་པར་བ་འདི་འཛུགས་བཞེད་ཀྱིས་ལྔ་པ་ཆེན་པོའི་བཀས་བསྐུལ་ནས་མཁན་ཆེན་དཀོན་མཆོག་བསྟན་འཛིན་ལས་སྡོམ་རྒྱུན་འདི་བཞེས་ཏེ་གཙེན་རྒྱལ་སྲས་བསྟན་པའི་ཉི་མ་དང་། གུང་ཐང་པ་ཏ་ཆེན་ལས་འདུལ་བའི་བཙ་ཆད་དང་ཕྱག་ལེན་ལ་མཁས་པར་བསླབས། རབ་འབྱམས་པ་སངས་རྒྱས་ཆོས་དར་ལས་འདུལ་བའི་བཤད་རྒྱུན་ཡང་གསན་ནས་མཁས་པར་མཁྱེན། མཁན་ཆེན་འདིའི་སྐུ་རིང་ལ་ཆོས་གྲྭ་ཆེན་པོ་ཨོ་རྒྱན་སྨིན་གྲོལ་གླིང་དུ་འདུལ་བའི་གྲྭ་ས་དང་བ་འདྲེན་པ་འདི་བཞིན་ཚུགས། སྤྱིར་རྗེ་ཉིད་ཐོས་བསམ་གྱིས་སྒྲོ་འདོགས་བཅད་པའི་དོན་རྣམས་ལྷུང་དོར་གྱི་སྒོ་ནས་བསྒྲུབས་ཤིང་ཉམས་སུ་ལེན་པར་སོང་བས་མི་རྟག་འཆི་དྲན་གྱིས་བསྐུལ་ཏེ་བསླབ་པ་གསུམ་གྱི་དོན་ཉམས་སུ་བཞེད་པར་སྒྲོ་ཞིང་། འབད་པ་ཆེན་པོས་བསྐྱེད་རྫོགས་ཀྱི་གནད་སྒོམ་པའི་སྒྲུབ་པ་ལ་གཞོལ་བའི་སྒོར་མཐའ་ཡས་པ་མཆིས་སོ།

བསྟན་འཛིན་གྱི་སྐྱེས་ཆེན་དུ་མ་རྗེ་ཉིད་ཀྱི་ཞལ་སློབ་ཏུ་གྱུར་པ་སྟེ། ས་སྐྱ་བདག་ཆེན་ངག་དབང་ཀུན་དགའ་བཀྲ་ཤིས། ཡར་འབྲོག་གླིང་ཞབས་དྲུང་ཡབ་སྲས། ཕུན་ཚོགས་གླིང་དགེ་སློང་འབྱུང་གནས། གསང་སྔགས་གླིང་གདུང་རྒྱུད་མཆེད་བཅས། སྟག་སྒྲ་ཧེ་བོ་སྤྲུལ་པའི་སྐུ། གསུང་སྤྲུལ་རིན་པོ་ཆེ་ངག་དབང་ཀུན་བཟང་རྡོ་རྗེ། དཔལ་རི་སྤྲུལ་པའི་སྐུ། ཐང་འབྲོག་སྤྲུལ་པའི་སྐུ། ཟང་ལ་མཁར་སྤྲུལ་པའི་སྐུ། བོན་ལུང་སྤྲུལ་པའི་སྐུ། ཚབ་མདོ་འཕགས་པ་ལྷ་རྒྱལ་བ་རྒྱ་མཚོ། མི་དབང་བསོད་ནམས་སྟོབས་རྒྱལ། མདོ་མཁར་ཞབས་དྲུང་ཚེ་རིང་དབང་རྒྱལ་སོགས་མཁས་པའི་དབང་པོ་ཇི་སྙེད་མཆིས། དེ་བཞིན་སྒྱུ་འཕྲུལ་རྩ་རྒྱུད་གསང་སྙིང་ལ་འགྲེལ་པ་དང་། སྤྱི་དོན་དཀྱིལ་འཁོར་ཀློས་བསླངས་ཀྱི་རྣམ་གཞག མདོ་དབང་སྐོར། རྒྱུད་དང་མན་ངག་གི་སྐོར། རྩིས་གཞུང་ཉིན་བྱེད་སྣང་བ། སྡེབ་སྦྱོར། ཕྱི་ནང་གི་ཆོས་སྤྱོད། བསྐྱེད་རྫོགས་ཀྱི་སྐོར་སོགས་ཕྱག་རྩོམ་དུ་མ་མཆིས།

རྗེ་འདི་ཉིད་ཀྱིས་སྐུ་ཚེ་གང་པོར་གཞན་ཕན་གྱི་འཕྲིན་ལས་རྒྱ་ཆེ་ལ་རྒྱུན་མི་ཆད་པར་སྒྲུབ་པས་ཐུབ་བསྟན་སྤྱི་དང་། བྱེ་བྲག་སྔ་འགྱུར་རྡོ་རྗེ་ཐེག་པའི་བསྟན་པ་རིན་པོ་ཆེ་འགྲོ་བའི་མཆོད་སྡོང་དུ་འཛིན་སྐྱོང་སྤེལ་གསུམ་གྱི་མཛད་པ་རླབས་པོ་ཆེས་དུས་འདའ་བར་མཛད་དེ་དཀྱུང་གྲངས་དྲུག་ཅུ་རེ་ལྔ་བཞེས་པ་རབ་བྱུང་བཅུ་གཉིས་པའི་ས་ཁྱི(སྤྱི་ལོ1718)ལོར་ཇུན་གར་བས་བོད་ལ་དཔུང་འཇུག་གིས་རྙིང་ལུགས་དགོན་གནས་བཏོར་ཅིང་བོད་ཀྱི་གྲགས་ཅན་བླ་ཆེན་འགའ་ཤས་ཀྱི་སྐུ་སྲོག་འཕྲོག་པས་སྔ་འགྱུར་བསྟན་པའི་མིག་རྒྱན་སྨིན་གླིང་ལོ་ཆེན་རྣམ་གླི་ཡང་གདུག་པ་ཅན་དེས་བཀྲོང་ལ་ངེས་སྐབས་སྐྱེ་འཆི་ལ་མངའ་བརྙེས་པའི་སྐྱེས་བུ་དམ་པ་གང་གིས་དགྲ་ཡའི་རལ་གྲི་མ་བཞེས་པར་ཕོ་བ་ཕྱར་ཏེ་ཞིང་གཞན་དུ་གཤེགས་པར་གྲགས་སོ།

ཟེལ་གླིང་མི་འགྱུར་ལྷུན་གྲུབ། མཚན་གཞན་བཀའ་དྲུང་ཞེལ་གླིང་པ་ཞུ་བ་འདི་ནི་བཀའ་དྲུང་ནོར་རྒྱས་ནང་པ་ཞེས་མཁས་དབང་སྙན་གྲགས་ཅན་དེའི་སྐུ་མཆེད་གཞོན་པ་ཡིན། ཁོང་གཙང་ཤབ་ཞེལ་གླིང་གཞིས་སུ་རབ་བྱུང་བཅོ་ལྔ་པའི་མེ་བྱི (སྤྱི་ལོ1876) ལོར་འཁྲུངས། མི་རིང་བར་ཡབ་ཡུམ་འདས་ཤིང་ཕ་གཞིས་སྟོན་འབྲས་ཞན་པ་སོགས་ཀྱིས་ཁྱིམ་གྱི་འཁོས་འབྱོར་ཉམས་ཐག་པར་གྱུར་པས། ཆུ་སྦྲུལ (སྤྱི་ལོ1893) ལོར་རང་ཁོངས་མི་སེར་དྲག་གྲས་ཀྱི་རིགས་རམ་འོག་ལྷ་སར་རྩིས་ཁང་དུ་སློབ་གཉེར་དུ་ཕེབས། ཁྱིར་འཁོས་ཞན་པས་སྣག་ཤོག་ཏོ་རིན་ཙམ་མེད་ཀྱང་རྩིས་ཁང་གི་ཤོག་རོ་བསྡུགས་ཏེ་གད་པར་སྣག་ཚ་སྦྱོང་ནས་ཡིག་རྩིས་སྦྱངས། དགའ་ལྡན་ཁྲི་ཐོག་གོ་གཉིས་པ་བྱམས་པ་ཆོས་གྲགས་མཆོག་གིས་འཚོ་གོས་རིགས་རམ་གནང་བ་ལ་བརྟེན་ཤིང་རྟ (སྤྱི་ལོ1894) ལོར་མི་འགྱུར་ལྷུན་གྲུབ་རྩིས་ཁང་དུ་ཞུགས་ཐུབ་པ་བྱུང་། ཤིང་ལུག (སྤྱི་ལོ1895) ལོར་ཞབས་སྡོད་ཞུས་ནས་མི་རིང་བར་ཤིང་གཉེར་གྱི་གནས་རིམ་ཐོབ། མེ་སྤྲེལ (སྤྱི་ལོ1896) ལོར་མངའ་རིས་རྫོང་དགའ་རྫོང་དཔོན་གྱི་ལས་འཁུར་ལོ་དགུ་དང་ཟླ་བ་གསུམ་བཞེས། དེ་ནས་གཉའ་ནང་རྫོང་དཔོན་དུ་བསྐོ་བཞག་གིས་ལས་འཁུར་འཛིན་རིང་གཞུང་འབབས་གཉིས་དགེའི་མཛད་སྒྲུབ་ལ་བརྟེན་སྙན་པ་ཆེས་ཆེར་ཁྱབ། དུས་དེའི་རིང་ཁོང་གིས་མཁས་དབང་དུ་མའི་ཞབས་ལ་གཏུགས་ནས་བསྟན་བཅོས་གསུང་རབ་མང་པོར་ཞིབ་བརྩོན་གནང་སྟེ་ཐོས་བསམ་རྒྱ་ཆེན་བརྒྱུད་རིག་གནས་ཀྱི་སྦྱངས་པ་ཕུལ་དུ་ཕྱིན་ཏེ་སྙན་ངག་དང་འཐོལ་རྩོམ་ལ་མཁས་པར་གྱུར། ༧རྒྱལ་དབང་སྐུ་ཕྲེང་བཅུ་གསུམ་པ་ཆེན་པོས་མི་འགྱུར་ལྷུན་གྲུབ་ཀྱི་ཡིག་རྩིས་ལ་གཟིགས་ཏེ་དམིགས་བཀར་མིང་འདོན་གྱིས་མེ་རྟ (སྤྱི་ལོ1906) ལོར་བཀའ་དྲུང་དུ་བསྐོ་བཞག་བསྩལ། ལྕགས་ཁྱི (སྤྱི་ལོ1910) ལོར་ཆིང་གོང་མའི་དམག་བོད་དུ་ལྷགས་སྐབས་གོང་ས་ཆེན་པོའི་སྐུའི་རྗེས་སུ་འབྲངས་ཏེ་རྒྱ་གར་ལ་ཕེབས་ནས་ཀ་ལོན་སྤུག་དང་རྡོ་རྗེ་གླིང་དུ་ལོ་གསུམ་བཞུགས། ལྕགས་ཕག (སྤྱི་ལོ1911) ལོར་རྒྱ་གར་རྡོ་རྗེ་གླིང་དུ་༧རྒྱལ་བའི་བཀའ་བཞིན་དཔལ་གྱི་ཆོས་འཁོར་ལྷ་ས་དྲན་གླུ་ཞེས་པའི་སྙན་རྩོམ་ཞིག་མཛད་པས་སྐུ་ཕྲེང་བཅུ་གསུམ་པས་མཉེས་ཚོར་ཆེན་པོ་མཛད། དེ་མིན་ཁོང་གིས་རང་ཚུལ་བརྗོད་པའི་འབེལ་གཏམ་ཞེས་པ་དང་། ཡོད་འདོན་དྲང་ཐིག་མཐོང་བ་འཛུམ་ཤོར། རང་ཚུལ་བརྗོད་པའི་ཀ་བཤད་སོགས་སྙན་འཛེབས་དོན་ལྡན་གྱི་རྩོམ་འགའ་ཞིག་བརྩམས། ཆུ་བྱི (སྤྱི་ལོ1912) ལོའི་ལོ་མཇུག་ཏུ༧རྒྱལ་དབང་སྐུ་ཕྲེང་བཅུ་གསུམ་པ་ཆེན་པོ་མཆོག་གིས་ཁོང་ལ་བཀའ་བློན་བསྐོ་བཞག་གནང་ཡང་རིང་པོར་མ་ཐོགས་པར་དགུང་གྲངས་སོ་བརྒྱད་དུ་སོན་པ་རབ་བྱུང་བཅོ་ལྔ་པའི་ཆུ་གླང (སྤྱི་ལོ1913) ལོར་འདས།

སྦྲི་ཐུ་བོ་བློ་བཟང་བསྟན་པའི་ཉི་མ། རྗེ་འདི་ནི་ཁུ་རེ་ནོར་ཡུལ་དུ་རབ་བྱུང་བཅུ་གཉིས་པའི་ས་སྦྲུལ (སྤྱི་ལོ1689) ལོར་སྐུ་འཁྲུངས། སྐུ་གཞོན་དུས་དབུས་ལྷ་ལྡན་དུ་གནས་སྐོར་ལ་ཕེབས་ཏེ་གྲྭ་སར་

ཞུགས་ནས་མདོ་སྔགས་གཞུང་ལུགས་ཡོངས་ལ་གསན་སྦྱོང་མཛད། བླ་མ་ངག་དབང་བློ་བཟང་བཀྲ་ཤིས་དྲུང་ནས་དགེ་ཚུལ་སློང་གི་སྡོམ་པ་བཞེས། རྗེ་འཇམ་དབྱངས་བློ་གྲོས་དང་། ངག་དབང་ཆོས་སྐྱོང་སོགས་བླ་མ་རྣམས་བསྟེན་ནས་རིག་པའི་གནས་ཀུན་ལ་སྦྱངས་པ་མཐར་ཕྱིན་མཛད་དེ་མཁས་པར་གྱུར། དབང་ལུང་ཁྲིད་སོགས་མང་དུ་གསན། དེ་ནས། གོང་མ་ཡུང་ཙེ་ནས་རྒྱ་ནག་པེ་ཅིན་དུ་གདན་དྲངས་ཏེ་ཧུའི་ཨུ་ཆན་དགའ་ལྡན་ཤྲི་ཐུ་ཧོ་ཐོག་ཐུའི་མཚན་སྙན་ཕུལ། པེ་ཅིན་ཙན་དན་དགོན་ཛོ་བོའི་བླ་བྲང་དུ་རྒྱུན་རིང་བཞུགས་ཏེ་གསུང་ཆོས། བརྒྱ་རྩའི་རྣམ་བཤད་ཚིགས་གཉིས་ཤིང་རྟ་ཞེས་པ་དང་། འདུལ་བའི་ལས་ཆོག་ཆོག་དོན་རྣམ་བཤད། སྨྲོན་མེ། ཛམ་ལྷ་དཀར་ནག་སེར་གསུམ་དང་ཀླུའི་ཆུ་སྦྱིན། སངས་རྒྱས་བྱང་སེམས་ཀྱི་བསྟོད་པ། སྡོམ་པ་གསུམ་གྱི་ཉེས་ལྟུང་མིང་རིགས་ཀྱི་སྒོ་ནས་ངོས་བཟུང་སྟེ་བཤགས་སྡོམ་བྱེད་ཚུལ། ཉིན་ཞག་ཕྱུགས་གཅིག་གི་ཐུན་མཚམས་ཀྱི་རྣལ་འབྱོར། ཐུགས་རྗེ་ཆེན་པོ་རྒྱལ་བ་རྒྱ་མཚོའི་སྒྲུབ་ཐབས་ཐེམ་སྐས་ཞེས་པ་སོགས་བསྟན་བཅོས་མང་དུ་བརྩམས། སོག་ཡུལ་མཚོ་བདུན་དགོན་དུ་བཞུགས་ཏེ་འཆད་རྩོད་རྩོམ་གསུམ་གྱི་བགྱི་བ་རྒྱ་ཆེར་སྤེལ། དགུང་གྲངས་བརྒྱད་ཅུ་གྱི་བཞི་ལ་ཐེབས་པ་རབ་བྱུང་བཅུ་གསུམ་པའི་ཆུ་འབྲུག(སྤྱི་ལོ1772)ལོར་དགོངས་པ་གཞན་དོན་དུ་གཤེགས།

སི་ཏུ་པཎ་ཆེན་ཆོས་ཀྱི་འབྱུང་གནས། མཚན་གཞན་ཀརྨ་སི་ཏུ་བསྟན་པའི་ཉིན་བྱེད་དམ་པའི་ཆོས་ཀྱི་འབྱུང་གནས་མཆོག་ནི། སྡེ་དགེ་ཨ་ལོའི་ཡུལ་གྱི་བྱེ་བྲག་དིང་རིང་སྐད་དུ་ཡབ་ངག་དབང་ཚེ་རིང་དང་། ཡུམ་ཕྲ་མགུ་མ་གཉིས་ཀྱི་སྲས་སུ་རབ་བྱུང་བཅུ་གཉིས་པའི་ལྕགས་འབྲུག(སྤྱི་ལོ1700)ལོར་སྐུ་འཁྲུངས། མཚན་མགོན་པོ་སྐྱུང་དུ་བཏགས། དགུང་ལོ་གསུམ་པར་སི་ཏུ་སྐུ་ཐོག་བཞི་པའི་སྐུ་ཕྲེང་དུ་ངོས་འཛིན་མཛད། ཀརྨ་ཞྭ་དམར་བརྒྱད་པ་དཀོན་མཆོག་རྣམ་རྒྱལ་གྱིས་ཆོས་ཀྱི་འབྱུང་གནས་འཕྲིན་ལས་ཀུན་ཁྱབ་ཡེ་ཤེས་ཞེས་པའི་མཚན་གསོལ། དགུང་ལོ་ལྔ་པར་ཡབ་ཀྱི་དྲུང་ནས་སྦྱོར་ཀློག་བསླབས། དགུང་ལོ་བདུན་པ་ནས་མཁན་ཆེན་དཔལ་གྲུབ་ཀྱི་མདུན་ནས་སྐར་རྩིས་དང་། སྒྲ། སྙན་ངག་བཅས་གསན། ཨ་ལོ་བླ་མ་ཀུན་མཁྱེན་གྱི་མདུན་ནས་ནང་དོན་རིག་པ་གསན། དགུང་ལོ་བཅུ་གསུམ་པ་ཆུ་འབྲུག(སྤྱི་ལོ1712)ལོར་དབུས་སུ་ཕེབས། ཞྭ་དམར་བརྒྱད་པ་དཀོན་མཆོག་རྣམ་རྒྱལ་གྱི་མདུན་ནས་དགེ་ཚུལ་གྱི་སྡོམ་པ་བཞེས། མཚན་ཀརྨ་བསྟན་པའི་ཉིན་བྱེད་གཙུག་ལག་ཆོས་ཀྱི་སྣང་བ་ཞེས་གསོལ། དེ་ནས་ཀརྨ་པ་ཞྭ་དམར་ནག་གཉིས་ཀྱི་མདུན་ནས་བཀའ་བརྒྱུད་པའི་ཆོས་སྐོར་དང་། ཏཻ་ཧོར་རིན་པོ་ཆེའི་མདུན་ནས་རྙིང་མའི་ཆོས་སྐོར་གསན། དགུང་ལོ་ཉེར་གཉིས་ལྕགས་གླང(སྤྱི་ལོ1721)ལོར་སླར་དབུས་སུ་ཕེབས་ཏེ་ཀརྨ་པ་ཞྭ་དམར་ནག་དང་ལྷན་དུ་བལ་ཡུལ་དུ་ཕེབས། དེར་རྒྱ་གར་དང་། བལ་ཡུལ་གྱི་པཎྜི་ཏ་པྲ་ཛྙཱ་དང་། བཛྲ་བ་ཏི། ཀཱ་ལ་ན་ཡ་ན་ཛ་ཡ་མཛྙ་སོགས་དང་བགྲོ་གླེང་ཡུན་རིང་

མཛད། སྒྲ་དང་སྙན་ངག མངོན་བརྗོད་སོགས་ཀྱི་དོགས་གནད་མང་པོ་བཀྲོལ། རྒྱ་གར་གྱི་གཞུང་བོད་ན་མེད་པ་མང་པོ་མཛལ། དེ་ནས་བོད་དུ་ཚུར་ཕེབས་ཏེ་ཞྭ་དམར་བརྒྱད་པའི་མདུན་དུ་དགེ་སློང་གི་སྡོམ་པ་མནོས། ༧རྒྱལ་དབང་བདུན་པ་བསྐལ་བཟང་རྒྱལ་མཚོའི་དྲུང་ནས་ལམ་རིམ་གྱི་ཁྲིད་སོགས་དགེ་ལུགས་པའི་ཆོས་སྐོར་གསན། མེ་ལུག(སྤྱི་ལོ1727)ལོར་སྡེ་དགེ་དཔལ་སྤུངས་དགོན་ཐུབ་བསྟན་ཆོས་འཁོར་གླིང་ཕྱག་བཏབ།

སྐྱིར་རྗེ་འདི་ སྤྲུལ་རྗེས་སུ་བལ་ཡུལ་དུ་ཐེངས་གཉིས་དང་། དབུས་སུ་ཐེངས་ལྔ། གཙང་དུ་ཐེངས་གཉིས་ཕེབས། མདོ་ཁམས་ཤར་རྒྱལ་མོ་ཚ་བ་རོང་དང་ཡུན་ནན། འཇང་ཡུལ་བཅས་སུའང་ཞབས་ཀྱིས་བཅགས། རྒྱ་གར་ནག་དང་བོད་ཀྱི་གྲུབ་མཐའ་རིས་མེད་ཀྱི་མཁས་པ་མང་པོ་སློབ་དཔོན་དུ་བསྟེན། ཐུན་མོང་གི་རིག་གནས་ཀུན་ལ་མཁས་པའི་ཡང་རྩེར་སོན། སློབ་མ་མཁས་པ་ཁམས་སྤྲུལ་བསྟན་འཛིན་ཆོས་ཀྱི་ཉི་མ་དང་། རི་བོ་ཆེ་བ་ཚེ་དབང་ཀུན་ཁྱབ། དཔོན་ངེས་ལེགས་བསྟན་འཛིན་སོགས་བྱུང་། དགུང་ལོ་དོན་ལྔ་པ་རབ་བྱུང་བཅུ་གསུམ་པའི་ཤིང་རྟ(སྤྱི་ལོ1774)ལོར་ཤར་རྒྱལ་མོ་ཚ་བ་རོང་དུ་ཕེབས་པའི་ལམ་བར་དཀར་མཛེས་སུ་བད་མཁྲིས་ཀྱི་སྙུན་བཞེས་ནས་སྐུ་གཤེགས། གསུང་ཆོས་སྡེ་དགེའི་བཀའ་འགྱུར་དཀར་ཆག་དང་། གཏན་ཚིགས་རིག་པ། སྒྲ་རིག་པ། གསོ་བ་རིག་པ། སྐར་རྩིས་རིག་པ་སོགས་དང་། ཁྱད་པར་དུ་བོད་རྒྱལ་སྲོང་བཙན་སྒམ་པོ་སོགས་ཀྱི་སྐུ་དུས་སུ་ཇི་བཞིན་མ་འགྱུར་བའི་རྒྱ་རྩིས་གསར་འགྱུར་དང་། འབྲུམ་བཅོས་སོགས་གསར་འགྱུར་སྨན་གྱི་སྐོར་སྣ་ཚོགས། སྒྲ་པྲ་ཀྲི་ཏ་དང་དབྱངས་ཅན་སྒྲ་མདོ། མངོན་བརྗོད་འཆི་མེད་མཛོད་བཅས་གསར་དུ་བསྒྱུར་བའམ་འགྱུར་བཅོས་མཛད་པ་སོགས་མཛད་རྗེས་ཤིན་ཏུ་ཆེ།

སུམ་པ་མཁན་པོ་ཡེ་ཤེས་དཔལ་འབྱོར། མཚོ་སྔོན་ཞྭ་ཆུའི་འགྲམ་ཐོ་ལི་ཞེས་པའི་སར་ཨ་རོད་མཚོ་བཞིའི་ནང་གི་པྣ་ཐུད་ཀྱི་ཐལ་ཧྲེའི་རྒྱུད་པ་ཡབ་རྡོ་རྗེ་བཀྲ་ཤིས་དང་། ཡུམ་ཧྲུ་འུན་ཧྲར་བ་བཀྲ་ཤིས་མཚོ་གཉིས་ཀྱི་སྲས་སུ་རབ་བྱུང་བཅུ་གཉིས་པའི་ཤིང་སྤྲེལ(སྤྱི་ལོ1704)ལོར་སྐུ་བལྟམས། དགུང་ལོ་གསུམ་པའི་ཐོག་ཀུན་མཁྱེན་བློ་མས་སུམ་པ་བློ་མའི་སྐུ་སྐྱེར་ངོས་འཛིན་མཛད། ཐར་ཤུལ་ཆོས་སྐྱོང་རྒྱ་མཚོ་སློབ་དཔོན་དུ་བསྟེན། ཡི་གེ་འབྲི་ཀློག་ལེགས་པར་སྦྱངས། དགུང་ལོ་བདུན་པ་ལྕགས་སྟག(སྤྱི་ལོ1710)ལོར་ཐར་ཤུལ་དཔོན་སློབ་ཀྱི་དྲུང་དུ་རབ་ཏུ་བྱུང་། མཚན་བློ་བཟང་ཆོས་སྐྱོང་ཞེས་བསྟུལ། དགུང་ལོ་དགུ་པར་སྤྲུལ་སྐུར་ངོས་འཛིན་གྱིས་དགོན་ལུང་ཆོས་གྲྭར་ཞུགས། དགུང་ལོ་བཅུ་གསུམ་ལ་ཕེབས་དུས་རྣལ་འབྱོར་ཆེན་པོ་སློབ་དཔོན་ཆོས་བཟང་རིན་པོ་ཆེའི་མདུན་ནས་དགེ་ཚུལ་བསྒྲུབས། དགུང་ལོ་ཉི་ཤུ་པ་ཆུ་ཡོས(སྤྱི་ལོ1723)ལོར་དབུས་སུ་གྲྭ་སྐོར་དུ་ཕེབས། པཎ་ཆེན་བློ་བཟང་ཡེ་ཤེས་ཀྱི་མདུན་དུ་དགེ་སློང་གི་སྡོམ་པ་བཞེས། མཚན་ཡེ་ཤེས་དཔལ་འབྱོར་ཞེས་བསྟུལ། དེ་ནས་ལྷ་སར་ཕེབས་ཏེ་འབྲས་

སྤྲུངས་སྒོམ་མང་གྲྭ་ཚང་དུ་ཞུགས། ལ་མོ་ངག་དབང་ནམ་མཁའ་དང་། མོག་ཀྲྀ་རབ་འབྱམས་པ་འཇམ་དབྱངས་རྒྱ་མཚོ་སོགས་མཁན་ཆེན་མང་པོ་སློབ་དཔོན་དུ་བསྟེན། རྩོད་པའི་ཁྲི་མཆོག་ཏུ་གྲགས། མེ་རྟ་ལོར་གླིང་བསྲེ་དཀའ་བཅུ་བརྫོད། དེ་ནས་སྔ་ཕྱིར་ཁྲི་ངག་དབང་མཆོག་ལྡན། ཀོང་པོ་བཀའ་འགྱུར་བ་ཆོས་རྗེ་རིན་ཆེན། ཞྭ་དམར་ཤེས་རབ་རྒྱ་མཚོ། སྒོམ་མང་བླ་མ་སེམས་ཉིད་དམ་པ་སོགས་ལས་མདོ་སྔགས་ཀྱི་ཆོས་གསན་བཞེས་རྒྱ་ཆེན་པོ་མཛད། པཎྜི་ཏ་དགེ་བཤེས་ངག་དབང་ཆོས་དཔལ་དང་དེའི་སློབ་མ་མཛོ་མོ་མཁར་པ་སྨོན་ལམ་ལྷུན་གྲུབ་ལས་སྙན་རིག་དང་། སྐུ་འབུམ་པ་མི་ཐུབ་བསོད་ནམས་རྒྱལ་མཚན་ལས་སུམ་རྟགས། སྨན་རམས་པ་ཉི་མ་རྒྱལ་མཚན་ལས་གསོ་རིག རྒྱུད་སྨད་གྲགས་པ་ལྷུན་གྲུབ་ལས་ལྷ་རིས་ཐིག་ཚད་དང་ཡིག་རིགས་སྣ་ཚོགས། སོག་རམས་པ་ངག་དབང་རྒྱ་མཚོ་ལས་རྩིས་དཀར་ནག་སོགས་སྦྱངས་བརྩོན་གནང་སྟེ་ཐུན་མོང་གི་རིག་གནས་ཀུན་ལ་མཁས་པའི་ཡང་རྩེར་སོན། སུམ་པ་པཎྜི་ཏ་ཞེས་མཁས་པའི་གྲགས་པས་ས་སྟེང་ཁྱབ། ལྕགས་ཕག(སྤྱི་ལོ1731)ལོར་རང་ཡུལ་མདོ་སྨད་དུ་ཕེབས། མཚན་སྒྲོག་མཁན་ཆེན་དགེ་འདུན་དོན་གྲུབ་སོགས་མཁས་གྲུབ་དུ་མ་ལས་དབང་ལུང་མན་ངག་མང་དུ་ཞུས། མེ་སྦྲུལ(སྤྱི་ལོ1737)ལོར་པེ་ཅིང་དུ་ཕེབས་ཏེ་ལོ་གསུམ་ཙམ་མཚོ་བདུན་དགོན་པའི་མཁན་པོ་མཛད། ས་ལུག(སྤྱི་ལོ1739)ལོར་དགོན་ལུང་དུ་ཕེབས། དགོན་ལུང་རི་ཁྲོད་དང་། ཞྭ་ཁོག་གི་བདེ་སྐྱིད་སྒྲུབ་སྡེ་གཉིས་ཀྱི་འདུ་ཁང་དང་། དགོན་ལུང་དགའ་ལྡན་ལྷ་རྩེ་བཞེངས། སྲི་གནོན་འབུམ་པ་ཆེན་པོ་དང་། སུམ་པའི་ཟླ་ཡོན་ལྷ་ཁང་། དམར་གཙང་ལྷ་ཁང་བཅས་ལ་ཞིག་གསོ་མཛད། དགུང་ལོ་ཞེ་གསུམ་པ་མེ་སྟག(སྤྱི་ལོ1746)ལོར་དགོན་ལུང་གི་ཁྲིར་བཞུགས། སྔ་ཕྱིར་ཁྲི་པ་ལན་གསུམ་མཛད། རབ་བྱུང་བཅུ་གསུམ་པའི་ལྕགས་རྟ(སྤྱི་ལོ1750)ལོར་རི་བོ་རྩེ་ལྔ་མཇལ་དུ་ཕེབས། བཀྲ་ཤིས་ཆོས་གླིང་། སེར་ལུང་། འདུལ་བ་དགོན། དགའ་ལྡན་རིན་ཆེན་གླིང་། ཐོ་རིད་པཎྜི་ཏ་དགོན་སོགས་ཀྱི་ཁྲི་པ་ཡང་མཛད། དགུང་ལོ་རེ་བརྒྱད་ལ་སོག་ཡུལ་དུ་ཕེབས་ནས་ལོ་བརྒྱད་ཙམ་བཞུགས། དགུང་ལོ་དོན་དགུ་ལ་ཕེབས་སྐབས་སླར་ཡང་ཁྲི་པར་ཕེབས་ནས་མདོ་ཕྱོགས་པོད་ལྔ་དང་། རིག་གནས། གསོ་དཔྱད། སྐར་རྩིས་ཀྱི་ས་རིས། འབྱུང་རྩིས་སོགས་སྐོར་དཔེ་མཐུད་རང་གིས་གང་ཤེས་སློབ་མ་རྣམས་ལ་བཤད་ཁྲིད་ལེགས་པར་མཛད། སློབ་མ་ཐུའུ་བཀྭན་ཆོས་ཀྱི་ཉི་མ་སོགས་མཁས་གྲུབ་དམ་པ་མང་དུ་བྱུང་། བརྩམས་ཆོས་སུ་རྒྱ་གར་དང་། རྒྱ་ནག སོག་ཡུལ། བོད་བཅས་ཀྱི་ལོ་རྒྱུས་འཁོད་པའི་བསྟན་པ་སྤྱིའི་ཆོས་འབྱུང་དཔག་བསམ་ལྗོན་བཟང་སོགས་ལོ་རྒྱུས་ཀྱི་སྐོར་དང་། དགེ་ལྡན་རྩིས་གསར། ཞེས་པ་རྩིས་ཀྱི་སྐོར། ཡི་གེའི་བཤད་པ། དྲིས་ལན། སྙན་ངག ཚབ་ཤོག་དང་། ཐ་སྙད་རིག་གནས་ཀྱི་སྐོར། དེ་བཞིན་ཚད་མ་སྡེ་བདུན་གྱི་སྙིང་དོར་དང་གྲུབ་མཐའི་རྣམ་གཞག་ཉུང་བསྡུས། གསུང་རབ་མཛོད་ཀྱི་སྒོ་བརྒྱ་འབྱེད་པའི་ལྡེ་མིག དབུ་མ་འཇུག་པའི་མཐའ་དཔྱོད་ཉུང་བསྡུས་བློ་འོད། གསོ་དཔྱད་བདུད་རྩིའི་

ཆུ་རྒྱུན་གྱི་ཆ་ལག་ལས་ལག་ལེན་ཞུང་བསྡུས་བདུད་རྩི་ཟིལ་དཀར། མཁན་པོ་ཨ་ཏ་རེ་ནི་པཎྜི་ཏར་གྲགས་པའི་སྤྱོད་ཚུལ་བརྗོད་པ་སྨྲ་འཛིན་བཅུད་ལེན་སོགས་བསྟན་བཅོས་དྲུག་ཅུ་རེ་བརྒྱད་བརྩམས་ཡོད་པ་དེ་དག་པོ་ཏི་བརྒྱད་དུ་བསྡུས་ནས་བཞུགས། དགུང་ལོ་གྱ་ལྔ་ལ་ཕེབས་པ་རབ་བྱུང་བཅུ་གསུམ་པའི་ས་སྤྲེལ (སྤྱི་ལོ1788) ལོར་དགོངས་པ་ཆོས་དབྱིངས་སུ་ཐིམ།

སེང་ཆེན་བློ་བཟང་བསྟན་འཛིན་དཔལ་འབྱོར། རྗེ་འདི་ནི་ཉང་སྟོད་འབྲོང་རྩེ་གསེར་ཕུ་སྤེལ་ཞེས་པར་ཡབ་ཚེ་རིང་རྡོ་རྗེ་དང་། ཡུམ་རྡོ་རྗེ་སྒྲོལ་མ་གཉིས་ཀྱི་སྲས་སུ་རབ་བྱུང་བཅུ་གསུམ་པའི་ཤིང་འབྲུག (སྤྱི་ལོ1784) ལོར་སྐུ་འཁྲུངས། དགུང་ལོ་དྲུག་ལ་ཕེབས་སྐབས་བཀྲ་ཤིས་ལྷུན་པོ་དགོན་དུ་ཞབས་སོར་འཕོད། བློ་བཟང་ཚེ་བརྟན་གྱི་དྲུང་ནས་དགེ་བསྙེན་གྱི་སྡོམ་པ་བཞེས། མཚན་བློ་བཟང་བསྟན་འཛིན་དཔལ་འབྱོར་དུ་གསོལ། ཀ་ཁ་ཀློག་སྦྱོང་དང་ཆོས་སྤྱོད་ལྷགས་འཛིན་གྱི་དབུ་ཚུགས། དགུང་ལོ་བདུན་པར་འདུལ་འཛིན་ཆོས་འཕེལ་དོན་གྲུབ་ཀྱི་དྲུང་ནས་དགེ་ཚུལ་གྱི་སྡོམ་པ་བཞེས་ཏེ་གཞུང་ཆེན་བཀའ་པོད་ལྔ་ལ་གསན་བསམ་མཛད། དགུང་ལོ་བཅུ་དགུའི་ཐོག་དཀའ་ཆེན་གྱི་མཚན་བཏགས་བཞེས། དགུང་ལོ་ཉེར་གཉིས་ལ་བཀྲས་ལྷུན་སྔགས་པ་གྲྭ་ཚང་དུ་ཞུགས། དགུང་ལོ་ཉེར་གསུམ་མེ་སྟག་ལོར་པཎ་ཆེན་བསྟན་པའི་ཉི་མའི་དྲུང་ནས་བསྙེན་རྫོགས་ཀྱི་སྡོམ་པ་བཞེས། རྗེ་འདིས་ཡོངས་འཛིན་འབྲོང་རྩེ་བློ་བཟང་ཚུལ་ཁྲིམས་དང་། ཡོངས་འཛིན་བློ་བཟང་བསྟན་འཛིན། པཎ་ཆེན་བསྟན་པའི་ཉི་མ་སོགས་མཁས་གྲུབ་དུ་མའི་ཞབས་ལ་གཏུགས་ནས་མདོ་སྔགས་ཀྱི་ཆོས་མཐའ་ཡས་པ་གསན། དགུང་ལོ་སུམ་ཅུ་ལ་ཕེབས་པ་རབ་བྱུང་བཅུ་བཞི་པའི་ཆུ་བྱ (སྤྱི་ལོ1813) ལོར་རྒྱུད་པ་གྲྭ་ཚང་གི་ཁྲི་ཐོག་ཉེར་གཅིག་པའི་མཚན་བཞེས་ནས་ལོ་བཅུའི་རིང་ཁྲི་སྐྱོང་གནང་མཛད། དགུང་ལོ་ཞེ་གཅིག་ནས་ང་གསུམ་བར་སྐལ་ལྡན་གྱི་སྐྱེ་བོ་དུ་མར་མདོ་སྔགས་ཟབ་ཆོས་རྒྱ་ཆེར་བསྐོར། དཔལ་རྡོ་རྗེ་འཇིགས་བྱེད་ལ་བསྟོད་པའི་ཚིག་དོན་རྣམ་པར་བཤད་པ་འཇམ་དཔལ་ཞི་ཁྲོ་དགྱེས་བྱེད་ལེགས་བཤད་གསལ་བའི་མཆོད་སྒྲོན། ཟབ་པ་དང་རྒྱ་ཆེ་བའི་དམ་པའི་ཆོས་ཀྱི་དབང་ལུང་མན་ངག་སོགས་ཀྱི་ཐོབ་ཡིག་བདུད་རྩིའི་ཆུ་རྒྱུན། དུས་འཁོར་ལ་བརྟེན་པའི་བླ་མའི་རྣལ་འབྱོར་གྱི་དོན་འགྲེལ་དངོས་གྲུབ་འབྱུང་གནས། གྲུབ་ཆེན་ཆོས་བུ་པའི་ལུགས་ཀྱི་ཐུགས་རྗེ་ཆེན་པོའི་སྒོམ་བཟླས་དང་འབྲེལ་ཚོགས་མཆོད་བྱ་ཚུལ་དང་འཕོ་བའི་དམིགས་རིམ་སོགས་མདོ་སྔགས་ཀྱི་བསྟན་བཅོས་མང་དུ་བརྩམས། ཧ་ནག་ཏུ་སྨན་ཐང་གསར་བཞེངས་མཛད། དགོན་པའི་ནང་དུ་ཐ་མི་ཁ་དང་། ཚང་རག་སོགས་བཀག་སྡོམ་ནན་པོ་གནང་། དགུང་ལོ་དྲུག་ཅུ་ལ་ཕེབས་པ་རབ་བྱུང་བཅུ་བཞི་པའི་ཆུ་ཡོས (སྤྱི་ལོ1843) ལོར་དགོངས་པ་རྫོགས།

སེར་སྔགས་མཁན་ཟུར་ནམ་མཁའ་བསྟན་སྐྱོང་། རྗེ་འདི་ནི་འཕན་པོ་ཐང་ཤར་པའི་རིགས་སུ་རབ་བྱུང་བཅུ་གསུམ་པའི་ས་ལུག (སྤྱི་ལོ1799) ལོར་འཁྲུངས། ཆུང་དུས་སེ་རར་ཆོས་ཞུགས་མཛད།

དགུང་ལོ་ཞེ་བརྒྱད་སྐབས་གཙང་དངུལ་ཆུར་ལན་གཉིས་ཙམ་ཕེབས་ནས་ཟླ་བའི་བླ་མ་ཧྣ་ཨ་ར་དྲ་དང་། ཁོང་གི་དཔོན་པོ་དབྱངས་ཅན་གྲུབ་པའི་རྡོ་རྗེ་གཉིས་ཀྱི་ཞབས་སུ་གཏུགས་ནས་ཆོས་མང་དུ་གསན། སེ་ར་སྔགས་པ་གྲྭ་ཚང་གི་མཁན་པོ་ཡུན་རིང་གནང་། དགུང་ལོ་རེ་བརྒྱད་སྐབས་ཀུན་རིག་འདོན་ཆོག་དང་། སྦྱོར་བའི་ཆོས་དྲུག་གི་འདོན་སྒྲིག་གསར་སྒྲིག་གནང་། ཀུན་རིག་གི་རྟུལ་ཆོན་དང་འབྲེལ་སྐབས་དེ་ཉིད་ཆབ་འདྲེན་གྱི་ཆོ་ག་ཚོག་བྱ་ཚུལ་ཕན་བདེའི་མཆོག་སྦྱིན་ཞེས་པ་དང་། བྱང་ཆུབ་ལམ་གྱི་རིམ་པའི་སྔོན་འགྲོ་སྦྱོར་བའི་ཆོས་དྲུག་གི་ངག་འདོན་ཆུ་བབས་སུ་བཀོད་པ། དཔལ་འཁོར་ལོ་བདེ་མཆོག་དྲིལ་བུ་ལྷ་ལྔའི་མངོན་དཀྱིལ་ཚོག་བསྒྲིགས་འཕྲུལ་བྲལ་མཁས་གྲུབ་ཞལ་ལུང་། བདེ་མཆོག་དྲིལ་བུ་ལྷ་ལྔའི་ལས་རྟུང་གི་བསྙེན་པ་ཇི་ལྟར་བྱ་ཚུལ་གྱི་ཡི་གེ་གནད་ཀྱི་དོན་གསལ་སོགས་བཀའ་རྩོམ་པོད་ཆེ་བ་གཅིག་ཙམ་མཛད། སྐུ་གཤེགས་པའི་ལོ་དུས་དང་ཞིབ་རྣམ་ཁ་གསལ་མ་རྙེད།

སེར་བྱེས་གར་གདོང་བྱམས་པ་སྐལ་བཟང་། མཚན་གཞན་མགོན་དཀར་སྐྱབས་ནི་སྤྱི་ལོའི་དུས་རབས་བཅུ་དགུའི་ནང་སོག་ཡུལ་དུ་འཁྲུངས། སྐུ་གཞོན་ནུའི་དུས་དབུས་སུ་ཕེབས་ནས་སེ་རར་ཆོས་ཞུགས་གནང་། གཞུང་ཆེན་བཀའ་པོད་ལྔར་གསན་བཞེས་མཛད་དེ་ལྷ་རམས་པའི་མཚན་རྟགས་ཐོབ། རྒྱུད་གྲྭར་ཞུགས། རབ་བྱུང་བཅུ་དྲུག་པའི་ཆུ་བྱ(སྤྱི་ལོ1933)ལོར་རྒྱུད་སྨད་བླ་མ་དབུ་མཛད་གནང་། དེ་ནས་མཁན་པོའི་ཁྲིར་ཕེབས། མཁན་ཟུར་སྐབས་རབ་བྱུང་བཅུ་དྲུག་པའི་ཤིང་སྤྲེལ(སྤྱི་ལོ1944)ལོར་བྲག་ལྷ་ཀླུ་སྒྲུག་ཏུ་སྐུ་གཤེགས། བཀའ་རྩོམ་འདུལ་བའི་སྡོམ་ཚིག་གནད་བསྡུས་སྙིང་པོ་ཚིག་དོན་བརྗོད་བྱང་ལས་གཞི་སྨད་ཀྱི་སྐོར། འདུལ་བའི་སྡོམ་ཚིག་གནད་བསྡུས་སྙིང་པོ་ཚིག་དོན་བརྗོད་བྱང་ལས་རབ་བྱུང་གཞིའི་སྐོར་སོགས་མཛད། འཁྲུངས་འདས་དང་ཞིབ་རྣམ་མ་རྙེད།

སྲིད་སྐྱོང་ཁྲི་ཆེན་ངག་དབང་ཚུལ་ཁྲིམས། མདོ་སྨད་ཅོ་ནེ་དགོན་པའི་ཉེ་འདབས་དར་འོ་ཞེས་པར་ཡབ་མཆོག་སྐྱབས་དང་། ཡུམ་ཚུལ་ཆེན་གཉིས་ཀྱི་སྲས་སུ་རབ་བྱུང་བཅུ་གཉིས་པའི་ལྕགས་གླང(སྤྱི་ལོ1721)ལོར་འཁྲུངས། དགུང་ལོ་བདུན་ཐོག་ཅོ་ནེ་དགོན་དུ་རབ་བྱུང་བསྒྲུབས། མདོ་སྔགས་ཀྱི་གསན་སྦྱོང་མཛད། དགུང་ལོ་ཉི་ཤུ་ཐམ་པའི་ཐོག་མཁན་ཆེན་གྲགས་པ་བཤད་སྒྲུབ་དྲུང་དུ་བསྙེན་རྫོགས་ཀྱི་སྡོམ་པ་བཞེས། དགུང་ལོ་ཉེར་གསུམ་ཐོག་བོད་དུ་ཕེབས་ནས་སེར་སྨད་གྲྭ་ཚང་དུ་སློབ་གཉེར་ལ་ཞུགས། དགེ་བའི་བཤེས་གཉེན་ཆེན་པོ་གྲགས་པ་མཁས་གྲུབ་སོགས་བསྟེན་ནས་མདོ་སྔགས་ཀྱི་གསུང་རབ་རྒྱ་མཚོ་ལྟ་བུར་སྦྱངས་པ་མཐར་ཕྱིན་མཛད། དགུང་ལོ་སོ་བརྒྱད་ཐོག་དགེ་བཤེས་ལྷ་རམས་པའི་མཚན་བཏགས་བཞེས། དེ་ནས་རྒྱུད་སྟོད་ཀྱི་ཆོས་གྲྭར་ཞུགས། སྔགས་ཀྱི་དམ་བཅའ་མཛད་རྗེས་དགེ་བསྐོས་དང་། དེ་ནས་རིམ་བཞིན་བླ་མ་དབུ་མཛད། ཤར་པ་ཆོས་རྗེ་སོགས་མཛད་པས་ཚ་རྗོར་མཁན་པོ་ཞེས་ཞུ། ཤར་པ་ཆོས་རྗེའི་སྐབས་གོང་ས་མཆོག་གི་བཀའ་འབྲེལ་བཞིན་པེ་ཅིང་ཆོས་སློབ་ཁོངས་ཏེ་སྐུ

ཡོན་ཆེ་བས་ལྕང་སྐྱ་ཧོ་ཐོག་ཐུ་ཡེ་ཤེས་བསྟན་པའི་སྒྲོན་མེ་དང་ཐུགས་སྣང་དགེ་བ་ལ་བརྟེན་གོང་མ་ཆེན་ལུང་གིས་ཀྱང་གཟིགས་པ་ཆེ་ཞིང་། དགའ་ལྡན་ཕྱིན་ཆགས་གླིང་གི་མཁན་པོ་ལོ་བརྒྱད་དགུ་ཙམ་མཛད།

རབ་བྱུང་བཅུ་གསུམ་པའི་མེ་བྱ(སྤྱི་ལོ1777)ལོར་རྒྱལ་ཚབ་དེ་མོ་ནོ་མི་ཧན་ངག་དབང་འཇམ་དཔལ་བདེ་ལེགས་སྐུ་གཤེགས་པས་ཁྲི་ཆེན་ངག་དབང་ཚུལ་ཁྲིམས་སྲིད་སྐྱོང་གི་ཁྲིར་འཁོད། དེའི་སྐབས་༧རྒྱལ་དབང་འཇམ་དཔལ་རྒྱ་མཚོའི་ཡོངས་འཛིན་མཛད། རྒྱུན་དུ་བཞུགས་ཡུལ་དམིགས་བསལ་མེད་གཉིས་ཐོག་མར་ལྷ་ས་དགའ་ལྡན་ཁང་གསར་དུ་བཞུགས་པ་དང་། དེ་རྗེས་ཚེ་སྨོན་གླིང་དུ་བཞུགས་པས་ཚེ་གླིང་རྒྱལ་ཐོག་དང་པོ་དེ་ཡིན། ངག་དབང་ཚུལ་ཁྲིམས་མཆོག་ནས་༧རྒྱལ་དབང་བསྐལ་བཟང་རྒྱ་མཚོའི་ཕྱག་རོགས་སྲིད་སྐྱོང་གི་མཛད་འཁུར་བཞེས་མུས་ས་ཁྱི(སྤྱི་ལོ1778)ལོར་དགའ་ལྡན་གྱི་ཁྲིར་ཕེབས་ནས་ལོ་བདུན་བསྐྱངས། སྲིད་སྐྱོང་གི་ཕྱག་ལས་ལོ་བཅུ་གནང་རྗེས་མེ་རྟ(སྤྱི་ལོ1786)ལོར་སླར་ཡང་རྒྱ་ནག་ཆོས་སློབ་ཡོངས་ཀྱི་དབུ་འཛིན་དང་གོང་མའི་བླ་མ་གཅིག་ལྟོགས་གནང་སྟེ་པེ་ཅིང་དུ་ལོ་འཁོར་བཞི་ཙམ་བཞུགས་རིང་ཆོས་སྲིད་ཀྱི་ཕྱག་ལས་ཚང་མ་ཚགས་ཚུད་ཆེ་ཞིང་། གོང་མ་ཆེན་ལུང་ལ་ཡང་ཆོས་ཀྱི་དཔེ་ཁྲིད་དང་། དབང་བཀའ་རྗེས་གནང་སོགས་མཛད། ལྕགས་ཕག(སྤྱི་ལོ1791)ལོར་པེ་ཅིང་ནས་བོད་དུ་ཕེབས་ཏེ་སླར་ཡང་སྲིད་སྐྱོང་ཕྱག་རོགས་ལོ་འཁོར་གཅིག་ཙམ་གནང་བ་བཅས་རིང་གཞུང་གི་ལམ་ལུགས་ལ་དམ་གཙུན་དང་། སེར་སྐྱ་དམངས་ལ་བདེ་ཐབས་གང་ཡོང་གནང་བ་སྟེ། བལ་ཏམ་གསར་རྙིང་དང་། ལྷད་ཅན་དབར་སྐོར་ཆོས། ཚོང་རིགས་རྣམས་སྤྲོད་ལེན་མི་བདེ་བའི་དཀའ་རྙོག་དང་། གཞུང་གི་ལས་ཚན་ནང་མ་ཁག་དང་། རྫོང་གཞིས། འགོ་གཉེར། དཀར་རྒྱ། བཀར་འཇུག ཡོངས་སྡུད། འབོ་ཁ། ཁྲངས་འཛིན། མདོ་སྟོད་སྨད་ཀྱི་སྐར་དཔོན་ཨ་དྲུང་དང་དྲིལ་པ་ཡན་ནས་གཞུང་འབབ་བར་བཟོས་བྱས་སྐོར། སྟེ་དཔོན། མཆོད་སྟེ་ཆེ་བཙན་ནས་གཞུང་སྐོར་ཆོས་བཅས་ཀྱི་མི་སེར་འགོ་ལེན་བྱས་པ། བུ་ལོན་སྐྱེད་ལྟོ། སྐྱེད་ལ་སྐྱེད་རྒྱག་འབབ་ཚོང་ཕྱུས་བསྒྱུར། ལམ་ཡིག་མེད་པར་རྟ་ཁལ་མི་གསུམ་སྐྱུལ་འདེད་བཅས་སྐོར་ལྕགས་བྱི(སྤྱི་ལོ1780)ལོར་རྩ་ཚིག་དོན་ཚན་བཅུ་བདུན་གནང་ནས་མཛུག་གནོན་ཡན་སོང་མེད་པ་མཛད་པ་དང་། དེ་བཞིན་དངུལ་འགྲོ་རྒྱུག་དང་རྩམ་ཐང་སོགས་པར་ཚོང་ཁྲིམས་མཛད་པ་བཅས་ལ་བརྟེན་གཞུང་ཞབས་ཆུན་ཆེ་ཞིང་དམངས་ཕན་གྱི་མཛད་བཟང་ཇི་སྙེད་བསྐྱངས། དེ་བཞིན་སེར་སྨད་ཐོས་བསམ་གླིང་གི་རྟེན་གཙོ་བྱང་ཆུབ་ཆེན་པོ་གསར་བཞེངས་དང་། ཚེ་སྨོན་གླིང་བླ་བྲང་དང་འདུས་སྡེ་གསར་འཛུགས། ཆུ་ཡོས(སྤྱི་ལོ1783)ལོར་སེ་རའི་བཤད་སྒྲུབ་གླིང་བླ་བྲང་གསར་རྒྱག མེ་རྟ(སྤྱི་ལོ1786)ལོར་རྩེ་ཕོ་བྲང་ཉམས་གསོ་དང་། ལྷ་ལྡན་གཙུག་ལག་ཁང་གི་ལྡེབས་ཕྱིས་ལ་སྣག་ཁྲ་གསར་བསྒྲིགས། ཚོགས་ཆོས་དང་སྨོན་ལམ་ཆེན་མོའི་དངུལ་རྐྱེན་དང་། ཟངས་རྒྱན་གསར་བཟོ། བལ་ཏམ་གསར་རྙིང་གི་རྙོག་ཟེར་ལ་བརྟེན་ཏམ་ཁ་གསར་

རྒྱག་གནང་རྒྱུའི་འཆར་འདོན་མཛད་པ། རྒྱུན་དུ་སྲིད་ཕྱོགས་ཀྱི་ཕྱག་ལས་དོ་ནན་ཐོག་ཐུན་བཞིའི་རྣལ་འབྱོར་ལ་རྟག་ཏུ་ཐུགས་བརྩོན་ཆེ་ཞིང་། བཀའ་རྩོམ་ཡང་། སངས་རྒྱས་འཁོར་བ་འཇིག་གི་རྟོགས་བརྗོད་དང་། རྗེ་བཙུན་ཏེ་ལོ་པའི་རྟོགས་བརྗོད། ༸སྐྱབས་མགོན་དམ་པ་མདོ་སྨད་དུ་འབྱོན་ནས་རྒྱ་ཕེབས་དང་པོའི་བར་གྱི་རྣམ་ཐར་སྙིང་ཆ་དང་། རྗེ་ངག་དབང་ཚུལ་ཁྲིམས་དཔལ་བཟང་པོའི་སྐྱེས་རབས་རྣམ་ཐར་དད་པའི་སྒོ་འབྱེད་ལས་ཆོས་སྲིད་ཡོངས་ཀྱི་བདག་པོར་བཞེངས་པའི་རྟོགས་བརྗོད་སྨད་ཆ་སོགས་མང་དུ་མཛད། དེ་ལྟར་ཆོས་དང་འཇིག་རྟེན་གྱི་མཛད་འཕྲིན་སྐྱོང་བཞིན་པར་རབ་བྱུང་བཅུ་གསུམ་པ་ལྕགས་ཕག(སྤྱི་ལོ1791)ལོར་རྩེ་ཕོ་བྲང་དུ་སྐུ་གཤེགས།

སློ་ལུང་བློ་བཟང་འཕྲིན་ལས། རྗེ་འདི་ནི་ལྷོ་ཁ་ཟངས་རི་གཙང་སྟ་དཀར་པོ་ཞེས་པར་ཡབ་ཀུན་དགའ་རྒྱལ་པོ་དང་། ཡུམ་རྒྱས་ཕུར་ཆོས་འཛོམས་གཉིས་ཀྱི་སྲས་སུ་རབ་བྱུང་བཅུ་གཉིས་པའི་མེ་གླང(སྤྱི་ལོ1697)ལོར་སྐུ་འཁྲུངས། སྐུ་ཆུང་དུའི་དུས་ལ་མཚན་དགོས་དགོས་ཚེ་རིང་ཞེས་བཏགས། དགུང་ལོ་དྲུག་གི་ཐོག་གོང་ས་ཆེན་པོ་ཚངས་དབྱངས་རྒྱ་མཚོའི་དྲུང་དུ་དབུ་སྐྲ་གཙུག་ཕུད་འབུལ་བར་ལྷ་སར་ཕྱིན། གོང་ས་མཆོག་གི་སྐུ་ཚབ་མདུན་དབུ་སྐྲ་ཕུད་ཕུལ་རྗེས་མཚན་བློ་བཟང་བསྟན་པ་གྲུབ་པའི་རྒྱལ་མཚན་དུ་འདོགས་པ་གནང་། དགུང་ལོ་བཅུ་གསུམ་སྐབས་གོང་ས་དྲུག་པ་ཆེན་པོ་ཆོས་འཁོར་རྒྱལ་དུ་ཆིབས་བསྒྱུར་སྐབས་འོས་དཀར་ཞལ་མཇལ་ནས། གསུང་གང་འདོད་དུ་བྱུང་བས་ཤིན་ཏུ་སྐལ་བཟང་ཐོབ། དགུང་ལོ་བཅུ་བཞིའི་ཐོག་གཙང་དུ་ཕེབས་ནས་པཎ་ཆེན་བློ་བཟང་ཡེ་ཤེས་དཔལ་བཟང་པོའི་དྲུང་ནས་དགེ་བསྙེན་དང་དགེ་ཚུལ་གྱི་སྡོམ་པ་བཞེས་ཏེ་མཚན་བློ་བཟང་འཕྲིན་ལས་ཞེས་བསྟུལ། མདོ་སྔགས་ཀྱི་ཆོས་བཀའ་མང་དུ་གསན། དེའི་ལོར་འོན་མཁའ་རིས་གྲྭ་ཚང་གི་ཆོས་སྙོར་ཞུགས། རྗེ་ངག་དབང་ཆོས་གྲགས་བསྙེན་ནས་བསྡུས་གྲྭ་ནས་གཞུང་ལ་སློབ་གཉེར་མཛད། དགུང་ལོ་ཉི་ཤུའི་ཐོག་མཁན་པོ་ཡེ་ཤེས་རྒྱ་མཚོའི་དྲུང་ནས་བསྙེན་རྫོགས་ཀྱི་སྡོམ་པ་བཞེས། དགུང་ལོ་ཉེར་གཅིག་པའི་ཐོག་ལྷ་ས་ནས་སློ་ལུང་རྣམ་གྲོལ་གླིང་དུ་ཕེབས་ཏེ་འདུས་སྡེ་གསར་འཛུགས་ཀྱི་རྟེན་འབྲེལ་མཛད་སྒོ་གནང་། རྗེ་འདིས་ཞོགས་དོན་ཡོད་མཁས་གྲུབ་དང་ཕུར་ལྕོག་ངག་དབང་བྱམས་པ་སོགས་བླ་མ་དུ་མའི་དྲུང་ནས་མདོ་སྔགས་ཀྱི་ཆོས་གསན། འཆད་རྩོད་རྩོམ་གསུམ་ལ་མཁས་པའི་མངའ་བརྙེས། སོག་པོ་ཇུན་གར་བའི་དུས་ཟིང་སྐབས་འོལ་དགའ་སོགས་ས་ཁུལ་ཁག་ལ་ཕྱོལ་ཐབས་ཀྱི་ཕེབས། དེ་རྗེས་མི་དབང་བསོད་ནམས་སྟོབས་རྒྱལ་གྱི་དབུ་བླར་གྱུར་ནས་ང་ལུམ་སྦྱར་གསུམ་གྱི་དོན་གནད་སྐོར༸རྒྱལ་དབང་སྐུ་ཕྲེང་བདུན་པའི་དྲུང་དུ་ཕེབས་ཏེ་མི་དབང་གི་མགྲིན་ཚབ་པ་གནང་། བཀའ་རྩོམ་ཡང་མང་པོ་མཛད་པ་སྟེ། དཔལ་འཁོར་ལོ་སྡོམ་པའི་ཟབ་དོན་འགའ་ཞིག་གནད་གྲོལ་བ་སྦྲས་དོན་ཡང་གསལ་ཉིན་བྱེད། ལྷ་མཆོག་ཚངས་པ་ཆེན་པོའི་མདོས་ཀྱི་འཕྲིན་ལས་ཀྱི་ཚེ་ག་ཉིན་བྱེད་སྣང་བ། བདེ་མཆོག་གི་ཚེ་ག་སྒྲོ་བསྡུའི་གསོལ་བྱེད། དྲིས་

ལན་ལྔ་བའི་མིག་ཡངས། གསང་འཛིན་ལས་ཀྱི་རྗོ་རྗེར་གསོལ་འདེབས་སྨོན་ལམ། རྒྱལ་བའི་བཀའ་འགྱུར་རོ་ཅོག་གི་གསུང་པར་རིན་པོ་ཆེ་སྲིད་གསུམ་རྒྱན་གཅིག་རྫུ་འཕྲུལ་ཤིང་རྟའི་དཀར་ཆག མཁའ་སྤྱོད་ཀྱི་གནས་ཡིག་དང་བྱིན་འབེབས་ལོ་རྒྱུས། ལེགས་ལྡན་ཚོགས་རྗེའི་ཟོར་གྱི་ལས་མཐའ་དང་དེའི་སྒྲུབ་ཐབས་སོགས་པོད་བརྒྱད་ལྷག་ཡོད། དགུང་གྲངས་ལྔ་བཅུ་ལྷག་བཞུགས།

གསེར་ཀོང་དག་དབང་རྩལ་ཁྲིམས་དོན་ལྡན། རྗེ་འདི་ནི་ལྷ་སར་གོང་ས་སྐུ་ཕྲེང་བཅུ་པའི་ཡབ་གཞིས་གཡུ་ཐོག་པའི་སྲས་སུ་རབ་བྱུང་བཅུ་བཞི་པའི་མེ་འབྲུག(སྤྱི་ལོ1856)ལོར་འཁྲུངས། མཚན་ཡེ་ཤེས་འབར་ཞེས་གསོལ། ཆུང་དུའི་དུས་སྐུ་གཟུགས་གཙོང་བ་དང་། དགུང་ལོ་བཅུ་ལ་ཕེབས་སྐབས་དགའ་ལྡན་ཁྲི་ཆེན་ངག་དབང་ནོར་བུ་བསྙེན་ནས་སློབ་གཉེར་མཛད། དེ་ནས་དགའ་ལྡན་བྱང་རྩེ་གྲྭ་ཚང་དུ་ཆོས་ཞུགས་ཀྱིས་གཞུང་ཆེན་བཀའ་པོད་ལྔ་ལ་གསན་སྦྱོང་གནང་། རྗེ་གསར་ཁང་པ་དང་། ཁྲི་ངག་དབང་ནོར་བུ། ཡོངས་འཛིན་བློ་བཟང་བསྟན་འཛིན། རོང་པོ་པཎྜི་ཏ་དགེ་འདུན་རྒྱ་མཚོ། མཁས་དབང་ཀ་ས་ལྷ་རམས་པ། བྱང་རྩེ་ཆོས་རྗེ་བསྟན་འཛིན་རབ་རྒྱས་སོགས་བླ་མ་མང་པོའི་དྲུང་ནས་མདོ་སྔགས་ཀྱི་ཟབ་ཆོས་རྣམས་གསན། དགུང་ལོ་ཉེར་བཞི་ལ་ལྷ་རམས་པའི་དམ་བཅའ་མཛད། ཁྲི་ཆེན་རིན་པོ་ཆེས་རྗེ་འདི་སྐུ་ཚེ་རིང་བ་དང་། སྒྲུབ་པ་ལམ་ཞུགས་ན། བསྟན་འགྲོའི་དོན་རྒྱ་ཆེན་པོ་འགྲུབ་པའི་དགོས་པ་དུ་མའི་ཆེད་རིག་མ་བསྟེན་དགོས་པའི་སྐོར་ལུང་མང་གསུངས་པས་མཐར་བཀའ་བཞིན་བསྒྲུབས། སྐབས་དེར་སྐྱེ་བོ་དུ་མས་འཕྱ་སྨོད་སྣ་ཚོགས་བྱས་སྟབས་ཆོས་རྣམ་དག་ཅིག་བྱ་རྒྱུའི་རྐྱེན་དུ་གྱུར་ཏེ་ཕྱག་རྫས་དང་། ཁྱིམ་གཞིས་སོགས་གང་ལ་མ་ཆགས་པར་དབེན་གནས་སུ་བྱ་བྲལ་ལ་གཤེགས། ལོ་ཤས་སོང་རྗེས་གྲུབ་པའི་རྟགས་མངོན་སུམ་ཐོན་ནས་མཚན་ཆེར་གྱུར། དགུང་ལོ་བཞི་བཅུའི་ནང་འབྲུག་ཡུལ་དང་། མོན་བཅས་པར་གདན་ཞུས་ཀྱིས་ཕེབས་ནས་བསྟན་པའི་དོན་རྒྱ་ཆེན་པོ་བསྒྲུབས། ལྷ་སར་མདོ་སྔགས་ཆོས་མང་དུ་བསྩལ། དགུང་ལོ་རེ་གསུམ་ཐོག་པཎ་ཆེན་སྐུ་ཕྲེང་དགུ་པ་བློ་བཟང་ཐུབ་བསྟན་ཆོས་ཀྱི་ཉི་མ་མཆོག་ནས་བཀྲ་ཤིས་ལྷུན་པོར་གདན་ཞུ་གནང་སྟེ་ཡར་ཕྱུར་ཆོས་བཀའ་གསན་རེས་གནང་། བཀའ་རྩོམ་ལ་མཆོན་ན། དཔལ་འཁོར་ལོ་སྡོམ་པ་ལྷ་དྲུག་ཅུ་རྩ་གཉིས་ཀྱི་བུམ་སྒྲུབ་དང་དབང་བཞི་ལེན་ཚུལ་ཉེས་ལྟུང་དག་བྱེད་བདེ་ཆེན་བདུད་རྩིའི་ཆུ་རྒྱུན། བདེ་གསང་འཇིགས་གསུམ་གྱི་བསྙེན་ཆེན་སོགས་ཀྱི་སྔོན་འགྲོའི་རིམ་པ་རྣམས་བླ་མཆོད་བདེ་སྟོང་དབྱེར་མེད་ཀྱི་སྟེང་ནས་གསོག་ཚུལ་དངོས་གྲུབ་ཀུན་འབྱུང་སོགས་པོད་ཆུང་གཅིག་ཙམ་མཛད། དགུང་ལོ་རེ་གསུམ་པ་རབ་བྱུང་བཅོ་ལྔ་པའི་ས་རྟ(སྤྱི་ལོ1918)ལོར་སྐུ་གཤེགས།

གསེར་ཁང་བློ་བཟང་བསྟན་འཛིན། རྗེ་བཙུན་གསེར་ཁང་བ་ཡང་ཞུ་བ་འདི་ཉིད་མདོ་སྨད་ཨ་རིག་ཆུ་སྟོད་དུ་ཡབ་ནོར་འི་རིགས་དང་། ཡུམ་ཇ་ཏི་སྐྱིད་གཉིས་ཀྱི་སྲས་སུ་རབ་བྱུང་བཅུ་གསུམ་པའི་ལྕགས་བྱི(སྤྱི་

ལོ1780)ལོར་སྐུ་འཁྲུངས། དགུང་ལོ་བདུན་པ་ལ་ཀ་ཀོར་སྤྲུལ་སྐུའི་དྲུང་ནས་རབ་བྱུང་དང་དགེ་ཚུལ་གྱི་བསླབ་སྡོམ་བཞེས། མཚན་བློ་བཟང་བསྟན་འཛིན་རྒྱ་མཚོ་ཞེས་གསོལ། དགུང་ལོ་བཅུ་གསུམ་ཐོག་ར་རྒྱ་སྐར་གྱི་ཆོས་གྲྭར་ཞུགས་ནས་གཞུང་ཆེན་བཀའ་པོད་ལྔར་གསན་བཞེས་མཛད། དགུང་ལོ་ཉི་ཤུ་ཐམ་པར་ཤིང་བཟའ་པཎྜི་ཏ་བློ་བཟང་དར་རྒྱས་དྲུང་དུ་བསྙེན་རྫོགས་བསྒྲུབས། དགེ་བའི་བཤེས་གཉེན་ཤིང་བཟའ་རྗེ་རྗེ་འཆང་དང་ར་བླ་དངོས་གྲུབ་རྒྱ་མཚོ་སོགས་བསྟེན་ནས་མདོ་སྔགས་ཀྱི་དབང་ལུང་ཡོངས་རྫོགས་གསན། དགུང་ལོ་ཉེར་དྲུག་ཐོག་དབུས་གཙང་དུ་ཕེབས་ནས༧རྒྱལ་དབང་མཆོག་དང་མཇལ། ཕྱིར་ཕེབས་རྗེས་ར་རྒྱའི་ཉེ་འགྲམ་རྐོང་པོ་རྫོང་དང་། གསེར་ཁང་རྩེའི་སྒྲུབ་གནས་སོགས་ལག་བརྒྱད་ལ་སྐུ་མཚམས་སུ་བཞུགས། ལྷག་པར་དུ་གསེར་ཁང་ལ་འདག་སྦྱར་གྱིས་ལོ་མཚམས་ཁ་ཤས་གནང་བས་གསེར་ཁང་བར་གྲགས། རོང་པོ་དགོན་ཆེན་ལ་མཚན་ཉིད་ཀྱི་བཤད་སྒྲ་བཙུགས། ཙོང་ཆུ་བྱང་རྒྱུད་ཀྱི་དགོན་སྡེ་མཆོད་རྟེན་ཐང་དང་། དགོན་ལུང་། གསེར་ཁོག་སོགས་སུ་ཕེབས་ཏེ་དབང་ལུང་སོགས་ཆོས་ཀྱི་སྦྱིན་པ་རྒྱ་ཆེར་མཛད། དེ་ནས་རྒྱ་ནག་རི་བོ་རྩེ་ལྔར་གནས་མཇལ་དུ་ཕེབས། པེ་ཅིང་དུ་ཙན་དན་གྱི་ཇོ་བོ་མཇལ། སྤྱིར་རྗེ་ཉིད་ཀྱིས་འཇིགས་བྱེད་བསྙེན་ཆེན་ཐེངས་འགའ་ཤས་དང་། སྐུ་ཕྱག་འབུམ་སུམ་ཅུ་ཙམ་གཏོང་བ་གནང་། མདོ་སྨད་ཤོ་བྱང་གི་བཤད་སྒྲུབ་ཀྱི་སྡེ་མང་པོར་ཞབས་ཀྱིས་བཙུགས་ཏེ་ཐུབ་བསྟན་སྙིང་པོ་རྗེ་བླ་མའི་ལུགས་བཟང་བཤད་སྒྲུབ་ཟུང་འབྲེལ་གྱི་སྒོ་ནས་མཛད་རྗེས་མཆོག་ཏུ་ཆེ། གསུང་རྩོམ་ལ་མཆོན་ན་བདེ་མཆོག་ལཱུ་ཨི་པའི་ཆོ་ག་བསྡུས་པ་འདོན་ཚུལ་ནག་འགྲོས་སུ་བཀོད་པ་དངོས་གྲུབ་བདེ་ཆེན་འབྱུང་གནས། བདེ་གསང་འཇིགས་གསུམ་གྱི་བསྙེན་ཆེན་སོགས་ཀྱི་སྔོན་འགྲོའི་རིམ་པ་རྣམས་བླ་མཆོད་བདེ་སྟོང་དབྱེར་མེད་ཀྱི་སྙིང་ནས་བསགས་ཚུལ་ནག་འགྲོས་སུ་བཀོད་པ་མཆོག་དམན་ཀུན་གྱི་ཁྱེར་བདེ་དངོས་གྲུབ་ཀུན་འབྱུང་། བཅོམ་ལྡན་འདས་དཔལ་འཁོར་ལོ་སྡོམ་པའི་བསྙེན་ཡིག་ཡང་གསལ་སྒྲོན་མེ་དང་བསྙེན་ཆེན་གྱི་ཐོ་ཡིག་བདེ་ཆེན་མཆོག་སྦྱིན་སོགས་ལྷུགས་རྩོམ་མང་དུ་བཞུགས། དགུང་ལོ་རེ་དགུ་ལ་ཕེབས་པ་རབ་བྱུང་བཅུ་བཞི་པའི་ས་སྤྲེལ(སྤྱི་ལོ1848)ལོར་སྤང་ལུང་རི་ཁྲོད་དུ་སྐུ་གཤེགས།

གསེར་ཏོག་བློ་བཟང་ཚུལ་ཁྲིམས་རྒྱ་མཚོ། རྗེ་འདི་ནི་མདོ་སྨད་ཙོང་ཆུའི་ཉེ་འགྲམ་ཨར་ཚ་ཞེས་པར་ཡབ་ཏྲ་མགྲིན་དང་། ཡུམ་ཚེ་མདོ་གཉིས་ཀྱི་སྲས་སུ་རབ་བྱུང་བཅུ་བཞི་པའི་ཤིང་སྦྲུལ(སྤྱི་ལོ1845)ལོར་འཁྲུངས། དགུང་ལོ་ཆེད་གསུམ་ཙམ་ལ་གསེར་ཁང་བློ་བཟང་བསྟན་འཛིན་རྒྱ་མཚོའི་དྲུང་དུ་དགེ་བསྙེན་གྱི་སྡོམ་པ་མནོས། མཚན་བློ་བཟང་རྒྱ་མཚོ་ཞེས་གསོལ། དགུང་ལོ་ལྔ་ལ་གསེར་ཏོག་དགོན་དགའ་ལྡན་འགྲོ་ཕན་གླིང་དུ་གདན་དྲངས། རྗེ་སྐལ་བཟང་རྒྱ་མཚོའི་དྲུང་ནས་ཕྱི་མོའི་ཡི་གེ་སུམ་ཅུ་དང་ཉེར་མཁོའི་ཀློག་འདོན་གསན་བཞེས་མཛད། དགུང་ལོ་བདུན་ལ་ཆུ་བཟང་རིན་པོ་ཆེ་བློ་བཟང་ཐུབ་བསྟན་རབ་རྒྱས་དྲུང་དུ་དགེ་ཚུལ་གྱི་སྡོམ་པ་མནོས་ནས་མཚན་བློ་བཟང་ཚུལ་ཁྲིམས་ཆོས་གྲགས་ཞེས་བསྩལ།

དགུང་ལོ་བརྒྱད་ཐོག་སྐུ་འབུམ་བྱམས་པ་གླིང་གི་རང་སྐར་དུ་གདན་དྲངས། དགུང་ལོ་དགུ་ནས་ཉེར་གཉིས་བར་འ་ཀྱ་ལྷ་རམས་པ་ངག་དབང་ཆོས་གྲགས་ཡོངས་འཛིན་དུ་བསྟེན་ནས་སྐར་པ་རང་དུ་འདོན་ཆོས་སྦྱོང་དང་། རྒྱན་འཇུག བསྡུས་གཞུང་། རྣམ་འགྲེལ་སོགས་བློ་འཛིན་དང་། དཔེ་ཁྲིད་དང་། སུམ་རྟགས། སྙན་ངག་སོགས་རིག་གནས་དང་བཅས་པ་གསན་བཞེས་མཛད། དགུང་ལོ་བཅུ་དགུའི་ཐོག་དཔྱིད་ཆོས་དང་པོའི་སྐྱོང་ཚོགས་ལངས་མཛད།། དེ་སྐབས་རྒྱ་སོག་གི་དུས་ཟིང་གི་རྐྱེན་པས་དབུ་མཛོད་འདུལ་བ་སོགས་གསན་བཞེས་གནང་མ་ཐུབ། དགུང་ལོ་ཉི་ཤུར་ཞིང་བཟའ་བློ་བཟང་བསྟན་པའི་དབང་ཕྱུགས་ཚུལ་ཁྲིམས་ཀྱི་དྲུང་དུ་བསྙེན་པར་རྫོགས། རྗེ་དེ་དང་། གྲུབ་དབང་འཇིགས་མེད་བསམ་གཏན། རྗེ་ཞྭ་དམར་རིན་པོ་ཆེ་རྣམས་ལས་ཆོས་བཀའ་རྒྱ་ཆེར་གསན། དགུང་ལོ་ཉེར་གཅིག་ལ་སྐུ་འབུམ་གྱི་རྒྱུད་གྲྭ་མཁན་པོའི་ཁྲིར་ལོ་གཅིག་བཞུགས། དགུང་ལོ་ཉེར་བཞི་ལ་སུམ་རྟགས་ཀྱི་མཚན་འགྲེལ་ཪྻ་མཚར་འཕྲུལ་གྱི་ལྡེ་མིག་བརྩམས། དགུང་ལོ་ཉེར་བདུན་ལ་སྐུ་འབུམ་གྱི་ཁྲིར་བཞུགས། དགུང་ལོ་སོ་བདུན་ལ་ཆོས་རྗེ་དོན་གྲུབ་རིན་ཆེན་གྱི་གདན་ས་བྱ་ཁྱུང་དགོན་པའི་ཁྲི་ལ་བཞུགས། དགུང་ལོ་ང་དྲུག་སྐབས་ཟི་ན་སྐལ་བཟང་དར་རྒྱས་རྒྱ་མཚོའི་དྲུང་ནས་རྩིས་སྐར་ནག་དང་། དཀའ་ལྡན་རྩིས་གསར་སོགས་རྩིས་རིག་གསན་བཞེས་མཛད། དགུང་ལོ་ང་དགུ་ལ་སྐུ་འབུམ་གྱི་གདན་རབས་ཕྱག་རྫོམ་མཛད། རྫོམ་པ་ཁྱད་དུ་འཕགས་པས་དགེ་ལྡན་རྩིས་གཞུང་བླང་དོར་གསལ་བའི་སྣང་བའི་མཛོད་མདོན་པར་དྲངས་པའི་རེའུ་མིག་མདོར་བསྡུས་མགྱོགས་འགྲོ་བདུན་ལྡན་གྱི་ཤིང་རྟ། བོད་ཀྱི་བརྡ་སྤྲོད་པ་སུམ་ཅུ་པ་དང་རྟགས་ཀྱི་འཇུག་པའི་མཆན་འགྲེལ་མདོར་བསྡུས་ཏེ་བརྗོད་པ་ངོ་མཚར་འཕྲུལ་གྱི་ལྡེ་མིག སྒྲུབ་ཐབས་རིན་ཆེན་འབྱུང་གནས་ཀྱི་རྗེས་གནང་སྐབས་སུ་ཉེ་བར་མཁོ་བའི་མཆོད་གཏོར་སོགས་ཀྱི་ལག་ལེན་ཟུར་དུ་བཀོལ་བ་ཀུན་གསལ་མེ་ལོང་། གསང་ཆེན་རྡོ་རྗེ་ཐེག་པའི་ས་དང་ལམ་གྱི་རྣམ་པར་གཞག་པ་ཟུང་འཇུག་ཁང་དུ་བགྲོད་པའི་རིན་ཆེན་ཐེམ་སྐས་སོགས་བཀའ་རྩོམ་པོད་འབྲིང་བཅུ་ཙམ་མཛད། དགུང་ལོ་དོན་གཅིག་ལ་ཤེབས་པ་རབ་བྱུང་བཅོ་ལྔ་པའི་ཤིང་ཡོས (སྤྱི་ལོ1915) ལོར་དགོངས་པ་ཆོས་དབྱིངས་སུ་ཐིམ།

ཧལ་ཧ་རྗེ་བཙུན་དམ་པ་བློ་བཟང་བསྟན་པའི་རྒྱལ་མཚན། ཧིང་གིར་རྒྱལ་རབས་ཉེར་བདུན་པ་ཧལ་ཧའི་རྒྱལ་པོ་ཨ་སུ་ཐའི་རྗེ་རྗེ་རྒྱལ་པོ་ཞེས་པ༧རྒྱལ་བ་བསོད་ནམས་རྒྱ་མཚོའི་ཞབས་ཟིན་པ་དེའི་སྲས་སུ་རབ་བྱུང་བཅུ་གཅིག་པའི་ཤིང་ཕག (སྤྱི་ལོ1635) ལོར་འཁྲུངས། མཁས་གྲུབ་སངས་རྒྱས་ཡེ་ཤེས་ཀྱི་སྐྱེ་བ་དབེན་ས་སྤྲུལ་སྐུ་ལས་རབ་ཏུ་བྱུང་། འབྲས་སྤུངས་ཐོགས་པ་བླ་མ་ནམ་མཁའ་བསོད་ནམས་གྲགས་ཡོངས་འཛིན་དུ་གདན་དྲངས། དགུང་ལོ་བཅོ་ལྔ་པར་སྐུ་འབུམ་དང་བྱ་ཁྱུང་བརྒྱུད་དེ་དབུས་གཙང་དུ་ཕེབས། པཎ་ཆེན་ཆོས་རྒྱན་ལས་དགེ་ཚུལ་བསྒྲུབས། པཎ་ཆེན་རིན་པོ་ཆེས་ཏཱ་ར་ནཱ་ཐའི་སྐུ་སྐྱེར་ངོས་

བཟུང་། དགུང་ལོ་བཅུ་བདུན་ཐོག་༧རྒྱལ་དབང་ལྔ་པ་མཇལ། ༧རྒྱལ་དབང་མཆོག་ལས་དབང་རྗོར་ཕྲེང་སོགས་གསན། བྲ་ཁྲུང་བྲག་གི་ཁྲིར་མངའ་གསོལ། ལོ་དེའི་དགུན་དུས་ཧལ་ཧའི་བཞུགས་སྒར་དུ་ཕེབས། དགུང་ལོ་ཉེར་གཅིག་སྟེང་དབུས་སུ་ལན་གཉིས་པ་ཕེབས། དེའི་ཕྱི་ལོ་སྒར་ཡང་སོག་ཡུལ་དུ་ཕྱིན། བྲ་ཁྲུང་དགོན་པར་གོས་སྐུ་ཆེན་མོ་ཞིག་ཕུལ། དགུང་ལོ་ང་གཉིས་སྟེང་བོད་ནས་རྒྱལ་བའི་སྐུ་ཚབ་དགེ་ལྡན་ཁྲི་རིན་པོ་ཆེ་ངག་དབང་བློ་གྲོས་རྒྱ་མཚོ་ཧལ་ཧར་ཕེབས། ཚོགས་འདུའི་སྟེང་རྣམ་གཉིས་མཉམ་ཁྲི་ལ་བཞུགས། ཧལ་ཧ་དང་ཨོ་རོད་ཀྱི་ནང་འཁྲུག་བསྡུམས། དེ་ནས་རྒྱ་ནག་གོང་མའི་མདུན་དུ་ཕེབས། གོང་མས་བསུ་བཀུར་ཚད་མེད་ཞུས། ལོ་ཙཱ་བ་མང་པོ་བོས་ནས་དག་ཡིག་ཟམ་ཧོར་སོག་སྐད་དུ་བསྒྱུར། རྗེ་ཉིད་ཀྱིས་སོག་ཡིག་གསར་བཟོས་འགའ་རེ་གནང་། ཨ་ཙ་རའི་སྐད་ཀྱང་མཁྱེན། དགུང་ལོ་རེ་དྲུག་ཐོག་སྒར་སོག་ཡུལ་དུ་ཕེབས། དགོན་པའི་རྟེན་སོགས་ལ་ཞིག་གསོས་རྒྱ་ཆེར་གནང་། དགུང་ལོ་གྱ་དགུ་ལ་ཕེབས་པ་རབ་བྱུང་བཅུ་གཉིས་པའི་ཆུ་ཡོས(སྤྱི་ལོ1723)ལོར་འདས།

ཧལ་ཧ་རྗེ་བཙུན་དམ་པ་བློ་བཟང་ཚུལ་ཁྲིམས་འཇིགས་མེད་བསྟན་པའི་རྒྱལ་མཚན། ཧལ་ཧ་རྗེ་བཙུན་དམ་པ་སྐུ་ཕྲེང་ལྔ་པ་འདི་ཉིད་རབ་བྱུང་བཅུ་བཞི་པའི་ཤིང་ཕག(སྤྱི་ལོ1815)ལོར་གཙང་གཡོན་རུའི་དགེ་སྡིངས་ཁང་གསར་དུ་སྐུ་བལྟམས། པཎ་ཆེན་བསྟན་པའི་ཉི་མས་ཧལ་ཧ་རྗེ་བཙུན་དམ་པ་སྐུ་ཕྲེང་ལྔ་པར་ཐུགས་ཐག་བཅད། དགེ་བའི་བཤེས་གཉེན་བློ་བཟང་འཇམ་དབྱངས་ཡོངས་འཛིན་དུ་བསྟེན། དགུང་ལོ་དྲུག་ཐོག་ཁྲི་ཁར་བཀོད། པེ་ཅིན་དུ་གོང་མ་ཏོའུ་བཀྭང་དང་མཇལ། ཕྱིས་སུ་པཎ་ཆེན་རིན་པོ་ཆེ་ལས་བསྙེན་རྫོགས་བཞེས། མེ་བྱ(སྤྱི་ལོ1837)ལོར་ཧལ་ཧ་ཧ་ཁུ་རེར་བཀྲ་ཤིས་ཆོས་འཕེལ་དང་། ཀུན་དགའ་ཆོས་གླིང་གཉིས་སུ་གྲྭ་ཚང་བཙུགས། གྲྭ་ཚང་ཉེར་བདུན་ལ་སྒོ་མང་དང་བློ་གསལ་གླིང་གི་ཡིག་ཆ་བཙུགས་པས་ཧོར་ཡུལ་དུ་བསྟན་པ་རིན་པོ་ཆེའི་ཉིན་བྱེད་ཆེས་ཆེར་གསལ་བའི་འཕྲིན་ལས་ཡངས། དགུང་ལོ་ཉེར་བདུན་ལ་ཕེབས་པ་རབ་བྱུང་བཅུ་བཞི་པའི་ལྕགས་གླང(སྤྱི་ལོ1841)ལོར་དབུས་ཕེབས་ལམ་འབྲི་ཆུའི་ཁུལ་དུ་འདས།

ལྷ་བཙུན་དར་རྒྱས་ནོ་མོན་ཧན། ཨ་ལག་ཤ་མཁན་པོ་སྐུ་ཕྲེང་དང་པོ་འདི་ཉིད་ལ་མཚན་གཞན་ཐོ་ཡོན་ནོ་མོན་ཧན་དང་། ལྷ་བཙུན་ངག་དབང་ནོ་རྗེ། ལྷ་བཙུན་ལྷུན་གྲུབ་དར་རྒྱས། ལྷ་བཙུན་པཎྜི་ཏ་སོགས་སུ་འབོད། རྗེ་འདི་ཉིད་ཨ་ལག་ཤའི་ཤིང་ཀུན་ཏ་ལེ་ཅབ་བུར་ཨོ་སུ་ཐེར་བའི་ཡུལ་དུ་ཡབ་བཟླ་ཐེ་ཅི་དང་། ཡུམ་རྣམ་འཇོམས་གཉིས་ཀྱི་སྲས་སུ་རབ་བྱུང་བཅུ་གཉིས་པའི་ཤིང་ལུག(སྤྱི་ལོ1715)ལོར་སྐུ་འཁྲུངས། དགུང་ལོ་གཉིས་ཀྱི་སྟེང་༧རྒྱལ་དབང་ཚངས་དབྱངས་པ་མཆོག་ཨ་ལག་ཤར་བྱོན་སྐབས་ཐུགས་བརྩེ་བ་ཆེན་པོས་སྔ་སྲིད་སངས་རྒྱས་པའི་སྐུ་སྐྱེར་ངོས་བཟུང་མཛད། ཆུང་དུས་ནས་རྗེ་ཚངས་དབྱངས་པ་མཆོག་གིས་གམ་བཅར་དུ་འཛོག་གནང་མཛད་ཅིང་ཐུགས་ཀྱི་སྲས་གཅིག་ཏུ་བསྐྱངས། ༧རྒྱལ་བའི་དྲུང་ལས

རབ་བྱུང་དང་དགེ་ཚུལ་གྱི་སྡོམ་པ་ལེགས་པར་མནོས། མདོ་སྔགས་ཀྱི་གཞུང་ལ་ཐོས་བསམ་རྒྱ་ཆེ་མཛད་པས་རྗེ་ཉིད་ཀྱི་ཐུགས་སྲས་སུ་གྱུར། དགུང་ལོ་ཉེ་ཤུའི་སྐྱེང་རྗེ་འདི་ཉིད་ཀྱི་བཀའ་དགོངས་ལྟར་དབུས་སུ་སློབ་གཉེར་དུ་ཕེབས་ནས་པཎ་ཆེན་བློ་བཟང་ཡེ་ཤེས་ཀྱི་དྲུང་དུ་བསྙེན་རྫོགས་ཀྱི་སྡོམ་པ་མནོས། འབྲས་སྤུངས་སྒོ་མང་གྲྭ་ཚང་དུ་ཞུགས། ལོ་གསུམ་ནས་རང་ཡུལ་དུ་ཕྱིར་ཕེབས་རྗེས་རྗེ་ཚངས་དབྱངས་པའི་དྲུང་དུ་མཆོད་གཡོག་ཞབས་ཕྱི་སྒྲུབ་ཅིང་ཆོས་བཀའ་མནོས། རྗེ་ཚངས་དབྱངས་པ་སྐུ་གཤེགས་རྗེས་སླར་ཡང་འབྲས་སྤུངས་དགོན་པར་ཕེབས་ནས་ཕུར་ལྕོག་བྱམས་པ་རིན་པོ་ཆེ་སོགས་མཁས་པའི་དབང་པོ་མང་པོའི་ཞབས་ལ་གཏུགས་ནས། མདོ་སྔགས་གཞུང་ལ་གསན་བསམ་རྒྱ་ཆེར་གནང་ཞིང་ལྷ་རམས་གྲྭ་སྐོར་མཛད་དེ་མཁས་པའི་གྲགས་པ་རྒྱས། ༧རྒྱལ་དབང་བདུན་པས་ཨ་རི་ལུག་སན་ཨེར་ཏེ་ནེ་ནོ་མོན་ཧན་གྱི་ཚོ་ལོ་བསྐུལ་ཅིང་། རྗེ་རྣམ་རྒྱལ་གྲྭ་ཚང་གི་མཁན་པོ་མཛད། དེ་ནས་བཟུང་སྐྱེ་འདི་པའི་འབྲུངས་རྒྱུད་རིམ་བྱོན་ལ་ཨ་ལག་ཤ་མཁན་པོ་ཞེས་ཀྱང་འབོད། ཐུའུ་བཀྭན་རིན་པོ་ཆེས་ལྷ་བཙུན་པཎྜི་ཏ་ཞེས་བསྔགས་བརྗོད་རྒྱ་ཆེར་མཛད། དུས་ཕྱིས༧རྒྱལ་དབང་བཅུ་གསུམ་པས་རྗེ་འདི་པའི་གསུང་རྩོམ་གཟིགས་ནས་ཐུགས་དགྱེས་ཤིང་པཎྜིཏའི་ཚོ་ལོ་བསྐུལ། གསུང་རྩོམ་ལ་མཆོན་ན། ༧རྒྱལ་བ་ཚངས་དབྱངས་རྒྱ་མཚོའི་གསང་བའི་རྣམ་ཐར་དང་། འབྲུལ་འཁོར་ལྟུགས་མཁར་སྨིན་སྨྲིག་སྐོར་སོགས་ཀྱི་ཡིག་ཆ་མང་དུ་མཆིས། སྐུ་ཚེའི་མཇུག་ཏུ་ཨ་ལག་ཤ་ཕྱང་དང་འགལ་བ་བྱུང་ནས་བཙོན་དུ་ལྷུང་སྐབས་གསུང་རྩོམ་མང་པོ་ཞིག་ཐུའུ་བཀྭན་གྱིས་བདག་སྐྱོང་མཛད་པར་གྲགས། ཚངས་དབྱངས་པ་སྐུ་གཤེགས་ཁར་དཔའ་རིས་ཡར་ལུང་དགོན་པ་སྐྱོང་བའི་འཕྲུར་གཏད་པས། ཡར་ལུང་གི་མཁན་ཁྲིར་བཞུགས་ཏེ་ཆོས་སྲིད་གཉིས་ཚུལ་བཞིན་དུ་བསྐྱངས། རབ་བྱུང་བཅུ་གསུམ་པའི་མེ་བྱི(སྤྱི་ལོ1756)ལོར་རྗེ་ངག་དབང་ལྷུན་གྲུབ་དར་རྒྱས་པས་ཨ་ལག་ཤར་ཆོས་སྡེ་ཆེན་པོ་པླ་རིང་ཁེ་དགོན་པ་ཕན་བདེ་རྒྱ་མཚོའི་གླིང་ངམ་དགའ་ལྡན་བསྟན་རྒྱས་གླིང་བཏབ། ཚངས་དབྱངས་པའི་སྤྲུལ་སྐུ་བཙལ་ཅིང་གདན་སར་བཀོད། སྤྲུལ་སྐུ་ཐུབ་བསྟན་རྒྱ་མཚོའི་ཡོངས་འཛིན་དུ་བཞུགས། བོད་སོག་གི་ཡུལ་དུ་བསྟན་སྲིད་ཀྱི་འཕྲིན་ལས་རྒྱས་ཤིང་མཚན་སྙན་ཆེ་བས། ཕྱང་གི་སྐུ་འཁོར་གྲས་ཀྱི་ནག་ཕྱོགས་པ་སྐོར་ཅིག་ཕྲག་དོག་དང་སྡང་སེམས་ཀྱིས་ཕྲམ་བཙུག་པས་རྗེ་ཉིད་བཙོན་དུ་བཙུད་ནས་དགུང་ལོ་རེ་དྲུག་པ་རབ་བྱུང་བཅུ་གསུམ་པའི་ལྕགས་བྱི(སྤྱི་ལོ1780)ལོར་དགོངས་པ་ཆོས་དབྱིངས་སུ་ཐིམ།

༤་བཙུན་བློ་བཟང་བསྟན་འཛིན་རྒྱལ་མཚན། རབ་བྱུང་བཅུ་གཅིག་པའི་ས་ཡོས(སྤྱི་ལོ1639)ལོར་སོག་པོའི་དཔོན་རིགས་ཀྱི་དུད་ཚང་ཞིག་ཏུ་འཁྲུངས། དགུང་ལོ་ལྔ་ཐོག་ནམ་མཁའ་བསོད་ནམས་གྲགས་པའི་མདུན་དབང་ཞུས། མཚན་ཆོས་ཀྱི་རྡོ་རྗེ་གསོལ། དགུང་ལོ་དྲུག་པར་རྗེ་བློ་བཟང་ཡར་འཕེལ་བསྙེན་ནས་ཀློག་དང་སྦྱོར་སྡེབ་བློ་འཛིན་གནང་། དགུང་ལོ་བདུན་ལ་བློ་བཟང་ཡར་འཕེལ་དྲུང་

དགེ་བསྙེན་བསྒྲུབས། མཚན་བློ་བཟང་བསྟན་འཛིན་རྒྱལ་མཚན་ཞེས་གསོལ། སྐབས་དེར་པཎ་ཆེན་བློ་བཟང་ཆོས་རྒྱན་མཆོག་གིས་རྗེ་འདི་ཉིད་གྲུབ་ཆེན་རྗེ་དཔོན་ལེགས་ཚོགས་ལྷུན་གྲུབ་ཀྱི་སྐུ་སྐྱེར་ངོས་འཛིན་མཛད། དེ་ནས་ཆོས་རྒྱལ་འཕྲིན་ལས་རྒྱ་མཚོ་བླ་མར་བརྟེན་ནས་དབང་ལུང་ཁྲིད་སོགས་གསན། འཕན་ཡུལ་སྨན་པ་ཀུན་དགའ་བྱང་ཆུབ་ས་ནས་གསོ་རིག་དང་། སྐར་རྩིས། སོག་ཡིག་སོགས་གསན་བཞེས་གནང་། དེ་རྗེས་དབུས་གཙང་དུ་ཕེབས། འབྲས་སྤུངས་སུ༧རྒྱལ་དབང་ལྔ་པ་དང་མཇལ་ཏེ་འཇིགས་བྱེད་སོགས་ཀྱི་ཆོས་གསན། ཆོས་ལུགས་རིས་མེད་ཀྱི་དགོན་སྡེ་ཁག་ལ་གནས་མཇལ་མཛད། བཀྲ་ཤིས་ལྷུན་པོར་པཎ་ཆེན་ཐམས་ཅད་མཁྱེན་པ་དང་མཇལ། བཀྲས་ལྷུན་རྒྱུད་པ་གྲྭ་ཚང་དུ་ཆོས་ཞུགས་གནང་ནས་གསང་སྔགས་ཀྱི་གཞུང་ལ་གསན་སྦྱོང་མཛད། དགུང་ལོ་ཉི་ཤུ་པར་པཎ་ཆེན་བློ་བཟང་ཆོས་རྒྱན་གྱི་དྲུང་དུ་བསྙེན་རྫོགས་བསྒྲུབས། དེ་ནས་སོག་ཡུལ་དུ་ཕེབས་ཏེ་དགོན་གསར་བཀྲ་ཤིས་དགེ་འཕེལ་གླིང་དུ་བཞུགས། མཁན་ཆེན་ཆོས་ཀྱི་རྒྱལ་པོ་བློ་བཟང་བསྟན་འཛིན་རྒྱལ་མཚན་གྱི་གསུང་འབུམ་ལས་གསོལ་འདེབས་སོགས་ཐོར་བུའི་སྐོར། རྡོ་རྗེ་འཇིགས་བྱེད་ཀྱི་ཞི་བའི་སྦྱིན་སྲེག་ངག་འདོན་དུ་བྱ་བའི་རིམ་པ། གཏོར་ཆེན་དྲུག་ཅུ་པའི་ལག་ལེན་ངག་འདོན་གསལ་བར་བཀོད་པ་གནམ་ལྕགས་སྤུ་གྲི། རྗེས་གནང་གི་སྐོར། རྗེ་བཙུན་སྒྲོལ་མའི་ཆོག་འཆི་མེད་བདུད་རྩི་ཞེས་བྱ་བ། རྩིས་གཞུང་བླང་དོར་གསལ་བའི་འོད་ཟེར། དེའི་བདག་འཇུག་བཀྲ་ཤིས་དང་བཅས་པ་སོགས་བསྟན་བཅོས་ཡོད་འགའ་ཞིག་ལྷུགས་རྩོམ་མཛད། དགུང་གྲངས་ལྔ་བཅུ་རྩ་གྲངས་ཏེ་རབ་བྱུང་བཅུ་གཉིས་པའི་འགོ་ཙམ་དུ་སྐུ་གཤེགས།

ཀྲ་བཙུན་བློ་བཟང་ཚོར་བྲ་ཤེས་རབ། རྗེ་འདི་ཉིད་རབ་བྱུང་བཅུ་གཅིག་པའི་མེ་སྦྲུལ(སྤྱི་ལོ1677)ལོར་སྐུ་འཁྲུངས། དགུང་ལོ་དགུ་ལ་ཕེབས་པ་ཤིང་གླང(སྤྱི་ལོ1685)ལོར་འཕགས་པ་བརྩོན་འགྲུས་བཟང་པོའི་དྲུང་དུ་དགེ་བསྙེན་དང་རབ་བྱུང་གི་སྡོམ་པ་བཞེས། དགུང་ལོ་ཉི་ཤུར་ཕེབས་པ་རབ་བྱུང་བཅུ་གཉིས་པའི་མེ་བྱི(སྤྱི་ལོ1696)ལོར་སློབ་དཔོན་བློ་བཟང་དམ་པ་དཔལ་བཟང་པོའི་དྲུང་ནས་དགེ་ཚུལ་གྱི་སྡོམ་པ་བཞེས། དགུང་ལོ་ཉི་ཤུ་རྩ་བདུན་ལ་ཕེབས་པ་རབ་བྱུང་བཅུ་གཉིས་པའི་ཆུ་ལུག(སྤྱི་ལོ1703)ལོར་མ་ཧཱ་ཙི་ནའི་ཡུལ་གྲུར་ཕེབས་ཏེ་མཁན་པོ་བཀའ་འགྱུར་བ་བློ་བཟང་ཚུལ་ཁྲིམས་དྲུང་དུ་དགེ་སློང་གི་སྡོམ་པ་བཞེས། ཆོས་རྗེ་བློ་བཟང་ཞི་བ་བསྟེན་ནས་མདོ་སྔགས་ཀྱི་ཆོས་མང་དུ་གསན། འཆད་རྩོད་རྩོམ་གསུམ་ལ་མཁས་པའི་གོ་འཕང་བརྙེས།

ཕྱག་རྩོམ་ལ་མཚོན་ན། རྡོ་རྗེ་སེམས་དཔའི་བསྒོམ་བཟླས་བྱ་ཚུལ། བཅོམ་ལྡན་འདས་རྡོ་རྗེ་མི་འཁྲུགས་པའི་ཆོ་ག དཔལ་རྡོ་རྗེ་རྣམ་པར་འཇོམས་པའི་ཆོ་ག རྡོ་ལུགས་སྒྲོལ་དཀར་ཡིད་བཞིན་འཁོར་ལོའི་སྒྲུབ་ཐབས། ནཱ་རོ་མཁའ་སྤྱོད། བདེ་མཆོག་ལྷན་སྐྱེས། དོན་ཞགས་ལྔ་ལྔ་བ་རི་ལུགས་ཀྱི་སྒྲུབ་ཐབས། ཡི་དམ་རྒྱ་མཚོའི་སྒྲུབ་ཐབས་རིན་ཆེན་འབྱུང་གནས་ཀྱི་ལྷན་ཐབས་གསལ་བའི་མེ་ལོང་། ཟབ་

པ་དང་རྒྱ་ཆེ་བའི་དམ་པའི་ཆོས་ཀྱི་ཐོབ་ཡིག་གསལ་སྒྲོན། ཞེས་བྱ་བ་སོགས་མདོ་སྔགས་ཀྱི་བཀའ་རྩོམ་པོད་བདུན་ཙམ་བཞུགས། མཛད་རྣམ་ཞིབ་པ་དང་འདས་ལོ་མ་གསལ།

ལྷ་རྩེ་ཡེ་ཤེས་ཆོས་འཕེལ། རྗེ་འདི་ནི་ལྷ་རྩེ་ཡུལ་དུ་ཡབ་ཁྲིམ་བདག་ཕུན་ཚོགས་དང་། ཡུམ་བུ་ཁྲིད་གཉིས་ཀྱི་སྲས་སུ་རབ་བྱུང་བཅུ་གསུམ་པའི་ས་རྟ (སྤྱི་ལོ1798) ལོར་འཁྲུངས། དགུང་ལོ་ལྔ་ལ་ལྷ་ཆོས་དགའ་ལྡན་གླིང་གི་ཆོས་གྲྭར་ཞུགས་ནས་མཁན་པོ་ཡེ་ཤེས་ཆོས་འཕེལ་ནས་སྐྲ་ཕུད་བཞེས། དགུང་ལོ་བརྒྱད་ལ་གོང་གི་མཁན་པོའི་དྲུང་ནས་རབ་བྱུང་གི་སྡོམ་པ་བཞེས། མཚན་ཡེ་ཤེས་ཆོས་འཕེལ་དུ་བསྒྲུབས། སློབ་དཔོན་ཐོགས་མེད་གྲགས་པ་ཚུལ་བཞིན་བསྟེན་ནས་ཡི་གེ་ཀློག་པ་དང་། ཆོས་སྤྱོད་སོགས་ཐུགས་འཛིན་མཛད། དེ་ནས་འདུལ་མཛོད་དབུ་ཕར་བཞིའི་རྩ་བ་དང་འདོན་ཆ་སོགས་རྒྱུགས་ཕུལ། དགུང་ལོ་བཅུ་གཉིས་སྐབས་ནས་ཐུན་དྲུག་རྣལ་འབྱོར་ལ་ཐུགས་བརྩོན་མཛད། དགུང་ལོ་བཅུ་བཞིའི་ཐོག་སློབ་དཔོན་བློ་བཟང་མགོན་པོའི་དྲུང་ནས་གཞི་དུས་སྐྱེ་ཤི་བར་དོ་གསུམ་དང་། ལམ་དུས་སྐུ་གསུམ་སོགས་ཀྱི་ཁྲིད་ཞུས། ཕྱིན་ཆད་སྒོམས་ཆུང་སྡོད་མཁས་ཀྱི་སྒྲིག་འཚོའི་འཚོ་བར་བརྟེན་ནས་སྒོབས་བཞིའི་ཕྱག་འབུམ་དང་། སྔོན་འགྲོ་ཁྲིད་ཆེན་བཞི་ལན་མང་གསོག་པར་མཛད། དགུང་ལོ་བཅུ་བདུན་ལ་ལྷ་སར་ཕེབས་སྐབས་༧རྒྱལ་དབང་ཚུལ་ཁྲིམས་རྒྱ་མཚོ་ལ་མཇལ་ཕྱག་ཞུས། རྗེ་ཤཱཀ་རྣམ་གཉིས་དང་སེ་འབྲས་སོགས་ལ་གནས་གཟིགས་ཀྱིས་བཀྲས་ལྷུན་བརྒྱུད་ངམ་རིང་དུ་ཕྱིར་ཕེབས་ནས་ཆོས་སྡེར་གྲྭ་སྐོར་ཟིན་རྗེས་རབ་འབྱམས་པའི་མཚན་བཏགས་བཞེས། དགུང་ལོ་ཉེར་དགུའི་ཐོག་རྗེ་བཙུན་བླ་མ་བློ་བཟང་དཔལ་ལྡན་བསྟན་པའི་ཉི་མ་དཔལ་བཟང་པོའི་སྐུ་མདུན་ནས་དགེ་སློང་གི་སྡོམ་པ་བཞེས། དགུང་ལོ་སུམ་ཅུའི་ཐོག་ངམ་རིང་དགོན་དུ་ཚོགས་ཡོངས་ལ་གསང་བདེ་འཇིགས་གསུམ་གྱི་དབང་སོགས་གནང་། དགུང་ལོ་སོ་ལྔའི་ཐོག་བདེ་ཆེན་རི་ཁྲོད་དུ་ཕེབས་ནས་རྟ་མགྲིན་གྱི་ལྷགས་བསྙེན་དང་། སྔོན་འགྲོའི་ཁྲིད་ཆེན་ལ་ཐུགས་བརྩོན་དྲག་པོ་མཛད། དགུང་ལོ་རེ་གསུམ་ལ་ལྷ་ས་དང་བསམ་ཡས་མཇལ་བར་ཕེབས་སྐབས་ལྷ་ལྡན་དུ་ཞག་ཤས་བཞུགས་རིང་འབྲས་གཙང་པ་རྡོ་རྗེ་འཆང་གི་མཆོག་སྤྲུལ་དང་། ཚེ་གླིང་། ཉི་ཐང་སྤྲུལ་སྐུ་སོགས་ལ་འཇིགས་བྱེད་ཀྱི་རྗེས་གནང་བསྩལ། རྩོམ་པ་ལ་མཆོད་ན་ལམ་རིམ་བླ་མ་བརྒྱུད་པའི་རྣམ་ཐར་མདོར་བསྡུས། གྲུབ་ཐོབ་བརྒྱད་ཅུའི་རྟོགས་བརྗོད་བསྡུས་དོན་དངོས་གྲུབ་གཏེར་མཛོད། འཁྲུངས་རབས་སོ་བཞིའི་བྲིས་ཐང་འབྲི་ཚུལ་དང་འབྲེལ་བའི་རྣམ་བཤད་མདོར་བསྡུས། ཐེག་ཆེན་བློ་སྦྱོང་གི་ཟིན་བྲིས། སྒྲུབ་ཐབས་རིན་ཆེན་འབྱུང་གནས་ཀྱི་རྗེས་གནང་གི་བཅའ་གཞི་གསོམས་ཚུལ་མདོར་བསྡུས། གསན་ཡིག་རིན་ཆེན་གཏེར་མཛོད་སོགས་པོ་ཏི་འབྲིང་བ་གཅིག་ཙམ་བཞུགས། སྐུ་ཚེའི་སྨད་དུ་བཀྲས་ལྷུན་བརྒྱུད་བདེ་ཆེན་རི་ཁྲོད་དུ་ཕེབས་ནས་ཐུགས་དམ་ཁོ་ནར་གཞོལ། དགུང་ལོ་དོན་གསུམ་ལ་ཕེབས་པ་རབ་བྱུང་བཅོ་ལྔ་པའི་ལྕགས་རྟ (སྤྱི་ལོ1870) ལོར་སྐུ་གཤེགས།

ལྷ་བཟང་ཁཱན། འདི་ནི་བསྟན་འཛིན་ད་ལའི་ཧན་གྱི་སྲས་ཆུང་བ་ཡིན། མཚན་དངོས་ལ་ལྷ་བཟང་ཀླུ་དཔལ་ཟེར། རབ་བྱུང་བཅུ་གཉིས་པའི་ས་ཡོས(སྤྱི་ལོ1699)ལོར་སྲས་ཆེ་བ་བསྟན་འཛིན་དབང་རྒྱལ་དང་ཆུང་བ་ལྷ་བཟང་ཀླུ་དཔལ་གཉིས་མ་འཆམ་པ་སྡེ་སྲིད་མཆོག་ནས་བར་གསེད་གནང་སྟེ་ལྷ་བཟང་མཚོ་སྔོན་དུ་ཕེབས་རྒྱུའི་འཁྲུན་གཙོད་མཛད། ལྕགས་འབྲུག(སྤྱི་ལོ1700)ལོར་ལྷ་བཟང་ཀླུ་དཔལ་དབུས་སུ་ཕེབས་ནས་ཡབ་ཀྱི་གོ་ས་བཟུང་། ༧རྒྱལ་དབང་དྲུག་པ་ཚངས་དབྱངས་རྒྱ་མཚོ་མཆོག་དང་སྡེ་སྲིད་དབར་ཙུང་ཟད་མི་མཐུན་པའི་མཛད་པ་ལ་ལྷ་བཟང་ཁཱན་གྱིས་སྐབས་བཙལ་ཏེ་ཤིང་སྤྲེལ(སྤྱི་ལོ1704)ལོ་ནས་རྟག་ཏུ་རྙོག་གཞི་ཆེན་པོ་བཟོ་བཞིན་ཡོད་པའི་ཁར། ལྷ་བཟང་ཁཱན་ལ་དུག་སྦྱོར་བྱུང་ཚུལ་གྱི་གླེང་ལྷག་པ་སོགས་བོད་སོག་མཆོད་ཡོན་བར་གྱི་འགལ་ཟླ་ཇེ་ཆེར་སོང་བས། ཤིང་བྱ(སྤྱི་ལོ1705)ལོར་༧རྒྱལ་དབང་རིན་པོ་ཆེའི་དགོངས་པ་ལྟར་གདན་སའི་མཁན་པོ་དང་། ལ་མོ་ཆོས་རྗེ། སྐྱིད་ཤོད་སྡེ་པ། གཞུང་ཞབས་གནད་ཡོད་ཁག པཎ་ཆེན་རིན་པོ་ཆེའི་སྐུ་ཚབ་སོགས་དང་སོག་པོའི་སྤྱིན་བདག་ཁག་བཅས་མཉམ་འཛོམས་ཀྱིས་མཆོད་ཡོན་འགལ་བ་ཇི་ལྟར་སེལ་དཀྲོལ་བྱེད་པའི་གླེང་པོར། སྡེ་སྲིད་རིན་པོ་ཆེས་གཞུང་སྲིད་ཀྱི་ཐུགས་འགན་དགོངས་ཞུ་གནང་སྟེ་གསོལ་སྐལ་དུ་གོང་དཀར་རྫོང་འབུལ་རྒྱུ་དང་། ལྷ་བཟང་ཁཱན་ལ་རྒྱལ་པོའི་མཚན་གནས་རང་འཇགས་ཐོག་མཚོ་སྔོན་དུ་བཞུགས་པར་ཐབ་རྟེན་དང་འཁྲིག་ར་ཁག་གི་འབབ་སྒོ་རྣམས་དུས་ཐོག་འབུལ་རྒྱུ་བཅས་གཏན་འཁེལ་བར་ཕྱོགས་གཉིས་པོས་གྲོས་མཐུན་ལྟར་གནང་རྒྱུའི་ཁས་ལེན་ཞུས་ཏེ། སྡེ་སྲིད་ཀྱིས་ཆབ་སྲིད་ཀྱི་ཐུགས་འགན་བཤོལ་ནས་རིགས་སྲས་ངག་དབང་རིན་ཆེན་ལ་སྡེ་སྲིད་བསྐོ་བཞག་གནང་། ལྷ་བཟང་ཁཱན་གྱིས་མཚོ་སྔོན་ལ་ཐོན་ཁུལ་མཛད་ཀྱང་ཕྱོགས་གཉིས་ཀས་དེ་བཞིན་ལག་ལེན་གནང་བརྩིས་མེད་པར་སྡེ་སྲིད་མཆོག་ནས་ལྷ་བཟང་ཁཱན་བཟུང་རྩིས་གནང་བ་དང་། ལྷ་བཟང་ཁཱན་གྱིས་ལྷ་ས་ནས་ཐོན་ཏེ་བྱང་ཁུལ་སོག་དམག་བསྡུ་རུབ་ཀྱིས་ལོ་དེའི་ཟླ་བ་ལྔ་པའི་ནང་འདམ་གཞུང་ནས་ལྷ་སར་དཔུང་ཚོ་ཁག་གཉིས་བྱས་ཏེ་འཁྲིད་ཡོང་བར་གཞུང་ཕྱོགས་དང་དབུས་གཙང་གི་དམག་གིས་བཀག་མ་ཐུབ་པར་རབ་བྱུང་བཅུ་གཉིས་པ་ཤིང་བྱ(སྤྱི་ལོ1705)ལོའི་ཟླ་བདུན་པར་སྡེ་སྲིད་རིན་པོ་ཆེ་སྟོད་ལུང་སྣང་རྩེར་མགུལ་བཅད་དེ་བཀྲོངས་པ་དང་། ལྷ་བཟང་ཁཱན་གྱིས་དྲག་ཤུགས་ལ་བརྟེན་ནས་སྲིད་དབང་བླངས་རྗེས་རིམ་པས་༧རྒྱལ་དབང་ཚངས་དབྱངས་རྒྱ་མཚོའི་མཛད་པར་མ་དད་པའི་སྐྱོན་བརྗོད་བྱས་ཏེ་གོང་༧རྒྱལ་མཆོག་ལྔ་པ་ཆེན་པོའི་ཡང་སྲིད་མིན་ཚུལ་ཁ་གཡར་བརྙས་བཏགས་ཀྱིས་ཁྲི་ལས་ཕབ་སྟེ་རྒྱ་ནག་ཏུ་བརྫངས། གོང་མ་ཁང་ཞིས་ལྷ་བཟང་ཁཱན་ལ། བསྟན་སྐྱོང་ཀུན་ཧྲུན་ཧན་ཞེས་པའི་ཆོ་ལོ་དང་ཐམ་ག་སྩལ། ལྷ་བཟང་ཁཱན་གྱིས་ལྕགས་པོ་རིར་བཞུགས་པའི་ངག་དབང་ཡེ་ཤེས་རྒྱ་མཚོ་ཞེས་པ་ཞིག་༧རྒྱལ་དབང་སྐུ་ཕྲེང་དྲུག་པ་ཡིན་པར་ངོས་འཛིན་ཞུས་ཏེ་གསེར་ཁྲིར་མངའ་གསོལ། ཁོང་ལོ་གཅིག་ཙམ་གསེར་ཁྲིར་བཞུགས་ན་ཡང་བོད་ཀྱི་

སེར་སྐྱ་མང་ཚོགས་ཆོས་རྒྱལ་བའི་ཡང་སྲིད་ཡིན་པར་ཡིད་ཆེས་མི་བྱེད་པར་པད་དཀར་འཛིན་པ་ཞེས་འབོད། ལྷ་བཟང་ཁཱན་གྱིས་གོང་མར་ཁོང་ལ་ཐམ་ག་བསྩལ་རོགས་ཞུས་པ་ལྟར། ཁ་རིས་སུ"བཀའ་ཡིས་ཞུས་རྒྱང་བྱེད་པའི་སྐུ་དྲུག་པ་དྷ་ལའི་བླ་མའི་ཐམ་ག"ཞེས་པ་གནང་བར་ཁ་རིས་བཅོས་བསྒྱུར་གྱིས"བཀའ་ཡིས་ཐུལ་རྒྱང་བྱེད་པའི་སྐུ་དྲུག་པ་དྷ་ལའི་བླ་མའི་ཐམ་ག"ཞེས་བཏགས།

ལྷ་བཟང་ཁཱན་གྱིས་ལོ་བཅུ་གཉིས་རིང་བོད་སྐྱོང་སྐབས་ཡོངས་ལ་དབང་ལུང་སྒྱུར་སྐབས་ཆོས་ཕྱོགས་ལ་རིས་སུ་མ་ཆད་པའི་དགེ་འདུན་སྡེ་དང་། ལྷག་པར་དགེ་ལུགས་པར་དད་འདུན་ཆེ་ཞིང་། རྒྱལ་པོ་རང་ཡང་མདོ་སྔགས་གཉིས་ལ་ཉམས་སྣང་དང་། དགོངས་པ་ཟབ་པ། སེ་ར་ཚོགས་ཆེན་གྱི་འདུ་ཁང་གསར་རྒྱག་གིས་ཚོགས་ཆེན་འདུ་ཁང་རྙིང་པར། འདམ་དུ་ཡོད་པའི་གུ་ཤྲཱི་ཁཱན་གི་ཨུར་གེ་གྲྭ་ཚང་སྤྱིས་ཏེ་སྔགས་པ་གྲྭ་ཚང་བཙུགས། ཞབས་འབྲིང་གཙོ་ཆེ་བ་དའི་ཆེང་བ་དུར་བསོད་ནམས་མགོན་པོ་དང་། གསེར་ཡིག་པ་ཪཿལྷ་ནས་བསོད་ནམས་སྟོབས་རྒྱས། འབུམ་ཐང་ནས། ཨོ་རོང་པ། ལྷ་རྒྱ་རི་ས་སྤྱོད། སྟོ་མདོ་མཁར་བ་སོགས་ཡིན།

རབ་བྱུང་བཅུ་གཉིས་པའི་མེ་བྱ(སྤྱི་ལོ1717)ལོར་ཇུན་གར་ཚེ་དབང་རབ་བརྟན་གྱིས་བཏང་བའི་དམག་ལྷ་སར་འཁོར་ནས་ལྷ་བཟང་ཁཱན་བཀྲོངས།

ཨགྱཱ་བསྟན་པའི་རྒྱལ་མཚན། རྗེ་འདི་རབ་བྱུང་བཅོ་ལྔ་པའི་ལྕགས་ཁྱི(སྤྱི་ལོ1910)ལོར་སྐུ་འཁྲུངས། སྐུ་གཞོན་ནུ་ནས་སྐུ་འབུམ་བྱམས་པ་གླིང་དུ་ཆོས་གྲྭར་ཞུགས་ཏེ་གཞུང་ཆེན་བཀའ་པོད་ལྔར་གསན་སྦྱོང་གནང་ནས་དཀའ་བཅུའི་གྲྭ་སྐོར་མཛད། རྗེ་འཇིགས་མེད་འཕྲིན་ལས་རྒྱ་མཚོའི་དྲུང་ནས་ཆོས་བཀའ་མང་དུ་གསན། དགུང་ལོ་ཉེར་བཞི་ནས་ཉེར་དྲུག་བར་རྗེ་འཕྲིན་ལས་རྒྱ་མཚོ་སྐུ་འབུམ་དུ་གདན་དྲངས་ཏེ་ལམ་རིམ་གསན། པཎ་ཆེན་ཐུབ་བསྟན་ཆོས་ཀྱི་ཉི་མའི་དྲུང་ལས་དུས་འཁོར་རྫུལ་མཚོན་དཀྱིལ་འཁོར་སྟེང་ནས་དབང་ཆེན་གསན། དགུང་ལོ་ཉེར་བདུན་ལོར་ལམ་རིམ་ཆེན་མོའི་བཤད་ལུང་ཞིན་ཏེ། བྱང་ཆུབ་ལམ་རིམ་ཆེན་མོའི་བཤད་པའི་ཟིན་ཐོ་རགས་བསྡུས་ཙམ་བཀོད་པ་སྐྱ་རེངས་གསར་པའི་སྣང་བ་ཞེས་བྱ་བ་བཀའ་རྩོམ་མཛད། དེ་བཞིན་ཤིང་རྟའི་གསོལ་འདེབས་ཀྱི་རྣམ་གཞག་རགས་བསྡུས་བློ་གསལ་མགུལ་རྒྱན་གསར་པ་ཞེས་པ་དང་། རིམ་ལྔ་གསལ་སྒྲོན་གྱི་བཤད་ལུང་ཟིན་བྲིས་དངོས་གྲུབ་བདུད་རྩིའི་ཟེགས་མ། སྐྱབས་ཐབས་རིན་ཆེན་འབྱུང་གནས་ཀྱི་རྗེས་གནང་ཟིན་བྲིས་ཞུང་བསྡུས། དཔལ་དུས་ཀྱི་འཁོར་ལོའི་སྒོ་ནས་རབ་གནས་མདོར་བསྡུས་བྱ་ཚུལ་བཀླག་པས་དོན་གྲུབ་ཅེས་པ་སོགས་བཀའ་རྩོམ་པོད་འབྲིང་གཉིས་ཙམ་མཛད། སྐུ་ཚེའི་སྨད་ཀྱི་མཛད་པ་མི་གསལ།

ཨ་ཀྱཱ་ཡོངས་འཛིན་བློ་བཟང་དོན་གྲུབ། རྗེ་འདི་ནི་མདོ་སྨད་ཕྱག་རྡོ་ཐང་ཨ་ཀྱཱ་སྡེ་ཞེས་བྱ་བའི་ཡུལ་དུ་ཡབ་ལོ་ལོ་དང་། ཡུམ་འབབ་ཀོ་གཉིས་ཀྱི་སྲས་སུ་རབ་བྱུང་བཅུ་གཉིས་པའི་ལྕགས་སྤྲེལ(སྤྱི་ལོ1740)

ལོར་སྐུ་འཁྲུངས། དགུང་ལོ་བདུན་ལ་ལྷ་རི་བློ་བཟང་འབྱུང་གནས་ཀྱི་དྲུང་དུ་རབ་བྱུང་བསྒྲུབས། མཚན་བློ་བཟང་དོན་གྲུབ་ཏུ་གསོལ། དགུང་ལོ་བཅོ་ལྔ་ལ་བྲ་ཁྲུང་དགོན་དུ་ཆོས་ཞུགས་མཛད་དེ་ཤིང་བཟའ་པཎྜི་ཏ་བློ་བཟང་དར་རྒྱས་རྒྱ་མཚོ་སློབ་དཔོན་དུ་བསྟེན་ནས་ཆོས་བཀའ་མང་དུ་གསན། དགུང་ལོ་ཉེར་བདུན་ལ་ཐེབས་པ་རབ་བྱུང་བཅུ་གསུམ་པའི་མེ་ཁྱི(སྤྱི་ལོ1766)ལོར་དབུས་སུ་ཕེབས་ནས་འབྲས་སྤུངས་སྒོ་མང་གྲྭ་ཚང་དུ་ཆོས་ཞུགས་མཛད། གཞུང་ཆེན་པོར་སློབ་གཉེར་གནང་། དགུང་ལོ་ཉེར་བརྒྱད་ཐོག་པཎ་ཆེན་དཔལ་ལྡན་ཡེ་ཤེས་ཀྱི་དྲུང་དུ་བསྙེན་རྫོགས་བསྒྲུབས། དགུང་ལོ་སོ་གཉིས་ལ་གྲྭ་སྐོར་མཛད། སུམ་རྟགས་རྩིས་སྐར་ནག་སོགས་ལའང་མཁས་པར་གྲགས་པས་མཚན་དབྱངས་ཅན་དགའ་བའི་བློ་གྲོས་སུ་གསོལ། འབྲུ་གཅིག་ལ་དེ་བཞིན་གཤེགས་པའི་སྐུའི་སྐྱིད་མཆེད་ལེགས་པར་དོད་པ་བཞེངས་པ་སོགས་བཟོའི་གནས་ཀྱང་མཁས་པར་མཁྱེན། ཀུན་མཁྱེན་འཇིགས་མེད་དབང་པོ་དང་ཐུའུ་བཀྭན་ཆོས་ཀྱི་ཉི་མ་སོགས་ཀྱི་ཞབས་ལ་གཏུགས་ནས་མདོ་སྔགས་ཀྱི་ཟབ་ཆོས་མང་དུ་གསན། དགུང་ལོ་བཞི་བཅུ་ཐམ་པར་མགུར་རྣམ་རྒྱལ་གླིང་གི་ཁྲིར་ཕེབས། རྫོང་ནང་དགོན་པ་དང་། སྨན་པ་གྲྭ་ཚང་། དུས་འཁོར་གྲྭ་ཚང་སོགས་སྤྱི་ཕྱིར་ཕྱག་བཏབ། དགུང་ལོ་དྲུག་ཅུ་རེ་བཞི་ལ་བྲ་ཁྲུང་དགོན་གྱི་གདན་རབས་ཞེ་དགུ་པའི་ཁྲིར་ཕེབས། སྐུ་འབུམ་ཁྲི་ཆེན་ཞེ་དགུ་པ་བུམ་པ་ངག་དབང་ཆོས་ཀྱི་ཉི་མ་སྐུ་འབུམ་གྱི་ཁྲིར་བཞུགས་དུས་རྗེ་ཡབ་སྲས་ཀྱི་གསུང་འབུམ་དཔར་དུ་འགོད་རྒྱུ་ལ་ཞུ་དག་ལེགས་པར་མཛད། སྐུ་འབུམ་གསོ་རིག་དར་རྒྱས་གཞན་ཕན་གླིང་གི་གདན་ཁྲིར་ཕེབས། ཨ་ཀྱཱ་ཞབས་དྲུང་བློ་བཟང་ངག་དབང་བསྟན་འཛིན་ལ་རབ་བྱུང་དགེ་ཚུལ་གྱི་སྡོམ་པ་བསྩལ། སྐུ་འབུམ་བླ་མ་ཨ་ཀྱཱ་ཡེ་ཤེས་སྐལ་བཟང་མཁས་གྲུབ་རྒྱ་མཚོའི་ཡོངས་འཛིན་མཛད་པས་ཡོངས་གྲགས་སུ་ཨ་ཀྱཱ་ཡོངས་འཛིན་ཞེས་གསོལ། བཀའ་རྩོམ་ལ། མཁས་པ་བླུན་པོ་བརྟག་པའི་བསྟན་བཅོས་དགེ་ལྡན་ལེགས་བཤད་པད་མ་དཀར་པོའི་ཆུན་པོའི་འགྲེལ་པ་ཉི་མའི་འོད་ཟེར། ཤིང་རྟའི་སྲོལ་འབྱེད་ཀྱི་རྣམ་བཞག་སྐལ་བཟང་མགུལ་རྒྱན། འདུལ་བའི་སྡོམ་ཚིག་གནད་བསྡུས་ནོར་བུའི་ཕྲེང་བ། སྨན་ངག་གི་བསྟན་བཅོས་མུ་ཏིག་ཕྲེང་བ། སྡེབ་སྦྱོར་རིན་འབྱུང་གི་གནད་དོན་གསལ་བའི་མེ་ལོང་། རྟགས་ཀྱི་འཇུག་པའི་དཀའ་གནད་བདག་གཞན་དང་བྱ་བྱེད་ལས་གསུམ་གྱི་ཁྱད་པར་ཞིབ་ཏུ་ཕྱེ་བ་ཉུང་གསལ་འཕྲུལ་གྱི་ལྡེ་མིག་སོགས་པོད་འབྲིང་གཉིས་ལྷག་མཛད། དགུང་ལོ་བརྒྱད་ཅུ་རྩ་བརྒྱད་ལ་ཐེབས་པ་རབ་བྱུང་བཅུ་བཞི་པའི་མེ་ཕག(སྤྱི་ལོ1827)ལོར་དགོངས་པ་ཆོས་དབྱིངས་སུ་ཐིམ།

ཨ་ཁྲུང་ངག་དབང་མཁྱེན་རབ། རྗེ་འདི་ནི་ཨ་ཁྲུང་དྲུང་རམས་པ་མཁས་མཆོག་ཡེ་ཤེས་ཀྱི་སྤྲུལ་སྐུ་ཡིན། སྐུ་གཞོན་ནུའི་དུས་སུ་གྲུབ་ཆེན་ངག་དབང་བློ་བཟང་བསྟན་འཛིན་དང་། ཛ་རྐོང་ནམ་མཁའ་སེང་གེ། མཁན་ཆེན་དྲུང་ཡིག་བློ་བཟང་རྒྱ་མཚོ་སོགས་མཁས་གྲུབ་དམ་པ་མང་པོ་སློབ་དཔོན་དུ་བསྟེན་ནས་མདོ

སྔགས་ཀྱི་གཞུང་ཆེན་སྤྱི་དང་། བྱེད་པར་དུ་སུམ་རྟགས། སྙན་ངག སྙེབ་སྦྱོར་སོགས་ལ་མཁས་པའི་ཡང་རྩེར་སོན། ཕྱིས་པ་ངག་དབང་མི་ཕམ་ཟླ་བ་མཆོག་གིས་རྗེ་འདི་ལས་སྙན་ངག་སྦྱངས་བརྩོན་མཛད། མདོ་སྨད་ཁ་གྱ་ཚེ་དྲུག་གི་ཨ་ཁྱུང་སློམ་གྲྭ་ཐར་པ་གླིང་ཕྱག་བཏབ། ཆོས་བརྗོད་དང་རྣམ་ཐར་སོགས་པོད་གཅིག་ལྷགས་རྩོམ་གནང་། རྗེ་ངག་དབང་མཁྱེན་རབ་འདི་ཉིད་ཀྱི་རྣམ་ཐར་མ་མཇལ་བས་འཁྲུངས་ལོ་དང་འདས་ལོ་ཁ་གསལ་མ་འཁོད་ཀྱང་། རྗེ་གང་གི་སློབ་དཔོན་དང་སློབ་མའི་ལོ་ཚིགས་ལ་བལྟས་ན་རབ་བྱུང་བཅུ་གསུམ་པར་བྱུང་བའི་མཁས་པ་ཞིག་ཡིན།

ཨ་རིག་དགེ་བཤེས་བྱམས་པ་འོད་ཟེར། ཨ་རིག་དགེ་བཤེས་བྱམས་པ་དགེ་ལེགས་རྒྱལ་མཚན་ནམ་རྒྱལ་མཚན་འོད་ཟེར་ཡང་ཞུ། རྗེ་འདི་ནི་རབ་བྱུང་བཅུ་གཉིས་པའི་མེ་རྟ(སྤྱི་ལོ1726)ལོར་འཁྲུངས། སྐུ་ན་ཆུང་ངུའི་དུས་ནས་རྒྱ་ལི་སྤྲུལ་སྐུ་བློ་བཟང་བསྟན་དར་མཆོག་གི་སྐུ་གམ་དུ་བཅར་ནས་ཡི་གེ་འབྲི་ཀློག་གིས་མཚོན་ཆོས་བཀའ་མང་དུ་གསན་སྦྱོང་མཛད། དགུང་ལོ་བཅུ་བདུན་ལ་ཐེབས་པ་ཆུ་ཁྱི(སྤྱི་ལོ1742)ལོར་དབུས་སུ་ཐེབས། སེར་བྱེས་སུ་ལོ་བཅུ་གསུམ་རིང་མདོ་སྔགས་ཀྱི་གཞུང་ཆེན་མོ་ལ་ཐུགས་གཉེར་མཛད། ཕུར་བུ་ལྕོག་ཏུ་ལོ་དྲུག་གི་རིང་རྗེ་ངག་དབང་བྱམས་པའི་དྲུང་ནས་ཟབ་ཆོས་གསན་པ་དང་སྒོམ་སྒྲུབ་མཛད། དགུང་ལོ་ཞེ་བཞི་པ་རབ་བྱུང་བཅུ་གསུམ་པའི་ས་གླང(སྤྱི་ལོ1769)ལོར་ར་རྒྱ་དགོན་བཀྲ་ཤིས་ཀུན་བདེ་གླིང་ཕྱག་བཏབ། སེར་བྱེས་ལྷར་ཀྱི་འཆད་ཉན་བཙུགས། རི་ཐོ་དན་ཏིག་ཏུ་མཚམས་ཁང་དང་རྫོ་ཁང་སོགས་གསར་བཞེངས་ཀྱིས་དེར་སྒོམ་སྒྲུབ་མཛད་པ་དང་དགོན་སྡེ་དར་བར་སྤེལ། རབ་བྱུང་བཅུ་གསུམ་པའི་ཆུ་ཕག(སྤྱི་ལོ1803)ལོར་སྐུ་གཤེགས།

ཨ་རོལ་བློ་བཟང་ལུང་རིགས་རྒྱ་མཚོ། རྗེ་འདི་ནི་མདོ་སྨད་རེབ་གོང་གསེར་ལྡོངས་དབེན་གནས་སེང་གེ་རྩེའི་ཉེ་འདབས་ལྷུང་ལུང་ཞེས་པར་ལྡོང་གི་རིགས་སུ་ཡབ་ཆོས་འབུམ་རྒྱས་དང་། ཡུམ་སླུ་མོ་རྒྱལ་གཉིས་ཀྱི་སྲས་སུ་རབ་བྱུང་བཅུ་གསུམ་པའི་ཤིང་གླང(སྤྱི་ལོ1805)ལོར་སྐུ་འཁྲུངས། དགུང་ལོ་དྲུག་ཐོག་རོང་པོ་དགོན་ཆེན་དུ་གདན་དྲངས། དགུང་ལོ་བདུན་ལ་རོང་སྤྲུལ་དགེ་འདུན་མཁྱེན་རབ་དཔལ་བཟང་པོའི་དྲུང་ནས་དགེ་ཚུལ་གྱི་སྡོམ་པ་བཞེས། མཚན་དགེ་འདུན་ལུང་རིགས་རྒྱ་མཚོ་ཞེས་གསོལ། དགུང་ལོ་བརྒྱད་ཐོག་ཡིད་དམ་རྡོ་རྗེ་འཇིགས་བྱེད་ཀྱི་ལུང་གསན། དགུང་ལོ་བཅུ་གཉིས་ལ་ཐོས་བསམ་ནོར་བུ་གླིང་གི་ཆོས་གྲྭར་ཞུགས་ནས་གཞུང་ཆེན་བཀའ་པོད་ལྔར་གསན་བཞེས་མཛད། དགུང་ལོ་བཅོ་ལྔ་ལ་རྣམ་འདྲེན་འཛིན་གྲྭར་ཐེབས། དགུང་ལོ་ཉི་ཤུ་ལ་གསེར་ཁང་བློ་བཟང་བསྟན་འཛིན་གྱི་དྲུང་དུ་བསྙེན་རྫོགས་བསྒྲུབས། མཚན་བློ་བཟང་ལུང་རིག་རྒྱ་མཚོ་ཞེས་བསྟུལ། དགུང་ལོ་ཉེར་ལྔ་ལ་གཞུང་ཆེན་བཀའ་པོད་གསན་བསམ་མཐར་ཕྱིན་མཛད་རྗེས་ཤིང་བཟའ་བློ་བཟང་དར་རྒྱས་དང་། གསེར་ཁང་པ། སྐལ་ལྡན་རྒྱ་མཚོའི་སྐུ་ཕྲེང་བཞི་པ་བློ་བཟང་ཆོས་གྲགས་སོགས་བླ་མ་མང་པོ་བསྟེན་ནས་མདོ་སྔགས་ཀྱི་

ཆོས་མང་དུ་གསན། ཀྱུང་སྐུའི་རི་ཁྲོད་དུ་རྒྱུན་རིང་བཞུགས། དགུང་ལོ་ང་དགུའི་ཐོག་རོང་པོར་ཕེབས་ནས་ཆོས་སྐོར་རྒྱ་ཆེར་བསྐོར། དགུང་ལོ་བདུན་ཅུར་ལྕང་ལུང་ཁྲི་ཆེན་སྤྲུལ་སྐུའི་རབ་བྱུང་སྡོམ་པ་བཞེས། སྐུ་ཚེའི་རིང་རབ་བྱུང་དང་བསྙེན་རྫོགས་ཀྱི་སྡོམ་པ་གནང་བའི་མི་གྲངས་ལྔ་སྟོང་ཙམ་ཟིན། དགུང་ལོ་དོན་དྲུག་ལ་ཕེབས་པ་ལྕགས་འབྲུག（སྤྱི་ལོ1880）ལོར་སོག་ཡུལ་དུ་ཕེབས་ནས་ཆོས་འཁོར་རྒྱ་ཆེར་བསྐོར། བཀའ་རྩོམ་འཕགས་མཆོག་ཐུགས་རྗེ་ཆེན་པོ་ལ་བརྟེན་པའི་སྨྱུང་བར་གནས་པའི་ཆོ་ག་བདུད་རྩིའི་སྙིང་པོ་ཞེས་བྱ་བ་དང་། སྨྱུང་གནས་ཀྱི་ཆོ་གའི་ཟུར་རྒྱན་བདེ་བ་ཅན་དུ་བགྲོད་པའི་མྱུར་ལམ། བླ་མགོན་དབྱེར་མེད་ཕྱག་དྲུག་པའི་རྒྱས་པའི་གཏོར་སྒྲུབ་ཀྱི་འདོན་བསྒྲིགས། ཟབ་དོན་གཅོད་ཀྱི་གདམས་པའི་ཁྲིད་ཡིག་མན་ངག་བདུད་རྩིའི་སྙིང་པོ། དཔལ་རྡོ་རྗེ་འཇིགས་བྱེད་དཔའ་བོ་གཅིག་པའི་བཅུ་ཆའི་སྦྱིན་སྲེག་གི་ངག་འདོན་བསྒྲིགས་ཆོག་ཏུ་བཀོད་པ་སོགས་པོད་འབྲིང་གསུམ་ཙམ་མཛད། དགུང་ལོ་གྱ་བཞི་ལ་ཕེབས་པ་རབ་བྱུང་བཅོ་ལྔ་པའི་ས་བྱི（སྤྱི་ལོ1888）ལོར་གཟུགས་སྐུའི་བཀོད་པ་ཆོས་དབྱིངས་སུ་ཐིམ།

ཨ་ལག་ཤ་ངག་དབང་བསྟན་དར། སོག་པོ་བསྟན་དར་ལྷ་རམས་པ་ཡང་ཞུ་བ་འདི་ཉིད་རབ་བྱུང་བཅུ་གསུམ་པའི་ས་ཡོས（སྤྱི་ལོ1759）ལོར་སོག་ཡུལ་ཨ་ལག་ཤ་ཞེས་པའི་སའི་ཆར་སྐུ་འཁྲུངས། སྐུ་ན་ཆུང་དུས་ཁྱིམ་ནས་ཁྱིམ་མེད་པར་རབ་ཏུ་བྱུང་སྟེ་གྲྭ་བཙུན་མཛད་ཅིང་། དབུས་སུ་ཕེབས་ནས་དཔལ་ལྡན་འབྲས་སྤུངས་དགོན་གྱི་སྒོ་མང་གྲྭ་ཚང་དུ་ཆོས་ཞུགས་གནང་། རྗེ་ཀློང་རྡོལ་བླ་མ་ངག་དབང་བློ་བཟང་སློབ་དཔོན་དུ་བསྟེན་ནས་བཀའ་ཆོས་ཟབ་མོ་དང་རིག་གནས་ཁག་ལ་སྦྱངས་པ་རྒྱ་ཆེར་མཛད་ཅིང་ཤེས་རབ་ཀྱི་བློ་གྲོས་རབ་ཏུ་རྒྱས། དགུང་ལོ་སུམ་ཅུ་ལྷག་ཙམ་ལ་ལྷ་ལྡན་སྨོན་ལམ་ཆེན་མོར་རབ་འབྱམས་པའི་གྲྭ་སྐོར་མཛད། དགུང་ལོ་སོ་གསུམ་དུ་བཞེས་པ་རབ་བྱུང་བཅུ་གསུམ་པའི་ལྕགས་ཕག（སྤྱི་ལོ1791）ལོར་འབྲས་སྤུངས་སྒོ་མང་གྲྭ་ཚང་གི་མཁན་པོར་ཕེབས། དགུང་ལོ་ང་གཅིག་ཐོག་རྗེ་རམས་པ་ལྷ་ཞེའི་དྲུང་ནས་སྙན་ངག་སོགས་རིག་གནས་ཁག་གསན་སྦྱོང་གནང་། ཕྱིས་སུ་མདོ་སྨད་སྐུ་འབུམ་བྱམས་པ་གླིང་དུ་ཡུན་རིང་བཞུགས། འཆད་རྩོད་རྩོམ་པས་འགྲོ་དོན་རྒྱ་ཆེན་པོར་སྤེལ། ཕྱག་རྩོམ་ཡང་ལམ་གྱི་གཙོ་བོ་རྣམ་གསུམ་གྱི་འགྲེལ་པ། སྙན་ངག་གི་དཔེར་བརྗོད། སུམ་རྟགས་འགྲེལ་པ་སོགས་མང་དུ་མཆིས།

རྗེ་འདི་ཉིད་ཀྱི་རྣམ་ཐར་མ་མཐོང་བས་མཛད་རྗེས་ཆ་ཚང་བ་འགོད་དཀའ་ལ། འདས་ལོ་ཡང་ཞིབ་ཆ་འགོད་མི་ཐུབ། འོན་ཀྱང་བསྟན་དར་ལྷ་རམས་པ་མཆོག་གིས་མཛད་པའི་རྟེན་འབྲེལ་བསྟོད་པའི་དོན་འགྲེལ་རིན་ཆེན་ཕྲེང་བ། ཞེས་པའི་མཇུག་བྱང་དུ། རང་ལོ་དོན་གསུམ་པ་རབ་བྱུང་བཅུ་བཞི་པའི་ལྕགས་མོ་ཡོས（སྤྱི་ལོ1831）ལོའི་ཧོར་ཟླ་གཉིས་པའི་ཡར་ངོའི་ཚེས་གསུམ་ལ་སྦྱར་ཞེས་གསལ་ཞིང་།

བསྟན་བཅོས་འདི་བརྩམས་ནས་ཡུན་རིང་མ་བཞུགས་པར་དགོངས་པ་གཞན་དོན་དུ་གཤེགས་པ་མཁས་པའི་གསུང་ལས་བྱུང་བས། ཕལ་ཆེར་སྤྱི་ལོ1831 ལོ་ནས་དུས་ཡུན་རིང་པོར་མ་ཐོགས་པར་སྐུ་གཤེགས་པར་མངོན།

ཨ་རོད་ཞབས་དྲུང་བློ་བཟང་བསྟན་པའི་རྒྱལ་མཚན། རྗེ་འདི་ནི་མདོ་སྨད་ཁུལ་དུ་རབ་བྱུང་བཅུ་བཞི་པའི་ས་ཡོས(སྤྱི་ལོ1819)ལོར་འཁྲུངས། སྐུ་གཞོན་དུས་འབྲས་སྤུངས་སྒོ་མང་གྲྭ་ཚང་དུ་ཆོས་ཞུགས་མཛད། ཧོར་སྤྲུལ་བློ་བཟང་རབ་བརྟན་རྒྱ་མཚོ་དང་། མཁན་ཆེན་བློ་བཟང་འཇམ་དབྱངས། ཁྲི་ཆེན་བློ་བཟང་ལྷུན་གྲུབ། ༧རྒྱལ་དབང་ཚུལ་ཁྲིམས་རྒྱ་མཚོ་སོགས་ཀྱི་སྐུ་དྲུང་ནས་གཞུང་ཆེན་བཀའ་པོད་ལྔར་གསན་བཞེས་མཛད། དགུང་ལོ་ཉི་ཤུ་ཐམ་པར་པཎ་ཆེན་བསྟན་པའི་ཉི་མ་མཆོག་གི་དྲུང་དུ་བསྙེན་རྫོགས་བསྒྲུབས། དགུང་ལོ་ཉེར་བརྒྱད་ལ་ལྷ་ལྡན་སྨོན་ལམ་ཆེན་མོར་གྲྭ་སྐོར་མཛད་ནས་ལྷ་རམས་པའི་མཚན་བཏགས་བཞེས། དགུང་ལོ་ཞེ་གཉིས་ལོར་དབུས་ཤོག་པ་ཡན་ཤཏྟན་བཀྲ་ཤིས་ཆོས་གླིང་དགོན་གྱི་ཁྲི་པ་མཛད། བཀའ་རྩོམ་བྱང་ཆུབ་ལམ་རིམ་གྱི་དམིགས་རྣམ་སྐྱོང་ཚུལ་མདོར་བསྡུས། སྟོན་པ་ཐུབ་པའི་དབང་པོའི་རྣམ་ཐར་རྣ་བའི་བཅུད་ལེན། མགོན་པོ་ཚེ་དཔག་མེད་དབང་གི་བླ་བརྒྱུད་གསོལ་འདེབས། ལྷ་མོ་དབྱངས་ཅན་མའི་བསྟོད་པ་ཤེས་རབ་མིག་སྒྲོན། ལུང་ཁྲིད་དབང་རྗེས་གནང་སྐོར་གྱི་ཐོབ་ཡིག་དྭངས་ཤེལ་ཕྲེང་བ། ཚེ་ལྷ་རྣམ་གསུམ་གྱི་སྒོ་ནས་ཚེ་སྒྲིལ་བར་བྱེད་པའི་ཚིག འདུལ་བའི་ལྟུང་བ་སྤྱིར་བསྟན་སྐོར་གྱི་སྡོམ་ཚིག་སོགས་པོད་ཆུང་གཉིས་ཙམ་བཞུགས། སྐུ་ཚེ་མཐའ་མའི་མཛད་པ་མ་གསལ།

པར་གཞི་སྙིང་པའི་དཀར་ཆག

དང་པོ། བོད་རྒྱལ་བཙན་པོའི་སྐབས།

གནམ་གྱི་ཁྲི་བདུན་གྱི་སྐབས།

སྟོད་ཀྱི་སྟེངས་གཉིས་ཀྱི་སྐབས།

བར་གྱི་ལེགས་དྲུག་གི་སྐབས།

ས་ལ་ལྡེ་བརྒྱད་ཀྱི་སྐབས།

བཙན་ལྔའི་སྐབས།

ཁྲི་གཉན་གཟུང་བཙན་ནས་གནམ་རི་སྲོང་བཙན་བར།

ཆོས་རྒྱལ་སྲོང་བཙན་སྒམ་པོའི་སྐབས།

གུང་སྲོང་གུང་བཙན་ནས་ཁྲི་ལྡེ་གཙུག་བརྟན་བར།

ཆོས་རྒྱལ་ཁྲི་སྲོང་ལྡེ་བཙན་གྱི་སྐབས།

མུ་ནེ་བཙན་པོ་ནས་ཁྲི་དར་མ་འུ་དུམ་བཙན་བར།

གཉིས་པ། བོད་སིལ་བུའི་སྐབས།

འོད་སྲུངས་ཀྱི་རྒྱུད་པ།

ཡུམ་བརྟན་གྱི་རྒྱུད་པ།

དམར་གཡོ་གཙང་གསུམ་ནས་འབྲོག་མི་ཤཱཀྱ་ཡེ་ཤེས་བར།

ཟུར་པོ་ཆེ་ཤཱཀྱ་འབྱུང་གནས་ནས་ཞྭ་དམར་བ་ཚུལ་ཁྲིམས་དཔལ་བར།

ཁྲིམ་བཞེར་རིན་ཆེན་སེང་གེ་ནས་ཇོ་འབེར་བར།

སྤྱན་སྔ་རིན་ཆེན་ལྡན་ནས་མཁས་གྲུབ་ཤངས་སྟོན་ཚུལ་ཁྲིམས་མགོན་པོ་བར།

གསུམ་པ། ས་སྐྱ་པའི་སྐབས།

འཕགས་པ་བློ་གྲོས་རྒྱལ་མཚན་ནས་རིག་འཛིན་ཀུ་མ་ར་རཱ་ཛའི་བར།

རྣམ་སྣ་ལ་ནས་སྟག་ལུང་ཆོས་རྗེ་རཏྣ་ཀ་ར་བར།

བཞི་པ། ཕག་གྲུའི་སྐབས།

ཕག་གྲུ་བྱང་ཆུབ་རྒྱལ་མཚན་ནས་སངས་རྒྱས་རིན་ཆེན་བར།

འཇམ་དབྱངས་ཤཱཀྱ་རྒྱལ་མཚན་ནས་སྣར་ཐང་པ་གྲུབ་པ་ཤེས་རབ་བར།

སྨྲ་སྲིད་བསོད་ནམས་གྲགས་པ་ནས་རྒྱལ་རྗེ་ཆོས་རྒྱལ་རབ་བརྟན་བར།

རྒྱལ་བ་དགེ་འདུན་གྲུབ་པ་ནས་རྒྱ་དཀར་ཤེས་རབ་རྒྱལ་མཚན་བར།

སྡེ་སྲིད་ངག་གི་དབང་པོ་ནས་ལྷུགས་ཐང་རབ་འབྱམས་པ་བྱམས་པ་བསོད་ནམས་བར།
རྒྱལ་བ་དགེ་འདུན་རྒྱ་མཚོ་ནས་བྱང་བདག་བཀྲ་ཤིས་སྟོབས་རྒྱལ་བར།
རྒྱལ་བ་བསོད་ནམས་རྒྱ་མཚོ་ནས་བདུད་འདུལ་རྡོ་རྗེ་བར།

ལྔ་པ། དགའ་ལྡན་ཕོ་བྲང་གི་སྐབས།

རྒྱལ་བ་བློ་བཟང་རྒྱ་མཚོ་ནས་ཕུར་ལྕོག་ངག་དབང་བྱམས་པ་བར།
རྒྱལ་བ་ཚངས་དབྱངས་རྒྱ་མཚོ་ནས་ཁྲི་ཆེན་ངག་དབང་ཆོས་གྲགས་བར།
རྒྱལ་བ་བསྐལ་བཟང་རྒྱ་མཚོ་ནས་ཁྲི་སྤྲུལ་བློ་བཟང་རྒྱལ་མཚན་སེང་གེ་བར།
རྒྱལ་བ་འཇམ་དཔལ་རྒྱ་མཚོ་ནས་བླ་བྲང་ཨ་ཁུ་ཤེས་རབ་རྒྱ་མཚོ་བར།
རྒྱལ་བ་ལུང་རྟོགས་རྒྱ་མཚོ་ནས་ངག་དབང་ཐུབ་བསྟན་རྒྱ་མཚོ་བར།
རྒྱལ་བ་མཁས་གྲུབ་རྒྱ་མཚོ་ནས་སྟག་བྲག་ངག་དབང་གསུང་རབ་མཐུ་སྟོབས་བར།
རྒྱལ་བ་ཐུབ་བསྟན་རྒྱ་མཚོའི་སྐུ་དུས།

༄༅། །གངས་ལྗོངས་ལོ་རྒྱུས་ཐོག་གི་མི་སྣ་གྲགས་ཅན།

རྩོམ་སྒྲིག་པ།	དོན་རྡོར། བསྟན་འཛིན་ཆོས་གྲགས།
རྩོམ་སྒྲིག་འགན་འཁུར་བ།	པ་སངས་དབང་ཆེན།
མདུན་ཤོག་རི་མོ་བ།	སྐལ་ནོར།
དཔེ་སྐྲུན་འགྲེམས་སྤེལ།	བོད་ལྗོངས་མི་དམངས་དཔེ་སྐྲུན་ཁང་། (ལྷ་ས་གླིང་སྐོར་བྱང་ལམ་སྒོ་ཨང་20པ)
པར་འདེབས་ཚན་པ།	ལྷ་ས་གྲོང་ཁྱེར་མིང་ཤིན་པར་འདེབས་ཚད་ཡོད་ཀུང་སི།
དེབ་ཚད།	787 × 1092 1/16
དཔར་ཤོག	37.5
ཡིག་གྲངས།	ཁྲི47
པར་གཞི།	2014ལོའི་ཟླ11པར་པར་གཞི1བསྒྲིགས།
དཔར་ཐེངས།	2023ལོའི་ཟླ8པར་པར་ཐེངས3པ་བཏབ།
དཔར་གྲངས།	4,001 – 7,000
དཔེ་རྟགས།	ISBN 978 – 7 – 223 – 03769 – 3
རིན་གོང་སྒོར།	60.00
